LEXIKOTHEK · DAS BERTELSMANN LEXIKON · BAND 10

Lexikothek

HERAUSGEGEBEN VOM
BERTELSMANN LEXIKON-VERLAG

DAS BERTELSMANN LEXIKON

IN ZEHN BÄNDEN

BAND 10 Torp–Zz
BERTELSMANN
LEXIKON-VERLAG

ALS ZEICHNER HABEN MITGEARBEITET:
HELMOLD DEHNE · RENATE JURISCH · AUGUST LÜDECKE
WALDEMAR MALLEK · JÜRGEN RITTER
TEGTMEIER + GRUBE KG

SCHUTZUMSCHLAG: B. UND H. P. WILLBERG

REDAKTIONELLE LEITUNG: WERNER LUDEWIG
LAYOUT: GEORG STILLER

Das Wort
LEXIKOTHEK®
ist für Nachschlagewerke
der LEXIKOTHEK Verlag GmbH
als Warenzeichen geschützt

*Warenzeichen, Gebrauchsmuster und Patente sind in diesem Werk,
wie in allgemeinen Nachschlagewerken üblich, nicht als solche gekennzeichnet.
Es wird empfohlen, vor Benutzung von bestimmten Zeichen für Waren
oder von besonders gestalteten Arbeitsgerätschaften bzw. Gebrauchsgegenständen
sowie von Erfindungen beim Deutschen Patentamt in München anzufragen,
ob ein Schutz besteht*

JEDE AUFLAGE NEU BEARBEITET
© VERLAGSGRUPPE BERTELSMANN GMBH /
LEXIKOTHEK VERLAG GMBH, GÜTERSLOH 1974, 1982 K
ALLE RECHTE VORBEHALTEN · LANDKARTEN VOM
KARTOGRAPHISCHEN INSTITUT BERTELSMANN, GÜTERSLOH
GESAMTHERSTELLUNG
MOHNDRUCK GRAPHISCHE BETRIEBE GMBH, GÜTERSLOH
PRINTED IN GERMANY
ISBN 3 · 570-06560-X

Torpedo [der; lat., „Zitterrochen"], durch eigenen Antrieb sich fortbewegendes Unterwassergeschoß gegen Schiffsziele, das von Überwasserschiffen u. von U-Booten aus einem Rohr durch Preßluft ausgestoßen wird; 1864 von R. *Whitehead* in Fiume konstruiert. Der Antrieb mittels komprimierter Luft verrät die Laufbahn des T.s durch aufsteigende Blasen; deshalb wurde später eine elektr. Antriebsmaschine gebaut. Im 2. Weltkrieg wurde der T. so verbessert, daß er das feindl. Schiff unterlief, durch Magnetzündvorrichtung *(Magnetpistole)* zur Detonation kam u. das Schiff an der empfindlichsten Stelle traf; T.s mit akust. Selbststeuerung sprachen auf das Schraubengeräusch der Schiffe an u. liefen auf diese zu.

Torpedoboot, kleines Kriegsschiff (200–800 t) mit hoher Geschwindigkeit, das große Schiffe mit *Torpedos* angreift. Zur Abwehr wurden *Torpedobootzerstörer* gebaut (2000–4000 t, bis zu 6 Geschütze bis 15 cm), die von *Flottillenführern* geführt u. unterstützt wurden.

Torquay [ˈtɔːki], Stadtteil von Torbay in Südengland, Hafen- u. Seebad an der *Tor Bay* des Kanals, 55 000 Ew.; Ruinen der *Tor(re) Abbey* (12.–14. Jh.); Terrakottaindustrie.

Torquemada [tɔrkeˈmaða], **1.** Juan de, J. de *Turrecremata*, span. Kardinal (1439), *1388 Valladolid, †26. 9. 1468 Rom; Konzilstheologe in Basel u. Ferrara-Florenz, vertrat die Oberheit des Papstes über das Konzil. Hptw.: „Summa de ecclesia". **2.** Thomas de, Neffe von 1), span. Generalinquisitor (seit 1483), *1420 Valladolid, †16. 9. 1498 Ávila; Dominikaner, organisierte die Inquisition.

Torr [nach E. *Torricelli*], Kurzzeichen torr, Maßeinheit für den Druck. 1 Torr ist der Druck einer 0,999 mm hohen Quecksilbersäule auf ihre Unterlage (≈ 1 mm Hg). Amtl. nicht mehr zugelassen.

Torre Annunziata, italien. Stadt in Kampanien, am Golf von Neapel, 65 000 Ew.; Mineral- u. Seebad; Metallverhüttung, chem. Industrie.

Torre del Greco, italien. Hafenstadt u. Seebad in Kampanien, am Golf von Neapel, 85 000 Ew.; Korallenfischerei u. -verarbeitung, landwirtschaftl. Handel (Wein, Gemüse, Obst).

Torremolinos, bedeutendes Seebad im S Spaniens, an der *Costa del Sol*, 5000 Ew.

Torrens, *Lake T.*, längl. Salzpfanne im Innern Südaustraliens, nördl. vom Spencergolf, 5775 qkm.

Torreón, Stadt im nordmexikan. Staat Coahuila, 260 000 Ew.; Baumwollverarbeitung; Mühlen; Bergbau u. Metallindustrie.

Torres, 1. Luis Vaez de, span. Seefahrer, entdeckte 1606 die *T.straße* (von den Spaniern 150 Jahre geheimgehalten). **2.** Restrepo Camilo, kolumbian. Priester u. Sozialrevolutionär, *3. 2. 1929 Bogotá, †15. 2. 1966 bei Santander; 1954 Priester, dann Universitätslehrer; propagierte Gewaltanwendung zur Beseitigung des sozialen Elends; schloß sich 1965 einer kommunist. Guerillaeinheit an u. wurde 1966 von einer Militärpatrouille erschossen.

Torres Bodet, Jaime, mexikan. Schriftsteller, *17. 4. 1902 Ciudad de México, †13. 5. 1974 Ciudad de México; Diplomat u. Politiker; Lyriker, beeinflußt vom Surrealismus u. Modernismus; auch Romane u. Literaturkritiken.

Torresinseln, Inselgruppe im N der Neuen Hebriden in Melanesien, schmal u. hoch, 123 qkm, 200 Ew.; Anbau von Kaffee, Zuckerrohr, Tabak.

Torres Naharro, Bartolomé de, span. Dichter, *nach 1450 Torre de Miguel Sexmero, Badajoz, †um 1530; Geistlicher, lebte zeitweise in Rom u. Neapel. Wichtiger Vorläufer *Lope de Vegas*. Seine Dramen u. rein lyr. Werke erschienen in der „Propalladia" 1517, einer Sammlung von Satiren, Episteln, Romanzen u. 7 *Comedias*. T.N. schrieb die älteste span. Dramentheorie („Proemio").

Torres Strait Islands [ˈtɔres ˈstreit ˈailəndz], rd. 30 größere Inseln in der Torresstraße zwischen Kap York u. Neuguinea, gehören größtenteils zu Queensland, ca. 660 qkm, 6000 Ew. (500 Europäer, hauptsächl. auf Thursday Island. – 1606 von L. V. de *Torres* entdeckt.

Torresstraße, engl. *Torres Strait*, flache Meerenge zwischen Australien u. Neuguinea, an der engsten Stelle 153 km breit; verbindet Arafurasee u. Korallenmeer. – 1606 von L. V. de *Torres* entdeckt, 1770 von J. *Cook* durchfahren.

Torriani, Vico, schweizer. Sänger u. Schauspieler, *21. 9. 1920 Genf; Film- u. Musicalrollen.

Torricelli [-ˈtʃeli], Evangelista, italien. Physiker, *15. 10. 1608 Modigliano, Toskana, †25. 10. 1647 Florenz; erfand das Quecksilberbarometer. *T.sche Leere*, luftleerer Raum über der Quecksilbersäule.

Tórshavn [ˈtoːurshaun] dän. *Thorshavn*, Hptst. der Färöer, im S von Streymoy, 10 800 Ew.; Spinnerei, Margarinefabrik, Fischerei.

Torsion [lat.], *Drehbeanspruchung, Drillung, Verdrehung, Verwindung*, schrauben- oder spiralförmige Verwindung der Längsfasern eines Stoffs durch auftretende Drehmomente. Die dadurch entstehende Drehspannung sucht die Fasern wieder geradezurichten. Die T. ist eine Sonderart der *Scherung*.

Torsionsfeder →Drehstabfeder.

Torso [der, Mz. *T.s*; ital.], Bruchstück, Unvollendetes; in der Kunst ein Standbild ohne Arme, Beine u. Kopf.

Torspiele, Sportspiele, deren Hauptziel es ist, den Ball hinter die gegnerische Torlinie („ins Tor") zu bringen; auch *Zielspiele* genannt, weil die Tore oder Male sehr unterschiedl. sind. Dazu gehören Eishockey, Fußball, Handball, Hockey, Lacrosse, Pferdepolo, Rollhockey, Radball, Rugby, Wasserball u. a. Bei Basketball, Korbball u. Korfball, die auch zu den T.n zählen, muß der Ball in Körbe geworfen werden. →auch Netzspiele.

Torstensson, Lennart, Graf von *Ortala*, schwed. Feldherr, *17. 8. 1603 Torstena, Västergötland, †7. 4. 1651 Stockholm; im Dreißigjährigen Krieg 1641–1646 schwed. Oberkommandierender in Dtschld., siegte 1642 bei Breitenfeld, 1645 bei Jankau über die Kaiserlichen.

Torte [die; ital.], süßes Gebäck, meist in kreisrunder Form, gefüllt u. dekoriert. Durch Wahl verschiedener Teige, Füllmassen, Glasuren u. a. ist reiche Abwechslung möglich.

Tortelett [das; frz.], *Tartelett*, kleiner Tortenboden aus Mürbeteig, mit Obst, Fleisch- oder Käsefarcen gefüllt.

Tortelier [tɔrtəˈlje:], Paul, französ. Cellist, *21. 3. 1914 Paris; auch Komponist; lehrte seit 1956 am Pariser Konservatorium, seit 1969 an der Folkwang-Hochschule Essen.

Tortilla [tɔrˈtilja; span.], Kuchen aus Maismehl u. Wasser, anstelle von Brot in Lateinamerika (bes. Mexiko) u. in Spanien gegessen.

Tortola, brit. Jungferninsel, Kleine Antillen (Westindien), 54 qkm, 9000 Ew., mit dem Hauptort *Road Town*.

Tortosa, span. Stadt in Katalonien, am Ebro, 50 000 Ew.; got. Kathedrale (12.–14. Jh.), Kirchen u. Paläste; landwirtschaftl. Handel; Textil- u. Zuckerindustrie, Herstellung von Keramikwaren.

Tortue [tɔrˈty], *Île de la T.*, nordhaitian. Insel, bergig, 220 qkm, rd. 15 000 Ew., größter Ort: *Basseterre*; vom 16.–18. Jh. Domizil von Seeräubern.

Tortur [lat.] →Folter.

Torulahefen, auf den bei der Herstellung von Zellstoff anfallenden Sulfitablaugen gezüchtete Hefearten; ihre Gärwirkung ist verhältnismäßig gering, doch sind sie für die biolog. Eiweißsynthese von Bedeutung. →auch Hefe.

Toruń [-nj], poln. Name der Stadt →Thorn.

Torus [der; lat.], **1.** *Baukunst:* oberes, wulstiges Glied der ionischen Säulenbasis. **2.** *Geometrie:* schlauchringförmiger mathemat. Körper, der durch Drehung eines Kreises um eine in seiner Ebene liegende, ihn nicht schneidende Achse entsteht.

Tosa, *Cima T.* [ˈtʃima-], italien. Berg in der Brentagruppe, 3173 m, vergletschert.

Tosa-Schule, japan. Malerschule, Zweig des *Yamato-e*, benannt nach dem Titel „Tosa Gon-no-Kami" des *Tsune-taka* (um 1170). Die Hauptmeister waren *Yoshimitsu* (frühes 14. Jh.), Hauptmeister des Bilderamts *(Edokoro)*, *Mitsunobu* (*1434, †1525) u. *Mitsuoki* (*1617, †1691).

Tosbecken →Sturzbett.

Toscana = Toskana.

Toscanini, Arturo, italien. Dirigent, *25. 3. 1867 Parma, †16. 1. 1957 New York; zuerst Cellist; leitete 1898–1903 u. 1906–1908 die Mailänder Scala, deren künstler. Direktor er 1921–1927 war; 1908–1915 an der Metropolitan Opera in New York; dirigierte auch später mehrfach in New York, ebenso in Salzburg, Bayreuth, London. Während des 2. Weltkriegs u. a. im damaligen Palästina. – Künstler von großer Werktreue, außerordentl. Gedächtnis u. feinstem rhythm. Gefühl; trat bes. als Interpret *Wagners* u. *Verdis* hervor.

Toshiro, japan. Keramiker, eigentl. *Kato Shirozaemon Kagemasa*, *Seto bei Nagoya; arbeitete 1223–1227 in chines. Werkstätten; in Japan als Vater der Töpferkunst. (Seto-Keramik) verehrt.

Tosi, 1. Arturo, italien. Maler, *25. 7. 1871 Busto Arsizio, †31. 1. 1956 Mailand; Landschaften unter impressionist. Einfluß. **2.** Pier Francesco, italien. Sänger (Kastrat) u. Gesangslehrer, *1654 Cesena, †1732 Faenza; sein berühmtestes Werk wurde 1757 ins Deutsche übersetzt: „Anleitung zur Singekunst".

Toskana, ital. *Toscana*, mittelitalien. Region zwischen Etrusk. Apennin u. der Westküste, 22 992 qkm, 3,6 Mill. Ew., Hptst. *Florenz*; im N offenes Hügelland, neben baumlosen Weideflächen Anbau von Wein (Chianti), Oliven u. Gemüse; im S auf vulkan. Tuffdecken nach Trockenlegung Weizen-, Wein- u. Tabakanbau; Schwemmlandküste; Eisenerz- u. Marmorabbau; Industrie in Florenz u. an der Küste; Fremdenverkehr.
Geschichte: In das alte *Tuscien* oder *Etrurien* strömten nach dem Untergang des Weström. Reichs nacheinander Ostgoten, Griechen u. Langobarden. Nach der Vereinigung des Langobard. Reichs mit dem Fränk. Reich wurde T. Markgrafschaft. Das Amt kam um 1030 an Markgraf Bonifacius aus dem Haus Canossa. Nach dem Tod seiner Tochter *Mathilde* 1115 erhielten im Streit um die *Mathildischen Güter* zwischen Kaisern u. Päpsten im Lauf des 12. u. 13. Jh. Florenz, Siena, Pisa, Lucca, Arezzo Unabhängigkeit u. bemächtigten sich des mathild. Erbes. Unter ihnen erlangte Florenz nach u. nach Vorrangstellung u. vereinigte im 14. u. 15. Jh. den größten Teil von T. unter seiner Herrschaft.
Kaiser Karl V. erhob *Alessandro von Medici* 1531 zum erbl. Herzog von Florenz. Dessen Nachfolger *Cosimo I.* vergrößerte sein Gebiet durch Siena u. wurde 1569 von Papst Pius V. zum Großherzog von T. erhoben. Nach dem Aussterben der Medici folgte 1737 Herzog *Franz Stephan von Lothringen* (mit Maria Theresia verheiratet). 1765 kam T. an dessen 2. Sohn *Pietro Leopoldo* (Kaiser Leopold II.), der zum Begründer der toskan. Linie des Hauses Habsburg-Lothringen wurde.
Während der Napoleon. Kriege wurde T. zunächst als Königreich Etrurien *Ludwig von Bourbon-Parma* übergeben, dessen Gebiet an Frankreich gefallen war. 1808 jedoch unmittelbar mit Frankreich vereinigt. Der Wiener Kongreß gab

Tosken

Toskana: Olivenhain (vorn) und Weinberge

den Bourbonen 1814 das Land zurück, das durch die Wiener Schlußakte 1815 um das Fürstentum Piombino, Elba, den Stato dei Presidi vergrößert wurde. Nach der Flucht des Großherzogs *Leopold* (*1797, †1870) beschloß die Landesversammlung 1860 die Thronsetzung des Hauses Lothringen, u. nach einer Volksabstimmung erfolgte die Vereinigung T.s mit dem neuen Königreich Italien.

Tosken, die südl. Stammesgruppe der →Albaner.

Töß, linker Rheinzufluß in der Nordschweiz, entspringt nördlich des Zürichsees, durchfließt Winterthur, mündet oberhalb von Eglisau, 58 km.

Totalerhebung, vollständige Auszählung einer Gesamtheit; Beispiel: Volkszählung, landwirtschaftl. Betriebszählung.

totaler Krieg, der mit allen Mitteln u. unter Mißachtung aller Konventionen geführte Vernichtungskampf. – Im 2. Weltkrieg proklamierte J. *Goebbels* 1943 für Dtschld. den totalen Krieg.

Totalintensität, die gesamte Kraft des erdmagnet. Felds, die auf eine Magnetnadel einwirkt; in der Nähe der Pole ist sie stärker als in der Nähe des magnet. Äquators; setzt sich zusammen aus →Horizontalintensität (auf die Deklination wirkende Teilkraft) u. →Vertikalintensität (auf die Inklination wirkende Teilkraft).

Totalisator, behördl. genehmigte Einrichtung zur Entgegennahme von Wetten, Quotenberechnung u. Gewinnauszahlung, bes. bei Pferderennen; →auch Rennwette.

totalitärer Staat, eine Staatsform mit dem Herrschaftsanspruch des Staats über alle sozialen u. persönl. Bereiche. Der Dualismus Staat–Gesellschaft sowie das Spannungsverhältnis Staat–Individuum sind zugunsten des Staats beseitigt. Es gibt keine staatsfreie Sphäre, keine Grundrechte oder sonstigen verläßlichen Gewährleistungen. Zur Konzentration der Macht in einer Hand wird das *Gewaltenteilungssystem* beseitigt (die Regierung erhält gesetzgebende Gewalt u. notfalls auch richterl. Gewalt) u. die *Rechtsstaatlichkeit* verleugnet. Ferner wird der Grundsatz der *Verfassungsstaatlichkeit* preisgegeben sowie das Prinzip der *Gesetzesstaatlichkeit* aufgehoben. Die klassische Verwaltung wird durch die Verwaltungsfunktionen der staatstragenden *Einheitspartei* eingeengt, durch Personalunionen gehemmt u. letztlich beseitigt. Den bewaffneten Streitkräften werden rivalisierende paramilitär. Verbände an die Seite gestellt (*Milizen*). Die Parlamente werden ihrer rechtsetzenden Funktion beraubt u. zu einem öffentl. Forum für Regierungserklärungen degradiert. Die Kontrolle der Verwaltung u. vor allem das Haushaltswesen werden beseitigt, Kollegialorgane werden aufgehoben oder durch Gremien mit autoritärer Struktur ersetzt.

Ein System totalitärer Herrschaft begründete der *Nationalsozialismus* unter *Hitler* ab 1933 in Dtschld., wo die Wirtschaft zwar bis 1944/45 in immer stärkerem Maß zentral gelenkt wurde (Kriegsvorbereitung u. Krieg), das Privateigentum an den Wirtschaftsunternehmen aber nicht angetastet wurde. Der italien. *Faschismus (Mussolini)* war mehr auf traditionelle Repräsentation bedacht, schloß mit der Kirche Frieden (Lateran-Verträge) u. ließ die Monarchie bestehen, verwendete aber auch ein System der Gewaltmaßnahmen.

Unter die totalitären Systeme wird oft auch das Herrschaftssystem des *Kommunismus* in der Sowjetunion, China u. den übrigen kommunist. regierten Ländern gerechnet. Auch hier ist die Staatspartei das bestimmende Element. Das System kann die Form einer Ein-Mann-Diktatur oder einer Kollektivdiktatur der obersten Parteigruppe annehmen. Mit dem Nationalsozialismus bestehen nach weitverbreiteter Ansicht viele Ähnlichkeiten: die ideolog. Ausrichtung, der Religions- u. Kirchenkampf, die (weitgehende) Leugnung des staatsfreien Raums, das staatl. Geheimpolizeisystem, die Gegnerschaft zu den Leitgrundsätzen der freiheitl.-demokrat. bzw. liberalen Staats- u. Gesellschaftsordnung. – ⌸ 4.1.2 u. 5.8.1.

Totalitarismus, die dem →totalitären Staat entsprech. Staats- u. Gesellschaftsform u. -ideologie.

Totalitätszone, bei Sonnenfinsternissen ein höchstens rd. 300 km breiter Streifen, den der Kernschatten des Mondes über die Erdoberfläche zieht u. auf dem nach u. nach eine totale Sonnenfinsternis zu beobachten ist.

Totalkunst →Mixed Media.

Totalreflexion, vollständiges Zurückwerfen des Lichts an der Grenzfläche von einem optisch dichteren zu einem optisch dünneren Medium, wenn der Einfallswinkel des Lichts größer als der *Grenzwinkel* der T. ist. Der Sinus des Grenzwinkels ist gleich dem Verhältnis der Brechungsindizes der beiden Medien. Anwendung findet die T. u. a. in optischen Geräten zur Umlenkung des Lichtstrahls durch opt. Prismen. →Reflexion.

Totalschaden, völlige Zerstörung bzw. Unbrauchbarmachung eines Kraftfahrzeugs durch einen Verkehrsunfall; bei T. ist der Schuldige zur Ersatzwagenbeschaffung verpflichtet, wenn die Kosten einer Reparatur den Wert des Fahrzeugs vor seiner Beschädigung erhebl. übersteigen würden (*wirtschaftl. T.*). Vom Schädiger ist eine Geldsumme zu zahlen, die den Geschädigten in die Lage versetzt, sich auf dem Gebrauchtwagenmarkt einen gleichwertigen u. gleichartigen Wagen zu beschaffen.

Tote-Hand-Eigentum, Kirchen- u. Klostereigentum, das nicht verkauft werden durfte.

Toteis, unterschiedl. große Teile von Gletschereis, die, bei schnellem Rückzug des Eiskörpers abgetrennt, in Moränenschutt eingebettet wurden. Nach Abtauen blieben Hohlformen zurück, in denen (z. T. abflußlose) Seen entstanden.

Tote Mannshand, *Alcyonium digitatum*, zu den *Lederkorallen* gehörige, stielförmige Stöcke, auf deren Basalabschnitt 5–8 fingerförmige Äste sitzen, die zweimal am Tag anschwellen, wenn die Gastralräume mit Wasser gefüllt werden.

Totemismus [von dem Odjibwa-Wort *ototeman,* „Geschwisterverwandtschaft"], eine Religionsform, nach der zwischen einem Menschen *(Individual-T.)* oder einer Gruppe von Menschen *(Stammes-, Gruppen-, Clan-T.)* u. einer Tier- oder Pflanzenart (seltener einer Naturerscheinung oder einem Stein), dem *Totem,* eine geheimnisvolle, innige Beziehung besteht, die auf dem Glauben an eine gemeinsame Abstammung *(Ursprungsmythen)* von Mensch u. Totem (d. h. dem Stammvater der betreffenden Tierart usw.) beruht. Der T. ist verbunden mit Führung des Totem-Namens durch die Gruppe, religiöser Verehrung des Totems mit Verehrungsmythen, Heiratsverboten *(Exogamie)* innerhalb der Totemgruppe u. dem Verbot, das Totem zu töten, zu essen oder zu berühren. Er hat seinen Ursprung im Jägertum. Hauptgebiete: Nordwestamerika (Errichtung von reich beschnitzten *Totempfählen*), Südasien, Australien, Melanesien, Neuguinea, Afrika (Nordkongo, Sudan). Sonderformen sind der *Geschlechts-T.* Südaustraliens (Männer u. Frauen haben getrennte Totems) u. der z. T. als nicht hierher gehörig angesehene Individual-T. oder Schutzgeistglaube bes. Nordamerikas (das persönl. Totem als Schutzgeist). – ⌸→Völker der Erde/Völkerkunde. – ⌸ 6.1.8.

Totempfahl, großer beschnitzter u. bemalter Holzpfosten, charakteristisch für die Siedlungen der nordwestamerikan. Indianer.

Totenbestattung, die Bestattung des menschl. Leichnams u. die damit verbundenen Bräuche; sie sind weitgehend abhängig von den Vorstellungen über Tod u. Weiterleben, Leib u. Seele sowie von der jeweiligen Kulturstufe.

Vom einfachen Aussetzen der Leiche (Massai, sibir. Stämme, Mongolei u. a.), sei es aus Furcht oder aus religiösen Motiven, finden sich viele Zwischenstufen über die „Türme des Schweigens" (Parsen), Erdbestattung (mit oder ohne Sarg), Steingräber, Felsengräber, Bestattung in Booten, auf Schiffen (z. B. in Indonesien) oder in Wagen, Versenken im Fluß, See oder Sumpf, bis hin zur Leichenverbrennung (Feuerbestattung), u. U. in prunkvoller Aufmachung mit großen verzierten Holzbauten, wie in Teilen Südostasiens. Zuweilen geht der Beisetzung eine Mumifizierung voraus. Auch Endokannibalismus findet sich, das Verzehren von Leichenteilen, um sich die Kräfte des Toten zu sichern. Bei der Baum- u. Plattformbestattung (auf einem Gerüst) folgt nach dem Verwesen der Fleischteile eine Zweitbestattung der Knochenreste oder auch nur des Schädels (Nachbestattung). Die Zusammenfassung der Grabstätten zu Begräbnisplätzen (Friedhöfen) überwiegt gegenüber dem Einzelgrab. Im europ. Kulturkreis ist meist Beerdigung auf Friedhöfen oder Feuerbestattung üblich. Seltener sind Versenken im Meer (Seemannsgrab), Einbalsamieren u. Beisetzen in bes. Bauten (Grüften). Das Grab selbst ist dort meist durch einen Grabstein, seltener ein Grabmal gekennzeichnet.

Die ersten Bestattungen menschl. Überreste kennt man aus dem Mittelpaläolithikum. Der Tote wurde meist ohne Sarg u. häufig in Hockerstellung beigesetzt. Dagegen wurde der Brauch der gegen Ende der Jungsteinzeit aufkommenden Megalithgräber von der Liebe zu dem Verstorbenen u. dem Wunsch nach weiterem Verkehr mit ihm bestimmt. Totenhäuser (u. a. die Kammergräber der Etrusker u. der Maya) in Hügel- oder Kuppelgräbern gab es von der Jungsteinzeit bis zur Latènezeit. Sonderformen sind die Hausurnen der frühen Eisenzeit u. die Schiffsgräber der Wikingerzeit; verwandt sind die mit großem Prunk ausgestatteten Pyramiden u. Felsgräber der Ägypter u. die Schachtgräber der myken. Zeit. Neue religiöse Vorstellungen bedingten wohl die allg. Einführung der Brandbestattung in Europa in der jüngeren Bronzezeit (Urnenfelder). Die Knochenreste (Leichenbrand) wurden frei in der Erde, meist aber in Urnen beigesetzt. Nach Unterbrechung durch die Hallstattzeit lebte die Brandbestattung bei den Galliern u. Germanen wieder auf; bei den Slawen hielt sie sich bis ins 10. Jh. Durch die Ausstattung mit Beigaben wurden die Gräber zu wichtigen Quellen der Archäologie.

Die mit der T. verbundenen Bräuche (Herrichtung der Leiche, Anlegen der Festtagsgewänder, Grabbeigaben) umschließen Maßnahmen zur Lösung des Verstorbenen aus seinen diesseitigen Bindungen (Totenwacht), zur Sicherung des Lebens im Jenseits (Verpflegung, Mitgabe von Dienern, des Leibpferds u. von Geld), zur Ehrung des Toten (Totenmahl), um sein Wohlwollen gegenüber den

Hinterbliebenen zu sichern, zum Schutz der Lebenden vor bösen Einflüssen u. vor der Wiederkehr. – ⌸ 2.1.7., 3.6.5.

Totenbrett, ein Brett, auf das in Südostbayern die Leiche gebettet wird u. das später oft, mit Namen u. Datum versehen, an der Kirche, bei Bildstöcken oder am Weg als Erinnerungsmal aufgestellt wird.

Totenbücher, im alten Ägypten den Toten mitgegebene Sammlungen von Sprüchen, Hymnen u. Liedern, die zur Auferstehung verhelfen sollten.

Totengräber, *Zoologie*: zu den *Silphidae* gehörende Aaskäfer, die tote Kleintiere durch grabende Bewegungen ganz oder teilweise unter die Bodenoberfläche bringen, ihre Eier daran ablegen u. die ausschlüpfenden Larven pflegen u. füttern.

Totenkäfer, *Blaps mortisaga*, bis 3 cm langer, mattschwarzer Käfer aus der Familie der *Schwarzkäfer*, dessen verwachsene Flügeldecken in einen schwänzchenartigen Fortsatz ausgezogen sind.

Totenklage, bei vielen Völkern übl. Brauch als Teil der Trauerzeremonien, oft berufsmäßig von *Klageweibern* ausgeführt, daher weniger Ausdruck persönl. Trauer als vielmehr eine kult. Handlung, die der Geisterbeschwörung dient.

Totenkopf, *Acherontia atropos*, ein *Schwärmer* mit totenkopfähnlicher Zeichnung auf der Oberseite des Brustabschnitts; kann in Mitteleuropa nicht überwintern, wandert aber regelmäßig aus dem trop. Afrika zu; Raupe oft an Kartoffelkraut.

Totenkopf, höchste Erhebung des *Kaiserstuhls*, 557 m.

Totenkopfaffe, *Saimiris sciurëus*, zu den *Rollschwanzaffen* gehörende Breitnase mit langem, doch greifuntüchtigem Schwanz, das Gesichtsmuster ist totenkopfähnl.; Urwaldbewohner im N von Südamerika.

Totenkult, die religiöse Verehrung der Toten. Auf frühen Kulturstufen, aber auch bis in Hochkulturen hinein (China), deckt sich der T. mit dem *Ahnenkult*. Er beginnt mit den Beisetzungsfeierlichkeiten, besteht bes. in *Totenopfern* in bestimmten Abständen oder bei bes. Gelegenheiten, Gebeten u. Gedächtnisfesten. →auch Totenbestattung.

Totenmaske, meist unmittelbar nach dem Tod abgenommene, aus Gips oder Wachs bestehende Gesichtsmaske; diente schon im ägypt. Altertum Bildhauern zur Anfertigung von Bildnissen.

Totenmesse →Requiem.

Totenreich, der Aufenthaltsort der Toten, in den einzelnen Religionen sehr verschieden vorgestellt, als unterirdisches Schattenreich (Hölle, german. Hel, griech. Hades, röm. Orkus, im A. T.: Scheol), aber auch als lichte, himmlische Totenwelt (Paradies); als Beispiel irdischer, jedoch weit entfernter Aufenthaltsorte der Toten: die griech. Vorstellung von den „Inseln der Seligen".

Totenschein, *Leichenbeschauschein*, die aufgrund der →Leichenschau durch einen Arzt oder sonstigen Leichenbeschauer ausgestellte Bestätigung über den Todeseintritt u. die Todesursache. Die Vorlage eines T.s beim Standesamt ist Voraussetzung für die Erteilung der Bestattungserlaubnis.

Totensonntag, ev. Totengedenktag am letzten Sonntag des Kirchenjahrs (seit 1816), später *Ewigkeitssonntag* genannt (Gedächtnis des Jüngsten Gerichts).

Totenstarre, nach dem Tod einsetzende Kontraktion sämtlicher Muskeln durch die fermentative Quellung der Muskelfasern.

Totentanz, frz. *Danse macabre*, in der bildenden Kunst die seit dem 14. Jh. in Frankreich als Ursprungsland, in Spanien, England, Italien, Dtschld. u. der Schweiz verbreitete themat. Gegenüberstellung des Lebens u. des Todes in meist ständisch geordneten Menschenvertretern u. skelettierten oder leichenhaften Totengestalten. Die ursprüngl. an Friedhofs- u. Kreuzgangmauern angebrachten Darstellungen (erste Beispiele: Klingenthal 1312; La Chaise-Dieu in der Auvergne 1343; Paris, Kloster Aux Innocents 1424/25; Lübeck 1463) wurden nach 1450 in graph. Zyklen übertragen u. durch beigegebene Verse moralisierend erläutert (Heidelberger T., um 1490). Bis ins 20. Jh. blieb der T. ein immer wiederkehrendes Thema der Kunst (A. *Rethel* 1849).

Totentrompete, *Herbsttrompete, Füllhorn, Craterellus cornucopioides*, in altem Laub von Buchen- u. Eichenwäldern wachsender Pilz mit trompetenförmigem Fruchtkörper, der von innen braunschwarz bis schwarz u. außen aschgrau ist; wohlschmeckender Würzpilz.

Totenuhr, *Anobium*, zu den *Klopfkäfern* gehörender Holzschädling in alten Möbeln, Holzschnitzereien u. ä. Die Käfer erzeugen zur Paarungszeit mit dem Kopfschild klopfende Geräusche, die im Aberglauben als Todesankündigung (tickende Uhr) gedeutet werden.

Totenvogel, dem Aberglauben entstammende Bez. für manche Eulen, z. B. Steinkauz.

toter Punkt, 1. *Maschinenbau*: Totpunkt, bei Kolbenmaschinen die Stellung von Kurbelzapfen u. Kurbelstange in einer Geraden (zwei äußerste Kolbenstellungen); Überwindung erfolgt durch einen 2. Antrieb oder ein Schwungrad. **2.** *Sportmedizin*: ein bei Dauerleistungen auftretendes vorübergehendes Gefühl der völligen Erschöpfung, das durch eine zu hohe Konzentration von sauren Stoffwechselzwischenprodukten (z. B. Milchsäure) in der arbeitenden Muskulatur u. auch im Blut hervorgerufen wird.

Totes Gebirge, verkarsteter Gebirgsstock der Nördl. Kalkalpen, zwischen Steyr u. Traun, auf der Grenze von Oberösterreich u. Steiermark, im *Großen Priel* 2515 m.

totes Gewicht, *tote Last*, Gewicht eines Fahrzeugs mit Treibstoff u. Zubehör, ohne Nutzlast.

totes Inventar, alle Maschinen u. Geräte einschl. Hausrat im landwirtschaftl. Betrieb, im Unterschied zum *lebenden Inventar* (Vieh). Beide zusammen bilden das *stehende Betriebskapital (Mobiliarkapital)*.

Totes Meer, arab. *Bahr el Miyet*, Salzsee an der israel.-jordan. Grenze, 80 km lang, bis 18 km breit, Mündungsbecken des Jordan, tiefste Depression der Erde (Seespiegel 395 m u. M.), 1020 qkm, im Nordteil bis 399 m tief, südl. der Lisanhalbinsel nur bis 6 m; infolge des hohen Salzgehalts ohne Lebewesen (Salzgehalt an der Oberfläche 30%, in der Tiefe 33%). Extrem trocken-heißes Klima. Salzgewinnung (Brom, Kali) bei *Sedom*, in kleinerem Umfang auch an der Nordküste.

tote Sprachen, Sprachen ohne lebende muttersprachl. Sprecher, entweder nur dem Namen nach bekannt oder mehr oder weniger umfangreich überliefert (von einzelnen Wörtern bis zu ganzen Literaturen).

totes Rennen, unentschiedener Ausgang bei sportl. Wettbewerben.

tote Zone, *Schweigezone*, ein Gebiet, das bei Ausbreitung von Schallwellen nicht getroffen wird, während in weiterer Entfernung der Schall wieder hörbar ist; Ursache ist die Schallbrechung in verschieden warmen Luftschichten; in der *Funktechnik* der Raum, in dem ein Kurzwellensender nicht gehört wird, weil der direkte Empfang *(Bodenwelle)* zu schwach u. der Empfang über die Ionosphäre *(Raumwelle)* wegen zu geringer Reflexionswinkel noch nicht möglich ist.

Tóth [to:t], Árpád, *14. 4. 1886 Arad, †7. 11. 1928 Budapest; Lyriker im Stil des französ. Spätsymbolismus.

Totila, *Badwila*, Ostgotenkönig 541–552, † Ende Juni 552 bei Tadinae (Gualdo Tadino) in Umbrien (gefallen); erneuerte seit 541 das Ostgotenreich, gewann durch sozialrevolutionäre Maßnahmen die römischen Kolonen, schuf eine Flotte u. kämpfte erfolgreich gegen die Byzantiner (Eroberung Neapels, 543, Roms 546, 550); unterlag *Narses* bei Tadinae.

Totleben, *Todleben*, (Franz) Eduard (Iwanowitsch) Graf von (seit 1879), russ. General dt.-balt. Herkunft, *20. 5. 1818 Mitau, †1. 7. 1884 Bad Soden; verteidigte 1854/55 im Krimkrieg Sewastopol; eroberte 1877 im russ.-türk. Krieg Plewna.

Totmannknopf →Sicherheitsfahrschaltung.

Toto [der], Kurzwort für *Totalisator*], eine Sportwette, bei der eine bestimmte Anzahl von Fußballspielen mehrerer Vereine zu einem Wettprogramm zusammengestellt ist. Bei der *Ergebniswette* wird die Spielergebnisse in bezug auf Sieg, Niederlage oder Unentschieden, bei der *Auswahlwette* unentschieden endende Spielpaarungen vorauszusagen. Es gibt Normalwettscheine u. Sonderwettscheine (Serien- u. Systemwettscheine). Als Gewinne werden die Zahl der richtigen Voraussagen gewertet; die Wetten haben unterschiedl. viele Gewinnränge. In der BRD gibt es als Ergebniswette die *Elferwette* mit 3 Rängen u. die Auswahlwette „6 aus 45" mit 5 Rängen (Gewinne aus beiden einkommensteuerfrei), in Österreich die *Zwölferwette* mit 3 Rängen (unter Abzug von bis zu 25% Gewinngebühr) u. in der Schweiz die *Dreizehnerwette* mit 4 Rängen (abzügl. einer Gewinnsteuer von 30%).

Jedes Land der BRD besitzt eine eigene T.-Gesellschaft unter staatl. Regie. Diese Unternehmen

Totenbestattung: Einäscherung eines buddhistischen Abtes in Nordthailand. – Frühchristlicher Sarkophag aus Trier

Totonaken

(von allen wird sowohl →Lotto als auch T. veranstaltet) sind im *Dt. Lotto- u. Totoblock* zusammengeschlossen. Die Gewinnausschüttungssumme beträgt 50% vom Wettumsatz; 26²/₃% fließen den Ländern als Lotteriesteuer zu, sonstige Erträge zu, 10% direkt dem Sport, 13¹/₃% sind Kostendeckung. 1967–1972 war dem T. eine Zusatzlotterie unter der Bez. *Olympia-Lotterie* angeschlossen. →auch Rennquintett, Wette.

Totonaken, mexikan. Indianerstamm (80 000) an der Golfküste, zur Zeit der span. Besatzung den Azteken tributpflichtig, Freunde der Spanier; mit hochstehender Weberei u. Steinplastik, großen Unterlippenscheiben, Schädel- u. Zahndeformation. Die früher den T. zugeschriebenen Altertümer gehören meist der →Tajin-Kultur an.

Totonicapán, Stadt in Guatemala, 2530 m ü.M., 42 300 Ew.; Handels- u. Industriestandort.

Totschlag, die vorsätzliche Tötung eines Menschen ohne die Merkmale eines →Mordes (§ 212 StGB). Der Totschläger wird bestraft mit Freiheitsstrafe nicht unter 5 Jahren, in bes. schweren Fällen mit lebenslanger Freiheitsstrafe, in minder schweren Fällen (z. B. beim *T. im Affekt*) mit Freiheitsstrafe von 6 Monaten bis zu 5 Jahren (§ 213 StGB). – In Österreich begeht T., „wer sich in einer allg. begreiflichen heftigen Gemütsbewegung dazu hinreißen läßt, einen anderen zu töten"; zu ahnden mit Freiheitsstrafe von 5–10 Jahren (§ 76 StGB). – In der Schweiz ist T. eine Tötung „in einer nach den Umständen entschuldbaren heftigen Gemütsbewegung" u. wird nach Art. 113 StGB mit Zuchthaus bis zu 10 Jahren oder mit Gefängnis zwischen 1 u. 5 Jahren bestraft.

Totstellreflex, *Thanatose,* Bewegungslosigkeit des Körpers bei einigen Insekten u. Wirbeltieren in Gefahrensituationen oder bestimmten Körperlagen (Rückenlage bei Vögeln); Schutz gegen optisch orientierte Feinde. Käfer u. Raupen erstarren bei Berührung, Seeschwalben- oder Möwenküken auf den Warnruf der Eltern hin. – □ 9.3.2.

Tottenham [ˈtɔtnəm], Teil von Greater London u. der nördl. Stadtgemeinde Haringey, 228 000 Ew.; bis 1964 selbständige Stadt in Middlesex.

Tottori, japan. Präfektur-Hptst. nahe der Nordküste von Südwesthonschu, 115 000 Ew.; Nahrungsmittel- u. Textilindustrie; im Hinterland Vorkommen u. Abbau von Edelmetallen.

Tötung, *Strafrecht:* die Verursachung des Todes eines Menschen, auch durch Unterlassung einer rechtl. gebotenen, den Tod abwendenden Handlung (→Unterlassungsdelikte). Die T. ist bei vorsätzlicher Begehung *Mord, Totschlag, Kindesmord* oder *T. auf Verlangen* des Getöteten (§ 216 StGB: Freiheitsstrafe zwischen 6 Monaten u. 5 Jahren), sonst *fahrlässige T.* (§ 222 StGB: Freiheitsstrafe bis zu 5 Jahren oder Geldstrafe). – In Österreich wird T. auf Verlangen mit Freiheitsstrafe von 6 Monaten bis 5 Jahren (§ 77 StGB), fahrlässige T. mit Freiheitsentzug bis zu 1 Jahr bestraft (§ 80 StGB). – In der Schweiz ist T. auf Verlangen mit Gefängnis (Art. 114 StGB), fahrlässige T. mit Gefängnis oder mit Buße zu bestrafen (Art. 117 StGB).

Totverbeller, ein Jagdhund, der bei erlegtem Wild so lange bellt (*Laut gibt*), bis der Jäger herankommt. Gegensatz: *Totverweiser,* ein Jagdhund, der nach Auffindung des erlegten Wilds zum Jäger zurückkehrt u. diesen hinführt (*weist*).

Touat [tuˈa], Oasengruppe in der nordwestl. Sahara, mit *Gourara* u. *Tidikelt,* rd. 12 000 qkm, 50 000 Ew.; Gersten-, Weizen- u. Dattelpalmenanbau. Im Gebiet von T. liegt das ehem. französ. Atomwaffenversuchsgelände bei *Reggane.*

Toubqāl [tubˈkal], *Jbel T., Dschebel Tubkal,* höchster Gipfel des Hohen Atlas, 4165 m.

Touggourt [ˈtuggurt], Oasengruppe in der alger. Sahara, südl. von Biskra; Hauptort *T.,* 80 000 Ew.; Dattelpalmen- u. Getreidekulturen.

Toul [tuːl], Stadt im französ. Dép. Meurthe-et-Moselle, Lothringen, an der Mosel u. am Rhein-Marne-Kanal, 17 000 Ew.; ehem. **Kathedrale** (13.–15. Jh.); Textil- u. keram. Industrie. – T. kam 1552 mit Metz u. Verdun vom röm.-dt. Reich an Frankreich; bis zum 1. Weltkrieg französ. Festung.

Toulon [tuˈlɔ̃], Stadt im französ. Dép. Var, wichtigster Kriegshafen Frankreichs am Mittelländ. Meer, an einer geschützten Bucht u. am Mont Faron (582 m), 380 000 Ew. Marineschulen u. -arsenal; roman. **Kathedrale** (11./12. Jh.), barockes Rathaus (17. Jh.); Schiff-, Maschinenbau, Metall-, chem. u. holzverarbeitende Industrie.

Toulouse [tuˈluːz], Hptst. des südfranzös. Dép. Haute-Garonne, Mittelpunkt des Languedoc, an der Garonne u. am Canal du Midi, 500 000 Ew.; Universität (1229), Institute für Luftfahrt- u. Raumforschung; roman. Basilika Saint-Sernin (11./12. Jh.), Museen, Maschinen- u. Flugzeugbau, Eisen-, Metall-, Textil-, Papier-, Leder-, Nahrungsmittel-, chem. u. pharmazeut. Industrie. Geschichte: Röm. Gründung *(Tolosa).* Im 3. Jh. Bischofssitz, 414 von Westgoten besetzt u. 418–507 Hptst. des *Tolosanischen Reichs,* dann zum Frankenreich, seit 778 Markgrafschaft des karoling. Königreichs Aquitanien. Seit dem 10. Jh. führten die Grafen von T. *(Grafschaft T.)* den Titel Herzog von Aquitanien. In den Albigenserkriegen 1208–1218 (neben Albi war T. Zentrum der Albigenser) wurde die Macht der Grafen von T. gebrochen. 1271 kam T. an das französ. Königshaus.

Toulouse-Lautrec [tuˈluːz loˈtrɛk], Henri Marie Raymond de, französ. Maler u. Graphiker, * 24. 11. 1864 Albi, † 9. 9. 1901 Schloß Malromé, Gironde; war nach Beinbrüchen in der Jugend zeitlebens verkrüppelt; blieb allen Gruppenbildungen fern u. entwickelte, von japan. Holzschnittkunst angeregt, einen plakativen Flächen- u. Linienstil, der mit klarer Umrißbetonung das Dargestellte auf wesentl. Formen reduziert. Seine Motive entnahm T. dem Vergnügungs- u. Halbweltleben auf dem Pariser Montmartre, dem Treiben auf Rennplätzen, in Zirkusarenen u. Kabaretts. Sein anfängl. Elemente des Impressionismus weiterentwickelnder Stil wandelte sich um 1893 (Plakat Jane Avril) zu einer Gestaltungsform, die dem Jugendstil zuzurechnen ist. Bedeutend sind die Verdienste T.s um die Entwicklung der Farblithographie u. der modernen Plakatkunst. Gemälde-Hptw. im Museum von Albi. – ℬ →auch Plakat. – □ 2.5.5.

Toupet [frz. tuˈpeː], um 1788 in der Herrenmode aufgekommenes Haarersatzstück mit gekräuseltem Stirnhaar; auch heute neben der Perücke von Männern häufig verwendet.

toupieren [tu-; frz.], Haare gegen den Strich kämmen, um die Frisur voller erscheinen zu lassen.

Tour [tuːr; die; frz.], Drehung, Umdrehung, Fahrt, Reise.

Touraine [tuˈrɛːn], Landschaft im westl. Mittelfrankreich, beiderseits der unteren Loire; Mittelpunkt ist *Tours;* Schlösser sind Mittelpunkt vieler Städte u. Ortschaften. Gemüse-, Obst-, Wein- u. Getreidebau, Rinderzucht u. Milchwirtschaft; Fremdenverkehr.

Tourane [tuˈran] = Da Nang.

Tourcoing [turˈkwɛ̃], Industriestadt im französ. Dép. Nord, an der belg. Grenze, nördl. von Roubaix, 102 000 Ew.; Kraftwerk, Textilindustrie, Färbereien u. Papierfabriken.

Tour de France [turdəˈfrɑ̃ːs; frz.], Radrundfahrt durch Frankreich für Berufsfahrer; schwerstes Straßenrennen der Welt; begründet 1903 von Henry Desgrange; wechselnde Streckenführung (Gesamtlänge meist ca. 4000 km), Ziel ist immer Paris. →auch Grünes Trikot, Gelbes Trikot.

Tour de l'Avenir [tur də lavəˈniːr; frz.; „Tour der Zukunft"], neben der Fernfahrt Warschau–Berlin–Prag das bedeutendste, jährl. ausgetragene Etappen-Straßenrennen für Amateure; 1961 erstmals in Frankreich durchgeführt.

Tour de Peilz [tur dəˈpe] =La Tour de Peilz.

Tour de Suisse [tur dəˈswis; frz.], Etappen-Radrundfahrt für Berufsfahrer in der Schweiz; seit 1933 jährl. mit wechselnder Streckenführung u. -länge (meist ca. 1500 km) ausgetragen.

Touré [tuˈre], Sékou, guineischer Politiker, * 9. 1. 1922 Faranah; Moslem; 1945 Generalsekretär der guineischen Gewerkschaft, 1946 Mitgründer des *Rassemblement Démocratique Africain (RDA).* Seit 1952 reorganisierte T. seine Partei *(Parti Démocratique de Guinée, PDG),* eine Sektion des RDA, nach marxist. Grundsätzen. 1956 Abg. der Französ. Nationalversammlung, 1957 Min.-Präs. des autonom gewordenen Guinea. Nachdem die Bevölkerung 1958 mit 95% für die Unabhängigkeit Guineas gestimmt hatte, wurde T. erster Staats-Präs. Er errichtete ein diktator. Regime; außenpolit. bekämpfte er vor allem die portugies. Kolonialpolitik in Afrika.

Tourenwagen →Rennwagen.

Tourenzahl, *Umdrehungszahl,* Anzahl der Umdrehungen einer Welle u. ä. in der Zeiteinheit, im allg. in der Minute; die T. wird mit dem *Tourenzähler (Umdrehungszähler)* gemessen.

Tourenzähler, Zählwerk für die Zahl der Umdrehungen in einem bestimmten Zeitraum; beruht meist auf dem Prinzip des Schwungpendels.

Tourismus [tu-; frz.] →Fremdenverkehr.

Touristenklasse [tu-; frz.], in der Linienschiff-

Henri de Toulouse-Lautrec: Selbstbildnis; 1880. Albi, Musée Toulouse-Lautrec

fahrt u. Luftfahrt preiswertes Passageangebot bei weniger luxuriöser Unterbringung u. Verpflegung.

Touristik [tu-; frz.], das gesamte Reisewesen einschließl. *Camping, Wandern* u. *Bergsteigen.*

Touristik Union International GmbH KG, Hannover, größte dt. Touristik-Unternehmensgruppe, gegr. 1967 als Dachgesellschaft der Firmen *Touropa* (München), *Scharnow-Reisen* (Hannover), *Dr. Tigges-Fahrten* (Köln) u. *Hummel-Reise* (Hannover).

Tourist Trophy [ˈtuːrist ˈtrɔfi; engl.], ältestes internationales Motorradrennen, seit 1907 auf der Insel Man ausgetragen; 60,725 km lange, kurvenreiche, hügelige Straßenrennstrecke.

Tournai [turˈnɛ; das; nach der belg. Stadt T.], Stufe des Unterkarbons.

Tournai [turˈnɛ], fläm. *Doornik,* Stadt in der belg. Prov. Hennegau, an der Schelde, 33 600 Ew.; roman.-got. Kathedrale (12./13. Jh.) u. a. mittelalterl. Bauten; Textil-, Teppich-, Metall-, Zement-, Nahrungsmittelindustrie; Bahnknotenpunkt. – Das röm. *Turris Nerviorum,* Geburtsort des Frankenkönigs *Chlodwig,* 1477 habsburg., 1667–1709, 1745/48 u. 1794–1814 französ., dann niederländ. u. seit 1830 belgisch.

Tournedos [turnəˈdo; frz.], kleine Lendenschnitten, auf dem Rost oder in der Pfanne gebraten.

Tournüre [tu-; frz.], *Turnüre,* der →Cul de Paris in der Zeit um 1870–1890.

Touropa →Touristik Union International GmbH KG.

Tours [tuːr], Stadt im mittleren Frankreich, im Winkel zwischen Loire u. Cher; Mittelpunkt der *Touraine,* Hptst. des Dép. Indre-et-Loire, 250 000 Ew.; Wallfahrtskirche Saint-Martin, die Kathedrale (12.–16. Jh.), ehem. Erzbischofspalast (17. Jh.), Hochschulen, Museen, Bibliothek; Agrar- u. Weinhandel, große Eisenbahnwerkstätten, Metall-, Maschinen-, Elektro-, Textil-, Papier-, Nahrungsmittel-, chem., pharmazeut. u. keram. Industrie, Druckereien; Fremdenverkehr.

Bei T. u. Poitiers schlug der fränk. Hausmeier *Karl Martell* am 17. 10. 732 die Araber u. vertrieb sie aus Frankreich.

Tourte [turt], François, französ. Bogenmacher, * um 1747 Paris, † 1835 Paris; entwickelte die moderne Form des Violinbogens.

Toussaint-Louverture [tuˈsɛ̃ luvɛrˈtyːr], François-Dominique, farbiger General u. Politiker auf Haiti, * 20. 5. 1743 Saint-Dominique, † 7. 4. 1803 Fort Joux bei Besançon (Frankreich); in der Sklaverei geboren, 1791 Anführer einer Revolution Farbiger zur Befreiung Haitis aus der Kolonialherrschaft; von Frankreich zum General ernannt, kämpfte gegen die Briten u. Spanier auf Haiti, 1796 Oberbefehlshaber, 1801 Staats-Präs. Haitis, 1802 von französ. Truppen verhaftet u. nach Frankreich gebracht, starb dort im Kerker.

Tower [tauə; engl.], Kontrollturm eines Flughafens, bes. für den Flugsprechfunk.
Tower [tauə], Zitadelle im O der Londoner Altstadt, an der Themse, nördl. der *T.-Brücke*; ältestes Bauwerk Londons, 1078 von *Wilhelm dem Eroberer* begonnen, bis 1509 Residenz, später Staatsgefängnis u. Richtstätte, heute Arsenal, Aufbewahrungsort der brit. Kronjuwelen. – *T. Hamlets*, Teil von Grater London, 150000 Ew., östl. an die City anschließend.
Towgarn [tau-; engl.], Garn aus Werg.
Town [taun; engl.], Bestandteil geograph. Namen: Stadt.
Towne [taun], Francis, engl. Maler, *1739 oder 1740, †7. 7. 1816 London; wurde mit Aquarellansichten aus Italien u. der Schweiz, auf denen die Staffagerequisiten des 18. Jh. fehlen, Wegbereiter der engl. Landschaftsmalerei.
Townes [taunz], Charles, US-amerikan. Physiker, *28. 7. 1915 Greenville, S.C.; grundlegende Arbeiten auf dem Gebiet der Quantenelektronik (Maser, Laser); Nobelpreis für Physik 1964.
Townsend ['taunzɛnd], John Sealy Edward, brit. Physiker, *7. 6. 1868 Galway (Irland), †26. 2. 1957 Oxford; Prof. in Oxford; arbeitete über Gasentladung *(T.entladung)*, Stoßionisation.
Townsville ['taunzvil], Hafenstadt im austral. Staat Queensland, an der Cleveland Bay, 70000 Ew.; Wollhandel, Eisenverarbeitung, Kupferraffinerie; Schlächtereien, Zuckerfabriken.
toxi... [grch.], Wortbestandteil mit der Bedeutung „Gift"; wird zu *tox...* vor Selbstlaut.
Toxikologie [grch.], Wissenschaft von den Giften (toxischen Stoffen) u. den Vergiftungen, ihrer Erkennung u. den Möglichkeiten ihrer Behandlung; Teilgebiet der Pharmakologie. – 🄻 9.8.6.
Toxine [grch.], bakterielle, pflanzliche u. tierische Giftstoffe, die in einem anderen Organismus die Bildung von →Antitoxinen bewirken. Ihre chem. Natur ist weitgehend unbekannt.
Toxoplasmose [die; grch.], auf den Menschen übertragbare Tierseuche, deren Erreger das *Toxoplasma gondii* ist; anzeigepflichtig. Die erworbene T. des Erwachsenen kann akut oder chronisch auftreten, oft auch ohne erkennbare Symptome bleiben *(latente T.)*; die angeborene T. entsteht durch Übertragung von der Mutter auf das ungeborene Kind u. kann zu Fehl-, Früh- oder Totgeburt oder zu Mißbildungen u. angeborenen Schädigungen führen *(toxoplasmotische Fetopathie)*. Zur Behandlung dienen Chemotherapeutika.
Toyama, japan. Präfektur-Hptst. in Zentralhonschu an der *T.bucht* (Japan. Meer), 290000 Ew.; Textil-, pharmazeut., Eisen-, Stahl- u. Buntmetallindustrie, Aluminiumhüttenwerk.
Toynbee ['tɔinbi], **1.** Arnold, brit. Sozialreformer, *23. 8. 1852 London, †9. 3. 1883 Wimbledon; förderte die Arbeiterbildung, um die Kluft zwischen Arbeitern u. Intellektuellen zu verringern, vertrat den Gedanken des →Settlement.
2. Arnold Joseph, Neffe von 1), brit. Historiker, *14. 4. 1889 London, †22. 10. 1975 York; 1943 bis 1946 Direktor der Forschungsabteilungen des Außenministeriums. In seinem Hauptwerk „A Study of History" 10 Bde. 1934–1954 (dt. gekürzt „Gang der Weltgeschichte" 2 Bde.) stellte er eine spekulativ-geschichtsphilosoph. Lehre von 21 einander ablösenden Einzelkulturen auf, deren Entstehung, Wachstum u. Auflösung immer wiederkehrende typ. Formen zeigten.
Toyohaschi, *Toyohashi*, japan. Stadt in Zentralhonschu, südöstl. von Nagoya, 285000 Ew.; Baumwollmarkt; Zentrum des Maulbeerbaumanbaus u. der Seidenraupenzucht, Seidenindustrie.
Toyokuni Utagawa, japan. Maler, *1769 Edo (Tokio), †1825 Edo; Vertreter der Ukio-e-Schule, schuf Farbholzschnitte mit Darstellungen von Kurtisanen u. Schauspielern. 🄱 →Japan (Geschichte).
Toyonaka, Stadt in Japan, auf Honschu, Satellitenstadt von Osaka, 385000 Ew.
Toyotomi Hideyoschi →Hideyoschi.
Tôzeur [to'zœ:r], Hauptort der tunes. Oasenlandschaft *Djerid*, 20000 Ew.; Dattel- u. Obstbau.
T.p., Abk. für →Titulo pleno.
tra... →trans.
Trab, eine Gangart (bes. von Pferden), bei der ein Vorderfuß u. der entgegengesetzte Hinterfuß zugleich aufgesetzt werden. Traber, die im →Paßgang traben, nennt man *Pacer*.
Trabant [der; tschech.], **1.** *allg.:* im MA. Angehöriger der *Leibgarden*; i.w.S. heute Begleiter.
2. *Astronomie:* Mond, Satellit.
Trabantenstadt →Satellitenstadt.
Traben-Trarbach, rheinland-pfälz. Stadt (Ldkrs. Bernkastel-Wittlich), an der mittleren Mosel, 6400 Ew.; größter Weinhandelsort an der Mosel; Maschinen- u. Kunststoffindustrie. In der Nähe die Ruine *Grevenburg* (14./18. Jh.).
Trabrennen →Pferderennen.
Trabzon [-'zon] = Trapezunt.
Tracheata →Tracheentiere.
Trachee [die; grch.], **1.** wasserleitendes Element des →Leitgewebes der Pflanze.
2. Atemröhre der *Tracheentiere* u. mancher Spinnen; von außen eingestülpte, chitinig verstärkte Röhren, die sich weit verästeln (Tracheolen) u. mit Luftkapillaren die inneren Organe des Tieres umspinnen. Bei Häutungen werden die T.n mit der alten Kutikula abgestreift u. neu gebildet. →Atmungsorgane.
Tracheenlungen, *Fächerlungen*, bei Spinnen verbreitete →Atmungsorgane; Hohlräume, in die die Außenluft eintritt u. in die zahlreiche dünne, durchblutete Blättchen hineinragen.
Tracheentiere, *Tracheata*, Unterstamm der *Gliederfüßer*, mit *Tracheen* u. schlauchartigen Darmanhängen, die der Exkretion dienen u. als *Malpighische Gefäße* bezeichnet werden. Zu den T.n gehören die *Insekten* u. *Tausendfüßler*.
Tracheitis [die; grch.] = Luftröhrenentzündung.
Trachom [das; grch.], *ägyptische Augenkrankheit, Körnerkrankheit, Granulose*, eine bes. in Ägypten u.a. Mittelmeerländern vorkommende Infektionskrankheit des Auges, deren Erreger ein großes Virus, das *Chlamydozoon trachomatis*, ist; anzeigepflichtig. Hauptanzeichen sind die charakterist. *T.körner* an der Innenseite bes. des Oberlids, ferner Undurchsichtigwerden der Bindehaut u. Lidschrumpfungen *(Narben-T.)*.
Tracht [die], **1.** *Mineralogie:* die Gesamtheit der an einem Kristall auftretenden Flächen.
2. *Volkskunde:* die in Form, Farbe u. Tragweise einheitl. Kleidung einer Gemeinschaft. Ursprüngl. erwachsen aus der Begrenzung der materiellen Möglichkeiten u. als Folge eines der Gemeinschaft eigenen Stilwillens, der sich auch im tägl. Gebrauch äußert, wurde die T. im Lauf der Entwicklung Ausdruck ständischer Gliederung (ritterl. T., Bauern-T., Hof-T.). Mit der Auflösung des gesellschaftl. Ordnungsgefüges im MA. verlor die T. diesen Charakter; an ihre Stelle trat die modische Kleidung. Als National- u. Volkstracht erhielt sie sich teilweise, durch T.en- u. Heimatvereine gefördert, in meist abgelegenen Landschaften (z.B. Schwarzwald) u. in bäuerl. Gemeinschaften mit konservativer Lebenshaltung. T.en werden heute auch zum Zwecke regionaler oder nationaler Repräsentation genutzt u. in den Dienst der Fremdenverkehrswerbung gestellt. – 🄱 S. 10.
3. *Zoologie:* äußere Merkmale eines Tiers (z.B. Form, Färbung, Zeichnung), die nur für das Einzeltier gelten, nicht aber für eine Tiergruppe als typisch zu verallgemeinern sind (→Habitus).
Schutz-T., Merkmale, die ein Tier vor den Feinden zu schützen vermögen, die sich nach ihrem Gesichtssinn richten: 1. *Verberg-T.en (Tarn-T.en)* passen das Tier in Färbung u. Form seiner Umgebung an: Farbanpassung *(Farbwechsel, Homochromie)*, unauffällige Umgebungs-T., Nachbildung von belebten oder unbelebten Teilen der Umgebung (→Mimese), Auflösen der Körperkonturen durch bestimmte Zeichnung *(Somatolyse)*; 2. *Warn-T.n*: Abschreckung von Feinden durch auffällige Färbung oder Zeichnung (Ungewohnt-T., Drohfärbung), Ähnlichkeit ungeschützter Tiere mit geschützten (→Mimikry). Unterstützt werden Schutz-T.en durch spezielle Verhaltensweisen, z.B. Schreckstellungen (Rohrdommel), Bewegungslosigkeit (Spannerraupen). Lock-T. dient zum Anlocken der Beute bei räuberischen Tieren, z.B. Blütenähnlichkeit tropischer Fangschrecken *(Mantiden)*. Schmuck-T. dient als Erkennungszeichen gegenüber Artgenossen.
Trächtigkeit, bei lebendgebärenden Tieren Zustand des Muttertiers zwischen Befruchtung der Eizelle u. Geburt des Jungtieres; →auch Tragzeit.
Trachycarpus, *Hanfpalme*, im Himalaya u. in Ostasien heim. Palmengattung. Von der *Hochstämmigen Hanfpalme, T. excelsa*, werden Fasern u. Blätter zur Anfertigung von Hüten, Bürsten, Besen, Stricken u.a. verwendet.
Trachydolerit [der], grobes, alkalisch-basalt. Eruptivgestein mit Feldspatvertretern, Übergang zwischen Basalt, Phonolith u. Trachyt.
Trachyt [der; grch.], jüngeres Ergußgestein mit dichter rauher Grundmasse u. Einzelkristallen aus Sanidin, Oligoklas, Glimmer, Hornblende; dem *Syenit* verwandt; *glasige T.e* = Obsidian.
Tracy ['trɛisi], Spencer, US-amerikan. Filmschauspieler, *4. 4. 1900 Milwaukee, †10. 6. 1967 Beverly Hills; Charakterdarsteller.
Trademark ['trɛid-; die; engl.], engl. Bez. für *Warenzeichen*.
Tradeskantie, *Tradescantia* u.a. Gattungen der *Scheibenblumengewächse*. In Dtschld. als Zierpflanze eine in Nordamerika u. Mexiko heimische *T. (Blumenschilf, Tradescantia virginiana)* mit stark variierender Blütenfarbe u. langen lanzettlich-linealen grasartigen Blättern; bes. als Ampelpflanze wird die *Weißblütige T., Zebrina pendula*, kultiviert; Blätter mit gelben Längsstreifen.
Trade Union ['trɛid 'ju:njən; die; engl.], die engl. (Arbeiter-)Gewerkschaft; ihre wichtigste Zusammenfassung seit 1868 der *T.U.s Congress* (Abk. *TUC*); 491 T.U.s mit mehr als 10 Mill. Mitgliedern (1868: 118000), Sitz: London; dem Internationalen Bund Freier Gewerkschaften angeschlossen.
Tradition [lat., „Weitergabe"], **1.** *Religion:* für viele Religionen (u.a. Hinduismus, Islam, Spätjudentum) die mündl. oder schriftl. bewahrte Grundlage ihres Wissens von Gott u. Welt, kult. u. ethischen Verpflichtungen. Im Katholizismus unterscheidet man mündl. T. u. Bibel u. wertet sie als gemeinsame Quelle der göttl. Offenbarung. Die ev. Kirchen lassen die T. neben der Bibel nur als Quellensammlung gelten.
2. *Volkskunde:* Überlieferung von kulturellen Formen u. Inhalten (z.B. Bräuche, Glaubensvorstellungen, Erzählstoffe, Lieder u.ä.) über eine bestimmte Zeit hinweg. – Vom zeitl. T.s-Vorgang ist die räuml. Ausbreitung von Kulturerscheinungen zu trennen, die als *Diffusion* bezeichnet wird. Die populären T.en werden von der Volkskunde erforscht, die gelegentl. als die Wissenschaft von den T.en definiert wird. – 🄻 3.6.5.
Traetta, Tommaso, italien. Komponist, *30. 3. 1727 Bitonto bei Bari, †6. 4. 1779 Venedig; 1765 Konservatoriumsdirektor in Venedig, 1768–1774 Hofkapellmeister Katharinas II. in St. Petersburg; seine über 40 Opern weisen mit ihrem Sinn für dramat. Gestaltung auf C. W. von Gluck hin.
Trafalgar, span. Kap nordwestl. der Straße von Gibraltar. Bei T. besiegte H. *Nelson* am 21. 10. 1805 die französ.-span. Flotte, sicherte damit die engl. Seeherrschaft u. begründete den Nimbus von der unbesiegl. engl. Marine. Nelson fiel in der Schlacht.
Trafik [der, Mz. *T.s*; in Österreich: die, Mz. *T.en*; ital.], *Tabak-T.*, in Österreich der staatl. konzessionierte Tabakwarenladen.
Trafo, Abk. für →Transformator.
Tragaltar →Portatile.
Tragant [der; lat.], **1.** *Botanik: Bärenschote, Stragel, Astragalus*, zahlreiche Arten umfassende Gattung der *Schmetterlingsblütler*, deren Hauptverbreitung im vorderasiat. Steppengebiet liegt; Kräuter u. Sträucher, häufig mit zu Dornen umgewandelten Blattspindeln. Von den dt. Arten am häufigsten: *Süßer T., Astragalus glycyphyllos*, mit niederliegenden Stengeln, gefiederten Blättern u. gelblichweißen Blüten. Die süßen Wurzeln *(Wald-Süßholz, Herba glycyrrhiza silvestris)* wurden früher arzneil. verwendet.
2. *Lebensmittel: Tragantgummi*, Binde- u. Verdickungsmittel aus der Rinde vorderasiat. Sträucher *(Astragalus)*, findet bei der Herstellung von Speiseeis u. Zuckerwaren Verwendung: besteht zu etwa 60% aus quellbaren Hemicellulosen (celluloseähnlichen Zuckern).
Träger, 1. *Bauwesen:* Konstruktionselement zur Aufnahme von Lasten u. deren Übertragung auf die Auflager, z.B. Wände, Stützen. Einfachste T. sind Holzbalken oder eiserne T. Andere T.arten: *Vollwand-T.*, aus Blechen zusammengenietet oder geschweißt, in T- oder U-Form; *Fachwerk-T.* in verschiedenen Formen wie Parallel-, Bogensehnen-, Trapez-T. →auch Gurt.
2. *Flugwesen:* →Flugzeugträger.
Trägerflugzeug, ein Flugzeug, das von einem *Flugzeugträger* aus seinen Kampfauftrag ausführt.
Trägerfrequenz, die Frequenz der Trägerwelle, auf die ein Nachrichteninhalt (z.B. der Ton beim →Rundfunk) moduliert wird. Auf diese Weise lassen sich die Vorteile der Hochfrequenz für die Niederfrequenz ausnutzen, z.B. Ausbreitung über große Entfernungen oder Mehrfachausnutzung einer Leitung mit Hilfe verschiedener T.en.
Trägerfrequenztechnik, ein Verfahren, mit dem man eine Vielzahl von Nachrichten (z.B. mehrere Ferngespräche) gleichzeitig auf einer Leitung überträgt. Dazu wird der einzelne Fernsprechkanal auf eine Bandbreite zwischen 300 u. 3400 Hz be-

Trägerraketen

Bürgertracht aus Alt-Berlin

grenzt. Anschließend werden verschiedene *Trägerfrequenzen* mit den Sprachfrequenzen moduliert. Beim Modulationsvorgang wird die Trägerschwingung von zwei Frequenzbändern überlagert, die beide für sich die Information enthalten. Man kann deshalb das eine „Seitenband" u. den Träger selbst unterdrücken, um Bandbreite einzusparen *(Einseitenband-Amplitudenmodulation)*. So können heute maximal 10 800 Telephongespräche auf einer einzigen koaxialen Leitung übertragen werden. Am anderen Ende der Leitung müssen die trägerfrequenten Schwingungen wieder demoduliert, d.h. in den Sprachfrequenzbereich zurückversetzt werden. Da in der Fernsprechtechnik stets die Übertragungswege für Hin- u. Rückrichtung zusammengehören, sind Modulator u. Demodulator konstruktiv vereint. Ein ähnliches Verfahren wendet man an, um auf einem Fernsprechkanal mehrere Telegraphiekanäle unterzubringen *(Wechselstrom-Telegraphie)*.

Trägerraketen, *Trägersysteme,* Raketen, die zum Transport von Nutzlasten (Satelliten) in den Weltraum dienen. Unterschieden werden *ballistische Trägersysteme*, die nur einmal verwendet werden können *(Verlustgeräte),* u. *geflügelte wiederverwendbare Systeme* (geplante *Raumtransporter*).

Tragfähigkeit, 1. *Bevölkerungsgeographie:* die höchstmögliche Einwohnerzahl (bzw. Bevölkerungsdichte) für ein bestimmtes Gebiet, Land oder die ganze Erde. Die T. ist abhängig von natürl. Faktoren (Klima, Boden u.a.) u. von der wirtschaftl.-techn. Entwicklung (z.B. Stand der Mechanisierung in der Landwirtschaft, der Industrialisierung, der Verstädterung u. der Arbeitsteilung). **2.** *Schiffahrt:* →deadweight.

Tragfläche, *Tragflügel,* Flugzeugbauteil; dient zur Erzeugung einer der Schwerkraft entgegenwirkenden Luftkraft *(Auftrieb)* auf dynam. Weg.

Tragflügelboot, *Tragflächenboot,* ein Motorboot, bei dem starre oder ausschwingbare kurze Auftriebsflächen (etwa V-förmig, ähnlich Flugzeugflügeln) bei Geschwindigkeiten über 30 kn (Knoten) den Bootskörper völlig über die Wasseroberfläche emporheben. Dann sind nur noch die Tragflügel u. die Schiffsschrauben eingetaucht, u. der Fahrtwiderstand ist sehr gering.

Trägheit, *Beharrungsvermögen,* die Eigenschaft jedes Körpers, der Änderung seiner momentanen Bewegung einen Widerstand entgegenzusetzen. Das 1609 von G. *Galilei* gefundene *T.sgesetz* sagt: Jeder Körper verharrt im Zustand der Ruhe oder geradlinig-gleichförmigen Bewegung, solange keine Kräfte auf ihn wirken. I. *Newton* formulierte (1670) als Gesetz für Bewegungsänderungen quantitativ: (Träge) Masse mal Beschleunigung ist gleich der auf den Körper wirkenden Kraft. Nach der Einsteinschen Energie-Masse-Beziehung (→*Relativitätstheorie*) hat auch jede Energie T.

Schwälmer Bauernpaar

TRACHTEN
aus dem Trachtenpuppenmuseum in Neustadt

Junge in Alt-Schweriner Tracht

Pfälzer Tracht, Frankenthal

Tragikomödie

Araber

Duala-Neger, Kamerun

Lappländerin

Deutsch-schwäbische Tracht aus dem Banat

Andalusische Tänzerin

Rumänische Tracht der Nordmoldau

Siebenbürger Tracht

Koreanerin   *Isländerin in Festtracht*

Trägheitskräfte, Kräfte, die bei der mathemat. Beschreibung der Bewegung von Körpern in einem beschleunigten Bezugssystem so einzuführen sind, daß die Newtonschen Axiome der Mechanik gültig bleiben. Die T. sind stets der trägen Masse proportional. Die gelegentl. benutzte Bez. *Scheinkräfte* ist weniger glücklich, da T. durchaus wahrnehmbar sind, z. B. im beschleunigten Eisenbahnzug sowie als *Zentrifugal-* u. *Corioliskraft* in rotierenden Systemen (Drehscheibe).

Trägheitsmoment, der Widerstand eines sich um eine Achse drehenden Körpers gegen die Änderung der Rotationsgeschwindigkeit. Das T. ergibt sich aus den Produkten der Massen aller Teilchen des Körpers u. den Quadraten ihrer Abstände von der Drehachse. Es hat bei der Drehbewegung dieselbe Bedeutung wie die *träge Masse* bei der geradlinig gleichförmigen Bewegung.

Trägheitsnavigation, ein autonomes Navigationsverfahren (→Navigation) bes. für Flugzeuge u. Flugkörper, arbeitet genau, fremdstörungssicher u. unabhängig von Bodenstellen u. äußeren Einflüssen. Eine Kreiselanlage mißt die bei Beschleunigung auftretenden *Trägheitskräfte* u. die zugehörige Zeit, woraus sich die geflogenen Geschwindigkeiten ermitteln lassen u. wiederum in Verbindung mit der Zeit die zurückgelegten Wege. Ein bordeigenes elektron. Rechengerät errechnet diese Werte kontinuierlich u. vergleicht sie mit der Sollflugbahn. Die notwendigen Steuerkorrekturen werden vom Piloten oder direkt von einer Hilfskraftanlage vorgenommen.

Trägheitswiderstand, die Kraft (*Trägheitskraft*), die ein Körper infolge seiner Trägheit einer beschleunigenden Kraft entgegensetzt.

Tragik [die; grch.], *das Tragische,* ein unausweichliches In-Schuld-Fallen. Zur T. gehören also 2 Faktoren: die *tragische Notwendigkeit* u. die *tragische Schuld.*
Trag. Notwendigkeit besagt, daß der Mensch, gleichgültig, ob er so oder so, ob er oder ob er nicht handelt, in jedem Fall schuldig wird. Er ist in einen *tragischen Konflikt* geraten, aus dem er nicht mehr schuldlos hervorgehen kann. Beruht die Notwendigkeit der Verschuldung in Umständen, die außerhalb des Betroffenen liegen, z. B. in einem Ausnahmezustand oder in einer bes. geschichtl. Situation, so spricht man von *Schicksals-T.;* beruht die Notwendigkeit in der Persönlichkeit des Betroffenen, spricht man von *Charakter-T.*
Die trag. Schuld ist im eigentl. Sinn nicht als Schuld zu bezeichnen, da sie unter Aufhebung des freien Willens entstanden ist. Die allg. Erfahrung, daß bestehende Gesetze oft mit Notwendigkeit gebrochen werden, wirft dann auch die Frage nach Sinn oder Sinnlosigkeit dieser Gesetze auf. Die Erkenntnis des Widersprüchlichen führt zu einer *trag. Weltsicht.*
Die T. u. die damit verbundenen letzten Daseinsfragen sind oft in der Dichtung behandelt worden (→Tragödie).

Tragikomödie [grch.], ursprüngl. (u. in den Renaissancepoetiken) ein ernstes Drama mit heite-

Tragödie

rem Ausgang (so noch bei G. E. *Lessing*), im heutigen Sinn ein Drama, in dem sich trag. u. kom. Elemente durchdringen. Entweder wird die Ernsthaftigkeit der Handlung mit komischen Elementen durchsetzt (bei *Shakespeare* z. B. „Troilus u. Cressida"), oder die Komik der Handlung wird durch einen schmerzl. Unterton gebrochen (bei *Molière* z. B. „Der Misanthrop", „Tartuffe"). Bekannte T.n sind z. B. noch: H. von *Kleists* „Amphitryon"; G. *Hauptmanns* „Die Ratten"; F. *Dürrenmatts* „Der Besuch der alten Dame". – ▯ 3.0.2.

Tragödie [grch. *tragodia*, „Bocksgesang", d. h. der Gesang um einen Bock als Opfer oder Preis], *Trauerspiel*, ein Drama, das in seinem Handlungsverlauf den Helden in einen *tragischen Konflikt* stürzt u. die daraus entstehende *trag. Schuld* in irgendeiner Form auflöst. Die Auflösung kann auf zwei Arten erfolgen: Entweder wird die trag. Schuld durch einen höheren Eingriff getilgt (*Äschylus*: „Orestie"; *Goethe*: „Faust"; H. von *Kleist*: „Prinz von Homburg"), oder der Dichter läßt der notwendigen trag. Verschuldung eine ebenso notwendige Vernichtung des Helden folgen (*Shakespeare*: „Richard III."; *Schiller*: „Wallenstein"). Die – teilweise selbstgewollte – Vernichtung des Helden (*Schiller*: „Die Räuber") stellt die ewige Gerechtigkeit wieder her (oder macht diese erst sichtbar) u. gibt dem Helden noch einmal Gelegenheit, seine Charaktergröße zu beweisen. Die normale T. hat zwei Höhepunkte: einmal die *Verschuldung* des Helden als Folge des trag. Konflikts (in der klass. T. gewöhnl. im 3. Akt), dann die *Auflösung der Schuld* (gewöhnl. am Schluß der T.). Eine bes. Form ist die *analytische T.*, in der die Verschuldung (der erste Höhepunkt) schon vor dem Beginn des Dramas liegt (*Sophokles*: „König Ödipus"). Entsprechend den Begriffen Schicksals- u. Charaktertragik spricht man von *Schicksals*- u. *Charakter-T.* Die antiken T.n sind überwiegend *Schicksals-T.n*. Die drei großen griech. Tragiker sind *Äschylus, Sophokles* u. *Euripides*. An den Festspieltagen wurden jeweils drei T.n u. ein komisches *Satyrspiel* zusammen aufgeführt (Tetralogie). – Die röm. T.n entstanden in Anlehnung an die griechischen, blieben aber stark rhetorisch (z. B. bei *Seneca*) u. erreichten nicht die Wirkung ihrer Vorbilder. – Im christl. MA. war der Begriff der Tragik von vornherein durch den Begriff der Erlösung aufgehoben. Erst in der Neuzeit wurde die antike T. neu belebt. In den T.n *Lope de Vegas* u. *Calderóns* wird die Widersprüchlichkeit des Irdischen wieder lebendig. Ein weiterer Höhepunkt ist *Shakespeare*; in seinen Werken überwiegt die Charaktertragik. Die T. des französ. Klassizismus (P. *Corneille*, J. *Racine*) ist streng durchgeformt u. entzündet sich gewöhnl. an dem Zwiespalt zwischen Vernunft u. Leidenschaft. Die Einheitlichkeit von Handlung, Zeit u. Ort während des ganzen Dramas wurde hier bindende Regel. Dem dt. Drama der Barockzeit fehlte noch eine echte Tragik. Erst mit G. E. *Lessing*, der Shakespeare zum Vorbild nahm, begann eine neue Entwicklung. Zum erstenmal wurden auch Menschen aus dem bürgerl. Stand zu trag. Helden (im sog. *bürgerl. Trauerspiel*). Die T.n *Schillers* manifestieren am Untergang der Helden ewige Weltgesetze. In *Goethes* „Faust" wird die Tragik durch Liebe aufgehoben.

Tragopogon [grch.] = Bocksbart.

Tragschrauber, *Autogiro*, ein →Drehflügelflugzeug, dessen *Tragschraube* frei im Fahrtwind rotiert (*Autorotation*) u. das durch Luftschraubenschub in Flugrichtung bewegt wird. Die Anwendung der Tragschraube ermöglicht steilen Start u. Landung u. macht den T. zu einem →STOL-Flugzeug; außerdem ergibt sich eine größere Flugsicherheit, da bei Triebwerkausfall der T. infolge des durch Autorotation erzeugten Auftriebs nur langsam sinkt. Erfinder des T.s war J. de la *Cierva*.

Trägspinner, *Lymantriidae*, Familie der Nachtschmetterlinge, früher in die Verwandtschaftsgruppe der →Spinner gestellt, wird heute zu den →Eulen i. w. S. gerechnet. Mittelgroße Falter mit breiten Flügeln, der Hinterleib der Weibchen oft mit starker Afterwolle bedeckt. Hierzu gehören bekannte Schädlinge: Buchenspinner, Schwammspinner, *Nonne, Goldafter, Pappelspinner*.

Tragzeit, Tragezeit, Dauer der →Trächtigkeit. Die T. wächst mit der Größe des Tiers (Maus 20 Tage, Elefant 630 Tage), wobei auch zusätzlich der Entwicklungsgrad des Neugeborenen u. die Gehirnentwicklung eine Rolle spielen (z. B. kommen Nesthocker früher zur Welt als Nestflüchter). Sie beträgt z. B. beim Pferd 330 Tage, beim Rind 270 Tage, bei Schaf u. Ziege 150 Tage, bei Hund, Wolf, Fuchs u. Katze 60 Tage, beim Meerschweinchen 65 Tage, bei Eichhörnchen u. Ratte 30 Tage. Bei einigen Fledermäusen liegt zwischen Begattung u. Befruchtung ein längerer Zeitraum, der die T. länger erscheinen läßt, als sie in Wirklichkeit ist. Beim Reh wird das Embryonalwachstum im Winter unterbrochen, wodurch die T. relativ lang wird.

Traherne [trəˈhəːn], Thomas, engl. religiöser Dichter, * um 1637 Hereford, † Sept. 1674 Teddington; seine myst. Religiosität findet reinsten Ausdruck in der Lyrik. Prosa der „Centuries of Meditations", gedruckt 1908.

Traighli [trəˈli], Hptst. der irischen Grafschaft →Kerry.

Trailer-Schiff [trɛɪlə-; engl.] →Roll-on-Roll-off.

Train [trɛ̃; der; frz.], früher die Nachschub-, Versorgungs-, Sanitätsformationen eines Heeres, später *Fahrtruppe* oder *Troß* genannt.

Trainer [ˈtrɛː-; der], ein in Lehrgängen oder an →Sportschulen ausgebildeter Sportlehrer, der Einzelsportler oder Mannschaften betreut, sportl. schult u. das →Training plant u. leitet.

Traini, Francesco, italien. Maler, tätig etwa 1321 bis 1365 in Bologna u. Pisa; stilist. Einflüsse der Sienesen u. Giovanni *Pisanos*. T. werden die Fresken im Campo Santo zugeschrieben.

Training [ˈtrɛː-; das; engl.], systematische Vorbereitung für den sportl. Wettkampf unter Beachtung der Verbesserung u. Automatisation des Bewegungsablaufs (*Technik*), der Stufung der körperl. u. seel. Reize zum Erwerb der optimalen Funktionstüchtigkeit der Organe (*Kondition*) u. zum Hinausschieben der Ermüdungsgrenze.

Trainingsanzug, Sportbekleidung, langärmelige Bluse u. lange Hose aus dickem, innen angerauhtem Baumwolltrikot oder Kunstfasern.

Trainingsmethode, die Art des →Trainings, die den Organismus zu optimalen Anpassungsvorgängen zwingt, z. B. *Intervalltraining, Krafttraining, Gewichtstraining*.

Traisen [die], rechter Nebenfluß der Donau in Niederösterreich, entspringt am *T.berg* (1236 m), mündet nach 75 km unterhalb von Traismauer.

Traiskirchen, Stadt in Niederösterreich, im Wiener Becken, 8900 Ew.; Textil-, chem., Elektro- u. Maschinenindustrie, Weinbau.

Trajan, Marcus Ulpius *Traianus*, röm. Kaiser 98–117, * 18. 9. 53 Italica (Spanien), † 8. 8. 117 Selinus (Kilikien); erster Kaiser provinzial-röm. Herkunft, von *Nerva* adoptiert; ihm verdankt das Röm. Reich Blüte u. weiteste Ausdehnung. T. unterwarf 106 die Daker (Darstellung auf der T.ssäule in Rom) u. richtete im gleichen Jahr, nach Eroberung des Nabatäerreichs, die Provinz Arabia ein; kämpfte 114–117 gegen die Parther, eroberte Armenien, Mesopotamien u. die parth. Hpts. Ktesiphon am Tigris; errichtete in Rom prächtige Bauten, u. a. das größte Forum der Stadt (Forum

Trajan: Ein gefangener Barbarenfürst wird vor Trajan geführt. Relief vom Konstantinbogen in Rom

Traiani) mit 2 Bibliotheken für latein. u. griech. Literatur u. der Basilica Ulpia u. einem Triumphbogen. Auf Betreiben seiner Gattin *Plotina* adoptierte er *Hadrian*. – ▯ 5.2.7.

Trajanow [-nɔf], Teodor, bulgar. Lyriker, * 30. 1. 1882 Tatar Pasardschik, † 15. 1. 1945 Sofia; einflußreich für die expressionist. Literatur u. Hauptvertreter des bulgar. Symbolismus.

Trajanssäule, Triumphsäule in Rom auf dem *Trajansforum*, zu Ehren der Siege *Trajans* über die Daker errichtet, 113 n. Chr. fertiggestellt, 29,47 m hoch auf 5 m hohem Postament (Mausoleum für die Asche des Kaisers), mit spiralartig in 22 Windungen umlaufendem Reliefband, das die Kriegszüge Trajans darstellt; umfangreichste antike Reliefkomposition; Vorbild für die Markussäule u. andere Denkmäler; seit 1587 von einer Bronzestatue des Apostels Petrus, in der Antike von einer Trajansstatue bekrönt.

Trajanswall, röm. Befestigungslinie in der rumän. Dobrudscha, einem Teil des alten Mösien; 3–6 m hohe Reste zwischen Cernavodă u. Konstanza.

Trajekt [der oder das; lat.], Fährschiff für Eisenbahnzüge. →Fähre.

Trajkow, Trajkoff, Georgi, bulgar. Politiker, * 8. 4. 1898 Varbeni bei Lerin, † 14. 1. 1975; führend im Bauernbund, seit 1948 dessen Vors.; unterstützte die kommunist. Politik; 1946–1949 Landwirtschafts-Min., 1949–1951 u. 1956–1964 Erster Stellvertr. Vors. des Ministerrats; 1964–1971 als Vors. der Nationalversammlung Staats-Oberhaupt. 1967 Lenin-Friedenspreis.

Trakehnen, russ. *Jasnaja Poljana*, Ort in der ehem. Prov. Ostpreußen, Oblast Kaliningrad, RSFSR (Sowjetunion), östl. von Gumbinnen, 500 Ew.; berühmtes Gestüt seit 1732 („Einkreuzung engl. u. arab. Vollbluts").

Trakl, Georg, österr. Lyriker, * 3. 2. 1887 Salzburg, † 4. 11. 1914 Krakau (Selbstmord); Apotheker, rauschgiftsüchtig; lebte 1912–1914 meist bei L. von *Ficker*, in dessen Zeitschrift „Der Brenner" fast alle seine Gedichte veröffentlicht wurden. In klangvollen Traumbildern, expressionist. u. meist in freien Rhythmen, dichtete er eine Welt des Vergehens, der Schwermut, des Wahns, des Todes u. der religiösen Hoffnung.

Trakt [der, Mz. T.e; lat.], Teil, Flügel eines weitläufigen Gebäudes.

Traktat [der oder das, Mz. T.e; lat.], Abhandlung, Vertrag zwischen zwei Staaten, Flugschrift religiösen od. polit. Inhalts.

Traktor [lat.] →Motorschlepper, →auch Gleiskettenfahrzeug.

Traktrix [nlat.], *Schleppkurve*, eine ebene Kurve, deren Tangenten von einer festen Geraden immer im gleichen Abstand vom Tangentenberührungspunkt geschnitten werden.

Traktur [die; lat.], bei der *Orgel* der zwischen Taste u. Pfeifenventil verbindende Mechanismus (die T. für die Register →Registerwerk). Die *mechanische T.* hat den Nachteil schwerer Spielbarkeit bes. bei vollem Werk, bietet aber die Möglichkeit größeren Ausdrucks, daher wird sie heute wieder gebaut. Bei der *pneumatischen* oder *elektrischen T.* besorgt ein Druckluft-Röhrensystem bzw. eine elektr. Leitung die Verbindung.

Tralee [trəˈliː], irisch *Traighli*, Hptst. der irischen Grafschaft →Kerry.

Tram [die oder das; engl.], *Trambahn*, süddt., österr. u. schweizer. für Straßenbahn.

Trame [traːm; die; frz.], *Einschlagseide*, als Schußmaterial geeigneter Seidenfaden aus 2–3 Grègefäden, die ohne Vordrehung moulinert werden. T. *gaufrée*, durch geriffelte Walzen plattgedrückte u. geprägte T.

Trametes, Gattung der Löcherpilze (→Porlinge); befallen u. zersetzen totes Holz, parasitieren aber auch an lebenden Bäumen.

Tramin, Peter von, eigentl. P. von *Tschugguel zu T.*, österr. Schriftsteller, * 9. 5. 1932 Wien, † Juli 1981 Wien; schrieb Romane mit brillanter Dialogführung.

Traminer [nach dem Südtiroler Ort Tramin, ital. *Termeno*], Weißweinrebe, aus der Weine mit würzigem Bukett hergestellt werden.

Trampeltier →Kamele (2).

trampen [ˈtræm-; engl.], **1.** *allg.*: vagabundieren, wandern, bes. sich über weitere Strecken von angehaltenen Autos mitnehmen lassen. **2.** *Schiffahrt*: Trampschiffahrt betreiben.

Trampolin [das; ital.] →Trampolinturnen.

Trampolinturnen, die auf einem *Trampolin* (4,57 × 2,74 m großes, 91 cm hohes Leichtmetallgestell mit reißfestem Sprungtuch aus Nylongeflecht) wettkampfmäßig ausgeführten Sprungübungen. Als selbständige Sportart wurde T. seit 1957 entwickelt u. von den Turnverbänden organisiert. Die Sprünge beim T. sind bis zu 6 m hoch; eine Übung besteht aus 10 (verschiedenartigen) Sprungfiguren, die gebückt, gestreckt u. gehockt geturnt werden können. Es gibt Wettbewerbe für Frauen u. Männer im Einzel-T. sowie im Synchronspringen für zwei oder mehr Personen. Dt. Meisterschaften seit 1960, Weltmeisterschaften seit 1964.

Trampschiffahrt, Betriebsform der kommerziellen Überseeschiffahrt. Ein *Trampschiff* fährt ohne festen Fahrplan von Hafen zu Hafen.

Tran, aus dem Fettgewebe größerer Seetiere (z. B. Wale, Robben, Delphine, Haie) durch Erhitzen oder Auspressen gewonnene *fette Öle* (→Fette und fette Öle) von unangenehmem Geruch u. Geschmack. Früher wurden T.e vorwiegend für techn. Zwecke verwendet; heute ist es möglich, sie durch Hydrierung (→Fetthärtung) in fast geruchlose feste Fette überzuführen, die zum großen Teil in der Margarinefabrikation verarbeitet werden. Außerdem verwendet man T. zur Herstellung von Seife u. als Lederfett; →auch Lebertran.

Trance [trãs; die; engl., frz.], schlafähnlicher Zustand mit Verlust des Ichbewußtseins bei teilweise erhaltener körperl. u. geistiger Reaktionsfähigkeit in Hypnose, Selbstversenkung, Schlafwandeln u. a., wobei eine Begünstigung paranormaler Leistungen als möglich erscheint. Nach Auffassung der *Spiritisten* treten die Medien in der T. mit der Geisterwelt in Verbindung.

Tranche [trãʃ; die; frz.], **1.** *Bankbetriebslehre:* selbständiger Teilbetrag einer Anleihe, die nacheinander oder an mehreren Orten zugleich aufgelegt wird.

2. *Lebensmittel:* Schnitte, Scheibe; *tranchieren,* Fleisch, Geflügel u. a. in Schnitten oder Portionsstücke zerlegen; *Tranchierschere,* Geflügelschere.

Tränen [lat. *Lacrimae*], die von den *T.drüsen* ausgeschiedene Flüssigkeit, die den Bindehautsack des Auges befeuchtet, das Auge vor Eintrocknung schützt u. kleine Fremdkörper laufend aus dem Auge spült; sie fließt in den inneren Augenwinkel u. dort durch den *T.nasenkanal* ab. Durch Reizung (Entzündung) oder durch seel. Erregung wird der T.fluß vermehrt u. tritt nach außen *(Weinen).*

Tränenbein, *Os lacrimale,* Schädelknochen des Gesichtsschädels der Säugetiere u. des Menschen; doppelseitig angelegt.

Tränendes Herz, *Flammendes Herz, Jungfernherz, Dicentra,* Zierpflanze mit herzförmigen, roten Blüten; Gattung der *Mohngewächse.*

Tränengas, chem. Verbindungen (z.B. *Bromaceton, Brombenzylcyanid, Chloracetophenon*), die eine augen- u. schleimhautreizende Wirkung haben.

Tränenschwamm = Hausschwamm.

Tränenträufeln, *Tränenfluß, Epiphora,* verstärkter Tränenfluß, bei dem die Tränen über den unteren Lidrand fließen, verursacht durch vermehrte Tränenbildung oder behinderten Tränenabfluß.

Trani, süditalien. Hafenstadt in Apulien, nordwestl. von Bari, 42 000 Ew.; roman. Kathedrale (7.–12. Jh.), Hohenstaufenkastell; Obst-, Oliven- u. Weinbau (Muskateller).

Tranquilizer [ˈtræŋkwilaizə; engl.] →Psychopharmaka.

Tranquilli, Secondo →Silone, Ignazio.

tranquillo [ital.], musikal. Vortragsbez.: ruhig.

trans..., *tra...* [lat.], Vorsilbe mit der Bedeutung „durch, quer, jenseits, hinüber".

Trans-African Highway [træns ˈæfrikən ˈhaiwei], projektierte Straßenverbindung zwischen Mombasa (Kenia) am Ind. Ozean u. Lagos (Nigeria) am Atlant. Ozean; Gesamtlänge über 6300 km. In der Trassenführung sind bereits vorhandene asphaltierte Allwetterstraßen (rd. 46%) integriert.

Transaktion [lat.], geschäftlicher (meist finanzieller) Vorgang von besonderer Tragweite.

Transalaj, über 200 km langes innerasiat. Kettengebirge zwischen Alai u. Pamir, im *Pik Lenin* 7134 m hoch, 1450 qkm vergletschert.

Transamazonica, brasilian. Fernverkehrsstraße zur Erschließung Amazoniens, über 5000 km lang, verläuft von den Atlantikhäfen Recife bzw. João Pessoa über Carolina, Altamira, Itaituba, Rio Branco, Cruzeiro do Sul bis zur peruanischen Grenze; 1970–1978 erbaut, wird durch Querverbindungen in Nord-Süd-Richtung ergänzt. Die T. dient vor allem der Ansiedlung von Menschen, der Ausbeutung der Holzvorräte u. Bodenschätze sowie der Agrarkolonisation; damit verbunden ist eine weitflächige Vernichtung des trop. Regenwaldes u. Verdrängung der dort lebenden indian. Urbevölkerung.

Transaminasen, Enzyme, die die Aminogruppe NH_2 einer Aminosäure auf andere Säuren (α-Ketosäuren) übertragen. Diese Reaktion wird als *Transaminierung* bezeichnet.

Transbaikalien, südsibir. Gebirgsland östl. des Baikalsees, großenteils bewaldet.

Transceiver [trænsˈsiːvə; engl., von *transmitter,* „Sender", u. *receiver,* „Empfänger"], ein kombiniertes Funksende- u. -empfangsgerät.

Transdanubien, ungar. *Dunántúl,* Gebiet im westl. Ungarn, zwischen Donau, Drau u. österr. Grenze; Flachland, im Bakonywald u. im Mecsekgebirge Bergland; Ackerbau; Viehzucht; Braunkohlenlager u. Bauxit im N, Steinkohlenlager im S; an der Drau Erdöllager.

Transduktor [der; lat.] = Magnetverstärker.

Transenna, in frühchristl. Kirchen die gitterartig durchbrochene Stein- oder Holzplatte, die als Fensterverschluß dient.

Transept [der oder das; lat.], Querhaus einer Basilika.

Transfer [der; lat., engl.], **1.** *allg.:* Übertragung, Überführung, Versetzung.

2. *Fußball:* Vereinswechsel eines Spielers, der durch Zahlung einer *Ablösesumme* des übernehmenden an den abgebenden Verein erreicht wird.

3. *Geldpolitik:* Übertragung, Umwandlung; bes. Devisenzahlungen an das Ausland.

Transferasen, umfangreiche Klasse von →Enzymen, die chem. Gruppen einer Verbindung auf eine andere übertragen. Die durch sie katalysierte Reaktion kann durch folgende allg. Gleichung angegeben werden: AX+B→A+BX.

transfer-Ribonucleinsäuren, Abk. *t-RNS,* Moleküle von niedrigem Molekulargewicht, die sich mit *Aminosäuren* beladen u. diese zu den →Ribosomen bringen, wo die Proteinsynthese abläuft. Für jede der 20 Aminosäuren im Organismus gibt es mindestens eine spezielle t-RNS. Jedes t-RNS-Molekül hat in seiner Struktur eine ausgezeichnete Gruppe von drei Basen; paßt diese Basenfolge zu der der *Messenger-RNS,* so kann eine Wechselwirkung erfolgen, u. die herantransportierte Aminosäure wird an das entstehende Protein geknüpft.

Transferstraße, automat. Fließstraße; eine hintereinander aufgestellte Reihe von Automaten, die eine fortlaufende Bearbeitung des Werkstücks gestatten; bes. im Kraftfahrzeugbau verwendet, wo es sich um hohe Stückzahlen handelt.

Transfiguration →Verklärung Jesu.

Transfluenz [lat.], das Hinüberfließen von Gletschereis über niedrige Talhänge in ein Nachbartal; oft bestimmend für die Formung der Alpenpässe. →auch Konfluenz, Diffluenz.

Transformation [lat.], **1.** *Biochemie:* Übertragung von isoliertem genetischem Material *(Desoxyribonucleinsäuren)* von einem Individuum auf ein anderes. Solche Übertragung ist bei Bakterien gelungen. Es gibt Pneumokokkenstämme, die sich in der chem. Natur ihrer Kapselsubstanzen unterscheiden. Dieses Unterscheidungsmerkmal ist erblich festgelegt. Man kann einen Stamm *(Akzeptorstamm)* in einen anderen Stamm *(Donatorstamm)* umwandeln, wenn man ihn mit extrahierter Desoxyribonucleinsäure des Donatorstamms behandelt. Das neu eingeführte genetische Material bewirkt die Ausbildung der Kapselsubstanz des Donatorstamms u. wird bei der Zellteilung wie das eigene genetische Material identisch redupliziert.

2. *Grammatik:* Umwandlung eines Satzes einer bestimmten Form in einen bedeutungsähnlichen Satz(teil) einer anderen Form; z. B. „Das Bild ist schön" > „das schöne Bild"; „der Junge wirft den Ball" > „der Ball wird von dem Jungen geworfen". →auch Tiefenstruktur.

3. *Mathematik:* eine Vorschrift, durch die Punkte u. Punktmengen (Figuren) anderen Punktmengen zugeordnet, d. h. auf sie abgebildet werden. In gewissen Fällen spricht man auch von *Bewegungen.* Sie können analytisch in Form von Gleichungen *(T.sgleichungen)* dargestellt werden. Die Bildpunkte können zueinander eine andere Lage haben als die gegebenen. Die Lageveränderung hängt von der Art der T. ab. – Die einfachsten T.en sind: 1. *T.en der Kongruenz,* durch sie werden Figuren kongruent abgebildet. Zu ihnen gehören die T.en der *Schiebung, Drehung* u. *Spiegelung.* 2. *Ähnlichkeits-T.en,* durch sie werden Figuren ähnlich abgebildet. – 3. *affine T.en,* aus ihnen läßt sich die Lage der Bildpunkte berechnen, die gegebene Punkte bei der →Parallelprojektion einnehmen. Sonderfälle sind die T.en der *Streckung, Stauchung, Scherung* u. der *schrägen Parallelperspektive.* – 4. entsprechend läßt sich mit Hilfe der *T.en der Perspektivität* u. *Projektivität* die Lage der Bildpunkte berechnen, die gegebene Punkte durch Zentralprojektion einnehmen. – Eine in der Physik u. Technik wichtige T. ist die *T. durch reziproke Radien,* die die →Spiegelung am Einheitskreis vermittelt. Gegebener Punkt u. Bildpunkt liegen auf einer Geraden durch den Mittelpunkt des Einheitskreises. Kreise u. Geraden werden wieder in Kreise oder Geraden abgebildet. – Die einzelnen T.en lassen sich auch zusammensetzen. Die Gruppentheorie faßt sie zu Gruppen zusammen.

4. *Physik:* →Galilei-Transformation, →Relativitätstheorie.

5. *Technik:* Umformung einer Energieform in eine andere, z. B. mechan. Arbeit in Wärme oder Elektrizität; Überführung eines hochgespannten Stroms in niedergespannten; →Transformator.

Transformator [lat.], Abk. *Trafo,* elektr. Gerät zur Umsetzung einer Wechselspannung auf andere Spannungswerte ohne nennenswerte Energieverluste; in der Nachrichtentechnik *Übertrager,* in der Meßtechnik *Meßwandler,* in der Starkstromtechnik *Umspanner* genannt. Der T. besteht meist aus zwei Wicklungen (beim *Spar-T.* oder *Auto-T.* durch eine angezapfte Wicklung ersetzt), der Primär-(Eingangs-) u. Sekundär-(Ausgangs-)wicklung. Der in der Primärwicklung fließende Wechselstrom erzeugt durch Induktion in der Sekundärspule eine Spannung, die dem Verhältnis der Windungszahlen *(Übersetzungsverhältnis)* proportional ist. Die Leistung bleibt dabei gleich, so daß bei Spannungserhöhung auf der Sekundärseite ein geringerer Strom entnommen werden kann (bei Spannungserniedrigung ein größerer Strom). Zur Erreichung eines möglichst starken gemeinsamen Magnetfelds der beiden Wicklungen sitzen diese meist auf den Schenkeln eines einfach geschlossenen Eisenkerns *(Kern-T.)* oder auf der mittleren Säule eines doppelt geschlossenen Eisenkerns *(Mantel-T.).* Der *Drehstrom-T.* hat für jede Phase eine Wicklung. Für hohe Stromstärken zur stufenweisen Transformation, für Prüfzwecke u. a. gibt es Sonderausführungen. – 🄻 10.4.1.

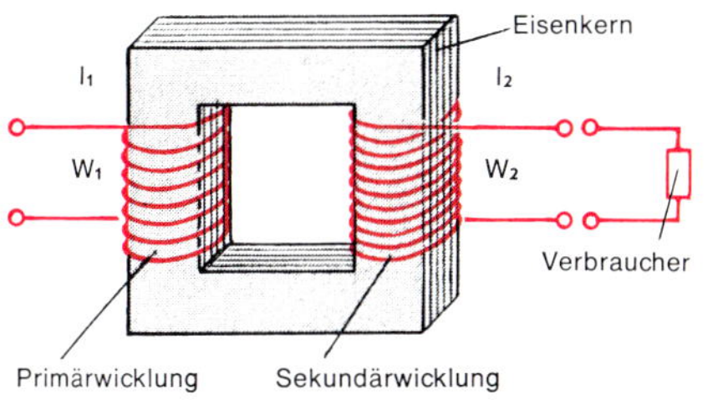

Transformator (Schema)

Transformatorenblech, meist kaltgewalztes Blech zum Bau von Transformatorkernen; besteht aus Eisenlegierungen (vor allem mit Silicium). Das Material ist so ausgewählt, daß möglichst wenig Ummagnetisierungs- u. Wirbelstromverluste entstehen. →Verlustziffer.

Transformatorenstahl →Dynamostahl.

Transgression [lat.], Vordringen des Meeres in Festlandsgebiete durch Anhebung des Meeresspiegels oder Absinken des Festlands. Gegensatz: *Regression.*

Transhimalaya, *Hedingebirge,* 2300 km langes innerasiat. Hochgebirge, zwischen dem Hochland von Tibet u. dem Himalaya bzw. dem Brahmaputratal; besteht im W aus *Ladhak-, Nain-Sing-Kette* (*Alung Gangri* 7315 m) u. *Kailasch Gangri* (bis 7614 m), im O aus dem *Nyantschhenthlanga* (bis 7088 m); von S. *Hedin* entdeckt.

Transhumanz [span., frz.], *Saisonwanderung,* jahreszeitl. Wanderungen von Herden u. Hirten zwischen entfernten Weidegebieten, im allg. zwischen Gebirge u. Tiefland, bes. in Südosteuropa, Nordafrika u. Innerasien.

Transistor [der; lat.], meist dreipoliges elektron. Verstärkerelement aus Halbleitermaterial, in der Wirkung ähnlich der Elektronenröhre. Ein moderner T. *(Flächen-T.)* besteht aus drei Schichten verschieden leitenden Germaniums (bzw. Siliciums). *n-Germanium* ist reines, mit einigen Fremdatomen (Arsen, Antimon) versetztes Germanium; dadurch tritt ein Überschuß an Elektronen auf, das

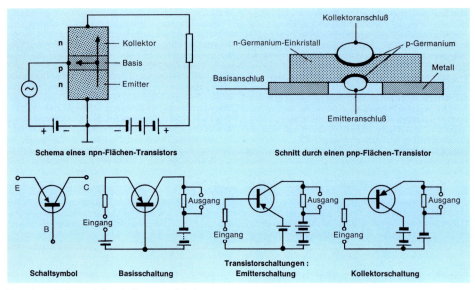

Transistor: Schematischer Aufbau und Schaltungen

Kristallgitter wird gestört u. das Material elektr. leitfähig *(Elektronenleitung)*. p-Germanium enthält Zusätze an Indium oder Gallium u. wird durch Mangel an Elektronen leitfähig *(Defektelektronenleitung)*. Der gebräuchliche *pnp-T.* besteht aus einem Plättchen n-Germanium *(Basis)*, das auf beiden Seiten mit einer Schicht p-Germanium legiert ist *(Emitter* u. *Kollektor)*. →Halbleiter.
Wirkungsweise: An den pn-Übergängen im T. bilden sich Sperrschichten aus (Gleichrichterwirkung), so daß die Kollektor-Emitter-Strecke des T.s wie ein hoher Widerstand wirkt (Emitter positiv gepolt). Wird die Basis an eine geringe negative Spannung (gegenüber Emitter) gelegt, so fließt ein starker Defektelektronenstrom vom Emitter zur Basis (Durchlaßrichtung); jedoch werden die meisten Defektelektronen von dem stark negativen Kollektor über die Sperrschicht gezogen u. verstärken den schwachen Sperrstrom erheblich. Der T. wird gut leitend. Durch den T. lassen sich große Leistungen u. Spannungen mit schwachen Wechselströmen steuern. Im Gegensatz zur Elektronenröhre erfolgt die Steuerung nicht leistungslos, weil der Eingangswiderstand niedrig ist. T.en gibt es heute in den verschiedensten Ausführungen für Schaltzwecke, Niederfrequenzverstärkung u. Hochfrequenzverstärkung. In speziellen Fertigungsverfahren *(Drift-T., Mesa-T., Epitaxial-T., Planar-T.)* werden schon T. für UKW-Frequenzen bis 5000 MHz hergestellt. Zur Zeit sind die erzielbaren Leistungen für Leistungsverstärker noch beschränkt (vor allem bei Hochfrequenz), aber sonst kann T.en die Elektronenröhren fast überall ersetzen, wobei sich die geringe Größe u. das Fehlen der Heizleistung vorteilhaft auswirken (in Elektronenrechnern, Kofferradios u. a.).
Der T. wurde 1948 von den Amerikanern *J. Bardeen* u. *W. H. Brattain* in Zusammenarbeit mit *W. Shockley* erfunden, die dafür 1956 den Nobelpreis erhielten. – ▭ 10.4.8.
Transit, 1. [ˈtrænsit], *Raumfahrt*: US-amerikan. Erdsatelliten zur Ortsbestimmung u. Navigation. *T. 1B* startete am 13. 4. 1960, *T. 5B* am 28. 9. 1963.
2. [tranˈsit; lat.], *Zollwesen: Transitverkehr,* meist zollfreie Durchfuhr von Waren durch das Zollinland; statistisch im *Generalhandel* erfaßt.
Transitabkommen, am 17. 12. 1971 in Bonn unterzeichnetes Abkommen zwischen der BRD u. der DDR; es regelt den Transitverkehr von Personen u. Gütern auf den Straßen, Schienen- u. Wasserwegen durch die DDR von u. nach der BRD. Das T. kam in Übereinstimmung mit dem *Viermächteabkommen über Berlin* (3. 9. 1971) zustande. →auch Verkehrsvertrag, Viermächteabkommen über Berlin.
transitiv [lat.], Verben betreffend, die das Objekt in den Akkusativ setzen (z.B. lieben). →auch Valenz.
Transitklausel, Abrede bei Außenhandelsgeschäften, nach der der Zoll zu Lasten des Käufers geht.
Transitlager, ein Lager, in dem Waren gelagert werden, die wieder ausgeführt werden sollen u. zollrechtl. deshalb nicht zum Binnenverkehr abgefertigt werden. Nach dem Zollgesetz von 1961 *Zollgutlager.* →auch Zollager.
transitorische Rechnungsabgrenzungsposten →Rechnungsabgrenzungsposten.
Transjordanien →Jordanien (Geschichte).
Transkarpatien, Oblast *T.,* russ. *Sakarpatskaja Oblast, Karpato-Ukraine,* Verwaltungsgebiet im W der Ukrain. SSR (Sowjetunion), südwestl. der Kammlinie der Waldkarpaten; 12 800 qkm, 1,1 Mill. Ew., davon 30% in Städten, Hptst. *Uschgorod*; Holz- u. Weidewirtschaft, in der Ebene Anbau von Weizen, Kartoffeln, Sonnenblumen, Obst u. Wein, daneben Milch- u. Fleischviehzucht; Bodenschätze: Braunkohle, Steinsalz. – Bis 1918 ungar., dann tschechoslowak., 1939 wieder ungar., seit 1945 sowjetisch.
Transkaspische Eisenbahn, 1881–1888 erbaute, 1864 km lange Bahnlinie im sowjet. Mittelasien, durchquert Turkmen. u. Usbek. SSR u. verbindet Krasnowodsk am Kasp. Meer über Aschchabad–Buchara–Samarkand mit Taschkent.
Transkaukasien, das südl. *Kaukasien*; umfaßt die Südabdachung des (Großen) Kaukasus, die feuchte Rioniniederung am Schwarzen Meer mit subtrop. Vegetation, die Steppen der Kuraniederung am Kasp. Meer u. den sowjet. Teil des Armen. Hochlands mit dem Kleinen Kaukasus.
Transkaukasische Sozialistische Föderative Sowjetrepublik, Abk. *TSFS,* 1922 aus den Sowjetrepubliken *Grusinien, Armenien* u. *Aserbaidschan* gebildet; 1936 aufgelöst in die Unionsrepubliken Grusinien, Armenien u. Aserbaidschan.
Transkei [engl. træns'kei, afrikaans transkəˈi], Republik im nordöstl. Kapland, zwischen Drakensbergen u. Ind. Ozean, 43 798 qkm, 1,9 Mill. Ew. *(Xhosa),* Hptst. *Umtata;* erhielt 1963 als erstes Bantuland die innere Selbstregierung, wurde 1976 von Südafrika für unabhängig erklärt. Rinder- u. Schafhaltung, Anbau von Mais, Faserpflanzen, Bananen u. a.; Holzwirtschaft (Möbelindustrie), Nahrungsmittel- u. Textilindustrie.
Transkription [lat.], **1.** *Musik:* das Umschreiben musikal. Werke, z.B. von Vokalwerken auf ein oder mehrere Instrumente (so schrieb Bach Violinkonzerte von Vivaldi für 3 Klaviere um). Die Bearbeitung von Opern u. Orchesterwerken für Klavier heißt *Klavierauszug.* →auch Arrangement.
2. *Sprachwissenschaft: Umschrift,* Übertragung aus einer Schrift (z.B. der chines., der kyrill.) in eine andere (z.B. die latein.) derart, daß die Aussprache annähernd richtig wiedergegeben wird. Die zweifelsfreie Rückübertragung ist bei der T. im Gegensatz zur *Transliteration* nicht möglich. Unter *phonetischer* T. versteht man die Umschrift in eine (meist internationale) Lautschrift.
Translation [die; lat.], **1.** *Philologie:* Übersetzung in eine andere Sprache.
2. *Physik:* Parallelverschiebung eines starren Körpers; Gegensatz: *Rotation.* Im Normalfall setzt sich die Bewegung eines Körpers aus T.en u. Rotationen zusammen.
Translationstheorie, die mittelalterl. Lehre von der Übertragung *(translatio)* des Kaisertums *(Imperium Romanum)* von den Römern über die Griechen auf die fränk. Könige (Erhebung *Karls d. Gr.* zum Kaiser 800) u. später auf die deutschen Könige (Krönung *Ottos d. Gr.* 962).
Transleithanien, in Österreich-Ungarn 1867 bis 1918 nichtamtl. Name der jenseits (östl.) der Leitha gelegenen Reichsteile Ungarn u. Kroatien; im Gegensatz zu *Zisleithanien.*
Transliteration [lat.], Übertragung einer Buchstabenschrift (z.B. der kyrill., der griech.) in eine andere (z.B. die latein.) derart, daß (im Unterschied zur *Transkription*) eine zweifelsfreie Rückübertragung jedes Buchstabens möglich ist.
Translokation [lat.], eine Chromosomenbruchstückverlagerung von einem Chromosom in das Gefüge eines anderen. Dieser Vorgang kann wechselseitig oder einseitig erfolgen.
Transmission [lat.], Anlage zur Verteilung der Kraft einer Kraftmaschine auf mehrere Arbeitsmaschinen. Stehen die Achsen der Maschinen parallel, erfolgt die Übertragung durch →Riemenscheiben, Seilscheiben in gleicher, durch Zahnräder oder gekreuzte Riemen in entgegengesetzter Richtung; bei sich schneidenden Wellen werden Kegelräder, Getriebe, selten Riemenwinkeltriebe benutzt.
Transp., Abk. für *Transport.*
Transparent [das; lat.], **1.** Bild auf durchsichtigem Papier, das von hinten beleuchtet wird.
2. Spruchband.
Transparentleder, früher *Pergamentleder,* von Haaren u. Epidermis befreite, entkälkte, aufgetrocknete tierische Haut, die zur Erhaltung der Biegsamkeit mit Glycerin oder ähnlichen Substanzen behandelt wurde.
Transpiration [lat.], **1.** *allg.:* Ausdünstung, Schwitzen; beim Menschen →Schweiß.
2. *Botanik:* Abgabe von Wasserdampf durch Pflanzen. Bei der *kutikulären* T. geben Epidermiszellen durch die Kutikula hindurch Wasserdampf ab, entquellen u. ergänzen den Verlust durch das Vakuolensystem (→Vakuole). Kutikuläre T. ist durch die Pflanze nicht regulierbar, macht jedoch nur bis zu 10% der Gesamt-T. aus. Die *stomatäre* T. erfolgt über ein Interzellularsystem mit Gängen u. Hohlräumen, das durch regulierbare Spaltöffnungen mit der Außenwelt verbunden ist. Die Hauptaufgabe der Spaltöffnungen ist jedoch nicht die T., sondern der Gasaustausch bei der →Assimilation u. →Dissimilation. – ▭ 9.1.3.
Transplantation [lat.], Gewebs- u. Organverpflanzung, Übertragung von Körpergeweben oder ganzen Organen zum Ersatz geschädigter gleicher Gewebe bzw. Organe (→Gewebsverpflanzung, →Organtransplantation). Bei allen T.en stehen nicht sosehr technisch-chirurg. Probleme im Vordergrund als vielmehr immunologische, d.h., die Schwierigkeiten bestehen vor allem in der Beherrschung der natürl. Abwehrreaktionen (Abstoßungserscheinungen, Abstoßungskrise) des Empfängerorganismus gegenüber dem fremden Spendergewebe bzw. -organ. Demgemäß liegt der Schwerpunkt der gegenwärtigen theoret. u. experimentellen T.sforschung vor allem auf immunolog. Gebiet (→Immunsuppression). Die Intensität der natürl. Abwehrreaktion (prinzipiell im Sinne einer →Antigen-Antikörper-Reaktion) hängt u.a. wesentlich von der Blutgruppen- u. Gewebsfaktorengleichheit bzw. -verträglichkeit *(Histokompatibilität)* zwischen Spender u. Empfänger ab sowie von der Herkunft des Transplantats (Spendergewebes, -organs); hierbei unterscheidet man: autoplastische (→Autoplastik), isoplastische (→Isoplastik), homoioplastische (→Homoioplastik) u. hetero- oder xenoplastische (→Heteroplastik) Transplantate. In der genannten Reihenfolge nimmt die Stärke der Immunbarriere zu. →auch Alloplastik. – ▭ 9.9.0.
Transpluto, von einigen Astronomen vermuteter hypothet. Planet jenseits des Bahn des Pluto. Seine Entfernung von der Sonne wird auf 11,5 Mrd. km geschätzt; er soll eine Kometenfamilie besitzen.
Transpolarflug, *Transarktisflug,* die Überfliegung der Nordpolargebiete durch Luftfahrzeuge. Sie begann 1897 mit der Ballonfahrt von *S. Andrée;* 1914 flog das erste Flugzeug in der Arktis (über Barentssee u. Nowaja Semlja); 1924 wurde die Internationale Gesellschaft zur Erforschung der Arktis mit Luftfahrzeugen gegr.; 1926 überflogen *R. E. Byrd* u. *F. Bennet* im Flugzeug als erste (9. 5.) u. das Luftschiff „Norge" mit *R. Amundsen* u. *U. Nobile* (12. 5.) den Nordpol 1928 das Luftschiff „Italia" unter *Nobile.* Die ersten Transportflüge begannen 1937 von der Sowjetunion *(W. P. Tschkalow);* 1952/53 die ersten Transpolarpassagierflüge der SAS, seit 15. 11.

1954 Linienverkehr Los Angeles–Kopenhagen über Kanada u. Grönland.

Transponder, ein Antwortgerät (meist an Bord eines Luftfahrzeugs), das nach Empfang eines Abfrage-Impulses eines Boden-Radargeräts selbsttätig auf einer abweichenden Frequenz eine Antwort-Impulsfolge aussendet, die durch geeignete Verschlüsselung die Feststellung der Identität eines Flugzeugs sowie die Übermittlung weiterer Informationen (z. B. Flughöhe) erlaubt; verwendet in der Flugsicherung sowie militär. Freund-Feind-Kennungsgerät.

transponieren [lat.], einen Tonsatz in eine andere Tonart setzen.

transponierende Instrumente, Musikinstrumente, die in gleichbleibendem Abstand einen anderen Ton erklingen lassen, als geschrieben ist, z. B. C-Dur erklingt auf einem B-Instrument als B-Dur. Im Orchester transponieren Klarinetten, Hörner u. Trompeten. T. I. sind i. w. S. auch solche Instrumente, die eine Oktave höher (Pikkoloflöte, Celesta) oder tiefer (Kontrafagott) klingen als notiert.

Transport [lat., frz.], Beförderung von Personen u. Gütern auf dem Landweg (Straßen-, Eisenbahnu. Leitungs-T.), zu Wasser (mit Binnen- u. Seeschiffen) u. in der Luft. – ▭ 4.8.5.

Transportanlage →Förderanlagen.

Transportband, Förderband, endloses Band aus Gummi, Leder, Balata, Kunststoff u. a. zur Förderung von Gütern in der Horizontalen oder auch Schrägen bis etwa 30°.

Transportbeton, *Fertigbeton, Lieferbeton,* Beton, der – im Gegensatz zum *Baustellenbeton* – in *Betonfabriken* hergestellt u. in einbaufertigem Zustand an Baustellen abgegeben wird. T. zeichnet sich durch gewährleistete, überwachte Güte u. gleichbleibende Zusammensetzung aus.

Transportgefährdung, Herbeiführung einer Gefahr für Leib oder Leben eines andern oder für fremde Sachen von bedeutendem Wert durch Beeinträchtigung der Sicherheit des Schienenbahn-, Schwebebahn-, Schiffs- oder Luftverkehrs, strafbar nach §§ 315, 315a StGB. →auch Straßenverkehrsgefährdung.

Transportschwimmen, das Transportieren ermüdeter Schwimmer durch Rettungsschwimmer.

Transportversicherung, die Versicherung von Transportgut u. -mitteln gegen eine Vielheit von Schäden bei Beförderung; z. B. Fracht-, Deckladungs-, Ausstellungs-, Binnen-T. – ▭ 4.9.3.

Transportwesen, die Gesamtheit aller techn., organisator. u. wirtschaftl. Einrichtungen, die der Beförderung von Personen, Gütern u. Nachrichten über räuml. Entfernungen dienen.

Transportwirt, *Biologie: Wartewirt,* ein →Wirt, in dem keine Weiterentwicklung des Parasiten stattfindet. Der Mensch ist T. für viele Parasiten von Haustieren.

Transsaharastraße, Fernverkehrsverbindung zwischen Algier (Algerien) u. Lagos (Nigeria) in Nordafrika, über El Goléa. Tamanrasset (dort Abzweigung nach Gao in Mali projektiert), Agadéz (Niger) u. Kano. Beginn der Bauarbeiten 1971 in El Goléa, bis südl. Tamanrasset bereits ausgebaut; von Lagos aus ist die Straße bis Tanout in Niger asphaltiert; Fertigstellung für 1985 vorgesehen.

Transsibirische Eisenbahn, Bahnverbindung in der Sowjetunion, zwischen Ural u. Pazif. Ozean, führt von Swerdlowsk bzw. von Tscheljabinsk über Omsk–Nowosibirsk–Krasnojarsk–Irkutsk–Ulan-Ude–Tschita–Chabarowsk nach Wladiwostok (Entfernung Moskau–Wladiwostok 9216 km); 1891–1904 mit dem kürzeren Endstück über Harbin in der Mandschurei (China) erbaut; im 1916 mit Eröffnung der Schlußstrecke über Chabarowsk ganz auf sowjet. Boden; seit 1938 zweigleisig, heute bis zum Baikalsee elektrifiziert; durch Zweigbahnen sind die sibir. Wirtschaftsräume angeschlossen; eine nördliche Linie von Tajschet in Mittelsibirien nach Komsomolsk am Amur ist bis Ust-Kut an der oberen Lena fertiggestellt.

Transsilvanien = Siebenbürgen (Rumänien).

Transsilvanische Alpen →Karpaten.

Transsonikbereich →Machzahlbereiche.

transspezifische Evolution, *Makroevolution* →Abstammungslehre.

Transsubstantiation [lat.], nach kath. Lehre die Umwandlung der ganzen Substanz des Brotes u. Weines in die ganze Substanz des Leibes u. Blutes Christi. Im Dogma von der T. ist das von der wirkl. Gegenwart Christi (Realpräsenz) unter den eucharistischen Gestalten eingeschlossen. →auch Abendmahl.

Transturanische Eisenbahn, 1900–1905 erbaute, 1852 km lange Bahnlinie im sowjet. Mittelasien, durchquert die Kasach. SSR u. verbindet Orenburg am Südl. Ural mit Taschkent über Aktjubinsk-Aralsk (Aralsee)–Nowokasalinsk (Turan. Senke)–Ksyl-Orda.

Transurane, die im Periodensystem der Elemente auf das *Uran* folgenden, künstlich gewonnenen radioaktiven Elemente mit den Ordnungszahlen 93–104. Es sind *Neptunium, Plutonium, Americium, Curium, Berkelium, Californium, Einsteinium, Fermium, Mendelevium, Nobelium, Lawrencium* u. *Kurtschatowium.* Die T. bilden (außer Kurtschatowium) einen Teil der mit der Ordnungszahl 90 beginnenden Gruppe der →Actinoiden; seit 1940 im Zug der Atomkernforschung entdeckt.

Transvaal, nordöstl. Provinz der Republik Südafrika, im W u. N vom Limpopo begrenzt, 268 918 qkm, 9,1 Mill. Ew., Hptst. *Pretoria;* Hochland (Hoëveld), das nach N zur Limposenke abfällt u. im O von den Drakensbergen begrenzt wird, östl. davon die tief gelegene Ebene (Lowveld) des Krüger-Nationalparks; Trockensavanne, im N Dornsavanne, in höheren Lagen immergrüner Berg- u. Nebelwald; Weidewirtschaft, Anbau von Getreide, Zitrusfrüchten, Tabak, Gemüse z. T. mit künstl. Bewässerung; im westl. *Witwatersrand* die reichsten Goldfelder der Erde, Diamantminen bei Pretoria u. Bloemhof, ferner Platin, Kupfer, Eisen, Mangan u. Kohle; bedeutende Industrie. – ⓚ →Südafrika.

Geschichte: 1836/37 führte der „Große Treck" Buren aus der Kapkolonie (seit 1843 auch aus Natal) in das Gebiet von T. Die in der Sand-River-Konvention 1852 von Großbritannien als unabhängig anerkannten Siedlungen schlossen sich 1856 zum Freistaat T., 1860 zur Südafrika. Republik zusammen (erster Präs.: A. *Pretorius*). Krieg gegen schwarzafrikan. Völker u. brit. Annexion (1877) erfüllten die Jahre bis 1881; dann wurde die Unabhängigkeit T.s von Großbritannien bestätigt. Die Goldfunde am Witwatersrand reizten die engl. Siedler mit Unterstützung Cecil *Rhodes'* zum *Jameson Raid,* den die Buren abwehrten. Im *Burenkrieg* 1899–1902 wurde T. von Großbritannien annektiert u. bis 1907 als Kronkolonie verwaltet, ehe es innenpolit. Selbständigkeit erhielt. 1910 wurde T. Prov. der neugegr. Südafrikan. Union, der heutigen Rep. Südafrika.

Transversale [lat.], jede gerade Linie, die eine geometr. Figur schneidet.

Transversalwelle [lat.], *Querwelle,* eine Welle, bei der die Schwingung senkrecht (transversal) zur Fortpflanzungsrichtung erfolgt. Eine T. kann jeweils in 2 aufeinander senkrechte Transversalschwingungen zerlegt werden. Elast. T.n können nur in festen Körpern existieren. T. sind polarisierbar. Gegensatz: *Longitudinalwelle (Längswellen).* Licht besteht z. B. nur aus T.n, beim Schall gibt es beide Arten.

Transvestitismus [lat.], *Transvestismus,* das triebhafte Bedürfnis, die Kleidung des anderen Geschlechts anzulegen u. auch im äußeren Verhalten das andere Geschlecht nachzuahmen; Menschen, die an T. leiden, heißen *Transvestiten.*

Trans World Airlines Inc. [trænsˈwɔːldˈɛːrlainz], Abk. *TWA,* private US-amerikan. Luftfahrtgesellschaft, hervorgegangen aus der 1926 gegr. *Aero Corporation of California,* die 1930 in die *Transcontinental & Western Air Inc.* umgewandelt u. später in TWA umbenannt wurde.

transzendent [lat.], die Grenzen der Erfahrung, des Bewußtseins, überhaupt des Diesseits überschreitend; →Transzendenz.

transzendental [lat.], in der Scholastik Bez. für die allgemeinsten, über die Kategorien noch hinausgehenden Seinsbegriffe, z. B. wahr, gut u. ä. Hier sowie im Rationalismus ist *Transzendentalphilosophie* gleichbedeutend mit *Ontologie,* bei *Kant* ist sie „System aller Verstandesbegriffe u. Grundsätze", sofern sie sich auf Gegenstände beziehen, die sinnl. gegeben werden können; im dt. Idealismus, bes. bei *Schelling,* gewinnt der Begriff Transzendentalphilosophie spekulative Bedeutung; im Neukantianismus allg. Erkenntnistheorie.

Transzendentalisten, eine Dichtergruppe der neuengl. Romantik in den USA (1836–1860) um die Zeitschriften „The Western Messenger" (1835–1841) u. „The Dial" (1840–1844); entstanden aus der Auflehnung gegen die unitar. Orthodoxie u. den konventionellen Materialismus u. Pragmatismus des amerikan. Lebens.

transzendente Kurve →Kurve.

transzendente Zahlen →Zahlen.

Transzendenz [die; lat.], 1. das ein Vorgegebenes Überschreitende, das *Transzendente,* z. B. das Absolute, Göttliche; 2. der Vollzug des Überschreitens; 3. bes. in der modernen Anthropologie, Phänomenologie u. Existenzphilosophie die Verfassung des Menschen (Subjekts), kraft deren er überschreitet („T. des Daseins"), also die Intentionalität.

Trapaceae = Wassernußgewächse.

Tràpani, italien. Hafenstadt an der Nordwestküste Siziliens, Hptst. der Provinz T. (2462 qkm, 430 000 Ew.), 70 000 Ew.; Kathedrale (17. Jh.), Wallfahrtskirche (14. Jh.), Casa Ciambra (15. Jh.); Weinbau (Marsala), Fischerei u. Fischverarbeitung, Salzgewinnung u. -ausfuhr.

Trapassi, Pietro Antonio Domenico Bonaventura →Metastasio, Pietro Antonio.

Trapez [das; grch.], 1. *Geometrie:* Viereck mit 2 parallelen verschieden langen Seiten (Grundlinien). Inhalt: $F = \frac{1}{2}(a+b) \cdot h$, wenn a u. b die Grundlinien u. h deren Abstand (Höhe) sind. 2. *Sport u. Artistik:* 1. Schwebe- oder Schaukelreck, ein beim Kunstkraftsport u. von Berufsartisten benutztes Gerät; besteht aus zwei Schaukelseilen u. einer daran befestigten Holz- oder Metallstange. – 2. beim Segeln ein am Mast mit einem Draht befestigter Gurt, in dem der Vorschotmann zur Stabilisierung des Bootes (Rennjolle) außenbords hängt. – ⓑ →Segelsport.

Trapeza [die; grch.], Speisesaal des byzantin. Klosters.

Trapezkapitell, Kapitell in Form eines Trapezes, bes. häufig in der roman. Architektur der Lombardei u. Norddeutschlands.

Trapezmuskel, lat. *Musculus trapecius, Kapuzenmuskel,* flacher Rückenmuskel zwischen Nakken u. Schulterblättern.

Trapezunt, türk. Trabzon, Hptst. der türk. Provinz T., Hafen am Schwarzen Meer, 85 000 Ew.; Holz- u. Textilindustrie, Fischerei. – Ehem. wichtiges oström. Handelszentrum, 1204–1461 selbständiges Kaiserreich, 1916–1918 russisch.

Trapp [der], *T.decken,* flächenhaft verbreitete dunkle Ergußgesteine, mehrere hundert Meter mächtige, treppenartige Schichten. *T.granulite* enthalten basischen Plagioklas, Diopsid, Hypersthen, Biotit, Granat u. sind quarzarm, oft mit hellen Bändern von Granulit.

Trapp, Max, Komponist, * 1. 11. 1887 Berlin, † 31. 5. 1971 Berlin; Kompositionslehrer an der Berliner Musikhochschule, 3 Orchesterkonzerte, 3 Solokonzerte, 7 Sinfonien, Kammermusik, Lieder u. a.

Trappen, Otididae, eine Familie der *Kranichartigen,* die mit 23 einander recht ähnlichen, z. T. sehr großen, kräftigen Arten in den Steppen Afrikas sowie Australiens u. Eurasiens vorkommt. Nahrung vorwiegend pflanzlich, bei Jungtieren auch tierisch (Insekten, Schnecken). Auffällig sind die Balzspiele der Hähne. In Mitteleuropa (Brandenburg, Burgenland) lebt sehr selten noch die *Großtrappe, Otis tarda,* die im männl. Geschlecht bis zu 15 kg Gewicht erreicht. In den Mittelmeerländern u. Asien lebt die *Zwergtrappe, Tetrax tetrax.*

Trapper [engl. ˈtræpə], weißer Fallensteller u. Pelztierjäger in Nordamerika.

Trappisten, lat. *Ordo Cisterciensium Reforma-*

Trappen: Afrikanische Riesentrappe, Choriotis kori, aus der Serengeti

torum seu Strictioris Observantiae, Abk. *OCR* oder *OCSO*, Zisterzienser von der strengen Observanz oder *Reformierte Zisterzienser*, kath. Mönchsorden, benannt nach dem Stammkloster *La Trappe* (seit 1898 ist Cîteaux Haupt- u. Stammkloster des Ordens); gegr. 1098, 1664 von dem als Gründer geltenden Armand-Jean Le Bouthillier de *Rancé* reformiert, seit 1892 selbständig. Tracht: weißes Gewand, schwarzes Skapulier mit Kapuze u. Ledergürtel; bes. strenge Lebensweise, völlige Abstinenz, Weltabgewandtheit, ständiges Schweigen; widmen sich der Landwirtschaft; einzige Abtei in Dtschld. Mariawald bei Heimbach (Eifel). – Die *Trappistinnen* bilden als reformierte Zisterzienserinnen den weibl. Zweig des T.ordens.

Trapschießen [engl. træp-] →Wurftaubenschießen.

Trasimenischer See, ital. *Lago Trasimeno*, mittelitalien. See in Umbrien, nordwestl. von Perugia, 128 qkm, bis 6 m tief. – Im 2. *Punischen Krieg* vernichtete in der *Schlacht am T.n S.* 217 v.Chr. *Hannibal* das röm. Heer unter C. *Flaminius*.

Trás-os-Montes e Alto Douro [trazuʒ'mɔntiʃ e altu 'ðoru], histor. Provinz im nördl. Portugal, im wesentl. die Distrikte *Vila Real* u. *Bragança*, umfaßt die westl. Randhochflächen der nördl. Meseta, die vom *Douro* (span. *Duero*) u. seinen Nebenflüssen besonders tief zertalt sind u. im W von höheren Gebirgszügen des Galicisch-Durischen Gebirgssystems überragt werden; die Erosionslandschaft des *Alto Douro* mit mäßigen Wintern u. heißen Sommern ist ein Gebiet intensiver Landwirtschaft u. des Weinbaus (Portwein), daneben gedeihen Apfelsinen, Pfirsiche, Feigen u. Mandeln, Ölbäume u. Korkeichen; das hohe u. nur gering besiedelte Bergland von *Trás-os-Montes* („Hinter den Bergen") mit seinen gewellten, kahlen Hochflächen hat dagegen winterkaltes, sommerl. sehr heißes Klima; die Bevölkerung lebt in ärml. Dörfern, betreibt Roggen- u. Kartoffelbau, Schafzucht auf ausgedehnten Heideflächen u. Abbau von Wolfram-, Eisen- u. Manganerzen.

Traß, vulkan. Aschentuff (*Bimsstein*), oft mit vulkan. Bomben vermischt; ergibt mit Zement oder Sand u. Kalk gemischt einen wasserfesten Mörtel.

Trassant [der; lat., ital.], der Aussteller eines gezogenen →Wechsels.

Trassat [der; lat., ital.], der *Bezogene* eines →Wechsels.

Trasse [frz.] →Trassierung.

Trassierung [frz.], das Aufsuchen u. Festlegen der Linie (*Trasse*), nach der eine Straße, Eisenbahn u.ä. im Gelände anzulegen ist.

Trastamara, Herrscherdynastie in Kastilien 1386–1504 u. in Aragón 1412–1516; von Bedeutung die Katholischen Könige *Isabella von Kastilien* u. *Ferdinand von Aragón*, die Spanien einigten.

Tratte [die; lat., ital.], gezogener →Wechsel.

Trattoria [die, Mz. *Trattorien*; ital.], Wirtshaus.

Traube, pflanzl. →Blütenstand mit gestielten Einzelblüten an der verlängerten Hauptachse.

Traubeneiche →Eiche.

Traubenhyazinthe, Muskat-, Moschus-, Bisamhyazinthe, Träubel, Taubenkröpflein, *Muscari*, vorwiegend im Mittelmeergebiet verbreitete Gattung der *Liliengewächse*, mit in dichten, blauen Trauben stehenden Blüten.

Traubenkirsche, Ahlkirsche, *Prunus padus*, aus der Familie der *Rosengewächse* stammender Strauch oder 3–10 m hoher Baum mit meist überhängenden weißen, betäubend duftenden Blüten u. schwarzen Früchten; in feuchten Wäldern u. Gebüschen u. auch als Ziergehölz vorkommend.

Traubenmole = Blasenmole.

Traubenöl, Traubenkernöl, Weinbeeröl, Weinkernöl, Öl, das aus Traubenkernen durch Pressen oder Ausziehen gewonnen wird; Farbe goldgelb, fast geruchlos, süßl. Geschmack; beim Warmpressen ist die Farbe braun u. der Geschmack bitter. Verwendung als Speiseöl, zur Seifenherstellung sowie als Zusatz zu Leinölanstrichmitteln.

Traubensaft, ein →Süßmost; wird häufig zu Traubenkuren verwendet; vergoren zu →Wein.

Traubensäure, das racemische Gemisch (→Racemat) von rechts- u. linksdrehender *Weinsäure*.

Traubenwickler, Schmetterlinge aus der Familie der *Wickler*. Die Raupen des *Einbindigen* (*Clysia ambiguella*) u. des *Bekreuzten T.s* (*Polychrosis botrana*) treten in der ersten Generation zur Zeit der Heuernte auf („Heuwurm"), die der zweiten erscheinen im Frühherbst u. geben oft Anlaß zur *Sauerfäule* der Trauben („Sauerwurm").

Traubenzucker →Glucose.

Trauerbäume, Bäume mit hängenden Zweigen, z.B. Trauerweide, -buche, -birke, -zypresse.

Trauerbienen, *Melecta*, schöne, samtschwarz u. weiß behaarte *Stechimmen* aus der Gruppe der Schmarotzerbienen, die ihre Eier in die Brutzellen der Pelzbienen legen.

Trauerente, *Melanitta nigra*, einzige (im männl. Geschlecht) total schwarze euras. *Ente*; lebt auf offener See, nur zur Brutzeit in der Tundra.

Trauermantel, *Nymphalis antiopa*, Tagfalter mit dunkelbraunen Flügeln, die weißliche (nach der Überwinterung) oder gelbliche Ränder tragen. Raupe an Weiden u. Birken.

Trauermücken, *Lycoriidae, Sciaridae*, Familie kleiner *Mücken* mit dunkel gefärbten Flügeln. Die an modernen Pflanzen lebenden Larven einiger Arten bilden Wanderzüge (→Heerwurm).

Trauerspiel, seit dem 17. Jh. die dt. Bez. für *Tragödie*; i.w.S. jedes Drama, das mit der Vernichtung des Helden endet. →auch bürgerliches Trauerspiel.

Trauerweide →Weide.

Traufe, Kante einer Dachfläche, von der Wasser abtropfen kann.

Traum, die seelischen Abläufe während des Schlafs. Durch Herabsetzung der Reizempfänglichkeit, Ausschaltung der bewußten Verstandestätigkeit u. des Willens hat der T. eine ihm eigentüml. Erlebnisverarbeitung, die teils an bewußt aufgenommene Geschehnisse anknüpft, Erinnerungen bis in die frühe Kindheit wachruft, vielfach (bes. im Tiefschlaf) nur triebhafte Strebungen in symbolhafter Weise wiedergibt; dabei ist Raum- u. Zeitbewußtsein verändert, treten Halluzinationen u. Illusionen auf. →auch Traumdeutung.

Trauma [das; grch., „Wunde"], im medizin. u. allg. Sprachgebrauch jede ungewollte u. unerwartete Gewalteinwirkung auf den Körper; auch psych. Schock, Erschütterung des seelischen Gleichgewichts, oft Ursache seel. Erkrankungen.

„Traum der roten Kammer" →Hung-lou-meng.

Traumdeutung, der Versuch, die „Bedeutung" von Träumen zu ergründen; seit frühester Zeit vor allem zum Zweck der Zukunftsvoraussage betrieben. Die älteste Anweisung zur T. sind die „Oneirokritika" des *Artemidoros* (2. Jh. n.Chr.). Die wissenschaftl. begründbare T. beginnt mit dem gleichnamigen Werk von S. *Freud* (1900). Die Freudsche T. ist eine Wunscherfüllungs-Theorie: Triebregungen im Traum eine mit dem Schlafzustand verträgliche, d.h. halluzinatorische Befriedigung. Daher unterschied Freud zwischen dem chiffrierten „manifesten Traum" u. den „latenten Traumgedanken", die die Triebansprüche zum Ausdruck bringen. Die neuere kognitive Theorie des Traums, die stark vom Werk C.G. Jungs beeinflußt wurde, läßt diese Unterscheidung fallen. Nach ihr erfüllt der Traum einen Erkenntniswunsch, indem er durch symbolische Darstellungen zur Enträtselung des vielschichtigen Systems der Strebungen ansetzt.

Traummeile, die lange Zeit für nicht unterbietbar gehaltene Zeitgrenze von 4 min für die 1609,30 m lange engl. Meile; zum ersten Mal von dem engl. Leichtathleten R. *Bannister* 1954 in 3:59,6 min unterboten.

Traun, 1. Stadt in Oberösterreich, an der unteren T., 21 000 Ew.; Schloß (16. Jh.).
2. rechter Nebenfluß der Donau in Oberösterreich, 180 km, entspringt mit mehreren Quellflüssen im Toten Gebirge bei Bad Aussee, durchfließt den Hallstätter u. T.see, bildet bei Roitham den *T.fall*, mündet unterhalb von Linz; *T.kraftwerk* in Gmunden (seit 1969).

Traunreut, Stadt in Oberbayern (Ldkrs. Traunstein), an der Traun, 18 200 Ew.; Elektro-, opt. Industrie. 1950 als Flüchtlingsgemeinde gegr.

Traunsee, *Gmundner See*, See im oberösterr. Salzkammergut, vom *Traun* durchflossen, 422 m ü.M., 12 km lang, bis 3 km breit, 26 qkm groß, mit einer Tiefe bis zu 191 m der tiefste See Österreichs, überragt vom *Traunstein* (1691 m), an seinen Ufern die Ferienorte Gmunden, Altmünster, Traunkirchen, Ebensee. – 🄑→Österreich.

Traunstein, oberbayer. Kreisstadt, Luftkurort u. Wintersportplatz, an der Traun, östl. vom Chiemsee, 600 m ü.M., 17 300 Ew.; Holzindustrie, Brauereien. – Ldkrs. T.: 1538 qkm, 140 000 Ew.

Traut, Wolf, Maler u. Zeichner für den Holzschnitt, *um 1485 Nürnberg, †1520 Nürnberg; um 1505 in A. Dürers Werkstatt, später wahrscheinl. Mitarbeiter Hans von *Kulmbachs*; beteiligte sich unter Dürers Leitung an den Holzschnitten für die „Ehrenpforte" Kaiser Maximilians.

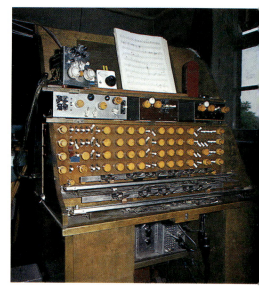

Trautonium

Trautenau, tschech. *Trutnov*, Stadt in Ostböhmen (Tschechoslowakei), am Südfuß der Sudeten, 24 000 Ew.; Leder- u. Textilindustrie.

Trautmann, Reinhold, Slawist, *16.1.1883 Königsberg, †14.10.1951 Jena; trieb Forschungen zur Sprache, Literatur u. Kultur der slaw. Völker, übersetzte die altruss. *Nestorchronik* 1931.

Trautonium, ein →Elektrophon, 1929 von Friedrich *Trautwein* (*1888, †1956) konstruiert u. mit Oskar Sala (*18.7.1910) weiterentwickelt (*Mixtur-T.*), erzeugt mit Schaltelementen der Elektronik Töne beliebiger Höhe u. Klangfarbe. Eine Besonderheit sind die Mixturen, die Einzeltöne der (sonst hypothetischen) Untertonreihe miterklingen lassen. Für das T. komponierten u.a. P. Hindemith, H. Genzmer, P. Dessau.

Trauttmansdorff, Maximilian Graf von, österr. Diplomat, *23.5.1584 Graz, †8.6.1650 Wien; Berater Kaiser Ferdinands II. u. erster Minister Kaiser Ferdinands III.; schloß 1635 den Prager Frieden mit Kursachsen u. hatte 1644–1648 als habsburg. Hauptunterhändler wesentl. Anteil am Zustandekommen des Westfäl. Friedens.

Trauung, staatl. (standesamtl.) wie kirchl. Akt der →Eheschließung nach vorher erfolgtem →Aufgebot bei Anwesenheit von zwei Trauzeugen. Bei der standesamtlichen T. soll der Standesbeamte an die Verlobten einzeln u. nacheinander die Frage richten, ob sie die Ehe miteinander eingehen wollen, u., nachdem die Verlobten die Frage bejaht haben, aussprechen, daß sie nunmehr rechtmäßig verbundene Eheleute sind (§ 14 EheG). – Ebenso in Österreich nach § 18 Ehegesetz, ähnl. in der Schweiz nach Art. 117 ZGB.

Trave, Fluß in Schleswig-Holstein, 118 km, davon 53 km schiffbar, ab Lübeck für Seeschiffe bis 8000 t; entspringt südwestl. von Eutin, mündet bei Travemünde in die Ostsee; mit der Elbe durch den *Elbe-Lübeck-Kanal* verbunden.

Travée [-'ve; die; frz.] →Joch.

Traveller-Scheck ['trævələ-; engl.], *Traveller's Cheque* →Reisescheck.

Travemünde, nordöstl. Stadtteil von Lübeck, Seebad an der Ostseeküste, Hafen, Seefahrtschule, Autofähren nach Skandinavien, Spielbank.

Traven, B., Schriftsteller, amtl. Name Bernhard Traven *Torsvan*, vermutl. identisch mit dem dt. Schauspieler u. Schriftsteller Ret *Marut* (unaufgeklärtes Pseudonym), *25.2.1882 San Francisco (?), †26.3.1969 Ciudad de México; lebte lange in Mexiko; über seine Identität wurden verschiedene Hypothesen aufgestellt. Seine spannenden, sozialkrit. Erzählwerke erschienen zuerst in dt. Sprache: „Das Totenschiff" 1926; „Die Baumwollpflücker" 1926; „Der Schatz der Sierra Madre" 1927; „Die Rebellion der Gehenkten" 1936; „Ein General kommt aus dem Dschungel" 1940 u.a.

Travers [-'vɛːr; der; frz.], **1.** *Gewebe*: quergemusterte Stoffe.
2. *Pferdesport*: ein Seitengang des Pferdes auf zwei Hufschlägen: die Vorderhand bleibt auf dem ersten Hufschlag, die Hinterhand kommt in die Bahn. →auch Renvers.

Travers [tra'vɛːr], *Val de T.*, Traverstal, von der Areuse durchflossenes, wiesenreiches Tal im

Schweizer Jura, westl. des Neuenburger Sees, 25 km lang; stark industrialisiert (Uhren- u. Maschinenfabrikation, Asphaltgewinnung).

Traversale, bei der Dressur ein Schrägvorwärtsgang des Pferdes auf zwei Hufschlägen, bei dem das Pferd in eine Längsbiegung gestellt wird u. die Beine übergreifen; *traversieren*, die Reitbahn in der Diagonalen durchreiten, um die Reithand zu wechseln.

Traversen →Leitwerk (2).

Travertin [ital.], poröse, krustige Kalksteinabscheidung aus Quellwässern.

Travestie [ital.], die verspottende Nachbildung eines literar. Werks, die aber im Gegensatz zur *Parodie* den ursprüngl. Inhalt beläßt u. ihn in eine unpassende, lächerl. machende Form bringt.

Travois [-'vwa; das; frz.], *Stangenschleife*, Beförderungsmittel nordamerikan. Prärie-Indianer, zwei von Pferden oder Hunden gezogene Stangen, auf denen auf Querstangen Zeltausrüstung u. Gepäck lagern.

Trawl [trɔ:l; das, Mz. *T.s*; engl.], Schleppnetz der Fischdampfer; →Netz, →auch Hochseefischerei.

Trawler ['trɔ:lə; der; engl.], Fischereifahrzeug mit Dampfmaschine oder Dieselmotor, das mit Schleppnetz *(Trawl)* arbeitet.

Treasure ['trɛʒə; engl.], Schatz; *Treasury (Board)*, das brit. Finanzministerium; *Treasury Bill*, Schatzanweisung.

Treatment ['tri:t-; das; engl.], bei der Herstellung eines *Drehbuchs* das Zwischenstadium zwischen diesem u. dem vorangehenden *Exposé*; legt neben der Handlung bereits die Schauplätze u. Charaktere fest.

Trèbbia, rechter Nebenfluß des Po, 93 km, entspringt im Ligur. Apennin, mündet bei Piacenza. – In der *Schlacht an der T.* besiegte im 2. *Punischen Krieg* 218 v. Chr. *Hannibal* das röm. Heer unter P. C. *Scipio* u. T. S. *Longus*.

Treber, der nach dem Maischprozeß beim Bierbrauen verbleibende Rückstand; Viehfutter.

Trebitsch, tschech. *Třebíč*, Stadt in Böhmen (Tschechoslowakei), 21 000 Ew.; Krippenmuseum; Maschinenbau, Holz- u. Lederindustrie.

Trebitsch, Siegfried, österr. Schriftsteller u. Übersetzer, *21. 12. 1869 Wien, †3. 6. 1956 Zürich; übersetzte das Gesamtwerk von G. B. *Shaw*, schrieb Lyrik, Dramen, Romane u. die Autobiographie „Chronik eines Lebens" 1951.

Treblinka, Dorf in Polen, nordöstl. von Warschau, im Bugtal; 1942/43 nat.-soz. Vernichtungslager, 900 000 Todesopfer (Schätzung).

Trebnitz, poln. *Trzebnica*, Stadt in Schlesien (seit 1945 poln. Wojewodschaft Wrocław), am Katzengebirge, im N der *T.er Höhen* (poln. Wzgórza Trzebnickie; im *Pfarrberg* 255 m), 8000 Ew.; Wallfahrtskirche des Zisterzienserinnenklosters (1202 bis 17. Jh.); Moorbad; Waggonbau.

Trebur, im MA. *Tribur*, hess. Gemeinde in der Oberrhein. Tiefebene (Ldkrs. Groß-Gerau), 9900 Ew.; seit der karoling. Zeit Kaiserpfalz, zwischen 9. u. 12. Jh. mehrere Reichstage u. Synoden.

Treccani, Giovanni degli *Alfieri* Graf, italien. Industrieller, *3. 1. 1877 Montichiari, Brescia, †6. 7. 1961 Mailand; Begründer der „*Enciclopedia italiana*".

Trecento [-'tʃɛnto; das; ital., „dreihundert", für: 1300], das 14. Jh., bes. seine Kunst in Italien.

Treck [der, Mz. *T.s*; ndrl., „Zug"], Wegzug, Auswanderung (bes. der Buren).

Trecker = Motorschlepper.

Treene, rechter Zufluß der Eider in Schleswig-Holstein, 90 km; entspringt südl. von Flensburg, mündet bei Friedrichstadt.

Treibachsen, bei Fahrzeugen (z. B. Lokomotiven) die angetriebenen Achsen. Gegensatz: *Laufachsen*.

Treibarbeit, *getriebene Arbeit*, grch. *Empästik*, Formung von Metallen in kaltem Zustand durch Hämmern auf einer Eisen- oder Hartholzunterlage, in die sich kleinere, für spezielle Formen bestimmte Ambosse einsetzen lassen.

Hervorragende T.en aus Edelmetallen finden sich bereits in der kretisch-myken., in der altägypt. u. griech. Kultur. Die Goldschmiedekunst des MA. u. der Renaissance brachte mit Schmuck, liturg. Gerät, Prunkwaffen u. Kleinplastiken T.en hervor, unter denen bes. die französ. u. süddt. Erzeugnisse von hohem künstler. Rang sind. In der Bildhauerkunst hat sich die Technik lebendig erhalten.

Treibeis, auf Flüssen u. als →Eisberge oder Eisschollen auf dem Meer treibendes →Eis, das die Schiffahrt behindert u. auf Flüssen für Brücken u. Stauwerke eine Gefahr darstellt; →Meereis.

treiben, die Ruhe-, Wachstums- oder Reifezeit der Kulturpflanzen künstl. verkürzen; *i. w. S.* jede Art von Gewächshaus- oder Mistbeetkultur (Frühbeet), *i. e. S.* Sonderbehandlung, z. B. von Blumenzwiebeln, Maiblumenkeimen, Ziergehölzen, durch Warmwasserbad, Wasserdampf u. a.

Treiben [das], **1.** *Bergbautechnik:* →Förderspiel.

2. *Jagd:* das bei der *Treibjagd* umstellte Gebiet, in dem die Jagd stattfindet.

Treiberstufe, *Elektronik:* eine Vorverstärkerstufe in der Hoch- u. Niederfrequenztechnik; liefert die für die optimale Aussteuerung der Endröhre nötige Ansteuerleistung.

Treibgas, gasförmiger Kraftstoff zum Betrieb von Kraftfahrzeugmotoren. *Hochdruck-T.* befindet sich in Stahlflaschen mit etwa 200 atü Druck.

Treibgut, Gegenstände, die insbes. auf See treibend angetroffen werden *(seetriftiges Gut)*. Geborgenes T. ist der nächsten Polizeibehörde oder dem →Strandvogt anzuzeigen u. zur Verfügung zu stellen. Der Berger hat Anspruch auf *Bergelohn* (→Bergung).

Treibhaus →Gewächshaus.

Treibhauseffekt, die Eigenschaft eines Glashauses, die Wärmestrahlung der Sonne hereinzulassen, aber wenig Wärme nach außen abzugeben. Dadurch ist die Temperatur in einem *Treibhaus* verhältnismäßig hoch. Auch eine an Kohlendioxid reiche Atmosphäre zeigt einen starken T. (z. B. auf dem Planeten Venus).

Treibjagd, eine Jagdart, bei der in einem von Jägern (Schützen) u. *Treibern* umstellten Gebiet *(Treiben)* das Wild aufgescheucht wird; beim *Kesseltreiben* (→Kreisjagd) umstellen Schützen u. Treiber in bunter Reihe einen Kessel, der eingeengt (durchgetrieben) wird; beim *Vorstehtreiben* wird das Wild von den Treibern auf die Schützen zugetrieben.

Treibnetz →Netz (4).

Treibriemen, endloser Riemen aus Stoff, Leder, Kunststoff u. a. zur Übertragung von Drehbewegungen. →Schlupf (2), →auch Riementrieb.

Treibriemenleder, pflanzlich gegerbtes Rindleder mit guter Geschmeidigkeit u. großer Reißfestigkeit.

Treibscheibe, *Bergbau:* bei bestimmten Arten von Fördermaschinen *(T.n-Fördermaschinen)* die um ihre waagerechte Achse laufende gerillte Scheibe, um die das Förderseil geschlungen ist u. durch Reibung mitgenommen wird.

Treibspiegelgeschoß, *Unterkalibergeschoß*, panzerbrechendes Geschoß mit hoher Anfangsgeschwindigkeit, das nach Verlassen der Rohrmündung seinen *Mantel* abwirft u. als Geschoß kleineren Kalibers weiterfliegt. Statt des ganzen Mantels wird oft nur ein dicker Ring *(Treibspiegel)* im vollen Kaliber des verschießenden Rohrs verwendet.

Treibstoff, Sammelbez. für alle in Verbrennungskraftmaschinen verwendeten flüssigen oder gasförmigen Brennstoffe, z. B. Benzin, Dieselkraftstoff. →auch Treibgas.

treideln, ein Schiff vom Ufer aus mit einer Leine *(Treidel)* durch Menschen-, Tier- oder Maschinenkraft ziehen.

Treinta y Tres ['trɛinta i'tres], Stadt im östl. Uruguay, 21 000 Ew., Agrarmarkt; Flugplatz.

Treitschke, Heinrich von, Historiker, *15. 9. 1834 Dresden, †28. 4. 1896 Berlin; 1871–1884 nationalliberales, dann parteiloses Mitgl. des Reichstags, 1886 als Nachfolger Rankes Historiograph des preuß. Staats. T. verfocht die preuß. Politik u. die kleindt. Lösung der Reichsgründung. Als Verkünder nationaler Machtpolitik, Antisemit u. Gegner des Sozialismus formte er wesentl. das polit. Geschichtsbild im Dtschld. der Kaiserzeit u. auch danach. T. trat auch als einflußreicher Publizist hervor. Sein Hauptwerk „Dt. Geschichte im 19. Jh." 1879–1894 (nur bis 1847 reichend) ist bei aller Einseitigkeit eine große darstellerische Leistung.

Trekker →Motorschlepper.

Trelleborg [-bɔrj], *Trälleborg*, Hafenstadt in der südschwed. Prov. (Län) Malmöhus, südöstl. von Malmö, 36 000 Ew.; Fähren nach Saßnitz (Rügen) u. Lübeck/Travemünde; Gummiindustrie.

Trema [das; grch.], zwei Punkte, die im Fall zweier zusammenstehender Vokale, über den einen gesetzt, ihre getrennte Aussprache *(Diärese)* kennzeichnen; z. B. Héloïse.

Tremadoc [engl. tri'mædɔk; das; nach dem Ort T. in Wales], unterste „Stufe" des *Ordoviziums*.

Trematoda = Saugwürmer.

Tremissis →Triens.

tremolieren [ital.], einen Ton oder Akkord (bei Streichinstrumenten) schnell wiederholen; musikal. Verzierungsart, zuerst von C. *Monteverdi* zur Darstellung des Erregten verwendet. Beim Gesang wird das *Tremolo* (Schwanken innerhalb eines sehr kleinen Intervalls) für gewisse Seiten des musikal. Ausdrucks gebraucht. Ähnlich auch im Jazz.

Tremor [der; lat.], das Zittern, Wackeln, entsteht durch unwillkürliches abwechselndes Zusammenziehen u. Erschlaffen gegensinnig wirkender Muskeln, entweder bei gezielten Bewegungen *(Intentions-T.)* oder auch in Ruhe *(Ruhe-T.)*.

Trenchcoat ['trɛntʃkɔut; der; engl.], Mantel aus wasserdichtem Stoff mit breitem Revers u. Gürtel.

Trenck, 1. Franz Frhr. von der, österr. Kavallerieoffizier, *1. 1. 1711 Règgio di Calàbria, †4. 10. 1749 Brünn; kämpfte im Österr. Erbfolgekrieg 1741–1745 an der Spitze eines Pandurenkorps; wegen Greueltaten seiner Truppe 1746 zum Tod verurteilt, später zu Haft begnadigt.

2. Friedrich Frhr. von der, Offizier u. Abenteurer, *16. 2. 1726 Königsberg, †25. 7. 1794 Paris; seit 1744 im preuß. Militärdienst, 1745 wegen Spionageverdachts u. eines angebl. Liebesverhältnisses zur Schwester Friedrichs d. Gr., *Anna Amalie*, inhaftiert, entkam 1746 u. führte seitdem ein Abenteurerleben; als angebl. ausländ. Agent in Paris guillotiniert.

Trend [der; engl.], **1.** *allg.:* Richtung, Entwicklungstendenz.

2. *Statistik:* Grundrichtung einer langfristigen Entwicklung statistischer Merkmale. Die Berechnung des T.s erfolgt durch die Zerlegung statist. Zeitreihen (etwa Angaben über Veränderungen von Preisniveau, Produktion, Verbrauch u. a. im Zeitablauf).

Trendelenburg, 1. Friedrich, Sohn von 2), Chirurg, *24. 5. 1844 Berlin, †15. 12. 1924 Berlin; nach ihm benannt die *T.sche Operation* bei Lungenembolie (Embolektomie), bei Krampfadern (Phlebektomie), das *T.sche Zeichen* bei angeborener Hüftgelenkverrenkung.

2. Friedrich Adolf, Philosoph, *30. 11. 1802 Eutin, †24. 1. 1872 Berlin; Aristotelesforscher; ging in seinen „Logischen Untersuchungen" (1840, [3]1870) in krit. Ablehnung Hegels auf die aristotel. Philosophie zurück u. entwarf in dem Sinn eine teleologische „organische Weltanschauung".

Trenker, Luis, Schriftsteller, Schauspieler, Filmregisseur, *4. 10. 1892 St. Ulrich, Südtirol; war Bergführer u. Skilehrer, schrieb Berg-, Kriegs- u. Abenteuerbücher u. drehte zahlreiche Filme. „Kameraden der Berge" 1931; „Berge in Flammen" 1931 (Film 1932); „Der Kaiser von Kalifornien" Film 1935 (Roman 1961); „Der Berg ruft" Film 1937; „Schicksal am Matterhorn" 1956 (Film 1956); „Sohn ohne Heimat" 1960.

Trennrohr →Thermodiffusion.

Trennschalter, elektr. Schalter der Starkstromtechnik; verwendet, um nichtbelastete Hochspannungsleitungen vom Netz abzuschalten; als *Last-T.* auch für schwach belastete Leitungen.

Trennschärfe, *Radiotechnik:* →Selektivität.

Trennsystem →Kanalisation.

Trennung von Staat und Kirche →Kirchenrecht (2).

Trennung von Tisch und Bett →Ehetrennung.

Trense [die], Gebißteil des Pferdezaums.

Trent, Fluß im mittleren England, 274 km, entspringt im südl. Teil der *Pennine Chain*, bildet mit dem *Ouse* den *Humber*.

Trentino-Südtirol, ital. *Trentino-Alto Adige*, Autonome Region in Norditalien (seit 1919 italien.), 13 613 qkm, 875 000 Ew., Hptst. *Trient*; das alte →Südtirol i. w. S.; von den Tälern der Etsch u. des Eisack gegliederte kristalline Zentral- u. südl. Kalkalpen; Viehwirtschaft in den höheren Regionen, Obst-, Wein- u. Gemüsebau in den Tälern; Fremdenverkehr; Holzwirtschaft; starke dt. Bevölkerungsanteile, bes. in den Bergtälern; wenig Industrie, Wasserkraftnutzung. – T.-S. besteht aus den Prov. Bozen (Südtirol i. e. S.) u. Trient.

Trenton [-tən], Hptst. von New Jersey (USA); am Delaware, Teil der Agglomeration von Philadelphia, 104 000 Ew. (Metropolitan Area 266 000 Ew.); Maschinen-, Metall-, Tabak-, Kautschuk-, Woll- u. keram. Industrie.

Trentschin, slowak. *Trenčín*, Stadt an der Waag, Slowakei (ČSSR), 26 000 Ew.; Burg; Schwefelquellen, Kurort; Textil- u. Maschinenindustrie.

Trent-und-Mersey-Kanal [-'mɔ:si-], Wasserstraße in England, = Grand-Trunk-Kanal.

Trepang [mal.], gekochte u. getrocknete eßbare →Seewalzen (bes. auf den indomalaiischen Inseln).

Treppe

Treppenturm von Schloß Hartenfels in Torgau a.d. Elbe; 1533–1535

Treppe, *Stiege,* Folge von Stufen zur Überwindung eines Höhenunterschieds. Eine zusammenhängende Folge von Stufen bildet einen T.nlauf. Nach 10–12, höchstens 15–18 Stufen ist ein Podest einzuschalten. Man unterscheidet gerade u. gekrümmte, ein-, zwei- u. dreiarmige T.n, Wendel-, Frei-, Roll-T.n u.a. →auch Steigungsverhältnis.
Treppengiebel →Staffelgiebel.
Treppenhaus, Raum eines Gebäudes, das die Treppenanlage enthält. In Schlössern der Renaissance u. des Barocks ist das T. als Prachtraum gestaltet, da sich in ihm ein wichtiger Teil des höf. Zeremoniells abspielte. Berühmt sind die Treppenhäuser in der Residenz von Würzburg u. den Schlössern in Brühl u. Pommersfelden.
Treppenturm, runder oder polygonaler Turm eines Gebäudes (Kirche, Schloß, Rathaus), der die Wendeltreppe enthält u. somit den Zugang zu den oberen Geschossen ermöglicht. In roman. Kirchen ist der T. architekton. bes. hervorgehoben. In Schlössern der Renaissance (z.B. Schloß Hartenfels bei Torgau) ist der T. meist durch Wandöffnungen gegliedert.
Treppenwitz, frz. *esprit d'escalier,* eine treffendwitzige Antwort, die einem zu spät, „beim Weggehen auf der Treppe", einfällt.
Treptow ['tre:pto:], **1.** Bezirk in Ostberlin, 125 000 Ew.; Industrie, *T.er Park* (mit sowjet. Ehrenmal).
2. poln. *Trzebiatów,* Stadt in Pommern (seit 1945 poln. Wojewodschaft Szczecin), an der Rega, südwestl. von Kolberg; 9000 Ew.; Holz-, Baustoff- u. landwirtschaftl. Industrie u. Markt.
Tres Marías, *Islas T.M.,* mexikan. Inselgruppe vor dem Südende des Golfs von Kalifornien (María Madre, María Magdalena) gegenüber der Mündung des Río Grande del Santiago.
Tresor [der; frz.] →Geldschrank.
Trespe, *Bromus,* Gattung der Süßgräser, bes. der gemäßigten nördl. Hemisphäre u. des gemäßigten Südamerika. Unter den dt. Arten findet man auf Wiesen: *Traubige T., Bromus racemosus; Weiche T., Bromus hordeaceus;* auf Äckern: *Roggen-T., Bromus secalinus; Acker-T., Bromus arvensis* u.a. Wertvolle Futtergräser sind: *Aufrechte T., Bromus erectus; Unbegrannte T., Bromus inermis.*
Tresse [die; frz.] →Litze.
Trester, Obstabfälle, bes. Preßrückstände von Weinbeeren; dienen zur Gewinnung von →Pektin u. als Viehfutter; *T.wein* ist durch Zuckeraufguß u. Nachgärung gewonnener Haustrunk aus Trauben-T.n.
Tretlauf, *Leichtathletik: Tretstil,* der mit großer Schrittgeschwindigkeit, weiter Oberkörpervorlage u. hochgehobenen Oberschenkeln durchgeführte Lauf, der bes. auf den ersten Metern nach dem Tiefstart angewandt wird.
Tretrad, *Tretwerk,* Maschine zur Erzeugung von Antriebskraft durch Tier oder Mensch, ähnlich einem Mühlrad *(Tretmühle);* nur noch in Asien zum Wasserschöpfen u. zur Bewässerung.
Trettner, Heinz, General, *19. 9. 1907 Minden; 1960 Kommandierender General in Münster, 1964–1966 Generalinspekteur der Bundeswehr.
Treuburg, bis 1928 *Marggrabowa,* poln. *Olecko,* Stadt in der ehem. Prov. Ostpreußen (1945–1975 poln. Wojewodschaft Białystok, seit 1975 Suwałki), in Masuren, am *T.er See* nordöstl. von Lyck, 9200 Ew.; landwirtschaftl. Industrie u. Markt.
Treuchtlingen, bayer. Stadt in Mittelfranken (Ldkrs. Weißenburg-Gunzenhausen), an der Altmühl, 12 100 Ew.; Marmor-, Textil-, Möbel- u. Maschinenindustrie.
Treuegelöbnis, wird anstelle eines Eides vom Jungmann des österr. Bundesheers in feierlicher Form abgelegt.
Treueid →Diensteid.
Treuenbrietzen, Stadt im Bez. Potsdam, 8000 Ew.; landwirtschaftl., Metall-, Holzindustrie.
Treuepflicht, Verpflichtung des Arbeitnehmers zur Wahrung der Interessen des Arbeitgebers u. zur Unterlassung der Schädigung dieser Interessen. Bes. Ausprägungen der T. sind das →Wettbewerbsverbot, das Verbot der Annahme von Schmiergelder u. die Verschwiegenheitspflicht hinsichtl. von Betriebsgeheimnissen. Die T. besteht auch im Ruhestand weiter. – Auch zwischen Gesellschaftern von Handelsgesellschaften (insbes. Personengesellschaften) besteht eine – unterschiedl. ausgestaltete – T.
Treuga Dei [vulgärlat., „Gottesfriede"], seit dem 11. Jh. innerhalb des *Gottesfriedens* Fehdeverbot u. Friedensgebot für bestimmte Tage u. Zeitabschnitte des Kirchenjahrs.
Treuhand, lat. *fiducia,* die Verwaltung fremder Vermögensinteressen oder sonstiger Werte durch einen *Treuhänder.*
1. *öffentl. Recht:* öffentlich-rechtliche Verwaltungs-T. oder *Überwachungs-T.,* z.B. im Rahmen des Bank- u. Versicherungswesens sowie der Wirtschaftslenkung oder als →Sequestration. →auch Volkseigentum.
2. *Privatrecht:* als privatrechtliche oder rechtsgeschäftliche T. die Ausübung einer Rechtsbefugnis im eigenen Namen des Treuhänders (auch einer juristischen Person, z.B. eines *T.gesellschaft,* bes. als AG oder GmbH) im Interesse, unter den Bedingungen u. auf Rechnung eines *Treugebers.*
3. *Staats- u. Völkerrecht:* die Wahrnehmung bestimmter Verwaltungsbefugnisse eines Dritten, meist in der Form einer kommissarischen Leitung. Beispiele: Völkerbundskommissar in Danzig, internationale treuhänderische Verwaltung des Saargebiets 1920–1935 bis zur Volksabstimmung. In anderer Form wurde das *Treuhandsystem (trusteeship)* im *Mandatssystem* des Völkerbunds u. im T.system der Vereinten Nationen verwirklicht.
Treuhandgebiet →Treuhandsystem.
Treuhandgesellschaft, als Kapital- oder Personengesellschaft geführte Wirtschaftsprüfungsgesellschaft, die durch das Handelsrecht vorgeschriebene Prüfungen der Rechnungslegung von Unternehmen vornimmt u. die Unternehmen in Wirtschaftsfragen berät.
Treuhandsystem, das in Fortsetzung der Verwaltung der →Mandatsgebiete (*Mandatsverwaltung* des Völkerbunds) von den *Vereinten Nationen* errichtete Verwaltungssystem (Art. 75–91 der Satzung der Vereinten Nationen. Die noch nicht selbständig gewordenen Gebiete (B- u. C-Mandate alten Stils) wurden mit Ausnahme des ehem. dt. Südwestafrika in die T. übernommen. →Südwestafrika konnte dieser Verwaltung nicht unterstellt werden.
Die anderen Mandatsgebiete in Afrika u. in der Südsee wurden zu *Treuhandgebieten.* Die Einteilung in B- u. C-Mandate wurde aufgehoben, doch eine andere eingeführt: in *allgemeine Treuhandgebiete* u. *strategische Gebiete.* Die strateg. Gebiete (einziger Fall: die von den USA in Anspruch genommenen Inselgruppen im Westpazifik) sind unmittelbar dem Sicherheitsrat der Vereinten Nationen unterstellt, in dessen Rahmen die USA jeder Veränderung mit dem Veto begegnen können. Die anderen Gebiete sind der Vollversammlung u. dem *Treuhandrat (Trusteeship Council)* unterstellt. Die „Internationalisierung" der Verwaltung, insbes. das Inspektionsrecht der Vereinten Nationen, wurde verstärkt. Inzwischen wurden alle afrikan. Treuhandgebiete aus der internationalen Verwaltung entlassen (zuletzt Ruanda-Urundi 1962). Nunmehr beschränkt sich die Treuhandverwaltung auf (Nordost-)Neuguinea u. das strategische Gebiet der Pazifischen Inseln.
Treupel, Gustav, Internist, *29. 4. 1867 Herborn, Hessen, †30. 5. 1926 Frankfurt a.M.; nach ihm sind die *T.-Tabletten* u. *T.-Zäpfchen* (gegen Schmerzen, Fieber, Unruhe) benannt.
Treu und Glauben, allg. Rechtsgrundsatz, nach dem im Rechtsleben gegenseitiges Vertrauen geschützt, aber auch vorausgesetzt wird u. seine Verletzung u.U. zum Rechtsverlust führt. Bes. schreiben §§ 157 u. 242 BGB vor, daß Verträge so auszulegen bzw. Schuldverhältnisse so zu erfüllen sind, wie T. u. G. es erfordern. Wegen Verletzung von T. u. G. ist auch eine →Rückwirkung von Gesetzen verboten. – Der Grundsatz von T. u. G. wird im schweizer. Zivilrecht (Art. 2 Abs. 1 ZGB) ausdrückl. als Hauptgrundsatz des Rechts bezeichnet. In Österreich enthält entspr. Regelungen § 863 ABGB. →auch gute Sitten. – □ 4.3.1.
Trevelyan [tri'vɛljən], George Macaulay, engl. Historiker, *16. 2. 1876 Welcomb, Stratford-on-Avon, †20. 7. 1962 Cambridge; Darstellungen zur engl. Geschichte im Geist des Liberalismus.
Treverer, wegen seiner Reiterei bekannter kelt.-german. Volksstamm an der Mosel, Hptst. *Augusta Treverorum* (Trier); 51 v.Chr. von *Cäsar* unterworfen; Versuche, die röm. Herrschaft abzuschütteln (21 u. 70), schlugen fehl.
Trevi, *Fontana di T.,* 1762 von N. *Salvi* unter Benutzung eines Entwurfs von G.L. *Bernini* vollendeter, von G. *Benaglia* mit Skulpturen geschmückter Barockbrunnen in Rom.
Trevira, Markenname für eine Kunstfaser aus Polyäthylenterephthalat; →Polyesterfaserstoff.
Treviso, italien. Stadt in Venetien, Hptst. der Provinz T. (2477 qkm, 715 000 Ew.), 90 000 Ew.; Dom (12. Jh.); Konserven- u. keram. Industrie.
Trevithick [-θik], Richard, engl. Ingenieur, *13. 4. 1771 Illogan, Cornwall, †22. 4. 1833 Dartford; baute 1798 die erste Hochdruckdampfmaschine u. 1804 die erste Schienendampflokomotive.
Trezzini, Domenico, schweizer. Baumeister, * um 1670 Astano, Tessin, †19. 2. 1734 St. Petersburg; hatte in St. Petersburg die Aufsicht über Planung u. Ausführung sämtl. Residenzbauten. Hptw.: Peter-Pauls-Festung (seit 1703) u. -Kathedrale 1714–1733; Sommerpalais, 1710 vollendet; Alexander-Newskij-Kloster seit 1717.
tri... [grch. u. lat.], Wortbestandteil mit der Bedeutung „drei".
Tri, Abk. für →Trichloräthylen.
Triac [der; Kunstwort], ein Halbleiterelement, das zur verlustarmen Steuerung von elektr. Strömen u. Leistungen dient. Der T. sperrt zunächst den Strom, wird aber nach einem Steuerimpuls auf die Zusatzelektrode gut leitend (in beiden Richtungen). →auch Thyristor.
Triade [die; grch.], **1.** *Metrik:* in der griech. Dichtung 3strophige Komposition, wobei Strophe u. Antistrophe gleichen metr. Bau haben, während die Epode abweichend gebaut ist u. bei aufeinanderfolgenden T.n mit der folgenden Epode korrespondiert; von *Stesichoros* geschaffen.
2. *Religion:* Götterdreiheit, z.B. bei den Germanen Urd, Werdandi, Skuld; im alten Ägypten Isis, Osiris, Horus; in Indien gibt es trinitarische Götterzuordnung im Sinne personenhafter Trennung verschiedener Funktionen einer Gottheit, z.B. wird Schiwa als Schöpfer, Erhalter u. Zerstörer der Welt mit drei Köpfen dargestellt, oder Brahma als Schöpfer, Wischnu als Erhalter u. Schiwa als Zerstörer der Welt bilden eine T.
Triadon →koptische Literatur.
Trial ['traiəl], engl.], **1.** Geschicklichkeitsprüfung im Motorradsport; wird in schwierigem Gelände gefahren (Steilhänge, Wasserdurchfahrten); gewertet werden Fehler (Abstützen mit dem Fuß, falsches Fahren bei Hindernissen u.ä.), nicht die Zeit; bei Wettbewerben sechs Wertungsläufe. – **2.** Proberennen beim Galopprennsport.
Trialismus [lat.], Bestrebungen in der österr.-ungar. Monarchie, den *Dualismus* von 1867 abzulösen u. neben der Doppelmonarchie Österreich-Ungarn einen dritten, slaw. Reichsteil zu stellen.
Triangel [der; lat.], Schlaginstrument ohne bestimmte Tonhöhe; dreieckiger Stahlstab, der mit einem Metallstab angeschlagen wird.
Triangulation [lat.], *Dreiecksaufnahme,* Verfahren zur Vermessung größerer Gebiete durch ein Dreiecksnetz. Von den Endpunkten A u. B einer genau vermessenen „Basis" visiert man nach den Punkten C u. D, von diesen nach E u. F u. gelangt so zu den Dreiecken EFC u. EFD, deren Seiten bis zu 100 km lang sind. Mit solchen Dreiecken wird

das Gebiet überzogen (Netz 1. Ordnung, Haupt-T.). In dieses werden Netze niederer Ordnung eingegliedert (Klein-T.). Die auf ein Land ausgedehnte T. heißt Landesvermessung. – **T.spunkt** (Abk. *T. P., Trigonometrischer Punkt*), ein durch besondere Marken im Gelände kenntlich gemachter Punkt, dessen genaue geograph. Koordinaten bekannt sind. T.spunkte dienen als Fixpunkte zur Vermessung.

Trianon [-'nõ], Name von zwei Lustschlössern im Park von Versailles: *Grand T.*, 1687/88 von J. Hardouin-Mansart für Frau von Maintenon, *Petit T.*, 1762–1766 von J.-A. Gabriel im Auftrag Ludwigs XV. gebaut, 1781–1786 erweitert. *Vertrag von T.* →Pariser Vorortverträge (4).

Trias [die; grch.], **1.** *Geologie*: älteste Formation des Mesozoikums (→Geologie), umfaßt die Abteilungen Buntsandstein, Muschelkalk u. Keuper. **2.** *Geschichte*: die Koalition der dt. Mittel- u. Kleinstaaten im *Deutschen Bund* als dritte Kraft zwischen Österreich u. Preußen.

Triäthanolamin [das], $N(CH_2-CH_2OH)_3$, ein aliphat. Aminoalkohol, dickes, farbloses Öl, das aus Ammoniak u. Äthylenoxid hergestellt wird. Wegen seiner guten Emulgierwirkung verwendet für Wasch- u. Reinigungsmittel, kosmet. Präparate, Cremes, auch für Haarwasser, Lacke, Polituren, Schmiermittel u. als Waschflüssigkeit bei der Kokereigas-Reinigung.

Triaxonida →Kieselschwämme.

Tribadie [grch.], weibliche Homosexualität (→lesbische Liebe). – *Tribade*, weibl. Homosexuelle.

Triberg im Schwarzwald, Stadt in Baden-Württemberg (Schwarzwald-Baar-Kreis), 700–950 m ü. M., 7100 Ew.; Wallfahrtskirche; Uhren-, Holz-, Metallindustrie. Bekannt sind die *T.er Wasserfälle* (163 m Gefälle).

Tribologie [grch.], ein Teilgebiet der technischen Wissenschaften, das sich mit der Reibung aufeinanderwirkender, in Relativbewegung zueinander befindl. Oberflächen u. den damit verbundenen Wirkungen wie Verschleiß u. Erwärmung befaßt. *Tribotechnik* ist der Oberbegriff für Schmierungstechnik sowie sonstige techn. Möglichkeiten, ohne Schmierstoffe Reibung u. Verschleiß zu verringern, z.B. in Maschinenlagern u. Zahnradgetrieben.

Tribun, lat. *tribunus*, im alten Rom ursprüngl. Vorsteher einer der 3 *Tribus*. Später wurden die T.en mit verschiedenen Aufgaben betraut. *Volks-T.en* waren Beamte, die die Rechte der Plebejer gegen die Patrizier zu wahren hatten; sie waren unverletzlich u. hatten ein Vetorecht gegen Senatsbeschlüsse. *Kriegs-T.*: Legionsoffizier.

Tribunal, Gericht; Bez. von Gerichten im Ausland, z.B. der unteren Gerichte der ordentl. Gerichtsbarkeit in Frankreich.

Tribus [die; lat.], im alten Rom Bez. für die 3 Stämme (*Tities, Ramnes, Luceres*), aus denen sich das älteste Gemeinwesen zusammensetzte u. die in je 10 *Kurien* unterteilt waren. In republikan. Zeit Bez. für die territoriale Gliederung der Bürgerschaft in 4 städt. u. 17 ländl. T.; diese traten in den *Tributkomitien* zusammen. Die Gesamtzahl der T. wurde später auf 35 erhöht. Sie bildeten die Grundlage für Heeresbildung u. Steuererhebung.

Tribut [lat.], Abgabe, Steuer; Leistungen der Besiegten an die Sieger; im alten Rom zeitweise Leistungen der Plebejer.

Tricarbonsäurecyclus = Citronensäurecyclus.

Triceps [lat.] = Trizeps.

Trichilia, Gattung der *Meliazeen* des tropischen Amerika u. Afrika. Die Rinde mehrerer Arten dient als Fischbetäubungsmittel.

Trichine [die; grch.], *Trichinella spiralis*, parasitärer Fadenwurm (Männchen rd. 2, Weibchen rd, 3,5 mm groß), den Schwein, Bär, Dachs, Ratte, Hund, Katze, Fuchs, Marder u. a. Tiere in eingekapseltem Zustand (Kalkkapsel) in ihrer Muskulatur beherbergen. Bei Genuß ihres Fleisches gelangen die sog. *Kalk-T.n* in Magen u. Darm des Menschen oder eines anderen Wirts, werden dort von ihrer Kapsel befreit u. entwickeln sich zu geschlechtsreifen *Darm-T.n*. Nach Begattung geht das Männchen zugrunde, während das Weibchen sein Hinterende durch die Darmwand bohrt u. rd. 1000 oder mehr lebendgeborene Junge in den Blut- u. Lymphkreislauf absetzt. Diese gelangen schließl. in die Muskeln (*Muskel-T., Trichinelle*). Schmerzen u. Schwellungen der befallenen Muskulatur, Benommenheit, Fieber, Schweißausbruch, Kreislaufstörungen sind die Folge; daneben manchmal Bronchitis u. Lungenentzündung. Der Tod kann nach 4–6 Wochen eintreten; überwindet der Kranke die T.nkrankheit (*Trichinose*), so werden die T.n eingekapselt; im Verlauf von 1 bis $1\frac{1}{2}$ Jahren verkalken dann zuerst die Kapseln u. schließl. die T.n selbst, d. h. sie sterben ab. Alles vom Menschen zu genießende Fleisch muß vom Fleischbeschauer auf T.n untersucht werden (*T.nschau*). Erhitzen auf 70°C tötet die T. ab.

Trichinenschau →Trichine.

Trichinopoly [tritʃiˈnɔpəli] = Tiruchirapalli.

Trichinose [die; grch.], durch →Trichinen verursachte, anzeigepflichtige, bei Massenbefall schwere, oft tödliche Erkrankung.

Trichinoskop [das; grch.], amtl. geprüftes Gerät zur Ausführung der Trichinenschau, ein stark vergrößernder Projektionsapparat.

Trichloräthylen, *Trichloräthen*, kurz *Tri*, Formel $CHCl=CCl_2$, farblose, unbrennbare Flüssigkeit mit chloroformartigem Geruch, die u. a. als Lösungsmittel für Fette u. Öle (u. a. in der Wäscherei u. für Extraktionszwecke), gereinigt auch als Narkosemittel verwendet wird.

Trichloressigsäure, chem. Formel CCl_3COOH, farblose, an der Luft zerfließende Kristalle, in der Medizin als Ätzmittel u. für die Blutanalyse (Eiweißfällung) verwendet.

Trichogramma [das; grch.], Gattung der *Erzwespen*, sehr kleine Hautflügler, Eiparasiten anderer Insekten; verschiedene T.-Arten werden in großen Mengen zur biolog. Bekämpfung bestimmter Schadinsekten eingesetzt.

Trichomonadenabort, eine →Deckinfektion der Rinder mit eitriger Entzündung der Scheidenschleimhaut, Absterben der Frucht u. Abort (Fehlgeburt) in der 6. bis 16. Woche. Parasitärer Erreger: *Trichomonas foetus*.

Trichomonadenfluor, eine bes. Form des Genitalfluors (Ausflusses), bei dem es durch in der Scheide sich ansiedelnde *Trichomonaden (Trichomonas vaginalis)* zu einem sehr heftigen, schaumigen u. übelriechenden Ausfluß kommt. Behandlung mit einem Chemotherapeutikum (*Trichomonazidum*).

Trichomonadenseuche, *Gelber Knopf*, Infektionskrankheit bes. junger Tauben. Parasitärer Erreger: *Trichomonas hepatica*.

Trichomonas [die; grch.], zu den *Polymastiginen* gehörender Flagellat, kann in Scheide u. Darm des Menschen Entzündungen hervorrufen.

Trichonissee, griech. See in Ätolien, 59 qkm, fischreich.

Trichoptera →Köcherfliegen.

Trichosen = Haarkrankheiten.

Trichostomata →Holotricha.

Trichotomie [grch.], Dreiteilung; zur Lehre von der Einteilung (Logik) gehörend.

Trichotomismus [grch.], die häufig schon *Platon* zugeschriebene Lehre, wonach der Mensch in drei wesensverschiedene Teile zerfällt, nämlich in Leib, Seele u. Geist.

Trichozysten [grch.], im Ektoplasma vieler Wimpertierchen u. mancher Geißeltierchen verankerte Stäbchen, die ausgeschleudert werden können u. verschleimen. Sie dienen der Verteidigung, dem Angriff oder der Befestigung an anderen Zellen.

Trichterbecher, Trinkbecher mit Fuß u. kugeliger Laibung u. trichterförmigem Hals; verbreitet u. a. im rhein. Steinzeug des 15. u. 17. Jh.

Trichterbecher-Kultur, Ackerbau u. Viehzucht treibende, regional sehr verschiedene Kulturgruppen der Jungsteinzeit in Dänemark, Südschweden, Nord-Dtschld. und dem östl. Mitteleuropa, die als gemeinsame Merkmale scharf profilierte Tongefäße (darunter Trichterbecher, Kragenflasche, Ösenbecher) mit reichen, tief in den Ton gedrückten geradlinigen Ornamenten aufweisen. In der Spätzeit führten die T.en schon Kupfergegenstände, für die skandinav. T. sind kunstvoll gearbeitete Feuersteindolche charakteristisch. Die Siedlungen mit rechteckigen Pfostenhäusern waren z. T. durch Wall u. Graben oder Palisade befestigt. Im S herrschen Hockerbestattungen unter Grabhügeln, im N Megalithgräber vor. – ◻ 5.1.1.

Trichterling, *Clitocybe*, Gattung der Blätterpilze mit trichterförmig vertieftem Hut, am Stil herablaufenden Lamellen, weißem Sporenstaub.

Trichterspinnen, *Agelenidae*, Familie der *Spinnen*; fertigen meist Netze an, die an einer Seite oder in der Mitte trichterartig in eine offene Wohnröhre übergehen. Zu den T. gehören die *Haus-* oder *Winkelspinne* u. die *Wasserspinne*.

Trichterwickler, *Birkenstecher*, *Deporaus betulae*, bis 4 mm langer, einfarbig schwarzer *Rüsselkäfer* aus der Gruppe der Blattwickler. Das Weibchen schneidet Birkenblätter von beiden Seiten zur Mittelrippe S-förmig ein u. rollt daraus einen trichterförmigen Wickel, in den es die Eier ablegt.

Trichur = Trishshivaperur.

Trickfilm, ein Film, dessen Ausdrucksmittel überwiegend durch techn. Tricks (bes. Montage) entstanden sind. T.e können gezeichnet oder auch gespielt sein. Anwendungsarten des T.s sind bes. der *Puppen-*, *Zeichen-*, und *Werbefilm*.

Tricktrack, frz. *trictrac*, das Brettspiel →Puff.

Tricoccae [lat.], Ordnung der apetalen, zweikeimblättrigen Pflanzen (*Apetalae*), Pflanzen mit eingeschlechtigen, radiären Blüten u. einem regelmäßig dreiblättrigen u. dreifächerigen, oberständigen Fruchtknoten. Zu den T. gehören die Pflanzenfamilien *Wolfsmilchgewächse, Buchsbaumgewächse, Wassersterngewächse*.

Tricoline [frz.], feinfädiger, batistartiger Baumwollstoff mit Zwirnkette u. lose gedrehtem Schuß.

Tridentinisches Konzil, *Tridentinum* →Trienter Konzil.

Tridymit [der; grch.], glashelles, auch durchscheinendes, rhomb. Quarz-Mineral (SiO_2), Härte 6,5, Dichte 2,27; bildet pseudohexagonale Täfelchen in Hohlräumen saurer Eruptivgesteine.

Trieb, 1. *Biologie*: im Sprachgebrauch der zoolog. Verhaltensforschung die latente Bereitschaft zu bestimmten Verhaltensweisen, die jedem Lebewesen erblich vorgegeben (→Erbkoordination) sind. Wird durch einen →Auslöser der T. im Zentralnervensystem aktiviert, so entsteht ein *Drang*, der den Organismus zur Handlung veranlaßt. →auch Reafferenzprinzip.
2. *Psychologie*: bestimmte, dem *Instinkt* verwandte u. vielleicht aus ihm herzuleitende, im Streben u. in Affekthandlungen sich äußernde, primäre, weitgehend unbewußte Verhaltensgrundlage. Man unterscheidet verschiedene Klassen von T.en: *Nahrungs-, Selbsterhaltungs-, (Gefahrenschutz-), Sexual-T.*, aber auch *Tätigkeits-, Spiel-, Nachahmungs-, Besitz-, Fürsorge-, Geselligkeits-, Wissens-T.* u. a.

Triebkonflikt →Konflikt (3), →ambivalentes Verhalten.

Triebmittel, *Backtriebmittel*, Stoffe, die man einem Teig beimengt, um ihm beim Backen die gewünschte Lockerheit zu geben; sie scheiden Gas (meist Kohlendioxid) aus, das den Teig lockert. Zu den biolog. T. gehören Sauerteig u. Hefe, zu den chem. T.n →Backpulver, Hirschhornsalz, Natron.

Triebstock, *Triebstockverzahnung*, eine Verzahnungsart für Zahnräder. Die Zähne sind nicht aus dem Radmaterial herausgearbeitet, sondern bestehen aus auf dem Umfang angebrachten zylindrischen Bolzen.

Triebwagen, Schienenfahrzeug zur Beförderung von Personen u. Gütern mit eigener Antriebsmaschine. Antrieb erfolgt 1. durch *Verbrennungsmotor* (Otto- oder Dieselmotor (*Diesel-T.*); 2. durch *Elektromotoren*, die von mitgeführten Akkumulatoren gespeist werden; nur begrenzter Fahrbe-

Triangulation: Pfeiler (Nord- und Südansicht) sowie Platte zur Markierung eines trigonometrischen Punktes

Triebwerk

Triebwerk: Coronado-Triebwerk

reich, aber im Betrieb billig, da billiger Nachtstrom zur Aufladung dient; 3. durch Stromzufuhr mit Hilfe einer *Leitung*; z.B. Motorwagen der Straßenbahn, Untergrund- oder Schnellbahnen. – Die T. laufen einzeln oder als *Doppel-T.* Sie haben eine große Anfahrgeschwindigkeit u. entwickeln eine Spitzengeschwindigkeit bis zu 200 km/h; zur Verringerung des Luftwiderstands mit Stromlinienverkleidung. Im Fernverkehr werden auch mehrteilige Diesel-Triebzüge eingesetzt. Eine Sonderform war der 1930 von Kruckenberg u. *Stedekberg* gebaute *Propeller-T.* (Schienenzepp), der durch Propeller angetrieben wurde (Höchstgeschwindigkeit 230 km/h) u. auf der Strecke Hamburg–Berlin eine Durchschnittsgeschwindigkeit von 160 km/h erreichte.

Triebwerk, Sammelbez. für die Antriebsanlagen von Flugzeugen, Flugkörpern u. Raumfahrzeugen. Verwendet werden: Kolbenmotoren (→Flugmotor), →Propellerturbinen (beide mit Luftschraube) u. →Strahltriebwerke (Luftstrahltriebwerke u. Raketen). Raketen-T.: →Rakete.

Triele, Burhinidae, Familie der *regenpfeiferartigen Vögel*, die mit 9 Arten Steppen u. Meeresstrände der warmen u. gemäßigten Zonen besiedeln. Einheim. ist der hochbeinige, unscheinbar gefärbte *Triel, Burhinus oedicnemus*.

Triennale [trien-; die; lat.], eine in *Mailand* in dreijährigem Abstand stattfindende Ausstellung für moderne angewandte Kunst, Architektur u. industrielle Formgebung.

Triens [der; lat.], *Tremissis*, röm. Münzwert: 1. im *Aes grave* des 3. Jh. v.Chr. $^1/_3$ *As* = 4 Unzen; 2. spätröm. Goldmünze (1,5 g), 1 T. = $^1/_3$ *Solidus*, vom 4.–7. Jh. geprägt, Hauptmünze der german. Reiche der Völkerwanderungszeit.

Trient, ital. *Trento*, norditalien. Stadt an der Etsch, Hptst. der Region Trentino-Südtirol u. der Provinz T. (6213 qkm, 445000 Ew.), 100000 Ew.; roman. Dom (12.–16. Jh.), Kirche Santa Maria Maggiore, Reste der mittelalterl. Stadt, Schloß; Flugzeug-, Konserven- u. Zementindustrie. – Kelt. Siedlung, röm. *Tridentum*, ostgot., dann langobard., schließl. fränk. bzw. dt., stand im MA. unter den reichsunmittelbaren Bischöfen von T., in enger Verbindung mit Tirol (1803 vereinigt), 1919 zu Italien. 1545–1563 *T.er Konzil*.

Trienter Konzil, *Tridentinisches Konzil, Tridentinum*, setzte in 3 Tagungsperioden (I. 1545–1547 in Trient u. 1547 in Bologna, II. 1551/52, III. 1562/63 in Trient) gegenüber den Reformatoren die Lehre der röm.-kath. Kirche über die Gleichwertigkeit von Hl. Schrift u. Überlieferung, über Erbsünde, Rechtfertigung u. Gnade, Siebenzahl der Sakramente, Priesterweihe, Heiligenverehrung u. Ablaß fest u. faßte diese im *Tridentinischen Glaubensbekenntnis* zusammen.

Triepel, Heinrich, Staats- u. Völkerrechtslehrer, *12. 2. 1868 Leipzig, †23. 11. 1946 Obergrainau; Hptw.: „Völkerrecht u. Landesrecht" 1899; „Staatsrecht u. Politik" 1927; „Die Staatsverfassung u. die polit. Parteien" 1930; „Vom Stil des Rechts" 1947.

Trier, rheinland-pfälz. Stadtkreis (117 qkm) u. Kreisstadt, Hptst. des Reg.-Bez. T. (4924 qkm, 471000 Ew.), an der Mosel nahe der luxemburg. Grenze, 96000 Ew.; Ruinen der Römerzeit, röm. Basilika (wiederhergestellt), Dom (4., 11. u. 12. Jh.; mit bedeutenden Steindenkmälern des 16.–18. Jh. im Innern), Liebfrauenkirche (13. Jh.); Universität (1970; mit Kaiserslautern, alte Universität 1473–1797), Geburtshaus von K. *Marx*; Weinkellereien u. -handel, Eisenwalzwerk, Maschinen- u. Schiffbau, Möbel-, chem., opt. Industrie, Orgelbau. – Verwaltungssitz des Ldkrs. *T.-Saarburg*: 1092 qkm, 122000 Ew.

Geschichte: T. war Hptst. u. Kultort der *Treverer*, als 15 v.Chr. unter *Augustus* am Schnittpunkt der Heerstraßen die röm. Kolonie *Augusta Treverorum* gegr. wurde. Unter *Tiberius* wurde T. Hptst. der Provinz Belgica, dann Galliens; 260–399 war es kaiserl. Residenz. Nach der Zerstörung durch Franken u. Alemannen um 275 wurde T. unter *Constantius Chlorus* wiederaufgebaut u. erlebte seine größte Blüte unter *Konstantin d. Gr., Valentinian I.* u. *Gratian*. Aus dieser Zeit stammen die Palastaula (Basilika), die Römerbrücke u. die Kaiserthermen. Um 315 wurde das Nordtor der röm. Stadtmauer (Porta Nigra, B →Römisches Reich) gebaut.

Um 475 fiel T. den Franken zu. Seit dem 3. Jh. Bistum T., seit 811 als Erzbistum urkundl. erwähnt. 925 kam T. mit Lothringen zum dt. Reich. Um 1190 wurde in T.er Stadtrecht geschaffen. Erzbischof *Balduin von Luxemburg* (1308–1354) schuf den Kurstaat T. 1794 wurde T. Frankreich einverleibt, das 1801 die linksrhein. Stiftsgebiete säkularisierte; die rechtsrhein. Gebiete fielen 1803 an Nassau. 1815 fiel T. an Preußen.

Trier, 1. Hann, Maler u. Graphiker, *1. 8. 1915 Kaiserswerth bei Düsseldorf; ungegenständl. Bilder mit differenziertem Linienspiel vor bewegten Farbhintergründen.
2. Jost, Germanist, *15. 12. 1894 Schlitz, Hessen, †15. 9. 1970 Bad Salzuflen; entwickelte die Theorie des Wortfeldes, das er an einem Beispiel in seinem histor. Wandel verfolgte („Der Wortschatz im Sinnbezirk des Verstandes" 1931; „Venus, Etymologien um das Futterlaub" 1963); auch Arbeiten zur Volkskunde.

Triere [die; grch.], Kriegsschiff der alten Griechen mit 3 Reihen Ruder auf jeder Seite.

Triest, ital. *Trieste*, slowen. *Trst*, italien. Hafenstadt in der Region Friaul-Julisch-Venetien, im NW der Halbinsel Istrien, Hptst. der Provinz T. (212 qkm, 294000 Ew.), 263000 Ew.; Dom (11.–14. Jh.), röm. Theater (2. Jh.), Kastell, Museen; Universität (1924); Maschinen- u. Schiffbau, Eisen-, Konserven-, Möbel-, chem. u. Textilindustrie, Ölraffinerie, Fischerei; Reedereien, Handel; Mustermesse; jugoslaw. Freihafen.
Geschichte: Die röm. Gründung *Tergeste* aus dem 2. Jh. v.Chr. wurde unter Augustus zur befestigten Stadt. Während der Herrschaft Diocletians wurde T. christianisiert, im 6. Jh. Sitz eines Bischofs, der seit 948 auch Territorialherr war (bis 1216). T. unterwarf sich 1382 Herzog Leopold III. aus dem Haus Habsburg. Unter habsburg. Oberhoheit blieb T. bis zur Zeit der französ. Besetzung 1797–1813. Bedeutendste Handelsstadt der Adria durch Gründung des Freihafens 1719. Die Versuche Italiens, T. im 1. Weltkrieg zu erobern, scheiterten in den Isonzo-Schlachten. 1919 wurde es im Frieden von St.-Germain Italien zugesprochen. 1947 wurden T. u. Umgebung zum entmilitarisierten Freistaat erklärt; die vorgesehene UN-Verwaltung kam jedoch wegen Streitigkeiten der Siegermächte nicht zustande. Die nördl. Zone A war von brit. u. US-amerikan., die südl. Zone B von jugoslaw. Truppen besetzt. Durch das Londoner Abkommen 1954 kam Zone A an Italien, Zone B an Jugoslawien.

Triestetiefe, die 1960 von dem Tiefseetauchboot „Trieste" (USA) im *Marianengraben* erreichte Tauchtiefe von 10916 m.

Trifels, Burgruine im S von Rheinland-Pfalz, auf dem *Sonnenberg* (493 m) nordwestl. von Bergzabern; ehem. Reichsburg (1081 erstmals genannt); 1193/94 wurde der engl. König *Richard I. Löwenherz* hier gefangengehalten; seit Heinrich VI. zeitweise Aufbewahrungsort des Reichsschatzes u. der Reichskleinodien; verfiel nach 1648.

Triffin, Robert, US-amerikan. Nationalökonom belg. Herkunft, *5. 10. 1911 Flobecq; stellte der Marktformenlehre eine Theorie des Verhaltens gegenüber.

Trifolium [das; lat.], die Pflanzengattung →Klee.

Trifonow, Jurij, sowjet. Schriftsteller, *28. 8. 1925 Moskau, †28. 3. 1981 Moskau; gestaltet in seinen Romanen („Das Haus an der Moskwa", „Das andere Leben") menschliche Einzelschicksale vor dem Hintergrund des Moskauer Alltags.

Triforium [das; lat.], dreigliedrige Bogenöffnung, benannt nach der gelegentl. dreiteiligen Arkade eines Laufgangs, der zwischen den Erdgeschoßarkaden u. dem Obergaden einer got. Basilika aus der Wand ausgespart ist; wichtiges Element der got. Kirchenarchitektur Frankreichs; in Dtschld. seltener (Kölner Dom, Straßburger Münster).

Trift, 1. *Landwirtschaft*: zum Viehtreiben benutzte breitere Schneise.
2. *Ozeanographie*: →Drift.

Triftgerechtigkeit, die Befugnis, Vieh über das Grundstück eines anderen zu treiben.

Triftröhre = Klystron.

Trigeminusneuralgie = Gesichtsschmerz.

triggern [engl.], *Elektronik*: einen bestimmten Ausschnitt aus einem elektron. Schwingungsbild auf einer Braunschen Röhre festhalten, indem die Strahlablenkung zeitlich auf bestimmte Weise (von der Schwingung) gesteuert wird.

Triglav, ital. *Tricorno*, vergletscherter höchster Gebirgsteil in den Julischen Alpen, an der italien.-jugoslaw. Grenze, im *Großen T.* 2863 m, im *Kleinen T.* 2735 m; Gletscherseen, verkarstet.

Eine Sitzung des Trienter Konzils. Aus Matthias Burgklehners „Tiroler Adler"; Anfang des 17. Jh.

Trier: Kaiserthermen

Triest: Canale Grande

Trigon [das; grch.], *Trigonalschein, Gedrittschein,* in der Astrologie der Aspekt (bes. Stellung eines Planeten in bezug auf einen Erdbeobachter) mit 120° Längenunterschied.

Trigonometrie [grch.], Berechnung der Winkel u. Seiten von Dreiecken u. a. Figuren aus gegebenen Stücken mit Hilfe der Winkelfunktionen *(ebene T.)*. Die wichtigsten Sätze für das Dreieck sind der 1. *Sinussatz* $(a:b:c = \sin\alpha : \sin\beta : \sin\gamma)$, 2. *Kosinussatz* $(a^2 = b^2+c^2-2b \cdot c \cdot \cos\alpha)$, 3. *Tangenssatz* $(a+b):(a-b) = \tan^{1}/_2(\alpha+\beta):\tan^{1}/_2(\alpha-\beta)$, 4. *Halbwinkelsatz* $\tan^{1}/_2\alpha = \sqrt{(s-b)\cdot(s-c)/s(s-a)}$, 5. die *Sehnenformel* $a = 2r \cdot \sin\alpha$. Die Dreiecksberechnung erfolgt mit Hilfe von 4 Grundaufgaben. – Die T. ging aus der Feldmeßkunde der Antike u. aus der Astronomie hervor. – Die *sphärische T.* untersucht die Beziehungen zwischen den Seiten u. Winkeln von Kugeldreiecken.

trigonometrische Reihe, *Fouriersche Reihe,* eine →Reihe. deren Glieder Winkelfunktionen sind. Eine Funktion $f(x)$ kann in der Form einer Reihe $f(x) = a_0 + \sum_{n=1}^{\infty} (a_n \cos nx + b_n \sin nx)$ geschrieben werden. Die Koeffizienten a_n u. b_n heißen *Fourierkoeffizienten* der Funktion $f(x)$. Ein durch $f(x)$ dargestellter Schwingungsverlauf wird durch die Reihenentwicklung in einzelne Teil- oder Partialschwingungen der Form $a_n \cos nx$ bzw. $b_n \sin nx$ ($n = 1,2,3...$) zerlegt. Die t. R. ist wichtig für Untersuchungen von periodischen Bewegungen in Physik u. Technik.

Trigonometrischer Punkt →Triangulation.

Trijodthyronin, Hormon der Schilddrüse, →Thyroxin.

Tríkala, griech. Stadt in Thessalien, 28 000 Ew.; byzantin. Kastell; Leder- u. Textilindustrie; Tabak-, Getreide- u. Seidenhandel.

triklines Kristallsystem →Kristallsystem.

Trikolore [die; lat., frz.], dreifarbige Fahne, bes. die senkrecht gestreifte Frankreichs, aber auch Belgiens u. Italiens.

Trikot [-'ko:; der; frz.], 1. elast. Baumwoll- oder Wollgewebe in Doppelschußbindung mit sichtbaren Furchen *(Quer-, Längs-T.)*, wird z. B. als Reithosenstoff verwendet. – 2. poröse Wirkware für Unterwäsche *(Trikotage)* oder feinmasche Wirkware für enganliegende Sportbekleidung (z. B. *Tanz-T.*); i. e. S. eine Kettwirkware.

Triller [der; ital.], eine musikal. Verzierung, bei der ein Haupttton sehr rasch mit der höheren (zuweilen auch mit der tieferen) Nebennote wechselt; in der Notenschrift mit *tr* oder *tr⁓* bezeichnet. Im allg. beginnt der T. mit der höheren Nebennote; er kann mit einem Vorschlag u. einem →Nachschlag ausgestattet sein (meist mit kleinen Noten ausgeschrieben). Ist der Wechsel mit der Nebennote nur ein- oder zweifach, so liegt ein →Pralltriller vor.

Trillhaas, Wolfgang, ev. Theologe, * 31. 10. 1903 Nürnberg; Darstellungen der Ethik, soziolog. u. psycholog. Anregungen für Predigt u. Verkündigung: „Ev. Predigtlehre" 1935; „Grundzüge der Religionspsychologie" 1946, unter dem Titel „Die innere Welt" ² 1953; „Vom Wesen des Menschen" 1949; „Ethik" 1959; „Dogmatik" 1962; „Religionsphilosophie" 1972.

Trillion [lat.], eine 1 mit 18 Nullen, 10^{18}.

Trilobiten [grch., „Dreilapper"], ausgestorbene Gruppe der *Arthropoden* ohne kauende Mundwerkzeuge, weder mit den *Spinnentieren* noch den *Krebsen* näher verwandt. Chitinpanzer in Längsrichtung in 3 Regionen gegliedert (Cephalon, Thorax, Pygidium), in der Querrichtung durch 2 Längsfurchen dreigeteilt. Verbreitung: Unterkambrium bis Oberperm. Wichtige Leitfossilien.

Trilogie [die; grch.], eine Einheit aus drei formal selbständigen Werken, die aber einem Gesamtplan untergeordnet sind u. sich durch Inhalt u. Thematik zusammenschließen. In der Antike wurde jeweils eine T. von Tragödien zusammen mit einem *Satyrspiel* als *Tetralogie* aufgeführt; die einzige erhaltene T. ist die „Orestie" des *Áschylus*. Bekannte T.n in der dt. Dichtung sind *Schillers* „Wallenstein", F. *Grillparzers* „Goldenes Vließ" u. F. *Hebbels* „Nibelungen"; in der Epik: W. *Raabes* sog. „Stuttgarter T."; in der Lyrik: *Goethes* „T. der Leidenschaft".

Trilussa, eigentl. Carlo Alberto *Salustri,* italien. Schriftsteller, *26. 10. 1873 Rom, †21. 12. 1950 Rom; begann mit klass. Sonetten; seine Tierfabeln in röm. Mundart kritisierten satir. das Leben Roms; T. übte polit. Kritik am Faschismus.

Trimaran, Segelbootsform ähnlich dem →Katamaran, aber mit 3 Rümpfen, einem Hauptrumpf u. zwei kleineren Hilfsrümpfen an →Auslegern.

Trimberg, Hugo von →Hugo von Trimberg.

Trimborn, Hermann, Völkerkundler, *15. 5. 1901 Bonn; arbeitete bes. über Mittel- u. Südamerika.

Trimeter [der; grch.], in der antiken Verslehre ein Vers aus drei Versfüßen; als *jambischer T.* der übliche Vers des attischen Dramas. Im Deutschen wurde der T. nur selten nachgeahmt, meist in Übersetzungen („Nicht mìtzuhás- /sen, mìtzulíe-/ben bìn ich dá").

Trimm [der; engl.], Neigung der Schwimmlage eines Schiffs in Längsrichtung, gemessen als Tiefgangsunterschied zwischen vorn u. achtern. Vorlastiger u. sehr starker achterlastiger T. beeinträchtigen Seefähigkeit u. Steuerfähigkeit. →trimmen.

Trimm-Dich-Aktion, eine 1970 vom Dt. Sportbund in Berlin gestartete Aktion, die die Bevölkerung aufruft, sich durch sportl. Betätigung körperlich fit zu halten u. dem allg. Bewegungsmangel entgegenzuwirken. Mit Anzeigen u. Broschüren wird für die Aktion geworben; ihr Symbol ist die geschlossene Hand mit dem nach oben gestreckten Daumen, ihr Motto „Sport für alle".

trimmen, *Schiffahrt:* durch genau errechenbares Verteilen beweglicher Gewichte, z. B. Besatzung, Ladung, Bunkerinhalt, Inventar an Bord, ein Schiff in eine günstige Schwimmlage *(Trimmlage)* bringen. Beim Segeln: die optimale Stellung u. Spannung der Segel einregulieren.

Trimmer, *Rundfunktechnik:* kleiner, veränderl. Kondensator (etwa 50 pF; →Piko); meist zur Abstimmung von Schwingkreisen.

Trimmspiele, im Rahmen der *Trimm-Dich-Aktion* seit 1971 durchgeführte Veranstaltungen, mit denen der Dt. Sportbund zu regelmäßigem Sporttreiben anregen will. Neben Volksläufen u. -wandern gibt es T. in den Sportarten Eisschießen, Fußball, Kegeln, Leichtathletik, Radfahren, Schwimmen, Skilaufen u. Tanzen.

Trimurti [die; sanskr.], die Dreiheit der brahmanischen Götter *Brahma* (Weltschöpfer), *Wischnu* (Welterhalter) u. *Schiwa* (Weltzerstörer).

Trincomalee [engl. trɪŋkəmə'li:], *Tirikunamalaya,* Stadt an der Nordostküste Ceylons, 42 000 Ew.; einer der besten natürl. Häfen der Welt, zeitweise wichtiger brit. Flottenstützpunkt.

Trindade, *Ilha da T.,* auch *Trinidad del Sur,* brasilian. unbewohnte vulkan. Felseninsel rd. 1050 km östl. von Vitória, Espírito Santo, 600 m hoch, 11 qkm, mit Martim Vaz, auf der Südatlant. T.schwelle.

Třinec ['tʃinjɛts], dt. auch *Trzynietz,* Stadt in Mähren (Tschechoslowakei), südöstl. von Ostrau, 27 000 Ew.; Hüttenindustrie.

Trinidad, 1. Stadt im südöstl. Uruguay, 15 500 Ew., Obstanbau, Milchwirtschaft.
2. Insel der Kleinen Antillen (Westindien), Teil des Inselstaats →Trinidad und Tobago, vor der Nordostküste Venezuelas, 4827 qkm, 1 Mill. Ew., Hptst. *Port of Spain* im NW; aus zwei Gebirgsketten (Northern Range, Cerro del Aripo, 941 m, u. Central Range) mit eingeschobenen Tiefländern

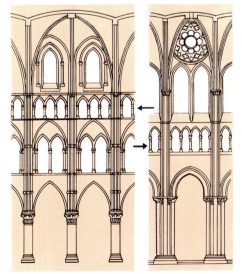
Triforium

aufgebaut, trop. Klima, Osthälfte weit regenreicher als der Westteil, zur Hälfte waldbedeckt.

Trinidad und Tobago, Republik in den Kleinen Antillen (Westindien), bestehend aus den beiden trop. Inseln →Trinidad u. →Tobago vor der Mündung des Orinoco, an der Nordküste Südamerikas, 5128 qkm, 1,1 Mill. Ew., davon 46% Neger, 14% Mulatten, 36% Inder, ferner Weiße u. Chinesen; Hptst. *Port of Spain* auf Trinidad. Hauptexportgüter sind Erdöl u. Erdölprodukte, daneben Zucker, Rum, Kakao u. Zitrusfrüchte. Dem Eigenbedarf dient der Anbau von Reis u. Bananen. Abgebaut werden die Asphaltvorkommen des Pitch Lake (40 ha, größtes natürl. Vorkommen der Erde). – B →Westindien.

Geschichte: Die 1498 von Kolumbus entdeckten Inseln wurden span. Kolonien u. fielen 1797 bzw. 1814 in engl. Besitz. 1888 wurden beide Inseln zu einer Kronkolonie zusammengefaßt. Sie gehörten 1958–1962 der Karibischen (Westindischen) Föderation an u. wurden 1962 unabhängige Republik im Commonwealth. – L 5.7.9.

Trinil, Fundort einer Form des Pithecanthropus am *Begewan* in Java (→Pithecanthropus-Gruppe).

Trinitarier, lat. *Ordo Sanctissimae Trinitatis redemptionis captivorum*, Abk. *OST, Orden der Allerheiligsten Dreifaltigkeit vom Loskauf der Gefangenen, Weißspanier*, kath. Bettelorden, gegr. 1198 in Frankreich von *Johannes von Matha* u. *Felix von Valois*; ursprünglich zur Sklavenbefreiung u. zur Mission unter den Moslems gegründet, widmen sich heute vor allem der Mission u. der Gefangenenseelsorge. – Weiblicher Zweig: *Trinitarierinnen.*

Trinität [lat.] →Dreieinigkeit.

Trinitatis [lat.], *Dreifaltigkeitsfest*, 1. Sonntag nach Pfingsten; in der ev. Kirche werden die folgenden 27 Sonntage nach T. gezählt.

Trinitrophenol →Pikrinsäure.

Trinitrotoluol, Abk. *TNT, Trotyl*, chem. Formel $C_6H_2(NO_2)_3CH_3$, relativ stoßsicherer Sprengstoff, vorwiegend in Granaten, Bomben, Torpedos verwendet; meistgebrauchter Explosivstoff.

Trinity River, Fluß in Texas (USA), rd. 600 km, entspringt nördl. von Dallas, mündet bei Galveston in den Golf von Mexiko.

Trinkerfürsorge, Betreuung Alkoholkranker u. ihrer Familien durch öffentl. oder private *T.stellen* (konfessionelle Gemeinschaften, Abstinenzvereine) unter ärztlicher, häufig auch seelsorgerischer Mitwirkung (Caritas, Innere Mission).

Trinkgeld, Bezahlung für freiwillige Dienstleistungen (in Geld) oder freiwillig gezahlter Zuschlag zum Entgelt für einfache Dienstleistungen, z.B. in Hotels; oft auch als Ausdruck des Wohlwollens. Das T. erhält meist derjenige persönlich, der die Dienstleistung erbracht hat, nicht der Unternehmer. In den dt. Gaststättenbetrieben wurde das T. durch den obligatorischen *Bedienungszuschlag* (*Bedienungsgeld*; meist 10–15% des Rechnungsbetrags) abgelöst; neuerdings werden vielfach *Inklusivpreise* gefordert, die den Bedienungszuschlag bereits enthalten.

Trinklied, ein Lied, das beim Zechen gesungen wird; preist das Trinken oder besingt den Wein, das Bier, den Punsch, seltener sind Branntweinlieder; Ursprünge in der Antike; älteste (lat.) T.er in Dtschld. vom *Archipoeta* u. in den *Carmina Burana*; in dt. Sprache seit *Oswald von Wolkenstein.*

Trinksitten, seit der Antike beliebte Regeln bei Trinkgelagen, z.T. frühen kultischen Ursprungs *(Minnetrinken).* Der Humanismus brachte die T. bei Adel u. Akademikern zu hoher Ausbildung; in den T. der Studenten wurde die Tradition vielfach vergröbert fortgesetzt *(Kneipe, Schmollis, Landesvater, Salamander).*

Trinkwasser, für menschl. Genuß ausreichend reines Hauswirtschaftswasser. →Wasserversorgung.

Trio [das; ital.], **1.** *allg.:* Dreizahl (von Menschen).
2. *Musik:* 1. Tonstück für drei Instrumente, z.B. *Klavier-T.* für Klavier, Violine, Violoncello, *Streich-T.* für Violine, Bratsche, Violoncello, *T.sonate*; 2. Mittelteil bei Menuetten, Märschen u. Tanzsätzen, ursprüngl. als Concertino für 3 Instrumente.

Triode [die; grch.], *Dreipolröhre*, eine Elektronenröhre mit drei Elektroden (Anode, Kathode u. Steuergitter).

Triole [die; ital.], *Triplet*, das Erklingen von drei gleichwertigen Noten in einer Takteinheit, in der taktmäßig regulär nur zwei (seltener vier) Notenwerte stehen; dargestellt mit einem Bogen u. der Ziffer 3.

Triolein [das], Triölsäureester des Glycerins, $C_3H_5(C_{17}H_{33}COO)_3$; ölige Flüssigkeit, die in Fetten u. fetten Ölen vorkommt.

Triolet [trio'lɛ], Elsa, französ. Schriftstellerin, *25. 9. 1896 Moskau, †16. 6. 1970 Saint-Armoul-les-Yvelines bei Paris; Schwägerin W. *Majakowskijs*, dessen Werke sie ins Französ. übersetzte; schrieb, von M. *Gorkij* angeregt, zuerst Russisch, dann Französisch (nach ihrer Begegnung mit L. *Aragon* 1928, mit dem sie seit 1939 verheiratet war); Kommunistin; erhielt den Prix Goncourt für ihren Résistance-Roman „Le premier accroc coûte deux cents francs" 1944; behandelte in ihren Romanen Nachkriegsprobleme.

Triowalzwerk, Walzgerüst mit drei Walzen, bei dem das Walzgut zwischen der 1. u. 2. Walze vor-, zwischen 2. u. 3. Walze zurückläuft.

Trip [der; engl., „Reise"], der einzelne Halluzinogen-Rausch, auch die dazu erforderliche Menge des gebrauchsfertigen Rauschmittels.

Tripalmitin [das], *Glycerintripalmitat*, Tripalmitinsäureester des Glycerins, $C_3H_5(C_{15}H_{31}COO)_3$; in Fetten u. Ölen vorkommend, z.B. im *Myrikawachs.*

Tripel... [lat. + frz.], Wortbestandteil mit der Bedeutung „dreifach".

Tripelallianz, *Tripelentente*, Bündnis zwischen drei Staaten, insbes. der →Dreiverband.

Tripelfuge, Fuge mit 3 Themen (z.B. J. S. *Bach*, Fuge cis-Moll aus dem ersten Teil des „Wohltemperierten Klaviers").

Tripelpunkt, der durch eine bestimmte Temperatur u. einen bestimmten Druck gegebene Punkt in einem Zustandsdiagramm, in dem drei verschiedene Zustandsformen im Gleichgewicht sind. Beim *T. des Wassers* (Temperatur = 273,15 Kelvin, Druck p = 6,09 mbar) bestehen die drei Zustandsformen des Wassers (fest, flüssig u. gasförmig) nebeneinander. Der T. des Wassers dient seit 1960 als Fundamentalpunkt der internationalen Temperaturskala anstelle des Dampfpunkts.

Triphenylmethan [das], *Tritan*, ein aromatischer Kohlenwasserstoff, bei dem 3 Phenylgruppen an ein zentrales Kohlenstoffatom gebunden sind. Muttersubstanz einer Klasse von *T.farbstoffen*, z.B. Kristallviolett, Fuchsin u. Malachitgrün.

triphibische Operation, gemeinsame Kampfführung von Land-, Luft- u. Seestreitkräften.

Tripitaka [sanskr., „Dreikorb"], dreigeteilte Sammlung der buddhistischen Schriften (Pali-Kanon), enthält die Lehre von der Ordensdisziplin *(Winaya-Pitaka)*, die Lehrreden *Buddhas (Sutta-Pitaka)* u. die religiös-metaphys. Auseinandersetzungen *(Abhidhamma-Pitaka).*

Triplebarre ['tripəl-; frz.], *Pferdesport: Staccionata*, ein Hindernis beim Jagdspringen, besteht aus drei →Ricks, die in der Höhe ansteigen.

Triplet [das], ein aus drei Linsen bestehendes Photoobjektiv, die einfachste Bauform eines Anastigmaten; Öffnungsverhältnis bei guter Korrektion bis etwa 1:3,5. Durch verkittete Glieder anstelle von Einzellinsen läßt sich die Leistungsfähigkeit erhebl. steigern (abgewandelte T.s): Tessartyp, Heliartyp u.a. →auch Photoobjektive.

Triplexkarton →Duplexkarton.

Tripodie [die; grch.], in der *Verslehre* eine rhythmische Einheit (meistens ein ganzer Vers) aus drei Versfüßen.

Tripoli, arab. *Trablous*, libanes. Stadt am Fuß des Libanon, mit Hafen *El Mina*, 160000 Ew.; Pipeline von Mosul, Ölraffinerie, Textilindustrie, Handels- u. Verkehrszentrum; Kraftwerk; Flugplatz.

Tripolis, 1. arab. *Trâbulus*, Stadt in Libyen, Hafen an der Kleinen Syrte, 550000 Ew.; altes Kastell (16. Jh.); Fachschulen; Ölraffinerie, Tabak-, Leder-, Edelmetallindustrie, Kunstgewerbe, Handel, Flugplatz; in der Nähe die Ruinen von *Leptis Magna.* Neben El Beida Hptst. von Libyen. Geschichte: →Tripolitanien.
2. ehem. *Tripolitsa*, griech. Stadt auf dem Peloponnes; 19000 Ew.; Leder-, Teppich- u. Metallindustrie. 1821–1825 Sitz der griech. Regierung.

Tripolitanien, *Tripolis*, Teilgebiet (ehem. Provinz) von Libyen; Hauptort *Tripolis*; vorwiegend Steppen- u. Wüstenlandschaft, die nach S hin zum Saharaplateau ansteigt; Oasenkultur mit Dattelpalmen- u. Olivenanbau.
Geschichte: T. mit der von Phöniziern gegr. Hptst. *Tripolis* war die Ostprovinz Karthagos; 146 v.Chr. wurde es numid., 46 v.Chr. röm., 435 von Wandalen erobert, 534 Teil des Byzantin. Reichs. Seit 643 unterstand es arab. Herrschern; 1551 kam es zum Osman. Reich, war aber lange faktisch unabhängiges Berbergebiet. 1911/12 wurde es von Italien erobert u. zur Kolonie gemacht. 1951 Teil des unabhängigen Libyen.

Tripolje-Kultur, jungsteinzeitl. Bauernkultur in der Ukraine u. dem südwestl. Teil der UdSSR, nach der Siedlung *Tripolje* bei Kiew benannt; unterhielt Beziehungen zum östl. Mittelmeer u. den vorderasiat. Gebieten. Charakteristisch sind neben einer groben Gebrauchskeramik mit weißen, schwarzen u. roten Spiralmustern bemalte Tongefäße, kleine Frauenfiguren aus Ton u. Tonhüttenmodelle u. in der Spätphase Kupfergegenstände. Die Siedlungen hatten die Form von Runddörfern mit kreisförmig angeordneten Wohnbauten u. einem mittleren freien Platz. Die T. hängt eng mit der rumän. *Cucuteni-Kultur* zusammen.

Trippel, Alexander, schweizer. Bildhauer, *23. 9. 1744 Schaffhausen, †24. 9. 1793 Rom; seit 1778 in Rom; Büsten u. Denkmäler in klassizist. Stil mit gelegentl. barocken Reminiszenzen.

Tripper, *Gonorrhoe*, spezif. Infektionskrankheit bes. der Schleimhäute der Harn- u. Geschlechtsorgane. Da die Erreger, *Neisseria gonorrhoeae* (früher *Gonokokken*), vorwiegend durch den Geschlechtsverkehr übertragen werden, gehört der T. zu den →Geschlechtskrankheiten, deren häufigste u. am meisten zunehmende er ist. 1–3 Tage nach der Ansteckung treten Brennen, Prickeln, schmerzhaftes Wasserlassen mit eitrigem Ausfluß aus der Harnröhre ein. Danach entzünden sich beim Mann hintere Harnröhre, Vorsteherdrüse, Samenstränge u. -blasen, Nebenhoden u. Hoden, bei der Frau Gebärmutter u. ihre Anhanggebilde, schließl. kommt es zu einer Allgemeininfektion ähnl. dem akuten Gelenkrheumatismus.
In der Harnröhrenabsonderung sind die Erreger mikroskop. leicht nachweisbar, was für das sichere Erkennen des T.s sehr wichtig ist. Die ärztl. Behandlung, in erster Linie mit Penicillin, vermag die meisten Fälle von frischem T. schnell zu heilen.

Triptik [das, Mz. *T.s*; engl.], *Triptyk*, Grenzpassierschein für Kraftfahrzeuge, die nur vorübergehend zu Reisezwecken das Inland verlassen; Bürgschaftsurkunde für eventuell fällig werdenden Einfuhrzoll; wird von den nationalen Motorsportverbänden für Mitglieder u. Nichtmitglieder ausgestellt; in der BRD vom *ADAC* u. *AvD.*

Triptychon [das; grch.], aus drei Teilen bestehendes, thematisch zusammenhängendes Tafelbild oder geschnitztes Altarbild (Flügelaltar mit Haupt- u. je einem beweglichen Seitenbild).

Tripura, Staat der Indischen Union östl. von Bangla Desh, 10477 qkm, 1,6 Mill. Ew., Hptst. *Agartala*; größtenteils waldbestandenes Hügelland, einer der ältesten Hindustaaten Indiens; Anbau von Reis, Jute, Baumwolle, Tee u. Früchten.

Trisaccharide, Zuckerarten, die aus drei *Monosacchariden* aufgebaut sind, z.B. die →Raffinose.

Trisagion [das; grch., „dreimalheilig"], auf den alttestamentl. Propheten *Jesajas* (Kapitel 6) zurückgehende Anrufung Gottes, die Eingang in viele christl. Liturgien gefunden hat.

Trishshivaperur, *Trichur*, südind. Distrikt-Hptst. in Kerala vor dem *Palghat Gap*, 80000 Ew.; bekannter Hindutempel Vadakunnathan (ursprüngl. buddhist.); Baumwollindustrie, Ziegeleien.

Trismegistos [grch.], Beiname des →Hermes (2).

Tristan, *Tristrant, Drostan, Tristram*, Sagengestalt eines von der Liebesleidenschaft ergriffenen Ritters, wohl oriental. Herkunft (pers. Epos „Wis u. Ramin" 1042–1055), dann mit kelt. Artussagen verwoben: Der verwundete T. hatte bei Isolde Blondhaar von Irland Heilung gefunden, später wird er von König Marke in Cornwall als Brautwerber zu ihr geschickt; durch einen Liebestrank kommen T. u. Isolde in unwiderstehlicher Liebe zusammen, betrügen Marke u. sterben gemeinsam. Viele Gestaltungen des Stoffs, u.a. Versepen von *Thomas von Britanje* (um 1165), *Eilhart von Oberge* (1180), *Gottfried von Straßburg* (um 1210); Tragödie von H. *Sachs* (1553); Oper von R. *Wagner* (1859).

Tristan da Cunha [engl. 'tristən da: 'ku:nə], brit.

Insel im Südatlantik, seit 1810 besiedelt, seit 1838 von Sankt Helena aus verwaltet, hat 98, mit den unbewohnten Inseln *Gough, Innaccessible* u. *Nightingale* 185 qkm Fläche u. 300 Ew. Sie ist vulkanisch (ein Aufleben der Vulkantätigkeit vertrieb die Siedler vorübergehend 1961–1963) u. bis 2060 m hoch; das Klima ist kühlgemäßigt mit reichl. Niederschlägen. Kartoffelanbau, Viehhaltung, Fischfang (Konservenausfuhr).

Tristán de Escamilla [-'milja], Luis, span. Maler, * 1586 (?) bei Toledo, † 7. 12. 1624 Toledo; Schüler von *El Greco*, malte Altarwerke in einem vorbarocken, manieristischen Stil.

Tristano [tris'tænou], Lennie, eigentl. Leonard Joseph T., US-amerikan. Jazzmusiker (Pianist), * 19. 3. 1919 Chicago, † 21. 11. 1978 New York; erblindete als Kind, als Pianist von Art *Tatum* beeinflußt; seit 1951 auch musikpädagogisch tätig in einem eigenen Jazz-Studio, das wegweisend für den Cool Jazz wurde.

Tristichon [das; grch.], ein Gedicht oder eine Strophe aus drei Versen.

Tristien [Mz.; lat.], elegische Trauergedichte in der Art, wie sie *Ovid* nach seiner Verbannung aus Rom schrieb („Tristia").

Tritagonist, der dritte Schauspieler im altgriech. Drama, seit etwa 465 v. Chr.; jeder der drei Schauspieler (*Protagonist, Deuteragonist, T.*) hatte mehrere Rollen zu spielen, auf der Bühne standen aber immer nur 3 Personen.

Tritheismus [grch.], Annahme von drei numerisch verschiedenen Naturen (Wesenheiten) in der göttl. Dreieinigkeit; hat als logische Konsequenz Annahme von drei Göttern u. ist widersinnig nach kirchl. Auffassung (4. Laterankonzil 1215).

Tritium [das], *überschwerer Wasserstoff*, Zeichen T,^{3}H, künstlich gewonnenes radioaktives Isotop des Wasserstoffs, das u. a. beim Beschuß des Lithium-Isotops ^{6}Li mit Neutronen entsteht; Isotopengewicht 3, Halbwertszeit ca. 12,5 Jahre, sehr schwacher β-Strahler. T. hat Bedeutung als Tracer (→Radioindikatoren) zur Markierung von Substanzen u. bei der Herstellung selbstleuchtender Leuchtmassen. Der Kern des T.atoms heißt *Triton*.

Tritoma, *Hyazinthenaloë*, Gattung der *Liliengewächse* der südl. u. trop. Afrika. Am bekanntesten die *T. uvaria* mit korallenroten, dann orangefarbenen u. dann an der Spitze grüngelben Blüten.

Triton, 1. *Astronomie:* ein Mond des Neptun.
2. *griech. Mythologie:* Meergott, Sohn des Poseidon u. der Amphitrite, halb Fisch, halb Mensch. In hellenist. Zeit nahm man mehrere T.en an.
3. *Physik:* Atomkern des Wasserstoffisotops *Tritium*; besteht aus 1 Proton u. 2 Neutronen, ist instabil u. zerfällt mit einer Halbwertszeit von ca. 12,5 Jahren unter Aussendung eines Elektrons.
4. *Zoologie:* T.shörner, *Trompetenschnecken, Tritonium, Tonnenschnecken, Doliacea*, mit spindelförmiger, bis zu 40 cm langer Schale, an der sich lange äußere Wülste befinden; ernähren sich als Räuber von Miesmuscheln, Seewalzen u. Seesternen. In Indonesien u. der Südsee werden die Schalen zu Muschelhörnern verarbeitet.

Tritonshorner →Triton (4).

Tritonus [lat.], das aus drei Ganztonschritten bestehende Intervall der übermäßigen Quarte (z. B. c–fis oder f–h); im strengen Satz als unsanglicher Tonschritt auch für Instrumente verboten, in der Spätromantik u. in der Musik des 20. Jh. aber häufig angewandt.

Triumph [der, Mz. T.e; lat.], Sieg, Siegesfreude; im alten Rom die vom Senat gewährte höchste Ehrung für einen siegreichen Feldherrn, von den Etruskern übernommen u. ursprüngl. ein sakraler Akt, in prunkvoller Festzug vom Marsfeld zum Kapitol. Voran schritten Senat u. Magistrate, dann folgten die Kriegsbeute u. Gefangene, die goldenen Kränze u. anderen Ehrengaben für den Feldherrn, die geschmückten Opfertiere u. dann der *Triumphator* selbst; den Schluß des Zuges bildete das lorbeergeschmückte Heer. Anschließend fand ein Fest für Heer u. Volk statt.

Triumphbogen, 1. von den Römern geschaffener Typ des Ehrenmonuments für verdiente Feldherrn u. Bürger, später für den röm. Kaiser (lat. *fornix, arcus, arcus triumphalis*). Der T. ist ein dreiseitiges monumentales, allseitig frei über einer Straße stehendes Tors mit 1 oder 3 Öffnungen u. darüber einer Attika, die als Basis für die Ehrenstatue bzw. -statuen (auch Quadriga u. ä.) diente.
Der älteste T. war der *fornix Fabianus* in Rom (121 v. Chr., nicht erhalten), der späteste antike der →Konstantinsbogen (312 n. Chr.); der T. war als Typus im gesamten röm. Reich vertreten. Eine Wiederbelebung versuchte Napoléon I. mit der Errichtung des *Arc de Triomphe du Carrousel*, 1806, u. des *Arc de Triomphe*, 1806–1826.
2. in mittelalterl. Kirchen der eingezogene Bogen zwischen Langhaus u. Chor in einer querschifflosen Anlage oder des westl. Vierungsbogen. Unter dem T. ist häufig die Triumphbalkengruppe (→Triumphkreuz) angebracht. – Ⓑ S. 24.

Triumphkreuz, eine in roman. Zeit ausgebildete Form der Kreuzigung Christi, die am →Triumphbogen (2) zwischen Chor u. Langhaus einer Kirche aufgestellt oder aufgehängt wurde. Bedeutende T.e in Dtschld., die im Unterschied zu den gemalten in Italien als plast. Gruppe mit Maria u. Johannes erscheinen, befinden sich in Halberstadt, Wechselburg u. Freiberg.

Triumphsäule, Ehrensäule, auf einem Unterbau frei stehende hohe Säule, meist mit reliefgeschmücktem Schaft u. von einem Standbild bekrönt; Erinnerungsmal an siegreiche Feldzüge, z. B. →Trajanssäule u. →Markussäule (Rom), Vendômesäule (Paris), Siegessäule (Berlin).

Triumvirat [das; lat.], im alten Rom ein aus drei Mitgliedern bestehendes Beamtenkollegium, das für verschiedenste Aufgaben nach Bedarf eingesetzt wurde. Davon ist das T. zu unterscheiden, bei dem die drei nicht gewählt wurden, sondern sich nach eigenem Gutdünken zusammenschlossen. Ein solches privates T. war das sog. *1. T., das Cäsar, Pompeius* u. *Crassus* 60 v. Chr. u. 56 v. Chr. bildeten, um ihre Forderungen besser durchsetzen zu können. Im *2. T.* wurden *Octavian, Antonius* u. *Lepidus* im November 43 v. Chr. durch Beschluß der Komitien für fünf Jahre mit fast unbeschränkten Vollmachten ausgestattet; das Gesetz wurde im Vertrag von Tarent um fünf Jahre verlängert.

Trivandrum, *Tiruvanantapuram*, Hptst. des ind. Staates Kerala, an der Südspitze Indiens; 410 000 Ew. ($^1/_3$ Katholiken); Verkehrs- u. Handelszentrum; altes Malayalam-Kulturzentrum, Wischnutempel (18. Jh.), Universität (1933); Kokospalmen, Reisanbau; Textilindustrie.

Trivialkunst →Volkskunst.

Trivialliteratur [lat.], eine untere Niveaustufe der Literatur; der Begriff ist nicht eindeutig, die Grenzen zur Unterhaltungs- u. zur Schundliteratur sind fließend. Die T. erhebt keine künstler. Ansprüche u. ist auf Publikumswirksamkeit gerichtet. →auch Rührstück, Schundliteratur, Volksbuch.

Trivium [lat.], die drei sprachl. Fächer der sieben „freien Künste": Grammatik, Rhetorik u. Dialektik; →Artes liberales.

Trizeps [lat.], *Triceps*, dreiköpfiger Muskel, z. B. der dreiköpfige Streckmuskel des Oberarms (*Triceps brachii*), der Drillingsmuskel der Wade (*Triceps surae*).

Trnka, Jiří, tschechoslowak. Filmregisseur, Schöpfer weltbekannter Puppenfilme, * 24. 2. 1912 Pilsen, † 30. 12. 1969 Prag; Hptw.: „Der Kaiser u. die Nachtigall" 1947; „Prinz Bajaja" 1950; „Der brave Soldat Schwejk" 1954.

Trobriandinseln ['troubriənd-], *Kiriwina Islands*, Korallenatoll (22 Inseln) südöstl. von Neuguinea.

Trochanter [grch.], **1.** *Anatomie:* Rollhügel, zwei oder drei Höcker am Oberschenkelknochen. **2.** *Zoologie:* →Schenkelring.

Trochäus [der, Mz. *Trochäen*; grch.], *Choreus*, in der antiken Verslehre ein Versfuß aus einer langen u. einer kurzen Silbe (—◡) mit fallendem Rhythmus; im *Tribrachys* wird die Länge aufgelöst (◡◡◡). Der „*anakreont. Vers*" in der dt. Dichtung des 18. Jh. ist ein reimloser vierhebiger T.

Trochilos [grch.], *Trochilus*, Einkehlung an der Basis ionischer Säulen.

Trochiten [grch.], *Bonifatiuspfennige, Bischofspfennige*, versteinerte Stielglieder von Seelilien; häufig im Devon (Schraubensteine) u. im Muschelkalk (T.kalk, mit *Encrinus liliiformis*).

Trochophora [die; grch.], planktische Larve der Ringelwürmer, i. w. S. auch mariner Muscheln u. Schnecken, bei denen sie sich zur Veligerlarve weiterentwickelt. Die T. besteht aus einem oberen Teil mit Wimperschopf u. einem unteren mit 1–2 Wimperkränzen, manchmal auch Schwebefortsätzen. Bei Ringelwürmern entsteht durch Knospung zweier Segmente direkt die Imago. – Ⓑ→Embryonalentwicklung (Gliederwurm–Larve).

Trockenbooron, rosinenartig eingeschrumpfte Beeren der Weintrauben, aus denen die edelsten Spitzenweine hergestellt werden (T.auslese). →auch Strohweine.

Trockenei, Eipulver, durch Wasserentzug konserviertes Vollei, Eigelb oder Eiweiß. Frischei wird durch Zerstäubung im Vakuum oder auf Laufbändern bei 50–55 °C ohne Gerinnung des Albumins getrocknet. 1000 Frischeier ergeben 7 kg Trockeneiweiß u. 8 kg Trockeneigelb.

Trockeneis, Kühlmittel aus festem *Kohlendioxid*, verdunstet (sublimiert) bei –78,5 °C ohne Rückstand; wird erzeugt durch plötzl. Entspannung von verflüssigtem Kohlendioxid, das sich in Schnee verwandelt u. gepreßt wird.

Trockenelement, ein galvan. Element, bei dem die Elektrolytflüssigkeit durch Quellstoffe pastenförmig eingedickt wurde. →Leclanché-Element.

Trockenfarmsystem →Dryfarming.

Trockenfäule, durch Bakterien oder Pilze hervorgerufene Pflanzenkrankheit, bei der die befallenen Organe trockenfaul werden, z. B. die T. der Rüben u. die T. der Kartoffelknolle (→Kartoffelkrankheiten).

Trockenfisch, durch Trocknung für einige Zeit haltbar gemachter Fisch; z. B. *Klippfisch*, ausgenommen, aufgespaltener, T. von der Rückengräte befreiter, naß oder trocken gesalzener u. dann getrockneter Kabeljau, Seelachs oder Schellfisch; *Stockfisch*, dem Klippfisch ähnlich, wird aber ohne vorhergegangenes Salzen getrocknet; *Titling*,

Tripolje-Kultur: Haus mit zwei Backöfen mit Kuppelüberwölbung und vierblattförmiger sog. Opferstelle; darunter Gefäße, Schöpfkelle, Idole und Hausmodell aus Ton

Trockenfleisch

Löwentor der Stadtmauer von Hattusa, der Hauptstadt des Hethiterreichs; 14. Jh. v. Chr.

Das große Tor von Labná/Mexiko zeigt die Technik des

TRIUMPHBOGEN UND TORE

Fünftoriger Triumphbogen, Ming-Gräber, Peking; 1522–1566 (rechts)

Römischer Triumphbogen in Orange (Südfrankreich) aus der Regierungszeit des Kaisers Augustus (links)

Römischer Triumphbogen in Lambés, Algerien

Holstentor in Lübeck, Teil der alten Stadtbefestigung; 1477

"falschen" Bogens der Maya

Moskauer Tor in Leningrad; 1833–1838

ganzer, ungespaltener Stockfisch; *Rotscheer*, gespaltener Stockfisch.

Trockenfleisch →Fleischtrocknung.

Trockenfrachtschiff, Sammelbegriff für Stückgut- u. Massengutfrachter; Gegensatz: *Tanker.*

Trockengebiete, Erdräume mit →aridem Klima u. hohen positiven oder negativen Temperaturen, von der (gedachten) klimat. →Trockengrenze u. den Küsten umschlossen. Die T. nehmen nahezu ein Drittel der Landfläche der Erde ein. Kalte T. sind die subpolaren Inseln Nordamerikas, die Küsten West- u. Südgrönlands, Spitzbergen u. die nordasiat. Küste. Heiße semiaride u. aride Gebiete finden sich im W der USA; Nordafrika, Arabien, Vorderasien, die südl. UdSSR u. der ind. Subkontinent bilden die große subtrop. Zone der altweltl. Trockenräume; auf der Südhalbkugel weisen bes. die Westseiten der Kontinente trocken-heiße Gebiete auf (Ecuador, Peru, Nordchile, nördl. Argentinien, Südwestafrika u. das westl. Südafrika, West- u. Zentralaustralien). Ferner gibt es im Schutz von Gebirgen kleinere, nicht klimazonale T. (Teile Ostpatagoniens, der Malaiischen Inseln, verschiedene Alpentäler).
Vegetationsgeographisch setzen sich die T. aus semihumid-semiariden →Steppen, semiariden Kurzgrassteppen, periodisch ariden (Trocken- u. Dorn-) →Savannen, vollariden →Halbwüsten u. extrem-ariden →Wüsten zusammen. – K S. 26.

Trockengemüse = Dörrgemüse.

Trockengleichrichter, andere Bez. für *Sperrschichtgleichrichter* (Gegensatz: elektrolyt. Gleichrichter, der heute nicht mehr verwendet wird). →Gleichrichter.

Trockengrenze, gedachte Linie, die auf der Landoberfläche der Erde die ganz u. bis zu gewissen Graden dem tatsächlichen u. möglichen Anbau von Kulturpflanzen u. vielfach der nomad. Beweidung dienenden Gebiete von den ariden, nicht als solche nutzbaren Gebieten trennt. Die T. *des Regenfeldbaus* (in einjährigem Turnus betriebener Anbau) folgt je nach Verdunstung zwischen den Jahres-Isohyeten von 250 u. 400 mm. An der *klimat. T.* erreichen Verdunstung u. Niederschläge gleich hohe Werte. Jenseits davon folgen die ariden →Trockengebiete. An die Zone des Regenfeldbaus können sich noch Gebiete des →Dryfarming anschließen. Wo durch Regenfeldbau u. Dryfarming kein Anbau mehr möglich ist, kann eine Bebauung nur noch mit Bewässerung durchgeführt werden.

Trockenguß, das Gießen von Metallen in getrocknete Form.

Trockenhefe, ein Dauerpräparat der →Hefe.

Trockenmauer, ohne Verwendung von Mörtel errichtete Mauer aus nur wenig bearbeiteten Bruchsteinen.

Trockenmilch, *Milchpulver,* durch Wasserentzug haltbar gemachte Voll- oder Magermilch; wird entweder durch Trocknung zwischen beheizten Walzen *(Walzenmilch)* oder durch Zerstäubung im heißen Luftstrom *(Sprühmilch)* gewonnen. Der Gehalt an Wasser darf 6% nicht übersteigen, in der Trockenmasse müssen bei Vollmilchpulver mindestens 25%, bei Magermilchpulver höchstens 2% Fett enthalten sein.

Trockenmittel, 1. Stoffe, die Wasserdampf aus der Luft oder anderen Gasen oder auch in organ. Flüssigkeiten enthaltene geringe Wassermengen aufnehmen u. binden; angewendet werden z.B. Calciumchlorid, Silicagel, konzentrierte Schwefelsäure, Natrium, gebrannter Kalk, wasserfreies Natrium- oder Kupfersulfat, auch trockene Hülsenfrüchte, Reis u.a.
2. = Sikkativ.

Trockenoffset, *Letterset* →Hochdruck.

Trockenpartie, der Teil einer *Langsieb-Papiermaschine,* in dem die Papierbahn durch Anpressen an geheizte Metallzylinder getrocknet wird.

Trockenpflanzen, *Xerophyten,* Pflanzen, die an trockene Standorte angepaßt sind, wie Wüsten, Steppen, Felsen, aber auch winterkalte Gebiete *(Frosttrocknis)* u. Salzlandschaften. Man unterscheidet verschiedene Typen: 1. *ephemere T.*; hierher gehören niedere Pflanzen (Bakterien, Moose, Flechten), deren Vegetationskörper bei Wassermangel in Trockenruhe verfallen u. sich erst bei Befeuchtung wieder beleben, ebenso wie bei höheren Pflanzen, deren Samen die Trockenheit überdauern u. bei Regenfällen kurzfristig auskeimen u. zur Blüte gelangen. – 2. *Geophyten*, die mittels unterirdischer Wasserspeicher (Knollen, Zwiebeln) Dürrezeiten überwinden. – 3. *xeromorphe T.*, bei denen der Vegetationskörper selbst die Dürre übersteht. Hier gibt es *sklerophylle T.*, die das Blatt durch spiegelnde Oberfläche sowie bes. Verdickungen u. Einlagerungen schützen (wie Hartlaubgehölze [→Hartlaubvegetation], Heidekrautgewächse u. Nadelhölzer), u. *malakophylle T.*, die eine wasserdampfgesättigte Isolierschicht aus einem Filz toter Haare tragen (z.B. Königskerze, Rauhblattgewächse). – 4. *sukkulente T.*, die ihren Vegetationskörper als Wasserspeicher ausbilden *(Sukkulenz).* – 5. *tiefwurzelnde T.*, deren tiefe Wurzeln sich an das Grundwasser anschließen (Eukalyptus-Arten). – 6. *Hochdruck-T.*, die dem Boden das Wasser durch eine besondere osmotische Saugkraft der Wurzeln entziehen. → auch Trockenresistenz.

Trocken-Prägedruck →Prägedruck.

Trockenresistenz, *Dürrehärte,* die Eigenschaft von Pflanzen, Trockenperioden zu überstehen. Auch bei Pflanzen, die keine ausgesprochenen →Trockenpflanzen sind, gibt es genetisch fixierte Unterschiede in der T. einzelner Individuen, die als Grundlage zur Verbesserung der T. von Kulturpflanzen-Rassen ausgewählt werden können. Auch eine Anzucht der Sämlinge unter trockenen Klimabedingungen („Abhärtung") führt zu erhöhter T. der Pflanzen.

Trockenrisse, durch Austrocknung der oberen Bodenschicht u. dadurch bewirkte Zusammenziehung entstandene Risse, die in Form von Polygonen angeordnet sind, z.B. in den Salztonebenen (→Takyre) der Trockengebiete.

Trockenstarre, *Trockenschlaf, Anhydrobiose,* bei manchen Tieren durch Wasserentzug künstl. herbeiführbarer oder im Wechsel der Jahreszeiten natürlich einsetzender Zustand verminderter Lebensaktivität, bei dem die Körperflüssigkeit auf ein Mindestmaß herabgesetzt u. alle Lebensprozesse verlangsamt werden (z.B. bei den meisten Infusorien, den Räder- u. Bärtierchen, aber auch bei einigen höheren Tieren der Tropen). →auch Anabiose.

Trockental, zeitweilig trocken liegendes Flußtal; in humiden Gebieten durch Versickerung von Flüssen im Karst, in semiariden u. ariden Gebieten durch klimat. bedingte period. oder episod. Wasserführung *(Torrente, Creek, Wadi)*; ein T. kann auch künstl. durch Ableitung von Flüssen entstehen; in klimat. Trockengebieten oft Reliktform früherer geolog. Zeitalter.

Trockenwald, während der Trockenzeit (5–7½ Monate im Jahr) das Laub abwerfende, lichte Waldformation der Randtropen, z.B. der *Miombo* Ost- u. Südafrikas, die *Caatinga* Brasiliens.

Trockenweine, würzig u. stark schmeckende Weine (der Zucker ist durch die Gärung verbraucht); häufig mit Bezeichnung *sec* (frz.) oder *dry* (engl.).

Trockenwolle, wasserabweisend ausgerüstete Wolle.

Trockenzeit, im jahreszeitl. Klimaverlauf der Tropen u. Subtropen regelmäßige Dürreperiode(n) zwischen den Regenzeiten; in den Tropen eine T. nach den Wendekreisen zu im Winter; zwei T.en nach dem Äquator zu, die größere im Winter, die kleinere im Sommer; zahlreiche Ausnahmen. →auch Trockengebiete, arides Klima.

Trockenzellbehandlung →Zellulartherapie.

trocknen, Flüssigkeiten (bes. Wasser) aus Stoffen aller Art entfernen. *Mechanisch* kann Feuchtigkeit durch Druck (Pressen) entfernt werden, z.B. in Filterpressen, Preßwalzen, Wringmaschinen; ebenso in Schleudern (Zentrifugalprinzip), wobei das zu trocknende Gut in rotierende gelochte Trommeln eingebracht u. die Feuchtigkeit durch die Löcher abgeschleudert wird. Beim *Verdunstungs-T.* wird der zu trocknende Stoff einem trokkenen, warmen Luftstrom ausgesetzt, wodurch die Flüssigkeit verdunstet u. in die Luft übergeht; die Luft muß ständig erneuert werden. Beim T. von Streugut (z.B. Getreide) wird das Gut von oben abgerieselt, während von unten die Trockenluft entgegenströmt. Die Verdunstung kann durch Vakuum beschleunigt werden *(Vakuum-T.).* Bei der →Gefriertrocknung verdunstet (sublimiert) die Eis gefrorene Feuchtigkeit im Vakuum. Aus Gasen kann Feuchtigkeit durch *Ausfrieren* beseitigt werden. →auch Trockenmittel.

trocknende Öle, fette Öle, die durch Aufnahme von Luftsauerstoff oxydieren; werden für *Ölfarben* benutzt u. bilden auf der Unterlage einen festhaftenden Film, z.B. Leinöl, Hanföl.

Troddel, 1. *Posamenten:* →Quaste.
2. *Weberei:* Anfang u. Ende der Kettfäden, muß der gewünschten abzuwebenden Gewebelänge hinzugezählt werden.

Trödelhandel

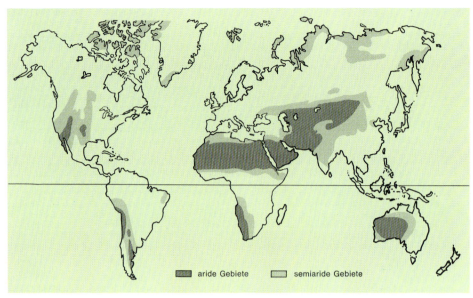

Trockengebiete der Erde

Trödelhandel, Handel mit Altwaren (Altpapier, -eisen, Knochen u.a.); *Trödler,* Altwarenhändler.

Troeltsch, Ernst, ev. Theologe, Philosoph u. Religionssoziologe, *17. 2. 1865 Haunstetten bei Augsburg, †1. 2. 1923 Berlin; Vertreter des Neuprotestantismus u. des Historismus; betrachtete das Christentum als den anderen Religionen nur relativ, nicht absolut überlegen; erkannte die kalvinist. Prädestinationslehre als Komponente des entstehenden Kapitalismus. T. war Mitgründer der Dt. Demokrat. Partei u. 1919–1921 Unterstaatssekretär, 1922 Staatssekretär im preuß. Kultusministerium. Hptw.: „Die Absolutheit des Christentums u. die Religionsgeschichte" 1902; „Die Soziallehren der christl. Kirchen u. Gruppen" 1912; „Der Historismus u. seine Probleme" 1922; „Der Historismus u. seine Überwindung" 1924.

Troer = Trojaner (2).

Trofaiach, österr. Markt in der Steiermark am Südostfuß der Eisenerzer Alpen, 659 m ü. M., 8700 Ew.; Sommerfrische u. Wintersportplatz; Schlösser *Möll* (12./13. Jh.), *Stibichhofen* (15. Jh.) u. *Oberdorf* (15. Jh.).

Trog, 1. *Gefäß:* längl., meist aus Holz oder Stein gefertigtes Gefäß; unter Pumpen, Brunnen u. dgl. zur Wasserspeicherung, Viehtränke u.a.
2. *Meteorologie:* ein Luftdruckgebilde, genannt nach der trogförmigen Gestalt der begrenzenden Isobarenflächen. *Tiefdruck-T.,* einer Kaltfront folgend, bedeutet ein Schlechtwettergebiet. *Polar-T.,* in den höheren Luftschichten in die Passatregion übergreifender Tiefdruck-T. der Westwinddrift; verursacht dort aufsteigende Luftbewegung u. Wolkenbildung auf seiner Ostseite u. absinkende Bewegung auf seiner Westseite. *Höhen-T.,* ein in den höheren Luftschichten (500-mb-Niveau) vorhandener, durch troposphär. Kaltluft erzeugter Tiefdruckausläufer.

Trogen, Ort im schweizer. Kanton Appenzell-Außerrhoden, östl. von St. Gallen, 2500 Ew.; barocke Pfarrkirche (1778/79), Landsgemeindeplatz, alte Bürgerhäuser; Kantonsbibliothek, -schule u. -gericht; Textilindustrie.

Troger, Paul, österr. Maler u. Radierer, getauft 30. 10. 1698 Welsberg bei Zell, Tirol, †20. 7. 1762 Wien; schuf Deckengemälde u. Altarbilder mit illusionist. Raumwirkung. Hptw. in Stift Melk, Stift Altenburg, Stift Göttweig, St. Pölten.

Trogir, ital. *Traù,* jugoslaw. Hafenstadt (auf Inseln) in Dalmatien, westl. von Split, 5000 Ew.; roman.-got. Dom, Bauten des MA. u. der Renaissance, Kastell Kamerlengo, Stadtmauern; Schiffbau, Feigen-, Mandel-, Oliven-, Weinbau.

Troglav, Berg im Dinarischen Gebirge (Jugoslawien), 1913 m.

Trogons [grch.], *Trogones,* Vogelordnung, die mit 35 mittelgroßen, farbenprächtigen, langschwänzigen Arten die Tropen der Alten u. Neuen Welt besiedelt; z.B. der *Quesal, Pharomacrus mocinno,* der Wappenvogel von Guatemala.

Trogtal, von Gletschern ausgehobeltes, im Querprofil U-förmiges Flußtal, in den Alpen häufig, z.B. das Lauterbrunnental.

Troika [die; russ., „Dreier"], **1.** *Fahrzeuge:* Dreigespann mit einem Stangenpferd u. zwei Seitenpferden (auch der Wagen selbst); war in Rußland bei Wagen u. Schlitten üblich.
2. *Politik:* übertragen im Sinn von *Triumvirat* gebraucht; als T. bezeichnete man z.B. die Dreiergruppe J. Stalin, G. Sinowjew u. L. Kamenew, die ab 1923 (während der Krankheit u. nach dem Tod Lenins) eine Zeitlang die Macht in der Sowjetunion ausübte.

Troilus, *Troilos,* jüngster Sohn des Trojanerkönigs *Priamos,* von *Achilles* beim Tränken der Pferde getötet. Die Geschichte des Liebespaars T. u. *Cressida* geht auf den „Roman de Troie" des *Benoît de Sainte-Maure* (12. Jh.) zurück; sie wurde in G. *Boccaccios* „Filostrato" u. von G. *Chaucer* behandelt, von *Shakespeare* u. J. *Dryden* dramatisiert, zu Opern von W. *Zillig* (1951) u. W. *Walton* (1954) verarbeitet.

Troisdorf ['tro:s-], nordrhein-westfäl. Stadt (Rhein-Sieg-Kreis), an der Agger nordöstl. von Bonn, 56 500 Ew.; Eisen-, Maschinen-, chem. Industrie, Kunststofferzeugung.

Trois-Frères [trwa'frɛ:r], 1904 in Frankreich entdeckte Höhle bei Montesquieu-Avantès (Dép. Ariège) mit über 600 gravierten Tierbildern aus der jüngeren Altsteinzeit: Mammute, Nashörner, Feliden, Bären, Wisente, Rentiere, Steinböcke, Hirsche, Pferde, Höhlenlöwen; auch 2 menschl.-tierische Mischwesen. Benannt wurde sie nach ihren Entdeckern, den drei Söhnen des Grafen H. *Bégouen.*

Trois-Rivières [trwari'vjɛ:r], engl. *Three Rivers,* Industriestadt am Sankt-Lorenz-Strom, kanad. Prov. Quebec, 57 600 Ew. (als Agglomeration 100 000 Ew.); Zellstoff- u. Papierherstellung, Textil-, Leder- u. chem. Industrie.

Troizk, Stadt in der RSFSR (Sowjetunion), südl. von Tscheljabinsk, 90 000 Ew.; Zentrum der Bergbaureviere im Südl. Ural (Werkzeugmaschinen, Dieselmotoren, Elektromechanik, Nahrungsmittel u.a.); Wärmekraftwerk.

Troja, *Ilion, Ilium,* antike Stadt mit Burg (Pergamos) auf einem Hügel bei Hissarlik im NW Kleinasiens, südwestl. der Dardanellen. Nach myth. Überlieferung von *Tros* gegründet; Schauplatz des *Trojanischen Kriegs,* den man ursprüngl. für nichthistorisch hielt. Bei den von H. *Schliemann* 1870 begonnenen Ausgrabungen wurden neun aufeinander folgende Besiedlungsschichten freigelegt; in der Schicht VI werden seit den Untersuchungen von W. *Dörpfeld* (1893) die Reste des von *Homer* beschriebenen T. gesehen; die untersten 5 Schichten gehören der frühen Bronzezeit (Mitte 3. bis Anfang 2. Jahrtausend v.Chr.) an; T. war aber schon in der Jungsteinzeit (4. Jahrtausend v.Chr.) bewohnt. Für Schliemann war die von einer Ringmauer umgebene, nach 2300 v. Chr. abgebrannte Burg der 2. Siedlungsschicht das homer. T.; reiche Gold-, Silber- u. Keramikfunde (sog. Goldschatz des Priamos) schienen ihm die Richtigkeit seiner Annahme zu bestätigen. Während dieser Zeit war T. ein Umschlagplatz für den Metallhandel. Die Schichten über VII A bezeugen einen wiederholten Aufbau der um 1240 v.Chr. zerstörten Anlage. Unter *Cäsar* u. *Augustus* wurde die Stadt als *Ilium novum* wiederaufgebaut, geriet unter Byzantinern u. Türken in Vergessenheit. – ⌸ 5.1.8. u. 5.2.2.

Trojan, bulgar. Stadt am Nordfuß des Hohen Balkan, 24 300 Ew.; Kloster (17. Jh.) mit Klosterkirche; Holzverarbeitung.

Trojaner, 1. *Astronomie:* Planetoiden; kleine Planeten der Jupitergruppe, die sich in der Nähe der beiden →Librationspunkte L_4 u. L_5 *(Lagrangesche Dreieckspunkte)* befinden.
2. *Geschichte: Troer,* Bewohner von Troja.

Trojanischer Krieg, Krieg im 12. Jh. v.Chr. zwischen Griechen u. Trojanern in Troja, sagenumwoben u. viel besungen *(Homer, Vergil).*

Paris, Sohn des greisen Königs *Priamos* von Troja,

Troja: Die von einem starken Mauerring umgebene Stadt Troja VI wurde um 1275 v. Chr. von einem Erdbeben zerstört und nach dem Wiederaufbau um 1240 v. Chr. von den Achäern erobert. – Goldgefäße aus dem sog. Priamosschatz aus der Schicht Troja II. Berlin (West), Museum für Vor- und Frühgeschichte. – Das Parisurteil löste nach

raubte *Helena*, die Frau des *Menelaos*, Königs von Sparta. Dieser u. sein Bruder *Agamemnon* riefen die Griechen zur Befreiung Helenas auf; es beteiligten sich u. a. *Achilles*, die beiden *Aias, Diomedes, Nestor* u. *Odysseus.* Sie vermochten aber das unter Führung von Priamos' ältestem Sohn *Hektor* verteidigte Troja nicht zu nehmen. Die Sagen beginnen erst mit dem 10. Jahr der Belagerung, in dem es den Trojanern gelang, ein Zerwürfnis zwischen Agamemnon u. Achilles auszunutzen u. ins griech. Schiffslager einzudringen. Der zürnende Achilles erlaubte deshalb, daß seine Myrmidonen unter seinem Freund *Patroklos* die Trojaner vertrieben. Dabei fiel Patroklos; Achilles griff wieder in die Kämpfe ein, erschlug Hektor, wurde aber durch einen Pfeil des Paris am Fuß verwundet u. starb. Zum Schein fuhren die Griechen weg u. ließen ein hölzernes Pferd (das *Trojanische Pferd*), in dem sich 30 Griechen versteckt hatten, zurück. In der Nacht stiegen die Griechen aus dem von den Trojanern in die Stadt geschafften Pferd u. öffneten die Stadttore für die zurückgekehrten Griechen. Troja wurde zerstört, die Bewohner wurden entweder getötet oder in die Sklaverei geführt; nur wenige entkamen, u. a. *Äneas*.

Trojanisches Pferd →Trojanischer Krieg.

Trojanpaß, *Trojans-Paß*, bulgar. *Trojanski prohod*, Paß über den Hohen Balkan in Bulgarien, zwischen Osum- u. Strjamatal, 1648 m.

Trökes, Heinz, Maler u. Graphiker, * 15. 8. 1913 Hamborn, Rheinland; malte zunächst surrealistische, später Kompositionen von stark graphischem Reiz.

Trolitul, Markenbezeichnung eines aus Polystyrol bestehenden Kunststoffs; Verwendung hauptsächl. in der Elektrotechnik.

Troll, in der altnord. Mythologie unheimlicher bösartiger Geist, männl. oder weibl. Dämon.

Troll, Carl, Geograph, * 24. 12. 1899 Gabersee bei Wasserburg, † 21. 7. 1975 Bonn; leitete die dt. Nanga-Parbat-Expedition 1937; Arbeiten über Pflanzengeographie, Landschaftskunde trop. Gebirge u. Glazialmorphologie; seit 1947 Hrsg. der Zeitschr. „Erdkunde" (Bonn); 1960–1964 Präs. der Internationalen Geograph. Union.

Trollblume, *Trollius*, ein Hahnenfußgewächs. Die *Europäische T., Trollius europaeus*, mit fast kuglig zusammenschließenden, hellgelben Blumenblättern auf feuchten Wiesen u. Bergweiden.

Trolleybus [-li-; der; engl. + lat.] →Obus.

Trollhättafälle, Wasserfälle des *Göta Älv* in Südschweden, bei *Trollhättan*, 32 m hoch; Großkraftwerk (seit 1921); von der Schiffahrt durch den *Trollhättan-Kanal* (84 km) umgangen.

Trollhättan, Stadt in der südschwed. Prov. (Län) Älvsborg, 51 000 Ew.; Großkraftwerk; Motoren-, Elektro- u. chem. Industrie.

Trollope ['trɔləp], Anthony, engl. Schriftsteller, * 24. 4. 1815 London, † 6. 12. 1882 St. Marylebone; stellte mit humorvoller Ironie in realist. Romanen das viktorian. Bürgertum dar.

Trombe [die; ital.], Wirbelwind mit senkrechter Achse, tritt auf in allen Formen von kleinen Staubwirbeln über Wind-, Sand- u. Wasserhosen bis zu den zerstörenden Tornados in Nordamerika, →auch Hurrikan, Taifun. – B→Wind.

Trombetas, *Rio T.*, linker Zufluß des unteren Amazonas in Nordbrasilien, viele Wasserfälle.

Heinz Trökes: Wunschbild für Geologen; 1956. Berlin (West), Neue Nationalgalerie

Trommel, 1. *Musik*: ital. *tamburo*, frz. *tambour, caisse*, engl. *drum*, ein Membranophon, Rhythmusinstrument, aus einem Holz- oder Metallzylinder (*Zargen*) bestehend, über dessen beide Öffnungen Felle (heute meist Kunststoff) gezogen sind, die mit Schnüren oder Schrauben gespannt werden. Der Klang wird durch Größe, Stärke u. Spannung des Fells bestimmt. Im Orchester sind gebräuchl.: 1. die *kleine T.* mit Schnarrsaiten auf dem unteren Fell, wird mit zwei hölzernen T.stöcken geschlagen (rhythmisch oder als T.wirbel), beim Jazz auch mit dem Jazzbesen; Klang hoch u. hell. – 2. die *große T.*, ohne Schnarrsaiten, hat den doppelten Durchmesser der kleinen T. Sie wird mit einem Filzschlegel geschlagen. Ihr Klang ist dumpf. Sie wurde von der →Janitscharenmusik übernommen u. Ende des 18. Jh. in die Militär- u. Kunstmusik eingeführt. – 3. die *Rühr-T.* ist eine T. mit hohem Korpus, ohne Schnarrsaiten, dumpf. Im modernen Orchester (z. B. bei C. Orff), im Jazz (Jazz-T.), in der Tanzmusik (Bongo, Conga) gibt es verschiedene T.arten. Sie sind in unterschiedl. Formen u. Größen über die ganze Erde verbreitet (Röhren-, Kessel-, Becher-, Faß- u. Sanduhrform, Rahmen-T. mit u. ohne Schellen), aus Ton, Holz, Bambus oder Metall, mit der Hand oder Schlegeln geschlagen.

2. *Technik*: ein walzenförmiger, sich um seine Achse drehender Hohlkörper, z. B. *Seil-T.* oder *T.anker*.

Trommelbremse →Bremse.

Trommelfell, *Paukenfell, Membrana tympani*, die das Mittelohr der Wirbeltiere nach außen abschließende Haut (→Gehörsinnesorgane). Bei Fischen wird die Funktion des T.s vielfach von der Schwimmblase übernommen; bei Amphibien liegt das T. häufig an der Kopfoberfläche; bei Reptilien wird es durch einen Hautwulst leicht in die Tiefe verlagert; bei den Säugern wird es durch das äußere Ohr nach innen verlegt.

Trommelfische →Umberfische.

trommelschleifen, metall. Werkstücke in einer drehbaren Trommel durch Gleiten, Wälzen u. Stoßen spanlos u. spanend glätten; mit u. ohne Zusatz von Schleifmitteln.

Trommelsprache, ein in Anlehnung an den Sprachrhythmus (u. wohl auch die Sprechtonhöhe von Silben in Tonsprachen) getrommeltes Übermitteln von Nachrichten – ohne Zerlegung in Buchstaben –, meist mit Schlitztrommeln; bes. ausgebildet im trop. Afrika, in einfacherer Art (als Signalsprache) auch in Südamerika, Südostasien, Melanesien.

Trommsdorff, Johann Bartholomäus, Chemiker

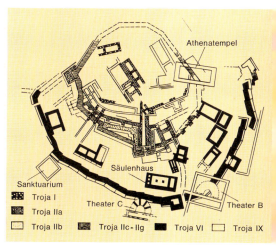

der Sage den Trojanischen Krieg aus. Vasenbild des Makron auf einer Schale aus Vulci; 490–480 v. Chr. Berlin (Ost), Staatliche Museen. – H. Schliemanns Ausgrabung Trojas erbrachte den Nachweis der Existenz der bis dahin für sagenhaft gehaltenen Stadt. – Plan von Troja nach C. W. Blegen (von links nach rechts)

Trompe

u. Pharmazeut, *8. 5. 1770 Erfurt, †8. 3. 1837 Erfurt; gründete 1813 dort die erste pharmazeut. Fabrik, schrieb mehrere Lehrbücher u. gab die erste dt. pharmazeut. Ztschr. heraus: „Journal der Pharmazie" 1793–1834.

Trompe [die; frz.], nischenartige, vorkragende Wölbung zwischen zwei im rechten Winkel aufeinanderstoßenden Wänden, dient zur Überleitung vom quadrat. Unter- in den polygonalen Oberbau.

Trompete [frz., ital.], **1.** *Anatomie*: Tuba, 1. der *Eileiter (Mutter-T., Tuba uterina)*; 2. die Verbindung von Rachen u. Mittelohr *(Ohr-T., Tuba Eustachii)*.
2. *Musik*: Blasinstrument mit überwiegend zylindrischer Röhre u. halbkugeligem Kesselmundstück. Die T. hat drei Ventile zur Rohrverlängerung u. damit Tonvertiefung, dadurch werden außer den Naturtönen (Obertonreihe des Grundtons) alle chromatischen Zwischenstufen möglich. Die *Fanfaren-T.* hat keine Ventile, für die Oper „Aida" von Verdi gibt es die einventilige *Aida-T.* – Die ursprüngl. Form der T. (lat. *tuba*) war gerade gestreckt, sie wurde im 15. u. 16. Jh. verlängert u. S-artig gewunden, fast gleichzeitig trat auch die moderne zweiwindige Schleifenform auf. Die *Klappen-T.* von Anton *Weidinger* (1801) war eine Zwischenstufe der Entwicklung zur chromat. T., die mit Erfindung der Ventile beendet war. – In ihren Anfängen war die T. Königs-, Kriegs- u. Kultinstrument, im MA. einer eigenen Trompeterzunft vorbehalten. Gegen Ende des 18. Jh. gehörte sie zum festen Bestand des Orchesters u. der Militärmusik; heute bevorzugtes Instrument des Jazz.

Trompetenbaum, 1. Gattung *Catalpa* (Katalpe) der *Bignoniengewächse*; großblätterige, sommergrüne Bäume mit glockigen, in endständigen Rispen oder Trauben stehenden Blüten u. linealen, im Winter lange an den Bäumen hängenden Früchten. Bei uns sommerblühende Park- u. Alleebäume.
2. *Tecoma*, Gattung der *Bignoniengewächse*; von Florida bis Südamerika verbreitete Bäume mit gefingerten Blättern. T.-Holz →Tekome.
3. *Cecropia*, Gattung der *Maulbeergewächse* Amerikas; oft mit armleuchterähnl. Wuchs. In den hohlen Stengeln oder eigens gebildeten Futterkörpern an den Unterseiten der Blattstiele leben Ameisen in *Symbiose* (Myrmikophilie).

Trompetenfische →Pfeifenfische.
Trompetenschlinge = Klettertrompete.
Trompetenschnecken →Triton (4).
Trompetentierchen, *Stentor*, Gattung spirotricher *Euziliaten* des Süßwassers, von trichterförmiger Gestalt, die an Pflanzen mit dem schmalen Ende festgeheftet sind oder frei umherschwimmen.
Trompetervögel, *Psophiidae*, eine Familie der *kranichartigen* Vögel von Hühnergröße; 3 Arten in den trop. Regenwäldern Amerikas.

Troms, nordnorweg. Provinz (Fylke), 25 954 qkm, 144 000 Ew.; Hptst. *Tromsö*; Hochland, bes. im N stark durch Fjorde aufgelöst, Siedlungen vorwiegend an der Küste u. in den Fjorden, Fischerei, geringer Ackerbau u. Viehwirtschaft.

Tromsö, Hptst. der nordnorweg. Provinz (Fylke)

Tropfsteinbildungen in der Stephanshöhle von Lillafüred (Ungarn)

Troms, an der Ostküste der Insel Tromsöy, 43 000 Ew.; Universität (1968); Fischerei, Transiedereien, Fischmehlfabriken; Handelshafen.

Tröndelag [ˈtrœnəla:g], zwei mittelnorweg. Provinzen, →Nord-Tröndelag u. →Sör-Tröndelag.

Trondheim, dt. auch *Drontheim*, mittelnorweg. Hafenstadt an der Mündung des Nidelv in den *T.fjord*, Hptst. der Prov. (Fylke) *Sör-Tröndelag*, 135 000 Ew.; roman.-got. Dom (11. Jh.); Lehrerhochschule (1936), Techn. Hochschule (1910) u. Akademie der Wissenschaften, zur Universität T. zusammengefaßt. Schiffbau, Holz- u. Maschinenindustrie, Fischverarbeitung, Brennereien. – Im MA. norweg. Königsresidenz u. Hptst.

Tróodos, Zentralgebirge Zyperns, im *Olympos* 1952 m.

Tropaeolaceae = Kapuzinerkressengewächse.

Tropaion [das; grch.], lat. *Tropaeum*, ursprüngl. das auf dem Schlachtfeld aus Waffen des Feindes errichtete Siegesmal; später in schematisierter Form (Panzer, Helm u. Schilde auf kreuzförmigem Balkengerüst), oft zusammen mit Gefangenen, auf Münzen u. Reliefs dargestellt (u. a. Trajanssäule, Konstantinsbogen).

Tropen [Mz.; grch.], **1.** *Klimageographie*: Klimazone beiderseits des Äquators, als solarer →Klimagürtel begrenzt durch die beiden Wendekreise (23,5° nördl. u. südl. Breite). Kennzeichen für trop. Klima sind die ganzjährig hohen Temperaturen (Jahresmittel über 25 °C) mit geringer jährl. u. tägl. Schwankung sowie hohen Niederschlägen im kerntropischen Gebiet des immerfeuchten Regenwalds. Geringere Niederschläge u. stärkere Temperaturdifferenzen weisen die randtrop. Savannen u. Trockengebiete auf. Nach W. Köppen wird die T.zone durch die 18°-Isotherme des kältesten Monats begrenzt. Danach entfallen auf die T. rd. 46 Mill. qkm.
2. *Stilistik*: Mz. von →Tropus (2).

Tropenkoller, psych. Störungen (Erregungszustände, Gewalttätigkeit), die manchmal nach längerem Tropenaufenthalt auftreten.

Tropenkrankheiten, Infektionskrankheiten, die vorwiegend in tropischen Ländern auftreten, z. B. Amöbenruhr, Gelbfieber, Malaria u. Schlafkrankheit. – □ 9.9.1.

Tropenmedizin, Fachgebiet der Medizin, umfaßt die Erforschung, Erkennung u. Behandlung sowie *(Tropenhygiene)* die Verhütung u. Bekämpfung der →*Tropenkrankheiten*; →auch Deutsche Tropenmedizinische Gesellschaft. – □ 9.9.1.

Tropentag, ein Tag mit einem Tagesmittel von mindestens 25 °C oder mit einer Höchsttemperatur von mindestens 30 °C.

Tröpfchenmodell, *Flüssigkeitsmodell*, ein anschaul. Atomkernmodell, bei dem die Betrachtung des Kerns als Flüssigkeitströpfchen zum Verständnis einiger experimentell beobachteter Eigenschaften der Atomkerne führt. →auch Kernphysik.

Tropfelektrizität = Wasserfallelektrizität.

Tropfen, ein Flüssigkeitsgebilde; hat (frei schwebend oder bei nichtbenetzenden Flüssigkeiten) infolge Oberflächenspannung Kugelform. Ein fallender T. nimmt die Form des geringsten Luftwiderstands, die ungefähre *T.form* (→Stromlinien), an. Die T.bildung wird durch *Kondensationskerne* (Staub) erleichtert.

Tropfenphänomen, *Astronomie*: Erscheinung bei einem →*Venusdurchgang* oder →*Merkurdurchgang* vor der Sonne; dabei zeigt sich häufig zwischen Sonnenrand u. Planet vorübergehend ein dunkler Tropfen. Das T. wird auf Brechungserscheinungen der Lichtstrahlen in der Erdatmosphäre zurückgeführt.

Tropfkörper, Apparat für die biolog. Abwasserreinigung. Mit porösen Gesteinsbrocken gefüllte Rundbehälter werden mit Abwasser berieselt. Auf der Oberfläche der Steine bildet sich ein *biologischer Rasen*, der die Abwasserinhaltsstoffe abbaut.

Tropfpunkt, kennzeichnender Temperaturpunkt bei Schmierfetten, Wachs, Asphalt u. ä., bei dem das Material zu tropfen beginnt.

Tropfstein, aus kalkreichem Tropfwasser in Höhlen u. Gewölben meist in zapfenartigen Gebilden *(Stalaktiten, Stalagmiten)* abgeschiedener grobkristalliner Kalkstein (Calciumcarbonat).

trophischer Reflex, Reflexbogen zur Beeinflussung von Kreislauf u. Ernährung. →Reflex.

Trophobiose [die; grch.], Ernährungsbeziehung zwischen Ameisen u. Blattläusen, bei der die Läuse Schutz genießen u. dafür Nahrung (→Honigtau) liefern; zunächst lockerer →Mutualismus, der Züge einer →Symbiose annehmen kann, wenn die Blattläuse wie Milchkühe gehalten werden.

Trophophyll [das; grch.], assimilierendes Blatt der →Farnpflanzen.

Tropika [die; grch.], *Febris tropica* →Malaria.

Tropikvögel, *Phaethontidae*, eine Familie der *Ruderfüßer*. Die mittelgroßen, langschwänzigen T. besiedeln in 3 Arten die Küsten der Tropen, wo sie stoßtauchend ihre Beute, Fische, erlangen.

Tropismus [Mz. Tropismen; grch.], Bewegung der Organe festgewachsener Pflanzen, deren Orientierung mit der Richtung des Reizes in enger Beziehung steht. Der Reiz führt wahrscheinlich zu ungleichmäßiger Versorgung mit Wuchsstoff (→Hormon) u. damit zu Wachstumskrümmungen. Nach der Reizursache unterscheidet man *Chemo-T., Geo-T., Hapto-T.* u. *Photo-T.* →auch Pflanzenbewegung.

Tropopause [die; grch.] →Troposphäre.

Tropophyten [grch.], an wechselfeuchte Standorte, d. h. an einen period. Wechsel zwischen Vegetationsperioden u. vegetationsfeindl. Jahreszeiten (Trockenzeit, Winter), angepaßte Pflanzen. Zu ihnen gehören viele Steppen- u. Wüstenpflanzen sowie die meisten einheimischen Pflanzen.

Troposphäre [grch.], unterste Schicht der →Atmosphäre bis etwa 12 km Höhe, begrenzt gegen die darüberliegende *Stratosphäre* durch die *Tropopause*. In der T. spielen sich die meisten Wettervorgänge ab.

Troppau, tschech. *Opava*, Stadt in Mähren (Tschechoslowakei), an der Oppa, 58 000 Ew.; Mariendom (13. Jh.), Wenzelskirche (13. Jh.); Metall-, Textil- u. Nahrungsmittelindustrie.
Auf dem *Kongreß von T.* (20. 10.–31. 12. 1820) beschlossen Rußland, Preußen u. Österreich unter Führung Metternichs, die auf dem *Kongreß von Aachen* bestimmte Politik fortzusetzen: Aufrechterhaltung des Status quo in Europa, Intervention bei revolutionären Bewegungen in europ. Staaten.

Tropsch, Hans, Chemiker, *7. 10. 1889 Plan, Böhmen, †8. 10. 1935 Essen; arbeitete zusammen mit Franz *Fischer* das →*Fischer-Tropsch-Verfahren* zur *Kohlenhydrierung* aus.

Tropus [der, Mz. Tropen; grch.], **1.** *Musik*: von *Tutilo* in St. Gallen im 10. Jh. eingeführte Gesangsformel durch nachträgl. syllabische Textierung gegebener melismatischer Gesänge, der Sequenz ähnelnd; auch dichterisch-musikalischer Einschub im liturgischen Gesang.
2. *Stilistik*: auch die *Trope*, bildl. Ausdruck, „indirekte" Wortwahl; Sammelbegriff für alle *rhetorischen Figuren*, die sich nur auf ein Wort erstrecken: *Synekdoche, Metonymie, Metapher,* u. U. auch *Euphemismus, Periphrase*.

Troß [der; frz.], seit dem MA. die das Gepäck der Truppe mitführenden Fahrzeuge.

Trosse, starkes Schiffstau (aus Stahldraht oder Hanf) zum Schleppen, Verholen oder Festmachen von Schiffen.

Trossingen, Stadt in Baden-Württemberg, auf der Baar nordwestl. von Tuttlingen, 11 400 Ew.; Musikhochschule; Harmonika- *(Hohner)*, Textil-, Schuh-, Maschinenindustrie.

Trostberg, Stadt in Oberbayern (Ldkrs. Traunstein), an der Traun nördl. vom Chiemsee, 9800 Ew.; chem. Industrie, Pappeherstellung.

Trotha, Adolf von, Vizeadmiral, *1. 3. 1868 Koblenz, †11. 10. 1940 Berlin; Chef des Stabs der dt. Hochseeflotte in der Skagerrakschlacht (1916); 1919/20 Chef der Admiralität, 1934 Führer des „Reichsbundes dt. Seegeltung".

Trottellumme, eine Alkenart, →Alken.

Trott zu Solz, Adam von, Diplomat, *9. 8. 1909 Potsdam, †26. 8. 1944 Berlin (in Plötzensee hingerichtet); Jurist, seit 1939 im Auswärtigen Amt; versuchte der Widerstandsbewegung gegen Hitler in Großbritannien u. den USA Freunde u. Unterstützung zu gewinnen; nach dem 20. 7. 1944 zum Tod verurteilt.

Trotyl [das], aus *Trinitrotoluol* (TNT) bestehender Sprengstoff.

Trotzalter, Entwicklungsabschnitte: *1. T.*, etwa von 2½ bis 3½ Jahren. Das Kind entdeckt sein eigenes Ich, das sich in Willenshandlungen manifestiert. Die Erziehung sollte während dieser Zeit ein harmonisches Nebeneinander von Gewährenlassen u. Verbieten (wenn das Kind sich selber oder anderen schadet) sein. *2. T.*, etwa von 11–13 Jahren (auch *Flegelalter*). Allg. Disharmonierung am Beginn der →Pubertät ruft ablehnendes Verhalten (Trotz) gegenüber Erwachsenen hervor.

Trotzkij, Lew (Leo) Dawidowitsch, eigentl. *Bronstein*, sowjet. Politiker, *7. 11. 1879 Janowka, Ukraine, †21. 8. 1940 Coyoacán (Mexiko; ermordet); schloß sich als Schüler der sozialdemokrat.

Bewegung an, wurde verbannt u. floh nach Westeuropa. 1903 geriet er in der Frage des Parteiaufbaus in Gegensatz zu *Lenin* u. stand fortan zwischen den Fraktionen der Bolschewiki u. Menschewiki. In der Revolution 1905 war T. Vors. des Petersburger Sowjets (Arbeiterrats), wurde erneut verbannt u. floh wiederum. Nach der Februarrevolution 1917 schloß er sich den Bolschewiki an u. wurde wieder Vors. des Petrograder Sowjets. 1917–1927 war er Mitgl. des ZK, 1919 bis 1926 des Politbüros der bolschewist. Partei. Als Volkskommissar (Min.) für Äußeres (1917/18) suchte er mit einer Verschleppungstaktik den Frieden von Brest-Litowsk zu verhindern. Als Volkskommissar für Militärwesen (1918–1925) schuf er die Rote Armee. Nach Lenins Tod 1924 unterlag T. im Machtkampf gegen *Stalin*. Ab 1925 verlor er schrittweise alle Staats- u. Parteiämter; 1927 wurde er aus der Partei ausgeschlossen, 1928 nach Kasachstan verbannt u. 1929 aus der UdSSR ausgewiesen. Im Exil war T. publizist. tätig, entwickelte seine polit. Auffassungen *(Trotzkismus)* in zahlreichen Schriften u. gründete 1938 die IV. Internationale. Er wurde von einem Agenten der sowjet. Geheimpolizei ermordet. – [L] 5.5.6.

Trotzkismus, die von L. D. *Trotzkij* u. seinen Anhängern u. Schülern vertretenen Auffassungen u. die darauf fußende polit. Bewegung. Der T. entstand seit etwa 1930 als Abspaltung vom Kommunismus sowjet. Prägung. Er ist betont internationalistisch auf die sozialist. Weltrevolution (→permanente Revolution) gerichtet, lehnt die These vom „Aufbau des Sozialismus in einem Land" ab u. kritisiert das Gesellschaftssystem der Sowjetunion u. der nach ihrem Vorbild geformten sozialist. Staaten als „bürokratisch entartet". Seine Organisation ist seit 1938 die IV. Internationale, die z.T. jedoch in sich zerstritten ist. Führende Köpfe der Bewegung sind der Belgier Ernest *Mandel* u. der Franzose Alain *Krivine*. – [L] 5.8.3.

Troubadour [truba'du:r; frz.], der höfische provençal. Dichter des MA., meist ritterl. Standes, im Gegensatz zum berufsmäßigen, volkstüml. Spielmann niederen Standes *(Jongleur)*. Der T. trug seine eigenen Gedichte in eigenen Melodien vor. Seine Lyrik war fest geprägte Gesellschaftkunst; in ihr drückte sich die Bereitschaft zur Frauenverehrung (entspr. dem mhd. Begriff *Minne*) u. das verfeinerte Schönheitsgefühl der Adelsschicht aus. Die Hauptformen der T.dichtung waren *Kanzone* u. *Sestine*. – Die T.dichtung erreichte ihre Blüte an den Fürstenhöfen der Provence um 1150–1170, verbreitete sich auch in Nordfrankreich *(Trouvère)* u. Norditalien u. gab entscheidende Anstöße für den mhd. Minnesang. Die bekanntesten T.s waren: Herzog *Wilhelm IX.* von Aquitanien (*1071, †1127), *Bernart de Ventadour, Bertran de Born, Thibaut IV. de Champagne, Peire Vidal, Jaufré Rudel, Arnaut Daniel*. – [L] 3.2.1.

Troupier [tru'pje:; der; frz.], ein Offizier, der lange in der Truppe (nicht in höheren Stäben) Dienst getan hat u. zum ausgesprochenen Praktiker geworden ist.

Trousseau [tru'so:], Armand, französ. Kliniker, *14. 10. 1801 Tours, †27. 6. 1867 Paris; nach ihm ist das *T.sche Zeichen* bei der Tetanie benannt (Pfötchenstellung der Hand bei Drücken des Oberarms).

Trouvère [tru'vɛ:r; frz.], die nordfranzös. Bez. für den *Troubadour* (12.–14. Jh.), i.w.S. auch für jeden weltl. Dichter des MA.; der bekannteste T. (i.w.S.) ist der Epiker *Chrétien de Troyes*.

Trovidur, Markenbezeichnung eines Kunststoffs aus Hart-PVC (→Polyvinylchlorid).

Troy [trɔi], Stadt im USA-Staat New York, an der Mündung des Mohawk in den Hudson, Teil der Agglomeration von Albany, 63000 Ew.; Textil-, Stahl- u. Eisenindustrie.

Troy [trwa], **1.** François de, französ. Maler, *9. 1. 1645 Toulouse, †1. 5. 1730 Paris; malte hauptsächl. Bildnisse der höf. u. adligen Gesellschaft.
2. Jean-François de, Sohn u. Schüler von 1), französ. Maler u. Radierer, *27. 1. 1679 Paris, †26. 1. 1752 Rom; schuf vorwiegend Gobelinentwürfe u. Figurenbilder von galanter Thematik.

Troyat [trwa'ja], Henri, eigentl. Lew *Tarassow*, französ. Schriftsteller russ. Herkunft, *1. 11. 1911 Moskau; seit 1920 in Frankreich; schrieb psycholog. Romane aus dem Leben Rußlands u. der französischen Provinz, Theaterstücke u. Biographien russischer Dichter; 1959 Mitgl. der Académie Française.

Troyes [trwa], Stadt an der oberen Seine, alte Hptst. der *Champagne*, Sitz des nordostfranzös. Dép. Aube, 126000 Ew.; got. Kathedrale (13.–17. Jh.), mehrere Kirchen, höhere u. Fachschulen, Bibliothek; Textil- (Strumpfherzeugung), Maschinen-, Fahrzeug- u. Nahrungsmittelindustrie, Druckereien, Weinmarkt; Bahnknotenpunkt.

Troygewicht [engl.], engl. u. US-amerikan. Gewicht für Edelmetalle u. -steine (1 *Troy Pound* = 373,24 g). – Die *Troy Ounce* (= 31,1035 g) liegt dem Währungssystem des *Internationalen Währungsfonds* zugrunde. Die Einheiten des *Troy-Systems* gelten ab 1975 nicht mehr, weil seitdem das engl. auf das metrische System umgestellt worden ist. →auch Avoirdupois.

Troyon [trwajɔ̃], Constant, französ. Tier- u. Landschaftsmaler, *28. 8. 1810 Sèvres, †20. 3. 1865 Paris; Autodidakt, schloß sich der Schule von Barbizon an, malte atmosphärisch aufgelöste Landschafts- u. realist. erfaßte Tierdarstellungen.

Trubar, Primož (Primus), Pseudonym: *Philopatridus Illyricus*, slowen. Schriftsteller, *8. 6. 1508 Raščica, †28. 6. 1586 Derendingen, Württemberg; seit 1530 Vorkämpfer der Reformation in Krain; flüchtete wegen der Gegenreformation nach Dtschld.; seine Übers. des N.T. (1557–1560) wurde zur Grundlage der slowen. Schriftsprache.

Trübe, 1. *Bergbautechnik:* beim Bohren →Dickspülung aus Wasser.
2. *techn. Chemie:* Flüssigkeit mit aufgeschwemmten Festteilchen, z.B. bei der *Flotation* oder *Schwertrübeaufbereitung*.

Trubetzkoy, 1. Nikolai Sergejewitsch Fürst, russ. Sprachforscher, *25. 4. 1890 Moskau, †25. 6. 1938 Wien; schrieb „Grundzüge der Phonologie" (posthum) 1939.
2. Pawel Petrowitsch Fürst, russ. Bildhauer, *16. 2. 1866 Intra, Lago Maggiore, †12. 2. 1938 Suna, Lago Maggiore; schuf von A. *Rodin* beeinflußte Bronzeplastiken in kleinem Maßstab.

Trübglas →Glas (Sorten), →Opalglas.

Trübner, 1. Karl J., Buchhändler, *6. 1. 1846 Heidelberg, †2. 6. 1907 Straßburg; sein 1872 gegr. Straßburger Verlag ging 1919 an de *Gruyter & Co*.
2. Wilhelm, Maler, *3. 2. 1851 Heidelberg, †21. 12. 1917 Karlsruhe; schloß sich 1870 in München dem Kreis um C. *Schuch*, W. *Leibl* u. H. *Thoma* an; malte meist Landschaften u. Porträts, z.T. mit tonigem, impressionist. lockerem Farbauftrag.

Trübungsmessung →Nephelometrie.

Truchmenen, ein Teil der *Turkmenen*, der im 17. Jh. in das Gebiet nördl. des Kaukasus einwanderte.

Truchseß, *Seneschall*, eines der vier alten Ämter (→auch Erzämter) an dt. Höfen im MA., bes. mit der Aufsicht über die Tafel betraut; entwickelte sich zum erbl. Titel ohne Funktion.

Truchseß von Waldburg →Waldburg.

Trucial Oman ['tru:sjəl ɔu'ma:n; engl.], *Befriedetes Oman*, die heutige →Union Arabischer Emirate.

Truck-System ['trʌk-; engl.], Entlohnung der Arbeiter in Naturalien (Naturallohn) oder durch Gutscheine für Arbeitgeberläden; heute selten u. in der BRD verboten (*Truck-Verbot:* §115 GewO). – In *Österreich* in gewissen Grenzen zulässig (§78 GewO), in der *Schweiz* verboten.

„Trud" [russ., „Arbeit"], 1921 gegr. Tageszeitung der Gewerkschaften in der UdSSR (Moskau); Auflage 8,6 Mill.

Trudeau [try'do], Pierre Elliot, kanad. Politiker (Liberaler), *18. 10. 1919 Montreal; 1961 Prof. für Jura; 1967/68 Justiz-Min., seit 1968 Partei-Vors., 1968–1979 u. seit 1980 Premierminister.

trudeln, von Flugzeugen: sich auf einer schraubenlinienförmigen Bahn um eine vertikale Trudelachse abwärts bewegen; ungewollte Absturzbewegung oder Kunstflugfigur.

Trudpert, Heiliger, iroschottischer Wandermönch im 7. Jh.; gründete bei Freiburg i. Br. eine „Zelle", aus der das Kloster St. Trudpert erwuchs. Fest: 26. 4.

Truffaut [try'fo:], François, französ. Filmregisseur, *6. 2. 1932 Paris; wurde bekannt mit Filmen der „Neuen Welle": „Sie küßten u. sie schlugen ihn" 1958; „Schießen Sie auf den Pianisten" 1960; „Jules u. Jim" 1961; „Die süße Haut" 1964; „Fahrenheit 451" 1966; „Geraubte Küsse" 1968; „Das Geheimnis der falschen Braut" 1969; „Der Mann, der die Frauen liebte" 1977; „Le dernier Métro" 1980.

Trüffelpilze, *Trüffel, Tuberales*, unterirdisch lebende Pilze von rundlicher oder knolliger, kartoffelähnl. Gestalt. Der innere Teil des von einer harten, glatten oder warzigen Schale umhüllten Pilzkörpers ist von Hohlräumen oder gewundenen Gängen durchzogen, die von der sporenbildenden Schicht ausgekleidet sind. Die Myzelien der T. leben saprophytisch. Als Delikatessen gelten: *Sommertrüffel, Tuber aestivum; Perigord-Trüffel, Tuber melanosporum*.

Trugdolde, *Scheindolde*, kugel- bis schirmförmiger →Blütenstand, bei dem unterhalb der endständigen Blüte mehrere Nebenachsen entspringen, die sich wie die Hauptachse verzweigen können (z.B. bei Nelken- u. Wolfsmilchgewächsen). – [B] →Blütenpflanzen I.

Trughirsche, *Odocoilinae*, Unterfamilie der →Hirsche.

Trugmotten, *Eriocraniidae*, ursprüngl. Familie der *Schmetterlinge* mit verkümmerten Kiefern u. kurzem Saugrüssel. Kleine, nächtl. lebende Schmetterlinge von mottenartigem Aussehen, deren beinlose Larven in Blättern minieren.

Trugnattern →Nattern (2).

Trugrattenartige, *Octodontoidea*, artenarme Überfamilie der *Nagetiere* von plumper Gestalt. Hierher gehören aus Südamerika die Familien der *Baumratten* (→Sumpfbiber); *Kammratten, Ctenomyidae; Chinchillaratten, Abrocomidae*, u. der *Stachelratten, Echimyidae*; aus Afrika die *Rohrratten* u. die *Felsenratten*.

Trugrumpf, *Geomorphologie:* *Primärrumpf*, eine *Rumpffläche*, die dadurch entstand, daß ein werdendes Gebirge so langsam gehoben wurde, daß die Abtragung mit der Hebung Schritt halten konnte; im Gegensatz zum *Endrumpf*, der das Endstadium der Abtragung eines Gebirges ist.

Trugschluß, 1. *Logik:* *Sophisma*, ein auf einem Denkfehler beruhender falscher Schluß.
2. *Musik:* →Kadenz.

Truhe, kistenartiger Behälter aus Holz, meist rechteckig im Längs- u. Querschnitt, oft eisenbeschlagen, mit Schnitzereien, Intarsien, Furnieren, Bemalungen verziert; eines der ältesten Kastenmöbel zur Aufbewahrung von Kleidern, Wäsche, Schmuck u.a., bisweilen mit Rückenlehne als Sitzmöbel gestaltet *(T.nbank, Sitz-T.)*.

Trujillo [-'xijo], **1.** Hptst. des nordperuan. Dep. La Libertad, Hafenstadt am Pazif. Ozean, 250000 Ew.; 2 Universitäten (gegr. 1824 u. 1965), Theater, Museen; Zucker-, Coca-, Kupferindustrie u. -handel. In der Nähe die Ruinenstadt *Chanchan*.
2. Hptst. des venezolan. Staats T. (7400 qkm, 427000 Ew.), 27100 Ew.; Kohlenbergbau.

Trujillo y Molina [tru'xijo i-], Rafael, dominikan. Politiker u. Offizier, *24. 10. 1891 San Cristóbal, †30. 5. 1961 Ciudad Trujillo (ermordet); 1930–1938 u. 1942–1952 Staats-Präs., übertrug 1952 seinem Bruder Hector (*1908) die Präsidentschaft, blieb aber bis zu seiner Ermordung Diktator der Dominikan. Republik.

Trukinseln [trʌk-], Inselgruppe der östl. Karolinen (rd. 90 Inseln) in Ozeanien, 132 qkm, 18800 Ew., als Distrikt 29300 Ew.; früher dt., jetzt unter US-amerikan. UN-Treuhandschaft.

Trulla [die; lat.], Schale mit Stielgriff.

Trullanische Synoden, *Trullanum I u. II*, das 6. allg. Konzil von Konstantinopel 680/681 (Verurteilung des Monotheletismus) u. die Reichssynode 691, nach dem Sitzungssaal des kaiserl. Palastes zu Konstantinopel benannt. Die letztere lehnte den Zölibat der Priester ab u. wandte sich gegen den Primat des Papstes. Papst Sergius I. u. seine Nachfolger erkannten die T.nS. nicht an. Die Ostkirchen rechnen Trullanum II als 7. allg. Konzil.

Trullo [der, Mz. *Trulli*; ital.], Rundbau aus mörtellosem Mauerwerk, ohne Fenster, mit kuppelförmigem, spitz zulaufendem Scheingewölbe, bes. in Apulien verbreitet; geht auf vorgeschichtl. Bauten der Bronze- u. Eisenzeit zurück, wie sie ähnl. auf Sardinien *(Nuraghen)* u. den Balearen *(Talayots)* auftraten. – [B] →Italien (Geographie).

Trum [der oder das], **1.** *Bergbau:* für einen bestimmten Zweck vorgesehener Teil des Schacht- u. Blindschachtquerschnitts *(Schachtscheibe)*; z.B. *Förder-T.*, in dem die Förderkörbe laufen, *Fahr-T.*, in dem die Fahrten untergebracht sind.
2. *Maschinenbau:* zwischen zwei Riemenscheiben liegender Teil eines Treibriemens oder Seils; *ziehendes T.*, der Teil, der die Hauptkraft überträgt; Gegensatz: *loses T.*

Truman ['tru:mən], Harry S, US-amerikan. Politiker (Demokrat), *8. 5. 1884 Lamar (Mo.), †26. 12. 1972 Kansas City; 1934 Senator für Missouri; 1944 Vize-Präs. der USA; nach F. D. Roosevelts Tod am 12. 4. 1945 (33.) Präsident, 1948 wiedergewählt (bis 1952). T. befahl den Abwurf der Atombomben auf Hiroschima u. Nagasaki, nahm 1945 an der Potsdamer Konferenz teil, stimmte dem Rückzug der USA aus China 1947/48 zu u.

suchte seit 1947 der sowjet. Expansion entgegenzutreten *(Truman-Doktrin).* Er veranlaßte den Eintritt der USA in den Koreakrieg 1950.
Truman-Doktrin ['truːmən-], inoffizielle Bez. für die in einer Erklärung des US-amerikan. Präs. Truman vom 12. 3. 1947 verkündete Bereitschaft der USA, den durch kommunist. Bewegungen u. Staaten bedrohten Ländern wirtschaftl., finanzielle u. militär. Hilfe zu gewähren. Die T. wurde zum Grundprinzip der amerikan. Außenpolitik im Kalten Krieg u. mit der Hilfe an Griechenland u. die Türkei 1947, dem Marshallplan u. der NATO verwirklicht.
Trumbull ['trʌmbəl], John, US-amerikan. Maler, *6. 6. 1756 Lebanon, Conn., †10. 11. 1843 New York; der erste bedeutende Historienmaler Nordamerikas, einer der besten Porträtkünstler seiner Zeit. Hptw. in der Rotunde des Kapitols in Washington: Bildnisse Washingtons; histor. u. religiöse Genregemälde.
Trümmerflora, Pflanzenwelt auf Schutt- u. Trümmerfeldern. Die erste Besiedlung erfolgt durch anspruchslose einjährige Pionierpflanzen, deren Samen durch den Wind verbreitet werden, dann folgen anspruchsvollere Pflanzen, bes. Garten-, Acker- u. Wiesenpflanzen, schließl. stellen sich Sträucher u. Bäume als Pioniere des Waldes ein.
Trump, Georg, Schrift- u. Buchgestalter, *10. 7. 1896 Brettheim, Württemberg; Gebrauchsgraphiker u. Illustrator, schuf mehrere Druckschriftarten (T.-Deutsch 1935; Delphin 1950; Amati 1951; Codex 1952; T.-Mediäval 1954).
Trumscheit [das], *Trompetengeige,* Streichinstrument, vom 14. bis ins 19. Jh.; dreieckiger, keilförmiger, etwa 2 m langer Körper mit einer Darmsaite, die über einen Steg läuft, dessen einer Fuß fest auf dem Instrument liegt, während der andere frei schwebt. Dadurch wird ein schnarrender, fast trompetenartiger Ton hervorgebracht. Das T. wurde mit dem Bogen oberhalb der Greifhand gestrichen u. erzeugte Flageolett-Töne.
Trundholm, Gemeinde in dän. Amtskommune Westseeland, an der Westspitze der Halbinsel Sjællands Odde; 9500 Ew.; nahebei ein Moor, Fundstätte eines bronzezeitl. Kultwagens (Sonnenwagen).
Trunk, Richard, Komponist u. Dirigent, *10. 2. 1879 Tauberbischofsheim, †3. 6. 1968 Riederau am Ammersee; schrieb Musik aus neubarockem Geist, aber auch mit Anklängen an den Impressionismus; rund 200 Lieder u. Chöre, Kammermusik, das Singspiel „Herzdame" 1917.
Trunkenheit, durch Vergiftung (bes. *Alkoholvergiftung)* eintretende Lähmung des Nervensystems, die zu einem Zustand der Erregung, Hemmungslosigkeit u. Beeinträchtigung der körperl. u. geistigen Fähigkeiten führen kann (→Rausch). Die T. ist strafbar, wenn der Täter sich vorsätzl. oder fahrlässig in einen seine *Schuldfähigkeit* (→Zurechnungsfähigkeit) ausschließenden T.szustand versetzt u. in diesem Zustand eine rechtswidrige Tat begeht (§ 330a StGB). Ferner ist, auch wenn niemand verletzt oder gefährdet wird, wegen eines *Vergehens* (§316 StGB) strafbar, wer in T. ein Kraftfahrzeug führt, obwohl er T. *fahruntüchtig* ist; kommt es zu einer Gefährdung anderer Personen oder fremder Sachen von bedeutendem Wert, so ist der Fahrer wegen →Straßenverkehrsgefährdung zu bestrafen. In der BRD gilt jeder als fahruntüchtig, dessen Blutalkoholgehalt 0,8‰ überschreitet. – Ähnlich in Österreich (§§ 35, 287 StGB) u. der Schweiz (Art. 91 des Straßenverkehrsgesetzes von 1958). →auch Alkoholnachweis, Fahrerlaubnis. – ▯ 4.1.4.
Trunksucht, *Potatorium,* chronischer, gewohnheitsmäßiger u. suchthafter Alkoholmißbrauch, der bes. auf der Grundlage einer psychischen Labilität u. Willensschwäche entsteht (→auch Sucht), aber auch durch äußere Einflüsse gefördert werden kann. Folge der T. ist chronische →Alkoholvergiftung. T. ist Grund zur →Entmündigung.
Trunz, Erich, Literarhistoriker, *13. 6. 1905 Königsberg; beschäftigte sich bes. mit der Lyrik des Barocks u. mit Goethe; Hrsg. der 14bändigen „Hamburger Goethe-Ausgabe" 1948–1960.
Trupiale, Vögel, →Stärlinge.
Truppe, zusammenfassende Bez. für die Soldaten in den Streitkräften im Gegensatz zu den hohen militär. *Kommandobehörden* u. *Stäben.* – *T.nteil* bezeichnet die Zugehörigkeit zu einem Verband. – Die Bez. *T.ndienst* faßt die hauptsächl. Laufbahnen der Offiziere bzw. Unteroffiziere u. Mannschaften zusammen. – *T.ngattung,* Zusammenfassung von →Waffengattungen des Heeres:

Truppengattungen	Waffengattungen
Führungs-T.n	Fernmelde-, Heeresflieger-, Feldjäger-, Techn. Aufklärungs-T.
Kampf-T.n	Infanterie, Panzer-T.
Artillerie-T.n	Artillerie, Topographie-T.
Pionier-T.	Pioniere, ABC-Abwehr-T.
Techn. T.n	Instandsetzungs-, Material-Transporteinheiten
Sanitäts-T.	Sanitäts-T.
Flugabwehr-T.	Heeres-Flugabwehr-T.

Truppendienstgerichte →Wehrdienstgerichte.
Truppenvertrag →Pariser Verträge.
Truro ['truərəu], **1.** Hptst. der südwestengl. Grafschaft Cornwall, 15 000 Ew.; Kathedrale. **2.** Stadt im Innern der Fundybai (Bay of Fundy) in der kanad. Prov. Neuschottland, 15 000 Ew.; Milchwirtschaft, Textil- u. Holzindustrie.
Trust [trʌst; der; engl.; Abk. für *trust company,* „Treuhandgesellschaft"], Vereinigung von Unternehmungen der gleichen Branche zum Zweck der Marktbeherrschung durch *Fusion,* meist aber durch Gründung einer *Holdinggesellschaft;* entstanden zuerst in den USA; seit 1890 durch die umfassende *Anti-T.gesetzgebung* bekämpft; in Dtschld. seltener, nach 1945 durch den Alliierten Kontrollrat verboten. →auch Dekartellisierung.
Truthühner, *Puter, Meleagrididae,* Familie der Hühnervögel, mit nur 2 Arten in Mittelamerika u. im südl. Nordamerika Waldgebiete bewohnt. Die T. leben gesellig u. ernähren sich von Samen, Früchten u. Insekten. Vom *Wildtruthuhn, Meleagris gallopavo,* stammt das in Amerika viel gezüchtete Haustier ab. Die Hähne erreichen 1,20 m Höhe bei 22 kg Gewicht. Sie liefern sich radschlagend u. den Kehlsack blähend erbitterte Kämpfe. Zweite Wildart: das kleinere *Pfauentruthuhn, Agriocharis ocellata,* aus Mittelamerika.
„**Trybuna Ludu**" [poln., „Volkstribüne"], 1948 gegr. poln. Tageszeitung (Warschau), Hauptorgan des Zentralkomitees der Poln. Vereinigten Arbeiterpartei (KP); Auflage 400 000.
Trypanosomen [grch.], *Trypanosomidae,* Familie der *Flagellaten,* die im Blut von Säugetieren schmarotzen; Erreger ansteckender Krankheiten bei Mensch u. Tier. T. sind länglich u. bewegen sich mit ein oder zwei schwingenden Geißeln fort. Die nach hinten ziehende Geißel kann mit dem Körper zu einer *undulierenden* (Wellen schlagenden) *Membran* verwachsen sein. T. vermehren sich durch Längsteilung, die bei vielen Arten sehr schnell aufeinander folgen kann. Bei T. kommt häufig *Polymorphismus* vor, d. h., ein Tier kann in verschiedener Gestalt vorkommen (z.B. die geißellose Leishmania-Form der begeißelten Gattung Leptomonas). Hauptarten der T. sind: *Trypanosoma gambiense* (Erreger der Schlafkrankheit, die durch den Stich der *Tsetsefliege* übertragen wird), *Trypanosoma cruzi* (erregt das *Chagasfieber), Trypanosoma brucei* (erregt die *Beschälseuche der Pferde), Trypanosoma equinum* (Erreger der *Kreuzlähme, Mal de Caderas).*
Trypanosomiasis [die; grch.], *Trypanose,* von *Trypanosomen* hervorgerufene Infektionskrankheiten des Menschen; →Chagas-Krankheit u. afrikan. →Schlafkrankheit.
Trypsin [das; grch.], eiweißverdauendes Enzym, entsteht im Pankreas in einer inaktiven Form, dem *Trypsinogen;* dieses wird im Dünndarm durch ein anderes Enzym, die *Enterokinase,* in das aktive T. umgewandelt.
Trysa, antike Stadt in Lykien an der Südküste Anatoliens, beim heutigen Gölbase; an der Stadtmauer Grabbezirk aus dem 5. Jh. v.Chr. mit Reliefszenen an der Umfassungsmauer.
Trzciniec-Kultur ['tʃtsinjɛts-], bronzezeitl. Kultur in Polen u. in der UdSSR (östl. Oderbecken bis Unterlauf der Desna). Charakteristisch sind im W des Verbreitungsgebiets Hügelgräbergruppen mit Körperbestattungen, im O Flachgräber oder niedrige Hügelgräber mit Brandbestattungen. Viehzüchter-Kultur mit etwas Ackerbau.
Tsai-t'ien →Kuangsü.
Tsakonen, ein Stamm der heutigen →Griechen.
Tsamkong = Tschankiang.
Tsangpo [tibet.], Bestandteil geograph. Namen: Strom.
Tsangpo, Name des →Brahmaputra in Tibet.
Tsantsa, *Schrumpfkopf,* bis in die vorinkaische Zeit Perus zurückgehende faustgroße Kopftrophäe, bes. der Jivaro u. Mundrucu, die nach Entfernung der Knochenteile u. des Gehirns unter Beibehaltung der Kopf- u. Gesichtsform mit heißen Steinen gedörrt, geräuchert u. mit Pflanzen-

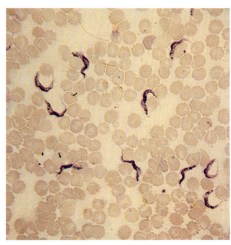

Trypanosomen: Trypanosoma gambiense, der Erreger der Schlafkrankheit, zwischen roten Blutkörperchen

säften behandelt wurde; in neuerer Zeit Fälschungen für Touristen.
Tsaratanana, Gebirgsmassiv im N Madagaskars mit dem höchsten Gipfel des Landes, dem *Maromokotro* (2886 m); Quellgebiet mehrerer Flüsse, bewaldet u. fast unbewohnt.
Tsatsos, Konstantin, griech. Politiker (ERE, seit 1975 „Neue Demokratie"), *1. 7. 1899 Athen; Prof. für Recht, 1945 Innen-Min., 1975–1980 Staats-Präs.
Tschad, amtl. *République du Tchad,* Republik im nördl. Zentralafrika; hat eine Fläche von 1 284 000 qkm u. 4,3 Mill. Ew. (3 Ew./qkm). Hptst. ist *N'djamena* (früher *Fort-Lamy).*
Landesnatur: Über dem *T.becken,* das den größten Teil des Landes einnimmt u. in der *Bodele-Djourab-Niederung* mit 160 m ü.M. seine tiefste Stelle erreicht, erhebt sich im O die granitische Ouadaïschwelle u. im N das ebenfalls altkristalline *Tibestigebirge,* auf der ehem. vulkanische Gipfel (über 3000 m) sitzen. Das Klima reicht von trop. wechselfeucht bis extrem arid; dementsprechend findet man alle Vegetationsformen von regengrünen Trockenwäldern u. Feuchtsavannen im S über Trockensavannen u. Dornsavannen im mittleren Teil bis zur Halbwüste u. Wüste.
Die überwiegend islam. Bevölkerung besteht zu 50 % aus Sudannegern (im S), zu 30 % aus Sudanarabern sowie aus Haussa, Tibbu, Kanuri u. a.
Wirtschaft u. Verkehr: Hauptwirtschaftszweig ist die Viehzucht, die z. T. von Nomaden betrieben wird u. die vorwiegend Exportgüter (u. a. Häute u. Felle, Gefrierfleisch, lebendes Vieh) liefert. An Agrarprodukten kommen Erdnüsse, Gummi arabicum u. vor allem Baumwolle zur Ausfuhr. Für den Inlandbedarf werden Hirse, Mais, Maniok, Datteln, Sesam u. Reis (am flachen T.see) angebaut. Insges. können nur rd. 20 % der Landfläche für den Anbau genutzt werden. Der Fischfang hat erhebl. Bedeutung (zu etwa 40 % für den Export in die Nachbarländer). An Bodenschätzen wurden in größerem Umfang bisher nur Natron u. Steinsalz gewonnen; die geolog. Erforschung des Landes ist noch nicht abgeschlossen. Die industrielle Entwicklung stützt sich vor allem auf die Rohstoffe der heimischen Landwirtschaft (Baumwollentkernungsanlagen, Fleisch- u. Zuckerfabriken, Getreide- u. Ölmühlen). Das Handwerk (Töpferei, Weber- u. Färberhandwerk) ist noch weit verbreitet, auch als Nebenberuf. Der Ausbau eines ausreichenden Straßen- u. Eisenbahnnetzes hat erst begonnen. Der Flughafen N'djamena ist einer der modernsten in Zentralafrika. Der Fremdenverkehr entwickelt sich.
Geschichte: Im alten Kulturgebiet am T.see lebten arab.-berberische Nomaden u. seßhafte Ne-

gervölker nebeneinander. Die wichtigsten vorkolonialen Staaten dieses Raums sind *Kanem-Bornu* (seit etwa 1000), *Bagirmi* (seit 1500) u. *Ouadaï* (seit 1600). 1898 schlugen u. töteten französ. Truppen bei Kusseri den Usurpator *Rabeh*. 1910 entstand das Generalgouvernement *Französ.-Äquatorialafrika*, das T. einschloß. 1958 wurde T. autonome Republik innerhalb der Französ. Gemeinschaft u. erhielt am 11. 8. 1960 seine Unabhängigkeit. Staatsoberhaupt wurde der Schwarzafrikaner F. *Tombalbaye*; er wurde 1975 gestürzt. Die Gegensätze zwischen den heterogenen Bevölkerungsgruppen bestimmten die innenpolit. Entwicklung; es kam immer wieder zu Aufständen u. Kämpfen, in die auch Nachbarstaaten eingriffen. 1979 unterzeichneten 11 rivalisierende Parteien ein Abkommen über „nationale Aussöhnung" u. kündigten allg. Wahlen an; doch brachen bald neue Kämpfe aus.

Tschadsee, *Tschad,* arab. *Bahr es Salam,* versumpfter Endsee im mittleren Sudan, 240 m ü. M., Größe schwankt je nach Jahreszeit zwischen 11 000 u. 22 000 qkm, maximal 4–7 m tief; wichtigster Zufluß: *Chari.*

Tschagataj, *Dschagatai, Čagatai,* Sohn Tschingis Khans, †1242; erhielt 1227 nach dessen Tod die Teilherrschaft über Turkistan u. Buchara.

Tschahar Taq [der; pers.], quadrat., in vier Bogen geöffneter Bau mit Kuppel; Kultstätte der Zoroastrier. Feuerheiligtümer dieses Typs erhalten in *Luristan, Tang i Tschak Tschak,* 6.–7. Jh. n. Chr.

Tschaikowskij, Stadt im Gebiet Perm der Udmurt. ASSR, RSFSR (Sowjetunion), an der Kama u. am Wotkinsker Stausee (Hafen), gegr. 1955 mit dem Wasserkraftwerk, 33 000 Ew.; Seidenweberei, Stahlbeton- u. a. Kombinate, Werft.

Tschaikowskij, Pjotr Iljitsch, russ. Komponist, *7. 5. 1840 Wotkinsk, †6. 11. 1893 St. Petersburg; 1866–1877 Theorielehrer am Moskauer Konservatorium, trat seit 1887 als Dirigent im In- u. Ausland auf. Eine etwa 13 Jahre währende Freundschaft verband ihn mit Frau von *Meck* (sie sahen sich nie), die ihn finanziell unterstützte. Sein Schaffen erstreckt sich auf alle Gattungen der Musik u. ist mit der Verknüpfung von Elementen russ. Volksmusik mit westl. Traditions- u. Formbewußtsein typ. für die bürgerl. Musikanschauung in der 2. Hälfte des 19. Jh. T. schrieb u. a. Opern („Eugen Onegin" 1879; „Pique-Dame" 1890), Ballette („Schwanensee" 1876; „Dornröschen" 1890; „Der Nußknacker" 1892), 6 Sinfonien, sinfon. Dichtungen, Ouvertüren („Romeo u. Julia" 1869), Instrumentalkonzerte u. Kammermusik, Lieder. – ⓑ Ballett. – ⌸ 2.9.3.

Tschaitya →Caitya.

Tschaja →Wehrvögel.

Tschaka, *Chaka, Shaka,* südostafrikan. Fürst der Zulu, *1787, †1828 (ermordet); Herrscher u. Schöpfer eines im 19. Jh. bedeutenden Staats (heutiges Zululand u. Natal).

Tschako [der; ungar. *Csako*], ursprüngl. ungar. Husarenmütze, im 19. Jh. Vorbild für militär. Kopfbedeckung in Frankreich, Österreich u. Dtschld. (nach 1918 dt. Schutzpolizei), in Form eines stumpfen Kegels mit schmalem Schirm.

Tschalukya-Kunst →Chalukya-Kunst.

Tscham, *Cham,* Kulturvolk (teils Hindu, teils Moslems) in Südvietnam u. Kambodscha, gründete im 3. Jh. n. Chr. unter ein. Einfluß das Reich *Tschampa*; von Annamiten bis auf 130 000 assimiliert; Ruinen in Südvietnam; Goldschmiedearbeiten (Königsschatz); Tabusprachen u. -vorschriften.

Tschamara [die; poln. tschech.], langer, mit Schnüren besetzter Rock; im poln. Bürgertum seit dem 17. Jh. üblich u. bis heute in der Volkstracht gebräuchlich; in Böhmen nach 1848 übernommen u. bis zum Ende des 19. Jh. getragen.

Tschampa, *Champa,* histor. Reich der *Tscham* in Indochina, bestand seit dem 3. Jh., Höhepunkt 7.–10. Jh., 1471 von den Vietnamesen erobert.

Tschanakya, Pseudonyme Wischnugupta, *Kautilya,* um 360 v. Chr., †um 300 v. Chr.; ind. Minister des Kaisers *Tschandragupta Maurya*; unter dem Namen *Kautilya* vermutl. Verfasser des „Lehrbuchs vom Welt- u. Staatsleben".

Tschandragupta, *Chandragupta, Čandragupta,* griech. *Sandrokottos,* ind. Könige: **1.** *T. Maurya,* König um 322–298 v. Chr.; Gründer des ersten ind. Großreichs u. der *Maurya-Dynastie* (320–185 v. Chr.), eroberte ganz Nordindien. **2.** zwei Könige der Gupta-Dynastie im 4. u. 5. Jh.

Tschanen, das Kaukasusvolk der →Lasen.

Tschang, altes chines. Längenmaß: 1 T. = 2,456 m.

Tschang, *Chang,* ein Stamm der →Naga.

Tschanghua, Stadt auf Taiwan, südwestlich von Taitschung, 170 000 Ew.; Maschinenbau, chem., Textil- u. a. Industrie; Verkehrsknotenpunkt.

Tschangkiakou = Kalgan.

Tschangpai Schan, *Paitou Schan,* Gebirge an der nordkorean.-chines. Grenze, im *Päkten* 2744 m.

Tschangscha, *Changsha,* Hptst. der südchines. Prov. Hunan, am Siang Kiang, 850 000 Ew.; Buntmetallerzeugung, Maschinen-, Textil- u. a. Industrie, Flughafen.

Tschangtschou [tʃaŋdʒou], *Changchow,* 1912 bis 1949 *Wutsin,* Stadt der ostchines. Prov. Kiangsu, nordwestl. von Wusi am Kaiserkanal, 350 000 Ew.; Textil- u. Nahrungsmittelindustrie.

Tschangtschun, *Changchun,* Hptst. der chines. Prov. Kirin (Mandschurei), 2,0 Mill. Ew.; Universität; Textil-, Maschinen-, Kraftfahrzeugindustrie. 1932–1945 unter dem Namen *Hsiking* Hptst. des Kaiserreichs *Mandschukuo*.

Tschang Tsolin, *Chang Tso-lin,* chines. Marschall, *1873 Haitscheng, †3. 6. 1928 (bei einem Bombenanschlag zwischen Peking u. Mukden); 1918 Inspekteur aller mandschur. Provinzen; erklärte 1922 die Mandschurei mit japan. Unterstützung für unabhängig, eroberte Nordchina, wurde von Tschiang Kaischek zurückgeworfen.

Tschankiang, *Zhanjiang, Tsamkong,* südchines. Stadt in der Prov. Kuangtung, 200 000 Ew.; aufstrebende Hafenstadt (Konkurrenz zu Hongkong), Maschinen-, Textil-, Nahrungsmittelindustrie. 1898–1947 als *Fort-Bayard* Hptst. des damaligen französ. Pachtgebiets *Kuangtschouwan*.

Tschao Tsijang →Zhao Ziyang.

Tschapajewsk [nach dem Kommandeur kommunist. Truppen im Bürgerkrieg, W. I. *Tschapajew,* *1887, †1919], früher *Iwaschtschenkowo,* Stadt in der RSFSR (Sowjetunion), südwestl. von Kujbyschew, 90 000 Ew.; Landmaschinenbau, Mühlenbetriebe, chem. u. Baustoffindustrie.

Tschapka [die; poln.], ursprüngl. helmartige Kopfbedeckung der poln. *Ulanen* mit rundem Unterteil u. viereckigem Deckel, dann von Ulanen anderer Heere übernommen.

Tschardaraer Stausee, gestauter Abschnitt des Syrdarja, westl. von Taschkent in der Kasach. SSR (Sowjetunion), 900 qkm, 70 km lang, dient der Energieerzeugung u. Schiffahrt.

Tschardschou [tʃir'dʒou], früher *Tschardschuj,* Hptst. der Oblast T. (93 500 qkm, 530 000 Ew., davon 40% in Städten) im O der Turkmen. SSR (Sowjetunion), am Amudarja, 115 000 Ew.; Industrie (Baumwolle, Seide, Phosphat, Karakulfelle, Baustoffe, Schiffsreparatur, Nahrungsmittel, Süßholz, Kunstpelze); Hafen, Knotenpunkt an der Transkasp. Bahn, Fernstraßen, Flugplatz.

Tscharner, Johann von, schweizer. Maler u. Graphiker, *12. 5. 1886 Lemberg, †20. 6. 1946 Zürich; Porträts u. Stilleben von vereinfachtem Raum- u. Farbaufbau.

Tschaung [birm.], Bestandteil geograph. Namen: Strom.

Tscheboksary [tʃibak'sarə], Hptst. der ASSR der Tschuwaschen (Sowjetunion), Flußhafen an der mittleren Wolga, 216 000 Ew.; Technikum für Energetik; Maschinenbau, Möbel- u. Textilfabriken, Getreidemühlen; Wasser- u. Wärmekraftwerk; Flugplatz. – Gegr. 1557.

Tschebyschew [-'ʃof], Pafnuti Lwowitsch, russ. Mathematiker, *4. 5. 1821 Okatowo, Gouvernement Kaluga, †26. 11. 1894 St. Petersburg; arbeitete über Theorie der Kongruenzen, Polynome, Wahrscheinlichkeitsrechnung; gab die *T.sche Regel* zur Berechnung von Schiffsraum.

Tschechen, tschech. *Češi,* westslaw. Volk (rd. 9,5 Mill.) im böhm. Becken, das von allen Slawen den frühesten u. stärksten Anschluß an die mitteleurop. Kultur erhielt u. als erstes Slawenvolk im 7. Jh. zu einer staatl. Organisation fand. Volksbrauchtum, Tracht u. stamml. Eigenart erhielten sich bes. im mährischen Raum (*Horaken, Hannaken*) u. bei den *Walachen* der Beskiden. Hervorzuheben sind die Volksmusik u. weibl. Handarbeiten.

tschechische Kunst →tschechische und slowakische Kunst.

Tschechische Legion, im 1. Weltkrieg aus Rußlandtschechen sowie kriegsgefangenen u. fahnenflüchtigen Tschechen des österr.-ungar. Heers in Rußland aufgestellte Truppe (ca. 92 000 Mann). Sie sollte an der Westfront zum Einsatz kommen. Während des Abzugs über Sibirien wurde sie in den russ. Bürgerkrieg hineingezogen u. kämpfte 1918–1920 längs der transsibir. Eisenbahnlinie gegen die Rote Armee.

tschechische Literatur. Nachdem die tschech. Sprache sich aus dem Gemeinslawischen gelöst hatte u. die Tschechen mit dem röm.-kath. Glauben die latein. Schrift angenommen hatten, setzte die t.L. im 13. Jh. mit religiösen (*Wenzellied*), im 14. Jh. mit höf. (*Alexandreis, Dalimilchronik*) u. didakt. (*Smil Flaškaz Pardubic,* *1349, †1402) Reimdichtungen ein u. erreichte einen Höhepunkt in den Prosaschriften von Petr *Chelčický* (*um 1390, †1460), J. *Blahoslav,* dem Übersetzer des N.T. in der „Kralitzer Bibel" (1579–1593) u. J. A. *Comenius* (Komenský). Im Anschluß an die dt. Romantik bewirkten eine Wiederbelebung des nationalen u. literar. Lebens u. a. der Lexikologe Josef *Jungmann* (*1773, †1847), K. J. *Erben* mit Volksliedsammlungen, E. L. *Čelakovský* mit volksnaher Lyrik u. der Romantiker K. H. *Mácha.* Mit Dorfnovellen leitete Božena *Němcová* von der Romantik zum Realismus über u. zur Vorherrschaft der Prosa mit volkstüml., sozialer u. histor.-nationaler Thematik, wie sie nach 1848 bes. J. *Neruda,* S. *Čech,* A. *Jirásek,* Zikmund *Winter* (*1846, †1912) pflegten. In der Folgezeit begann – z. B. bei den kosmopolit. eingestellten J. *Zeyer* u. J. *Vrchlický* – die Hinwendung der t.n.L. zur europ. Entwicklung; sie wurde vollends erreicht um die Jahrhundertwende in der „Moderne"; A. *Sova* u. O. *Březina* gehören zum Symbolismus, zum Surrealismus neigten V. *Vančura* u. V. *Nezval.* Expressionistisches findet sich bei J. *Wolker,* der außerdem ebenso wie dann auch I. *Olbracht* u. Marie *Majerová* die proletar. Dichtung vertrat. Internationale Geltung besitzen bes. die Werke von J. *Hašek* u. K. *Čapek.* Nach 1945 wurde der sozialist Realismus gefördert; mit der Abwendung vom Dogmatismus seit 1956 setzte eine lebendige literar. Entwicklung ein (František *Hrubín,* *17. 9. 1910; Jaroslav *Seifert,* *23. 9. 1901); seit dem Ende des „Prager Frühlings" (1968) verstärkte sich wieder der staatspolit. Einfluß. – ⌸ 3.2.9.

tschechische Musik. Im 9. Jh. wurde in Böhmen mit der Christianisierung der röm.-latein. Liturgie eingeführt. Kurz darauf verbreitete sich die slaw. Liturgie, die sich bereits in den mährischen u. slowak. Gebieten durchgesetzt hatte; bei den Slowaken wich sie im 10. Jh. wieder dem latein. Ritus. Die tschech. Kirchenmusik erlebte neue Anregungen z.Z. der Hussitenbewegung, die jedoch das Aufblühen der mehrstimmigen Musik bis ins 16. Jh. verzögerte, bis der Prager Hof zu einem Zentrum der Musikpflege wurde u. fläm., engl., dt., französ. u. italien. Meister der Zeit heranzog (unter ihnen J. *Gallus,* slowen. Herkunft, sowie auch tschech. Komponisten: Jan Traján *Turnovský,* um 1550; J. *Rychnovský*; Kryštof *Harant,* *1564, †1621). Am Ende des 17. u. bes. im 18. Jh. überwog der italien. Stil, doch waren wiederum bedeutende Namen einheim. Komponisten: František *Brixi* (*1732, †1771) u. Leopold *Koželuch* (*1747, †1818), J. *Stamitz,* F. X. *Richter,* F. u. G. *Benda,* J. L. *Dussek,* die z. T. auch in Mannheim, z. T. in Wien wirkten (so z. B. Johann Baptist *Vanhal,* *1739, †1813).

Pjotr Iljitsch Tschaikowskij: Ballett „Der Nußknacker". Choreograph: John Cranko

tschechische und slowakische Kunst

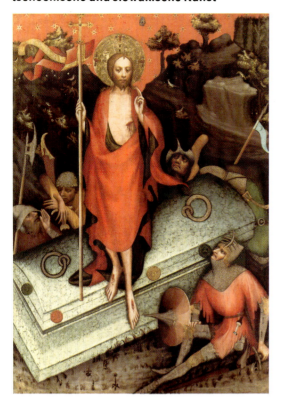

Meister vom Wittingauer Altar (Mistr třebonský), Auferstehung Christi; um 1380. Prag, Národní Galerie. -- Barbarakirche in Kuttenberg (Kutná Hora); Chor von

TSCHECHISCHE UND SLOWAKISCHE KUNST

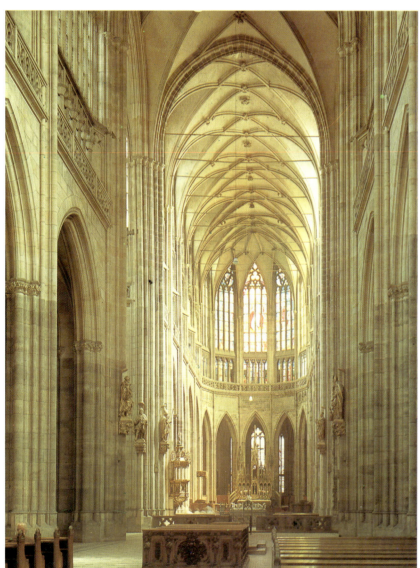

Chor des Veitsdoms in Prag; nach 1344

Holitscher Majolika

Chor des Veitsdoms in Prag, Grundriß

tschechische und slowakische Kunst

489–1506. – St. Nikolaus in der Altstadt, Prag, von Kilian Ignaz Dientzenhofer; 1732–1737. – Hinterglasbild aus der Slowakei (von links nach rechts)

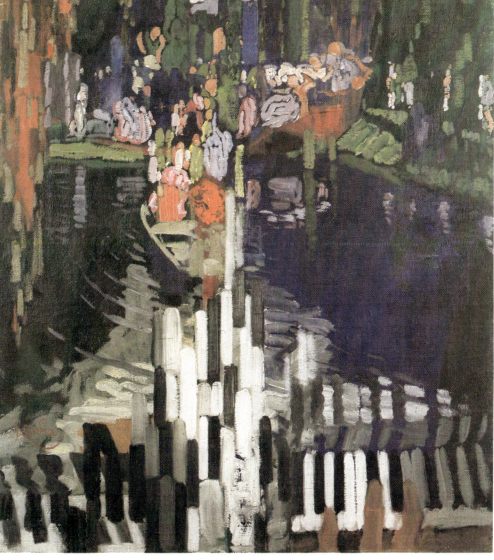

Jan Kotera, Geschäftshaus Urbánek, Prag; 1911–1913 (links). – František Kupka, Les Touches du Piano; 1909. Prag, Národní Galerie (rechts)

Tschechische Sozialistische Republik

Erst in den das Vaterland besingenden sinfon. Dichtungen B. *Smetanas* u. seiner zur tschech. Nationaloper gewordenen „Verkauften Braut" wie auch in A. *Dvořák* (Oratorien, Sinfonien, sinfon. Dichtungen) brach sich im Rückgriff auf die folklorist. Musik das nationale Element Bahn. Neben ihnen stehen die Komponisten Felix *Petyrek* (*1892, †1951), Bruno *Weigl* (*1881, †1938), Joseph Gustav *Mraczek* (*1878, †1944) u. Rudolf *Peterka* (*1894, †1933). Während Z. *Fibich*, J. B. *Foerster* u. V. *Novák* weniger national bestimmt sind, erwuchsen in J. *Weinberger* mit seiner im slaw. Musikantentum lebenden Oper „Schwanda, der Dudelsackpfeifer" u. in L. *Janáček* mit seiner Oper „Jenufa" zwei bedeutende nationale Meister. Neben ihnen stehen R. *Karel*, J. *Suk*, Jan Evangelista *Zelinka* (*1893, †1969), Emil *Axman* (*1887, †1949), O. *Ostrčil*, K. B. *Jirák*, Jaroslav *Ridky* (*1897, †1956) u. die Schüler Nováks Jan *Kunc* (*27. 3. 1883), Boleslav *Vomáčka* (*1887, †1965), Jaroslav *Vogel* (*1894, †1970), Václav *Štěpán* (*1889, †1944), Eugen *Suchoň* (*25. 9. 1908). Bedeutung errangen B. *Martinů*, A. *Hába*, E. *Krenek* u. E. *Schulhoff*. Vertreter der sog. Neuen Musik: J. *Cikker*, Václav *Kašlík* (*28. 9. 1917), Jiří *Pauer* (*22. 2. 1919), Viktor *Kalabis* (*27. 2. 1923), Jindřich *Feld* (*19. 2. 1925), Svatopluk *Havelka* (*2. 5. 1925). Josef *Berg* (*1927, †1971), Lubor *Bárta* (*1928, †1972), Pavel *Blatný* (*14. 9. 1931), Jan *Klusák* (*18. 4. 1934).

Tschechische Sozialistische Republik, Abk. ČSR, tschech. auch České země, seit dem Staatsvertrag vom 20. 10. 1968 Teilrepublik der →Tschechoslowakei; 78 861 qkm, 10,88 Mill. Ew.

tschechische Sprache, in Böhmen u. Mähren gesprochene, zur westl. Gruppe der slaw. Sprachen gehörende Sprache (ca. 10,3 Millionen Sprecher). Eigenarten: Betonung der 1. Silbe, stark ausgebildetes Deklinationssystem. Vom 13. Jh. an in Lateinschrift geschrieben. – ⓛ 3.8.4.

tschechische und slowakische Kunst, Architektur, Plastik, Malerei u. Kunsthandwerk Böhmens u. Mährens, in engem Zusammenhang mit der Kunst der westl. Nachbarländer entwickelt bzw. als eigene Kulturleistungen geschaffen.

Architektur
Die ältesten Baudenkmäler sind roman. Rundkapellen (Marien- u. Veitskapelle der Prager Burg) u. dreischiffige Langhauskirchen mit Doppelchören (St.-Georgs-Kirche in Prag, vollendet 1142). Das got. Kathedralsystem wurde beim Neubau des Prager Veitsdoms, zu dem Karl IV. den Grundstein legte, in reinster Form übernommen. Den Grundriß lieferte *Matthias von Arras* nach dem Vorbild von Narbonne u. Rodez; nach seinem Tod (1352) führte Peter *Parler* den Bau ab Triforienhöhe weiter. Ein anderer Gemeinschaftsbau von M. von Arras u. P. Parler ist das 1348 begonnene Schloß Karlstein. Die Bauhütte Parlers wurde führend im Land (Teynkirche in Prag; Bartholomäuskirche in Kolin; Barbarakirche in Kuttenberg u. a.).
Die durch die Hussitenkriege unterbrochene Bautätigkeit kam erst unter Wladislaw II. zu neuer Blüte (Ausbau der Prager Burg, 1484–1502, der Pürglitzer Burg u. des Oratoriums im Veitsdom).

Die sog. Böhmische Renaissance verband spätgot. Bauformen mit italien. Elementen (Palais Schwarzenberg, 1563). Die Bauschöpfungen der Jesuiten in Prag stammen hauptsächl. von italien. u. niederländ. Künstlern (Salvatorkirche, 1640; Ignazkirche, 1628). Der Palast des Grafen Czerny wurde 1669–1689 von Franz *Caratti* (†1679) errichtet. Barockbauten schufen in Prag Ch. *Dientzenhofer* u. sein Sohn K. J. *Dientzenhofer* (Nikolaikirche 1703ff., St. Johann-Nepomuk 1730ff. u.a.); ihr Einfluß blieb bis zum Ende des 18. Jh. beginnenden Klassizismus spürbar. Zu Beginn des 20. Jh. schuf Jan *Kotěra* (*1871, †1923) in Prag Wohnbauten im Geist des Funktionalismus.

Plastik
Die roman. Skulptur trat erst in der Spätzeit (13. Jh.) in Erscheinung (Tympanon der Kirche von Porta Coeli). Das 14. Jh. stand ganz unter dem Einfluß der Prager Dombauhütte Peter Parlers (Grabmäler der Přemysliden im Chorumgang des Doms, 1374–1378, u. 21 Bildnisbüsten aus dem Triforium 1378–1393, darunter Familienporträts von Karl IV. u. P. Parler). Die Barockbildhauerkunst entwickelte sich unter dem Einfluß von A. de Vries, der für Rudolf II. arbeitete. Auf das Wirken dt. Meister gehen u. a. die Votivstatuen auf der unter Karl IV. erbauten got. Brücke in Prag zurück. Unter den modernen Bildhauern kam J. V. *Myslbeck* zu eigenständigen Leistungen; internationale Anerkennung fand im 20. Jh. vor allem das Werk von O. *Gutfreund*.

Malerei
In Böhmen u. Mähren sind Buchmalereien aus dem 11. Jh. erhalten; die ältesten roman. Wandgemälde stammen jedoch erst aus dem 12. Jh. (Burgkapelle von St. Katherina in Znojmo, 1134; St. Klemens in Stará Boleslav; St. Jakob in Rovna, 2. Hälfte des 12. Jh.). Sie weisen deutl. Stilbeziehungen zur Salzburger Malerschule auf, wogegen der um 1220 entstandene Bildschmuck der Georgskirche in der Prager Burg den zackbrüchigen, expressiven Stil der mitteldeutschen Spätromanik zeigt. Der Übergang zur Gotik vollzog sich in der Pfeilerbemalung der Mariageburtskirche in Pisek aus dem 3. Viertel des 13. Jh. Die Blütezeit der bes. in Prag beheimateten böhm. Malerschule fiel in das 14. Jh. Ein Hptw. der damaligen Miniaturkunst ist die Wenzelbibel (1380–1390), deren Farbgestaltung bereits auf burgund.-fläm., auch im Altar von Wittingau (gegen 1380) zutage tretende Einflüsse schließen läßt. Der drei unbekannten Künstlern zugeschriebene Altar von Hohenfurt (um 1350) behält jedoch die lineare Eleganz der 1. Hälfte des 14. Jh. bei. Die durch Theoderich von Prag ausgeführten Wandgemälde in der Kreuzkapelle der Burg Karlstein, um 1365, zeigen eine expressive Unruhe der Formen.
In Renaissance u. Barock wurden zahlreiche fremde Künstler nach Prag berufen. Hofmaler von Rudolf II. u. Maximilian II. war *Arcimboldo* aus Mailand; Abraham *Godyn* (um 1700) aus Antwerpen malte die Räume des Schlosses Troja bei Prag im Stil von J. *Jordaens* aus (1688–1693); die Brüder *Asam* schufen die Dekorationen des Speisesaals im Brezewnower Stil, F. A. *Maulbertsch* erhielt 1794 den Auftrag, die Bibliothek des Prämonstratenserklosters in Strahov auszumalen. Die wenigen tschech. Maler jener Zeit hatten nur lokale Bedeutung. Eine entscheidende Wende trat erst im 19. Jh. mit Josef *Manés* (*1820, †1871) u. M. *Aleš* ein, den Hauptmeistern der tschech. Historienmalerei, mit der sich erstmals echte nationale Tendenzen in der t.n K. geltend machten. Der Übernahme des Impressionismus (Antonín *Slavíček*, *1870, †1910) u. dem weiteren Einstrom französ. Einflüsse in der Zeit vor u. nach dem 1. Weltkrieg u. dem Beginn der abstrakten Malerei (begr. von dem in Frankreich lebenden F. *Kupka*) folgte nach 1945 eine Entwicklung, in der die sozialist. Realismus allmähl. abgelöst wird von einer teils aus der Folklore, teils von neueren stileurop. Stilrichtungen angeregten Experimentierfreudigkeit. Künstler wie der Theaterbildner J.*Svoboda* u. der Maler u. Dichter J.*Kolař* genießen heute internationalen Ruf. – ⓑ S.32. – ⓛ 2.3.9.

Tschechoslowakei →S. 35.
Tschęchow [-ɔf], Anton Pawlowitsch, russ. Erzähler u. Dramatiker, *29. 1. 1860 Taganrog, †15. 7. 1904 Badenweiler; Meister der kleinen Form, Grundthema sind Vereinsamung, Lebensangst u. Lebensmüdigkeit. Erzählungen: „Der Bär" 1888, dt. 1903; „Eine langweilige Geschichte" 1889, dt. 1919; „Krankensaal Nr. 6" 1892, dt. 1903; „Die Dame mit dem Hündchen" 1899, dt. 1904 u.a. Als Bühnendichter begründete T. das russ. impressionist. Schauspiel: „Die Möwe" 1896, dt. 1902; „Onkel Wanja" 1897, dt. 1902; „Drei Schwestern" 1901, dt. 1902; „Der Kirschgarten" 1904, dt. 1912. – ⓛ 3.2.7.
Tschęchowa, Olga, Schauspielerin, *26. 4. 1897 Alexandropol, Kaukasus, †9. 3. 1980 München; filmte in Dtschld. seit 1923, dann auch in den USA u. Frankreich; Großmutter der Filmschauspielerin Vera T. (*22. 7. 1940 Berlin); Autobiographie „Ich verschweige nichts" 1952.
Tschęka →Staatssicherheitsbehörden der UdSSR.
Tschekiang, Chekiang, Zhejiang, chines. Prov. am Ostchines. Meer, 100 800 qkm, 36 Mill. Ew. Hptst. *Hangtschou*; reicht nach N bis zum Tai-See, im S Anteil am Südchines. Bergland; in den Tälern u. dem Schwemmland der Flüsse Weizen-, Reis-, Hanf-, Zuckerrohr-, Baumwollanbau, in den Bergen Tee-Erzeugung; Fischerei; Verarbeitung landwirtschaftl. Produkte.
Tscheljabinsk, Hptst. der Oblast T. (87 900 qkm, 3,3 Mill. Ew., davon 78% in Städten) in der RSFSR (Sowjetunion), östl. der Südl. Ural, 1 Mill. Ew.; Mittelpunkt eines Industrie- u. Braunkohlenreviers, Metallurgie, Landmaschinen-, Werkzeugmaschinen-, chem., Baustoff-, Baumwoll- u. Mühlenindustrie; Wärmegroßkraftwerke; Bahnknotenpunkt, Flughafen.
Tscheljuskin [nach dem russ. Polarforscher Semjon T., 18. Jh.], *Kap T.*, nördlichster Punkt des asiat. Festlands, auf der Halbinsel Taimyr.
Tschelkar, Stadt in der Kasach. SSR (Sowjetunion), nördl. des Aralsees, 22 000 Ew.; Verarbeitung agrar. Produkte; in der Nähe Steinkohlen- u. Eisenerzbergbau; an der Transuran. Bahn.
Tschengsien = Tschengtschou.
Tschengte, *Chengte*, chines. Stadt in der Prov. Hopeh, nordöstl. von Peking, 96 000 Ew.; ehem. Kaiserpalast (18. Jh.), Textilindustrie. Früher Sommerresidenz der Mandschu-Dynastie; bis 1955 Hptst. der ehem. Prov. *Jehol* oder *T.*
Tschengtschou [dʒəndʒɔu] *Zhengzhou*, *Tschengsien*, Hptst. der chines. Prov. Honan, 1,05 Mill. Ew.; Schulzentrum, Universität; Textilmaschinenbau, Textil-, Nahrungsmittel-, Elektro- u.a. Industrie, Eisenbahnknotenpunkt. Nördl. von T. 3 km lange Eisenbahnbrücke über den Huang Ho (72 Pfeiler; 1958–1960 erbaut).
Tschengtu [tʃəŋdu], *Chengdu*, Hptst. der chines. Prov. Szetschuan, am Min Kiang, 1,7 Mill. Ew.; eine der ältesten Städte Chinas; mehrere Tempel; Gedächtnisstätte für den Dichter *Tu Fu*; Universität (1931), Techn. Universität; Metall-, Maschinen-, Textil- u.a. Industrie.
Tschen Ji, *Chen Yi*, *Ch'en I*, chines. Politiker u. Offizier, *1901 Provinz Szetschuan, †6. 1. 1972 Peking; Partisanenführer, dann Oberbefehlshaber einer Armee der kommunist. Streitkräfte; 1954 Stellvertr. Min.-Präs., 1956–1969 Mitgl. des Politbüros des ZK, 1958 Außen-Min.
Tschenkiang, chines. Hafenstadt am unteren Yangtze Kiang (Prov. Kiangsu), östl. von Nanking, 300 000 Ew., Handels- u. Verkehrszentrum.

Anton Pawlowitsch Tschechow (Mitte) trägt im Kreis des Moskauer Künstlertheaters sein Schauspiel „Die Möwe" vor; links neben ihm der Leiter des Theaters Konstantin Sergejewitsch Stanislawskij

Tschenstochau, *Czenstochau,* poln. *Częstochowa,* poln. Stadt an der Warthe, seit 1975 Hptst. der Wojewodschaft Częstochowa (bis 1975 Wojewodschaft Katowice), 192 000 Ew.; berühmtester poln. Wallfahrtsort mit der „Schwarzen Madonna" im Paulinerkloster *Jasna Góra* (1382); Textil-, Hütten-, Zementindustrie.

Tschen Tscheng, *Chen Cheng,* chines. General u. Politiker (Taiwan), *1898 Tschingtien, Provinz Tschekiang, †5. 3. 1965 Taipeh; seit 1929 enger Mitarbeiter Tschiang Kaischeks, 1944–1946 Kriegs-Min.; 1950–1954 u. 1958–1963 Min.-Präs.

Tscheremchowo [tʃirˈjɔmxɔva], Stadt in der RSFSR (Sowjetunion), nordwestl. von Irkutsk, 104 000 Ew.; Steinkohlenbergbau, Maschinenbau, Baustoff-, Nahrungsmittel- u. chem. Industrie; Steinsalzvorkommen; an der Transsibir. Bahn.

Tscheremissen, das ostfinn. Volk der →Mari.

tscheremissische Sprache, *Marijisch,* zum wolgafinnischen Zweig der finn.-ugr. Sprachen gehörende Sprache der *Mari* (0,5 Mill.) an der Kama u. mittleren Wolga.

Tscherenkow [-ˈkɔf], Pawel Alexejewitsch, sowjet. Physiker, *28. 7. 1904 bei Woronesch; entdeckte 1934 die *T.strahlen;* Nobelpreis 1958 (zusammen mit I. J. *Tamm* u. I. M. *Frank*).

Tscherenkowstrahlen [nach P. A. *Tscherenkow*], eine elektromagnet. Strahlung, die von geladenen Teilchen ausgeht, wenn ihre Geschwindigkeit größer ist als die Phasengeschwindigkeit des Lichts im durchflogenen dielektr. Medium. Die T. entsprechen den mechan. Stoßwellen, die in der Luft von einem mit Überschallgeschwindigkeit fliegenden Objekt hervorgerufen werden. Die Messung des *Machschen Winkels* der T. im *Tscherenkowzähler* erlaubt eine Geschwindigkeitsanalyse der atomaren Teilchen bei Kernreaktionen. Die T. sind bes. intensiv in dem blauen Leuchten eines wassermoderierten Kernreaktors.

TSCHECHOSLOWAKEI — CS
Československá Socialistická Republika

Fläche: 127 869 qkm

Einwohner: 15,2 Mill.

Bevölkerungsdichte: 119 Ew./qkm

Hauptstadt: Prag

Staatsform: Kommunistischer Bundesstaat

Mitglied in: UN, Warschauer Pakt, COMECON, GATT

Währung: 1 Tschechoslowakische Krone = 100 Haléru

Landesnatur: Im W liegt das von Elbe u. Moldau entwässerte, vom Böhmerwald, Erzgebirge u. den Sudeten eingerahmte viereckige *Böhm. Becken* (→Böhmen), dem nach N die Egersenke u. das Saazer Becken vorgelagert sind. Dieses Kerngebiet wird durch die *Böhm.-Mähr. Höhen* von der durch die March entwässerten *Mähr. Senke* getrennt (→Mähren), an die nach O die →Slowakei mit den zur Tatra aufsteigenden Westkarpaten, dem südl. daran anschließenden Bergland u. der Donau-Tiefebene folgen. Die sommerkühle u. winterkalte Gebirgsumrahmung schützt die sommerwarmen, wintermilden Beckenlandschaften vor Kaltlufteinbrüchen u. wirkt als Niederschlagsfänger.

Bevölkerung: Die zu 75% kath. Bevölkerung setzt sich aus den westslawischen Tschechen (9,7 Mill., hauptsächlich in Böhmen u. Mähren) u. Slowaken (4,4 Mill.), 585 000 Ungarn, 77 000 Deutschen sowie Polen, Ukrainern, Russen u. a. zusammen. Tschechisch u. Slowakawisch sind die Amtssprachen.

Wirtschaft: Die fruchtbaren Ackerflächen (40% der Landesfläche) in den klimat. begünstigten lößbedeckten Becken u. in den Flußniederungen tragen bes. Kartoffeln, Weizen, Gerste, Roggen, Hafer, Mais, Zuckerrüben, Futterpflanzen, Hopfen (im nördl. Böhmen), Tabak u. Obst, in der südl. Slowakei Wein. 7% der Landesfläche werden als Weideland genutzt. 20% der landwirtschaftl. Nutzfläche sind Staatsgüter. An Bodenschätzen finden sich Braun- u. Steinkohle, Eisen-, Silber-, Kupfer-Uran-, Bleierze, Graphit, Erdöl u. a. Mit Hilfe der Wasserkräfte, bes. an der Moldau u. der Waag, konnte eine ansehnliche Industrie (bes. Metall-, Textil-, Maschinen-, Papier-, Glas- u. chem. u. Konsumgüterindustrie) aufgebaut werden; die Industrie liefert rd. 65% des Volkseinkommens. Dazu kommen die landwirtschaftl. Produkte verarbeitenden Industriezweige sowie eine traditionsreiche Heimindustrie in den Gebirgen, wo die dichten Wälder (34% der Landesfläche, 70% Nadelwald)

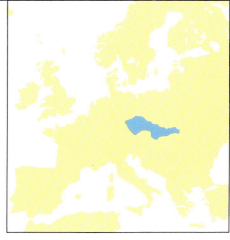
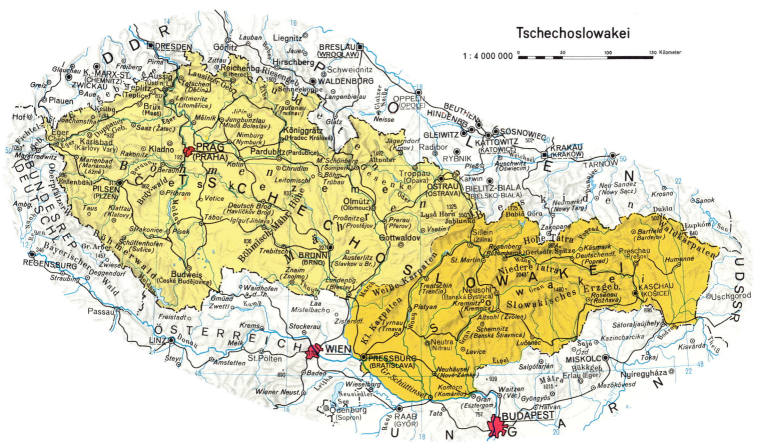

Tschechoslowakei 1 : 4 000 000

Tschechoslowakei

Stauanlage von Orlík an der Moldau; 70 m hohe, 460 m lange Schwergewichtsmauer, 700–800 Mill. cbm

Gerlsdorfer Spitze, die höchste Erhebung der Hohen Tatra

TSCHECHOSLOWAKEI

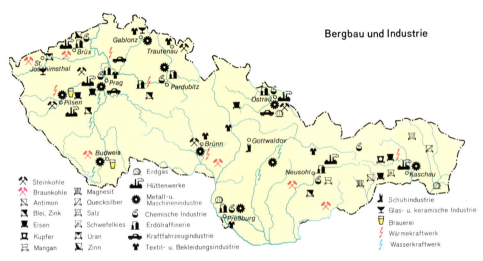

von der Forst- u. Holzwirtschaft genutzt werden; ferner Teichwirtschaft mit Karpfenzucht. – Das Verkehrsnetz ist gut entwickelt.

Geschichte →S. 37.

Politik

Nach der Verfassung vom 7. 11. 1960, die eng an die sowjet. Stalin-Verfassung von 1936 angelehnt ist, ist die T. eine sozialistische Republik (ČSSR), in der die nach allg., gleichem u. direktem Wahlrecht bestellte Nationalversammlung das oberste Staatsorgan bildet; sie wählt die Regierung, die ihr verantwortlich sein soll. In der Praxis ist jedoch die Kommunist. Partei (KPČ) das Zentrum der polit. Macht. Aufgrund ihres Monopols bei der Kandidatenaufstellung bestimmt sie in konkurrenzlosen Wahlen die Zusammensetzung der Nationalversammlung u. der lokalen Parlamente. Das Organisationsprinzip des „demokratischen Zentralismus" sichert zudem den zentralen Parteigremien eine ständige Kontrolle über sämtliche polit. Entscheidungen.

Als Reaktion auf das verbürokratisierte Partei- u. Funktionärsregime zielten die nach dem Sturz Novotnýs 1968 eingeleiteten Liberalisierungsmaßnahmen des „Prager Frühlings" auf eine Demokratisierung der Entscheidungsprozesse innerhalb der KPČ wie der staatl. Einrichtungen; die verschiedenen Entscheidungsebenen sollten im Rahmen des sozialist. Gesellschaftssystems größere Eigenständigkeit erhalten, die Wahlen am Konkurrenzprinzip orientiert werden (Modell des demokrat. Sozialismus).

Nach der Besetzung der T. durch die Truppen des Warschauer Pakts am 21. 8. 1968 wurde der Demokratisierungsprozeß weitgehend rückgängig gemacht. Am 1. 1. 1969 wurde die T. in einen föderativen Bundesstaat, gebildet aus der Tschech. u. der Slowak. Sozialist. Republik, umgewandelt; die Einkammer-Nationalversammlung wurde durch die Zweikammer-Bundesversammlung – Volkskammer (200 Mitgl.) u. Kammer der Nationen (150 Mitgl., je zur Hälfte von den Nationalräten der beiden Teilrepubliken gewählt) – ersetzt u. den einzelstaatl. Institutionen weitgehende Selbstverwaltung gewährt. – ⌸ 5.8.7.

Militär

Die T. hat allg. Wehrpflicht vom 20.–50. Lebensjahr mit einer aktiven Dienstzeit von 24 Monaten beim Heer u. 27 Monaten bei der Luftwaffe. Die

In einer Schuhfabrik in Gottwaldov

Tschechoslowakei

Böhmisches Mittelgebirge

zungen. Sicher nachzuweisen ist eine kelt. Besiedlung. Die erste Staatsbildung ging von german. Stämmen *(Markomannen, Quaden)* aus. Im Kampf gegen Hunnen u. Awaren entstand im mähr. Raum der Herrschaftsbereich des *Samo* (7. Jh.). Im 9. Jh. hatte sich das *Großmährische Reich* herausgebildet. Die Christianisierung ging zunächst vom Westen aus (wahrscheinl. durch irische Mönche), seit 863 missionierten slawisch sprechende Mönche der Ostkirche (*Kyrill* u. *Method*). Das Reich des mährischen Fürsten *Swatopluk* († 894) umfaßte auch weite Gebiete des heutigen Ungarn, Polen u. Schlesien. Nach dem Zerfall des Großmähr. Reichs erfolgte eine neue Staatsbildung durch die böhm. *Přemysliden* (bis 1306), die das Land im Lauf des MA. zu wirtschaftl. Blüte führten. Vom röm.-dt. Kaiser *Friedrich II.* wurde den böhm. Fürsten die Königswürde verliehen. Die Beziehungen zwischen Böhmen u. dem Reich waren vielfältig u. fruchtbar. – Seit dem 11. Jh. gehörte das Siedlungsgebiet der Slowaken zum Königreich Ungarn, bei dem es bis 1920 (Frieden von Trianon) blieb. Jahrhundertelang beherrschte eine Schicht ungar. oder hungarisierter Großgrundbesitzer den Bereich der heutigen Slowakei. Seit dem 13. Jh. kam es zu zahlreichen Städtegründungen; dt. Kaufleute u. Handwerker wanderten ein u. bildeten vielfach das Patriziat der neuen Städte. Unter *Ottokar Přemysl* reichten die Grenzen des böhm. Reichs bis weit in österr. Gebiet hinein (Kärnten, Steiermark, Krain), das aber im

Stadtbild von Preßburg, im Vordergrund der Dom Sankt Martin; 13.–15. Jahrhundert (links). – Karlsbad, die Kurstadt mit Thermalquellen (rechts)

Gesamtstärke der Streitkräfte beträgt 185 000 Mann (Heer 145 000, Luftwaffe 40 000). Hinzu kommen 35 000 Mann Grenztruppen u. eine Volksmiliz von ca. 120 000 Mann, die auf 250 000 Mann vergrößert werden soll. Der Oberbefehl über die regulären Streitkräfte liegt beim Staatspräsidenten, die Verantwortlichkeit für die gesamte Verteidigung beim Verteidigungsrat unter dem Ersten Sekretär der Partei. Seit der Intervention durch Truppen des Warschauer Pakts 1968 stehen ca. 80 000 Mann Sowjettruppen im Land.

Bildungswesen

Nach dem Vorbild der Sowjetunion aufgebautes stufenförmiges, polytechn., vom Staat organisiertes u. kontrolliertes Einheitsschulwesen; keine Privatschulen; allg. 9jährige Schulpflicht.
Schulsystem: 1. neunjährige *Grundschule*, auf der die weiterführenden Schulen aufbauen. 2. dreijährige allgemeinbildende *Mittelschule* (entspricht der dt. höheren Schule), die mit dem Abitur abschließt. Die 3jährige Mittelschule für Werktätige führt ebenfalls zur Hochschulreife. 3. allgemeinbildende *Schulen mit Spezialaufgaben*: a) 11jährige Internatsmusikschule (Beginn mit dem 7. Lebensjahr), die mit dem Abitur abschließt; b) 9jährige Tanzschule (Beginn mit dem 9. Lebensjahr). 4. *berufsbildende Schulen*: a) 2–3jährige Fachschulen für Fachkräfte des niederen Dienstes in Wirtschaft, Technik u. Verwaltung; b) 2–4jährige Fachmittelschulen u. Technische Betriebsinstitute, die die Allgemeinbildung auf Mittelschulniveau u. spezielle Fachausbildung vermitteln u. mit dem Abitur abschließen; c) Betriebsinstitute, die Werktätigen mit abgeschlossener mittlerer Bildung u. mehrjähriger Praxis eine höhere Fach- u. Allgemeinbildung vermitteln. 5. *Fachhochschulen* u. *Universitäten* (in Prag, Brünn, Kaschau, Olmütz, Preßburg).

Geschichte

Das Gebiet der heutigen T. ist seit mehr als 2000 Jahren Schauplatz ethnischer, polit., wirtschaftl., religiöser, nationaler u. sozialer Auseinandersetzungen Kampf gegen *Rudolf von Habsburg* (Schlacht auf dem Marchfeld 1278) wieder verlorenging. Ottokars Sohn *Wenzel* gewann die poln. Krone u. die Anwartschaft auf den ungar. Thron.
Unter den *Luxemburgern*, die nach dem Aussterben der Přemysliden das Königreich Böhmen beherrschten, ragt die Gestalt *Karls I.* (Kaiser Karl IV.) heraus. Seine außenpolit. Erfolge (u. a. Angliederung Schlesiens u. der Lausitz) waren begleitet von wirtschaftl. Wachstum u. kultureller Entwicklung (Gründung der Universität in Prag 1348).
Nach der Hinrichtung des Reformators Johannes *Hus* ging von seinen Anhängern die *Hussitenbewegung* aus, die sich gegen die kirchl. Hierarchie, die vom König unterstützt wurde, wie gegen die dt. Oberschicht richtete (1. Prager Fenstersturz 1419). Die Radikalen unter den Hussiten (Taboriten) verlangten eine neue kollektivist. Gesellschaftsordnung, die Forderungen der Gemäßigten zielten neben der Enteignung des Kirchenbesitzes vorwiegend in den Bereich der Religionsausübung (freie Auslegung der Bibel, Gottesdienste in

Tscherenkowzähler

Tschechoslowakei: Hus auf dem Weg zum Scheiterhaufen. Buchmalerei aus der Handschrift des Ulrich Riechenthal. 2. Hälfte 15. Jh. Wien, Österreichische Nationalbibliothek

tschech. Sprache, Abendmahl in beiderlei Gestalt). Die *Hussitenkriege* (1419 bis 1436) endeten nach entscheidenden Siegen der Reformer über die Heere König Sigismunds mit dem Erfolg der Gemäßigten.

Mit der Thronbesteigung *Ferdinands I.*, des Bruders von Kaiser *Karl V.*, begann die fast 400jährige Herrschaft der *Habsburger* in Böhmen. Zusammen mit dem kath. Hochadel betrieben sie die Gegenreformation. Der Widerstand der großenteils prot. Bevölkerung in Böhmen führte zum 2. Prager Fenstersturz (1618), der sich gegen die habsburg. Statthalter richtete u. in Europa den Dreißigjährigen Krieg auslöste. Die böhm. Stände wählten den Protestanten Kurfürst *Friedrich von der Pfalz* zum böhm. König („Winterkönig"); er wurde jedoch in der Schlacht am Weißen Berge bei Prag (1620) besiegt. Die Habsburger hatten das Land wieder fest in der Hand, zahlreiche tschech. Intellektuelle gingen in die Emigration (J. A. Comenius). Beherrschend in Böhmen waren nun das kath. u. königstreue tit. Bürgertum u. der dt. Adel.

Der aufgeklärte Absolutismus *Josephs II.* führte zur Aufhebung der Leibeigenschaft, zu religiöser Toleranz u. teilweisem Abbau der privilegierten Stellung des Adels. Doch setzte auch er die Germanisierungspolitik fort, das Tschechische wurde zunehmend zur Sprache der Abhängigen u. Armen. Erst mit beginnender Industrialisierung im späten 18. u. frühen 19. Jh. bildete sich in den Städten wieder ein tschech. Bürgertum. Ein neues Nationalbewußtsein der Tschechen weckten seit dem Beginn des 19. Jh. vor allem Sprachforscher u. Historiker. Nach dem Prager Aufstand von 1848, der neben nationalen auch soziale Ursachen hatte u. wie die Revolution in Wien von General *Windischgrätz* niedergeschlagen wurde, erstickte ein habsburg. Polizeiregime alle tschech. Autonomiebestrebungen. 1851 gab Kaiser *Franz Joseph I.* eine Verfassung, durch die ein indirektes Wahlrecht eingeführt wurde, das die Wohlhabenden begünstigte. Mit dem Ausgleich von 1867 wurde Ungarn Gleichberechtigung gegenüber der westl. Reichshälfte zugesichert. Böhmen u. Mähren gehörten nun zum österr., die Slowakei zum ungar. Teil der Monarchie.

Die nationale Bewegung spaltete sich in großbürgerl. „Alttschechen", die den Anschluß an ein liberales Österreich wünschten, u. die volle Autonomie erstrebenden „Jungtschechen". Die zunehmende Zahl der Industriearbeiter ließ auch die Sozialdemokraten u. um die Wende zum 20. Jh. vor allem die radikaleren Nationalen Sozialisten erstarken. Führer der kleinen Fortschrittspartei war T. G. *Masaryk*, der zwischen nationalen Demokraten u. Marxisten eine gemäßigte Haltung einnahm. In der Slowakei war die kath. Slowakische Volkspartei A. *Hlinkas* die größte polit. Gruppierung. Seit Ende des 19. Jh. bemühte man sich in Wien um eine Zusammenarbeit mit konservativen tschech. Kräften, die gewisse Vorteile für die tschech. Bevölkerung brachte.

Im 1. Weltkrieg sympathisierten viele Tschechen u. Slowaken mit den russ. Gegnern (Desertionsbewegung). Bei den Alliierten im Westen bereiteten *Masaryk*, E. *Benesch* u. der Slowake M. E. *Štefánik* die Gründung einer autonomen Tschechoslowakei vor. Am 28. 10. 1918 wurde die Tschechoslowakische Republik *(ČSR)* proklamiert. Staats-Präs. war bis 1935 Masaryk. Von den 15 Mill. Einwohnern des neuen Staats waren etwa 10 Mill. Tschechen u. Slowaken (letztere ihrerseits mit gewissen Autonomiewünschen gegenüber Prag) u. mehr als 3 Mill. Deutsche.

Während unter dem Druck der radikalen Bauernbewegung eine Landreform zustande kam, scheiterte eine Umverteilung des Produktivvermögens der Industrie, wie sie die radikalen Sozialisten wünschten, an der Verflechtung mit der westeurop. u. österr. Finanzwelt. Masaryk war in seiner Außenpolitik nach Westen orientiert. Innenpolit. suchte er den Ausgleich mit dem dt. Bevölkerungsteil (Aufnahme dt. Politiker ins Kabinett). Diskriminierungen der dt. Minderheit wurden allerdings nicht immer vermieden. Die Auswirkungen der Weltwirtschaftskrise verstärkten den Einfluß der Kommunist. Partei unter K. *Gottwald* auf die Arbeiterschaft. Auf der Rechten formierten sich vor allem bei den nationalen Minderheiten Gruppen, die teilweise faschist. Charakter hatten; unter ihnen die Sudetendeutsche Partei, die unter K. *Henlein* Unterstützung durch das Hitlerregime erhielt. Mit den Stimmen von Nationalen Sozialisten, Sozialdemokraten u. Kommunisten wurde 1935 Benesch gegen den Druck der Rechten zum Staats-Präs. gewählt. Nach dem *Münchner Abkommen* (1938) mußte die T. die überwiegend von Deutschen bewohnten Gebiete im N. u. W (Sudetenland) an Dtschld. abtreten, ein Teil der Slowakei fiel an Ungarn, das Gebiet um Teschen an Polen. Im Okt. 1938 trat Benesch zurück.

1939 rief der Führer der Slowak. Volkspartei, J. *Tiso*, unterstützt von der dt. Reichsregierung, einen unabhängigen slowak. Staat aus. Ungarn annektierte die karpato-ukrain. Gebiete. Das Rumpfgebiet von Böhmen u. Mähren wurde von dt. Truppen besetzt u. zum dt. Protektorat erklärt. Damit war das Münchner Abkommen gebrochen, ohne daß die westl. Signatarmächte wirksam intervenierten. Zahlreiche Intellektuelle u. Politiker gingen ins Exil oder in den Untergrund. Beneschs Exilregierung in London wurde von den Regierungen Englands u. Frankreichs anerkannt. 1943 schloß sie ein Abkommen mit der Sowjetunion. Unter dem Terror der Okkupationsmacht formierte sich der Widerstand, dem harter Gegenterror antwortete (Vernichtung des Dorfes *Lidice*

Tschechoslowakei: Am 15. März 1939 marschierten deutsche Truppen in Prag ein

Die Besetzung der Tschechoslowakei durch Truppen der Warschauer-Pakt-Mächte am 21. August 1968 rief den leidenschaftlichen Widerstand der Bevölkerung hervor

nach der Ermordung des Reichsprotektors R. *Heydrich*, 1942). Seit 1944 rückten sowjet. Truppen in die T. vor.
Im April 1945 konstituierte sich in Kaschau eine Regierung aus Sozialdemokraten, Kommunisten, Nationalen Sozialisten u. a. Parteien. Eine Bodenreform enteignete den Grundbesitz, Großindustrie u. Banken wurden verstaatlicht. Mit Billigung der USA, Großbritanniens u. der Sowjetunion wurden die Deutschen, soweit sie nicht aktive Antifaschisten gewesen waren, vertrieben (ca. 2,75 Mill. Vertriebene u. Flüchtlinge). Bei der Wahl zur verfassunggebenden Versammlung 1946 erreichte die Kommunist. Partei 38% der Stimmen. 1948 wurden die bürgerl. Regierungsmitglieder ausgeschaltet. Die Nachfolger Beneschs, der 1948 zurückgetreten war, K. *Gottwald* (1948–1953) u. A. *Zápotocký* (1953–1957), konnten mit Unterstützung der Sowjetunion das kommunist. Regime endgültig festigen. A. *Novotný* (seit 1953 Erster Sekretär des ZK der KPČ, seit 1957 Staats-Präs.), der sich vielfach bei der Ausschaltung von Gegnern stalinist. Terrormethoden bedient hatte, wurde 1968 gestürzt.
Unter Staats-Präs. L. *Svoboda* u. Parteisekretär A. *Dubček* kam es zu Liberalisierungsmaßnahmen, die eine Vergrößerung des individuellen Freiheitsraums bei Wahrung der sozialist. Grundordnung zum Ziel hatten *(Prager Frühling)*. Um diese Entwicklung, von der eine Gefährdung des Herrschaftssystems in anderen kommunist. Staaten befürchtet wurde, zu unterbinden, marschierten Truppen des Warschauer Pakts am 21. 8. 1968 in die T. ein. Die Vertreter des Reformkurses wurden entmachtet, die Demokratisierung rückgängig gemacht. Auf Dubček folgte 1969 als Parteichef G. *Husák*; er wurde 1975 zugleich Staats-Präs. Gegen die repressive Politik formierte sich eine Bürgerrechtsbewegung (→Charta 77). 1973 wurden diplomat. Beziehungen zwischen der BRD u. der T. aufgenommen. →auch Böhmen, Mähren, Münchner Abkommen, Slowakei. – 📖 5.5.7.

Tscherenkọwzähler [nach P. A. *Tscherenkow*], Zählgerät zur Messung sehr energiereicher atomarer Teilchen. Dabei werden die *Tscherenkowstrahlen* mit Hilfe von Photomultipliern oder -zellen registriert. Auch zur Messung kosmischer Strahlen in Ballonsonden eingesetzt.
Tscherepnịn, Alexander, russ. Komponist u. Pianist, *21. 1. 1899 St. Petersburg, †30. 9. 1977 Paris; 1949–1964 Prof. für Komposition in Chicago; komponierte mit Neuntonskalen, Opern, 4 Sinfonien, 4 Klavierkonzerte, ein Konzert für Mundharmonika, zahlreiche Klavierwerke u. a.
Tscherepowez [tʃiripa'vjɛts], Stadt in der RSFSR (Sowjetunion), nördl. des Rybinsker Stausees, 250000 Ew.; Eisenhüttenindustrie, Maschinen- u. Schiffbau, Erdgas aus Saratow; Hafen.
Tscherkạssy [-sə], Hptst. der Oblast T. (20900 qkm 1,55 Mill. Ew., davon 40% in Städten) in der Ukrain. SSR (Sowjetunion), am Dnjepr (Hafen), 230000 Ew.; Planetarium; Zuckerraffinerien, Maschinenfabriken, Metall-, Holz- u. Tabakverarbeitung, Chemiekombinat u. Brauerei.
Tscherkẹssen, früher auch *Zirkassier*; im Altertum *Kerketen, Zygen*; Eigenname *Adyge*, Volk der Nordwestgruppe der Kaukasusvölker am Kuban u. Terek (rd. 400000), mit Ackerbau; größter Stamm: *Kabardiner*. Der größte Teil (1,5 Mill.) wanderte nach Unterwerfung durch die Russen (1864) nach Kleinasien u. dem Balkan aus; erneute Dezimierung durch den 2. Weltkrieg. Die Männertracht (besticktes Oberhemd mit Kragen, bauschige Hosen, langer Überrock mit Patronentaschen [Tscherkesska], Schaffellmütze) wurde von Nachbarvölkern u. Kosaken übernommen. Vorwiegend Moslems; einst mit ständischer Gliederung, Blutrache bis in die Neuzeit.
tscherkẹssische Sprache, zu den nordwestkaukasischen Sprachen der kaukas. Sprachfamilie gehörende Sprache.
Tscherkẹssk, früher *Batalpaschinsk*, Hptst. der Karatschaier- u. Tscherkessen-AO in der RSFSR (Sowjetunion), im nördl. Kaukasusvorland, am oberen Kuban, 85000 Ew.; Maschinenbau, Elektro-, chem. u. Nahrungsmittelindustrie; Ausgangspunkt der Suchum. Heerstraße.
Tschẹrmak, 1. Armin, Edler von *Seysenegg*, Bruder von 2), österr. Physiologe, *21. 9. 1870 Wien, †9. 10. 1952 Bad Wiessee; arbeitete bes. über Verdauungs-, Sinnes- u. Nervenphysiologie.
2. Erich, Edler von *Seysenegg*, österr. Botaniker u. Vererbungsforscher, *15. 11. 1871 Wien, †11. 10. 1962 Wien; neben C. *Correns* u. H. de *Vries* Wiederentdecker der Mendelschen Gesetze.
Tschernigow [tʃir'nigaf], ukrain. *Tschernihiw*, Hptst. der Oblast T. (31900 qkm, 1,56 Mill. Ew., davon 40% in Städten) im N der Ukrain. SSR (Sowjetunion), an der schiffbaren Desna (Hafen), 233000 Ew.; Kathedrale (11. Jh.); Getreidemühlen, Schuh- u. Textilfabriken, Sägewerke, Herstellung von synthet. Kautschuk.
Tscherning, Andreas, Barocklyriker, *18. 11. 1611 Bunzlau, †27. 9. 1659 Rostock; Schüler von M. *Opitz*; führte den Daktylus in die dt. Literatur ein. „Deutscher Getichte Frühling" 1642.
Tschernogọrsk, Stadt in der Chakass. AO, RSFSR (Sowjetunion), am oberen Jenisej, 65000 Ew.; Steinkohlenförderung.
Tschernosjọme, *Tschernoseme* [russ.], *Bodenkunde:* Fachbegriff für →Schwarzerden.
Tschẹrnowitz, russ. *Tschernowzy*, rumän. *Cernăuţi*, Hptst. der Oblast Tschernowzy (8100 qkm, 870000 Ew., davon 35% in Städten) in der Ukrain. SSR (Sowjetunion), am oberen Pruth, 214000 Ew.; Universität (1875); Wirtschafts-, Handels- u. Verkehrszentrum der sowjet. Bukowina (Buchenland); Textil- u. Nahrungsmittelfabriken, Maschinenbau, metallverarbeitende, Holz- u. chem. Industrie, Flugplatz. – Früher kultureller Mittelpunkt der buchenländ. Deutschen, 1919 rumän., seit 1944 zur Sowjetunion.
Tschernyschẹwskij, Nikolaj Gawrilowitsch, russ. Schriftsteller, *24. 7. 1828 Saratow, †29. 10. 1889 Saratow; utop. Sozialist; 1864–1886 nach Sibirien verbannt; als Ästhetiker u. Literaturkritiker verlangte er eine revolutionär ausgerichtete Kunst. Roman: „Was tun?" 1863, dt. 1883.
Tscherokẹsen, Indianerstamm, = Cherokee.
Tscherokẹsenschrift, 1823/24 von dem Cherokee-Indianer *Sikwayi* erfundene Silbenschrift, die 1860 für eine Bibelübersetzung verwendet wurde. Im 20. Jh. durch die Lateinschrift verdrängt.
Tscherskijgebirge →Tschjorskijgebirge.
Tscherwẹnkow, Wylko, bulgar. Politiker (KP), *6.9.1900 Slatiza, †21.10.1980 Sofia; 1925–1944 in der Sowjetunion, 1944 Mitgl. des Politbüros, 1945 ZK-Sekretär, 1949–1954 Generalsekr. des ZK, 1950–1956 Min.-Präs. (Vors. des Ministerrats); wurde 1961 aller Partei- und Staatsämter enthoben.
Tscherwọnez [der, Mz. *Tscherwonzy*; russ.], russ. Bez. ausländischer Goldmünzen, später der bis 1867 in Rußland geprägten Dukaten; 1922 bis 1947: 1 T. = 10 Rubel; 1923 als Silbermünze geprägt.
Tscheschme, *Çeşme*, türk. Hafenstadt am Ägäischen Meer. Bei T. errangen die Russen im russ.-türk. Krieg (1768–1774) im Juli 1770 einen entscheidenden Seesieg.
Tschẹtniks, *Četnici*, 1. im 19. Jh. serb. Freischärler gegen die Türken. – 2. serb. königstreue Partisanenverbände, die seit 1941 die dt. u. italien. Truppen, später auch die kommunist. Partisanen Titos in Jugoslawien bekämpften; antikroatisch, bis 1943 von Großbritannien unterstützt.
Tschetschẹnen, *Tschetschenzen, Nachtschuj*, Volk der Nordostgruppe der Kaukasusvölker (rd. 565000), mit den eigentl. T., den *Berg-T., Itschkeriern, Inguschen* u. *Kisten*. Viehzüchter, in Bergdörfern mit Wehrbauten; Moslems.
Tschetschẹnen-und-Ingụschen-ASSR, autonome Sowjetrepublik innerhalb der RSFSR, an der Nordseite des Kaukasus; 19300 qkm, 1,1 Mill. Ew. (rd. 40% in Städten), Hptst. *Grosnyj*; in den Tälern Mais-, Melonen-, Garten- u. Weinbau, im Gebirge Viehwirtschaft; die trockene Nogaiersteppe nördl. des Terek dient als Winterweide; um Grosnyj Erdöl- u. Erdgasgewinnung u. -verarbeitung. – 1934 durch Zusammenschluß der AO beider Völker gebildet, in eine ASSR umgewandelt, 1944 aufgelöst, Deportationen; 1957 neu errichtet.
Tschetwerịk [der], älteres russ. Raummaß: 1 T. = 209,907 *l*.
Tschhamdo, *Chhamdo*, Stadt im östl. Tibet (Volksrep. China), am Oberlauf des Dsei Tschhu (Mekong), Hauptort des Autonomen Gebiets T., 3380 m ü. M., 20000 Ew.; alter Handelsplatz.
Tschhongdschin, *Tschontschin*, chin. *Seischin*, nordkorean. Hafenstadt am Japan. Meer, 270000 Ew.; Eisen-, Stahlerzeugung, Maschinenbau, Textil- u. chem. Industrie, Schiffbau; Flugplatz.
Tschhongdschu, südkorean. Stadt nördl. von Tädschon, 145000 Ew.; Nahrungsmittelindustrie; Wasserkraftwerk.
Tschhuntschhon, südkorean. Stadt östl. von Soul, 125000 Ew.; oberhalb Wasserkraftwerk.
Tschiang Kaischek, *Chiang Kai-shek*, chines. Offizier u. Politiker, *31. 10. 1887 Fenghua, Provinz Tschekiang, †5. 4. 1975 Taipeh; als Offizier an den Revolutionen 1911, 1913 u. 1917 beteiligt; wurde Mitgl. der Kuomintang u. nächster Mitarbeiter *Sun Yatsens*, der ihn zum Studium der Partei- u. Militärorganisation nach Moskau schickte. Nach seiner Rückkehr war T.K. militär. Leiter der Militärakademie Whampoa (bei Canton). Nach dem Tod Suns (1925) wurde er Führer der Kuomintang; 1926–1928 eroberte er das von örtl. Militärmachthabern beherrschte Mittel- u. Nordchina; 1927 brach er mit den verbündeten Kommunisten (Kungtschantang). Seit 1928 war er Vors. der Nationalregierung in Nanking. Zu Beginn des chines.-japan. Kriegs (1937–1945) einigte T.K. sich mit den Kommunisten auf gemeinsame Verteidigung. Nach Kriegsende begann nach vergebl. Vermittlungsversuchen der USA der Endkampf der beiden Parteien um China. T.K.s Truppen wurden aus der Mandschurei u. Nordchina über den Yangtze Kiang nach S gedrängt. 1948 noch zum Präs. der Republik gewählt, trat T.K. 1949 zurück u. floh mit seinen Anhängern nach Taiwan. 1950 erneut zum Präs. gewählt, bis 1972 in seinem Amt bestätigt. – 🅱→China. – 📖 5.7.2.
Tschiang Mai, *Chiang Mai*, Stadt im nördl. Thailand (Hinterindien), am Mä Nam Ping, 85000 Ew.; Universität (1964); Teakholzhandel.
Tschiang Tsching, *Jiang Qing*, chines. Politikerin, *März 1914 Tutscheng, Prov. Schantung; Schauspielerin, seit 1939 mit *Mao Tsetung* verheiratet, 1969–1976 Mitgl. des Politbüros des ZK der KP, nach Maos Tod als Mitgl. der „Viererbande" gestürzt, 1981 wegen „konterrevolutionärer Verbrechen" zum Tod (mit Strafaussetzung) verurteilt.
Tschiang Tschingkuo, chines. Politiker auf Taiwan, *18. 3. 1910 Fenghwa, China; Sohn *Tschiang Kaischeks*, 1972–1978 Min.-Präs., seit 1978 Staats-Präs.
Tschiba, *Chiba*, japan. Präfektur-Hptst. östl. von Tokio, 660000 Ew.; Eisen-, Stahl-, Sprengstoff- u. chem. Industrie, Aluminiumhüttenwerk.
Tschịbtscha, indian. Sprachfamilie, = Chibcha.
Tschikamatsu Monsaëmon [-za:ɛmɔn], eigentl. *Sugimori Nobumori*, japan. Bühnendichter, *1653 Echizen, †22. 11. 1724 Osaka; schrieb 74 geschichtl. u. 24 bürgerl. Schauspiele für das Puppentheater *(Dschoruri)*, dazu etwa 40 *Kabuki*. Mit T. erreichte die dramat. Dichtung Japans einen Höhepunkt. „Der Liebestod von Sonesaki" 1703, dt. 1926. – 📖 3.4.4.
Tschịkasa, Indianerstamm, →Muskhogee.
Tschimkẹnt, Hptst. der Oblast T. (120600 qkm, 1,4 Mill. Ew.) in der Kasach. SSR (Sowjetunion), 305000 Ew.; Baumwollanbau- u. -verarbeitungskombinat, Blei- u. Zinkhütte, Maschinenbau, Baustoff-, chem., Tabak- u. a. Industrie.
Tschindschu, südkorean. Stadt westl. von Pusan, 125000 Ew.; in einem Obstbaugebiet.
Tschindwin, *Chindwin*, rechter u. größter Nebenfluß des Irrawaddy (Birma), rd. 800 km; entspringt am Kumungebirge, mündet bei Pagukku.
Tschịngis Khan [-xa:n], *Dschingiz-Chan, Dschengis-Chan, Čingiz-Han*, Mongolenherrscher, eigentl. *Temudschin*, *1167 (?), †18. (?) 8. 1227 auf einem Feldzug gegen die Tanguten; 1196 Fürst der *Mongchol* (daraus Mongolen) mit dem Titel T.K., 1206 zum Herrscher (Großkhan) aller Mongolen ernannt; organisierte ein diszipliniertes Reiterheer u. unterwarf ganz Zentralasien bis Choresm u. bis zur Wolga (Schlacht an der Kalka) u. drang bis zum Indus vor, eroberte 1215 Nordchina einschl. Peking. T.K. residierte seit 1218 in Karakorum u. festigte das Reich durch eine strenge Gesetzgebung (Jasa). Er teilte das Reich unter seine Söhne auf. →auch Mongolen. – 🅱→Asien (Geschichte). – 📖 5.7.1. u. 5.7.2.
Tschinnampho, *Nampo*, Hafenstadt in Nordkorea, südl. von Phyongyang, 90000 Ew.; chem. u. Hüttenindustrie, Schiffbau.
Tschinstaat, halbautonomer Staat der tibeto-birman. Tschin-Völker in Birma, Hptst. *Hpalam*.
Tschinụk, amerikan. Indianerstamm, = Chinook.
Tschi Pengfei, *Ji Pengfei*, chines. Politiker (Kommunist), *1910 bei Peking; 1972–1974 Außen-Min., seit 1979 stellvertr. Min.-Präs.
Tschipewạyan, Athapaskenstamm, = Chipewayan.

Tschirch, Alexander, Botaniker u. Pharmazeut, *17. 10. 1856 Guben, †2. 12. 1939 Bern; betrieb Drogenkunde auf wissenschaftl. Basis.

Tschirgant, markante Bergspitze am Westende der Nordtiroler Kalkalpen, 2372 m.

Tschirnhaus, *Tschirnhausen*, Ehrenfried Walter Graf von, Physiker, Mathematiker u. Philosoph, *10. 4. 1651 Kieslingswaldau bei Görlitz, †11. 10. 1708 Dresden; gründete u.a. Glashütten u. trieb keram. Experimente in Kieslingswaldau, wo er 1704 einen dem ostasiat. Porzellan ähnl. keram. Scherben gebrannt haben soll. T. ist neben J. F. *Böttger* Erfinder des europ. Porzellans.

Tschirtschik, neue Stadt in der Usbek. SSR (Sowjetunion), nordöstl. von Taschkent, 135 000 Ew.; Kombinate für Chemie, schwerschmelzende Metalle u. Hausbau, Bekleidungs-, Nahrungsmittel- u. Glasindustrie; Wasserkraftwerk.

Tschiru, *Panthalops hodgsoni*, einzige rezente Art der *Panthalopinae*, Unterfamilie der *Horntiere*; Bewohner der Hochsteppen Tibets von 1 m Schulterhöhe; Gehörn bis 70 cm lang; gräbt Sassen in Sand u. Schnee.

Tschischpisch →Teispes.

Tschistjakowo, sowjet.-ukrain. Bergbaustadt, seit 1964 →Thorez.

Tschistopol, Stadt in der Tatar. ASSR, RSFSR (Sowjetunion), am Kujbyschewer Stausee der Kama, 65 000 Ew.; landwirtschaftl. Industrie, Maschinenbau, chem. Betriebe, Werft, Hafen.

Tschita, Hptst. der Oblast T. (431 500 qkm, 1,2 Mill. Ew., davon rd. 61% in Städten; umschließt den Agin-Burjaten-Nationalkreis) in der RSFSR (Sowjetunion), im südl. Sibirien, am Jablonowyjgebirge, 295 000 Ew.; mehrere Hochschulen, Theater; Maschinenbau, Eisenbahnreparaturwerkstätten; Elektroindustrie, Schafpelz- u. Lederverarbeitung, Sägemühlen; Wärmekraftwerk; Braunkohlenbergbau; Gold, Molybdän, Wolfram, Zinn u. Flußspat; an der Transsibir. Bahn, Flugplatz; Station für Nachrichtensatelliten.

Tschital = Axishirsch.

Tschitscherin, Georgij Wasiljewitsch, sowjet. Politiker, *2. 12. 1872 Karaul, †7. 7. 1936 Moskau; zarist. Diplomat, seit 1905 in der Russ. Sozialdemokrat. Partei, seit 1918 Bolschewik; 1918–1930 Volkskommissar für Auswärtiges; betrieb eine Annäherung an Dtschld. u. leitete die Befreiung der Sowjetunion aus ihrer außenpolit. Isolierung ein (1922 Rapallovertrag mit dem Dt. Reich).

Tschjorn..., *Tschorn...* [slaw.], Bestandteil geograph. Namen: schwarz.

Tschjorskijgebirge, *Tscherskijgebirge*, **1.** teilweise vergletschertes Gebirge im östl. Jakutien (Ostsibirien, Sowjetunion), in der *Gora Pobeda* 3147 m hoch, 1300 km lang.

2. bis über 2000 m ansteigendes Gebirge in Transbaikalien; 800 km lang.

Tschkalow, 1938–1957 Name der sowjet. Stadt →Orenburg.

Tschkalow [-lɔf], Walerij Pawlowitsch, sowjet. Arktisflieger, *2. 2. 1904 Wasiljewo, †15. 12. 1938 (Flugzeugabsturz); überflog 1937 als erster das arktische Mittelmeer in einem 65stündigen Nonstopflug von Moskau nach Portland (Oregon) über den Nordpol hinweg. M. *Gromow* glückte einen Monat später die Wiederholung, während der 3. Flugzeug unter S. *Lewanewskij* verschollen ist.

Tschojbalsan, *Tschoibalsang*, Stadt im O der Mongol. Volksrepublik, am *Kherlen Gol (Kerulen)*, 1068 m ü. M., 20 500 Ew.; Nahrungsmittel- u. Textilindustrie; in einem Schafzuchtgebiet.

Tschoke, die kälteste Höhenstufe im äthiop. Hochland, über 3600 m, wirtschaftl. ungenutzt, z.T. vegetationslos.

Tschokta, Indianerstamm der →Muskhogee.

Tschokwe, *Chokwe, Watschokwe*, Bantunegervolk in Nordostangola; Holzschnitzer; Händler; Ackerbauern (mit starker Viehhaltung) u. Jäger; Ahnenkult; stürzten im 19. Jh. das *Lundareich* u. drangen weit in das Kongogebiet ein.

Tschola-Kunst →Chola-Kunst.

Tschombé, *Tshombé*, Moise Kapenda, kongoles. Politiker, *18. 11. 1919 Musumba, Katanga, †29. 6. 1969 Algier (in Haft); 1959 Vors. der CONAKAT-Partei, die für den damals belg. Kongo (das heutige Zaire) eine lockere Föderation anstrebte; Gegner P. *Lumumbas*; erklärte 1960 die Prov. Katanga für unabhängig u. behauptete sich als ihr Staatschef mit belg. Hilfe bis 1963, ging dann ins Exil; wurde 1964 als Min.-Präs. der kongoles. Zentralregierung nach Kinshasa gerufen, um die Rebellion in der Ostprovinz niederzuschlagen; mußte 1965 abdanken u. das Land verlassen; wurde von Spanien aus 1967 im Flugzeug nach Algerien entführt, wo er bis zu seinem Tod in Haft blieb.

Tschondschu, *Tschöndschu, Jeonju*, südkorean. Stadt im SW der Halbinsel, südöstl. von Kunsan, 235 000 Ew.; Wasserkraftwerke; Flugplatz.

Tschoschi, *Choshi*, japan. Stadt an der Pazifikküste, östl. von Tokio, 90 000 Ew.; Eisen- u. Stahlwerk, Ölraffinerie, Erdgasgewinnung.

Tschou, *Chou*, Name mehrerer chines. Staaten u. Dynastien, bes. zwischen 1100 u. 249 v. Chr.

Tschou Enlai [dʒɔu-], *Chou En-lai*, chines. Politiker (Kommunist), *1898 Huavan, Provinz Tschekiang, †8. 1. 1976 Peking; 1924 polit. Leiter der Militärakademie Whampoa. 1927–1976 Mitgl. des ZK, 1928–1976 Mitgl. des Politbüros, 1956 bis 1976 Mitgl. des ständigen Ausschusses des Politbüros der KP (Kungtschantang). 1934/35 Teilnehmer am Langen Marsch; während des Kriegs mit Japan Verbindungsmann der KP zur Regierung Tschiang Kaischeks; 1949–1976 Min.-Präs. (Vors. des Staatsrats) der Volksrepublik China, bis 1958 auch Außen-Min. – ◫5.7.2.

Tschuang, Thai-Volk in China, im Autonomen Gebiet Kuangsi, nationale Minderheit, rd. 8,5 Mill.

Tschuang-tse, chines. Philosoph, 4. Jh. v. Chr., aus Meng in Honan; entwickelte die Lehre des *Lao-tse* weiter; berühmt sind seine Gleichnisse, in denen er den *Taoismus* darlegte.

Tschuden, zusammenfassende Bez. für die kleinen finno-ugrischen Stämme der *Ingern, Wepsen* u. *Woten* zwischen Ladogasee u. Ostsee.

Tschudi, 1. Aegidius von, schweizer. Historiker, *5. 2. 1505 Glarus, †28. 2. 1572 Glarus; Landvogt; schrieb eine „Schweizer Chronik" 1534–1536 über die Zeit von 1000–1470.

2. Hans Peter, schweizer. Politiker (Sozialdemokrat), *22. 10. 1913 Basel; Prof. der Rechtswissenschaft in Basel; 1960–1973 im Bundesrat, Vorsteher des Departements des Innern, 1965 u. 1970 Bundes-Präs.

3. Hugo von, Sohn von 4), Kunsthistoriker, *7. 2. 1851 Jakobshof, Niederösterreich, †23. 11. 1911 Cannstatt; Förderer der modernen Kunst; schrieb u.a. „Böcklin" 1901; „Manet" 1902.

4. Johann Jakob von, schweizer. Südamerikaforscher, *25. 7. 1818 Glarus, †8. 10. 1889 Jakobshof, Niederösterreich; bereiste Peru, Mittelbrasilien, die La-Plata-Staaten u. die argentin.-chilen. Anden; erforschte insbes. die Tierwelt, die Indianerstämme u. die alten Indianerkulturen.

Tschu En-lai →Tschou Enlai.

Tschugokugebirge, bewaldetes Gebirge in Westhonschu (Japan) nördl. der Inlandsee, Gipfelhöhen 1200–1700 m.

Tschu Hsi, chines. Philosoph, *19. 11. 1130 Juki, †24. 4. 1200 Kienjang, Prov. Fukien; gab dem Konfuzianismus seine bis heute gültige Form *(Neukonfuzianismus)*: die Welt beruht auf dem Wechselspiel von Geist u. Materie *(Yin u. Yang)*.

Tschuikow [-'kɔf], Wassilij Iwanowitsch, Marschall der Sowjetunion, *30. 1. 1900 Serebjanyje Prudy, Gebiet Moskau; führte im 2. Weltkrieg die 62. Armee bei Stalingrad, 1945–1949 Militärgouverneur für Thüringen, 1949–1953 Oberbefehlshaber der sowjet. Besatzungstruppen in der DDR, 1953–1959 Befehlshaber des Kiewer Wehrkreises, danach Oberkommandierender der sowjet. Landstreitkräfte u. stellvertr. Verteidigungs-Min.; seit 1954 Mitglied des ZK der KPdSU; schrieb „Das Ende des Dritten Reiches" dt. 1966.

Tschuktschen, *Tschautschu (Lu-)Orawetlan*, ein altsibir. Polarvolk auf der *T.-Halbinsel* (12 000), nomadische Rentierzüchter mit Hundeschlitten, Jäger, mit Schamanismus.

Tschuktschenkappe, untermeer. Erhebung am Westrand des Kanad. Beckens, im Nordpolarmeer.

Tschuktschen-Nationalkreis, Verwaltungsbezirk in der Oblast *Magadan*, in Sowjet.-Fernost, 737 700 qkm, 101 000 Ew.; Hauptort *Anadyr*; gering besiedeltes Tundrengebiet, Dauerfrostboden; Rentierzucht, Pelztierjagd, Küstenfischerei; Braunkohlenabbau, Kohlen-, Gold-, Zinn-, Blei-, Zink- u. Wolframlager. – 1930 gebildet.

Tschuktschensee, nordostasiat. Küstenmeer der Nordostpassage u. Nordwestpassage.

Tschulym rechter Nebenfluß des mittleren Ob in Westsibirien (Sowjetunion), 1800 km, entspringt im Kusnezker Alatau, mündet bei Mogotschin; größtenteils schiffbar; 6–7 Monate vereist.

Tschung-hi Park = Park Tschunghi.

Tschungking, *Chongqing, Chungking*, chines. Stadt an der Kialing-Kiang-Mündung in den Yangtze Kiang, in der Prov. Szetschuan, 2,4 Mill. Ew.; Universität, Techn. Universität; Textil-, Eisen-, Stahl- u.a. Industrie, Binnenhafen. Oberhalb von T. Brücke über den Yangtze Kiang (1959 fertiggestellt). – 1939–1945 Sitz der Kuomintang-Regierung.

Tschungyang Schanmo, Zentralgebirge von Taiwan, durchzieht die Insel von N nach S, überwiegend dicht bewaldet, im *Yu Schan* 3997 m.

Tschusowaja, linker Nebenfluß der zur Wolga fließenden Kama, über 700 km lang, entspringt im Mittleren Ural, mündet in den Kamastausee, ab Tschusowoj schiffbar; Flößerei.

Tschu Te, *Chu Te*, chines. Offizier u. Politiker (Kommunist), *18. 12. 1886 Yi-Lung, Prov. Szetschuan, †6. 7. 1976 Peking; Berufsoffizier. Nach dem Bruch zwischen Kuomintang u. Kommunisten 1927 baute T.T. die kommunist. Armee auf, wurde engster Mitarbeiter *Mao Tsetungs* u. 1931 Oberbefehlshaber der kommunist. Truppen, die er im Kampf gegen die Truppen Tschiang Kaischeks, 1934/35 auf dem Langen Marsch, 1937 bis 1945 im Krieg gegen Japan u. 1948/49 bei der Eroberung Chinas führte. 1934–1976 Mitgl. des Politbüros des ZK der KP (Kungtschantang), 1956 bis 1969 u. 1973–1976 Mitgl. seines Ständigen Ausschusses. 1955 Marschall, 1954–1959 stellvertr. Vors. der Volksrepublik, 1959–1976 Vors. des Ständigen Ausschusses des Volkskongresses.

Tschutschou [-dʒɔu], *Zhuzhou*, chines. Industriestadt in der Prov. Hunan, südöstl. von Tschangscha am Siang Kiang, 200 000 Ew.; Maschinenbau, chem., Zement-, Papier-, Nahrungsmittel- u.a. Industrie; Eisenbahnknotenpunkt.

Tschuwaschen, Turkvolk (1,57 Mill.) an der mittleren Wolga, hauptsächl. in der T.-ASSR; Akkerbauern mit geringer Viehzucht, wahrscheinl. Nachkommen der Wolga-Finnen u. der alten *Bolgaren*.

Tschuwaschen-ASSR, autonome Sowjetrepublik innerhalb der RSFSR, an der mittleren Wolga, westl. des Kujbyschewer Stausees, 18 300 qkm, 1,22 Mill. Ew., davon 25% in Städten, Hptst. *Tscheboksary*; Waldsteppe mit Land- u. Holzwirtschaft, Getreide-, Kartoffel-, Hopfen- u. Flachsanbau, daneben Viehzucht. – 1920 als AO gebildet, 1925 in eine ASSR umgewandelt.

Tschwana, das Südostbantuvolk der →Betschuanen.

Tse [tibet.], Bestandteil geograph. Namen: Gipfel, Spitze.

Tse-hi, *Tz'u-hsi*, chines. Kaiserin 1898–1908, *29. 11. 1835, †15. 11. 1908 Peking; übernahm nach einem Staatsstreich 1861 die Regentschaft, zunächst für den unmündigen Kaiser. Ihre nach dem Boxeraufstand eingeleiteten Reformen konnten die Revolution von 1911 nicht verhindern.

Tsetsefliege, *Glossina*, eine *Echte Fliege*, Stechfliege des trop. Afrika. Vollgesogen ist der sonst flache Hinterleib dick aufgeschwollen. Beide Geschlechter stechen, saugen Blut u. übertragen dabei die Erreger (bei Haussäugetieren) der *Nagana* u. der →Schlafkrankheit (→Trypanosomen). Man kennt 2 Hauptarten der T.: *Glossina palpalis* (bes. in Westafrika) u. *Glossina morsitans* (im O u. S Mittelafrikas). Die T. bringt 8–10mal eine verpuppungsreife Larve zur Welt.

Tshaidam, *Tsajdam*, innerasiat. Trockenbecken zwischen Nan Schan u. Marco-Polo-Gebirge in der chines. Prov. Tsinghai; Erdöl- u. Buntmetallvorkommen.

Tshikapa [tʃika'pa], Ort im SW von Zaire (Zentralafrika), am Kasai, 40 000 Ew., Zentrum der Diamantengewinnung.

Tsimshian, Stamm der *Nordwestküsten-Indianer*, einer der Hauptträger dieser Kultur.

Ts'in, *Ch'in*, Dynastie 221–207 v. Chr. in China, ursprüngl. Bez. für das Stammland des Begründers der Dynastie, *Ts'in Schihuangti*. Aus dem Wort Ch'in ist der Name China entstanden.

Tsinan, *Jinan, Chinan*, Hptst. der chines. Prov. Schantung, 1,2 Mill. Ew.; altes Kulturzentrum (bes. unter der Ming- u. der Ts'ing-Dynastie), Tempel, Parks, Wasserspiele; in der Umgebung ehem. buddhist. Heiligtümer; Universität; Kraftfahrzeugbau, chem., opt., Elektro- u.a. Industrie.

Ts'ing, *Ch'ing*, Dynastie 1644–1911 in China, auch *Mandschu-Dynastie* genannt. – ◫5.7.2.

Tsinghai [tɕiŋxai], *Qinghai, Chinghai*, chines. Prov. im östl. Kunlun, 721 000 qkm, 3,5 Mill. Ew. (die am dünnsten besiedelte Provinz Chinas), Hptst. *Sining*; im S zahlreiche Hochgebirgsketten (Quellgebiete des Mekong, Yangtze Kiang u. Huang Ho), im N das ausgedehnte *Tshaidambecken*

u. das Gebirge *Nan Schan* mit dem Hochlandsee *Khökh Nuur*; kühl-trockenes Hochlandklima, nomad. Viehzucht, Bewässerungswirtschaft vor allem im NO (Tal des Tatung Ho), im Becken von Tshaidam Erdöl- u. Buntmetallvorkommen. Die Bevölkerung besteht aus mongol. u. tibet. Nomaden sowie aus chines. Siedlern.

Tsingtao [tɕiŋdau], *Tsingtau, Qingdao*, jap. *Seito*, chines. Hafenstadt in der Prov. Schantung, am Gelben Meer, 1,5 Mill. Ew.; Universität (1926), Techn. Universität; Maschinen- u. Schiffbau, Textil- u.a. Industrie, Seebad. 1898–1914 Hauptort des ehem. dt. Pachtgebiets *Kiautschou*; 1938 bis 1945 japan. besetzt.

Tsingtetschen [tɕiŋ-], *Jingdezhen, Kingtetschen, Chingtechen, Fouliang*, chines. Stadt in der Prov. Kiangsi, östl. des Poyang Hu, 250000 Ew.; berühmtes Zentrum der chines. Porzellanherstellung auf der Grundlage der dortigen Kaolingruben. Die bereits im 6. u. 7. Jh. errichteten Töpfereien erreichten unter der Sung-Dynastie im 12. u. 13. Jh. ihre erste Blütezeit. Unter der Ts'ing-Dynastie (seit dem 17. Jh.) bestand eine kaiserl. Manufaktur für die Bedürfnisse des Hofes. Heute wird bes. für den Export produziert.

Tsingyüan = Paoting.

Tsinhuangtao, *Qinhuangtao*, chines. Stadt in der Prov. Hopeh am Golf von Liaoting, mit der Nachbarstadt *Schanhaikuan* (zeitweise auch *Linyu*) 320000 Ew.; Hafen, Ölraffinerie, Seebad. Nordöstl. der Stadt beginnt die Chines. Mauer.

Tsinkiang [tɕin-] = Kuantschou.

Tsin Ling, fälschl. oft *Tsinlingschan*, rd. 1000km langes ostasiat. Gebirge, Ausläufer des Kunlun-Systems; der höchste Teil ist das Plateau des *Taipai Schan* (bis 4166m).

Ts'in Schihuangti, *Ch'in Shih Huang-ti*, „Erster Kaiser" der Ts'in-Dynastie in China 221–210 v.Chr., *259 v.Chr., †210 v.Chr.; vereinigte die feudalen Teilstaaten zum ersten chines. Einheitsstaat, sicherte nach N die Grenze durch ein Befestigungssystem (Chinesische Mauer), schaffte das Lehnswesen ab u. teilte das Reich in Gaue u. Bezirke ein, die von Beamten verwaltet wurden.

Tsiranạna, Philibert, madagassischer Politiker, *18. 10. 1912 Anahidrano, †16. 4. 1978 Antananarivo; Lehrer, Studium in Frankreich, Dozent in Tananarive. Als Chef der Sozialdemokrat. Partei Madagaskars (PSD) seit 1958 Regierungschef, 1960–1972 Staats-Präs.

Tsịtsihar ['tɕitɕixaə], *Tsitsikar, Qiqihar*, 1913 bis 1947 *Lungkiang*, chines. Stadt in der Prov. Heilungkiang, am Nun Kiang in der Mandschurei, 800000 Ew.; Metall-, Nahrungsmittel- u.a. Industrie, Handelszentrum.

Tsjao [chin.], Münzeinheit in der Volksrepublik China: 10 T. = 1 *Renminbi Yuan*.

Tsong-khạ-pa, tibet. Mönch, *1356, †1419; benannt nach seiner Heimat in Osttibet: „der aus dem Zwiebeltal Stammende"; Reformator u. Gründer der →Gelben Kirche.

Tsu, japan. Präfektur-Hptst. an der Isebucht südwestl. von Nagoya, 125000 Ew.; vielseitige Industrie, Schiffbau, Ölraffinerie; Hafen.

Tsubo, altes japan. Flächenmaß: 1 T. = 3,3m².

Tsuboutschi *Schojo*, eigentl. *T. Juso*, japan. Schriftsteller u. Kritiker, *22. 5. 1859 Ota, Gifu, †28. 2. 1935 Atami, Schidsuoka; Shakespeare-Übersetzer; seine theoret. Schriften u. Essays wiesen der japan. Literatur den Weg zu Naturalismus u. Realismus; auch Dramen.

Tsụga, *Schierlingstanne*, in Nordamerika, Ostasien u. im Himalayagebiet heimische Gattung der *Nadelhölzer*. Bekannt ist vor allem die *Kanadische Schierlingstanne (Hemlocktanne, T. canadensis)*, als Lieferant von Kanad. Pech; bei uns Zierbaum. Andere Arten: *Himalaya-Schierlingstanne, T. dumosa; T.tanne, T. sieboldii* (Ostasien).

Tsugarustraße, Meeresstraße zwischen den japan. Inseln *Honschu* u. *Hokkaido*, verbindet Japan. Meer u. offenen Pazifik, rd. 100km lang, engste Stelle rd. 30km breit; durch Fähr- u. Flugtrajekt überbrückt; untermeerischer →Seikantunnel im Bau.

Tsukuba, japan. Wissenschaftsstadt nördöstlich von Tokio, im Endausbau für 100000 Ew. vorgesehen.

Tsụmeb, Distrikt-Hptst. im nördl. Südwestafrika, südöstl. der Etoschapfanne, 10000 Ew.; Kupfer-, Blei-, Zinkabbau, Buntmetallverhüttung.

Tsunami [jap.], Flutwelle bei →Seebeben.

Tsuschima, *Tsushima*, japan. Doppelinsel, durch die *Koreastraße* von Korea, durch die *T.straße* von Kyuschu u. Honschu getrennt; gebirgig (bis 660 m), bewaldet, 697 qkm, rd. 70000 Ew. – Invasionsbasis Kublai Khans gegen Japan im 13. Jh. Bei T. Seeschlacht 27./28. 5. 1905 im russisch-japan. Krieg, Sieg der Japaner.

Tsuyama, japan. Stadt in Westhonschu nördl. von Okayama, 80000 Ew.; altertüml. Stadtbild, Fremdenverkehr.

Tswanaland, teilautonomes „Bantu-Heimatland" (seit 1968) im westl. Transvaal (Rep. Südafrika), seit 1977 unabhängige Republik →Bophuthatswana.

TU, Abk. für *Technische Universität*, →Technische Hochschulen.

Tuaillon [tya'jɔ̃], Louis, Bildhauer, *7. 9. 1862 Berlin, †21./22. 2. 1919 Berlin; T.s gegen neubarocke Strömungen gerichtetes Schaffen knüpft an die klassizist. Berliner Tradition (J. G. Schadow, Ch. D. Rauch) an. Hptw.: Reitende Amazone 1896, Berlin; Rosselenker 1902 u. Reiterstandbild Kaiser Friedrichs III. 1905, Bremen.

Tuamọtuinseln, frz. *Îles Tuamotou, Paumotuinseln*, ein Teil des Überseeterritoriums Französisch-Polynesien, mit Gambierinseln 878qkm u. mit Makatea (Distrikt Tahiti) 8800 Ew.; Hauptort *Rotoava* auf *Fakarava* (300 Ew.); etwa 80 mehr oder weniger große Atolle, auf denen Kokospalmen wachsen. Ausfuhr von Kopra u. Phosphat.

Tuamọturücken, untermeer. Schwelle bei den Tuamotuinseln im Pazif. Ozean; trennt das Nordost- vom Südpazif. Becken.

Tuapsẹ, Hafenstadt u. Seebad in der RSFSR (Sowjetunion), an der kaukas. Schwarzmeerküste (Hafen), 65000 Ew.; Wein- u. Obstbau; Erdölraffinerien, Endpunkt einer Pipeline der nordkaukas. Bohrfelder u. Verschiffung von Erdölprodukten; Maschinen- u. Schiffbau, chem. Industrie.

Tụareg, Sprache der Beduinen in der westl. Zentralsahara; gehört zur Gruppe des Libysch-Berberischen der hamitisch-semitischen Sprachfamilie.

Tụareg, Eigenname *Imuschag*, hamit. Hirtennomadenvolk im W der Zentralsahara (in Ahaggar die *Hoggar*, nordöstl. von Ahaggar die *Asdscher*, in Aïr die *Asben*, in Adrar des Iforas die *Ifoghas* oder *Iforas*, am Niger die *Aulimmiden*), über 500000; Moslems; einst räuberisch, mit indigogefärbter Kleidung, die Männer mit Gesichtsschleier (Litham); stark mutterrechtl. Tendenzen. Die Frauen tragen reichen Silberschmuck, sind Trägerinnen der Kultur u. überlieferten die alte libysche Schrift *(Tifinagh, Tefinak)*. Lederzelte, große Lederschilde, Schwerter mit Kreuzgriff, Dolche am Oberarm, Speere, Reitkamele.

Tụba [die, Mz. *Tuben*; lat.], Blasinstrument der Römer in Form einer langgestreckten Metallröhre mit Schallbecher. Heute das tiefste Baßinstrument der Blechbläser aus der Familie der →Bügelhörner, 1835 von W. F. *Wieprecht* u. Johann Gottfried *Moritz* (*1777, †1840) in Berlin zuerst in Form einer →Ophikleide mit Ventilen gebaut, wurde später zu der den Bügelhörnern entsprechenden Großform entwickelt. Spezialformen sind *Bombardon, Helikon* u. *Wagner-T.*

Tubạrgravidität [lat.], *Eileiterschwangerschaft*, eine Form der →Extrauteringravidität.

Tübbing [der, Mz. *T.s*], bis 1,5m hoher Stahlgußring zur Auskleidung u. Abstützung von Tunneln, Schachtbrunnen u. Schächten in stark wasserführendem Gebirge; mehrere aufeinandergesetzte u. miteinander verschraubte T.s ergeben eine wasserdichte Röhre.

Tube Invẹstments Lịmited ['tju:b-], Birmingham, 1919 gegr. engl. Unternehmen zur Produktion von Präzisionsrohren, Fahrrädern, Aluminium, Eisen- u. Stahlerzeugnissen für Elektroindustrie u. Maschinenbau.

Tụber [das, Mz. *T.a*; lat.], Höcker, Vorsprung, Knoten; anatom. u. medizin. bes. in der Knochenbeschreibung verwendet.

Tubẹrkelbaktẹrien [lat.], *Tuberkulosebakterien, Mycobacterium tuberculosis*, von R. *Koch* 1882 entdeckte säurefeste, stäbchenförmige Erreger der →Tuberkulose; früher zu den Bazillen, heute zu den *Mykobakterien* gezählt.

Tubẹrkelbazillus [lat.] →Tuberkelbakterien.

Tuberkulịn [das; lat.], Extrakt der Stoffwechsel- u. Zerfallsprodukte von →Tuberkelbakterien; T.e sind für den gesunden Körper in größeren Mengen unschädlich; der mit Tuberkelbakterien infizierte Organismus reagiert auf T.e mit Entzündungen, Ermüdung u. Fieber. Diese Reaktion wird für die Tuberkulosediagnostik angewandt: man reibt z.B. das T. in die Haut, bei positivem Ausfall zeigen sich an dieser Stelle nach 48 Stunden Rötung u. Blasen (Probe nach E. *Moro*).

Tuberkulọse [die; lat.], Abk. *Tb, Tbc; Knötchenkrankheit*, langwierig verlaufende entzündl. Infektionskrankheit bei Mensch u. Tier; Erreger sind die T.bakterien *(Mycobacterium tuberculosis)*; Übertragung durch Atmung (Staub- u. Tröpfcheninfektion) oder Nahrung *(Fütterungs-T.)*. Die Erreger setzen sich an bestimmten Organen (nach Häufigkeit: Lungen, Lymphknoten, Darmschleimhaut, Kehlkopf, Niere, Leber u.a.) fest. Eine Erstinfektion machen fast alle Menschen im Kindes- u. Jugendalter durch, ohne deshalb zu erkranken.

Drei Krankheitsstadien werden unterschieden: 1. *Primäraffekt* (Erstinfektion), *Primärherd* oder *Erstherd*, meist engbegrenzter Lungenherd, der stets Miterkrankung der regionären Lymphknoten zur Folge hat. Die Entzündungen können verkäsen, zerfallen u. schließl. verkalken; für die meisten Menschen ist damit die T.infektion überwunden. Bei Abwehrschwäche mancher Menschen können die Erreger, die viele Jahre lebensfähig bleiben, oft erst nach längerer Zwischenzeit wieder wirksam werden; damit kommt es 2. zum *Sekundärstadium*, entweder Vergrößerung des primären Lungenherdes oder Aussaat der T.bakterien auf dem Blutweg *(hämatogene Streuung)*, befallen werden bes. Knochen, Gelenke, seröse Häute u.a.; 3. *Tertiärstadium*, Ausbildung einer isolierten *Organ-T.* (Lunge, Niere, Leber u.a.); weitere Streuungen oder Neuinfektionen sind selten (relative Immunität), doch können tuberkulöse Herde in Lymph- u. Blutbahn einbrechen; Folge: Bildung zahlreicher hirsekorngroßer Tuberkel in anderen Organen oder Verseuchung des ganzen Körpers mit T.bakterien (→Miliartuberkulose).

Im Verlauf der T. unterscheidet man *produktiv-proliferative Prozesse*, bei denen die Bindegewebsbildung u. Vernarbungstendenz überwiegt, u. *exsudativ-entzündliche Prozesse*, bei denen entzündl. Ausscheidungen u. Gewebszerfall überwiegen (Bildung von →Kavernen). Ein Sonderfall der sehr rasch verlaufenden exsudativen Form mit starker Abmagerung ist (volkstüml.) die *galoppierende Schwindsucht*. Treten bei Lungen-T. die Herde an die Oberfläche des Lungenepithels, so daß T.bakterien durch Auswurf oder Speicheltröpfchen abgegeben werden, dann spricht man von *offener T.* (Unterschied: *geschlossene T.*).

Eine echte Immunität hinterläßt überwundene T. nicht, indes kann das Überstehen einer Organ-T. beschränkten Schutz gegen Neuansteckung verleihen. Hierauf beruht das *Schutzimpfverfahren* nach A. *Calmette* u. A. *Guérin* (Bacillus-Calmette-Guérin, BCG). Die Grundlage der eigentl. Behandlung bildet die Klima- u. Freiluftliegekur u. die Ernährungsbehandlung. Hinzu kommen Ruhigstellung der erkrankten Organe durch operative Eingriffe: bei der Lunge durch →Pneumothorax, Phrenikusausschaltung, →Thorakoplastik. Die Behandlung wird heute wesentl. durch Chemotherapeutika u. Antibiotika (→Tuberkulostatika) unterstützt. Verdacht, Erkrankung, Todesfall an T., gleich welches Organ betroffen ist, sind meldepflichtig. Die Zahl der T.kranken auf der Erde beträgt nach Schätzungen der WHO 15–20 Millionen. – 🄻9.9.1.

Tiermedizin: Beim *Rind* chron. oder akut verlaufende Infektionskrankheit. Die Ansteckung erfolgt durch Tiere mit „offener" T., den Viehhalter oder Hühner. Die T. ist infolge der Übertragbarkeit auf den Menschen gefährlich. Die Bekämpfung ist staatl. geregelt. Tbc-positive Tiere werden durch *Tuberkulin* ermittelt u. ausgemerzt.

Tuberkulosefürsorge, systemat. Bekämpfung der *Tuberkulose* durch öffentl. (Landesversicherungsanstalten, Gesundheitsämter) u. private *T.stellen*, die die Erkrankten beraten u. ärztl. Behandlung zuführen, Sanatoriums- u. Heilstättenaufenthalt ermöglichen, Ansteckungsquellen isolieren, Gefährdete kontrollieren u. passende Arbeitsstellen vermitteln.

Tuberkulosehilfe, ist Tuberkulosekranken nach dem *Bundessozialhilfegesetz* vom 30. 6. 1961 in der Fassung vom 13. 2. 1976 von den Trägern der öffentl. Fürsorge zu gewähren.

Tuberkulostạtika [Ez. das *Tuberkulostatikum*; lat. + grch.], chemotherapeut. u. antibiot. Arzneimittel mit spezif. Wirksamkeit gegen die Tuberkulosebakterien, deren Wachstum u. Vermehrung sie hemmen, so daß sich die natürl. Abwehrkräfte des Körpers besser durchsetzen können. T. sind vor allem *INH* (Isonicotinsäurehydrazid), *PAS* (Paraaminosalicylsäure), das Antibiotikum *Streptomycin* u. das in jüngster Zeit entwickelte *Rifampicin*.

Tuberọse, *Nachthyazinthe, Polianthes*, ein Ama-

Tubifex

ryllisgewächs. Die Art *Polianthes tuberosa* war früher wegen des betäubenden Dufts sehr beliebt.

Tubifex [der; lat.] = Brunnenwurm.

Tubiflorae, Ordnung der sympetalen, zweikeimblättrigen Pflanzen (*Sympetalae*), Pflanzen mit radiären oder dorsiventralen Blüten. Hierher gehören die Pflanzenfamilien: *Winden-, Sperrkraut-, Wasserblatt-, Rauhblattgewächse, Lippenblütler, Eisenkrautgewächse, Pedaliazeen.*

Tubinares →Sturmvögel.

Tübingen, Kreisstadt in Baden-Württemberg, Hptst. des Reg.-Bez. T. (früher *Südwürttemberg-Hohenzollern*), am Neckar südwestl. von Stuttgart, 71 500 Ew.; Universität (1477), Schloß *Hohentübingen* (16./17. Jh.), ev.-theolog. Seminar (Stift, gegr. 1536), Stiftskirche (15. Jh.); Landestheater, Museen, Bundesforschungsanstalt für Viruskrankheiten der Tiere; Maschinen-, Metall-, Elektro-, Papier- u. Textilindustrie. – Ldkrs. T.: 519 qkm, 168 000 Ew.

Tübinger Schule, zusammenfassende Bez. für die von den kath. Theologen Johann Sebastian von *Drey* (*1777, †1853) u. J. A. *Möhler* u. den ev. Theologen Gottlob Christian *Storr* (*1746, †1805; *ältere* oder *supranaturalist. T. S.*) u. F. C. *Baur* (*jüngere T. S.*) ausgegangenen theolog.-philosoph. Richtungen, bes. Vertreter des historischen Kritizismus.

Tubkal, Dschebel Tubkal, der Jbel →Toubqâl.

Tübke, Werner, Maler u. Zeichner, *30. 7. 1929 Schönebeck, Elbe; lebt in Leipzig; Vertreter des historisierenden Realismus in der DDR.

Tubman ['tʌbmən], William Vacanarat Shadrach, liberian. Politiker, *29. 11. 1895 Harper, †23. 7. 1971 London; Anwalt, methodist. Laienprediger; 1937–1943 stellvertr. Vors. des Obersten Gerichts; 1943–1971 Staats-Präs.

Tubu, das Hirtenvolk der →Tibbu in der Sahara.

Tubuaiinseln, frz. *Îles Tubuai*, Australinseln, ein Teil des Überseeterritoriums Französisch-Polynesien, 164 qkm u. 5200 Ew.; Hauptort *Mataura*. Die felsigen Inseln erreichen auf den eigentl. T. 399 m Höhe, auf *Rapa*, der Hauptinsel der Îlots de Bass, im Kunia 1460 m. Kokospalmen finden auf diesen Inseln keine günstigen Bedingungen mehr; dafür gedeihen Obst, Gemüse u. Kartoffeln. – 1777 von J. *Cook* entdeckt. – ⬛→Ozeanien (Geographie).

Tubuliflorae →Korbblütler.

tubulöse Drüsen, Typ vielzelliger, schlauchförmiger →Drüsen, bei dem die Drüsenschläuche vom Anfang bis zum Ende gleich stark bleiben, z.B. Schweißdrüsen. Gegensatz: *azinöse Drüsen.*

Tubus [der, Mz. *Tuben* u. *T.se*; lat.], Röhre; bes. Rohr eines opt. Geräts, z.B. des Fernrohrs oder Mikroskops.

Tubuskamera, vorherrschender Kameratyp (Kleinbild), hat die Klappkamera mit Balgen fast verdrängt.

Tucano, *Tukano*, Indianerstamm u. -stämmegruppe in Ostecuador (10 000), Ostkolumbien (20 000) u. Nordostperu (30 000 Zugehörige); Pflanzer (Maniok), Jäger u. Fischer.

Tuc d'Audoubert [tyk dodu'bɛ:r], Höhle bei Montesquieu-Avantès, Dép. Ariège (Frankreich); etwa 1 km von der *Trois-Frères-Höhle* entfernt, wie diese von H. *Bégouen* u. seinen Söhnen untersucht. In mehreren Räumen u. Etagen in den Fels eingravierte jungpaläolith. Tier- u. Mensch-Tier-Darstellungen. Auf dem Boden im Lehm Fußspuren von Bären; in der Nähe zwei aus dem anstehenden Höhlenlehm geschnittene Wisentfiguren.

Tuch, Wollgewebe (u.U. mit Reißwoll- u. Chemiefaserbeimischung) mit filzartiger, glatter Oberfläche. Je nach Bindung unterscheidet man z.B. *Croisé-T., Satin-T.*; nach Ausrüstungsart *Melton-T., Foulé-T.*; nach Verwendungszweck *Mantel-T., Uniform-T., Polster-T.*

Tuchatschewskij, Michail Nikolajewitsch, sowjet. Marschall, *16. 2. 1893 Gouvernement Smolensk, †11. 6. 1937 Moskau (hingerichtet); erfolgreicher Heerführer im russ. Bürgerkrieg, insbes. 1920 gegen A. I. Denikin; 1925 Stabschef der Roten Armee; 1931–1937 stellvertr. Kriegskommissar, modernisierte die Rote Armee; während der Stalinschen „Säuberung" in einem Geheimprozeß zum Tod verurteilt, 1956 rehabilitiert.

Tucheler Heide, poln. *Bory Tucholskie*, wellige u. seenreiche Moränenlandschaft mit Mooren u. Kiefernwäldern, zwischen Brahe u. Schwarzwasser, 1170 qkm, Waldschutzgebiete; Zentrum: *Tuchel* (poln. *Tuchola*), 9500 Ew.; Holzindustrie.

Tucheraltar →Meister des Tucheraltars.

Tuchhalle →Gewandhaus.

Tucholsky, Kurt, Schriftsteller, Pseudonyme: Kaspar *Hauser*, Peter *Panter*, Theobald *Tiger*, Ignaz *Wrobel*, *9. 1. 1890 Berlin, †21. 12. 1935 Hindås bei Göteborg (Selbstmord); Journalist in Berlin u. Paris, Mitarbeiter u. kurzfristig Hrsg. der Zeitschrift „Die Weltbühne"; Pazifist, Kritiker des Spießertums, des Nationalismus u. des Militarismus; lebte seit 1929 in Schweden, 1933 aus Dtschld. ausgebürgert; schrieb Zeitgedichte, Chansons, desillusionierend sarkast. u. heitere Erzählungen: „Rheinsberg, ein Bilderbuch für Verliebte" 1912; „Träumereien an preuß. Kaminen" 1920; „Deutschland, Deutschland über alles" 1929; „Schloß Gripsholm" 1931. Reisebericht: „Ein Pyrenäenbuch" 1927. – ▢ 3.1.1.

Tucson [tu:'sɔn], Stadt in Arizona (USA), am Santa Cruz, 273 000 Ew. (Metropolitan Area 350 000 Ew.); Staatsuniversität (1885) u. Wüstenlaboratorium, Institut für Magnetismus; Flugzeug-, Metall-, Maschinen-, Elektro- u. Arzneimittelindustrie.

Tucumán, San Miguel de T., Hptst. der nordwestargentin. Prov. T. im „Norte" (22 524 qkm, 766 000 Ew.), 375 000 Ew.; Nationaluniversität (1914); Zucker- u. Lederindustrie; Handels- u. Verkehrszentrum. – 1565 gegr.; Ort der argentin. Unabhängigkeitserklärung (1816).

tüdern, Vieh auf der Weide mittels Seil oder Kette an einem Pflock anbinden. Das getüderte Vieh erhält nach Abweiden des erreichbaren Grases einen neuen Standplatz.

Tudor ['tju:də], engl. Königshaus 1485–1603, verwandt mit den Lancaster; *Heinrich VII.* war der erste T. auf dem engl. Thron, *Elisabeth I.* die letzte T. – ▢→Großbritannien (Geschichte). – ▢ 5.5.1.

Tudorbogen ['tju:də-], Bogenform in der engl. spätgot. Architektur zur Zeit der Tudor-Dynastie (1485–1603). Der T. entsteht, wenn die Ansätze eines Spitzbogens durch ein stumpfwinkliges Dreieck verbunden werden. →auch Bogen.

Tudor Style ['tju:də stail], in der engl. Bau- u. Dekorationskunst während der Regierungszeit der *Tudors* bis zum Regierungsantritt von Königin *Elisabeth I.* (1558) vorherrschender Stil, in dem sich spätgot. Elemente mit denen der italien. u. der dt. Renaissance verbinden.

Tuff [der; lat.], vulkan. Sedimentgestein, das aus Aschenbestandteilen, Auswürflingen u. Gesteinstrümmern der durchstoßenen Schichten bunt zusammengesetzt ist, oft stark verwittert; am verbreitetsten sind *Basalt-* u. *Melaphyr-T.*, ferner *Quarzporphyr-T., Phonolith-T., Palagonit-T.* I.w.S. heißt T. auch ein löcheriges, poröses Gestein nichtvulkan. Ursprungs (*Kalk-T.*).

Tuffziegel, örtl. Bez. für →Porenziegel.

Tufted-Teppich ['tʌftəd-; engl.], Teppich auf Nadelflorbasis, hergestellt mit der →Tufting-Maschine.

Tufting-Maschine ['tʌf-], eine Maschine zur Herstellung von *Nadelflorteppichen* (→Tufted-Teppich). In der Art einer Nähmaschine werden durch eine Vielzahl von Nadeln über die ganze Breite des Teppichs gleichzeitig Polfäden in ein vorgefertigtes Grundgewebe eingestochen. Greifer bilden während des Einstichs daraus auf der Gewebeoberseite Schlingen. Die Schlingen können unaufgeschnitten bleiben (Bouclé-Teppich) oder kontinuierlich während des Herstellungsprozesses aufgeschnitten werden (Velourteppich). Die Polfäden werden auf der Rückseite des Gewebes durch Auftragen eines Klebemittels festgelegt.

Tu Fu, chines. Dichter, *712 Tu-ling, †770 Leiyang (?); Beamter am Kaiserhof u. in der Provinz; jahrelange Wanderungen als Flüchtling durch das von Mißwirtschaft u. Bürgerkrieg heimgesuchte Land; Gedichte mit sozialer u. polit. Thematik. T. F. wurde als größter Dichter neben Li T'ai-po verehrt, dessen Freund er war. – ▢ 3.4.3.

Tugan-Baranowskij, Michail, russ. Nationalökonom, *20. 1. 1865 Gouvernement Charkow, †24. 1. 1919 im Zug Kiew–Odessa; 1917 Finanz-Min. der ukrain. Nationalregierung; anfangs orthodoxer Marxist, später Revisionist; führte die volkswirtschaftl. Verteilung auf soziale Macht zurück. Hptw.: „Soziale Theorie der Verteilung" 1913.

Tügel, 1. Ludwig, Erzähler, *16. 9. 1889 Hamburg, †25. 1. 1972 Ludwigsburg; kauziger Humor u. hintergründig-realist. Erzählweise.

2. Otto, Künstlername *Tetjus T.*, Maler, Lyriker u. Erzähler seiner niederdt. Heimat, *18. 11. 1892 Hamburg; Schwiegersohn R. Dehmels; schrieb Romane u. Gedichte.

Tugend, grch. *arete*, lat. *virtus*, ursprüngl. soviel wie „Tauglichkeit", bezeichnet in der Ethik den sittlich vollkommenen Zustand als Grundlage oder als Ziel menschl. Handelns. In der inhaltl. Näherbestimmung der verschiedenen Formen u. Typen der T.en gibt es eine lange Tradition von *Aristoteles*, der zwischen *dianoetischen T.en*, d.h. T.en der geistigen Haltung, u. ethischen unterschied; für die letzteren gilt als Maß bzw. Ideal die Mitte zwischen einem Zuwenig u. einem Zuviel. Bei den T.en werden die theolog. – Glaube (*fides*), Hoffnung (*spes*), Liebe (*caritas*) – unterschieden von den vier *Kardinal-T.en*: Klugheit (*prudentia*), Mäßigkeit (*temperantia*), Tapferkeit (*fortitudo*) u. Gerechtigkeit (*iustitia*).

Tugendrose →Goldene Rose.

Tughra [die; türk.], kalligraphisch reich gestalteter Namenszug türk. Sultane auf Urkunden u.a.

Tuglas, Friedebert, eigentl. F. *Mihkelson*, estn.

Werner Tübke: Piazza Navona, Rom; 1971. Berlin (Ost), Staatliche Museen, National-Galerie

Schriftsteller, *2. 3. 1886 Aya, †15. 4. 1971 Reval; schrieb Kritiken, Reisebriefe u. Romane.

Tugrik →Tögrig.

Tuilerien [tɥilə'riːən; die; frz.], Königsschloß in Paris, abschließender Trakt des Louvrekomplexes, an der Stelle von Ziegeleien (tuileries) seit 1564 errichtet, 1871 beim Kommune-Aufstand bis zu 2 Pavillons (z.T. neu errichtet) zerstört. Beim T.sturm 1792 während der Französ. Revolution wurde die königl. Familie in die Hände der Pariser Aufständischen gebracht.

Tuisto, Tuisco, nach Tacitus' „Germania" german. Gott u. Urvater der Menschheit.

Tujmasy Stadt in der Baschkir. ASSR, RSFSR (Sowjetunion), 31 000 Ew.; im Erdöl- u. Erdgasrevier „Zweites Baku"; Raffinerien, Nahrungsmittel- u. Stahlbetonindustrie.

Tuka, Vojtěch, slowak. Politiker, *4. 7. 1880 Piary, †20. 8. 1946 Preßburg (hingerichtet); führend in der national-slowak. Bewegung; 1939–1944 Min.-Präs., 1940 auch Außen-Min. der Slowakei (unter dt. Oberherrschaft).

Tukan, Tucana, Sternbild des südl. Himmels.

Tukane, „Pfefferfresser", Ramphastidae, rd. 40 Arten umfassende Spechtvögel in Mittel- u. Südamerika. Typisch ist der klobige, grob gezähnte Schnabel, der bis zu einem Drittel der Körperlänge einnehmen kann. T. nähren sich von Früchten u. Insekten, plündern aber auch Nester. Sie brüten in kahlen Baum- u. verlassenen Spechthöhlen. Den buntesten Vogelschnabel hat der Fischertukan, Ramphastos sulfuratus, aus den Regenwäldern von Mexiko bis Venezuela; der größte ist der bis 63 cm große Riesentukan, Ramphastos toco, aus dem nördl. u. mittleren Südamerika. Kleinere T. mit gestuftem Schwanz heißen Arassaris, Gattung Pteroglossus, die meist bunter sind als die großen T., wie etwa der 35 cm große Braunohrarassari, Pteroglossus castanotis, in den Wäldern von Kolumbien bis Nordargentinien. Noch bunter sind die Grünarassaris, Gattung Aulacorhynchus.

Tukaram, ind. Dichter, †1607 Dehu bei Puna, †24. 2. 1649; religiöser Dichter der Marathen; aus der Kaste der Getreideverkäufer; zu Wischnu gerichtete Lieder u. Predigten mit Gesang.

Tukulor, frz. Toucouleurs, Tekarir, Tekrur, islam. Mischvolk aus Negern, Fulbe- u. Berberstämmen (240 000) am Senegal, in Mali u. Mauretanien, vom 11. bis 14. Jh. mit eigenem Reich; Feldbauern mit Viehhaltung, z.T. Fischer.

Tukulti-Ninurta I., assyr. König, 1234–1198 v.Chr., unterwarf ganz Mesopotamien u. zerstörte Babylon.

Tukumpalme, Astrocaryum vulgare, von Mexiko bis Südbrasilien verbreitete, sehr stachelige Palme; die Früchte enthalten das nicht ranzig werdende Tukumöl.

Tula, 1. im Staat Hidalgo (Mexiko) gelegene altindian. Ruinenstätte, die ehemalige Hptst. Tollan der Tolteken. Die bisher bekannten Bauwerke zeigen, daß viele Ideen aus dem Formenschatz der Teotihuacán-Kultur übernommen wurden. Typisch sind die großen Säulenhallen mit eckigen, reliefgeschmückten Pfeilern, die bewaffnete Krieger darstellen. Viele Bauten haben Wandreliefs mit Adler- u. Jaguardarstellungen. Zu den Heiligtümern gelangte man durch von Federschlangen gestützte Tore. Der Haupttempel war dem Kult einer krieger. Morgenstern-Gottheit geweiht.
2. Hptst. der Oblast T. (25 700 qkm, 2 Mill. Ew., davon 63% in Städten) in der RSFSR (Sowjetunion), südl. von Moskau, 500 000 Ew.; Kreml (16. Jh.); Zentrum eines Braunkohlen- u. Eisenerzreviers, Hüttenindustrie, Maschinenbau, Waffenfabriken; früher bekannt durch Silberarbeiten (T.silber) u. Samowarherstellung.

Tulama, Gruppe der →Galla in Äthiopien.

Tularämie, Hasenpest, ansteckende Infektionskrankheit der wildlebenden Hasen u. Kaninchen, auf Haussäugetiere (Rinder, Schafe, Schweine, Hunde) u. Menschen übertragbar. Der Erreger Pasteurella tularensis wird durch stechende Insekten u. Zecken übertragen. Das Krankheitsbild ist uncharakteristisch. Kranke Tiere sind zu vernichten. T. wird veterinärpolizeil. bekämpft.

Tulcea ['tultʃea], Hptst. des rumän. Kreises T. (8430 qkm, 260 000 Ew.), im Donaudelta, Hafenstadt am Sankt-Georgs-Arm, 65 000 Ew.; Zement-, Konserven- u. Cellulosefabrik.

Tuléar, Prov.-Hptst. u. Hafen im südwestl. Madagaskar, 45 000 Ew.; Handel, Industrie, Flughafen.

Tüll [der; nach der französ. Stadt Tulle], netzartige Gewebe, bei denen Kettfäden von Schußfäden umschlungen werden, die schräg von einem Rand zum anderen laufen; als Wirkware auf der T.maschine hergestellt.

Tulla, Johann Gottfried, Bauingenieur, *20. 3. 1770 Karlsruhe, †27. 3. 1828 Paris; gründete 1807 in Karlsruhe eine Ingenieurschule, aus der die heutige Techn. Universität hervorging; korrigierte seit 1817 den Lauf des Oberrheins.

Tulle [tyl], Hptst. des mittelfranzös. Dép. Corrèze, im Limousin, an der Corrèze, 21 300 Ew.; Kathedrale (12.–14. Jh.), Militärschule; Waffenfabrikation, Elektro-, Nahrungsmittel- u. Textilindustrie.

Tulln, Bez.-Hptst. in Niederösterreich, an der Donau im T.er Feld, 7900 Ew.; an der Stelle des Römerlagers Comagena, das Tulne des Nibelungenliedes; war Residenz der Babenberger; Reste mittelalterl. Wehranlagen, Pfarrkirche St. Stephan mit roman. Basilika (12. Jh.), im 18. Jh. barock umgebaut; Karner „Dreikönigskapelle" (Beinhaus, 1101); landwirtschaftl. Industrie; Kernkraftwerk Zwentendorf in der Umgebung.

Tullus Hostilius, nach der Romsage der dritte König Roms, 672–640 v.Chr., soll Alba longa erobert haben.

Tuloma, Fluß auf der Halbinsel Kola, RSFSR (Sowjetunion), mündet bei Murmansk in die Kolabucht der Barentssee; Wasserkraftwerke; Flößerei.

Tulpe, Tulipa, Gattung der Liliengewächse der gemäßigten Zone der Alten Welt. Wild in Dtschld. nur im S die Wilde T., Tulipa silvestris, mit vor dem Aufblühen hängender, innen gelber, außen grüner Blüte. Aufrechte Blüten hat die in den verschiedensten Farben einfach oder gefüllt kultivierte Garten-T., Tulipa gesneriana.

Tulpenbaum, Liriodendron, ein Magnoliengewächs, Hauptart Liriodendron tulipifera mit breitlappigen Blättern, tulpenförmigen, gelbl. Blüten u. einsamigen, geflügelten Schließfrüchten. Im atlant. Nordamerika beheimatet, bei uns Parkbaum.

Tulsa ['tʌlsə], Stadt in Oklahoma (USA), am Arkansas River, 342 000 Ew. (Metropolitan Area 478 000 Ew.); Universität (gegr. 1894, seit 1907 in T.); Erdölraffinerie, Bau von Erdölausrüstungen, petrolchem., Eisen-, Zink- u. Maschinenindustrie.

Tulsidas, eigentl. Rambola, ind. religiöser Dichter, *1532 Radschapur, Banda, †24. 7. 1623 Benares; schrieb in Hindi über Rama.

Tulu [das], drawid. Sprache in Südindien um Mangalore.

Tulum, an der Ostküste von Yucatán gelegene Ruinenstätte der Maya, mächtige Stadtmauer.

Tulun, Stadt in der RSFSR (Sowjetunion), in Südsibirien, nordwestl. von Tscheremchowo, 50 000 Ew.; Holz- u. Glasindustrie, Braunkohlenbergbau; Station an der Transsibir. Bahn.

Tuluniden, erste vom Kalifat unabhängige islam. Herrscherdynastie in Ägypten u. Syrien, 868–905; erster Herrscher war Ahmed ibn-Tulun.

Tumaco, südlichster Pazifikhafen Kolumbiens, Hafenanlagen auf der Insel El Morro, 52 000 Ew. (als Munizip 71 400 Ew.).

Tumasee, Tomasee, schweizer. Alpensee im St.-Gotthard-Massiv, nahe dem Oberalppaß im oberen Tavetschtal, 2345 m ü.M., Ursprung des Oberrhein.

Tumba [die; lat.], 1. mittelalterl. Grabtypus mit steinernem sarkophagähnlichem Grabsockel, von einem Baldachin überbaut u. oft mit Reliefs geschmückt. – 2. die in der kath. Kirche bei Seelenämtern verwendete Scheinbahre.

Tumbaga [die; span.], in der vorkolumbischen Goldschmiedekunst Altamerikas häufig verwendete Legierung von Kupfer u. Gold.

Tumbes, Hptst. des nordperuan. Dep. T. (4732 qkm, 84 000 Ew.), nahe dem Golf von Guayaquil, 21 000 Ew.; Agrarzentrum; Fremdenverkehr, Flugplatz. – 1531 Landeplatz von Pizarro.

Tumbuka, von den Ngoni beeinflußtes Bantunegervolk (135 000) nordwestl. des Malawisees.

Tumeszenz [die; lat.], diffuse Anschwellung von Geweben u. Körperteilen. Die abgegrenzte T. nennt man Tumor.

Tumi, Zeremonialmesser aus der Inkazeit Südamerikas mit querstehender halbmondförmiger Klinge aus Bronze.

Tumlirz, Otto, österr. Psychologe, *27. 7. 1890 Rosenberg, Böhmen, †7. 1. 1957 Graz; Hptw.: „Die Reifejahre" 2 Bde. 1924, ³1954; „Abriß der Jugend- u. Charakterkunde" 1940, ⁷1962; „Abriß der pädagog. Psychologie" 1951, ⁵1966.

Tummler, vom 16. bis 18. Jh. gebräuchl. Form von Trinkgefäßen ohne Fuß u. Griff; typisch ist die runde, schwere Basis, durch die der T. sich selbsttätig aufrichtet.

Tulpenbaum, Liriodendron tulipifera

Tümmler, 1. kleiner T. →Schweinswal.
2. großer T., Tursiops truncatus, oben dunkler, unten weißer Delphin von 4 m Länge; Unterkiefer länger als Oberkiefer, in Meeren der gemäßigten u. trop. Breiten; auch in Nord- u. Ostsee.

Tumor [der; lat., „Schwellung"], 1. eines der vier Kardinalsymptome der Entzündung.
2. Ausdruck für Umfangsvermehrungen, bes. für →Geschwulst.

Tumorologie [lat. + grch.] = Onkologie.

Tümpel, temporäres Gewässer, meist eng begrenztes Gewässer, das zumindest teilweise austrocknen kann. Die Wasserverhältnisse (Temperatur, Sauerstoffgehalt) sind dauerndem Wechsel unterworfen, der die Bewohner zu ständiger Anpassung zwingt. – ▣→Lebensgemeinschaft Tümpel.

Tumulus [der; lat.] →Hügelgrab.

Tun [tʌn], engl. Flüssigkeitsmaß, bes. für Wein; 1 T. = 1146 l.

Tunbridge Wells ['tʌnbridʒ welz], Stadt im Weald, Südengland, 45 000 Ew.; Holz-, Spielwarenindustrie; Mineralbad.

Tunder, Franz, Organist u. Komponist, *1614 Burg auf Fehmarn, †5. 11. 1667 Lübeck; Vorgänger D. Buxtehudes als Organist an St. Marien in Lübeck. In seinen Orgelwerken erstmals Koppelung von Präludium u. Fuge; latein. Solomotetten, geistl. dt. Arien u. Choralkantaten.

Tundra [Mz. Tundren; russ.], baumloser Vegetationstyp (→Kältesteppe) jenseits der polaren Baumgrenze (Nordsibirien, Nordamerika, Hochland von Tibet). Baumwuchs ist wegen starker Winde, kurzer, kalter Sommer (kein Monatsmittel über +10 °C), langer, strenger Winter u. tief gefrorenen, nur kurze Zeit oberflächl. auftauenden Bodens unmöglich. Man unterscheidet bes. Zwergstrauch-, Gras-, Moos- u. Flechten-T. Dauerfrostboden, der auch im Sommer nur wenig auftaut, ist nicht selten vermoort (Flachmoor-T.)

Tundscha, bulgar. Tundza, türk. Tunca nehri, linker Nebenfluß der Maritza (Mariza) in Bulgarien u. der Türkei, 350 km; am Oberlauf Wasserkraftwerke; mündet bei Edirne.

Tunell [das, Mz. T.e], süddt. u. schweizerisch für Tunnel.

Tuner ['tjuːnə; engl.], Abstimmeinheit von Fernsehgeräten; kompakt gebauter Schaltungsteil, der zum Wählen u. genauen Einstellen der einzelnen Kanäle dient. Um einen älteren Apparat auch für das zweite Programm empfangsbereit zu machen, muß eine neue Abstimmeinheit für die höheren Frequenzen eingebaut werden. Auch Rundfunkempfangsteil ohne Verstärker für hochwertige Musikanlagen.

Tunesien →S. 44.

Tungabhadra, Krishnazufluß im südl. Dekanhochland (Indien), bei Gadavala zu einem großen See (Bewässerung, Energiegewinnung) aufgestaut.

Tung-Ch'i-chang, chines. Maler, *1555, †1636; 1631 Präs. des Ritenministeriums, Kalligraph u. Malkritiker, gehörte dem Kreis der „Neuen Malerfreunde" an, malte Landschaften.

Tungide, mongolide Menschenrasse mit typ. Merkmalen: untersetzter Körperbau, flaches Gesicht, gelbe Haut, Mongolenfalte; in Nordasien nördl. der Gobi. Dazu gehören: Tungusen, Aleuten, Burjaten, Giljaken, Kalmüken, Mandschu u. die eigentl. Mongolen. – ▣→Menschenrassen.

Tungöl, Holzöl, ein durch Auspressen der Früchte des Tungölbaums gewonnenes, schnelltrocknendes Öl; für harte, wasserabweisende Überzüge u. schnelltrocknende Öllacke verwendet.

Tungölbäume, Aleurites, Gattung der Wolfsmilchgewächse, die in 3 Arten in Ostasien zur Öl-

TUNESIEN   TN
El Dschumhurija et Tunusija

- Fläche: 163 610 qkm
- Einwohner: 6,5 Mill.
- Bevölkerungsdichte: 40 Ew./qkm
- Hauptstadt: Tunis
- Staatsform: Präsidiale Republik
- Mitglied in: UN, Arabische Liga, GATT (assoziiert), OAU
- Währung: 1 Tunesischer Dinar = 1000 Millimes

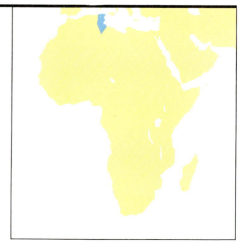

Landesnatur: Drei Viertel der Fläche werden von Tiefebenen eingenommen. Im N greifen die Ausläufer des *Atlas* (Djebel Chahâmbî 1544 m), zwischen die fruchtbare Talzonen eingeschlossen sind, in das Land hinein u. bis zur Mittelmeerküste. Südl. folgt eine steppenhafte, von einzelnen Bergen überragte Hochebene. Die Küste wird von Halbwüste begleitet, während der S mit dem Salzbecken des *Chott el Djerîd* (5000 qkm) u. des *Chott el Fedjedj* zur Sahara gehört. Im SO reichen die Dünen des *Östlichen Großen Erg* nach T. hinein. An der Küste herrscht Mittelmeerklima, nur dort wächst an den Berghängen in größeren Beständen Wald, während es nach S immer heißer u. trockener wird.

Die **Bevölkerung** besteht überwiegend aus Arabern, daneben gibt es kleinere Gruppen von Berbern. Die Zahl der Europäer (vor allem Franzosen u. Italiener) ist in den letzten Jahren sehr stark zurückgegangen. Über 95% der Bevölkerung gehört dem Islam an, der Staatsreligion ist. Daneben gibt es sehr geringe christl. u. jüdische Minderheiten. – Staatsuniversität in Tunis (gegr. 1960).

Wirtschaft: T. ist überwiegend ein Agrarland. Im N u. NO ermöglichen die Niederschläge den Anbau von Getreide, Oliven, Wein, Südfrüchten u. Gemüse. Im trockenen Mittel- u. Südteil ist der Feldbau noch sehr wenig entwickelt. Im westl. Steppengebiet Mittel-T.s sind weite Flächen mit dem wildwachsenden Halfagras bedeckt, das zur Herstellung von Grobtextilien u. Papier verwendet u. teilweise exportiert wird. In den südl. Oasen dienen die Dattelpalmen u. der Gartenbau als Lebensgrundlage. Mehrere Projekte zur Verbesserung der künstl. Bewässerung sind vorgesehen bzw. in Angriff genommen. Im Export überwiegen die landwirtschaftl. Produkte, bes. Olivenöl, Obst u. Südfrüchte. Die wichtigsten Bodenschätze sind Naturphosphat (viertgrößter Lieferant der Erde), Eisenerz (45–57% Eisengehalt), Blei- u. Zinkerz sowie Erdöl. Die Industrie verarbeitet landwirtschaftl. Produkte (Olivenöl, Wein, Früchte, Konserven u. a.) u. erzeugt vor allem Erdölprodukte u. a. Chemikalien, Papier, Cellulose u. Textilien. Eine bedeutende Rolle spielt nach wie vor die handwerkliche Herstellung von Teppichen, Lederwaren u. Kunstschmiedearbeiten. Zunehmender Fremdenverkehr, bes. an der Mittelmeerküste.

Verkehr: Das Straßennetz ist relativ gut ausgebaut. Der Eisenbahnverkehr dient vor allem der Beförderung der Bergbauprodukte u. ist nur im N etwas dichter. Die wichtigsten Häfen sind Tunis-Goulette, Bizerte, Sousse, Sfax u. der Erdölhafen Es Skhîrra. Internationale Flughäfen gibt es in Tunis u. in Djerba. – K→Atlasländer. – L 6.7.1.

Geschichte: Aus phöniz. Kolonien entstand im Altertum in T. das Reich von *Karthago*, das 146 v. Chr. von den Römern zerstört u. zur *Provincia Africa* gemacht wurde. 439–533 n. Chr. wurde T. von Wandalen, seit 533 von Byzanz beherrscht. Ende des 7. Jh. eroberten die islam. Araber das Land u. gründeten in Kairouan eine Militärkolonie. Seit dem 9. Jh. herrschten verschiedene Dynastien, seit 1226 die *Hafsiden*, die 1574 T. an die Türken verloren. 1705 begründete *Hussain ben Ali*, ein türk. Offizier, die Bei-Dynastie der *Hussainiden*, die von der Türkei nur nominell abhängig war. 1871 erkannte die Türkei die Unabhängigkeit T.s an. Um den Besitz Algeriens zu sichern u. um den Italienern zuvorzukommen, zwang Frankreich 1881 im Bardo-Vertrag den Bei, T. der französ. Schutzherrschaft zu unterstellen. Nach einer Mili-

Bodennutzung, Bergbau und Industrieorte

künstlich bewässerte Gartenbau- und Dattelpalmkulturen am Rand einer Oase

täraktion übernahm Frankreich die gesamte Verwaltung. Während der Kämpfe in Nordafrika im 2. Weltkrieg (1942/43) sympathisierte der Bei Mohammed el-Munsaf mit den Deutschen u. Italienern; er wurde daher nach der Kapitulation der dt. u. italien. Truppen im Mai 1943 durch Mohammed el-Amin ersetzt. Nach dem Krieg forderte die Neo-Destour-Partei Habib *Bourguibas* die Unabhängigkeit; da diese nicht gewährt wurde, kam es 1953 zu blutigen Unruhen. Die Verhandlungen dauerten von Oktober 1953 bis April 1955. Am 28. 8. 1955 erlangte T. die innere Autonomie, am 20. 3. 1956 die volle Unabhängigkeit. Bourguiba wurde Min.-Präs.; er setzte 1957 den Bei ab u. ließ sich zum Staats-Präs. ausrufen (seit 1975 auf Lebenszeit). Bis 1963 behielt Frankreich den Stützpunkt Bizerte. Ein 1974 vereinbarter Zusammenschluß mit Libyen wurde von T. widerrufen. Im arab. Lager betreibt T. eine gemäßigte Politik.

gewinnung kultiviert wurde, heute aber in allen warmen Zonen angebaut wird. Die für Warmblüter giftigen Früchte mit 3–5 Samen liefern das *Tungöl.*

Tung Piwu, *Dung Bi-wu,* chines. Politiker (Kommunist), *1886 Prov. Hupeh, †2. 4. 1975 Peking; Jurist; seit 1945 Mitgl. des Politbüros, 1954–1959 Vors. des Obersten Gerichts, 1968–1975 amtierender Vors. der Volksrepublik (Staatsoberhaupt), seit 1973 Mitgl. des Ständigen Ausschusses des Politbüros.

Tungschan = Sütschou.

Tungstein, das Mineral →Scheelit.

Tungsten [das; engl.], engl. u. skandinav. Bez. für →Wolfram.

Tungting Hu [duŋtiŋxu], See in der ostchines. Prov. Hunan, 4800 qkm, gespeist von Siang Kiang, Tze Schui u. Yüan Kiang; Kanalverbindung zum Yangtze Kiang.

Tunguragua, tätiger Vulkan in Ecuador, südl. von Quito, 5087 m; am Fuß Thermalquellen.

Tungusen, veraltet für die ostsibir. →Ewenken.

tungusische Sprachen, *mandschu-tungusische Sprachen,* eine Gruppe der altaischen Sprachfamilie mit dem *Ewenkischen* u. *Mandschurischen.*

Tunguska, drei rechte Nebenflüsse des *Jenisej* in Mittelsibirien (Sowjetunion): 1. *Obere T.,* der Unterlauf der →Angara.

2. *Steinige T.,* auch *Mittlere T.,* über 1800 km lang, im Unterlauf schiffbar; Flößerei.

3. *Untere T.,* rd. 3000 km lang, ab Tura schiffbar.

Tung Yüan, chines. Maler aus Nanking, dort Subdirektor der kaiserl. Gärten während der Süd-T'ang-Zeit (937–975); führender Meister der Südschule der Landschaftsmalerei.

Tunicata →Manteltiere.

Tunika [die; lat.], altröm. ärmelloses Untergewand, von Männern (auch unter der Toga) u. Frauen getragen, über der Hüfte gegürtet. Als Rangabzeichen dienten Purpurstreifen.

Tunikaten →Manteltiere.

Tuning ['tju:niŋ; das; engl.], optimales Abstimmen von Kraftfahrzeugmotoren u. Fahrwerken auf Leistung; meist mit Verdichtungserhöhung, Mehrvergaseranlagen, breiteren Reifen, wirksameren Bremsen verbunden; auch *Frisieren* genannt.

Tunis, *Toûnis,* Hafen- u. Hauptstadt (mit Vorhafen *La Goulette*) an der Nordostküste Tunesiens, m. V. 1,3 Mill. Ew.; islam. Universität (1674) u. a. Hochschulen, Goethe-Institut, Kathedrale; chem., Zement-, Metall-, Textil-, Fischwaren- u. a. Industrie, Bleierzverhüttung, Schiffbau, Webereien, Meersalzgewinnung; Flughafen.

Tunja [-xa], Hptst. des kolumbian. Dep. *Boyacá,* 69 000 Ew.; Pädagog. u. Techn. Universität; landwirtschaftl. Markt; in vorkolumbian. Zeit Hptst. eines Chibchareichs; 1539 neu gegr.

Tunnel →Stollen.

Tunneldiode, *Esakidiode* [nach dem japan. Erfinder *Esaki*], Flächendiode, bei der das Halbleitermaterial stark dotiert (mit Fremdatomen versehen) wurde. Bei sehr kleinen Spannungen wirkt sie wie ein negativer Widerstand, der z. B. in Oszillator- u. Logikschaltungen ausgenutzt wird. Ursache ist der *Tunneleffekt.* Die T. ist auch ein sehr schnell arbeitendes Schaltelement (Schaltzeiten weniger als 10^{-9} sek).

Tunneleffekt, ein nur quantentheoret. zu verstehender Effekt, wonach atomare Teilchen auch dann durch einen *Potentialwall* hindurchtreten können, wenn ihre kinet. Energie nach der klass. Mechanik nicht ausreichen würde, die abstoßenden Kräfte beim Anlaufen gegen den Potentialwall zu überwinden. Der radioaktive Alphazerfall von Atomkernen läßt sich mit Hilfe des T.s erklären.

Tunnelofen, kanalähnl. Anlage eines kontinuierlichen Brennofens (bis 120 m lang), durch den das Brenngut (insbes. Steingut, Porzellan) auf mit feuerfesten Steinen belegten u. nach unten gegen das Feuer abgedichteten Wagen langsam nacheinander durchgeschoben wird. Der Ofen gliedert sich in Anwärm-, Feuer- u. Abkühlzone.

Tünnes, rhein. Kurzform von *Antonius.*

Tupajas, *Tupaiidae* →Spitzhörnchen.

Tupamaros [nach dem Ketschua-Indianer *Condorcanqui* (*um 1740, †1781), der sich als Inka-Abkömmling *Tupac Amaru* nannte u. 1780/81 im bolivian. Hochland einen Aufstand gegen die Spanier leitete], Stadtguerillas in Montevideo (Uruguay). Die T., die sich zunächst auf spektakuläre Aktionen zur Aufdeckung von Korruption beschränkten, operierten seit 1969 zunehmend unter Anwendung von Gewalt (Entführung ausländ. Diplomaten, vorübergehende Besetzung öffentl. Einrichtungen). Ziel der T. ist der Sturz des kapitalist. Systems. Das Vorgehen der T. bot das Vorbild für zahlreiche Stadtguerillaorganisationen in anderen lateinamerikan. Ländern.

Tupelo [der; indian.], *Nyssa,* in Südasien, China u. Nordamerika heimische Gattung der *T.gewächse.* Wichtig der *Wasser-T., Nyssa silvatica,* ein 20–30 m hoher Baum an feuchten Standorten, der *Korkholz (T.holz)* u. die in der Chirurgie viel gebrauchten, leicht quellbaren *T.stifte* liefert.

Tupelogewächse, *Nyssaceae,* Pflanzenfamilie der *Myrtales.* Zu den T.n gehört der *Tupelo.*

Tüpfel, Aussparungen in der Wandverdickung pflanzl. Zellen. Die T. benachbarter Zellen stoßen aneinander u. sind durch Schließhäute getrennt, durch deren siebartige Durchbrechungen hindurch feine Plasmaverbindungen *(Plasmodesmen)* die Zellinhalte verbinden.

Tüpfelanalyse, analyt. Verfahren zum qualitativen Nachweis von Stoffen durch Farb- oder Fällungsreaktionen beim Zusammenbringen von je einem Tropfen der Untersuchungs- u. Reagenzlösung auf Papier oder auf eine Porzellan- bzw. Glasplatte. Die T. wird manchmal zur Endpunktsbestimmung einer →Maßanalyse verwendet.

Tüpfelfarn, *Polypodium vulgare, Engelsüß,* Farn mit großen, rundl., tüpfelförmigen Sori an fiederteiligen Blättern.

Tüpfelfarne, *Polypodiaceae,* Familie der *Farne,* z. B. *Straußfarn, Rippenfarn, Hirschzunge, Streifenfarn, Adlerfarn, Engelsüß.*

Tüpfelhyäne *Gefleckte Hyäne, Crocuta crocuta,* mit 80 cm Schulterhöhe kräftigste *Hyäne* Süd- u. Ostafrikas mit runden Ohren u. kurzem, wenig buschigem Schwanz.

Tupí, *Tupí-Guaraní,* weitverbreitete Stämme- u. Sprachengruppe der südamerikan. Indianer (1,9 Mill., davon 1,7 Mill. in Paraguay, 120 000 in Argentinien, 95 000 in Brasilien, ferner in Bolivien, Peru u. Französisch-Guayana), u. a. *Guaraní, Caingua, Mundurucu, Maué, Yuruna, Camayura, Auetö, Tapirape,* an der Ostküste (z. B. *Tupinamba*), bis in den Gran Chaco *(Chiriguano).*

Tupinamba, Tupí-Indianerstamm in Ostbrasilien, Maniokpflanzer.

Tupinambarana, sumpfige Insel im mittleren Amazonas unterhalb von Manaus.

Tupolew ['tupalɛf], Andrej Nikolajewitsch, sowjet. Flugzeugkonstrukteur, * 10. 11. 1888 Pustomazowo, Oblast Kalinin, †23. 12. 1972 Moskau; begründete den Ganzmetallflugzeugbau in der Sowjetunion, entwarf Groß- u. Langstreckenflugzeuge (u. a. Tu 144) sowie Kampfflugzeuge.

Tupungato, *Cerro T.,* Andenvulkan an der chilen.-argentin. Grenze, östl. von Santiago, 6800 m.

Tur [der], 1. →Steinböcke.

2. →Mähnenschaf.

Tür, flächenförmiger Bauteil aus Holz, Stahl oder Nichteisenmetall, der zum Verschließen von Räumen dient. Als *Drehflügel-, Pendel-* oder *Schiebe-T.en,* ein- oder mehrflügelig, links oder rechts durch *Beschläge* befestigt u. durch *T.schlösser* verschließbar.

Tura, 1. Hauptort des Ewenken Nationalkreises in der RSFSR (Sowjetunion) in Mittelsibirien u. an der Unteren Tunguska, 4000 Ew.; Holzwirtschaft.

2. linker Nebenfluß des westsibir. *Tobol,* rd. 1000 km lang, entspringt im Mittleren Ural, größtenteils schiffbar, Flößerei; 6 Monate vereist.

Tura, Cosimo, gen. Cosmè, italien. Maler, *um 1430 Ferrara, †April 1495 Ferrara; neben F. *Cossa* u. E. *de Roberti* Hauptmeister der ferrares. Malerei des 15. Jh., deren spröder, zeichnerischer Stil mit der Neigung zu starker Formenbewegung in T.s Schaffen bes. ausgeprägt erscheint; widmete sich vorwiegend der kirchl. Tafelmalerei, war jedoch als Hofmaler der Este auch Porträtist.

Turako →Bananenfresser.

Turandot, pers. *Turandocht,* Prinzessin in einer Erzählung der oriental. Sammlung „Tausendundein Tag". T. läßt jeden Freier, der ihre Rätsel nicht lösen kann, köpfen, bis schließl. einer die Prinzessin gewinnt. Märchenkomödie von C. Gozzi 1762, dt. Bühnenbearbeitung von Schiller 1802, Dramenfragment E. T. A. *Hoffmanns:* „Prinzessin Blandina" 1813–1815; weitere Bearbeitungen: R. *Kralik,* „T. u. der Wiener Kaspar" 1925; W. *Hildesheimer,* „Prinzessin T." Hörspiel 1954; B. *Brecht,* „T. oder der Kongreß der Weißwäscher" 1954; Opern von F. Busoni 1918 u. G. Puccini 1926 (vollendet von F. Alfano).

Turanide, Mischform der europiden u. mongoliden Menschenrasse, im westl. Nord- u. Mittelasien. – 🅱 →Menschenrassen.

Tunis: Große Moschee (vorwiegend 13. Jh.) in der Medina

Turanische Senke, Tiefland im sowjet. Mittelasien, zwischen Kaspischem Meer, Aralsee, dem nordiran. Koppe Dagh u. den westl. Randgebirgen des Alai u. Tien Schan, nimmt einen großen Teil Westturkistans ein, vorherrschend Wüste; von Syrdarja u. Amudarja durchflossen.

Turban [der; pers., ital.], europ. Bez. für eine z. T. noch bei Hindus u. Moslems verbreitete Kopfbedeckung, bestehend aus einem meist weißen Seiden- oder Leinenstreifen, der um eine rote Filzmütze gewunden wird.

Türbe [die; arab.], islam. Grabmonument, verbreitet seit dem 11. Jh., in allen islam. Ländern als Kuppelbau von quadrat., oktogonaler oder zylindrischer Form mit Zelt- oder Pyramidendach, in

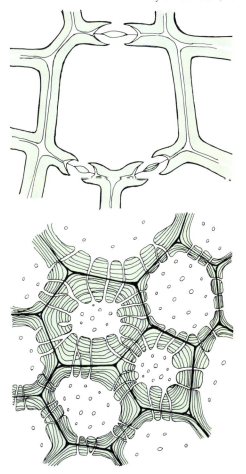

Tüpfel in den Wänden von Steinzellen (oben) und Hoftüpfel in der Wand einer Tracheide (unten)

Turbellarien

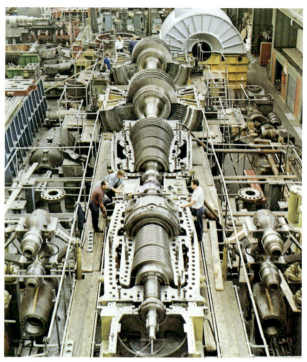

Turbine: Doppelflutiger Niederdruckläufer beim Beschaufeln (links). – Montage einer 320-Megawatt-Kondensations-Dampfturbine (rechts)

der mamlukischen u. osman. Baukunst mit freistehender Kuppel. Sonderformen sind *Grabturm* u. *Kuppelmausoleum*.

Turbellarien, *Turbellaria* = Strudelwürmer.

Turbine [lat. *turbo*, „Wirbel"], Kraftmaschine mit kreisender Hauptbewegung *(Turbomaschine)* im Unterschied zu *Kolbenmaschinen*. Die T.n werden angetrieben durch strömende Mittel (daher auch „Strömungsmaschinen") wie Wasser, Dampf u. Gas, deren Energie natürl. Ursprungs (Wind-T.) oder durch Verdichtung (Preßluft-T.) oder durch Erwärmen (Dampf-T., Gas-T.) erzeugt sein kann. Die in den strömenden Mittel vorhandene potentielle Energie, gekennzeichnet durch den Druck, wird in einer Düse oder einem düsenartig wirkenden Leitschaufelsystem *(Leitrad)* zunächst in Geschwindigkeit u. dann in einem Laufschaufelsystem *(Laufrad)* in mechan. Energie verwandelt, die der Masse des strömenden Mittels u. dem Quadrat seiner Geschwindigkeit verhältnisgleich ist. Das Laufrad kann in axialer *(Axial-T.)* oder in radialer *(Radial-T.)* Richtung vom Arbeitsmittel durchströmt werden. Der Wirkungsgrad der Energieumsetzung ist in T.n zwar kleiner als in Kolbenmaschinen, doch ist der mechan. Wirkungsgrad höher, infolgedessen meist auch der Gesamtwirkungsgrad. Kennzeichnend sind ferner die in der Regel höhere Drehzahl, das niedrigere Gewicht je Leistungseinheit, der geringere Raumbedarf.
1. **Dampf-T.n** sind Strömungskraftmaschinen zur Ausnutzung der in einem Dampf (im allg. Wasserdampf) enthaltenen Wärmeenergie, die durch Expansion des Dampfes auf einen niedrigeren Druck in der T. in mechan. Energie umgewandelt wird. Dampf-T.n sind überwiegend Maschinen großer Leistung (bis 1000000 kW) sowie hoher Drehzahl (3000 bis 15000 U/min) u. dienen vorzugsweise zum Antrieb elektr. Generatoren in Kraftwerken der öffentl. Energieversorgung; sie sind ebenso Bestandteil sämtl. bisheriger Atomkraftwerke. Als Schiffsantriebsmaschinen großer Leistung (über 36800 kW) werden fast ausschl. Dampf-T.n verwendet.
2. **Wasser-T.n** sind Strömungskraftmaschinen zur Ausnutzung der in einem Wassergefälle vorhandenen potentiellen Energie, die sich aus dem Höhenunterschied zwischen dem oberen u. unteren Wasserspiegel sowie der in der Zeiteinheit durchströmenden Wassermenge ergibt. Der Leistungsbereich ist sehr groß, von 0,5 bis 500 MW in einer Einheit bei guter Regelbarkeit. – *Druckverhältnisse* beim Eintritt in das Laufsystem: Bei den *Überdruck-Wasser-T.n* herrscht ein Überdruck (potentielle Energie), der im Laufsystem selbst in kinet. Energie umgewandelt wird (Kaplan-Wasser-T.n, Francis-Wasser-T.n); bei den *Gleichdruck-Wasser-T.n* wird die in der Fallhöhe vorhandene Energie vollständig bereits im Leitsystem in Bewegungsenergie umgesetzt (Pelton-T.n).
3. **Gas-T.n** sind Verbrennungskraftmaschinen, die als Strömungsmaschinen gebaut sind. Es gibt verschiedene Bauarten. →Gasturbine.

Turbinenbohren, dem *Rotary-Bohren* ähnl., meist bei der Erdölgewinnung angewandtes Verfahren zum Bohren sehr tiefer, senkrechter Löcher in Gesteinen. Am unteren Ende des im Bohrturm aufgehängten Gestänges ist eine Turbine angebaut, die durch die mit hohem Druck eingebrachte Spülung angetrieben wird u. den unmittelbar mit ihr verbundenen Bohrer dreht (400–900 U/min). Vorteil gegenüber Rotary: keine Energieübertragung durch das Gestänge, daher geringere Energieverluste.

Turbo... [frz.], Wortbestandteil mit der Bedeutung „Turbine".

turboelektrischer Antrieb, Antriebsart bei Schiffen; die Untersetzung der hohen Turbinendrehzahl in die niedrige Schraubendrehzahl geschieht nicht durch ein Getriebe, sondern elektr. über Generator u. elektr. Propellermotor, der in beiden Drehrichtungen geschaltet werden kann; dadurch Einsparung der Rückwärtsturbine u. der langen Propellerwelle.

Turbogenerator, ein Wechsel(bzw. Drehstrom-)generator, dessen Rotor für große Umlaufzahlen ausgebildet ist *(Turboläufer)*, meist von schnellen Dampfturbinen angetrieben. Ausführungen für hohe Leistungen sind mit Wasserstoff oder auch direkt mit Wasser gekühlt. →Generator.

Turbomeca, französ. Firma in Bordes, gegr. von I. R. Szydlowski; baut Propellerturbinen u. Strahltriebwerke kleiner Leistung für Übungs-, Reise-, Geschäftsflugzeuge u. Hubschrauber.

Turboprop →Propellerturbine.

Turbulenz [lat.], **1.** *allg.:* Unruhe, lautes, wildes Getriebe, aufgeregte Bewegtheit.
2. *Astronomie:* →Turbulenztheorie.
3. *Mechanik:* ungeordnete, teilweise wirbelartige Bewegung von Gas- oder Flüssigkeitsteilchen; tritt z.B. beim Eingießen einer Flüssigkeit in eine andere oder beim raschen Strömen von Gasen durch Röhren auf. Der Übergang von der *laminaren* in die *turbulente Strömung* wird durch die →Reynoldssche Zahl gekennzeichnet. Durch Reibung ändert sich die sich selbst überlassene, turbulente allmählich in eine geordnete, gradlinige oder Drehbewegung.
4. *Meteorologie:* Strömung mit fortwährender Änderung von Richtung u. Geschwindigkeit. T. der Luft in der Atmosphäre mit aufwärtsgerichteten Komponenten kann z.B. zur Bildung von *Fractokumuluswolken* führen.

Turbulenztheorie, eine von C. F. von Weizsäcker aufgestellte kosmogonische Theorie, nach der die Planeten aus einem linsenförmigen Nebel, in dem sich Wirbelsysteme gebildet haben, hervorgegangen sein sollen. →auch Planetensystem.

Turcios [ˈturθiɔs], Froilán, honduran. Schriftsteller, *7. 7. 1877 Juticalpa, †1943 Tegucigalpa; Diplomat; schrieb romant. Romane u. Novellen.

turco [ital.], türkisch; als musikalische Vortragsbez. *alla turca* [„auf türkische Art"], seit der sog. Türkenoper (Ende des 17. Jh.) beliebter Effekt marschähnlicher Rhythmik mit akkordischer Begleitung, im Anklang an die Janitscharenmusik. Beispiel: die Schlußvariation der A-Dur-Sonate für Klavier von W. A. Mozart (KV 331).

Turda, ungar. *Torda-Aranyos,* Stadt in Siebenbürgen (Rumänien), 49200 Ew.; Fürstenhaus; Elektro-, Glas-, Zement- u. chem. Industrie; die steile T.klamm steht unter Naturschutz.

Turel [ty-], Adrien, schweizer. Kulturphilosoph, Lyriker u. Erzähler, *5. 6. 1890 St. Petersburg, †29. 6. 1957 Zürich; psychoanalyt. Zeitdeuter.

Turenne [tyˈrɛn], Henri de la *Tour d'Auvergne*, Vicomte de, französ. Marschall (seit 1644), *11. 9. 1611 Sedan, †27. 7. 1675 Sasbach, Baden (gefallen); im Dreißigjährigen Krieg 1644 Oberbefehlshaber der französ. Truppen in Süd-Dtschld.; eroberte mit Condé das Rheinland, schlug 1648 gemeinsam mit den Schweden das kaiserl. Heer bei Zusmarshausen. Während der Fronde entschied sich T. 1651 für den Hof u. ermöglichte durch seinen Sieg über Condé 1652 die Rückkehr Ludwigs XIV. nach Paris. 1658 vertrieb T. die Spanier aus Flandern. Im Holländ. Krieg besetzte er 1673 die preuß. Besitzungen am Rhein u. zwang den Großen Kurfürsten zum Frieden von Vossem. 1674 eroberte u. verwüstete er die Pfalz u. schlug die kaiserl. Truppen bei Sinsheim u. Mühlhausen, 1675 den Großen Kurfürsten bei Türkheim.

Turf [təːf; der; engl.], die Rennbahn für Pferderennen; der Pferderennsport überhaupt.

Turfan, chines. Oasenstadt in der Autonomen Region Sinkiang-Uigur, rd. 25000 Ew.; Schnittpunkt alter Handelsstraßen, Ölraffinerie. In der Umgebung zahlreiche buddhist. Heiligtümer in Höhlen (Ausgrabungen). – Südl. von T. liegt die *T.-Depression* mit dem See *Aidin Köl,* 154 m u. M.

Turfan-Kunst, Sammelbegriff für die Kunstwerke aus den Höhlentempeln u. Bauten der Oase Turfan u.a. Fundorten an der Seidenstraße in Chines.-Turkistan; umfaßt zumeist buddhistische Wandmalereien, Plastiken, Tempelfahnen u. Miniaturen aus dem 5.–12. Jh. n.Chr. Bedeutendste Sammlungen in Berlin u. Neu-Delhi.

Türgen Ekhin Uul, Gipfel an der mongol.-sowjet. Grenze, im Mongol. Altai, 4029 m.

Turgenjew [turˈgjenjɛf], Iwan Sergejewitsch, russ. Erzähler u. Dramatiker, *9. 11. 1818 Orel, †3. 9. 1883 Bougival bei Paris; lebte seit 1855 vorwiegend in Dtschld. u. Frankreich; T. stand im Gegensatz zu den Slawophilen; er behandelte soziale u.

polit. Probleme, schilderte den „passiven" Helden; Meister der Landschaftsschilderung; beeinflußte den westl. Impressionismus; anfangs Lyrik, dann Romane u. Novellen. Hptw.: „Andrej Kolosow" 1844, dt. 1884; „Aufzeichnungen eines Jägers" 1852, dt. 1854; „Rudin" 1856, dt. 1869; „Das Adelsnest" 1859, dt. 1862; „Erste Liebe" 1860, dt. 1864; „Väter u. Söhne" 1862, dt. 1869; „Dunst" 1867, dt. 1867; „Ein König Lear der Steppe" 1870, dt. 1871. – ▫ 3.2.7.

Turgor [der; lat.], der von einer gespannten *Zellwand* einer pflanzl. Zelle ausgeübte Druck. Eine Zelle ist ein osmotisches System (→*Osmose*), dessen Plasmagrenzschichten semipermeabel sind. Befindet sich eine Zelle in einer Umgebung mit kleinerem osmot. Druck als im Zellsaft (hypertonisches Medium), strömt so lange Wasser in die Zellsafträume ein, bis der Druck der elastisch dehnbaren Zellwand gleich dem osmot. Druck ist. Durch den T. entsteht derart eine Gewebsspannung, die die Festigkeit im pflanzl. Organismus mitverursacht. – ▫ 9.1.3.

Turgorbewegungen, oft von Außenfaktoren ausgelöste (→*Nastie*), aber nicht steuerbare Variationsbewegungen von Pflanzen; entstehen durch Druckveränderung innerhalb der Zellsafträume (*Turgor*). →auch Pflanzenbewegungen. – ▫ 9.1.4.

Turgot [tyr′go:], Anne Robert Jacques, Baron de l'Aulne, französ. Staatsmann u. Nationalökonom, *10.5.1727 Paris, †20.3.1781 Paris; 1774–1776 Finanzminister *Ludwigs XVI.*; Theoretiker der *Physiokratie*, hob den staatl. Frondienst, den Zunftzwang u. die Binnenzölle auf. Hptw.: „Betrachtungen über die Bildung u. Verteilung des Reichtums" 1769/70, dt. 1775.

Türheim, Ulrich von →Ulrich von Türheim.

Turia, arab. *Guadalaviar,* Fluß in Ostspanien, 243 km; entspringt in den Montes Universales (*Iber. Randgebirge*), mündet bei *Valencia* in das Mitteländ. Meer; Stauanlage im Mittellauf.

Turin, ital. *Torino,* das antike *Taurasia,* norditalien. Stadt an der Mündung der Dora Riparia in den Po, Hptst. von *Piemont* u. der Provinz T. (6830 qkm, 2,2 Mill. Ew.), 1,2 Mill. Ew.; Kathedrale (15. Jh.), Reste von röm. Mauern, viele barocke Paläste u. Kirchen, königl. Schloß (17. Jh.), Museen; Universität (1404) u.a. Hochschulen, Akademie der Wissenschaften, Kunstakademie; Druckereien, Fahrzeug- (*Fiat*) u. Maschinenbau, Textil-, Nahrungsmittel- (Wermut, Schokolade), Glas-, Gummi-, Leder-, feinmechan. u. chem. Industrie. – ▣→Italien (Geographie).

Im Span. Erbfolgekrieg siegte Prinz Eugen 1706 bei T. 1720–1865 war T. Residenz der Könige von Sardinien, 1860–1865 erste Hptst. Italiens.

Turina, Joaquín, span. Komponist u. Pianist, *9.12.1882 Sevilla, †14.1.1949 Madrid; verband in seiner Musik nationale Eigenart mit impressionist. Stilelementen; schrieb 2 Opern, die „Sevillaner Sinfonie" 1920, Werke für Klavier u. Gitarre.

Turiner Grabtuch, seit etwa 1350 als →*Grabtuch Christi* verehrte Leinwand; Echtheit umstritten.

Turing-Maschine [′tju:-], ein 1936 von dem brit. Mathematiker A. M. *Turing* (*1912) entwickeltes Gedankenmodell eines in seinem Aufbau einfachen Rechenautomaten; die T. ermöglicht theoret. Untersuchungen über Rechenautomaten u. Berechenbarkeit mathemat. Funktionen.

Turkana, *Elgume,* Stamm u. Stämmegruppe der Niloto-Hamiten westl. des Turkanasees.

Turkanasee, neuer Name des Rudolfsees.

Türkei

TÜRKEI — TR
Türkiye Cumhuriyeti

- Fläche: 780 576 qkm
- Einwohner: 43,5 Mill.
- Bevölkerungsdichte: 56 Ew./qkm
- Hauptstadt: Ankara
- Staatsform: Republik
- Mitglied in: UN, NATO, Europarat, GATT OECD
- Währung: 1 Türkisches Pfund = 100 Kuruş

Landesnatur: Das durchschnittl. 900–1100 m hoch gelegene Hochland von Anatolien, eine flache, teilweise abflußlose, von Steppe bedeckte Schüssel, wird von einzelnen, meist vulkan. Gebirgsstöcken (Erciyas Daği 3916 m) überragt. Es wird im N, längs der Schwarzmeerküste, vom *Pontischen Gebirge* (3937 m), dem nur teilweise ein schmaler Tieflandssaum vorgelagert ist, gerahmt, im S vom *Taurus* (3734 m), den einige fruchtbare Küstenstriche, u.a. um Adana u. Antalya, begleiten. Südl. des *Antitaurus* geht das Land in die *Syrische Wüste* über. Das ostanatolische oder westarmenische Hochland, in das der abflußlose *Vansee* (3764 qkm) eingebettet ist, erreicht im Vulkankegel des *Ararat* 5165 m Höhe. Den W bildet das buchten- u. inselreiche Küstenland an der Ägäis mit Häfen, alten Städten u. fruchtbarem Land. Ein Rest europ. Besitzes ist das flache, von Mittelgebirgen (Istrancagebirge, 1031 m) gesäumte Tafelland *Ostthrakien* mit dem Hauptteil von Istanbul. Der europ. Teil hat eine Fläche von 23 623 qkm u. 4,5 Mill. Ew. Das Klima ist im N warm-gemäßigt u. sehr feucht, an der West- u. Südküste mittelmeerisch (Winterregen) u. im Inneren streng kontinental. Wald (15% der Gesamtfläche) gibt es in üppigeren Beständen nur im Pontischen Gebirge; in den übrigen Gebirgen nur Buschwald.

Bevölkerung: Am dichtesten ist der europ. Teil besiedelt, im asiat. Teil nimmt die Bevölkerungsdichte nach O ab. Außer den Kurden (7% der Bevölkerung) gibt es kleine Minderheiten von Arabern, ferner Tscherkessen, Armenier, Grusinier u. Griechen. 98% der Bevölkerung sind Moslems, etwa 1% Christen verschiedener Bekenntnisse. Zahlreiche Arbeitnehmer aus industriearmen Gebieten sind in der BRD u.a. Ländern beschäftigt.

Wirtschaft: Die Landwirtschaft beschäftigt rd. 60% der Erwerbspersonen u. liefert fast 70% der Ausfuhr, vor allem Baumwolle, Tabak, Südfrüchte, Getreide, Wolle, Obst u. Gemüse. An der Südküste wird bes. Baumwolle angebaut, an der Ägäis Wein, Ölbäume, Früchte u. Mandeln, am Schwarzen Meer Tabak u. Mais, Walnüsse u. Tee.

Gebirgslandschaft in Anatolien mit dem Erciyas Daği

Viehmarkt in Söke, südwestliche Türkei

Türkei

Blick vom asiatischen Teil Istanbuls auf Bosporus und Bosporusbrücke

Bergsiedlung im westlichen Taurus

Tal im Pontischen Gebirge

Auf den Steppen des Hochlands überwiegt meist extensive Viehzucht (43,9 Mill. Schafe, 3,5 Mill. Angora- u. 18,5 Mill. gewöhnl. Ziegen, 15 Mill. Rinder). Ackerbau ist dort nur auf bewässerten Flächen ertragreich (Getreide, Zuckerrüben, Sonnenblumen, Sesam, Flachs, Hanf). Umfangreich sind die Bodenschätze, die teilweise exportiert werden: Eisenerz, Chrom, Mangan, Stein- u. Braunkohle, Kupfer, Quecksilber, Uran u. Erdöl, das etwa 30% des Inlandbedarfs deckt. Die Erdölvorkommen in der Ägäis sind zwischen der T. u. Griechenland strittig. In steigendem Maß werden die Wasserkräfte genutzt, meist in Zusammenhang mit der künstl. Bewässerung. Der mit deutscher Entwicklungshilfe errichtete Keban-Staudamm u. das Kraftwerk am oberen Euphrat bei Elâzig konnten 1974 den Betrieb aufnehmen. Die führenden Zweige der verarbeitenden Industrie sind der Nahrungs- u. Genußmittelsektor u. die Textilbranche. Zunehmende Bedeutung erlangen die Eisen- u. Stahlindustrie, die chem. Industrie sowie Montagewerke der Fahrzeug-, Maschinenbau- u. Elektroindustrie. Die Entwicklungshilfe der BRD fördert zahlreiche Projekte in der Landwirtschaft u. Industrie, im Bildungs- u. Gesundheitswesen.

Verkehr: Straßen- u. Eisenbahnnetz sind trotz raschen Ausbaus noch recht weitmaschig. Nach Istanbul sind die wichtigsten Häfen am Mittelmeer Smyrna, Mersin, Iskenderun, am Schwarzen Meer Zonguldak, Samsun, Giresun u. Trapezunt. – Die führenden Flughäfen sind Instanbul, Ankara u. Smyrna. – Im Fremdenverkehr nach der T. ist die BRD wichtigstes Touristenland.

Geschichte →S. 50.

Politik

1961 wurde durch Volksabstimmung eine neue Verfassung angenommen. Zentrales staatl. Organ ist die *Große Nationalversammlung*, gebildet aus zwei Kammern, die nach allg., gleichem, direktem u. geheimem Wahlrecht bestellt werden: 1. *Senat* (165 Mitgl., 15 vom Staats-Präs. ernannt, 150 gewählt auf 6 Jahre bei Drittelerneuerung alle 2 Jahre); 2. *Nationalversammlung* (450 Mitgl., Wahlperiode 4 Jahre). Der Staats-Präs. wird von der Großen Nationalversammlung auf 7 Jahre gewählt. Min.-Präs. u. Regierung sind dem Parlament verantwortlich u. können von diesem durch Mißtrauensvotum gestürzt werden.

Die wichtigsten Parteien sind die *Republikanische*

Ankara, Stadtteil Öztürk mit Haci-Bayram-Moschee

Baumwollanbau in der Küstenebene bei Adana, südliche Türkei

TÜRKEI Geographie

Kurdenfrauen und -kinder in einem Dorf an der türkisch-persischen Grenze

Fremdenverkehrsort Kuşadasi südlich von Smyrna

Schafzucht im mittleren Hochland von Anatolien

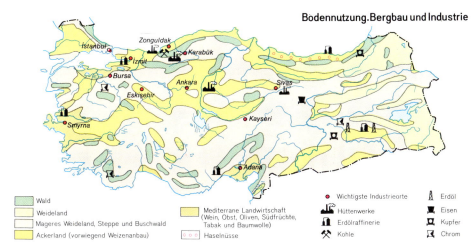
Bodennutzung, Bergbau und Industrie

Volkspartei RVP (die von Atatürk gegründete einstige Staatspartei, die man heute als sozialdemokrat. bezeichnet) u. die *Gerechtigkeitspartei* (die Nachfolgerin der 1960 verbotenen Demokrat. Partei, privatwirtschaftlich orientiert, mit großem Anhang unter der noch stark vom Islam beeinflußten Landbevölkerung). Die erst 1973 hervorgetretene *Nationale Heilspartei* propagiert eine Re-Islamisierung, die *Vertrauenspartei* ist eine rechte RVP-Abspaltung, die *Nationalist. Bewegung* ist faschistisch. Das Militär hat traditionell eine starke polit. Stellung; es versteht sich als Sachwalter des Kemalismus.
Durch den Militärputsch von 1980 ist die Verfassung außer Kraft gesetzt worden; die Tätigkeit der Parteien ist untersagt.

Sitze in der Nationalversammlung 1977
Republikanische Volkspartei/RVP	213
Gerechtigkeitspartei	189
Nationale Heilspartei	24
Nationalist. Bewegung	16
Vertrauenspartei	3
Sonstige	5

Militär

In der T. besteht allg. Wehrpflicht vom 20. bis 46. Lebensjahr mit einer aktiven Dienstzeit von 20 Monaten (die unter bes. Bedingungen auf 4 Jahre verlängert werden kann) u. einer jährl. Rekrutierung von ca. 175 000 Mann. Die Gesamtstärke der Streitkräfte beträgt fast 450 000 Mann (Heer 360 000, Marine 39 000, Luftwaffe 50 000), bei Mobilisierung ca. 2 Mill. Mann. Hinzu kommen 75 000 Mann Gendarmerie. Der Oberbefehl liegt beim Staatspräsidenten, dem ein Oberster Rat für Nationale Sicherheit zur Seite steht. Die T., die durch einen gegenseitigen Beistandspakt mit den USA verbunden ist u. eine starke Militärhilfe erhält, bildet das Bindeglied zwischen der CENTO u. der NATO, der sie 12 Divisionen u. die Masse der Verfügungstruppen sowie 2 Luftflotten. assigniert (AFSOUTH bzw. 6. ATAF) hat. Sie beherbergt die Führungsstäbe des Befehlshabers der Alliierten Landstreitkräfte Südosteuropa u. der 6. ATAF (beide in Smyrna) sowie 2 US-amerikan. Jabo-Staffeln u. Nachschubeinrichtungen.

Bildungswesen

Allgemeine 8jährige Schulpflicht. Verlängerung um 1 Jahr wird angestrebt. Neben den öffentl.

Türkei

Schulen bestehen für alle Schulstufen Privatschulen. Sie unterliegen wie die öffentl. Schulen der staatl. Schulaufsicht.
Schulsystem: 1. 5jährige Primarschulen, danach Übergang in die 3jährige Unterstufe der Sekundarschulen, die in allgemeinbildende u. berufsbildende Zweige gegliedert sind. – 2. die Unterstufe der allgemeinbildenden Sekundarschulen ist undifferenziert. Abschluß durch Diplom, das zum Besuch der Oberstufe berechtigt. Die 3jährige Oberstufe, die auf das Hochschulstudium vorbereitet, ist vom 2. Jahr an in einen geisteswissenschaftl. u. einen naturwissenschaftl. Zug gegliedert. Sie wird in der Regel ohne Prüfung abgeschlossen, jedoch berechtigt ihr Besuch zur Aufnahmeprüfung für Universitäten u. Hochschulen. – 3. berufsbildende Schulen schließen teils an die Unterstufe der allgemeinbildenden Sekundarschulen an, teils bilden sie eigene Unterstufen im Sekundarschulbereich. Die z.Z. angestrebte Reform des berufl. Schulwesens sieht vor, die gesamte berufl. Sekundarerziehung auf der Unterstufe der allgemeinbildenden Sekundarschulen aufzubauen. Abgänger der berufl. Sekundarschulen, die ein Hochschulstudium anstreben, müssen Ergänzungsprüfungen ablegen. – 4. Fachhochschulen u. Universitäten in Istanbul, Ankara, Erzurum, Trapezunt u. Smyrna.

Geschichte

Im 11. Jh. begannen türk. Stämme über Buchara in das Islam. Reich einzudringen, nachdem sie den Islam angenommen hatten. Unter ihnen waren die Seldschuken, die im 11. Jh. den ganzen Vorderen Orient beherrschten; nach ihrem entscheidenden Sieg bei *Manzikert* 1071 über das Heer des Byzantin. Reichs besiedelten sie Kleinasien. Der Seldschuke *Kylydsch-Arslan* schuf 1097 im östl. Anatolien ein Reich, in dem seine Nachfolger in Konya bis 1307 herrschten.
Dort rief um 1300 der Türke *Osman I.* († 1326) zum Glaubenskampf gegen die Byzantiner auf. Er verdrängte Byzanz aus West-Kleinasien u. legte durch seine Eroberungen den Grundstein zum Osmanischen Reich. Sein Sohn *Orchan* († 1359) eroberte Brussa (Bursa, erste Hptst. des Osman. Reichs), organisierte die Verwaltung des neuen Staats (Einteilung in Sandschaks) u. gründete aus christl. Sklaven die *Janitscharen-Armee*. Bereits Mitte des 14. Jh. drangen die Türken in Europa ein. *Suleiman* besetzte 1354 Gallipoli. *Murad I.* (1359–1389) eroberte Thrakien u. verlegte die Residenz 1366 von Brussa nach Adrianopel. Die zur Abwehr vereinigten Balkanfürsten wurden am 15. 6. 1389 auf dem *Amselfeld* besiegt, wobei der Sultan selbst das Leben verlor, Serbien wurde tributpflichtig. Sein Sohn *Bajezid I.* († 1403) unterwarf 1393/94 Bulgarien u. Teile Griechenlands. Das Kreuzheer unter Sigismund von Ungarn schlug er 1396 bei *Nikopoli*. 1402 unterlag er jedoch dem Mongolenkhan Timur bei *Ankara*. Nach dem Sieg über seinen Bruder Musa 1413 gelang es *Mehmed I.* († 1421), das Reich zu erneuern, aber noch *Murad II.* († 1451) hatte schwer um dessen Sicherung zu kämpfen (Sieg bei *Warna* 1444 über ein poln.-ungar. Heer). *Mehmed II.* konnte nach zweimonatiger Belagerung am 29. 5. 1453 Konstantinopel einnehmen (Ende des Byzantin. Reichs).

1459 wurden Serbien, 1461 Griechenland, 1463 Bosnien u. 1479 Albanien türk. Provinzen, die Walachei (1462), das Khanat der Krimtataren (1478) u. Moldau (1506) wurden Vasallenstaaten der T. 1451 nahm Mehmed den Sultanstitel an. 1481 folgte *Bajezid II.*, der 1512 von seinem Sohn *Selim I.* († 1520) abgesetzt wurde. Selim I. besiegte 1514 den Safawiden-Schah Ismail von Persien u. eroberte 1516/17 Syrien, Palästina, Ägypten u. Gebiete Nordafrikas. Die T. war zur Weltmacht geworden. Das Kalifat ging an Istanbul über. Unter *Suleiman II.* (d. Gr.; 1520–1566) gewann die T. weitere Gebiete: 1521 fiel Bagdad, 1522 wurde Rhodos den Johannitern entrissen, 1533–1536 Mesopotamien erobert, die Ungarn 1526 bei Mohács besiegt, Wien 1529 vergeblich belagert. Chaireddin Barbarossa schuf die Seemacht der Türken u. unterstellte die Barbareskengebiete Tripolis, Tunis u. Algerien ihrer Oberhoheit. Die T. hatte ihre größte Ausdehnung erreicht.
Unter *Selim II.* (1566–1574), *Murad III.* († 1595), *Mehmed III.* († 1603) gab es erste Zeichen des Abstiegs. Hierbei spielten Machtkämpfe innerhalb der Dynastie, an denen auch die Janitscharen beteiligt waren, aber auch wirtschaftl. Gründe eine wesentl. Rolle. Seit Mehmed II. ließ fast jeder neue Herrscher beim Regierungsantritt seine Brüder ermorden. Von außen hielten Österreich u. Persien die Machtentfaltung des Türk. Reichs auf. 1571 wurde nach der Eroberung Zyperns die türk. Flotte von Venezianern u. Spaniern in der Seeschlacht bei Lepanto entscheidend geschlagen; die Vorherrschaft im Mittelmeer war verloren. Nach 1600 setzte der Niedergang der T. ein. Murad III. hatte noch Erfolge im Krieg gegen Persien, doch gingen diese Gebiete unter Mehmed III. wieder verloren. *Ahmed I.* (1603–1617) mußte in Ungarn u. Persien erfolglos kämpfen. Nach inneren Machtkämpfen konnte *Murad IV.* (1623–1640) 1632 die Janitscharen entmachten u. neu organisieren. Er besiegte 1633 den aufständ. Drusenfürsten Fachreddin II. u. gewann 1638 Bagdad u. Täbris zurück. Unter *Mehmed IV.* (1648–1687) erstarkte die T. nochmals durch die Reformen des Großwesirs Mehmed *Köprülü* u. seines Sohnes Ahmed. Ahmed Köprülü hatte 1664 Erfolge gegen Österreich, unterwarf 1669 Kreta u. eroberte 1672 von Polen die Ukraine u. Podolien. Nach Köprülüs Tod (1676) gingen diese Gebiete wieder verloren, bes. nach der erfolglosen Belagerung Wiens 1683 gewann Österreich große Teile Ungarns. Im *Frieden von Karlowitz* 1699 mußte *Mustafa II.* (1695 bis 1703) Teile Ungarns u. Siebenbürgen an Österreich, Podolien u. die Ukraine an Polen, Asow an Rußland u. einen Teil des Peloponnes an Venedig abtreten. Auch *Ahmed III.* (1703–1730) konnte Ungarn nicht zurückerobern; die weiteren

Istanbul, Topkapi Saray; 17. Jh.

Türkei

Gebiete, die die T. im *Frieden von Passarowitz* 1718 abtreten mußte, gewann jedoch 1739 *Mahmud I.* (1730–1754) wieder.

Hauptgegner der T. wurde nun Rußland. In der Regierungszeit von *Mustafa III.* (1757–1774) eroberten die Russen 1769/70 die Krim u. drangen 1773 in Bulgarien ein (Schlacht bei Tscheschme; Friede von Kütschük Kainardschi). Friedrich II. von Preußen schloß 1761 einen Freundschaftsvertrag mit der T., doch konnte er sie nicht zum Eingreifen im Siebenjährigen Krieg bewegen. Im Krieg gegen die vereinten Österreicher u. Russen 1787–1792 konnte *Selim III.* (1789–1807) das türk. Gebiet erhalten u. durch preuß. Vermittlung einen günstigen Frieden schließen. Sein Versuch, den Staat u. die Janitscharen neu zu ordnen, scheiterte; er wurde gestürzt, als 1804 der Serbenaufstand nicht niedergeschlagen werden konnte u. Rußland in einem neuen Krieg 1806–1812 seine Grenze bis an den Pruth vorschob. *Mahmud II.* (1808–1839) vernichtete 1826 die korrupten Janitscharen u. schuf ein modernes Heer; trotzdem konnte er nicht verhindern, daß Ägypten unter Mohammed Ali unabhängig wurde u. die Türken in Syrien 1832 u. 1839 schlug. Auf Druck der europ. Mächte mußte Mohammed Ali 1840 Syrien jedoch an die T. zurückgeben. Der 1821 ausgebrochene Aufstand der Griechen wurde mit Hilfe der ägypt. Armee 1826 (Fall von Missolunghi) beinahe unterdrückt, doch die Flotten Englands, Rußlands u. Frankreichs erzwangen durch den Sieg über die türk.-ägypt. Flotte 1827 bei Navarino die Freiheit der Griechen.

Unter *Abd ül-Medschid I.* (1839–1861) unterstützten England u. Frankreich die Türkei militär. im Krimkrieg 1853–1856 gegen Rußland, um dessen Vorherrschaft zu verhindern. Der Sultan mußte hierfür den Christen größere Rechte gewähren. Unter *Abd ül-Aziz* (1861–1876) geriet die T. in immer größere Schulden; die Moldau u. Walachei wurden 1859 selbständig (Rumänien); 1867 mußten die türk. Truppen Serbien räumen.

Abd ül-Hamid II. (1876–1909) gab dem Land 1876 eine Verfassung, hob sie aber 1878 wieder auf. Im russ.-türk. Krieg 1877/78 besiegte Rußland die T.; auf dem Berliner Kongreß 1878 erhielten Rumänien, Serbien u. Montenegro die volle Unabhängigkeit, in Nordbulgarien wurde ein selbständiges Fürstentum Ostrumelien geschaffen, Zypern kam an Großbritannien. Die Schwäche der T. wurde immer größer; sie mußte hinnehmen, daß Frankreich 1881 Tunesien, Großbritannien 1882 Ägypten besetzte.

Seit 1883 wurde die türk. Armee durch dt. Offiziere geschult (C. von der *Goltz Pascha*). Von den Offizieren in Saloniki ging 1908 die Verschwörung der *Jungtürken* aus, die den Sultan zur Anerkennung der Verfassung zwangen u. 1909 seine Abdankung erreichten. Ihm folgte *Mehmed V.* (†1918). Korruption u. äußere Schwierigkeiten verhinderten die von den Jungtürken erstrebten Reformen. Nachdem Österreich 1908 Bosnien u. die Herzegowina besetzt hatte, gingen 1911/12 Tripolitanien an Italien, in den Balkankriegen 1912/13 alle europ. Gebiete verloren (außer Istanbul u. Adrianopel). Im 1. Weltkrieg kämpfte die T. auf dt.-österr. Seite. Dauernde Erfolge hatte sie nur im Kaukasus gegen Rußland. Nach anfängl. Siegen im Irak gegen brit. Truppen mußten die türk. Truppen 1917 zurückweichen. 1917/18 besetzten brit. Truppen Palästina u. Syrien. Nach dem Waffenstillstand in Mudros von 30. 10. 1918 besetzten griech. Truppen Smyrna.

Nun stellte sich in Anatolien *Mustafa Kemal* (der spätere *Atatürk*) an die Spitze der nationalen Bewegung. Er brachte ganz Anatolien unter seine Kontrolle. Der Abschluß des *Friedens von Sèvres* 1920 durch die Regierung in Istanbul, der die T. auf Anatolien beschränkte u. Smyrna den Griechen zusprach, verstärkte die Bewegung Kemals. Er vertrieb 1921/22 die Griechen aus Anatolien, Frankreich verzichtete 1921 auf Kilikien. 1922 wurde der letzte Osmane *Mehmed VI.* als Sultan abgesetzt; *Abd ül-Medschid II.* blieb noch bis 1924

Kemal Atatürk

Kalif. 1923 wurde die T. zur Republik erklärt; erster Präs. wurde Kemal. Der *Frieden von Lausanne* 1923 gab der T. etwa ihr heutiges Staatsgebiet. Kemal nahm grundlegende Reformen zur Modernisierung der T. in Angriff *(Kemalismus)*: Übernahme westeurop. Rechtssysteme, Trennung von Staat u. Religion, Einführung der Lateinschrift u. der Familiennamen, rechtl. Gleichstellung der Frau, Aufbau einer eigenen Industrie, Zurückdrängung des ausländ. Einflusses in der Wirtschaft. Es unterblieb jedoch eine durchgreifende Agrarreform. Einzige zugelassene Partei war die Repu-

Entwicklung des Osmanischen Reichs

Türken

1453 eroberten die Türken die Hauptstadt des Byzantinischen Reichs; Konstantinopel wurde zur Metropole des Osmanischen Reichs. Miniatur im „Livre du voyage" des Bertrandon de la Broquière; 15. Jh.

blikan. Volkspartei. Außenpolit. lehnte sich die T. zunächst an die Sowjetunion an; auf der Konferenz von Montreux 1936 erhielt sie die Hoheitsrechte über die Dardanellen zurück. Frankreich trat 1938/39 das Gebiet von Alexandrette (Iskenderun) an die T. ab. 1939 wurde ein Beistandspakt mit Großbritannien u. Frankreich geschlossen.
Nach dem Tod Atatürks 1938 wurde Ismet *Inönü* Staats-Präs. u. führte dessen Politik fort. Im 2. Weltkrieg blieb die T. neutral; sie erklärte erst 1945 formell Dtschld. den Krieg. Nach dem Krieg schloß sich die T. dem westl. Bündnissystem an: 1952 trat sie der NATO bei, 1955 dem Bagdad-Pakt (seit 1959 CENTO, 1979 aufgelöst). Seit 1963 ist die T. mit der EG assoziiert.
Die mit der Einführung des Mehrparteiensystems seit 1946 zugelassene Demokrat. Partei gewann 1950 die Wahlen u. stellte mit ihrem Parteivorsitzenden C. *Bayar* den Staats- u. mit A. *Menderes* den Min.-Präs. Ihre Regierung, die sich von Grundsätzen des Kemalismus abwandte u. die Opposition mit diktatorischen Mitteln auszuschalten suchte, wurde 1960 durch einen Staatsstreich des Militärs gestürzt, Menderes 1961 hingerichtet.
Nach vorübergehender Militärdiktatur ging die Regierung 1961 wieder in zivile Hände über (mehrere Koalitionskabinette). Die Nachfolgerin der Demokratischen Partei, die Gerechtigkeitspartei, gewann die Wahlen 1965; ihr Führer S. *Demirel* wurde Min.-Präs. u. blieb es nach einem weiteren Wahlsieg 1969. Er wurde 1971 vom Militär zum Rücktritt gezwungen. Die folgenden Kabinette waren vom Militär abhängig. Die Wahlen 1973 u. 1977 erbrachten keine klaren Mehrheitsverhältnisse. Demirel u. B. *Ecevit*, dessen sozialreformerische Republikan. Volkspartei 1977 knapp die absolute Mehrheit verfehlte, standen mehrmals abwechselnd an der Spitze labiler Koalitions- oder Minderheitsregierungen. Angesichts des daraus resultierenden polit. Immobilismus, einer katastrophalen Wirtschaftslage u. zunehmenden Terrors extremer Gruppen ergriff die Militärführung (die seit 1960 stets den Staats-Präs. stellte) 1980 erneut die Macht.
Nach dem Putsch auf Zypern 1974 besetzte die T. ein Drittel der Insel. Hierdurch sowie durch Streitigkeiten um Ölvorkommen in der Ägäis und die Beziehungen zum NATO-Partner Griechenland stark belastet. – Ein ständiger Unruhefaktor sind die Autonomieforderungen der Kurden. – B →Südosteuropa (Geschichte). – L 5.5.7, 5.5.8, 5.5.9 u. 5.7.1.

Suleiman II., zeitgenössische Miniatur. Paris, Bibliothèque Nationale

Türken, *Osmanen,* Turkvolk (über 40 Mill.) in Kleinasien u. (verstreut) auf der Balkanhalbinsel, sunnitische Moslems; vorwiegend Bauern. Seit der Erneuerung der Türkei (nach 1920) hat eine weitgehende Angleichung an westeurop. Sitte u. Kleidung stattgefunden, bes. bei Städtern u. gehobenen Schichten. Im Kunsthandwerk sind hervorzuheben Kunstschmiedearbeiten, Lederwaren, Teppichknüpfen u. Stickereien. Das einst beliebte Schattenspiel *(Karagöz)* mit Pergamentfiguren ist heute verschwunden.
Türkenbund, *Türkenlilie, Goldwurz, Gelbwurz, Lilium martagon,* ein *Liliengewächs* mit nickenden Blüten, dessen braunrote oder purpurfarbene, dunkler gefleckte Blütenhüllblätter zurückgerollt sind. Hauptverbreitung in Südeuropa; in Dtschld. selten; vollkommen geschützt.
Türkenente →Moschusente.
Türkenkriege, die Kriege europ. Mächte, vor allem des Kaisers, Österreichs, Rußlands, Polens sowie der südosteurop. Staaten u. Venedigs, gegen das Osmanische Reich. Die T. wurden von den Türken zunächst als Glaubenskriege zur Ausbreitung des Islams geführt, später mit eindeutig machtpolit. Zielsetzung u. auf die Eroberung der Nachbarländer gerichtet. Seit 1536 fanden die Türken einen starken Bundesgenossen in Frankreich, das dem habsburg. Übergewicht in Europa durch dauernde militär. Beanspruchung Österreichs im O entgegenwirkte. Nachdem im 16., 17. u. 18. Jh. das Reich, Österreich, Ungarn u. Polen die Hauptlast der Verteidigung Ost- u. Südosteuropas gegen die angreifenden Türken getragen hatten, waren in der 2. Hälfte des 18. u. im 19. Jh. vorwiegend die Russen Kriegsgegner der Türkei. Bei der Befreiung der Balkanstaaten ging es Rußland vor allem um die Erzwingung der freien Durchfahrt durch die Meerengen.

Schlacht bei Lepanto, 1571; Gemälde von Bruno del Priore (links). – Nach dem Fall des Byzantinischen Reichs konnten die Osmanen die Balkanvölker besiegen. Seit dem 16. Jh. stieß die Türkei auf den Widerstand Österreichs. Prinz Eugen siegte 1717 bei Belgrad. Zeitgenöss. Gemälde eines unbekannten Meisters. Wien, Heeresgeschichtliches Museum (rechts)

TÜRKEI Geschichte

 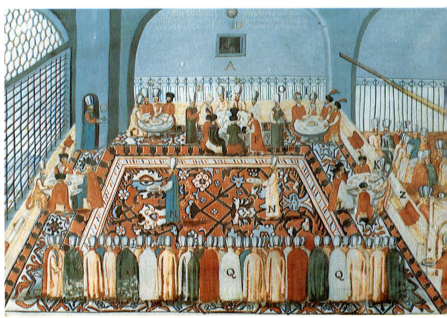

In den Balkankriegen 1912/13 verlor die Türkei fast alle europäischen Gebiete (links). – Diner beim Sultan, Gemälde. Schloß Greifenstein, Niederösterreich (rechts)

Mit der Eroberung Konstantinopels (1453) u. dem Zusammenbruch des Byzantin. Reichs schlossen die Türken die Eroberung des Balkans ab. Alle Versuche der Päpste, ein gemeinsames Vorgehen gegen die Türken zustande zu bringen, scheiterten. Doch blieben die Päpste die Initiatoren der T. Nach der Niederlage des ungar. Königs Ludwig II. bei Mohács (1526) drangen die Türken 1529 bis Wien vor, das erfolgreich verteidigt wurde.
Auch nach dem Seesieg der christl. Staaten bei Lepanto (1571) waren die Türken in ihrer Machtposition nicht erschüttert. Im Frieden von Zsitva Torok (1606) wurde dem Osman. Reich der Besitz aller eroberten Gebiete bestätigt. Auch Venedig konnte (1645–1671) trotz großer Erfolge keine Wendung herbeiführen. Im Frieden von Salona mußte es 1671 auch Kreta, nachdem Zypern schon 1571 verlorengegangen war, an die Türkei abtreten. Einen ähnl. Mißerfolg erlitt Österreich im Türkenkrieg von 1662–1664. Obwohl R. Graf von Montecuccoli die Türken bei St. Gotthard an der Raab schlagen konnte, brachte der Friede von Eisenburg, den Leopold I., bedrängt von Ludwig XIV. von Frankreich, abschließen mußte, für die Österreicher den Verlust der Städte Großwardein u. Neuhäusel. Auch Polen errang zwar unter Johann Sobieski 1672–1687 militär. Erfolge, mußte aber schließl. Podolien an die Türkei abtreten.

Erste Erfolge der christl. Staaten gegen das Osman. Reich brachte der Große Türkenkrieg 1683–1699. 1683 standen die Türken vor Wien, das von Graf Starhemberg verteidigt wurde. Unter dem poln. König Johann Sobieski entsetzte ein aus kaiserl., bayer., sächs. u. poln. Truppen bestehendes Heer nach dem Sieg am Kahlenberg (12. 9. 1683) Wien. Karl V. von Lothringen eroberte Ofen (1686) u. siegte bei Mohács (1687); Belgrad wurde genommen (1688). Markgraf Ludwig Wilhelm von Baden (der „Türkenlouis") fiel in Bosnien u. Serbien ein. Die Türken konnten jedoch Belgrad zurückerobern, da die kaiserl. Truppen z. T. durch die Grenzkämpfe gegen Ludwig XIV. im W gebunden waren. Kriegsentscheidend wurde die Schlacht bei Zenta, in der Prinz Eugen von Savoyen das Heer Mustafas II. schlagen konnte (11. 9. 1697). Die Venezianer hatten 1685–1687 den Peloponnes erobert u. die Akropolis von Athen zerstört. Den Polen war Peter d. Gr. zu Hilfe geeilt (1696); es gelang ihm, Asow zu gewinnen. Rußland mußte Asow jedoch 1711 wieder herausgeben, nachdem die Türkei 1710 zur Unterstützung Karls XII. von Schweden in den Nordischen Krieg eingegriffen hatte.

Ein türk. Versuch, die großen Verluste rückgängig zu machen, war der Angriff auf den Peloponnes (1714). 1716 nahm der Kaiser auf der Seite Vene-

digs am Krieg teil. Nach dem Sieg bei Peterwardein (1716) durch Prinz Eugen u. der erneuten Eroberung Belgrads (1717) endete der Krieg im Frieden von Passarowitz mit neuen Gebietsabtretungen der Türkei. Der Banat von Temeschvar, die Kleine Walachei sowie der N Serbiens u. Bosniens fielen an Österreich. Venedig trat den Peloponnes ab, erhielt aber dalmatin. u. alban. Gebiete.
An der Seite des Kaisers kämpften die Russen 1735–1739 u. gewannen Asow zurück; für Österreich aber endete der Krieg im Frieden von Belgrad mit dem Verlust der 1718 eroberten Gebiete, mit Ausnahme des Banats. Die Vernichtung der türk. Flotte gelang den russ. Truppen bei Tscheschme im russ.-türk. Krieg von 1768–1774, der Rußland die Zusage der freien Handelsschiffahrt auf dem Schwarzen Meer einbrachte (Friede von Kütschük Kainardschi 1774).
Gemeinsam mit Rußland stand der Kaiser 1787–1792 im Kampf gegen die Türken. G. Laudon konnte Belgrad gewinnen, aber im Frieden von Swischtow (1791) wurden alle Eroberungen zurückgegeben. Günstiger war der Kriegsverlauf für die Russen (russ.-türk. Krieg 1787–1792), die das Land zwischen Bug u. Dnjestr gewannen u. im Besitz der Krim bestätigt wurden (Friede von Jassy 1792). Bessarabien fiel Rußland im Frieden von Bukarest (1812) nach dem Krieg von 1806–1812 zu. Nach dem Krieg von 1828/29 gewannen die Russen im Frieden von Adrianopel die Ostküste des Schwarzen Meers u. die Inseln an der Mündung der Donau. Freie Durchfahrt durch die Meerengen wurde ihnen zugesichert sowie die Schutzherrschaft über die Donaufürstentümer übertragen. Griechenland wurde unabhängig.
Um eine Vorherrschaft der Russen an den Meerengen zu vermeiden, mußte England die Türkei unterstützen: Im Krimkrieg (1854–1856) stellte sich eine engl.-französ. Koalition zum Kampf gegen Rußland an die Seite der Türkei.

Türkenlouis [-lu:i], Beiname des Markgrafen Ludwig Wilhelm I. von Baden; →Ludwig (8).

Türkentaube, *Streptopelia decaocto*, aus Indien stammende *Taube*, seit etwa 1945 auch in fast ganz Europa eingewandert.

Turkestan = Turkistan.

Türkheim, frz. *Turckheim*, Städtchen im französ. Dép. *Haut-Rhin* (Elsaß), am Austritt des *Münstertals*, an der Fecht, 3100 Ew.; Papier- u. Textilindustrie, Weinbau.

Türkis [der; frz.], *Kallaït*, blau- bis apfelgrüner oder himmelblauer, mattglänzender Edelstein, wasserhaltiges Kupfer-Aluminiumphosphat; triklin; Härte 6; tritt in zersetzten aluminiumhaltigen Gesteinen in traubigen Formen auf. T. mit Adern von Brauneisen oder Manganoxid heißt *T.matrix*. – Ⓑ→Mineralien.

türkische Kunst, Baukunst, Malerei, Kleinkunst der Türken. – In Ost-Turkistan Malerei manichäischer Türken aus dem 8.–9. Jh. in *Chotcho (Turfan)* u. buddhist. Türken in *Bezeklik* (9.–12. Jh.). Schwerpunkt der Maltradition blieb das osttürk. Königreich der *Uighuren*. Nach der islam. Eroberung West-Turkistans im 9. Jh. stimulierender Stileinfluß der Steppenkunst türk. Prätorianerbevölkerung auf die islam. Kunst der Kalifenresidenz *Samarra*. Der resultierende Schrägschnittstil des Baudekors als „Reichsstil" der *Abbasiden* verbreitet in Irak, Ägypten, Turkistan. – Im 11.–12. Jh. unter türk. Herrschern in Afghanistan *(Ghasna)* u. Iran *(Ray)* Entfaltung der *seldschuk. Kunst* (→islamische Kunst) mit reichem Kunstgewerbe. Neue Bautypen sind die religiöse Hochschule *(Medrese)* u. das Mausoleum (*Türbe*, Grabturm). Anstoß zur Entfaltung einer Schule der Buchkunst u. Miniaturmalerei in Bagdad nach 1200. – Nach 1171 Blüte seldschuk. Baukunst im Reich von Rum (Kleinasien). Hauptstadt *Konya* mit Palast, Moscheen, Medresen, Klöstern *(Tekke)* mit reicher Bauausstattung in reliefiertem Stein, Stuck, Holz u. verschiedenem Fayencedekor. Bedeutende Karawanserei-Anlagen entlang der Überlandstraßen. Einzigartige Zeugnisse großformatiger Knüpfteppiche erhalten (Istanbul, Museum für türk. u. islam. Altertümer). – Seit Aufstieg des Osmanenreichs zur Großmacht Entwicklung eines eigenen Stils innerhalb der islam. Kunst. Die Baukunst vollendet den Typ der *Kuppelmoschee*, deren frühere Beispiele in Bursa u. Edirne liegen. Höhepunkte der Moscheearchitektur schuf *Sinan* in Istanbul u. Edirne. Die Moscheenbauten des 17. Jh. in Istanbul (Ahmed-Moschee 1616 u. Yeni-Valide-Moschee 1598–1603) zeigen eine gewisse Erstarrung, die sich erst im 18. Jh. in der Auseinandersetzung mit europ. Bauformen lockert (Nuri Osmanije 1748; Laleli 1763; Nusretije 1828). – Bedeutende Leistungen brachte die osman. Kunst auf dem Gebiet der Keramik, bes. der Baukeramik (bemalte Fliesen) hervor. Die Hauptmanufakturen befanden sich in *Iznik*. Das wichtigste Zentrum der gleichfalls hervorragenden Seiden- u. Samtweberei war *Bursa*, während die Teppichkunst ihre besten Fertigungsstätten in *Istanbul, Uschak* u. *Bergama* besaß. Im 19. Jh. fanden Formen des europ. Rokokos, des Empire-Stils u. des Biedermeiers in der türk. Kunst originelle Abwandlungen.

türkische Literatur. Vom 13. bis zum Beginn des 19. Jh. stand die t.L. als Bildungsgut der Oberschichten unter islam., bes. pers. Einfluß. Die Blütezeit dieser älteren t.nL. lag im 16. Jh. Mit dem Einströmen westl. Bildung stand das 19. Jh. unter französ. Einfluß. Roman, Theater u. Essay wurden in die t.L. durch die Schriftsteller der *Tanzimat-Zeit* (Mitte des 19. Jh.) eingeführt. Die um die 1891 gegründete Zeitschrift *Servet-i-fünun* („Schatz der Wissenschaften") gescharten Schriftsteller suchten neuen Inhalt u. neue Form. Ihre Parole war „l'art pour l'art". 1908 begannen die Schriftsteller der Gruppe *Fedjri-Ati* („Morgenröte der Zukunft"), sich der nationalen Literatur mit der Losung *„halka doğru"* („hin zum Volk") zuzuwenden.
Die Hauptvertreter einer neuen Dichter-Generation sind *Ömer Seyfettin, Mehmet Emin Yurdakul* u.a. *Ahmet Haşim* führte den Symbolismus in die t.L. ein. Seiner Generation gehören zwei weitere Dichter ersten Ranges an: *Yahya Kemal Beyatli*, der seine Inspiration aus der parnassischen Schule schöpfte, u. *Ziya Gökalp*, der erste unter den türk. Soziologen u. den Theoretikern des Nationalismus; er benutzte die Dichtkunst mehr für didakt. Zwecke. In der gegenwärtigen Dichtung haben sich einen Namen gemacht *Faruk Nafiz, Nazim Hikmet*, die Lyriker Orhan Veli *Kanik* (*1914), *Oktay Rifat* (*1914), Fazil Hüsnü *Dağlarca* (*1914), ferner Attila *Ilhan* (*1925), Behçet *Necatigil* (*1916), Nefzat *Üstün* (*1924) u.a. An der Spitze der heutigen Romanschriftsteller steht der Erzähler *Yakup Kadri Karaosmanoglu*, ihm zur Seite stehen *Halide Edip* u. *Resat Nuri Güntekin*, dessen einfacher, gefälliger Stil ihn zum populärsten u. bekanntesten türk. Romancier gemacht hat. Die Jüngeren, wie *Sait Faik Abasiyanik, Orhan Kemal* (*1914), *Kemal Tahir* u.a., pflegen die Kurzgeschichte. Der Essay als typ. westl. Literaturgattung wird durch *Falih Rifki* u. Haluk *Aker* (*1940) vertreten. Das Theater westl. Charakters geht auf die Zeit *Ahmet Vefik Paschas* zurück, der in der Mitte des 19. Jh. Molière übersetzte. Dramatiker sind *Vedat Nedim, Resat Nuri Güntekin* u. *Haldun Taner*. – Ⓛ3.3.6.

türkische Musik. Während sich die diatonisch ausgerichtete Volksmusik noch immer als spezifisch türkisch ausweist, zeigt die frühere, von Berufsmusikern am Hof von Istanbul wie auch in den Klöstern von den Derwischen gepflegte Kult- u. Kunstmusik arab.-iran. u. byzantin. Einflüsse. Das die Oktave in 24 Töne teilende Tonsystem kannte eine reiche Auswahl an Leitern. Wie überall im Orient beruhte auch die t.M. vor ihrer Modernisierung auf dem monodischen Prinzip u. zeigte rhythmischen Reichtum. Von der geistl. Musik sind frühe Derwischgesänge, Hymnen u. prophet. Gebete überliefert, von der weltl. Musik Vokal- u. Instrumentalsätze in Suitenform mit rondoähnl. Charakter. – Die in der t.nM. verwendeten Instrumente, meist pers.-arab. Herkunft, sind lautenartige Zupf- u. Streichinstrumente, oboen-, klarinetten- u. flötenartige Blasinstrumente, Trompeten, Hörner u. zahlreiche Schlaginstrumente wie *Davul* (Trommel), *Darabuka, Def* oder *Daira* oder die in der alten →Janitscharenmusik verwendeten Klangwerkzeuge. – Wichtigste mittelalterl. Musiktheoretiker türk. bzw. turkistan. Herkunft sind *Al-Farabi* u. *Avicenna*, Meister der Neuzeit *Haci Arif Bey* (*1831, †1884) u. *Osman Bey* (*1816, †1885). Von den modernen Komponisten schreibt ein Teil gänzlich im abendländ. Stil, andere suchen eine Verbindung zwischen melodisch-rhythmischen Elementen der t.nM. u. europ. Harmonik (Ulvi Cemal *Erkin*, *14. 3. 1906; Ferid *Alnar*, *11. 3. 1906; Adnan *Saygun*, *7. 9. 1907; Necil Kâzim *Akses*, *6. 5. 1908; Ilhan *Usmanbas*, *1921; Nevit *Kodalli*, *12. 1. 1924).

Türkische Nuß, die rundl. oder fast nierenförmige Frucht der *Baum-Haselnuß* (→Haselnuß).

Türkischer Honig, Zuckerware aus Honig, Zukker, Stärke, Eierschnee, Gelatine, Mandeln u. Nüssen, die im Ofen gebacken wird.

türkische Sprache *(i. e. S.)*, *Osmanisch*, gehört zu den Turksprachen der altaischen Sprachfamilie; sie wird von über 40 Mill. Menschen hauptsächl. in der heutigen Türkei gesprochen, vereinzelt auch im Gebiet des ehem. Osman. Reichs. Durch die Reformen Kemal *Atatürks* wurde 1922 das Istanbuler Türkisch zur Schriftsprache erklärt u. 1928 das lat. Alphabet eingeführt, das die bis dahin übl. arab. Schrift ablöste. Die t. S. ist gekennzeichnet durch Vokalharmonie im Wort (entweder nur helle oder nur dunkle Vokale) u. gehört zu den agglutinierenden Sprachen. Zahlreiche Lehnwörter, bes. aus dem Pers. u. Arab. – Ⓛ3.8.7.

Türkischrot = Alizarin.

Türkischrotöl, bräunl. Flüssigkeit, ein Gemisch verschiedener Reaktionsprodukte des *Rizinusöls* mit Schwefelsäure. Die bei der anschließenden Neutralisation mit Natronlauge anfallenden Natriumverbindungen sind gute Emulgatoren u. haben Reinigungswirkung.

Turkistan, *Turkestan*, zentralasiat. Landschaft, polit. gegliedert in *West-(Russisch-)T.* (mit der Kirgisischen, der Tadschikischen u. der Usbekischen SSR) u. *Chinesisch-T. (Ost-T.*; →auch Sinkiang-Uigur).

Turkistanisch-Sibirische Eisenbahn, Abk. *Turksib*, 1927–1930 erbaute, rd. 2150 km lange Bahnlinie im sowjet. Mittelasien, durchquert Westturkistan u. die östl. Kasach. SSR u. verbindet Taschkent über Alma-Ata u. Semipalatinsk mit Nowosibirsk an der Transsibir. Eisenbahn; mehrere Zweigstrecken.

Turkmenen, mittelasiat. Turkvolk (1,9 Mill.) im SO des Kasp. Meeres, überwiegend in der Turkmen. SSR, islam. Viehzüchter mit Vaterrecht, allmähl. seßhaft werdend (Getreideanbau), eingeteilt in Stämme (*Tekke, Yomud, Goklan, Saryk, Salor, Tschauduren, Ersari, Alieli*, →Truchmenen) u. Geschlechterverbände; Teppichknüpfer.

turkmenische Sprache, zu den Turksprachen der altaischen Sprachfamilie gehörende Sprache, außer in der Turkmen. SSR in Afghanistan, Iran, im Kaukasus u. in der europ. UdSSR.

Turkmenische SSR, *Turkmenistan, Turkmenien*, Unionsrepublik der Sowjetunion in Mittelasien, zwischen Kasp. Meer u. Amudarja, 488 100 qkm, 2,8 Mill. Ew. (48% in Städten), in 4 Oblast gegliedert, Hptst. *Aschchabad*; über 90% der Fläche sind Wüste (Karakum) oder Trockensteppe, das Klima ist stark kontinental, heiß u. trocken; Bewässerungsfeldbau (Anbau von Baumwolle, Getreide, Gärten) in den wenigen Oasen am Rande des Koppe Dagh; an den in der Karakum versiegenden Flüssen Murgab u. Tedschen, längs des Amudarja u. im Bereich des Karakumkanals Fleisch- u. Wollviehwirtschaft, bes. Karakulschafzucht; Seidenraupenzucht; in den Städten Textil-, chem. u. Nahrungsmittelindustrie; außer reichen Mirabilitlagern am Kara-Bogas-Gol Vorkommen von Erdöl, Erdgas, Erdwachs, Schwefel, Stein-, Kalisalz u. Braunkohlen. – Seit 1924 Unionsrepublik der Sowjetunion. – Ⓚ→Sowjetunion.

Turkologie, die Wissenschaft von der türk. Sprache u. Literatur, i. w. S. auch von der gesamten Kultur der Turkvölker. →auch Orientalistik.

Turksibirische Bahn, Abk. *Turksib*, Kurzform für →Turkistanisch-Sibirische Eisenbahn.

Turksprachen, *türkische Sprachen i. w. S.*, wahrscheinl. im Altai entstandener Zweig der *altaischen Sprachfamilie*, der sich nach W ausbreitete. Die T. sind agglutinierend, sie haben Vokalharmonie im Wort u. strenge Wortfolge im Satz. →Sprache (Sprachen der Erde). – Ⓛ3.8.7.

Turks- und Caicosinseln [tə:ks-, 'kaikəs-], engl. *Turks and Caicos Islands*, zwei Gruppen von zusammen rd. 30 brit. Inseln südöstl. der westind. Bahamainseln (6 davon bewohnt), 430 qkm, 6000 Ew.; Hauptstadt u. -insel *Grand Turk* (2000 Ew.); seit 1959 Kronkolonie; Export von Meersalz, Schildpatt, Schwämmen u. Krebsen.

Turku, schwed. *Åbo*, Hptst. der südfinn. Prov. (Lääni) T.-Pori u. Hafen (im Winter eisfrei) am Bottn. Meerbusen, 165 000 Ew. (Agglomeration 240 000 Ew.); bis 1819 Hptst. von Finnland; schwed. (1918) u. finn. Universität (1640–1828 u. ab 1920), Schloß, Schiffbau, Holz-, Maschinen-, Tabak-, Zucker- u. Textilindustrie.

Turku-Pori, schwed. *Åbo-Björneborg*, Prov. (Lääni) in Südwestfinnland, 22 905 qkm, 700 000 Ew., Hptst. *Turku*; offenes Kulturland mit geringen Wasserflächen, intensive Landwirtschaft, an den größeren Flüssen Kraftwerke u. Holzindustrie.

Turkvölker, *türkische Völker, Turktataren,* eine Gruppe überwiegend europider, sprachverwandter Völker (über 70 Mill.) mit ursprüngl. ähnlicher Kultur, die sich in verschiedenen Schüben (Awaren, Bulgaren u.a.), bes. im Verlauf der Eroberungszüge der Mongolen, über weite Teile Asiens u. Osteuropas ausbreiteten: 1. sibir. T.: *Tobol-, Baraba-, Abakan- (Chakassen), Tomsk-Kusnezker Tataren, Altaier, Karagassen, Jakuten;* 2. mittelasiat. T.: *Turkmenen, Kasaken, Karakalpaken, Usbeken, Kirgisen, Tarantschen;* 3. Wolga-Ural-T.: *Wolga-, Ural-Tataren, Baschkiren, Meschtscheren, Tepteren, Tschuwaschen;* 4. Schwarzmeer-T.: *Nogaier, Krimtataren, Kumyken, Karatschaier;* 5. vorderasiat. T.: *Aserbaidschaner, Türken.* Gemeinsam sind ihnen bei ungeklärter ethn. Verwandtschaft (wahrscheinl. gingen sie aus vielen sprachl. unterschiedl. Stämmen im Altai hervor) die altaischen *Turksprachen.*

Türlin →Heinrich von dem Türlin u. →Ulrich von dem Türlin.

Turm, 1. *Baukunst:* hohes, auf quadrat., polygonalem oder rundem Grundriß errichtetes Bauwerk mit geringer Grundfläche, freistehend oder anderen Bauten angegliedert u. diese überragend; in fast allen Kulturen verbreitet, im MA. als Wehr-T. (→Bergfried) in Befestigungsanlagen, als →Glockenturm (Campanile) u. Kirch-T. in der abendländ. Sakralbaukunst, bes. der Gotik, als →Minarett in der islam. Moscheearchitektur, als →Pagode in der chines. Baukunst u. als →Leuchtturm zur Sicherung der Schiffahrt. Türme in weniger strengem Sinn sind Hochbauten mit pyramidaler Grundform, wie der unter Nebukadnezar II. erneuerte babylonische T., die ägypt. Pyramiden u. die altamerikan. Tempeltürme. Techn. kühne T.konstruktionen erlauben der Metallbau seit dem ausgehenden 19. Jh. (Eiffel-T., Paris 1889) u. der moderne Stahlbetonbau (Fernsehtürme).

2. *Schach:* Figur (Offizier), die gradlinig über beliebig viele freie Felder zieht u. schlägt.

Turmalịn [der; singhal., frz.], in vielen Graniten vorkommendes farbiges oder farbloses, z.T. durchsichtiges, glasglänzendes Mineral u. Edelstein, chem. ein bor- u. fluorhaltiges Silicat; trigonal; Härte 7–7,5; Abarten: *Achroit,* zartgrün u. farblos; *Verdelith,* grün; *Mohrenkopf,* farblos oder schwach farbig mit dunklen Enden; *Dravit,* braun bis schwarzgrün; *Indigolith,* blau; *Rubelit (Siberit),* rot; *Schörl,* schwarz. Verwendung zu Katzenaugen u. Polarisationsapparaten.

Turmberg, poln. *Wieżyca,* höchster Berg von Pomerellen (Polen), südwestl. von Danzig, 329 m.

Turmdrehkran, *Portalturmdrehkran,* ein Kran mit fester Säule. Ein Gitterwerksmast oder -turm ist an einem schienenfahrbaren Portal aufgebaut u. trägt an seiner Spitze das Drehwerk für den Ausleger. Der T. wird hauptsächl. beim Bau von Talsperren, Häfen u.ä. eingesetzt.

Türme des Schweigens, *Dakhma,* die Begräbnisstätten der *Parsen;* Steinbauten, in denen die Leichen den Geiern zum Fraß ausgesetzt werden.

Turmfalke, *Falco tinnunculus,* bis 34 cm großer einheim. *Raubvogel,* der durch *Rütteln* (Flattern auf einer Stelle zum Erspähen der Beute) auffällt.

Turmkrähe, Bez. für die →Dohle.

Turmkraut, *Turritis,* Gattung der *Kreuzblütler,* 1,5 m hohe Staude mit gelbl. Blüten u. Schoten. In Dtschld. verbreitet *Turritis glabra.*

Turmschädel →Schädeldeformationen.

Turmschnecke, *Turritella communis,* zu den *Vorderkiemern* gehörende, die Küsten der europ. Meere bewohnende Schlammschnecke mit turmartig hoch aufgewundenem Gehäuse. Die T. steckt meist bis zur Gehäusespitze im Schlamm.

Turmspringen, *Kunst- u. Turmspringen* →Wasserspringen.

Turn [tə:n; der, Mz. *T.s;* engl.], Kehre, Drehung, Windung (eines Taues). Beim *Kunstflug* eine hochgezogene Kehrtkurve.

Turnen, von F. L. *Jahn* um 1810 geprägte zusammenfassende Bez. für alle Leibesübungen. Jahn verstand die von ihm begründete *Dt. Turnkunst* als ein Mittel zur Gemeinschaftsbildung u. Nationalerziehung. In seinen Schriften legte er Turnübungen, Turnsprache, Turnkleidung u. Turnbetrieb fest. 1811 eröffnete er in der Berliner Hasenheide den ersten *Turnplatz.* Als *Turnerwahlspruch* wurde von Jahn ein Studentenspruch übernommen: „Frisch, Frei, Froh (Fröhlich), Fromm". Die vier „F" dieses Wahlspruchs wurden 1844 von H. *Felsing* zum *Turnerkreuz* gestaltet.
Die liberalen Ideen der Turner veranlaßten Preußen 1819–1842 zur sog. *Turnsperre* (Schließung aller Turnplätze). Nach 1843 wurde das T. Pflichtlehrfach in allen Schulen. Es entstanden viele Turnvereine, die besonders bis zur Revolution 1848/49 polit. Bedeutung erlangten. Älteste Turngemeinschaften in Dtschld. sind die *Hamburger Turnerschaft* (1816) u. der *Mainzer Turnverein* (1817).
Die ursprüngl. Turngeräte waren Reck, Barren u. Pferd; ausgeführt wurden außerdem Übungen im Klettern, Werfen, Heben, Ringen, Springen, Ziehen, Balancieren u. Laufen.
Heute steht im Mittelpunkt des T.s das *Gerätturnen,* dessen schwierigste Form der Hochleistungssport →Kunstturnen ist. →auch Barren, Pferd, Reck, Ringe, Schwebebalken.
Organisation: Der →Deutsche Turnerbund ist seit 1951 Mitglied der *Fédération Internationale de Gymnastique* (FIG), dem 1887 gegr. Internationalen Turnerbund. In Österreich: *Österr. Fachverband für T.,* Wien, 175 000 Mitglieder; in der Schweiz: *Eidgenöss. Turnverein,* Aarau, 320 000 Mitglieder. – [B] S. 56. – [L] 1.1.9.

Turner ['tə:nə], **1.** Joseph Mallord William, engl. Maler, * 23. 4. 1775 London, † 19. 12. 1851 Chelsea; neben J. *Constable* Hauptmeister der engl. Landschaftsmalerei des 19. Jh., entwickelte aus der Aquarelltechnik einen formauflösenden, den Impressionismus vorbereitenden Stil mit auf Naturbeobachtung gegründeter Gestaltung atmosphär. Phänomene u. Elementargewalten („Der Schneesturm" 1842). Gemälde-Hptw. in London, Tate Gallery, National Gallery u. Brit. Museum. – [B] →auch Aquarellmalerei, Großbritannien (Geschichte). – [L] 2.5.6.

2. Walter James Redfern, engl. Schriftsteller u. Kritiker, * 13. 10. 1889 Melbourne, † 18. 11. 1946 London; schrieb gedankenvolle Lyrik, zeitkrit. Romane, Musikerbiographien u. Kritiken.

Turnfest →Turntag.

Turnhalle, *Spielhalle, Sporthalle,* Gebäude mit allen Einrichtungen für turnerische, sportl. u. spielerische Übungen, die nach den Erfahrungen des modernen Übungsstättenbaus in den Maßen 15 × 27 m (Normalhalle) u. 18 × 33 m (große Halle) gebaut werden. Spiel- u. Sporthallen mit vielseitigen Aufgabenstellungen (für Reit-, Rad-, Boxsport, Leichtathletik, Ballspiele u.a.) haben größere Ausmaße.

Turnhout ['tyrnhaut], Stadt in der belg. Prov. Antwerpen, 38 000 Ew.; got. Peterskirche, Schloß der Herzöge von Brabant (14. Jh.); Diamantenschleiferei, Textil-, Papierindustrie.

Türnich, bis 1975 Gemeinde in Nordrhein-Westfalen (Ldkrs. Bergheim/Erft), südwestl. von Köln, an der Erft, 13 300 Ew.; Braunkohlenbergbau.

Turnier [das; frz.], **1.** *Mittelalter:* Ritterkampfspiele vom 11. bis zur Mitte des 16. Jh., nach festen Regeln mit stumpfen (selten auch scharfen) Waffen zur Erprobung der Kampftüchtigkeit. Zuerst bei feierl. Gelegenheiten an Fürstenhöfen, später auch von T.gesellschaften durchgeführte Einzel- *(Tjost)* u. Gruppenkämpfe *(Buhurt).*

2. *Sport:* ein- oder mehrtägige sportl. Veranstaltung, bei der aus der Vielzahl der Teilnehmer in Vor-, Zwischen- u. Endspielen (oder -runden) der Sieger ermittelt wird (z.B. *Tennis-, Handball-, Tanz-T.)* oder sportl. Veranstaltung zur Prüfung von Reit- u. Wagenpferden.

Turniergesellschaften, im späten MA. Vereinigungen von turnierfähigen Rittern zur Abhaltung von ritterl. Kampfspielen (→Turnier).

Turnierkampf →Kommentkampf.

Turniertanz →Tanzsport, →Gesellschaftstanz.

Turnlehrer = Leibeserzieher.

Turnọse [der; frz.], frz. *Gros tournois,* lat. *Grossus Turonensis,* nach der Stadt *Tours* benannte, 1266 eingeführte französ. Silbermünze (4,2 g), zugleich der älteste Groschen. Zu Nachahmungen kam es bes. in West-Dtschld. u. im Mittelmeergebiet.

Turnplatz, *i.e.S.* der von F. L. *Jahn* 1811 auf der *Hasenheide* bei Berlin eröffnete Übungsplatz mit Spielplatz, Laufbahn, Gerwurfbahn, Ringplatz, Kletterplatz, Reck- u. Barrenplatz; *i.w.S.* jede Stätte für turnerische Übungen.

Turntag, ursprüngl. das von F. L. *Jahn* mit seinen Schülern an den vaterländ. Gedenktagen durchgeführte öffentl. Schauturnen, dann die jährl. Versammlungen der Turnverbände. Nach den anfängl. regionalen T.en fand das 1. *Dt. Turnfest* für alle dt. Vereine 1860 in Coburg statt. Zunächst unregelmäßig, wird das Dt. Turnfest heute in der BRD im 5jährigen Rhythmus durchgeführt; nach 1945: Hamburg 1953, München 1958, Essen 1963, Berlin 1968, Stuttgart 1973, Hannover 1978.

Turnụre = Tournüre.

Tụrnus [der, Mz. *T.se;* lat.], sich wiederholende Reihenfolge, bes. landwirtschaftl. Fruchtfolge.

Tụrnu Severịn, seit 1972 *Drobeta-T.S.,* Hptst. des rumän. Kreises Mehedinți (4900 qkm, 325 000 Ew.), an der Donau u. am Ostende des Eisernen Tors, 80 000 Ew.; Reste (Pfeiler) einer Trajansbrücke, eines röm. Kastells u. röm. Thermen, mittelalterl. Severturm; Museum; Rosenpark; Rosenzucht; Maschinen-, Waggon-, Schiffbau, Handels- u. Verkehrszentrum.

Turnwart, der Leiter bzw. Organisator des Turnbetriebs in den Vereinen u. Verbänden.

Türöffner, elektr. Gerät zum ferngesteuerten Öffnen von Türen; durch einen Drucktaster wird ein Elektromagnet eingeschaltet, der eine Sperrung im Schloß aufhebt.

Turọn [nach dem kelt. Namen der französ. Stadt *Tours*], „Stufe" der Oberen Kreide.

Türpfeiler, ein Pfeiler, der bei mittelalterl. Kirchen, seltener bei Profangebäuden, eine große Portalöffnung unterteilt u. meist eine Statue, die sog. *Trumeaufigur,* trägt.

Turquino [-'ki:no], *Pico T.,* höchster Gipfel Kubas in der Sierra Maestra, 2005 m.

Turriạlba, Vulkan in Costa Rica, Zentralamerika, in der östl. Cordillera Central, 3339 m.

Türschließer, Vorrichtung zum selbsttätigen Schließen von Türen. Einfachste Art: durch Gewichtszug oder Feder. Beim automat. T. wird durch Öffnen der Tür von einem Kolben Luft oder Öl angesaugt. Eine Feder drückt über einen Hebelarm die Tür zu, durch das langsame Entweichen der Luft oder des Öls durch eine kleine einstellbare Öffnung wird der Vorgang gebremst.

Türstock, *Bergbau:* einfachste Form des →Grubenausbaus; besteht aus einem horizontalen Holzbalken oder Stahlträger, der die Decke unterfängt, u. 2 senkrechten Stützen unter dem Horizontalbalken, die oft auch den seitl. Druck abfangen.

Turteltaube, *Streptopelia turtur,* bis 28 cm große europ. *Taube;* in offenem buschigen Gelände.

Turtle ['tə:tl; engl.], *i.w.S.* Schildkröte, *i.e.S.* Meeresschildkröte, bes. Suppenschildkröte.

TuS, Abk. für *Turn- und Spielverein* (auch *Turn- und Sportverein).*

Tuscaloosa [tʌskə'lu:sə], Stadt im westl. Alabama (USA), südwestl. von Birmingham, 66 000 Ew. (Metropolitan Area 100 000 Ew.); Staatsuniversität (1831); Elektro-, Holz- u. Papierindustrie.

Tuscarọra, Indianerstamm der Irokesen, 1722 nach Vertreibung aus North Carolina in den Irokesenbund aufgenommen; Reste im Staat New York u. in Kanada.

Tusch [der; frz.], **1.** *Musik:* kurze Akkordfanfare beim Ausbringen eines Hochs.

2. *Studentensprache:* veraltet für: Beleidigung.

tuschieren, eine Prüffläche oder einen Kegel mit Farbe *(Tuschierfarbe)* dünn einreiben u. mit einer zu prüfenden Fläche in Berührung bringen. Die an den Berührungspunkten entstehenden Farbmarkierungen geben ein Bild von der Ebenheit der geprüften Fläche.

Tụsculum, *Tuskulum,* antike Stadt im Albanergebirge, südöstl. von Rom, heute *Frascati.* Ursprungsort vieler vornehmer röm. Familien, seit spätrepublikan. Zeit Villenvorort.

Tuskegee Institute [tʌs'ki:gi 'institjut], bedeutende Hochschule für Farbige in Macon County, Ala. (USA), gegr. 1881 von Booker T. *Washington.*

Tụssahseide →Eichenseide.

Tụssahspinner, *Antheraea mylitta, Antheraea paphia,* indische *Seidenspinner* aus der Familie der *Nachtpfauenaugen,* aus deren Puppenkokons die *Tussahseide* (→Eichenseide) gewonnen wird.

Tụssi, *Watussi,* die hamit. Adels- u. Herrscherschicht der →Hima in Ostafrika.

Tutanchạmun, *Tut-ench-Amun, Tut-ankh-Amen, Tut-enchamon,* ägypt. König der 18. Dynastie, um 1346–1337 v.Chr., Schwiegersohn des Echnaton u. der Nofretete, gelangte 9jährig auf den Thron u. kehrte zur herkömml. Götterverehrung zurück. Sein unversehrtes, mit kostbaren Beigaben ausgestattetes Grab wurde am 4. 11. 1922 von Howard *Carter* im Tal der Könige entdeckt; die Funde befinden sich heute im Ägypt. Museum in Cairo. – [L] 5.1.6.

Tutẹlo, ausgestorbener Indianerstamm der →Sioux, lebte in Virginia (USA).

Tut-ench-Ạmun →Tutanchamun.

Tuthalija, *Tutchalija,* Königsname der Hethiter. *T. IV.,* um 1250–1220 v.Chr., errichtete die meisten erhaltenen Bauwerke der Hptst. *Hattusa.*

Tuthmosis

Tuthmosis, *Thutmose,* 4 ägypt. Könige der 18. Dynastie. *T. III.,* 1490–1437 v. Chr., regierte anfangs unter Leitung seiner Stiefmutter Hatschepsut; erweiterte die Grenzen Ägyptens bis zum Euphrat u. bis über den 4. Nilkatarakt im Sudan.
Tutiorismus [lat.], ein bes. von *Jansenisten* vertretenes rigorist. Moralsystem, nach dem behauptet wird, bei bleibendem Zweifel über die sittl. Erlaubtheit einer Handlung garantiere das Gesetz sicherer *(tutior)* die Rechtheit als die persönl. Gegengründe u. verpflichte nur dann nicht, wenn diese Gegengründe ganz sicher *(absoluter T.)* oder höchstwahrscheinlich *(gemäßigter T.)* seien; von der kath. Moral allg. abgelehnt, als absoluter T. 1690 kirchl. verurteilt. →auch Probabilismus.
Tutor [der; lat.], Beschützer, Vormund; in England auch Hauslehrer sowie Studienleiter eines College; als *T.ensystem* wird das Zusammenleben von Studenten u. Dozenten (als wissenschaftl. u. erzieher. Ratgeber u. Förderer) in Studentenwohnheimen bezeichnet. In der BRD halten T.en (meist ältere Studenten) in den Hochschulen Un-

Tuvalu, früher *Elliceinseln,* seit 1978 unabhängiger Inselstaat im Commonwealth, im westl. Polynesien, 25 qkm, 6000 Ew.; Hptst. *Funafuti;* Kopra, Fischerei; bis 1975 Teil der brit. *Gilbert and Ellice Islands Colony.*
Tuwim, Julian, poln. Lyriker u. Übersetzer, *13. 9. 1894 Lodsch, †26. 12. 1953 Zakopane; vom Futurismus beeinflußt, Mitarbeiter der Ztschr. „Skamander"; 1939–1946 emigriert; führte die Problematik der modernen Großstadt in die poln. Lyrik ein.
Tuwinische ASSR, autonome Teilrepublik der RSFSR (Sowjetunion) an der mongol. Grenze, früher chines., 1921–1944 Republik *Tannu-Tuwa;* im Quellgebiet des Jenisej, 170 500 qkm, 250 000 Ew.; Hptst. *Kysyl;* von Hochgebirgen umschlossene Beckenlandschaft; in den Steppen Fleisch- u. Wollviehzucht, etwas Getreideanbau, im W Gebirgsweiden u. Holzeinschlag, in der Taiga im O Pelztierjagd u. Rentierzucht; Steinkohle, Eisen- u. Kobalterz, Gold, Asbest, Steinsalz; Atomforschungsanlagen. – Seit 1964 ASSR.

Das gemeinschaftliche Turnen von Eltern und Kindern wird in den Turnvereinen besonders gepflegt

TURNEN

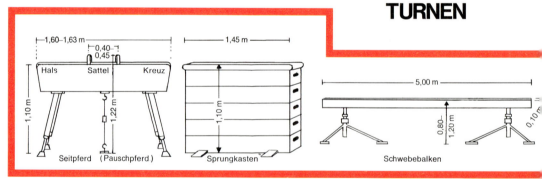

Das Seitpferd-Turnen, hier eine Schere, ist eine der schwierigsten Disziplinen des Kunstturnens

terrichtsveranstaltungen ab oder betreuen Arbeitsgruppen.
Tutti [das; ital., „alle"], *Musik:* der Einsatz aller Instrumente oder Stimmen im Gegensatz zum *Solo* oder zu dem in der Barockmusik gebräuchl. *Concertino* (dem Spiel nur einiger Instrumente).
Tutticorin, *Tuttukkudi,* südind. Hafenstadt am Golf von Mannar im S von Tamil Nadu, 135 000 Ew.; Endpunkt der südind. Eisenbahn; Baumwollindustrie, Salzgewinnung.
Tuttifrutti [das; ital., „alle Früchte"], verschiedene rohe oder gekochte Früchte mit Keks u. Vanillecreme serviert.
tutti quanti [lat.], alles, ohne Ausnahme.
Tuttlingen, Kreisstadt in Baden-Württemberg, an der oberen Donau, 32 500 Ew.; Stahl-, Leder-, Textilindustrie, Herstellung medizinischer Instrumente. – Ldkrs. T.: 734 qkm, 110 000 Ew.
Tuttukkudi = Tutticorin.
Tutu [das; frz.], das kurze Tanzröckchen der Balletteuse; eingeführt von M. A. *Camargo.*
Tutuila, größte Insel von Amerikanisch-Samoa, bis 652 m hoch, 105 qkm, 22 500 Ew., mit der Hptst. Amerikan.-Samoas, *Pago Pago.*
Tutuola, Amos, nigerian. Erzähler, *1920 Abeokuta; märchenhafte Romane in engl. Sprache; Themen sind afrikan. Folklore u. moderne Technik.
Tutupaca, Andenvulkan in Südperu, 5806 m.
Tutzing, oberbayer. Gemeinde (Ldkrs. Starnberg), am Westufer des Starnberger Sees, 8900 Ew.; Schloß (19. Jh.), Ev. Akademie; Museum G. Frey (Entomologisches Institut).

Tuxer Alpen, Gruppe der Schieferalpen in Tirol, zwischen Wipp- u. Zillertal, im *Olperer* 3840 m, im *Lizumer Reckner* 2889 m.
Tuzgölü [tuzgœ'ly], salzreicher kleinasiat. See im Zentrum der anatol. Wüstensteppe, südöstl. von Ankara, 899 m ü.M., rd. 1700 qkm, bis 1 m tief, abflußlos, im S u. W versumpft.
Tuzla ['tuzla], jugoslaw. Stadt nördl. von Sarajevo, 55 000 Ew.; Braunkohlen- u. Salzabbau, Maschinenbau, Nahrungsmittelindustrie.
TV, Abk. für engl. *Television,* = Fernsehen.
Twa, die Buschmänner im N von Transvaal, Jäger u. Sammler; auch allg.: die Pygmäen Ostafrikas.
TWA, Abk. für →Trans World Airlines Inc.
Twain [twɛin] →Mark Twain.
Twardowskij, Alexander Trifonowitsch, sowjetruss. Schriftsteller, *21. 6. 1910 Zagorje bei Smolensk, †18. 12. 1971 Moskau; 1950–1954 u. 1958–1970 Chefredakteur der Literaturzeitschrift „Nowyj Mir", trat für eine Liberalisierung der Literaturpolitik ein, förderte A. *Solschenizyn;* verfaßte an die Volksdichtung angelehnte Verserzählungen; auch Lyrik u. Essays.
Tweed [twi:d; der; engl., nach dem Fluß T.], grobfädiges Wollgewebe, seltener Baumwoll- oder Chemiefasergewebe aus melierten, z. T. noppigen Garnen, ursprüngl. handgesponnen u. handgewebt (engl. *homespun*); strapazierfähig, für Mäntel- u. Kleiderstoffe, leichtere T. auch für Blusenstoffe.
Tweed [twi:d], zweitlängster Fluß in Schottland, 156 km, entspringt in den Southern Uplands, mündet bei *Berwick upon T.,* die engl.-schott. Grenze bildend, in die Nordsee.

Die Pirouette (¹/₁-Drehung um Körperlängsachse) aus einer Riesenfelge ist ein Übungsteil am Reck mit höchstem Schwierigkeitsgrad

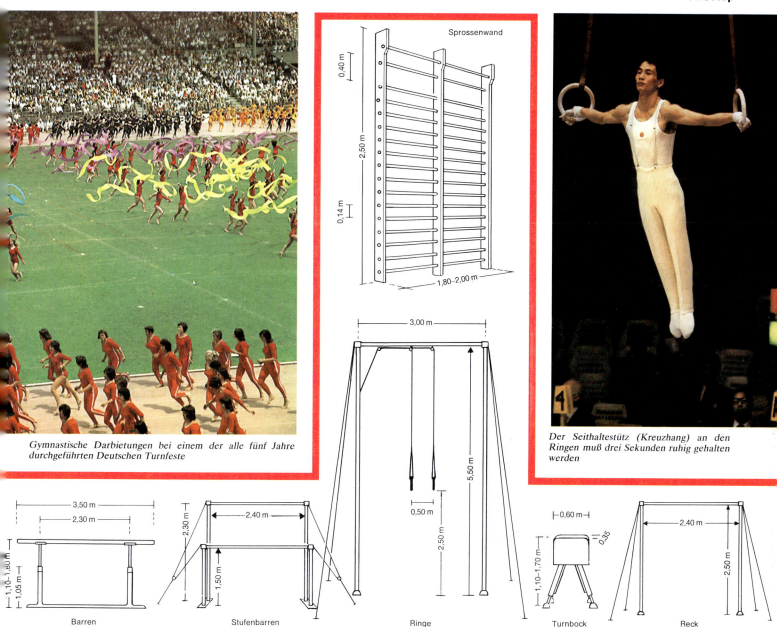

Gymnastische Darbietungen bei einem der alle fünf Jahre durchgeführten Deutschen Turnfeste

Der Seithaltestütz (Kreuzhang) an den Ringen muß drei Sekunden ruhig gehalten werden

Anmutig und graziös wirken die Übungen am Schwebebalken, die jedoch viel Körperbeherrschung und Gleichgewichtsgefühl erfordern

Ans Artistische grenzen die Leistungen der Turnerinnen auch am Stufenbarren, wie diese Schwungübung am oberen Holm beweist

Twente, sandige ostniederländ. Landschaft in der Prov. Overijssel, um Enschede u. Hengelo, mit T.-Kanal zur IJssel; Textilindustrie.

Twentieth Century Fox ['twentiəθ 'sɛntʃuri-], US-amerikan. Filmgesellschaft, 1935 durch Vereinigung der *Twentieth Century Films,* der *Fox Company* u. einer Produktionsgruppe der *United Artists* unter der Leitung von M. *Schenck* u. D. *Zanuck* entstanden.

Twer, bis 1931 Name der sowjet. Stadt →Kalinin.

Twickenham ['twiknəm], Teil der Stadtgemeinde *Hounslow* im SW der Agglomeration von London; bis 1964 selbständige Stadt in Middlesex, England.

Twide, die westl. Pygmäenstämme des trop. Afrika; *Bagielli, Bekwi* (in Gabun), *Batwa* u.a.

Twinset [der; engl.], Kombination von gleichfarbiger Strickjacke u. Pullover.

Twist [der; engl.] **1.** *Tanz:* moderner Tanz, bei dem sich die Tänzer kaum berühren, den Körper nach Rock'n'Roll-Rhythmen vor- u. zurückschwingen u. Hüften u. Schultern kreisen lassen; entstand unter dem Einfluß lateinamerikanischer Mambomusik auf den nordamerikan. Jazz.
2. *Textilien:* einfache, lose gedrehte Baumwollgarne *(Water-T., Mule-T., Medio-T.),* sowohl als Kett- als auch als Schußmaterial verwendbar; auch mehrfach gefachte Baumwollgarne.

Two Kettle ['tu:kɛtl], Unterstamm der Teton-Dakota-Indianer, Glied der Sieben Ratsfeuer.

Twostep ['tu:stɛp; der; engl.], schneller „Lauftanz", Abart des amerikan. *Foxtrotts;* gelangte als einer der ersten amerikan. Gesellschaftstänze um 1900 nach Europa.

Tyard [ti'ja:r], Pontus de, französ. Dichter, *1521 Bissy-sur-Fley, †23. 9. 1605 Bragny-sur-Saône; 1578 Bischof von Châlons-sur-Saône; gehörte zur Dichtergruppe der *Plejade*.

Tyche, griech. Göttin des Glücks u. des unberechenbaren Schicksals; →auch Fortuna.

Tycho, großes Ringgebirge auf der Südhalbkugel des Mondes, benannt nach Tycho *Brahe*; bemerkenswert durch das von ihm ausgehende Strahlensystem.

Tycho [grch., „Dämon, Gott des Zufalls"], männl. Vorname.

Tychon, *Tichon*, eigentl. Wasilij *Belawin*, russ. Patriarch, *19. 1. 1865 Toropez, Gouvernement Pskow, †7. 4. 1925 Moskau; wurde 1917 vom allruss. Konzil als erster Patriarch der russ.-orth. Kirche nach dem Ende ihrer Synodalperiode (1700/1721–1917) gewählt, geriet in die beginnenden Spannungen zwischen Kirche u. Staat u. die innerkirchl. Spaltungen, wurde verhaftet u. abgesetzt. Umstritten ist die Herkunft seines Testaments, das die Versöhnung von Kirche u. Staat auf der Grundlage der staatl. Forderungen empfiehlt.

Tychonisches Weltsystem, Planetensystem nach T. *Brahe*: Um die feststehende Erde bewegen sich Mond u. Sonne, die Planeten aber um die Sonne.

Tychon von Sadonsk, russ. Asket u. Schriftsteller, Heiliger, *1724 Korozk, Gouvernement Nowgorod, †13. 8. 1783 Kloster Sadonsk am Don; Bischof von Woronesch, lebte nach Amtsaufgabe 1767 in Sadonsk. Hptw.: „Vom wahren Christentum" (Einflüsse von J. *Arnd*); „Geistlicher Schatz".

Tyler ['tailə], Stadt in Texas (USA), 58800 Ew. (Metropolitan Area 79000 Ew.); Eisenwaren- u. Konservenindustrie, Erdölraffinerie.

Tyler ['tailə], Wat [„Walter der Ziegelbrenner"], engl. Bauernführer, †1381 (ermordet); marschierte an der Spitze aufständ. Bauern nach London u. erzwang von Richard II. Abschaffung der Überbesteuerung u. Leibeigenschaft sowie Agrarreformen; vom Londoner Bürgermeister wegen Bedrohung des Königs erstochen; die königl. Versprechungen wurden zurückgenommen.

Tympanalorgane →Gehörsinnesorgane von Insekten, entstanden aus →Chordotonalorganen.

Tympanon [das, Mz. *Tympana*; grch.], **1.** *Baukunst:* Bogenfeld über dem Türsturz eines Portals, in der mittelalterl. Kirchenarchitektur meist mit Reliefs gefüllt; bes. kunstvoll an französ. Kathedralen (Arles, Autun, Chartres) u. Kirchen in Dtschld.; läßt sich zurückführen auf das Giebelfeld griech.-röm. Tempel.

2. *Musik: Tympanum*, Pauke, Trommel, insbes. Handtrommel für den Dionysos- u. Kybelekult.

Tympanum [das; grch., lat.], *Trommelfell* →Gehörsinnesorgane, →Ohr.

Tympf, *Tynf*, nach dem Münzpächter Andreas *Timpff* benannte poln. Silbermünze des 17./18. Jh. (1 T. = 18 Groschen).

Tynan ['tainən], Katherine, irische Dichterin, *23. 1. 1861 Clondalkin, Dublin, †2. 4. 1931 Wimbledon; Lyrik, Romane, Kinderbücher u. Memoiren.

Tyndale ['tindəl], *Tindale*, William, engl. Theologe, *um 1494 Gloucestershire, †6. 10. 1536 (?) Vilvoorde bei Brüssel; flüchtete als Anhänger M. Luthers nach Dtschld., übersetzte u. verbreitete Luthers Schriften, wurde auf Veranlassung Heinrichs VIII. bei Brüssel hingerichtet; bedeutsam durch seine engl. Bibelübersetzung, die durch Miles *Coverdale* (*1488, †1569) vollendet wurde.

Tyndall ['tindəl], John, ir. Physiker, *2. 8. 1820 Leighlin-Bridge, †4. 12. 1893 Hind Head bei Haslemere; untersuchte u.a. Thermoelektrizität, Diamagnetismus, Wärmeleitfähigkeit von Gasen.

Tyndall-Effekt, von J. *Tyndall* gefundene Erscheinung, bei der eine Zerstreuung von Licht durch kleinste (kolloidale) Teilchen hervorgerufen wird. Blaues Licht wird stets stärker gestreut als rotes; darauf beruht die blaue Himmelsfarbe.

Tyne [tain], Fluß in Nordostengland, 130km; die beiden Quellflüsse *North T.* (52km, aus den Cheviot Hills) u. *South T.* (54km, aus der Pennine Chain) vereinigen sich bei Hexham zum T., der in die Nordsee mündet (ab Newcastle upon T. für Seeschiffe ausgebaut).

Tyne and Wear ['tain ənd 'wiə], großstädt. Grafschaft (Metropolitan County) in Nordostengland um Newcastle upon Tyne, 540 qkm, rd. 1,2 Mill. Ew.; Schiffbau, Eisen-, Elektro- u. chem. Industrie; Handelshäfen.

Tynemouth ['tainmauθ], Hafenstadt in Nordostengland, an der Mündung des Tyne in die Nordsee, 69000 Ew.; Werften, Lachsfängerei, Textilindustrie; Seebad.

Tynjanow, Jurij Nikolajewitsch, sowjetruss. Erzähler, *18. 10. 1894 Reschiza, †20. 12. 1943 Moskau; Mitbegründer der „formalen Methode" in der Literaturwissenschaft; biograph. Romane.

Typ [der; grch.] = Typus.

Type [die, Mz. *T.n*; grch.], **1.** *Buchdruck:* gegossener Buchstabe; →Lettern.

2. *umgangssprachl.:* komische Figur, sonderbarer Mensch; seltener Typ.

Typentheorie, *Mathematik u. Logik: Stufenlogik*, eine Theorie, die geschaffen wurde, um die Antinomien der →Mengenlehre auszuschließen. Die T. geht nach B. *Russell* u. A. M. *Whitehead* von der syntakt. Regel aus, daß in Aussagen sich immer nur Prädikate des gleichen Typs vertreten können. So ist z.B. in den Sätzen „Das Kleid ist blau" u. „Blau ist eine Farbe" das Individuum „Kleid" vom Typus 0, das Prädikat „blau" vom Typus 1 u. das Prädikat „Farbe" vom Typus 2. Der Satz „Das Kleid ist eine Farbe" wäre unsinnig, da „blau" u. „Farbe" nicht vom gleichen Typus sind. In der Mengenlehre haben Mengen 1. Stufe Elemente, die nicht selbst Mengen sind; Mengen 2. Stufe haben als Elemente Mengen 1. Stufe usw.

Typhaceae →Rohrkolbengewächse.

Typhus [grch.], *Bauchtyphus, T. abdominalis*, durch das *T.bakterium* mit Wasser, Milch u.a. Nahrungsmitteln übertragene Darminfektionskrankheit mit dem Charakter einer der Blutvergiftung ähnl. Allgemeinkrankheit. 3 Wochen nach der Ansteckung tritt langsam steigendes Fieber mit Kopfschmerzen, Abgeschlagenheit, Frösteln, belegter Zunge, vergrößerter Milz auf; innerhalb der 4. Woche erreicht das Fieber seinen Höhepunkt, auf dem es 8–14 Tage bleibt. Gleichzeitig treten kleinfleckiger Ausschlag auf der Bauchhaut *(Roseolen)*, Benommenheit, Durchfälle, aufgetriebener Leib auf. Daneben kann es zu Darmblutungen aus Darmgeschwüren kommen, die sich aus den anfängl. geschwollenen Lymphherden entwickelt haben; diese Darmblutungen oder auch Geschwürdurchbrüche in die Bauchhöhle mit Bauchfellentzündung können den Tod herbeiführen. In der 4. Krankheitswoche heilen die Geschwüre, das Fieber fällt langsam, u. auch alle anderen Erscheinungen bilden sich zurück. Rückfälle kommen vor, ebenso starke Abweichungen vom typ. Verlauf. Jeder Verdacht, Krankheits- u. Todesfall ist dem Gesundheitsamt zu melden.

Typik [grch.] →Typologie (1).

Typisierung →Normung.

Typograph [der; grch.], eine →Setzmaschine.

typographisches Punktsystem, Maßsystem für das Setzmaterial im Hochdruck; vorgebildet von P. S. *Fournier* 1764; zu Beginn des 19. Jh. von F. A. *Didot* (Paris) weiterentwickelt. Einheit ist der *typograph. Punkt*. Ein Punkt ist der 2660ste Teil eines Meters oder 0,376 mm. Seit dem 1. 1. 1978 gilt nur noch das metrische System.

Typologie [grch.], **1.** *Biologie: Typik, Typenlehre*, Wissenschaft von den Typen; anschaul. oder begriffl. Unterscheidung von Modell- oder Grundformen. Nach G. *Cuvier* ist das Tierreich in 4 Typen (Hauptzweige) aufgeteilt, deren Baupläne unabhängig voneinander bestehen, entgegen der Anschauung, daß für das gesamte Tierreich ein Bauplan maßgebend sei.

2. *Psychologie:* der Versuch, die Vielfalt menschl. Ausprägungsformen in Typen einzuteilen. Der *Typus* repräsentiert eine Gruppe von Menschen, die bestimmte Persönlichkeitsmerkmale gemeinsam haben. Die jeweilige T. hängt davon ab, von welchem typenkonstituierenden Merkmal man ausgeht. In der Antike bildete die pseudophysiologische Lehre von den →Temperamenten *(Sanguiniker, Choleriker, Melancholiker, Phlegmatiker)* den Ansatzpunkt für die Unterscheidung, bei C. G. Jung das Verhältnis zur Außenwelt *(Extravertierte, Introvertierte)*, bei E. Spranger die Werthaltung (→Lebensformen), bei E. Kretschmer die →Konstitution *(Pykniker, Athletiker, Leptosome)* bzw. das Gemüt *(Schizothymie, Zyklothymie)*. – ⊡1.5.3.

3. *Theologie:* die Lehre, die einer Person, einer Sache oder einem Ereignis des A.T. eine vorbildl. Bedeutung für das N.T. zuerkennt; so entspricht z.B. Adam Christus (dem neuen Adam), die Sintflut der Taufe.

4. *Vorgeschichte:* Methode zur Datierung von Fundgegenständen aufgrund einer bestimmten, auch formenkundlich sich äußernden Gesetzmäßigkeit; als alleinige Methode umstritten.

Typoskript [grch. + lat.] →Manuskript.

Typung [grch.], *Typisierung* →Normung.

Typus [der, Mz. *Typen*; grch.], Gepräge, Muster, Grundform, Bauplan. Man unterscheidet *Durchschnittstypen*, wie in der Biologie, Zusammenfassungen aller Organismen, die infolge gleicher Abstammung in den Grundzügen der Organisation übereinstimmen, u. *Idealtypen*, die die kennzeichnenden Merkmale in einem höchsten Grad darstellen, z.B. die Typen der Geisteswissenschaften u. der Psychologie (→Typologie). Bei *Platon* sind die Ideen Urbilder *(Archetypen)*, die in den Abbildern *(Ektypen)* der sinnl. Erscheinungen vervielfältigt sind. Dies entspräche z.B. dem Verhältnis der geschnitzten oder gegossenen „Typen" zu den gedruckten. Im Unterschied zum allg. Charakter des →Begriffs ist der T. anschaulich u. individuell. Er wird intuitiv erfaßt oder von Gegebenheiten abgeleitet, kann aber auch fingiert u. konstruiert werden *(Modell)*. Typenerkenntnis *(Typik, Typologie)* bildet die Grundlage aller Wissenschaften, da sie eine Ordnung der Mannigfaltigkeit des Materials erlaubt. Man spricht auch von *typischen Abläufen* (z.B. in der Entwicklungsgeschichte, bei Krankheiten; Gegensatz: *atypisch*). Die Vererbungslehre unterscheidet *Geno-T.* (den durch die Erbanlagen bestimmten T.) u. *Phäno-T.* (den in der Entwicklung „erscheinenden" T.).

Tyr [skand.], bei den Angelsachsen *Tiw*, im Süden *Ziu*, german. Rechts- u. Kriegsgott (ursprüngl. wohl höchster Himmelsgott).

Tyrann [grch.], herrschsüchtiger Mensch; bei den alten Griechen ein illegal zur Herrschaft gekommener Regent; die T.en der griech. Stadtstaaten waren teilweise vorbildl. Herrscher.

Tyrannen, *Tyrannidae*, eine sehr artenreiche amerikan. Familie vielgestaltiger *Sperlingsvögel*, die dort die ökolog. Rolle der altweltlichen *Fliegenschnäpper* einnehmen.

Tyrannenmord, die Ermordung eines Gewaltherrschers als letztes Mittel (ultima ratio) zur Wiederherstellung der Freiheit. Zum klass. Muster wurde in der europ. Geschichte der Anschlag von *Harmodios* u. *Aristogeiton* auf den athen. Tyrannen *Hippias* 514 v.Chr. →auch Monarchomachen.

Tyrnau, slowak. *Trnava*, Stadt in der südwestl. Slowakei, an der T., nordöstl. von Preßburg, 37000 Ew.; got. Niklasdom (14. Jh.), Jesuitenkirche (17.–18. Jh.), Universität; Metall-, Zucker-, Schokoladenindustrie; nahebei Atomkraftwerk.

Tyrone [ti'rəun], irisch *Tir Eoghain*, Grafschaft im westl. Nordirland, 3266 qkm, 139000 Ew.; Hptst. *Omagh* (10400 Ew.).

Tyros [grch.], lat. *Tyrus*; phöniz. *Sor*, *Sur* [„Mauer"], heute *Sur*, im Altertum neben Sidon seit 1200 v.Chr. mächtigste Handelsstadt Phöniziens, ursprüngl. auf einer Felseninsel vor der Mittelmeerküste gelegen; stand unter König *Hiram I.* auf der Höhe seiner Macht. Von T. aus wurden zahlreiche Kolonien im Mittelmeerraum gegründet, darunter *Karthago*. T. bewahrte trotz wiederholter assyr. Angriffe seine Unabhängigkeit u. blieb auch nach der Eroberung durch *Alexander d. Gr.* autonom. In der röm. Kaiserzeit Provinz-Hptst., 1124–1291 in den Händen der Kreuzfahrer, dann unter ägypt. Herrschaft; seitdem bedeutungslos.

Tyrosin, *p-Oxyphenylalanin*, eine aromat. Aminosäure, die sich in fast allen Eiweißkörpern findet, bes. im Seidenfibroin u. im Käse. Ein Derivat des T.s ist das *Thyroxin*.

Tyrrhener, griech. Name der →Etrusker.

Tyrrhenisches Meer, ital. *Mare Tirreno*, Teil des Mittelländ. Meers zwischen Italien u. den Inseln Elba, Korsika, Sardinien u. Sizilien, rd. 240000 qkm, bis 3758 m tief.

Tyrtaios, *Tyrtäus*, griech. Dichter des 7. Jh. v.Chr.; seine Elegien mahnten die spartan. Jugend zur Tapferkeit; nur Fragmente erhalten.

Tyssestrenge, Wasserfall in Hordaland (Norwegen) am Ostufer des Sörfjords; hat eine Fallhöhe von 300 m.

Tytgat ['tɛitxat], Edgard, belg. Maler u. Illustrator, *28. 4. 1879 Brüssel, †11. 1. 1957 Woluwe-Saint-Lambert; anfängl. vom französ. Spätimpressionismus u. von J. *Ensor* beeinflußt, entwickelte dann einen formvereinfachenden Stil in Verbindung mit Holzschnittarbeiten. Figurenszenen, Interieurs, Landschaften u. Porträts.

Tzara [tsa'ra], Tristan, französ. Lyriker rumän. Herkunft, *16. 4. 1896 Moinești, †25. 12. 1963 Paris; war 1916 in Zürich Mitbegründer des *Dadaismus* u. Hrsg. der Zeitschrift „Dada", ging 1919 nach Paris, wo er sich dem Surrealismus anschloß.

u, U, 21. Buchstabe des dt. Alphabets, Selbstlaut, bis ins 17. Jh. auch konsonantisch für V.
U, chem. Zeichen für *Uran.*
u.a., 1. Abk. für *unter anderem.*
2. Abk. für *und anderes.*
UAM, Abk. für frz. *Union Africaine et Malgache,* Afrikanisch-Madagassische Union, bestand 1961–1964; →OCAM.
Uaxactún [waxak-], nördl. von Tikal im Petén-Gebiet (Guatemala) gelegene frühe Ruinenstätte der Maya, seit 328 n.Chr. besiedelt; Architekturreste mit großen Masken.
Übach-Palenberg, Stadt in Nordrhein-Westfalen (Ldkrs. Heinsberg), nördl. von Aachen, 23 000 Ew.; Glas- u. a. Industrie.
U-Bahn, Kurzwort für →Untergrundbahn.
Ubangi, rechter Nebenfluß des Kongo, rd. 2350 km, entsteht in der *Asandeschwelle* aus *Bomu* u. *Uele (Makua),* mündet bei Liranga unterhalb von Mbandaka; ab Bangui ganzjährig schiffbar.
Ube, japan. Stadt in Westhonschu, östl. von Schimonoseki, 153 000 Ew.; chem. Industrie, Ölraffinerie, Hafen.
Uberaba, Stadt im W von Minas Gerais (Brasilien), 108 600 Ew.; landwirtschaftl. Industrie.
Überalterung, *Vergreisung,* bevölkerungsstatist. Begriff: Infolge sinkender Geburtenzahl bei Erhöhung der Lebenserwartung nimmt der Anteil der alten Leute im Vergleich zur Gruppe der Erwerbstätigen u. Heranwachsenden außerordentlich zu.
Überbau, 1. *Ideologie:* nach Auffassung des Marxismus die Gesamtheit der polit., religiösen, philosoph. u. wissenschaftl. Vorstellungen bzw. Verhältnisse, die von der sozialökonom. *Basis* bestimmt sind.
2. *Recht:* versehentliches (ohne Vorsatz oder grobe Fahrlässigkeit) Bauen über die Grenze des eigenen Grundstücks. Der Nachbar muß den Ü. dulden, wenn er nicht vor oder sofort nach Überschreitung der Grenze Widerspruch erhoben hat, kann aber als Entschädigung eine Geldrente u. ggf. Schadensersatz verlangen (§ 912 BGB).
Überbein, *Ganglion,* harter, schwer verschieblicher Knoten, bes. häufig am Handrücken in der Nähe des Handgelenks, gelegentl. auch am Fußrücken u. in der Kniekehle.
überblasen, bei Blasinstrumenten Obertöne durch stärkeres Anblasen hervorbringen.
überblenden, zwei Filmszenen derart ineinanderfügen, daß die eine langsam verschwindet u. gleichzeitig die nächste allmähl. sichtbar wird. Hierzu wird bei der Aufnahme das Szenenende langsam zugeblendet (Blende, Sektorenöffnung oder 2 Polarisationsfilter), der Film bis zum Beginn der Abblendung zurückgespult u. hierauf der nächste Szenenanfang, langsam aufgeblendet, noch einmal aufgenommen. Der Berufsfilm fügt Überblendungen meist während des Kopierverfahrens ein. In der *Tontechnik* erfolgt Ü. von Tonaufzeichnungen sinngemäß mit dem Mischpult im Schneidetisch (Mixer).
Überbrettl, *Das Ü.,* von O. J. *Bierbaum* angeregtes u. von E. Frhr. von *Wolzogen* 1901 in Berlin gegründetes literar. Kabarett (nach dem *Brettl,* ursprüngl. Bühne der Bänkelsänger).
Überbruch, *Bergbau:* = Aufhauen.
Überbrückungskredit, Kredit zur Deckung außergewöhnl. Bedarfs an Umlaufvermögen (kurz-

fristig; z.B. Betriebsmittel- u. Rohstoffbedarf für einen größeren Auftrag) oder zu Sanierungszwekken (langfristig).
Überchlorsäure →Chlorsauerstoffsäuren.
Überdruckmarken, durch Überdrucken mit neuer Wertangabe oder sonstigen Zeichen (z.B. Posthorn) wiederbenutzbare Postwertzeichen, die bereits außer Kurs gesetzt waren; Notlösung z.B. vor der Währungsreform 1948.
Übereignung, der Übergang (die Übertragung) des →Eigentums (Erwerb des Eigentums).
Überempfindlichkeitsreaktion →Allergie.
Überfall, 1. *bürgerliches Recht:* Früchte, die auf Nachbargrundstücke hinüberfallen, gelten als Früchte dieser Grundstücke, wenn das Nachbargrundstück nicht dem öffentl. Gebrauch dient (§ 911 BGB).
2. *Strafrecht:* →Körperverletzung, →Raub.
3. *Wasserbau:* Abflußvorgang über ein Wehr. Der Ü. ist unvollkommen, wenn der Unterwasserspiegel so hoch ist, daß der Abflußvorgang beeinträchtigt wird.
Überfallkommando, herkömmliche Bez. für die zum sofortigen Einsatz bereitgehaltenen motorisierten Polizeivollzugsbeamten, die gegen drohende oder gerade begangene Verbrechen u. Vergehen am Tatort einschreiten. Für die schnelle Benachrichtigung sind den Ü.s bes. Fernsprechrufnummern vorbehalten (in der BRD meist: 110).
Überfangglas, gewöhnl. Glas, dem eine etwa 0,1 mm dicke Schicht eines stark gefärbten Glases aufgeschmolzen ist. Die Dicke des Ü.es ergibt den Farbton. Durch Ausschleifen lassen sich künstler. Wirkungen erzielen. →Kunstglas.
Überfremdung, übermäßige Zunahme Heimatfremder in einem Gebiet; heute insbes. polit. Schlagwort in der schweizer. Innenpolitik, das vor allem von der *Nationalen Aktion gegen die Ü. von Volk und Heimat* (→Nationale Aktion) gebraucht wird; gemeint ist in erster Linie der große Ausländeranteil in der Schweiz, namentl. der Zuzug südeurop. Gastarbeiter. Zur derartige Folgen hervorrufenden Ü. wird aber auch der Übergang wirtschaftl. Unternehmungen in ausländ. Eigentum sowie die erhebl. Zunahme von Grundstückskäufen durch Ausländer gerechnet.
Überfruchtwechsel, eine Fruchtfolge, die zwei-, seltener auch mehrmalige Folge von Hackfrüchten hintereinander vorsieht, ehe wieder Getreide folgt.
Übergangsrecht, *intertemporales Recht,* Regelung der Anwendung von Rechtsvorschriften mit verschiedenem, bes. aufeinanderfolgendem zeitlichem Geltungsbereich (dagegen →internationales Recht).
Übergangsriten →Rites de passage.
Übergangswahrscheinlichkeit, *Quantenphysik:* die Wahrscheinlichkeit für den Übergang aus einem Quantenzustand in einen anderen (z.B. bei der Emission von Licht durch ein Atom). Die Berechnung von Ü.en ist eine der wichtigsten Aufgaben der Quantentheorie. Die Aussage, daß z.B. für ein Atom die Ü. pro sek $1/2$ beträgt, bedeutet für das Experiment, daß von sehr vielen Atomen die Hälfte in 1 sek den Übergang ausführt.
übergesetzlicher Notstand, von der dt. Rechtsprechung entwickelter, auf dem Prinzip der Güterabwägung beruhender Rechtfertigungsgrund;

seit dem 2. 1. 1975 gesetzl. geregelt (§ 34 StGB). →Notstand.
Überglasurmalerei, keram. Dekorationsverfahren mit *Aufglasurfarben.*
Übergossene Alm, einziger Plateaugletscher der Ostalpen, in den Salzburger Kalkalpen, 2941 m.
Überhälter, Bäume, die beim Schlagen eines hiebsreifen Hochwalds belassen u. erst nach einer weiteren Umtriebszeit genutzt werden.
Überhang, das Eindringen von Wurzeln oder Zweigen vom Nachbargrundstück, durch das der Gebrauch des eigenen Grundstücks beeinträchtigt wird. Die Wurzeln u. (nach Ablauf einer dem Nachbarn zu ihrer Beseitigung gesetzten Frist) auch die Zweige können vom Eigentümer abgeschnitten u. behalten werden (§ 910 BGB). – Ebenso in Österreich, auch ohne Fristsetzung (§ 422 ABGB). Ähnl. auch in der Schweiz, doch bedarf es in allen Fällen einer Fristsetzung; duldet aber ein Grundeigentümer das Überragen von Ästen auf bebauten oder überbauten Boden, so hat er ein Recht auf die daran wachsenden Früchte; für aneinander angrenzende Waldgrundstücke gelten diese Vorschriften nicht (Art. 687 ZGB).
Überhangmandat →Wahlsystem.
Überhauen, *Bergbau:* → Aufhauen.
Überhitzer = Dampfüberhitzer.
Überhöhung, 1. *Kartographie:* Darstellung der Höhen u. Tiefen auf Reliefs, Reliefgloben u. in Profilen in einem größeren Maßstab, als er für die horizontalen Verhältnisse gebraucht wird.
2. *Straßenbau:* bei den Kurven von Straßen, Rennstrecken, Bahnkörpern die zur Aufnahme der Fliehkraftwirkung einseitig nach innen gerichtete Querschnittneigung.
Über-Ich, nach S. *Freud* eine psych. Kontrollinstanz des Ich, die sich aus der Verinnerlichung zunächst der elterl., dann der gesellschaftl. Forderungen, Verbote u. Normen bildet u. in Form einer *Zensur* wirksam ist. Freud sah das *Gewissen* als eine Funktion des Ü.s.
Überkapitalisierung, zu große Ausstattung eines Unternehmens mit *Kapital* im Verhältnis zum Kapitalbedarf; mindert die Rendite.
Überkippung, *Geologie:* Aufrichtung von Schichten über 90°, so daß älteres Gestein über jüngerem liegt *(inverse Lagerung).*
Überkompensation →Kompensation (4).
Überkopflader, ein Fahrlader mit fester oder kippbarer Schaufel. Zum Entleeren der Ladung genügt einfaches Hin- u. Herfahren.
Überlagerung, allg. die Addition von zwei oder mehr physikal. Wirkungen, z.B. von Kräften im Kräfte-Parallelogramm oder -Polygon (→Kraft) oder Schwingungen bzw. Wellen (→Interferenz).
Uberlândia, Stadt im Westzipfel von Minas Gerais (Brasilien), 110 500 Ew.
Überlandpost, Beförderung von Postsendungen mit Kraftfahrzeugen.
Überlandzentrale, *Überlandwerk,* ein Elektrizitätswerk, das ein größeres Gebiet versorgt.
Überlastungsschaden, Sammelbegriff für Sportschäden, die als Folge sportl. Überbeanspruchung am Bewegungsapparat auftreten können.
Überlauf, 1. *Datenverarbeitung:* Überschreitung eines begrenzten Zahlenbereichs in elektron. Rechenmaschinen.
2. *Grund- u. Wasserbau:* Entlastungsbauwerk von Staustufen u. Talsperren.

Überläufer, *Jagd:* Wildschweine im 2. Lebensjahr (Ü.-Keiler u. Ü.-Bache).
Überlingen, Stadt in Baden-Württemberg (Bodenseekreis), am Nordostufer des *Überlinger (Boden-)Sees,* 18500 Ew.; got. Münster (14./16. Jh.), Franziskanerkirche (14. Jh.), Rathaus (15. Jh.) mit Pfennigturm; Luft- u. Kneippkurort; Weinbau; ehem. Reichsstadt. In der Nähe die *„Heidenlöcher",* vorgerman. Höhlenwohnungen.
Übermalung, Wiederverwendung einer bereits bemalten Leinwand; die Ü. kann durch *Restaurierung* beseitigt werden. Teilweise Ü. auch künstler. Gestaltungsmittel A. →Rainers.
Übermangansaures Kalium, frühere Bez. für *Kaliumpermanganat* (→Kalium).
Übermensch, seit *Nietzsche* Schlagwort für einen neuen, höheren Typus des Menschen, der in absolutem Selbstsein alles Verlogene, Krankhafte u. Lebensfeindliche überwindet.
Übermikroskop, veraltete Bez. für Elektronenmikroskop.
Übername, *Spitzname, Neckname,* niederdt. *Ekel-, Ökelname,* Beiname für eine Person oder Personengruppe, einen Ort u. seine Bewohner, einen Stamm oder ein Volk nach einer dem Namengeber auffallenden Eigenheit, einem anekdot. Vorgang oder aus bloßem Spieltrieb (hauptsächl. durch Verdrehung, Verstümmelung, Übersetzung des wirkl. Namens). Er kann rein sachlich, anerkennend, kosend, aber auch spottend, beleidigend gemeint sein. Ein großer Teil unserer →Familiennamen ist aus Ü.n hervorgegangen.
übernatürlich, in der kath. Glaubenslehre das, was über die Natur hinausragt *(Übernatur)*; i. e. S. was unmittelbar der in Christus gegründeten Erlösungs- u. Heilsordnung angehört.
überoptimale Attrappe →Auslöser.
Überprägung, die Verwendung einer Münze als Schrötling für eine neue Prägung. Ü.en sind bereits aus der Antike bekannt u. können in der Numismatik für Datierungsfragen ausgewertet werden.
Überreichweite, *Funktechnik:* Ausbreitung von UKW- u. dm-Wellen über den opt. Horizont hinaus infolge von Streuprozessen an der unteren Ionosphäre; UKW- u. Fernsehsender können sich durch Ü.n-Ausbreitungen gegenseitig stören.
Überriesen, rote Riesensterne mit überdurchschnittl. großem Durchmesser u. kleiner Dichte, z. B. *Beteigeuze* (α Orionis) mit 600fachem Sonnendurchmesser.
Übersättigung, Zustand von Gasen, Dämpfen (übersättigte Dämpfe), der entsteht, wenn gesättigte Dämpfe abgekühlt (unterkühlt) werden. Sie enthalten mehr an Dampf, als der betreffenden Temperatur entspricht; Ü. (Unterkühlung) ruft die →Kondensation hervor. Bei Ü. der Luft mit Wasserdampf tritt Nebel- u. Niederschlagsbildung auf. Ü. von Lösungen →Lösung.
Überschallflugzeug, Flugzeug für Geschwindigkeiten, die größer sind als die Fortpflanzungsgeschwindigkeit des Schalls.
Überschallgeschwindigkeit, eine Geschwindigkeit, die größer ist als die Schallgeschwindigkeit (→Schall). Der Übergang von normaler zu Ü. bringt grundlegende Änderungen der Strömungsverhältnisse mit sich. Während sich bei Unterschallgeschwindigkeit die Schallwellen nach allen Richtungen hin ausbreiten, bleiben sie bei Ü. in einem Kegel *(Machscher Kegel)* hinter dem Körper zurück. Ein Flugzeug wird also erst gehört, wenn es schon vorbeigeflogen ist. Der Luftwiderstand ändert sich beim Übergang zur Ü. um ein Vielfaches *(Schallmauer)*, der Körper erfährt also einen harten Stoß. →auch Überschallflugzeug.

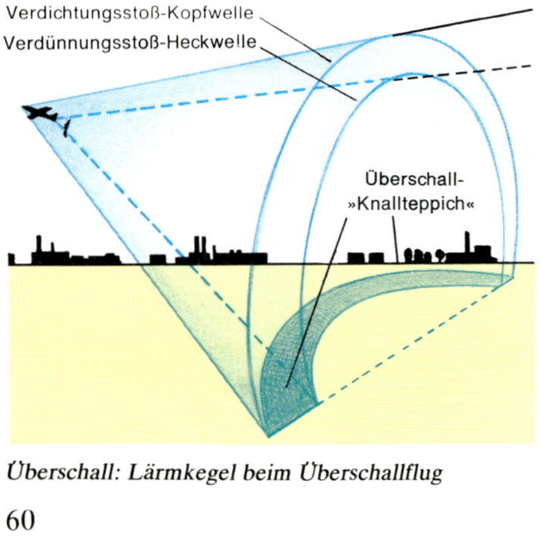

Überschall: Lärmkegel beim Überschallflug

Überschallknall, die akust. Erscheinung, die bei einem mit Überschallgeschwindigkeit durch ein Gas bewegten Körper auftritt. Das verdrängte Gas verursacht einen Druckanstieg, der sich mit Schallgeschwindigkeit fortpflanzt. Da sich der Körper mit Überschallgeschwindigkeit bewegt, erfolgt die Druckimpuls-Erzeugung schneller als die Druckimpuls-Fortpflanzung. Dadurch entsteht ein vom bewegten Körper ausgehender sprungartiger Druckanstieg (Verdichtungsstoß), der sich mit dem Körper fortbewegt u. vom Ohr als Knall wahrgenommen wird. →auch Schallmauer.
Überschiebung, *Geologie:* eine meist durch Faltung bewirkte Übereinanderschiebung von Schichten entlang einer geneigten *Ü.sfläche,* wodurch eine Wiederholung der Schichtfolge in der Senkrechten stattfindet; hierbei liegt oft Älteres über Jüngerem.
Überschlag, Turnübung, bei der eine ganze Drehung um die Breitenachse vollzogen wird. → Salto.
Überschuldung, liegt vor, wenn die Verbindlichkeiten einer Unternehmung oder einer Person den Gesamtwert ihrer Vermögensgegenstände überschreiten. Juristische Personen (bes. AG u. GmbH) müssen bei Ü. Antrag auf *Konkurs* oder gerichtliches *Vergleichsverfahren* stellen. Für Nachlässe ist Ü. Grund für den *Nachlaßkonkurs.*
Überschwängerung, *Superfecundatio,* bei Haustieren beobachtete Erscheinung von zwei sich zeitlich überlappenden Trächtigkeiten.
Überschwefelsäure, *Peroxo(mono)schwefelsäure, Carosche Säure,* H_2SO_5, Oxydationsmittel (spaltet leicht Wasserstoffperoxid ab). Die Salze der Ü. sind die *Peroxomonosulfate.*
Überschwemmung, Überflutung von Land bzw. Landstücken mit Wasser. Im Strafrecht der BRD wird das Herbeiführen einer Ü. bestraft, wenn sie zu einer →Gemeingefahr für Menschenleben oder für fremdes Eigentum geführt hat (§§ 312 ff. StGB).
Überschwergewicht, *Superschwergewicht,* eine der →Gewichtsklassen in der Schwerathletik.
Überseedepartements [-depart'mã:s; frz.], *Départements d'Outre-Mer,* seit 1946 die einstigen französ. Kolonien Martinique, Guadeloupe, Réunion, Französ.-Guayana u. seit 1976 Saint-Pierre-et-Miquelon. Die Ü. gelten als Teil des Mutterlands.
Überseefunk, Kurzwellen-Funkdienst zwischen festen Punkten zur Übertragung von Ferngesprächen, Telegrammen, stehenden Bildern u. Rundfunkprogrammen. Der Ü. wird heute immer mehr durch den kommerziellen Satellitenfunk ersetzt.
Überseeprovinzen, die →portugiesischen Überseegebiete.
Überseeterritorien, *Territoires d'Outre-Mer,* 1946–1958 die meisten französ. Kolonien; ihre Einwohner galten als französ. Bürger. Seit die meisten Gebiete zwischen 1958–1960 u. später unabhängig wurden, sind Ü. nur noch der Inselbesitz Frankreichs in Ozeanien (Französ. Polynesien, Neukaledonien, Wallis u. Futuna), die Insel Mayotte in der Gruppe der Komoren sowie Terres Australes et Antarctiques Françaises. Die Ü. haben Teilautonomie.
Übersetzung, 1. *Literatur:* Übertragung eines Textes in eine andere Sprache. – 📖 3.0.2 u. 3.8.1.
2. *Maschinenbau:* das Verhältnis der Drehzahlen zweier Räder, Wellen, der Kräfte hydraul. Pressen u. ä.; bei Rädern gleich dem Verhältnis der Zähnezahlen, bei Riemenscheiben gleich dem der Durchmesser. – Auch Bez. für das Verhältnis der Spannungen bei einem Transformator.
Übersetzungsmaschine, bes. programmierte elektron. Datenverarbeitungsanlage zur Übersetzung des Inhalts gedruckter Texte von einer Sprache in eine andere. Die 1. Stufe des Übersetzungsverfahrens besteht gewöhnl. in einer Wort-für-Wort-Übersetzung des Ausgangstextes ohne Berücksichtigung von Flexionsendungen u. unter Beibehaltung der Wortstellung. Die 2. Stufe leistet, falls erwünscht, eine genauere Interpretation des Ausgangstextes, indem sie einige grammat. u. semant. Mehrdeutigkeiten aufzulösen sucht, erstere z. B. durch Bildung einer Zwischensprache, letztere z. B. durch Spezialwortspeicher für bestimmte Gebiete. Die grundlegenden Gedanken stammen von dem Engländer A. D. *Booth* (1946) u. dem Amerikaner W. *Weaver* (1949). – 📖 3.8.1.
Übersichtigkeit, *Hypermetropie, Hyperopie,* früher *Weitsichtigkeit,* ein Brechungsfehler des Auges infolge eines Mißverhältnisses zwischen der Brechkraft der Linse u. der Länge des Augapfels; entweder (meistens) ist dieser zu lang: *Achsen-Ü.,* oder die Brechkraft ist zu gering: *Brechungs-Ü.* In beiden Fällen liegt der (gedachte) Vereinigungspunkt paralleler Strahlen erst hinter der Netzhaut, u. das entstehende Bild ist unscharf. Die Korrektur der Ü. erfolgt durch Konvexgläser. Eine altersbedingte Form der Ü., u. zwar eine Brechungs-Ü., ist die *Presbyopie* oder →Alterssichtigkeit.
Überspannung, *Elektrotechnik:* größere Spannungserhöhung (Spannungsspitze) in Hochspannungsnetzen, die Maschinen u. Leitungen gefährdet. Ü. entsteht durch atmosphärische Einflüsse (Blitzschlag), Kurz- u. Erdschlüsse, Resonanz u. a.; tritt oft als Wanderwellen auf. *Ü.sschutz* durch Ü.sableiter, Löschfunkenstrecken u. a.
Übersprungverhalten, *Übersprungbewegung, Übersprunghandlung,* Fachausdruck der Verhaltensforschung für Bewegungsweisen, die in Konfliktsituationen völlig aus ihrem normalen Zusammenhang gerissen auftreten. Im Konflikt zwischen Angriff u. Flucht steckt z. B. der Säbelschnäbler vor einem Rivalen den Kopf wie zum Schlafen unter die Flügel. Auch viele sog. „Verlegenheitsbewegungen" höherer Tiere u. des Menschen (Putzbewegungen, Griff zur Krawatte) sind Ü. Ü. kann durch →Ritualisation eine neue Funktion erhalten. – 📖 9.3.5.
Überstunden, *Überarbeit,* Arbeit, die die durch Tarifvertrag, Betriebsvereinbarung oder Einzelarbeitsvertrag festgelegte Arbeitszeit überschreitet.
über Tage, *Bergbau:* an der Erdoberfläche.
Übertrag, *Buchführung:* die Wiederholung der Summe einer Spalte am Ende einer Seite auf der folgenden Seite zur Fortsetzung der Addition.
übertragbare Krankheiten, →Seuchen u. a. Krankheiten, deren Bekämpfung im *Gesetz zur Verhütung und Bekämpfung übertragbarer Krankheiten beim Menschen* vom 18. 7. 1961 in der Fassung vom 18. 12. 1979 *(Bundes-Seuchengesetz)* geregelt ist. Das Gesetz sieht eine Meldepflicht für Krankheitsfälle vor (→meldepflichtige Krankheiten). – 📖 4.2.7.
Übertrager, *Nachrichtentechnik:* Transformator für Tonfrequenzen; zur Anpassung verschiedener Verstärkerstufen u. zur verlustarmen Übertragung der Leistung an den Verbraucher.
Übertragung, *Recht:* die Ü. von Rechten von einer Person auf eine andere (z. B. *Übereignung*), auch die Ü. der rechtsetzenden Gewalt von den Organen der Gesetzgebung auf andere Organe durch deren *Ermächtigung,* z. B. zum Erlaß von Rechtsverordnungen.
Übertraining [-trei-], Rückgang sportl. Leistungen infolge dauernder Diskrepanz zwischen Leistungsfähigkeit u. Beanspruchung beim Training.
übertreiben, *Bergbau:* bei der Schachtförderung mit dem Förderkorb über die Hängebank hinaus in den Förderturm hineinfahren. Das Ü. kann Schäden am Förderturm, Seilriß u. ä. verursachen; zur Sicherung dient der →Fahrtregler.
Übertretung, bis 31. 12. 1974 leichteste Form einer strafbaren Handlung in der BRD u. im *österr.* Strafgesetz. Die seit 2. 1. 1975 geltende Neufassung des StGB der BRD u. das neue StGB Österreichs kennen den Begriff Ü. nicht mehr (Österreich: jetzt im Verwaltungsstrafrecht; BRD: gewisse frühere Ü.en sind jetzt →Ordnungswidrigkeiten). – In der *Schweiz* sind Ü.en die mit Haft oder Buße oder mit Buße (Geldbuße) allein bedrohten Straftaten (Art. 101 StGB).
Übervölkerung, *Zoologie:* übernormal gesteigerte Bevölkerungsdichte einer Tierart in einem begrenzten Gebiet. →Interferenz.
Überweisung, 1. *Bankbetriebslehre:* bargeldlose Zahlung im *Giroverkehr.*
2. *Zwangsvollstreckung:* die Übertragung einer Forderung des Vollstreckungsschuldners gegen einen Dritten an den Vollstreckungsgläubiger durch richterlichen *Ü.sbeschluß* aufgrund ihrer →Pfändung (§ 835 ZPO).
Überwinterung, die Fähigkeit von Tieren, das period. Absinken der Temperaturen in kalten u. gemäßigten Zonen zu überstehen. – Die Ü. kann erfolgen: 1. als klimat. bedingte *Tierwanderung* (z. B. Insekten, Fledermäuse, Vögel; →Vogelzug); 2. als *Winterruhe,* wobei kürzere Ruhephasen immer wieder durch Aktivitäten unterbrochen werden (Säuger, wie Eichhörnchen, Bären); 3. als echter *Winterschlaf,* bei dem Eigenwärme, Stoffwechsel u. Reizempfindlichkeit stark eingeschränkt sind. Winterschläfer sind z. B. viele →Warmblüter. Sie verhalten sich im Prinzip wie →wechselwarme Tiere, die in 4. *Kältestarre* verfallen.
Überzeugung, die durch eigenes Urteil gewonnene Einsicht; wichtig für den *Standpunkt* z. B. in Politik u. Religion.

Überzeugungstäter, der Straftäter, der sich aufgrund politischer, religiöser oder sittl. Überzeugungen für verpflichtet oder berechtigt hält, strafbare Handlungen zu begehen.
Überzieher, Herrenmantel.
Überzüchtung, eine durch züchter. Maßnahmen (bes. Inzucht) herbeigeführte übernormale Entwicklung bestimmter Anlagen u. Merkmale bei Pflanze u. Tier (z.B. Rennvermögen, Milchleistung, Mastfähigkeit).
Überzwerch, Wendelin, eigentl. Karl *Fuß*, Schriftsteller, *25. 11. 1893 Memmingen, †5. 3. 1962 Wilhelmsdorf bei Ravensburg; wurde durch Schüttelreime u. Mundartgedichte bekannt.
ubi bene, ibi patria [lat.], „wo es mir gutgeht, ist mein Vaterland" (nach *Cicero*).
Ubier, lat. *Ubii*, german. Volksstamm, siedelte im 1. Jh. v. Chr. zwischen Main u. Sieg; später von den Römern auf dem linken Rheinufer angesiedelt. Hauptort *Oppidum Ubiorum* (heute *Köln*).
Ubiquist [der; lat.], Organismenart ohne Bevorzugung eines bestimmten Lebensraums, daher häufig u. an vielen Standorten, aber nur selten auch weltweit verbreitet. →auch Kosmopolit.
Ubiquität [lat.], die Allgegenwart des erhöhten Christus, die kraft seiner Gottheit auch seinem verherrlichten Leib zukommt; von M. Luther gegenüber H. Zwingli u. J. Calvin vertretene Lehre zur Verteidigung der wirklichen Gegenwart Christi im Abendmahl.
üble Nachrede, die Behauptung oder Verbreitung nicht erweislich wahrer Tatsachen, die den Betroffenen verächtlich machen oder in der öffentl. Meinung herabwürdigen können; strafbar mit Geldstrafe oder mit Freiheitsstrafe bis zu einem Jahr, bei Begehung in der Öffentlichkeit durch Verbreitung von Schriften, Abbildungen oder Darstellungen mit Geldstrafe oder Freiheitsstrafe bis zu 2 Jahren, bei Begehung gegen eine im polit. Leben stehende Person aus mit ihrer Stellung zusammenhängenden Gründen mit Freiheitsstrafe von 3 Monaten bis zu 5 Jahren, sofern die ü. N. geeignet ist, ihr öffentl. Wirken erheblich zu erschweren (§§ 186, 187a Abs. 1 StGB). Bei →Wahrnehmung berechtigter Interessen unter Umständen straflos. →auch Beleidigung, Verleumdung, Verunglimpfung, Wahrheitsbeweis.
In der Schweiz wird wegen ü. r N. (auf Antrag des Verletzten) mit Gefängnis bis zu 6 Monaten oder mit Geldbuße bestraft, wer jemanden bei einem anderen eines unehrenhaften Verhaltens oder anderer Tatsachen, die geeignet sind, seinen Ruf zu schädigen, beschuldigt oder verdächtigt, u. derjenige, der eine solche Beschuldigung oder Verdächtigung weiterverbreitet (Art. 173 StGB). – In Österreich wird ü. N. nach § 111 StGB mit Freiheitsstrafe bis zu 6 Monaten oder mit Geldstrafe geahndet. Wird die Tat in einem Druckwerk, im Rundfunk oder in anderer einer breiten Öffentlichkeit zugänglichen Form begangen, so ist sie mit Freiheitsstrafe bis zu 1 Jahr oder Geldstrafe zu ahnden.
U-Boot, Abk. für →Unterseeboot.
Ubs Nuur, *Ubsa Nor*, abflußloser Steppensee in der nordwestl. Mongolei, bei Ulaangom, 759 m ü. M., rd. 2500 qkm.
Übung, 1. *allg.:* häufige, regelmäßige Wiederholung einer Tätigkeit, durch die die geistige u. körperl. Leistungsfähigkeit erhöht werden kann. Planmäßig eingesetzt wird die Ü. in Schule, Berufsausbildung u. im Sport. Als Heilmaßnahme (*Ü.stherapie*) zur Anpassung der Organe u. der Organtätigkeit durch dauernd sich steigernde Leistungen, z. B. Entspannungs-Ü.en, Geh-Ü.en.
2. *Hochschulen:* Hochschulunterricht, bei dem die Studierenden aktiv beteiligt oder (z. B. im Laboratorium) praktisch tätig sind.
Übungsgewinn, *Sport:* die quantitativ meßbare Verbesserung der individuellen Leistung durch Training.
Übungsstätten, zusammenfassende Bez. für Spiel-, Sport-, Gymnastik-, Turn- u. Schwimmhallen, Spiel- u. Sportplätze sowie Schulsportanlagen u. Freibäder.
Ucayali, Quellfluß des Amazonas in Peru, rd. 1950 km, entsteht in den Anden durch Vereinigung von *Apurimac* u. *Urubamba*, mündet bei Nauta; schiffbar ab Pucallpa.
Uccello [u'tʃɛlo], Paolo, eigentl. P. di *Dono*, italien. Maler, *um 1397 Pratovecchio bei Arezzo, †10. 12. 1475 Florenz; Wegbereiter u. einer der ersten Hauptmeister der florentin. Frührenaissance. U. vereinigte die Linearität der nachlebenden Gotik mit perspektivischer, auf Naturbeobachtung gegründeter Konstruktion u. verlieh den Kompositionen dramat. Kraft, den Figuren voluminöse Körperlichkeit, Räumen u. Landschaften realist. Klarheit. Fresken im Chiostro Verde bei Sta. Maria Novella (1431 u. 1446) u. im Dom von Florenz (1436 u. 1443–1445); 3 Darstellungen der Schlacht von S. Romano (um 1456–1460, Florenz, Uffizien; London, National Gallery; Paris, Louvre); „Jagd im Walde", Oxford, Ashmolean Museum; „Die Konsekration der entweihten Hostie" um 1465–1469, Urbino, Galleria Nazionale. – Ⓑ→italienische Kunst. – Ⓛ2.4.4.
Uccle [ykl], fläm. *Ukkel*, selbständige südl. Vorstadt von Brüssel, Prov. Brabant, 78 700 Ew.
Uchta, neue Stadt in der Komi-ASSR (Sowjetunion), an der U., nahe ihrer Mündung in die Ischma, 77 000 Ew.; Zentrum der reichen Erdöl- u. Erdgaslager; Raffinerien; Baustoff-, Holz- u. metallverarbeitende Industrie.
Üchtland, *Uechtland*, schweizer. Voralpenlandschaft beiderseits der mittleren Saane; Ackerbau; Kraftwerke; Hauptort *Freiburg* (Fribourg).
Ucicky [u'tsitski], Gustav, österr. Filmregisseur, *6. 7. 1899 Wien, †27. 4. 1961 Hamburg; Regie u. a. bei „Der Postmeister" 1940.
UCIP, Abk. für frz. *Union Catholique Internationale de la Presse*, 1923 gegr. internationaler Verband der kath. Presse unter Einschluß der Nachrichtenagenturen, Journalistenvereinigungen u. der kath. publizistischen Ausbildung, Sitz: Paris.
Uckermark, Landschaft im nördl. Brandenburg, an der oberen u. mittleren *Uecker*, fruchtbare Moränenlandschaft, Hügel, Seen u. Laubwälder.
UCPTE, Abk. für frz. *Union pour la Coordination de la Production et du Transport de l'Électricité, Internationale Organisation für den Zusammenschluß der elektr. Netze zur Stromversorgung.* Dem Verbundbetrieb sind außer den Staaten der EG die Schweiz u. Österreich sowie (z. T.) Spanien u. Portugal angeschlossen. Der UCPTE-Zusammenschluß ist im Hinblick auf die zusammengeschalteten Kraftwerksleistungen der größte der Erde.
UDA, Abk. für →Ulster Defence Association.
Udalrich, ältere Form für *Ulrich*.
Udaypur, *Udaipur*, ind. Distrikt-Hptst. im südl. Rajasthan an der Ostseite des Arravalligebirges, 115 000 Ew.; ehem. Mittelpunkt eines Rajputen-Fürstenstaats; prächtige Paläste.
Uddevalla, Stadt in Südschweden, nördl. von Göteborg, 47 300 Ew.; Schiffbau, Phosphat- u. Textilfabriken.
Ude, Johannes, österr. kath. Theologe u. Sozialpolitiker, *28. 2. 1874 St. Kanzian, Kärnten, †7. 7. 1965 Grundlsee, Steiermark; lehrte in Graz; Pazifist u. Gegner des Kapitalismus, gründete die österr. Antialkoholbewegung.
UDEAC, Abk. für frz. *Union Douanière et Économique de l'Afrique Centrale*, →Zoll- und Wirtschaftsunion Zentralafrikas.
Udehe, tungus. Stamm (rd. 1000) in Ostsibirien im Amurgebiet; Pelztierjäger. – Ⓑ→Sowjetunion (Natur u. Bevölkerung).
Udet, Ernst, Generaloberst, *26. 4. 1896 Frankfurt a. M., †17. 11. 1941 Berlin (Selbstmord); errang 62 Luftsiege im 1. Weltkrieg; bekannter Sportflieger, seit 1935 im Reichsluftfahrtministerium, als Generalluftzeugmeister den Anforderungen u. Intrigen nicht gewachsen.
Udine, Giovanni da, italien. Maler, Stukkateur u. Architekt, *27. 10. 1487 Udine, †1564 Rom; z. T. von *Raffael* beeinflußte Dekorationen von bewegter Phantastik in Verbindung von Malerei u. Stuck, u. a. in der Villa Madama in Rom; arbeitete 1516–1519 unter Raffael an der Ausschmückung der Vatikan-Loggien mit.
Udine, Stadt in Nordostitalien, Hptst. der Region *Friaul-Julisch-Venetien* u. der Provinz U. (4894 qkm, 540 000 Ew.), 100 000 Ew.; roman. Dom (13. Jh.), got. Rathaus (15. Jh.), Kastell (15. Jh.); Maschinenbau, Hütten-, Schuh- u. Textilindustrie (Baumwolle, Seide).
Udmurten, *Udmurt, Wotjaken*, östl. der mittleren Wolga lebender ostfinn. Volksstamm, rd. 640 000; mit einfachem Ackerbau, Imkerei.
Udmurtisch, *Wotjakisch*, zwischen Wjatka u. Kama von 0,6 Mill. Sprechern gesprochene Sprache, zum permischen Zweig der finnisch-ugrischen Sprachen gehörig.
Udmurtische ASSR, autonome Teilrepublik der RSFSR (Sowjetunion), nördl. der unteren Kama; 42 100 qkm, 1,44 Mill. Ew., davon 63% in Städten, Hptst. *Ischewsk*; Anbau von Getreide, Flachs u. Kartoffeln; Milch- u. Fleischviehzucht, Waldwirtschaft, in den Städten Maschinenbau, Flachs-, Leder- u. Holzindustrie; Eisenverhüttung; Abbau von Torf u. Kohlen; Schiffahrt auf der Kama. – 1920 als AO gebildet, seit 1934 ASSR.
Udo, männl. Vorname, Kurzform von Zusammensetzungen mit ahd. *uodal*, „Erbgut, Heimat".
UDR, Abk. für →Union des Démocrates pour la République.
Udschidschi = Ujiji.
UdSSR, Abk. für *Union der Sozialist. Sowjetrepubliken*, = Sowjetunion.
Ueberreuter Verlag, *Verlag Carl U.*, Wien, gegr. 1548, Filiale in Heidelberg; hatte im 18. Jh. zeitweise das alleinige Recht, für ganz Österreich Unterrichtsbücher herauszugeben; seit 1945 Kinder- u. Jugendbücher.
Ueberweg, Friedrich, Philosoph u. Philosophiehistoriker, *22. 1. 1826 Leichlingen, Rhein-Wupper-Kreis, †9. 6. 1871 Königsberg; Schüler von F. A. *Trendelenburg*. Hauptwerk: „System der Logik und Geschichte der logischen Lehren" 1857, [5]1882.
Uebi [webi; arab.-somal.], Bestandteil geograph. Namen: Trockenfluß.
Uecker, Fluß im NO der DDR, 94 km, entspringt nordwestl. von Angermünde, durchfließt in der nördl. Mark Brandenburg die fruchtbare *Uckermark* u. südl. von Prenzlau den *Ober-* u. *Unter-U.see*, mündet bei *U.münde* ins Stettiner Haff (Oderhaff); ab Pasewalk (36 km) schiffbar.
Uecker, Günther, Objektkünstler, *13. 3. 1930 Wendorf, Mecklenburg; bildete mit H. *Mack* u. O. *Piene* die Düsseldorfer „ZERO-Gruppe", schuf Nagelbilder, Licht-Tuchplastiken, Lichtmühlen, Lichträume; Experimente mit film. u. szen. Realisationen. – Ⓛ2.5.2.
Ueckermünde, Kreisstadt im Bez. Neubrandenburg, nahe der Ueckermündung, 12 000 Ew.; Eisen- u. Holzindustrie. – Krs. U.: 653 qkm, 53 200 Ew.
UEFA, Abk. für frz. *Union Européenne de Football Association*, die *Europäische Fußball-Union*, gegr. 1954, Sitz: Basel; ihr gehören 33 europ. Landesverbände als Mitglieder an. Die UEFA veranstaltet die Europameisterschaften für Ländermannschaften (alle 4 Jahre), die Europapokalwettbewerbe für Vereinsmannschaften: 1. für die Meister der Länder, 2. für die Pokalsieger, 3. den UEFA-Pokal (früher Messestädte-Pokal) für die nach dem Meister nach Abschluß der Saison bestplazierten Mannschaften, wobei die Länder nach Spielstärke u. Zahl der Mannschaften in der obersten Klasse verschieden viele Teams stellen dürfen (BRD die 4 Mannschaften auf Platz 2–5), sowie das UEFA-Jugendturnier für Länderauswahlmannschaften (Spieler bis 18 Jahre).
U-Eisen, Profileisen mit U-förmigem Querschnitt.
Uelzen, niedersächs. Kreisstadt im O der Lüneburger Heide, 37 400 Ew.; Fachwerkbauten; Maschinen-, Fahrzeug-, Elektro-, Asbest-, Pumpen-, Textil-, Zuckerindustrie. – Ldkrs. U.: 1448 qkm, 97 000 Ew.
Uentrop, Gemeinde in Nordrhein-Westfalen, seit 1975 östl. Stadtteil von Hamm.
UER, Abk. für frz. *Union Européenne de Radiodiffusion*, →Europäischer Rundfunkverein.
Uetersen, schleswig-holstein. Stadt (Ldkrs. Pinneberg), an der Pinnau, 17 000 Ew.; Hafen; bedeutende Rosenzucht; Militärflugplatz; Papier-, Maschinen-, Schuh-, pharmazeut. Industrie.
Uexküll, Jakob Baron von, Zoologe, *8. 9. 1864 Keblas, Estland, †25. 7. 1944 Capri; Prof. in Hamburg, Mitbegründer der vergleichenden Physiologie, gründete das Institut für Umweltforschung in Hamburg.
Ufa, Abk. für *Universum-Film AG*, 1917 durch Zusammenschluß wichtiger Konzerne aus dem deutschsprachigen Bereich (Union-Konzern, Nordisk Film GmbH, Pax-Film u. a.) unter staatl. Mithilfe in Berlin gegr. Filmgesellschaft (für Produktion, Verleih, Filmtheater u. a.); größtes dt. Filmunternehmen mit Ateliers in Babelsberg u. Tempelhof, 1945 auf Kontrollratsbeschluß als reichseigene Firma aufgelöst. Das Vermögen wurde als *Ufi* (Ufa-Film-GmbH in Liquidation) unter treuhänderische Verwaltung gestellt u. von 1956 bis 1961 in Einzelgesellschaften übergeführt. Die 1958 wiederaufgenommene Ufa-Spielfilmproduktion wurde 1962 eingestellt.
Ufa, 1. Hptst. der Baschkir. ASSR (Sowjetunion), an der Mündung der U. in die Bjelaja, 945 000 Ew.; Hochschulen; Erdölraffinerien (Erdöl aus dem „Zweiten Baku"); Motorenfabrik, Eisenbahnwerkstätten, Holzkombinat, Baumwoll- u.

Ufenau

Nahrungsmittelindustrie; Erdgasleitung aus Tujmasy; Flugplatz. – 1574 gegründet.
2. rechter Nebenfluß der zur Kama fließenden *Bjelaja* in der RSFSR, rd. 900 km lang, entspringt im Südl. Ural, im Unterlauf schiffbar (Wasserkraftwerk am Pawlowkaer Stausee); Flößerei.
Ufenau, Insel im südl. Zürichsee bei Rapperswil, Naturschutzgebiet, seit 965 Besitz des Klosters *Einsiedeln,* mit Kirche St. Peter (10. u. 12. Jh.) u. Martinskapelle (um 1140), letzte Zufluchtsstätte für U. von *Hutten,* der dort 1523 starb.
Ufer, bei stehenden u. fließenden Gewässern der über der Berührungslinie *(U.linie)* von Wasser u. Land gelegene Grenzsaum des Landes.
Uferaas, *Gewöhnl. U., Polymitarcis virgo,* bis 16 mm lange, reinweiße *Eintagsfliege,* im August an größeren Flüssen.
Uferbefestigungen, Anlagen zum Schutz des Ufers durch Bepflanzen (Weiden, Gras, Rohr), Faschinen, Tetrapoden, Pflaster u.a.
Uferbolde, 1. = Eintagsfliegen.
2. = Steinfliegen.
Uferfliegen = Steinfliegen.
Uferläufer, *Actitis hypoleucos,* knapp 20 cm großer, *Schnepfenvogel* der Flußufer, der von Kleintieren lebt.
Uferlaufkäfer, *Notiophilus,* an den Ufern der Gewässer lebende *Laufkäfer* von etwa 5 mm Länge, mit auffällig großen Augen.
Uferschnepfe, *Pfuhlschnepfe, Limose, Limosa limosa,* einheim. *Schnepfenvogel* auf sumpfigen Wiesen. Eine verwandte Art *(Limosa lapponica)* aus Osteuropa tritt nur zur Zugzeit in Dtschld. auf.
Uferwanzen, *Springwanzen, Saldidae,* Familie der *Landwanzen,* die eine Übergangsstellung zwischen den *Wasserläufern* u. den *Landwanzen* einnimmt. Meist kleine, unscheinbare Bewohner der Ufer der Meere u. Binnengewässer. Räuber, die rasch laufen u. sich hüpfend fortschnellen.
Uffenheim, bayer. Stadt in Mittelfranken (Ldkrs. Neustadt an der Aisch-Bad Windsheim), 5000 Ew.; Elektro- u. Textilindustrie.
Uffizien, *Palazzo degli Uffizi,* seit 1560 von G. Vasari für die florentin. Stadtverwaltung erbauter Palast, der heute eine der berühmtesten Kunstsammlungen mit Werken der Malerei u. Plastik, bes. der florentin. Renaissance, birgt.
Ufgau, Landschaft am Westrand des Schwarzwalds zwischen Karlsruhe u. Baden-Baden.
UFO, Abk. für engl. *Unidentified Flying Object,* unbekanntes Flugobjekt; →fliegende Untertasse.

UGANDA
Republic of Uganda
EAU

Fläche: 236 036 qkm
Einwohner: 12,8 Mill.
Bevölkerungsdichte: 54 Ew./qkm
Hauptstadt: Kampala
Staatsform: Präsidiale Republik
Mitglied in: UN, Commonwealth, GATT, OAU
Währung: 1 Uganda-Shilling = 100 Cents

Landesnatur: U. nimmt den N des Hochbeckens zwischen dem Ost- u. dem Zentralafrikan. Graben ein, das von einförmigen, durchschnittl. 1030 bis 1300 m hoch gelegenen Rumpfflächen bedeckt ist u. nach N in ein inselbergreiches Plateau übergeht. Im O u. NO wird U. von Vulkanen überragt, u. a. vom *Elgon* (4321 m), im W vom vergletscherten Hochgebirge des *Ruwenzori* (5110 m). Aus dem *Victoriasee* im S durchfließt der *Victorianil* das Land, weitet sich im flachen Beckeninneren zum sumpfigen *Kyogasee* u. stürzt über die Kabelegafälle in den Zentralafrikan. Graben. *Edward-* u. *Albertsee* sowie *Albertnil* sind die Gewässer des Zentralafrikan. Grabens im W. – Das trop. Höhenklima ist gemäßigt warm. Der gut beregnete Kern des Landes ist dicht besiedelt u. intensiv bebaut, so daß sich Regen- u. Feuchtwälder nur noch in Resten finden. Im trockeneren W u. NO herrschen Trockensavanne (gebietsweise Grasland) u. Dornsavanne vor. Charakteristisch für das flache Innere sind ausgedehnte Papyrussümpfe, bes. am Kyoga- u. Salisburysee. Die hohen Gebirge tragen oberhalb des Bergwalds Nebelwälder mit typ. Bambusdickichten.

Bevölkerung: Reste alter Bewohner sind wenige Pygmäen im äußersten SW. Etwa drei Viertel der Bevölkerung bilden rd. 20 Ackerbau treibende Bantustämme, im W mit starkem äthiopidem Anteil; auf ihrem Gebiet gab es bis 1966 mehrere Königreiche. Im N u. NO wohnen nilot. u. hamit., teilweise halbnomad. Hirtenstämme. Außerdem gab es bis 1972 rd. 95 000 Inder u. Pakistaner, die vor allem in Handel u. Handwerk tätig waren. Mit rd. 10 000 ist die Zahl der Europäer in U. gering. Rd. 50 % der Gesamtbevölkerung sind Christen, 10 % Moslems, die übrigen Anhänger einheim., meist monotheist. Religionen. – Seit 1970 besitzt U. eine Staatsuniversität in Kampala.

Wirtschaft: Die recht intensiv betriebene Landwirtschaft liefert für den Eigenbedarf Mehlbananen, Mais, Hirse, Bohnen, Bataten, Maniok, Erdnüsse, Weizen u. Sesam, für den Export Baumwolle, Kaffee, Tee, Sesam u. Tabak, ferner etwas Zuckerrohr u. Sisal. Die Exportprodukte werden auf Plantagen angebaut, die bereits vorwiegend auf genossenschaftl. Basis arbeiten. Die Viehzucht ist in den dichtbesiedelten Hackbaugebieten gering; bei den Hirtenstämmen im N u. NO ist der Boden stellenweise überweidet, stellenweise setzt die Verbreitung der Tsetsefliege der Viehzucht Grenzen. Zum Export kommen vor allem Häute. Sehr wichtig ist der Fischfang auf den vielen Gewässern. An Bodenschätzen gibt es Kupfer, Wolfram, Kobalt, Zinn, Beryllium, Tantal, Phosphat u. Salz. Die Industrie verarbeitet Agrarprodukte, daneben wird eine Metall- u. Verbrauchsgüterindustrie aufgebaut, die für ostafrikan. Verhältnisse umfangreich ist. Sie konzentriert sich um Jinja, wo das Wasserkraftwerk an den Owenfällen mit billiger Energie zur Verfügung steht, u. um Kampala. Der Fremdenverkehr ist eine wichtige Einnahmequelle.

Verkehr: Eine Eisenbahn verbindet U. mit Nairobi u. dem Hafen Mombasa in Kenia. Das Straßennetz ist engmaschig u. recht gut. Rege ist die Schiffahrt auf dem Albert- u. Edwardsee u. besonders auf dem Victoriasee. Gute Flugverbindungen bestehen über den internationalen Flughafen Entebbe mit Europa, Südafrika u. Indien u. über 10 weitere Flugplätze für den Lokalverkehr. – K →Ostafrika.

Geschichte: Ende des 19. Jh. errichtete Großbritannien sein Protektorat über die Königreiche im ostafrikan. Seengebiet *(Buganda, Bunyoro, Ankole, Toro)* u. verband sie mit weiter nördl. gelegenen Gebieten zu der neuen Gebietseinheit U. Nach dem 2. Weltkrieg regte sich vor allem in Buganda eine nationale Bewegung, die jedoch an Gesamt-U. nicht interessiert war. Dagegen organisierte sich unter Führung M. *Obotes* 1960 der *Uganda People's Congress* (UPC). 1962 wurde U. unabhängig (bei Verbleib im Commonwealth), 1963 Republik mit föderativer Verfassung; Staatsoberhaupt war der *Kabaka* (König) von Buganda. 1966 stürzte Obote den Kabaka, machte sich zum Präs. u. gab U. 1967 eine zentralist. Verfassung, die die traditionellen Königreiche nicht mehr berücksichtigte. 1971 wurde Obote durch einen Militärputsch unter General I. *Amin* gestürzt. Amin errichtete eine despot. Terrorherrschaft (schätzungsweise 250 000 Todesopfer), wies 1972 rd. 50 000 in U. lebende Asiaten aus u. führte den wirtschaftl. Niedergang des Landes herbei. Er wurde 1979 mit tansan. Hilfe gestürzt; tansan. Truppen besetzten das Land. Eine Regierung der „Vereinigten Nationalen Befreiungsfront" gewann keine Autorität. 1980 übernahm das Militär die Macht. Staats-Präs. ist seit Dez. 1980 nach umstrittenen Wahlen M. Obote.

Ugarit, im Altertum Stadt an der nordsyr. Küste, heute Ruinenhügel *Ras Schamra* (mit Hafen Minet el-Beida). Ausgrabungen seit 1929 brachten älteste Funde aus dem 7. u. 6. Jahrtausend v. Chr. Seit dem 2. Jahrtausend v. Chr. Stadtstaat unter Königen; lange unter minoischem u. ägypt. Einfluß, später auf seiten der Hethiter; um 1300 v. Chr. Zuwanderung aus dem Kulturkreis; um 1200 v. Chr. von den Seevölkern zerstört.
ugaritische Sprache, aus dem 14. bis 13. Jh. v. Chr. überlieferte semit. Sprache; Texte mit mytholog. Gedichten in Keilschrift wurden seit 1929 in Ras Schamra, Nordsyrien, gefunden.
Ugedai, *Ugetei* →Ögädäi.
Ugleuralsk [ugleu'ralsk], früherer Name *Polowinka,* Stadt in der RSFSR (Sowjetunion), am Westrand des Mittleren Ural, 50 000 Ew.; Steinkohlenbergbau.
ugrische Sprachen →finnisch-ugrische Sprachen.
Uhde, 1. Fritz von, Maler, *22. 5. 1848 Wolkenburg, Sachsen, †25. 2. 1911 München; schulte sich bes. an der neueren Historienmalerei u. wurde von M. Liebermann zur Freilichtmalerei geführt. Seine religiöse, von prot. Ernst erfüllte Kunst kreist mit impressionist.-naturalist. Mitteln themat. um die Wiederkehr Christi im gegenwärtigen Leben („Lasset die Kindlein zu mir kommen" 1884); daneben mehrere Familien- u. Kinderbildnisse.
2. Wilhelm, Kunstschriftsteller, *28. 10. 1874 Friedeberg, Neumark, †17. 8. 1947 Paris; Interpret der naiven Malerei, organisierte 1928 in Paris die erste Gemeinschaftsausstellung der „Maler des heiligen Herzens" H. Rousseau, L. Vivin, C. Bombois, A. Bauchant u. Séraphine Louis.
Uhde-Bernays, Hermann, Kunst- u. Literaturhistoriker, *31. 10. 1873 Weimar, †7. 6. 1965 Starnberg; seit 1946 Prof. in München; schrieb: „A. Dürers Kunst" 1906; „Geschichte der Münchner Malerei 1850–1900" 1926; „Carl Spitzweg" 1913, [10]1935; „Anselm Feuerbach" 1929.
UHF, Abk. für *Ultrahochfrequenz;* →Frequenzbereiche.
Uhingen, Gemeinde in Baden-Württemberg (Ldkrs. Göppingen), an der Fils, 11 600 Ew.
Uhland, Ludwig, schwäb. Dichter, *26. 4. 1787 Tübingen, †13. 11. 1862 Tübingen; war dort

1829–1833 Prof. für dt. Literatur u. einer der Begründer der Germanistik („Alte hoch- u. niederdt. Volkslieder" 1844f.; „Schriften zur Geschichte der Dichtung u. Sage" 8 Bde. 1865–1873), 1848 Vertreter des Liberalismus im Frankfurter Parlament; Haupt der „Schwäb. Dichterschule"; am bekanntesten durch volkstüml. Lyrik, Balladen („Des Sängers Fluch", „Schwäb. Kunde") u. Dramen („Ernst, Herzog von Schwaben" 1818; „Ludwig der Baier" 1819). – Ⓛ3.1.1.

Uhle, Max, Alt-Amerikanist u. Archäologe, *25. 3. 1856 Dresden, †15. 5. 1944 Loben, Schlesien; Begründer der dt. Peruanistik. Ausgrabungen in peruan. Ruinenstätten (Pachacamac, Moche).

Uhlendahl, Heinrich, Bibliothekar, *4. 3. 1886 Essen-Borbeck, †28. 12. 1954 Leipzig; 1924 bis 1954 Generaldirektor der Dt. Bücherei in Leipzig.

Uhlenhuth, Paul, Hygieniker u. Bakteriologe, *7. 1. 1870 Hannover, †13. 12. 1957 Freiburg; nach ihm benannt das *U.-Verfahren* zur Unterscheidung von Menschen- u. Tierblut auf serolog. Wege.

Uhlmann, Hans, Bildhauer, *27. 11. 1900 Berlin, †28. 10. 1975 Berlin; Ingenieur, schuf seit 1925 ungegenständl. Drahtskulpturen, wurde vom Nationalsozialismus polit. verfolgt; erschloß der Metallplastik mit eigenwilligen Formkonstruktionen aus Rohrgestänge u. geschnittenem oder perforiertem Blech neue Ausdrucksmöglichkeiten.

Uhren, Zeitmeßinstrumente. Bei mechan. U. *(Räder-U.)* wird das Triebwerk durch Gewichte oder Federn angetrieben. Die *Gangregelung* erfolgt durch Pendel oder →Unruh, die bei Präzisions-U. z.B. aus Invarstahl hergestellt sind; die *Hemmung* kann z.B. durch Anker oder Zylinder erfolgen. – Für Sonderzwecke gibt es Spezial-U., z.B. *Stopp-U., Kontroll-U.*, →Chronograph, →Chronometer, *elektr. U.*, →Quarzuhr. Eine Sonderform der elektr. U. ist die *Stimmgabel-Uhr*, bei der eine Stimmgabel mit einer Frequenz von 360 Hz elektr. in Schwingung versetzt wird u. über ein Ratschensystem ein Räderwerk antreibt. – Neuerdings sind →Atomuhren entwickelt worden, in denen die Frequenz eines Quarzsenders aufgrund der Absorptionserscheinungen von Atomen u. Molekülen (Cäsium, Ammoniak) konstant ist; Ganggenauigkeit rd. 0,000001 sek/Tag.

Die ältesten U. waren *Sonnen-, Sand-* u. *Wasser-U.* Die ersten Räder-U. werden um 1300 erwähnt; tragbare U. gab es seit der 2. Hälfte des 15. Jh. in Italien; P. Henlein (→Henlein [2]) fertigte um 1510 Taschen-U. („Nürnberger Eier"). 1656 verwendete Ch. *Huygens* das Pendel als Gangregler. U.industrie: Gesamtheit der U. oder U.teile herstellenden feinmechan. Betriebe. Zentren der U.industrie sind die Schweiz (bes. Taschen- u. Armband-U.), die USA, Großbritannien (bes. Seechronometer), Frankreich u. Japan; in Dtschld. bes. der Schwarzwald. – ⒷS. 64. – Ⓛ10. 4. 8.

Uhrenparadoxon, eine Folgerung aus der →Zeitdilatation bewegter Uhren in der →Relativitätstheorie. Eine Uhr, die mit sehr hoher Geschwindigkeit von einem Raumpunkt weg u. wieder zu ihm zurück bewegt worden ist, muß eine geringere Zeitspanne anzeigen als eine Uhr, die in Ruhe geblieben ist. Oder anschaulicher: Ein Zwillingsbruder, der auf Weltraumfahrt mit nahezu Lichtgeschwindigkeit geht, ist nach seiner Rückkehr weniger gealtert als sein auf der Erde zurückbleibender Bruder.

Uhrgang, Änderung im →Uhrstand pro Tag. Je weniger sich der U. ändert, desto besser ist die Uhr.

Uhrgläschen, *Arcella*, Gattung beschalter *Amöben (Thekamöben)* mit uhrglasförmig abgeflachter Schale; häufig auf Moos u. Wasserpflanzen.

Uhrmacher, alter handwerkl. Ausbildungsberuf mit 3½jähriger Ausbildungszeit; repariert u. reguliert Klein- u. Großuhren, Uhrenanlagen u. elektron. Zeitmeßgeräte.

Uhrstand, der Betrag, um den eine Uhr vorgeht (Vorzeichen des U.s positiv) oder nachgeht (negativ), bezogen auf eine Normaluhr (Zeitzeichen).

Uhse, Bodo, Schriftsteller, *12. 3. 1904 Rastatt, †2. 7. 1963 Ostberlin; zuerst Mitglied nationalist. Bünde, trat um 1932 zur KPD über, emigrierte 1933 u. kämpfte im Span. Bürgerkrieg; schrieb: „Söldner u. Soldat" 1935; „Leutnant Bertram" 1944; „Wir Söhne" 1948 u.a.

Uhu, *Bubo bubo*, größte europ. *Eule* mit auffälligen Federohren, lebt u. nistet in waldigen Vorgebirgen. In Dtschld. ist der U. selten. Er wird zum „Hassen" bei der Jagd benutzt, weil er bei Tage regungslos sitzt u. ihn verschiedene Vögel (Krähen u. Raubvögel) mit großer Heftigkeit angreifen, wobei sie ein Opfer des Jägers werden.

UIC, Abk. für frz. *Union Internationale des Chemins de Fer, Internationaler Eisenbahnverband*, Koordinierungsorgan sämtl. internationaler Eisenbahnorganisationen; macht sich die Verbesserung des Eisenbahnbetriebs i.w.S. zur Aufgabe; 1922 gegr., Sitz: Paris.

Uí Fáilghe, die irische Grafschaft →Offaly.

Uiguren, 1. altes Turkvolk, erstmals um 600 erwähnt; ihr Reich erstreckte sich vom Baikalsee bis zum Altaigebirge; 762 wurde der Manichäismus Staatsreligion. Seit 1209 unter mongol. Herrschaft; zahlreiche Zeugnisse der uigur. Mischkultur sind erhalten.

2. *Jugur*, die einheim. Bevölkerung Ostturkistans, Nachkommen der U. vermischt mit iran. u. mongol. Elementen, so die *Jerlik, Kaschgharlik, Jetischehrlik* (zusammen rd. 4,4 Mill.); auch die aus dem Kuldscha-Bezirk ins russ. Semiretschje geflohenen 70000 Tarantschen u. die Kaschgharlik aus Kaschghar.

UIR, Abk. für frz. *Union Internationale de Radiotéléphonie*, seit 1929: *de Radiodiffusion*, der 1925 gegr. *Weltrundfunkverein*, Sitz: Genf; Zusammenschluß europ. u. auch außereurop. Rundfunkgesellschaften u.a. zur Verteilung der Rundfunkwellen (→Wellenplan). 1946 wurde in Brüssel unter Mitwirkung der UdSSR außerdem die OIR *(Organisation Internationale de Radiodiffusion)* gegr., die später in OIRT (*Organisation Internationale de Radiodiffusion et Télévision*, →Internationale Rundfunk- und Fernsehorganisation) umbenannt wurde. In ihr blieben die Ostblockstaaten organisiert, während 1950 ein großer Teil der anderen Mitglieder austrat u. die *UER* (*Union Européenne de Radiodiffusion*, →Europäischer Rundfunkverein) auf der Grundlage der alten UIR gründete (BRD seit 1952 Mitglied).

Uist ['ju:ist] →North Uist, →South Uist.

UIT, Abk. für *frz. Union Internationale des Télécommunications*, Spitzenorganisation für das Weltfernmeldewesen, regelt die internationale Zusammenarbeit auf dem Gebiet des Fernsprech-, Telegraphen- u. Funkwesens; gegr. 1865, Sitz: Genf. →auch Wellenplan.

Ujedinenija, *Ostrow U., Einsamkeitsinsel*, sowjet. Insel im Nordpolarmeer, nordöstl. von Nowaja Semlja, 236 qkm; Funkstation. – 1878 entdeckt.

Ujiji [u'dʒidʒi], *Udschidschi*, ostafrikan. Hügelland östl. des Tanganjikasees in Tansania, von den *Bajiji* bewohnt; Erdnuß-, Zuckerrohr-, Bataten-, Yamsanbau; Hptst. *U.*, 1967 mit *Kigoma* zusammengelegt, 21000 Ew.; Fischerei, Hafen, Endpunkt der Bahn von Dar es Salaam.

Ujjain ['u:dʒain], ind. Distrikt-Hptst. auf dem nördl. Dekanhochland in Madhya Pradesh, 150000 Ew.; heilige Stadt der Hindus; alte Hptst. von *Malwa*; Baumwollindustrie.

Ujung Pandang = Makasar.

U.K., Abk. für *United Kingdom*, das Vereinigte Königreich von →Großbritannien und Nordirland.

Ukelei, *Alburnus alburnus*, bis 20 cm langer *karpfenartiger* Süßwasser- u. Ostseefisch; Oberflächenfisch; springt beim Laichgeschäft aus dem Wasser u. heftet die Eier an Wurzeln u. Zweige, die vom Ufer ins Wasser ragen.

Ukiyo-e [jap., „Malerei der fließenden Welt"], in Japan eine Kunstrichtung der Edo-Zeit, die getreue, genrehafte Abbilder der Sitten u. Bräuche im 17.–18. Jh. gibt.

Ukmerge, russ. früher *Wilkomir*, litauische Stadt an der Šventoji, 20000 Ew.; Landmaschinen-, Leinen- u. Holzindustrie.

Ukraine [auch -'kraj-; „Grenzland"] →Ukrainische SSR.

Ukrainer, *Kleinrussen, Ruthenen*, zweitgrößtes ostslaw. Volk (rd. 40 Mill.) im SW der Sowjetunion, hauptsächl. in der Ukrain. SSR; Nachfahren altslaw. Stämme. Die U. entwickelten eine von der russ. Kultur deutl. unterschiedene Volkskultur mit großem Reichtum an Volksliedern, Bräuchen, Sagen u. vielfältigem Kunstgewerbe.

ukrainische Kirche, 1. allg. Bez. für die orth. Bistümer in der Ukraine im polnisch-litauischen Reich, später im russ. Reich. – 2. die besondere, durch den ukrain. Nationalismus mitbewirkte Kirchengründung nach der russ. Revolution 1917. Die autokephale u.K. (offizielle Loslösung von der russ.-orth. Kirche am 5. 5. 1920) in der Sowjetunion mußte sich 1930 selbst auflösen. Innerhalb der heutigen russ.-orth. Kirche in der Sowjetunion verfügen die ukrain. Diözesen unter Leitung des Metropoliten von Kiew über einen autonomen Status. – 3. zahlreiche ukrain.-orth. Gemeinden vor allem in den USA u. Kanada, bilden in der Nachfolge der früheren autokephalen Kirche die selbständige ukrain.-orth. Auslandskirche in mehreren Metropolien. Zu den auf ukrain. Boden entstandenen unierten Bistümern (früher *ruthenische Kirche*) →unierte Kirchen.

ukrainische Literatur. Bereits im 16. Jh. verfügten die Ukrainer über ein beachtl. religiös-polem. Schrifttum in kirchenslaw. Sprache. Geistiger Mittelpunkt war die Hofhaltung des Fürsten von Ostroh. Für die Erhaltung des griech.-orth. Glaubens u. des Kirchenslaw. als Literatursprache setzte sich Iwan *Wyschenskyj* (*um 1550, †um 1622) ein. Als durch die Lubliner Union (1569) eine Polonisierung der ukrain. Oberschicht u. durch die Brester Union (1596) eine konfessionelle Trennung der West- von den Ostukrainern eintrat, übernahm die Kiewer Mohylanische Akademie (gegr. 1634) die Pflege eines religiösen Schrifttums in kirchenslaw. Sprache. Den Auftakt zu einer volkssprachl. Literatur bot erst I. P. *Kotljarewskyj* mit einer Aeneis-Travestie (1798), u. Hryhorij *Kwitka-Osnowjanenko* (*1778, †1843) schuf mit Volkserzählungen eine Kunstprosa. Die Romantik fand in T. H. *Schewtschenko* den Propheten nationaler Wiedergeburt u. auf Jahrzehnte hinaus Anhänger (P. A. *Kulisch*). Durch Weite der Thematik zeichneten sich Lesja *Ukrajinka* (*1871, †1913) u. der Impressionist I. J. *Franko* aus. Der westl. Naturalismus fand in den Romanen von I. S. *Netschuj-Lewyzkyj*, der Expressionismus in den Erzählungen von Iwan *Stefanyk* (*1871, †1936), der Futurismus bei Mykola *Chwyljowyj* (*1893, †1953) einen Niederschlag. Unter den sowjet-ukrain. Schriftstellern ragen der Neoklassiker u. Übersetzer Maxym *Rylskyj* (*1897, †1964), der Verfasser der sowjetukrain. Hymne P. *Tytschyna* u. der Dichter u. Filmregisseur Olexander *Dowschenko* (*1894, †1956) hervor.

ukrainische Musik. Die Anfänge einer nationalen u.nM. reichen ins 17. Jh. zurück, doch fanden erst Komponisten wie D. S. *Bortnjanskij* u. Artem *Wedel* (*1767, †1806) Beachtung. Ihnen folgten mit liturg. Musik J. *Lawriwskyj* (*1822, †1873) u. M. *Werbytskyj* (*1815, †1870), letzterer auch mit Ouvertüren, Volksoperetten, Melodramen u. der ukrain. Nationalhymne. Darüber hinaus sind zu nennen W. *Matjuk* (*1852, †1912), N. *Wachnjanyn* (*1841, †1908), Komponist der Volksoper „Kupalo" u. Begründer der ersten ukrain. Musikhochschule in Lemberg, u. S. *Worobkewytsch* (*1836, †1903). Erfolgreiche ukrain. Opern schrieb M. W. *Lyssenko* (*1842, †1912). Schließlich sind zu erwähnen S. S. *Hulak-Artemowskyj* mit der Oper „Saporotschek" (1863, „Die Kosaken an der Donau"), J. *Stepowyj* (*1883, †1921), D. *Sitschynskyj* (*1865, †1909), St. *Ludkewytsch* (*1879, †1948). Zeitgenöss. sowjet. Komponisten ukrain. Abstammung sind u.a. K. *Danjkewytsch* (*1905), H. L. *Schukowskyj* (*1913) u. H. I. *Majboroda* (*1913). – Ⓛ2.9.5.

ukrainische Sprache, *Ruthenisch*, früher auch *Kleinrussisch*, in der Ukrainischen SSR gesprochene, zur ostslaw. Sprachgruppe gehörende Sprache; unterscheidet sich vom Russischen bes. durch Aussprache, Lautgebung u. Wortschatz; in kyrill. Schrift geschrieben. – Ⓛ3.8.4.

Ukrainische SSR, *Ukraine*, drittgrößte Unionsrepublik der Sowjetunion, im SW des europ. Rußlands; 603700 qkm, 50,0 Mill. Ew., davon 60% in Städten, in 26 Oblast gegliedert, Hptst. *Kiew*. Überwiegend ebenes Land mit den geringen Erhebungen der Wolynisch-Podolischen Platte, der Dnjeprschwelle u. der Donezplatte, gebirgig nur in den Waldkarpaten u. im S der Krim; auf das von ausgedehnten Mischwäldern bestandene Sumpfgebiet Polesje im NW folgen Wald- u. trockenere Grassteppe mit fruchtbaren Schwarzerdeböden. Es werden Weizen, Mais, Roggen, Gerste u. Hafer angebaut, außerdem Zuckerrüben, im N Kartoffeln, Flachs u. Hanf, im S Sonnenblumen u. auf bewässertem Land Baumwolle u. Reis, auf der Krim Obst, Wein u. Tabak; daneben Fleisch- u. Milchviehzucht, Holzwirtschaft in Polesje u. den Waldkarpaten. In der offenen Steppe im S Schutzwaldstreifen gegen die heißen Ostwinde u. weitverzweigte, von den Dnjeprstauseen ausgehende Kanäle zur Bewässerung; der Dnjepr dient zudem der Energiegewinnung u. ist wichtige Wasserstraße; reiche Bodenschätze: große Steinkohlenlager im Donezbecken, Eisen bei Kriwoj Rog u. Kertsch, Mangan bei Nikopol, ferner Braunkohle, Erdöl u. Erdgas, Quecksilber, Phosphorit, Graphit u. Steinsalz. Auf der Basis der landwirtschaftl. Produktion u. der Bodenschätze entstand eine lei-

Uhren

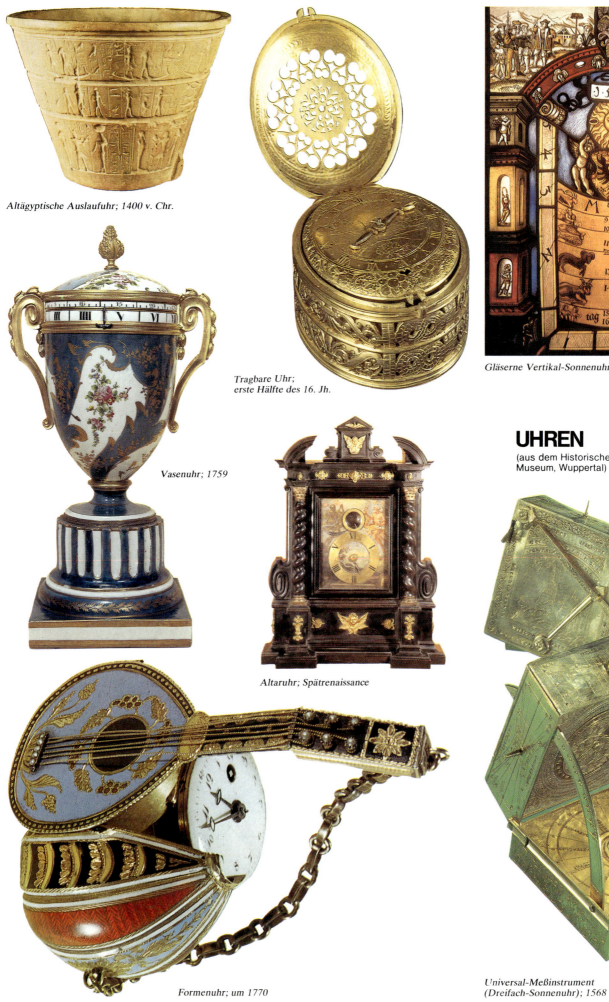

Altägyptische Auslaufuhr; 1400 v. Chr.

Tragbare Uhr; erste Hälfte des 16. Jh.

Vasenuhr; 1759

Altaruhr; Spätrenaissance

Formenuhr; um 1770

Gläserne Vertikal-Sonnenuhr; 1553

UHREN
(aus dem Historischen Uhren-Museum, Wuppertal)

Universal-Meßinstrument (Dreifach-Sonnenuhr); 1568

Uhren

Tischuhr mit waagerechtem Zifferblatt; um 1570

Alte Schwarzwälder Holzuhr

Sanduhr; italienische Renaissance

Sackuhr aus massivem Gold; 18. Jh.

Moderne Sonnenuhr

Uhr der Frauenkirche in Nürnberg

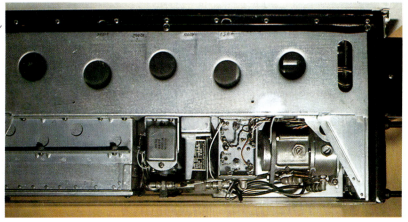
Atomgetriebene Uhr (mit Steuerungsteil)

Ukulele

Walter Ulbricht (im Hintergrund seine beiden Nachfolger, E. Honecker, links, und W. Stoph)

stungsfähige Industrie: Hüttenwerke, Maschinen-, chem. u. Nahrungsmittelfabriken, die bedeutendsten Zentren sind das Donezbecken, der Dnjeprbezirk, Kiew, Charkow u. Odessa. Die U. gilt verkehrsmäßig als das am besten versorgte Gebiet der Sowjetunion, sowohl in bezug auf Bahn- u. Schifffahrt als auch auf Straßen- u. Luftverkehrsnetz. – K →Sowjetunion.

G e s c h i c h t e : Das Steppengebiet gehörte im Altertum wechselnd den Skythen- u. Sarmatenreichen; um 250 wurde es von den Ostgoten beherrscht. Danach war die Ukraine Durchzugs- u. Weidegebiet nomad. Völker: *Hunnen* im 4./5. Jh., *Awaren* im 6. Jh., verschiedene Gruppen der *Bulgaren* im 7.–11. Jh., *Chasaren* im 7.–9. Jh., *Ungarn* im 8. Jh., *Petschenegen* im 9.–10. Jh. u. *Kumanen* im 11.–13. Jh. Im 13. Jh. geriet die Ukraine in den Machtbereich der *Goldenen Horde*.

Die Nord- u. Westukraine war vom 9.–12. Jh. Kern des *Kiewer Reichs*. Nach dessen Verfall bildete die Westukraine ein selbständiges Fürstentum *Wolynien-Halitsch*, das nach 1340 überwiegend an Polen fiel. Die *Dnjepr-Ukraine* mit Kiew kam unter die Herrschaft Litauens. Nach der poln.-litauischen Union von 1386 war die gesamte Ukraine außer dem Steppengebiet Bestandteil des poln.-litauischen Staats. 1654 ging die Ukraine unter Führung des Kosakenhetmans Bohdan *Chmielnicki* zum Moskauer Zaren über, der aber nach einem Krieg gegen Polen im Vertrag von Andruszowo 1667 nur das Gebiet links des Dnjepr behaupten konnte. Durch die Poln. Teilungen kam die restliche Ukraine samt Wolynien zu Rußland, Galizien (Halitsch) zu Österreich. Unter Katharina II. wurde auch das unter türk. Herrschaft stehende südl. Steppengebiet mit der Krim angegliedert. 1918 mußte Sowjetrußland im Frieden von Brest-Litowsk die Unabhängigkeit der Ukraine anerkennen, die z. T. von dt. Truppen besetzt wurde. Im Bürgerkrieg war die Ukraine hart umkämpft. 1920 setzte sich endgültig die *Ukrainische Sozialist. Sowjetrepublik* durch, die 1922 der UdSSR beitrat. Die Westukraine (Wolynien u. Ostgalizien), nach dem sowjet.-poln. Krieg 1920 bei Polen, wurde 1939 an die UdSSR angeschlossen. 1945 kam von der ČSR die *Karpato-Ukraine* hinzu.

Ukulẹle [die oder das], hawaiischer Name für eine kleine Gitarre portugies. Ursprungs mit 4 Saiten (a, d', fis', h'), kam von Hawaii über die USA in europ. Tanz- u. Unterhaltungskapellen.

UKW, Abk. für →Ultrakurzwellen.

Ul, *Uul* [mongol., russ.-oiratisch], Bestandteil geograph. Namen: Berg, Gebirge.

Ulaangom, *Ulan Gom*, Stadt im NW der Mongol. Volksrepublik, nahe dem Ubs Nuur, 14000 Ew.; Nahrungsmittel- u. Textilindustrie; Flugplatz.

Ulaidh, der zur Republik Irland gehörende Anteil der ehem. irischen Provinz →Ulster.

Ulạn Bạtor, bis 1924 *Urga*, chin. *K'in-lun*, mongol. *Küren*, Hptst. der Mongol. Volksrepublik, am Toola, 400000 Ew.; Universität (1942); Textil-Leder-, Nahrungsmittel-, Möbel-, Maschinen- u. a. Industrie; Flughafen u. Bahnverbindung zur Transsibir. Bahn u. nach Peking. In der Nähe Gold- u. Manganvorkommen.

Ulạnen [poln., türk.], seit dem 16. Jh. eine poln. mit Lanzen bewaffnete Reitertruppe; in Preußen (nach 1807) schwere Kavallerie; trugen blauen Rock *(Ulanka)* mit Epauletten u. als Helm die *Tschapka*.

Ulạnka [die; poln., türk.], Uniformrock der *Ulanen*, ähnelt im Schnitt der poln. Nationaltracht.

Ulạnowa, Galina Sergejewna, sowjetruss. Ballettänzerin, *26. 12. 1909 St. Petersburg; die bedeutendste lyrisch-klass. Ballerina der Sowjetunion, wirkte am Bolschoi-Theater in Moskau.

Ulạn-Udẹ, bis 1934 *Werchneudinsk*, Hptst. der *Burjat. ASSR*, RSFSR (Sowjetunion), in Sibirien, an der Mündung der Uda in die Selenga, südöstl. des Baikalsees, 310000 Ew.; Pädagog., Techn. u. Landwirtschafts-Hochschulen, Theater; Lokomotiv-, Waggon- u. Schiffbau, Mühlen- u. Fleischkombinat, Textil-, Leder-, Holz-, Glas-, Kabel- u. Baustoffindustrie; Nachrichtensatellitenstation. – 1647 von Kosaken gegr.; 1689 Festung.

Ularburong, *Ulaborong, Mangroven-Nachtbaumnatter, Boiga dendrophila*, bis 2 m lange, südostasiat. *Trugnatter*, schwarz mit gelben Ringen u. breiten gelben Lippen- u. Halsschildern.

Ulbricht, Walter, Politiker (SED), *30. 6. 1893 Leipzig, † 1. 8. 1973 Ostberlin; Tischler; trat 1912 der SPD bei, 1918 dem Spartakusbund, 1919 der KPD; seit 1927 Mitgl. ihres ZK, seit 1929 des Politbüros; 1933–1935 im Exil in Prag, Brüssel u. Paris, dann in der Sowjetunion, dort Organisator des Nationalkomitees „Freies Deutschland". U. kehrte 1945 nach Dtschld. zurück, trug maßgebend zur Gründung der SED bei u. wurde mit sowjet. Rückendeckung ihr führender Politiker. Seit 1950 war er Generalsekretär bzw. Erster Sekretär (1953) des ZK der SED, seit 1949 außerdem Stellvertr. Min.-Präs. der DDR; 1960 trat er als Vors. des Staatsrats (zugleich des Nationalen Verteidigungsrats) auch formell an die Spitze des Staates. 1971 wurde er als Erster Sekretär u. Vors. des Verteidigungsrats durch E. *Honecker* abgelöst; er wurde (Ehren-)Vors. der SED u. blieb Vors. des Staatsrats. – L 5.4.6.

Ulbrichtsche Kugel [nach dem Erfinder R. *Ulbricht*], innen mattweiß gestrichene Hohlkugel mit einem Durchmesser von 1 bis 3 m; dient zur Bestimmung des Gesamtlichtstroms einer in der Mitte aufgehängten Lichtquelle. In der Kugeloberfläche befindet sich eine kleine Öffnung, in die eine Milchglasscheibe eingesetzt ist, deren Leuchtdichte, die proportional dem Gesamtlichtstrom ist, mit einem Photometer bestimmt wird.

Ụlcus [das; lat.], *Ulkus*, Geschwür; z. B. *U. ventriculi* oder *U. duodeni*, Magen- bzw. Zwölffingerdarmgeschwür, *U. varicosum*, Krampfadergeschwür, *U. durum*, harter Schanker (Syphilis), *U. molle*, weicher Schanker. – *Ulzeration*, geschwüriger Zerfall, Geschwürsbildung.

Ule, Carl Hermann, Jurist, *26. 2. 1907 Stettin; Hptw.: „Die neue Verwaltungsgerichtsbarkeit" 1949; „Gerichtl. Rechtsschutz im Beamtenrecht" 1951; „Gesetz über das Bundesverwaltungsgericht" 1952; „Verwaltungsgerichtsbarkeit" ²1962; „Verwaltungsprozeßrecht" ⁴1966.

Ulemạ [arab., „Gelehrte"], die theolog. Lehrer u. Rechtsgelehrten des Islams.

Ụlenspegel →Eulenspiegel.

Ụlfilas →Wulfila.

Ụlfilasschrift, die got. Schrift der Bibelübersetzung des Wulfila.

Uliạstai, *Uljassutai*, Stadt im W der Mongol. Volksrepublik, am U., westl. des Ocgon Tenger, 1825 m ü. M., 13000 Ew.; Nahrungsmittel- u. Textilindustrie; landwirtschaftl. Handelszentrum.

Ulich, Hermann, Physikochemiker, *13. 1. 1895 Dresden, † 14. 4. 1945; Forschungen über Thermodynamik; Verfasser eines Lehrbuchs der physikal. Chemie.

Ulitz, Arnold, schles. Erzähler, *11. 4. 1888 Breslau, † 12. 1. 1971 Tettnang; schrieb expressionist. Romane, Lyrik, Novellen u. Kinderbücher.

Ulịxes, latein. Name des →Odysseus.

Uljạnow, eigentl. Name von →Lenin.

Uljạnowsk [nach *Uljanow*, dem eigentl. Namen des dort geborenen W. I. *Lenin*], bis 1924 *Simbirsk*, Hptst. der Oblast U. (37300 qkm, 1,23 Mill. Ew., davon rd. 60% in Städten), in der RSFSR (Sowjetunion), am Kujbyschewer Stausee der Wolga, 450000 Ew.; Kreml, Klöster; Maschinen- u. Kraftfahrzeugbau, Getreidemühlen, Spinnereien, Holzverarbeitung; Umschlagplatz mit Binnenhafen. – 1648 gegründet.

Ulker, Fisch, →Seeskorpion.

Ulkus = Ulcus.

Ullmann, 1. Fritz, Chemiker, *2. 7. 1875 Fürth, † 17. 3. 1939 Genf; war an der Entdeckung des Atebrins u. Panflavins beteiligt; Begründer der „Encyklopädie der technischen Chemie".

2. Regina, schweizer. Schriftstellerin, *14. 12. 1884 St. Gallen, † 6. 1. 1961 Ebersberg bei München; schrieb Geschichten aus der Welt des Kleinen: „Die Landstraße" 1921; „Vom Brot der Stillen" 1932; „Madonna auf Glas" 1944; „Schwarze Kerze" 1954.

3. Stephen, engl. Romanist u. Linguist, *13. 6. 1914 Budapest; Arbeiten zur Semantik.

Ullmạnnia →Voltziales.

Ullrich, Luise, Schauspielerin, *31. 10. 1911 Wien; kam 1927 zur Bühne, 1932 zum Film, in dem sie bes. in Mütterrollen beliebt wurde; schrieb Reisebücher u. Erzählungen.

Ullstein Verlag, *Verlag Ullstein GmbH*, Berlin, von Leopold *Ullstein* (*1826, † 1899) in Berlin 1877 gegr. Presseverlag („B. Z. am Mittag" gegr. 1876, „Vossische Zeitung" gegr. 1704, „Grüne Post" gegr. 1927, „Berliner Illustrirte Zeitung" gegr. 1890); daneben entwickelte sich der Buchverlag für preiswerte Unterhaltungsliteratur, Populärwissenschaft u. Bautechnik; angeschlossen seit 1919 der *Propyläen-Verlag* („Propyläen-Weltgeschichte", „Propyläen-Kunstgeschichte"). 1934 wurde der Verlag, bis 1933 in Familienbesitz, zwangsverkauft u. 1937 in die KG *Deutscher Verlag* umgewandelt; 1952 wurde der Verlag Ullstein in Berlin neu gegr., 1953 die Taschenbuchproduktion aufgenommen, 1959 in der neu gegr. GmbH der Verlag Ullstein, der Ullstein Fachverlag, der Ullstein-Taschenbuchverlag u. der Propyläen-Verlag vereinigt. Der Presseverlag gehört seit 1960 zur Verlagsgruppe *Axel C. Springer*.

Ullswater ['ʌlswɔ:tə], zweitgrößter See Englands, in den Cumbrian Mountains (Lake District), 9 qkm, bis 63 m tief.

Ulm, Stadtkreis (117 qkm) in Baden-Württemberg, an der Donau gegenüber dem bayer. *Neu-Ulm*, 98000 Ew.; →Ulmer Münster, Rathaus (14.–16. Jh.), Dt. Brotmuseum, Museum mit Städt. Sammlungen, Universität (1967), Fachschulen; Metall-, Radio-, Textil-, Fahrzeug-, Maschinenindustrie. Verwaltungssitz des *Alb-Donau-Kreises*.

Ụlmanis, Karlis, lett. Politiker, *4. 9. 1877 Kurland, † nach 1942 UdSSR (verschleppt); 1917 Gründer des lett. Bauernbunds, seit 1918 mehrmals Min.-Präs., errichtete durch Staatsstreich 1934 ein autoritäres Regime, bis 1940 Min.-Präs., 1936–1940 zugleich Staats-Präs.

Ulme, *Rüster, Ulmus*, wichtigste Gattung der *Ulmengewächse*; Sträucher u. Bäume mit ungleichhälftigen Blättern u. breitgeflügelten Nüssen als Früchten. In Mitteleuropa sind heimisch: *Feld-U., Ulmus carpinifolia*, u. *Berg-U., Ulmus scabra*, die sitzende Blüten u. kahle Früchte haben. Langgestielte Blüten u. am Rand bewimperte Früchte weist die *Flatter-U., Ulmus laevis*, auf.

Ulmengewächse, *Ulmaceae*, Familie der *Urticales*, Holzpflanzen ohne Milchsaft; zu ihnen gehören die *Ulme* u. der *Zürgelbaum*.

Ulmenspierstrauch →Spierstrauch.

Ulmensterben, eine Krankheit der Ulmen, die z. T. zur Vernichtung der Bestände geführt hat; hervorgerufen durch den Schlauchpilz *Ophiostoma ulmi*. Bei *chronischem Verlauf* rollen sich die Blätter an stärkeren Ästen plötzlich zusammen u. vertrocknen. Die Krankheit wird durch *Ulmensplintkäfer* verschleppt.

Ulmer Münster, größte got. Pfarrkirche Deutschlands, gegr. 1377, eine fünfschiffige Basilika mit 161 m hohem Turm im W u. Doppeltürmen im O. Nach der 1. Bauphase unter leitender Tätigkeit der Familie *Parler* wurde 1383 der Chor des ursprüngl. als Hallenkirche geplanten Baus geweiht. Die 2. Bauphase stand seit 1392 unter Aufsicht U. *Ensingers* (Bau einer Dreischiffanlage mit Westturm). In der 3. Phase wurde unter M. *Böblinger* das Turmviereck vollendet; gleichzeitig ergriff man Sicherungsmaßnahmen gegen Risse u. Einsturz; 1529 wurden die Bauarbeiten eingestellt. Vollendung u. Restaurierung erfolgten 1844–1890; dabei wurde nach Zeichnungen Böblingers der Turm zu seiner jetzigen Höhe geführt. Ausstattung: bedeutende Portalplastiken (Tympanonreliefs), Chorgestühl von J. *Syrlin d. Ä.* (1469–1474), Altäre von M. *Schaffner* u. H. *Multscher*, Gnadenstuhlgemälde von B. *Zeitblom*, Grab- u. Gedenksteine.

Ụlna [die, Mz. *Ulnae*; lat.] = Elle (1).

Ulotrichạles [grch.] →Grünalgen.

Ulpiạnus, Domitius, röm. Jurist, *um 170 Tyros, † 228 (ermordet); Bruchstücke seiner Werke bilden ein Drittel der →Digesten, die ihrerseits Teil des *Corpus juris civilis* sind.

Ulrich, älter *Udalrich* [ahd. *uodal*, „Erbgut, Heimat", + *rîchi*, „mächtig, Herrscher"], männl. Vorname.

Ulrich, Herzog von Württemberg, *8. 2. 1487 Reichenweier, Elsaß, † 6. 11. 1550 Tübingen; beendete 1514 (Tübinger Vertrag) unter großen Zu-

geständnissen an die Stände den Aufstand des *Armen Konrad*. Durch die Ermordung Hans von *Huttens* 1515 erbitterte er den Adel gegen sich, wurde geächtet u. 1519 vom *Schwäbischen Bund* aus seinem Land vertrieben. Der Sieg des Landgrafen *Philipp von Hessen*, der ihn für die Reformation gewonnen hatte, über den Statthalter König Ferdinands ermöglichte U. 1534 die Rückkehr nach Württemberg.
Ulrich von dem Türlin, mhd. Epiker aus Kärnten, verfaßte 1261–1269 eine Vorgeschichte zu Wolfram von Eschenbachs „Willehalm".
Ulrich von Etzenbach, früher *Ulrich von Eschenbach* genannt, mhd. höf. Versepiker, *spätestens 1250; Werke: „Alexander" 1286 (als Huldigung für König *Ottokar* von Böhmen), „Wilhelm von Wenden" (um 1290); vielleicht auch die Bearbeitung des „Herzog Ernst" 1287/88.
Ulrich von Gutenburg, mhd. Minnesänger aus dem Elsaß, †vor 1220, Schüler *Friedrichs von Hausen*, entwickelte aus der latein. Sequenz die Form des durchkomponierten Leichs.
Ulrich von Jungingen, Hochmeister des Deutschen Ordens 1407–1410; gefallen in der Schlacht bei Tannenberg (15. 7. 1410).
Ulrich von Lichtenstein *(Liechtenstein)*, mhd. Minnesänger u. Epiker, *um 1200 Lichtenstein, Steiermark, †um 1275; kaiserl. gesinnter Ministeriale, schilderte in seinem autobiograph. höf. Roman „Frauendienst" (1255) den ritterl. Minnedienst. Minnelehre: „Frauenbuch" 1257.
Ulrich von Singenberg, mhd. Minnesänger, urkundl. erwähnt zwischen 1219 u. 1228; Truchseß von St. Gallen, Schüler *Walthers von der Vogelweide*; schrieb Sprüche u. Lieder.
Ulrich von Straßburg, *Ulricus Engelberti*, Theologe, Dominikaner, †1277 Paris; schrieb eine theolog. „Summa de summo bono", abhängig von Albertus Magnus u. Thomas von Aquin.
Ulrich von Türheim, mhd. schwäb. Versepiker, *um 1200, †nach 1250; schrieb als Epigone der Gattung des höf. Romans einen Abschluß zu Gottfried von Straßburgs „Tristan" (1230–1235) u. zu Wolfram von Eschenbachs „Willehalm", betitelt als „Rennewart" (zwischen 1240 u. 1250).
Ulrich von Winterstetten, mhd. Minnesänger aus Schwaben, urkundl. erwähnt zwischen 1241 u. 1280; Domherr zu Augsburg; schrieb höf. Lieder u. Tanz-Leiche oft parodist. Art.
Ulrich von Zatzikhofen, *Ulrich von Zazikhoven* (aus Zätzikon, Thurgau), mhd. Versepiker, 1214 als Priester im Thurgau erwähnt; gab in seinem Epos „Lanzelet" (um 1195) der kelt. Lanzelot-Sage des „Kardinalsritters" nach der französ. Vorlage des *Huc von Morville* eine neue Gestalt.
Ulsan, südkorean. Industriestadt im SO der Halbinsel, 160 000 Ew.; Textil-, chem., Kunststoffindustrie, Maschinenbau, Herstellung elektr. Geräte, Ölraffinerien, moderner Hafen.
Ulster [der; nach der irischen Provinz *U*.], zweireihiger Herrenmantel aus schwerem, flauschigem Woll- oder Mischgarnstoff.
Ulster [ˈʌlstə], ehem. irische Provinz, 1921 gespalten in den Nordostteil, der als →Nordirland bei Großbritannien blieb (13 567 qkm, 1,5 Mill. Ew.), u. den zur Republik Irland gehörenden Teil (irisch *Ulaidh*; 8088 qkm, 208 000 Ew.). Häufig wird Nordirland als U. bezeichnet.
Ulster Defence Association [ˈʌlstə diˈfɛns æsəsiˈeiʃən; engl. „Ulster-Verteidigungsvereinigung"], Abk. *UDA*, militante prot. Organisation in Nordirland (neben der *Vanguard*).
Ultima ratio [lat.], „letztes Mittel" (der Politik, nämlich Waffengewalt). Der Ausdruck wurde in diesem Sinn zuerst von *Calderón* gebraucht; im 17. u. 18. Jh. als Inschrift auf Geschützen verwendet.
Ultimatum [lat.], feierliche Erklärung im diplomat. Verkehr, daß bei Eintritt bestimmter Bedingungen, meist bei Nichterfüllung einer gleichzeitig erhobenen Forderung, mit der Zufügung erheblicher Nachteile zu rechnen sei (früher meist Androhung militär. Gewalt, Abbruch der diplomat. Beziehungen). Nach dem Haager Abkommen über den Beginn der Feindseligkeiten vom 18. 10. 1907 muß einem Krieg entweder eine mit Gründen versehene Kriegserklärung oder ein „U. mit bedingter Kriegserklärung" vorausgehen.
Ultimogeld, *Monatsgeld*, auf einen Monat befristeter oder am Monatsletzten fälliger Geldmarktkredit.
Ultimogeschäft, am Monatsletzten fälliges →Termingeschäft.
ultra... [lat.], Vorsilbe mit der Bedeutung „jenseits von, über – hinaus".
ultrabasische Gesteine, sehr basische magmatische Gesteine mit weniger als 45% SiO_2-Gehalt, ausgezeichnet durch Olivin u. Augit; z. B. *Peridotit, Pyroxenit*.
Ultrafiltration, ein Verfahren zur Trennung von Kolloiden u. echten Lösungen u. von Kolloid-Teilchen verschiedener Größe. Die dabei benutzten *Ultrafilter* haben äußerst enge Poren; sie werden z. B. aus Papierfiltern hergestellt, indem diese mit Kollodium imprägniert werden; auch Zellglas ist für die U. brauchbar. Die kolloidale Lösung wird unter Druck durch das Ultrafilter gepreßt.
Ultraísmo, *Ultraismus*, Bewegung in der span. u. hispano-amerikan. Literatur um 1920, eine Reaktion gegen den Modernismus. Der U. wollte die Dichtung, bes. die Lyrik, von allen nichtdichterischen Elementen befreien. Die „reine Poesie" sollte sich nur auf Bild u. Metapher gründen u. das themat. Erzählende unterdrücken. Hauptvertreter: Guillermo de *Torre* (*27. 8. 1900) u. R. *Gómez de la Serna* („Greguerías" 1918).
Ultrakurzwellen, Abk. *UKW*, elektromagnet. Wellen mit Wellenlängen unter 10 m, eingeteilt in vier Gruppen: *Meterwellen* 10 m bis 1 m, *Dezimeterwellen* 1 m bis 10 cm, *Zentimeterwellen* 10 cm bis 1 cm, *Millimeterwellen* 1 cm bis 1 mm u. darunter, wobei die letzten drei Arten oft auch als *Mikrowellen* bezeichnet werden. Mit den üblichen Röhren kann man U. nur bis zu etwa 1 m Wellenlänge erzeugen, im dm- u. cm-Wellenbereich nutzt man die Trägheitserscheinungen der Elektronen zur Schwingungserzeugung aus (Laufzeitröhren, Magnetron, Triftröhre). Als Schwingungskreise werden Hohlraumresonatoren verwendet. Da die U. von der Ionosphäre nicht reflektiert werden, erfolgt ihre Ausbreitung im allg. durch direkte Strahlung, ist also auf die opt. Sichtweite (bis auf Beugungseffekte) beschränkt. Eine stärkere Absorption durch Nebel, Regen u. ä. tritt erst im mm-Wellenbereich auf. Die U. werden verwendet: im UKW-Rundfunk (→Rundfunk) u. im →Fernsehen als Trägerwellen, in der Telegraphie u. Telephonie zur Entlastung der Kabel, beim Radar u. auch in der *Diathermie* (zur Bestrahlung). – ▯ 10.4.6.
Ultrakurzzeiteffekt, Gradationsverflachung photographischer Bilder bei ultrakurzer Belichtung, z. B. mit dem Elektronenblitzgerät, kürzer als 0,001 sek.
Ultramarin [das; lat., „übers Meer"], leuchtendblaues bis violettes, auch rotes Farbpigment, schwefelhaltiges Natriumaluminiumsilicat. Natürlich vorkommend als *Lapislazuli*, künstl. durch Erhitzen von Kaolin mit Natriumcarbonat u. Schwefel hergestellt; wasserunlösl., äußerst lichtecht (aber unbeständig gegen Säuren), ungiftig.
Ultramikroskopie, von H. Siedentopf u. R. Zsigmondy 1903 zuerst angewendete Sonderform der Mikroskopie, bei der die Teilchen nicht als Schatten im durchgehenden Licht beobachtet werden, sondern nur die von ihnen durch Lichtbrechung ausgehenden Strahlen *(Tyndall-Effekt)*. Mit dem *Ultramikroskop* können noch Metallkolloide von 0,001 μm Größe durch ihre Beugungsscheibchen sichtbar gemacht werden.
Ultramontanismus [lat. *ultra montes*, „jenseits der Berge (d. h. Alpen)"], im 19. Jh. in Frankreich aufgekommene Bez. für den päpstl. Absolutismus; im *Kulturkampf* Schlagwort für die wirkl. oder vermeintl. Fernsteuerung des dt. polit. Katholizismus durch die röm. Kurie.
Ultrarot = Infrarot.
Ultrarotphotographie = Infrarotphotographie.
Ultraschall, unhörbare Schallwellen sehr hoher Frequenz (größer als 20 000 Hz). Oberhalb 10^9 Hz spricht man von *Hyperschall*. Viele Tiere können U. noch hören; Fledermäuse „sehen", indem sie Hindernisse durch die Reflexion des von ihnen selbst erzeugten U.s (20 bis 80 kHz) feststellen; Hunde hören auf U.pfeifen. – U. wird mit Schwingquarzen u. anderen Geräten hergestellt. Man erhält scharf begrenzte Schallstrahlen, die (wie Lichtstrahlen) gespiegelt u. gebrochen werden können. – Sehr energiereicher U. erzeugt in Flüssigkeiten große Schalldrücke. Dadurch können einerseits große Moleküle oder Molekülketten zerrissen (Erzeugung feiner Emulsionen) oder Gewebeteile (Geschwüre) zerstört werden, andererseits kann die Energie dazu dienen, Hohlräume für gelöste Gase zu schaffen (Entgasung von Flüssigkeiten, Aufhebung des Siedeverzuges u. dgl.). – Der U. wird in der Technik vielfach verwendet (z. B. Werkstoffuntersuchung, Schweißen; künstliche Alterung von Spirituosen); in der Medizin

Feldulme, Ulmus carpinifolia, mit Fruchtständen

Ulm: Donauufer und Münster

(Behandlung von Rheuma, Magengeschwüren, Lähmungen, Blasenerkrankungen, Tumoren) ist wegen Unkenntnis der zerstörenden Wirkung noch Vorsicht geboten. U. findet auch zur Peilung im Fischerei- u. Schiffahrtswesen sowie bei der U-Boot-Bekämpfung Verwendung. →auch Echolot, Schall. – 📖 7.5.1.

Ultraschallschweißen, Verfahren zum Verschweißen von Blech u. Drähten mit dickeren Unterlagen. Die zu verbindenden Teile werden von einem Bolzen oder einer Rolle, die mit Ultraschallfrequenz schwingen, zusammengepreßt; hierbei entsteht die Verschweißung.

Ultrastrahlung = Höhenstrahlung.

Ultraviolett, Abk. *UV*, jenseits des Violetten liegender Teil der elektromagnet. Wellen mit Wellenlängen von rd. 30 bis 40 nm (Nanometer). Sein kurzwelliger Teil überschneidet sich mit dem Röntgenstrahlengebiet. Das ultraviolette Licht wird in der *Quecksilberdampflampe* oder der *Wolfram-Bogenlampe* erzeugt u. tritt durch ultraviolett-durchlässige Quarz- oder Uviolglasscheiben ins Freie. Das U. regt viele Stoffe zur Fluoreszenz an u. erzeugt chem. Reaktionen (z.B. Belichtung von Photoplatten, Bildung von Vitamin D aus Ergosterin u. Pigmenterzeugung in der Hautoberfläche); U.behandlung →Höhensonne.

Ultraviolettlampe, eine im Wellenbereich von rd. 250 nm (Nanometer) strahlende Lampe, mit deren Hilfe z.B. Aufenthaltsräume keim- u. geruchfrei gehalten werden können.

Ultrazentrifuge, von T. *Svedberg* gebaute Zentrifuge von sehr hoher Umdrehungszahl (75 000 U/min). Die Ausmaße betragen nur wenige cm; der Rotor ist aus Spezialstahl gefertigt u. wird durch Ölturbinen, Druckluft oder elektr. angetrieben. Die Beschleunigung beträgt rd. das Millionenfache der Erdbeschleunigung. Die U. dient zur Bestimmung von Molekulargewichten, Sedimentationsgeschwindigkeiten, Analyse von Kolloiden.

Ultscha, *Ultschen, Oltschen*, tungus. Stamm (rd. 2000) in Ostsibirien; Fischer.

Uludağ [-'da:], türk. Gebirge, →Olymp.

Ulugh Mus Tagh, höchste Erhebung des Kunlun an der Grenze zwischen Tibet u. Sinkiang (Volksrep. China), 7723 m.

Ulysses, andere Schreibung für *Ulixes*, →Odysseus.

Umaijaden, *Umaiyaden* →Omajjaden.

Umar →Omar.

Umayado →Schotoku Taischi.

umbauter Raum, ein Raummaß, das nach bes. Richtlinien aus den äußeren Begrenzungen eines Gebäudes ermittelt wird u. u.a. zur überschlägigen Baukostenberechnung dient.

Umbelliferae [lat.] = Doldengewächse.

Umbelliflorae [lat.], Ordnung der dialypetalen, zweikeimblättrigen Pflanzen *(Dialypetalae)* mit radiären Blüten in doldigen Blütenständen, unterständigem Fruchtknoten u. einem scheibenförmigen Diskus. Zu den U. gehören die Pflanzenfamilien *Hartriegelgewächse, Efeugewächse* u. *Doldengewächse*.

Umberfische [lat.], *Sciaenidae*, Familie der *Barschfische*, bes. in den Küsten- u. Flußgewässern wärmerer Gebiete, stoßen dumpfe Töne aus *(Trommelfische)*; häufig wohlschmeckend.

Umberto, italien. für →Humbert.

Umberto, *Fürsten. Italien:* **1.** *U. I.*, König 1878–1900, *14. 3. 1844 Turin, †29. 7. 1900 Monza (ermordet); förderte das Zustandekommen des Dreibunds.

2. *U. II.*, König 1946, *15. 9. 1904 Racconigi, Provinz Cuneo; 1944 von seinem Vater Viktor Emanuel III. als Statthalter eingesetzt; nach dessen Abdankung am 9. 5. 1946 König, mußte nach der Volksentscheidung für die Republik am 12. 6. abdanken u. Italien verlassen; lebt in Portugal.

Savoyen: **3.** *U. Weißhand*, *um 980, †1047 oder 1048; Begründer des gräfl. Hauses Savoyen.

Umbra [die; lat., „Schatten"], **1.** *Astronomie:* dunkler Kern der Sonnenflecken.

2. *Farbstoffe: Erdbraun, Römisch Braun, Kölner Braun*, dunkelbraunes Farbpigment, Verwitterungsprodukt manganhaltiger Eisenerze.

Umbrailpaß, *Wormser Joch*, höchster Straßenpaß der Schweizer Alpen, an der schweizer.-italien. Grenze, verbindet das Münstertal (Graubünden) mit dem italien. Valle di Braulio u. dem Veltlin bzw. mit der Stilfserjochstraße, 2501 m.

Umbralgläser [zu *Umbra*], Warenzeichen für Sonnenschutzgläser; absorbieren einen Teil des sichtbaren Lichts u. die ultravioletten Strahlen.

umbrechen, *Buchdruck:* →Umbruch (2).

Umbrer, wahrscheinl. zu Beginn des 1. Jahrtausends v. Chr. aus dem N nach Ober- u. Mittelitalien eingewanderter italischer Stamm, vielleicht Träger der *Villanova-Kultur*, im 3. Jh. v. Chr. von den Römern unterworfen; erhielten 90 v. Chr. röm. Bürgerrecht.

Umbriel [-iɛl; der; hebr., lat.], einer der Monde des Uranus.

Umbrien [-iən], ital. *Ùmbria*, mittelitalien. Region, 8456 qkm, 805 000 Ew.; Hptst. *Perùgia*; im *Umbr. Apennin* waldarm, Viehwirtschaft; im W flacheres Hügelland mit Ackerbau; wenig Industrie; Braunkohlenlager.

umbrische Sprache, eine zu den italischen Sprachen gehörende Sprache Umbriens aus der Zeit um 200–70 v. Chr.; erhalten in 7 Tafeln mit rituellen Texten.

Umbruch, 1. *Bergbau:* eine um den Schacht herumführende Strecke für den Umlauf der Förderwagen von der einen Schachtseite zur anderen.

2. *Buchdruck:* im Anschluß an die Fahnenkorrektur die auf den Umfang von Buch- oder Zeitungsseiten zugerichtete (umbrochene) Form eines in der Herstellung befindlichen Druckwerks.

Umdrehungsellipsoid = Rotationsellipsoid.

Umdrehungsfläche →Rotationsfläche.

Umdrehungskörper →Rotationskörper.

Umdruck, Herstellung von Duplikatdruckformen beim Steindruck u.a. Flachdruckverfahren. Die Abzüge werden mit präpariertem Papier auf Lithographiesteine oder Metallplatten übertragen.

Umdruckpapier, beim *Umdruck* verwendetes Papier, das mit einer stärke- u. gelatinehaltigen Schicht versehen ist; auch Bez. für eine Papiersorte, die bei Spirit-Vervielfältigungsgeräten benutzt wird.

Umeå ['y:meo:], Hptst. der nordschwed. Prov. (Län) *Västerbotten*, an der Mündung des *Ume Älv* (Umeälv) in den Bottnischen Meerbusen, 76 000 Ew.; Universität; Holz- u. Teerindustrie.

Ume Älv ['ymə-], Fluß in Schweden, entspringt 10 km jenseits der schwed.-norweg. Grenze in Norwegen, mündet südl. von Umeå, 460 km.

Umentwicklung, *Photographie:* eine Abschwächungs- u. Verstärkungsmethode für Negative durch Ausbleichen (Rückverwandlung des Bildsilbers in Silberhalogenid) u. Wiederentwikkeln (zu Silber). Durch U. kann z.B. auch ein feineres photograph. Korn erreicht werden.

Umfang, *Geometrie:* Länge der Grenzlinie einer geschlossenen Figur. Von allen Flächen gleichen Inhalts hat der Kreis den kleinsten U.

Umfangsgeschwindigkeit, die Geschwindigkeit, die ein Punkt auf dem Umfang eines sich drehenden Körpers hat. Sie ist gleich dem Produkt aus der Entfernung des Punkts von der Drehachse u. der Winkelgeschwindigkeit (am Äquator z.B. 465 m/sek).

Umfangskurvengetriebe, ein Getriebe, bei dem eine Drehbewegung in eine Längsbewegung übergeführt wird, indem eine umlaufende Scheibe mit unterschiedlichem Radius über den Umfang (z.B. Nocken) einen auf dem Umfang gleitenden, meist durch eine Feder angedrückten Bolzen hin- u. herbewegt.

Umfangswinkel →Kreis.

umformen, Werkstoffe, bes. Metalle, durch äußere Kräfte in eine andere Form bringen, ohne Werkstoff abzutrennen. *Warmumformung* von Metallen wird oberhalb, *Kaltumformung* unterhalb der Rekristallisationstemperatur (→Rekristallisation) ausgeführt, letztere meist bei Raumtemperatur. U. umfaßt in der →Metallbearbeitung hauptsächl. *walzen, schmieden, ziehen, pressen, prägen, stanzen, drücken*.

Umformer, umlaufende elektr. Maschine zur Umwandlung von Wechsel- in Gleichstrom oder in Wechselstrom anderer Frequenz u. umgekehrt. Häufig verwendet wird der *Motorgenerator*, bei dem ein Motor mit dem umzuwandelnden Strom einen Generator antreibt, der die gewünschte Stromart liefert; auch *Einanker-U., Kaskaden-U.* u.a. Neuerdings werden häufig statische *Umrichter* mit Halbleiterelementen eingesetzt.

Umgangssprache, die Standardform einer Sprache im schriftl. u. mündl. Gebrauch, weniger bewußt u. kontrolliert gehandhabt als die *Hochsprache*, aber großenteils mit ihr identisch.

Umgebung, mathemat. Begriff der Topologie. Die U. eines Punkts auf einer Geraden, einer Kurve oder einer Fläche wird gewöhnl. als die Menge aller Punkte definiert, deren Entfernung von dem gegebenen Punkt usw. eine vorgegebene Größe nicht überschreitet. Die U. eines Punkts auf der Zahlengeraden wird auch *Intervall* genannt; das Intervall ist *offen*, wenn die Endpunkte nicht mitgezählt werden. Ein Intervall wird meist durch Ungleichungen festgelegt, z.B. $]a,b[\leftrightarrow a<x<b$; $[a,b] \leftrightarrow a \leqq x \leqq b$ usw. Die Richtung der Haken (der eckigen Klammern) nach außen bedeutet *offenes*, nach innen *geschlossenes* Intervall.

Umgehungsstraße, Straße zur Umleitung des Fern- u. Durchgangsverkehrs um eine Ortschaft.

Umgründung, Änderung der Rechtsform eines Unternehmens, sofern die Vermögensgegenstände einzeln, z.B. durch Auflassung u. Eintragung der Grundstücke, Einigung u. Übergabe der bewegl. Sachen u. Abtretung der Forderungen, auf das Unternehmen in seiner neuen Rechtsform übertragen werden. Die U. ist notwendig, wenn ein *Personenunternehmen* (Einzelunternehmen, OHG, KG) in die Rechtsform einer *Kapitalgesellschaft* (z.B. GmbH, AG) übergeführt wird. Eine Änderung der Rechtsform innerhalb der Personenunternehmen u. innerhalb der Kapitalgesellschaften sowie von einer Form der Kapitalgesellschaft in ein Personenunternehmen ist durch die einfachere Umwandlung möglich.

Umiak, das große (bis zu 8 m lange) offene Fellboot der Eskimofrauen.

Umkehrduplikat, ein Diapositiv, das im *Umkehrverfahren* dupliziert (verdoppelt) wurde.

Umkehrfilm, bevorzugtes Aufnahmematerial der Farbphotographie u. der Schmalfilmtechnik; als 35-mm-Kleinbildfilm, Rollfilm u. Planfilm bis zum Format 18×24 cm, Schmalfilm 8 u. 16 mm. →Umkehrverfahren.

Umkehrfunktion →invers.

Umkehrpapier, ein photograph. Papier zur Herstellung von Photokopien u. Schnellpaßbildern im →Umkehrverfahren.

Umkehrprisma, ein Prismensystem, mit dem bei opt. Abbildungen rechts u. links oder oben u. unten oder beides vertauscht werden.

Umkehrschluß, *argumentum e contrario*, der Schluß bei der Gesetzesauslegung, daß der Gesetzgeber eine enge Wortfassung absichtl. gewählt hat, um die von ihr nicht erfaßten Fälle von der entsprechenden (analogen) Behandlung auszuschließen.

Umkehrung, musikal. Formprinzip, bestehend in der Vertauschung der oberen u. unteren Lage von Tönen, Motiven, Themen oder Stimmen; bes. 1. bei Akkorden die Verlagerung des jeweils tiefsten Tons um eine Oktave höher (→Sextakkord, →Quartsextakkord, →Septimenakkord); 2. bei der Melodie in der polyphonen Schreibweise (Fuge u.a.) die U. des Themas *(Gegenbewegung)*, wobei die nach oben notierten Intervalle nach unten gespielt werden u. umgekehrt. Weitere Formen der U. sind der *Krebskanon*, bei dem die Stimmen zunächst vorwärts, dann rückwärts gesungen werden, u. der *Spiegelkanon*, bei dem nach dem ersten Absingen das Notenblatt umgedreht wird.

Umkehrverfahren, ein Verfahren, bei dem ein sog. *Umkehrfilm* statt zum Negativ zum Positiv entwickelt wird; der entwickelte, aber nicht fixierte Film wird entsilbert, u. das verbleibende Bromsilber erfährt eine zweite Belichtung u. Entwicklung. Es entstehen Diapositive als Unikate.

Umkristallisierung, ein Verfahren zur Reinigung von chem. Verbindungen, das darauf basiert, daß die Löslichkeit eines Stoffs in einem Lösungsmittel im allg. mit der Temperatur ansteigt. Die zu reinigende Substanz wird bei hoher Temperatur gelöst, die gesättigte Lösung filtriert u. dann abgekühlt; dabei kristallisiert die reine Substanz wieder aus.

Umlagerung, chem. Veränderung eines Stoffs, die auf einer Änderung der räuml. Anordnung der Atome innerhalb des Moleküls beruht. Bei einer *inneren U.* bleibt im allg. die *Summenformel* der Verbindung unverändert; nur die *Strukturformel* ändert sich (→chemische Formeln); bei der U. entsteht also eine *isomere Verbindung* des Ausgangsstoffs (→Isomerie). Als *Isomerisierung* wird speziell eine U. bei Kohlenwasserstoffen bezeichnet (→cracken). U.en sind bes. häufig bei organ. Verbindungen; ausgelöst werden sie z.B. durch Erwärmen, durch Katalysatoren, durch eine chem. Reaktion mit einem anderen Stoff.

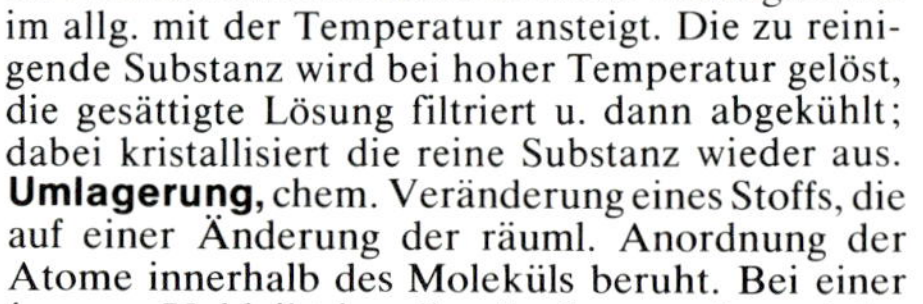

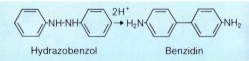

Umlagerung

Umlauf, 1. *allg.:* Rundschreiben; Umgang. **2.** *Medizin:* = Panaritium.
Umlaufberg, von einer abgeschnittenen Flußschlinge umgebener Berg in einem Flußtal.
umlaufende Observatorien, Sammelbez. für eine Serie von Forschungssatelliten der NASA. 1. *Orbiting Astronomical Observatory (OAO):* astronom. Beobachtungs- u. Meßsatellit. Es werden Messungen über Sternhelligkeiten, Intensitätsmessunngen bestimmter Emissionslinien diffuser Nebel u.a. durchgeführt. – 2. *Orbiting Geophysical Observatory (OGO):* Satellit für geophysikal. Untersuchungen; z.B. Vorgänge in der Magnetosphäre, Ionosphäre u. Lufthülle. – 3. *Orbiting Solar Observatory (OSO):* Sonnenobservatorium auf einer Erdumlaufbahn.
Umlaufgetriebe = Planetengetriebe.
Umlaufvermögen, die Vermögensteile eines Betriebs, die im Unterschied zum Anlagevermögen nicht zur dauernden Nutzung im Betrieb, sondern zum Umsatz bestimmt oder aus ihm hervorgegangen sind u. daher je nach dem Beschäftigungsgrad u. der Liquiditätslage in wechselnder Höhe unterhalten werden, z.B. Bestände an Rohstoffen, Halb- u. Fertigfabrikaten, Wechsel, Bargeld.
Umlaufverschluß, *Umlaufblende,* verhindert beim Film das →Flimmern. Umlaufverschlüsse können Scheiben mit verstellbaren Sektoren (Kameras) oder Trommel- u. Kegelblenden (meist bei Projektoren) sein (→Belichtung).
Umlaufzeit, der Zeitabschnitt, in dem ein Himmelskörper mit period. Bahnbewegung einen Umlauf um seinen Zentralkörper vollendet. Man unterscheidet: *siderische U.,* U. in bezug auf eine mit dem Sternsystem fest verbundene Richtung des Raums; *synodische U.,* Zeit zwischen zwei aufeinanderfolgenden Konjunktionen des Mondes oder eines Planeten mit der Sonne, ist gleich der U. in bezug auf die Richtung Erde–Sonne.
Umlaut, die in allen german. Sprachen (außer dem Gotischen) anzutreffende Veränderung eines Vokals unter dem Einfluß bestimmter Vokale in der folgenden Silbe; im Deutschen bes. der Wandel von a zu ä, o zu ö, u zu ü, wenn in der folgenden Silbe ein i steht oder früher gestanden hat. Beispiele: Arzt – Ärztin, Hof – Höfe, Muße – müßig. U. nennt man auch die Laute ä, ö, ü selbst.
Umlegung, behördliches Verfahren zur Erzielung einer besseren Bewirtschaftung von Grundstücken u. im Interesse des Städtebaus. →Flurbereinigung.
Umma, das heutige *Dschocha,* sumer. Stadtstaat, in Südbabylonien, in der Nähe von Lagasch, mit dem es in ständigem Streit lag. Um 2350 v. Chr. eroberte sein Herrscher *Lugalzaggesi* ganz Sumer u. drang bis zum Mittelmeer vor.
Umm al Qaiwain, Hptst. u. Name eines Scheichtums (750 qkm, 17000 Ew.) der *Vereinigten Arabischen Emirate,* 3500 Ew.; am Pers. Golf.
Ummanz, Ostseeinsel westl. von Rügen, Krs. Rügen, 19,7 qkm, 550 Ew.
Umm-Qasr, seit 1967 irak. Tiefwasserhafen, im westl. Schatt-al-Arab-Mündungsdelta, kann von großen Seeschiffen angelaufen werden.
umpfropfen, bereits veredelte Obstbäume geringerer Sorte durch Aufpfropfen von Edelreisern einer wertvolleren Sorte veredeln.
Umrichter →Umformer.
Umrißstich, *Kartonstich,* eine durch Kupferstich oder Radierung vervielfältigte *Umrißzeichnung.*
Umrißzeichnung, eine Zeichnung, die nur die Umrisse der dargestellten Gegenstände u. Figuren zeigt, bevorzugtes Stilmittel des Klassizismus.
Umsatz, der Verkaufswert des Absatzes eines Unternehmens innerhalb eines Zeitraums.
Umsatzsteuer, eine allg. Verbrauchsteuer, die an die Güter- u. Leistungsumsätze von Unternehmungen anknüpft. Sie kann von den Umsätzen aller Glieder einer Produktions- u. Handelskette *(Allphasensteuer),* einiger Glieder *(Mehrphasensteuer),* eines Gliedes *(Einphasensteuer)* oder als eine pauschale Abgeltung an einer Stelle der Kette *(Phasenpauschalierung)* erhoben werden. Die U. kann die vollen Umsätze jeder Produktions- u. Handelsstufe treffen *(Bruttoumsatzsteuer)* oder nur die jeweilige Wertschöpfung *(Nettoumsatzsteuer,* →Mehrwertsteuer). Sie soll nicht vom steuerpflichtigen Unternehmen getragen werden, sondern vom Verbraucher (Steuerüberwälzung).
In der BRD wurde die U. bis Ende 1967 als Brutto-U. erhoben. Durch das *U.gesetz (Mehrwertsteuer)* vom 29. 5. 1967 wurde die Mehrwertsteuer eingeführt. Nach dem *U.gesetz* vom 26. 11. 1979 *(UStG 1980)* unterliegen der U. 1. alle Lieferungen u. sonstigen Leistungen, die ein Unternehmer im Erhebungsgebiet gegen Entgelt im Rahmen seines Unternehmens ausführt, 2. der Eigenverbrauch, 3. die Lieferungen u. sonstigen Leistungen, die Körperschaften u. Personenvereinigungen unentgeltl. an ihre Gesellschafter, Mitglieder u.ä. ausführen, 4. die Einfuhr von Gegenständen in das Zollgebiet *(Einfuhr-U.).* – Ⓛ 4.7.2.
Umschuldung = Konversion (3).
Umschulung, 1. *Pädagogik:* der Wechsel von einer Schule in eine andere; nicht der Übergang von der Grund- in eine weiterführende Schule.
2. *Sozialpolitik:* das Erlernen eines neuen Berufs in Schnellkursen (u.a. bei Invalidität).
Umsiedlung, freiwillige oder (meist) erzwungene Verpflanzung einer Bevölkerung unter ethnograph., polit., volkswirtschaftl. oder techn. Gesichtspunkten durch staatl. Maßnahmen; kann von der U. einzelner Dörfer oder Höfe zwecks Anlage von Straßen, Kraftwerken u.ä. bis zur U. ganzer Völkergruppen reichen. →auch Displaced Persons, Emigration, Flüchtling, Vertriebene.
Umspanner, Transformator der Starkstromtechnik.
Umspannstation, *Umspannwerk,* Anlage der Starkstromtechnik u. Energieversorgung an Knotenpunkten der elektr. Leitungsnetze; setzt die hohe Übertragungsspannung in die Verbraucherspannung um. →auch Stromversorgung.
Umstandswort →Adverb.
Umstimmung, 1. *Medizin: Umstimmungstherapie,* Änderung eines Körperzustands, die bes. bei chron. Krankheiten den Heilprozeß einleitet. Möglich ist sowohl *seel. U.* durch Auto- oder Fremdsuggestion, Hypnose, Psychotherapie, wie auch *körperl. U.* durch diätet. Maßnahmen, Massage, Gymnastik, Blutreinigung, Einspritzen von Eigen- oder Fremdkörpersubstanzen.
2. *Optik:* die Veränderungen der Sehempfindlichkeit (insbes. für Farben), die beim Übergang von heller zu dämmriger Beleuchtung oder umgekehrt oder bei Ermüdung des Auges eintreten.
Umsturz, revolutionäre Regierungsumbildung; →auch Revolution.
Umtali, Stadt in Rhodesien an der Grenze nach Moçambique, 65000 Ew.; Ölraffinerie.
Umtata, Hptst. der Republik Transkei, 30000 Ew. (m. V.); Eisenbahnverbindung, Flugplatz.
Umtrieb, *Umtriebszeit,* der Zeitraum, in dem jeder Bestand eines gleichaltrigen Hochwalds oder Niederwalds einmal zum →Abtrieb kommt.
Umwandlung, *Recht:* die Änderung einer Rechtsform, bes. die U. der Rechtsform von Unternehmen. Für die U. von Kapitalgesellschaften bilden §§ 362–393 AktG u. das *Gesetz zur Ergänzung der handelsrechtlichen Vorschriften über die Änderung der Unternehmungsform* vom 15. 8. 1969 die Rechtsgrundlage.
Umwelt, 1. *Biologie:* die Gesamtheit der Faktoren *(U.faktoren),* die auf einen Organismus von außen einwirken u. ihn beeinflussen. Die Lehre von der U. wurde von J. von *Uexküll* (für das einzelne tierische Individuum) begründet. Die Lehre von den Beziehungen zwischen den Organismen u. ihrer U. ist die →Ökologie. Nach der Vererbungslehre können U.einflüsse durch →Selektion auf das Erbgut vieler Generationen oder nur auf den Körper des Individuums einer Generation (→Modifikation) einwirken. →auch Mutation.
2. *Botanik:* →Standort.
Umweltfaktoren, *ökologische Faktoren,* alle Gegebenheiten der belebten *(biotische U.)* u. der unbelebten *(abiotische U.)* Umwelt eines Organismus, die sein Leben ermöglichen u. beeinflussen. Wegen der überragenden Bedeutung der Nahrung für die Organismen unterscheidet man als dritte Gruppe die *trophischen U.*
Umweltschutz, zusammenfassende Bez. für alle Maßnahmen, die den Lebensraum des Menschen, im weiteren Sinne die gesamte →Biosphäre, vor schädigenden Einflüssen schützen u. gegebenenfalls eingetretene Schäden beseitigen oder mildern sollen. U. umfaßt insbes. die Bemühungen zur Reinhaltung von Luft u. Wasser, die Abfallbeseitigung, den Lärm- u. Strahlenschutz sowie die Überwachung von Lebensmitteln u. Arzneien.
Im Lauf entwicklungsgeschichtl. Zeiträume stellte sich in den verschiedenen Lebensräumen ein auf tiefgehender gegenseitiger Abhängigkeit beruhendes *biologisches Gleichgewicht* ein (Bildung von *Ökosystemen*). Eine nachhaltige Störung dieses Gleichgewichtszustands durch Eingriffe in die Lebensbedingungen hat schwerwiegende Folgen für einzelne Arten, oft auch für die gesamte Lebensgemeinschaft eines Gebiets. Tiere sind zu einer wesentl. Veränderung ihrer materiellen Umwelt nicht fähig. Der Mensch dagegen hat schon sehr früh tiefe, über seine individuelle Lebenszeit hinauswirkende Spuren auf der Erde hinterlassen. Der Gebrauch von Werkzeugen u. organisierte Gruppenarbeit ermöglichten ihm die Errichtung von gewaltigen Bauwerken, die Umleitung von Flüssen, aber auch die Abholzung großer Waldgebiete, die in einigen Gegenden zu dauernden Klimaänderungen mit Versteppung u. Wüstenbildung – d.h. zu lebensfeindl. Veränderung der Umwelt – führte. Das Problem des U.es war dennoch in früheren Zeiten klein. Mit dem Beginn der Industrialisierung wurde jedoch eine Entwicklung in Gang gesetzt, deren krisenhafte Zuspitzung erst in unseren Tagen in das Bewußtsein der Öffentlichkeit dringt. Durch die außerordentl. Zunahme der Zahl von Menschen u. durch das Bedürfnis nach immer höherem Lebensstandard entstand ein ungeheurer Bedarf an Nahrungsmitteln, Gebrauchsgütern u. Energie. Neben der Ausweitung der Produktionsstätten wurden neue Verfahren u. Werkstoffe gesucht u. gefunden, um die vielfältigen Bedürfnisse rationell zu befriedigen. Die unerwünschte Folge sind u.a. eine Fülle von Schadstoffen, Abfallstoffen, die auf verschiedene Weise, nicht zuletzt durch Giftwirkung, die natürlichen Stoffkreisläufe in Luft, Boden u. Wasser gefährden.
Die seit den 1960er Jahren sich allmählich verbreitende Erkenntnis, daß ungehemmtes Weiterwirtschaften des Menschen in bisheriger Weise auf eine biolog. Katastrophe zuführt, hat mancherorts zum Beginn einer positiven Entwicklung geführt. Die gründliche Kenntnis der Zusammenhänge u. vor allem das sich daraus ergebende Verhalten bedürfen jedoch der Durchsetzung in breiten Kreisen. Auch die Umweltforschung – eine Gruppe von Wissenschaften mit interdisziplinärer Arbeits- u. Betrachtungsweise – muß noch einen großen Beitrag zur Lösung der Probleme leisten.
Reinhaltung der Luft: Hauptursachen der Luftverschmutzung sind industrielle u. private Feuerungsanlagen, techn. Prozesse (Stahlherstellung, chemische Industrie) u. der Kraftfahrzeugverkehr. Luftverunreinigende Stoffe sind u.a. Staub, Rauch, Kohlenmonoxid, Schwefeloxide, Stickoxide, Blei, Kohlenwasserstoffe u. andere organische Verbindungen. Luftverschmutzung führt bei höherer Konzentration zu Gesundheitsschäden (Kohlenwasserstoffe wie Benzpyren wirken krebsfördernd), Pflanzenschäden („Waldsterben" durch fluor- u. schwefeldioxidhaltige Abgase) u. Verwitterungsschäden an Gebäuden u. Kunstwerken. Gegenmaßnahmen bestehen im Einbau von Filtern, in Waschverfahren, Nachverbrennung, in der Änderung techn. Prozesse u. in der Verdünnung der Schadstoffe durch Verteilung auf größere Flächen mittels hoher Schornsteine.
Reinhaltung des Wassers: Die Gewässer werden durch häusl. u. gewerbl. Abwässer mit abbaubaren u. nicht abbaubaren Bestandteilen, Müll, durch übermäßig angewandte Mineraldünger (Nitrate) u. Öle, die ins Grundwasser gelangen, verschmutzt. Erdöl gefährdet auch die Meere (Ölpest), u. zwar die Ökosysteme des Meeres selbst u. der Küsten. Die Gewässerverschmutzung erschwert die Trinkwassergewinnung u. die Wasserversorgung von Industrie u. Landwirtschaft. Vorreinigung der in die Vorfluter eingeleiteten Abwässer bewirkt, daß die Selbstreinigungskraft der Gewässer, die durch in ihnen lebende Mikroorganismen erfolgt, nicht überfordert wird. Nicht abbaubare Stoffe wie verschiedene Salze, Mineralöle u.a. dürfen überhaupt nicht eingeleitet werden. Eine bes. Gefahr für stehende Gewässer wie Seen ist die *Eutrophierung,* die starke Anreicherung mit Nährstoffen, durch Abwässer mit organischen Bestandteilen u. ausgeschwemmte Düngemittel. Die Folge ist eine starke Vermehrung der Algen u. anderer Wasserpflanzen. Die Algen sammeln sich nahe der Oberfläche u. absorbieren das Sonnenlicht, so daß in darunterliegenden Schichten lebende Organismen absterben. Bei der Zersetzung der abgestorbenen Kleinlebewesen wird der im Wasser gelöste Sauerstoff verbraucht, so daß auch die in tieferen Schichten lebenden, Schmutzstoffe abbauenden Organismen eingehen *(Umkippen* des Gewässers). Schädigend wirkt ferner die Erwärmung von Wasserläufen durch Industrieabwässer: Mit steigender Erwärmung verringert sich die Lösefähigkeit des Wassers für Sauerstoff u. damit die Abbaumöglichkeit von Schmutzstoffen durch Kleinlebewesen.

Umweltschutz

Schäden am Mauerwerk eines Hauses durch Luftverunreinigung in einem Industriegebiet (links). – Schwefeldioxidschädigung einer Kiefer. Schwefeldioxid ist eine der häufigsten Luftverunreinigungen (rechts)

UMWELTSCHUTZ

Schadstoffe in der Luft zerstören auch Kulturdenkmäler. Die Gegenüberstellung der Aufnahmen von 1914 und 1967 zeigt, daß die letzten Jahrzehnte eine stärkere Zerstörung bewirkten als vorher Jahrhunderte (Hl. Johannes, 1723, Recklinghausen; links). – Verölte Strände. Das Leben erstirbt hier für viele Jahre (rechts)

Die Industrie verstärkt die Bemühungen um den Umweltschutz. In der Meßzentrale eines chemischen Großbetriebes werden alle auftretenden Emissionen registriert (links). – Die Überwachung des Werksgeländes erfolgt auch optisch mit einer ferngesteuerten Tag-Nacht-Fernsehkamera. Bei außergewöhnlichen Emissionen können sofort Gegenmaßnahmen ergriffen werden (rechts)

Umweltschutz

Verbrennungsschiff MTS Matthias. Chlorhaltige Abfallflüssigkeiten lassen sich am umweltfreundlichsten auf See verbrennen. Die bei der Verbrennung entstehende Salzsäure wird vom Meerwasser neutralisiert. Das dabei gebildete Kochsalz ist unschädlich

Abwasserreinigung in einer modernen vollbiologischen Kläranlage. Oberflächenbelüfter rühren in den Belebungsbecken Luftsauerstoff in das mit Mikroorganismen angereicherte Abwasser, um den Abbau der Schmutzstoffe zu beschleunigen

Lärmschutzmauern (Flughafen Frankfurt) dämpfen den Triebwerkslärm der Maschinen im Bodenverkehr vor dem Start und nach der Landung (links). – Abluft-Waschtürme eines Chemie-Betriebes. In der zentralen Einrichtung werden die Abluftströme mehrerer Produktionsanlagen gereinigt (rechts)

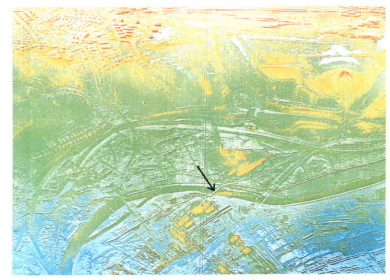

Behörden überprüfen die Einhaltung von Schutzvorschriften. Beauftragte der Landesanstalt für Immissions- und Bodennutzungsschutz Nordrhein-Westfalen messen den Formaldehydausstoß an den Abzugshauben einer Spanplattenpresse (links). – Infrarot-Luftaufnahmen im Dienst des Gewässerschutzes. Die Aufnahme in farbiger Äquidensitentechnik (Bundesforschungsanstalt für Landeskunde und Raumordnung) zeigt die Einleitung von warmen Industrieabwässern in die Saar (rechts)

Müllbeseitigung: Die hohe Bevölkerungszahl, steigender Wohlstand, aber auch neue Gewohnheiten wie Einwegverpackungen u. moderne Heizungen, in denen keine Abfälle verbrannt werden können, haben die Müllmassen stark anwachsen lassen. Der Müll kann abgelagert *(Deponie)*, verbrannt oder kompostiert werden. Die Kompostierung gilt als das umweltfreundlichste Verfahren. Das Endprodukt, der Kompost, läßt sich meistens landwirtschaftl. nutzen u. damit wieder in den natürl. Stoffkreislauf eingliedern. Übrig bleiben allerdings die nicht verrottbaren Stoffe wie z. B. Glas oder Kunststoffe, die sich von den →Fäulnisbakterien nicht zersetzen lassen. Moderne Kompostwerke entziehen dem Müll daher zunächst die nicht verrottbaren Stoffe u. unterziehen diese einer speziellen Behandlung. Die Wiederverwertung von Altstoffen erlangt zunehmende Bedeutung (→Recycling). Die Rohstoffvorräte können dadurch geschont werden, u. gleichzeitig läßt sich das Müllaufkommen verringern.

Schallschutz: Maschinelle Fertigungsprozesse, Straßen- u. Luftverkehr setzen den Menschen in einem früher nie gekannten Ausmaß der Belästigung durch Lärm aus. Fortwährende Lärmbelastung kann zu Gesundheitsschäden führen. Hohe Schalldruckpegel *(Schmerzschwelle)* erzeugen direkt körperlichen Schmerz. Konstruktive Änderungen, Kapselung von Maschinen, Schallschutzwände an Flughäfen u. Autobahnen, stärker schallgedämmte Wohnungen können Besserung bringen. – 📖 9.6.0.

Rechtliches

In fast allen Industriestaaten wurden seit 1969 neue Gesetze u. Maßregeln für den U. gefordert, vorbereitet oder erlassen. Eine erste internationale U.-Konferenz beschloß im Juni 1972 die Einrichtung einer „Erdwacht" mit Satelliten, Schiffen, Flugzeugen u. ortsfesten Beobachtungsstationen zur weltweiten Kontrolle der Umweltverschmutzung; die Konferenz setzte auch ein *internationales U.-Sekretariat* ein. Im Dez. 1972 wurde ein internationales Abkommen gegen die Verschmutzung der Weltmeere unterzeichnet. In der BRD liegt die Zuständigkeit für den U. teilweise beim Bund, z. T. auch bei den Ländern (konkurrierende Gesetzgebung nach Art. 74 Nr. 24 GG; für Flüsse u. Gewässer nur Rahmengesetzgebungszuständigkeit des Bundes nach Art. 75 Nr. 3 u. Nr. 4 GG). Bundesrechtl. gelten z. B. gewisse nachbarrechtl. Schutzvorschriften des BGB (→Immission, →Nachbarrecht), das Wasserhaushaltsgesetz vom 27. 7. 1957 in der Fassung vom 16. 10. 1976 (Bundesrahmengesetz), das →Abwasserabgabengesetz vom 13. 9. 1976, das Fluglärmgesetz vom 30. 3. 1971, das →Abfallbeseitigungsgesetz vom 7. 6. 1972 in der Fassung vom 5. 1. 1977, das Altölgesetz vom 23. 12. 1968 in der Fassung vom 11. 12. 1979, das Bundes-Immissionsschutzgesetz vom 15. 3. 1974; ein Bundesgesetz über Entgiftung der Autoabgase hat seit 1976 den Bleigehalt sehr stark herabgesetzt.

Doch reichen alle diese Regelungen noch keineswegs aus. Gefordert wird z. Z. die Einführung des *Verursacherprinzips*, nach dem alle Umweltschäden vom jeweiligen Verursacher beseitigt bzw. der daraus entstandene finanzielle Verlust bzw. Aufwand ebenfalls vom Verursacher getragen werden muß. Das Abwasserabgabengesetz von 1976 ist Ausdruck dieses umweltschutzrechtl. Verursacherprinzips. Nach dem Wasserhaushaltsgesetz der BRD kann bei Einleitung von ungereinigten oder ungenügend gereinigten Abwässern in Bäche, Flüsse, Kanäle oder Seen außerdem ein Bußgeld bis zu 100000 DM verhängt werden. Die 1963 geschaffene Landesanstalt für Immissions- u. Bodennutzungsschutz des Landes NRW in Essen arbeitet seit 1971 auch für Bundeszwecke. 1974 wurde ein *Umweltbundesamt* in Westberlin errichtet.

In der Schweiz wurde 1971 ein neuer Artikel über den U. in die Bundesverfassung aufgenommen u. das Eidgenössische Amt für Gewässerschutz zu einem *Eidgenöss. Amt für U.* ausgebaut. Ein neues Gewässerschutzgesetz des Bundes ist seit 1972 in Kraft. Außerdem sind zivile Überschallflüge untersagt. – In Österreich wurde hauptsächl. zum Zweck des →Gewässerschutzes 1959 eine Novellierung der Wasserrechtsgesetze von 1934 vorgenommen. Danach ist nun jeder verpflichtet, sämtl. Gewässer nach Maßgabe des öffentl. Interesses reinzuhalten. – In der DDR hat 1971 ein Ministerium für U. seine Tätigkeit aufgenommen. →auch Landschaftsschutz, Naturschutz.

Umzug, *Kultursoziologie:* Mittel zum Ausdruck von gemeinsamen Wertvorstellungen auf verschiedenen kulturellen Gebieten, z. B. der Religion *(Prozession)*, des Rechts *(Flurumgang)*, der Politik *(Demonstration)*. Bes. wichtig ist der U. im Volksbrauch u. im Festwesen; Anlässe sind bestimmte Termine (z. B. Fastnacht, Martini), Feste (z. B. Kinderfest) u. Jubiläen (z. B. Vereins- u. Stadtgründungen). Daneben hat der U. krit. Funktionen (Rügebrauch). →auch Schembartlauf. – 📖 3.6.5.

UN, Abk. für engl. *United Nations*, →Vereinte Nationen.

Una, rechter Nebenfluß der Save, 230 km, entspringt im Dinar. Gebirge, mündet südöstl. von Agram.

Unabdingbarkeit, einseitig zwingendes Recht, von dem nur zugunsten einer Partei abgewichen werden kann; gilt bes. im Arbeitsrecht für die Bestimmungen des *Tarifvertrags* über die Gestaltung der Arbeitsbedingungen, der betriebl. u. betriebsverfassungsrechtl. Angelegenheiten. Die U. der *Betriebsvereinbarungen* über Arbeitsbedingungen wird heute ebenfalls überwiegend bejaht.

Unabhängige Republikaner, frz. *Fédération nationale des républicains indépendants*, gemäßigt konservative französ. Partei, Koalitionspartner der Gaullisten, Vors. bis 1973: V. *Giscard d'Estaing*.

Unabhängige Sozialdemokratische Partei Deutschlands, Abk. *USPD*, eine Linkspartei, die 1917 durch Abspaltung von der SPD entstand. Ihren Kern bildeten kriegsgegnerische SPD-Abgeordnete u. -Mitglieder, die seit 1915 in zunehmendem Gegensatz zur „Burgfriedenspolitik" der Parteiführung standen. Führende Persönlichkeiten der USPD waren H. *Haase*, W. *Dittmann*, K. *Kautsky*, E. *Bernstein*. Mitglieder des linken Flügels der USPD, u. a. Karl *Liebknecht*, R. *Luxemburg* u. F. *Mehring*, bildeten innerhalb der Partei den →Spartakusbund. Die Mehrheit der USPD trat 1920 zu den Kommunisten, eine Minderheit 1922 zur SPD über. Eine kleine Rest-USPD unter G. *Ledebour* bestand noch länger. – 📖 5.8.5.

Unabhängigkeit, allg. die Freiheit von Bindungen persönl. oder wirtschaftl. Art (→Leibeigenschaft); im modernen Staat bes. die als Freiheit von dienstl. Weisungen *(sachl. U.)* u. Sicherung der persönl. Rechtsstellung durch →Unabsetzbarkeit u. Unversetzbarkeit *(persönl. U.)* gekennzeichnete Stellung der →Richter. – Bei Staaten spricht man von U., wenn sie weder Kolonien oder Protektorate noch Mandatsgebiete (Treuhandgebiete) oder Unterstaaten (→Staatenstaat) sind.

Unabhängigkeitserklärung, *Declaration of Independence*, das von Th. *Jefferson* formulierte Dokument, in dem die 13 nordamerikan. Staaten am 4. 7. 1776 ihre Unabhängigkeit von der brit. Krone verkündeten.

Unabhängigkeitsgesetz, das dritte der →Mendelschen Gesetze.

Unabhängigkeitskrieg der USA, *Nordamerikanischer Unabhängigkeitskrieg*, 1775–1783, der Krieg von 13 Kolonien in Nordamerika gegen die brit. Herrschaft. Entscheidungsschlacht bei Yorktown 1781. Der Krieg wurde 1783 im *Frieden von Versailles* mit der Anerkennung der Unabhängigkeit der USA durch Großbritannien beendet.

Unabsetzbarkeit, verfassungs- oder staatsrechtl. Verbot der Amtsenthebung von Trägern bestimmter Staatsämter. Die Regelung ist unterschiedlich: 1. Staatsoberhaupt: *republikanische Präsidenten* werden meist auf verhältnismäßig kurze Zeit gewählt u. können in vielen Ländern durch ein mit der *Präsidentenanklage* beginnendes Verfahren ihres Amts enthoben werden (so in der BRD nach Art. 61 GG). *Monarchen* als Staatsoberhäupter sind von der Ideologie der Monarchie her unabsetzbar, es sei denn, der Staat geht zur republikan. Staatsform über. 2. Parlamentsangehörige: nach den meisten Organisationsgesetzen ist das Mandat der Abgeordneten nicht entziehbar, es sei denn aufgrund einer Verurteilung, die den Verlust der Wählbarkeit ausspricht; für ein solches Verfahren bedarf es der Aufhebung der →Immunität. In einigen Gliedstaaten der USA sowie in der Sowjetunion u. der DDR (ferner auch in einzelnen Kantonen der Schweiz) besteht die Möglichkeit, daß die Wählerschaft den Abgeordneten „zurückruft" *(recall)* u. durch eine andere Person ersetzt. 3. Mitglieder der Regierung unterliegen bei →parlamentarischen Systemen dem Mißtrauensvotum des Parlaments, wobei es unterschiedl. geregelt ist, ob dies für die Regierung als solche, für den Regierungschef (Bundeskanzler, so die Beschränkung in der BRD) oder auch für den einzelnen Minister gilt. 4. Beamte u. Richter des öffentl. Diensts: soweit es sich um Beamte handelt, die auf Lebenszeit ernannt sind, kann ihre Entfernung aus der Beamtenschaft nur aufgrund eines Straf- oder eines Disziplinarurteils erfolgen. Sie können jedoch in der Regel versetzt werden, d. h., sie haben keinen subjektiven Anspruch auf die Ausübung eines bestimmten Amts. Dazu bestehen Ausnahmen in mehreren Richtungen: a) die sog. *politischen Beamten*, d. h. Inhaber polit. wichtiger Ämter (Staatssekretäre, Ministerialdirektoren, Polizeipräsidenten, Landräte, General- u. Oberstaatsanwälte u. ä.), können jederzeit in den *Wartestand* versetzt (zur Disposition gestellt) werden; sie verlieren weder Beamtenstellung noch Besoldung, sondern lediglich das Amt. b) Richter u. eine Reihe ihnen gleichgestellter Beamter (Rechnungshöfe) sind unabhängig u. unversetzbar, d. h., sie können allenfalls durch organisatorische Neugliederungen ihr Amt verlieren (ferner aufgrund eines förmlichen Disziplinarverfahrens oder Strafurteils). c) bei einer Gruppe von Kommunalbeamten *(Wahlbeamten)* besteht nach unterschiedlicher Regelung die Möglichkeit der *Abwahl*, d. h., sie können unter Beibehaltung der Besoldung zum Rücktritt vom Amt veranlaßt werden.

unabwendbares Ereignis, führt im *Straßenverkehr* zum Wegfall der Ersatzpflicht des Kraftfahrzeughalters aus der Betriebsgefahr seines Fahrzeugs, insbes., wenn es auf das Verhalten des Verletzten zurückzuführen ist u. sowohl der Halter des Fahrzeugs als auch der Fahrer jede nach den Umständen des Falls gebotene Sorgfalt beobachtet haben (§ 7 II Straßenverkehrsgesetz).

Unajsa, saudi-arab. Oasenstadt südl. von Buraida im Wadi An Rima; 40000 Ew.

Unalaska [ʌnə'læskə], Aleuteninsel in der Gruppe der *Foxinseln*, mit dem Zentrum der Aleuten *Dutch Harbor*.

Unam Sanctam [lat., „eine heilige" (Kirche)], Bulle Papst *Bonifatius' VIII.* vom 18. 11. 1302 gegen den französ. König Philipp IV. den Schönen, in der der Papst die Vorherrschaft der geistl. vor der weltl. Gewalt u. damit den Vorrang des Papsttums scharf betonte (→Zweischwertertheorie).

Unamuno, Miguel de, span. Philosoph u. Schriftsteller baskischer Herkunft, *29. 9. 1864 Bilbao, †31. 12. 1936 Salamanca; lehrte in Salamanca, unter der Diktatur Primo de Riveras 1924–1930 verbannt; erstrebte in seinen Romanen, Gedichten u. Essays die geistige u. sittl. Erneuerung Spaniens. Hptw.: „Das trag. Lebensgefühl" 1913, dt. 1925; „Die Agonie des Christentums" 1925, dt. 1928; Gesammelte Werke 4 Bde. dt. 1933.

unanbringliche Postsendung, eine Sendung, die wegen unvollständiger Anschrift oder infolge Annahmeverweigerung auch nach Öffnung durch die Rückbriefstelle der Oberpostdirektion weder dem Empfänger ausgehändigt noch dem Absender zurückgegeben werden kann. Sendungen, die dem Empfänger nicht ausgehändigt werden konnten, aber an den Absender zurückgelangen, heißen *unzustellbare Postsendungen*.

Unangan, Eigenname der alteinheim. Bewohner (unter 500) der Aleuten, kulturell den Eskimo nahestehend.

Unanimismus [lat.], von J. *Romains* („La vie unanime" 1908) begründete literar. Richtung, die das Leben des einzelnen in seinen Verflechtungen mit der Gemeinschaft aufzeigt u. als geschlossene Einheit zu erfassen sucht. Der U. blieb im allg. auf die Werke seines Begründers beschränkt.

Una Sancta [lat., „eine heilige" (Kirche)], Formel aus dem sog. *Apostolikum*, in der das Bekenntnis von der Einheit der Kirche abgelegt wird. Nach kath. Lehre ist die in dieser Weltzeit zur Heilsvermittlerin bestellte Kirche von ihrem Lebensprinzip Christus u. ihrem apostol. Fundament her einzig u. einig in ihrem inneren Dasein wie in ihrer zeitl.-räuml. Erscheinung. Auch die ev. Kirche bezeugt im Glaubensbekenntnis die eine Kirche Christi. Grundlegend ist die Gemeinschaft im Hl. Geist, in der Taufe u. im Hören auf Gottes Wort. Die sichtbare Einheit wird abgelehnt oder als noch nicht vorhanden erklärt. Die Verwirklichung der U. S. ist das Ziel der →Unionsbestrebungen.

Unau ['una:u; das; indian., frz.], *Choelopus didactylus*, das zweizehige →Faultier.

Unbefleckte Empfängnis, lat. *immaculata conceptio*, die kath. Glaubenslehre, daß Maria durch bes. Gnade ohne den Makel der Erbsünde ins Dasein getreten sei, als ihre Mutter sie empfing; *Pius*

IX. verkündete das Dogma 1854. →auch Jungfrauengeburt. – Die bildende Kunst zeigt die jungfräul. Maria auf der Mondsichel, auf Wolken oder der Weltkugel, die Schlange zu Füßen, meist von Engeln getragen.

Unbekannte →Gleichung.

Unbekannter Soldat, ein Gefallener, dessen Name nicht bekannt ist; der zuerst in Frankreich verwirklichte Gedanke, die Leiche eines unbekannten Soldaten 1920 unter dem Triumphbogen in Paris als Ehrung für alle Gefallenen beizusetzen, wurde von vielen Ländern aufgegriffen.

unbenannte Zahl, eine Zahl, die keine Benennung hat, im Gegensatz zu einer *benannten Zahl,* wie 3 kg, 0,75 m.

Unberührbare, die ind. →Parias.

Unbescholtenheit, *Recht:* die Bewahrung der Geschlechtsehre. →auch Verführung.

unbestellte Ware. Die Zusendung u.r W. gilt im bürgerl. Recht als *Antrag* (Angebot, Offerte) zum Abschluß eines →Vertrags. Im Schweigen darauf liegt in der Regel noch keine Annahmeerklärung, die den Vertrag zustande bringen würde. Das Zusenden u.r W. ist unter Umständen auch wettbewerbsrechtl. unlauter u. verboten.

unbestimmte Verurteilung, Verhängung einer Freiheitsstrafe von unbestimmter Dauer, deren Umfang erst nach den Wirkungen des →Strafvollzugs festgelegt wird, im Strafrecht der BRD nur bei *Jugendstrafe* im Rahmen zwischen 6 Monaten u. 4 Jahren vorgesehen (→Jugendstrafrecht). – Ähnl. im österr. Jugendgerichtsgesetz 1961 die →Rahmenstrafe. Das schweizer. Jugendstrafrecht (Art. 89–99 StGB) kennt die u. V. nicht; das schweizer. Strafrecht kennt ledigl. eine begrenzt *unbestimmte Verwahrung* von Hangtätern durch richterl. Ausspruch (Art. 42 StGB): mindestens drei Jahre u. zumindest bis zum Ablauf von zwei Dritteln der Strafdauer.

Unbestimmtheitsrelation = Unschärferelation.

Unbewußtes, seel. Inhalte bzw. Vorgänge, Strebungen u. Triebregungen, die nicht in das Bewußtsein eintreten oder zumindest nicht in ihrer Ursprungsform bewußt werden, sowie frühere Erlebnisinhalte, die dem Bewußtsein nicht mehr zugänglich sind *(Verdrängung).* Der Begriff des Unbewußten ist bei *Leibniz, Schopenhauer,* G. Th. *Fechner,* E. von *Hartmann* („Philosophie des Unbewußten" 1869), auch bei *Nietzsche,* C. G. *Carus* zu finden; er erhielt aber erst in *Freuds* Psychologie des Unbewußten seine heutige empirisch-psycholog. Bedeutung. Zu jeder Zeit u. bei allen Menschen wiederkehrende unbewußte Bilder u. Wünsche faßte C. G. *Jung* unter dem Begriff des *kollektiven Unbewußten* zusammen.

Unbrauchbarmachung, strafrechtl. Maßnahme, um Tatwerkzeuge oder Tatprodukte bei Verbrechen oder vorsätzl. Vergehen unschädlich oder ungefährlich zu machen (§§ 74b, 74d StGB), z.B. bei Schriften strafbaren Inhalts. →Einziehung.

unbunt, Bez. für Farbempfindungen, bei denen keine Farbtöne wahrgenommen werden. U.e Farben sind Weiß, Schwarz, Grau.

Uncle Sam ['ʌŋkl 'sæm; engl.] →Onkel Sam.

UNCTAD, Abk. für engl. *United Nations Conference on Trade and Development, Konferenz der Vereinten Nationen für Handel u. Entwicklung,* kurz *Welthandelskonferenz,* gegr. am 30. 12. 1964 als Organ der Vollversammlung der Vereinten Nationen. Mitglieder sind 154 Staaten u. Territorien, darunter die BRD. Die erste Konferenz fand in Genf, die zweite 1968 in Delhi, die dritte 1972 in Santiago de Chile, die vierte 1976 in Nairobi, die fünfte 1979 in Manila statt. Ziel ist die Förderung des Welthandels, insbes. des Handels zwischen Ländern auf verschiedenen Entwicklungsstufen.

UNDA [lat., „Welle"], 1928 gegr. kath. internationale Rundfunk- u. Fernsehvereinigung, Sitz: Freiburg (Schweiz).

Undationstheorie [lat. + grch.], von R. W. *van Bemmelen* aufgestellte Hypothese zur Erklärung von Erdkrustenbewegungen, wobei aktive Magmaströmungen in der Tiefe angenommen werden, die vertikale Krustenbewegungen hervorrufen.

Under, Marie, estn. Lyrikerin, *27. 3. 1883 Reval, †25. 9. 1980 Stockholm; schrieb Liebes- u. Naturlyrik, behandelte auch Zeit- u. Sozialprobleme.

Underground ['ʌndəgraund; engl., „Untergrund"], die Lebenswelt *(Subkultur)* u. die Produktion *(Antikunst)* avantgardistischer Filmemacher, Theatergruppen, Bands, Objektkünstler, Maler u. Literaten, die im wesentl. noch nicht vom kommerziellen Kunstbetrieb erfaßt sind.

Understatement [ʌndə'stɛitmənt; das; engl.], allg. das als typisch englisch empfundene Untertreiben; in der modernen Schauspielkunst das Unterspielen, Vermeiden des Pathos, Nüchternheit.

Undeutsch, Udo, Psychologe, *22. 12. 1917 Weimar; tätig auf den Gebieten der Entwicklungs-, Verkehrs- u. der forens. Psychologie; wurde bekannt durch seine (umstrittenen) Kriterien für die Glaubwürdigkeit von Zeugenaussagen.

Undine [zu lat. *unda,* „Welle"], weibl. Wassergeist, nach *Paracelsus'* Beschreibung ein Elementarwesen, das erst dann eine Seele erhält, wenn es sich mit einem Menschen vermählt, dem untreuen Gatten aber den Tod bringt. Stoffl. Grundlage ist die Geschlechtersage der Stauffenberger, enthalten in einem Gedicht um 1320. Märchennovelle von F. *Fouqué* (1811), Opern von E. T. A. *Hoffmann* (1816) u. A. *Lortzing* (1845).

Undset ['ynsɛt], Sigrid, norweg. Schriftstellerin, *20. 5. 1882 Kalundborg (Dänemark), †10. 6. 1949 Lillehammer; 1912–1925 mit dem Maler A. *Svarstad* verheiratet, trat nach der Scheidung zur kath. Kirche über; 1940–1945 lebte sie im Exil in den USA. U. behandelte vor allem Liebe, Ehe u. die Stellung der Frau in sozialer, eth. u. religiöser Hinsicht. Sie schrieb Gegenwartsromane u. -novellen, Saga-Epen u. Essaybände: „Jenny" 1911, dt. 1921; „Frühling" 1914, dt. 1926; „Harriet Waage" 1917, dt. 1931; „Kristin Lavranstochter" 1920–1922, dt. 1926/27; „Olav Audunssohn" 1925–1927, dt. 1928/29; „Gymnadenia" 1929, dt. 1930; „Der brennende Busch" 1930, dt. 1931; „Ida Elisabeth" 1932, dt. 1934; „Das getreue Eheweib" 1936, dt. 1938; „Madame Dorothea" 1939, dt. 1948; „Katharina Benincasa" (posthum) 1951, dt. 1953. 1928 Nobelpreis. – 📖 3.1.2.

Undulation [lat.], Wellenbewegung; *U.stheorie,* Wellentheorie des Lichts nach C. *Huygens.*

undulierendes Fieber, *Maltafieber, Febris undulans melitensis,* Infektionskrankheit des Menschen, hervorgerufen durch das Bakterium *Brucella melitensis.* Beschwerden sind Milz- u. Leberschwellung, neuralg. u. Gelenkschmerzen. Meist hilft das Antibioticum *Aureomycin.*

uneheliche Kinder →nichteheliche Kinder.

uneigentlicher Punkt, *Fernpunkt,* ein nicht realer Punkt, von allen Punkten der Zeichenebene unendlich weit entfernt. Er ist der dem Mittelpunkt P_0 einer Strecke P_1P_2 zugeordnete äußere Teilpunkt P_∞ (→harmonische Teilung), für den gilt $P_1P_0:P_0P_2 = P_1P_\infty:P_2P_\infty$. →unendlich.

unendlich, mathemat. Begriff (Zeichen ∞). Das *potentielle U.e* ist keine Zahl oder Größe, mit der man rechnen kann, sondern nach C. F. Gauß nur eine Bez. dafür, daß eine Zahlenfolge keinen Grenzwert, eine Folge geometrischer Gebilde (Punkte, Geraden) keine Grenzlage hat. „Die Menge der natürl. Zahlen ist unendlich" heißt: Zu jeder Zahl gibt es einen Nachfolger, der ebenfalls eine natürl. Zahl ist. Mit dem Zeichen ∞ darf man nicht rechnen wie mit einer Zahl.

Vom potentiellen U.en ist das *aktuale U.e* zu unterscheiden: die Mächtigkeit von →Mengen; die Mengen der natürl., der rationalen u. der reellen Zahlen haben alle unendl. viele Elemente. Dabei sind die Mengen der natürl. u. der rationalen Zahlen von gleicher Mächtigkeit, sie sind abzählbar unendl.; die Menge der reellen Zahlen ist von höherer Mächtigkeit, sie ist, wie auch die Menge der Punkte einer Strecke, überabzählbar unendl. oder von der Mächtigkeit des Kontinuums. Die Mächtigkeit der abzählbaren Mengen bezeichnet man mit dem hebräischen Buchstaben *Aleph* mit dem Index 0 ($\aleph_0$), die der überabzählbaren Mengen mit demselben Buchstaben ohne Index.

Unendlichkeitsaxiom, ein mathemat. Axiom, das besagt, daß jede Zahl einen Nachfolger hat, d. h., daß es unendlich viele natürliche Zahlen gibt. →Peano-Axiome.

unentgeltliche Rechtspflege →Armenrecht.

unerlaubte Handlung, rechtswidrig verschuldete Verletzung fremder Lebensgüter u. Rechte, bes. von Leben, Körper, Gesundheit, Freiheit, Geschlechtsehre u. Eigentum, u. allg. durch Schadenszufügung zuwider den guten Sitten. U. H.en verpflichten zum →Schadensersatz; rechtl. Regelung in §§ 823ff. BGB. – In der Schweiz ist der gesetzl. Tatbestand der u.n H. umfassend ausgestaltet: vorsätzl. u. ebenso fahrlässige widerrechtl. Schadenszufügung u. vorsätzl. Schadenszufügung in einer gegen die guten Sitten verstoßenden Weise verpflichten zum Schadensersatz (Art. 41 OR); ähnl. in Österreich (§ 1295 ABGB) u. der DDR.

UNESCO, Abk. für engl. *United Nations Educational, Scientific and Cultural Organization,* Sonderorganisation der Vereinten Nationen zur Förderung von Wissenschaft, Erziehung, Kultur u. internationaler Zusammenarbeit auf diesen Gebieten.

Die UNESCO begann ihre Tätigkeit am 4. 11. 1946. Hauptorgane sind: *Generalkonferenz* (der Delegierten der Mitgliedstaaten), *Exekutivrat* (30 Mitglieder) u. das *Sekretariat* in Paris. Verbindungsorgane zu den Mitgliedstaaten sind die *Landeskommissionen.* Die BRD wurde 1951 aufgenommen (seit 1954 Mitgl. des Exekutivrats), die DDR 1972.

Unfall, *Recht:* die verschuldete Verursachung eines U.s ist eine →strafbare Handlung u. eine →unerlaubte Handlung, im übrigen besteht Schadensersatzpflicht nach den Grundsätzen der →Gefährdungshaftung; →auch Haftpflicht.

Unfallheilkunde, medizin. Fachgebiet, dessen Gegenstand die Erkennung u. Behandlung der Unfallverletzungen ist. – 📖 9.9.0.

Unfallverhütung, Maßnahmen zur Vermeidung von Unfällen, vor allem in Betrieben.

Unfallversicherung, Versicherung von Personen gegen die wirtschaftl. Folgen von Unfällen auf gesetzl. Grundlage; selbständiger Zweig der Sozialversicherung. Die U. wurde durch das *U.-Neuregelungsgesetz* vom 30. 4. 1963 neu geregelt; sie ist im Dritten Buch der *Reichsversicherungsordnung* (§§ 537ff. RVO) enthalten. Träger sind die →Berufsgenossenschaften, daneben der Bund, die Länder u. Gemeinden für ihre Betriebe sowie die *Gemeinde-U.sverbände* (z.B. Feuerwehr-U.skasse). Versichert sind gegen Arbeitsunfall, Wegeunfall u. Berufskrankheiten alle Arbeitnehmer u. arbeitnehmerähnl. Personen (nicht Beamte), aber auch Personen, die zur Hilfe bei Unglücksfällen herangezogen werden oder sich freiwillig einsetzen, seit 1971 auch Schüler, Studenten u. Kinder in Kindergärten. – 📖 4.6.1.

Unfehlbarkeit, *Infallibilität,* in der kath. Theologie die der Gesamtkirche verliehene Gnadengabe, in endgültigen Entscheidungen über Glaubens- u. Sittenlehren vor Irrtum bewahrt zu bleiben. Träger der U. ist das Lehramt der Kirche, wie es sich kundgibt 1. in der allg. Glaubensverkündigung der Gesamtheit der Bischöfe, 2. in der ausdrückl. Glaubensentscheidung eines Konzils, 3. in der Kathedralentscheidung des Papstes *(päpstl. U.).* →auch Vatikanisches Konzil (1).

Unfruchtbarkeit →Sterilität.

Unfug, 1. strafbar als beschimpfender U. an einem dem Gottesdienst einer Kirche oder Religionsgesellschaft gewidmeten Ort (§ 167 StGB), bei der →Grabschändung oder an öffentl. gezeigten Flaggen oder Hoheitszeichen (§§ 90a Abs. 2, 104 StGB). – 2. →grober Unfug.

Ungaretti, Giuseppe, italien. Lyriker, *10. 2. 1888 Alexandria (Ägypten), †3. 6. 1970 Mailand; Begründer der *hermetischen Dichtung* („Poesia ermetica"), von St. Mallarmé u. anderen französ. Symbolisten beeinflußt; auch Prosaist u. Kritiker. „Das verheißene Land" 1950, dt. 1968; „Das Merkbuch des Alten" 1960, dt. 1968; „Vita d'un uomo" (Sammlung) 1970. – 📖 3.2.2.

Ungarisch Brod, *Uherský Brod,* Stadt in Südwestmähren, südl. von Gottwaldov, 11 000 Ew.; Comeniusmuseum; Maschinenbau, Nahrungsmittelindustrie.

ungarische Kunst, Architektur, Plastik, Malerei u. Kunstgewerbe einschl. der reich entwickelten Volkskunst Ungarns.

Architektur

Die wichtigsten erhaltenen Baudenkmäler des MA. gehören der spätroman. Zeit an u. lassen auf rhein. Einflüsse schließen (Kirchen von Ják u. Zsámbék, 13. Jh.). Die Orientierung an der westeurop. Architektur trat in der Gotik noch deutlicher zutage (Matthiaskirche in Budapest, begonnen im 13. Jh.); charakteristisch sind, bes. im Zipserland, zwei- u. dreischiffige Hallenkirchen („Schwarze Kirche" zu Brasso, 15. Jh.). Unter Kaiser Sigismund entstand in Ofen in italien. Stil ein Fürstensitz, den *Matthias Corvinus* nach florentin. Vorbildern ausbauen ließ. J. L. von *Hildebrandt,* der u.a. das Schloß des Prinzen Eugen zu Ráckeve (1700–1702) erbaute, wirkte nachhaltig auf die einheim. Baumeister. Im bedeutendsten Werk der Epoche, dem Schloß der Fürsten Esterházy, wurde die Bauanlage von Versailles mit Einzelformen von Schönbrunn verbunden. Auch der Hauptmeister des Klassizismus, Mihály *Pollack* (*1773, †1855), kam aus Wien (Ungar. Nationalmuseum, Budapest). Mit den Arbeiten von Miklós

ungarische Literatur

Ybl (*1814, †1891) lebte der Renaissancestil in Ungarn noch einmal auf (Opernhaus in Budapest). J. *Steindl* baute das für die Budapester Silhouette bestimmende Parlamentsgebäude.

Plastik

Zu den wenigen erhaltenen Beispielen der mittelalterl. Skulptur Ungarns gehört die Bauplastik der Kirchen von Ják u. Zsámbék. Die Bronzegruppe des hl. Georg (1373, heute in Prag) von *Martin* u. *Nikolaus von Klausenburg* läßt den Einfluß der Bauhütte P. *Parlers* erkennen. Im 15. Jh. bestimmte die italien. Plastik den Stil der ungar. Bildhauerkunst; Matthias Corvinus vergab Aufträge an *Verrocchio*, B. da *Majano*, F. *Laurana* u. a. Der erste bedeutende ungar. Bildhauer, István *Ferenczy* (*1792, †1856), folgte dem Klassizismus A. *Canovas* u. B. *Thorvaldsens*, während der in Wien ausgebildete János *Fadrusz* (*1858, †1903) sich mit zahlreichen Monumentaldenkmälern (Reiterstatue der Königin Maria Theresia u. a.) neubarokken Strömungen anschloß. Stark wirkte um 1900 das Vorbild A. *Rodins* u. A. *Maillols*; ihr Ruhm veranlaßte zahlreiche ungar. Bildhauer zur Übersiedlung nach Paris (János *Pásztor*, *1881, †1944, u. a.).

Ofenkachel mit dem Bild des Königs Matthias; 1484 bis 1490. Budapest, Burgmuseum

Krypta der Benediktinerkirche in Tihany; Mitte des 11. Jh.

Tivadar Csontváry-Kosztka, Wallfahrt zur Libanonzeder; 1907. Budapest, Privatbesitz

Pfarrkirche in Ják, Westungarn, romanisches Säulenportal aus dem 13. Jh.

Säulenabschluß in der St.-Michaels-Kirche in Sopron (Ödenburg); 14. Jh.

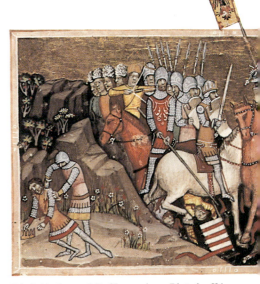

Die Schlacht von Ménfő, aus einem Blatt der Képes Krónika; 1370. Budapest, Széchenyi Bibliothek

UNGARISCHE KUNST

István Szőnyi, Regenschirme; 1939. Budapest, Sammlung Fruchter

Fertőd, das Schloß der Fürsten Esterházy und die schönste barocke Schloßanlage in Westungarn; 1764–1766

Malerei

Die Handschriften der berühmten Corvinus-Bibliothek (Corvinen) wurden im 15. Jh. zu einem Großteil von M. *Attavante* ausgeführt. Der einzige namentl. bekannte ungar. Maler jener Zeit, Michele *Ongaro* (gen. *Pannonio*, †etwa 1464), war am Hof von Ferrara tätig. Auch die Maler des 17. u. 18. Jh. arbeiteten vornehml. im Ausland, Ádám *Mányoki* (*1673, †1756) als Hofmaler in Dresden, Jakob *Bogdán* (*um 1660, †1724) am engl. Königshof. Die um die Mitte des 19. Jh. aufgekommene nationale Historienmalerei (G. *Benczur*, Bertalan *Székely*, *1835, †1910; Mór *Than*, *1828, †1899), orientierte sich weitgehend an K. Th. von *Piloty*. In Italien wirkte der hauptsächl. als Landschaftsmaler hervortretende Károly *Markó* (*1822, †1891). Der Porträtist M. *Barabás* war der erste ungar. Maler, der im eigenen Land weitgehende Anerkennung fand. Von der Romantik geprägt sind die Bilder des in Rußland berühmt gewordenen M. *Zichy* u. von Géza *Mészöly* (*1844, †1887). M. *Munkácsy* verband in dramat. Kompositionen aus dem bäuerl. Volksleben realist. Elemente mit einer den Impressionismus vorbereitenden Freilichtmalerei; seinem Werk stehen die Bilder von László *Mednyánszky* (*1852, †1919) u. P. *Szinyei Merse* nahe. Naiv-phantastisch sind die großformatigen Bilder von Tivadar Csontváry *Kosztka* (*1853, †1919). Um die Jahrhundertwende erlangten die von K. *Ferenczy* geführte, im Sinn der Schule von Barbizon arbeitende antiakademische Künstlerkolonie Nagybánya (Simon *Hollósy*, *1857, †1918; Béla *Iványi-Grünwald*, *1867, †1940, u.a.) u. einige andere Gruppen Bedeutung, hauptsächl. als Träger einer romantisierenden oder realist. gefärbten Naturmalerei unter dem Einfluß G. *Courbets* u. des französ. Impressionismus. Als Anhänger der „Nabis" kehrte nach 15jährigem Frankreichaufenthalt J. *Rippl-Rónai* zurück, ein Schilderer des ungar. Kleinstadtlebens, während G. *Derkovits* in sozialkrit.-polit. Gemälden Stilelemente der „Fauves" aufnahm, später mit verstärkter Hinwendung zu expressionist. u. konstruktivist. Mitteln. Von den führenden Künstlern des 20. Jh. stammen M. *Breuer*, L. *Moholy-Nagy*, Z. *Kemény* u. V. *Vasarely* aus Ungarn. Bedeutende Repräsentanten der ungar. Malerei unserer Zeit sind u.a. J. *Barcsay*, A. *Bernáth*, I. *Szönyi*.

ungarische Literatur. Zu den ältesten Denkmälern der ungar. Sprache (u. damit der finnisch-ugrischen Sprachfamilie) gehören eine Totenrede (um 1200) u. eine Marienklage (um 1300). Im 15. Jh. entstand im Zusammenhang mit der Hussiten-Bewegung die erste Bibelübersetzung.
In der Reformation setzte sich die Volkssprache als Schriftsprache durch. Es entstanden geistl. u. histor. Werke u. die erste Epik; B. *Balassi* schrieb Lyrik im Stil der Spätrenaissance, P. *Pázmány* wurde vorbildl. für die ungar. Prosa, u. M. *Zrínyi* schrieb das Nationalepos „Die Belagerung von Sziget" 1651, dt. 1821. Den Anschluß an die allgemein-europ. Entwicklung fand die u.L. jedoch erst im 18. Jh., als durch G. *Bessenyei* die französ. Aufklärer u. durch F. *Kazinczy* die Großen der antiken, engl. u. dt. Literatur in Ungarn bekannt wurden. Wortschatz, Ausdrucksfähigkeit u. Verstechnik waren nun so weit entwickelt, daß mit der Romantik die größten ungar. Lyriker des 19. Jh. auftraten: D. *Berzsenyi* u. M. *Vörösmarty* als Vertreter einer klassizist.-konservativen, S. *Petőfi* u. J. *Arany* als Vertreter der volksnahen Richtung.
In der Romantik entfaltete sich auch der ungar. Roman. Auf die romant. beeinflußten Erzähler M. *Jósika*, J. *Eötvös*, Z. *Kemény* u. M. *Jókai* folgten die Realisten K. *Mikszáth* u. F. *Herczeg*. Der bedeutendste Dramatiker des Realismus war I. *Madách*.
Die überragende Gestalt am Beginn des 20. Jh. war E. *Ady*, der fern von fremden Einflüssen die konventionellen Formen stürzte. Dennoch blieb die Zwiespältigkeit der u.n L. weiter bestehen: Der Kreis um die Zeitschrift „Nyugat" („Der Westen"), dem M. *Babits*, D. *Kosztolányi*, F. *Karinthy*, M. *Füst*, M. *Radnóti*, Z. *Móricz* angehörten, war westeurop.-bürgerl. orientiert, während die sog. Populisten im Bann von D. *Szabó* (G. *Illyés*, L. *Németh*, Á. *Tamási*, Péter *Veres*, *6. 1. 1897) die Belange der armen bäuerl. Volksschichten vertraten. Zwischen beiden Richtungen stand A. *József*. Großen Erfolg auch im Ausland fanden F. *Molnár*, Z. *Harsányi* u. G. von *Vaszary*.
Nach der kommunist. Machtergreifung emigrierten oder verstummten zahlreiche ungar. Schriftsteller; in das Schema des sozialist. Realismus fügten sich nicht alle ein. Das ungar. Selbständigkeitsbedürfnis ließ auch die literar. Tradition nicht abreißen (T. *Déry*, G. *Háy*, Magda *Szabó* u.a.). – ⌸ 3.3.5.

ungarische Musik. Die ältesten bekannten ungar. Volksgesänge weisen noch die pentatonische Grundlage auf, die sich später zu siebenstufigen Tonleitern unter Verwendung der Kirchentöne erweiterte. Erst im 19. Jh. fand sich neben der häufig verwendeten Zigeunertonleiter auch eine eigene ungar. Tonleiter mit zwei gleichgestalteten Tetrachorden. Wesentlichen Anteil an der Entwicklung der Volksmusik hatten zahlreiche Volkstänze, vor allem der ungar. Nationaltanz *Csárdás*.
Die ersten wirklich ungar. Künstler waren Sebestyén *Tinódi* (†1556), der seine eigenen Lieder zur Laute sang, u. Valentin *Bakfark* (*1507, †1576). Eine eigentl. ungar. Kunstmusik entstand erst im 19. Jh.; F. *Erkel*, F. *Liszt* u. Mihály *Mosonyi* (*1815, †1870) stehen am Anfang, ihnen folgen Ödön Péter Jozsef de *Mihalovich* (*1842, †1929), Géza *Zichy* (*1849, †1924), J. *Hubay*, Karoli *Szabados* (*1860, †1892), Arpád *Szendy* (*1863, †1922), Ede *Poldini* (*1869, †1957), Theodor *Szántó* (*1877, †1934), Aladár *Szendrei* (*29. 2.

1884), Nándor *Zsolt* (* 1887, † 1936), Eugen *Zádor* (* 1894, † 1977) u. der führende ungar. Komponist E. von *Dohnányi*. Alle diese Meister standen innerhalb der westeuropäischen Tradition. Erst mit B. *Bartók* u. Z. *Kodály* fand die u. M. unter Besinnung auf die echte Volksmusik (also nicht die der ungarischen Zigeuner) zu einem eigenen Stil zurück, den auch Alexander *Jemnitz* (* 1890 † 1963), L. *Lajtha*, Ferenc *Farkas* (* 15. 12. 1905), Sándor *Veress* (* 1. 2. 1907) u. a. entwickelten. Vertreter der jüngeren Generation u. a. György *Kurtág* (* 19. 2. 1926), Sándor *Szokolay* (* 1932), Zsolt *Durkó* (* 10. 4. 1934), Attila *Bozay* (* 11. 8. 1939). – Nationales Volksinstrument ist das klarinettenartige *Tárogató*. – ⓛ 2.9.5

Ungarische Pforte, Porta Hungarica, das enge Donautal zwischen den Kleinen Karpaten in der ČSSR u. dem Leithagebirge in Österreich.

Ungarisches Gelbholz = Fisettholz.
ungarische Sprache, magyarische Sprache, zu den finn.-ugrischen Sprachen gehörende, von über 14 Mill. Menschen, meist im Gebiet des heutigen Ungarn, gesprochene Sprache; wenig mundartl. Unterschiede; Betonung auf der ersten Silbe der Wörter; keine grammat. Geschlechter; bei der Wortbildung Vokalharmonie. – ⓛ 3.8.7.
Ungarn, das finn.-ugrische Volk der →Magyaren.

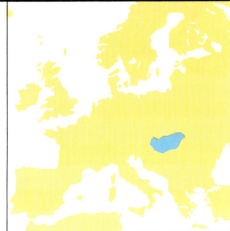

UNGARN H
Magyar Népköztársaság

- Fläche: 93 030 qkm
- Einwohner: 10,7 Mill.
- Bevölkerungsdichte: 115 Ew./qkm
- Hauptstadt: Budapest
- Staatsform: Kommunistische Volksrepublik
- Mitglied in: UN, Warschauer Pakt, COMECON
- Währung: 1 Forint = 100 Filler

Landesnatur: Die südosteurop. Volksrepublik liegt im Bereich des allseitig von Gebirgen (Alpen, Dinariden, Karpaten) umgebenen großen *Pannonischen Beckens*, das einschl. der Hügelländer, aber mit Ausnahme der Mittelgebirge (u. a. *Bakonywald, Zemplener Gebirge* u. *Mátra* mit dem höchsten Berg U.s: *Kékes* 1015 m) ein Tiefland darstellt. Die Donau, die zusammen mit der Theiß das Tiefland nach S entwässert, gliedert es in *Transdanubien* im W u. das *Alföld* im O. – Das Klima ist gemäßigt kontinental mit heißen Sommern u. kalten Wintern. Die nach O abnehmenden Niederschläge gestatten in Transdanubien eine intensive Ackerbau. Nutzung, während es nach den Lößböden des Alföld für den Anbau der zusätzl. Bewässerung bedarf. Hier dehnt sich die baumlose Steppe der *Pußta* aus, die ohne Bewässerung viehwirtschaftlich genutzt werden kann. In den stärker beregneten Gebirgen wachsen Buchen u. Eichen. Der Waldanteil beträgt 15,7% der Gesamtfläche.

Die **Bevölkerung** setzt sich aus Ungarn, noch 220000 Deutschen sowie Slowaken, Rumänen, Serben u. a. Minderheiten zusammen. 50% der Einwohner leben auf dem Land, 20% in Budapest. In der Industrie sind 37,5%, in der Landwirtschaft 22,4% der Erwerbstätigen beschäftigt.

Grundlage der **Wirtschaft** sind auf fruchtbaren, z.T. bewässerten Lößböden der Anbau von Weizen, Kartoffeln, Roggen, Mais, Hafer, Zuckerrüben, Tabak, Gemüse, Ölpflanzen, Obst u. Wein (bes. am Plattensee u. bei Tokaj) sowie die Schweine-, Rinder-, Schaf- u. Geflügelzucht. 54,3% des Landes sind Ackerland, 10,3% Wiesen u. Weiden. An Bodenschätzen finden sich Stein-u. Braunkohle, Uran-, Eisen-, Manganerz, Bauxit, Erdöl u. Erdgas. Auf der Grundlage der Bodenschätze u. der landwirtschaftl. Produkte hat sich die Industrie entwickelt. In der Nähe der Bergbauorte haben der Maschinen- u. Fahrzeugbau, die Hütten-, Zement- u. chem. Industrie ihre Standorte. In den landwirtschaftl. Komitaten finden sich Mühlen, Brennereien, Konserven-, Zucker- u. Wurstfabriken. Trotz des verstärkten Ausbaus des industriellen Sektors stammen die Exporte vorwiegend aus der Landwirtschaft. – Das Verkehrsnetz (auf Budapest konzentriert) umfaßt 8300 km Eisenbahnen (1300 km elektrifiziert), Hauptstrecken Budapest–Wien, Budapest–Sowjetunion, Budapest–Graz u. Budapest–Agram; 30000 km Straßen (davon 22000 km asphaltiert), im Ausbau Autobahn Budapest–Wien u. Budapest–Plattensee; 1700 km schiffbare Wasserstraßen; internationaler Flughafen Budapest-Ferihegy.

Geschichte → S. 77.

Politik
Am 20. 8. 1949 trat die Verfassung der Volksrepublik U. in Kraft. Das in allg., gleichen, direkten u. geheimen Wahlen auf 4 Jahre gewählte Parlament ist nominell höchstes Staatsorgan, überträgt aber zahlreiche Befugnisse an den von ihm gewählten *Präsidialrat*, dessen Vors. als Staatsoberhaupt fungiert. Die Politik der formal dem Parlament verantwortlichen Regierung wird in der Praxis von der Führung der KP (offizieller Name seit 1956: *Ungarische Sozialistische Arbeiterpartei*, Abk. *MSZMP*) bestimmt. Allerdings hat das Parlament heute eine etwas größere Eigenständigkeit gegenüber der Partei als vor 1956. Die Abgeordneten werden nach dem Wahlgesetz von 1970 in absoluter Mehrheitswahl in Einerwahlkreisen gewählt, wobei Ansätze zu einer beschränkten personellen Auswahl unter Kandidaten (1971: 402 für 352 Sitze) zu erkennen sind. Die Kandidaten müssen nicht von der *Vaterländ. Volksfront* (Zusammenschluß der Massenorganisationen unter Führung der MSZMP) aufgestellt sein, aber ihr Programm unterstützen.

Militär
U. hat ein stehendes Heer mit allg. Wehrpflicht vom 18. Lebensjahr an u. einer aktiven Dienstzeit von 2 Jahren. Die Gesamtstärke der Streitkräfte beträgt (im Gegensatz zu der im Friedensvertrag von 1947 festgelegten 65000 Mann fürs Heer u. 5000 Mann für die Luftwaffe) über 100000 Mann (Heer 90000, Marine [nur eine Donaugarde] 500, Luftwaffe 12500). Hinzu kommen 27000 Mann Sicherheits- u. Grenztruppen u. eine Arbeitermiliz von 250000 Mann. Der Oberbefehl liegt beim Verteidigungsminister. In U. sind 3 sowjet. Divisionen stationiert.

Bildungswesen
Nach dem Vorbild der Sowjetunion stufenförmig aufgebautes, polytechn., vom Staat organisiertes u. kontrolliertes Einheitsschulwesen. Die allg. Schulpflicht beträgt 8 Jahre. Schulsystem: 1. achtjährige *Pflicht-* bzw. *Grundschule*, auf der die weiterführenden Schulen aufbauen. In den unteren 4 Klassen Klassenunterricht, in den oberen 4 Klassen Fachunterricht. 2. vierjähriges *Gymnasium* mit sprachl. u. naturwissenschaftl. Zweigen; schließt mit dem Abitur ab u. führt zur Hochschulreife. 3. dem Gymnasium gleichgestellte 4jährige *Technika*, die Nachwuchs für mittlere Berufe in Industrie, Technik u. Wirtschaft ausbilden. Technika schließen mit einer dem Abitur gleichgestellten Prüfung ab (Berechtigung zum Studium). 4. allgemeinbildende *Schulen mit Spezialaufgaben*: a) Musikgrundschule und Musikgymnasium, b) Grundschule u. Gymnasium für russ. Sprache, c) 9jähriges Ballettinstitut, das Kinder vom 9. Lebensjahr aufnimmt u. eine Tanzausbildung u. eine Allgemeinbildung auf Gymnasialniveau vermittelt u. mit dem Abitur abschließt, d) 7jährige Fachschule für Artisten, die Kinder vom 10. Lebensjahr an aufnimmt u. 3jährige Grundschulbildung u. 4jährige Fachausbildung vermittelt. 5. dreijährige Lehrlingsschulen. 6. *Universitäten* u. Techn. Universitäten in Budapest (6), Debrecen (2), Fünfkirchen, Sopron, Gödöllő, Szeged, Miskolc; Fachhochschulen u. Akademien.

Ungarn: Bodennutzung, Bergbau und Industrieorte

Ungarn

Geschichte

Die Magyaren (Ungarn) wurden im späteren 9. Jh. aus dem Gebiet zwischen Don u. Dnjepr von den Petschenegen vertrieben. Unter ihrem Stammesfürsten *Árpád* folgte die Landnahme (895–907) an Theiß u. mittlerer Donau. Von hier aus unternahm das Nomadenvolk unter den Árpáden (bis 1301) seine gefürchteten Kriegszüge nach Mittel- u. Südeuropa u. nach Byzanz. Nach der Niederlage, die Otto d. Gr. den Ungarn auf dem Lechfeld beibrachte (955), wurden sie endgültig seßhaft.

Unter *Géza*, einem Urenkel Árpáds, der röm.-kath. wurde, begann die Christianisierung U.s. Die Bindung an den westl. Kulturkreis wurde durch *Stephan (István) I.*, den *Heiligen* (997–1038), endgültig. Das Erzbistum Gran wurde gegr. Von Papst Silvester II. erhielt Stephan um 1000 die Königskrone. Dem Partikularismus der Feudalherren begegnete der König durch Einführung einer strengen Zentralverwaltung u. einer Grafschaftsverfassung. *Andreas I.* (1047–1060) u. seinen Nachfolgern *Béla I.* (1060–1063), *Géza I.* (1074–1077) u. *Wladislaw (László) I.* (1077 bis 1095) gelang es, die Königsmacht im Innern wie nach außen zu stärken. 1091 erfolgte die Angliederung Kroatiens an U.; es folgte Siebenbürgen (Transsilvanien). Unter *Koloman (Kálmán) I.* (1095–1116) wurde Kroatien fester Bestandteil des ungar. Reichs (1102). Im 12. Jh. wanderten dt. Siedler nach U. ein.

Nach dem Tod *Gézas II.* (1141–1162) kam es zu Thronstreitigkeiten, die durch das Eingreifen des byzantin. Kaisers Manuel mit der Thronbesteigung von dessen Schwiegersohn *Béla III.* (1173–1196) endeten. Unter *Andreas (András) II.* (1205–1235) konnte der gemeine Adel, dessen Stellung immer stärker wurde, den Erlaß der *Goldenen Bulle* (1222) erzwingen, die den gemeinen Adel gleichberechtigt neben die Hocharistokratie stellte, d. h. ihm Stimmrecht in den Landtagen einräumte. Dem Adel wurde Steuerfreiheit, Schutz vor Verhaftung u. Einziehung des Besitzes zugesichert, seine Pflicht auf Heerfolge wurde eingeschränkt. Die in Siebenbürgen angesiedelten Deutschen bekamen 1224 Selbstverwaltung. 1241 verheerten die Mongolen das Land (Niederlage bei Mohi). *Bélas IV.* (1235–1270) Widerstand gegen die Mongolen war bald gebrochen. Als sie das Land verlassen hatten, bemühte sich Béla um den Ausbau der Landesverteidigung u. förderte den Burgenbau. Dem Tod des letzten Árpáden, *Andreas III.* (1290–1301), folgte eine Zeit der Anarchie.

Als *Karl (Károly) I.* bestieg 1308 ein Anjou mit Hilfe des Papstes den ungar. Thron. Nachdem er sich gegen die Feudalherren durchgesetzt hatte, brachte er dem Land eine lange Zeit des Friedens. 1328 gelang ihm die Unterwerfung Bosniens, Serbien konnte besiegt werden; Bulgarien u. die Walachei wurden zeitweise abhängig. Wie sein Vater Karl unterstützte auch *Ludwig (Lajos) I., d. Gr.* (1342–1382), den niederen Adel gegen die Hocharistokratie. Zentralgewalt u. Königsmacht wurden erneut gestärkt, Künste u. Wissenschaften gefördert; 1367 wurde in Pécs (Fünfkirchen), 1389 in Buda eine Universität gegr. 1370 wurde Ludwig, ein Sohn der Elisabeth von Polen, poln. König. Die Dynastie starb nach kurzer Regierungszeit *Karls II.* in männl. Linie aus.

Die ungar. Krone fiel an den Verlobten der ältesten Tochter Ludwigs, Maria, u. späteren dt. Kaiser, den Luxemburger *Sigismund* (1387–1437). Nach der Niederlage des Kreuzheers bei *Nikopoli* (1396) mußte der König den Magnaten immer weitergehende Rechte (Ständeversammlung) einräumen. Die Türken drangen unaufhaltsam vor, die Hussitenkriege schwächten das Land. Dem Habsburger Kaiser *Albrecht II.* (1437–1439) folgte der Jagiellone *Władysław III.* (1440–1444) als ungar. König *Ulászló I.* auf den Thron. Nach dessen Tod konnten die Türken durch den Reichsverweser *János Hunyadi* (für den unmündigen Habsburger Wladislaw V. Posthumus) noch einmal aufgehalten werden (Sieg bei Belgrad 1456). Hunyadi aber, der Führer der Kleinadelspartei, wurde im Lager bei Belgrad ein Opfer der Pest. Ein Sieg des Kleinadels war die Wahl seines Sohns Matthias (Mátyás) zum König. Als *Matthias I. Corvinus* (1458–1490) kämpfte er gegen den Habsburger Kaiser Friedrich III. u. war gegen König Georg Podiebrad von Böhmen siegreich. Auch die Türken konnte er schlagen (1463), 1479 gewann er durch Vertrag Mähren, Schlesien u. die Lausitz von Polen, 1485 gelang ihm die Eroberung Wiens, das er zur Hauptstadt seines Reichs machte. Mit seinem Tod aber zerfiel das Reich.

Unter den Jagiellonen (1490–1526) ging die Macht an die Magnaten über. 1514 wurde der Aufstand der Bauern, die von György (Georg) *Dózsa* geführt wurden, gewaltsam unterdrückt. Gegen den sich ausbreitenden Protestantismus wurde mit aller Härte vorgegangen. In der für die Ungarn vernichtenden Türkenschlacht bei *Mohács* (1526) kam König *Ludwig II.* (1516–1526) ums Leben. U. verlor seine Unabhängigkeit; der mittlere Teil kam an die Türkei (bis Ende 17. Jh.), das westl. U. an die Habsburger, Transsilvanien wurde selbständiges Fürstentum. Dem 1526 gewählten König *Ferdinand von Österreich* (1526–1564) stand in *János Szápolyai* (1526–1540) ein Gegenkönig gegenüber, der sich mit dem Sultan verbündete. 1541 wurde Ofen von den Türken besetzt. Das 17. Jh. stand im Zeichen des Freiheitskampfs, der von den transsilvan. Fürsten *Stephan (István) Bocskay*, *Gábor Bethlen* u. *Georg Rákóczi I.* erfolgreich gegen die Habsburger geführt wurde. Erst unter *Georg Rákóczi II.* fiel Siebenbürgen den Türken zu (nach 1660). Im habsburg. Teil U.s kam es infolge der Zwangsherrschaft oft zu Aufständen; die Gegenreformation hatte hier Erfolg, nicht aber im weitgehend kalvinist., türk. besetzten Gebiet. Nach der Befreiung von der Türkenherrschaft 1683–1699 wurde ganz U. habsburg. Kronland.

Seit Ende des 17. Jh. kämpfte die Freiheitsbewegung der Kuruzen gegen die kaiserl. Herrschaft. Ihre Führer wurden Fürst *Franz (Ferenc) II. Rákóczi* u. J. *Thököly*. 1711 brach die Bewegung, deren Truppen fast das ganze Land befreit hatten, zusammen. Der ungar. Reichstag erkannte die Pragmatische Sanktion an u. unterstützte *Maria Theresia* weitgehend in ihren reformer. Maßnahmen (Unterrichtswesen, Besiedlungspolitik, Freizügigkeit für die Leibeigenen). Auf harten Widerstand des Adels stieß *Joseph II.* mit seinen Reformen. Sie mußten sämtlich zurückgenommen werden. Unter *Franz I.* wurde das Land absolut. regiert gegen die wachsende Opposition einer Reformbewegung. Ihre Führer waren Graf I. *Széchenyi*, der soziale u. wirtschaftl. Reformen anstrebte, u. Lajos *Kossuth*, ein radikaler Revolutionär.

1848 brach in Pest die Revolution aus. Der König berief das Ministerium L. *Batthyány*, das Pressefreiheit zusicherte u. die Leibeigenschaft aufhob. Kossuth übernahm die Führung des Landes, der Landtag wählte ihn zum Reichsverweser, u. U. erklärte sich für unabhängig. Mit russ. Hilfe wurde die Revolution von Kaiser Franz Joseph niedergeschlagen. 1867 erreichten die Liberalen unter Führung von Franz von *Deák* den Ausgleich mit der Wiener Regierung. U. als Teil der Doppelmonarchie Österreich-U. bekam eine parla-

Ungarn: Streusiedlung (Tanya) in Alföld, südlich von Kecskemét

Ungarn: 1848 erhoben sich die Ungarn unter Kossuth gegen Österreich. Zeitgenöss. Stich

mentar. Verfassung, seine Nebenländer Kroatien u. Slawonien wurden zurückgegeben. Graf *Andrássy* wurde Min.-Präs., Franz Joseph 1867 zum ungar. König gekrönt. Siebenbürgen wurde an U. angeschlossen. Nur schwer – u. seit der Regierungszeit Graf István *Tiszas* (1903–1905 u. 1913–1917) nur noch mit Gewalt – konnte die Ordnung in dem von den Gegensätzen der Parteien u. den Autonomiebestrebungen der Minderheiten zerrissenen Land aufrechterhalten werden. Im Okt. 1918 wurde Tisza ermordet. König *Karl IV.* (Kaiser Karl I.) bestimmte Graf M. *Károlyi* zum Min.-Präs. Am 16. 11. 1918 ließ dieser die Republik ausrufen. Kroatien löste sich von U., die Rumänen in Siebenbürgen votierten für den Anschluß an Rumänien. Die Kommunisten unter Béla *Kun* errichteten im März 1919 eine Räterepublik, die im August von gegenrevolutionären Truppen niedergeworfen wurde. 1920 ließ sich M. *Horthy* zum Reichsverweser wählen; U. wurde wieder Königreich. 1921 wurde Karl IV. abgesetzt.

Der Niederlage im 1. Weltkrieg folgte der *Vertrag von Trianon* (1920), der Ungarn 60% seiner Bevölkerung u. 75% seines Gebiets nahm. Außenpolit. schloß sich U. an Dtschld. u. Italien an. Es erhielt einen Teil der nach dem 1. Weltkrieg verlorenen Gebiete zurück (Wiener Schiedssprüche 1938 u. 1940). An der Seite der Achsenmächte trat es im Juni 1941 in den 2. Weltkrieg ein. Horthy versuchte 1944 die Verbindung mit dem nat.-soz. Dtschld. zu lösen u. aus dem Krieg auszuscheiden. Er wurde von den Deutschen abgesetzt, sein Nachfolger wurde F. *Szálasi*, der Führer der faschist. Pfeilkreuzlerbewegung.

1944/45 besetzten sowjet. Truppen das Land. U. wurde 1946 Republik. Im Friedensvertrag von Paris 1947 wurden die Grenzen von 1938 wiederhergestellt, u. U. wurde für reparationspflichtig erklärt. Die Deutschen wurden ausgesiedelt, der Großgrundbesitz enteignet, die Industrie verstaatlicht. Zunächst regierte die Kleinlandwirtepartei (Min.-Präs. Ferenc *Nagy*). Gestützt auf die sowjet. Besatzungsarmee, übernahm die KP unter ihrem Generalsekretär M. *Rákosi* schrittweise die Macht. 1948 kam es zur Zwangsvereinigung der KP mit den Sozialdemokraten. Die bürgerl. Parteien wurden verboten, das Einparteiensystem eingeführt. 1949 wurde U. Volksrepublik. Rákosi, schon seit längerem faktisch Diktator, war 1952/53 Min.-Präs. Nach dem Vorbild der Sowjetunion wurden Planwirtschaft u. – gegen den Widerstand der Kleinbauern – das Kollektivwirtschaftssystem eingeführt. Der „Neue Kurs" unter Min.-Präs. Imre *Nagy* (1953–1955) brachte eine Lockerung, 1955 folgte unter A. *Hegedüs* eine neue Verschärfung. Im Anschluß an die sowjet. „Entstalinisierung" wurde Rákosi 1956 aller Parteiämter enthoben, unter seinem Terrorregime bestrafte Kommunisten wurden rehabilitiert. Mit einer Demonstration der Studenten in Budapest brach am 23. 10. 1956 die Revolution aus. I. Nagy übernahm die Regierung, erklärte U.s Austritt aus dem Warschauer Pakt u. versprach Liberalisierung u. Respektierung der demokrat. Freiheiten. Sowjet. Truppen schlugen die Revolution Anfang November nieder. Zehntausende von Flüchtlingen verließen das Land. Die von den Sowjets eingesetzte Regierung unter J. *Kádár* steuerte anfangs einen harten Kurs, zeigte aber seit Anfang der 1960er Jahre liberalere Tendenzen. Einige Forderungen der Revolution von 1956 wurden allmähl. verwirklicht. Kádár ist seit 1956 Erster Sekretär der Partei; 1956–1958 u. 1961–1965 war er zugleich Min.-Präs. Die Regierung führte als Min.-Präs. 1967–1975 J. *Fock*; Nachfolger wurde G. Lazar; Staatsoberhaupt (Vors. des Präsidialrats) ist seit 1967 P. Losonczi. 1973 wurden zwischen U. u. der BRD diplomat. Beziehungen aufgenommen. – 🄺→*Südosteuropa*. – 🄱→*Südosteuropa*. – 🄻5.5.7. u. 5.4.7.

Ungarweine, alkoholreiche Weine; bekannt vor allem die süßen *Tokajerweine* (Tokaj Szamorodni, Furmint u.a.) u. *Erlauer Stierblut*.
Ungavabai [ʌŋˈgaːvəˈbei], Bucht im nördl. Labrador südöstl. der Hudsonstraße.
ungegenständliche Kunst →abstrakte Kunst.
Ungehorsam, 1. *allg.:* das Nichtbefolgen von Anordnungen u. Befehlen.
2. *Strafrecht:* öffentl. Aufforderung zum U. ist nur noch strafbar als Aufforderung zum Steuerstreik (§ 1 VO gegen die Aufforderung zum Steuerstreik vom 15. 9. 1923). – In Österreich wird öffentl. verbreitete Aufforderung zum allg. U. gegen ein Gesetz nach § 281 StGB, zu einer einzelnen Straftat nach § 282 bestraft. – In der Schweiz wird U. gegen eine mit rechtmäßiger Strafdrohung versehene amtl. Verfügung nach Art. 292 StGB, der U. des Schuldners im Konkurs nach Art. 323 StGB bestraft.
3. *Wehrstrafrecht:* das vorsätzl. Nichtbefolgen eines Befehls, sofern dadurch eine Gefahr für die Sicherheit der BRD, die Schlagkraft der Truppe, die Gesundheit eines Menschen oder für Sachen von bedeutendem Wert herbeigeführt wird (§ 19 WStG). →auch Gehorsamsverweigerung. – In Österreich ist militär. U. strafbar nach Art. III u. § 46 des Militärstrafgesetzes. – Die öffentl. Aufforderung zum U. gegen einen militär. Befehl oder eine militär. Dienstpflicht ist in der Schweiz nach Art. 276 Ziff. 1 StGB mit Gefängnis zu bestrafen; im übrigen ist das Militärstrafgesetz vom 13. 6. 1927 anzuwenden.
Ungeld, *Umgeld*, *Ohmgeld*, im MA. Bez. für eine in den Reichsstädten erhobene Abgabe auf Massengüter.
ungelernter Arbeiter, im Unterschied zum *Facharbeiter* ohne fachl. Ausbildung.
Unger, 1. Franz, österr. Botaniker, * 30. 11. 1800 Leutschach, † 13. 2. 1870 Graz; begründete die Pflanzenpaläontologie.
2. Hellmuth, Schriftsteller, * 10. 2. 1891 Nordhausen, † 13. 7. 1953 Freiburg i.Br.; Augenarzt; bekannt durch vielgelesene volkstüml. Biographien über R. Koch (1936), E. von Behring (1940), W. C. Röntgen (1949), L. Pasteur (1950).
3. Hermann, Komponist u. Musikschriftsteller, * 26. 10. 1886 Kamenz, † 31. 12. 1958 Köln; Professor in Köln; schrieb u.a. 3 Opern, Instrumental- u. Vokalwerke; volkstümliche Schriften zur Musikgeschichte u. eine Biographie über M. Reger.
4. Johann Friedrich, Holzschneider u. Buchdrucker, * 16. 8. 1753 Berlin, † 26. 12. 1804 Berlin; schuf die nach ihm benannte *U.-Fraktur*.
5. Josef, österr. Rechtswissenschaftler, * 2. 7. 1828 Wien, † 2. 5. 1913 Wien; Mitbegründer der modernen Rechtswissenschaft, 1881–1913 Präs. des Reichsgerichts von Österreich-Ungarn.
ungerade Zahl →Zahlen.
ungerechtfertigte Bereicherung →Bereicherung.
Ungerer, Jean Tomi, US-amerikan. Graphiker u. Cartoonist französ. Herkunft, * 28. 11. 1931 Straßburg; Satiriker, der in der rücksichtslosen Entlarvung US-amerikan. Mentalität an die Tradition von G. Grosz u. S. Steinberg anknüpft. „The Poster Art of T.U." 1971.
ungesättigt, 1. *Chemie:* 1. Bez. für organ. Verbindungen, die Doppel- oder Dreifachbindungen enthalten, z.B. Äthylen $H_2C=CH_2$ u. Acetylen $HC\equiv CH$. Sie vermögen andere Elemente oder Verbindungen anzulagern. 2. *ungesättigte Lösungen* können bei gleicher Temperatur mehr von dem zu lösenden Stoff aufnehmen.
2. *Wärmelehre:* Bez. für Dämpfe über einer verdampfbaren Flüssigkeit, die bei einer gegebenen Temperatur noch eine weitere Dampfaufnahme zulassen.
ungeschlechtliche Fortpflanzung →Fortpflanzung.
Ungeziefer, Tiere, die als *Schädlinge* oder *Parasiten* in Wohnungen oder Stallungen für Menschen oder Haustiere schädlich, lästig oder ekelerregend sind, z.B. Ratten, Mäuse, Schaben, Motten, Flöhe, Wanzen, Läuse.
ungleiche Verträge, völkerrechtl. Verträge zu Lasten der einen Seite infolge machtpolit. Übergewichts der anderen; vor allem die Verträge der Kolonialmächte mit schwächeren Staaten, speziell mit China. Die u.n V., in denen China 1858, 1860, 1864 u. 1881 Gebiete an das zarist. Rußland abtreten mußte, sind ein Element des sowjet.-chines. Konflikts im 20. Jh.
Ungleichflügler, *Heteroptera* = Wanzen.
Ungleichmäßigkeit, *Textiltechnik:* Schwankungen einiger Eigenschaften von Fasern, Faserstoffhalbzeugen, Garnen, textilen Flächengebilden; von Bedeutung für die Verarbeitbarkeit u. den Warenausfall.
Ungleichung, *Mathematik:* die Feststellung, daß eine Größe a kleiner bzw. größer als b ist: $a < b$ bzw. $a > b$, z.B. $4 > 1$. Für das Rechnen mit U.en gelten ähnliche Regeln wie bei Gleichungen. Der Sinn der U. wird nicht geändert, wenn beiderseits gleiche Größen addiert oder subtrahiert werden ($4 - 2 > 1 - 2 \to 2 > -1$) oder wenn die U. mit einer positiven Zahl multipliziert wird ($3 \cdot 4 > 3 \cdot 1 \to 12 > 3$). Der Sinn der U. kehrt sich um, wenn sie mit einer negativen Zahl erweitert wird ($[4 > 2] \cdot -2 \to -8 < -4$). Die U. $3x + 2 > 5$ wird befriedigt durch alle $x > 1$ (was mit den vorstehenden Regeln leicht bewiesen werden kann).
Unglückshäher, *Perisoreus infaustus*, 30 cm großer, düster-graubrauner *Rabenvogel* der nord. Wälder, als Strichvogel selten in Dtschld.
Unguentum [das; lat.], die Salbe; z.B. *U. leniens*, Kühlsalbe, Cold cream.
Ungulaten [lat.], *Ungulata* →Huftiere.
Ungültigkeit, *Recht:* Nichtigkeit oder Anfechtbarkeit. Ungültige Staatsakte (bes. →Verwaltungsakte) können aber trotz U. bis zu ihrer erfolgreichen →Anfechtung wirksam sein.
UNHCR, Abk. für engl. *United Nations High Commissioner of Refugees*, das Kommissariat der UN für Flüchtlingsfragen; Sitz: Genf.
uni... [lat.], Wortbestandteil mit der Bedeutung „einzig, nur einmal vorhanden, einheitlich".
Uni, Kurzwort für *Universität*.
UNICEF, Abk. für engl. *United Nations International Children's Emergency Fund;* →Weltkinderhilfswerk.
UNIDO, Abk. für engl. *United Nations Industrial Development Organization,* Organisation der Vereinten Nationen für industrielle Entwicklung, gegr. 1967, Sitz: Wien.

unierte Kirchen, 1. i.e.S. Kirchen u. Teilkirchen, die, zu den *Ostkirchen* gehörig, eine Union mit der röm.-kath. Kirche unter Anerkennung des päpstl. Summepiskopats u. Beibehaltung ihrer Riten eingegangen sind. Ihre offizielle Bez. ist *katholische Ostkirchen*. Ihre leitenden Bischöfe tragen z.T. den Titel „Patriarch" mit dem Sitz alter Patriarchate des Ostens. Die Unionen erfolgten zu verschiedenen Zeiten von den Kreuzzügen an. Als zahlenmäßig stärkste Unionskirche aus der Orthodoxie entstand die ukrain. Kirche im poln.-litauischen Reich (1596ff.).
Die Existenz von u.n K. hat das Verhältnis der selbständigen Ostkirchen zur röm.-kath. Kirche bis in die Gegenwart belastet, weil sie von diesen als Einbruch in ihre Lebensräume z.T. unter Ausnutzung polit. Gegebenheiten betrachtet wird. Im sowjet. Einflußbereich wurden seit 1945 die vorhandenen u.n K. in die orth. Kirchen eingegliedert (1968 erfolgte die Neuorganisation unierter Gemeinden in der ČSSR). Für diesen Bereich sind Zahlenangaben nicht möglich. Zu den größeren u.n K. gehören z.Z. die Maroniten (450000), die u.n K. der Thomaschristen (1 Mill.), die melchitische Kirche (200000) u. die aus der armen. Kirche hervorgegangene Kirche (50000). – ⌷ 1.8.8.
2. Kirchen im prot. Bereich, die durch Vereinigung von Kirchen luth. u. reform. oder verwandten Herkommens entstanden sind, z.B. die Ev. Kirche der Union (→Altpreußische Union).

Uniform, einheitl. Bekleidung bestimmter Personengruppen, bes. der Soldaten, um die Zusammengehörigkeit zu kennzeichnen. – ⌷ 1.3.0.1.

Uniformitätsgesetz, das erste →Mendelsche Gesetz.

Unikum [das, Mz. *Unika*; lat.], Einzigartiges, Merkwürdiges; nur in einem Exemplar erhaltene Graphik, auch anderes künstler. Einzelwerk.

Unilever-Konzern, brit.-niederländ. Nahrungs- u. Waschmittelkonzern, gegr. 1930 durch Zusammenschluß der *N. V. Margarine Unie,* Rotterdam, u. der *Margarine Union Ltd.,* London, mit dem engl. Seifenkonzern *Lever Brothers Ltd.,* Port Sunlight. Dachgesellschaften des Konzerns, der Tochtergesellschaften in allen Teilen der Welt besitzt, sind die *Unilever N. V.,* Rotterdam, u. die *Unilever Ltd.,* London. In der BRD ist der U. durch die →Deutsche Unilever GmbH vertreten.

Unio mystica [lat., „mystische Vereinigung"], höchste Stufe des mystischen Heilswegs (→Mystik), der zur Vereinigung mit Gott führt; in einigen Richtungen als Verschmelzung von Mensch u. Gott, in anderen als innige Verbindung unter Partnern gedacht.

Union [lat.], **1.** *Geschichte:* 1. →Kalmarer Union. – 2. →Utrechter Union. – 3. Protestantische U., 1608–1621 das Bündnis der prot. Reichsstände Anhalt, Ansbach, Baden-Durlach, Kulmbach, Hessen, Kassel, Kurbrandenburg, Kurpfalz, Pfalz-Neuburg, Württemberg u. der Städte Straßburg, Ulm u. Nürnberg. Die U. schloß sich unter Führung Friedrichs IV. von der Pfalz in Auhausen zusammen. Sie konnte sich bei Ausbruch des Dreißigjährigen Krieges nicht gegen die 1609 gegr. Kath. →Liga (1[4]) behaupten u. löste sich nach der Schlacht am Weißen Berge auf. – 4. eine Reihe von histor.-polit. Zusammenschlüssen: u.a. 1386–1569 die Personalunion u. 1569 die *Realunion (Lubliner U.)* zwischen Polen u. Litauen; 1707 zwischen England u. Schottland zu Großbritannien; 1801 zwischen Großbritannien u. Irland.
2. *Staatsrecht:* eine zwischenstaatl. Verbindung, die enger ist als z.B. eine Allianz. Im Fall einer *Personal-U.* ist ein regierender Fürst gleichzeitig Staatsoberhaupt von zwei oder mehreren völkerrechtl. unabhängigen Staaten, im Fall einer *Real-U.* haben zwei Staaten verfassungsmäßig gewisse Institutionen gemeinsam.
3. *Theologie:* →Altpreußische Union.

Union Africaine et Malgache [yn'jɔ̃ afri'kɛːn e mal'gaʃ; frz.] →OCAM.

Union Arabischer Emirate, *Vereinigte Arabische Emirate*, früher *Trucial Oman,* die 7 Scheichtümer im O der Arabischen Halbinsel, südl. des Pers. Golfs: *Abu Dhabi, Dubai, Schariqa, Adjman, Umm al Qaiwain, Ras al Khaima* u. *Fudjaira;* mit einer Fläche von 85000 qkm u. 900000 Ew.; vorläufige Hptst. ist *Abu Dhabi* (neue Hptst. *Karame* geplant). Die Union besteht überwiegend aus flachem Küstenland; nur im O steigt es bis 2000m an. Das Klima ist recht heiß u. fast ohne Niederschläge. An den wenigen Oasen u. mit Hilfe künstl. Bewässerung werden Getreide, Gemüse u. Datteln angebaut; ein Teil der Bevölkerung lebt von nomad. Viehzucht. Entscheidend für die Wirtschaft ist die Erdölförderung, bes. vor der Küste u. auf dem Festland von Abu Dhabi (Erdölhafen auf der Insel *Das*) u. Dubai. Die Perlfischerei ist stark zurückgegangen. Wichtigste Hafenstadt ist Dubai; Flugplätze gibt es in Abu Dhabi, Dubai u. Schariqa. – 𝕂 →Vorderasien.
Geschichte: Die Föderation wurde am 2. 12. 1971 nach dem Ende des brit. Schutzvertrags u. nach Abzug der brit. Truppen aus den arab. Scheichtümern am Pers. Golf proklamiert. Erster Präsident ist der Scheich von Abu Dhabi, die Präsidentschaft soll im Wechsel von allen Staatsoberhäuptern der Mitgliedstaaten ausgeübt werden; ein Premier-Min. steht dem Bundeskabinett vor; die Beratende Versammlung besteht aus Vertretern der Mitgliedstaaten. Die Union wurde Mitgl. der UN u. der Arab. Liga.

Union Arabischer Republiken, *Föderation Arabischer Republiken,* im April 1971 vereinbarter, durch Volksabstimmungen bestätigter u. seit dem 1. 1. 1972 formell bestehender Zusammenschluß von Libyen, Syrien u. Ägypten zu einem Staatenbund. Als Bundesorgane waren ein Präsidentschaftsrat aus den drei Staatschefs, ein Bundesministerrat u. eine Bundesversammlung vorgesehen. Zu einer tatsächl. Koordinierung der Politik kam es nicht. – Im Aug. 1972 vereinbarten Ägypten u. Libyen einen noch engeren Zusammenschluß zur *Arabischen Islamischen Sozialistischen Republik.* Er blieb gleichfalls bedeutungslos; es kam alsbald zu scharfen Konflikten.

Union Catholique Internationale de la Presse [y'njɔ̃ kato'lik ɛ̃tɛrnasjɔ'nal də la 'prɛs; frz.] →UCIP.

Union City ['juːnjən 'siti], Stadt in New Jersey (USA), 59300 Ew.; Seiden- u. Stahlindustrie

Union der Sozialistischen Sowjetrepubliken, Abk. UdSSR, →Sowjetunion.

Union des Démocrates pour la République [y'njɔ̃ de demo'krat pur la repy'blik], *Union der Demokraten für die Republik,* Abk. UDR, bis 1976 Name der französ. Partei des →Gaullismus. Die UDR entstand aus der 1958 gegr. *Union pour la Nouvelle République* („Union für die Neue Republik", Abk. UNR), der Hauptkraft des Gaullismus nach der Staatsumwälzung von 1958, u. einer linksgaullist. Gruppierung (Vereinigung beider Parteien ab 1962). Seitdem mehrmaliger Namenswechsel der gaullist. Partei. Im Dez. 1976 wurde sie in ein *Rassemblement pour la République* („Bewegung für die Republik", Abk. RPR) umgewandelt; Präs.: J. *Chirac.* →auch Gaulle, Frankreich (Geschichte; Politik). – ⌷ 5.8.8.

Union Deutsche Lebensmittelwerke GmbH →Margarine Union GmbH.

Union française [y'njɔ̃ frã'sɛːz; frz.] →Französische Union.

Unioniden, *Unionidae,* Muscheln, →Najaden.

Union-Investment-Gesellschaft mbH, Frankfurt a.M., 1956 von dt. u. ausländ. Banken gegr. Kapitalanlagegesellschaft, die die Investmentfonds *Unifonds, Uniglobal* u. *Unirenta* unterhält.

Union Islands ['juːnjən 'ailəndz; engl.], die →Tokelauinseln in Ozeanien.

Union Jack ['juːnjən 'dʒæk; der; engl.], umgangssprachl. für die engl. Flagge.

Union of South Africa ['juːnjən əv 'sauθ 'æfrikə; engl.], die 1910–1961 bestehende *Südafrikanische Union;* →Südafrika (Geschichte).

Union Pacific Railway ['juːnjən pə'sifik 'reilwei], älteste nordamerikan. Transkontinentalbahn, 3003 km, führt von Omaha am Missouri über Salt Lake City nach San Francisco.

Union-Rennen, älteste dt. Zuchtprüfung im Pferdesport; Galopprennen über 2200 m; erstmals 1834 auf dem Tempelhofer Feld, seit 1945 in Köln ausgetragen.

Union Rheinische Braunkohlen Kraftstoff AG, Köln, 1937 gegr. Unternehmen zur Verarbeitung von rheinischer Braunkohle zu Treibstoff; seit 1949 Umstellung u. Erweiterung des Produktionsprogramms; Erzeugnisse: Vergaser- u. Dieselkraftstoff, Heizöl u.a. Mineralölprodukte.

Unionsbestrebungen, Bemühungen, die Spaltung der einen Kirche in zahlreiche einzelne Kirchen (röm.-kath., altkath., orth., luth., reform. u.a.) u. in eine nicht überschaubare Zahl von kleineren Gemeinschaften zu überwinden; führten schon in der Vergangenheit zur Bildung unierter Kirchen (z.B. die mit Rom unierten Kirchen des Orients, die ev. Unionskirchen). Die ökumenische Bewegung des 20. Jh. führte seit 1925 zur Bildung von über 50 Unionskirchen, zumeist von Kirchen gleichen Bekenntnisses. Unter den überkonfessionellen Unionskirchen gewann die Kirche von Südindien (1947) beispielhafte Bedeutung.

Unipolarmaschine, elektr. Maschine zur Erzeugung reiner Gleichströme, bei der sich der Ankerleiter oder ein Hohlzylinder in einem radialen Magnetfeld bewegen. Die Spannung wird über Schleifringe abgenommen. U.n werden zur Drehzahlmessung verwendet.

unisono [ital.], musikalische Bez.: im Einklang. Gemeint ist der oft sehr wirkungsvolle Gleichklang aller Stimmen oder Instrumente in Oktavführung.

Unitarier [lat.], die Trinitätslehre ablehnende Gruppen im europ. u. engl.-amerikan. Protestantismus. Am ältesten ist die 1568 gegr. *Unitarische*

Uniformen der Bundeswehr: Heer (Kampfanzug), Marine, Luftwaffe (von links nach rechts)

Kirche Siebenbürgens u. Ungarns. Die 1825 gegr. *American Unitarian Association* vereinigte sich 1961 mit christlich-liberalen Gemeinschaften in der *Unitarian Universalist Association.* Die U. in Dtschld. sind teils dem religiösen Liberalismus entsprungen (*Unitar. Religionsgemeinschaft Freie Protestanten* 1877), teils der völkisch-religiösen Bewegung (*Dt. Unitarier,* Religionsgemeinschaft 1947). →auch Antitrinitarier, Sozinianer.

Unitarismus, das Streben nach einem möglichst einheitl. Staatsaufbau mit klarer Befehlsgebung von oben nach unten u. Ausschaltung föderalistischer, partikularistischer, stände- oder berufsmäßiger Zwischeninstanzen u. Zuständigkeiten. Das Ziel ist der *Einheitsstaat* (Gegensatz: Bundesstaat). →auch Föderalismus, Zentralismus.

Unitas Verband, Abk. *UV,* ältester dt. kath. Studentenverband, nicht farbentragend, nicht schlagend; entstand 1855, 1938 Zwangsauflösung; nach dem 2. Weltkrieg neu gegründet.

United Aircraft Corporation [ju'naitid 'ɛərkra:ft kɔ:pə'rɛiʃən], US-amerikan. Luftfahrtindustrieunternehmen, 1934 entstanden aus der Aufspaltung der *United Aircraft and Transport Corporation;* besteht aus den Abteilungen *Pratt & Whitney Aircraft* (Flugtriebwerke), *Hamilton Standard* (Luftschrauben u. Geräte), *Sikorsky Aircraft* (Hubschrauber). Tochtergesellschaft ist die *United Technology Corporation* (Raketentriebwerke u. -treibstoffe).

United Artists Corporation [ju'naitid 'a:tists kɔ:pə'rɛiʃən], eine der größten US-amerikan. Filmgesellschaften, gegr. 1919 von M. *Pickford,* D. *Fairbanks,* Ch. *Chaplin* u. D. W. *Griffith.* 1981 gekauft von Metro-Goldwyn-Mayer.

United Kingdom [ju'naitid 'kiŋdəm], Abk. *U.K.,* das Vereinigte Königreich von →Großbritannien und Nordirland.

United Nations [ju'naitid 'nɛiʃənz; engl.], *United Nations Organization,* Abk. *UN, UNO,* →Vereinte Nationen.

United Nations Educational, Scientific and Cultural Organization [ju:'naitid 'nɛiʃənz ɛdju:'kɛiʃənəl, saiən'tifik ənd 'kʌltʃərəl orgənai'zɛiʃən; engl.] →UNESCO.

United Nations International Children's Emergency Fund [ju'naitid 'nɛiʃənz intər'næʃənəl 'tʃildrənz i'mɛ:dʒənsi 'fʌnd; engl.], Abk. *UNICEF,* →Weltkinderhilfswerk.

United Press International [ju'naitid 'prɛs intər'næʃənəl], *UPI,* 1958 durch Zusammenlegung von *United Press* (*UP,* gegr. 1907 von E. W. *Scripps*) u. *International News Service* (*INS,* gegr. 1909 von W. R. *Hearst*) entstandene US-amerikan. Nachrichtenagentur, Sitz: New York.

United States of America [ju'naitid 'stɛits əv ə'mɛrikə], amtl. engl. Name der →Vereinigten Staaten von Amerika.

United States Steel Corporation [ju'naitid stɛits sti:l kɔ:pə'rɛiʃən], Hoboken, Verwaltung: New York, größter US-amerikan. Stahlkonzern, gegr. 1901 von J. P. *Morgan* u. A. *Carnegie;* erzeugt Eisen, Stahl, Kohle, Koks, Kohlenwertstoffe u.a.

Universal-Edition, Musikverlag in Wien, gegr. 1901, gründete 1924 die *Friedrich Hofmeister GmbH,* Wien; Klassikerausgaben, zeitgenöss. Musik, Kirchenmusik, Werkreihen.

Universalerbe, *Alleinerbe* →Erbe.

Universale Transversale Mercatorprojektion, Abk. *UTM,* →Meridianstreifensysteme.

Universalgenie, ein auf allen Gebieten hervorragender u. kenntnisreicher Mensch; auch scherzhaft für: anstelliger, praktischer Mensch, Alleskönner.

Universalgeschichte →Weltgeschichte.

Universalien, in der Philosophie, bes. des MA., Bez. für Begriffe, die eine Gruppe von Gegenständen mit wesentl. gemeinsamen Eigenschaften umfassen.

Universalienstreit, im MA. Streit um die Wirklichkeit der *Universalien.* Es werden drei Positionen unterschieden: Der *platonische* (Begriffs-) *Realismus* lehrt die Wirklichkeit der Universalien vor den Dingen *(ante rem);* der *Nominalismus* sieht in ihnen nur „Namen" u. erkennt nur eine subjektive Existenz an *(post rem);* der gemäßigte *aristotelisch-thomistische Realismus* läßt die Universalien im Ding selbst *(in re)* verankert sein.

Universalinstrument, kleines transportables astronom. u. geodät. Instrument zur Messung von Höhe u. Azimut eines Sterns.

Universalismus [lat.], **1.** *allg.:* allumfassendes Denken oder Wissen, auch All- u. Vielseitigkeit. **2.** *Philosophie:* eine Denkform, die alles Einzelne aus einer diesem übergeordneten Ganzheit zu erklären, zu verstehen oder abzuleiten versucht *(Aristoteles, Thomas von Aquin, Hegel),* ähnlich in der Soziologie (im Gegensatz zum *Individualismus)* bei Adam *Müller* u. O. *Spann.*

Universalitätsprinzip [lat.], ein Grundsatz des →internationalen Strafrechts, der die Anwendung des inländ. Strafrechts gegen Ausländer vorsieht, die im Ausland Taten begangen haben, an deren Verfolgung alle Kulturnationen interessiert sind u. die regelmäßig auch durch internationale Abkommen geregelt sind. Nach dem Strafrecht der BRD (§6 StGB) z.B. bei Völkermord, Kernenergie-, Sprengstoff- u. Strahlungsverbrechen, Menschenhandel, Luftverkehrsverbrechen, Rauschgiftdelikten, Geldfälschung.

Universalmotor, ein Elektromotor, der sowohl mit Gleichstrom als auch mit Wechselstrom betrieben werden kann. Er ist im Prinzip ein Reihenschlußmotor, d.h., er hat einen Kollektor mit Kohlebürsten, u. der Strom fließt nacheinander durch die Wicklungen im →Ständer u. im →Läufer. Vor allem in elektr. Haushaltsgeräten.

Universal Pictures Company [ju:ni'və:səl 'piktʃəz 'kʌmpəni], 1912 in New York von Carl *Laemmle* gegr. US-amerikan. Filmgesellschaft; 1946 mit der *International Pictures* zur *Universal International Production Company* vereinigt.

Universalreligion, im Unterschied zur →Volksreligion eine Religion, die von einzelnen getragen wird, deren Gottheiten universal sind, deren Ausgangsbasis das Unheil existentieller Isolierung von Gott oder dem Göttlichen u. deren Ziel der Erwerb des Heils (bzw. der Erlösung) ist. – 🄻 1.8.0.

Universalschlüssel, Schraubenschlüssel mit verstellbarer Maulweite.

Universalsukzession [lat.], Gesamtrechtsnachfolge, z.B. bei Anfall einer Erbschaft; Gegensatz: *Individualsukzession (Singularsukzession),* Einzelrechtsnachfolge, z.B. bei Abtretung einer Forderung. →Rechtsnachfolge.

universelle Konstanten = Naturkonstanten.

Universiade, vom Internationalen Hochschulsportverband *(FISU)* veranstaltete Weltmeisterschaften im Studentensport; Sommer-U.n werden seit 1959, Winter-U.n seit 1962, meist in zweijährigem Turnus, durchgeführt.

„Universitas", 1946 gegr., in Stuttgart erscheinende kulturelle Monatsschrift.

Universität [lat.], eine →Hochschule mit der Aufgabe, die Gesamtheit der Wissenschaften in Lehre u. Forschung zu pflegen. Die Bez. U. geht zurück auf den mittelalterl. Begriff *Universitas magistrorum et scholarum* („Körperschaft der Lehrenden u. Lernenden"), der später in *Universitas litterarum* („Gesamtheit der Wissenschaften") umgedeutet wurde.

Vorläufer der heutigen U. gab es schon im Altertum, z.B. das von *Ptolemaios Philadelphos* um 280 v.Chr. gegr. *Museion* zu Alexandria. Auch die Schulen der Weltweisheit u. der Redekunst zu Athen nahmen mehr u. mehr geschlossene anstaltl. Formen an. Seit Kaiser *Hadrian* bis zur Entziehung der kaiserl. Zuschüsse unter *Justinian* konnte man geradezu von einer Hochschule zu Athen sprechen; ein *Athenäum* mit ähnl. Einrichtung u. Aufgabe gründete Kaiser Hadrian um 135 in Rom. Weitere Institute folgten in Lyon, in Nîmes u. in Konstantinopel.

Im frühen MA. genossen einen bes. hohen Ruf die *Medresen* der Araber zu Córdoba, Toledo, Syrakus, Bagdad u. Damaskus. Zu den festen Formen eines *Studium generale* brachte es zuerst die im 12. Jh. mit päpstl. Privileg ausgestattete Hochschule zu Paris. Von hier nahm auch die Abstufung der akadem. Grade *(Baccalaureus, Lizentiat, Magister, Doktor)* ihren Ausgang. Die italien. U.en zu Salerno, Bologna u. Ravenna waren ursprüngl. hohe Fachschulen für Rechts- u. Heilkunde u. wurden erst allmähl. zu U.en im heutigen Sinn ergänzt.

Die ältesten dt. U.en waren: Prag (1348), Wien (1365), Heidelberg (1386), Köln (1389), Erfurt (1392), Leipzig (1409). An den U.en entwickelten sich neben den theolog. Fakultäten die jurist. u. die medizin., während die Artistenfakultät die 7 freien Künste *(artes liberales)* lehrte u. so das Studium an den übrigen Fakultäten vorbereitete.

Im 18. Jh. errang die Artistenfakultät als selbständige philosoph. Fakultät volle Gleichberechtigung. Die gesellschaftl. Wandlungen im 19. u. 20. Jh. führten zum Ausbau der naturwissenschaftl. u. zur Einrichtung wirtschafts- u. sozialwissenschaftl. Fakultäten. Auch Techn. Hochschulen führen heute die Bez. U. In der BRD zeichnet sich seit Anfang der 1970er Jahre die Tendenz ab, U.en mit anderen Hochschulen zu →Gesamthochschulen zu vereinigen u. Neugründungen von vornherein als Gesamthochschulen anzulegen. – 🄻 1.7.4.

Universitätsbibliothek, Abk. *UB,* der ganzen Universität zur Verfügung stehende Bibliothek.

Universitätsbuchhandlung, wissenschaftl., auf die Bedürfnisse der Universität eingestellte Buchhandlung an einem Universitätsort.

Unjamwesi = Unyamwezi.

Unkei, japan. Bildhauer, *um 1153, †wahrscheinl. 5. 1. 1224; neben *Jocho* der bedeutendste Plastiker Japans; Meister der Shichijo-Bauhütte, tätig in Kyoto u. Nara. Aus seiner Werkstatt stammen die Statuen-Gruppen im Hoku-en-do (achteckige Halle im Kofuku-ji, Nara) u. die beiden kolossalen Tempelwächter des Todai-ji.

Unkel, rheinland-pfälz. Stadt (Ldkrs. Neuwied), am Rhein südl. von Bonn, 3200 Ew.; Wein- u. Obstbau; Kabelwerk, Konservenindustrie.

Unken, *Feuerkröten, Bombina,* zu den *Scheibenzünglern* gehörige Gattung der *Froschlurche;* ausgesprochene Wasserbewohner. Als Schreckreaktion wird die bewegungslose „Kahnstellung" eingenommen, in der die grellfarbige Unterseite gezeigt wird. Zu den U. gehören die *Rot-* u. *Gelbbauchunke;* unter Naturschutz.

Unkenntnis des Gesetzes →Irrtum.

Unkosten, veraltete Bez. für →Kosten.

Unkrautbekämpfung, Maßnahmen zur Vernichtung des Unkrauts, um den Kulturpflanzen ausreichend Standraum (Licht u. Luft) u. Nährstoffe zur Verfügung zu halten. Methoden: 1. dichte Saat u. damit starke Beschattung der aufgehenden Unkräuter; 2. laufende Hackarbeit u. sonstige Bodenbearbeitungsmaßnahmen (Schälen, Grubbern); 3. Anwendung chem. oder Hormonmittel (Spritzen bzw. Stäuben); 4. Saatgutreinigung. Noch im Versuchsstadium steckt die biolog. U., z.B. durch phytophage Insekten. Neuerdings erscheint eine zu radikale U. bedenklich, da sich Unkräuter vielfach als notwendige Wirtspflanzen für Insekten erwiesen haben, die ihrerseits die Schädlinge der Nutzpflanzen parasitieren.

Unkräuter, nicht fest umrissene Bez. für Pflanzen, die auf einem Standort wachsen, an dem sie für den Menschen unerwünscht sind.

Unland, zum Unterschied von *Ödland* im steuerl. Sinn ertragloses Land.

unlauterer Wettbewerb, geschäftliche Handlungen zu Zwecken des Wettbewerbs, die nach dem *Gesetz gegen den unlauteren Wettbewerb (UWG)* vom 7. 6. 1909 (zuletzt geändert durch Gesetz vom 10. 3. 1975) u. Sondergesetzen (z.B. *Rabattgesetz, Zugabe VO*) von dem Betroffenen u. bestimmten Verbänden mit der Unterlassungsklage verfolgt werden können (bei Verschulden Schadenersatz). – Ähnl. das österr. Bundesgesetz gegen den unlauteren Wettbewerb von 1923 u. das schweizer. Bundesgesetz über den unlauteren Wettbewerb vom 30. 9. 1943. – 🄻 4.3.4.

Unmöglichkeit der Leistung, im Schuldrecht die objektive oder auch nur subjektive *(Unvermögen),* tatsächliche, rechtl. oder auch nur wirtschaftl. Unfähigkeit, die geschuldete Leistung überhaupt (Gegensatz: →Verzug) zu erbringen (§§ 275, 279–282, 306–308 BGB). – Ähnlich in der Schweiz nach Art. 20, 97, 119 OR u. in Österreich nach § 878 ABGB.

Unmündigkeit, in der BRD: →Minderjährigkeit. – In Österreich ist U. die Altersstufe vom 7. bis zum 14. Lebensjahr (§21 ABGB). In der Schweiz ist U. die Zeit bis zur Vollendung des 20. Lebensjahrs (Art. 14 ZGB), doch können Unmündige *urteilsfähig* u. damit beschränkt geschäftsfähig sein (Art. 16 u. 19 ZGB).

Unna, Kreisstadt in Nordrhein-Westfalen, östl. von Dortmund, 57000 Ew.; Steinkohlenbergbau, Maschinen-, Eisenindustrie. – Ldkrs. U.: 542 qkm, 383000 Ew.

Unna, Paul Gerson, Dermatologe, *8. 9. 1850 Hamburg, †29. 1. 1929 Hamburg; nach ihm benannt u.a. die *U.sche Krankheit, seborrhoisches Ekzematoid,* eine ekzemartige Hauterkrankung mit kleienförmiger Schuppung. →auch Seborrhoe.

Unnilhexium, vorläufige Bez. für das Element mit der Ordnungszahl 106.

Unnilpentium, vorläufige Bez. für das Element mit der Ordnungszahl 105. Vorgeschlagen wurden *Hahnium* (USA), *Nielsbohrium* (UdSSR).

Unnilquadium, vorläufige Bez. für das Element mit der Ordnungszahl 104. Vorgeschlagen wurde der Name *Kurtschatowium.*

unnotierte Werte, Wertpapiere, die nicht zur amtlichen Notierung an der Börse zugelassen sind.

UNO, Abk. für engl. *United Nations Organization*, →Vereinte Nationen.

Unold, Max, Maler u. Graphiker, * 1. 10. 1885 Memlingen, † 18. 5. 1964 München; ging von der tonigen Malweise der *Leibl-Schule* aus; in den 20er Jahren einer der Hauptvertreter der *Neuen Sachlichkeit*; schrieb „Über die Malerei" 1948.

Unpaarhufer, *Unpaarzeher, Perissodactyla*, zu den *Huftieren* gehörige Ordnung der *Säugetiere*, die die Familien mit ungerader Zehenzahl umfaßt. Die Unpaarigkeit der Zehen kam im Lauf der Stammesgeschichte durch eine langsam fortschreitende Rückbildung von Außenzehen zustande, so daß die Mittelzehe entweder wie beim Pferd *(Einhufer)* allein oder mit den beiden benachbarten Zehen in der Dreizahl funktionstüchtig ist. Weitere Zehen sind meist vorhanden, aber mehr oder weniger stark rückgebildet (Griffelbein beim Pferd). Zu den U.n gehören *Nashörner, Tapire* u. *Pferde*. – [B]→Fuß, Huftiere I.

UNR→Union des Démocrates pour la République.

UNRRA, Abk. für engl. *United Nations Relief and Rehabilitation Administration*, Hilfsaktions- u. Wiederaufbau-Ausschuß der UN, unterstützte bes. 1945/46 rd. 9,5 Mill. (nichtdt.) Flüchtlinge u. *Displaced Persons*; ihre Aufgaben übernahmen z.T. andere internationale Organisationen, z.B. die *IRO*.

Unruh, Gangregler (Schwungrädchen mit Spiralfeder) in Uhren.

Unruh, 1. Friedrich Franz von, Bruder von 2), Erzähler, * 16. 4. 1893 Berlin; im 1. Weltkrieg Offizier; bekenntnishafte biograph. u. histor. Schriften: „Gesinnung" 1924; „Der Patriot wider Willen" 1944; „Der Spiegel" 1951; „Die Apfelwiese" 1957; „Nach langen Jahren" (Novellen) 1960; „Ehe die Stunde schlug" 1967.

2. Fritz von, Dramatiker u. Erzähler, * 10. 5. 1885 Koblenz, † 28. 11. 1970 Diez an der Lahn; aus altem schles. Adel, preuß. Offizier, wurde im 1. Weltkrieg zum Pazifisten u. zum leidenschaftl. Republikaner; emigrierte 1932 nach Frankreich, lebte 1940–1952 in den USA; emigrierte 1955 nochmals, kehrte 1962 endgültig zurück. Pathos der Freiheit u. Menschenbrüderschaft erfüllt sein Schaffen, in dem Probleme des Gewissens u. militär. Gehorsams eine bes. Rolle spielen. Dramen: „Offiziere" 1912; „Louis Ferdinand" 1913; „Bonaparte" 1927; „Wilhelmus von Oranien" 1953; Erzählwerke: „Opfergang" 1919; „Die Heilige" 1952; „Fürchtet nichts" 1953; autobiograph. Romane: „Der Sohn des Generals" 1957; „Im Haus des Prinzen" 1967; „Kaserne u. Sphinx" 1969. Reisebuch: „Flügel der Nike" 1925. – Fritz-von-Unruh-Gesellschaft seit 1953 in Gießen. – [L] 3.1.1.

Unschärferelation, *Unbestimmtheitsrelation*, eine von W. *Heisenberg* aus der Quantentheorie abgeleitete Beziehung, die zwischen der Unschärfe einer Orts- u. einer Impulsmessung für ein Teilchen (z.B. Elektron) besteht: Ist der Ort eines Teilchens bis auf die Größe Δx genau gemessen u. gleichzeitig sein Impuls bis auf Δp genau, dann ist das Produkt dieser beiden Größen größer oder gleich dem Planckschen Wirkungsquantum *h*, d.h. $\Delta x \cdot \Delta p \geqq h$. Die U. besagt, daß Ort u. Impuls eines Teilchens niemals gleichzeitig beliebig genau gemessen werden können; es gilt vielmehr: je genauer der Ort festgelegt ist, um so ungenauer wird der Impuls bestimmt u. umgekehrt.

Unschlitt →Talg.

Unschuldige Kinder, Fest der kath. Kirche am 28. 12. zur Erinnerung an den Bethlehemitischen Kindermord (Matth. 2,16).

Unsöld, Albrecht Otto Johannes, Astrophysiker, * 20. 4. 1905 Bolheim, Württemberg; Prof. in Kiel; arbeitet über Physik der Sternatmosphären, Herkunft der Radiostrahlung der Milchstraße, Spektralanalyse.

Unst [ʌnst], nördlichste u. fruchtbarste Shetlandinsel (Schottland), 98 qkm, 1200 Ew.

Unsterblichkeit, *Athanasie, Immortalität*, bei fast allen Völkern verbreitete Vorstellung von einem Fortleben des Menschen nach dem Tod, im einzelnen sehr verschieden ausgestaltet: z.B. als Eingehen in ein Jenseits in veränderter Zuständlichkeit (Schattendasein, in Naturreligionen oft als „lebender Leichnam", d.h. in scheinbar voller Körperhaftigkeit), als Seelenwanderung, als Wiedergeburt bzw. Wiederverkörperung. Nach christl. Vorstellung vollendet sich die Existenz des Menschen nach der Auferstehung in einem neuen, „ewigen" Leben. →auch Seele.

unstetig, *Mathematik:* Gegensatz von stetig; →Stetigkeit.

Unstrut, linker Nebenfluß der Saale, 188 km, entspringt im Eichsfeld, mündet bei Naumburg, auf 71 km bedingt schiffbar.

Untätigkeitsklage, in der Verwaltungsgerichtsbarkeit ein Unterfall der →Verpflichtungsklage.

Unter, *Wenzel, Bube*, Figur der dt. u. französ. Spielkarte.

Unteraargletscher, schweizer. Alpengletscher der Berner Alpen, entsteht aus der Vereinigung von *Lauteraar-* u. *Finsteraargletscher*, endet im aufgestauten Grimselsee, 7,5 km lang, 40 qkm.

Unterabteilung, *Forstwirtschaft:* →Abteilung (1).

Unterart, *Subspecies* →Rasse.

Unterbau, 1. *Forstwirtschaft:* künstl. eingebrachte, Schatten ertragende Holzarten unter licht stehendem Wald.

2. *Straßenbau:* ein Teil jeder befestigten Straße. Der U. überträgt das Eigengewicht der Straßendecke u. die Verkehrslast gleichmäßig auf das Planum. →auch Frostaufbruch, Bahnkörper.

Unterbeschäftigung, Ausnutzung des vorhandenen volkswirtschaftl. Produktionsapparats unterhalb seiner technischen Kapazität mit der Folgeerscheinung unfreiwilliger Arbeitslosigkeit. Die Vermeidung der U. ist ein allgemein anerkanntes Ziel der Wirtschaftspolitik. →auch Vollbeschäftigung.

Unterbewußtes, die Gesamtheit der seel. Inhalte u. Vorgänge unterhalb der Schwelle des Bewußtseins; auch Synonym für *Unbewußtes*.

Unterbilanz, Verlustvortrag auf der Aktivseite der Bilanz. Bei *Kapitalgesellschaften*: Das Vermögen deckt nicht mehr voll die Verbindlichkeiten u. das nominell gebundene Eigenkapital (Grundkapital u. gegebenenfalls Rücklagen). Bei *Personenunternehmen*: Da Verluste gewöhnlich jährlich mit den Kapitalkonten des oder der Inhaber verrechnet werden, erscheint eine U. erst dann, wenn das Eigenkapital ganz verloren ist. Nach dem *Aktienrecht* muß der Vorstand bei Verlust der Hälfte des Grundkapitals die Hauptversammlung einberufen u. ihr eine entspr. Mitteilung machen (§ 92 AktG) u. bei völligem Verlust des Grundkapitals *Konkurs* anmelden, auch dann, wenn die AG noch zahlungsfähig ist.

Unterboden, Bodenkonstruktion aus Holzbrettern, Tafelelementen oder Estrich zum Belegen oder Bekleben mit Bodenbelägen.

Unterbrecher, ein elektr. Gerät, das einen Gleichstrom regelmäßig in kurzen Zeitabständen unterbricht. Der entstandene pulsierende Gleichstrom enthält einen hohen Wechselstromanteil, der durch Siebschaltungen (Drosseln u. Kondensatoren) in rein sinusförmigen Wechselstrom umgewandelt werden kann. Verwendung in Induktionsapparaten, Klingeln u.a.

Unterbrechung, Abbruch im Ablauf einer →Frist, die dann anders als bei bloßer →Hemmung nach Beendigung der U. wieder völlig neu beginnt. U. tritt z.B. bei bürgerlich-rechtl. *Verjährungsfristen* ein (§§ 208–217 BGB), bei der *Strafverfolgungsverjährung* (§ 68 StGB), bei der *Strafvollstreckungsverjährung* (§ 72 StGB).

Unterbringungsbefehl, die dem →Haftbefehl entsprechende richterl. Anordnung, durch die Zurechnungsunfähige oder vermindert Zurechnungsfähige, die eine Straftat begangen haben, einstweilen in eine *Heilanstalt* eingewiesen werden, sofern die öffentl. Sicherheit dies erfordert u. zu erwarten ist, daß in einem ordentl. Strafverfahren oder →Sicherungsverfahren die endgültige Unterbringung angeordnet werden wird (§ 126a StPO). →auch Sicherungsmaßregeln.

unterchlorige Säure →Chlorsauerstoffsäuren.

Unterdruckkammer, luftdicht abgeschlossene Kammer, in der der Luftdruck auf ein bestimmtes Maß herabgesetzt werden kann; wird z.B. zur Untersuchung auf Fliegertauglichkeit benutzt.

Untereigentum →Obereigentum.

Unterelsaß, das ostfranzös. Dép. →Bas-Rhin. →auch Elsaß.

unterfahren, Stollen u. Kanäle unter Bauwerken vortreiben.

unterfangen, 1. vorhandene Fundamente mit Mauerwerk tiefer führen oder den Untergrund durch Bohrpfähle festigen. U. wird u.a. erforderlich, wenn Neubauten neben bestehenden Gebäuden errichtet werden u. die Ausschachtungsarbeiten eine größere Tiefe als die Gründungssohle der Altbauten erreichen. – 2. beim Tunnelbau zuerst das Gewölbe mauern u. bis zur Fertigstellung des Ausbaus abstützen.

Unterflurmotor, ein Motor, der bei Omnibussen u. Schienenfahrzeugen zur besseren Raumnutzung unter dem Boden des Fahrzeugs angebracht ist.

Unterfranken, bayer. Reg.-Bez. um den mittleren Main, 8531 qkm, 1,2 Mill. Ew., Hptst. *Würzburg*; zeitweilig *Mainfranken* genannt.

Untergärung, Art der Gärung des Biers: Die Hefe befindet sich am Boden des Gärbottichs, die Vergärung verläuft bei 5–10 °C; Gegensatz: *Obergärung*. →auch Bier.

Unterglasurfarben, →keramische Farben, insbes. zum Auftragen auf das bereits einmal gebrannte Porzellan, das danach glasiert wird. Die zur Verfügung stehende Palette an U. ist nicht so reichhaltig wie die der →Aufglasurfarben, da die meisten Farbkörper bei den Temperaturen des Garbrands nicht beständig sind. Als U.körper werden Metalloxide u. ihre Mischungen sowie einige Edelmetalle angewendet.

Unterglasurmalerei, keram. Dekorationsverfahren mit *Unterglasurfarben*.

Untergrund, die unter der Ackerkrume liegende Bodenschicht, die kein oder nur wenig Bodenleben aufweist (arm an Bodenbakterien, Humus, leicht aufnehmbaren Nährstoffen).

Untergrundbahn, Abk. *U-Bahn*, unterirdische elektr. Schnellbahn in Großstädten; oft mit der Hochbahn verbunden; von wenigen Metern bis 70 m unter der Erdoberfläche. Die U. dient überwiegend dem Personenschnellverkehr u. entwickelt Geschwindigkeiten bis zu 70 km/h. 1863 erste U. in London.

Untergurt →Fachwerkträger.

Unterhalt, die erforderl. Mittel für die gesamte Lebensführung. Eine Verpflichtung, einem anderen U. zu gewähren *(U.spflicht)*, besteht nach dem Recht der BRD nur zwischen Verwandten in gerader Linie u. Ehegatten; unter Verwandten auch nur, soweit durch die U.sgewährung der *angemessene U.* des U.spflichtigen selbst nicht gefährdet wird. Erst wenn keine U.spflichtigen vorhanden sind, tritt die öffentl. → Fürsorge oder → Sozialhilfe ein. Besonders geregelt ist die U.spflicht nach einer → Ehescheidung u. für → nichteheliche Kinder. – Ähnlich in Österreich. Ähnlich auch in der Schweiz, doch hat die Ehefrau zwar gegenüber den Kindern (Art. 272 ZGB), nicht aber dem Ehemann gegenüber (Art. 160 Abs. 2 ZGB) eine U.spflicht; außerdem haben hier Geschwister im Verhältnis zueinander eine begrenzte U.spflicht (Art. 328 f. ZGB). – [L] 4.3.1.

Unterhaltshilfe, eine der Formen der →Kriegsschadenrente; hat vorwiegend sozialen Charakter u. wird meist auf Lebenszeit gewährt. Voraussetzung für die Gewährung von U. ist jede Art von Verlust, auch Existenzverlust, der bei →Vertriebenen vermutet wird. Die U. ist mit Krankenversorgung verbunden. – *Unterhaltszuschuß* wird Beamten im Vorbereitungsdienst (z.B. Anwärtern für den mittleren Dienst, Referendaren) gewährt.

Unterhaltspflicht →Unterhalt.

Unterhaltungsliteratur, der Teil der *Belletristik*, der nicht höchsten künstler. Rang erreicht; richtet sich nach dem breiteren Lesergeschmack u. will durch Spannung u. Stoffreichtum angenehm unterhalten. Die Wurzeln der U. liegen im Lesebedürfnis des aufstrebenden Bürgertums in der Mitte des 18. Jh. →auch Trivialliteratur.

Unterhaltungsmathematik, ein Zweig der Mathematik, der sich mit Denkaufgaben, Mathematik der Kartenspiele, Rechenkunststücken, mathemat. Merkwürdigkeiten, Rätselspielen, magischen Quadraten u.ä. beschäftigt. – [L] 7.0.0.

Unterhaltungsmusik, *U-Musik*, der Unterhaltung dienende, „leichte", d.h. leicht faßbare Musik zur Unterscheidung von der sog. ernsten Musik (E-Musik), wobei die Grenze oft schwer bestimmbar ist. Im 19. Jh. umfaßte die U. Tanzmusik, Operette u. Potpourri, im 20. Jh. ist neben der populären Orchestermusik vor allem der Schlager die typische Form der U.

Unterhaltungszeitschriften →Zeitschrift.

Unterhaus, im dt. Sprachgebrauch übliche Bez. für das *House of Commons* des brit. Parlaments, das heute für die Gesetzgebung ausschlaggebend ist. Die beiden Häuser *(Oberhaus: House of Lords)* waren ursprünglich gesetzgeberisch gleichberechtigt. Seit der Parlamentsreform von 1911 wurde das Übergewicht des Unterhauses immer stärker.

Unterhautbindegewebe, *Subcutis*, lockeres Bindegewebe, das Fett speichern kann; dient als Fettdepot, zum Wärmeschutz, als verschiebbares Gleitgewebe zwischen Haut u. Muskulatur.

Unterholz, niedrig bleibendes Holz, unter Baumholz stehend; in der Regel gebildet aus Schatten ertragenden Laubhölzern, Sträuchern, Farnen u. immergrünen Gehölzen.

Unterkiefer, 1. bei Insekten u. Krebsen die aus den ersten bzw. ersten u. zweiten *Maxillen* gebildeten →Mundwerkzeuge; 2. bei Wirbeltieren die im →Kiefergelenk artikulierenden unteren Knochen der Mundhöhle; →Kiefer.

Unterkühlung, 1. *Medizin:* →Erfrierung.

2. *Physik:* ein instabiler Zustand, bei dem die Temperatur so niedrig ist, daß eine Flüssigkeit gefrieren bzw. ein Gas kondensieren könnte. Ein unterkühltes Gas heißt auch „übersättigt". Der Übergang in den stabilen Aggregatzustand geschieht durch Erschütterung (z.B. mit Ultraschall) oder durch Zufügung von kleinen Körpern („Keimen") oft sehr plötzlich.

Unterlage, *Gartenbau:* →Veredelung.

unterlassene Hilfeleistung, strafbar nach § 330c StGB bei Unglücksfällen, gemeiner Gefahr oder Not, sofern die Hilfeleistung erforderlich u. dem Täter den Umständen nach zuzumuten ist. – Ähnl. in Österreich (§ 95 StGB). – In der Schweiz ist nur strafbar, wer selbst oder mit seinem Fahrzeug, Reittier oder Zugtier jemanden verletzt hat u. diesen dann im Stich läßt (Art. 128 StGB).

unterlassene Verbrechensanzeige, Nichtanzeige des Vorhabens oder der Ausführung bestimmter Verbrechen (Friedens-, Hoch-, Landesverrat, Gefährdung der äußeren Sicherheit, Mord, Totschlag, Völkermord, Geld- oder Wertpapierfälschung, Raub, räuberische Erpressung, Menschenraub, Verschleppung, Geiselnahme, gemeingefährl. Verbrechen). Ein Geistlicher ist nicht verpflichtet, anzuzeigen, was ihm in seiner Eigenschaft als Seelsorger anvertraut worden ist; wer als Angehöriger, Rechtsanwalt, Verteidiger oder Arzt eine Anzeige unterläßt, ist dagegen (u. auch dies nicht bei Mord u. Totschlag) nur straffrei, wenn er sich ernstlich bemüht hat, den Täter von der Tat abzuhalten oder den Erfolg abzuwenden. Stets ist straffrei, wer die Ausführung oder den Erfolg der Tat auf andere Weise abwehrt (§§ 138, 139 StGB). – In Österreich ist die u.V. gemäß § 286 StGB strafbar.

Unterlassung, die Nichtvornahme einer Handlung, rechtl. bedeutsam als Nichterfüllung einer rechtl. Verpflichtung u. als *U.sdelikt.*

Unterlassungsdelikte, im Strafrecht der BRD Straftaten, die durch Unterlassung eines rechtl. gebotenen Tuns begangen werden. Man unterscheidet *echte U.*, bei denen das Gesetz die Unterlassung ausdrücklich mit Strafe bedroht (z.B. →unterlassene Verbrechensanzeige, →unterlassene Hilfeleistung), u. *unechte U.*, bei denen der Unterlassende aus einem Gesetz bestraft wird, das an sich auf aktives Handeln abstellt (nach § 13 StGB).

Unterlassungsklage, die Klage auf Unterlassung bestimmter die Rechtsstellung des Klägers beeinträchtigender Handlungen, z.B. zukünftiger Störungen von Besitz u. Eigentum oder der unbefugten Namensführung.

Unterläufigkeit, Wasserabfluß in Stauanlagen durch Hohlräume oder wasserleitende Baugrundschichten. U. wird durch Dichtungsschleier (Einspritzung von Dichtungsmitteln in Felsuntergrund u. Talflanken), bei Wehren durch Spundwände u. Herdmauern unterbunden.

Unterleder, *Bodenleder*, die für den Unterbau von Schuhen u. Stiefeln (Brandsohle u. Laufsohle) verwendeten Lederarten.

Unterleib, der (menschl.) Rumpf vom Zwerchfell an abwärts bis zur Leistengegend.

Unterleibstyphus = Typhus.

Unterliek [das], die untere Kante eines Segels.

Untermalung, bei Öl- u. Temperamalerei die erste, auf die Grundierung gesetzte Farbschicht.

Untermann, beim Ringen der Kämpfer, der die Bankstellung (→Bank [5]) einnehmen muß; →auch Obermann.

Untermieter, der Besitzer einer Sache, bes. von Teilen einer Wohnung, aufgrund eines Mietvertrags nicht unmittelbar mit ihrem Eigentümer, sondern mit einem Hauptmieter. →auch Miete.

Unternehmensforschung →Operations Research.

Unternehmer, ursprüngl. nur der in eigener Verantwortung (selbständig) auf eigenes Risiko handelnde Eigentümer einer Unternehmung; später auf die *Manager* ausgedehnt. Die meisten U. haben sich in Arbeitgeberverbänden zusammengeschlossen. – 🄻 4.4.1.

Unternehmereinkommen, Summe aus *Unternehmerlohn, Unternehmergewinn* u. ggf. *Zins* für eingesetztes Eigenkapital.

Unternehmergewinn, das Residualeinkommen des Unternehmers, das sich rechnerisch als Rest des *Unternehmungserlöses* nach Abzug aller *Unternehmungskosten* einschl. des Unternehmerlohns u. der Eigenkapitalzinsen ergibt.

Unternehmerlohn, Entgelt für die dispositive Tätigkeit, d.h. die unternehmerische Leistung der Kombination der elementaren *Produktionsfaktoren*; eindeutig zu ermitteln vor allem bei unselbständigen Unternehmern als Gehaltsempfängern. Bei einem selbständigen Unternehmer kann in einem abgeleiteten Sinn der Einkommensteil als U. angesehen werden, der dem Unternehmer veranlaßt, die Unternehmerfunktion selbst wahrzunehmen; entspricht etwa der Vergütung, die er als angestellter Unternehmer in einem anderen Betrieb erhalten würde.

Unternehmung, *Unternehmen*, eine Erscheinungsform des Betriebs in einer freien Wirtschaft (Marktwirtschaft), gekennzeichnet durch wirtschaftl. Selbständigkeit, Übernahme des Marktrisikos für die von ihr angebotenen Leistungen u. Gewinnstreben. Der Begriff U. wird gewöhnlich auf die gewerbl. Wirtschaft beschränkt. Nach dem Eigentümer wird zwischen *privaten, öffentl.* u. *gemischtwirtschaftl. U.en* unterschieden.

Unternehmungsform, die durch die rechtl. Ausgestaltung bestimmte Erscheinungsform der Unternehmung. Man unterscheidet: *Einzelunternehmungen* (bei denen eine einzelne Person Kapitaleigentümer ist) u. *Gesellschaftsunternehmungen* (an deren Kapital mehrere Personen beteiligt sind), die entweder *Personalgesellschaften (Personengesellschaften)* oder *Kapitalgesellschaften* sein können. Eine Sonderform ist die *Genossenschaft.* Zu den Personalgesellschaften rechnet man die *Gesellschaft des bürgerlichen Rechts*, die →Offene Handelsgesellschaft, die nach außen hin nicht als Gesellschaft erkennbare →Stille Gesellschaft u. die →Kommanditgesellschaft. Zu den Kapitalgesellschaften gehören die →Aktiengesellschaft, die →Kommanditgesellschaft auf Aktien, die →Gesellschaft mit beschränkter Haftung, die bergrechtliche →Gewerkschaft (2). – 🄻 4.8.1.

Unteroffiziere, 1. zusammenfassende Bez. für die unteren militär. Vorgesetzten, die die Gehilfen der Offiziere bei der Ausbildung u. Führung der Soldaten sind. – 2. *U. mit Portepee*, Dienstgradgruppe (von oben nach unten): Oberstabsfeldwebel, Stabsfeldwebel, Hauptfeldwebel, Oberfeldwebel, Feldwebel. – 3. *U. ohne Portepee*, Dienstgradgruppe: Stabsunteroffizier, Unteroffizier.

Unterpfaffenhofen, ehem. Gemeinde in Oberbayern (Ldkrs. Fürstenfeldbruck), 12000 Ew.; Reißverschlußfabrik; 1978 nach *Germering* eingemeindet.

Unterpflasterbahn, Eisenbahn- bzw. Straßenbahnstrecke in Großstädten, die zur Entlastung von Hauptverkehrsstraßen auf Teilstrecken unter die Straße verlegt ist.

Unterricht, planmäßige Vermittlung von Wissen u. Fähigkeiten, bes. in der Schule. U. kann in Belehrung, Übung u. Anschauung bestehen. Im Schul-U. werden Kindern u. Jugendlichen theoret. Wissen u. prakt. Fähigkeiten vermittelt. – 🄻 1.7.1.

Unterriesen, Sterne, die im Hinblick auf Leuchtkraft u. Durchmesser zwischen den roten Riesen u. den Hauptreihensternen (Zwergsternen) im →Hertzsprung-Russell-Diagramm stehen.

Untersaat, unter einer schneller wachsenden u. reifenden *Überfrucht* (z.B. Getreide) im Frühjahr eingesäter Klee, Gräser u.dgl.; nach dem Abernten der Überfrucht als Futter gewonnen.

Untersberg, höhlenreicher Gebirgsstock der Salzburger Kalkalpen südl. von Salzburg, auf der dt.-österr. Grenze, mit den Gipfeln *Geiereck* (1807m), *Salzburger Hochthron* (1853m) u. *Berchtesgadener Hochthron* (1973m); Marmorbrüche an der Nordseite.

Unterschiedsbetrag, *U. aus der Konsolidierung*, die Differenz zwischen dem Buchwert einer Beteiligung u. dem anteiligen Eigenkapital (Nominalkapital u. offene Rücklagen) der in einen *Konzernabschluß* einbezogenen abhängigen Unternehmung. Der U. wird auf der Aktiv- oder der Passivseite der *Konzernbilanz* ausgewiesen.

unterschlächtig, Zuleitungsart bei Wasserrädern; das Wasser trifft etwa im unteren Drittel des Rades auf die Schaufeln; *oberschlächtig*, das Wasser trifft oben, *mittelschlächtig*, das Wasser trifft etwa in der Mitte auf.

Unterschlagung, die rechtswidrige Zueignung einer fremden bewegl. Sache, die sich (im Unterschied zum →Diebstahl) im Besitz oder Gewahrsam des Täters befindet, z.B. aufgrund einer Leihe oder Miete, aber auch eines Funds *(Fund-U.)*, strafbar mit Freiheitsstrafe bis zu 3 Jahren oder Geldstrafe, bei U. anvertrauter Sachen (Veruntreuung) mit Freiheitsstrafe bis zu 5 Jahren oder Geldstrafe (§ 246 StGB). Wird durch die U. ein Angehöriger oder der Vormund geschädigt oder lebt der Geschädigte mit dem Täter in häuslicher Gemeinschaft, so wird die Tat nur auf Antrag verfolgt (§ 247 StGB).

Ähnl. in Österreich: §§ 134 u. 133 StGB unterscheiden zwischen U. u. *Veruntreuung* (diese betrifft anvertrautes, U. dagegen zufällig erhaltenes Gut). In beiden Fällen ist für die Strafbarkeit Bereicherungsabsicht erforderlich. – In der Schweiz setzt U. neben Aneignungsauch Bereicherungsabsicht voraus (Art. 140 StGB); Fund-U. sowie U. einer Sache, die der Täter durch Naturgewalt, Irrtum, Zufall oder sonst ohne seinen Willen in die Hand bekommen hat, wird milder u. nur auf Antrag des Verletzten bestraft (Art. 141 StGB). Das schweizerische Recht bezeichnet den schwereren U.sfall (Art 140) als *Veruntreuung* u. den leichteren (Art. 141) als U.

Unterschlundganglion →Bauchmark.

Unterschrift, die eigenhändige Niederschrift des eigenen Namens *(Namenszug)* unter ein Schriftstück zur förml. Kenntlichmachung seines Urhebers, rechtl. bedeutsam z.B. bei der gesetzl. Schriftform u. – zusätzl. zum handgeschriebenen Text – beim eigenhändigen *Testament.* – Ähnlich in Österreich u. in der Schweiz.

unterschweflige Säure, *Sulfoxylsäure*, eine nur in Form ihrer wäßrigen Lösungen u. Salze beständige Säure des Schwefels, chem. Formel H_2SO_2; ihre Salze sind die *Hyposulfite (Sulfoxylate).* Das Natriumsalz ist ein starkes Reduktionsmittel u. wird in der Küpenfärberei, beim Zeugdruck, als Bleichmittel u. in der Photographie verwendet.

Untersee, *Radolfzeller* oder *Zeller See*, der westl. von Konstanz liegende Teil des *Bodensees*, mit der Insel *Reichenau* u. dem Rheinausfluß bei Stein, 23km lang, rd. 5km breit, bis 40m tief.

Unterseeboot, Kurzwort *U-Boot, Tauchboot*, ein Kriegs- oder Forschungsschiff, das so konstruiert ist, daß es auch unter Wasser fahren kann. Das Tauchen erfolgt durch Aufnahme von Wasserballast in Tauchtanks. Angetrieben wird das U. über Wasser durch Dieselmotoren, unter Wasser durch Elektromotoren, die aus Akkumulatorenbatterien gespeist werden (Aufladung bei Überwasserfahrt). Seit Einführung des *Schnorchels* (Steigrohr) zur Luftzufuhr ist in geringer Tiefe auch Unterwasserfahrt mit Dieselmotoren möglich. Seit 1954 (Atom-U. „Nautilus", USA) gibt es auch U.e mit Kernenergieantrieb. In getauchtem Zustand gestatten ausfahrbare Sehrohre (Periskope) die Beobachtung der Wasseroberfläche. Die Größe (Wasserverdrängung) von U.en beträgt 100 bis 1500t (Atom-U.e 1500–8000t), die Geschwindigkeit 25kn über Wasser, 15–20kn unter Wasser (Atom-U.e bis 30kn über u. unter Wasser), die Tauchtiefe 150m (Atom-U. 300–500m), der Aktionsradius 150sm in getauchtem Zustand (bei Atom-U.en teilweise mehr als 100000sm). Die Bewaffnung besteht aus Torpedos, früher ein bis zwei Geschützen sowie Flugabwehrwaffen. Raketen-U.e sind mit in senkrechten Schächten stehenden Mittelstreckenraketen (bis 16) ausgerüstet, die in getauchtem Zustand abgefeuert werden können. U.e werden auch zum Minenlegen eingesetzt.

Versuche, U.e zu bauen, gab es bereits im 17. Jh. Der „Brandtaucher", von W. Bauer 1851 in Kiel entworfen, wurde über einen durch zwei Treträder angetriebenen Propeller bewegt. Anfang des 20. Jh. nahm man U.e in die Kriegsmarinen vieler Staaten auf.

Untersekunda →Sekunda.

Unterstaatssekretär, in Dtschld. Beamte des höheren Dienstes (zwischen Staatssekretär u. Ministerialdirektor), früher in größeren Ministerien zeitweilig vorhanden, heute kaum mehr üblich.

Unterstand, Teil des →Schützengrabens.

unterständig, einen Fruchtknoten betreffend, der unter den übrigen Blütenteilen steht. – 🄱→Blütenpflanzen II.

untersteuern, mit elast. bereiften Rädern unter dem Einfluß einer Seitenkraft (z.B. Fliehkraft, Windkraft) u. des →Schräglaufens einen größeren Kreis fahren, als dem Lenkeinschlag (→Lenkung) der Lenkräder eines Fahrzeugs entspricht. Beim

Übersteuern ist dieser Kreis kleiner, als dem Lenkeinschlag entspricht.

Unterströmungstheorie, von O. *Ampferer* aufgestellte, auch von R. *Schwinner,* E. *Kraus,* A. *Rittmann* u. a. vertretene geotektonische Hypothese, wonach Fließbewegungen in der Magmazone als Ursache der Krustenbewegungen angesehen werden.

Untersuchung, *Strafrecht:* 1. allg.: Untersuchung einer Straftat; →Staatsanwaltschaft, →Voruntersuchung. – 2. körperliche U. von Beschuldigten u. a. Personen, insbes. Zeugen; im Strafverfahren geregelt durch §§ 81a–d StPO. – Ähnl. in Österreich u. in den Strafprozeßordnungen der Schweizer Kantone.

Untersuchungsausschuß →Bundestag.

Untersuchungsgericht, nach österr. Recht ein Gerichtshof 1. Instanz, wenn die besonders dazu bestellten Mitglieder eine Voruntersuchung durchführen. – BRD: →Untersuchungsrichter.

Untersuchungshaft, Freiheitsentziehung zwecks Sicherung des Strafverfahrens (§§ 112 ff. StPO). Voraussetzung ist neben dringendem Tatverdacht ein bes., mit bestimmten Tatsachen belegbarer Haftgrund, nämlich regelmäßig →Fluchtgefahr oder →Verdunkelungsgefahr; bei bestimmten schweren Delikten reicht →Wiederholungsgefahr aus. Die U. ist zu unterscheiden von der meist vorhergehenden *Polizeihaft*.
Ähnl. In Österreich: U. nach §§ 175 ff. StPO bei Fluchtgefahr, Verabredungs- bzw. Verdunkelungsgefahr, Wiederholungs- oder Ausführungsgefahr. – In der Schweiz U. in der Regel nur bei Flucht- oder Verdunkelungs- bzw. Verabredungsgefahr, in einzelnen Kantonen auch bei Wiederholungsgefahr.

Untersuchungshaftanstalt, Haftanstalt zur Verwahrung der in →Untersuchungshaft Genommenen. →Vollzugsanstalt.

Untersuchungsrichter, im Strafprozeß der die gerichtl. →Voruntersuchung führende Richter. →auch Untersuchungsgericht.

unter Tage, *Bergbau:* unter der Erdoberfläche.

Untertagevergasung, Gasgewinnung aus Kohle direkt in der Lagerstätte ohne vorherigen Abbau. Ableitung mit Rohren aus einem Schacht.

Untertan, die im absolutistischen u. frühkonstitutionellen Staat übliche Bez. des Staatsangehörigen. Sie kennzeichnet die Tatsache, daß dieser der Obrigkeit, bes. dem Monarchen, unterworfen war (*Obrigkeitsstaat*). Als Folge der Französ. Revolution von 1789 wurde in Frankreich *sujet* durch *citoyen,* in Dtschld. durch *Bürger* ersetzt.

Untertitel, 1. *Buchwesen:* zweiter Titel nach dem Haupttitel, oft diesen erläuternd.
2. *Film:* erklärender Text *(unterlegter Text)* an der unteren Kante des Bildes bei nicht synchronisierten fremdsprachigen Tonfilmen.

Untertöne, *Untertonreihe,* die sich in spiegelbildl. Umkehrung zu den *Obertönen* ergebende Tonreihe.

Unterueckersee, See in der Uckermark, südl. von Prenzlau.

Unterversicherung, liegt bei Schadensversicherung vor, wenn die versicherte Summe niedriger ist als der Wert des versicherten Interesses.

Unterwalden, zentralschweizer. Kanton südl. des Vierwaldstättersees, gegliedert in die beiden polit. selbständigen Halbkantone →Obwalden u. →Nidwalden. Die nahezu rein deutschsprachige Bevölkerung ist überwiegend kath. Die ursprüngl. Haupterwerbszweige sind Alpwirtschaft, Viehzucht u. Obstbau, werden aber heute an Bedeutung von der Industrie übertroffen. Der Fremdenverkehr ist sehr umfangreich. – 🅚→Schweiz.
Geschichte: U. gehört zu den *Urkantonen,* den drei Waldstätten des „Ewigen Bundes" von 1291. Kurz danach Vereinigung mit Ob- u. Nidwalden, die bis 1340 dauerte. 1309 Erlangung der Reichsunmittelbarkeit u. 1803 der polit. Gleichberechtigung beider Landesteile als Halbkantone; 1845 Mitgl. des Sonderbunds.

Unterwasser →Oberwasser.

Unterwasserkraftwerk, ein Flußkraftwerk (Laufkraftwerk), dessen mit Niederdruckturbinen ausgerüstete Maschinenanlage unmittelbar im Fuß der den Fluß absperrenden Staumauer u. z. T. unter dem Wasserspiegel liegt.

Unterwasserlaboratorium, Abk. *UWL,* ein *Unterwasserhaus,* bestehend aus einem oder mehreren Stahlzylindern mit Trägerkonstruktionen, die in flachen Meeresgebieten (meist bis etwa 60 m, maximal bis 190 m Tiefe) auf dem Meeresboden aufgestellt werden u. dort Tauchern *(Aquanauten)* als Wohnung u. Arbeitsplatz dienen zur Durchführung wissenschaftl. oder techn. Projekte. Die Aquanauten leben im UWL unter dem Luftdruck, der dem Wasserdruck am Standort entspricht u. der in 10 m Wassertiefe um 1 Atmosphäre Überdruck zunimmt. Das UWL hat eine Öffnung im Boden – denn das Wasser kann hier wegen des gleichen Drucks im UWL nicht eindringen –, durch die die Aquanauten in das Wasser einsteigen u. dort so lange als Schwimmtaucher arbeiten können, wie Luftvorrat u. Kälteschutz es erlauben. Diese Methode des „Sättigungstauchens" ist viel effektiver als das Tauchen von der Wasseroberfläche aus, das aus physiolog. Gründen zeitlich sehr begrenzt ist, bes. ab etwa 30 m Tiefe. UWL wurden zuerst 1962 durch die USA u. Frankreich eingesetzt. Die BRD setzte 1968 u. 1969 die ersten UWL in Ost- u. Nordsee ein. →auch Meeresforschung.

Unterwasserphotographie, Spezialgebiet der Photographie; bes. geeignet sind Kleinbildkameras mit lichtstarken Weitwinkelobjektiven u. druckfesten, wasserdichten Unterwassergehäusen.

Unterwellenborn, Gemeinde im Krs. Saalfeld, Bez. Gera, östl. von Saalfeld, 3500 Ew., Kulturpalast; Eisenindustrie (VEB Maxhütte).

Unterwelt, 1. *griech. Mythologie:* die Welt der Verstorbenen, im fernen Westen liegend gedacht, von den Flüssen Styx u. Acheron umflossen, vom Höllenhund Zerberus bewacht, geteilt in *Elysium,* den Ort der Seligen, u. *Tartarus,* den Strafort der Verdammten. →auch Totenreich.
2. *Kriminologie:* asoziale Gruppen mit kriminellem Einschlag, bes. in Großstädten.

Unterwerk, Stromversorgungsanlage für die Fahrleitung elektr. Schienenbahnen. Das U. bezieht Energie aus einer besonderen Bahnstromleitung oder aus dem Landesnetz u. formt sie in die für die Triebfahrzeuge benötigte Spannung um.

Unterwind, künstlicher →Zug. Bei Heizkesseln wird die Verbrennungsluft durch einen Ventilator unter den Rost in den Aschenfall geblasen; bei sehr niedrigen Abgastemperaturen angewendet.

Unterzüge, Balken aus Holz, Stahl oder Stahlbeton, auf Mauern oder Pfeilern aufgelagert; tragen Fahrbahnplatten, Decken oder Wände.

Unterzwerge, Sterne, die im →Hertzsprung-Russell-Diagramm unter den Hauptreihen- oder Zwergsternen stehen u. bei gleicher Spektralklasse kleineren Durchmesser u. geringere absolute Helligkeit aufweisen.

Untiefe, die Schiffahrt gefährdende flache Stelle.

Untreue, *Recht:* die Zufügung von Vermögensnachteilen durch vorsätzl. Mißbrauch einer gesetzl., behördl. oder rechtsgeschäftl. eingeräumten *Verfügungsmacht* über die betreffenden Vermögensgegenstände oder durch Verletzung einer gesetzl., behördl., rechtsgeschäftl. oder aufgrund eines Treueverhältnisses obliegenden Pflicht, fremde Vermögensinteressen wahrzunehmen; strafbar nach § 266 StGB. – Österreich: § 153 StGB; strafbar mit Freiheitsstrafe bis zu 6 Monaten oder Geldstrafe, in schweren Fällen mit längerem Freiheitsentzug. – In der Schweiz ähnl. die *Veruntreuung* (Art. 140 Abs. 2 StGB).

U Nu →Nu.

Unverdorben, Paul, Apotheker, *13. 10. 1806 Dahme bei Potsdam, †27. 12. 1873 Dahme; fand 1826 bei der trockenen Destillation des Indigos das *Anilin,* das er Kristallin nannte.

Unverletzlichkeit, 1. U. der Abgeordneten →Immunität.
2. U. der Wohnung: Gemäß Art. 13 GG ist die Wohnung unverletzlich. Durchsuchungen dürfen nur durch den Richter, bei Gefahr im Verzug auch durch die in den Gesetzen vorgesehenen anderen Organe angeordnet u. nur in der dort vorgeschriebenen Form durchgeführt werden. Eingriffe u. Beschränkungen dürfen im übrigen nur zur Abwehr einer gemeinen Gefahr oder einer Lebensgefahr für einzelne Personen, aufgrund eines Gesetzes auch zur Verhütung dringender Gefahren für die öffentl. Sicherheit u. Ordnung, insbes. zur Behebung der Raumnot, zur Bekämpfung von Seuchengefahr oder zum Schutz gefährdeter Jugendlicher vorgenommen werden.

Unvermögen, *Schuldrecht:* die subjektive Unmöglichkeit der Leistung, die nur der Schuldner nicht bewirken kann. Für dieses sein U. bei Vertragsabschluß hat der Schuldner einzustehen. Der trotz U. geschlossene Vertrag ist also gültig; Gegensatz: objektive →Unmöglichkeit der Leistung.

unverritzt, *Bergbau:* noch nicht durch bergbauliche Tätigkeit berührt; u.e Lagerstätten.

Unvollständige Pilze, *Fungi imperfecti* →Pilze.

unwillkürliches Nervensystem = vegetatives Nervensystem.

Unwin [ˈʌn-], Sir Stanley, engl. Verleger, *19. 12. 1884 London, †13. 10. 1968 London; Inhaber des Verlags George Allen & Unwin Ltd., 1936–1938 u. 1946–1954 Präs., seit 1956 Ehrenpräs. der Internationalen Verleger-Union.

Unwirksamkeit, Rechtsfolge der Fehlerhaftigkeit staatlicher oder privater Rechtsakte, tritt bei →Nichtigkeit in der Regel sofort u. unmittelbar, sonst erst aufgrund einer (in der Regel rückwirkenden) →Anfechtung ein.

Unyamwezi [-ˈveːzi], *Unjamwesi,* ostafrikan. Savannenlandschaft südl. des Victoriasees in Tansania, rd. 1100–1400 m ü. M., 2 Mill. Ew. (Bantu), Hptst. Tabora.

Unze [die], **1.** [lat.], *Gewichte:* Gewichtseinheit; 1. im alten Rom ein Zwölftel eines Ganzen; 2. *Ounce,* Gewichtseinheit in Großbritannien u. den USA: 1 Ounce = 28,3495 g; internationale Gewichtseinheit für Sportgeräte (z. B. Boxhandschuhe; beim Amateurboxen werden 8-, beim Berufsboxen [bis Weltergewicht] 6-Unzen-Handschuhe verwendet). →auch Troygewicht.
2. [lat.], *Münzen:* als $^1/_{12}$ As röm. Münzwert des →Aes grave; Teilwerte waren *Semuncia* = $^1/_2$ U. u. *Quartuncia* = $^1/_4$ U. Im MA. war die U. als Münzgewicht = $^1/_{12}$ Pfund, als Münzwert = 20 Pfennige.
3. [grch., frz.], *Zoologie:* →Jaguar.

Unzen, japan. Nationalpark auf Westkyushu, 256 qkm, Hauptort U.; Badeorte; umfangreiches Mineral-Heißquellengebiet; Vulkan Yakeyama; im *Fugendake (Mount U.)* 1360 m; Quellen- u. seismolog. Observatorium.

Unzertrennliche, *Agapornis,* Gattung kleiner, sperlingsgroßer Papageien aus Afrika u. Madagaskar mit starken „ehelichen" Bindungen.

Unziale [die; lat.], die durch Veränderung der Größenverhältnisse aus der latein. Kapitalschrift im 3. Jh. entwickelte Schreibschrift, die die Rundung der Buchstabenschäfte aufweist u. im 5. Jh. zur *Halbunziale* mit Groß- u. Kleinbuchstaben weitergeformt wurde.

Unzucht, Handlungen, durch die das geschlechtl.

Unterseeboot mit Kernenergieantrieb

unzüchtige Schriften und Gegenstände

Ur: Auf der Mosaikstandarte von Ur wird das Leben am Hof eines sumerischen Königs geschildert. London, Britisches Museum

Schamgefühl in wollüstiger Absicht verletzt wird, früher Tatbestandsmerkmal mehrerer →Sexualstraftaten. Die Begriffe U. sowie *unzüchtige Handlungen* sind mit der Neufassung des Sexualstrafrechts vom 23. 11. 1973 durch den Begriff der *sexuellen Handlung* ersetzt worden.

unzüchtige Schriften und Gegenstände, früherer Begriff des Strafrechts. Das Verbreiten u.r.S. u. G. war gemäß § 184 (alter Fassung) StGB strafbar. Das neue Strafrecht ersetzt diesen Begriff durch den der *pornographischen Darstellung*.
Mit Freiheitsstrafe bis zu einem Jahr oder mit Geldstrafe wird grundsätzlich die Verbreitung sog. „harter" Pornographie (§ 184 Abs. 3 StGB: Darstellungen, sadistischer oder sodomitischer Akte sowie solche des sexuellen Mißbrauchs von Kindern) bestraft, während bei der „einfachen" Pornographie in erster Linie die jugendgefährdende oder belästigende (z.B. unverlangte Zusendung) Verbreitung bestraft wird. Eine Schrift ist dann pornographisch, wenn der sexuelle Reizzweck überwiegt oder ausschließlich beabsichtigt ist. Weitere Straf- u. Ordnungswidrigkeitsvorschriften finden sich im Gesetz über die Verbreitung jugendgefährdender Schriften vom 29. 4. 1961. →auch Strafrechtsreform, Unzucht, Sexualstraftaten.
In Österreich Strafbarkeit nach dem Schmutz- u. Schundgesetz 1950. In der Schweiz ähnl. Strafbestimmungen; privater Besitz oder Erwerb sind jedoch nicht verboten.

Unzugänglichkeitspol, *Pol der Unzugänglichkeit,* von sowjet. Polarforschern im Internationalen Geophysikal. Jahr geprägter Begriff für den meerfernsten Punkt auf dem Eis von Antarktika, bei 82°06′ südl. Breite u. 54°58′ östl. Länge in 3720 m ü.M., am 14. 12. 1958 von einem sowjet. Traktorteam der Station Mirnyj zur kurzfristigen Beobachtung aufgesucht. In der Arktis entspricht dem U. gewissermaßen ein landfernster Punkt im Nordpolarmeer. Ein Zusammenhang zwischen dem U. u. a. Polen der Erde besteht nicht.

Unzurechnungsfähigkeit →Zurechnungsfähigkeit.

Upanischaden [sanskr., „geheime Sitzungen"], ind. religiöse Literaturgattung, die *Weden* abschließend. Erstmalig in der ind. Religionsgeschichte tritt hier Mystik auf in der Lehre vom ewigen *Atman* („Selbst") im Menschen u. dem göttl. Selbst der Welt *(Brahman)*, die zur Vereinigung kommen müssen, wenn der Mensch aus dem unheilvollen Geburtenkreislauf erlöst werden will.

Upasbaum [javan., mal.], *Antiaris toxicaria,* ein *Maulbeergewächs,* javanischer Giftbaum, aus dessen Milchsaft das Pfeilgift *Upas* gewonnen wird.

Updike [ˈʌpdaik], John (Hoyer), US-amerikan. Schriftsteller, * 18. 3. 1932 Shillington, Pa.; übt in seinen satir.-gesellschaftskrit. Romanen scharfe Kritik an der Inhumanität der modernen Zivilisation; subtile Charakterdarstellung. „Das Fest am Abend" 1959, dt. 1961; „Hasenherz" 1960, dt. 1962; „Der Zentaur" 1963, dt. 1966; „Ehepaare" 1968, dt. 1969; „Unter dem Astronautenmond" 1973, dt. 1973.

Upembasee, von Sümpfen gesäumte Erweiterung des Kongoquellflusses Lualaba in Shaba, östl. der *Upemba-Nationalpark.*

UPI [juːpiːai], Abk. für →United Press International.

Upland [ˈʌplənd; engl.], Bestandteil geograph. Namen: Bergland.

Upland, Landschaft im nordöstl. Sauerland mit den Wintersportplätzen *Willingen* u. *Usseln.*

Upolu, zweitgrößte Samoainsel (Westsamoa), 1127 qkm, 110 000 Ew.; mit der Hptst. *Apia;* bis 1099 m hoch.

Oppdal, Kristofer Oliver, norweg. Schriftsteller, * 19. 2. 1878 Beitstad, † 26. 12. 1961 Oppdal; Fabrikarbeiter, dann Journalist; schilderte die Entwicklung der norweg. Arbeiterbewegung u. den Wandel vom Bauern- zum Industriestaat in einer zehnbändigen Romanreihe.

Uppercut [ˈʌpərkʌt; der; engl.], Aufwärtshaken beim Boxen.

Upper ten [ˈʌpə ten; engl.], die oberen Zehntausend, Oberschicht.

Uppland, flachwellige Landschaft im mittleren Schweden, zwischen Dalälven, Mälaren u. Bottn. Meerbusen, 12 677 qkm, 982 000 Ew.; Ackerbau.

Uppsala, *Upsala,* Hptst. der mittelschwed. Prov. (Län) U. (6987 qkm, 233 000 Ew.), nordwestl. von Stockholm, 140 000 Ew.; berühmte Universität (1477) u. a. Hochschulen, got. Dom (13./15. Jh.); Metall-, Maschinen-, Textil- u. keram. Industrie.

up to date [ˈʌp tu ˈdeit; engl.], zeitgemäß, auf dem laufenden.

ur..., Vorsilbe mit der Bedeutung „alt, Anfang".

Ur →Auerochse.

Ur [russ.-mansisch], Bestandteil geograph. Namen: Berg.

Ur, heutiger Ruinenhügel *Mukajjar* am unteren Euphrat, schon in der Spätjungsteinzeit (*Obed-Kultur*) besiedelt, darüber eine Flutschicht; seit dem 3. Jahrtausend v. Chr. ein sumerischer Stadtstaat, um 2500 v. Chr. u. während der Herrschaft der 3. Dynastie von Ur (2070–1950 v. Chr.) zeitweilige Metropole Babyloniens; wichtiges Handelszentrum (Ostarabien- u. Indienhandel); nach dem A.T. Heimat *Abrahams* u. seiner Vorfahren; nach einer Verlagerung des Euphrat im 4. Jh. v. Chr. verlassen. – Ausgrabungen brachten eine ovale Stadtanlage zutage. In ihrem Mittelpunkt liegt das Heiligtum des Mondgottes Nanna-Sin u. seiner Gemahlin Ningal; sie umschließt die von den Königen *Urnammu* u. *Schulgi* erbaute Zikkurat, ein Schatzhaus u. das Wohnhaus der Priesterin. Südwestl. davon waren die Könige der 1. Dynastie von Ur (um 2500 v. Chr.) mit kostbaren Beigaben u. ihren Dienern beigesetzt; die Könige der 3. Dynastie in Wohnhäusern mit Grüften. – ⌑ 5.1.9.

Urabá, *Golf von U.,* innerster Teil des südamerikan. Golfs von Darién. Gelegentl. wird erwogen, von hier zum Golf von Panama einen Kanal als Ersatz für den Panamakanal zu bauen.

Urabstimmung, geheime Abstimmung der gewerkschaftsangehörigen Arbeitnehmer über die Einleitung u. Durchführung von Arbeitskämpfen, insbes. →Streik. Nach den Richtlinien des DGB u. der DAG zur Führung von Arbeitskämpfen ist eine Mehrheit von 75% der organisierten Arbeitnehmer erforderlich. Die U. ist nach einer umstrittenen Entscheidung des Bundesarbeitsgerichts von 1958 nicht nur Bestandteil der inneren Willensbildung der Gewerkschaft, sondern bereits Arbeitskampfmaßnahme u. kann deshalb gegen die tarifvertragl. Friedenspflicht verstoßen.

Urach, Stadt in Baden-Württemberg (Ldkrs. Reutlingen), an der Erms am Rand der Schwäb. Alb, 10 600 Ew.; mittelalterl. Altstadt, Burgruine *Hohen-U.,* Schloß (15. Jh.); Thermalbad; Textil-, Holz-, Metallindustrie. In der Nähe der *U.er Wasserfall* des Brühlbachs.

Uracil [das; grch.], Derivat des Pyrimidins, Bestandteil der Ribonucleinsäuren. →Nucleinsäuren.

Uradel →Adel.

Ural, 1. Mittelgebirge in der Sowjetunion, erstreckt sich, über 2000 km lang, von der Karasee in N bis zur Kaspischen Senke im S u. trennt das Osteurop. vom Westsibir. Tiefland; gilt als Grenze zwischen Europa u. Asien. Der *Nördl. U.* (nördl. von 65° nördl. Breite auch als *Polar-U.* bezeichnet u. während der letzten Eiszeit bis zur oberen Petschora vergletschert) hat mit glazialen Formen, mehreren kleinen Gletschern u. zackigen Kämmen teilweise Hochgebirgscharakter, hier finden sich auch die höchsten Gipfel (*Gora Narodnaja,* 1894 m); im N herrscht Gebirgstundra vor, nur im S dichter bewaldet. Der *Mittlere U.* mit den höchsten Erhebungen im nördl. Teil (*Konschakowskij Kamen,* 1569 m) fällt nach S hin zu einer flachwelligen Rumpflandschaft ab u. hat die günstigsten Übergangsstellen nach Sibirien; er ist reich an Bodenschätzen. Der *Südl. U.* (im *Jamantau* 1638 m hoch) gliedert sich in mehrere dichtbewaldete, fächerförmig auseinanderlaufende Bergrücken.
Aufgrund des großen Reichtums an Bodenschätzen wurde der U. in sowjet. Zeit zu einem der bedeutendsten Bergbau- u. Industriegebiete.
2. tatar. *Jaik,* Fluß in der Sowjetunion, 2534 km lang, entspringt im Südl. U., durchfließt die Trokkensteppe Westkasachstans u. mündet bei Gurjew ins Kasp. Meer; ab Orenburg schiffbar; er gilt als Grenzfluß zwischen Europa u. Asien; 3 Stauseen (zur Wasser- u. Energieversorgung); Fischerei.

ural-altaische Sprachfamilie, vom NO Europas bis zum Ö Asiens vorkommende Sprachen, gliedert sich in die *uralische* u. *altaische Sprachfamilie;* in der Mehrzahl agglutinierend. Das Bestehen einer genet. Verwandtschaft ist umstritten.

Uraliden, Gesamtkomplex des im Perm gefalteten Uralgebirges mit den nördl. Ausläufern (Nowaja Semlja, Timanrücken, Halbinsel Tajmyr) u. der südl. Fortsetzung im Untergrund bis zum Kasp. Meer, wobei man eine Umbiegung zum Tien-Schan-Altai-System zu erkennen glaubt.

uralische Sprachfamilie, von Europa (Finnland u. Ungarn) bis zum Jenissei verbreitete Sprachen fast rein agglutinierenden Typs; zur u.S. gehören die *finnisch-ugrischen* u. die *samojedischen* Sprachen. – ⌑ 3.8.7.

Ural-Kusnezker Kombinat, Abk. *UKK,* der Zusammenschluß der Lagerstätten im Südl. Ural u. im Kusnezker Becken (1930), um durch den Austausch von Uraleisenerz u. Kusnezkkohle (über 2000 km Bahnstrecke) in beiden Bergbaugebieten leistungsfähige Hüttenzentren zu schaffen. Heute wird die Hüttenindustrie im Ural weitgehend mit Kohlen aus dem Revier von Karaganda versorgt, u. die Erzlager von Telbes u. Taschtagol beliefern die Hochöfen im nahen Kusnezker Becken.

Uralsk, Hptst. der Oblast U. in der Kasach. SSR (Sowjetunion; 151 200 qkm, 550 000 Ew.), am Mittellauf des Ural-Flusses, 165 000 Ew.; Landmaschinenbau, Textil-, Leder- u. Nahrungsmittelindustrie; Hafen, Bahn u. Flugplatz.

Uran [das; nach dem Planeten *Uranus*], chem. Zeichen U, eisenähnl. 3-, 4- u. 6 wertiges Schwermetall, Atomgewicht 238,0289, Ordnungszahl 92, spez. Gew. 18,68; kommt als *U.pecherz* (*U.pechblende;* U_3O_8) bes. in Zaire, bei Joachimsthal u. in Kanada, ferner als *Carnotit* (*U.vanadat*) in Colorado vor. Kleinere Lager von uranhaltigen Erzen finden sich an vielen Stellen, z. B. im sächs. Erzgebirge. U. ist das erste Glied einer radioaktiven Zerfallsreihe (→Radioaktivität). Die Hauptbedeutung des U.s liegt in seiner Verwendung als Ausgangsstoff für die Gewinnung spaltbarer Isotope, die als Betriebsstoff in Kernreaktoren gebraucht werden (hauptsächl. ^{235}U). →auch Atom.

Uranbrenner, veraltete Bez. für →Kernreaktor.

Uranglimmer, eine Gruppe von gelben bis grünen Uranmineralien mit glimmerartiger Spaltbarkeit, z. B. *Autunit, Carnotit, Torbernit* u. a.

Urania, griech. Muse der Astronomie.

Uraniagrün, in Leim aufgelöstes *Schweinfurter Grün,* sehr giftig; im Obstbau zur Schädlingsbekämpfung.

Uranier [der; nach *Uranos*], *Urning,* veraltete Bez. für den Homosexuellen.

Uraninit [der], Uranpecherz →Pechblende.

Uranium City [ˈjuːreinjəm ˈsiti], *Beaverlodge,* Grubenort im NW der kanad. Prov. Saskatchewan,

Uranographie [grch.], ältere Bez. für Beschreibung des Himmels (Einteilung in Sternbilder, Benennung der Sterne u. ä.).

Uranos, griech. Himmelsgott, mit seiner Gemahlin *Gäa* (Erde) Erzeuger des ältesten Göttergeschlechts der Titanen, von seinem Sohn *Kronos* abgesetzt u. entmannt.

Uranus [der; grch.], Zeichen ⛢, einer der Großen →Planeten, 1781 von F. W. *Herschel* entdeckt; erscheint als Stern 5. bis 6. Größe; rotiert in 11 Stunden um seine Achse, die fast genau in der Bahnebene liegt; starke Abplattung an den Polen (etwa 1:15). Die Atmosphäre enthält Methan, Wasserstoff u. Helium; die Oberflächentemperatur liegt unter $-185\,°C$ (Bahnelemente u. Dimensionen →Planeten [Tabelle]). Der U. wird von fünf Monden umkreist. Seit 1977/78 wurden 5 Ringe nachgewiesen. Nachfolgend Bahnhalbmesser *a* (in Einheiten des U.halbmessers), Umlaufzeiten U in Tagen, Entdecker u. Entdeckungsjahr:

Name	a	U	Entdeckung	
Miranda	5.5	1.4	Kuiper	1948
Ariel	8.0	2.52	Lassell	1851
Umbriel	11.1	4.14	Lassell	1851
Titania	18.4	8.71	Herschel	1787
Oberon	24.6	13.46	Herschel	1787

Urartu, urartäische Sprache, *Chaldisch*, altkleinasiat. Sprache; 900–600 v. Chr. in der Gegend des Ararat gesprochen.

Urartu, *Uruatru*, im Altertum Staat in der Osttürkei, Hptst. *Tuschpa*, das heutige *Van*; von *Sardur I.* um 860 v.Chr. durch die Einigung hurrit. Fürstentümer geschaffen. Seine Könige (*Menuas*, 828–785 v.Chr.) waren gefährl. Rivalen Assyriens. *Argistis* (785–753 v.Chr.) erweiterte sein Reich bis Aleppo u. Georgien. *Sardur II.* verlor 739 v. Chr. Syrien an *Tiglatpileser III.* von Assyrien. Gleichzeitig bedrängten von N her die Kimmerier U. *Sardur III.* (636–610 v.Chr.) konnte U. noch einmal bis Syrien ausdehnen. Sein Nachfolger *Resa III.* (610–585 v.Chr.) jedoch verlor sein Reich an die Meder. – Von der Kultur U.s ist wenig bekannt. Die in assyr. Keilschrift in urartäischer Sprache geschriebenen Inschriften sprechen von großen Befestigungsanlagen, Kanalbauten u. Städten. Die Tempel hatten Pfeiler u. ein Giebeldach. Berühmt waren die Metallerzeugnisse mit pflanzl. u. tier. Schmuckelementen. Der Hauptgott hieß *Chaldis*, daneben gab es den Wettergott *Teisbas* u. den Sonnengott *Ardinis.* – 🗺 5.1.9.

Urate [grch.], die Salze der *Harnsäure*; sie sind in Nieren- u. Blasensteinen enthalten.

Ura-Tjube, Stadt im NW der Tadschik. SSR (Sowjetunion), am Nordrand des Alai, 32 000 Ew.; landwirtschaftl. Industrie, Kunstgewerbe.

Uraufführung, die erste Aufführung eines dramat. oder musikal. Werks überhaupt. *Erstaufführung* ist die erste Aufführung in einem bestimmten Land oder Ort oder an einem bestimmten Theater.

Uräusschlange, *Naja haje*, bis 2 m lange, hellbraune bis schwarze *Hutschlange* Mittel- u. Nordafrikas, giftig. Im alten Ägypten Symbol der Herrscherwürde; Nachbildungen wurden von den Königen als Diadem getragen.

Urawa, japan. Präfektur-Hptst. nördl. von Tokio, 331 000 Ew.; Universität; Gummiindustrie.

Urban [lat., „aus der Stadt (Rom)"], männl. Vorname.

Urban, Päpste: **1.** *U. I.*, 222–230, Heiliger, Römer.
2. *U. II.*, 1088–1099, Seliger, eigentl. *Odo von Châtillon* oder *Lagery*, *um 1035 Châtillon-sur-Marne, †29. 7. 1099 Rom; Mönch u. Prior in Cluny, um 1080 Kardinalbischof von Ostia, führte das Reformpapsttum weiter. Auf der Synode zu Clermont 1095 rief er zur Befreiung des Hl. Landes auf u. leitete die Kreuzzugsbewegung ein.
3. *U. III.*, 1185–1187, eigentl. *Uberto Crivelli* aus Mailand, †20. 10. 1187 Ferrara; Gegner Friedrich Barbarossas u. Heinrichs VI., residierte in Verona.
4. *U. IV.*, 1261–1264, eigentl. *Jacques Pantaléon*, *um 1200 Troyes, †2. 10. 1264 Perùgia; Gegner der Staufer, verbündete sich gegen deren Herrschaft in Unteritalien mit Karl von Anjou.
5. *U. V.*, 1362–1370, Seliger, eigentl. *Wilhelm Grimoard*, *um 1310 bei Mende, †19. 12. 1370 Avignon; Benediktiner; kehrte gegen den Widerstand Frankreichs 1367, von Kaiser *Karl IV.* unterstützt, nach Rom zurück, mußte aber wegen der dortigen polit. Schwierigkeiten 1370 erneut nach Avignon gehen. Seligsprechung 1870.
6. *U. VI.*, 1378–1389, eigentl. *Bartolomeo Prignano*, *um 1318 Neapel, †15. 10. 1389 Rom; erster nach Ende der avignones. Exils in Rom gewählter Papst. Wegen Bedenken gegen Vorgänge bei der Wahl u. überzeugt von seiner Geistesstörung wählten die französ. Kardinäle den Gegenpapst *Klemens VII.* Damit begann das große abendländ. Schisma.
7. *U. VII.*, 1590, eigentl. *Giambattista Castagna*, *1521 Rom, †27. 9. 1590; 1583 Kardinal; starb 12 Tage nach seiner Wahl an Malaria.
8. *U. VIII.*, 1623–1644, eigentl. *Maffeo Barberini*, *5. 4. 1568 Florenz, †29. 7. 1644 Rom; 1606 Kardinal. U.s Pontifikat bedeutete den Höhepunkt des Barockpapsttums, gekennzeichnet durch Kunst- u. Wissenschaftsförderung (Fertigstellung des Petersdoms), aber auch durch Nepotismus. Im Dreißigjährigen Krieg schloß sich U. aus Furcht vor Spaniens Macht an Frankreich an u. unterstützte dadurch indirekt die dt. Protestanten. Für den Kirchenstaat erwarb er das Herzogtum Urbino. Unter U. erfolgte die Verurteilung *Galileis*.

Urbar [das], *Urbarium*, im MA. Verzeichnis von Einkünften aus Grundbesitz, auch die Einkünfte u. das Grundstück selbst.

Urbienen, *Colletidae*, Stechimmen aus der Gruppe der →solitären Sammelbienen, die keine bes. Einrichtung für das Pollensammeln besitzen, sondern hierzu die gesamte Körperbehaarung benutzen. Hierher gehören *Blutbienen, Maskenbienen* u. *Seidenbienen*.

Urbi et orbi [lat., „der Stadt (Rom) u. dem Erdkreis"], Formel bei der Spendung des päpstl. Segens vom Balkon der Peterskirche aus.

Urbino, italien. Stadt im N der Region Marken, 19 000 Ew.; Universität (1564), Renaissancepalast der Herzöge von U., enggebaute Altstadt mit Mauern; keram. Industrie (Majolika).

Urbs [die; lat.], bei den alten Römern ursprüngl. die mit einem bestimmten Ritual gegründete u. ummauerte Stadt, später nur Bez. für *Rom.*

Urchristentum, die älteste Zeit des Christentums von den Anfängen der ersten Gemeinde zu Jerusalem bis etwa 150, auch *Urkirche* genannt.

Urdarm, in der Entwicklung der vielzelligen Tiere (*Metazoa*) die vom Entoderm umgebene Einstülpungshöhle des Becherkeims (*Gastrula*).

Urdu, neuind. Sprache, Amtssprache von Pakistan; früher zusammen mit Hindi als *Hindustani* bezeichnet.

Uredineen [grch.], *Uredinales* = Rostpilze.

Ureïde [grch.], Säurederivate des *Harnstoffs*; entstehen durch Kondensation von Harnstoff mit meist alkylierten zweibasischen Carbonsäuren. Wichtig zur Herstellung von Barbitursäure.

Urena [die; drawid.], Gattung trop. *Malvengewächse*. Von Bedeutung als Gespinstpflanze ist *U. lobata*. Die Stengelfaser von *U. sinuata* ist als Juteersatz verwendbar.

Ureter [der; grch.], sekundärer Harnleiter, paarige Verbindungsröhren zwischen Nieren u. Harnblase bei Säugetieren. →Ausscheidungsorgane.

Uretersteine, *Harnleitersteine*, →Nierensteine, die aus dem Nierenbecken in den *Ureter* (Harnleiter) gelangt sind, in dem sie meist steckenbleiben u. zu krampfhaften, sehr schmerzenden Harnleiterkontraktionen (*Ureterkoliken*) führen.

Urethane [grch.], stabile Ester der instabilen *Carbamidsäure*; Formel: $H_2N-OC-OR$ (R = Alkyl); kristalline Substanzen, die als Schlaf- u. Beruhigungsmittel verwendet werden. Das *Urethan* ist der Carbamidsäureäthylester, $H_2N-OC-OC_2H_5$. Wichtiges Phenylurethan ist das Antipyretikum *Euphorin.* →auch Polyurethane.

Urethra [die; grch.], Harnröhre, unpaarer Ausleitungsgang der Harnblase der Säugetiere. →Ausscheidungsorgane.

Urey [ˈjuːri], Harold Clayton, US-amerikan. Chemiker, *29. 4. 1893 Walkerton, Ind., †6. 1. 1981 La Jolla, Calif.; Entdecker (1932) des schweren Wasserstoffs (Deuterium); Nobelpreis 1934.

Urfa, früher →Edessa, im Altertum *Urscha*, türk. Stadt in Obermesopotamien, 100 000 Ew. Hptst. der Prov. U.; Handelsplatz, Weinbau, Weberei, Tabakindustrie; Pferdezucht.

Urfarne →Psilophyten.

„Urfaust", die von *Goethe* 1772–1775 in Frankfurt a.M. entworfene Urfassung seines „Faust", die 1887 in der Abschrift Luise von Göchhausens aufgefunden wurde.

Urfé [yrˈfe], Honoré d', französ. Schriftsteller, *11. 2. 1568 (?) Marseille, †1. 6. 1625 Villefranche; schrieb unter dem Einfluß von span. u. italien. Vorbildern den oft nachgeahmten Schäferroman „L'Astrée" 5 Bde. 1607–1627, dt. „Von der Lieb Astreae u. Celadonis" 1619–1635; der letzte Teil ist vermutl. von U.s Sekretär *Baro* ausgeführt.

Urfehde, im MA. Eidschwur zur Beilegung einer *Fehde*, durch den beide Parteien versichern, künftig Frieden zu halten; später der Schwur eines freigesprochenen Angeklagten oder Verbannten, keine Rache an Kläger oder Richter zu üben bzw. die untersagten Plätze zu meiden.

Urflügler →Palaeodictyoptera.

Urformung, erstmalige Formung eines gestaltlosen Werkstoffs, durch Gießen, Pressen von Pulvern, galvanisches Niederschlagen.

Urft, rechter Nebenfluß der Rur (Eifel), 40 km, entspringt im Zitterwald; bei Gemünd die 1900–1905 erbaute *U.-Talsperre* (2,15 qkm Fläche, 45,5 Mill. m³ Inhalt, Stauhöhe 58 m).

Urgemeinde, die Jerusalemer christl. Gemeinde bis zur Zerstörung der Stadt im Jahr 70.

Urgentsch, Hptst. der Oblast *Choresm* in der Usbek. SSR (Sowjetunion), im Bewässerungsgebiet des unteren Amudarja, 7600 Ew.; Baumwoll-, Nahrungsmittelindustrie, Seidenraupenzucht; Bahn, Flugplatz.

Urgeschichte →Vorgeschichte.

Urgeschlechtszellen, *Urkeimzellen*, diploide Zellen in den Geschlechtsorganen der Gewebetiere, aus denen sich unter Reifeteilungen die haploiden Ei- u. Samenzellen entwickeln.

Urartu: Das Reich Urartu im 8. Jahrhundert v. Chr.

Urgesteine, ältere Bez. für die metamorphen Gesteine, z.B. *Gneis, Glimmerschiefer,* die man als die ersten Gesteine der Erdkruste ansah; auch für die älteren Tiefengesteine (*Granit* u.a.).

Urheber, der Schöpfer eines Werks der bildenden Kunst, Werkkunst, Photographie, Literatur oder Tonkunst.

Urheberrecht. Der Schutz des im Werk wahrnehmbar gewordenen Gehalts geistigen Schöpfens ist gesetzl. geregelt im *Gesetz über Urheberrecht u. verwandte Schutzrechte (Urheberrechtsgesetz, UrhG)* vom 9. 9. 1965 (geändert durch Bundesgesetz vom 10. 11. 1972), im *Verlagsgesetz,* in der *Berner Übereinkunft,* der *Übereinkunft von Montevideo* vom 1. 11. 1889 u. im *Welturheberrechtsabkommen* von 1952 (revidiert am 24. 7. 1971). Im röm. Recht gab es ebensowenig wie im dt. Recht vor der Rezeption ein U. Erst die Erfindung des Buchdrucks beschränkte die Vervielfältigungsfreiheit. Es entstanden kaiserl. u. landesherrl. Druckprivilegien zugunsten der Drucker. Geschützt war also das Druckwerk, nicht der darin verkörperte geistige Gehalt. Erweitert wurde dieses System im 17. Jh. Auf ihm beruhte noch das *Preußische Allgemeine Landrecht* von 1794. Es wurde mit der Lehre vom geistigen Eigentum überwunden. Erstes modernes dt. Gesetz war das preußische Gesetz von 1837. Ausgedehnt auf das Gebiet des Dt. Bundes wurde es durch Beschluß der Bundesversammlung vom 9. 6. 1845. Ein Gesetzentwurf des Börsenvereins des Dt. Buchhandels führte zum ersten gemeinsamen Gesetz von 1870. Seit 1901 bzw. 1907 war das U. im *Gesetz betr. das U. an Werken der Literatur u. der Tonkunst (LUG)* u. im *Gesetz betr. das U. an Werken der bildenden Künste u. der Photographie (KUG)* geregelt. Nunmehr ist es im *U.sgesetz* vom 9. 9. 1965 zusammengefaßt.
Das U. ist vererblich. Es erlischt grundsätzl. 70 Jahre nach dem Tod des Urhebers. Steht das U. mehreren Miturhebern zu, so erlischt es 70 Jahre nach dem Tod des längstlebenden Miturhebers. Das U. an Lichtbildwerken erlischt 25 Jahre nach dem Erscheinen des Werks, jedoch bereits 25 Jahre nach der Herstellung, wenn das Werk innerhalb dieser Frist nicht erschienen ist.
In Österreich gilt das U.sgesetz 1936 in der Fassung von 1972; die Schutzdauer beträgt 50, bei Filmwerken 30 Jahre. In der Schweiz beträgt nach dem Bundesgesetz über das U. an Werken der Literatur u. Kunst vom 7. 12. 1922 (Art. 36) die regelmäßige Schutzdauer 50 Jahre. – 🄻 4.3.3.

Urhuftiere, *Condylarthren,* frühtertiäre Ausgangsgruppe vieler moderner Formen der *Huftiere;* fuchsgroß, wenig differenziert, den →Urraubtieren sowie manchen Halbaffen u. Insektenfressern noch ähnlich.

Uri, einer der drei schweizer. „Urkantone", Hochgebirgsland zwischen Sankt Gotthard u. Urner See, 1075 qkm, 34 000 Ew., Hptst. *Altdorf.* Der Kanton umfaßt das Einzugsgebiet der *Reuss* bis zu ihrer Mündung in den Urner See. Seine Bedeutung liegt zuerst in der Lage am wichtigsten Paß der Westalpen, dem *Sankt Gotthard,* sowie in den Querverbindungen nach W (Susten, Furka) u. O (Klausen, Oberalp). Die umliegenden Berge gipfeln im *Dammastock.* Auf dem Boden U.s liegt die *Rütliwiese,* die legendäre Geburtsstätte der Schweiz. Die Landwirtschaft betreibt vor allem Alpwirtschaft mit Rinder-, Schaf- u. Ziegenzucht, Käseherstellung (bes. im Urseren- u. Schächental); sie wird an Bedeutung übertroffen von der an sich wenig umfangreichen Industrie im Unterland (Munitions-, Kabel-, Draht-, Gummiwerke, Holzverarbeitung). Fremdenverkehr herrscht vor allem in Altdorf, Andermatt u. Wassen . – 🄺→Schweiz.
Geschichte: U. wurde 1231 reichsunmittelbar u. schloß 1291 den „Ewigen Bund" mit Schwyz u. Unterwalden. 1845 schloß sich U. dem Sonderbund an.

Uria, *Urias,* **1.** im A.T. ein Hethiter im Heer König Davids. Dieser verführte U.s Frau *Bathseba* u. ließ U. töten. Den schriftl. Befehl hierzu mußte U. eigenhändig überbringen; daher *Uriasbrief,* ein für den Überbringer unheilvolles Schriftstück.
2. Prophet zur Zeit des Jeremias.

Urian, seltener Vorname; im 18. Jh. für einen nicht näher gekennzeichneten Menschen („Herr U.") u. euphemistisch für den Teufel gebraucht.

Uriel [hebr., „Licht ist Gott"], in spätjüd.-christl. Tradition Name eines Erzengels.

Urin [der; lat.] →Harn.

Urinphlegmone [lat. + grch.] = Harnphlegmone.

Urinsekten, *Apterygota,* früher vielbenutzte Zusammenfassung der Insektenordnungen der *Beintaster, Doppelschwänze, Springschwänze* u. *Zottenschwänze,* in denen die Flügellosigkeit kein Rückbildungsmerkmal, sondern ursprüngl. vorhanden ist. Übersicht →Insekten.

Uris ['juəris], Leon, US-amerikan. Schriftsteller, *3. 8. 1924 Baltimore; schrieb die Roman-Reportage „Exodus" 1958, dt. 1959, in der u.a. die Entstehung des Staates Israel dargestellt wird (verfilmt 1960, O. *Preminger*); ferner: „Mila 18" 1961, dt. 1961; „Armageddon" 1963, dt. 1963; „Topas" 1967, dt. 1967; „QB VII" 1970, dt. 1970.

Urkantone, die 3 schweizer. Kantone um den Vierwaldstätter See: Uri, Schwyz u. Unterwalden, die 1291 als Zelle der Schweiz den *Ewigen Bund* schlossen, auch die *Drei Waldstätte* genannt, mit Luzern zusammen die *Vier Waldstätte.*

Urkirche = Urchristentum.

Urkunde, 1. *Geschichtswissenschaft:* überlieferte Fixierung eines histor. Vorgangs in schriftl. Fassung (meist jurist. verbindl. Inhalts). Eine U. kann in verschiedenen Formen erhalten sein (als Original, als Abschrift, als Registereintrag u.a.). Sie weist bestimmte formale Merkmale auf. Für die Geschichtswissenschaft sind U.n von großer Bedeutung; →Urkundenlehre.
2. *Prozeßrecht:* jedes Schriftstück, mit dessen Inhalt etwas bewiesen werden soll u. dessen Urheber erkennbar ist. Erhöhten Beweiswert haben die *öffentlichen U.n,* die von Behörden oder Notaren innerhalb der Grenzen ihrer Amtsbefugnis, innerhalb ihrer Zuständigkeit formgerecht ausgestellt sind (§ 415 ZPO). Alle anderen U.n sind *Privat-U.n* (→Beweis). – Für Österreich sind die Arten der U. (öffentliche, dieser gleichgestellte u. Privat-U.) in §§ 292 ff. ZPO definiert u. ihre jeweilige Beweiskraft geregelt. – In der Schweiz ist die U. in sämtl. 25 Zivilprozeßordnungen der Kantone geregelt; öffentl. U.n haben in der Regel die Vermutung der Richtigkeit für sich.
3. *Strafrecht:* die zum Beweis rechtserheblicher Tatsachen geeignete u. von vornherein *(Absichts-U.)* oder nachträglich (*Zufalls-U.,* z.B. Briefe in einem Prozeß) dazu bestimmte verkörperte Gedankenerklärung eines erkennbaren Ausstellers.

Urkundendelikte, Vergehen gegen die Sicherheit des Rechtsverkehrs durch *Urkundenfälschung, Urkundenunterdrückung,* →Falschbeurkundung, Verrückung einer →Grenze.

Urkundenfälschung, die Herstellung einer *unechten Urkunde,* das Verfälschen einer *echten Urkunde* oder der Gebrauch einer unechten oder verfälschten Urkunde zur Täuschung im Rechtsverkehr; nach § 267 StGB strafbar; das Beschädigen, Zerstören oder Unbrauchbarmachen einer anvertrauten Urkunde durch einen Amtsträger oder Gleichgestellten (§ 133 Abs. 3 StGB); die Fälschung →technischer Aufzeichnungen nach § 268 StGB. Von der U. zu unterscheiden ist die →Falschbeurkundung. – In Österreich ist U. strafbar nach §§ 223 ff. StGB; Strafschärfung bei öffentl. Urkunden (§ 224); schon Vorbereitungshandlungen sind strafbar (§ 227). Wer bewirkt, daß gutgläubig eine falsche Beurkundung vorgenommen wird, ist nach § 228 ebenfalls strafbar. – In der Schweiz ist U. nach Art. 251 StGB, Erschleichung einer falschen Beurkundung nach Art. 253 StGB und U. durch Amtspersonen nach Art. 317 StGB strafbar.

Urkundenlehre, *Diplomatik,* die Wissenschaft von den (Kaiser-, Königs-, Papst- u. Privat-)Urkunden; eine histor. Hilfswissenschaft, 1681 von J. *Mabillon* begründet. Die U. befaßt sich mit der äußeren u. inneren Form der Urkunden, mit Stoff, Schrift, Sprache, Entstehung, Inhalt u. Datierung. – 🄻 5.0.6.

Urkundenprozeß, bes. Verfahrensart im Zivilprozeß bei Klagen auf Leistung von Geld oder anderen vertretbaren Sachen, bei der alle Beweise mit *Urkunden* geführt werden müssen (§§ 592–605a ZPO; →auch Wechselprozeß). – Österreich: →Mandatsverfahren.

Urkundenschrift, meist im Abstand von der Buchschrift gehaltener feierlicher Duktus der Lateinschrift päpstl. u. königl. Kanzleien.

Urkundenunterdrückung, das Vernichten, Beschädigen oder Unterdrücken einer *Urkunde* oder *technischen Aufzeichnung,* die dem Täter nicht oder nicht ausschl. gehört, um einem anderen Nachteile zuzufügen; nach § 274 Ziff. 1 StGB strafbar. – In Österreich ist U. nach § 229 StGB zu bestrafen, in der Schweiz nach Art. 254 u. 267 StGB (die Rechtsprechung des Bundesgerichts hat die U. der *Urkundenfälschung* gleichgestellt).

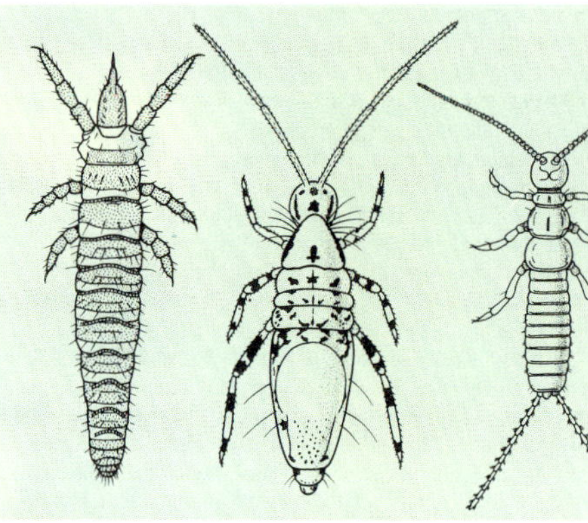
Urinsekten: von links Protura: Eosentomon ribagai; Collembola: Schneefloh, Entomobrya puncteola; Diplura: Campodea

Urkundsbeamter der Geschäftsstelle, früher *Gerichtsschreiber,* Funktionsbez. für die Beamten des gehobenen oder mittleren Justizdienstes u. die Justizangestellten, die Anträge u. Klagen zu Protokoll aufnehmen, Ladungen u. Zustellungen bewirken, bei Verhandlungen Protokoll führen u.a.

Urlandschaft, der Zustand einer Landschaft vor dem planvollen Einwirken des Menschen. Die Rekonstruktion der U. ist ein Forschungsgegenstand der *Geographie.* Sie erfolgt mit Hilfe pflanzensoziologischer, vorgeschichtlicher u. siedlungsgeographischer Untersuchungen u. hat für das Verständnis der heutigen Kulturlandschaft mannigfaltige Bedeutung.

Urlaub, Gewährung von grundsätzl. bezahlter Freizeit während eines Arbeits- oder sonstigen Dienstverhältnisses, regelmäßig im Sinn von Erholungs-U. verstanden (bei anderer Freistellung, z.B. Teilnahme an Familienfeiern, als Betriebsrats- oder Personalratsmitglied, ist die Bez. *Beurlaubung* gebräuchlich). In der BRD einheitl. durch das *Bundes-U.sgesetz* vom 8. 1. 1963 geregelt; daneben Sonderregelungen im Rahmen des *Jugendarbeitsschutzgesetzes* u. *Schwerbeschädigtengesetzes.* Durch Tarifvertrag kann eine abweichende Regelung getroffen werden, der U. darf dadurch aber nicht verkürzt werden. – Gegenwärtig zielen gewerkschaftl. Bestrebungen auf einen zusätzl. *Bildungs-U.* ab, der Betriebsratsmitgliedern bereits zusteht. In Bremen, Hamburg u. Niedersachsen ist ein Bildungs-U. für alle Arbeitnehmer eingeführt. – In Österreich ist der U.sanspruch (mindestens 20 Tage) für Arbeiter im Arbeiterurlaubsgesetz 1959 (für Bauarbeiter Sonderregelung), für Angestellte im Angestelltengesetz sowie in speziellen Gesetzen (Gutsangestellten-, Hausgehilfen-, Journalisten-, Landarbeitergesetz) geregelt. – Den gesetzl. Anspruch auf U. *(Ferien)* regelt in der Schweiz Art. 329a OR. – In der DDR gelten § 79 Arbeitsgesetzbuch u. VO vom 3. 5. 1967.

Urleibeshöhlentiere, *Archicoelomata,* Gruppe von Tierstämmen, deren Mitglieder eine urtüml. (dreiteilige) Anordnung der sekundären Leibeshöhle *(Coelom)* sowie andere Merkmale gemeinsam haben, nach denen die U. als eine Wurzelgruppe aufgefaßt werden können, von der die beiden großen Stammgruppen der *Bauchmarktiere (Protostomia)* u. der *Rückenmarktiere* (→Deuterostomia) ausgehen (→Tierreich). Zu den U.n gehören die Tierstämme der *Pfeilwürmer,* der *Tentakeltiere,* der *Bartträger, Pogonophora,* der *Eichelwürmer* u. der *Stachelhäuter.*

Urmenschen, zusammenfassende Bez. für die fossilen Menschen *(Hominiden),* gegliedert in die beiden Gruppen der *Praehomininae* (→Australopithecus-Gruppe) u. der *Homininae;* diese werden weiter unterteilt in die *Archanthropinen* (→Pithecanthropus-Gruppe), *Paläanthropinen* (→Neandertal-Gruppe) u. →Neanthropinen (Präsapiens-Gruppe).

Urmeter, das Urmaß des →Meters, festgelegt als der Abstand der Endstriche auf dem im *Bureau International de Poids et Mesures* in Sèvres bei Paris aufbewahrten Platin-Iridium-Stab bei 0 °C.

Urmiasee, abflußloser, salzhaltiger See in der nordwestiran. Provinz Aserbaidschan, 1250 m hoch, 130 km lang, 40 km breit, 4650 qkm, 15 m tief, 6 größere, 50 kleine Inseln.

Urmollusken, 1. *Amphineura,* Unterstamm der *Weichtiere,* haben sich schon im Kambrium von

den übrigen Weichtieren abgespalten u. ursprüngl. Merkmale bewahrt. Hierher gehören die Klassen der *Wurmmollusken* u. der *Käferschnecken*.
2. →Neopilina.

Urmund, in der Entwicklung vielzelliger Tiere *(Metazoa)* die bei der Einwölbung der →Gastrula entstehende Öffnung, die den Urdarm mit der Außenwelt verbindet. – 🅑→Embryonalentwicklung.

Urnammu, sumer. Großkönig von Ur, um 2062–2045 v. Chr.; Begründer der sog. 3. Dynastie von Ur; Gesetzgeber, zahlreiche Bauten.

Urne, Gefäß zur Aufnahme der Brandrückstände nach der Leichenverbrennung (Feuerbestattung), in Europa bereits in Jungstein- u. Bronzezeit verbreitet u. Zubehör der Brandbestattung.

Urnenfelderzeit, der Schlußabschnitt der Bronzezeit, etwa 1200–800 v. Chr.; gekennzeichnet durch die große indoeurop. Wanderungsbewegung am Ende des 2. Jahrtausends v. Chr. u. die Ausbildung der *Urnenfelder-Kulturen* in Zentral-, Süd- u. Westeuropa u. Teilen von Osteuropa mit dem gegenüber der vorangehenden Epoche neuen Brauch der Brandbestattung in Urnen auf Friedhöfen (Urnenfelder). Der Kulturwandel kündigte sich schon um 1500 v. Chr. in Böhmen, Mähren, Niederösterreich u. der südl. Slowakei im Anlegen von Ringwällen zu Verteidigungszwecken an. Der östl. Mittelmeerraum wurde von schweren Erschütterungen heimgesucht. Die *Ägäische Wanderung* führte zur gewaltsamen Zerstörung der myken. Kultur u. die Vorstöße der *Phryger* nach Kleinasien um 1200 v. Chr. zum Untergang des Hethiterreichs. Ägypten konnte sich nur mit Mühe gegen die *Seevölker* zur Wehr setzen. In Europa entstanden neue Kulturprovinzen: die *Lausitzer Kultur* im östl. Mitteleuropa u. in Teilen von Osteuropa, eine Urnenfeldergruppe im mittleren Donauraum, die *Protovillanova-Kultur* in Italien, eine ostalpine, eine böhmisch-nordostbayer., eine nordalpine u. eine südwestdeutsch-nordschweizer. Gruppe mit Verbreitung bis Nordhessen u. zum Niederrhein; ferner Urnenfelder in Belgien u. in Mittel- u. Südostfrankreich, die nach England u. im 8. Jh. v. Chr. auch nach Spanien übergriffen.
Das wirtschaftl. Leben war in erster Linie von der Landwirtschaft bestimmt, zu deren Entwicklung das Aufkommen der Sichel u. des Wagens beigetragen hatten. Die Toten wurden – oft in voller Bekleidung – verbrannt u. der Leichenbrand in einer meist frei in der Erde stehenden Urne, die mit einer Schale oder Steinen verschlossen war, beigesetzt. Die Totenbeigaben – Schalen, Becher, Bronzegegenstände – legte man in die Urne oder daneben. Ein entscheidender Fortschritt wurde in der Bronzetechnik durch das Gießen in verlorener Form erreicht; auch verstand man es jetzt, die Bronze zu hämmern, zu härten u. feine Bleche daraus zu arbeiten, die u. a. zur Anfertigung von Gefäßen verschiedener Form verwendet wurden. Gleiche Typen von Waffen u. Geräten tauchen in West- u. Mitteleuropa, aber auch in Italien, auf dem griech. Festland, auf Kreta, Zypern, in Syrien u. Ägypten auf. Auch das kult. Symbolgut (u. a. Mondidole, Vogelprotomen, Sonnensymbole, Rinderfigürchen) zeigt mancherlei Beziehungen von Skandinavien bis nach Griechenland. Die Krieger trugen Helm, Brustpanzer u. Beinschienen in ähnl. Form vom donauländ. Mitteleuropa bis nach Griechenland. Der zweirädrige Streitwagen verbreitete sich bis nach Skandinavien. Die in Anlehnung an die Bronzegefäße entstandene Keramik war, obgleich ohne Drehscheibe gefertigt, sehr regelmäßig u. dünnwandig u. hatte eine glänzend polierte Oberfläche mit Ritz- u. Rillenverzierung.
Noch während der U. entstanden in Griechenland (protogeometr. Zeit) u. Italien (Etrusker, Anfänge Roms) neue kulturelle Zentren. Verstärkter Handel mit ihnen veränderte allmähl. das soziale Gefüge zugunsten einer neu aufkommenden Oberschicht. Der alte Brauch der Körperbestattung unter Hügeln lebte wieder auf, u. mit der allmähl. Verwendung des Eisens für Waffen u. Geräte begann Ende des 8. Jh. v. Chr. der Übergang in die frühe Eisenzeit. – 🅑S. 88. – 🄻5.1.2.

Urner Alpen, vergletschertes schweizer. Gebirgsmassiv beiderseits der oberen Reuss, zumeist im Kanton Uri gelegen, im *Dammastock* 3630 m, *Sustenhorn* 3504 m, *Oberalpstock* 3328 m.

Urner See, südöstl. Teil des Vierwaldstätter Sees in der Zentralschweiz, fjordartig eingebettet zwischen den 1000–1300 m höheren Bergen der Urner Alpen, 2,5 km breit, 12 km lang, am Ostufer Axenstraße u. St.-Gotthard-Bahn. – 🅑→Schweiz.

Urniere, *Mesonephros* →Ausscheidungsorgane.

Urnierengang = Wolffscher Gang.

Urning = Uranier.

Urobilin [das; grch. + lat.], aus dem Gallenfarbstoff *Bilirubin* im Darm entstehende Verbindung, die neben *Sterkobilin* Farbstoff des Kotes ist.

Urogenitalsystem [grch. + lat.], Komplex von →Ausscheidungsorganen u. →Geschlechtsorganen. →auch Kloake.

Urologie [grch.], das medizin. Fachgebiet, dessen Gegenstand die Erkennung u. Behandlung von Erkrankungen der Harnorgane ist. – *Urologe*, Facharzt für U. – 🄻9.9.8.

Uropygi [grch.] →Geißelskorpione (i. e. S.).

Urotropin [das; grch. + lat.] = Hexamethylentetramin.

Urpassat →atmosphärische Zirkulation.

Urpilze = Archimyzeten.

Urproduktion, Gewinnung von Rohstoffen, z. B. in Bergbau, Land- u. Forstwirtschaft.

Urraubtiere, *Creodonta*, frühtertiäre Ausgangsgruppe der modernen *Raubtiere*; hunde- bis bärengroß. Von den U.n stammen auch die →Urhuftiere ab.

Urringelwürmer, *Archiannelida*, Gruppe kleiner oder sehr kleiner *Ringelwürmer*, die zumeist kleinste Wasserräume im feuchten Ufersand *(Mesopsammion)* bewohnen u. Rückbildung vieler Ringelwürmer-Merkmale aufweisen.

Ursache, im allg. Sprachgebrauch der Realgrund einer Sache; philosoph. ist U. (lat. *causa*) die Sache, deren Existenz die Bedingung für die Existenz eines anderen Sachverhalts ist *(causa essendi, Seins-U.)*, oder der Vorgang, der mit Notwendigkeit einen anderen Sachverhalt bewirkt *(causa fiendi, Geschehens-U.)*. Daraus folgt der funktionelle Begriff der U. als einer Veränderung, die eine Veränderung bewirkt, u. der Begriff der *Kausalkette*, in der jede U. zugleich als *Wirkung* aufzufassen ist; →Kausalität.

Ursachenforschung, in der physikal., meteorolog., biolog., medizin. u. in der sozialwissenschaftl. Forschung angewandtes Verfahren, um festzustellen, ob zwischen den beobachteten Tatbeständen oder Vorgängen Zusammenhänge bestehen u. ob diese Zusammenhänge ursächlichen Charakter haben; z. B. die *Kingsche Regel* über den Zusammenhang zwischen Mißernten u. Getreidepreisen u. das *Engelsche Gesetz* über die Abhängigkeit der Verbrauchsstruktur von der Einkommenshöhe. Die statistisch nachgewiesenen Zusammenhänge haben aber stets nur *Wahrscheinlichkeitscharakter*.

Ursäuger →Kloakentiere.

Urschleim, *Bathybius*, mineral. Schleim des Meeresbodens, in dem man früher den Ausgangsstoff für die Entwicklung der belebten Natur vermutete u. den man als primitivstes Lebewesen auffaßte.

Urseestern, *Platasterias latiradiata*, Seestern aus der in ihren anderen Arten im Erdaltertum ausgestorbenen Gruppe der *Somasteroidea*; wurde 1871 im Golf von Tehuantepec gefunden, aber erst 1962 in seiner Bedeutung erkannt.

Urserental, von einem Reuss-Quellarm durchflossenes Trogtal im schweizer. Kanton Uri, zwischen Realp (1538 m) u. Andermatt (1447 m), 9 km lang, waldarm; Viehwirtschaft, Fremdenverkehr; militär. Anlagen; Hauptort *Andermatt*.

Ursinus, Gegenpapst gegen Damasus I. 366–367.

Ursinus, 1. Oskar, Zivilingenieur, *11. 3. 1878 Weißenfels, †6. 7. 1952 Frankfurt a. M.; Wegbereiter des Segelflugs, seit 1920 Organisator u. Leiter der Rhön-Segelflugwettbewerbe.
2. Zacharias, reform. Theologe, *18. 7. 1534 Breslau, †6. 3. 1583 Neustadt an der Hardt; gemeinsam mit C. *Olevianus* u. a. Verfasser des →Heidelberger Katechismus.

Urson [der; frz.], *Erethizon dorsatum*, ein *Baumstachler* Nordamerikas, bis 60 cm lang, Kulturfolger. – 🅑→Nagetiere und Hasenartige.

Ursprache →Sprachverwandtschaft.

Ursprungsland, das Land, in dem eine Ware produziert worden ist.

Ursprungszeugnis, Zeugnis über die Herkunft ausländ. Waren.

Urstromtäler, durch die Schmelzwässer der eiszeitl. Gletscher geschaffene breite, flache Talungen an der Stirnseite der verschiedenen Eisrandlagen; verlaufen in Nord-Dtschld. überwiegend in ost-westl. Richtung, z. B. zwischen Thorn–Eberswalde, Warschau–Berlin, Glogau–Baruth u. Breslau–Magdeburg.

Ursula [vermutl. aus ahd. *hros*, „Roß", umgedeutet zu lat. *ursula*, „kleine Bärin"], weiblicher Vorname.

Ursula, Heilige, Märtyrin in Köln, Zeit unbestimmt; der mit ihrem Tod verbundenen Legende von den 11 000 Jungfrauen liegt nach den jüngsten Ausgrabungen wohl ein echtes Martyrium von 11 Jungfrauen zugrunde. Stadtpatronin von Köln.

Ursulinen, *Gesellschaft der hl. Ursula*, lat. *Ordo Sanctae Ursulae*, Abk. *OSU*, kath. weibl. Orden, als Vereinigung ohne Gelübde 1535 in Brescia gegr. von *Angela Merici*, seit 1614 nach der Augustinerregel; größter kath. Frauenorden für Erziehung u. Unterricht weibl. Jugend.

Ursus, bis 1954 *Czechowice*, Stadt südwestl. von Warschau, Stadtwojewodschaft Warszawa, 30 300 Ew.; Traktorenfabrik.

Urteer, *Primärteer, Schwelteer*, der →Teer, der durch Destillation von Steinkohle im Vakuum (Schwelung) bei Temperaturen unter 600 °C *(Tieftemperaturteer)* entsteht; tiefbraune, dicke Flüssigkeit, enthält Paraffine u. Olefine sowie Naphthene u. Phenole.

Urteil, 1. *Logik:* jede in Form einer sprachl. Aussage (Satz) gehaltene Verbindung zweier Vorstellungen, wobei die erste Vorstellung *(Subjekt)* durch eine zweite *(Prädikat)* oder weitere Vorstellungen nach der Art der Verbindung *(Kopula)* beider näher bestimmt wird.
2. *Strafprozeß:* die auf einer Hauptverhandlung ergehende, das Verfahren in der betreffenden Instanz abschließende Gerichtsentscheidung; lautet entweder auf Verurteilung, →Freispruch oder →Einstellung (3) des Verfahrens.
3. *Zivilprozeß:* die bedeutendste förmliche Gerichtsentscheidung (zu unterscheiden vom →Beschluß u. der →Verfügung), betrifft als *Sach-U.* die sachliche Entscheidung der Streitsache, als *Prozeß-U.* dagegen nur Verfahrensfragen (→auch Prozeß). Gegen eine ausbleibende Partei ergeht ein *Versäumnis-U.*, gegen die einen Anspruch anerkennende Partei ein *Anerkenntnis-U.* jeweils auf Antrag ihres Gegners. – 🄻4.1.5.

Urteil, Andreas, österr. Bildhauer, *19. 1. 1933 Gakovo, †13. 6. 1963 Wien; Plastiken von knorpelartiger Konsistenz in Holz, Metall u. Stein.

Urteilskraft, das Vermögen, gegebene Vorstellungen einer Regel unterzuordnen, d. h. in einem *Urteil* (1) zusammenzufassen; i. w. S. auch die Fähigkeit, treffend zu urteilen.

Urteilslöschung, im schweizer. Recht die →Straftilgung.

Urtica [die; lat.], **1.** *Botanik:* = Brennessel.
2. *Medizin: Urtika* = Quaddel.

Urticaceae = Brennesselgewächse.

Urticales, Ordnung der apetalen, zweikeimblättrigen Pflanzen *(Apetalae)*, holzige oder krautige Pflanzen mit unscheinbaren, windbestäubten Blüten u. einsamigen Nüssen oder Steinfrüchten; teils Faserpflanzen. Zu den U. gehören die Pflanzenfamilien *Ulmengewächse, Maulbeergewächse, Hanfgewächse* u. *Brennesselgewächse*.

Urtiere = Protozoen.

Urtika [lat.], *Urtica* = Quaddel.

Urtikaria [lat.], *Urticaria* = Nesselausschlag.

Urtitersubstanzen, in der Chemie reinste, sehr haltbare, nicht hygroskopische Substanzen zur Einstellung von →Normallösungen für die →Maßanalyse. Wichtige U. sind z. B. wasserfreie Soda, Silbernitrat, Kaliumdichromat. →auch Titer.

Uru, *Uro*, Indianerstamm an den Hochlandseen Boliviens u. Perus, vielleicht die Ureinwohner.

Uruapan del Progreso, Stadt in Mexiko, südl. der Meseta Neovolcánica (Cordillera Volcánica), 83 500 Ew.; Volkskundemuseum, Botan. Garten; landwirtschaftl. Mittelpunkt; Holzverarbeitung, Mühlen, Textilindustrie; Fremdenverkehr.

Uruguaiana, Grenzstadt im W von Rio Grande do Sul (Brasilien), am Uruguay, 60 700 Ew.; Viehzucht, landwirtschaftl. Industrie.

Uruguay →S. 90.

Uruguay, Fluß im südöstl. Südamerika, 1600 km (Einzugsbereich 30 600 qkm), entspringt auf der Serra do Mar in Santa Catarina (Brasilien), bildet mit dem *Paraná* unterhalb von Fray Bentos den *Río de la Plata*.

uruguayische Literatur →iberoamerikanische Literatur.

Uruk, heutiger Ruinenhügel *Warka*, das bibl. *Erech*, sumer. Stadtstaat in Mesopotamien, schon im 4. Jahrtausend v. Chr. besiedelt (Obed-Kultur, Uruk-Ware), Hptst. Babyloniens zwischen 3000 u. 2700 v. Chr.; in der sumer. u. akkad. Mythen- u. Sagenüberlieferung werden als Könige *Emmerkar, Lugalbanda, Dumuzi* u. *Gilgamesch* genannt; Blüte auch in neubabylon. Zeit, unter den Achämeniden, Seleukiden u. Parthern; wegen Verlage-

Urumtschi

Urnen und Beigefäße aus Brandgräbern des 12.–9. Jahrhunderts v. Chr. aus dem Neuwieder Becken und vom Maifeld

URNENFELDERZEIT

Waffen, Geräte und Schmuck aus Bronze aus Brandgräbern des 12. und 11. Jahrhunderts v. Chr.

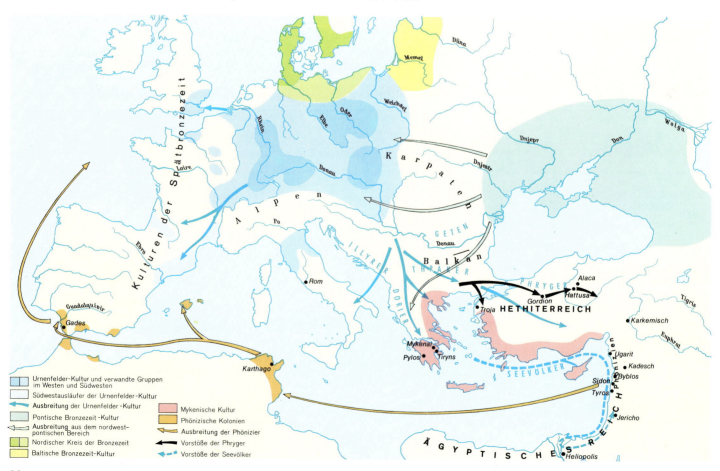

Urzeugung

Der Bronzekessel aus einem Hortfund von Unterglauheim, Krs. Dillingen, barg zwei Bronzeschalen und die beiden Goldbecher. Augsburg, Römisches Museum

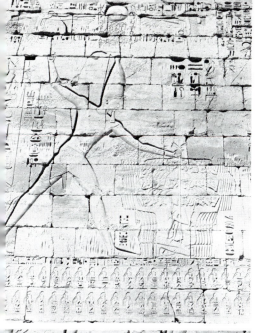

Die Kämpfe der Ägypter mit den Seevölkern zeugen von den Unruhen in Europa und dem Mittelmeerraum im 13. und 12. Jahrhundert v. Chr. In der Schlacht im Nildelta um 1180 v. Chr. wurden die Seevölker von Ramses III. geschlagen (oben). – Die von den Ägyptern besiegten Feinde (Philister) werden in die Gefangenschaft abgeführt (unten). Reliefs vom Torbau in Medinet Habu

Zweiteilige, noch gebrauchsfähige Gußform zur Herstellung für ein Lappenbeil mit Ringöse aus einer Wohngrube aus Gladbach. Neuwied, Kreismuseum

rung des Euphrat im 5. Jh. n.Chr. verlassen. – Ausgrabungen brachten eine etwa kreisförmige Stadt zutage, die von einer 9 km langen Stadtmauer (nach dem Gilgamesch-Epos um 2700 v. Chr. erbaut) umgeben ist. Im Innern liegen der der Himmelsgöttin Ianna geweihte Tempelbezirk Eanna, der seine größte Ausdehnung um 3000 v.Chr. hatte (mehrere Tempel, Zikkurat), u. Heiligtümer bes. aus seleukidischer Zeit. Außerdem fand man sehr alte Schriftdenkmäler. – B →Mosaik.

Urụmtschi, *Urumchi*, Hptst. der chines. Autonomen Region Sinkiang-Uigur, am Nordrand des östl. Tien Schan, 400 000 Ew.; Universität (1960); Eisen- u. Stahlwerk, Metall-, Textil- u. a. Industrie.

Urụndi, ehem. Königreich in Zentralafrika, →Rwanda.

Urvogel →Archaeopteryx.

Urvölker, neuerdings *Altvölker*, die ältesten erfaßbaren Stämme u. Völker der Kontinente; z. B. Buschmänner, Pygmäen, austral. Eingeborene.

Urwald, die natürl. u. ursprüngl. Form des Waldes, ehe der Mensch verändernd u. gestaltend eingreift. Die Verjüngung erfolgt ausschl. durch natürlichen Anflug von Samen an denjenigen Plätzen, an denen alte Bäume umstürzen u. dem Nachwuchs Platz machen.

Urwaldkultur, *hyläische Kultur*, Kulturschicht im trop. Regenwald Afrikas mit Dauerfeldbau (Anbau von Bananen, Taro u. Yams; Arbeit der Frauen), Bast- u. Blättertracht.

Urwildpferd = Wildpferd.

Ury, Lesser, Maler u. Graphiker, *7. 11. 1861 Birnbaum, Posen, †18. 10. 1931 Berlin; malte bes. impressionist. Landschaften sowie Berliner Straßenszenen in subtilen Lichtstimmungen.

Urzeit, *Vorzeit*, nichtwissenschaftl. Bez. für die älteste Epoche der Menschheitsgeschichte. →auch Vorgeschichte.

Urzeugung, *Archigonie*, lat. *Generatio spontanea* oder *aequivoca*, die bis ins 19. Jh. als Tatsache angesehene spontane Entstehung von Lebewesen aus leblosem Material. Im Altertum nahm man bei Tieren, die im jahreszeitl. Ablauf verschwanden u. wiederauftauchten, eine Neuentstehung aus unbelebter Materie an. *Plinius* berichtet von der Bildung von Fröschen u. Mäusen aus Schlamm. Mit der Renaissance verlor der U.sgedanke langsam an Boden. J. *Swammerdam* entdeckte die Metamorphose der Insekten u. zeigte auch bei anderen „niederen Tieren" die Vermehrung auf. F. *Redi* wies für Fliegen die Entstehung aus Eiern nach; die Ablehnung des U.sgedankens faßte er in dem Satz: *Omne vivum ex ovo* (lat. „alles Lebende [entsteht] aus dem Ei") zusammen. John Tuberville *Needham* (*1713, †1781) schloß gebratenes Hammelfleisch luftdicht ab; nach einigen Tagen konnte er Mikroben nachweisen, die eine U. von Mikroorganismen zu bestätigen schienen. G. L. L. *Buffon* stellte, durch diesen Versuch angeregt, die Theorie auf, daß Organismen aus „lebenden Molekülen"

Kultgerät oder Kinderspielzeug waren Rasseln aus Ton. Mayen, Eifelmuseum (links). – Kultische Bedeutung hatten Feuerböcke, die auch als Mondidole gedeutet werden. Mayen, Eifelmuseum (rechts)

URUGUAY
República Oriental del Uruguay

Fläche: 177 508 qkm

Einwohner: 3,0 Mill.

Bevölkerungsdichte: 17 Ew./qkm

Hauptstadt: Montevideo

Staatsform: Präsidiale Republik

Mitglied in: UN, OAS, GATT

Währung: 1 Uruguayischer Peso = 100 Centésimos

Landesnatur: Unter subtrop. mäßig feuchtem Klima nimmt Grassteppe sowohl den völlig ebenen S, eine Fortsetzung der argentin. Pampa, als auch den größten Teil des flachwelligen N ein: im *Cuchilla de Haedo* („Hasenrücken") im NW 274 m, im *Cuchilla Grande* im SO 299 m. Wald hat nur geringe Verbreitung.

Abgesehen von 5% Mestizen ist die spanisch sprechende, meist kath. Bevölkerung europ. Herkunft. Neben Montevideo gibt es nur kleinere Mittelstädte. In Montevideo liegen die Universität (1849) u. die Techn. Hochschule (1942) von U.

Wirtschaft: Zur Viehzucht (16 Mill. Schafe, 11 Mill. Rinder) werden zwei Drittel der Fläche als Weide genutzt. Sie liefert rd. 80% des Ausfuhrwerts: Wolle, Fleisch u. Fleischkonserven, Häute u. Felle. Angebaut u. teilweise exportiert werden Weizen, Mais, Leinsaat, Sonnenblumen, etwas Hafer, Gerste, Reis, Wein, Obst u. Südfrüchte. In der Industrie überwiegen die Nahrungsmittel-, Textil- u. Lederindustrie. Zwei große Wasserkraftwerke am gestauten Río Negro befriedigen über die Hälfte des Elektrizitätsbedarfs des Landes. Eisenbahn (3000 km) u. Straßennetz (50 000 km; 4600 km befestigt) sind gut ausgebaut. Der Río U. u. die Südküste haben für die Binnen- u. Küstenschiffahrt Bedeutung. – ⓛ 6.8.8.

Geschichte: U. wurde 1515 von Diaz de *Solis* entdeckt u. für Spanien in Besitz genommen. Das Gebiet war lange zwischen Spanien u. Portugal umstritten. 1776 wurde es endgültig span. u. dem Vizekönigreich *Río de la Plata* angegliedert. 1811 begann der Unabhängigkeitskampf gegen Spanien unter der Führung von J. G. *Artigas*, der aber von den verbündeten Spaniern u. Portugiesen geschlagen wurde. 1821–1825 war U. brasilian.; es machte sich mit argentin. Hilfe selbständig u. ist seit 1828 unabhängige Republik.
Ständige Parteikämpfe zwischen den konservativen *Blancos* u. den liberalen *Colorados* im 19. Jh. hinderten die Entwicklung. Erst die Reformen von J. *Battle y Ordóñez* am Anfang des 20. Jh. führten zur polit. Stabilisierung u. zum wirtschaftl. Aufstieg U.s. 1952–1966 hatte U. keinen Staats-Präs., sondern an seiner Stelle einen Staatsrat (9 Mitgl., 4 Jahre). Durch Plebiszit vom November 1966 erfolgte die Rückkehr zur Präsidialverfassung. Gleichzeitig wurden die bis dahin regierenden Blancos durch die Colorados abgelöst u. O. *Gestido* Staats-Präs. Nach dessen Tod 1967 übernahm Vizepräs. J. *Pacheco Areco* die Regierung. Wirtschaftl. Krisen u. soziale Spannungen begünstigten die Aktivität der *Tupamaros*, einer Gruppe von Stadtguerillas, die 1970 durch die Entführung ausländ. Diplomaten u. Regierungsberater eine Krise auslösten. Durch Wahl bestimmt, regierte 1972–1976 J. M. *Bordaberry* (*1928, Colorado). Neben die Colorados u. Blancos trat die aus allen Linksparteien gebildete Volksfront *(Frente Amplio)*, seit 1973 spielt auch das Militär eine entscheidende Rolle. Nachdem Bordaberry die Mehrheit im Parlament verloren hatte, löste er es 1973 auf; jede parteipolit. Tätigkeit wurde untersagt. Ein vom Militärregime vorgelegter Verfassungsentwurf wurde 1980 in einer Volksabstimmung abgelehnt. – ⓛ 5.7.9.

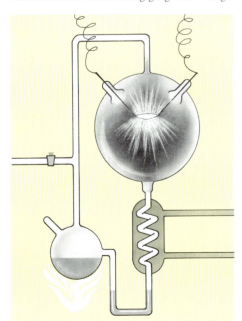

Urzeugung: Mit dieser Apparatur stellte Stanley Miller organische Verbindungen her, indem er durch eine künstliche „Uratmosphäre" aus Methan, Ammoniak und Wasser elektrische Entladungen (Lichtbogen als Blitze) leitete

bestünden, die nach einem Zerfall des Organismus bei günstigen Bedingungen erneut zu Lebewesen zusammentreten könnten. L. *Spallanzani* wies 1769 nach, daß Needham nicht lange genug erhitzt hatte. Er konnte sich jedoch nicht durchsetzen. Erst L. *Pasteur* konnte die Behauptung der Anhänger der U.stheorie widerlegen, daß durch die Versuchsanordnungen die Bedingungen für die „lebenden Moleküle" zu ungünstig seien. V. *Siebold* klärte den Entwicklungsgang vieler Eingeweidewürmer u. bewies damit auch für parasit. Formen die natürliche Entstehung. In der Folgezeit wandelte sich die Bedeutung des Begriffs der U. E. *Haeckel* z. B. nahm an, daß sich jederzeit aus anorgan. Materie Leben bilde, das sich zu höheren Organismen weiterentwickeln könne. Th. H. *Huxley* beschrieb noch 1857 einen aus der Tiefsee heraufgeholten Gipsniederschlag als das „Urwesen" *Bathybius haeckelii*. Heute ist man sicher, daß unter den heutigen Bedingungen auf der Erde Leben sich nicht aus anorganischen Stoffen bilden kann. Doch hat man Vorstellungen über die Entstehung des Lebens in einer frühen Entwicklungsphase der Erde entwickelt (→Leben). – ⓛ 9.0.0.

Urzidil, Johannes, österr. Schriftsteller, *3. 2. 1896 Prag, †2. 11. 1970 Rom; befreundet mit F. *Werfel* u. F. *Kafka* („Da geht Kafka" 1966); emigrierte 1939 nach England, lebte seit 1941 in New York; schrieb expressionist. Lyrik, dann sensibel-differenzierte, oft autobiograph. gefärbte Prosa: „Die verlorene Geliebte" 1956; „Das große Hallelujah" 1959; „Das Prager Triptychon" 1960; „Die letzte Tombola" (posthum) 1971. Gedichte: „Sturz der Verdammten" 1919; „Die Memnonsäule" 1957.

US, *USA*, amtl. Abk. für *United States (of America)*, →Vereinigte Staaten von Amerika.

Uşak [′uʃak], Hptst. der westtürk. Provinz U., westl. von Afyon, 907 m ü.M., 47 000 Ew.; Teppichindustrie; an der Bahn nach Smyrna.

Usambara, ostafrikanische Landschaft im NO Tansanias, um den mittleren Pangani, Hptst. *Lushoto*; mit dem Paregebirge (bis 2230 m hoch); Erzeugung von Kaffee, Kautschuk u. Sisal; Fremdenverkehr.

Usambaraveilchen, *Saintpaulia ionantha*, ein *Gesneriengewächs* mit rosa oder blauen Blüten, im tropischen Ostafrika heimisch, bei uns als Zierpflanze.

Usancen [y′zãsən; frz.], Handels(ge)bräuche, sind meist beschränkt auf Branche u. Ort *(Platz-U.)*, treten ergänzend zu Abmachungen von Kaufleuten hinzu, auch wenn diese sie nicht kennen, gehen gesetzl. Auslegungsregeln vor, stehen aber hinter ausdrücklichen Absprachen oder sonstigen gesetzl. Bestimmungen zurück (§ 346 HGB).

Usbeken, *Ösbeken*, islamisches Turkvolk (12,5 Mill.) Mittelasiens (Usbek., Kirgis., Kasach. SSR, Afghanistan), im 14. Jh. aus mehreren Turkvölkern entstanden, nach *Ösbek* (Khan der Goldenen Horde) benannt; ursprüngl. nomad. Viehzüchter, heute seßhaft (Baumwollanbau); unterteilt in Stämme (*Mangyt, Turk, Naiman, Turkmen, Arab*) u. Geschlechter.
Geschichte: →Goldene Horde.

usbekische Sprache, Turksprache in der Usbek. SSR.

Usbekische SSR, *Usbekistan*, Teilrepublik der Sowjetunion in Mittelasien, erstreckt sich vom Aralsee bis zum Ferganatal; größtenteils Tiefland u. ebenes Gebirgsvorland mit ausgedehnten Oasen (Ferganatal, Taschkent, Samarkand, Buchara, Choresm) an den aus Tien Schan u. Alai kommenden Flüssen, sonst Trockensteppe u. Wüste (Kysylkum); 449 600 qkm, 15,5 Mill. Ew. (40% in Städten); in die *Kara-Kalpak. ASSR* u. 11 Oblaste gegliedert, Hptst. *Taschkent*; bedeutendstes Baumwollanbaugebiet der Sowjetunion (rd. zwei Drittel der Gesamterzeugung), auf bewässerten Flächen Anbau von Reis, Wein, Obst, in höheren Lagen Weizen, Seidenraupenzucht, in der Steppe Fleisch-, Schafwollwirtschaft u. Karakulschafzucht; in den Städten Baumwoll-, Seiden-, Leder-, Nahrungs- u. Genußmittelindustrie, Maschinenbau; große Erdgas- u. Erdöllagerstätten, Vorkommen von Kohlen, Kupfer-, Wolfram-, Molybdän-, Blei-, Zinkerzen, Gold, Kali, Schwefel u. Marmor. Verkehrstechn. gut erschlossen; Eisenbahn- u. Fernstraßennetz in Entwicklung begriffen, Schiffahrt auf Amudarja u. Aralsee, zunehmender Luftverkehr. – Seit 1927 Teilrepublik der Sowjetunion. – Ⓚ→Sowjetunion. – Ⓑ→Samarkand, →Sowjetunion (Natur u. Bevölkerung).

Uschebti [altägypt., „Antworter"], altägypt. Grabbeigabe in Form einer kleinen menschl. Figur aus Fayence oder Holz, die nach dem Glauben der Ägypter anstelle des Toten den Aufruf des Totengotts zu bestimmten Arbeiten beantworten u. im Jenseits für ihn arbeiten sollte.

Uschgorod, tschech. *Užhorod*, ungar. *Ungvár*, Hptst. der Oblast *Transkarpatien* in der Ukrain. SSR (*Karpato-Ukraine*, Sowjetunion), nahe der tschechoslowak. Grenze, 85000 Ew.; Universität (1946); Handels- u. Verkehrsmittelpunkt, Mühlenbetriebe, Holz- u. chem. Industrie.

Usedom, Ostseeinsel, im Stettiner Haff (Oderhaff), zwischen Peene u. Swine; der größere Westteil (354,2 qkm, 20200 Ew.) liegt im NO der DDR (Krs. Wolgast, Bez. Rostock), der Ostteil (mit Swinemünde, 25600 Ew.) untersteht der poln. Wojewodschaft Szczecin; insgesamt 445 qkm, rd. 46000 Ew.; Fischerei u. Landwirtschaft; Seebäder: Ahlbeck (5700 Ew.), Bansin (2800 Ew.), Heringsdorf (4400 Ew.); ferner Zinnowitz (4400 Ew.) u. U. (2900 Ew.); im NW →Peenemünde.

User [ju:zə; der; engl.], jemand, der regelmäßig Rauschmittel nimmt.

Ushuaia [uʃu-], Hptst. des argentin. Teils von Feuerland, Zollfreihafen am Beaglekanal, 8000 Ew.; südlichste Stadt der Erde.

Usingen, hess. Stadt im östl. Taunus (Hochtaunuskreis), 9800 Ew.; Luftkurort; Textil-, Metall-, elektrotechn. Industrie.

Usinger, Fritz, Schriftsteller, *5. 3. 1895 Friedberg, Hessen; vertritt eine kosm. Weltsicht, die die Ergebnisse moderner Naturwissenschaft einbezieht. Lyrik: „Das Wort" 1931; „Hermes" 1942; „Niemandsgesang" 1957; „Canopus" 1968. Essays: „Geist u. Gestalt" 1939; „Zur Metaphysik des Clowns" 1952; „Welt ohne Klassik" 1960; „Tellurium" 1967. U. übersetzte G. Apollinaire, H. Arp, St. Mallarmé, P. Valéry u.a.

USINOR, Abk. für frz. *Union Sidérurgique du Nord de la France*, Paris, französ. Montankonzern, gegr. 1948; erzeugt Roheisen, Rohstahl, Walzstahl u.a.; besitzt zahlreiche Tochtergesellschaften u. Beteiligungen; 56700 Beschäftigte.

Usipeter, *Usipier*, westgerman. Volksstamm am Niederrhein, mit den *Tenkterern* verbündet u. mit diesen nach Überschreiten des Rhein 55 v. Chr. von Cäsar geschlagen.

Üsküb, türk. Name von →Skopje.

Üsküdar, *Skutari*, asiat. Stadtteil von Istanbul, an der Südostecke des Bosporus.

Uslar, niedersächs. Stadt (Ldkrs. Northeim), südl. des Solling, 17100 Ew.; Holz- u. Möbelindustrie, Eisengießerei.

Uslowaja, Stadt in der RSFSR (Sowjetunion), im Moskauer Kohlenbecken, südl. von Nowomoskowsk, 55000 Ew.; Braunkohlenbergbau.

Usman dan Fodio [„Sohn des Weisen"], Gründer des Fulbe-Reichs im heutigen Nord-Nigeria, *1744 Gobir, †1817 Sokoto; islam. Gelehrter am Hof des Haussa-Königs von Gobir, predigte eine radikale religiöse Reform, geriet in Konflikt mit dem König u. rief 1804 zum „Heiligen Krieg" auf. Zahlreiche Fulbe, aber auch Moslem-Krieger anderer Völker huldigten ihm. Bis 1807 unterwarf er die meisten Haussa-Staaten. Unter seinem Sohn u. Nachfolger Mohammed *Bello* (†1837) dehnte sich das Reich bis ins Yoruba-Land u. nach Adamaua (Nordkamerun) aus.

Usolje-Sibirskoje, Stadt in der RSFSR (Sowjetunion), nordwestl. von Irkutsk, an der Angara, 105000 Ew.; Kurort (Mineralquellen); Baustoff- u. Nahrungsmittelindustrie, Steinkohlen- u. Salzbergbau, Schiffsreparatur, Flußhafen.

Uspallatapaß [-pa'jata-], chilen.-argentin. Andenpaß, Paso de la →Cumbre.

USPD, Abk. für →Unabhängige Sozialdemokratische Partei Deutschlands.

Uspulun, quecksilberhaltige giftige Saatbeize, gegen fast alle Brandkrankheiten des Getreides u. gegen Schneeschimmel, sowie Bodeninfektionsmittel zur Bekämpfung der Schwarzbeinigkeit der Kohlpflanzen u. der Kohlhernie.

Ussuri, chin. *Wusuli Kiang*, rechter Nebenfluß des Amur in Sowjetisch-Fernost, im Mittel- u. Unterlauf Grenze zur Mandschurei (China); 854 km, entsteht durch Vereinigung von *Daubiche* u. *Ulache*, mündet bei Chabarowsk; größtenteils schiffbar; fischreich, Lachslaichgebiet.

Ussurijsk, 1935–1957 *Woroschilow*, Stadt in Sowjet.-Fernost, in der RSFSR, nördl. von Wladiwostok, 150000 Ew.; Maschinenbau, Holzverarbeitung, Butter- u. Fettkombinat, Zucker-, Spiritus- u. Reisreinigungsfabriken; Wärmekraftwerk; Verkehrsknotenpunkt.

Ust, *Ustje* [russ.], Bestandteil geograph. Namen: Mündung.

Ustascha [die; kroat., „Aufstand"], kroat. nationalist. Bewegung, 1929 gegr., gegen die serb. Hegemonie in Jugoslawien gerichtet; herrschte 1941–1945 unter A. *Pavelić* mit dt.-italien. Protektion im selbständigen Staat Kroatien; bildete nach 1945 im Ausland Untergrundgruppen.

Uster, schweizer. Bez.-Hptst. im Kanton Zürich, an der Aa, östl. vom Greifensee, 23000 Ew.; Schloß (seit etwa 1000); Maschinen- u. Baumwollfabriken; Straßenknotenpunkt.

Usteri, Johann Martin, schweizer. Dichter u. Zeichner, *12. 4. 1763 Zürich, †29. 7. 1827 Rapperswil; schrieb Mundartlieder u. Idyllen; volkstüml. wurde sein Lied „Freut euch des Lebens" 1793 (Melodie von Isaak *Hirzel*).

Ustilaginales [lat.] = Brandpilze.

Ústí nad Labem, tschech. Name von →Aussig.

Ustinov [-nɔf], Peter Alexander, engl. Schauspieler, Regisseur u. Dramatiker, *16. 4. 1921 London; schrieb bühnenwirksame Stücke mit zeitgeschichtl. Hintergrund u. exzentrisch-grotesken Elementen: „The Indifferent Shepherd" 1948; „Die Liebe der vier Obersten" 1951, dt. 1952; „Romanoff u. Julia" 1956, dt. 1958; „Endspurt" 1962, dt. 1963. Romane: „Der Verlierer" 1961, dt. 1961; „Krumnagel" 1971, dt. 1971; auch Erzählungen (dt. Auswahl „Gott u. die staatl. Eisenbahnen" 1969).

Ustinow [-nɔf], Dmitrij Fjodorowitsch, sowjet. Politiker, *30. 10. 1908 Samara; Waffeningenieur; 1941–1957 Min. für Bewaffnung bzw. Rüstungsindustrie, 1957–1965 Stellvertr. Min.-Präs., 1963–1965 Leiter des neugeschaffenen Obersten Volkswirtschaftsrats; 1965 Sekretär des ZK u. Kandidat des Präsidiums des ZK der KPdSU; 1966 Mitgl. des Politbüros, 1976 Verteidigungs-Min.

Ustjurt, *Ust-Urt*, rd. 200000 qkm großes Plateau zwischen Kasp. Meer u. Aralsee, bis 370 m hoch, meist durch Steilabfälle *(Tschink)* begrenzt; trokkene Salzwüste, Wanderviehzucht (Schafe; Ziegen; Kamele).

Ust-Kamenogorsk, Hptst. der Oblast *Ostkasachstan* in der Kasach. SSR (Sowjetunion), am Buchtarma-Stausee des Irtysch, 270000 Ew. Nichteisenmetallurgie, Maschinenbau, chem. u. Baustoffindustrie; Wärme- u. Wasserkraftwerke; Blei-, Zink- u. Goldvorkommen; Bahnknotenpunkt, Flußhafen, Flugplatz.

Ust-Kamtschatsk, Hafenort in Sowjet.-Fernost, RSFSR, an der Ostküste der Halbinsel *Kamtschatka*, an der Mündung der Kamtschatka, 11000 Ew.; Fischverarbeitung, Pelztierzucht, Sägewerke.

Ust-Kut, Stadt in der RSFSR (Sowjetunion), in Mittelsibirien, an der oberen Lena, 30000 Ew.; Holzindustrie, Binnenschiffbau; z.Z. Endpunkt der nördl. Linie der Transsibir. Bahn, Flußhafen.

Ust-Orda-Burjaten-Nationalkreis, Verwaltungsbezirk in der Oblast *Irkutsk* der RSFSR (Sowjetunion), im südl. Sibirien; 22100 qkm, 146000 Ew.; Hauptort *Ust-Ordynskij*; Waldwirtschaft, in den Flußtälern Ackerbau. – 1937 gebildet.

Ust-Ordynskij, früher *Ust-Orda*, Hauptort des Ust-Orda-Burjaten-Nationalkreises in der RSFSR (Sowjetunion), westl. des Baikalsees; 8000 Ew.; Holzwirtschaft.

Usumacinta [-'sinta], Fluß in Zentralamerika, rd. 530 km, entspringt in Guatemala, mündet in den Golf von Campeche.

Usumbura, früherer Name von →Bujumbura.

Usurpator [lat.], der unter Verletzung bisher geltender Legitimitätsvorstellungen, insbes. durch Revolution oder Putsch *(Usurpation)* zur Herrschaft gelangte Machthaber. *Napoléon I.* galt zu seiner Zeit als U., da er nicht einem regierenden Haus entstammte. U. war auch derjenige Monarch, der den ihm in der Thronfolge vorausgehenden Anwärter beiseite zu drängen wußte. Heute wird als U. nur noch derjenige bezeichnet, der sich unter Bruch der Verfassung durch militär. Gewalt in den Besitz der Macht gesetzt hat (z.B. die Militärregimes 1967 in Griechenland u. 1973 in Chile).

Ususfructus [der; lat.] →Nießbrauch.

ut, in der mittelalterl. Solmisation latein.-italien. Tonbezeichnung für den 1. Ton der Tonleiter, im 17. Jh. durch *do* ersetzt, jetzt (auf C-Dur bezogen) in den roman. Sprachen der Name für den Ton c.

Uta, *Ute*, mhd. *Uote*, niederdt. *Oda*, die Mutter der Burgunderkönige u. Kriemhilds im Nibelungenlied; die Königinmutter im Kudrunepos.

Uta, *U. von Ballenstedt*, Gemahlin des Markgrafen *Ekkehard II.* von Meißen (†1046); mit ihm zusammen als Stifterpaar unter den Steinfiguren im Westchor des Naumburger Doms dargestellt.

Utah ['ju:ta:], Abk. *Uh.*, westl. USA-Staat zwischen Nevada im W u. Colorado im O, 219932 qkm, rd. 1 Mill. Ew. (rd. 70% Mormonen, 1,5% Nichtweiße); Hptst. u. größte Stadt *Salt Lake City*. Durch die Wasatch Range zweigeteilt: im O in das nördl. *Colorado Plateau* (bis über 3000 m), von tiefen Canyons zerschnitten, mit Kiefern- u. Eichenwald in höheren Lagen; im W in den Ostteil des *Great Basin* mit dem Great Salt Lake 1280 m ü.M., im NW weitgehend Wüste; durchschnittl. 500 mm Jahresniederschlag. U. wurde als Landwirtschaftsstaat gegr. (Siedlung meist in Dörfern statt der sonst übl. Einzelhöfe). 55% der Staatsfläche sind extensive Weide; hauptsächl. Vieh- u. Milchwirtschaft; über 50% der Anbaufläche (starker Anteil von Nebenerwerbsbetrieben) sind bewässert, mit Anbau von Winterweizen, Zuckerrüben, Gemüse u. Obst; Heugewinnung; Nerzfarmen. Seit dem Eisenbahnanschluß 1869 erfolgte der Aufbau von nicht von Mormonen geführtem Bergbau u. Hüttenindustrie; starker Aufschwung der Stahlerzeugung im 2. Weltkrieg; Bergbau auf Kupfer (Bingham Canyon), Öl, Uran, Kohle, Gold, Silber, Blei, Zink u.a.; starker Tourismus. – 1850 Territorium, 1896 als 45. Bundesstaat in die USA aufgenommen.

Utah Lake ['ju:ta:leik], See im USA-Staat Utah, südl. von Salt Lake City.

Utamaro →Kitagawa Utamaro.

Uterus [der, Mz. *Uteri*; lat.], *Gebärmutter*, Abschnitt der Ausleitungswege der weibl. →Geschlechtsorgane bei verschiedenen Tieren, bes. bei Reptilien, Vögeln u. Säugetieren, zwischen Eileiter u. Scheide. Bei manchen Reptilien u. bei den Vögeln ist der U. die Bildungsstätte der Eischale. Bei den lebend gebärenden Säugern entwickeln sich die Embryonen im U. *(Gebärmutter)*: bei den Beuteltieren sondert die U.wand eine Ernährungsflüssigkeit für die Embryonen ab *(U.milch, Embryotrophe)*; bei den höheren Säugetieren wird aus den →Embryonalhüllen u. einem mehr oder weniger großen Teil der U.wand der *Mutterkuchen (Plazenta)* gebildet, ein Organ der Embryonalernährung. – Ursprüngl. ist der U. bei den Säugetieren doppelt vorhanden *(U. duplex)*, er verschmilzt zunehmend *(U. bicornis)* u. ist schließl. (z.B. beim Menschen) unpaar *(U. simplex)*.

Bei der Frau ist der U. ein birnenförmiger, muskulöser, mit Schleimhaut ausgekleideter Hohlkörper, der mit seinem sich verjüngenden Hals in die *Scheide (Vagina)* hineinragt *(Muttermund)* u. an den oberen Ecken beiderseits durch die Eileiter mit der Bauchhöhle in Verbindung steht. Der U. liegt zwischen Blase u. Mastdarm im kleinen Becken u. wird durch elastische Bänder *(Mutterbänder)* in einer etwas nach vorn abgebogenen Stellung gehalten. Bei Erschlaffen der Bänder u. der Muskulatur des kleinen Beckens kommt es zu Lageveränderungen des U. (Knickung, Rückwärtsverlagerung, Vorfall). Nach Befruchtung des Eies u. der damit eingeleiteten Vergrößerung (Fruchtentwicklung) dehnt sich der U. aus, nach der →Geburt zieht er sich wieder zusammen. Die *U.schleimhaut (Endometrium)* wird während der Menstruation jeden Monat ausgestoßen u. bildet sich in den folgenden 14 Tagen neu.

Erkrankungen des U. machen sich durch Regelstörungen, Ausfluß, u.U. Schmerzen u.a. Anzeichen bemerkbar. Angeboren treten Mißbildungen u. Unterentwicklungen des Organs auf. Verletzungen kommen bei der Geburt (Zerreißung) oder insbes. infolge von Abtreibungsversuchen vor. Nicht selten sind auch Lageveränderungen des U. *(Gebärmutterverlagerung)*. Einwanderung von Krankheitserregern in die Schleimhaut u. Muskulatur führt zu Gebärmutterentzündungen, die auf Eileiter, Eierstöcke u. Bauchfell übergreifen können. Von den gutartigen Geschwülsten sind solche der glatten Muskulatur der Gebärmutter *(Uterus-Myome)*, von den bösartigen der Krebs am häufigsten. Zur Krebsverhütung ist regelmäßige Untersuchung dringend anzuraten.

U Thant, Sithu, birman. Politiker, *22. 1. 1909 Pantanaw, †25. 11. 1974 New York; Funktionär der Antifaschist. Volksbefreiungsliga, 1957–1961 ständiger Vertreter Birmas bei den UN u. Vors. des afrikan.-asiat. Komitees für die Algerienfrage; 1961–1971 Generalsekretär der UN.

Uthman →Othman.

Utica, **1.** phönizische Kolonie in Nordafrika, nordwestl. von Karthago; nach dessen Zerstörung 146 v. Chr. Hptst. der röm. Provinz *Africa proconsularis*; in der Kaiserzeit langsamer Niedergang; im 7. Jh. n. Chr. von den Arabern zerstört.

2. ['ju:tikə], Stadt in New York (USA), am Mohawk u. Eriekanal, 90500 Ew. (Metropolitan Area 286000 Ew.); Käsemarkt, Textil-, Metall-, Ofen- u. Maschinenindustrie.

Utilitarismus [lat.], *Utilismus*, allg. Nützlichkeitsstandpunkt; in der Ethik Bez. für eine Denkrich-

uto-aztekische Sprachfamilie

Utrecht: Stadthaus (links); der Domturm ist mit einer Höhe von 102 m einer der höchsten der Niederlande

tung, die den Zweck alles menschl. Handelns in dem Nutzen sieht, der dadurch für den einzelnen oder die Gemeinschaft gestiftet wird. Als Begründer der Richtung gilt J. *Bentham*; spätere Vertreter: J. St. *Mill,* Henry *Sidgwick* (*1838, †1900) u. a. →auch Eudämonismus.

uto-aztekische Sprachfamilie, nach einem nördl. (Ute) u. einem südl. (Azteken) Vertreter benannte, im W u. SW Nordamerikas weit verbreitete indian. Sprachfamilie; umfaßt die Sprachgruppen der Shoshone (Shoshone, Ute, Paiute, Hopi, Comanchen), der sonorischen Völker (Pima, Papago, Cora, Huichol, Tarahumara) u. der Nahua (Azteken, Pipil, Nicarao, Sigua); inkorporierender Sprachtypus.

Utopie [grch., „Land Nirgendwo"], nach Th. *Mores* Staatsroman „Utopia" (1516) Bez. für einen erwünschten Idealzustand von Staat u. Gesellschaft; i. w. S. auch jedes andere nicht völlig realisierbare Zukunftsbild (z. B. die „technische U.").

Utrecht ['y:trɛxt], Hptst. der niederländ. Prov. U. (1328 qkm, 875000 Ew.), am Merwedekanal im Rheindelta, 245000 Ew.; got. Dom St. Martin (13.–16. Jh.) u. a. mittelalterl. Kirchen u. Bauwerke; Verwaltungs- u. Organisationssitz; Universität (1636); *Centraal-Museum* (Malerei, graph., histor. u. archäolog. Sammlungen) u. a. Museen; Metall-, Maschinen-, Textil- u. a. Industrie; Handels- (Messen) u. Verkehrszentrum. Als *Traiectum ad Rhenum* war das heutige U. röm. Standort. 695 Bistumsgründung des Willibrord. 1579 →Utrechter Union. – Der *Friede von U.* vom 11. 4. 1713, bestehend aus insges. 4 Verträgen zwischen Frankreich, England, Holland, Preußen, Portugal, Savoyen, Spanien, dem Reich u. Kaiser Karl VI., beendete (mit den Verträgen von Rastatt u. Baden 1714) den *Spanischen Erbfolgekrieg.* Der Bourbone Philipp V. behielt den span. Thron. Mailand, Neapel u. die Span. Niederlande kamen an Österreich, Sizilien an Piemont-Savoyen. England erhielt Teile Kanadas u. Gibraltar.

Utrechter Kirche ['y:trɛxt-], 1723 durch jansenistische Streitigkeiten entstandene Abspaltung von der kath. Kirche, schloß sich 1889 in der *Utrechter Union* mit den →Altkatholiken zusammen.

Utrechter Union ['y:trɛxt-], **1.** der 1579 erfolgte Zusammenschluß der 7 nördl. Provinzen der Niederlande gegen die span. Herrschaft; Beginn der niederländ. Unabhängigkeit.
2. →Utrechter Kirche.

Utrecht-Psalter ['y:trɛxt-], karoling. Psalterhandschrift der Schule von Reims, um 830 entstanden, heute in Utrecht, Universitätsbibliothek, mit Federzeichnungen in skizzenhaft leichtem, expressivem Bewegungsstil. Frühere Psalterillustrationen müssen als Vorlagen vorausgesetzt werden,

im ganzen aber darf der U. als karoling. Neuschöpfung gelten. Um 1000 in England kopiert, übte er starke Einflüsse auf den Illustrationsstil der Schule von Winchester aus.

Utrera, alte südspan. Stadt in Andalusien, südöstl. von Sevilla, 37000 Ew.; maur. Stadtmauer; landwirtschaftl. Markt; Mühlenindustrie.

Utriculus [der; lat.], Teil des Ohrlabyrinths im inneren →Ohr der Wirbeltiere.

Utrillo [-'triljo], Maurice, französ. Maler, *25. 12. 1883 Paris, †5. 11. 1955 Le Vésinet; Sohn der Malerin Suzanne *Valadon,* 1891 von dem span. Maler u. Schriftsteller Miguel U. adoptiert; stellte 1909 zum erstenmal im Pariser Herbstsalon aus, 1912 bei den „Indépendents". Das Frühwerk U.s, Arbeiten nach der Natur, erinnert an C. *Pissarro,* C. *Monet* u. A. *Sisley;* die um 1908 einsetzende „weiße Periode", gekennzeichnet durch Verwendung von Zinkweiß u. ein mit Sand u. Leim vermischtes Gipsamalgam, begründete U.s Ruf als Maler stimmungsvoller Ansichten von Pariser Straßen u. Plätzen (Montmartre); ihr folgte nach einer Korsikareise (1913) ein mehr kolorist. Stil. Später begnügte er sich damit, frühere Erfolge zu wiederholen. – ▭ 2.5.5.

Utsunomiya, japan. Präfektur-Hptst. nördl. von Tokio, 344000 Ew.; Garnisonstadt; Waggonbau, landwirtschaftl. Handelszentrum.

Uttar Pradesh ['utər prə'deːʃ], Staat der Ind. Union an der Nordgrenze gegen Nepal u. Tibet, gebildet (1950) im wesentl. aus den früheren „United Provinces", umfaßt hauptsächl. die obere u. mittlere Gangesebene, hat Anteil am sumpfigen Himalayavorland, der Siwalikkette u. am vorderen Himalaya *(Kumlaun);* 294413 qkm, 90,0 Mill. Ew. (306 Ew./qkm); bevölkerungsstärkster ind. Staat); Hptst. *Lakhnau;* durch reichl. Niederschläge u. Bewässerung sowie fruchtbare Böden (vorwiegend Schwemmland) intensive landwirtschaftl. Nutzung mit in der Regel 2 Ernten pro Jahr; Hauptanbauprodukte Reis, Weizen, Zuckerrohr, Hirse, Gerste, Baumwolle; Zuckerfabriken, Textil- u. a. Industrie; kulturelles Zentrum Indiens: 10 Universitäten, zahlreiche heilige Stätten, Schauplatz der großen Hindu-Epen.

Utuchengal, sumer. König, um 2070 v. Chr., vertrieb die Gutäer u. befreite Sumer.

Utzon-Frank, Einar, dän. Bildhauer, *30. 3. 1888 Kopenhagen, †15. 7. 1955 Kopenhagen; formstrenge Skulpturen in Anlehnung an italien. Renaissanceplastik u. die griech. Archaik.

Uusikaupunki, schwed. *Nystad,* finn. Hafen, am südl. Bottn. Meerbusen, 6800 Ew.; Granitindustrie. – 1721 Frieden von →Nystad.

Uusimaa, schwed. *Nyland,* Prov. (Lääni) in Südfinnland, 10351 qkm, 1,1 Mill. Ew., Hptst. *Helsinki;* fruchtbare Tonebene, intensive Landwirtschaft, dicht besiedelt, an den größeren Flüssen Kraftwerke u. Holzindustrie.

Uvala [die; serbokr.], *Schüsseldoline,* in Karstgebieten eine breite wannenartige, manchmal talartig gewundene Vertiefung mit unebener Sohle, entsteht durch Vereinigung mehrerer *Dolinen* (durch Aufzehrung der dazwischenliegenden *Riedel*).

Uvéa, eine der französ. Wallisinseln im Territorium *Wallis u. Futuna* in Ozeanien.

UV-Filter, *Ultraviolett-Sperrfilter,* ein photograph. Aufnahmefilter, der den Ultraviolettanteil des Sonnenlichts zurückhält. Die unsichtbare UV-Strahlung kann bei photograph. Aufnahmen die Bildschärfe beeinträchtigen. In größeren Höhen (über 2000m) u. an der See, wo nur eine geringe Absorption des Ultravioletts in der Atmosphäre erfolgt, verbessern U. das Aufnahmeergebnis. Sie müssen für Farbaufnahmen farblos sein.

Uviolglas, Glassorte mit hohem Anteil an Chromoxid u. Bariumphosphat; läßt die ultravioletten Strahlen bis 2500 Å durch; Anwendung als Fensterglas z. B. in Sanatorien u. Gewächshäusern.

Uwadschima, japan. Hafenstadt auf Schikoku, 65000 Ew.; Handelszentrum; Stierkämpfe, Fischerfeste.

Uwe [fries., Bedeutung ungeklärt], männl. Vorname.

UWG, Abk. für *Gesetz gegen den unlauteren Wettbewerb* vom 7. 6. 1909, geändert durch Gesetz vom 10. 3. 1975. Österreich: Abk. für *Bundesgesetz gegen unlauteren Wettbewerb* von 1923. →auch lauterer Wettbewerb.

Uxbridge ['ʌksbridʒ], Teil der Stadtgemeinde Hillingdon (229000 Ew.) von Greater London; Industriezentrum, bis 1964 selbständige Stadt in Middlesex.

Uxmal [ux-], in Nordwestyucatán gelegene Ruinenstätte der Maya. Die weitgehend im *Puuc-Stil* gehaltene, reich verzierte Architektur ist von toltekischen Einflüssen frei. Wichtigste Bauten sind die vier um einen Hof angeordneten „Mönchshäuser" mit der mehrfach umgebauten „Pyramide des Zauberers" u. das „Haus des Gouverneurs". Die aus span. Zeit stammenden Bezeichnungen sagen nichts über die alte Funktion der Bauwerke aus.

Uyl [œil], Johannes Marten den, genannt *Joop,* niederländ. Politiker (Sozialist), *9. 8. 1919 Hilversum; Wirtschaftswissenschaftler u. Journalist, 1966 Wirtschafts-Min., 1973–1977 Min.-Präs. einer Koalitionsregierung.

Uytewael ['ɔitewaːl], Joachim →Wtewael.

Uyuni, Hochlandstadt (3670 m ü. M.) am Ostrand des abflußlosen Salzsumpfs *Salar de U.* in Bolivien, 11500 Ew.; Handelsplatz; Erzverfrachtung, Salzgewinnung, Weberei; Bahnknotenpunkt.

Uz, Johann Peter, Rokokodichter, *3. 10. 1720 Ansbach, †12. 5. 1796 Ansbach; Jurist; Anakreontiker, Freund von J. W. L. *Gleim* u. J. N. *Götz;* übersetzte mit diesem die „Oden Anakreons" 1746, schrieb gefällige „Lyrische Gedichte" (1749 u. 1755), das von A. *Popes* „Lockenraub" beeinflußte kom. Epos „Sieg des Liebesgottes" 1753 u. mit der Ode „Theodicee" eine poetische Reflexion über den Theodizeegedanken von G. W. *Leibniz.*

Užokpaß ['uʒɔk-], *Uzokerpaß, Uzsokerpaß,* Karpatenpaß an der slowak.-poln.-ukrain. Dreiländerecke, 889 m, verbindet Stryj- u. Ungtal.

Uzunköprü [uzun-], Stadt in Türk.-Thrakien, 20000 Ew.; Braunkohlenbergbau; an der Bahn nach Istanbul.

Maurice Utrillo: Berlioz' Haus. Paris, Musée National d'Art Moderne

v, V, 22. Buchstabe des dt. Alphabets, Lautwert: [f], in Fremdwörtern auch w [v].
v, *Physik:* Formelzeichen für Geschwindigkeit [lat. *velocitas*].
V, 1. *Chemie:* Zeichen für *Vanadium*
2. *Physik:* Kurzzeichen für →Volt.
3. *Zahlen:* röm. Zahlzeichen für 5.
V., Abk. für *Vers*.
Va., Abk. für den USA-Staat →Virginia.
VA, Kurzzeichen für *Voltampere;* →Volt.
Vaal [engl. va:l; afrikaans fa:l], rechter Nebenfluß des Oranje (Südafrika), 1200 km, entspringt in den Drakensbergen, bildet die Grenze zwischen den Prov. Transvaal u. Oranjefreistaat, mündet bei Douglas; durch den *Vaaldam (Vaal-Damm)* oberhalb Vereeniging zur Wasserversorgung des Witwatersrand aufgestaut; ein weiterer Staudamm, *Vaal-Harts-Weir* nördl. von Kimberley, dient vorwiegend Bewässerungszwecken.
Vaara ['va:ra], Elina, eigentl. Kerttu Elin *Vehmas*, finn. Lyrikerin, * 29. 5. 1903 Tampere; schrieb empfindsame Gedichte von großer Musikalität; daneben auch Balladen.
Vaasa, *Wasa,* schwed. *Vasa,* Hptst. der finn. Prov. (Lääni) V. (26 859 qkm, 425 000 Ew.), Hafenstadt am Bottn. Meerbusen, 54 000 Ew.; Holz-, Maschinen-, Zucker- u. Textilindustrie.
va banque [va 'bãk; frz., „es geht um die Bank"], um die ganze Summe des Bankhalters im Glücksspiel; *v. b. spielen*, alles auf eine Karte setzen.
Vaca, Álvar Nuñez Cabeza de, span. Konquistador, * 1490 oder 1507, † 1559 oder 1564; schlug sich nach dem Untergang der Expedition des P. de *Narváez* 1528–1537 von der Mississippimündung bis Mexiko durch; zog 1541 von der südbrasilian. Küste nach Asunción u. wurde von D. M. de *Irala* nach Spanien zurückgeschickt.
Vacheleder [va:ʃ-; frz. *vache,* „Kuh"], elastisches Sohlenleder für leichteres Schuhwerk.
Václav ['va:tslaf], tschech. männl. Vorname (→Wenzel).
Vacublitz [von *Vakuum*], photograph. *Kolbenblitzlampe*, bei der feines Drahtgespinst aus Magnesium, Aluminium oder Zirkonium in einem sauerstoffgefüllten Glaskölbchen verbrennt u. dabei kurzzeitig (etwa $^1/_{30}$ sek) helles Licht abstrahlt. V.e werden in Blitzleuchten oder Blitzwürfeln (vier Lämpchen mit Reflektoren) verwendet, die Zündung erfolgt elektrisch durch Zündkondensatoren, die mit einer 15-Volt-Batterie aufgeladen werden. Sog. X-Kameras benötigen mit den entspr. Würfelblitzen keine Stromquelle. →Kunstlicht.
Vademekum [das; lat., „geh mit mir"], Taschenbuch, Ratgeber, Wegweiser; früher in Buchtiteln.
Vadianus, Joachim, eigentl. J. von *Watt,* schweizer. Humanist, * 30. 12. 1484 St. Gallen, † 6. 4. 1551 St. Gallen; Schüler u. Nachfolger von C. *Celtis;* Arzt, Geograph, Historiker; hielt in Wien die ersten Vorlesungen über die Geschichte der dt. Literatur („De poetica et carminis ratione" 1518), 1514 von Maximilian I. zum Dichter gekrönt; 1526 Bürgermeister von St. Gallen, wo er im Geist H. *Zwinglis* wirkte.
vadoses Wasser [lat.], unterird. Wasser, das im Gegensatz zum *juvenilen Wasser* bereits am Wasserkreislauf teilgenommen hat u. den oberen Erdschichten entstammt.
Vadsö, nordnorweg. Hafen am Varangerfjord,

Hptst. der Prov. (Fylke) *Finnmark,* 5600 Ew.; Fischerei, Handel.
Vaduz, Hptst. des Fürstentums Liechtenstein, am Rhein, 4000 Ew.; Burg V. (Liechtenstein, 12., 16. u. 20. Jh.), Sitz des regierenden Fürsten; Baumwoll-, Metall- u.a. Industrie, Obst- u. Weinbau, Fremdenverkehr; Sitz zahlreicher international tätiger Firmen.
Vaerst, Wolfgang, Verkehrsfachmann, * 1. 8. 1931 Essen; 1965–1968 Geschäftsführer des Bundesverbands Werkverkehr e. V.; 1968–1972 im Bundesverkehrsministerium tätig; seit 1972 Erster Präs. der Dt. Bundesbahn.
vae victis! [lat.], wehe den Besiegten! (nach *Livius*).
vagabundierende Ströme, elektr. Streuströme, die, statt durch die Drahtleitungen, über die Erde abfließen; treten bei Isolationsfehlern in der Starkstromtechnik auf; so kann z.B. wegen des niedrigen Übergangswiderstands ein Teil des Betriebsstroms der Straßenbahn von den Schienen in den Erdboden abfließen, wo er dann z.T. über benachbarte Leiter wie Wasser- u. Gasrohre oder Fernsprechkabel läuft u. an den Austrittsstellen stark korrodierend wirkt.
Vagantendichtung, die weltl. latein. Lyrik des MA., überwiegend Lieder u. Sprüche über Liebe, Spiel u. Wein oder Spottgedichte auf die Kleriker; in ganz Europa verbreitet. Die *Vaganten* (in Frankreich auch *Goliarden*) waren meist fahrende (d. h. wandernde) Kleriker oder Scholaren, die von hochgestellten Gönnern bewirtet wurden. Als Dichterpersönlichkeiten sind bes. der *Archipoeta* u. *Walther von Châtillon* bekannt. Die wichtigsten Sammlungen der meist anonym überlieferten V. sind die „*Cambridger Liederhandschrift*" (um 1045) u. die „*Carmina Burana*" (Anfang des 13. Jh., Benediktbeuren). Die V. enthält auch wenige mhd. Verse. – 🔲 3.0.2.
Vagilität [lat.], Ausbreitungsfähigkeit von Lebewesen; →Ausbreitung.
Vagina [die; lat.], *Scheide,* Mündungsabschnitt der Ausleitungsgänge der weibl. →Geschlechtsorgane bei Reptilien, Vögeln, Säugetieren u. dem Menschen (aber auch z.B. bei Bandwürmern, Insekten). – Bei den Beuteltieren münden die weibl. Geschlechtsorgane in zwei getrennten Scheiden *(zweischeidige Tiere, Didelphia),* bei allen anderen Säugetieren in einer unpaaren Scheide *(einscheidige Tiere, Monodelphia).* – Bei der *Frau* ist die V. ein rd. 10cm langer, dehnungsfähiger Gewebsschlauch zwischen Gebärmutter *(Uterus)* u. den äußeren Geschlechtsteilen, der von einer Schleimhaut mit vielen Querfalten ausgekleidet ist.
Vaginalsmear [-'smi:r; der; engl.], Zellabstrich aus der Scheide, der nach Spezialtechnik gefärbt (→Papanicolaou-Färbung) u. mikroskopisch untersucht wird (Zytodiagnostik).
Vaginismus, auf einer meist psychisch bedingten Überempfindlichkeit des Scheideneingangs beruhende Verkrampfung der sog. Scheidenschließmuskeln bei Berührung im Sinn eines Abwehrkrampfs. Behandlung durch Psychotherapie.
Vago, Pierre, französ. Architekt ungar. Herkunft, * 30. 8. 1910 Budapest; Gründer der „Réunions Internationales des Architectes", aus denen 1948 die UIA („Union Internationale des Architectes") hervorging. Nach dem 2. Weltkrieg war V. als Stadtplaner (Arles, Tarascon, Le Mans) tätig;

1954 wurde nach seinen Entwürfen die Basilika Pius' X. in Lourdes, 1957 ein achtgeschossiges Wohnhaus in Berlin errichtet.
Vagotonie [lat. + grch.], erhöhter Spannungszustand der vom *Vagus* versorgten Gebiete (erhöhter Vagustonus). Der *Vagotoniker* zeigt langsamen, u. U. unregelmäßigen Puls (Vagus hemmt die Herztätigkeit); Gegensatz: *Sympathikotoniker*.
Vagus [der; lat.] *Nervus vagus,* der 10. →Gehirnnerv; gemischter Nerv (mit motorischen u. rezeptorischen Fasern), der die inneren Organe versorgt u. der Gegenspieler des Eingeweidenervensystems (Lebensnervensystems) ist.
Vagusstoff, Trivial-Bez. für →Acetylcholin.
Vahr, Ortsteil im NW von Bremen, mit einem der größten geschlossenen Wohnungsbauprogramme in der BRD, der *Neuen V.*
Vaičiulaitis [vaitʃu-], Antanas, litauischer Schriftsteller, * 23. 6. 1906 Didieji Šalviai bei Vilkaviškis; Literaturwissenschaftler u. Diplomat; emigrierte 1941 in die USA; Pantheist, schrieb im Stil eines ästhet. Realismus Novellen u. Romane.
Vaihingen an der Enz, Stadt in Baden-Württemberg (Ldkrs. Ludwigsburg), 22 200 Ew.; Schloß *Kaltenstein;* Leder-, Metall-, Textilindustrie.
Vaihinger, Hans, Philosoph, * 25. 9. 1852 Nehren, Württemberg, † 17. 12. 1933 Halle (Saale); begründete u. entwickelte unter dem Einfluß von F. A. *Lange* u. *Schopenhauer* die Lehre von den Fiktionen *(Fiktionalismus),* nach der das Denken nicht imstande ist, die unmittelbare Wirklichkeit des Erlebens rein theoretisch zu erkennen. Hptw.: „Die Philosophie des Als ob" 1911. Kommentar zu Kants „Kritik der reinen Vernunft" 2 Bde. 1881–1892, ²1922.
Vailland, Roger, französ. Schriftsteller, * 16. 10. 1907 Acy-en-Multien, Savoyen, † 11. 5. 1965 Meillonnas, Ain; 1952–1956 Mitglied der KP, Mitbegründer der surrealist. Gruppe „Le grand jeu"; schrieb dann von E. Hemingway beeinflußte realist. Romane mit marxist. Tendenz.
Vaižgantas ['vaiʒ-], eigentl. Juozas *Tumas,* litauischer Schriftsteller, * 8. 9. 1869 Malaišiai, Rokiškis, † 29. 4. 1933 Kaunas; Priester; schrieb zeitkrit. Romane mit pädagog. Tendenz.
Vajda ['vɔjdɔ], János, ungar. Dichter, * 7. 5. 1827 Pest, † 17. 1. 1897 Budapest; schrieb pessimist. gestimmte Lyrik u. Verserzählungen.
Vajrayana [vadʒ-] →Wadschrayana.
Vakanz [die; lat.], **1.** erledigte, freie Stelle, unbesetzte Dienststelle.
2. mundartl. für Ferien.
Vakuole [die; lat.], flüssigkeitsgefüllter Raum im Zytoplasma, wird von einer Elementarmembran, dem *Tonoplast,* gegen das Grundzytoplasma abgegrenzt. Für Pflanzenzellen ist ein mit zunehmendem Alter sich ausbreitendes V.nsystem *(Vakuom)* typisch. In tier. Zellen (vorwiegend bei Einzellern) können 2 Arten von V.n auftreten: die Nahrungs-V.n, in denen Verdauungsvorgänge stattfinden, u. die pulsierende V.n, die sich periodisch nach außen entleeren u. der Osmoregulation u. z.T. auch der Exkretion dienen.
Vakuum [das; lat.], ein (in der Praxis nur näherungsweise herstellbarer) luftleerer Raum, z.B. in Elektronenröhren, Glühlampen, Dewargefäßen. Man unterscheidet: *Grob-V.* (1013–133 mbar), *Fein-V.* (1330–1,3 μbar) u. *Hoch-V.* (1000 bis 1 nbar); in extremen Fällen kleiner als 1 nbar.

Vakuumapparate, Apparate, die mit Vakuum arbeiten, z. B. beim Filtern einer Flüssigkeit oder beim Destillieren (Herabsetzen des Siedepunkts).

Vakuumentgasung, die Behandlung von Nichteisenmetallen u. Stahl in flüssigem Zustand in einem Vakuum, um die im Bad gelösten Gase (bes. Wasserstoff) weitgehend zu entfernen u. gleichzeitig durch die entweichenden Gase nicht reduzierbare Fremdoxide u. andere nichtmetallische Bestandteile an die Oberfläche zu spülen. Bei der Stahlentgasung sind z. B. das Vakuum-Heberverfahren u. das Vakuum-Umlaufverfahren gebräuchlich. Beim Heberverfahren wird diskontinuierlich durch Heben u. Absenken des Vakuumgefäßes jeweils eine Teilmenge Stahl in das Gefäß gesaugt u. entgast. Beim Umlaufverfahren wird unter Fördergaszufuhr kontinuierlich Stahl in das Vakuumgefäß gesaugt u. entgast.

Vakuummeter [das], Meßgerät für Drücke, die kleiner sind als 1010 mbar, wird in verschiedener Ausführung für bestimmte Druckbereiche verwendet. Man mißt den Druck entweder direkt (Quecksilbermanometer) oder berechnet ihn aus Messungen anderer Größen (z. B. Wärmeleitung, Ionisation) mit Hilfe bekannter physikal. Gesetze.

Vakuumpumpe, techn.-physikal. Apparat zur Herstellung eines luftleeren Raums. Zu den einfachsten V.n gehören die mechan. Pumpen (z. B. Kolben- u. Kapselpumpen); sie erzeugen Drücke von $1{,}33 \cdot 10^{-3}$ mbar u. dienen als Vorpumpen zu den mit einem Flüssigkeits- oder Dampfstrahl (z. B. Quecksilberdampf) arbeitenden V.n sowie den Molekularluftpumpen, mit denen man Drücke von rd. $1{,}33 \cdot 10^{-6}$ mbar erhält. Neuerdings kann man mit Hilfe eines als *Ionenpumpe* arbeitenden Ionisationsmanometers einen Restdruck von $1{,}33 \cdot 10^{-11}$ mbar bis $1{,}33 \cdot 10^{-12}$ mbar erzielen.

Vakuumschmelzen, das Schmelzen u. Gießen von Nichteisenmetallen u. Stahl unter Vakuum; gewährt größte Reinheit u. Gleichmäßigkeit des Schmelzguts.

Vakuumspektrograph [lat. + grch.], in ein Vakuum eingebauter Spektralapparat zur Messung des Spektrums ultravioletter Strahlungen. Diese Messungen müssen im Vakuum erfolgen, da Luft Wellenlängen kleiner als 180 nm (Nanometer) absorbiert.

Vakuumstahl, Stahl, dessen Sauerstoff- u. Wasserstoffgehalt durch →Vakuumentgasung in flüssigem Zustand stark herabgesetzt wurde.

Vakuumtechnik, ein moderner Zweig der Technik, der mit Hilfe von Vakuumpumpen (sowie Absorptionsmitteln u. Kühlung) luftleere Räume herstellt; wird angewendet in der Elektronenröhrentechnik, bei der Glühlampenherstellung, der Vakuumdestillation, -trocknung u. -imprägnierung, beim Auf- u. Verdampfen von Stoffen, bei Zyklotronen u. ähnl. Apparaturen, beim Entgasen von Metallen u. a. – ▢ 7.5.0.

Vakuumtrockner, eine Trockenanlage, deren meist indirekt beheizter Trockenraum unter Unterdruck steht; die flüchtigen Bestandteile verdampfen schneller u. werden abgesaugt.

Vakzination, Schutzimpfung mit →Vakzine.

Vakzine [die; lat.], *Lymphe*, ursprüngl. der vom Kalb gewonnene Impfstoff zur Pockenschutzimpfung; heute als Bezeichnung für alle Impfstoffe mit toten oder lebenden Erregern gebraucht. →Schutzimpfung.

Val [das; lat.], früher Abk. für Grammäquivalent.

Val [ital., span., frz.], Bestandteil geograph. Namen: Tal.

Valadon [-'dɔ̃], Marie-Clémentine, gen. Suzanne V., französ. Malerin u. Graphikerin, *23. 9. 1867 Bessines, †19. 4. 1938 Paris; Mutter von Maurice *Utrillo*; entstammte dem Zirkusmilieu, war Modell u. a. von H. *Toulouse-Lautrec*, der ihr Zeichentalent entdeckte. Ihr Stil entwickelte sich unter Einflüssen von H. *Matisse* u. P. *Derain*, bewahrte jedoch in Porträts, Akten u. Stilleben seine Eigenart.

Valckenborch ['falkənbɔrx], niederländ. Malerfamilie des 16. u. 17. Jh.: **1.** *Frederik van*, *um 1570 Antwerpen, †28. 8. 1623 Nürnberg; einer der Hauptvertreter des Spätmanierismus; malte in der Art des G. van *Coninxloo* phantast. Gebirgsszenerien mit kontrastreicher Lichtführung.
2. *Lucas van*, Bruder von 3), *vor 1535 Löwen, †2. 2. 1597 Frankfurt a. M.; sorgfältig gemalte, kleinformatige Gebirgslandschaften mit sittenbildl. Staffage; topograph. getreue Stadtansichten.
3. *Martin van*, Vater von 1) u. Bruder von 2), *1535 Löwen, begraben 27. 1. 1612 Frankfurt a. M.; Landschaftsbilder.

Valdagno [-'danjo], italien. Stadt in Venetien, nordwestl. von Vicenza, 29000 Ew.; Textil- u. chem. Industrie.

Val-de-Marne [-'marn], nordfranzös. Département beiderseits der unteren Seine, im SO der Agglomeration von Paris, 244 qkm, 1,2 Mill. Ew.; Hptst. *Créteil*; 1964 neu gebildet aus Teilen der ehem. Dép. Seine u. Seine-et-Oise.

Valdés, 1. *Alfonso de*, Bruder von 3), span. Humanist, *um 1490 Cuenca, †Okt. 1532 Wien; Anhänger des *Erasmus von Rotterdam*, Sekretär Karls V.; neben J. *Boscán Almogáver* der beste Prosastilist des 16. Jh.
2. *Armando Palacio* →Palacio Valdés.
3. *Juan de*, span. Humanist, *um 1495 Cuenca, †1541 Neapel; glänzender Stilist u. berühmter Philologe („Diálogo de la lengua", entstanden 1535); Freund vieler Humanisten (Briefwechsel mit *Erasmus von Rotterdam*); trat als Vorkämpfer der Reformation zum Protestantismus über.
4. *Juan Meléndez* →Meléndez Valdés.

Valdéshalbinsel, Halbinsel Argentiniens im Atlant. Ozean, zwischen dem San-Matías-Golf u. dem Golfo Nuevo, Prov. Chubut.

Valdés Leal, Juan de, span. Maler u. Bildhauer portugies. Abkunft, *4. 5. 1622 Sevilla, †15. 10. 1690 Sevilla; einer der Hauptmeister der Sevillaner Malerschule des Barocks, schuf Altargemälde in einem z. T. düster pathet. Stil. Hptw.: „Allegorie der Vergänglichkeit u. des triumphierenden Todes" 1671/72, Sevilla, Sta. Caridad.

Valdivia, Hptst. der südchilen. Prov. V. (18472 qkm, 310000 Ew.), Hafenstadt am Pazif. Ozean (Vorhafen *Corral*), 100000 Ew. (darunter viele Deutsche); Universität (1954), Techn. Hochschule; Handelszentrum, Schiffsreparatur, Nahrungsmittel-, Holz- u. Lederindustrie; Flugplatz. – 1552 von P. de *Valdivia* gegr.; 1960 durch Erdbeben stark zerstört u. teilweise überflutet.

Valdivia, Pedro de, span. Konquistador, *1500 Villanueva de la Serrena, Estremadura, †Dez. 1553 bei Tucapel (Chile; gefallen); nahm unter Pizarro an der Eroberung des Inkareichs teil, gelangte 1535–1537 nach Mittelchile u. begann 1540 mit der Eroberung Chiles; gründete 1541 Santiago u. 1552 Valdivia.

Valdivia-Kultur, älteste keram. Kultur Südamerikas (3200–1800 v. Chr.), benannt nach der Fundstelle *Valdivia* auf der Halbinsel Sta. Elena in Ecuador; vielleicht von Japan her beeinflußt.

Val-d'Oise [-'dwa:z], nordfranzös. Département im N der Agglomeration von Paris, beiderseits der unteren *Oise*, 1249 qkm, 840000 Ew.; Hptst. *Pontoise*; 1964 neu gebildet aus dem nördl. Teil des ehem. Dép. Seine-et-Oise.

Vale ['va:lə, portug., rumän.; veil, engl.], Bestandteil geograph. Namen: Tal.

Valen, Olav Fartein, norweg. Komponist, *25. 8. 1887 Stavanger, †14. 12. 1952 Valevåg; Schüler von M. *Bruch*; seit 1924 Zwölftonkomponist; schrieb u. a. 5 Sinfonien, Konzerte, Sonaten, 2 Streichquartette, Chöre u. Lieder.

Valence [va'lãs], V.-sur-Rhône, Stadt in der Dauphiné, Hptst. des südostfranzös. Dép. Drôme, links an der unteren Rhône, 64000 Ew.; roman. Kathedrale (11. Jh.); landwirtschaftl. Markt; Metall-, Nahrungsmittel- u. Textilindustrie; Flußhafen.

Valencia [-'θia], **1.** histor. Landschaft in Ostspanien, umfaßt als Region die 3 Provinzen *Castellón, V. u. Alicante*, zusammen 23305 qkm, 3,5 Mill. Ew.; i. e. S. nur die schmale Küstenebene vom Ebrodelta bis zum Cabo de la Nao u. der östl. Rand der *Meseta*, deren steiler Bruchhang von engen Tälern zerschluchtet ist; die Flüsse haben in der Küstenzone einen Schwemmlandstreifen aufgeschüttet u. spenden dem heißen, von vielen Kanälen durchzogenen Land das für die Feldbewässerung wichtige Wasser, u. den Süßwassersee der Albufera Reisanbau, Orangen-, Aprikosen-, Feigen- u. Mandelbaumkulturen sowie Gemüsefelder, Trockenkulturen mit Oliven, Wein u. Johannisbrotbäumen an den Hängen, Schafzucht auf den höheren Lagen. – ▢ →Spanien (Geographie).
2. alte Hptst. des ehem. Königreichs V. u. drittgrößte Stadt Spaniens, am Turia (Guadalaviar; nahe seiner Mündung in den Golf von V.), in der sehr fruchtbaren *Huerta de V.*, 735000 Ew.; Universität (1500) u. a. Hochschulen, Kathedrale (13.–15. Jh.), zwei mächtige Stadttore (14.–15. Jh.), Seidenbörse (15. Jh.), Palacio de la Generalidad (16. Jh.), ehem. Zitadelle, zahlreiche Kirchen u. Museen; Handelszentrum; Hafen *El Grao*; Eisen- u. Stahlerzeugung, Schiffbau, Metall-, Textil-, Nahrungsmittel-, Papier-, chem., Leder- u. Glasindustrie. Hptst. der Provinz V. (10763 qkm, 2,0 Mill. Ew.) u. der Region V. (1). – Im Bürgerkrieg (1936–1939) war V. von Nov. 1936 bis Okt. 1937 Sitz der republikan. Regierung.
3. Hptst. des venezolan. Staats Carabobo westlich des *V.sees*, 375000 Ew., landwirtschaftliches Zentrum, Baumwollspinnereien, Gerbereien, Sägewerke u. a. Industrie; Flugplatz. Der V.see (400 qkm) dient der Umgebung als Bewässerungsreservoir.

Valenciennes [valã'sjɛn], Stadt im französ. Dép. Nord, an der Schelde, 47500 Ew.; im Mittelpunkt eines Steinkohlenbeckens, Kohlengruben u. Kokereien, Metall-, Glas-, Nahrungsmittel-, Textil- u. chem. Industrie; Flußhafen, seit 1968 durch Kanäle mit Dünkirchen verbunden.

Valenciennesspitze, zarte, sehr wertvolle Klöppelspitze aus feinstem Leinengarn; nachgebildet in der Spitzenweberei (Wäschespitzen).

Valendis [fa-; das; nach der schweizer. Stadt *Valangin*], Stufe der Unteren Kreide.

Valens, Flavius, röm. Kaiser 364–378, *328 Cibalae, Pannonien, †9. 8. 378 bei Adrianopel; von seinem Bruder *Valentinian I.* 364 zum Mitkaiser für den O ernannt; schloß 369 mit den Goten einen

Terrassenfeldbau in der Provinz Valencia

Friedensvertrag, in dem Dakien aufgegeben u. die Donau Reichsgrenze wurde. Als 376 die Goten von den Hunnen bedrängt wurden, gewährte ihnen V. Aufnahme in Thrakien; sie erhoben sich jedoch wegen der schlechten Behandlung durch die röm. Verwaltung. V. trat ihnen 378 in der Schlacht bei Adrianopel entgegen, wurde geschlagen u. fiel.

Valẹnte, Caterina, Schlagersängerin, *14. 1. 1931 Paris; singt in 12 Sprachen, große Erfolge als Schallplatten-, Fernseh- u. Filmstar.

Valentia [və'lɛnʃiə], ir. *Dairbhre*, südwestirische Insel, rd. 26 qkm; Ausgangspunkt transatlant. Kabel nach Amerika.

Vạlentin [zu lat. *valens*, „gesund, stark, mächtig"], männl. Vorname.

Vạlentin, Papst 827, Römer; starb wenige Wochen nach seiner Konsekration.

Vạlentin, 1. Hauptvertreter des hellenist.-christl. Gnostizismus, *in Ägypten, lebte im 2. Jh. in Rom u. auf Zypern, vielleicht Verfasser des „Evangelium Veritatis"; erklärte die Schöpfung aus einem Urfall, deutete die Erlösung als Aufhebung der Welt durch die von Christus gebrachte Fülle der →Gnosis. Der *Valentinianismus* hielt sich bis ins 4. Jh.
2. Bischof in Passau u. Rätien, Heiliger, †um 475; Patron der Bistümer Passau u. Chur. Fest: 7. 1.

Vạlentin, 1. ['fa-], Karl, eigentl. Valentin *Fey*, Komiker, *4. 6. 1882 München, †9. 2. 1948 München; schrieb u. spielte (mit Liesl *Karlstadt*) Szenen u. Dialoge von hintergründigem Witz.
2. Veit, Historiker, *25. 3. 1885 Frankfurt a. M., †12. 1. 1947 USA; 1920–1933 Reichsarchivrat, dann in Großbritannien u. den USA; schrieb u. a. „Geschichte der dt. Revolution von 1848/49" 1930ff.; „Weltgeschichte" 1939.

Valentiner, William Reinhold, Kunsthistoriker, *2. 5. 1880 Karlsruhe, †6. 9. 1958 New York; arbeitete über Leonardo da Vinci, niederländ. Maler des 17. u. die Kunst des 20. Jh.

Valentiniạn, röm. Kaiser: **1.** Flavius *Valentinianus I.*, 364–375 Kaiser, *321 Cibalae, Pannonien, †17. 11. 375 Brigetio, Pannonien; 364 von den Soldaten zum Kaiser ausgerufen, erhob im gleichen Jahr seinen Bruder *Valens* u. 367 seinen Sohn *Gratian* zu Mitkaisern. V. residierte häufig in Trier u. erwarb sich Verdienste um die militär. Sicherung des röm. Reichs; verdrängte die Alemannen aus Gallien, sicherte den Hadrianswall gegen die Picten u. Scoten in Britannien u. kämpfte gegen die Franken; gewann 375 Pannonien.
2. Flavius *Valentinianus II.*, Sohn von 1), 375–392 Kaiser; *371 Trier, †15. 5. 392 Vienna; Stiefbruder des *Gratian*, von diesem zum Augustus erhoben; stand zunächst unter Vormundschaft des Gratian, regierte dann unter dem Einfluß seiner Mutter; 392 auf Befehl des *Arbogast* ermordet.
3. *Valentinianus III.*, 425–455 weström. Kaiser, *419 Ravenna, †16. 3. 455 Rom; Enkel *Theodosius' d. Gr.*, Sohn der *Galla Placidia*. Unter seiner schwachen Regierung ging Britannien an die Sachsen, Afrika an die Wandalen verloren, während die Hunnen unter *Attila* Europa verheerten. Als er seinen fähigen Feldherrn *Aetius* ermorden ließ, wurde er selbst von dessen Anhängern erschlagen.

Valentinịt, *Antimonblüte*, farbloses, weißes bis gelbl. diamantglänzendes Mineral, Sb_2O_3; rhombisch; Härte 2–3; strahlige Aggregate, auch Einzelkristalle; Verwitterungsprodukt von Antimonerzen.

Valẹntium [das; nach einem walis. Ort], Stufe des Unteren Silur.

Valẹnz [die; lat.], **1.** *Chemie:* →Wertigkeit.
2. *Grammatik: Wertigkeit*, die Fähigkeit des Verbs, eine bestimmte Anzahl von Satzgliedern an sich zu binden u. somit Grundmuster von Sätzen zu gestalten. Ein einwertiges Verb erfordert 1 Ergänzung („ich gehe"), ein zweiwertiges 2 („ich esse Brot"), ein dreiwertiges 3 („ich schenke ihm Geld"). Viele Verben haben mehrere V.en: „ich singe" (einwertig), „ich singe ein Lied" (zweiwertig). Die *Dependenzgrammatik*, deren Zentralbegriff die V. ist, überwindet die unzulängl. Einteilung in *transitive* u. *intransitive* Verben.

Valẹnzelektrọnen, Elektronen der äußersten, nicht voll gefüllten Schale eines Atoms; bestimmen die →Wertigkeit.

Valẹra, Handelszentrum im venezolan. Staat Trujillo, 50000 Ew.; an der Transandenstraße.

Valera [və'lɛ:rə], Eamon de, irischer Politiker, *14. 10. 1882 New York, †29. 8. 1975 bei Dublin; Mathematiklehrer; seit 1913 in der irischen Unabhängigkeitsbewegung, wegen Teilnahme am Dubliner Osteraufstand 1916 zum Tod verurteilt, begnadigt; 1918 Führer der *Sinn Féin*, 1919 Präs. der aufständ. republikan. Regierung; bekämpfte den Kompromiß von 1921 (Commonwealth-Status für Irland, Abtrennung Nordirlands) u. führte 1922/23 den Bürgerkrieg für volle Unabhängigkeit ganz Irlands; trennte sich dann von den republikan. Extremisten, gründete 1926 die Partei *Fianna Fáil* u. nahm ab 1927 an der parlamentar. Politik teil. 1932–1948, 1951–1954 u. 1957–1959 war V. Regierungschef, zunächst als Präs. des Exekutivrats, ab 1937 als Premier-Min. Er betrieb die schrittweise Loslösung Irlands von Großbritannien (1937 volle Souveränität, 1949 Austritt aus dem Commonwealth) u. hielt das Land im 2. Weltkrieg neutral. 1959–1973 war er Staats-Präs. (Wiederwahl 1966). – ◻5.5.1.

Valẹra y Alcalạ́ Galiạno [-i-], Juan, span. Schriftsteller, *18. 10. 1824 Cabra, Córdoba, †18. 4. 1905 Madrid; Diplomat; krit. Essays, Märchen u. psycholog. Romane; am bekanntesten „Pepita Jimenez" 1874, dt. 1882, der erste psycholog. Roman in der span. Literatur. – ◻3.2.3.

Valẹri, Diego, italien. Schriftsteller, *25. 1. 1887 Piove di Sacco, †27. 11. 1976 Rom; von P. *Verlaine* u. den „poeti crepuscolari" beeinflußte Lyrik („Il campanellino" 1928, mit bekannten Kinderversen; „Il flauto a due canne" 1958) u. Prosabeschreibungen von Venedig („Fantasie veneziane" 1934).

Valeriạn, Publius Licinius *Valerianus*, 253–260 röm. Kaiser, *um 190, †260; vom Heer zum Kaiser ausgerufen, ernannte seinen Sohn *Gallienus* zum Mitkaiser; kämpfte gegen die andringenden Goten, Quaden u. Sarmaten auf dem Balkan u. gegen die Alemannen, die den obergerman.-rät. Limes überschritten (256); unternahm 257 einen Vorstoß gegen die Perser, wurde 260 von ihnen bei Edessa geschlagen u. gefangengenommen.

Valerianạceae [la.] = Baldriangewächse.

Valeriạnsäure, C_4H_9–COOH, eine aliphat. Carbonsäure; 4 Strukturisomere. Die *Iso-V.* ist ein farbloses Öl, das nach Baldrian riecht, u. kommt in der Baldrianwurzel vor. Ausgangsprodukt zur Herstellung einiger Beruhigungsmittel u. Parfüms.

Valẹrie [zu lat. *valerus*, „gesund, stark"], weibl. Vorname.

Valẹrius Flạccus, Gaius, röm. Dichter, 1. Jh. n. Chr.; schrieb nach Apollonios von Rhodos ein (unvollendetes) Epos „Argonautica".

Valẹrius Mạximus, röm. Schriftsteller, 1. Hälfte des 1. Jh. n. Chr.; veröffentlichte um 31 n. Chr. für rhetor. Zwecke die im Altertum u. MA. beliebte Stoffsammlung der röm. u. außerröm. Geschichte „Factorum et dictorum memorabilium libri novem" (9 Bücher, an Kaiser Tiberius gerichtet).

Valéry [vale'ri], Paul Ambroise, französ. Dichter, *30. 10 1871 Sète, †20. 7. 1945 Paris; Jurastudium; befreundet mit A. Gide u. St. Mallarmé; schrieb anfangs symbolist. Lyrik („Album de vers anciens" 1920), widmete sich dann 20 Jahre lang (1897–1917) mathemat. u. log. Studien u. befaßte sich mit dem Problem des „universalen Geistes" („Introduction à la méthode de Léonard de Vinci" 1895, erweitert 1919 u. 1933; „Discours en l'honneur de Goethe" 1932); wandte sich anschließend wieder der Dichtung zu; 1925 Mitglied der Académie Française; seit 1937 Prof. für Poetik am Collège de France. Seine Dichtungen vereinigen intellektuelles Denken u. Abstraktheit in Form u. Inhalt mit magischer Sinnlichkeit. Die Hauptthemen dieser „poésie pure" („poésie absolue") sind der Prozeß des dichter. Schaffens u. das menschl. Erkennen. Lyrik: „Die junge Parze" 1917, dt. 1960; „Der Friedhof am Meer" 1920, dt. 1925; „Fragments de Narcisse" 1926; Prosa: „Herr Teste" 1896, dt. 1927; „Eupalinos oder Über die Architektur" 1924, dt. 1927; „Variété" 1924–1944; Drama: „Mein Faust" (Fragment, posthum 1946, dt. 1948); „Briefwechsel mit A. Gide" 1955, dt. 1958; „Cahiers" (Tagebücher) 1957ff. – ◻3.2.1.

Valeurs [va'lø:r; Mz.; frz.], *Malerei:* die den Gegenstand eines Bildes nach Licht u. Schatten modifizierenden Abstufungen der Farbe; *Valeurmalerei* (Tonmalerei) betont das harmon. Verhältnis der Tonabstufungen.

Vạljevo, jugoslaw. Stadt an der Kolubara, südwestl. von Belgrad, 27000 Ew.; Antimonerzlager, Holzverarbeitung, Schuhfabrik; Zwetschenanbau.

Vạlkeakoski, Stadt in Südfinnland, südöstl. von Tampere, 16000 Ew.; Holzindustrie.

Vạlkenauer, Hans, österr. Bildhauer, *um 1448, †nach 1518; Grabmal des Erzbischofs Leonhard (Georgskirche, Hohensalzburg) 1515. Grabdenkmäler in Friesach, Braunau, Millstatt, Maria Saal, Villach.

Valkenswaard ['valkənswa:rd], Stadt im N der niederländ. Prov. Nordbrabant, südl. von Eindhoven, 23800 Ew.

Vạlla, Lorenzo, eigentl. L. della *Valle*, italien. Humanist, *1406 oder 1407 Rom, †1. 8. 1457 Rom; Schüler von L. *Bruni*, Prof. für Rhetorik in Pavia; versuchte mit der Schrift „Elegantiarum linguae Latinae libri sex", entstanden 1435–1444, eine Erneuerung der latein. Sprache; erkannte die „Konstantin. Schenkung" als Fälschung.

Valladolid [valjaðɔ'lið], span. Stadt auf dem Hochland von Altkastilien, am Pisuerga (nahe seiner Mündung in den Duero), 300000 Ew.; Universität (1346), Kathedrale u. ehem. Königspalast (16. Jh.), Kirchen, Museen u. Bibliotheken; Metall-, Maschinen-, Auto-, Textil-, Papier-, Zucker-, Nahrungsmittel- u. chem. Industrie, Getreidehandel; Flughafen; Hptst. der Provinz V. (8202 qkm, 460000 Ew.). – V. war zeitweilig die Residenz der kastil. Könige; 1504–1506 verbrachte hier *Kolumbus* seine letzten Lebensjahre.

Vallạrdi, *Antonio V.*, Verlag in Mailand, gegr. 1823; Jugend- u. Erziehungsliteratur, Kunst- u. Architekturschrifttum, Wörterbücher, Atlanten.

Vallauris [valo'ri], Stadt im südostfranzös. Dép. Alpes-Maritimes, in der Provence, nordöstl. von Cannes, 17500 Ew.; Herstellung von Keramiken (Picasso-Einfluß) u. Parfüm.

Valle ['vallɛ, ital.; 'valjɛ, span.], Bestandteil geograph. Namen: Tal.

Valle del Cạuca ['vaje-], westkolumbian. Departamento, 21245 qkm, 2,8 Mill. Ew., Hptst. *Cali*; landwirtschaftl. Mittelpunkt; Gold- u. Platinseifen.

Valle de los Caídos ['valjɛ ðə lɔs 'kaiðɔs; span., „Tal der Gefallenen"], nationale Gedenkstätte *(Monumento Nacional de Santa Cruz del V. d. l. C.)* für die Gefallenen des Span. Bürgerkriegs, am Südosthang der Sierra de Guadarrama, 60 km nordwestl. von Madrid, 1959 eingeweiht.

Valledupạr ['vaje-], Hptst. des kolumbian. Departamento Cesar, am Südostfuß der Sierra Nevada de Santa Marta, 90000 Ew.; landwirtschaftl. Zentrum; Flugplatz.

Vallée [-'le:; frz.], Bestandteil geogaph. Namen: Tal.

Valle-Inclạ́n ['valjɛ-], Ramón del →Del Valle-Inclán, Ramón.

Vallejo [va'ljɛxo], César, peruan. Dichter, *16. 3. 1892 Santiago de Chuco, †15. 4. 1938 Paris; span.-indian. Abstammung; Modernist mit surrealist. u. realist. Elementen; Gedichtband „Trilce" 1922; „Poemas humanos" 1939 (vom Span. Bürgerkrieg inspiriert); sein Roman „Tungsteno" 1931 ist eine indianist. Erzählung mit prokommunist. Tendenz.

Vạllendar, rheinland-pfälz. Stadt am Rhein nördl. von Koblenz (Ldkrs. Mayen-Koblenz), 7900 Ew.; Kath. Theolog. Hochschule; Kneippkurort; Emaillierwerk.

Vallet [va'lɛ], Édouard, schweizer. Maler u. Graphiker, *12. 1. 1876 Genf, †1. 5. 1929 Xressy-Onex bei Genf; Bilder nach Motiven der Landschaft u. des Volkslebens der Schweiz.

Vallẹtta →La Valletta.

Valley ['væli; engl.], Bestandteil geograph. Namen: Tal.

Valleyfield ['vælifi:ld], Stadt in der kanad. Prov. Quebec, am Sankt-Lorenz-Strom, oberhalb (südwestl.) von Montreal, 35000 Ew.; Textilindustrie.

Vạllgren, Ville, finn. Bildhauer, *15. 12. 1885 Porvoo, †13. 10. 1940 Helsinki; symbolist. Aktfiguren, zahlreiche Denkmäler u. Bildnisbüsten (Strindberg 1884).

Vallisnẹria [die; nach Antonio *Vallisneri*, *1661, †1730], *Sumpfschraube, Wasserschraube, Schraubenstengel*, Gattung der *Froschbißgewächse*. *V. spiralis* z. B. ist in allen Erdteilen heimisch, nach Norden bis Garda- u. Luganosee.

Vallombrosạner, kath. Mönchsorden, gegr. 1039 von →Johannes Gualbertus; reformierter selbständiger Zweig des Benediktinerordens, benannt nach dem Stammkloster Vallombrosa in der Toskana; heute nur noch 7 Klöster in Italien.

Vallon [va'lɔ̃; frz.], Bestandteil geograph. Namen: breites Tal, Mulde.

Vallorbe [va'lɔrb], Stadt im Kanton Waadt, an der Orbe, im Schweizer Jura, schweizer. Grenzstation an der französ. Grenze, 749 m ü. M., 3900 Ew.; Industrie (Eisenwerk, Metallwarenherstellung, insbes. Uhrenzubehör, elektrochem. Produkte).

Valloton [-'tɔ̃], Félix, schweizer. Maler u. Graphiker, *28. 11. 1865 Lausanne, †29. 12. 1925 Paris; seit 1882 in Paris, schuf dort Holzschnitte mit jugendstilhaft-plakativer Flächenwirkung. Nach der

Jahrhundertwende übertrug V. die Strenge seines graph. Stils auf die Malerei; später war er einer der Wegbereiter der Neuen Sachlichkeit.

Valluy [va'lyi], Jean-Étienne, französ. General, *15. 5. 1899 Rive-de-Gier, Loire, †4. 1. 1970 Paris; ab 1952 hohe Stellungen in NATO-Stäben, 1956–1960 Oberbefehlshaber der NATO-Streitkräfte Europa-Mitte.

Valmy [val'mi], französ. Dorf zwischen Châlons-sur-Marne u. Verdun. – Die *Kanonade von V.* (20. 9. 1792) leitete die Wende des *1. Koalitionskriegs* ein. Die französ. Revolutionsarmee erzwang den Rückzug der Verbündeten. – Ⓑ→Koalitionskriege.

Valois [va'lwa], französ. Herzogs- u. Königsgeschlecht, Seitenlinie der Kapetinger; das alte Grafenhaus starb 1213 aus, die von der Krone eingezogene Grafschaft gab *Philipp III.* von Frankreich 1284 seinem jüngeren Sohn Karl. Sein Sohn wurde 1328 als *Philipp VI.* erster französ. König aus dem Hause V., das bis 1498, in seinen Nebenlinien Orléans u. Angoulême bis 1589 regierte. →auch Frankreich (Geschichte).

Valois [va'lwa], Ninette de, eigentl. Edris *Stannus*, ir.-engl. Tänzerin, Tanzpädagogin u. Choreographin, *6. 6. 1898 Baltiboys (Irland); 1923–1926 beim *Ballets Russes*; 1928 Mitgründerin der *Vic-Wells-Ballett-Truppe*, aus der sich das *Sadler's Wells Ballet*, heute *Royal Ballet*, in London entwickelt hat.

„Valori Plastici" [-'plastitʃi; ital., „plast. Werte"], eine 1918 von Mario *Broglio* in Rom gegr. Zeitschrift, in der *Futurismus*, *Expressionismus* u. *Kubismus* heftig angegriffen wurden. Nach anfängl. Engagement für die *Pittura metafisica* vertrat sie seit 1920 einen am Quattrocento orientierten Klassizismus u. die Besinnung auf nationale Traditionen. In Dtschld. von großem Einfluß auf die „Neue Sachlichkeit".

Valorisation [lat.], *Valorisierung*, alle Maßnahmen, die den Preisstand einer Ware sichern; z.B. Erzeugungsbeschränkungen (Restriktionen), Einlagerung, Vernichtung (z.B. bei Baumwolle, Pfeffer, Kaffee).

Valparaíso, Hptst. der chilen. *Región de Aconcagua* u. der Prov. V. (4818 qkm, 821 000 Ew.), Hafenstadt nordwestl. von Santiago, 250 000 Ew.; kath. Universität (1928); Techn. Hochschule (1926); meereskundl. Institute; Marinehochschule, Naturkundemuseum; Schiffbau, Eisen-, Maschinen-, Textil-, Tabak-, chem., Arzneimittel- u. Nahrungsmittelindustrie; wichtiger Einfuhrhafen. – 1544 (1536?) gegr.; mehrfach durch Erdbeben zerstört.

Vals, Talgemeinde im schweizer. Kanton Graubünden, im deutschsprach., vom *V.errhein* durchflossenen *V.ertal*; *V.-Platz*, Heilbad mit eisenhaltiger Gipsquelle (28 °C), 1252 m ü.M., 1000 Ew.

Valsalva, Antonio Maria, italien. Anatom, *17. 1. 1666 Imola, †2. 2. 1723 Bologna; Prof. in Bologna; verfaßte ein umfangreiches Werk über das Gehörorgan; nach ihm benannt der *V.sche Versuch*, bei dem durch Ausatmen bei geschlossenem Mund u. zugehaltener Nase die Durchgängigkeit der Ohrtrompete bzw. eine etwaige Durchlöcherung des Trommelfells ermittelt werden kann.

Valuta [die; ital., „Wert"], **1.** ausländ. Währung im Vergleich zur Inlandwährung; *V.kredit*, Kredit in ausländ. Währung.
2. = Währung.
3. der Termin, von dem an die Verzinsung oder eine Zahlungsfrist läuft; z.B. *val. p.* (V. per) 1. Januar.

Valutadumping [-dʌmpiŋ; engl.] →Dumping.

Valutaklausel, die Vereinbarung, eine Geldschuld in Auslandsvaluta oder in gesetzl. Zahlungsmitteln in der Menge zu zahlen, die kursmäßig dem Schuldbetrag in einer bestimmten ausländ. Währung entspricht; ähnlich der *Goldklausel*.

Valvassoren, *Vavassoren*, niederer italien. u. französ. Lehnsadel im hohen MA.

Valvation [lat.], Schätzung, Münztarifierung, →Devalvation.

Vamp [væmp; der; engl., zu *Vampir*], mondäner Frauentyp im Film der 1920er Jahre.

Vampir [auch -'pir; slaw.], **1.** *Volkskunde:* im slaw., vereinzelt auch im ostdt. Volksglauben ein fledermausähnlich vorgestellter Wiedergänger, der Schlafenden das Blut aussaugt.
2. *Zoologie:* →Blattnasen.

van [ndrl., „von"], häufiger Bestandteil niederländ. Familiennamen; ursprüngl. Bezeichnung der Herkunft, kein Adelstitel.

Vanadium [das; nach *Vanadis*, Beinamen der german. Göttin Freya], *Vanadin*, chem. Zeichen V, stahlgraues metall. Element, Atomgewicht 50,9415, Ordnungszahl 23, spez. Gewicht 5,98, Schmelzpunkt 1715 °C; kommt in geringen Mengen in vielen Eisenerzen, außerdem seltener als Sulfid u. in Form von Vanadaten vor. Eine zu 50% aus V. bestehende Eisenlegierung ist das *Ferrovanadin*, das zur Herstellung von *Vanadinstählen* verwendet wird, die sich durch besondere Zähigkeit u. mechan. Widerstandsfähigkeit auszeichnen.

Van Allen [væn 'ælin], James Alfred, US-amerikan. Physiker, *7. 9. 1914 Mount Pleasant, Io.; arbeitet vor allem an der Erforschung der kosm. Strahlung mit Hilfe von Raketen u. Erdsatelliten. Nach ihm benannt ist der Van Allensche →Strahlungsgürtel um die Erde, der 1958 mit Hilfe des Erdsatelliten Explorer 1 entdeckt wurde.

Van Buren [væn 'bjuərən], Martin, US-amerikan. Politiker holländ. Herkunft (Demokrat), *5. 12. 1782 Kinderhook, N.Y., †24. 7. 1862 Kinderhook; 1829–1831 Außen-Min., 1831–1833 Gesandter in London, 1833–1837 Vize-Präs., 1837–1841 (8.) Präs. der USA.

Vance ['væns], Cyrus, US-amerikan. Politiker, *27. 3. 1917 Clarksburg, Va.; 1977–1980 Außen-Min.

Vancouver [væn'ku:vər], **1.** wichtigste kanad. Hafenstadt am Pazif. Ozean, in British Columbia, auf einer Halbinsel in der Georgiastraße, 425 000 Ew. (Agglomeration 1,1 Mill. Ew.); Universität (1908); Holz-, Nahrungsmittel- (Fischverarbeitung u.a.), Metall- u. Textilindustrie, Erdölraffinerien, Schiffbau; Endpunkt der Canadian Pacific Railway (seit 1885), der Canadian National Railway u. des Trans Canada Highway, internationaler Luftverkehrsknotenpunkt. – Ⓑ→Kanada.
2. Stadt im Staat Washington (USA), am Columbia gegenüber von Portland, Oregon, 44 300 Ew.
3. *V.insel*, Insel vor u. Teil von British Columbia (Westkanada), durch die Georgiastraße u. die Königin-Charlotte-Straße vom Festland getrennt, 32 124 qkm, rd. 300 000 Ew.; mit der Prov.-Hptst. *Victoria*; gebirgig (bis 2200 m); Forstwirtschaft, Fischerei, Kupfer-, Zink-, Gold-, Eisenerzabbau.

Vancouver [væn'ku:və], George, engl. Seefahrer, *um 1758, †10. 5. 1798 Petersham; begleitete J. *Cook* auf dessen 2. u. 3. Reise, erforschte 1790–1795 die nordamerikan. Westküste.

Vančura ['vantʃura], Vladislav, tschech. Romanschriftsteller, *23. 6. 1891 Háj bei Troppau, †1. 6. 1942 Prag (ermordet); Arzt; virtuose, anfangs expressionist. Erzählungen u. Romane.

Vanda [hind.], Gattung der *Orchideen* im trop. Asien, in Gewächshäusern kultiviert.

Vandalen →Wandalen.

Vandenhoeck & Ruprecht, Verlagsbuchhandlung ['fandənhuk-], Göttingen, gegr. 1735 von Abraham *Vandenhoeck* (†1750), übernommen 1787 von Carl Friedrich Günther *Ruprecht* (*1730, †1817), seitdem in Familienbesitz. Ev. Theologie, Philosophie, Philologie, Sozialwissenschaften, Jura, Mathematik, Schulbücher.

„Van den Vos Reinaerde" [-'rɛina:rdə], niederländ. Bearbeitung des „Reineke Fuchs" von *Hinrek van Alkmar* aus dem 15. Jh.

Vanderbijlpark [fandər'bɛil-], Stadt in Transvaal (Rep. Südafrika) bei Vereeniging, 40 000 Ew., Stahl- u. Walzwerk.

Vanderbilt ['vændər-], Cornelius, US-amerikan. Finanzmann, *27. 5. 1794 Port Richmond, Staten Island, †4. 1. 1877 New York; wurde durch Schifffahrtsunternehmen, Eisenbahngeschäft u. Börsenspekulationen der reichste Amerikaner seiner Zeit; stiftete die *V.-Universität* in Nashville.

Vanderlyn ['vændərlin], John, US-amerikan. Maler, *15. 10. 1776 Kingston, N.Y., †23. 9. 1852 Kingston; Bildnismaler, gestaltete auch mytholog. Themen unter Einfluß des französ. Klassizismus. Mit seiner „Ariadne" führte V. die Darstellung des Nackten in der amerikan. Kunst ein.

Van der Meersch [vãdɛr'mɛrʃ], Maxence →Meersch, Maxence van der.

Vandervelde [vandər'vɛldə], Émile, belg. Politiker (Sozialist), *25. 1. 1866 Ixelles, †27. 12. 1938 Brüssel; Jurist, Universitätsprofessor; 1916–1937 mehrfach Minister, schloß als Außen-Min. 1925 den Locarnovertrag; einer der Väter der belg. Sozialgesetzgebung; 1900–1914 Präs. des Exekutivkomitees der Zweiten Internationale, 1929–1936 Präs. der Sozialist. Arbeiter-Internationale.

Van Dong →Pham Van Dong.

Vänern, dt. *Wenersee*, See in Südschweden, 5585 qkm, bis 98 m tief; Abfluß durch den Göta Älv zum Kattegat; durch den Götakanal mit dem Vättern verbunden.

Vänersborg [-bɔrj], Hptst. der schwed. Prov. (Län) Älvsborg, am Vänern, 21 000 Ew.; Schuh- u. Textilindustrie.

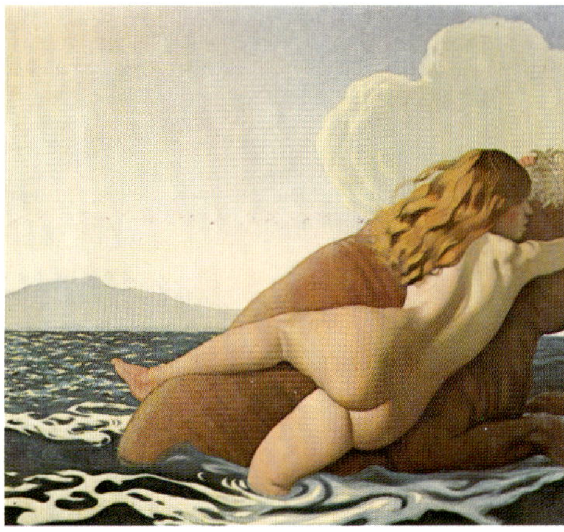

Felix Valloton: Die Entführung der Europa; 1908. Bern, Kunstmuseum

Vanguard ['vænga:d; engl., „Vorhut"], radikale Massenorganisation der nordirischen Protestanten, gegr. 1972 von dem ehem. nordir. Innen-Min. William *Craig*, nachdem die brit. Regierung wegen bürgerkriegsartiger Zustände selbst die Verwaltung Nordirlands übernommen hatte. Die V. erstrebt ein unabhängiges „Ulster-Dominion" mit bes. Beziehungen zu Großbritannien.

Vanguard ['vænga:d; engl., „Vorhut"], Bez. des ersten US-amerikan. Satellitenprogramms (Beginn 1954) im Rahmen des Internationalen Geophysikalischen Jahrs. Es hatte die Entwicklung der V.-Trägerrakete u. zweier einfacher Satellitentypen zum Ziel. Nach zwei Mißerfolgen startete *V. 1* am 17. 3. 1958 (nach Sputnik 1 u. 2 u. Explorer 1). *V. 2* (Start 17. 2. 1959) u. *V. 3* (Start 18. 9. 1959) lieferten Meßdaten über Wolkenverteilung u. Großwetterlage.

Vanille [va'niljə], *Vanilla*, ursprüngl. in Mexiko heimische, in den Tropen verbreitete Gattung der *Orchideen*; mittels Haftwurzeln kletternde Pflanzen. Wirtschaftlich von Bedeutung die *Echte V. (Flachblättrige V., Vanilla planifolia)*, eine Pflanze mit breiten, fleischigen Blättern, großen grünlichweißen Blüten u. zylindrischen Kapseln. Die frischen Früchte sind geruchlos, sie erhalten die schwarze Farbe u. das typische *V.aroma* erst im Lauf einer Fermentierung, wobei →Vanillin entsteht. – Die Früchte von *Vanilla pompona (Vanillons)* werden in der Parfümerie benutzt.

Vanillin, ein Phenolätheraldehyd, der hauptsächl. in den Früchten der *Vanille* glykosidisch gebunden, aber auch im Nelkenöl u. Perubalsam vorkommt. V. wird synthet. aus *Eugenol* hergestellt u. in der Nahrungs- u. Genußmittelindustrie verwendet. Im Handel als *V.zucker*.

Vanillinzucker, Mischung aus Kristallzucker u. synthet. hergestelltem *Vanillin* (mindestens 1%).

Vanitas vanitatum [lat., „Eitelkeit der Eitelkeiten"], alles ist eitel (nach Prediger Salomo 1,2).

Vannes [van], Hptst. des westfranzös. Dép. Morbihan, in der Bretagne, am Nordzipfel des Golfe du Morbihan, 40 700 Ew.; Kathedrale (13./15. Jh.), Reste der Stadtmauer (14.–17. Jh.); Nahrungsmittel-, Metall-, Gummi- u. Textilindustrie.

Vansee, *Wan*, osttürk. abflußloser, salzhaltiger See, 1710 m ü.M., enthält nur eine sardellenähnl. Fischart, 3764 qkm, bis 100 m tief. – Östl. vom V. liegt die Prov.-Hptst. *Van*, 31 000 Ew., Textilindustrie, Wein- u. Obstbau, Fischerei, Salzgewinnung.

Vansittart [væn'sitət], Robert Gilbert, Baron V. of Denham, engl. Diplomat, *25. 6. 1881 Farnham, Surrey, †14. 2. 1957 Denham, Buckinghamshire; 1930–1938 ständiger Unterstaatssekretär im Außenministerium, Gegner der Appeasement-Politik N. *Chamberlains* 1938; schroffer Gegner Deutschlands schon vor 1933 *(V.ismus)*.

Vantongerloo, Georges, belg. Maler, Bildhauer u. Architekt, *24. 11. 1886 Antwerpen, †6. 10. 1965 Paris; unterzeichnete mit T. van *Doesburg* u. P. *Mondrian* 1918 das 1. Manifest der Gruppe *„De Stijl"*, löste sich seit 1920 aus diesem Kreis; 1931–1937 Vizepräs. der Gruppe *„Abstraction-Création"*; wirkte mit seinen die Prinzipien Mondrians ins Dreidimensionale übertragenden Plastiken auf die „Bauhaus"-Architektur u. plante in den 1930er Jahren Brückenbauten u. Flughäfen.

Vanua Lava, größte der polit. zu den Neuen Hebriden gehörenden *Banksinseln*, 352 qkm, 500 Ew.; im Vulkan (letzter Ausbruch 1965) *Mount Suretamatai* 941 m hoch, Schwefelvorkommen.

Vanua Levu, zweitgrößte Fidschiinsel, 5516 qkm, gebirgig, im *Mount Batini* 1066 m hoch; zahlreiche Thermen, Zuckerrohranbau.

Vanuatu, Staatsname der → Neuen Hebriden.

Van Vleck, John Hasbrouck, US-amerikan. Physiker, * 13. 3. 1899 Middletown, † 17. 10. 1980 Cambridge/Mass.; erhielt 1977 den Nobelpreis für Physik zusammen mit P. W. *Anderson* u. N. F. *Mott*.

Vaquero Palacios [va'kerɔ-], Joaquin, span. Maler, * 9. 6. 1900 Oviedo; malte anfängl. starkfarbige Landschaften, dann in einer reduzierten Farbskala mit vorherrschendem Schwarz hauptsächl. Kohlengruben, schließlich vulkan. Landschaften mit anthropomorphen Fossilien.

var., *Biologie:* Abk. für *Varietät*, → Rasse.

Var, 1. Küstenfluß in Südostfrankreich, 120 km; entspringt in den Provençal. Alpen östl. des *Col de la Cayolle* (2326 m), mündet mit Delta westl. von Nizza ins Mittelländ. Meer; Wasserkraftwerke.
2. südostfranzös. Département an der Riviera, 5999 qkm, 656 000 Ew.; Hptst. *Draguignan*.

VAR, Abk. für → Vereinigte Arabische Republik.

Varam [hind.-tamil.], Bestandteil geograph. Namen: Dorf.

Varanasi (Indien) = Benares.

Varangerfjord [-fjuːr], 150 km langer Fjord der Barentssee im äußersten Nordnorwegen.

Varaždin ['varaʒdin], jugoslaw. Stadt an der Drau, nördl. von Agram, 34 500 Ew.; Textilindustrie (Seide); in der Nähe Erdöllager; südl. der Stadt Thermalbad *Varaždinske Toplice*.

Varberg [-bɛrj], Seebad u. Hafenstadt in Südschweden (Prov. Halland), am Kattegat, 41 400 Ew.; Weberei u. Fahrradfabrik.

Varda, Agnès, französ. Filmregisseurin, * 30. 5. 1928 Brüssel; Dokumentarspielfilm „La pointe courte" 1955; Kurzfilme; Spielfilme „Mittwoch von 5 bis 7" 1962; „Das Glück" 1965; „Die Geschöpfe" 1966; „Black Power" 1970, u. a.

Vardar, grch. *Axiós,* jugoslaw.-griech. Fluß, entspringt westl. von Skopje, mündet in den Thermäischen Golf, 388 km.

Vardö, Fischereihafen in Nordnorwegen, auf einer der Varanger-Halbinsel östl. vorgelagerten Insel (östlichster Ort von Norwegen), 3500 Ew.; Fischverarbeitung; im 14. Jh. dän. Festung.

Varè, Daniele, italien. Schriftsteller, * 12. 1. 1880 Rom, † 27. 2. 1956 Rom; Diplomat; schilderte humorvoll Erlebnisse u. Begegnungen: „Der Schneider himmlischer Hosen" 1936, dt. 1936; „Daniele in der Diplomatengrube" 1949, dt. 1955.

Varel ['faːrəl], niedersächs. Stadt in Oldenburg (Ldkrs. Friesland), südl. vom Jadebusen, 24 300 Ew.; Leder-, Maschinen-, Metallguß-, Pappen-, Textil-, Keksindustrie; Hafen im *V.er Siel*.

Varende [va'rãːd], Jean Mallard, Vicomte de la, → La Varende.

Echte Vanille, Vanilla planifolia

Varenius, eigentl. *Varen,* Bernhardus, Geograph, * 1622 Hitzacker, † 1650 oder 1651 Leiden; schrieb die erste physische Erdkunde („Geographia generalis").

Vareš ['varɛʃ], jugoslaw. Ort in Bosnien, nördl. von Sarajevo, 7700 Ew.; Manganerzbergbau u. -verhüttung.

Varese, italien. Stadt in der Lombardei, östl. vom Lago Maggiore, Hptst. der Provinz V. (1199 qkm, 790 000 Ew.), 92 000 Ew.; Wallfahrtsort, Kirche San Giovanni; Leder-, Textil- (Seide-) u. Konservenindustrie, Maschinen- u. Fahrzeugbau.

Varèse [va'rɛːz], Edgar, US-amerikan. Komponist französ. Herkunft, * 22. 12. 1885 Paris, † 6. 11. 1965 New York; verwirklichte mit der Bevorzugung des Schlagzeugs u. anderer geräuscherzeugender Instrumente die Lehren des italien. Bruitismus u. Futurismus („Arcana" 1927; „Ionisation" für 41 Schlaginstrumente 1931; „Density 21.5" 1936); bezog später auch realist. Geräusche, z.B. Fabriklärm, u. elektron. Klänge in seine Musik ein u. wurde damit zum wichtigen Vorläufer u. Anreger der „Musique concrète" („Déserts" 1954; „Poème électronique" 1958).

Varga, 1. Jenö (russ. Jewgenij Samoilowitsch), sowjet. Politiker u. Ökonom ungar. Herkunft (Kommunist), * 6. 11. 1879 Nagytétény, † 8. 10. 1964 Moskau; 1919 Volkskommissar für Finanzen in der Räteregierung Béla Kuns; floh 1920 in die Sowjetunion; 1927–1947 Direktor des Instituts für Weltwirtschaft u. Weltpolitik in Moskau; Wirtschaftsberater Stalins, fiel 1947 in Ungnade, 1949 rehabilitiert; in den 1950er Jahren an der Sozialisierung der ungar. Wirtschaft beteiligt.
2. Tibor, ungar. Geiger, * 4. 7. 1921 Györ (Raab); Schüler von J. Hubay u. C. Flesch, seit 1949 Lehrer an der Nordwestdeutschen Musikakademie Detmold; bes. Interpret der Moderne.

Vargas, 1. Getulio, brasilian. Politiker, * 19. 4. 1882 oder 1883 São Borja, † 24. 8. 1954 Rio de Janeiro (Selbstmord); Anwalt; 1925 Finanz-Min., 1930–1945 u. 1951–1954 Staats-Präs., begründete den „Estado Novo" nach faschist. Vorbild, wegen deutschfreundl. Neigungen Okt. 1945 von Heer gestürzt, 1950 wiedergewählt; wurde zum Abdanken gezwungen u. beging Selbstmord.
2. Luis de, span. Maler, * 1502 Sevilla, † 1568 Sevilla; Schüler des Piero del *Vaga* in Rom, entwickelte einen italianisierenden Stil u. machte sich bes. um die Erneuerung der Freskotechnik verdient.

Vargas Llosa [-ljɔsa], Mario, peruan. Schriftsteller, * 28. 3. 1936 Arequipa (Peru); bedeutender Vertreter des magischen Realismus, sozialkrit. Schilderer des lateinamerikan. Lebens.

Variabilität [lat.], **1.** *allg.:* Veränderlichkeit.
2. *Genetik:* Veränderlichkeit von Organismen innerhalb einer Generation oder *Population*; drückt sich in den durch Umwelteinflüsse hervorgerufenen, nicht erblichen *Modifikationen* u. den erblich bedingten *Variationen* (durch → Mutationen, → Neukombinationen) aus. Man unterscheidet daher *umweltbedingte V.* u. *genotypische V*.

Variable [die; lat.], mathemat. Begriff; Bez. für ein in einer → Aussageform auftretendes Leerstellenzeichen (Platzhalter), meist ein Buchstabe. Durch Einsetzen von Elementen einer Grundmenge, z. B. der Menge der reellen Zahlen, anstelle der V.n geht die Aussageform in eine wahre oder falsche Aussage über.

variable Kosten, *i. w. S.* Kosten, die in ihrer Höhe mit einer Kosteneinflußgröße variieren, *i. e. S.* Kosten, deren Höhe vom Beschäftigungsgrad abhängig ist. → auch Kosten.

Varianz [die; lat.], *Statistik:* das Quadrat der → Streuung; arithmet. Mittel der quadratischen Abweichungen vom Mittelwert *m* einer Stichproben- oder Meßreihe:

$$[(x_1-m)^2+\ldots+(x_n-m)^2]:n,$$

wobei *x* der Meßwert u. *n* die Anzahl der Meßwerte ist.

Variatio delectat [lat.], Abwechslung ergötzt (nach *Cicero*).

Variation [lat.], **1.** *Astronomie:* period. Ungleichförmigkeit der Mondbewegung mit der Periode eines halben Monats. Monats u. einer Amplitude von 39 Bogenmin.; entdeckt von T. *Brahe*.
2. *Biologie:* Gestaltverschiedenheit der im gleichen Stadium ihrer Individualentwicklung stehenden Individuen einer Art. Neben der *individuellen* ist bes. die *geograph. V.* von Bedeutung: die Verschiedenheit der Individuen in verschiedenen Verbreitungsgebieten einer Art (→ Klin; → Rasse).
3. *Mathematik:* Begriff der → Kombinationslehre.

4. *Musik:* die Umgestaltung eines Themas oder Tonsatzes, ein Formprinzip, das sich sowohl auf Melodie wie auf Rhythmik u. Harmonie des musikal. Geschehens bezieht. Grundsätzliche Unterscheidung zwischen ornamentaler V., die unter Beibehaltung der harmonischen Grundlage das Thema in Figuren u. Passagen auflöst, u. Charakter-V., die das Thema, seinen Charakter, umbildet. Besondere V.sformen sind die V.en über einem Basso ostinato: Chaconne u. Passacaglia.

Variationsrechnung, Teilgebiet der → Analysis. Grundprobleme der V. sind Extremwertaufgaben, bei denen bestimmte Integrale untersucht werden, deren Integranden verschiedene Funktionen sind. Gesucht werden diejenigen Funktionen, für die die Integrale einen größten oder kleinsten Wert haben. Prakt. Beispiel: Auf welcher Kurve bewegt sich ein Körper reibungsfrei unter dem Einfluß der Schwerkraft in kürzester Zeit von einem Punkt A zu einem tiefer, aber nicht senkrecht unter A liegenden Punkt B?

Variationsstatistik, *Mathematik:* Untersuchung von statist. Kollektiven mit graduell veränderl. Merkmalen. Wichtige Kennzahlen sind → Mittelwert u. → Streuung.

Varietät [lat.], **1.** *allg.:* Abart, Spielart.
2. *biolog. Systematik:* → Rasse.

Varieté [das; frz.], in den späten 19. Jh. aus den „Music-Halls" u. „Cabarets" entstandenes Bühnenunternehmen, das bes. artist. Fertigkeiten geistiger u. körperlicher Art bietet. – ⌧ 3.6.0 u. 3.6.1.

Variometer [das; lat. + grch.], **1.** *Luftfahrt:* ein Flugzeuginstrument, das die Steig- u. Sinkgeschwindigkeit eines Flugzeugs anzeigt, indem es die zeitl. Änderung des Luftdrucks mißt.
2. *Radiotechnik:* Anordnung von Spulen mit stetig veränderlicher Selbstinduktion (Abstimmspule).

Varioobjektiv → Gummilinse.

Varistor [von engl. *variable resistor*, „veränderlicher Widerstand"], Bauteil mit spannungsabhängigem elektr. Widerstand, wird zum Schutz von elektr. Geräten gegen Überspannungen u. für Regelzwecke verwendet.

Variszisches Gebirge [nach dem Germanenstamm der *Varisker*], *Variskisches Gebirge,* das in verschiedenen Phasen vom Devon bis zum Ausgang des Paläozoikums (Hauptphase zwischen Unter- u. Oberkarbon) aufgefaltete rd. 500 km breite Hochgebirge, das von den Sudeten über Südbelgien u. Frankreich bis nach Wales reichte; bildet den Kern der mitteleuropäischen Mittelgebirge.

Varityper ['vɛəritaipə; der; engl.], von R. *Coxhead* (USA) entwickelte Schreibsetzmaschine zur Herstellung von photograph. reproduzierbaren Textvorlagen; ermöglicht automat. Zeilenrandausschluß mit Differentialsperrung.

Varius Rufus, Lucius, röm. Dichter, 1. Jh. v. Chr.; schrieb die Festrede auf Augustus u. eine Tragödie „Thyestes" (wenige Bruchstücke erhalten); gab nach Vergils Tod dessen „Aeneis" heraus.

Varizellen [lat.] = Windpocken.

Varizen [Ez. die *Varix*, lat.] = Krampfadern.

Varkaus, Stadt in Südfinnland, auf der Seenplatte, südl. von Kuopio, 20 100 Ew.; Sägewerke, Schiffbau, Maschinen-, Papier- u. Celluloseindustrie.

Värmdö, schwed. Insel u. Gemeinde östl. von Stockholm, 160 qkm, 330 Ew.; Ausflugsgebiet.

Värmland, *Wermland,* Landschaft (18 154 qkm, 334 000 Ew.) u. Prov. (Län) in Mittelschweden, 17 584 qkm, 284 000 Ew.; wald- u. seenreiches Bergland; Erzlager; Hptst. *Karlstad*.

Varna = Warna.

Värnamo, Ort in Småland, Südschweden, 30 000 Ew.; Möbel-, Gummi- u. Lederindustrie.

Varnay ['varnai], Astrid, US-amerikan. Sängerin (Sopran) ungar. Herkunft, * 25. 4. 1918 Stockholm; Schülerin u. später Gattin des Dirigenten Hermann *Weigert* (* 1890, † 1955); bes. Wagner-Sängerin, wirkte in Bayreuth u. New York.

Varnhagen von Ense, 1. Karl August, Schriftsteller u. Publizist, * 21. 2. 1785 Düsseldorf, † 10. 10. 1858 Berlin; schrieb Lyrik u. Erzählwerke, durch vielfältige gesellschaftl. u. literar. Beziehungen führend im Berliner Romantik u. beim Jungen Deutschland; zeitgeschichtl. wertvoll seine „Biograph. Denkmale" 1824–1830; „Denkwürdigkeiten u. vermischte Schriften" 1837–1846; „Tagebücher" 1861–1870 u. Erinnerungsbücher an seine Frau Rahel 1833 u. 1836.
2. Rahel, Frau von 1), → Levin.

Várpalota ['vaːrpolɔta], Stadt am Ostfuß des Bakonywalds in Ungarn, 24 500 Ew.; Burg (15. Jh.);

Braunkohlenabbau, Kraftwerk u. Aluminiumhütte.

Varre [norw.-samisch], Bestandteil geograph. Namen: Berg.

Varro, Marcus Terentius, röm. Schriftsteller, *116 v. Chr., †27 v. Chr.; Historiker, Politiker u. Bibliotheksleiter; erhalten sind eine Schrift über Landwirtschaft u. Teile eines Werks über die latein. Sprache; nur wenig von einer Art Enzyklopädie: „Antiquitates rerum humanarum et divinarum".

Varta AG, Bad Homburg, 1977 aus der Realteilung eines Konzerns (gegr. 1887, gleichnamige Holdinggesellschaft seit 1963) hervorgegangenes Unternehmen; erzeugt Batterien; Grundkapital: 98,9 Mill. DM (Großaktionär: Familie Quandt); 13 000 Beschäftigte; Tochtergesellschaften: *Varta Batterie AG*, Hannover, u. a.

Varus, Publius Quinctilius V., röm. Feldherr, als Legat in Germanien 9 n. Chr. in der Schlacht im Teutoburger Wald *(Varusschlacht)* durch den Cheruskerfürsten *Armin* mit seinen Legionen geschlagen, beging Selbstmord.

Varusschlacht, *Hermannsschlacht*, die Schlacht im Teutoburger Wald 9 n. Chr., in der der Cheruskerfürst *Armin* an der Spitze eines Bundes german. Völker drei röm. Legionen u. ihre Hilfstruppen unter dem Kommando des *Varus* bis auf geringe Reste vernichtete. Varus wurde auf dem Rückmarsch vom Sommerlager (möglicherweise bei Holsterhausen) in das Winterlager am Rhein durch eine List in ein unwegsames Wald- u. Sumpfgebiet gelockt, unter Ausnutzung eines Unwetters überfallen u. nach dreitägigen Kämpfen geschlagen. Der von *Tacitus* als *Saltus Teutoburgensis* bezeichnete Schlachtort ist trotz intensiver Forschung nicht bekannt. Als Folge wurde das Gebiet zwischen Rhein u. Elbe frei von röm. Herrschaft.

Varzea [-zia; die; portug., „Ebene, Wiese"], die vom jährl. Hochwasser der Amazonasflüsse überschwemmten Talniederungen.

Vasa →Wasa.

Vasalis, Margaretha, eigentl. M. *Drooglever Fortuyn-Leenmans*, niederländ. Lyrikerin, *13. 2. 1909 Den Haag; Nervenärztin; schildert in eleganter, ungekünstelter Sprache den Alltag des modernen Menschen.

Vasall [mlat. *vassus* von kelt. *gwas*, „Knecht"], Lehnsmann; →Lehen, →Lehnswesen.

Vasallenstaat, trotz formeller Selbständigkeit abhängiger, einem anderen Staat (Großmacht) zu polit. Gefolgschaft verpflichteter Staat.

Vásár ['va:ʃa:r; ung.], Bestandteil geograph. Namen: Markt.

Vasarély [vazare'li], Victor de, französ. Maler u. Graphiker ungar. Herkunft, *9. 4. 1908 Pécs; Schüler von L. *Moholy-Nagy*; ging um 1950 in seiner Malerei auf kleinteilige Formen über, die durch Verwendung vorfabrizierter geometrischer Standardteile („Plastische Einheiten") u. den Kontrast systematisch abgestufter Farbnuancen jene optische Mehrdeutigkeit erreichen, die V. zum Repräsentanten der *Op-Art* werden ließen.

Vasari, Giorgio, italien. Maler, Baumeister u. Kunstschriftsteller, *30. 7. 1511 Arezzo, †27. 6. 1574 Florenz; schuf figurenreiche Gemälde in akadem. Manierismus sowie Bauten von entschwerter Dynamik (Uffizien in Florenz, ab 1560), die als architekton. Höhepunkt der Zeit gelten. – 📖 2.4.4.

Vasco da Gama →Gama, Vasco da.

Vasconcelos [vaʃkõ'sɛluʃ], Ferreira de →Ferreira de Vasconcelos.

Vas deferens [Mz. *Vasa deferentia*; lat.] = Samenleiter.

Vase [frz.], seit etwa 1700 gebräuchl. Bez. für kunsthandwerkl. oder industriell hergestellte Gefäße aus Porzellan, Glas, Stein u. a., bes. auch für antike Tongefäße (→Vasenmalerei). Seit dem 16. Jh. diente die V. häufig als Architektur- u. Parkschmuck, in neuerer Zeit ist sie fast ausschließlich zur Aufnahme von Blumen u. Zierpflanzen bestimmt.

Vaseline [die; Kunstwort], halbfestes, salbenartiges Gemisch gesättiger aliphatischer Kohlenwasserstoffe großer Kettenlänge (meist $C_{22}H_{46}$, $C_{23}H_{48}$), gelb oder (gebleicht) weiß; V. wird aus den bei der Destillation des Erdöls verbleibenden dunklen, halbfesten Rückständen gewonnen u. dient als Grundlage für kosmet. u. medizin. Salben, Schmiermittel, für Schuhcreme u. ä.

Vasenmalerei, der ornamentale oder figürl. Farbschmuck von Tongefäßen, bereits in vorgeschichtl. Kulturen angewandt u. zu bes. reicher künstler. Blüte gelangt in der →griechichen Kunst im Anschluß an die V. der kretisch-mykenischen Kunst. Im 7. Jh. erfolgte in der griech. V. die Auflösung des *geometr. Stils* (Mäander, Zickzackmuster, stilisierte Figurendarstellungen) durch Einführung lebensnaher pflanzl. u. figürl. Motive. Neben den vor allem in der attischen Keramik seit dem Ende des 7. Jh. verbreiteten *schwarzfigurigen* Stil trat um 530 v. Chr. der *rotfigurige*, benannt nach den in der rötl. Farbe des Tongrunds ausgesparten Darstellungen. Malereien auf weißem Grund als Schmuck von Lekythen begegnen seit dem 6., bes. häufig im 5. Jh. Bekannteste griech. Vasenmaler: *Exekias, Euphronios, Duris*, der *Brygos*- u. der *Meidias-Maler*. – 📖 2.2.8.

Vaslui, Hptst. des rumän. Kreises V. (5300 qkm, 540 000 Ew.), in der Moldau u. am Bîrlad, 41 000 Ew.; Nahrungsmittel- u. Holzindustrie.

Vasmer, Max, Slawist, *28. 2. 1886 St. Petersburg, †30. 11. 1962 Berlin; seit 1949 Prof. in Berlin (FU); trieb Forschungen zur slaw. Sprache u. Kultur u. zur Völkerkunde Osteuropas; „Russ. etymolog. Wörterbuch" 1950–1956.

vasomotorische Reaktionen [lat.], Erweiterung oder Verengung der Blutgefäße durch verschiedene Spannungszustände der glatten Gefäßmuskeln unter der Wirkung der Gefäßnerven *(Vasomotoren)*, des Sympathikus (gefäßverengend) oder des Parasympathikus (Vagus, erweiternd).

Vasopressin [das; lat.], *Adiuretin*, ein Hormon des Hypophysenhinterlappens, das den Wasser- u. Mineralhaushalt reguliert.

Vassilikos, Vassili, neugriech. Schriftsteller, *18. 11. 1933 Kavalla; seit dem Militärputsch 1967 im Exil in Paris; kritisiert iron.-sarkast. seine „rückständige" Heimat u. wendet sich gegen diktator. Gewalt. Erzähltrilogie „Griechische Trilogie" 1961, dt. 1966; Roman: „Z" 1966, dt. 1968, verfilmt 1969 (C. Gavras, Musik: M. Theodorakis).

Västerås [-o:s], *Vesterås, Westerås*, Hptst. der mittelschwed. Prov. (Län) Västmanland, am Nordufer des Mälaren, 118 000 Ew.; roman.-got. Dom (13. Jh.), Schloß (14. Jh.); Metall-, Maschinen-, Elektro- u. Flugzeugindustrie.

Västerbotten, *Westerbotten*, nordschwed. Prov. (Län), 55 429 qkm, 240 000 Ew.; Hptst. *Umeå*; seenreiches Bergland mit Viehzucht, Schärenküste; Holz- u. Papierindustrie.

Västergötland [-jø:t-], *Westgotland*, südschwed. Landschaft zwischen Vänern u. Vättern, 16 669,5 qkm, 1,1 Mill. Ew.; hügeliges Waldland.

Västernorrland, *Westernorrland*, nordschwed. Provinz (Län), 21 771 qkm, 268 000 Ew.; Hptst. *Härnösand*; waldreiches Bergland, Schärenküste.

Västervik, Hafenstadt in der südschwed. Prov. (Län) Kalmar, 42 000 Ew.; Gerbstoff-, Holz- u. Zündholzindustrie.

Västmanland, Landschaft im mittleren Schweden nördl. des Mälaren, 6302 qkm, 260 000 Ew.; fruchtbare Beckenlandschaft; als Prov. (Län) 6493 qkm, 260 000 Ew., Hptst. *Västerås*.

Vaszary ['vɔsɔri], Gábor von, ungar. Schriftsteller, *7. 6. 1905 Budapest; Illustrator, Journalist; lebt seit 1929 meist in Paris; heitere u. melanchol. Unterhaltungsromane: „Monpti" 1934, dt. 1936; „Sie" 1935, dt. 1938, u. a.

Vater, der Erzeuger eines Kindes. →auch Vaterschaft.

Vaterländische Front, von E. *Dollfuß* 1933 gegründeter, gegen Austromarxismus u. Nationalsozialismus gerichteter Zusammenschluß aller regierungstreuen Gruppen Österreichs. Die V.F. fungierte bis zu ihrer Auflösung (1938) als einzige parteiähnliche Gruppierung des „christl. dt. Bundesstaats Österreich auf ständischer Grundlage". Symbol: Krückenkreuz. Nachfolger Dollfuß' als Bundesführer waren E. R. *Starhemberg* (1934 bis 1936) u. K. *Schuschnigg* (1936–1938).

Vaterländischer Verdienstorden, in der DDR Auszeichnung für Einzelpersonen, Kollektive, Betriebe u. a.; wird verliehen in vier Stufen nebst Ehrengeld.

väterliche Gewalt →elterliche Gewalt.

Vatermörder, steifer, hoher Kragen.

Vaterrecht, 1. *Recht:* Vorrang des Vaters in der Familien- u. Erbrechtsordnung (Gegensatz: →Mutterrecht), in der BRD infolge der Einführung der Gleichberechtigung der Geschlechter durch Art. 3 Abs. 2 GG weitgehend beseitigt.
2. *Völkerkunde:* eine Gesellschaftsordnung, bes. bei Hirtenvölkern, die Stellung, Erbrecht u. Verwandtschaft des einzelnen nach seiner Abstammung in väterl. Linie *(V.sfolge)* rechnet.

Vaterschaft, das Verhältnis zwischen Vater u. Kind, als Rechtsverhältnis bedeutsam im ehelichen →Kindschaftsrecht u. im Recht der →nichtehelichen Kinder. Der Feststellung der tatsächl. V. dient die medizin. oder anthropolog. *V.sbestimmung*. Wegen deren Unzulänglichkeiten besteht rechtl. aufgrund der Festlegung der gesetzl. →Empfängniszeit eine bes. *V.svermutung*. – Entsprechende Regelung in Österreich durch § 163 ABGB u. in der Schweiz durch den Art. 302 u. 314 ZGB.

Vaterschaftsgutachten →Abstammungsgutachten.

Vatersname →Patronymikon.

Vaterunser, *Paternoster, Unser Vater*, das „Gebet des Herrn", das Jesus seinen Jüngern als Anleitung zum rechten Beten gab, in zwei Fassungen überliefert: Matth. 6 u. Lukas 11; gehört zu den Grundbestandteilen des christl. Gottesdienstes.

Vaticanum →Vatikanisches Konzil.

Vaticinium Lehninense →Lehninsche Weissagung.

Vatikan, Hügel *(Monte Vaticano)* im W Roms, auf dem sich im röm. Altertum der Zirkus des Nero befand, die Martyriumsstätte Petri. *Konstantin d. Gr.* errichtete dort die Peterskirche. Der heutige V.palast, Residenz des Papstes, geht auf einen im 9. Jh. mit der Peterskirche gegen die Sarazeneneinfälle ummauerten Bau zurück. Erst nach dem Exil von Avignon (14. Jh.) wurde der V. ständige Papstresidenz. Als erster plante *Nikolaus V.* den Neubau; *Sixtus IV.* ließ die Sixtinische Kapelle errichten, *Julius II.*, der auch den Neubau der Peterskirche in Angriff nahm, den Damasus- u. den Belvederehof. Unter Julius II. u. *Leo X.* schuf *Michelangelo* die Deckengemälde der Sixtin. Kapelle u. *Raffael* die nicht weniger berühmten Fresken in den Stanzen u. Loggien; unter *Paul III.* wurde die Kuppel von St. Peter vollendet. *Sixtus V.* erbaute den heutigen Wohnpalast u. die Bibliothek, *Alexander VII.* den Petersplatz u. die Scala regia. Spätere Zutaten sind der Braccio nuovo *(Pius VII.)* u. die Pinakothek *(Pius XI.)*. →Peterskirche, →Vatikanstadt, →Kirchenstaat.

Vatikanische Bibliothek, Rom, eine der kostbarsten Bibliotheken der Welt, um 1450 von Papst *Nikolaus V.* neu gegründet; umfaßt etwa 1 Mill. Bände, 60 000 Handschriften u. 5000 Inkunabeln.

Vatikanische Grotten, Unterkirche von St. Peter in Rom, bis auf wenige Ausnahmen die Begräbnisstätte der Päpste. Seit 1940 wurden dort Teile einer darunterliegenden antiken Gräberstadt freigelegt. Ob die 1950 gefundenen Gebeine, die Petrus zugeschrieben werden, tatsächl. von diesem stammen, läßt sich nicht mit Sicherheit beweisen.

Vatikanische Museen, von den Renaissancepäpsten begonnene Sammlungen, die seit dem 18. Jh. bes. unter *Benedikt XIV., Klemens XIV., Pius VI., Pius VII., Pius XI.* planmäßig erweitert wurden. Die V.nM. enthalten u. a. berühmte Werke des klass. Altertums, der Renaissance u. des Barocks; für etrusk. u. ägypt. Altertümer bestehen seit *Gregor XVI.* eigene Museen. Dem Hl. Stuhl gehört auch das Lateranmuseum mit Werken der antiken u. frühchristl. Kunst.

Vatikanisches Archiv, Archiv der päpstl. Zentralbehörde in Rom; entstand Anfang des 17. Jh. durch Zusammenlegung von Behördenarchiven; 1798 wurde ihm das von Papst Sixtus IV. errichtete Archiv der Engelsburg angeschlossen. Leo XIII. gab 1881 die Akten bis 1800 für die histor. Forschung frei, Pius XI. 1924 die bis 1846, Paul VI. die bis 1878.

Vatikanisches Konzil, *Vaticanum*, **1.** *Erstes V.K.*, das 1869/70 im Vatikan gehaltene Konzil (im kath. Sinn als „ökumenisch" bezeichnet), von Papst *Pius IX.* einberufen, offiziell nie abgeschlossen. Es verurteilte „modernist. Irrtümer" u. dogmatisierte die höchste, ordentl. u. unmittelbare Leitungsgewalt des Papstes über die Gesamtkirche sowie seine Unfehlbarkeit bei Lehrentscheidungen, durch die er in Glaubens- u. Sittenfragen die ganze Kirche binden will (heftig umstritten).
2. *Zweites V.K.*, das Konzil 1962–1965 im Vatikan, von Papst *Johannes XXIII.* einberufen u. von *Paul VI.* weitergeführt zur Selbsterneuerung der kath. Kirche u. zur Wiederannäherung der christl. Kirchen. 16 Dokumente wurden verabschiedet: über die hl. Liturgie, die sozialen Kommunikationsmittel, die Kirche, die kath. Ostkirchen, den Ökumenismus, die Hirtenaufgabe der Bischöfe in der Kirche, die zeitgemäße Erneuerung des Ordenslebens, die Ausbildung der Priester, die christl. Erziehung, das Verhältnis der Kirche zu den nichtchristl. Religionen, die göttl. Offenba-

rung, das Apostolat der Laien, die Religionsfreiheit, die Missionstätigkeit der Kirche, Dienst u. Leben der Priester, die Kirche in der Welt von heute. – ⌶ 1.9.4.

Vatikanische Sternwarte, die päpstl. Sternwarte in Castel Gandolfo; bekannt durch ihre Arbeiten auf dem Gebiet der Astrospektroskopie.

Vatikanstadt, Kirchenstaat, ital. *Stato della Città del Vaticano,* souveräner, zu dauernder Neutralität u. Nichtbeteiligung an internationalen Kongressen zur Schlichtung polit. Streitigkeiten verpflichteter Stadtstaat (kleinster der Erde) im westl. Rom, am rechten Tiberufer, umfaßt 0,44 qkm mit 1000 Ew., im N, S u. W durch Mauern abgegrenzt. Die V. hat einen eigenen Bahnhof u. auf italien. Gebiet einen eigenen Rundfunksender sowie außer dem Recht der Exterritorialität auch eigene Münz- u. Posthoheit.

Geschichte: Die V. ist religiöses u. polit. Zentrum der röm.-kath. Kirche, territoriale Grundlage der päpstl. Souveränität; Nachfolgestaat des →Kirchenstaats. Sie erhielt ihren Status als souveräner, völkerrechtsfähiger Staat durch die 1929 zwischen dem Papst u. dem Königreich Italien abgeschlossenen *Lateranverträge.*
Seit dem Staatsgrundgesetz vom 7. 6. 1929 wird die V. wie eine absolute (Wahl-)Monarchie regiert. Oberste gesetzgebende, vollziehende u. richterl. Gewalt liegen in den Händen des Papstes, bei Sedisvakanz beim Kardinalskollegium (Gesetze nur für die Dauer der Sedisvakanz). Organe: Kardinalskommission (3 Kardinäle) für Zivilverwaltung, der beratende Generalstaatsrat, ein Gerichtshof, der Gouverneur, die päpstl. Gendarmerie. Die traditionelle Schweizergarde, hervorgegangen aus den schweizer. Söldnern, übernimmt, mehr symbol., die militär. Funktionen.

Vatnajökull, größter Plateaugletscher Islands, 8410 qkm, rd. 2000 m hoch.

Vattel, Emmerich von, schweizer. Völkerrechtsgelehrter, *25. 4. 1714 Couvet, †28. 12. 1767 Neuenburg; Schüler von Christian *Wolff;* gehörte der *eklektischen Schule* an, die sich durch die gleichzeitige Befürwortung naturrechtl. Grundvorstellungen u. die Anerkennung positiver Normgebung auszeichnete. Hptw.: „Le droit des gens ou principes de la loi naturelle appliqués à la conduite et aux affaires des nations et des souverains" 2 Bde. 1758.

Vatten [schwed.], Bestandteil geograph. Namen: Gewässer, See.

Vättern, dt. *Wettersee,* See in Südschweden, südöstl. vom Vänern, 1912 qkm, bis 119 m tief.

Vauban [vo'bã], Sébastien le Prestre de, französ. Volkswirtschaftler u. Festungsbaumeister, *1. 5. 1633 St.-Léger-de-Fougeret (nach ihm später St.-Léger-Vauban), Dép. Yonne, †30. 3. 1707 Paris; zahlreiche Festungen, u.a. Metz u. Straßburg. Als Volkswirtschaftler war V. Physiokrat; er gehört zu den Begründern der Statistik.

Vaucheria [vo:'ʃe:-; die; nach dem schweizer. Botaniker Jean Pierre Étienne *Vaucher,* *1763, †1841], eine zu den *Xanthophyceae* gehörende *Alge,* mit verzweigten, vielkernigen Zellfäden.

Vaucluse [vo'klyːz], südostfranzös. Département an der unteren Rhône, 3566 qkm, 400 000 Ew.; Hptst. *Avignon.*

Vaud [voː], französ. Name für →Waadt.

Vaudeville [vodə'viːl; das; frz.], ursprüngl. Spottlied in der Normandie, im 18. Jh. heiteres Bühnenstück mit meist in Coupletform gehaltenen Gesangseinlagen, oft mit satirischer Tendenz; seit Anfang des 18. Jh. in Frankreich, später in ganz Europa verbreitet. Sammelbegriff für die Gattung des französischen Boulevardtheaters. In den USA, auch unter dem Namen *Music-Hall,* eine Art Varieté.

Vaughan [vɔːn], Henry, walis. Dichter, *17. 4. 1622 Llansantffraed, Breconshire, †23. 4. 1695 Llansantffread; Arzt; schrieb in engl. Sprache myst.-religiöse Gedichte: „Silex Suntillans" 1650.

Vaughan Williams [vɔːn 'wiljəms], Ralph, engl. Komponist, *12. 10. 1872 Down Ampney, Gloucestershire, †26. 8. 1958 London; schrieb, gestützt auf das engl. Volkslied u. die Musik der Tudorzeit, mehrere Opern („The Pilgrim's Progress" 1951) u. Ballette, Kirchenmusik, 9 Sinfonien (Chorwerk mit Orchester „A Sea Symphony" 1910), Kammermusik u. Lieder.

Vaupés, südwestkolumbian. Territorium (Comisaría), im trop. Regenwaldgebiet, 90 625 qkm, 17 700 Ew., Hptst. *Mitú.*

Vauquelin [vo'klɛ̃], Louis-Nicolas, französ. Chemiker, *16. 5. 1763 St.-André d'Hébertot, †14.

Vatikanstadt: Petersdom, Petersplatz (Mitte) und Engelsburg (im Hintergrund)

11. 1829 St.-André d'Hébertot; entdeckte Chrom u. Beryllium.

Vauthier [vot'tje], Jean, französ. Bühnenautor, *20. 9. 1910 Bordeaux; beeinflußt vom absurden Theater; „Kapitän Bada" 1952, dt. 1958; „Bis zum letzten Atemzug" 1955, dt. 1957; „Le sang" 1970.

Vava'u, Nordgruppe von 34 der Tongainseln, 143 qkm, 1300 Ew.; größte Insel V., 79,7 qkm, 518 m hoch, Höhlen; 1781 durch Spanier entdeckt.

VAW, Abk. für →Vereinigte Aluminium-Werke AG.

Växjö ['vɛkʃøː], *Vexjö, Wexjö,* Hptst. der südschwed. Prov. (Län) *Kronoberg,* 61 000 Ew.; Dom (13. Jh.); Handelsplatz; Bahnknotenpunkt.

Vazimba [-'zim-], **1.** alter Bevölkerungsrest unter den Sakalaven im W Madagaskars; Viehzüchter. **2.** *Zimba,* Bantustämme im NO des Tanganjikasees u. im S des Malawisees. **3.** Kriegerhorden, die im 16. Jh. Ostafrika durchzogen.

v. Chr., Abk. für *vor Christus.*

VDA, Abk. für →Verein für das Deutschtum im Ausland.

VDE, Abk. für →Verband Deutscher Elektrotechniker e.V.

VDEh, Abk. für →Verein Deutscher Eisenhüttenleute.

VDI, Abk. für →Verein Deutscher Ingenieure.

VDM, Abk. für →Vereinigte Deutsche Metallwerke AG.

VDS, Abk. für →Verband Deutscher Studentenschaften.

VEB, Abk. für *Volkseigener Betrieb* (→Volkseigentum).

Veba AG, Düsseldorf, bis 1970 *Vereinigte Elektrizitäts- und Bergwerks-AG* (Abk. *Veba*), gegr. 1929 als Dachgesellschaft einer Reihe von Unternehmen des preuß. Staates, 1965 teilprivatisiert. Gewinnung von Erdöl, Erdgas, Stromerzeugung, Mineralölverarbeitung u.a.; Grundkapital: 1,68 Mrd. DM; 81 400 Beschäftigte im Konzern; Tochtergesellschaften: *Preußische Elektrizitäts-AG,* Hannover; *Chemische Werke Hüls AG,* Marl; *Veba Oel AG,* Gelsenkirchen; *Veba Kraftwerke Ruhr AG,* Herne, u.a.

Veba Oel AG, Gelsenkirchen, Unternehmen der Mineralölindustrie, gegr. 1935, seit 1979 heutige Firma; Grundkapital: 600 Mill. DM (im Besitz der *Veba AG*); Mineralölgewinnung u. -verarbeitung; 10 000 Beschäftigte.

Veblen, Thorstein Bunde, US-amerikan. Soziologe u. Nationalökonom, *30. 7. 1857 Cato, Wis., †3. 8. 1929 Menlo Park, Calif.; vertrat die Ansicht, die Gesellschaft sei eine Industriemaschine, u. die Klasse der vornehmen Müßigen *(leisure class)* sei darin ein hemmendes Element. Sein technologischer Determinismus ist im Gegensatz zu dem von Marx nicht ethisch motiviert. Hptw.: „The Theory of the Leisure Class" 1899, dt. „Die Theorie der feinen Leute" 1957.

Vecchi ['vɛki], Orazio, italien. Komponist, getauft 6. 12. 1550 Modena, †19. 2. 1605 Modena; schrieb die Madrigalkomödie „L'Amfiparnaso" 1597, bei der mit den Mitteln der Polyphonie musikdramat. Wirkungen erzielt wurden.

Vecchietta [ve'kjɛta], eigentl. Lorenzo di *Pietro,* italien. Maler, Bildhauer u. Architekt, *vor 1412 Castiglione di Val d'Orcia, †6. 6. 1480 Siena; einflußreich für die sienes. Meister der folgenden Generation. Hptw.: Bronze-Ciborium auf dem Hochaltar des Doms in Siena 1467–1472.

Vecchio ['vɛkjo] →Palma Vecchio.

Vecelli [-'tʃɛli], Tiziano →Tizian.

Vecht [vɛxt], **1.** →Vechte. **2.** *Utrechtsche V.,* Mündungsarm des Rheins, fließt nördl. von Utrecht ins IJsselmeer.

Vechta ['fɛçta], niedersächs. Kreisstadt im Oldenburger Münsterland, 23 000 Ew.; Abteilung der Universität Osnabrück; Herstellung landwirtschaftl. Maschinen, Torf-, Ziegel-, Möbelindustrie. – Ldkrs. V.: 812 qkm, 98 000 Ew.

Vechte, ndrl. *Vecht, Overijsselsche Vecht, De Vecht,* dt.-niederländ. Fluß, 207 km, entspringt nordwestl. von Münster (Westf.), mündet nördl. von Zwolle ins IJsselmeer. Der *Ems-V.-Kanal* verbindet die V. mit der Ems.

Veda →Weda.

Vedat Nedim Tör, türk. Theaterschriftsteller, *1897 Istanbul; seine Dramen behandeln sozialkrit., psycholog. u. polit. Themen.

Vedder, Elihu, US-amerikan. Maler, *26. 2. 1836

Vedova

New York, † 29. 1. 1923 Rom; trat mit visionären Gemälden hervor, in denen die Tradition der europ. Landschaftsmalerei nachklingt.

Vẹdova, Emilio, italien. Maler, * 9. 8. 1919 Venedig; Autodidakt, begann mit Innen- u. Außenansichten venezian. Bauwerke u. expressionist. Arbeiten mit sozialkrit. Tendenz, kam dann über Bilder mit splittrigen Form- u. Farbkeilen zu seinen aufklappbaren „Plurimi", in die seit 1967 auch Licht u. Ton einbezogen werden.

Vedụte [die; ital.], **1.** *Malerei:* wirklichkeitsgenaue Ansicht einer Landschaft oder Stadt, die in meist breitem Format mit entspr. Blickwinkel eine große Ausschnittwiedergabe anstrebt, meist mit Staffagefiguren; seit dem 15. Jh. in der Graphik verbreitet (am bekanntesten die Stiche M. *Merians*), als autonome Gemäldegattung bes. in der italien. Kunst des 18. Jh. gepflegt (A. *Canaletto* u. a.). Als *Ideal-V.* wird die Wirklichkeitselemente frei variierende V.nkunst bezeichnet (G. B. *Piranesi*, H. *Robert*). Verwandt sind der *Prospekt*, eine stark mit perspektiv. Mitteln arbeitende Form der Architekturansicht (bes. im Bühnenbild; Hauptmeister: Mitglieder der Familie *Galli da Bibiena*, 18. Jh.), sowie das *Panorama*, eine nach einem Sehwinkel bis zu 360° gearbeitete, oft flächengewölbte Stadt- oder Landschaftswiedergabe. **2.** *Wehrtechnik:* im Festungsbau des 15.–18. Jh. hochgelegener oder vorgeschobener befestigter Beobachtungspunkt.

Veen [fe:n; ndrl. ve:n], Bestandteil geograph. Namen: Torfmoor.

Veen [ve:n], Otto (Otho) van, fläm. Maler, * 1556 Leiden, † 6. 5. 1629 Brüssel; schuf religiöse u. histor. Bilder sowie zahlreiche Stichvorlagen in einem vom romantisierenden Manierismus zum fläm. Barock überleitenden Stil.

Veendam [ve:n'dam], Stadt in der niederländ. Prov. Groningen, am Stadskanaal, südöstl. von Groningen, 24 000 Ew.; Industrie- (Papier, Möbel, Textilien) u. Handelszentrum der Moorkolonien.

Veenendaal ['ve:-], Stadt in der niederländ. Prov. Utrecht, westl. von Arnheim in der Landschaft *Geldersche Vallei*, 30 300 Ew.

VEG, Abk. für →Volkseigene Güter.

Vẹga [span.], auf der Pyrenäenhalbinsel Bez. für künstlich bewässerte, intensiv bewirtschaftete u. fruchtbare Talebenen.

Vẹga, 1. Garcilaso de la →Garcilaso de la Vega. **2.** Ventura de la, span. Schriftsteller, * 14. 7. 1807 Buenos Aires, † 28. 11. 1865 Madrid; seit 1818 in Spanien; schrieb klassizist. Lyrik, Salonstücke u. Singspiele; bekannt durch die Komödien „Don Quijote de la Mancha en Sierra Morena" 1832 u. „El hombre de mundo" 1845.

Vẹga Cạrpio, Lope Félix de, kurz *Lope de Vega* genannt, span. Dichter, * 25. 11. 1562 Madrid, † 27. 8. 1635 Madrid; seit 1590 Sekretär des Herzogs Alba, später des Grafen Lemos; Priesterweihe 1614. V. C. war der fruchtbarste Dramatiker Spaniens u. der Schöpfer u. Vollender des span. Nationaltheaters (Programmschrift „Arte nuevo de hacer comedias" 1609). Er prägte die klass. Form der Comedia mit 3 Akten, wechselnden Versmaßen u. der Figur des „Gracioso" (des lustigen Gegenspielers des Helden); er schuf das „Mantel- u. Degenstück", das Volksdrama, in dem das Recht des Volks gegen die Übergriffe des Adels herausgestellt wird, sowie mytholog. u. Schäferstücke. Von den mehr als 1500 Comedias, die V. C. geschrieben haben soll, sind etwa 500 erhalten (am bekanntesten ist der „Richter von Zalamea" in der Bearbeitung von Calderón de la Barca); dazu kommen Gedichte, Romane, Epen, Autos Sacramentales u. a. – 📖 3.2.3.

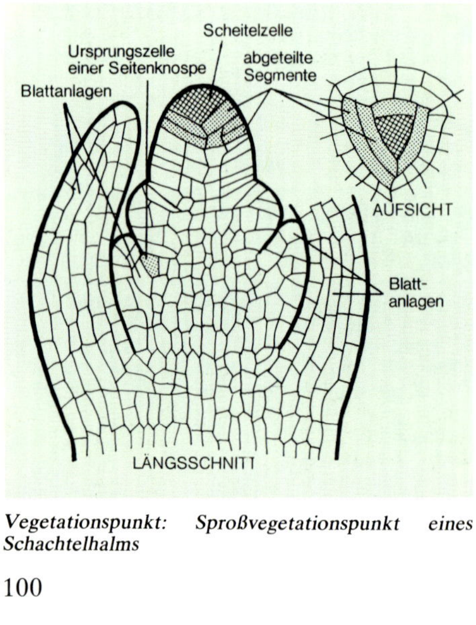

Vegetationspunkt: Sproßvegetationspunkt eines Schachtelhalms

Vẹgesack, Siegfried von, Schriftsteller, * 20. 3. 1888 Gut Blumbergshof, Livland, † 26. 1. 1974 Burg Weißenstein, Bayer. Wald; schilderte seine Heimat in der Romantrilogie „Balt. Trilogie" 1933–1935, 1938 unter dem Titel „Die balt. Tragödie", u. in „Vorfahren u. Nachkommen" 1960; schrieb auch Gedichte u. Kinderbücher.

Vegetabịlien [lat.], Pflanzen, Pflanzenstoffe, bes. die pflanzl. Nahrungsmittel.

Vegetarismus [lat.], Ernährungsweise mit pflanzl. Kost. Der strenge V. lehnt alle vom Tier gewonnenen Nahrungsmittel (Fleisch, Fett, Milch u. Milchprodukte, Fisch u. Eier) für die Ernährung ab u. hält nur Gemüse, Wurzeln u. Früchte für naturgemäß. Der weniger strenge V. erlaubt Milch u. Eier als von der Natur zur Aufzucht junger Pflanzenfresser erzeugte u. bestimmte Nahrungsstoffe.

Vegetation [lat.], **1.** *allg.:* Pflanzenwuchs, Pflanzendecke.
2. *Botanik:* Gesamtheit der Pflanzenwelt eines Gebiets, setzt sich aus →Pflanzengesellschaften zusammen. – 📖 9.1.6.

Vegetationsgeographie, Teilgebiet der phys. Geographie, bes. der Biogeographie, untersucht das natürl. Pflanzenkleid der Erde in seiner landschaftl. Erscheinung. Die *allg. V.* befaßt sich mit der Grundlagenforschung (Wuchs-, Arealformen, Bestandteile der Vegetation, Verbreitungsursachen), den chorolog. (landschaftskundl.) Aspekten (Typologie biogeograph. Räume) u. der Landschaft selbst, als Bindeglied zwischen allg. u. spezieller Geographie. – Von der botan. *Pflanzengeographie* unterscheidet sich die V. dadurch, daß sie nicht die Verbreitung der Vegetation, sondern ihren Landschaftscharakter untersucht. – 📖 6.0.4.

Vegetationsgeschichte →Florengeschichte.

Vegetationskult, zum großen Teil aus mutterrechtl. Zeiten stammende Bräuche, die Wachstum u. Fruchtbarkeit der Wiesen u. des Getreides fördern sollen. Der Hauptteil des V.s ist die kult. Hochzeit der Wachstumsgöttin mit einem jungen Gott (Vegetationsgottheiten bes. im alten Orient).

Vegetationsperiode, in den Gebieten mit Klimaperiodizität (überall auf der Erde außer in den immer feuchtwarmen trop. Regenwäldern) die Jahreszeiten, in denen die Pflanzen blühen, fruchten u. reifen.

Vegetationspunkt, die Initialzone, aus der sich das Bildungsgewebe der pflanzl. Sproß- u. Wurzelspitzen *(Vegetationskegel)* entwickelt; bei niederen Pflanzen eine einzelne Scheitelzelle, die nach rückwärts Segmente abgliedert, bei den Samenpflanzen eine Zellgruppe, deren Zellen sich parallel u. senkrecht zur Oberfläche teilen können.

vegetatịv [lat.], **1.** *Biologie:* 1. pflanzlich, zur Vegetation gehörig; Ernährung, Fortpflanzung u. Wachstum betreffend, z. B. *v.e Organe.* – 2. ungeschlechtlich, z. B. *v.e Vermehrung.*
2. *Physiologie der Tiere:* dem Willenseinfluß entzogen, autonom; →vegetatives Nervensystem.

vegetative Dystonịe [lat. + grch.], Abk. *VD*, allg. Bez. für ein sehr verschiedengestaltiges Syndrom (Krankheitsbild), dessen Ursachen in einer funktionellen Störung des Gleichgewichts zwischen sympathischem u. parasympathischem Anteil des vegetativen Nervensystems liegen.

vegetative Fortpflanzung →Fortpflanzung.

vegetatives Nervensystem, *unwillkürliches, viscerales, Lebensnervensystem, Eingeweidesystem,* ein nicht direkt vom Zentralnervensystem steuerbares Nervensystem, an das vor allem die inneren Organe angeschlossen sind (Herz, Verdauungsorgane, Leber, Niere, Geschlechtsorgane). Seine Funktion besteht in der Konstanthaltung des inneren Milieus auch bei Belastung des Organismus. Es besteht aus zwei im Aufbau u. in der Funktion verschiedenen Teilen, die oft als Gegenspieler auftreten. Das *sympathische System* nimmt seinen Ursprung an Nervenzellen des Rückenmarks, die als Grenzstrang *(Sympathicus)* zu beiden Seiten der Wirbelsäule verlaufen. Das *parasympathische System* beginnt im Mittelhirn u. dem verlängerten Mark u. zieht vor allem als zehnter →Gehirnnerv *(Vagus)* in den Körper. Durch Verstärkung der Sympathicusinformation werden Arbeitsleistung, Flucht- u. Angriffsbereitschaft erhöht. Vorgänge der Erholung wie geringere Kreislaufarbeit, Aktivierung der Verdauung werden durch parasympathischen Einfluß gesteigert. – 📖 9.3.1.

vegetative Vermehrung, die ungeschlechtl. →Fortpflanzung.

Veidt [f-], Conrad, Filmschauspieler, * 22. 1. 1893 Berlin, † 4. 3. 1943 Hollywood; Schüler M. *Reinhardts*, dämon. Charakterdarsteller, bes. markant im Stummfilm seit 1917; verließ Dtschld. 1932.

Veil [vɛi], Simone, französ. Politikerin (Liberale), * 13. 7. 1927 Nizza; Juristin; 1974–1979 Gesundheits-Min.; seit 1979 Präs. des Europ. Parlaments. 1981 Karlspreis.

Veilchen, *Viola*, artenreiche Gattung der *V.gewächse* mit Verbreitung bes. in der nördlichen gemäßigten Zone. Von den dt. Arten sind bes. verbreitet: *März-V., Viola odorata; Rauhes V., Viola hirta; Wald-V., Viola silvatica; Hunds-V., Viola canina.* →auch Stiefmütterchen.

Veilchengewächse, *Violaceae*, Familie der *Parietales*, mit meist dorsiventralen Blättern; zu ihnen gehören z. B. Veilchen u. Stiefmütterchen.

Veilchenholz, das wohlriechende, schwere u. dunkle Holz der australischen *Myallakazie, Acacia homalophylla.*

Veilchenwurzel, *Florentiner Wurzel*, Wurzelstock der Florentiner →Schwertlilie.

Vẹiling [ndrl.], eine Form der Versteigerung, bei der der Angebotspreis von einem Höchstpreis aus so lange fällt, bis ein Käufer durch Betätigung eines Schalters die Anzeigeuhr stoppt, um zu dem dann angezeigten Preis zu kaufen.

Veit [lat. *vitus*, „willig"], männl. Vorname.

Veit, 1. Dorothea →Schlegel, Dorothea.
2. Philipp, Maler, * 13. 2. 1793 Berlin, † 18. 12. 1877 Mainz; Schüler von C. D. *Friedrich*, 1815–1830 in Rom, schloß sich dort den Nazarenern an u. beteiligte sich an der Ausführung ihrer Fresken in der Casa Bartholdy. V. malte insbes. religiöse Bilder in klassizist.-romant. Stil u. hinterließ bedeutende Porträtzeichnungen.

Veitsch, österr. Dorf in der nördl. Steiermark, nahe dem Mürztal, am Fuß der *V.alpe* (1982 m), 664 m ü. M., 4400 Ew.; Magnesitbergwerk.

Veitshọ̈chheim, bayer. Gemeinde in Unterfranken, am Main, nordwestl. von Würzburg, 7700 Ew.; Barockschloß u. -park; Akademie für Wein-, Obst- u. Gartenbau.

Veitstanz, *Chorea*, Erkrankung des Nervensystems mit unwillkürl. Muskelzuckungen u. ungeordneten Bewegungen: 1. die Form *Chorea minor* befällt vorwiegend Kinder u. ist eine infektiös-toxische Erkrankung; tritt auch (selten) bei Schwangeren auf. – 2. eine erbl., meist erst bei Erwachsenen auftretende Entartung der Stammhirnkerne führt zur *Huntingtonschen Chorea* (Erb-Chorea).

Vẹji, bedeutende Stadt der Etrusker nördl. von Rom; gehörte zum *Zwölfstädtebund*; 396 v. Chr. von dem röm. Diktator *Camillus* erobert u. zerstört. Bedeutende Reste: Wandmalereien in Grabkammern, Terrakottastatue „Apollo von V." (heute Rom, Museum der Villa Giulia).

Vejle ['vailə], *Veile*, Hptst. der dän. Amtskommune V. (2991 qkm, 307 000 Ew.) u. Hafenstadt an der Ostküste Jütlands, am *V.fjord*, 50 000 Ew.; Dom (12. Jh.); Textil- u. Maschinenindustrie.

Vẹktor [der, lat.], **1.** *Mathematik:* Klasse von gleich langen u. gleich gerichteten Pfeilen, meist dargestellt als geordnetes Paar oder Tripel der Koordinaten oder Komponenten (d. h. der Differenzen der Koordinaten), der Endpunkte eines beliebigen Vertreters der Pfeilklasse in einem rechtwinkligen Koordinatensystem [in der Ebene (x_1, x_2), im Raum (x_1, x_2, x_3)] oft auch als einspaltige Matrix geschrieben. V.en lassen sich addieren: geometrisch durch Aneinandersetzen der Pfeile nach Größe u. Richtung zu einem V.dreieck oder -parallelogramm, algebraisch durch Addition der entsprechenden Komponenten: $(x_1, x_2, x_3) + (y_1, y_2, y_3) = (x_1 + y_1, x_2 + y_2, x_3 + y_3)$. Die V.-Addition ist assoziativ u. kommutativ. Entsprechend läßt sich die Subtraktion erklären. Durch die Gleichung $V + 0 = V$ ist der Null-V. definiert. V.en lassen sich mit einer reellen Zahl *(Skalar)* multiplizieren (S-Multiplikation): $a\,(x_1, x_2, x_3) = (ax_1, ax_2, ax_3)$. Das S-Produkt ist ein V. gleicher Richtung, aber a-facher Länge. Es gelten ein Assoziativgesetz: $a\,(bV) = (ab)\,V = (ba)\,V = b\,(aV)$ u. zwei Distributivgesetze: $(a + b)\,V = aV + bV$ u. $a\,(V_1 + V_2) = aV_1 + aV_2$. Vom S-Produkt ist zu unterscheiden das skalare Produkt zweier V.en, $V_1 \cdot V_2$ (gelesen V_1 Punkt V_2, daher auch Punktprodukt), eine reelle Zahl (Skalar), errechnet als Produkt aus den Längen der V.en u. dem Kosinus des Zwischenwinkels, in Komponenten $x_1\,y_1 + x_2\,y_2 + x_3\,y_3$.

Diego Velázquez: Die Toilette der Venus (Rokeby Venus); 1651. London, National Gallery

Der Betrag (Länge) eines V.s ist

$$|V| = \sqrt{V^2} = \sqrt{x_1^2 + x_2^2 + x_3^2}.$$

Das vektorielle Produkt $V_1 \times V_2$ (gelesen V_1 Kreuz V_2, daher Kreuzprodukt) ist ein V., der auf dem von den beiden Faktoren aufgespannten Parallelogramm senkrecht steht u. dessen Längenmaßzahl gleich der Flächenmaßzahl jenes Parallelogramms ist. Das Kreuzprodukt ist nicht kommutativ, es gilt $A \times B = -B \times A$. Im n-dimensionalen Raum ist ein V. darstellbar als geordnetes n-Tupel von Zahlen, meist als einspaltige →Matrix geschrieben.
2. *Physik:* eine durch Betrag u. Richtung gegebene Größe, z. B. Kraft, Feldstärke. Gegensatz: *Skalar,* richtungsunabhängig, z. B. Zeit, Masse, Temperatur.

Vektordiagramm, *Medizin: Vektorkardiogramm,* räuml. Darstellung des Erregungsablaufs am Herzen, gewonnen aus den drei von den Extremitäten abgeleiteten Elektrokardiogrammen.

Vektorraum, Begriff der modernen Mathematik. Eine Menge von →Vektoren $L = \{V_1, V_2, ..., V_n\}$ heißt *linearer V.* über einem algebraischen →Körper K, wenn a) eine assoziative u. kommutative Addition der Vektoren erklärt ist. Die Vektoren des linearen V.s bilden hinsichtl. die Addition eine Abelsche →Gruppe (3) mit dem Nullvektor als neutralem Element u. dem Gegenvektor $-V$ (gleicher Betrag, entgegengesetzte Richtung); als inversem Element u. b) eine *S-Multiplikation* (Multiplikation eines Skalars mit einem Vektor) mit Elementen aus K erklärt ist, für die ein Assoziativ- u. zwei Distributivgesetze gelten. Diese beiden Operationen ermöglichen die Bildung von Vielfachsummen (linearen Kombinationen): $a_1 V_1 + a_2 V_2 + a_3 V_3 + a_4 V_4 + ... + a_n V_n$. Vektoren eines linearen V.s heißen *linear abhängig,* wenn es n Zahlen $a_1, ..., a_n$ aus K gibt, die nicht alle $= 0$ sind, so daß die Vielfachsumme $a_1 V_1 + ...+ a_n V_n = 0$, dem Nullvektor, ist. Ist dies nicht der Fall, so heißen die Vektoren *linear unabhängig.* Ein linearer V. ist *n*-dimensional, wenn es in ihm höchstens n linear unabhängige Vektoren gibt. Ein System von n linear unabhängigen Vektoren bildet eine Basis des linearen V.s. Aus ihnen kann jeder Vektor des linearen V.s als Linearkombination gebildet werden. Die Vektoren einer Basis können durch n beliebige andere, linear unabhängige Vektoren des linearen V.s ersetzt werden. Vektoren im Sinne der Definition des linearen V.s können nicht nur solche im üblichen Sinne (gerichtete Größen, Pfeilklassen) sein, sondern auch Polynome, lineare Gleichungen mit n Variablen u. a.

Vektorrechnung, Teilgebiet der Mathematik; man unterscheidet zwei Rechenverfahren für Vektoren: 1. *Vektoralgebra* mit den Rechnungsarten Addition, Subtraktion u. 2 Arten von Multiplikationen: die „skalare" u. die „vektorielle" Multiplikation (→Vektor [1]). – 2. *Vektoranalysis,* Grundbegriff ist das *Feld,* d.i. ein Raum, in dessen Punkten sich Vektoren befinden (z. B. Kräfte). Die Zusammenhänge zwischen ihnen werden in der Analysis behandelt. Grundlegende Begriffe sind *Gradient, Divergenz, Rotor, Nabla.* – Die V. vereinfacht die Überlegungen, bes. in Geometrie, Analysis, Differentialgeometrie u. der Physik, bedeutend. Begründer der V. sind H. *Graßmann* u. R. *Hamilton.* – ⌷ 7.3.7.

Velar [der; lat.], *Velarlaut, Gaumensegellaut,* am *Velum* (Gaumensegel) gebildeter Laut, z. B. dt. k, g in „Kunst, Gunst" gegenüber k, g in „Kind, Gitter" *(Palatale).* →auch Laut.

Velasco Alvarado, Juan, peruan. Offizier u. Politiker, * 16. 6. 1910 Piura, † 24. 12. 1977 Lima; stürzte 1968 Präs. F. *Belaúnde* Terry; 1968–1975 Staats-Präs.; nahm tiefgreifende Sozialreformen in Angriff („peruan. Modell").

Velasco Ibarra, José María, ecuadorian. Politiker, * 19. 3. 1893 Quito, † 30. 3. 1979 Quito; war 1934/35, 1944–1947, 1952–1956, 1960/61 u. 1968–1972 Staats-Präs. (mehrfach gestürzt u. wiedergewählt); versuchte vergebl. mit einer Landreform den wirtschaftl. Schwierigkeiten zu begegnen.

Velázquez [vɛˈlaθkɛθ], Velasquez, Diego Rodriguez de Silva, span. Maler, getauft 6. 6. 1599 Sevilla, † 7. 8. 1660 Madrid; seit 1623 Hofmaler Philipps IV. Schwiegersohn von F. *Pacheco*. Anfangs stand seine Kunst im Zeichen der von *Caravaggio* ausgehenden Hell-Dunkel-Malerei, aus der sie sich zu immer helleren Farbklängen u. gelöster Malweise entwickelte. Die bis 1629 entstandenen Bilder sind von kräftiger Plastizität u. derber Naturauffassung („Die Trinker" 1629). Die zweite, unter dem Einfluß von Tintoretto stehende Schaffensperiode (bis 1648) ist durch höfische Bildnisse (Philipp IV., Infant Balthasar Carlos, Olivarez) sowie durch religiöse Darstellungen von vornehmer Schlichtheit gekennzeichnet. Daneben entstanden monumentale Verkörperungen zeitgenöss. Ereignisse („Die Übergabe von Breda" 1634/35), immer jedoch im Hinblick auf die Gestaltung malerischer Farbatmosphäre. Den Höhepunkt seiner Kunst bildet mit skizzenhaft leichtem Farbauftrag die Spätwerk, von den Bildnissen (Papst Innozenz X. 1649; Infantin Margueriita u. a.) u. „Las Meninas", 1656, gekrönt wird. Das Gemälde der „Teppichwirkerinnen", 1657, lange als profanes Arbeitsbild angesehen, wird neuerdings als mytholog. Darstellung gedeutet. Andere Hptw.: Bildnis Philipps IV. 1623; „Der blutige Rock Josephs" 1630; „Die Schmiede des Vulkans" 1630; Jägerbildnis Philipps IV. u. des Prinzen Ferdinand von Österreich. – ⌷ →Spanien (Geschichte), →spanische Kunst. – ⌷ 2.4.8.

Velbert, Stadt in Nordrhein-Westfalen, nordwestl. von Wuppertal, 96 000 Ew.; Schloß- u. Beschlagindustrie; Dt. Schloß- u. Beschlägemuseum.

Veld [fɛlt; afrikaans], Bestandteil geograph. Namen: Feld; ursprüngl. flaches, offenes Land, heute Landschaftsname.

Velde, 1. Adriaen van de, Sohn von 5), holländ. Maler u. Radierer, getauft 30. 11. 1636 Amsterdam, begraben 21. 1. 1672 Amsterdam. Sein Werk umfaßt anmutige, hellfarbige Landschaften, bes. Weide-, Strand- u. Winterbilder mit feingezeichneten Gruppen von Figuren u. Tieren.
2. Esaias van de, Bruder von 5), holländ. Maler u. Radierer, * um 1591 Amsterdam, begraben 18. 11. 1630 Den Haag; Lehrer von J. van *Goyen.* Figurenbelebte Sommer- u. Winterlandschaften, Genrebilder, Reitergefechte u. Plünderungsszenen.
3. Henry van de, belg. Architekt u. Kunstgewerbler, * 3. 4. 1863 Antwerpen, † 27. 10. 1957 Zürich; als Maler ausgebildet; entwarf zunächst Möbel in einem sich von histor. Formen bewußt distanzierenden Stil, der das funktionelle Element mit linearer Ornamentik im Sinn des *Jugendstils* betont. Erste größere Innenausstattungen schuf van de V. 1896–1899 in Paris; danach arbeitete er hauptsächl. in Dtschld. Großen Einfluß auf die Entwicklung des Jugendstils nahm van de V. durch seine Tätigkeit an der von ihm 1906 mitgegründeten Kunstgewerbeschule in Weimar. Dieser Bau, das Werkbundtheater in Köln (1914) u. das Kröller-Müller-Museum in Otterlo sind van de V.s architekton. Hptw., gekennzeichnet durch zunehmenden Verzicht auf Ornament u. Dekor. Seit 1927 leitete van de V. in Brüssel das von ihm gegr. *Institut des arts décoratifs de la chambre;* seit 1947 lebte er in der Schweiz. Er schrieb u. a. „Formules de la beauté architectonique moderne" 1917; „Geschichte meines Lebens" 1962.
4. Theodor Hendrik van de, holländ. Frauenarzt u. Sexualforscher, * 12. 2. 1873 Leeuwarden, † 27. 4. 1937 Flugzeugabsturz; Hptw.: „Die vollkommene Ehe" 1926; „Die Abneigung in der Ehe" 1928; „Die Fruchtbarkeit in der Ehe" 1929.
5. Willem van de, d. Ä., Vater von 1) u. 6), holländ. Zeichner, * um 1611 Leiden, † 13. 12. 1693 London; für die brit. Admiralität tätig; sorgfältige, histor. getreue Darstellungen von Seegefechten u. Flottenparaden sowie Einzelstudien von Schiffen.
6. Willem van de, d.J., Sohn von 5), holländ. Maler, getauft 18. 12. 1633 Leiden, † 6. 4. 1704 London; seit 1673 engl. Hofmaler; einer der einflußreichsten holländ. Marinemaler; stellte in maler. Luft- u. Lichtmalerei u. zeichner. Präzision Hafenansichten, Seestürme sowie histor. Seeschlachten u. -paraden dar.

Veldeke →Heinrich von Veldeke.

Velden, österr. Markt in Kärnten, am Westende des Wörther Sees, 7500 Ew.; vielbesuchter Kur- u. Badeort; Schloß (16. u. 18. Jh., heute Hotel).

Veldhoven [ˈvɛltho:və], Gemeinde in der niederländ. Prov. Nordbrabant, 27 700 Ew.; Landwirtschaft, Zigarren-, Textil- u. Metallwarenindustrie.

Velebit, Gebirge im kroat. Karst an der dalmatin. Küste (Jugoslawien), erreicht 1758 m.

Henry van de Velde: Halle des Karl-Ernst-Osthaus-Museums in Hagen; 1900–1902

Vélez de Guevara

Vélez de Guevara [ˈvɛlɛθ ðə gɛˈvara], Luis, span. Erzähler u. Dramatiker, *Juli 1579 Ecija, Sevilla, †10.11.1644 Madrid; schrieb mehr als 400 Bühnenwerke, die sich durch Witz, Psychologie u. Verwendung volkstüml. Elemente auszeichnen. Als Erzähler wurde er durch den „Diablo cojuelo" 1641 berühmt, eine Satire in der Form eines Schelmenromans (von A. R. Lesage bearbeitet).

Velhagen & Klasing, Verlag in Bielefeld u. Berlin, gegr. 1835 in Bielefeld von August *Velhagen* (*1809, †1891) u. August *Klasing* (*1809, †1897) 1954 von Franz *Cornelsen* (*1908) übernommen; Schulbücher, Zeitschriften („Velhagen & Klasings Monatshefte" 1886–1953) u. kartograph. Werke. Mehrere Beteiligungsfirmen.

Veligerlarve [lat.], planktische Schwimmlarve der meerbewohnenden Muscheln u. vieler Schnecken, die mit einem 2- bis mehrlappigen, bewimperten Segel umherschwimmt. Sie trägt auf dem Rücken die gewundene Embryonalschale u. auf der Bauchseite den Fußhöcker u. die Mantelhöhle. Die V. entsteht aus einer →Trochophora.

Veliki-Bački-Kanal [-ˈbatʃki-], *Franzenskanal*, später *König-Peter-Kanal* („*Großer Kanal*"), jugoslaw. Kanal zwischen Donau u. Theiß, 123 km.

Velin [vəˈlɛ̃; das; frz.], Papier mit glatter Oberfläche u. klarer Durchsicht (ohne Wasserzeichen oder Filzrippung).

VELKD, Abk. für →Vereinigte Evangelisch-Lutherische Kirche Deutschlands.

Vella Lavella, Insel in der inneren (südl.) Reihe der Salomonen, 37 km lang, bergig, 914 m hoch, mit Vulkanen, Fumarolen u. Thermen, 3500 Ew.; Missionsstation, Flugplatz.

Velleius Paterculus, Gaius, röm. Reiteroffizier u. Geschichtsschreiber, *um 20 v.Chr.; schrieb einen Abriß der röm. Geschichte in 2 Büchern.

Velletri, italien. Stadt in Latium, 37000 Ew.; Dom San Clemente (12. Jh.); Gemüse- u. Weinbau.

Velmerstot [die], höchster Berg im Teutoburger Wald (Nordrhein-Westfalen), südöstl. der Externsteine, 468 m.

Velours [vəˈluːr; der; frz.], 1. Gewebe aus Streichgarn, das durch Rauhen der Fasern eine samtähnl. Oberfläche erhält. – 2. *Kettsamt* →Samt.

Veloursleder [vəˈluːr-], chromgegerbtes Kalb-, Ziegen- oder Schafleder, dessen samtartig geschliffene Fleischseite Schauseite ist.

Velouté [vəluˈteː; die; frz.], weiße Grundsoße aus Butter, Mehl, Fleischbrühe u. Gewürzen für Geflügel-, Kalbs- u.a. Fleischgerichte.

Velpeau [vɛlˈpoː], Alfred, französ. Chirurg, *18.5.1795 Brèche, Indre-et-Loire, †18.8.1867 Paris; nach ihm benannt der *V.sche Verband*, ein Bindenverband bei Schlüsselbeinbruch.

Velsen [ˈvɛl-], Stadt in der niederländ. Prov. Nordholland, am Nordseekanal, 67600 Ew.; roman. Kirche (11.–12. Jh.); Schiffbau, Hütten-, Stahl-, Papier-, Zement- u. chem. Industrie.

Velten, Stadt im Krs. Oranienburg, Bez. Potsdam, im Havelland nordwestl. von Berlin, 9600 Ew.; keram. (Kachelofen-) u.a. Industrie.

Veltlin, ital. *Valtellina*, breites Längstal der oberen Adda (zum Po) in Oberitalien, zwischen Bergamasker Alpen u. Bernina u. dem nördl. Comer See, Hauptort *Sòndrio*; Obst-, Weinbau (*V.er Wein*);

durch die Berninabahn erschlossen. – Im MA. zur Lombardei gehörig, wurde das V. 1512 von Graubünden erobert (1620 *V.er Protestantenmord*), 1797 der Zisalpin. Republik zugeschlagen, 1814 österr., seit 1859 italien.

Velum [das; lat., „Segel"], 1. *Anatomie*: *Gaumensegel*, →Gaumen. 2. *Liturgie*: ein im christl. Gottesdienst verwendetes liturg. Tuch, z.B. der Behang des Kelchs (*Kelch-V.*) u. des Ciboriums (*Ciboriums-V.* oder *-Mäntelchen*) u. das *Schulter-V.*, das der Priester beim sakramentalen Segen trägt.

Velur, *Vellore*, ind. Stadt in Tamil Nadu, westl. von Madras, 125000 Ew.; Verkehrsknotenpunkt; Handel mit Getreide, Edelhölzern u. Teppichen.

Veluwe [ˈveːlyːwə], sandige Geestlandschaft im W der niederländ. Prov. Gelderland, südöstl. des IJsselmeers; bis 110 m hohe Moränenhügel; Weiden u. Tabakanbau.

Velvet [der; englisch], *Schußsamt* →Samt.

Velveton [der; englisch], durch Rauhen eines kräftigen Baumwollatlasstoffs erzielte Samtimitation; verwendet für wildlederähnliche Oberbekleidung u. als Taschenfutter.

Venantius Fortunatus, *Venantius Honorius Clementianus Fortunatus*, latein.-christl. Dichter aus Oberitalien, *um 530, †um 600; Hofdichter der merowing. Könige, später Bischof; schrieb außer prosaischen Heiligenleben ein Epos vom Leben des hl. Martin von Tours u. mehr als 200 Gedichte.

Venda, Bantu-Homeland im nordöstl. Transvaal (Südafrika), 6044 qkm, 450000 Ew., Hptst. *Thohoyandou*; Anbau von Mais, Gemüse, trop. Früchten, Tee, Baumwolle; Fremdenverkehr. – V. erhielt 1973 von der Rep. Südafrika die innere Selbstverwaltung u. 1979 die Unabhängigkeit.

Vendée [vãˈdeː], 1. rechter Nebenfluß der Sèvre Niortaise in Westfrankreich, 70 km; entspringt an den *Hauteurs de la Gâtine* (259 m hoch), mündet bei Fontenay. 2. westfranzös. Département am Atlant. Ozean, südl. der Mündung der Loire, 6721 qkm, 450000 Ew.; Hptst. *La Roche-sur-Yon*. – Der Aufstand der konservativen Bevölkerung in der V. gegen die Französ. Revolution führte 1793–1796, vor allem nach der Hinrichtung Ludwigs XVI., zu einem grausamen Bürgerkrieg.

Vendel, Ort in der Provinz Uppland (Schweden), in dem ein Bootgräberfeld der Wikingerzeit (7.–10. Jh. n. Chr.) gefunden wurde. Die Toten waren in 7,5–10,5 m langen Booten in Grabgruben ohne Hügelaufschüttung bestattet u. außergewöhnlich reich mit Beigaben versehen; neben den Booten waren Pferde, Rinder, Hunde u. andere Haustiere niedergelegt worden. Nach der reichen Tierornamentik (Tierstil) an Waffen u. Schmuck spricht man vom *V.stil*. 2 km westl. von V. lag der *Ottarshügel*, wahrscheinl. das Grab eines Königs des Ynglingageschlechts aus der Zeit um 500.

Vendetta [die; ital.], Blutrache.

Vendôme [vãˈdoːm], Stadt im mittelfranzös. Dép. Loir-et-Cher, an der Loire, 16700 Ew.; südl. der Stadt die Ruine der Herzogsburg (12. Jh.); Getreide- u. Viehhandel; Nahrungsmittel-, Metall-, Elektro-, Textil- u. Lederindustrie.

Vendôme [vãˈdoːm], französ. Herzogsgeschlecht

aus einer unehel. bourbon. Nebenlinie (König Heinrich IV. u. Gabrielle d'Estrées). Aus dem Geschlecht sind bedeutende Feldherren hervorgegangen; Louis Joseph (*1654, †1712) hatte im Span. Erbfolgekrieg den Oberbefehl in Italien. Der *V.-Platz* in Paris hat seinen Namen nach einem Palast der Herzöge V.

Venedig, ital. *Venèzia*, norditalien. Hafenstadt am Golf von V., auf rd. 120 Inseln in der durch Nehrungen (Lidi) vom Meer abgeschlossenen Lagune von V., Hptst. von *Venetien* u. der Provinz V. (2460 qkm, 845000 Ew.), 360000 Ew. Zentrum der zwischen 150 Kanälen (mit 400 Brücken, Gondel- u. Bootsverkehr bes. auf dem *Canal Grande*) auf Pfählen erbauten Stadt ist der *Markusplatz* mit dem byzantin.-venezian. Markusdom (9. Jh.), dem Dogenpalast (14./15. Jh.), der Seufzerbrücke u. dem 99 m hohen Campanile; viele Kirchen, Paläste, Museen u. Kunstsammlungen, Rialtobrücke (16. Jh.), Hochschulen für Architektur u. Wirtschaft, Kunstakademie, Staatsarchiv; Fremdenverkehr, Filmfestspiele Biennale, Kunstausstellungen; handwerkl. Glas- u. Textilverarbeitung; weitere Industrie in den neuen Vorstädten *Mestre* u. *Marghera* (bes. chem. Industrie, Eisen- u. Stahlwerke, Aluminiumerzeugung, Ölraffinerien); Flughafen *Marco Polo*. Die Altstadt ist in zunehmendem Maß von Luft- u. Wasserverschmutzung u. von Überflutung bedroht. Geschichte: V. wurde im Altertum von den Venetern bewohnt. Nach der Zerstörung des Bischofssitzes Aquileia u. anderer wichtiger Städte Venetiens durch Attila 452 flüchteten viele Bewohner Venetiens auf die Laguneninsel u. begannen dort auf künstl. Baugrund die Stadt zu bauen. Bereits im 8. Jh. war V. Seemacht. 811 wurde die schwer zugängl. Laguneninsel Regierungssitz des *venetian. Seebunds*. Die unabhängige Stadtrepublik bildete sich im 11. Jh. unter Führung der *Dogen*, beraten durch den *Großen Rat* (Rat der Weisen). Um 1000 begann V. im Interesse seines Orienthandels die Küsten Istriens u. Dalmatiens zu unterwerfen, u. während der Kreuzzüge entstand sein Kolonialreich auf dem Balkan u. in Kleinasien. Unter dem Dogen Enrico *Dandolo* wurde mit Hilfe der Kreuzfahrer 1203 Konstantinopel erobert u. das Byzantin. Reich zerstört. Die Konkurrenzmacht Genua wurde nach Kampf 1256–1381 überflügelt. 1297 wurde die Verfassung im aristokrat. Sinn umgebildet: Der Große Rat wurde durch den *Rat der Zehn* ersetzt. Ende des 15. Jhs. wurde Zypern gewonnen (bis 1571). Im 15. Jh. hatte V. 200000 Einwohner u. besaß eine riesige Handels- u. Kriegsflotte. Das Zeitalter der Entdeckungen schadete dem venetian. Seehandel wenig, um so mehr dagegen die Türken, die, die venetian. Stützpunkte im östl. Mittelmeer nach u. nach besetzten. 2 Jahrhunderte lang verteidigte V. seine Stellung, erlag aber schließl. der überlegenen Macht. 1797 wurde die Stadtstaat durch französische Truppen aufgehoben. 1815 kam V. an Österreich (*Lombard.-Venezian. Königreich*); 1866 zu Italien. – ▣ →Italien (Geschichte). – ⌸ 5.5.2.

Venedigergruppe, stark vergletscherter Westteil der Hohen Tauern (Österreich), zwischen oberem Salzachtal, Virgental, Birnlücke u. Felber Tauern, im *Großvenediger* 3674 m.

Venen [lat.], zum Herzen Blut leitende →Adern.

Venenentzündung, *Phlebitis*, Entzündung einer Blutader, führt oft zu einer →Thrombose.

Venenklappen, taschenförmige Klappen in den größeren Blutadern (Venen) der unteren Körperhälfte – ausgenommen die Hohlvenen –, die den Rückstrom des zum Herzen fließenden Bluts verhindern sollen.

venerische Krankheiten [nach Venus] = Geschlechtskrankheiten.

Venesis, Elias, eigentl. E. *Mellos*, neugriech. Schriftsteller, *4.3.1904 Aivali, Anatolien, †3.8.1973 Athen; schildert in seinen Romanen u. Erzählungen mit poet. Realismus, z.T. autobiograph., das Schicksal der kleinasiat. Griechen während u. nach der türk. Herrschaft.

Veneter, antike Völker: 1. *Eneter*, italienisches Volk in Nordostitalien mit hoher Zivilisation, blühender Wirtschaft (Vieh-, bes. Pferdezucht) u. ausgedehntem Handel (bes. mit Bernstein); Inschriften des 5./4. Jh. v. Chr. aus den Nekropolen von u. um Este; gaben *Venedig* den Namen. 2. seetüchtiger Keltenstamm in der Südbretagne (Vendée), von *Cäsar* 56 v.Chr. unterworfen.

Venetien, ital. *Vèneto*, norditalien. Region, 18364 qkm, 4,3 Mill. Ew., Hptst. *Venedig*, im N

Venedig

Anteil an den Dolomiten, Fremdenverkehr, Energiegewinnung, Viehwirtschaft; im S Poebene mit Obst-, Tabak-, Weizen-, Mais-, Hanf- u. Weinbau; Metall- u. Textilindustrie in vielen Orten.
Geschichte: V. war bis 1797 das Territorium der Rep. Venedig; fiel dann teils an Österreich, teils an Frankreich; bildete 1815 mit der Lombardei das österr. Lombard.-Venezian. Königreich; kam 1866 (ohne Dalmatien u. Istrien) an Italien. 1919–1945 bestanden die *Drei V.*: *Venèzia Eugènia* (das eigentl. V.), *Venèzia Tridentina* (das heutige Trentino-Südtirol), *Venèzia Giùlia* (das heutige Friaul-Julisch-Venetien).
Venezianer Spitze, Sonderform der italien. Barockspitze *Point de Venise,* in Stickmaschinentechnik mit reich gegliederten halbnaturalist. Pflanzenformen hergestellt. – 🅑→Spitze.
Venezianische Schule, 1. *Malerei:* die durch gemeinsame Stilmerkmale (konstruktive Farbigkeit u. weiches, oft naturlyrisches Sentiment) ge-

kennzeichnete Schule der Malerei in Venedig vom 15.–18. Jh.; als Hauptvertreter gelten G. *Bellini,* V. *Carpaccio, Giorgione, Tizian, Tintoretto,* P. *Veronese,* A. *Canaletto,* G. B. *Tiepolo.*
2. *Musik:* in Venedig eine Gruppe von Komponisten um A. *Willaert* im 16. Jh. (erste V.S.), deren bedeutendste Vertreter neben ihm A. u. G. *Gabrieli* waren. Ihre Kirchenmusik ist gekennzeichnet durch reiche Klangfarbenentfaltung, Kontrastierung von tiefen u. hohen Stimmen, dunklen u. hellen Instrumentalklängen, von forte u. piano, antiphonale Chöre. – Die zweite V.S. ist die von C. *Monteverdi* begründete Schule der dramatisch-effektvollen, zahlreiche Neuerungen (wie mehrstimmiges Rezitativ) einführenden Choroper.
Venezianisch-Rot, *Pompejanisch-Rot,* aus Eisenoxid (Fe_2O_3) bestehendes rotes Farbpigment.
Veneziano, 1. Agostino, eigentl. A. *dei Musi,* italien. Kupferstecher, *um 1490 Venedig, † nach

1540; schuf Stiche u. a. nach *Raffael,* widmete sich später dem Ornamentstich (Grotesken).
2. Domenico di Bartolomeo, italien. Maler, *um 1410 Venedig, †15. 5. 1461 Florenz; einer der bahnbrechenden Künstler der florentin. Frührenaissance, gab in linearer Strenge dem neuen Körpergefühl Gesetzlichkeit. Altartafeln u. Profilbildnisse.
Venezolanische Antillen, die vor Venezuelas karib. Küste liegenden Inselgruppen; *Margarita* (1150 qkm) mit *Coche* u. *Cabuga* (65 qkm) bilden den Bundesstaat Nueva Esparto; ferner *Los Testigos* (4 qkm), *Tortuga* (140 qkm) u. die unbewohnte Nordgruppe (88 qkm).
venezolanische Literatur →iberoamerikanische Literatur.
venezolanische Musik →iberoamerikanische Musik.
Venezolanisches Becken, *Venezuelabecken, Karib. Becken,* Teil des →Karibischen Meers.

VENEZUELA — YV
República de Venezuela

- Fläche: 912 050 qkm
- Einwohner: 13,1 Mill.
- Bevölkerungsdichte: 14 Ew./qkm
- Hauptstadt: Caracas
- Staatsform: Präsidiale Republik
- Mitglied in: UN, OAS
- Währung: 1 Bolivar = 100 Céntimos

Landesnatur: V. liegt im N Südamerikas. Den N u. NW des Landes nehmen die Ausläufer der Anden ein, die Sierra de Perija (3750 m) u. die Cordillera de Mérida (5002 m), die den Maracaibosee einschließen, sowie die bis 3000 m hohe Cordillera de la Costa. Südöstl. schließen sich die Llanos del Orinoco an, ein weites Tiefland u. Aufschüttungsgebiet, das durch zahlr. Zuflüsse des am Fuß des Berglands von Guayana entlangfließenden Stroms gegliedert u. in seinen tieferen Teilen regelmäßig überschwemmt wird. Das Bergland besteht aus einer flachwelligen Rumpfflache des Grundgebirges, die viele Gipfel u. Tafelberge aus Sandstein (Roraima 2810 m) überragen. Das Klima ist tropischwarm u. meist wenig feucht. Wald (52,6% der Staatsfläche) findet sich südl. des Maracaibosees, an den feuchteren Andenhängen, im Orinocodelta u. in den tieferen Lagen des Berglands. Im N der Llanos herrscht Trockenwald, im S Grassavanne mit Galeriewäldern an den Flüssen u. in den höheren Lagen des Berglands dürftige Grassteppe vor. An der Nordküste sind Trockenbusch u. Kakteen verbreitet.

Die meist kath., spanisch sprechende **Bevölkerung,** die sich im Andenraum konzentriert, besteht aus etwa 15% Weißen u. 10% Negern, sonst aus Mestizen u. Mulatten sowie 60 000 Indianern. Die wachsende Verstädterung der Bevölkerung erfaßt mit rd. 78% bereits viele Orte über 5000 Ew. – V. besitzt 8 Universitäten u. mehrere Fachhochschulen; die wichtigste ist die *Universidad Central de V.* in Caracas (1725).

Wirtschaft: V. ist einer der größten Erdölexporteure der Erde u. der fünftgrößte Erdölproduzent (1978: 108 Mill. t). Die Förderung konzentriert sich am u. im Maracaibosee sowie zwischen dem Orinocodelta u. den Andenausläufern. Daneben gibt es reiche Eisenerzlager, die V. zu einem der größten Erzexporteure machten, sowie Vorkommen von Erdgas, Asphalt, Asbest, Gold, Diamanten, Mangan, Kupfer, Magnesit, Bauxit u. Kohle. – Die Landwirtschaft (21% der Staatsfläche, davon 15,2% Weideland), die an Bedeutung verloren hatte, wird wieder stark gefördert. Sie erzeugt Mais, Bananen, Kartoffeln u. Reis u. exportiert Kaffee, Kakao u. Zucker. Die Viehzucht in den

Llanos (9,5 Mill. Rinder, 1,5 Mill. Ziegen, 2 Mill. Schweine, 1 Mill. Pferde u. Esel) ist noch erweiterungsfähig, ebenso die Waldnutzung. Die Industrie verarbeitet Bergbau- u. Agrarprodukte u. stellt für den Inlandsbedarf Verbrauchsgüter her.

Verkehr: Eisenbahnen verbinden nur die dichtbesiedelten Gebiete. Das Straßennetz ist noch weitmaschig; es wird ausgebaut. Die Bedeutung der Flußschiffahrt ist infolge der rapiden Entwicklung des Inlandflugnetzes zurückgegangen, während Küsten- u. Überseeschiffahrt (Haupthäfen *Maracaibo, La Guaira, Puerto Cabello*) trotz steigenden internationalen Flugverkehrs eher zugenommen haben. – 🅚→Südamerika. – 🅛 6.8.6.

Geschichte: V. wurde 1498 von Kolumbus entdeckt, von A. Vespucci nach einem indian. Pfahldorf „Klein-Venedig" genannt; 1528–1556 Konzessionsgebiet der Welser, dann wieder unter span. Verwaltung. 1811 erklärte sich V. für unabhängig,

wurde aber 1814–1819 erneut von den Spaniern unterworfen u. dann durch S. *Bolívar* befreit. Bis 1830 Teil der Republik Groß-Kolumbien, seitdem selbständig.
1864 bildete sich anstelle des Einheitsstaats eine Bundesrepublik; durch ständige Bürgerkriege u. Revolutionen wurde V. in der Entwicklung gehindert. Erst die Diktatur von J. V. *Gómez* (1908–1935) brachte Beruhigung u. wirtschaftl. Aufstieg. Die reichen Erdölvorkommen ließen V. in Abhängigkeit von den USA geraten. Nach dem Sturz der Diktatur von Marcos Pérez *Jiménez* (1952–1958) regieren abwechselnd die linksliberale *Acción Democrática* (AD) u. die christl.-soziale *COPEI.* Die Terrorakte castrist. Untergrundorganisationen nahmen vorübergehend stark zu. Der Anstieg der Ölpreise seit 1974 brachte wirtschaftl. Aufschwung u. ermöglichte soziale Verbesserungen auf verschiedenen Gebieten. Präs. ist seit 1979 Luis *Herrera Campins* (COPEI). – 🅛 5.7.9.

Bohrtürme vor der Küste

Venia [die; lat.], Erlaubnis; *V. legendi*, die Erlaubnis, an Hochschulen Vorlesungen abzuhalten; wird traditionell erlangt durch die Habilitation.

Venizelos [-'zɛlos], **1.** Eleutherios, griech. Politiker (Liberaler), * 23. 8. 1864 Murnies, Kreta, † 18. 3. 1936 Paris; Vorkämpfer der Vereinigung Kretas mit Griechenland; 1910–1915, 1917–1920, 1928–1932 u. 1933 Min.-Präs., setzte sich für ein Großgriechenland ein, erwarb in den Balkankriegen Epirus, Südmakedonien, Kreta u. die Sporaden, veranlaßte im 1. Weltkrieg den Anschluß an die Alliierten u. 1919 den Kleinasienfeldzug. Nach 1924 trat er gegen die Wiedereinführung der Monarchie auf; er setzte umfangreiche Reformen durch.
2. Sophoklis, Sohn von 1), griech. Politiker (Liberaler), * 17. 11. 1894 Canea, Kreta, † 7. 2. 1964 an Bord der „Hellas"; verließ 1936 Griechenland nach der Machtübernahme Metaxas'; seit 1944 (zunächst im Exil) mehrmals Min.-Präs., 1956 Führer der oppositionellen Demokrat. Union.

Venlo, Stadt in der niederländ. Prov. Limburg, an der Maas, nahe der dt. Grenze, 63 100 Ew.; Stahl-, Elektro-, Textil-, Möbel- u. Papierindustrie; Agrarhandelsplatz, Eier- u. Gemüse-Großmarkt.

Venn [fɛn], nordöstl. Teil der belg. Ardennen, →Hohes Venn.

Venn [vɛn], John, engl. Mathematiker (Logiker), * 4. 8. 1834 Hull, † 4. 4. 1923 Cambridge; ursprüngl. Priester, 1862 Prof. für Moralphilosophie in Cambridge, seit 1883 Forschungen über Logik; nach ihm ist das *V.-Diagramm* benannt.

Vennberg ['vɛnbɛrj], Karl Gunnar, schwed. Lyriker, * 11. 4. 1910 Blädinge; Kritiker; schildert die Daseinsproblematik in betont nüchterner, skept. u. bitterer Sprache; beeinflußt von S. *Kierkegaard* u. F. *Kafka*, dessen Werke er übersetzte.

Venn-Diagramm, Hilfsmittel zur Veranschaulichung von Mengen, ihren Verknüpfungen u. Relationen, auch in der Aussagenlogik gebraucht; zuerst von L. Euler verwendet *(Eulersche Kreise)*. – B →Mengenlehre.

Venne ['vɛnə], Adriaen Pieterszoon van de, holländ. Maler, * 1589 Delft, † 12. 11. 1662 Den Haag; malte außer Bildnissen farbkräftige Sommer- u. Winterlandschaften mit vielfigurigen Darstellungen von Volksbelustigungen, in der Spätzeit grau- u. brauntonige Groteskenbilder mit armen Leuten u. Landstreichern.

venös [lat.], zu den *Venen* gehörig. – *V.es Blut*, sauerstoffarmes, verbrauchtes Blut, wie es durch die Körpervenen zum Herzen zurückfließt u. durch die Lungenarterie in die Lunge gebracht wird; die Lungenvene enthält sauerstoffreiches, also nicht mehr v.es Blut.

Venray ['vɛnrai], früher *Venraij*, Stadt in der niederländ. Prov. Limburg, 27 100 Ew.

Vent [fɛnt] →Sölden.

Ventil [das; lat.], **1.** *Elektrotechnik*: Stromrichter für Gleich- u. Wechselrichterschaltungen.

Ventil (2)

2. *Maschinenbau*: Vorrichtung zur Steuerung strömender Gase u. Flüssigkeiten, bestehend aus Kugeln, Kegeln, Nadeln, Tellern oder Klappen, die durch Schraubenspindeln, Gestängekräfte oder Federn auf den V.sitz niedergedrückt werden u. dadurch den Durchtritt der strömenden Mittel ganz oder teilweise sperren. V. werden viel verwendet im Behälter- u. Rohrleitungsbau (z.B. →Rohrbruchventil) sowie zur Steuerung (z.B. *Reduzier-V.*) der Energieströme in Kraft- u. Arbeitsmaschinen. →auch Sicherheitsventil.
3. *Musik*: an Blechblasinstrumenten eine Vorrichtung zum Verlängern oder Verkürzen des Schallrohrs, wodurch eine Vertiefung bzw. eine Erhöhung um einen oder mehrere Halbtöne u. damit das Blasen einer chromat. Leiter erreicht wird. V.e wurden 1815 von Heinrich *Stölzel* u. Friedrich *Blühmel* erfunden. Man kennt *Zylinder-V.e* u. *Pump-V.e* (z. B. bei der Jazztrompete). – In der Orgel sind V.e wesentlicher Bestandteil der Traktur u. des Regierwerks u. haben die normalen V.funktionen: Öffnen u. Schließen.

Ventilation [lat.], Luftaustausch in geschlossenen Räumen durch: 1. freie oder natürl. Lüftung, durch Porosität des Mauerwerks, Luftschächte oder Fensterlüftung; 2. Zwangslüftung oder künstl. Lüftung durch mechan. angetriebene Ventilatoren.

Ventilator, *Lüfter*, eine Maschine zum Fördern oder Verdichten auf niedrige Drücke von Luft oder anderen Gasen mit einem rotierenden Flügel- oder Schaufelrad. *Axiallüfter* saugen u. fördern axial, *Radiallüfter* saugen axial u. fördern radial. Hauptsächliche Einsatzgebiete sind die Belüftung von Wohn- u. Arbeitsräumen, Grubenbewetterung u.a. →auch Gebläse, Kompressor.

Ventilröhre, eine Gleichrichterröhre; →Elektronenröhre.

Ventimiglia [-'milja], frz. *Vintimille*, italien. Hafenstadt u. Kurort in Ligurien, an der Riviera di Ponente, an der Mündung des Ròia, 23 000 Ew.; got. Dom (12. Jh.), röm. Theater; Fremdenverkehr, Gemüse- u. Blumenmarkt.

Ventoux, Mont V. [mɔ̃ vã'tu], isolierter Kalkbergstock in der westl. Provence (Frankreich), mit Wetterwarte, Radarstation, Fernsehturm, Wallfahrtskapelle u. Hotel-Restaurant, 1912 m; auf dem kahlen Gipfel Wintersport.

ventral [lat.], zum Bauch gehörig; als Lagebezeichnung bei Tieren: bauchseits.

Ventrikel [der; lat.], *Anatomie*: Hohlraum, Kammer; *Herz-V.* →Herz.

Ventris ['vɛn-], Michael George Francis, engl. Architekt, * 12. 7. 1922 Wheathamstead, † 6. 9. 1956 Hatfield; entzifferte (mit J. *Chadwick*) die Denkmäler der sog. kret. Linearschriften A u. B (Tontäfelchen aus Knossos, Pylos u. Mykénai aus dem 2. Jahrtausend v.Chr.) u. deutete die Sprache als myken. Griechisch, was noch umstritten ist.

Ventura [vɛnt'uərə], *San Buenaventura*, Stadt an der Küste von Südkalifornien (USA), nordwestl. von Los Angeles, 60 000 Ew. (als Metropolitan Area 264 000 Ew.); Anbau von Gemüse u. Zitrusfrüchten; Geflügelzucht; Verarbeitung von landwirtschaftl. Erzeugnissen, Textilindustrie.

Venturi, **1.** Adolfo, italien. Kunsthistoriker, * 4. 9. 1856 Mòdena, † 10. 6. 1941 Santa Margherita Ligure; verfaßte das umfangreichste Werk über die Kunst eines einzelnen Landes: „Storia dell'arte italiana" 25 Bde. 1901–1940 (unvollendet).
2. Lionello, Sohn von 1), italien. Kunsthistoriker, * 25. 4. 1885 Mòdena, † 16. 8. 1961 Rom; 1915 Prof. in Turin, emigrierte 1932 nach Frankreich, 1939–1945 in den USA, seit 1945 Prof. in Rom. Hptw.: „Les Archives de l'Impressionisme" 2 Bde. 1939; „C. Pissarro" 2 Bde. 1940; „G. Rouault" 1940, 1948; „M. Chagall" 1985; „La peinture italienne" 3 Bde. 1952; „Il Caravaggio" 1952.

Venturimesser [nach dem italien. Naturforscher G. B. *Venturi*, * 1746, † 1822], *Venturidüse*, Gerät zur Bestimmung der Flüssigkeits- u. Gasmengen, die durch ein Rohr fließen; besteht aus einem Rohr, dessen Querschnitt verengt ist u. an der weitesten u. engsten Stelle Druckmeßleitungen besitzt. Aus dem Druckabfall längs der Düse wird die Flüssigkeitsmenge ermittelt.

Venus [lat.], **1.** *Astronomie*: Zeichen ♀, Nachbarplanet der Erde, als Abend- u. Morgenstern (alter Name: *Hesperus, Phosphorus*) alle anderen Planeten u. die Fixsterne an Helligkeit übertreffend (Bahnelemente u. Dimensionen →Planeten [Tabelle]). Dichte Atmosphäre: 93–97% Kohlendioxid (CO_2), 2–5% Stickstoff u. Edelgase, weniger als 0,4% Sauerstoff, Wasserdampf nur in Spuren. V. hat kein Magnetfeld u. eine felsige Oberfläche. Eine dichte Wolkenschicht reflektiert das Sonnenlicht stark (Albedo 0,7). Rotationsdauer 243 Tage; die Rotationsrichtung ist retrograd (entgegengesetzt zur Umlaufsrichtung um die Sonne). Die Oberflächentemperatur liegt bei +400° bis 530°C, der atmosphär. Druck zwischen 60 u. 140 Atmosphären. Neben US-amerikan. Mariner-Sonden wurden mehrere sowjet. Venus-Sonden zur V. entsandt; →Venus (3).
2. *Mythologie*: altitalische Göttin des Niederwalds; später der griech. *Aphrodite* gleichgesetzt; man feierte sie bes. als Liebesgöttin (ursprüngl. Wortbedeutung: „sinnl. Begehren"), als Glücksbringerin (*V. felix*), Siegverleiherin (*V. victrix*).
3. *Weltraumfahrt*: Name sowjet. Venussonden, die bes. der Erforschung des Planeten Venus dienen. *V. 1* startete am 12. 2. 1961; *V. 3* war die erste unbemannte Raumsonde, die einen Planeten direkt anflog (harte Landung); *V. 4* erreichte Venus am 18. 10. 1967 (erstmals weiche Landung), *V. 5* u. *V. 6* am 16. 5. u. 17. 5. 1969; *V. 7* am 15. 12. 1970, *V. 8* am 22. 7. 1972, *V. 9* am 22. 10. 1975, *V. 10* am 25. 10. 1975, *V. 11* startete am 9. 9. 1978.

Venusberg, 1. *Medizin*: der weibl. Schamberg.
2. *Sage*: →Hörselberg.

Venusdurchgang, das sehr seltene Vorüberziehen des Planeten Venus vor der Sonne als pechschwarzes Scheibchen. Der V. wurde früher zur Messung der Entfernung der Sonne benutzt. Die Genauigkeit der Beobachtungen wurde aber durch das →Tropfenphänomen beeinträchtigt. Die nächsten Venusdurchgänge finden 2004 u. 2012 statt.

Venusfächer, *Rhipidogorgia flabellum*, zu den *Hornkorallen* gehörende Koralle mit eigenartigem, breit verzweigtem Skelett, gelb oder violett gefärbt; 1 m hoch, bis 1,5 m breit.

Venusfliegenfalle, *Dionaea muscipula*, ein nordamerikan. *Sonnentaugewächs*, →insektenfressende Pflanze mit zweiklappigen, reizbaren Blattspreiten, die zusammenklappen, sobald durch kleine Tiere (Insekten) die Borsten am Rand der Blattspreiten berührt werden. Die Tiere werden mit Hilfe eines von den Blättern ausgeschiedenen Ferments verdaut. – B →Blütenpflanzen III.

Venusgürtel, *Cestidea, Cestus veneris*, eine extrem seitlich zusammengedrängte *Rippenqualle* der warmen Meere, bis 8 cm hoch u. bis 1,5 m lang.

Venushaar, Farn, →Adiantum.

Venuskörbchen, *Gießkannenschwamm, Euplectella aspergillum*, ein im Indischen, Atlantischen u. Stillen Ozean vorkommender *Kieselschwamm*, der wegen seiner zarten Skelettbildung in Ost- u. Südostasien als Schmuckartikel geschätzt ist.

Venusmuscheln, *Veneracea*, in allen Meeren lebende, farbenprächtige, mit farbiger Innenseite u. Stacheln versehene artenreiche Überfamilie der *Muscheln*. V. wurden bei den japan. Braut am Hochzeitsmorgen dem Bräutigam als Gericht ins Haus geschickt.

Venusschuh, *Paphiopedilum*, Gattung der *Orchideen* des trop. Asiens; bei uns in Gewächshäusern kultiviert.

Venus vulgivaga [lat., „die herumschweifende Venus"], beschönigende Bez. für Prostitution.

Vera, weibl. Vorname, →Wera.

Veracruz [-'kru:s], **1.** trop. ostmexikan. Staat am Golf von Mexiko, 72 815 qkm, 4,8 Mill. Ew.; Hptst. *Jalapa*; Kaffee-, Mais-, Tabak-, Zuckerrohr- u. Vanilleanbau; Erdölvorkommen.
2. *Veracruz Llave*, Hafenstadt am Golf von Mexiko, in Mexiko, 214 000 Ew. (als Agglomeration 270 000 Ew.); Kathedrale (1734); Musikhochschule, Museum, meereskundl. Institut; Handelsplatz; Nahrungsmittel-, Tabak-, Textil- u. Metallindustrie; größter Hafen Mexikos. – 1598 gegr.

Veranda [portug., engl.], Anbau, meist verglast u. in Verbindung mit einem Wohnraum.

Veränderliche →Variable.

Veränderliche Sterne, *Veränderliche*, Fixsterne mit schwankender Helligkeit; sehr häufig, bisher sind über 10 000 V.S. katalogisiert. Erste Entdeckungen: →Mira Ceti (1596), →Algol (1667). Man unterscheidet als wichtigste Gruppen: 1. *Bedeckungsveränderliche*, Doppelsterne; Begleiter bedeckt Hauptstern während jedes Umlaufs; Haupttypen: Algol-Typus (Sterne kugelförmig), β-Lyrae-Typus (Sterne ellipsoidförmig). – 2. *Eigentliche (physische) Veränderliche*, Lichtwechsel entsteht durch wenig oder gar nicht geklärte physikal. Vorgänge in den Sternkörpern oder -atmosphären. Zahlreiche Typen, Lichtwechsel ist mehr oder weniger periodisch (hierzu gehören die Delta-Cephei-Sterne oder →Kepheiden u. die langperiodischen →Mira-Sterne) oder unregelmäßig. Die

→Neuen Sterne sind als Grenzfall der V.n S. zu betrachten. →auch Pulsar. – ⌑ 7.9.7.

Veranlagung, Festsetzung der Steuer durch Steuerbescheid.

Verantwortlichkeit, das Einstehenmüssen für eine Handlung; im bürgerl. Recht, im Völkerrecht u. im öffentl. Finanzrecht als →Haftung, im Strafrecht als *Strafbarkeit;* im Verfassungsrecht als parlamentar. *Minister-V.* (→parlamentarisches System) u. als V. von Ministern u. nichtmonarchischen Staatsoberhäuptern vor der →Verfassungsgerichtsbarkeit.

Verarbeitung, Herstellung einer neuen Sache durch Umgestaltung einer vorhandenen, auch durch Schreiben, Zeichnen, Malen, Drucken oder eine ähnliche Bearbeitung ihrer Oberfläche. Der Verarbeiter erwirbt das Eigentum an der neuen Sache, wenn nicht der Materialwert den Arbeitswert erheblich übersteigt; er hat den bisherigen Eigentümer aber durch eine Geldvergütung zu entschädigen (§§ 950 u. 951 BGB). – Ähnlich in der Schweiz nach Art. 726 ZGB; der bisherige Eigentümer behält jedoch das Eigentum an der Sache auch dann, wenn der Materialwert der Sache den Wert der Arbeit nur geringfügig übersteigt. – Österreich: §§ 414f. ABGB; durch V. entsteht Miteigentum, wenn jemand fremde Stoffe ohne Einwilligung des Eigentümers für sich verarbeitet u. die hergestellte Sache den Stoffwert übersteigt; bei vertragsmäßig erfolgter V. ist nur der Lohnanspruch berechtigt.

veraschen, organ. Stoffe zur Bestimmung ihrer anorgan. (nicht verbrennbaren) Bestandteile verbrennen. Bei der *Textilprüfung* werden z. B. Faserstoffe ohne Flamme zwischen Platinblechen verascht; der Rückstand ist identifizierbar.

Veratrin [das; lat.], ein Alkaloidgemenge aus *Zevadin* u. *Veratridin,* die im Sabadillsamen u. in dem Samen von Schoenocaulon enthalten sind; wirkt nervenlähmend, früher als Heilmittel verwendet. Ein (Kontakt-)Insektizid.

Verätzung, Haut- u. Schleimhautschädigung infolge Einwirkung von Ätzmitteln (Säuren, Laugen, Schwermetallsalzen).

Veräußerung, die Übertragung von Rechten, z. B. des Eigentums oder einer Forderung (→Abtretung). Eine V. zuwider einem gesetzl. oder behördl. *V.sverbot* (z. B. bei Warenbewirtschaftung oder aufgrund Vormundschaftsrechts) ist nichtig, bei nur *relativem V.sverbot* nur gegenüber Personen, die dadurch geschützt werden sollen, dagegen nicht bei *gutem Glauben* des Erwerbers. Ein rechtsgeschäftl. V.sverbot berührt dagegen die Wirksamkeit der V. nicht, sondern macht nur den Veräußerer gegenüber demjenigen schadensersatzpflichtig, mit dem er es vereinbart hat (§§ 135–137 BGB). – Die V. wird im österr. Recht u. a. in den §§ 364c, 1120, 1371, 1408 ABGB (grundsätzl. ähnl. wie in der BRD) behandelt. Ähnl. auch die V.svorschriften in der Schweiz (u. a. Art. 183, 259, 281, 459, 582 OR).

Verb [das; lat.] = Verbum.

Verbaldefinition [lat.], Worterklärung, Nominaldefinition, die Angabe (Umgrenzung) der Bedeutung eines Begriffs mittels anderer Wörter, deren Inhalt bekannt ist; im Unterschied zur Definition eines Gegenstands durch Oberbegriff u. gattungsbildendes Unterschied *(Realdefinition).*

Verbalinjurie [-iε; lat.], die in Worten ausgedrückte →Beleidigung, im Unterschied zur →Realinjurie.

Verbalinspiration [lat.], wörtliche Eingebung des biblischen Textes durch Gott, meist als Diktat Gottes verstanden. Im letzteren Sinn ist die Lehre von der V. heute von den großen christl. Kirchen im allg. aufgegeben.

verballhornen →ballhornisieren.

Verbalnote, im diplomat. Verkehr eine nicht unterzeichnete Aufzeichnung.

Verband, 1. *Bauwesen:* →Mauerverbände.
2. *Mathematik:* Strukturbegriff der modernen Algebra. Ein V. ist eine Halbordnung, in der es zu je zwei Elementen ein größtes gemeinsames Unterelement *(Infimum)* u. ein kleinstes gemeinsames Oberelement *(Supremum)* gibt. Ein V. ist z. B. die Menge aller Teiler einer natürl. Zahl mit dem größten gemeinsamen Teiler als Infimum u. dem kleinsten gemeinsamen Vielfachen als Supremum. Ein V. ist auch die Potenzmenge einer Menge, d. h. die Menge aller Teilmengen einer Menge einschl. der leeren Menge u. der Menge selbst mit dem Durchschnitt zweier Mengen als Infimum u. der Vereinigung als Supremum. Ein etwa vorhandenes unterstes Element (bei der Potenzmenge die leere Menge, bei der Teilermenge die 1) heißt *Nullelement* des V.s. Ein oberstes Element (bei der Potenzmenge die Menge selbst, bei der Teilermenge die Zahl selbst) heißt *Einselement* des V.s. Nicht jeder V. besitzt ein Null- oder Einselement. Der Begriff V. wurde erstmals von R. *Dedekind* gebraucht.
3. *Medizin:* Mittel zur Wundversorgung oder zur Ruhigstellung von Körperteilen. Aufgabe des V.s bei der *Wundversorgung* ist Schutz der Wunde vor Verunreinigung oder mechan. Beschädigung u. Stillen von Blutungen (bes. als leichter *Druck-V.*). Ruhigstellung von Gliedmaßen durch *Schienen-, Gips-, Stärke-Wasserglas-Verbände.* – ⌑ 9.9.0.
4. *Militär:* organisatorische oder zeitlich begrenzte Zusammenfassung mehrerer *Einheiten,* in allg. von der Stärke eines *Bataillons* aufwärts; Führer ist ein Kommandeur mit einem Stab.
5. *Soziologie:* ein soziales Gebilde, das zur Verfolgung bestimmter Zwecke gegründet wird.

Verband der Vereine für Volkskunde →Deutsche Gesellschaft für Volkskunde.

Verband Deutscher Biologen e. V., gegr. 1954 in Freiburg i. Br.; Sitz: Iserlohn; Verbandsmitteilungen in der „Naturwissenschaftl. Rundschau".

Verband Deutscher Elektrotechniker e. V., Abk. *VDE,* 1893 gegr. Organisation zur Förderung der dt. Elektrotechnik, Sitz: Frankfurt a. M.; gibt durch techn.-wissenschaftl. Ausschüsse Normungs- u. Sicherheitsvorschriften heraus. Die VDE-Prüfstelle erteilt das VDE-Gütezeichen elektrotechnischen Erzeugnissen, die den VDE-Bestimmungen entsprechen.

Verband Deutscher Schriftsteller, Abk. *VS,* 1969 gegr. Organisation zur Förderung der kulturellen, rechtl., beruflichen. u. sozialen Interessen der Schriftsteller; seit 1. 1. 1974 als Berufsgruppe der Industriegewerkschaft Druck u. Papier angeschlossen.

Verband Deutscher Soldaten, Abk. *VdS,* 1948 gegr. zur Vertretung der sozialen Belange der früheren Soldaten, zur Pflege der Kameradschaft u. des Wehrgedankens. Sitz: Bonn. Monatsschrift: „Soldat im Volk".

Verband Deutscher Studentenschaften, Abk. *VDS,* Zusammenschluß der Studentenschaften vieler Hochschulen der BRD u. Westberlins, gegr. 1949, Sitz: Bonn; seine Mitglieder sind die Allgemeinen Studentenausschüsse (AStA) der einzelnen Hochschulen.

Verband Deutscher Zeitschriftenverleger, 1949 gegr. Zusammenschluß der Zeitschriftenverleger, Sitz: Frankfurt a. M.; früher (1929–1945) *Reichsverband der dt. Zeitschriftenverleger.*

Verband Deutsche Sportpresse →Sportpresse.

Verband für Arbeitsstudien und Betriebsorganisation e. V. → REFA.

Verbandszeichen, ein →Warenzeichen rechtsfähiger Verbände, die gewerbliche Zwecke verfolgen, aber selbst keine Waren herstellen oder vertreiben. V. dienen der Kennzeichnung der Ware der Verbandsmitglieder.

Verbània [vɛr-], italien. Stadt in Piemont, am Lago Maggiore, 34 000 Ew.; im Ortsteil *Pallanza* Fremdenverkehr, im Ortsteil *Intra* Textilindustrie.

Verbannung, Verbot des Aufenthalts in einem bestimmten Gebiet; →Ausweisung, für das frühere Recht, für die Antike →Ostrazismus. – Als V. wird manchmal auch die Anordnung des Strafvollzugs in einer →Strafkolonie oder in einem abgelegenen →Straflager bezeichnet.

Verbauung, *Wasserbau:* Errichtung von Sperrdämmen zum Abschluß von Altarmen; →auch Uferbefestigungen, Wildbachverbauung, Flußbau.

Verbenaceae [lat.] = Eisenkrautgewächse.

Verbenaöl [lat.], ein äther. Öl von zitronenartigem Geruch, das aus dem Kraut des Zitronenstrauchs, *Lippia triphylla* (Spanien, Frankreich), gewonnen wird. Es enthält hauptsächl. *Citral* u. wird in der Parfümerie u. zur Seifenherstellung verwendet.

verbi causa [lat.], Abk. *v. c.,* zum Beispiel.

Verbindlicherklärung, Erklärung eines Vorschlags oder Schiedsspruchs als bindend, ohne Rücksicht auf die Annahme durch die Beteiligten; gilt im *Schlichtungswesen* (→Schlichtung). Zu unterscheiden von der →Allgemeinverbindlichkeitserklärung. V. ist nur in Ausnahmefällen zulässig.

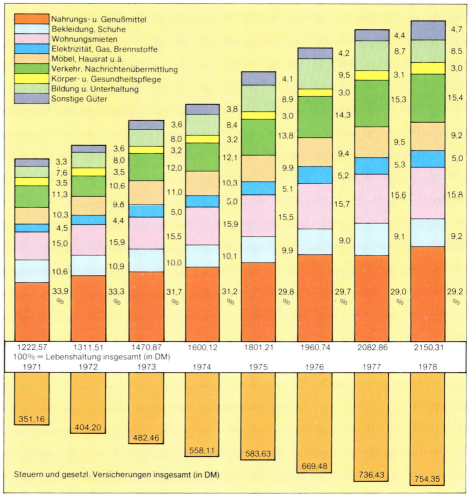

Verbrauchsstruktur: Der private Verbrauch und die Ausgaben für Steuern und gesetzliche Versicherungen eines 4-Personen-Arbeitnehmerhaushalts mit mittlerem Einkommen (je Monat)

Verbindlichkeiten

Zwei Viertakt-Schiffsdieselmotoren mit einer Leistung von je 6432 PS

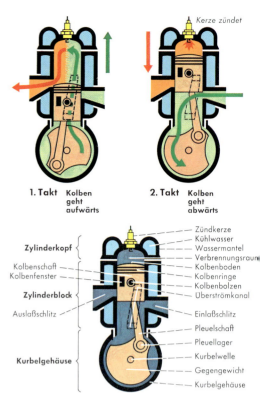

Arbeitsweise eines Zweitaktmotors: 2 Kolbenwege = 1 Arbeitsleistung

VERBRENNUNGSMOTOR

Verbindlichkeiten, Geldschulden, z.B. aus der Aufnahme von Darlehen oder infolge der Stundung von Rechnungsbeträgen für bezogene Waren. Die V. werden, nach Laufzeit, Aufnahmegrund u. Gläubigern gruppiert, auf der Passivseite der Bilanz ausgewiesen. §151 AktG enthält ein Gliederungsschema für Aktiengesellschaften.

Verbindung, 1. *Chemie:* ein Stoff, der aus zwei oder mehreren (verschiedenen) chem. Elementen zusammengesetzt ist u. andere chem. u. physikal. Eigenschaften aufweist als die ihn bildenden Elemente. Die kleinste Einheit einer V. ist das *Molekül,* in dem die einzelnen Atome durch Bindungskräfte (→Bindung [1]) zusammengehalten werden. Die quantitative Zusammensetzung chem. V.en wird von den stöchiometrischen Gesetzen (→Stöchiometrie) bestimmt. Z.Z. sind rd. 40000 anorgan. u. über 3 Mill. organ. V.en bekannt. →auch Koordinationsverbindungen.
2. *Hochschulen:* →Studentenverbindungen.
3. *Recht:* Vereinigung von zwei bisher selbständigen Sachen zu einer neuen Sache. Das Eigentum an dieser steht bei V. von bewegl. Sachen mit einem Grundstück oder mit einer bewegl. Hauptsache dessen bzw. deren Eigentümer zu, sonst den bisherigen Eigentümern als Miteigentümern nach dem Verhältnis des Werts ihrer verbundenen Sachen (§§ 947 u. 951 BGB). – In Österreich ist die Vereinigung von Sachen in § 415 ABGB geregelt, in der Schweiz der V. in Art. 727 ZGB.

Verbindungsstelle der österreichischen Bundesländer, Wien, koordiniert polit. Fragen u. Aufgaben der Bundesländer untereinander u. zwischen Bundesländern u. Bundesregierung.

Verbiß, 1. das Abbeißen von Knospen u. Trieben junger Bäume durch Tiere (z.B. Wildverbiß).
2. = Abbiß (2).

Verbißschutz, mechanische oder chemische, fraßabschreckend wirkende, aber unschädliche Mittel *(Repellents)* zum Schutz von Pflanzen vor Wildverbiß, z.B. Stanniolkronen oder Teeröle.

verblasen, *Hüttenwesen:* durch flüssige Schmelze Luft blasen (Windfrischen), um bestimmte Begleitelemente (Silicium, Mangan, Kohlenstoff u.a.) zu verbrennen, z.B. beim Thomasverfahren zur Stahlherstellung oder bei der Kupferbessemerei. Die Begleitstoffe werden verschlackt oder entweichen als Abgas.

verbleien, 1. einen Bleiüberzug als Schutz gegen Korrosion herstellen, bes. bei Stahlblech, Rohren u. Gefäßen der chem. Industrie. Verfahren: Tauchverbleiung (Eintauchen in flüssiges Blei), Aufschmelzverbleiung (Aufschmelzen von Anstrichmasse mit geheizter Walze), Spritzverbleiung u. elektrolytische Verbleiung.
2. Glasfenster durch Bleistege (Leisten mit H-Profil) zusammenfügen.

Verblendmauerwerk, Mauerwerk aus Ziegeln, Beton oder Steinen minderer Qualität, das eine Verkleidung aus höherwertigen *Verblendern* erhält, z.B. aus Klinker, Platten aus Natur- u. Kunststein, Keramikplatten.

Verböserung, dt. Bez. für →Reformatio in peius.

Verbotsirrtum →Irrtum (2).

Verbotszeichen →Verkehrszeichen.

verbrannte Erde, takt. Begriff für Zerstörungen großen Stils beim Rückzug eines Heers, die die Hauptlebensbedürfnisse (Ortschaften, Werke, Felder, Brunnen) einschließen.

Verbrauch, völlige Verwendung oder Abnutzung eines Gutes für einen bestimmten Zweck im Haushalt *(Konsum)* oder in der Produktion.

Verbrauchergenossenschaft = Konsumgenossenschaft.

Verbrauchermarkt, eine Vertriebsform des Einzelhandels, meist am Rand der Städte mit guten Parkmöglichkeiten, im Gegensatz zum *Supermarket* nicht auf Lebensmittel beschränkt.

Verbraucherverbände, Verbände, die sich den Schutz der wirtschaftl. Interessen des Verbrauchers zur Aufgabe machen. Ziel ist die Verbesserung der Marktposition des Verbrauchers, dessen Situation vielfach durch Unüberschaubarkeit des Warenangebots, mangelnde Warenkenntnis, Einschränkungen des Wettbewerbs u.ä. bestimmt ist. Haupttätigkeiten der V.: Vertretung der Verbraucherinteressen gegenüber Gesetzgebung u. Verwaltung, gegenüber behördlichen u. privaten Wirtschaftsorganisationen, Information u. Beratung der Verbraucher.

Verbrauchsgüterindustrie, *Konsumgüterindustrie,* Teil der verarbeitenden Industrie, in dem die verbrauchsreifen Güter für den privaten u. öffentl. Haushalt produziert u. bereitgestellt werden (z.B. Textilien, Bekleidung, Druckereierzeugnisse).

Verbrauchsstruktur, die Zusammensetzung des Verbrauchs nach Art u. Menge; wird maßgebl. bestimmt durch die Höhe des Einkommens u. die Bedürfnisse des Haushalts. Bei Familien mit niedrigem Realeinkommen beanspruchen die Ausgaben für lebenswichtige Güter (Ernährung, Wohnung, Heizung u. Beleuchtung) einen hohen Anteil an den Verbrauchsausgaben. Mit steigendem Einkommen pflegt dieser Anteil zurückzugehen *(Engelsches Gesetz),* während die Ausgaben für Güter u. Dienste des gehobenen u. Luxusbedarfs (z.B. Reisen, Theaterbesuch) ansteigen. – ▯ S. 105

Verbrauchsteuern, Steuern, die die wirtschaftl. Leistungsfähigkeit belasten sollen, die in der Einkommensverwendung für den persönl. Lebensbedarf zum Ausdruck kommt. Sie werden meist aus erhebungstechn. Gründen nicht unmittelbar beim Verbraucher, sondern beim Hersteller oder Lieferanten erhoben. Nach der Erhebungstechnik unterscheidet man *Materialsteuern* (Rohstoffsteuern), *Fabrikations-* oder *Gerätesteuern* (Apparatesteuern), *Halbfabrikatsteuern* u. *Fabrikatsteuern* (Produktsteuern). – ▯ 4.7.2.

Verbrechen, 1. *allg.:* →strafbare Handlung.
2. *Strafrecht:* schwerste Unterart von V. (1), alle Straftaten, die im Mindestmaß mit Freiheitsstrafe von einem Jahr oder darüber bedroht sind (§12 StGB). – Auch in Österreich u. der Schweiz bezeichnet man die schwerwiegendsten strafbaren Handlungen als V. Im österr. StGB sind es die mit lebenslanger oder mehr als 3jähriger Freiheitsstrafe bedrohten vorsätzl. Delikte. Im schweizer. StGB sind V. die mit Zuchthaus bedrohten Handlungen (Art. 9 Abs. 1).

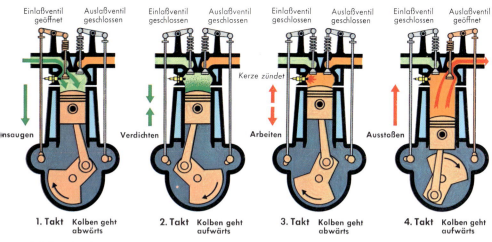

Arbeitsweise eines Viertaktmotors: 4 Kolbenwege = 1 Arbeitsleistung

NSU/Wankel-Kreiskolbenmotor 115 PS

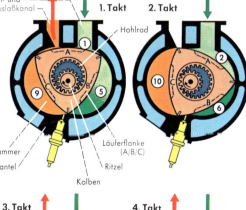

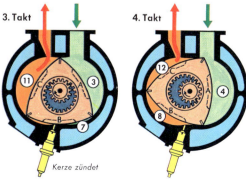

1–4 Ansaugen   5–7 Verdichten, Zündung
8–10 Arbeitshub (Verbrennung)   11–12 Ausschieben

Wankelmotor (Kreiskolbenmotor). Die Arbeitsweise folgt dem Viertaktprinzip. Im Unterschied zum Hubkolbenmotor wird hier der jeweilige Arbeitsraum entlang der Gehäusewand verschoben

Verbrechensanzeige →unterlassene Verbrechensanzeige.
Verbrechensbelohnung, *Verbrechensbilligung,* die Belohnung oder öffentl. Billigung begangener oder versuchter bestimmter schwerer Verbrechen, z.B. gegen das Leben, die persönl. Freiheit oder den Staat sowie von Münz- u. gemeingefährl. Verbrechen; in der BRD strafbar nach § 140 StGB.
Verbrecher, der Täter einer →strafbaren Handlung. →auch Hangtäter.
Verbreitung, *Biologie:* 1. *Distribution,* weiträumige (pflanzen-, tiergeographische) Ausdehnung des Vorkommens einer Pflanzen- oder Tierart. Das V.sareal wird bestimmt durch die Übereinstimmung der Ansprüche der Art mit den Umweltgegebenheiten; ihre V.sgrenzen erreicht eine Art dort, wo einer der Umweltfaktoren die Ansprüche nicht mehr befriedigen kann *(Minimumfaktor).* – 2. = Ausbreitung (speziell bei Pflanzen, z.B. Samen-V.).
Verbrennung, 1. *Chemie:* die unter Freiwerden von Wärme verlaufende Reaktion von Sauerstoff mit chem. Elementen u. Verbindungen. Die V. verlaufen meist unter Feuererscheinung, doch werden i.w.S. auch langsam verlaufende Oxydationsvorgänge, z.B. im tier. Organismus, die zur Aufrechterhaltung des Lebens erforderlich sind, zu den V.svorgängen gerechnet. →Oxydation.
2. *Medizin: Combustio,* Gewebsschädigung durch Einwirkung von Hitze oder heißer Flüssigkeit (Verbrühung) oder elektr. Strom (z.B. Blitzschlag). V.sgrade: 1. Grad: Rötung der Haut (Erythem); 2. Grad: Blasenbildung; 3. Grad: Gewebstod (Nekrose); 4. Grad: Verkohlung. Folgen u. Auswirkungen einer V. hängen auch von der V.sfläche ab; bei ausgedehnten V.en kommt es zur schweren, lebensbedrohenden *V.skrankheit.*
Verbrennungsanalyse = Elementaranalyse.
Verbrennungskraftmaschine, eine Maschine, bei der durch Verbrennung zündfähiger Brennstoffgemische Wärmeenergie unmittelbar in mechanische umgesetzt wird. Die Gemische bestehen aus Luft u. gasförmigen (Hochofen- oder Gichtgas, Generatorgas, Leuchtgas) sowie flüssigen Kraftstoffen (Benzin, Dieselöl). Neuerdings werden auch Kohlenstaubmotoren entwickelt. – Die bekanntesten V.n sind →Verbrennungsmotor u. →Gasturbine.
Verbrennungsmotor, eine Kraftmaschine, bei der eine durch Zündung u. Verbrennung eines verdichteten Kraftstoff-Luft-Gemischs hervorgerufene Volumenvergrößerung zur Krafterzeugung benutzt wird. V.en sind Kolbenmaschinen *(Hubkolbenmotoren* oder *Rotationskolbenmotoren,* →Wankelmotor). Bei Hubkolbenmotoren bewegt sich in einem oder mehreren Zylindern ein hin- u. hergehender Kolben, der seine geradlinige Bewegung durch Kurbeltrieb in eine Drehbewegung umsetzt. Man unterscheidet nach der Art des Betriebsstoffs (Leichtöl- u. Schwerölmaschinen), nach der Arbeitsweise Viertakt- u. Zweitaktmaschinen. Beim *Viertaktverfahren* wird beim Vergaser-Ottomotor im ersten Arbeitsgang ein Gas-Luft-Gemisch von einem Kolben in einen Zylinder angesaugt, im zweiten wird das Gemisch verdichtet (komprimiert), im dritten wird es durch einen elektr. Funken zur Explosion gebracht (Arbeitshub), u. im vierten werden die verbrannten Gase ausgestoßen. Der Ein- u. Austritt der Gase wird durch Ventile gesteuert. Beim *Zweitaktverfahren* werden durch Ansaugen u. Verdichten des Gas-Luft-Gemisches außerhalb des Zylinders, im Kurbelgehäuse, die 4 Takte des Viertaktverfahrens auf 2 verringert. Jeder zweite Hub ist ein Arbeitshub. Die Steuerung erfolgt durch Kolben u. Schlitze in der Zylinderwandung. Die Kühlung der Zylinder geschieht entweder durch Luft (Fahrtwind oder Gebläse) oder durch Wasser, das die Zylinderwände umströmt. Das Brennstoffgemisch muß die richtige Zusammensetzung haben, damit die „Flamme" (die mit rd. 30 m/sek fortschreitende Brennschicht) heiß genug ist, um die Gase zu entzünden. Bei zu hoher Kompression tritt Selbstzündung ein (→klopfen). Da mit der Steigerung der Kompression die Wirtschaftlichkeit des Motors steigt, werden Brennstoffe mit hoher Oktanzahl verwendet, die weniger zur Selbstzündung neigen. Die *Leichtölmaschinen* benötigen zum Vergasen des flüssigen Brennstoffs einen Vergaser (außer beim Einspritzmotor) u. zur Zündung elektr. Zündkerzen *(Fremdzündung).* Sie finden hauptsächl. im Kraftfahrzeug- u. Luftfahrzeugbau Verwendung. Bei den *Schwerölmaschinen* (→Dieselmotor, →Glühkopfmotor) gelangt der flüssige Brennstoff unmittelbar in den Zylinder; Vergaser u. elektr. Zündung fallen fort *(Selbstzündung).* Die Bauformen der Motoren unterscheiden sich nach Zylinderzahl (1–28) u. Stellung der Zylinder zur Kurbelwelle (z.B. Reihen-, V-, Boxer- u. Sternmotor).→auch Verbrennungskraftmaschine, Gasmotor, Flugmotor. – ▯ 10.6.4.
Verbrennungswärme, Formelzeichen H, die bei der Verbrennung der Masse m eines Stoffs frei werdende, in Joule ausgedrückte Wärmemenge Q; $H = \dfrac{Q}{m}$. →auch Heizwert.
Verbruggen [vɛrˈbryxə], 1. Hendrik Frans, fläm. Bildhauer, *um 1655 Antwerpen, †12. 12. 1724 Antwerpen; Kirchenausstattungsstücke in bewegtem Barockstil (Kanzel für die Jesuitenkirche in Löwen, 1699–1702; heute Brüssel, St. Gudule).
2. *Verbrugghen,* van der *Brugghen,* Pieter, d.Ä., Vater von 1), fläm. Bildhauer, *um 1609 Antwerpen, †31. 10. 1686 Antwerpen; schuf in der Art der *Quellinus-Schule* Altäre, Lettner, Grabmäler u. dgl. für Antwerpener Kirchen. Mitarbeiter war sein Sohn Pieter V. d.J. (*um 1640, †1691).
Verbum [das, Mz. *Verben, Verba;* lat.], *Zeitwort, Tätigkeitswort,* die eigentl. prädikative Wortart. Die flektierenden Sprachen wandeln das V. in verschiedenen Formen ab *(Konjugation);* nach Genera (Genusverbum) in Aktiv, Medium u. Passiv; nach Modi in Indikativ, Konjunktiv, Optativ u. Imperativ; nach Tempora absolut (Gegenwart, Vergangenheit, Zukunft) u. relativ (vorzeitig, gleichzeitig, nachzeitig) sowie nach Aspekt (vollendet, unvollendet), außerdem nach Singular (selten auch Dual) u. Plural u. grammat. Person (1., 2., 3.). Die Abwandlungen erfassen sowohl die Endungen wie auch den Stamm. Nominalformen des V.s sind Infinitiv u. Partizipien sowie Supinum, Gerundium u. Gerundivum. – V. finitum →finites Verbum; V. infinitum →infinites Verbum.
Verbundbetrieb, Zusammenschluß verschiedener Kraftwerktypen nach dem Prinzip der größtmöglichen Arbeitsteilung; ermöglicht eine wirtschaftlich u. technisch optimale Arbeitsweise. Über die Lastverteiler mehrerer wirtschaftl. u. technisch selbständiger Unternehmen erfolgt der Einsatz der durch Hochspannungsleitungen *(Verbundnetz)* miteinander verbundenen Kraftwerke unter dem Gesichtspunkt der jeweils niedrigsten Erzeugungskosten nach der Reihenfolge: Laufwasser-, Braunkohlen-, Steinkohlen-, Pumpspeicher- u. natürliche Speicherkraftwerke. Laufwasserkraftwerke (Wasserkraftanlagen) u. ein Teil der Wärmekraftwerke decken den bei Tag u. Nacht etwa gleichbleibenden Grundbedarf, die *Grundlast.* Ein anderer Teil der Wärmekraftwerke deckt den hohen Bedarf des Tages *(Spitzenlast),* Pumpspeicherkraftwerke u. Speicherwerke mit natürlichem Zufluß erzeugen die für den Spitzenbedarf der Verbraucher notwendige Energie. Der V. vermindert die Vorhaltung kostspieliger Reserveleistung u. erhöht die Sicherheit der Großstromversorgung, da bei Ausfall eines Kraftwerks andere Erzeuger einspringen können. Die organisator. u. techn. Fragen des europ. V.s werden in der →UCPTE behandelt. – ▯ 10.4.0.
Verbundfenster, Fenster aus meist zwei hintereinander angeordneten u. miteinander verbundenen Fensterflügeln, die jeder für sich verglast sind.
Verbundglas →Sicherheitsglas.

Verbundmaschine

Verbundmaschine, 1. *Elektrotechnik:* ein Doppelschlußgenerator, bei dem auf dem Feldmagneten eine Haupt- u. eine Nebenschlußwicklung angebracht sind. →Generator.
2. *Maschinenbau:* 1. Dampfmaschine mit zwei hintereinander *(Tandemmaschine)* oder parallel geschalteten Zylindern. Der Dampf dehnt sich in zwei Stufen aus, im ersten Zylinder *(Hochdruckzylinder)* auf einen Druck von etwa 3,5 at, im zweiten *(Niederdruckzylinder)* auf Kondensatordruck (0,2 at). Es gibt auch dreistufige V.n.
2. Bez. für einen mehrstufigen →Kompressor.
Verbundplatten, Bauplatten aus einer Verbundkonstruktion von Kernlage u. Außenschalen. Als Kernlage werden meist Kunststoffschäume verwendet, während die Außenschalen aus glasfaserverstärktem Polyester, Asbestzementplatten, Sperrholz, Gips- oder Leichtbetonplatten bestehen. Anwendung als großformatige Montagewandplatten, Außenwandbekleidungen oder selbsttragende Ausfachungen in Gerippebauten.
Verbundtriebwerk →Flugmotor.
Verbundwerkstoff, zwei oder mehrere verschiedenartige Werkstoffe, die schichtweise durch Gießen, Verschweißen oder Zusammenwalzen fest miteinander verbunden sind; bes. als Schutz gegen Korrosion u. zur Verschönerung der Oberfläche, auch als →Bimetall.
Verbundwirtschaft, organisatorisch-technische Verbindung der Erzeugung verschiedener Betriebe zur Steigerung der Produktivität u. der Rentabilität, bes. in der *Montanindustrie* (Verbund von Zechen, Kokereien, Hochofenwerken, Stahl- u. Walzwerken) u. der *Energiewirtschaft* (Ausgleich von Bedarfsspitzen).
Verbuschung, das Überhandnehmen von Dornsträuchern nach Buschbränden in Savannen; die betroffenen Gebiete werden für eine Beweidung wertlos.
Vercelli [vɛrˈtʃɛli], italien. Stadt in Piemont, an der Sèsia, Hptst. der Provinz V. (3001 qkm, 410000 Ew.), 60000 Ew.; barocker Dom (13. Jh.); Museen; Zentrum eines Reisanbaugebiets, chemische, Kunstfaser- u. Maschinenindustrie. – Das antike *Vercellae;* auf den *Raudischen Feldern* südöstlich von V. besiegte 101 v. Chr. *Marius* die Kimbern.
Vercingetorix, gallischer Fürst aus dem Stamm der Averner, †46 v. Chr.; Führer des großen Aufstands gegen *Cäsar* 52 v. Chr., anfangs erfolgreich; hielt in der Bergstadt Gergovia lange stand, mußte sich dann in Alesia ergeben u. wurde nach 6jähriger Gefangenschaft in Rom hingerichtet.
Vercors [-ˈkɔːr], eigentl. Jean *Bruller,* französ. Schriftsteller, *26. 2. 1902 Paris; 1942 Mitgründer des Résistance-Verlags „Éditions de Minuit"; seine Erzählungen behandeln hauptsächl. die Zeit der dt. Besetzung: „Das Schweigen des Meeres" 1942, dt. 1945; „Waffen der Nacht" 1946, dt. 1949; „Sylva" 1961, dt. 1963.
Verdächtigung, im Strafrecht der BRD: →politische Verdächtigung. – Das österr. Strafrecht kannte früher das Vergehen der *falschen V.:* Wer vorsätzlich einen anderen wider besseres Wissen eines von Amts wegen zu verfolgenden Vergehens oder sonst eines Verhaltens fälschlich beschuldigte, das Nachteile öffentlich-rechtl. Art für den Beschuldigten nach sich ziehen konnte, wurde mit strengem Arrest bestraft. Heute ist dieser Tatbestand nach § 297 österr. StGB als *Verleumdung* strafbar.
Verdaguer i Santaló [bərðəˈɣer-], Jacint, katalan. Dichter, *17. 5. 1845 Folgarolas, Barcelona, †10. 6. 1902 Vallvidrera, Barcelona; Geistlicher; bekannt unter dem Namen „Mossèn Cinto"; schrieb Naturschilderungen, myst. Gedichte u. das Epos „Atlantis" 1877, dt. 1897.
Verdammnis, nach christl. Lehre die durch Gottes Strafgericht vollzogene endgültige Verwerfung der schuldhaft Ungläubigen in ewige, schmerzliche Gottesferne, nach kath. Lehre verbunden mit Sinnenstrafen. Gegensatz: *Seligkeit.*
Verdämmung, 1. *Bergbau:* Abschirmung eines Grubenteils durch Holz-, Stein- oder Betonwände gegen Wasser, Schlamm, Schwimmsand, Feuer.
2. *Forstwirtschaft:* Überlagern u. Unterdrücken von jungen Holzpflanzen durch Gras, Unkräuter u. a. stärker wachsende Pflanzen.
3. *Sprengtechnik:* das Verstopfen eines mit Sprengpatrone u. Zündkapsel besetzten Bohrlochs nach außen, um die Sprengwirkung zu erhöhen.
Verdampfer →Kältemaschinen.
Verdampfung, Übergang eines Stoffs vom flüssigen in den gasförmigen Aggregatzustand; findet nur an der Oberfläche statt. Beim Verdampfen wird der Flüssigkeit →Verdampfungswärme zugeführt. Sie bewirkt keine Temperaturerhöhung u. wird bei der Kondensation als *Kondensationswärme* wieder frei.
Verdampfungswärme, die Wärmemenge, die notwendig ist, um eine bestimmte Flüssigkeitsmenge ohne Temperaturerhöhung in den gasförmigen Aggregatzustand überzuführen. Die *spezifische V.* ist gleich dem Quotienten der zur Verdampfung einer Flüssigkeitsmasse m erforderlichen Wärmemenge Q u. der Masse m: $V = \frac{Q}{m}$. Die V. wird in J/kg gemessen. Die *molare V.* wird auf die Teilchenmenge n bezogen: $V_m = \frac{Q}{n}$. Sie wird in J/kg gemessen.
Verdaulichkeit, die Aufschließbarkeit von Nahrungsmitteln; wird nach der Verweildauer im Magen, dem Grad der Aufschließung bei der Verdauung u. dem Ausbleiben von Beschwerden beurteilt. Es bleiben im Magen: 10 min: Honig; 1–2 Stunden: Getränke, Fleischbrühe, Reis, Forelle, weiche Eier; 2–3 Stunden: Milch, Eier, Weißbrot, Obst, Kartoffeln, Blumenkohl, Fisch, Spargel; 3–4 Stunden: Schwarzbrot, Bratkartoffeln, Spinat, Radieschen, Kohlrabi, Gurken, Äpfel, Kalbsbraten, Beefsteak, Schinken, Huhn; 4–5 Stunden: Hülsenfrüchte, Bohnen, Möhren, Gänse- u. Entenbraten, Pökelfleisch, Pilze; 7–8 Stunden: Ölsardinen.
Verdauung, *Digestion,* die mechanische u. chemische Aufarbeitung der Nahrung. Sie erfolgt innerhalb der Zellen *(intrazellulär)* bei allen tierischen Protozoen, bei Schwämmen, einigen Strudelwürmern u. Stachelhäutern. Die Nahrungsstoffe werden durch →Phagozytose oder →Pinozytose aufgenommen, in Vakuolen innerhalb der Zellen durch ein saures u. anschließend basisches Medium aufgeschlossen u. in das umgebende Plasma abgegeben.
Bei der *extrazellulären* V. der Ringelwürmer, Gliederfüßer u. Wirbeltiere geben Drüsen V.s-Enzyme in ein →Verdauungssystem ab. Alle V.s-Enzyme sind Hydrolasen (→Enzym). Sie spalten die großen Nahrungsmoleküle durch Wasseranlagerung in kleine Bestandteile: Eiweiß in Aminosäuren, Fette in Glycerin u. Fettsäuren, Polysaccharide (Stärke, Glykogen) in Monosaccharide. Verschiedene Darmabschnitte führen spezialisierte V.sfunktionen durch. Beim Menschen wird die Stärke im Mund durch Amylase (→Speichel) zu Maltose aufgeschlossen. Die von der Magenwand abgegebene Salzsäure tötet die eingedrungenen Bakterien (Bakterienschranke) u. aktiviert die Enzymvorstufe *Pepsinogen* zu *Pepsin,* das zusammen mit *Kathepsin* Eiweißmoleküle in kleinere Bruchstücke zerlegt. Diese werden im Dünndarm durch *Trypsin* aus der Bauchspeicheldrüse u. *Peptidasen* aus der Darmwand zu Aminosäuren aufgespalten u. von der Darmwand aufgenommen. Die aus der Leber stammende Galle zerlegt das Fett in feine Tropfen. In dieser Form kann es durch das Enzym der Bauchspeicheldrüse *(Lipasen)* zu Glycerin u. Fettsäuren abgebaut werden. Die Fettsäuren gelangen in die Lymphgefäße der Darmzotten (→Chylus).
Neben den Enzymen helfen zahlreiche Einzeller bei der V. als Symbionten. Für die schwer angreifbare Cellulose in den Pflanzenwänden ist bei den Pflanzenfressern der Dickdarm bes. lang als Gärkammer ausgebildet. Mit speziellen Symbionten gelingt Spezialisten (Kleidermotte, Holzwurm, Termiten) die Nutzung schwer aufschließbarer Organ. Verbindungen. – Außen-V. *(extraintestinal)* kommt bei Seesternen, Spinnen u. Laufkäfern vor. Sie spritzen die V.s-Enzyme in die Beutetiere u. saugen den verflüssigten Inhalt auf. – ▯ 9.3.0.
Verdauungssysteme, Organsysteme von Tieren, die im Dienst der Verdauung stehen, d. h., in denen mit Hilfe von *Enzymen* die Nahrungsstoffe zerlegt u. in den Körper aufgenommen (resorbiert) werden. Einzeller (Protozoen) haben eigene Verdauungsorganellen (Nahrungsvakuolen), die vielfach an bestimmten Stellen gefüllt *(Zellmund)* u. entleert *(Zellafter)* werden. Bei Schwämmen bilden die Kragengeißelzellen in den Geißelkammern das Verdauungssystem.
Für höhere Tiere ist ein innerer Hohlraum (Darm) charakteristisch, der mit einem Epithel ausgekleidet ist u. mehr oder weniger stark in Abschnitte verschiedener Funktion aufgegliedert u. durch Anhangsorgane ergänzt sein kann. Der Darm ist ursprüngl. ein einfacher Hohlraum *(Urdarm),* der durch eine Mundöffnung mit der Außenwelt in

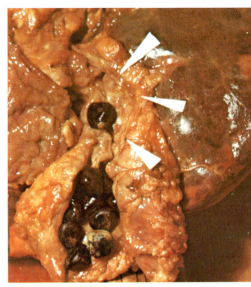

Eröffnete Gallenblase. Die Galle ist schwarz

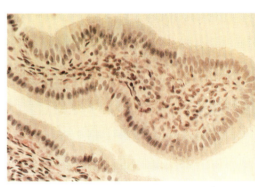

Gallenblase, Schnitt durch das hochprismatische Wandepithel

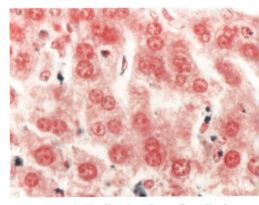

Leberzellen mit Kupfferschen Sternzellen, die der körpereigenen Abwehr (Immunkörperbildung) dienen

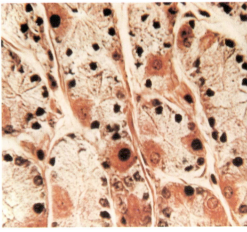

Magenfundus mit Haupt- und Belegzellen

Verdauungssysteme

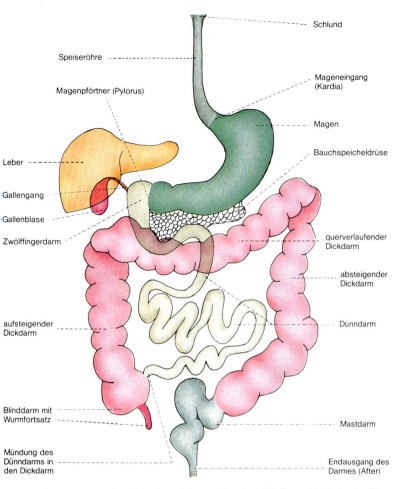

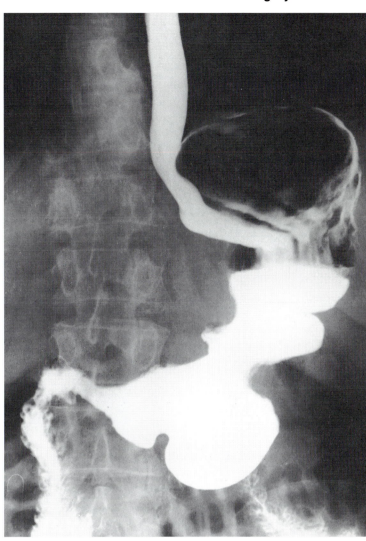

Verdauungssystem des Menschen, Schema (oben). – Mittlerer Abschnitt des Verdauungssystems: Die Speiseröhre (oben Mitte) führt im Bogen nach rechts in den Magen, darüber liegt die Leber. (Der Magen hat rechts eine Einschnürung – Anastomose – und links weiter unten ein Magengeschwür.) Links ganz unten liegt etwas erhöht der Magenausgang, anschließend der Zwölffingerdarm (rechts)

VERDAUUNGSSYSTEM

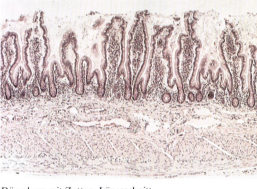

Dünndarm mit Zotten, Längsschnitt

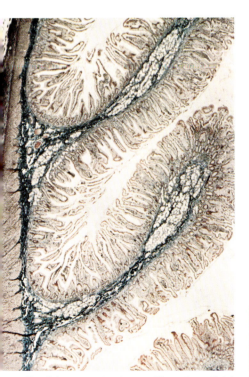
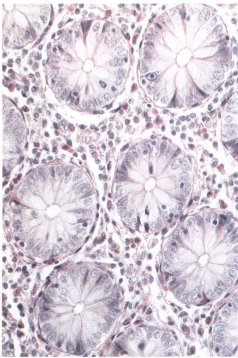
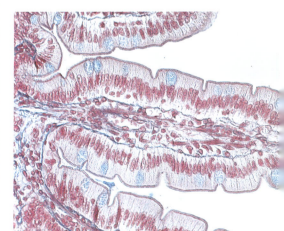

Kerckringsche Falten im Zwölffingerdarm (links). – Dickdarm, Schnitt durch Becherzellen-Drüsen (Mitte). – Zotte des Dünndarms, Längsschnitt (rechts)

Verdeck

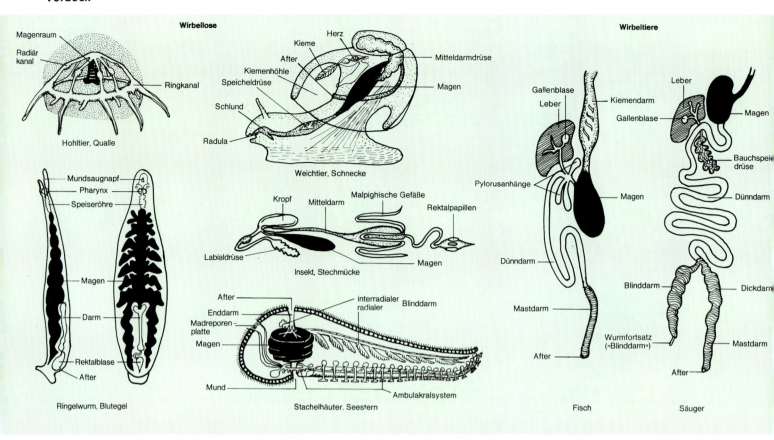

Verdauungssysteme

Verbindung steht (Hohltiere). Die *Bilaterien* haben gewöhnlich einen Darmkanal *(Darmtrakt),* einen Außenweltkanal, der das ganze Tier durchzieht, meist von einer Eingangsöffnung (Mund) hin zu einer Ausgangsöffnung (After). Der Darm kann blind geschlossen sein, also nur mit einer Öffnung nach außen führen (z. B. bei Strudel- u. Saugwürmern, Turbellarien, Trematoden; →Gastrovascularsystem), u. er kann gänzlich zurückgebildet sein u. fehlen, z. B. bei parasit. Würmern (Bandwürmer), bei den Bartträgern, bei den Männchen der Rädertiere. Bei festsitzenden Tieren ist der Darm häufig U-förmig gebogen, so daß Mund- u. Afteröffnung nebeneinander liegen (z. B. Tentakeltiere u. Manteltiere).
Verschiedene Abschnitte des Darmkanals unterscheidet man nach ihrer Herkunft (Vorderdarm, *Stomodaeum,* u. Enddarm, *Proctodaeum, Rectum,* sind ektodermal, der Mitteldarm, *Mesodaeum,* ist entodermal) u. nach ihrer Funktion. Die funktionelle Aufgliederung richtet sich nach der Art der Ernährung (z. B. Fleisch-, Pflanzenfresser, Blutsauger) u. der Nahrungsaufnahme (z. B. Strudler, Sauger, Schlinger). Die V. beginnen mit Einrichtungen zur Nahrungsaufnahme, z. B. mit →Mundwerkzeugen oder einem muskulösen Saugrohr, *Pharynx;* z. B. bei Strudelwürmern, Ringelwürmern, Schnecken. Am vorderen Darmabschnitt münden häufig →Speicheldrüsen, die Verdauungsfermente, aber auch Gift- oder Wehrstoffe (z. B. Giftschlangen, Meeresschnecken), Spinnfäden (z. B. Schmetterlingsraupen) u. ä. abgeben. Ein mehr oder weniger erweiterter muskulöser Teil des Darmkanals wird als *Magen* bezeichnet. Er kann als *Kaumagen* ausgebildet sein, der Einrichtungen zur Zerkleinerung der Nahrung besitzt (z. B. bei Rädertieren u. Kopffüßern; die sog. *Magenmühle* bestimmter Krebse, der →Vormagen der Insekten; aber auch bei Vögeln, bei denen der →Muskelmagen aufgeteilt ist, mit einer Hornschicht ausgekleidet ist u. kleine Steine enthalten kann). Bei Spinnen ist der Magen als →Saugmagen ausgebildet. Vor allem bei den Säugetieren ist der Magen in verschiedene Regionen aufgeteilt (→Magen), die bei den →Wiederkäuern ein bes. kompliziertes System bilden.
Hinter dem Magen beginnt der Darm i. e. S., der Bereich der Resorption. In ihn münden häufig Anhangsgebilde, z. B. 1. *Blindsäcke* (bei Borstenwürmern u. Muscheln, Spinnen, Egeln u. Stechmücken); 2. *Mitteldarmdrüsen* (→Leber u. →Pankreas, bei Kopffüßern u. Wirbeltieren, mit rein sezernierender Aufgabe); 3. die fälschlich als Leber bezeichneten *Mitteldarmanhänge,* z. B. der Schnecken u. der Stachelhäuter, dienen sowohl der Sekretion als auch der Resorption; 4. *Ausscheidungsorgane* (Malpighische Gefäße der Insekten).

Verdeck, oberstes Schiffsdeck; aufklappbares Stoff- oder Lederdach eines Fahrzeugs.
Verden (Aller) ['fɛr-], niedersächs. Kreisstadt am Zusammenfluß von Weser u. Aller, 24 300 Ew.; got. Dom (13.–15. Jh.); Landmaschinen-, Uhrglas-, Kunststoff-, Möbel-, Keks-, chem. Industrie; Pferdezucht (Reitturniere u. Pferderennen). – Ldkrs. V.: 788 qkm, 106 000 Ew. – Im Blutbad von V. (782) soll *Karl d. Gr.* 4500 Angehörige des sächs. Adels hingerichtet haben. 786 wurde V. Bischofssitz, 1405 Reichsstadt, 1648 schwed., 1715/1719 kam es zu Hannover.
Verdener Dom, anstelle roman. Vorgängerbauten, von denen noch der aus Backstein errichtete Südwestturm übriggeblieben ist, entstand der heutige Bau als dreischiffige got. Halle (1274–1490). Der Dom besitzt ein Querhaus u. den ältesten got. Hallenumgangschor (1313 vollendet). Sein Grundrißschema fußt auf dem der Kathedrale in Reims.
Verdi, Giuseppe, italien. Opernkomponist, *10. 10. 1813 Roncole bei Busseto, †27. 1. 1901 Mailand; dramat. Tonschöpfer, der die Opernkunst des 19. Jh. auf einen Höhepunkt führte. Bei seinen ersten Bühnenwerken mit patriot. Grundton („Nabucco" 1842; „Ernani" 1844) liegt der Akzent auf den mitreißenden Chorgesängen, in der 2. Schaffensperiode (u. a. „Rigoletto" 1851; „Der Troubadour" 1853; „La Traviata" 1853) treten die melodisch durchgearbeiteten Einzelgesänge stärker hervor; in der 3. Periode („Ein Maskenball" 1859; „Die Macht des Schicksals" 1862; „Don Carlos" 1867, u. a.) ist durch V.s Weg in Richtung auf das nicht durch Ideen belastete Musikdrama im Gegensatz zu Wagner, das Nebeneinanderstellen der gleichberechtigten Aussageformen Gesang u. orchestrale Musik gekennzeichnet. „Aida" 1871 ist im Stil einer Repräsentationsoper geschrieben. „Othello" 1887 ist das vollendete Musikdrama italien. Prägung; die lyr. Komödie „Falstaff" 1893 verbindet ältere Instrumentalformen mit äußerster Subtilität des Klangs. V. schrieb daneben noch ein Requiem zum Gedächtnis A. Manzonis, ein Streichquartett u. Lieder. – ⎕ 2.9.3.
Verdichter →Kompressor.
Verdichtung, *Kompression,* das Zusammenpressen von Gasen, z. B. im →Verbrennungsmotor. Erhöhte V. des Kraftstoff-Luft-Gemischs (Ottomotor) vergrößert die Motorleistung. Die obere Grenze für die V. wird durch die →Klopffestigkeit des Kraftstoffs gesetzt. →auch Kompressor.
Verdichtungsräume = Ballungsgebiete.
Verdienstfeste, die bei einigen Naturvölkern üblichen Feste, die ein Mann oft unter erhebl. finanziellen Opfern ausrichtet, um dadurch in seiner sozialen Einstufung zu steigen u. bestimmte Abzeichen führen zu können.
Verdienstorden, Orden, die für Verdienste bes. Art verliehen werden. Der V. der Bundesrepublik Deutschland *(Bundesverdienstkreuz),* gestiftet durch den Bundespräsidenten am 7. 9. 1951, wird verliehen in 7 Stufen: *Großkreuz* (mit Sonderstufe nur für ausländ. Staatsoberhäupter), *Großes Verdienstkreuz* (auch mit Stern u. Schulterband bzw. mit Stern), *Verdienstkreuz 1. Klasse* (Ansteckorden) bzw. am Bande, *Verdienstmedaille.* – ⎕ 1.3.0.1.
Verdingung, Vergebung einer Arbeit; bes bei öffentlichen Ausschreibungen.
Verdingungsordnung für Bauleistungen, Abk. *VOB,* vom Reichsfinanzminister 1926 erlassene Dienstvorschrift für die Kostenanschläge u. Ausschreibungen bei Bauten der öffentl. Hand. Die VOB ist in Neufassungen für alle öffentl. Bauten in der BRD verbindlich u. in der Regel auch bei privaten Bauten Bestandteil des Bauvertrags.
Verdon [vɛr'dɔ̃], linker Nebenfluß der Durance in Südostfrankreich, 175 km; entspringt in den Alpen am Trois-Évêchés-Massiv (2927 m), durchströmt in engen Schluchten die Gebirgsketten der Provence, mündet bei Vinon-sur-V.; Stauanlagen zur Energiegewinnung, dient durch den *V. kanal* (speist die Staubecken von Brimont) der Bewässerung; daneben ist mit dem Bau des Maîtrekanals ein großes Bewässerungs- u. Wasserversorgungsprojekt in Ausführung. →auch Provence.
Verdrängung, *Psychologie,* in der seel. Vorgang, durch den Triebregungen u. die ihnen zugehörigen Vorstellungen, Gedanken u. Affekte vom Bewußtsein ferngehalten werden. Dabei kann es sich um Inhalte handeln, die ins *Unbewußte* abgedrängt werden, oder auch um Triebregungen u. Strebungen, die durch den Vorgang der V. gar nicht erst ins Bewußtsein treten. Die in der heutigen Bedeutung geprägt wurde der Begriff in den psychoanalytischen Studien von *J. Breuer* u. *S. Freud.*
Verdrängungslagerstätten, *metasomatische Lagerstätten,* natürl. Anreicherung von Minera-

lien, entstanden durch Reaktion aufsteigender Dämpfe u. Lösungen mit dem ursprüngl. Nebengestein, wobei die Mineralneubildungen das Ursprungsgestein verdrängten (Metasomatose).
Verdrängungstheorie = Reliktentheorie.
Verdrehfestigkeit, *Torsionsfestigkeit,* bei einem auf Verdrehung beanspruchten Stab die →Schubspannung bei der höchstmöglichen Belastung; entspricht der →Zugfestigkeit im Zugversuch.
Verdross, *Verdross-Drossberg,* Alfred, österr. Völkerrechtsgelehrter, * 22. 2. 1890 Innsbruck, † 27. 4. 1980 Innsbruck; lehrte 1925–1959 in Wien. Hptw.: „Die Verfassung der Völkerrechtsgemeinschaft" 1926; „Grundlinien der antiken Rechts- u. Staatsphilosophie" 1946, ²1948; „Abendländische Rechtsphilosophie" ²1963; „Völkerrecht" ⁵1964.
Verdun [vɛrˈdœ], **1.** *V.-sur-Meuse,* Stadt u. ehem. Festung im französ. Dép. Meuse, in Lothringen, an der Maas, 27 000 Ew.; roman. Kathedrale (11.–13. Jh.); Textil-, Zuckerwaren- u. graph. Industrie. Geschichte: In dem *Vertrag von V.,* geschlossen 843 zwischen den Söhnen Ludwigs des Frommen, *Karl II., dem Kahlen, Ludwig dem Deutschen* u. *Lothar I.,* zwangen die beiden ersten Lothar, den ihr Vater 817 zum Mitkaiser u. Nachfolger hatte wählen u. krönen lassen, zur Reichsteilung. Karl erhielt *Westfranken,* Ludwig *Ostfranken* u. Lothar die Kaiserwürde (ohne Oberhoheit über seine Brüder) u. ein Mittelreich, ein Gebiet von Friesland bis zur Küste der Provence, dazu Italien. Die *Schlacht von V.* im 1. Weltkrieg vom 21. 2. bis zum 9. 9. 1916 zwischen Deutschen u. Franzosen wurde aus dem Plan des dt. Generalstabschefs E. von Falkenhayn entwickelt, an einem günstigen Punkt den Gegner zu Gegenangriffen zu veranlassen, um ihn durch Menschen- u. Materialverluste zu schwächen. Diese Aufgabe fiel der 5. Armee unter Kronprinz *Wilhelm* bei V. zu, deren Führung jedoch glaubte, das Festungsgelände von V. erobern zu müssen. Die 1. u. 2. französ. Stellung (Fort *Douaumont*) wurde genommen, die Festung selbst aber nicht bezwungen.
2. Vorstadt von Montreal in der kanad. Prov. Quebec, 75 500 Ew.
Verdunkelungsgefahr, im Strafprozeß die Gefahr der Erschwerung der Wahrheitsermittlung durch Einwirkung auf Beweismittel durch den Täter; Grund für Untersuchungshaft.
Verdunstung, *Verflüchtigung,* Übergang eines Stoffs aus dem flüssigen in den dampfförmigen Aggregatzustand, ohne daß die Flüssigkeit zum Sieden gebracht worden ist; darauf zurückzuführen, daß in der Oberfläche der Flüssigkeit befindl. Moleküle in den Dampf- bzw. Luftraum entweichen. Die zur V. notwendige Wärme wird der Flüssigkeit u. der Umgebung entzogen. Die mittlere Jahres-V. von Wasser auf der gesamten Erdoberfläche ist gleich der mittleren Niederschlagsmenge.
Verdunstungsmessung, *Klimatologie:* Messung zur Bestimmung der Verdunstungshöhe eines Gebiets. Mit den meisten Geräten *(Evaporimeter, Atmometer),* bestehend aus einer flachen Schale mit Wasser oder Eis auf einer Waage oder aus einem feuchtgehaltenen Löschblatt oder Wollmusselin, wird nur ermittelt, wieviel Wasser bei einer bestimmten Witterung verdunsten kann. Der „natürlichen" Verdunstung der Gewässer kommt man nahe mit schwimmenden Geräten, der des Erdbodens u. der Pflanzen mit dem *Lysimeter,* mit dem Gewichtsveränderungen eines großen Würfels gewachsenen Erdbodens registriert werden.

veredeltes Landschwein, aus der Kreuzung von langohrigem Landschwein u. dt. weißem Edelschwein hervorgegangene weiße Schweinerasse mit Schlappohren. →auch Landrassen.
Veredelung, Qualitätsverbesserung durch Übertragen von Knospen oder Edelreisern (Zweigstücke von Nutzpflanzen) auf Wildlinge (Sämlinge, Stecklinge, Ableger) als Unterlage, u.a. durch →Okulieren, →Pfropfen, →Kopulation.
Veredelungsverkehr, Einfuhr von Rohstoffen u. Halbfabrikaten, die nach intensiver Verarbeitung wieder ausgeführt werden *(aktiver V.* im Unterschied zum *passiven V.);* ist für Industrieländer mit nur geringer eigener Rohstoffbasis sehr bedeutungsvoll u. deswegen meist zollbegünstigt.
Vereeniging [fərˈeːnixiŋ], Industriestadt in Transvaal (Rep. Südafrika), 150 000 Ew.; Eisen-, Stahl-, chem. Industrie, Kohlenbergbau.
Vereidigter Buchprüfer, frühere Bez. für einen öffentl. bestellten Sachverständigen, der Prüfungen auf dem Gebiet des betriebl. Rechnungswesens, insbes. Buch- u. Bilanzprüfungen, durchführte. →auch Wirtschaftsprüfer.
Verein, 1. *bürgerl. Recht:* Untertypus der rechtl. Personenvereinigung zur Erreichung gemeinsamer Zwecke, die →Gesellschaft i. w. S., dessen Geschäftsführung u. Vertretung bes. Organen übertragen ist (sog. *körperschaftliche Verfassung).* Nach ihrem Zweck gibt es z. B. politische, religiöse, kulturelle, gesellschaftl., sportl. u. wirtschaftl. V.e. Nach der Rechtsform gehören hierher außer dem →eingetragenen Verein u. dem →nichtrechtsfähigen Verein bes. AG, GmbH, eingetragene Genossenschaft; Gegensatz in diesem Sinn: →Gesellschaft i.e. S. Das Recht der V.gründung *(V.sfreiheit;* →auch Koalitionsfreiheit) in der BRD gewährleistet Art. 9 GG. Das *öffentliche V.srecht* ist im V.sgesetz vom 5. 8. 1964 geregelt, das *private V.srecht* bes. in den §§ 21–79 BGB. – In der Schweiz ist das V.srecht hauptsächl. in Art. 60 ff. u. Art. 52 ZGB geregelt. – Das österr. Recht unterscheidet nach Erwerbsabsicht *Ideal-V.e* (V.gesetz vom 28. 8. 1951 u. ABGB) u. *Wirtschafts-V.e* (Sondergesetze wie Genossenschaftsgesetz, Gesetz über GmbH, Aktiengesellschaften; V.spatent vom 26. 11. 1852). – ⌧4.3.1.
2. *Volkskunde:* V.e sind ein wichtiger Bestandteil der neueren Volkskultur. Sie haben seit etwa der Mitte des 19. Jh. in zunehmendem Maß Funktionen übernommen, die vorher von anderen sozialen Gruppen (z. B. von ledigen Burschen auf den Dörfern) ausgeübt wurden. – ⌧3.6.5.
Verein Deutscher Eisenhüttenleute, Abk. *VDEh,* 1860 gegr. Verein zur Förderung der techn. u. wissenschaftl. Arbeit auf dem Gebiet von Eisen, Stahl u. verwandten Werkstoffen; Sitz: Düsseldorf.
Verein Deutscher Ingenieure, Abk. *VDI,* 1856 gegr. Verein zur Förderung wissenschaftl.-techn. Arbeiten u. zur Weiterbildung ihrer Mitglieder; Sitz: Düsseldorf; die Mitglieder führen nach dem Namen die Bez. VDI.
Verein für das Deutschtum im Ausland, Abk. *VDA,* bis 1908 *Allgemeiner Dt. Schulverein zur Erhaltung des Deutschtums im Ausland* (gegr. 1881); wirkte vor allem durch Gründung dt. Schulen im Ausland. – Sein Ziel war die Pflege der dt. Sprache u. dt. Kulturguts sowie die Erhaltung des Zusammengehörigkeitsgefühls der Deutschen. Der VDA verlor 1938 seine Unabhängigkeit u. wurde als *Volksbund für das Deutschtum im Ausland* von den Nationalsozialisten für ihre Zwecke mißbraucht. 1955 Neugründung.
Verein für Socialpolitik, Abk. *V. f. S.,* wissenschaftl. Vereinigung dt. Volkswirtschaftler, gegr. 1872, 1936 freiwillige Auflösung, neu gegr. 1948, 1956 Umbenennung in *Gesellschaft für Wirtschafts- und Sozialwissenschaften, Verein für Socialpolitik.* Aufgabe: wissenschaftliche Diskussion wirtschaftl. u. sozialer Probleme; Pflege der Beziehungen zur ausländ. Fachwissenschaft; Klärung von Studienfragen der Volks- u. Betriebswirtschaftslehre.
Vereinigte Aluminium-Werke AG, Abk. *VAW,* Berlin u. Bonn, 1917 gegr. Unternehmen; Haupterzeugnisse: Hüttenaluminium, Aluminiumlegierungen, Reinstaluminium (99,99%), Tonerde u. Tonerdehydrat, Kohlenstoffsteine, Kohleelektroden, Söderbergmasse u.a.; Grundkapital: 280 Mill. DM (Großaktionär: *VIAG);* 17 000 Beschäftigte; zahlreiche Tochtergesellschaften.
Vereinigte Arabische Emirate →Union Arabischer Emirate.
Vereinigte Arabische Republik, Abk. *VAR,* der polit. Zusammenschluß Ägyptens u. Syriens 1958–1961. →Ägypten.
Vereinigte Deutsche Metallwerke AG, Abk. *VDM,* Frankfurt a.M., gegr. 1921, heutige Firma seit 1930; stellt vor allem Halbzeug (Bleche, Stangen, Drähte, Rohre, Profile, Preßteile, Gleitlager, Formguß) aus Schwer- u. Leichtmetallen, Sonderstählen u. Kunststoffen her; Tochtergesellschaft der *Metallgesellschaft AG,* Frankfurt a.M.; zahlreiche Tochtergesellschaften.
Vereinigte Edelstahlwerke AG, Abk. *VEW,* Wien, österr. Unternehmen der Edelstahlindustrie, 1975 gegr. durch Fusion der Edelstahlwerke Gebr. Böhler & Co. AG, Schoeller-Bleckmann u. Steirische Gußstahlwerke; Tochtergesellschaft der *VÖEST-Alpine AG;* 19 000 Beschäftigte.
Vereinigte Elektrizitätswerke Westfalen AG, Abk. *VEW,* Dortmund, gegr. 1925 durch Zusammenschluß zweier großer Elektrizitätswerke im westfäl. Raum; liefert Strom, Gas, Fernwärme u. Wasser; Stromabgabe 1980: 29,7 Mrd. kWh; Grundkaptial: 600 Mill. DM (in kommunalem Besitz, 1966 teilprivatisiert); Beteiligung: *Kernkraftwerk Lingen GmbH.*
Vereinigte Evangelisch-Lutherische Kirche Deutschlands, Abk. *VELKD,* 1948 vollzogener Zusammenschluß der meisten ev.-luth. dt. Landeskirchen. Organe: die Generalsynode, die Bischofskonferenz, der Leitende Bischof, die Kirchenleitung. Ihre Hauptaufgaben liegen auf innerkirchl. Gebiet (einheitl. Pfarrerrecht, Gottesdienstordnungen u.a.). Die Gliedkirchen der VELKD gehören zugleich der EKD an. 1968 Verselbständigung der luth. Kirchen in der DDR (Mecklenburg, Sachsen, Thüringen) als *Vereinigte Evangelisch-Lutherische Kirche in der DDR (VELK DDR).*
Vereinigte Flugtechnische Werke GmbH →VFW-Fokker GmbH.
Vereinigte Industrie-Unternehmungen AG, Abk. *VIAG,* Berlin/Bonn, 1923 gegr. Holdingge-

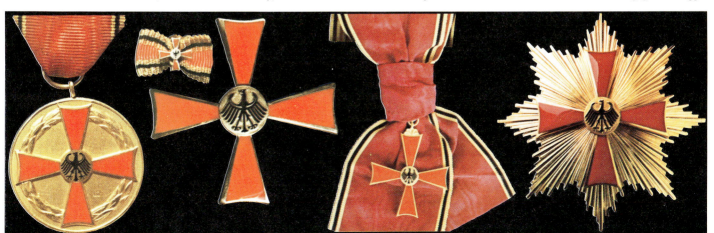

Verdienstorden der Bundesrepublik Deutschland: Verdienstmedaille, Verdienstkreuz, Großkreuz am Schulterband mit Stern, Stern zur Sonderstufe des Großkreuzes (von links nach rechts)

Vereinigte Krankenversicherung AG

sellschaft auf dem Gebiet der Energiewirtschaft, der Aluminium-, Carbid- u. Kalkstickstoffgewinnung; Grundkapital: 500 Mill. DM (Großaktionär: der Bund); Beteiligungsgesellschaften: *Elektrowerke AG*, Berlin; *Innwerk AG*, München-Töging; *Bayernwerk AG*, München; *Bayerische Wasserkraftwerke AG*, München; *Vereinigte Aluminium-Werke AG*, Berlin/Bonn; *Süddeutsche Kalkstickstoff-Werke AG*, Trostberg, u.a.; 24 600 Beschäftigte im Konzern.

Vereinigte Krankenversicherung AG, Berlin u. München, 1925 gegr. Krankenversicherungsunternehmen; Mitglied der *Vereinigten Versicherungsgruppe*.

Vereinigte Österreichische Eisen- und Stahlwerke AG, Abk. *VÖEST*, Linz, österr. Hüttenwerkskonzern, bis 1945 ein Teil der ehem. *Reichswerke Hermann Göring*, seit 1946 in österr. Staatsbesitz; 1973 Zusammenschluß mit der *Oesterreichisch-Alpine Montangesellschaft* zur →VÖEST-Alpine AG.

Vereinigtes Königreich von Großbritannien und Nordirland →Großbritannien und Nordirland.

VEREINIGTE STAATEN VON AMERIKA USA
United States of America

Fläche: 9 363 123 qkm

Einwohner: 220 Mill.

Bevölkerungsdichte: 23 Ew./qkm

Hauptstadt: Washington

Staatsform: Präsidiale Republik als parlamentar.-demokrat. Bundesstaat

Mitglied in: UN, NATO, OECD, OAS, GATT, Colombo-Plan

Währung: 1 US-Dollar = 100 Cents

Auf das geschlossene Kerngebiet entfallen von den insges. 9 363 123 qkm 7 827 620 qkm; darin sind enthalten 202 711 qkm Gewässerflächen u. der Anteil an den Großen Seen mit 156 615 qkm. Überseebesitzungen, die in diesen Zahlen nicht enthalten sind, sind *Puerto Rico*, die *Jungferninseln*, *Samoa*, *Guam* u. die *Panamakanalzone*. US-amerikan. Verwaltung unterstehen die UN-Treuhandgebiete der *Karolinen*, *Marianen*, *Marshallinseln* u. *Palauinseln* sowie eine Reihe kleiner Inseln im pazif. u. westind. Raum.

Die Tabelle unten zeigt in Klammern bei den 13 Gründerstaaten (mit * gekennzeichnet) das Jahr der Ratifizierung der Verfassung, bei den übrigen das Jahr der Aufnahme in den Bund (der auf die Verkündigung der Aufnahme folgende 4. Juli [Nationalfeiertag]).

Landesnatur: Den Landschaftscharakter bestimmen bewaldete Mittelgebirge im O, weite, von großen Strömen durchzogene Ebenen in der Mitte u. Hochgebirge mit eingelagerten Plateaus u. Becken im W. Die atlant. Küstenebene reicht von New York, Florida einschließend, bis zur mexikan. Grenze. Am Mississippi greift sie 800 km flußaufwärts bis zur Mündung des Ohio aus; im O geht sie südl. von New York an der →Fall Line (Stromschnellen) in das *Piedmontplateau* über, das bis 500 m ansteigende, wellige Vorland der Appalachen. Als langgestrecktes, durch das *Große Appalachental* in mehrere parallele Ketten gegliedertes Mittelgebirge erreichen die →Appalachen im S (Mount Mitchell) 2037 m, im N (Adirondack Mountains) 1629 m Höhe. Der westlichste Gebirgszug des alten Faltengebirges sind die *Allegheny Mountains* (im Spruce Knob 1487 m); sie werden nur von der Hudson-Mohawk- u. der Champlainsenke nördl. von New York durchbrochen. Nach W schließen sich die teilweise stark zerschnittenen Appalachenplateaus an u. gehen in die weiten inneren Ebenen über, die jenseits des Mississippi als *Great Plains* flach bis 1500 m ü.M. zu den →Rocky Mountains hin ansteigen. In Missouri u. Arkansas werden sie vom Mittelgebirge des *Ozark Plateau* u. der *Ouachita Mountains* unterbrochen. Die Rocky Mountains (im *Mount Elbert* 4396 m hoch) sind durch die Beckenregion von Wyoming in einen nördl. u. südl. Teil gegliedert. Nach W schließen sich Hochplateaus an, im N das aus Laven aufgebaute *Columbia Plateau*, südl. davon das *Great Basin* als Teil der den ganzen S einnehmenden, etwa nord-südlich streichenden Bergketten u. z.T. abflußlosen Becken mit ihrer →Basin-and-Range-Struktur. Im Südteil liegt die trockenheiße *Sonorawüste* mit dem bis 86 m u.d.M. reichenden *Death Valley*. Im SO liegen die unterschiedl. hoch gehobenen Blöcke des *Colorado Plateau* mit dem über 300 km langen *Grand Canyon*. Die Hochbecken werden nach W vom *Kaskadengebirge* (Mount Rainier 4392 m), weiter südl. durch die *Sierra Nevada* (Mount Whitney 4418 m, höchster Berg der USA) begrenzt. Zwischen diese Ketten u. die Küstenkordillere am Pazif. Ozean (Diabolo Range 2692 m) sind das Kaliforn. Längstal u. im N das Willamette- u. Puget-Sund-Längstal eingeschaltet.

Das im O gleichmäßig feuchte Klima wird längs der Linie New York–Kansas City in einen kühl- u. einen warmgemäßigten Bereich gegliedert. Süd-Florida hat tropisches Klima. Der W ist trockener, z.T. wüstenhaft, die Pazifikküste im N feuchtgemäßigt, im S von mittelmeerischem, subtrop. Winterregencharakter. Das Fehlen ost-westl. angeordneter Gebirge ermöglicht einen raschen nord-südl. Luftmassenaustausch u. damit sehr schnelle Temperaturwechsel, Kaltlufteinbrüche, die oft mit katastrophalen Schneestürmen (Blizzards) verbunden sind u. als „Northers" selbst an der subtrop. Golfküste zu Frösten u. Ernteschäden führen. Andererseits können Wirbelstürme (Hurrikane) aus der Karib. See weit ins Innere vordringen. Der Wald nimmt ein Drittel der Fläche ein u. war früher noch weiter verbreitet. In den nördl. Rocky Mountains wachsen dichte Nadelwälder, an den Großen Seen u. in den Appalachen Mischwälder mit überwiegendem Nadelholzbestand, im Vorland beiderseits der Appalachen Laubmisch- u. reine Laubwälder u. an der Golfküste subtrop. Nadelwälder. Im Inneren herrschte westl. des Mississippi u. in Illinois das offene Grasland der Prärie mit Galeriewäldern an den Flüssen vor. Die trockenen Hochbecken zeigen Dorn- u. Zwergstrauchsteppen, das südl. Pazifikgebiet Hartlaubgewächse wie im Mittelmeerraum.

Bevölkerung: Die Bevölkerungszahl stieg von 3,9 Mill. im Jahr 1790 über 76 Mill. im Jahr 1900 auf 217 Mill. 1978. Am dichtesten besiedelt sind die Neuengland- u. die mittelatlant. Staaten zwischen Massachusetts u. Pennsylvania, am schwächsten die Trockengebiete in den Rocky Mountains u. ihrem nordöstl. Vorland, zwischen Nevada u. Arizona einerseits u. den beiden Dakota andererseits. 87,4% der Bevölkerung sind (1970) Weiße, 11,1% Neger, je 0,4% Indianer u. Japaner, je 0,1% Chinesen, Filipinos u. sonstige. Die Neger, deren Anteil 1790 19,3% betragen hatte, leben zu rd. 60% in den 17 Südstaaten (1900 zu 90%). Die Zunahme der Bevölkerung erklärte sich ursprüngl. vor allem aus der starken Einwanderung von Europa her (wobei Briten u. Iren bis 1790 allein, bis 1880 zusammen mit Einwanderern aus Mitteleuropa u. Skandinavien überwogen, während seit 1900 vor allem Ost- u. Südeuropäer einwandern), letzthin aber bes. aus dem steigenden Geburtenüberschuß. 128,5 Millionen Amerikaner gehören (1970) einer Religionsgemeinschaft an; davon sind 69,74 Mill. Baptisten, Methodisten, Lutheraner u. Presbyterianer, 47,9 Mill. Katholiken, 3,75 Mill.

Staat (Gründerstaat*)	offiz. Abk.	Hauptstadt	Staat (Gründerstaat*)	offiz. Abk.	Hauptstadt
Alabama (1819)	Ala.	Montgomery	Missouri (1821)	Mo.	Jefferson City
Alaska (1959)	Alas.	Juneau	Montana (1889)	Mont.	Helena
Arizona (1912)	Ariz.	Phoenix	Nebraska (1867)	Nebr.	Lincoln
Arkansas (1836)	Ark.	Little Rock	Nevada (1864)	Nev.	Carson City
California (1850)	Calif.	Sacramento	New Hampshire (1788)*	N.H.	Concord
Colorado (1876)	Colo.	Denver	New Jersey (1787)*	N.J.	Trenton
Connecticut (1788)*	Conn.	Hartford	New Mexico (1912)	N.Mex.	Santa Fe
Delaware (1787)*	Del.	Dover	New York (1788)*	N.Y.	Albany
Distr. of Columbia (1791)	D.C.	Washington, D.C.	North Carolina (1789)*	N.C.	Raleigh
Florida (1845)	Fla.	Tallahassee	North Dakota (1889)	N.D.	Bismarck
Georgia (1788)*	Ga.	Atlanta	Ohio (1803)	–	Columbus
Hawaii (1959)	Ha.	Honolulu	Oklahoma (1907)	Okla.	Oklahoma City
Idaho (1890)	Id.	Boise	Oregon (1859)	Oreg.	Salem
Illinois (1818)	Ill.	Springfield	Pennsylvania (1787)*	Pa.	Harrisburg
Indiana (1816)	Ind.	Indianapolis	Rhode Island (1790)*	R.I.	Providence
Iowa (1846)	Io.	Des Moines	South Carolina (1788)*	S.C.	Columbia
Kansas (1861)	Kans.	Topeka	South Dakota (1889)	S.D.	Pierre
Kentucky (1792)	Ky.	Frankfort	Tennessee (1796)	Tenn.	Nashville
Louisiana (1812)	La.	Baton Rouge	Texas (1845)	Tex.	Austin
Maine (1820)	Me.	Augusta	Utah (1896)	Uh.	Salt Lake City
Maryland (1788)*	Md.	Annapolis	Vermont (1791)	Vt.	Montpelier
Massachusetts (1788)*	Mass.	Boston	Virginia (1788)*	Va.	Richmond
Michigan (1837)	Mich.	Lansing	Washington (1889)	Wash.	Olympia
Minnesota (1858)	Minn.	Saint Paul	West Virginia (1863)	W.Va.	Charleston
Mississippi (1817)	Miss.	Jackson	Wisconsin (1848)	Wis.	Madison
			Wyoming (1890)	Wyo.	Cheyenne

Vereinigte Staaten von Amerika

Angehörige von Ostkirchen, 5,8 Mill. Juden u. 100 000 Buddhisten. 150 Mill. Ew. leben (1970) in Städten, hauptsächl. in kleineren Großstädten. 28 Städte haben mit Vororten (Metropolitan Area) über eine Million Ew.

Wirtschaft und Verkehr: Die USA stehen zwar nach Fläche u. Einwohnerzahl erst an 4. Stelle unter den Ländern der Erde; nach ihrer Wirtschaftskraft aber übertreffen sie alle anderen Staaten bei weitem.

Die *Landwirtschaft* nutzt 58% der Landesfläche, u. zwar 18,8% als Ackerland u. 27,7% als Wiesen u. Weiden (31% sind bewaldet, 21,9% bebaut u. unproduktiv). Typisch ist der ständige Rückgang der Zahl der Farmen u. der landwirtschaftl. Arbeitskräfte bei einer Zunahme der Wirtschaftsfläche, eine Entwicklung, die durch fortschreitende Mechanisierung möglich wird (u. a. Melkmaschinen, Mähdrescher, Mais-, Baumwoll- u. Zuckerrohrerntemaschinen). Über die Hälfte des Ackerlands dient dem Getreidebau, vor allem von Mais, der überwiegend als Viehfutter verwendet wird, u. Weizen, der auch eine wichtige Exportrolle spielt, daneben von Hafer u. Gerste, weniger von Reis u. Roggen. Die USA liefern rd. ein Fünftel der Welternte an Baumwolle, davon stammt ein Drittel aus Texas, ein weiteres Viertel aus Arizona, New Mexico u. Kalifornien, sowie ein Fünftel der Welternte an Tabak, das zu 40% aus North Carolina u. zu weiteren 44% aus Kentucky, Virginia, South Carolina, Tennessee u. Georgia kommt. Wichtig ist auch der Anbau von Apfelsinen, Pampelmusen u. Zitronen, Obst u. Wein, bes. in Kalifornien u. Florida. Der Produktionswert der Viehzucht (122 Mill. Rinder, davon rd. 25 Mill. Milchkühe, 59 Mill. Schweine, 18 Mill. Schafe) übersteigt den des Ackerbaus. Der Bestand an Pferden u. Maultieren ging im Zusammenhang mit der Mechanisierung von 19,1 Mill. (1930) auf 8,5 Mill. (1973) zurück. Die Milchwirtschaft konzentriert sich im NO, die Haltung von Fleischvieh auf die zentralen u. östl. Staaten, die von Schafen auf die Rocky Mountains. Omaha u. Chicago sind die größten Schlachtviehmärkte. Im Fischfang nehmen die USA mit einem Jahresfang von 2,8 Mill. t die 5. Stelle auf der Erde ein.

Im *Bergbau* führt wertmäßig das Erdöl (Förderung 1977: 463 Mill. t; vor allem aus Texas, Kalifornien und Louisiana) vor der Kohle (in den Appalachen zwischen Pennsylvania u. Alabama, zwischen Mississippi u. unterem Ohio, zwischen Texas u. Iowa, in den Rocky Mountains), dem Eisen- (am Oberen See u. in Alabama) u. Kupfererz (Arizona, Utah, New Mexico, Montana, Nevada, Michigan) u. allen anderen Produkten. Trotz der reichen Vorkommen werden Erdöl, Eisen- u. Kupfererz eingeführt. In großem, wenn auch nicht immer ausreichendem Umfang werden auch abgebaut: Gold, Silber, Blei, Zink, Bauxit, Quecksilber, Molybdän, Vanadium, Wolfram, Magnesium, Uran, Schwefel, Phosphat u. Kalisalze. Starker oder gar völliger Mangel besteht dagegen bei Mangan, Chrom, Antimon, Zinn, Nickel, weitgehend auch bei Platin, Kobalt, Asbest, Glimmer u. Diamanten. Eine wichtige Energiequelle ist das Erdgas, das meist zusammen mit dem Erdöl gefunden wird. Etwa ein Fünftel der erzeugten Energie entstammt den in zahlreichen Wasserkraftwerken (u. a. am Grand Coulee u. am Hoover Dam) genutzten Wasserkräften.

Hauptgebiete der *Industrie* sind der Streifen zwischen Boston–Baltimore im O u. Chicago–Saint Louis im W, weiter der Osthang der Appalachen, die Küstengebiete von Texas u. Louisiana sowie Kalifornien. Pittsburgh ist die bedeutendste Stahlstadt der Erde. Die wichtigsten Industriezweige sind: Nahrungsmittel-, Fahrzeug-, Maschinen-, chem., Eisen-, Stahl-, Metall-, Textil- u. Elektroindustrie. Die bedeutendsten Anteile am Export haben Maschinen u. Fahrzeuge, Metalle u. Metallwaren, Nahrungs- u. Genußmittel, vor allem Getreide, Tabak u. Früchte, Textilrohstoffe u. Textilien, vor allem Baumwolle u. Baumwollwaren, Chemikalien, Erdöl u. Kohle. Haupthandelspartner sind: Kanada, Japan, die BRD, Großbritannien u. die Beneluxländer.

Ein hervorragendes *Verkehrsnetz* ist bei der Weite des Landes eine der entscheidenden Voraussetzungen der wirtschaftl. Blüte. Das Schienennetz (324 000 km) macht rd. ein Drittel des Weltnetzes aus. Auf dem Straßennetz (Staats- u. Bundesstraßen 6,1 Mill. km, davon 3,9 Mill. km asphaltiert) verkehren 120 Mill. Pkw, 33 Mill. Lkw u. Omnibusse. Der sehr wichtige Flugverkehr verfügt über 6500 Flugplätze u. 155 000 Zivilflugzeuge; Chicago, Los Angeles u. New York haben die größten Flughäfen der Erde. Die Handelsflotte steht mit über 14,3 Mill. BRT an fünfter Stelle auf der Erde. Haupthäfen sind New York (der zweitgrößte der Erde), Boston, Philadelphia, Baltimore, New Orleans, Galveston; Los Angeles, San Francisco, Long Beach u. Seattle. Wichtig ist auch der Verkehr auf den Großen Seen, die seit dem Ausbau des Sankt-Lorenz-Schiffahrtswegs auch für größere Seeschiffe zugänglich sind (seit 1959), u. auf dem Mississippi, ferner der Seeverkehr von Küste zu Küste durch den Panamakanal. – ▢ 6.8.2.

Geschichte → S. 115.

Politik u. Verfassung

Der Verfassung der USA liegt das Prinzip einer strengen Gewaltenteilung zugrunde. Die Exekutive befindet sich in den Händen des *Präsidenten*, der nicht direkt, sondern von Wahlmännern (aus jedem Staat eine der Zahl seiner Kongreßabgeordneten entspr. Zahl) gewählt wird; einmalige Wiederwahl ist zulässig. In der Person des Präs. sind die Funktionen des Staatsoberhaupts u. des Regierungschefs vereinigt.

Die Gesetzgebung wird vom *Kongreß* ausgeübt, der aus dem *Senat* (100 Senatoren, 2 aus jedem Staat) u. dem *Repräsentantenhaus* besteht (435 Abgeordnete, die sich auf die einzelnen Staaten nach ihrer Einwohnerzahl bei der jeweils letzten Volkszählung verteilen; jeder Staat entsendet jedoch mindestens einen Abgeordneten ins Repräsentantenhaus). Da der Präs. stets für 4 Jahre gewählt wird (bei seinem Tod oder Rücktritt geht sein Amt auf den *Vizepräsidenten* über), Wahlen für den Kongreß aber im Zweijahresabstand (Repräsentantenhaus: Gesamterneuerung, Senat: Teilerneuerung) stattfinden, steht nicht selten eine Kongreßmehrheit der einen großen Partei einem Präs. der anderen Partei gegenüber.

Der *Oberste Gerichtshof (Supreme Court)* als höchstes Justizorgan besteht aus 9 Richtern, die vom Präs. mit Zustimmung des Senats ernannt werden, u. zwar im Prinzip auf Lebenszeit. Sie können nur auf eigenen Wunsch u. unter bestimmten Voraussetzungen (je nach Alter u. Dienstjahren) aus ihrem Amt entlassen werden. Der Oberste Gerichtshof hat großen Einfluß auf die Verfassungs- u. Rechtsentwicklung.

Die USA sind ein Bundesstaat mit weitreichenden Zuständigkeiten der Einzelstaaten, die jedoch in letzter Zeit immer mehr zugunsten des Bundes eingeschränkt worden sind.

Bestimmend für die Innenpolitik der USA sind die beiden großen Parteien der →Demokraten u. →Republikaner, die sich weltanschaul. kaum voneinander unterscheiden (jedoch war die gemäßigte Linke bei den Demokraten im Präsidentschaftswahlkampf 1972 verhältnismäßig stark), sowie die Interessen der Privatwirtschaft (des „Big Business") u. des Gewerkschaftsbunds AFL/CIO; eine wichtige Rolle spielen die (Bundes-)Geheimdienste CIA u. FBI. – ▢ 5.8.8.

Militär

Die US-Streitkräfte bestehen aus Freiwilligen. Ihre Mannschaftsstärke beträgt fast 2,17 Mill. Die Gesamtstreitkräfte setzen sich zusammen aus den Strateg. Streitkräften (deren Mannschaften von Heer, Marine u. Luftwaffe gestellt werden), dem Heer (782 000), dem Marine Corps (196 000), der Marine (551 000) u. der Luftwaffe (654 000).

Die Strateg. Streitkräfte sind in ihrem offensiven Teil mit atomaren interkontinentalen u. Unterseebootraketen (ICMB bzw. SLBM) sowie mit Langstreckenbombern ausgerüstet. Ihren defensiven Teil bildet das vereinigte US-amerikan.-kanad. *North American Air Defence Command* (NORAD), das über Abfangjäger, Boden-Luft-Raketen sowie über Radarnetze u. Abwehrsysteme mit Stationen in Alaska, auf Grönland, in Großbritannien u. in Kanada verfügt. Vom Heer (US Army) sind außer in den USA Verbände in der BRD (7. Armee, 190 000 Mann) mit Westberlin (4400), in Italien u. in Südkorea (26 000) stationiert. Zu den Reserven des Heeres zählen 227 000 Reservisten u. die vom Heer ausgebildeten 383 000 Mann der Nationalgarde *(Army National Guard)*, einer Volksmiliz, die für den Ordnungs-, Sicherheits- u. Hilfsdienst den Regierungen der einzelnen Bundesstaaten untersteht. In Fällen des nationalen Notstands kann sich der Präs. Teile der Nationalgarde als Bundestruppen unterstellen. Sonst kann er in Friedenszeiten ohne Zustimmung des Senats nur über das aus Eliteeinheiten bestehende Marine Corps (USMC) verfügen. Die Stärke der US-amerikan. Flotte (USN), der größten der Welt, beruht hauptsächl. auf zumeist nuklearangetriebenen U-Booten sowie auf Flugzeugträgern. Sie operiert im östl. u. westl. Pazifik (1. bzw. 7. Flotte), im Atlantik (2. Flotte) u. im Mittelmeer (6. Flotte). Die Reserve der Flotte beträgt 119 000 Mann. Die Luftwaffe (USAF) gliedert sich in das *Tactical Air Command* in den USA, die *US Air Force, Europe* (USAFE) mit Verbänden in Großbritannien, Spanien, der BRD u. Nachschubeinrichtungen in der Türkei, in die *Pacific Air Force* (PACAF) mit Luftstützpunkten u. Einheiten in Japan, Südkorea, auf Okinawa, den Philippinen u. Taiwan, u. schließl. in das *Military Airlift Command* (MAC), das Transporte über weite Strecken ausführt. Auch für die Luftwaffe gibt es eine Reserve von 92 500 Mann der Nationalgarde *(Air National Guard)*.

Der oberste Befehlshaber aller Streitkräfte ist der Präs., der vom Nationalen Sicherheitsrat (NSC) beraten wird u. die Ausübung dem Verteidigungsminister überläßt. Die USA sind bestrebt, ihre Bündnisverpflichtungen abzubauen, bes. die Truppenstationierung im Ausland. – ▢ 1.3.7.

An der Ostküste bei New Harbor in Maine

Vereinigte Staaten von Amerika

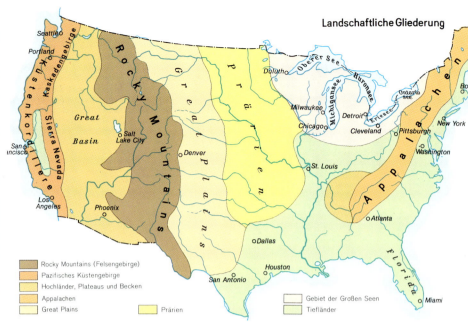

VEREINIGTE STAATEN VON AMERIKA
Natur und Bevölkerung

Avalon City auf der stark reliefierten Insel Catalina Island, Kalifornien

Erosionsschlucht Grand Canyon des Colorado River, Arizona (links). – Erdpyramidenlandschaft (durch Erosion entstandene Felsnadeln) im Bryce-Canyon-Nationalpark, Utah (rechts)

Green Mountains, Wald- und Hügellandschaft in Vermont (links). – Mangrovevegetation (Stelzwurzeln) im sumpfigen Everglades-Nationalpark, Florida (rechts)

Vereinigte Staaten von Amerika

Mount Sneffels (mit Karseen) bei Duray, Colorado

Bildungswesen

Stufenförmiges Schulsystem. Da die einzelnen Staaten in bezug auf das Erziehungswesen selbständig sind, lassen sich nur allg. Grundzüge aufzeigen. Die Schulpflicht ist gesetzlich verankert; sie beginnt in den einzelnen Staaten mit dem 6., 7. oder 8. Lebensjahr u. dauert bis zum 15., 16. oder 18. Lebensjahr. Neben öffentl. Schulen besteht ein ausgebautes System von Privatschulen (einschl. Universitäten).

Schultypen: 2 Hauptstufen sind zu unterscheiden: die 12klassige Einheitsschule u. die Hochschule. 1. die 12klassige Einheitsschule teilt sich in die 6- oder 8jährige *elementary school* (Grundschule) u. die 6- oder 4jährige *high school* (Oberschule). In der high school wird ein reicher Fächerkanon angeboten, aus dem sich die Schüler ihr Unterrichtsprogramm selber wählen können. Schulen mit Schwerpunkt auf allgemeinbildenden Fächern werden *comprehensive high schools* genannt, mit Schwerpunkt auf berufsbildenden Fächern *specialized high schools*. High schools schließen mit einem Diplom ab.

2. zu den Hochschulen zählen alle Institutionen, die den 12jährigen Schulbesuch voraussetzen: a) 2- u. 4jährige vorakadem. *Colleges (undergraduate schools)*, in denen ein allgemeinbildendes Studium (Studium universale) betrieben wird. Abschluß durch den Bachelor-Grad. Für bestimmte akadem. Studienrichtungen (z.B. Jura, Medizin, Theologie) ist der Collegebesuch obligatorisch. b) *Institute* u. *Fachhochschulen*, die häufig Universitäten angegliedert sind. c) *Universitäten* (rd. 230, darunter viele private).

Geschichte:

Die Kolonialzeit: Im 17. Jh. wurden mit Hilfe engl. Handelskompanien an der Ostküste Nordamerikas 5 Freibriefkolonien *(chartered colonies)* gegr.: 1607 Virginia, 1620 Plymouth, 1630 Massachusetts, 1635 Connecticut, 1636 Rhode Island. Zudem verliehen brit. Könige einflußreichen Persönlichkeiten sog. Eigentümerkolonien *(proprietor colonies)*: Maryland, Carolina, Pennsylvania, Georgia. Die Krone selbst gewann durch Zurücknahme von Freibriefen (zwischen 1624 u. 1729) u. Eroberung (1664, 1688) Kolonialbesitz *(crown colonies)*. Südl. der sog. Neuengland-Kolonien (Plymouth, Massachusetts, Connecticut, Rhode Island, New Hampshire) entstanden die Neuniederlande u. Neuschweden. Die Holländer unterwarfen 1655 das schwed. Territorium, doch fiel ihre erweiterte Kolonie in 2 Seekriegen 1664 u. 1688 den Briten zu, die sie New York nannten u. New Jersey u. Delaware davon abtrennten.

Den 13 Kolonien gaben Unternehmer u. Lordei-

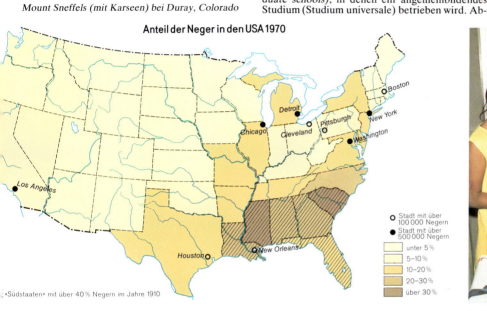

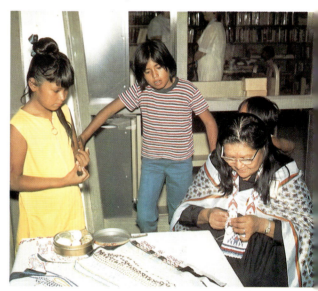

Indianer bei Handarbeiten im Colorado-Indianerreservat, Arizona

New Yorker Negerviertel Harlem

Eskimo auf Seehundjagd

Vereinigte Staaten von Amerika

Bewässerungsfeldbau bei Phoenix, Arizona (Anbau von Zitrusfrüchten, Baumwolle, Gerste u.a.)

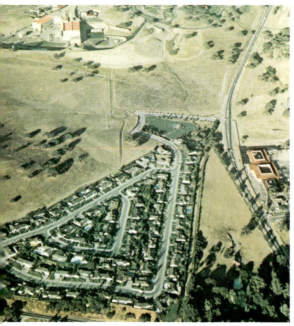

Elektronen-Linearbeschleuniger in Stanford, Calif.

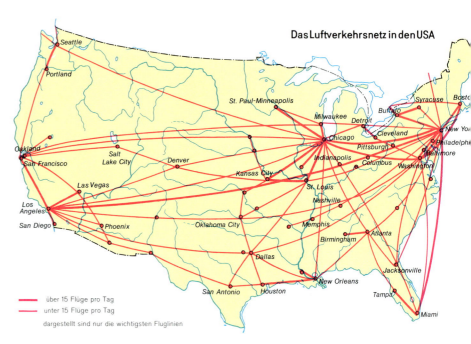

Das Luftverkehrsnetz in den USA

— über 15 Flüge pro Tag
— unter 15 Flüge pro Tag
dargestellt sind nur die wichtigsten Fluglinien

VEREINIGTE STAATEN VON AMERIKA
Wirtschaft und Verkehr

Ölraffinerie im Gebiet von Baytown, südlich von Houston, Texas (links). – Rindermaststätte „Fat City" in Salinas Valley, Kalifornien. Hier werden 75 000 Stück Vieh

Vereinigte Staaten von Amerika

Ford-Automobilwerke in Detroit

Verkehrsspinne am Eisenhower Expressway, Chicago

Schiffsverkehr auf dem Oberen See bei Duluth, Minnesota

emästet (rechts). – Baumwollernte in den Südstaaten (links). – Hoover Dam und Lake Mead, Arizona/Nevada (rechts)

117

gentümer, Pilgerväter, andere Puritaner u. Quäker das Gepräge. Die Einwanderer kamen größtenteils von den Brit. Inseln. Auch Pfälzer, Böhmen u. Schweizer, Hugenotten, Niederländer u. Wallonen, Juden aus Spanien u. Portugal fanden sich ein. Die Kolonien wurden bald in Machtkämpfe zwischen England, Frankreich, Spanien u. den Niederlanden hineingezogen. Als die Franzosen außer Kanada das Mississippital u. Louisiana erschlossen u. sich mit den Spaniern (Florida) verbündeten, drohte den angelsächs. Kolonien die Umklammerung. Nach wiederholten Waffengängen stießen 1754 am oberen Ohio erneut gegensätzl. Pelzhandelsinteressen aufeinander u. lösten den *Siebenjährigen Krieg* 1756–1763 aus. Im *Pariser Frieden* 1763 verlor Frankreich alle seine nordamerikan. Festlandsbesitzungen. Kanada u. Louisiana (bis zum Mississippi) fielen an England; den Rest bekam Spanien.

Vereinigte Staaten von Amerika

Der Unabhängigkeitskampf: Der Sieg hob das Selbstbewußtsein des Kolonialvolks. Da England die Kriegsfolgelasten finanzpolit. auszugleichen suchte u. mit Rücksicht auf Pontiac u. eigene Pelzhandelsinteressen das Vordringen der Pioniersiedler in den Raum zwischen Alleghanies u. Mississippi verhinderte, wuchs der Widerstand. Die Kolonisten (1775: 2,5 Mill.) forderten Gleichberechtigung; sie wollten im Londoner Parlament vertreten sein („keine Steuern ohne [parlamentar.] Vertretung").

Der Einsatz brit. Streitkräfte gegen Massachusetts führte zum *Unabhängigkeitskrieg* 1775–1783. Die *Unabhängigkeitserklärung* (4. 7. 1776) des Kongresses (Th. *Jefferson*, B. *Franklin*, J. *Adams* u.a.) zerschnitt das Band zwischen den Kolonien u. England. Die Briten behaupteten Kanada u. besetzten fast alle Küstenstädte. Doch das Eingreifen Frankreichs u. Spaniens brachte die Entscheidung zugunsten der Amerikaner. Im *Frieden von Versailles* 1783 gewannen die früheren Kolonien ihre volle Unabhängigkeit u. erhielten das Hinterland bis zum Mississippi.

Zunächst bildeten sie aufgrund der 1777 beschlossenen Konföderationsartikel nur einen lockeren Staatenbund. Handelsstockungen, Inflation u. soziale Unruhen machten 1787 die Berufung eines Verfassungskonvents nach Philadelphia notwendig. Als sich dort die Anhänger von A. *Hamilton* u. Th. *Jefferson* zum Kompromiß bereit fanden, schuf dieser Konvent nach Entwürfen J. *Madisons* am 17. 9. 1787 die bis heute gültige *Verfassung der USA*. Es entstand ein Bundesstaat (Union) mit dreigeteilter Zentralgewalt: Präsident, Kongreß u. Oberster Gerichtshof.

Die Expansion: Unter ihrem ersten Präsidenten G. *Washington* 1789–1797 drohten die USA in einen Krieg gegen das revolutionäre Frankreich hineingezogen zu werden. Zugleich erreichte die Expansion nach dem W einen ersten Höhepunkt: in Feldzügen wurden die indian. Ureinwohner des Nordwest-Territoriums vertrieben; 1792 traten Kentucky u. 1796 Tennessee in die Union ein. Als 1801 die Föderalisten unter J. Adams ihre führende Stellung verloren u. Th. Jefferson, ein Republikaner, d.h. Agrardemokrat, das Präsidentenamt erhielt, ging diese Entwicklung weiter. 1803 erwarben die USA das Louisianagebiet u. Ohio. Eine von H. *Clay* geführte Bewegung („Kriegsfalken") drängte zur Eroberung Kanadas; doch scheiterte sie im Krieg gegen Großbritannien 1812–1814. 1819 kauften die USA Florida (von Spanien), außerdem drangen Siedler nach Texas vor. Die *Monroe-Doktrin* 1823 sollte Tendenzen einer mögl. Rekolonialisierung von Teilen des Kontinents entgegenwirken.

Die Expansion verursachte innere Wandlungen. Aus den Südstaaten der Union rückten Pflanzer mit ihren Sklaven nach W vor, um dort Baumwolle anzubauen. Aus den Nordstaaten besiedelten Kleinfarmer das nordwestl. Grenzland. So entstanden zwei grundverschiedene Gebiete neuer Staatenbildung: ein sklavenhaltender u. ein sklavenfreier Siedlungsraum. Der *Missouri-Kompromiß* von H. Clay 1820 sorgte für das Gleichgewicht im Senat des Kongresses. Doch bald gewann der W an Einfluß. Nachdem die bisherigen Präsidenten (G. Washington, J. Adams, J. Madison, J. Monroe, J. Q. Adams) aus den gebildeten Schichten Virginias u. Neuenglands gekommen waren, bezog mit A. *Jackson* ein typ. Grenzlandpolitiker das Weiße Haus (1829). Es begannen demokrat. Reformen:

Vereinigte Staaten von Amerika
1 : 15 000 000

Vereinigte Staaten von Amerika

In den Einzelstaaten wurde das Wahlrecht erweitert, die Sklaverei beseitigt, der Einwanderung starker Anreiz geboten.

Die Landnahme förderte Jackson durch Zwangsumsiedlung der noch östl. vom Mississippi beheimateten Indianer. Als sich die angloamerikan. Texassiedler 1836 gegen Mexiko erhoben, nahm er ihre neue Republik aber nicht in die Union auf. Ebenso zögerten die folgenden Präsidenten M. *Van Buren,* W. H. *Harrison* u. J. *Tyler,* weil der Beitritt von Texas das Gleichgewicht zwischen den Staatengruppen (Missouri-Kompromiß) zu zerstören drohte, ferner außerparlamentar. Kräfte *(Abolitionisten)* das Problem der Sklaverei leidenschaftl. aufgriffen u. J. C. *Calhoun* durch seine *Nullifikationstheorie* (Nichtigkeit der Bundesgesetze) den Südstaaten eine gefährl. Rechtshandhabung geschaffen hatte. Erst 1845 ergab sich eine günstige innenpolit. Konstellation, u. deshalb stimmte Präs. J. *Polk* dem Aufnahmeantrag der Texas-Republik zu. Die Folge war ein Krieg mit Mexiko 1846–1848, bei dem die USA alle Nordprovinzen des Nachbarlands eroberten: das Gebiet der späteren Unionsstaaten New Mexico, Arizona, Colorado, Utah, Nevada u. Kalifornien. Durch den Schiedsvertrag mit England, der den langwierigen Grenzstreit um Oregon durch eine Teilung beendete, waren den USA 1846 im NW weitere Räume zugefallen, so daß sie nun auf breiter Front den Pazifik erreichten. Der sog. *Gadsden-Kauf* 1853, in dem Mexiko weiteres Gebiet veräußerte, ergänzte diese neue Expansion durch einen Grenzstreifen im SW.

Der Sezessionskrieg 1861–1865: Die rasche Entwicklung u. Erweiterung der USA verschärften den Gegensatz zwischen N u. S. Einwandererströme aus Europa, die fast ganz dem N zugute kamen, einerseits u. eine expansive Baumwollwirtschaft der südl. Pflanzer andererseits beschleunigten das Werden neuer, in ihrem Charakter sehr verschiedener Staaten. Während der N immer mehr zum Industriegebiet wurde, dehnten sich im S gewaltige Plantagen, die mit Hilfe von schwarzen Arbeitern bewirtschaftet wurden. Auf ihren Territorien (Kansas, Nebraska, Kalifornien) trafen Siedler aus N u. S zusammen. Im Ringen um einzelstaatl. Verfassungen widersetzten sich die Kleinfarmer den Einflüssen der Sklavenhalter. Doch die großen Pflanzer fürchteten den sozialen u. polit. Abstieg u. hielten deshalb an der Sklaverei fest, obwohl diese unrentabel zu werden begann. Als A. *Lincoln,* ein „schwarzer Republikaner" u. Gegner der Sklaverei, gewählt wurde, erklärte South Carolina am 20. 12. 1860 seinen Austritt aus den USA (Sezession). Bis Mitte Mai 1861 folgten diesem Beispiel 10 weitere Südstaaten. In Montgomery (Alabama) bzw. Richmond (Virginia) bildeten sie mit J. *Davis* als Präsidenten einen neuen Bund: die *Konföderierten Staaten von Amerika.* Lincoln verweigerte ihnen die Anerkennung. Vermittlungsversuche scheiterten. Mitte April 1861 kam es zum Kampf um das von Bundestruppen besetzte *Fort Sumter* bei Charleston (South Carolina). Der damit ausgebrochene *Sezessionskrieg* brachte zunächst dem südstaatl. Heer unter R. E. *Lee* große Erfolge. Dann jedoch errangen die Unionsstreitkräfte entscheidende Siege, weil der N das größere Menschen- u. Wirtschaftspotential besaß, eine wirksame Seeblockade verhängte u. in U. S. *Grant,* W. T. *Sherman* u.a. ebenbürtige militär. Führer hatte. Am 9. 4. 1865 kapitulierte Lee bei *Appomattox Courthouse.*

Die Rekonstruktion: Da Lincoln im April 1865 von einem Südstaatler ermordet wurde, konnten seine versöhnl. Absichten sich nicht mehr durchsetzen. Unter dem Präs. A. *Johnson* (1865–1869) gewannen radikale Kongreßmehrheiten an Einfluß. Umständl. Gesetze, Rachejustiz, Korruption, Demagogie u. Wahlbetrug verzögerten die Wiederherstellung („Rekonstruktion") der Union. Den 1863 durch Proklamation des Präs. frei gewordenen Negern wurde das Wahlrecht zuerkannt. Reaktionäre Weiße griffen daraufhin zum Terror (Ku Klux Klan). Auch die Wahl des Generals Grant zum Präs. (1869–1877) u. der Abzug aller Besatzungstruppen (1877) brach den südstaatl. Widerstandsgeist nicht.

Die Großmacht: Der Sezessionskrieg hatte den wirtschaftl. Kräften (Bankwesen, Stahlerzeugung, Maschinen- u. Fahrzeugbau) starken Auftrieb gegeben u. neue Industriezentren entstehen lassen. Die wieder zunehmende Einwanderung, eine fortschreitende Besiedlung, techn. Erfindungen u. vervollkommnete Geschäftsmethoden beschleu-

Der Aufstand der britischen Kolonisten in Nordamerika entzündete sich an den Zöllen für Importe aus dem Mutterland. 1773 warfen sie eine englische Teeladung ins Meer; die Briten setzten Truppen ein, gegen die sich die Amerikaner unter George Washington erhoben. Der amerikanische Unabhängigkeitskampf hatte begonnen

VEREINIGTE STAATEN VON AMERIKA
Geschichte

Seegefecht im Sezessionskrieg 1861–1865. Im Vordergrund Robert E. Lee, Feldherr der Südstaaten

nigten diesen Wachstumsprozeß. Eine Reform des öffentl. Dienstes (K. *Schurz*), die Antitrustgesetzgebung (J. *Sherman*), Farmerbünde u. Massengewerkschaften suchten dem Mißbrauch u. der sozialen Ungerechtigkeit zu steuern. Die Vorherrschaft der Kapitalinteressen führte zu imperialist. Machtentfaltung. Aktionsfeld dieser Politik wurden bes. der Pazifik u. das Karib. Meer. Eine Flottenexpedition unter M. C. *Perry* 1852–1854 hatte bereits die Öffnung japan. Häfen erzwungen. 1867 kauften die USA Alaska von Rußland. Gleichzeitig ließ der Präsident A. *Johnson* die Midway-Inseln besetzen.

Trotz anhaltender Widerstände im Kongreß mehrten sich zur Zeit der Präsidenten G. *Cleveland* (1885–1889, 1893–1897) u. W. *McKinley* (1897–1901) die Fälle von Einmischung der USA in die Belange mittel- u. südamerikan. Staaten u. Gebiete des südl. Pazifik (Kuba, Santo Domingo, Dänisch-Westindien, Hawaii, Samoa). Im Krieg gegen Spanien 1898 eroberten die USA Kuba, Puerto Rico u. die Philippinen. Nebenher annektierten sie Guam, Wake u. Hawaii. Der folgende Philippinenkrieg 1899–1902 hinderte sie allerdings an einer energ. Intervention im chines. Boxerkrieg 1899–1901; auch mußten sich die USA damals mit der Teilung Samoas abfinden. Doch 1903 konnte Präs. Th. *Roosevelt* Panama von Kolumbien trennen u. den USA so die Kanalbauzone sichern (Panamakanal). 1904/05 vermittelte er im amerikan. Interesse den Frieden von Portsmouth zwischen Rußland u. Japan.

Vereinigte Staaten von Amerika

Am 30. 4. 1789 übernahm der erste Präsident der USA, George Washington, sein Amt

Die territoriale Entwicklung der USA

Die 13 Staaten 1776
Gebietszuwachs 1783
Gebietszuwachs 1803
Gebietszuwachs 1818/19
Gebietszuwachs 1842, 1845/46
Gebietszuwachs bis 1853

— Nordgrenze Mexikos bis 1836
--- Heutige Bundesstaatsgrenzen

Alaska 1867
Hawaii 1898   1845 Jahr

Ermordung Abraham Lincolns

Von der Großmacht zur Weltmacht: Als Roosevelts Nachfolger W. H. *Taft* 1913 durch W. *Wilson* abgelöst wurde, war an die Stelle der imperialist. Politik des „großen Knüppels" (Th. Roosevelt) ein weniger auffälliger „Dollarimperialismus" getreten, der Panamakanal fast vollendet u. Kuba formal selbständig geworden. Nach Kriegsausbruch 1914 blieben die USA zunächst neutral, doch gewährten amerikan. Banken den westl. Alliierten große Anleihen. Zur Sicherung von Transporten zugunsten der Entente-Mächte suchte Wilson anläßlich des „Lusitania"-Zwischenfalls 1915 Dtschld. die U-Boot-Waffe zu entwinden. Das Scheitern aller Vermittlungsversuche, dt. Sabotageakte u. die erneute Proklamation des uneingeschränkten U-Boot-Kriegs durch Dtschld. u. Österreich-Ungarn bewogen Wilson zum Abbruch der diplomat. Beziehungen. Der Entschluß, den Alliierten militär. Hilfe zu bringen, folgte, als die russ. Revolution 1917 das Zarenreich beseitigte u. sich Deutschlands Lage deshalb entscheidend zu bessern schien. Der Kongreß billigte den Eintritt in den Krieg am 6. 4. 1917. Ein amerikan. Expeditionsheer unter J. Pershing kämpfte auf seiten der Alliierten in Nordfrankreich. Seine Kriegsziele legte Wilson in den *Vierzehn Punkten* fest. Auf der Versailler Friedenskonferenz 1919 *(Versailler Vertrag)* konnte er mit diesem Programm nur teilweise durchdringen. Republikan. Politiker wandten sich gegen die vorgesehene Mitgliedschaft der USA im Völkerbund *(Isolationismus).* Der Friedensvertrag wurde vom Kongreß nicht ratifiziert.

Die Zeit zwischen den beiden Weltkriegen: Wilsons Scheitern war ein Triumph der isolationist. eingestellten Republikaner. Am 25. 8. 1921 schlossen die USA einen Sonderfrieden mit Dtschld. Unter den republikan. Präsidenten W. *Harding,* C. *Coolidge* u. H. *Hoover* übernahmen sie nur gelegentl. internationale Verpflichtungen *(Washingtoner Flottenabkommen; Dawes-Plan, Young-Plan; Kellogg-Pakt; Stimson-Doktrin).* Wirtschaftl. erlebten sie einen steilen Aufstieg *(Prosperity),* der freilich auch Mißstände mit sich brachte. Den Absturz aus diesem noch nie erreichten Wohlstand brachte die Weltwirtschaftskrise 1929. Bei der allg. Enttäuschung konnten die Demokraten wieder Stimmen gewinnen u. 1933 den Präs. F. D. *Roosevelt* stellen. Durch seinen *New*

Vereinigte Staaten von Amerika

Deal, einen sozial- u. wirtschaftspolit. Kurs „etwas links von der Mitte", suchte er die Schwierigkeiten zu meistern. Außenpolit. befürwortete Roosevelt „gute Nachbarschaft" (1933) u. Neutralitätsgesetze (1935/36). Die von Dtschld., Italien u. Japan ausgehende Unsicherheit führte ihn jedoch bald auf andere Wege. Seit 1937 drängte Roosevelt auf Modifizierung des amerikan. Neutralitätsrechts.

Der 2. Weltkrieg: Entgegen der amerikan. Tradition, daß ein Präs. nicht länger als zwei Amtsperioden regieren solle, ließ sich F. D. Roosevelt viermal zum Präsidenten wählen. So konnte er zunehmend Einfluß auf die Weltpolitik gewinnen. Nach Kriegsausbruch 1939 hielt er die USA dem Kampfgeschehen zunächst fern. Trotz der Neutralitätsgesetze half er aber England u. China auf vielerlei Weise (Sicherheitszonen, Neutralitätspatrouillen, Waffenlieferungen, Embargomaßnahmen, Propaganda u. militär. Absprachen). Seinen Höhepunkt erreichte dieser „unerklärte Krieg" mit dem *Lend-Lease* (Leih-und-Pacht-Gesetz) 1941, dessen Lieferungen zu ²/₃ der von Hitler angegriffenen Sowjetunion zuflossen. Japan, das sich in Asien ein Weltreich eroberte u. die amerikan. Interessen verletzte, suchte Roosevelt durch wirtschaftl. Druck gefügig zu machen. Als die für Japan lebenswichtigen Rohstofflieferungen ausblieben, antworteten die Japaner mit dem Überfall auf *Pearl Harbor* am 7. 12. 1941. Hitler u. Mussolini erklärten darauf Amerika den Krieg. Roosevelt suchte ein gutes Einvernehmen mit Stalin (Konferenzen von *Teheran* 1943 u. *Jalta* 1945). Bei der Konferenz von *Casablanca* 1943 erhob er die Forderung nach bedingungsloser Kapitulation der Achsenmächte.

Den Schwerpunkt der amerikan. Kriegsführung legten Roosevelt u. sein militär. Chefberater, G. C. *Marshall*, auf Europa. Strateg. Luftangriffe u. Landungsoperationen (Nordafrika, Italien, Frankreich) brachten hier die Entscheidung. Gleichzeitig wurden Japan fast alle eroberten Gebiete entrissen, auch die Philippinen, die selbständig wurden. Roosevelt starb am 12. 4. 1945; sein Nachfolger wurde Vizepräs. H. S. *Truman*. Die Kapitulation Deutschlands beendete den Krieg in Europa, u. der Abwurf von zwei amerikan. Atombomben auf Hiroshima u. Nagasaki erzwang das Kriegsende in Ostasien.

Nach 1945: Roosevelt hatte auf gedeihl. Zusammenarbeit innerhalb der Vereinten Nationen (UN) gehofft. Als ihre Organisation am 26. 6. 1945 in San Francisco geschaffen wurde, hatten sich aber schon schwerwiegende Gegensätze zwischen der Sowjetunion u. den westl. Alliierten gezeigt. Sie vertieften sich während der Potsdamer Konferenz 1945 u. bei der Verwaltung des besetzten Dtschld. durch die Siegermächte. Das weitere Ausgreifen sowjet. Einflüsses veranlaßte Präs. Truman u. dessen Nachfolger, den Republikaner D. D. *Eisenhower* (1953–1961), zu vielseitigen Abwehrmaßnahmen (*Truman-Doktrin*): Die vom Kommunismus bes. bedrohten Länder wurden finanziell unterstützt; die wirtschaftl. Gesundung Europas gefördert (*Marshallplan*). Militär. Bündnisse wie die NATO, der ANZUS-Pakt u. die SEATO wurden abgeschlossen. Die starken Gegensätze zwischen den Weltmächten führten zu begrenzten Waffengängen (Koreakrieg 1950–1953, Laos-Konflikt 1961/62 u. Vietnamkrieg 1965–1973); die Maßnahmen des „Kalten Kriegs" beschränkten sich vorwiegend auf wirtschaftl. u. polit. Druckmittel.

Die Gefahr eines 3. Weltkriegs veranlaßte die USA, auf diplomat. Weg (u. a. Gipfelkonferenzen in Genf 1955, Paris 1960, Wien 1961) einen Ausgleich mit der Sowjetunion zu suchen u. eine kontrollierte Abrüstung zu fordern. Zugleich begann in den 1950er Jahren das Ringen um die Sympathie der lateinamerikan., asiat. u. afrikan. Staaten, deren Einfluß in den UN ständig wuchs. Gefährl. Brennpunkte der Ost-West-Spannungen entstanden in Berlin, Kuba, Vietnam u. Nahost.

Unzufriedenheit mit der als „immobilistisch" empfundenen Politik der Republikaner unter Eisenhower beeinflußte 1960 die Wahl des Demokraten J. F. *Kennedy* zum Präs. Seine innen- u. außenpolit. Aktivität fand ihren Niederschlag in Gesetzen zur rechtl. Gleichstellung der Neger, in Außenhandelsgesetzen u. in der erfolgreichen Zurückdrängung sowjet. Einflusses auf Kuba, ohne die begonnene Politik der Verständigung aufzugeben. Nach Kennedys Ermordung im Nov. 1963 versuchte L. B. *Johnson* (1963–1969) als dessen Nachfolger das innenpolit. Programm fortzuführen (Bürgerrechtsgesetz, „Feldzug gegen die Armut"). Die gesamte Politik wurde zunehmend vom Krieg in Vietnam überschattet, in dem zeitweise 550 000 amerikan. Soldaten eingesetzt waren. Das NATO-Bündnis verlor an Festigkeit. Die europ. Partner drängten zur Entspannung mit dem Ostblock. Die wirtschaftl. Schwierigkeiten nahmen zu, die soziale Unruhe (Rassen- u. Studentenunruhen) wuchs. Polit. Morde (Negerführer M. L. *King*, Senator R. *Kennedy*) erschütterten das Land. Die allg. Unzufriedenheit verhalf wieder den Republikanern zum Sieg u. führte 1969 R. M. *Nixon* ins Weiße Haus (1972 mit großer Mehrheit wiedergewählt). Nixon beendete 1973 das amerikan. Engagement in Vietnam mit einem Waffenstillstand u. zog die Truppen ab. Er leitete die Normalisierung des Verhältnisses zur Volksrepublik China ein (Besuch in Peking 1972) u. bemühte sich um weltpolit. Zusammenarbeit mit der Sowjetunion (SALT-Abkommen 1972). Die →Watergate-Affäre nötigte ihn 1974 zum Rücktritt. Nachfolger wurde der bisherige Vize-Präs. G. R. *Ford*. Die Wahl 1976 gewann der Demokrat J. *Carter* (1977–1981). 1979 vermittelte er den ägypt.-israel. Frieden, nahm volle diplomat. Beziehungen zu China auf u. schloß das 2. SALT-Abkommen mit der UdSSR. Überlegener Sieger der Präsidentschaftswahl 1980 wurde der Republikaner R. *Reagan*. – 𝕃 5.3.4, 5.7.6, 5.7.8.

Kunst

Religion u. Bildungsniveau der sozial meist unterprivilegierten engl. Einwanderergruppen u. der bilderfeindl. Puritanismus der holländ. Siedler standen im 17. Jh. in Nordamerika der Entwicklung einer kunstfreudigen Kultur entgegen.

Die Architektur blieb auf schlichte Holzbauten beschränkt, die sich oft engl. u. fläm. Haustypen anschlossen. Gutshäuser u. Kirchen der Südstaaten (Bacon's Castle, 1654–1676; St.-Lukas-Kirche in Smithfield, Virginia, 1682) nahmen Formen älterer europ. Baustile auf oder zeigen, wie in New Mexico u. Arizona, südamerikan.-span. Einflüsse (Gouvernementspalast in Santa Fe, 1609). Einen bedeutenden Aufschwung nahm die Architektur im 18. Jh. infolge des wachsenden Wohlstands u. der Förderung durch Präs. Th. *Jefferson*, den Erbauer der Universität von Charlotteville, Va. Stilistisch überwog ein bürgerl. Klassizismus mit palladianischen Elementen; ägyptisierende u. barocke Stilformen, z. T. auf mittelmeer.-kath. Einflüsse zurückgehend, begegnen in den Südstaaten. Die Stadtgründungen des 19. Jh. erfolgten meist im Schachbrettmuster. Vorbild für die Kapitolbauten in kleineren USA-Städten war das nach der Zerstörung (1817) neu errichtete kuppelbekrönte Kapitol in Washington (1865 vollendet). Neoklassizist. Formen blieben bis etwa 1850 beliebt; danach wurden Bank- u. Regierungsgebäude häufig in griech. Stil, Colleges, Kirchen, Post- u. Bibliotheksbauten in neugot. Stil (Trinity-Church

J. F. Kennedy während der Kuba-Krise

Nachdem die Vereinigten Staaten im 19. Jh. wesentliche innere Probleme gelöst hatten, war der Weg zur Weltmachtstellung frei. Im Frieden von Portsmouth 1905 vermittelte US-Präsident Th. Roosevelt (Mitte) zwischen Japan (rechts: Takahira) und Rußland (links: Min.-Präs. S. Witte)

in Boston, 1872–1877) u. die Wohnhäuser der besitzenden Oberschicht in einem der Renaissance entlehnten Stil ausgeführt. L. *Sullivan* überwand als erster den Eklektizismus, indem er sich zu Konstruktivität u. Zweckbestimmung als stilbildenden Faktoren bekannte (*Funktionalismus*) u. die Erfindung neuer Materialien u. Bauweisen (Gußeisen-Glas-Architektur) für sein Schaffen nutzte. Bodenspekulation u. techn.-kommerzielle Aufgaben ließen neue Gebäudetypen entstehen, darunter das *Galloon-frame*, das Stahlglas-Lagerhaus u. den Wolkenkratzer. Gegen das wahllose u. unsoziale Bauen setzte in den 1920er Jahren eine Protestbewegung ein, in der F. L. *Wright* wortführend hervortrat. Revolutionierend auf die Entwicklung der neueren US-amerikan. Baukunst wirkten außer dem Sullivan-Schüler F. L. Wright seit den 1930er Jahren die ehem. Bauhaus-Architekten W. *Gropius* u. *Mies van der Rohe*; auch die Tätigkeit von E. *Mendelssohn*, A. *Aalto* u. R. *Neutra* hat sich befruchtend auf das moderne Bauschaffen in den USA ausgewirkt. Zu den führenden Architekten der Gegenwart gehören Edward *Stone* (*1902), Minoru *Yamasaki* (*1912), Louis *Kahn* (*1901) u. Paul *Rudolph* (*1918).

Die Bildhauerkunst der USA entwickelte sich erst im 19. Jh. mit Denkmälern u. Porträtbüsten in naturalist.-klassizist. Stil; Hauptmeister waren H. *Greenough*, H. *Powers* u. A. *Saint Gaudens*. Den Stempel größerer Eigenständigkeit trägt die zeitgenöss. amerikan. Plastik. Internationales Ansehen erlangten u. a. A. *Calder*, M. *Callery* (*1903), Harold *Cousins* (*1916), David *Hare* (*1917), R. *Lippold*, Seymoor *Lipton* (*1903) u. G. *Sugarman*. C. *Oldenburg* repräsentiert die Pop-Art, während E. *Kienholz* u. G. *Segal* einen symbolisch-sozialkrit. Realismus vertreten.

Vereinigte Staaten: Entspannungspolitik der Supermächte: 1973 stattete Breschnew den USA (hier mit Präsident Nixon) einen Besuch ab

Die Malerei Nordamerikas begann mit der schlicht-volkstüml. Kunst der „limners“ (Abk. für *illuminators*), die vielfach als wandernde Porträtisten von Ort zu Ort zogen u. stilist. in der Nachfolge der engl. Bildnismaler von G. *Kneller* bis J. *Reynolds* standen. Der verhältnismäßig primitive Stand dieser Porträtkunst wurde im 18. Jh. überwunden, als aus Europa ausgebildete Maler einwanderten, z. B. der Schwede G. *Hesselius*, der mit dem Bildnis eines Delaware-Häuptlings die erste authentische Indianerdarstellung (1735) schuf. Der Engländer John *Smibert* (*1688, †1751), in Italien ausgebildet, gründete das erste Kunstmuseum Nordamerikas u. war Lehrer des Porträtisten J. S. *Copley*, des neben B. *West* führenden Malers in der 2. Hälfte des 18. Jh.

In der Malerei des 19. Jh. finden sich enge Beziehungen zu europ. Stilströmungen. Romantik u. Klassizismus unter J. *Vanderlyn* u. W. *Allston* erschlossen mit religiösen u. allegor. Bildern, vor allem aber mit Landschaftsgemälden neue Darstellungsbereiche u. führten zu einer kolorist. Ausdruckserweiterung. Daneben entwickelte sich eine naive volkstüml. Malerei, zu deren begabtesten Vertretern E. *Hicks* gehörte. Von den Lokalschulen, die oft mit Dichtern zusammenarbeiteten u. eigene künstler. Ziele verfolgten, bestimmte die nach einem Bild von Th. *Cole* benannte *Hudson-River-School* die Landschaftsmalerei der USA am nachhaltigsten. Reichen Widerhall fand in der 2. Hälfte des 19. Jh. die an den Akademien in München u. Düsseldorf sowie von den Mitgliedern der Künstlerkolonie von Barbizon gepflegte stimmungsvolle Naturmalerei; sie beeinflußte Künstler wie W. S. *Mount*, G. C. *Bingham*, E. *Johnson* u. G. *Inness* u. regte zur Behandlung von Lichtproblemen an. Mit Th. *Eakins* u. W. *Homer* traten in der zweiten Hälfte des 19. Jh. Künstler von Rang auf, in deren Schaffen sich erstmals als ein spezifisch amerikan. Element tief eindringende Wirklichkeitsdarstellung beobachten läßt. Der Impressionismus fand durch J. M. *Whistler* u. die Malerin M. *Cassat* Eingang in die amerikan. Kunst, der Naturalismus der Münchner Schule durch F. *Duveneck*.

Seit der Veranstaltung der *Armory Show* in New York (1912), die das amerikan. Kunstleben mit modernen europ., bes. französ. Stilrichtungen bekannt machte, datiert die Ausbreitung abstrakter u. expressionist. Tendenzen in der Malerei der USA. Neben ihnen behauptete sich anfangs ein Realismus, der das Großstadtmilieu als Motivwelt erschloß u. ästhet. Reiz im Zufälligen suchte; Hauptmeister dieser z. T. sozialkrit. gefärbten Richtung sind die Künstler der *Ash-Can-School*, bes. J. *Sloan* u. G. *Bellows*. Die moderne Malerei Nordamerikas trägt ein überaus vielgestaltiges u. gegensatzreiches Gesicht. Die einzelnen Stilströmungen ähneln denen der europ. Moderne, weisen aber unverkennbar eigenständige Züge auf. Darin spielen Einsamkeits- u. Verlorenheitsgefühl, Zweifel am unversehrten Menschenbild u. symbolist. Denken eine große Rolle. M. *Hartley* gilt neben J. *Marin* u. Charles *Burchfield* (*1893, †1967) als der bedeutendste Expressionist der USA-Kunst. Als Gegenbewegung zu dem von Europa beeinflußten Expressionismus entstand in den 1930er Jahren eine Heimatkunstreaktion, deren wichtigster Vertreter G. *Wood* u. A. *Wyeth* sind. Ihr Stil ähnelt dem der dt. Künstler der Neuen Sachlichkeit.

Die Entwicklung der abstrakten Malerei verläuft in zwei Richtungen, von denen die eine, die geometr., an W. *Kandinsky* anknüpft, während die andere, die frei gestaltende, ihre Kräfte ganz aus der Phantasie bezieht (W. *Baziotes*). Der bis 1937 in Dtschld. tätig gewesene L. *Feininger* steht mit seinen prismenartig aufgesplitterten Landschaftsbildern etwa in der Mitte zwischen beiden Gestaltungsweisen. Die beiden bedeutendsten dt. Künstler, die in Amerika Erfolg hatten, sind der von der bayer. Bauernmalerei u. von V. van Gogh beeinflußte Buchillustrator J. *Scharl* sowie M. *Beckmann*.

Nach dem 2. Weltkrieg ging mit dem Triumph des *abstrakten Expressionismus* die Führung auf der internationalen Kunstszenerie, die bisher Europa, insbes. Paris, innehatte, auf die USA über. Die wichtigsten Maler dieser Richtung waren A. *Gorky*, R. *Motherwell*, J. *Pollock*, R. *Rauschenberg*, M. *Rothko*, Parallel zu dieser stark dynamischen Kunst entwickelte sich die auf reine Farbqualität abgestellte *Post-Painterly Abstraction* (hauptsächl. Vertreter der sog. *Washington School*, wie M. *Louis*), während die *Hard-edge-Malerei* wieder der strengen geometrischen Form den Vorzug gab (B. *Newmann*, F. *Stella*). Die bedeutendsten Vertreter der von England ausgehenden, aber gleichfalls in den USA kulminierenden *Pop-Art*, die eine Rehabilitation der Gegenständlichkeit brachte, waren J. *Dine*, J. *Johns*, R. *Lichtenstein*, R. *Lindner*, A. *Warhol* u. T. *Wesselmann*. Seit etwa 1965 gewann eine Gruppe von Malern in Kalifornien u. New York an Bedeutung, deren photograph. Naturalismus ihnen die Bezeichnung *Radikaler Realismus* (auch „inhumanists“ genannt) einbrachte. Zu ihnen zählen John de *Andrea* (*1941), Richard *Estes* (*1936), Howard *Kanovitz* (*1929), Lowell *Nesbitt* (*1933). – ▣ S. 124.

Literatur

Die Literatur der USA ist vielgestaltig infolge der regionalen u. sozialen Kontraste, wie sie sich zwischen der Erwerbswelt der Yankees u. dem Farmertum des Südens oder zwischen Neuenglands humanist. Bildungskultur u. dem „Wilden Westen“ ergaben. Dazu kamen religiöse Strömungen u. geistige Spannungen: die Wandlung kalvinist. Puritaner zu aufgeklärten „Unitariern“, die Ablösung der vom dt. Idealismus beeinflußten „Transzendentalisten“ durch die Vertreter des Pragmatismus, später des Instrumentalismus, oder die Einflüsse von Psychoanalyse, Marxismus u. dem Nihilismus einer „verlorenen Generation“.

Die koloniale Epoche (1620–1776) war von der Religiosität des neuengl. Puritanismus bestimmt. Neben Predigt u. Erbauungsliteratur (Samuel *Willards*, *1640, †1707) entstanden theolog. Geschichtsschreibung (William *Bradford*, *1590, †1657; C. *Mather*) u. religiöse Lyrik (E. *Taylor*). Ihre vollendete Ausprägung erfuhr die puritan. Theologie erst im 18. Jh. durch J. *Edwards*, zu einer Zeit, da mit der Ausbreitung des Aufklärungsdenkens eine Säkularisierung eingesetzt hatte, die bei B. *Franklin* (Autobiographie) zu der charakterist. Haltung eines moral.-pragmat. Rationalismus führte. Von engl. Einflüssen bestimmt waren A. *Bradstreet*, Michel *Wigglesworth* (*1631, †1705) u. der Schauspieldichter Thomas *Godfrey* (*1736, †1763). Erst Ende des 18. Jh. wurde das Theater zu einer festen Einrichtung (James Nelson *Baker*, *1784, †1856; William *Dunlap*, *1763, †1839).

Im frühen 19. Jh. begann die Literatur der USA in Europa Anerkennung zu finden, während sie selbst starke Anregungen von europ. literar. Strömungen (bes. der Romantik) empfing. Lyriker: P. M. *Freneau*, W. C. *Bryant*; Prosa: J. F. *Cooper*, dessen „Lederstrumpf“ ein Bild amerikan. Menschentums vermittelt. Die Romanliteratur begann mit dem Quäkerschriftsteller C. B. *Brown*; empfindsame Romane schrieb Susan *Rowson* (*1762, †1824). E. A. *Poes* ausdrucksstarke Lyrik u. konsequent ästhet. ausgerichtete Literaturtheorie war im eigenen Land umstritten, wirkte aber vor allem auf die französ. Symbolisten. Mit seinen Kurzgeschichten schuf er eine neue Prosaform. Die erste Blüte der *Short Story* fiel in die Mitte des 19. Jh. (W. *Irving* u. N. *Hawthorne*); ihre bedeutendsten Vertreter waren O'Henry, T. B. *Aldrich*, F. B. *Harte*, *Mark Twain*, W. D. *Howells*, A. G. *Bierce*, G. *Stein*, E. *Hemingway* u. K. A. *Porter*.

Nach 1830 empfing die Literatur der USA entscheidende Antriebe von der idealist. Lebensphilosophie des Transzendentalismus, der sich in Neuengland entfaltete u. im Werk von R. W. *Emerson*, H. D. *Thoreau* u. H. *Beecher-Stowe* (gegen Sklaventum) weltweite Wirkung ausstrahlte. Die Romandichter dieser Zeit, N. *Hawthorne* u. H. *Melville*, setzten sich schöpferisch mit dem Transzendentalismus auseinander, indem sie dessen optimist. Weltanschauung in Frage stellten. H. *James* beeinflußte den psychologischen Roman.

Demgegenüber verkündete der von H. D. *Emersons* Botschaft berührte Lyriker W. *Whitman* eine ungebrochene Lebensgläubigkeit. Ebenso unkonventionell, doch zu knappster Konzentration drängend, war die Lyrik E. E. *Dickinsons*, die erst im 20. Jh. Anerkennung fand. Neben diesen Neuerern standen traditionsgebundene Dichter, als Lyriker J. G. *Whittier* u. H. W. *Longfellow*, als Essayisten u. Kritiker J. R. *Lowell* u. O. W. *Holmes*.

Im 20. Jh. gewann das Romanschaffen an Umfang u. wurde vielfach tonangebend. Naturalist. Darstellungsweisen u. sozialkrit. Tendenzen wurden merkbar: U. *Sinclair*, F. *Norris*, Th. *Dreiser* (Alltagsleben), J. *London*, E. *Wharton*, J. T. *Farrell*, E. *Caldwell*, J. R. *Dos Passos*, H. S. *Lewis*, J. *Steinbeck*, R. *Wright*; die „camera-eye“-Erzähltechnik bildete sich aus; es gab mannigfaltig gebrochene Spiegelungen der Gesellschaft (F. S. K. *Fitzgerald*, J. P. *Marquand*), ein Krisenbewußtsein der modernen Kultur, das Aufbrechen von Tabus (H. *Miller*), das Kunstwerk aus der Massenkultur (Nathaniel *West*, *1920, †1940) u. grelle Beleuchtung von Zeitnöten (N. *Mailer*, die epischen Reportagen von J. *Jones* u. I. *Shaw*). Einen Kontrast hierzu bildeten der Aktualität entrückte Geschichtsromane (M. *Mitchell*, K. *Roberts*). Die Darstellungsbereiche u. Gestaltungsmöglichkeiten seel. Erlebens wurden bedeutend erweitert u. vertieft (W. S. *Cather*). Initiator der modernen Kurzgeschichte war S. *Anderson*, der auf W. *Faulkner* u. E. *Hemingway* großen Einfluß hatte. Die Vielschichtigkeit literar. Schaffens dokumentieren T. *Wolfe* wie R. P. *Warren* aus dem Süden, William Carlos *Williams* (*1883, †1963), ein Schilderer des amerikan. Alltags u. experimentierender Vertreter „lakon. Poesie“, C. *McCullers*, J. D. *Salinger*, der satir. gesellschaftskrit. Erzähler J. *Updike*, der Schilderer jüd. Einwandererschicksale B. *Malamud*, S. *Bellow*, R. *Ellison*, der Kritiker der westl. Welt John *Barth* (*27. 5. 1930), die polit. u. sozialkrit. Erzählerin M. *McCarthy*, Gore *Vidal* (*3. 10. 1925); traumhaft-symbol. u. realist. Elemente verbindet T. *Capote*, der dann mit John *Hersey* (*17. 6. 1914) Hauptvertreter der Faktographie („faction“) wurde. Pazifist., satir. Romane schrieb Kurt *Vonnegut* (*11. 11. 1922); dem Lebensgefühl der „Beat Generation“ verliehen J. *Kerouac*, William *Burroughs* (*5. 2. 1914) u. der Lyriker Lawrence *Ferlinghetti* (*24. 3. 1919) Ausdruck.

Auch die Lyrik hat im 20. Jh. in Form u. Thematik an Vielfalt gewonnen. Während manche Dichter der Tradition verhaftet sind (E. A. *Robinson*, E. L. *Masters*, C. *Sandburg*, E. St. V. *Millay*), nimmt R. L. *Frost* trotz seiner dem Hergebrachten nahen Form eine eigene Ausdrucks- u. Bewußtseinshaltung ein. Eine neue repräsentative amerikan. Dichtung suchten Theodore *Roethke* (*1908, †1963) u. H. H. *Crane* in expressiver Lyrik zu gestalten. Richtungweisend, bes. für das 2. u. 3. Jahrzehnt des 20. Jh., wurde die Gruppe der *Imagisten* unter der Führung von E. *Pound*. Seit etwa 1930 begann der wachsende Einfluß des vom Symbolismus kommenden W. *Stevens*. Zu den führenden Lyrikern aus neuerer Zeit zählen: J. *Jeffers*, W. C. *Williams*, E. E. *Cummings*, die „Fugitive poets“ (Ztschr. „The Fugitive“ 1922–1925), J. C. *Ransom*, R. P. *Warren*, A. *Tate*; H. W. *Auden*, M. *Moore*, R. *Eberhart*, Karl *Shapiro* (*10. 11. 1913), R. *Lowell*, John *Berryman* (*1914), Richard *Wilbur* (*1. 3. 1921), Charles *Olson* (*27. 12. 1910). Von heftigem Protest gegen die herrschende Gesellschaft sind die in der Form an W. Whitman anknüpfenden Gedichte A. *Ginsbergs* bestimmt. In den 1960er Jahren traten hervor: Kenneth *Patchen* (*13. 12. 1911), William *Stafford* (*17. 1. 1914), Robert *Bly* (*23. 12. 1926), James *Dickey* (*2. 2. 1923).

Erst um 1910 entstand ein literar. bedeutendes Drama. Bis dahin waren die Bühnen von Unterhaltungsstücken des Geschäftstheaters beherrscht worden. Amerikan. Konflikte stellten Clyde *Fitch* (*1865, †1909) u. W. V. *Moody* dar. Der überragende Dramatiker ist E. *O'Neill*. Neben ihm sind von Bedeutung: M. *Anderson*, E. *Rice*, C. *Odets*, Th. *Wilder*, T. *Williams*, A. *Miller*, W. *Saroyan*, E. *Albee*, W. M. *Inge* u. a.

Auch auf dem Gebiet der Literaturwissenschaft u. -kritik wurde Beispielgebendes geschaffen. Um 1930 erreichte der *New Criticism*, eine formalästhet. Form der Literaturbetrachtung, seinen Höhepunkt (J. C. *Ransom*; Stanley Edgar *Hyman*, *11. 6. 1919; R. *Wellek*); daraus entwickelte sich der *Myth Criticism*, der wieder den Inhalt der Dichtung ins Zentrum rückt (Northrop *Frye*, *14. 7. 1912). Zu nennen sind noch die Kritikerschulen des Existentialismus (Murray *Krieger*, *27. 11. 1923; George *Steiner*, *23. 4. 1929) u. die Bewußtseinskritik (Geoffrey *Hartmann*, *11. 8. 1929). Die Literatur der Afroamerikaner ist ein bes. Zweig der →neoafrikanischen Literatur. – ◫ 3.1.4.

Musik

Abgesehen von der Indianermusik, entwickelte sich auf dem nordamerikan. Kontinent erst spät eine eigenständige Musik. Als erste US-amerikan.

Vereinigte Staaten von Amerika

Duane Hanson, Frau mit Einkaufswagen; 1970. Fiberglas und originale Kleidung. Aachen, Neue Galerie, Sammlung Ludwig

Frank Lloyd Wright, Kalita Humphreys Theater. Dallas, Texas (links). – Grant Wood, Amerikanische Gotik; 1930. Chicago, Art Institute (rechts)

Thomas Jefferson, Bibliotheksgebäude der Universität von Virginia; 1817–1826. Charlottesville

John Marin, Sonnenuntergang; Aquarell, 1914. New York, Whitney Museum of American Art

Vereinigte Staaten von Amerika

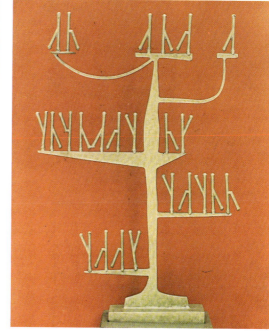

Winslow Homer, Nach dem Hurrikan; Aquarell, 1899. Chicago, Art Institute (links). – David Smith, Vierundzwanzig griechische Y; 1950. New York, Museum of Modern Art, Blanchette Rockefeller Fund (rechts)

VEREINIGTE STAATEN VON AMERIKA
Kunst

Morris Louis, Sarabande; 1959. New York, Solomon-R.-Guggenheim-Museum

Richard Lippold, Variation Nummer 7: Voller Mond; 1949/50. New York, Museum of Modern Art

*Thomas Hart Benton (*1889 Neosho, Mo.), Weizendrescher; 1939. Terre Haute, Indiana, Collection of Sheldon Swope Art Gallery*

Komponisten gelten Francis *Hopkinson* (*1737, †1791) u. William *Billings* (*1746, †1800). Im 18. Jh. entstanden die *Negro Spirituals*. Als sich im 19. Jh. mit dem wachsenden Wohlstand des Bürgertums auch das Musikleben entwickelte, blieb es lange von Europa (bes. Dtschld.) abhängig. In der Nachfolge der Spätromantik (E. Grieg u. A. Dvořák) standen vor allem Stephen *Emery* (*1841, †1891), John Knowles *Paine* (*1839, †1906) u. E. *MacDowell*, die volkstüml. Neger- u. Indianermusik in ihrem Schaffen verwendeten. Später wirkten sich der Stil R. Wagners u. R. Strauss', ebenso der französ. Impressionismus aus (Charles Tomlinson *Griffes*, *1884, †1920; J. A. *Carpenter*), bes. durch die Gründung vieler neuer Orchester, die auch von europ. Dirigenten geleitet wurden (Sinfonieorchester in New York 1842, Boston 1881, Chicago 1891, Philadelphia 1900). Im 20. Jh. konnten sich einheim. Musikerpersönlichkeiten durchsetzen, z. B. G. *Gershwin* u. A. *Copland*, die Elemente des in den USA entstandenen *Jazz* aufnahmen. Daneben gewannen die neuen Theorien des in die USA ausgewanderten A. *Schönberg* (Zwölftonmusik) Einfluß. Vertreter der neueren nordamerikan. Musik: W. *Piston*, R. *Sessions*, R. *Harris*, Paul *Creston* (*10. 10. 1906), W. *Schuman*, S. *Barber*, G.-C. *Menotti*, L. *Bernstein*. Vieldiskutierte Experimentalisten: G. *Antheil*, H. *Cowell*, E. *Varèse*, J. *Cage*, G. *Schuller*. Das *Musical* ist ursprüngl. eine spezifisch amerikan. Form der Unterhaltungsmusik.

Philosophie

Für die Philosophie der USA ist kennzeichnend, daß sie sich am Rand der philosoph. Tradition des Abendlands entwickelt hat. Aus dem Zusammenfluß verschiedener (bes. engl., dt. u. französ.) Geistesströmungen sich herausbildend, hat sie ständig aus dem europ. Geistesleben neue Impulse aufgenommen. Die Verarbeitung des europ. Gedankenguts in einer ganz bestimmten Richtung, nämlich auf prakt. Vorstellungen u. Ziele hin, gibt dem amerikan. Denken neben den zahlreichen spekulativen Zügen eine eigenständige Prägung.
Als Initiator der Philosophie der USA kann G. *Berkeley* gelten, der sich 1728–1731 in Amerika aufhielt. Auf seine Anregung gehen die ersten Ansätze einer idealistisch-theistischen Philosophie zurück, deren Hauptvertreter J. *Edwards* war. In der Folgezeit standen polit. Probleme im Vordergrund. Auf dem Boden der in der zweiten Hälfte des 18. Jh. eindringenden Aufklärungsphilosophie bildeten sich der ethische Rationalismus B. *Franklins* u. die Vernunftreligion Th. *Paines* aus, der auch Th. *Jefferson* anhing. Der dt. Idealismus fand dann in Verknüpfung mit pantheistischen Gedankengängen seinen amerikan. Ausdruck in R. W. *Emersons* Transzendentalismus, der idealistisch durch William Torrey *Harris* (*1835, †1909) u. die „St.-Louis-Schule", mehr realistisch durch Noah *Porter* (*1811, †1892) u. Stanley *Hall* (*1846, †1924) fortentwickelt wurde. Unter dem Einfluß von H. *Spencer* u. Ch. *Darwin* gewann schließlich der Gedanke der Entwicklung u. des Fortschritts im amerikan. Denken immer mehr an Bedeutung, wie sich überhaupt um die Mitte des 19. Jh. gegenüber der von der dt. Philosophie gespeisten idealist.-metaphys. Richtung eine realist.-positivist. Strömung stärker abhob.
Auf der einen Seite entwickelte sich unter dem Einfluß von Hegel u. Schopenhauer im Anschluß an H. Lotze der →Personalismus, vertreten von Borden Parker *Bowne* (*1847, †1910), J. *Royce*, Ralph Tyler *Flewelling* (*1871, †1960), William Ernest *Hocking* (*10. 8. 1873), E. S. *Brightman* u. der Schule des sog. „Kalifornischen Personalismus". Auf der anderen Seite lehrten der Mitbegründer der modernen Logistik Ch. S. *Peirce* u. J. M. *Baldwin* eine positivist. Erkenntnistheorie, die metaphys. Gedankengängen keinen Raum ließ. W. *James* versuchte diese Scheidung von Metaphysik u. positivist. Einstellung durch seinen antimaterialist. „radikalen Empirismus" zu überwinden. Seine →Pragmatismus genannte Lehre wurde auf vielen Gebieten wirksam u. weitergebildet: in der Pädagogik unter dem Einfluß von A. Comte durch J. *Dewey* u. die sog. „Chicago-Schule"; in der Psychologie durch E. L. *Thorndike* u. J. B. *Watson*, in der Soziologie vor allem durch Edward Alsworth *Ross* (*1866, †1951). Den subjektivist. u. individualist. Tendenzen des Pragmatismus traten die „Neurealisten" unter A. N. *Whitehead*, William Pepperell *Montague* (*1873, †1953) u. R. B. *Perry*, die „krit. Realisten" unter A. O. *Lovejoy*, auch die in der Aristotelesgesellschaft vereinigten Denker, u. a. F. J. E. *Woodbridge*, entgegen. Daneben waren die Lebensphilosophie u. der krit. Realismus des gebürtigen Spaniers G. *Santayana*, die Philosophiegeschichte Will(iam James) *Durants* (*5. 11. 1885) u. die Kulturkritik John Herman *Randalls* (*14. 2. 1899) wichtig.
Im 20. Jh. trat das mathemat.-naturwissenschaftl. orientierte Denken bes. hervor, so in der von R. *Carnap* u. a. vertretenen Semantik; auch die experimentelle Psychologie u. Pädagogik unter Führung von W. *McDougall* bestimmte weitgehend die Richtung des amerikan. Denkens. Außerdem sind an gegenwärtigen Strömungen hervorzuheben der logische Positivismus, der Neuthomismus, die existentielle Theologie (P. *Tillich*), die prot. Neuorthodoxie (R. *Niebuhr*) u. neuerdings auch die auf M. Heidegger zurückgehende phänomenolog. Philosophie. – 🕮 1.4.8.

Vereinigte Staaten von Europa →europäische Unionsbewegungen.

Vereinigte Staaten von Kolumbien →Kolumbien (Geschichte).

Vereinigte Stahlwerke AG, Düsseldorf, kurz *Stahlverein*, gegr. 1926 durch Übernahme u. a. der *Gelsenkirchener Bergwerks-AG, Phönix AG, Thyssen-Gruppe, Bochumer Verein für Bergbau u. Gußstahlfabrikation AG*; bis 1945 Dachgesellschaft des größten Unternehmens der dt. Schwerindustrie. – Nach dem 2. Weltkrieg in viele Einzelunternehmungen aufgelöst.

Vereinigtes Wirtschaftsgebiet, *Bizone*, das Gebiet der brit. u. der US-amerikan. Besatzungszone Deutschlands, die aufgrund des Abkommens zwischen Großbritannien u. den USA vom 2. 12. 1946 am 1. 1. 1947 zu einer Wirtschaftseinheit zusammengeschlossen wurden. Am 1. 1. 1947 ging die Wirtschaftsverwaltung der beiden Zonen von den Alliierten auf den *Verwaltungsrat für Wirtschaft* in Minden über. Am 29. 5. 1947 wurde zwischen der brit. u. der US-amerikan. Militärregierung ein Abkommen über die Errichtung eines Wirtschaftsrats für das Vereinigte Wirtschaftsgebiet mit Sitz in Frankfurt a. M. abgeschlossen. Dieser sog. *Erste Wirtschaftsrat* wurde von den Landtagen der Bizone gewählt u. konstituierte sich am 25. 6. 1947. Am 9. 2. 1948 wurde er abgelöst durch den sog. *Zweiten Wirtschaftsrat* mit 104 Mitgliedern. Daneben gab es nunmehr den *Länderrat* u. als Exekutivorgan den *Verwaltungsrat*, dem Verwaltungen für Wirtschaft, Ernährung, Landwirtschaft u. a. unterstanden. Bei Inkrafttreten des Grundgesetzes wurde die BRD Rechtsnachfolger.

Vereinigte Versicherungsgruppe, eine 1974 gebildete Gruppe rechtl. selbständiger Versicherungsunternehmen (Aachen-Leipziger Versicherungs-AG, Berlinische Feuer-Versicherungs-Anstalt, Vereinigte Krankenversicherung AG u. a.).

Vereinigung der deutschen Adelsverbände, Abk. *VdDA*, 1956 gegr., bestand 1874–1945 als *Deutsche Adelsgenossenschaft;* Monatszeitschrift „Das deutsche Adelsblatt" (seit 1962). Dachorganisation der dt. Adelsverbände. Aufgaben: Regelung genealog. u. adelsrechtl. Fragen.

Vereinigung Schweizerischer Angestelltenverbände, Abk. *VSA*, überparteil. u. überkonfessioneller Dachverband der schweizer. Angestelltenorganisationen.

Vereinigungsfreiheit, das Recht, →Vereine zu bilden, sich Vereinigungen anzuschließen (oder ihnen fernzubleiben); eines der wichtigsten Grundrechte. Die V. ist in der BRD garantiert durch Art. 9 Abs. 1 GG, in der Schweiz durch Art. 56 der Bundesverfassung u. in Österreich durch Art. 12 des Staatsgrundgesetzes von 1867. – 🕮 4.1.2.

Vereinspokal →Deutscher Vereinspokal.

Vereinsregister, beim Amtsgericht geführtes Register, in das *Idealvereine* (Gegensatz: *wirtschaftl. Vereine*) eingetragen werden müssen, um *rechtsfähige Vereine* (Gegensatz: *nichtrechtsfähige Vereine*) zu werden; →eingetragener Verein.

Vereinstaler, der 1857 geschaffene Taler (18,5 g) des dt.-österr. Münzvereins; 30 V. = 1 Pfund; 1 V. = 30 Silbergroschen oder 90 Kreuzer. 1871 wurde bei der Einführung der Mark 1 V. = 3 Mark gerechnet.

Vereinte Nationen, *United Nations (Organization)*, Abk. *UN (UNO)*, am 26. 6. 1945 auf der UN-Konferenz von San Francisco von 50 Staaten (Feindstaaten der *Achsenmächte*) aufgrund der Konferenzbeschlüsse von Moskau, Jalta u. Dumbarton Oaks mit eigener, am 24. 10. 1945 (Tag der UN) in Kraft getretener Charta gegr. Vertragsorganisation souveräner u. gleichberechtigter Staaten. Ziele sind: Sicherung des Weltfriedens durch Vermittlung u. schiedsgerichtl. Entscheidung, Beobachtung u. Untersuchung von Konflikten, Entsendung von UN-Streitkräften, durch diplomat., wirtschaftl. u. militär. Sanktionen u. durch Abrüstungsmaßnahmen. Zur Schaffung der positiven Friedensbedingungen fördern die UN die Menschenrechte, schließen Diskriminierung aus, betreiben die Entkolonialisierung u. fördern die wirtschaftl., soziale u. kulturelle Entwicklung u. Zusammenarbeit.
Die UN sind zugleich Weltparlament u. permanente diplomat. Konferenz mit Stimmblöcken u. wechselnden Koalitionen. Die Mitgliedschaft steht allen „friedliebenden" Staaten auf Antrag offen; u. a. gehört die neutrale Schweiz den UN nicht an. Die BRD u. die DDR beantragten nach Inkrafttreten des Grundvertrags die Aufnahme in die UN. Sie sind Mitglieder aller Sonderorganisationen. Mitglieder Herbst 1981: 156 Staaten.
Oberstes Organ ist die *Vollversammlung (VV)*, auch *Generalversammlung* (engl. *General Assembly*), in der jedes Mitgl. eine Stimme hat. Durch Änderung der Mitgliedschaft (Mehrheit von Entwicklungsländern) u. Verlagerung der Tätigkeitsschwerpunkte hat die VV an Bedeutung gewonnen, obwohl sie, abgesehen von Wahlen u. Neuaufnahmen, nur Empfehlungen geben kann, im Fall von Friedensbedrohungen u. -brüchen sogar nur bei Versagen des Sicherheitsrats. Die VV tagt jährl. von September bis etwa Januar. Sie wählt (ernennt) den *Generalsekretär*, die 10 nichtständigen Mitgl. des Sicherheitsrats, ihr eigenes Präsidium u. die Mitglieder bestimmter Ausschüsse der VV. Sie beschließt das Budget u. die Beiträge der Mitgl. Die Hauptarbeit wird von 7 Fachabteilungen für *Polit. u. Sicherheitsfragen, Wirtschaft u. Finanzen, soziale, humanitäre u. kulturelle Fragen, Treuhandschaftsangelegenheiten, Rechtsfragen* u. einem *Polit. Sonderausschuß* sowie einem *Lenkungsausschuß* geleistet. Mit Ausnahme des letzteren gehören ihnen alle Mitgl. an. Polit. wichtigstes Organ ist der *Sicherheitsrat (SR)*, auch *Weltsicherheitsrat* (engl. *Security Council*) mit primärer Zuständigkeit für die Wahrung des Friedens. Dem bes. Gewicht u. ihren Interessen entsprechend haben die permanenten Mitgl. des SR, die Großmächte USA, Sowjetunion, China, Großbritannien u. Frankreich, Vorrechte gegenüber den anderen Rats-Mitgl. Wichtige Sachentscheidungen bedürfen der Zustimmung der permanenten Mitgl. innerhalb einer Zweidrittelmehrheit des SR. Das bedeutet ein Vetorecht gegen Beschlüsse, die sie zu Handlungen gegeneinander oder gegen ihre eigenen bzw. gemeinsamen Interessen zwingen könnten, lähmt aber oft die Entscheidungsfähigkeit u. zwingt zum Kompromiß. Der SR ist ein permanentes Organ u. jederzeit einberufbar. Ihm gehören neben den genannten Staaten weitere 10 von der Vollversammlung gewählte Mitgl. an, durch die die Weltregionen bzw. Blöcke gerecht vertreten sein sollen. Zu seiner Unterstützung u. für die Durchführung von Aktionen kann er Ausschüsse u. Missionen einsetzen. Seine Beschlüsse binden alle Mitgl., doch setzen materielle u. militär. Hilfeleistungen der UN-Mitgl. Sonderabkommen voraus.
Das *Sekretariat* (Sitz: New York, europ. Dienststelle in Genf) unter dem *Generalsekretär* führt die Geschäfte der UN u. ihrer Organe. Der Generalsekretär ist berechtigt, den Sicherheitsrat auf wichtige Probleme, insbes. Friedensbedrohungen, aufmerksam zu machen. Etwas mehr als der erste Generalsekretär T. *Lie* (1946–1953) sind D. *Hammarskjöld* (1953–1961), U *Thant* (1961 bis 1971) u. K. *Waldheim* (seit 1972) in Konflikten u. bei der Lösung neuer Aufgaben aktiv geworden. Die Angehörigen des Sekretariats sind formal von ihren Heimatländern unabhängig.
Ein weiteres wichtiges Organ ist der *Wirtschafts- u. Sozialrat* zur Förderung vor allem der wirtschaftl. u. sozialen Entwicklung u. Zusammenarbeit u. zur Koordination der verschiedenen internationalen Organisationen auf diesen Gebieten. Ihm gehören 54 auf drei Jahre gewählte Mitgliedstaaten an, u. ihm unterstehen u. a. die Menschenrechtskommis-

sion, die Rauschgiftkommission u. vier regionale Wirtschaftskommissionen für Asien u. den Fernen Osten (Economic Commission for Asia and the Far East, Abk. *ECAFE*), Lateinamerika *(ECLA)*, Afrika *(ECA)* u. Europa *(ECE)*.
Zu nennen sind ferner die 1964 gegr. *Welthandelskonferenz* der VV (UNCTAD) u. der →Internationale Gerichtshof. Außerdem besitzen die UN mehrere Sonderorganisationen von z. T. beachtlichem Einfluß (→UNESCO). – ⌑ 5.9.3.

Verelendungstheorie, die von K. *Marx* im Rahmen seiner ökonom. Theorie vertretene Auffassung, daß sich die Lage der Arbeiter im Kapitalismus gesetzmäßig fortschreitend verschlechtere.

verenden, sterben (von Wild) an einer Verwundung bei der Jagd; beim Tod durch Krankheit spricht man von *Eingehen*, bei natürl. Tod von *Fallen*.

Vererbung, das Auftreten gleicher oder ähnlicher erblicher Merkmale (z. B. Haarfarbe, Handlinien, geistige Eigenschaften) bei Vorfahren u. Nachkommen u. die Weitergabe der hierfür verantwortl. Erbanlagen (→Gen) während der Vermehrung. Die Konstanz der V. wird durch die →identische Reduplikation erreicht, die Veränderung durch →Mutation u. →Neukombination. Die Wissenschaft von der V. ist die *Vererbungslehre* oder →*Genetik*; sie untersucht: 1. die Wirkungen u. Wechselbeziehungen von Erbanlagen u. Umwelt in der Entwicklung des Individuums, 2. die Regeln bei der Übertragung der Erbanlagen von einer Generation zur anderen, 3. die Veränderung des Erbguts, 4. die stoffl. Grundlagen der Erbsubstanz u. der mit der V. zusammenhängenden Prozesse *(Molekulargenetik)*, 5. die Wirkungsweise von Erbkrankheiten, bevorzugt des Menschen, deren V. u. mögliche Verhinderung *(Humangenetik, Eugenik)*.

Geschichtliches: Die im Altertum herrschende Auffassung der V. findet sich fast unverändert in der *Pangenesistheorie* Ch. *Darwins*, wonach von den Körperzellen über das Blut winzige Keime in die Geschlechtszellen gelangen, die dadurch sämtliche Anlagen in sich tragen. Die genau gegenteilige Meinung, nämlich daß V. auf der Weitergabe der nicht durch die Körperzellen beeinflußten Keimzellen beruht, ist schon von *Aristoteles* in spekulativer Weise angedeutet. Doch erst A. *Weismann* konnte im 19. Jh. die Kontinuität des Keimplasmas durch die Entdeckung der Keimbahn bei Hydroidpolypen nachweisen. G. *Mendel* stellte 1866 die später nach ihm benannten Gesetze der V. auf, indem er unter Berücksichtigung nur weniger Merkmalspaare (Bastardforschung) umfangreiche Kreuzungsversuche statistisch auswertete. Die Tragweite seiner Entdeckungen wurde nicht erkannt. Erst durch die Ergebnisse der zytologischen Forschung wurde der Boden bereitet für die Wiederentdeckung dieser Gesetze 1901 durch H. de *Vries*, C. *Correns* u. E. *Tschermak*. De Vries lieferte mit seiner *Mutationstheorie* einen weiteren wichtigen Beitrag zur Entwicklung der V.slehre. Correns wies nach, daß die Verteilung des Geschlechts ebenfalls den Mendelschen Gesetzen folgt. W. *Johannsen* führte die Methode der Untersuchung „reiner Linien" in die Bastardforschung ein. T. H. *Morgan* begründete mit seinen Untersuchungen an der Taufliege Drosophila die moderne Genetik. Er konnte den Nachweis der Gen- u. Chromosomenmutation führen u. die Lage der Gene auf den vier Chromosomenpaaren von Drosophila bestimmen. T. *Boveri* u. *Sutton* stellten 1902 unabhängig voneinander die *Chromosomentheorie der V.* auf. H. *Muller* entdeckte 1927 die Mutationen erzeugende Wirkung von Röntgenstrahlen. G. W. *Beadle* u. Edward Lawrie *Tatum* (* 14. 12. 1909) wiesen 1940 nach, daß Gene durch Enzyme in das Stoffwechselgeschehen eingreifen. Georges Shermon *Avery* (* 3. 8. 1903) entdeckte 1944, daß die genetische Information durch die Struktur der Desoxyribonucleinsäure (DNS) übertragen wird, er leitete die Epoche der Molekulargenetik ein. J. D. *Watson* u. F. H. C. *Crick* klärten 1953 die Struktur der DNS auf. Sie zeigten, daß der *genetische „Code"* in der Sequenz von vier Nucleotiden begründet ist. →auch Nucleinsäuren.

Verfahrenspatent, das →Patent für eine →Erfindung, die ein bestimmtes Herstellungsverfahren betrifft. Ein V. schützt nicht nur das Verfahren, sondern auch das danach hergestellte Erzeugnis.

Verfahrensrecht →Prozeßrecht.

Verfahrenstechnik, ein Zweig der techn. Wissenschaften, der sich mit der Entwicklung u. Durchführung von physikal.-chem. Verfahren zur wirtschaftl. Herstellung u. Veränderung von Stoffen (Vereinigen oder Trennen von Stoffen, Stoff- u. Wärmeaustausch, chem. Prozesse) befaßt. Wesentl. Arbeitsgebiet der V. ist die Übertragung von im Laboratorium entwickelten Prozessen in die Großtechnik. Anwendungsgebiete: chemische Industrie, Hüttentechnik, Bergbau, Papierindustrie u. a.

Verfall, strafrechtl. Sanktion nach §§ 73 ff. StGB, die zur Abschöpfung von Vermögensvorteilen dient, die der Täter für die Tat (z. B. Mordlohn) oder aus ihr (z. B. Bestecherlohn) erlangt hat. Mögl. ist ein V. des Wertersatzes, wenn ein V. des ursprüngl. Erlangten nicht mehr mögl. ist. – Ähnl. § 20 österr. StGB u. Art. 59 schweizer. StGB.

Verfallklausel, *kassatorische Klausel*, Nebenabrede in einem Vertrag, daß nach Nichteinhaltung einer Frist ein Recht verwirkt ist; z. B. daß bei nicht pünktlicher Zinszahlung die Hypothek fällig wird. Für Ratenkäufe: →Abzahlungsgesetz.
Ähnlich in der Schweiz nach Art. 162, 226h, 228 OR. – Im österr. Zivilrecht (§ 720 ABGB) hat die *kassatorische Klausel* dagegen eine andere Bedeutung: Eine Anordnung des Erblassers, wodurch er den Erben oder Legatar (Vermächtnisnehmer) unter Androhung der Entziehung eines Vorteils verbietet, den letzten Willen anzufechten, ist für den Fall, daß nur die Echtheit oder der Sinn der Erklärung angefochten wird, unwirksam.

Verfassung, 1. *allg.:* die bestimmte Art des Aufeinanderbezogenseins der Bestandteile eines Ordnungsgefüges, vor allem die rechtl. oder tatsächl. Ordnung einer gesellschaftl. Gruppe (Familie, Sippe, Volk, Staat), aber auch der körperl. u. seel. Zustand eines Menschen.

2. *Staatsrecht:* Staatsverfassung, Konstitution, 1. im polit.-soziolog. Sinn: die *Grundordnung* eines Staates, wie sie tatsächlich besteht. Kennzeich-

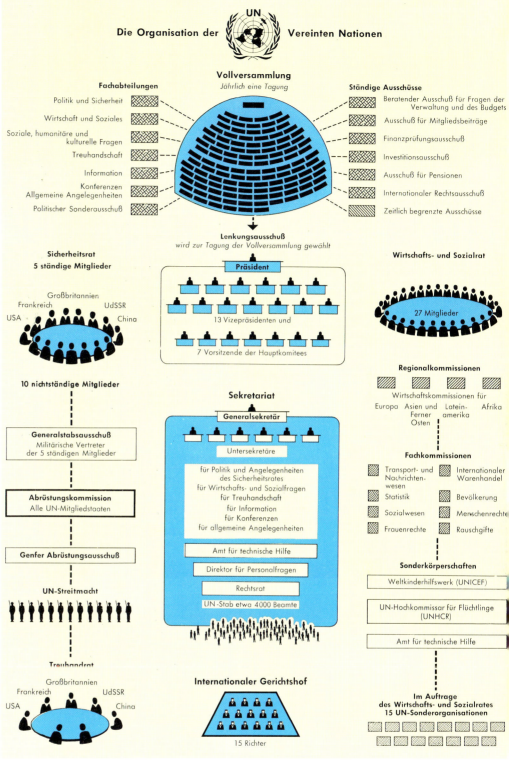

Vereinte Nationen: Organisationsschema

nend hierfür sind Form der Machtausübung, Verwaltungsmethoden, Rechtsstellung des Bürgers. In diesem Sinn hat jeder Staat eine V., auch derjenige, der nicht über eine V.surkunde verfügt (wie das Dt. Reich vor 1806, heute noch Großbritannien u. Israel). – 2. im materiell-rechtl. Sinn: Gesamtheit der sich auf die V. im Sinn von 1) beziehenden *Rechtsnormen* einschl. des Gewohnheitsrechts, →Verfassungsrecht. – 3. im formellen Sinn: geschriebene *V.surkunde*, Zusammenfassung der wichtigsten Bestimmungen im Sinn von 2) in einem Dokument *(Staatsgrundgesetz)*.
Die Bedeutung der V.surkunde liegt darin, daß sie der Staatstätigkeit Grenzen setzt u. damit der Willkür staatl. Handelns der vorkonstitutionellen Zeit (→Verfassungsstaat) ein Ende bereitet. Die ersten V.surkunden im modernen Sinn sind in den Gliedstaaten der USA entstanden, dann folgte die V. der USA von 1787. Die Französ. Revolution von 1789 erließ nacheinander verschiedene V.en. In Dtschld. wurde eine V.surkunde zunächst in südu. mitteldt. Staaten (Bayern 1819), erst später in Preußen (1848–1850) erlassen, im Norddt. Bund 1867, im Dt. Reich 1871, 1919. Die heute geltende V. der BRD ist das →Grundgesetz von 1949.
Soweit es sich um Voll-V.en handelt (im Unterschied zu *Organisationsgesetzen* unter Verzicht auf Regelung größerer Bereiche des V.srechts), haben die V.en einen organisatorischen Teil, der sich mit den Staatsorganen u. Einrichtungen befaßt, sowie einen Grundrechtsteil, der die Rechtsstellung des Bürgers zum Staat u. im Staat festlegt. Die V.en enthalten ferner in den sog. Staatszielbestimmungen (Demokratie, Rechtsstaat, Bundesstaat, Sozialstaat u.ä.) die Umrisse einer polit. Wertordnung, die für die Auslegung, insbes. für das Verhältnis der V.svorschriften zueinander, maßgebend ist („Grundsätze der V.sordnung", „Geist" der V.). – 📖 4.0.3 u. 4.1.2.

verfassunggebende Gewalt, frz. *pouvoir constituant*, die der Staatsgewalt innewohnende Berechtigung zum Erlaß von *Verfassungsrecht* u. damit auch von *Verfassungsurkunden*. Träger der v.n G. wie überhaupt der Staatsgewalt ist das Volk *(Volkssouveränität)*. Welches Staatsorgan die Verfassung erläßt u. welches Verfahren zur Anwendung kommt, ist eine polit. Entscheidung. Übliche Formen sind: Einberufung einer *Nationalversammlung* (Dtschld. 1919) oder eines *Konvents* (so in Teilen Südamerikas); Erlaß durch den gewöhnlichen Gesetzgeber *(Parlament)* mit qualifizierter Mehrheit. Manche Staaten machen die Annahme zusätzl. von einer plebiszitären Entscheidung abhängig (so einige Länderverfassungen Deutschlands nach 1945, dagegen nicht beim GG). Das GG ist vom →Parlamentarischen Rat erlassen u. ist keiner Volksabstimmung unterworfen worden, bedurfte aber der Dreiviertelmehrheit in den Länderparlamenten (Verweigerung der Zustimmung nur durch Bayern 1949, das aber die Rechtsverbindlichkeit des GG anerkannte).

Verfassungsänderung, *Verfassungsrevision*, Änderung der Verfassungsurkunde. Davon ist zu unterscheiden der *Verfassungswandel*, d.h. die sich durch gewohnheitsrechtl. Fort- u. Umbildung ergebende u. nicht durch eine Normsetzung sich vollziehende materielle Änderung (z.B. durch Nichterrichten eines verfassungsmäßig vorgesehenen Organs, durch Umdeutung bestehender Vorschriften, durch Lückenausfüllung).
Bei Einführung der modernen Verfassungsurkunden ging man zunächst von der Vorstellung der Nichtänderbarkeit einer einmal erlassenen Verfassung aus („starre Verfassungen"). Später ging man dazu über, eine Änderung der Verfassungsbestimmungen durch die nachfolgende einfache Gesetzgebung zuzulassen („flexible Verfassungen"). Heute wird meist der Mittelweg gewählt: bes. *Formerfordernisse* erschweren eine Änderung.
Das *Grundgesetz* überträgt dem Bundestag u. dem Bundesrat das Recht zur V. mit qualifizierter Mehrheit (Zweidrittelmehrheit der Mitglieder des Bundestags u. Zweidrittelmehrheit der Stimmen der Länder im Bundesrat). Darüber hinaus bestehen zwei Besonderheiten: 1. nach Art. 79 Abs. 1 S. 2 GG bedarf es bei völkerrechtl. Verträgen, die eine Friedensregelung oder den Abbau einer besatzungsrechtl. Ordnung zum Gegenstand haben oder der Verteidigung der BRD zu dienen bestimmt sind, der Klarstellung, daß die Bestimmungen des GG dem Abschluß u. dem Inkrafttreten der Verträge nicht entgegenstehen. Sie erfolgt durch die Nennung des Vertrags im GG (so schon geschehen für die EVG-Verträge von 1952, die jedoch nicht ratifiziert wurden, vgl. Art. 142a), wozu ebenfalls eine qualifizierte Mehrheit erforderlich ist. Enthalten also derartige Verträge Bestimmungen, die mit dem GG unvereinbar sind, so gebührt diesen Normen dann der Vorrang, wenn der Vertrag mit verfassungsändernder Mehrheit angenommen ist. 2. nach Art. 79 Abs. 3 werden Einschränkungen von der Änderbarkeit des GG gemacht *(änderungsfestes Verfassungsminimum)*: „Eine Änderung dieses Grundgesetzes, durch welche die Gliederung des Bundes in Länder, die grundsätzliche Mitwirkung der Länder bei der Gesetzgebung oder die in den Artikeln 1 und 20 niedergelegten Grundsätze berührt werden, ist unzulässig."
In Österreich (Art. 44 BVerfG.) ist zur Änderung eines Verfassungsgesetzes ein Gesetzesbeschluß durch den Nationalrat erforderlich (bei Anwesenheit der Hälfte der gesetzl. Mitgliederzahl u. Zweidrittelmehrheit der abgegebenen Stimmen). Gesamtänderung der Verfassung ist zusätzlich durch Volksabstimmung zu billigen *(obligatorisches Referendum)*; Teiländerungen der Verfassung unterliegen dann einer Volksabstimmung, wenn $^1/_3$ der Mitglieder des Nationalrats oder des Bundesrats dies verlangt *(fakultatives Referendum)*.
In der Schweiz wird zwischen *Totalrevision* u. *Partialrevision* der Verfassung unterschieden. Bei Partialrevision (Teiländerung) ist nur die Abänderung, Aufhebung oder Hinzusetzung eines Artikels oder eines Teils eines Artikels zulässig, bei Totalrevision sind umfassende Änderungen möglich. Partialrevisionen sind häufig (1874–1964 insges. 66). Eine Partialrevision (Art. 121 der Bundesverfassung) kann sowohl auf dem Weg der Volksanregung (Initiative) als auch durch die Bundesgesetzgebung erfolgen; für das Zustandekommen der Initiative sind 50000 Unterschriften erforderlich. Eine Totalrevision (Art. 119/120 der Bundesverfassung) erfolgt auf dem Weg der Bundesgesetzgebung; wenn jedoch der Nationalrat die Totalrevision beschließt u. der Ständerat nicht zustimmt oder umgekehrt, so muß eine Volksabstimmung stattfinden; eine solche Abstimmung muß auch stattfinden, wenn mindestens 50000 Stimmberechtigte es verlangen. Bei Bejahung der Totalrevision durch das Volk müssen zunächst Neuwahlen stattfinden. – 📖 4.1.2.

Verfassungsbeschwerde, in der Verfassungsgerichtsbarkeit der BRD, Österreichs u. der Schweiz (dort *Staatsrechtl. Beschwerde*) das Begehren an das Verfassungsgericht, staatl. Hoheitsakte wegen Verletzung von Grundrechten des Beschwerdeführers aufzuheben oder für nichtig zu erklären. In der BRD kann nach Art. 93 Abs. 1 Nr. 4a GG u. nach §§ 90–96 des *Gesetzes über das Bundesverfassungsgericht* vom 12. 3. 1951 in der Fassung vom 3. 8. 1963 jedermann V. beim *Bundesverfassungsgericht* erheben mit der Behauptung, durch die öffentl. Gewalt in einem seiner Grundrechte (Art. 1–17 GG) oder in einem seiner Rechte aus Art. 33, 38, 101, 103 u. 104 GG verletzt zu sein. Die V. ist aber in der Regel erst nach Erschöpfung eines sonstigen Rechtswegs zulässig. In der BRD können ferner Gemeinden u. Gemeindeverbände die V. mit der Behauptung erheben, daß die grundgesetzl. Garantie der kommunalen Selbstverwaltung durch eine Rechtsvorschrift des Bundes oder eines Landes verletzt sei. Über die V.n entscheidet der 1. Senat des Bundesverfassungsgerichts.

Verfassungsgerichtsbarkeit, *Staatsgerichtsbarkeit*, die Rechtsprechung über Fragen des Verfassungsrechts, ausgeübt vom *Verfassungsgericht (Verfassungs-, Staatsgerichtshof*, BRD: →Bundesverfassungsgericht), in manchen Ländern vom Parlament. Ihre Zuständigkeiten sind in den einzelnen Staaten verschieden. Z.T. bestehen sie nur für Streitigkeiten zwischen obersten Staatsorganen über die Abgrenzung ihrer Rechte u. Pflichten (sog. *Verfassungs-, Organ-, Kompetenzstreitigkeiten*) u. zur Entscheidung über parlamentarische Anklagen gegen Staatsoberhaupt u. Minister. In der BRD sind sie weit umfassender. Als Rechtsprechung hat die V. nur über Rechtsfragen, nicht über polit. Zweckmäßigkeitsfragen zu entscheiden. Gleichwohl wird sie auch als *politische Gerichtsbarkeit* bezeichnet. Soweit die V. über die Gültigkeit von Rechtsvorschriften zu entscheiden hat (→Normenkontrolle), erklärt sie diese in der Regel erst für nichtig, wenn sie nicht so ausgelegt werden können, daß sie mit der Verfassung vereinbar sind (Grundsatz der *normerhaltenden Verfassungsanwendung*). – In Österreich ist als einziges Organ der *Verfassungsgerichtshof* in Wien zuständig, in der Schweiz die staatsrechtl. Abteilung des Bundesgerichts in Lausanne. – 📖 4.1.2.

Verfassungsgerichtshof, Abk. *VerfGh*, österr. Höchstgericht in Wien, 1919 gegr.; 1934–1945 aufgehoben, 1945 neu errichtet. Der V. erkennt u.a. über vermögensrechtl. Ansprüche an Bund, Länder, Bezirke, Gemeinden, die im ordentl. Rechtsweg nicht zu erledigen sind, über Kompetenzkonflikte, Gesetzwidrigkeit von Verordnungen, Verfassungswidrigkeit eines Bundes- oder Landesgesetzes, über die Rechtswidrigkeit von Staatsverträgen, die Anfechtung von Wahlen, die Anklagen gegen oberste Bundes- oder Landesorgane. Der Präs. u. die Mitglieder des V.s werden vom Bundes-Präs. ernannt. – V. heißen auch die Verfassungsgerichte mehrerer Länder der BRD.

Verfassungsgrundsätze, durch das polit. Strafrecht bes. geschützte Einrichtungen der Verfassung der BRD, z.B. die Volkssouveränität u. die Gewaltenteilung (§ 92 StGB).

Verfassungshochverrat, Anwendung von Drohung mit Gewalt, um die verfassungsmäßige Ordnung der BRD oder eines ihrer Länder zu verändern (§§ 81, 82 StGB); →Hochverrat.

Verfassungskonflikt, der Streit zwischen Regierung u. Abgeordnetenhaus in Preußen 1862–1866, als das Parlament die von König *Wilhelm I.* u. dem Kriegs-Min. A. von *Roon* für eine Heeresreform verlangten höheren Militärausgaben verweigerte, der vom König in dieser Situation zum Min.-Präs. berufene *Bismarck* aber ohne verfassungsmäßiges Budget gegen den Willen der Parlamentsmehrheit (Dt. Fortschrittspartei) die Regierung weiterführte. Nach Neuwahlen u. dem preuß. Sieg im Dt. Krieg 1866 wurde der V. mit der Annahme einer *Indemnitätsvorlage* Bismarcks durch das neue Abgeordnetenhaus am 3. 9. 1866 beigelegt.

Verfassungsrecht, 1. als *materielles V.* derjenige Teil des →Staatsrechts, der die obersten Bestimmungen über die Ausübung der Staatsgewalt, bes. über die Staatsorganisation, die Formen u. Bereiche der Staatstätigkeit unter deren Abgrenzung von den Bereichen außer- u. unterstaatl. Verbände u. Anstalten u. das Verhältnis zwischen Staatsgewalt u. einzelnem Staatsbürger (→Grundrechte) sowie die obersten Rechtssätze der übrigen sachl. Teilrechtsordnungen enthält, die als solche nicht auf die Ausübung der Staatsgewalt bezogen sind, wie die des bürgerl. Rechts (in den Garantien z.B. für Vertragsfreiheit, Eigentum, Ehe u. Familie, Erbrecht), des Strafrechts (in den Garantien z.B. für die Grundsätze →nulla poena sine lege u. →ne bis in idem sowie des Verbots von Ausnahmegerichten u. der Todesstrafe) u. des Berufs- u. Gewerberechts (in den Garantien der Berufs- u. Gewerbefreiheit). – 2. als *formelles V.* der Inhalt der formellen →Verfassung (Verfassungsurkunde).

Verfassungsrevision →Verfassungsänderung.

Verfassungsschutz, 1. *i.w.S.*: Staatsschutz, vor allem durch Erlaß entspr. Strafbestimmungen bei Hoch- u. Landesverrat, Geheimnisschutz, aber auch Verbot der gegen den Bestand der verfassungsmäßigen Ordnung gerichteten Bestrebungen z.B. der polit. Parteien (Art. 21 GG), notfalls Verbot der Parteien. Bei Mißbrauch von Grundrechten zu verfassungswidrigen Zwecken kann das Bundesverfassungsgericht die Verwirkung dieser Grundrechte aussprechen (Art. 18 GG).
2. *i.e.S.*: eine Behördenorganisation in Bund u. Ländern der BRD zur Überwachung verfassungsfeindlicher Bestrebungen aufgrund des Gesetzes vom 27. 9. 1950: *Bundesamt für V.* in Köln, V.ämter in den Ländern (jeweils dem Innenministerium unterstellt). Aus rechtsstaatl. Gründen haben diese Ämter keine unmittelbare Exekutivbefugnis im Sinn polizeilicher Zuständigkeiten; sie bedienen sich daher der gewöhnl. Polizei (Verbot der Sonderpolizei), die in größeren Städten polit. Kommissariate eingerichtet hat.

Verfassungsstaat, *konstitutioneller Staat*, ein Staat, in dem die Ausübung der Staatsgewalt an die Rechtsschranken einer *Staatsverfassung* gebunden ist. Grundsätze des V.s sind: Gewaltenteilung, Rechtsstaatlichkeit, Bindung der Verwaltung an gesetzl. Ermächtigungen, Rechtsschutz. Erscheinungsformen des V.s sind die *konstitutionelle Monarchie* sowie die moderne *parlamentarische Demokratie*. Gegensätze: *absolute Monarchie, totalitärer Staat*.

Verflüssiger →Kältemaschinen.

Verflüssigung, Überführung aus dem gasförmigen in den flüssigen Aggregatzustand durch Temperaturerniedrigung oder/u. Druckerhöhung; auch Überführung aus dem festen in den flüssigen Zustand durch Erwärmung. *Kohlen-V.* →Kohlenhydrierung.

Verfolgungswahn, wahnhaftes Überzeugtsein, d.h. real unbegründete Vorstellung, von Feinden umgeben zu sein u. verfolgt (geschädigt) zu werden; bei Schizophrenie, Paranoia, endogener Depression, Alkohol- und Alterspsychosen u.a. seel. Krankheiten.

Verformung →Deformation, →umformen.

Verfrachter, ein →Frachtführer des Seehandels, der die Beförderung von Gütern zur See übernimmt; häufig zugleich →Reeder.

Verfremdung, *Literatur: i.w.S.* das bewußte Abweichen vom Erwarteten u. Gewohnten, die Um- u. Verformung des Tatsächl. mittels Verschiebung der Handlungsebenen, der Perspektive u. der Motive; *i.e.S.* der von B. *Brecht* geforderte u. gestaltete *V.seffekt* des *„epischen Theaters"*, der den Zuschauer desillusionieren u. von den Bühnenvorgängen distanzieren soll, um ihn zum krit. Mitdenken zu veranlassen. Als V.seffekt wirken z.B. den Handlungsablauf unterbrechende u. erläuternde Ansagen u. Songs, Umbau auf offener Szene, erzählende Textbänder.

Verfügung, 1. *bürgerliches Recht:* Rechtsgeschäft, durch das unmittelbar auf den Bestand von subjektiven Rechten eingewirkt wird (z.B. →Veräußerung); Gegensatz: *Verpflichtungsgeschäft*, durch das nur Verpflichtungen zwischen Personen begründet werden.
2. *öffentl. Recht:* behördl. Anordnung zur Regelung eines Einzelfalls; nach außen (z.B. als Verwaltungsakt die →Polizeiverfügung, als richterlicher Akt die →einstweilige Verfügung, →Strafverfügung) oder nach innen (Weisung des Vorgesetzten im Dienst der öffentl. Verwaltung).

Verfügungsbereitschaft, für die Bundeswehr 1971 bei Verkürzung der Grundwehrdienstdauer auf 15 Monate eingeführte Zeit von 3 Monaten im Anschluß an den Grundwehrdienst, während deren die Wehrpflichtigen im Bedarfsfall vom Verteidigungs-Min. ohne Mobilmachung zu ihren Einheiten zurückberufen werden können. Die V. soll auf ein Jahr verlängert u. auch auf Zeitsoldaten im Anschluß an ihre Dienstzeit ausgedehnt werden.

Verfügung von Todes wegen, im Erbrecht die Bestimmung des Erblassers über den Nachlaß durch einseitige Verfügung mittels →Testament oder →Kodizill oder durch →Erbvertrag.

Verführung, 1. *bürgerliches Recht:* die Bestimmung einer Frau zum außerehelichen Beischlaf durch Hinterlist, Drohung oder unter Mißbrauch eines Abhängigkeitsverhältnisses; Schadensersatzpflicht nach § 825 BGB. – Ähnlich in Österreich (§ 1328 ABGB). Ein entspr. Spezialtatbestand ist im schweizer. Zivilrecht nicht vorhanden, doch ist das Recht der unerlaubten Handlungen (Art. 41 ff. OR) aufgrund der umfassenden Ausgestaltung von Art. 41 OR in vielen solchen Fällen anwendbar.
2. *Strafrecht:* die Bestimmung eines geschlechtl. unbescholtenen (→Unbescholtenheit) Mädchens unter 16 Jahren zum Beischlaf; strafbar nach § 182 StGB. – Ähnlich in der Schweiz gemäß Art. 191 StGB, doch sind hier auch beischlafähnl. Handlungen strafbar u. auch männl. Jugendliche unter 16 Jahren geschützt; die V. einer unmündigen Person des gleichen Geschlechts im Alter von mehr als 16 Jahren zur Vornahme oder Duldung homosexueller Handlungen wird nach Art. 194 StGB bestraft. – In Österreich wird *Beischlaf mit Unmündigen* nach § 206 StGB bestraft, andere unzüchtige Handlungen mit Unmündigen oder deren Verleitung dazu nach § 207 StGB.

Verga ['vɛr-], Giovanni, italien. Erzähler, *31. 8. 1840 Aci, Catània, †27. 1. 1922 Catània; schrieb anfangs histor.-polit. Romane romant. Prägung, später realist. Erzählwerke über seine Heimat Sizilien; Hauptvertreter des italien. *Verismus*, weltberühmt durch die zum Drama (1884) umgearbeitete Novelle „Cavalleria rusticana" (als Oper von P. *Mascagni*). – ⊡3.2.2.

Vergällung →denaturieren.

Vergangenheit, *Grammatik:* →Tempus.

Vergara, Nicolas de, span. Architekt, Bildhauer u. Glasmaler, *um 1540 Toledo, †11. 12. 1606 Toledo; war seit 1577 Bauleiter der Kathedrale von Toledo, für die er auch dekorative Arbeiten schuf.

Vergaser, Vorrichtung am V.motor (Ottomotor); bewirkt die Zerstäubung des flüssigen Brennstoffs u. seine innige Mischung mit Luft vor Eintritt in den Zylinder. Je nach der Strömungsrichtung des Luft- u. Gemischstromes werden unterschieden: *Fallstrom-V.*, *Flachstrom-V.*, *Schrägstrom-V.* u. *Steigstrom-V.*

Vergehen, im Strafrecht der BRD eine strafbare Handlung, die mit Freiheitsstrafe oder mit Geldstrafe bedroht wird u. kein →Verbrechen ist. – In Österreich sind V. gemäß § 17 StGB alle Delikte, die nicht →Verbrechen im Sinne des Gesetzes sind. – In der Schweiz sind V. die mit Gefängnis als Höchststrafe bedrohten Handlungen (Art. 9 Abs. 2 StGB).

Vergeilung, *Etiolement*, Abänderungen des Wachstums, die eintreten, wenn man die Pflanzen bei anhaltender Dunkelheit kultiviert: Steigerung des Streckungswachstums der Sprosse u. Blattstiele, kleine Blätter, bleiche, gelbe Farbe infolge verhinderter Chlorophyllbildung.

Vergeltung, *Recht: Sühne*, nach herkömml. Auffassung einer der Zwecke der →Strafe.

Vergeltungswaffen →V-Waffen.

Vergenz [die; lat.], die Richtung der Faltenlagerung in Faltengebirgen mit geneigten Falten, oft entgegen dem die Faltung bewirkenden Schub. In zweiseitigen Faltengebirgen *vergieren* die Falten von der Scheitelung ausgehend nach beiden Seiten in Richtung auf das Vorland *(Divergenz)*; die Umkehrung (V. in Richtung der Scheitelung) heißt *Antivergenz*.

Vergerio [vɛr'dʒɛ:rio], Pietro Paolo d.J., italien. Theologe, *1497 oder 1498 Capodistria, †4. 10. 1564 Tübingen; seit 1536 Bischof von Capodistria, wegen seiner Hinneigung zum Luthertum exkommuniziert; 1549–1553 Pfarrer in Graubünden; vielfältige Beziehungen zu protestantischen Fürsten; Verfasser von zahlreichen Flugschriften gegen das Papsttum.

Vergesellschaftung, 1. *Wirtschaftspolitik:* →Sozialisierung.
2. *Zoologie:* Beziehungen des Tierindividuums zu Tieren der gleichen Art (intraspezifische Beziehungen) oder zwischen Tieren verschiedener Art (interspezifische Beziehungen). 1. einfachste *intraspezifische Beziehungen* sind die zwischen Geschlechtspartnern (z.B. Werbung, Kopulation, Paarung, Ehe) u. zwischen Eltern u. Nachkommen (z.B. Brutfürsorge, Brutpflege). Tierverbände gleicher Art (Sozietäten) kommen häufig auf der Basis von Familien, Sippen u.ä. zustande (höchste Entwicklung: →soziale Insekten). Weitere Formen der V. gehen über Verwandtschaftsbindungen hinaus, z.B. Schlaf-, Überwinterungs-, Jagd- u. Wanderverbände oder →Kolonien. – 2. *interspezifische Beziehungen* lassen sich danach unterscheiden, ob sie nur für einen der Partner nützlich sind (*probiotische Beziehungen*, z.B. →Parökie, →Entökie, →Epökie, →Phoresie u. →Kommensalismus), oder ob beide Partner wechselseitigen Nutzen haben (*symbiotische Beziehungen*, z.B. →Allianz, →Mutualismus, →Symbiose).

Vergewaltigung →Notzucht, →auch Sexualstraftaten.

Vergiftung, 1. *Medizin: Intoxikation*, Beeinträchtigung bzw. in schweren Fällen Tod eines Organismus durch Gifte.
2. *Strafrecht:* 1. vorsätzliches Einführen von Gift oder anderen gesundheitszerstörenden Stoffen in den Körper eines anderen Menschen, um dessen Gesundheit zu schädigen (§ 229 StGB). – Das österr. u. das schweizer. StGB kennen keine Spezialbestimmungen gegen die V. (→Körperverletzung, →Totschlag, →Mord).
2. *gemeingefährliches Verbrechen* durch V. von Brunnen oder von Gegenständen, die zum öffentl. Verkauf oder Verbrauch bestimmt sind, sowie das In-Verkehr-Bringen vergifteter Sachen, strafbar nach § 324 StGB.

Vergil, *Virgil, Publius Vergilius Maro*, röm. Dichter, *15. 10. 70 v.Chr. Andes bei Mantua, †21. 9. 19 v.Chr. Brundisium; kam 54 nach Rom, gewann Anschluß an den Literatenkreis um *Maecenas*, genoß hohes Ansehen am Kaiserhof. Nach Nachahmungen Theokrits („Eclogae", auch „Bucolica" genannt) verfaßte er ein Lehrgedicht über die Landwirtschaft („Georgica") u. das röm. Nationalepos „Aeneis" (12 Bücher, ca. 10000 Verse), das im Anschluß an die Ilias u. die Odyssee, in Form eines erzählenden Heldenepos, die Irrfahrten geflüchteter Trojaner unter Aeneas u. ihre Kämpfe um Latium beschreibt. Das Werk war von stärkster Nachwirkung, bes. im MA. (Kommentar des Servius 400 n.Chr., die „Eneit" Heinrichs von Veldeke 1170–1190, Dantes „Divina Commedia"). – ⊡3.1.9.

Vergilbungskrankheit, *Gelbsucht*, durch ein Virus verursachte Pflanzenkrankheit, bes. bei Zuckerrüben; die äußeren Rübenblätter werden gelb u. glasig-spröde; Übertragung durch Blattläuse.

Vergißmeinnicht, *Myosotis*, Gattung der *Rauhblattgewächse*; z.B. das auch als Zierpflanze beliebte *Sumpf-V.*, *Myosotis scorpioilles*, mit himmelblauen Blüten; ferner *Wald-V.*, *Myosotis silvatica; Acker-V.*, *Myosotis arvensis*, u. *Alpen-V.*, *Myosotis alpestris.*

Vergleich, 1. *bürgerl. Recht:* ein Vertrag, durch den der Streit oder die Ungewißheit der Parteien über ein Rechtsverhältnis im Weg gegenseitigen Nachgebens beseitigt wird (§ 779 BGB). – Nach österr. Recht ein Neuerungsvertrag, durch den streitige oder zweifelhafte Rechte einvernehmlich festgelegt werden (§ 1380 ABGB); der gerichtl. V. ist Exekutionstitel (§ 204 ff. ZPO). In der Schweiz bestehen kantonal verschiedene Regelungen.
2. *Zwangsvollstreckungsrecht:* ein *V. zur Abwendung des Konkurses* ist einem bes. Verfahren unterworfen (*V.sverfahren*, geregelt in der *V.sordnung* vom 26. 2. 1935), das vor dem für die Konkurseröffnung zuständigen Gericht *(V.sgericht)* stattfindet, vom Schuldner beantragt werden muß u. unter den Voraussetzungen zulässig ist, unter denen das Konkursverfahren beantragt werden kann. Der *V.svorschlag* des Schuldners muß den *V.sgläubigern* mindestens 35 v.H., bei Zahlungsfrist von mehr als einem Jahr 40 v.H. ihrer Forderungen in bar gewähren. Im übrigen ist das V.sverfahren weitgehend dem Konkursverfahren, bes. dem Verfahren des →Zwangsvergleichs, nachgebildet. – In Österreich heißt der V. *Ausgleich*; Schweiz: →Konkurs. – ⊡4.1.6.

vergleichende Erziehungswissenschaft, eine Disziplin der wissenschaftl. Pädagogik, die die Darstellung von Erziehungssystemen oder -problemen einzelner Länder zum Gegenstand hat; von A. *Fischer* in die Erziehungswissenschaft eingeführt. Die v.E. wird von der UNESCO gefördert u. in der BRD bes. vom *Deutschen Institut für Internationale Pädagog. Forschung* betrieben.

vergleichende Literaturwissenschaft, *Komparatistik*, die Wissenschaft von den Gemeinsamkeiten u. Unterschieden der Literaturen der einzelnen Völker. Sie vergleicht miteinander einzelne Dichtungen, Dichter oder Strömungen in verschiedenen Völkern oder die Nationalliteraturen in ihrem gesamten Verlauf; sie erforscht die Einflüsse bestimmter Schriftsteller oder literar. Strömungen auf andere Literaturen u. untersucht die Geschichte einzelner Gattungen, Stoff- oder Motivkreise. →auch Weltliteratur. – ⊡3.0.0.

vergleichende Sprachwissenschaft →Sprachwissenschaft.

Vergleichsmiete, die an einem Ort für Wohnungen gleicher Größe, Art, Lage u. Ausstattung übliche Miete; wichtig im Hinblick auf →Mietwucher u. das neue Kündigungsschutzrecht für Mieter (→Kündigungsschutz [2], →Mietpreisbindung). Die V. ist die Höchstgrenze für die Miete im einzelnen Mietverhältnis (diese Regelung ist ab 1. 1. 1975 Dauerrecht).

Vergnügungsteuer, *Lustbarkeitsteuer*, Aufwandsteuer auf Veranstaltungen wie Film, Theater, Konzerte u.a. Die V. ist landesgesetzl. geregelt u. fließt den Gemeinden zu.

vergolden, Gegenstände mit einer Goldschicht überziehen: 1. *nasse Vergoldung*, Eintauchen der Gegenstände in Lösungen aus Goldchlorid, Soda u. Natriumphosphat; 2. *Kaltgoldverfahren*, *Anreibverfahren*, Einreiben mit feuchtem Goldpulver; 3. *galvanische Vergoldung* →Galvanostegie; 4. *Feuervergoldung*, Auftragen einer Goldamalgamschicht; bei Erhitzung verdampft das Quecksilber, u. das Gold bleibt zurück.

Vergreisung →Überalterung.

Vergrößerung, *Optik:* das Verhältnis des durch ein Instrument (z.B. Lupe, Mikroskop) vergrößerten Sehwinkels zum Sehwinkel bei deutl. Sehweite ohne Instrument *(Winkel-V.)*. Das Verhältnis der Größe des reellen Bildes zu der des Gegenstands heißt *Abbildungsmaßstab*. Gegensatz: *Verkleinerung*. Die V. beim Fernrohr ist das Verhältnis der Brennweite des Objektivs zu der des Okulars.

Vergrößerungsgerät, *Photographie:* Gerät zur Herstellung von Positiven (Papierbildern, mitunter auch Diapositiven), die größer als das Aufnahmeformat der Kamera sind. V.e bestehen im wesentl. aus einer Einrichtung zur Durchleuchtung

Vergrößerungsglas

STARRER VERHALTENSABLAUF

AUSLÖSER

Auslöser veranlassen die Endhandlung: Die Uferschnepfe rollt ein herausgenommenes Ei immer wieder ins Nest (links). – Beim Säbelschnäbler ist das Ei immer noch Auslöser zum Eiwenden, obwohl der Schnabel dazu zu schwach geworden ist. Angeborenes Verhalten ist als bloße Intention lebendig (rechts)

ÜBERSPRUNG

LERNEN

In Konfliktsituationen zeigt der Säbelschnäbler Schlafverhalten

Der junge Baßtölpel muß das Landen an den steilen Brutfelsen erst mühsam erlernen

KOMFORTVERHALTEN

Zur „Steigerung des Wohlbefindens" zeigt der Bienenfresser, wie fast alle Vögel, Putzen (unten), Plustern (rechts) und Flügelrecken (unten rechts)

Netzbau einer Kreuzspinne: immer werden zuerst die Radien des Spinnetzes gezogen (oben), darauf eine Hilfsspirale und zuletzt die Klebespirale zum Insektenfang (unten)

des Negativs (Reflektor, Glühlampe, Kondensor) u. einem Objektiv, das das Negativ vergrößert auf das lichtempfindl. Material projiziert. Manche V.e erlauben das →Entzerren durch Schwenken des Negativhalters oder des Grundbretts.
Vergrößerungsglas = Lupe.
Vergrößerungsobjektiv, Objektivtyp zur Verwendung am Vergrößerungsgerät. V. sind im Gegensatz zu Aufnahmeobjektiven auf die Nähe korrigiert u. nicht hitzeempfindlich. Ein V. soll die gleiche Güte besitzen wie das Aufnahmeobjektiv. V.e haben meist eine Rastblende u. keinen Verschluß.
vergüten, 1. *Optik:* hauchdünne Metallsalzüberzüge auf die Oberfläche von Objektiven aufbringen, um Reflexe zu verhindern; die Objektive werden lichtstärker. →T-Optik.
2. *Stahlerzeugung:* durch Anlassen von gehärtetem Stahl auf Temperaturen von 450–650 °C (also höher als gewöhnl. Anlassen) dessen Zähigkeit beträchtl. erhöhen.
verh., Abk. für *verheiratet,* Zeichen ∞.
Verhaeren [vərˈhaːrən], Émile, belg. Schriftsteller, *21. 5. 1855 Sint-Amands bei Antwerpen, †27. 11. 1916 Rouen; Anwalt; schrieb Lyrik (von W. *Whitman* beeinflußt) u. Dramen in französ. Sprache, anfangs im Stil der Parnassiens, später den Symbolisten nahestehend; beschrieb in hymn. Stil die Welt der Maschinen u. das Leben in der modernen Großstadt.
Verhaftung, Freiheitsentziehung durch Organe

VERHALTEN VON DISTANZTIEREN

Zum Schutz vor Feinden brüten Seevögel – hier Brandseeschwalben – in großen Brutkolonien; sie sind aber dennoch Distanztiere (oben). – Erwachsene Tiere müssen Futter übergeben und Jungtiere Demutsgesten zeigen, um Aggressionen zu vermeiden (rechts von oben nach unten)

VERHALTENSFORSCHUNG I

KONTAKTVERHALTEN
Angehörige eines echten sozialen Verbandes – hier Pferde – zeigen als Kontaktgeste „zärtliches" Fellknabbern

der Staatsgewalt; →Festnahme, →Haft, →Untersuchungshaft.
Verhaltensforschung, *Ethologie, Tierpsychologie*, eine biolog. Forschungsrichtung, die die Gesetzmäßigkeiten des Verhaltens mit naturwissenschaftl. Methoden untersucht. Sinnes-, Nerven-, Hormon- u. Muskelphysiologie sowie Kybernetik klären Mechanismen, durch die ein Tier handelt. Ihre Ergebnisse gipfeln in der Erkenntnis vom Zusammenspiel *(Integration)* aller Faktoren. Die Stammesgeschichte des Verhaltens kann mit Methoden der Systematik, Ökologie u. Genetik bearbeitet werden. Innerhalb der V. ist ein eigenes Begriffssystem entstanden (z.B. →angeborener Auslösemechanismus, →Appentenzverhalten, →Auslöser, →Erbkoordination, →Instinkt, →Instinkthierarchie, →Kampf, →Kaspar-Hauser-Versuch, →Rangordnung, →Übersprung). Ergebnisse der V. lassen sich wegen der Verwandtschaft von Tier u. Mensch auch auf den humanpsychologischen Bereich anwenden.
Die Max-Planck-Gesellschaft unterhält ein *Institut für Verhaltensphysiologie* in Seewiesen, Oberbayern. – ▭ 9.3.2.
Verhaltensinventar →Ethogramm.
Verhältnis, 1. *allg.:* Beziehung zwischen Gegenständen oder Personen.
2. *Mathematik:* ein Ausdruck der Form $a:b$ (Quotient zweier Größen); *V.zahl,* Wert des Quotienten, z.B. $4:5 = {}^4/_5 = 0{,}8$.
Verhältniswahl, 1. ein *Repräsentationsprinzip,* nach dem möglichst alle polit. Meinungen u. Gruppen des Volkes entspr. ihrem Anteil an den Wählerstimmen an der Mandatsverteilung teilhaben sollen. V.en führen eine Meinungsmessung herbei; jede Stimme hat den gleichen Erfolgswert.
2. ein *Entscheidungsprinzip,* nach dem die Vergabe von Mandaten nach dem numerischen Verhältnis der auf die Kandidaten oder auf die →Listen der Parteien abgegebenen Stimmen zueinander erfolgen soll. Auf eine bestimmte Zahl von Stimmen entfällt ein Mandat. Im Gegensatz zum Entscheidungsprinzip der Mehrheitswahl ist bei der V. auch die im Wahlkreis unterlegene Partei oder Mehrzahl von Parteien an der Mandatsvergabe beteiligt, die mit Hilfe verschiedener Verrechnungsmethoden vonstatten geht, z.B. Divisorenverfahren, Wahlzahlverfahren, Methoden des größten Durchschnitts oder Überrests u.a. (→d'Hondtsches Verfahren, →Hagenbach-Bischoffsches Verfahren).
In der Verfassungspraxis regt die V. zur Parteienvielfalt an, da sie allen polit. Gruppen die gleiche Chance gibt, Parlamentssitze zu erringen. Sie erschwert dadurch bereits im Wahlakt selbst die Herausbildung von Mehrheiten, von arbeitsfähigen Organen zur Festlegung u. Ausführung der polit. Grundentscheidung; aber auch die polit. Kontrolle kann leiden. In →parlamentarischen Systemen besteht in der Regel ein direkter Zusammenhang von V., Parteienvielfalt, Koalitionsregierungen u. Regierungsinstabilität. In V.systeme wurden deshalb →Sperrklauseln eingefügt (→Wahlsystem der BRD), oder es wurden jene Parteien von der Mandatsverteilung ausgeschlossen, die nicht zumindest in einem Wahlkreis ein Mandat oder eine bestimmte Stimmenzahl errungen hatten.
In Ländern mit starken ethnischen, konfessionellen oder sozialen Unterschieden kann die V. ausgleichend wirken, indem sie vor allem Repräsentation u. polit. Einfluß der Minderheiten sichert. – ▭ 4.1.2.
Verhältniswort →Präposition.
Verhandlungsmaxime, *Verhandlungsgrundsatz,* der Grundsatz des Prozeßrechts, nach dem der vom Gericht zu beurteilende Sachverhalt nicht von ihm selbst, sondern von den Prozeßparteien beizubringen ist: Das Gericht darf nur aufgrund der Tatsachen urteilen, die von einer Partei vorgebracht wurden, daher u.U. nur Feststellung der sog. *formellen Wahrheit.* Die V. gilt mit geringfügigen Ausnahmen im Zivilprozeß. Gegensatz: *Offizialmaxime.*
Verhau, Hindernis aus Holz u. Stacheldraht.
Verhieb, *Bergbau:* das Loslösen des Minerals im Abbau.
verholen, ein Schiff von einem Liegeplatz an einen anderen verlegen.
Verholzung, Veränderung pflanzlicher Zellen durch Einlagerung von *Ligninen* in die Zellmembranen. V. verstärkt die mechanische Druckfestigkeit unter einem gewissen Verlust an Elastizität.

Verhör

RITUALISIERTER KAMPF *BESCHÄDIGUNGSKAMPF*

Ritualisation ist eine Mischung aus Auslösern und abschwächendem Übersprungverhalten, die zu festen „Spielregeln", auch bei Auseinandersetzungen, geworden sind. Meist kommt es nur zu Imponier- oder Drohgesten – hier durch Aufrecken beim Baßtölpel (oben links) –, denen bei Gleichstarken schnell ein Aggressionsabbau folgt: die Waffen – hier die Schnäbel – werden abgewendet (oben rechts). – Der sozial schwächere Eisvogel zeigt Rivalen gegenüber Kindchenverhalten und die Gestik eines hochzeitsbereiten Weibchens zum Aggressionsabbau (links). – Das Purpurreiher-Paar droht sich am Nest zuerst an (unten links), der Partner naht sich „demütig" mit gesträubtem Gefieder – als „Kindchen" (unten Mitte) –, bis ein rituelles „zärtliches" Umfassen die Aggression beendet (unten rechts)

Nur wenn sehr viel für den Sozialverband auf dem Spiel steht, wie etwa die Position des Leithengstes in einer Pferdeherde, kommt es im Tierreich zum Beschädigungskampf

VERHALTENSFORSCHUNG II
Aggression und Aggressionsabbau

Außer Lignin befinden sich auch dunkelfärbende Gerbstoffe als Bakterienschutz im Holz. Durch Kochen mit Calciumhydrogensulfit lassen sich die Lignine wieder herauslösen, wobei das Cellulosegerüst übrigbleibt.

Verhör →Vernehmung.

Verhulst [vər'hylst], **1.** Rafaël, fläm. Schriftsteller, *7. 2. 1866 Wommelgem, †24. 3. 1941 Vaals, Holland; forderte in Lyrik u. Drama die polit. Unabhängigkeit der Flamen.
2. Rombout, niederländ. Bildhauer, *15. 1. 1624 Mechelen, begraben 27. 11. 1698 Den Haag; Mitarbeiter von A. *Quellinus* d. Ä. bei der Ausstattung des Amsterdamer Rathauses (1650); schuf Bauplastik, Bildnisbüsten, Epitaphe u. Grabmäler (oft zusammen mit W. de *Keyser*) in sensualist. Barock.

verhütten, Erze zu Metallen in einer →Hütte (2) verarbeiten.

Verifikation [lat.], **1.** *Philosophie:* Bewahrheitung. In der *Wissenschaftstheorie* sollte kein Satz als wahr anerkannt werden, der nicht verifiziert, d. h. mit den spezif. Methoden der betr. Wissenschaft aufgewiesen worden ist. Als letzte V.sbasis galt die sinnl. V. In der modernen Erkenntnistheorie wird die Verifizierbarkeit für unmöglich gehalten u. daher durch das Prinzip der *Falsifizierbarkeit* ersetzt, d. h. die Widerlegung einer Hypothese durch Gegenbeispiele.
2. *Statistik:* Verifizierung, die mit Hilfe statistischer Daten u. statist. Methoden vorgenommene Prüfung, ob ein wissenschaftl. behaupteter Zusammenhang (Hypothese) sich auch in der Realität bewährt oder bewahrheitet.

Verismus, ital. *Verismo*, **1.** *Kunst:* eine Gestaltungsweise, die als Steigerung des Realismus die Naturwirklichkeit in äußerst genauer, auch vor häßlich-abstoßender Wirkung nicht haltmachender Detailwiedergabe zu vergegenwärtigen sucht; z.T. identisch mit den Stilbestrebungen der *Neuen Sachlichkeit.*
2. *Literatur:* seit der 2. Hälfte des 19. Jh. eine Richtung der italien. Literatur, die bes. in der Darstellung der Leidenschaften eine äußerste Wirklichkeitsnähe anstrebt (G. *Verga*, G. *Deledda*). Seit etwa 1945 spricht man vom *Neoverismus* (auch *Neorealismus*), bes. bei italien. Filmen, die Tatsachen grell, aber nicht ohne poet. Schönheit darstellen (z.B. „Fahrraddiebe" von V. de *Sica*).
3. *Musik:* eine Stilrichtung im italien. Opernschaffen des ausgehenden 19. Jh., die nach dem Vorbild des dichter. Realismus nach einer künstler. Wiedergabe der Wirklichkeit trachtete. Bahnbrechend wirkten P. *Mascagnis* „Cavalleria rusticana" u. R. *Leoncavallos* „Bajazzo", dessen „Prolog" eine Rechtfertigung des V. enthält.

Veríssimo, Érico Lopes, brasilian. Erzähler, *17. 12. 1905 Cruz Alta, Rio Grande do Sul, †28. 11. 1975 Porto Alegre; übersetzte angloamerikan. Literatur, die sein eigenes gesellschaftskrit. Schaffen stark beeinflußt hat.

Verjährung, **1.** *bürgerliches Recht:* die zeitliche Begrenzung der Befugnis, ein Recht auszuüben. Im einzelnen verjähren nach Ablauf der folgenden V.sfristen: Ansprüche aus Geschäften des täglichen Lebens (z.B. Warenlieferung, Arbeits- u. Dienstleistung sowie Geschäftsbesorgung für nichtgewerbl. Zwecke sowie Leistungen von Transporten, Beförderungen, Unterricht, Erziehung, Verpflegung u. Heilung) in 2 Jahren (§ 196 Ziff. 1–17 BGB; Österreich: 3 Jahre, §§ 1486, 1489 ABGB; Schweiz: 5 Jahre, Art. 128 OR); auf Rückstände von Zinsen mit Zuschlägen sowie auf regelmäßig wiederkehrende Leistungen (Renten, Besoldungs-, Versorgungs- u. Unterhaltsleistungen) in 4 Jahren (§ 197 BGB); aus unerlaubten Handlungen in 3 Jahren (§ 853 BGB); Wandlung, Minderung oder Schadensersatz wegen →Gewährsmängeln in 6 Monaten (§ 477 BGB). Die regelmäßige V.sfrist beträgt 30 Jahre. Die V. kann durch Rechtsgeschäft weder ausgeschlossen noch erschwert werden. Erleichterung der V., insbes. Abkürzung der V.sfrist, ist zulässig. – Ansprüche wegen unerlaubter Handlungen u. ungerechtfertigter Bereicherung verjähren in der Schweiz bereits nach 1 Jahr (Art. 60; 67 OR) →auch Hemmung, Unterbrechung.
2. *Strafrecht:* V. der Befugnis zur Verfolgung von strafbaren Handlungen ([Straf-]Verfolgungs-V.) tritt bei Völkermord u. Mord (16. Strafrechtsänderungsgesetz vom 16. 7. 1979) nicht ein, bei Verbrechen in 5 bis 30, bei Vergehen in 3 Jahren, bei Ordnungswidrigkeiten regelmäßig in 6 Monaten, im Bereich des Wirtschaftsstrafrechts in 2 Jahren (§ 14 des Gesetzes über Ordnungswidrigkeiten, §§ 66, 67 StGB); V. der Befugnis zur Vollstreckung von Strafen u. Sicherungsmaßregeln *([Straf-]Vollstreckungs-V.).* Die Vollstreckung von Strafen wegen Völkermords u. von lebenslangen Freiheitsstrafen verjährt nicht. Die Strafvollstreckungsverjährung richtet sich nach der Höhe der verhängten Strafe u. liegt zwischen 3 u. 25 Jahren: bei Geldstrafe bis zu 30 Tagessätzen 3 Jahre, bei höheren Geldstrafen u. bis einjähriger Freiheitsstrafen 5 Jahre, bei höheren Freiheitsstrafen 10, 20 oder 25 Jahre (§ 79 StGB), bei Ordnungswidrigkeiten zwischen 3 u. 5 Jahren (§ 34 ÖWiG). – In Österreich ist die V. in §§ 57–60 StGB geregelt. Die Verfolgungs-V. beträgt je nach Höhe der Strafandrohung für eine Tat 1–20 Jahre (§ 57), die Vollstreckungs-V. zwischen 5 Jahren bei leichteren u. 15 Jahren bei schweren Strafen (§ 59). Bei mit lebenslanger Freiheitsstrafe bedrohten bzw. geahndeten Handlungen gibt es keinerlei V. – Die Fristen der Strafverfolgungs-V. sind in der Schweiz ebenso wie in der BRD andere als die der Straf-Vollstreckungs-V. (letztere sind länger). Die Länge der Fristen richtet sich nach der Höhe der Strafandrohung bzw. nach der Höhe der verhängten Strafe.

Verjüngung, **1.** *Baukunst:* allmähl. Umfangs- u. Querschnittsverminderung eines Bauteils.
2. *Forstwirtschaft:* Ersatz der alten Bäume eines Waldes durch junge; der →Naturverjüngung steht die künstliche V. durch Saat oder Pflanzung gegenüber.
3. *Gartenbau:* Zurückschneiden der Äste älterer Nutz- u. Zierbäume sowie Beerensträucher auf den Astring oder Seitentrieb.

Verkade [vɛr-], Jan, gen. *Pater Willibrord*, holländ. Maler u. Schriftsteller, *18. 9. 1868 Zaandam, †19. 7. 1946 Kloster Beuron; kam 1891 in Paris in Berührung mit dem Kreis um P. *Gauguin*

GEMISCHTES KAMPFVERHALTEN

Geht es um ernstere Dinge, wie das Behaupten von Nistrevieren bei Baßtölpeln, kommt es zu einem Ablauf, der zwischen offenem Kampf und Ritualisierung hin und her schwankt: offenes Drohen (links), ritualisiertes „Schnabelziehen" (rechts), offener Kampf (unten links), Demutsgeste und Kampfende; „Nachhassen" des Unterlegenen (unten rechts)

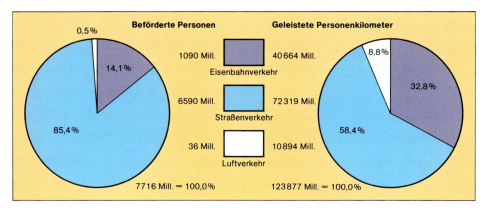

Verkehr: Anteil der Verkehrsträger am öffentlichen Personenverkehr in der BRD 1979

u. den Symbolisten, konvertierte 1892 zum Katholizismus u. lebte seit 1897 als Klosterbruder in Beuron; schuf Kirchenausstattungen in Süd-Dtschld., Österreich u. Italien.

verkadmen →kadmieren.

Verkalkung, 1. normaler Vorgang bei der Bildung von →Knochen. – 2. Ablagerung von Calciumsalzen (→Kalk) in Körpergewebe außerhalb des Knochengewebes als Ausdruck u. Folge örtl. begrenzter oder ausgedehnter Störungen des Zellstoffwechsels u. der Gewebsernährung u. -durchblutung; kommt vor bes. in alternden u. in geschädigten abgestorbenen Gewebsbezirken (Nekrosen; →auch Arterienverkalkung) u. zur festen Abkapselung von „Fremdkörpern" (z.b. bei Tuberkeln, Trichinenkapseln in der Muskulatur).

Verkauf, 1. die Veräußerung einer Ware auf der Grundlage eines schriftlich oder mündlich abgeschlossenen *Kaufvertrags*. 2. Endphase des betrieblichen Leistungsprozesses durch Verwertung der Güter auf dem Absatzmarkt (→Absatz).

Verkäufermarkt, *Käuferkonkurrenz,* eine Marktsituation, die bei sinkendem (konstantem) Angebot u. konstanter (steigender) Nachfrage eintritt (Angebotsdefizit bzw. Nachfrageüberschuß); zum gegebenen Preis sind mehr Nachfrager zum Kauf bereit als Anbieter zum Verkauf; Tendenz zur Preiserhöhung.

Verkaufsrennen, engl. *Selling stakes,* →Pferderennen.

Verkehr, die Gesamtheit aller Einrichtungen, die der räuml. Fortbewegung von Personen, Gütern u. Nachrichten dienen. Neben dem *Fußgänger-V.* umfaßt er alle Einsatzarten techn. *V.smittel,* die unter Nutzung menschl., tier., mechan., elektr. oder atomarer Energie Transportleistungen vollbringen. Die eigentl. wirtschaftl., gesellschaftl., kulturelle u. polit. Bedeutung des V.s ergibt sich aus seiner Mittlerstellung, die ein politisch geordnetes gesellschaftl. Zusammenleben im Raum, den Austausch von Gütern u. Kenntnissen, eine regionale Arbeitsteilung u. die gegenseitige Befruchtung räuml. entfernter Kulturkreise ermöglicht. Infolge des verkehrstechn. Fortschritts der →Eisenbahn, der →Schiffahrt, des →Kraftfahrzeugverkehrs, des →Luftverkehrs u. des Nachrichtenwesens, ferner wegen der Herausbildung monopolist. Marktformen u. schwieriger Konkurrenzverhältnisse (z.B. zwischen Schiene u. Straße) ist eine staatl. V.spolitik unumgängl. geworden. – ▭ 4.5.4.

Verkehrsampel →Verkehrssignalanlage.

Verkehrsamt, 1. *Tourismus:* von öffentl. Körperschaften (bes. Kommunalverwaltungen) oder privaten Vereinigungen (Verkehrsverein) betriebene Einrichtung zur Förderung des Fremdenverkehrs. 2. *Verkehrsrecht:* die Straßenverkehrsbehörde der Landkreise oder kreisfreien Städte, zuständig u. a. für die Zulassung von Kraftfahrzeugen u. die Zuteilung amtlicher Kennzeichen.

Verkehrsdelikte, Straftaten, die im Zusammenhang mit dem Straßenverkehr begangen werden, z.B. →Straßenverkehrsgefährdung, →Fahrerflucht, Fahren ohne Führerschein. – ▭ 4.1.4.

Verkehrseinrichtungen, Bez. der StVO für Schranken, Parkuhren, Geländer, Absperrgeräte, Leiteinrichtungen sowie Lichtzeichenanlagen. V. gehen den allg. Verkehrsregeln vor.

Verkehrserziehung, eine durch die zunehmende Verkehrsdichte u. -gefährdung immer dringlicher gewordene Aufgabe der öffentl. Schulen (Verkehrskunde als Unterrichtsfach). Bes. bewährt hat sich der 1953 eingeführte *Schülerlotsendienst*.

Verkehrsgefährdung →Straßenverkehrsgefährdung; →Transportgefährdung.

Verkehrsgeographie, ein Zweig der Anthropogeographie, untersucht Verkehrssysteme in struktureller u. funktionaler Hinsicht, ihre Ausbreitung u. räumliche Ausgestaltung.

Verkehrsgleichung, theoret. Gegenüberstellung der Geld- u. Güterseite einer Wirtschaft; dabei ist für einen Zeitraum die *Geldmenge (G)* multipliziert mit der *Umlaufsgeschwindigkeit (U)* gleich dem *Preisniveau (P:* Durchschnittspreis) multipliziert mit dem *Handelsvolumen (H); G · U = P · H*.

Verkehrsopferhilfe e.V., Hamburg, 1966 gegr. Verein mit der Aufgabe eines Entschädigungsfonds für Schäden aus Kraftfahrzeugunfällen, die durch ein nicht ermitteltes oder vorschriftswidrig nicht versichertes Fahrzeug verursacht werden. Mitglieder sind Versicherungsunternehmen, die Kraftverkehrshaftpflichtversicherung betreiben; sie stellen dem Verein die erforderlichen Mittel im Umlageverfahren zur Verfügung.

Verkehrsplanung, die vorausschauende Festlegung von Maßnahmen mit dem Ziel, den Verkehr auf Straße, Schiene, Wasser u. in der Luft so zu ordnen, wie es dem öffentl. Interesse am besten entspricht. Für den Fernverkehr wird das Autobahnnetz weiter ausgebaut. Ebenso wichtig ist die Entwicklung des Nahverkehrsnetzes. Die Bewältigung des überdurchschnittlich wachsenden Individualverkehrs (Pkw, Lkw) wirft dabei bes. Probleme auf, auch im Hinblick auf den Umweltschutz. Die Schwerpunktverlagerung auf die sehr viel effektiveren öffentl. Verkehrsmittel (Bahn, U-Bahn, Omnibus) wird immer energischer gefordert. Maßnahmen, den Kraftfahrzeugverkehr in den Städten zu drosseln, sind u. a. Ausbau der innerstädt. Verkehrslinien, attraktivere Gestaltung der öffentl. Verkehrsmittel, Fußgängerzonen in den Geschäftszentren u. Entwicklung neuer Personentransportmittel, auch mit individueller Zielbestimmung. →auch Städtebau.

Verkehrspolitik, die Gesamtheit der Maßnahmen zum Ausbau, zur Ordnung u. zur Regelung des *Verkehrswesens* seitens des Staates u. der Verbände. Neben der *Verkehrssicherheit* gehört zu den Aufgaben der V. besonders die Abstimmung u. Koordinierung der einzelnen *Verkehrsträger* (z. B. Straße – Schiene – Binnenschiffahrt). – ▭ 4.5.4.

Verkehrspolizei, Organisationszweig der →Polizei mit den Aufgaben der Verkehrsregelung u. der Aufklärung u. Verhütung von Verkehrsunfällen.

Verkehrsregelung, Maßnahmen u. Einrichtungen, die auf der Grundlage der gültigen →Verkehrsvorschriften für die Sicherheit u. Beschleunigung des Verkehrs sorgen sollen. Regelung in §§ 36, 37 StVO. →auch Straßenverkehrsrecht.

Verkehrssignalanlage, Anlage zur Regelung des Straßenverkehrs; besteht im allg. aus Ampeln oder Säulen, die rote, grüne u. meist auch gelbe Lichtsignale aussenden.

Verkehrssitte, die im Wirtschaftsverkehr üblichen Gebräuche. u. Bedingungen; entwickelt sich gelegentl. zum Gewohnheitsrecht.

Verkehrssprachen, überregionale Sprachen, die die Verständigung zwischen Angehörigen verschiedener Sprachgemeinschaften auf einzelnen Gebieten ermöglichen, z.B. Englisch in Indien, Russisch in der Sowjetunion. – ▣ Sprache (Sprachen der Erde).

Verkehrsstrafrecht, das Recht der Ahndung von Verstößen im öffentl. Straßenverkehr, heute in der BRD u. in Österreich nur noch bei einer Minderzahl der Verstöße eigentl. Strafrecht; die Mehrzahl der Verstöße werden in der BRD als *Ordnungswidrigkeiten* mit Geldbuße, in Österreich als *Verwaltungsübertretungen* mit Geld- oder Arreststrafe geahndet. In der Schweiz ist der überwiegende Teil der Straßenverkehrsverstöße im Straßenverkehrsgesetz (Art. 90ff.) u. nicht im StGB geregelt (Strafen meist Haft oder Buße).

Verkehrssünderkartei, umgangssprachl. für *Verkehrszentralregister,* beim Kraftfahrt-Bundesamt in Flensburg für die BRD zentral geführte Kartei zur Registrierung von Entscheidungen der Verwaltungsbehörden über Versagungen u. Entziehungen der Fahrerlaubnis u. Fahrlehrererlaubnis, über Verbote des Führens von Fahrzeugen u. a. sowie von Verurteilungen oder sonstigen Maßnahmen wegen →Verkehrsdelikten; bedeutsam u. a. zum Nachweis einschlägiger →Vorstrafen bei der Strafverfolgung wegen Verkehrsdelikten sowie für Verwaltungsmaßnahmen auf dem Gebiet des Straßenverkehrsrechts. Die Eintragungen in der V. werden wie beim →Strafregister nach Ablauf bestimmter Fristen getilgt (§§ 28–30 StVG, 13–13d StVZO).

Verkehrsteuern, umstrittener Begriff; meistens versteht man darunter Steuern, die an Vorgänge des Rechts- u. Wirtschaftsverkehrs anknüpfen, die der Ausdruck besonderer wirtschaftl. Leistungsfähigkeit sind. Es handelt sich dabei um die *Gliedsteuern zur Umsatzsteuer* (Kapitalverkehrsteuern, Grunderwerbsteuer, Versicherungsteuer, Wechselsteuer). Vielfach wird auch die Umsatzsteuer selbst dazu gerechnet, zumindest im Hinblick auf ihre Erhebungsform als Steuer auf „Lieferungen u. Leistungen".

Verkehrsunfall, Schadensereignis im Straßenverkehr.

Verkehrsunfallflucht →Fahrerflucht.

Verkehrsunfallrecht, Rechte u. Pflichten nach einem Verkehrsunfall, *i. e. S.* Regulierung des eingetretenen Schadens zwischen den Beteiligten u. den hinter ihnen stehenden Versicherungen (Haftpflicht-, Kaskoversicherung).

Verkehrsverbund, Zusammenarbeit verschiedener Verkehrsträger (S-Bahn, U-Bahn, Straßenbahn, Omnibus). Der vom V. herausgegebene Einheitsfahrschein erlaubt die wahlweise Benutzung aller Verkehrsmittel. Der V. vermeidet das Konkurrieren der verschiedenen Verkehrsmittel untereinander.

Verkehrsvertrag, *Vertrag zwischen der BRD u. der DDR über Fragen des Verkehrs,* erster Staatsvertrag zwischen der BRD u. der DDR, regelt den Verkehr zu Land u. zu Wasser (See- u. Flußverkehr) zwischen beiden Staaten. Die Anwendung auf Berlin (West) wurde in Übereinstimmung mit dem →Viermächteabkommen über Berlin geregelt. Der V. wurde am 26. 5. 1972 in Berlin unterzeichnet u. trat am 18. 10. 1972 in Kraft.

Verkehrsvorschriften, die zur Ordnung des Verkehrs auf öffentl. Straßen u. Plätzen erlassenen Bestimmungen; →Straßenverkehrsrecht.

Verkehrswacht, gemeinnützige Selbsthilfeorganisation zur Förderung der Verkehrssicherheit auf den Straßen der BRD. Spitzenverband ist die *Deutsche Verkehrswacht e. V.,* Bonn-Beuel.

Verkehrswirtschaft →Marktwirtschaft.

Verkehrszeichen, am Straßenrand angebrachte Tafeln sowie auf die Fahrbahn aufgemalte Markierungen (z.B. Mittellinie, Markierungen von Fußgängerüberwegen) u. Absperrungen (z.B. rot-weiß gestreifte Schranken) zur Regelung des Verkehrs auf öffentl. Straßen oder Plätzen. Die Zahl der V. u. ihre Ausgestaltung sind in § 39 StVO festgelegt. Danach werden die V. nach Gefahrzeichen, Vorschriftzeichen u. Richtzeichen unterschieden. Zu den V. gehören nicht die *Verkehrseinrichtungen.* Bis zum 1. 3. 1971 unterschied die StVO zwischen Warn-, Gebots-, Verbots- u. Hinweiszeichen.

Verkehrszentralregister →Verkehrssünderkartei.

Verkieselung, *Silifikation,* Ausfüllung von Poren im Gestein (bes. in Sandsteinen u. Kalken) oder Ersetzung (Verdrängung) von ursprüngl. Substanz durch Kieselsäureanhydrid (SiO_2) in Form von Quarz, Chalcedon, manchmal auch Opal.

Verklarung = Seeprotest.

Verklärung Jesu, lat. *Transfiguration,* verherrlichende Verwandlung *Jesu* auf einem hohen Berg vor drei Jüngern (Matth. 17,1 ff.); versinnbildlicht im voraus Jesu Herrlichkeit nach Leiden, Tod u.

Auferstehung; Fest: 6. 8. – In der bildenden Kunst wird die V.J. so dargestellt, daß Christus in einer Mandorla erhöht auf dem Berg Tabor zwischen den beiden Propheten Moses u. Elias u. über den kauernden Jüngern Petrus, Jakobus u. Johannes steht; erst nach *Giotto* erscheint Christus schwebend mit ausgebreiteten Händen *(Raffael).*

Verkleidung, *Bauwesen:* schmückende oder schützende Beläge (z. B. aus Holz, Naturstein, Keramik, Kunststoffen) an Wänden, Decken u. ä.

Verkleinerungswort = Diminutivum.

Verknöcherung, *Ossifikation,* Bildung von Knochengewebe im Knorpel beim Knochenwachstum u. im Kallus beim Knochenbruch.

Verknüpfung, mathemat. Operation: Eine (zweistellige) V. ist eine Vorschrift, die zwei Elementen einer Menge genau ein Element derselben oder einer anderen Menge zuordnet. Im ersten Fall spricht man von *innerer* V., die Menge heißt hinsichtl. der V. *abgeschlossen.* V.en sind z. B. die Addition, in der Geometrie das Hintereinanderausführen von Abbildungen, in der Mengenalgebra die Bildung von Vereinigung u. Durchschnitt von Mengen, in der Aussagenlogik die Konjunktion u. Adjunktion. Eine V. ist *assoziativ,* wenn das Assoziativgesetz gilt, z. B. $(a+b) + c = a + (b+c)$; *kommutativ,* wenn gilt: $a + b = b + a$ (Kommutativgesetz). Existieren in einer Menge zwei V., so können Distributivgesetze gelten, z. B. $a \cdot (b+c) = ab + ac$. Analog lassen sich auch mehrstellige V.en definieren u. untersuchen.

Verkohlung, die beim starken Erhitzen vieler organ. Stoffe eintretende völlige Zersetzung, bei der immer kohlenstoffreichere Verbindungen u. schließlich mehr oder weniger reiner Kohlenstoff zurückbleiben. Auch durch Einwirkung konzentrierter Schwefelsäure kann V. eintreten.

verkoken →Kokerei.

Verkröpfung, *Baukunst:* das waagerechte Herumführen eines Gesimses um vorspringende Wand- oder Gebäudeteile, wie Pilaster u. Erker *(gekröpftes Gesims).*

Verkündigung, im christl. Sprachgebrauch das bezeugende, bekennende u. vergegenwärtigende Wort von der Herrschaft u. dem Heil Gottes in Christus, das Glauben als Entscheidung fordert; die Ur-V. ist Christi Offenbarung selbst; Apostel u. Kirche tragen die Christusbotschaft weiter. Hauptformen der V. sind *Predigt* u. *Katechese.* →auch Kerygma, Mission.

Verkündigung des Herrn, früher *Verkündigung Mariä* oder *Mariä Verkündigung,* kath. Fest am 25. 3. zum Gedenken an die Ankündigung der Geburt Jesu durch den Erzengel Gabriel (Lukas 1,26–38).

Verkündung, 1. *Gerichtsbarkeit:* mündl. Bekanntmachung von gerichtl. Entscheidungen (Beweisbeschlüsse, Urteile) in öffentl. Sitzungen. 2. *Staatsrecht:* Publikation, Promulgation, amtl. Veröffentlichung von →Rechtsvorschriften, ohne die diese nicht rechtswirksam werden können.

verkupfern, Metallteile mit einer Kupferschicht als Korrosionsschutz überziehen, auch als Zwischenschicht bei Vernickelung u. Verchromung. Verfahren: Plattieren (Aufwalzen), Spritzen, Galvanisieren.

Verl, nordrhein-westfäl. Gemeinde (Ldkrs. Gütersloh), südöstl. von Gütersloh, 19 000 Ew.; Möbel- u. a. Industrie.

Verladebrücke →Kran.

Verlagsbetrieb →Verlagsbuchhandel.

Verlagsbuchhandel, der Wirtschaftszweig, der sich auf eigenes Risiko u. nach eigener Auswahl mit der Vervielfältigung („Herstellung") u. dem Vertrieb (Verlagsbetrieb) von literar. Werken, Musikalien, Bildern, Zeichnungen, Lichtbildern, Landkarten u. ä. befaßt.

Die Beziehungen zwischen Autoren u. Verlegern werden durch das Verlagsgesetz von 1901 geregelt. Der Autor besitzt aufgrund des *Urheberrechts* das alleinige u. unveräußerl. Recht, seine Schöpfung wirtschaftl. auszunutzen. Er überläßt durch Vertrag das darin enthaltene Recht zur Vervielfältigung u. Vertrieb (das *Verlagsrecht*) dem Verlag. Dieser übernimmt die gesamte kaufmänn. Organisation; er gibt die Herstellung des Buchs auf seine Kosten in Auftrag, leistet die Werbung, sorgt für den Vertrieb über die einzelnen Zweige des Buchhandels. Dem Verlag bleibt das gesamte wirtschaftl. Wagnis. Der Autor erhält in der Regel entweder ein Pauschalhonorar (im voraus) oder einen prozentualen Anteil am Ladenpreis jedes verkauften Exemplars.

Das Schwergewicht der dt. V.s lag früher in dem alten Messeplatz Leipzig. Nach dem 2. Weltkrieg ist eine größere Streuung eingetreten: viele Leipziger Verlage wurden in der BRD neu gegründet, u. Buchmessen finden in Frankfurt a. M. u. Leipzig statt. – ⌑ 3.6.7.

Verlagsrecht, 1. (objektiv) Bestimmungen, die die rechtl. Beziehungen regeln, die sich aus dem *Verlagsvertrag* ergeben (Verlagsgesetz vom 19. 6. 1901). – 2. (subjektiv) die ausschl. Befugnis des *Verlegers* zur Vervielfältigung u. Verbreitung des literar. oder musikal. Werks, das Gegenstand des *Verlagsvertrags* ist. – ⌑ 4.3.3.

Verlagssignet [-zi'gnɛ:t, zin'jɛ, sin'jɛ], das Druckerzeichen (→Signet) eines Verlags; entstanden aus den Hausmarken des MA.

Verlagssystem →Hausindustrie.

Verlagsvertrag, ein Vertrag, durch den sich einerseits ein Schriftsteller oder Komponist verpflichtet, dem Verleger seine Werke zur Vervielfältigung für eigene Rechnung zu überlassen, u. andererseits der Verleger sich verpflichtet, die Werke zu vervielfältigen u. zu verbreiten.

Verlaine [vɛrˈlɛːn], Paul, französ. Lyriker, * 30. 3. 1844 Metz, † 8. 1. 1896 Paris; vertrat eine betont antibürgerl. Lebenshaltung; war in leidenschaftl. Freundschaft A. *Rimbaud* verbunden, verletzte ihn in einem Streit durch Pistolenschüsse; 1873–1875 Gefängnishaft in Mons; bekehrte sich dort zum Katholizismus; starb einsam u. verarmt. V. gehörte anfangs zur Gruppe der Parnassiens, wurde dann der führende Lyriker des Symbolismus. Seine hochmusikal., doch natürl. wirkenden Verse bringen feinste Gefühlsregungen u. Zwischentöne zum Ausdruck. Die Thematik reicht von morbider Erotik bis zu ekstat. Frömmigkeit. V.s künstler. Grundsätze sind in dem Gedicht „L'art poétique" (1884) ausgesprochen; er hat bes. die Kunst der Neuromantik beeinflußt. „Poèmes saturniens" 1866; „Galante Feste" 1869, dt. 1912; „Das gute Lied" 1870, dt. 1922; „Romances sans paroles" 1874; „Sagesse" 1881; „Jadis et naguère" 1885; „Amour" 1888; „Parallèlement" 1889; „Frauen" 1890, dt. 1919; „Beichte" (Prosaschrift) 1895, dt. 1921. – ⌑ 3.2.1.

Verlandung, durch das Wachstum von Wasser- u. Sumpfpflanzen (Röhrichtpflanzen) in längeren Zeiträumen erfolgende Verringerung der freien Wasserfläche von Gewässern; gefördert durch Anschwemmung von Sand u. Schlick; vollzieht sich in der Regel über das Zwischenstadium einer Flachmoorbildung. Die V. wird an der Meeresküste durch Wasserbaumaßnahmen unterstützt.

Verlandungsserie →Sukzession (3).

Verlassenschaft, *Österreich:* = Nachlaß.

Verleger, 1. *Buchwesen:* →Verlagsbuchhandel. 2. *Gewerbe:* →Hausindustrie.

Verleumdung, die →üble Nachrede wider besseres Wissen; strafbar nach §§ 187, 187a Abs. 2 StGB. →auch Verunglimpfung.

Auch in der Schweiz ist V. üble Nachrede wider besseres Wissen (Art. 174 StGB); die V. ist hier nur auf Antrag des Verletzten zu bestrafen. – In Österreich heißt V. die fälschliche Bezichtigung eines anderen bei einer amtl. Stelle, die Anlaß zu amtl. (strafgerichtl.) Untersuchung gibt oder geben könnte; strafbar nach § 297 StGB.

Verlies [zu *verlieren*], finsteres Gefängnis, nur durch eine Öffnung in der Decke zugänglich.

Verlöbnis, *Verlobung,* das gegenseitige Versprechen, miteinander die Ehe eingehen zu wollen; schafft keinen klagbaren Anspruch auf Eheschließung, verpflichtet aber bei Rücktritt ohne wichtigen Grund zum Schadensersatz für angemessene Aufwendungen u. Schuldverpflichtungen sowie Maßnahmen über das Vermögen u. Erwerbsstellung in Erwartung der Ehe, auch zur gegenseitigen Herausgabe von Geschenken; war der Rücktritt vom anderen verschuldet, ist dieser zum Ersatz des materiellen Schadens verpflichtet (§§ 1297–1302 BGB). – Ähnl. in Österreich (§§ 45 f., 1247 ABGB) u. in der Schweiz (Art. 90 ff., 260, 318, 323 ZGB). – ⌑ 4.3.1.

Verlosungsrennen, ein Pferderennen, bei dem der Rennverein das siegreiche Pferd für einen vorher bestimmten Einsatzpreis zur Verlosung erhält.

Verlustabzug, der Abzug von Verlusten, die bei der Ermittlung des Gesamtbetrags der Einkünfte nicht ausgeglichen werden, vom Gesamtbetrag der Einkünfte, bis zu 5 Mill. DM zulässig (§ 10d EStG).

Verlust der Beamtenrechte, im geltenden →Beamtenrecht der BRD die Beendigung des Beamtenverhältnisses aufgrund rechtskräftiger Verurteilung in einem ordentl. Strafverfahren in der BRD (einschl. Westberlin) zu Freiheitsstrafe von mindestens einem Jahr wegen vorsätzl. begangener Straftat oder zu Freiheitsstrafe von mindestens sechs Monaten wegen vorsätzl. hoch- oder landesverräterischer Handlungen oder wegen *Unfähigkeit zur Bekleidung öffentl. Ämter* oder aufgrund einer durch Entscheidung des Bundesverfassungsgerichts ausgesprochenen Verwirkung eines Grundrechts: Der Beamte verliert die Ansprüche auf Dienstbezüge u. Versorgung sowie das Recht zum Führen der Amtsbezeichnung u. der im Zusammenhang mit dem Amt verliehenen Titel (§§ 48–51 Bundesbeamtengesetz).

Verlustrechnung →Gewinn- und Verlustrechnung.

Verlustvortrag, in Vorjahren entstandene Jahresfehlbeträge, die nicht durch Entnahmen aus offenen Rücklagen oder Herabsetzung des Eigenkapitals gedeckt worden sind u. daher in die →Gewinn- und Verlustrechnung des Abrechnungsjahres übernommen worden sind. →auch Gewinnvortrag.

Verlustzeit, früher Bez. für →Verteilzeit.

Verlustziffer, *Elektrotechnik:* der Zahlenwert, der die spezif. Verlustleistung der Bleche für den magnet. Kreis in elektr. Maschinen u. Transformatoren angibt, die durch die period. Flußänderung (Ummagnetisierungs- u. Wirbelstromverluste) bedingt ist; wird in Watt je Kilogramm bei einer mittleren Flußdichte von 10 000, seltener 15 000 Gauß (z. B. 1 W/kg bei 10 000 Gauß) gemessen.

verm., Abk. für *vermählt,* Zeichen ∞.

Vermächtnis, *Legat,* Verfügung des Erblassers durch Testament oder Erbvertrag über einzelne Nachlaßgegenstände zugunsten von Personen, die nicht zu Erben eingesetzt sind. Diese können das V. vom Erben oder dem anderen *V.nehmer* verlangen (§§ 1939, 2147–2191 BGB).

Vermarkung, das Setzen von Grenzzeichen zwischen Grundstücken.

Vermaschung, mehrfache direkte u. indirekte Verbindung von Stromversorgungsnetzen u. Netzteilen untereinander, um bei Ausfall einer Zuleitung die Energieversorgung dennoch zu gewährleisten. →auch Verbundbetrieb.

Vermeer [vər-], eigentl. *van der Meer,* Jan, genannt *V. van Delft,* holländ. Maler, getauft 31. 10. 1632 Delft, begraben 15. 12. 1675 Delft; Hauptmeister des holländ. Interieurs; entwickelte in atmosphär. Farbigkeit einen beseelten Stil, der Menschen u. Dinge in ruhender Zuständlichkeit mit liebevoller Versenkung in die maler. Details darstellt. Alle Partien des Bildes sind farbig durchgestaltet. Durch Aufsetzen kleiner Farbtupfen, in denen das Licht reflektiert, erreichte V. höchste Leuchtkraft. Mit der Entdeckung der Farbwerte von Schattenzonen nahm er impressionist. Errungenschaften voraus. Die meisten Werke zeigen bürgerl. Innenräume mit wenigen Figuren; von den 2 hervorragenden Städtebildern (Straße in Delft, Amsterdam, Rijksmuseum; Ansicht von Delft,

Jan Vermeer van Delft: Bei der Kupplerin; 1656. Dresden, Gemäldegalerie

Den Haag, Mauritshuis; beide um 1658) ging um die Mitte des 19. Jh. die Neubewertung seiner Malerei aus. – Weitere Hptw.: „Bei der Kupplerin" 1656, Dresden, Staatl. Kunstsammlungen, Gemäldegalerie; „Briefleserin am Fenster" ebenda; „Dame mit Perlenhalsband", Berlin, Staatl. Museen; „Briefleserin", Amsterdam, Rijksmuseum; „Mädchen mit Perlenohrgehänge", Den Haag, Mauritshuis; „Perlenwägerin", Washington, National Gallery; „Spitzenklöpplerin", Paris, Louvre; „Allegorie der Malerei", Wien, Kunsthistor. Museum; „Dame am Spinett", London, National Gallery. – ◫ 2.4.5.

Vermehrung = Fortpflanzung.

Vermeil [vɛr'mɛj; das; frz.], vergoldete Silberwaren, bei denen der Silberton durchscheint.

Vermessungsbrief, über die →Schiffsvermessung ausgestellte Urkunde.

Vermessungsingenieur [-inʒə'njøːr], *Geodät,* akadem. Beruf; mindestens 8semestriges Studium an einer Techn. Hochschule oder an der Universität Bonn; Abschluß als Diplomingenieur; Tätigkeit als *öffentlich bestellter V.* in selbständigem Beruf, in der freien Wirtschaft als Angestellter, meist in staatl. oder kommunalen Dienststellen als Beamter des höheren Dienstes *(Vermessungsrat).* Absolventen der Staatl. Ingenieurakademien (gehobener Dienst) führen die Bezeichnung *Ingenieur (grad.) des Vermessungswesens.*

Vermessungskunde →Geodäsie.

Vermessungsschiff, Spezialschiff für Seevermessungen u. Forschungen aller Art auf dem Meer.

Vermeylen [vɛr'mɛilə], August, fläm. Schriftsteller, *12. 5. 1872 Brüssel, †10. 12. 1945 Uccle bei Brüssel; Literatur- u. Kunsthistoriker; europ. gesinnter Anwalt des Flamentums, wandte sich gegen die Heimattümelei; Romane u. Essays.

Vermigli [vɛr'milji], Pietro Martire, italien. reformator. Theologe, *8. 9. 1500 Florenz, †12. 12. 1562 Zürich; zunächst Augustiner-Chorherr, floh 1542 vor der Inquisition; Prof. in Straßburg, Oxford u. Zürich; um die Verständigung zwischen Lutherischen u. Reformierten bemüht.

Vermischung, *Recht:* das untrennbare oder nur unter unverhältnismäßig hohen Kosten trennbare Ineinanderaufgehen von beweglichen Sachen. Die bisherigen Eigentümer werden Miteigentümer nach dem Verhältnis des Werts ihrer vermischten Sachen; Rechte Dritter erlöschen; für etwaige Rechtsverluste ist Geldvergütung zu leisten (§§948 u. 951 BGB). – In Österreich u. der Schweiz sind die Vorschriften über die →Verbindung (3) entsprechend anzuwenden.

Vermißte, Personen, deren Aufenthalt aufgrund bes. Umstände (Krieg, Naturkatastrophe, Unfall) unbekannt geworden u. auch nicht zu ermitteln ist. →auch Todeserklärung, Verschollenheit.

Vermittlungsagent, *Vermittlungsvertreter* →Handelsvertreter.

Vermittlungsausschuß, in der BRD ein Ausschuß aus der gleichen Anzahl von Mitgliedern des *Bundestags* u. des *Bundesrats* zur Einigung über den Inhalt einer Gesetzesvorlage. Der V. wird auf Verlangen des Bundesrats einberufen, wenn der Bundesrat nicht bereit ist, einer Vorlage zuzustimmen. Schlägt der Ausschuß eine Änderung vor, muß der Bundestag erneut Beschluß fassen (Art. 77 GG). →auch Bundesgesetze.

Vermögen, 1. *allg.:* Fähigkeit, z.B. *Hör-V.*

2. *Betriebswirtschaft:* die *Aktiva,* die als *Betriebs-V.* auf der Aktivseite der Bilanz stehen, getrennt nach *Anlage-V.* u. *Umlauf-V.* In der Umgangssprache häufig der Überschuß der Aktiva über die Verbindlichkeiten, das sog. *Rein-V.*

3. *Volkswirtschaft:* Eigentum natürlicher u. jurist. Personen an wirtschaftl. Gütern u. Rechten. Der Gesamtwert der V.sobjekte eines Wirtschaftssubjekts heißt *Brutto-V.*; nach Abzug der Verbindlichkeiten erhält man das *Rein-* oder *Netto-V.*; V.sobjekte können *Real-V.* oder Forderungen sein. Die Differenz zwischen Forderungen u. Schulden ergibt die Nettoposition oder das *Geld-V.* Das Rein-V. ist demnach die Summe aus Real- u. Geld-V. Andere Einteilungen der V.sarten nach unterschiedl. Kriterien: V. im Bereich der privaten Haushalte wird als *Gebrauchs-* bzw. *Verbrauchs-V.* bezeichnet, im Bereich der Unternehmungen als *Erwerbs-V.* Das Erwerbspotential von Personen betrachtet man heute gern als Ergebnis einer „Investition in *Human-V.*" *(Humankapital).* →auch Volksvermögen.

Vermögensbildung, *V. in Arbeitnehmerhand,* die Beteiligung der Arbeitnehmer am Produktivkapital der Volkswirtschaft, ein sozialpolit. Ziel, dem in der BRD die *V.sgesetze* dienen, die die V. der Arbeitnehmer durch *vermögenswirksame Leistungen* der Arbeitgeber (bis zu 624 DM jährl.) fördern. →auch Prämiensparen (2), Erfolgsbeteiligung.

Vermögensdelikte, gegen das Vermögen gerichtete strafbare Handlungen, z.B. Betrug, Untreue. Das Recht der V. bleibt auch nach Abschluß der allg. Strafrechtsreform (2. 1. 1975) reformbedürftig. →auch Eigentumsdelikte.

Vermögensteuer, nach dem Gesetz zur Reform des V.rechts u. zur Änderung anderer Steuergesetze vom 17. 4. 1974 erhobene Steuer auf das Vermögen, die in Ergänzung zur Einkommensteuer u. Körperschaftsteuer eine Mehrbelastung des „fundierten" Einkommens bezwecken soll, ohne in die Substanz einzugreifen (nominelle V.). Bemessungsgrundlage ist das nach dem *Bewertungsgesetz* ermittelte Gesamtvermögen. Steuerpflichtig sind natürl. Personen, jurist. Personen des privaten Rechts, Genossenschaften, Kreditanstalten des öffentl. Rechts u.a. – ◫ 4.7.2.

Vermögensverwaltung, die Sorge für das Kindesvermögen durch Eltern oder Vormund; →elterliche Gewalt, →Kindschaftsrecht, →Vormundschaft.

Vermont [vəː'mɔnt], Abk. *Vt.,* Neuenglandstaat im NO der USA, 24887 qkm, 445000 Ew., Hptst. *Montpelier*; Hügelland zwischen Champlainsee u. Connecticut River, zu 2/3 bewaldet. Rinderzucht u. Milchwirtschaft; etwas Ackerbau; Nadelholzforste, Ahornsirupgewinnung; Maschinen-, Nahrungsmittel-, Textil- u. Papierindustrie; Asbest-, Marmor- u. Granitabbau; Tourismus. – 1609 französ., 1724 brit. besiedelt, 1777 selbständig, 1791 Staat der USA. – ◨→Vereinigte Staaten von Amerika (Natur u. Bevölkerung).

Vernagtferner [fɛr-], zwei Gletscher (*Großer* u. *Kleiner V.*) in den Ötztaler Alpen (Tirol), südwestl. der Wildspitze, Ursprung im Firnfeld der *Hochvernagtspitze* (3531 m); Abfluß durch den Vernagtbach.

Vernalisation [lat.] →Keimstimmung.

Verne [vɛrn], Jules, französ. Schriftsteller, *8. 2. 1828 Nantes, †24. 3. 1905 Amiens; Jurastudium; schrieb als erster utop., halbwissenschaftl. Abenteuerromane: „Fünf Wochen im Ballon" 1863, dt. um 1875; „Reise zum Mittelpunkt der Erde" 1864, dt. um 1875; „Von der Erde zum Mond" 1865, dt. 1873; „Reise um den Mond" 1869, dt. um 1875; „20000 Meilen unterm Meer" 1870, dt. 1875; „Reise um die Welt in 80 Tagen" 1872, dt. 1875. Werke dt. 1966ff.

Vernehmlassungsverfahren, *Schweiz:* ein schriftl. Verfahren, in dem der Bundesrat bei Gesetzentwürfen bzw. Gesetzesplänen vor der parlamentar. Beratung den Standpunkt betroffener bzw. interessierter Kantone, Gemeinden, Interessengruppen u. anderer Organisationen u. Einrichtungen einholt.

Vernehmung, *Verhör,* das Befragen von Personen über ihre Person u. bestimmte Vorgänge; bes. die V. von Zeugen *(Zeugen-V.)* u. Sachverständigen, des Beschuldigten im Strafprozeß, der Parteien im Zivilprozeß *(Partei-V.).* Bei der V. ist jede Beeinflussung zu vermeiden, die Anwendung sog. psycholog. Beweismittel (→Wahrheitsserum, →Lügendetektor, →Gehirnwäsche) ist verboten (§§136a, 69 Abs. 3 StPO); anders z.T. im Ausland (z.B. USA). Vor der V. ist der Beschuldigte zu belehren, daß es ihm freisteht, ob er sich zur Sache äußern will, u. daß er vorher einen frei gewählten Verteidiger befragen darf. Zeugen u. Sachverständige sind vor der V. über etwaige Zeugnisverweigerungsrechte zu belehren (§§136, 163a StPO). – Ähnlich in Österreich u. in der Schweiz.

Verner, 1. Karl, dän. Sprachforscher, *7. 3. 1846 Aarhus, †5. 11. 1896 Kopenhagen; Entdecker (1875) des nach ihm *V.sches Gesetz* benannten Ausnahmegesetzes der 1. *Lautverschiebung,* auf dem auch der sog. *grammatische Wechsel* beruht.

2. Paul, Politiker (SED), *26. 4. 1911 Chemnitz; 1950–1953 u. seit 1958 Sekretär des ZK, 1959 bis 1971 Erster Sekretär der SED-Bezirksleitung Berlin, seit 1963 Mitgl. des Politbüros, seit 1971 Vors. des Volkskammer-Ausschusses für Verteidigung u. Mitgl. des Staatsrats der DDR.

Vernet [-'nɛ], **1.** Claude Joseph, französ. Maler, *14. 8. 1714 Avignon, †3. 12. 1789 Paris; Landschafts-, bes. Marinemaler.

2. Horace, Enkel von 1), französ. Maler u. Graphiker, *30. 6. 1789 Paris, †17. 1. 1863 Paris; Militär- u. Schlachtenmaler, schuf u.a. Darstellungen der Feldzüge Napoléons von romant. Bewegtheit.

Vernichtungslager, von der SS in Polen eingerichtete *Konzentrationslager* zur „Endlösung der Judenfrage" (→Judenverfolgung); derartige Massenexekutionsstätten bestanden vor allem in *Chełmno, Bełżec, Sobibór, Treblinka* sowie in *Auschwitz (Birkenau)* u. *Majdanek.*

vernickeln, Metallteile mit einem Nickelüberzug als Korrosionsschutz u. zur Oberflächenverschönerung versehen; heute vielfach durch Verchromen ersetzt. Verfahren: Plattieren (Aufwalzen) u. Galvanisieren.

Vernier [vɛr'nje], Vorort von Genf im schweizer. Kanton Genf, 24000 Ew.; Industrie, Weinbau.

Vẹrniotunnel, Eisenbahntunnel unter dem Etrusk. Apennin zwischen Florenz u. Bologna, 18,5 km lang.

Vernis mou [vɛr'ni 'muː; frz.], *Durchdruckverfahren,* eine Sonderform der *Radierung,* bei der die Zeichnung mit Blei- oder Holzstift durch Papier auf die Platte in den Ätzgrund gedrückt wird.

Vernissage [-'saːʒ; die; frz.], voroffizielle Eröffnung einer Kunstausstellung mit geladenen Gästen u. Pressebesichtigung.

Vernon [vɛr'nɔ̃], Stadt im nordfranzös. Dép. Eure, links an der Seine, 24000 Ew.; Sommerfrische; Eisengießereien, Walzwerk, Papier-, Schuh- u. Zementfabriken; Versuchsanstalt für ballistische u. aerodynam. Forschungen.

Vernunft, *Ratio,* **1.** *i.w.S.* →Verstand.

2. *i.e.S.:* (oberes) Erkenntnisvermögen, das nicht wie der *Verstand* auf die Erkenntnis des einzelnen, sondern auf das jeweilige Ganze oder den totalen Zusammenhang der Erscheinungen gerichtet ist u. das einzelne aus diesem Zusammenhang oder aus universellen, systemat. geordneten Prinzipien heraus begreift; nach *Kant* das Vermögen, aus eigenen Grundsätzen zu urteilen *(theoret. V.)* oder zu handeln *(prakt. V.)*; bei *Hegel* als *Welt-V.* das immanente Prinzip alles Seienden.

Vernünftige Tadlerinnen, *„Die V.n T."*, 1725 bis 1727 in Halle von J. Ch. *Gottsched* herausgegebene *moralische Wochenschrift.*

Vernünftler, *„Der V."*, erste deutschsprachige *moralische Wochenschrift* (Hamburg 1713/14), hrsg. von J. *Mattheson.*

Verọna, im MA. dt. *Bern,* norditalien. Stadt an der unteren Etsch, Hptst. der Provinz V. (3096 qkm, 775000 Ew.), 270000 Ew.; roman.-got. Dom (12.–15. Jh.), zahlreiche mittelalterl. Kirchen u. Paläste, Reste röm. Bauten (Amphitheater aus dem 1. Jh.); Scaligerburg (14. Jh.); Dom (12. Jh.), Kirche San Zeno Maggiore; Maschinen- u. Fahrzeugbau, Stahlwerk, Textil-, Leder-, Papierindustrie; landwirtschaftl. Messe.

Vorröm. Gründung; zeitweise Hptst. des späteren Weström. Reichs; hier wurde Odoaker von Theoderich d. Gr. 489 belagert, besiegt u. gefangen. Im 10. Jh. kam die *Mark V.* zu Bayern. In der Stauferzeit war V. führend im Lombard. Städtebund. Seine größte Bedeutung erlangte es unter den *Scaligern* 1260–1387; Stadtherren seit 1387 waren die *Visconti.* 1405 venezian.; 1797 österr., 1805–1814 beim Königreich Italien, 1814 wieder österr., seit 1866 italien.

Veronẹse, Paolo, eigentl. P. *Caliari,* italien. Maler, *1528 Verona, †19. 4. 1588 Venedig; Hauptmeister der venezian. Spätrenaissance; vereinigte die Tradition *Tizians* u. L. *Lottos* zu dekorativer Pracht, blieb vom Manierismus unberührt u. führte die Schönheitsideale der Renaissance direkt in den Barock über, so daß G. B. *Tiepolo* an seine perspektiv. kühnen Dekorationsmalereien anknüpfen konnte. Hptw.: Decken- u. Wandgemälde in S. Sebastiano 1555–1565, Venedig; Fresken in der Villa Barbaro in Maser 1566–1568; Hochzeit zu Kana 1563, Paris, Louvre; Gastmahl im Haus des Pharisäers 1570, Mailand, Brera; Paris, Louvre; Gastmahl im Haus des Levi 1573, Venedig, Akademiegalerie; Die Auffindung des Moses, um 1575, Madrid, Prado; Decken- u. Wandgemälde im Dogenpalast in Venedig 1575–1585. – ◫ 2.4.4.

Veronẹser Klause, ital. *Chiusa di Verona,* ehem. stark befestigter Engpaß im Etschtal, nordwestl. von Verona, mit Bahn u. Straße.

Verọnica, Pflanze, →Ehrenpreis.

Verọnika, Heilige, reichte nach der Legende Jesus auf dem Kreuzweg ihr Schweißtuch, auf dem sein Leidensantlitz sichtbar blieb *(Schweißtuch der hl. V.).* Fest: 4. 2.

Verordnung, Abk. *VO,* von Regierungs- oder Verwaltungsorganen erlassene Vorschrift; sie enthält als *Rechts-V.* →Rechtsvorschriften, ist also eine Rechtsquelle des objektiven Rechts; ihr Inhalt ist für alle Personen, die er angeht, verbindlich, nicht nur für die Verwaltungsorganisation bestimmt; Gegensatz: *Verwaltungs-V.* (auch *Verwaltungsanordnung*), die sich an nachgeordnete, weisungsabhängige Ämter oder Organe richtet u. nur eine interne →Verwaltungsvorschrift ist. Rechts-V.en ergehen in der Regel aufgrund eines Gesetzes, das die betr. Organe zu ihrem Erlaß ermächtigt. Je nach dem Ausmaß dieser Ermächtigung sind sie darauf beschränkt, dieses Gesetz nur durchzuführen, ohne neue Rechte u. Pflichten zu schaffen (*Durchführungs-V.en*, Abk. *DV* oder *DVO*; auch *Ausführungs-V.en* genannt, Abk. *AV* oder *AVO*), oder in der Lage, das Gesetz zu ergänzen (*gesetzesergänzende V.en, Ergänzungs-V.en*) oder zu ändern (*gesetzesändernde V.en, Änderungs-V.en*); sie können aber, insbes. wenn aufgrund unmittelbar verfassungsrechtl. Ermächtigung erlassen, von dem Inhalt eines ermächtigenden Gesetzes auch völlig unabhängig sein (Rechts-V.en anstelle von Gesetzen, *gesetzesgleiche, gesetzesvertretende V.en*, möglicherweise als →Notverordnungen) u. ferner Gesetzeskraft haben (*V.en mit Gesetzeskraft, gesetzeskräftige V.en*) u. als *Ausnahme-V.en* sogar in die verfassungsmäßige Ordnung eingreifen (→Ausnahmegesetze). Nach Art. 80 GG sind in der BRD Rechts-V.en nur aufgrund besonderer gesetzl. Ermächtigung zulässig, die auch Inhalt, Zweck u. Ausmaß der Ermächtigung bestimmt. Danach sind nur Durchführungs-V.en u. bestimmte Ergänzungs-V.en zulässig; der Erlaß von Not- u. Ausnahme-V.en ist nach dem Grundgesetz nicht zulässig (→Notgesetze). – ◨ 4.1.8.

Verosta, Stephan, österr. Völkerrechtler u. Diplomat, *16. 10. 1909 Wien; Prof.; Hptw.: „Die internationale Stellung Österreichs" 1947; „Geschichte des Völkerrechts" 1964.

Verpackung, Einhüllung von Waren für Transport u. Lagerung (Kisten, Körbe, Säcke, Flaschen u. a.), auch unter Hinzufügung stoßdämpfender V.smittel (Holz-, Glaswolle, Wellpappe). Eine Kombination von V.smittel u. Behälter stellen stoßunempfindliche Kunststoffüberzüge dar, die (bei Maschinen) zugleich dem Rostschutz dienen.

Verpfändung, Begründung eines →Pfandrechts durch Vertrag.

Verpflichtungsklage, früher auch *Vornahmeklage*, eine Klageart der Verwaltungsgerichtsbarkeit. Mit der V. wird die Verurteilung der öffentl. Hand zum Erlaß eines →Verwaltungsakts begehrt. Sie wird erhoben, wenn ein entspr. Antrag abgelehnt oder überhaupt nicht beschieden (*Untätigkeitsklage*) wurde.

Verpfründungsvertrag, *Schweiz:* schuldrechtl. Vertrag des schweizer. Zivilrechts, durch den sich der *Pfründer* verpflichtet, dem *Pfrundgeber* ein Vermögen oder einzelne Vermögenswerte zu übertragen, wofür dieser die Verpflichtung übernimmt, dem Pfründer Unterhalt u. Pflege auf Lebenszeit zu gewähren (Art. 521 ff. OR). Ein V. kann nur unter Mitwirkung von zwei Zeugen vor dem Beamten, dem Notar oder einer anderen Urkundsperson, die nach kantonalem Recht hiermit betraut ist, abgeschlossen werden; es genügt jedoch die Schriftform, wenn der V. mit einer staatl. anerkannten *Pfrundanstalt* zu den von der zuständigen Behörde genehmigten Bedingungen abgeschlossen wird (Art. 522 Abs. 2 OR).

Verpuppung →Metamorphose, →Puppe (2).

Verrat, das Hintergehen eines anderen, dem man zur Treue verpflichtet ist; im Strafrecht häufig Bestandteil von Delikten (→Hochverrat, →Landesverrat, Spionage, Geheimnisverrat, Verrat an →Geschäftsgeheimnissen, Berufsgeheimnissen).

Verrechnungsabkommen, Vereinbarung über die Durchführung der Abrechnung zwischen Kreditinstituten; im zwischenstaatl. Zahlungsverkehr →Zahlungsabkommen.

Verrechnungspreis, innerbetriebl. festgesetzter Wert für Materialien u. Halbfertigwaren, durch den unter Ausschaltung von Marktpreisschwankungen der Erfolg einzelner Abteilungen bei verschiedenen Systemen der Erfolgsbeteiligung bestimmt bzw. die wirtschaftl. Arbeitsweise überwacht wird. →auch Plankostenrechnung.

Verrechnungsscheck, ein →Scheck mit dem Vermerk „nur zur Verrechnung" oder dgl., kann nur durch Gutschrift auf ein vom Vorzeiger angegebenes Konto eingelöst werden; die Bareinlösung ist ausgeschlossen (Art. 39 ScheckG); schützt in gewissem Umfang gegen Scheckdiebstahl, weil jederzeit festgestellt werden kann, welchem Konto der Gegenwert gutgeschrieben worden ist.

verreißen, *Photographie:* die Kamera beim Auslösen unruhig halten; kann sich noch bei ¹/₁₀₀ sek, bes. bei Teleaufnahmen, durch Unschärfe (Doppelkonturen) bemerkbar machen.

Verrenkung = Luxation.

Verrichtungsgehilfe, zu einer bestimmten Verrichtung bestellte Person. Der Geschäftsherr haftet nach § 831 BGB für den Schaden, den der V. bei Ausführung der Verrichtung einem Dritten widerrechtl. zufügt. – Ähnl. die Haftung des Geschäftsherrn für seine Angestellten oder Arbeiter nach Art. 55 schweizer. OR, ähnl. auch § 1315 österr. ABGB. – Für schuldrechtl. Vertragsverhältnisse: →auch Erfüllungsgehilfe.

Verrocchio [veˈrɔkjo], Andrea del, eigentl. *A. del Cione*, italien. Bildhauer, Bronzegießer, Goldschmied u. Maler, *1435 Florenz, †7. 10. 1488 Venedig; neben A. *Pollaiuolo* bedeutendster florentin. Bildhauer des späten 15. Jh. Sein Stil führte den Naturalismus in der Plastik des 15. Jh. zum Höhepunkt, bereitete die Hochrenaissance vor, übte jedoch noch bis zum Barock, bes. im Hinblick auf die räuml. bewegte Figur, große Wirkung aus. Hptw.: Grabmal für Piero u. Giovanni de'Medici 1472, Florenz, S. Lorenzo; David-Statue um 1475, Florenz, Bargello; Reiterdenkmal des Colleoni seit 1479, Venedig; Altargemälde. – ◨ 2.4.4.

Verrohrung, Rohrpartien, die beim Bohren in nicht standfesten Böden oder Gesteinen in das Bohrloch eingebracht werden, um dessen Zusammenbrechen zu verhindern.

Vers [der; lat. *versus*, „Umwendung" (des Pflugs), „Furche", später „Zeile"], ein Teil der *gebundenen Rede*, der durch seinen metrischen Rhythmus als gliedernde Einheit gekennzeichnet ist.

Versrhythmus: Der in jeder Rede enthaltene Rhythmus wird bes. entfaltet, wenn die rhythmustragenden Silben in annähernd gleichen Abständen auftreten u. durch die ständige Wiederholung ihren rhythm. Wert gegenseitig steigern. Die weniger tragenden Silben vor oder nach einer tragenden lehnen sich eng an diese an; es bilden sich rhythm. Gruppen (*Takt, Metrum*).

Verslänge: Ein Stück gebundener Rede ist aber noch kein V.; V.e entstehen erst, wenn sich gebundene Rede in deutl. empfundene, mehrere Takte oder Metren umfassende *Einheiten* aufgliedert, die in erster Linie durch den Sinn u. die sinnmäßig entstehenden Pausen gegeben sind (so bei den *freien Rhythmen*), aber durch geregelte Wiederholung als selbständige Ordnungsprinzipien bestätigt werden. In einer V.dichtung wird von vornherein für den einzelnen V. ein typ. Maß erwartet u. auch empfunden. Daher kann gelegentl. die V.grenze von der sinnmäßig gegebenen Grenze abweichen, ohne daß die metr. Ordnung dadurch zerstört würde (*Zeilensprung* oder *Enjambement*). Außerdem kann ein V.ende noch durch einen Endreim bes. gekennzeichnet sein. Im antiken V. wird die lange Silbe, im abendländ. V. die betonte Silbe als rhythmustragend empfunden. Die Metrik der Antike ist *quantitierend*, die des Abendlandes *akzentuierend*.

Der *antike V.* unterscheidet demnach Länge (*longum*; Zeichen: –) u. Kürze (*breve:* ∪), wobei eine Länge etwa doppelt so lang wie eine Kürze zu sprechen ist. Die wichtigsten metr. Einheiten (*Versfüße* oder *Metren*) sind: *Jambus* (∪–), *Trochäus* (–∪), *Spondeus* (––), *Daktylus* (–∪∪) u. *Anapäst* (∪∪–). Aus diesen Einheiten werden feststehende V.formen gebildet, z.B. der *Hexameter* (aus 6 Daktylen), der *jambische Trimeter* (aus 3 Doppeljamben) oder der *Pentameter* (aus zweimal 2½ Daktylen). Auch ein festes V.schema läßt gewisse Variationen zu. So können u. U. Längen in je 2 Kürzen aufgelöst oder 2 Kürzen zu einer Länge zusammengezogen werden. An einzelnen Stellen, bes. am V.ende, kann sowohl eine lange als auch eine kurze Silbe stehen. Der antike V. ist reimlos.

Die metr. Elemente des *germanischen V.es* sind die betonte Silbe (*Hebung*; Zeichen: x́), die schwach betonte (*Nebenhebung:* x̀) u. die unbetonte (*Senkung:* x). Neben den Silben von normaler Länge (x́, x̀, x) können auch kurze (Ŭ, Ŭ, ∪) oder bes. lange (–́, –̀, –) auftreten. Eine Hebung u. die ihr bis zur nächsten Hebung folgenden Senkungen werden als *Takt* zusammengefaßt. Man unterscheidet die wichtigsten Taktgeschlechter ²/₄-Takt (x́x), ³/₄-Takt (x́xx). ⁴/₄-Takt (x́xxx). Silben vor der ersten Hebung eines V.es werden als *Auftakt* bezeichnet. Die german. V.formen gehen auf eine achthebige (4 Haupt- u. 4 Nebenhebungen) *Langzeile* zurück, die aus zwei je vierhebigen *Kurzzeilen* bestand. Die älteste Form war der *Stabreim-V.*, in dem drei der vier Haupthebungen durch den *Stabreim* verbunden waren. Seit 870 n. Chr. wurde der Stabreim durch die aus der mittellatein. Kirchendichtung stammenden Schmuckmittel der *Endreims* u. der *Assonanz* verdrängt. Das Hoch-MA. bildete den vierhebigen Kurz-V. mit regelmäßiger Folge von Hebung und Senkung aus ([x] x́x x́x x́x x́), der im Epos zum *Reimpaar* verbunden wurde. In der Lyrik setzte sich auch der fünfhebige *Elfsilber* aus dem Provençalischen durch.

Im Spät-MA. u. zu Beginn der Neuzeit wurden die V.e des Reimpaars mit zahlreichen zusätzl. Senkungen angefüllt (*Knittel-V.*). Der aus Frankreich übernommene *Alexandriner* (seit dem 17. Jh.) wurde im Drama mit den Werken G. E. Lessings

Paolo Veronese: Heilige Familie mit der heiligen Barbara; um 1575. Florenz, Uffizien

Ver sacrum

durch den *Blank-V.* verdrängt, in der Lyrik durch zahlreiche Nachbildungen antiker V.maße u. durch die *freien Rhythmen* ersetzt (bes. bei F. G. Klopstock). In der Romantik wurden V.formen aus den roman. u. den oriental. Literaturen eingeführt. Von dieser Vielfalt an überlieferten Formen werden in der modernen Dichtung bes. die freien Rhythmen u. der regelmäßige ²/₄-taktige V. gepflegt.

In V.dichtungen können die einzelnen V.e fortlaufend *(stichisch)* aufeinander folgen (z.B. im Hexameter-Epos) oder zu *Abschnitten* zusammengefaßt sein. Haben die Abschnitte eines Werkes die gleiche metr. Struktur, so bezeichnet man sie als *Strophen*. Der einzelne V. kann durch *Diärese* oder *Zäsur* einen Einschnitt erhalten.

Als V. bezeichnet man gelegentl. auch einen kurzen Prosa-Abschnitt (bes. den *Bibel-V.*). Fälschlich wird V. oft für *Strophe* gebraucht, z.B. beim Kirchenlied. – ▢ 3.0.4.

Ver sacrum [lat., „heiliger Frühling"], bei den Italikern die Sitte, in Notzeiten die Erstlinge des Frühlings (Menschen, Tiere, Früchte) den Göttern zu opfern; die Kinder wurden, sobald sie erwachsen waren, zur Auswanderung gezwungen.

Versailler Vertrag [vɛr'sajer-], einer der *Pariser Vorortverträge*, Friedensvertrag zwischen Dtschld. u. den Alliierten zur Beendigung des 1. Weltkriegs; ohne dt. Beteiligung an den Verhandlungen als Diktat am 28. 6. 1919 unterzeichnet. Durch den V. V. verlor Dtschld. 70 000 qkm seines Gebiets u. alle Kolonien; es mußte sich mit einem 100 000-Mann-Heer mit geringer Bewaffnung u. einer 15jährigen Besetzung der linksrhein. Gebiete abfinden; ihm wurden die Alleinschuld am Ausbruch des 1. Weltkriegs u. der Ersatz aller verschuldeten Kriegsschäden (Reparationen) aufgebürdet.

Die Versuche des US-Präsidenten W. Wilson u. einiger sozialist. Parteien, den V. V. zur Grundlage einer gerechten Friedensordnung zu machen, scheiterten an dem franzöš. Min.-Präs. G. Clemenceau, der Dtschld. niederhalten u. Frankreich wieder zur europ. Führungsmacht erheben wollte. Das Kernstück des Vertrags wurde zwar die Völkerbundsatzung, doch wurden die Besiegten nicht in den Völkerbund aufgenommen. Die Enttäuschung über den Frieden führte in den USA zur Weigerung des Senats, den Vertrag u. mit ihm die Völkerbundsatzung zu ratifizieren. Die USA schlossen 1921 einen Sonderfrieden mit Dtschld. Krit. Stimmen wurden auch in England u. Italien laut: Der V. V. traf die Wirtschaftskraft nicht im Kern, so daß ein Wiederaufstieg Deutschlands möglich war.

Der Vertrag wurde von großen Teilen des dt. Volkes als ungerecht empfunden u. abgelehnt. Die Agitation gegen ihn wurde bald zu einem Programmpunkt nationalist. Gruppen. In die Angriffe wurden auch die Regierungen der Weimarer Republik einbezogen, obwohl sie beachtl. Erfolge in der Revision des Vertrags erzielten. Die späteren gewaltsamen Revisionsbemühungen Hitlers trugen in Verbindung mit dessen expansiven außenpolit. Zielen erhebl. zur Entstehung des 2. Weltkriegs bei. – ▢ 5.3.5.

Versailles [vɛr'saj], Hptst. des früheren französ. Dép. Seine-et-Oise (1964 aufgelöst), jetzt Sitz des Dép. Yvelines, südwestl. von Paris, 95 000 Ew.; Kathedrale (18. Jh.); Nahrungsmittel- u. chem. Industrie; Fremdenverkehr.

Das *Schloß von V.*, 1682–1789 Residenz der französ. Könige, heute Nationalmuseum, ist der Hauptbau des französ. Barocks; es wurde unter *Ludwig XIV*. anstelle eines 1624–1626 errichteten Jagdschlosses Ludwigs XIII. in mehreren Abschnitten errichtet, 1661–1689 von L. *Le Vau*, seit 1678 erweitert von J. *Hardouin-Mansart* (Spiegelgalerie, Schloßkapelle). Die Gesamtlänge an der Gartenfront beträgt 580 m. Die Parkanlagen, in denen sich die beiden Lustschlösser *Trianon* befinden, schuf A. *Le Nôtre*.

Am 3. 9. 1783 wurden die 13 Vereinigten Staaten von Amerika im *Frieden von V.* als unabhängig von Großbritannien anerkannt. Der Friedensvertrag beendete den amerikan. Unabhängigkeitskampf. – Im Spiegelsaal des Schlosses von V. fand nach dem Dt.-Französ. Krieg am 18. 1. 1871 die Proklamation des Dt. Reichs statt. Am 26. 2. 1871 unterzeichneten A. Thiers u. J. Favre mit Bismarck den *Vorfrieden von V.* – Das Schloß war Ort der Unterzeichnung des →Versailler Vertrags.

Versammlung, *Pferdesport:* eine durch entspr. gymnast. Ausbildung erworbene Haltung des Pferdes, bei der der Körperschwerpunkt nach rückwärts verlagert wird u. die Hinterhand verstärkt das Gewicht trägt. Die Vorhand wird entlastet, Hals u. Kopf sind mehr aufgerichtet. Die Bewegung des Pferdes in der V. (z.B. *versammelter Trab*) wirkt dadurch ausdrucks- u. schwungvoller. Die V. ist bes. für das Dressurreiten u. die Hohe Schule wichtig.

Versammlungsfreiheit, *Versammlungsrecht,* das Recht, sich jederzeit zu jedem Zweck ohne vorherige Genehmigung u. Kontrolle friedlich u. ohne Waffen zu versammeln. In Dtschld. 1908 reichsgesetzl. geregelt, in der *Weimarer Verfassung* verankert, vom Nationalsozialismus außer Kraft gesetzt, im *Grundgesetz* (Art. 8) u. den Länderverfassungen erneut gewährleistet. – Ähnl. in Österreich (§ 12 Staatsgrundgesetz vom 21. 12. 1867). Auch in der Schweiz besteht V. (in 12 Kantonen ausdrückl., sonst stillschweigend).

Versandbuchhandel, eine Form des Buchhan-

Versatz (1): Stirnversatz und doppelter Versatz

dels, bei der die Bücher ohne Ladenauslage, nur aufgrund von Prospekten u. Katalogen, dem Kunden angeboten u. zugesandt werden.

Versandhandel, *Versandgeschäft, Versandhaus,* eine Organisationsform des Einzelhandels, durch die ein weiträumiger Kundenkreis durch Zusendung von Katalogen u. Prospekten geworben u. bedient werden kann; Auftragserteilung u. Warenübergabe durch die Post (oft gegen Nachnahme); bes. entwickelt in den USA (größtes Versandhaus: *Sears, Roebuck & Co.*), nach 1950 auch in der BRD (z.B. *Neckermann, Quelle*).

Versatz, 1. *Bautechnik:* eine →Holzverbindung; dient zur Verbindung eines schrägen Holzes, z.B. einer Strebe, mit einem waagerechten oder senkrechten Holz.

2. *Bergbau: Bergeversatz,* das Auffüllen ausgebeuteter Lagerstättenteile mit wertlosem Gestein (*Berge*); hauptsächl., um das Absenken des *Hangenden* u. damit Schäden in der Grube u. an der Oberfläche gering zu halten. Je nach der Art der Einbringung des V.materials: *Hand-V., Spül-V.* (Einspülen mit Wasser), *Blas-V.* (Einblasen mit Druckluft).

3. *Recht:* volkstüml. Bez. für die dann auch als *V.geschäft* beim *V.amt* bezeichnete →Pfandleihe.

Versatzpfand, *schweizer. Zivilrecht:* ein Pfand, das einer Pfandleihanstalt übergeben („versetzt") wird; →auch Pfandleihe. Die Regelung des V.s ist in Art. 907–915 ZGB u. in kantonalen Vorschriften enthalten.

Versatzstücke, *Setzstücke,* im Bühnenbild verwendete Ausstattungsteile, die an verschiedene Stellen des Bühnenbodens versetzt werden.

versaufen, *Bergbau:* ersaufen, überflutet werden.

Versäumnisurteil, *Zivilprozeß:* ein Urteil, das im *Versäumnisverfahren* gegen eine Partei aufgrund ihrer Säumnis ergeht. Bei Säumnis des Klägers ist auf Antrag des erschienenen Beklagten ohne Sachprüfung V. dahin zu erlassen, daß die Klage abgewiesen wird (§ 330 ZPO). Bei Säumnis des Beklagten erfolgt auf Antrag des erschienenen Klägers Verurteilung durch V., wenn das tatsächliche mündl. Vorbringen des Klägers, das als zugestanden gilt, den →Klageantrag rechtfertigt; andernfalls ist die Klage durch sog. *unechtes V.* abzuweisen (§ 331 ZPO), das nicht dem Einspruch, sondern den gewöhnl. Rechtsmitteln unterliegt. Ein V. ist auch schon im schriftl. Vorverfahren mögl. (§§ 331 Abs. 3, 276 ZPO). – Ähnl. Regelung in Österreich; gegen V.e ist Berufung möglich. Im *Säumnisverfahren* des schweizer. Zivilprozeßrechts werden die Versäumnisfolgen in der Mehrzahl der Kantone erst bei zweimaliger Säumnis voll wirksam.

Versäumnisverfahren, in Österreich (§§ 144f. u. §§ 396ff. ZPO) u. in der Schweiz ist das V. grundsätzl. ähnl. geregelt. →auch Versäumnisurteil. – ▢ 4.1.5.

Verschaeve [vər'sxa:və], Cyriel, fläm. Schriftsteller u. Gelehrter, *30. 4. 1874 Ardooie, †8. 11. 1949 Solbad Hall, Tirol; Priester; schrieb musikal.-pathet. Lyrik („Meeressymphonien" 1911, dt. 1935), Dramen nach bibl. u. nationalen Stoffen („Philips van Artevelde" 1913, dt. 1939) u. biograph. Arbeiten („Rubens" 1938, dt. 1938; „Jesus, der Menschensohn" 1940, dt. 1957).

Verschalung, schmückende oder schützende Bekleidung von Wänden u. Decken mit Holzbrettern oder -schindeln.

Verschiebebahnhof →rangieren.

Verschiebung, Bewegung von Gesteinsschichten in horizontaler (*Blatt-V.*), senkrechter oder schiefer (*Verwerfung*) Richtung.

Verschiebungssatz, 1. *Atomphysik:* spektroskopischer V., die Gesetzmäßigkeit, wonach das

Pierre Denis Martin: Das Schloß von Versailles; um 1722; Château de Versailles, Musée National de Versailles et des Trianons

Linienspektrum eines *n*-fach positiv geladenen Ions (z.B. einfach ionisiertes Heliumatom) sehr ähnlich dem des neutralen Atoms mit einer um *n* kleineren Ordnungszahl ist (im Beispiel das Wasserstoffatom). Es ist lediglich auf der Energieskala etwas verschoben. Der Grund liegt im ganz analogen Aufbau der Elektronenhülle; die Teilchen unterscheiden sich nur in der Kernladung.

2. *Kernphysik: radioaktive Verschiebungssätze, Fajans-Soddysches Verschiebungsgesetz*, Regeln, die beim radioaktiven Zerfall eines Atoms angeben, welches Tochterelement entsteht; beim Alphazerfall nimmt die Ordnungszahl um 2 ab, beim Betazerfall um 1 zu.

Verschleiß, Abnutzung; in Österreich auch Kleinverkauf (Einzelhandel).

Verschleißschicht, oberste, der Abnutzung durch Radreibung unterworfene Schicht der Fahrbahndecke. Die V. muß eben, griffig, rißfrei, wetterbeständig u. widerstandsfähig sein.

Verschleppung, 1. *Ökologie:* passive Ausbreitung von Organismen durch Wind, Meeresströmungen, Tiere (z.B. Schmarotzer durch ihre Wirtstiere, Pflanzensamen durch Tiere) u. absichtlich oder unabsichtlich durch den Menschen (z.B. Unkräuter, Bisamratte, Wollhandkrabbe).

2. *Recht:* eine Handlung, die begeht, wer einen anderen durch List, Drohung oder Gewalt in ein Gebiet außerhalb der BRD (einschl. Westberlins) verbringt oder veranlaßt, sich dorthin zu begeben, oder davon abhält, von dort zurückzukehren, u. ihn dadurch der Gefahr aussetzt, aus polit. Gründen verfolgt zu werden; strafbar nach §234a StGB. →auch erpresserischer Menschenraub.

Verschluß, 1. *Photographie:* →Photoverschlüsse.

2. *Waffentechnik:* bei Hinterladefeuerwaffen der Teil, der das Rohr nach hinten, u. zwar zusammen mit dem Boden der Patrone oder Kartusche, abschließt.

verschlüsseln, *chiffrieren*, einen Text in Geheimschrift übertragen.

Verschlußlaut, *Explosivlaut*, ein Sprachlaut, bei dessen Bildung der Luftstromweg geschlossen ist u. rasch geöffnet wird (p, t, k, b, d, g).

verschneiden, verschiedene Weinsorten zur Hebung der Qualität u. Geschmacksverbesserung mischen. V. von Weinbrand *(Verschnitt)* erfolgt durch Mischung mit Alkohol. Weinbrand-Verschnitt muß Edelbranntwein, nach dem er benannt ist, in solcher Menge enthalten, daß Geschmack u. Geruch dadurch bestimmt werden.

Verschollenerklärung, entspricht im schweizer. Recht nach Voraussetzungen u. in den Rechtsfolgen (Rückwirkung) ungefähr der dt. *Todeserklärung* (Regelung hauptsächl. in Art. 35–38 u. 50 ZGB). Das Gesuch auf eine V. kann frühestens ein Jahr nach dem Zeitpunkt der Todesgefahr für den Verschollenen oder 5 Jahre nach seiner letzten Nachricht eingereicht werden.

Verschollenheit, ein länger dauernder unbekannter Aufenthalt einer Person, ohne daß Nachrichten darüber vorliegen, ob sie in dieser Zeit noch gelebt hat, sofern nach den Umständen hierdurch ernstliche Zweifel an ihrem Fortleben begründet sind. Nach Ablauf bestimmter *V.sfristen* ist die →Todeserklärung möglich. Diese Fristen betragen in der BRD nach dem *V.sgesetz* in der Fassung vom 15. 1. 1951: bei *allg. V.* 10 Jahre, bei über 80jährigen 5 Jahre (in der DDR 5 bzw. 3 Jahre) seit dem Ende des Jahres, in dem der Verschollene nachweislich noch gelebt hat, laufen aber nicht vor Vollendung des 25. Lebensjahrs ab. Bei *allg. Gefahr-V.* ein Jahr nach Beendigung der Lebensgefahr; bei *See-V.* 6 Monate nach dem lebensgefährdenden Zeitpunkt; bei *Luft-V.* 3 Monate danach; bei *Kriegs-V.* im allg. ein Jahr nach dem Ende des Jahres des tatsächl. Kriegsendes, bei hoher Wahrscheinlichkeit des Todes des Vermißten ein Jahr nach dem Zeitpunkt des Vermißtwerdens. Doch beträgt die V.sfrist bei im Zusammenhang mit dem 2. Weltkrieg Vermißten, die in dem letzten Zeitpunkt, in dem sie nachweislich noch gelebt haben, infolge Gefangennahme oder sonstigen Zwangs ihren Aufenthaltsort nicht frei bestimmen konnten, nach den *Sondervorschriften* für V.sfälle aus Anlaß des Kriegs 1939–1945 (Art. 2 des Änderungsgesetzes zum V.srecht vom 15. 1. 1951) 5 Jahre, bei Lebensgefahr im damaligen Zeitpunkt ein Jahr, nach dem Ende des Jahres, in dem sie nachweislich noch gelebt haben. In der DDR wird im Zweifel der 31. 7. 1949 als Zeitpunkt des Todes angenommen. – Ähnl. wie in der BRD sind die Regelungen des österr. Todeserklärungsgesetzes vom 5. 12. 1950. Schweiz: →Verschollenerklärung. – 📖4.3.1.

verschränkter Reim →Reim.

Verschuer [fər'ʃy:r], Otmar von, Humangenetiker u. Anthropologe, *16. 7. 1896 Richelsdorfer Hütte, †8. 8. 1969 Münster; Förderer der Zwillingsforschung, Hptw.: „Erbpathologie" 1934, [3]1945; „Wirksame Faktoren im Leben der Menschen" 1954; „Genetik des Menschen" 1959.

Verschulden, *bürgerl. Recht:* Vorsatz u. Fahrlässigkeit; begründet Schadensersatzansprüche u.a. Rechte bei unerlaubter Handlung u. Verletzung eines Vertrags (z.B. bei →Unmöglichkeit, →Schuldnerverzug), aber auch als *V. bei Vertragsschluß (culpa in contrahendo)*; unter Umständen gemildert durch *mitwirkendes V.* des Verletzten. Ein V. ist nicht gegeben, wenn →Schuldausschließungsgründe vorliegen (§§254, 276–278, 823ff. BGB). Dem V. entspricht im Strafrecht die →Schuld. – Ähnl. Regelung in Österreich u. in der Schweiz (das schweizer. Zivilrecht nennt den Vorsatz *Absicht*).

Verschuldensprinzip, Grundsatz des Haftungsrechts, wonach nur bei *Verschulden* gehaftet wird; im Unterschied zu →Erfolgshaftung, →Gefährdungshaftung, →Zufallshaftung.

Verschwendung, *bürgerl. Recht:* vernunftwidriges Verwirtschaften des Vermögens durch unbesonnene oder unnötige Ausgaben; bei Gefahr des Notstands für den Verschwender oder seine Familie Grund zur →Entmündigung.

Verschwörung →Staatsgefährdung, →Hochverrat, →auch kriminelle Vereinigung.

Versehen, *Versehgang*, in der kath. Kirche die Spendung von Bußsakrament, Krankensalbung, Kommunion für die Todesstunde an einen Schwerkranken.

Versehrte, Militärdienst- u. Kriegsbeschädigte; ausschlaggebend ist unverschuldete Körperbeschädigung.

Versehrtenfürsorge = Kriegsbeschädigtenfürsorge.

Versehrtensport, *Behindertensport*, die Gesamtheit aller geeigneten sportl. Übungen körperbehinderter Menschen zum Zweck der Wiederherstellung körperl. Leistungsfähigkeit, Erhaltung der Gesundheit u. der sozialen Wiedereingliederung. Bei nationalen u. internationalen Wettkämpfen (z.B. *Olympiade der Behinderten*) werden die Teilnehmer je nach dem Grad der Behinderung in Klassen eingeteilt. Versehrte können auch das *Dt. Sportabzeichen unter Behindertenbedingungen* erwerben. – Organisation: In der BRD *Dt. Behinderten-Sportverband*, gegr. 1951, Sitz: Bonn, rd. 100000 Mitglieder; in Österreich: *Österr. V.verband*, Wien, 6500 Mitglieder, in der Schweiz: *Schweizer. Verband für Behindertensport*, Zürich, 5000 Mitglieder.

Verseifung, ursprüngl. die Einwirkung von Ätzalkalien (z.B. Natronlauge) auf Fette, wobei sich Glycerin u. höhere Fettsäuren bzw. deren Alkalisalze (→Seife) bilden. Im übertragenen Sinn auch die Aufspaltung von Estern in Säure u. Alkohol.

Verseifungszahl, in der Fettanalyse eine Kennzahl, die die Anzahl von Milligramm Kaliumhydroxid angibt, die zur →Verseifung von 1 Gramm Fett nötig ist.

Versenkung, in der Bühnenmaschinerie eine sog. Tafel im Bühnenboden, die versenkt werden kann. Auf ihr verschwinden Darsteller oder Gegenstände von der Bühne.

Verserzählung, eine erzählende Dichtung in Versform, die *Versnovelle* u. der *Versroman*.

Versetalsperre, Stausee an der *Verse* im Sauerland, südöstl. von Lüdenscheid; 1929–1952 erbaut zur Trinkwasserversorgung Lüdenscheids; 33 Mill. m^3 Stauinhalt, Höhe der Staumauer 53,7m.

Versetzungszeichen, *Akzidentien*, in der Notenschrift die „zusätzlichen" Zeichen für die Erniedrigung u. Erhöhung (um 1 oder 2 Halbtöne) sowie für die Wiederherstellung eines Stammtons der Tonleiter. Man wendet an: zur einfachen (doppelten) Erniedrigung ♭ (♭♭), zur einfachen (doppelten) Erhöhung ♯ (×), d.h. Kreuz (Doppelkreuz). Das Auflösungszeichen ist ♮ u. fordert den unveränderten Stammton. Seit etwa 1700 gilt, daß V. in einem Musikstück nur innerhalb des fraglichen Takts gültig sind. Am Beginn eines Musikstücks wird die Tonart durch →Vorzeichen vorgeschrieben, die dann bis zum Ende des Satzes mitzulesen sind.

Versfuß = Metrum.

Vershofen, Wilhelm, Schriftsteller u. Volkswirtschaftler, *25. 12. 1878 Bonn, †30. 4. 1960 Tiefenbach, Allgäu; Prof. an der Wirtschaftshochschule Nürnberg, vertrat eine morpholog. Wirtschaftstheorie u. -ethik („Grenzen der Rationalisierung" 1927). Mit J. *Kneip*, H. *Lersch* u. J. *Winckler* gründete er 1912 den „Bund der Werkleute auf Haus Nyland"; schrieb den Roman „Der Fenriswolf" 1914 u. das Epos „Der große Webstuhl" 1954.

Versicherung, 1. *Strafrecht:* →eidesstattliche Versicherung.

2. *Wirtschaft:* eine auf Gegenseitigkeit beruhende wirtschaftl. Veranstaltung zahlreicher, einem gleichartigen Risiko ausgesetzter Personen oder Sachen zur Deckung eines schätzbaren Vermögensbedarfs, dessen Eintritt dem Grund oder der Höhe nach ungewiß ist. Die *Individual-V.* unterscheidet sich von der →Sozialversicherung dadurch, daß 1. Abschlüsse zumeist freiwillig sind (Ausnahme gesetzl. vorgeschriebene V.en, z.B. Kraftfahrzeug-Haftpflicht-V. u. V. bei Zwangsanstalten [öffentl.-rechtl. V.]), 2. die Prämie sich individuell nach Risikoumfang bemißt, 3. prakt. jedes Risiko versichert werden kann. Sie wird als *Privat-V.* u. *öffentl.-rechtl. V.* betrieben.

Als Unternehmungsformen sind für die wichtigsten Zweige der V. die *Aktiengesellschaft* u. der *V.sverein auf Gegenseitigkeit* gesetzl. vorgeschrieben. Die Gliederung der Individual-V. ist nach zwei Gesichtspunkten möglich. Geht man davon aus, in welcher Weise sich die Leistung des Versicherers bei Eintreten eines Schadens bemißt, dann ist zwischen *Summen-* u. *Schadens-V.* zu unterscheiden. Bei letzterer haftet der Versicherer bis zur vollen Höhe der V.ssumme, zahlt aber im Schadensfall nur den tatsächl. eingetretenen Schaden (z.B. bei Feuer-V. eines Hauses im Wert von 100000 DM werden bei 50%iger Zerstörung nur 50% der V.ssumme gezahlt). Geht man davon aus, worin sich die versicherte Gefahr verwirklichen kann, ergeben sich *Personen-*, *Güter-*, *Haftpflicht-* u. *Vermögensschadens-V.*

Normalerweise gilt der *Grundsatz der Spezialität* der Gefahr, d.h., jeder V.szweig erfaßt nur eine spezielle Gefahr, z.B. Unfall, Krankheit oder Einbruchdiebstahlsschäden, manchmal eine Mehrheit, z.B. in der Feuer-V. Brand, Explosion u. Blitz. – Nur in der Transport-V. gilt der *Grundsatz der Universalität* der Gefahr, d.h. die versicherten Sachen sind während des Transports gegen alle Schäden versichert, die sie aus irgendeinem Grund (aber Begrenzung durch die Bedingungen) erleiden. Gesetzl. Grundlage aller V.szweige ist das *V.svertragsgesetz (VVG)* von 1908. Darin sind allg. Vorschriften sowie Spezialbestimmungen für die einzelnen V.szweige enthalten. Eine weitere Grundlage bilden die *Allg. V.sbedingungen*, die auch ohne nähere Vereinbarung Inhalt des Vertrags werden. V. ist als Eigen-V. u. als V. für fremde Rechnung möglich.

Grundlage in Österreich sind das V.svertragsgesetz 1958 u. Sondervorschriften; Aufsichtsbehörde ist das Bundesministerium für Finanzen. Schweiz: Bundesgesetz über den Versicherungsvertrag vom 2. 4. 1908 u. Bundesgesetz über die Beaufsichtigung von Privatunternehmungen im Gebiete des Versicherungswesens vom 25. 6. 1885. – 📖4.9.3.

Versicherungsamt, eine Behörde, die Geschäfte der Sozialversicherung bei den unteren Verwaltungsbehörden (Gemeinde, Kreis) wahrnimmt; führt die Aufsicht über die Krankenkassen.

Versicherungsaufsicht, auf der Grundlage des *Gesetzes über die Beaufsichtigung der privaten Versicherungsunternehmungen u. Bausparkassen* in der Fassung vom 6. 6. 1931 vom Staat durchgeführte Überwachung der Neugründung (Zulassungsverfahren) u. der Abwicklung der Geschäfte (z.B. Gestaltung der Verträge u. Bedingungen, Vorschriften über Kapitalanlagen) in der Versicherungswirtschaft. Die Aufsicht wird vom *Bundesaufsichtsamt für das Versicherungs- u. Bausparwesen* in Berlin ausgeübt.

Versicherungsausweis, Ausweis in der Angestellten- u. Arbeiterrentenversicherung, enthält die persönlichen Daten u. die *Versicherungsnummer* des Versicherten, die bei allen die Rentenversicherung betreffenden Anfragen u. Anträgen angegeben werden muß. Unter der Versicherungsnummer wird für den Versicherten ein Versicherungskonto bei der Rentenversicherung geführt. →auch Versicherungsnachweisheft.

Versicherungsbetriebslehre, spezielle Betriebswirtschaftslehre der Versicherungsunternehmen. – 📖4.9.3.

Versicherungsbetrug

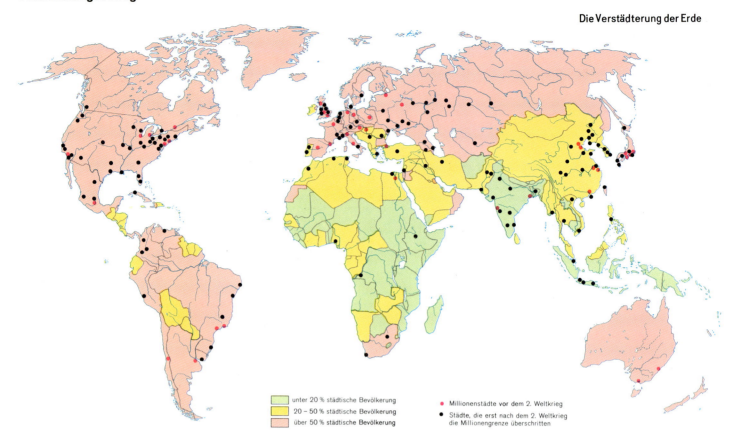

VERSTÄDTERUNG

Versicherungsbetrug, das Inbrandsetzen einer feuerversicherten Sache oder die Verursachung des Sinkens oder Strandens eines versicherten Schiffs in betrügerischer Absicht; strafbar (§ 265 StGB).

Versicherungskarte, Urkunde in der *Angestellten-* u. *Arbeiterrentenversicherung,* die zum Nachweis der entrichteten Versicherungsbeiträge dient. →Versicherungsnachweisheft.

Versicherungsmathematik, ein Zweig der Mathematik, der sich besonders auf die Wahrscheinlichkeitsrechnung u. mathematische Statistik stützt u. bei den verschiedenen Versicherungsarten Anwendung findet; errechnet werden z.B. die zu zahlende Prämie oder die notwendigen Kapitalrücklagen.

Versicherungsnachweisheft, *Versicherungsscheckheft,* 1973 in der Angestellten- u. Arbeiterrentenversicherung eingeführtes Scheckheft, das den →Versicherungsausweis des Versicherten, 7 *Versicherungskarten* für Entgelteintragungen durch den Arbeitgeber, 3 Anmeldevordrucke für Meldungen des Arbeitgebers bei der zuständigen Krankenkasse u. einen Anforderungsvordruck für ein neues V. enthält. Statt der früheren Aufrechnungsbescheinigungen bekommt der Versicherte von seinem Arbeitgeber Durchschriften der ausgefüllten Versicherungskarten.

Versicherungsnummer →Versicherungsausweis.

Versicherungspflicht, entweder gesetzl. Verpflichtung zum Abschluß einer Versicherung, wie z.B. *Kraftfahrzeughaftpflichtversicherung,* oder wie in allen Teilen der *Sozialversicherung* von Gesetzes wegen eintretende Zwangsversicherung eines bestimmten Personenkreises. Die Voraussetzungen der V. sind in den einzelnen Zweigen der Sozialversicherung unterschiedl. geregelt. In der *Angestelltenversicherung* u. in der *Arbeiterrentenversicherung* besteht V. ohne Rücksicht auf die Höhe des Einkommens, in der *Krankenversicherung* für Arbeiter ohne Rücksicht auf die Höhe ihres Lohns u. für Angestellte bis zu einem Monatseinkommen von 3150,– DM.

Versicherungspolice [-pɔ'lisə; frz.], *Versicherungsschein,* die vom Versicherer ausgestellte Urkunde für den Versicherungsnehmer über die abgeschlossene Versicherung.

Versicherungsrecht, die rechtl. Regelung der privaten Versicherung u. der Sozialversicherung. →auch Versicherung, Sozialversicherung.

Versicherungsteuer, aufgrund des V.gesetzes in der Fassung vom 24. 7. 1959 vor allem bei Sach-

	1880	1890	1900	1920	1930	1940	1950	1960	1970	197
Europa	3	4	4	5	11	14	20	22	30	3
Sowjetunion		1	2	2	2	2	2	4	10	1
Vorderasien							1	2	2	
Süd- und Südostasien					2	2	6	12	18	2
Ostasien	1	2	3	7	7	9	16	23	27	3
Afrika					1	1	1	3	6	1
Nordamerika	1	3	3	4	5	6	11	21	31	3
Mittelamerika						1	1	1	4	
Südamerika				2	2	4	4	7	11	1
Australien					1	2	2	2	2	
Insgesamt	5	10	12	20	31	41	64	97	141	18

Anzahl der Millionenstädte von 1880–1978

Typische Verstädterungszone in Loosduinen am Stadtrand von Den Haag, Niederlande. Durchdringung von Wohn-

versicherungen zusammen mit der Prämie erhobene Steuer. Steuerpflichtig sind Versicherungen, die im Inland befindl. Gegenstände betreffen oder die mit Personen abgeschlossen sind, die bei Prämienzahlung ihren Wohnsitz oder dauernden Aufenthalt in der BRD haben. Die Steuersätze schwanken zwischen 2 u. 5% der Prämie.

Versicherungsverein auf Gegenseitigkeit, Abk. *VVaG,* genossenschaftsähnliche Rechtsform für ein Versicherungsunternehmen, dessen Mitglieder zugleich Versicherungsnehmer u. Versicherer sind; mitunter werden Versicherungsverträge in beschränktem Ausmaß auch mit Nichtmitgliedern abgeschlossen. VVaG sind bes. in der Lebens- u. Krankenversicherung anzutreffen. Durch Rückversicherungen wird die Gefahr von Nachschüssen für die Mitglieder im allg. ausgeschlossen.

Versicherungszeiten, Zeiten in der gesetzl. Rentenversicherung, die für die *Wartezeit* (180 Monate bei Altersruhegeld, sonst 60 Monate) als Voraussetzung einer Rentenleistung u. für die Berechnung der Rentenhöhe maßgebend sind. V. sind *Beitragszeiten* (Zeiten, für die Beiträge wirksam entrichtet sind oder als entrichtet gelten) u. *Ersatzzeiten* (Zeiten ohne Beitragsleistung). V. nicht im eigentl. Sinn sind die *Ausfallzeiten* u. die *Zurechnungszeit;* sie werden lediglich bei der Rentenberechnung berücksichtigt.

Versiegelung, der amtliche Verschluß von Sachen in amtl. Verwahrung durch ein Siegel. →auch Siegelbruch.

Versifex [lat.], Reimeschmied.

versifizieren, Prosatexte in Versform bringen.

versilbern, Gegenstände mit einem Silberüberzug versehen; geschieht heute meist auf galvanischem Wege (→Galvanostegie). *Kalt-V.,* Eintauchen in eine Lösung von Silbernitrat (Höllenstein) u. Cyankalium oder Einreiben mit einer Paste aus Silberchlorid, Weinstein u. Natriumchlorid. *Feuer-V.,* Einreiben mit Silberamalgam; beim Erhitzen verdampft das Quecksilber, u. Silber bleibt haften.

Verslehre, Metrik, die Wissenschaft vom →Vers.

Versmold [fɛrs-], Stadt in Nordrhein-Westfalen (Ldkrs. Gütersloh), westl. von Bielefeld, 18500 Ew.; Fleischwarenfabriken.

Versnovelle, eine Novelle in Versform; z.B. „Meier Helmbrecht" von *Wernher dem Gartenaere;* eine bekannte Sammlung von V.n sind G. Chaucers „Canterbury-Erzählungen".

verso →Blatt (2).

Versöhnungstag, hebr. *Jom Kippur,* jüd. Buß- u. Sühnetag, wird am 10. Tischri (zwischen Mitte Sept. u. Mitte Okt.) als letzter der 10 Bußtage mit strengem Fasten, Sabbatruhe u. ununterbrochenem Gebet begangen, ursprüngl. auch Austreibung des „Sündenbocks" in die Wüste.

Versorgung, im öffentl. Dienstrecht die materielle Sicherstellung der Beamten nach ihrem Ausscheiden aus dem aktiven Dienst durch Gewährung von →Ruhegehalt, Hinterbliebenen-V. (Fortgewährung der Dienstbezüge für den Sterbemonat, Sterbegeld, Witwen- u. Waisengeld), Unfallfürsorge, Abfindungen, Übergangsgeldern u. Unterhaltsbeiträgen (z.B. nach §§ 105–169 des Bundesbeamtengesetzes). Die V. ist zu unterscheiden von der →Besoldung.

Versorgungsanstalt des Bundes und der Länder, 1929 gegr. Anstalt des öffentl. Rechts, Sitz: Karlsruhe. Bei ihr können Personen versichert werden, die bei Verwaltungen, Körperschaften, Anstalten u. Stiftungen des öffentl. Rechts oder bei Unternehmungen, die von einer öffentl. Verwaltung maßgebl. beeinflußt werden, in Dienst stehen. Die Anstalt gewährt Ruhegeld, Witwenrente, Witwerrente, Waisenrente u. Sterbegeld.

Versorgungsbetriebe, *Versorgungsunternehmen, Versorgungseinrichtungen,* die öffentlichen, meist kommunalen Einrichtungen zur Versorgung der Bevölkerung mit Energie (Elektrizität, Gas), Wasser u. zur Abführung von Abfallstoffen. Sie werden entweder als →Eigenbetrieb oder in privatrechtl. Form (z.B. als AG) betrieben.

Versorgungsnetz, Rohr- oder Drahtleitungssystem (Überlandleitungen) zur Versorgung der Bevölkerung mit Wasser u. Energie (Elektrizität, Gas). →Verbundbetrieb.

Versroman, eine vom Inhalt her als Roman bestimmte Erzählung in Versform; in erster Linie der Ritterroman der höf. Dichtung des MA.

verst., Abk. für *verstorben,* Zeichen †.

Verstaatlichung →Sozialisierung.

Verstädterung, das Wachstum der Städte im Zeitalter der Industrialisierung, die Verlagerung des Schwergewichts des sozialen Lebens vom Land in die Stadt u. die Durchdringung des Landes mit städtischen Lebensformen. Die rasche Entwicklung der Industrie seit dem Anfang des 19. Jh. ließ die meisten Städte sehr schnell wachsen. Es entstanden unansehnl. Industrieviertel, häßliche Arbeitersiedlungen u. lebensfeindl. Wohnvorstädte, u. es erwuchsen vielfältige Probleme der Versorgung, der Hygiene u. des Verkehrs. Erst in unserer Zeit unternimmt man erhebliche Anstrengungen, diese Probleme zu lösen, da der Prozeß der V. fortschreitet u. die direkten Auswirkungen auf die Umwelt des Menschen immer deutlicher zutage treten (z.B. Luftverschmutzung u. -vergiftung durch weitere Motorisierung des individuellen Straßenverkehrs; Wasserverschmutzung durch unzureichende Müllbeseitigung).

Der Vorgang der V. ließ nicht nur einzelne Großstädte, sondern auch ganze Gruppen von Städten entstehen, die zwar noch in einzelne Verwaltungseinheiten zerfallen, aber längst zu einem einzigen Stadtgebiet zusammengewachsen sind. Ein Beispiel dafür ist das →Ruhrgebiet, das zur „größten Stadt" Mitteleuropas geworden ist.

In vielen Gebieten der Erde verwischen sich die Grenzen zwischen Stadt u. Land, etwa in Nordfrankreich im Raum Lille–Roubaix–Tourcoing, in Westholland im Gebiet Amsterdam–Den Haag–Rotterdam *(Randstad),* in der Ukraine im Gebiet Stalino–Makejewka–Gorlowka–Kramatorsk–Kadijewka–Woroschilowgrad, in den USA in den Stadtgürteln Boston–Providence–New York–Philadelphia–Baltimore–Washington u. Pittsburgh–Cleveland–Detroit–Chicago, in Dtschld. z.B. im Rhein-Main-Gebiet Wiesbaden–Mainz–Frankfurt–Offenbach. Auch außerhalb der großen Industrieländer breitet sich der Prozeß der V. immer mehr aus; so gibt es etwa in Indien im Tal des Ganges, in China am Yangtze Kiang u. in Ägypten im Nildelta riesige Stadtlandschaften.

Nur selten hat die amtl. Verwaltungsgliederung mit diesem stürmischen Stadtwachstum Schritt gehalten. So hat etwa Los Angeles auf seinem amtl.

Negative Auswirkung der Verstädterung: Elendsviertel in La Paz, Bolivien

...ebieten verschiedener Bauweise und landwirtschaftlichen Sonderkulturen

Stadtgebiet von 1218 qkm 2,8 Mill. Ew., in der Metropolitan Area von 4400 qkm aber über 7 Mill. Ew. Die Zahl der Millionenstädte, die 1870 nur 5 betrug (London, Paris, Peking, Tokio, New York), liegt heute bei etwa 180; die Zahl der Großstädte mit über 100000 Ew. ist allein in den letzten 25 Jahren von etwa 875 auf ca. 1600 gestiegen, ihr Anteil an der Bevölkerung der Erde von 13 auf 22%. Insgesamt wohnen heute schon mehr als 40% der Menschheit in Städten. In der BRD beträgt der Anteil der Stadtbevölkerung heute über 80% (Dtschld. 1816: 25%, 1900: 55%), in der Sowjetunion 60% (1900: 12%), in Indien über 20% (1900: 10%). →auch Landflucht, Stadtregion, Raumordnung. – ⊡ 6.0.5.

Verstand, allg. die Fähigkeit, sinnliche oder gedankliche Inhalte im Denken aufzunehmen, zu entwickeln oder zu beurteilen; nach *Kant* das Vermögen zu urteilen, auch das Vermögen begriffl. Erkenntnis im Unterschied zur Anschauung; seit *Hegel* vielfach als bloß zergliederndes, endliches Erkenntnisvermögen *Vernunft* u. *Geist* untergeordnet. →auch Intellekt.

verstärken, 1. *Militär:* →Geländeverstärkung.
2. *Photographie:* eine größere Dichte bei unterbelichteten Schwarzweißnegativen durch Nachbehandlung mit *Verstärkern* erzielen, z.B. wäßrigen Lösungen von Quecksilberchlorid, Kupfersulfat oder Urannitrat *(Uranverstärker)*. Die Quecksilberverstärkung kann auch kontraststeigernd sein.

Verstärker, elektron. Gerät zur Verstärkung einer Wechselspannung *(Spannungsverstärkung)* oder einer Wechselstromleistung *(Leistungsverstärkung)*. Die zahlreichen verschiedenen Schaltungen der modernen V. beruhen alle auf den Eigenschaften der Elektronenröhre bzw. des Transistors. Meist werden mehrere *V.stufen* hintereinandergeschaltet (gekoppelt), um die Gesamtverstärkung zu erhöhen. Der *Verstärkungsfaktor* gibt das Verhältnis der Ausgangs- zur Eingangsspannung an. →Elektronenröhre.

Verstärkerröhre →Elektronenröhre.

Verstauchung, *Distorsion*, Zerrung, Überdrehung und Zerreißung von Gelenkbändern u. -kapsel infolge gewaltsamer Überschreitung der normalen Beweglichkeitsgrenze eines Gelenks durch übermäßige oder falsche Bewegung; bes. häufig an Hand-, Fuß- u. Kniegelenken.

verstehen, allg. den Sinn u. Zusammenhang von etwas erfassen. Grundmethode der modernen *Geisteswissenschaften*, die seit W. *Dilthey* direkt als „verstehende Wissenschaften" angesehen werden. Hier bedeutet v. ein unmittelbar sinnlich Gegebenes auf einen inneren Sinn hin transzendieren.

Versteigerung, 1. *Recht:* das Ausbieten von Sachen oder Rechten gegen Höchstgebot. Sie erfolgt entweder freiwillig oder im Rahmen der Zwangsvollstreckung (→auch Pfandrecht) oder als Selbsthilfe zur Verwertung von geschuldeten Sachen bei Annahmeverzug des Gläubigers oder bei drohendem Verderb einer Pfand- oder Fundsache. Eine *öffentliche V.* erfolgt durch Gerichtsvollzieher (so immer in der Zwangsvollstreckung) oder durch bes. zugelassene gewerbsmäßige *Versteigerer* (Verordnung über gewerbsmäßige Versteigerungen in der Fassung vom 1. 6. 1976). Die V. ist zu unterscheiden von der →Zwangsversteigerung von Grundstücken.
2. *Wirtschaft:* der öffentliche Verkauf einer Ware an den Meistbietenden. Je nach der Handelsstufe, auf der die V. vorgenommen wird, unterscheidet man zwischen *Großhandels-V.* (bes. Gemüse, Obst, Fisch, Holz, Wein) u. *Einzelhandels-V.* (bes. Briefmarken, Kunstwerke, Bücher). →auch Veiling.

Versteinerungen →Fossilien.

Verstellpropeller, eine →Schiffsschraube, deren Flügelsteigung in Größe u. Richtung während des Laufs verstellbar ist, so daß Stärke u. Richtungssinn des Schubs bei gleicher Antriebsdrehzahl u. Drehrichtung verändert werden können. Auch bei Flugzeugen verwendet (→Luftschraube).

Versteppung, durch die Tätigkeit des wirtschaftenden Menschen (Rodung, Anbau von Monokulturen, falsche Bodenbearbeitungsweisen) u. deren Folgen (Grundwassersenkung, Klimaänderung) verursachte bzw. beschleunigte Verwandlung des Walds in eine „Kultursteppe" im Gegensatz zur →Verbuschung. →auch Erosion.

Verstockung (des Holzes), zungenförmig von der Hirnholzfläche aus in das Holzinnere vordringende rötlichbraune Holzverfärbung (Erstickung), geht später in →Weißfäule über; Festigkeitsminderung im allgemeinen erst bei beginnender Weißfleckigkeit.

Verstopfung, *Obstipation, Konstipation, Stuhl-V., Hartleibigkeit*, unregelmäßige, erschwerte oder ausbleibende Darmentleerung.

Verstrebungen, *Bautechnik:* schräg angreifende Stützen wie Strebepfeiler, stählerne oder hölzerne Streben, die eine Tragkonstruktion gegen seitl. Verschieben sichern.

Verstrickung, staatl. Beschlagnahme eines Gegenstands durch ordnungsgemäße →Pfändung. Mit der V. geht die Verfügungsmacht vom Schuldner auf den Staat über. Bei der Pfändung von bewegl. Sachen entsteht die V. mit der *Pfändung durch den Gerichtsvollzieher* (§808 ZPO), bei der Rechtspfändung durch den *Pfändungsbeschluß* (§829 ZPO). →Verstrickungsbruch.

Verstrickungsbruch, *Arrestbruch, Pfandbruch*, vorsätzl. Beiseiteschaffen, Zerstören oder sonstiges Entfernen von Sachen, die gepfändet oder sonst dienstl. in Beschlag *(Verstrickung)* genommen sind; strafbar nach § 136 StGB. – Ähnl. in der Schweiz nach Art. 169 u. 289 StGB; ähnl. auch in Österreich nach §§271 StGB: V. wird mit Freiheitsstrafe bis zu sechs Monaten oder mit Geldstrafe geahndet.

Versuch, 1. *Sport:* die einmalige Ausführung einer sportl. Übung als Teil eines Wettkampfs. In der *Leichtathletik* haben Weitspringer u. Werfer im Vorkampf 3 V.e, Endkampfteilnehmer 3 weitere; Hochspringer haben für jede Höhe 3 V.e. Beim *Gewichtheben* hat der Heber für jedes Gewicht 3 V.e. Bei diesen Sportarten spricht man je nach Korrektheit der Ausführung von *gültigem* oder *ungültigem V.* Beim *Rugby* bezeichnet man es als V. (= 3 Punkte), wenn ein Spieler den Ball im gegner. Malfeld auf den Boden legt.
2. *Strafrecht:* die Vornahme von Handlungen, die den Anfang der Ausführung eines Verbrechens oder Vergehens darstellen, mit dem Vorsatz der betr. Straftat, ohne daß die Tat vollendet wird. Nach der Neufassung des Allgemeinen Teils des StGB der BRD, die am 2. 1. 1975 in Kraft gesetzt worden ist, stellt sich die Rechtslage folgendermaßen dar: V. ist das unmittelbare Ansetzen zur Verwirklichung eines Straftatbestands (wobei die Vorstellung des Handelnden von der Tat maßgebend ist), ohne daß die Tat vollendet wird (§22 StGB). Hat der Täter aus grobem Unverstand verkannt, daß der V. nach der Art des Gegenstands, an dem, oder des Mittels, mit dem die Tat begangen werden sollte, überhaupt nicht zur Vollendung führen konnte, so kann das Gericht nach §§23 Abs. 3, 49 Abs. 2 StGB von Strafe absehen oder sie nach seinem Ermessen mildern. Straflos sind danach u.a. der *abergläubische V.* u. das *Wahndelikt*. Der V. ist stets bei Verbrechen strafbar, bei Vergehen nur, wo es im Gesetz ausdrückl. bestimmt ist (§23 Abs. 1 StGB), z.B. bei Betrug, Diebstahl, Unterschlagung, Nötigung, Erpressung, Hehlerei, Sachbeschädigung. Die Strafe des V.s kann gemildert werden (§§23 Abs. 2, 49 Abs. 1 StGB).
Die strafrechtl. Definition des V.s ist in Österreich ähnl. wie in der BRD (§ 15 Abs. 2 StGB). Im übrigen legt § 15 Abs. 3 des österr. StGB fest: „Der Versuch und die Beteiligung daran sind nicht strafbar, wenn die Vollendung der Tat mangels persönlicher Eigenschaften oder Verhältnisse, die das Gesetz beim Handelnden voraussetzt, oder nach der Art der Handlung oder des Gegenstands, an dem die Tat begangen wurde, unter keinen Umständen möglich war." Ähnlich auch in der Schweiz, doch enthält das schweizer. StGB folgende wichtige Bestimmungen (Art. 23): Ist das Mittel, womit jemand ein Verbrechen oder ein Vergehen auszuführen versucht, oder der Gegenstand, woran er es auszuführen versucht, derart, daß die Tat mit einem solchen Mittel oder an einem solchen Gegenstand überhaupt nicht ausgeführt werden könnte, so kann der Richter die Strafe nach freiem Ermessen mildern. Handelt der Täter aus Unverstand, so kann der Richter von einer Bestrafung Abstand nehmen. – ⊡ 4.1.4.
3. *Wissenschaft:* = Experiment.

Versuchsanstalten, *landwirtschaftl. V., forstl. V., Weinbau-, Obstbau-V.*, Institute des Bundes oder der Länder, der Landwirtschaftskammern, der Universitäten, der Max-Planck-Gesellschaft u.a., die neben Forschungsvorhaben die Aufgabe haben, durch Beratung u. durch Gutachten z.B. bei der Schädlingsbekämpfung mitzuwirken.

Versuchsschulen, staatl. anerkannte Sonderformen der Schulorganisation: Gesamtschulen, Einheitsschulen, Schulen mit differenziertem Mittelbau (Niedersachsen), Tagesheimschulen u.a., in denen pädagogische Aufgaben mit neuen Mitteln gelöst werden. V. wollen neue Formen u. Methoden des Unterrichts (Gesamt-, Epochalunterricht), Inhalte (musische Fächer) u. Erziehungsformen (Koedukation) erproben.

Versus memoriales [Mz.; lat.], Merkverse.

vert., Abk. für →vertatur!

Vert, *Cap V.* [-ˈvɛːr; frz., „grünes Kap"], *Kap Verde*, westlichster Punkt des afrikan. Festlands, bei Dakar, der Hptst. der Rep. Senegal.

vertatur! [lat.], Abk. *vert.*, Zeichen √, man wende!, man drehe um!

Vertauschungsgesetz →kommutatives Gesetz.

Vertauschungsrelation, in der Quantentheorie eine Formel, die bei der Multiplikation zweier „Operatoren", d.h. Rechengrößen, die physikal. Größen entsprechen, das Ergebnis einer Vertauschung der beiden Faktoren angibt. Die V.en sind grundlegende Axiome der Quantentheorie, auf denen der ganze mathemat. Formalismus aufbaut. Eine unmittelbare Folgerung der V. von Orts- u. Impuls-Operator z.B. ist die →Unschärferelation, die die gleichzeitige Meßbarkeit von Ort u. Impuls eines atomaren Teilchens einschränkt.

Vertebrata [lat.] →Wirbeltiere.

Verteidiger, 1. *Sport:* Abwehrspieler bei Ballspielen.
2. *Strafrecht:* der vom Beschuldigten zu seiner →Verteidigung gewählte oder bei notwendiger Verteidigung vom Gericht als *Offizial-V.* bestellte Rechtskundige. *Wahl-V.* kann jede natürliche, vom Gericht zugelassene Person sein, Offizial-V. dagegen nur ein bei einem Gericht der BRD zugelassener Rechtsanwalt, ein Rechtslehrer an einer Hochschule der BRD oder ein Rechtskundiger, der die 1. Prüfung für den Justizdienst bestanden hat u. darin seit mindestens einem Jahr u. drei Monaten beschäftigt ist, jedoch nicht bei dem Gericht, dessen Richter er zur Ausbildung überwiesen ist. Aufgrund des Ergänzungsgesetzes vom 20. 12. 1974 kann ein V. ausgeschlossen werden, wenn dringender Verdacht besteht, daß der Mißbrauch dieses Rechts zur Begehung weiterer Straftaten dient oder zur Gefährdung der Sicherheit in der Haftanstalt führt (§ 138a Abs. 2 StPO). Vom V. ist zu unterscheiden der *Beistand*, als der der Ehegatte u. der gesetzl. Vertreter eines Angeklagten in der Hauptverhandlung zuzulassen u. auf Verlangen zu hören ist u. im Vorverfahren nach richterl. Ermessen zugelassen werden kann (§§137–149 StPO). – Ähnlich in Österreich (§§39–45 StPO), grundsätzl. ähnlich auch in der Schweiz.

Verteidigung, 1. *Militär: Defensive*, alle Maßnahmen, um einen Angriff (Offensive) des Gegners zum Scheitern zu bringen.
2. *Strafprozeß:* die Vertretung der Interessen u. Rechte des Beschuldigten in jeder Lage des Verfahrens durch einen →Verteidiger. Diese ist in der BRD insbes. notwendig (*notwendige V.*; dabei erforderlichenfalls Bestellung eines *Offizialverteidigers* durch das Gericht), wenn die Hauptverhandlung vor dem Oberlandesgericht oder Landgericht in erster Instanz stattfindet; wenn die Tat ein Verbrechen ist oder der Beschuldigte sich bis zur Hauptverhandlung in mehr als 3monatiger Haft befunden hat u. nicht wenigstens 2 Wochen vor der Hauptverhandlung entlassen wurde; wenn Sicherungsverwahrung, Unterbringung in eine Heil- u. Pflegeanstalt oder Untersagung der Berufsausübung in Betracht kommt; wenn der Beschuldigte taub oder stumm ist oder die Hauptverhandlung gegen einen Abwesenden stattfindet.
Ähnliche Bestimmungen in Österreich u. in der Schweiz.

Verteidigungsfall, tatsächlicher Zustand einer Bedrohung der BRD durch einen äußeren Feind. Die Feststellung, daß der V. eingetreten ist, trifft nach Art. 115a GG der Bundestag mit Zustimmung des Bundesrats; der Beschluß wird vom Bundespräsidenten verkündet; mit der Verkündung befindet sich die BRD praktisch im Kriegszustand. Stehen einem rechtzeitigen Zusammentritt des Bundestags unüberwindl. Hindernisse entgegen u. verlangt die Lage außerdem unabweisbar ein sofortiges Handeln, so kann der *Gemeinsame Ausschuß* (→Notparlament) mit Zweidrittelmehrheit die Feststellung des V.s treffen (Verkündung ebenfalls durch den Bundes-Präs.).

Verteiler, 1. *Elektrotechnik: Sicherungs-V., Schalt-V.*, ein Kasten mit Anschluß- u. Verbindungsklemmen, in dem einzelne Leitungen mit-

einander verbunden werden. Meist liegt ein V. dort, wo sich ein Hauptkabel in mehrere Verbraucherleitungen verzweigt.
2. *Kraftfahrzeugtechnik: Zündverteiler*, in Verbrennungsmotoren ein umlaufender Schaltarm mit Kontaktscheibe; verteilt über die einzelnen Segmente der Scheibe den Zündstrom auf die Zündkerzen.
3. *Nachrichtentechnik:* Platte, Rahmen, Kasten oder Gestell mit Löt- oder Steckanschlüssen für elektr. Leitungen. Eingangs- u. Ausgangskontaktstifte können mit flexiblen, lose eingelegten *Schaltdrähten* beliebig verbunden („rangiert") werden. Am *Haupt-V.* einer Fernsprech-Ortsvermittlung werden die Teilnehmerschaltungen (Rufnummern) auf die einzelnen Kabeladern verteilt.
Verteilergetriebe →Differential.
Verteilung, 1. *Ökologie: Dispersion*, der jeweilige Lagezustand der Individuen einer tier. oder pflanzl. Bevölkerung im von ihr bewohnten engeren Raum (weiträumig, biogeographisch: →Verbreitung). Die V. kann vertikal oder horizontal, gleichmäßig oder ungleichmäßig, zufällig oder nicht zufällig sein.
2. *Wirtschaft: Distribution*, die Aufteilung des Volkseinkommens auf Personen- bzw. Einkommensgruppen *(personelle V.)* oder die Beteiligung (Funktion) der Produktionsfaktoren (die die Einkommenskategorien bestimmen: Lohn, Zins, Gewinn u.a.) am Produktionsprozeß (*funktionelle* oder *kategoriale V.*). Nach herrschender Lehre ist der produktive Beitrag der Faktoren für die Einkommens-V. entscheidend: Nach der *Grenzproduktivitätstheorie* verteilt sich das Einkommen gemäß den Erträgen der zuletzt im Produktionsprozeß eingesetzten Einheit eines Faktors. – ◻4.4.2.
Verteilungs-Chromatographie, ein chromatograph. Verfahren (→Chromatographie), bei dem die Trennung der Stoffe durch ihre unterschiedl. Löslichkeit in der stationären Phase (z.B. eine mit einem Lösungsmittel A getränkte Säule aus Kieselgel) u. der mobilen Phase (ein Lösungsmittel B, das die zu trennenden Stoffe enthält) erfolgt.
Verteilungstermin →Verteilungsverfahren.
Verteilungsverfahren, gerichtliches Verfahren zur Verteilung des bei der →Zwangsvollstreckung oder der →Zwangsversteigerung erzielten Versteigerungserlöses an die Gläubiger (§§872ff. ZPO, 105ff. ZVG).
Verteilzeit, *Betriebsorganisation:* die Zeit, in der keine produktive Arbeit geleistet wird, z.B. Maschinenpflege, Werkstoff- u. Werkzeugbeschaffung. →Stückzeit.
verte, si placet [lat.], Abk. *v.s.pl.*, bitte wenden (bei Noten).
Verticillatae [lat.], Ordnung der apetalen, zweikeimblättrigen Pflanzen *(Apetalae)* mit der einzigen Familie *Kasuarinengewächse*.
Verticillium [lat.], saprophytisch lebende Gattung unvollständiger →Pilze, ruft Welkekrankheiten bei höheren Pflanzen hervor.
vertikale Gliederung, *vertikale Konzentration*, bei Unternehmungszusammenschlüssen die Verbindung von Unternehmen aufeinanderfolgender Produktionsstufen (z.B. Spinnerei u. Weberei); Gegensatz: *horizontale Gliederung*.
Vertikalintensität, die vertikale Komponente der auf die Magnetnadel wirkenden Gesamtkraft *(Totalintensität)* des erdmagnet. Feldes.
Vertikalkreis, 1. ein Großkreis am Himmelsgewölbe, der auf dem Horizont senkrecht steht u. durch den Zenit geht.
2. astronom. Instrument, das um eine vertikale u. eine horizontale Achse drehbar ist u. zur Messung der Höhe eines Sterns über dem Horizont dient. Ein V. wird auch zur Bestimmung der Deklination der Sterne benutzt.
Vertiko [der oder das; angebl. nach einem Berliner Tischler namens *Vertikow*], kleiner Zierschrank mit Aufsatz.
Vertisol [der; lat.], dunkler, tiefgründig humoser, tonreicher (über 30% Ton) Boden aus Silicatgesteinen in warmen wechselfeuchten Gebieten; zeigt in Trockenzeiten starke Schrumpfrisse. Zu V.-Böden zählen u.a. *Smonitza* (Balkan), *Grumusol* (USA), *Regur* (Indien), *Tirs* (Afrika); auch als *trop. Schwarzerden* bezeichnet.
Vertonung, *Filmtechnik:* Sammelbegriff für die Verfahren, Filme mit Sprache, Musik u. Geräuschen zu versehen. Zur Verfügung stehen Lichtton- u. Magnettonverfahren (→Tonfilm). Amateurschmalfilm wird meist auf einer Magnetton-Randspur nachvertont. Der Filmprojektor ist dazu mit einer kompletten Tonaufnahme- u. Wiedergabeeinrichtung ausgestattet. Nach Filmentwicklung u. Filmschnitt wird die Magnettonspur mit einem Bespurungsgerät aufgeklebt, beim Durchlauf durch den Tonprojektor werden Sprache u. Musik aufgesprochen u. aufgespielt *(Einbandverfahren)*. Das *Zweibandverfahren* arbeitet mit einem getrennt vom Film laufenden Tonbandgerät, das beim *Einheitstonsystem* (ETS) über eine Pilottonfrequenz den Projektorlauf synchron zum Ton steuert.
Vertrag, eine Rechtseinrichtung fast aller Rechtsgebiete, durch die Rechte u. Pflichten der *V.spartner (V.sparteien)* rechtsverbindl. festgelegt werden. Der *V.sabschluß* erfolgt in der Regel schon durch die Abgabe übereinstimmender Willenserklärungen der V.spartner *(Konsensual-V.)* in Form der Annahme eines *V.sangebots (Offerte)*, z.T. (z.B. beim Darlehns-V. oder Pfand-V.) nur bei gleichzeitiger Übergabe von Gegenständen *(Real-V.)*. Der V. kann zwei- oder mehrseitiger V. sein u. unterscheidet sich damit vom einseitigen Rechtsgeschäft (z.B. Kündigung, Testament). Für den *gegenseitigen V.* (genauer: gegenseitig verpflichtender V.; auch *Austausch-V.*), bei dem die Partner derart gegenseitig verpflichtet werden, daß ihre Verpflichtungen in ihrem Bestand voneinander abhängig sind, gelten im bürgerl. Recht die bes. Bestimmungen der §§320ff. BGB, bes. die *Einrede des nichterfüllten V.s.* Besonderheiten gelten außer für den *völkerrechtlichen V.* (→Staatsvertrag) u. den →Kollektivvertrag auch für die einzelnen Schuldverhältnisse u. die Verträge z.B. des Sachenrechts (Übertragung dinglicher Rechte, bes. →Auflassung, dingliches Vorkaufsrecht), des Familienrechts (Eheschließung, Verlöbnis, Annahme an Kindes Statt), Erbrechts (Erb-V.), Handelsrechts, Urheber- u. Verlagsrechts (→Lizenz, →Verlagsvertrag) sowie für den *öffentlich-rechtlichen V.* (Gegensätze: der einseitige Verwaltungsakt oder Regierungsakt) über Fragen des öffentl. Rechts, z.B. in der BRD zwischen Bund u. Ländern über die gemeinsame Verwaltung öffentl. Sachen, oder zwischen der öffentl. Gewalt u. einzelnen Staatsbürgern, z.B. über die Höhe einer Steuerpflicht (*Steuervereinbarung*, Gegensatz: der einseitige *Steuerbescheid*, der nicht V., sondern Verwaltungsakt ist). Der völkerrechtl. V. ist das wichtigste Mittel zur Ordnung der internationalen Beziehungen u. die bedeutendste Völkerrechtsquelle. 1969 wurde in Wien eine internationale „Konvention über das Recht der Verträge" abgeschlossen. – ◻4.0.0. u. 4.3.1.
Vertragsfreiheit, die grundsätzl. Befugnis des Bürgers, nach eigenem Belieben Verträge abzuschließen u. zu gestalten, vielfach als eines der →Grundrechte gewährleistet. Es herrschen *Abschluß-* u. *Gestaltungsfreiheit*, soweit nicht Gesetz u. gute Sitten dieser Freiheit Grenzen setzen.
Vertragsgericht, in der DDR eine staatl. Stelle, die bei Streitigkeiten aus Wirtschaftsverträgen u. sonstigen vermögensrechtl. Streitfällen zwischen Behörden, volkseigenen Betrieben u. diesen gleichgestellten Organisationen entscheidet sowie wegen Verletzung der Vertragsdisziplin Sanktionen verhängen, zudem aber auch im Schiedsverfahren tätig werden kann. Die V.sbarkeit ist gegliedert in das *Zentrale V.* u. die *Bezirks-V.e.* Rechtsgrundlage ist die *V.sordnung* der DDR vom 18. 4. 1963 in der Fassung vom 12. 3. 1970.
Vertragsspieler, *Fußball:* in der BRD früher ein Spieler, der Fußballspielen als Nebenberuf (weder Amateur noch Berufssportler) ausübte u. dafür eine Vergütung (Grundgehalt u. Prämie) erhielt. Den Status des V.s, der Angestellter eines Vereins mit V.abteilung (in der BRD die Vereine der Regionalligen) war, gibt es in der BRD seit Einführung der →Zweiten Bundesliga nicht mehr. →auch Lizenzspieler.
Vertragsstaaten, die heutige *Union Arabischer Emirate*.
Vertragsstrafe, *Konventionalstrafe*, aufgrund besonderer Vereinbarung bei Nichterfüllung oder Schlechterfüllung eines Vertrags vom Schuldner zu zahlende Geldsumme (Gegensatz: *Reugeld*). Ist eine verwirkte V. unverhältnismäßig hoch, so kann sie auf Antrag des Schuldners durch Urteil auf den angemessenen Betrag herabgesetzt werden (§§339ff. BGB).
Vertragsverletzungen, *Vertragsbruch*, das Nichteinhalten von Verpflichtungen, die aufgrund eines Vertrags bestehen. Sie liegen vor bei *Nichterfüllung* (auch wegen →Unmöglichkeit der Leistung), *Verzug* u. *Schlechterfüllung (positive Vertragsverletzung)*. Sie berechtigen unter Umständen zum →Rücktritt oder (und) zum →Schadensersatz; in Ausnahmefällen (z.B. beim Heuervertrag, im 2. Weltkrieg auch beim Arbeitsvertrag) werden sie auch bestraft.
Vertrag über deutsch-französische Zusammenarbeit, *deutsch-französischer Freundschaftsvertrag*, am 22. 1. 1963 in Paris geschlossener Vertrag zur Förderung u. Intensivierung der Solidarität u. Zusammenarbeit zwischen der BRD (Adenauer) u. Frankreich (de Gaulle).
Vertrag zugunsten Dritter, ein Vertrag, durch den eine Leistung an einen Dritten mit der Wirkung vereinbart wird, daß dieser unmittelbar das Recht erwirbt, sie zu fordern (§§328ff. BGB). Verpflichtet sich in einem Vertrag der eine Teil zur Befriedigung eines Gläubigers des anderen Teils, ohne die Schuld zu übernehmen, so ist im Zweifel nicht anzunehmen, daß der Gläubiger unmittelbar das Recht erwerben soll, die Befriedigung von ihm zu fordern *(Erfüllungsübernahme)*. – Ähnlich in Österreich (§§881f. ABGB) u. in der Schweiz (Art. 112 OR).
Vertrauensarzt, ein von bestimmter Seite (z.B. Krankenkasse, Versicherungsanstalt) ins Vertrauen gezogener Arzt, zu dessen Aufgaben die Beurteilung von Gesundheitszustand, Unfallfolgen, Arbeitsfähigkeit u.ä. gehört.
Vertrauensfrage, die in der parlamentarischen Demokratie von der Regierung an das Parlament gestellte Frage, ob sie das Vertrauen des Parlaments besitze, was praktisch die Zustimmung zur oder Ablehnung der Regierungspolitik bedeutet. Für die BRD bestimmt Art. 68 GG: „Findet ein Antrag des Bundeskanzlers, ihm das Vertrauen auszusprechen, nicht die Zustimmung der Mehrheit der Mitglieder des Bundestages, so kann der Bundespräsident auf Vorschlag des Bundeskanzlers binnen 21 Tagen den Bundestag auflösen. Das Recht zur Auflösung erlischt, sobald der Bundestag mit der Mehrheit seiner Mitglieder einen anderen Bundeskanzler wählt. Zwischen dem Antrag u. der Abstimmung müssen 48 Stunden liegen." Diese Bestimmungen fanden bei der Auflösung des Bundestags im Herbst 1972 erstmals Anwendung. →auch Mißtrauensvotum.
Vertrauensschaden, der Schaden, den eine Partei dadurch erlitten hat, daß sie auf die Gültigkeit einer Erklärung vertraute *(negatives Interesse)*; Gegensatz: das positive Erfüllungsinteresse.
Vertrauensvotum, der in der parlamentarischen Demokratie auf eine *Vertrauensfrage* gefaßte Beschluß des Parlaments, der Regierung das Vertrauen auszusprechen oder ein beantragtes →Mißtrauensvotum abzulehnen.
vertretbare Sachen, *fungible Sachen*, bewegliche Sachen, die im Geschäftsverkehr nach Zahl, Maß oder Gewicht bestimmt werden, z.B. Geld, Getreide, Kohlen (§91 BGB).
Vertreter →Handelsvertreter, →Vertretung.
Vertretung, allg. das Handeln anstelle eines anderen (Stellvertretung). Im einzelnen: 1. *offene V. (unmittelbare, direkte V.)*, das als solches erkennbare Handeln im Namen eines anderen mit unmittelbarer Rechtswirkung für u. gegen ihn. Die Befugnis zur V., die *V.smacht*, beruht auf Gesetz oder Rechtsgeschäft. *Gesetzliche V.smacht* haben z.B. die Eltern des ehelichen Kindes, die Mutter des nichtehel. Kindes, der Vorstand eines eingetragenen Vereins oder einer AG u. die →Geschäftsführung einer GmbH. *Rechtsgeschäftliche V.smacht* wird begründet durch →Vollmacht des Vertretenen, im Handelsrecht insbes. durch →Prokura u. →Handlungsvollmacht sowie durch Abschlußvollmacht für den →Handelsvertreter. Bei *rechtsgeschäftlicher V. ohne V.smacht* hängt die Wirksamkeit meist von der Genehmigung des Vertretenen ab. Die grundsätzl. Regelung der V. enthalten die §§164–181 BGB.
2. *verdeckte V. (mittelbare, indirekte V.)*, das Handeln im eigenen Namen, aber in fremdem Interesse. Es führt grundsätzl. keine unmittelbaren Rechtsbeziehungen u. -wirkungen zwischen dem Vertretenen u. dem Geschäftsgegner des in verdeckter V. Handelnden herbei. Verdeckte Vertreter sind z.B. →Kommissionär u. →Spediteur.
3. *Ersetzung (Substitution)*, das Handeln anstelle einer anderen Person, aber nicht in deren Interesse, sondern im Interesse eines gemeinsamen Interessenten; bes. in der Behördenorganisation, in der der „Vertreter" nicht für den „Vertretenen" (Kollegen, Vorgesetzten), sondern ebenso wie dieser für die betr. Behörde handelt. – ◻4.3.2.
Vertretungsmacht, Befugnis zur rechtsgeschäftl. Vertretung einer (natürl. oder jurist.) Person, be-

ruhend auf Vertrag (→Vollmacht, →Auftrag) oder auf Rechtsvorschriften; Handelsrecht: →Prokura, →Handlungsvollmacht. →auch Vertretung.

Vertrieb, Absatz von Waren; kann direkt (Produzent wendet sich direkt an den Konsumenten) oder indirekt (über den Handel) erfolgen.

Vertriebene, engl. *expellees*, alle aus ihrer Heimat ausgewiesenen Gruppen oder nationalen, rass. oder religiösen Minderheiten. Im dt. Sprachgebrauch wird die Bez. vor allem für die nach dem 2. Weltkrieg aus den Gebieten östl. der Oder-Neiße-Linie u. aus der Tschechoslowakei ausgewiesenen Deutschen verwendet, unscharf auch für die →Flüchtlinge aus diesen Gebieten. →Heimatvertriebene. – 🄻 5.9.1.

Vertriebsgesellschaft, ein rechtl. selbständiger, meist in der Rechtsform der GmbH oder AG geführter Teil einer →Doppelgesellschaft. Die V. übernimmt die Erzeugnisse der *Produktionsgesellschaft* zum Kostenpreis oder einem sonstigen Sonderpreis u. tritt für die Produktionsgesellschaft am Markt als Verkäuferin auf.

Verunglimpfung, 1. in der BRD eine Form der →Staatsgefährdung, die öffentl., in einer Versammlung oder durch Verbreiten von Schriften, Schallaufnahmen, Abbildungen oder Darstellungen erfolgt: 1. *V. des Bundespräsidenten*, strafbar nach § 90 StGB, verfolgbar nur mit Ermächtigung des Bundespräsidenten; 2. *V. der BRD*, eines ihrer *Länder* oder ihrer *verfassungsmäßigen Ordnung* durch Beschimpfung oder böswilliges Verächtlichmachen, strafbar nach § 90a Abs. 1 Nr. 1 StGB; 3. *V.* der *Farben, Flagge, Wappen* oder *Hymne* der BRD oder eines ihrer Länder, strafbar nach § 90a Abs. 1 Nr. 2 StGB; 4. *V. eines Gesetzgebungsorgans, der Regierung oder des Verfassungsgerichts* des Bundes oder eines Landes insgesamt oder in einem ihrer Mitglieder in staatsgefährdender Weise u. Absicht, strafbar nach § 90b StGB, verfolgbar nur mit Ermächtigung des betr. Organs bzw. Mitglieds. – Ähnlich in Österreich nach § 248 StGB.
2. *V. des Andenkens Verstorbener*, strafbar nach § 189 StGB.

Veruntreuung, schwerer Fall der →Unterschlagung; →auch Untreue.

Veruntreuungsversicherung, *Personen-Garantieversicherung* →Garantieversicherung.

Verus, Lucius Aelius Aurelius Commodus, als *Lucius Aurelius Verus* röm. Kaiser 161–169, * 15. 12. 130 Rom, † 169 Altinum, Venetien; von seinem Adoptivbruder *Marc Aurel* zum Mitkaiser erhoben u. mit der Abwehr der Parther beauftragt.

Vervielfältigung, körperliche Festlegung eines Werks der Literatur, der bildenden Kunst oder der Tonkunst zur Wahrnehmung durch die menschl. Sinne. →auch Urheberrecht.

Vervielfältigungsgeräte, Büromaschinen, die zur schnellen Herstellung einer größeren Anzahl Exemplare von Schriftstücken wie Rundschreiben, Formulare, Preislisten dienen. Beim *Spirit-Umdruckverfahren* wird der Text mit der Schreibmaschine oder von Hand auf Kunstdruckpapier geschrieben, dem ein Farbblatt untergelegt ist. Die Umdruckfarbe haftet in Spiegelschrift. Im Vervielfältigungsgerät geschieht die Farbübertragung vom so hergestellten Original durch Andrücken des mit einer Spiritusmischung angefeuchteten Vervielfältigungspapiers; es sind 100 bis 300 Abzüge möglich. Beim *Schablonenverfahren* (Wachsmatrizenverfahren) wird ein mit farbundurchlässiger Substanz präpariertes Spezialpapier mit der Maschine ohne Farbband beschriftet. An den Anschlagstellen ist die farbundurchlässige Schicht verdrängt. Im Gerät erfolgt durch diese Stellen die Farbübertragung auf das Papier (bis etwa 3000 Abzüge). Ein Hochdruckverfahren ist das *Metallblattverfahren*, bei dem ein Aluminiumblatt mit der Schreibmaschine ohne Farbband beschriftet wird. Der Text steht erhaben auf der Matrize u. wird zur Vervielfältigung eingefärbt (Auflagen von einigen 10000 möglich). *Kleinoffset-V.* arbeiten nach dem Offsetdruckverfahren (→Flachdruck). Adressiermaschinen verwenden vielfach Metallplatten, in die der Text mit einer Prägemaschine erhaben eingeprägt wird. Es handelt sich um ein Hochdruckverfahren. →auch Lichtpause, Photokopie, Xerographie.

Verviers [vɛr'vjeː], Stadt in der belg. Prov. Lüttich, an der Vesdre, 34400 Ew.; Woll-, Leder-, Metall-, Maschinen- u. Nahrungsmittelindustrie.

verw., Abk. für *verwitwet*.

Verwahrfund →Depotfund.

Verwahrlosung, körperliche u. seelische Verfassung eines Menschen, die seine Gemeinschaftsfähigkeit einschränkt. Sie zeigt sich als Mangel an Selbstachtung, Fehlen der sittl. Energie u. Ausdauer, Vorherrschen der Triebhaftigkeit. Die →Fürsorgeerziehung u. die →Jugendhilfe sollen Voraussetzungen für die Resozialisation gefährdeter oder verwahrloster Jugendlicher schaffen.

Verwahrung, 1. *allg.:* altertümliche Bez. für die Aufnahme u. Betreuung von Personen.
2. *bürgerl. Recht:* die Aufbewahrung einer bewegl. Sache des *Hinterlegers* durch den *Verwahrer*, der bei *unentgeltlicher V.* nur für die von ihm in eigenen Angelegenheiten angewandte Sorgfalt einzustehen hat. Bei Übergabe vertretbarer Sachen gegen Rückgabe anderer solcher Sachen von gleicher Art, Güte u. Menge gelten die Vorschriften über das Darlehen (§§ 688–700 BGB). Die V. ist verwandt mit, aber zu unterscheiden von der →Hinterlegung. Rechtsstreitigkeiten aus *öffentl. V.* (z. B. in Schulen u. a. Amtsgebäuden) gehören kraft sog. traditioneller Zuständigkeit vor die ordentl. Gerichtsbarkeit (→auch Rechtsweg).

Verwahrungsbruch, das Zerstören, Beschädigen, Unbrauchbarmachen oder der dienstl. Verfügung Entziehen von Schriftstücken oder anderen bewegl. Sachen, die sich in dienstl. Verwahrung befinden; strafbar nach § 133 StGB.

Verwall, *Ferwall*, Gebirgsgruppe der österr. Zentralalpen im Grenzgebiet von Vorarlberg u. Tirol zwischen Montafon, Kloster-, Stanzer- u. Paznauntal, in der *Kuchenspitze* 3148 m u. im *Hohen Riffler* 3160 m.

Verwaltung, 1. *bürgerliches Recht:* die tätige Sorge (Geschäftsführung) für einen einzelnen Vermögensgegenstand oder für ein Vermögen.
2. *öffentliches Recht:* 1. *V. im materiellen Sinn*, Funktion der Staatsgewalt, die unmittelbar u. im einzelnen auf die Aufrechterhaltung oder Abänderung von bestimmten Lebensverhältnissen gerichtete Staatstätigkeit, die von den anderen „Gewalten" gesetzte Zwecke relativ selbständig gestaltend oder vollziehend ausführt. V. wird von allen Staatsorganen, am meisten aber von der V. (3) ausgeübt. Die V. im heutigen sozialen Rechtsstaat der BRD ist beherrscht von dem Grundsatz der →Gesetzmäßigkeit der Verwaltung, von der Verpflichtung, die Rechte der Bürger zu achten, ebenso wie von der Aufgabe, soziale Spannungen auszugleichen u. den sozial Schwächeren zu unterstützen.
2. *V. im formellen Sinn*, die formell als V.stätigkeit gekennzeichneten u. im *V.sverfahren* ergehenden staatl. Maßnahmen.
3. *V. im organisatorischen Sinn (Exekutive, V.sbehörden)*, die zur V. (2) berufenen Staatsorgane, Körperschaften, Anstalten u. Stiftungen des öffentl. Rechts u. sonstige mit Hoheitsbefugnissen ausgestattete Personen, Verbände u. Einrichtungen *(Beliehene)*.
4. *V. im funktionellen Sinn*, die gesamte Tätigkeit der V. (3), also über die V. (2) hinaus auch der Erlaß von Rechtsverordnungen u. die Entscheidung über Beschwerden (Gesetzgebung bzw. Rechtsprechung im materiellen Sinn). – Die V. (1–4) ist zu unterscheiden von Gesetzgebung, Rechtsprechung u. Verfassunggebung in den entsprechenden Bedeutungen (→auch Gewaltenteilung); ebenso auch von der Regierung, mit der zusammen sie vielfach als V. im weiteren Sinn bezeichnet wird. →auch vollziehende Gewalt. – 🄻 4.1.8.

Verwaltungsakademien, *Verwaltungs- und Wirtschaftsakademien*, Fortbildungsstätten für Beamte u. Angestellte des öffentl. Dienstes u. der Wirtschaft; führen Sonderkurse u. mehrsemestrige Lehrgänge (z. T. im Internat) durch. Erfolgreiche Absolventen erhalten Diplome u. werden im allg. bei Beförderungen bevorzugt.

Verwaltungsakt, eine Entscheidung oder andere hoheitliche Maßnahme, die von einer Verwaltungsbehörde zur Regelung eines Einzelfalls auf dem Gebiet des öffentl. Rechts getroffen wird (Gegensatz: *Verwaltungsvorschrift*) unter den verschiedensten Bezeichnungen, z. B. Anordnung, Bescheid, Beschluß, Entscheidung, Erlaubnis, Genehmigung, Konzession, Verfügung, u. U. auch Erlaß; sachlich z. B. Enteignung, Gewerbeerlaubnis, Polizeiverfügung u. Steuerbescheid. Die Fehlerhaftigkeit von V.en führt nur in bes. schweren Fällen u. bei Offensichtlichkeit des Fehlers zu ihrer →Nichtigkeit; im allg. sind sie (zunächst) wirksam u. unterliegen nur der →Anfechtung im Verwaltungsverfahren u. im Verfahren vor der *Verwaltungsgerichtsbarkeit*.
Der Begriff V. wird auch im schweizer. Verwaltungsrecht gebraucht. Der österr. Gesetzessprache ist er unbekannt (statt dessen meist: *Bescheid*, die bes. im Verwaltungsverfahren ergehende Verfügung). – 🄻 4.1.8.

Verwaltungsdienst, der öffentl. Dienst im Bereich der Verwaltung (zu unterscheiden vom →Justizdienst). Der V. wird bes. durch →Beamte des einfachen, mittleren, gehobenen u. höheren Dienstes versehen. Bestimmungen über die Voraussetzungen für die Aufnahme in den V., über die Beförderung u. a. sind für den Bereich des Bundes in der *Bundeslaufbahnverordnung* vom 15. 11. 1978 enthalten. Neben den Beamten sind im V. auch Angestellte u. Arbeiter beschäftigt. Die Ausübung hoheitsrechtl. Befugnisse soll aber in der Hand von Beamten liegen (Art. 33 Abs. 4 GG).

Verwaltungsgericht, Abk. *VG*, erstinstanzliches Gericht der *Verwaltungsgerichtsbarkeit* in der BRD. Die einzelne Kammer des V.s ist mit 3 Berufsrichtern u. 2 ehrenamtlichen *Verwaltungsrichtern* besetzt.

Verwaltungsgerichtsbarkeit, die Rechtsprechung in Sachen der *Verwaltung*. Regelung in der BRD verschieden für die *allg. V.* u. die *besondere V.* Organisation, Zuständigkeit u. Verfahren der allg. V. sind in der *Verwaltungsgerichtsordnung* vom 21. 1. 1960 festgelegt. Besondere V. ist in der BRD die *Sozialgerichtsbarkeit*, deren Organisation, Zuständigkeit u. Verfahren im *Sozialgerichtsgesetz* vom 3. 9. 1953 in der Neufassung vom 23. 9. 1975 geregelt ist, u. die *Finanzgerichtsbarkeit (Steuergerichtsbarkeit:* →Finanzgerichte u. →Bundesfinanzhof), deren Organisation, Zuständigkeit u. Verfahren sich nach der bundeseinheitl. *Finanzgerichtsordnung* vom 6. 10. 1965 richtet.
Die *allg. V.* ist dreistufig organisiert. In erster Instanz entscheiden in der Regel die *Verwaltungsgerichte*; darüber stehen die →Oberverwaltungsgerichte, die in einigen Ländern *Verwaltungsgerichtshöfe* heißen; höchstes Verwaltungsgericht der BRD ist das →Bundesverwaltungsgericht in Westberlin. Die Zuständigkeit der allg. V. erstreckt sich nach § 40 der Verwaltungsgerichtsordnung auf alle öffentl.-rechtl. Streitigkeiten nichtverfassungsrechtl. Art, soweit die Streitigkeiten nicht einem anderen Gericht (ordentl. Gericht, Finanzgericht, Sozialgericht, ferner auch Dienststraf- oder Disziplinargericht, Berufsgericht oder kirchl. Gericht) zugewiesen sind; dieser sog. *Verwaltungsrechtsweg* bezieht sich also außer auf öffentl.-rechtl. Streitigkeiten zwischen Trägern öffentl. Gewalt (z. B. zwischen Gemeinden) auch auf alle Eingriffe in die rechtl. Stellung des einzelnen Staatsbürgers durch die öffentl. Gewalt.
Das Verfahren der V. *(Verwaltungsgerichtsprozeß, Verwaltungsstreitverfahren)*, auf das subsidiär die Bestimmungen der Zivilprozeßordnung Anwendung finden, wird beherrscht von der *Untersuchungsmaxime* (das Gericht ermittelt von Amts wegen die für die Entscheidung erhebl. Tatsachen), dem Grundsatz des *Amtsbetriebs* (der Prozeßbetrieb liegt in der Hand des Gerichts, nicht der Beteiligten [Parteien]) u. dem *Dispositionsgrundsatz* (die Beteiligten können über den Streitgegenstand verfügen, d. h. z. B., sie können einen Vergleich schließen, der Kläger kann auf den mit der Klage erhobenen Anspruch verzichten, oder der Beklagte kann den Anspruch anerkennen). Es ist in der Regel mündlich. Die Erhebung einer Klage ist in bestimmten Fällen erst nach einem *Vorverfahren* über einen →Widerspruch (4) zulässig. *Rechtsmittel* gegen Entscheidungen der V. sind Berufung, Beschwerde u. Revision.
In der Schweiz gibt es eine V. nur in einzelnen Kantonen (z. B. in Bern u. Basel-Stadt) u. eine Verwaltungsrechtspflege des →Bundesgerichts, der auch Kantone ihre Verwaltungsrechtsstreitigkeiten überlassen können. Österreich: →Verwaltungsgerichtshof (2). – 🄻 4.1.8.

Verwaltungsgerichtshof, 1. zweitinstanzliches (höchstes) Verwaltungsgericht in drei dt. Ländern, nämlich für Bayern in München, für Hessen in Kassel, für Baden-Württemberg in Mannheim; →auch Oberverwaltungsgericht.
2. einziges Gericht der Verwaltungsgerichtsbarkeit in Österreich.

Verwaltungsgerichtsordnung, Abk. *VwGO*, Bundesgesetz zur Regelung der allg. →Verwaltungsgerichtsbarkeit in der BRD vom 21. 1. 1960, löste die nach Besatzungszonen u. Ländern zersplitterte Gesetzgebung über die Verwaltungsgerichtsbarkeit u. das Gesetz über das Bundesverwaltungsgericht von 1952 ab.

Verwaltungspolizei, früher auch *Wohlfahrtspo-*

lizei, zusammenfassende Bez. für die verschiedenen Spezialgebiete u. die diesen entspr. Organisationszweige der Polizei, die sachlich u. hinsichtl. der zu ihrer Beherrschung erforderlichen Kenntnisse eng mit dem betr. Verwaltungsgebiet verbunden u. dadurch von der allg. oder Sicherheitspolizei abgegrenzt sind, z.B. *Bau-*, *Gewerbe-*, *Gesundheitspolizei*. In mehreren Bundesländern heißen die damit beauftragten Behörden nicht Polizei-, sondern *Ordnungsbehörden*.

Verwaltungsrat, 1. Amtsbez. für Kommunalbeamte (→Stadtrat [2]).
2. Exekutivorgan des 1947–1949 bestehenden →Vereinigten Wirtschaftsgebiets (der „Bizone").
3. Aufsichtsorgan in öffentl.-rechtl. Körperschaften, Anstalten u. Stiftungen (z.B. V. der Anstalt „Zweites Deutsches Fernsehen").

Verwaltungsrecht, die Gesamtheit der Normen, die Einrichtung u. Tätigkeit der Träger öffentl. *Verwaltung* regeln. Die Rechtssätze des V.s sind über viele fortgeltende Reichsgesetze u. neuere Bundesgesetze, ältere u. neuere Landesgesetze, Gemeindesatzungen u. Verordnungen der verschiedenen Stufen verstreut. Das V. wird stark beeinflußt durch das Verfassungsrecht, in der BRD durch das →Grundgesetz; hier haben bes. die →Grundrechte eine große Bedeutung. – Wichtige Gebiete des *besonderen V.s* sind das Polizei- u. Ordnungsrecht, das Kommunalrecht (→Gemeinderecht), das Recht des öffentl. Dienstes, das Gewerberecht, das Baurecht, das Wege- u. Wasserrecht, das Steuerrecht, das Sozialversicherungsrecht u. das Recht der Sozialhilfe. – [L] 4.1.8.

Verwaltungsstaat, *Polizeistaat*, ein Staat, der die Regelungsgewalt vornehml. in den Händen der Exekutive (Regierung u. Verwaltung) beläßt (im Unterschied zum *Gesetzgebungsstaat* oder *Justizstaat*). Das rechtstechnische Mittel ist nicht das allg. geltende Gesetz, sondern die *Verordnung* oder der (ministerielle) *Erlaß*, die beide durch einen einfachen Akt der Verwaltung zurücknehmbar u. änderbar sind. Zu ihrem Erlaß bedarf die Verwaltung nicht der Zustimmung des Parlaments. Manche Bereiche der öffentl. Verwaltung – etwa das Schulrecht oder Teile des Wirtschaftsrechts – sind in der BRD noch heute vorwiegend verwaltungsstaatl. geregelt, was z.T. verfassungsrechtl. nicht unbedenklich ist.

Verwaltungsverfahren, das Verfahren der Verwaltungsbehörden im Unterschied zur Verwaltungsgerichtsbarkeit, umfaßt außer dem Setzen von *Verwaltungsakten* als den sachl. Verwaltungsentscheidungen auch die *Verwaltungsvollstrekkung*. Die rechtl. Regelung des V.s in der BRD war bis 1977 über zahlreiche Gesetze verstreut. Eine Zusammenfassung der allg. Verfahrensregelungen wurde mit dem *V.sgesetz* vom 25. 5. 1976 geschaffen. Das Gesetz gilt für die öffentl.-rechtl. Verwaltungstätigkeit der Bundesbehörden, bundesunmittelbaren Körperschaften, Anstalten u. Stiftungen des öffentl. Rechts, Behörden der Länder, Gemeinden u. Gemeindeverbände. Für die Ausführung des V.sgesetzes durch die Länder gilt das Gesetz nur subsidiär: es findet keine Anwendung, wenn die öffentl.-rechtl. Verwaltungstätigkeit der Behörden landesrechtl. durch ein V.sgesetz geregelt ist. – In der *Schweiz* ist das V. nach rechtsstaatl. Grundsätzen teils kantonal, teils durch den Bund geregelt. In *Österreich* finden sich Vorschriften über das V. wie ehemals in der BRD in zahlreichen Gesetzen.

Verwaltungsvermögen, die Gesamtheit der dem Staat zu Verwaltungszwecken zur Verfügung stehenden Vermögensteile (Amts-, Regierungsgebäude, Behördeneinrichtungen u.a.); Gegensatz: *Finanzvermögen*.

Verwaltungsverordnung →Verordnung, →Verwaltungsvorschrift.

Verwaltungsvertrag, ein öffentl.-rechtl. →Vertrag, der in der Regel zwischen einer Verwaltungsbehörde u. einem einzelnen Bürger oder zwischen mehreren Verwaltungsträgern geschlossen u. durch den ein Rechtsverhältnis auf dem Gebiet des Verwaltungsrechts begründet, geändert oder aufgehoben wird. Hiernach unterscheidet man *subordinationsrechtliche* u. *koordinationsrechtliche Verträge*. Die Zulässigkeit verwaltungsrechtl. Verträge ist bisher nur in einzelnen Gesetzen geregelt (z.B. im Bundesbaugesetz, im Bundesfernstraßengesetz u. im Bundesleistungsgesetz); sie ist aber grundsätzl. auch außerhalb dieser gesetzl. Regelungen anzuerkennen.

Verwaltungsvollstreckung, *Beitreibung*, *Verwaltungszwangsverfahren*, die Zwangsvollstrekkung von öffentl.-rechtl. Rechtsansprüchen öffentl.-rechtl. Körperschaften oder Anstalten. Man unterscheidet die Zwangsvollstreckung zur Eintreibung von Geldleistungen u. die Zwangsvollstreckung zur Erzwingung anderer Leistungen u. Unterlassungen; die zu erzwingende Handlung ist entweder *vertretbar*, d.h., sie kann auch von einem anderen als dem Verpflichteten vorgenommen werden, oder sie ist *unvertretbar*, d.h., sie hängt ausschl. vom Willen des Pflichtigen ab. Dementsprechend sind unterschiedliche →Zwangsmittel vorgesehen. Grundlage der V. ist das V.gesetz vom 27. 4. 1953. – [L] 4.1.8.

Verwaltungsvorschrift, *allg. V.en*, generelle u. abstrakte Regelung von Angelegenheiten der öffentl. Verwaltung, die im Unterschied zu den Rechtsvorschriften keine unmittelbaren Rechtswirkungen gegenüber den Staatsbürgern besitzt, sondern nur interne Anweisungen u. Richtlinien für die *Verwaltungsbehörden* enthält. Die V.en tragen u.a. die Bez. (Rund-)Erlaß, Rundverfügung, Dekret, Dienstanweisung oder Dienstvorschrift, Richtlinien, Verwaltungsverordnung oder Verwaltungsanordnung.

Verwaltungszwang →Zwangsmittel.

verwandeln, *Verhaltensforschung*: →ambivalentes Verhalten, →Konflikt (3).

Verwandtenheirat, die Heirat zwischen nahen Blutsverwandten. Die verbreitetste Form bei Völkern aller Erdteile ist die *Vetternehe*, die Ehe zwischen Geschwisterkindern, bes. zwischen Kindern von Bruder u. Schwester *(Cross-Cousin-Heirat)*, aber auch zwischen Kindern zweier Brüder bzw. Schwestern *(Parallel-Cousin-Heirat)*. Die Heirat zwischen Geschwistern findet sich nur in Fürstenhäusern zur „Reinerhaltung des Blutes" (Altägypten, Hinterindien, Polynesien, Peru; doch oft nur zwischen Stiefgeschwistern).

Verwandtschaft, 1. *Chemie*: = Affinität (1).
2. *Geometrie*: Figuren, die durch geometrische Abbildungen auseinander hervorgehen, heißen durch diese Abbildung miteinander verwandt. Kongruenzabbildungen begründen die V. der *Kongruenz*, Ähnlichkeitsabbildungen die V. der *Ähnlichkeit*, affine Abbildungen die V. der *Affinität*, projektive Abbildungen die V. der *Projektivität*. V.en sind Äquivalenzrelationen (→Relation). Alle durch V. miteinander verbundenen Figuren bilden eine *Äquivalenzklasse*.
3. *Recht*: V. ist nach dem Recht der BRD nur die *Bluts-V.* infolge Abstammung von gemeinsamen Voreltern(-teilen). Keine V. besteht daher zwischen Ehegatten als solchen; durch die Heirat wird dagegen die →Schwägerschaft vermittelt. *V. in direkter* oder *gerader Linie* besteht zwischen Abkömmlingen (auch durch →Annahme an Kindes Statt) u. Voreltern, *V. in der Seitenlinie* zwischen den Abkömmlingen gemeinsamer Voreltern, *V. in auf- bzw. absteigender Linie* zwischen Abkömmlingen u. Vorfahren bzw. umgekehrt. Der *Grad der V.* bestimmt sich nach der Zahl der sie vermittelnden Geburten; Geschwister sind Verwandte 2. Grades oder Verwandte 1. Grades der Seitenlinie. Nahe V. ist ein Hindernis für die →Eheschließung. – Das Recht der V. ist in der *BRD* in §§ 1589–1772 BGB geregelt, in *Österreich* hauptsächl. in §§ 40ff. ABGB, in der *Schweiz* in Art. 252–359 ZGB.
4. *Zoologie*: die *Form-V.* (Gestaltähnlichkeit) u. die *phylogenetische V.* Der Grad der phylogenet. V. verschiedener Arten oder Artengruppen wird nach der Reihenfolge bemessen, in der sie im Lauf der →Stammesgeschichte aus gemeinsamen Vorfahren (Stammarten) hervorgegangen sind.

Verwandtschaftsrecht, die rechtl. Regelung der *Verwandtschaft* nach dt. Recht in §§ 1589–1772 BGB. – Bei außereurop. Völkern weicht die Berechnung der Verwandtschaft *(Verwandtschaftssystem)* z.T. beträchtlich von der dt. ab. Mit den Verwandtschaftsnamen sind meist zugleich Rechte u. Pflichten der Bezogenen untereinander angedeutet (z.B. Heiratsmöglichkeiten).

Verwandtschaftszucht →Inzucht.

Verwarnung, 1. *allg.*: mündliche oder schriftl. Ermahnung *(Rüge, Tadel)*, wegen ungebührlichen Verhaltens, in dieser Form als *Verweis* auch förmliche Strafe des Dienst- u. Wehrstrafrechts u. der berufsständischen Ehrengerichtsbarkeit sowie Zuchtmittel im Jugendstrafrecht.
2. *Polizeirecht*: schriftl. *gebührenpflichtige V.*, ergeht in der BRD als Maßnahme des *Ordnungsrechts* bei geringfügigen Ordnungswidrigkeiten anstelle der sonst verwirkten Geldbuße, wenn der Betroffene nach Belehrung über sein Weigerungsrecht mit ihr einverstanden ist u. die V.sgebühr sofort oder binnen Wochenfrist zahlt (§ 56 des Gesetzes über Ordnungswidrigkeiten). Die Höhe der Gebühr beträgt bis zu 40 DM. Die gebührenpflichtige V. hat vor allem Bedeutung im *Straßenverkehrsrecht* als sofortige Ahndung leichter Verkehrsverstöße (§§ 24, 27 des Straßenverkehrsgesetzes). – *Österreich*: →Organmandat.
3. *Strafrecht*: *V. mit Strafvorbehalt*, Schuldspruch unter Aussetzung der Verhängung einer Strafe für eine Bewährungszeit von 1–3 Jahren (Neuerung ab 2. 1. 1975; §§ 59ff. StGB).

Verwarnungsgebühr →Verwarnung (2).

Verweilzeit, die mittlere Zeit, während deren ein Atom oder Molekül in einem angeregten Energiezustand bleibt, bevor es unter Aussendung eines Strahlungsquants in einen Zustand niedrigerer Energie übergeht.

Verweis, eine Dienststrafe; →Dienststrafrecht.

Verweisung, der durch Pfeil (→) gekennzeichnete Hinweis auf ein anderes Stichwort in einem Wörterbuch.

Verwendungen, *Aufwendungen*, *Aufwand*, für die Erhaltung oder Verbesserung einer Sache bzw. eines Grundstücks oder zur Ausführung eines Auftrags bzw. einer Dienstleistung aufgewandte sachliche oder finanzielle Mittel, z.B. Aufwendungen des Mieters, Pächters, Nießbrauchers u. des Beauftragten. Sie sind im allg. vom Eigentümer bzw. Auftraggeber zu ersetzen. – Ähnl. in *Österreich* u. in der *Schweiz*; das österr. ABGB spricht einheitlich von *Aufwand*, während das schweizer. Zivilrecht (ZGB u. OR) stets den Ausdruck *V.* gebraucht.

Verwerfung, 1. *Geologie*: *Bruch*, *Sprung*, vertikale (senkrechte) Verschiebung von Gesteinsschollen längs einer mehr oder weniger geneigten Zerreißfläche *(V.sfläche, Bruchfläche)*; die Schnittlinie der V.sfläche mit der Erdoberfläche heißt *V.slinie* oder *Bruchlinie*. Treffen mehrere V.en zusammen, entsteht ein *V.ssystem* (Bruchsystem), z.B. Staffelbruch, Graben, Horst.
2. *Holzbau*: Formänderung von Schnittholz (Schwindung, Quellung) infolge von Feuchtigkeitsschwankungen.

Verwertungsgesellschaft, Unternehmen mit der Aufgabe, die Rechte des *Urhebers* wahrzunehmen. Sie schließt Verträge mit Musikveranstaltern, Rundfunkanstalten, Schallplattenherstellern u.a. Verwertern von Urheberrechtsgut ab u. schüttet die Erträge nach Maßgabe ihres Verteilerplans an die Urheber aus. Gründung der ersten V. in Dtschld. 1903 unter maßgebl. Mitwirkung von Richard *Strauss*: *AFMA* (Anstalt für musikalische Aufführungsrechte); heute in der BRD: →GEMA, die Gesellschaft zur Verwertung von Leistungsschutzrechten (GVL), ferner →VG Wort, →ZPÜ; internationale Interessenvertretung: →CISAC. – [L] 4.3.3.

Verweser, Stellvertreter →Reichsverweser.

Verwesung, der unter Mitwirkung von Bakterien erfolgende oxydative Abbau organischer Verbindungen, bes. von Eiweiß, zu einfachen Verbindungen wie Ammoniak, Kohlendioxid, Wasser, Nitraten u. Sulfaten →Mineralstoffwechsel, →Dissimilation.

Verwey [vər'wɛi], Albert, niederländ. Schriftsteller, *15. 5. 1865 Amsterdam, †8. 3. 1937 Noordwijk aan Zee; führend in der Gruppe der „Tachtiger"; schrieb Lyrik pantheist.-myst. Prägung; kulturkrit. u. theoret. Essays; auch Dramen.

Verwirkungsklausel, Vertragsbedingung bei einem Abzahlungsgeschäft, wonach der in Zahlungsverzug geratene Käufer nicht nur die Sache zurückgeben, sondern auch seiner bislang gezahlten Raten verlustig gehen soll. Eine solche V. ist nach der wichtigsten Schutzvorschrift des *Abzahlungsgesetzes* nichtig. Im Fall des Rücktritts ist vielmehr jeder Teil verpflichtet, dem anderen Teil die empfangenen Leistungen zurückzugewähren (§ 1 AbzG).

Verwitterung, zersetzende Veränderung der oberflächennahen Gesteine; man unterscheidet: *mechanische (physikal.) V.* durch Temperaturschwankungen (z.B. Frostsprengung, Kernsprünge) u. Salzsprengung; *chemische V.* durch die lösende Wirkung von Wasser (z.T. durch Säuren, Laugen, Salze) u. atmosphär. Gasen *(Lösungs-V.)* sowie durch chem. Umsetzung *(Oxydations-V.)*. Zu den Mischtypen zählt die *biolog. V.*; sie beruht auf dem Wachstumsdruck von Pflanzenwurzeln, der Tätigkeit grabender Tiere (mechan. V.) u. der chem. Einwirkung von Organismen. Die V. ist einer der wichtigsten Vorgänge der Bodenbildung.

Verwitterungsformen, auf physikal. u. chem.

Verwitterungsvorgänge zurückzuführende Formen der Gesteinsoberfläche, z. B. Pilzfelsen, Karren, Wollsackverwitterung.

Verwoerd [fər'vu:rt], Hendrik Frensch, südafrikan. Politiker, *8. 9. 1901 Ouderkerk bei Amsterdam, †6. 9. 1966 Kapstadt (ermordet); Prof. für Psychologie; Führer der Nationalen Partei, Verfechter der Apartheidpolitik; 1958–1966 Min.-Präs., führte 1961 den Austritt Südafrikas aus dem Commonwealth herbei.

Verworn, Max, Physiologe, *4. 11. 1863 Berlin, †23. 11. 1921 Bonn; Prof. in Jena, Göttingen u. Bonn; Arbeiten über Zell- u. Nervenphysiologie u. die physiolog. Grundlagen des Geisteslebens.

Verwundete, *Versehrte, Blessierte*, die durch feindliche Waffenwirkung Verletzten, müssen laut Genfer Konvention von allen Kriegführenden mit Menschlichkeit behandelt werden.

Verzasca [vɛr'dzaska], *Val V., Verzascatal*, schweizer. Tallandschaft in den Tessiner Alpen, von der V., einem nördl. Zufluß des Lago Maggiore, durchflossen, 29 km lang; Viehzucht u. Akkerbau, starke Abwanderung; Stausee *Lago di Vogorno* (100 Mill. m³ Inhalt, 1,7 qkm, 470 m ü. M.).

Verzeichnung, *Optik:* durch unkorrigierte Linsen (Systeme) hervorgerufene verzerrte Abbildung eines Gegenstands (z. B. tonnen- u. kissenförmige V.).

Verzerrung, 1. *Geometrie:* bei der Abbildung von Körpern u. Figuren die Änderung von Maßstab u. Winkelgröße. Der V.smaßstab bei der Parallelperspektive (→Perspektive) gibt die Verkleinerung einer Frontlinie an.

2. *Nachrichtentechnik:* Verformung des Schwingungsbildes elektr. Wellen auf ihrem Weg durch Leitungen (auch Funkwege) u. Übertragungsglieder. Bei Tonfrequenzen wird durch V.en das Klangbild verändert. Man unterscheidet die *lineare V.*, die durch elektr. Filter korrigierbar ist, u. die *nichtlineare V.*, deren Grad der →Klirrfaktor angibt.

Verzicht, *bürgerl. Recht:* die vertragliche (→Erlaß) oder einseitige Erklärung der Aufgabe subjektiver Rechte, z. B. V. auf Eigentum u. Rechte an Grundstücken, →Erbverzicht.

Verzierung, 1. *Kunsthandwerk:* Schmuck (Dekoration) von Gegenständen mit farbl. Mitteln, Ornamenten u. ä. als abschließende, veredelnde Arbeit.

2. *Musik: Ornament*, Ausschmückung einer Melodie, z. B. Triller, Mordent, Vorschlag, Nachschlag. In der frühen Lauten- u. Violinmusik u. in den Opernarien des Barocks oft improvisiert. →auch Koloratur.

verzinken, Metallgegenstände mit einer Zinkschicht überziehen, z. B. Eisen zum Schutz gegen Rosten. →Metallüberzug.

verzinnen, Metall mit einer Zinnschicht zum Schutz gegen Korrosion überziehen, bes. Blech („Weißblech"), auch Geräteteile; hergestellt durch Tauchverfahren, Spritzen, Galvanisieren.

verzögerte Neutronen, bei der Spaltung von Atomkernen auftretende Neutronen, die nicht unmittelbar bei der Spaltung, sondern erst von den Spaltprodukten nach einer gewissen Zeit (bis zu mehreren Sekunden) abgestrahlt werden. Ihre Energie ist wesentl. geringer als die der *prompten* (d. h. unmittelbar bei der Spaltung entstehenden) *Neutronen*. →auch Neutronenbilanz.

Verzögerung, *Kraftfahrwesen:* Geschwindigkeitsminderung, beim Fahrzeug hervorgerufen durch Fahrwiderstände u. Bremsen (→Bremsweg). Mindestwerte der V. auf gerader, griffiger Fahrbahn sind vorgeschrieben.

Verzollung, der techn. Vorgang der Zollabfertigung u. Zollerhebung. Die eingeführten Waren (Zollgut) werden entweder zum *freien Verkehr* oder zu einem *besonderen Zollverkehr* (Zollgutlagerung, Zollgutveredelung u. a.) abgefertigt.

Verzuckerung, die Überführung von Polysacchariden (z. B. Stärke u. Cellulose) in Glucose bzw. Maltose unter der Einwirkung von Säuren (→Holzverzuckerung) oder Enzymen (z. B. Diastase u. Maltase).

Verzug, *Schuldrecht:* die Verzögerung der an sich möglichen (Gegensatz: *Unmöglichkeit der Leistung*) Leistung wegen →Schuldnerverzugs oder ihrer Annahme wegen →Gläubigerverzugs.

Verzugskraft, *Textilprüfung:* die Kraft, die notwendig ist, um einen Faserlängsverband zu verziehen (zu verstrecken). Sie wird statisch wie in einem →Reißversuch oder dynamisch mit einem dem →Streckwerk ähnlichen Gerät bestimmt.

Verzweigung, *Ramifikation*, der Bildung eines geordneten Sproßsystems dienender Wachstumsvorgang bei den Pflanzen. Hauptarten: *gabelige* oder *dichotome V. (Dichotomie)*, nur bei Bärlappgewächsen u. einigen anderen Farnpflanzenklassen; *seitliche V.* durch Seitentriebe, bei Farnen, Schachtelhalmen u. Samenpflanzen.

Ves [tschech.], Teil geograph. Namen: Dorf.

Vesaas ['ve:so:s], Tarjei, norweg. Schriftsteller, *20. 8. 1897 Vinje, Telemark, †15. 3. 1970 Vinje; schrieb zunächst realist. Romane, später symbol., balladesk-lyr. Epik: „Nachtwache" 1940, dt. 1964; „Die Vögel" 1957, dt. 1961; „Drei Menschen" 1966, dt. 1967; „Boot am Abend" 1968, dt. 1970 (autobiograph.).

Vesal, *Vesalius*, Andreas, Arzt u. Anatom, *31. 12. 1514 oder 1. 1. 1515 Brüssel, †15. 10. 1564 in Sákynthos; Leibarzt Kaiser *Karls V.* u. *Philipps II.* von Spanien; begründete mit seinem anatom. Atlas „De humani corporis fabrica" 1543 mit Holzschnitten z. T. nach Zeichnungen von Tizian die moderne wissenschaftl. Anatomie.

Veselinovo-Kultur [vɛsɛ-], jungsteinzeitl. Kultur in Bulgarien, benannt nach dem Tell *Veselinovo*, Bez. Jambol, Thrakien; Ackerbauer, Tellsiedlungen; die Tongefäße haben oft Füßchen u. sind mit Ritz- u. Kerbmustern verziert.

Vesoul [və'zul], Hptst. des ostfranzös. Dép. Haute-Saône, 18 200 Ew.; Landmaschinenbau, Metall-, Textil- u. holzverarbeitende Industrie.

Vespasian, Titus Flavius *Vespasianus*, röm. Kaiser 69–79, *9 Reate, †24. 6. 79 Aquae Cutiliae; Begründer der 1. Dynastie der Flavier; 67 gegen die aufständischen Juden eingesetzt, nach *Neros* Selbstmord 69 in Syrien zum Kaiser ausgerufen, nach seinem Sieg über seinen Rivalen *Vitellius* vom Senat anerkannt; setzte 70 seinen Sohn *Titus* gegen die Juden ein u. erhob ihn 71 zum Mitkaiser; sanierte die zerrütteten Staatsfinanzen, ließ Straßen bauen u. in Rom das beim Brand unter Nero vernichtete Kapitol wiedererrichten.

Vesper [die; lat.], **1.** *allg.:* die Zeit gegen den Abend zu; Mahlzeit am Nachmittag, Abendbrot.

2. *Liturgie:* in der kath. Kirche *Abendlob*, Stundengebet am späten Nachmittag oder Abend: Dank für den sich neigenden Tag, auch für die Heilstaten Christi am Gründonnerstag u. das Kreuzopfer am Karfreitag. – In der ev. Kirche gibt es Bestrebungen, Mette u. V. als Zusammenkünfte der Gemeinde außerhalb des sonntägl. „Hauptgottesdienstes" einzusetzen; auch *Christ-V.* am Heiligen Abend.

Vesper [f-], Will, Schriftsteller, *11. 10. 1882 Barmen, †14. 3. 1962 Gut Triangel, Gifhorn; als Lyriker u. Erzähler Vertreter einer „volkhaften" Literatur.

Vesperbild, *Pietà*, Form des Andachtsbildes, die sich im 14. Jh. aus der Beweinungsszene entwikkelte u. die trauernde Maria mit dem toten Sohn auf dem Schoß zeigt; verbreitet in der dt. Plastik des MA., seit dem 15. Jh. auch Thema der Malerei.

Vespucci [-'putʃi], Amerigo, italien. Seefahrer, *9. 3. 1451 Florenz, †22. 2. 1512 Sevilla; entdeckte 1497–1504 auf vier Reisen (z. T. angezweifelt) große Küstenstrecken Südamerikas, das er als erster als selbständigen Kontinent erkannte. F. *Waldseemüller* (im Glauben, V. sei der Entdecker) benannte den Kontinent nach V.s Vornamen.

Vesta, 1. *Astronomie:* einer der vier großen Planetoiden; entdeckt 1807 von H. W. *Olbers*.

2. *röm. Religion:* Göttin des häusl. Herdes u. des Feuers; Staatskult in einem Rundtempel auf dem Forum Romanum, dessen Flamme von den 6 jungfräul. *Vestalinnen* gehütet wurde.

Vest-Agder, südnorweg. Provinz (Fylke), 7280 qkm, 135 000 Ew., Hptst. *Kristiansand*; nach N ansteigende Küstenebene, auf geschlossener Moränendecke intensiver Ackerbau.

Vestalinnen →Vesta.

Vestdijk ['vɛstdɛik], Simon, niederländ. Schriftsteller, *17. 10. 1898 Harlingen, †23. 3. 1971 Utrecht; Lyrik, Romane u. Essays.

Vesterålen ['vɛstɛro:lən], nordnorweg. Inselgruppe, nordöstl. der Lofoten, vor Hinnöy.

Vestfjorden [vɛst-], breiter norweg. Fjord zwischen Lofoten u. dem norweg. Festland, wegen der häufigen Stürme gefürchteter Schiffahrtsweg zum Erzhafen Narvik.

Vestfold ['vɛstfɔl], Provinz (Fylke) in Südnorwegen, 2216 qkm, 185 000 Ew., Hptst. *Tönsberg*; dicht besiedelt; Landwirtschaft u. Fischerei.

Vestibül [das; lat., frz.], repräsentative Eingangshalle; im altröm. Haus Vorhalle zum Hauptraum (Atrium).

vestigia terrent [lat.], die Spuren (der gescheiterten Vorgänger) schrecken ab (nach *Horaz*).

Vestmannæyjar ['vɛstmanaɛijar], *Westmännerinseln*, südisländ. Inselgruppe, darunter als einzige bewohnte Insel *Heimaey*; hatte 6000 Ew.; Vulkanausbrüche auf Heimaey ab 23. 1. 1973 machten zeitweise die Evakuierung der gesamten Bevölkerung erforderlich (vorletzter Vulkanausbruch 1783); erhebliche Schäden, trotz Ableitung der Lava ins Meer, durch abgebrannte Häuser, hohe Aschenbedeckung der Siedlung u. Ausfall der für ganz Island bedeutenden Fischerei. – B →Vulkanismus.

Vestvågöy ['vɛstvo:gœj], norweg. Lofotinsel, 411 qkm; vegetationsarm; Haupterwerb in Fischerei u. Fischverarbeitung.

Vesuv, ital. *Monte Vesùvio*, tätiger Vulkan am Golf von Neapel (Italien), 1281 m; in 608 m Höhe ein Observatorium; an den Hängen Anbau von Wein u. Aprikosen; der gewaltigste Ausbruch (79 n. Chr.) verschüttete die Städte →Herculaneum, →Pompeji u. *Stabiae*; die letzten bedeutenden Eruptionen: 1631, 1872, 1906 u. 1944.

Vesuvian [der; nach dem *Vesuv*], verschiedenfarbiges (meist bräunl.), durchscheinendes, selten durchsichtiges glas- u. fettglänzendes Mineral (Kalktonerdesilikat) mit säuligen Kristallen; tetragonal; Härte 6,5; Varietät *Egeran* (strahlige Kristalle).

Vesuvin [das; nach dem *Vesuv*], der Farbstoff →Bismarckbraun.

Veszprém ['vɛspre:m], ungar. Name der Stadt →Weißbrunn.

Veteranen [lat.], altgediente (u. kriegserfahrene) oder halbinvalide Soldaten; *i. w. S.* Ausgediente: z. B. V. der Arbeit.

Veterinärmedizin, *Tierheilkunde*, die Wissenschaft, die sich mit der Erforschung, Behandlung u. Verhütung von Krankheiten der Haustiere u. der in freier Wildbahn u. in zoologischen Gärten lebenden Tiere beschäftigt. Gleichbedeutende Aufgaben der V. sind Verhütung von Einschleppung u. Verbreitung übertragbarer Tierseuchen u. ihre Bekämpfung sowie Verhinderung von Übertragung der Tierkrankheiten auf den Menschen. Auf dem Gebiet der Tierzucht: Überwachung der Zuchthygiene, Verhütung u. Bekämpfung von Erb- u. Zuchtkrankheiten u. gesundheitl. Beurteilung der Zuchttiere. Breitgefächerte Aufgaben hat die V. auf den Gebieten der Schlacht- u. Fleischhygiene sowie in der Lebensmittelhygiene.

Veterinärmediziner = Tierarzt.

Veterinärpolizei, neue Bez. *Veterinärräte*, staatl. Organisation zur Abwehr u. Unterdrückung der *Tierseuchen*; die Veterinärräte haben nach den Landesausführungsgesetzen zum Viehseuchengesetz (seit 1980 Tierseuchengesetz) die Befugnis zu vorläufigen Anordnungen.

Vetiveröl [tamil., frz.], das äther. Öl der Wurzeln *(Vetiver-Wurzel)* der in Indien heimischen Grasart *Vetiveria zizanoides*. Verwendung des Öls in der Parfümerie, der Wurzeln für Flechtarbeiten u. als Mottenschutz; →auch Riechgras.

Veto [das; lat., „ich verbiete"], Einspruch gegen Maßnahmen Dritter mit der Rechtsfolge, daß deren Durchführung unterbleibt. **1.** *Verfassungsrecht:* Noch im konstitutionellen Staat hatte der *Monarch* meist ein V.recht gegen die Gesetzgebung des Parlaments (in England seit der Königin *Anna* nicht mehr ausgeübt); umgekehrt bedeutete die Notwendigkeit, daß alle Akte des Monarchen der Gegenzeichnung bedurften, eine Art V.recht der verantwortl. Regierung. Im Parlamentsrecht besteht beim *echten Zweikammersystem* ein V.recht der einen Kammer gegenüber der anderen; nicht zuletzt deswegen hat sich im 20. Jh. der Vorrang der Volksvertretung gegenüber der anderen Kammer ausgeprägt. In der BRD kann der *Bundesrat* gegen Gesetzesvorlagen Einspruch mit der Folge neuer Verhandlung einlegen (Art. 77 Abs. 3 GG). – Innerhalb der Regierung verfügen einige Minister über ein V.recht mit der Rechtsfolge der nochmaligen Beratung oder des Nichtvollzugs der Beschlusses; so kann in der BRD der *Bundesfinanzminister* bei Gesetzesvorlagen ein V. einlegen, falls keine hinreichende Deckung für die Ausgaben vorhanden ist; in gleicher Weise kann der *Bundesjustizminister* einer Gesetzesvorlage widersprechen, falls er bezüglich der Vereinbarkeit mit dem GG Bedenken hat.

2. *Verwaltungsrecht:* Sieht man von der Zustimmungsbedürftigkeit mancher Verwaltungsakte sowie dem Erfordernis der aufsichtsrechtl. Genehmigung ab, die keine echte V.situation dar-

stellen, so gibt es z. B. im *Planfeststellungsverfahren* für die Enteignung bei der Anlage neuer Fabriken oder Siedlungen die Möglichkeit, daß Interessenten ein V. einlegen, über dessen Begründetheit entschieden werden muß.
3. *Völkerrecht:* Der Ausdruck V. wird insbes. im Hinblick auf die Beschlußfassung im Sicherheitsrat der Vereinten Nationen gebraucht, ist aber in dieser Hinsicht mißverständlich. Nach der Satzung (Art. 27) müssen alle Beschlüsse (außer über Verfahrensfragen) mit der Zustimmung sämtl. ständigen Mitglieder (China, Frankreich, Großbritannien, Sowjetunion, USA) gefaßt werden, es handelt sich also um das Erfordernis der Zustimmung, nicht um die Einlegung eines Widerspruchs. In zahlreichen Fällen sind damit Entscheidungen des Sicherheitsrats tatsächlich blockiert worden. Um dies zu verhindern, ist durch die sog. *Uniting-for-Peace-Resolution* vom 3. 11. 1950 (Anlaß: Koreakrieg) eine Ersatzzuständigkeit zugunsten der Vollversammlung begründet worden, wobei die ständigen Ratsmitglieder keine stimmrechtl. Sonderstellung besitzen. Im übrigen ist auch die Bestimmung des Art. 27 dahin aufgelockert, daß eine Stimmenthaltung zulässig ist. Im Korea-Fall ist trotz Nichtanwesenheit der UdSSR der Sanktionsbeschluß vom 25. 6. 1950 für rechtmäßig gehalten worden.

Vetschau ['fɛt-], Stadt im Krs. Calau, Bez. Cottbus, bei Calau am Spreewald, 7500 Ew.; Schloß; Textilindustrie.

Vetter, 1. Heinz Oskar, Gewerkschaftsführer, *21. 10. 1917 Bochum; 1960–1964 Vorstandsmitglied, 1964–1969 stellvertr. Vorsitzender der IG Bergbau u. Energie; seit 1969 Vorsitzender des Deutschen Gewerkschaftsbundes; Mitglied des Wirtschafts- u. Sozialausschusses der EWG; 1974 bis 1979 Präs. des Europ. Gewerkschaftsbunds.
2. Walther, Musikwissenschaftler, *10. 5. 1891 Berlin, †1. 4. 1967 Berlin; Hptw.: „Franz Schubert" 1934; „Gluck" 1964.

Vetternehe →Verwandtenheirat.

Vetulonia, italien. Landort nahe Grosseto, 1200 Ew., an der Stelle der im 7./6. Jh. v. Chr. blühenden etrusk. Stadt *Vetluna*, die dem Zwölfstädtebund angehörte u. seit 281 v.Chr. mit Rom verbündet war. Zentrum der frühesten etrusk. Steinplastik (u.a. aus dem Pietrera-Grab, mit Kuppel) u. bedeutender Bronzewerkstätten; Friedhof der Villanova-Kultur.

Vetus Latina →Itala.

Vevey [və'vɛ], schweizer. Stadt im Kanton Waadt am Nordufer des östl. Genfer Sees, 16 000 Ew. (Agglomeration 61 000 Ew.); Museen, Nahrungsmittel- u.a. Industrie, Kurort.

VEW, Abk. für →Vereinigte Elektrizitätswerke Westfalen AG.

Vexierbild, ein Rätselbild, aus dem ein verborgen gezeichnetes anderes Bild (Figur, Tier, Kopf) herausgefunden werden soll.

Vexiergefäß, ein Schenk- oder Trinkgefäß, bei dem der flüssige Inhalt nur durch eine Ansaugöffnung am Halsrand u. eine zum Krugboden absteigende Röhre angesaugt werden kann. Bei normalem Ansetzen läuft die Flüssigkeit durch eine am Halsrand durchbrochene Wandung. Bekannt u.a. vom Siegburger Steinzeug, aus der französ. Fayence u. von der ungar. Keramik.

Vexillologie [lat. + grch.], die Lehre von den Flaggen.

Vézère [ve'zɛːr], rechter Nebenfluß der *Dordogne* im südwestl. Frankreich, 192 km; entspringt auf dem Plateau de Millevaches, mündet bei Limeuil; durch 5 Wasserkraftwerke zur Energiegewinnung genutzt; Höhlen am Talhang bergen die vorgeschichtl. Fundstätten Lascaux, Le Moustiers, La Madeleine, Le Eyzies.

VfB, Abk. für *Verein für Bewegungsspiele*.

VfL, Abk. für *Verein für Leibesübungen*.

VfR, Abk. für *Verein für Rasenspiele* (bzw. *Rasensport*).

VFW-Fokker GmbH, 1969 gebildete Zentralgesellschaft mit Sitz in Düsseldorf, entstand durch den Zusammenschluß des dt. Unternehmens *Vereinigte Flugtechnische Werke GmbH* (das wiederum durch Fusion der Firmen *Weser Flugzeugbau GmbH*, *Focke-Wulf GmbH* u. *Heinkel Flugzeugbau GmbH* entstand) mit der holländ. Flugzeugfabrik *N. V. Koninklijke Nederlandse Vliegtuigenfabriek Fokker*. Die Gesellschaft stellt in Werken um Bremen u. in Amsterdam Zivil- u. Militärflugzeuge sowie Hubschrauber her. Über die Beteiligungsgesellschaft *ERNO Raumfahrttechnik GmbH* arbeitet sie auch an Raumfahrtpro-

Vesuv

jekten mit. Stammkapital 150 Mill. DM; 24 000 Beschäftigte.

VG, Abk. für →Verwaltungsgericht.
VGH, Abk. für →Verwaltungsgerichtshof.
vgl., Abk. für *vergleiche*.
VglO, Abk. für *Vergleichsordnung*; →Vergleich.
VG Wort, Kurzbez. für *Verwertungsgesellschaft Wort*, 1958 erfolgter Zusammenschluß von Wortautoren u. ihrer Verleger zu einer Gesellschaft, die die Verwertungsmöglichkeiten wahrnimmt; Sitz: München. →auch Verwertungsgesellschaft.
v. H., Abk. für *vom Hundert*; →Prozent.
VHF, Abk. für engl. *Very High Frequencies* (Ultrahochfrequenz); →Frequenzbereiche.
via [lat.], (auf dem Wege) über; z. B. via Berlin.
Via [die; lat., ital.], Straße; bes. die altröm. Heerstraßen (z.B. *V. Appia*); auch Bestandteil geograph. Namen.

Via Appia, bedeutendste südl. Ausfallstraße Roms, auch *regina viarum* (Königin der Straßen) genannt, führte über Benevent nach Brindisi, dem Hafen für die röm. Expeditionen nach O; 312 v.Chr. vom röm. Zensor *Appius Claudius* errichtet. Im Anschluß an die Stadtgrenze Roms ist die V. A. über mehrere Kilometer von großen u. kleinen Grabbauten, Katakomben u. Villen gesäumt (Grab der Caecilia Metella, um 50–40 v.Chr., Katakomben des Kalixt, der Domitilla).

Via dolorosa [die; lat.], Schmerzensweg (*Jesu* durch Jerusalem nach Golgatha).

Viadukt [der; lat.], oft mehrstöckiges Bauwerk zur Überbrückung eines Geländeeinschnitts.

VIAG, *Viag*, Abk. für →Vereinigte Industrie-Unternehmungen AG.

Via Mala [ital., „böser Weg"], bis 500 m tiefe, 2,5 km lange wildromantische Klamm des Hinterrhein im schweizer. Kanton Graubünden, zwischen Thusis u. Zillis, seit 1823 von der *Splügenstraße* durchzogen.

Via moderna [die; lat.], die rationalist. Denkmethode des *Descartes*.

Vian [vi'ã], Boris, französ. Schriftsteller, *10. 3. 1920 Ville d'Avray, Seine-et-Oise, †23. 6. 1959 Paris; surrealist. Erzähler („schwarze" Poesie) u. Dramatiker des Absurden.

Viana do Castelo ['vjana ðu kaʃ'tɛlu], Hafenstadt in Nordportugal, an der Limamündung in den Atlant. Ozean, 15 000 Ew.; alte Kirchen u. Paläste, Kastell (16.–17. Jh.); Fischereihafen mit Konservenfabriken; Hptst. des Distrikts V. d. C. (2108 qkm, 240 000 Ew.).

Vianden [f-], luxemburg. *Veiannen*, ostluxemburg. Kantonalstadt nahe der dt. Grenze, im Ourtal u. im Dt.-Luxemburger Nationalpark, 1400 Ew.; Wohnhaus V. *Hugos* (Museum), mittelalterl. Stadtbild mit Trinitarierkirche (1284) u. Kloster mit Kreuzgang, got. Nikolauskirche (1256), Reste der Ummauerung der Oberstadt; von einer Burgruine (ehem. Sitz der Grafen von V., 9. Jh., Stammburg von Oranien-Nassau) überragt. Das *Pumpspeicherwerk V.*, eines der größten der Erde, im Verbund mit den RWE. Jährl. Energieerzeugung: 1,3 Mrd. kWh.

Viani, Alberto, italien. Bildhauer, *1906 Quistello bei Mantua; Schüler von A. *Martini*. Figürl. Plastiken in starker Formvereinfachung u. abstrakt archaisierende Bildwerke.

Viareggio [-'rɛdʒo], italien. Hafenstadt u. Kurort in der Toskana, westl. von Lucca, 55 000 Ew.; Schiffbau, Glasindustrie; Seebad.

Viaticum [das; lat.], *Wegzehrung*, in der kath. Kirche dem Sterbenden dargereichte Kommunion.

Viaud [vjo], Julien →Loti, Pierre.

Viaur [vjoːr], linker Nebenfluß des Aveyron in Südfrankreich, 155 km; entspringt nahe Vézins-de-Lévézou, mündet bei Laguépie; 3 Kraftwerke.

Vibilius, König der Hermunduren in der 1. Hälfte des 1. Jh., stürzte 21 den Markomannenkönig Katwalda.

Viborg ['viːbɔːr], **1.** Hptst. der dän. Amtskommune V. (4120 qkm, 220 700 Ew.), in Nordjütland, nordwestl. von Arhus, 36 100 Ew.; Dom (12. Jh.); ehem. Hptst. Jütlands.
2. schwed. Name der sowjet. Stadt →Wyborg.

Vibraphon [das; lat. + grch.], Metallstabspiel in Klaviaturanordnung. Zu jedem Stab gehört eine abgestimmte Resonanzröhre, die den Ton weicher u. voller macht. Zwischen den Stäben u. ihren Röhren läuft eine Flügelwelle, die durch einen Motor getrieben wird u. den Ton vibrieren läßt. Das V. wird hauptsächl. bei Jazz u. Unterhaltungsmusik eingesetzt, aber auch in der Kunstmusik (A. *Berg*, O. *Messiaen*, P. *Boulez*).

Vibrationsfrequenzmesser, *Zungenfrequenzmesser*, Gerät zum Bestimmen von Schwingungszahlen (Frequenz); enthält eine Reihe von verschieden langen schwingenden Metallzungen, von denen die bes. stark schwingt, deren Resonanzfrequenz der zu messenden Frequenz am nächsten liegt. V. für mechan. Schwingungen müssen an dem Meßobjekt befestigt sein; V. für elektr. Schwingungen werden elektromagnet. erregt.

Vibrato [das; ital.], das durch schwache Bewegungen des Fingers bei Streichinstrumenten bewirkte Beben des Tons zur Ausdruckssteigerung, ähnlich auch im Gesang ausgeführt; in der Unterhaltungsmusik häufig benutzt. →auch tremolieren.

Vibrograph [der; lat. + grch.], Meßinstrument zur Aufzeichnung von Erschütterungen u. Schwingungen an Maschinen, Brücken, Schiffen, Häusern u.a.; ist wie ein Seismograph gebaut; heute werden überwiegend Oszillographen verwendet. – *Vibrogramm*, die Aufzeichnung von Erschütterungen.

Vibroskop [das; lat. + grch.], Gerät zur Bestimmung der →Feinheit von Fasern durch die Resonanzfrequenz, die bei vorgegebener Spannung u. Länge von dem Gewicht je Längeneinheit abhängt (Prinzip der schwingenden Saite).

Vicelinus →Vizelin.

Vicente [vi'sɛntɐ], Gil, portugies. Dramatiker, *um 1465 Lissabon, †um 1536 Lissabon; gilt als Begründer des portugies. Theaters; schrieb über 40 Stücke (viele verlorengegangen) in span. u. portugies. Sprache: *Comédias*, *Farsas* (Farcen) u. *Moralidades*; berühmt sind die drei Totentanzspiele „Trilogia das Barcas" 1517–1519, dt. 1940, u. die Farcen „Der Indienfahrer" 1509, dt. 1871, u. „Auto de Inês Pereira" 1523, dt. 1871. – □ 3.2.4.

Vicente López [vi'sɛnte 'lopes], nordwestl. Vorstadt der argentin. Hptst. Buenos Aires, 285 200 Ew.; Universität, Theater; Nahrungsmittel-, Instrumenten- u. Kunststeinindustrie.

Vicenza [vi'tʃɛntsa], norditalien. Stadt in Venetien, am Bacchiglione, Hptst. der Provinz V. (2722 qkm, 720 000 Ew.), 120 000 Ew.; Dom (8.

Jh.), got. Backsteinkirche Santa Corona (13. Jh.), Kirche San Lorenzo (13. Jh.); Altstadt mit Renaissance- u. got.-venezian. Palästen, Basilica Palladiana, Palazzo Chiericati, Teatro Olimpico; Stahlwerke, Metall- u. keram. Industrie, Weinbau.

vice versa [lat.], Abk. *v. v.*, umgekehrt, wechselgegenseitig.

Vichada [vi'tʃa:da], ostkolumbian. Territorium (Comisaría) am Orinoco, 98970 qkm, 9200 Ew., Hauptort *Puerto Carreño* (1500 Ew.).

Vichy [vi'ʃi], Stadt im S des mittelfranzös. Dép. Allier, in der Auvergne, rechts am Allier, 34000 Ew.; berühmtes Heilbad (bis 100000 Besucher jährl.) mit kohlensauren Natriumquellen; Versand von Wasser u. seinen Salzen, Herstellung von Zukkerwaren u. Arzneimitteln. – 1940–1944 französ. Regierungssitz.

Vichy-Regierung [vi'ʃi-], die französ. Regierung 1940–1944. Nach dem von Min.-Präs. Marschall Ph. *Pétain* abgeschlossenen Waffenstillstand mit Dtschld. (22. 6. 1940) wurde der größere Teil Frankreichs von dt. Truppen besetzt. Die Regierung nahm ihren Sitz in Vichy, das im unbesetzten Teil des Landes lag; Pétain erhielt am 10. 7. 1940 von der Nationalversammlung unbeschränkte Vollmachten. Er errichtete als Staatschef des *État Français* ein autoritäres Regime; leitender Min. war bis Dez. 1940 P. *Laval*, bis April 1942 F. *Darlan*, danach wieder Laval. Das polit. Ziel der V. war es, durch Zusammenarbeit *(Kollaboration)* mit Dtschld. möglichst viel Eigenständigkeit für Frankreich zu retten. Von außen bekämpfte das „Freie Frankreich" Ch. de *Gaulles*, von innen eine wachsende Widerstandsbewegung *(Résistance)* die V. Nachdem im Nov. 1942 auch der Rest Frankreichs von dt. Truppen besetzt worden war, verlor die V. ihre Wirkungsmöglichkeiten.

Vickershärte [nach dem *Vickers-Konzern*], Härte eines Werkstoffs. Bei der Härteprüfung wird eine Diamantpyramide in den Werkstoff gedrückt u. als Härtemaß das Verhältnis der Last zur Eindrucksoberfläche bestimmt.

Vickers Ltd. ['vikəz-], London, brit. Holdinggesellschaft, hervorgegangen aus der 1828 gegr. Firma *Vickers Sons & Co.*, seit 1911 heutige Firma. Die Produktion des Konzerns umfaßt Waffen, Schiffe, Flugzeuge, Druck-, Büro-, Chemiefasermaschinen, medizin. Apparate u. a.

Vicksburg ['viksbə:g], Stadt in Mississippi (USA), am Mississippi, 25500 Ew.; Baumwollanbau. Im Sezessionskrieg wichtiger Stützpunkt der Südstaaten (3. 7. 1863 von U. *Grant* besetzt).

Vico, Giovanni Battista, italien. Philosoph, *23. 6. 1668 Neapel, †21. 1. 1744 Neapel; gilt als Begründer der neueren Geschichtsphilosophie; verfocht gegen den Cartesianismus u. seine geschichtslose Weltauffassung eine geschichtl.-genetische Betrachtung der Welt; gilt als einer der Anreger des späteren *Historismus*. Hptw.: „Principi di una scienza nuova d'intorno alla commune natura delle nazioni" 1725.

Vicomte [vi'kɔ̃t; frz.; lat. *vicecomes*], französ. Adelstitel, zwischen Graf u. Baron stehend; engl. *Viscount*.

Victor, männl. Vorname, →Viktor.

Victoria [vik'tɔ:riə], **1.** der kleinste kontinentalaustralische Bundesstaat, im SO des Kontinents, 227600 qkm, 3,8 Mill. Ew.; dicht besiedelt; Hptst. *Melbourne*; gegliedert in den Anteil an der *Great Dividing Range* mit dem Bergland der Austral. Alpen u. der Snowy Mountains (höchster Berg: *Mount Bogong*, 1986 m) u. das *Murray-Darling-Becken*. Intensive Spezialkulturen im Umland von Melbourne u. mit Hilfe der Bewässerung in den Tälern der Nordabdachung der Great Dividing Range (Anteil am Humestausee, zahlreiche weitere Stauanlagen); Anbau von Hopfen, Tabak u. Gemüse; intensive Viehhaltung (Milchvieh u. Schafe). Industriegebiete um Melbourne u. Geelong (Maschinen-, chem., Elektroindustrie) u. im Latrobetal im westl. Gippsland, Abbau von Braunkohlen bei *Moe-Yallourn* u. *Morwell* (große Wärmekraftwerke); landwirtschaftl. Maschinen- u. verarbeitende Industrie. Internationaler Flughafen Melbourne Tullamarine; wichtige Häfen: Melbourne, Geelong, Portland u. Westernport.

2. Hptst. der brit. Kronkolonie Hongkong, an der Nordküste der Insel Hongkong, ca. 700000 Ew. (m. V. etwa 1,5 Mill. Ew.); im Zentrum Regierungs-, Banken- u. Geschäftsviertel, westl. davon Hafen- u. altes Chinesenviertel, im O ausgedehnte Wohnsiedlungen; Industrie, Flughafen; Universität (1911). – Ⓑ→Hongkong.

3. Stadt in Süd-Texas (USA), an der Golfküste, 50000 Ew.; landwirtschaftl. Handelszentrum im Erdölgebiet; Nahrungsmittel-, Baumwollsaat-, Metallindustrie, Erdölraffinerie, petrolchem. Industrie. – 1824 gegr., ehemals wichtiger Ausgangspunkt für Viehwanderungen nach N („Cattle Capital").

4. Hptst. u. Hafen der westkanad. Prov. British Columbia, auf der Insel Vancouver, 61000 Ew. (als Agglomeration *Greater V.* 220000 Ew.); Verwaltungs- u. Wohnstadt, daneben auch Holz-, Maschinen- u. Fischkonservenindustrie.

5. maltes. *Rabat*, Hauptort der maltes. Mittelmeerinsel Gozo, 6500 Ew.; Kastell.

6. [frz. viktɔr'ja], Stadt u. Hafen in Kamerun (Afrika), am Südfuß des Kamerunbergs, 32000 Ew., Textilwerk.

Victoria →Viktoria.

Victoria and Albert Museum [vik'tɔ:riə ənd ælbət mju'ziəm], bis 1909 als *South-Kensington-Museum* geführtes Museum für Kunstgewerbe in London, mit Graphik-, Keramik-, Textil- u. a. Sammlungen; angeschlossen ist die National Art Library.

Victoria de las Tunas, Stadt in Ostkuba, 60000 Ew.; landwirtschaftl. Mittelpunkt, Mühlen, Baumwollaufbereitung, Tabakindustrie.

Victoriafälle, bis 122 m hohe Wasserfälle am Sambesi bei Maramba (früher Livingstone), auf der Grenze zwischen Sambia u. Rhodesien; südl. der *Victoria Falls National Park*. – Ⓑ→Sambesi.

Victoriainsel, kanad.-arkt. Insel, 212000 qkm; an ihrer Südostküste Handelsniederlassung u. Eskimosiedlung *Cambridge Bay*, 400 Ew.

Victorialand, gebirgiger Teil von Antarktika an der westl. Seite des Rossmeers zwischen 70° u. 78° südl. Breite, rd. 4000 m hoch.

Victorianil, der Teil des Weißen Nil in Uganda zwischen Victoria- u. Albertsee, bildet den flachen Kyogasee, die Owenfälle (großes Kraftwerk) u. die Kabelegafälle.

Victoria regia [lat., nach der engl. Königin *Viktoria*], wissenschaftl. *Victoria amazonica*, ein amerikan. *Seerosengewächs*. Die Blätter erlangen einen Durchmesser von 2 m, sind oben hellgrün, unterseits purpurrot u. mit einem bestachelten Rippennetz ausgesteift. Die stark duftenden Blüten öffnen sich abends weiß gefärbt, schließen sich am nächsten Morgen u. öffnen sich am Nachmittag nochmals, sind dann aber rosa gefärbt. Am 3. Tag verwelken die Blüten. In Warmhäusern kultiviert.

Victoria River [vik'tɔ:riə 'rivə], teilweise intermittierender Fluß im nordwestl. austral. Nordterritorium, 547 km, entspringt in den Kimberley Ranges, mündet südwestl. von Darwin in den Joseph-Bonaparte-Golf (Timorsee); Schaf- u. Rinderzucht in Großfarmen.

Victoriasee, *Lake Victoria*, größter afrikan. See, am Äquator, 68800 qkm, bis 85 m tief, 1134 m ü. M.; Zufluß: *Kagera*, Abfluß: *Victorianil*; Anliegerstaaten: Tansania, Uganda u. Kenia; rege Schiffahrt: Güterverkehr, Eisenbahnfähre, Passagierliniendienst; bedeutende Fischerei. – Ⓑ→Afrika (Geographie).

Victoriat [lat.], *Victoriatus*, 215 v. Chr. eingeführte röm. Silbermünze (3,4 g); 1 V. = ³/₄ Denar; mit der Darstellung einer Victoria, die eine Trophäe bekränzt; im Balkangebiet nachgeahmt.

Victoria-Versicherungsgruppe, Versicherungskonzern, Muttergesellschaft: *Victoria Lebens-Versicherungs-AG*, Berlin, gegr. 1853; Tochtergesellschaften: *Victoria Feuer-Versicherungs-AG*, Berlin; *Victoria Rückversicherungs-AG*, Berlin; *Vorsorge-Lebensversicherungs-AG*, Berlin; *D.A.S. Deutscher Automobil Schutz Allg. Rechtsschutz-Versicherungs-AG*, München, u. a.

Victoriawüste →Große Victoriawüste.

Vicuña [vi'kunja; span.] →Lama.

Vicus ['vi-], altindian. Kulturphase in Nordperu (200 v. Chr.–400 n. Chr.), benannt nach der Fundstätte *Vicus* mit bis 15 m tiefen Schachtgräbern, erst um 1960 von Schatzgräbern entdeckt. Funde von Schmuckstücken aus Gold, Kupfer, vergoldetem Kupfer u. Silber. Figurengefäße in bäurischem Stil, z. T. negativ bemalt.

Vida, Marco Girolamo, neulatein. Dichter, *1485 Cremona, †27. 9. 1566 Alba; verfaßte Epik, Lyrik u. Lehrdichtung. „De arte poetica" 1527.

Vidal ['vidəl], Gore, US-amerikan. Schriftsteller, *3. 10. 1925 West Point, N. Y.; Offizier, gehörte zum Kreis um J. F. Kennedy; Kritiker sozialer Mißstände u. polit. Willkür in Amerika. Romane: „Julian" 1964, dt. 1965; „Washington, D.C." 1967, dt. 1968; „Myra Breckinridge" 1968, dt. 1969. Schauspiele: „Besuch auf einem kleinen

„Victoria regia", Victoria amazonica

Planeten" 1957, dt. 1957; „Der beste Mann" 1960, dt. 1964.

Vidal de la Blache [-'bla:ʃ], Paul, französ. Geograph, *22. 1. 1845 Pézenas, †5. 4. 1918 Paris; Begründer der modernen französ. Geographie, bes. der Landeskunde, Hrsg. der „Annales de Géographie" seit 1891. Hptw.: „Atlas général" ²1909; „La France" ²1907.

Vidalschwarz [nach dem Erfinder Henri *Vidal*, *1862, †1930], ein Schwefelfarbstoff, hergestellt aus p-Aminophenol u. Natriumsulfid.

videant Consules, *ne quid res publica detrimenti capiat* [lat.], „die Konsuln mögen sehen, daß die Republik keinen Schaden leide", Formel bei der Übertragung der diktator. Gewalt an die röm. Konsuln.

Videla, Jorge Rafael, argentin. Militär u. Politiker, *2. 8. 1925 Mercedes; 1976–1981 Staats-Präs.

Videoband [lat.], Magnetband zur Bildaufzeichnung, →Ampexverfahren.

Videothek, Ausleihstätte für avantgardistische 16-mm-Filme, analog der *Artothek* vom Neuen Berliner Kunstverein im Oktober 1972 eröffnet.

Videoverstärker [lat.], Verstärker für das Bildsignal; →Fernsehen.

Vidikon [das; lat. + grch.], eine Kameraröhre für das Fernsehen; ähnlich dem →Orthikon aufgebaut, nützt jedoch den äußeren Photoeffekt von Halbleitern aus; zeichnet sich durch einfachen Aufbau u. kleine Abmessungen aus; hauptsächl. beim industriellen Fernsehen benutzt.

Vidor, King, US-amerikan. Filmregisseur, *8. 2. 1894 Galveston, Tex.; wurde bekannt durch seine sozialkrit. Filme „The Crowd" 1928; „Hallelujah" 1929; „Our Daily Bread" 1934 u. „The Citadel" 1938; drehte später „Duell in der Sonne" 1946; „Wildes Blut" 1952; „Krieg u. Frieden" 1956, u. a.

Vidrić [-dritç], Vladimir, kroat. Lyriker, *20. 4. 1875 Zagreb, †29. 9. 1909 bei Zagreb; behandelte Themen aus der slaw. Mythologie u. der oriental. Welt mit sozialem u. polit. Gegenwartsbezug.

Viebig, Clara, Erzählerin, *17. 7. 1860 Trier, †31. 7. 1952 Berlin; kam vom gesellschaftskrit. Naturalismus u. schrieb vielgelesene Romane u. Novellen aus der Eifel („Das Weiberdorf" 1900), dem Rheinland („Die Wacht am Rhein" 1902), aus den dt.-poln. Grenzlanden („Das schlafende Heer" 1904) u. aus der Berliner Welt („Die vor den Toren" 1910; „Töchter der Hekuba" 1917).

Viechtach, Stadt in Niederbayern (Ldkrs. Regen), am Schwarzen Regen, 6500 Ew.; Sommerfrische; Stein-, Metall-, Kunststoffindustrie.

Viechtwang, Gemeinde in Oberösterreich, an der Alm (rechter Nebenfluß der Traun), nördl. des Toten Gebirges, 3900 Ew.; Sommerfrische u. Wintersportplatz; in der Nähe Ruine *Scharnstein*.

Viedma ['vjɛðma], **1.** Hptst. der argentin. Prov. *Río Negro*, rd. 15000 Ew.

2. *V.see*, *Lago V.*, südargentin. See, rd. 1600 qkm, am Rand der Anden in Patagonien.

Viège [vjɛ:ʒ], französ. Name für →Visp.

Viehhandel, An- u. Verkauf von Vieh; bedarf behördlicher Zulassung u. verlangt aus veterinär-polizeil. Gründen die Einhaltung gewisser Bestimmungen. Wenn innerhalb der *Gewährsfristen* →Gewährsmängel auftreten, so kann der Käufer nur *Wandlung*, d. h. Zurücknahme, niemals Minderung des Kaufpreises verlangen.

Viehsalz →Tausalz.

Viehseuchen →Tierseuchen.

Vieira ['vjɐira], **1.** Alfonso Lopes →Lopes Vieira, Alfonso.

2. António, portugies. Schriftsteller, *6. 2. 1608

Lissabon, † 18. 7. 1697 Baía (Brasilien); Jesuit, Ordensprovinzial in Brasilien, berühmter Prediger; hinterließ neben 200 Predigten zahlreiche andere Prosawerke im Barockstil.
3. Francisco, gen. *Portuense*, portugies. Maler, * 13. 5. 1765 Porto, † 1805 Madeira; ausgebildet in Parma, seit 1802 königl. Hofmaler in Lissabon.
Vieira da Silva ['vjeira ða 'silva], Marie-Hélène, portugies. Malerin, * 18. 6. 1908 Lissabon; ihr Malstil ist durch dominierende gitterartige Strukturen, die das Gegenständliche überwuchern, gekennzeichnet.
Vielborster, Ringelwürmer, = Polychäten.
Vieleck, geradlinige ebene Figur mit einer festgelegten Anzahl von Eckpunkten. Die Verbindungsstrecken zwischen zwei benachbarten Eckpunkten heißen *Seiten*. Sind alle Seiten gleich lang u. alle Winkel gleich, so ist das V. regelmäßig.
Vielehe = Polygamie.
Vielfacherzeugung, *Kernphysik:* gleichzeitige Erzeugung mehrerer Elementarteilchen beim Stoß eines energiereichen Teilchens auf einen Atomkern.
Vielfachinstrument, ein elektr. Meßgerät, das durch Umschaltung zum Messen verschieden hoher Spannungen u. Ströme im Gleich- u. Wechselstrombereich geeignet ist. Das Meßwerk ist meist ein empfindl. Drehspulgalvanometer; vielfach auch für Widerstandsmessungen (Isolation).
Vielfachstreuung, Streuung eines atomaren Teilchens, die aus mehreren nacheinander erfolgenden Streuvorgängen an einzelnen Atomen resultiert.
Vielflach = Polyeder.
Vielflosser, Fische, →Flösselhechtähnliche.
Vielfraß, *Jerf, Gulo gulo*, plumper, mittelgroßer *Marder* mit braunschwarzem Fell (Pelzwerk) u. buschigem Schwanz; lebt im nördl. Eurasien u. Amerika; ernährt sich meist von kleineren Nagetieren, überfällt aber gelegentlich auch Elche u. Rentiere. Name von norw. *fjellfrass*, „Felsfrett".
Vielfrüchtler = Polycarpicae.
Vielgötterei = Polytheismus.
Vielmännerei = Polyandrie.
Vielpaß, Zierform des got. Maßwerks, bei der mehrere sich überschneidende Kreise gleicher Größe einen umschriebenen großen Kreis von innen berühren.
Vielstoffmotor, ein →Dieselmotor, der mit verschiedenen flüssigen Kraftstoffen (Benzin, Petroleum, Dieselöl, leichte Schmieröle) betrieben werden kann; vorzugsweise für militär. Fahrzeugantriebe verwendet.
Vielweiberei = Polygynie.
Vielzeller, die vielzelligen Lebewesen im Gegensatz zu den einzelligen.
Vienenburg [f-], niedersächs. Stadt an der Oker, im nördl. Harzvorland (Ldkrs. Goslar), 12000 Ew.; Maschinen-, Möbel-, Textil-, Kunststoffwaren-, Zucker-, Düngemittelindustrie.
Vienne [vjɛn], **1.** linker Nebenfluß der Loire in Frankreich, 372 km; entspringt auf dem Plateau de Millevaches, mündet oberhalb von Saumur.
2. Stadt im südostfranzös. Dép. *Isère*, links an der unteren Rhône, 30300 Ew.; Reste röm. Bauwerke, roman. Klosterkirche (12. Jh.), ehem. Kathedrale (12./16. Jh.); Weinbau; Textil-, Metall-, Maschinen-, Leder- u. pharmazeut. Industrie.
3. westfranzös. Département beiderseits der mittleren V., 6985 qkm, 360000 Ew., Hptst. *Poitiers*; nordöstl. Teil des *Poitou*.
4. *Haute-V.* →Haute-Vienne.
Vientiane [frz. vjɛn'tjan], Hptst. des hinterind. Staates Laos, am Mekong, 180000 Ew.; Hochschulen, Pagoden; Holz-, Nahrungsmittel-, Tabakindustrie, Flughafen.
Vieques ['vjɛkɛs], US-amerikan. Jungferninsel vor der Ostküste Puerto Ricos (Westindien), mit Puerto Rico verwaltet, 133,9 qkm, 7500 Ew.
Vierauge, *Anableps tetrophthalmus*, 30 cm langer *Zahnkarpfen* schlammiger Küstengewässer Mittelamerikas u. Brasiliens; Oberflächenfisch, bei dem quer durch das Auge eine Scheidewand zieht, die es in zwei Hälften mit je einer Pupille zur Unter- u. Überwassersicht teilt; lebendgebärend.
Vierblatt, *Baukunst:* ein Vierpaß, der sich statt aus vier Halb- oder Dreiviertelkreisen aus vier Spitzbögen zusammensetzt. →auch Paß.
Vierdraht-Übertragungstechnik, ein Verfahren der Nachrichtentechnik. Verstärker, die bei Fernmelde-Fernleitungen zum Ausgleich der Dämpfung gebraucht werden, arbeiten prinzipiell nur in einer Richtung. Da beim Fernsprecher stets in beiden Richtungen gesprochen wird – wozu man bei Ortsgesprächen nur eine Doppelleitung braucht –, müssen beide Richtungen getrennt verstärkt werden. Die Trennung geschieht in elektr. Weichen, sog. →Gabelschaltungen. Damit man die Richtungen nicht an jedem Verstärker trennen u. wieder neu vereinigen muß, was Instabilität der Übertragung zur Folge hätte, wird der ganze Fernleitungszug vierdrähtig geführt.
Viereckschanze, kelt. Erdwerk in Süddeutschland u. Frankreich von überwiegend viereckigem Grundriß, mit Wall, Außengraben u. einem Tor, 60–70 m lang u. 1600–2500 m² umschlossener Raum; wahrscheinl. Kultplätze mit Brunnen u. stelenartigem Kultbild.
Vierer, 1. *Elektrotechnik:* in Fernsprechkabeln die Kombination von zwei Doppeladern.
2. *Münzen:* 1. 1397 eingeführte süddt. Silbermünze (rd. 1 g), 1 V. = 4 Pfennige oder 2 Rappen; auch als *Doppel-V.* bis zum 16. Jh. geprägt. – 2. Tiroler Silbermünze des 14.–17. Jh.
3. *Sport:* beim *Rudern* ein mit vier Ruderern besetztes Boot; beim *Radsport* eine aus vier Fahrern bestehende Mannschaft.
Viererbande, polem. Bez. für eine aus 4 Personen bestehende linksradikale Fraktion im Politbüro der Kommunist. Partei Chinas (u. a. Mao Tsetungs Frau *Tschiang Tsching*); nach Maos Tod 1976 entmachtet, 1981 gerichtlich abgeurteilt.
Viererzug, *Reit- u. Fahrsport:* ein Wagengespann mit vier Pferden; Hauptwettbewerb bei den Wagenprüfungen. →auch Pferdesport.
Vierfarbendruck, ein Farbendruck, bei dem neben Gelb, Rot u. Blau auch Schwarz zur Erzielung besserer Tiefenwirkung Anwendung findet. →Dreifarbendruck. – 🄻 10.3.3.
Vierfleck, *Libellula quadrimaculata*, goldgelbe *Libelle* der Torfgewässer Mitteleuropas, deren Flügel an der Wurzel mit einem schwarzbraunen Fleck gezeichnet ist. Fliegt von Mai bis August; bei Massenauftreten größere Wanderungen.
Vier Freiheiten, von Präs. F. D. *Roosevelt* 1941 verkündete Ziele, zu deren Verwirklichung in der ganzen Welt die US-amerikan. Politik beitragen sollte: Freiheit der Rede, Glaubensfreiheit, Freiheit von wirtschaftl. Not, Freiheit von Kriegsfurcht. Diese Forderungen richteten sich gegen die Politik Deutschlands u. Italiens.
Vierfüßer, *Tetrapoda, Eutetrapoda*, die echten Landwirbeltiere: Lurche, Kriechtiere, Vögel u. Säugetiere.
Viergespann = Quadriga.
Vierhornantilope, *Tetracerus quadricornis*, zierlich gebaute *Antilope* von 65 cm Schulterhöhe, hat auf der Stirn ein zweites Hornpaar; lebt in waldreicher Hügellandschaft Vorderindiens.
Vierhundertsiebziger-Jolle, *470er-Jolle*, ein Segelboot (Schwertboot) mit zwei Mann Besatzung; 4,70 m lang (danach die Bez.), 1,73 m breit, 11 qm Segelfläche; seit 1972 (mit dem *Tornado*) olymp. Segelbootsklasse. – 🄱→Segelsport.
Vierjahresplan, Produktionsprogramm der nat.-soz. Wirtschaftspolitik. Der 1. V. wurde am 1. 2. 1933 verkündet, Ziel: Behebung der Krise der Landwirtschaft u. Beseitigung der Arbeitslosigkeit. – Der 1936 verkündete 2. V. zielte auf möglichste Autarkie durch Produktionssteigerung u. Förderung der Herstellung von Kunst- u. Ersatzstoffen (Zellstoffe, Buna u. ä.). – Der 3. V. (1940) diente bes. kriegswirtschaftl. Zwecken.
Vierkandt, Alfred, Soziologe u. Ethnologe, * 4. 6. 1867 Hamburg, † 24. 4. 1953 Berlin; Hptw.: „Staat u. Gesellschaft in der Gegenwart" 1916; „Gesellschaftslehre" 1923; Hrsg. des „Handwörterbuchs der Soziologie" 1931; verdient um die Weiterentwicklung der theoret. Soziologie, führte den Begriff der *Gruppe* ein.
Vierkiemer →Kopffüßer.
Vierlande, zu Hamburg gehörende fruchtbare Marschlandschaft zwischen Elbe u. Bille, mit den ehem. Gemeinden Alten- u. Neuengamme, Curslack u. Kirchwerder; Obst- u. Gemüseanbau.
Vierling, *Quadrans*, im MA. Bez. für den seit dem 12. Jh. geprägten ¼ Pfennig.
Vierlingsgeschütz, *Vierling*, meist zur →Flugabwehr verwendetes Geschütz mit 4 Rohren. →auch Zwillingsgeschütz.
Viermächteabkommen über Berlin, *Vierseitiges Abkommen, Berlin-Abkommen*, am 3. 9. 1971 unterzeichnetes, am 3. 6. 1972 in Kraft getretenes Abkommen zwischen Frankreich, Großbritannien, der UdSSR u. den USA zur Regelung von Fragen in bezug auf Berlin, die seit 1948/49 strittig waren; ergänzt durch 4 Anlagen u. 3 begleitende Dokumente. Das V. beseitigte nicht die grundsätzl. Meinungsverschiedenheiten zwischen den Westmächten u. der UdSSR über den Status von Berlin, bestätigte aber den Fortbestand der Viermächteverantwortung. Es stellte fest, daß Westberlin kein Bestandteil der BRD ist, daß jedoch bes. Bindungen zwischen Westberlin u. der BRD bestehen. Weiterhin regelte es den Transitverkehr zwischen der BRD u. Westberlin, die Einreise von Westberlinern nach Ostberlin u. der DDR, den Umfang der Bundespräsenz in Westberlin u. dessen Außenvertretung durch die BRD sowie Gebietsfragen.
Viernheim [f-], hess. Stadt (Ldkrs. Bergstraße), in der Oberrhein. Tiefebene, 29000 Ew.; Textil-, Zigarren-, Gummi-, Metall-, pharmazeut. Industrie; Eisenbahnmuseum.
Vierpaß →Paß.
Vierpol, *Nachrichtentechnik:* elektr. Gebilde mit zwei Eingangs- u. zwei Ausgangsklemmen. Es gibt *aktive V.e* (Verstärker) u. *passive V.e* (Übertrager, Filter, Leitung). Die Beziehungen zwischen Eingangs- u. Ausgangsstrom u. zwischen Eingangs- u. Ausgangsspannung werden durch die V.-Gleichungen beschrieben. Der V.- oder Wellenwiderstand läßt sich aus Leerlauf- u. Kurzschlußwiderstand berechnen. Ist er am Eingang u. Ausgang gleich, so nennt man den V. *symmetrisch*. Eine weitere Kenngröße des V.s ist das *Übertragungsmaß*. Das Verhalten der V.e ist Gegenstand der *V.theorie*.
Viersen [f-], Kreisstadt in Nordrhein-Westfalen, nördl. von Mönchengladbach, 83000 Ew.; Wallfahrtskapelle, Narrenmuseum; Textil-, Kunststoff-, Papier-, Maschinen-, Möbel-, Schuh-, Nahrungsmittelindustrie. – Ldkrs. V.: 558 qkm, 264000 Ew.
Viertaktmotor, ein →Verbrennungsmotor.
vierte Dimension, die zum dreidimensionalen Raum in der →Relativitätstheorie als neue Dimension hinzugenommene Zeit. Ein Punkt eines solchen vierdimensionalen Raums wird durch Angabe von 3 Raumkoordinaten u. einer Zeitkoordinate bestimmt. Der vierdimensionale Raum ist nicht vorstellbar, sondern nur durch mathemat. Formeln zu erfassen. →auch mehrdimensionaler Raum.
Vierteilen, Strafe im MA.: Durch 4 Pferde wurde der Verurteilte in 4 Teile zerrissen.
Viertel, Berthold, österr. Regisseur u. Schriftsteller, * 28. 6. 1885 Wien, † 24. 9. 1953 Wien; gründete 1912 die Wiener Volksbühne, 1923 in Berlin das experimentelle Theater „Die Truppe"; war 1928–1931 u. 1938–1947 als Drehbuchautor u. Filmregisseur in Hollywood, nach seiner Rückkehr Gastregisseur; schrieb Gedichte, Dramen, Romane. „Dichtungen u. Dokumente" 1956.
„Vierteljahrshefte für Zeitgeschichte", Abk. *VfZG*, hrsg. von H. Rothfels u. Th. Eschenburg im Auftrag des *Instituts für Zeitgeschichte* in München seit 1953; behandeln vorwiegend Probleme der dt. Geschichte im 20. Jh.
Viertelstab, ein *Dienst* mit dem Querschnitt eines Viertelkreises; bei mehrteiligen Wandvorlagen bes. in der norddt. Backsteinarchitektur anzutreffen.
Vierteltonmusik, eine Musik, die auf der in 24 Vierteltöne geteilten Oktave basiert; theoretisch u. in der Spielpraxis bereits den Griechen bekannt, deren Zwischentöne aber nicht Vierteltöne genannt werden können, weil diese Bez. das temperierte Halbtonsystem voraussetzt. Ihre Wiederbelebung versuchten N. *Rimskij-Korsakow*, Silvestro *Baglioni* (* 1876, † 1957) u. Willi von *Moellendorff* (* 1872, † 1934) mit seinem 24 Tonstufen enthaltenden bichromatischen Harmonium, dem Vierfelton-Klavier u. der Viertelton-Klarinette von Richard Heinrich *Stein* (* 1882, † 1942) u. a.
Vierte Republik, die französ. Republik von 1946–1958. →Frankreich (Geschichte).
Vierter Stand, im frühen 19. Jahrhundert sich einbürgernde, am Dreiständeschema Adel–Klerus–Bürgertum orientierte Bezeichnung des aufkommenden Lohnarbeiter-Proletariats.
Vieruhrblume →Wunderblume.
Vierung, der Raum der Kirche, in dem sich das Mittelschiff des sich aus Langhaus u. Chor zusammensetzenden Längsbaus u. das Querhaus durchdringen. Die V. wird als Mittelpunkt des Kirchenbaus durch breite Bögen (*V.sbögen*) von den angrenzenden Schiffen abgesondert. In der altchristl. Basilika ist die V. das mittlere Joch des Querhauses u. wird nur vom Mittelschiff des Langhauses durch einen V.sbogen (Triumphbogen) getrennt. In vielen roman. u. got. Kirchen erhebt sich über der V. ein quadrat. oder achteckiger *V.sturm*.
Vier Waldstätte →Urkantone.

Vierwaldstätter See

Weggis am Vierwaldstätter See

Vierwaldstätter See, von der Reuss durchflossener u. von den vier „Waldstätten" (Kantonen) *Uri, Schwyz, Unterwalden* u. *Luzern* umgebener mittelschweizer. See, 434 m ü.M., mit 114 qkm der viertgrößte See der Eidgenossenschaft, bis 214 m tief, von der Einmündung bis zum Ausfluß der Reuss 38 km lang, viel verzweigt u. in mehrere Becken gegliedert: (von NW nach SO) *Luzerner, Küssnachter* u. *Alpnacher See,* Buchten von *Stansstad, Weggis, Buochs, Gersau* u. *Urner See*; in der Umgebung markante Bergstöcke u. bekannte Aussichtsgipfel: *Rigi, Pilatus, Bürgenstock, Stanserhorn, Mythen, Urirotstock,* sowie zahlreiche Erinnerungsstätten der eidgenöss. Geschichte: Rütli, Tellsplatte, Tellskapellen, Hohle Gasse; die Großartigkeit der Landschaft, dazu das milde Klima u. die südl. Vegetation machen den V.S. zu einem der besuchtesten Reisegebiete der Schweiz u. ließen zahlreiche Kur- u. Badeorte entstehen: Luzern, Küssnacht am Rigi, Weggis, Vitznau, Gersau, Buochs, Beckenried, Brunnen, Seelisberg, Flüelen.

Vierzehn Heilige →Nothelfer.

Vierzehnheiligen, Wallfahrtskirche im oberen Maintal bei Staffelstein; ein Hptw. der barocken Kirchenbaukunst, begonnen von Balthasar *Neumann,* vollendet 1772. – ⒷⓃ→Deutsche Kunst.

Vierzehn Punkte, in einer Botschaft des US-amerikan. Präs. W. *Wilson* an den Kongreß am 8. 1. 1918 aufgestelltes Friedensprogramm. Wilson forderte: 1. Abschaffung der Geheimdiplomatie, 2. Freiheit der Meere, 3. Wirtschafts- u. Handelsfreiheit, 4. allg. Abrüstung, 5. unparteiische Ordnung der Kolonialfragen, 6. Räumung der besetzten russ. Gebiete, 7. Wiederherstellung Belgiens, 8. Räumung des besetzten französ. Gebiets, 9. eine neue Grenze in Oberitalien, die mit der Sprachgrenze zusammenfallen sollte, 10. autonome Entwicklung der Völker Österreich-Ungarns, 11. Wiederherstellung von Serbien, Rumänien u. Montenegro, 12. freie Schiffahrt durch die Dardanellen, Lösung der nichttürk. Völker aus dem Osmanischen Reich, 13. Errichtung eines unabhängigen Polens, 14. Bildung eines Bunds der Nationen (→Völkerbund). Auf dieses Programm bezog sich die dt. Bitte um Waffenstillstand am 5. 10. 1918. Die Hoffnung Deutschlands, daß der Friede auf der Basis der V.P. abgeschlossen würde, erfüllte sich nicht. Man sah darin in Dtschld. einen Bruch der Zusicherungen des amerikan. Präs.

Vierzigstundenwoche, von den Gewerkschaften aufgestellte Forderung einer wöchentlichen Maximalarbeitszeit von 40 Stunden innerhalb einer Fünf-Tage-Arbeitswoche; in Frankreich 1936 eingeführt, praktisch aber durch Überstunden wieder aufgehoben. In der BRD ist die V. in den wichtigsten Industriezweigen verwirklicht. In Österreich ist sie kollektivvertragl. ab 1975, aber (stufenweise) vielfach schon früher eingeführt. In den USA, Kanada, Neuseeland, Großbritannien, Skandinavien, Australien ist sie weitgehend erreicht.

Vierzon [vjɛr'zɔ̃], Industriestadt im mittelfranzös. Dép. Cher, 34 400 Ew.; Eisenwerke, Drahtflechtereien, Landmaschinenbau, Porzellan-, Glas-, Gummi-, pharmazeutische, Leder- u. Möbelindustrie.

Viet-Cong [viɛt-; vietnames.], Kurzform für *Viet-Nam Cong San,* „vietnames. Kommunist", ursprüngl. diffamierend gemeinte, in der freien Welt meist neutral gebrauchte Bez. für die seit 1957 in Südvietnam operierenden kommunist. Guerillas (offizielle Bez. seit 1960: →Nationale Befreiungsfront für Südvietnam).

Viète [vjɛt], *Vieta,* François, französ. Mathematiker, *1540 Fontenay-le-Comte, †13. 12. 1603 Paris; war Advokat; schuf eine Theorie der algebraischen Gleichungen, fand den Zusammenhang zwischen Koeffizienten u. Wurzeln einer Gleichung *(Vietascher Satz)* u. führte 1591 die Verwendung von Buchstabenbezeichnungen in der Algebra ein. Weitere Arbeiten über Goniometrie.

Vieth, Gerhard Ulrich Anton, Lehrer, *8. 1. 1763 Hooksiel, Jever, †12. 1. 1836 Dessau; mit seiner „Enzyklopädie der Leibesübungen" 3 Bde. 1794–1818 neben J. Ch. F. *Guts Muths* u. F. L. *Jahn* einer der dt. „Turnväter".

Vieth von Golßenau, Arnold Friedrich →Renn, Ludwig.

Viet-Minh [viɛt-; vietnames.], Kurzform für *Viet-Nam Da Lap Dong Minh Hoi,* „Kampffront für ein unabhängiges Vietnam", die 1941 von *Ho Tschi Minh* gegr. Unabhängigkeitsbewegung Indochinas gegen die japan. Besetzung im 2. Weltkrieg, dann auch gegen die französ. Kolonialherrschaft gerichtet. 1944 wurden alle Gruppierungen (Nationalisten u. Kommunisten) unter den Oberbefehl *Vo Nguyen Giaps* gestellt, der einen großen Teil Vietnams besetzte. 1945 proklamierte die V. das unabhängige Vietnam; gegen die andauernde französ. Herrschaft erhob sich 1946 die V. (→Indochinakriege); 1951 ging sie in der *Lien-Viet* (Vereinigte Nationale Einheitsfront Vietnams) auf. Die im 2. Indochinakrieg *(Vietnamkrieg)* entstandenen *Viet-Cong* rekrutieren sich z.T. aus den V.-Mitgliedern. – Ⓛ 5.7.4.

VIETNAM — VN
Nuoc Cong Hoa Xa Hoi Chu Nghia Viêt Nam

- Fläche: 332 559 qkm
- Einwohner: 53,0 Mill.
- Bevölkerungsdichte: 159 Ew./qkm
- Hauptstadt: Hanoi
- Staatsform: Kommunistische Volksrepublik
- Mitglied in: UN, COMECON
- Währung: 1 Dong = 10 Chao = 100 Sau

Landesnatur: Der Kernraum des nördl. V. ist *Tonkin,* die weite Schwemmlandfläche im Delta des *Roten Flusses,* über der sich die Gebirgszüge des südchines. Gebirgssystems bis zu 3142 m im *Fan Si Pan* erheben. Südl. davon schließt sich ein hügeliges Küstentiefland an, das der bewaldeten *Annamitischen Kordillere* vorgelagert ist. Im südl. V. erreicht dieses Gebirgsland seine größten Höhen *(Ngoc Linh* 2598 m, *Ataouatmassiv* 2500 m, *Chu Yang Sin* 2405 m). Das zentrale Gebirgsland fällt zur Küste hin steil ab. Nur an den Mündungen der Flüsse haben sich Schwemmlandebenen gebildet, die dichtbevölkert sind. Ganz im Süden erstreckt sich das sumpfige Delta des *Mekong,* dessen häufig überschwemmte, weit ins Landesinnere reichende Aufschüttungsebene der wirtschaftl. Kernraum im Süden V.s ist. Das Klima ist im Norden subtropisch u. im Süden tropisch heiß mit einer jeweiligen jährl. Niederschlagsmenge von durchschnittl. 1500 mm; an der Küste fallen bis 4000 mm. Die Niederschläge bringt der Südwestmonsun, der von April bis Oktober weht. In den anderen Monaten beherrscht der trockene Nordostmonsun die Witterung. V. ist taifungefährdet. Die Temperaturen schwanken um 26°C.

Bevölkerung: Knapp 90% der Bevölkerung sind Vietnamesen, die den Südchinesen verwandt sind. Daneben gibt es kleinere Völker wie Thai, Nung, Miao, Yao, Khmer, Moi u.a., die teilweise in autonomen Regionen wohnen, sowie Chinesen. Ballungszentren der Besiedlung sind im Norden die Gebiete um den Roten Fluß, im Süden das Mekongdelta u. ein schmaler Küstenstreifen; weite Teile von V. sind recht dünn besiedelt. Mehr als die Hälfte der Bevölkerung von V. sind Mahayana-Buddhisten. Außerdem gehören 6% der Bevölkerung dem Caodaismus an.

Wirtschaft: Die Landwirtschaft, in der ³/₄ der Bevölkerung beschäftigt sind, ist die Lebensgrundlage V.s. Grundlage ist der Reisanbau (zu ³/₅ auf bewässerten Flächen). Daneben werden Süßkartoffeln, Maniok, Mais, Erdnüsse, Zuckerrohr, Tee, Tabak, Baumwolle, Jute, Kaffee, Hirse, Bananen, Sojabohnen u.a. angebaut. Auf ¹/₃ der Fläche können pro Jahr zwei Reisernten eingebracht werden. Dennoch ist V., u.a. wegen des starken Produktionsausfalls während des Krieges, auf Reiseinfuhr, besonders aus China, angewiesen. Die Viehzucht (Schweine, Rinder, Büffel) ist noch wenig entwickelt. Die ehem. ausgedehnten Waldflächen wurden im V.krieg stark dezimiert, u.a. durch militär. Entlaubungsaktionen im Süden des Landes. Die Erzeugung von Kautschuk steigt erst allmählich wieder an. V. verfügt über umfangreiche Bodenschätze: Steinkohle, Eisen, Zink, Wolfram, Chrom, Bauxit, Apatit, Blei und Phosphate im Norden, Zink, Blei, Gold, Graphit u. Salz im Süden. Der Norden V.s verfügt über eine verstaatlichte u. infolge des V.kriegs in Kleinanlagen dezentralisierte Schwerindustrie sowie

Die Bucht von Halong bei Haiphong

über eine umfangreiche Energiewirtschaft. Es gibt u.a. Betriebe der Metall-, Maschinen-, Werft-, chem., Papier-, Textil- u. Nahrungsmittelindustrie. Im ehemaligen Südvietnam vollzieht sich derzeit und auch in den nächsten 10 Jahren die Beseitigung der umfangreichen Kriegsschäden und die schrittweise Umstrukturierung der Wirtschaft auf der Grundlage einer sozialistischen Wirtschaftsordnung. Die Richtlinien von 1975 sehen staatl. betriebene Großunternehmen sowie Teilkollektivierung der Landwirtschaft vor. Daneben werden kleinbäuerl. Höfe und kleine Industrie- und Handwerksbetriebe bestehen. Zum wirtschaftl. Wiederaufbau und zur Wiederherstellung des zerstörten anbaufähigen Landes wurden über 5 Mill. Menschen aufs Land umgesiedelt. Für die zukünftige Wirtschaftsstruktur V.s zeichnet sich folgende Zielsetzung ab: Während der Norden des Landes industrielles Herz des Landes mit Massierung der Schwerindustrie auf der Grundlage der reichen Bodenschätze werden soll, will man den Süden als Reiskammer und Standort der Konsumgüterindustrie nutzen. Die VR China, die Sowjetunion u. mehrere europ. Ostblockländer unterstützen den Wiederaufbau mit Krediten, Fachkräften u.a.m. Auf alle diese Länder ist auch der Außenhandel beschränkt. Exportiert werden Bodenschätze, Mais, Kaffee, Tee, Kautschuk, Nutzholz und Garnelen. Importiert werden Textilrohstoffe, Nahrungsmittel, industrielle Ausrüstungen u.a. Güter.

Verkehr: Das durch den Krieg weitgehend zerstörte Eisenbahn- und Straßennetz ist wieder hergestellt und erweitert worden, jedoch spielen die Binnen- und Küstenschiffahrtswege, vor allem in den Deltas und auf dem Mekong, weiterhin eine bedeutende Rolle. Haupthäfen sind Haiphong und Ho-Tschi-Minh-Stadt (Saigon). Wichtigste Eisenbahnstrecke ist die Nord-Süd-Verbindung entlang der Küste. Das Straßennetz ist relativ gut u. dicht (bes. im Mekongdelta u. in den Küstengebieten). Der Luftverkehr ist noch wenig entwickelt. Im internationalen Verkehr werden die Hauptstadt Hanoi und Ho-Tschi-Minh-Stadt angeflogen. – 🗺→Hinterindien. – 📖 6.6.3.

Geschichte

208 v.Chr. wurde das Gebiet mit dem Namen *Viêt* (= Land im Süden, d.h. südl. von China) erstmals genannt. Die Vietnamesen gehören zu den indones. Völkern, sind aber stark sinisiert u. gerieten nicht, wie die meisten südostasiat. Länder, in den ind. Einflußbereich, sondern blieben ein Teil des chines. Kulturkreises. Von 111 v.Chr. bis 939 n.Chr. war V. chinesische Provinz. Von 939 bis 1945 bestand ein Kaiserreich (bis 1804 mit dem Namen *Dai Viêt*, seitdem als *Viêt-Nam*). Seinen Höhepunkt erreichte es im 15. Jh. Zentral-V. (früher *Annam*) war zeitweise von den indisierten Tscham besiedelt, die von den Vietnamesen allmählich verdrängt wurden; um 1757 wurde Süd-V. von Vietnamesen besetzt. 1802 wurde das Gesamtgebiet vereint (letzte Kaiserdynastie *Nguyen*). In der 2. Hälfte des 19. Jh. besetzte Frankreich V. nach u. nach, 1859 den südlichen Teil – *Cochinchina* –, 1884 auch den nördlichsten Teil – *Tonkin*.

Diên Biên Phu; Modell des Schlachtfelds

1883–1945 unterstanden die vietnames. Kaiser französ. Protektorat, seit 1888 gehörte V. zu Französisch-Indochina.
Nach dem russ.-japan. Krieg entstand auch in V. eine nationale, antikoloniale Bewegung, aus der 1941 die kommunist. geführte Kampforganisation *Viet-Minh* unter *Ho Tschi Minh* hervorging. Während des 2. Weltkriegs leistete sie mit ihren Partisanenverbänden der japan. Besatzungsmacht stärksten Widerstand. 1945 dankte Kaiser *Bao-Dai* ab. Ho Tschi Minh proklamierte am 2.9.1945 die Unabhängigkeit u. rief die Demokrat. Republik V. aus. Frankreich erkannte sie als unabhängigen Staat im Rahmen der Französ. Union an, doch blieben entscheidende Fragen ungeklärt, u. es kam bald zu heftigen Auseinandersetzungen. Am 19.12.1946 begann mit Partisanenangriffen der Viet-Minh auf die franzÖs. Truppen ein langwieriger Kampf (→Indochinakriege). In seinem Verlauf konnte die Viet-Minh von der Guerilla- zur regulären Kriegführung übergehen u. mit der Einnahme von *Diên Biên Phu* am 7.5.1954 die französ. Niederlage besiegeln. Das *Genfer Indochina-Abkommen* vom 21.7.1954 teilte das Land entlang dem 17. Breitengrad provisorisch in eine Nordzone, die der Viet-Minh überlassen wurde, u. eine Südzone, in der französ. Truppen verblieben. Über die Wiedervereinigung sollte eine Volksabstimmung entscheiden.

Nord-V. (Demokrat. Republik V.) entwickelte sich zu einer kommunist. Volksrepublik (Verfassung 1960). 1953 wurde eine Bodenreform eingeleitet u. die Landwirtschaft kollektiviert. Mit Unterstützung der kommunist. Staaten wurde die Industrialisierung in Angriff genommen. Die herrschende kommunist. *Lao-Dong-Partei* steuerte im sowjet.-chines. Konflikt einen Mittelkurs.

In Süd-V. regierte zunächst der von den Franzosen wiedereingesetzte Bao-Dai als Staatschef. Er wurde 1955 von Min.-Präs. *Ngo Dinh Diem* gestürzt, der sich zum Präs. der Republik V. machte (Verfassung 1956). Diem fand die Unterstützung der USA, die als Schutzmacht an die Stelle Frankreichs traten u. beträchtl. Wirtschaftshilfe leisteten. Durch seine diktator. Politik entfremdete sich Diem viele Anhänger u. auch die USA; er wurde 1963 gestürzt u. ermordet. Nach seinem Tod kam es in rascher Folge zu mehreren Putschen u. Regierungswechseln. Von 1967–1975 war General *Nguyen Van Thieu* Staatspräsident. Die Weigerung Süd-V.s, eine Volksabstimmung über die Wiedervereinigung abzuhalten, u. die Mißstände unter dem Diem-Regime bewirkten seit 1957 ein Wiederaufleben der Tätigkeit kommunist. Guerillas (Viet-Cong) in Süd-V., die von Nord-V. aus unterstützt wurde. Es kam zum →Vietnamkrieg, in den auch die Nachbarländer Kambodscha u. Laos hineingezogen wurden. Nach verheerenden u. verlustreichen Kämpfen endete der Krieg 1975 mit dem Sieg der Kommunisten. Eine „provisor. Revolutionsregierung" übernahm zunächst in Süd-V. die Macht.

Die Sozialistische Republik Vietnam. Am 2.7.1976 wurde die Wiedervereinigung von Nord- u. Süd-V. zur *Sozialist. Republik V.* vollzogen. Führende Politiker sind der Generalsekretär der Kommunist. Partei, *Le Duan*, u. Min.-Präs. *Pham Van Dong*. V. geriet bald in einen Konflikt mit China, u.a. wegen diskriminierender Behandlung der in V. lebenden Chinesen, von denen viele das Land verließen. China stellte seine Wirtschaftshilfe ein. V. trat 1978 dem COMECON bei u. schloß einen Freundschaftsvertrag mit der Sowjetunion. Anfang 1979 besetzten vietnames. Truppen Kambodscha u. stürzten das dortige, von China unterstützte kommunist. Regime. Daraufhin unternahmen chines. Truppen eine begrenzte „Strafaktion" gegen V. – 🗺→Südostasien. – 📖→Südostasien. – 📖 5.7.4.

Militär: In Nord-V. besteht allgemeine Wehrpflicht vom 18.–45. Lebensjahr mit einer Dienstzeit von mindestens 2 Jahren. Die Gesamtstärke der Streitkräfte beträgt 583000 Mann (Heer 570000, Luftwaffe 10000, Marine 3000). Davon operieren ca. 200000 Mann in Süd-V. und Laos und 10000 Mann in Kambodscha. Hier stellt V. den größten Teil der schweren Waffen (Panzer, Artillerie) und Spezialtruppen (Luftwaffe, Raketentruppen). An paramilitärischen Kräften gibt es 20000 Mann Grenz- und Sicherheitstruppen und eine Miliz von ca. 1,5 Millionen Mann. Die Ausrüstung stammt aus China, der Sowjetunion und aus den Ostblockstaaten. – Nach der Niederlage wurde Süd-V. desarmiert. Es besteht aber die Absicht, nach einer „Umerziehung" Kader und Offiziere der Südarmee zu übernehmen, schon um potentielle Aufruhrherde unter Kontrolle zu halten.
Im Vietnamkrieg haben die USA rd. 7,6 Mill. t Bomben geworfen (mehr als das Dreifache des 2. Weltkriegs). Nach offiziellen Angaben fielen im Vietnamkrieg ca. 46000 Amerikaner, 181000 Südvietnamesen und 922000 Kommunisten.

vietnamesische Sprache, *annamitische Sprache*, zur thailänd. Sprachfamilie gehörige Sprache in Vietnam; gesprochen von ca. 30 Mill. – 📖 3.9.1.

Vietnamkonferenz, in Paris tagende Konferenz zur Beendigung des →Vietnamkriegs. Teilnehmer waren die USA, Nordvietnam, Südvietnam u. die Provisor. Revolutionsregierung Südvietnams (Nationale Befreiungsfront). Die Verhandlungen begannen am 13. 5. 1968 u. wurden mit großen Unterbrechungen auf mehreren Ebenen geführt; entscheidend waren in der Schlußphase die Geheimgespräche zwischen dem US-amerikan. Präsidentenberater H. *Kissinger* u. dem nordvietnames. Politbüro-Mitgl. *Le Duc Tho*. Am 27. 1. 1973 unterzeichneten die 4 Außen-Min. ein Waffenstillstandsabkommen, das u. a. vorsah: Einstellung der Kämpfe, Abzug der US-amerikan. Truppen, Austausch der Gefangenen, Einsetzung einer internationalen Kontrollkommission aus Vertretern Indonesiens, Kanadas, Polens u. Ungarns, Bildung eines „Nationalen Rats der nationalen Aussöhnung u. Eintracht" zur Vorbereitung freier Wahlen in Südvietnam. Vom 26. 2. bis 2. 3. 1973 tagte in Paris eine Konferenz von 12 Außen-Min. (Unterzeichner des Waffenstillstands, Mitglieder der Kontrollkommission sowie China, Frankreich, Großbritannien u. Sowjetunion), die den Waffenstillstand bestätigte.

Vietnamkrieg, die 2. Phase der →Indochinakriege, anfangs ein vietnames. Bürgerkrieg, der durch die Unterstützung der UdSSR u. Chinas auf nordvietnames. Seite u. durch das Eingreifen der USA auf südvietnames. Seite zu einem südostasiat. Krieg wurde. Die USA griffen ein, weil sie fürchteten, daß die südostasiat. Staaten kommunist. würden *(Dominotheorie)* u. daß sie selbst Macht u. Einfluß in den östl. u. südöstl. Pazifik-Staaten verlieren könnten. Nachdem die USA bereits 1953/54 erwogen hatten, in den Indochinakrieg zwischen Frankreich u. den national-kommunist. Befreiungsbewegungen einzugreifen, wurden sie nach der *Genfer Indochinakonferenz* von 1954 zur Garantiemacht des antikommunist. Südvietnam.
Problematisch wurde diese Rolle, als Südvietnam sich 1956 weigerte, die in Genf vorgesehene Volksabstimmung zur Wiedervereinigung abzuhalten. Daraufhin kam es in Südvietnam seit 1957 zunehmend zu Guerillatätigkeit u. Terrorakten der kommunist. *Viet-Cong*, die von Nordvietnam Unterstützung u. Anleitung erhielten. Obwohl die USA seit 1961 Militärberater entsandten u. die Viet-Cong mit deren eigenen Methoden zu bekämpfen suchten, schließl. auch zum Sturz der Regierung Diem beitrugen, verschlechterte sich ständig die militär. Situation, auch durch das Einströmen von Material u. Soldaten aus Nordvietnam, ebenso die politische infolge andauernder Unruhen u. Regierungskrisen. Vor der Wahl, den Zusammenbruch in Südvietnam hinzunehmen bzw. einen gesichtswahrenden Verhandlungsfrieden anzustreben oder aber direkt militär. einzugreifen, entschieden sich die USA 1964 nach dem →Tonkin-Zwischenfall für einen begrenzten Einsatz eigener Streitkräfte in Südvietnam, 1965 dann für eine ständige Steigerung (*Eskalation:* 1. 1. 1967 389 000 Mann, Juni 1968 550 000) u. für einen Luftkrieg gegen Nordvietnam. Sie verzichteten jedoch auf eine Kriegserklärung u. volle Kriegführung gegen Nordvietnam, um jede direkte militär. Einmischung der UdSSR oder Chinas zu vermeiden.
Nachdem mehrere Pausen in der 1964 begonnenen u. seit 1965 fortwährend gesteigerten Bombardierung Nordvietnams die Gegenseite nicht verhandlungsbereit gemacht hatten u. andererseits die großangelegte *Tet-Offensive* des Viet-Cong im Jan./Febr. 1968 erfolglos geblieben war, befahl US-Präs. L. B. *Johnson* am 31. 3. 1968, die Angriffe auf den größten Teil Nordvietnams einzustellen, worauf Mitte Mai amerikan.-nordvietnames. Verhandlungen in Paris begannen. Nach dem vollständigen Bombardierungsstopp seit 1. 11. 1968, einem merkl. Abflauen der Kämpfe u. langwierigen Verhandlungen über Beteiligung u. Status der südvietnames. Regierung u. der FNL begannen im Jan. 1969 die eigentl. Verhandlungen.
Im Juni 1969 begannen die USA mit dem Abzug ihrer Truppen, entspr. der neuen, von Johnson eingeleiteten u. von seinem Nachfolger R. M. *Nixon* fortgesetzten Strategie, sowohl die Kriegführung als auch den Konflikt selbst zu „vietnamisieren", d. h. den eigenen Beitrag laufend zu senken, die Südvietnamesen den Krieg im eigenen Land mehr u. mehr selbst führen zu lassen u. eine Kompromißlösung zu akzeptieren, die nur noch minimale Verpflichtungen für die USA enthielt, ohne einen Sieg der Gegenseite darzustellen oder gar den rivalisierenden kommunist. Großmächten einen erhebl. Machtgewinn zu bringen. Als die Waffenstillstandsverhandlungen in Paris stockten, setzten die USA Nordvietnam durch massive Bombardierung unter Druck.
Der V. wurde nach langen Verhandlungen am 27. 1. 1973 durch einen Waffenstillstand formell beendet (→Vietnamkonferenz), der jedoch zunächst kein Ende der Kämpfe u. keine Klärung der Machtverhältnisse in Südvietnam brachte. Nach dem stufenweisen Abzug fast aller US-Truppen u. der Kürzung finanzieller Hilfe durch Amerika befahl Thieu im Frühjahr 1975 den strateg. Rückzug aus dem Hochland, der zu einer militär. Katastrophe wurde. Die Kommunisten besetzten schnell das aufgegebene Terrain. Das militär. Debakel hatte den Sturz des Thieu-Regimes zur Folge. Nach der Kapitulation von Saigon am 30. 4. 1975 hatte der 30jährige Krieg ein Ende.
Der V. hat beide Teile Vietnams durch Bomben (rd. 7 Mill. Tonnen) u. Herbizide (Entlaubungsmittel) weithin verwüstet. Er kostete insges. 2,5 Mill. Tote (90% der Getöteten in Südvietnam waren Zivilisten). In Südvietnam allein gibt es 6 Mill. Flüchtlinge. – 📖 5.9.0. u. 5.3.4.

Viẹtor, 1. Karl, Literarhistoriker, *29. 11. 1892 Wattenscheid, †7. 9. 1951 Boston (USA); seit 1925 Prof. in Gießen, seit 1937 an der Harvard University in Cambridge; arbeitete über neuere dt. Literatur, bes. über Goethe u. G. Büchner.
2. Wilhelm, Anglist, *25. 12. 1850 Kleeberg, Hessen, †23. 9. 1918 Marburg; einer der Begründer der wissenschaftl. Phonetik.

Viẹtta, Egon, eigentl. E. *Fritz*, Schriftsteller, *11. 1. 1903 Bühl, †29. 11. 1959 Baden-Baden; experimentierender Dramatiker („Die Vögel ehren Aristophanes" 1948), Erzähler („Der Engel im Diesseits" 1929; „Corydon" 1947) u. Essayist.

Vietz, poln. *Witnica*, ehem. ostbrandenburg. Stadt (1945–1950 poln. Wojewodschaft Poznań, 1950 bis 1975 Zielona Góra, seit 1975 Gorzów Wielkopolski), am Warthebruch, 6700 Ew.; keramische, Baustoff- u. landwirtschaftl. Industrie.

Vietzker See, poln. *Jezioro Wicko*, Strandsee an der Ostsee in Pommern, westl. von Stolpmünde.

Vieuxtemps [vjø'tã], Henri, belg. Geiger u. Komponist, *17. 2. 1820 Verviers, †6. 6. 1881 Mustapha bei Algier; Schüler von C. A. de *Bériot*; weitgereister Virtuose; 6 Violinkonzerte.

Vieweg Verlag, *Friedr. Vieweg + Sohn GmbH*, Verlag in Braunschweig (seit 1799), gegr. 1786 in Berlin von Hans Friedrich *Vieweg* (*1761, †1835); verlegte anfangs klass. Werke der Literatur, heute Naturwissenschaften, Technik, Schulbücher; gehört seit 1974 zur *Verlagsgruppe Bertelsmann GmbH*.

Vigée-Lebrun [vi'ʒe: lə'brœ], Elisabeth-Louise, französ. Malerin, *16. 4. 1755 Paris, †30. 3. 1842 Louveciennes bei Paris; frühklassizist. Bildnisse von weicher Gefühlshaltung u. anmutiger Eleganz (Marie-Antoinette, Madame de Staël u. a.).

Vịgeland [-lan], Gustaf, norweg. Bildhauer, *21. 4. 1869 Mandal, †12. 3. 1943 Oslo; begann in einem gotisierenden Stil, entwickelte dann einen naturalist. Neuklassizismus mit Aktfiguren u. pathet. Monumentalstatuen. Hptw.: Symbolist. Figuren u. Reliefs im Frogner-Park in Oslo.

Vigẹvano [vi'dʒɛ-], italien. Stadt in der Lombardei, 70 000 Ew.; Kastell Visconteo Sforzesco; Rathaus, barocker Dom (17. Jh.); Schuh-, Metall- u. chem. Industrie.

Vigịl [die, Mz. *V.ien*; lat., „Nachtwache"], in der kath. Kirche Vorbereitungsfeier am Tag vor bestimmten Festen.

Vigịlius, Papst 537–555, Römer, †7. 6. 555 Syrakus; ließ sich für den in Chalcedon verurteilten, von Kaiser *Justinian I.* anfangs trotzdem geförderten Monophysitismus gewinnen u. wurde auf kaiserl. Druck als Gegenpapst gegen *Silverius* aufgestellt. Nach dessen Tod fand er allg. Anerkennung. V. verurteilte auf Drängen Justinians die „Drei Kapitel" (→Dreikapitelstreit), was in der abendländ. Kirche große Empörung hervorrief. Durch seinen späteren Widerruf gewann V. das Vertrauen der Kirche nur in geringem Maß zurück. Die Diskussion um V. spielte im 19. Jh. bei den Auseinandersetzungen um die päpstl. Unfehlbarkeit eine gewichtige Rolle.

Vigneaud [vi'njo:], Vincent du, US-amerikan. Biochemiker, *18. 5. 1901 Chicago, Ill., †11. 12. 1978 White Plains, N.Y.; arbeitete über Naturstoffe, synthetisierte die Hypophysenhinterlappenhormone Vasopressin u. Oxytocin. Nobelpreis 1955.

Vignemale [vinjə'mal], *Pic de V.*, vergletscherter Berg in den zentralen Pyrenäen u. deren höchste Erhebung in Frankreich, in der *Pique Longue* 3298 m.

Vignette [vi'njɛtə; die; frz., „Rebenranke"], **1.** *Buchkunst:* kleinformatiges Zierbild (Holz- oder Kupferstich) in meist ornamentaler Ordnung oder figürl.-dekorativem Arrangement; bes. im 18. Jh., z. B. als →Cul-de-lampe.
2. *Photographie:* Maske mit einem Ausschnitt, die vor dem Objektiv einer Kamera angebracht wird; soll den Blick durch ein Fernglas, Schlüsselloch u. a. vortäuschen.

Vignettierung [vi'njɛt-], die Abschattung von schräg in optische Systeme einfallenden Strahlenbündeln, bei Objektiven z. B. durch Fassungsteile, Filter, Gegenlichtblenden, u. dadurch an Bildrändern hervorgerufene Unterbelichtung.

Vignola [vi'njo:la], Giacomo, eigentl. G. *Barozzi*, italien. Baumeister u. Architekturtheoretiker, *1. 10. 1507 Vignola, †7. 7. 1573 Rom; vollzog, von der röm. *Bramante-Schule* ausgehend, den Übergang vom renaissancehaft-statischen Bauen zu barocker Dynamik; nach *Michelangelos* Tod (1546) Bauleiter von St. Peter in Rom. Seine Schriften beeinflußten maßgebl. Architekturtheorie u. Bauschaffen des Barocks. Hptw. in Rom: S. Andrea in Via Flaminia 1554; Villa Farnese seit 1555; Nebenkuppeln von St. Peter 1568; Jesuitenkirche Il Gesù seit 1568. – 🖼 →Barock und Rokoko.

Vignon [vi'njɔ̃], Claude, französ. Maler u. Graphiker, getauft 19. 5. 1593 Tours, †10. 5. 1670 Paris; ausgebildet in Rom unter dem Einfluß der *Caravaggio-Schule*. Von seinen dekorativen Raumausstattungen ist wenig erhalten geblieben (Galerie des Schlosses Torigny-sur-Vire).

Vigny [vi'nji], Alfred Comte de, französ. Dichter, *27. 3. 1797 Schloß Loches, Touraine, †17. 9. 1863 Paris; pessimist., gedankentiefer Romantiker. „Poèmes" 1822; „Stello" (Roman) 1832; „Chatterton" (Drama) 1835, dt. 1850; „Des Soldatenstandes Knechtschaft u. Größe" (Novellensammlung) 1835, dt. 1852.

Vịgo, nordwestspan. Industriestadt in Galicien, Kriegs- u. Handelshafen am Südufer der 30 km langen *Ría de V.*, 200 000 Ew.; Zentrum der Sardinenfischerei u. Fischindustrie Galiciens, größter Fischereihafen Spaniens; Gießereien, Schiffs-, Maschinen- u. Kraftwagenbau.

Vigọ, Jean, französ. Filmregisseur, *26. 4. 1905 Paris, †5. 10. 1934 Paris; seine drei sozialkrit. u. poet., teils surrealist. Filme „A propos de Nice" 1929, „Zéro de conduite" 1933, „L'Atalante" 1934 wirkten stark auf die moderne Filmkunst.

Vigogne [vi'gɔnjə; die; indian., span., frz.], ursprüngl. die rötlichbraune, seidenartige Wolle der Vikunja; jetzt Bez. für Mischgarn aus Wolle (meist Abfall) u. Baumwolle. *V.imitatgarn*, minderwertiges Schußgarn, hergestellt aus den zurückgewonnenen Fasern bunter Baumwollumpen. *V.streichgarn*, graublaumelierter Zwirn aus Streichgarnen.

Vigoureuxgarn [vigu'rø:-; frz.], aus streifenweise bedruckten Kammzügen gesponnenes Garn.

Viipuri ['vi:-], finn. Name für →Wyborg.

Vijayawada ['vidʒa-], früher *Bezwada*, zweitgrößte Stadt im ind. Staat Andhra Pradesh, am Kopf des Krishnadeltas, 350 000 Ew.; früher bedeutendes buddhist. Zentrum; Nahrungsmittel-, Eisen- u. Stahlindustrie.

Vikạr [lat., „Stellvertreter"], **1.** *Geschichte:* allg. Titel oder Amtsbezeichnung eines Stellvertreters; im Hl. Röm. Reich bes. für die beiden Reichsverweser *(Reichs-V.)* während der Thronvakanz (lt. Goldener Bulle von 1356 der Pfalzgraf bei Rhein u. der Herzog von Sachsen).
2. *Kirchenrecht:* Geistlicher ohne selbständiges Amt, in der *kath.* Kirche 1. *Kardinal-V.*, der Kardinal, der als Stellvertreter des Papstes das Bistum Rom verwaltet; 2. *Apostolischer V.*, Titularbischof in Missionsgebieten; 3. *Kapitels-V.*, Verwalter eines vakanten Bistums; 4. *General-V.*, allg. Vertreter des Bischofs in der Bistumsverwaltung; 5. *Pfarr-V.*, Geistlicher zur Stellvertretung oder Unterstützung eines Pfarrers. – In der *ev.* Kirche Theologe nach dem 1. Examen, einem Pfarrer zur Hilfe u. Fortbildung zugeteilt.

Vikariạnz [lat.], *Biologie:* Stellvertretung im Raum aufgrund unterschiedlicher ökolog. oder physiolog. Ansprüche. V. liegt vor bei nahe verwandten, sich aber in ihrer Verbreitung ausschließenden *(vikariierenden)* Tier- oder Pflanzenarten (z.B. die Alpenrose Rhododendron hirsutum auf kalkreichem, Rhododendron ferrugineum auf kalkarmem Boden) u. vor allem bei geographischen Rassen (Subspecies) einer Art, zu deren Kennzeichnung die V. gehört (z.B. die Rabenkrähe Corvus corone corone im westl., die Nebelkrähe Corvus corone cornix im östl. Europa). – *I. w. S.* wird die Bez. auch auf die Verbreitungsverhältnisse nächstverwandter Gruppen höheren Ranges angewendet (z.B. Breitnasenaffen, Platyrrhini, in Südamerika u. Schmalnasenaffen, Catarrhini, in der Alten Welt).

vikariierend [lat.], *Medizin:* einander vertretend; bei Ausfall eines Organs übernimmt ein zweites die Tätigkeit des ausgefallenen; vergrößert es sich dabei, so kommt es zu einer *v.en Hypertrophie.*

Vikarin, *Pfarrvikarin,* in der ev. Kirche Theologin vor u. nach dem 2. Examen; heutige Amtsbez. nach dem 2. Examen *Pfarrerin* bzw. *Pastorin,* in den meisten Landeskirchen zum Gemeindepfarramt zugelassen.

Viking [engl. „Wikinger"], amerikan. Raumsonde zur Erforschung des Mars von der Umlaufbahn aus (Orbiter) u. am Boden (Lander). *V. 1* startete am 20. 8. 1975, *V. 2* am 9. 9. 1975; die weiche Landung erfolgte am 19. 6. 1976 bzw. 7. 8. 1976. Die V. suchten nach Leben (negativ) u. übermittelten Daten u. hervorragende Fotos.

Viktor [lat., „der Sieger"], *Victor,* männl. Vorname; ital. *Vittorio, Vittore.*

Viktor, Päpste: **1.** *Viktor I.,* 189–198 (?), Heiliger; Römer oder Afrikaner; brachte im Osterfeststreit den Primat Roms erstmals deutlich zur Geltung. Sein Martyrium ist fraglich.

2. *Viktor II.,* 1055–1057, eigentl. *Gebhard,* aus fränk.-schwäb. Adel, † 28. 7. 1057 Arezzo; 1042 Bischof von Eichstätt, polit. Ratgeber Kaiser Heinrichs III.; von diesem unterstützt, setzte V. die Kirchenreform (bes. Kampf gegen Simonie u. Priesterehe) fort. Gemäß dem Wunsch des Kaisers übernahm er nach dessen Tod die Fürsorge über das Reich, krönte Heinrich IV. u. versöhnte die lothring. Herzöge mit dem Königshaus

3. *Viktor III.,* 1086–1087, Seliger, eigentl. *Daufari,* Mönchsname *Desiderius,* * um 1027, † 16. 9. 1087; Benediktiner, 1058 Abt von Montecassino, setzte die Kirchenpolitik Gregors VII. mit einigen Abwandlungen fort. Seligsprechung 1887.

4. *Viktor (IV.),* Gegenpapst 1138, eigentl. Gregor *Conti;* zum Nachfolger Anaklets II. gewählt, unterwarf sich noch im gleichen Jahr auf Vermittlung Bernhards von Clairvaux dem rechtmäßigen *Innozenz II.*

5. *Viktor (IV.),* 1159–1164, eigentl. Ottaviano de *Montecello,* † 20. 4. 1164 Lucca; erster der vier von den Anhängern Friedrich Barbarossas gegen *Alexander III.* aufgestellten Gegenpäpste, 1160 vom Kaiser bestätigt, fand nicht einmal im Machtbereich des Kaisers allg. Anerkennung.

Viktor, Fürsten. Italien: **1.** *Viktor Emanuel II.,* König 1861–1878, König von Sardinien-Piemont 1849–1861, * 14. 3. 1820 Turin, † 9. 1. 1878 Rom; aus dem Haus Savoyen; ließ als einziger italien. Herrscher die Verfassung von 1848 bestehen und gab *C. Cavour* die Möglichkeit, Italien zu einen.

2. *Viktor Emanuel III.,* Enkel von 1), König 1900–1946, seit 1936 auch Kaiser von Äthiopien u. seit 1939 König von Albanien, * 11. 11. 1869 Neapel, † 28. 12. 1947 Alexandria (Ägypten); berief nach dem „Marsch auf Rom" 1922 *Mussolini* an die Spitze der Regierung, arbeitete mit dem faschist. Regime weitgehend zusammen, entließ aber Mussolini 1943, als dessen Stellung erschüttert war. 1944 verzichtete er auf die Ausübung der Herrschaft, 1946 dankte er zugunsten seines Sohnes Umberto (II.) ab u. ging ins Exil.

Sardinien-Piemont: **3.** *Viktor Amadeus II.,* Herzog von Savoyen 1675–1730, König von Sizilien 1713–1718 u. Sardinien 1718–1730, * 14. 5. 1666 Turin, † 30. 10. 1732 Moncalieri; bekam für die Teilnahme am Span. Erbfolgekrieg durch den Utrechter Frieden 1713 das Königreich Sizilien, das er gegen das Königreich Sardinien tauschen mußte; dankte 1730 ab.

4. *Viktor Emanuel II.* = Viktor Emanuel II. von Italien, →Viktor (1).

Viktoria [lat., „Sieg"], **1.** *allg.:* symbol. Darstellung des Sieges, meist als geflügeltes weibl. Wesen. **2.** *Fahrzeuge:* vierrädriger Wagen mit Kutschersitz u. Halbverdeck.

Viktoria, weibl. Vorname, zu *Viktor.*

Viktoria, Fürstinnen: **1.** Tochter von 3), dt. Kaiserin 1888, seit 1858 verheiratet mit dem preuß. Kronprinzen *Friedrich Wilhelm,* dem späteren Kaiser Friedrich III., * 21. 11. 1840 London, † 5. 8. 1901 Kronberg (Taunus); suchte im engl. Sinn liberalen Einfluß auf die Politik ihres Mannes zu gewinnen u. zog sich dadurch die Gegnerschaft Bismarcks zu.

2. *Viktoria Luise,* Herzogin von Braunschweig, * 13. 9. 1892 Potsdam, † 11. 12. 1980 Hannover; Tochter Kaiser Wilhelms II., seit 1913 verheiratet mit Herzog Ernst August von Braunschweig, Mutter der früheren Königin Friederike von Griechenland.

3. *Victoria,* Königin von Großbritannien u. Irland 1837–1901, Kaiserin von Indien 1877–1901, * 24. 5. 1819 London, † 22. 1. 1901 Osborne; folgte ihrem Onkel Wilhelm IV.; seit 1840 vermählt mit Albert von Sachsen-Coburg-Gotha († 1861), von diesem geschickt beraten u. geleitet. Durch ihre Ehe u. persönl. Lebensführung verankerte sie die durch ihre Vorgänger in Mißkredit gebrachte Monarchie wieder fest im Volk. Während ihrer Regierungszeit erlebten die Ober- u. Mittelschichten Englands eine beispiellose wirtschaftl. Blütezeit *(Viktorianisches Zeitalter).* V. handhabte die konstitutionelle Monarchie sehr eigenwillig u. selbstbewußt, stand reserviert zu den Premierministern Palmerston u. Gladstone, dagegen freundl. zu Disraeli, der ihre Erhebung zur Kaiserin von Indien veranlaßte. – Ⓑ→Disraeli. – Ⓛ5.5.1.

Viktoriakreuz, engl. *Victoria Cross,* Abk. *V.C.,* höchstes engl., 1856 von Königin Viktoria für Offiziere u. Mannschaften gestiftetes Ehrenzeichen.

Viktorianisches Zeitalter, die Blütezeit des engl. Bürgertums in der zweiten Hälfte des 19. Jh. unter der Regierung der Königin Viktoria, gekennzeichnet durch wirtschaftl. Aufschwung, ein festgefügtes, an den Moralprinzipien des Groß- u. Mittelbürgertums ausgerichtetes Gesellschaftsbild u. eine gefühlsbetonte Verankerung der Monarchie im Volk. – Ⓛ5.5.1.

Vikunja [das oder die; span.] →Lama.

Vila [portug.], Bestandteil geograph. Namen: Kleinstadt, Villa.

Vila, Hptst. der Neuen Hebriden, auf Efate, 4000 Ew. (m.V. 9000).

Vilaine [vi'lɛːn], Küstenfluß in der Bretagne, 225 km; entspringt im Hügelland von Juvigné, mündet mit einem Ästuar bei La Roche-Bernard in den Atlant. Ozean; ab Rennes schiffbar; 14 Schleusen, Staudamm bei Arzal in Bau.

Vila Marechal Carmona [-'ʃal-], jetzt *Uige,* Stadt in Angola, 18000 Ew; Handelszentrum.

Vilanova, Emili, katalan. Schriftsteller, * 15. 10. 1840 Barcelona, † 14. 8. 1905 Barcelona; schrieb Erzählungen u. Lustspiele.

Vilar, Jean Louis Côme, französ. Schauspieler u. Theaterleiter, * 25. 3. 1921 Sète, Dép. Hérault, † 28. 5. 1971 Sète; leitete seit 1947 das Festival d'Art dramatique von Avignon u. 1951–1963 das Théâtre National Populaire (TNP) im Palais de Chaillot in Paris, wo er – ohne Vorbild in Frankreich – dem Theater ein neues Massenpublikum gewann; unternahm mit dem Ensemble des TNP viele Provinz- u. Auslandstourneen.

Vila Real [-rjal], altertüml. Stadt in Nordportugal, Hauptort der früheren Prov. *Trás-os-Montes e Alto Douro,* am Fuß der *Serra do Marão* (1415 m), 11000 Ew.; Wein-, Oliven- u. Orangenbau; Hptst. des Distrikts V. R. (4239 qkm, 250000 Ew.).

Vila Real de Santo António [-rjal-], südportugies. Hafenstadt an der Mündung des schiffbaren Guadiana, der hier die Grenze zwischen Portugal u. Spanien bildet, 11000 Ew.; Thunfischfang u. -konservierung, Umschlagplatz für die Ausfuhr von Kupfer, Zinn u. Fischkonserven; Autofähre nach dem span. Grenzort *Ayamonte.*

Vilbel [f-], *Bad V.,* hess. Stadt an der Nidda (Wetteraukreis), 25000 Ew.; Heilbad; Mineralwasser- (23 Quellen), Gummiwaren-, elektron. Industrie.

Vilde, Eduard, estn. Schriftsteller, * 5. 3. 1865 Pudivere, Wierland, † 26. 12. 1933 Reval; schrieb anfangs Unterhaltungsromane, dann sozialkrit. Romane u. Dramen.

Vildrac [-'rak], Charles, eigentl. Ch. *Messager,* französ. Schriftsteller, * 23. 11. 1882 Paris, † 25. 6. 1971 St. Tropez; schilderte die Welt der kleinen Leute. Dramen: „Le Paquebot Tenacity" 1920; „Madame Béliard" 1925; „Das Inselparadies" (Kinderbuch) 1925, dt. 1930; „Enfance" (Autobiographie) 1945.

Viljanen, Lauri, finn. Schriftsteller, * 6. 9. 1900 Kaarina; schreibt religiös-philosoph. Lyrik u. Essays, daneben Biographien, übersetzte H. von Kleist u. T. S. Eliot.

Villa ['vilja; span.], Bestandteil geograph. Namen: Landhaus, Städtchen.

Villabruzzi, früherer Name von →Dschowhar.

Villach [f-], österr. Bez.-Hptst. in Kärnten, an der Drau, 51000 Ew.; östl. der *V.er Alpe;* got. Pfarrkirche St. Jakob (15./16. Jh.), barocke Heiligkreuzkirche (mit Grabmälern, Christophorusfresko; 18. Jh.), Renaissancebauten; Verkehrsknotenpunkt mit Durchgangsverkehr nach Italien u. Südosteuropa; Holz-, Cellulose-, chem., Metall- u. Maschinenindustrie, Brauereien, Obstverwertung, Fremdenverkehr; im S *Warmbad V.* mit radioaktiven Thermalquellen (26–29 °C). – In der Umgebung lagen die röm. Kastelle *Bilachium* u. *Santicum;* V., urkundl. erstmals 878 erwähnt, kam 979 an das Bistum Brixen, 1007–1759 zum Bistum Bamberg gehörig, 1759 wurde es durch Kauf von Maria Theresia erworben u. damit österr.

Villa Cisneros ['vilja θis-], heute *Dakhla,* Ort im südl. Teil der ehem. Spanisch-Sahara, am Atlantik, 2700 Ew., Hauptort der früheren Kolonie *Río de Oro.*

Villafranca di Verona, italien. Stadt in Venetien, südwestl. von Verona, 20000 Ew.; Scaligerburg (13. Jh.), landwirtschaftl. Handel.

Der *Vorfriede von Villafranca* vom 11. 7. 1859 beendete den Krieg Frankreichs u. Sardiniens gegen Österreich. →Zürich *(Friede von Zürich).*

Villagio [-dʒo; ital.], Dorf.

Villahermosa [viljaɛr'mosa], Hptst. des mexikan. Golfküstenstaats Tabasco, 155000 Ew.; Universität (1958), archäolog. Museum; Tabak-, Holz- u. Zuckerindustrie; Hafen. Ausgangspunkt für Reisen zum Ausgrabungsort *Palenque.*

Villa Hügel →Hügel.

Villa-Lobos ['vila 'lɔbus], Heitor, brasilian. Komponist, Dirigent u. Volksliedforscher, * 5. 3. 1887 Rio de Janeiro, † 17. 11. 1959 Rio de Janeiro; versuchte in „Bachianas Brasileiras" eine Synthese aus Kontrapunkt u. brasilian. Folklore; schrieb mehrere Opern u. Ballette, 12 Sinfonien, Klavierkonzerte, Streichquartette u. a.

Villa María ['vilja-], Stadt in der argentin. Prov. Córdoba, 45000 Ew.; Industriestandort.

Villandry [vilã'dri], Dorf im westfranzös. Dép. Indre-et-Loire, am unteren Cher, 600 Ew.; Renaissanceschloß (16./17. Jh.) mit Gemäldegalerie u. berühmten Ziergärten im Stil des 16. Jh.

Villanella [die; ital.], *Villanelle, V. alla Napolitana,* italien. ländliche Volksweise des 16. Jh., wahrscheinlich von Neapel ausgehend.

Villanova-Kultur, früheisenzeitl. Kultur des 9.–5. Jh. v. Chr. in Nord- u. Mittelitalien, benannt nach dem Fundort *Villanova* östl. von Bologna. Charakteristisch sind Grabgefäße von bikonischer Form mit geometr. Verzierung. Am Ende der V. entwickelte sich auf ihrem Gebiet ohne erkennbaren Bruch die Kultur der Etrusker (z.B. Belegung der Nekropole von Caere seit dem 10. Jh. v. Chr.).

Villa Obregón ['vilja-], Vorstadt von México, im Bundesdistrikt, 50000 Ew.

Villard de Honnecourt [vi'lardəən'kuːr], französ. Baumeister, nachweisbar um 1230; hinterließ das „Livre de portraiture", ein Muster- u. Bauhüttenbuch, das als einziges Werk seiner Art aus hochgotischer Zeit erhalten ist (Paris, Nationalbibliothek). Es enthält in seinem heutigen fragmentarischen Bestand etwa 325 Federzeichnungen (Menschen, Tiere, Ornamente, Grundrisse u. Aufrisse bekannter Kirchen, einen eigenen, zusammen mit Pierre de Corbie konzipierten Entwurf sowie Bau- u. Maschinenkonstruktionen) mit Erläuterungen.

Villarrica [vilja-], Stadt in Paraguay, südöstl. von Asunción, 30000 Ew.; Handelsplatz.

Villars [vi'laːr], Claude Louis Hector, Herzog von, französ. Marschall, * 8. 5. 1653 Moulins, † 17. 6. 1734 Turin; in vielen Schlachten des Span. Erbfolgekriegs erfolgreich (u.a. bei Höchstädt); 1715 Präs. des Kriegsrats, 1718 Staats-Min., 1733 Oberbefehlshaber in Italien.

Villavicencio [vijavi'sɛnsjo], Hptst. des kolumbian. Dep. Meta, 58400 Ew.; Sammelplatz für Latex u. Nutriafelle.

Ville [viːl; frz., engl.], Bestandteil geograph. Namen: Stadt.

Ville [v-], bis 177 m hoher Hügelzug in der Kölner Bucht südwestl. von Köln; bedeutender Braunkohlentagebau, Kraftwerke; am Osthang u. Fuß der V., dem *Vorgebirge,* intensiver Obst- u. Gemüseanbau für den Köln-Bonner Raum.

Villefranche-de-Rouergue [vil'frãʃ də ru'ɛrg], Stadt im südfranzös. Dép. Aveyron, im Aveyron, 11800 Ew.; Laubenmarkt (Place Notre-Dame) mit Renaissancehäusern, ehem. Kartäuserkloster

(15./16. Jh.), heute Hospiz; Textil- u. Konservenfabriken, Lohgerbereien.
Villefranche-sur-Saône [vil'frãʃ syr 'so:n], Stadt im südostfranzös. Dép. Rhône, rechts an der unteren Saône, 30000 Ew.; Weinhandel; Landmaschinen-, Metall-, Textil- u. chem. Industrie.
Villegas [vil'jegas], Quevedo y →Quevedo y Villegas.
Villehardouin [vilɘar'dwɛ̃], Geoffroy de, französ. Geschichtsschreiber; *um 1150 bei Bar-sur-Aube, †1213 in Thrakien; nahm am 4. Kreuzzug 1199 teil u. beschrieb ihn in „Histoire de la conquête de Constantinople".
Villeneuve-lès-Avignon [vil'nœv lɛ:zavi'njɔ̃], südfranzös. Stadt rechts an der Rhône, gegenüber von *Avignon*, 9000 Ew.; ursprüngl. Bollwerk gegen die ehem. Papstresidenz, später Wohnsitz vieler Kardinäle; Fort Saint-André (13. Jh.), Turm Philipps des Schönen (14. Jh.), Ruinen der ehem. Chartreuse du Val de Bénédiction (14. Jh.).
Villeneuve-sur-Lot [vil'nœvsyr'lo:], Stadt im südwestfranzös. Dép. Lot-et-Garonne, am Lot, 22500 Ew.; Steinbrücke (13. Jh.) u. Befestigungen des 13./14. Jh.; landwirtschaftl. Markt, Landmaschinenbau u. Nahrungsmittelindustrie.
Villers, Alexander von, sächs. Diplomat, *12. 4. 1812 Moskau, †16. 2. 1880 Wien; aus französ. Emigrantenfamilie, berühmt durch seine „Briefe eines Unbekannten", hrsg. 1881, erweitert 1887.
Villeurbanne [vilœr'ban], nordöstl. Industrievorstadt von *Lyon* (Frankreich), 123000 Ew.; Flugzeug- u. Maschinenbau, Metall-, Textil-, Nahrungsmittel- u. chem. Industrie.
Villiers de l'Isle-Adam [vi'lje: dɘli:la'dã], Philippe Auguste, Comte de, französ. Dichter, *7. 11. 1838 Saint-Brieuc, †18. 8. 1889 Paris; schrieb phantasievolle, myst. gestimmte Erzählungen („Grausame Geschichten" 1883, dt. 1904) u. den Zukunftsroman „Die Eva der Zukunft" 1886, dt. 1920, unter dem Titel „Edisons Weib der Zukunft" 1906; auch Gedichte u. kurze Dramen.
Villingen-Schwenningen [f-], Stadt in Baden-Württemberg, 1972 zusammengeschlossen aus *Villingen* im Schwarzwald u. *Schwenningen* am Neckar, 79000 Ew.; Reste der Stadtmauer mit 3 Stadttoren, frühgot. Münster u. spätgot. Rathaus im Ortsteil Villingen (Kneippkurort); Metall-, Uhren- *(Kienzle)*, Radio-, Fernseh- *(Saba)*, Meßgeräte- u.a. Industrie; Uhrenmuseum; Verwaltungssitz des *Schwarzwald-Baar-Kreises*. – Villingen erhielt 999 Marktrecht u. wurde 1119 von den Zähringern als Stadt neu gegr.
Villon [vi'jɔ̃], **1.** François, eigentl. F. de *Montcorbier* oder des *Loges*, französ. Dichter, *um 1431 Paris, †nach 1463; ein Vagabund, dessen Lebensumstände aus Pariser Polizeiakten bekannt sind; der bedeutendste französ. Lyriker des Spät-MA. V.s Werk ist Ausklang u. Höhepunkt der Vagantendichtung, zugleich Auftakt zur Lyrik der Neuzeit. Derbe Witze in der zeitgenöss. Gaunersprache stehen neben echter Frömmigkeit u. ernsthafter Weltbetrachtung. Hptw.: „Das kleine Testament" u. „Das große Testament", Erstdruck 1489, viele dt. Nachdichtungen. – ⊞3.2.1.
2. Jacques, eigentl. Gaston *Duchamp*, französ. Maler, Graphiker u. Dichter, *31. 7. 1875 Damville, †9. 6. 1963 Puteaux bei Paris; Bruder von M. *Duchamp* u. R. *Duchamp-Villon*, schloß sich mit seinen Brüdern 1910 den Kubisten an, wurde Hauptfigur der Gruppe „Section d'Or"; malte in Abwandlung des Kubismus geometr.-abstrahierende Landschaften, Stilleben u. Porträts in hellen, gegeneinander abgestuften Farbflächen.
Villot [vi'jo:], Jean-Marie, französ. kath. Theologe, *11. 10. 1905 Saint-Amant-Tallende, †9. 3. 1979 Rom; 1965 Erzbischof von Lyon u. Kardinal, 1968 Präfekt der Kongregation für den Klerus, 1969 Kardinalstaatssekretär.
Vilmar, August Friedrich Christian, prot. Theologe u. Literarhistoriker, *21. 11. 1800 Solz, Niederhessen, †30. 7. 1868 Marburg; „Geschichte der dt. Nationalliteratur" 1845.
Vilmorin [vilmo'rɛ̃], Pierre Louis François, französ. Pflanzenzüchter, *16. 4. 1816 Paris, †22. 3. 1860 Paris; nach ihm benannt das *V.sche Prinzip*: Individualauslese mit Prüfung der Nachkommen.
Vilmsee [f-], poln. *Jezioro Wielimie*, See in Pommern, bei Neustettin, 17,9 qkm, bis 6 m tief.
Vilnius, litauischer Name der Hptst. →Wilna.
Vils [f-], **1.** rechter Nebenfluß der Donau in Niederbayern, 110 km, entspringt nordöstl. von Erding, mündet bei Vilshofen.
2. rechter Nebenfluß der Naab, 80 km, entspringt in der Fränk. Alb, mündet bei Kallmünz.
Vilsbiburg [f-], Stadt in Niederbayern (Ldkrs. Landshut), an der Großen Vils südöstl. von Landshut, 9500 Ew.; Textil- u. Maschinenindustrie.
Vilshofen [f-], niederbayer. Stadt an der Vils-Mündung in die Donau (Ldkrs. Passau), 14500 Ew. Textil-, Granitindustrie.
Vilvoorde [vil'vo:rde], frz. *Vilvorde*, Stadt in der belg. Prov. Brabant, am Brüssel-Rupel-Kanal, 34200 Ew.; Papier-, Stärke-, Baumwoll-, chem. u. Maschinenindustrie.
Viminalis [lat., „Weidenhügel"], ital. *Monte Viminale*, einer der Hügel Roms im O der Stadt, seit der Frühzeit Roms besiedelt; im Viminalspalast Amtssitz des italien. Ministerpräsidenten.
Viña del Mar ['vinja ðɛl-], östl. Villenvorstadt von Valparaíso (Chile), 169000 Ew.; meeresbiolog. Institut; Seebad; Seiden- u. Seifenindustrie.
Vinča ['vintʃa], jungsteinzeitl. Siedlungshügel mit 8–11 m mächtigen Kulturschichten in der Nähe von Belgrad; namengebender Fundort der *V.-Kultur* in Serbien, Slawonien u. im Banat, in ihrer jüngeren Stufe bereits kupferzeitlich. Viereckige Häuser, Hockerbestattungen innerhalb der Siedlungen; Idolplastik u. eine reichhaltige Keramik mit Rillen- u. Ritzverzierung.
Vincennes [vɛ̃'sɛn], industriereiche Vorstadt am Ostrand von Paris, nördl. des parkartigen Walds von V. (→Bois de Vincennes), 49300 Ew.; Metall-, Maschinen-, Elektrogeräte- u. opt. Industrie, Druckereien u. Parfümfabriken.
Vincent [vɛ̃'sã], Jean-Hyacinthe, französ. Bakteriologe, *22. 12. 1862 Bordeaux, †23. 11. 1950 Paris; nach ihm u. dem Bakteriologen Hugo Karl *Plaut* (*1858, †1928) benannt die *Plaut-V.sche Angina*, eine zu grauweiß-schmierigen Belägen führende, meist einseitige Mandelentzündung, die nur mit geringem Fieber u. ohne stärkere Allgemeinbeschwerden verläuft.
Vincentius, *Vincenz* = Vinzenz.
Vincentius, *Meister V.*, gen. *Kadłubek*, poln. Geschichtsschreiber, *ca. 1150 Kargów, †8. 3. 1223 Jędrzejów; Bischof von Krakau 1207–1218; schrieb die „Historia Polonica" („Chronica Polonorum"), veröffentlicht 1612.
Vinci ['vintʃi], Leonardo da →Leonardo da Vinci.
Vincke, Georg Frhr. von, preuß. Politiker, *15. 5. 1811 Hagen, †3. 6. 1875 Bad Oeynhausen; in der Frankfurter Nationalversammlung 1848 Führer der Fraktion der äußersten Rechten, 1849–1867 preuß. altliberaler Landtagsabgeordneter; 1867 bis 1870 Mitglied des Norddt. Reichstags.
Vinckeboons ['viŋkɘbo:ns], David, niederländ. Maler, *13. 8. 1576 Mecheln, †1629 Amsterdam; malte in der Nachfolge der *Bruegel-Schule* kleinformatige Waldlandschaften mit vielfiguriger bibl. oder genrehafter Staffage.
Vindeliker, kelt. Stamm südlich der Donau im Land *Vindelizien*, Hauptort das Oppidum bei Manching, Krs. Ingolstadt; 15 v. Chr. von den Römern unterworfen u. der Provinz Rätien zugeteilt.
Vindelizisches Land, *Vindelizische Schwelle* (nach dem Stamm der *Vindeliker*), eine Landschwelle, die das in der Trias bestehende Germanische Becken von dem Tethys-Meer trennte u. zu der unterschiedl. Ausbildung der german. u. alpinen Trias führte; erstreckte sich von der Böhmischen Masse über die Schwäbisch-Bayerische Hochebene sowie das Schweizer Molasseland zum französ. Zentralplateau.
Vindhyakette ['vindja-], *Windhjagebirge*, rd. 600 km langer, von SW nach NO verlaufender Bergzug am Nordwestrand des Dekanhochlands (Indien), nördl. der *Narbada-Son-Furche*, bis 880 m hoch; schüttere Vegetation, geringe landwirtschaftl. Nutzung, dünn besiedelt.
Vineland ['vainlɘnd], Stadt im S von New Jersey (USA), 50500 Ew. (Metropolitan Area 91000 Ew.); Obstbau, chem. u. Glasindustrie. – Ansiedlung dt. Mennoniten.
Vinet [vi'nɛ], Alexandre, schweizer. ev. Theologe u. Literarhistoriker, *17. 6. 1797 Lausanne, †4. 5. 1847 Clarens; trat für eine vom Staat unabhängige Kirche *(Église libre)* ein.
Vineta, sagenhafte untergegangene Stadt auf der Insel Wollin.
Vinetabank, Untiefe der Oderbucht oder Pommerschen Bucht (Ostsee) vor Usedom.
Vingt-et-un [vɛ̃te'œ; das; frz., „einundzwanzig"], ein dem *Trente-et-un* ähnliches Glücksspiel.
Vinkenauge, im 14. u. 15. Jh. in Pommern u. Nachbargebieten geprägter sehr kleiner Silberpfennig.
Vinkovci ['vinkɔftsi], jugoslaw. Stadt südl. von Esseg, 29000 Ew.; Nahrungsmittelindustrie.
Vinkulationsgeschäft [lat.], Kreditgewährung gegen Sicherung durch Übergabe des Duplikatfrachtbriefs der „rollenden" (Eisenbahn) Ware.
Vinkulierung [lat.], Einschränkung der Übertragbarkeit eines Wertpapiers durch den Emittenten; z.B. *vinkulierte Aktie*, die Übertragung erfordert die Zustimmung der Gesellschaft.
Vinland ['vi:n-; altnord., „Weinland"], Bez. für die um 1000 n. Chr. von dem Wikinger *Leif Erikson* entdeckte nordamerikan. Küste, wo im Hinterland wilder Wein wuchs; wahrscheinl. die Küste von Massachusetts bei der heutigen Stadt Boston.
Vinsolharz, *Wurzelharz*, luftporenbildendes Zusatzmittel für Beton; →Luftporenbeton.
Vinson, *Mount Vinson* [maunt 'vinsɘn], 1947 entdeckter Berg in Marie-Byrd-Land, höchste Erhebung von Antarktika, Höhe des Vulkankegels 4221 m, mit Eisdecke 5140 m; 1966 von einer amerikan. Expedition erstmals bestiegen.
Vintler [f-], Hans von, mhd. Lehrdichter aus Südtirol, †1419 Burg Runkelstein bei Bozen; schrieb nach italien. Vorlage „Die pluemen der tugent" 1411, eine Tugendlehre in Reimversen.
Vintschgau [f-], ital. *Val Venosta*, das obere Etschtal in Südtirol, zwischen Meran u. Reschenscheideck; Obstbau, Fremdenverkehr, Wasserkraftwerke.
Vinylharze [lat. + grch.], *Polyvinylharze*, eine Gruppe von Kunststoffen: *Polyvinylacetale, Polyvinylacetat, Polyvinylalkohol, Polyvinyläther, Polyvinylchlorid*.
Vinzentiner →Lazaristen.
Vinzentinerinnen →Vinzenz von Paul.
Vinzenz [lat. *Vincentius*, zu *vincere*, „siegen"], männl. Vorname.
Vinzenz Ferrer →Ferrer, Vinzenz.
Vinzenzverein, *Vinzenzkonferenzen*, kath. Laienvereinigung zur Ausübung karitativer Werke in Pfarreien, Schulen, Betrieben, gegr. 1833 von A. F. *Ozanam* in Paris im Andenken an *Vinzenz von Paul*; dt. Zentrale Köln.
Vinzenz von Beauvais [-bo'vɛ:], französ. Gelehrter, *um 1190, †1264; zeitweilig Prinzenerzieher am Hofe *Ludwigs IX.*; schrieb die umfangreichste Enzyklopädie des MA.: „Speculum majus" (großer Spiegel), Erstdruck 1473.
Vinzenz von Lérins [le'rɛ̃] (Lerinum), Mönch u. Presbyter bei Marseille, †vor 450; wandte sich gegen Augustins Gnadenlehre; seine klassische Formulierung des kath. Traditionsprinzips: festzuhalten sei, „was überall, was immer u. was von allen geglaubt wurde".
Vinzenz von Paul, französ. kath. Ordensstifter, Heiliger, *24. 4. 1581 Pouy, †27. 9. 1660 Paris; neben der Seelsorge begann 1617 seine karitative Tätigkeit; gründete 1625 die Weltpriester-Genossenschaft der →Lazaristen (Vinzentiner) u. 1633 zusammen mit Louise de *Marillac* (*1591, †1660) die Genossenschaft der Barmherzigen Schwestern (Vinzentinerinnen); Verfechter der Exerzitienbewegung. Heiligsprechung 1737 (Fest: 27. 9.).
Viola [lat.], **1.** *Botanik*: →Veilchen.
2. *Musikinstrumente*: seit dem 16. Jh. Sammelname für Streichinstrumente in verschiedenen Stimmlagen (→Viola da gamba, dagegen →Lira da braccio), heute nur noch für das Altinstrument der Familie, umgangssprachl. meist *Bratsche* genannt, gebräuchlich. Die V. mit den Saiten c–g–d'–a' hat die Gestalt der Violine, ist aber für ihre Tonlage relativ zu klein, daher im Klang verschleiert u. weniger kräftig. Verkleinerungs- bzw. Vergrößerungsformen sind *Violine* bzw. *Violone*.
Violaceae [lat.] = Veilchengewächse.
Viola da gamba [die; ital., „Kniegeige"], *Gambe*, von etwa 1500 bis 1800 das wichtigste Solo- u. Begleit-Streichinstrument in Alt-Tenorlage. Die Pflege alter Musik ließ in den Jahren seit etwa 1920 die V. d. g. wieder in Gebrauch kommen, vor allem zur Generalbaß-Begleitung. Heute baut man Baß-, Alt-, Tenor- u. Diskant-Gamben gestimmt in Quarten u. einer Terz in der Mitte; meist 6saitiger Bezug, oben spitz zulaufender Korpus, meist C-förmige Schallöcher, Bünde auf dem Griffbrett.
Viola d'amore [die; ital., „Liebesgeige"], zur Familie der *Viola da gamba* gehörendes Streichinstrument in Größe der Bratsche mit 5–7 Griff- u. 7–14 Resonanzsaiten unter dem Griffbrett. Die Stimmung der V. d'a. unterlag keiner Regel. Der Klang war durch die mitschwingenden Saiten bestimmt, aber für große Räume zu zart. Die V. d'a. wurde um die Mitte des 17. Jh. wohl in England erstmals gebaut u. blieb im 18. Jh. in Gebrauch (z.B. bei J. S. *Bach*); Wiederbelebung durch P. *Hindemith*, F. *Martin* u.a.

Violales →Parietales.
Viole, Drüse auf der Oberseite der Schwanzwurzel *(Lunte)* des Fuchses.
Violettgarn, Garn aus gerissenen Seidenlumpen.
Violine [ital., „kleine Viola"], *Geige*, das seit dem 18. Jh. führende Streichinstrument mit den Saiten g-d'-a'-e". Bau der V.: 1. der Korpus (Resonanzkasten) besteht aus dem Boden, den Zargen u. der Decke mit den F-Löchern; ein Holzstäbchen – die „Stimme" – im Korpus zwischen den F-Löchern hat eine akustisch wichtige Stützfunktion als Verbindung von Decke u. Boden, die Stellung der Stimme ist für den Klang der V. sehr wichtig. An einem Knopf der Unterzarge ist der Saitenhalter aufgehängt. Zwischen den F-Löchern steht der Steg, der die Saitenschwingungen auf den Korpus überträgt. 2. oben am Korpus ist der Hals angebracht, auf den das Griffbrett geleimt ist u. der in den Wirbelkasten mit den Wirbeln u. der Schnecke ausläuft. 3. die Saiten laufen vom Saitenhalter über den Steg zu den Stimmwirbeln. 4. zum Streichen dient der Violinbogen. (Das Zupfen, pizzicato, ist ein der V. eigentlich fremder Effekt, weil die Resonanzverhältnisse der Zupfinstrumente nicht gegeben sind.)
Geschichte: Der früheste sichere Nachweis eines violinartigen Instruments findet sich um 860 im Utrecht-Psalter, dann um 900 in China. Von der 2. Hälfte des 16. Jh. bis in die erste des 18. Jh. wurde die klassische Gestalt gefunden, woran neben italienischen auch dt., österr. u. französ. Meister beteiligt waren (*Gasparo da Salò*, die Familien *Amati* u. *Guarneri*, A. *Stradivari*, M. *Klotz*, C. *Tieffenbrucker*, J. *Stainer*). – ⓛ2.6.8.
Violinschlüssel, in der Notenschrift der sog. G-Schlüssel auf der zweituntersten Linie des Fünfliniensystems, seit dem 13. Jh. in Gebrauch. Heute der weitaus gebräuchlichste →Notenschlüssel.
Viollet-le-Duc [vjɔ'lɛ lə'dyk], Eugène-Emmanuel, französ. Architekt u. Restaurator, *27. 1. 1814 Paris, †17. 9. 1879 Lausanne; verdienstvoll als Kirchenrestaurator; schrieb u.a. „Dictionnaire raisonné de l'architecture française du 11e au 16e siècle" 10 Bde. 1854–1869.
Violoncello [-'tʃɛlo; das; ital., „kleiner Violone"], kurz *Cello*, Geigeninstrument in der tieferen Oktave der Viola mit den Saiten C-G-d-a. Bau u. Form entsprechen denen der *Violine*, doch der Hals ist relativ länger u. die Zargen sind höher. Das V. ist ursprüngl. der Baß der Viola-da-braccio-Familie. Im 18. Jh. verdrängte es allmählich die Viola da gamba der Tenorlage u. entwickelte sich zum Soloinstrument.
Violone [der; ital., „große Viola"] →Kontrabaß.
Vionville [vjɔ̃'vi:l], Gemeinde in Lothringen (französ. Dép. Moselle); *Schlacht bei V. u. Mars-la-Tour*, entscheidende Schlacht im Krieg 1870/1871; gilt als letzte große Reiterattacke der Kriegsgeschichte.
Viotti, Giovanni Battista, italien. Geiger u. Komponist, *12. 5. 1755 Fontanetto, †3. 3. 1824 London; leitete 1819–1821 die Große Oper in Paris; komponierte u.a. 29 Violinkonzerte.
Vipern [lat.], *Viperidae*, Familie ausschl. giftiger *Schlangen*. Hauptmerkmale: senkrecht gestellte Pupille, meist dreieckiger, scharf abgesetzter Kopf, zwei Hauptgiftzähne, die in der Ruhelage in einer häutigen Falte des Mundraums verborgen sind u. beim Zuschlagen aufgerichtet werden, wobei die Giftdrüse durch die hohlen Giftzähne in die Wunde entleert wird. Hinter den Giftzähnen sind Ersatzgiftzähne in größerer Zahl angelegt. Meist lebendgebärend. Hierher gehören *Kreuzotter, Aspis-V., Sand-V., Puffotter, Horn-V.*
Vipernatter, *Natrix maura*, bis 1 m lange, ungiftige Wassernatter Südosteuropas, Rücken oft mit Zickzackband; legt 4–20 Eier.
Viracocha [-'kɔtʃa], *Huiracocha*, Schöpfergottheit u. Kulturbringer der Inka in Peru, möglicherweise schon in der Kultur von *Tiahuanaco* als Gott verehrt (Darstellung auf dem Sonnentor von Tiahuanaco); stets in Menschengestalt dargestellt; wanderte ähnlich dem aztek. Gott *Quetzalcoatl* über das Meer davon. Seine Heiligtümer standen in der inkaischen Hptst. Cuzco (dort sein Goldidol) u. in der Ortschaft Cacha.
Viracocha [-'kɔtʃa], der 8. Inka-Herrscher von Peru, stieß erobernd bis zum Titicacasee vor; erster histor. faßbarer Herrscher (bis 1438).
Viraginität [lat.], sog. Mannweibheit, männliches Geschlechtsempfinden bei der Frau, wobei der körperliche Sexualcharakter normal weiblich ist. – Der entspr. Gegenbegriff ist *Effemination*, weibliches Sexualempfinden des Mannes.
Virämie [lat. + grch.], Anwesenheit von Viren im Blutkreislauf.
Virchow ['firço:, 'virço:], Rudolf, Pathologe u. Anthropologe, *13. 10. 1821 Schivelbein, Pommern, †5. 9. 1902 Berlin; Begründer der Zellularpathologie u. Mitbegründer der modernen Anthropologie u. Vorgeschichtsforschung; als Politiker Mitgründer der Dt. Fortschrittspartei. Hptw.: „Die Cellularpathologie in ihrer Begründung auf physiolog. u. patholog. Gewebelehre" 1858. – ⓛ9.8.1.
Vire [vir], Stadt im französ. Dép. Calvados, 12 100 Ew.; Textil- u. Nahrungsmittelindustrie.
Virelai [vir'lɛ; das; frz.], altfranzös. dreistrophiges Tanzlied bes. im 14. u. 15. Jh.
Virement [-'mã; das; frz.], im Staatshaushalt die Übertragung von Mitteln von einem Titel auf einen anderen oder von einem Jahr auf das andere.
Viren [Ez. das *Virus*; lat., „Gift"], kleine (0,1–0,275 μm), filtrierbare intrazelluläre Parasiten von sehr unterschiedlichem Bau. Die V. sind kristallisierbar u. haben keinen eigenen Stoff- u. Energiewechsel. Alle V. enthalten wie die Zellkerne →Nucleinsäuren: in Pflanzen-V. u. einigen Menschen-V. ist meist Ribonucleinsäure gefunden worden, Desoxyribonucleinsäure hauptsächlich in Säuger- u. Insekten-V. sowie in *Bakteriophagen*. Die meisten V. haben eine einfache Struktur: sie bestehen aus einem Nucleinsäurefaden, der von einer Proteinhülle umgeben ist. Bei komplizierteren V. enthält die Hülle auch Kohlenhydrate u. Lipoide. – Die Vermehrung ist an die Wirtszelle gebunden. Sie erfolgt einmal, indem die Ribonucleinsäure der V. im Zellplasma der Wirtszelle freigesetzt wird u. den Wirtsstoffwechsel umfunktioniert, so daß weitere V.-Nucleinsäure u. Eiweiß gebildet werden, die zu neuen V. zusammentreten. Dadurch wird der Inhalt der Wirtszelle völlig aufgelöst. Bei den tumorbildenden V., z.B. Polyoma (Tumorbildung bei Nagetieren), erfolgt die Bildung aller Strukturelemente im Zellkern der Wirtszelle, wobei der Stoffwechsel der Wirtszelle beschleunigt wird u. die Wirtszelle zur bösartigen Zelle entartet. Die V. können mutieren (→Mutation) u. dadurch ihre biochem. Eigenschaften ändern; sie lassen sich auch kreuzen.
Außerhalb der Wirtszelle können die V. in völlig inaktivem Zustand verharren. Bekannte durch V. hervorgerufene Krankheiten sind Schnupfen, Ziegenpeter, Pocken, Masern, Kinderlähmung, Maul- u. Klauenseuche, Rinder-, Schweine-, Hühnerpest, Tollwut sowie zahlreiche Pflanzenkrankheiten, z.B. Blattmosaikkrankheiten vieler Kulturpflanzen. – Ⓑ→Bakterien und Viren.
Virenzperiode [lat. + grch.], Blütezeit einer Tiergruppe. →Abstammungslehre.
Viret [vi'rɛ], Pierre, schweizer. ev. Theologe, *1511 Orbe, Waadt, †4. 5. 1571 Pau; Kalvinist, Mitarbeiter G. *Farels* bei der Durchführung der Reformation in der französ. Schweiz.
Vîrf [rumän.], Bestandteil geograph. Namen: Gipfel, Spitze.
Virga →Neumen.
Virgation [lat.], *Geomorphologie:* bei Faltengebirgen das Auseinanderstreben gebündelter Faltenketten in mehrere Gebirgszüge, z.B. Ostalpen. Gegensatz: *Scharung*.
Virgil, röm. Dichter, →Vergil.
Virginal [engl. 'və:dʒinəl; das], im Unterschied zu Cembalo u. Spinett ein rechteckiges Kielklavier insbes. Englands u. der Niederlande im 16. bis 18. Jh. mit dunklerem Klang.
„Virginal" [die], in anderen Fassungen „Dietrichs erste Ausfahrt", „Dietrichs Drachenkämpfe", „Dietrich u. seine Gesellen" genannt, märchenhaftes mhd. Spielmannsepos um 1300, handelt von Dietrich von Bern u. der Befreiung der Zwergenkönigin V.
Virginalisten, engl. Komponisten des Elisabethan. Zeitalters, die für das *Virginal* schrieben, u.a. J. *Bull*, W. *Byrd*, J. *Dowland*, O. *Gibbons*, T. *Morley*. Wichtigste Sammlung ihrer Werke im Fitzwilliam Virginal Book (um 1620).
Virgin Gorda ['və:dʒin 'gɔ:də], brit. Jungferninsel, Kleine Antillen (Westindien), 21 qkm, 565 Ew.
Virginia [-'gi- oder -'dʒi-], **1.** aus Virginia (USA) stammender Tabak, der bes. zur Zigarettenherstellung geeignet ist.
2. *Virginier*, lange, dünne, durch die Art der Lagerung leicht gekrümmte Zigarre, die wie die →Stumpen aus Schwergut (oder wesentl. Anteilen hiervon) hergestellt wird. Ein Alicante- oder Kunststoffhalm durchzieht die an einem Ende spitz zulaufende Zigarre.
Virginia [vər'dʒinjə, amerik.; və'dʒinjə, engl.], Abk. *Va.*, USA-Staat (seit 1788) am Atlant. Ozean, 105 716 qkm, 5,0 Mill. Ew. (20,6% Nichtweiße); Hptst. *Richmond*; besteht aus den hier bis 1700 m hohen Appalachen u. dem Piedmont, das zur Küstenebene abfällt; Tabak-, Mais-, Baumwoll- u. Getreideanbau; Viehzucht; Austern- u.a. Küstenfischerei; Abbau von Kohle, Zink, Blei, Eisen, Mangan, Titan; Tabak-, Baumwoll- u. Papierindustrie; Schiffbau.
Geschichte: Sir Walter *Raleigh* ließ 1585 im Albemarle-Sund (heute North Carolina) eine Siedlung V. (nach der „jungfräul. Königin" Elisabeth I.) errichten. 1606 bildeten sich 2 „V."-Kompanien. Noch im selben Jahr entstand Jamestown, eine Ortschaft im heutigen V. Durch den Anbau westind. Tabaks entwickelte sich eine tragfeste Wirtschaftsbasis. 1624 wurde V. königl. Kolonie (erste brit. Kronkolonie). Im Unabhängigkeitskrieg Nordamerikas 1775–1783 spielte V. eine führende Rolle. 1776 konstituierte sich die inzwischen bedeutend erweiterte Kolonie als unabhängiger Staat. Seine Verfassung enthielt die für andere Gemeinwesen vorbildliche *Virginia Bill of Rights*. 1861 schloß es sich bei Abspaltung von 50 Gebirgsgrafschaften, die 1863 den Staat *West-V.* bildeten, der Konföderation an.
Virginia [eigentl. weibl. Form des röm. Geschlechtsnamens *Verginius* (Bedeutung ungeklärt), angelehnt an lat. *virginea*, „jungfräulich"], weibl. Vorname.
Virginia Beach [vər'dʒinjə 'bi:tʃ], Stadt an der Küste von Virginia (USA), im Osten der Agglomeration von Norfolk, 188 000 Ew.; Fremdenverkehr.
Virginiahirsche →Amerikahirsche.
Virgin Islands ['və:dʒin 'ailəndz] = Jungferninseln (Kleine Antillen).
Viriatus, *Viriathus*, Führer der Lusitaner (im heutigen Portugal) im Freiheitskampf gegen Rom, *etwa 190 v.Chr., †139 v.Chr.; Meister des Guerillakriegs; errang 140 v.Chr. einen Sieg, der die Römer zum Friedensschluß zwang, aber 139 v.Chr. vom röm. Senat annulliert wurde; V. wurde durch seinen eigenen Gesandten ermordet.
viribus unitis [lat.], „mit vereinter Kraft".
Virilstimme, *Staatsrecht:* im Gegensatz zur *Kuriatstimme* die bes. bewertete Einzelstimme. Im Dt. Bund 1815–1866 besaßen nur die 11 Groß- u. Mittelstaaten das Recht einer V.
Viroid [das; lat.], von dem schweizer. Pflanzenphysiologen Theodor *Diener* 1971 entdeckter winziger Krankheitserreger. Diener wies in Kartoffelpflanzen Partikel nach, die 80mal kleiner sind als Viren. V.e sind Moleküle freier Ribonucleinsäure (→Nucleinsäuren), die im Gegensatz zu Viren keine Eiweißschutzschicht tragen. Es besteht der Verdacht, daß V.e auch für tier. u. menschl. Erkrankungen verantwortlich sind.
Virosen = Viruskrankheiten.
Virtanen, Artturi Ilmari, finn. Biochemiker, *15. 1. 1895 Helsinki, †11. 11. 1973 Helsinki; 1931 bis 1939 Prof. in Helsinki, erforschte bes. die Stickstoffbindung durch →Knöllchenbakterien u. erfand eine bes. Art der Silage; zahlreiche Arbeiten über Gärungsprozesse, Lebensmittelverarbeitung u. Futterkonservierung. 1945 Nobelpreis für Chemie.
virtuell [lat.], scheinbar, der Möglichkeit nach vorhanden; z.B. in der Optik ein Bild, das nur durch das Auge gesehen wird, auf einer Mattscheibe aber nicht erscheint u. auch nicht photographierbar ist.
Virtus [die; lat.], ursprüngl. die altröm. Mannestugend, ein das altröm. Ethos prägender Begriff; i.w.S. die männl. Tüchtigkeit, Tapferkeit.
Virú, altindian. Keramikstil im Virútal in Nordperu, auch →Gallinazo genannt.
Virulenz [die; lat., „Giftigkeit"], die Ansteckungsfähigkeit von Bakterien.
Virunga-Vulkane = Kirunga-Vulkane.
Virus [lat.], Ez. von →Viren.
Viruskrankheiten, *Virosen*, von Viren hervorgerufene Infektionskrankheiten, die sich von anderen Infektionskrankheiten dadurch unterscheiden, daß ihre Erreger, die →Viren, sich nur kurze Zeit im Blut aufhalten *(Virämie)*, da sie schnell in die Zellen eindringen, u. dadurch, daß bestimmte Virusarten jeweils bestimmte Zellarten bevorzugen (z.B. neurotrope Viren die Nervenzellen).
Virza ['virza], Edvarts, eigentl. E. *Lieknis*, lett. Diplomat u. Schriftsteller, *27. 12. 1883 Emburga, †1. 4. 1940 Riga; schrieb den Roman „Die Himmelsleiter" 1933, dt. 1933; auch Lyrik.

Vis, ital. *Lissa,* jugoslaw. Adriainsel in Süddalmatien, 86 qkm, 10 000 Ew.; gebirgig; Obst- u. Weinbau, Fischfang; Haupt- u. Hafenort V. (2900 Ew.).

vis-à-vis [vizaˈviː; frz.], gegenüber; das *Vis-à-vis,* der, die oder das Gegenüberliegende, -sitzende, -stehende.

Visayanarchipel, die kleineren philippin. Inseln zwischen Luzón u. Mindanao, u. a. *Mindoro, Panay, Negros, Cebu, Bohol, Samar, Leyte, Masbate);* rd. 75 000 qkm, 11 Mill. Ew., vom Visayastamm bewohnt; Kopra-, Zucker- u. Hanferzeugnisse.

Visbek [ˈfɪsbeːk], niedersächs. Gemeinde (Ldkrs. Vechta), in Oldenburg östl. von Cloppenburg, 7400 Ew.; Möbelindustrie, Viehzucht; in der Nähe Megalithgräber (die größten in Dtschld.).

Visby [ˈviːsbyː], dt. *Wisby,* Hptst. u. Hafen der Insel Gotland, an der Westküste, 19 300 Ew.; ummauert, mehrere roman. u. got. Kirchen, Dom St. Marien (geweiht 1225); Getreide- u. Holzmarkt; Badeort; seit dem 12. Jh. Stütz- u. Treffpunkt der Kaufleute in der Ostsee, im 13. u. 14. Jh. Hauptkontor des Ostseehandels der Hanse, kam 1361 an Dänemark, 1645 an Schweden.

Viscacha [-ˈkatʃa; indian., span.], *Wiskatscha, Lagostomus maximus,* Nagetier aus der Familie der *Hasenmäuse,* von 50 cm Körperlänge, gräbt unterird. Gänge.

Viscera [lat.] = Eingeweide.

Vischer [f-], **1.** Friedrich Theodor, Ästhetiker u. Schriftsteller, * 30. 6. 1807 Ludwigsburg, † 14. 9. 1887 Gmunden, Traunsee; 1848 liberaler Abg. der Frankfurter Nationalversammlung; Prof. für Ästhetik u. dt. Literatur; schrieb eine systemat. stil-psycholog. „Ästhetik oder Wissenschaft des Schönen" 1846–1857 u. mit satir. Humor den Roman „Auch Einer" 1879 sowie (unter dem Pseudonym Deutobold Symbolizetti Allegoriowitsch Mystifizinsky) die Parodie „Faust. Der Tragödie 3. Teil" 1862; Lyrik: „Lyrische Gänge" 1882.
2. Hans, Sohn von 5), Erzgießer, * um 1489 Nürnberg, † 8. 9. 1550 Eichstätt; übernahm 1529 die Werkstatt seines Vaters. Hptw.: Doppelgrabmal der Kurfürsten Joachim u. Johann Cicero im Berliner Dom 1530; Apollobrunnen im Hof des Nürnberger Rathauses 1532; Fuggergitter (nach Entwürfen seines Bruders Hermann d. J.) 1536–1540, sowie zahlreiche Kleinplastiken.
3. Hermann d. Ä., Vater von 5), Erzgießer, begraben 13. 1. 1488 Nürnberg; begründete 1453 die Nürnberger Gießhütte.
4. Hermann d. J., Sohn von 5), Erzgießer, * um 1486 Nürnberg, † 1. 1. 1517 Nürnberg; 1515/16 in Italien, schuf Grabmäler, wahrscheinl. auch am Aufbau des Sebaldusgrabes.
5. Peter d. Ä., Sohn von 3), Erzgießer, * um 1460 Nürnberg, † 7. 1. 1529 Nürnberg; das bedeutendste Mitglied der V.-Familie, neben V. *Stoß* u. A. *Krafft* Hauptmeister der dt. Plastik der Dürerzeit; führte die Kunst des Bronzegusses in Freiskulpturen u. architekton. gebundenen Figurenzyklen zu künstler. Höhepunkten. Hptw.: Grabmal des Erzbischofs Ernst von Sachsen 1494/95, Magdeburg, Dom; Sebaldusgrab seit 1508 (nach vorausgegangenen, bis 1488 zurückreichenden Entwürfen) in Nürnberg, St. Sebald, 1519 von seinen Söhnen vollendet; Theoderich- u. Artus-Figuren für das Maximiliansgrab 1512/13, Innsbruck, Hofkirche. – ⬜ 2.4.3.
6. Peter d. J., Sohn von 5), Erzgießer, * 1487 Nürnberg, † 1528 Nürnberg; einer der ersten u. bedeutendsten dt. Kleinplastiker, schuf den figürl. Schmuck am Sebaldusgrab, außerdem Grabdenkmäler u. Medaillen, wobei er im Stil seines Vaters mit italien. Formengut vereinigte.

Visconti, lombard. Geschlecht (Ghibellinen), das 1277–1447 in Mailand herrschte. *Otto V.* († 1295) begründete den mailänd. Stadtstaat; *Giangaleazzo* (Giovanni Galeazzo, *1351, †1402), verheiratet mit der französ. Königstochter Isabella, wurde 1395 Herzog, beherrschte fast ganz Oberitalien. Mit *Filippo Maria* (* 1392, † 1447) starben die V. im Hauptstamm aus; Erbe wurde 1450 der Schwiegersohn Francesco *Sforza.*

Visconti, Luchino, italien. Film- u. Theaterregisseur, * 2. 11. 1906 Mailand, † 17. 3. 1976 Rom; mit seinen Filmen ein Bahnbrecher des Neorealismus: „Von Liebe besessen" 1942; „La terra trema" 1948; „Bellissima" 1951; „Sehnsucht" 1954; „Weiße Nächte" 1957; „Rocco u. seine Brüder" 1960; „Boccaccio 70" (Episode „Der Job") 1962; „Der Leopard" 1962; „Die Verdammten" 1970; „Der Tod in Venedig" 1971; „Ludwig II." 1973; viele Schauspiel-, Opern- u. Ballettinszenierungen.

Viscount [ˈvaikaunt], engl. Adelstitel; entspricht dem französ. *Vicomte;* in der Reihenfolge zwischen Earl u. Baron.

Visé [das; nach dem belg. Ort *V.*], oberste Stufe des Unteren Karbons.

Viseu, früher *Vizeu,* Stadt im Bergland Nordportugals, Hauptort der früheren Prov. *Beira Alta,* 18 000 Ew.; roman.-got. Kathedrale (12.–16. Jh.); Metallgießereien, landwirtschaftl. Handel; Hptst. des Distrikts V. (5019 qkm, 390 000 Ew.).

Vishakhapatnam, ind. Distrikt-Hptst. in Andhra Pradesh an der Küste zwischen Godavari- u. Mahanadidelta, 400 000 Ew., Andhra-Universität (1926); vielseitige Industrie, moderner Hafen, Ausfuhr von Manganerz u. Ölsaaten, Schiffbau.

Vishnu [ˈviʃ-], ind. Gottheit, → Wischnu.

Visier [das; frz.], **1.** an Handfeuerwaffen (früher auch an Geschützen) Vorrichtung zum Zielen; besteht aus einer auf dem Lauf hinten angebrachten kleinen Metallplatte mit meist dreieckigem Einschnitt *(Kimme)* u. dem vorn aufgesetzten *Korn.* Wenn beim Zielen (V.en) das Auge des Schützen, Kimme, Korn u. Zielpunkt in einer geraden Linie liegen *(V.linie),* muß das Geschoß treffen (abgesehen von der noch zu berücksichtigenden Flugbahnkrümmung).
2. am röm. Kriegshelm u. am Helm der Ritter der dem Schutz des Gesichts dienende Teil, der mit Durchbrüchen versehen war, um Sehen u. Atmen zu ermöglichen, u. hochgeklappt werden konnte.

Vision [lat.], ein im äußeren Raum anschaulich gesehenes Bild, das für andere Betrachter nicht vorhanden ist. V.en stellen sich bei visuell erregbaren Menschen (Eidetiker) durch starke Affekte ein, auch in ekstatisch-religiösen Zuständen. V.en, die für wirklich gehalten werden, sind → Halluzinationen. Die V. gehört zu den religiösen Grunderlebnisformen. Man hat zu unterscheiden zwischen wirklich erlebter V. u. Berichten, die die Stilform der V. haben. Das Damaskuserlebnis des Paulus (Apg. 9,3 ff.) gehört zur ersten, die Berichte der „Offenbarung des Johannes" zur zweiten Form.

Visionsradius [lat.] → Gesichtslinie.

Visitantinnen [lat.] → Salesianerinnen.

Viskose [die; lat.], **1.** Lösung von Cellulosenatriumxanthogenat in verdünnter Natronlauge. Die zähe, gelbe Flüssigkeit wird zu textilen Fasern, Folien u. Schwämmen verarbeitet. Zur Herstellung von V. wird gebleichter Holzzellstoff mit 18–22prozentiger Natronlauge in Alkalicellulose umgewandelt. Aus der zerkleinerten Masse entsteht, nach einer Vorreifezeit mit Schwefelkohlenstoff versetzt, orangegelbes, kümeliges Cellulosenatriumxanthogenat. Dieses wird in wäßriger Natronlauge gelöst u. durch Lagern einem Nachreifeprozeß unterworfen. Die entstandene V. kann nach Filtrieren u. Entlüften (Ausscheiden von Luftbläschen) als *Spinnlösung* verwendet werden.
2. Bez. für aus V. (1) hergestellte Chemiefasern (Celluloseregeneratfasern); die V. wird durch Spinndüsen in ein Fällbad gepreßt, das als Wirkstoffe Schwefelsäure, Natrium- u. Zinksulfat enthält. Im Fällbad koaguliert die Spinnlösung zur Cellulosefaser. Je nach der Weiterverarbeitung nach dem Fällbad erhält man Endlosfasern (früher *Kunstseide, Reyon*) oder Spinnfasern (früher *Zellwolle*). *Endlosfasern* sind praktisch endlose Fäden, die zu mehreren gleichzeitig ersponnen u. aufgewunden werden. Je nach Type hat das Endlosprodukt eine Reißlänge von 20 km (normal) bis 60 km (hochfest) bei 10 bis 20 % Dehnung im Normalklima; die Naßfestigkeit beträgt 50 % (normal) bis 80 % (hochfest), die Wasseraufnahme im Normalklima 11 bis 15 %, die Dichte 1,52 g/cm³. Aus dem Material werden bes. Reifencord (hochfest) u. Kleider- u. Futterstoffe hergestellt.
Bei der Herstellung von *Spinnfasern* werden Spinndüsen mit 1000–5000 Öffnungen eingesetzt. Die ausgefällten Fasern mehrerer Spinnstellen faßt man zu einem dicken Spinnkabel zusammen. Das Kabel wird meistens vor dem Trocknen auf die gewünschte Faserlänge (Stapellänge) geschnitten. V.spinnfasern werden in Mischung mit anderen Fasern oder rein für die verschiedensten Textilerzeugnisse verwandt.

Viskosität [lat.], Zähigkeit von Flüssigkeiten (oder Gasen); beruht auf der *(inneren) Reibung,* die benachbarte Flüssigkeitsschichten aufeinander ausüben, d. h. Moleküle sich gegenseitig anziehen. Sie nimmt bei steigender Temperatur ab u. wird u. a. aus der Durchflußgeschwindigkeit durch enge Röhren ermittelt; wichtig zur Beurteilung der Güte von Schmierölen.

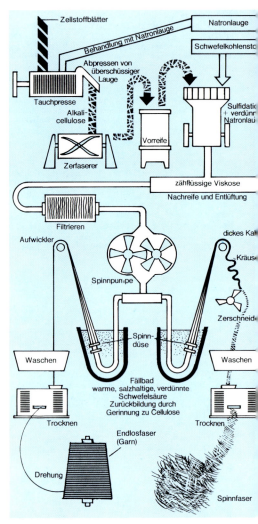

Viskose: Herstellung von Endlosfasern und Spinnfasern

Vis major [lat.] → höhere Gewalt.

Visnapuu, Henrik, estn. Schriftsteller, * 2. 1. 1890 Leebiku, † 3. 4. 1951 New York; verfaßte Liebes- u. Naturlyrik u. patriot. Gedichte; auch Übersetzer u. Kritiker.

Viso, *Monte V.,* Berg in den Kottischen Alpen (Oberitalien), 3841 m.

Visp [f-], frz. *Viège,* linker Nebenfluß der Rhône im schweizer. Kanton Wallis, 40 km, entsteht bei Stalden durch Vereinigung der *Matter V.* (34 km) u. der *Saaser V.* (28 km), mündet bei dem Ort V.: 5600 Ew., chem. u. Aluminiumindustrie (Lonza-Werke), Abzweigung der Zermatt-Bahn.

Visrivier [fisriˈfiːr] → Groot Visrivier.

Visselhövede [f-], niedersächs. Stadt (Ldkrs. Rotenburg/Wümme), in der westl. Lüneburger Heide, 10 000 Ew.; Bienenzucht, Honigverarbeitung, Waagenfabrik.

Visser 't Hooft [ˈvisərt ˈhoːft], Willem Adolf, niederländ. ev. Theologe, * 20. 9. 1900 Haarlem; 1931–1938 Generalsekretär des Christl. Studentenweltbunds, 1938–1966 Generalsekretär des Ökumenischen Rates der Kirchen in Genf. Werke: „Elend u. Größe der Kirche" 1944; „Die ökumen. Bewegung u. das Rassenproblem" 1954; „Erneuerung der Kirche" 1957; Autobiographie „Die Welt war meine Gemeinde" 1972. 1966 Friedenspreis des Dt. Buchhandels.

Vista [ital., span.], Bestandteil geograph. Namen: Ausblick, Ansicht.

Vistra, *Vistrafaser,* Firmenbez. für eine nach dem Viskoseverfahren hergestellte Zellwollfaser.

Visum [das, Mz. *Visa*; lat.] → Sichtvermerk.

viszeral [lat.], die Eingeweide betreffend; *v.es Nervensystem* → vegetatives Nervensystem.

Viszeralbögen [lat.], *Visceralbögen,* paarige Skelettbögen, die ursprüngl. Mundhöhle u. Kiemendarm (Kopfdarm) der Wirbeltiere umgeben; aus ihnen geht ein Teil des Wirbeltierschädels *(Viscerocranium)* hervor. Es gibt insges. sieben V., dazwischen die Kiemendarm-Spalten *(Viszeralspalten):* 1. *primärer Kieferbogen* (Mandibularbo-

gen), zweiteilig, bildet mit seinen Verknöcherungen bis zu den Vögeln das primäre Kiefergelenk, bei den Säugetieren Gehörknöchelchen; 2. *Zungenbeinbogen (Hyoidbogen)*, zweiteilig, bei Knochenfischen Aufhängeapparat für den Kieferbogen, bildet bei höheren Wirbeltieren die *Columella* (Gehörknöchelchen) u. das →Zungenbein; 3.–7. →Kiemenbögen, die bei Fischen die Kiemen tragen, Reste sind bei Säugern teils im Zungenbein, teils in den Kehlkopfknorpeln enthalten.

Vita [die, Mz. *Viten* oder *Vitae*; lat.], Leben(sbeschreibung).

Vitaceae [lat.] = Weinrebengewächse.

Vitalian, Papst 657–672, Heiliger, * um 600 Segni, † 27. 1. 672; nahm im Streit um den von Kaiser Constans II. geförderten Monotheletismus eine vorsichtige Haltung ein. Durch die Ernennung des griech. Mönchs Theodor (* 602, † 690) zum Erzbischof von Canterbury leitete er die röm. Erneuerung der angelsächs. Kirche ein. Fest: 27. 1.

Vitalienbrüder, *Viktualienbrüder*, *Likedeeler*, Seeräuber in der Nord- u. Ostsee im 14. u. 15. Jh.; nach der Hinrichtung ihrer volkstüml. Führer K. *Störtebeker* u. G. *Michels* (1401) allmähl. Mitte des 15. Jh. verschwunden.

Vitalismus [lat.], eine Lehrauffassung vom Lebendigen, nach der die Lebenserscheinungen eine Eigengesetzlichkeit haben, die auf eine bes. Lebenskraft *(vis vitalis)* zurückzuführen sei. Der ältere V. ist durch *Aristoteles* begründet; in neuerer Zeit in Ablehnung mechanist. u. chem. Erklärung der Lebensvorgänge formuliert von Louis *Dumas* (* 1765, † 1813), der dem Lebendigen eine unerforschl. übermechan. Kraft zugrunde legte. Neubegründung im 19./20. Jh.: →Neovitalismus.

Vitalität [lat.], Lebensfähigkeit, Lebenskraft; Lebendigkeit; als Lebenseignung des Trägers einer geänderten Erbanlage gegenüber der Ausgangsrasse ist die V. ein Maß für den biolog. Wert einer Mutation.

Vitalkapazität, die Luftmenge, die nach tiefster Ausatmung durch größtmögliche Einatmung von der Lunge aufgenommen werden kann.

vitam impendere vero [lat.], „sein Leben der Wahrheit opfern" *(Juvenal)*.

Vitamin [das; lat.] →Vitamine.

Vitamin A, *Axerophthol*, leitet sich chemisch vom →Carotin (Provitamin A) ab. Mangel an V. A führt zu krankhaften Veränderungen der epithelialen Gewebe u. zu Wachstumsstörungen; es entstehen bes. leicht Entzündungen der Hornhaut des Auges, außerdem ist die Synthese des Sehpurpurs vermindert (Nachtblindheit). V. A kommt in hoher Konzentration im Fischlebertran vor, aber auch in Säugerleber u. Gemüse; es kann durch das Provitamin Carotin ersetzt werden. Der tägliche Bedarf des Menschen liegt bei 0,5 mg. Seit 1952 wird in der BRD der Margarine synthetisches V. A zugesetzt.

Vitamin B_1, *Aneurin*, *Thiamin*, ein antineuritisches Vitamin; Aneurinpyrophosphat ist das Coenzym von Decarboxylasen. V. B_1 spielt außerdem als Aktionssubstanz neben dem Acetylcholin eine Rolle bei der Erregung der Nerven. V.-B_1-Mangel führt beim Menschen zur *Beriberi*.

Vitamin B_6, *Pyridoxin*, *Adermin*, ein Vitaminkomplex, umfaßt mehrere verwandte Stoffe, die sich vom Pyridin ableiten. Mangel an V. B_6 ruft Hauterkrankungen hervor. Pyridoxalphosphat ist ein wichtiges Coenzym im Aminosäurestoffwechsel.

Vitamin B_{12}, *Cobalamin*, heilt die →perniziöse Anämie, der eine Störung der V.-B_{12}-Aufnahme zugrunde liegt. Das V.-B_{12}-Molekül ist sehr kompliziert gebaut u. enthält u. a. ein Atom Kobalt. Der Tagesbedarf des Menschen ist mit 1 μg gering.

Vitamin-B_2-Komplex, ein Vitaminkomplex, der umfaßt: 1. *Vitamin B_2*, *Riboflavin*, früher *Lactoflavin*. Beim Fehlen des Vitamins B_2 kommt es zu Haut- u. Darmerkrankungen (→Pellagra). Als Phosphat ist das Vitamin B_2 die prosthetische Gruppe der gelben Atmungsfermente (→Atmungskette) u. Bestandteil des Flavin-Adenin-Dinucleotids. Der tägliche Bedarf des Menschen liegt bei 2 mg. – 2. *Nicotinsäureamid*, pellagraverhütendes Vitamin, chemisch ein Derivat des Pyridins. – 3. *Folsäure*, *Pteroylglutaminsäure*, eine Verbindung von Pteridin, p-Aminobenzoesäure u. Glutaminsäure. Derivate der Folsäure haben im Organismus die Funktion von Coenzymen. Beim Menschen kommen anämieartige Krankheiten vor, die meist auf verminderter Verwertung von Folsäure beruhen u. durch zusätzliche Gaben geheilt werden. Gleich anderen Vitaminen des B_2-Komplexes ist Folsäure ein Wuchsstoff für manche Mikroorganismen. – 4. *Pantothensäure*, ein Baustein des für den Stoffwechsel wichtigen Coenzyms A. Beim Menschen sind Erkrankungen durch Pantothensäuremangel unbekannt.

Vitamin C, *Ascorbinsäure*, chem. eine den Zuckern verwandte Verbindung. V.-C-Mangel bewirkt Schädigung der Gefäßkapillarwände sowie Blutungen des Zahnfleisches u. der Schleimhäute (→Skorbut). Bes. reich an V. C sind Früchte. Heute wird V. C synthetisch hergestellt u. kann die V.-C-arme Kost im Winter u. im Frühjahr ergänzen. Der tägliche Bedarf des Menschen ist mit 75 mg sehr hoch. Die Wirksamkeit des V. C als Mittel gegen Erkältung ist umstritten.

Vitamin D, *Calciferol*, eine Gruppe von Vitaminen, die an der Calciumaufnahme im Darm beteiligt sind. Bei V.-D-Mangel ist die Calciumaufnahme gestört, u. als Folge davon erhärten im Kindesalter die Knochen nicht *(Rachitis)*. Die D-Vitamine sind chem. *Sterine*. Die Provitamine (z. B. Ergosterin) kommen in Hefe, Dorschleber u. Eigelb vor. Aus den aufgenommenen Provitaminen (z. B. Ergosterin) entstehen in der Haut unter Einwirkung des ultravioletten Anteils des Sonnenlichts die D-Vitamine. Der tägliche Bedarf des Menschen liegt bei etwa 0,03 mg.

Vitamine [Ez. das *Vitamin*; lat.], lebensnotwendige Wirkstoffe, die keinen kalorischen Nährwert (wie Kohlenhydrate, Fette u. Eiweiße) haben, deren Vorhandensein aber für die Aufrechterhaltung aller Lebensvorgänge notwendig ist. V. entfalten ihre verschiedenen Wirkungen in enger Wechselwirkung mit den *Enzymen* u. *Hormonen*, von denen sie sich dadurch unterscheiden, daß sie im allg. vom tierischen (menschlichen) Körper nicht selbst gebildet werden können, so daß der Organismus auf ihre Zufuhr mit der Nahrung angewiesen ist. Einzelne V. kommen in der Natur als Vorstufen *(Provitamine)* vor, aus denen sich die eigentl. V. erst unter bestimmten Bedingungen, z. T. im Organismus, bilden. Bei unzureichender Vitaminzufuhr kommt es zu bestimmten Ausfallerscheinungen, die als Vitaminmangelkrankheiten (*Avitaminosen* bzw. *Hypovitaminosen*) bezeichnet werden. Ihre Vorbeugung u. Behandlung ist das eine Ziel der Vitamintherapie; so wird z. B. die *Beriberi* durch Verabreichung von Vitamin B_1, der *Skorbut* durch Vitamin-C-Gaben geheilt. Außerdem aber haben einzelne V. eine besondere, arzneimittelartige Wirkung, die bei der Behandlung bestimmter Krankheiten ausgenutzt wird; so sind z. B. Infektionskrankheiten keine Vitaminmangelkrankheiten, Vitamin C aber erhöht die Infektionsabwehrkräfte des Organismus u. wird entspr. therapeutisch angewendet. Auch die Vitaminanreicherung *(Vitaminierung)* von Nahrungsmitteln ist hier zu erwähnen, die dann zweckvoll ist, wenn sie einen durch Verarbeitungs- u. Konservierungsprozesse bedingten Vitaminverlust der betr. Nahrungsmittel ausgleicht. Andererseits ist ein über den wirklichen Vitaminbedarf hinausgehender „Vitaminkonsum" unnütz, zumal die Möglichkeit von Vitaminüberdosierungserscheinungen *(Hypervitaminose)* in bestimmten Fällen nicht ausgeschlossen ist.

Vitamin E, *Tokopherol*, ein fettlösliches Vitamin. Das Fehlen von V. E bewirkt bei Ratten Sterilität. Bes. reich an V. E ist das Weizenkeimöl. Der Bedarf des Menschen beträgt um 5 mg pro Tag.

Vitamin F, frühere Bez. für die *essentiellen Fettsäuren*: Linolsäure, Linolensäure u. Arachidonsäure. Diese ungesättigten Fettsäuren sind in der Nahrung in ausreichenden Mengen vorhanden.

Vitamin H, *Biotin*, ein wasserlösliches Vitamin; Mangel an V. H tritt beim Menschen äußerst selten auf. Künstlicher Vitaminmangel kann bei Ratten durch Füttern mit Hühnereiweiß hervorgerufen werden, da dieses einen Stoff enthält, der das V. H inaktiviert. Auftretende Mangelerscheinungen sind Hauterkrankungen u. Haarausfall. V. H ist ein Bestandteil bestimmter Enzyme (Carboxylasen).

Vitamin K, *Phyllochinon*, ein Derivat des Naphthochinons. Beim Menschen führt V.-K.-Mangel zu erniedrigter Gerinnungsfähigkeit des Bluts (Prothrombinsynthese gestört; sichtbar als Blutung der Schleimhäute u. der Haut). Häufig tritt Mangel bei Neugeborenen auf; sie werden daher prophylaktisch mit synthet. V. K behandelt.

Vitellin [das; lat.], phosphorsäurehaltiges Proteid, das aus Eidotter u. dem Serum weibl. Tiere als gelbes Pulver gewonnen wird.

Vitensammlung, Sammlung von Lebensbeschreibungen bedeutender Persönlichkeiten; Hptw. der frühen Kunsthistoriographie ist die V. G. *Vasaris* (1550) über italien. Künstler.

Viterbo, italien. Stadt im nördl. Latium, Hptst. der Provinz V. (3612 qkm, 270 000 Ew.) 55 000 Ew.; roman.-got. Kirchen, Kathedrale, Papstpalast (13. Jh.), Stadtmauern; keram. Industrie, Fremdenverkehr, Thermalquellen.

VITI, amtl. Schweizer Qualitätsbez. für Tessiner Weine aus der Marlot-Traube.

Vitiaztiefe [engl. vit'ja:z-] = Witjastiefe.

Viti Levu, größte Fidschiinsel, 10 388 qkm, 370 000 Ew., mit der Hptst. *Suva*; im *Mt. Victoria* 1323 m, zahlreiche Küstenflüsse (längster: Rewa, fruchtbares Tal, Deltamündung).

Vitiligo [die; lat.], eine erworbene, bes. bei Frauen vorkommende fleckenhafte Entfärbung (Depigmentierung) der Haut, gekennzeichnet durch verschieden große, scharf begrenzte hellrosa bis weiße Hautflecken.

Vitis [lat.] →Weinrebe.

Vitoria, nordspan. Stadt südl. vom Kantabrischen Gebirge, in einer Ebene nördl. der *Montes de V.* (1180 m), 160 000 Ew.; Alte (14./15. Jh.) u. Neue Kathedrale (1907 begonnen, unvollendet); zahlreiche Museen; Metall-, Maschinen-, Auto-, Elektro-, Holz-, Leder-, Nahrungsmittel- u. chem. Industrie; Fremdenverkehr; Flughafen; Hptst. der bask. Prov. *Álava*.

Vitoria, Francisco de, span. Theologe u. Völkerrechtsgelehrter, * zwischen 1483 u. 1493 Burgos (?), † 12. 8. 1546 Salamanca; Dominikaner. In der Auseinandersetzung mit eth. u. rechtl. Problemen des span. Kolonialreichs erklärte er das Recht auch gegenüber den Nichtchristen für anwendbar, öffnete damit einem neuzeitl. Rechtsdenken die Tore u. wurde zum Begründer der span. Völkerrechtsschule. Hptw.: „Relectio de potestate civili"; „De Indis noviter inventis"; „De iure belli Hispanorum in barbaros relectiones".

Vitória, Hptst. des brasilian. Staats Espírito Santo, 122 000 Ew. (Munizip 345 000 Ew.); Universität (1961); Kaffee- u. Kakaoausfuhr; Stahl-, Zement-, Holz- u. Zuckerindustrie; Hafen.

Vitrac [-k], Roger, französ. Schriftsteller, * 17. 11. 1899 Pinsac, † 22. 1. 1952 Paris; gründete 1927 mit A. *Artaud* das „Théâtre Alfred Jarry"; Dramatiker des Surrealismus u. Vorläufer des absurden Theaters („Les mystères de l'amour" 1927; „Victor oder die Kinder an der Macht" 1930, dt. 1964).

Vitreous China ['vitriəs 'tʃainə; das; engl.], *Halbporzellan*, keramischer Werkstoff, wird aus Steingutmasse hergestellt, bekommt jedoch einen schärferen Brand als Steingut. Es hat daher einen fast dichten, wenig durchlässigen Scherben u. bildet damit den Übergang zum →Porzellan; für sanitäre Erzeugnisse verwendet.

Vitriol [das; lat.], veraltete Bez. für die kristallwasserhaltigen Sulfate der Metalle Kupfer, Eisen u. Zink.

Vitriolöl, veraltete Bez. für Schwefelsäure, die früher aus Eisenvitriol (Eisensulfat) hergestellt wurde.

Vitrit [der; lat.], meist aus kolloidartigen Zersetzungsrückständen pflanzlicher Stoffe gebildeter Gefügebestandteil der Kohle; enthält noch Holz- u. Gewebeteile.

Vitruv, *Vitruvius Pollio*, röm. Architekt, 1. Jh. v. Chr.; sein sich z. T. auf ältere griech. architekturtheoret. Schriften stützendes Werk über die Baukunst („De architectura") wurde im 15. Jh. wiederentdeckt (1411, 1. Druck 1486) u. wirkte wesentl. auf die Architektur der Renaissance.

Vitry-le-François [vi'tri ləfrã'swa], Stadt im S des nordostfranzös. Dép. Marne, an der Marne u. am Treffpunkt dreier Kanäle, 17 600 Ew.; Baustoff-, Keramik- u. Holzindustrie; Flußhafen am Marne-Seitenkanal.

Vitry-sur-Seine [vi'trisyr'sɛ:n], südl. Vorstadt von Paris, links an der Seine, 79 200 Ew.; Großkraftwerke, Motorenbau, Metall-, Kabel- u. chem. Industrie, Seifenfabriken.

Vittoria, Alessandro, italien. Bildhauer u. Medailleur, * 1525 Trient, † 27. 5. 1608 Venedig; schuf Statuen u. Grabmäler für venezianische Kirchen sowie Stuckdekorationen in Profanbauten; V. wandte sich später fast ausschließlich der Porträtkunst zu.

Vittòria, italien. Stadt auf Sizilien, westl. von Ragusa, 47 000 Ew.; Ruinen von Samarina, landwirtschaftl. Markt (Öl, Wein).

Vittorini, Elio, italien. Erzähler, * 23. 7. 1908 Syrakus, † 13. 2. 1966 Mailand; bis 1947 Kommunist; Begründer des italien. Neorealismus; setzte sich in seinen Romanen in symbol. überhöhtem Realismus mit sozialen Fragen auseinander: „Gespräch in Sizilien" 1941, dt. 1948, unter dem Titel „Tränen im Wein" 1943; „Dennoch Menschen" 1945, dt. 1963; „Im Schatten des Elefanten" 1947, dt. 1949; „Die rote Nelke" 1948, dt. 1951; „Die Garibaldina" 1956, dt. 1960; „Offenes Tagebuch" 1957, dt. 1959.

Vittọrino da Fẹltre, eigentl. *Ramboldini*, italien. Humanist u. Pädagoge, *1378 Feltre bei Venedig, † 2. 2. 1446 Mantua; Prinzenerzieher, gründete die *Casa Giocosa* („Fröhliches Haus"), eine berühmte Schule in Mantua.

Vittọrio Vẹneto, italien. Stadt in Venetien, nördl. von Treviso, 30000 Ew.; Dom (15. Jh.), Kastell San Martino; Motorrad- u. Zementfabrik.
Bei V. V. fand vom 24. 10.–4. 11. 1918 die letzte Schlacht an der italien.-österr. Front statt; sie endete für Italien siegreich.

Vịtu, zu Papua-Neuguinea gehörende Inselgruppe, nordwestl. von Neupommern.

Vitznau [f-], Seebad u. Luftkurort im schweizer. Kanton Luzern, am Vierwaldstätter See, 1100 Ew.; Talstation der Zahnradbahn zum →Rigi.

Vitztlipụtztli, der aztek. Gott →Huitzilopochtli.

vivạce [-tʃɛ; ital.], musikal. Vortragsbez.: lebhaft; *vivacissimo*: sehr lebhaft.

Vivạldi, Antonio, italien. Geiger u. Komponist, *4. 3. 1678 Venedig, begraben 28. 7. 1741 Wien; führte zahlreiche formale u. spieltechn. Neuerungen beim Violinspiel ein, komponierte Kirchenmusik, Konzerte für Geige, Flöte, Oboe u. Opern. Seine Wandlungsfähigkeit zeigt sich in lyrischen Stimmungsbildern, z. T. mit direktem Bezug auf Naturvorgänge. J. S. *Bach* hat Violinkonzerte von ihm für Klavier bearbeitet. – ⊡ 2.9.2.

Vivarịni, italien. Maler: **1.** Alvise, *um 1445 Venedig, † um 1504 Venedig; Altarbilder, die sich aus linearer Härte unter dem Einfluß Antonello da *Messinas* zu maler. Harmonie entwickelten.
2. Antonio, Vater von 1), eigentl. A. da *Murano*, *um 1415 Murano, † um 1480 Venedig; Begründer der Muraneser Schule, in der er gemeinsam mit *Giovanni d'Alemagna* die venezian. Kunst der Folgezeit maßgebl. beeinflußte. Hptw.: Madonna mit Heiligen 1446, Venedig, Akademie-Galerie; 3 Altäre 1443/44, Venedig, S. Zaccaria; Madonna mit Heiligen 1450, Bologna, Pinakothek.
3. Bartolomeo, Bruder von 2), *um 1432 Murano, † um 1499 Venedig; schuf Altargemälde, die lineare Struktur mit malerischen Werten vereinigten u. den Aufstieg der venezian. Malerei bis zu ihrem ersten, von G. *Bellini* eingeleiteten Höhepunkt verkörpern. Hptw.: Madonna mit Heiligen, London, National Gallery; Altar mit Schutzmantelmadonna 1473, Venedig, Sta. Maria Formosa.

Vivạrium [das; lat.], Vereinigung von Aquarium u. Terrarium zur Haltung von land- u. wasserbewohnenden Tieren.

vịvat! [lat.], er lebe hoch! *v., crescat, floreat!*, er lebe, wachse u. blühe!

vive le roi! [vi:v lə'rwa; frz.], es lebe der König!

Vịves, Juan Luis, span. Philosoph u. Pädagoge, *6. 3. 1492 Valencia, † 6. 5. 1540 Brügge; Humanist des *Erasmus-Kreises*, aus empiristischer Einstellung heraus Gegner der Scholastik. V. steht am Beginn der empir. Psychologie („De anima et vita" 1538) u. Pädagogik („De institutione feminae christianae" 1523); er wirkte auf J. A. *Comenius* durch seine Forderung nach sachl. Wissen u. sittl. Erziehung durch Unterricht.

Vivianị, René, französ. Politiker, *8. 11. 1863 Sidi-bel-Abbès, Algerien, † 7. 9. 1925 Plessis-Piquet; ursprüngl. Sozialist, dann „sozialist. Republikaner"; seit 1906 mehrfach Minister. 1913–1915 Min.-Präs.; 1920/21 Vertreter Frankreichs im Völkerbund.

Vivianịt [der; nach dem engl. Mineralogen J. G. *Vivian*, 19. Jh.], *Blaueisenerz*, $Fe_3(PO_4)_2 \cdot 8H_2O$, in frischem Zustand farbloses, an der Luft sich indigo bis türkisblau färbendes, glasglänzendes Mineral; monoklin; Härte 2; säulige Kristalle, auch faserig, krümelig, erdig *(Blaueisenerde)*; oft mit Magnet- oder Schwefelkies.

Vivin [vi'vɛ̃], Louis, französ. Laienmaler, *27. 7. 1861 Hadol, Vogesen, † 28. 5. 1936 Paris; Naturausschnitte u. Pariser Stadtansichten in detailscharfer, naiver Erzählfreudigkeit.

Viviparịe [lat.], *Lebendgebären*, bei Tieren das Hervorbringen lebendiger Jungtiere, eine besondere Form des Schutzes, häufig auch der Ernährung der Brut. Das Embryonalstadium verläuft im mütterlichen Körper. Vivipare Tiere sind die Säugetiere, aber auch Angehörige vieler anderer Tierklassen. – Bei viviparen Pflanzen keimt der Samen bereits in der Frucht u. fällt mit dieser ab (gewisse Mangrovebäume).

Vivisektion, Eingriff am lebenden Tier; nach dem Tierschutzgesetz ebenso wie Tierversuche grundsätzlich verboten. Wissenschaftl. Instituten werden V. u. Tierversuche unter gesetzl. bestimmten Voraussetzungen erlaubt.

Vix, Ort bei Châtillon-sur-Seine, Dep. Côte d'Or (Frankreich), am Fuß des Mont Lassois, auf dem im 6. Jh. v. Chr. ein befestigter kelt. Fürstensitz lag. Bekannt durch das Kammergrab einer Fürstin der späten Hallstattzeit in einem Hügel; sie lag in einem Wagenkasten u. hatte ein goldenes Diadem auf dem Kopf; in der Kammer standen die in Tücher eingehüllten reich beschlagenen vier Räder, ein großes Bronzegefäß (Krater) griech. Ursprungs u. viele weitere Beigaben.

Vizcạya [biθ-], nordspan. Provinz am Golf von Biscaya, eine der drei →Baskischen Provinzen, 2217 qkm, 1,09 Mill. Ew.; Hptst. *Bilbao*.

vize... [lat.], stellvertretend.

Vizeadmiral, Marineoffizier im Dienstgrad eines Generalleutnants.

Vizekanzler, der Stellvertreter des Bundeskanzlers in Österreich (Art. 69 BVerfG). Dagegen ist die Bez. V. für den Stellvertreter des Bundeskanzlers der BRD zwar üblich, aber nicht im Grundgesetz enthalten.

Vịzelin, *Vicelinus, Wizelin*, Bischof von Oldenburg (seit 1149), Heiliger, *um 1090 Hameln (?), † 12. 12. 1154 Neumünster; missionierte seit 1126 bei den Wenden in Wagrien. Fest: 12. 12.

Vịztum [lat.], *Vitztum*, im MA. Verwalter geistl., später auch weltl. Güter.

v. J., Abk. für *vorigen Jahres*.

Vjosë ['vjɔsə; die], griech.-alban. Fluß, 237 km, entspringt am Zygospaß im Píndhos, mündet nördl. von Vlovë in das Adriat. Meer.

Vlaardingen ['vla:rdiŋə], Hafenstadt in der niederländ. Prov. Südholland, westl. von Rotterdam an der Mündung des Vlaardinger Kanals in die Nieuwe Maas, 81100 Ew.; Zentrum der Heringsfischerei, verarbeitende Industrie; Umschlag von Erz, Ölen u. Fetten.

Vlagtwedde ['vlaxt-], ausgedehnte Gemeinde im O der niederländ. Prov. Groningen, nahe der dt. Grenze, 16700 Ew.

Vlăhuţă [vlə'hutsə], Alexandru, rumän. Schriftsteller, *5. 9. 1858 Pleseşti, Jassy, † 19. 11. 1919 Bukarest; schwermütiger Lyriker; seine Verse zeigen soziale u. religiöse Tendenzen.

Vlaminck [vla'mɛ̃(k)], Maurice de, französ. Maler u. Graphiker fläm. Herkunft, *4. 4. 1876 Paris, † 11. 10. 1958 Reuil-la-Gadelière; Mitglied der „Fauves", malte bes. Landschaften u. Stilleben von farbiger Schwere u. dunklem, oft melanchol. Stimmungsausdruck.

Vleughels [vlœ'ɛls], Nicolas, französ. Maler, *6. 12. 1668 Paris, † 11. 12. 1737 Rom; Schüler P. *Mignards*, schuf kleinformatige mytholog. u. bibl. Bilder, darunter zahlreiche Pastelle.

Vlieger ['vli:xər], Simon de, holländ. Maler u. Radierer, *1600 Rotterdam, begraben 13. 3. 1653 Weesp; Schüler von J. *Porcellis*, malte außer Wald- u. Strandlandschaften, Genrebildern u. Porträts vor allem Seestücke, anfangs in stürmischer Bewegung, dann ruhiger, in kühlem, silbriggrauem Gesamtton, später in lichter Farbigkeit; entwarf auch Teppiche u. Glasgemälde.

Vlieland ['vli:lant], westfries. Insel zwischen Texel u. Terschelling, 52 qkm, 1000 Ew.

Vlies [f-; das; ndrl.], **1.** geschorene →Schafwolle, die einen Verband bildet.
2. ein textiles Flächengebilde, dessen Zusammenhang durch die Faserhaftung gegeben ist. Man unterscheidet nach der Art der Herstellung mechanisch, aerodynamisch, hydrodynamisch gebildete Faser-V. e u. →Spinn-V. e.

Vlieselịne, wasch- u. reinigungsbeständiger Vliesstoff.

Vliesstoffe, textile Flächengebilde, die durch Verfestigung von Vliesen (→Vlies [2]) entstehen. Die Verfestigung kann erfolgen: 1. adhäsiv (durch Bindemittel oder Verschweißen), 2. mechanisch (durch Vernadelung, →Nadelfilze), 3. durch Schrumpfung infolge Behandlung mit Wärme oder Chemikalien, 4. durch Quellung.

Vlieswirkstoff, ein Stoff, bei dem Fasern eines Faservlieses in maschen- oder polschenkelähnliche Form übergeführt werden.

Vlịssingen ['vlisiŋə], frz. *Flessingue*, engl. *Flushing*, Hafenstadt in der niederländ. Prov. Seeland, im S der Insel *Walcheren* an der Mündung der Westerschelde, 41000 Ew.; Fährhafen, Seebad, Schiffbau u. Fischerei, Erdölindustrie.

Vlorë [vlɔ:rə], ital. *Valona*, südalban. Hafenstadt an der Adria, 50000 Ew.; Endpunkt der Erdöl- u. Erdgasleitung von Cërrik, Zement-, chem., Nahrungsmittelindustrie; Ausgrabungen von *Amantia* (illyr. Stadion) u. Höhle von *Velça* (Fundort von bronzezeitl. Beilen).

Vlọtho [f-], Stadt in Nordrhein-Westfalen (Ldkrs. Herford), an der Weser, südöstl. von Bad Oeynhausen, 20000 Ew.; Zigarren-, Zuckerindustrie; Stahlbad. In der Nähe die Schwefelmoorbäder *Seebruch* u. *Senkelteich*.

v. M., Abk. für *vorigen Monats*.

V-Mann, Verbindungsmann der Polizei zur Unterwelt bzw. der Spionage zur gegnerischen Seite.

VN, Abk. für →Vereinte Nationen.

v. o., Abk. für *von oben*.

VO, Abk. für →Verordnung.

VOB →Verdingungsordnung für Bauleistungen.

Vocke, Wilhelm, Bankfachmann, *9. 2. 1886 Aufhausen, Bayern, † 19. 9. 1973 Frankfurt a. M.; 1919–1939 Mitgl. des Direktoriums der Reichsbank; 1930–1938 stellvertr. Verwaltungsratsmitglied der BIZ; 1945–1948 stellvertr. Vors. des Vorstands der Reichsbankleitstelle für die brit. Zone; 1948–1957 Präs. der Bank dt. Länder; 1950–1957 Mitgl. des Direktoriums der BIZ; 1952–1957 dt. Gouverneur im Internationalen Währungsfonds.

Vöcklabrụck, Bez.-Hptst. im oberösterr. Alpenvorland, südl. des Hausrucks an der *Vöckla*, 10600 Ew.; mit Resten alter Wehranlagen; Eternitwerk.

Vöcklamạrkt, Markt in Oberösterreich, südl. des Hausrucks an der *Vöckla*, 4100 Ew.; mit Bauernkriegdenkmal „Haushamerfeld", zur Erinnerung an das *Frankenburger Würfelspiel* 1625.

Vocọder [Kunstwort aus engl. *voice codes to recreate*], Gerät zur Sprachbandverminderung. Vor der Übertragung von Sprache über Leitungs- oder Funkwege werden aus dem Sprachfrequenzband nur wenige den Sprachcharakter u. die Sprachqualität bestimmende Frequenzen herausgefiltert u. als sehr schmales Band übertragen. Dadurch gewinnt man zusätzl. Nachrichtenkanäle. Am Empfangsort wird dieses schmale Band auf seine ursprüngl. Breite gedehnt.

Vọda [tschech.], Bestandteil geograph. Namen: Wasser, Gewässer.

Vọdnik, Valentin, slowen. Pädagoge u. Schriftsteller, *3. 2. 1758 Zgornja Šiška bei Laibach, † 8. 1. 1819 Laibach; Begründer der slowen. Presse (1797), Organisator eines slowen. Schulwesens. Romant. Lyriker.

Voerde (Niederrhein) ['fø:rdə], Stadt in Nordrhein-Westfalen (Ldkrs. Wesel), nordwestl. von Bottrop, 31500 Ew.; Maschinen- u. Aluminiumindustrie, Wärmekraftwerk.

VÖEST-Alpine AG, Wien, Linz u. Leoben, österr. Stahlkonzern, 1973 hervorgegangen aus dem Zusammenschluß der *Vereinigte Österreichische Eisen- u. Stahlwerke AG* (Abk. *VÖEST*), Linz, u. der *Oesterreichisch-Alpine Montangesellschaft*, Leoben/Donawitz. Der Produktionsbereich des Konzerns umfaßt Rohstahl, Edelstahl, Kohlen- u. Eisenerzbergbau u. a.; Tochtergesellschaften: Vereinigte Edelstahlwerke AG, Wien, u. a.; 79000 Beschäftigte.

Vöge, Wilhelm, Kunsthistoriker, *6. 2. 1868 Bremen, † 30. 12. 1952 Ballenstedt; schrieb u. a. „Die Anfänge des monumentalen Stils im MA." 1894; „J. Syrlin d. Ä." ²1950.

Vogel, 1. Bernhard, Bruder von 5), Politiker (CDU), *19. 12. 1932 Göttingen; seit 1961 Lehrbeauftragter für Polit. Wissenschaft in Heidelberg, 1967–1974 Vors. des CDU-Bezirks Pfalz, 1967 bis 1976 Kultusminister von Rheinland-Pfalz, 1972–1976 Präs. des Zentralkomitees der dt. Katholiken, seit 1974 Landes-Vors. der CDU, seit 1976 Min.-Präs. von Rheinland-Pfalz.
2. Carl, Kartograph, *4. 5. 1828 Hersfeld, † 16. 7. 1897 Gotha; bearbeitete in der Geograph. Anstalt Justus Perthes in Gotha die „Karte des Dt. Reiches" 1:500000 in 27 Blättern.
3. Eduard, Afrikaforscher, *7. 3. 1829 Krefeld, † Februar 1856 (in Ouadaï erschlagen); führte die ersten geograph. Ortsbestimmungen in der Sahara u. im Sudan durch.
4. Georg Ludwig, schweizer. Maler, *10. 7. 1788 Zürich, † 20. 8. 1879 Zürich; Historienbilder nach Themen der schweizer. Geschichte, Genrebilder, Porträts, bes. aber Landschaften mit topograph. Detailtreue.
5. Hans-Jochen, Bruder von 1), Politiker (SPD), *3. 2. 1926 Göttingen; Jurist; 1960–1972 Oberbürgermeister von München; 1972–1977 Vors. des Landesverbands Bayern der SPD, seit 1972 Mitgl.

des Parteipräsidiums; 1972–1974 Bundes-Min. für Raumordnung, Bauwesen u. Städtebau, 1974 bis 1981 Bundes-Min. der Justiz; Jan.–Juni 1981 Regierender Bürgermeister von Berlin (West).

6. Hermann Carl, Astrophysiker, *3. 4. 1841 Leipzig, † 13. 8. 1907 Potsdam; 1882 Direktor des Observatoriums Potsdam; bahnbrechende Arbeiten auf allen Gebieten der Astrophysik, bes. der Spektralanalyse der Gestirne.

7. Hermann Wilhelm, Photochemiker, *26. 3. 1834 Dobrilugk, † 17. 12. 1898 Berlin; Prof. in Berlin; entdeckte 1873 die orthochromatische Sensibilisierung photograph. Schichten mit Farbstoffen (Schwarzweißfilm). Hptw.: „Handbuch der Photographie" 1867–1870.

8. Wladimir Rudolfowitsch, schweizer. Komponist dt.-russ. Herkunft, *29. 2. 1896 Moskau; kam, ausgehend von A. *Schönbergs* melodramat. Technik, zu seiner „Sprechmelodie" u. zu kontrapunkt. Sprechchören, die er in seinen Chorwerken („Wagadus Untergang durch die Eitelkeit" 1930, „Thyl Claes" 1938–1945, „Flucht" 1966) verwendet; schrieb „Tripartita" 1934 u. „Sieben Aspekte einer Zwölftonreihe" 1950 für Orchester; Solokonzerte u. Kammermusik.

Vögel, *Aves*, eine Klasse der *Wirbeltiere*, deren Körper mit →Gefieder bedeckt ist (→Feder). Die Vordergliedmaßen des stromlinienförmigen Körpers sind zu Flugwerkzeugen umgebildet. Die Flugmuskulatur ist am Kamm des Brustbeins angesetzt (danach Einteilung in →Kielbrustvögel u. →Flachbrustvögel). Der Flügel besteht aus einem knöchernen Stützgerüst, das aus Ober-, Unterarm u. den stark reduzierten Handknochen gebildet ist. Das Rabenbein (Sonderbildung der V.) verbindet Flügel u. Schultergürtel. Die am Unterarm befestigten Federn (Armschwingen) dienen als Tragfläche, die an den Handknochen angesetzten Handschwingen dem Vortrieb. Die Steuerung erfolgt bes. mit den meist 12 Schwanzfedern.
An Flugarten werden unterschieden: *Flatterflug* bei großen, schweren V.n, meist nicht ausdauernd (z. B. Huhn); *Hubflug*, der fördernd wirkt, bei besseren Fliegern (z. B. Taube); *Schwirrflug* für geschicktes Fliegen bei kleinen V.n (z. B. Kolibris); *Gleitflug* ohne Flügelschlag, nur über kurze Strekken unter Verlust an Höhe (z. B. Spechte); *Segelflug* unter Benutzung des Auftriebs der Luft, z. T. über lange Zeitspannen (z. B. Albatrosse). Zeitweise werden große Wanderungen unternommen. (→Vogelzug).
Die Systematik ist wegen des einheitl. Typs sehr umstritten. Die rd. 30 Ordnungen umfassen 8600 Arten (430 in Europa), wovon 60% auf die Ordnung der *Sperlingsvögel* entfallen.
Die mit meist 4 (1 Hinter-, 3 Vorder-)Zehen versehenen Hintergliedmaßen bestehen aus dem eigentl. Bein u. dem →Lauf.
Die Aufnahme der meist unzerkleinerten Nahrung (Ausnahme z. B. Raub-V.) erfolgt mit dem Schnabel, der immer ohne Zähne, aber mit Hornscheiden ausgestattet ist. Nur der Unterschnabel ist beweglich am Schädel eingelenkt (Ausnahme →Papageien). Aufschließung der Nahrung z. T. im Kropf (Aussackung des Schlunds), meist im Magen. Im Drüsenmagen wird die Nahrung vorverdaut, im anschließenden Muskel(z. B. Kau-)magen bes. bei Pflanzen- u. Körnerfressern zwischen zwei mächtigen Muskelwänden zerrieben, z. T. unter Mitwirkung von mitgeschluckten Steinchen. Der Darm ist recht kurz; die Verdauung erfolgt rasch. In den Enddarm münden Harn- u. Geschlechtswege (Kloake), so daß Kot u. Harn gleichzeitig ausgeschieden werden. Die Knochen sind kalkreich u. fest, aber spröde, dabei bes. leicht. Herz u. Blutkreislauf sind vollständig doppelt (Körper- u. Lungenkreislauf) wie bei den Säugetieren. Ein Zwerchfell fehlt. Die Lunge ist unelastisch mit fünf Paaren von dünnhäutigen Luftsäcken, die sich zwischen Eingeweide u. bis in die Knochen hinein fortsetzen; daher eine bes. gute Sauerstoffausnutzung. Die Luftröhre ist z. T. länger als der Hals u. in einer Schlinge in den Brustbeinkamm gelegt (systemat. Merkmal). Die Stimmen werden fast alle vom unteren Kehlkopf *(Syrinx)*, nicht vom oberen *(Larynx)* erzeugt (→Vogelstimmen). Gehör u. Gesicht sind meist vorzüglich. Empfindliche Tastorgane an der Schnabelspitze dienen einigen V.n (z. B. Schnepfen) zur Nahrungssuche. Einige *Geierarten, Kiwis* u. *Röhrennasen* haben auch ein ausgezeichnetes Riechvermögen. Die Augen sind fast immer zur Seite gerichtet; sie können von zwei Lidern u. der Nickhaut (vom inneren Augenwinkel her) geschützt werden. Das Farbsehen ist bes. in den langwelligen Bereichen gut ausgebildet. Ein äußeres Ohr ist nicht vorhanden; das Trommelfell liegt frei zutage. Das Verhalten der V. ist durch bes. viele Instinkthandlungen geprägt, z. B. beim Vogelzug, bei der Ernährung, bei der Revierbildung u. bei der Fortpflanzung.
Die V. pflanzen sich durch Eier fort, die im weibl. Eierstock (der rechte fehlt) gebildet werden. Im Eileiter werden um das Dotter herum Eiweiß u. schließlich die Kalkschale gebildet. Sie werden in z. T. sorgfältig erbauten Nestern 11 (z. B. einige Prachtfinken) bis 63 Tage (Kaiserpinguin) lang bebrütet. Das Küken sägt sich mit dem →Eizahn heraus; es ist je nach Entwicklungszustand entweder *Nestflüchter* (z. B. Huhn) oder *Nesthocker* (z. B. Taube).
Zahlreiche Vogelarten sind als Vertilger von Ungeziefer nützlich (biolog. Schädlingsbekämpfung). Die V. stammen von Reptilien, →Thekodontiern, ab; als Übergangsglied gilt der Urvogel *Archaeopteryx* mit bezahnten Kiefern u. langer Schwanzwirbelsäule. – Die Wissenschaft von den V.n ist die *Ornithologie*. – [B] S. 160. – [L] 9.4.7.

Vogelbeerbaum = Eberesche.

Vogelberge, volkstüml. Bez. für einige Inseln des Atlantiks u. a. Weltmeere, die von Seevogelarten (z. B. Lummen) als Nist- u. Wohnplätze in oft riesiger Zahl aufgesucht werden.

Vogelberingung, von den Vogelwarten vorgenommene Anlegung von Fuß- oder Flügelringen, auf denen Nummer u. Beringungsinstitut vermerkt sind; zur Erforschung des →Vogelzugs oder des Orientierungssinns.

Vogelblumen, auf die Bestäubung durch Vögel (z. B. Kolibris, Nektarvögel u. Honigfresser) eingerichtete, vorwiegend trop. u. subtrop. Pflanzen. Die zur Anlockung grellfarbigen, aber meist duftlosen Blüten bieten reichl. dünnflüssigen Nektar u. klebrigen Pollen, der an Kopf oder Schnabel der Vögel haftet u. so übertragen wird.

Vogeldunst, feines Schrot von 1,5–1,75 mm Durchmesser zur Jagd auf Kleintiere.

Vogeler, Heinrich, Maler, Graphiker u. Kunstgewerbler, *12. 12. 1872 Bremen, † 14. 6. 1942 Kasachstan (UdSSR); seit 1894 Mitgl. der Künstlergruppe in Worpswede, schuf dort schwermütigstimmungsvolle Landschaftsgemälde sowie kunstgewerbl. Entwürfe im Jugendstil, u. a. die Ausstattung der „Güldenkammer" des Bremer Senats. 1931 siedelte V. in die UdSSR über; er malte dort Landschaftsimpressionen sowie Agitationsbilder im Sinn des sozialist. Realismus. – [L] 2.5.2.

Vogelfang, das Einfangen von Vögeln als Nahrungsmittel (z. B. Singvögel, die in Italien u. Belgien in großer Menge als Fleischlieferanten auf den Markt gebracht werden), zur anderweitigen Verwendung (z. B. Federschmuck) oder als Käfigvögel (Stubenvögel). Zum V. dienen Leimruten, Schlagnetze, Schlingen u. a. →Vogelschutz.

Vogelfedern →Feder.

Vogelfluglinie, die kürzeste, den Zugvögeln folgende Verkehrsverbindung von Nord-Dtschld. über Fehmarn u. die dän. Inseln Lolland u. Falster nach Kopenhagen mit einer einzigen Fährstrecke (über den Fehmarnbelt, 18,5 km); 1963 fertiggestellt.

vogelfrei, *wolfsfrei*, im MA. gleichbedeutend mit: ohne Rechtsschutz; der *Vogelfreie* durfte von jedem getötet werden. →Acht.

Vogelfuß, *Ornithopus*, Pflanze, →Serradella.

Vogelherd, ein Platz, an den Vögel gelockt werden, um dort mit einem Schlagnetz gefangen zu werden.

Vogelherd, Höhle bei Stetten im Lonetal, Krs. Heidenheim, Baden-Württemberg; mit Funden aus der Altsteinzeit; außer Stein- u. Knochengeräten Tier-Rundplastiken aus Elfenbein u. reliefartig flache Tierfigürchen.

Vogelkirsche, in Wäldern häufiger Kirschbaum (→Kirsche), dessen süße Früchte von den Vögeln gern gefressen werden.

Vogelkop ['vo:xəlkɔp], *Candravasih*, Halbinsel im NW von Westirian (Indonesien) in Neuguinea; Erdölgewinnung, Erdölausfuhr im Hafen *Sorong*.

Vogelkopf, *Spatzenzunge, Thymelaea passerina*, ein im südl. Dtschld. auf Brachäckern u. Ödland vorkommendes *Seidelbastgewächs*.

Vogelkunde →Ornithologie.

Vogellausfliege, *Lynchia maura*, bis 6 mm lange, dunkelbraune, geflügelte *Lausfliege*; saugt an Tauben u. dringt auch aus den Nestern in Wohnungen ein.

Vogelleim, zum →Vogelfang auf Leimruten verstrichene, zähklebrige Masse.

Vogelmiere →Sternmiere.

Vogelmilbe, *Dermanyssus gallinae*, 0,7 mm lange *Milbe*, zu den *Parasitiformes* gehörend; saugt nachts an Geflügel, bei Nahrungsmangel auch an Säugetieren u. Menschen.

Vogelmilch →Milchstern.

Vogelmuscheln, *Pteriacea*, Meeresmuscheln, deren Gehäuse manchmal den Umriß eines Vogelkopfs vortäuscht; u. a. die *Seeperlmuschel* (→Perlmuscheln) u. die *Steckmuschel*.

Vogelnest, vom Vogel hergerichteter Brutplatz. In Ausnahmefällen fehlt jedes V. (z. B. viele Alken), oder es werden nur einige Steine zusammengetragen (einige Pinguine). Meist werden pflanzliche Fasern, Haare oder Federn gesammelt u. auf Bäumen, Felsen oder auch dem freien Boden mehr oder weniger kunstvoll zusammengefügt. Häufig sind napfförmige (z. B. Amsel), seltener geschlossene (z. B. Zaunkönig), in eine Astgabel eingehängte (z. B. Pirol) oder hängend geflochtene V.er (Webervögel). Einige Vögel kleben Nistmaterial mit Speichel zusammen (Salanganen u. a. Segler); die Töpfervögel vermauern Lehm mit dem Nistmaterial zu freistehenden, kompakten, z. T. mehrkammerigen Bauten. Ferner nisten zahlreiche Vogelarten in Baumhöhlen (Höhlenbrüter). →auch Horst, Nester.

Vogelnestfarn, *Asplenium nidus*, epiphytische Art der Gattung *Streifenfarn*. Seine großen, ungeteilten Wedel bilden eine nestartige, trichterförmige Rosette, in der sich Humus u. Wasser sammeln kann. Er lebt auf Ästen u. Stämmen in tropischen Regenwäldern.

Vogelsand, *Großer V., Großvogelsand*, Untiefe in der Nordsee, nördl. von Scharhörn, bei Ebbe zeitweise trocken.

Vogelsang, Karl Frhr. von, kath. Sozialreformer, *3. 9. 1818 Liegnitz, † 8. 11. 1890 Wien; gründete die christl.-soziale Bewegung in Österreich, vertrat das Prinzip einer ständischen Ordnung.

Vogelsberg, ehem. vulkan. Gebirgsstock im Südteil des Hess. Berglands mit rundl. Umriß (etwa 50 km Durchmesser); größtes Basaltmassiv Deutschlands, von zahlreichen Flüssen zerschnitten (Nidder, Nidda, Wetter, Ohm, Schwalm u. a.); das obere Plateau (ca. 600 m ü. M.), der *Oberwald*, mit Wald u. Moor bedeckt, im *Taufstein* 774 m, *Hoherodskopf* 763 m; die Hänge mit Weide- u. Feldwirtschaft; rauhes Klima, schneereich.

Vogelschaubild, *Vogelschaubildkarte, Vogelschaukarte*, meist mehr künstler. als kartograph. (u. U. auch photograph.), aus der Vogelschau gesehene, perspektivisch-bildhafte Darstellung eines Ausschnitts der Erdoberfläche.

Vogelschauperspektive → Perspektive.

Vogelschießen, ein Volksfest, das sich von den Schützengilden des MA. herleitet, die, zuerst mit dem Bogen, vom Ende des 13. Jh. ab mit der Armbrust, auf einen bunt bemalten hölzernen Vogel schossen.

Vogelschutz, als sog. *ideeller V.* ein Teil des →Naturschutzes: Maßnahmen u. Einrichtungen zum Schutz nichtjagdbarer wildlebender Vögel, rechtl. geregelt durch das Naturschutzgesetz. Mit Ausnahme von Krähen, Elstern, Eichelhähern u. Sperlingen sind alle einheimischen Vogelarten geschützt. Der Fang bestimmter Singvögel zur Haltung als Käfigvögel (Stubenvögel) ist in beschränktem Maß u. nur mit Genehmigung der Naturschutzbehörde gestattet. Schlingen u. Leimruten sind als Fanggeräte verboten. Gesetzl. geregelt sind ferner Maßnahmen zur Erhaltung natürl. Nistgelegenheiten (z. B. Hecken, Feldgehölze), zur Bekämpfung streunender Katzen u. a. *Praktischer V.* wird betrieben durch Anlage künstl. Nistgelegenheiten (z. B. Nistkästen) u. Vogeltränken, durch Winterfütterung u. a. Der *wirtschaftliche V.* dient der Förderung der Vögel als Helfer bei der Bekämpfung von Schadinsekten (bes. von Forstschädlingen). *V.gebiete* sind größere Flächen, die für die dort lebenden u. brütenden Vögel, bes. Wasser- u. Seevögel, unter Schutz gestellt sind (z. B. Memmert, Jordansand). – Organisationen: *Deutscher Bund für V. e. V.*, Stuttgart, gegr. 1899 von Lina Hähnle; *Internationaler Rat für V.*, mit nationalen (Deutsche Sektion, Ludwigsburg) u. internationalen Sektionen.

Vogelschutzwarten, Institute auf Landesebene für angewandte Vogelkunde, befassen sich mit Fragen des →Vogelschutzes u. der Vogelabwehr; Aufgaben: wissenschaftl. Arbeit, Aufklärung der Öffentlichkeit, Beratung der Praxis. Die V. der BRD: Garmisch-Partenkirchen, Ludwigsburg, Frankfurt, Altenhundem. →auch Vogelwarte.

Vögel

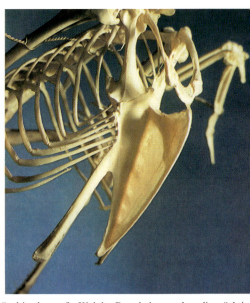

Möwe im Flug: Seevögel sind am besten der fliegenden Lebensweise angepaßt (links). – Typisch für alle Flugvögel ist der große Kiel des Brustbeins, an dem die mächtige Flugmuskulatur ansetzt (Mitte). – Sog. Flachbrustvögel oder Laufvögel haben ein flaches Brustbein, das keine bes. Muskeln aufnehmen muß (rechts)

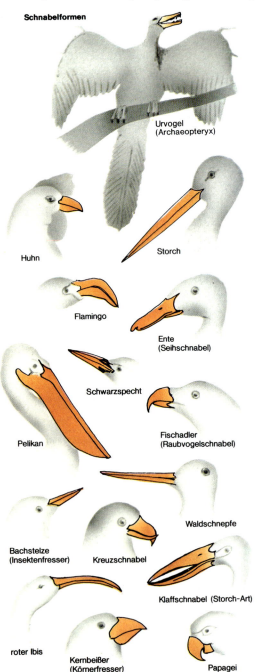
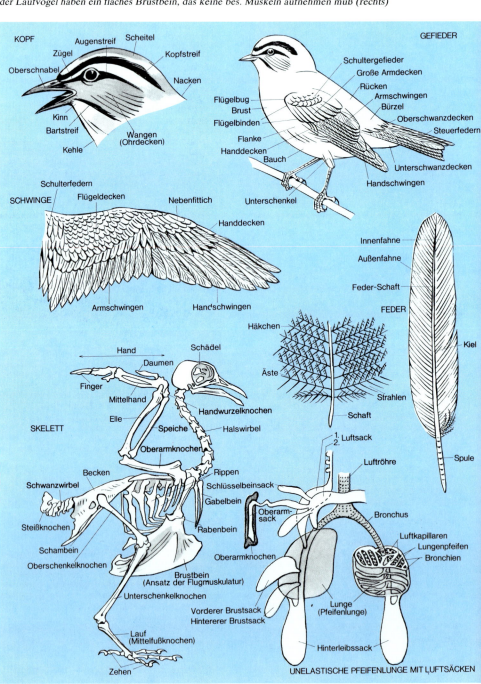

VÖGEL Biologie und Morphologie

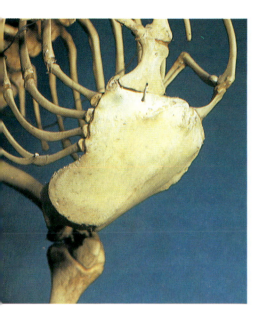

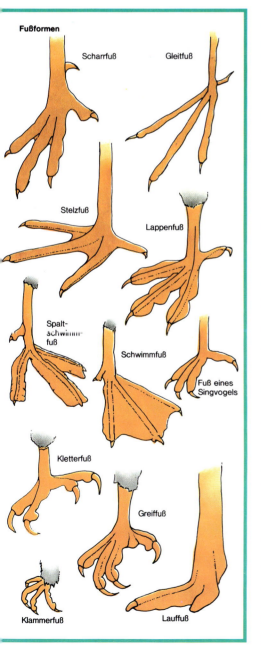

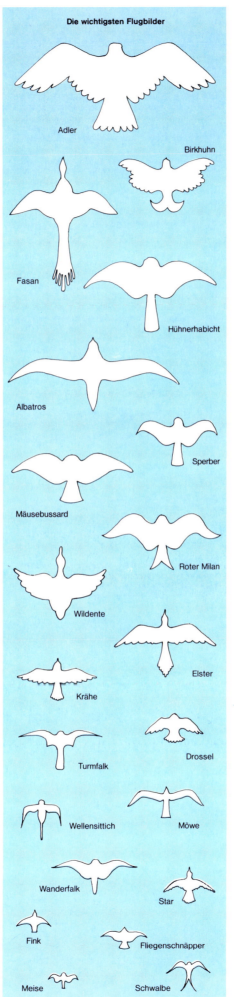

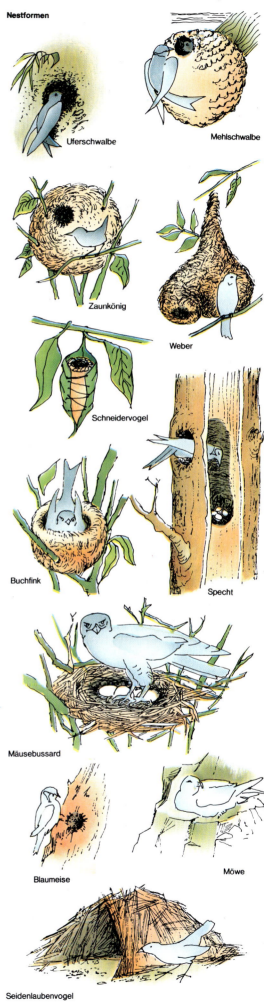

Vogelspinnen

Vogelspinnen, 1. *i. w. S.: Orthognatha*, verschiedene, fast ausnahmslos in wärmeren Ländern lebende Familien der *Spinnen* mit waagerecht nach vorn gerichteten Chelizeren, Körperlänge nicht unter 5 mm. Hierher gehören die *V. i. e. S., Falltürspinnen, Tapezierspinnen.*
2. *i. e. S.: Aviculariidae*, trop. Familie der Spinnen, bis 9 cm lange, stark behaarte Arten, die nächtl. große Insekten, vereinzelt auch nestjunge Vögel, junge Schlangen u. ä. jagen. Das Gift der größten Arten kann u. U. auch dem Menschen gefährlich werden. Lebensdauer 10–20 Jahre.

Vogelstimmen, von den Vögeln hervorgebrachte Laute, die hauptsächl. drei Funktionen haben: Abgrenzung des Reviers, Anlockung des Geschlechtspartners u. Verständigung zwischen den Angehörigen eines umherstreifenden Vogelverbands („Stimmfühlungslaute"). Das Singen ist bei einigen Arten sicher angeboren, braucht also nicht erlernt zu werden, während es bei anderen Arten ganz oder z. T. erlernt werden kann, was zur Ausbildung von „Vogeldialekten" führen kann.

Vogelwarte, ein Institut auf Bundesebene, das wissenschaftl. über Fragen der Vogelkunde, speziell über das Problem des Vogelzugs, arbeitet. 1936 wurde die Bez. V. für die ornitholog. Anstalten Helgoland (jetzt Wilhelmshaven), Rossitten (jetzt Möggingen bei Radolfzell) u. Hiddensee eingeführt. – Fragen praktischer Vogelkunde werden von den →Vogelschutzwarten bearbeitet.

Vogelweide, Walther von der →Walther von der Vogelweide.

Vogelwiese, *Schützenwiese*, der Platz, auf dem die Schützengesellschaften ihr Fest begehen.

Vogelzug, jahreszeitlich rhythmisches Wandern von Vögeln zwischen Brutplätzen u. Winterquartieren, das nur in unseren Breiten eine ernährungsbiol. Bedeutung für die Vögel hat (Ausweichzug), da es auch einen V. innerhalb der Tropen oder zwischen Arktis u. Antarktis gibt. Der V. wird weltweit mit Markierungsmethoden *(Vogelberingung)* untersucht.
Die herkömml. Einteilung der Vögel in Zug-, Strich- u. Standvögel verwischt sich häufig, Angehörige der gleichen Population u. sogar Nestgeschwister (z. B. bei Buchfink, Kohlmeise) können unterschiedl. Zugverhalten zeigen. *Zugvögel* treten bei uns als Brutvögel auf, die im Herbst nach Süden ziehen (rd. 45% der in Dtschld. brütenden Vogelarten sind echte Zugvögel; z. B. Fliegenschnäpper, Laub- u. Rohrsänger, Grasmücken, Schwalben), oder als nicht bei uns brütende *Durchzügler* (z. B. Rotkehlpieper) oder *Wintergäste* (z. B. Seidenschwanz, Schnee-, Spornammer). Vögel, bei denen regelmäßig nur ein Teil einer Art das Brutgebiet verläßt, bezeichnet man als *Teilzieher* (z. B. Star, Hänfling, Girlitz, Bachstelze, Rotkehlchen, Hausrotschwanz). Solche Vögel nennt man auch, je nachdem ob die Art an sich (nicht alle einzelnen Individuen) ganzjährig oder nur im Sommer oder nur im Winter bei uns zu finden ist, *Jahresvögel* (z. B. Mäusebussard), *Sommervögel* (z. B. Wespenbussard) oder *Wintervögel* (z. B. Rauhfußbussard). Nicht am V. beteiligt sind die *Standvögel*, die sich das ganze Jahr hindurch im Brutgebiet aufhalten (z. B. Spechte, Baumläufer, Kleiber, Sumpfmeise, Grauammer, Rebhuhn), u. die *Strichvögel*, die außerhalb der Brutzeit umherstreichen, aber innerhalb eines bestimmten (weiteren) Gebiets bleiben (z. B. Bluthänfling, Stieglitz, Grünling, Goldammer).
Die bei uns brütenden Zugvögel ziehen meist in die Mittelmeerländer oder nach Nordafrika, einige Arten (z. B. Störche) fliegen bis Südafrika, andere (z. B. viele Stare) überwintern bereits in dem (im Winter durchschnittlich wärmeren) England.
Die Wanderstimmung macht sich bei Zugvögeln in einer Zugunruhe bemerkbar, die auch bei Käfigvögeln zu beobachten ist. Ausgelöst wird sie durch die *Photoperiode* (Änderung der Tageslänge u. Lichtintensität) u. durch *Temperaturänderungen.* Dabei wird durch ein *Hypophysen-Hormon* die Entwicklung der Keimdrüsen beeinflußt, Geschlechtshormone bringen das Tier in Wanderstimmung.
Die Orientierung während des V.s geschieht zumindest bei Tagziehern (z. B. Star) wahrscheinl. nach dem Sonnenstand, der mit Hilfe einer „inneren Uhr" mit der Tageszeit verrechnet werden muß. Die Orientierung nach Landmarken ist auszuschließen, da bestimmte Zugvögel lange Strecken über See fliegen (z. B. der Pazifische Goldregenpfeifer Alaskas über 3300 km nach Hawaii oder zu den abermals 3000 km entfernten Marquesas-Inseln). Die Art der Orientierung nächtlich ziehender Vögel (Mond-, Sternen-Navigation?) wird gegenwärtig noch untersucht. Es gibt auch noch keine befriedigende Erklärung des Ortssinns, mit dessen Hilfe sich die meisten Zugvögel im folgenden Jahr wieder mehr oder weniger genau am gleichen Brutplatz einfinden.
Der V. bewegt sich über bestimmte *Zugstraßen,* die meist Hindernisse (Alpen, Sahara) umgehen. Man unterscheidet den *Breitfront-* (z. B. Singdrossel) u. den *Schmalfrontzug* (z. B. Kranich, Storch), ferner *Tag-* u. *Nachtzug,* den V. der *einzeln Ziehenden* (z. B. manche Greifvögel) u. der *Scharenwanderer* (z. B. Stare, Kraniche). Die Höhe der ziehenden Vögel ist wetterabhängig (Wind, Wolken). Sie liegt meist unter 1000 m (über Grund), bei Kleinvögeln unter 100 m. Die Geschwindigkeit ist verschieden (z. B. Rauchschwalben 44 bis 140 km/h, Stare 74 km/h, Schnepfen u. Segler 90 km/h). Bei Störchen z. B. ist die Reisegeschwindigkeit auf dem Herbstzug (100 km/Tag) u. dem Frühjahrszug (150 km/Tag) unterschiedlich. Singvögel legen durchschnittl. 60 km/Tag, Watvögel bis 500 km/Tag zurück. Ein Steinwälzer flog maximal 800 km täglich. Streckenmäßige Höchstleistungen vollbringen einige Regenpfeifer, die von Alaska nach Feuerland (rd. 16 400 km) ziehen, sowie die Küstenseeschwalbe, die in der Arktis brütet u. bis in die Antarktis zieht.

Vogesen, dt. auch *Wasgenwald,* frz. *Vosges.* Mittelrhein. Mittelgebirge, westl. der Oberrhein. Tiefebene, gegenüber dem Schwarzwald, durch die nur 410 m hohe *Zaberner Senke* in Nord-V. u. Süd-V. gegliedert. Die Süd-V. oder Hoch-V. sind ein aus kristallinen Gesteinen aufgebautes Kamm- u. Kettengebirge mit stark zerschnittenem kuppigem Relief; im *Großen* oder *Sulzer Belchen* 1426 m, im *Kleinen Belchen* 1267 m, im *Elsässer Belchen* 1247 m; in den mittleren V. erreicht der *Donon* 1008 m Höhe; Spuren eiszeitl. Vergletscherung in zahlreichen Moränen, Karen u. Seen; auf den durch Rodung entstandenen Matten der höheren Gebirgslagen Weidewirtschaft, forstwirtschaftl. Nutzung der ausgedehnten Buchen- u. Tannenwälder; in den Tälern Textil-, Maschinen- u. chem. Industrie. Die ebenfalls waldreichen Nord-V. bestehen aus mächtigen Buntsandsteintafeln (im *Großen Wintersberg* 581 m), setzen sich im Pfälzer Wald auf dt. Gebiet fort; Steinbruchbetriebe, Glasindustrie. Die V. sind auf ihrer Westseite bes. stark beregnet, ihr steiler Abfall zum Rheingraben ist dagegen erhebl. trockener u. wärmer, was den Anbau von Edelkastanien u. Reben an ihrem

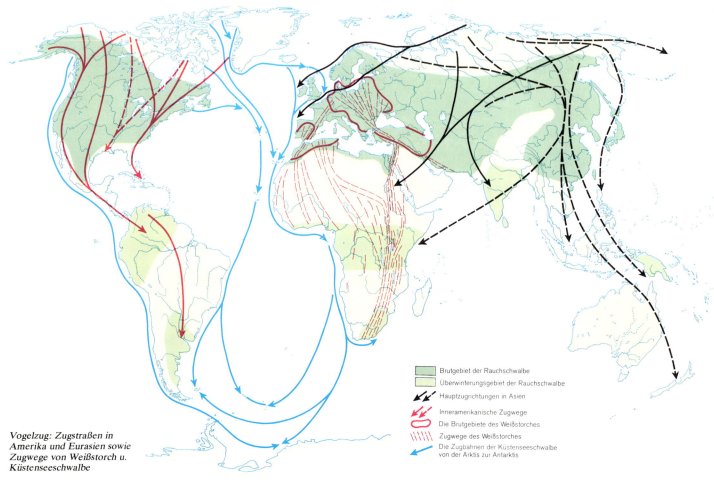

Vogelzug: Zugstraßen in Amerika und Eurasien sowie Zugwege von Weißstorch u. Küstenseeschwalbe

Legende:
- Brutgebiet der Rauchschwalbe
- Überwinterungsgebiet der Rauchschwalbe
- Hauptzugrichtungen in Asien
- Inneramerikanische Zugwege
- Die Brutgebiete des Weißstorches
- Zugwege des Weißstorches
- Die Zugbahnen der Küstenseeschwalbe von der Arktis zur Antarktis

Ostsaum begünstigte, an dem zahlreiche altdeutsche Städte u. Weinorte liegen; lebhafter Fremdenverkehr auch in den Luftkurorten der Hoch-V., deren Kamm Wasserscheide, Sprach- u. Kulturgrenze ist.

Vogesit [der; nach den *Vogesen*], braun- bis grünschwarzes Ganggestein aus Orthoklas u. Hornblende.

Voghera, italien. Stadt in der Lombardei, an der Stàffora, 40000 Ew.; Kastell (14. Jh.), Metall- u. Konservenindustrie.

Vogler, Höhenzug im Weserbergland nordöstl. von Holzminden, Naturpark; am Osthang das Dorf *Heinrichshagen*, wo Heinrich I. seine Vogelherde gehabt haben soll.

Vogler, Georg Joseph, genannt *Abt V.*, Komponist, Organist u. Musikpädagoge, *15. 6. 1749 Pleichach bei Würzburg, †6. 5. 1814 Darmstadt; gründete 1776 die „Mannheimer Tonschule"; Erfinder eines „Simplifikationssystems" im Orgelbau sowie des „Orchestrions" (mechan. Orgel). 11 Opern, Kirchenmusik, musiktheoret. Schriften.

Vögler, Albert, Industrieller, *8. 2. 1877 Borbeck, †14. 4. 1945 Ende bei Dortmund; 1917–1936 Vors. des Vereins Dt. Eisenhüttenleute; 1926 Mitgründer der *Vereinigte Stahlwerke AG* u. Vors. (bis 1936) bzw. stellvertr. Vors. des Vorstands, seit 1940 Aufsichtsrats-Vors.

Vogt [lat. *advocatus*, „Beistand"], ursprüngl. ein Laie, der anderen Schutz nach außen bot u. sie vertrat, bes. vor Gericht; rückte in fränk. Zeit in die Stellung eines Richters der *Immunität* (meist mit hoher Gerichtsbarkeit) auf; leistete dem König einen Treueid, wurde von den *Königsboten* kontrolliert, entwickelte sich (seit der Mitte des 9. Jh.) zum sein Amt vererbenden *Edel-* oder *Herren-V.*, bes. wenn er über Hochstifte, Kirchen u. Klöster die *Schirmvogtei* ausübte u. zu der niederen die hohe (Blut-)Gerichtsbarkeit erwarb. – V. wurde auch ein vom König im MA. bestellter Beamter für Verwaltung u. Gerichtsbarkeit in einem Krongutsbezirk *(Reichs-V., Reichsvogtei)* genannt.

Vogt, **1.** Friedrich, Germanist, *11. 3. 1851 Greifswald, †28. 10. 1923 Marburg; Arbeiten zur Sprache u. Literatur des MA.

2. Joseph, Althistoriker, *23. 6. 1895 Schechingen, Württemberg. Werke: „Röm. Geschichte" 1933, ²1951; „Constantin d. Gr. u. sein Jh." 1949, ²1960; „Gesetz u. Handlungsfreiheit in der Geschichte" 1955; „Der Niedergang Roms" 1965.

3. Nils Collett, norweg. Schriftsteller, *24. 9. 1864 Kristiania (Oslo), †23. 12. 1937 Oslo; schrieb Romane („Harriet Blich" 1902, dt. 1903), Erinnerungen u. Lyrik; dt. Gedichtauswahl 1903.

4. Oskar, Neurologe, *6. 4. 1870 Husum, †31. 7. 1959 Freiburg i. Br.; Hauptarbeitsgebiet Hirnforschung; Gründer des Hirnforschungsinstituts in Berlin-Buch. Hptw. (gemeinsam mit seiner Frau Cécile *V.*, geb. Mugnier): „Sitz u. Wesen der Krankheiten" 2 Bde. 1937/38.

Vogtherr, **1.** Heinrich d. Ä., Maler, Holzschneider, Buchdrucker, Dichter u. Arzt, *1490 Dillingen an der Donau, †1556 Wien; schuf phantasievolle Buchillustrationen, betrieb seit 1533 in Straßburg eine Druckerei, in der er z. T. eigene medizin. Werke verlegte; 1550 nach Wien berufen als Augenarzt u. Hofmaler Karls V.; dichtete „Aus tiefster Not schrei ich zu Dir".

2. Heinrich d. J., Sohn von 1), Maler u. Zeichner für den Holzschnitt, *1513 Dillingen an der Donau, †1568 Wien; Mitarbeiter seines Vaters.

Vogtland, von der oberen Elster durchflossene histor. Landschaft in Sachsen u. Thüringen, zwischen Erzgebirge, Frankenwald u. Thüringer Wald, 500 bis 900 m hoch; Zentrum: *Plauen*; seit dem 17. Jh. Textilgewerbe, im 19. Jh. industrialisiert; Musikinstrumentenbau in Markneukirchen u. Klingenthal, von Exulanten gegründet.

Geschichte: Das V., lat. *terra advocatorum*, wurde seit dem 11. Jh. durch Reichsvögte verwaltet, die es schließlich als erbl. Besitz innehatten (Vögte von *Weida* als Vorfahren des Fürstenhauses *Reuß*), mit Plauen als kirchl. Mittelpunkt. Die ursprüngl. ansässige slaw. Bevölkerung wurde im 12. u. 13. Jh. durch dt. Siedler aufgesogen. Der durch Teilungen geschwächte Besitz fiel im 14. Jh. Meißen u. Böhmen zu. 1459 erkannten die *Wettiner* die böhm. Herrschaft über ihre Besitzungen an, 1466 erhielten sie die Herrschaft Plauen vom König von Böhmen zu Lehen. Bei der Teilung 1485 fiel das V. an die *Ernestiner*. Seit 1577 war es als vogtländischer Kreis mit Sachsen vereinigt.

Vogtländisch →deutsche Mundarten.

Vogüé [vɔgy'e:], Eugène-Melchior Vicomte de, französ. Schriftsteller, *24. 2. 1848 Nizza, †24. 3. 1910 Paris; Gegner des Naturalismus, machte in der Abhandlung „Le roman russe" 1886 die russ. Literatur des 19. Jh. in Frankreich bekannt, schrieb konservativ-kath. Romane.

Vohburg an der Donau, Stadt in Oberbayern (Ldkrs. Pfaffenhofen), 4000 Ew.; Ölraffinerie.

Vohenstrauss, bayer. Stadt im westl. Oberpfälzer Wald (Ldkrs. Neustadt an der Waldnaab), 7300 Ew.; Glas-, Textil- u. Porzellanindustrie.

Vöhrenbach, Stadt in Baden-Württemberg (Schwarzwald-Baar-Kreis), im östl. Schwarzwald bei Villingen-Schwenningen, 800 m ü. M., 4500 Ew.; Uhren-, feinmechan. Industrie. In der Nähe die *Linach-Talsperre* (erbaut 1922–1925).

Voiculescu, Vasile, rumän. Dichter, *9. 12. 1884 Pîrscov, Buzău, †27. 4. 1963 Bukarest; Prof. für Medizin; nach 1945 polit. Haft; schrieb in gesucht derber u. primitiver Sprache myst. verklärte Lyrik.

Voigt [fo:kt], **1.** *V.-Diederichs*, Helene, Erzählerin, *26. 5. 1875 Gut Marienhof bei Eckernförde, †3. 12. 1961 Jena; 1898–1911 Frau des Verlegers E. *Diederichs*, herb-realist. Erzählungen u. Romane: „Schleswig-Holsteiner Landsleute" 1898; „Regine Vosgerau" 1901; „Waage des Lebens" 1952.

2. Johann Karl Wilhelm, Geologe, *20. 2. 1752 Allstedt, †1. 1. 1821 Ilmenau; Schüler, später Gegner von G. *Werner*, trieb geolog. Forschungen in Thüringen u. Hessen, bes. Vulkanstudien in der Rhön.

3. Woldemar, Physiker, *2. 9. 1850 Leipzig, †13. 12. 1919 Göttingen; arbeitete über Kristallphysik, Thermodynamik u. Elektrooptik. Hptw.: „Lehrbuch der Kristallphysik" 1910.

Voile [vwa:l; der; frz.], leichtes Gewebe mit geringer Fadendichte aus scharf gedrehten Garnen in Leinwandbindung; als Material kommen Wolle, Baumwolle u. Chemiefaser in Frage. Die Gewebe werden *gasiert* (glatt gebrannt) u. für Kleider, Dekoration u. Vorhänge verwendet.

Voiron [vwa'rɔ̃], Stadt im südostfranzös. Dép. Isère, in der *Dauphiné*, nordwestl. von Grenoble, 18000 Ew.; Textil-, Metall-, Papier- u. Holzindustrie, seit 1929 Likörfabrik der Kartäuser der *Grande Chartreuse*.

Voit, Karl von, Ernährungsphysiologe, *31. 10. 1831 Amberg, †31. 1. 1908 München; nach ihm benannt das *V.sche Kostmaß* (1875/76), das den Nahrungs-(Kalorien-)Bedarf eines Erwachsenen bei mittelschwerer Arbeit mit 118 g Eiweiß (= 483 Cal), 56 g Fett (= 527 Cal) u. 500 g Kohlenhydrat (= 2100 Cal), zusammen = 3110 Cal pro Tag angibt.

Voith-Schneider-Propeller, Abk. *VSP*, ein Antriebsmittel für Schiffe mit Steuerfunktionen, die es wirksamer als ein Steuerruder ausführt. Der VSP ist eine fast waagrecht rotierende Laufscheibe, auf der sich umlaufend konzentrisch achsparallel 4–6 spatenförmige Flügel mittels Exzenter ständig so drehen, daß die Flügelflächen stets in der gewünschten Richtung einen Schub ausüben. Ändert man die Exzenterstellung, so kann trotz stets gleichbleibender Drehrichtung u. Umdrehzahl der Antriebsmaschine die Vortriebswirkung in Größe u. Richtung stufenlos geregelt werden. Der VSP vereinigt die Vorteile von →Verstellpropeller u. →Ruderpropeller oder →Aktivruder: Das Schiff dreht u. stoppt fast auf der Stelle.

Voitsberg, österr. Bez.-Hptst. in der Steiermark, westl. von Graz, 11100 Ew.; ehem. Karmeliterkloster (17. Jh.), Ruine *Obervoitsberg* (12. Jh.); Braunkohlengruben, Glas- u. Maschinenfabriken.

Voiture [vwa'ty:r], Vincent, französ. Schriftsteller, *24. 2. 1598 Amiens, †24. (?) 5. 1648 Paris; schrieb „preziöse" Gedichte u. Briefe, deren eleganter Stil für die französ. Prosa vorbildl. wurde.

Vojnović ['vojnɔvitç], Ivo, kroat. Erzähler u. Dramatiker, *9. 10. 1857 Dubrovnik, †30. 7. 1929 Belgrad; gelangte vom Realismus über den Symbolismus zum Expressionismus; Novellen u. Dramen, u. a. über den Untergang Ragusas.

Vojvodina, **1.** zusammenfassende Bez. für die im jugoslaw.-ungar.-rumän. Grenzraum liegenden Landschaften *Banat*, *Batschka* u. *Sirmien*.

2. autonome Provinz im N von Serbien (Jugoslawien), 21506 qkm, 2,0 Mill. Ew. (Serben mit starker ungar. Minderheit), Hptst. *Neusatz (Novi Sad)*; intensive Landwirtschaft, bes. Zuckerrüben, Weizen, Mais, Tabak, Sonnenblumen u. Wein; Zuckerfabriken; im O Erdölvorkommen.

Vokabel [die; lat.], einzelnes Wort, bes. einer fremden Sprache.

Vokabular [das; lat.], Verzeichnis einzelner Wörter; Wortschatz (bes. eines Menschen oder einer Menschengruppe).

Vokal [der; lat.], *Selbstlaut*, ein Laut, bei dessen Artikulation der Öffnungsgrad des Mundes am größten ist; unter dem Gesichtspunkt der Silbenbildung sind V.e diejenigen Phoneme, die stets Silbenträger sind. V.e i. w. S. umfassen einfache V.e oder *Monophthonge* (a, e, i, o, u; ä, ö, ü) u. *Diphthonge* (ei, au, eu).

Vokalharmonie, eine phonolog. Regel in gewissen ural-altaischen Sprachen (u. a. Finnisch u. Türkisch), nach der ein Wort entweder nur vordere (helle) oder nur hintere (dunkle) Vokale enthalten darf.

Vokalisation [lat.], **1.** *Musik:* beim Gesang Bildung u. Aussprache der Vokale.

2. *Schrift:* die Kennzeichnung der Vokale durch Zusatzzeichen in der hebräischen Schrift.

3. *Sprachwissenschaft:* der Wandel eines Konsonanten in den phonet. entsprechenden Vokal (j zu i).

Vokalise [die; lat.], Gesangsübung mit Vokalen (oder bestimmten Silben).

Vokalmusik, Gesangsmusik im Unterschied zu *Instrumentalmusik*. Zur V. gehören: der Gregorianische Choral samt allen Arten gesungener Kirchenmusik (Messe, Motette, Kantate, Oratorium, Passion), das geistliche u. weltliche Lied (Choral, Madrigal, Volkslied); dazu die Oper mit Singspiel, Operette, Musical u. allen ihren Gesangsformen (Rezitativ, Arie, auch Duett, Terzett); schließlich Schlager u. Chansons sowie Jazz-Gesänge (Spiritual, Blues). – ⊡2.7.3.

Vokativ [der; lat.], der Kasus der Anrede, vielfach mit dem Nominativ zusammengefallen, im Dt. verlorengegangen.

vol., Abk. für →Volumen.

Volant [vɔ'lã; der; frz.], **1.** *Kleidung:* nur am oberen Rand angenähter Stoffbesatz aus Spitze oder rund geschnittenem, glockigem Stoff.

2. *Kraftfahrwesen:* Lenkrad bei Kraftfahrzeugen (veraltet, in der Schweiz noch gebräuchl.).

Volapük [das], künstl. internationale Hilfssprache, erfunden von Martin *Schleyer* (*1831, †1912), erstmals 1880 veröffentlicht.

Volaterrae, heute *Volterra*, etrusk. Stadt, gehörte zum *Zwölfstädtebund*, seit 280/81 v. Chr. mit Rom verbündet, Einnahme durch *Sulla* 79 v. Chr.; Reste der Stadtmauer, röm. Theater.

Vol-au-vent [vɔlo'vã; das; frz.], elsäss. Blätterteigpastete mit einer Füllung aus Hühnerfleisch, Champignons, Klößen u. Trüffeln in weißer Soße.

Volbach [f-], Fritz, Kunsthistoriker, *28. 8. 1892 Mainz; war Direktor des Röm.-German. Zentralmuseums in Mainz; Spezialist für spätantike u. frühchristl. Kunst.

Volcanus, röm. Gott, →Vulcanus.

Volendam ['vɔlən-], Ortsteil von Edam, niederländ. Prov. Nordholland, wegen seiner Trachten vielbesuchtes Fischerdorf am IJsselmeer, 5000 Ew.; Künstlerkolonie.

Volhard [f-], Franz, Internist, *2. 5. 1872 München, †24. 5. 1950 Frankfurt a. M.; arbeitete bes. über die Erkennung u. Behandlung der Nierenkrankheiten (z. B. *V.scher Trink-* u. *Durstversuch*, absolutes Fasten bei akuter Nierenentzündung).

Volière [die; frz.], großer Vogelkäfig, der möglichst natürliche Bedingungen bieten u. ein weitgehend unbehindertes Fliegen ermöglichen soll.

Volk, **1.** *Insekten:* die Gemeinschaftsform →sozialer Insekten; →auch Honigbiene.

2. *Jagd: Kette*, ein Paar Rebhühner u. deren aus einer Brut stammende Junge.

3. *Soziologie:* die in der Regel auf Sprachgemeinschaft u. (oder) Blutsverwandtschaft aufgebaute Gesellschaft im Unterschied zur *Nation*. Das V. ist die Verkörperung geschichtl. u. kultureller gemeinsamer Entwicklung, unabhängig von polit. Begrenzung u. Staatsform. Frühromantik u. Romantik schufen diesen umfassenden polit. V.sbegriff zugleich mit den Begriffen *V.sseele* (Hegel), *V.stum* (Jahn) u. trugen durch Herder viel zum Erwachen des V.sbewußtseins, bes. der slawischen Völker, bei. Pervertiert wurde der historische V.begriff durch die Rassenlehre, die „Fremdrassige" u. „Fremdstämmige" biologisch diskriminierte u. im nat.-soz. Dtschld. bis zu deren Vernichtung („Endlösung") führte; →Völkermord. Wenn V.sgrenzen u. Staatsgrenzen nicht zusammenfallen, ergibt sich das Problem der V.sgruppen u. nationalen Minderheiten. Die geschichtl. Entwicklung kann auch ein V. ohne gemeinsame Sprache oder Abstammung entstehen lassen (z. B. das Schweizervolk).

Volk

Nomadenzelt in Algerien, südlich von Djelfa

Pygmäen unterm Windschirm (Südkamerun)

Dorf mit Kegeldachhütten in Nordkamerun

4. *Staatsrecht:* höchstes Staatsorgan, →Staatsvolk.
Volk, Hermann, kath. Theologe, *27. 12. 1903 Steinheim am Main; 1946 Prof. für Dogmatik in Münster, 1962 Bischof von Mainz, 1973 Kardinal.
Volkelt, Johannes, Philosoph, *21. 7. 1848 Lipnik, Galizien, †8. 5. 1930 Leipzig; von Hegel ausgehend, von Schopenhauer u. E. von Hartmann beeinflußt, vertrat V. eine krit. Metaphysik, die in der erkenntnistheoret. Anerkennung eines außersubjektiven Wirklichen begründet ist; bekannt bes. durch sein „System der Ästhetik" (3 Bde. 1905–1914), in dem er neuere psycholog. Einsichten mit den normativ-spekulativen Auffassungen der bisherigen Ästhetik verband.
Völker, Franz, Opernsänger (Tenor), *31. 3. 1899 Neu-Isenburg, †5. 12. 1965 Darmstadt; 1945–1952 an der Münchner Staatsoper, sang auch in Salzburg u. Bayreuth; lehrte seit 1958 an der Stuttgarter Musikhochschule.
Völkerball, Kampfspiel zwischen zwei Parteien („Völker"), die sich mit einem großen Ball abzuwerfen versuchen.
Völkerbund, frz. *Société des Nations,* engl. *League of Nations,* auf Anregung des US-amerikan. Präs. W. *Wilson* 1919 gegr. internationale Organisation zur Erhaltung des Friedens; Sitz: Genf, 1946 aufgelöst. Organe des V.s waren das *Generalsekretariat,* die *V.sversammlung,* der ständig tagende *V.srat* u. der *Internationale Gerichtshof.* Zu den ursprüngl. Mitgliedern (den „Siegerstaaten", ohne die USA) kamen bald die wichtigsten neutralen Mächte. 1926 trat Dtschld. bei u. bekam einen ständigen Sitz im V.srat, 1934 auch die Sowjetunion. Japan u. Dtschld. verließen 1933 den V., Italien 1937; 1940 wurde die UdSSR wegen ihres Angriffs auf Finnland ausgeschlossen.
In seinen Hauptaufgaben (Abrüstung, Schlichtung von Streitigkeiten, Verhinderung von Aggressionen durch Androhung u. Durchführung von Sanktionen) hat der V. zumeist versagt. Erfolgreich war der V. dagegen in der Bewältigung internationaler Verwaltungsaufgaben, so durch seine Hohen Kommissare in Danzig u. im Saargebiet, durch die Überwachung der Mandatsgebiete sowie besonders in der Arbeit der ihm angeschlossenen internationalen Verwaltungsorganisation. – ⌑ 5.3.5. u. 5.9.3.
Völkerkunde, *Ethnologie,* die Wissenschaft, die die Kulturen u. Kulturelemente (Kulturgüter) der Natur- u. Halbkulturvölker wie auch kleinerer ethn. Einheiten (Ethnien) mit geringerer Naturbe-

Trommler in Südkamerun mit Schlitztrommel (links). – Rinder der Massai in Kenia (rechts)

Feldbestellung in Mali

Völkerkunde

Altamerika-Abteilung mit Steinplastik aus Guatemala im Museum für Völkerkunde, Staatliche Museen Preuß. Kulturbesitz, Berlin

VÖLKER DER ERDE/VÖLKERKUNDE

Totempfahl der Indianer in Kanada

Bemalte ceylonesische Holzmaske, stellt den Kampf des Garuda-Vogels mit den Naga-Schlangen dar

Terrassenfeldbau in den peruanisch-bolivianischen Anden

Wohnhäuser der Batak (Batakhäuser) auf Sumatra, Indonesien

Völkerwanderungszeit

Die ostgotische Königin Amalaswintha auf einem elfenbeinernen Diptychon; 6. Jahrhundert. Wien, Kunsthistorisches Museum

Helm aus einem Grab von Vendel, Prov. Uppland, Schweden; 7. Jahrhundert. Stockholm, Statens Historiska Museum

Bronzevergoldete Scheibenfibel aus dem alemannischen Fürstengrab von Wittislingen; 7. Jahrhundert

Goldscheibenfibel von Schwetzingen; 7. Jahrhundert. Mannheim, Städtisches Reiss-Museum

Nachbildung des Trinkhorns von Harsefeld

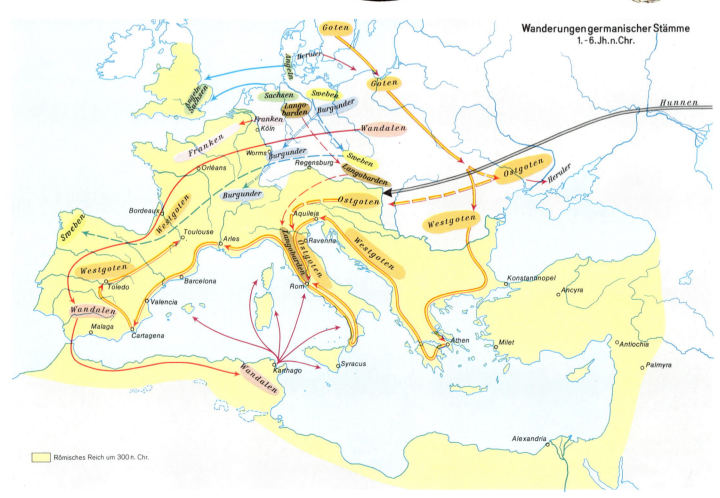

Wanderungen germanischer Stämme 1.–6. Jh. n. Chr.

Römisches Reich um 300 n. Chr.

VÖLKERWANDERUNGSZEIT

Die unruhigen Zeiten führten zum Vergraben von Schätzen. Hortfund mit goldenen Halsringen und römischen Münzen aus Dortmund; 5. Jh. Dortmund, Museum für Kunst und Kulturgeschichte

Silbervergoldete Bügelfibel aus dem alemannischen Fürstengrab von Wittislingen; 7. Jahrhundert (links). – Silberne Bügelfibel von Nordendorf; 7. Jahrhundert (rechts)

Inventar des fränkischen Fürstengrabes von Krefeld-Gellep; 6. Jahrhundert. Krefeld-Linn, Landschaftsmuseum

Völkerkundler

herrschung beschreibt u. miteinander vergleicht; beschreibende V. nennt man *Ethnographie*, vergleichende V. *Ethnologie.* Außerhalb des dt. Sprachgebiets spricht man ganz allg. von *Anthropologie* u. gliedert auf in *physische Anthropologie* u. *Kulturanthropologie* oder auch *Sozialanthropologie (Ethnosoziologie).* Für die fremden Hochkulturen mit eigener Literatur u. aufgezeichneter Geschichte haben sich eigene Wissenschaften herausgebildet (z. B. Sinologie, Indologie, Ägyptologie, Orientalistik). Die indian. Hochkulturen z. B. sind Forschungsgegenstand der V. geblieben, doch kommt es innerhalb der V. aus Gründen im allg. zu einer Spezialisierung *(Afrikanistik, Amerikanistik, Ozeanistik).*

Den verschiedenen, räuml. begrenzten Teilgebieten steht die „allgemeine V." gegenüber. Durch Vergleich der materiellen u. geistigen Kulturgüter (z. B. Religion, Kunst, Kleidung, Geräte) in Verbindung mit der Sprachforschung u. unter Auswertung der Stammesüberlieferung versucht die V. die Zusammenhänge der Völker ohne schriftl.-geschichtl. Aufzeichnungen u. deren Geschichte zu klären. Daneben ist die Erforschung der Entwicklung u. Ausbreitung der einzelnen Kulturgüter (z. B. Pflug, Hausbau, Waffen) ein wichtiges Anliegen der V., ebenso wie die Beobachtung des *Kulturwandels* u. der Kulturbeeinflussung beim Zusammentreffen verschiedenartiger Kulturen, bes. von Eingeborenen- u. abendländischer Kultur (→Akkulturation). Daraus ergaben sich zwei Forschungsrichtungen: Die eine sucht Volksgruppen zu erforschen, die durch abendländ. Kultur möglichst unbeeinflußt sind, um so immer seltener werdende Zeugnisse älterer Kulturstufen noch rechtzeitig zu erfassen. Die andere Richtung beobachtet die Neuorientierung von Volksgruppen unter dem Einfluß europ.-amerikan. Zivilisation u. betreibt dabei eine „angewandte V." (zur Unterstützung sozialer, humanitärer u. polit. Aufgaben). Die V. ist erst um die Mitte des 19. Jh. eine selbständige Wissenschaft geworden. Sie stand zunächst unter dem Eindruck des naturwissenschaftl. Entwicklungsgedankens *(Evolutionismus:* vom Einfachen zum Komplizierten in geradliniger Aufwärtsentwicklung). Geograph. Gesichtspunkte brachte F. *Ratzel* hinein mit der Betonung der Wanderungen u. Kulturübertragungen. Eine geschichtl. Ordnung wurde in der →Kulturkreislehre u. der darauf aufgebauten kulturhistor. Ethnologie *(Wiener Schule)* als Ziel gesetzt. Den inneren Zusammenhang der Elemente einer Kultur hebt die →Kulturmorphologie hervor, ebenso wie die Strukturlehre F. *Krauses* u. – ohne Berücksichtigung einer geschichtl. Einordnung – der →Funktionalismus u. R. *Benedicts* Lehre von den Kulturstilen *(patterns of culture).* Der →Diffusionismus legte das Hauptgewicht auf die Darstellung der Ausbreitung der Kultur von einem Entstehungsherd aus.

Zahlreiche Museen sammelten Anschauungsmaterial, wie es z. T. heute nicht mehr zu erwerben ist. Die *Deutsche Gesellschaft für V.* („Zeitschrift für Ethnologie") faßt alle völkerkundl. Interessierten in der BRD zusammen. – ☐ 6.1.3.

Völkerkundler, akadem. Beruf, Wissenschaftler auf dem Gebiet der *Völkerkunde;* mindestens achtsemestriges Hochschulstudium, Abschluß durch Promotion zum Dr. phil.

Völkermarkt, österr. Bez.-Hptst. in Kärnten, nahe der Drau, im Jauntal, 10 500 Ew.; Reste der Herzogsburg (14. Jh.) u. der Ringmauer, ehem. Augustinerkloster, spätgot. Pfarrkirche (13.–15. Jh.); unterhalb der Stadt Aufstau der Drau zum *V.er See,* 18 km lang, mit Kraftwerk Edling.

Völkermord, *Genocid(ium), Genozid,* die zum Tatbestand des in Entstehung begriffenen Völkerstrafrechts erklärte Ausrottung von Völkern sowie ethnischer, religiöser u. a. Gruppen. Die Ereignisse des 2. Weltkriegs, vor allem die Versuche zur Vernichtung des Judentums (→Judenverfolgung) u. die Maßnahmen gegen das poln. Volk, haben zum Abschluß des *Abkommens zur Verhütung u. Bestrafung des Verbrechens des V.es* vom 9. 12. 1948 geführt, dem die BRD durch Gesetz vom 9. 8. 1954 beigetreten ist. Nicht beigetreten sind u. a. Großbritannien, die Sowjetunion u. die USA, da die damit übernommenen Verpflichtungen mangels gehöriger Genauigkeit nicht in erforderl. Maß übersehbar seien. In Art. 1 kommen die Vertragsstaaten überein, den V. zu bestrafen, gleichgültig, ob im Frieden oder Krieg begangen (vgl. für die BRD § 220a StGB). Bei Streitigkeiten – z. B. über die Auslegung des Vertrags – können die Vertragsparteien den →Internationalen Gerichtshof in Anspruch nehmen. – ☐ 4.1.1.

Völkerpsychologie, seit Mitte des 19. Jh. die wissenschaftl. Erfassung des seelisch-geistigen Gepräges von Großgruppen. Die Entwicklung dieser Disziplin, vorbereitet durch Hegels Lehre vom objektiven Geist, erfolgte vor allem durch H. *Steinthal,* M. *Lazarus* u. W. *Wundt.* Gegenstand der älteren V. war der „Volksgeist", d. h. das Überindividuelle der Angehörigen eines Volks in Sprache, Religion, Mythos, Kunst, Rechtsordnung u. Sitte. Die neuere V. richtet sich auf Beschreibung u. Bedingungsanalyse der charakteristischen Erlebnis- u. Verhaltensweisen verschiedener Großgruppen, insbes. Kulturen (→Kulturpsychologie).

Völkerrecht, das Recht vor allem der zwischenstaatl. Beziehungen u. der internationalen Organisationen; in zunehmendem Maß dient das V. auch dem individuellen Rechtsschutz (Menschenrechtskonventionen). Andere vielfach als „internationale" bezeichnete Rechtsgebiete (*internationales Privatrecht* als nationales Kollisionsrecht, *internationales Strafrecht*) sind staatliches Recht. Das V. begründet Rechte u. Pflichten für die Staaten als Mitglieder der V.sgemeinschaft. Rechtssubjekte des V.s sind vornehmlich die *Staaten* (jedenfalls sind ausschl. sie rechtsetzend tätig), der *Hl. Stuhl* (kath. Kirche), in begrenztem Ausmaß auch *internationale Organisationen*; in bes. Fällen können auch *Einzelpersonen* Träger völkerrechtl. Berechtigungen sein, ebenso *nationale Minderheiten.* Das V. ist sowohl Vertrags- als auch Gewohnheitsrecht, selbst die Berufung auf das „öffentl. Gewissen" (so Martensche Klausel in der →Haager Landkriegsordnung) fehlt nicht. In der Theorie ist umstritten, ob das V. Vorrang vor dem staatl. Recht genießt. Die Lehre des *Monismus* bejaht überwiegend den Vorrang des V.s, weniger den des Staatsrechts. Die *dualistische Theorie* geht von der Annahme zweier getrennter Rechtskreise aus, die sich im Konfliktfall überschneiden. Dann kann der Staat nach außen zur Einhaltung von Verträgen verpflichtet sein, deren tatsächl. Anwendung seinen Bürgern gegenüber er verweigert. Für das *Völkergewohnheitsrecht* gilt weitgehend die Übung, es als Bestandteil des nationalen Rechts zu erklären u. so nach außen jede Konfliktmöglichkeit zu beseitigen. Art. 25 GG spricht eine solche Inkorporierung „allgemeiner Regeln" des V.s aus.

Inhaltlich regelt das V. vor allem den zwischenstaatl. Verkehr (Diplomatie, Konsuln), das Vertragsrecht, das von den Staaten begangene völkerrechtl. Unrecht (Delikt) u. dessen Folgen, die Streitschlichtung u. Gerichtsbarkeit. Im übrigen enthält das V. Festlegungen über die Abgrenzung der Staatsgebiete, die Rechtsverhältnisse der Hohen See (Meeresfreiheit) u. der Luft, bestimmt die Gründe für das Entstehen u. den Untergang von Staaten, die Rechtsstellung der Staatsfremden u. der nationalen Minderheiten. Von bes. polit. Bedeutung sind das Verbot des Angriffskriegs, die Mittel der Kriegsverhütung sowie – falls der Kriegszustand doch eintritt – die rechtl. Beschränkungen der Kriegführung einschl. des Besatzungsrechts u. der Neutralität.

Hinzu kommt neuerdings das Recht der *Vereinten Nationen* u. ihrer Sonderorganisationen einschl. ihrer weltumspannenden Bestrebungen zur Friedenssicherung u. Konfliktbeseitigung, das Recht der europäischen u. sonstigen *Integrationsgemeinschaften* u. überhaupt der internationalen Organisationen. – ☐ 4.1.1.

Völkerschlacht bei Leipzig →Leipzig (Geschichte).

Volker von Alzey, Sänger u. Fiedler im Nibelungenlied, fällt als Freund Hagens durch Hildebrand.

Völkerwanderung, *i. w. S.* eine Wanderungsbewegung ganzer Völkerschaften oder Stämme (Beispiele seit dem 3. Jahrtausend v. Chr. bekannt); *i. e. S.* die Wanderung vor allem german. Stämme im 4.–6. Jh. n. Chr.

An den Anfang dieser V. wird herkömmlicherweise der Hunneneinfall vom Jahr 375 gesetzt, obwohl die Goten z. B. bereits im 1. Jh. v. Chr. sich aus Südschweden an der unteren Weichselgebiet abgesetzt hatten u. im 2. u. 3. Jh. n. Chr. in vielfache Bewegung geraten waren. Während bei der V. die Ostgermanen (*Goten, Wandalen, Burgunder* u. a.) ihre alten Siedlungsgebiete ganz aufgaben, behielten die Westgermanen (*Alemannen, Franken, Thüringer* u. a.) die Verbindung zu ihren angestammten Sitzen, so daß es sich bei ihnen mehr um eine Ausdehnung ihres Siedlungs- oder Herrschaftsgebiets als um eine eigentl. Wanderung handelte. Die allg. Stoßrichtung der V. ging nach W u. S über die Grenzen des Röm. Reichs, auf dessen Gebiet es zu Reichsgründungen der *Westgoten* in Gallien u. Spanien, der Burgunder an der Rhône, der Wandalen in Afrika u. der *Ostgoten* in Italien kam. Als Abschluß der V. gilt der Einbruch der *Langobarden* in Italien (568).

Die V. trug wesentl. zur Beseitigung der röm. Herrschaft in Süd- u. Westeuropa bei. Während die ostgerman. Staatsgründungen nur von begrenzter Dauer waren, schufen die der Franken, Langobarden u. *Angelsachsen* (im 5. Jh. in England) geschaffenen Königreiche wesentl. die weitere europ. Geschichte. In Ostmitteleuropa wurde durch die V. eine slaw. Wanderungsbewegung nach W ausgelöst, die zur Erweiterung der slaw. Siedlungsgebiete bis an die Elbe führte (→Wenden).

Die V. ist nur z. T. aus schriftl. Quellen zu erschließen; ihre genauere Kenntnis vermitteln die archäolog. Hinterlassenschaften der german. Völker, insbes. die Grabausstattungen. Archäologisch endet die Völkerwanderungszeit erst mit dem Ende der Reihengräberzivilisation im fränk. Bereich, als man im 8. Jh. vom Brauch der Grabbeigaben abkam.

Im 5. u. 6. Jh. zeigt die Kultur der V.szeit in Europa mehrere Formengruppen, die sich im Kern den führenden german. Stämmen zuschreiben lassen. Vom 6. bis zur Mitte des 8. Jh. ist sie, bes. in den westl. german. Gebieten, von der *merowing. Kultur* bestimmt. Sie ist vorwiegend aus den Funden der *Reihengräber* bekannt (in Reihen nebeneinander bestatteten Leichen). Sie waren die allg. übl. Bestattungsart in völliger Bekleidung, die Frauen mit Schmuck, die Männer mit Waffen ausgestattet; die Gräber des hohen Adels heben sich durch ihre prächtige Ausstattung von den übrigen ab (z. B. das *Childerichgrab*). Schwerter u. Schwertscheiden, Helme, Schmuck, Gürtel- u. Riemenschnallen, Fibeln, Ringe u. Armreifen sind oft kunstvoll gearbeitet u. vielfach mit flächenbedeckenden Ornamenten in Guß- u. Treibarbeit verziert unter Verwendung von Halbedelstein-(Almandin-)Einlagen, Zellverglasung u. Granulation. Sehr beliebt waren farbige Einlagen in Gold oder vergoldetem Silber. Die oft halbplastisch angebrachten Tierornamente wurden im Lauf der Zeit immer mehr ornamental bis zur Unkenntlichkeit aufgelöst (*Tierstil*). Aus der Holzschnitzerei (Kerbschnitt, Drechselei) wurde eine kerbschnittartige Oberflächengestaltung auf das Metall übertragen.

Die Kunst der V. hat ihren Ursprung im pont. u. danub. Raum, wo sie sich aus der Verschmelzung

Volksbuch: Die älteste Darstellung von Till Eulenspiegel (1350). Mit dem Volksbuch von 1515 wurde er eine Figur der Weltliteratur

Volksbuch: Reineke Fuchs vor Gericht. Aus einer Münchner Ausgabe von 1873. Der niederdeutsche Reynke de Vos erschien 1498 und war Vorlage für J. Chr. Gottscheds hochdeutsche Prosabearbeitung von 1752, die für Goethes Hexameterepos Reineke Fuchs (1794) grundlegend war

der Steppenkunst (insbes. der skyth.-sarmat. Kunst) mit der spätröm. Kunstindustrie entwickelte. Außer dem Schmied, der gleichzeitig auch Waffenschmied sein konnte, gab es ansässige u. wandernde Goldschmiede. Im 5. Jh. nahm die Produktion einen solchen Aufschwung, daß einige Artikel bis weit nach dem N exportiert wurden. In den Glashütten des Rheinlands wurde die in der röm. Zeit ausgeübte Kunst weitergepflegt. Neben der Metallarbeit tritt die Keramik an künstler. Wert zurück, obgleich auch hier (etwa in der sächs. Buckelkeramik) ein eigener Stil entwickelt wurde. Bedeutendstes Zeugnis der Baukunst ist das Grabmal des Theoderich bei Ravenna. – 🄱 S. 166. – 🄻 5.1.4. u. 5.3.1.

„Völkischer Beobachter", 1920 in München durch Umbenennung des „Münchener Beobachters" gegr. Zentralorgan der NSDAP, mit Ausgaben in Berlin (ab 1933) u. Wien (1938). Auflage (1944): 1,7 Mill.; 1945 eingestellt.

Völklingen, saarländ. Stadt (Stadtverband Saarbrücken), an der Saar, 44 800 Ew.; Fachschulen; Steinkohlenbergbau, Eisen- u. Stahlwerke (*Röchling*, bes. Roheisenerzeugung), Maschinen- u. chem. Industrie, mehrere Kraftwerke.

Volkmann, 1. Alfred Wilhelm, (Vater von 3), Anatom u. Physiologe, * 1. 7. 1801 Leipzig, † 21. 4. 1877 Halle (Saale); nach ihm sind die *V.schen Kanäle* benannt, Gefäßkanäle in den Knochen.
2. Artur, Bildhauer u. Maler, * 28. 8. 1851 Leipzig, † 13. 11. 1941 Geislingen; 1876–1910 meist in Rom tätig, befreundet mit A. von *Hildebrand* u. H. von *Marées*, der seine klassizist. Schönheitsidealen anhängende Kunst stark beeinflußte; schrieb „Vom Sehen u. Gestalten" 1912.
3. Richard von (seit 1885), Sohn von 1), Chirurg u. Schriftsteller, * 17. 8. 1830 Leipzig, † 28. 11. 1889 Jena; nach ihm benannt u. a. die *V.-Schiene*, eine bes. geformte Schiene zur Lagerung des Beins, das *V.sche Dreieck*, ein bei Knöchelbruch von der Schienbeingelenkfläche abgerissenes keilförmiges Knochenstück, u. der *V.sche Löffel*, ein scharfer Löffel zum Auskratzen von Gewebswucherungen. V. schrieb unter dem Pseudonym *Leander* „Träumereien an französ. Kaminen" 1871; „Gedichte" 1877; „Kleine Geschichten" 1885.
4. Robert, Komponist, * 6. 4. 1815 Lommatzsch, † 29. 10. 1883 Budapest; Prof. an der Akademie in Budapest; schrieb 2 Sinfonien, 3 Serenaden für Streichorchester, Kammermusik u. Chorwerke.

Volkmarsen, hess. Stadt am Südrand der Warburger Börde (Ldkrs. Waldeck-Frankenberg), 6700 Ew.; 1233 Stadt, Ruine der *Kugelsburg*; Wirkwarenindustrie.

Volksabstimmung →Volksbegehren, Volksentscheid.

Volksaktien, Aktien, die bei der völligen oder teilweisen Privatisierung von Aktiengesellschaften, die im Besitz der öffentl. Hand waren, an Privatpersonen ausgegeben werden. Das Ziel der Ausgabe von V. ist meist, das Eigentum breit zu streuen. Deshalb werden V. vielfach an Personen mit niedrigem Einkommen mit einem Abschlag verkauft u. mit einer mehrjährigen Verkaufssperre belegt. Manchmal wird auch ihr Stimmrecht beschränkt. Eine Ausgabe von V. erfolgte in der BRD im Zusammenhang mit der Teilprivatisierung der *Preussag AG* (1959), der *Volkswagenwerk AG* (1960) u. der *Veba AG* (1965).

Volksballade, ein kurzes stroph. Lied mit erzählendem Inhalt, das seinen Stoff aus dem Heldenlied, dem Märchen, dem novellist. Erzählgut oder direkt von histor. Ereignissen nimmt. Im Gegensatz zur *Kunstballade* ist der Verfasser einer V. unbekannt; das Lied selbst ist durch lange mündl. Überlieferung immer wieder verändert u. mit typ. Merkmalen versehen worden. Die Erzählweise ist gerafft u. sprunghaft; Charaktere u. Handlungen sind formelhaft verengt. V.n wurden von Th. Percy, J. G. von Herder, Goethe u. den Romantikern gesammelt.

Volksbanken, mittelständische gewerbl. Kreditgenossenschaften, die im Gegensatz zu den *Spar- u. Darlehnskassen* vorwiegend im städt. Bereich tätig sind. Die V. betreiben neben der Kreditvergabe auch das Spar- u. a. Bankgeschäfte.

Volksbegehren, *Initiative*, in der Regel durch Unterschriften ausgedrückter förmlicher Wunsch eines bestimmten Teils des Volkes, daß ein Gesetzesvorschlag zum *Volksentscheid* gestellt werden soll. Nach Art. 73 Abs. 3 der Reichsverfassung von 1919 war ein Volksentscheid herbeizuführen, wenn ein Zehntel der Stimmberechtigten das Begehren mit Vorlegung eines Gesetzentwurfs stellte. Die BRD kennt diese Gesetzesinitiative „aus dem Volk heraus" auf Bundesebene nicht mehr. Mehrere Länderverfassungen sehen jedoch V. u. →Volksentscheid vor: Bayern (Art. 73/74), Berlin-West (Art. 49), Bremen (Art. 69–74), Hessen (Art. 124), Nordrhein-Westfalen (Art. 68), Rheinland-Pfalz (Art. 109), Saarland (Art. 101 bis 102).

Volksbildungswesen, alle Einrichtungen, die der Erwachsenenbildung außerhalb der Berufsfortbildung dienen, z. B. Volkshochschulen, Volksbüchereien u. das Volksbildungswerk. – 🄻 1.7.9.

Volksbrauch, *Brauch*, auf den Normen einer sozialen Gruppe oder Schicht, einer Teil- oder Gesamtkultur beruhendes, nicht schriftl. fixiertes Handlungsmuster, dessen Nichtbeachtung zumindest auffällt, schlimmstenfalls negativ sanktioniert (bestraft) wird. Der V. entlastet von individuellen Überlegungen zum „richtigen" Verhalten; er ist termin- (z. B. Fastnacht, Weihnachten) oder sachorientiert (z. B. Hochzeit, „Einstand", Gruß u. Anrede) oder beides. Während sich die Volkskunde früher vor allem für seine myth. Ursprünge interessierte u. die Überlieferungsdauer der Formen betonte *(Tradition)*, wendet sie sich in neuerer Zeit mehr seiner *Funktion* zu. Das läßt die früher stark herausgestellten Unterschiede zwischen Brauch u. *Mode* zusammenschrumpfen; auch werden die im Zeichen des *Folklorismus* neu belebten oder erfundenen Bräuche mit dem gleichen Interesse behandelt wie die scheinbar kontinuierlich überlieferten. Über das Verhältnis zwischen *Sitte* u. Brauch besteht keine einheitl. Meinung; teils sieht man begriffl. Unterschiede (z. B. Sitte als Norm, Brauch als zugehörige Form), teils verwendet man die Begriffe synonym. Gewohnheiten werden meist als individuelle Gegenstücke zu den Bräuchen gesehen. – 🄱 S. 170. – 🄻 3.6.5.

Volksbuch, *i. w. S.* jedes populäre Buch, *i. e. S.* Lesestoffe (Romane, Legenden-, Historien- u. Schwankbücher) des 16. u. 17. Jh., die auf älteren Traditionen beruhen, z. B.: Fortunatus, Herzog Ernst, Dr. Faust, Genoveva, die Schildbürger, Till Eulenspiegel. Der Begriff V. in diesem Sinn ist fragwürdig, da die Zahl der Leser in der vorindustriellen Zeit sehr gering war; sie stieg nennenswert erst im 19. Jh. Jetzt aber waren es häufig keine Bücher, sondern Lesestoffe geringeren Umfangs (Heftchen, Kalender, Traktate), die populär wurden („Volksbüchlein"). Auch heute macht die Heftchen- u. Kiosklitatur einen großen Teil der populären Lesestoffe aus, für die sich die wertende Bez. →Trivialliteratur eingebürgert hat. – 🄻 3.6.5.

Volksbücherei →Bibliothek.

Volksbühnen, Vereine, die ihren Mitgliedern gegen einheitl. Beitrag meist einmal im Monat Theaterbesuche zu herabgesetzten Eintrittspreisen ermöglichen. Am bekanntesten ist die *Freie V. e. V.* Berlin (gegr. 1890); für ganz Dtschld. bestand 1920–1933 der *Verband der dt. V.vereine*, für die BRD wiedergegründet 1948, gegliedert in Landesverbände u. örtl. Geschäftsstellen. Als Gegenbewegung zu den freien V., die sozialist. eingestellt waren, entstand 1919 der *Bühnenvolksbund* auf

Volksbuch: Phantasieporträt Münchhausens von A. Crowquill für eine englische Ausgabe von 1859. G. A. Bürger gab 1786 die Sammlung phantastischer Lügengeschichten heraus. Der historische Baron Karl Friedrich Hieronymus von Münchhausen lebte von 1720–1797

Volksdemokratie

christl. Grundlage; er wurde 1939 aufgelöst u. 1948 als *Bund der Theatergemeinden* wiedergegründet (Sitz: Bonn). Die Jugend an das Theater heranzuführen, unternehmen die Jugendgruppen der V. u. die *Jugendkulturringe*. – ⌑ 3.5.0.

Volksdemokratie, kommunist. Bez. für die Staats- u. Gesellschaftsordnung in den osteurop. Ländern, in denen nach 1945 unter sowjet. Rückendeckung die kommunist. Parteien die polit. Führung übernahmen. Der Begriff V. sollte zum Ausdruck bringen, daß diese Staaten nicht mehr „bürgerl." Demokratien im westl. Sinn seien, aber noch nicht das Stadium des Sozialismus wie in der Sowjetunion erreicht hätten. In verschiedenen Bereichen der Volkswirtschaft bestand noch Privateigentum an Produktionsmitteln; neben der herrschenden kommunist. Partei gab es meist mehrere andere Parteien, die mit dieser in einem „Block" („Nationale Front" u.ä.) zusammengeschlossen waren; das parlamentar. System wurde formell beibehalten. Anfangs wurden diese Besonderheiten, ab 1948/49 jedoch mehr u. mehr die Gemeinsamkeiten mit der Sowjetunion betont. Die V. wurde nunmehr definiert als eine Form der „Diktatur des Proletariats", die grundsätzlich gleicher Natur wie die Sowjetmacht sei. In den 1960er Jahren kam die Bez. V. allmählich außer Gebrauch; die betr. Länder bezeichnen sich jetzt überwiegend als „sozialistisch". – ⌑ 5.8.1.

Volksdeutsche, vor 1933 geprägte, in der nat.-soz. Zeit amtl. Bez. für Angehörige des dt. Sprach- u. Kulturkreises, die nicht dt., österr. oder schweizer. Staatsbürger waren, bes. in Osteuropa. →auch Auslandsdeutschtum.

Volksdichtung →Volkspoesie.

Volkseigene Betriebe →Volkseigentum.

Volkseigene Güter, Abk. *VEG*, landwirtschaftl. Großbetriebe unter der direkten Leitung der zentralen u. örtlichen Verwaltungsorgane in der DDR, juristische Personen u. Träger des ihnen übertragenen →Volkseigentums. Die VEG sollen zu Musterbetrieben entwickelt werden, die vor allem die Aufgabe der Tierzucht, Pflanzenzucht u. Saatgutvermehrung übernehmen u. außerdem als „kulturelle Stützpunkte auf dem Lande" dienen. 1978 gab es 487 VEG mit 370 200 ha (6,2% der landwirtschaftl. Nutzfläche der DDR).

Volkseigentum, in der DDR die nach Art eines Obereigentums ausgestaltete öffentlich-rechtl. Sachherrschaft des „Volkes" über Unternehmen der Industrie, des Handels u. der Landwirtschaft sowie über andere Sachen u. Rechte, die ihren bisherigen Eigentümern aufgrund der Bodenreform, der SMAD-Befehle Nr. 124, 126, 154 u. 181 zur Enteignung von Kriegsverbrechern u. Faschisten u. aufgrund sonstiger Maßnahmen entzogen worden sind. Das V. ist unveräußerlich u. unbeleihbar; es ist strafrechtl. bes. geschützt.

Vor allem in der Industrie der DDR bildet das V. die Hauptform des Eigentums; in anderen Wirtschaftszweigen spielt es eine etwas geringere Rolle, da hier das genossenschaftl. Eigentum größere Bedeutung hat. So gibt es in der Landwirtschaft eine Reihe von *Volkseigenen Gütern,* doch ist die überwiegende Eigentumsform hier die *Landwirtschaftliche Produktionsgenossenschaft* (LPG).

Zur *Volkseigenen Wirtschaft* (VEW) der DDR zählen neben der *Volkseigenen Industrie* die staatl. Verkehrseinrichtungen, der staatl. Außenhandel, Großhandel u. Einzelhandel. Zentrale Lenkungsorgane für den Großhandel mit Produktionsmitteln sind die *Staatlichen Kontore,* die dem Volkswirtschaftsrat unterstehen. Der Großhandel mit Konsumgütern erfolgt durch *Großhandelsgesellschaften* u. durch *Volkseigene Erfassungs- und Aufkaufbetriebe* (VEAB), die in den *Vereinigungen Volkseigener Erfassungs- und Aufkaufbetriebe* (VVEAB) zusammengeschlossen sind. Staatl. Einzelhandelsbetriebe sind die Betriebe der *HO* (Abk. für *Handelsorganisation*).

1945 wurden in der SBZ aufgrund von Befehlen der Sowjetischen Militäradministration (SMAD) entschädigungslose Enteignungen von sog. Kriegsverbrechern u. Faschisten vorgenommen. Ein Teil der beschlagnahmten Unternehmen ging als *Sowjetische Aktiengesellschaften* (SAG) in das Eigentum der Sowjetunion über u. wurde erst 1953 wieder an die DDR zurückgegeben. Die übrigen enteigneten Unternehmen wurden zu *Volkseigenen Betrieben* (VEB) erklärt. Sie waren rechtl. nicht selbständig, sondern Filialbetriebe der *Vereinigungen Volkseigener Betriebe* (VVB). Enteignete Betriebe, die nur örtl. Bedeutung hatten, wurden mit anderen kommunalen Betrieben zu

Weit verbreitet ist der Brauch des Entzündens von Lichtern am Grab Verstorbener

VOLKSBRAUCH

Beim Feuerräder-Osterlauf in Lügde werden auf dem Kreuzberg in stundenlanger Arbeit die mehrere Zentner schweren Räder voll Stroh gestopft (links). – Damit die bergab rollenden Räder nicht umfallen können, werde

Das neue Jahr wird vielerorts mit einem Feuerwerk begrüßt (links). – In der Tradition der zahlreichen Lichterbräuche der Vorweihnachts- und Weihnachtszeit stehen die um diese Zeit festlich beleuchteten Städte. In Funcha

Volkskirche

Das Osterfeuer wird unter Lobpreisungen als Symbol für die Auferstehung Christi entzündet

ange Stangen in die Radnabe gesteckt (Mitte). – Bevor lie Räder zu Tale rollen, wird das Stroh entzündet (rechts)

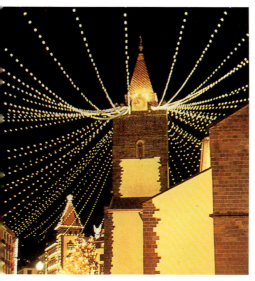
uf der Insel Madeira spannen sich Lichterketten vom 'urm der Kathedrale zu den Häusern der Stadt

Kommunalwirtschaftsunternehmen (KWU) zusammengefaßt u. den Räten der Bezirke, Kreise u. Gemeinden unterstellt. 1951 erfolgte eine Neuorganisation, bei der eine Reihe von wichtigen Betrieben aus den VVB herausgenommen u. als *Direktbetriebe* unmittelbar den zuständigen Fachministerien unterstellt wurden. Bis dahin von den Ländern verwaltete VEB wurden mit den kommunalen Betrieben zur *Örtlichen Industrie* zusammengefaßt, die den Räten der Bezirke, Kreise u. Städte unterstand. Die unselbständigen VEB erfuhren 1952 eine Umwandlung in selbständig wirtschaftende Einheiten mit eigenen finanziellen Mitteln. An die Stelle der Vereinigungen Volkseigener Betriebe traten die *Verwaltungen Volkseigener Betriebe* (VVB), die nur noch Aufsichtsorgane für jeweils eine größere Zahl selbständiger VEB waren u. die Weisungen der fachlichen Hauptverwaltungen der Produktionsministerien ausführten. Anfang 1958 kam es zu einer erneuten Umgestaltung der volkseigenen Wirtschaft, in deren Verlauf ein Teil der Produktionsministerien aufgelöst wurde. Die bis dahin von diesen Ministerien erfüllten Aufgaben gingen z. T. auf die *Staatliche Plankommission* über. Andere Aufgaben übernahmen die Organe der Örtlichen Industrie (d.h. die Räte der Bezirke, Kreise u. Städte als Rechtsträger von VEB) u. die neu errichteten *Vereinigungen Volkseigener Betriebe* (VVB), die die Verwaltungen Volkseigener Betriebe ablösten. Im Zusammenhang mit der Einführung des „Neuen ökonomischen Systems der Planung u. Leitung der Volkswirtschaft" 1963 wurden die VVB erneut umgebildet u. erhielten erweiterte Funktionen. Sie sind nun Führungsorgane ihres Industriezweigs, u. die Betriebsleiter der ihnen angeschlossenen Volkseigenen Betriebe sind ihnen rechenschaftspflichtig. Seit 1967 wurde das „Neue ökonomische System" zum „Ökonomischen System des Sozialismus" weiterentwickelt u. auf andere Wirtschaftsbereiche übertragen. Inzwischen sind nahezu alle Industriebetriebe der DDR Volkseigene Betriebe, nur im Handwerk gibt es noch rd. 85 000 Privatbetriebe. →auch Volkseigene Güter.

Volkseinkommen, das →Nettosozialprodukt zu Faktorkosten, die Summe aller Entgelte an die *Produktionsfaktoren* (Arbeit, Boden, Kapital, Unternehmerleistung); wird durch Summierung der *Wertschöpfung* aller Wirtschaftszweige (reale Methode) oder durch Zusammenzählen sämtl. Einkommen (personelle Methode) berechnet. →auch Sozialprodukt. – ⌑ 4.4.2.

Volksentscheid, *Volksabstimmung* (Schweiz:) *Referendum,* die Abstimmung aller stimmberechtigten Bürger eines Staates, Landes oder Kantons (bei Fragen von Gebietsabtretungen auch eines Landesteils), in der Regel über ein durch Volksbegehren (Schweiz: *Volksinitiative*) vorgelegtes Gesetz. Diese Vorlage muß zunächst durch eine bestimmte größere Zahl von Unterschriften (oder auch durch z. B. 5% oder 10% bzw. 20% der Stimmberechtigten) unterstützt werden. Wenn auf dieses erfolgreiche Volksbegehren hin die zuständigen gesetzgebenden Körperschaften das Gesetz nicht beschließen, kommt es zum V. Der V. ist sehr häufig in der Schweiz, auch in den Kantonen (Art. 89bis u. Art. 90 der schweizer. Bundesverfassung für den Bund); er findet sich auch im österr.Verfassungsrecht (Art.46 BVerfG). Die Weimarer Republik kannte ebenfalls Volksbegehren u. V. (Art. 73 WRV); in der BRD gibt es den V. auf Bundesebene nur in Fragen der Neugliederung der Bundesländer (Art. 29 u.118 GG), jedoch sehen mehrere Länderverfassungen der BRD →Volksbegehren u. Volksentscheid vor.

Volksetymologie, *Eindeutung,* die Erscheinung, daß unverstandene Wörter (aus fremden Sprachen oder der eigenen Sprache) lautlich u. inhaltlich bekannten Wörtern angeglichen werden, um sie dem Sprecher verständlich zu machen. So wird z. B. das norweg. *fjellfrass* („Felsfrett") zu *Vielfraß* umgeformt, das althochdt. *mūwerf* („Erdhaufen-Aufwerfer") zu *Maulwurf*.

Volksfeste, Feste einer ganzen Bevölkerung; oft aus ackerbaulichen Bräuchen entstanden und dem Brauchtum des Jahres angehörend (Fastnacht, Frühlingsfeste, Erntefest, Kirmes). Andere Anlässe sind nationale oder lokale Gedenktage, Schützenfeste u. a. – ⌑ 3.6.5.

Volksfrömmigkeit, *Volksreligiosität, Laienfrömmigkeit, Volkstheologie,* ein Verhältnis der Nicht-Theologen zur Gottheit. Es orientiert sich zwar im Gegensatz zum *Volksglauben* u. *Aber-*

glauben an den dogmat. Lehrsätzen der Kirchen, muß sich aber in seinen Äußerungen nicht vollkommen mit ihnen decken. Die V. kann sich in Gottesdienstbesuch, Hausandacht, Gebet, im Singen geistl. Lieder, Betrachten frommer Bilder, in erbaul. Lektüre, in der Heiligenverehrung, im Wallfahrts- u. Votivwesen äußern. – ⌑ 3.6.5.

Volksfront, Regierungskoalition zwischen kommunist., sozialist. u. häufig auch linksbürgerl. Parteien eines Landes; 1935 zuerst als takt. Maßnahme von der Komintern zur Bekämpfung des Faschismus empfohlen. Als das klass. Modell gilt die Linkskoalition in Frankreich unter L. *Blum* 1936/37 u. 1938. Eine V.-Regierung bestand in Spanien 1936 u. in Chile 1970–1973.

Volksfront zur Befreiung Palästinas →Palästinensische Organisationen.

Volksfürsorge Lebensversicherung AG, Hamburg, bis 1968 *Alte Volksfürsorge, Gewerkschaftlich-Genossenschaftliche Lebensversicherungs-AG,* 1912 von den Gewerkschaften u. Konsumgenossenschaften gegr. Großlebensversicherung; Beitragseinnahmen 1979: 1,96 Mrd. DM. Zur Volksfürsorge-Versicherungsgruppe gehören die *Volksfürsorge Dt. Sachversicherung AG* u. die *Volksfürsorge Rechtsschutzversicherung AG*.

Volksgerichtshof, Sonderstrafgericht zur Bestrafung von Hoch- u. Landesverrat im Dritten Reich; 1936 geschaffen, um die Rechtsprechung über diese Delikte dem als unzuverlässig geltenden Reichsgericht zu entziehen. Der V. wurde vor allem bekannt durch das Verfahren gegen die Widerstandskämpfer des 20. Juli 1944 unter seinem vorletzten Präsidenten Roland *Freisler*.

Volksglaube, volkstüml. Glaubensvorstellungen im Bereich des Religiösen u. Magischen. Insofern umfaßt der V. die *Volksfrömmigkeit* u. den *Aberglauben*. In der Volkskunde wird der Begriff V. jedoch häufig auch als „wertfreiere" Bez. für den als abwertend empfundenen Begriff Aberglauben verwendet. V. meint dann (im Gegensatz zur Volksfrömmigkeit) nichtkirchl. Glaubensvorstellungen u. -handlungen, die häufig Reste verdrängter alter religiöser u. wissenschaftl. Vorstellungen enthalten. – ⌑ 3.6.5.

Volksherrschaft →Demokratie, →Souveränität.
Volkshochschule →Erwachsenenbildung.

Volksinitiative, die Befugnis des Staatsvolks zum Einbringen von Gesetzesvorschlägen; →Volksbegehren.

Volkskammer, 1. in Parlamenten mit zwei Kammern diejenige, deren Abg. vom Volk gewählt werden. Die andere Kammer war im früh-konstitutionellen Staat nach ständischen Gesichtspunkten zusammengesetzt, bestand später – in Senatsform – aus zumindest teilweise von der Exekutive ernannten Mitgliedern oder – bei Bundesstaaten – aus Vertretern der Gliedstaaten. Ursprüngl. wurde diese Kammer als 1. u. die V. als 2. bezeichnet; mit der Verlagerung des Gesetzgebungsrechts auf die V. trat die umgekehrte Zählweise ein.
2. das Einkammerparlament der DDR. Bis 1958 bestand daneben noch die *Länderkammer.* Vorgänger der V. war der Dt. *Volksrat,* der sich 1949 zur „provisor. V." konstituierte.

Volkskirche, die überwiegende Form des kirchl. Lebens in Dtschld. u. a. westeurop. u. den skandinavischen Ländern, während sich z. B. in den USA die Freikirche von Anfang an durchgesetzt hat. Der Begriff der V. ist insofern unscharf, als nicht alle Glieder eines Volks durch Geburt zur Kirche gehören, sondern nur die Getauften. Die enge Verbindung zwischen Kirche u. Staat (Staats- u. *Territorialkirche*) führte aber dazu, daß bis heute die überwiegende Mehrheit des Volks zur Kirche gehört. Seit 1918 gibt es in Dtschld. keine Staatskirche mehr, die V. aber blieb erhalten, selbst im nat.-soz. Staat. Seit dem 18. Jh. entstanden in Dtschld. (wie in England, Holland, Amerika) Freikirchen aus dem freiwilligen Zusammenschluß ihrer Glieder u. erhielten auch Körperschaftsrechte. Die ev. Christenheit in Dtschld. umfaßt heute V.n u. Freikirchen, diese mit stärkerem Engagement ihrer Glieder. In der DDR verstärken sich die freikirchl. Merkmale.
Trotz der konfessionellen Spaltung gibt die Verbindung zwischen Kirche u. Volk der Kirche viele Möglichkeiten, durch die öffentl. Religionsausübung, durch Fühlungnahme mit Regierungen, Parlamenten u. Parteien auf Gesetzgebung u. Meinungsbildung (Presse, Massenmedien, Religionsunterricht, Erwachsenenbildung) u. soziale Gestaltung einzuwirken (z. B. Diakonisches Werk, Caritas). Kirchl. Handlungen u. Sitten (Taufe,

Konfirmation, Trauung, Begräbnis) prägen vielfach noch das Volksleben trotz des Rückgangs der Zahl praktizierender Kirchenglieder. Durch neue Formen der Aktivität sucht die V. Auftrag u. Verantwortung im Volksleben wahrzunehmen (Denkschriften der EKD, Akademie- u.a. Tagungen, Arbeitsgruppen). Die Kirchensteuer ist starker Kritik ausgesetzt. Eine lebhafte Diskussion ist im Gang, ob die volkskirchl. oder die freikirchl. Gestaltung günstigere Möglichkeiten bietet, den kirchl. Auftrag auch im Volksleben zu erfüllen.

Volkskommissar, in der Sowjetunion 1917–1946 Bez. für Minister. Die Ministerien hießen *V.iate.*

Volkskommune, Verwaltungseinheit des chines. kommunist. Staates, 1958 anstelle der ländl. Gemeinden eingerichtet. Die V. ist nach Einführung der Produktionsgenossenschaften (1956) die nächste Stufe auf dem Weg zur Sozialisierung der Landwirtschaft. Sie umfaßt zwischen 2000 u. 20000 Familien (im Durchschnitt rd. 4700) u. gliedert sich in Produktionsbrigaden auf, die sich meist aus den Bewohnern eines Dorfs zusammensetzen. Boden, Vieh u. Arbeitsgeräte sind Kollektiveigentum. Aufgabe der V. ist es, die landwirtschaftl. Produktion insbes. durch Elektrifizierung u. Mechanisierung zu fördern u. darüber hinaus Industrie, Verkehrswesen, Schulen u. soziale Einrichtungen aufzubauen bzw. zu verbessern. – 📖 5.8.2.

Volkskongreß, *Dt. V. für Einheit u. gerechten Frieden*, zentrales parlamentar. Beratungs- u. Propagandagremium in der SBZ vor der Gründung der DDR. Dem von der SED gesteuerten V. gehörten Delegierte der Parteien u. Organisationen der SBZ sowie Sympathisanten aus den Westzonen an; er beanspruchte das Recht, für Gesamtdeutschland zu sprechen. Der 1. V. tagte im Dez. 1947 (zur Beeinflussung der Londoner Außenministerkonferenz), der 2. V. im März 1948, der 3. V. im Mai 1949. Der 1. u. 2. V. waren nicht gewählt, der 3. V. ging aus einer Einheitslistenwahl hervor. Er bestätigte die Verfassung der DDR u. wählte den *Dt. Volksrat*, der sich im Okt. 1949 zur provisor. Volkskammer der DDR konstituierte. Aus der „V.-Bewegung" ging die *Nationale Front* in der DDR hervor.

Volkskorrespondent, in der DDR ein Verbindungsmann zwischen Zeitungsredaktion u. Leserschaft, der aus seinem engeren Lebenskreis (Arbeitsplatz) berichten u. die polit. Arbeit der Zeitung ausrichten helfen soll.

Volksküchen, gemeinnützige Speiseanstalten für Notleidende, wurden seit etwa 1850 in Großstädten (München 1848, Leipzig 1849) errichtet, später vielfach ein Teil der öffentl. Wohlfahrtspflege.

Volkskultur, *populäre Kultur, Alltagskultur*, im Gegensatz zur „Hochkultur" die Kultur der breiten Massen. Zwischen den verschiedenen Kulturschichten bestehen enge Zusammenhänge: H. *Naumann* stellte dem „primitiven Gemeinschaftsgut" das aus den Oberschichten herab-„gesunkene Kulturgut" als eine Art Imitationssystem gegenüber; R. *Weiss* sah in jedem Menschen in unterschiedl. Grad das „Volkstümliche" wirksam, das sich aus den Komponenten „Tradition" u. „Gemeinschaft" zusammensetzt. Eine wertende Trennung zwischen der V., die vielfach als Bauernkultur verstanden wurde, u. der („schlechten") *Massenkultur* läßt sich nicht aufrechterhalten, weil sich die V. dem Zugriff der Kulturindustrie nicht entziehen kann. Die V. wird von der *Volkskunde* erforscht u. durch den Rücklauf volkskundl. Forschungsergebnisse u. Darstellungen beeinflußt. →auch Folklorismus, Volkstumspflege.

Volkskunde, die Wissenschaft von der populären Kultur, von der Alltagskultur (im allg. der Industrienationen, im Unterschied zur *Völkerkunde*). Die V. untersucht populäre Werte (z.B. Heimat, Religion, Arbeit, Schönheit) u. Normen in der Gesamtkultur oder in Subkulturen, indem sie einerseits kulturale Objektivationen wie z.B. Lieder, Frömmigkeitsäußerungen, Hobby-Erzeugnisse, Bräuche u. ihre Funktion, andererseits die meist nur scheinbar subjektiven Einstellungen u. Meinungen zu diesen Objektivationen analysiert. Dabei werden die gesellschaftl. Prozesse (Diffusion, gesunkenes Kulturgut, Kulturindustrie) bes. beachtet u. damit das soziale Gefälle (Ober-, Unterschichten) u. die histor. Dimension (Tradition) ins Blickfeld gerückt. Die V. ist also eine Sozialwissenschaft mit bes. Berücksichtigung des kulturalen Aspekts, die im allg. bei sozialen Problemen ansetzt (z.B. zähe Traditionen, Gastarbeiter, Wohnverhältnisse, sog. Volksjustiz, sog. Kitsch, sog. Trivialliteratur) u. von daher ihre Bedeutung gewinnt. Soziologie (bes. Kultursoziologie), Sozialpsychologie, Ethnologie, Ethnosoziologie, Kultur- u. Sozialanthropologie sind wichtige Nachbardisziplinen.

Neben dieser neueren besteht noch die ältere Auffassung von V. als der Wissenschaft, die das „Leben in überlieferten Ordnungen" (L. *Schmidt*) erforscht, u. als der Wissenschaft vom Volkstümlichen, wobei sich das Volkstümliche aus „Gemeinschaft" u. „Tradition" zusammensetzt (R. *Weiss*). Weil der Rücklauf wissenschaftl. Erkenntnisse in der V. bes. auffällig ist, wird er zu einem eigenen Forschungsgegenstand; auf diese Weise wirkt die Wissenschaftsgeschichte, bes. ihr romant.-restaurativer Strang, bis heute nach.

Die Anfänge der V. sieht man heute einerseits in den statist. Landesbeschreibungen der späten Aufklärung, andererseits in der romant. Suche nach dem „Ursprünglichen", „Echten", „Naiven". Obwohl sich beide Ansätze nicht streng trennen lassen, setzte sich die konservative Richtung für lange Zeit durch; eine „V. des Proletariats" (W. E. *Peuckert*) war wenig gefragt, das Interesse galt „dem Bauern". Eine vermeintl. wertfreie „Volkstumsideologie" gab dem Nationalsozialismus den Weg in große Gebiete der V. frei. Die selbstkrit. Revision des Fachs ist noch im Gang.

Für die wissenschaftl. Entwicklung war die Wissenschaftsorganisation von Bedeutung: regionale V.-Vereine, seit 1904 zusammengeschlossen im „Verband der Vereine für V." (seit 1963 *Dt. Gesellschaft für V.*), sog. Landesstellen für V., zentrale Forschungs- u. Sammlungsstellen wie das „Dt. Volksliedarchiv" in Freiburg i.Br., V.-Museen u. volkskundl. Abteilungen in kulturhistor. Museen, Zeitschriften u. die volkskundl. Seminare u. Institute an den Universitäten. – 📖 3.6.5.

Volkskunst →S. 175.

Volksläufe, zuerst von der Schweizer. Gemeinschaft für V., später auch in Österreich u. in der BRD durchgeführte Lauf- u. Gehwettbewerbe, die von breiten Volksschichten zur Erhaltung der Volksgesundheit bestritten werden sollen. Die Wettbewerbe werden im Wald oder im freien Gelände ausgetragen; die Strecke wird mit roten u. weißen Fähnchen gekennzeichnet. Die Länge der Läufe beträgt zwischen 1 km für Schüler u. 30 km für Männer. In der BRD werden V. u. Volksgehen vom Dt. Leichtathletik-Verband, von den Kommunen oder örtl. Sportvereinen veranstaltet u. betreut. →auch Jogging, Wandern.

Volkslied, im Gegensatz zum *Kunstlied* ein populäres Lied, das im allg. mündl. überliefert u. weitergegeben wird (z.B. Kinderlied, Totenklage, geistl. V., erzählendes u. histor. V., Arbeits- u. Arbeiterlied, Liebeslied, Heimatlied u.a.). Doch sind die Übergänge fließend, die Grenzen oft willkürl. gezogen. Der Annahme, daß die V.er anonym im Volk entstünden (*Produktionstheorie*), wurde schon zu Beginn des 20. Jh. der Nachweis entgegengesetzt, daß auch die V.er individuelle Autoren haben (*Rezeptionstheorie*); Zersingen, Zurechtsingen oder Umsingen – die einzelnen Begriffe enthalten unterschiedl. Wertungen – begleiten häufig den Prozeß der Popularisierung. Auch die Annahme unverwechselbarer Stilmerkmale (z.B. Bilderreichtum, Formelhaftigkeit in Text u. Melodie) verwarf die Forschung, indem sie darauf hinwies, daß der jeweilige Zeit- u. Modestil keine durchgängig einheitl. Form entstehen läßt. Die Behauptung, daß V.er wertvoll seien, wurde durch die Publikation derb erotischer Lieder relativiert, die in die V.-Ausgaben des 19. u. frühen 20. Jh. normalerweise nicht aufgenommen worden waren. Nicht zuletzt diese V.ausgaben u. V.bearbeitungen trugen zur Konservierung des V.s bei; nur in begrenztem Maß fallen die Bemühungen der Gesangvereine u. der Singbewegung unter das, was manche als lebendiges Singen bezeichnen: das V. hatte durch Wiederbelebung sein zweites Dasein angetreten, das sich heute im Liedgut verschiedener Chöre, der Schule, der sog. offenen V.ersingen u.ä. u. in der neuerl. Wertschätzung des *Folksong* äußert. Als V. gesungen werden vielfach auch Operettenmelodien u. Schlager, die als *Evergreen* oft ein beträchtl. Alter erreichen. Im Zeitalter der Kulturindustrie läßt sich der passive Konsum von Liedern als wichtiger Bestandteil der Volkskultur nicht übersehen. Schließl. machen auch die neuen techn. Möglichkeiten (Schallplattenindustrie, Radio, Fernsehen) den Begriff der mündl. Tradition fragwürdig. Aus alledem ergibt sich, daß es eine sehr vereinfachende Sehweise wäre, wenn man den Schlager als das „V. unserer Tage" bezeichnete (Funktionsäquivalent), so sehr sich auch eine moderne V.forschung um Diffusion, Rezeption (Hitlisten) u. Parodie von Schlagern kümmern müßte. – 📖 3.6.5.

Volksmehr [das], *schweizer. Staatsrecht:* Mehrheit der Schweizer Stimmberechtigten. →auch Ständemehr.

Volksmission, außerhalb des üblichen gottesdienstlichen Rahmens stattfindende Veranstaltung zur religiösen Erneuerung durch Predigten u. Andachten (Zeltmission, Telefonseelsorge); in der ev. Kirche Aufgabe der Landeskirchen u. des Diakon. Werks; in der kath. Kirche Aufgabengebiet zahlreicher Mönchsorden u. in neuerer Zeit von Pfarrern u. Laien.

Volksmusik, populäre Instrumentalmusik, die für bestimmte Regional- oder Nationalkulturen charakteristisch ist oder dafür gehalten wird. Der alte Vorrat an V.instrumenten umfaßt Lang- u. Querflöte, Dudelsack, Drehleier, Hackbrett, Zither, Harfe, Schlaginstrumente aller Art, Geige, Klarinette u. Oboe. Die musikal. Formen sind der geschrittene (*Allemande*) u. der gesprungene Tanz im $^4/_4$- oder $^3/_4$-Takt, aus der gleichen Melodie entwickelt. Faßbar wird die V. erst seit 1800, vor allem in Österreich. Der geschrittene Tanz ist zum Aufzug (*Marsch*), der gesprungene zum *Ländler* geworden. 2 Klarinetten, Baß- u. Hackbrett waren Klangträger, später auch Trompete oder Geige. Das Hackbrett als Träger der Harmonie wurde bald durch Zither oder Ziehharmonika ersetzt. Wandlungen zeigen sich auch im Melodienrepertoire, in das im 19. Jh. Opern-, später auch Operettenmelodien Eingang fanden, während sich daneben die älteren Formen Marsch, Polka, Mazurka u. Rheinländer hielten. Im 20. Jh. wird die V.-Pflege von großer Bedeutung; Blaskapellen, Jugendmusikschulen, Veranstaltungen folklorist. Art zeugen davon. – 📖 3.6.5.

Volkspoesie, *Volksdichtung*, Formeln u. Formen literar. u. sprachl.-inhaltl. Überlieferungen im Bereich der populären Kultur. Neben den umfangreicheren Erzählformen wie Märchen, Sage, Legende, Schwank, Beispiel, Exempel u. Anekdote u. szen. u. musikal. Formen wie Schauspiel (*Volksschauspiel*) u. Lied (*Volkslied*) gehören dazu auch unzählige kleine Sprachformeln u. Sprachspiele wie Rätsel, Witz, Spruch, Inschrift, Redensart, Sprichwort, Spielformeln der kindl. Welt (Auszählverse, Fingerspiele, Abc-Reime, Tierreime u.ä.) u. allerlei Funktionsformeln: Kontaktformeln (Gruß, genormte Anrede), Wünsche u. Heischeverse, Kultformeln (Gebet, Zauberspruch, Beschwörungsformel) u. Rhythmusformeln, die bestimmten Arbeitsrhythmen entsprechen.

Die Bez. V., die zuerst bei J. G. *Herder* erscheint, wie z.T. auch die damit gemeinte Sache, ist eine Erfindung des 18. Jh.; das schon damals betonte Merkmal der angebl. Anonymität der V. spielt jedoch bis heute eine Rolle. Bes. am Beispiel des Märchens wurden die Fragen der Herkunft u. Entstehung von V. untersucht. Manche meinten, die Märchenmotive stammten aus einer gemeinsamen Urkultur (Erbtheorie); andere dachten an gleichzeitige u. doch voneinander unabhängige Entstehung an vielen Orten (Elementartheorie); bes. viel für sich scheint die Wandertheorie zu haben, die sich die weite Verbreitung ähnl. Motive durch interkulturellen Austausch erklärt. Die Herkunftsfrage u. die Versuche, die vorliterar. Formen in Typen mit bestimmten Merkmalen einzuteilen, rücken jedoch, da die mündl. tradierte V. immer weniger von der populären Konsumliteratur zu scheiden ist, in den Hintergrund zugunsten der Beachtung der Funktion. – 📖 3.6.5.

Volkspolizei, Abk. *VP, Vopo*, in der DDR seit 1949 Sammelbezeichnung für die Ordnungspolizei mit Schutz-, Kriminal-, Verwaltungs- u. Verkehrspolizei unter der Leitung der *Hauptverwaltung Dt. V.* (Abk. *HVDVP*) mit Bezirksbehörden u. Kreisämtern. →auch Kasernierte Volkspolizei.

Volksrecht, 1. *V.e*, Aufzeichnungen der Rechte der german. Stämme zwischen dem 5. u. 9. Jh. in latein. Sprache; z.B. →Lex Salica.

2. volkstümliches, verständliches Recht im Gegensatz zu dem modernen durchgearbeiteten u. daher notwendig technisierten „Juristenrecht".

Volksreligion, ein Strukturtyp der Religion, der auf ein Volk als Träger beschränkt ist, dessen Gottheiten Gemeinschaften wie Familie, Sippe, Stamm, Volk zugeordnet u. auf sie beschränkt sind, in dem das Heil als positiver u. konstanter Kontakt des Volks mit seiner Gottes- oder Götterwelt ge-

Volkstrachten aus Kitzbühel

geben ist u. durch Kultus erhalten werden muß. →auch Universalreligion.

Volksrepublik, Staatsbez. vieler kommunist. Länder (→auch Volksdemokratie), aber auch mehrerer Staaten der Dritten Welt.

Volksrichter, allg. →Laienrichter. – In der DDR hießen V. die Berufsrichter, die bis 1954 aus einer Kurzausbildung hervorgingen. Die V. mußten bis 1960 das Staatsexamen nachholen.

Volksschauspiel, theatral. Formen verschiedenen Umfangs u. Inhalts, verschiedener Art u. Herkunft im Bereich der Volkskultur. Das V., dessen verwickelte Geschichte u. a. auf liturg. Formen des MA, auf höf. Theater, auf Schultheater u. auf bes. Formen des Volksbrauchs verweist, äußert sich heute vorwiegend im Vereins- u. Naturtheater u. im *Laienspiel,* wobei histor. Stoffe, Rührstücke u. Schwänke zu den bevorzugten Inhalten gehören. Daneben sind z.T. *Brauchspiele* (z.B. Umzugs-, Stubenspiele) an bes. Terminen (Dreikönig, Fastnacht, Martini, Weihnachten) erhalten, wiederbelebt oder neu eingeführt worden. – ⌸ 3.6.5.

Volksschule, früher *Elementarschule,* Pflichtschule, umfaßt in den Ländern der BRD unterschiedlich 8–10 Jahrgänge. Die Schuljahre 1–4 heißen *Grundschule,* 5–10 *Hauptschule.* Die V. hat die Aufgabe, die gesamte Jugend beiderlei Geschlechts zu unterrichten u. zu erziehen. Die Gliederung ist nach Schülerzahl u. Größe der Gemeinden verschieden (ein- u. mehrklassige V.n). Die Schulaufsicht übt der Staat aus; Unterhaltungsträger sind Staat u. Gemeinden. Der Besuch der V. ist unentgeltlich. →Schulrecht. – ⌸ 1.7.5.

Volksschullehrer →Lehrer.

Volkssolidarität, 1945 gegr. Wohlfahrtsorganisation in der DDR; Hauptaufgabe ist die Einbeziehung der Rentner in das gesellschaftl. Leben u. ihre polit.-fürsorgerische Betreuung; Sitz: Ostberlin.

Volkssouveränität →Souveränität.

Volksstaat →Demokratie.

Volkssternwarte, astronomisches Observatorium, das der Öffentlichkeit zugänglich ist.

Volksstück →Volksschauspiel.

Volkssturm, durch Erlaß Hitlers vom 25. 9. 1944 gebildete Kampforganisation, die die dt. Wehrmacht im 2. Weltkrieg unterstützen u. den „Heimatboden mit allen Waffen u. Mitteln" verteidigen sollte. Die aus 16- bis 60jährigen Männern zusammengesetzten Einheiten unterstanden den NSDAP-Gauleitern. Verantwortl. für Ausbildung u. Kampfeinsatz war H. *Himmler* als Befehlshaber des Ersatzheeres, für die polit. u. organisator. Fragen M. *Bormann.* Die Kampfkraft des V.s blieb infolge der Altersstruktur, der unzulängl. Ausrüstung, Bewaffnung u. Ausbildung gering.

Volkstanz, im Gegensatz zum populären Modetanz Tanzformen, die heute ihrer Tradition wegen geschätzt werden. Im europ. Kulturraum steht die Erhaltung u. Übung des V.es fast durchweg unter dem Vorzeichen des Folklorismus. Als sog. *Nationaltanz* gewinnt der V. bes. kulturelle u. polit. Bedeutung. →auch Volksmusik. – ⌸ 3.6.5.

Volkstheater, 1. *allg.:* →Volksschauspiel. **2.** *österr. Literatur: Alt-Wiener V.,* ein typ. Theater- u. Darstellungsstil, der aus der Tradition des Fastnachts- u. Passionsspiels u. der Bekehrungsdramen entstanden ist. Wanderbühnen verbreiteten in Stegreifkomödien („Pawlatschentheater") viele Elemente europ. Theaters (Commedia dell'arte, Harlekin, Pickelhäring). J. A. *Stranitzky* schuf im *Kärntnertor-Theater* (1710) die Gestalt des *Hanswurst,* auf den *Kasperl, Staberl* u. *Thaddädl* zurückgehen; schriftl. fixiert wurden die Stücke bei Ph. *Hafner,* sie entwickelten sich im ausgehenden 18. u. beginnenden 19. Jh. zu Zauberspiel u. Posse (F. *Raimund,* parodist.-satir. bei J. *Nestroy,* pathet. bei L. *Anzengruber);* im 20. Jh. z. T. von der Operette abgelöst. Die letzte Stegreifbühne Mitteleuropas ist *Tschauners Stegreiftheater* in Wien. →auch österreichische Literatur.

Volkstracht, landschaftl. gebundene Kleidung bestimmter sozialer Gruppen u. Schichten (meist der Bauern). Im heutigen Begriff der V. schwingt die Bedeutung „malerisch, altertüml., originell" mit; die V. wird als im Gegensatz zur *Mode* stehend empfunden. Dies entspricht jedoch nicht den histor. Tatsachen: die V. war stets von der Mode abhängig; sie ist ein Ergebnis verschiedener Moden, sozialer Zustände u. Prozesse. Die heutigen „Schau"-V.en sind weithin aus Festtagstrachten hervorgegangen; daneben darf man die Berufs- u. Arbeitskleidung nicht übersehen. Unterschiede in der V. hingen u. a. von der Konfession, vom Familienstand, von der sozialen Stellung u. bes. Umständen ab (z.B. Trauer). Daß die V. stets in Entwicklung begriffen war, zeigen einerseits stilist. Einzelheiten aus oberschichtl. Moden, die in V.en eingegangen sind, andererseits die zahlreichen „Kleiderordnungen", mit denen die Obrigkeit in den Wandlungsprozeß einzugreifen u. die Privilegien der oberen sozialen Schichten zu bewahren versuchte. – Heute steht die V. weithin unter dem Vorzeichen des Folklorismus. Aus der ursprüngl. als Gegenmode gedachten *Trachtenbewegung* ist selbst eine Mode geworden. Außer in den Trachtenvereinen spielt die V. als maler. Requisit der V. auch in Festumzügen, in der Werbung u. im Tourismus eine Rolle. – ⌸ 3.6.5.

Volkstrauertag, nationaler Trauertag zum Gedenken der Opfer des Nationalsozialismus u. der Toten beider Weltkriege: 2. Sonntag vor dem 1. Advent.

Volkstumspflege, die positive Darstellung u. Pflege von Elementen der Volkskultur oder dessen, was die Öffentlichkeit für Volkskultur hält („Volkstum"). Die Wurzeln der V. liegen in der romant. Hochschätzung des angeblich naiven Volks; sie wird heute von staatl. Institutionen, Vereinen, Heimatpflegern u. Amateuren getragen u. äußert sich in Trachten-, Brauch-, Volkstanz-, Volkslied- u. Denkmalpflege.

Volksverein, V. für das kath. Deutschland, 1890 von F. *Hitze* u. L. *Windthorst* gegr. zur sozialen, staatsbürgerl. u. religiös-kulturellen Belehrung u. Schulung; 1933 aufgelöst.

Volksverhetzung, nach § 130 StGB strafbarer Angriff auf die Menschenwürde einzelner Gruppen der Bevölkerung (Hetze, Beschimpfung, Verleumdung, Auffordern zu Gewalt oder Willkürmaßnahmen).

Volksvermögen, Zusammenfassung aller wirtschaftl. Realgüter einer Volkswirtschaft zuzügl. Forderungen an das Ausland (z.B. Gold, Devisen) u. abzügl. Auslandsschulden. Die Ermittlung des V.s erfolgt nach der personalen Methode, die bei den Besitzern von Sachgütern ansetzt, oder nach der realen Methode, die ohne Berücksichtigung der Besitzer die Werte der Sachgüter ermittelt. Hauptprobleme der V.srechnung bestehen in der Erfassung aller Vermögensobjekte u. ihrer Bewertung. Die Verfügung über bestehendes Vermögen u. die Verteilung des Vermögenszuwachses einer Volkswirtschaft auf die sozialen Gruppen einer Gesellschaft ist Gegenstand gesellschafts- u. wirtschaftspolit. Bemühungen.

Volksversammlung, die Versammlung aller wahl- u. abstimmungsberechtigten (→Wahlrecht) Aktivbürger; in den antiken Republiken u. als *Landsgemeinde* noch heute in einigen Kantonen der Schweiz höchstes Staats- u. Gesetzgebungsorgan. →auch plebiszitäre Demokratie.

Volksversicherung, eine Lebensversicherung mit niedrigen Versicherungssummen (bis zu 5000 DM), deren Prämien wöchentl. oder monatl. gezahlt werden; →auch Lebensversicherung.

Volksvertretung →Parlament.

Volkswagenwerk AG, Wolfsburg, Unternehmen der Kraftfahrzeugindustrie, 1938 zur Herstellung des von F. *Porsche* konstruierten Volkswagens als GmbH gegr.; seit 1949 unter Treuhänderschaft des Bundes u. vom Land Niedersachsen verwaltet. Aufgrund eines am 28. 7. 1960 in Kraft getretenen Gesetzes wurde das Unternehmen in eine AG umgewandelt u. teilprivatisiert; Grundkapital 1,2 Mrd. DM (je 20% des Kapitals sind noch im Besitz des Bundes u. Niedersachsens); Werke in Wolfsburg, Hannover, Braunschweig, Salzgitter, Kassel u. Emden; Produktion von Personen-, Liefer-, Kombi- u. Pritschenwagen; Konzernumsatz 1980: 33,3 Mrd. DM; 258 000 Beschäftigte; Tochtergesellschaften: *Audi NSU Auto Union AG,* Neckarsulm/Ingolstadt; *Volkswagen of America, Inc.,* Englewood Cliffs, N.J.; *Volkswagen Manufacturing Corp. of America,* Warren, Mi.; *Volkswagen do Brasil S.A.,* São Barnardo do Campo, u.a.

Volkswagenwerk-Stiftung = Stiftung Volkswagenwerk.

Volkswettbewerbe, nicht vereinsgebundene sportl. Wettbewerbe, bei denen es nicht auf die Höchstleistung, sondern auf die persönl. Bewährung im Rahmen der Leistungsmöglichkeit des einzelnen ankommt. V. werden im Ballspielen, Laufen, Gehen *(Wandern),* Schwimmen u. Skilaufen durchgeführt. →auch Trimmspiele, Volksläufe.

Volkswirt, *Nationalökonom,* ein Wirtschaftswissenschaftler, der sich in Forschung, Lehre u. Praxis um die Klärung der drei Grundfragen der *Volkswirtschaftslehre* bemüht: 1. Steuerung der arbeits-

Volkswagenwerk AG, Wolfsburg

Volkskunst

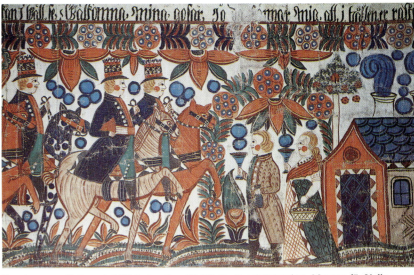

Brautzeug aus Dalarna in Mittelschweden; 18./19. Jh. Basel, Schweizer. Museum für Volkskunde

VOLKS-KUNST

Schrank aus dem Alpbachtal in Nordtirol; um 1700. Nürnberg, Germanisches Nationalmuseum (links). – Köpfe und Masken an einem Haus in Tauberbischofsheim (rechts)

Mangelbretter waren Hochzeitsgaben; 18. Jh. Schleswig, Museum

Aus einem Wurzelstock geschnitzte Märchenfigur im Park „Riviera" in Sotschi

Schmiedeeisernes Grabkreuz auf dem Friedhof von Attersee

Volkskunst

Norwegischer Bauernteppich mit der Anbetung der Drei Könige. Oslo, Volkskunde Museum Drammen (links). – Lebkuchen als Liebesgaben. Dresden, Sammlung Kronberger (rechts)

Jüdischer Laden; naive Kunst aus Polen — Kastenkrippe aus Aix-en-Provence. München, Bayer. Nationalmuseum

Volkskunst, *Trivialkunst,* eine als im Gegensatz zur „Hoch-" oder „Stilkunst" stehend gedachte Kunstform, die selbst wiederum vorwiegend durch stilist. Merkmale definiert ist. Diese Merkmale (Formelhaftigkeit, Flächigkeit, Symmetrie, Tier- u. Pflanzenornamente, Reihung, Angst vor der leeren Fläche u.ä.) wurden zwar vorwiegend an Werken des 18. u. frühen 19. Jh. (Möbel-, Hinterglas-, Votivbildmalerei) gewonnen, galten aber, weil sie an manche Werke früherer Kunstepochen (bes. der Romanik) erinnerten, als zeitlose, anonyme, naiver Schmuckfreude entsprungene, selbständige „Bauernkunst". Alle diese Annahmen haben sich nicht halten lassen: meist handelt es sich um Kunstäußerungen von Handwerkern, Werkstätten u. Manufakturen, die, wenn auch z.T. in charakterist. Abwandlungen, modische Einflüsse erkennen lassen; als Auftragskunst dienten sie der Repräsentation u. spiegeln damit die soziale Schichtung wider.

Bis um 1900 wurde die V. kaum beachtet; sie galt als häßlich u. primitiv. Nicht zuletzt die Expressionisten trugen dazu bei, daß sie sich heute bei Sammlern u. Museumsbesuchern großer Beliebtheit erfreut.

Die Volkskunstforschung, wenn sie sich nicht rein histor. betätigt (manche datieren das Ende der V. auf den Beginn der Industrialisierung), läßt zwei Schwerpunkte erkennen. Auf der einen Seite wird die eigenschöpfer. Produktion (Kreativität) betont, wie die Begriffe der *Laien-* u. der *Feierabendkunst* zeigen: kunstvoll gestaltete Vorgärten, Blumenteppiche bei Fronleichnamsprozessionen, skurrile Märchengärten u. Hexenhäuser, Wurzelschnitzereien u. Feierabendmalereien sowie Hobbies u. ihre Funktionen überhaupt rücken in den Blickpunkt. Auf der anderen Seite wird der Konsum beachtet, wie schon der ältere Begriff der *Massenkunst* ausweist, der sich nicht erst auf das Industriezeitalter anwenden läßt: der Holzschnitt u. in noch stärkerem Maß Lithographie, Stahlstich u. moderne Reproduktionstechniken haben die massenhafte Verbreitung von Kunst erlaubt. Der Begriff V. erlangt hier in gewisser Hinsicht die Bedeutung, die er in den Volksbildungsbestrebungen des späten 19. Jh. hatte: Kunst für das Volk.

Die Funktionen populärer Kunst (zu dieser gehören auch Bilder von Film- u. Schlagerstars sowie serienmäßig angefertigte „originale" Landschaftsbilder in Öl) u. populäre Einstellungen zur Kunst lassen sich jedoch im Zeitalter der Kulturindustrie weniger denn je unabhängig von ihrem sozialen Bezug erkennen. – ▫ 3.6.5.

Volkswirtschaft

teiligen Wirtschaft, 2. Einkommensverteilung u. 3. Sicherung eines von starken Konjunkturschwankungen freien, stetigen Wirtschaftswachstums. →auch Diplom (Diplom-Volkswirt).

Volkswirtschaft, die Gesamtheit der Einzelwirtschaften eines Staats in ihren Beziehungen zueinander u. zum Staat.

volkswirtschaftliche Gesamtrechnung, die systematische statist. Analyse (Erfassung der relevanten Daten in einem Kontensystem) der Liefer- oder Empfangsbeziehungen, Käufe u. Verkäufe, Forderungen u. Verpflichtungen sowie des Vermögens. Grundlage der v.nG. ist die Interdependenz des Wirtschaftshandelns, d.h. dessen Darstellbarkeit in Form eines geschlossenen Kreislaufs (→Wirtschaftskreislauf). Kern der v.nG. ist die Sozialproduktsberechnung, d.h. die Erfassung der Entstehung, Verteilung u. Verwendung des *Sozialprodukts*. Prinzip der v.nG. ist die (meist noch unvollständige) zweiseitige Verbuchung (realer Strom: Verkauf [1] – Kauf [2]; monetärer Strom: Zahlungseingang [1] – Zahlungsausgang [2]; [1] = einseitige interne Buchungen, [2] = Gegenbuchungen) der ökonom. Transaktionen (Übergang eines Gutes oder einer Forderung von einer Wirtschaftseinheit auf eine andere). Ein vollständiges Kontensystem besteht aus Produktions-, Einkommensentstehungs-, -verteilungs-, -umverteilungs-, -verwendungs-, Vermögens-, Kreditänderungs- u. Auslandskonten. Die Kenntnis des gesamten Systems kann den Wirtschaftspolitiker zur Beurteilung des Erfolgs wirtschaftspolit. Mittel wie auch zur Voraussschätzung der Wirkungen zukünftiger Maßnahmen befähigen. – ▫ 4.4.2.

Volkswirtschaftslehre, *Nationalökonomie, Sozialökonomik, politische Ökonomie,* die Wissenschaft, die „menschl. Verhalten untersucht als Beziehung zwischen Zielen u. knappen Mitteln, welche verschiedene Verwendungsmöglichkeiten haben" (L. Robbins); ist als *allgemeine (theoretische) V. (Wirtschaftstheorie)* u. *spezielle (angewandte) V. (Volkswirtschaftspolitik)* ein Hauptgebiet der Wirtschaftswissenschaften neben Betriebswirtschaftslehre, Finanzwissenschaft u. Statistik; steht in enger Verbindung zur Geschichte (Wirtschaftsgeschichte), Geographie (Wirtschaftsgeographie), Psychologie, Rechtswissenschaft u. Soziologie. Die Fragestellung der theoret. V. richtet sich auf Wesen u. Gesetzmäßigkeiten der Gütererzeugung (Produktion), Einkommensverteilung (Distribution) u. Einkommensverwendung (Konsum u. Ersparnis), die Bestimmungsfaktoren (Geld, Kredit, Investition, Wert, Preis, Marktformen, Wirtschaftsordnung usw.) u. das Wesen wirtschaftl. Vorgänge (Konjunkturen u. a.). Die spezielle V. wendet die Erkenntnisse der theoret. V. auf konkrete Tatbestände an. – ▫ 4.4.0.

Geschichte: Ansätze zur Beantwortung wirtschaftl. Fragen finden sich bei Philosophen der Antike (Aristoteles) u. Scholastikern (Thomas von Aquin, Oresmius). Im *Merkantilismus* wurde wirtschaftspolit. Einzelforschung betrieben. Die erste systemat. Erklärung volkswirtschaftl. Erscheinungen gelang den *Physiokraten* (F. Quesnay, A. R. J. Turgot). Als Schöpfer der V. gilt der Begründer der →klassischen Nationalökonomie, Adam *Smith*. Die klass. V. wurde ausgebaut durch D. *Ricardo*, Th. R. *Malthus*, J. St. *Mill*, J. B. *Say*, N. W. *Senior*, H. Ch. *Carey*; in Dtschld. durch F. B. W. von *Hermann* u. J. H. von *Thünen*. Der liberalen, individualist. klass. Nationalökonomie, insbes. dem *Manchestertum*, erwuchs die Gegnerschaft des *Sozialismus*, der bes. den Eigennutz als wirtschaftl. Ordnungsprinzip angriff (Ch. *Fourier*, P. J. *Proudhon*, J. C. *Rodbertus-Jagetzow*, F. *Lassalle*, K. *Marx*).

Die ältere u. jüngere →Historische Schule in Dtschld. ersetzte die deduktive Forschungsmethode durch die induktive (geschichtl.) u. bestritt die Allgemeingültigkeit wirtschaftl. Gesetze. (Hauptvertreter der älteren Richtung: W. *Roscher*, B. *Hildebrand*, K. *Knies*; der jüngeren Richtung: G. von *Schmoller*, G. F. *Knapp*, K. *Bücher*.) In den USA entwickelte sich später der →Institutionalismus. Die →Grenznutzenschule (C. *Menger*, F. Frhr. von *Wieser*, E. von *Böhm-Bawerk*, *Österr. Schule*) entwickelte eine subjektive Wert- u. Preislehre, auf der auch die *Lausanner Schule* (L. *Walras*, V. *Pareto*) aufbaute. Walras gelang die Darstellung des allg. Gleichgewichts in der Volkswirtschaft. In Großbritannien gelang es A. *Marshall*, die Lehren der Grenznutzenschule mit der klassischen Nationalökonomie zu verbinden.

Nach dem 1. Weltkrieg versuchte eine neoklassische Richtung (G. *Cassel*, Adolf *Weber*) unter Ablehnung der Grenznutzenlehre der V. ein neues Gepräge zu geben, indem sie auf die Wertlehre völlig verzichtete. In den 1930er Jahren wirkte unter dem Eindruck der katastrophalen Weltwirtschaftskrise die Lehre von J. M. *Keynes* revolutionierend (Gleichgewicht in unterbeschäftigter Volkswirtschaft); in den 1940er Jahren gelang durch J. *Robinson*, H. Frhr. von *Stackelberg* u. E. H. *Chamberlin* eine Verbreiterung u. Vertiefung der Preistheorie (Oligopol, monopolistische u. unvollständige Konkurrenz). Unter dem Eindruck des schnell wachsenden Wohlstands in den Industrieländern u. des Dilemmas der Entwicklungsländer forscht bes. seit den 1950er Jahren die sog. *Wachstumstheorie* nach den Bedingungen eines stetigen Wirtschaftswachstums. Während die alten Krisen- u. Konjunkturtheorien in den Hintergrund getreten sind, bahnt sich heute eine Synthese der Geld- u. Kreditlehre mit der Güterlehre an. – ▫ 4.4.7.

Volkszählung, umfassende statist. Erhebung zur Feststellung der Bevölkerungszahl eines Landes u.

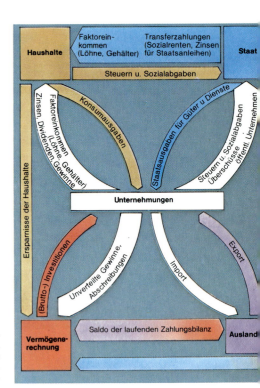

Volkswirtschaftliche Gesamtrechnung

ihrer soziolog. Gliederung; meist mit Berufs-, Wohnungs- u. Betriebszählung verbunden.

Vollbeschäftigung, ein wichtiges Ziel moderner Wirtschaftspolitik, alle vorhandenen Arbeitskräfte in Arbeit zu bringen u. ausreichend zu entlohnen. V. drückt sich im Fehlen unfreiwilliger Arbeitslosigkeit aus; sie gilt prakt. als verwirklicht, wenn die Arbeitslosigkeit 3% nicht übersteigt. Der theoret. Begründer der V.spolitik ist J. M. *Keynes*; die Anwendung des wirtschaftspolit. Grundsatzes vertreten vor allem gemäßigte sozialist. Richtungen.

Vollblut, ohne Beimischung anderer Rassen gezüchtete Tierrasse. In der Turfsprache bes. der V.-Traber (z. B. Orlowtraber), das orientalische V. (z. B. →Araber) u. das engl. V.

Vollcontainerschiff ['kɔnteːnər-; engl.], das reine →Containerschiff im Gegensatz zum →Teilcontainerschiff.

Volleder, Leder aus ungespaltenen Häuten oder aus Häuten, die durch Abspalten einer dünnen Schicht auf der Unterseite auf gleichmäßige Dicke gebracht wurden. Gegensatz: Spaltleder.

Vollerthun [f-], Georg, Dirigent u. Komponist, * 29. 9. 1876 Fürstenau, Danziger Werder, † 15. 9. 1945 Strausberg bei Berlin; 1933–1936 Prof. in Berlin. 4 Opern, Kantaten u. Lieder.

Volleyball ['vɔli-; engl.], *Flugball,* um 1900 in den USA entwickeltes Rückschlagspiel, das seit 1945 in der ganzen Welt große Verbreitung gefunden hat (über 100 Mill. Aktive). V. wird von zwei Mannschaften zu je 6 Spielern gespielt; das Spielfeld ist 18 × 9 m groß u. wird durch eine Mittellinie quadratisch geteilt. Seitwärts von der Mittellinie stehen die Netzpfosten, an denen das 9,50 m lange u. 1 m breite Netz angebracht ist; Netzoberkante 2,43 m für Männer, 2,24 m für Frauen. Der Ball wiegt 250–300 g, Umfang: 65–68 cm.

Der Ball muß ständig im Flug gehalten werden; berührt er den Boden, ergibt das für die Gegenpartei einen Pluspunkt. Von jeder Mannschaft darf der Ball höchstens dreimal gespielt werden; dabei kann ein Spieler zweimal an den Ball kommen, jedoch nicht direkt hintereinander. Der Ball darf mit den Händen „geschöpft", „gebaggert" (Tiefbälle von unten annehmen u. zuspielen) u. „geschmettert" werden. Der Aufschlag wird von dem Raum hinter der Grundlinie direkt ins gegnerische Feld ausgeführt. Nur die aufschlagende Partei kann Punkte gewinnen; Fehler der Aufschlagspartei führen zum Aufschlagswechsel. Ein Spiel ist entschieden, wenn eine Partei 3 Sätze gewonnen hat; ein Satz ist gewonnen, wenn eine Partei 15 Gutpunkte u. mindestens 2 Punkte mehr als der Gegner hat.

Organisation: *Dt. V.-Verband,* gegr. 1955 in Kassel, Sitz: Münster; 13 Verbände mit rd. 210000 Mitgliedern; seit 1955 Mitglied der 1938 gegr.

Volleyball: Zur Abwehr des gegnerischen Schmetterschlags bilden drei Spieler einen „Block"

Fédération Internationale de Volley-Ball (FIVB), die seit 1949 Weltmeisterschaftsturniere durchführt. In Österreich: Österr. V.-Verband, Wien, rd. 7500 Mitglieder; in der Schweiz: *Schweizer Volley-Ball-Verband*, Brugg, rd. 17 000 Mitglieder. – 🕮 I.1.9.

Vollholz, Holz im natürl. Zustand, mechanisch oder mechanisch-chemisch nicht verändert.

vollholzig, einen Baumstamm betreffend, dessen Durchmesser nach oben zu nur langsam abnimmt. Gegensatz: *abholzig*.

Volljährigkeit, *Großjährigkeit, Mündigkeit,* das Alter, mit dem die unbeschränkte Geschäftsfähigkeit beginnt, in der BRD u. der DDR die Vollendung des 18., in Österreich des 19., in der Schweiz des 20. Lebensjahrs. Die Neuregelung für die BRD (bisher: 21 Jahre) gilt ab 1. 1. 1975. →auch Alter (Altersstufen im Recht).

vollkantig, Bez. für ein allseitig rechtwinklig u. scharfkantig ausgebildetes Bauteil.

Vollkerf [der], *Imago*, das erwachsene, geschlechtsreife →Insekt.

Vollkernisolatoren, dünne Isolatoren, die kompakt aus Isoliermaterial (Porzellan) bestehen. Isolatoren großer Durchmesser sind hohl.

Vollkettenfahrzeug →Gleiskettenfahrzeug.

vollkommene Zahlen, natürliche Zahlen, deren Teilersumme gleich der Zahl selbst ist (die Zahl selbst wird nicht mitgezählt). So hat z.B. 28 die Teiler 1, 2, 4, 7, 14; ihre Summe ist 28. Die v.n Z. spielten eine bes. Rolle in der mittelalterl. Zahlensymbolik. Es ist nicht erwiesen, ob es unendlich viele oder endlich viele gerade v. Z. gibt; ungerade v. Z. hat man noch nicht gefunden.

Vollkornbrot, mit Mehl oder Schrot aus dem vollständigen Getreidekorn (mit Keim u. Randschich-

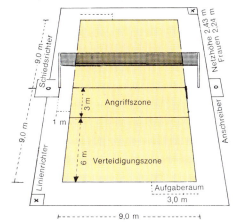

Volleyball: Spielfeld

ten) gebackenes Brot; hat etwas geringeren Kalorienwert, aber höheren Eiweiß- u. Vitamingehalt als Brot aus ausgemahlenem Mehl.

Vollmacht, die rechtsgeschäftl. Erteilung der bürgerl.-rechtl. Vertretungsmacht für den *V.geber* an einen oder mehrere *Bevollmächtigte*, als *General-V.* für alle oder als *Spezial-V.* für einzelne Rechtsgeschäfte. Die V.serteilung erfolgt durch Erklärung gegenüber dem zu Bevollmächtigenden oder dem Dritten, dem gegenüber die Vertretung stattfinden soll. Im Handelsrecht werden →Prokura u. →Handlungsvollmacht unterschieden.

Vollmachtenregime [-reˈʒiːm; frz.], *Schweiz:* die Führung des Landes durch den Bundesrat während der beiden Weltkriege aufgrund ihm durch die Bundesversammlung erteilter Vollmachten.

Vollmar, Georg von, Politiker (SPD), *7. 3. 1850 München, †30. 6. 1922 Urfeld am Walchensee; ursprüngl. Offizier; führender Vertreter der reformist. Richtung, befürwortete eine Mitarbeit seiner Partei in Staat u. Parlament. 1881–1887 u. 1890–1918 Mitglied des Reichstags.

Vollmer, Walter, westfäl. Erzähler, *2. 7. 1903 Dortmund-Westrich, †17. 2. 1965 Arnsberg; ursprüngl. Bergmann; Romane: „Die Ziege Sonja" 1934; „Die Pöttersleute" 1940; Heimatkundliches: „Westfäl. Städtebilder" 1963.

Vollmilch, Milch, die den behördl. gestellten Mindestforderungen an ihre Zusammensetzung (bes. Fettgehalt) genügt.

Vollmoeller, Karl Gustav, Dramatiker u. Lyriker, *7. 5. 1878 Stuttgart, †18. 10. 1948 Los Angeles; Auto- u. Flugzeugkonstrukteur; stand anfangs dem George-Kreis nahe. Dramen: „Catharina Gräfin von Armagnac" 1903; „Das Mirakel" 1912. Drehbuch „Der blaue Engel" u.a.

Vollmond, Oppositionsstellung des Mondes zur Sonne, Mondscheibe voll beleuchtet.

Vollperson, Maßeinheit in der Statistik: Bedarf bzw. Ausgaben für eine erwachsene männl. Person; Bedarf bzw. Ausgaben einer erwachsenen weibl. Person sowie von Kindern einzelner Altersstufen werden hierzu in Beziehung gesetzt, z.B. Mann (V.) = 1, Frau 0,9, Kinder zwischen 0,3 u. 0,7. Wird verwendet zur Umrechnung des Mengenverbrauchs bzw. der Verbrauchsausgaben von Personen unterschiedl. Alters u. Geschlechts auf eine vergleichbare Maßeinheit.

Vollreife, Reifezustand des Getreides vor der Totreife; die voll ausgereiften Körner beginnen sich aus der Ähre zu lösen (Ausfallverluste). Mähdrusch verlangt vollreifes Getreide.

Vollsalz, Kochsalz mit einem Zusatz von Kaliumjodid (5 mg pro kg Salz) zur Verhütung von Kropfbildung in Gegenden mit jodarmer Nahrung u. jodarmem Trinkwasser.

Vollschiff, großes Segelschiff mit 3, selten 4 vollgetakelten Masten. Das einzige V. mit 5 Masten u. zugleich das größte war die „Preußen" (Baujahr 1902, 5081 BRT, Tauwerk der Takelage 42 km lang; gestrandet 6. 11. 1910 bei Dover).

Vollstreckung, *Beitreibung, Exekution,* Verfahren zur Durchsetzung von privat- oder öffentl.-rechtl. Rechtsansprüchen (→Zwangsvollstreckung) oder des staatl. Strafanspruchs (→Strafvollstreckung), geleitet von der *V.sbehörde*, bes. von einem *V.sgericht*.

Vollstreckungsgegenklage, *Gegenklage, Vollstreckungsabwehrklage,* Rechtsbehelf des Schuldners gegen eine →Zwangsvollstreckung, durch den ausnahmsweise deren sachlich-rechtl. Grundlagen angegriffen werden können, z.B. weil der zu vollstreckende Anspruch nach der letzten mündl. Verhandlung durch Zahlung oder Aufrechnung erloschen ist. Zuständig ist das Vollstreckungsgericht. Es erklärt, wenn die Klage begründet ist, die Zwangsvollstreckung für unzulässig. Vor Erlaß des Urteils kann es gegen Sicherheitsleistung die Einstellung der Vollstreckung u. die Aufhebung von Vollstreckungsmaßregeln anordnen oder ihre Fortdauer von einer Sicherheitsleistung des Vollstreckung Betreibenden abhängig machen (§§ 767–770 ZPO). Die V. ist zu unterscheiden von der →Widerspruchsklage. – Die V. ist in Österreich als *Oppositionsklage* ähnlich geregelt.

Vollstreckungsgericht →Vollstreckungsorgan.

Vollstreckungsklausel, amtliche Beurkundung der Vollstreckbarkeit eines *Vollstreckungstitels,* die im Regelfall vom Urkundsbeamten des Prozeßgerichts auf eine Ausfertigung des Vollstreckungstitels gesetzt wird (§ 725 ZPO). Sie ist Voraussetzung für die Zulässigkeit einer privatrechtl. →Zwangsvollstreckung.

Vollstreckungsorgan, das staatl. Organ, das für die Durchführung der →Zwangsvollstreckung zuständig ist. V.e sind das *Vollstreckungsgericht* (immer Amtsgericht, §§ 764, 802 ZPO), der *Gerichtsvollzieher*, in Ausnahmefällen auch das *Prozeßgericht* (§§ 887ff. ZPO) u. das *Grundbuchamt* (§ 867 ZPO). – V. ist in Österreich stets ein Einzelrichter, der hierzu bestellt ist (§ 7 Abs. 1 Jurisdiktionsnorm). In der Schweiz ist V. das Konkursamt, das für einen schweizer. *Konkurskreis* zuständig ist (Art. 3 u. Art. 1 des Bundesgesetzes über Schuldbetreibung u. Konkurs von 1889).

Vollstreckungsschutz, die Vorschriften über den *Schuldnerschutz* in der →Zwangsvollstreckung. Nach § 765a ZPO wird dem Schuldner Schutz gewährt, wenn die Zwangsvollstreckung unter voller Würdigung des Schutzbedürfnisses des Gläubigers wegen bes. Umstände eine Härte bedeutet, die mit den guten Sitten nicht vereinbar ist. Schutzvorschriften allg. Art sind ferner § 813a ZPO (Aussetzung der Verwertung gepfändeter Sachen) u. §§ 30ff. ZVG (Einstellung der Zwangsversteigerung von Grundstücken). Besondere Schutzvorschriften für die Vollstreckung von Räumungsurteilen enthält § 721 ZPO.

Vollstreckungstitel, eine öffentl. Urkunde, aus der sich ergibt, daß der Anspruch, wegen dessen vollstreckt werden soll, besteht u. vollstreckbar ist, z.B. ein rechtskräftiges oder für vorläufig vollstreckbar erklärtes Urteil, Vergleiche, beschwerdefähige Beschlüsse, Kostenfestsetzungsbeschlüsse, für vollstreckbar erklärte Schiedssprüche, gewisse notarielle oder gerichtl. Schuldurkunden, in denen sich der Schuldner der sofortigen Zwangsvollstreckung daraus unterworfen hat, Vollstreckungsbefehle im Mahnverfahren (§ 794 ZPO). Ein V. ist eine der Voraussetzungen einer privatrechtl. →Zwangsvollstreckung. In der *Verwaltungsvollstreckung* treten an die Stelle von V.n u. Vollstreckungsklauseln der fällige *Leistungsbescheid* u. eine *Vollstreckungsanordnung* der Verwaltungsbehörde, deren Vollziehungsbeamte einen *Vollstreckungsauftrag* erhalten.

Vollversammlung, die Versammlung aller Mitglieder einer Organisation im Unterschied zu Ausschüssen, Arbeitskreisen u.ä. kleineren Gremien.

Vollwandträger, *Bautechnik:* ein Träger aus Holz, Stahlblech oder Beton mit einer senkrechten vollen Wand zwischen den Gurten, dem *Steg* beim Blechträger. Gegensatz: *Fachwerkträger*.

Vollziegel, Mauerziegel, die ungelocht oder bis zu 15% ihrer Lagerfläche gelocht sind.

vollziehende Gewalt, im öffentl. Recht Zusammenfassung von Regierung u. →Verwaltung einschl. der sog. Auswärtigen Gewalt u. der Verteidigungsgewalt; sie umfaßt den Gesamtbereich staatl. Gewalt, der nicht in Gesetzgebung u. Rechtsprechung besteht. Die v. G. ist nach Art. 20 Abs. 3 GG ebenso wie die Rechtsprechung an Gesetz u. Recht gebunden.

Vollzugsanstalt, Anstalt zur Unterbringung von Gefangenen, u. zwar 1. als Untersuchungshaftanstalt zur Verwahrung solcher Personen, gegen die (etwa wegen Fluchtverdacht) →Untersuchungshaft angeordnet wurde; 2. als Anstalt zur Vollziehung von →Freiheitsstrafe oder →Sicherungsverwahrung an rechtskräftig Verurteilten.
Seit 1970 gibt es in der BRD nur noch einheitl. V.en, nachdem die Unterscheidung zwischen Zuchthäusern, Gefängnissen u. Haftanstalten infolge der Einführung der einheitl. Freiheitsstrafe weggefallen ist.

Volmarstein [f-], ehem. Gemeinde in Nordrhein-Westfalen, westl. von Hagen an der Ruhr, seit 1975 Ortsteil von Wetter (Ruhr).

Volontär [frz., „Freiwilliger"], meist ohne Bezahlung in einem Betrieb nur zum Zweck einer kürzeren, oft zusätzlichen Berufsausbildung Arbeitender.

Volponi, Paolo, italien. Schriftsteller, *6. 2. 1924 Urbino; Rechtsanwalt; Romane: „Ich, der Unterzeichnete" 1962, dt. 1964; „Die Weltmaschine" 1966, dt. 1966; Lyrik: „Le porte dell'Appennino" 1960.

Volsinii [-ni-i], Etruskerstadt über dem nordöstl. Ufer des Bolsener Sees; in ihr befand sich wahrscheinlich das Zentralheiligtum des *Zwölfstädtebunds*; genaue Lage umstritten; 265/64 v. Chr. von den Römern zerstört.

Volsker [ˈv-], italisches Volk wohl umbrischer Herkunft in Mittelitalien südlich von Rom; seit dem 5. Jh. v. Chr. in Kämpfe mit Rom verwickelt (Sage von →Coriolanus), 329 v. Chr. endgültig von den Römern unterworfen. Städte der V. waren u.a. *Aquinum* (Aquino) u. *Cassinum* (Cassino).

Völsungasaga, Prosadichtung um 1260, zur Gattung der *Vorzeitsagas* gehörig, entstanden in Island oder Norwegen; erzählt nach z.T. verlorenen Quellen die Geschicke des von Odin abstammenden Geschlechts der *Wälsungen*. Überliefert in einer um 1400 entstandenen Handschrift.

Volt [das; nach A. *Volta*], Kurzzeichen V, Einheit der elektr. Spannung; 1 V Spannung herrscht zwischen 2 Punkten eines metall. Leiters, wenn bei einem Strom von 1 Ampere eine Leistung von 1 Watt umgesetzt wird: 1 V = 1 W/1 A.

Volta [die; ital.], 1. *allg.:* Drehung; Mal. 2. *Musik:* →prima volta. 3. *Tanz:* rascher, aus der Provence stammender Paartanz des 16. u. 17. Jh. im Dreier- oder ⁶/₈-Takt.

Volta, westafrikan. Fluß, rd. 1600 km, entspringt südl. des Nigerbogens, durchfließt die Rep. Ghana, mündet in die Bucht von Benin; den Hauptfluß wird *Schwarzer V.* (*Black V., V. Noire*) genannt, die wichtigsten Nebenflüsse sind *Weißer* (*White*) *V.* u. *Oti*.

Volta, Alessandro Graf, italien. Physiker, *18. 2. 1745 Como, †5. 3. 1827 Como; Prof. der Naturphilosophie in Padua; entwickelte die Theorie vom elektr. Strom, entdeckte die Elektrolyse von Wasser, erfand ein Elektroskop, ein auf der Elektrolyse beruhendes Amperemeter (*Voltameter*) u. das *V.-Element*.

Volta-Element, zuerst von A. *Volta* (1794) gebautes →galvanisches Element; besteht aus einer Zink- u. einer Kupferelektrode, die in eine Salzlösung tauchen.

Voltaire

Voltaire [vɔl'tɛ:r], eigentl. François-Marie *Arouet*, französ. Schriftsteller u. Philosoph, *21. 11. 1694 Paris, †30. 5. 1778 Paris; Sohn eines Notars, 1704–1711 im Jesuitenkolleg Louis-le-Grand, 1717 wegen einer Satire auf Ludwig XIV. in der Bastille inhaftiert; seit dem Erfolg seiner Tragödie „Œdipe" (1718) in der Gunst des Hofes, 1726 erneut in der Bastille, anschließend bis 1729 in England im Exil. Wegen seiner „Lettres philosophiques ou lettres anglaises" 1734, die die engl. Literatur, Philosophie u. Staatsverfassung behandelten, nebenbei aber die französ. Zustände scharf kritisierten, mußte V. in die Champagne fliehen; lebte dort in Cirey auf dem Schloß der Marquise du Châtelet (mit Unterbrechungen) bis 1749. 1750–1753 Gast *Friedrichs des Großen* in Berlin, in Ungnade entlassen. Seit 1754 Mitarbeiter an der „Encyclopédie". 1791 im Panthéon beigesetzt.
V. ist der bedeutendste Vertreter u. der Führer der europ. Aufklärung; er gilt als Verkörperung des französ. *esprit*. Seine Werke umfassen das gesamte Ideengut der Epoche. V. verteidigte Toleranz, Menschenrechte u. -würde u. Vernunft. Er wandte sich gegen die Rousseausche Verherrlichung des Naturzustands. Hinter der Gesetzmäßigkeit der Natur erkannte er Gott als einen vernünftigen Urheber (Einfluß des engl. Deismus); V. betonte bes. die prakt. Bedeutung des Gottesglaubens. Seine philosoph. Hauptwerke sind neben den „Engl. Briefen" die Abhandlungen: „Traité de métaphysique" 1734; „Le Mondain" 1736; „Sur l'homme" 1738; „Éléments de la philosophie de Newton" 1738; „Dieu et les hommes" 1769; dazu die Artikel aus der „Encyclopédie", zusammengefaßt im „Dictionnaire philosophique" 1764, bearbeitet in „Questions sur l'Encyclopédie" 1770–1772.
Auch in seinen Dichtungen vertrat V. seine aufklärerisch-philosoph. Ideen. In formaler Hinsicht steht er in der Tradition des französ. Klassizismus. Neben geistvoll-spieler. u. bissigen Gedichten schrieb er u.a. Tragödien: „Oedipus" 1718, dt. 1748; „Brutus" 1730, dt. 1754; „Zaïre" 1732, dt. 1749; „Alzire" 1736, dt. 1749; „Mahomet" 1742, dt. 1749; Epen: „Der Heldengesang auf Heinrich IV." 1723, dt. 1751; „Das Mädchen von Orléans" 1762, dt. 1783; Romane u. Erzählungen: „Zadig" 1747, dt. 1749; „Micromegas" 1752, dt. 1752; „Candide oder Die beste Welt" 1759, dt. 1776, u. „Die Prinzessin von Babylon" 1768, dt. 1920.
Als Historiker wirkte V. durch ein krit. Quellenstudium bahnbrechend. Er betrachtete die Geschichte unter dem Aspekt der kulturellen Entwicklung. Sein histor. Hauptwerk ist der „Essai sur les mœurs et l'esprit des nations" 1756; daneben: „Leben Carls XII." 1731, dt. 1733; „Das Zeitalter Ludwigs XIV." 1751, dt. 1887, u.a. – ▣ 3.2.1.

Voltampere [-ã'pɛ:r; das], Kurzzeichen VA, Produkt aus Spannung u. Strom; bei Gleichstrom ist VA gleich Watt, bei Wechselstrom bedeutet VA eine Scheinleistung, aus der die wahre Leistung durch Multiplikation mit dem Kosinus der zwischen Strom u. Spannung bestehenden Phasendifferenz folgt.

Volta Redonda, Stadt im brasilian. Staat Rio de Janeiro, 120 700 Ew. (Munizip 205 000 Ew.); Eisen- u. Stahl- (größtes Stahlwerk Lateinamerikas), Metall-, Maschinen- u. chem. Industrie.

Volta-Säule, mehrere hintereinandergeschaltete Volta-Elemente.

Volta-Stausee, 560 km langer Stausee im Tal des *Volta* in Ghana mit Großkraftwerk bei *Akosombo*; Staumauer 640 m lang, 113 m hoch, 1966 fertiggestellt; mit ca. 8500 qkm der größte Stausee der Erde; Stauraum 146 Mrd. m³.

Volte [die; frz.], **1.** *Fechten:* das Ausweichen vor dem gegner. Angriff durch eine rasche Kreisdrehung des Körpers.
2. *Kartenspiel:* ein (unerlaubter) Kunstgriff beim Kartenmischen, durch den eine bestimmte Karte an eine beabsichtigte Stelle gelegt wird.
3. *Pferdesport:* kreisrunde Wendung des Pferdes von 6 Schritt Durchmesser. Beim Reiten der V. wird das Pferd nach innen gestellt u. so viel „gebogen", daß der Kreisbogen nur einen Hufschlag aufweist.

Volterra, italien. Stadt in der Toskana, 16 700 Ew., Dom (12. Jh.), zahlreiche Adelspaläste aus dem MA., Sitz einer bedeutenden Alabasterindustrie. – In der Antike blühende etrusk. Stadt, deren Stadtmauer (6./4. Jh. v.Chr.) gut erhalten ist; archaische Grabstelen mit flachem Relief (6./5. Jh. v.Chr.) u. Aschenurnen aus Tuff u. Alabaster mit Relief verziert.

Volterra, 1. Daniele da, eigentl. *Ricciarelli*, italien. Maler u. Bildhauer, *1509 Volterra, †4. 4. 1566 Rom; von *Michelangelo* gefördert u. beeinflußt, schuf Tafelbilder u. Fresken in einem kraftvollplastischen Stil. Hptw.: Kreuzabnahme 1541, Rom, Trinità dei Monti; Bronzebüste Michelangelos 1564–1566 Florenz, Casa Buonarroti.
2. Vito, italien. Physiker u. Mathematiker, *3. 5. 1860 Ancona, †11. 10. 1940 Rom; Prof. in Rom, arbeitete über Integralgleichungen u. Flüssigkeitsströmungen.

voltigieren [-'ʒi:-; frz.], **1.** *Kartenspiel:* eine *Volte* schlagen.
2. *Pferdesport:* turnerische Übung jugendl. Pferdesportler auf dem an der Longe langsam galoppierenden Voltigierpferd; gehört zur reiterlichen Grundausbildung, wird aber auch wettkampfmäßig von 8er-Gruppen ausgeführt. Gezeigt werden dabei in Pflicht- u. Kürübungen Aufsprünge, freihändiges Knien u. Stehen, „Fahne" (dabei kniet der Reiter auf einem Bein u. streckt das andere sowie einen Arm aus), Kosakenhang, Schulterstand, Waage u. a. – ▣ Pferdesport.

Voltmeter [das; nach A. *Volta*], Spannungsmeßgerät; besteht im allg. aus einem Strommesser, dessen (hoher) innerer Widerstand bekannt ist, so daß aus dem fließenden Strom nach dem Ohmschen Gesetz die Spannung folgt. Höhere Spannungen können durch Dazwischenschalten eines Widerstands gemessen werden.

Volturno, mittelitalien. Fluß, 175 km, entspringt in den südl. Abruzzen, durchfließt die dichtbesiedelte kampan. Ebene, mündet nordwestl. von Neapel in das Tyrrhen. Meer.

Voltziales [nach dem französ. Bergingenieur Ph. L. *Voltz*, †1840], ausgestorbene Ordnung der *Nadelhölzer*, Hauptverbreitung im Perm. Wichtige Gattungen sind *Walchia* u. *Lebachia* (Leitfossilien im →Rotliegenden), *Ullmannia* (Leitfossil im →Zechstein) u. *Voltzia* (Zechstein, Trias).

Volubilis, röm. Ruinenstadt bei Meknès, Marokko; unter *Juba II.* numid. Residenzstadt, dann Sitz des röm. Prokurators von Mauretania Tingitana; Glanzzeit unter den *Antoninern* u. *Severern*: Ende des 2. Jh. Errichtung einer nahezu erhaltenen Stadtmauer (2400 m lang, 6 Tore), Anfang des 3. Jh. Basilika auf dem Forum, Triumphbogen für Caracalla (217), Kapitol, Palastgebäude u. zahlreiche Privathäuser mit Mosaikfußboden. Ausgrabungen seit 1915.

Volumen [lat.], **1.** *Buchwesen:* Abk. *Vol.*, Band eines Buchwerks.
2. *Geometrie:* Abk. *vol.*, Rauminhalt. – *Spezifisches V.*, Rauminhalt der Masseneinheit eines Stoffs.

Volumetrie [lat.] = Maßanalyse.

Volumprozent, Abk. *Vol.-%*, Angabe, wie viele Kubikzentimeter eines Stoffs in 100 cm³ eines Gemischs enthalten sind.

Voluntarismus [lat.], eine Denkrichtung in Philosophie u. Psychologie, nach der der *Wille* das Grundprinzip oder die Grundlage des Seins ist oder als Grundfunktion des seel. Lebens betrachtet werden muß, voluntarist. Gedankengänge finden sich schon bei der *Stoa*, bei *Augustinus* u. J. *Duns Scotus*; Repräsentant des philosoph. V. ist Schopenhauer (Wille als *Ding an sich*); V. bei *Nietzsche* im „Willen zur Macht".

Volute [die; frz.], schmückendes Bauglied mit spiralig eingerollten Windungen, vermittelt zwischen horizontalem u. vertikalem Bauelement, Hauptbestandteil des ion. Kapitells, wieder verwendet in Renaissance u. Barock.

Volvo, AB Volvo, Göteborg, schwed. Automobilkonzern, gegr. 1927; erzeugt Personen- u. Lastkraftwagen, Omnibusse, Traktoren, Landmaschinen, Werkzeugmaschinen, Strahltriebwerke u.a.; zahlreiche Tochtergesellschaften, in der BRD: Volvo (Deutschland) GmbH, Dietzenbach.

Volvox [lat.], *Kugeltierchen*, koloniebildende *Flagellaten* der Ordnung *Phytomonadina*, die ihres Chlorophyllbesitzes wegen auch zu den Grünalgen (Ordnung *Volvocales*) gerechnet werden können. Mehrere tausend Einzelzellen (bis zu 20000), mit je 2 Geißeln, einem Augenfleck u. einem Chloroplasten versehen u. durch Plasmabrücken miteinander verbunden, bilden eine bis 1 mm große Hohlkugel. Bereits Arbeitsteilung vorhanden in Zellen, die nur der Fortpflanzung dienen, u. solche, die Ernährung u. Fortbewegung übernehmen. Fortpflanzung sowohl ungeschlechtlich (Tochterkugeln werden nach Zerfall der Mutterkugel frei) wie auch geschlechtlich (*Oogamie*). – ▣ Algen.

Volvulus [der; lat.] = Darmverschlingung.

von, in Personennamen ursprüngl. Herkunftsbezeichnung (z.B. *von der Heide, von Bergen*), seit dem 17. Jh. vorwiegend Adelsprädikat.

Vondel [ˈvɔndəl], Joost van den, niederländ. Dichter, *17. 11. 1587 Köln, †5. 2. 1679 Amsterdam; übernahm die Stilwelt der Antike zur Darstellung eines barock-christl. Weltbilds („Lucifer" 1654, dt. 1868); Schöpfer des niederländ. Nationaldramas („Gijsbrecht van Aemstel" 1637, dt. 1867); schrieb 32 Tragödien mit religiösem Pathos: „Maria Stuart" 1646, dt. 1673; „Adam in Verbannung" 1664, dt. 1667; kämpfte in Gedichten u. Satiren gegen religiöse Intoleranz; übersetzte Psalmen, Vergil, Horaz u. Ovid. – ▣ 3.1.6.

Vo Nguyen Giap [-dʒap], vietnames. General u. Politiker, *1912 Quang Binh, Annam; ursprüngl. Lehrer; während des 2. Weltkriegs im Widerstand gegen die japan. Besatzungstruppen; seit 1941 in der Parteiführung (seit 1951 Mitgl. des Politbüros) der KP (Lao Dong); 1945 Innen-Min. der von Ho Tschi Minh proklamierten Republik Vietnam; befehligte seit 1946 den Kampf gegen die Franzosen (1954 Schlacht von Diên Biên Phu), seit 1957 die kommunist. Operationen in Südvietnam; 1954 bis 1976 Verteidigungs-Min. von Nordvietnam, 1976–1980 von Vietnam; schrieb „Volkskrieg – Volksarmee" dt. 1968.

Vonmoos, Schimun, rätoroman. Schriftsteller, *1. 7. 1868 Ramosch, Graubünden, †29. 7. 1940 Ramosch; Pfarrer; Erzählungen aus dem Engadin.

Vonnegut, Kurt, US-amerikan. Schriftsteller, *11. 11. 1922 Indianapolis; Studium der Biochemie; wendet sich in seinen Erzählungen u. Romanen gegen Krieg, Gewalt, soziale Ungerechtigkeit u. Rassenhaß: „Gott segne Sie, Mr. Rosewater" 1965, dt. 1968; „Schlachthof 5" 1969, dt. 1970; „Slapstick oder Nie wieder einsam" 1975, dt. 1977; „Galgenvogel" 1979, dt. 1980.

Volubilis: Ruinen des Kapitols; Anfang 3. Jh.

Voodoo [vu'du:] →Wodu.
Voorburg ['vo:rbyrx], Stadt in der niederländ. Prov. Südholland, 44200 Ew.; Wohn- u. Industriestadt bei Den Haag.
Voorde ['vo:rdə], Urbain van de, eigentl. Urbanus Pieter Maria van de V., fläm. Dichter, *27. 10. 1893 Blankenberge; schrieb subjektive Gefühls- u. Gedankenlyrik u. objektive „Kulturpoesie".
Voorne ['vo:rnə], *Voorne en Putten*, Insel im Rhein-Maas-Delta, niederländ. Prov. Südholland, zwischen Brielsche Maas u. Haringvliet, 205 qkm.
Voorst ['vo:rst], ausgedehnte Gemeinde in der niederländ. Prov. Gelderland, zwischen Apeldoorn u. Deventer, 21600 Ew.
Vopo, Abk. für *Volkspolizist*, →Volkspolizei.
Voranschlag, Schätzung der Ausgaben bzw. der Einnahmen für eine Finanzperiode (z.B. für den öffentl. Haushaltsplan oder den betriebl. Finanzplan) oder die ausführliche Berechnung der voraussichtl. Kosten für einen Auftrag (*Kosten-V.)*.
Vorarbeiter, ein bewährter Facharbeiter, der einer kleinen Gruppe von Arbeitern vorgesetzt ist; Zwischenglied zwischen Arbeiter u. Werkmeister; keine Berufs-, sondern Funktionsbezeichnung.
Vorarlberg, westlichstes Bundesland von Österreich, grenzt im W an die Schweiz u. Liechtenstein, im N an die BRD u. im O an Tirol, 2601 qkm, 300000 Ew., Hptst. *Bregenz*. V. hat Anteil am Rheintal u. Bodensee, der größte Teil des Landes ist gebirgig (Nordalpen u. Zentralalpen). Die Textilindustrie, industriell im Rheintal, als Hausindustrie im Bregenzer Wald betrieben, ist der wichtigste Wirtschaftszweig, daneben gibt es bes. Nahrungsmittel- u. metallverarbeitende Industrie. In der Landwirtschaft überwiegt die Viehzucht. Die reichl. Wasserkräfte werden in zahlreichen Anlagen (darunter die *Illwerke*) genutzt. Bedeutender Fremdenverkehr. – [K]→Österreich.
Geschichte: 9.–12. Jh. bei den Grafen von Bregenz, dann bei Montfort. Von Beginn des 14. Jh. an kauften die Habsburger die einzelnen V.er Grafschaften auf, zuletzt 1814 Lustenau. 1805–1814 stand V. mit Tirol unter bayer. Herrschaft. 1918 löste es die gemeinsame Verwaltung (seit 1782) mit Tirol u. wurde selbständiges Bundesland mit eigener Landesregierung.
Vorarlberger Bauschule, eine Gruppe in Süd-Dtschld. u. der Schweiz tätiger Barockbaumeister, als deren Hauptvertreter Michael, Christian u. Peter *Thumb*, Caspar *Moosbrugger* u. Franz *Beer* gelten. Vorbildl. für die Bauten der Schule (meist weiträumige Hallenkirchen mit von Emporen überspannten Seitenschiffen, schwach entwickeltem Querschiff u. einschiffigem Chor) wurde die von M. u. Ch. Thumb errichtete Wallfahrtskirche auf dem Schönenberg bei Ellwangen, 1682.
Vorarlbergisch →deutsche Mundarten.
Vorauer Handschrift, Sammelhandschrift geistl. Dichtung aus dem Kloster *Vorau* (Steiermark), verfaßt im letzten Viertel des 12. Jh.; gibt ein Bild der augustin. Geschichtsauffassung der Zeit. Enthalten sind u.a.: „Alexanderlied", „Vorauer Bücher Moses", „Leben Jesu" u. „Antichrist" der Frau *Ava*, „Ezzolied"; dazu kleinere hymn. u. allegor.-dogmat. Stücke.
Voraus [der], der Anspruch des überlebenden Ehegatten bei →gesetzlicher Erbfolge auf die zum Haushalt gehörenden Gegenstände u. auf die Hochzeitsgeschenke (§ 1932 BGB).
Vorausklage, im Recht der →Bürgschaft die Klage des Gläubigers gegen den Hauptschuldner vor Inanspruchnahme des Bürgen. Dieser kann den Gläubiger außer bei selbstschuldnerischer Bürgschaft u. bei wesentlicher Erschwerung der Rechtsverfolgung gegen den Hauptschuldner u. bei dessen Zahlungsunfähigkeit mit der *Einrede der V.* bis zur Durchführung einer erfolglosen Zwangsvollstreckung an den Hauptschuldner verweisen. – Ähnl. in Österreich (§ 1355 ABGB) u. in der Schweiz (Art. 495 OR).
Vorausvermächtnis, das einem Erben zugewendete →Vermächtnis (§ 2150 BGB). – Das österr. Recht enthält grundsätzl. ähnl. Bestimmungen über V.se (§§ 648, 758f., 1279 ABGB).
Vorbären, *Kleinbären, Procyonidae*, Familie bis mittelgroßer, oft baumbewohnender *Landraubtiere* mit schwachen Reißzähnen u. langem Schwanz; Sohlengänger; Gestalt mehr marder- als bärenähnlich. Die V. umfassen 3 Unterfamilien: 1. die *Neuwelt-V., Procyoninae*, mit *Waschbär, Krabbenwaschbär, Nasenbär, Bergnasenbär, Katzenfrett* u. *Schlankbär*; 2. die *Wickelbären, Cercoleptinae*; 3. die *Altwelt-V.* oder *Pandas, Ailurinae*, mit *Bambusbär* u. *Katzenbär*.
Vorbau, *Bergbau:* das Verfahren, von einem Schacht aus den Abbau in Richtung auf die Grenzen des Grubenfelds vorzutreiben.
Vorbecken, 1. Warte- u. Wendebecken vor Schleusen. 2. im Talsperrenbau Becken zum Auffangen von Geröll u. Geschiebe der Wasserzuflüsse. Bei Trinkwassertalsperren dienen V. der biolog. Selbstreinigung des Wassers.
Vorbehalt, 1. die Sicherstellung bestimmter Rechte, so der V. des Abzahlungsverkäufers *(Rücktritts-V.)*, vom Vertrag zurückzutreten, wenn der Käufer seine Verpflichtungen nicht erfüllt; der V. des Eigentumsrechts *(Eigentums-V.)*, bis der Käufer den Kaufpreis bezahlt hat; →auch geheimer Vorbehalt, Rangvorbehalt.
2. *V. des Gesetzes* →Gesetzmäßigkeit der Verwaltung.
Vorbehaltsgut, besondere Gruppe von Vermögensgegenständen (Gütermasse) bei verschiedenen Güterständen des →ehelichen Güterrechts der BRD. Der Eigentümer oder Inhaber des V.s ist darüber (anders als der von →Gesamtgut oder von →Sondergut) in jeder Hinsicht allein berechtigt u. verpflichtet. V. sind die Gegenstände, die 1. durch Ehevertrag zum V. eines Ehegatten erklärt worden sind; 2. ein Ehegatte von Todes wegen erwirbt oder die ihm von einem Dritten unentgeltl. zugewendet werden, wenn der Erblasser durch letztwillige Verfügung, der Dritte bei der Zuwendung bestimmt hat, daß der Erwerb V. sein soll; 3. die ein Ehegatte aufgrund eines zu seinem V. gehörenden Rechts oder als Ersatz für die Zerstörung, Beschädigung oder Entziehung eines zum V. gehörenden Gegenstands oder durch ein Rechtsgeschäft erwirbt, das sich auf das V. bezieht. – Gehören Gegenstände zum V., so ist dies Dritten gegenüber nur wirksam, wenn der Ehevertrag im Güterrechtsregister des zuständigen Amtsgerichts eingetragen oder die Zugehörigkeit zum V. dem Dritten bekannt war.
Vorbehaltsklausel, *ordre public*, Begriff des →internationalen Privatrechts. Aufgrund der V. wird die →lex fori angewandt, weil die Anwendung des von einer →Kollisionsnorm berufenen fremden Rechts gegen die guten Sitten oder gegen den Zweck eines Gesetzes der lex fori verstoßen würde.
Vorbehaltsurteil, *Zivilprozeß:* ein Urteil, in dem der Beklagte unter dem Vorbehalt verurteilt wird, daß über bestimmte Verteidigungsmittel noch in derselben Instanz im sog. *Nachverfahren* entschieden wird. Die ZPO kennt zwei Fälle: Nach § 302 ZPO ergeht V., wenn der Beklagte mit einer Forderung aufrechnet, die mit der Klageforderung nicht in rechtlichem Zusammenhang steht; nach § 599 ZPO ergeht im Urkunden- u. Wechselprozeß V., wenn der Beklagte verurteilt wird, obgleich er der Klageforderung widersprochen hat. Das V. ist selbständig mit Rechtsmitteln anfechtbar u. vorläufig vollstreckbar; der Rechtsstreit bleibt aber zur Entscheidung über das Nachverfahren in derselben Instanz anhängig. Stellt sich der Anspruch des Klägers als unbegründet heraus, hebt das Gericht das V. auf u. weist die Klage ab; andernfalls wird das V. unter Wegfall des Vorbehalts aufrechterhalten. Hat der Kläger aus dem V. bereits vollstreckt, so ist er dem Beklagten schadensersatzpflichtig (vgl. §§ 302, 599, 600 ZPO).
Vorbereitungsdienst, die prakt. Ausbildung der Juristen u. Philologen zwischen ihrer 1. u. 2. Staatsprüfung als Referendare.
Vorbereitungshandlungen, im Strafrecht Handlungen, die noch kein →Versuch sind, aber bereits der Deliktsbegehung dienen, z.B. der Kauf einer Pistole zu Tötungszwecken. V. sind nur bei selbständiger Strafandrohung strafbar, so z.B. bei Hochverrat u. Geldfälschung.
Vorbescheid →Bescheid.
vorbeugender Brandschutz, vorbeugende Maßnahmen (Verwendung entspr. Baustoffe, Aufführung von Brandmauern, Anlage von Fluchtwegen, Notausgängen, Feuerleitern, Brandgassen, Sprinkleranlagen, Bereitstellung von Löschwasser) u. Vorschriften über die Lagerung brennbarer Stoffe zur Verhütung von Bränden u. zur Sicherung von Leben u. Gesundheit. →auch Feuermeldeanlage.
Vorbeugung = Prophylaxe.
Vorblätter, unterste Blätter der Seitenknospen (ein Blatt bei Einkeimblättrigen, zwei V. bei Zweikeimblättrigen), die direkt auf das Deckblatt folgen u. eine bestimmte Stellung zur Hauptachse u. zum Deckblatt einnehmen.
Vorchdorf [f-], Gemeinde im Almtal bei Lambach in Oberösterreich, 5600 Ew., Sommerfrische, Metallwarenerzeugung, Papier- u. Lederverarbeitung.
Vordemberge-Gildewart, Friedrich, Graphiker, Maler, Bildhauer u. Schriftsteller, *17. 11. 1899 Osnabrück, †19. 12. 1962 Ulm; schloß sich 1925 der niederländ. „Stijl"-Bewegung an, 1932 der Gruppe „Abstraction-Création" u. wurde in Dtschld. einer der entschiedensten Vorkämpfer konstruktivistisch-ungegenständl. Kunst. – [L] 2.5.2.
vorderasiatische Rasse, im dt. anthropolog. Schrifttum gebräuchl. Bez. für *Armenide*.
Vorderasien, zusammenfassende Bez. für den südwestl. Teil des asiat. Kontinents, insbes. für die Länder der arab. Halbinsel, die Türkei, Armenien, Irak u. Iran. →auch Naher Osten, Mittlerer Osten, Orient, Arabien. – [K] S. 180.
Vorderbrust = Prothorax.
Vorderer Orient = Naher Osten.
Vorderhirn →Gehirn.
Vorderindien, auch *Südasien* genannt, Teil des asiat. Kontinents, rd. 4,5 Mill. qkm; gliedert sich in die nordind. Ebenen an Indus u. Ganges-Brahmaputra u. in das *Dekanhochland* mit seinen Randgebirgen *(Ghats)*. Der Jahresablauf für Natur, Mensch u. Wirtschaft wird bestimmt durch das Monsunklima. V. besteht aus den Staaten *Indien, Pakistan, Ceylon* u. *Bangla Desh*.
Vorderkiemer, *Streptoneura, Prosobranchia*, Unterklasse der *Schnecken*, deren Vertreter meist ein mit einem Deckel verschließbares Gehäuse haben; leben im Meer, einige Arten auch auf dem Land. Der Name besagt, daß die Kiemen vor dem Herzen liegen (Gegensatz: *Hinterkiemer*).
Vorderlader, alte Feuerwaffe, die von vorn geladen wurde. Hinten am geschlossenen Lauf befand sich ein Zündloch.
vorderorientalische Kirchen →morgenländische Kirchen.
Vorderösterreich, *Vorlande*, die ehem. habsburg. Besitzungen im Südwesten des Reichs, u.a. Aargau, Thurgau, Zürichgau, Elsaß, Breisgau, Ortenau, Hohenberg, Nellenburg, Teile von Oberschwaben (bis 1782 auch Vorarlberg); Regierungssitz bis 1651 Ensisheim (Elsaß), dann Freiburg i.Br. Die schweizer. Besitzungen gingen im 14./15. Jh. verloren; im Westfäl. Frieden (1648) fiel der elsäss. Besitz an Frankreich, 1805 alle übrigen Teile bis auf Vorarlberg an die Rheinbundstaaten Baden, Bayern u. Württemberg.
Vorderradantrieb, *Frontantrieb*, Antrieb der Vorderräder eines Kraftfahrzeugs bei vornliegendem Motor. V. sichert gutes Kurvenverhalten, erübrigt eine lange Kardanwelle zur Kraftübertragung auf die Hinterräder u. den dafür benötigten Tunnel im Fahrgastraum, erfordert jedoch (stark beanspruchte) Kardangelenke für Federung u. Lenkeinschlag.
Vorderrhein, oberster Lauf des Rhein, 68 km, entspringt im *Tumasee* in 2345 m Höhe am Oberalppaß, im schweizer. Kanton Graubünden, durchfließt die Landschaften Tavetsch, Becken von Disentis u. Trun, Gruob (rom. Toppa), nimmt rechtsseitig u. a. Medelserrhein, Glogn Valser rhein, Rabiusa auf u. vereinigt sich bei Reichenau (604 m ü.M.) mit dem *Hinterrhein* zum *Rhein*.
Vordersteven, *Vorsteven, Bug* →Steven.
Vordingborg [vɔrdeŋ'bɔr], Stadt in der dän. Amtskommune Storström, Hafen an der Südspitze von Seeland, 19000 Ew.; südl. von V. *Storströmbrücke* (1937 fertiggestellt) nach Falster.
Vorerbe, derjenige Erbe, nach dem ein anderer bereits vom Erblasser als →Nacherbe berufen ist. Der V. hat in der Regel zugunsten des Nacherben besondere Pflichten hinsichtl. des Nachlasses, er kann aber mit Ausnahme u.a. des Verbots von Schenkungen davon durch den Erblasser befreit werden *(befreiter V.)*.
Vorerhebung, *österr. Strafprozeßrecht:* die vom Staatsanwalt veranlaßte Untersuchung für Anhaltspunkte zur Einleitung eines Strafverfahrens (§§ 12, 88–90, 451f. StPO). →Ermittlungsverfahren.
Vorfahren = Ahnen.
Vorfahrt, in § 8 StVO geregeltes Vorrecht eines Fahrzeugführers, eine Straße oder Kreuzung vor einem anderen zu benutzen oder zu überqueren. V. hat, wer von rechts kommt, wenn nicht eine andere Regelung durch →Verkehrszeichen getroffen ist.
Vorfall, *Medizin: Prolaps(us)*, das Heraustreten innerer Organe, z.B.: *After-V.* (Prolapsus ani), *Mastdarm-V.* (Prolapsus recti), *Gebärmutter-V.* (Prolapsus uteri), *Scheiden-V.* (Prolapsus vaginae), *Gehirn-V.* (Prolapsus cerebi).

Vorfertigung →Fertigteilbau.
Vorfinanzierung, die Überbrückung von vorübergehendem Kapitalbedarf durch kurzfristige Kredite, die später durch langfristige Finanzierungsmittel (Aktien, Obligationen) abgelöst werden sollen.
Vorfluter, ein oberirdisches Gewässer (Graben, Bach, Fluß, See), in das gereinigtes oder ungereinigtes Abwasser eingeleitet u. von dem es abgeführt wird.
Vorfriedensvertrag, die zwischen den Partnern eines künftigen Friedensvertrags erfolgte Einigung über die wesentl. Fragen des endgültigen Vertrags *(pactum de contrahendo).* Als klass. Beispiel gilt der V. von Nikolsburg (1866) zwischen Preußen u. Österreich. Manche sahen auch das Pariser Vertragswerk von 1954/55 als V. der BRD mit den USA, Großbritannien u. Frankreich an. – 🄻 4.1.1.
Vorfrucht, *Landwirtschaft:* die im Rahmen einer Fruchtfolge einer Nutzpflanze vorhergehende Frucht. Gute Vorfrüchte sind Hackfrüchte u. Futterpflanzen, weniger gut (Fehlen der Schattengare) sind die Getreidearten als V. geeignet.
Vorführungsbefehl, *Strafprozeß:* gerichtl. Anordnung zur zwangsweisen Durchsetzung der Ladung des Beschuldigten oder eines Zeugen zur richterlichen Vernehmung oder des Angeklagten zur Hauptverhandlung; gegen Beschuldigte auch ohne vorherige Ladung, sofern die Voraussetzungen eines →Haftbefehls vorliegen (§ 134 StPO). – Ähnlich in Österreich nach §§ 413, 459 StPO.
Vorführungsrecht, das Recht, ein Werk der bildenden Künste, ein Lichtbildwerk, ein Filmwerk oder Darstellungen wissenschaftl. oder techn. Art durch techn. Einrichtungen öffentlich wahrnehmbar zu machen. →Urheberrecht.
Vorgabe, *Gesteinsprengtechnik:* der von einem Sprengschuß zu lösende Gebirgsteil. Man unterscheidet *Längen-* u. *Massen-V.*
Vorgarn →Lunte.
Vorgebirge →Ville.
Vorgelege, Welle mit Stufenscheibe oder Zahnrädern, wird zwischen Arbeitsmaschine u. Transmission oder Motor eingeschaltet; ermöglicht verschiedene Geschwindigkeiten u. Leerlauf der Maschine. →auch Kennungswandler.
Vorgelegegetriebe →Kennungswandler.
Vorgeschichte, *Urgeschichte, Prähistorie,* veraltet *Urzeit,* der vor Beginn der Geschichtsschreibung liegende Zeitraum der Menschheits- u. Kulturgeschichte, gegliedert in *Altsteinzeit, Mittelsteinzeit, Jungsteinzeit, Bronzezeit* u. *Eisenzeit.* Der Übergang in die durch schriftliche Quellen belegte Zeit wird als *Frühgeschichte* bezeichnet.
Die Frage nach der Herkunft der Menschheit beschäftigte schon die Humanisten des 16. Jh. u. später die Denker der Aufklärung u. der Romantik (J.-J. *Rousseau,* J. G. *Herder*). Aber erst spektakuläre Untersuchungen erregten das Interesse weiterer Kreise (u.a. die Erforschung der Muschelhaufen in Dänemark durch J. *Steenstrup* 1851; die Entdeckung der Pfahlbauten in der Schweiz durch F. *Keller* 1854; der Fund des Neandertalers durch J. C. *Fuhlrott* 1856; die Ausgrabungen altsteinzeitl. Kulturschichten in südfranzös. Höhlen seit 1860 u. die Entdeckung der Felsbilder in der Höhle von Altamira 1868). Doch fehlten lange Zeit verläßl. Methoden u. objektive Maßstäbe. Erst die Einteilung der V. in die Hauptperioden Stein-, Bronze- u. Eisenzeit *(Dreiperiodensystem)* in der 1. Hälfte des 19. Jh. schuf die wissenschaftl. Grundlage. Im letzten Drittel des 19. Jh. u. nach 1900 wurden die drei Hauptperioden weiter untergliedert.
In den Quellen, die die V. in erster Linie aus den Bodendenkmälern bezieht, ist sie eng mit der Archäologie verbunden. Stärker als die klass. Archäologie hat sich die V. aber die Erfassung aller Kulturerscheinungen u. die Erhellung der jeweiligen Umwelt zur Aufgabe gemacht. Sie untersucht das soziale Gefüge, das Wohn-, Siedlungs- u. Wehrwesen, Gewerbe, Technik u. Wirtschaft mit ihren zeitl. u. räuml. Veränderungen sowie Sitte, Kunst, Kult u. Religion.
Die V. wird aus den aus Bodendenkmälern erschließbaren menschl. Kulturerscheinungen durch Ausgrabungen u. planmäßige Aufnahme ermittelt. Dabei ist die Luftbildforschung ein wichtiges Hilfsmittel. Der Vorbereitung von Grabungen dienen auch Terrainuntersuchungen u. geoelektr. Bodenuntersuchungen. Die genaue Beobachtung der Fundumstände gestattet oftmals eine weitgehende Rekonstruktion der ursprüngl. Verhältnisse. Ausgrabungen werden in der BRD von den Landesämtern für Vor- u. Frühgeschichte vorgenommen, denen auch der Denkmalschutz obliegt. Die formenkundl. statist. u. kartograph. Erarbeitung des Fundstoffs *(Chorologie)* ermöglicht die Ermittlung von Formenkreisen u. schließl. von Kulturgruppen, die in günstigen Fällen mit bestimmten Völkern oder Staaten identifiziert werden können (z.B. Iberer, Germanen, Kelten, Slawen, Römer, Skythen). Siedlungen u. Gräberfelder, die Unterschiede in gleichzeitigen Anlagen erkennen lassen, gestatten Schlüsse auf die soziale Struktur vorgeschichtl. Bevölkerungsgruppen. Grabformen u. Bestattungssitten, Kultgeräte u. Kultbilder (Idole, Felsbilder) geben Aufschlüsse über Kult u. Religion.
Die Forschungsmethode ist dem Fundstoff entsprechend auf die Altersbestimmung gerichtet. Aus der *Stratigraphie,* der *Typologie* u. der *Fundkombination* ergibt sich die *Chronologie.* Die Verbindung mit geschichtl. datierbaren Erscheinungen im Gebiet der alten Hochkulturen (Vorderasien, Ägypten) führt von der relativen Chronologie zur absoluten Chronologie. Eine Zeitbestimmung nach Jahreszahlen ermöglicht bei geeigneten Untersuchungsobjekten auch die Radiokarbonmethode. Weitere Hilfsmittel bieten die Naturwissenschaften, u.a.: Bodenforschung, Pollenanalyse, Paläobotanik, Paläogeographie, Pflanzen- u. Holzbestimmung, zoolog. u. anthropolog. Methoden, Fluorteste, Spektralanalysen. – 🄻 5.1.0.
Vorhand, 1. *Anatomie:* Vordergliedmaßen u. Vorderbrust der Säugetiere.
2. *Kartenspiel:* der vor dem Gebenden sitzende, als erster ausspielende Kartenspieler.
3. *Pferdesport: Vorderhand,* die Vorderbeine des Pferdes.
Vorhandschlag, *Sport:* bei den Netzspielen Badminton, Tennis u. Tischtennis eine Schlagart, bei der die Handfläche zum Netz zeigt; der Rechtshänder führt dabei den Schläger an seiner rechten Körperseite. Gegensatz: *Rückhandschlag.*
Vorhangbogen, ein Bogen aus symmetr. angeordneten, einschwingenden Bogenstücken, deren Mittelpunkte außerhalb des Bogenfelds liegen; Fensterabschluß in der spätgot. Architektur.
Vorhaut, *Präputium,* beim Mann die die Eichel des Glieds (Penis) überziehende Haut, die hinter die Eichel zurückgezogen werden kann. Unreinlichkeit oder krankhafte Verengung der V. (→Phimose) ist häufig Ursache von Entzündungen der Eichel *(Balanitis)* u. der V. *(Balanoposthitis).*
Vorhemd →Chemisette.
Vorherbestimmung →Prädestination.
Vorhölle →Limbus.
Vorhuftiere, 2 Überordnungen der *Huftiere,* deren Zugehörige nicht direkt verwandt sind, sich aber gemeinsam bereits im Alttertiär von der Hauptlinie der Huftiere abspalteten. Man stellt als *Protungulata* die *Röhrenzahntiere* (→Erdferkel) den *Paenungulata* (*Rüsseltiere, Seekühe* u. *Schliefer*) gegenüber.
Vorkalkulation, eine →Kalkulation zur Ermittlung der voraussichtlichen Kosten eines Gegenstands oder Auftrags, meist zum Zweck der Abgabe eines Preisangebots.
Vorkammermotor, ein Dieselmotor, bei dem der Kraftstoff zunächst in einen abgeschnürten Teil, die *Vorkammer,* des Hauptbrennraums eingespritzt wird. Beide Räume sind durch eine oder mehrere Bohrungen miteinander verbunden. Die durch Vorverbrennung in der Vorkammer hervorgerufene Drucksteigerung treibt den noch unverbrannten Brennstoff in den Hauptbrennraum. Vorteile: mäßiger Einspritzdruck, guter Leerlauf.
Vorkauf, eine Art des Kaufs. Die mit dem *V.srecht* ausgestattete Person hat bei einem zwischen dem Verpflichteten u. einem Dritten über das im V.svertrag bestimmte Gut geschlossenen Kaufvertrag das Recht, an die Stelle des Dritten zu treten. Das V.srecht kann auf Gesetz (gesetzl. V.srecht des Miterben: §§ 2034ff. BGB) oder Vertrag (schuldrechtl. V.srecht: §§ 504ff. BGB; dingliches V.srecht: §§ 1094ff. BGB – Eintragung in das Grundbuch erforderlich) beruhen. – Ähnl. in Österreich (§§ 1067, 1072ff., 1140f. ABGB) u. in der Schweiz, allerdings hier nur für Grundstücke (Art. 216 OR; Art. 681f., 959 ZGB).
Vorkeim, *Protonema* der Moose, *Prothallium* der Farnpflanzen.
Vorladung, Aufforderung zum Erscheinen vor einer Behörde; in der Schweiz Bez. für →Ladung.
Vorlage, *Chemie:* das Gefäß, das bei der Destillation das Destillat aufnimmt.
Vorlande →Vorderösterreich.
Vorländer, Karl, Philosoph, *2. 1. 1860 Marburg, †6. 12. 1928 Münster (Westf.); Neukantianer der Marburger Schule, war um eine Vereinigung von Neukantianismus u. Sozialismus bemüht; bekannt wurde seine „Geschichte der Philosophie" 3 Bde. 1903; schrieb ferner „Kant u. der Sozialismus" 1900; „Kant u. Marx" 1911; „Kants Leben" 1911; „Von Machiavelli bis Lenin" 1925.
Vorlandgletscher, *Piedmontgletscher,* Deckgletscher im Vorland eines Gebirges; entsteht durch fächerförmige Ausbreitung bis ins Vorland reichender Gebirgsgletscher bzw. Vereinigung von Gletscherloben; z.B. Malaspinagletscher.
Vorlaube, offene Vorhalle, z.B. die überbaute Giebel-V. des ostdt. u. westslaw. Bauernhauses.
Vorlauf, 1. *Chemie:* der zu Beginn einer →Destillation vor dem Hauptprodukt übergehende Anteil des Destillats.
2. *Kraftfahrwesen:* →Nachlauf.
3. *Sport:* bei Wettbewerben mit vielen Teilnehmern ein Qualifikationslauf, dessen Sieger (oder zusätzl. Nächstplazierte) in die Zwischenläufe kommt; die Erstplazierten der Zwischenläufe bestreiten den →Endlauf.
vorläufige Festnahme, *Strafrecht:* im Unterschied zur Verhaftung bzw. →Haft kurzzeitiges rechtmäßiges Festhalten: 1. durch Staatsanwaltschaft bzw. Polizei bei Verdacht einer Straftat, wenn die Voraussetzungen eines Haftbefehls oder Unterbringungsbefehls gegeben sind u. Gefahr im Verzug ist (ein Haftbefehl nicht rechtzeitig zu erwirken ist); spätestens am Tag nach der v.n F. ist der Festgenommene dem zuständigen Gericht bzw. dem Untersuchungsrichter vorzuführen (§§ 127–129 StPO); 2. durch jeden, der den Täter auf frischer Tat ertappt oder verfolgt hat; der Festgenommene muß in diesem Fall unverzüglich der Polizei übergeben werden; 3. durch das Gericht in einer strafrechtl. Hauptverhandlung.
Vorlesung, *Kolleg,* eine Form des wissenschaftl. Unterrichts an den Hochschulen.
Vormagen, *Kaumagen,* bei Insekten häufig mit Chitinleisten u. -zähnen ausgerüsteter Abschnitt des Vorderdarms. →Verdauungssysteme.
Vormärz, Bez. für die Zeit zwischen dem Wiener Kongreß (1815) u. der Märzrevolution von 1848.
Vormauerziegel, frostbeständige Mauerziegel, die für →Verblendmauerwerk verwendet werden.
Vormenschen, nicht mehr gebräuchliche, populäre Bez. für →Urmenschen.
Vormerkung, besondere Grundbucheintragung zur Sicherung eines (auch künftigen oder bedingten) Anspruchs auf Einräumen oder Aufheben eines Rechts an einem Grundstück, an einem das Grundstück belastenden Recht oder auf Änderung des Inhalts oder des Rangs eines solchen Rechts. Die V. führt zur relativen →Unwirksamkeit von Verfügungen über das Grundstück oder das Recht, die mit ihr in Widerspruch stehen. – In Österreich ist die V. in §§ 8ff. des Grundbuchgesetzes, in der Schweiz ist sie hauptsächl. in Art. 959ff. ZGB geregelt.
Vormilch = Erstmilch.
Vormsi ['vɔrmsi], dt. *Worms,* estn. Ostseeinsel zwischen der estländ. Küste u. Dagö vor dem Rigaer Meerbusen, 93 qkm, 2300 Ew.; Fischerorte.
Vormundschaft, im bürgerl. Recht (§§ 1773–1908 BGB) die Wahrnehmung der Personensorge u. Vermögensverwaltung (→elterliche Gewalt, →Kindschaftsrecht) sowie der Vertretung eines →Minderjährigen oder Entmündigten (→Entmündigung), des *Mündels,* durch einen *Vormund.* Dieser steht u. U., bes. bei erhebl. Mündelvermögen, unter Kontrolle eines *Gegenvormunds,* stets aber unter Aufsicht des *V.sgerichts* (Amtsgericht), dessen Genehmigung er für bes. bedeutsame Rechtsgeschäfte im Namen des Mündels (z.B. über ein Grundstück, Eingehung von Wechselverbindlichkeiten oder Bürgschaften, Abschluß von Dienst-, Arbeits- u. Lehrverträgen von mehr als einem Jahr Dauer) einholen (§§ 1819–1822 BGB) u. dem er Rechnung legen muß. Eingeschränkt ist seine Verfügung auch über →Mündelgelder. Die V. wird von Amts wegen vom V.sgericht angeordnet. Zu ihr ist bei V. über Minderjährige berufen, wer von den Eltern des Mündels als Vormund benannt ist, im übrigen, wer vom V.sgericht nach Anhörung des *Jugendamts* ausgewählt wird. Verwandte u. Verschwägerte sind zunächst zu berücksichtigen. Bei V. über einen Volljährigen, der entmündigt ist, sind grundsätzl. die Eltern des Mündels berufen.

Der zum Vormund Bestellte ist nach § 1785 BGB verpflichtet, die V. zu übernehmen, u. kann durch Ordnungsstrafen dazu angehalten werden, wenn er nicht ein Ablehnungsrecht hat, z.B. weil er das 60. Lebensjahr vollendet oder mindestens vier minderjährige eigene oder als Frau mindestens zwei noch nicht schulpflichtige Kinder hat oder schon mehr als eine V. oder Pflegschaft führt, ferner wer krank oder gebrechlich oder zu weit vom Sitz des V.sgerichts entfernt wohnhaft ist, weiterhin wer als Frau in der Führung der V. wegen Fürsorge für die eigene Familie dauernd bes. beschränkt wird oder wer mit einem anderen gemeinschaftl. eine V. führen soll. Grundlose schuldhafte Ablehnung einer V. kann auch zur Schadensersatzpflicht gegenüber dem Mündel führen.

Ein Volljähriger, dessen Entmündigung beantragt ist, kann unter *vorläufige V.* gestellt werden, wenn dies das V.sgericht zur Abwendung einer erhebl. Gefährdung seiner Person oder seines Vermögens für erforderl. erachtet. U.U. kann auch ein rechtsfähiger Verein zum Vormund bestellt werden, wenn er vom Landesjugendamt hierzu für geeignet erklärt worden ist (§§ 1791a BGB, 53 JWG). Ist eine als Einzelvormund geeignete Person nicht vorhanden, so kann das Jugendamt zum *Amtsvormund* bestellt werden (§§ 1791b BGB, 37 JWG). Ähnl. in Österreich geregelt (§§ 187ff. ABGB, § 102 Ehegesetz, § 3 Religionserziehungsges.); unterschieden wird zwischen *Vormund* (für Minderjährige) u. *Kurator* (für Handlungsunfähige aus anderen Gründen). Ähnlich auch in der Schweiz; Regelung hauptsächl. in Art. 360ff. u. 285ff. ZGB (Bez. in allen Fällen: V.). – 🄻4.3.1.

Vormundschaftsgericht, die Behörde der →Freiwilligen Gerichtsbarkeit, die für die Bestellung u. Beaufsichtigung des Vormunds, Entziehung der elterl. Gewalt, Anordnung der Fürsorgeerziehung u.a. Vormundschaftssachen zuständig ist. V.e sind in der BRD im allg. die *Amtsgerichte*, nur in Württemberg besondere Behörden in den Gemeinden, deren Geschäfte von den Bezirksnotaren geführt werden. In der DDR obliegen die Aufgaben der V.e verschiedenen Verwaltungsbehörden. – In Österreich ist V. das Bezirksgericht, bei dem der Minderjährige oder Pflegebefohlene (Kuratel) seinen allg. Gerichtsstand in Streitsachen hat (§§ 109ff. Jurisdiktionsnorm); sachl. Zuständigkeiten des V.s sind geregelt in §§ 189f., 194f., 199ff. u. 216f. ABGB sowie in §§ 11ff. des Jugendwohlfahrtgesetzes (Amtsvormundschaft). In der Schweiz sind zuständig: *Vormundschaftsbehörde* u. Aufsichtsbehörde (Art. 361 ZGB).

Vornahmeklage →Verpflichtungsklage

Vorname, im Gegensatz zum erbl. Familiennamen der von den Eltern nach freier Wahl gegebene individuelle →Personenname. Er kann dem Familiennamen sowohl voran- als auch nachgestellt werden. Auswahl, Anzahl, Bilde- u. Schreibweise der V.n hängen von Brauch, Mode u. persönl. Geschmack ab.

Geschichte: V.n im heutigen Sinn, als dem Familiennamen untergeordnete u. dem vertrauten Umgang vorbehaltene Namen, gibt es in Dtschld. erst seit etwa 1600, als sich die Führung erbl. Familiennamen durchgesetzt hatte; bis dahin war der Vor- oder Rufname der eigentl. Personenname. Der Brauch, zwei oder mehr V.n zu geben, verbreitete sich vom dt. SW u. S aus zunächst beim Adel seit dem 16. Jh.

Die german. Voll- u. Kurzformen wurden auch nach der Annahme des Christentums beibehalten. Da sie aber einer besonderen Sprach- u. Stilschicht angehörten, wurden ihre Bestandteile mit der Zeit unverständlich u. ungebräuchlich; neue Namenwörter kamen auf. Im 8. Jh. begann die Auflösung des german. Rufnamenstils zugunsten des christl.-mittelalterlichen, obwohl es bis ins 16. Jh. hinein keine kirchl. Vorschriften über die Wahl der V.n gab. Ihren Höhepunkt erreichte die Übernahme fremder (hebräischer, griechischer, lateinisch-romanischer, keltischer) V.n um 1500. Zu Beginn der Entwicklung wurden Namen aus dem A.T. bevorzugt (Abraham, Adam, Daniel, David, Salomon, Samuel), seit dem späten 12. Jh. Rufnamen aus dem N.T. u., der Steigerung der Heiligenverehrung entsprechend, bes. Heiligennamen. Parallel mit dem Aufkommen der Familiennamen geht eine spürbare Verarmung des Rufnamenschatzes; einzelne Namen treten jetzt außerordentlich häufig auf. Bei den dt. V.n im 13./14. Jh. fällt die Vorliebe für Kurzformen auf. Das Zeitalter des Humanismus (15./16. Jh.) brachte neue Namen aus dem klass. Altertum (Claudius, Cornelia, Erasmus). Die Reformation wandte sich gegen die Heiligennamen; an ihre Stelle traten wiederum alttestamentl. Namen (Elias, Tobias; Rebekka, Martha). Gleichzeitig wurde der Blick wieder auf die altdt. Rufnamen gelenkt. Die pietist. Kreise bes. des 18. Jh. entwickelten einen eigenen Namensstil, für den sinnvolle christl. Wunschnamen aus dt. Wortstämmen charakteristisch sind (Leberecht, Glaubrecht, Gottlieb, Gottlob, Gottfried, Gotthelf, Gotthold, Christlieb, Christfried, Fürchtegott, Ehregott u.ä.). Seit dem 16. Jh. spiegeln die V.n die wechselnden kulturellen Einflüsse; aus fast allen Kultursprachen wurden u. werden neue Namen entlehnt: aus dem Englischen (Harry, Willy; Betty, Edith, Jenny), dem Französischen (Jean, Louis, Robert; Annette, Charlotte, Henriette, Julie), dem Italienischen u. Spanischen (Carlos, Guido; Alma, Eleonora, Elvira, Laura), dem Skandinavischen (Axel, Gustav, Knut; Birgit, Helga, Ingeborg, Karin, Sigrid) u. aus den slaw. Sprachen (Alexis, Kasimir, Paul; Feodora, Olga). In der modernen Namengebung sind die Bindungen an Brauch u. Familientraditionen weitgehend aufgelöst; am stärksten wirken sie noch in kath. Kreisen. Dort ist es vielfach noch Sitte, dem Kind einen Heiligennamen als zweiten V.n zu geben.

Recht: Über den oder die V.n entscheiden die Eltern. Beschränkungen in der Ausübung dieses Rechts ergeben sich allein aus dem Zweck der Namensführung u. den allg. Rechtsgrundsätzen. So dürfen in der BRD Bezeichnungen, die ihrem Wesen nach keine V.n sind (anstößige Bezeichnungen, Orts-, Familien-, Warennamen, gemeinsprachl. Wörter), nicht gewählt werden, u. die V.n dürfen nicht im Widerspruch zum natürl. Geschlecht des Namensträgers stehen. Eine Ausnahme macht der Name Maria, der auch Jungen beigelegt werden darf, jedoch nur in Verbindung mit mindestens einem eindeutig männl. V.n. Änderungen des Vornamens oder seiner Schreibweise sind nur über eine behördl. Namensänderung zulässig. – Ähnl. Grundsätze gelten auch in Österreich u. in der Schweiz. →auch Rufname.

Vorniere, *Stammniere, Kopfniere, Pronephros*, das stammesgeschichtl. älteste Harnausscheidungsorgan der Wirbeltiere. →Ausscheidungsorgane.

Vornutzung, *Zwischennutzung*, forstl. jede Nutzung, die nicht zur →Endnutzung zählt, vorwiegend Erziehungs- u. Pflegehiebe.

Vorort, 1. *Geographie:* Siedlung am Stadtrand, eingemeindete oder selbständige Gemeinde.

2. *Geschichte:* leitender, geschäftsführender Ort in einem Verband, z.B. in der Hanse, in der Schweizer Eidgenossenschaft.

Vörösmarty ['vœrœʃmɔrti], Mihály, ungar. Dichter, *1. 12. 1800 Kápolnásnyék, †19. 11. 1855 Pest; Lyrik, Epen u. Schauspiele in romant. Stil.

Vorparlament, die in Frankfurt a.M. vom 30. 3.–3. 4. 1848 tagende Versammlung dt. Ständevertreter. Sie beschloß die Berufung eines aus direkten Wahlen hervorgehenden dt. Parlaments (→Frankfurter Nationalversammlung).

Vorphilatelie, Sondergebiet der Philatelie für Postsachen, die vor Einführung der Briefmarken verwandt wurden, auch *Altbriefkunde* genannt.

Vorpommern →Pommern.

Vorratsbefruchtung →Zahnkarpfen.

Vorratsfestmeter →Festmeter.

Vorratsmilben, *Acaridae*, gedrungene, weißl. bis gelbl., zu den *Sarcoptiformes* zählende Milben, deren Dauernymphen oft monatelang Trockenheit u. ungünstige Temperaturen überdauern können. Zu den V. zählen die *Mehlmilbe, Wohnungsmilben, Käsemilben, Polstermilben.* Alle können allergische Erscheinungen (*Trugkrätze, Asthma* u.ä.) beim Menschen hervorrufen.

Vorratsschädlinge, *Materialschädlinge*, Tiere (u. Pilze), die an vom Menschen verwerteten Stoffen organischer Herkunft schädlich werden, z.B. Speicherschädlinge (Kornkäfer, Mehl-, Kornmotte), Wollschädlinge (Kleidermotte, Pelz-, Speckkäfer), Holzschädlinge (Klopf-, Bockkäfer, Pilze).

Vorratsschutz, Abwehr u. Bekämpfung von Vorratsschädlingen. Der V. arbeitet mit den gesetzl. u. techn. Maßnahmen des Pflanzenschutzes.

Vorreiber, am Blendrahmen des Fensters um einen Dorn drehbar befestigter einfacher Verschluß; drückt den Fensterflügel an den Blendrahmen.

Vorrichtung, *Bergbau:* die Auffahrung von Grubenbauen innerhalb einer Lagerstätte; dient der unmittelbaren Vorbereitung eines Abbaus.

Vorrohrsicherheit, die Eigenschaft eines Geschoßzünders, erst eine bestimmte Strecke nach Verlassen der Geschützmündung scharf zu werden, damit eine Berührung der Tarnung oder der Baumblätter vor dem Geschütz nicht zu vorzeitiger Geschoßdetonation führt. →Zünder.

vorromanische Kunst, die Kunst der dem Beginn der romanischen Kunst voraufgehenden beiden Jahrhunderte, bes. in Norditalien, Frankreich u. Dtschld.; charakterisiert durch die Entwicklung nationaler Stile, die sich mit der künstler. Tradition der christl. Spätantike zu großer Formenvielfalt verbinden. – 🄱→romanische Kunst I.

Vorsatz, 1. *Buchbinderei: Vorsatzblatt*, ein Doppelblatt, dessen eine Seite über die Innenseite eines Buchdeckels geklebt wird; das andere Blatt ist das erste oder letzte bewegl. Blatt des Buches.

2. *Recht:* eine bestimmte subjektive Beziehung des Täters zu seiner Tat: als Wissen u. Wollen der Merkmale des objektiven →Tatbestands Voraussetzung strafbarer Handlungen (→Schuld) u. des bürgerl.-rechtl. Delikts (Gegensatz: *Fahrlässigkeit*). Arten des V.es: 1. *direkter V.*, lat. *Dolus directus*, liegt vor, wenn entweder der Wille des Täters auf die Herbeiführung des im Gesetz bezeichneten Handlungsergebnisses als Ziel gerichtet ist oder wenn der Täter mit dem sicheren Bewußtsein handelt, daß sein Verhalten die Voraussetzungen des objektiven Tatbestands erfüllt (1. Fall: direkter V. 1., 2. Fall: 2. Grades); 2. *bedingter V.*, lat. *Dolus eventualis*, liegt vor, wenn der Täter es nur für möglich hält, aber billigend in Kauf nimmt, daß er den Tatbestand verwirklicht. Im Strafrecht ist streitig, ob das Bewußtsein, Unrecht zu tun, Bestandteil des V.es *(V.theorie)* oder ein danebenstehendes selbständiges Schuldelement *(Schuldtheorie)* ist. Der V. ist ausgeschlossen bei →Irrtum. – 🄻4.1.4.

Vorsatzlinse, eine Linse, die vor Photoobjektiven angebracht wird, um die Brennweite zu verringern oder zu vergrößern. Im allg. werden (die Brennweite verringernde) V.n zu Nahaufnahmen verwendet. Die Brennweite der V. ist gleich dem Aufnahmeabstand bei Einstellung auf unendlich.

Vorsatzsilben, Silben vor Maßeinheiten zur Kennzeichnung von Teilen u. Vielfachen, z.B. 1 MHz (Megahertz) = 1 000 000 Hz.

Silbe	Zeichen	Zehnerpotenz
Exa	E	10^{18}
Peta	P	10^{15}
Tera	T	10^{12}
Giga	G	10^{9}
Mega	M	10^{6}
Kilo	k	10^{3}
Hekto	h	10^{2}
Deka	da	10^{1}
Dezi	d	10^{-1}
Zenti	c	10^{-2}
Milli	m	10^{-3}
Mikro	μ	10^{-6}
Nano	n	10^{-9}
Piko	p	10^{-12}
Femto	f	10^{-15}
Atto	a	10^{-18}

Anmerkung: 10^6 bedeutet z.B. eine 1 mit 6 Nullen, 10^{-6} eine Bruchzahl, deren Zähler eine 1 u. deren Nenner eine 1 mit 6 Nullen ist, also $1/1\,000\,000$ =̂ 1 Millionstel.

Vorschaltwiderstand, *Vorwiderstand*, ein vor ein elektr. Gerät geschalteter Widerstand, der meist als Spannungsteiler wirkt, z.B. zur Bereichserweiterung von Voltmetern.

Vorschlag, *Appoggiatura*, musikal. Verzierungsart, bezeichnet durch eine kleine Note vor der Hauptnote. Beim *kurzen V.* wird die Achtel- oder Sechzehntel-V.snote mit durchstrichener Fahne geschrieben. Der *lange V.* übernimmt für gewöhnlich die Hälfte des Zeitwerts der Hauptnote.

Vorschlagswesen, Mitarbeit der Belegschaft an der Erhöhung der Produktivität eines Betriebs durch Vorschläge zur Verbesserung von techn. Einrichtungen u. des Arbeitsablaufs. Realisierbare Vorschläge werden durch Prämien oder Beförderung belohnt. →auch Arbeitnehmererfindung.

Vorschnittdeckung, eine Dachdeckungsart für Hohlpfannenziegel, bei der die Ziegel an den schrägen Schnitten voreinander liegen.

Vorschooten ['vɔrsxo:tə], Gemeinde in der niederländ. Prov. Südholland, südwestl. von Leiden, 21 800 Ew.; Gold- u. Silberwaren-, chem., Plastikindustrie, Motorenbau.

Vorschriftzeichen, die in § 41 StVO aufgeführten Verkehrszeichen u. weißen Markierungen auf der

Straßenoberfläche, die ein bestimmtes Verhalten ge- oder verbieten. Dazu gehören Warte- u. Haltegebote bzw. -verbote, vorgeschriebene Fahrtrichtungen u. Sonderwege, Verkehrs- u. Streckenverbote jeder Art. Schuldhaftes Zuwiderhandeln gegen V. wird als →Ordnungswidrigkeit geahndet.

Vorschubantrieb, bei Werkzeugmaschinen der Antrieb, der den Schlitten mit dem Werkzeug bewegt. →Leitspindel.

Vorschulerziehung, Erziehung vor dem Schuleintritt, die schul. Leistungen vorbereiten u. bes. die Benachteiligung von Kindern aus einfachen Verhältnissen abbauen soll (Vorklassen für Fünfjährige; geplant sind Einrichtungen für Drei- u. Vierjährige).

Vorschuß, 1. *i. e. S.*: Vorauszahlung auf einen künftigen Anspruch, über die bei dessen endgültiger Festlegung abzurechnen ist. Wird bei einem Handelsvertreter der Provisionsanspruch kraft besonderer Vereinbarung später fällig als mit der Ausführung des Geschäfts, so hat er Anspruch auf angemessenen V., der spätestens am letzten Tag des folgenden Monats fällig wird (§87a Abs. 1 HGB). Kommissionär u. Spediteur haben neben ihrem Recht auf Provision Anspruch auf V. in Höhe der voraussichtl. erwachsenden erstattungsfähigen Aufwendungen (§§669 BGB, 396 Abs. 2, 407 Abs. 2 HGB).
2. *i. w. S.*: Verauslagung eigener Mittel für fremde Rechnung, z. B. wenn der *Einkaufskommissionär* die auftragsgemäß angeschaffte Ware mangels hinreichender vom Kommittenten zur Verfügung gestellter Mittel vorerst selbst bezahlen oder der *Spediteur* wegen der Forderung des Frachtführers von sich aus in Vorlage treten muß, da Kommissionär u. Spediteur mit dem Dritten im eigenen Namen abgeschlossen haben.

Vorsehung, *Providenz*, die über dem Weltgeschehen u. Menschenleben waltende Macht (Gottes), die die Welt erhält u. gemäß ihrer Zielbestimmung lenkt. Nach christl. Lehre führt die V. alles Weltgeschehen zur eschatologischen Vollendung des Reiches Gottes, die das von Gott „vorgesehene" Ziel des Weltlaufs ist. Die V. ist kein unerbittl. Schicksal, sie widerspricht auch nicht dem Einfluß der Naturgesetze. Aus dem Verständnis der Welt im Licht dieses christl. V.sglaubens erwächst das Problem der Theodizee. →auch Prädestination.

Vorsilbe →Präfix.

Vorsokratiker, die griech. Philosophen vor Sokrates: die ionischen Naturphilosophen (*Thales von Milet, Anaximander, Heraklit* u. a.), die Pythagoräer (*Pythagoras* u. seine Schule), die Eleaten (*Parmenides, Zenon d. Ä.* u. a.) sowie die jüngeren Naturphilosophen (*Empedokles, Anaxagoras, Demokrit* u. seine Schule). – 🄻 1.4.6.

Vorsorgeaufwendungen, Beiträge zu Kranken-, Unfall- u. Haftpflichtversicherungen, zu den gesetzl. Rentenversicherungen u. an die Bundesanstalt für Arbeit, Beiträge zu bestimmten Versicherungen auf den Erlebens- oder Todesfall u. Beiträge an Bausparkassen zur Erlangung von Baudarlehen. V. können bis zu bestimmten Höchstbeträgen vom Gesamtbetrag der Einkünfte abgezogen werden.

Vorsorgepauschale, eine Pauschale zur Deckung der →Vorsorgeaufwendungen der Arbeitnehmer, die vom Gesamtbetrag der Einkünfte abgezogen wird. Gemäß § 10c Einkommensteuergesetz in der Fassung vom 21. 6. 1979 beträgt die V. 18% des Arbeitslohns, höchstens 3150,– DM zuzüglich 900,– DM für jedes Kind, mindestens 300,– DM.

Vorspiel, 1. *Literatur:* die einem größeren Drama vorausgehende Szene oder Szenenfolge, die in die Problematik oder Stimmung der Haupthandlung einführen soll. Beispiele: *Goethes* „V. auf dem Theater" u. „Prolog im Himmel" zu „Faust"; *Schillers* „Wallensteins Lager".
2. *Musik: Präludium*, ursprüngl. aus der freien Improvisation als Choral-V. entstanden; später freies, selbständiges Stück *(Fantasie)* oder *Ouvertüre* vor Messen u. Opern.

vorspinnen, einen meist noch verzugsfähigen, relativ dünnen Faserlängsverband aus einem vorgelegten Faserband oder Vlies herstellen. Die gewünschte Feinheit wird durch Verziehen oder Teilung erzielt. Die zum Weiterverarbeiten auf der Feinspinnmaschine nötige Festigkeit erhält das Vorgarn (Lunte) durch Drehung *(flyern)* oder durch Verdichten *(nitscheln)*.

Vorspur, geringe Verstellung der Vorderräder eines Kraftfahrzeugs. Die Räder stehen nicht genau parallel zur Fahrtrichtung, sondern sind so eingestellt, daß sie das Bestreben haben, aufeinander zuzulaufen. Damit wird eine Verringerung des Flatterns bewirkt.

Vorstand, 1. *Gesellschaftsrecht:* Leitung (aus einer oder mehreren Personen bestehend) eines Vereins, einer Kapitalgesellschaft; von den Mitgliedern oder Gesellschaftern gewählt, in einer AG vom Aufsichtsrat bestellt.
2. *Verwaltungsrecht: Gemeinde-V.* →Gemeinderecht.

Vorsteherdrüse, *Prostata*, Anhangsdrüse des männl. Geschlechtsapparats der Säugetiere. Beim Menschen kastaniengroßes, drüsiges, mit glatter Muskulatur durchzogenes Organ, das unterhalb der Blase den hinteren Teil der Harnröhre ringförmig umfaßt. Das dünnflüssige, eiweißreiche Sekret der V. wird bei geschlechtl. Erregung vermehrt u. beim Samenerguß zuerst ausgestoßen; dient dabei zur Neutralisation saurer Harnreste u. des Scheidenschleims u. wirkt anregend auf die Bewegung der Samenfäden. Durch Fortleitung von Entzündungen der Harnröhre, durch Keimverschleppung, kann es zu akuter oder chron. *V.nentzündung (Prostatitis)* kommen; sie ist mit schmerzhafter Behinderung der Harnentleerung, Eiterentleerung durch die Harnröhre u. Abszeßbildungen verbunden. Im höheren Alter entstehen bei vielen Männern mit dem Nachlassen der hormonalen Tätigkeit Vergrößerungen (bis Apfelgröße), die den Harnabfluß stören *(Prostatahypertrophie)*. Auch krebsige Entartung der V. *(Prostatakarzinom)* kann zu den genannten Erscheinungen führen.

Vorstehhund, *Hühnerhund*, ein Jagdhund, der ausgemachtes Wild (Rebhühner, Fasanen, Hasen) durch „Vorstehen", d. h. durch Stutzen in bestimmter Haltung (mit erhobener Vorderpfote), dem Jäger anzeigt. V.e sind: *Deutsch Langhaar, Deutsch Kurzhaar, Deutsch Stichelhaar, Deutsch Drahthaar, Weimaraner, Setter, Griffon, Pointer, Münsterländer* u. a.

Vorstellung, Erinnerungsbild von Wahrnehmungen, das mit dem Bewußtsein des Nichtgegenwärtigseins erlebt wird. V.en sind gegenüber der realen *Wahrnehmung* verschwommen u. wenig detailliert. Entstehen V.en durch neuartige Kombination von Erinnerungs-V.en, spricht man von *Phantasie-V.en*.

Vorster ['f-], Balthazar Johannes, südafrikan. Politiker (Nationalpartei), * 13. 12. 1915 Jamestown; Anwalt; seit 1958 mehrmals Minister, als Nachfolger von H. Verwoerd 1966–1978 Ministerpräsident u. Parteivorsitzender, 1978/79 Staatspräsident; entschiedener Vertreter der Apartheid-Politik.

Vorstius [f-], Joris, Bibliothekar, * 29. 6. 1894 Sterkrade, † 2. 2. 1964 Berlin; Abteilungsdirektor an der Preuß. bzw. Dt. Staatsbibliothek u. Prof. an der Humboldt-Universität in Berlin; Verfasser bibliothekswissenschaftl. u. bibliograph. Werke.

Vorstrafe, frühere Strafe eines Beschuldigten, die noch nicht im →Strafregister getilgt ist; in der Regel Anlaß zu höherer Strafe für den *Vorbestraften* durch das Gericht (→Strafschärfungsgründe).

Vorteilsannahme →Bestechung.

Vorteilsausgleichung, *Kompensation*, im Schadensersatzrecht die Minderung der zu zahlenden Ersatzsumme entsprechend dem Wert eines etwa durch die Schadenszufügung eingetretenen Vorteils für den Geschädigten (z. B. Erlangung eines gesetzl. Anspruchs auf Versorgung), um diesen durch den Schadensersatz nicht zu bereichern.

Vorteilsgewährung →Bestechung.

Vortragekreuz, das in der kath. Liturgie verwendete, bei Prozessionen vorangetragene Kreuz, ist oft kostbar verziert u. enthält Reliquien.

Vortrieb, *Bergbau:* die Herstellung eines Grubenbaus.

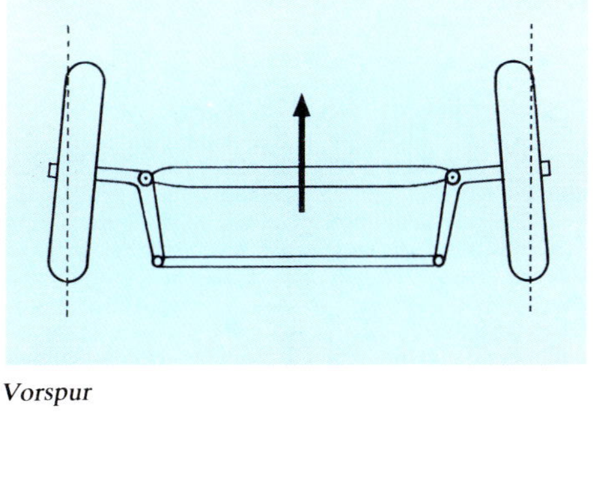

Vorspur

Voruntersuchung, *gerichtliche V.*, Teil des Vorverfahrens im →Strafprozeß; notwendig, wenn der Bundesgerichtshof oder erstinstanzlich das Oberlandesgericht zuständig ist, regelmäßig auch bei Zuständigkeit des Schwurgerichts, möglich bei Zuständigkeit der Strafkammer oder des Schöffengerichts auf Antrag des Angeschuldigten oder des Staatsanwalts. Die V. wird durch einen Antrag des Staatsanwalts eingeleitet u. durch den *Untersuchungsrichter* geführt. Nach Abschluß der V. beantragt der Staatsanwalt die Eröffnung des Hauptverfahrens (Einreichen der Anklageschrift), die Außerverfolgungsetzung oder die vorläufige Einstellung (§§ 178–198 StPO). – Ähnlich in Österreich nach §§ 91–115 StPO.

VOR-Verfahren, Abk. für engl. *very high frequency omnidirectional range*, ein Funkortungsverfahren der Luftfahrt für den Kurz- bis Mittelstreckenbereich. Als ortsfester Sender wird ein UKW-Drehfunkfeuer verwendet; mit einer geeigneten Bordausrüstung können Richtung u. Entfernung zu diesem Sender u. damit der Standort des Luftfahrzeugs ermittelt werden.

Vorvertrag, Vertrag mit der klagbaren Verpflichtung zum Abschluß des beabsichtigten Hauptvertrags. Voraussetzung des V.s ist die Einigung über alle wesentlichen Punkte u. genügende Bestimmbarkeit seines Inhalts.

Vorwahlblende →Springblende.

Vorwählschaltung →Kennungswandler.

„Vorwärts", in Bonn erscheinende Wochenzeitung der SPD; neu gegründet 1948 zunächst als „Neuer V.", seit 1955 jetziger Titel; Auflage 65 000. Vorgänger waren der „V." (Leipzig 1876–1878) u. der „V." (Berlin 1891–1933, Zentralorgan der SPD, hervorgegangen aus dem 1884 gegr. „Berliner Volksblatt").

Vorwärtsverteidigung →Vorneverteidigung.

Vorwerk, vom Haupthof gesondert liegender kleiner Gutshof zur Bewirtschaftung der entfernt liegenden Schläge u. zur Aufnahme des Weideviehs.

Vorzeichen, 1. *allg.:* Anzeichen.
2. *Mathematik:* Symbole Plus (+) u. Minus (–), die die positiven bzw. negativen Zahlen kennzeichnen.
3. *Musik:* in der Notenschrift die Zeichen ♯ u. ♭ zur Bestimmung der →Tonart eines Musikstücks. Die V. werden im Dur- u. Moll-System den Tonstücken zwischen Schlüssel u. Taktangabe vorangesetzt. →auch Versetzungszeichen.

Vorzeichner = Anreißer.

Vorzeit →Urzeit.

Vorzugsaktie, mit besonderen Vorrechten bei der Dividendenausschüttung *(Vorzugsdividende)* oder der Liquidation ausgestattete →Aktie, die aber häufig kein Stimmrecht gewährt.

Vorzugslasten, *Verwaltungsrecht:* einzelnen Bürgern auferlegte Leistungen als Ausgleich für bestimmte Gegenleistungen oder besondere Vorteile, die ein Träger öffentl. Verwaltung gewährt, u. zwar entweder Vorzugsleistungen in Geld (→Beiträge, →Gebühren) oder Naturallasten.

Vorzugszoll, *Präferenzzoll* →Präferenzsystem.

Vos, 1. Cornelius de, fläm. Maler, * 1584 (?) Hulst, † 9. 5. 1651 Antwerpen; neben P. P. *Rubens* u. A. van *Dyck* Hauptmeister der Antwerpener Bildniskunst, schuf nüchterne, techn. vollendete Einzel- u. Gruppenporträts der bürgerl. Gesellschaft, bes. liebenswürdige Kinderbilder, auch konventionelle religiöse u. allegor. Darstellungen.
2. Ma(e)rten de, fläm. Maler, * 1531 Antwerpen, † 4. 12. 1603 Antwerpen; Schüler von F. *Floris* u. *Tintoretto;* erstrebte eine Verbindung des heim. Manierismus u. der venezian. Kunst.
3. Paul de, Bruder von 1), fläm. Maler, * um 1596 Hulst, † 30. 6. 1678 Antwerpen; Mitarbeiter von P. P. *Rubens* u. seines Schwagers F. *Snyders*, malte Jagd- u. Tierkampfdarstellungen, auch Stilleben.

Vosges [vo:ʒ], **1.** französ. Name der →Vogesen.
2. ostfranzös. Département zwischen Maas u. Vogesenkamm, der südl. Teil Lothringens, 5871 qkm, 400 000 Ew.; Hptst. *Épinal*.

Vöslau, *Bad V.*, Stadt in Niederösterreich, am östl. Alpenrand, südl. von Baden, 6250 Ew.; Kurort mit Thermalquelle (24 °C); Schloß (17./18. Jh.); Weinbau, Textilindustrie.

Voß, 1. Ernst Ludwig, Legationsrat, * 1. 1. 1880 Lübeck, † 24. 1. 1961 Verden (Aller), gründete 1922 die erste dt. Rundfunkgesellschaft „Deutsche Stunde" u. wirkte bei der Gründung der regionalen dt. Rundfunkgesellschaften mit.
2. Johann Heinrich, Dichter, * 20. 2. 1751 Sommersdorf, Mecklenburg, † 29. 3. 1826 Heidelberg; 1782–1802 Rektor in Eutin, seit 1805 Prof. in

„Vossische Zeitung"

Heidelberg; war Mitglied des „Göttinger Hains" u. 1776–1780 Hrsg. des „Göttinger Musenalmanachs"; schrieb ländl. Idyllen („Der siebzigste Geburtstag" 1780; „Luise" 1795), z.T. in niederdt. Mundart; übersetzte die „Odyssee" 1781 u. die „Ilias" 1793, auch Vergil, Horaz, Ovid u.a.; streitbarer Gegner der Romantiker.
3. *Julius von,* Schriftsteller, *24. 8. 1768 Brandenburg, †1. 11. 1832 Berlin; fruchtbarer Autor von Romanen, autobiogr. Schriften, Dramen, insbes. Possen; mit seinem „Stralauer Fischzug" 1823 leitete er die Berliner Lokalposse ein.
4. *Richard,* Erzähler u. Dramatiker, *2. 9. 1851 Neugrape bei Pyritz, †10. 6. 1918 Berchtesgaden; erfolgreich mit dem Roman „Zwei Menschen" 1911.

„Vossische Zeitung", „Berlinische privilegierte Zeitung", „Berlinische Zeitung von Staats- und gelehrten Sachen", aus einem 1704 gegr. Wochenblatt hervorgegangene, seit 1751 durch Ch. F. *Voß* entwickelte Berliner Zeitung (ab 1824 täglich); anspruchsvoll, liberal-bürgerlich; 1914 aus Familienbesitz vom *Ullstein-Verlag* übernommen, 1934 eingestellt. 1751–1755 war G. E. *Lessing* Redakteur des Kulturteils („Von gelehrten Sachen", „Das Neueste aus dem Reich des Witzes").

Voßler, Karl, Romanist, *6. 9. 1872 Hohenheim, †18. 5. 1949 München; vertrat eine bes. den geistigen Gehalt der Sprache deutende Neuphilologie. „Positivismus u. Idealismus in der Sprachwissenschaft" 1904; „La Fontaine u. sein Fabelwerk" 1919; „Lope de Vega u. sein Zeitalter" 1932; „Die Dichtungsformen der Romanen" 1952.

Vostell, Wolf, Maler u. Happening-Künstler, *1932 Leverkusen; begann 1956 mit zerrissenen

Montagne Pelée auf Martinique (französische Antillen), Typ der nadelartigen Stoßkuppe; an der Bucht die ehemalig

Vulkanausbruch des Kirkjufell auf der isländischen Insel Heimæy (Vestmannæyjar) 1973; links Vulkanberg Helgafell

Plakaten, die Veränderungen durch Übermalung u. Brandspuren unterzogen wurden („Decollagen"), u. ging dann zu gesellschaftskrit. Happenings über, von denen „In Ulm, um Ulm und um Ulm herum" 1964 am bekanntesten wurde. In seinem elektron. Happeningraum kombinierte er Happening u. Environment. – ▫ 2.5.2.

Vostrokonto [lat., ital.] →Nostrokonto.
Votiv [das; lat.], Weihe- u. Opfergabe, die an bes. Kultplätzen dargebracht wird. Man unterscheidet u.a. Dank- u. Bitt-V.e. Im Mittelpunkt des V.akts steht die Anheimstellung an eine göttl. oder heilige Person. Ihr Grund kommt in den V.gaben zum Ausdruck, die häufig Tieren oder menschl. Gliedmaßen nachgebildet sind. Die V.bilder geben außer der Ursache auch den Adressaten (etwa die Dreifaltigkeit, Maria, einen Heiligen); die Inschriften (z.B. „ex voto") verweisen darauf, daß – im Unterschied zum Gelübde – die *Promulgation* (öffentl. Bekanntmachung) mit fast rechtl. Charakter zum Wesen des V.s gehört.
Votivbild, *Votivtafel,* im kath. Glaubensbereich Bild (auch Inschrift), das aufgrund eines Gelübdes oder als Dank für erfahrene göttl. Hilfe (als Weihgeschenk) in Kirchen oder an Wallfahrtsorten aufgestellt wird; verbreitet in der kath. Volkskunst.
Votivfunde, Bodenfunde aus vor- u. frühgeschichtl. Zeit, die als Votivgaben (Weihgeschenke) zu erkennen sind u. meist aus Mooren stammen.
Votivmesse, *Missa votiva,* in der kath. Kirche eine wegen eines bes. Anlasses nach einem bes. Formular, das nicht dem vorgeschriebenen Offizium entspricht, zelebrierte Messe.
Votum [lat.], **1.** *allg.:* Gutachten, Stellungnahme; Stimme eines Abstimmenden.
2. *Theologie:* religiöses →Gelübde.
Vouet [vu'ɛ], Simon, französ. Maler, getauft 9. 1. 1590 Paris, †30. 6. 1649 Paris; seit 1627 Hofmaler in Paris; seine Gemälde, Wanddekorationen u. Gobelinentwürfe beeinflußten maßgebl. das Schaffen der nächstfolgenden Künstlergeneration (Ch. Lebrun, E. Lesueur, P. Mignard).
Voute ['vutə; die; frz.], *Baukunst:* Hohlkehle am Übergang der Wand zur Decke; schräge Verstärkung an den Auflagern von durchlaufenden Stahlbetonbalken.

VULKANISMUS

Nach einer stürmischen und gasreichen Einleitungsphase (Ausblasungen) zu Ende der Molassezeit „förderten" die Hegauvulkane gasarmes (saures), phonolithisches Magma, das in den Schloten der „Ostreihe" steckenblieb. Danach erfolgten in der „Westreihe" Ausbrüche von dunklem (basischem) Basaltmagma. Die Bergkegel wurden so weit abgetragen, daß heute die harten Schlotfüllungen (Vulkanstiele) die Formen bestimmen

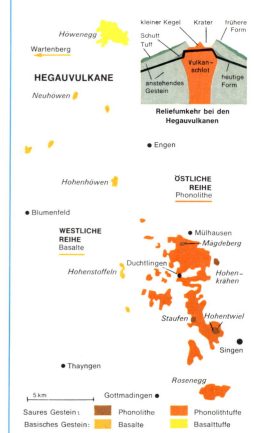

Voute

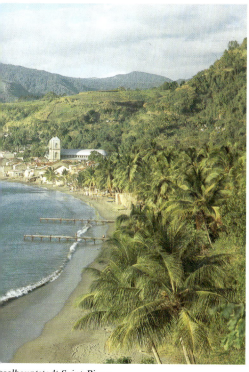

...selhauptstadt Saint-Pierre · Vulkanberge in der Soufrièrebucht von Saint Lucia (Westindien)

...tare (Schwefelgasausströmungen) auf den Phlegräischen Feldern bei Pozzuoli (Italien). – Ausbruch des Ätna (Italien) im Mai 1971. – Die beiden Lavafelsen ...chyt) Rocher Corneille (mit Madonnenstatue) und Mont Aiguilhe (mit der Kirche Saint-Michel) in der südfranzösischen Stadt Le Puy (von links nach rechts)

Durch Abtragung als „Vulkanstiele" (Stotzen) herauspräparierte Füllungen von Vulkanröhren ehemaliger Vulkane im Hegau (Baden-Württemberg)

Krater im Krater des Vulkans San Salvador in El Salvador (Zentralamerika)

Voyager ['vɔiədʒə], Name zweier US-amerikan. Raumsonden, die der Erforschung der äußeren Planeten dienen. *V. 1* (Start 5. 9. 1977) flog 1979 u. 1980 am Jupiter u. Saturn vorbei, *V. 2* (Start 20. 8. 1977) soll außer Jupiter u. Saturn auch Uranus u. Neptun aufsuchen.

Voyeurismus [vwa'jø:r-; frz.], eine sexuelle Deviation; der *Voyeur* („Seher") gelangt (nur) durch Zusehen bei sexuellen Handlungen anderer zur geschlechtl. Erregung.

Vrạca [-tsa], Berg in der *Šar Planina* (Jugoslawien), 2582 m.

Vraz [vraz], Stanko, eigentl. Jakob *Fras*, slowen. Dichter; *30. 6. 1810 Cerovec, †20. 5. 1851 Zagreb; schrieb slowen., später auch kroat.; Romantiker, Förderer des *Illyrismus*; Begründer der kroat. Literaturkritik.

Vrbas, rechter Nebenfluß der Save (Jugoslawien), 170 km, entspringt westl. von Sarajevo, im Mittellauf schluchtenförmiges Engtal, mündet östl. von Gradiška.

Vrch [vrx; tschech.], Bestandteil geograph. Namen: Berg.

Vrchlický ['vrxlitski:], Jaroslav, eigentl. Emil *Frída*, tschech. Schriftsteller, *17. 2. 1853 Laun, †9. 9. 1912 Taus; schuf mit formvollendeter Lyrik u. Epik den Anschluß der tschech. an die europ. Literatur. „Geist u. Welt" (Epos) 1878, dt. 1927; „Eklogen u. Lieder" 1880, dt. 1936.

Vrchovina ['vrx-; slowak.], Bestandteil geograph. Namen: Bergland.

Vreden [f-], Stadt in Nordrhein-Westfalen (Ldkrs. Borken), an der Berkel nahe der niederländ. Grenze, 17500 Ew.; ehem. Festungs- u. Hansestadt; Stiftskirche (12. Jh.) mit Hallenkrypta (9. Jh.); Textil-, Leder-, Möbelindustrie.

Vries [vri:s], **1.** Adriaen de, niederländ. Bildhauer, *um 1560 Den Haag, begraben 15. 12. 1626 Prag; Schüler von G. da *Bologna* in Florenz, Hofbildhauer Kaiser Rudolfs II. in Prag; schuf techn. vollendete Bronzeplastiken, die in raumbetonter Figurenbewegung den Höhepunkt des höf. Manierismus im europ. Norden darstellen; seine späten Werke leiten zum Frühbarock über. Hptw.: Merkurbrunnen, vollendet 1599, u. Herkulesbrunnen, vollendet 1602, in Augsburg; Taufbecken der Stadtkirche in Bückeburg 1615; Figuren u. Reliefs am Grabmal des Fürsten Ernst von Schaumburg-Lippe 1617–1620; Mausoleum zu Stadthagen; Neptunbrunnen für Schloß Frederiksborg 1616–1623 (1659 von den Schweden entführt), Drottningholm, Park. – Ⓑ→Akt. – Ⓛ2.4.5.

2. Hendrik de, niederländ. Lyriker, *17. 8. 1896 Groningen; verfaßte, vom span. Volkslied beeinflußt, romant.-visionäre Lieder.

3. Hugo de, niederländ. Botaniker, *16. 2. 1848 Haarlem, †21. 5. 1935 Lunteren; Prof. in Amsterdam, Vererbungsforscher, einer der drei Wiederentdecker der Mendelschen Gesetze; Hptw.: „Die Mutationstheorie" 2 Bde. 1901–1903.

4. Jan Vredemann de, niederländ. Renaissancearchitekt u. -maler, *1527 Leeuwarden, Friesland, †nach 1604; schuf Architekturbilder u. zahlreiche, in Stichfolgen weitverbreitete Vorlagen für Baudetails, Gartenanlagen, Möbel u. a.

5. Theun de, eigentl. Theunis *Uilke*, niederländ. Erzähler, *26. 4. 1907 Veenwouden, Friesland; schrieb, stark von Politik u. sozialer Problematik bestimmt, histor. Romane u. psycholog. Novellen: „Stiefmutter Erde" 1936, dt. 1938; „Die Feuertaufe" 1948–1954, z.T. dt. 1953; „Das Mädchen mit dem roten Haar" 1956, dt. 1960.

Vriesea [die; nach Hugo de *Vries*], Gattung der *Ananasgewächse*; meist epiphytisch im trop. Amerika lebende Pflanzen mit unten dicht schließenden Blattrosetten u. ährigen Blütenständen. Zimmerpflanzen, bes. die Arten mit quergebänderten Blättern (z.B. *V. splendens*).

Vring [friŋ], Georg von der, Schriftsteller u. Maler, *30. 12. 1889 Brake, Oldenburg, †1. 3. 1968 München (tot aus der Isar geborgen); schrieb das Kriegsbuch „Soldat Suhren" 1927; volksliednahe Gedichte: „Das Blumenbuch" 1933; „Verse für Minette" 1947; „Gesang im Schnee" 1967; Romane: „Schwarzer Jäger Johanna" 1934; „Magda Gött" 1948. Autobiographie: „Der Wege tausendundein" 1955.

Vrnjačka Bạnja ['vrnjatʃka-], jugoslaw. Bad in Serbien, am Ibar, 5000 Ew.; Mineralquellen.

VSA, Abk. für →Vereinigung Schweizerischer Angestelltenverbände.

VSOP, Abk. für engl. *Very Superior Old Product (Pale)*, Altersangabe bei →Cognac, der mindestens vier Jahre gelagert hat.

Vt., Abk. für den USA-Staat →Vermont.

VTOL-Flugzeug, Abk. für engl. *vertical take-off and landing*, „Senkrechtstart u. -landung", *Senkrechtstarter*, ein Flugzeug, das aufgrund besonderer Konstruktionsprinzipien senkrecht starten u. landen u. daher auf ausgebaute Flugplätze verzichten kann. Das *Heckstartflugzeug* wird zum Start in senkrechte Lage aufgestellt, durch Luftschraubenoder Strahlschub emporgehoben u. dann in horizontale Fluglage übergeführt. Der *Flachstarter* wird in Normallage durch einen das Eigengewicht übersteigenden Schub besonderer →Strahltriebwerke (Hubtriebwerke) emporgehoben u. durch Schubtriebwerk horizontal beschleunigt; auch Umlenkung des Schubstrahls in vertikale Richtung wird beim Flachstarter angewendet (Hub-Schub-Triebwerk). Varianten hierzu sind Flugzeuge mit schwenkbaren Triebwerken oder mitsamt den Triebwerken um die Querachse drehbaren Tragflächen *(Kippflügler)*. Auch der →Hubschrauber ist ein V., seine unzulängl. Horizontalgeschwindigkeit führte jedoch seit 1955 zu den Bemühungen um die Entwicklung von V.en mit starren Flügeln. →auch STOL-Flugzeug. – Ⓛ10.9.3.

Vučedoler Kultur ['vutʃ-], spätneolith., Kupfer führende Kultur in Nordwestkroatien, Österreich, Südungarn, der Slowakei, in Böhmen, Bosnien u. Nordserbien, benannt nach dem Fundort *Vučedol* an der Donau in Kroatien. Die Siedlungen mit Megaronbauten, viereckigen Häusern, Pfahlbauten u. Höhlenbenutzung liegen oft an hohen Flußufern; charakterist. sind Gußformen für kupferne Dolche u. eine Keramik mit überwiegend doppelkonischen Formen u. Kerbschnitt-, Stich-, Ritz-, u. Stempelverzierung.

Vught [vyxt], Gemeinde in der niederländ. Prov. Nordbrabant, südl. von Herzogenbusch, 23000 Ew.; Landwirtschaft, Holz- u. Möbelindustrie; St.-Lambertus-Tor, Kastell (15. Jh.); Tourismus.

Vuillard [vyi'ja:r], Édouard, französ. Maler u. Graphiker, *11. 11. 1868 Cuiseaux, Saône-et-Loire, †21. 6. 1940 La Baule; begründete um 1890 zusammen mit P. *Bonnard*, M. *Denis* u. X. *Roussel* die Gruppe der „Nabis"; sein nachimpressionist. Stil entwickelte sich unter dem Einfluß des japan. Farbholzschnitts zu einer arabeskenreichen Flächenkunst mit stark dekorativer Wirkung; er malte hauptsächl. Interieurszenen u. Bildnisse.

Vụlca, der einzige namentlich überlieferte etrusk. Bildhauer, tätig um 500 v. Chr. in →Veji u. Rom. Hptw.: Kultbild des Jupitertempels auf dem Kapitol in Rom.

Vulcạno, *Ịsola V.*, italien. Insel nördl. von Sizilien, gehört zu den Lipar. Inseln, 21 qkm, 499 m hoher Vulkan *Monte Aria* (bis 1888 tätig); Alaungewinnung, Fumarolen.

Vulcạnus, *Volcanus*, röm. Gott des (verheerenden) Feuers; vielleicht ursprüngl. etrusk. Gott, dem griech. *Hephaistos* gleichgesetzt. Im Mittelpunkt seines Hauptfestes stand ein Fischopfer.

Vụlci, *Volci*, antike Stadt, gehörte zum *Zwölfstädtebund* der Etrusker; wurde im 3. Jh. v. Chr. von den Römern unterworfen; bedeutende archäolog. Funde aus etrusk. Zeit, u. a. zahlreiche Gräber mit etrusk. u. griech. Grabbeigaben.

Vulgärlatein, die schriftl. nicht überlieferte latein. Volkssprache; wahrscheinliche u. durch Sprachvergleich erschließbare Grundlage der roman. Sprachen. Dem V. steht heute das Rätoromanische am nächsten.

Vulgạta [die; lat, „die überall verbreitete (Fassung)"], die meistbenutzte, auf *Hieronymus* zurückgehende latein. Bibelübersetzung; 1546 auf dem Trienter Konzil für authentisch erklärt, 1592 von Papst Klemens VIII. als sog. *Sixtina-Clementina* herausgegeben. Papst Pius X. setzte 1907 eine Kommission für die Revision der V. ein. 1945 wurde der Psalter vom Päpstl. Bibelinstitut aus dem Urtext neu ins Lateinische übersetzt. Das 2. Vatikan. Konzil betonte, die V. werde von der Kirche immer in Ehren gehalten; gleichzeitig wurden mit Rückgriff auf den Urtext Bibelübersetzungen in andere Sprachen verlangt.

Vulkạn [lat.; nach *Vulcanus*], **1.** *Astronomie:* Name eines hypothet. Planeten, der innerhalb der Merkurbahn um die Sonne kreisen soll u. den Beobachter des 19. Jh. gesehen haben wollen, zuerst *Lescarbault* 1859. Es scheint heute sicher, daß ein solcher Planet nicht existiert.

2. *Geologie: i. w. S.* jede Stelle der Erdoberfläche (sowohl auf dem Land wie auf dem Meeresboden), an der magmat. Stoffe aus dem Erdinnern an die Oberfläche gefördert werden (meist durch Eruption); *i. e. S.* nur der durch Anhäufung von vulkan. Förderprodukten entstandene „feuerspeiende Berg". Unter der Mitwirkung gespannter Gase steigt das Magma vom *V.herd* durch einen *Schlot* an die Erdoberfläche u. verläßt den *Krater* in Form von *Lava* (Gesteinsschmelzfluß) oder von Lockermassen als Lapilli, vulkan. Bomben, Aschen u. a. Nach Art der Förderungsprodukte unterscheidet man *Schild-V.e* (dünnflüssige Lava; z.B. auf Hawaii), *Quell-* oder *Staukuppen* (zähflüssige Lava), *Schicht-* oder *Strato-V.e* (geschichtete Lava- u. Lockermassen, z.B. Vesuv), *Aufschüttungskegel* (nur Lockermassen). Vulkanembryonen (Schlot ohne nennenswerte Magmenförderung) sind die *Maare*. Nach der Art der Ausbrüche unterscheidet man: den *Solfatarentyp* (Fumarolentyp), der nur Dampf u. Gase abbläst; den *Hawaiityp* mit ruhigem Lavaausfluß; den *Strombolityp*, der gleichmäßig Dampf- u. Aschenwolken aussendet; den *Vesuvtyp* mit heftigen Explosionen u. Pinienwolken; den *Krakatautyp* mit verheerenden Gasexplosionen u. den *Peléetyp* mit sengender Glutwolke. *Tätige* (aktive) *V.e* waren noch in histor. Zeit in Funktion, *erloschene V.e* waren in histor. Zeit nicht mehr tätig (z.B. Vogelsberg); *untätige* (inaktive) *V.e* (z.B. Fudschiyama) sind oft nur vorübergehend (evtl. Jahrhunderte) ruhig. Es gibt auf der Erde rd. 475–500 tätige V.e, davon allein 3/4 rund um den Pazif. Ozean, entlang der labilen zirkumpazif. Schwächezone der Erdkruste. – Ⓚ→Erdbeben.

Vulkạnfiber, zäher, lederartiger Kunststoff aus gepreßten, in Schwefelsäure oder Zinkchloridlösung getränkten ungeleimten Zellstoffplatten; verwendet bes. für Koffer, Dichtungen u. kleine Zahnräder (geräuscharmer Betrieb).

Vulkanisation, Veredelungsverfahren des Kautschuks durch Zusatz von Schwefel mit anschließender Erhitzung auf ca. 120 °C *(Heiß-V.)* oder Behandlung mit Dischwefeldichlorid, S_2Cl_2 *(Kalt-V.)*. Durch V.sbeschleuniger (Vulkazite) kann der Vorgang stark beschleunigt werden. →auch Kautschuk.

vulkạnische Gesteine, *Vulkanite, Ergußgesteine*, magmat. Gesteine, die an der Erdoberfläche erstarrt sind.

Vulkaniseur [-'zø:r; lat., frz.], Ausbildungsberuf des Handwerks, 3 Jahre Ausbildungszeit; repariert beschädigte Gummireifen der Kraftfahrzeuge u. versieht Reifen, deren Lauffläche abgefahren ist, mit einer neuen Lauffläche (Runderneuerung); repariert sonstige Erzeugnisse aus Gummi.

Vulkanismus, zusammenfassende Bez. für alle Erscheinungen, die im Zusammenhang mit Vulkanen stehen, d.h. mit dem Emporsteigen von *Magma* oder Gasen an die Erdoberfläche verbunden sind *(Fumarole, Geysir, Lava, Mofette, Solfataren, Vulkan)*. →auch Plutonismus. – ⒷS. 184.

Vụlpius, 1. Christian August, Schriftsteller, *23. 1. 1762 Weimar, †26. 6. 1827 Weimar; Schwager Goethes; popularisierte die Ideen des Sturm u. Drang in vielgelesenen Schauer- u. Räuberromanen („Rinaldo Rinaldini" 1798).

2. Christiane, Schwester von 1), *1. 6. 1765 Weimar, †6. 6. 1816 Weimar; lebte seit 1788 mit Goethe zusammen, der sie 1806 heiratete. „Goethes Briefwechsel mit seiner Frau" 2 Bde. 1916.

Vụlva [die; lat.], die äußeren weibl. Geschlechtsteile.

Vụoksi, russ. *Vuoksa*, schwed. *Vuoksen*, Abfluß des Saimasees (in Südostfinnland), 160 km, durchbricht den Endmoränenzug Salpausselkä u. bildet dabei auf sowjet. Gebiet die →Imatrafälle, mündet in den Ladogasee.

v.v., Abk. für →vice versa.

VVaG, Abk. für →Versicherungsverein auf Gegenseitigkeit.

V-Waffen, Abk. für *Vergeltungswaffen*, im 2. Weltkrieg entwickelte dt. Raketenwaffen: *V 1*, Flügelbombe mit Selbstantrieb durch ein pulsierendes Staustrahltriebwerk, bei dem die Explosionsstöße den Vortrieb unmittelbar erzeugen u. gleichzeitig die Ventilsteuerung bewirken; seit dem 12. 6. 1944 zur Beschießung engl. Städte (bes. London) eingesetzt. – *V 2 (A 4)*, eine von einer Technikergruppe unter Leitung von W. von *Braun* in Peenemünde entwickelte ferngelenkte Flüssigkeits-Großrakete, seit Sept. 1944 eingesetzt. →auch Raketenwaffen.

VwGO, Abk. für →Verwaltungsgerichtsordnung.

Vydunas [vi'du:nas], eigentl. Vilius *Storasta*, litauischer Schriftsteller u. Philosoph, *22. 3. 1868 Jonaičiai, †20. 2. 1953 Detmold; emigrierte 1944 nach Dtschld.; schrieb Dramen u. mehrere Abhandlungen über die dt.-litauischen Beziehungen.

W

w, W, 23. Buchstabe des dt. Alphabets; entstanden aus zwei nebeneinandergestellten latein. U = V.
W, 1. *Chemie:* Zeichen für *Wolfram*.
2. *Geographie:* Abk. für *West*.
3. *Physik:* Zeichen für *Watt*.
Wa, Bergvolk im Grenzgebiet von Birma u. Thailand, mit starken Dorfbefestigungen, Brandrodung, Schlitztrommeln; früher Kopfjäger.
Wa..., Vorsilbe bei Stammesnamen der Bantu („Leute der..."), z.B. *Watussi*; neuerdings wird nur noch das Stammwort verwendet (→Tussi).
Waadt, *Waadtland*, frz. *Vaud*, südwestschweizer. Kanton zwischen Neuenburger u. Genfer See, 3219 qkm, 525 000 Ew., Hpst. *Lausanne*. Der viertgrößte Kanton der Schweiz hat wie Bern Anteil an allen drei Großlandschaften: Jura, Mittelland u. Alpen. Im W erreichen die Juraketten im *Mont Tendre* (1679m) ihre größte Höhe auf Schweizer Boden. Sie schließen das Längstal *Vallée de Joux* mit dem Lac de Joux ein, eine teilweise verkarstete u. bewaldete Landschaft, mit dem Wintersportzentrum Le Brassus. Das Mittelland zwischen Neuenburger u. Genfer See ist mehr oder weniger hügelig, während sich im SO zwischen Rhône u. Berner Oberland die *W.länder Alpen* erheben, die in den *Diablerets* (3210m) gipfeln u. das Pays d'Enhaut einschließen. Sie sind ein Gebiet der Alpwirtschaft u. des sehr lebhaften Fremdenverkehrs (Leysin, Vevey-Montreux). Im Mittelland wird Ackerbau, am Genfer See auch Weinbau getrieben. Die Industrie dominiert im Wirtschaftsleben; ihre wichtigsten Zweige sind Maschinen- u. Apparatebau, Metallwaren-, Uhren-, graph., Nahrungs- u. Genußmittel- (Schokolade, Milchprodukte, Tabakwaren), chem.-pharmazeut., Lederwaren- u.a. Industrie. – Seit dem 13. Jh. zu Savoyen, 1536 zu Bern, 1803 selbständiger eidgenöss. Kanton. – K →Schweiz.
Waag, slowak. *Váh*, linker Nebenfluß der Donau, 396 km; seine Quellflüsse entspringen als *Schwarze W.* in der Hohen u. als *Weiße W.* in der Niederen Tatra, im Mittellauf 16 Staustufen u. -seen, vereinigt sich mit der Kleinen Donau zur *Waagdonau*, mündet bei Komorn.
Waage, 1. *Astronomie: Libra,* Sternbild des Tierkreises.
2. *Mechanik:* Gerät zur Gewichtsbestimmung von Körpern durch Massenvergleich. – Bei der *Balken-W.* wird die gesuchte Masse mit bekannten „Gewichten" (Massennormalen) verglichen; eine feinere Form ist die für chem. Untersuchungen gebrauchte *Analysen-W.* Bei *Schalt-W.n* werden durch Drehen eines Schalters nacheinander mehr u. mehr Gewichte eingeschaltet. Bei der *Feder-W.* wird eine geeichte Schraubenfeder durch eine Last ausgedehnt. Diese W.n zeigen wegen der kleinen Verschiedenheit der Gravitationskonstante an verschiedenen Orten für gleiche Massen etwas verschiedene Werte an; sie sind daher nur für gröbere Messungen verwertbar. Bei der *Laufgewichts-W.* (*röm. W., Schnell-W.*) werden ein oder zwei Laufgewichte an einem Balkenende verschoben, bis Gleichgewicht herrscht. Auf demselben Prinzip beruhen die *Neigungs-W.n* (z.B. *Brief-W.*), bei denen die Neigung eines hebelartigen Balkenarms verändert wird, u. die *Brücken-W.n,* bei denen die Last auf einer Plattform (Brücke) ruht, deren W.balkenlängen in einem bestimmten Verhältnis zueinander stehen (z.B. *Dezimal-W.n*). *Elektronische W.n* (Wiegeanlagen) haben keine bewegl. Teile u. benötigen praktisch keine Wartung. Die Umwandlung der mechan. Meßgröße in ein entspr. Meßsignal erfolgt mit →Dehnungsmeßstreifen, die sich in Lastaufnehmern (Druckdosen) befinden. Jeweils vier Meßstreifen sind so geschaltet, daß sie eine Wheatstonesche Brücke ergeben. Bei Belastung der Druckdose tritt in der Brücke eine Spannung auf, die der Größe der Last entspricht u. die das Gewicht z.B. über einen Analog-Digital-Wandler auf einem Leuchtanzeiger angibt.
3. *Sport:* 1. Übung beim Geräteturnen, bei der sich der gestreckte Körper waagerecht befindet, z.B. *Hang-* oder *Stütz-W.* an Geräten, einbeinige *Stand-W.* im Bodenturnen. – 2. beim Eiskunstlauf als eingesprungene *W.pirouette*: das Spielbein wird bei gesenktem Oberkörper hoch um das Standbein geschwungen.
Waagen, Gustav Friedrich, Kunsthistoriker, *11. 2. 1794 Hamburg, †15. 7. 1868 Kopenhagen; seit 1832 Direktor der Gemäldegalerie in Berlin, erhielt dort 1844 die erste kunstgeschichtl. Professur an der Universität.
Waal [die], Hauptmündungsarm des Rhein, beginnt bei Pannerden in der Prov. Gelderland u. mündet bei Werkendam in die Nieuwe Merwede; führt zwei Drittel des Rheinwassers ins Meer.
Waals, Johannes Diderik van der, niederländ. Physiker, *23. 11. 1837 Leiden, †8. 3. 1923 Amsterdam; Prof. in Amsterdam; entwickelte die *van-der-W.sche Zustandsgleichung,* die das Verhalten der realen Gase u. ihre Verflüssigung beschreibt. Die auftretende Abweichung der realen Gase von den idealen beruht auf der gegenseitigen Anziehung der Gasmoleküle durch die sog. *van-der-W.schen Kräfte.* Nobelpreis für Physik 1910.
Waalwijk [ˈvaːlvɛjk], Gemeinde in der niederländ. Prov. Nordbrabant, 24 000 Ew.; Fachschule der Lederindustrie; Lederwaren-, Karton-, Metall- u. Möbelindustrie, Druckereimaschinenbau; Stadthaus, Kirche (1471); 1303 Stadtrecht, 1922 Eingemeindung von Baardwijk u. Besoijen.
Waas, *Land van W.,* Landschaft in Ostflandern (Belgien), westl. von Antwerpen, dicht besiedelt, intensiver Ackerbau u. Viehzucht, Textilindustrie.
Waasen, ungar. *Hanság,* Sumpfgebiet im W Ungarns, südl. des Neusiedler Sees, 180 qkm, soll durch Entwässerungskanäle vollständig trockengelegt werden.
Wabana [wɔˈbænə], kanad. Stadt auf Bell Island vor der neufundländ. Küste nordwestl. von St. John's, 12 000 Ew., bis 1967 Eisenerzbergbau.
Wabash [ˈwɔːbæʃ], rechter Nebenfluß des Ohio, 960 km, entspringt an der Westgrenze von Ohio, durchfließt Indiana, mündet bei Shawneetown.
Waben, im Verband stehendes, (grob) hexagonales Gefüge von Aufzucht- u. Speicherzellen bei Stechbienen. So baut z.B. die *Honigbiene* senkrecht stehende, zweischichtige W. aus selbstproduziertem Wachs; *Faltenwespen* stellen mit Hilfe ihres Speichels waagerechte, hängende einschichtige Papier-W. her.
Wabenkröte, *Pipa pipa,* ein südamerikan. Froschlurch. Die Eier der W. durchlaufen ihre Entwicklung bis zur kleinen Kröte in Hauttaschen (sechseckigen Waben mit Deckel) auf dem Rücken des Weibchens.
Wabenlunge, *Sacklunge, Zystenlunge,* sehr seltene angeborene Hemmungsmißbildung der Lungen, gekennzeichnet durch zahlreiche sackartige Hohlraumbildungen im Lungengewebe.
Wabenziegel →Ziegel.
Waberlohe [die; nach altnord. *vafrlogi*], in R. Wagners „Ring des Nibelungen" der Feuerkreis, der die schlafende Brünhilde umgibt; eine wiederbelebte Vorstellung der altnord. Mythologie.
Wabi Schebele [-ʃəbələ] = Webi Schabelle.
WACC, Abk. für engl. *World Association for Christian Communication,* 1968 aus der *World Association for Christian Broadcasting (WACB)* hervorgegangene Vereinigung christl. (vornehmlich prot.) Rundfunkeinrichtungen u. -initiativen; Sitz: Edinburgh.
Wace [wɛis, engl.; vas; frz.], Robert, engl.-normann. Dichter, *um 1100 Jersey, †um 1174; ältester namentl. bekannter Dichter französ. Sprache; verfaßte die Reimchroniken „Roman de Brut" u. „Roman de Rou".
Wach, Adolf, Rechtslehrer, *11. 9. 1843 Kulm, Westpreußen, †4. 4. 1926 Leipzig; übte großen Einfluß auf die Gestaltung der dt. Zivilprozeßordnung aus. Hptw.: „Handbuch des dt. Zivilprozeßrechts" 1885.
Wachau, 35 km lange Engtalstrecke der Donau in Niederösterreich, reizvolle Landschaft zwischen Melk u. Krems, klimatisch begünstigt, Wein- u. Obstbau in der Niederung, Wald auf den Hängen; Ruinen u. schöne Siedlungen.
Wachenheim an der Weinstraße, rheinlandpfälz. Stadt an der mittleren Haardt (Ldkrs. Bad Dürkheim), 4100 Ew.; Weinbau u. -handel, Sektkellerei.
Wacholder [der], *Juniperus,* Gattung der *Nadelhölzer,* mit über die ganze nördl. Hemisphäre verbreiteten, südlich bis Westindien u. Malawi vorkommenden Arten. Kennzeichnend für die Gattung sind die fleischigen Beerenzapfen. In Dtschld. heimisch: →Sadebaum; *Gewöhnl. W.* (*Machandelbaum, Kranewit, Juniperus communis*), in Mooren, lichten Wäldern u. auf Heiden vorkommender, 5–10 m hoher Strauch mit in dreizähligen Quirlen stehenden, stachelspitzigen Nadeln u. schwarzen, blau bereiften, erst im 2. Jahr reifenden Beeren. Als Volksheilmittel findet das ätherisches Öl (*W.holzöl*) enthaltende Holz Verwendung. Daneben ist es geschätzt für Drechsler-, Holzschnitzer- u. Kunsttischlerarbeiten. – Im Mittelmeergebiet verbreitet sind: *Zedern-W., Juniperus oxycedrus,* u. *Zypressen-W., Juniperus phoenica.* Wichtiger sind die nordamerikan. Arten: *Virginischer Sadebaum* (*Rote Zeder, Virginische Zeder, Bleistiftzeder, Juniperus virginiana*) u. *Florida-W.* (*Floridazeder, Juniperus bermudiana*), deren Holz für die Bleistiftfabrikation benutzt wird. Geschätzt wird auch das ebenfalls angenehm aromatisch riechende Holz des *Berg-W.* (*Afrikanischer Sadebaum, Juniperus procera*). Das aromat. *W.beerenöl* (*Oleum juniperi*) wirkt harntreibend u. wird in der Spirituosenindustrie als Zusatz zu *W.branntwein* (*Steinhäger, Genever, Gin, Doornkaat, Machandel, Kranewitter*) sowie zur Herstellung von *W.spiritus.*
Wacholderdrossel, *Krammetsvogel* →Drosseln.
Wacholderteeröl →Cadeöl.
Wachs →Wachse.
Wachsausschmelzverfahren, *Feingußverfahren,* ein Verfahren der Gußformenherstellung, bei

der ein Wachsmodell aus der ungeteilten Form ausgeschmolzen wird. Das W. war als Kunstgußverfahren schon im Altertum bekannt. Heute wird es in der Industrie für kleinere Teile hoher Genauigkeit eingesetzt. Statt Wachs benutzt man neuerdings auch thermoplast. Kunstharz oder niedrigschmelzende Metalle.

Wachsbildnerei, *Zeroplastik*, in der Bildhauerkunst das Anfertigen von Wachsmodellen für den Bronzeguß, auch das Herstellen kleiner Entwurfsarbeiten aus Wachs für größere auszuführende Plastiken in der Art des →Bozzeto, i. w. S. das Modellieren von selbständigen plast. Werken, bes. von Totenmasken oder von ganzfigurigen Nachbildungen verstorbener Personen. Die Technik der W., ursprüngl. fast ausschl. an den Totenkult gebunden, war schon in der Antike bekannt. In der Renaissance u. im Barock wurden neben Statuetten u. Reliefs auch Porträtbüsten u. -figuren in Wachs modelliert. →auch Wachsfigurenkabinett.

Wachsblume, 1. *Fleischige W., Hoya carnosa*, ein *Seidenpflanzengewächs*, in Südasien u. Australien heimische, epiphytisch lebende Pflanze mit blaßroten, wohlriechenden, wachsähnlich aussehenden Blüten. Beliebte Zierpflanze.
2. *Cerinthe*, Gattung der *Rauhblattgewächse*, Pflanzen mit bläulich bereiften Blättern. In den Alpen die *Alpen-W., Cerinthe glabra*, in Gärten die *Große W., Cerinthe major*.

Wachsbohne →Bohne.

Wachsdrüsen, Wachs erzeugende *Hautdrüsen* bei Insekten, meist als Drüsenplatten, z. B. bei Bienen, Hummeln u. vielen Pflanzensaugern.

Wachse, Sammelbez. für natürl. u. synthet., schmelzbare, organische Stoffe mit bestimmten Eigenschaften wie z. B. (von Ausnahmen abgesehen): Knetbarkeit bei 20 °C, oberhalb 40 °C zersetzungsfrei schmelzend, dabei nicht fadenziehend, unter geringem Druck polierbar. Sie bestehen meistens aus gesättigten höheren Fettsäuren mit 16–32 Kohlenstoffatomen, die mit gesättigten, primären Alkoholen ähnlicher Kohlenstoffatomanzahl verestert sind; chemisch gehören sie zu den →Lipiden. Man unterscheidet: 1. *natürliche W.*: Pflanzenwachs, →Mineralwachs u. tierisches Wachs (z. B. →Bienenwachs). W. bilden bei Insekten einen Benetzungsschutz gegen Wasser; die Bienen benutzen Wachs außerdem als Baumaterial ihrer Waben. Als Depotfett kommen W. bei Krebsen u. Walen (Walrat) vor. 2. *halb-* oder *vollsynthet. W.* werden aus den Paraffinen der Erdölaufbereitung oder der Fischer-Tropsch-Synthese gewonnen. Synthet. W. unterscheiden sich stark von den natürl. W.n, bes. durch ihren bedeutend höheren Schmelzpunkt. Verwendung für Imprägnierungen u. Isolierungen, als Dichtungs- u. Bautenschutzmittel, für Vaseline, Cremes, Schuhputz- u. Bohnermassen, Kerzen u. a.

Wachsfigurenkabinett, im 17. u. 18. Jh. aufgekommene Form der Ausstellung von naturgetreuen lebensgroßen Nachbildungen namhafter Persönlichkeiten; bes. bekannt das W. in London, gegr. von der schweizer. Wachsmodelleurin Marie *Tussaud* (*1760, †1850).

Wachshaut, die federlose, oft farbige, wachsartige Haut am Schnabelgrund mancher Vögel (z. B. der Papageien u. einiger Raubvögel).

Wachsmalerei →Enkaustik.

Wachsmann, Konrad, Architekt, *16. 5. 1901 Frankfurt (Oder), †Dez. 1980 Los Angeles; arbeitete 1941–1943 in den USA mit W. *Gropius* zusammen; trug zur Entwicklung einer modernen Holzbauweise bei u. gab dem industrialisierten Bauen Impulse.

Wachsmotte, *Wachszünsler, Bienenmotte, Honigmotte, Bienenzünsler, Galleria mellonella*, ledergelb u. grau gefärbter *Zünsler*, dessen Raupen in Bienenstöcken von Wachs leben, aus dem sie Fett u. Wasser aufbauen können. Gefürchteter Zerstörer der Bienenwaben.

Wachsmuth, Andreas, Literarhistoriker, *30. 11. 1890 Reetzerhütten, Brandenburg; 1950–1971 Präs. der *Goethe-Gesellschaft* in Weimar; verfaßte Schriften zur neueren dt. Literatur.

Wachspalme, 1. die amerikan. Palmengattung *Copernicia* mit der Art →Karnaubapalme.
2. die südamerikan. Palmengattung *Ceroxylon*; die Stämme der Palmen sind mit einer dicken, hellen Wachsschicht überzogen.

Wachspapier, mit Paraffin u. ähnlichen Stoffen getränktes Papier; wasser- u. luftdichtes Verpakkungsmaterial.

Wachsrose, *Grüne Seerose, Anamonia sulcata*, zu den *Aktinien* gehöriges festsitzendes Meerestier, bis 12 cm Durchmesser, 200 Tentakeln mit hellen Spitzen; im Mittelmeer u. Atlantik; wird roh u. gebraten verzehrt.

Wachsstock, kerzenähnliche Lichtquelle, gezogen aus weißem oder gelbem Bienenwachs mit Zusatz von Talg, Fichtenharz oder Terpentinöl u. schraubenförmig aufgewickelt.

Wachstafel, mit Wachs überzogene Holz- oder Elfenbeintafel, auf die in der Antike mit Griffeln geschrieben wurde; für Rechnungen z. T. bis ins 19. Jh. verwendet.

Wachstuch, Gewebe aus Baumwolle oder Leinen mit mehrfachem Auftrag aus pigmentierten, trocknenden Ölen, auch bedruckt; ist glatt u. wasserdicht, dient u. a. als abwaschbare Tischauflage. Heute meist aus Polyvinylchlorid oder Polymerisatdispersionen hergestellt.

Wachstum, 1. *Biologie:* Größenzunahme eines Organismus durch Neubildung von Körpersubstanz. W. kann entweder auf der Vergrößerung oder auf der Vermehrung von Zellen beruhen. Die Hautzellen des Menschen teilen sich laufend u. ersetzen dadurch zerstörte. Die Zahl der Nervenzellen ändert sich nach der Geburt fast nicht mehr u. die der Muskelzellen nur wenig. Bedingungen für das W. sind genügendes Nahrungsangebot einschl. der Vitamine u. Funktionstüchtigkeit des Hypophysenvorderlappens, der das W.shormon (Somatotropin) bildet. Dieses verstärkt die Eiweißsynthese u. beschleunigt den Kohlenhydrat- u. Fettstoffwechsel. Überhöhte Hormonproduktion, bes. durch Geschwulstbildung am Hypophysenvorderlappen, führt bei noch wachsenden jungen Menschen zu Riesenwuchs *(Gigantismus)* oder nach Abschluß des W.s zu einer Vergrößerung der Hände, der Füße, des Unterkiefers u. der Nase *(Akromegalie)*. Zuwenig Hormonbildung verursacht Zwergenwuchs ohne Störung der Proportionen. Die Zuwachsrate verschiedener Körperteile oder Organe ist nicht gleich groß *(allometrisches W.)*; dies führt zu einer Verschiebung der Proportionen. Beim Menschen hört nach der Pubertät das Körper-W. mit dem W. der Knochen auf. Alle höheren Pflanzen u. manche Tiere (Süßwasserpolypen, Strudelwürmer, Fische) werden auch später noch langsam, aber stetig größer. Bei Insekten endet das W. mit der letzten Häutung. – ⊡ 9.0.7.
2. *Wirtschaft:* Ausgehend von der anhaltenden mengenmäßigen Ausweitung der Produktion u. der steigenden Pro-Kopf-Versorgung der Bevölkerung in den abendländ. Volkswirtschaften, befaßte sich die ökonom. Theorie mit Untersuchungen über die Grundlagen der wirtschaftl. Entwicklung. Neben die weitgefaßten Erklärungsversuche von K. *Marx*, M. *Weber*, J. *Schumpeter*, A. *Müller-Armack* u. a. treten in der Gegenwart vor allem Studien über die dynam. Konzeption des gleichgewichtigen W.s. Dabei geht es um die zentrale Fragestellung der Voraussetzungen eines ungestörten wirtschaftl. Fortschritts im Sinne einer gleichmäßigen Ausdehnung von *Volkseinkommen* u. *Produktionskapazität*. Zur Vermeidung von Störungen in der Wirtschaft müßte die Zuwachsrate des Einkommens der der Produktionskapazität entsprechen, damit das zusätzl. Angebot voll von der gestiegenen Nachfrage abgenommen wird. Dies wird eintreten, wenn die W.srate des Einkommens dem Bruch aus *Investitionsquote* (Anteil der Investitionen an der gesamten Produktionskapazität) u. dem (marginalen) *Kapitalkoeffizienten* (als Verhältnis von Kapital- zu Kapazitätszuwachs) entspricht, d. h., je größer der der Kapitalbildung zugewandte Teil der wirtschaftl. Tätigkeit (je größer die *Sparrate* u. die dieser entsprechende Rate der *Investierungen*) ist u. je größer die produktive Leistung der neuen Investition sein wird, um so höher ist die W.srate der Produktionskapazität: Folglich muß auch der Einkommenszuwachs zur Beanspruchung dieser Kapazität entspr. hoch sein. Der modernen Wirtschaftspolitik bietet sich mit diesem Theorietyp ein wichtiges Instrument zur Erfassung realer Abläufe u. zur Beurteilung etwa zu ergreifender Maßnahmen an. – ⊡ 4.4.5.

Wachstumsfunktion, *Abklingfunktion*, die Funktion, nach der z. B. das Wachsen eines Waldes, der Energieverlust bei der Absorption von Strahlung, der Zerfall von radioaktiven Stoffen, die Abnahme des Luftdrucks mit der Höhe, die Zuckerinversion ablaufen. Die W. ist eine Exponentialfunktion (→Exponent).

Wachstumshormon, *STH, somatotropes Hormon*, in der Hypophyse gebildetes Hormoneiweiß. Überproduktion an W. führt zu Riesenwuchs oder →Akromegalie; Unterproduktion zu Zwergwuchs.

Wachstumsrate, *Wirtschaft:* Als geeigneter Indikator zur Erfassung der Vielschichtigkeit von Wachstumsprozessen erscheint das reale (von Preisschwankungen bereinigte) *Brutto-* oder *Nettosozialprodukt*. Zur Ermittlung des Versorgungsstandes kann es auf den Kopf der Bevölkerung, zur Beurteilung der Leistung der Volkswirtschaft auf die Höhe des effektiven Arbeitseinsatzes bezogen sein. Die W. stellt dann die jeweilige prozentuale Veränderung des Sozialprodukts im Vergleich zur Vorperiode dar (z. B. ist bei einer W. von 4% das Sozialprodukt um 4% gestiegen).

Wachszünsler →Wachsmotte.

Wachtberg, Gemeinde in Nordrhein-Westfalen (Rhein-Sieg-Kreis) südl. von Bonn, im „Drachenfelser Ländchen"; 1969 gebildet, 16300 Ew. Wasserburgen *Gudenau* u. *Odenhausen* (15. Jh.).

Wachtel [die], *Coturnix coturnix*, bis 18 cm großer europ. *Fasanenvogel*; auf Wiesen, Feldern u. Ödland; in Südeuropa Jagdwild. Mehrere ausländische Arten sind beliebte Volierenvögel, z. B. die *Chines. Zwerg-W., Coturnix chinensis*.

Wachtelhund, *Deutscher W.*, ein mittelgroßer, kräftiger Stöberhund (Jagdhund) mit gewelltem, braun-weißem Fell.

Wachtelkönig, *Crex crex*, bis 26 cm große, auf Wiesen vorkommende unscheinbare *Ralle*; in Eurasien (außer Mittelmeerraum). Der W. ähnelt der nicht verwandten *Wachtel*. Nach dem Ruf wird er auch *Wiesenknarre, -schnarre* genannt.

Wachtelweizen, *Melampyrum*, Gattung der *Rachenblütler*; einjähriger Halbschmarotzer, Blüten mit seitlich zusammengedrückter u. am Rand umgeschlagener Oberlippe u. z. T. bunten Deckblättern; *Hain-W., Melampyrum nemorosum*, mit goldgelben Blüten, rostbrauner Röhre u. blauen Deckblättern oder *Acker-W., Melampyrum arvense*, mit purpurnen oder gelben Blüten.

Wächtersbach, hess. Stadt (Main-Kinzig-Kreis), an der Kinzig, 9800 Ew.; Schloß (12. Jh.); Basalt-, Gummi-, Glas-, Plastikindustrie.

Wachtmeister, 1. *Militär:* bis 1945 *Feldwebel* bei berittenen oder bespannten Truppen.
2. *Polizei:* *Polizeiwachtmeister*, unterster Dienstgrad der Sicherheitspolizei.

Wach- und Schließgesellschaft, Privatunternehmen des Bewachungsgewerbes.

Wackelkontakt, schadhafte Klemm-, Schraub-, oder Lötverbindung einer Stromleitung. Bei Erschütterungen wird der Stromkreis unregelmäßig unterbrochen, was zu Funken (störend beim Rundfunkempfang) oder sogar zu starker Erhitzung mit Brandgefahr führen kann.

Wackenroder, Wilhelm Heinrich, Schriftsteller, *13. 7. 1773 Berlin, †13. 2. 1798 Berlin; entdeckte auf Wanderungen mit L. *Tieck* die Kunst des MA., wirkte stark auf Lebensgefühl u. Kunstauffassung der Romantik. „Herzensergießungen eines kunstliebenden Klosterbruders" 1797; „Phantasien über die Kunst, für Freunde der Kunst" (mit L. Tieck) 1799.

Wackenrodersche Flüssigkeit [nach dem Chemiker Heinrich Wilhelm Ferdinand *Wackenroder*, *1798, †1854], ein Gemisch von →Polythionsäuren; entsteht beim Einleiten von Schwefelwasserstoff H_2S in eine wässerige Schwefeldioxidlösung.

Wackernagel, 1. Jacob, Sohn von 3), schweizer. Sprachforscher, *11. 12. 1853 Basel, †22. 5. 1938 Basel; Arbeiten zur klass. u. altind. Philologie.
2. Martin, Enkel von 3), schweizer. Kunsthistoriker, *2. 1. 1881 Basel, †17. 1. 1962 Schloß Cottens; leitete die systemat. Erforschung der Kunstwerke Westfalens ein. Hptw.: „Plastik des 11. u. 12. Jh. in Apulien" 1911; „Baukunst des 17. u. 18. Jh. in den german. Ländern" 1921.
3. Wilhelm, Germanist, *23. 4. 1806 Berlin, †21. 12. 1869 Basel; Hrsg. ahd. u. mhd. Texte.

Waco ['wɛikɔu], Stadt in Texas (USA), am Brazos River, 96000 Ew. (Metropolitan Area 130000 Ew.); baptist. Universität (1845); Zentrum eines Baumwollgebiets; Baumwoll- u. Metallindustrie.

Wad, 1. [ndrl.], Bestandteil geograph. Namen: Watt.
2. [arab.] = Wadi.

Waddenzee [-ze:], *Wattenmeer*, flacher küstennaher Streifen der Nordsee zwischen den Westfries. Inseln u. dem Festland, fällt bei Niedrigwasser regelmäßig trocken. →auch Watt.

Waddington, *Mount W.* ['maunt 'wɔdiŋtən], höchster Gipfel des westkanad. Küstengebirges (Coast Range; im S), 4042 m.

Waddinxveen ['wadiŋksve:n], Gemeinde in der niederländ. Prov. Südholland, 19000 Ew., Landwirtschaft, Möbelindustrie, Karosseriebau, chem. u. Kunststeinindustrie.

Wade, *Sura*, der hintere Teil des Unterschenkels, durch den dreiköpfigen W.nmuskel gewölbt.

Wadenbein, *Fibula*, einer der beiden Unterschenkelknochen der Wirbeltiere u. des Menschen.

Wadenkrampf, *tonischer W.*, Krampf der Wadenmuskulatur; Ursachen: Durchblutungsstörungen, Überanstrengungen u. a.

Wadenstecher →Stechfliege.

Wadenstrumpf, mundartl. *Wadlstutzen*, vom Knöchel bis unter das Knie reichende Beinbekleidung in der Volkstracht der Gebirgsbevölkerung.

Wädenswil, schweizer. Großdorf am Südwestufer des Zürichsees, 16500 Ew.; Schloß, heute Eidgenöss. Versuchsanstalt für Obst-, Wein- u. Gartenbau; Metall-, Kunststoff- u. Textilindustrie.

Wadi [der; arab.], *Wad, Wat, Oued, Ouèd* [wɛd], Bestandteil geograph. Namen: in Steppen- u. Wüstengebieten vorkommendes Trockental oder Trockenfluß, führt nur periodisch oder episodisch Wasser. – Ⓑ→Geologie.

Wadi el Araba = Arava.

Wadi Hadramaut, zentrale Taloasenlandschaft in der Volksrep. Jemen, Südarabien; zahlreiche period. Flußläufe, Acker- u. Dattelanbau, Viehzucht.

Wadjak, Ort auf Java. Dort wurden 1889/90 von van *Rietschoten* u. Eugen *Dubois* zwei Schädel einer Altschicht des Homo sapiens (Jung-Paläolithikum) ausgegraben. Sie weisen Ähnlichkeit mit den Australiern auf.

Wad Medani, Hptst. der Prov. *Nil el Asraq* (Blauer Nil, 142000 qkm, 3,2 Mill. Ew.), der wirtschaftl. wertvollsten u. am dichtesten besiedelten Prov. der Rep. Sudan; 75000 Ew.; landwirtschaftl. Handelszentrum (Baumwolle, Zuckerrohr), Maschinen-, chem., Zigaretten- u. a. Industrie.

Wadowice [vadɔ'vitse], *Frauenstadt*, Stadt in Polen, an der Skawa, südwestl. von Krakau, 15000 Ew.

Wadschrayana, *Vajrayana*, „Diamantfahrzeug", eine dritte (neben Hinayana u. Mahayana) Ausgestaltung des Buddhismus, die durch magische Praktiken *(Tantrismus)* vornehml. charakterisiert ist. Der tibetan. Lamaismus gehört zum W.

Waerden ['wa:rdə], Bartel Leendert van der, Mathematiker, *2. 2. 1903 Amsterdam; Arbeiten zur Algebra, Statistik u. Geschichte der Mathematik. Werke: „Algebra" Tl. 1 ^{6}1964, Tl. 2 ^{4}1959; „Erwachende Wissenschaft" 2 Bde. 1956–1968.

Waetzold, Wilhelm, Kunsthistoriker, *21. 2. 1880 Hamburg, † 5. 1. 1945 Halle (Saale); Hptw.: „Dt. Kunsthistoriker" 1921–1924; „Dürer u. seine Zeit" 1935; „Hans Holbein d. J." 1938.

Wafd [der; arab., „Delegation"], ägypt. Unabhängigkeitspartei, gegr. 1918 vom Führer der ägypt. Nationalisten, Saad *Saghlul Pascha*, stellte zeitweilig den Regierungschef; 1952 nach der Machtergreifung der „Freien Offiziere" aufgelöst.

Wafer ['weifə; der; engl., „Oblate"], *Elektronik:* eine Siliciumscheibe, die als Grundmaterial für integrierte Schaltkreise *(Chips)* dient. Sie hat im allg. einen Durchmesser von 5,8 cm u. ist 0,4 mm dick. Die Schaltkreise werden in einer Schicht von 5–10 Tausendstel mm Dicke untergebracht. Das übrige Siliciummaterial bleibt praktisch unverändert u. dient als mechanischer Träger. Die W. sind Einkristalle mit fast ungestörtem Kristallbau u. von großer Reinheit (auf 100 Mill. Siliciumatome kommt nur 1 Fremdatom). Ein einziger W. kann über 1000 Chips aufnehmen. Ein Chip ist die kleinste zusammenhängende Einheit eines modernen Computersystems. Chips haben ungefähr eine Fläche von 4 × 4 mm² u. ein Volumen von 6 mm³. Rd. 10000 bis 20000 Transistor-Funktionen können in einem Chip untergebracht werden.

Waffen, 1. *Jägersprache:* die W. des Wildes, z. B. die Hauer des Wildschweins, die Krallen von Wildkatzen u. Raubvögeln.

2. *Waffentechnik:* vielgestaltige Geräte, die zum Kampf, zur Jagd u., meist in abgewandelter Form, für Sportzwecke verwendet werden. Sog. *Angriffs-W.* (auch Verteidigungswaffen) sind *Hieb-, Stich-* u. *Wurf-W.* Zu letzteren kann man auch die *Feuer-W.* rechnen. Hieb- u. Stich-W. waren ursprüngl. Schwert u. Spieß, dann Streitaxt, Morgenstern, Hellebarde, Partisane, Pike, Dolch, später Degen, Säbel, Rapier, Lanze, Bajonett, Seitengewehr. Feuer-W. entstanden kurz nacheinander als Geschütz u. Gewehr, hervorgegangen aus Wurfmaschine (Steinschleuder), Bogen u. Armbrust. Die Faustfeuer-W. können als eine Abart der Gewehre angesehen werden. Hinzu kommen Entwicklungen wie Raketen-W., Land- u. Seeminen, Torpedos, Flugzeug- u. Wasserbomben. Kraftfahrzeuge, Panzer, Kriegsschiffe u. Kampfflugzeuge sind Träger von Feuer-W. *Maschinen-W.* sind Maschinengewehre, Maschinenpistolen, Sturmgewehre, Fliegerabwehrkanonen (Flak) u. a. Zu den jüngsten W.entwicklungen rechnen die →ABC-Kampfmittel. Da W. sowie ihre Träger-, Abschuß- u. Zieleinrichtungen immer komplexer geworden sind, bezeichnet man moderne Kampfpanzer, Flugzeuge, Raketenwerfer auch als *W.-Systeme.* Zu den *Schutz-W.* gehören Helm, Rüstung u. Schild, von denen nur der Helm seine Bedeutung behalten hat. Der Schild wird neuerdings bei Polizeieinsätzen wieder verwendet. →auch Nahkampfmittel.

Waffenfarben, Unterscheidungsmerkmal der *Waffengattungen* des Heeres an der Dienst- u. Ausgehuniform (*Kragenspiegel, Schulterklappen, Paspelierung* an Kragen u. Hose) u. am Kampfanzug (Schlaufe an den Schulterklappen); die W. der Bundeswehr sind für:
Infanterie = Jägergrün; Panzertruppe = Rosa; Panzeraufklärer = Goldgelb; Artillerie = Hochrot; Heeres-Fla-Truppe = Korallenrot; Fernmeldetruppe = Zitronengelb; Pioniere = Schwarz; ABC-Abwehrtruppe = Bordeauxrot; Technische Truppe = Mittelblau; Sanitätstruppe = Dunkelblau; Feldjägertruppe = Orange; Heeresflieger = Hellgrau; Militärmusik = Weiß.

Waffenfliegen, *Stratiomyidae*, Familie meist lebhaft gefärbter *orthorapher Fliegen* (→Fliegen) von oft beträchtl. Körpergröße. Die Larven entwickeln sich in Wasser, Sumpf oder feuchter Erde u. haben eine starke, kalkhaltige Körperdecke. Hierher gehören die *Chamäleonsfliege, Stratiomys chamaeleon*, u. die *Goldfliege, Chrysomyia*, sowie die Art *Sargus cuprarius.* Die W. stechen nicht.

Waffengattung, zusammenfassende Bez. für eine Anzahl von Truppenteilen *(Bataillonen, Regimentern)* des Heeres mit gleichartiger Aufgabe u. Ausstattung; in der Bundeswehr sind die W.en ihrerseits zu *Truppengattungen zusammengefaßt.*

Waffengebrauch, die Befugnis staatl. Waffenträger, ihre Waffe zu gebrauchen. Durch besondere Vorschriften ist der Gebrauch von Schußwaffen auf eng begrenzte Fälle beschränkt, so z. B. bei den Vollzugsbeamten des Bundes mit Vollzugs- u. Sicherungsaufgaben in den Fällen der Notwehr, des Notstands u. der erfolglosen Erschöpfung aller anderen Zwangsmittel, weiterhin nur nach vorheriger Androhung, die gegenüber einer Menschenmenge – etwa durch Abgabe eines Warnschusses – wiederholt werden muß. In den Ländern bestehen für deren Beamte entsprechende Vorschriften. →auch Zwang (2).

Waffenkunde, histor. Hilfswissenschaft, Geschichte des Waffenwesens.

Waffenlauf, eine Übung der altgriech. Athletik, die in voller Rüstung (Schild, Speer, Helm u. Beinschienen) über 2 oder 4 Stadien (385–760 m) ausgetragen wurde. Später fand der Lauf nur noch mit dem Schild statt. Der *W. von Platää* zur Erinnerung an die Befreiung Griechenlands von den Persern (479 v. Chr.) war besonders bekannt.

Waffenrecht, ursprüngl. das Recht des freien Mannes, seine Waffen zu tragen; demgemäß mit der Einschränkung der Freiheit auf einen bestimmten Personenkreis reduziert. So hatten im MA. das W. nur Ritter u. Bürger, nicht Bauern u. Kleriker; danach schränkte bes. der absolute Staat das W. immer mehr ein. Heute dürfen vielfach nur noch die zum Schutz der Allgemeinheit Berufenen die Waffe führen (Militär, Polizei, ein Teil der Justiz u. ä.); demgemäß bestehen im modernen Staat Gesetze, die das W. genau umreißen (BRD: Waffengesetz vom 19. 9. 1972/8. 3. 1976).

Waffenruhe, im Krieg eine vereinbarte zeitweilige Einstellung der Feindseligkeiten für bestimmte Zwecke, z. B. zur Beerdigung der Gefallenen, zur Bergung der Verwundeten oder auch zur Verhandlung vor der Kapitulation.

Waffenschein, ein Ausweis, der von der Kreispolizeibehörde ausgestellt wird u. der den Inhaber berechtigt, eine Schußwaffe außerhalb seines Wohn-, Dienst- oder Geschäftsraums oder seines befriedeten Besitztums zu führen. Voraussetzung für die Ausstellung ist die Zuverlässigkeit des Bewerbers u. der Nachweis eines Bedürfnisses. Vom W. ist die *Waffenbesitzkarte* zu unterscheiden, die für den Besitz, die Überlassung oder den Erwerb von Faustfeuerwaffen vorgeschrieben ist (→auch Waffenrecht). – In *Österreich* ist der W. vorgeschrieben durch das Waffengesetz 1967. In der *Schweiz* gibt es ein interkantonales Konkordat über den Handel mit Waffen u. Munition, das durch Bundesratsbeschluß vom 20. 7. 1944 genehmigt wurde.

Waffen-SS →SS.

Waffenstillstand, nach den Bestimmungen der Haager Landkriegsordnung von 1907 eine vorübergehende Unterbrechung der Feindseligkeiten, oft wie die *Waffenruhe* mit einem bestimmten Zweck, meist aber mit der Absicht, den Krieg zu beenden. Der Abschluß erfolgt entweder durch Vertrag zwischen den beteiligten Staaten, durch die Oberbefehlshaber ihrer Wehrmacht oder bei *begrenztem W.* durch die örtl. Befehlshaber. Er muß den Truppen rechtzeitig bekanntgegeben werden, die dann die Feindseligkeiten zu einem bestimmten Zeitpunkt einstellen.

Waffenstudent, Angehöriger einer schlagenden Verbindung. →auch Mensur.

Wagadugu = Ouagadougou.

Waganowa, Agrippina Jakowlewna, russ. Ballettpädagogin, *12. 6. 1879 St. Petersburg, † 5. 11. 1951 Moskau; seit 1906 Ballerina am Petersburger Marijinskij-Theater; ihr Buch „Die Grundlagen des klass. Tanzes" 1934 u. 1948, dt. 1954, ist das Standardwerk des Ballettunterrichts.

Wagemann, Ernst, Statistiker, *18. 2. 1884 Chañarcillo (Chile), † 20. 3. 1956 Bad Godesberg; 1925–1933 Präs. des Statist. Reichsamts, 1925–1945 Direktor des Instituts für Konjunkturforschung, 1949–1953 Prof. an der Universität Santiago de Chile; schrieb: „Konjunkturlehre" 1928; „Struktur u. Rhythmus der Weltwirtschaft" 1931; „Narrenspiegel der Statistik" 1935, ^{3}1950; „Die Zahl als Detektiv" 1938, ^{2}1952; „Welt von Morgen" 1953.

Wagen, allg. Bez. für ein Fahrzeug zur Fortbewegung auf Rädern. W. haben meist zwei Achsen u. sind in der Regel über die Vorderräder lenkbar: bespannte (gezogene) Wagen mittels *Drehschemellenkung*, angetriebene durch *Achsschenkellenkung.* →Lenkung, →auch Rad.

Wagenaar ['vaxəna:r], Johan, niederländ. Komponist, Dirigent u. Organist, *1. 11. 1862 Utrecht, † 17. 6. 1941 Den Haag; von R. *Strauss* u. G. *Mahler* beeinflußt. Orchesterwerke, Chorwerke, Opern („De Doge van Venetië" 1901; „De Cid" 1916) u. a.

Wagenbauer, Max Josef, Maler u. Graphiker, *28. 7. 1774 Öxing bei Grafing, † 12. 5. 1829 München; malte Landschaften zunächst in klassizist., seit etwa 1805 in frührealist. Stil, wandte seit 1800 in Lithographien als erster die neue Technik zu künstler. Zwecken an.

Wagenbühne →Bühne.

Wagenburg, im Altertum, im MA. u. während der Hussitenkriege Verschanzung eines Lagers aus aneinandergeschobenen Wagen u. Karren.

Wagenfeld, Karl, westfäl. Mundartdichter, *5. 4. 1869 Lüdinghausen, † 19. 12. 1939 Münster; schrieb niederdt. Epen („Daud un Düwel" 1912) u. Schauspiele („Luzifer" 1920).

Wagenfett, *Wagenschmiere*, Mischung aus Harzteer- u. Mineralölen, auch mit Graphit- u. Talkzusatz; wird zum Schmieren langsam laufender Räder verwendet.

Wagengrab, in der Hallstattzeit u. Latènezeit sowie in den skyth. Fürstengräbern u. bei den Etruskern vorkommende Art der Bestattung hochstehender Persönlichkeiten in großen Grabhügeln mit reicher Ausstattung, zu der ein 2- oder 4rädriger Wagen gehörte, auf oder neben dem der Tote lag.

Wagenheber, *Wagenwinde*, Vorrichtung zum Heben von Fahrzeugen. Bei der *Schraubenwinde* dreht sich eine Schraubenspindel in einer Mutter, bei der *Zahnstangenwinde* greift eine Zahnradübersetzung in eine Zahnstange ein u. hebt oder senkt das Fahrzeug. Größere W., z. B. in Werkstätten u. Tankstellen, werden hydraulisch betrieben u. haben eine größere Hubhöhe *(Hebebühne).*

Wageningen ['wa:xəniŋə], Stadt in der niederländ. Prov. Gelderland, westl. von Arnheim; 27000 Ew.; Rheinhafen; landwirtschaftl. Hochschule.

Wagenrennen, im Altertum wichtiger Teil der griech. u. röm. Festspiele, bes. der Olymp. Spiele. Es gab W. für Zweier- u. Vierergespanne, meist in 7 Umläufen von je 4 Gespannen mit bes. Farben ausgetragen. Wagenlenker waren zunächst nur Sklaven, später auch Freie u. sogar Kaiser (z. B. Nero).

Waggerl, Karl Heinrich, österr. Erzähler, *10. 12. 1897 Bad Gastein, † 4. 11. 1973 Schwarzach, Pongau; liebe- u. humorvoller Schilderer seiner ländl. Umwelt: „Brot" 1930; „Das Wiesenbuch" 1932;

Waggon

„Das Jahr des Herrn" 1933; „Mütter" 1935; „Wagrainer Tagebuch" 1936; „Kalendergeschichten" 1937; „Heiteres Herbarium. Blumen und Verse" 1950; Autobiographie: „Ein Mensch wie ich" 1963; „Kraut u. Unkraut" 1968.

Waggon [va'gõ; frz.], Eisenbahnwagen; →Eisenbahn.

Waginger See, See im bayer. Alpenvorland, nordöstl. von Traunstein; der Nordteil heißt *Tachinger See*; 9 qkm, bis 27,5 m tief.

Wägital, *Wäggital*, schweizer. Hochtal in den Glarner Alpen, im Kanton Schwyz, 15 km lang, von der *W.er Aa* zum Zürichsee entwässert; Viehwirtschaft; im oberen W. der Stausee *W.er See*, 901 m ü. M., 5 km lang, 4,2 qkm, 2 Kraftwerke.

Wagner, süddt. Bez. für →Stellmacher.

Wagner, 1. Adolph, Nationalökonom, *25. 3. 1835 Erlangen, †8. 11. 1917 Berlin; 1882–1885 konservativer Abg. im preuß. Abgeordnetenhaus, seit 1910 im preuß. Herrenhaus. Als Vertreter des *Kathedersozialismus* forderte er eine Boden- u. Sozialreform (→Staatssozialismus). Hptw.: „Die Geld- u. Kredittheorie der Peelschen Bankakte" 1862, Neudr. 1920; „Lehr- u. Handbuch der polit. Ökonomie" 10 Bde. 1876–1901.
2. Cosima, Frau von 9), Mutter von 10), *25. 12. 1837 Bellassio, †1. 4. 1930 Bayreuth; Tochter von F. *Liszt* u. der Gräfin Marie d'*Agoult*; in 1. Ehe 1857 mit H. von *Bülow*, in 2. Ehe 1870 mit R. *Wagner* verheiratet; nach dessen Tod Leiterin der Bayreuther Festspiele.
3. Ernst Leberecht, Mediziner, *12. 3. 1829 Dehlitz bei Weißenfels, †10. 2. 1888 Leipzig; 1858 Prof. in Leipzig; widmete sich bes. der patholog. Histologie, bekannt durch das „Handbuch der allg. Pathologie" (mit J. P. *Uhle*) 1862, [7]1877.
4. Fritz, Historiker, *5. 12. 1908 Ludwigsburg; arbeitete über die Geschichte der europ. Mächte u. der USA in der Neuzeit u. über Wissenschaftsgeschichte. Werke: „Europa im Zeitalter des Absolutismus" 1948, [2]1959; „Geschichtswissenschaft" 1951; „Moderne Geschichtsschreibung" 1960; Hrsg.: „Handbuch der europ. Geschichte", Bd. 4, „Europa im Zeitalter des Absolutismus u. der Aufklärung" 1968.
5. Heinrich Leopold, Dramatiker des Sturm u. Drang, *19. 2. 1747 Straßburg, †4. 3. 1779 Frankfurt a. M.; gehörte zum Kreis um den jungen *Goethe*, schrieb realist. Stücke gegen soziale Ungerechtigkeiten, bes. die Goethes Gretchenmotiv nachgestaltete Tragödie „Die Kindermörderin" 1776; „Die Reue nach der Tat" 1775.
6. Hermann, Geograph, *23. 6. 1840 Erlangen, †18. 6. 1929 Bad Wildungen; Vertreter der allg. Erdkunde u. geograph. Statistik. Hptw.: „Lehrbuch der Geographie" [10]1920–1923.
7. Johann Peter Alexander, Bildhauer, getauft 26. 2. 1730 Obertheres, Unterfranken, †7. 1. 1809 Würzburg; dort seit 1756 tätig. Altäre u. dekorative Gartenskulpturen, die sich von rokokohafter Bewegtheit zu einer mehr klassizist. Ruhe entwickelten. Hptw.: plastische Ausschmückung von Residenz u. Hofgarten in Würzburg; Ausstattung der Klosterkirche in Ebrach 1785–1791.
8. Otto, österr. Architekt, *13. 7. 1841 Penzing bei Wien, †11. 4. 1918 Wien; 1894–1912 Prof. in Wien, trat nach historisierenden Anfängen seit 1893 für material- u. zweckgerechtes Bauen ein u. wurde einer der einflußreichsten Vertreter der Jugendstilästhetik. Hptw.: Wiener Stadtbahn, 1894–1897; Majolika-Haus, Wien, um 1898, u. Postsparkassenamt, Wien, 1904–1906; schrieb „Projekte u. Bauten" 4 Bde. 1890–1922; „Moderne Architektur" 1896; „Die Qualität des Baukünstlers" 1912. – Ⓑ→österreichische Kunst.
9. Richard, Komponist, *22. 5. 1813 Leipzig, †13. 2. 1883 Venedig; 1833 Chordirigent in Würzburg, 1834 Theaterkapellmeister in Magdeburg u. 1837 in Riga; heiratete Minna *Planer* (*1809, †1866), floh 1839 vor Gläubigern über London nach Paris. Nach Jahren der Armut kam es 1842 zur Uraufführung der Opern „Rienzi" u. 1843 „Der Fliegende Holländer" in Dresden, wo er 1843 Hofkapellmeister wurde u. „Tannhäuser" (Dresden 1845) u. „Lohengrin" (Weimar 1850) schuf. 1849 floh er wegen Beteiligung an der Revolution nach Zürich; hier entscheidende Wandlungen künstler. u. persönl. Art: Trennung von seiner Frau, Erleben einer neuen Epoche des Schaffens in der Verbindung mit Mathilde *Wesendonck* (Wesendonck-Lieder 1857). Gleichzeitig entstanden neben den theoret. Schriften („Das Kunstwerk der Zukunft" 1850 u. „Oper u. Drama" 1851) die neuen Musikdramen „Der Ring des Nibelungen" (Bayreuth 1876; „Das Rheingold" München 1869, „Die Walküre" München 1870, „Siegfried" Bayreuth 1876, „Götterdämmerung" Bayreuth 1876) u. „Tristan u. Isolde" (München 1865). Nach bewegten Schicksalen (1861 Theaterskandal bei der Tannhäuser-Aufführung Paris, 1863 Wien, 1864 Flucht wegen Schulden nach Triebschen bei Luzern) gab ihm 1864 König *Ludwig II.* von Bayern mit der Berufung nach München materielle Sicherheit; Beendigung der „Meistersinger von Nürnberg" (München 1868), 1870 Heirat mit Cosima von *Bülow* (→Wagner [2]), Freundschaft mit F. *Nietzsche*. 1872 Grundsteinlegung des Festspielhaus *Bayreuth*, dort 1882 die Uraufführung des letzten Werks „Parsifal". An weiteren Werken sind hervorzuheben: Oratorium „Das Liebesmahl der Apostel" u. „Faust-Ouvertüre" 1844, „Huldigungsmarsch" 1864, „Siegfried-Idyll" 1870; zahlreiche musikal., weltanschaul. u. polit. Schriften. Die entscheidende Bedeutung W.s liegt in seiner Konzeption des Musikdramas; er wurde damit zum Vollender der romant. Idee vom Gesamtkunstwerk, in dem alle Künste eine Einheit anstreben. Während die ersten Werke noch den Einfluß der italien. u. französ. großen Oper (G. Meyerbeer) zeigen, vollzog sich der Umbruch mit den Werken der Dresdener Schaffensperiode u. wurde in „Tristan u. Isolde" u. den nachfolgenden Werken konsequent weitergeführt. Kennzeichen dieser Erneuerung der Oper sind: Wahl der Stoffe aus dem MA. oder dem Mythos der german. Heldensage, vor allem Abwendung von der alten Form der Nummernoper (Arie, Duett u. dgl.), Sprechgesang. Schwerpunktverlegung des musikal. Geschehens in das Orchester, Verwendung des Leitmotivs, Ausweitung der Tonalität bis an ihre Grenzen durch Chromatik u. Enharmonik („Tristanharmonik"), Differenzierung der Klangfarbe des Orchesters. – ⧠2.9.3.
10. Siegfried, Sohn von 9) u. 2), Komponist u. Regisseur, *6. 6. 1869 Triebschen, †4. 8. 1930 Bayreuth; seit 1909 Leiter der Bayreuther Festspiele; schrieb volkstüml. Opern (u. a. „Der Bärenhäuter" 1899; „An allem ist Hütchen schuld" 1917).
11. Wieland, Sohn von 10) u. 12), Regisseur, *5. 1. 1917 Bayreuth, †17. 10. 1966 München; leitete mit seinem Bruder Wolfgang seit 1951 die Bayreuther Festspiele; strebte unter Verzicht auf überlieferte Formen nach Vereinfachung, Abstraktion u. symbol. Überhöhung.
12. Winifred, geb. Williams, seit 1915 Frau von 10), *23. 6. 1897 Hastings (England), †5. 3. 1980 Überlingen; leitete seit 1930 die Bayreuther Festspiele, die sie nach 1945 im Zuge der Entnazifizierung an ihre Söhne Wieland u. Wolfgang übergab.
13. Wolfgang, Sohn von 10) u. 12), Regisseur, *20. 8. 1919 Bayreuth; leitete 1951–1966 zusammen mit seinem Bruder Wieland die Bayreuther Festspiele, zuerst hauptsächl. als Organisator, ist seit 1966 alleiniger Leiter.

Wägner, Elin Matilda Elisabeth, schwed. Erzählerin, *16. 5. 1882 Lund, †7. 1. 1949 Lilla Björka; Frauenrechtlerin u. Pazifistin. „Die Liga der Kontorfräulein" 1910, dt. 1910; „Das Drehkreuz" 1935, dt. 1948.

Wagner-Jauregg, Julius *Wagner Ritter von Jauregg*, österr. Neurologe u. Psychiater, *7. 3. 1857 Wels, †27. 9. 1940 Wien; Entdecker der Malariakur zur Behandlung der progressiven Paralyse (1917/18). Nobelpreis für Medizin 1927.

Wagner-Régeny [-'reːgeni], Rudolf, Komponist, *28. 8. 1903 Sächsisch-Regen, Siebenbürgen, †18. 9. 1969 Ostberlin; setzte sich in späteren Jahren mit der Zwölftontechnik u. den „variablen Metren" von B. *Blacher* auseinander; schrieb neben Klavierwerken u. Liedern 2 Ballette u. Opern („Der Günstling" 1935; „Die Bürger von Calais" 1939; „Johanna Balk" 1941; „Prometheus" 1959; „Das Bergwerk von Falun" 1961).

Wagnerscher Hammer, periodischer Stromunterbrecher, der einen elektr. Stromkreis in schneller Folge öffnet u. schließt u. dadurch Stromimpulse erzeugt. Prinzip: Ein Elektromagnet zieht bei Stromdurchfluß einen an einer Blattfeder befestigten Weicheisenanker an, hierdurch wird der Stromkreis unterbrochen; der Anker schnellt zurück u. schließt erneut den Stromkreis, usw. Bei Klingeln, Induktionsapparaten u.a. verwendet.

Wagnis →Risiko.

Wagogo, ostafrikan. Bantustamm der →Gogo.

Wagram, Terrassenstufe am linken Donauufer im östl. Niederösterreich, lößbedeckt, Weinbau.

Wagrien, holstein. Landschaft zwischen Kieler u. Lübecker Bucht, benannt nach den slaw. *Wagriern* (→Obodriten), die das Gebiet ab ca. 600 n.Chr. besetzten. Ihr Zentrum war *Oldenburg (Holstein)*, wo König Otto I. 948/968 ein Missionsbistum gründete. Seit dem Slawenaufstand von 983 gehörte W. wieder zum Obodritenreich. 1138/39 eroberte der Graf von Holstein *Heinrich von Bad*-

Richard Wagner mit seiner Gattin Cosima in seinem Arbeitszimmer in der Villa Wahnfried zu Bayreuth. Rechts Franz Liszt und Hans von Wolzogen

wide das Land. 1142 trat er W. an den neuen Holsteiner Grafen *Adolf II.* von Schauenburg († 1164) ab, der 1143 in W. mit der dt. Besiedlung des Slawenlands begann. 1149 wurde das Bistum Oldenburg wieder gegr. Seit dem 12. Jh. führten die Grafen von Holstein mitunter auch den bes. Titel „Graf von W." (→Schleswig-Holstein).

Wągrowiec [wɔ̃'growjɛts], poln. Name der Stadt →Wongrowitz.

Waha [Mz. *Wahat*; arab.], Bestandteil geograph. Namen: Oase.

Wahhabiten, Anhänger der von *Mohammed Ibn Abd al-Wahhab* (* 1720, † 1792) gegr. religiösen Bewegung, die den sunnit. Islam gemäß dem Koran u. der Sunna zu seiner ursprüngl. Form zurückführen u. alle Neuerungen (z. B. Heiligenverehrung, Wallfahrten, Feste) ausmerzen will. Das Weinverbot wird auf Tabak u. Kaffee ausgedehnt. Ibn Abd al-Wahhab missionierte im Nadjd u. gewann den Anaza-Scheich *Ibn Saud* (* 1735, † 1765). Dessen Nachfolger einigten 1790–1800 die nordarab. Stämme, eroberten 1806 Mekka u. gründeten im 20. Jh. das spätere →Saudi-Arabien.

Wahl →Wahlrecht, →Wahlsystem; →auch Verhältniswahl.

Wahlbehörden, *Wahlorgane*, die mit der Durchführung einer Wahl – von der Wahlvorbereitung über die Überprüfung der Kandidatenaufstellung bis zur Stimmen- u. Mandatsermittlung – betrauten Behörden; in der BRD nach §§ 8–10 des Bundeswahlgesetzes vom 7. 5. 1956 in der Fassung vom 1. 9. 1975 der *Bundeswahlleiter* u. der *Bundeswahlausschuß* für das Bundesgebiet, ein *Landeswahlleiter* u. ein *Landeswahlausschuß* für jedes Land, ein *Kreiswahlleiter* u. ein *Kreiswahlausschuß* für jeden Wahlkreis sowie ein *Wahlvorsteher* u. ein *Wahlvorstand* für jeden Wahlbezirk (Wahllokal). Die Beisitzer der Wahlausschüsse u. Wahlvorstände u. die Wahlvorsteher üben ihre Tätigkeit ehrenamtl. aus, sind aber zur Übernahme des Amts verpflichtet.

Wahlberg, Wilhelm Emil, österr. Strafrechtler, * 4. 7. 1824 Prag, † 31. 1. 1901 Wien; Mitverfasser des österr. Strafgesetzes von 1852.

Wahlbestechung, das Anbieten, Versprechen, Gewähren von Geschenken oder anderen Vorteilen dafür, daß jemand nicht oder in bestimmtem Sinne wählt *(aktive W.)*, bzw. das Annehmen, Fordern oder Sichversprechenlassen von Geschenken u. ä. zu dem gleichen Zweck *(passive W.)*; strafbar nach § 108b StGB.

Wahldelikte, strafbare Handlungen in bezug auf die Ausübung des Wahlrechts. Im einzelnen neben *Wahlbestechung, Wahlnötigung* u. Verletzung des *Wahlgeheimnisses*: die Verhinderung oder Störung einer Wahl oder der Feststellung ihres Ergebnisses mittels Gewalt oder Drohung mit Gewalt (*Wahlverhinderung*, § 107 StGB); das unbefugte Wählen oder sonstige Herbeiführen eines unrichtigen Wahlergebnisses oder dessen Verfälschung oder unrichtige Verkündung (*Wahlfälschung*, § 107a StGB); das Versetzen eines Wählers in einen Irrtum über Inhalt oder Gültigkeit seiner Wahl (*Wahlbetrug*, § 108a StGB); ferner Handlungen, durch die zu Unrecht die Aufnahme oder Nichtaufnahme eines Wählers in die Wählerlisten bewirkt wird, u. das unbefugte Kandidieren (§ 107b StGB). – Österreich: §§ 261 ff. StGB.

Wahlen, Friedrich Traugott, schweizer. Politiker (Bauern-, Gewerbe- u. Bürgerpartei) u. Agrarwissenschaftler, * 10. 4. 1899 Gmeiß bei Mirchel; nach dem *W.-Plan* wurde während des 2. Weltkriegs die Anbaufläche der Schweiz verdoppelt; 1959–1965 im Bundesrat, 1961 Bundes-Präs.

Wähler, *Fernmeldetechnik:* elektromechan. Schalter in der Fernsprech- u. Telegraphen-Vermittlungstechnik. Die Schaltarme am „Eingang" des W.s können Verbindungen mit zahlreichen Augangskontakten herstellen. Man unterscheidet *Schrittschalt-W.*, deren Elektromagnete über Stoßklinken u. Zahnstangen oder -walzen die Schaltarme bewegen (→Drehwähler, →Hebdrehwähler), u. *Motor-W.*, die einen weitgehend erschütterungsfreien Antrieb haben u. weniger *W.geräusche* verursachen (→EMD-Wähler).

Wahlfälschung →Wahldelikte.

Wahlgeheimnis, die nach dem Grundsatz des geheimen Wahlrechts von den Wahlbehörden geheimzuhaltenden Tatsachen, bes. Art u. Inhalt der Stimmabgabe, im modernen Wahlverfahren gewährleistet. Verletzung des W.ses ist in der BRD nach § 107c StGB strafbar. – Ähnlich in Österreich nach § 268 StGB u. in der Schweiz nach Art. 283 StGB.

Wahlkapitulation, seit dem 12. Jh. eine bei der Bischofswahl dem Erwählten von seinen Wählern auferlegte (kapitelweise) Verpflichtung, bestimmte Maßnahmen zu treffen oder zu unterlassen; seit 1519 (Karl V.) auch bei der Kaiserwahl.

Wahlkonsul, *Honorarkonsul*, der in seinem Heimatstaat amtierende Konsul eines fremden Staats (im Unterschied zum *Berufskonsul*, der Angehöriger des Auswärtigen Dienstes ist). W.n sind meist Staatsangehörige, die über kommerzielle Verbindungen zu dem fremden Staat verfügen u. von diesem mit der Wahrnehmung der Interessen beauftragt werden. Wenn nicht nur an eine Ehrenstellung gedacht ist, pflegen die konsularischen Befugnisse des W.s beschränkt zu werden, da die Beauftragung eines fremden Staatsangehörigen mit staatl. Hoheitsakten zu Interessenkonflikten führen kann. Einige Staaten haben daher ihren Angehörigen die Annahme fremder konsular. Ämter untersagt. Die BRD ist in der Ernennung von W.n zurückhaltend, die Zahl ist gegenüber der Zeit vor dem 1. Weltkrieg auf ein Fünftel gesunken. Rechtsgrundlage ist die *Verordnung über die Rechtsverhältnisse der W.n* vom 8. 7. 1937. Die völkerrechtl. Regelung der Rechtsstellung von W.n ist enthalten in Kap. III (Art. 58–68) des Wiener Übereinkommens über konsularische Beziehungen vom 24. 4. 1963.

Wahlkreis, Teil des Gesamtwahlgebiets mit selbständiger Funktion bei der Auswertung der Wählerstimmen. Im W. werden ohne Berücksichtigung der in einem anderen W. abgegebenen Stimmen Mandate an die Kandidaten vergeben. Man unterscheidet *Einer-W.e*, in denen nur ein Abg. zu wählen ist, u. *Mehrmann-W.e* mit zwei u. mehr Mandaten. Die *W.typen* (Einer-, Zweier-, Dreier-, Vierer-W.e, W.e mittlerer Größe mit 5–10 Mandaten u. große W.e mit über 10 Mandaten) können beliebig mit allen Systemen der Mehrheits- u. Verhältniswahl kombiniert werden (→Wahlsystem): im allg. wird der Einer-W. bisher jedoch mit der relativen (u. a. in Großbritannien) oder absoluten Mehrheitswahl (im Dt. Reich bis 1918, gegenwärtig in Frankreich) verbunden.

Wahlman, Lars Israel, schwed. Architekt, * 17. 4. 1870 Hedemora, † 1952 Stockholm; knüpfte mit blockhausartigen Wohnhäusern, Kirchen (Engelbrekt-Kirche, Stockholm, 1914; Östersund-Kirche, 1940) u. öffentl. Bauten in sachl.-moderner Formgestaltung an einheim. Bautraditionen an.

Wahlmonarchie, eine monarchische Staatsform, bei der der Monarch sein Amt auf Lebensdauer ausübt u. der Nachfolger durch Wahl eines Kollegiums bestimmt wird. Das mittelalterl. Kaiserreich war verfassungsrechtl. eine W., in der polit. Wirklichkeit aber seit Mitte des 15. Jh. eine *Erbmonarchie*. Als Wahlkollegium fungierten die Kurfürsten. Sie benutzten ihre verfassungsrechtl. Stellung immerhin dazu, dem Bewerber auf den Kaiserthron in der Form der *Wahlkapitulationen* Bedingungen für die Ausübung seiner Herrschaft zu stellen. – Heute besteht keine W. mehr. In der Gegenwart gilt als Vorzug der monarchischen Staatsform gerade die Kontinuität der Krone, wo durch das oberste Staatsorgan dem Streit der Wahlen entrückt ist.

Wahlnötigung, *Strafrecht:* die Bestimmung oder Hinderung eines anderen, überhaupt oder in einem bestimmten Sinn zu wählen, mit Gewalt oder durch rechtswidrige Drohung mit einem empfindl. Übel, durch Mißbrauch eines berufl. oder wirtschaftl. Abhängigkeitsverhältnisses oder sonst durch Anwendung von wirtschaftl. Druck; strafbar nach § 108 StGB.

Wahlperiode, der Zeitraum, für den Personen in Ämter oder Körperschaften gewählt werden, bei Bestellung von Einzelpersonen auch als *Amtszeit*, bei Wahl von Gesetzgebungsorganen (Parlamenten) auch als *Legislaturperiode* bezeichnet. In der BRD beträgt die W. des Bundestags wie der meisten Landtage 4 Jahre (Ausnahmen: Nordrhein-Westfalen u. Saarland je 5 Jahre), in der DDR die der Volkskammer, in Österreich u. der Schweiz die des Nationalrats ebenfalls jeweils 4 Jahre, die Amtszeit beim Staatsoberhaupt (Bundespräsident) in der BRD 5 u. in Österreich 6 Jahre. →auch Legislaturperiode, Session.

Wahlpflicht, die gesetzl. Verpflichtung zur Teilnahme an Wahlen, deren Verletzung mit Ordnungsstrafen (meist auch zeitweiligem Verlust des Wahlrechts) geahndet wird. W. besteht u. a. in Australien, Belgien, Luxemburg, in Österreich bei der Wahl des Bundespräsidenten u. zu einigen Landtagen sowie in einigen Kantonen der Schweiz bei Kantonalwahlen; zwar nicht formal, jedoch in der Wahlpraxis auch in den sozialist. Staaten. Eine besondere Ausprägung der W. ist in den Niederlanden die *Erscheinenspflicht* im Wahllokal.

Wahlprüfung, die Nachprüfung der Gültigkeit von Wahlen u. die Feststellung über das Ergebnis. Die Gültigkeit der Bundestagswahlen prüft (nach Art. 41 GG u. dem W.sgesetz vom 12. 3. 1951) der Bundestag u. der von diesem dazu bestellte *W.sausschuß*. Beschwerde beim Bundesverfassungsgericht ist zulässig. Nach dem *Anfechtungsprinzip* wird die Wahl jedoch nur dann überprüft, wenn Einspruch erhoben wird, u. zwar nur im Rahmen der dort geltend gemachten *Wahlfehler*. Binnen eines Monats nach der Wahl können schriftlich Einspruch einlegen jeder Wahlberechtigte, Parteien sowie die Bundes- u. Landeswahlleiter u. der Bundestagspräsident. Anfechtbar sind die Wahlen als ganzes wie auch einzelne Abschnitte im Wahlprozeß, von der Wahlvorbereitung über die Stimmabgabe bis zur Mandatsermittlung. Nach der Rechtsprechung des Bundesverfassungsgerichts haben nur solche Wahlfehler, die eine Veränderung der Mandatszahlen der Parteien im Bundestag bewirken, die Ungültigkeit der Wahl oder eines Teils der Wahl zur Folge. – 🕮 4.1.2.

Wahlquotient →Wahlsystem.

Wahlrecht, 1. das öffentlich-rechtl. System der Wahlen (Mehrheitswahlrecht, Verhältniswahlrecht u. ä.); →Wahlsystem.

2. die Wahlberechtigung des einzelnen. Hierbei wird unterschieden: a) *aktives W.*, das Recht der Beteiligung an der Wahl für die Vertretungskörperschaften der Gemeinden, der Länder (Österreich: der Bundesländer, Schweiz: der Kantone) u. des Bundes. Das aktive W. war früher abhängig von Besitz oder Steuerzahlungen; erst im 19. Jh. erfolgte der Übergang zum *allg. W.* Heute sind neben Wohnsitz- oder Aufenthaltserfordernissen (Mindestfristen) nur die Staatsangehörigkeit sowie die Erreichung des *Wahlalters* Voraussetzung (Bundestag u. Landtage der BRD jetzt: 18; Weimarer Republik [1919–1933]: 20; DDR: 18; Österreich: 19; Schweiz: 20 Jahre). In der BRD besitzen auch die Angehörigen des öffentl. Dienstes u. der Bundeswehr aktives W. (In der Weimarer Republik waren Angehörige der Reichswehr vom W. ausgeschlossen.) Ausländer sind vom W. (mit Ausnahme u. U. für Gemeindevertretungen) ausgeschlossen. Das aktive W. kann in der BRD unter bestimmten Voraussetzungen Straftätern für 2–5 Jahre entzogen werden (§ 31 Abs. 5 StGB). – b) *passives W.*, die Fähigkeit u. das Recht, zum Abg. oder in ein öffentl. Amt gewählt zu werden. Das passive W. setzt oft ein höheres Lebensalter als das aktive W. voraus (z. B. in Österreich 24 Jahre) u. ist bei Staatsämtern (z. B. Bundespräsident, Bundeskanzler der BRD) an besondere Altersvoraussetzungen gebunden. Mitunter sind die Angehörigen bestimmter Berufsgruppen vom aktiven u. passiven W. ausgeschlossen, so nach brit. u. US-amerikan. Recht die Beamten. Nach dem Recht der BRD haben Beamte u. Soldaten auch das passive W., müssen jedoch aus dem aktiven Dienst ausscheiden, falls sie gewählt werden (dasselbe gilt für Richter). Nach Ablauf ihres Mandats haben sie Anspruch auf Rückkehr in den öffentl. Dienst. Auch für das passive W. sind Besitz- oder Steuererfordernisse längst entfallen. Ausländer haben kein passives W. Straftätern kann in der BRD das passive W. zeitweilig entzogen werden. – 🕮 4.1.2.

Wahlschein, Ausweis zur Ausübung des aktiven Wahlrechts außerhalb des eigenen Wahl(Stimm-)bezirks am Wahltag in einem beliebigen Wahllokal des Wahlkreises, zu dem der Heimatort gehört. Nach der Bundeswahlordnung vom 8. 11. 1979 können W.e auch bei Wohnungswechsel oder Erlangung des Wahlrechts erst nach Ablauf der Einspruchsfrist gegen das Wählerverzeichnis oder bei Feststellung des Wahlrechts erst nach Abschluß des Wählerverzeichnisses im Einspruchsverfahren ausgestellt werden. Im Gegensatz zur Wahl mittels W. ermöglicht die Stimmabgabe durch →Briefwahl die Teilnahme an Wahlen auch bei Abwesenheit vom Heimatwahlkreis.

Wahlspruch, *Devise, Losung*, kurzer programmat. Sinnspruch; bei Wappendarstellungen oft auf einem Band oder einem Sockel angebracht.

Wahlstatt, poln. *Legnickie Pole*, Ort in Schlesien (1945–1975 poln. Wojewodschaft Wrocław, seit 1975 Legnica), südöstl. von Liegnitz, 1100 Ew.; Barockkirche (1727–1732). – Bei W. unterlag 1241

Herzog *Heinrich II.* von Schlesien den Mongolen. 1813 gewann G. L. von *Blücher* (seither Fürst von W.) die Schlacht an der Katzbach gegen die Franzosen.

Wahlstedt, schleswig-holstein. Stadt am Segeberger Forst (Ldkrs. Segeberg), 7700 Ew.; Hohlglas-, Pumpen-, Asphalt-, Fertighausindustrie.

Wahlsystem, das Verfahren, mittels dessen die Wähler bei Wahlen ihren polit. Willen in Wählerstimmen ausdrücken u. Stimmenzahlen zur Herbeiführung einer Wahlentscheidung verwertet werden, bei Parlamentswahlen die Übertragung von Stimmen in Mandate. W.e regeln den gesamten Wahlprozeß von der Wahlbewerbung bis zum endgültigen Wahlergebnis. Sie umschließen die Form der Kandidatur (→Listenwahl), das Stimmgebungsverfahren (die Art, wie der Wähler seiner polit. Neigung Ausdruck geben kann) u. das Stimmenverrechnungsverfahren.
Grundsätzlich lassen sich die W.e nach →Mehrheitswahl u. →Verhältniswahl unterscheiden. Es ist zu fragen, ob ein W. eine möglichst spiegelbildliche Wiedergabe des polit. Willens der Wählerschaft anstrebt (Proportionalität) oder herbeiführt oder die Bildung (partei-)politischer Mehrheiten fördert oder gewährleistet. Die so gekennzeichneten Auswirkungen von W.en betreffen die Repräsentationsprinzipien, die der Wahl von Parlamenten zugrunde liegen können. Dabei ist gleichgültig, welche techn. Regelungen im Prozeß der Umsetzung von Wählerstimmen in Mandate angewandt werden. Die Verteilung der Mandate kann nach dem Entscheidungsmaßstab der *Mehrheit* (Mehrheitsprinzip) u. dem des *Verhältnisses* (→Proporz) erfolgen.
Mehrheits-W.e, in denen der Entscheidungsmaßstab der Mehrheit angewandt wird, sind: 1. die *relative Mehrheitswahl* in Einerwahlkreisen, nach der namentlich im angelsächs. Bereich (Großbritannien, USA) gewählt wird. Gewählt ist dabei, wer im Wahlkreis die meisten Stimmen auf sich vereinigen kann. 2. die *absolute Mehrheitswahl* in Einerwahlkreisen mit →Stichwahl zwischen den zwei stimmstärksten Kandidaten des ersten Wahlgangs (Dt. Reich bis 1918, gegenwärtig W. Frankreichs bei der Wahl zur Nationalversammlung u. des Präsidenten). Gewählt ist dabei, wer mehr als die Hälfte der Stimmen erhält. Bei diesen W.en handelt es sich um die klassischen Mehrheits-W.e, die in ihren Auswirkungen durchaus verschieden sein können. In der Regel führt die relative Mehrheitswahl in Einerwahlkreisen zur Konzentration des Wählerverhaltens, zum Zweiparteiensystem u. zu stabilen Regierungsmehrheiten (Beispiel: Großbritannien), während die absolute Mehrheitswahl zumeist mit einer Parteienvielfalt u. Regierungsinstabilität verbunden ist (Beispiel: Frankreich, III. Republik) u. nicht notwendigerweise mehrheitsbildend wirkt. Diesen W.en sind die sog. *mehrheitsbildenden W.e* hinzuzufügen, die meist ähnl. Auswirkungen zeigen wie die relative Mehrheitswahl, jedoch den Entscheidungsmaßstab der Verhältniswahl anwenden (Wahl in kleinen Wahlkreisen).
Verhältnis-W.e führen in jedem Fall zu einem möglichst exakten Verhältnis von Stimmen u. Mandaten; dies fördert in der Praxis die Repräsentation vieler Meinungen u. Gruppen im Parlament, die Parteienvielfalt, woraus sich ein Vielparteiensystem u. möglicherweise labile (oder immobile) Koalitionsregierungen ergeben (Beispiele: Weimarer Republik, Italien).
Das W. zum Bundestag der BRD, die „personalisierte Verhältniswahl", ist ein System der Verhältniswahl, in dem der Entscheidungsmaßstab der Mehrheitswahl mit dem Repräsentationsprinzip der Verhältniswahl verbunden ist; das ausschlaggebende Element bildet jedoch der Proporz. Der Bundestag hat eine Grundmandatszahl von 496 Abg. (seit 1965); dazu kommen noch die 22 Westberliner Abg., die vom Westberliner Abgeordnetenhaus entspr. den Fraktionsstärken entsandt werden, sowie mögliche Überhangmandate. Die BRD ist (seit 1965) in 248 Einerwahlkreise eingeteilt; jeder Wähler verfügt über zwei Stimmen (→Zweistimmensystem), eine *Erststimme* zur Wahl eines Kandidaten im Wahlkreis nach relativer Mehrheitswahl (*Direkt-*, auch *Wahlkreismandat* genannt) u. eine *Zweitstimme* zur Wahl einer starren Parteiliste auf Länderebene. Maßgebend für die Mandatszahlen der Parteien im Bundestag ist – unabhängig von der Wahl in den 248 Wahlkreisen – das Ergebnis der abgegebenen gültigen Zweitstimmen, wobei die Gesamtzahl der 496 Bundestagsmandate den Parteien proportional zu ihrem Anteil an den Zweitstimmen zuerkannt wird. Berücksichtigt werden – mit Ausnahme von Parteien nationaler Minderheiten – aufgrund der →Sperrklausel nur die Parteien, die im gesamten Wahlgebiet 5% der gültigen Zweitstimmen erhalten oder 3 Direktmandate gewonnen haben.
Die Mandatsvergabe an die Parteien erfolgt in zwei Phasen: Zunächst werden im Wahlgebiet alle auf die Landeslisten entfallenen Zweitstimmen addiert u. nach dieser Gesamtstimmenzahl unter Verwendung des →d'Hondtschen Verfahrens die Mandatszahlen der Parteien im Bundestag ermittelt. Bei erneuter Verrechnung nach der Methode d'Hondt werden die den Parteien zugesprochenen Mandate auf deren einzelne →Landeslisten verteilt. Sodann erfolgt die Mandatsverteilung auf die Kandidaten; die im Wahlkreis errungenen Mandate werden von der im Land erhaltenen Mandatszahl abgezogen; die restl. Mandate den Bewerbern zuerkannt, die auf der Liste am besten plaziert sind. Hat eine Partei mehr Direktmandate gewonnen, als ihr Mandate auf Länderebene zustehen, so bleiben ihr diese *Überhangmandate* erhalten; für die anderen Parteien findet dabei kein proportionaler Ausgleich statt (anders bei einigen Landtagswahlen). – 🕮 4.1.2.

Wahlverteidiger, der vom Beschuldigten gewählte →Verteidiger, im Gegensatz zum *Pflichtverteidiger*.

Wahn →Porz am Rhein.

Wahnideen, *Wahnvorstellungen*, auf krankhaftem Weg entstandene Bewußtseinsinhalte, die den wirkl. Gegebenheiten nicht angemessen u. einer Berichtigung durch Beweisgründe nicht zugänglich sind (z.B. Größenwahn, Verfolgungswahn).

Wahnverbrechen →Putativdelikte.

wahrer Ort, beobachteter Ort eines Gestirns, der von den Einflüssen der *Refraktion* u. *Aberration*, jedoch nicht von *Präzession* u. *Nutation* befreit ist.

Wahrheit, die Übereinstimmung der Erkenntnis mit ihrem Gegenstand. Da dieser stets ein bestimmter ist, kann die Übereinstimmung nur durch Vergleichung mit ihm, nicht aber nach allg. Regeln erkannt werden. Daraus folgt, daß es kein allg. Kriterium der W. geben kann, das für alle Erkenntnisse ohne Unterschied ihrer Gegenstände gültig wäre. – Von der *inhaltl. W. (materiale W.)* zu unterscheiden ist die *logische W. (formale W.)*, die in der Übereinstimmung der Erkenntnis mit den allg. Regeln des Denkens besteht u. mithin die log. Richtigkeit der Aussage betrifft; für sie ist mit den Gesetzen der formalen Logik ein allg. Kriterium gegeben, das aber nur die Form, nicht jedoch den Inhalt der Erkenntnis umfaßt. So kann z.B. ein Schlußsatz *(Conclusio)* logisch falsch, inhaltlich aber wahr sein u. umgekehrt.

Wahrheitsbeweis, Beweis der Wahrheit einer ehrenrührigen Tatsachenbehauptung über einen anderen. Ist die Behauptung erweislich wahr, so trifft den, der sie aufgestellt hat, weder eine strafrechtliche (etwa wegen übler Nachrede, § 186 StGB) noch eine zivilrechtliche Verantwortlichkeit (Klage auf Widerruf oder Unterlassung).

Wahrheitsserum, *Wahrheitsdroge*, ein chem. Mittel, das eingespritzt oder eingegeben wird, um eine →Narkoanalyse zu ermöglichen, in der die zu untersuchende Person wahrheitsgemäße Angaben macht. Da dabei die freie Willensentscheidigung beseitigt oder beeinträchtigt wird, ist die Anwendung eines W.s bzw. der Narkoanalyse in gerichtl. Verfahren u. (oder) Vorermittlungen in der BRD gemäß § 136a StPO verboten.

Wahrheitstafel →Aussagenlogik.

Wahrig, Gerhard, Lexikograph, *10. 5. 1923 Burgstädt (Sachsen), †2. 9. 1978 Wiesbaden; gab ein weithin beachtetes, nach neuen Ordnungsprinzipien erarbeitetes „Deutsches Wörterbuch" und ein Fremdwörterbuch heraus; schrieb u.a. „Neue Wege in der Wörterbucharbeit".

Wahrnehmung, durch die Sinnesorgane gewonnene u. im Gehirn verarbeitete Vorstellung von der Umwelt; →Sinn.

Wahrnehmung berechtigter Interessen, Rechtfertigungsgrund bei →Beleidigung u. →übler Nachrede. Straflos sind danach tadelnde Urteile über wissenschaftl. u. künstlerische Leistungen, Äußerungen, die zur Durchsetzung von Rechten (z.B. in einer Klage) oder sonst zur W.b.I. gemacht werden (§ 193 StGB). Bei Beleidigungsabsicht kann sich der Täter auf W.b.I. nicht berufen.

Wahrsagen, die Mitteilung bes. künftiger Vorgänge aufgrund angebl. hellseherischer Fähigkeiten, oft mit magischen Praktiken. Das W. geschah in der Antike in Form von Orakeln oder als Stern- u. Traumdeutung. Auch die *Handlesekunst* (Chiromantie) gehört zum W. Die Parapsychologie ist bemüht, die Phänomene der Telepathie u. des Hellsehens wissenschaftl. zu klären.

Wahrscheinlichkeitsrechnung, Gebiet der angewandten Mathematik; ermittelt die Wahrscheinlichkeit für das Eintreten von Ereignissen bei Vorgängen, die auf nicht meßbaren Einflüssen beruhen (z.B. das Fallen einer „6" beim Würfeln). Man betrachtet eine genügend große *(repräsentative) Menge* von Ereignissen (z.B. Würfen). Das Verhältnis der Anzahl der günstigen zu den überhaupt möglichen Ereignissen, die *Häufigkeit*, kommt der mathemat. Wahrscheinlichkeit um so näher, je größer die Zahlen sind. Wenn bei 1200 Würfen 195mal eine 6 fällt, so ist die Häufigkeit für das Auftreten einer „6":

$$\frac{195}{1200} = 0{,}1625.$$

Nimmt man an, daß beim Würfeln das Auftreten jeder der Zahlen von 1 bis 6 gleich wahrscheinlich sei, so müßte die Wahrscheinlichkeit für eine „6"

$$w = \frac{1}{6} = 0{,}1667$$

sein. Dies tritt aber nur bei einem vollkommenen, gleichmäßigen Würfel u. „unendlich vielen" Würfen ein. – Treten in einer Ereignisfolge die einander ausschließenden Merkmale m_1 u. m_2 mit den Einzelwahrscheinlichkeiten w_1 u. w_2 auf, so ist die Wahrscheinlichkeit dafür, daß entweder das eine oder das andere Merkmal auftritt, $w = w_1 + w_2$. – Die Wahrscheinlichkeit dafür, daß auf ein Ereignis sowohl das 1. als auch das 2. Merkmal zutreffen, ist die Wahrscheinlichkeit $w = w_1 \cdot w_2$.
Die W. ist von größter Bedeutung für das Versicherungswesen, bei Messungen u. in der modernen Physik (kinetische Gastheorie, Atomphysik). In engem Zusammenhang mit der W. steht die Theorie der Beobachtungsfehler, die den wahrscheinlichsten Wert fehlerhafter Beobachtungen ermittelt. Nach C. F. *Gauß* ist dieser derjenige Wert, der das Minimum der Fehlerquadratsumme ergibt. Diesen zu bestimmen ist Aufgabe der →Methode der kleinsten Quadrate. – 🕮 7.3.8.

Währung, innerhalb eines Staates durch Gesetz (Geldverfassung) bestimmtes Geldsystem.
W.ssysteme: Nach der Einlösbarkeit unterscheidet man zwischen *offener (metallistischer) W.* (Münzen u. Banknoten in Gold einlösbar) u. *gesperrter W.* (*Papier-W.*; keine Einlösbarkeit). Die metallistische W. tritt auf als *monometallistische* (nur ein Metall, z.B. Gold, ist Grundlage des W.ssystems) u. *bimetallistische W.*, bei der zwei W.smetalle (z.B. Gold u. Silber) nebeneinander bestehen u. entweder durch gesetzl. Wertrelation gebunden sind *(Doppel-W.)* oder in ihrem Wertverhältnis den Metallpreisen entsprechen (*Parallel-W.*; →auch Greshamsches Gesetz). Die wichtigsten monometallistischen W.en sind die *Gold-* u. die *Silber-W.*; die →Goldwährung (entspr. die Silber-W.) tritt auf als *Goldumlaufs-W. (reine Gold-W.)*, vorwiegend voll ausgeprägte Goldmünzen; umlaufende Banknoten werden in Gold oder Goldmünzen eingelöst; *Goldkern-W. (nominelle Gold-W., Golddevisen-W.)*, Gold ist nicht mehr im Umlauf, sondern wird neben Valuta nur als Deckungsmittel verwendet; eine beschränkte Einlösbarkeit der Banknoten in Gold kann fortbestehen. →auch Goldautomatismus. – Heute überwiegt die *Papier-W.*, bei der keine Einlösepflicht in Gold besteht u. die Festsetzung der Geldmenge (u. damit auch des Geldwerts) allein beim Staat liegt (*manipulierte W.*; Gefahr der Inflation). Arten der Papier-W. von mehr theoret. Charakter sind die *Index-W.* (Geld soll gleichbleibende Kaufkraft haben) u. das *Schwundgeld* nach Silvio *Gesell*.
Geschichte: Vom Altertum bis in die Neuzeit war allein die metallist. W. bekannt. Obwohl lange vor dem Silber Gold zu Münzen verarbeitet wurde, dominierte infolge der großen Knappheit des Golds lange Zeit die Silber-W., bis im MA. bes. durch die Kreuzzüge größere Goldmengen (aus dem Orient) nach Europa kamen. Doch erst im 19. Jh. wurde nach mißlungenen Versuchen mit Doppel- u. Parallel-W. (Lateinische Münzunion; führte zu einer *hinkenden W.*, da das „Silberbein" im Vergleich zum „Goldbein" verkrüppelte) das Silber als W.smetall vom Gold verdrängt; 1816 führte England die Gold-W. ein, diesem Beispiel folgten (bes. infolge der reichen austral. u. kaliforn. Goldfunde 1848 u. 1851) die meisten Welthandelsstaaten (Dtschld. 1873). Im 1. Weltkrieg mußten die kriegführenden Nationen vom Goldautomatismus

abgehen; er spielte sich auch nach der Stabilisierung im Anschluß an die Inflation nicht wieder ein. Die metallist. W. verschwand praktisch mit der Weltwirtschaftskrise u. wurde durch die manipulierte Papier-W. abgelöst, obwohl viele Staaten die Bindung ihrer W. an den Goldpreis weiter aufrechterhielten. Nach dem 2. Weltkrieg wurde seit dem Abkommen von Bretton Woods versucht, die freie Konvertierbarkeit der W.en zu erreichen. Durch Abwertungen u. Aufwertungen wurde das Verhältnis zum US-Dollar, der in den westl. Ländern als Leit-W. gilt, mehrfach neu festgesetzt. Gold ist nur noch als Deckungsmittel der Notenbanken u. für den zwischenstaatl. Zahlungsausgleich von Bedeutung. – ▭ 4.5.3.

Währungsausgleichsfonds [-fɔ̃], vom Staat oder der Notenbank aus eigener u. fremder Währung gebildete Reserve; dient bei manipulierter Währung zur Aufrechterhaltung eines stabilen Wechselkurses durch Ankauf oder Verkauf von Devisen.

Währungsausgleichsgesetz, *Gesetz über einen Währungsausgleich für Sparguthaben Vertriebener* vom 14. 8. 1952 in der Fassung vom 1. 12. 1965 mit Änderung vom 15. 7. 1968, begründet Leistungen des →Lastenausgleichs als Entschädigung für verlorene Sparguthaben Vertriebener, verlangt Urkundenbeweis u. gewährt 6,5% bis 20% Entschädigung.

Währungsbank = Notenbank.

Währungsfonds [-fɔ̃] →Internationaler Währungsfonds.

Währungspolitik, i.e.S. Inbegriff aller Maßnahmen des Staates bzw. der Notenbank zur Regulierung des Außenwerts einer Währung, i.w.S. auch alle Maßnahmen der →Geld- und Kreditpolitik.

Währungsreform, *Geldreform*, verdeckte Form des Staatsbankrotts u. Mittel zur Sanierung des Staates u. seiner Körperschaften; bedingt eine gesetzl. Neuordnung des Geldwesens zur Beseitigung der durch Krieg, Krisen u.a. verursachten Währungszerrüttung (Inflation, Wechselkursdisproportionalitäten).
W. in Deutschland: Nach dem 2. Weltkrieg hatte sich der Notenumlauf von 9 Mrd. RM (1939) auf 75 Mrd. RM (1948) erhöht; dieser Kaufkraftüberhang führte bei gleichzeitigem Rückgang der Produktion zu einer Inflation, die infolge Preisfestsetzungen u. Rationierungen „verdeckt" als schwarzer Markt („Zigarettenwährung") auftrat. Dieser Zustand wurde auf Anordnung der Besatzungsmächte durch eine W. beseitigt.
In den drei Westzonen ersetzten die Gesetze zur Neuordnung des Geldwesens (1. Gesetz *[Währungsgesetz]* u. 2. Gesetz *[Emissionsgesetz]* vom 20. 6. 1948, 3. Gesetz *[Umstellungsgesetz]* vom 27. 6. 1948, 4. Gesetz vom 4. 10. 1948) u. mehrere Durchführungsverordnungen die *Reichsmark* durch die *Deutsche Mark (DM)*; jeder Einwohner der Westzonen erhielt gegen 60 RM 60 DM, während die Gebietskörperschaften eine „Erstausstattung" in DM erhielten; Forderungen wurden im Verhältnis 10 RM : 1 DM, regelmäßige Leistungen (z.B. Löhne, Mieten, Zinsen) zur Aufrechterhaltung des Lohnniveaus 1 : 1 umgestellt. Die Sanierung des Staates wurde dadurch noch bes. unterstützt, daß die inländ. Schulden des Reichs vom Bund nicht übernommen wurden, sondern diese Regelung dem →Lastenausgleich vorbehalten blieb. Die Guthaben bei Kreditanstalten wurden ebenfalls 10 : 1 umgestellt, wobei aber die Hälfte des umgestellten Guthabens auf ein „Festkonto" geschrieben wurde, wovon durch das 4. Neuordnungsgesetz noch einmal 70% gestrichen wurden (endgültige Umstellung: 10 : 0,65); →Altsparer.
Die W. in der SBZ wurde vom 24. bis 28. 6. 1948 durchgeführt; sie war ähnlich wie in den Westzonen; Ersparnisse bis zu 100 RM wurden 1:1, bis zu 1000 RM 5:1, alle anderen 10:1 auf die neue Währungseinheit (ebenfalls Deutsche Mark, DM-Ost) umgestellt. In Berlin galten anfangs DM-West u. DM-Ost nebeneinander; seit dem 20. 3. 1949 ist die Währungseinheit der Westsektoren die DM-West, im Ostsektor die DM-Ost bzw. 1964–1967 die Mark der Dt. Notenbank u. seit dem 1. 1. 1968 die Mark der DDR. – ▭ 4.5.3.

Währungsreserven, die Bestände an Gold, frei konvertierbaren Devisen u. kurzfristig liquidierbaren Auslandstiteln, die der Notenbank eines Landes zum Spitzenausgleich im internationalen Zahlungsverkehr zur Verfügung stehen. Wichtig für die Stabilisierung des Wechselkurses der heim. Währung bei vorübergehendem Defizit in der Leistungsbilanz.

Währungen der Welt

Land	Währungseinheit	Land	Währungseinheit
Afghanistan	Afghani	Libyen	Libyscher Dinar
Ägypten	Ägyptisches Pfund	Liechtenstein	Schweizer Franken
Albanien	Lek	Luxemburg	Luxemburgischer Franc
Algerien	Algerischer Dinar	Madagaskar	Franc Malgache
Argentinien	Argentinischer Peso	Malawi	Malawi-Kwacha
Äquatorial-Guinea	Ekuele	Malaysia	Ringgit
Äthiopien	Birr	Malediven	Malediven-Rupie
Australien	Australischer Dollar	Mali	Mali-Franc
Bahamas	Bahama-Dollar	Malta	Malta-Pfund
Bahrain	Bahrain-Dinar	Marokko	Dirham
Bangla Desh	Taka	Mauretanien	Ouguiya
Barbados	Barbados-Dollar	Mauritius	Mauritius-Rupie
Belgien	Belgischer Franc	Mexiko	Mexikanischer Peso
Benin	Franc CFA	Moçambique	Limpad
Birma	Kyat	Monaco	Französischer Franc
Bolivien	Bolivianischer Peso	Mongol. Volksrepublik	Tugrik
Botswana	Pula	Nauru	Australischer Dollar
Brasilien	Cruzeiro	Nepal	Nepalesische Rupie
BRD	Deutsche Mark	Neuseeland	Neuseeländ. Dollar
Bulgarien	Lew	Nicaragua	Córdoba
Burundi	Burundi-Franc	Niederlande	Holländischer Gulden
Ceylon (Sri Lanka)	Sri-Lanka-Rupie	Niger	Franc CFA
Chile	Chilenischer Peso	Nigeria	Naira
China, Volksrepublik	Renminbi Yuan	Norwegen	Norwegische Krone
Costa Rica	Colón	Obervolta	Franc CFA
Dänemark	Dänische Krone	Oman	Riyal Omani
DDR	Mark der DDR	Österreich	Schilling
Dominikan. Republik	Dominikanischer Peso	Pakistan	Pakistanische Rupie
Ecuador	Sucre	Panama	Balboa
Elfenbeinküste	Franc CFA	Paraguay	Guaraní
El Salvador	Colón	Peru	Sol
Fidschi	Fidschi-Dollar	Philippinen	Philippinischer Peso
Finnland	Finnmark	Polen	Złoty
Frankreich	Französischer Franc	Portugal	Escudo
Gabun	Franc CFA	Rhodesien	Rhodesischer Dollar
Gambia	Dalasi	Rumänien	Leu
Ghana	Cedi	Rwanda	Rwanda-Franc
Griechenland	Drachme	Sambia	Kwacha
Großbritannien	Pfund Sterling	Saudi-Arabien	Saudischer Riyal
Guatemala	Quetzal	Schweden	Schwedische Krone
Guayana	Guayana-Dollar	Schweiz	Schweizer Franken
Guinea	Syli	Senegal	Franc CFA
Haiti	Gourde	Sierra Leone	Leone
Honduras	Lempira	Singapur	Singapur-Dollar
Hongkong	Hongkong-Dollar	Somalia	Somali-Shilling
Indien	Indische Rupie	Sowjetunion	Rubel
Indonesien	Rupiah	Spanien	Peseta
Irak	Irakischer Dinar	Sudan	Sudanesisches Pfund
Iran	Rial	Südafrika	Rand
Irland	Irisches Pfund	Swaziland	Lilangeni
Island	Isländische Krone	Syrien	Syrisches Pfund
Israel	Schekel	Taiwan	Neuer Taiwan-Dollar
Italien	Lira	Tansania	Tansania-Shilling
Jamaika	Jamaica-Dollar	Thailand	Baht
Japan	Yen	Togo	Franc CFA
Jemen, Arab. Republik	Jemen-Rial	Tonga	Pa'anga
Jemen, Volksrepublik	Jemen-Dinar	Trinidad u. Tobago	Trinidad- u. Tobago-Dollar
Jordanien	Jordan-Dinar	Tschad	Franc CFA
Jugoslawien	Dinar	Tschechoslowakei	Tschechoslowak. Krone
Kambodscha	Riel	Tunesien	Tunesischer Dinar
Kamerun	Franc CFA	Türkei	Türkisches Pfund
Kanada	Kanadischer Dollar	Uganda	Uganda-Shilling
Katar	Katar-Riyal	Ungarn	Forint
Kenia	Kenia Shilling	Uruguay	Urugayischer Peso
Kolumbien	Kolumbianischer Peso	USA	US-Dollar
Kongo	Franc CFA	Venezuela	Bolívar
Korea, Nord-	Won	Verein. Arab. Emirate	U.A.E. Dinar
Korea, Süd-	Won	Vietnam	Dong
Kuba	Kubanischer Peso	Westsamoa	Tala
Kuwait	Kuwait-Dinar	Zaire	Zaire
Laos	Kip	Zentralafrikanische Republik	Franc CFA
Lesotho	Maluti	Zypern	Zypern-Pfund
Libanon	Libanesisches Pfund		
Liberia	Liberia-Dollar		

Wahrzeichen, Symbol bzw. kennzeichnendes Merkmal einer Stadt, z.B. der Stephansdom für Wien.

Waibel, Leo, Geograph, *22. 2. 1888 Kützbrunn, †4. 9. 1951 Heidelberg; lehrte in Kiel u. Bonn; Arbeiten zur Landschaftskunde u. Landwirtschaftsgeographie bes. der Tropen; emigrierte 1937, war in Brasilien (u.a. bei der Planung Brasílias) tätig. Hptw.: „Urwald, Veld u. Wüste" 1923; „Das System der Landwirtschaftsgeographie" 1933; „Rohstoffgebiete des tropischen Afrika" 1937.

Waiblingen, Stadt in Baden-Württemberg, an der Rems nordöstl. von Stuttgart, 45 000 Ew.; spätgot. Michaeliskirche; Maschinen-, Werkzeug-, Textilu.a. Industrie. Verwaltungssitz des *Rems-Murr-Kreises*.

Waiblinger, Wilhelm Friedrich, klassizist. Dichter, *21. 11. 1804 Heilbronn, †17. 1. 1830 Rom; Jugendfreund von E. *Mörike* u. G. *Schwab*, begeistert von der Antike. Roman: „Phaeton" 1823. Lyrik: „Lieder der Griechen" 1823. Tragödie: „Anna Bullen, Königin von England" 1829. Biographie: „Friedrich Hölderlins Leben, Dichtung u. Wahnsinn" (posthum) 1831.

Waid [der], *Isatis*, Gattung der *Kreuzblütler*. Der

Färber-W., *Isatis tinctoria*, wurde früher kultiviert u. aus den bläulichgrünen Blättern ein blauer Farbstoff gewonnen.
Waidhofen an der Thaya, niederösterr. Bez.-Hptst., 4200 Ew.; z.T. erhaltene Wehranlagen, Renaissance-Rathaus (16. Jh.), barocke Pfarrkirche (18. Jh.), Schloß (18. Jh.); Textilindustrie.
Waidhofen an der Ybbs [-ips], niederösterr. Bez.-Hptst., 5200 Ew.; Hauptort der Landschaft Eisenwurzen, spätgot. Pfarrkirche mit barocker Marienkapelle (15. Jh.), Schloß *Rothschild* (15. u. 19. Jh.); Försterschule, Eisenfachschule; Metall- u. Holzindustrie.
Waidmann = Weidmann.
Waigeo, Insel vor der Nordwestspitze Neuguineas (Westirian), 3220 qkm, 10 000 Ew.; bewaldet, Hauptprodukte Sago, Fische u.a. Meerestiere.
Waikato, längster Fluß der Nordinsel von Neuseeland, 425 km, entspringt am Ruapehu, fließt durch den Tauposee (630 qkm), mündet bei Tuakau in den Pazif. Ozean; 8 Wasserkraftwerke (insgesamt 864,8 MW). – Ⓑ→Talsperren.
Wailuku, größter Ort der Hawaii-Insel Maui, 10 000 Ew.
Waise [die], **1.** *bürgerl. Recht: Waisenkind,* Kind ohne Eltern *(Voll-W.)* oder ohne einen Elternteil *(Halb-W.).* Voll-W.n erhalten einen →Vormund.
2. *Verslehre:* ein Vers, der innerhalb einer Endreim-Dichtung keine Reim-Entsprechung findet; häufig im Minnesang u. im Meistergesang, regelmäßig als 2. Zeile eines *Ritornells.* Eine W., die in der folgenden Strophe doch noch eine Entsprechung findet, heißt *Korn.*
Waisenfürsorge, Teilgebiet der *Jugendwohlfahrtspflege* u. *Kinderfürsorge,* gehört zu den ältesten Zweigen sozialer Arbeit. Die W. sorgt für planmäßige Erziehung u. den Unterhalt von Waisen in Pflegefamilien oder in öffentl. oder privaten *Waisenhäusern;* sie wird bestritten von der Waisenversicherung u. öffentl. sowie privaten Zuschüssen u. Mitteln.
Waisenhaus, Erziehungsheim für Voll- u. Halbwaisen, auch für Schwererziehbare, die bei den Eltern nicht die notwendige Fürsorge erhalten. Waisenhäuser entwickelten sich aus den *Findelhäusern* des MA., bes. zahlreich seit dem 17. Jh. aus den Gründungen der Pietisten, z.B. die *Franckeschen Stiftungen* in Halle (Saale). Besonderen pädagog. Absichten dient das →Kinderdorf.
Waisenrente, bis zu einem bestimmten Alter (Vollendung des 18. Lebensjahrs, unter besonderen Voraussetzungen, wie Ausbildung, Vollendung des 25. Lebensjahrs, bei Unterbrechung oder Verzögerung der Ausbildung durch Wehrdienst oder Ersatzdienst auch für einen entspr. Zeitraum über das 25. Lebensjahr hinaus) gezahlte Hinterbliebenenrente für Kinder verstorbener Versicherter bzw. Versorgungsberechtigter aus der Angestellten-, Arbeiterrenten-, Knappschafts-, Unfallversicherung u. der Kriegsopferversorgung.
Waitaki, Fluß auf der Südinsel Neuseelands, entspringt in den Südl. Alpen, mündet nördl. von Oamaru. 3 Wasserkraftwerke (insgesamt 865 MW).
Waiting-Theorie ['wɛitiŋ-; engl. *wait,* „warten"] →Abstinenztheorie.
Waitz, Georg, Historiker, *9. 10. 1813 Flensburg, †24. 5. 1886 Berlin; Schüler L. von *Rankes;* 1848/49 Mitgl. der Frankfurter Nationalversammlung; seit 1875 Leiter der Monumenta Germaniae Historica; schrieb „Dt. Verfassungsgeschichte" 1844–1878 (Darstellung des öffentl. Rechts bis zur Mitte des 12. Jh.), setzte die „Quellenkunde der dt. Geschichte" von F. Th. *Dahlmann* fort (seitdem *Dahlmann/Waitz*).
Waitzen, ungar. *Vác,* Stadt am Donauknie, nördl. von Budapest (Ungarn), 28 000 Ew.; Dom (18. Jh.), Steinernes Tor, Kirche der Weißen Brüder, bischöfl. Palais; Metall-, Textil-, Zement- u. chem. Industrie.
Wajang, *Wayang,* ein javan. Figurenspiel, mit bemalten, undurchsichtigen, teilbewegl. Lederfiguren, mit Gamelan-Begleitung aufgeführt; pflegt Stücke aus dem eigenen u. ind. Kulturkreis. Für Männer ist W. ein Schattenspiel, für Frauen sind die Figuren sichtbar, da die Zuschauer nach Geschlechtern getrennt vor bzw. hinter dem Bildschirm sitzen. *W. purwa:* Schattenspiel mit Holzfiguren; *W. kulit:* mit Lederfiguren; *W. golek:* mit reliefartigen Flachfiguren. – Ⓛ3.5.3.
Wajda, Andrzej, poln. Filmregisseur, *6. 3. 1926 Suwalki; in verdichteter Bildersprache gestaltet er Themen bes. aus der poln. Widerstandszeit, später aus poln. Gegenwartsproblemen: „Generation" 1954; „Kanal" 1956; „Die unschuldigen Zauberer" 1960; „Lady Macbeth von Sibirien" 1962; „Legionäre" 1965; „Alles zu verkaufen" 1968; „Die Hochzeit" 1973; „Der Mensch aus Marmor" 1977.
Wajgatsch, sowjet. Insel (RSFSR) im Nordpolarmeer, zwischen Nowaja Semlja u. Jugorhalbinsel, rd. 3400 qkm; Arktisstationen; die Bevölkerung (Samojeden) treibt Rentierzucht u. Fischerei.
Wakamatsu, Stadtteil von →Kita-Kyuschu.
Wakamba, der ostafrikan. Bantustamm der →Kamba.
Wakayama, japan. Hafenstadt u. Präfektur-Hptst. in Südhonschu, 390 000 Ew.; Möbel-, Textil-, Schwerindustrie, Ölraffinerien.
Wake [niederdt.], eine Stelle im Fluß, die auch im Winter eisfrei bleibt.
Wake [wɛik], nördl. der Marshallinseln isoliert gelegenes Korallenatoll im Pazif. Ozean, 6,4 qkm, 1400 Ew., ohne Gewässer; Luft- u. Seestützpunkt der USA; 1796 von William *Wake* erneut entdeckt, 1899 von den USA annektiert.
Wakefield ['wɛikfi:ld], Hptst. der nordengl. großstädt. Grafschaft (Metropolitan County) West Yorkshire, am Calder, südl. von Leeds, 68 300 Ew.; anglikan. Kathedrale (14./15. Jh.); Maschinen-, Eisen-, Textil- u. chem. Industrie.
Wakhdschirpaß, *Wakhjirpaß,* Gebirgssattel, der Hindukusch-Karakorum vom Pamir trennt; Übergangsstelle vom Wakhantal (afghan.) zum Tarimbecken (chines.), 5334 m hoch.
Wakkanai, japan. Hafenstadt an der Nordspitze von Hokkaido, 55 000 Ew.; Holzhandel, Fischerei, Fischkonservenindustrie, Flugplatz.
Wakonda, ein Wort der Sioux-Indianer, das dem Begriff *Mana* sinnverwandt ist u. außergewöhnliche numinose Macht bedeutet.
Waksman ['wæksmən], Selman Abraham, US-amerikan. Mikrobiologe u. Bakteriologe, *2. 7. 1888 Priluka bei Kiew, †16. 8. 1973 Hyannis, Mass.; entdeckte 1943 das *Streptomycin* u. erhielt hierfür den Nobelpreis für Medizin 1952.
Wal →Wale.
Walachei, Landschaft zwischen Südkarpaten u. Donau, in Südrumänien, niederschlagsarm, von Alt u. Ialomiţa durchflossen; terrassenförmiger Abfall zur Donau, westl. vom Alt die *Kleine W.* (Oltenia), östl. vom Alt die *Große W.* (Muntenia), 5100 qkm, auf Schwarzerdeböden Anbau von Mais, Weizen u. techn. Kulturpflanzen; Erdölvorkommen bei Ploieşti u. Piteşti.
In der späten Antike die röm. Provinz *Dakien,* im 14. Jh. selbständiges Fürstentum, im 15. Jh. unter türk. Oberhoheit, im 18. u. 19. Jh. zeitweise von Rußland bzw. Österreich besetzt. 1859 unter dem Bojaren A. I. *Cuza* mit dem Fürstentum Moldau verbunden u. 1861 als →Rumänien vereinigt.
walachische Sprache, alte Bez. für die rumän. Sprache.
Walahfrid Strabo [lat., „Der Schielende"], Dichter u. Theologe, *um 808 Schwaben, †18. 8. 849 (in der Loire ertrunken); Hofkaplan bei Kaiser *Ludwig dem Frommen* u. Erzieher *Karls des Kahlen,* seit 838 Abt von Reichenau; schrieb latein. Dichtungen (u.a. „Hortulus", über den Gartenbau) u. theolog. Werke.
Walam Olum [das], eine Aufzeichnung mythischen u. geschichtl. Inhalts der *Delaware-Indianer;* auf Rinde gemalte Bilder; 1820 gefunden.
Walb, Ernst, Betriebswirt, *26. 9. 1880 Alzey, †2. 11. 1946 Köln; Hptw.: „Die Erfolgsrechnung privater u. öffentl. Betriebe" 1926; „Kaufmänn. Betriebswirtschaftslehre" 1938; „Finanzwirtschaftliche Bilanz" [3]1966.
Walberberg →Bornheim.
Walbrook ['wɔ:lbruk], Anton →Wohlbrück, Adolf.
Wałbrzych ['vaubrʒix], poln. Name der Stadt →Waldenburg.
Walburg, *Wal(d)burg(a), Walpurgis* [ahd. *waltan,* „walten, herrschen", + *burg,* „Schutz, Beschützerin"], weibl. Vorname.
Walcha, Helmut, Organist, *27. 10. 1907 Leipzig; seit 1923 erblindet, Schüler G. *Ramins,* lehrt seit 1929 in Frankfurt a.M., bes. Bach-Interpret.
Walchensee, oberbayer. See in den Alpen nordöstl. von Mittenwald, 802 m ü.M., 16,4 qkm, bis 192 m tief. Das Gefälle zum rd. 200 m tiefer gelegenen *Kochelsee* nutzt das 1925 vollendete *W.kraftwerk* zur Elektrizitätsgewinnung.
Walcheren [-xərə], westlichste Insel in der niederländ. Prov. Seeland, zwischen Wester- u. Oosterschelde, 213 qkm, fruchtbares Marschland, zentrale Orte: *Vlissingen* u. *Middelburg.*
Walchia →Voltziales.
Walcker, Eberhard Friedrich, Orgelbauer, *3. 7. 1794 Cannstatt, †2. 10. 1872 Ludwigsburg; begründete durch Verbesserungen u. Erfindungen (Kegellade statt Schleiflade) den Weltruf seines Hauses, den es bis heute gewahrt hat.
Wald, *Waldung,* größere Flächen mit wild wachsenden hochwüchsigen Holzarten. Das natürl. Vorkommen von W. ist davon abhängig, ob für Pflanzenwuchs geeigneter Boden, genügend Feuchtigkeit u. Wärme vorhanden sind. Auch die Zusammensetzung des W.es richtet sich nach den klimat. Bedingungen. Die das ganze Jahr über grünen Wälder der regenreichen trop. Gebiete beiderseits des Äquators sind außerordentlich üppig u. weisen zahlreiche Laubholz- u. Palmenarten auf *(tropischer Regen-W.).* Auf diesen folgen nach N u. S zu in der regenärmeren Zone der *regengrüne trop. u. subtrop. Trocken-W.,* der *trop. u. subtrop. Monsun-W.* u. der *subtrop. Feucht-W.* Für die noch warmen, aber trockenen Subtropen sind lichte *subtrop. Hartlaubgehölze* kennzeichnend, in denen immergrüne Laubhölzer (Lorbeerarten u.a.) mit derben Blättern vorherrschen; auch Nadelhölzer (Zedernarten u.a.) kommen vor. Im gemäßigt warmen Gebiet wächst der winterkahle *Laub- u. Misch-W. der gemäßigten Zone,* dessen Charakterart die Edelkastanie ist. Auch im gemäßigt kühlen Klima steht winterkahler Laub-W., doch sind die wärmebedürftigeren Arten durch Trauben- u. Stieleichen sowie Rotbuche ersetzt. Weiter nach N folgt dann als letztes die hauptsächl. aus Fichten- u. Kiefernarten bestehende *immergrüne boreale Nadelwaldzone.*
Die ursprüngl., natürl. Art des W.es ist der →Urwald, der mit seinen Vegetationsformen noch ein Kulturhindernis darstellt. Die teilweise Zerstörung (Rodung) des Ur-W.s, um Acker- u. Weideland zu gewinnen u. feste Niederlassungen zu gründen, ist Vorbedingung für die wirtschaftl. u. zivilisator. Entwicklung. Um diesen Aufstieg zu sichern, muß der Mensch aber die verbliebene W.fläche pfleglich u. nachhaltig bewirtschaften u. intensiv nutzen. In unserer Zone wurde somit aus dem Ur-W. der W., der „Forst". Die Erhaltung des W.s mit seinen Funktionen als Rohstoffproduzent (Holz), Wasserspeicher, Luftreiniger, Klimaregler u. Bodenschützer hat angesichts des industriellen Fortschritts u. der Bevölkerungsexplosion noch an Bedeutung gewonnen. In der nördl. Nadel- u. winterkahlen Laubwaldregion fand im Zug der Intensivierung der Forste eine Verschiebung der W.flächen zugunsten des Nadelholzes statt, die für die überwirtschaftl. Bedeutung des W.s ungünstig ist. So wurde der ursprüngl. in Dtschld. überwiegende Laubholzanteil auf 31%, in Österreich sogar auf 19% zurückgedrängt.
Statistische Angaben: →Holz, →Landwirtschaft. →auch Forstwirtschaft, Holzeinschlag, Nadelwald, Laubwald, Regenwald. – ⒷS. 196; Ⓑ→Forstwirtschaft.
Wald, schweizer. Dorf im Zürcher Oberland, an der Jona (zum Zürichsee) u. am Fuß des Aussichtsbergs *Bachtel* (1115 m), 616 m ü.M., 7800 Ew.; Luftkurort; Textilindustrie.
Wald [wɔ:ld], George, US-amerikan. Biologe, *18. 11. 1906 New York; erhielt für Entdeckungen über die primären biochem. u. biophysikal. Vorgänge beim Sehvorgang mit R. A. *Granit* u. H. *Hartline* den Nobelpreis für Medizin 1967.
Waldaihöhen, bis 347 m hohe wald- u. seenreiche russ. Landschaft zwischen Leningrad u. Moskau; Quellgebiet von Wolga, Dnjepr u. Düna.
Waldameisen, *Rote W.,* Ameisen der Gattung *Formica,* deren Körper mehr oder weniger rotbraun gezeichnet ist. Die meisten Arten bauen ein oder mehrere zusammenhängende, oft mannshohe Nesthügel aus Pflanzenmaterial, in denen eine oder mehrere Königinnen leben; andere auch in Erdnestern. Die *Große Rote Waldameise, Formica rufa,* gründet ihren Staat parasitisch, indem sie in einen bestehenden Staat von „Sklavenameisen" (Gattung *Serviformica*) eindringt, die Königin tötet u. allmählich die Serviformica-Arbeiterinnen durch eigene Brut ersetzt. Die forstwirtschaftl. wertvollste Art ist die *Kleine Rote Waldameise, Formica polyctena,* die ihre ausgedehnten Kolonien durch Adoption ausgeschwärmter junger Weibchen verjüngt. W. sind Blattlauszüchter. Durch Vertilgung von schädl. Insekten nützlich, daher auch künstl. angesiedelt; naturgeschützt.
Waldarbeiter →Waldfacharbeiter.
Waldau, Gustav, eigentl. G. Frhr. von *Rummel,* Schauspieler, *27. 2. 1871 Piflas bei Landshut,

†25. 5. 1958 München; ursprüngl. Offizier, seit 1899 am Theater, meist in München u. Wien; kom. Charakterdarsteller, auch im Film.

Waldbahnen, forstl. Zwecken dienende Schmalspurbahnen, im mitteleurop. Raum weitgehend ersetzt durch Straßen- u. Seilbahnenlieferung.

Waldbau, ein Zweig der Forstwissenschaft u. -wirtschaft, befaßt sich mit der Begründung (Anzucht), Erziehung (Aufzucht) u. Behandlung (Pflege) des Waldes.

Waldbingelkraut →Bingelkraut.

Waldbröl, Stadt in Nordrhein-Westfalen (Oberberg. Kreis), im Bergischen Land an der Brölquelle, 14000 Ew.; Leder-, Holzindustrie.

Waldbrühl, Wilhelm von →Zuccalmaglio.

Waldburg, 1803 aus den ehemals reichsunmittelbaren Besitzungen der Grafen von W. gebildetes, bereits 1806 mediatisiertes Fürstentum. – Die *von W.*, Ministerialen der Staufer, erhielten 1214 das Reichsamt der Truchsessen übertragen u. nannten sich seither *Truchseß von W.* Sie wurden 1628 in den Reichsgrafenstand erhoben. – *Georg II. Truchseß von W.* (*1488, †1531) führte das Heer des Schwäb. Bundes gegen Herzog Ulrich von Württemberg 1519 u. im Bauernkrieg 1525; verwaltete als Statthalter des Kaisers Württemberg. →auch Gebhard Truchseß von Waldburg.

Walburga, weibl. Vorname, Nebenform von *Walburg.*

Waldeck, 1. ehem. dt. Fürstentum, heute Teil des Landes Hessen, ehem. Hptst. *Arolsen*; Berg- u. Hügelland nordöstl. des Rhein. Schiefergebirges zwischen Eder im S u. Diemel im N.
Geschichte: Das Fürstentum W. setzte sich aus der *Grafschaft W.* u. dem *Fürstentum Pyrmont* zusammen. Die *Grafen von Schwalenberg* (seit 1189 Grafen von W.) gelangten in den Besitz der Burg W., wurden im 15. Jh. dem Landgrafen von Hessen lehnspflichtig u. konnten 1631 ihr Gebiet um die Grafschaft Pyrmont erweitern. Seit 1712 waren die *Wildunger* (eine Linie des Geschlechts der W.) erbl. Reichsfürsten. Das Fürstentum war seit 1807 Mitgl. des Rheinbunds u. seit 1815 des Deutschen Bundes. Seit 1867 verwaltete Preußen das Land, wobei der Fürst formal der Souverän blieb. Seit 1918 war W. Freistaat; 1922 kam Pyrmont (Prov. Hannover), 1929 auch das Kernland W. an Preußen (Prov. Hessen-Nassau).
2. hess. Stadt nordöstl. des Eder-Stausees (Ldkrs. W.-Frankenberg), 7100 Ew.; als Stadt 1232 erwähnt; ehem. Burg u. *Schloß W.*, früher Sitz der Grafen von W.

Waldeck, 1. Benedikt, Politiker, *31. 7. 1802 Münster (Westf.), †12. 5. 1870 Berlin; 1848 Mitglied der preuß. Nationalversammlung als Führer der Linken. Als Vors. des Verfassungs-Ausschusses brachte W. einen radikalen Entwurf der Verfassung durch *(Charte W.)*. 1861–1869 war er einer der Führer der Fortschrittspartei im preuß. Landtag, 1867–1869 auch Mitgl. des Norddt. Reichstags.
2. Heinrich Suso, eigentl. Augustin *Popp*, österr. Lyriker u. Erzähler, *3. 10. 1873 Wscherau bei Pilsen, †4. 9. 1943 St. Veit, Mühlviertel; kath. Seelsorger in Wien; von G. *Trakl* beeinflußte, naturdämon. u. religiöse Lyrik: „Die Antlitzgedichte" 1927; „Die milde Stunde" 1933.

Waldeck Rochet [-rɔ'ʃɛ] →Rochet, Émile Waldeck.

Waldeck-Rousseau [-ru'so:], Pierre, französ. Politiker, *2. 12. 1846 Nantes, †10. 8. 1904 Corbeil; Anwalt; 1870–1889 Abg. der gemäßigten Republikaner, 1881/82 u. 1883–1885 Innen-Min., seit 1894 Senator. Als Min.-Präs. einer Linkskoalition (1899–1902) beendete er die Dreyfus-Affäre durch Begnadigung des Angeschuldigten u. leitete die Trennung von Staat u. Kirche ein.

Waldeidechse = Bergeidechse.

Waldemar, *Woldemar* [ahd. *walten*, „walten, herrschen", + *mari*, „berühmt"], männl. Vorname, auch eingedeutschte Form von *Wladimir.*

Waldemar, *Woldemar,* Fürsten. Brandenburg: **1.** Markgraf 1308–1319, *um 1280, †14. 8. 1319 Bärwalde; vereinigte den in mehrere Linien zersplitterten askan. Besitz. – 1348 trat mit der Behauptung, W. sei fälschl. totgesagt worden, ein *Falscher W.* auf u. konnte sich in Brandenburg, das in die Hand der Wittelsbacher geraten war, durchsetzen; er wurde durch Karl IV. belehnt, aber 1350 als Betrüger fallengelassen (†1356).
Dänemark: **2.** *W. I., W. der Große*, König 1157–1182, seit etwa 1148 Herzog in Schleswig, *14. 1. 1131, †12. 5. 1182; leitete die dän. „Großmachtzeit" ein, zog zusammen mit Heinrich dem Löwen gegen die Ostseeslawen (Eroberung Rügens). Nach dem Sturz des Sachsenherzogs schloß er sich Friedrich I. Barbarossa an.
3. *W. II., W. der Sieger*, Sohn von 2), König 1202–1241, 1188–1202 Herzog in Schleswig, *28. 6. 1170, †28. 3. 1241 Vordringborg; setzte die Eroberungspolitik seines Bruders Knut VI. unter Ausnutzung der dt. Thronwirren fort (norddt. Küstengebiete) u. dehnte seine Herrschaft bis nach Estland (1219/20) aus; wurde 1227 von norddt. Fürsten bei Bornhöved geschlagen u. verlor fast alle Eroberungen.
4. *W. IV. Atterdag*, König 1340–1375, *um 1320, †24. 10. 1375; erneuerte die dän. Königsgewalt. Durch seinen Überfall auf Visby (Gotland) 1361 entfesselte er den Krieg mit der Hanse, der sich Schweden, Norwegen u. die Holsteiner Grafen anschlossen. 1368–1372 mußte er vor seinen Feinden aus Dänemark fliehen.
Schweden: **5.** König 1266–1275, *um 1240, †26. 12. 1302; erster König aus dem Geschlecht der *Folkunger.*

Walden, 1. Herwarth, eigentl. Georg *Lewin*, Kunsthändler, Schriftsteller u. Musiker, *16. 9. 1878 Berlin, †31. 10. 1941 Saratow (UdSSR); gründete 1910 in Berlin die Zeitschrift →„Sturm", 1912 eine gleichnamige Galerie, die beide für die Ausbreitung des Expressionismus große Bedeutung erlangten. 1931 emigrierte W. in die Sowjetunion. Er förderte bes. die Künstler der „Brücke", des „Blauen Reiters" u. des italien. Futurismus. Er schrieb Dramen, Romane, Gedichte sowie „Die neue Malerei" 1920; „Expressionismus, Futurismus, Kubismus" 1924.
2. Paul, Chemiker, *26. 7. 1863 Wenden, Livland, †22. 1. 1957 Gammertingen bei Sigmaringen; führte Untersuchungen über stereochem. Fragen *(W.sche Umkehrung)* u. über die elektr. Leitfähigkeit in nichtwäßrigen Lösungen durch; „Drei Jahrtausende Chemie" 1944; „Geschichte der Chemie" ²1950.

Waldenbuch, Stadt in Baden-Württemberg (Ldkrs. Böblingen), südl. von Stuttgart, 7000 Ew.; Schloß (16. u. 18. Jh.); verschiedene Industrie.

Waldenburg, 1. Stadt im Krs. Glauchau, Bez. Karl-Marx-Stadt, an der Zwickauer Mulde, 5500 Ew.; Schloß mit Bergfried aus dem 12. Jh.
2. poln. *Wałbrzych*, Stadt in Schlesien (1945–1975 poln. Wojewodschaft Wrocław, seit 1975 Hauptstadt der poln. Wojewodschaft Wałbrzych), im *W.er Bergland*, 128000 Ew.; Zentrum eines Industriereviers; Filiale der Breslauer Technischen Hochschule; Steinkohlenabbau, Kokereien, Maschinen-, chemische, Papier-, Textil-, Porzellanfabrikation.

Waldenburger Bergland, poln. *Pogórze Wałbrzyskie*, Nordteil der Mittelsudeten in Niederschlesien, bis 869 m.

Waldenser, mittelalterl. religiöse Gemeinschaft, benannt nach ihrem Gründer Petrus *Waldes* († vor 1218), einem reichen Kaufmann aus Lyon, der seit 1175 ein Leben in apostolischer Armut führte. Mit gleichgesinnten Männern u. Frauen, die sich *Arme von Lyon* oder *Arme Christi* nannten, zog er durch das Land u. predigte Buße. Papst Alexander III. billigte das Armutsgelübde, die Sittenpredigt aber nur unter Aufsicht des Klerus. Der Gegensatz zum Klerus führte 1184 auf der Synode zu Verona zur Verurteilung. Unter dem Einfluß der *Katharer* lehnten die W. Ablaß, Fegefeuer, Fürbitten für Verstorbene, Besitz- u. Pfründenwesen der Kirche, Eid u. Kriegsdienst ab; als Sakramente behielten sie nur Taufe, Buße u. Abendmahl.
Die W. verbreiteten sich schnell in Südfrankreich, Norditalien u. Spanien. Der radikale lombardische Zweig, der die ganze hierarchische u. sakramentale Ordnung verwarf, gewann Anhänger in Dtschld., Böhmen, Mähren, Polen u. Ungarn. Kleine Gruppen gingen in den →Hussiten u. →Böhmischen Brüdern auf, andere traten dem Kalvinismus bei. Reste haben sich nach schweren Verfolgungen bis zur Gegenwart bes. in Italien (den Bergtälern Piemonts) erhalten. Die W.-Kirche unterhält eine theolog. Hochschule in Rom u. wird von einer Synode unter dem Vorsitz eines Moderators geleitet. Sie zählt etwa 40000 Mitglieder u. gehört dem Reformierten Weltbund an. – Ⓛ 1.9.4.

Wälder, *Poetische Wälder*, häufige Bez. im 17. u. 18. Jh. für Sammlungen von Gedichten zu bes. Anlässen oder auf bestimmte Personen; ging auf die „Silvae" („Wälder") benannte Sammlung von Gelegenheitsgedichten des röm. Dichters P. P. *Statius* zurück.

Waldersee, Alfred Graf von, preuß. Generalfeldmarschall, *8. 4. 1832 Potsdam, †5. 3. 1904 Hannover; seit 1888 Chef des Generalstabs. Infolge seiner Pläne, durch einen Präventivkrieg die französ.-russ. Annäherung zu stören, u. seiner Verbindung mit A. Stoecker geriet W. in Gegensatz zu Bismarck u. später zu Kaiser Wilhelm II., der ihn 1891 entließ. 1900/01 führte W. die europ. Truppen im chinesischen Boxeraufstand.

Wäldersee = Lake of the Woods.

Waldes, *Valdes, Valdesius*, Petrus →Waldenser.

Waldeyer-Hartz, Wilhelm von, Mediziner, *6. 10. 1836 Hehlen bei Braunschweig, †23. 1. 1921 Berlin; widmete sich bes. der histolog. Erforschung der Geschlechtsorgane u. des Nervensystems; nahm an, daß das Nervensystem aus bestimmten Einheiten, den Neuronen, aufgebaut sei *(Neuronentheorie).*

Waldfacharbeiter, Ausbildungsberuf des Forstwesens mit 2jähriger Ausbildungszeit als Waldarbeiterlehrling; nach der *Waldarbeitergehilfenprüfung* 2jährige Ausbildungszeit, die mit der *W.prüfung* abschließt. Der W. kann zum *Forstwart* aufsteigen (Mitarbeiter des Försters).

Waldfeldbau, *Mitfruchtbau*, landwirtschaftl. Zwischennutzung minderwertiger Waldböden, dient der Bodenverbesserung zur Anpflanzung anspruchsvollerer Baumarten.

Waldgärtner, Bez. für den *Großen* u. den *Kleinen Kiefernmarkkäfer (Myelophilus piniperda* u. *minor)* aus der Familie der *Borkenkäfer.* Die Larven entwickeln sich in Gangsystemen unter der Rinde, während die Käfer die frischen Triebe ausfressen u. zum Absterben bringen.

Waldgesetz, *Bundeswaldgesetz* von 1975, regelt den Zugang zu Wäldern u. ihre Benutzung in der BRD. Nach dem W. darf jeder sämtliche Wälder (auch die Privatwälder) betreten u. darin wandern oder spazierengehen. Einzelne Bundesländer hatten schon vorher ähnl. Landes-W.e erlassen.

Waldglas, grünes, unentfärbtes Glas aus den Anfängen der Glasherstellung in Dtschld., verbreitet bis zum 16. Jh.

Waldgrenze, die Linie, die im Gegensatz zur *Baumgrenze* die (pol- bzw. bergwärts) äußersten Vorkommen geschlossener Baumbestände begrenzt; wird vorwiegend durch klimatische Verhältnisse bedingt (Temperatur, Niederschlag, Windeinwirkung), aber auch durch die Bodenverhältnisse u. menschliche Einflüsse (Beweidung, Holznutzung). Man unterscheidet die *polare W.* u. als Höhengrenze im Gebirge die *montane W.* (im Harz bei 1000 m, im Schwarzwald bei 1300–1400 m, in den Alpen bei 2000 bis 2150 m).

Waldheim, Stadt im Krs. Döbeln, Bez. Leipzig, südwestl. von Döbeln, 11600 Ew.; früher berüchtigtes Zuchthaus u. KZ; Textil-, Leder-, Tabak-, Maschinen-, Parfümerie-, Möbel- u. Baustoffindustrie. In der Nähe Schloß *Kriebstein* u. die Zschopautalsperre.

Waldheim, Kurt, österr. Diplomat, *21. 12. 1918 St. Andrä-Wörden, Niederösterreich; 1965–1968 österr. Vertreter bei den UN, 1968–1970 Außenminister, 1971 Kandidat der Österreichischen Volkspartei (ÖVP) für die Bundespräsidentenwahl; seit 1972 Generalsekretär der Vereinten Nationen.

Waldhorn, ein Blechblasinstrument, dessen Rohr vom trichterförmigen Mundstück aus zunächst zylindrisch in mehreren kreisförmigen Windungen verläuft bis zu der konischen Erweiterung, die in einem ausladenden Schalltrichter endet. Das W. ist seit dem Ende des 17. Jh. bekannt. Mitte des 18. Jh. wurde das Stopfen eingeführt, d.h. Einführen der rechten Hand in die Schallöffnung, um außerhalb der Naturtöne liegende Ganz- u. Halbtöne zu erzielen. Eingesetzte Stimmbögen ermöglichten Veränderungen der Tonlage. Die volle Chromatik wurde erst mit der Einführung der Ventile im 19. Jh. erreicht. Heute werden Waldhörner in B- u. F-Stimmung verwendet.

Waldhufendorf, Dorfform in mittelalterl. Siedlungsgebieten, die durch Rodung kolonisiert wurden; die Häuser, eine lange Kette von Einzelgehöften, liegen längs einer Straße oder eines Bachs aneinandergereiht. Hinter den Gehöften reicht die *Hufe* des betr. Besitzes über die Feldflur u. durch den umschließenden Wald bis zur Gemarkungsgrenze. Häufig in den Mittelgebirgen westl. der Elbe. – Ⓑ→Flurformen.

Waldhühner →Rauhfußhühner.

Waldhyazinthe →*Platanthera*, Gattung der *Orchideen.* In Europa zwei seltene Arten in Laubwäl-

Wald

Bewaldungsprozent (rote Zahl) der einzelnen Großgebiete der Erde und Nadel-Laubwald-Verhältnis (schwarze Zahlen).

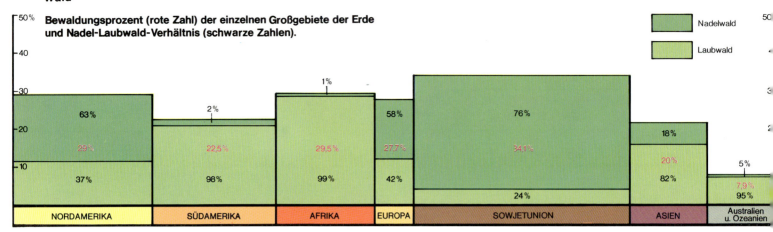

Anteile der einzelnen Großgebiete der Erde an der produktiven Waldfläche
1 qcm ≙ 1 Mill. qm

Anteile der einzelnen Großgebiete der Erde an der Gesamtwaldfläche
1 qcm ≙ 1 Mill. qm

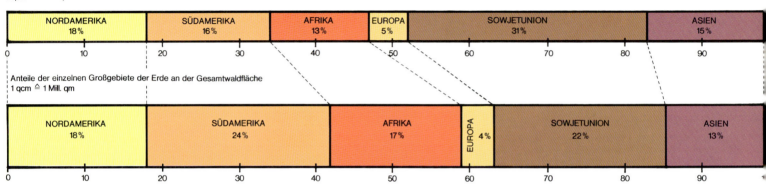

Borealer Nadelwald (Taiga) bei Irkutsk (Sibirien)

Pinien, Pinus pinea, auf Sandboden in Spanien (links). – Eukalyptusarten im Innern des Wilpena Pound, einer herauspräparierten geologischen Muldenstruktur in der Flinders Range (Südaustralien; rechts)

Buchenwald der gemäßigten Zone (links). –Mediterrane Korkeichenbestände auf Sardinien (Mitte). – Savannenwald bei Nairobi mit Beständen von Schirmakazien, z.B. Acacia xanthoploea (rechts)

Wald

Die Waldgürtel der Erde

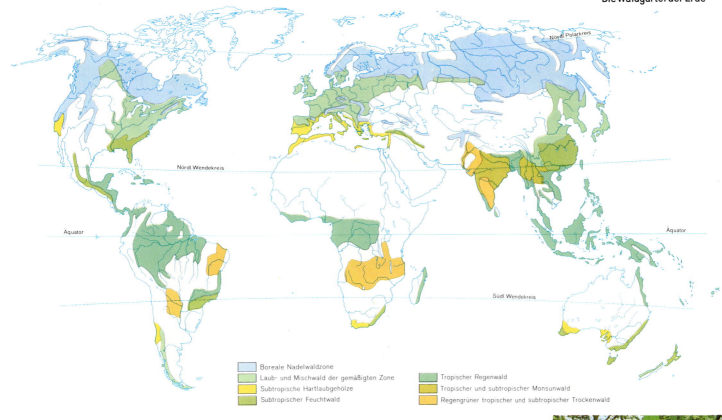

- Boreale Nadelwaldzone
- Laub- und Mischwald der gemäßigten Zone
- Subtropische Hartlaubgehölze
- Subtropischer Feuchtwald
- Tropischer Regenwald
- Tropischer und subtropischer Monsunwald
- Regengrüner tropischer und subtropischer Trockenwald

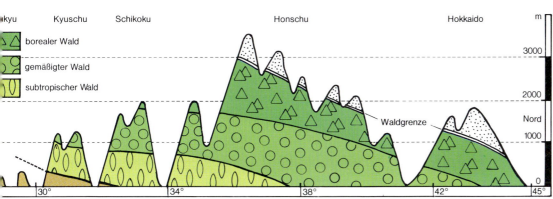

Vegetationsprofil durch Japan von Süd nach Nord

Tropischer Regenwald in Ghana

WALD

Farnreicher Bergwald in 3500 m Höhe bei Quittabamba, Peru (links). – Palmensavanne auf dem Isthmus von Tehuantepec, südlich von Acayucan (Mitte). – Zedern, Cedrus atlantica, in Vorderasien (rechts)

dern: *Zweiblättrige W.*, *Platanthera bifolia*, Blüten weiß, nach Vanille duftend, u. *Grünliche W.*, *Platanthera chlorantha*, Blüten gelblichweiß.
Waldis, Burkhard, Dichter, *um 1490 Allendorf, Hessen, † 1556 Abteroda, Hessen; zuerst Franziskaner in Riga, später prot. Pfarrer; schrieb polit. u. religiöse Streitschriften, Fabeln („Esopus" 1548) u. 1527 das Fastnachtsspiel „De Parabell vam vorlorn Szohn".
Waldkante, *Baumkante*, am Bauholz verbleibender, bis zu einem bestimmten Anteil der Querschnittsseite zulässiger Teil der natürl. Mantelfläche des Baumstamms.
Waldkarpaten, russ. *Lesistyje Karpaty*, im wesentl. der sowjet.-ukrain. Anteil an den Karpaten, eingeschlossen zwischen Westkarpaten (die Ostbeskiden werden den W. zugerechnet) u. Ostkarpaten; stark zergliedertes Mittelgebirge, überwiegend bewaldet, steigt nach SO hin an, höchster Gipfel *Gowerla*, 2058 m; Quellgebiet des Dnjestr.
Waldkauz, *Strix aluco*, gedrungen gebaute, bis 40 cm große, eurasiat. *Eule*, die durch ihre gellenden Balzrufe auffällt.
Waldkirch, Stadt in Baden-Württemberg (Ldkrs. Emmendingen), im südl. Schwarzwald an der Elz, 11 500 Ew.; Uhren-, Textilindustrie, Orgelbau, Edelsteinschleifereien. In der Nähe die Ruine *Kastelburg*.
Waldkraiburg, Stadt in Oberbayern (Ldkrs. Mühldorf), am Inn, 21 000 Ew.; Gründung durch Heimatvertriebene; Erdgasvorkommen.
Waldlauf, leichtathlet. Wettbewerb im Geländelaufen über Waldstrecken von 1,2 km (für Frauen) bis 10 km (für Männer) mit natürl. Hindernissen; aus den engl. *Cross-Country-Läufen* entwickelt.
Waldlehrpfad, zur Belehrung u. zur Förderung des Kontakts mit der Natur angelegter Wanderweg; durch Tafeln oder Beschreibungen wird auf Einzelheiten des Waldbaus, der Pflanzen- u. Tierwelt u.dgl. aufmerksam gemacht.
Waldmaus, *Sylvaemus sylvaticus*, eine in Eurasien vorkommende *Maus* von 10 cm Körperlänge u. gleichlangem Schwanz mit gelbem Kehllängsstreifen; legt in Waldgebieten Erdhöhlen an, überwintert gern in Häusern; leicht zu verwechseln mit der *Gelbhalsmaus*.
Waldmeier, Max, schweizer. Astronom, *18. 4. 1912 Olten; seit 1945 Direktor der Eidgenöss. Sternwarte Zürich. Arbeiten über Sonnenphysik; Lehrbuch „Einführung in die Astrophysik" 1948.
Waldmeister, *Wohlriechender W.*, *Galium odoratum*, eine 15–30 cm hohe, weißblühende Pflanze, enthält →Cumarin u. ist bes. im getrockneten Zustand sehr wohlriechend; wird als *Maikraut* zur Herstellung von Maibowle u. als Mottenmittel benutzt. Andere Arten: *Färber-W.*, *Galium tinctorium*, mit gelben, rotbraun färbenden Wurzeln; *Hügel-W.*, *Galium cynanchicum*, mit weißen bis rötl. Blüten. →auch Labkraut.
Waldmücken, *Aëdes*, Gattung der *Stechmücken*, vor allem in Wäldern, Flußauen, Tundren. Entwicklung ähnlich der Gewöhnl. Stechmücke, jedoch sterben die W. im Herbst; nur die Eier überwintern an Land in Gewässernähe u. schlüpfen bei Frühjahrshochwasser. W. rufen die Mückenplage in Lappland hervor.
Waldmüller, Ferdinand Georg, österr. Maler, *15. 1. 1793 Wien, † 23. 8. 1865 Helmstreitmühle in der Hinterbrühl bei Baden; Hauptvertreter der österr. Biedermeiermalerei u. Vorläufer des Realismus, malte Porträts u. Landschaften (u.a. Ansichten des Wiener Praters), Stilleben u. Genrebilder in klarer, kultivierter Farbigkeit u. strenger Komposition.
Waldmünchen, bayer. Stadt in der Oberpfalz (Ldkrs. Cham), an der tschechoslowak. Grenze, 6000 Ew.; Textil- u. Holzindustrie.
Waldnaab, linker Quellfluß der Naab.
Waldoff, Claire, Kabarettistin u. Schauspielerin, *21. 10. 1884 Gelsenkirchen, † 22. 1. 1957 Bad Reichenhall; bekannt durch Chansons, die sie mit „Berliner Schnauze" vortrug.
Waldohreule, *Asio otus*, bis 35 cm große *Eule* mit Federohren, bewohnt Nadelwälder Eurasiens u. Nordamerikas.
Waldorfschulen, staatl. anerkannte, freie öffentl. Schulen, die auf der Grundlage der Pädagogik R. *Steiners* unterrichten; einheitl. Aufbau mit 12 Schuljahren; erstreben Ausgleich zwischen wissenschaftl. Fächern u. künstler.-prakt. Betätigung. 1919 in Stuttgart von R. *Steiner* u. E. *Molt* (Leiter der Waldorf-Astoria-Zigarettenfabrik) gegründet; 1938–1945 verboten; in der BRD bestehen 28, in anderen Ländern insges. 56 W.
Waldpförtner, *Waldportier*, *Hipparchia fagi*, dunkelbraun gefärbter u. mit helleren Flügelrändern versehener *Augenfalter* von etwa 40 mm Spannweite; hat in Ruhestellung Schutzfärbung (wie trockene Blätter), bewohnt bes. Waldränder. Verwandt ist der *Kleine W.*, *Hipparchia aelia*, mit ähnl. Färbung, aber geringerer Größe.
Waldrapp, *Geronticus eremita*, ein *Ibis*, der nur noch an wenigen Stellen in Nordafrika u. Mesopotamien verbreitet ist; früher auch in Mitteleuropa (bei Salzburg, Passau). Gefieder grünl.-schwarz, Hals nackt. Vom Aussterben bedroht.
Waldrebe, *Clematis*, Gattung der *Hahnenfußgewächse* mit kletternden Sträuchern oder aufrechten Stauden. In Dtschld. vorkommend: *Gewöhnl. W.*, *Clematis vitalba*, in Gebüschen u. an Waldrändern auftretende 4–10 m hohe Liane mit beiderseits filzig-behaarten Kelchblättern, weißen Kronblättern u. federartig begrannten Früchten. In den Alpen die nur 1–2 m hoch werdende *Alpen-W.*, *Clematis alpina*, als rot oder dunkelviolett blühender Kletterstrauch. Staudig wächst die *Aufrechte W.*, *Clematis recta*, mit weißen bis gelbl. Blüten.
Waldsassen, bayer. Stadt in der Oberpfalz bei Tirschenreuth, im SO des Fichtelgebirges, 9200 Ew.; seit 1864 Zisterzienserinnenabtei (1133 von Zisterziensern gegr.), Barockkirche; Glas-, Tonwaren-, Porzellanindustrie.
Waldschaben, *Ectobius*, einzige im Freien lebende Gattung der *Schaben* in Mitteleuropa; bis 8 mm lang, bes. an Waldrändern auf Gebüsch u. unter Fallaub.
Waldschmidt, Ernst, Indologe, *15. 7. 1897 Lünen; Schriften zur ind. Philologie u. zur ind. u. zentralasiat. Archäologie.
Waldschulen, *Freiluftschulen*, Schulen (z.T. Internate) mit Unterricht im Freien, Spielplätzen, Schulgärten u.ä., für normal begabte, körperl. schwächl. Kinder; zuerst 1904 in Berlin-Charlottenburg entstanden.
Waldschwein, *Hylochoerus meinertzhageni*, erst 1904 entdecktes, größtes rezentes *Schwein*, mit breiter Rüsselscheibe, in den Urwäldern von Liberia bis Tanganjika.
Waldsee, *Bad W.*, Stadt in Baden-Württemberg bei Ravensburg, 12 000 Ew.; Moorheilbad.
Waldseemüller, *Walzenmüller*, *Waltzemüller*, Martin, Kartograph, *um 1475 Radolfzell, † um 1521 St.-Dié; Hrsg. der „Cosmographiae universalis introductio" (1507), in der er vorschlug, die Neue Welt nach dem Vornamen des vermeintl. Entdeckers *Amerigo Vespucci* zu nennen.
Waldservitute, *Forstservitute*, *Waldgrundgerechtigkeiten*, *Walddienstbarkeiten*, dingliche Rechte der Besitzer bestimmter Grundstücke auf Benutzung fremder Waldgrundstücke. Der Waldeigentümer hat gewisse Nutzungen des Berechtigten zu dulden. W. sind: Holz-, Mast-, Harz-, Waldstreu-, Waldweide-Berechtigungen. In neuerer Zeit sind fast überall die W. abgelöst worden.
Waldshut-Tiengen, Kreisstadt in Baden-Württemberg, am Rhein, südl. des Hotzenwaldes, 21 500 Ew.; mittelalterl. Altstadt; am Rhein das Kraftwerk *Albbruck-Dogern*; Textil-, Maschinen-, chem. Industrie. – Ldkrs. Waldshut: 1131 qkm, 142 000 Ew.
Waldstätte, seit etwa 1289 gebräuchl. Name für die am Vierwaldstätter See gelegenen schweizer. Kantone Uri, Schwyz, Unterwalden *(Drei Waldstätte)* u. Luzern *(Vier Waldstätte)*.
Waldviertel, niederösterr. Landschaft zwischen Donau u. tschechoslowak. Grenze, waldreiche, 400–700 m hohe Hochfläche, im *Tischberg* bis 1073 m ansteigend, aus Gneis u. Granit aufgebaut (Teil des Böhmischen Massivs), mit tief eingeschnittenen Tälern; Ackerbau, Vieh- u. Waldwirtschaft vorherrschend, ferner Stein-, Glas- u. Textilindustrie; Hauptorte: Waidhofen an der Thaya, Zwettl, Gmünd, Heidenreichstein, Horn.
Waldvöglein, *Cephalanthera*, Gattung der *Orchideen*, mit Blüten, an denen der vordere Teil der Lippe einem Vogelschnabel gleicht. In ganz Europa kommen vor: auf buschigen Hügeln u. in Wäldern das *Rote W.*, *Cephalanthera rubra*; in lichten Laubwäldern zerstreut das *Bleiche W.*, *Cephalanthera damansonium*, mit gelblichweißen, in schattigen Laubwäldern das *Langblättrige W.*, *Cephalanthera longifolia*, mit milchigweißen Blüten.
Waldwertberechnung, *Waldwertrechnung*, Ermittlung des Geldkapitalwerts eines Waldes, seiner Bestandteile oder Nutzungen. Gegenstände der W. sind: Bodenwert, Holzbestandswert, Waldwert u. die einzelnen Nutzungen. Die W. stützt sich auf die zu erwartenden Wirtschaftserträge *(Erwartungswert)* oder auf die aufgewendeten Wirtschaftskosten *(Kostenwert)* oder auf beabsichtigte bzw. stattgefundene Verkäufe *(Verkaufswert)*. Zur Ermittlung benutzt man den *Waldzinsfuß*, d.h. denjenigen Zins, den die Einheit der in der Waldwirtschaft angelegten Kapitalien bringt oder bringen soll. Der Waldzinsfuß wird gewöhnl. erheblich niedriger als der landesübliche Geldzinsfuß angenommen (vielfach 2–3%).
Waldwolle, als Polstermaterial verwendbare Fasern aus Nadeln von Tannen, Fichten, Kiefern. Es handelt sich um Ersatzmaterial, das in Kriegszeiten auch mit Baumwolle zu Garn versponnen wurde.
Waldwühlmaus →Rötelmaus.
Waldzinsfuß →Waldwertberechnung.
Wale, *Cetacea*, Ordnung der *Säugetiere*, die sekundär dem Wasserleben angepaßt sind. W. haben einen tropfenförmigen, strömungsgünstigen Körper, an dessen Ende eine waagerechte, halbmondförmige Schwanzflosse das Tier fortbewegt. Die Vordergliedmaßen sind flossenähnl. umgestaltet, die Hintergliedmaßen fehlen; der Beckengürtel ist bis auf 2 lose im Fleisch liegende Knochen verkümmert. Die Kiefer sind schnabelartig verlängert. Das Haarkleid ist bis auf Tastborsten bei den Bartenwalen rückgebildet. Auf der Rückseite findet sich oft eine Rückenfinne (analog zur Fettflosse der Fische). Als Wärmeschutz u. zur Verbesserung des Auftriebs dient ein bis zu 50 cm starkes Unterhautfettgewebe. W. atmen nicht automatisch, sondern bewußt. Der Geruchssinn ist völlig verlorengegangen, die Augen sind schwach, das Gehör gut, doch äußere Ohren fehlen. Das Gehirn der W. ist stärker zentralisiert als das des Menschen. Nach einer Tragzeit von 10–13 Monaten wird meist ein Junges in Steißlage mit dem Schwanz voran geboren. Beim Saugakt spritzt die Mutter dem Jungen aus Zitzen, die am Hinterleib liegen, die fettreiche Milch in die Mundhöhle. W. leben oft gesellig in sog. Schulen. Die W. sind entstanden aus Landtieren, die den Urhuftieren nahestanden. Heute unterscheidet man 2 Unterordnungen: die *Bartenwale* u. die *Zahnwale*.
Walensee, *Wallensee*, schweizer. See zwischen dem Churfirsten u. Mürtschenstock, im Kanton St. Gallen, 419 m ü.M., 15,4 km lang, bis 2 km breit, 24,1 qkm, bis 150 m tief; Zuflüsse: Seez, Murgbach, Linth (durch Escherkanal), Abfluß durch den Linthkanal zum Zürichsee; Uferorte: Walenstadt, Weesen, Murg.
Wales [wɛilz], walis. *Cymru*, Halbinsel im W Großbritanniens, zwischen Bristolkanal u. Mündung des Mersey, 20 761 qkm, 2,77 Mill. Ew. (*Waliser*, die zu etwa 30% *Welsh*, eine Form des brit. Keltisch, sprechen); die rauhen Hochflächen des kaledon. Rumpfgebirges der Cambrian Mountains (im *Snowdon* 1085 m) dienen vorwiegend als Weide (vor allem Schafzucht), nur 1/5 für den Anbau; Grundlage der Wirtschaft sind die reichen Kohlenfelder, die einheim. Erze dagegen spielen heute keine Rolle mehr. Die Industrie konzentriert sich hauptsächl. an der Küste von Süd-W., bes. um den Haupthafen Cardiff, um Swansea, Rhondda u. Merthyr. – ⊠→Großbritannien und Nordirland.
Geschichte: W. gewann seinen bes. Charakter erst mit dem Einfall der *Angeln* u. *Sachsen* im 5. Jh., als die eingeborenen Briten in den unwegsamen Westen u. in die Bretagne abgedrängt wurden. König Offa von Mercien (757–796) baute zum Schutz seiner westl. Grenzmarken gegen das unruhige W. einen Grenzwall *(Offa's Dyke)*, der sich vom Bristol-Kanal bis zum Dee erstreckte. Die engl. Könige erlangten zeitweilig die Lehnsoberhoheit über die walis. Fürsten; aber erst *Eduard I.* unterwarf W. u. ernannte seinen Sohn *Eduard* (II.) 1301 zum *Prinzen (Fürsten) von W.*, ein Titel, der seither dem jeweiligen Thronfolger verliehen wurde. Die letzte nationale Erhebung unter Owen *Glendower* endete mit dessen Tod 1416. Durch die Unions-Akte von 1536 wurde W. mit England vereinigt. Das regionale Sonderbewußtsein von W. belebte sich gegen Ende des 19. Jh. im Zusammenhang mit der Kirchen- u. Schulfrage. 1912 wurde W. eine begrenzte Eigenständigkeit gewährt.
Wałęsa [va'wɛ̃sa], Leszek (Lech), poln. Gewerkschaftsführer, *1943 Popowo; Elektromonteur; 1980 führend in der Streikbewegung auf der Danziger Lenin-Werft; Mitgründer u. Vors. der unabhängigen Gewerkschaft *Solidarność* (Solidarität).
Walfang, Jagd u. Fang von →Walen, vor allem zur Fett- u. Fleischgewinnung; ursprüngl. mit der Harpune vom Ruderboot aus, neuzeitl. mit Harpunenkanonen u. mit Hilfe von *W.flotten*, die aus ei-

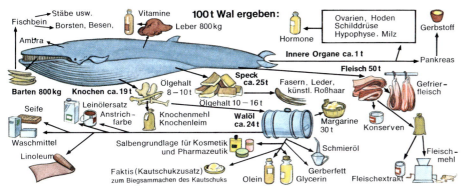

Walfang: aus Walen gewonnene Produkte

ner Anzahl von Fangbooten u. W.mutterschiffen (Fabrikschiffen, Walkochereien) bestehen. Die Wale werden unter Verwendung moderner Echolot- u. Radargeräte aufgespürt. Der harpunierte Wal wird an Bord der Walkocherei auf hoher See bereits vollständig verarbeitet (Tran, Speck, Fleisch, Knochenmehl, Fischleim [Barten] u. a.). Die am W. beteiligten Länder legen auf internationalen W.konferenzen die Zahl der jährlich zu jagenden Wale fest. Die W.saison dauert drei Monate im Jahr. W. wird nur noch in der Antarktis durchgeführt, seit die arktischen Wale durch rücksichtsloses W. ausgerottet wurden. Vom Standpunkt des Naturschutzes aus ist W. heute nicht mehr zu vertreten, da er sicher zur Ausrottung der Wale führen muß.

Walfisch, *Astronomie: Cetus,* Sternbild der Äquatorzone des Himmels.

Walfischbucht, engl. *Walfish Bay,* afrikaans *Walvisbaai,* ehemals brit., jetzt zur Südafrikan. Republik gehörendes Gebiet an der Küste Südwestafrikas, seit 1922 mit Südwestafrika verwaltet, 1124 qkm, mit der Stadt W., 20000 Ew.; Fischverarbeitung, Fleischwarenindustrie, Haupthafen von Südwestafrika, Eisenbahnendpunkt, Flugplatz.

Walfische, 1. = Wale.
2. *Cetomimidae,* 5–15 cm große Tiefseefische mit großem Maul u. dehnbarem Magen; verschlingen Beute, die größer als sie selbst sein kann; Körper braun mit orangeroten Flecken an Maul u. Flossen; an Rücken u. Afterflosse Leuchtorgane; blind; keine Schwimmblase, statt dessen Schwebeorgane in der Seitenlinie.

Walfischrücken, eine bis in 4000 m Tiefe aufragende steile untermeer. Erhebung des Atlant. Ozeans, reicht von Kap Frio (Südwestafrika) südwestwärts bis zum Südatlant. Rücken bei Tristan da Cunha u. der Goughinsel, im Mittelteil bis 366 m, trennt das *Angolabecken* vom *Kapbecken.*

Walhaie, Bez. für die größten rezenten Haie, die nach Art der Wale als Planktonfiltrierer leben, wie →Riesenhai u. →Rauhhai.

Walhall [auch 'val-], altnord. *Valhöll,* in der german. Mythologie Aufenthaltsort Wodans, Heldenparadies, wohin die *Einherier* von den →Walküren gebracht werden; am Tag kämpfen die Helden miteinander, abends werden sie von Wodan bewirtet.

Walhalla, Ruhmeshalle bei Donaustauf unterhalb Regensburg mit Büsten u. Namenstafeln berühmter Deutscher; 1830–1842 im Auftrag Ludwigs I. von Bayern durch Leo von *Klenze* nach dem Vorbild des Parthenontempels erbaut.

Wali [arab.], früher türk. Provinzstatthalter, dem *Kadi* (Richter), *Mufti* (Rechtsgutachter) u. *Defterdar* (Finanzdirektor) zur Seite standen.

Walid I., al-ibn Abd al-Malik, 6. Omajjadenkalif 705–715, *um 670, †715; eroberte im O Buchara, Samarkand u. Fergana u. drang in den Pandschab ein, stieß im W bis Tanger u. Spanien vor; ließ die Omajjaden-Moschee in Damaskus erbauen.

Waliser, die Einwohner von Wales, Nachkommen der kelt. Urbewohner Britanniens.

walisische Sprache, *Kymrisch, Welsh,* gehört zum britann. Zweig der insel-kelt. Sprachen, in Wales noch heute von rd. 0,75 Mill. Menschen gesprochen.

walken, 1. *Hüttentechnik:* Feinbleche kalt durch Mehrrollenrichtmaschinen führen (hintereinander angeordnete Walzenpaare); durch die Wechselbiegung wird die Weiterverarbeitung (Formgebung) erleichtert.
2. *Textiltechnik:* Wollstoffe (Tuche) oder Filze in *Walkmaschinen* (Hammerwalke, Zylinderwalke) bearbeiten. Durch Druck u. Stauchen bei mehrmaligem Durchlauf in verdünnten Laugen oder Säuren verfilzen die Stoffe.

Walkenried, niedersächs. Gemeinde (Ldkrs. Osterode am Harz), am Südharz, südöstl. von Bad Lauterberg, 2500 Ew.; berühmtes Zisterzienserkloster (12. Jh.); Seifen-, Möbelfabrik.

Walker, *Polyphylla fullo,* ein *Skarabäe* der Dünen u. trockenen Sandböden von 3–4 cm Körperlänge, mit braun-weißen Flügeldecken. Die Larven werden manchmal an Nadelholz u. Gräsern durch Wurzelfraß schädlich.

Walker ['wɔːkə], **1.** *Francis Amasa,* US-amerikan. Nationalökonom u. General im amerikan. Bürgerkrieg, *2. 7. 1840 Boston, †5. 1. 1897 Boston; entwickelte eine Produktivitätstheorie des Lohns u. eine Lehre vom Unternehmergewinn. Hptw.: „The Wages Question" 1876, ²1891.
2. *William,* nordamerikan. Abenteurer, *8. 5. 1824 Nashville, Tenn., †12. 9. 1860 Trujillo (Honduras); bemächtigte sich während eines Bürgerkriegs in Nicaragua mit einer privaten Truppe der Herrschaft u. regierte das Land als Diktator (1856 Präs.); wurde 1857 vertrieben u. nach erneuten Invasionsversuchen von Truppen mittelamerikan. Staaten hingerichtet.

Walküren, altnord. *Valkyrjur,* in der german. Mythologie Heldenjungfrauen, die nach Wodans Befehl ihren Helden im Kampf beistehen u. die auf dem Schlachtfeld (Walstatt) Gefallenen für Walhall auswählen.

Wall, 1. *Festungsbau:* die ein Festungswerk umschließende Erdanschüttung.
2. *Jagdspringen:* ein Hindernis, das aus einer Erdaufschüttung mit einem oder mehreren Aufsprüngen u. einem Absprung besteht; 1–3 m hoch.
3. *Maße:* altes Zählmaß: 1 W. = 80 Stück, in Danzig z. B. 80 Heringe.
4. *Vorgeschichte:* Ring-W., W.burg, Burg-W. (im Volksmund: Heiden-, Römer-, Schwedenschanze, Burgstall), Überreste vor- oder frühgeschichtl. Befestigungsanlagen, im Gelände meist als W. mit davorliegendem Graben erkennbar.

Wallaby ['wɔləbi; das; austral. Eingeborenensprache], Bez. für die kleineren Känguruharten u. für deren Fell.

Wallace ['wɔlis], **1.** *Alfred Russell,* brit. Zoologe, *8. 1. 1823 Usk, Monmouthshire, †7. 11. 1913 Broadstone, Dorset; bereiste 1848–1852 das Amazonasgebiet, 1854–1860 den Malaiischen Archipel, betrieb umfangreiche tiergeograph. Studien; teilte die tier. Bewohner des Malaiischen Archipels durch die *W.sche Linie* zwischen Bali u. Lombok in ein asiat. u. ein austral. Reich; Wegbereiter der Abstammungslehre.
2. *Edgar,* engl. Schriftsteller, *1. 4. 1875 London, †10. 2. 1932 Hollywood; schrieb zahlreiche Kriminalromane, u. a. „Der grüne Bogenschütze" 1923, dt. 1926; „Der Hexer" 1926, dt. 1927.
3. *George,* US-amerikan. Politiker (Demokrat), *25. 8. 1919 Clio, Ala.; 1963–1967 u. 1970–1979 Gouverneur von Alabama; extremer Verfechter der Rassentrennung; kandidierte bei der Präsidentschaftswahl 1968 erfolglos für die rechtsstehende Unabhängige Partei.
4. *Henry,* US-amerikan. Politiker, *7. 10. 1888 Adair County, Io., †18. 11. 1965 Danbury, Conn.; ursprüngl. Demokrat, 1933–1940 Landwirtschafts-Min., 1941 bis 1945 Vize-Präs. unter F. D. *Roosevelt,* 1945/46 Handels-Min.; gründete 1948 die nach Verständigung mit der Sowjetunion strebende Progressive Partei, zog sich nach ihrem Mißerfolg 1950 aus der Politik zurück.
5. *Lewis,* US-amerikan. Schriftsteller, *10. 4. 1827 Brookville, Ind., †15. 2. 1905 Crawfordsville, Ind.; Rechtsanwalt, Diplomat; bekannt durch seinen histor. Roman „Ben Hur" 1880, dt. 1888, verfilmt 1910, 1925 u. 1959 (R. Aldrich).

Wallacea [nach A. R. *Wallace*], *indoaustralische Zwischenregion,* tiergeographisches Gebiet, das die Inselwelt zwischen der Orientalischen Region u. der Australischen Region umfaßt; wird begrenzt im W von der *Wallaceschen Linie,* die in NS-Richtung zwischen Borneo u. Celebes sowie zwischen Bali u. Lombok verläuft, im O von der *Lydekker Linie,* die vor der Westküste Neuguineas verläuft.

Wallach, kastriertes männl. Pferd.

Wallach, *Otto,* Chemiker, *27. 3. 1847 Königsberg (Pr.), †26. 2. 1931 Göttingen; führte Untersuchungen zur Konstitutionsaufklärung der Terpene (u. a. des Camphers) u. auf dem Gebiet der Stereochemie; Nobelpreis 1910.

Wallasey ['wɔlsi], Stadt im NW Englands, an der Mündung des Mersey, nordwestl. von Birkenhead, 97 100 Ew.

Walläuse, *Cyamidae,* Familie der *Flohkrebse,* parasitisch, dorsoventral abgeplattete Krebse, deren Hinterleib bis auf einen winzigen Stummel rückgebildet ist; leben auf Walen, in deren Ober- u. Lederhaut sie handtellergroße Löcher verursachen, die bis zur Speckschicht hinabreichen. Der eigentliche Freßakt ist unbekannt.

Walldorf, 1. Stadt in Baden-Württemberg, südwestl. von Heidelberg in der Oberrhein. Tiefebene, 13 700 Ew.; Aluminium-, Zigarren-, Metall- u. a. Industrie; Geburtsort von J. J. *Astor.*
2. ehem. hess. Stadt östl. von Rüsselsheim; vielseitige Industrie, Waldensergründung (1699); seit 1977 Stadtteil von *Mörfelden-W.*

Walldürn, baden-württ. Stadt (Neckar-Odenwald-Kreis), am Odenwald, 10500 Ew.; Wallfahrtskirche (um 1700), ehem. Schloß, Museen.

Wallenstein, *Albrecht Eusebius Wenzel von,* Herzog von *Friedland* (1625) u. *Mecklenburg* (1627), Fürst von Sagan (1627), kaiserl. Generalissimus im Dreißigjährigen Krieg, *24. 9. 1583 Gut Hermanič bei Arnau, Nordböhmen, †25. 2. 1634 Eger (ermordet); aus der Arnauer Linie des böhm. Geschlechts von *Waldstein.* Ev. erzogen, trat W. 1606 zum Katholizismus über. Seit 1604 in militär. Diensten der Habsburger; unterstützte 1617 Erzherzog Ferdinand mit eigenen Truppen im Krieg gegen Venedig. Nach dem Frieden wurde W. kaiserl. Oberst u. in den Grafenstand erhoben. Am Aufstand der böhm. u. mähr. Stände zu Beginn des Dreißigjährigen Kriegs nahm er nicht teil. Bei dem Strafgericht über die Aufständischen brachte W. 58 Herrschaften an sich. Nach seiner Vermählung mit Isabella Katharina von *Harrach* (1623) erhob ihn Kaiser Ferdinand II. in den Reichsfürstenstand u. seinen gewaltigen Länderkomplex zum Herzogtum *Friedland.*
Als der Kaiser im Dreißigjährigen Krieg durch den Niedersächs. Bund 1625 in Bedrängnis kam, erbot sich W., auf eigene Kosten ein neues Heer von

Albrecht Eusebius Wenzel von Wallenstein, Ölkopie von J. Schnorr von Carolsfeld nach einem Gemälde von A. van Dyck. Berlin, Staatsbibliothek, Preußischer Kulturbesitz

40 000 Mann auszurüsten u. zu besolden, wofür er unbedingte Vollmacht über die Erhebung von Geld u. Naturalien in den eroberten Provinzen des Reichs verlangte. 1626 schlug W. Ernst II. von Mansfeld bei Dessau. 1627 vertrieb er Christian IV. von Dänemark vom Festland u. eroberte nach der Vereinigung mit Tilly u. Herzog Georg von Lüneburg Mecklenburg, Holstein, Schleswig u. Jütland. Der Kaiser verlieh ihm darauf das Herzogtum Mecklenburg sowie das Fürstentum Sagan u. ernannte ihn zum „General des ozeanischen u. baltischen Meeres", lehnte jedoch W.s Pläne zur Errichtung der absoluten Monarchie im Reich, Gewährung religiöser Toleranz, Vertreibung aller fremden Mächte (Spanien) ab.
1630 erzwangen Spanien, die Jesuiten, Maximilian von Bayern u. die dt. Fürsten auf dem Regensburger Reichstag W.s Absetzung. Im gleichen Jahr übernahm er aber erneut den Oberbefehl über die kaiserl. Truppen, gerufen von Ferdinand II. nach der Niederlage Tillys bei Breitenfeld, u. schlug 1632 die Schlacht bei Lützen, in der Gustav Adolf fiel. Jedoch machte er sich durch seine gleichzeitigen Verhandlungen mit den Schweden, mit Brandenburg u. Sachsen verdächtig am Wiener Hof. Ein kaiserl. Patent vom 23. 2. 1634 bezichtigte ihn des Verrats u. befahl, ihn tot oder lebendig zu fangen. In Eger wurde W. von dem irischen Hauptmann Devereux erstochen.
Das Urteil der Geschichte über W. ist schwankend: adlige Gesinnung u. militär. Genialität, Ehrgeiz u. Gewinnsucht, polit. Weitsicht u. Verkennung der tatsächl. Machtverhältnisse werden ihm bescheinigt. W. ist zugleich der „letzte Condottiere" u. der erste militärische Unternehmer, der Kriegführung u. Versorgung der Armee nach wirtschaftl.-finanziellen Gesichtspunkten plante u. organisierte. – 📖 5.4.1.

Waller, Fisch, →Wels.

Waller [ˈwɔlə], **1.** Augustus Desiré, brit. Physiologe französ. Herkunft, * 12. 7. 1856 Paris, † 11. 3. 1922 London; wurde mit der Entdeckung der Herzaktionsströme einer der Wegbereiter der *Elektrokardiographie*. **2.** Fats, eigentl. Thomas W., afroamerikan. Jazzmusiker (Pianist, Komponist u. Bandleader), * 21. 5. 1904 New York, † 15. 12. 1943 Kansas City; seit 1931 eigene Band; vitaler Pianist, auch Orgelspieler u. humorvoller Sänger des Jazz.

Wallfahrt, Besuch von heiligen Stätten, feierl. Prozession oder Pilgerfahrt zu Erinnerungsstätten an Heilige, zu ihren Gräbern, Reliquien, zu Gnadenbildern. Die Sitte der W.en gibt es in vielen Religionen. Die kath. Gläubigen unternehmen außer Pilgerfahrten ins Heilige Land W.en u.a. zu den Heiligtümern in Rom u. zu den Gnadenorten, wo Maria bes. verehrt wird (z.B. Lourdes, Kevelaer, Fátima, Altötting).

Wallin, Johan Olof, schwed. Dichter, * 15. 10. 1779 Stora Tuna, Dalarne, † 30. 6. 1839 Uppsala; schrieb zahlreiche Kirchenlieder.

Wallis, frz. *Le Valais,* südschweizer. Kanton, umfaßt etwa das Einzugsgebiet der Rhône bis an den Genfer See; 5226 qkm, 215 000 Ew.; Hptst. *Sitten.* – Der drittgrößte Kanton der Schweiz wird von der dt.-französ. Sprachgrenze gequert; 3/5 der Bewohner sprechen französ., 1/3 dt. Ihn begrenzen im N die *Berner Alpen* mit Finsteraarhorn u. Jungfrau sowie dem Aletschgletscher, im S die *W.er Alpen* mit Monte Rosa, Dom u. Matterhorn. Die nördl. Nebentäler sind meist nur kurz, die südl. bis über 40 km lang (Saastal, Val d'Anniviers, Val d'Herens, Val de Bagnes). Nach N bilden Lötschbergtunnel u. Grimsel, nach O u. SO Furka u. Nufenen, nach S Simplon u. Großer Sankt Bernhard den Zugang. Das sommerwarme, recht trockene u. im Winter schneereiche Klima begründet die Stellung des Kantons als Fremdenverkehrsgebiet (Zermatt, Leukerbad, Montana-Vermala, Crans, Saas-Fee, Verbier u. a.). Die Landwirtschaft ist erst in den letzten Jahren von der Industrie übertroffen worden. Hauptwerbe im Rhônetal Getreide-, Wein-, Obst- u. Gemüseanbau, in den höheren Berglandschaften Almwirtschaft. In den letzten Jahrzehnten entstanden Großbetriebe der chem., Aluminium-, Elektro-, Metallwarenindustrie. Die Wasserkraftwerke (Grande Dixence, Mauvoisin u. a.) erzeugen ein Drittel der Elektrizität der Schweiz. – Ober-W. war seit 1417 mit der Eidgenossenschaft verbündet; 1475 schloß sich das bis dahin savoyische Unter-W. an. 1802 wurde W. Freistaat, 1810–1814 mit Frankreich vereinigt, 1815 schweizer. Kanton; 1845–1847 gehörte es dem kath. Sonderbund an. – 🗺 →Schweiz.

Wallis [ˈwɔlis], **1.** John, engl. Mathematiker, * 23. 11. 1616 Ashford, Kent, † 28. 10. 1703 Oxford; verfaßte die Schrift „Arithmetica integra"; berechnete π mit Hilfe des unendlichen Produkts
$$\frac{2 \cdot 2 \cdot 4 \cdot 4 \cdot 6 \cdot 6 \cdots}{1 \cdot 3 \cdot 3 \cdot 5 \cdot 5 \cdot 7 \cdot 7 \cdots} = \frac{\pi}{2}$$
(*W.sches Produkt*). **2.** Samuel, engl. Südseefahrer, * um 1728, † 1795; entdeckte 1766–1768 Tahiti u. andere Inseln, fand aber nicht die gesuchten Salomonen.

Wallisch, Friedrich, österr. Schriftsteller, * 31. 5. 1890 Weißkirchen, Mähren, † 7. 2. 1969 Wien; verfaßte Romane („Genius Lump" 1922; „Der König" 1954), Erzählungen („Militärgeschichten" 1965), Schauspiele u. Reisebücher.

Walliser Alpen, *Penninische Alpen,* Alpengruppe auf der schweizer.-italien. Grenze zwischen Großem St. Bernhard, Simplonpaß, Rhône u. Dora Baltea; aus Gneis u. Glimmerschiefer aufgebaut, stark vergletschert, mit Monte Rosa (in der *Dufourspitze* 4634 m), Matterhorn, Dom, Weißhorn, Grand Combin.

Wallisinseln, französ. Inselgruppe in der Südsee, nordöstl. von Fidschi, 62,2 qkm, 5700 Ew.; Hauptinsel →*Uvéa,* vulkanischer Entstehung, von einem Korallenatoll umgeben; Anbau von Kokospalmen u. trop. Früchten; Flugplatz; bildet mit den →Horninseln das französ. Überseeterritorium *Wallis u. Futuna.* – 1842 von Frankreich annektiert.

Wallis und Futuna [-fyty'na], französ. Überseeterritorium (mit Selbstverwaltung) zwischen Fidschi u. Samoa in Ozeanien, besteht aus den Wallis- u. den Horninseln (Futuna u. Alofi), 146,2 qkm (mit Atollen 240 qkm), 8300 Ew.; Hptst. *Mata-Utu* auf Uvéa. – Bis 1959 Teil Neukaledoniens.

Wallnister, Bez. für die *Großfußhühner.* W. i. e. S., *Leipoa ocellata,* ein Großfußhuhn Australiens, dessen Hahn eine Mulde aus Laub, Humus u. Sand zur Reifung der Eier errichtet.

Wallonen, *Valonen,* Handelsname für die großen gerbstoffreichen Fruchtbecher der im Mittelmeergebiet u. in Kleinasien heimischen Eichenarten: *Valonen-Eiche, Quercus vallonea; Arkadische Eiche, Quercus macrolepis.* W. werden in der Gerberei u. zum Schwarzfärben benutzt.

Wallonen, die rd. 3,2 Mill. Wallonisch (Schriftsprache Französisch) sprechenden Südbelgier. Nach der Gründung des Staates Belgien (1830) hatte die wallon. Teil an der bevölkerungspolit. u. wirtschaftl. Übergewicht; gegen die privilegierte Position der W. in Staat, Verwaltung u. Kultur bildete sich um 1840 die *Flämische Bewegung;* bis zum Ende des 19. Jh. hatte sich das Verhältnis umgekehrt, um 1900 entstand als Reaktion die *Wallonische Bewegung.* Der Gegensatz zwischen Flamen u. W. war bereits bei der Gründung Belgiens angelegt u. durchzieht die Geschichte Belgiens bis heute *(Sprachenstreit).* – Im 2. Weltkrieg bildete sich im wallon. Belgien sowohl eine Widerstandsbewegung gegen die dt. Besatzung wie unter L. Degrelle die *Wallonische Legion* der →Rexisten, die auf dt. Seite am Krieg teilnahm.

Wallonisch, französ. Mundart in Südbelgien u. Nordostfrankreich; vom Flämischen beeinflußt, mit vielen Altertümlichkeiten. In Belgien ist W. immer noch in Konkurrenz zu Flämisch. → auch Wallonen.

Wallot, Paul, Architekt, * 26. 6. 1841 Oppenheim, † 10. 8. 1912 Langenschwalbach; vertrat einen historisierenden, auf Barock- u. Renaissanceformen zurückgreifenden Monumentalstil. Hptw.: Reichstagsgebäude in Berlin, 1884–1894; Ständehaus in Dresden, 1901–1907; Reichstagspräsidentenpalais in Berlin, 1903.

Walloth, Wilhelm, Schriftsteller, * 6. 10. 1856 Darmstadt, † 8. 7. 1932 München; sittengeschichtl. Romane aus dem alten Ägypten u. Rom („Kaiser Tiberius" 1889); auch Dramen („Sokrates" 1927).

Wallraf-Richartz-Museum, 1824 gegr. städt. Museum in Köln mit Werken der europ. Malerei u. Plastik, bes. der rhein. Kunst des 14.–16. Jh. (St. Lochner u. a.), der altniederländ. u. der modernen Malerei. Den Grundstock bilden der Sammlungen von Ferdinand F. *Wallraf* (* 1748, † 1824); den ersten Museumsbau, 1861 eröffnet, stiftete Johann H. *Richartz* (* 1795, † 1861).

Wallriff, wallartige, küstenparallele, durch einen Kanal von der Küste getrennte →Korallenbauten.

Wallsend [ˈwɔlzɛnd], Stadt in der nordengl. großstädt. Grafschaft (Metropolitan County) Tyne and Wear, 47 000 Ew.; Kohlengruben, Maschinen-, Kupfer-, Blei-, Eisenindustrie u. Werften.

Wall Street [ˈwɔːl ˈstriːt], Straße in New York, Sitz der Börse u. zahlreicher Banken, daher auch Synonym für die US-amerikan. Finanzkreise. – 🅱 →Börse.

Wallwurz →Beinwell.

Walmdach, ein Dach, das nach allen vier Seiten des Hauses schräg abfällt. →auch Dach.

Walmiki →Ramajana.

Walmkappen, Formziegel für den Übergang vom Dachfirst zum Grat.

Walnuß, Frucht des →Nußbaums.

Walnußgewächse, *Juglandaceae,* Familie der *Juglandales,* in der gemäßigten Zone der nördl. Halbkugel verbreitete Holzpflanzen. Hierher gehören u. a. *Flügelnuß, Hickorynuß, Nußbaum.*

Walpole [ˈwɔːlpoʊl], **1.** Horace, Earl of Orford, Sohn von 3), engl. Schriftsteller, * 24. 9. 1717 London, † 2. 3. 1797 London; Kunstsammler, förderte die Wiederbelebung got. Einrichtungsformen (Neugotik); schrieb „Anecdotes of Painting in England" 4 Bde. 1762–1771; wurde mit „Schloß Otranto" 1765, dt. 1768, zum Vorläufer des Schauerromans u. des romant. Geschichtsroman. **2.** Sir Hugh, engl. Schriftsteller, * 13. 3. 1884 Auckland (Neuseeland), † 1. 6. 1941 London; sein Hptw. ist die 4bändige „Herries-Chronik" 1930–1933, dt. 1937–1939, ein kulturhistor. Generationenroman aus 3 Jahrhunderten; bes. volkstüml. wurde der Roman einer Kindheit „Jeremy" 1919–1927, dt. 1919–1931. **3.** Sir Robert, Earl of Orford, engl. Politiker (Whig), * 26. 8. 1676 Houghton, Norfolk, † 18. 3. 1745 London; 1721–1742 als Erster Lord des Schatzes leitender Minister, gilt als erster engl. „Premier-Min.". Unter ihm entwickelte sich das Widerspiel von Regierung u. Opposition im modernen Sinn, wobei W. der Regierung durch Patronage, Ämtervergabe u. Dotationen stets eine parlamentar. Mehrheit zu sichern wußte. Erst der Krieg mit Spanien (seit 1739) u. Frankreich (seit 1742) stärkte die Opposition u. führte im Verein mit einer Hofintrige seinen Sturz herbei. – 📖 5.5.1.

Walpurga, *Walpurgis,* weibl. Vorname, Nebenformen von *Walburg.*

Walpurgisnacht, Vorabend des Namensfestes (1. Mai) der hl. Walpurgis, an dem das Hexenfest auf dem Brocken stattfinden soll. Um sich vor den Hexen zu schützen, die in der W. Menschen, Vieh u. Äckern Unheil zufügen können, legt man Maibüsche u. Besen aus u. versucht mit Peitschenknallen, Kreuzen, Glockenläuten u. den verschiedensten Feuerbräuchen die Hexen zu vertreiben. Die Feuer sollen aber auch, soweit ihr Schein reicht oder ihr Rauch zieht, Gedeihen u. Gesundheit für Mensch, Vieh u. Äcker bringen.

Walras [valˈra], Marie Esprit Léon, schweizer. Nationalökonom, * 16. 12. 1834 Évreux, † 5. 1. 1910 Clarens; Mitbegründer der →*Lausanner Schule;* stellte die Interdependenz aller wirtschaftl. Größen u. das allg. Gleichgewicht in der Volkswirtschaft mathemat. dar.

Walrat [der oder das], *Spermazet, Cetaceum,* fettartige, Palmitinsäurecetylester enthaltende weiße Masse aus Stirnhöhle u. Rückenkanal der Pottwale; Grundlage für Salben, zur Herstellung von Kerzen, Appreturen u. Ausgangsstoff für den in der Kosmetik viel verwendeten Cetylalkohol.

Walravens, Jan, fläm. Erzähler u. Kunstkritiker, * 7. 8. 1920 Anderlecht; engagiert sich, von J.-P.

Wallis: Saas-Fee über dem Saastal

Sartre beeinflußt, für experimentelle Kunst u. schreibt nihilist. Romane.

Walrosse, *Odobaenidae*, im Nördl. Eismeer u. Nordatlantik lebende Familie der *Robben*. Den W.n fehlen äußere Ohren. Die oberen Eckzähne sind zu starken, nach unten gerichteten Hauern umgewandelt; sie dienen zum Aufwühlen von Muscheln u. als Hilfe beim Klettern. Die Haut ist lederartig u. braun gefärbt. Die W. werden 4,50 m lang, erreichen einen Umfang bis 3 m u. ein Gewicht von über 1000 kg. Sie werden als Lieferanten von Tran, Leder u. wegen ihrer Zahnsubstanz gejagt u. sind in starkem Abnehmen begriffen.

Walsall [ˈwɔːlsɔːl], Stadt in Mittelengland, in der großstädt. Grafschaft (Metropolitan County) West Midlands, nordwestl. von Birmingham, 184 600 Ew.; Metall- u. Lederindustrie, Kohlenbergbau.

Walschap [ˈwalsxap], Gerard, fläm. Erzähler, *9. 7. 1898 Londerzeel, Brabant; schreibt Romane aus dem fläm. Bauern- u. Kleinstadtleben, wandte sich vorübergehend vom kath. Weltbild ab. „Die Sünde der Adelaide" 1929, dt. 1933; „Heirat" 1933, dt. 1934; „Aufruhr im Kongo" 1953, dt. 1956.

Walser, 1. Karl, Bruder von 3), schweizer. Maler u. Graphiker, *8. 4. 1877 Teufen, †28. 9. 1943 Bern; trat als Bühnenbildner u. Illustrator hervor, später auch mit monumentalen Wandmalereien, die verschiedene Anregungen zu einem eigenwilligen dekorativen Stil verbinden.

2. Martin, Schriftsteller, *24. 3. 1927 Wasserburg am Bodensee; bevorzugt zeitsatir. u. sozialkrit. Themen. Romane: „Ehen in Philippsburg" 1957; „Halbzeit" 1960; „Das Einhorn" 1966; „Die Gallistl'sche Krankheit" 1972; „Der Sturz" 1973. Erzählungen: „Ein Flugzeug über dem Haus" 1956; „Lügengeschichten" 1964; „Fiction" 1970. Theaterstücke: „Der Abstecher" 1961; „Eiche u. Angora" 1962; „Überlebensgroß Herr Krott" 1963; „Der schwarze Schwan" 1964; „Die Zimmerschlacht" 1967; „Kinderspiel" 1970. Essays: „Erfahrungen u. Leseerfahrungen" 1965; „Heimatkunde" 1968. Hörspiele. – ⊞ 3.1.1.

3. Robert, Bruder von 1), schweizer. Schriftsteller, *15. 4. 1878 Biel, Kanton Bern, †25. 12. 1956 Irrenanstalt Herisau, Appenzell; schrieb schlichte, anmutige Prosa, die zur Chiffre tendiert. Romane: „Geschwister Tanner" 1907; „Der Gehülfe" 1908; „Jakob von Gunten. Ein Tagebuch" 1909. Kleine Prosa: „Fritz Kochers Aufsätze" 1904; „Der Spaziergang" 1917; „Poetenleben" 1918. Auch Gedichte. – ⊞ 3.1.1.

Walsertal →Großes Walsertal, →Kleines Walsertal.

Walsrode, niedersächs. Stadt (Ldkrs. Soltau-Fallingbostel), in der westl. Lüneburger Heide, 23 200 Ew.; ehem. Benediktinerinnenabtei (986 bis 1528), Heidemuseum, Vogelpark; Maschinen-, Leder-, Holz-, chem. u. Glasindustrie.

Wals-Siezenheim, österr. Gemeinde am Stadtrand von Salzburg, 481 m ü. M., 7000 Ew.; Schloß Kleßheim (Fremdenverkehrsakademie).

Walstatt →Walküren.

Walsum, ehem. Stadt in Nordrhein-Westfalen, an der Emschermündung in den Rhein, seit 1975 nördl. Stadtteil von Duisburg.

Wälsungen, *Wölsungen, Völsungen*, altgerman. sagenhaftes Heldengeschlecht, benannt nach *Wölsung*; dessen Sohn ist Siegmund u. dessen Enkel Sigurd (Siegfried). →auch Völsungasaga.

Waltari, Mika, finn. Schriftsteller, *19. 9. 1908 Helsinki, †26. 8. 1979; weltbekannt durch seine milieutreuen, fabulierfreudigen histor. Romane: „Karin Magnustochter" 1942, dt. 1943; „Sinuhe der Ägypter" 1945, dt. 1948; „Michael der Finne" 1948, dt. 1952; „Minutus der Römer" 1964, dt. 1967. Auch Lyrik u. Dramen.

Waltenhofen, Adalbert von, österr. Physiker, *14. 5. 1828 Admontbühel, †5. 2. 1914 Wien; nach ihm benannt das *W.sche Pendel*.

Walter, männl. Vorname, →Walther.

Walter, 1. Bruno, eigentl. Bruno Walter *Schlesinger*, Dirigent, *15. 9. 1876 Berlin, †17. 2. 1962 Beverly Hills (USA); 1901–1912 in Wien, 1913–1922 in München, 1925 in Berlin, 1930–1933 am Gewandhaus in Leipzig, 1935–1938 in Wien, seit 1941 in den USA; bes. Mozart-, Bruckner- u. Mahler-Interpret; komponierte u. a. Orchesterwerke, Selbstbiographie „Thema u. Variationen" engl. 1946, dt. 1947.

2. Fritz, Fußballnationalspieler, *31. 10. 1920 Kaiserslautern; 1954 Mannschaftskapitän der BRD-Weltmeisterschaftself in Bern; bestritt 61 Länderspiele (1940–1958); Ehrenspielführer der Nationalmannschaft; wurde mit seinem Verein 1. FC Kaiserslautern Deutscher Meister 1951 u. 1953.

3. *Walther*, Johann, Kantor u. Komponist, *1496 Kahla, Thüringen, †25. 3. 1570 Torgau; leitete die Hofkapelle in Dresden; war mit M. *Luther* befreundet. Hrsg. der ersten prot. Liedersammlung im mehrstimmigen Satz (das Wittenberger „Geystliche Gesangk Buchleyn" 1524).

4. Otto Friedrich, schweizer. Schriftsteller u. Verleger, *5. 6. 1928 Rickenbach bei Olten; Sohn des Gründers der *Walter-Verlag AG;* schrieb Romane („Der Stumme" 1959; „Die ersten Unruhen" 1972) sowie das Drama „Elio oder Eine fröhliche Gesellschaft" 1965.

5. Silja, schweizer. Schriftstellerin, *23. 4. 1919 Rickenbach bei Olten; wurde Benediktinerin. Lyrik: „Gedichte" 1950; „Der Tanz des Gehorsams oder Die Strohmatte" 1970. „Gesammelte Spiele" 1963. Erzähltes: „Sie warten auf die Stadt" 1963; „Der Fisch u. Bar Abbas" 1967.

6. [ˈwɔːltər], Thomas Ustick, US-amerikan. Architekt, *4. 9. 1804 Philadelphia, †30. 10. 1887 Philadelphia; errichtete klassizist. Bauten in Washington (Seitentrakte des Capitols, Banken), gründete das „American Institute of Architects".

Walter-Antrieb [nach dem Konstrukteur H. *Walter*], ein im 2. Weltkrieg entwickelter, von der Außenluft unabhängiger (Zusatz-)Antrieb für U-Boote. Wasserstoffperoxid wird in einem Zersetzer in Wasserdampf u. Sauerstoff gespalten. Mit dem Sauerstoff verbrennt Kraftstoff zu Kohlendioxid u. Wasserdampf, mit denen die Arbeitsturbine angetrieben wird.

Wälterlin, Oskar, schweizer. Regisseur u. Theaterleiter, *30. 8. 1895 Basel, †4. 4. 1961 Hamburg; seit 1938 Direktor des Schauspielhauses Zürich; machte in den Kriegsjahren Zürich zur bedeutendsten deutschsprachigen Theaterstadt.

Waltershausen, Stadt im Krs. Gotha, Bez. Erfurt, im N des Thüringer Walds, 14 000 Ew.; Schloß *Tenneberg* (Heimatmuseum); Grabstätten der Pädagogen J. Ch. F. *Guts Muths* u. Ch. G. *Salzmann* im Ortsteil Schnepfenthal; Stadtkirche (1719–1723, erster Thüringer Barockbau); Gummi-, Glas-, Puppen- u. Schmuckindustrie.

Walter-Verlag AG Olten, Schweiz, gegr. 1921 von Otto *Walter* (*1889, †1944), Zweigniederlassung in Freiburg i. Br.; Belletristik, kulturgeschichtl. u. geisteswissenschaftl. Werke, Reiseführer, Jugendbücher, Zeitschriften.

Waltham [ˈwɔːlθəm], Stadt in Massachusetts (USA), westl. von Boston, 62 200 Ew.

Waltham Forest [ˈwɔːlθəm ˈfɔrist], Stadtbezirk von Greater London, 224 000 Ew.; Kunst- u. Techniker-College, Tudor Building Museum.

Waltharilied, *Waltharius, Waltharius manu fortis* (Walther mit der starken Hand), Heldenepos in lat. Hexametern; die Verfasserschaft *Ekkehards I.* (um 920) ist, ebenso wie eine spätere Bearbeitung durch *Ekkehard IV.*, umstritten; als Verfasser wird auch der Prologschreiber *Geraldus* (um 850, Straßburg?) angenommen. Das W. behandelt nach einer alemann. Sage die Flucht Walthers von Aquitanien mit Hiltgunt von Burgund aus hunn. Gefangenschaft u. Walthers Kämpfe gegen die Burgunder am Wasichenstein bei Worms; der ursprüngl. trag. Ausgang wurde in Spielmannsart versöhnl. gestaltet.

Walther, *Walter* [ahd. *waltan*, „walten, herrschen", + *hari, heri*, „Heer, Krieger"], männl. Vorname.

Walther, Johannes, Geologe, *20. 7. 1860 Neustadt an der Orla, †10. 5. 1937 Berlin; „Einführung in die Geologie als histor. Wissenschaft" 1893/94; „Das Gesetz der Wüstenbildung" 1900; „Lehrbuch der Geologie von Deutschland" 1910.

Walther von Châtillon [-ʃatiˈjɔ̃], mittellatein. Dichter, *um 1135 Lille, †nach 1200 Amiens; viele Lieder im Stil der *Vagantendichtung*, romanhafte Erzählung „Alexandreis".

Walther von der Vogelweide, Minnesänger u. Spruchdichter, *um 1170 wahrscheinl. in Österreich, †nach 1229; entstammte wohl niederem Dienstadel, wird urkundl. nur 1203 als Fahrender erwähnt, dem der Bischof von Passau 5 Goldstücke für einen Mantel schenkte; am Wiener Hof Schüler *Reinmars von Hagenau*, Parteigänger König *Philipps von Schwaben*, nach dessen Tod *Ottos IV.* u. *Friedrichs II.*, also stets auf seiten der Reichsgewalt; seit 1220 seßhaft auf dem ihm vom Kaiser geschenkten Lehen in oder bei Würzburg; angebl. im Kreuzgang des Würzburger Münsters (Lusamgärtlein) bestattet. W. v. d. V. vollendete u. überwand zugleich die Konvention höf. Minnesangs durch persönl. Erlebnisausdruck („Mädchenlieder"), neuartiges Naturempfinden, künstler. Vergeistigung u. volksliedhafte Schlichtheit. Seine kraftvollen, treffsicheren Spruchdichtungen zeigen hohen sittl. Ernst u. eine bewußt nationale, gegen das Papsttum gerichtete Haltung. Im Spätwerk auch religiöse (Marienleich) u. sich von der Welt abwendende eleg. Gedichte. – ⊞ 3.1.1.

Walther von Klingen, schweizer. Minnesänger aus Thurgauer Freiherrngeschlecht, *um 1215 Klingnau, Aargau, †1286 Basel; stand Rudolf von Habsburg nahe. Erhalten sind 8 Lieder.

Walton [ˈwɔːltn], **1.** Ernest, irischer Physiker, *6. 10. 1903 Dungarven, Waterford; lehrte seit 1934 in Dublin, zusammen mit J. *Cockcroft* Untersuchungen über Atomkernumwandlungen. Nobelpreis für Physik 1951.

2. Izaak, engl. Schriftsteller, *9. 8. 1593 Stafford, †15. 12. 1683 Winchester; Meister der kurzen, charakterzeichnenden Biographie u. der Idylle.

3. Sir William Turner, engl. Komponist, *29. 3. 1902 Oldham, Lancashire; zuerst Anhänger der neuen Musik, dann traditioneller Neuromantiker; schrieb die Oper „Troilus u. Cressida" 1954, das Oratorium „Belsazars Fest" 1931, die Ouvertüre „Portsmouth Point" 1926, Solokonzerte, Krönungsmärsche, Kammermusik u. Filmmusik.

Waltraud [ahd. *waltan*, „walten, herrschen", + *drūd*, „Kraft"], weibl. Vorname.

Waltrop, Stadt in Nordrhein-Westfalen, östl. von Recklinghausen, am Dortmund-Ems- u. Lippe-Seitenkanal, 26 500 Ew.; Steinkohlenbergbau, Textilindustrie, Schiffshebewerke.

Walze, zylinderförmiger Körper zur Herstellung von Formstählen im Walzwerk. U. a. auch Bestandteil von Maschinen der Papierfabrikation, im Straßenbau, als Ackerwalze.

Walzel, Oskar, Literarhistoriker, *28. 10. 1864 Wien, †29. 12. 1944 Bonn; Vertreter der ideengeschichtl. Literaturbetrachtung; „Dt. Romantik" 1908; „Gehalt u. Gestalt im Kunstwerk der Dichtung" 1923; „Dt. Dichtung von Gottsched bis zur Gegenwart" 2 Bde. 1927–1930.

Walzenpräger, *Moletteur u. Releveur*, Ausbildungsberuf der Industrie mit 3jähriger Ausbildungszeit; dreht, schleift u. poliert Mutter- u. Reliefstahlrollen sowie Walzen auf Maß, stellt Walzen für Tiefdruckverfahren her.

Walzenspinnen, *Solfugen, Solifugae*, eine Ordnung der *Spinnentiere* mit walzenförmigem, gegliedertem Hinterleib; haben im Gegensatz zu den echte Spinnen *(Araneae)* noch 2 freie Brustsegmente u. einen vom Brustabschnitt abgesetzten Kopfabschnitt, der mächtige Kieferklauen *(Chelizeren)* trägt, die furchterregend aufgerichtet werden können. Dabei bringen die W. ein fauchendes Geräusch hervor. 570 Arten bewohnen Erdlöcher u. Steinunterschlüpfe in Wüsten u. Steppen aller Erdteile bis auf Australien u. Polynesien. W. ernähren sich von Heuschrecken u. anderen Gliederfüßern. Ihr Biß kann für den Menschen sehr schmerzhaft sein, ist aber ungiftig.

Walzenstraße →Walzwerk.

Walzenstuhl, *Walzenmühle*, Maschine zum Zerkleinern u. Feinmahlen von Getreide, Hülsenfrüchten, Kaffee, Zucker, Salz u. a. Ein W. besteht aus einem oder zwei Paar Walzen, die mit verschiedenen Geschwindigkeiten rotieren. Das Schroten erfolgt mit geriffelten, das Ausmahlen mit glatten Walzen.

Walzer, Rundtanz im ¾-Takt, in der 2. Hälfte des 18. Jh. aus dem dt. Tanz u. Ländler entstanden. Weltgeltung verschafften ihm bes. Josef *Lanner* u. Joh. *Strauß (Wiener W.)*; im 20. Jh. bildete England eine langsame Form des W.s aus *(langsamer W., English Waltz)*. Als musikal. Form in der Kunstmusik z. B. Carl M. v. *Webers* „Aufforderung zum Tanz" 1820, ebenso bei J. *Brahms* u. P. *Tschaikowskij*.

Wälzlager →Lager (2).

Walzstahl, alle Walzwerkprodukte (Flach-, Form-, Profil- u. Stabstahl).

Walzwerk, meist zu einem Hüttenwerk gehörende Anlage mit mehreren Stahl- oder Graugußwalzen, die auch zu *Walzenstraßen* vereinigt sein können u. auf denen aus verformbaren Stoffen, bes. Metallen, langgestreckte Körper verschiedener Querschnittformen hergestellt werden, je nach Art der Walzen, durch die das Walzgut hindurchgezogen wird. Jedes Walzenpaar ist in einem gemeinsamen *Ständer*, dem *Walzgerüst*, angeordnet u. wird über eine Kupplung u. ein Zahnradgetriebe von der Walzenzugmaschine (Elektromotor) angetrieben. Da die gewünschte Querschnittsveränderung wegen der notwendigen großen Verformungskräfte meist nicht in einem *Durchgang (Stich)* erzielt werden kann, läßt man das Walzgut mehrere Male durch das von Stich zu Stich enger gestellte Walpenpaar bzw. durch eine Walzenstraße durchlaufen. Je nach der Anzahl der in einem Gerüst übereinander angeordneten Walzen gibt es *Duo-*, *Trio-* u. *Quarto-W.e*. Im Hinblick auf das gewalzte Material unterscheidet man *Block-* u. *Brammen-W.e*, *Grob-*, *Mittel-* u. *Feineisenstraßen* sowie *offene* u. *kontinuierliche Walzenstraßen*. – ⓛ10.7.1.

Wambuti, der Pygmäenstamm der →Bambuti.

Wamme, *Wampe*, als Hautfalte von der Kehle bis zur Brust herabhängender Brustlappen des Rinds u.a. Tiere; auch die Flanken des Schalenwilds.

Wampum, bei Indianern Nordamerikas weiße u. dunkelviolette Scheibchen aus Muschelschalen, in Strängen als Geld verwendet, mosaikartig zu Gürteln verarbeitet als Freundschaftszeichen, Botschaft u. Vertragsurkunde (so bei Irokesen).

Wams [das], im 13. u. 14. Jh. die enge Jacke unter der Rüstung oder dem Lendner; später die Oberkörperbekleidung unter dem Übergewand, Vorform der Weste.

Wand, Günter, Dirigent, *7. 1. 1912 Elberfeld; Generalmusikdirektor, 1946–1973 Gürzenich-Dirigent u. Prof. in Köln; auch Komponist.

Wanda [„Wendin, Slawin"], slaw. weibl. Vorname, Name einer sagenhaften poln. Königstochter.

Wandalen, *Vandalen*, ostgerman. Volk; ursprüngl. im nördl. Jütland beheimatet, siedelten die W. dann im Mündungsgebiet von Oder u. Weichsel u. zogen später südwärts nach Schlesien. Im 2. Jh. waren sie in die Hauptstämme *Hasdingen* u. *Silingen* geteilt; im 4. Jh. saßen sie in Ungarn an der Theiß als westl. Nachbarn der Westgoten. Anfang des 5. Jh. wanderten sie westwärts, setzten am 31. 12. 406 bei Mainz über den Rhein, plünderten gemeinsam mit *Alanen* u. *Sueben* drei Jahre lang Gallien, bevor sie 409 mit ihren Bundesgenossen in Spanien einfielen. Vor den Römern, Westgoten u. Sueben weichend, setzten 429 die hasding. W., in denen die Reste der geschlagenen Silingen u. Alanen aufgingen, mit insges. 80000 Menschen unter ihrem König *Geiserich* von Spanien nach Afrika über u. gründeten ein rasch aufstrebendes Reich um *Karthago* (439 erobert), das 442 von Rom anerkannt wurde. Die wandal. Flotte schlug die röm., beherrschte das Mittelmeer u. plünderte die Küstengebiete, 455 sogar 14 Tage lang Rom. Die arianischen Könige der W. unterdrückten die kath. Kirche. Unter Geiserichs Nachfolgern ging die Macht der W. zurück; sie wurden vom oström. Feldherrn Belisar 533 besiegt. Ihr letzter König *Gelimer* ergab sich im Frühjahr 534. – ⓛ5.3.1.

wandalische Sprache, eine ausgestorbene ostgerman. Sprache, von der nur Namen u. einige Wörter überliefert sind.

Wandelndes Blatt, *Phyllium*, Gattung bis 10 cm langer, grüner *Gespenstheuschrecken* Südostasiens, die durch blattförmig erweiterte Beine, Hinterleib u. Flügel an Blätter erinnern, wobei auch Farbe u. Äderung nachgeahmt werden. – Ⓑ→Mimikry und Mimese.

Wandelschuldverschreibung, Industrieobligation gemäß § 221 AktG, die zu einem vereinbarten Zeitpunkt in einem bestimmten Verhältnis u./oder gegen Zuzahlung in *Aktien* umgetauscht werden kann.

Wander, Karl Friedrich Wilhelm, Pädagoge, *27. 12. 1803 Fischbach, Schlesien, †4. 6. 1879 Quirl, Riesengebirge; kämpfte für die Emanzipation des Volksschulwesens von der geistl. Schulaufsicht; 1848 Aufruf „An Deutschlands Lehrer" zur Gründung eines „Allg. Dt. Lehrervereins".

Wanderameisen, *Treiber-*, *Heeresameisen*, Ameisen Afrikas, Indiens u. Amerikas; begeben sich in periodischen Zeitabständen in großen, gut organisierten Scharen auf die Wanderung, vertilgen alles auf u. am Wege liegende fleischliche Material, können auch hilflosen Menschen gefährlich werden.

Wanderbücherei, fahrbare Bibliothek zur Versorgung von Gemeinden ohne feste Bücherei.

Wanderbühne, wandernde Schauspielertruppe, die ohne eigenes Theater in kleineren Landstädten spielt, früher als „Schmiere" bezeichnet; heute durch staatl. oder städtische Zuschüsse gesichert u. stehenden Bühnen künstlerisch gleichwertig.

Wandererfürsorge, Fürsorge für Personen ohne festen Wohnsitz (Landstreicher); Träger sind Staat, Gemeinde, freie Wohlfahrtspflege.

Wanderfalke, *Falco peregrinus*, bis 50 cm großer kosmopolit. *Falke* mit langen spitzen Flügeln u. kräftigem schwarzem Bartfleck; schlägt hauptsächl. Vögel im Flug. In Europa von der Ausrottung bedroht.

Wanderfeldröhre, Verstärkerröhre der Höchstfrequenztechnik (Zentimeterwellen), erlaubt hohe Verstärkungen bei großer Bandbreite u. geringem Rauschen. Wirkungsweise: Ein Elektronenstrahl läuft innerhalb einer wendelförmigen Verzögerungsleitung zu der Anode. Die Drahtwendel wird hochfrequent erregt, u. das Wechselfeld beschleunigt die späteren u. bremst die früheren Elektronen, so daß eine Dichtemodulation des Elektronenstrahls eintritt *(Phasenfokussierung)*. Am Ende der Wendel gibt der Strahl seine Energie wieder ab. Daraus resultiert eine Verstärkung zwischen Eingang u. Ausgang der Wendel.

Wandergewerbe →Reisegewerbe.

Wanderheuschrecken, 9 verschiedene Arten aus der Familie der *Feldheuschrecken*, die in oft riesigen Schwärmen (bis zu 100 km Länge u. mehreren km Breite) die Felder verwüsten, indem sie in kürzester Frist alles Grüne vernichten. Die Wanderflüge erfolgen oft recht hoch (über 1000 m) u. über Strecken von mehreren 100 km. Die Bekämpfung der W. erfolgt durch Kontaktgifte. Alle W. sind große u. kräftige Arten, deren Eier recht widerstandsfähig gegen äußere Einflüsse sind. Hauptarten: *Europäische Wanderheuschrecke (Locusta danica, Locusta migratoria)*; *Ägyptische Wanderheuschrecke, Schistocerca peregrina; Argentinische Wanderheuschrecke, Schistocerca paranensis; Marokkanische Wanderheuschrecke, Dociostaurus maroccanus; Rote Wanderheuschrecke, Nomadacris septemfasciata.*

Wanderhirtentum →Nomadismus.

Wanderkasten, *Bergbau*: eine meist in Steinkohlengruben angewandte Ausbau-Art; besteht aus Rund- oder Kanthölzern, die kreuzweise so übereinandergelegt werden, daß eine Art Kasten entsteht, der von der →Sohle bis zur →Firste reicht u. sich mit Hilfe eines eingebauten Lösebalkens so weit kürzen läßt, daß er weggenommen u. an anderer Stelle wiederaufgestellt werden u. dadurch dem Abbaufortschritt folgen (wandern) kann.

Wandermuschel, *Dreissena polymorpha*, 3–4 cm lange, miesmuschelähnl. *Muschel*, die Anfang des 19. Jh. innerhalb von 40 Jahren aus dem pontischen Gebiet in die Flüsse Mitteleuropas einwanderte; hat im Gegensatz zu allen anderen Süßwassermuscheln eine *Veligerlarve*.

Wandern, das bes. während der Ferienzeit betriebene, auf ein bestimmtes Ziel (Rund-, Tages- u. mehrtägige Wanderungen) gerichtete gesellige Gehen in freier Natur u. frischer Luft; dient bes. der Erholung, vermittelt natur-, volks- u. heimatkundl. Kenntnisse. Das W. erhielt durch die Jugendbewegung, bes. den *Wandervogel*, die *Dt. Freischar* u. die *Pfadfinderbewegung*, vor u. nach dem 1. Weltkrieg starken Auftrieb. Es wird heute durch Sport-, Turn- u. Wandervereine u. in den Schulen bes. gepflegt, aber auch von Fremdenverkehrsvereinen, Kurverwaltungen (Wanderwege), den Automobilclubs, der Stiftung Spazierengehen, dem Dt. Sportbund u. dem Dt. Jugendherbergswerk gefördert. Letzteres stellt mit den →Jugendherbergen gute u. billige Unterkünfte zur Verfügung u. veranstaltet Ferienwanderungen u. *Hobbyferien* (Freizeiten mit Segeln, Reiten, Bootsfahrten, Bergsteigen u.a. sowie mit naturkundl. u. musischen Lehrgängen). *Volkswandertage* mit Strecken zwischen 10 u. 30 km werden ebenfalls vom Dt. Jugendherbergswerk sowie vom Dt. Sportbund, von Wandervereinen u. Zeitungen veranstaltet. Daneben gibt es Wettbewerbe im W. zu Pferd, Rad-W., Ski-W. u. Wasser-W. →auch Camping, Volksläufe, Trimm-Dich-Aktion. Organisation: *Verband Dt. Gebirgs- u. Wandervereine*, gegr. 1883, wiedergegr. für die BRD 1949, Sitz: Stuttgart, rd. 390000 Mitglieder. In *Österreich* wird das W. vom *Österr. Bergsteigerverband* mitbetreut.

Wanderniere, *Ren mobilis, Nierensenkung, Nephroptose*, Tiefertreten einer oder beider Nieren infolge Bindegewebserschlaffung (bei allg. →Eingeweidesenkung), bes. häufig bei Frauen nach Schwangerschaften u. meist rechtsseitig; wenn die betr. Niere sehr tief tritt, so daß der Harnleiter abgeknickt wird, kann es durch Abflußbehinderung des Harns zur Nierenstauung kommen.

Wanderpreis, Siegespreis für sportl. Wettkämpfe, der dem jeweiligen Sieger nur für ein Jahr gehört u. dann an den nächstjährigen Sieger weitergegeben wird. W.e können aber auch, wenn sie von einem Sportler oder Verein mehrfach (meist 3mal) errungen wurden, satzungsgemäß in dessen endgültigen Besitz übergehen.

Wanderratte →Ratten.

Wanderrost, bei Feuerungsanlagen ein endloses Rostband, das die Kohlen durch den Feuerraum führt.

Wandertaube, *Ectopistes migratoria*, früher zu Milliarden nistende u. wandernde nordamerikan. *Taube*, 43 cm groß; bis 1907 ausgerottet.

Wandertransformator, bes. Bauart eines →Transformators für ortsveränderl. Aufstellung.

Wanderu [der; sanskr.] = Bartaffe.

Wanderung, Bevölkerungsbewegungen (Zu- u. Fortzüge) in einem Gebiet (Stadt, Land, Staat); →auch Binnenwanderung, Auswanderung.

Wanderversicherung, kein selbständiger Versicherungszweig wie Kranken-, Unfall-, Angestellten- oder Arbeiterrentenversicherung; die W. regelt die Versicherungsleistung in der gesetzl. Rentenversicherung, wenn jemand im Lauf seines Arbeitslebens in mehreren Versicherungszweigen (Arbeiterrenten-, Angestellten- u. Knappschaftsversicherung) versichert war. Da das Leistungsrecht der Rentenversicherung der Arbeiter u. Angestellten übereinstimmt, hat die W. praktische Bedeutung nur noch im Verhältnis zur knappschaftl. Rentenversicherung.

Wandervogel, 1901 gegr. Ursprungsgruppe der dt. *Jugendbewegung*, deren Mitglieder in Wandern, naturgemäßer Lebensweise, Pflege von Volkslied u. Volkstanz einen neuen Lebensstil suchten. →auch Jugendverbände.

Wanderwelle, plötzlicher elektromagnet. Ausgleichsvorgang auf Kabeln u. Freileitungen; wird verursacht durch Schaltvorgänge oder atmosphär. Störungen (Blitzeinschläge), breitet sich vom Erregungsort wellenartig nach beiden Seiten hin aus. W.n bilden eine zusätzl. Belastung für die Wicklungsisolation von Transformatoren u.ä.

Wanderzellen →Freßzellen.

Wanderzwang, im Zunftrecht seit dem 15. Jh. bestehende Vorschrift für Handwerksgesellen, 3–4 Jahre an verschiedenen Orten bei verschiedenen Meistern zu arbeiten.

Wandflechte →Schüsselflechte.

Wandlung, 1. *kath. Kirche*: *Konsekration*, Teil (Opferhandlung) der Messe.

2. *Recht*: *Wandelung*, das Rückgängigmachen eines →Kaufs oder eines →Werkvertrags aufgrund des Anspruchs auf →Gewährleistung. Statt der W. kann der Käufer bzw. Besteller einer mangelhaften Sache auch die *Minderung* des Kaufpreises bzw. des Werklohns verlangen. Bei Fehlen ernstlich zugesicherter (nicht bloß angepriesener) Eigenschaften oder arglistigem Verschweigen eines Mangels steht dem Käufer (wenn der Unternehmer den Mangel zu vertreten hat, dem Werkbesteller) statt der W. oder Minderung Schadensersatz wegen Nichterfüllung zu (§§ 462ff. bzw. 633ff. BGB).

Wandmalerei, im Unterschied zur *Tafelmalerei* die Malerei auf Wänden, bes. die →Deckenmalerei, ausgeführt auf feuchtem Putzbelag in der Technik des →Fresko, auf der trockenen Wand (→Secco-Malerei) oder als *Enkaustik*. Eine Sonderform der W. ist das →Sgraffito. Die Geschichte der W. reicht von altsteinzeitl. Höhlenbildern über Leistungen der ägypt., kretisch-myken. u. röm. Kunst sowie die Höhepunkte in Romanik, Renaissance *(Giotto, Masaccio,* A. *Mantegna, Michelangelo, Raffael)* u. Barock (P. da *Cortona, Guercino*, G. B. *Tiepolo*, C. D. *Asam*) bis zu Werken der Gegenwartsmalerei (D. *Rivera*, D. A. *Siqueiros*, J. C. *Orozco* u.a.).

Wandpfeilerkirche, Sonderform der *Saalkirche*, in der sich die Joche zu Kapellen öffnen, die die gleiche Höhe wie das Kirchenschiff haben können. Die W. war im MA. der vorherrschende Kirchenbautyp in Südfrankreich; seit der Renaissance gewann er zunächst in Italien, dann in Süd-Dtschld. an Bedeutung.

Wandsbek, durch den 1771–1775 von M. *Claudius* herausgegebenen „Wandsbecker Boten" bekannter Stadtteil im NO Hamburgs; 1937 eingemeindet; Zigarettenindustrie.

Wandsworth ['wɔndzwəθ], innerer Stadtbezirk (Borough) von Greater London, 278000 Ew.; 2 Techniker-Colleges, Kirche von 1647, Battersea Park; Kalikodruckerei, Mühlen, Papier-, Leichtindustrie, Brauerei, Kraftwerk an der Themse.

Wandteppich, als Wandbehang dienender Teppich mit teils ornamentalen oder figürl.-gegenständl. Darstellungen, teils abstrakten Farbkompositionen. Als *Bildteppich* vor allem seit dem MA. verbreitet, heute vornehm. Gegenstand des Kunstgewerbes. – ▣ →Bildteppich.

Wandzeitung, gedruckte oder hektographierte, oft bebilderte Mitteilungen einer Organisation, die an die Wand geschlagen werden; bes. verbreitet in den sozialist. Ländern.

Wanen, *Vanen,* nordisches Göttergeschlecht, bes. Fruchtbarkeitsgötter (Njörd, Frey, Freya). Der W.kult ist wohl älter als die Verehrung der *Asen.*

Wang Anschi, *Wang An-shih,* chines. Staatsmann u. Gelehrter, * 1021, † 1086; führte als Vizekanzler u. Kanzler 1069–1076 tiefgreifende staats- u. wirtschaftspolit. Reformen durch, die nach dem Tod des Sung-Kaisers Schentsung 1085 aufgehoben, aber später z. T. wieder eingeführt wurden.

Wanganui, Hafenstadt an der Südwestküste der Nordinsel von Neuseeland, 35 800 Ew.; Museum, Kunstgalerie, Oper; Agrarhandel, Industrie.

Wangaratta [wæŋəˈrætə], Stadt in Victoria (Australien), nordwestl. der Snowy Mountains, 15 500 Ew.; Textilindustrie.

Wang Ching-wei [-tʃiŋ-] →Wang Tschingwei.

Wange, 1. *Baukunst:* Seitenwand einer Bank, auch des Chorgestühls oder einer Treppe.
2. *Bergbau:* seitl. Begrenzungsfläche einer Strecke.
3. *Biologie:* →Wangen.

Wangel, Hedwig, Schauspielerin, * 23. 9. 1875 Berlin, † 9. 3. 1961 Lohe bei Rendsburg; wirkte 1906–1909 u. 1925 am Dt. Theater Berlin, 1934–1943 in München, spielte auch im Film; gründete die Hedwig-Wangel-Hilfe, Fachschule für weibl. Strafentlassene, die 1925–1929 bestand.

Wangen, 1. *Backen,* die für die Säugetiere charakteristischen, die Mundhöhle seitlich abschließenden Weichteile, die von Haut, Muskulatur, Schleimhaut u. Fett gebildet werden.
2. *Genae,* die seitlichen Regionen des Kopfs bei Trilobiten u. Insekten.

Wangen, 1. W. im *Allgäu,* Stadt in Baden-Württemberg (Ldkrs. Ravensburg), nordöstl. von Lindau, 23 000 Ew.; mittelalterl. Altstadt; spätgot. Pfarrkirche (1468), Rathaus (18. Jh.), Eichendorffmuseum; Zentrum der Milchwirtschaft (Lehr- u. Versuchsanstalt), Nahrungsmittel- u. a. Industrie. – Ehem. Reichsstadt, seit 1810 württembergisch.
2. W. *an der Aare,* schweizer. Stadt im Kanton Bern, an der Aare unterhalb von Solothurn, 2000 Ew.; alter Handelsplatz mit erhaltenen Stadtbefestigungen, Schloß (13. Jh.), gedeckter Brücke.

Wangenbein = Jochbein.

Wangerooge, östlichste der Ostfries. Inseln, 4,7 qkm, 1700 Ew.; Seebad; Institut für Meereskunde.

Wang Hsi-chih, chines. Heerführer, Maler u. Dichter, * um 307, † um 365; erster berühmter Kalligraph Chinas, Schöpfer einer kursiven „Grasschrift", die die geraden Balken der alten Schriftzeichen in einen kurvigen Stil umwandelte.

Wang Hui, chines. Maler, * 1632 Tschangschu, Kiangsu, † 1717; einer der „Sechs Großen Meister der frühen Ch'ing-Zeit" u. Gründer der *Yü-shan-Schule.*

Wang Hungwen, *Wang Hongwen,* chines. Politiker (KP), * 1934; Textilarbeiter; 1969–1976 Mitgl. des ZK, 1973–1976 Mitgl. des Ständigen Ausschusses des Politbüros u. einer der stellvertr. Vors. des ZK; als Mitgl. der „Viererbande" 1976 gestürzt u. 1981 zu lebenslanger Haft verurteilt.

Wang Mang, chines. Kaiser (Hsin-Dynastie), * 33 v. Chr., † 23 n. Chr.; verschwägert mit dem Kaiserhaus der Han, usurpierte 8 n. Chr. den Thron, gründete die kurzlebige „Neue" Dynastie (9–23 n. Chr.) u. führte durchgreifende Wirtschaftsreformen durch. W.M.s Regierung endete im Bürgerkrieg (Aufstand der „Roten Augenbrauen"), bis durch die Spätere Han-Dynastie die Ordnung im Reich wieder hergestellt wurde.

Wang-Schuk, Jigme Singhye, Maharadscha von Bhutan seit 1972, * 1955 Timbu Dzong; verfolgt einen Kurs vorsichtiger innerer Reformen.

Wang Tschingwei, *Wang Ching-wei,* chines. Politiker, * 12. 5. 1884 Canton, † 13. 11. 1944 Nagoya (Japan); nach Attentat; gehörte anfangs dem linken Flügel der Kuomintang; zeitweise Min.-Präs. der Kuomintang-Regierung; trennte sich 1939 von Tschiang Kaischek u. bildete 1940 in Nanking eine von Japan abhängige Gegenregierung.

Wang Wei, chines. Dichter, * 699 Taiyüan, Schansi, † 759 Changan, Schensi; Zeitgenosse des *Li-Po;* Hof- u. Regierungsbeamter; Landschaftsmaler u. Lyriker; verlieh der Landschaftsmalerei ihre charakterist. Eigenart.

Wang Yüan-ch'i, chines. Maler u. Hofbeamter, * 1642 Taitsang, Kiangsu, † 1715; führender Hofmaler; arbeitete an der Zusammenstellung der *P'ei-wen chai Shu-hua-p'u,* einer Enzyklopädie zur Mal- u. Schriftkunst.

Wank [der], Gipfel in den Kocheler Bergen nordöstl. von Garmisch-Partenkirchen (Oberbayern), 1780 m.

Wankel, Felix, Ingenieur, * 13. 8. 1902 Lahr; erfand den nach ihm benannten Drehkolbenmotor *(W.motor),* aus dem 1957 durch Umkehrung des kinematischen Prinzips der AUDI NSU-Wankel-Kreiskolbenmotor entstand.

Wankelmotor [nach dem Erfinder F. *Wankel*], ein ventilloser Verbrennungsviertakt-Ottomotor mit Schlitzsteuerung. Der Drehkolben (Kreiskolben, Läufer) hat die Konturen eines gleichseitigen Bogendreiecks; er rotiert derart in einem Gehäuse, daß die allseitig geschlossenen Kammern periodisch größer und kleiner werden. Größe u. Gewicht des W.s sind im Verhältnis zu gleichwertigen Hubkolbenmotoren ungewöhnlich klein. Er weist wenig Bauteile auf u. hat einen bes. ruhigen Lauf. Der W. wurde von AUDI NSU zur Serienreife entwickelt u. wird als Triebwerk für Kraftfahrzeuge verwendet. – ▣ →Verbrennungsmotor.

Wankie [ˈwɒŋki], Stadt im westl. Rhodesien, 25 000 Ew.; größtes Kohlenbergbaugebiet im südl. Afrika. In der Nähe der W.-Nationalpark.

Wanne-Eickel, ehem. Stadt in Nordrhein-Westfalen, seit 1975 westl. Stadtteil von Herne; Steinkohlenbergbau, chem. Industrie; Hafen am Rhein-Herne-Kanal; Sol- u. Thermalbad.

Wannenmühle, *Putzmühle,* Sortier- u. Reinigungsmaschine für Korn.

Wannenofen, →Glasschmelzöfen.

Wannsee, Ortsteil u. Villenvorort im Westberliner Bezirk Zehlendorf, an den Havelbuchten *Großer W.* (2,7 qkm, bis 9 m tief, mit Strandbad) u. *Kleiner W.*

Wanten [Ez. die *Want*], Draht- oder Hanfseile, die die Masten eines Segelschiffs nach den Schiffsseiten versteifen.

Wanzen, *Halbflügler, Hemiptera, Heteroptera,* Unterordnung der *Schnabelkerfe.* Die Vorderflügel sind an der Spitze häutig durchscheinend, an der Basis derb chitinisiert, undurchsichtig; die Hinterflügel häutig u. zart. Die Verschiedenartigkeit der Flügel täuscht bei einigen Arten ein käferartiges Aussehen vor. Zwischen den letzten Beinpaaren der Vollkerfe münden bei vielen Arten 2 Stinkdrüsen, deren Gefahr als Wehrdrüsen entleert werden können *(W.geruch).* Entspr. Drüsen befinden sich bei den Larven auf dem Hinterleibsrücken. Die Sekrete wirken auf andere Insekten als Kontaktgifte. Die W. sind Pflanzensaftsauger, Räuber, einige Arten als blutsaugende Außenparasiten an Tieren u. Menschen (Überträger ansteckender Krankheiten). Die W. werden eingeteilt in die Gruppen der *Wasser-W., Wasserläufer* u. *Land-W.*

Wanzenkraut, *Cimicifuga,* Gattung der *Hahnenfußgewächse.* In Dtschld. ist das *Stinkende W., Cimicifuga foetida,* vertreten, ein übelriechendes Kraut der Laubwälder mit grünen Blüten in Rispen u. Balgfrüchten.

Wanzleben, Kreisstadt im Bez. Magdeburg, in der Magdeburger Börde, 5800 Ew.; landwirtschaftl. Mittelpunkt. – Krs. W.: 455 qkm, 48 200 Ew.

Wapiti →Rothirsch.

Wappen, schildförmig umrandetes, farbiges, auf Fernwirkung berechnetes Zeichen für eine Person, Personengruppe oder Institution *(Familien-, Stadt-, Staats-W.).* Die W. entstanden in der ersten Hälfte des 12. Jh. zur Kennzeichnung der in ihrer Rüstung unkenntl. Ritter. Sie wurden bald erbl. u. wurden seit dem 13. Jh. auch von nichtritteral. Kreisen (Frauen, Geistliche, Bürger) übernommen. Auch Körperschaften (Städte, Bistümer, Klöster) nahmen seit dem 13. Jh. W. an (→Gesellschaftswappen, →Städtewappen). Zunft-W. finden sich seit dem 14. Jh., Zunftbanner mit herald. Bildern schon seit der 1. Hälfte des 13. Jh. (Chartres 1230).
Der bevorzugte Träger des ritterl. W.bildes war der *Schild.* Daher ist auch heute noch die Schildform ein wesentl. Bestandteil des W.s. Zweiter wesentl. Bestandteil ist die *(heraldische) Farbe.* Um Fernwirkung zu erzielen, wurden nur wenige, gegensätzliche Farben verwendet. Bei der Färbung benutzte man „Metalle": Gold (Gelb) u. Silber (Weiß) u. „Farben": Rot, Blau, Grün u. Schwarz, seltener Purpur u. Braun. Im allg. galt die Regel, daß nicht Farbe an Farbe u. nicht Metall an Metall grenzen soll, sondern Farbe an Metall u. umgekehrt. Doch gibt es Ausnahmen von dieser Regel (z. B. Schwarz-Rot-Gold). Ferner erforderte die gewünschte Fernwirkung eine großflächige Aufteilung der Schildfläche u. eine strenge Stilisierung der dargestellten Figuren. Die Form des Schilds war in den einzelnen Jahrhunderten verschieden. Die *W.bilder* werden eingeteilt in →Heroldsbilder u. →gemeine Figuren. Auf dem Schild ruht der →Helm mit der →Helmzier. Statt des Helms wird bei Adels-W. vielfach eine Krone u. bei geistl. W. ein Pontifikalhut mit Quasten geführt, wobei die Zahl der Quasten je nach dem Rang des Wappenträgers verschieden ist. Die Päpste führen über dem Schild die Tiara. Zu dem herald. Helm gehört außer der Helmzier noch die *Helmdecke.* Sie ist aus dem Nackenschutz entstanden, den der Ritter zum Schutz gegen die Sonnenstrahlen trug. Die Helmdecke wird in ornamental verschnörkelter Form dargestellt, u. zeigt die Farben des W.bilds. Ein W. mit Helm, Helmzier u. Helmdecke heißt *Voll-W.* Unwesentl. Bestandteile sind die →Prachtstücke. Sie können weggelassen werden. Die Annahme eines Familien-W.s steht einem frei; die Annahme eines Stadt-W.s bedarf der staatl. Genehmigung. Neu angenommene W. dürfen nicht mit bereits von anderen geführten W. übereinstimmen. Verheiratete Frauen haben das Recht, neben dem väterl. W. das W. des Ehemanns zu führen *(Allianzwappen).* – ⌷ 5.0.6.

Wappenbuch, *Armorial,* Sammlung von Wappen einzelner Berufsstände, meistens regional geordnet. Die mittelalterl. Wappenbücher wurden von Herolden zusammengestellt. Sie sind neben den *Siegeln* die wichtigsten Quellen für die Kenntnis des mittelalterl. Wappenwesens. Wichtige Wappenbücher u. a.: Züricher Wappenrolle (um 1340); Codex Gelre (um 1370). Wichtigstes W. der neueren Zeit: J. Siebmachers großes u. allg. W. 1854ff.

Wappendichtung →Heroldsdichtung.

Wappenkunde, *Heraldik, Heroldskunst,* histor. Hilfswissenschaft; behandelt Entstehung Veränderung u. Bedeutung der Wappen u. deren Darstellung; entstanden Mitte des 14. Jh. – ⌷ 5.0.6.

Wappenrock, wappenbesticktes Gewand der mittelalterl. Herolde.

Wappers, Gustav, belg. Maler, * 23. 8. 1803 Antwerpen, † 6. 12. 1874 Paris; Hauptmeister der belg. Historienmalerei; daneben akadem. Porträts u. Genrebilder.

Wara [russ.-finn.], Bestandteil geograph. Namen: bewaldeter Berg.

Waräger [altnord., „Eidgenossen"], Wikinger, schwed. Normannen, die zwischen dem 9. u. 11. Jh. in osteurop. Stromgebiete eindrangen, Stämme der Finnen, Balten u. Slawen unter ihre Tributherrschaft brachten u. Herrschaften u. a. in Kiew (Kiewer Rus) u. Nowgorod begründeten. Auf der Wolga u. über das Schwarze Meer gelangten die W. bis nach Byzanz, mit dem sie Handelsbeziehungen unterhielten u. wo auch W. im Militärdienst standen. Vermutl. brachten die W. Mitte des 9. Jh. das Christentum aus Byzanz nach Kiew. Der W.-Fürst *Wladimir* von Kiew heiratete 989 die byzantin. Prinzessin Anna u. führte das Christentum orthodoxer Prägung in Rußland ein.

Warane, *Varanidae,* Familie der *Echsen,* große, eidechsenartige Tiere mit langer Schnauze u. kräf-

Warane: Rauhnackenwaran, Varanus rudicollis, vom Malaiischen Archipel

tigem Schwanz. Die Zehen tragen starke Krallen u. befähigen die W., auf Bäume zu klettern. Lebhafte Raubtiere. Die großen Arten werden gegessen. Hierher gehören *Binden-*, *Baum-*, *Nil-* u. *Komodo-Waran*. – [B]→Reptilien.

Warangal [engl. wɔ'ræŋgəl], ind. Distrikt-Hptst. am Ostrand des Dekanhochlands in Andhra Pradesh, nordöstl. von Haidarabad, 165000 Ew.; Verkehrs- u. Marktzentrum; Baumwollverarbeitung.

Warburg, Stadt in Nordrhein-Westfalen (Ldkrs. Höxter), an der Diemel südöstl. von Paderborn, 21800 Ew.; Johanneskirche (13. Jh.), Marienkirche (14. Jh.); Papier-, Zuckerindustrie, Elektromotorenbau. Nördl. die Burgruine *Desenberg*.

Warburg, 1. Aby, Kunst- u. Kulturhistoriker, *13. 6. 1866 Hamburg, †26. 10. 1929 Hamburg; gründete 1902 die W.-Bibliothek (→Warburg-Institut); arbeitete u.a. über das Nachleben der Antike in der europ. Kultur. „Gesammelte Schriften" 2 Bde. 1932/33.

2. Emil, Physiker, *9. 3. 1846 Altona, †28. 7. 1931 Grunau bei Bayreuth; lehrte in Berlin, 1905–1922 Präsident der Physikal.-Techn. Reichsanstalt; arbeitete über Akustik, kinetische Gastheorie u. Elektrizität.

3. ['wɔ:rbɔ:g], Fredric, engl. Verleger, *27. 11. 1898 London, †Mai 1981; übernahm 1936 den 1910 von Martin Secker gegr. Verlag (seitdem *Sekker & Warburg Ltd.*, London), pflegt bes. neuere Belletristik u. zeitgeschichtl. Literatur. Erinnerungen: „Ein Beruf für Gentlemen" 1959, dt. 1959.

4. Max, Bruder von 1), Bankier, *5. 6. 1867 Hamburg, †26. 12. 1946 New York; erweiterte den Einfluß des 1798 von Moses Marcus W. gegr. Bankhauses *M. M. W. & Co.* in Hamburg, Mitglied der dt. (Finanz-)Delegation bei den Versailler Friedensverhandlungen.

5. Otto Heinrich, Sohn von 2), Physiologe, *8. 10. 1883 Freiburg, † 1. 8. 1970 Berlin; Prof. in Berlin, Entdecker der nach ihm benannten Atmungsfermente; stellte eine Theorie über den Verlauf der Oxydationsvorgänge im Organismus auf, Forschungen über Photosynthese u. Stoffwechsel der Krebszelle; 1931 Nobelpreis für Medizin.

Warburger Börde, fruchtbare Ackerlandschaft an der mittleren Diemel um Warburg, südöstl. des Eggegebirges (Westfalen).

Warburg-Institut, aus der 1902 von A. *Warburg* in Hamburg gegr. Warburg-Bibliothek hervorgegangenes kunsthistor. Institut, 1933 nach London verlegt, heute als *Warburg and Courtauld Institute* der Universität London angegliedert. Das W. hat durch ihm nahestehende Forscher (E. *Panofsky* u.a.) moderne kunstgeschichtl. Methoden gefördert, insbes. die *Ikonologie*.

Warburgsches Atmungsferment, das Enzym *Cytochromoxydase*, entdeckt von O. *Warburg*, →Atmungskette.

Warburton ['wɔ:bətn], Peter Egerton, brit. Australienreisender, *15. 8. 1813 Chester, †5. 11. 1889 Beaumont bei Adelaide; unternahm 1873/74 die erste Durchquerung der westaustral. Wüsten von Station Alice Springs zur Westküste.

Ward [wɔ:d], **1.** Artemus, Pseudonym von Ch. F. →Browne.

2. Humphry, eigentl. Mary Augusta *Arnold*, engl. Schriftstellerin, *11. 6. 1851 Hobart (Tasmanien), †24. 3. 1920 London. In dem Roman „Robert Elsmere" 1888, dt. 1889, behandelte sie religiösweltanschaul. Probleme.

3. James, engl. Maler u. Graphiker, *23. 10. 1769 London, †23. 11. 1859 Cheshunt; Pferde- u. Hundeporträts, Darstellungen von Tieren in der Landschaft.

4. Lester Frank, US-amerikan. Soziologe, *18. 6. 1841 Joliet, Ill., †18. 4. 1913 Washington; zunächst Paläontologe u. Geologe; gilt als Begründer der amerikan. Soziologie; Hptw.: „Pure Sociology" 1903; „Applied Sociology" 1906.

5. Mary, engl. Ordensstifterin, *23. 1. 1585 Mulwith, †30. 1. 1645 Hewarth; gründete in Anlehnung an die Regel des Jesuitenordens 1609 die kath. Frauenkongregation der *Englischen Fräulein*. Wegen Ablehnung der Klausur kam W. in Klosterhaft, wurde später jedoch rehabilitiert.

Wardenburg, niedersächs. Gemeinde an der Hunte, südl. von Oldenburg, 11600 Ew.; Betonsteinwerk, chem. Industrie, Weberei, Torfwerk, Erdgasförderung.

Wardhamâna [sanskr., „der Wachende"], *Vardhamâna*, †477 (?) v. Chr.; Stifter des →Dschinismus, Zeitgenosse Buddhas; Ehrenbeinamen: →Dschina u. →Mahawira.

Ware, zum Verkauf bestimmtes Gut; Gegenstand des Handels.

Waremme [-'rɛm], ndrl. *Borgworm*, Stadt in der belg. Prov. Lüttich, Hauptort der Landschaft Haspengau (Hesbaye), 8100 Ew.

Waren, Kreisstadt im Bez. Neubrandenburg, an der Nordspitze des Müritzsees, 23300 Ew.; Alter Markt, frühgot. St.-Georgen-Kirche, St.-Marien-Kirche (13./14. Jh.), Müritz-Bezirksmuseum; Textil-, landwirtschaftl., Holz- u. Eisenindustrie. – Krs. W.: 1009 qkm, 53500 Ew.

Warendorf, Kreisstadt in Nordrhein-Westfalen, im Münsterland an der Ems, 32000 Ew.; Franziskanerkloster; Maschinen-, Textilindustrie, Pferdezucht (alljährlich *W.er Hengstparade;* Sitz des Dt. Olympiakomitees für Reiterei). – Ldkrs. W.: 1314 qkm, 243000 Ew.

Wareneingangsbuch, Grundbuch oder Nebenbuch der kaufmänn. Buchführung (→Handelsbücher), das in der BRD nach Vorschriften der Abgabenordnung (§§143, 148 AO 1977) zu führen ist.

Warenhaus, Großunternehmen des Einzelhandels; führt im Gegensatz zum *Kaufhaus* sehr verschiedenartige Warengattungen meist mittlerer, mitunter aber auch hoher Qualität; entstanden Mitte des 19. Jh. in Frankreich, später in England u. den USA (dort am stärksten entwickelt), seit 1881 (Karstadt) in Dtschld. Die wirtschaftl. Machtstellung der Warenhäuser (meist Massenfilialsystem, Großeinkauf, teilweise eigene Produktionsstätten) gegenüber dem privaten Einzelhandel führte („zum Schutz des Mittelstands") zeitweilig zu bes. steuerl. Maßnahmen gegenüber den Warenhäusern (*W.steuer)*.

Warenkorb, kennzeichnet die Zusammensetzung des Verbrauchs eines bestimmten Haushaltstyps, z.B. des sog. *Indexhaushalts*, eines städt. 4-Personen-Arbeitnehmerhaushalts mit nur einem Verdiener (zwei Erwachsene, zwei Kinder); gibt die verbrauchten Mengen an Brot, Molkereiprodukten, Fleisch, Zitrusfrüchten u.a. an, ferner Wohnungsnutzung, Gas, Möbelanschaffungen, Kinokarten u.a. Bewertet mit den durchschnittl. gezahlten Preisen, zeigt der W. die relative Bedeutung der Ausgaben für die einzelnen Güter u. Dienste am Haushaltsverbrauch. →auch Lebenshaltung, Preisindex.

Warenkreditversicherung, *Delkredere-Versicherung*, Versicherung gegen Schäden infolge des Ausfalls von Warenforderungen durch Zahlungsunfähigkeit von Käufern, in der Regel mit *Selbstbeteiligung* des Versicherungsnehmers, ausgestaltet als *Einzelkreditversicherung* oder als *Globalkreditversicherung* (Mantelvertrag).

Warenkunde, Lehre von der Benennung, den Eigenschaften, der Herkunft, den Herstellungsverfahren u.a. der Handelswaren; Lehrfach an Berufs- u. Handelsschulen.

Warenproben, Proben einer Ware, Muster u. sonstige kleine Gegenstände, die sich zur Beförderung mit der Briefpost eignen; ohne briefl. Mitteilungen; ermäßigte Gebühr.

Warentest, Untersuchung u. Vergleich der Qualität u. der Preise einzelner oder aller Waren einer Warengruppe; dient der Aufklärung der Verbraucher über das vorhandene Warenangebot. In der BRD wurde 1964 die *Stiftung W.* mit Sitz in Westberlin gegr., die durch andere Institute W.s vornehmen läßt u. die Ergebnisse veröffentlicht. Organe der Stiftung sind der Vorstand, der Ständige Beirat u. der Wirtschafts- u. Verbraucherausschuß.

Warenzeichen, nach dem *W.gesetz (WZG)* vom 5. 5. 1936 in der Fassung vom 2. 1. 1968 zur Unterscheidung der Waren eines bestimmten Geschäftsbetriebs von den Waren anderer in die *Zeichenrolle* des Patentamts (München) eingetragene Zeichen in Wort oder Bild; kann auf den Waren, ihrer Verpackung oder Umhüllung, Preislisten, Geschäftsbriefen, Werbeplakaten u.a. geführt werden; gegen ihren Mißbrauch durch unberechtigte Dritte hat der Verletzte das Recht auf Unterlassungsklage, Schadensersatz, bei Vorsatz wird auf Geldstrafe oder Freiheitsstrafe bis zu 6 Monaten erkannt. Die Dauer des Schutzes beträgt 10 Jahre; kann auf Antrag verlängert werden. Von dem W.schutz sind u.a. ausgeschlossen die →Freizeichen, Zeichen ohne Unterscheidungskraft, Zahlen, Buchstaben, Beschaffenheitsangaben, Staatswappen u. ärgerniserregende Darstellungen. Den gleichen Schutz wie W. genießen die von rechtsfähigen Verbänden zur Kennzeichnung der Waren ihrer Mitgliedfirmen in die Zeichenrolle eingetragenen Zeichen *(Verbandszeichen)*; ebenso die (obwohl nicht eingetragenen) Ausstattungen, die sich im Geschäftsverkehr als Kennzeichnung für eine bestimmte Ware durchgesetzt haben *(Ausstattungsschutz)*. – Die Regelung des internationalen W.rechts erfolgte durch die →Pariser Übereinkunft.

Das österr. W.recht ist im (mehrmals novellierten) Markenschutzgesetz 1953 geregelt; Markenregister im Österr. Patentamt in Wien. – In der Schweiz ist das W.recht im vielfach abgeänderten Bundesgesetz betr. den Schutz der Fabrik- u. Handelsmarken vom 26. 9. 1890 geregelt; Register beim Eidgenöss. Amt für geistiges Eigentum, Bern. – [L] 4.3.4.

Warfield ['wɔ:fi:ld], William, afroamerikan. Sänger (Bariton), *22. 1. 1920 West Helena, Ark.; wurde als Porgy in G. Gershwins Oper „Porgy and Bess" bekannt.

Warften, *Werften*, *Wurten*, *Wierden*, im Marschengebiet der dt. Nordseeküste *(Halligen)* künstl. aufgeschüttete Wohnhügel; wegen hochwassergeschützter Lage oft heute noch besiedelt. Die ältesten W. stammen aus der Zeit nach Christi Geburt u. geben Aufschluß über die Siedlungsweise der Germanen.

War Hawks ['wɔ:r 'hɔ:ks; engl., „Kriegsfalken"], eine Gruppe US-amerikan. Politiker, die unter H. *Clay* u. J. C. *Calhoun* 1810/11 zum Krieg gegen England drängte. Die aus dem NW der USA stammenden W.H. forderten die Eroberung Kanadas; ihre Freunde aus dem S wollten Florida den Spaniern entreißen. – Ende der 1960er Jahre kam der Begriff im Zusammenhang mit dem Vietnamkrieg wieder in Gebrauch („Falken").

Warhol ['wɔ:hɔl], Andy, US-amerikan. Maler u. Filmemacher, *6. 8. 1928 Philadelphia; Sohn tschech. Einwanderer; wurde mit Siebdruckserien (Reihungen von Suppendosen, Geldscheinen, Selbstporträts u.ä.) ein Hauptvertreter der *Pop-Art*. Seit 1965 malt W. nicht mehr. Er filmte zunächst in parodist. Dokumentarfilmstil (in „Empire" wird 8 Stunden lang das Empire State Building mit statischer Kamera gefilmt), drehte dann die Sexpersiflage „Blue Movie" 1968, danach die zunehmend dem kommerziellen Betrieb angepaßten Filme „Flesh" 1968, „Trash" 1969, „Heat" 1972, „L'Amour", „Frankenstein", „Women in Revolt" 1973 mit möglicher gesellschaftskrit. Interpretation. Das Theaterstück „Pork" ist ein aus Tonbandaufzeichnungen gewonnenes Porträt seiner „Factory" (Lebensgemeinschaft u. Produktionsbetrieb in einem), ähnlich der „Roman" „a" dt. 1971. – [B]→Pop-Art. – [L] 2.3.2.

Waringsches Problem ['wɛə-; nach dem engl. Mathematiker Edward *Waring*, *1734, †1798], das mathemat. Problem, jede ganze Zahl Z als die Summe von höchstens p_n Zahlen der Form z^n (z, n ganze Zahlen) darzustellen (z.B. $p_2 = 4$ Quadratzahlen, $p_3 = 9$ Kubikzahlen, $p_4 = 16$ Biquadratzahlen usw.); mit anderen Worten: jede Zahl ist die Summe von vier Quadratzahlen, von neun Kuben usw. Der Satz von Waring ist von D. *Hilbert* bewiesen worden; es gibt jedoch noch keinen Beweis, aus dem allg. die Größe von p_n erschlossen werden kann.

Warley ['wɔ:li], engl. Stadt westl. von Birmingham, 164000 Ew.; chemische u. Maschinenindustrie.

Warmbeet = Frühbeet.

Warmblut, Rassengruppe der mittelschweren u. leichten Pferde (Wagen- u. Reitpferde). Dt. W.rassen sind aus Landstuten durch Einkreuzung von ausländ. Hengsten, wie *arab. Vollblut, engl. Vollblut, Berber, Perser* entstanden; z.B. *Ostpreußisches W.*, geprägt durch Gestüt *Trakehnen*, jetzt in Hamburg; *Hannoveraner*, gezüchtet im Gestüt Celle; *Holsteiner, Oldenburger* u.a.

Warmblüter, *homoiotherme Tiere*, Tiere, die ihre Körperwärme dauernd weitgehend konstant halten (Gegensatz: →wechselwarme Tiere). W. besitzen eine höhere Entwicklungsstufe von Kreislauf-, Atmungs- u. Verdauungssystem als die Wechselwarmen sowie einen Wärmeschutz in Form von Feder-, Haarkleidern oder Fettschichten. W. sind alle Vögel u. Säugetiere einschl. des Menschen. Die Temperatur der W. liegt etwa zwischen 36,5 u. 44 °C, kann aber beim Winterschlaf sehr tief absinken. →auch Wärmeregulation.

Warmbrunn, *Bad W.*, poln. *Cieplice Śląskie-Zdrój*, Stadt in Schlesien (1945–1975 poln. Wojewodschaft Wrocław, seit 1975 Jelenia Góra), südwestl. von Hirschberg, 16000 Ew.; ehem. Zisterzienserkloster, Barockkirche, Schloß (18. Jh.); Mineralbad (schwefelhaltige u. radioaktive Quellen); Papiermaschinenfabrik, Holzindustrie.

Wärme, eine Energieform; bis in das 19. Jh. wurde die W. als ein gewichtsloser Stoff angesehen; erst J. R. von *Mayer* (1842), H. von *Helmholtz*, Graf *Rumford* u. J. P. *Joule* erkannten, daß mechan. Energie in W. u. W. in mechan. Energie umgewandelt werden können. – Nach der heutigen Ansicht ist die W. Bewegungsenergie von atomaren Teilchen; sie besteht z. B. bei Kristallen aus den Schwingungen der Atome gegeneinander, in Gasen u. Flüssigkeiten aus der ungeordneten Bewegung von Molekülen oder Molekülgruppen, aus der Rotation der Moleküle u. aus der gegenseitigen Schwingung (Oszillation) ihrer Atome. – Gemessen wird die W.menge in →Joule. Die Umrechnung von W.energie in eine andere Energieform ist durch das →Wärmeäquivalent gegeben. – ▫ 7.5.2.

Wärmeäquator, *Thermischer Äquator,* die Verbindungslinie der Punkte der Erdoberfläche mit den höchsten Jahresmitteltemperaturen (auf Meeresspiegelhöhe reduziert), liegt (wegen der größeren Landanhäufung auf der Nordhalbkugel) im Juli durchschnittl. zwischen 10 u. 20° N, im Januar um den Äquator.

Wärmeäquivalent, der Faktor, der den Zusammenhang bei der Umrechnung von Wärmeenergie in eine andere Energieform angibt. Es gilt:
1 Joule (1 J) = $0{,}239 \cdot 10^{-3}$ kcal
1 kWh = 860 kcal
1 kpm = 2,343 kcal
Man unterscheidet auch:
1. *mechanisches W.:*
1 cal = 0,426939 kpm
2. *elektrisches W.:*
1 cal = 4,18605 J = 4,1860 Nm (Newtonmeter). Ab 1. 1. 1978 ist nur noch das Joule als Einheit zulässig, da jetzt Arbeit, Energie u. Wärme in derselben Einheit gemessen werden.

Wärmeausdehnung, Ausdehnung von Substanzen durch Erwärmung. Die relative Ausdehnung (d. h. Längenänderung/Länge, Volumenänderung/Volumen), die eine Substanz beim Erwärmen um 1 °C erfährt, ist durch den *Ausdehnungskoeffizienten* gegeben. Für ideale Gase ist er $1/273$.

Wärmeaustauscher, eine Anlage, in der Wärme von einem wärmeren auf einen kälteren Stoff (Gas oder Flüssigkeit) übertragen wird. Beim *unmittelbaren Wärmeaustausch* stehen die Medien miteinander in Berührung (z. B. Einblasen von heißer Luft in kalte). Der *mittelbare Wärmeaustausch* geschieht entweder mit Hilfe von Wärmeübergang durch eine Wandung oder indem zunächst durch ein heißes Gas ein Wärmeträger (z. B. feuerfeste Steine) aufgeheizt wird, der dann die Wärme an das hindurchgeleitete kältere Gas abgibt.

Wärmebehandlung, 1. *Medizin: Thermotherapie,* Heilbehandlung durch Wärmezufuhr oder -erzeugung im Körper; fördert die Durchblutung u. regt die chem. Stoffwechselvorgänge sowie die Gewebsreaktionen an. Der W. dienen Umschläge, Wickel, Packungen, z. T. mit wärmestauenden Zusätzen (Lehm, Fango), Warmluft-, Dampf-, Wasserbäder, Wärmestrahlen (Rotlicht, Infrarot, Glutlicht, Diathermie, Kurzwellen).
2. *Technik:* Verfahren zur Beeinflussung der Werkstoffeigenschaften von metallischen Werkstücken oder Halbzeugen in festem Zustand durch Erwärmung auf bestimmte Temperaturen. Man unterscheidet: Glühen (Normal-, Weich-, Spannungsfrei-, Grobkorn-, Rekristallisations-, Diffusionsglühen, Anlassen, Vergüten, Tempern), Härten (Abschreckhärten), Einsatzhärten, Nitrieren, Altern, Aushärten. Am wichtigsten bei Stahl.

Wärmedämmstoffe →Isolierstoff.

Wärmedämmung, der *Wärmeschutz* von Raumwänden. *Wärmedämmwert,* der Widerstand, der der Wärmestrom auf seinem Weg durch einen Bauteil überwinden muß. Dieser *Wärmedurchlaßwiderstand* wird errechnet aus der Dicke des Bauteils in Metern u. der *Wärmeleitzahl* des Baustoffs. Die Wärmeleitzahl λ gibt die Wärmemenge an, die in einer Stunde durch 1 m² einer 1 m dicken Schicht eines Stoffs beim Dauerzustand der Erwärmung hindurchgeleitet wird, wenn der Temperaturunterschied zwischen den beiden Oberflächen 1 K beträgt.

Wärmekapazität, Formelzeichen C, der Quotient aus der einem Körper zugeführten Wärmemenge $\triangle Q$ u. der dadurch verursachten Temperaturänderung $\triangle T$
$$C = \frac{\triangle Q}{\triangle T}.$$
Die W. wird in J/K gemessen. Die W. eines einheitl. Körpers ergibt sich als Produkt aus seiner Masse u. seiner spezifischen Wärme.

Wärmekopie, auf wärmeempfindl. Papier mittels Infrarotstrahlen hergestellte Kopie; Kopierlösungen sind hierbei nicht erforderlich. Verwendung in der Dokumentenphotographie.

Wärmekraftmaschinen, Kraftmaschinen, in denen Wärmeenergie in mechan. Energie umgewandelt wird: Verbrennungsmotor, Dampfmaschine, Dampfturbine, Gasturbine, Heißluftmotor.

Wärmelehre, Teilgebiet der Physik; wird nach verschiedenen Betrachtungsweisen eingeteilt in: *phänomenolog. W.,* die sich mit der Beschreibung der makroskop. Erscheinungen begnügt u. ihre Gesetzmäßigkeiten untersucht, u. die *statist. W.,* die diese Gesetze durch statist. (wahrscheinlichkeitstheoret.) Behandlung der Moleküle u. Atome, aus denen eine Substanz besteht, abzuleiten sucht. Letztere benutzt vielfach die Ergebnisse der Quantentheorie. Für die *Thermodynamik* sind die 3 *Hauptsätze der W.* maßgebend: 1. Energieerhaltungssatz (Wärme kann in andere Energieformen übergehen oder aus diesen erzeugt werden, sie kann aber nicht aus nichts entstehen; →auch Energie, Perpetuum mobile). – 2. →Entropie. – 3. →Nernstsches Wärmetheorem. – ▫ 7.5.2.

Wärmeleitung, Fortleitung von Wärme von einem Ort hoher zu einem Ort tiefer Temperatur; geschieht dadurch, daß Atome oder Moleküle sich gegenseitig anstoßen u. dabei die von hoher Temperatur kommenden, rascher bewegten Teilchen Bewegungsenergie an die langsameren abgeben. Ihre Größe ist für verschiedene Substanzen verschieden u. wird durch die *Wärmeleitfähigkeit (Wärmeleitzahl)* λ bestimmt: Die pro sek durch 1 cm² hindurchtretende Wärme (in cal) ist λ mal der Temperaturdifferenz/cm. In Metallen wird die W. durch die frei bewegten Elektronen erzeugt.

Wärmepole = Hitzepole.

Wärmepumpe, eine Maschine zur Erzeugung von Wärme hoher Temperatur aus Wärme niedriger Temperatur; heute in stärkerem Maße als Heizungsanlage eingesetzt. Man entzieht einer Wärmequelle wie Luft, Wasser oder Erdreich unter Abkühlung Energie u. erwärmt damit Raumluft oder Wasser. Dazu nimmt im Verdampfer ein Kältemittel die Wärmeenergie auf u. verdampft dabei. Der Dampf steigt in einen Kompressor, wo sich unter Druck seine Temperatur noch erhöht. Dann gibt der Dampf in einem Kondensator seine Wärme an den Warmwasserkreislauf ab u. verflüssigt sich dadurch wieder. Schließl. wird der Dampf, der noch immer unter Druck steht, in einem Expansionsventil entspannt, u. der Kreislauf beginnt im Verdampfer von vorne. Als Kältemittel benutzt man leichtflüchtige Flüssigkeiten, die bei niederen Temperaturen verdampfen. Die Betriebskosten der W. werden durch den Stromverbrauch des Kompressors bestimmt. Daher lassen sich die Kosten um mehr als 30% senken.

Wärmeregulation, *Physiologie:* Mechanismen zum Aufrechterhalten einer Körpertemperatur bei Warmblütern. Bei niedriger Außentemperatur entsteht ein Temperaturgefälle vom Körperkern (Organe von Kopf, Brustraum u. Bauchhöhle) über die Peripherie (die umgebende Muskulatur) zur Umgebung; die Durchblutung der äußeren Körperschicht wird vermindert u. so die Wärmezufuhr mit dem Blut aus den stoffwechselaktiven Geweben herabgesetzt. Die Peripherie dient auf diese Weise als Isolation für den Kern. Bei Kälte wird durch Muskelzittern zusätzlich Wärme produziert; bei Hitze regelt entweder Schweißverdunstung (Herrentiere) oder Hecheln (Raubtiere, Vögel) oder Fächeln mit vergrößerten Körperanhängen (große Ohren von Wüstentieren, Elefanten) oder eine Kombination der drei Methoden (Huftiere) die Körpertemperatur. Physiolog. erfolgt W. durch die →Regelkreis (2).

Wärmerückhaltevermögen, bei Textilien die Fähigkeit, wärmend zu wirken; hängt von der Wärmeleitfähigkeit der Textilien ab, bes. aber von dem Gehalt u. der Verteilung von Luft in dem textilen Gebilde.

Wärmeschutz →Wärmedämmung.

Wärmeschutzglas, Farbglas, das die Wärmestrahlen weitgehend absorbiert.

Wärmesinn = Temperatursinn.

Wärmespeicher = Dampfspeicher.

Wärmestrahlung, Energieabgabe eines Körpers durch elektromagnet. Wellen, d. h. ohne Mitwirkung von Materie; je nach der Temperatur des Körpers wird infrarotes (Ofen), sichtbares (Glühlampe) u. ultraviolettes (bei hohen Temperaturen) Licht abgestrahlt. Die physikal. Gesetze der W. bezeichnet man kurz als →Strahlungsgesetze.

Wärmeströmung = Konvektion.

Wärmetod, ein Zustand des Weltalls (als abgeschlossenes thermodynam. System betrachtet), bei dem die vorhandene Gesamtenergie auf alle Materie völlig gleichmäßig verteilt ist u. daher kein Leben mehr existieren kann. Die theoret. Möglichkeit des W.s ergibt sich aus dem Entropiesatz (→Entropie), der aber vielleicht (nach modernen kosmolog. Theorien) nicht auf das Weltall angewendet werden darf.

Wärmetönung, *Reaktionswärme,* die bei einer chem. Reaktion aufgenommene *(negative W.)* oder abgegebene *(positive W.)* Wärmemenge. →auch endotherm.

Wärmeübergang, Wärmeübertragung von einer festen Wand auf ein Gas oder eine Flüssigkeit; geschieht durch *Wärmeleitung* u. *Wärmeströmung* (u. U. auch *Wärmestrahlung*) u. wird durch die *W.szahl*, die von Materialkonstanten u. Versuchsbedingungen abhängt, charakterisiert.

Wärmewirtschaft, ein Zweig der Energiewirtschaft, befaßt sich mit Maßnahmen zur wirtschaftlichsten Erzeugung u. Ausnutzung von Wärmeenergie.

Warmfront →Front (2).

Warmhauspflanzen, trop. Pflanzen, die wegen ihrer hohen Ansprüche an Wärme u. Luftfeuchtigkeit bei uns nur in stark geheizten Gewächshäusern *(Warmhäusern)* gehalten werden können, z. B. Orchideenarten, Bromelien, Anthurium, Philodendron. →auch Gewächshaus.

Warmia, poln. Name von →Ermland.

Warmkreissäge, Kreissäge zum Zerteilen von glühendem Stahl; auf den Walzenstraßen verwendet.

Warmlaufen, 1. *Sport:* →aufwärmen.
2. *Technik:* 1. *Heißlaufen,* Erhitzung der Wellen u. Lager durch Reibung von Metallflächen bei zu geringer Schmierung. – 2. bei Verbrennungs-, bes. Dieselmotoren, das Laufen nach dem Anlassen, bis der Motor seine günstigste Temperatur hat (etwa 85 °C). - 3. bei Fertigungsmaschinen höchster Genauigkeit (z. B. Schleifmaschinen) das Laufen nach dem Anschalten, bis die Dehnung der Maschinenteile infolge Erwärmung einen (konstanten) Endwert erreicht hat.

Warmluftheizung →Heizung.

Warmsprödigkeit, Versprödung einzelner Stahlsorten u. NE-Metalle (Kupfer, Nickel, bes. Bronze) bei höheren Temperaturen; bei Stahl bei längerer, auch geringer Belastung.

Warmumformung, Umformen von Werkstoffen, die bei höheren Temperaturen teigig werden, z. B. Schmieden, Pressen von Metallen u. thermoplast. Kunstharzen.

Warmwasserversorgung, Versorgung von Wohnungen, Häusern oder Stadtteilen von einer zentralen Stelle mit Warmwasser. Erwärmung des Wassers geschieht 1. in Badeöfen u. Automaten durch Gas-, Öl- oder elektr. Beheizung; 2. in Ver-

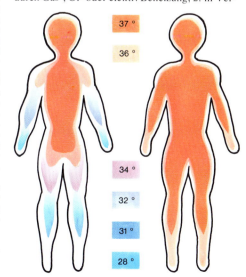

Wärmeregulation: 2 Beispiele für die Körpertemperatur in Abhängigkeit von der Außentemperatur. Bei 35°C Umgebungstemperatur ist die Temperatur im Körper fast einheitlich 37°C; nur in den Extremitäten ist die Temperatur geringer. Bei 20°C Umgebungstemperatur beträgt die Temperatur im Körperinnern 37°C und nimmt zur Körperoberfläche hin auf 28°C ab

Warmzeit

bindung mit der Zentralheizung über einen →Boiler, Wärmeträger sind Wasser oder Dampf; 3. in gemischten Anlagen; als Wärmequelle dient im Winter die Heizung u. im Sommer der Automat, in Wechselschaltung gebaut. W. von Stadtteilen oft durch Ausnutzung des Abdampfs durch industrielle oder gewerbl. Betriebe.

Warmzeit, Zeitabschnitt mit deutl. höheren Jahresmitteltemperaturen als der vorhergehende u. folgende Zeitraum; die zwischen quartären Eiszeiten liegende warme Periode *(Interglazial).*

Warmzugfestigkeit, *Warmfestigkeit,* die →Zugfestigkeit bei erhöhten Temperaturen (Stahl 300°–500°C). Warmfeste Stähle sind besonders legierte Stähle, die auch bei höheren Temperaturen noch genügend Festigkeit besitzen; Legierungszusätze bes. Chrom, Nickel, Molybdän.

Warna, 1949–1956 *Stalin,* Hptst. des bulgar. Bez. W. (3820 qkm, 450000 Ew.); Hafenstadt u. Seebad am Schwarzen Meer, 260000 Ew.; Universität; Maschinen- u. Schiffbau, Nahrungsmittel-, Tabak-, Zement-, Textil-, Glas- u. chem. Industrie; in der Nähe Erdöllager.
In der Schlacht von W. *(Varna)* am 10. 11. 1444 erlitt ein Kreuzheer (Ungarn, Polen) unter János *Hunyadi* gegen die Türken unter Sultan Murad II. eine schwere Niederlage. Wladislaw III., König von Polen, Litauen, Böhmen u. Ungarn, fiel.

Warnblinkanlage, Warneinrichtung zur Sicherung liegengebliebener oder verunglückter Kraftfahrzeuge, bei der alle am Fahrzeug vorhandenen Blinkleuchten gleichzeitig gelbes →Blinklicht abstrahlen; vorgeschrieben durch die StVZO für mehrspurige Fahrzeuge zusätzl. zu →Fahrtrichtungsanzeigern.

Warndreieck, durch die StVZO für alle Kraftwagen vorgeschriebene Warnvorrichtung zur Sicherung liegengebliebener Fahrzeuge.

Warnemünde, Stadtteil u. Vorhafen von *Rostock,* Ostseebad an der Mündung der Warnow; Heimatmuseum; Schiffbautechn. Fakultät der Universität Rostock; Seewetteramt; Schiffbau (größte Werft der DDR); Trajekt W.–Gedser (seit 1900); neuer Überseehafen im Breitling bei Petersdorf.

Warner [ˈwɔːnə], Rex, engl. Essayist, * 9. 3. 1905 Birmingham; schrieb von F. *Kafka* beeinflußte zeitkrit. Romane („Die Wildgansjagd" 1937, dt. 1949; „Der Flugplatz" 1941, dt. 1946) u. histor.-biograph. Romane; übersetzte griech. u. latein. Klassiker.

Warner Brothers Pictures [ˈwɔːnər ˈbrʌðəz ˈpiktʃəz], US-amerikan. Filmherstellungs- u. Verleihgesellschaft, die auf die Initiative der Brüder Albert, Harry M. u. Jack L. *Warner* in den Entstehungsjahren der Kinematographie zurückgeht u. 1923 in der heutigen Form gegründet wurde.

Warnfähigkeit, *Holzbau:* die Eigenschaft mancher Holzarten, bei Knickbeanspruchung bereits längere Zeit vor dem Bruch knisternde Geräusche zu verursachen. Eine gute W. haben Fichte, Tanne, Lärche u. Kiefer.

Warnke, Herbert, Gewerkschaftsführer, * 24. 2. 1902 Hamburg, † 26. 3. 1975 Ostberlin; seit 1923 Mitgl. der KPD; 1936 emigriert; seit 1948 1. Vors. des Bundesvorstands des FDGB; seit 1958 Mitgl. des Politbüros des ZK der SED; seit 1953 Vize-Präs. des kommunist. Weltgewerkschaftsbunds.

Warnleuchten, Warneinrichtung zur Sicherung von liegengebliebenen oder verunglückten Fahrzeugen. Nach der StVZO müssen Kraftfahrzeuge mit zulässigem Gesamtgewicht von mehr als 2,5 t die W. zusätzlich zum Warndreieck mitführen.

Warnlicht, Blinklicht an schienengleichen, unbeschrankten Bahnübergängen; bei Herannahen des Zugs rotes Blinklicht. →Blinklichtanlage.

Warnow [-no], Fluß in Mecklenburg, mit der *Nebel* 128 km, davon 65 km schiffbar, entspringt nördl. von Parchim, durchfließt mehrere Seen, mündet bei *Warnemünde* in die Ostsee.

Warnsdorf, tschech. *Varnsdorf,* Stadt in Nordböhmen (ČSSR) an der sächs.-tschech. Grenze, 14000 Ew.; Textil- u. Eisenindustrie.

Warntracht →Mimikry, →Tracht.

Warnzeichen, 1. →Verkehrszeichen; 2. Zeichen, mit denen der Kraftfahrer bei Gefahr andere Verkehrsteilnehmer auf sein Fahrzeug aufmerksam macht. Zulässig sind Schall- u. Lichtzeichen sowie Warnblinklicht. Auch die Absicht des Überholens darf außerhalb geschlossener Ortschaften durch W. kundgetan werden.

Warp [wɔːp; das; engl.] = Kettgarn.

Warrant [ˈwɒrənt; der; engl.], **1.** *Handelsrecht:* bes. Verpfändungsschein über lagernde Ware, der neben dem Lagerschein ausgestellt wird *(Zweischeinsystem),* oder Bez. für den Lagerschein, den man sowohl zur Verpfändung als auch zur Eigentumsübertragung an der Ware verwenden kann *(Einscheinsystem).* →auch Lagergeschäft.
2. *schweizer. Zivilrecht:* →Pfandschein.

Warren [ˈwɒrin], **1.** Stadt in Michigan (USA), in der Agglomeration von Detroit, 182500 Ew.
2. Stadt im nordöstl. Ohio (USA), in der Agglomeration von Youngstown, 63500 Ew.

Warren [ˈwɒrin], Robert Penn, US-amerikan. Schriftsteller, * 24. 4. 1905 Guthrie, Ky.; Vertreter des „New Criticism"; Hrsg. der „Southern Review" (1935–1965); Mitgl. der „Fugitives"-Dichtergruppe; schrieb Lyrik, Literaturkritik u. Romane („Der Gouverneur" 1946, dt. 1948; „Amantha" 1955, dt. 1957).

Warren-Bericht, [ˈwɒrin-], *Warren-Report,* der 1964 erstattete Abschlußbericht der vom Obersten Bundesrichter der USA, E. *Warren,* geleiteten Kommission zur Untersuchung des Attentats auf Präs. J. F. *Kennedy* am 22. 11. 1963 in Dallas. Der W. kam zu dem Schluß, daß mit großer Wahrscheinlichkeit L. H. *Oswald* als Einzelgänger den Mordanschlag verübte.

Warrington [ˈwɒriŋtən], Stadt in der mittelengl. Grafschaft Cheshire, am Mersey (Manchester-Schiffahrtskanal), 71000 Ew.; Eisen-, Draht-, Baumwoll- u. chem. Industrie.

Warrnambool [ˈwɑːnəmbuːl], Stadt in Südwestvictoria (Australien), an der Küste, 18700 Ew.; landwirtschaftl. Mittelpunkt mit Nahrungsmittelindustrie, etwas Textil-, Holz- u. chem. Industrie.

Warsak, Staudamm u. Kraftwerk im nordöstl. Pakistan am Unterlauf des Kabulflusses oberhalb von Peshawar; Energiekapazität 160000 kW, bewässerte Fläche 50000 ha.

Warschau, poln. *Warszawa,* Hptst. der Volksrep. Polen, 445 qkm, 1,5 Mill. Ew., u. seit 1975 Hauptstadtwojewodschaft (3788 qkm, 2,3 Mill. Ew.), an der Weichsel; Regierungsgebäude, mehrere ehem. Adelspaläste; 25 Museen, 18 Theater, Universität (1812). Techn. u. 10 andere Hochschulen, Maschinen-, Metall- (u. a. Edelstahlhütte), Elektro-, pharmazeut., Textil-, Papier-, Leder- u. Nahrungsmittelindustrie; Verkehrszentrum. Im 2. Weltkrieg zu 84% zerstört (ehem. Getto 1943 u. ganze Stadtteile 1944 von SS-Kommandos gesprengt), weitgehend wiederaufgebaut, zum großen Teil (u. a. Altstadt) stilgetreu.
Geschichte: 1313 zum erstenmal urkundl. erwähnt, zunächst Residenz der Herzöge von Masowien; im 16./17. Jh. Sitz der poln. Könige, 1596 von König Sigismund III. zur poln. Hptst. erhoben; seitdem war die bisherige poln. Hptst. Krakau nur noch Krönungsstadt. Nach der 3. Poln. Teilung 1795 fiel W. an Preußen; 1806 von den Franzosen besetzt, Hptst. des von Napoléon geschaffenen *Herzogtums W.;* seit 1815 nach dem Wiener Kongreß Hptst. *Kongreßpolens* (das poln. Königreich war in Personalunion mit Rußland verbunden), 1830/31 u. 1863/64 Schauplatz von Aufstände. 1915–1918 von dt. Truppen besetzt; seit 1918 Hptst. der Rep. Polen. Unter dt. Besetzung (seit 1939) kam es im April/Mai 1943 zum Aufstand der Juden im W. er Getto, im Aug.-Okt. 1944 zum *W. er Aufstand.* – 🅱️→Polen (Geschichte).

Warschauer Abkommen, das am 12. 10. 1929 geschlossene Abkommen zur Vereinheitlichung des internationalen Luftverkehrs; →Luftrecht.

Warschauer Pakt, *Warschauer Vertrag über Freundschaft, Zusammenarbeit u. gegenseitigen Beistand,* am 14. 5. 1955 nach Beitritt der BRD zur NATO u. nach deren formalem Vorbild zwischen den kommunist. Staaten Europas außer Jugoslawien (Albanien inzwischen ausgeschieden) für 20 Jahre geschlossenes Kollektivverteidigungsbündnis. Beistandspflicht, *Vereinigtem Oberkommando* u. unterstellten Truppen. Oberstes polit. Lenkungsorgan ist der *Polit. Beratende Ausschuß* der Regierungsvertreter. Neben dem allg. Übergewicht der Sowjetunion sichern sowjet. Oberbefehlshaber u. Berater, die Ausrüstungs- u. Versorgungsabhängigkeit der kleineren Mitglieder sowie die Ausrichtung der Streitkräfte nach sowjet. Vorbild die Vormachtstellung auch im militär. Bereich. Der W. P. sieht Truppenstationierung vor. Um außenpolit. Interessengegensätzen (Rumänien) entgegenzusteuern, die Maßnahmen der UdSSR u. anderer Mitglieder zu legitimieren u. den kleineren Staaten ein beschränktes Mitspracherecht zu gewähren, werden wichtige Fragen der Europa- u. Blockpolitik im Rahmen des W. P. s behandelt u. formal auch beschlossen bzw. genehmigt (Berliner Mauer, Einberufung einer europ. Sicherheitskonferenz, Intervention in der Tschechoslowakei). Der W. P. soll nach Inkrafttreten eines europ. Sicherheitsvertrags ungültig werden. – ⌑ 5.9.3.

Warschauer Vertrag →deutsch-polnischer Vertrag.

Warstein, Stadt in Nordrhein-Westfalen (Ldkrs. Soest), im Sauerland, nordöstl. von Meschede, 28700 Ew.; Lungenheilstätte; Metall-, Holzindustrie, Kalksteinbrüche. In der Nähe die 350 m lange *W. er Tropfsteinhöhle* (Bilsteinhöhle).

Warszawa [varˈʃava], die poln. Hptst. u. Stadtwojewodschaft →Warschau.

Wartburg, Burg im Thüringer Wald, südwestl. von Eisenach, 394 m ü. M., umfaßt Landgrafenhaus, Vorburg, Ritterhaus u. Vogtei. Um 1070 erbaut, Sitz der thüring. Landgrafen (bis 1440), Wohnsitz der hl. Elisabeth (1211–1227); hier übersetzte Luther 1521/22 das N. T. →auch „Sängerkrieg auf der Wartburg". – 🅱️→Rittertum.

Wartburg, Walther ✶von, schweizer. Romanist, * 18. 5. 1888 Riedholz, Solothurn, † 15. 8. 1971 Basel; Hptw.: „Französ. etymolog. Wörterbuch" seit 1922; „Evolution et Structure de la Langue Française" [10]1971.

Wartburgfest, von der Jenaer Burschenschaft angeregte u. mit 500 Abgesandten von 12 dt. Universitäten beschickte, am 18. 10. 1817 auf der Wartburg durchgeführte Erinnerungsfeier an die Reformation 1517 u. an die Völkerschlacht bei Leipzig 1813. Daraus entstand eine polit. Demonstration gegen die Restaurationspolitik des Dt.

Warschau: Neubauten an der Ostseite der Marszalkowska-Straße

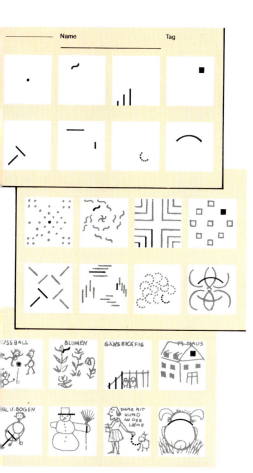

Wartegg-Test: vorgegebene Zeichen (oben) und zwei Ausführungen

Bundes (Bücherverbrennungen), die neben der Ermordung A. von Kotzebues (1819) Metternich Anlaß für die *Karlsbader Beschlüsse* gab.
Wartegg-Test, projektiver Persönlichkeitstest von Ehrig *Wartegg* (*7. 7. 1897), der von der getesteten Person das Vervollständigen angefangener Zeichnungen verlangt.
Wartenberg, Vulkankegel in der Baar, östl. des südl. Schwarzwalds, 818 m hoch; Domäne des Instituts für Höhenlandwirtschaft.
Wartenburg, poln. *Barczewo,* Stadt in der ehem. Prov. Ostpreußen, im südl. Ermland (seit 1945 poln. Wojewodschaft Olsztyn), 5500 Ew.; landwirtschaftl. Mittelpunkt mit Industrie.
Wartenburg →Yorck von Wartenburg.
Warteschlange, eine zufällige Ansammlung von Menschen, Maschinen u. ä., die einer gewissen Wahrscheinlichkeitsverteilung gehorcht. W.n bilden sich, wenn z. B. an einem Post- oder Bankschalter die Kunden nicht zügig abgefertigt werden. Ähnliches gilt, wenn mehrere Maschinen von einem Monteur gewartet werden u. sich die einzelnen Reparaturen zufällig häufen. In all diesen Fällen kann entweder die Bedienungskapazität zu groß u. daher nicht voll ausgenutzt sein, was Geld kostet, oder sie reicht nicht aus u. es entstehen W.n, was ebenfalls Geld kostet. Aufgabe der mathematischen W.ntheorie ist es, jenen Punkt zu finden, bei dem die Summe der genannten Kosten ein Minimum ergibt. Bei derartigen Optimalproblemen erhält man den gesuchten Wert meist mit Hilfe von Datenverarbeitungsanlagen.
Wartestand, im ehem. Dt. Beamtengesetz (§§ 43–49) das Rechtsverhältnis von →Beamten (1), die wegen Wegfalls ihrer Dienststelle infolge organisatorischer Veränderungen oder aus sonstigen Gründen, bes. als höchste Ministerial-, diplomatische u. konsularische Beamte, *in den W.* versetzt waren. Die W.sbeamten erhielten *Wartegeld* in Höhe von regelmäßig 80 v. H. der ruhegehaltsfähigen Dienstbezüge. Sie waren berechtigt, ihre letzte Amtsbezeichnung mit dem Zusatz „i. W." (im W.) oder „z. D." (zur Disposition) zu führen. Im Bundesbeamtengesetz ist der W. durch den einstweiligen →Ruhestand ersetzt.
Wartewirt = Transportwirt.
Wartezeit, 1. *Eherecht:* ein für 10 Monate nach Auflösung der früheren Ehe bestehendes auf- schiebendes *Ehehindernis* für die neue Eheschließung einer Frau, es sei denn, daß sie inzwischen geboren hat. Von dieser Vorschrift der W. (§ 8 EheG) kann der Standesbeamte Befreiung erteilen. – Ähnlich in Österreich nach § 11 Ehegesetz, § 121 ABGB u. § 9 der Durchführungs-VO zum Ehegesetz vom 27. 7. 1938. Ähnl. auch in der Schweiz nach Art. 103 ZGB.
2. *Sozialversicherung:* die Zeit, die erfüllt sein muß, damit in einigen Fällen der Anspruch aus der Sozialversicherung gegeben ist; in der *Krankenversicherung* nur bei freiwillig Versicherten durch Satzung, in der gesetzl. *Rentenversicherung* (180 Monate beim Altersruhegeld, sonst 60 Monate) für die Rente.
Warthe, poln. *Warta,* größter (rechter) Nebenfluß der Oder, 808 km, entspringt auf der Tarnowitzer Platte nordöstl. von Beuthen, durchfließt zwischen Landsberg u. Küstrin den *Warthebruch,* mündet bei Küstrin; 407 km schiffbar, durch Brahe, Bromberger Kanal u. Netze mit der Weichsel verbunden; wichtigste Nebenflüsse von rechts: *Ner, Welna, Netze;* von links: *Prosna* u. *Obra.*
Warthebruch, Niederung an der unteren Warthe zwischen Netzemündung u. Küstrin; 1765–1786 unter Friedrich d. Gr. urbar gemacht.
Warthestadium, durch Endmoränen (Lüneburger Heide, Fläming u. a.) erkennbare Stillstandslage des Eises während der Saaleeiszeit; wahrscheinl. ein gesonderter Eisvorstoß, z. T. auch als selbständige Eiszeit angesehen. Dem W. entspricht das Breslau–Magdeburger Urstromtal.
Warton ['wɔ:tən], Thomas, engl. Dichter u. Literarhistoriker, *9. 1. 1728 Basingstoke, Hampshire, †21. 5. 1790 Oxford; schrieb u. a. die für die engl. Romantik wegweisende „History of English Poetry" 3 Bde. 1774–1781.
Waruna, *Varuna,* bereits im Rigweda, der ältesten Religionsurkunde Indiens, zusammen mit *Mithras* die Gottheit, die über die Weltordnung wacht (Gott des Eides u. der Wahrheit). Im Hinduismus ist W. die Gottheit des Wassers.
Warve [die; schwed.], eine dünne, innerhalb eines Jahres abgelagerte Schicht im *Bänderton.*
Warwick ['wɔrik], **1.** Hptst. der mittelengl. Grafschaft *W.shire* (1981 qkm, 471000 Ew.), am Avon, 19000 Ew.; Burg *W. Castle* (14./15. Jh.). **2.** Stadt in Rhode Island (USA), in der Agglomeration von Providence, 85800 Ew., benachbart *West-W.,* 20000 Ew.
Warwick ['wɔrik], Richard Neville, Earl of W., engl. Magnat, der „Königsmacher", *22. 11. 1428, †14. 4. 1471 bei Barnet (gefallen); veranlaßte im Verlauf der *Rosenkriege* 1461 die Krönung *Eduards IV.,* fiel später von ihm ab u. rief den gefangenen *Heinrich VI.* wieder zum König aus (1470); er fand im Kampf gegen Eduard den Tod.
Waryński, Ludwik, poln. Politiker, *24. 9. 1856 Martynówka (Ukraine), †2. 3. 1889 Festung Schlüsselburg (in der Haft); Gründer der ersten poln. Arbeiterpartei „Proletariat" (1882).
Warze, *Verruca,* kleinere oder größere Erhebung der Haut, die durch eine Wucherung der Hautpapillen entsteht u. teilweise zu übermäßiger Verhornung neigt. W.n können vom Arzt durch Vereisung, Elektrokoagulation oder Verätzung entfernt werden, häufig verschwinden sie auch durch Suggestivbehandlung (z. B. „Besprechen").
Warzenbeißer, *Decticus verrucivorus,* kräftig gebaute, bis 45 mm lange *Laubheuschrecke* Mitteleuropas. Von Linné nach dem Volksbrauch benannt, sich von diesen Tieren Warzen abbeißen u. verätzen zu lassen.
Warzenfortsatz, *Processus mastoides,* hinter dem Ohr tastbarer warzenförmiger Fortsatz des Schläfenbeins, der normalerweise lufthaltige, schleimhaut-ausgekleidete Räume (Zellen) enthält, die mit der Paukenhöhle in Verbindung stehen.
Warzenhof, das die Brustwarze des Menschen umgebende runde Feld, in das zahlreiche Talgdrüsen *(Montgomerysche Drüsen)* einmünden.
Warzenkaktus →Mammillaria
Warzenschwein, *Phacochoerus aethiopicus,* ein plump gebautes *Schwein* mit langer Rückenmähne, von 70 cm Schulterhöhe; namengebend sind warzige Auswüchse des massigen Kopfs; lebt in Waldgebieten Ostafrikas.
Wasa, *Vasa,* schwed. Adels- bzw. Königsgeschlecht, kam 1523 mit *Gustav I.* auf den Thron u. regierte bis 1654 (Thronverzicht *Christines*) in Schweden; 1587–1668 auch eine Linie in Polen.
Wasalauf, Skilanglauf über 85,250 km von Sälen nach Mora in der schwed. Prov. Dalarna. Der W. wurde 1921 ins Leben gerufen u. wird seit 1922 jährl. (jetzt mit über 10000 Teilnehmern) durchgeführt; zur Erinnerung an die Flucht des späteren Königs *Gustav I. Wasa* 1521 vor den Dänen.
Wasantasena, *Vasantasena* →Schudraka.
Wasatch Range ['wɔsætʃ'reindʒ], Kette der Rocky Mountains in Utah (USA), östl. des Great Salt Lake, in den *Uinta Mountains* (Kings Peaks) 4114 m.
Wasawadatta, *Vasavadatta,* ind. Frauengestalt in *Somadewas* „Ozean der Märchenströme"; zugleich Titelfigur eines Dramas von *Bhasa* („Svapnavasavadatta") u. Heldin eines Romans von *Subandhu.*
waschaktive Substanzen, *grenzflächenaktive Substanzen, Detergentien, Netzmittel, Tenside,* organ.-chem. Verbindungen, die die Grenzflächenspannung wäßriger Lösungen herabsetzen u. deshalb als Bestandteil von Wasch- u. Reinigungsmitteln, als Emulgatoren, Textilhilfsmittel u. dgl. große techn. Bedeutung haben. Die Moleküle der w.n S. enthalten hydrophile (von Wassermolekülen angezogene) u. hydrophobe (keine Anziehungskräfte auf Wassermoleküle ausübende) Teile. Man unterscheidet anionaktive (Seife, Sulfonate, Schwefelsäurehalbester), kationaktive (Amine, deren Salze u. quartäre Ammoniumverbindungen) u. nichtionische (Polyäther, Polyalkohole) w. S. Die Wasch- u. Reinigungsmittel des Haushalts sind meist anionaktiv. Einige kationaktive w. S. werden als Desinfektionsmittel verwendet (z. B. Zephirol). Die Herabsetzung der Oberflächenspannung des Wassers durch w. S. erleichtert die Schaumbildung; allerdings besteht kein enger Zusammenhang zwischen Waschwirkung u. Schaumbildung.
Wascha Pschawela = Rasikaschwili.
Waschbär, *Schupp, Procyon lotor,* ein *Vorbär* von 65 cm Körperlänge mit etwa 25 cm langem, geringeltem Schwanz; lebt in Wäldern Nord- bis Mittelamerikas in Wassernähe; heute in ganz Europa verwildert; Allesfresser; klettert u. schwimmt vorzüglich; geschickter Nesträuber; ein Dämmerungs- bis Nachttier, hält mehrwöchige Winterruhe; das Weibchen wirft 4–7 Junge; das Fell ist als Pelzmaterial begehrt. Namengebend ist die Eigenart, Nahrungsbrocken vor dem Fressen ins Wasser zu

Waschbär, Procyon Lotor

tauchen. In Südamerika wird der W. vom *Krabbenwaschbären* vertreten.
Waschblau, blauer Farbstoff (z. B. Ultramarin, Berliner Blau, Neublau), der den gelbl. Ton von Wäsche, Papier, Zucker durch Blau überdeckt u. als Komplementärfarbe Weiß ergibt.
waschen, Wäsche von Schmutz reinigen mit Hilfe von Wasser u. geeigneten Waschmitteln. Schmutz ist ein Gemisch aus Hautfett, das von den Talgdrüsen abgesondert wird, sowie Schweiß, Staub, Ruß u. a., das sich im Gewebe der Wäsche festsetzt. Das W. erfolgt mit Hilfe von →Waschmitteln u. sog. →Waschhilfsmitteln in →Waschmaschinen bzw. (bes. früher) in Waschkesseln mit Kohlefeuerung, wobei Waschhilfsgeräte Verwendung finden; dazu zählen u. a. *Wäschesprudler, Stampfer* u. *Schallwaschgeräte.* Nach dem W. wird der größte Teil des Wassers durch *Wringen (Wäscheschleudern)* aus der Wäsche entfernt.
Wäscher, Aribert, Schauspieler u. Schriftsteller, *1. 2. 1895 Flensburg, †14. 12. 1961 Berlin; Charakterdarsteller der Bühne u. des Films; schrieb Komödien („Götter unter sich" 1930), Erzählungen („Der unzufriedene Riese" 1940), Betrachtungen („Gedanken nach 2 Uhr nachts" 1939), Gedichte („Zuhaus im lieben Leben" 1957).

Waschflasche, ein Glasgefäß, in dem ein Gasstrom durch eine Flüssigkeit geleitet werden kann, z.B. zur Entfernung unerwünschter Bestandteile des Gases durch Absorption.

Waschhilfsmittel, die Wirkung der eigentl. →Waschmittel ergänzende Produkte. Zu ihnen gehören: 1. *Einweichmittel*, z.B. Soda, Borax u. Spezialmischungen, die das Wasser weich machen u. das Erweichen u. Lösen des Schmutzes beschleunigen sollen; 2. Mittel zum Waschen von Berufswäsche; 3. Mittel zum Stärken u. Feinappretieren der Wäsche; 4. Mittel zum Weichmachen der Wäsche *(Weichspüler)*; 5. Antistatika, die das elektr. Aufladen u. damit das Aneinanderhaften bei Wäsche aus Chemiefasern verhindern; 6. *Wäschespülmittel*, die dem Spülwasser zugesetzt werden, um die Bildung von Kalkseife zu verhindern, die die Wäsche grau u. brüchig macht; sie enthalten häufig auch schonende *Bleichmittel* (→bleichen) wie Natriumperborat u. *optische Aufheller*.

Waschleder, als Fensterputz- u. Autowaschleder verwendetes →Sämischleder.

Waschmaschine, elektrisch betriebene Maschine zum Waschen, die heute zum großen Teil die Funktion des Waschkessels (→waschen) übernommen hat. Man unterscheidet *Bottich*- u. *Trommel-W.*n. Bei den automat. W.n werden die Funktionen nach einem bestimmten Programm automat. gesteuert.

Waschmittel, Stoffe oder Stoffmischungen, die, in Wasser aufgelöst, zum Waschen von Textilien verwendet werden. W. können als Hauptbestandteil Seife, synthet. →waschaktive Substanzen oder/u. Enzympräparate (diese bauen Fett u. Eiweiß chemisch ab) enthalten. Die früher ausschl. verwendete Seife bildet mit den die Härte des Wassers bedingenden Calciumsalzen unlösl. Kalkseife, die sich auf den Fasern niedersetzt u. unnötig Seife verbraucht. W. auf Seifenbasis enthalten daher oft Enthärtungsmittel (z.B. Soda oder Phosphate), außerdem Bleichmittel (z.B. Natriumperborat) u.a. Zusätze. Die synthet. W. enthalten außer der waschaktiven Substanz, die bei Fein-W.n ca. 30–50%, bei Grob-W.n 20–35% der Gesamtmenge ausmacht, noch Polyphosphate, die die Waschwirkung erhöhen (Fein-W. bis 20%, Grob-W. 10–40%), Celluloseester *(Tylose)* die das Schmutztragevermögen der Waschflotte erhöhen, lösl. Silicate (in Grob-W.n), chem. Bleichmittel, →optische Aufheller, Natriumsulfat, das die Auflösung des W.s erleichtern soll, u. gelegentl. noch andere Zusätze. →auch Waschhilfsmittel.

Waschseide, Kleider- u. Unterwäschestoffe aus Baumwollkette u. Seiden- oder Reyonschuß in Leinwand- oder Kreppbindung; auch ganz aus Reyon.

Waschung, religiöser Reinigungsritus, als Bemühung um äußere (u. innere) kult. Reinheit; gilt bei vielen Religionsgemeinschaften als unerläßl. Voraussetzung zur Teilnahme an der Kulthandlung, z.B. im Hinduismus, Islam u. Judentum.

Waschversuch, bei Textilien zur Ermittlung des Gebrauchswertes meist in Verbindung mit Tragversuchen durchgeführt. Die Waschverfahren sind verschieden; gemessen werden die Änderungen der Festigkeit, Dehnung, Scheuerbeständigkeit, Abmessungen u.a.

Waschzettel, der vom Verleger den Besprechungsexemplaren seiner Bücher beigefügte Text, der werbend Inhalt u. Absicht des Werks umreißt; heute meist den Klappentext des Schutzumschlags. – W. hieß ursprüngl. das Verzeichnis der in die Wäscherei gegebenen Stücke; später wurde das Wort – zunächst spöttisch – für andere Aufzeichnungen gebraucht; seit etwa 1870 in der heutigen Bedeutung.

Wasen [der], Rasen; feuchter Boden; landschaftl. auch feuchter Dunst.

Wasenmeister →Abdecker.

Waser, Maria, geb. *Krebs*, schweizer. Schriftstellerin, *15. 10. 1878 Herzogenbuchsee bei Bern, †19. 1. 1939 Zürich; schrieb Lyrik u. Romane: „Die Geschichte der Anna Waser" 1913; „Land unter Sternen" 1930; Autobiographie: „Sinnbild des Lebens" 1936.

Wasgenwald, dt. Name für die →Vogesen.

Wash, The W. [ðə'wɔʃ], seichte Meeresbucht der Nordsee an der ostengl. Küste, nördl. von Cambridge, bis 25 km breit.

Wash., Abk. für den USA-Staat →Washington.

Washington ['wɔʃiŋtən], **1.** Abk. *Wash.*, nordwestl. Staat der USA, 176617 qkm, 3,7 Mill. Ew., Hptst. *Olympia*; im W erstreckt sich die fruchtbare Senke des Pugetsunds mit Seattle als Wirtschaftszentrum, zwischen Küsten- u. Kaskadengebirge (im *Mt. Rainier* 4392 m ü. M.); im O das trockene Columbiaplateau, im N die nördl. Rocky Mountains; Hauptfluß Columbia River. Rd. 52% der Staatsfläche sind von hochwertigem Wald bestanden. Milchviehhaltung, Fleischvieh bes. im NO, Anbau von Gemüse, Beerenobst u. Äpfeln (hauptsächl. im Yakimatal, Hauptproduktionsgebiet der USA) u. von anderem Obst, von Weizen im O; in den Bewässerungsgebieten des Columbia Basin von Bohnen, Erbsen, Kartoffeln u. Zuckerrüben; Heugewinnung. Fischerei; Bergbau auf Zink, Magnesit (größte Lager der USA), Gewinnung von Sand, Kies u. Steinen; Flugzeugbau (Boeing) u. Schiffbau, Aluminiumerzeugung (auf der Basis billiger Energie aus Wasserkraft, über 40 Staudämme), größte Kupferschmelze der Erde in Tacoma, Konservenindustrie, Bauholzgewinnung, Sperrholzfabriken. – W. wurde 1889 als 42. Staat in die USA aufgenommen.

2. *Washington,* D.C., Bundes-Hptst. u. seit 1800 Regierungssitz der USA, südwestl. von Baltimore, nahe der Mündung des Potomac in die atlant. Chesapeakebucht, bildet den *District of Columbia* (Abk. *D. C.*), 157 qkm, 710000 Ew. (54% Neger); die Metropolitan Area hat 3,1 Mill. Ew. Regierungsgebäude (→Weißes Haus, Capitol mit Senat u. Repräsentantenhaus), 5 Universitäten (bes. Georgetown University, gegr. 1795; George W. University, gegr. 1821; Howard University, gegr. 1867) u.a. Hochschulen, Verteidigungsministerium (→Pentagon) u.a. Behörden, Nationalmuseum, Staatsdruckerei, Museen u. Bibliotheken.

3. Insel in Ozeanien, Line Islands, 8 qkm, 450 Ew., gehört zu den Zentralpolynes. Sporaden. Kokosnußanbau. – Seit 1889 britisch, seit 1916 von den Gilbertinseln verwaltet.

4. *Mount W.,* höchster Berggipfel der *White Mountains,* New Hampshire (USA), 1917 m.

Washington ['wɔʃiŋtən], **1.** Booker Taliaferro, US-amerikan. Erzieher, *5. 4. 1856 Franklin County, Va., †14. 11. 1915 Tuskegee, Ala.; Sohn eines Weißen u. einer Negersklavin; wirkte bahnbrechend auf die Erziehung der amerikan. Neger.

2. George, US-amerikan. Staatsmann, *22. 2. 1732 Wakefield, Va., †14. 12. 1799 Mount Vernon, Va.; Pflanzer; in den engl.-französ. Kämpfen seit 1753 Oberst der virginischen Milizen; 1775 Oberbefehlshaber der Truppen der aufständ. Kolonien gegen England. W. organisierte die Milizen mit Hilfe europ. Berufsoffiziere (F. W. von Steuben, La Fayette), siegte im Unabhängigkeitskrieg gegen England 1777 bei Princetown u. zwang die Engländer 1781 zur entscheidenden Kapitulation von Yorktown. 1781 zog sich W. zunächst nach Mount Vernon zurück. 1787 wurde er Präs. des Verfassungskonvents. 1789 wurde er zum ersten Präs. der USA gewählt, 1793 wiedergewählt. 1797 lehnte er eine nochmalige Wahl ab u. schuf damit den Grundsatz, daß kein Präs. länger als zwei Amtsperioden regieren solle. W. ist der eigentl. Begründer der Unabhängigkeit der USA. – B →Vereinigte Staaten (Geschichte). – L 5.7.8.

Washingtoner Flottenabkommen ['wɔʃiŋtənər-], Verträge zwischen den USA, Großbritannien, Japan, Frankreich u. Italien auf der „Rüstungskonferenz" in Washington, 13. 11. 1921–6. 2. 1922. Diese Einzelverträge sollten den Rüstungswettlauf zur See beenden. Sie legten das Verhältnis der Schlachtschifftonnage zwischen Großbritannien, den USA, Japan, Frankreich u. Italien im Verhältnis von 5:5:3:1,75:1,75 fest. Zum ersten Mal mußte England den Flottengleichstand mit einer anderen Macht hinnehmen. Der weitere Bau von Schlachtschiffen wurde gestoppt; die Schlachtschiffgröße auf höchstens 35000 t festgelegt. Das W.F. wurde 1930 durch das *Londoner Flottenabkommen* bestätigt.

Washingtonia [wɔʃiŋ'tonia; die; nach G. *Washington*], Gattung der *Palmen* Mittelamerikas mit hohen Stämmen, deren Blätter nicht abfallen, sondern sich nach unten umklappen u. so einen bes. dicken Stamm bilden. *W. filifera* wird ca. 15 m hoch u. 1 m dick.

Washington Post, „The W.P." [ðɛ 'wɔʃiŋtən 'poust], 1877 gegr. US-amerikan. Tageszeitung. War mit ihren Enthüllungen an der Aufdeckung des →Watergate-Skandals beteiligt.

Wasilewskij, Alexander Michajlowitsch, sowjet. Marschall, *30. 9. 1895 Nowopokrowskoje, Gebiet Iwanowo, †5. 12. 1977 Moskau; im 2. Weltkrieg 1943 Generalstabschef der Roten Armee, führte 1945 den Angriff gegen Ostpreußen. 1949 bis 1953 Min. für die Streitkräfte bzw. Kriegs-Min., 1953–1957 erster stellvertr. Verteidigungs-Min.

Wasilij, Wassilij, Fürsten: **1.** *W. I. Dmitrijewitsch,* Großfürst von Wladimir u. Moskau 1389–1425, *1371, †1425; förderte die Einigung Rußlands durch Erwerbung einiger Fürstentümer, u.a. Nowgorod (1392).

2. *W. II. Wasiljewitsch Tjomnyj* (der Geblendete), Sohn von 1), Großfürst von Moskau 1425–1462; *1415, †1462; Vater Iwans III. W.s Sieg im Thronkrieg (1431–1447) gegen seinen Onkel u. seine Vettern sicherte im Großfürstentum Moskau die Primogenitur u. beseitigte fast alle kleinen russ. Teilfürstentümer. Er wurde von seinen Gegnern geblendet.

Washington, D.C.: Capitol (Bildmitte, mit Kuppel), dahinter von rechts nach links: Senatsgebäude, der Supreme Court, rechter Rand: Library of Congress, rechts unten Einrichtungen des Repräsentantenhauses

3. **W. III. Iwanowitsch**, Enkel von 2), Großfürst von Moskau 1505–1533, *1479, †3. 12. 1533; Vater Iwans des Schrecklichen; beseitigte die letzten halbselbständigen Fürstentümer: 1510 Pskow, 1513 Wolok, 1514 Smolensk (das er durch die Kriege gegen Litauen 1507/08 u. 1512–1522 gewann), 1521 Rjasan, 1522 Nowgorod-Sewersk.
4. **W. Iwanowitsch Schujskij**, Zar von Rußland 1606–1610, *1552, †22. 9. 1612 Guslyn; ursprüngl. Moskauer Bojar; nach der Ermordung Pseudo-Demetrius' I. 1606 zum Zaren ausgerufen, von Schweden unterstützt, scheiterte an der Intervention des poln. Königs Sigismund III.; 1610 gestürzt.
Wasmann, 1. Erich, Sohn von 2), Zoologe, *29. 5. 1859 Meran, †27. 2. 1931 Valkenburg, Niederlande; Angehöriger des Jesuitenordens. Veröffentlichungen über die Biologie von Ameisen u. Termiten sowie über Tierpsychologie.
2. Rudolf Friedrich, Maler, *8. 8. 1805 Hamburg, †10. 5. 1886 Meran; Nazarener. Porträts u. Landschaften von pastos-skizzenhafter, oft impressionist. anmutender Malweise.
Wasow ['vazɔf], Iwan Mintschow, bulgar. Schriftsteller u. Politiker, *9. 7. 1850 Sopot (Wasowgrad), †22. 9. 1921 Sofia; lebte mehrmals im Exil, 1897–1899 Kultusminister; begann mit sentimentaler Liebeslyrik, der ab 1876 eine polit. orientierte Dichtung folgte. Hptw. ist der Roman „Unter dem Joch" 1889/90, dt. 1918.
Wassenaar, Stadt in der niederländ. Prov. Südholland, zwischen Den Haag u. Leiden, 27 600 Ew.
Wassenhove, Joos van →Justus von Gent.
Wasser, ein Oxid des Wasserstoffs, Formel H_2O, spez. Gewicht bei 4 °C 1,0, Siedepunkt 100 °C, Schmelzpunkt 0 °C (bei Normaldruck von 1,013 bar); Siede- u. Schmelzpunkt des W.s die Fixpunkte der gebräuchl. Temperaturskalen. W. entsteht bei der unter starker Wärmeentwicklung verlaufenden Reaktion zwischen Wasserstoff u. Sauerstoff *(Knallgasreaktion)*. Das natürlich vorkommende W. (Meer-, Fluß-, Brunnen-, Regen-W.) enthält wechselnde Mengen von Salzen (z. B. Alkali- u. Erdalkalisalze) u. Gasen (z. B. Kohlendioxid, Luft), ferner organ. Verbindungen u. Bakterien. Infolge der Verdunstung des W.s enthält die Luft mehr oder weniger große Mengen W. in dampfförmigem Zustand (Luftfeuchtigkeit), das bei Abkühlung der Luft kondensiert u. in Form der verschiedenen Niederschlagsarten der Erdoberfläche wieder zugeführt wird *(Kreislauf des W.s)*. Ein großer Teil des W.s findet sich als Grund-W., ferner bildet es den Hauptbestandteil der tier- u. pflanzl. Organismen. Es ist für den Ablauf der Lebensvorgänge unentbehrlich, da sich die physiolog.-chem. Vorgänge in wäßrigen, meist kolloiden Lösungen abspielen. →auch schweres Wasser.
In der Religionsgeschichte erscheint *heiliges W.* vielfach als Symbol, das geheimnisvolle Lebenskraft vermittelt. Durch Waschungen sucht man Sündenstoff zu beseitigen. Als *geweihtes W.* dient es der Übertragung von numinoser Segenskraft auf Menschen, Tiere u. Dinge. Hl. Ströme (wie Nil u. Ganges) u. Quellen haben heiliges u. heilendes W. Auch kennt die Religionsgeschichte außer der impersonalen Macht im W. auch Dämonen u. Götter, die als Quellnymphen, Fluß- u. Meergötter verehrt werden.
Wasseragame, *Physignatus lesueurii*, bis 80 cm lange austral. *Agame*; sehr schön hell- u. dunkelbraun gezeichnete Echsen; Männchen mit roten Bäuchen; schlafen gern unter Wasser.
Wasseralfingen, ehem. Stadt in Baden-Württemberg, am Kocher, seit 1975 Ortsteil von Aalen; Schloß (ursprüngl. 14. Jh.).
Wasseramsel, *Wasserschmätzer, Cinclus cinclus*, ein bis 18 cm großer, dem Zaunkönig ähnelnder schwarzer *Singvogel* mit weißem Kehlfleck; in ganz Eurasien verbreitet. Die W. lebt bes. an Gebirgsbächen u. erlangt ihre Nahrung durch Tauchen. Durch Wasserverschmutzung bedroht.
Wasserassel, *Asellus aquaticus*, bis 12 mm lange, weit verbreitete *Assel* stehender u. langsam fließender Süßgewässer, Pflanzenfresser. Gelegentlich auch blind u. farblos in Höhlengewässern.
Wasseraufbereitung, 1. Befreiung des Wassers von schädlichen Stoffen u. Krankheitserregern vor Abgabe an das Netz der →Wasserversorgung. – 2. Behandlung der Abwässer von Industrieanlagen vor Einführung in offene Gewässer oder vor Wiederverwendung als →Brauchwasser im Kreislauf des Werks.
Wasserbad, 1. *Hauswirtschaft:* ein Gefäß mit

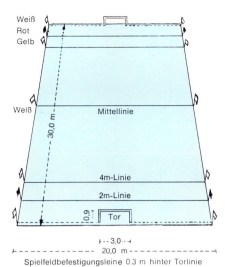

Wasserball: Spielfeld

kochendem Wasser, in dem in einem eingesetzten zweiten Gefäß empfindl. Speisen gar gekocht, aufgewärmt oder warm gehalten werden. Wird auch in chem. Labors angewendet (Erhitzung hitzeempfindl. Stoffe).
2. *Naturheilkunde:* = Bad (3).
Wasserball, das Ballspiel der Schwimmer; Spielfläche 20–30 m lang u. 20 m breit, Wassertiefe 1,80–2 m; von 2 Mannschaften mit je 7 Spielern ausgetragen; Spieldauer 4×5 min reine Spielzeit (d. h. bei Unterbrechungen werden die Uhren gestoppt). Einfache Fehler sind Festhalten u. Abstoßen vom Beckenrand u. Torpfosten, Ziehen u. Halten des Balls unter Wasser, Behinderung des nicht ballhaltenden Gegners u. das gleichzeitige Berühren des Balls mit beiden Händen. Schwere Fehler sind Treten, Festhalten u. Untertauchen des Gegners, Bewegen des Torpfostens. Entspr. werden Frei- oder Strafwürfe (letztere von der 4-m-Linie) gegeben. Torgröße: 3 m breit, 0,90 m hoch über dem Wasser. Ball: Umfang 68–71 cm, Gewicht 400–450 g.
Wasserbau, alle Maßnahmen, die den Schutz gegen Angriffe des Wassers oder die Nutzbarmachung des Wassers zum Ziel haben. Der W. umfaßt vor allem den Flußbau, Seebau, landwirtschaftlichen W., Verkehrs-W., die Ausnutzung der Wasserkräfte, die Wasserversorgung u. Abwasserbeseitigung. Auch der →Grundbau wird zum W. gezählt. – ⌑ 10.1.5.
Wasserbehandlung, Wasserheilverfahren, Hydrotherapie, zu den wichtigsten Verfahren der Naturheilkunde gehörende Einwirkung auf den Organismus, entwickelt bes. von *S. Hahn, S. Kneipp, V. Prießnitz;* die heilsame Wirkung beruht auf einem Temperaturunterschied zwischen Körper u. Wasser; es werden *kalte* u. *warme W.* unterschieden. Der W. dienen Bäder, Wassertreten, Dämpfe, Güsse, Packungen u. Waschungen. – ⌑ 9.8.7.
Wasserbiene →Rückenschwimmer.
Wasserblattgewächse, Hydrophyllaceae, Familie der *Tubiflorae.* Zu den W.n gehören u. a. *Büschelschön, Hainblume.*
Wasserblau, *Marineblau*, synthet. organ. Farbstoff, Abart des Anilinblaus.
Wasserblüte 1. *Seeblüte, Haffblüte,* Trübung u. häufig intensive Färbung ruhiger Seen als Folge eines Massenauftretens bestimmter *Blaualgen.*
2. Bez. für das Massenauftreten von *Eintagsfliegen* an warmen Sommerabenden; bedecken oft spiegelnde Flächen, die sie für Wasseroberflächen halten, in großer Zahl.
Wasserbock →Riedböcke.
Wasserböcke, *Moorantilopen, Kobus*, bis hirschgroße Gattung der *Echten Antilopen*, leben in lichten Fluß- u. Sumpflandschaften Afrikas: *Ellipsenwasserbock, Hirschantilope, Kobus ellipsiprymnus*, u. die *Moorantilope i. e. S., Kobus kobus.*
Wasserbombe, Sprengkörper zur Bekämpfung von Unterseebooten.
Wasserbüffel, *Arni, Bulbalus arnee*, stellenweise in Südostasien wild vorkommender, bis 1,80 m hoher *Büffel.* Eine nur 1,20 m große Unterart der Insel Mindero heißt *Tamarao.* Vom W. stammt als Haustier der Haus-W. oder *Kerabu*, der in alle warmen Zonen eingeführt wurde.

Wasserburg am Inn, oberbayer. Stadt, 420 m ü. M., 13 500 Ew.; zahlreiche mittelalterl. Bauten, u. a. St.-Jacobs-Kirche, Rathaus, Schloß (alle 15. Jh.).
Wasserdampf →Dampf.
wasserdichte Gewebe, Gewebe mit einem Gummi- (Latex-) oder Ölschichtüberzug, sind wasser- u. luftundurchlässig; auch Gewebe, deren Fasern mit einem wasserabstoßenden Imprägnierungsmittel umhüllt oder verbunden sind.
Wasserdost, *Kunigundenkraut, Eupatorium cannabinum;* kräftiger, mehrjähriger Korbblütler, an feuchten, schattigen Standorten; 0,3 m–1,20 m hoch, mit rötlichen, dichten, schirmartigen Blütenständen; nur Blütenknöten. Früher Heilkraut.
Wasserdurchlässigkeit, *Textiltechnik*: die Wassermenge, die bei einer bestimmten Versuchsanordnung einen Stoff durchdringt.
Wassereiche, durch jahrhundertelange Wasserlagerung schwarzbraun durchfärbtes Eichenholz.
Wasserfall, Gefällstufe im Flußlauf, über die das Wasser senkrecht (oder fast senkrecht) oft mehrere 100 m tief hinabstürzt; eine Folge meist niedriger, treppenartig angeordneter Stufen heißt *Kaskade.* Durch Erosion wird der W. stromaufwärts zurückverlegt, wobei er an Höhe verlieren u. zu *Stromschnellen* aufgelöst werden kann; Ursachen: harte Gesteinsschichten, Bruchstufen, glaziale Entstehung (z. B. Hängetal). Oft zur Energiegewinnung genutzt.
Die höchsten Wasserfälle der Erde sind:

(San) Ángel (Venezuela)	978 m
Yosemite (USA)	740 m
Kukenaam (Guayana/Venezuela)	609 m
Sutherland (Neuseeland)	571 m
Tugela (Südafrika)	540 m
Roraima (Guayana)	457 m
Kalambo (Tansania)	427 m
Gavarnie (franz. Pyrenäen)	420 m
Krimml (Österreich)	380 m
Gießbach (Schweiz)	300 m
Staubbach (Schweiz)	287 m

Wasserfalle, *Aldrovanda vesiculosa*, ein *Sonnentaugewächs* in Eurasien u. Oberägypten; wurzellose Pflanze, selten in stehenden Gewässern.
Wasserfallelektrizität, *Balloelektrizität*, Elektrizität, die beim Fallen von Wassertropfen (auch anderer Flüssigkeiten) durch Reibung an Luft entsteht (bes. bei Wasserfällen); dabei lädt sich der Tropfen positiv, die Luft negativ auf.
Wasserfarbenmalerei = Aquarellmalerei.
Wasserfarne, *Hydropterides*, zu den *Farnen* gehörende wasser- oder sumpfbewohnende krautige Pflanzen. Wichtigste Gattungen: *Azolla, Kleefarn, Schwimmfarn, Pillenfarn.*
Wasserfeder, *Hottonia*, Gattung der *Primelgewächse;* in Gräben u. Sümpfen die weiß oder rötlich, am Schlund gelb blühende *Hottonia palustris.*
Wasserfenchel, *Rebendolde, Oenanthe,* artenreiche Gattung der *Doldengewächse.* In Europa wachsen u. a.: *Röhren-W., Oenanthe fistulosa,* in Sümpfen u. Gräben; *Haarstrangblättriger W., Oenanthe peucedanifolia,* auf feuchten Wiesen u. in Gräben; *Roßkümmel, Oenanthe aquatica,* in stehenden seichten Gewässern.
Wasserflöhe, *Cladocera*, hochentwickelte, ar-

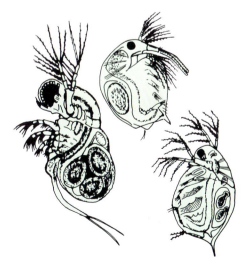

Wasserflöhe, Cladocera, der Gattungen Polyphemus (links), Bosmina (Mitte) und Daphnia (rechts)

Wasserflugzeug

tenreiche Unterordnung der *Blattfußkrebse*; ausgesprochene Kleinformen von durchschnittl. 1 mm Länge mit höchstens 6 Beinpaaren; treten in gewaltigen Mengen auf u. spielen als Nahrung in der Fischzucht eine bedeutende Rolle. Die W. legen im Sommer parthenogenetische (Subitan-)Eier, die sich im Brutraum am Rücken der Tiere rasch entwickeln. Im Herbst treten auch Männchen auf. Nach der Paarung werden die überwinternden Dauereier gebildet. In Verbindung mit diesem Fortpflanzungszyklus treten in den Gattungen *Daphnia* u. *Bosmina* regelmäßig Gestaltsveränderungen auf *(Cyclomorphose)*. Im Süßwasser vor allem die Gattungen *Daphnia (Wasserflöhe i. e. S.), Bosmina (Rüsselkrebse), Polyphemus* (mit großem Stirnauge); im Meer *Podon* u. *Evadne*.

Wasserflugzeug, ein Flugzeug, das von Wasserflächen startet u. auf diesen niedergeht *(wassert)*; wird im Wasser schwimmfähig gehalten durch Schwimmer (bootsähnliche Körper anstelle des Fahrwerks beim *Schwimmerflugzeug*) oder durch Ausbildung des Flugzeugrumpfs als schwimmfähiges Boot *(Flugboot)*.

Wasserfreund, Indischer W., *Hygrophila polysperma*, Gattung der *Akanthusgewächse*, lebt als amphibische Wasserpflanze an Gewässern Ostindiens u. in Malaya; Aquarienpflanze.

Wasserfrosch, *Teichfrosch*, *Rana esculenta*, häufigster *Frosch* der mittel- u. nordeurop. Gewässer. Zur Paarungszeit erzeugen Ansammlungen von Männchen mit ihrer Schallblasen das weithin hörbare „Froschkonzert". Grün, selten braun, bis 12 cm; dem *Seefrosch* verwandt. Lebensdauer bis 10 Jahre. – B →Lurche.

Wasserfrüchtler, Pflanzen, deren Früchte oder Samen durch das Wasser verbreitet werden, z. B. Kokospalmen.

Wassergalle, im Acker sich abzeichnende nasse Stelle, die drainagebedürftig ist.

Wassergas, ein Industriegas, das durch Einwirkung von Wasserdampf auf glühenden Koks im W.generator entsteht. Es enthält ca. 50% Wasserstoff, 40% Kohlenmonoxid, 4% Kohlendioxid, 2–6% Stickstoff; Heizwert etwa 12600 kJ/m³. Verwendung als Heizgas u. zum Schweißen, ferner als Synthesegas für die Ammoniaksynthese (nach Entfernung des Kohlenoxids) u. für das *Fischer-Tropsch-Verfahren*.

wassergasschweißen →schweißen.

Wassergefäßsystem →Stachelhäuter.

Wasserglas, eine zähe, farblose Flüssigkeit, kolloide Lösungen von Natrium- oder Kaliumsilicat (→Kieselsäure); wird durch Zusammenschmelzen von Quarz mit Soda oder Natriumsulfat bzw. mit Pottasche dargestellt. W.lösungen werden verwendet zum Leimen von Papier, Imprägnierungen von Papiergewebe, zum Beschweren der Seide, zur Herstellung von Kitten u. Klebemitteln, als Flammschutzmittel, für Glastinten, zur Eierkonservierung. Pulveriges *W.gel* dient als Zusatz zu Seifen.

Wasserhaltung, die ständige Abführung von in Baugruben oder Bergwerke eindringendem freiem Wasser oder Grundwasser. Das Wasser wird in Sammelgräben *(Wasserseigen)* zu einem zentralen Becken *(Pumpensumpf)* geleitet u. von dort fortlaufend abgepumpt. →auch Haltung (1).

Wasserharnruhr, *Diabetes insipidus*, eine durch Störungen im Hypophysen-Zwischenhirn-System verursachte Störung des Wasserhaushalts des Körpers, bei der täglich mehrere Liter eines dünnen, wäßrigen Harns ausgeschieden werden u. quälender Durst besteht, da entspr. Flüssigkeitsmengen wieder zugeführt werden müssen.

Wasserhärte →Härte des Wassers.

Wasserhaushalt, die Regulation der ständig im Organismus auftretenden Wasserzunahme u. -abnahme auf die zum Leben günstigste Menge. Der Wassergehalt der Lebewesen ist unterschiedlich (Qualle 98%, Regenwurm 85%, Mensch 65%). Das Wasser befindet sich entweder in den Zellen *(intrazellulär)*, in den Räumen dazwischen *(interzellulär)*, im Blutplasma *(extrazellulär)* oder im Verdauungstrakt *(transzellulär)*. Die Wasserzufuhr erfolgt bei Tieren durch feste u. flüssige Nahrung; daneben ein nicht zu unterschätzender Teil durch das Oxydationswasser beim chem. Abbau der Nahrungsstoffe (→Stoffwechsel), beim Menschen 300–400 g je Tag. Die Wüstenmotte u. zeitweise einige Wüstentiere decken damit ihren gesamten Wasserbedarf. Die Wasserabgabe erfolgt durch Harn, Schweiß u. Atmung. Zwei Regulationssysteme beeinflussen den W.: Durstgefühl führt zu Flüssigkeitsaufnahme; die Niere spart Wasser ein oder schwemmt es aus (→Harn; →Diurese). Wassertiere, deren Körper eine von der Außenwelt abweichende Salzkonzentration haben, besitzen Schutzvorrichtungen gegen Störungen des W.s.

Auch Pflanzen benötigen eine ausgeglichene Wasserbilanz. Wasseraufnahmeorgan ist das *Wurzelsystem*. Das von Wurzelzellen eingesogene Wasser wird aktiv durch den *Wurzeldruck* u. passiv durch Steigen in Kapillaren im Organismus transportiert. Ohne Wasser sind Pflanzen nicht fähig, mit Kohlendioxid u. Sonnenlichtenergie organische Verbindungen aufzubauen. Wasserabgabe erfolgt passiv durch Ausatmung *(Transpiration)*, bei Feucht- u. Wasserpflanzen auch aktiv durch Spalte an den Blatträndern *(Guttation)*. Als Schutz vor zu großer Wasserabgabe dienen: Wachsüberzüge, Haare, Schließen der Spaltöffnungen u. Abwenden oder Einrollen der Blätter. Dieser Prozeß der Einsparung von Oberfläche führt bei Wüstenpflanzen bis zur Blattlosigkeit (Kakteen). – ▫ 9.0.7.

Wasserhose, eine *Trombe*, Wirbelwind mit einem aus einer Wolke herabhängenden Wolkenschlauch, der beim Überschreiten von Gewässern durch Aufpeitschen u. Ansaugen des Oberflächenwassers einen sichtbaren, oft hohen „Fuß" aus Wasser u. Wasserstaub erzeugt (Durchmesser 1–300 m, Höhe bis 30 m u. mehr).

Wasserhuhn →Bläßhuhn.

Wasserhyazinthe, *Eichhornia crassipes*, zur Familie der *Pontederiaceae* gehörende Wasserpflanze im trop. u. subtrop. Amerika; sonst verschleppt; oft frei schwimmend u. große Rasen bildend. Scheinähriger Blütenstand mit violettpurpur bis blauen Blüten. Zierpflanze.

Wasserjungfern = Libellen.

Wasserkalb, *Gordius aquaticus* →Saitenwürmer.

Wasserkalk →Baukalk.

Wasserklee →Bitterklee.

Wasserklosett, Abk. *WC*, Abort mit Wasserspülung u. Geruchsverschluß.

Wasserkopf, *Hydrozephalus*, krankhafte Schädelvergrößerung durch abnorme Vermehrung der Gehirn-Rückenmarkflüssigkeit; kann angeboren oder frühkindlich erworben sein; in leichten Fällen können Intelligenz u. Gehirnfunktionen intakt bleiben, in schweren Fällen kann es zu Schwachsinn u. erhebl. Nervenstörungen kommen.

Wasserkreislauf, die Zirkulation des Wassers zwischen Meer u. Festland in der Abfolge Verdunstung, Niederschlag, Abfluß. Man unterscheidet einen *großen* oder *äußeren* W. (Verdunstung über dem Meer, Niederschlag über dem Land, Abfluß des Niederschlagswassers zum Meer) u. mehrere *kleine (innere)* Kreisläufe (Verdunstung u. Niederschlag über dem Meer bzw. über dem Land), die sich in die große Zirkulation eingliedern.

Wasserkultur →Hydroponik.

Wasserkunst →S. 213.

Wasserkuppe, höchster Berg der Rhön, 950 m, Segelflugsport.

Wasserläufer, 1. *Tringa*, Gattung der *Schnepfenvögel*; Watvögel, die in der Uferzone von Kleintieren leben. Einheimisch: *Bruch-W., Tringa glareola* (Nordost-Dtschld.), *Rotschenkel, Tringa totanus* (ganz Dtschld.); *Grünschenkel, Tringa nebularia* (Sommervogel); z. T. nur auf dem Zug in Dtschld. 2. *Amphibiocorisae*, Gruppe der *Wanzen*, Körper meist langgestreckt, Beine häufig verlängert u. Flügel oft fehlend. Auf dem Wasser oder in dessen Nähe lebende Arten. Hierher gehören *Teichläufer*, *Wasserläufer i. e. S., Bachläufer, Meeresläufer*. 3. W. i. e. S., *Gerris spec.*, bis 3 cm lange langbeinige *Wanzen*, auf der Oberfläche stehender oder langsam fließender Gewässer ruckweise umherlaufend („Wasserschneider"); ergreifen mit den Vorderbeinen Beutetiere (Insekten u. ä.).

Wasserlieschgewächse, *Butomusgewächse*, *Butomaceae*, Familie der zu den *Monokotyledonen* gehörenden Ordnung *Helobiae*. →Schwanenblume.

Wasserlinse, *Lemna*, Gattung der *Wasserlinsengewächse*. In Dtschld. bes. die *Kleine W. (Entengrütze, Lemna minor)* auf allen stehenden Gewässern. Kosmopolit.

Wasserlinsengewächse, *Lemnaceae*, Familie der zu den *Monokotyledonen* gehörenden Ordnung der →*Spathiflorae*, Schwimmpflanzen mit reduzierten Blütenmerkmalen.

Wasserlobelie, *Lobelia dortmanna*, ein *Glockenblumengewächs*, in der Uferzone von Landseen zeitweilig untergetaucht lebend oder als Landpflanze; in Europa u. Nordamerika heimisch. Wegen ihrer hellblauen Blütenstände beliebt für Aquarien, doch wenig beständig.

Wasserlungen, bei Seewalzen vom Enddarm in die Leibeshöhle hineinragende verästelte Schläuche, Atmungsorgane.

Wassermann, 1. *Astronomie: Aquarius*, älterer Name *Amphora*, Sternbild des Tierkreises am südl. Himmel.
2. *Volkskunde:* ein *Wasserwesen* im Volksglauben u. Märchen des Binnenlands. Der W. verlockt die Menschen durch Geschenke, zieht sie ins Wasser u. hält ihre Seelen unter Töpfen gefangen. Oft wird erzählt, daß er ein Mädchen raubt u. heiratet. Entweicht ihm seine Frau (Märchen von der schönen Lilofee), so teilt er mit ihr die Kinder u. zerreißt das jüngste unpaarige.

Wassermann, 1. August Paul von, Bakteriologe u. Serologe, *21. 1. 1866 Bamberg, †16. 3. 1925 Berlin; gab 1906 die nach ihm benannte →Wassermannsche Reaktion an.
2. Jakob, Schriftsteller, *10. 3. 1873 Fürth, †1. 1. 1934 Altaussee, Steiermark; zuerst Redakteur beim „Simplicissimus"; hatte Welterfolge mit spannenden psycholog. Romanen, die Zeitprobleme behandeln, zuweilen auch dem Phantastischen u. Magischen zuneigen: „Caspar Hauser oder Die Trägheit des Herzens" 1908; „Das Gänsemännchen" 1915; „Christian Wahnschaffe" 2 Bde. 1919, erweitert 1932; Kerkhoven-Trilogie: „Der Fall Maurizius" 1928, „Etzel Andergast" 1931, „Joseph Kerkhovens dritte Existenz" 1934. Autobiographie: „Mein Weg als Deutscher und Jude" 1921.
3. Rudolf, Jurist, *5. 1. 1925 Letzlingen, Altmark; 1968–1970 Landgerichts-Präs. in Frankfurt a. M., seit 1970 Oberlandesgerichts-Präs. in Braunschweig; engagierter Verfechter einer umfassenden Justizreform im Geist des Grundgesetzes; Veröffentlichungen zu rechtspolit. Fragen.

Wassermannsche Reaktion, Abk. *Wa. R.*, nach A. von *Wassermann* benannte serolog. Untersuchungsmethode zum Nachweis von Lues-(Syphilis-)Antikörpern (Reaginen) im Blut u. Liquor.

Wassermelone →Melone.

Wassermesser, *Wasserzähler*, *Wasseruhr*, Meßinstrument zur Feststellung der durch eine Rohrleitung fließenden Wassermenge. Im *Geschwindigkeits-W.* wird ein Flügelrad, das mit einem Zählwerk verbunden ist, vom fließenden Wasser gedreht. *Volumenmesser* mit Taumelscheiben sind genauer. *Druckunterschieds-W.* messen den Unterschied vor u. hinter einer Staucheibe (z. B. Venturirohr). Aus dem Druckabfall läßt sich die Durchflußmenge bestimmen.

Wassermoschustier →Zwergböckchen.

Wassernabel, *Hydrocotyle*, Gattung der *Doldengewächse*; in Dtschld. vertreten durch den auf Sumpf- oder Torfböden *kriechenden W., Hydrocotyle vulgaris*, mit in Dolden vereinigten weißen Blüten.

Wassernase, rinnenförmige Vertiefung an der Unterseite von Fensterwetterschenkeln u. Gesimsen zum Abtropfen des Regenwassers.

Wasserhyazinthe, Eichhornia crassipes

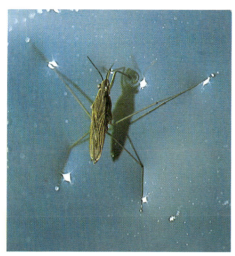

Wasserläufer, Gerris spec.

Wassernetz, *Hydrodictyon utriculatum,* zierliche Grünalge, deren Zellen sich zu einem sternförmigen Netz zusammenlegen. – ⬚ →Algen.

Wassernuß, *Trapa natans,* ein *Wassernußgewächs,* Blätter in Schwimmblattrosette mit blasig aufgetriebenem Stengel, einjährig. Gesellig nur in stehenden Gewässern wärmerer Gegenden.

Wassernußgewächse, *Trapaceae,* Familie der *Myrtales;* hierher gehört die *Wassernuß.*

Wasseropossum →Schwimmbeutler.

Wasserpest, *Elodea,* Gattung der *Froschbißgewächse.* Sehr verbreitet in stehenden u. fließenden Gewässern ist die aus Kanada eingeschleppte *Kanadische W., Elodea canadensis,* mit quirlig stehenden, linealischen bis lanzettlichen, kleingesägten Blättern. In Europa sind nur weibl. Exemplare verbreitet, daher erfolgt die Vermehrung ungeschlechtlich; beliebte Aquarienpflanze. – Nur in wärmeren Gegenden die größere, aus Argentinien stammende *Dichtblättrige W., Elodea densa.*

Wasserpfeife, pers. *Nargileh,* afrikan. *Huka,* im Orient, in Nord- u. Ostafrika sowie bis Ostasien verbreitete Form der Tabakspfeife; besteht aus einem teilweise mit Wasser gefüllten bauchigen Gefäß, dessen Verschluß 2 Öffnungen hat. Durch die eine wird ein bis ins Wasser reichendes Röhrchen geführt, das an seinem oberen Ende den Pfeifenkopf trägt. Das zweite Röhrchen, das nicht bis zur Wasseroberfläche reicht, ist mit einem Schlauch verbunden, der das Mundstück trägt. Der Rauch muß also, bevor er eingeatmet wird, das Wasser passieren u. wird dadurch gekühlt, der scharfe u. sehr nikotinreiche W.ntabak *(Tumbeki)* wird im Aroma milder u. verliert an Nikotingehalt.

Wasserpflanzen, *Hydrophyten,* fast ständig im Wasser lebende Pflanzen; meist Blütenpflanzen, einige Algen u. wenige Farne. W. nehmen ihre Nährstoffe direkt aus dem Wasser auf u. haben deshalb dünne Epidermiswände; Leitgefäße u. Festigungsgewebe fehlen häufig. Um Gasdiffusion u. Auftrieb zu verbessern, ist das Parenchym als Aërenchym ausgebildet, mit großlumigen Interzellularen. Schwimmblätter sind stark vergrößert u. untergetauchte Blätter zu besserer Nahrungsaufnahme fein zerteilt. W. können – mit allen Übergängen – im Gewässerboden untergetaucht wurzeln (Armleuchteralgen), ohne Wurzelbildung untergetaucht schwimmen (Hornblatt, Wasserschlauch), an der Oberfläche wurzeltragend schwimmen (Farne, Wasserlinsen) oder im Boden wurzeln u. submerse sowie emerse Triebe bilden (Wasserhahnenfuß). Blütenpflanzen kommen nur bis maximal 10 m tief, Armleuchteralgen u. Quellmoos bis 15 m tief vor. In der Verlandungszone werden die W. von den →Sumpfpflanzen abgelöst.

Wasserprobe, eines der →Gottesurteile: Ging der gebunden ins Wasser geworfene Beschuldigte nicht unter, dann galt er als überführt, weil das reine Wasser ihn nicht aufnahm.

Wasserralle [die], *Rallus aquaticus,* bis 28 cm große, dunkle eurasiat. *Ralle.*

Wasserratte, *Schermaus, Mollmaus, Arvicola terrestris,* eine *Wühlmaus* mit 15 cm Körperlänge, baut vornehmlich in Wassernähe Erdgänge u. wirft oft nach Maulwurfsart Erdhaufen auf; vorwiegend Wurzelfresser, dadurch in Pflanzenkulturen sehr schädlich, gefährdet außerdem durch ihre Gangsysteme Deiche u. Dämme.

Wasserrecht, die Rechtsvorschriften über die Rechtsverhältnisse am Wasser, bes. über Eigentum, Benutzung, Unterhaltung u. Reinhaltung von *Wasserläufen* einschl. der *stehenden Gewässer,* aus denen sie abfließen, u. von *Grundwasser* (dagegen →Seerecht). In der BRD ist das W. teils Bundes-, teils Landesrecht; der Bund hat Gesetze über das Recht der Binnenwasserstraßen u. der →Binnenschiffahrt sowie der Wasser- u. Bodenverbände u. als Rahmengesetz das *Wasserhaushaltsgesetz* vom 27. 7. 1957 in der Fassung vom 26. 4. 1976 erlassen. Nach Art. 89 GG ist weiterhin der Bund Eigentümer der bisherigen Reichswasserstraßen, d.h. der dem allg. Verkehr dienenden Wasserstraßen, die er als *Bundeswasserstraßen* durch eigene Behörden (Wasser- u. Schiffahrtsdirektionen; Wasser-, Wasserbau-, Kanal- u. Schiffahrtsämter; Bundesschleppbetriebe) verwaltet u. von denen er auch die Hoheitsrechte der Enteignung, der Tariffestsetzung u. der *Wasserschutzpolizei* ausübt. (Donau u. Rhein sind jedoch internationale Wasserstraßen). Um die Versorgung der Zivilbevölkerung u. der Streitkräfte mit Trinkwasser, Betriebs- u. Löschwasser im Verteidigungsfall sicherzustellen sowie zum Schutz vor den Gefahren, die im Verteidigungsfall von Abwasser-, Stau- u. Speicheranlagen ausgehen oder in Gebieten mit künstlicher Vorflut auftreten können, hat der Bund das *Wassersicherstellungsgesetz* vom 24. 8. 1965 erlassen.
Die Länder der BRD haben ihr W. im Anschluß an das Wasserhaushaltsgesetz des Bundes reformiert. Ihre *Wassergesetze* teilen die Gewässer in solche 1. Ordnung u. in Gewässer 2. u. 3. Ordnung ein. Über die *Gewässer 1. Ordnung* wird ein Verzeichnis geführt; die darin aufgenommenen Gewässer stehen im Eigentum des Landes, die übrigen je nach Größe u. Bedeutung im Eigentum der anliegenden Gemeinden oder der privaten Anlieger. Zur Unterhaltung der Wasserläufe, bes. ihrer *Vorflut* sind bei der 1. u. 3. Ordnung die Eigentümer, bei der 2. Ordnung die Wasser- u. Bodenverbände verpflichtet. Über *Grundwasser* kann der Grundstückseigentümer seit dem Wasserhaushaltsgesetz von 1957 nur noch in beschränktem Umfang frei verfügen; Grundwasserentnahmen größeren Umfangs sind genehmigungsbedürftig. In der Benutzung der Wasserläufe 1. u. 2. Ordnung umfaßt der →Gemeingebrauch das Baden, Waschen, Schöpfen, Viehtränken u. -schwemmen, Kahnfahren u. Eislaufen sowie die Entnahme von Wasser u. Eis für Haushalt u. Wirtschaft, weiterhin die Ableitung von Wasser u. Haushalts- u. Wirtschaftsabwässern, soweit dadurch die Wasserführung nicht verringert oder das Wasser zum Nachteil anderer verunreinigt wird. Die diesen Gemeingebrauch übersteigende Benutzung, bes. durch die Errichtung von Stauanlagen u. Mühlen, bedarf bes. Genehmigung, ebenso die Einleitung von Industrieabwässern. Rechte Dritter an im Privateigentum stehendem Wasser u. eine regelwidrige Bestimmung über die Unterhaltspflicht werden in *Wasserbüchern* eingetragen, die dem Grundbuch nachgebildet sind u. öffentl. Glauben genießen.
In Österreich ist das W. in Gesetzgebung u. Vollziehung Bundessache. Jeder Verwaltungsbezirk hat ein *Wasserbuch* zu führen, Wasserbehörde ist der Landeshauptmann des jeweiligen Bundeslandes. Schweiz: Bundesgesetz über den Gewässerschutz von 1971. →auch Gewässerschutz, Umweltschutz. – ⬚ 4.2.2.

Wasserreh, *Hydropotes inermis,* eine eigene Unterfamilie, *Hydropotinae,* repräsentierender *Hirsch* Südchinas u. Koreas; rotfuchsgroß u. -farbig; ohne Geweih, aber mit Eckzahnhauern. Das Weibchen wirft als einzige Hirschkuh 3–7 Junge.

Wasserreinigung →Abwasserreinigung, →Wasserversorgung.

Wasserreis, 1. *Zizania palustris,* ein *Süßgras,* das in Nord- u. Südamerika als Nahrungsmittel der Indianer kultiviert wird; in Dtschld. an Fischteichen als Futterpflanze. **2.** = Klebast.

Wasserrettungsdienst, Einrichtungen der Dt. Lebens-Rettungs-Gesellschaft zur Verhinderung von Badeunfällen oder zum Retten Verunglückter an Binnengewässern: feste u. schwimmende Wasserstationen, Wachen u. Uferstreifen.

Wasserrohrkessel →Bensonkessel.

Wasserrübe →Rübsen.

Wasserscheide, Trennungslinie der Einzugsgebiete zweier oder mehrerer Flußsysteme, meist auf Höhenzügen (*Kamm-W.*), doch auch in Tälern (*Tal-W.;* z.B. in Gletschertälern oder bei Anzapfung). In Karstgebieten sind W.n schwer zu bestimmen, weil hier oft eine unterird. Entwässerung stattfindet. Die *Haupt-W.* trennt die Einzugsgebiete von Zuflüssen zu verschiedenen Meeren.

Wasserschenkel, *Wetterschenkel,* bei Fenstern u. Außentüren Vorsprung mit Wassernase am unteren Flügelrahmenholz; soll das Eindringen von Schlagregen verhindern.

Wasserschierling, *Cicuta,* giftiges *Doldengewächs,* in Dtschld. zerstreut in Gräben u. Sümpfen.

Wasserschlange, Sternbilder: **1.** *große W., Hydra,* nördl. weibl. *W.,* Sternbild des südl. Himmels, in Mitteleuropa sichtbar, Hauptstern: Alphard; **2.** *kleine W., Hydrus,* südl. männl. *W.,* Sternbild des südl. Himmels.

Wasserschlauch, *Utricularia,* Gattung der *Wasserschlauchgewächse,* untergetaucht lebende, fleischfressende Wasserpflanzen, die Fallen für Kleinkrebse u.ä. ausbilden. Blüten in gelben, gestielten Trauben. In Dtschld. u.a.: *Gewöhnl. W., Utricularia vulgaris,* in Torflöchern u. moorigen Gewässern der *Kleine W., Utricularia minor.*

Wasserschlauchgewächse, *Lentibulariaceae,* Familie der *Personatae,* fleischfressende Pflanzen.

Wasserschloß, 1. *Baukunst:* ein von einem künstl. oder natürl. Wasserlauf (Graben, Flußabzweigung) umgebene u. dadurch inselähnl. abgesonderte Schloß- oder Burganlage; häufig in der altwestfäl. Schloßbaukunst zu finden. **2.** *Wasserkraftanlagen:* ein am oberen Ende einer längeren, geschlossenen Druckleitung einer Wasserkraftanlage befindlicher großer, oben offener Behälter, der Druckstöße durch Änderung des Oberwasserspiegels ausgleicht.

Wasserschneider →Wasserläufer (3).

Wasserschutzpolizei, die Strom- u. Schiffahrtspolizei auf den Wasserstraßen mit den Aufgaben der polizeil. Überwachung der Wasserfahrzeuge u. des Verkehrs auf den Wasserstraßen.

Wasserschwein, *Capybara, Hydrochoerus hydrochaeris,* ein schwanzloses *Nagetier* von plumper Gestalt, mit 100 cm Körperlänge u. 50 cm Schulterhöhe das größte lebende Nagetier; in Südamerika an Wasserläufen. Die W.e, *Hydrochoeridae,* bilden eine eigene Familie.

Wasserski [-ʃi:], 15–25 cm breite, 1–1,60 m lange, an der Spitze aufgebogene u. hinten mit einer Kielflosse versehene Skier für den *W.lauf.* W.läufer werden von einem Motorboot mit mindestens 35 km/h gezogen. Das Schleppseil ist 15–23 m lang mit Griffen für beide Hände oder einem Querholz. Meisterschaften werden im *Slalom, Springen* u. *Figurenlaufen,* die auch als Dreier-Kombination gewertet werden, ausgetragen. Auf der 287 m langen Slalomstrecke müssen bei 51, 54 u. 57 km/h Geschwindigkeit des Bootes möglichst viele der 6 seitwärts liegenden Bojen umfahren werden. W.springen erfolgt von Sprungschanzen, die im Wasser verankert sind (Länge 6,30 m, Höhe 1,50–1,80 m). Beim Figurenlaufen werden in zweimal 20 sek möglichst viele Drehungen um 180° u. 360° auf einem oder beiden Skiern nach rechts u. links ausgeführt. Außerdem gibt es den

Wasserski: Läuferin während eines Slalomwettbewerbs

Wasserkunst

Villa Hadriana, sog. Canopus; nach 130. Tivoli

Acequia im Generalife; 14. Jh. Granada

WASSERKUNST

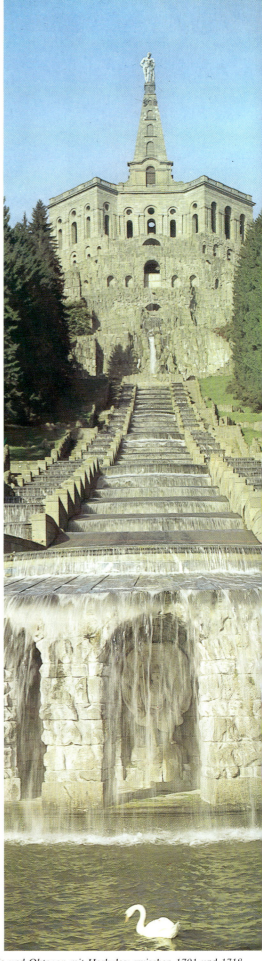

Löwenhof der Alhambra; seit 1377. Granada (links). – Marktbrunnen; 13. Jh. Goslar (Mitte). – Kaskade und Oktogon mit Herkules; zwischen 1701 und 1718. Kassel, Schloß Wilhelmshöhe (rechts)

Wasserkunst

Benedikt Wurzelbauer, Tugendbrunnen; 1589. Nürnberg (links). – Hubert Gerhard, Putto vom Augustusbrunnen; um 1590. Augsburg (Mitte). – Wasserorgel im Park der Villa d'Este; um 1550. Tivoli (rechts)

Hans Poelzig, Reese-Brunnen; 1929. Hannover, Neues Haus

Heinz Mack, Wasserwolke; 1972. München, Olympiagelände (links). – Hans Wimmer, Salome-Brunnen (Richard-Strauss-Brunnen); 1962. München (rechts)

Wasserkunst, 1. im MA. turmartige Anlage, meist im Verband mit Stadtmauer u. Graben; diente zum Hochpumpen von Wasser, das dann über Mühlräder geleitet wurde. Gut erhalten ist die W. in Bautzen.
2. Bez. für alle künstlich geschaffenen Wasseranlagen, die der Verschönerung von Gärten u. Parks dienen, indem sie sich mit techn.-automat. Einrichtungen die Beweglichkeit des Wassers zunutze machen, z. B. Fontänen, Kaskaden, Wasserspiele, auch Becken, Wasserläufe u. kleine Häfen; früher bei Festen zur Nachtzeit illuminiert.
Der durch ein weitverzweigtes Leitungssystem gesicherte Wasserreichtum des antiken Rom ermöglichte die Ausstattung des Peristyls im Privathaus mit Wasserbecken, Kanälen u. Schalenbrunnen. Die röm. Villen besaßen vielfach größere Wasseranlagen. In der oriental.-islam. Gartengestaltung spielen Wasseranlagen eine dominierende Rolle (Granada, Alhambra), während das MA. nur Mehrschalen- u. Stockbrunnen (Maulbronn) sowie Wasserbecken in Kloster- u. Bürgergärten kannte. Renaissance u. vor allem Barock brachten die Blütezeit des Figurenbrunnens, dessen meist der antiken Meeresmythologie entnommene Gestalten selbst zu Spendern der Wasserstrahlen wurden. Die hervorragendsten Werke schufen A. de *Vries* (Herkulesbrunnen in Augsburg), H. *Gerhard* (Augustusbrunnen ebenda), R. *Donner* (Mehlmarktbrunnen in Wien); in Italien G. da *Bologna* (Neptunsbrunnen in Bologna) u. L. *Bernini* (Vierströmebrunnen auf der Piazza Navona u. Fontana Trevi in Rom).
Mit der italien. Renaissance entstanden auch die weitverzweigten W.anlagen, die nun über ausgeklügelte mechan. Systeme verfügen u. die Parks durch meist zusammenhängende Wasserläufe verschiedener Gestalt gliedern. So unterteilt sich der Garten der Villa d'Este in Tivoli in fünf steile, von Kaskaden begleitete Terrassen; das Wasser fängt sich in Becken, bildet Fontänen u. erzielt zusammen mit Baulichkeiten („Wasserorgel", Wasserspiele) theaterhafte Wirkungen. Im Gegensatz zu den italien. Terrassengärten enthalten die planen Barockparks Frankreichs Kanäle, Becken u. Fontänen, z. B. der Park von Versailles, seit 1661 durch A. de *Le Nôtre* angelegt, mit riesigen Bassins, Springbrunnen, Thetisgrotte, Wassertheater aus Fontänen u. Miniaturkaskaden, Vexierspielen in Boskets. Die dt. W. des Barocks schloß sich weitgehend französ. Vorbildern an (Nymphenburg, Sanssouci, Schleißheim u. a.), verband aber auch französ. mit italien. Elementen (Kaskade, Becken u. Brunnen in Kassel-Wilhelmshöhe). – ⧉ 2.1.6.

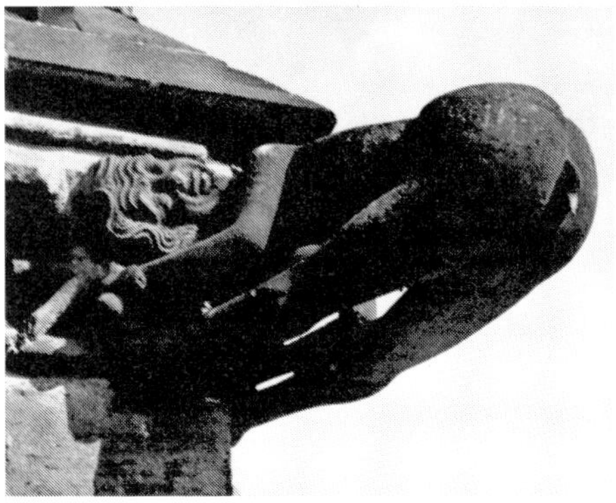

Wasserspeier am Freiburger Münster

W.-Langstreckenlauf über mindestens 50 km u. (nicht wettkampfmäßig) Drachenfliegen. – Erster W.club 1929 in den USA gegr.; Weltmeisterschaften seit 1949, dt. Meisterschaften seit 1958. Organisation: *Deutscher W.-Verband*, gegr. 1958, Sitz: Kassel, rd. 6000 Mitglieder. In Österreich: *Österr. W.verband*, Grein, rd. 1200 Mitglieder; in der Schweiz: *Schweizer. W.-Verband*, Montreux, rd. 2000 Mitglieder.

Wasserskorpion, *Nepa ubra*, bis 20 mm lange, sandgraue *Wasserwanze* mit flachem, eiförmigem Körper u. langem Atemrohr am Hinterleibsende. Die Vorderbeine sind zu taschenmesserartig einklappbaren Raubbeinen umgebildet. Lauernder Räuber mitteleurop. Gewässer.

Wasserspecht, volkstüml. für →Eisvogel.

Wasserspeier, steinerne Rinne an der Traufenkante eines Gebäudes zur Ableitung des sich sammelnden Regenwassers; in der Antike oft als Löwenkopf gebildet, in den Kirchen der Gotik in Gestalt von Fabelwesen, dämonischen Tieren u. ä.

Wasserspinne, *Argyroneta aquatica*, zu den *Trichterspinnen* gehörige, einzige im Wasser lebende Spinne von 1–2 cm Länge, die einen Luftvorrat mit unter Wasser nehmen kann. Sie baut am Grund der Gewässer ein Netz, unter das sie Luft bringt, so daß eine silbrig schimmernde Luftblase entsteht, in der sie 3–4 Tage leben kann. In dieser Luftblase wachsen die Jungen auf u. werden vom Muttertier mit frischer Luft versorgt.

Wassersport, Sammelbegriff für alle in u. auf dem Wasser betriebenen Sportarten: *Kunstschwimmen, Motorbootsport, Paddeln, Rudern, Schwimmen, Segeln, Tauchen, Wasserball, Wasserski, Wasserspringen, Wellenreiten, Windsurfing.*

Wasserspringen, *Kunst- u. Turmspringen*, zusammenfassende Bez. für die schwimmsportl. Disziplinen Kunstspringen (vom 1 oder 3 m hohen →Sprungbrett) u. Turmspringen (von den 5, 7,5 oder 10 m hohen Plattformen des →Sprungturms); internationale Wettbewerbe: 3-m-Brett, 10-m-Plattform. Die Sprungbecken müssen eine Mindestwassertiefe von 4,5 m haben.

Die Sprünge sind nach Art der Ausführung in 6 Gruppen eingeteilt; jeder Sprung hat einen tabellar. festgelegten Schwierigkeitsgrad:

1. *Vorwärtssprünge:* Kopfsprünge u. Salti vorwärts (Schwierigkeitsgrade von 1,3 bis 2,9); 2. *Rückwärtssprünge:* Kopfsprünge u. Salti rückwärts (1,5–2,8); 3. *Auerbachsprünge:* Auerbachkopfsprünge u. -salti rückwärts (1,5–1,8); 4. *Delphinsprünge:* Kopfsprünge gegen das Brett, rücklings, vorwärts (1,2–2,8); 5. *Schraubensprünge:* Salti u. Kopfsprünge mit Schraubendrehungen um die Körperlängsachse, vorwärts u. rückwärts (1,6–2,8); 6. *Handstandsprünge* (nur beim Turmspringen; 1,4–2,3). Unter *vorlings* bzw. *rücklings* versteht man die Stellung des Körpers zum Sprungbecken (vorlings – Gesicht zum Sprungbekken), unter *vorwärts* bzw. *rückwärts* die Drehrichtung des Sprungs (rückwärts – gegen das Brett bzw. den Turm). Jeder Sprung kann gestreckt, gehechtet u. gehockt ausgeführt werden. Bewertet werden von (national 5, international 7) Sprungrichtern der Anlauf, Absprung, Sprunghöhe, Ausführung u. Anmut des Sprungs sowie das Eintauchen ins Wasser mit Noten von 0 bis 10 (mit halben Punkten). Die beste u. schlechteste werden gestrichen, die übrigen addiert u. mit dem Schwierigkeitsgrad multipliziert. Männer u. Frauen springen vom Brett je 5 Pflicht- u. 5 Kürsprünge; vom Turm: Männer 10 Sprünge (4 Pflicht, 6 Kür); Frauen 7 Sprünge (4 Pflicht, 3 Kür). – Ⓑ→Schwimmen. – Ⓛ 1.1.4.

Wasserspringschwanz, *Podura aquatica*, schwarzer, bis 1,2 mm großer *Gliederspringschwanz*, in Mitteleuropa oft in Massen am Rand stehender Gewässer; sinkt auf der Wasseroberfläche nicht ein.

Wasserstand, Höhe des Wasserspiegels bei Flüssen, Seen oder Meeren, gemessen am *Pegel*; als *Mittel-W.* bezeichnet man das arithmet. Mittel aller Wasserstände eines bestimmten Zeitraums; der *gewöhnl. W.* oder *Zentralwert* ist der W., der an gleichviel Tagen eines Zeitraums über- u. unterschritten wird.

Wasserstandsanzeiger, Instrument zum Anzeigen des Flüssigkeitsstands in einem undurchsichtigen Behälter. Bei offenem Behälter meist einfache Schwimmvorrichtung, die mit einem Zeiger den Stand des Schwimmers anzeigt. Bei geschlossenen Kesseln wird ein geeichtes Wasserstandsglas verwendet, das durch Wasserstandshähne an den Kessel angeschlossen ist (Prinzip der kommunizierenden Röhren). An jedem Druckkessel muß eine *Wasserstandsmarke* angebracht sein, aus der der jeweils zulässige niedrigste Wasserstand zu ersehen ist, um eine Beschädigung des Kessels (z.B. Durchbrennen) zu unterbinden.

Wasserstandsfernmelder, ein Gerät, das dazu dient, den Wasserstand in Stauseen, Wasserbehältern, Kanälen u. Flüssen an eine Zentrale zu melden; besteht im Prinzip aus einem Schwimmer, der über eine Kette ein Schaltwerk betätigt. Die Anzeige wird über Kabel oder Funk weitergeleitet. →Fernmessung.

Wasserstandsregler, Regler zur selbsttätigen Erhaltung eines vorgeschriebenen Wasserstands, z.B. in Dampfkesseln; wirkt durch Öffnen von Ventilen oder durch Ingangsetzen von Pumpen.

Wasserstern, *Callitriche*, Gattung der *Wassersterngewächse*; Wasser- u. Sumpfpflanze, oft vollkommen im Wasser untergetaucht. In Dtschld.: *Herbst-W., Callitriche hermaphroditica; Nußfrüchtiger W., Callitriche obtusangula; Großblütiger W., Callitriche stagnalis; Haken-W., Callitriche hamulata; Stumpffrüchtiger W., Callitriche cophocarpa*, u. *Sumpf-W., Callitriche palustris.*

Wassersterngewächse, *Callitrichaceae*, Pflanzenfamilie der *Tricoccae*.

Wasserstoff, chem. Zeichen H (von grch.-lat. *Hydrogenium*), farb-, geruch- u. geschmackloser gasförmiger Grundstoff, 1766 von H. *Cavendish* entdeckt, Atomgewicht 1,0079, Ordnungszahl 1; das leichteste Gas, sein Litergewicht beträgt bei 0° C u. 101325 Pa Druck 0,0899 g, Siedepunkt –252,8 °C, Schmelzpunkt –262 °C. W. findet sich in freiem Zustand kaum, dagegen ist er in zahlreichen anorgan. (hauptsächl. im Wasser) u. fast allen organ. Verbindungen vertreten. W. wird in großem Umfang durch Elektrolyse von Wasser, durch Überleiten von Wasserdampf über glühenden Koks (→Wassergas), in kleinen Mengen durch Einwirkung von Säuren auf unedle Metalle gewonnen. W. ist brennbar, sein Verbrennungsprodukt ist das Wasser; er bildet mit Sauerstoff hochexplosive Gemische *(Knallgas)*. Atomarer W. kann durch thermische Dissoziation von gewöhnl. W., dessen Moleküle aus zwei Atomen bestehen, erhalten werden. Er hat, als *W. in statu nascendi*, eine viel größere Reaktionsfähigkeit. W. findet umfangreiche techn. Verwendung, so u.a. bei der Ammoniak-Synthese, bei der Kohlenhydrierung, Fetthärtung u. anderen Hydrierreaktionen; ferner zu autogenem Schweißen u. Schneiden, als Füllgas für Ballone, verflüssigt als Raketentreibstoff (US-Saturnrakete) u. als Reduktionsmittel zur Gewinnung von Metallen (z.B. Wolfram). Schwere Isotope des W.s sind das →Deuterium u. das →Tritium.

Wasserstoffbombe, eine Sonderart der →Atombombe. Die Explosion entsteht nicht durch Spaltung von schweren Atomkernen, sondern durch die Verschmelzung leichter Kerne (Deuterium u. Lithium 6 oder Beryllium), bei der vorwiegend Heliumatome entstehen u. viel Energie in Form von Gamma-, Licht- u. Wärmestrahlung frei wird. Der physikal. Prozeß entspricht der „Verbrennung" von Wasserstoff zu Helium auf der Sonne. Gezündet wird die W. durch eine Plutonium-Atombombe, durch die 1. viele Neutronen entstehen u. weiterreagieren können u. 2. genügend Wärme zur Beschleunigung der leichten Atomkerne frei wird. 2 solche Kerne können nur zusammenkommen, wenn sie mit einer Bewegungsenergie aufeinandertreffen, die einer Temperatur von einigen Millionen Grad C entspricht. – Es gibt zwei Arten von W.n: die *flüssige* besteht aus Tritium u. Deuterium; sie muß tiefgekühlt aufbewahrt werden u. hat ein großes Gewicht; die *feste* besteht aus Lithiumdeuterid (LiD) u. ist leicht transportabel. 1 kg LiD entspricht 50000 Tonnen Trinitrotoluol.

Wasserstoffionenkonzentration →pH.

Wasserstoffkühlung, intensive Gaskühlung bei elektr. Maschinen, vorwiegend bei Turbogeneratoren zwischen 50 u. 300 Megawatt. Das meist unter Überdruck stehende Wasserstoffgas bietet gegenüber der bei kleineren elektr. Maschinen verwendeten Luft als Kühlmittel höhere Wärmeaufnahmefähigkeit u. geringere Reibungsverluste.

Wasserstoffperoxid, früher *Wasserstoffsuperoxid*, chem. Formel H_2O_2, in reinem, wasserfreiem Zustand farblose Flüssigkeit, Siedepunkt 151 °C, Schmelzpunkt –0,89 °C; starkes Oxydationsmittel, hat aber gegenüber starken Reduktionsmitteln auch reduzierende Wirkung; zersetzt sich unter dem Einfluß von Katalysatoren (z.B. Staub, Aktivkohle) schnell unter Abspaltung von Sauerstoff; hochkonzentrierte Lösungen können sich explosionsartig zersetzen. Die Zersetzung kann durch Zusatz von *Stabilisatoren* (wie z.B. Harnsäure) verhindert werden. Darstellung durch Umsetzung von Bariumperoxid (BaO_2) mit Schwefelsäure oder durch Einwirkung von Wasser auf Carosche Säure (→Caro [1]). W. wird meist in verdünnten Lösungen verwendet, so u.a. zum Bleichen u. als Desinfektionsmittel; hochprozentiges W. dient als Raketentreibstoff, eine 30%ige Lösung von W. ist das *Perhydrol*.

Wasserstrahlpumpe, eine einfache Saugpumpe aus Glas, Kunststoff oder Metall zur Herstellung von Unterdruck. Ein Wasserstrahl spritzt unter dem vollen Leitungsdruck aus einer Düse (ca. 2 mm Durchmesser) in ein etwas weiteres Rohr, das sich nach unten leicht konisch erweitert. Dabei reißt der Wasserstrahl Luft mit u. evakuiert die angeschlossene Apparatur. Das mit guten W.n erreichbare Endvakuum ist gleich dem Dampfdruck des Betriebswassers (ca. 12 mm Quecksilbersäule). Auch Flüssigkeiten werden von der W. angesaugt. Wegen ihrer Kleinheit, einfachen Bauart (keine bewegl. Teile) u. völligen Unempfindlichkeit gegen aggressive Dämpfe u. Flüssigkeiten werden W.n in chem. Laboratorien sehr häufig verwendet. Die W. wurde von R. *Bunsen* erfunden. – Eine Abart ist das *Wasserstrahlgebläse*, bei dem das austretende Wasser sich in einem besonderen abgeschlossenen Kessel von der mitgerissenen Luft trennt u. unten abläuft, während die Luft mit ca. 2 atü als Druckluft dem Kessel entnommen wird.

Wasserstraßen, die Verkehrswege der Binnenschiffahrt: Flüsse, Seen, Kanäle, auch gekennzeichnete (betonnte) Fahrwasserrinnen in Küstengewässern. Man unterscheidet *internationale W.* (z.B. Rhein, Donau) u. *Bundes-W.* (Binnen- u. Seeschiffahrtsstraßen). →auch Wasserrecht.

Wassersucht, abnorme, krankhafte Ansammlung von Flüssigkeit (Wasser, Gewebsflüssigkeit, seröse Flüssigkeit) im Körper, z.B. infolge von unzureichender Flüssigkeitsausscheidung; man unterscheidet: 1. *Ödem*, allg. Körper-W.; 2. *Anasarka*, Haut-W.; 3. *Hydrops*, Flüssigkeitsansammlung in den Körperhöhlen (Höhlen-W.), z.B. in der Bauchhöhle *(Aszites)*.

Wassersumpfkresse, *Roripa amphibia*, in Gräben u. Teichen häufiger *Kreuzblütler* mit aufgeblasenen Stengeln u. elliptischen bis kugeligen Schötchen.

Wassertreten, 1. *Medizin:* Teil der →Wasserbehandlung einer Kneippkur, wobei die Kranken in kaltem Wasser gehen.

2. *Sport:* Schwimmen auf der Stelle in aufrechter Haltung durch Tretbewegungen der Beine.

Wassertreter, *Phalaropus*, Gattung kleiner strandläuferartiger *Schnepfenvögel*; Watvögel mit recht langem Hals. Zur Zugzeit in Dtschld. das *Odinshühnchen, Phalaropus lobatus.*

Wassertrugnattern, *Homalopsinae*, Unterfamilie der *Nattern*, lebendgebärende Wasserbewohner, leben meist von Krebsen u. Fischen; in Asien.

Wasserturbine, mit Wasser angetriebene →Turbine.

Wasserturm, ein →Hochbehälter für Wasser auf turmartigem Unterbau.

Wasseruhr →Wassermesser.

Wasser- und Bodenverbände, *Wassergenossenschaften*, Vereinigungen von Wasserberechtigten zur gemeinschaftlichen Unterhaltung von Wasserläufen u. sonstigen Schutzmaßnahmen für Wasser. Regelung in der BRD im *Wasserverbandsgesetz* vom 20. 2. 1937 mit der *1. Wasserverbands-VO* vom 3. 9. 1937.

Wasser- und Schiffahrtsdirektionen, dem Bundesverkehrsministerium unterstellte Behörden, die zuständig sind für den Bau u. die Unterhaltung der Bundeswasserstraßen, die Wasserreinhaltung u. die Strom- u. Schiffahrtspolizei. W. gibt es in Kiel, Hamburg, Bremen, Aurich, Hannover, Münster, Duisburg, Mainz, Würzburg, Freiburg, Stuttgart u. Regensburg. Den W. unterstellt sind die *Wasser- u. Schiffahrtsämter.*

Wasservelo [das], ein Wasserfahrzeug, das aus zwei verbundenen, zylindrischen Schwimmkörpern besteht; mit fahrradähnl. Antrieb.

Wasserverdrängung →Deplacement.

Wasserversorgung, die Gewinnung u. Zuleitung von Trink- u. Brauchwasser für Bevölkerung, Industrie u. Landwirtschaft. Das Wasser wird dem Grundwasser, Quellen, Bächen, Flüssen, Seen oder Talsperren entnommen. Bei der Wasserfassung unterscheidet man u.a.: *Quellfassung* (Hang-, Sprudelquelle, Stollen), *Grundwasserfassung* (Rohr- u. Schachtbrunnen, Sickerrohre) sowie *See- u. Flußentnahme.* Das natürl. Grundwasser wird durch Versickerung u. Filterung in durchlässigen Erdschichten meist keimfrei. Künstl. Grundwasser entsteht durch Versickerung von vorgereinigtem Oberflächenwasser. Uferfiltriertes Grundwasser bildet sich aus Wasser, das aus Flüssen oder Seen in durchlässige Untergrundschichten eingetreten ist; es muß im allg. keimfrei gemacht werden. Seewasser oder Wasser aus Talsperren soll aus großen Tiefen entnommen werden; es ist mechanisch u. biologisch vorgeklärt.
Das Wasser fließt von der Gewinnungsstelle zum Versorgungsgebiet oder wird mit Pumpen befördert u. bei Bedarf aufbereitet: gefiltert (Sandfilter), enthärtet (→Härte des Wassers), enteisent (Rieseln durch Koksfilter, Brauseanlagen) u. zum Keimfreimachen mit Chlor oder Ozon behandelt. Es wird vom *Wasserwerk* in ein Rohrnetz (Wasserleitung) geleitet u. von den Hauptleitungen an die Verbraucher abgezweigt. Zur Bevorratung u. zum Druckausgleich dienen *Hochbehälter.*

Wasserwaage, Gerät zum Bestimmen der waagerechten oder senkrechten Lage einer Ebene; besteht aus einem Hartholzstück oder Metallkörper mit parallel abgerichteten Kanten u. 2 Ausfräsungen, in die je ein mit Alkohol oder Äther gefülltes Glasröhrchen *(Libelle)* eingesetzt ist. Wenn die eingeschlossene Luftblase zwischen zwei Strichmarkierungen steht, verlaufen die Kanten der W. genau waagerecht bzw. senkrecht.

Wasserwacht, eine nach 1945 im südd. Raum gegründete Organisation, die entspr. der Dt. Lebens-Rettungs-Gesellschaft die Überwachung von Badestränden übernimmt, Verunglückte rettet sowie Rettungsschwimmkurse durchführt.

Wasserwalzen, an der gleichen Stelle stattfindende Drehbewegung in fließenden Gewässern mit vertikaler oder horizontaler Drehachse. W. mit horizontaler Drehbewegung sind die *Grundwalzen,* die Auskolkungen u. Vertiefungen des Flußbetts hervorrufen u. an Wasserfällen durch Auskolkung der Wasserfallwand an der Rückverlegung der Stufe arbeiten. Auch die an kleineren Wasserfällen auftretenden *Deckwalzen* haben eine horizontale Drehbewegung. W. mit vertikaler Drehbewegung sind in toten Winkeln an Ufern zu beobachten.

Wasserwanzen, *Hydrocorisae,* wasserbewohnende Gruppe der *Wanzen,* verlassen nur als Vollkerfe kurzfristig das Wasser. Die Hinterbeine sind fast immer als Schwimmbeine ausgebildet, die Fühler klein u. von oben nicht sichtbar. Hierher gehören *Ruderwanze, Wasserskorpion, Stabwanze, Schwimmwanze* u. *Rückenschwimmer.*

Wasserweihe, in kath. Kirchen die feierl. Weihe des Tauf- u. Weihwassers, findet bes. in der Osternacht statt; in den Ostkirchen W. an Epiphanias.

Wasserwellen, eine Frisur, bei der das Haar in nassem Zustand auf Wickel gedreht u. anschließend durch Heißluft getrocknet wird.

Wasserwerfer, *Wasserkanone,* in waagerechter u. in senkrechter Richtung schwenkbar montiertes Strahlrohr hoher Leistung. In Fahrzeuge u. Löschboote eingebaut, werden W. zur Bekämpfung von Großbränden eingesetzt, in gepanzerten Spezialfahrzeugen auch als Polizeiwaffe zur Zerstreuung von Menschenansammlungen. Im Bergbau benutzt man W. zum hydromechanischen Abbau.

Wasserwirbelbremse, eine Bremse zur Leistungsmessung (Drehmomentenmessung) von Kraftmaschinen.

Wasserwirtschaft, planmäßige Erfassung u. Verteilung des Wassers als Trinkwasser, für Bodenbewässerung, Industriebedarf, Schiffahrt u.a. sowie Abwehr der Schäden durch Hochwasser, durch zu starken Wasserentzug, durch Verunreinigung u.a. – 🄻 4.5.2.

Wasserzeichen, Wort- oder Bildzeichen in Papier; meist Herstellermarken. Man unterscheidet echte u. künstliche W. *Echte W.* entstehen auf der Papiermaschine. Mit Hilfe eines W.-Egoutteurs werden die erhaben aufgenähten oder tief eingeprägten Zeichen in die noch nasse Papierbahn eingedrückt. Es gibt deshalb auch hell- u. dunkelwirkende W. Echte W. können nicht nachträglich in das fertige Papier eingearbeitet werden. Sie werden daher bei Banknoten, Briefmarken, Urkunden oder Wertpapieren zur Sicherung gegen Fälschungen benutzt. *Künstliche W.* werden in den fertigen Bogen eingepreßt oder aufgedruckt. Sie sind an ihren harten Rändern zu erkennen. Eine Zwischenstellung nimmt das sog. *Molettezeichen* ein, das mit Gummistempeln in die feuchte Papierbahn eingeprägt wird.

Wasserziehen, die bei gebrochener Bewölkung u. dunstiger Luft sichtbaren hellen u. dunklen Streifen oder „Balken" (Sonnenstrahlenbündel u. Schatten), irrtümlich als Bahnen des in die Wolken (oder zur Sonne) aufsteigenden Wassers gedeutet; mitunter Vorbote von Niederschlägen.

Wasserzieher, Ernst, Germanist, *15. 5. 1860 Stettin, †14. 4. 1927 Halberstadt; sprachgeschichtl. u. sprachpflegerische Arbeiten: „Hans u. Grete" (Vornamenbuch) [17]1967; „Woher? Ableitendes Wörterbuch der dt. Sprache" [17]1966.

Wasserzikaden →Ruderwanzen.

Wasser-Zivetten, *Osbornictis,* erst 1916 entdeckte, zu den *Ichneumons* gehörige Gattung der *Schleichkatzen* aus dem Kongo-Urwald; 45 cm lang mit 35 cm langem buschigem Schwanz, das Fell ist rotbraun. W. leben vom Fischfang.

Wassilewskij = Wasilewskij.

Wassilij = Wasilij.

Wasuaheli, die ostafrikan. Küstennegerstämme der →Suaheli.

Wat [arab.] = Wadi.

Wate, Wasserdämon oder Meerriese der german. Heldendichtung; im mhd. *Kudrun-Epos* ein Seefahrer; in der *Thidrekssaga* ein dämon. Lügner, Vater des Schmieds Wieland.

Water ['wɔ:tə; engl.], Bestandteil geograph. Namen: Wasser.

Waterbury ['wɔ:tərbəri], Stadt in Connecticut (USA), 109000 Ew. (Metropolitan Area 208000 Ew.); Maschinen-, Uhren- u. chem. Industrie.

Waterford ['wɔ:təfəd], ir. *Port Láirge,* Hptst. der südirischen Grafschaft W. (1838 qkm, 77000 Ew.); in der Prov. Munster, nahe der Küste, am Suir, 31700 Ew.; Handelsplatz; Schiffbau, Nahrungsmittel-, Glas-, Metall-, Elektro- u. Textilindustrie, Brauereien; See- u. Flußhafen.

Watergate-Affäre ['wɔ:təgɛit-], innenpolit. Skandal in den USA, der zum ersten Rücktritt eines Präsidenten führte. Während des Präsidentschaftswahlkampfs 1972 verübten Beauftragte des Wahlkomitees der Republikaner einen Einbruch im Hauptquartier der Demokrat. Partei im *Watergate Building* in Washington u. installierten dort Abhörgeräte. Die Täter wurden gefaßt. Durch journalist. Nachforschungen stellte sich heraus, daß Vertraute des Präs. R. *Nixon* von dem kriminellen Akt gewußt u. nach seiner Aufdeckung unter Leitung u. Mitwirkung Nixons versucht hatten, ihre Beteiligung zu vertuschen. Mehrere enge Mitarbeiter des Präs. (u.a. der Justiz-Min.) mußten ihr Amt verlassen u. wurden z.T. vor Gericht gestellt u. verurteilt. Nach einer Untersuchung durch einen Senatsausschuß beschloß der Rechtsausschuß des Repräsentantenhauses die Einleitung eines Verfahrens zur Amtsenthebung *(Impeachment)* gegen Nixon wegen Amtsmißbrauch, Behinderung der Justiz u. Mißachtung des Kongresses. Nixon bekannte einen Teil seiner Schuld u. trat am 9. 8. 1974 zurück. Vize-Präs. Gerald R. *Ford* (*1913), der ins Amt gelangt war, nachdem der gewählte Vize-Präs. S. *Agnew* wegen Steuerhinterziehung 1973 verurteilt worden war und zurücktreten mußte, wurde 38. Präs. der USA. Er gewährte Nixon Straffreiheit für alle ungesetzl. Handlungen im Zusammenhang mit der W.

Waterkant [niederdt., „Wasserkante"], Name für die Gegenden der Nordseeküste.

Waterloo, 1. Stadt in der belg. Prov. Brabant südl. von Brüssel, 16900 Ew.; Denkmalshügel mit dem engl. Löwen, Rotunde, Kriegskino, Tourismus. In den Befreiungskriegen am 18. 6. 1815 bei W. entscheidender Sieg Wellingtons u. Blüchers über Napoléon I., der hierauf endgültig verbannt wurde; auch Schlacht von *Belle-Alliance* genannt. – 🄱→Frankreich (Geschichte).
2. ['wɔ:təlu:], Stadt in Iowa (USA), 75000 Ew. (Metropolitan Area 126200 Ew.); Landmaschinen- u. Bekleidungsindustrie.

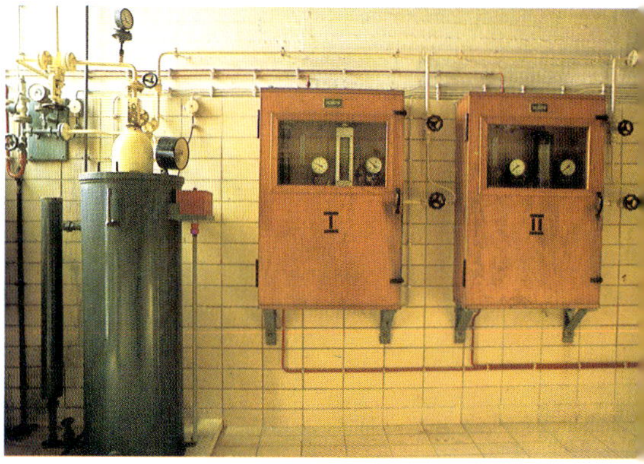

Wasserversorgung: Chlor-Dosierungseinrichtung

Watfähigkeit →Geländefahrzeug.

Watford ['wɔtfəd], Stadt nordwestl. von London, 77000 Ew.; Eisen-, Maschinen- u. Papierindustrie.

Watlingsinsel ['wɔtliŋs-], die Bahamainsel →San Salvador.

Watsjajana, *Mallanaga W.,* Verfasser des *Kamasutra (Kamaschastra),* des ältesten erhaltenen ind. Lehrbuchs der Liebeskunst aus dem 4. Jh.; die wissenschaftl. nüchterne Abhandlung ist von großer kulturhistor. Bedeutung.

Watson ['wɔtsən], **1.** James Dewey, US-amerikan. Biochemiker, *6. 4. 1928 Chicago; schuf zusammen mit F. H. C. Crick die theoret. Grundlagen des *Watson-Crick-Modells* der Desoxyribonucleinsäure (→Nucleinsäuren). Nobelpreis für Medizin 1962 zusammen mit F. H. C. *Crick* u. M. H. F. *Wilkins.* „Die Doppelhelix" dt. 1969.
2. John Broadus, US-amerikan. Psychologe, *9. 1. 1878 Greenville, †25. 9. 1958 New York; 1908–1920 Prof. in Baltimore, Mitbegründer des *Behaviorismus* in der Psychologie. Hptw.: „Behavior" 1914; „Behaviorism" 1925, dt. 1930.

Watt, 1. [das; nach James *Watt*], *Elektrizität:* SI-Einheit der Leistung. 1 Watt (W) ist die Leistung eines Vorgangs, bei dem in 1 Sekunde (s) die Arbeit 1 Joule (J) verrichtet wird: $1\ W = J/s$. – *W.sekunde,* SJ-Einheit für Arbeit u. Energie; der Eigenname ist Joule (J): $1\ W \cdot s = 1\ J = 1\ N \cdot m = 1\ m^2 \cdot kg \cdot s^{-2}$. – *W.stunde,* Einheit der Arbeit u. Energie; $1\ W \cdot h = 3{,}6 \cdot 10^3\ J$. – Bis 31. 12. 1977 war noch die Einheit *Pferdestärke* (PS) zugelassen: $1\ W = 735{,}498\ PS$.
2. [das, Mz. W.en], *Geomorphologie:* flacher, fast ebener, im Wirkungsbereich der Gezeiten liegender Küstenstreifen (z.B. an der Nordsee zwischen dem Festland u. den vorgelagerten Inseln), der bei Hochwasser überflutet wird, bei Niedrigwasser jedoch trockenfällt, wobei das Wasser durch oft tiefe Furchen *(Priele)* abfließt. Durch Anlandung schlickiger Bestandteile entsteht das *Schlick-W.,* bei festgelagerten Sanden das *Sand-W.* Das W. ist außerordentl. reich an Lebewesen (Würmer, Muscheln, Schnecken); bes. auf den höhergelegenen, mehrere Stunden trockenfallenden Teilen gedeiht eine charakterist. Vegetation (Queller, Schlickgras u.a.), die die Verschlickung fördert. Nach Eindeichung u. Entsalzung entstehen aus dem W. Marschböden. – 🄱→Meer.

Watt, 1. [wɔt], James, schott. Erfinder, *19. 1. 1736 Greenock, †19. 8. 1819 Heathfield bei Birmingham; Mechaniker in Glasgow, gründete 1774 zusammen mit M. *Boulton* eine Maschinenfabrik; erfand die erste verwendbare Dampfmaschine, die Kopierpresse, den Dampfkondensator u.a.
2. Joachim von →Vadianus.

Watte [arab., roman., ndrl.], zu breiten oder schmalen, flächigen Verbänden zusammengelegter Faserpelz ohne Drehung; Übertragungsform in den Spinnereien (z.B. am Batteur *Wickel-W.*); Verbandmaterial aus entfetteter Baumwolle, die sterilisiert zur Polsterung von Verbänden u. zur Herstellung von Tupfern u. Tampons dient. W. wird auch als Futter- u. Polstermaterial verwendet.

Watteau [-'to:], Jean-Antoine, französ. Maler, *10. 10. 1684 Valenciennes, †18. 7. 1721 Nogent-sur-Marne; Hauptmeister der französ. Rokokomalerei; entwickelte einen Stil arkadischer

Wattenbach

Lachmöwe, Larus ridibundus

Rosapelikane, Pelecanus onocrotalus, und Kormorane,

Bekassine, Gallinago gallinago

Rötelpelikan, Pelecanus rufescens, im Flug

WASSER- UND SEEVÖGEL

Wasservögel, eine Gruppe von Vögeln, die nicht durch ihre Verwandtschaft, sondern durch ihre Lebensweise gekennzeichnet ist: Vögel, die (nicht nur vorübergehend) auf dem Wasser schwimmen u. aus dem Wasser, vom Grund oder von der Oberfläche ihre Nahrung aufnehmen. – Haupttypen der Lebensweise: 1. *Schwimmer,* wie z. B. Enten, Gänse, Schwäne; aber nicht z. B. Möwen, die nur kurzfristig auf dem Wasser ausruhen; 2. *Taucher,* a) *Fußtaucher* (Antrieb: Beine), z. B. Tauchenten, Taucher, Kormorane, Bleßhühner; b) *Flügeltaucher* (Antrieb: Flügel oder Flügelstummel), z. B. Pinguine, Alken, Tauchsturmvögel, Wasseramsel. Keine echten Taucher sind die *Stoßtaucher,* wie Tölpel, Fischadler, Eisvogel u. a., die nur vorübergehend u. nicht tief in das Wasser eindringen. Anpassungen an das Leben im Wasser: 1. Körperform: bei Schwimmern kahnförmig, Beine weit gestellt, wirken im Wasser nach hinten, daher auf dem Land plumper, watschelnder Gang; 2. Oberfläche: gegen Kälte geschützt durch Pelzdaunen u. das Sekret der bes. großen Bürzeldrüse; 3. Nasenlöcher: durch Hornschuppen verdeckt, zuweilen verschließbar oder sogar zugewachsen, dazu bes. ausgeprägte Atmungsmuskulatur; 4. Antrieb: Füße mit starker Muskulatur, Schwimmhäute (z. B. Enten, Seetaucher, Kormorane) oder Schwimmlappen (z. B. Lappentaucher, Bleßhühner) zwischen den Zehen erhöhen den Wasserwiderstand. Entsprechend ist es bei *Sumpfvögeln:* größere Standfläche auf weichem Untergrund, bei →Pinguinen spezielle Ausgestaltung der Flügel.

Phalacrocorax spec., aus Ostafrika (links). – Gruppe von Gänsesägern, Mergus merganser (rechts)

Sichelstrandläufer, Calidris ferruginea

Idealität, der das barocke Pathos zu verhaltenem Sentiment, zierl. Eleganz u. verfeinerter Grazie umwandelte, wobei das Thema weitgehend hinter der poetisch-verhaltenen Darstellung zurücktrat u. die Farbe Wesensbestandteil der Komposition wurde. W. hinterließ außer Gemälden zahlreiche Zeichnungen. Hptw.: „Die Überfahrt nach Cythère" 1717, Paris, Louvre, Zweitfassung in Berlin, Staatl. Museen; „Gilles", Paris, Louvre; Gersaints Ladenschild 1720, Berlin, Staatl. Museen; „Das Liebesfest" Dresden, Staatl. Kunstsammlungen. – B →S. 218, →Barock und Rokoko, →Genremalerei. – L 2.4.6.

Wattenbach, Wilhelm, Historiker, *22. 9. 1819 Rantzau, Holstein, †20. 9. 1897 Frankfurt a. M.; 1886–1888 Leiter der Zentraldirektion der *Monumenta Germaniae Historica;* Hrsg. von „Deutschlands Geschichtsquellen im MA. bis zur Mitte des 13. Jh." 1858, Neuausgabe 1938ff.

Wattens, österr. Dorf in Tirol an der Einmündung des *Wattentals* ins Unterinntal, östl. von Innsbruck, 567 m ü. M., 6100 Ew.; Glasindustrie.

Wattenscheid, ehem. Stadt in Nordrhein-Westfalen, im Ruhrgebiet, seit 1975 westl. Stadtteil von Bochum; Metall- u. a. Industrie.

Wattkrebs, *Corophium volutator,* bis 1 cm langer, röhrenbauender *Flohkrebs* des Watts, tritt in riesigen Mengen auf u. bildet eine Hauptnahrungsquelle für Grundfische.

Wattmeter, *Leistungsmesser,* elektr. Meßgerät zur direkten Messung der Leistung eines elektr. Stroms.

Watts [wɔts], George Frederick, engl. Maler, *23. 2. 1817 London, †1. 6. 1904 Limnerslease, Surrey;

Wattwil

malte Bildnisse u. allegor. Gemälde von psychologisierender Zuspitzung.

Wạttwil, industriereicher Ort im schweizer. Kanton St. Gallen, an der Thur, wirtschaftl. Mittelpunkt der Landschaft *Toggenburg,* 8600 Ew.; Webschule; Textil- u. Maschinenindustrie.

Wat Tyler [wɔt tailə] →Tyler, Wat.

Watussirind, schwere, langhörnige zentralafrikan. Hausrindrasse, oft in Zoos gehalten.

Watvögel, *Limicola, i.w.S.* alle Vögel feuchten oder sumpfigen Geländes; *i.e.S.* soviel wie *Regenpfeiferartige.*

Watzlik, Hans, Erzähler, *16. 12. 1879 Unterhaid, Böhmen, †24. 11. 1948 Gut Tremmelhausen bei Regensburg; schrieb Romane, Märchen, Sagen u. Jugendbücher: „Der Alp" 1914; „Stilzel, der Kobold des Böhmerwaldes" 1926; „Böhmerwaldsagen" 1929.

Watzmann, zweithöchster Berg Deutschlands, höchster Gipfel der Berchtesgadener Alpen, westl. vom Königssee, 2713 m; am Nordhang in 1927 m Höhe das *W.-Haus.* – B→Berchtesgaden.

Wau [ndrl.] = Resede.

Wau [va:u], Stadt in der Rep. Sudan, 30000 Ew.; Hptst. der Provinz *Bahr el Ghasal;* Flugplatz.

Wau en-Namus, vulkan. Explosionskrater mit Oase im östl. Fessan, 578 m, 100 m tief, 4 km Durchmesser.

Wauer, William, Maler u. Bildhauer, *26. 10. 1866 Oberwiesenthal, †10. 3. 1962 Berlin; seit 1906 Regisseur an der Reinhardt-Bühne in Berlin, schloß sich der Gruppe um H. Waldens „Sturm" an. Vom italien. Futurismus beeinflußte Plastiken u. Gemälde mit symbol. Aussage.

Waugh [wɔ:], **1.** *Alec (Alexander),* Bruder von 2), engl. Schriftsteller, *8. 7. 1898 London; schrieb reportagehart, sozialkrit. Romane: „Wheels within Wheels" 1933; „Öl ins Feuer" 1960, dt. 1961; „Insel in der Sonne" 1956, dt. 1956.
2. *Evelyn Arthur,* engl. Schriftsteller, *28. 10. 1903 London, †10. 4. 1966 Combey Florey bei Taunton, Somerset; Maler, dann Kriegsberichterstatter; Vertreter der neukathol. Literatur Englands; schilderte satir. die moderne Gesellschaft. Hptw.: „Auf der schiefen Ebene" 1928, dt. 1953; „Eine Handvoll Staub" 1934, dt. 1936; „Wiedersehen mit Brideshead" 1945, dt. 1950; „Tod in Hollywood" 1948, dt. 1950. Autobiographie: „A Little Learning" 1964.

Waukegan [wɔːˈkiːgən], Stadt in Illinois (USA), 67500 Ew., Stahl-, Elektrogeräte, pharmazeut. Industrie.

Wauwatosa [wɔːwəˈtəʊsə], Stadt in Wisconsin (USA), in der Agglomeration von Milwaukee, 59000 Ew., Metall-, Holz-, Leder-, chem. Industrie.

Wavell [ˈweivəl], Archibald Percival Viscount W. of Cyrenaica and of Winchester, engl. Offizier, *5. 5. 1883 Colchester, †24. 5. 1950 London; Oberbefehlshaber der brit. Streitkräfte im Vorderen Orient; leitete 1940/41 die Abwehr des italien. Angriffs gegen Ägypten u. die Gegenoffensive in der Cyrenaica, vom dt. Afrikakorps geschlagen, bald darauf abgelöst; 1942 Feldmarschall; 1943–1947 Vizekönig von Indien.

Waxdick, *Acipenser güldenstaedti,* 2,50 m, maximal 4 m langer *Stör* des Schwarzen u. Kasp. Meeres; wertvollster Kaviar-Lieferant der UdSSR.

Waxenstein, Berg im Wettersteingebirge südwestl. von Garmisch-Partenkirchen (Oberbayern), 2278 m.

Wayang →Wajang.

Wayang Wong, javanisches Tanzdrama mit einem strikt verbindlichen Kodex von Bewegungen u. Ausdruck; jede Person hat ihren Tanzstil.

Wayß, Gustav Adolf, Baufachmann, *16. 10. 1851 Mühlhausen, Württemberg, †19. 8. 1917 Waidhofen an der Ybbs; machte sich um die Einführung u. Entwicklung des Stahlbetons verdient.

Ważyk [ˈvaʒik], Adam, eigentl. A. *Wagmann,* poln. Schriftsteller, *17. 11. 1905 Warschau; schrieb surrealist. Romane u. Kriegsgedichte, wandte sich nach dem Krieg dem poet. Realismus zu. „Ein Gedicht für Erwachsene" 1956, dt. 1963, schildert die Widersprüche im Nachkriegspolen u. setzt sich mit dem Stalinismus auseinander.

Wb, Kurzzeichen für die Einheit des magnet. Flusses, →Weber.

WC, Abk. für *Wasserklosett.*

WDR, Abk. für →Westdeutscher Rundfunk.

Wealden [ˈwiːl-; das; engl.], nach der südostengl. Landschaft *Weald* benannte limnisch-terrestrische Ausbildung der untersten Kreide.

Weathers [wɛðəs], Felicia, afroamerikan. Sänge-

Jean-Antoine Watteau: Jupiter und Antiope; 1712. Paris, Louvre

rin (Sopran), *13. 8. 1937 Saint Louis, Mo.; große Erfolge in Opern, Musicals u. Konzerten.

Weaver [ˈwiːvər], Warren, US-amerikan. Mathematiker, *17. 7. 1894 Reedsburg, Wis.; bekannt durch die Entwicklung der Informationstheorie (zusammen mit C. *Shannon*).

Webb, 1. *Beatrice,* geb. Potter, Frau von 5), engl. Sozialwissenschaftlerin u. Politikerin, *22. 1. 1858 Standish, Gloucestershire, †30. 4. 1943 Liphook, Hampshire; seit 1892 Mitarbeiterin ihres Mannes, Mitbegründerin des *Fabianismus.*
2. *Chick,* eigentl. William W., afroamerikan. Jazzmusiker (Schlagzeug), *10. 2. 1902 Baltimore, †16. 6. 1939 Baltimore; Schlagzeuger u. Bandleader des Swing, entdeckte 1934 Ella *Fitzgerald,* die seine Band nach seinem Tod bis 1942 leitete.
3. *John,* engl. Architekt, *1611 London, †30. 11. 1674 Butleigh; Schüler, später Mitarbeiter seines Stiefvaters Inigo *Jones.* Hptw.: Entwurf des Londoner Whitehall.
4. *Mary,* engl. Erzählerin, *25. 3. 1881 Leighton, Shropshire, †8. 10. 1927 St. Leonards, Sussex; schrieb stimmungsstarke, myst. Romane aus der Landschaft von Shropshire („Die Geschichte von der Liebe der Prudence Sarn" 1924, dt. 1930).
5. *Sidney,* Baron Passfield (1929), verheiratet mit 1), engl. Sozialwissenschaftler u. Politiker (Labour Party), *13. 7. 1859 London, †13. 10. 1947 Liphook, Hampshire; Mitbegründer des *Fabianismus;* 1924 Handels-, 1929–1931 Kolonial-Min., schrieb u.a. (fast durchweg mit seiner Frau) „Socialism in England" 1890; „A Constitution for the Socialist Commonwealth of Great Britain" 1920; „The Truth about Soviet Russia" 1941.

Webeblatt, *Riet,* Vorrichtung am Webstuhl; kammartig eingesetzte Stäbe zur Führung der Kettfäden u. zum Anschlagen des Schußfadens an das bereits fertige Gewebe.

Weber, 1. *Berufe:* Ausbildungsberuf des Handwerks (*Hand-W.*) u. der Industrie, 2- bzw. 3jährige Ausbildungszeit; Bedienen der Webereimaschinen; Weiterbildung an Textilfachschulen zum Textilingenieur, Entwerfer oder Textilkaufmann.
2. [das; nach W. E. *Weber*], *Magnetismus:* Kurzzeichen Wb, Einheit für den →magnetischen Fluß; 1 Wb = 1 Volt·sek.

Weber, 1. *Adolf,* Nationalökonom, *29. 12. 1876 Mechernich, †5. 1. 1963 München; Vertreter der neoklassischen Volkswirtschaftslehre, Gründer des Osteuropa-Instituts in Breslau. Hptw.: „Depositenbanken u. Spekulationsbanken" 1902, ⁴1938; „Der Kampf zwischen Kapital u. Arbeit" 1910, ⁶1954; „Volkswirtschaftslehre" 4 Bde. 1929–1932; „Hauptfragen der Wirtschaftspolitik" 1950; „Sowjetwirtschaft u. Weltwirtschaft" 1959.
2. *Alfred,* Bruder von 14), Nationalökonom u. Soziologe, *30. 7. 1868 Erfurt, †2. 5. 1958 Heidelberg; Begründer der industriellen Standortlehre, wirkte bes. als Kultursoziologe. Hptw.: „Über den Standort der Industrien: Reine Theorie des Standorts" 1909, ²1922; „Kulturgeschichte als Kultursoziologie" 1935, ²1950, Neudr. 1960; „Prinzipien der Geschichts- u. Kultursoziologie" 1951; „Der dritte oder der vierte Mensch" 1953.
3. *Andreas Paul,* Graphiker u. Maler, *1. 11. 1893 Arnstadt, †9. 11. 1980 Ratzeburg; Zeitsatiriker, 1937 wegen Widerstands gegen den Nationalsozialismus in Haft. W. verbindet Genauigkeit der techn. Mittel mit phantast. Erfindungsgabe; er wurde bes. bekannt durch seinen alljährl. erscheinenden „Kritischen Kalender". Weitere Veröffentlichungen: „Hoppla–Kultur" 1954; „Mit allen Wassern ..." 1961.
4. *Carl Maria von,* Komponist, *18. 11. 1786 Eutin, Holstein, †5. 6. 1826 London; Schüler M. *Haydns;* gab im Alter von 11 Jahren sein 1. Werk heraus (6 Fughetten); 1804 Theaterkapellmeister in Breslau, 1806 Musikintendant in Carlsruhe in Oberschlesien, 1813–1816 Operndirektor in Prag, danach königl. Kapellmeister in Dresden. W.s Bedeutung liegt in der Begründung der romant. volkstüml. dt. Oper. Sein bekanntestes Werk „Der Freischütz" 1821 ist wichtigstes Bindeglied zwischen dem dt. Singspiel u. der dt. Oper der 2. Hälfte des 19. Jh. Weitere Opern: „Silvana" 1810; „Abu Hassan" 1811; „Preziosa" 1821; „Euryanthe" 1823; „Oberon" 1826; ein Klarinettenquintett, mehrere Konzerte, Ouvertüren, zwei Sinfonien, Kirchenmusik, Chorwerke, Lieder u. viele Klavierstücke. – ⬜ 2.9.3.
5. *Eduard Friedrich,* Bruder von 6) u. 18), Physiologe, *10. 3. 1806 Wittenberg, †18. 5. 1871 Leipzig; wichtige Untersuchungen über Muskelbewegung, entdeckte, daß Erregung eines Nervs auch eine Aktivitätshemmung auslösen kann.
6. *Ernst Heinrich,* Bruder von 5) u. 18), Physiologe, *24. 6. 1795 Wittenberg, †26. 1. 1878 Leipzig; begründete die Psychophysik; nach ihm benannt der *W.sche Versuch* zur Prüfung der Knochenschalleitung mit der Stimmgabel u. das *W.-Fechnersche Gesetz,* nach dem zwei nacheinander gesetzte, ungleich starke Reize in einem bestimmten Verhältnis zueinander stehen müssen, um als verschieden erkannt zu werden.
7. *Friedrich Wilhelm,* Versepiker, *25. 12. 1813 Alhausen, Westfalen, †5. 4. 1894 Nieheim bei Höxter; Arzt u. preuß. Zentrumsabgeordneter, übersetzte A. *Tennyson* u. E. *Tegnér.* Versdichtungen: „Dreizehnlinden" 1878; „Goliath" 1892.
8. *Hans-Hermann,* Physiologe, *17. 6. 1896 Berlin, †12. 6. 1974; untersuchte bes. Eiweißkörper u. biochem. Abläufe bei der Muskelkontraktion.
9. *Helene,* Politikerin, *17. 3. 1881 Elberfeld, †25. 7. 1962 Bonn; 1919/20 u. 1924–1933 MdR (Zentrum); seit 1949 MdB (CDU); Gründerin u. Vors. des Berufsverbands kath. Fürsorgerinnen; 1952 1. Vors. des Müttergenesungswerks.
10. *Hermann,* Zoologe, *27. 11. 1899 Bretten, Baden, †18. 11. 1956 Tübingen; als Morphologe arbeitete er bes. über Gliedertiere. Hptw.: „Grundriß der Insektenkunde" 1938 ⁴1966; „Lehrbuch der Entomologie" 1933, Nachdr. 1968.
11. *Jürgen,* Bildhauer, *14. 1. 1928 Münster (Westf.); als Bronzegießer ausgebildet; wurde durch Portal- u. Fassadenplastiken bekannt. Hptw.: Reliefs „Krieg oder Frieden" u. „Amerika" für das Kennedy Center in Washington 1965–1971.
12. *Karl Julius,* Schriftsteller, *16. 4. 1767 Langenburg, Schwaben, †20. 7. 1832 Kupferzell; aufklärer., satir. Feuilletonist, Gegner der Romantik. „Deutschland oder Briefe eines in Deutschland reisenden Deutschen" 4 Bde. 1826–1828; „Demokritos oder Hinterlassene Papiere eines lachenden Philosophen" 12 Bde. (posthum) 1832–1835.
13. *Marianne,* Frau u. Mitarbeiterin von 14), Schriftstellerin, *2. 8. 1870 Oerlinghausen, †12. 3. 1954 Heidelberg; 1919–1923 Vorsitzende des

Bundes Dt. Frauenvereine; „Ehefrau und Mutter in der Rechtsentwicklung" 1907; „Frauenfragen u. Frauengedanken" 1919; „Max Weber, ein Lebensbild" 1926; „Die Frauen und die Liebe" 1935; „Erfülltes Leben" 1948.
14. Max, Bruder von 2), Sozialpolitiker u. Soziologe, *21. 4. 1864 Erfurt, †14. 6. 1920 München; gilt unbestritten als der bedeutendste dt. Soziologe. Sein Hauptanliegen war, eine Synthese von historischer u. systematischer Soziologie zu schaffen. Als Mittel zur Erkenntnis sozialen Handelns u. sozialer Strukturen schuf er das Instrument der *Idealtypen*. Hptw.: „Gesammelte Aufsätze zur Religionssoziologie" 3 Bde. 1920/21; „Wirtschaft u. Gesellschaft" 1922, [5]1972; „Gesammelte politische Schriften" 1921, [3]1971; „Gesammelte Aufsätze zur Sozial- u. Wirtschaftsgeschichte" 1924; „Gesammelte Aufsätze zur Soziologie u. Sozialpolitik" 1924. – 🄻 1.6.1.
15. Max Maria von, Sohn von 4), Schriftsteller u. Ingenieur, *25. 4. 1822 Dresden, †18. 4. 1881 Dresden; war führend im Eisenbahnwesen tätig. Werke: „Aus der Welt der Arbeit" 1868; „Werke u. Tage" 1869; „Schauen u. Schaffen" 1879; „Vom rollenden Flügelrad" 1882.
16. Otto, ev. Theologe, *4. 6. 1902 Köln, †19. 10. 1966 St. Moritz; verarbeitete Anregungen der dialektischen Theologie. Hptw.: „Bibelkunde des A.T." 2 Bde. 1934/35; „Karl Barths kirchl. Dogmatik" 1950; „Grundlagen der Dogmatik" 2 Bde. 1955–1962.
17. Werner, Rechtslehrer, *31. 8. 1904 Wülfrath, Rheinland, †29. 11. 1976 Göttingen; Mitglied der Staatsgerichtshöfe in Bremen u. Niedersachsen. Hauptwerke: „Die polit. Klausel in den Konkordaten" 1939; „Die Körperschaften, Anstalten u. Stiftungen des öffentl. Rechts" [2]1943; „Spannungen u. Kräfte im westdt. Verfassungssystem" [2]1958; „Staats- u. Selbstverwaltung in der Gegenwart" [2]1967.
18. Wilhelm Eduard, Bruder von 5) u. 6), Physiker, *24. 10. 1804 Wittenberg, †23. 6. 1891 Göttingen; einer der „Göttinger Sieben"; untersuchte mit C. F. *Gauß* den Erdmagnetismus u. baute mit ihm die erste größere Telegraphenanlage; schuf das absolute elektr. Maßsystem, stellte eine Theorie des Magnetismus auf.
Weberameise, *Smaragdameise, Oecophylla smaragdina*, in den afrikan. u. asiat. Tropen mit hoch entwickeltem Nestbauinstinkt; die mit Spinndrüsen ausgerüsteten eigenen Larven dienen als „Werkzeug" bei der Nestherstellung.
Weberei, Industriezweig zur Herstellung von Geweben aller Art; Bez. je nach dem verarbeiteten Rohstoff (z.B. *Baumwoll-W., Seiden-W., Woll-W.*), nach der hergestellten Warenart (z.B. *Frottier-W., Teppich-W., Krawatten-W.*) oder nach der vorhandenen Musterungsvorrichtung (z.B. *Jacquard-W., Damast-W.*). Die heutige mechan. W. hat sich aus der Hand-W. entwickelt; erste mechan. W. 1794 in Glasgow. Die Größe einer W. wird mit der Anzahl der Webstühle angegeben. Zur W. gehören Spulerei, Schärerei, Schlichterei u. Putzerei. Die Spinn-W. hat eine eigene Spinnerei. – 🄻 10.8.7.
Weberfinken →Webervögel.
Weberknechte, *Afterspinnen, Kanker, Schuster, Schneider, Opiliones*, Ordnung der *Spinnentiere* ohne Spinnvermögen; nicht giftig, meist auffallend lange Beine (4 Paar), die bei Gefahr abgeworfen werden können, aber nicht nachwachsen. Der Hinterleib ist gegliedert, Atmung erfolgt durch Tracheen. Ca. 3200 Arten; meist an feuchten u. schattigen Orten. Beutetiere sind kleine Gliederfüßer, für einige W. auch Schnecken.
Weberknoten, beim Weben gebräuchl. →Knoten.
Webern, Anton (von), österr. Komponist u. Dirigent, *3. 12. 1883 Wien, †15. 9. 1945 Mittersill, Salzburg (unter ungeklärten Umständen von Besatzungssoldaten erschossen); bis 1918 Theaterkapellmeister, 1922–1934 Leiter der Wiener Arbeiter-Sinfoniekonzerte u. des Arbeiter-Gesangvereins. Zu Lebzeiten unerkannt geblieben, gewann W.s Werk seit 1950 überragende Bedeutung. W. begann ähnlich wie sein Lehrer A. *Schönberg* im Stil der Spätromantik (Passacaglia op. 1, 1908). Der Chor op. 2 („Entflieht auf leichten Kähnen" 1908) ist die letzte tonale Komposition. Mit den 5 George-Liedern op. 3 u. 4 (1907–1909) wird das Stadium der freien Atonalität erreicht, mit den Liedern op. 12 (1915–1917) beginnt eine Schaffensperiode, die nur Vokalwerke enthält u. die Hinwendung zur zwölftönigen Reihentechnik bringt, die in den Drei Volkstexten op. 17 (1924) zum erstenmal angewandt wird. Die Singstimme ist nicht im traditionellen Sinn kantabel, sondern den Instrumentalstimmen gleichgeordnet. Von Schönberg unterscheidet sich W. von Anfang an durch die Konzentration auf meist weitgespannte Intervalle u. durch die strenge Organisation, die schon im Material selbst ansetzt. Die drei- oder viertönigen „Konstellationen" bieten durch Transpositionen u. Permutationen bereits innerhalb der Reihe ein Abbild der Großform. Das Ideal der kammermusikal. Transparenz führt in den Klavier-Variationen op. 27 (1936) dazu, daß horizontale u. vertikale Dimension sich verschränken. Damit ist der Grund gelegt für die gleichwertige Durchorganisation der Elemente Rhythmus, Dynamik u. Farbe, wie sie dann bei P. *Boulez* konsequent durchgeführt wird. – 🄻 2.9.4.
Weberscher Apparat [nach E. H. *Weber*], *Webersche Knöchelchen*, knöcherne, aus 4 Teilen bestehende Verbindung zwischen Schwimmblase u. Labyrinth bei den →Karpfenfischen mit offener Schwimmblase, die mit dem Darm in Verbindung steht; dient der Übertragung u. Wahrnehmung von Druckdifferenzen (Barometerfunktion).
Webersches Gesetz [nach E. H. *Weber*], *Weber-Fechnersches Gesetz*, die mathemat. Formulierung für den Zusammenhang zwischen Reizstärke u. Empfindungsstärke. Es sagt aus, daß die Empfindungsstärke mit dem Logarithmus der Reizstärke ansteigt. Um eine doppelt so starke Empfindung hervorzurufen, muß der Reiz auf das Zehnfache verstärkt werden. Das Gesetz ist nicht allg. gültig. – 🄻 9.3.1.
Weberschiffchen →Schütze.
Webertiefe, Meerestiefe im SO der Bandasee, Pazif. Ozean, 7440 m tief, zugleich die größte Tiefe im Australasiat. Mittelmeer; von dem holländ. Vermessungsschiff „Willebrord Snellius" 1929 aufgefunden u. nach seinem Kapitän benannt.
Webervögel, *Ploceidae*, eine rd. 150 Arten umfassende Familie der *Singvögel*, zu denen u.a. die Unterfamilien der *Sperlinge, Witwen* u. *Echten W. (Weberfinken)* gehören. Sie leben in Afrika, Südasien u. Australien. Die W. ähneln den Finken, bauen aber oben geschlossene Nester; sie leben oft gesellig, z.T. auch während der Brut. Die Echten W. bauen aus Grashalmen oder Bast kunstvoll geflochtene hängende Nester, z.B. die südafrikan. *Blutschnabelweber, Quelea quelea*, u. *Orangeweber, Euplectes orix*.
Wẹbi Ganạne, *Giuba*, Fluß in Somalia (Ostafrika), 1500 km, entspringt im Äthiop. Hochland, mündet bei Kismanio in den Ind. Ozean.
Wẹbi Schạbelle, *Wabi Schebele, Webi Schebeli*, Fluß in Ostafrika, 2400 km, entspringt im Äthiop. Hochland, durchfließt die Prov. Harer, nähert sich der Küste Somalias bei Mogadischo auf weniger als 40 km, folgt dann der Küste etwa 400 km weit nach SW in Richtung auf die Mündung des *Webi Ganane*; erreicht diesen nur zeitweise, versickert oft in küstennahen Sümpfen u. Dünengebieten.
Wẹbi Schẹbeli = Webi Schabelle.
Webspinnen = Spinnen.
Webster ['webstər], **1.** Daniel, US-amerikan. Politiker, Schriftsteller u. Redner, *18. 1. 1782 Salisbury, N.H., †24. 10. 1852 Marshfield, Mass.; 1841–1843 u. 1850–1852 Außen-Min. wandte sich als Verfechter der Einheit gegen die von den Südstaaten betriebene Politik der Nullifikation.
2. John, engl. Dramatiker, *um 1580 London (?), †um 1625; schrieb sprachgewaltige, grausige Rachetragödien: „Der weiße Teufel" 1612, dt. 1941; „The Duchess of Malfi" 1623.
3. Noah, US-amerikan. Philologe, *16. 10. 1758 Hartford, Conn., †28. 5. 1843 New Haven, Conn.; verfaßte das immer wieder neu bearbeitete „American Dictionary of the English Language" 1828.

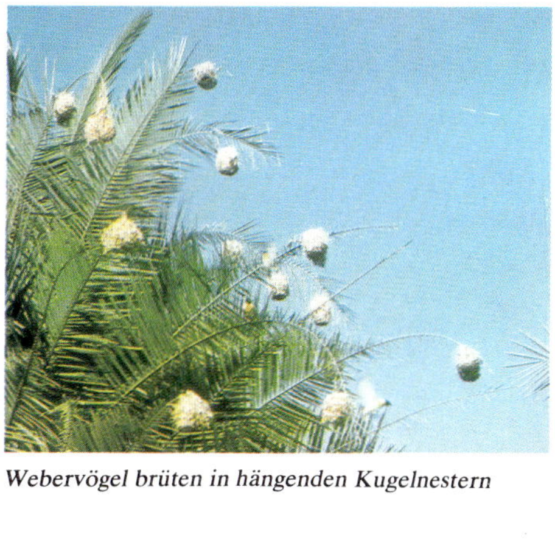
Webervögel brüten in hängenden Kugelnestern

Webstuhl, *Webmaschine*, eine Maschine zur Herstellung von Geweben; ursprüngl. von Hand angetrieben *(Hand-W.)*, wobei die Fachbildung durch *Tritte* erfolgte. 1784 konstruierte E. *Cartwright* den ersten *mechan. W.* Die für die Gewebeherstellung notwendigen Vorrichtungen sind in einem W.gestell untergebracht: 1. *Fachbildevorrichtung*, bewegt die Schäfte, wodurch ein Teil der längsgespannten Kettfäden gehoben, der andere gesenkt wird, d.h., sie bildet ein Fach, in das zwecks Fadenverkreuzung (Bindung) der querlaufende Schußfaden eingetragen werden kann; 2. *Schlagvorrichtung*, treibt den Schützen mit der Schußspule durch das Fach von einem Schützenkasten in den anderen; 3. *Lade*, nimmt die beiden Schützenkästen rechts u. links auf, schlägt durch eine Vor- u. Rückwärtsbewegung mittels des *Rietes (Ried, Weberkamm)* den Schußfaden an das Gewebe an u. enthält die Laufbahn für den Schützen; 4. *Schußdichtenregler*, zieht in Verbindung mit der Warenaufwicklung das Gewebe gleichmäßig weiter, so daß pro cm immer die gleiche Anzahl Schußfäden eingetragen werden.
Man unterscheidet je nach Form des Gewebes *Breit-, Band-* u. *Rund-W.*; je nach Fachbildevorrichtung *Exzenter-* (für glatte Gewebe), *Schaftmaschinen-, Jacquard-* u. *Damast-W.* für große Musterungen; je nach Gewebeart oder Rohstoff *Baumwoll-, Seiden-, Woll-, Teppich-, Frottier-* u. *Gardinen-W.*; wobei für das leichtere Gewebe eine leichtere Bauweise gewählt wird u. z.B. für Segeltuche eine schwere Ausführung notwendig ist; je nach Breite u. Geschwindigkeit schmale, schnell laufende (bis zu 300 U/min) u. breite, langsam laufende Webstühle (80–100 U/min). Nach der Anordnung (waagerecht bzw. senkrecht) unterscheidet man auch den *Basselisse-* u. den *Hautelisse-W.* Beim *Automaten-W.* erfolgt die Auswechslung der leeren gegen eine volle Spule durch eine automat. Schuß- oder Schützenwechselvorrichtung, wodurch ein Weber mehrere Webstühle bedienen kann (4-, 6-, 12-Stuhl-System); beim *Ruten-W.* wird mit dem Schuß gleichzeitig in ein zweites Fach eine Stahlschiene zur Erzeugung von Florgeweben eingetragen. Neuerungen sehen die Eintragung des Schußfadens durch fortlaufend umlaufende Schützen (z.B. *Rund-W.*), durch Greiferstangen *(Greifer-W.)* oder durch Luftstrom bzw. Wasser ab Kreuzspule vor. – 🄱 →Textiltechnik. – 🄻 10.8.7.
Webware →Gewebe.
Wechmar, Rüdiger Frhr. von, Journalist u. Diplomat, *15. 11. 1923 Berlin; 1972–1974 Staatssekretär u. Leiter des Bundespresse- u. Informationsamtes, 1974–1981 Botschafter bei den Vereinten Nationen, 1980/81 Präs. der UNO-Vollversammlung, seit 1981 Botschafter in Rom.
Wechsel, 1. *Jagd:* von bestimmten Tieren regelmäßig benutzter Pfad; als jagdlicher Ausdruck beschränkt auf das Schalenwild u. das zur Hohen Jagd zählende Raubwild.
2. *Leichtathletik:* die Übergabe des Staffelstabes von einem Läufer zum folgenden bei Staffelläufen; muß bei der 4×100-m-Staffel innerhalb der *Wechselräume* (je 20 m lang), an der 100-, 200-, u. 300-m-Marke vorgenommen werden.
3. *Wirtschaft:* ein an bestimmte Formvorschriften gebundenes, dem Inhaber der Urkunde gegenüber wirksames schriftliches Zahlungsversprechen, ein „geborenes" →Orderpapier. In Durchführung des *Genfer Internationalen Abkommens über die Vereinheitlichung des W.rechts* vom 7. 6. 1930 wurde das W.recht in den meisten europ. Staaten außer Großbritannien u. der Sowjetunion neu gefaßt, in Dtschld. durch das *W.gesetz (WG)* vom 21. 6. 1933. Dem internationalen Übereinkommen entsprechen auch das österr. Wechselgesetz von 1955 u. das W.recht der Schweiz (Art. 990 ff. OR).
Der W. entstand um das 12. Jh. bes. zur Vermeidung der gefährlichen Geldtransporte; seine heutige wirtschaftl. Bedeutung liegt bes. in den Funktionen als inländisches Kredit- u. Zahlungsmittel u. als Deckungsmittel der Notenbank. – Nach der Person des zur Zahlung Verpflichteten unterscheidet man die *Tratte* (*gezogener W., Akzept, Cambio*; der Aussteller verpflichtet einen Dritten) u. den selteneren *Sola-W.* (*Eigen-W., trassiert-eigener W., trockener W.*; der Aussteller verpflichtet sich selbst). Jede Tratte muß enthalten: 1. Bezeichnung als W. im Text der Urkunde *(W.klausel)*, 2. Anweisung auf Zahlung einer bestimmten

Geldsumme, 3. den Namen dessen, der zahlen soll *(Trassat, Bezogener)*, 4. Angabe der Verfallzeit u. 5. des Zahlungsorts, 6. den Namen dessen, an den oder dessen Order gezahlt werden soll *(Remittent, W.nehmer)*, 7. Tag u. Ort der Ausstellung, 8. Unterschrift des Ausstellers *(Trassant)*.
Arten: Nach Angabe der Verfallzeit unterscheidet man: 1. *Tag-W. (Tages-W.)*, Verfalltag ist kalendermäßig benannt; 2. *Sicht-W.*, bei Vorlegung fällig; 3. *Nachsicht-W.*, z.B. 10 Tage nach Vorlegung fällig; 4. *Dato-W.*, bestimmte Zeit (z.B. 2 Monate) nach Ausstellung fällig; 5. *Markt-W.*, *Meß-W.*, z.B. zur Frühjahrsmesse fällig (nicht mehr gebräuchlich). Nach dem Zahlungsort wird unterschieden zwischen: 1. *Domizil-W.*, vom Wohnort des Bezogenen abweichender Zahlungsort; 2. *Platz-W.*, Ausstellungsort = Zahlungsort; 3. *Distanz-W.*, Zahlung ist an einem anderen Ort zu leisten. – Von einem *Rekta-W.* spricht man, wenn er die Klausel „nicht an Order" enthält; der Anspruch auf die W.summe ist dann nur durch einfache Forderungsabtretung übertragbar, gutgläubiger Erwerb des W.s ist ausgeschlossen. Die Ausfertigung eines W.s in mehreren Exemplaren (*Prima-W.*, *Sekunda-W.* usw.) kommt bes. im Überseehandel vor. *Blanko-W.* nennt man den W., bei dem die Ausfüllung einzelner Angaben, z.B. der W.summe, dem Inhaber überlassen bleibt. Der *Keller-W.* enthält zu Betrugszwecken Unterschriften vermögensloser oder erfundener Personen.
W.verkehr: Mit der „Annahme" des W.s *(Akzept)* u. der Begebung wird der Bezogene W.schuldner. Der Aussteller kann den W. bis zum Verfalltag selbst oder bei einer Bank aufbewahren, ihn auch vor Verfall an eine Bank verkaufen (*diskontieren*, →Diskont) oder als Zahlung an einen Gläubiger weitergeben (→Indossament). Die Sicherheit eines W.s ist um so größer, je mehr Personen indossiert haben; denn die Indossanten haften zusammen mit dem Aussteller, dem Akzeptanten u. den Bürgen *(Avalisten)* als Gesamtschuldner gegenüber dem Inhaber, der jeden einzelnen oder mehrere zusammen in Anspruch nehmen kann, ohne an die Reihenfolge gebunden zu sein. Löst der Bezogene den W. am Verfalltag nicht ein, so kann ihm entweder eine Stundung *(Prolongation)* gewährt werden, oder aber es muß in der Regel an einem der beiden folgenden Werktage →Protest mangels Zahlung *(W.protest mangels Zahlung)* erhoben werden. Ist der W. somit „notleidend" geworden (oder die Annahme verweigert worden: *W.protest mangels Annahme*) u. ist keine *Notadresse (Ehrenzahler, Honorant)* angegeben, bei der der W. im „Notfall" zur Annahme oder Zahlung „zu Ehren" eines Rückgriffschuldners *(Honorat)* vorgelegt werden muß *(Ehreneintritt, Intervention)*, so muß der Inhaber seinem Vormann, dieser wiederum seinem Indossanten usw. davon kurzfristig Nachricht geben; gleichzeitig hat der Inhaber das Recht, die Zahlung der W.summe von seinen Vormännern zu verlangen (→Regreß). Der W.gläubiger, der im Rückgriffsweg nicht zu seinem Recht kommt, kann die *W.klage* (→Wechselprozeß) erheben. – Jeder W. unterliegt der *Wechselsteuer*. – 📖 4.3.2.

Wechselbalg, im Volksglauben ein mißgestalteter Säugling, der von Elben mit dem rechtmäßigen Kind vertauscht wurde.

Wechselbürgschaft →Aval.

Wechselfälschung →Urkundenfälschung.

Wechselfestigkeit, im Dauerschwingversuch ermittelte Materialkenngröße; Sonderfall der →Dauerschwingfestigkeit.

Wechselgetriebe →Kennungswandler.

Wechseljahre, *Klimakterium*, bei der Frau der Zeitraum, in dem die Tätigkeit der Keimdrüsen allmähl. erlischt (meist zwischen dem 45. u. 50. Lebensjahr). Äußeres Kennzeichen ist die →Menopause.

Wechselkredit, ein kurzfristiger Kredit, der durch einen auf den Kreditnehmer oder seinen Bürgen gezogenen *Wechsel* gesichert ist.

Wechselkröte, *Grüne Kröte, Bufo viridis*, sehr anspruchslose Kröte Mittel- u. Osteuropas, in sehr trockenem Gelände, bis 4000 m. Hell mit grünen Inselflecken. Wird in Westeuropa durch die →Kreuzkröte vertreten. Lebensdauer bis 9 Jahre.

Wechselkurs, *Devisenkurs*, Preis für →Devisen; kann bei *Goldwährung* nur innerhalb der *Goldpunkte* schwanken, da bei Erreichung eines dieser Goldpunkte Gold ausgeführt bzw. eingeführt wird.

Wechsellagerung, die sich abwechselnd übereinander wiederholende Folge von verschiedenen Gesteinsschichten.

Wechselprozeß, ein Prozeßverfahren, das Wechselgläubigern, die durch →Regreß nicht zu ihrem Recht gekommen sind, zusteht (§§ 602–605 ZPO); stellt im wesentl. nur fest, ob die Unterschrift des Bezogenen oder der sonstigen Beklagten echt ist; Einreden der Schuldner können sich nur richten gegen den Wechsel, z.B. gegen Echtheit der Unterschrift oder nachträgliche Veränderungen am Papier (Wechselfälschung), gegen nicht rechtzeitigen Protest u. Verjährung oder gegen den Kläger selbst (z.B. Gegenforderung); werden Einreden des Wechselschuldners im W. nicht gehört, so kann er einen Rechtsstreit im ordentlichen Gerichtsverfahren anhängig machen. Der W. erstrebt ein schnelles, sofort vollstreckbares Urteil. Im W. können klagen: der Inhaber oder jeder Indossatar gegen seine Vormänner, den Aussteller u. den Bezogenen u. der Aussteller gegen den Bezogenen.

Wechselradgetriebe, ein Getriebe, bei dem die Räder paarweise ausgetauscht werden; die Summe der Zähnezahlen bleibt gleich. W. finden insbes. bei Einzweckmaschinen mit seltener Drehzahländerung Verwendung.

Wechselreiterei, Austausch von Wechseln zwischen zwei oder mehreren Personen zur Geldbeschaffung durch Übertragung des Wechsels an gutgläubige Dritte; ist betrügerisch, da der einzelne Wechsel nicht aus einer echten Zahlungsverpflichtung entstanden ist.

Wechselrichter, elektr. Gerät zur Umformung von Gleichstrom in Wechselstrom. Die meisten W. arbeiten mit *Thyristoren*, das sind steuerbare Halbleiter-Bauelemente. Für kleine Leistungen, z.B. in Rundfunkempfängern, werden *Transistor-W.* (Transistor-Generatoren), gelegentl. auch noch elektromechan. *Zerhacker*, verwendet.

Wechselsprechanlage, Haustelephonanlage mit Lautsprecherbetrieb, bei der man wechselweise hören u. sprechen kann. Die Verbindung besteht immer nur in einer Richtung. Sind mehrere Sprechstellen vorhanden, so sind sie untereinander meist in Reihenschaltung verbunden. Die Verbindungen werden durch Druck auf die Sprechtaste hergestellt. Beim Sprechfunk ist für Wechselsprechbetrieb der Ausdruck *Simplexbetrieb* eingeführt. Beim *Duplex-* oder *Gegensprechbetrieb* besteht, wie beim Telephon, ständig eine Verbindung in beiden Richtungen, d.h., man kann hören u. sprechen, ohne umschalten zu müssen.

Wechselsteuer, Gliedsteuer zur Umsatzsteuer, wird auf alle im Inland umlaufenden Wechsel u. ähnliche Urkunden erhoben u. mittels bei der Post erhältl. *W.marken* entrichtet. Alle Wechsel, die vom Inland auf das Ausland oder vom Ausland auf das Inland gezogen u. zahlbar gestellt sind, genießen Steuerermäßigungen oder -befreiungen. Steuerschuldner ist, wer den Wechsel im Zeitpunkt der Entstehung der Steuerschuld aushändigt; mit ihm haften alle inländ. Personen, die am Wechselverkehr beteiligt sind (z.B. auch, wer einen Wechsel zur Sicherheit annimmt). Der Steuersatz beträgt für Inlandswechsel nach dem *W.gesetz* in der Fassung vom 24. 7. 1959 0,15 DM je angefangene 100 DM der Wechselsumme. – 📖 4.7.2.

Wechselstrom, elektr. Strom, dessen Stärke u. Richtung sich periodisch ändern; wird durch Generatoren oder elektr. Schwingungserzeuger (Sender) hergestellt. Eine Periode des W.s umfaßt den Anstieg der Stromstärke von Null auf den positiven *Scheitelwert (Maximalwert, Amplitude)*, den Abfall über Null u. den negativen Scheitelwert sowie den Anstieg wieder auf Null. Die Anzahl der Perioden pro Sekunde gibt die Frequenz des W.s an (in Hertz). Die Zahl der Richtungswechsel *(Wechselzahl)* ist gleich der doppelten Periodenzahl. Im allg. ist der Strom- u. Spannungsverlauf sinusförmig; Abweichungen sind als Überlagerung einer sinusförmigen Grundwelle u. ihrer sinusförmigen Oberwellen aufzufassen. Die Anteile der verschiedenen Oberwellen lassen sich durch die Fourier-Analyse bestimmen. Infolge der regelmäßigen Schwankung der Stromstärke des W.s wirkt sich dieser nicht mit dem Scheitel-, sondern mit dem Effektivwert (Scheitelwert geteilt durch $\sqrt{2}$) des Stroms (z.B. bei der Wärmeerzeugung) aus. Der *W.widerstand* ist im allg. aus einem frequenzunabhängigen Ohmschen *(Wirkwiderstand)* u. einem frequenzabhängigen induktiven u. kapazitiven Teil *(Blindwiderstand)* zusammengesetzt. Für ihn gilt auch das Ohmsche Gesetz. Der Blindwiderstand bewirkt eine Phasenverschiebung von Strom u. Spannung, von der auch die Wirkleistung abhängt (→Watt). Der technisch verwendete W. ist meist Drehstrom, der eine Frequenz von 50 Hz hat (in USA 60 Hz). Bei elektr. Eisenbahnen wird $16^2/_3$ Hz-W. verwendet. Mit dem Strom ändert sich auch das magnet. Feld. Nach den Induktionsgesetzen können dann in benachbarten Leitern entsprechende Spannungen induziert werden. Da der W. sich auf diese Weise leicht beliebig umformen (→Transformator) u. ohne große Verluste fortleiten läßt, wird er zur Übertragung der elektr. Energie auf große Entfernungen benutzt. Die Hochfrequenztechnik verwendet Wechselströme sehr hoher Schwingungszahl. – 📖 10.4.4.

Wechselstromtelegraphie, ein Verfahren, mit dem man mehrere Telegraphienachrichten auf einer einzigen Leitung oder einem einzigen Fernsprechkanal übertragen kann. Im Gegensatz zum Trägerfrequenz-Fernsprechen wird heute bei der W. Amplitudenmodulation nur noch selten verwendet; statt dessen hat sich wegen der höheren Übertragungssicherheit die *Frequenzmodulation* durchgesetzt. Im übrigen sind beide Verfahren ähnlich: Trägerfrequenzen werden mit dem Nachrichteninhalt moduliert, zu mehreren auf einer Leitung übertragen u. an deren Ende wieder demoduliert. Ein Fernsprechkanal kann 24 Telexkanäle mit einer Telegraphiergeschwindigkeit von 50 Baud aufnehmen; bei höherer Geschwindigkeit sind es entspr. weniger Telegraphiekanäle.

Wechselstube, Umtauschstelle für ausländ. Zahlungsmittel (Sorten), meist Zweigstellen von Banken oder Sparkassen an Grenzübergängen, in Fremdenverkehrsorten u. auf Bahnhöfen, lösen auch Reiseschecks ein. W.n heißen auch die in Westberlin staatl. zugelassenen Umtauschstellen von Mark der DDR in Dt. Mark (u. umgekehrt).

Wechseltierchen = Nacktamöben.

Wechselversand, Vertriebssystem für Fachzeitschriften, erstmals 1895 im Vogel-Verlag angewandt. Die Auflage wird nicht an Abonnenten, sondern an jeweils am Heftthema interessierte Empfängerkreise (meist Firmen) versandt.

wechselwarme Tiere, *poikilotherme Tiere*, Tiere, deren Körpertemperatur unmittelbar von der Temperatur ihrer Umgebung abhängt. W.T. sind alle Tiere mit Ausnahme der Säugetiere u. Vögel *(Warmblüter, homoiotherme Tiere)*. Eine Regulierung der Körpertemperatur ist den w.n T.n nur in geringem Maß möglich, z.B. durch Veränderung der Stellung zur Sonne oder durch Aufsuchen bestimmter Umgebungstemperaturen. Bienen können die Temperatur im Stock aktiv regulieren, indem sie im Sommer durch Fächeln mit den Flügeln frische Luft zuführen, im Winter bei Absinken der Temperatur unter 13 °C durch unruhige Bewegung die Stocktemperatur auf etwa 25 °C steigern. →auch Regelkreis.

Wechselwirkungen, Sammelbez. für die zwischen Elementarteilchen wirkenden *Fundamentalkräfte*. Man unterscheidet vier Arten von W. Auf sie können vermutl. alle in der Natur auftretenden Kräfte zurückgeführt werden. Die *starke Wechselwirkung* bestimmt u.a. den Zusammenhalt der Atomkerne. Die *elektromagnetische Wechselwirkung* ist für die Kräfte zwischen elektr. Ladungen u. für alle chemischen Vorgänge verantwortlich. Auf die *schwache Wechselwirkung* geht u.a. der Betazerfall der Atomkerne zurück. Die *Gravitationswechselwirkung* besteht zwischen allen Massen u. bewirkt deren gegenseitige Anziehung. Die Größenordnungen der einzelnen W. verhalten sich etwa wie $10:10^{-2}:10^{-13}:10^{-40}$.

Wechselwirtschaft, ein Fruchtfolgesystem, bei dem die Nutzung des Bodens durch einjährige Akkerfrüchte von einer Nutzung als Grünland (→Feldgraswirtschaft, →Egartenwirtschaft) oder Wald abgelöst wird. →auch Fruchtwechselwirtschaft.

Wechsler-Test, von dem US-amerikan. Psychologen David *Wechsler* (* 12. 1. 1896) entwickelter, häufig benutzter Test zur Messung der Intelligenz; dt. Bearbeitung von F. P. *Hardesty* u. H. J. *Priester*. Der W. liegt in zwei Formen vor: 1. HAWIK (Hamburg-Wechsler-Intelligenztest für Kinder), 2. HAWIE (Hamburg-Wechsler-Intelligenztest für Erwachsene). Der Test besteht aus einer Kombination sprachgebundener Aufgaben mit einem Handlungstest (z.B. Figurenlegen).

Weckamine, Arzneimittel mit stark zentral erregender Wirkung (z.B. *Pervitin*); wegen ihrer Suchtgefährlichkeit den Bestimmungen des Opiumgesetzes unterstellt.

Weckherlin, Georg Rudolf, Lyriker, * 15. 9. 1584 Stuttgart, † 13. 2. 1653 London; war dort Unterstaats- u. Parlamentssekretär; wirkte durch Übernahme klass. Formen (Pindar, Horaz, französ. Plejade) auf die Reformbestrebungen von M. Opitz u. auf die dt. Barocklyrik: „Oden u. Gesänge" 1618–1619; „Geistl. u. weltl. Gedichte" 1641.

Weckmann, Matthias, Organist u. Komponist, *1621 Niederdorla, Thüringen, †24. 2. 1674 Hamburg; Schüler von H. *Schütz;* Organist in Dresden u. an St. Jacobi in Hamburg; geistl. Vokalwerke, Michaelismusik „Es erhub sich ein Streit", Instrumentalmusik.

Weckmittel, Arzneimittel, die durch anregende Wirkung auf die Großhirnrinde Bewußtlosigkeit, z. B. infolge einer Schlafmittelvergiftung, überwinden können; W. sind u. a. Cardiazol u. Coramin, i. w. S. auch Coffein, Campher u. a.

Weda [der, Mz. *Weden;* sanskr., „Wissen"], *Veda,* älteste Denkmäler der ind. Literatur, in 4 Gruppen gegliedert: 1. *Rigweda,* enthält in 10 Büchern 1028 Lieder meist religiösen Inhalts; 2. *Samaweda,* Buch der Melodien zur Begleitung des Opfers durch den singenden Priester; 3. *Jajurweda,* enthält Sprüche zum Opferritual u. Kommentare dazu; 4. *Atharwaweda,* enthält die nicht als kanonisch geltenden Fluch- u. Beschwörungsformeln für zahlreiche Lebenslagen. An die Weden schließen sich unter dem Sammelnamen *Wedanta* (bedeutendster Lehrer →Schankara) die *Upanischaden* an, ursprüngl. dogmat. Schriften der Brahmanenschulen, später von den Weden gelöste philosoph.-spekulative Werke, die von großem Einfluß waren (z. B. auf A. Schopenhauer).

Wedda, Volk von Wildbeutern (rd. 1000) im östl. Gebirge Ceylons, mit Axt, Pfeil u. Bogen u. Windschirmen; nur in Resten noch ursprüngl. Waldbewohner, sonst in Dörfern mit Ackerbau, an der Küste mit Singhalesen vermischt. →auch Weddide.

Weddellmeer [wɛdl-], südl. Randmeer des Atlant. Ozeans in Antarktika, rd. 8 Mill. qkm, bis 5000 m tief; entdeckt 1822/23 vom engl. Wal- u. Robbenfänger James *Weddell* (*1787, †1834).

Weddide, südostasiat. Rassengruppe, Altform des europid-indiden Rassenkreises; klein, schlank, Gesicht breit u. niedrig, Nase breit u. flach, Haut, Haare u. Augen dunkelbraun, Haare wellig oder lockig. Bart schütter, Körperbehaarung schwach. Die *Wedda* auf Ceylon, *Sakai* auf Malakka, *Toala* auf Celebes, *Gondide* u. *Malide* in Vorderindien. – [B]→Menschenrassen.

Wedding, Bezirk in Westberlin, 180 000 Ew.; Industrie, Ernst-Reuter-Siedlung, mehrere Parks. Seit 1860 Teil von Berlin.

Wedekind, Frank, Dramatiker u. Lyriker, *24. 7. 1864 Hannover, †9. 3. 1918 München; zeitsatir. Mitarbeiter am „Simplicissimus", auch Rezitator u. Lautensänger im Kabarett „Die elf Scharfrichter" in München. Er verherrlichte den Naturtrieb („Moral der Schönheit") u. bekämpfte auf satir.-zyn. Weise die bürgerl. Moral; Wegbereiter des Expressionismus. Dramen: „Frühlings Erwachen" 1891; „Der Erdgeist" 1895; „Der Marquis von Keith" 1901; „König Nicolo oder So ist das Leben" 1904; „Die Büchse der Pandora" 1904; „Musik" 1908; „Franziska" 1912. Auch Novellen („Feuerwerk" 1906) u. Bänkellieder („Lautenlieder" posthum 1920). [L]3.1.1.

Wedel, 1. *Botanik:* Blatt der Farne, Cykadeen u. Palmen.

2. *Jagd:* Schwanz des zur Hohen Jagd zählenden Haarwilds (beim Wildschwein: *Pürzel*).

Wedel (Holstein), schleswig-holstein. Stadt (Ldkrs. Pinneberg), an der Unterelbe, 29 900 Ew.; Hochseefischerei, Möbel-, Lederwaren-, elektroakust., Photokopierapparate-, opt., pharmazeut. Industrie; Baumschulen, Rosenzucht; Geburtsort von E. *Barlach.*

wedeln, kurz schwingen, Lauftechnik im Skisport: Durch abwechselndes Einsetzen der Stöcke u. Entlasten der Skienden kommt es zu einem Ferndrehschub mit horizontaler Gegenverwindung des Oberkörpers.

Wedemark, Gemeinde im Kreis Hannover (Niedersachsen), nördl. von Hannover, 22 700 Ew.

Wedgwood ['wɛdʒwud], **1.** Josiah, engl. Kunsttöpfer, *12. 7. 1730 Burslem, †3. 1. 1795 Etruria; stellte basaltfarbenes Steinzeug u. die künstler. hochwertige *Jasperware* in klassizist., von der antiken Keramik inspirierten Formen her, die den Stil der engl. u. kontinentalen Kunsttöpferei des ausgehenden 18. Jh. stark beeinflußten; gründete 1769 die W.-Werke in Etruria.

2. Thomas, Sohn von 1), engl. Erfinder, *1771, †1805; „photokopierte" schon 1790 Blätter u. Insektenflügel auf Löschpapier, das mit Silbernitrat getränkt war; erzeugte in der Camera obscura Lichtbilder, die jedoch nicht fixierbar waren.

wedische Religion, *Wedismus,* die aus den religiösen Vorstellungen der im 2. Jahrtausend v. Chr. einwandernden Arier u. der eingeborenen Völker entstandene polytheistische Frühreligion Indiens, deren hl. Schrift die 4 Weden sind. Die w. R. war eine Opferreligion, deren Kult von Brahmanen u. Hausvätern vollzogen wurde; sie bejahte Welt u. Leben in ihr u. kannte keine Erlösung.

wedische Sprache, *wedisches Sanskrit,* die älteste Stufe der ind. Sprachentwicklung; in ihr sind die *Weden* aufgezeichnet; der älteste, der *Rigweda,* muß vor dem 10. Jh. v. Chr. entstanden sein.

Wednesbury ['wɛnzbəri], Stadtteil von Walsall, nordwestl. von Birmingham (Großbritannien), 36 000 Ew.; früher Stadt in Staffordshire.

Wedro [das; russ., „Eimer"], früheres russ. Flüssigkeitsmaß; 1 W. = 10 Kruschka = 12,299 *l.*

Weener, niedersächs. Stadt (Ldkrs. Leer), an der Ems, im Rheiderland, 14 100 Ew.; Papier-, Plastik-, Nahrungsmittelindustrie, Baumschulen.

Weenix, Jan d. J., holländ. Maler, *um 1640 Amsterdam, begraben 19. 9. 1719 Amsterdam; Schüler seines Vaters, des Landschafts-, Genre- u. Stillebenmalers Jan Baptist W. d. Ä. (*1621, †1663), u. seines Oheims M. *d'Hondecoeter;* 1702–1712 in kurpfälz. Hofdiensten für Schloß Bensberg tätig; malte Bildnisse u. Landschaften sowie dekorative Stilleben vor in Abenddämmerung gehaltenen landschaftl. Hintergründen.

Weert, Stadt in der niederländ. Prov. Limburg, südöstl. von Eindhoven am Kanal Zuid-Willemsvaart, 35 700 Ew.; spätgot. Hallenkirche; Textil-, Metall-, Maschinen-, Betonwaren-, Nahrungsmittelindustrie. – 1062 erstmals erwähnt.

Weerth, Georg, Schriftsteller, *17. 2. 1821 Detmold, †30. 7. 1856 Havanna; Kaufmann, befreundet mit F. Engels u. K. Marx; schrieb Feuilletons, Erzählungen u. z. T. gesellschaftskrit. Lyrik.

Weesp, Gemeinde in der niederländ. Prov. Nordholland, an der Vecht u. dem Merwedekanal, 17 600 Ew.; Teile der Stadtmauer erhalten, Sankt-Laurentius-Kirche (15. Jh.) mit Glockenturm, Stadthaus (1772–1776), Museum; Kakao- u. Schokoladenindustrie, Herstellung von Gummiwaren, Trikotagen, Reinigungsmitteln u. Verpackungen. – 1123 erstmals erwähnt.

Weeze, Gemeinde in Nordrhein-Westfalen (Ldkrs. Kleve), an der Niers bei Wesel, 8700 Ew.; Möbel-, Elektroindustrie; Militärflugplatz.

Wega [die; arab.], *α Lyrae,* Hauptstern des Sternbilds Leier, hellster Stern der nördl. Himmelshälfte; Entfernung 27 Lichtjahre.

Wegberg, nordrhein-westfäl. Stadt (Ldkrs. Heinsberg), südwestl. von Mönchengladbach, 24 500 Ew.; Leder-, Textil-, Eisenindustrie, Ölmühlen. In der Nähe die Rennstrecke *Grenzlandring.*

Wegegeld, *Pflastergeld,* früher verbreitete Gebühr für die Benutzung von Wegen.

Wegener, 1. Alfred, Geophysiker u. Polarforscher, *1. 11. 1880 Berlin, †Ende Nov. 1930 Grönland; Prof. in Graz, Teilnehmer bzw. Leiter der Grönlandexpeditionen 1906–1908, 1912/13, 1929/30; bes. bekannt durch seine Theorie der →Kontinentalverschiebung.

2. Paul, Schauspieler, *11. 12. 1874 Rittergut Bischdorf, Ostpreußen, †13. 9. 1948 Berlin; am Dt. Theater u. Schillertheater in Berlin; beim Film seit 1913 in dämonisch unheimlichen u. kraftvoll verhaltenen Charakterrollen; auch Regisseur der Bühne u. des Films.

Wegerecht, *Straßenrecht,* das Recht der Anlegung, Widmung, Entwidmung, Unterhaltung (→Straßenbaulast), Reinigung u. Benutzung (Gemeingebrauch, Sondernutzung) von öffentl. Wegen (Straßen) u. Plätzen. Das W. ist bezüglich der →Bundesfernstraßen im *Bundesfernstraßengesetz* vom 6. 8. 1953 in der Fassung vom 1. 10. 1974, bezüglich der übrigen Straßen (→Landstraßen, →Gemeindestraßen, Feld- u. Waldwege) im Landesrecht (Straßengesetze) geregelt. Wege erhalten ihre Eigenschaft als *öffentliche Wege* durch „Widmung", mit der auch die Benutzungsart bestimmt wird. Die Benutzung im Rahmen der Widmung ist →Gemeingebrauch. Für darüber hinausgehende Benutzungsarten ist eine Erlaubnis erforderlich.
In *Österreich* ähnl. geregelt; die Bundesstraßen unterstehen dem Bund (Bundesstraßengesetz 1948), Landesstraßen der Zuständigkeit der Länder; auch für die Bezirks- u. die Gemeindestraßen sind die Landesstraßengesetze maßgebend. Das neue Bundesstraßengesetz sieht den Typus der Bundesschnellstraße vor. – In der *Schweiz* ist das W. Sache der Kantone u. Gemeinden; der Bund hat jedoch seit 1958 gemäß Art. 36bis der Bundesverfassung den Ausbau u. die Unterhaltung von *Nationalstraßen* übernommen. – [L]4.2.1.

Wegerich, *Plantago,* Hauptgattung der *W.gewächse* mit rd. 260 Arten. Auf der ganzen Erde verbreitete Pflanzen mit ährigen Blütenständen. Nur grundständige Blattrosetten haben die in Dtschld. an Wegen, auf Triften u. Wiesen verbreiteten Arten: *Großer W. (Breit-W., Plantago major)* mit breit-eirunden Blättern, *Mittlerer W., Plantago media,* mit ellipt. Blättern, *Spitz-W., Plantago lanceolata,* mit lanzettl. Blättern sowie der am Meeresstrand u. an salzhaltigen Standorten des Binnenlands zu findende *Strand-W., Plantago maritima.* Einige Arten liefern den →Flohsamen.

Wegerichgewächse, *Plantaginaceae,* Familie der *Personatae,* zu der u. a. der *Wegerich* gehört.

wegfüllen, *Bergbau:* gesprengtes Mineral oder Gestein in Förderwagen, auf Transportbänder oder andere Transportmittel laden.

Weggis, schweizer. Seebad u. Kurort am Nordufer des Vierwaldstätter Sees, im Kanton Luzern, am Fuß des *Rigi,* 2250 Ew. – [B]→Vierwaldstätter See.

Wegmalve →Malve.

Wegmesser, *Schrittzähler,* Vorrichtung in Form einer Taschenuhr zum Messen eines beim Gehen zurückgelegten Weges; die Erschütterungen beim Gehen übertragen sich auf ein Zählwerk.

Wegner, Armin Theophil, Lyriker u. Erzähler, *16. 10. 1886 Elberfeld, †17. 5. 1978 Rom; Mitgründer des Bundes der Kriegsdienstgegner; emigrierte nach der Entlassung aus dem KZ; anfangs dem Expressionismus nahestehend; schrieb Gedichte („Das Antlitz der Städte" 1917; „Die Silberspur" 1952), Novellen („Der Knabe Hüssein" 1921), Romane u. Reisebücher.

Wegscheid, Markt in Niederbayern (Ldkrs. Passau), 4400 Ew.; Textilindustrie.

Wegschnecke, *Arion* →Egelschnecken.

Wegstunde, altes Längenmaß: 1 W. = rd. 5 km.

Wegwarte →Cichorium.

Wegwespen, *Pompiloidea,* ähnlich wie die Grabwespen lebende, Erdhöhlen grabende schlanke u. meist einfarbig braune oder dunkelrote *Stechimmen,* die als Larvennahrung Spinnen in die Höhlen tragen. In Europa u. a. die *Gewöhnl. Wegwespe, Pompilus viaticus,* in Amerika größere Verwandte, z. B. die →Spinnentöter.

Wegzehrung →Viaticum.

Wehberg, Hans, Völkerrechtslehrer, *15. 12. 1885 Düsseldorf, †30. 5. 1962 Genf; Prof. in Genf seit 1928, Hrsg. der „Friedens-Warte", trat für die Ächtung des Kriegs u. die friedl. Streitschlichtung ein. Hptw.: „Das Problem eines internationalen Staatengerichtshofs" 1912; „Die internationale Beschränkung der Rüstungen" 1919; „Die Satzung des Völkerbundes" ³1930; „Die Ächtung des Krieges" 1930.

Wehen →Geburt.

Wehlau, russ. *Snamensk,* Ort in der ehem. Prov. Ostpreußen (kam 1945 unter sowjet. Verwaltung, seit 1946 Oblast Kaliningrad der RSFSR), an der Mündung der Alle in den Pregel, 8000 Ew.; Maschinen-, Holz- u. Nahrungsmittelindustrie.

Wehlte, Kurt, Maler, Restaurator u. Fachschriftsteller, *11. 5. 1897 Dresden, †11. 4. 1973 Stuttgart; leitete das Institut für Technologie der Malerei in Stuttgart; zahlreiche malereitechn. Veröffentlichungen.

Wehmutter = Hebamme.

Wehnelt, Arthur Rudolf Berthold, Physiker, *4. 4. 1871 Rio de Janeiro, †15. 2. 1944 Berlin; arbeitete über Raumladung u. Elektronenemission; schuf u. a. die *W.-Kathode,* den *W.-Unterbrecher* u. den *W.-Zylinder.*

Wehnelt-Unterbrecher, *Elektrolytunterbrecher,* Gerät zum schnellen rhythmischen Unterbrechen eines Gleichstroms; besteht aus einer feinen, in verdünnte Schwefelsäure eintauchenden Platinelektrode, an der sich in regelmäßiger Folge eine isolierende Gasblase bildet. Sie wird durchschlagen u. bildet sich dann wieder neu.

Wehner, 1. Herbert, Politiker (SPD), *11. 7. 1906 Dresden; Kaufmann, später Journalist; 1927 Mitgl. der KPD, 1935 Kandidat des Politbüros; 1933–1935 illegale Tätigkeit in Dtschld., dann Emigration (u. a. Aufenthalt in Moskau); 1942 in Schweden aus polit. Gründen zu einem Jahr Zuchthaus verurteilt; brach während der Haft mit dem Kommunismus; seit 1946 in der SPD, seit 1949 Mitglied des Bundestags, 1958–1973 stellvertretender Vorsitzender der SPD; 1966–1969 Minister für Gesamtdeutsche Fragen, seit 1969 Bundestags-Fraktionsvors. der SPD.

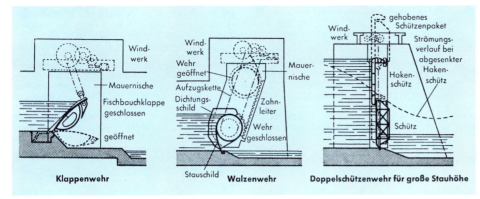
Wehr

2. Josef Magnus, Schriftsteller, *14. 11. 1891 Bermbach, Rhön, †16. 12. 1973 München; Versdichtung: „Der Weiler Gottes" 1921. Romane: „Der blaue Berg" 1922 (unter dem Titel „Erste Liebe" 1940); „Der Kondottiere Gottes" 1956. Biographien, Legenden, Lyrik.

Wehr [das], eine Stauanlage, deren Hauptzweck es ist, den Wasserspiegel eines Flusses zu heben, um Wasser entnehmen zu können oder um für die Schiffahrt Tiefe zu gewinnen. W.e können fest oder beweglich sein. Sie liegen gewöhnl. senkrecht zur Fließrichtung; *Streich-W.*e liegen nahezu parallel. Ausführungsformen: *Dammbalken-, Schützen-, Walzen-, Nadel-W.*e mit Hand- oder Maschinenantrieb oder selbsttätig arbeitende *Dach-, Klappen-, Trommel-, Heber-W.* u.a.

Wehr, Stadt in Baden-Württemberg, östl. von Lörrach, an der Wehra, 11600 Ew.; chem.-pharmazeut. Industrie; Fremdenverkehr. In der Nähe Tropfsteinhöhle.

Wehrbeauftragter des Deutschen Bundestages, vom Bundestag auf die Dauer von 5 Jahren gewählte, über 35 Jahre alte Persönlichkeit, die den Schutz der Grundrechte des Soldaten überwacht u. als Hilfsorgan des Bundestags an der parlamentar. Kontrolle über die Bundeswehr mitwirkt (Art. 45b GG u. Gesetz über den Wehrbeauftragten des Bundestages von 1957). Der Wehrbeauftragte erstattet dem Bundestag jährlich einen Tätigkeitsbericht. Er kann jederzeit alle Einrichtungen der Bundeswehr besuchen u. von den Bundeswehrdienststellen Auskünfte u. Einsicht in die Akten verlangen. Jeder Soldat hat das Recht, sich ohne Einhaltung des Dienstwegs mit formlosen Beschwerden an den Wehrbeauftragten zu wenden. Die Eingabe ist nicht an eine Frist gebunden, ersetzt aber rechtlich nicht die förmliche →Beschwerde. – ⌶ 1.3.0.1.

Wehrbereich, Bundeswehrverwaltungseinheit innerhalb der BRD, in der ein *Befehlshaber im W.* für die Vorbereitung aller Maßnahmen der bodenständigen Verteidigung verantwortlich ist. Die Grenzen der W.e decken sich mit den Ländergrenzen: W. I = Schleswig-Holstein, Hamburg; W. II = Niedersachsen, Bremen; W. III = Nordrhein-Westfalen; W. IV = Hessen, Saarland, Rheinland-Pfalz; W. V = Baden-Württemberg; W. VI = Bayern. Der Stab des Befehlshabers im W. heißt *W.skommando;* ihm unterstehen die Verteidigungsbezirkskommandos, die Verteidigungskreiskommandos, die Truppenübungsplatz- u. Standortkommandanturen. – ⌶ 1.3.6.

Wehrdienst →Wehrpflicht.

Wehrdienstbeschädigtenfürsorge, die den Wehrpflichtigen, Soldaten auf Zeit, Berufssoldaten u. ihren Angehörigen nach dem *Soldatenversorgungsgesetz* in der Neufassung vom 18. 2. 1977 zustehende Versorgung wegen der gesundheitl. u. wirtschaftl. Folgen einer im Dienst erlittenen Gesundheitsschädigung. Leistungen entspr. dem *Bundesversorgungsgesetz,* im einzelnen wi• bei der →Kriegsbeschädigtenfürsorge u. →Kriegshinterbliebenenfürsorge.

Wehrdienstgerichte, die auf dem Gebiet des Wehrdisziplinarrechts tätigen Gerichte des Bundes, die sich ausschl. mit Disziplinarverfahren gegen Soldaten nach der Wehrdisziplinarordnung in der Fassung vom 4. 9. 1972 sowie mit Beschwerden von Soldaten nach der Wehrbeschwerdeordnung vom 11. 9. 1972 befassen. 1. Instanz der W. sind die gemäß der VO vom 24. 11. 1972 eingerichteten *Truppendienstgerichte,* 2. Instanz sind die *Wehrdienstsenate* des Bundesverwaltungsgerichts. Sitz der Wehrdienstsenate ist München. – Die W. sind keine Militärgerichtsbarkeit, die in der BRD nur für den Verteidigungsfall vorgesehen ist.

Wehrdienstsenate →Wehrdienstgerichte.

Wehrdienstverweigerung, die vom Staat als Ausnahme von der Militärdienstpflicht anerkannte u. grundrechtl. ausgestattete Möglichkeit, sich aus religiöser Überzeugung oder allg. aus Gewissensgründen vom Kriegs- bzw. Wehrdienst befreien zu lassen. Ursprüngl. in Preußen als Privileg für die Angehörigen bestimmter religiöser Sekten verliehen, dann vor allem in den angloamerikan. Ländern auch gesetzl. verankert, wurde das Recht auf W. auch in anderen Staaten eingeführt. Das Grundgesetz der BRD bestimmt hierzu in Art. 4 Abs. 3: „Niemand darf gegen sein Gewissen zum Kriegsdienst mit der Waffe gezwungen werden. Das Nähere regelt ein Bundesgesetz." Die weiteren Einzelheiten, insbes. über den von den Kriegsdienstverweigerern zu leistenden zivilen Ersatzdienst, sind in der Verfassungsergänzung von 1956 (Art. 12 Abs. 2), im Wehrpflichtgesetz vom 21. 7. 1956 in der Fassung vom 7. 11. 1977 u. im Gesetz über den zivilen Ersatzdienst in der Neufassung vom 7. 11. 1977 geregelt. In Österreich seit 1. 1. 1975 ziviler Ersatzdienst, ähnlich dem der BRD. – In der Schweiz steht eine ähnliche Regelung bevor. – In der DDR waffenloser Dienst in der Truppe. – ⌶ 4.1.2.

Wehrdisziplinaranwalt, vom Bundesminister der Verteidigung für die Dauer seines Hauptamts (z.B. als Rechtsberater) bestellter Beamter, der in Angelegenheiten des *Wehrdisziplinarrechts* auf Ersuchen der Einleitungsbehörde ermittelt, die Anschuldigungsschrift fertigt, die Einleitungsbehörde vor dem Wehrdienstgericht vertritt u. die Vollstreckung der Strafe durchführt.

Wehrdisziplinarrecht, in der Wehrdisziplinarordnung von 1957 (neu gefaßt 1972) niedergelegtes Dienststrafrecht für die Soldaten der Bundeswehr; enthält die Disziplinarstrafen für Verstöße gegen die Dienstpflichten, die Zuständigkeit u. das Verfahren ihrer Verhängung. Man unterscheidet: 1. *einfache Disziplinarstrafen* (Verweis, strenger Verweis, Soldverwaltung, Geldbuße, Ausgangsbeschränkung, Arrest), die durch Disziplinarvorgesetzte verhängt werden können, u. 2. *Laufbahnstrafen* (Gehaltskürzung, Versagung des Aufsteigens im Gehalt, Einstufung in eine niedrigere Dienstaltersstufe, Dienstgradherabsetzung, Entfernung aus dem Dienstverhältnis, Kürzung des Ruhegehalts, Herabsetzung des Ruhegehalts, Aberkennung des Ruhegehalts), die nur durch Wehrdienstgerichte verhängt werden können. Auch die Würdigung bes. Leistungen durch förml. *Anerkennung* gehört zum W.

Wehrersatzwesen, Dienststellen zur Durchführung der *Wehrpflicht,* insbes. der Musterung, Einberufung, Anlegung u. Führung der Karteimittel, Wehrüberwachung u. Mob-Einplanung; in der BRD Obliegenheit der *Bundeswehrverwaltung;* dem Bundesminister der Verteidigung unmittelbar untersteht das *Bundeswehrersatzamt,* diesem die *Bereichswehrersatzämter* bei den Wehrbereichsverwaltungen, die *Bezirks-* u. *Kreiswehrersatzämter.* – ⌶ 1.3.6.

Wehrgang, um eine Burg oder Stadt laufender gedeckter Gang.

Wehrhoheit, die Zuständigkeit des Staats zur Errichtung militär. Verbände u. zur Regelung aller mit der Organisation u. Funktion der militär. Gewalt zusammenhängenden Fragen. Während früher die Aufstellung militär. Verbände selbstverständlich war, gibt es heute den verfassungsrechtl. oder praktischen Verzicht auf die Organisation eigener Streitkräfte (so verbietet die japan. Verfassung die Aufstellung von Streitkräften, doch unterhält Japan „Selbstverteidigungskräfte"; Island hat bisher – trotz Erwähnung der Wehrpflicht in der Verfassung – keine Armee aufgestellt).

Das *Grundgesetz* kannte bei seinem Erlaß (1949) noch keine Inanspruchnahme der W. durch die BRD. Nach Gründung der NATO (1949) ergab sich wegen der Verschärfung der weltpolit. Lage (1950 Koreakrieg) die Zielsetzung, eine umfassende Verteidigung des Westens zu organisieren. Dies schloß einen Wehrbeitrag der BRD ein. Innenpolit. ergaben sich in der BRD erhebliche Schwierigkeiten. Sie fanden in dem sog. *Wehrbeitragsstreit* vor dem Bundesverfassungsgericht ihren Niederschlag. Umstritten war, ob die Aufstellung dt. Streitkräfte einer Ergänzung u. damit Änderung des Grundgesetzes bedürfe, u. ob die neuen Verträge vom 23. 10. 1954 Bestimmungen enthielten, die der Verfassung widersprachen. Das Bundesverfassungsgericht erließ einige Zwischenentscheidungen, doch bevor es zu den Fragen Stellung nahm, wurde die Einfügung in Art. 79 Abs. 1 vorgenommen, die es ermöglicht, derartige Verträge auch dann abzuschließen, wenn sie nicht in allem „verfassungskonform" sind, vorausgesetzt, daß das Zustimmungsgesetz mit der für Verfassungsänderungen erforderl. Mehrheit verabschiedet wird. Eine solche Ergänzung erfolgte zugleich (Art. 142a GG); weitere Grundgesetzänderungen schlossen sich an. Auf dieser Grundlage konnte dann die Wehrgesetzgebung ohne weitere Schwierigkeiten erlassen werden.

Wehrkirche, Typ der im MA. vielerorts (bes. im dt. Siedlungsraum in Osteuropa) errichteten Kirche mit Wehranlagen.

Wehrli, 1. Johann Jacob, schweizer. Armenerzieher u. Lehrerbildner, *6. 11. 1790 Eschikofen, Thurgau, †15. 3. 1855 Guggenbühl; Schöpfer der „W.-Schulen", die landwirtschaftl. Praxis mit Unterricht u. Erziehung vereinten.

2. Max, schweizer. Literaturwissenschaftler, *17. 9. 1909 Zürich; erforschte bes. die Literatur des Barockzeitalters u. der Aufklärung.

Wehrmacht, die Streitkräfte des nationalsozialist. Dtschld.; die Bez. W. trat an die Stelle von *Reichswehr.* Die W. wurde durch das Gesetz über den Aufbau der dt. W. vom 16. 3. 1935 errichtet (allg. Wehrpflicht). Die W. bestand aus 3 W.steilen: Heer, Kriegsmarine, Luftwaffe, unter je einem Oberbefehlshaber. Oberbefehlshaber der W. war bis 1938 der Reichskriegs-Min., danach übernahm Hitler den Oberbefehl. – ⌶ 1.3.7.

Wehrmacht-Auskunftstelle, Abk. WASt, →Deutsche Dienststelle (WASt).

Wehrpflicht, die auf Gesetz beruhende Verpflichtung des Staatsbürgers zum Dienst in den Streitkräften in der vom Staat festgelegten →Wehrverfassung.

W. bestand in Deutschland 1813–1920 u. 1935–1945 bis zum Ende des 2. Weltkriegs. In der BRD wurde sie eingeführt durch das *W.gesetz* vom 21. 7. 1956 (Neufassung 1977), das auf Art. 73 GG beruht. Die W. besteht für alle dt. Männer vom vollendeten 18. Lebensjahr bis zum Ablauf des Jahres, in dem die W.igen das 45., Offiziere u. Unteroffiziere das 60. Lebensjahr vollenden. Der aufgrund der W. zu leistende *Wehrdienst* umfaßt den *Grundwehrdienst* (15 Monate), *Wehrübungen* (insges. bis zu 9 Monaten bei Mannschaften, 15 bei Unteroffizieren, 18 bei Offizieren), einschl. des Wehrdienstes während der *Verfügungsbereitschaft* (3 Monate im Anschluß an den Grundwehrdienst), u. im Verteidigungsfall den unbefristeten Wehrdienst. *Wehrdienstverweigerer* können auf Antrag die W. durch →Zivildienst erfüllen.

Zum Wehrdienst wird nicht herangezogen, wer nicht wehrdienstfähig (→Tauglichkeitsgrade) oder entmündigt ist, wer ausgeschlossen ist, weil er durch ein Gericht der BRD wegen eines Verbrechens oder wegen einer vorsätzl. hochverräter., staatsgefährdenden oder landesverräter. Handlung zu Freiheitsstrafe von mindestens 1 bzw. $^{1}/_{2}$ Jahr verurteilt ist, u. wer infolge Richterspruchs die Fähigkeit zur Bekleidung öffentl. Ämter nicht besitzt. Vom Wehrdienst befreit sind Geistliche, Schwerbeschädigte u. Spätheimkehrer (Entlassung aus Kriegsgefangenschaft nach dem 1. 7. 1953). Weitere Zurückstellungsmöglichkeiten auf Antrag. – ⌶ 1.3.6.

Wehrpsychologie, ein Teilgebiet der angewandten Psychologie, in dessen Mittelpunkt die Beurteilung der Eignung zum Wehrdienst u. dessen Anforderungen steht; weiter die Psychologie des inneren Gefüges der Truppe sowie der Erziehung u. Ausbildung der Soldaten; außerdem die Erforschung der Voraussetzungen zur *psychologischen Kriegführung.* – ◫ 1.3.0.0.

Wehrstrafrecht, das für die Soldaten der Bundeswehr u. allg. für Straftaten des militär. Bereichs geltende Strafrecht, geregelt durch das *Wehrstrafgesetz* vom 30. 3. 1957 in der Fassung vom 24. 5. 1974. Hierher gehören Straftaten wie Fahnenflucht, Selbstverstümmelung, Gehorsamsverweigerung, Mißhandlung Untergebener u.a. Im Gegensatz zum allg. Strafrecht kennt das W. neben der Freiheitsstrafe noch den Strafarrest. – In Österreich sind alle wesentl. Bestimmungen des W.s im Militärstrafgesetz vom 30. 10. 1970 enthalten, das in seiner seit 1. 1. 1976 geltenden Fassung als Strafen nur die allg. Freiheitsstrafe u. die Geldstrafe kennt (also keinen Strafarrest). – In der Schweiz ist das W. im (mehrmals geänderten) Militärstrafgesetz vom 13. 6. 1927 enthalten.

Wehrtechnik, technisch-wissenschaftl. Forschung, Entwicklung, Erprobung u. Fertigung von Waffen u. militär. Gerät. – ◫ 1.3.5.

Wehrverbände, militärähnlich organisierte, z.T. Wehrsport treibende Verbände, die in Dtschld. nach dem 1. Weltkrieg entstanden. Ihre Mitgl. waren hauptsächl. Kriegsteilnehmer; z.T. wurden sie von den Militärbehörden gefördert. Die meisten W. lehnten die Weimarer Republik ab *(Stahlhelm, Bund Wiking)* oder standen ihr distanziert gegenüber *(Jungdeutscher Orden)*; eindeutig republikanisch war nur das *Reichsbanner*. Als W. i.w.S. können auch die paramilitärischen Organisationen der KPD *(Roter Frontkämpferbund)* u. der NSDAP *(SA* u. *SS)* angesehen werden. – W. in Österreich waren die rechten *Heimwehren* u. der sozialist. *Republikanische Schutzbund.*

Wehrverfassung, die Gesamtheit der systemat. Vorkehrungen für den Kriegsfall. – Im frühen MA. war jeder Freie im *Volksheer* wehrpflichtig. An seine Stelle trat im hohen MA., da Bewaffnung u. Ausrüstung kostspielig wurden u. die Kampfausbildung ständige Übung forderte, das ritterl. *Lehnsheer*. Als die →Ritter infolge ihrer Schwerbeweglichkeit dem Volksheer (Volksaufgebot, z.B. der schweizer. Eidgenossen Sempach 1386) erlagen, wurden *Söldnerheere* (→Söldner) aufgestellt, in denen die Fußtruppe gegenüber den Rittern wieder stärker in den Vordergrund trat. Die Söldner bildeten später selbständige Haufen, die sich im ganzen vermieteten. Aus ihnen gingen die *Landsknechte* hervor; im Auftrag eines Landesherrn wurden sie durch den Feldoberst angeworben. Nach dem Dreißigjährigen Krieg entstanden im Zusammenhang mit den Kämpfen zwischen den absoluten Landesherren u. den sie einschränkenden Ständen die *stehenden Heere*, die teils aus geworbenen Ausländern, teils aus ausgehobenen Staatsangehörigen bestanden. Nach dem Sieg der Landesherren wurden allerdings auch erneut, vor allem der geringen Kosten wegen, im Bedarfsfalle *Milizheere* (→Miliz) aufgerufen.

Den Übergang zur modernen W. bildete das →Kantonsystem des preuß. Königs Friedrich Wilhelm I., dem in der Französ. Revolution 1793 erstmals die *allg. Wehrpflicht* („levée en masse", das Aufgebot der Massen) folgte. Napoléon I. verband allg. Wehrpflicht u. *Berufsheer* miteinander; seine Heere bestanden aus langdienenden Berufssoldaten aller Grade u. Ausgehobenen. Ihm folgte 1813 Preußen mit der →Landwehr, die schließlich unter Wilhelm I. in ein einheitliches Rahmenheer umgebildet wurde, dessen stehende, aufgrund der allg. Wehrpflicht ergänzte Truppenverbände im Kriegsfall durch den Beurlaubtenstand verstärkt u. durch Neuaufstellung vermehrt wurden. Diese W. hat sich, wenn auch regional abgewandelt, heute mit wenigen Ausnahmen (z.B. Schweiz: Milizsystem) überall durchgesetzt.

Wehrvögel, *Anhimidae*, Familie der *Gänsevögel*, die in 3 Arten die Wälder, Lagunen u. Sümpfe Südamerikas bewohnen. Kennzeichnend sind zwei kräftige Sporen am Flügelgelenk der truthuhngroßen Vögel. Am bekanntesten ist der *Tschaja (Schopfwehrvogel), Chauna torquata.*

Wehrwissenschaften, die Gesamtheit der Wissenschaften, deren Gegenstand das Wehrwesen ist; sie greifen (wie die *Strategie*) über das rein kriegerische Geschehen hinaus. Innerhalb der W. gilt dennoch die *Kriegsgeschichte* als wichtigste Disziplin. Daneben haben sich entwickelt u.a.: *Wehrchemie, -geographie, -geologie, -geopolitik, -medizin, -politik, -psychologie, -recht, -soziologie, -technik, -wirtschaft*, ferner gehören *(Kriegs-) Völkerrecht* u. *Kriegsrecht* dazu. – ◫ 1.3.0.0.

Wehrwolf →Werwolf.

Weibel, ursprüngl. unterer Militärdienstgrad; →Feldwebel. – In der Schweiz: Gerichtsdiener.

Weiberfastnacht, *Altweiberfastnacht*, Bräuche im Zeichen der „verkehrten Welt", Frauenveranstaltungen in der Fastnachtszeit (im Rheinland am Donnerstag vor Fastnacht), zu denen Männer häufig keinen Zutritt haben.

weiblicher Reim, *klingender Reim* →Reim.

Weichbild, ursprüngl. ein mittelalterl. Rechtsbegriff für den Geltungsbereich eines bestimmten *Stadtrechts*, heute allg. Bez. für ein Stadtgebiet.

Weiche, Vorrichtung zur Abzweigung oder Verbindung von Eisenbahn- u. Straßenbahngleisen; besteht aus zwei scharnierartig bewegl. Zungen (spitz zusammenlaufende Schienen), die miteinander gekuppelt sind. Je nach der verlangten Richtung wird entweder die eine oder die andere Zunge über eine W.nstelle an die Schiene angelegt. Die Bedienung der W. erfolgt von Hand durch Umlegen eines Hebelgewichts oder vom Stellwerk auf mechan. (Drahtzug) oder elektr. (Elektromotor) Weg. Die Stellung wird durch Signale gekennzeichnet, die sich bei der Umstellung automat. mitbewegen. Mehrere W.n hintereinander bilden eine Weichenstraße. →auch Kletterweiche.

Weichen, die knochenfreie Gegend zwischen unterem Rippenbogen u. Darmbeinrand.

weicher Stil, dem Realismus vorangehende, idealisierende Stilepoche der dt. Gotik, bes. der Plastik (um 1400–1420); gekennzeichnet durch weiche Gewandfalten, rhythm. Bewegtheit u. lyrisch-verhaltenes Sentiment. Die Neigung zum Zierlichen u. Lieblichen zeigt sich bes. in dem Typus der *Schönen Madonna.*

Weichfaser, echte →Bastfaser.

Weichglühen, langandauerndes Glühen von Stahl (bei ungefähr 700 °C) mit langsamer Abkühlung zur Erreichung eines möglichst weichen Zustands für die spanende Bearbeitung.

Weichgummi, durch geringen Schwefelzusatz (bis 4%) bei der →Vulkanisation des Kautschuks hergestelltes Gummiprodukt.

Weichholz, im Sinn der Holznutzung alle Nadelhölzer sowie Erle, Espe, Linde, Pappel u. Weide; im waldbaul. Sinn nur die genannten Laubhölzer u. die Birke; →Hartholz.

Weichkäfer, *Cantharidae*, Familie langgestreckter, vornehmlich blütenbesuchender, räuberischer Käfer mit lederartig weichen, biegsamen Flügeldecken; meist schwarz u. rotgelb gezeichnet. In Dtschld. im Sommer in vielen Arten vor allem sehr häufig der *Gewöhnl. W.* oder *Soldatenkäfer (Franzose, Cantharis livida).* Die Larven jagen holzzerstörende Insekten.

Weichmacher, *Plastifikatoren*, Stoffe (z.B. Campher, Mineralöle, bestimmte Ester), die Kunststoffen, Kautschuk, Lacken zugesetzt werden, um sie geschmeidig zu machen.

Weichmanganerz, erdig weiches Erz von Pyrolusit.

Weichmann, Herbert, Politiker (SPD), *23. 2. 1896 Landsberg, Oberschlesien; bis 1933 im preuß. Staatsdienst; danach in der Emigration; 1957–1965 Finanzsenator, 1965–1971 Erster Bürgermeister von Hamburg.

Weichporzellan, Porzellan, das im Unterschied zum *Hartporzellan* weniger Tonsubstanz (Kaolin) enthält u. mit geringerer Temperatur (1300 bis 1350 °C) gebrannt werden muß. Ostasiat. Porzellan ist meist W.

Weichschildkröten, *Trionychoidea*, Gruppe der *Halsberger-Schildkröten*; Panzer mit dicker, lederartiger Haut bedeckt, Gliedmaßen paddelartig, Nase rüsselförmig; 21 räuberische Arten im Süßwasser in Afrika, Asien, Nordamerika u. dem indoaustral. Archipel.

Weichsel, poln. *Wisła*, poln. Fluß, 1068 km, entspringt als *Schwarze, Weiße* u. *Kleine W.* an der *Barania Góra* (1220 m, westl. Beskiden), bei *Goczałkowice* (Süd-Oberschlesien) in einem 38 qkm großen See aufgestaut, durchfließt den Poln. Jura bis Krakau, biegt bei Sandomir nach N ins Poln. Tiefland um, erreicht bei Bromberg den westlichsten Punkt, durchfließt den Balt. Landrücken u. mündet mit mehreren Armen *(Nogat, Elbinger W.)* in die Danziger Bucht; auf 941 km schiffbar.

Weichselbaum, Anton, österr. Pathologe u. Bakteriologe, *8. 2. 1845 Schiltern bei Langenlois, Niederösterr., †22. 10. 1920 Wien; nach ihm benannt der *Meningococcus W.*, Erreger der epidemischen Genickstarre.

Weichseleiszeit, dritte u. letzte norddeutsche Vereisungsphase im Pleistozän; die W. entspricht der *Würmeiszeit* in den Alpen.

Weichsel-Haff-Kanal, verbindet die untere Weichsel mit dem Frischen Haff, 20 km.

Weichselkirsche, Art des Kirschbaums (→Kirsche), dessen Holz unter dem Namen *Lucienholz* bekannt ist.

Weichtiere, *Mollusken, Mollusca*, Tierstamm mit etwa 120000 Arten, zu den *Bauchmarktieren* (→Deuterostomia) gehörend. Der Name besagt, daß die W. eine weiche, ungeschützte Haut haben, die oft durch die Ausscheidung der Mantelfalte, die *Schale*, bedeckt wird. W. besitzen eine bes. Ausbildung der Körperunterseite, den *Fuß*, der sie befähigt, sich kriechend fortzubewegen. Der Stamm der W. wird in zwei Unterstämme gegliedert. Bes. urtümlich sind die *Wurmmollusken, Amphineura*. Sie haben zwei Paar Nervenmarkstränge, die den Körper durchziehen u. durch Querverbindungen eine Art dreifaches Strickleitersystem bilden. Die Klassen *Wurmschnecken, Solenogastres*, mit 140 Arten u. *Käferschnecken, Placophora*, mit mehr als 1000 Arten gehören hierher. – Der zweite Unterstamm *Konchiferen, Conchifera*, enthält die mit echten zusammenhängenden Schalen ausgestatteten W. In diesem Stamm unterscheidet man vier Klassen: die *Schnecken, Gastropoda*, mit etwa 85000 Arten, die *Kahnfüßer, Scaphopoda*, mit etwa 300 Arten, die *Muscheln, Bivalvia*, mit etwa 25000 Arten u. die *Kopffüßer, Cephalopoda*, mit etwa 8500 Arten. – ▣ S. 224.

Weichwanzen = Blindwanzen.

Weichzeichner, ein Spezialobjektiv für Landschafts- u. Porträtaufnahmen, das eine „Weichzeichnung" des abgebildeten Motivs durch Überstrahlung der Konturen herbeiführt. Die Wirkung beruht auf einem Rest absichtlich nicht korrigierter chromatischer Abbildungsfehler. Der W.effekt kann auch durch Vorsatz von Scheiben mit konzentrischen Ringen vor das Objektiv *(W.scheiben)* erzielt werden.

Weickert, Carl, Archäologe, *24. 2. 1885 Leipzig, †1. 5. 1975 Berlin; 1936–1945 Direktor der Antikenabteilung der Staatl. Museen Berlin, 1945–1956 Präs. des Dt. Archäolog. Institus; Leiter der Ausgrabungen in Milet; schrieb „Typen der archaischen Architektur" 1929; „Ausgrabungen beim Athenatempel in Milet" 1955.

Weida, Stadt im Krs. u. Bez. Gera, 11900 Ew.; Schloß *Osterburg*; Textil-, Leder- u.a. Industrie.

Weidblatt, schweres Jagdmesser, mit dem erlegtes Wild zerwirkt wird u. mit dem im jagdl. Brauchtum die „Pfunde", Schläge mit flacher Klinge, als Strafen für unweidmännisches Verhalten ausgeteilt werden.

Weide, 1. *Botanik: Salix*, artenreiche Gattung der *W.ngewächse*, mit vielen Bastarden, die eine Systematik sehr erschweren. Holzpflanzen mit eingeschlechtigen, zweihäusigen, in Kätzchen zusammenstehenden Blüten, deren Bestäubung durch Insekten vor dem Blattaustrieb erfolgt. Wichtige Arten: *Mandel-W., Salix triandra, Bruch-W., Salix fragilis*, großer Strauch oder bis 12 m hoher Baum an Ufern u. Wegen mit kahlen, lanzettl., lang zugespitzten Blättern; *Silber-W., Salix alba*, Baum mit länglich-lanzettl., beiderseits angedrückt-seidenhaarigen Blättern; *Purpur-W., Salix purpurea*, gewöhnlich strauchförmig mit anfangs purpurnen Staubbeuteln; *Korb-W., Salix viminalis*, Strauch mit rutenartigen Zweigen, die in der Korbflechterei Verwendung finden; *Sal-W., Salix caprea*, strauchig bis baumförmig mit unterseits graufilzigen Blättern; *Ohren-W., Salix aurita*, mit verkehrt-eiförmigen, am Rand wellig gesägten Blättern u. halbherzförmigen, am Grund geöhrten Nebenblättern; *Trauer-W., Salix babylonica*, mit hängenden Zweigen. Als Binde-W. eignen sich bes. Mandel- u. Purpur-W., für gröberes Flechtwerk die Korb-W. – Strauchförmige W.n dienen auch zur Uferbefestigung, bes. Korb-, Purpur- u. Mandel-W. – Das Abschneiden der Kätzchen der Sal-W. ist in der BRD z.T. verboten, weil der Pollen als erste Bienennahrung wichtig ist. – Am Palmsonntag symbolisieren W.nzweige die Palmzweige. **2.** *Landwirtschaft: Trift*, eine Fläche, die mit Gräsern, Kleearten u. Kräutern, die das Abweiden vertragen, dauernd bewachsen ist; wird im Lauf der Vegetationszeit mehrfach durch Rinder, Pferde, Schafe u. Schweine im *W.gang* abgeweidet. Die extensivste Form ist die *Hut-W.*; die *Stand-W.* bleibt höchstens einmal im Jahr eine Zeitlang un-

Weichtiere

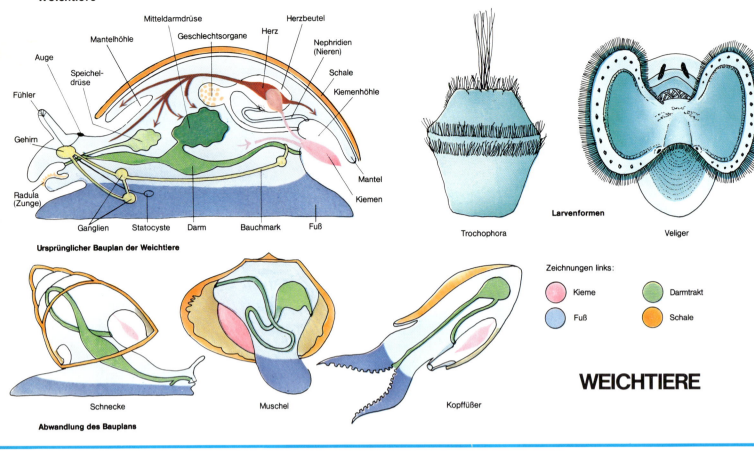

WEICHTIERE

SCHNECKEN

Vorderkiemer-Schnecken: Sie sind die ursprünglichsten echten Schnecken, deren gehäusetragende oder nackte Vertreter dennoch bis heute in voller Blüte stehen. Spindelschnecke, *Fasciolaria tarentina* (links). – Porzellanschnecke, *Simnia spec.* (Mitte). – Nabelschnecke, *Natica millepunctata* (rechts)

Hinterkiemer-Schnecken: Seehase, *Aplysia spec.* – Leopardschnecke, *Peltodoris atromaculata.* – Verkehrte Schirmschnecke, *Tylodina perversa.* – Schirmschnecke,

Weichtiere

MUSCHELN

KOPFFÜSSER

Mördermuschel, Tridacna spec.

Achtarmiger, bodenbewohnender Krake: Eledone cirrhosa

Nautilus spec., einziger rezenter Vierkiemiger Kopffüßler

Zehnarmiger, frei schwimmender Kopffüßer: Illex coindetii

Feilenmuschel, Lima spec. (links). – Steindattel, Lithophaga spec., in ihrem Bohrloch (rechts)

mbraculum mediterraneum. – Landlungenschnecke: Rote Wegschnecke, Arion spec. – Weinbergschnecke, Helix pomatia (von links nach rechts)

Weide

beweidet; die *Koppel-W.* ist eingezäunt u. umfaßt durchschnittlich 8–12 Einzelkoppeln, die nach 2–3tägigem Abweiden (*Umtriebs-W.*) durch Kühe u. u.U. nachfolgende Jungrinder u. Pferde wieder 3–4 Wochen Zeit zum Erholen u. Nachwachsen des Grases haben, wozu auch Pflege- u. Düngemaßnahmen gehören. Nichtbenötigte Flächen werden u.U. einmal gemäht (*Mäh-W.*). – ⌷ 9.6.5.

Weide, *Weida,* poln. *Widawa,* rechter Nebenfluß der Oder, 110 km, entspringt in den Trebnitzer Höhen, mündet bei Breslau.

Weidebuch, in Österreich Verzeichnis von Grundstücken, die von der Agrarbehörde als ständige Weiden erklärt wurden.

Weidegänger, Ernährungstyp (Lebensformtyp) von Tieren, z.B. Rinder, Antilopen, Strauße, Känguruhs, Schnecken (als Algenfresser).

Weidegerechtigkeit, alte Grunddienstbarkeit (*Hutrecht*), das Recht, auf einem fremden oder gemeindeeigenen (*Allmende*) Grundstück Vieh weiden zu lassen.

Weiden →Weiden in der Oberpfalz.

Weidenau (Sieg) →Hüttental.

Weidenbohrer, *Cossus cossus,* düster grau gefärbter Schmetterling aus der Familie der *Holzbohrer,* Spannweite 10 cm. Die fleischrot u. braun gezeichnete Raupe lebt drei Jahre in Weiden, Obstbäumen, Pappeln u. a. Sie erreicht eine Länge von 10 cm u. verläßt zur Verpuppung oft den Fraßbaum, um ein Versteck am Boden aufzusuchen.

Weidengewächse, *Salicaceae,* Familie der *Salicales.* Pflanzen mit Blütenkätzchen, vielsamigen Kapseln; die Samen sind mit Haarschopf zur Verbreitung durch den Wind ausgestattet. Zu den W.n gehören *Pappel* u. *Weide.*

Weiden in der Oberpfalz, bayer. Stadtkreis (67 qkm), an der Waldnaab, 44 500 Ew.; mittelalterliche Stadttore; Porzellan-, Glas-, Textilindustrie.

Weidenmann, Alfred, Filmregisseur u. Filmautor, *10. 5. 1916 Stuttgart; Autor von „Ich und Du" 1953; Regie bei „Canaris" 1954; „Die Buddenbrooks" 1959; „Schüsse im ¾-Takt" 1965; „Der Schimmelreiter" 1977. Auch Fernsehregie.

Weidenröschen, *Epilobium,* artenreiche Gattung der *Nachtkerzengewächse.* Kräuter oder Stauden mit meist rosa, weißen oder seltener gelben Blüten; oft Hybriden. An Berghängen, Schuttflächen, Waldrändern u. auf Kahlschlägen wächst häufig das *Schmalblättrige W.* (*Wald-W., Epilobium angustifolium*) mit aufrechten, weidenartigen Stengeln u. großen Blüten. An Gräben u. Ufern häufig das *Zottige W., Epilobium hirsutum,* u. das *Kleinblütige W., Epilobium parviflorum.*

Weidenschwärmer →Abendpfauenauge.

Weidenwolle, nicht verspinnbare Samenhaare der Weide.

Weiderich, *Lythrum,* Gattung der *W.gewächse. Blut-W., Lythrum salicaria,* bis über 1 m hohe, krautige Pflanze an Gräben oder feuchten Orten, mit purpurroten Blüten; W. wurde früher gegen Blutungen gebraucht; →auch Gilbweiderich.

Weiderichgewächse, *Lythraceae,* Familie der *Myrtales.* Zu den W.n gehören *Weiderich* u. *Hennastrauch.*

Weidetetanie = Grastetanie.

Weidewirtschaft, ein Betrieb, dessen Nutzfläche zum größeren Teil als Weide genutzt wird, so daß Viehzucht u. Milchwirtschaft den Schwerpunkt der Erzeugung bilden. Gebiete mit überwiegender W. sind die Fluß- u. Seemarschen sowie die Gebirgslandschaften, hier teilweise sehr extensiv betrieben.

weidgerecht, den Jagdvorschriften u. der Jagdtradition, den weidmännischen Bräuchen entsprechend. Zur dt. Weidgerechtigkeit gehört z.B. das Verbot der Hetzjagd, der Jagd mit Tellereisen, Schlingen, Pfahleisen, Selbstschüssen, Fallgruben, der Jagd mit künstl. Licht, der Jagd auf Federwild zur Nachtzeit, des Schusses auf Schalenwild mit Schrot.

Weidloch, *Jagd:* After des Wildes.

Weidmann, Jäger, bes. der, der die →hohe Jagd betreibt.

Weidmannsche Verlagsbuchhandlung, gegr. 1680 in Frankfurt a.M. von Moritz Georg *Weidmann* (*1658, †1693), seit 1681 in Leipzig, seit 1854 in Berlin, jetzt Zürich und Dublin; verlegte C. M. Wieland, C. F. Gellert, G. E. Lessing, G. H. Lavater u.a.; heutige Gebiete: Pädagogik, klass. u. neue Philologie, Geschichte (z.B. „Monumenta Germaniae Historica"), Sport u. Funktechnik.

Weidmannssprache →Jägersprache.

Weierstraß, Karl, Mathematiker, *31. 10. 1815

Weimar: Schloß

Ostenfelde, †19. 2. 1897 Berlin; seine grundlegenden Arbeiten über Funktionentheorie (Zurückführung analyt. Funktionen auf unendl. Reihen) riefen eine Umwälzung in der Mathematik hervor.

Weifang, chines. Stadt in der Prov. Schantung, nordwestl. von Tsingtao, 200 000 Ew.; Metall-, Nahrungsmittel- u.a. Industrie.

Weigand, Wilhelm, Schriftsteller, *13. 3. 1862 Gissigheim, Baden, †20. 12. 1949 München; Kunstsammler, 1904 Mitbegründer der „Südd. Monatshefte", verfaßte Lyrik („Sommer" 1894), Romane („Der Frankenthaler" 1919), Dramen („Florian Geyer" 1901) u. Essays.

Weigel, 1. Hans, österr. Theaterkritiker, Schriftsteller u. Kabarettist, *29. 5. 1908 Wien; emigrierte 1938 in die Schweiz, 1945 wieder in Wien; übersetzte Molière, schrieb Romane, Schauspiele („Axel an der Himmelstür" 1926), Bühnenbearbeitungen u. Essays: „O du mein Österreich" 1956; „Karl Kraus oder die Macht der Ohnmacht" 1968; „Götterfunken mit Fehlzündung" 1971. **2.** Helene, Schauspielerin u. Theaterleiterin, *12. 5. 1900 Wien, †6. 5. 1971 Berlin; seit 1928 verheiratet mit B. *Brecht;* 1933–1948 in der Emigration; gründete nach ihrer Rückkehr mit Brecht das „Berliner Ensemble" u. leitete es bis zu ihrem Tod. **3.** Valentin, Mystiker, *1533 Naundorf bei Großenhain, Sachsen, †10. 6. 1588 Zschopau; luth. Pfarrer in Zschopau; seine Schriften zeigen eine mit naturphilosoph. Ideen bereicherte Aneignung der Mystik von *Paracelsus* u. J. *Tauler;* Vorläufer J. *Böhmes.*

Weigelie [die; nach dem Botaniker Ch. E. von *Weigel,* *1748, †1831], *Weigelia,* Gattung der *Geißblattgewächse;* beliebte Ziersträucher mit trichterförmigen weißen oder rosenroten Blüten, in China heimisch.

Weigert, Hans, Kunsthistoriker, *10. 7. 1896 Leipzig, †9. 9. 1967 Düsseldorf; „Die Kaiserdome am Mittelrhein" 1933, ³1938; „Geschichte der europ. Kunst" 1951, ³1955; „Kleine Kunstgeschichte Europas. Mittelalter u. Neuzeit" 1952, ²1968; „Geschichte der dt. Kunst" 2 Bde. 1963.

Weihbischof, *Hilfs-* oder *Auxiliarbischof,* ein →Titularbischof, der den Diözesanbischof bei der Vornahme von Weihehandlungen unterstützt u. vertritt (zunächst aus dem Orient vertriebene Bischöfe, die hilfsweise herangezogen wurden; später bleibende Einrichtung).

Weihe, *i. w. S.* Segen über Personen, Tiere, Pflanzen oder Sachen, auch das feierl. Ingebrauchnehmen von Brücken, Fahnen u.a.; *i. e. S.* in der kath. Kirche eine liturg. Handlung, durch deren Vollzug der geweihte Ort (z.B. Kirche), die Person (z.B. in der sakramentalen Priester-W.) oder Sache (Weihwasser, Altar, Glocken) dem profanen Bereich entzogen u. in den Dienst Gottes gestellt wird. – Stufenfolge der Priester-W.n: *niedere W.:* Ostiariat, Lektorat, Exorzistat, Akoluthat; *höhere W.n:* Subdiakonat, Diakonat, Presbyterat. Nach der Reform von 1972 entfallen von den niederen W.n Ostiariat u. Exorzistat; Lektorat u. Akoluthat verlieren ihren Weihecharakter u. werden Dienstämter, die auch Laien übernehmen können. Von den höheren W.n entfällt das Subdiakonat.

Weihen, *Circus,* Gattung mittelgroßer *Raubvögel,* die meist auf sumpfigen Wiesen u. Feldern nisten u. dort Insekten u. kleine Wirbeltiere jagen. Die Oberseite der Männchen ist oft blaugrau, die Unterseite heller gefärbt; die Weibchen sind bräunlich. In Dtschld. leben die *Rohrweihe, Circus aeruginosus,* die *Kornweihe, Circus cyaneus,* die *Wiesenweihe, Circus pygargus.* Die *Gabelweihe* gehört zu den →Milanen.

Weiher, kleiner, künstl. entstandener See von geringer Tiefe (Fisch-, Stau-W.).

Weihnachten, *Christfest,* Fest der Geburt Jesu Christi, seit dem 4. Jh. am 25. 12. begangen, u. zwar von Rom ausgehend, trat neben die Feier des Epiphaniasfestes (Taufe Jesu). Wahrscheinlich wurde die Festlegung der Geburtstagsfeier Christi auf den 25. 12. nicht durch das heidnische Fest der Sonnenwende bestimmt, sondern durch den Sonnenkult der nichtchristlichen, spätrömischen Kaiser, die sich als Inkarnation der unbesiegten Sonne feiern ließen. Deren Festtag wurde nun Christus zugesprochen als der wahren Sonne der Gerechtigkeit. Dieses Motiv machte W. zum Fest der Kirche, das bald Ostern gleichgestellt wurde. Die Vorbereitungszeit des *Advent* (seit dem 5. Jh.) führt hin zur feierlichen *Vigil* (Hl. Nacht) u. den 3 Messen, der 2. Weihnachtstag gilt dem Gedächtnis des Märtyrers Stephanus. Die ev. Weihnachtsfeier hat ihr Zentrum in dem Evangelium von der Geburt Christi als des Weltheilands in der äußersten Niedrigkeit (Luk. 2), die mit der Kreuzigung korrespondiert u. in der Verkündigung u. den Weihnachtsliedern vielfach variiert wird. Die zahlreichen, in den einzelnen Ländern verschiedenen Weihnachtsbräuche gehen vielfach auf altrömisches u. altgermanisches Brauchtum zurück. Der Weihnachtsbaum kam wahrscheinlich im 16. oder 17. Jh. auf.

Weihnachtsbaum →Christbaum.

Weihnachtsgratifikation, Geldzuwendung zur Weihnachtszeit durch den Arbeitgeber, rechtl. keine Schenkung, meist bis zu einer bestimmten Höhe lohnsteuerfrei. Anspruch auf W. besteht, wenn tarifl. oder vertragl. vorgesehen, aber auch wenn wiederholt vorbehaltlos gewährt. Bei freiwilliger Gewährung muß der Arbeitgeber den Grundsatz der →Gleichbehandlung beachten; Zurückzahlungsvorbehalte bei vorzeitigem Ausscheiden des Arbeitnehmers dürfen nur in engen Grenzen, bei einer W. bis zu 100 DM überhaupt nicht vereinbart werden.

Weihnachtsinsel = Christmas Island.

Weihnachtskaktus →Gliederblattkaktus.

Weihnachtsmann, in vielen Gegenden am Heiligen Abend der Gabenbringer, der Züge *Knecht Ruprechts* u. des *Nikolaus* aufweist.

Weihnachtspyramide, pyramidenförmiges Holzgestell mit oft mehreren Stockwerken, die sich durch Kerzenwärme um eine senkrechte Achse drehen, geschmückt mit Buntpapier, Rauschgold u. Figuren (Krippe, Bergleute); vertritt im östl. Mitteldeutschland, bes. im Erzgebirge, oft den Christbaum.

Weihnachtsrose →Christrose.

Weihnachtsspiel, geistliches Drama des MA., das von den Vorgängen um Christi Geburt handelt; entstanden aus der Liturgie der Weihnachtsfeier. Zum *Krippenspiel* um Maria, Joseph u. das Christuskind wurde seit dem 11. Jh. das *Hirtenspiel* (die Verkündigung an die Hirten) hinzugefügt, später noch das *Dreikönigsspiel* mit Szenen über Reise u. Huldigung der Weisen aus dem Morgenland.

Weihnachtsstern, 1. *Astronomie:* ein im Matthäus-Evangelium erwähnter Stern, der die drei Weisen aus dem Morgenland zur Krippe Christi geführt haben soll. Ein Komet oder neuer Stern kommt hierfür nicht in Betracht. Vielleicht handelte es sich um eine dreifache →Konjunktion zwischen Jupiter u. Saturn im Jahr 7 v. Chr.
2. *Botanik: Poinsettie, Euphorbia pulcherrima,* ein *Wolfsmilchgewächs,* beliebte Zimmerpflanze mit roten, rosa oder weißen Hochblättern; blüht über Weihnachten. Heimat trop. Mittelamerika, dort bis 5 m hoher Strauch.

Weihnachtstauwetter →Weihnachtszyklone.

Weihnachtszyklone, *Weihnachtstauwetter,* häufig um die Weihnachtszeit nach einer Kälteperiode auftretende *Zyklone* in Mitteleuropa, die Tauwetter hervorruft.

Wei Ho, rechter Nebenfluß des Huang Ho in China, rd. 700 km; entspringt nordwestl. des Gebirges Tsin Ling, fließt an dessen Nordseite entlang u. mündet bei Tungkuan (Stausee).

Weihrauch, durch Verbrennung wohlriechender Stoffe (Harze) erzeugter Rauch, zu kultischen Zwecken gebraucht, z. B. als Symbol aufsteigender Gebete u. zur Vertreibung von Dämonen), so im Schintoismus u. Buddhismus, auch in der röm.-kath. Kirche.
I. e. S. bezeichnet man als W. das *Olibanumöl, Gummi Olibanum,* Milchsaft aus den Rinden des W.baums, *Boswellia carteri*. Das in gelblich- bis rötlich-weißen Körnern gehandelte Gummiharz wird als Räuchermittel verwendet.

Weihrauchküste, Küste der Qamarbucht in der Volksrep. Jemen, Südarabien, um Al Ghaida; Gewinnung von Weihrauchharz.

Weihwasser, in der kath. Kirche vom Priester bei Segnungen verwendetes geweihtes Wasser, mit dem sich die Gläubigen beim Betreten des Gotteshauses bekreuzigen. Auch die griech.-orthodoxe Kirche kennt den Gebrauch von W. →auch Wasserweihe.

Weikersheim, Stadt in Baden-Württemberg (Main-Tauber-Kreis), an der Tauber, 7000 Ew.; ehem. Residenz der Fürsten von Hohenlohe, Renaissanceschloß (seit 1709); Weinbau.

Weil, 1. *W. am Rhein,* Stadt in Baden-Württemberg, am Rhein, zwischen Lörrach u. Basel, 26 500 Ew.; Fachschulen; Textil-, chem. u. a. Industrie, Obst u. Weinbau.
2. *W. der Stadt,* Stadt in Baden-Württemberg (Ldkrs. Böblingen), an der Würm, 14 000 Ew.; mittelalterl. Altstadt, spätgot. Stadtkirche, Keplermuseum; Textil- u. Metallindustrie. Geburtsort von J. Kepler u. J. Brenz.

Weil, Adolf, Internist, * 7. 2. 1848 Heidelberg, † 23. 7. 1916 Wiesbaden; beschrieb 1886 eine infektiöse Gelbsuchtsform *(W.sche Krankheit),* den Icterus infectiosus (biliöses Typhoid), eine →Leptospirose.

Weilburg, hess. Kreisstadt an der mittleren Lahn (Ldkrs. Limburg-W.), 12 300 Ew.; Schloß (16./18. Jh.), barocke Schloßkirche (18. Jh.), Pädagog. Hochschule; Möbel-, Maschinen-, Lack-, opt., Bekleidungsindustrie. – 1355 bis 1816 Residenz von Nassau-W.

Weiler, aus wenigen Gehöften (meist bis 12) bestehende ländliche Siedlungsform.

Weil-Felixsche Reaktion [nach dem tschech. Hygieniker Edmund *Weil,* * 1880, † 1922, u. dem Serologen Arthur *Felix,* * 1887], eine serologische Untersuchungsmethode (Agglutinationsprobe mit bestimmten Proteus-X-Stämmen) zur Erkennung von Rickettsiosen, z. B. Fleckfieber.

Weilheim, 1. *W. an der Teck,* Stadt in Baden-Württemberg (Ldkrs. Esslingen), 7600 Ew.; spätgot. Pfarrkirche mit Wandmalereien; Industrie.
2. *W. in Oberbayern,* oberbay. Kreisstadt an der Ammer, südl. vom Ammersee, 15 200 Ew.; Metall-, chem., Elektrogeräteindustrie. – Ldkrs. W.-Schongau: 972 qkm, 100 000 Ew.

Weilimdorf, Ortsteil von Stuttgart.

Weill, Kurt, Komponist, * 2. 3. 1900 Dessau, † 3. 4. 1950 New York; erzielte mit der „Dreigroschenoper" 1928 (nach J. Pepuschs „Beggar's Opera" von 1728 in der Bearbeitung von B. Brecht) einen Welterfolg, der bes. dem kabarettist. Ton der Songs zu verdanken war. Weitere Bühnenwerke u. a.: „Mahagonny" 1927 (1930 als „Aufstieg und Fall der Stadt Mahagonny"); „Die Bürgschaft" 1932; „Lady in the Dark" 1941; „Down in the Valley" 1948; „Lost in the Stars" 1949; Ballett mit Gesang „Die sieben Todsünden" 1933 (nach Brecht); schrieb daneben Kammermusik, Filmmusik u. Lieder.

Weimar, Stadtkreis (51 qkm) u. Kreisstadt im Bez. Erfurt, an der Ilm, 63 400 Ew.; Fürstenhaus (18./19. Jh.), Rotes (16. Jh.) u. Gelbes Schloß (18. Jh.), Goethe- u. Schillerhaus mit angeschlossenen Museen, Grabstätten von Goethe u. Schiller, Kunst- u. Musikhochschulen, Nationaltheater, mehrere Archive; Staatl. Kunstsammlungen, Naturkundemuseum, Dt. Bienenmuseum, Nationale Gedenkstätte Buchenwald (ehem. KZ auf dem Ettersberg, →Buchenwald); Elektro-, Metall-, Schuh-, Textil- u. Maschinenindustrie.
Erste Erwähnung 975, um 1000 Wasserburg an der Ilm, um 1250 Stadt, 1518–1521 reformiert; durch die Bemühungen der Großherzöge wurde W. seit dem 18. u. 19. Jh. eine Hochburg dt. Geisteslebens. 1919/20 Tagungsort der dt. Nationalversammlung; 1920–1948 Hptst. Thüringens. – Krs. W.: 543 qkm, 45 400 Ew.

Weimaraner, silbergrauer, kurzhaariger Vorstehhund (Jagdhund), ausdauernd, schnell.

Weimarer Klassik →Klassik.

Weimarer Koalition →Weimarer Republik.

Weimarer Republik, die erste republikan.-demokrat. Staatsform in der dt. Geschichte, benannt nach *Weimar,* dem Ort der 1919 tagenden verfassunggebenden Nationalversammlung *(Weimarer Nationalversammlung).* Die W. R. umfaßte den Zeitraum von 1919–1933. Grundlage des polit. Lebens war die Weimarer Verfassung vom 11. 8. 1919. Reichsfarben waren *Schwarz-Rot-Gold.*
Die Repräsentanz der republikan. Staatlichkeit der W. R. lag bei den polit. Parteien u. bei den aus ihnen hervorgegangenen Politikern. Das wirkte für dt. Verhältnisse ungewohnt u. galt in konservativen Kreisen nahezu als Vermessenheit. Andrerseits war die ungefochtene Weiterarbeit des alten, obrigkeitsstaatlichem Denken verhafteten Beamtentums für die W. R. nicht ohne polit. Problematik. Die offizielle Abkehr von Schwarz-Weiß-Rot stieß weithin auf Verständnislosigkeit. Die *Dolchstoßlegende* schuf der Republik der ersten entschlossenen Gegner. Die leidenschaftl. innere Ablehnung des *Versailler Vertrags* (→auch Kriegsschuldfrage) förderte frühzeitig eine Anfälligkeit für nationalist., antiparlament. u. antisemit. Parolen. Nicht so sehr die neue parlamentar. Rechte *(Deutschnationale Volkspartei),* wohl aber die außerparlamentar. „gegenrevolutionären" Bünde u. Gruppen (deutschvölkische Bewegung, *Wehrverbände)* gaben sich zunehmend militant u. intolerant. Ihr Radikalismus stand den Praktiken der extremen Linken *(Spartakusbund* bzw. *KPD)* in nichts nach u. übertraf sie sogar noch durch die Organisation polit. Verbrechen (Fememorde, Ermordung M. *Erzbergers* u. W. *Rathenaus).* Die Kommunist. Partei Deutschlands erstrebte die Bolschewisierung des Reichs; nur Teile der *Unabhängigen Sozialdemokrat. Partei Deutschlands* (USPD) waren bis 1922 auf dem radikalen Flügel der Linken zu finden. Da die frühzeitige Drosselung einer Entwicklung zur Räterepublik von einem großen Teil der Arbeiterschaft nur schwer u. erst spät verwunden wurde, lagen Bereitschaft u. Initiative zu bewaffneten Aufstandsversuchen zunächst bei den radikalen Linken.
Die oftmals blutige, aber erfolgreiche Abwehr dieser gewaltsamen Unternehmungen zur „Vollendung" der Revolution lag aufgrund des Bündnisses zwischen General W. *Groener* u. F. *Ebert* (seit 11. 2. 1919 Reichs-Präs.) aus den Tagen der Novemberrevolution in den Händen von *Selbstschutzverbänden* u. *Freikorps* unter Führung des Reichswehr-Min. G. *Noske.* Die Kämpfe dauerten von Jan. (Berlin) bis Mai 1919 (München), während die Reichsregierung erfolglos gegen die Friedensbestimmungen anzugehen versuchte, ohne zur Pariser Friedenskonferenz zugelassen zu werden. Im März 1920 fand der *Kapp-Putsch* statt, als erster

Weimarer Republik: Ph. Scheidemann verkündet am 9. 11. 1918 von einem Fenster des Reichstagsgebäudes in Berlin die deutsche Republik.

Umsturzversuch der polit. Rechten. Er hatte trotz seines Mißlingens eine neue Verschärfung der innenpolit. Lage zur Folge (kommunist. Aufstand im Ruhrgebiet u. in Mitteldeutschland); vor allem zerbrach die zuletzt nur mehr brüchige Arbeitsgemeinschaft zwischen Reichswehr u. führenden sozialdemokrat. Politikern endgültig.
Das Inkrafttreten des Versailler Vertrags am 10. 1. 1920 bestimmte die außenpolit. Konzeption der W. R., die von nun an sowohl der Erfüllung (→Erfüllungspolitik) als auch der stillen Vorbereitung künftiger Revisionen diente. Mit der Zusammenkunft in Spa (Juli 1920) begann die lange Reihe von Konferenzen zur Regelung der Reparationen, aber auch eine ständige Auseinandersetzung mit den Siegermächten des 1. Weltkriegs. Dagegen glückte dem Dt. Reich in östl. Richtung im April 1922 durch den *Vertrag von Rapallo* der erste Schritt zu einer neuen Bewegungsfreiheit.
In Anbetracht dieser Schwierigkeiten, verbunden mit einer sich beschleunigenden Geldentwertung, konnte in den Jahren bis 1923 von einer Konsolidierung der W. R. nicht die Rede sein. Lediglich die Große Finanzreform (M. Erzberger), das Republikschutzgesetz (1922) u. das Zusammenstehen der demokrat.-republikan. Parteien (sog. *Weimarer Koalition:* SPD, Zentrum, Dt. Demokrat. Partei, bes. in den Regierungen H. *Müller* u. J. *Wirth)* waren als Erfolg zu buchen. Der sich 1921 anbahnende Konflikt des Reichs mit Bayern wies bereits Zusammenhänge mit dortigen antirepublikan.

Weimarer Republik: Mitglieder der Weimarer Nationalversammlung (in der Mitte: Friedrich Ebert) auf dem Balkon des Nationaltheaters in Weimar; 1919

Weimarer Verfassung

Zielsetzungen auf, die zwei Jahre später zur Entladung kamen. Die sich bis 1922 hinziehenden Auseinandersetzungen um den endgültigen Verlauf der dt. Ostgrenze gaben den an sich verbotenen Selbstschutzverbänden Möglichkeiten zu neuer Betätigung.

Außen- u. innenpolit. Belastungen führten 1923 zur größten Zerreißprobe der W. R., aus der sie jedoch ohne nennenswerte Schäden hervorgehen konnte. Stockungen in den laufenden Reparations-Sachlieferungen hatte Frankreich Anfang Jan. zum Anlaß genommen, in Verfolgung seiner Politik der „produktiven Pfänder" das Ruhrgebiet gewaltsam zu besetzen. Als die Reichsregierung zum „passiven Widerstand" aufrief u. die Heeresleitung (seit 1920 General H. von Seeckt) militär. Sicherungsmaßnahmen vorbereitete (→Ruhrkampf), glaubten sich auch weite Kreise der militanten nationalen Opposition zur Mitwirkung berufen, teils um Ebert u. die Regierung „mitzureißen", teils um handfeste gegenrevolutionäre Ziele zu verfolgen. Bestrebungen des rhein. *Separatismus*, die offene Renitenz Bayerns (G. von *Kahr*) gegen Berlin u. erneute kommunist. Umsturzversuche in Hamburg, Thüringen u. Sachsen erschwerten die Lage zusätzl., nachdem der Ruhrkampf hatte abgebrochen werden müssen.

Am 1. 10. 1923 scheiterte der bedeutungslose, aber symptomat. Putsch des Majors a. D. Ernst *Buchrucker* von der Schwarzen Reichswehr in Küstrin, während in Bayern Pläne eines „Nationalen Direktoriums", zunächst von *Hitler* u. seiner weitgehend von der Reichswehr in Bayern ausgehaltenen SA unterstützt, an Gestalt gewannen. Am 9. 11. jedoch bewies Seeckt, auf dessen Mitwirkung die nationalist. Frondeure gehofft hatten, als Inhaber der vollziehenden Gewalt seine loyale Haltung zur Regierung G. *Stresemann*. Der *Hitlerputsch* in München konnte sofort niedergeschlagen werden. Die Einführung der *Rentenmark* am 15. 11. 1923 leitete die Gesundung der Währung ein.

Die Jahre 1924–1929 waren die ruhigsten in der

Weimarer Republik: P. von Hindenburg schreitet nach seiner Vereidigung zum Reichspräsidenten am 12. 5. 1925 vor dem Reichstagsgebäude in Berlin eine Ehrenformation der Reichswehr ab (hinter ihm, in Zivil, Reichswehrminister O. Gessler; in Uniform sein Sohn Oskar von Hindenburg; neben ihm der Chef des Generalstabs Generaloberst Hans von Seeckt)

Weimarer Republik: Der deutsche Außenminister Gustav Stresemann spricht vor der Völkerbundsversammlung in Genf anläßlich der Aufnahme Deutschlands in den Völkerbund 1926

W. R. Außenpolit. wurden sie weitgehend von Stresemann geprägt, der bis zu seinem frühen Tod allen jetzt zumeist bürgerl. Kabinetten der Mitte u. gemäßigten Rechten (W. *Marx*, H. *Luther*) als Außen-Min. angehörte. Gleichzeitig ging der parlamentar. Einfluß der sozialist. u. bürgerl. Linken zurück, wie sich auch bei der Wahl des Generalfeldmarschalls von *Hindenburg* zum Reichs-Präs. (26. 4. 1925) wie bei den Auseinandersetzungen um die *Fürstenabfindung* zeigte. Lediglich nach den Reichstagswahlen von 1928 kam noch einmal ein Kabinett der „Großen Koalition" (SPD bis Dt. Volkspartei) unter H. *Müller* zustande.

Stresemann bemühte sich, über eine dt.-französ. Entspannung zur Rückgewinnung der Großmachtstellung Deutschlands zu gelangen. 1924 wurde auf der Londoner Konferenz der *Dawes-Plan* als Basis der dt. Reparationszahlungen angenommen; die Räumung des Ruhrgebiets begann. Stresemanns Bekenntnis zur „Erfüllungspolitik" sollte zugleich dazu dienen, seinen Verhandlungspartnern gegenüber in einer möglichst wenig angreifbaren Position auftreten zu können; mit dem *Vertrag von Locarno* (1925) u. dem Eintritt Deutschlands in den *Völkerbund* (1926) setzte er die polit. Gleichberechtigung des Dt. Reichs durch. Die Diplomatie der persönl. Kontakte (Gespräche mit A. *Briand* u. A. *Chamberlain*) trug zu diesen Erfolgen wesentl. bei. Allerdings zeigte sich 1929 die Undurchführbarkeit des Dawes-Plans, so daß auf den *Haager Konferenzen* neue Grundlagen für die dt. Zahlungen *(Young-Plan)* gefunden werden mußten. Der Vertrag von Berlin (24. 4. 1926) bekräftigte die freundschaftl. Beziehungen zur Sowjetunion auf der Basis des Vertrags von Rapallo. Diese günstige außenpolit. Entwicklung wurde von einer wirtschaftl. u. – wenngleich bescheideneren – innenpolit. Festigung begleitet. In Verbindung mit den Erfordernissen des Dawes-Plans gelangten seit 1924 ausländ., bes. US-amerikan. Anleihen ins Reich, die zur Belebung der Exportwirtschaft beitrugen. Das Volumen des Außenhandels, aber auch die Kapitalbildung im Inland stiegen an. Gleichzeitig gewann die Reichswehr unter Minister O. *Gessler* (unterstützt durch Oberst K. von *Schleicher*) u. General Wilhelm *Heye* (*1869, †1946; seit 1926 Nachfolger Seeckts) ein halbwegs positives Verhältnis zum republikan. Staat. Die parteipolit. Gegensätze blieben jedoch u. verschärften sich seit 1929 weiter, als die Weltwirtschaftskrise auch auf Dtschld. übergriff. Derweilen blühten in Berlin u. im Reich Kunst, Theater, Musik u. Wissenschaften (die „goldenen 20er Jahre").

Die allg. wirtschaftl. Depression leitete die Schlußphase der W. R. ein (1929–1933). Als nach Annahme des Young-Plans eine unpopuläre Finanz- u. Wirtschaftsgesetzgebung notwendig wurde, brach im März 1930 die Koalition über einen Streit der Flügelparteien (SPD u. DVP) auseinander. Reichskanzler wurde nun der Zentrumspolitiker H. *Brüning*. Linker u. rechter Radikalismus machten sich Arbeitslosigkeit u. allg. Wirtschaftsnot zunutze. Einer mehr stetigen Aufwärtsentwicklung der KPD entsprach das sprunghafte Anwachsen der nationalsozialist. Stimmen bei der Reichstagswahl vom 14. 9. 1930. Binnen kurzem gelang es der scharf antirepublikan. NSDAP u. ihren Wehrverbänden, die bürgerl. Mitte zur Bedeutungslosigkeit absinken zu lassen u. innerhalb der „nationalen Opposition" *(Harzburger Front)* die Deutschnationale Volkspartei beiseite zu schieben. Die Auseinandersetzung mit den Nationalsozialisten wurde zum Existenzproblem der W. R., zumal die NSDAP auch alle außenpolit. Anstrengungen der Regierung ablehnte, so die Bemühungen J. *Curtius'* um eine dt.-österr. Zollunion u. Brünings Streben nach einer Revision der Reparationen (mit dem Ziel der Aufhebung).

Brüning, der infolge der parlamentar. Verhältnisse nur mit *Notverordnungen* des Reichs-Präs. aufgrund des Art. 48 der Weimarer Verfassung regieren konnte, war auf eine Tolerierung durch die SPD angewiesen, aber der allg. Trend ging nach rechts. Über die Notwendigkeit einer „Zähmung" der NSDAP durch Hereinnahme in die Regierungsverantwortung waren sich Hindenburg, Brüning u. die Reichswehrführung (Groener, von Schleicher) grundsätzl. einig, doch meinte Brüning, diesen Schritt bis zur endgültigen Regelung der Reparationsfrage hinausschieben zu sollen. Dem widersetzten sich Kreise um Hindenburg (1932 zum Reichs-Präs. wiedergewählt) u. provozierten mit Wissen Schleichers den Rücktritt Brünings (30. 5. 1932). In unbegründetem Vertrauen auf eine Tolerierung durch Hitler u. die NSDAP bildete man die „nationale" Regierung F. von *Papen*, ein reines Präsidialkabinett ohne parlamentar. Basis. Der neue Kanzler, der auf der *Lausanner Konferenz* einen eigentl. Brüning zustehenden Erfolg erzielen konnte u. ohne Notwendigkeit in Preußen die geschäftsführende Regierung Braun absetzen ließ (Staatsstreich vom 20. 7. 1932), kam zu keiner Verständigung mit Hitler. Einem beabsichtigten präventiven Kampf gegen die NSDAP im Rahmen seiner reaktionären Verfassungsreformpläne versagte sich neben Schleicher die Mehrzahl seiner Minister. Schleicher mußte am 2. 12. 1932 selbst die Kanzlerschaft übernehmen. Er suchte die NSDAP zu spalten u. neben einzelnen Parteien auch die Gewerkschaften zur Mitarbeit zu gewinnen; seine Entschlossenheit, gegen die NSDAP einen Verfassungsbruch zu riskieren, entsprang rein defensiven Überlegungen. Doch Papens Kontakte mit Hitler (Kölner Begegnung 4. 1. 1933), Hindenburgs mangelndes Vertrauen zu Schleicher u. vor allem seine Abneigung gegen einen „Bürgerkrieg" ließen Hitler am 30. 1. 1933 in die Reichskanzlei einziehen. Weil die Machtprobe ausblieb, konnte der rechte Radikalismus auf legale Weise zur Macht gelangen (→Nationalsozialismus).

Das Scheitern der W. R. hatte mancherlei Gründe. Diese bestanden vor allem in der mangelnden Bereitschaft großer Teile des dt. Volks, die durch die Novemberrevolution von 1918 geschaffenen neuen Verhältnisse innerl. anzuerkennen, sowie in der weitverbreiteten Meinung, die neue Republik sei ursächl. mit der (nichteingestandenen) Niederlage Deutschlands im 1. Weltkrieg verbunden. Die von außen erzwungene Anerkennung der harten Bestimmungen des Versailler Vertrags trug weiter dazu bei, daß man von einer „Republik ohne Republikaner" sprechen konnte. Dennoch war ihr ruhmloser Untergang am 30. 1. 1933 durchaus nicht zwangsläufig u. voraussehbar. In den ersten Jahren der W. R. waren genügend demokrat. Kräfte („Weimarer Koalition") vorhanden, deren Zusammenarbeit sich schon vor 1918 erprobt hatte u. die als Reichstagsparteien nahezu durchweg arbeitsfähige Regierungen zu bilden oder zu stützen in der Lage waren. Doch mit dem Sieg der NSDAP war das Schicksal der W. R. besiegelt. – 📖5.3.5 u. 5.4.4.

Weimarer Verfassung, *Weimarer Reichsverfassung*, Abk. *WRV*, die von der Dt. Nationalversammlung in Weimar erlassene u. am 8. 8. 1919 vom Reichspräsidenten F. *Ebert* in Schwarzburg unterzeichnete Verfassung für das Dt. Reich vom 11. 8. 1919. Am Entwurf der WRV war der Staatsrechtler H. *Preuß* (DDP) maßgebend beteiligt. Mit seiner Absicht, einen zentralist. Einheitsstaat zu schaffen, konnte er nicht durchdringen. Die WRV sah vielmehr einen Kompromiß einheits- u. bundesstaatl. Elemente vor (die Länder hatten die Polizei- u. die Kulturhoheit, dazu eine eigene Justizverwaltung), bei nachdrückl. Betonung der demokrat. Grundrechte u. der Volkssouveränität (einschl. der Möglichkeit von *Volksbegehren* u. *Volksentscheid*) u. starker Stellung des *Reichspräsidenten* (Wahl durch das Volk, 7jährige Amtsperiode; Notverordnungsrecht aufgrund von Art. 48 WRV; „Ersatzkaiser"). Beim *Reichstag*, zusammengesetzt nach reinem Verhältniswahlrecht, lag die Reichsgesetzgebung; die Länder waren im *Reichsrat* vertreten, dessen Rechte jedoch verhältnismäßig gering waren (die WRV war insgesamt weniger föderalist. als das GG der BRD).

Die WRV wurde 1933 zwar nicht formell außer Kraft gesetzt, doch waren die meisten Bestimmungen des sowohl des organisator. Teils als auch des Grundrechtsteils infolge der völlig veränderten staatsrechtl. Lage (Notverordnung vom 28. 2. 1933, Ermächtigungsgesetz vom 24. 3. 1933 u. a.) außer Geltung gekommen. – 📖4.1.2.

Wein, alkohol. Getränk, das aus Weintraubensaft hergestellt wird. Der W.bau (→Weinrebe) erfolgt in W.bergen, auch -gärten u. -häusern in bes. sonnigen Lagen, wobei der Boden einen besonderen Einfluß auf Wachstum u. Qualität hat. Der W.bau ist eine der höchsten Arbeitsaufwand erfordernden landwirtschaftl. Kulturen (das 5–8fache gegenüber Ackerkultur), weshalb die Bewirtschaftung in den meist mit Arbeitskräften stark besetzten Familienbetrieben durchgeführt wird u. hier auch nur auf 5–10% der verfügbaren Nutzfläche (der Rest bleibt anderen Kulturen), auch deshalb, weil alle 3–4 Jahre mit völligen Mißernten (bes. durch Spätfröste) gerechnet werden muß. Ein mäßig feuchtes, sonniges Klima ist Voraussetzung für gutes Gedeihen, dazutreten muß ein regelmäßiger Rebschnitt, Anbinden, 4–5maliges Hacken, 3–4 Laubarbeiten, Düngung u. 3–4maliges Spritzen gegen Krankheiten u. Schädlinge. Zu diesem alljährlich notwendigen hohen Aufwand an Arbeit u. Betriebsmitteln tritt ein ebenso hoher Kapitalaufwand (rd. 18000 DM je ha), da erst 3 Jahre nach der Anlage eines W.bergs geerntet werden kann.

Die W.lese (W.ernte) beginnt im September u. kann sich bis Dezember hinziehen (*Spätlese*; →auch Trockenbeeren). Die W.trauben können frisch als Tafelobst, getrocknet als Rosinen oder Korinthen, gekeltert als Süßmost (Traubenmost) genossen u. zu W. bereitet werden. Die reifen Trauben enthalten 0,8% Weinsäure, bis zu 20% Zucker u. Vitamine B u. C, weshalb sie zu Kuren (Traubenkuren) bes. geeignet sind.

Der W. selbst ist gegorener Traubensaft u. enthält in 1 *l* 100 g Alkohol, 4–8 g Fruchtsäuren u. dazu noch Geruchs- u. Geschmacksstoffe, die Duft, Kraft u. zugleich seine Milde bestimmen. Alkoholzusatz ist in der BRD verboten, wogegen südl. Weine solchen häufig neben Zucker- u. sonstigen Zusätzen aufweisen.

W.bereitung: Nach dem Zermahlen (Zerquetschen) der Trauben in der Traubenmühle folgt das Keltern (Pressen) der Maische. Der anfallende Most wird in Fässer zur Gärung gefüllt, wobei der Zuckergehalt mittels der Oechsle-Waage festgestellt wird. Verschiedentl. Umfüllen, Impfen mit bes. Zuchthefen, „Schönen" u. Auffüllen auf Flaschen folgen, u. nach 6–12 Monaten erreicht der W. die Flaschenreife. W. hält sich 5–20 Jahre. Die beim Pressen zurückgebliebenen Trester werden noch zu Trester-W. oder -branntwein verwendet. Die Unterscheidung der W.e erfolgt nach der Farbe (meist Weiß- oder Rot-W.) u. nach der Herkunft (z. B. Rhein-, Mosel-W.e), bei den besseren W.en werden auch die Lage, der Jahrgang sowie die Erzeugungsstätte oder das W.gut angegeben. Unverschnittene W.e heißen *Natur-W.e*, verschnittene: *verbesserte W.e*, aus Trester hergestellte: *Nach-W.e*. Das →Weingesetz der BRD bestimmt noch Näheres über Verschnitt, Zuckerzusatz, Bezeichnung u. a.

Die Weinrebe war bereits 3500 v. Chr. bei den Ägyptern bekannt u. auch bei uns schon als Wildform heimisch. Im dt. Gebiet hat die W.kultur mit den Römern Eingang gefunden u. sich im MA. bis an die Ostsee, nach Brandenburg u. Schlesien verbreitet. Die Konkurrenz mit südländ. W.en hat den W.bau auf von Natur bes. geeignete Standorte zurückgehen lassen. Solche sind vor allem die vom Bodensee nordwärts im Rhein-, Neckar-, Main- u. Moseltal (als Mosel-W.e gelten auch die Saar- u. Ruwer-W.e) liegenden Gebiete neben kleineren an der Saale (Naumburg) u. Elbe (Meißen, Radebeul). W.länder mit bes. großer Erzeugung sind Frankreich, Italien, Spanien, Portugal, Griechenland, Jugoslawien, Ungarn. – 📖1.2.3.

Weinbeeröl →Traubenöl.

Weinberger, Jaromir, tschech. Komponist, *8. 1. 1896 Prag, †9. 8. 1967 St. Petersburg, Fla. (USA); Schüler von M. *Reger*, seit 1939 in den USA; war erfolgreich mit seiner Oper „Schwanda, der Dudelsackpfeifer" 1927.

Weinbergschnecke, *Helix pomatia*, zu den *Landlungenschnecken* gehörende Schnecke mit hoch aufragendem, schön gewundenem Gehäuse; gilt als Leckerbissen. Im W die kleinere *westl. W., Helix aspersa*; im S die *südl. W., Helix aperta*.

Weinböhla, Gemeinde im Krs. Meißen, Bez. Dresden, östl. von Meißen, 10200 Ew.; Anbau von Spargel, Erdbeeren, Pfirsichen u. Kirschen; früher Weinbaugebiet.

Weinbrand, aus Wein hergestellter *Branntwein* mit mindestens 38 Vol.-% Alkohol. →auch Cognac.

Weinbrenner, Friedrich, Architekt, *24. 11. 1766 Karlsruhe, †1. 3. 1826 Karlsruhe; einflußreicher Vertreter des Klassizismus; seit 1790 in Berlin, seit 1800 als Oberbaudirektor in Karlsruhe, wo er den Aufbau der Stadt mit Ev. Stadtkirche (1807 bis 1816), Kath. Stadtkirche (1808–1814) u. Rathaus (1821–1825) durchführte; entwarf die Kurhäuser in Badenweiler 1815 u. Baden-Baden 1821.

Weinen, wie das *Lachen* spezif. menschl. Ausdrucksform der Trauer, Rührung, des Zorns oder Glücks, *psychologisch* der Versuch der seelischen Befreiung; Absonderung von Tränen, Schluchzen oder vulsivische Erschütterungen; gesteuert vom vegetativen Nervensystem u. Hirnstamm.

Weiner, 1. Dan, US-amerikan. Photograph, *12. 10. 1919 New York, †26. 1. 1959 bei Versailles, Ky. (Flugzeugabsturz); photographierte für die US-Luftwaffe; suchte mit der Kamera Einsamkeit u. Hilflosigkeit des Menschen zu zeigen.

2. Leo, ungar. Komponist, *16. 4. 1885 Budapest, †13. 9. 1960 Budapest; schrieb Suiten u. Divertimenti für Orchester, 3 Streichquartette u. Klavierwerke; Schriften zur Musiktheorie.

Weinert, 1. Erich, Schriftsteller, *4. 8. 1890 Magdeburg, †20. 4. 1953 Ostberlin; veröffentlichte seit 1921 polit.-satir. Zeitgedichte („Das Zwischenspiel" 1950), seit 1929 Kommunist, emigrierte 1933, wirkte als Agitator im Span. Bürgerkrieg („Camaradas" 1951) u. in der Sowjetunion („Rufe in die Nacht" 1947), 1943–1945 Präs. des „Nationalkomitees Freies Deutschland".

2. Hans, Anthropologe, *14. 4. 1887 Braunschweig, †7. 3. 1967 Heidelberg; Arbeiten zur Stammesgeschichte u. menschl. Vererbungslehre. Hptw.: „Entstehung der Menschenrassen" [2]1942; „Ursprung des Menschen" 1945; „Der geistige Aufstieg der Menschheit" 1951; „Stammesentwicklung der Menschheit" 1952; „Die heutigen Rassen der Menschheit" 1957; „Lehrbuch der Anthropologie" 1958.

Weinessig, 5–10prozentiger aus Traubenwein hergestellter →Essig.

Weinfelden, industriereiche Bez.-Hptst. im schweizer. Kanton Thurgau, im Thurtal, 9000 Ew.; mittelalterliches Schloß (12. Jh., 1860 neu aufgebaut).

Weingarten, 1. Stadt in Baden-Württemberg, nordöstl. von Ravensburg, 21300 Ew.; Benediktinerabtei (gegr. im 10. Jh.) mit Barockkirche.

2. *W. (Baden)*, Gemeinde in Baden-Württemberg (Ldkrs. Karlsruhe), 8500 Ew.; Elektromaschinen- u. a. Industrie.

Weingartner, Felix von, österr. Dirigent u. Komponist, *2. 6. 1863 Zara, Dalmatien, †7. 5. 1942 Winterthur; 1908 Nachfolger G. *Mahlers* in Wien. 8 Opern u. 7 Sinfonien in Abhängigkeit von R. *Wagner*; schrieb „Über das Dirigieren" 1895; „Die Symphonie nach Beethoven" 1897.

Weingartner Liederhandschrift, miniaturengeschmückte Liedersammlung (857 Lied- u. Spruchstrophen von 31 Verfassern, hauptsächl. Minnelieder), entstanden um 1310 in Konstanz, war später im Benediktinerstift Weingarten, jetzt in der Württemberg. Landesbibliothek in Stuttgart.

Weingeist, lat. *Spiritus vini*, →Alkohol.

Weingesetz, in der BRD Gesetz vom 16. 7. 1969, in Kraft getreten am 16. 7. 1971, löste das W. von 1930 ab u. regelt die Herstellung von *Wein, Dessertwein, Schaumwein, weinhaltigen Getränken* u. *Branntwein* sowie den Verkehr mit diesen Erzeugnissen. Das W. enthält Vorschriften über Herstellung, Behandlung (Verwendung von Fremdstoffen, Vermischen *[Verschnitt]* verschiedener Weinsorten) u. Klassifizierung des Weins (Einteilung in *Tischwein, Qualitätswein* u. *Qualitätswein mit Prädikat*) sowie zur Überwachung der Einfuhr ausländ. Erzeugnisse. Zuwiderhandlungen werden mit Strafe oder Geldbuße bedroht.

In Österreich hat das W. 1961 mit VO des Bundes-Min. für Land- u. Forstwirtschaft die Weinanbaufläche des Landes in 13 Weinbaugebiete aufgeteilt. In der Schweiz entspricht dem W. das *Weinstatut* (VO des Bundesrats) vom 23. 12. 1971, in Kraft seit 1. 1. 1972.

Weinhandelsküfer →Weinküfer.

Weinheber, Josef, österr. Lyriker, *9. 3. 1892 Wien, †8. 4. 1945 Kirchstetten, Niederösterreich (Selbstmord); bis 1932 Postbeamter, dann freier Schriftsteller; strenger, aber auch volkstüml. u. spielerischer Formkünstler. Gedichtsammlungen: „Der einsame Mensch" 1920; „Adel u. Untergang" 1934; „Wien wörtlich" (Mundart) 1935; „Späte Krone" 1936; „O Mensch, gib acht" 1937; „Zwischen Göttern und Dämonen" 1938; „Kammermusik" 1939; „Hier ist das Wort" (posthum) 1947. Ferner autobiograph. Romane („Das Waisenhaus" 1924) u. Essays. Seit 1958 J. W.-Gesellschaft in Wien. – 📖3.1.1.

Weinhefe →Hefe.

Weinheim, Stadt in Baden-Württemberg, an der Bergstraße nordöstl. von Mannheim, 41300 Ew.; ehem. gräfl. Schloß (jetzt Rathaus), *Wachenburg*, Burgruine *Windeck*; Leder-, Maschinen-, Gummiindustrie; Wein- u. Obstbau.

Weininger, Otto, österr. Schriftsteller, *3. 4. 1880 Wien, †4. 10. 1903 Wien (Selbstmord); schrieb über Psychologie u. Metaphysik der Geschlechter („Geschlecht und Charakter" 1903; „Die Liebe u.

Weinküfer

das Weib" [posthum] 1917); behauptete die seel. u. sittl. Minderwertigkeit der Frau.
Weinküfer, Ausbildungsberuf des Handwerks mit 3jähriger Ausbildungszeit. Der W. sorgt für das Keltern, Vergären u. Lagern von Wein in Weinkellereien, macht Faß- u. Flaschenwein versandfertig, hält die Kellereieinrichtung instand. – *Weinhandelsküfer* ist ein Ausbildungsberuf des Handels mit 3jähriger Ausbildungszeit; hat den Wein in der Weinkellerei zu pflegen, zu behandeln, auszulesen u. den Versand vorzunehmen.
Weinlese, *Traubenlese,* die Traubenernte.
Weinpalme, *Raphia vinifera,* westafrikan. *Palme,* die Palmsaft bzw. Palmwein liefert.
Weinrebe, 1. *Rebe, Vitis,* Gattung der *W.ngewächse.* Hauptverbreitung in den wärmeren Gebieten der nördl. Hemisphäre, die meisten Arten sind aber in Nordamerika heimisch. Die *Wildrebe (Vitis sylvestris* var. *vinifera),* die Stammform der *Echten W. (Edle W.), Weinstock, Vitis vinifera,* ist im Mittelmeergebiet beheimatet u. in Dtschld. nur an einigen Stellen des Oberrheintals zu finden. Dem unterird. Wurzelstamm der W. entspringen die Fußwurzeln u. die oberird. Teile der Pflanze. Zunächst setzt sich der Wurzelstamm oberirdisch als Stamm (altes Holz) fort, der bei den verschiedenen Schnitt-, Erziehungsarten eine verschiedene Länge haben kann. Man bezeichnet die Sorten der Echten W. als *Europäerreben* u. unterscheidet Weißweinsorten: *Riesling, Müller-Thurgau, Traminer, Weißer Burgunder, Silvaner, Muskateller, Sauvignon, Veltliner, Gutedel* u. a., Rotweinsorten: *Blauer Burgunder, Cabernet Sauvignon, Cabernet franc, Merlot, Verdot, Portugieser, Trollinger* u. a., u. Tafelweintraubensorten: *Perle von Csaba, Gelbe Seidentraube, Muskatgutedel, Muskateller, Blauer Trollinger* u. a. Wegen der Reblausgefahr werden in Dtschld. seit 1923 nur noch *Pfropfreben* verwendet, d. h. Reben, bei denen die Unterlagen reblausfeste Amerikanerreben (vor allem *Vitis riparia*) sind, während als Reis wertvolle Sorten der Europäerrebe gebraucht werden.
Auf kalkhaltigen Böden ergibt sich eine Schwierigkeit durch die Kalkempfindlichkeit der Amerikanerreben. Für solche Lagen ist als Unterlage eine Kreuzung aus den beiden amerikan. Reben *Vitis riparia* u. *Vitis berlandieri,* die beide gegen die Reblaus resistent sind, gezüchtet worden *(Kalkrebe).* Die Kultur der W. ist heute durch Krankheiten empfindlich bedroht. Neben der →Reblaus sind auch als weitere tier. Schädlinge die *Traubenwickler* u. als Pilzkrankheiten Falscher →Mehltau der W. *(Peronosporakrankheit)* u. der Echte Mehltau der W. zu nennen. – ▫9.2.6.
2. *Wilder Wein, Jungfernrebe, Parthenocissus,* nordamerikan. *Weinrebengewächs,* setzt sich mit Haftscheiben an den Rankenenden an Mauern fest. Bei uns wegen des bunten Herbstlaubes als Zierpflanze sehr beliebt.
Weinrebengewächse, *Vitaceae,* Familie der *Rhamnales.* Zu den W.n gehören *Cissus, Doldenrebe, Weinrebe* u. a.
Weinreich, Otto, Altphilologe, * 13. 3. 1886 Karlsruhe, † 26. 3. 1972 Tübingen; arbeitete über klass. Philologie u. Religionswissenschaft.
Weinrich, Franz Johannes, Pseudonym *Heinrich Lerse,* Schriftsteller, * 7. 8. 1897 Hannover, † 24. 12. 1978 Frankfurt a. M.; schrieb Laienspiele u. Sprechchöre für liturg. Feiern, Lyrik („Alles, was

Weinrebe (2): Wilder Wein

Odem hat" 1957), Legenden u. Romane („Der Jüngling neben uns" 1961).
Weinsäure, *Dihydroxybernsteinsäure,* in vier isomeren Formen bekannte Dihydroxycarbonsäure; Formel: HOOC–CHOH–CHOH–COOH; große, farblose Kristalle. Die *d-(Rechts-)W.* (W. i. e. S.), auch *Weinsteinsäure* genannt, kommt in vielen Früchten (z. B. Weintrauben) frei u. in Form ihrer Salze *(Tartrate)* vor; sie ist ebenso optisch aktiv wie die in der Natur nicht vorkommende *l-(Links-)W.* Das optisch inaktive Racemat, die *dl-W.,* heißt *Traubensäure,* ist auch nur künstl. herzustellen. Ebenfalls ist die optisch inaktive *Meso-W.* kein Naturprodukt. Die d-W. dient als Ätz- u. Beizmittel für Textildruckerei u. -färberei sowie zur Herstellung von Brausepulvern. →auch Brechweinstein, Seignettesalz, Weinstein.
Weinsberg, Stadt in Baden-Württemberg, im *W.er Tal* östl. von Heilbronn, 8400 Ew.; Burgruine *Weibertreu;* Lehr- u. Versuchsanstalt für Wein- u. Obstbau; Textil- u. a. Industrie. Obst- u. Weinbau. – Die sagenhaften *Weiber von W.* trugen ihre Männer aus der von König Konrad III. 1140 belagerten Stadt.
Weinsberger Wald, waldreiches Granitplateau an der Grenze von Ober- u. Niederösterreich zwischen Mühlviertel u. Waldviertel; im *Weinsberg* 1039 m; Holzverarbeitung.
Weinstadt, Stadt in Baden-Württemberg, Rems-Murr-Kreis, östl. von Stuttgart, 22800 Ew.; Wein- u. Obstanbau, Nahrungs- u. Genußmittelindustrie. W. entstand 1975 durch Zusammenschluß der ehem. Gemeinden Beutelsbach, Endersbach, Großheppach, Schnait u. Strümpfelbach.
Weinstein, *Kaliumhydrogentartrat,* Kaliumsalz der Weinsäure, KH [$C_4H_4O_6$], in Weintrauben u. vielen Beerenfrüchten enthalten, scheidet sich als harte Kruste in Weinfässern ab; verwendet zu Backpulvern, als Beize in der Färberei u. a.
Weinstock →Weinrebe.
Weinstock, Heinrich, Pädagoge, * 30. 1. 1889 Elten, † 8. 3. 1960 Bad Homburg v. d. H.; schrieb kulturphilosoph. Arbeiten: „Die Tragödie des Humanismus" 1953.
Weinstraße, *Deutsche W.,* das größte geschlossene Weinbaugebiet Deutschlands (160 qkm), erstreckt sich auf rd. 80 km Länge am Ostabhang des Pfälzer Waldes (Haardt); die bekanntesten Wein- u. Fremdenverkehrsorte sind Edenkoben, Neustadt a. d. W., Deidesheim u. Bad Dürkheim.
Weinviertel, niederösterr. Hügelland zwischen March, Thaya, Donau u. Marchfeld, fruchtbares Lößland mit Gemüse-, Obst- u. Weizenanbau, größtes geschlossenes Weinbaugebiet Österreichs; Weinorte: Retz, Poysdorf, Mistelbach; im O Erdöl- u. Erdgasförderung.
Weisbach, Werner, Kunsthistoriker, * 1. 9. 1873 Berlin, † 9. 4. 1953 Basel; deutete die Kunst des Barocks als Ausdruck der Gegenreformation; schrieb u. a.: „Der Impressionismus" 2 Bde. 1910/11; „Französ. Malerei des 17. Jh." 1932; „Vincent van Gogh" 2 Bde. 1949–1951.
Weise, im *Meistergesang* die Melodie eines Liedes. →auch Ton (1).
Weise, Christian, spätbarocker Schriftsteller, * 30. 4. 1642 Zittau, † 21. 10. 1708 Zittau; war dort Gymnasialdirektor. Mit seinen 55 Schuldramen („Trauerspiel von dem neapolitan. Hauptrebellen Masaniello" 1683; „Der niederländ. Bauer" Komödie 1685), lehrhafter Lyrik („Der grünenden Jugend überflüssige Gedanken" 1668) u. satir. Romanen („Die drei ärgsten Erz-Narren in der ganzen Welt" 1672) war er ein Wegbereiter der Aufklärung.
Weisel [der], die Bienenkönigin. →Honigbiene.
Weisenborn, Günther, Schriftsteller, * 10. 7. 1902 Velbert, † 26. 3. 1969 Berlin; als Widerstandskämpfer 1942–1945 in Haft; Mitgründer des Berliner Hebbel-Theaters; Dramaturg. Zeitkrit. Dramen: „U-Boot S 4" 1928; „Die Illegalen" 1946; „Drei ehrenwerte Herren" 1951; „Die Familie von Makabah" (posthum) 1970. Erzähltes: „Die Furie" 1937; „Memorial" 1946; „Der Verfolger" 1961; „Der gespaltene Horizont" 1964. Dokumentarbericht: „Der lautlose Aufstand" 1953; auch Drehbücher u. Hörspiele.
Weiser, Grethe, Schauspielerin, * 27. 2. 1903 Hannover, † 2. 10. 1970 Bad Tölz; seit 1928 an der Volksbühne Berlin, seit 1927 beim Film; populär als humorvoll. Darstellerin, erfolgreich auch im Charakterfach.
Weisgerber, 1. Albert, Maler u. Graphiker, * 21. 4. 1878 St. Ingbert bei Saarbrücken, † 10. 5. 1915 bei Fromelles, Ypern (gefallen); 1913 Mitbegründer der Münchner Neuen Sezession, kam nach impressionist. Anfängen zu einem starkfarbigen dekorativen Expressionismus. Figurenbilder, Landschaften u. Bildnisse.
2. Antje, Schauspielerin, * 17. 5. 1922 Königsberg; kam 1941 zur Bühne, spielte in Berlin u. Wien, unter G. *Gründgens* in Düsseldorf u. Hamburg bes. klass. Frauenrollen; seit 1940 auch beim Film.
3. Leo, Sprachwissenschaftler, * 25. 2. 1899 Metz; propagiert in Wiederaufnahme Humboldtschen Gedankenguts eine inhaltbezogene Sprachwissenschaft, wonach die Muttersprache das Denken der Angehörigen einer Sprachgemeinschaft determiniert („Von den Kräften der dt. Sprache" 4 Bde. 1949/50, Neuaufl. 1971).
Weisheitsbücher, altägypt. Literaturgattung mit Verhaltensregeln für die Lebensführung.
Weisheitszähne, die letzten Mahlzähne, die oft erst im mittleren Lebensalter durchbrechen.
Weismann, 1. August, Zoologe, * 17. 1. 1834 Frankfurt a. M., † 5. 11. 1914 Freiburg i. Br.; Arbeiten auf dem Gebiet der Vererbungs- u. Abstammungslehre, behauptete als erster die Kontinuität des Keimplasmas u. damit auch die prinzipielle Unsterblichkeit der lebenden Substanz; scharfer Gegner des Lamarckismus.
2. Julius, Sohn von 1), Komponist, * 26. 12. 1879 Freiburg i. Br., † 22. 12. 1950 Singen, Hohentwiel; Vertreter der nachromant. Münchener Schule; schrieb u. a. Opern, 5 Sinfonien, 11 Streichquartette, viele Klavierwerke.
Weismantel, Leo, Schriftsteller u. Pädagoge, * 10. 6. 1888 Obersinn, Rhön, † 16. 9. 1964 Rodalben, Pfalz; bemüht um die Kunsterziehung des Kindes, schrieb Puppen- u. Festspiele, expressionist. Dramen („Der Totentanz" 1921), Romane u. Erzählungen, bes. von den sozialen Wandlungen in seiner fränk. Heimat („Das alte Dorf" 1928; „Die Geschichte des Hauses Herkommer" 1932) u. über Kunst u. Künstler („Dill Riemenschneider" 1936; „Mathias Nithart-Roman" 1940–1943; „Albrecht Dürer" 1950).
Weiß, 1. Emil Rudolf, Maler u. Graphiker, * 12. 10. 1875 Lahr, † 7. 11. 1942 Meersburg; seit 1914 verheiratet mit R. *Sintenis;* hauptsächlich Buchillustrator u. Druckschriftschöpfer (Weiß-Fraktur 1914, Weiß-Antiqua 1928, Weiß-Gotisch 1936).
2. Ernst, österr. Schriftsteller, * 28. 8. 1884 Brünn, † 15. 6. 1940 Paris (Selbstmord); Arzt, Freund F. *Kafkas,* emigrierte 1936; schrieb gesellschaftskrit. expressionist. Romane: „Die Galeere" 1913; „Mensch gegen Mensch" 1919; „Die Feuerprobe" 1923, erweitert 1929; „Georg Letham, Arzt u. Mörder" 1931; „Ich – der Augenzeuge" (posthum) 1963.
3. Konrad, Schriftsteller, * 1. 5. 1880 Rauenbretzingen bei Schwäbisch-Hall, † 4. 1. 1940 München; Schriftleiter („Hochland") u. Kunstkritiker; deutete Kunst u. Geschichte aus kath. Sicht; schrieb Gedankenlyrik („Tantum dic verbo" 1919; „Die kleine Schöpfung" 1926; „Das Sinnreich der Erde" 1939), Dramen, Reiseprosa.
Weiss, 1. Peter, Schriftsteller u. Maler, * 8. 11. 1916 Nowawes bei Berlin; emigrierte 1934 nach Prag, 1939 nach Schweden; begann mit Prosawerken, die mikroskop. genaue, ins Surrealistische gehende Beschreibungen oft belangloser Vorgänge geben („Der Schatten des Körpers des Kutschers" 1960; „Fluchtpunkt" 1962; „Das Gespräch der drei Gehenden" 1963); schrieb dann sozialkrit. Theaterstücke meist dokumentar. Charakters: „Nacht mit Gästen – eine Moritat" 1963; „Die Verfolgung u. Ermordung Jean Paul Marats, dargestellt durch die Schauspielgruppe des Hospizes zu Charenton unter Anleitung des Herrn de Sade" 1964; „Die Ermittlung" (Auschwitz-Prozeß) 1965; „Gesang vom lusitanischen Popanz" 1967; „Viet Nam-Diskurs" 1968; „Trotzki im Exil" 1970; „Hölderlin" 1971.
2. *Weiß,* Pierre-Ernest, französ. Physiker, * 25. 3. 1865 Mülhausen, † 24. 10. 1940 Lyon; fand eine phänomenolog. Theorie des Ferromagnetismus *(W.sche Bezirke),* →Magnetismus.
3. Richard, schweizer. Volkskundler, * 9. 11. 1907 Mettmenstetten bei Zürich, † 29. 7. 1962 Onsernonetal; Hptw.: „Das Alpwesen Graubündens" 1941; „Volkskunde der Schweiz" 1946; „Häuser u. Landschaften der Schweiz" 1959.
Weissagung, im Unterschied zum *Wahrsagen* das religionsgeschichtl. Phänomen der Verkündigung von künftigen geschichtl. Ereignissen durch Propheten wie z. B. im A. T., wo Volkskatastrophen in Israel als Strafe Jahwes geweissagt werden, die „messianischen Weissagungen" u. W.en des kom-

menden Friedensreichs. Im N.T. wird das kommende Weltende u. das Weltgericht geweissagt.

Weißätzdruck, Verfahren im Textildruck zur Herstellung von weißen Ornamenten auf gefärbtem Tuch; mit einer Formwalze werden Chemikalien auf den Stoff aufgetragen, die an den entspr. Stellen den Farbstoff wegbleichen.

Weißbartgnu →Gnus.

Weißbartpekari →Nabelschweine.

Weißbier, *Leipziger Gose, Lichtenhainer, Berliner Weiße*, obergäriges, kohlensäurereiches Bier.

Weißbirke →Birke.

Weißbleierz, *Cerussit*, weißes, gelbes oder braunes, diamantglänzendes Mineral; chem. Bleicarbonat $PbCO_3$; rhombisch; Härte 3–3,5; in der Oxydationszone von Blei-Zinklagerstätten mit Bleiglanz.

Weißbrunn, ungar. *Veszprém*, Hptst. des ungar. Komitats Veszprém (5187 qkm, 430 000 Ew.) im Bakonywald, 55 000 Ew.; Techn. Hochschule; Bischofspalast, Burg, Giselakapelle, Dom; Nahrungsmittelindustrie.

Weißbuch →Farbbuch.

Weißbuche = Hainbuche.

Weißdecke →Betonstraßendecken.

Weißdorn, *Crataegus*, Gattung der *Rosengewächse*. In Dtschld. sind von den vielen Arten nur der *Zweigriffige W., Crataegus oxyacantha*, u. der *Eingriffige W., Crataegus monogyna*, heimisch. Als Kulturform ist auch der *Rotdorn* mit gefüllten roten Blüten bekannt. Die roten Früchte werden als *Mehlbeeren* bezeichnet u. sind eßbar.

Weiße, 1. Christian Felix, Bühnen- u. Jugendschriftsteller, Lyriker, * 28. 1. 1726 Annaberg, † 16. 12. 1804 Stötteritz bei Leipzig; Schöpfer des dt. Rokoko-Singspiels („Der Teufel ist los" 1752 u. 1766, Musik von J. A. *Hiller*), außerdem „Lustspiele" 1783 u. „Trauerspiele" (5 Teile) 1776 bis 1780. Gedichte: „Amazonenlieder" 1760; „Lieder für Kinder" 1766. Hrsg. der viel nachgeahmten Ztschr. „Der Kinderfreund" 1775–1782. **2.** Christian Hermann, Philosoph, * 10. 8. 1801 Leipzig, † 19. 9. 1866 Leipzig; entwickelte, ausgehend von *Hegel*, eine spekulative Theologie in Verbindung mit dem persönl. Gottesbegriff des Christentums; wirkte auch als Ästhetiker. Hptw.: „System der Ästhetik" 2 Bde. 1830; „Die Idee der Gottheit" 1833; „Grundzüge der Metaphysik" 1835; „Philosoph. Dogmatik oder Philosophie des Christentums" 3 Bde. 1855–1862.

Weiße Ameisen, irreführend für →Termiten.

Weiße Elster, Fluß in der südl. DDR, →Elster.

Weiße Fliegen, Sammelbezeichnung für einige Arten der *Mottenschildläuse*, die an Kulturpflanzen bei Massenauftreten schädlich werden, z. B. *Trialeurodes vaporarium* in Gewächshäusern, *Aleurodes citri* an Orangen, Zitronen u. anderen Zitrusgewächsen.

Weiße Frau, Ahnfrau eines adligen Geschlechts, die als Schutzgeist oder Todesbotin erscheint.

Weiße Horde, ein Teil der →Goldenen Horde, Turkmenen, etwa zwischen dem Uralfluß u. dem Aralsee. Khan *Tochtamysch* vereinigte das Gebiet 1377 mit der Goldenen Horde.

Weiße Hunnen, *Hephthaliten*, eine Völkerschaft vielleicht iranischen Ursprungs, die anfängl. im Verband der Hunnen auftrat. Sie bedrohte im 5. u. 6. Jh. vom Raum Herat aus das Sassaniden-Reich u. beherrschte im 6. u. 7. Jh. auch den Pandschab unter Mihirakula.

weiße Jahrgänge, in der Bundeswehr Bez. für die Männer, die zu jung waren, um vor Ende des 2. Weltkriegs noch zum Wehrdienst einberufen zu werden (Geburtsjahrgang 1927 u. später), u. deren Geburtsdatum vor dem 1. 7. 1937 liegt, dem Stichtag für die Heranziehung zum Wehrdienst bei der Bundeswehr.

weiße Kükenruhr →Pullorumseuche.

Weißenborn, Theodor, Schriftsteller, * 22. 7. 1933 Düsseldorf; schrieb vor allem Erzählungen („Beinahe das Himmelreich" 1963; „Eine unbefleckte Empfängnis" 1969; „Die Stimmen des Herrn Gasenzer" 1970; „Das Liebe-Haß-Spiel" 1973), Prosatexte („Eingabe an den Herrn Minister" 1973) u. Hörspiele.

Weißenburg, bayer. Kreisstadt in Mittelfranken, an der Schwäb. Rezat, 17 700 Ew.; mittelalterl. Altstadt, Limeskastell; Textil-, Metall-, Maschinen-, Holzindustrie. In der Nähe die ehem. Benediktinerabtei (bis 1523) *Wülzburg*. – Ldkrs. W.-Gunzenhausen: 970 qkm, 85 000 Ew.

Weißenfels, Kreisstadt im Bez. Halle, an der Saale, 41 000 Ew.; Maschinen-, Schuh-, Papier-, Nagelindustrie, Brauerei; Schloß *Neu-Augustusburg* (Barock, 17./18. Jh.) war Sitz der Herzöge von Sachsen-W. – Krs. W.: 223 qkm, 70 000 Ew.

Weißenhorn, bayer. Stadt in Schwaben (Ldkrs. Neu-Ulm) an der Roth südöstl. von Ulm, 10 100 Ew.; Altes u. Neues Schloß; Maschinen-, Kunststoffindustrie.

Weißenkirchner, Hans Adam, österr. Maler, * 1646 Laufen, † 1695 Graz; Hofmaler des Fürsten von Eggenberg (Deckengemälde im Prunksaal des Grazer Schlosses), Historienbilder.

Weißensee, 1. österr. See in den Gailtaler Alpen, Kärnten; 930 m ü. M., 6,6 qkm, bis 97 m tief, 11,4 km lang, 600 m breit; warmer Badesee. **2.** [-'se:], Bezirk in Ostberlin, 90 000 Ew., seit 1920 Teil von Berlin.

Weißenthurm, rheinland-pfälz. Stadt am Rhein gegenüber von Neuwied (Ldkrs. Mayen-Koblenz), 6500 Ew.; Bimsstein-, Feinmeßgeräteindustrie, Brauereien, Hafen.

Weiße Pocken = Alastrim.

Weißer Amur →Grasfisch.

Weißer Berg, tschech. *Bílá hora*, Höhenrücken westl. von Prag, 380 m. Mit der *Schlacht am Weißen Berg* (8. 11. 1620), in der *Tilly* über *Friedrich V.* von der Pfalz siegte, begann der Dreißigjährige Krieg.

Weißer Hai = Menschenhai.

Weißer Jura, *Weißjura*, oberste Abteilung des Jura in Dtschld., entspricht dem *Malm*; →Geologie (Tabelle Erdzeitalter).

Weißer Main, Quellfluß des Main, entspringt nahe dem Ochsenkopf im Fichtelgebirge.

Weißer Nil, Mittellauf des →Nil.

Weiße Rose, 1. *deutsche Geschichte:* eine Münchner Gruppe der Widerstandsbewegung gegen das Hitlerregime um C. *Muth*, Th. *Haecker* u. K. *Huber*, benannt nach den von ihr verbreiteten „Flugblättern der W.n R.". 1941 schlossen sich die Münchner Studenten H. u. S. *Scholl* der W.n R. an. **2.** *engl. Geschichte:* →Rosenkriege.

Weißer Semmelpilz, *Polyporus ovinus* →Schafeuter.

Weißer Sonntag, der 1. Sonntag nach Ostern, nach den lat. Anfangsworten des Introitus auch *Quasimodogeniti* genannt. Der Name geht auf die altkirchl. Sitte zurück, daß alle in der Osternacht Getauften bis zu diesem Tag in weißen Kleidern gingen. Heute als Tag für Erstkommunionsfeiern bevorzugt.

Weiße Rübe →Rübsen.

Weißer Zwerg, Fixstern von sehr kleinem Durchmesser (Planetengröße), hoher Oberflächentemperatur u. sehr hoher Dichte (z. B. *Siriusbegleiter* 250 kg/cm^3, *van Maanens Stern* 2500 kg/cm^3).

Weißes Haus, engl. *White House*, der Amtssitz des Präs. der USA in Washington, D. C.; nach seiner Farbe benannt; 1792 begonnen, 1800 erstmals von Präs. J. *Adams* bezogen.

Weißes Kreuz, 1. *Deutscher Sittlichkeitsbund vom Weißen Kreuz*, 1890 gegr. ev. Vereinigung zu Wegweisung u. Lebenshilfe in Fragen der Erziehung u. der Sexualität. **2.** *Christkönigsgesellschaft* (auf die 1913 von M. J. Metzger gegr. „Missionsgesellschaft vom Weißen Kreuz" zurückgehend), kath. Vereinigung zur Hilfe für gefährdete Jugendliche.

Weißes Meer, russ. *Bjeloje More*, Meerbusen der Barentssee des Nordpolarmeers in Nordeuropa, dessen Eingang durch die Halbinsel Kola auf rd. 65 km eingeengt ist, im allg. flaches Schelfmeer, in der Kandalakschabucht bis 340 m tief; rd. 95 000 qkm. In das Weiße Meer münden Onega, Dwina u. Mezen; Haupthafen: *Archangelsk*.

weiße Substanz, Masse der undurchsichtigen, markhaltigen Nervenfasern (→Nervenzelle) in Teilen des Gehirns u. des Rückenmarks der Wirbeltiere.

Weiße Väter, frz. *Pères blancs, Missionare von Afrika*, lat. *Patres Albi*, Abk. *PA*, kath. Gesellschaft von Priestern u. Laienbrüdern für die Missionierung Afrikas, gegr. 1868 von C.-M.-A. *Lavigerie*, päpstl. Approbation 1908; Tracht: weißes Gewand; Ziel: Heranbildung afrikan. Priester u. Lehrer, Förderung der Entwicklungshilfe. – Die *Weißen Schwestern* bilden den weibl. Zweig, gegr. 1869 ebenfalls von Lavigerie.

weißfärben, *Textiltechnik:* bei gelblicher Ware durch schwaches Blautönen den Gelbstrich beseitigen; auch Textilien mit →optischen Aufhellern behandeln.

Weißfäule, durch Pilze hervorgerufene Zersetzungserscheinungen an Bäumen (vor allem an Laubhölzern) u. a. Kulturpflanzen.

Weißfelchen, Süßwasserfisch, eine →Maräne.

Weißfische, Sammelbez. für silbrig-weiß gefärbte Arten der *karpfenartigen Fische*; grätenreich u. daher als Speisefisch nicht sehr geschätzt; Friedfische des Süßwassers, große Exemplare gelegentl. auch Raubfische. Zu den W.n gehören z. B. *Aland, Döbel, Elritze, Blei, Plötze, Uklei*.

Weißfluh, Gipfel in den Nordrätischen Alpen (schweizer. Kanton Graubünden), nordöstl. von Davos, 2844 m; Drahtseilbahn (Parsennbahn, 1932 eröffnet) von Davos-Dorf über *W.joch* (2663 m, mit Eidgenöss. Institut für Schnee- u. Lawinenforschung) zum Skigebiet *Parsenn*.

Weißgardisten, die im russ. Bürgerkrieg nach der bolschewist. Revolution 1917 gegen die Rote Armee *(Rotgardisten)* kämpfenden russ. Verbände.

Weißgehalt, bei Textilien die Intensität des Weißes; von Bedeutung für die Ermittlung der Waschkraft von Waschmitteln, die Wirkung einer Bleiche u. a.; wird durch Vergleich mit einem Standardweißkörper photometrisch ermittelt.

Weißglut, bei Stahl das Aussehen der Schmelze bei 1400–1500 °C.

Weißgold, Metallegierung aus 75 % Gold, 15 % Silber u. 10 % Kupfer.

Weißguß →Gußeisen.

Weißhorn, verschiedene Berggipfel in den schweizer. Alpen, z. B. *Walliser W.*, im Kanton Wallis nördl. von Zermatt, zwischen Mattertal u. Val d'Anniviers, 4505 m.

Weißkalk, durch Brennen unterhalb der Sintergrenze aus möglichst reinem Kalkstein hergestellter, in gelöschtem Zustand meist reinweißer →Baukalk.

Weißkäse →Quark.

Weißkehlchen, volkstüml. Bez. für die *Dorngrasmücke* (→Grasmücken).

Weißkohl, *Weißkraut* →Kohl.

Weißkopf, Gustav, Flugpionier, * 1. 1. 1873 Leutershausen, † 10. 10. 1927 Fairfield, Conn.; wanderte 1895 nach den USA aus (G. *Whitehead);* flog mit einem Eindecker 2700 m (1901) bzw. 11,2 km (1902) weit; erste Motorflüge.

Weißlinge, *Pieridae*, Familie von Tagfaltern, deren Angehörige weiße oder gelbl. Flügel (manchmal mit schwarzen Punkten) haben. Die Raupen werden oft an Gemüse u. Kulturpflanzen schädlich. Zu den W.n gehören: *Kohlweißling, Rübsaatweißling (Pieris napi), Zitronenfalter, Baumweißling, Goldene Acht, Postillon*.

Weißmeer-Ostsee-Kanal, früher *Stalinkanal*, 227 km langer Binnenschiffahrtsweg im europ. Teil der RSFSR (Sowjetunion), führt von Bjelomorsk durch den Wygosero zum Onegasee u. verbindet weiter das Weiße Meer über den Swir u. einen Teil des →Wolga-Ostsee-Wasserwegs mit dem Finn. Meerbusen der Ostsee bei Leningrad; 1931–1933 erbaut, 5 m tief, 19 Schleusen, für Schiffe bis 3000 t Tragfähigkeit, etwa 6 Monate vereist.

Weißmetall, Legierung aus Blei u. Zinn, mit Beimischung von Antimon u. Kupfer; Lagermetall.

Weißmiere, *Moenchia*, nur in einer Art in Dtschld. vertretene Gattung der *Nelkengewächse*. *Moenchia erecta* ist selten auf Triften u. Brachäckern in Mittel- u. Südeuropa anzutreffen.

Weißmoos, *Leukobryum glaucum*, weißlich-grünes *Laubmoos*, kalkmeidend, bildet dichte, große Polster; in der Blumenbinderei verwendet.

Weißnickelkies, das Mineral →Chloanthit.

Weißpappel →Pappel.

Weißpfennig →Albus.

Weißrussen, *Weißruthenen*, russ. *Bjelorussy*, ostslaw. Volk im z. T. noch sumpfigen Waldland nördl. der Pripjatsümpfe; z. T. bäuerl. Bevölkerung (rd. 11 Mill.) mit eigener ostslaw. Sprache. Hervorgegangen aus den altslaw. *Dregowitschen, Radomitschen* u. a.; Ausprägung der besonderen Volksart erfolgte wohl durch die lange polit. Abtrennung (unter den Jagiellonen litauische Staatssprache, Bibelübersetzung 1519). Die traditionelle Siedlung war eine Mittelform zwischen Einzelhöfen u. kleinen Dörfern. Stark ausgeprägt war der Ahnenkult.

weißrussische Literatur. Unter starker Beteiligung von Weißrussen entwickelte sich im Großfürstentum Litauen eine kirchenslaw. Literatur, die durch die Polonisierung der Oberschicht nach der litau.-poln. Union (1569) zum Erliegen kam. Erst Anfang des 19. Jh. riefen die folklorist. Interessen der poln. Romantik eine auf der Volkssprache beruhende u. stark von der Volksdichtung abhängige Literatur hervor (Wikentij *Dunin-Marcinkevitsch*, * 1807, † 1884), die nach 1905, bes. nach 1917 schnell anwuchs. Vertreter: Franzischak *Bahuschewitsch* (* 1840, † 1900), der Lyriker, Prosaist

u. Dramatiker Janka *Kupala* (*1882, †1942), Jakub *Kolas* (*1882, †1956), der Dramatiker Kandrat *Krapiwa* (*1896), Zmitrok *Bjadulja* (*1886, †1941), Michas *Tscharot* (*1896, †1937), Kusma *Tschorny* (*1900, †1944), Ewhenij *Wasilenak* (*1917). – [L] 3.2.7.

weißrussische Sprache, *bjelorussische Sprache*, in der Weißrussischen SSR von ca. 8 Mill. Menschen gesprochene, zur ostslaw. Sprachgruppe gehörende Sprache mit Zeugnissen seit dem 11. Jh.

Weißrussische SSR, *Weißrußland, Weißruthenien, Bjeloruss. SSR*, Unionsrepublik im W der Sowjetunion, zwischen Baltikum u. Ukrain. SSR; 207600 qkm, 9,6 Mill. Ew., davon rd. 52% in Städten, in 7 Oblaste gegliedert, Hptst. *Minsk*; eiszeitl. geformtes, überwiegend ebenes Land, nur im Bereich der Moränenzüge stark hügelig, zahlreiche Seen u. ausgedehnte Wälder, im S die Pripjatsümpfe; Anbau von Kartoffeln, Flachs, Hanf, Roggen u. Zuckerrüben, daneben Schweinezucht u. Milchviehwirtschaft; Torflager, Vorkommen von Phosphorit u. Steinsalz; Flößerei; in den Städten Nahrungs- u. Genußmittel-, Textil- (insbes. Leinen-), Leder-, Holz-, Papier- u. Baustoffindustrie sowie Maschinenbau. – 1919 errichtet, 1922 mit anderen Sowjetrepubliken zur UdSSR zusammengeschlossen, nach dem 2. Weltkrieg durch ostpoln. Gebiet erweitert. – [K] →Sowjetunion.

Weißsauer, saure, kalte, geleeartige Fleischspeise aus Kalb-, Schweine- (Eisbein), Geflügel- u. Wildfleisch. →auch Schwarzsauer.

Weißschnitt, seit dem 15. Jh. vorkommende Sonderform des Holzschnitts, bei dem die Zeichnung vertieft in den Stock geschnitten wird, so daß der Abdruck weiß auf schwarz erfolgt.

Weißschwanzgnu →Gnus.

Weißspanier →Trinitarier.

Weißstein, poln. *Biały Kamień*, nordwestl. Ortsteil (1951) von Waldenburg in Schlesien.

Weißstern, in der Damenkonfektion Bez. für das Schnittformat der normalen Figur; →auch Rotstern.

Weißstickerei, auf Leib- u. Tischwäsche mit weißem Garn ausgeführte Stickerei.

Weißtöner, Chemikalien, die der Schicht weißer Photopapiere bei der Fabrikation zugefügt oder als Entwicklerzusatz oder Nachbad angewendet werden; bewirken leuchtenderes Weiß. →optische Aufheller.

Weißwal →Beluga.

Weißwaren, gebleichte, nicht gefärbte Gewebe aus Leinen, Halbleinen, Baumwolle.

Weißwasser, Kreisstadt im Bez. Cottbus, in der Oberlausitz, südöstl. von Spremberg, 30000 Ew.; Braunkohlenabbau, Maschinen-, Glas- (größte europäische Glasfabriken) u. Porzellanindustrie. Krs. W.: 525 qkm, 56300 Ew.

Weißwedelhirsch →Amerikahirsche.

Weißwurst, ungeräucherte Wurst aus Kalbfleisch, bes. in Bayern mit Rettich (Radi) gegessen.

Weißwurz, *Salomonssiegel, Polygonatum*, Gattung der *Liliengewächse*, Kräuter mit dicken, fleischigen Wurzelstöcken u. einseits wendigen, hängenden Blüten. In Dtschld.: in schattigen Gebirgswäldern die *Quirlblätterige W., Polygonatum verticillatum*, in schattigen Laubwäldern die *Gewöhnl. W., Polygonatum officinale*, mit kantigen Stengeln u. die *Vielblütige W., Polygonatum multiflorum*, mit rundlichen Stengeln.

Weistritz, *Schweidnitzer Wasser*, poln. *Bystrzyca*, linker Nebenfluß der Oder, 110 km, entspringt im Waldenburger Bergland, mündet nordwestl. von Breslau.

Weistum, im MA. auf Befragen von Rechtskundigen erteilte Feststellung des Gewohnheitsrechts auf der Versammlung der Rechtsgenossen, auf dem Reichstag *(Reichs-W.)*, vor allem aber in der Dorfgenossenschaft durch die Ältesten oder Schöffen, häufig unter Mitwirkung des Grundherrn; „gewiesenes" Recht.

Weitenmessung, *Leichtathletik:* die Feststellung der bei Wurf-, Stoß- u. Weitsprungwettbewerben erzielten Weiten, entweder durch manuelles Nachmessen oder durch elektro-optische Weitenmeßgeräte. Beim *Meßbandverfahren* wird immer von der Aufschlagstelle des Geräts bzw. von der Körpereindruckstelle zur Abwurf- bzw. Absprunglinie gemessen u. die Weite dort abgelesen (Abwurflinien: Innenkanten der Wurf- oder Stoßbalken, Absprunglinie: Vorderkante des Absprungbalkens). Die *elektro-opt. Entfernungsmeßgeräte*, die erstmals bei den Olymp. Spielen in München 1972 eingesetzt wurden, funktionieren nach folgendem Prinzip: Durch einen mit einem Fernrohr gekoppelten Sender wird vor Beginn des Wettkampfs die Entfernung vom Meßgerät zu den Abwurflinien vermessen. Beim Wettbewerb wird durch den Kampfrichter der Auftreffpunkt des Geräts durch einen sog. Prismenreflektor, der in den Rasen eingesteckt wird, gekennzeichnet. Der Reflektor wird mit dem Fernrohr angepeilt u. mittels einer vom Sender ausgestrahlten, modulierten infraroten Lichtstrahlung die Entfernung zum Reflektor gemessen. Außerdem wird der Depressionswinkel (Verbindungssender – Auftreffpunkt) bestimmt. Die drei gemessenen Größen werden an ein angeschlossenes Rechengerät weitergegeben, das selbsttätig die erzielte Weite ermittelt.

Weiterreißversuch, bei Textilien Ermittlung der Kraft, die nötig ist, um ein angeschnittenes Gewebe im Schnitt weiterzureißen.

Weiterversicherung, freiwillige Fortsetzung der Versicherung in der *Krankenversicherung*, wenn der ursprüngl. Versicherungspflichtige versicherungsfrei wird.

Weitling, Wilhelm, Sozialist, *5. 10. 1808 Magdeburg, †22. 1. 1871 New York; Schneidergeselle, humanitär-utopischer Kommunist, schloß sich 1836 in Paris dem „Bund der Gerechten" an, zeitweise führend in der entstehenden dt. Arbeiterbewegung, emigrierte 1849 in die USA. Hptw.: „Die Menschheit, wie sie ist u. wie sie sein sollte" 1838; „Garantien der Harmonie u. Freiheit" 1842; „Das Evangelium des armen Sünders" 1845.

Weitsichtigkeit, volkstüml. Bez. für →Übersichtigkeit.

Weitsprung, leichtathlet. Übung, schon in der Antike innerhalb des griech. *Pentathlons* (oft mit →Halteren) durchgeführt; im 19. Jh. auch als *Hoch-W.* und als *W. aus dem Stand*, heute nur noch nach Anlauf. Die verschiedenen Techniken haben das Ziel, das Gleichgewicht zu halten u. die Landung vorzubereiten. Beim *Hocksprung* werden die Beine nach dem Absprung angehockt u. zur Landung vorgeworfen. Beim *Hangsprung* wird ein Schritt in der Luft ausgeführt u. dann aus dem Hang die Landung begonnen. Beim *Laufsprung* werden 2–3 Schritte in der Luft ausgeführt. Beim *Hitch-kick* [engl., „Vorwärtsruck"] werden zusätzl. die Unterschenkel kurz vor dem Aufsprung nach vorn geführt. Der Absprung erfolgt von einem in den Boden eingelassenen Balken von 20 cm Breite. Davor ist eine 10 cm breite Auflage aus Plastilin oder Sand angebracht, um ein Übertreten sichtbar zu machen. Jeder Springer hat im Vorkampf 3 Versuche, die 6 Endkampfteilnehmer je 3 weitere. – [B] →Leichtathletik.

Weitungsbau, *Bergbau:* Abbauverfahren, bei dem zunächst in der Lagerstätte kleine Hohlräume (meist Strecken) hergestellt werden, die dann zu großen Hohlräumen ausgeweitet werden.

Weitwinkelobjektiv, ein Objektiv, das einen bes. großen Bildwinkel erfaßt (über 60°); es hat eine kürzere Brennweite als das für die jeweilige Kamera bestimmte Normalobjektiv. W.e werden bevorzugt für Innen- u. Architekturaufnahmen angewendet, aber auch für andere gestalterische Aufgaben, da sie einen sehr nahen Aufnahmestandpunkt erlauben u. demzufolge eine Betonung des Vordergrunds bis zur perspektiv. Verzeichnung. W.e mit einem Bildwinkel von mehr als 100° bezeichnet man als *Super-W.e* („Fischauge").

Weiz, österr. Bez.-Hptst. in der Oststeiermark, 8500 Ew.; Taborkirche (12. Jh.), ehem. Schloß *Radmannsdorf*; Holz-, Eisen- u. Elektroindustrie.

Weizen, *Triticum*, Gattung der *Süßgräser* mit wichtigen Getreidearten. Man unterscheidet: 1. *Spelz-W.*, Arten mit zerbrechlicher Ährenspindel u. fest von ledrigen Spelzen umschlossenen Körnern. Hierzu gehören *Spelz (Dinkel, Schwabenkorn, Triticum spelta)*, dessen unreife Früchte in Süd-Dtschld. als *„Grünkern"* geschätzt sind; *Einkorn (Schwabenreis, Triticum monococcum)*, Ährchen mit nur einem Korn; *Emmer (Amelkorn, Triticum dicoccum)*, Ährchen mit 2 Körnern; 2. *Nackt-W.*, Ährenspindel zäh, bei der Reife nicht zerbrechend, reife Körner lösen sich beim Dreschen aus den Spelzen. Hierhin: *Saat-W. (Triticum aestivum)*, vorherrschend in Mitteleuropa, wird angebaut als *Winter-* oder *Sommer-W.*; Sorten mit unbegrannten Ähren stellen den *Kolben-W.*, begrannte Sorten den *Grannen-W.* – In Südeuropa, Rußland u. Nordamerika wird der *Hart-W. (Glas-W., Triticum durum)* mit kurzer Ähre u. fast glasharten Körnern bevorzugt. Von geringer Bedeutung: *Englischer W. (Rauh-W., Triticum turgidum), Polnischer W. (Gommer, Triticum polonicum)*. Vereinzelt angebaut wird der *Zwerg-W. (Igel-W., Triticum compactum)*. – Der Saat-W. ist in Vorderasien durch Bastardierung aus den Wildgräsern *Triticum boeoticum* u. *Triticum monococcum* mit *Aegilops speltoides* u. *Aegilops squarrosa* entstanden unter gleichzeitiger →Polyploidie. Für den Anbau verlangt der W. einen lehm- u. humusreichen, kalkhaltigen Boden. Hauptanbauzonen sind daher Schwarzerdegebiete. Sein Wert hängt von seiner Backfähigkeit, d.h. Zusammensetzung u. Gehalt des Kleber-Eiweißes (→Kleber), ab.

Weizenernte (in 1000 t)

Land	1960	1970	1979
Welt	249600	317865	425478
davon:			
Australien	5391	7988	16100
BRD	4965	5662	8061
Frankreich	10882	12922	19393
Indien	9926	20093	34982
Italien	8200	9689	9140
Kanada	13326	9023	17746
Pakistan	3938	7399	9944
Sowjetunion	69101	99734	90100
Türkei	8590	10081	17631
USA	37106	37291	58289

Weizenälchen, *Anguillulina tritici*, ein Wurm aus der pflanzenschädigenden Ordnung der *Fadenwürmer*, der *Rhabditoidea*. Das W. erzeugt eine Art der „Gicht der Weizenähren", d.h., es treten kleine Körner mit harten Schalen auf, die junge Würmer enthalten. Diese verlassen die Körner, entwickeln sich im Boden weiter u. befallen dann neu Weizenkörner, die sie völlig aushöhlen.

Weizengallmücke, *Roter Wibel, Sitodiplosis mosellana*, eine *Gallmücke*, deren Larven sich in den Getreideähren entwickeln. Bekämpfung: die Puppen werden im Boden durch Kainit- oder Kalkstickstoffdüngung vernichtet.

Weizenhalmfliege, *Gelbe W., Chlorops pumilionis*, bis 4 mm lange, gelbe *Halmfliege*, deren Larven an Getreidehalmen von der Ährenanlage abwärts fressen, so daß die Ähren sich nur unvollkommen entwickeln („Getreidegicht" oder „Podagra").

Weizmann, Chaim, Zionist u. israel. Politiker, *27. 11. 1874 Motyli bei Pinsk (Weißrußland), †9. 11. 1952 Rehovot; seit 1903 als Chemiker in England; erwirkte die *Balfour-Deklaration* 1917 u. schuf damit die Voraussetzung für das brit. Palästinamandat als Vorstufe eines Judenstaats; 1920–1930 u. 1935–1946 Präs. der Zionist. Weltorganisation, zeitweise auch der Jewish Agency; maßgebl. beteiligt an der Errichtung des Staats Israel u. dessen erster Staats-Präs. 1948–1952; gründete u. leitete das *W.-Institut* in Rehovot; „Memoiren" dt. 1951.

Weizsäcker, 1. Carl Friedrich Frhr. von, Sohn von 2), Physiker u. Philosoph, *28. 6. 1912 Kiel; 1946–1957 Prof. für theoret. Physik in Göttingen; arbeitet bes. über Kernphysik, Astronomie (Entstehung des Planetensystems) sowie über naturphilosoph. u. wissenschaftstheoret. Fragen; 1957–1969 Prof. der Philosophie in Hamburg; 1970–1978 Direktor des Max-Planck-Instituts zur Erforschung der Lebensbedingungen der wissenschaftl.-techn. Welt in Starnberg. Hptw.: „Zum Weltbild der Physik" [12]1976; „Geschichte der Natur" [7]1970; „Die Tragweite der Wissenschaft" [4]1976; „Die Einheit der Natur" [2]1971; „Der Garten des Menschlichen" [5]1978; „Deutlichkeit" 1978.
2. Ernst Frhr. von, Vater von 1) u. 3), Bruder von 4), Diplomat, *12. 5. 1882 Stuttgart, †4. 8. 1951 Lindau; seit 1936 Chef der Polit. Abteilung u. seit 1938 Staatssekretär des Auswärtigen Amts, versuchte – im wesentl. erfolglos – der Außenpolitik Hitlers entgegenzuarbeiten; 1943–1945 Botschafter beim Vatikan. Das US-Militärgericht in Nürnberg verurteilte ihn 1949 zu 5 Jahren Gefängnis.
3. Richard von, Sohn von 2), Politiker (CDU), *15. 4. 1920 Stuttgart; Rechtsanwalt u. Wirtschaftsprüfer; 1965–1970 Präs. des Dt. Ev. Kirchentags; 1969–1981 MdB, 1979–1981 Vize-Präs. des Bundestags; seit 1981 Regierender Bürgermeister von Berlin (West).
4. Viktor Frhr. von, Bruder von 2), Neurologe u. Psychiater, *21. 4. 1886 Stuttgart, †9. 1. 1957 Heidelberg; Vertreter der Psychosomatik; Hptw.: „Studien zur Pathogenese" 1935; „Fälle u. Probleme" 1947; „Der kranke Mensch" 1954; „Pathosophie" 1956.

Wekhrlin, *Weckherlin, Wekherlin*, Wilhelm Ludwig, Publizist u. Satiriker der Aufklärung, *7. 7. 1739 Botnang bei Stuttgart, †24. 11. 1792 Ansbach; Hrsg. vielbeachteter Zeitschriften („Chronologen" 12 Bde. 1779–1781); auch Reiseschilderer: „Des Anselmus Rabiosus Reise durch Ober-Deutschland" 1778.

Welcker, Karl Theodor, Staatsrechtslehrer u. Politiker, *29. 3. 1790 Oberofleiden, Hessen, † 10. 3. 1869 Heidelberg; spielte 1831–1849 als liberaler Politiker eine wichtige Rolle. W. war Mitgl. der Frankfurter Nationalversammlung u. stellte dort am 12. 3. 1849 den Antrag auf die Verleihung der dt. Kaiserwürde an den König von Preußen. Hptw.: „Staatslexikon" (Hrsg., mit K. von *Rotteck*) 15 Bde. u. 4 Ergänzungs-Bde. 1834–1849, ³¹1855–1866 (14 Bde.).

Welensky, Roy, rhodes. Politiker, *20. 1. 1907 Salisbury; Eisenbahner; gründete 1941 die Labour Party von Nordrhodesien, 1947 die United Federal Party; unterstützte alle Bestrebungen einer Föderation mit Nyasaland, die 1953 zustande kam. W. wurde stellvertr. Premier-Min. u. 1956 Premier-Min. bis zur Auflösung der Föderation 1963.

Welfen, ital. *Guelfi*, dt. Fürstengeschlecht, das schon unter Karl d. Gr. nachweisbar ist. Graf *Welf I.* († 819/825) in Bayern gilt als Stifter der *älteren welf.* Linie; seine Tochter *Judith* heiratete Kaiser Ludwig den Frommen, seine Tochter *Emma* (*Hemma*, † 876) den ostfränk. König Ludwig den Deutschen; sein Sohn *Konrad* († 863) wurde Stammvater der Könige von Oberburgund. *Welf III.* († 1055) wurde 1047 mit dem Herzogtum Kärnten u. der Mark Verona belehnt. *Welf IV.* (*1030/1040, † 1101), Sohn des Markgrafen *Azzo II.* von Este († 1097), stiftete die *jüngere welf.* Linie; er erhielt von König Heinrich IV. 1070 das Herzogtum Bayern. Nach dem Tod *Welfs V.* (* um 1073, † 1120) fiel der gesamte welf. Besitz an seinen Bruder *Heinrich den Schwarzen*, der durch Heirat bereits die Hälfte des Billungschen Erbgüter erworben hatte. Dessen Sohn *Heinrich der Stolze* erhielt als Schwiegersohn Kaiser Lothars III. das Erbrecht an den braunschweig., nordrhein. u. supplinburg. Gütern u. neben dem Herzogtum Bayern das Herzogtum Sachsen.
Aus dieser beherrschenden Stellung im Reich entstand ein Gegensatz zu den Staufern, der sich bei *Heinrich dem Löwen* zu offener Auflehnung zuspitzte. Dieser unterlag jedoch Kaiser Friedrich I. Barbarossa u. verlor 1180 seine Herzogtümer. Ihm verblieben nur die von den Billungern u. von Kaiser Lothar ererbten Güter um Braunschweig u. Lüneburg, die 1235 zum *Herzogtum Braunschweig u. Lüneburg* erhoben wurden. Das Herzogtum teilte sich später in mehrere Linien, aus denen das Herzogtum →Braunschweig u. das Kurfürstentum u. spätere Königtum →Hannover hervorgingen. Die hannoverschen W. hatten 1714–1837 den Thron von *Großbritannien u. Irland* inne u. folgten 1913 (bis 1918) auch in Braunschweig. – ⬛ →auch Braunschweiger Löwe.

Welfenfonds [-fō], Fonds aus dem Vermögen des 1866 entthronten Königs *Georg V.* von Hannover (rd. 48 Mill. Mark), das die preuß. Regierung 1868 wegen der Aufstellung einer *Weltenlegion* in Frankreich durch den König beschlagnahmt hatte. Ein Teil der Zinsen des W. wurde von Bismarck zur Bekämpfung regierungsfeindl. Bestrebungen u. zur Pressebeeinflussung verwendet (*Reptilienfonds*), ein anderer für kulturelle Zwecke. 1892 wurde die Beschlagnahme aufgehoben.

Welfenschatz, Reliquienschatz des Hauses Braunschweig-Lüneburg (Burg Dankwarderode), bestehend aus 44 Reliquiaren u.a. Gegenständen des sakralen Kunstgewerbes aus dem 11.–15. Jh.; die Stücke gehen z.T. auf Stiftungen der Welfen zurück. 1671 gelangte der W. aus dem Braunschweiger Dom in die Schloßkirche zu Hannover, 1862 in das Welfenmuseum; 1930 wurde er verkauft u. anschließend in den USA ausgestellt. Seit 1935 konnten einzelne Teile nach Dtschld. zurückgekauft werden, darunter die geschichtl. wichtigsten u. künstler. bedeutendsten Gegenstände des ursprüngl. Bestands: das Welfenkreuz (11. Jh.), das Portatile des *Eilbertus* (1150–1160), das Kuppelreliquiar (um 1175) u. das Plenar Ottos des Milden (1339). Sie befinden sich heute im Besitz der Stiftung Preuß. Kulturbesitz.

Welhaven, Johan Sebastian, norweg. Lyriker, *22. 12. 1807 Bergen, †21. 10. 1873 Kristiania (Oslo); Anhänger der dän. Romantik; steht zusammen mit seinem Gegner H. *Wergeland* am Beginn der neuen norweg. Dichtung.

Welikije Luki, Stadt in der RSFSR (Sowjetunion), südöstl. von Pskow, 103 000 Ew.; Eisenbahnwerkstätten, Metallverarbeitung, Nahrungsmittel-, Radio- u. Textilfabriken, Fischkombinat.

Weliko, *Welikij* [russ.], Bestandteil geograph. Namen: groß, bedeutend.

Weliko Târnowo, früher *Turnowo*, Hptst. des bulgar. Bez. W. T. (4690 qkm, 350 000 Ew.), im Jantratal, 43 700 Ew.; malerische Lage, Zarenpalast; Maschinenbau, Textil- u. Tabakindustrie. – 1186–1393 Hptst. des 2. Bulgar. Reichs.

Welitsch, Ljuba, eigentl. L. *Welitschkowa*, österr. Sängerin (Sopran) bulgar. Herkunft, *10. 7. 1913 Borissowo (Bulgarien); seit 1946 an der Wiener Staatsoper, auch Filmtätigkeit.

Welk, Ehm, Pseudonym Thomas *Trimm*, Schriftsteller, *29. 8. 1884 Biesenbrow, Mark Brandenburg, † 19. 12. 1966 Bad Doberan; schrieb Dramen, Tier- u. Naturerzählungen u. volkstüml. Romane: „Die Heiden von Kummerow" 1937; „Die Gerechten von Kummerow" 1943; „Im Morgennebel" 1953.

Welkekrankheit, Störung im Wasserhaushalt der Pflanzen. Ursachen: unzureichende Wasserzufuhr, Zerstörung von Leitungsbahnen durch Tierfraß, Parasitenbefall.

Welkom, Stadt in der Prov. Oranjefreistaat (Rep. Südafrika), 1359 m ü. M., 130 000 Ew., Goldbergbau, Flugplatz.

Well [engl.], Bestandteil geograph. Namen: Brunnen, Quelle.

Wellandkanal [ˈwɛlənd-], Umgehungskanal an den Niagarafällen, auf kanad. Seite, verbindet Ontario- u. Eriesee; 45 km lang, bis 9 m tief u. 33 m breit, 7 Schleusen.

Wellblech, verzinktes Eisenblech, das quer zur Walzrichtung wellenförmig gebogen ist, wodurch es große Steifigkeit u. Tragfähigkeit erlangt; zur Abdeckung von Gebäuden, zum Bau von Autogaragen, Baracken, Schuppen u.a. benutzt.

Welle, 1. *Geophysik*: *Meeres-W.*, meist durch anhaltenden Wind verursachte rhythmische Schwingung des Meerwassers an Ort u. Stelle, senkrecht zur Fortpflanzungsrichtung (*Transversal-W.*) durch periodische Änderungen der Wasserspiegelform. Die Wasserteilchen vollführen kreis- oder ellipsenförmige Bewegungen (Orbitalbewegungen), deren Schwingungsweiten mit der Tiefe abnehmen (in Tiefen von mehr als einer halben W.nlänge bleibt das Wasser in Ruhe). Da die Wasserteilchen immer wieder an ihren Ausgangspunkt zurückkehren, findet (im Gegensatz zu Meeresströmungen) kein Transport von Wassermassen statt, sondern die Bewegungsvorgänge pflanzen sich fort mit einer durchschnittl. *W.ngeschwindigkeit* von 10–15 m/sek (selten bis über 30 m/sek). Die *W.nhöhe* (senkrechte Distanz zwischen höchstem u. niedrigstem Punkt der Schwingung, d. h. zwischen „W.nberg" u. „W.ntal") ist abhängig von Windstärke, aber auch Wassertiefe u. evtl. Strandnähe, z.B. in der Nordsee bis zu 6 m, auch im offenen Meer selten über 10–12 m (bis zu 15 m); „haushohe W.n" wurden bisher nicht beglaubigt (→Seegang). Die W.n reichen bis maximal 200 m unter die Wasserfläche, meist nur wenige Dutzend Meter. Darunter bilden sich nur *interne W.n*, Bewegungen an den Grenzflächen übereinanderliegender, verschiedener (verschieden warmer oder schwerer) Wassermassen mit Schwingungen der internen Grenzfläche um 10–50 m; interne W.n sind an der Wasseroberfläche nicht wahrnehmbar. – ⬛ →Meer.

2. *Geräteturnen*: Umschwung am Reck, z.B. Knie-W., Sitz-W., Fechter-W.

3. *Maschinenbau*: ein Maschinenelement in Form einer zylindrischen Stahlstange, die in Lagern läuft u. zur Übertragung von Drehmomenten dient. Biegsame W.n bestehen aus spiralig gewickelten Drähten u. treiben u.a. Werkzeuge an (z.B. Zahnarztbohrmaschine).

4. *Physik*: eine period. Bewegung, die sich von einem „Störzentrum" im allg. nach bestimmten Raumrichtungen ausbreitet. Z.B. erzeugt ein ins Wasser geworfener Stein eine kreisförmige *Wasser-W.*, eine Explosion in der Luft eine *Kugel-W.*; die Ausbreitung eines in einer bestimmten Richtung fliegenden Strahls von Materieteilchen erfolgt als *ebene W.* Pflanzt sich eine Störung in einem Medium nacheinander auf benachbarte Teilchen fort, so entsteht eine *fortschreitende W.* Bei einer *stehenden W.* führen die W.nbäuche gleichzeitig im ganzen Medium die größten Schwingungsausschläge aus, während die W.nknoten sich in Ruhe befinden. Erfolgt die Schwingung in einer W. senkrecht zur Fortpflanzungsrichtung, so spricht man von einer *Quer-W. (Transversal-W.)*, erfolgt sie in Fortpflanzungsrichtung, so heißt sie *Längs-W. (Longitudinal-W.)*; z.B. breiten sich beim Schall die Längs-W.n schneller aus als die Quer-W.n. Noch langsamer laufen an der Erdoberfläche die *Oberflächen-W.n* (→auch Kapillarwellen) entlang. Bei Erdbeben gibt es diese 3 W.ntypen gleichzeitig.
Die einfachste (sich im Koordinatensystem in der x-Richtung ausbreitende) W. wird mathem. durch ein Sinusgesetz erfaßt: $f(x, t) = A \sin(\varkappa x - \omega t)$. Dabei ist die vom Ort x u. von der Zeit t abhängige Funktion $f(x, t)$ entweder direkt eine meßbare Größe (z.B. Druck, Dichte oder Temperatur bei Schall-W.n; die Wassererhebung bei Wasser-W.n), oder ihr Quadrat gibt (z.B. bei Materie-W.n) die Wahrscheinlichkeit an, ein Materieteilchen an der Stelle x zu finden. Die Größe A, die den größten Ausschlag der W.nbewegung bedeutet, heißt ihre *Amplitude*; ω die *Kreisfrequenz* und $\varkappa$ die *W.nzahl*. Die Größe
$$\lambda = \frac{2\pi}{\varkappa}$$
heißt *W.nlänge*; sie gibt die Entfernung zweier

Welfen: Heinrich der Löwe und seine Gemahlin Mathilde, umgeben von beider Vorfahren, v. l. n. r.: Kaiserin Richenza und Kaiser Lothar III. (Heinrichs Großeltern mütterlicherseits), Herzogin Gertrud und Herzog Heinrich der Stolze (seine Eltern), König Heinrich II. von England (Heinrichs des Löwen Schwiegervater) und dessen Mutter Mathilde (Witwe Kaiser Heinrichs V.); Miniatur aus dem Evangeliar Heinrichs des Löwen

Punkte an, die jeweils in dem gleichen Schwingungszustand sind (→auch Schwingung).
Die Geschwindigkeit, mit der sich solch ein Punkt eines bestimmten Schwingungszustands fortbewegt, heißt *Phasengeschwindigkeit*; sie ist gleich $\frac{\omega}{\varkappa}$.
Mehrere solcher einfach periodischer W.n können sich überlagern u. bilden, wenn sie auf einen bestimmten Raumbereich beschränkt sind, eine *W.ngruppe*. Deren Fortpflanzungsgeschwindigkeit, die *Gruppengeschwindigkeit*, kann nach der Relativitätstheorie nie größer als die Lichtgeschwindigkeit sein. Ein lokalisiertes Materieteilchen wird in der Quantentheorie durch eine solche W.ngruppe, ein sogenanntes „*W.npaket*", beschrieben. →auch elektromagnetische Wellen, Interferenz, Quantentheorie, Strahlen, Rundfunk.

Wellek, 1. Albert, Psychologe, *16. 10. 1904 Wien, †27. 8. 1972 Mainz; Vertreter der Ganzheits- u. Strukturpsychologie. Hptw.: „Die Polarität im Aufbau des Charakters" 1950, [3]1966; „Ganzheitspsychologie u. Strukturtheorie" 1955, [2]1969; „Musikpsychologie u. Musikästhetik" 1963; „Psychologie" 1963, [3]1971.
2. René, Bruder von 1), US-amerikan. Literaturwissenschaftler österr. Herkunft, *22. 8. 1903 Wien; seit 1939 Prof. in New Haven; verfaßte Studien zur vergleichenden Literaturwissenschaft u. über Literaturkritik u. Poetik. „Geschichte der Literaturkritik" 1955, dt. 1959ff.; „Grundbegriffe der Literaturkritik" dt. 1965.

Wellenbad, Schwimmbad mit zwei Kammern an einer Schmalseite des Beckens, deren Decke abwechselnd niedergedrückt wird u. deren Inhalt sich als Welle ins Becken ergießt.

Wellenband →Frequenzband.

Wellenbrecher, Wasserbauwerke zur Vernichtung der Wellenenergie vor Hafen- u. Schleuseneinfahrten; in der Regel ohne Landanschluß (sonst Molen, die auch als W. wirken).

Wellenfunktion, allg. eine vom Ort u. der Zeit abhängige Funktion, die eine Welle beschreibt; in der Quantentheorie die mathemat. Größe, die den Zustand eines atomaren Systems kennzeichnet (z.B. die Bewegung von Elektronen).

Wellenhose, flossenförmige Verkleidung von Schraubenwelle u. Lagerbock seitlich am Rumpf bei Mehrschraubenschiffen.

Wellenkalk, die unterste Stufe des *Muschelkalks*, z.B. im Thüringer Becken.

Wellenlängennormal, Längennormal zur Festlegung des →Meters; tritt an die Stelle des Urmeters. Z.Zt. dient die orangefarbene Spektrallinie des Krypton-Isotops ^{86}Kr als W.

Wellenleistung, die Leistung, die an der Welle einer Maschine übertragen wird. Die von der Maschine abgegebene Leistung vermindert sich u.a. durch die Reibungsverluste des Getriebes.

Wellenmechanik, von E. *Schrödinger* 1926 aufgestellte Theorie der atomaren Vorgänge, in der die Materieteilchen nach L. de *Broglie* als Wellen beschrieben werden; ist mathemat. handlicher als die von W. *Heisenberg* begründete Matrizentheorie, in ihrem physikal. Gehalt aber mit dieser identisch. →auch Quantentheorie.

Wellenoptik →Optik.

Wellenplan, internationale Regelung zur Verteilung der Wellen für die verschiedenen Funkdienste (Rundfunk, Seefunk, Flugfunk u.a.), wird vorgenommen von der →UIT. Der 1. europ. W. wurde, getragen von der →UIR, 1926 in Genf beschlossen; nach dem 2. Weltkrieg erfolgte die Neuverteilung 1948 in Kopenhagen (47 Haupt- u. 74 Gemeinschaftswellen), 1952 in Stockholm (Ultrakurz- u. Fernsehwellen). Die Verteilung der Kurzwellen wurde 1949 in México vorgenommen. Am 23. 11. 1978 trat der *Genfer W.* in Kraft; nach ihm dürfen in der BRD u. Westberlin im Lang- u. Mittelwellenbereich 21 Sender mit mehr als 100 kW, 33 Sender mit 1–100 kW u. 45 Sender mit weniger als 1 kW Leistung betrieben werden.

Wellenreiten, *Brandungsschwimmen*, engl. *Surfing*, ursprüngl. von den Einwohnern Poly-, Mikro- u. Melanesiens als männl. Mutprobe (auf rd. 4–5m langen u. 80kg schweren Brettern) ausgeübter, heute von vielen Anhängern betriebener Sport. Hauptzentrum ist die Hawaii-Insel Oahu (Makahastrand bei Pearl Harbor), wo durch ein breites, dem Strand vorgelagertes Riff Wellen bis zu 15m Höhe entstehen u. wo deshalb oft die Weltmeisterschaften ausgetragen werden. W. wird aber auch an anderen geeigneten Küsten betrieben. Auf einem 2,80m langen u. 12,5kg schweren Brett aus Balsaholz oder Kunststoff, das vorn angespitzt ist u. am Heck einen kurzen Kiel besitzt, paddelt der Wellenreiter liegend oder kniend den Wellen entgegen, bis er sich von einer geeigneten Welle nach einer schnellen Drehung des Bretts zurücktragen läßt. Breitbeinig stehend, muß er bei Geschwindigkeiten bis zu 60km/h das Gleichgewicht halten, da sich bei zu hoher Geschwindigkeit das Brett vom Wasser lösen kann oder sich bei zu geringer Geschwindigkeit der brechende Wogenkamm über den Wellenreiter ergießt. →auch Windsurfing.

Wellensegelflug →Segelflug.

Wellensittich, *Melopsittacus undulatus*, kleiner austral. *Papagei*; beliebter Käfigvogel. Neben der natürl. grünen Farbe sind blaue, gelbe, weiße u. gemischte Farben gezüchtet worden. Name nach der wellenförmigen Zeichnung am Kopf.

Wellentunnel, begehbarer Gang längs der Schiffsschraubenwelle vom Maschinenraum bis zum Stevenrohr, durch das die Welle das Schiff verläßt.

Wellenwiderstand, das Verhältnis der Spannung zur Stromstärke für die Ausbreitung einer elektromagnet. Welle längs einer Leitung; hängt von den elektr. Konstanten ab.

Weller, Fisch, →Wels.

Weller, Thomas Huckle, US-amerikan. Bakteriologe, *15. 6. 1915 Ann Arbor, Mich.; erhielt für künstliche Züchtung der Polio-Viren gemeinsam mit J. F. *Enders* u. F. C. *Robbins* den Nobelpreis für Medizin 1954.

Wellershoff, Dieter, Schriftsteller, *3. 11. 1925 Neuss; Hörspiele: „Minotaurus" 1960; „Bau einer Laube" 1964; Drama: „Anni Nabels Boxschau" 1963; Romane: „Ein schöner Tag" 1966; „Die Schattengrenze" 1969; „Einladung an alle" 1972; Essays: „Literatur u. Lustprinzip" 1973. Als Verlagslektor förderte W. die „Kölner Schule" des „Neuen Realismus".

Welles [wɛlz], **1.** Orson, US-amerikan. Filmschauspieler u. -regisseur, *6. 5. 1915 Kenosha, Wis.; erregte Aufsehen durch Regieexperimente u. durch ein Hörspiel über die Landung von Marsbewohnern auf der Erde, das am 30. 10. 1938 Paniksszenen in den USA hervorrief; berühmt im Film seit 1941 mit „Citizen Kane".
2. Sumner, US-amerikan. Diplomat, *14. 10. 1892 New York, †24. 9. 1961 Bernardsville, N.J.; 1937–1943 Unterstaatssekretär u. stellvertr. Außen-Min.; bereiste 1940 als Sonderbeauftragter Präs. Roosevelts Europa (1. 3. 1940 bei Hitler).

Wellesley [ˈwɛlzli], Arthur, Duke of →Wellington.

Wellesz [-ləs], Egon, österr. Komponist u. Musikforscher, *21. 10. 1885 Wien, †9. 11. 1974 Oxford; Schüler von A. *Schönberg*; schrieb u.a. das kult. Drama „Die Opferung des Gefangenen" 1926, Opern („Die Prinzessin Girnara" 1921; „Alkestis" 1924; „Die Bacchantinnen" 1931), 9 Sinfonien sowie musiktheoret. Arbeiten.

Wellfleisch, frisch geschlachtetes u. gekochtes (gewelltes) Schweinefleisch.

Wellhorn, *Buccinum undatum*, zu den *Vorderkiemern* gehörende Schnecke; kommt an den europ. Meeresküsten häufig vor, Räuber, mit lang vorstreckbarem Atemrohr *(Sipho)* u. bis zu 12cm hohem Haus; wird gegessen.

Wellington [ˈwɛliŋtən], Hptst. Neuseelands, im S der Nordinsel, an der Cookstraße, 140000 Ew. (als Agglomeration 350000 Ew.), Universität (1897), Nationaloper, -orchester, -ballett, Symphonieorchester, Alexander-Turnbull-Bibliothek; Werften, Eisen- u. Fleischwarenindustrie; zweitgrößter Hafen Neuseelands *Port Nicholson*. – 1839 gegr.

Wellington [ˈwɛliŋtən], Arthur Wellesley, Duke of (seit 1814), engl. Feldherr u. Politiker, *1. 5. 1769 Dublin, †14. 9. 1852 Walmer Castle bei Dover; kämpfte 1808–1814 als engl. Oberbefehlshaber in Portugal u. Spanien erfolgreich gegen die Franzosen; war Bevollmächtigter auf dem Wiener Kongreß; siegte 1815 mit Blücher bei Waterloo; vertrat in der Politik eine streng konservative Richtung; 1827 Oberbefehlshaber des brit. Heers; 1828–1830 Premier-, 1834/35 Außen-Min.

Wellingtonia, veraltete Bez. für *Sequoia*, →Mammutbaum.

Wellpappe, Pappe, die aus einer oder zwei Decken Schrenz-, Cellulose- oder Natronkraftpapier u. einer gewellten Papierlage besteht.

Wells [wɛlz], **1.** Herbert George, engl. Schriftsteller, *21. 9. 1866 Bromley, †13. 8. 1946 London; wirkte als fortschrittsgläubiger Optimist mit Schriften über Gesellschaft, Religion u. Geschichte für die Vorbereitung eines sozialist. Weltstaates, zweifelte aber zuletzt am Sinn des Maschinenzeitalters. Romane: „Die Zeitmaschine" 1895, dt. 1904; „Kipps" 1905; „Tono Bungay" 1909; „Menschen Göttern gleich" 1923, dt. 1927; Schriften: „Der Geist am Ende seiner Möglichkeiten" 1945, dt. 1946. – 📖3.1.3.
2. Horace, US-amerikan. Zahnarzt, *21. 1. 1815 Hartford, Conn., †24. 1. 1848 New York; erprobte 1844 bei einer Zahnextraktion an sich selbst zum ersten Mal eine Lachgasnarkose.

Welpe, Jungtier von hundeartigen Tieren (z.B. Wolf, Fuchs, Hund), solange es noch von der Mutter gesäugt wird (2–5 Monate).

Wels, *Waller, Silurus glanis*, der größte Süßwasserfisch Europas; bis 3m lang u. 150kg schwer; lebt am Boden tieferer Gewässer; nächtlicher Raubfisch. Das Maul ist von vier kurzen u. zwei langen Bartfäden *(Barteln)* umstellt, die als Tast- u. Geschmacksorgane dienen. Bedeutend kleiner ist der 1885 aus den USA eingeführte *Zwergwels (Katzenwels, Ictalurus nebulosus)*, der bis höchstens 45cm lang u. 2kg schwer wird. Mehrere W.arten haben in den USA erhebl. wirtschaftl. Bedeutung: seit etwa 1960 W.teichwirtschaft.

Wels, oberösterr. Bez.-Hptst. an der Traun, Marktort der Landschaft *W.er Heide*, 47000 Ew.; am Stadtplatz got. Stadtpfarrkirche (15. Jh.), barockes Rathaus, Lederturm (14. Jh.), schöne alte Bürgerhäuser; ehem. kaiserl. Burg mit Sterbezimmer *Maximilians I.*; österr. Zentrallandwirtschaftsmesse, Mühlen-, Nahrungsmittel-, Leder-, Papier-, Textil-, Maschinenindustrie.

Wels, Otto, Politiker (SPD), *15. 9. 1873 Berlin, †16. 9. 1939 Paris; 1912–1933 Mitgl. des Reichstags, seit 1913 Mitgl. des Vorstands der SPD, 1918 (Nov./Dez.) Kommandant von Berlin, seit 1919 einer der Vors. der SPD, lehnte am 23. 3. 1933 als Sprecher der SPD im Reichstag das Ermächtigungsgesetz ab, emigrierte im Mai 1933.

welsch, italienisch, französisch, auch fremdländisch, oft mit abwertender Bedeutung.

Welsch, Maximilian von, Baumeister, getauft 23. 2. 1671 Kronach, †15. 10. 1745 Mainz; Vertreter des rhein.-fränk. Barocks, 1706–1729 in Bamberg; entwarf den Plan zum Würzburger Schloß (von B. *Neumann* mit Änderungen ausgeführt), erbaute das Böttgerhaus in Bamberg, die Orangerie in Fulda 1722–1724, Marstall u. Mittelteil des Schlosses Pommersfelden seit 1711; entwarf außerdem seit 1720 das Schloß in Bruchsal.

welsche Haube, mehrfach geschweiftes Dach eines Turms, vor allem in der dt. Renaissancebaukunst verbreitet.

Welschkohl →Kohl.

Welschkorn = Mais.

Welse, *Siluroidea*, Unterordnung bodenbewohnender *Karpfenfische* wärmerer Süßgewässer; einige in Nordamerika, eine Art in Europa (→Wels). W. sind nackt, doch oft mit Hautknochenplatten oder Plakoidschuppen; Maul immer mit Barteln u. kräftig bezahnt; Rücken mit Fettflosse. 27 Familien, u.a. *Echte W., Siluridae; Katzen-W., Ictaluridae; Fiederbart-W.; Stachel-W.* u. *Zitter-W.*

Welser, Patrizierfamilie, seit dem 13. Jh. in Augsburg urkundl. bezeugt; erlangte durch Handel u. Bergbau Reichtum u. internationale Geltung. Unter *Bartholomäus* W. (*25. 6. 1484, †28. 3. 1561 Amberg) unterhielten sie weltweite Verbindungen, Stützpunkte in der „Neuen Welt" u. eine eigene Flotte; sie unternahmen bewaffnete Expeditionen, u.a. zur Eroberung Venezuelas. *Karl V.* war der berühmteste Schuldner der W., deren gewaltige Finanzmacht erst im 17. Jh. durch die Verschuldung des französ. u. span. Staates u. die Religionskriege in den Niederlanden gebrochen wurde. Die Nichte des Bartholomäus W., *Philippine W.* (*1521, †1580), war seit 1557 mit Erzherzog Ferdinand vermählt.

Welshpool [ˈwɛlʃpu:l], Stadt in der walis. Grafschaft *Powys*, 6800 Ew.

Welsh Rabbit [ˈwɛlʃ ˈræbit; engl., „Waliser Kaninchen"], geröstete Weißbrotscheibe mit einem Belag aus Chesterkäse, Bier, Butter u. Paprika, überbacken u. heiß serviert.

Welsh-Terrier [ˈwɛlʃ-], dem Airedale-Terrier ähnliche Hunderasse, aber kleiner (Schulterhöhe etwa 38cm). Schwarz-lohfarbenes, hartes, drahtiges Haarkleid. Lebhaft, scharf, intelligent.

Welt, die ganze Erde u. ihre Bewohner; in der Philosophie die Gesamtheit alles Seienden; →auch Weltall, Erde.

Welt, „*Die W.*", 1946 von der brit. Besatzungsmacht in Hamburg gegr. Zeitung; seit 1953 zur

Verlagsgruppierung Axel *Springer* gehörig; in der ganzen BRD verbreitet, Ausgaben neben Hamburg in Berlin u. Essen; bürgerlich-demokratisch.

Weltachse, *Himmelsachse* →Himmel.

Weltall, *Universum, Kosmos,* der gesamte Raum (Weltraum) mit allen in ihm enthaltenen Körpern. Die Vorstellungen über Ausdehnung, Inhalt u. Bau des W.s haben sich im Lauf der Menschheitsentwicklung stark gewandelt. Im Altertum (Weltsystem des *Ptolemäus*) hielt man die ruhende Erde für den Mittelpunkt des durch die Himmelskugel (das *primum mobile*) abgeschlossenen endlichen u. begrenzten W.s (geozentrisches Weltsystem). Im heliozentr. Weltsystem des *Kopernikus* änderte sich zunächst nur der innere Bau, nicht die Begrenzung u. Größe des W.s, da nur die Sonne anstatt der Erde in den Mittelpunkt gesetzt wurde. Die Idee eines unendlichen, unbegrenzten W.s tauchte zuerst bei G. *Bruno* auf, der die Sonnennatur der Fixsterne u. die Erfüllung des W.s mit unendlich vielen dieser sonnenähnl. Sterne lehrte. Im 18. Jh. (I. *Kant*, F. W. *Herschel*) erkannte man, daß die Fixsterne den Raum nicht gleichmäßig erfüllen, sondern ein abgeschlossenes endl. System von linsenförmiger Gestalt bilden, in dem die Sterndichte nach außen hin abnimmt (Milchstraßensystem, Galaxis) u. das im unendlichen, leeren Raum schwimmt. Kant vermutete, daß die Spiralnebel außergalaktische Systeme in sehr weiter Entfernung von gleicher Beschaffenheit wie die Galaxis sind u. das unendl. W. erfüllen. Diese Auffassung wurde 1923 durch die Auflösung des nächsten Spiralnebel (Andromedanebel) in Einzelsterne bestätigt. Mit den größten Fernrohren überblickt man das W. bis zu 8 Mrd. Lichtjahren Entfernung nach jeder Richtung. u. findet es erfüllt von mehr als 10 Mrd. solcher Sternsysteme. Die Vorstellung von der unendl. Ausdehnung des W.s ist durch die allg. →Relativitätstheorie als falsch erkannt worden. Nach *Einstein* ist der Raum gekrümmt, u. die Raumkrümmung abhängig von der mittleren Dichte der im Raum enthaltenen Materie. Man schätzt heute den Radius des W.s auf 13 Mrd. Lichtjahre. Die Gesamtmasse des W.s schätzt man auf 10^{56} g. Wegen der Fluchtbewegung der Spiralnebel nimmt die Materiedichte (u. damit die Raumkrümmung) ständig ab. Der Radius des W.s ist daher nicht konstant, sondern nimmt zu, das W. dehnt sich aus. – ⌑ 7.9.8.

Weltanschauung, die Weise, in der der Mensch sein Dasein in der Welt versteht u. auslegt, sowohl in geschichtl. (W. bestimmter Epochen) als auch in individueller (W. bestimmter Persönlichkeiten) Hinsicht. Im Unterschied zur *Philosophie* umfaßt W. nicht nur allg. erkennbare Inhalte, sondern auch geschichtl. u. individuell erfahrene Lebensgestaltungen u. Wertordnungen.

Weltanschauungsvereinigungen, durch §§ 166f. StGB wie die Religionsgesellschaften geschützte Vereinigungen, die den Zweck haben, eine bestimmte, auch areligiöse Weltanschauung (z. B. Existenzphilosophie) zu verwirklichen.

Weltärztebund, engl. *World Medical Association,* Abk. *WMA,* internationale Organisation, Sitz: New York, deren Ziel die Zusammenarbeit der Ärzte aus aller Welt ist; gegr. 1947 in Paris. Mitglieder sind nationale Ärztegesellschaften.

Weltausstellung →Ausstellung.

Weltbank, *Internationale Bank für Wiederaufbau und Entwicklung,* engl. *International Bank for Reconstruction and Development,* Abk. *IBRD,* Sitz: Washington, 1944 zusammen mit der Errichtung des *Internationalen Währungsfonds* auf der Konferenz von Bretton Woods beschlossenes internationales Bankinstitut, das 1946 seine Tätigkeit aufnahm; will die private internationale Anlagetätigkeit durch Garantieübernahme, Mitbeteiligung oder reine Vermittlung fördern; bei der Gewährung von W.-Anleihen entscheidet nicht die Beitragsquote des Landes, sondern das volks- u. weltwirtschaftl. Gesamtinteresse. Die Ausstattung der W. mit Eigenkapital erfolgt ähnlich wie beim Internationalen Währungsfonds, doch braucht nicht die volle Summe eingezahlt zu werden. 134 Mitglieder, die BRD seit 1952. – ⌑ 4.5.3.

Weltbühne, „*Die W.*", Wochenzeitschrift, 1905 gegr. als „Die Schaubühne", seit 1918 heutiger Titel; zunächst theaterfachlich, später allg. polit.-kulturell mit radikaldemokrat. Tendenz; geleitet 1905–1926 von Siegfried *Jacobsohn* (*1881, †1926), 1927–1933 von C. von *Ossietzky*; nach 1933 als „Neue W." in Prag; Neugründung 1946 in Ostberlin.

Weltbund für die Erneuerung der Erziehung, engl. *New Education Fellowship (NEF),* 1921 von französ., engl. u. dt. Pädagogen gegr. Verband zur Durchsetzung einer freiheitl. Erziehung auf der ganzen Welt; seine Ziele sind weitgehend von der *UNESCO* übernommen worden.

Weltbürger, *Kosmopolit,* jemand, der sich mehr der ganzen Menschheit als einer bestimmten Nation verbunden fühlt.

Weltchroniken, mittelalterl. universalgeschichtl. Darstellungen in Prosa oder Vers, die die Ereignisse seit Erschaffung der Welt verzeichnen. In den mittelalterl. W. wird die Geschichte der Menschheit als Heilsgeschehen verstanden, die nach göttl. Plan verläuft u. bis zum Jüngsten Gericht eine begrenzte Zeit hat; berühmt sind: „Über die zwei Reiche" („Chronica sive historia de duabus civitatibus") des Otto von Freising, die „Sächs. Weltchronik" des Eike von Repkow u. die Schedelsche „Weltchronik".

„Welt der Arbeit", seit 1950 erscheinendes Wochenblatt des Deutschen Gewerkschaftsbunds.

Welteislehre, *Glazialkosmogonie,* von H. *Hörbiger* aufgestellte astronomisch-kosmogonische Hypothese, in der das Eis als Weltenbaustoff eine große Rolle spielt; wird von der astronom. Wissenschatt abgelehnt.

Welten- und Lebensbaum, die Ausweitung der Vorstellung vom hl. Baum (z. B. Paradiesbaum, 1. Mose 3,22) auf die ganze Welt, die von einem W. getragen u. am Leben erhalten wird: germanische Weltesche *Yggdrasil,* der ind. *Aschwatta-Baum*.

Weltenwächter, *Grabwächter,* Bez. für die vier chines. Kriegergestalten, die, nach den vier Himmelsrichtungen gewandt, ein Heiligtum des Buddha oder ein Grab vor bösen Mächten schützen.

Welter, Nikolaus, luxemburg. Schriftsteller, *2. 1. 1871 Mersch, †13. 7. 1951 Mersch; Lehrer, Unterrichtsminister. Heimat- u. sozialbezogene Werke, 5 Bde. 1934 ff.

Weltergewicht, eine der →Gewichtsklassen in der Schwerathletik.

Welternährungsprogramm, *World Food Program,* Abk. *WFP,* Organisation zur Verteilung von Nahrungsmitteln (überwiegend Überschußprodukte) für Entwicklungs- u. Katastrophenhilfe; 1962 von den UN u. der FAO gegründet.

Welternährungsrat →FAO.

Weltesche, in der german. Mythologie der die Welt tragende Urbaum →Yggdrasil.

Weltformat, ein Papierformat von 500×707 mm, das in die DIN-B-Reihe der Papierformate aufgenommen ist.

Weltformel, *Heisenbergsche W.* →Heisenberg (2).

Albert Welti: Walpurgisnacht: 1897. Zürich, Kunsthaus, Leihgabe der Gottfried-Keller-Stiftung, Bern

Weltgerichtshof, ungenaue Bez. für den →Internationalen Gerichtshof in Den Haag.

Weltgeschichte, die Geschichte der gesamten Menschheit u. der Versuch, sie im Zusammenhang des Geschehens wissenschaftl. darzustellen (in diesem Sinn auch *Universalgeschichte*). Als Gattung verdankt die W. ihr Entstehen dem Christentum u. seiner Auffassung von Geschichte als universalem Heilsgeschehen. Die Aufklärung trat das Erbe dieser „linearen" Geschichtsauffassung an u. machte die immer weiter fortschreitende Kulturentwicklung der Menschheit zu ihrem Thema (*Voltaire*). In ihrer Tradition steht das philosoph. Konzept *Hegels* von der W. als einem Prozeß des Fortschritts im Bewußtsein der Freiheit. *Marx* folgerte aus seiner Kritik Hegels seine Vorstellung von der W., die zu der Überwindung menschl. Selbstentfremdung u. der klassenlosen Gesellschaft führen sollte. Die Geschichtsschreibung des klass. →Historismus verstand in ihren großen Darstellungen (L. von *Ranke*) W. als Geschichte der antiken u. christl. Welt. Im 20. Jh. stellte sich durch den Versuch, die W. als Folge von Hochkulturen darzustellen, die „lineare" einer „zyklischen" Auffasssung von W. (O. *Spengler*, A. *Toynbee*, P. *Sorokin*), die neuerdings durch ein neues lineares Konzept abgelöst wird, nach dem W. im anthropolog. Sinn als Geschichte der menschl. Gattung aufgefaßt wird. – ⌑ 5.0.0. u. 5.3.4.

Weltgesundheitsorganisation, Abk. *WGO,* engl. *World Health Organization,* Abk. *WHO,* frz. *Organisation Mondiale de la Santé,* Abk. *OMS,* internationale Organisation der UN, gegr. 1948 in Genf, die alle über den Rahmen nationaler Gesundheitsorganisationen hinausgehenden gesundheitspolit. Fragen bearbeitet mit dem Ziel der „Herbeiführung des bestmöglichen Gesundheitszustandes aller Völker". Zu den Aufgaben der WGO, die einen Nachrichtendienst („World Health") u. einen internationalen Arzneimittelkatalog herausgibt, gehören leitende u. koordinie-

Emblem der Weltgesundheitsorganisation

rende Organisation internationaler Gesundheitsfragen, Unterstützung der Regierungen der Mitgliedstaaten auf deren Ersuchen beim Ausbau ihrer öffentl. Gesundheits- u. Fürsorgedienste, Bekämpfung u. Ausrottung von Weltseuchen wie Malaria, Pocken u. a., Förderung der medizin. Ausbildung u. wissenschaftl. Forschung auf den Gebieten der Medizin, Hygiene u. des öffentl. Gesundheitswesens, Aufstellung internationaler Normen für Arzneimittel, Gesundheitsstatistiken u. a. Die Vollversammlung der WGO tritt einmal jährl. zusammen; der aus 24 Sachverständigen zusammengesetzte Exekutivrat tagt mindestens zweimal im Jahr. Neben dem Generalsekretariat in Genf unterhält die WGO 6 Regionalausschüsse. Getragen wird die WGO von den Beiträgen ihrer Mitgliedstaaten. Der WGO gehören 151 Mitglieder an (darunter die BRD). Ihr Gründungstag, der 7. 4. 1948, wird alljährl. als *Weltgesundheitstag* begangen.

Weltgewerkschaftsbund, Abk. *WGB,* internationaler Zusammenschluß der Gewerkschaften, gegr. 1945; 1949 Austritt der Gewerkschaften der westl. Welt; seitdem rein kommunistisch.

Welthandel →Weltwirtschaft.

Welthandelskonferenz →UNCTAD.

Welthilfssprachen, im Unterschied zu den natürl. Sprachen künstl. Sprachen, die möglichst leicht erlernbar sein u. so die internationale sprachl. Verständigung erleichtern sollen. Sie haben einfache, regelmäßige Grammatik u. systemat. konstruierten Wortschatz. Eine Welthilfssprache wurde schon von G. W. *Leibniz* angeregt, doch erlangten erst die auf dem Wortschatz natürl. Sprachen aufbauenden W. neuerer Zeit Bedeutung, bes. *Esperanto,* daneben die in Auseinandersetzung mit diesem entstandenen *Occidental* u. *Ido* (Reformesperanto nach L. de *Beaufront*) sowie *Novial* (von O. *Jespersen*). Eine andere Gruppe bilden *Volapük* u. seine Neufassung *Idiom Neutral. Basic English* ist keine künstl. Schöpfung, sondern eine vereinfachte Form des Englischen.

Welti, 1. Albert, schweizer. Maler u. Graphiker, * 18. 2. 1862 Zürich, † 7. 6. 1912 Bern; 1888–1890 Mitarbeiter A. *Böcklins*. Gedanken- u. symbolbeladene Figurenszenen, Landschaften u. Bildnisse, z.T. im Jugendstil. – 🅱S. 235.

2. Albert Jakob, Sohn von 1), schweizer. Erzähler, Dramatiker u. Maler, * 11. 10. 1894 Höngg bei Zürich, † 5. 12. 1965 Amriswil; schrieb Romane, Theaterstücke u. Hörspiele.

Weltkarte 1:2,5 Mill., seit 1964 erscheinendes mehrfarbiges Kartenwerk der Gesamtfläche der Erde als Gemeinschaftsarbeit der Staaten Bulgarien, DDR, Polen, Rumänien, Sowjetunion, Tschechoslowakei u. Ungarn.

Weltkinderhilfswerk, engl. *United Nations International Children's Emergency Fund*, Abk. *UNICEF*, Hilfsorganisation für Kinder aller Nationen, von den UN 1946 gegr.; seit 1948 auch für dt. Kinder; Sitz: Washington; Zweigbüro bei der UNESCO, Paris. Friedensnobelpreis 1965.

Weltkirchenkonferenz, die Vollversammlung des Ökumenischen Rats der Kirchen; →ökumenische Bewegung.

Weltkongreß für Gesundheit, Leibeserziehung und Erholung, engl. Abk. *ICHPER*, eine 1960 in Amsterdam gegr. internationale Lehrerorganisation. Mitglieder sind rd. 130 nationale Erzieherverbände aus mehr als 70 Ländern. Der W.f.G.,L.u.E. ist Mitglied der Weltlehrerorganisation, die ihrerseits der UNESCO untersteht. →auch Weltrat für Sport und Leibeserziehung.

Weltkrieg 1914–1918, *Erster Weltkrieg*, die erste militär. Auseinandersetzung, die – durch internationale Verflechtung u. moderne Kriegstechnik – ein weltweites Ausmaß annahm.

Ursachen waren vor allem das imperialist. Machtstreben der europ. Großmächte England, Frankreich, Dtschld. u. Rußland, sowohl in Europa als auch in den überseeischen Kolonialgebieten; ferner die dt.-engl. Konkurrenz im Welthandel, der forcierte dt. Flottenbau, durch den England sich bedroht fühlte, u. das Verlangen Frankreichs nach Revanche für die Niederlage im Dt.-Französ. Krieg von 1870/71; dazu kamen die nationalen Unruhen der kleinen Völker in Ostmitteleuropa u. das Drängen Rußlands nach den Meerengen. Der W. war nicht geplant, sondern die verantwortl. Staatsmänner „schlitterten" gleichsam hinein; zu ihren verhängnisvollen Entscheidungen trugen eine zu unbewegl. Diplomatie, falsche Ehrbegriffe u. ein übertriebener Patriotismus bei (→auch Kriegsschuldfrage).

Unmittelbarer Anlaß war die Ermordung des österr. Thronfolgers Erzherzog *Franz Ferdinand* u. seiner Gemahlin in *Sarajevo* am 28. 6. 1914 durch serbische Nationalisten. Österreich-Ungarn versicherte sich der Unterstützung Deutschlands u. stellte ein scharfes Ultimatum an Serbien, das abgelehnt wurde. Die daraufhin erfolgende österr.-ungar. Kriegserklärung an Serbien vom 28. 7. 1914 bewog Rußland zu einer offenen Parteinahme für Serbien u. zur Mobilmachung, was wiederum übereilte diplomat. u. militär. Schritte in Dtschld. auslöste, das Anfang Aug. 1914 Rußland u. Frankreich den Krieg erklärte. Das internationale Bündnissystem verursachte nun rasch eine Kriegserklärung nach der anderen. Auf die Seite der Gegner Deutschlands u. seiner Verbündeten traten folgende Staaten: Großbritannien, Japan (Aug. 1914), Italien (Mai 1915), Portugal (März 1916), Rumänien (Aug. 1916), die USA, Kuba, Panama (April 1917), Siam (Juli 1917), Liberia, China (Aug. 1917), Brasilien (Okt. 1917), Guatemala (April 1918), Nicaragua, Costa Rica (Mai 1918), Honduras (Juni 1918), Haiti (Juli 1918). Zu den sog. *Mittelmächten* vereinigten sich Dtschld. u. Österreich-Ungarn, ferner die Türkei (Nov. 1914) u. Bulgarien (Okt. 1915).

Die Westfront: Der von A. von *Schlieffen* 1905 entworfene dt. Operationsplan, der die Umfassung u. Vernichtung der gesamten französ. Armee mit Hilfe einer durch das neutrale Belgien führenden weitausgreifenden dt. Offensive vorsah, scheiterte in der Ausführung (*Marneschlacht* 5.–12. 9. 1914) aus verschiedenen Gründen: vor allem an der damals techn. noch nicht gelösten Schwierigkeit der einheitl. Leitung so großer Heeresmassen, ferner durch Unsicherheit u. unzulängl. Information der obersten Leitung, Mangel an operativen Reserven, Abzug größerer Truppenteile für die Ostfront, unerwartet starke Bindung des dt. linken Flügels in Lothringen-Elsaß. Durch das Eingraben der Truppen trat an die Stelle des Bewegungskriegs der Stellungskrieg auf einer Front vom Meer bis zur Schweizer Grenze, an die Stelle der Entscheidungsschlachten der Zermürbungskrieg (Stellungsverbesserungen u. Durchbruchsversuche). Der Krieg an der Ostfront zwang die Deutschen 1915–1917 zur Defensive an der Westfront (Champagne, Artois, Flandern; 1916 *Sommeschlacht*, Schlacht um *Verdun*; 1917 dt. Rückverlegung in die Siegfriedstellung, Tankschlacht bei Cambrai). Fünf 1918 mit Hilfe der an der Ostfront frei gewordenen Truppen unternommene dt. Offensiven führten fast zum Durchbrechen der französ. Front, aber auch zum Einsatz der letzten dt. Reserven. Vor der Großoffensive der durch US-amerikan. Truppen entscheidend verstärkten Alliierten unter F. *Foch* mußten die dt. Truppen weichen. Sie zogen sich bis zum 4. 11. 1918 auf die Linie Antwerpen–Maasstellung zurück.

Die Ostfront: Die in Ostpreußen mit zwei Armeen eingerückten Russen wurden noch im Aug./Sept. 1914 bei *Tannenberg* u. an den *Masur. Seen* zurückgetrieben. Österreich-Ungarn errang Anfangssiege bei *Krasnik* u. *Zamość-Komarow*, mußte dann jedoch zurückweichen auf die Karpaten. 1915 beendeten ein dt. Sieg über die Russen in der Winterschlacht in Masuren u. ein dt.-österr. Durchbruch in Galizien (*Gorlice* u. *Tarnow*) den russ. Druck auf die Grenzen. Der dt. Vormarsch im Baltikum u. in Südostpolen führte zum allg. Rückzug der Russen, die einer Entscheidung auswichen. Russ. Gegenangriffe (*Brussilow-Offensiven* 1916, *Kerenskij-Offensive* 1917) konnten von dt. Truppen aufgefangen werden. Der dt. Gegenangriff in Ostgalizien u. im Baltikum mit der Eroberung der Inseln Ösel u. Dagö führte zum Waffenstillstand mit der Sowjetregierung am 5. 12. 1917. Nach Abbruch der Friedensverhandlungen erfolgte 1918 die dt. Besetzung russ. Gebiets (Reval, Kiew, Helsingfors, Sewastopol, Kaukasus). Daraufhin schloß Sowjetrußland am 3. 3. 1918 den *Frieden von Brest-Litowsk*.

Balkanfront: Die Österreicher besetzten am 2. 12. 1914 Belgrad, mußten aber vor der serb. Offensive über die Donau zurück. Durch dt.-österr.-bulgar. Angriff gelang seit Sept. 1915 die Eroberung von Serbien, Montenegro u. Albanien. Die seit Okt. 1915 in *Saloniki* gelandeten brit.-französ. Truppen bauten in Makedonien eine neue Front auf. Die Rumänen wurden Ende 1916 rasch niedergeworfen (9. 12. 1917 Waffenstillstand, 7. 5. 1918 Friede mit Rumänien). Am 15. 9. 1918 brachen die Bulgaren unter dem Druck der Saloniki-Armee zusammen u. schlossen den *Waffenstillstand zu Prilep* (29. 9.).

Italienfront: Der italien. Vormarsch begann am 26. 5. 1915, führte aber in 11 *Isonzoschlachten* nur zu verhältnismäßig geringen Erfolgen (1916 italien. Eroberung von *Görz*), die in der 12. Isonzoschlacht durch den dt.-österr. Gegenangriff (1917) u. den Durchbruch bei *Flitsch* u. *Tolmein* aufgehoben wurden. Mit Hilfe von Ententetruppen wurde der italien. Zusammenbruch verhindert u. die österr. Offensive am 15. 6. 1918 aufgehalten. Eine italien. Gegenoffensive gegen die von den Ungarn verlassene österr. Front führte zum Durchbruch u. zum *Waffenstillstand von Padua* (4. 11. 1918).

Türkei: Türk. Angriffe gegen Ägypten u. im Kaukasus scheiterten. Die alliierten Landetruppen auf *Gallipoli* wurden mit dt. Hilfe zum Rückzug gezwungen (1915). Engl.-französ. Durchbruchversuche an den *Dardanellen* waren vergebl. Die Engländer eroberten *Bagdad* zurück (1917) u. *Palästina* bis Herbst 1918; der türk. *Waffenstillstand in Mudros* erfolgte am 30. 10. 1918.

Die dt. Kolonien wurden bald erobert: 1914 *Tsingtau* u. *Togo*, 1915 *Dt.-Südwestafrika* u. 1916 *Kamerun*. Die Schutztruppe unter P. von Lettow-Vorbeck vermochte zwar nicht *Dt.-Ostafrika* zu halten, leistete aber bis nach dem Waffenstillstand 1918 Widerstand.

Seekrieg: Die dt. U-Boote hatten seit der Versenkung von 3 brit. Kreuzern 1914 im Handelskrieg die größten Erfolge (18,7 Mill. BRT insgesamt versenkt), ebenso die Hilfskreuzer („Möwe", „Wolf", „Seeadler") u. der Kreuzer „Emden". In der Seeschlacht am *Skagerrak* 1916 behauptete sich die dt. Flotte gegenüber der brit.; seitdem wurden die Hochseeflotten in Reserve gehalten.

Der Luftkrieg entwickelte sich erst im Lauf des Kriegs. Brit.-französ. Bombenangriffe gegen dt. Städte wurden mit Luftangriffen auf brit. (bes. London) u. französ. Städte beantwortet. Die dt. Luftüberlegenheit an der Westfront ging nach der Ankunft der Amerikaner verloren.

Ende: Der 1. Weltkrieg endete durch Waffenstillstand am 11. 11. 1918 u. durch die →Pariser Vorortverträge. 24,2 Mill. Soldaten der Mittelmächte hatten 42,9 Mill. der Alliierten gegenübergestanden; die Verluste betrugen 3,2 Mill. gegen 5,4 Mill., die dt. 1,8 Mill. Tote. Kriegsgefangen waren 3,3 Mill. alliierte (1,4 Mill. Russen) gegenüber 995 000 dt. Soldaten. – 🅱S. 238. – 🅻5.3.6.

Weltkrieg 1939–1945, *Zweiter Weltkrieg*. Diese Periode der Weltgeschichte kann nur zutreffend gedeutet werden, wenn das umfassende Wehrpotential der Kriegführenden als Mittel zur Verwirklichung machtpolit. Ziele gewertet u. der Krieg bei aller Vielfalt seiner Elemente als einheitliches Ganzes erfaßt wird, als ein Zusammenwirken gleichzeitiger, oft miteinander verwobener Auseinandersetzungen zu Land, zur See u. in der Luft bei globaler Interdependenz der großen Kriegsschauplätze (Europa, Afrika, Asien, Ozeane). Die Geschichte des 2. W.s läßt sich in zwei große Hauptteile gliedern:

I. Der Kampf um die Neugestaltung Europas u. des großostasiat. Raums 1939–1943: um den Aufbau eines „Großgerman. Reichs" u. der japan. „Wohlstandssphäre"

A) Ursachen u. Anlaß

Nach der Zerstörung des europ. Staatensystems durch den 1. W. bereitete die mißglückte Neuordnung Europas von 1919 den Nährboden für die weitere, folgenschwere Entwicklung. In Dtschld. begann Hitler 1933 mit dem Kampf gegen das „Diktat" von Versailles. Unter der Losung des „Friedens" beseitigte er schrittweise die dem Dt. Reich auferlegten Beschränkungen u. gab vor, das 1919 einseitig von den Siegermächten ausgelegte Selbstbestimmungsrecht der Völker auch für das dt. Volk durchsetzen zu wollen. Hinter dieser national u. völk. verbrämten Revisionspolitik verbargen sich von Anfang an weitergesteckte Ziele: Neben dem Ausbau des totalitären Führerstaats verfolgte Hitler zielstrebig die Verwirklichung seiner in „Mein Kampf" niedergelegten Gedanken.

Für Dtschld. trat mit dem dt. Einmarsch in Prag im März 1939 die entscheidende Wendung zum Krieg ein. Durch diesen Schritt noch keineswegs saturiert, wandte Hitler sein Interesse Polen zu, das er vergebl. zu einer gemeinsamen Politik gegen die Sowjetunion zu bewegen versucht hatte. Vielmehr hatte Polen die Vorschläge Hitlers zur Lösung der Danzig- u. Korridorfrage abgelehnt, während die Westmächte eine Garantieerklärung für das Land abgaben. Hitler kündigte nun das *dt.-engl. Flottenabkommen* von 1935 u. den *dt.-poln. Nichtangriffspakt* von 1934 am 28. 4. 1939; zugleich schloß er ein Militärbündnis mit Italien (*Stahlpakt*) u. intensivierte in Konkurrenz zu den Westmächten die diplomat. Bemühungen in Moskau, um gegen Polen freie Hand zu bekommen. Dies führte am 23. 8. 1939 zum *dt.-sowjet. Nichtangriffspakt*. Nachdem Hitler Anfang August den Entschluß gefaßt hatte, Polen anzugreifen, trieb er die dt.-poln. Spannungen bewußt auf die Spitze. Ausschreitungen von Polen gegen Volksdeutsche, die von der NS-Presse aufgebauscht wurden, gaben Hitler willkommenen Anlaß zum gewaltsamen Eingreifen. Der Abschluß eines poln.-brit. Beistandspakts vom 25. 8. u. die Erklärung Italiens, nicht kriegsbereit zu sein, führten noch einmal zur Verschiebung des Angriffs. Am 31. 8. erteilte Hitler den Befehl zum Einmarsch nach Polen, der am 1. Sept. 1939, 4.45 Uhr, begann, nachdem direkte poln.-dt. Verhandlungen gescheitert waren u. Polen in völliger Verkennung seiner militär. Möglichkeiten am 30. 8. die Mobilmachung angeordnet hatte.

B) Phasen u. Schauplätze

a) *Der europäische Krieg 1939–1941*

1. militär. Niederwerfung u. neue Teilung Polens (dt. Feldzug 1. 9.–7. 10. 1939; Einmarsch der Roten Armee 17. 9. 1939).

Weltkrieg

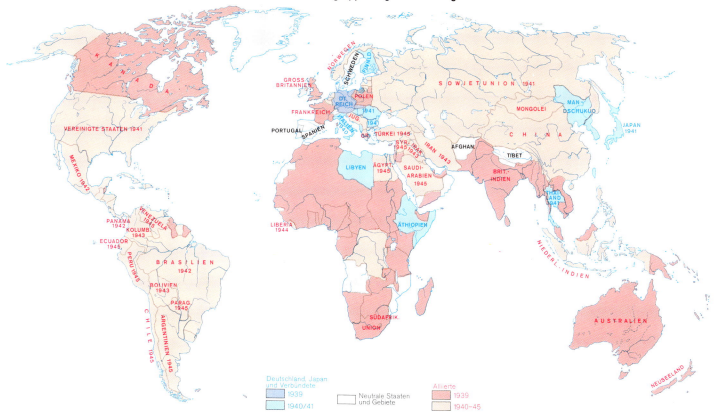

Die Mächtegruppierung im 2. Weltkrieg

2. sowjet. Machterweiterungs- u. Sicherungspolitik (sowjet.-finn. Winterkrieg 30. 11. 1939–12. 3. 1940; Annexion des Baltikums, Bessarabiens u. der Nordbukowina Juni 1940).
3. das Ringen „Großdeutschlands" um die Vormachtstellung in Europa: Besetzung Dänemarks u. Eroberung Norwegens (9. 4.–10. 6. 1940); Westfeldzug (10. 5.–24. 6. 1940); Hitlers Bemühungen zur Bildung einer Kontinentalkoalition gegen Großbritannien (Juli–Nov. 1940); militär. Planungen u. Operationen gegen Großbritannien („Seelöwe"; Luftschlacht über England; Seekrieg).
4. zur Wiedererrichtung des „Röm. Mittelmeerreichs": der Parallelkrieg Italiens (See- u. Luftkrieg; Offensive in Nordafrika 13. 9. 1940); Überfall auf Griechenland 28. 10. 1940). Eingreifen dt. Truppen in Nordafrika März 1941.
5. die „Neue Ordnung" in Europa unter Führung Deutschlands u. Italiens; in Ostasien unter Führung Japans. Der *Dreimächtepakt* vom 27. 9. 1940 (auch: um Einmischung der USA zu verhindern).
6. die „Befriedung" des Balkans (Balkanfeldzug 6. 4.–11. 5.; Eroberung Kretas 20. 5.–1. 6. 1941; territoriale Neugestaltung. Gleichzeitig Ausschaltung des dt. Einflusses im Vorderen Orient durch brit. u. frei-französ. Truppen: Irak, Syrien. Besetzung des Iran (Aug. 1941) durch sowjet. u. brit. Truppen.
7. der dt. Vernichtungskampf gegen die Sowjetunion (Ziele: Zerstückelung; wirtschaftl. Ausbeutung; Gewinnung von Lebensraum; Vernichtung des Bolschewismus); Planungen seit Juli 1940, Beginn des Aufmarschs Herbst 1940, der Offensive am 22. 6. 1941. Verbündete Deutschlands: Ungarn, Rumänien, Slowakei, Finnland, Italien. 1. Höhepunkt: Schlacht um Moskau Dez. 1941–Febr. 1942.
8. das „unnatürliche" Bündnis zwischen Großbritannien, der Sowjetunion u. den USA 1941; brit. Strategie im Mittelmeer; „Großer Vaterländ. Krieg" Stalins; F. D. Roosevelts unerklärter Krieg, 11. 3. *Lend-Lease-Abkommen*, 14. 8. *Atlantik-Charta*.

b) *Die Ausweitung zum Weltkrieg 1941–1943*
9. Japans Kampf um die „großostasiatische Wohlstandssphäre": Überfall auf Pearl Harbor am 7. 12. 1941; Landeoperationen (Malaya; Philippinen; Niederländ.-Indien; Vorfeld Inseln des Südwestpazifik u. des Ind. Ozeans).
10. die „Germany first"[„Dtschld. zuerst"]-Strategie der Alliierten; Abwehr der Japaner. Bildung gemeinsamer Führungsstäbe. Freikämpfung der See-Nachschubrouten (Schlachten im Atlantik).
11. die dt. Offensive 1942; in Rußland bis in den Kaukasus u. Stalingrad; Erfolge im U-Boot-Krieg; Rommels Marsch bis El Alamein (Nordafrika).
12. die militär. Kriegswende: Im Pazifik: See-Luft-Schlacht bei den Midway-Inseln (Juni 1942); Beginn der Rückeroberung von Guadalcanal (Aug. 1942). Im Osten: Schlacht von Stalingrad (19. 11. 1942–2. 2. 1943). In Nordafrika: Schlacht bei El Alamein (23. 10. 1942). Landung alliierter Truppen in Tunis u. Marokko (7.–8. 11. 1942). Zur See: Zusammenbruch der dt. U-Boot-Kriegführung (Mai 1943). In der Luft: Beginn der „Combined Bomber-Offensive" gegen das Dt. Reich (Juni 1943).

II. Die „Pazifizierung" der Aggressoren durch die „Anti-Hitler-Koalition" 1943–1945: für den Aufbau einer neuen „Weltfriedensordnung"

A) Kriegsziele der Anti-Hitler-Koalition
Das Primärziel der Alliierten u. der UdSSR war, zuerst Dtschld., dann Italien u. Japan militärisch schnell u. vollständig niederzuwerfen u. hierzu die Allianz, so heterogen ihre Kräfte auch sein mochten, möglichst wirksam zu halten. Das Endziel der gemeinsamen Anstrengungen aber war, nicht nur die besiegten Staaten politisch in der Weise umzugestalten bzw. vertraglich festzulegen, daß sie die Völker nie wieder mit der „Geißel des Kriegs" überziehen könnten, sondern auch ein neues kollektives Sicherheitssystem ins Leben zu rufen.

B) Phasen u. Schauplätze
1. die alliierte Forderung nach „bedingungsloser Kapitulation" Deutschlands, Italiens u. Japans (*Casablanca-Konferenz* Januar 1943); der Beschluß, eine zweite Front in Europa zu errichten, das besiegte Dtschld. in Besatzungszonen aufzuteilen, nach Kriegsende eine allg. Friedensordnung zu schaffen (Konferenzen von *Teheran*, 28. 11.–1. 12. 1943, u. *Jalta*, 4.–11. 2. 1945).
2. der Sturm auf die „Festung Europa" 1943/44. Von O: von der Schlacht bei Kursk (Juli 1943) bis zum Zusammenbruch der dt. Heeresgruppe Mitte (Juni–Aug. 1944) im Raum Minsk. Finnland Sept. 1944 zum Frontwechsel gegen Dtschld. gezwungen. Von S: Landung der Alliierten auf Sizilien u. in Italien (Juli–Sept. 1943), Zusammenbruch des faschist. Italien (Juli 1943). Von W: alliierter Aufmarsch in Großbritannien. Beginn der Invasion an der Normandieküste (Unternehmen „Overlord"; 6. 6. 1944). Von SO: Partisanenkrieg auf dem Balkan; Zusammenbruch Rumäniens u. Besetzung Bulgariens (Aug.–Sept. 1944). Aus der Luft: Tag- u. Nachtangriffe; Zerschlagung von Industrie- u. Verkehrseinrichtungen.
3. das „Inselspringen" der Amerikaner im Pazifik (1943/44) mit wechselnden Schwerpunkten (von Bougainville, 9. 11. 1943, bis zur Eroberung von Palau, Sept. 1944; Luftkrieg).
4. der Sturm auf das Reich (1944/45). Von O: vom Großangriff der Roten Armee aus dem Weichselbrückenkopf (Jan. 1945) bis zur Schlacht um Berlin (April–Mai 1945). Zusammentreffen mit den westl. Alliierten am 25. 4. 1945 bei Torgau an der Elbe. Von N: vom Vorstoß zum Westwall (Sept. 1944) bis zur Besetzung Westdeutschlands (April–Mai 1945). Im SO: Eroberung Ungarns (Febr.–April 1945). Im S: Zusammenbruch in Italien (Ermordung Mussolinis 28. 4. 1945).
5. der Zusammenbruch Deutschlands: Selbstmord Hitlers (30. 4.); Regierung Dönitz, bedingungslose Kapitulation der dt. Wehrmacht (7.–9. 5. 1945); *Potsdamer Konferenz* (17. 7.–2. 8. 1945).
6. die Niederwerfung Japans (1944/45): von der Wiedergewinnung der japan. besetzten Rohstoffgebiete (1945) bis zum Abwurf der ersten Atombomben (6. bzw. 9. 8. 1945) auf Hiroshima u. Nagasaki; Kriegserklärung der UdSSR an Japan (8. 8. 1945); Kapitulation Japans (2. 9. 1945).

III. Das Kriegsbild
Der *totale Krieg* entwickelte eine Eigengesetzlichkeit, die sich mit der Ideologisierung u. Radikalisierung der Kriegführung auf beiden Seiten verheerend auswirkte. Die Schlachten allein konnten den Sieg nicht mehr sichern; Wehrwirtschaft, Ernährung, Technik, Verkehr u. Moral der Bevölkerung wurden zu kriegsentscheidenden Faktoren. Der 2. W. hat die Verlagerung des Schwergewichts auf die wehrwirtschaftl. Seite bes. nachhaltig demonstriert. Als 1939 der Krieg ausbrach, war Dtschld. wirtschaftl. auf eine längere Kriegführung nicht vorbereitet; die vorhandenen Kapazitäten reichten gerade für einige „Blitzfeldzüge" aus. Trotz des höchsten Produktionsausstoßes an Waffen aller Art 1943/44 büßte die dt. Wehrmacht ihre operative Beweglichkeit ein, weil die strateg. Luftkriegführung der Alliierten innerhalb weniger Monaten 80–90% aller Treibstoffvorräte vernichtete. Großbritannien gewann Zeit für den notwendigen beschleunigten Aufbau seiner Wehrwirtschaft, als Hitler das Unternehmen „Seelöwe",

Weltkrieg

Das Attentat auf das österreichische Erzherzogspaar in Sarajevo am 28. 6. 1914, Zeichnung von F. Schwormstädt. Berlin, Staatsbibliothek Preußischer Kulturbesitz

Der österreichische Feldherr Franz Conrad von Hötzendorf (links)

Die deutsche Führung: Paul von Hindenburg, Wilhelm II. und Erich Ludendorff (von links nach rechts). Berlin, Staatsbibliothek Preußischer Kulturbesitz (links)

Ausmarsch deutscher Truppen in Berlin; August 1914. Berlin, Staatsbibliothek Preußischer Kulturbesitz

Französische Reservisten in Paris am 2. 8. 1914. Berlin, Staatsbibliothek Preußischer Kulturbesitz

Tankwaffe. Berlin, Staatsbibliothek Preußischer Kulturbesitz (links). – Gaskrieg. Berlin, Staatsbibliothek Preußischer Kulturbesitz (rechts)

Weltkrieg

1. WELTKRIEG

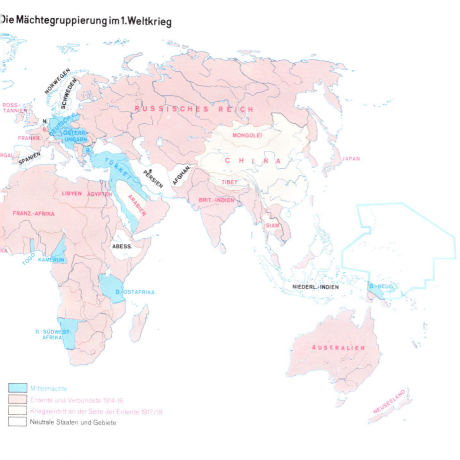

Die Mächtegruppierung im 1. Weltkrieg

- Mittelmächte
- Entente und Verbündete 1914–16
- Kriegseintritt an der Seite der Entente 1917/18
- Neutrale Staaten und Gebiete

Die alliierten Befehlshaber: Philippe Pétain, Douglas Haig, Ferdinand Foche und John Joseph Pershing (von links nach rechts)

Trümmer von Ypern

Seekrieg: Deutsches U-Boot im Einsatz, Gemälde von W. Stoewer

Luftkrieg

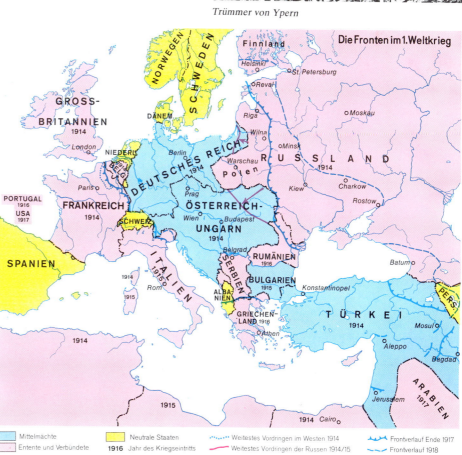

Die Fronten im 1. Weltkrieg

- Mittelmächte
- Entente und Verbündete
- Neutrale Staaten
- 1916 Jahr des Kriegseintritts
- Weitestes Vordringen im Westen 1914
- Weitestes Vordringen der Russen 1914/15
- Frontverlauf Ende 1917
- Frontverlauf 1918

Weltkrieg

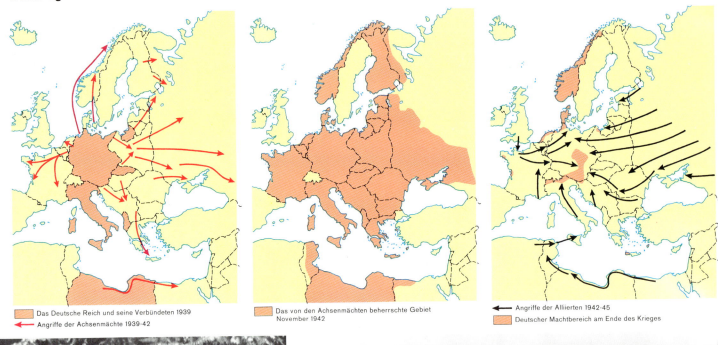

Das Deutsche Reich und seine Verbündeten 1939
→ Angriffe der Achsenmächte 1939-42

Das von den Achsenmächten beherrschte Gebiet November 1942

→ Angriffe der Alliierten 1942-45
Deutscher Machtbereich am Ende des Krieges

Deutsche Soldaten zerstören einen polnischen Grenzschlagbaum; 1. 9. 1939. Berlin, Staatsbibliothek Preußischer Kulturbesitz (links). – Von den Japanern bombardiertes US-amerikanisches Schlachtschiff in Pearl Harbor; 7. 12. 1941. Berlin, Staatsbibliothek Preußischer Kulturbesitz (rechts)

Militärische Lagebesprechung bei Hitler (links). – V 1 im Flug (Mitte). – Bombardierungsopfer in Mannheim (rechts)

Weltkrieg

Deutsche Soldatengräber im zerstörten Stalingrad (links). – US-Soldaten landen an der Küste der Normandie; 1944 (rechts)

2. WELTKRIEG

General Eisenhower (links) und Feldmarschall Montgomery. Berlin, Staatsbibliothek Preußischer Kulturbesitz (links). – Stalin (links), Roosevelt (sitzend) und Churchill (rechts) mit dem Stalingrad-Schwert, einem Geschenk des englischen Königs Georg VI., auf der Teheran-Konferenz 1943 (rechts)

Generalfeldmarschall Keitel (hinten, sitzend) wiederholt im sowjetischen Hauptquartier in Berlin Karlshorst die Kapitulation der deutschen Wehrmacht; 8. 5. 1945 (links, sitzend, 2. von vorn: Marschall Schukow). Berlin, Staatsbibliothek Preußischer Kulturbesitz

Hiroschima nach dem Atombombenabwurf am 9. 8. 1945. Berlin, Staatsbibliothek Preußischer Kulturbesitz

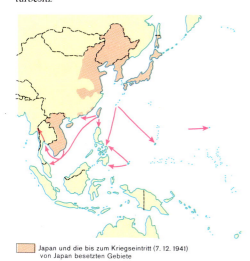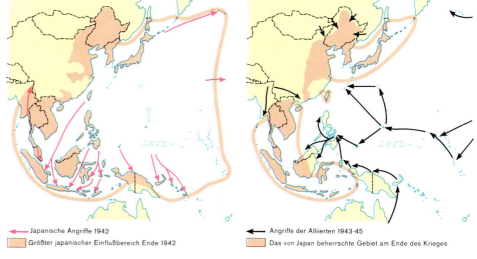

Japan und die bis zum Kriegseintritt (7. 12. 1941) von Japan besetzten Gebiete
← Japanische Angriffe 1941

← Japanische Angriffe 1942
Größter japanischer Einflußbereich Ende 1942

← Angriffe der Alliierten 1943–45
Das von Japan beherrschte Gebiet am Ende des Krieges

weltliche Institute

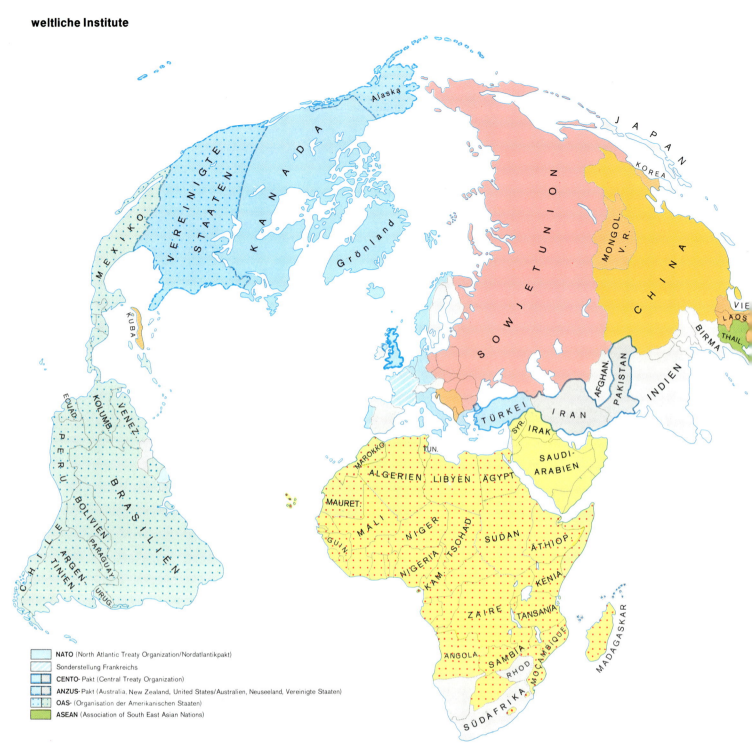

- ▦ **NATO** (North Atlantic Treaty Organization/Nordatlantikpakt)
- ▨ Sonderstellung Frankreichs
- ▦ **CENTO**- Pakt (Central Treaty Organization)
- ▦ **ANZUS**-Pakt (Australia, New Zealand, United States/Australien, Neuseeland, Vereinigte Staaten)
- ▦ **OAS**- (Organisation der Amerikanischen Staaten)
- ▦ **ASEAN** (Association of South East Asian Nations)

die geplante Landung auf der Insel, 1940 aufschob u. sich mit seiner Kriegführung der UdSSR zuwandte. Der ungeheure Verbrauch an Kriegsmaterialien aller Art zwang die Kriegführenden, ihre wirtschaftl. Kapazität voll u. ganz auszuschöpfen; überdies zögerten sie nicht, diejenige der von ihnen unterworfenen Völker auszubeuten. Unterdessen gelangte die Kriegswirtschaft der USA auf Hochtouren. Betrug das Verhältnis der Rüstungsproduktion wertmäßig zwischen der „Achse" (einschl. Japans) u. ihren drei großen Gegnern (USA, Großbritannien u. UdSSR) 1941 noch 1:2,4, so verschob es sich 1943 auf 1:3,4. Mitte 1944 verhielt sich die Treibstoffproduktion Deutschlands zu der der Anti-Hitler-Koalition wie 100:2920. Bedenkt man außerdem die gewaltigen Materiallieferungen der USA im Rahmen des Leih- u. Pachtabkommens an alle Verbündeten – darunter allein an die Sowjetunion über 13 000 Kampffahrzeuge, 2300 Geschütze, 400 000 Lastkraftwagen, 15 000 Flugzeuge –, insges. mehr als 17 500 933 engl. Tonnen, dann kann man die Bedeutung des Faktors Wirtschaft in diesem Krieg ermessen.

Im übrigen strebten die Kriegführenden nicht mehr allein die Vernichtung der feindl. Streitkräfte an, sondern auch die des wehrwirtschaftl. Potentials, der Verkehrs- u. Nachrichtenverbindungen. Mit allen Mitteln der Blockade, der Massenmedien u. des Luftkriegs versuchten sie, den Widerstandswillen des Gegners zu erschüttern oder diesen „auszuhungern". Hinterland u. Heimatgebiet verschmolzen mit der kämpfenden Front zur Einheit. Der Wettlauf auf dem Gebiet der Waffentechnik gipfelte in der Erfindung u. im Abwurf der ersten Atombomben, die ein Zeitalter völlig neuartiger strateg. Waffen u. der möglichen totalen Zerstörung ganzer Regionen ankündigten. Der ideolog. Kampf u. die revolutionäre Kriegführung steigerten nicht nur die Leidenschaften auf beiden Seiten ins Unkontrollierbare (Terror–Gegenterror), sondern rissen auch die Grenzen nationalstaatl. Vorstellungen nieder u. schufen neue Wertbezüge.

IV. Bilanz

1939–1945 haben 110 Mill. Soldaten unter Waffen gestanden. Von ihnen fielen 27 Mill. im Kampf, während die Zivilbevölkerung in der Welt 25 Mill. Tote beklagte. Einschl. der Vermißten betrug die Verlustbilanz 55 Mill. Menschen. Die UdSSR u. Dtschld. waren am schwersten betroffen: die UdSSR verlor 13,6 Mill. u. Dtschld. 4,2 Mill. Soldaten; die USA zählten 259 000 Gefallene. Der Bombenkrieg vernichtete in Dtschld. rund 1,63 Mill. Gebäude u. machte 7,5 Mill. Menschen obdachlos; in der UdSSR zerstörten die Kampfhandlungen 1710 Städte u. Siedlungen, 70 000 Dörfer u. Ortschaften u. über 6 Mill. Gebäude aller Art. Der wahnwitzige Versuch, den polit. u. sozialen Pluralismus in Europa u. Asien zu zerstören u. durch eine totalitäre Herrschaftsordnung zu ersetzen, ist nicht nur an dem Willen der unterworfenen u. bedrohten Völker, sondern vor allem an dem dadurch zwangsläufig heraufbeschworenen Widerstand der großen Weltmächte gescheitert. Zahlreiche militär., wirtschaftl. u. techn. Gründe haben überdies das Schicksal der Herausforderer 1945 endgültig besiegelt. Ohne Übertreibung darf man folgern, daß der Krieg für die Angreifer schon verloren war, bevor der erste Schuß fiel. Die polit. Ziele Deutschlands, Japans u. Italiens standen in keinem Verhältnis zu ihren Mitteln u. militär. Möglichkeiten.

Die Antwort der „fremdartigen" Koalition auf die nationalsozialist.-faschist. u. die japan. Herausforderung endete zwar mit einem militär. Sieg, jedoch beschwor sie ein neues polit. Dilemma herauf: den *Ost-West-Konflikt*. Über die Diskussion um die

Zwischenstaatliche Beziehungen
Militärisch-politische Bündnisse nach 1945

- Arabische Liga
- OAU (Organization of African Unity/Organisation für Afrikanische Einheit)
- Warschauer Pakt
- Volksrepublik China
- Andere kommunistische Staaten
- Sonstige Staaten
- Abhängige Gebiete

künftigen Mittel u. Wege zur polit. Neugestaltung Europas wie zur Befriedung der Welt u. infolge der einseitig eingeleiteten Sowjetisierungsmaßnahmen in Osteuropa u. Ostmitteleuropa brach das Bündnis auseinander. Zu tief waren die ideolog. Gegensätze. Als die Rote Armee in von ihr „befreiten" Gebieten vollendete Tatsachen geschaffen hatte, wurde deutlich, daß man gegen einen gemeinsamen Gegner gekämpft hatte, ohne doch für dieselbe Sache zu kämpfen. Bald verlief ein „Eiserner Vorhang" durch Europa, das im 2. W. seine Vormachtstellung verloren hat. Die Kolonialvölker Afrikas u. Asiens begannen sich zu emanzipieren u. neben den beiden Blöcken eine „Dritte Welt" zu bilden. Die Ost-West-Spaltung verhinderte den Abschluß von Friedensverträgen, u. auch der Versuch einer globalen Friedenssicherung durch die *Vereinten Nationen* wird durch sie erschwert. – ⌑ 5.3.7.

weltliche Institute →Säkularinstitute.

Weltliteratur, ein 1827 von Goethe geprägter Begriff. Goethe verstand unter W. die Literatur, die (im Gegensatz zur *Nationalliteratur*) aus einem übernationalen Geist heraus geschaffen wurde. Die W. setzt einen lebendigen Verkehr zwischen den einzelnen Kulturvölkern u. eine wechselseitige Beeinflussung der nationalen Literaturen voraus; sie beruht auf gegenseitigem Kennenlernen u. Tolerieren. Die W. hat sich über das national Bedingte erhoben u. nähert sich dem Allgemein-Menschlichen, das in allen großen Dichtungen verwirklicht ist. – Als Wertbegriff bezeichnet W. die Gesamtheit der bedeutendsten Dichtungen, die in aller Welt geschrieben wurden. Zu diesen Werken, die über ihre Zeit u. über ihr Volk hinaus wirksam sind, gehören in erster Linie die klass. Werke der nationalen Literaturen. – In wertfreier Verwendung bezeichnet W. das schöngeistige Schrifttum der ganzen Welt. – ⌑ 3.0.0.

Weltluftfahrtkarte, engl. *World Aeronautical Chart (WAC)*, mehrfarbiges Standardkartenwerk 1:1 Mill. der Internationalen Zivilluftfahrt-Organisation *(ICAO)*; erscheint mit u. ohne Flugsicherungsaufdruck.

Weltmacht, ein Staat, der polit., militär. u. wirtschaftl. eine weltweite Rolle spielt. Weltmächte im begrenzten Sinn waren in der Antike z.B. das Alexander-Reich u. das Röm. Reich, im MA. z.B. das Islamische Reich. Heute sind Weltmächte im vollen Sinn die USA u. die Sowjetunion, potentiell auch China.

Weltmarkt, der „Markt" von Welthandelsgütern; ist eine Voraussetzung für die Bildung eines einheitl. *W.preises,* der z.B. für Kaffee in New York, für Weizen in Chicago, für Zucker in London notiert wird.

Weltmarktpreis, allg. Preis für Welthandelsgüter; i.e.S. der z.Z. erzielbare günstigste Preis für ein Gut, das exportiert werden soll.

Weltmodelle, in der Kosmologie theoretische Vorstellungen über den Aufbau u. die Entwicklung des Weltalls als Ganzes. →Relativitätstheorie.

Weltnachrichtenverein →UIT.

Weltorganisationen, weltweite oder weit überregionale, vorwiegend polit., wirtschaftl. oder techn. Zusammenschlüsse auf Vertragsbasis mit eigenen Organisationen, denen entweder Staaten oder nationale Organisationen angehören. Neben den Vereinten Nationen sind die wichtigsten: das Allgemeine Zoll- u. Handelsabkommen (GATT), die Internationale Arbeitsorganisation (ILO), die Internationale Atomenergiebehörde (IAEA), der Internationale Währungsfonds (IWF), die Internationale Zivilluftfahrtorganisation (ICAO), die Meteorologische Weltorganisation (WMO), die UNESCO, die UN-Organisation für Ernährung u. Landwirtschaft (FAO), die Weltbank, die Weltgesundheitsorganisation (WHO) u. der Weltpostverein sowie der Weltkirchenrat.

Weltorganisation für geistiges Eigentum, engl. *World Intellectual Property Organization,* frz. *Organisation mondiale de la propriété intellectuelle,* 1970 in Genf gebildeter Dachverband der *Berner Union* u. der *Pariser Union;* →Berner Konventionen, →Pariser Übereinkunft.

Weltpokal, engl. *World-Cup,* Bez. für internationale Pokalwettbewerbe oder Turniere (im Englischen auch für Weltmeisterschaften) in vielen Sportarten. Im Fußball wird seit 1960 jährl. ein (inoffizieller) W.gewinner zwischen dem europ. u. dem südamerikan. Sieger im *Pokal der Landesmeister* ermittelt. Der *Alpine W.* im Skilauf wird vom Internationalen Skiverband (FIS) durchgeführt u. umfaßt die dafür festgelegten internationalen Rennen *(FIS-Rennen)* im Abfahrtslauf, Slalom u. Riesenslalom, getrennt für Männer u. Frauen. Weitere W.wettbewerbe gibt es im Berufstanzsport (alle 10 Standard- u. lateinamerikan. Tänze), im Golf (Mannschaftswettbewerb), im Kegeln, im Hockey (Turnier der Herrenmannschaften), Pferdesport, Radsport, Volleyball u.a.

Weltpolitik, *i.e.S.* (traditionelle Auffassung) die Politik u. Beziehungen der Groß- oder Weltmächte; *i.w.S.* (wegen der engen Verflechtung aller Staaten u. Elemente) die Gesamtheit der polit. wirksamen Aktionen u. Beziehungen, soweit sie die Kräfteverteilung u. Entwicklungstendenzen in der Welt berühren, wesentl. also auch wirtschaftl. Beziehungen, Auslandshilfe u. technolog. Entwicklungen, sogar innerstaatl. Politik (z.B. Instabilität, Rassenpolitik). – ⌑ 5.9.0.

Weltpostulat →Homogenitätspostulat.

Weltpostverein, Vereinigung der Staaten, die dem Weltpostvertrag beigetreten sind, um den internationalen Postverkehr nach gemeinsamen Grundsätzen abzuwickeln. Auf Anregung von H. von *Stephan* wurde am 9.10.1874 in Bern der *Allgemeine Postvereinsvertrag,* der die europ. Länder, die USA u. Ägypten umfaßte, geschlossen. Aus ihm ging am 1.6.1878 in Paris der *Weltpostvertrag* als eigentl. Grundlage des W.s hervor, dem sich bald praktisch alle Länder anschlossen. Der Hauptvertrag, der außer den allg. Grundsätzen nur den Briefverkehr regelt, wurde durch weitere Verträge über Wertbrief-, Postpaket-, Postanweisungs-, Postüberweisungs-, Postauftrags- u. Postzeitungsverkehr ergänzt.

Weltpriester, *Weltgeistlicher,* ein kath. Geistlicher, der zu einer Diözese (nicht zu einem Orden) gehört.

Weltrat der Kirchen →Ökumenischer Rat der Kirchen.

Weltrat für Sport und Leibeserziehung, engl. *International Council of Sport and Physical Education,* Abk. *ICSPE,* 1960 in Rom gegr. Vereinigung der internationalen Verbände der Lehrer, Sportpädagogen u. Sportärzte *(Weltrat für Gesundheit, Leibeserziehung und Erholung* [ICHPER], *Fédération Internationale d'Éducation Physique* [FIEP], *Fédération Internationale de Médecine Sportive* [FIMS]). Präsident: Roger *Bannister;* Sitz: London. Arbeitsausschüsse befassen sich mit Leibeserziehung in der Schule, Entwicklung u. Alter, Sport u. Weltkultur, Sportmedizin, Sportrecht, Sportsoziologie u. Rehabili-

Weltraumfahrt

tation, Dokumentation u. Information. Der Weltrat berät außerdem die UNESCO in sportpädagog. und sportmedizin. Fragen.

Weltraum, der Raum außerhalb der irdischen →Atmosphäre.

Weltraumfahrt, die Entsendung unbemannter u. bemannter Flugkörper in den Weltraum u. zu anderen Himmelskörpern. Die W. setzt das Vorhandensein von Antriebseinrichtungen voraus, die sich im luftleeren Weltraum fortbewegen können. Ein derartiges Fortbewegungsmittel ist die nach dem Rückstoßprinzip arbeitende →Rakete. Die in der Rakete freigesetzte Energie wird beim Raumflug in erster Linie für die Überwindung des irdischen Schwerefeldes benötigt. Das Schwerefeld eines Körpers ist proportional der Masse dieses Körpers; die Schwerewirkung nimmt mit dem Quadrat der Entfernung vom Mittelpunkt der Masse ab. Um das Schwerefeld der Erde verlassen zu können, muß ein Objekt auf die *Fluchtgeschwindigkeit* von rd. 11,2 km/sek (rd. 40000 km/h) beschleunigt werden. Bewegt sich ein Raumflugkörper in einer kreisförmigen Bahn in 200 bis 300 km Höhe um die Erde, dann beträgt seine *Umlaufgeschwindigkeit* rd. 7,8 km/sek (= 28000 km/h). In diesem Fall herrscht zwischen der Fliehkraft des Satelliten u. der irdischen Anziehungskraft Gleichgewicht.

Bei Raumflugmissionen, die über die Satellitenbahn hinausführen, werden letzte Stufe der Trägerrakete u. Nutzlast im allg. zunächst in eine Satellitenbahn gebracht. Hier wird nach einer bestimmten Verweilzeit das Triebwerk der letzten Stufe erneut gezündet, um die Nutzlast aus der „Parkbahn" heraus auf Fluchtgeschwindigkeit zu bringen. Auf diese Weise lassen sich die hohen Anforderungen hinsichtlich Richtung u. Einschußgeschwindigkeit in eine Flugbahn zu einem anderen Himmelskörper leichter erreichen als bei einer unmittelbaren Beschleunigung von der Erdoberfläche weg auf Fluchtgeschwindigkeit. Nachdem ein Raumflugkörper seine Umlauf- bzw. Fluchtgeschwindigkeit erreicht hat (nach einer Brennzeit der Triebwerke aller Stufen von rd. 10 Minuten), vollzieht sich der weitere Flug antriebslos unter Ausnutzung der kinet. Energie des Flugkörpers u. der Schwerefelder der Himmelskörper. Es werden allenfalls noch Bahnkorrekturen durch Zündung der Triebwerke für einige Sekunden bis zu wenigen Minuten vorgenommen.

Man unterscheidet zwischen der *unbemannten* u. der *bemannten* W. Die unbemannte W., besser als *Weltraumforschung* bezeichnet, ist aus ersten Versuchen mit Höhenraketen zur Erforschung der oberen Atmosphärenschichten (Aufstieg auf wenige hundert Kilometer Höhe), im wesentl. nach dem 2. Weltkrieg, hervorgegangen. Ihr erstes großes Ziel war die Etablierung künstlicher Erdsatelliten in kreisförmigen bzw. elliptischen Bahnen um die Erde. Das erste derartige Objekt (Sputnik 1, UdSSR) wurde im Okt. 1957 gestartet. Dieser Satellit hatte eine Masse von 84 kg. Seitdem wächst die Zahl der Satelliten ständig an. Künstliche Erdsatelliten u. Raumsonden dienen Forschungsaufgaben oder prakt. Anwendungen (→Satellit).

Erdsatelliten u. Raumsonden haben unser Wissen über die Hochatmosphäre, den interplanetaren Raum u. einige Himmelskörper stark erweitert. Sie haben durch Funkübermittlung von Meßdaten zu einer Reihe von Entdeckungen geführt (z.B. Van-Allen-Gürtel, Verhalten des „Sonnenwinds" u. der Magnetfelder) u. zu entscheidenden Erkenntnissen über Mond, Mars, Merkur u. Venus verholfen.

Die „Anwendungs"-Satelliten haben u.a. die Möglichkeit geschaffen, Fernsehübertragungen über die Ozeane vorzunehmen. Die Nachrichtenübertragung mittels Satelliten ist nicht nur technisch, sondern auch wirtschaftlich interessant. Wettersatelliten (Tiros, USA; Nimbus, USA) ermöglichen Wirbelsturmwarnungen zu einem frühen Zeitpunkt u. tragen damit zur Rettung von Menschenleben u. Sachgütern in den Einzugsgebieten der Stürme bei.

Die *bemannte* W. hat die Errichtung von Raumstationen u. die Landung des Menschen auf anderen Himmelskörpern zum Ziel. Bemannte Raumflugprogramme werden bisher nur von den USA u. der Sowjetunion durchgeführt. Die Sowjetunion hat bis jetzt drei Typen von Raumkapseln verwendet: die Ein-Mann-Wostok-Kapseln (Gewicht rd. 2,4 t), die Drei-Mann-Woschod-Kapseln (Gewicht etwa 6 t) u. die Sojus-Raumfahrzeuge. Die Amerikaner haben drei Programme: Mercury (Ein-Mann-Kapsel, Gewicht 1,2 t, Flüge abgeschlos-

Weltraumfahrt

sen), Gemini (Zwei-Mann-Kapsel, Gewicht 3,2 t, Programm abgeschlossen); Apollo (Drei-Mann-Raumfahrzeug, Gewicht 33 t, Programm abgeschlossen, →Apolloprogramm). Das US-amerikanische Unternehmen →Skylab u. das 1975 durchgeführte amerikan.-sowjet. Unternehmen Skylab-Sojus dienten der Errichtung von →Raumstationen.

Die Flughöhen liegen bei Erdumkreisungen astronomisch gesehen sehr nahe der Erdoberfläche, dennoch sind diese Unternehmungen insofern als echte Raumflüge anzusprechen, als in der Höhe der Umlaufbahn die gleichen Zustände wie im Weltraum herrschen (Atmosphärelosigkeit, Strahleneinwirkung, Schwerelosigkeit, Temperatureinstrahlung) u. die Piloten mit allen Bedingungen u. Zuständen einer Weltraumfahrt zu anderen Himmelskörpern Bekanntschaft machen.

Die Aufgabe der eigentl. Raumkapseln, die nach außen hermetisch verschlossen sind, besteht darin, für die Piloten die lebensnotwendigen Umweltbedingungen zu erhalten. Sie müssen insbes. den für die Atmung notwendigen Sauerstoff stellen, das ausgeatmete Kohlenoxid ausfiltern, die Temperatur innerhalb bestimmter, für den Menschen erträglicher Grenzen halten u. ausreichende Nahrungsmittel an Bord haben. Instrumente geben den Piloten Auskunft über den Zustand der Kapsel. Mittels Bremsraketen läßt sich die Geschwindigkeit einer Raumkapsel in der Umlaufbahn vermindern, wodurch sie in weitem Bogen zur Erdoberfläche zurückkehrt. Beim Wiedereintritt in die dichteren Atmosphäreschichten werden die Raumkapseln durch Reibungswärme aufgeheizt. Eine spezielle Wiedereintrittsfläche (schwer schmelzbare Substanzen, Schmelzkühlung), mit der voran die Kapsel in die dichteren Atmosphäreschichten eindringt, nimmt die Reibungshitze auf, die über 3000 °C erreichen kann. Während des Wiedereintritts werden die Piloten ähnlich wie in der ersten angetriebenen Flugphase einem (durch die Beschleunigung bzw. Abbremsung hervorgerufenen) Andruck unterworfen, der das Sechs- bis Neunfache des an der Erdoberfläche herrschenden Andrucks ausmacht.

In der Umlaufbahn u. bei Flügen zu anderen Himmelskörpern während des antriebslosen Fluges herrscht Schwerelosigkeit. Sie führt zu einem von der Erde her nicht bekannten Verhalten der Flüssigkeiten u. muß bei der Konstruktion technischer Anlagen der Raumkapseln wie bei der Nahrungsaufnahme, aber auch bei der Bewegung, dem Lösen von Gegenständen aus der Halterung u. a. berücksichtigt werden.

Als Sicherheitsvorrichtung tragen die Piloten Raumanzüge. Sie sind (Sauerstoff-)Versorgungs- u. Temperaturkontroll-Vorrichtungen, die den Piloten beim Ausfall der Versorgungsanlage der Kapsel (etwa durch Leckwerden derselben) am Leben erhalten sollen. Verläßt der Pilot die Raumkapsel in der Umlaufbahn, so dient der Raumanzug (über Leitungen oder mitgeführte Behälter) unmittelbar der Atem- u. Druckgasversorgung des Piloten. Auch auf anderen atmosphärelosen Himmelskörpern (Erdmond) trägt der Pilot einen Raumanzug, wenn er die schützende Umgebung seines Raumfahrzeuges verläßt. →auch Raumfahrtmedizin.

In den USA u. auch bereits in Europa hat sich gezeigt, daß die W. ein Schrittmacher der Technik ist; sie hat in den USA zu zahlreichen neuen Produkten, Werkstoffen, techn. Methoden u. Verfahren geführt, die heute auf anderen Gebieten angewendet werden. Die Entwicklung der Mikrominiaturisierung in der Elektronik, kompakte elektronische Rechenmaschinen, Entwicklungen auf dem Treibstoffsektor, in der Metallurgie u.a. sind zum großen Teil durch die Raumfahrt ausgelöst worden. In Amerika ist die Raumfahrtindustrie heute bereits einer der führenden Industriezweige u. schon allein wegen ihrer wirtschaftlichen Bedeutung nicht mehr fortzudenken.

Neben diesem sekundären Nutzen der W. zeichnet sich immer mehr die direkte wirtschaftl. Bedeutung der Anwendungssatelliten ab (Nachrichtensatelliten, Wettersatelliten, Erderkundungssatelliten). Aufgrund ihres Vorsprungs in der Nachrichtensatellitentechnik verbuchte die US-Industrie in wenigen Jahren Auslandseinnahmen von über 1,5 Mrd. DM.

Als dritter wesentlicher Nutzen der W. können die dort entwickelten Management-Methoden für die Durchführung komplexer technischer Programme gelten, die sich mehr und mehr auch bei der konventionellen Industrie durchsetzen.

Erste Stufe der Saturn I beim Transport zur Startrampe. – Brennversuch mit dem F-1-Triebwerk in der Mojave-

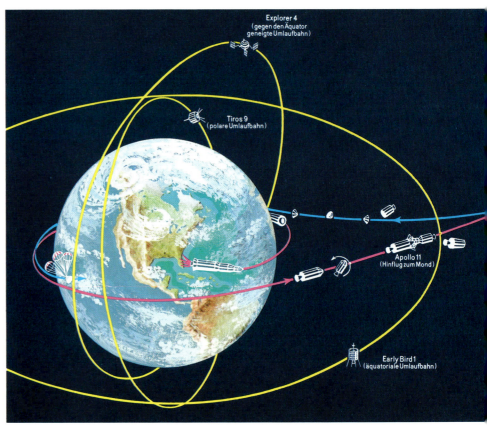

Apolloflugbahn beim Mondlandeunternehmen (Schema)

Gemini 6 und 7 treffen sich im Weltraum. – Das Falschfarbenphoto zeigt Farmkulturen (Orangerot = Getrei

Weltraumfahrt

Wüste (Kalifornien). – Eine Saturn V auf dem Weg zur Startrampe. – Start einer Saturn I-B. – Flugkontrollzentrum in Houston (von links nach rechts)

WELTRAUMFAHRT

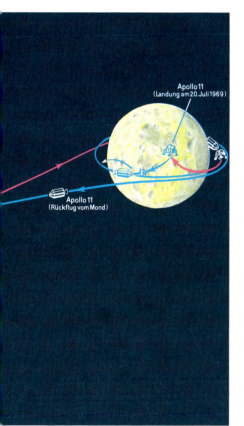

Astronaut E. White schwebt 20 Minuten frei im Raum (links). – Astronaut Aldrin auf dem Mond (rechts)

aurot = Baumwolle) in Südarizona (Phoenix). – Arabische Halbinsel und Küste Afrikas aus 630 km Höhe. – Bergung von Astronauten und Kapsel (von links nach rechts)

Weltraumfunk

Europas Bemühungen in der W. sind bisher im Vergleich zu denen der USA u. der Sowjetunion gering. Es beschäftigte sich bisher prakt. nicht mit der bemannten W., sondern ausschließlich mit Weltraumforschung.
Die Raumfahrttechnik wurde im Hinblick auf die wachsende europ. Zusammenarbeit in der Aufgabenverteilung neu geordnet. Neben der Nutzung von →Spacelab sind es die Anwendungssatelliten, die für die europ. Beteiligung in Frage kommen. Die Europäische Weltraumorganisation →ESA (European Space Agency) wurde am 30. 5. 1975 gegründet. Sie führt die Arbeit der →ESRO (European Space Research Organization) u. der →ELDO (European Launcher Development Organization) fort. Die ESA arbeitet an wissenschaftl. u. Anwendungs-Satelliten, am Weltraumlabor →Spacelab u. an der Trägerrakete →Ariane.
Im Rahmen des europ. Programms baute die BRD die dritte Stufe der Trägerrakete „Europa I" (Großbritannien erste Stufe, Frankreich zweite Stufe, Italien Satellit, die Niederlande Funkübertragungseinrichtungen, Belgien Bodenstationen, Australien Startplatz). Im Rahmen des nationalen Programms hat die BRD zwei Forschungssatelliten gestartet (AZUR und DIAL) sowie den Satelliten →HEOS entwickelt. Mit der NASA wurde das Projekt →Helios durchgeführt. →auch Raumtransporter.
Die bisherigen Ansätze zu einer Entwicklung der W. in den westeurop. Industrieländern dürfen nur als Anfänge gewertet werden; wenn diese Staaten nicht Gefahr laufen wollen, zu technisch unterentwickelten Ländern zu werden, müssen sie in Zukunft wesentlich mehr in die Entwicklung der W. investieren u. können sich auf die Dauer auch der bemannten W. nicht verschließen. – ▯ 10.9.6.

Weltraumfunk, Funkverkehr zwischen Raumflugkörpern, z.B. zwischen einem Mondlandefahrzeug u. einer Kommandokapsel.

Weltraumvertrag, *Vertrag über die Grundsätze zur Regelung der Tätigkeiten von Staaten bei der Erforschung und Nutzung des Weltraums*, ein im Rahmen der Abrüstungsverhandlungen der UN geschlossenes Abkommen über die friedl. Nutzung des Weltraums. Der W. wurde am 27. 1. 1967 in Moskau von den USA, der UdSSR u. Großbritannien unterzeichnet, zahlreiche Staaten der Erde folgten, die beiden dt. Staaten unterzeichneten ebenfalls 1967. Der Vertrag untersagt u.a. alle Souveränitätsansprüche auf Himmelskörpern u. verbietet die Lagerung u. den Einsatz von Massenvernichtungsmitteln im Weltraum u. auf Himmelskörpern sowie deren Nutzung als Militärstützpunkte.
Dem Schutz des Weltraums dient u.a. auch das *Atomtestabkommen* (Verbot von Kernwaffenversuchen in der Atmosphäre, im Weltraum u. unter Wasser).

Weltrechtsprinzip →Universalitätsprinzip.

Weltregierung, zugunsten einer friedl.-wandlungsfähigen Ordnung u. Entwicklung der Welt angestrebte oberste Gewalt, die die nationalen Regierungen ganz ablösen oder weitgehend weisungsabhängig machen u. über entspr. Steuerungsorgane u. -mittel verfügen würde.

Weltrekord, sportl. Welthöchstleistung in den Sportarten mit meßbaren Ergebnissen; W.e müssen unter (von den entspr. internationalen Fachverbänden) festgelegten Bedingungen erzielt sowie geprüft u. anerkannt worden sein.

Weltsicherheitsrat →Vereinte Nationen.

Weltsprachen, Sprachen mit übernationalem Verständigungsbereich. W. der Antike waren *Akkadisch* (2. Jahrtausend v.Chr.), *Aramäisch* (bis ins 4. Jh. v.Chr.), *Griechisch* (3. Jh. v.Chr. bis 7. Jh. n.Chr.). Das *Lateinische* behielt seine Geltung als Weltsprache bis ins 17. Jh. W. waren in Indien, Zentralasien u. Indonesien im 1. Jahrtausend n.Chr. *Sanskrit*, in Afrika, West- u. Südasien seit dem 7. Jh. n.Chr. *Arabisch*. Neuere W. sind *Portugiesisch* u. *Spanisch* seit dem 16., *Französisch* seit dem 17. u. *Russisch* seit dem 19. u. 20. Jh. Das *Englische* ist die Weltsprache mit der universellsten Verbreitung überhaupt.

Weltstadt, eine Großstadt mit mehr als 500000 bzw. 1 Mill. Ew. u. starken übernationalen wirtschaftl. Verflechtungen.

Welttheater, die Vorstellung von der Welt als einem Schauspiel, in dem jeder seine Rolle zu spielen hat; Mysterienspiel von *Calderón* („Das große W."), oft erneuert (z.B. von H. von *Hofmannsthal*).

Welttierschutzbund, internationale Organisation des Tierschutzes. 1950 wurde unter Teilnahme von über 100 Tierschutzvereinen aus 27 Ländern die *World Federation for the Protection of Animals* gegründet u. der 4. Oktober zum jährlichen „Tag des Tieres" (Welttierschutztag) erklärt. 1952 beschloß die W. (125 Tierschutzvereine aus 45 Ländern), eine „Charta für die Tierrechte" zu proklamieren. Als zentrale Organisation der BRD wurde 1950 der *Deutsche Naturschutzring* (Sitz: Bonn) gegründet.

Weltuntergang, die in vielen Religionen u. deren Mythen sich findende Erwartung eines katastrophenartigen Endes der jetzigen Welt, als Weltbrand, -überschwemmung oder -dürre vorgestellt. Das bedeutet period. Rückkehr in das „Chaos", aus dem eine neue, verbesserte Welt hervorgeht. Im christl. Glauben ist der W. mit der Wiederkunft Christi u. dem Jüngsten Gericht verbunden.

Welturheberrechtsabkommen, am 6. 9. 1952 in Genf geschlossenes Abkommen, dem rd. 60 Staaten (darunter die BRD) beigetreten sind; hat im wesentl. den Zweck, ausländische Urheber wie die jeweiligen inländischen zu schützen u. Förmlichkeiten zu beseitigen. – ▯ 4.3.3.

Weltwährungsfonds [-fɔ̃] →Internationaler Währungsfonds.

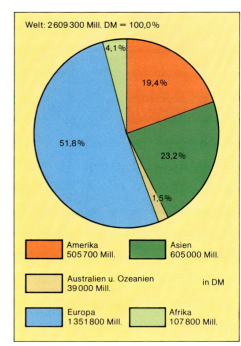

Weltwirtschaft: Welthandel (Ausfuhr) nach Erdteilen 1978

Weltweizenabkommen →Internationales Weizenabkommen.

Weltweizenrat, *Internationaler Weizenrat* →Internationales Weizenabkommen.

Weltwirtschaft, die zwischenstaatl. Verknüpfung der einzelnen Volkswirtschaften; führt nach der Theorie des Liberalismus zur Steigerung des Volkswohlstands. – Obwohl schon im Altertum ein internationaler Handel bekannt war, entstand erst gegen Ende des 18. Jh. eine vorwiegend auf Europa beschränkte W. mit dem Mittelpunkt England. Die Expansionsepoche des 19. Jh. im Zusammenwirken von Verkehrswesen, Technik, schneller Besiedlung überseeischer Gebiete, Kolonialpolitik u. liberaler Wirtschaftsform brachte eine fortwährende Ausweitung der W., jedoch führte die *Weltwirtschaftskrise* von 1929 zum Zusammenbruch der W. alter Prägung. Trotz Autarkiebestrebungen (Devisenbewirtschaftung) kam es aber bald wieder zu engeren weltwirtschaftl. Verknüpfungen bes. auf der Grundlage der Blockbildung (z.B. Sterlingblock). Der polit. Konflikt zwischen Ost u. West nach 1945 zwang zu erneuter Beschränkung; Ansätze zu ihrer Überwindung u. zur Rückkehr zur liberalen W. in den westl. Ländern bietet heute insbes. das GATT. – ▯ 4.5.5.

Weltwirtschaftskrise, die heftige, die meisten Welthandelsstaaten berührende Wirtschaftskrise von 1929 (Zusammenbruch der Haussespekulation an den Effektenbörsen der USA) bis 1933; hatte ihre Ursachen bes. in der Umbildung der weltwirtschaftl. Beziehungen (z.B. hatten während u. nach dem 1. Weltkrieg viele Agrarstaaten eigene Industrien aufgebaut), der Erschütterung vieler Währungen (Verknappung der Deckungsmittel) durch das Goldhorten der USA, den hohen Reparationszahlungen des Dt. Reichs (Übertragung von Kaufkraft ohne Gegenleistung) u. a.; führte zu heftigen Preisstürzen, Bankrotten u. letztl. zu einer anhaltenden Schrumpfung der weltwirtschaftl. Beziehungen. – ▯ 4.4.5.

Weltwoche, „Die W.", 1933 gegr. Schweizer Wochenzeitung in Zürich; Auflage 110000.

Weltwunder, die sieben Wunder der Welt, vom griech. Dichter *Antipatros* von Sidon um 150/120 v.Chr. als bes. rühmenswert bezeichnete Bau- u. Kunstwerke der Antike: 1. der Artemistempel in Ephesos, im 6. Jh. v.Chr. von *Chersiphron* u. seinem Sohn *Metagenes* erbaut, 133 m lang, 69 m breit; 356 v.Chr. von *Herostratos* durch Brandstiftung zerstört, unter *Dinokrates* wiederaufgebaut, 262 v.Chr. durch seeräubernde Goten endgültig vernichtet; 2. die ägypt. →Pyramiden bei Gizeh; 3. das von *Phidias* 432 v.Chr. begonnene Goldelfenbeinbild des Zeus im Tempel von Olympia, später nach Konstantinopel verschleppt u. dort 476 einem Brand zum Opfer gefallen; 4. der rd. 136 m hohe Leuchtturm von →Pharos vor Alexandria; 5. der →Koloß von Rhodos; 6. die →Hängenden Gärten

Die Weltwirtschaftskrise begann mit einem Kurssturz an der New Yorker Börse am 24. 10. 1929

der Semiramis in Babylon mit techn. hochentwikkeltem Bewässerungsnetz; 7. das →Mausoleum in Halikarnassos. – 🄱 S. 248.

Welty [ˈwelti], Eudora, US-amerikan. Schriftstellerin, * 13. 4. 1909 Jackson, Miss.; demonstriert in heimatgebundenen Romanen die Vereinsamung des einzelnen: „Die Hochzeit" 1946, dt. 1962; „Mein Onkel Daniel" 1954, dt. 1958.

Weltzeit, Abk. *WZ*, mittlere Zeit des Nullmeridians von Greenwich (= Westeuropäische Zeit); in der Astronomie Normalzeit für Zeitangaben.

Weltzeituhr, eine Uhr, die die Abweichung der Uhrzeit an den verschiedenen Orten der Erde in bezug auf die Weltzeit anzeigt.

Welwitschie [die; nach dem österr. Botaniker u. Arzt Friedrich *Welwitsch*, * 1806, † 1872], *Welwitschia [Tumboa] mirabilis*, nacktsamige Pflanze aus der Klasse der Chlamydospermae der Wüstengebiete Südwestafrikas, mit dickem, niedrigem Stamm, der zum großen Teil im Boden steckt u. beträchtl. Dimensionen erreichen kann (bis 1 m Umfang). Es werden nur 2 mehrere Meter lange lederige Blätter ausgebildet, die am Grund nachwachsen, am Ende allmähl. absterben, Blütenrispen in den Achseln der Blätter. Einzige unter internationalem Naturschutz stehende Pflanze; jedoch werden die getrockneten Blätter von den Eingeborenen als Brennholz benutzt.

Welzel, Hans, Strafrechtslehrer u. Rechtsphilosoph, * 25. 3. 1904 Artern, † 5. 5. 1977 Andernach; seit 1952 Prof. in Bonn; Schöpfer der *finalen Handlungslehre* im *dt*. Strafrecht. Hptw.: „Das dt. Strafrecht" 1947, ¹¹1969; „Naturrecht u. materiale Gerechtigkeit" 1951, ⁴1962; „Das neue Bild

Welwitschia mirabilis in der Namib

des Strafrechtssystems" 1951, ⁴1961; „Vom Bleibenden u. vom Vergänglichen in der Strafrechtswissenschaft" 1964.

Welzheim, Stadt in Baden-Württemberg (Rems-Murr-Kreis), nordöstl. von Stuttgart, 8200 Ew.; Luftkurort.

Welzheimer Wald, Teil der Schwäb.-Fränk. Waldberge, nordwestl. von Schwäbisch-Gmünd, 554 m.

Welzow [-tsoː], Gemeinde im Krs. Spremberg, Bez. Cottbus, in der Niederlausitz, 7000 Ew.; Brikett- u. Glasherstellung.

Wembley [-bli], Teil des Stadtbez. Brent (257 000 Ew.) von Greater London; nordwestl. des Kerns, berühmtes Sportstadion.

Wemding, bayer. Stadt in Schwaben (Ldkrs. Donau-Ries), 5400 Ew., Luftkurort.

Wen Cheng-ming, chines. Kalligraph u. Maler, * 1470 Sutschou, † 1559 Sutschou; sein von seinem Lehrer *Shen-Chou* beeinflußter Stil wirkte auf die ganze spätere Literatenmalerei nach.

Wenchow [ˈuəndʒou] = Wentschou.

Wende, *Sport*: 1. beim *Turnen* ein Sprung mit gestrecktem Körper über ein Gerät, bei dem die Brust dem Gerät zugewendet ist. – 2. beim *Schwimmen* das Umkehren des Schwimmers am Beckenrand zur Fortsetzung des Wettbewerbs. Beim Brust- u. Delphinschwimmen muß regelmäßig durch Anschlag mit beiden Händen gewendet werden; hier ist deshalb nur die *Dreh-W.* möglich. Beim Rückenschwimmen wird die *Rücken-W.* angewandt, bei der mit einer Hand angeschlagen, der Körper gedreht u. mit den Füßen in Rückenlage wieder abgestoßen wird. Beim Kraulstil wird heute fast ausschl. die schnellste W.technik, die *Salto-* oder *Roll-W.*, benutzt, bei der der Schwimmer vor der Beckenwand eine Art Überschlag nach vorn ausführt u. nur mit den abstoßenden Füßen die Wand berührt, wobei der Körper anschließend um 180° gedreht wird. – 3. beim *Eis- u. Rollschuh-*

Kunstlauf eine Pflichtfigur aus drei ineinander übergehenden Kreisen, auf einer Kante gelaufen.

Wendeflügelfenster, ein Fenster, dessen Flügel sich in mittleren, senkrechten Halterungen (Beschlägen) wenden lassen. →auch Drehflügelfenster.

Wendegetriebe, Getriebe zum Umkehren der Drehrichtung einer Welle mit Hilfe von zwei auf ihr befestigten Kegelrädern, in die ein Kegelrad mit senkrecht dazu stehender Achse wechselweise eingreifen kann.

Wendehals, *Jynx torquilla*, singvogelartig wirkender *Specht*, unscheinbar gefärbt. Drehende Verrenkungen des Kopfes u. zischende Geräusche tarnen ihn, da der Unkundige an schwankendes Gras denkt u. das Geräusch viel weiter entfernt wähnt. Er nistet in natürlichen Höhlen.

Wendei, das teilweise von *Wenden* (Sorben) bewohnte Gebiet in der Oberlausitz, zwischen Hoyerswerda, Kamenz u. Bautzen.

Wendekreis, 1. *Geographie*: →Gradnetz. 2. *Kraftfahrzeugtechnik*: der Kreis, den der am weitesten vorstehende Teil eines Kraftwagens bei größtem Lenkeinschlag beschreibt; oft verwechselt mit →Spurkreis.

Wendelfläche, die Fläche, die entsteht, wenn eine Halbgerade, die auf einer Achse senkrecht steht, sich mit konstanter Geschwindigkeit um die Achse dreht u. gleichzeitig eine Parallelverschiebung mit konstanter Geschwindigkeit in Achsenrichtung erfährt.

Wendelin [vielleicht zum Stammesnamen der *Wandalen*], männl. Vorname.

Wendelrutsche, *Bergbau*: in eine Rolle (Rollloch) eingebaute, schraubenförmig nach unten verlaufende Blechrutsche zum Abwärtstransport von Mineral, wird dann eingebaut, wenn das einfache Herunterstürzen des Minerals zu einer zu starken Zerkleinerung u. Staubentwicklung führen würde; bes. häufig im Steinkohlenbergbau.

Wendel-Sidélor S. A. [vãˈdεl sideˈlɔr-], Paris, französ. Konzern der Eisen- u. Stahlindustrie, 1968 hervorgegangen aus dem Zusammenschluß der *de Wendel & Cie. S. A.*, der *Union Sidérurgique Lorraine* (Sidélor) u. der *Société Mosellane de Sidérurgie* (SMS); fördert auch Eisenerz.

Wendelstein, Berg in den bayer. Kalkalpen, südöstl. vom Schliersee, 1837 m; Zahnradbahn von Brannenburg (Inn), meteorolog. Observatorium, Wallfahrtskapelle.

Wendeltreppe, schraubenförmig um eine Achse ansteigende Treppe.

wenden, *Segelschiffahrt*: beim Kreuzen das Schiff gegen den Wind auf den anderen Bug legen. Gegensatz: halsen.

Wenden, zusammenfassende (wohl urspüngl. german., schon bei Tacitus u. Plinius [*Venethi*] vorkommende) Bez. für die den *Westslawen* zugehörige Gruppe der seit ca. 600 wahrscheinl. aus Gebieten nördl. Bug u. Dnjepr in die von den Germanen während der Völkerwanderung größtenteils verlassenen Gebiete eingerückten *Elb-* u. *Ostseeslawen* (→Heveller, →Lutizen, →Obodriten, →Ranen, →Sorben u. a.) sowie für die südslaw. →Slowenen; später eingeengt auf die beiden letzteren; in Mecklenburg (1418–1918) Bez. für die werle-güstrowschen Lande. – 🄱 5.3.0.

Wenden, 1. Gemeinde in Nordrhein-Westfalen (Ldkrs. Olpe), 14 300 Ew.; Metall-, Elektroindustrie. 2. lett. *Césis*, Stadt in der Lett. SSR (Sowjetunion), 17 000 Ew.; Ordensburg; Nahrungsmittelindustrie.

Wendenkreuzzug, ein Kriegszug, den dt. Fürsten, anstatt am 2. der →Kreuzzüge teilzunehmen, 1147 gegen die östl. benachbarten *Wenden* führten. Nachdem der Obodritenfürst *Niklot* Lübeck überfallen u. Siedlungen in Wagrien zerstört hatte, drangen zwei Heersäulen nach O vor: Sachsenherzog *Heinrich der Löwe*, *Konrad von Zähringen* u. Erzbischof *Adalbero* von Bremen (1123–1148) zogen mit Unterstützung einer dän. Flotte gegen die *Obodriten*, erreichten aber nur deren Scheintaufe. Das Hauptheer unter den Markgrafen *Albrecht dem Bären*, *Konrad von Meißen* u. dem Erzbischof von Magdeburg stieß durch das Land der *Lutizen* gegen Demmin u. Stettin vor, konnte aber Demmin nicht nehmen; mit dem Stettiner Fürsten *Ratibor* kam es zu Vereinbarungen über die Christianisierung seines Landes. Der W. war im ganzen ein Mißerfolg, ermöglichte aber Bischof *Anselm* von Havelberg (1129–1155), der als päpstl. Legat daran teilgenommen hatte, die Wiederherstellung seines Bistums u. schuf mit dt.

Grundherrschaften in der Prignitz Siedlungsvoraussetzungen (→Ostsiedlung).

Wendepunkt, der Punkt einer Kurve, in dem ihre Krümmung die Richtung wechselt. Sie hat in ihm den Wert Null.

Wenders, Wim, Filmregisseur, * 14. 8. 1945 Düsseldorf; dreht Filme mit vielen lyrischen Elementen, z. B. „Alice in den Städten" 1973; „Im Lauf der Zeit" 1976.

Wendetangente, eine Tangente im Wendepunkt. Sie durchsetzt die Kurve in ihm. Läuft sie der *x*-Achse parallel, so heißt der Wendepunkt *Terrassen-(Stufen-)Punkt*. →auch Maximum.

Wendezeiger, ein Flugzeugbordinstrument, das bei Flug ohne Bodensicht die Drehung des Flugzeugs um die senkrechte Achse u. die richtige Kurvenlage anzeigt.

Wendezug, ein Eisenbahnzug, der ohne das sonst notwendige Umsetzen der Lokomotive in beiden Fahrtrichtungen verkehren kann. Wenn die Lokomotive den Zug schiebt, wird sie von dem am anderen Zugende laufenden Steuerwagen ferbedient.

Wendich, *Calepina*, Gattung der *Kreuzblütler*, rosettige Pflanze mit kleinen weißen Blüten. In Dtschld. selten, nur *Calepina irregularis*.

wendische Literatur →sorbische Literatur.

Wendischer Münzverein, die 1379 zwischen norddt. Hansestädten (Lübeck, Hamburg, Wismar) geschlossene Münzeinigung, der sich andere Hansestädte anschlossen; bis 1569 in Kraft.

wendische Sprache →sorbische Sprache.

Wendland, Hannoversches *Wendland*, Landschaft östl. der Lüneburger Heide, zwischen Elbe u. Jeetzel; Dorfform meist Rundlinge.

Wendland, Heinz-Dietrich, ev. Theologe u. Soziologe, * 22. 6. 1900 Berlin; Hptw.: „Einführung in die Sozialethik" 1963; „Die Kirche in der revolutionären Gesellschaft" 1967; „Grundzüge der ev. Sozialethik" 1968; „Ethik des Neuen Testaments" 1970.

Wendler, Otto Bernhard, Schriftsteller, * 10. 12. 1895 Frankenberg, Sachsen, † 7. 1. 1958 Burg bei Magdeburg; Schulrat; schrieb Zeitromane („Drei Figuren aus einer Schießbude" 1932), Dramen („Liebe, Mord u. Alkohol" 1931), Drehbücher.

Wendlingen am Neckar, Gemeinde in Baden-Württemberg (Ldkrs. Esslingen), südöstl. von Stuttgart, an der Lauter, 14 300 Ew.; spätgot. Kirche, vielseitige Industrie.

Wenezianow [-nɔf], Alexej Gawrilowitsch, russ. Maler u. Graphiker, * 12. 2. 1780 Ujeschin, † 16. 12. 1847 Safonkowo; begründete die russ. Genremalerei mit realist. Darstellungen aus dem Bauernleben; seit 1830 Hofmaler.

Wenge, trop. Laubholz aus Westafrika; kaffeebraun, im Längsschnitt hell-dunkel gestreift; hart, gering schwindend, witterungsfest; Verwendung im Außen- u. Innenbau (Parkett).

Wengen, schweizer. Luftkurort u. Wintersportplatz über dem Lauterbrunnental im Berner Oberland, 1277 m ü. M., 1250 Ew.; durch Zahnradbahn (*Wengernalpbahn*) mit Lauterbrunnen u. über die Kleine Scheidegg mit Grindelwald verbunden.

Wenger, Leopold, österr. Rechtshistoriker, * 4. 9. 1874 Obervellach, † 21. 9. 1953 Obervellach; Arbeiten bes. auf dem Gebiet des röm. Rechts.

Wen-Hsüan, eine chines. Sammlung gehobener Dichtung aller Gattungen (590 Texte von 131 Dichtern) aus der Han-Zeit bis zum 6. Jh., zusammengestellt von *Hsiao-Tung* (* 501, † 531); als „Handbuch der Literatur" zu Lehrzwecken verwendet; hrsg. zwischen 1174 u. 1194, dt. Teil-Übers. von E. von Zach 1958.

Wenigborster = Oligochäten.

Weniger, Erich, Pädagoge, * 11. 9. 1894 Steinhorst, Krs. Gifhorn, † 2. 5. 1961 Göttingen; „Didaktik als Bildungslehre" 1951, ⁸1965; „Polit. Bildung u. staatsbürgerl. Erziehung" 1954.

Wenigfüßler, *Pauropoda*, Unterklasse der *Tausendfüßler*, zarthäutige Zwergformen (bis 1,5 mm lang) ohne Augen, Tracheen u. Gefäßsystem, mit höchstens 10 Beinpaaren; lichtscheu unter Steinen u. faulem Laub, Detritusfresser; 60 Arten.

Weninger, Josef, österr. Anthropologe u. Humangenetiker, * 15. 5. 1886 Salzburg, † 28. 3. 1959 Wien; arbeitete auf dem Gebiet der biolog. Anthropologie, entwickelte morpholog. Methoden für die anthropolog. Erbforschung; schrieb u. a. „Leitlinien zur Beobachtung der somat. Merkmale des Kopfes u. Gesichtes am Menschen" 1924.

Wenlock [nach der mittelengl. Stadt W.], Stufe des Silurs.

Wenner-Gren, Axel Lenard, schwed. Industrieller, * 5. 6. 1881 Nudevalla bei Göteborg, † 24. 11.

Wenschow

Rekonstruktion des Kolosses von Rhodos im antiken Rom

Eingangsseite des Artemistempels in Ephesos mit dem Kultbild. Rekonstruktion nach F. Krischen

WELTWUNDER

Die Überreste des Artemistempels von Ephesos (rechts)

Rekonstruktion des Leuchtturms von Pharos vor Alexandria

Mausoleum in Halikarnassos. Rekonstruktion von O. Mothes

Kultstatue der Artemis von Ephesos. Römische Kopie; 1. Jh. n. Chr. Neapel, Museo Nazionale

Die Hängenden Gärten der Semiramis in Babylon. Rekonstruktion nach F. Krischen

Die Pyramiden von Gizeh (rechts)

Die Zeusstatue des Phidias in Olympia. Rekonstruktion nach Fr. Adler

1961 Stockholm; gründete 1912 die *AB Electrolux*, Stockholm; finanzierte die →Alweg-Bahn; seit 1954 Finanzbeteiligung in der dt. Schwerindustrie; stiftete die internationale *W.-Zentrum* (Stockholm) für wissenschaftl. Forschung.

Wenschow [-ʃoː], Karl, Bildhauer, *21. 10. 1884 Benneckenstein, Harz, †24. 7. 1947 München; befaßte sich mit der Reliefdarstellung u. -abbildung der Erdoberfläche, gründete 1917 die *Dt. Hochbildgesellschaft*, deren Arbeiten durch die 1937 entstandene *Geographische Anstalt Karl Wenschow GmbH* fortgeführt wurden. Die Erzeugnisse umfassen u. a. (mechanisch hergestellte) Kartenreliefs u. ebene Reliefkarten, deren plastische Geländebilder mittels Reliefphotographie gewonnen werden.

Went, Friedrich A. F. C., niederländ. Botaniker, *18. 6. 1863 Amsterdam, †24. 7. 1935 Wassenaar; wichtige physiolog. Untersuchungen, Entdecker der *Wuchsstoffe* bei Pflanzen.

Wenter, Josef, österr. Dramatiker u. Erzähler, *11. 8. 1880 Meran, †5. 7. 1947 Rattenberg, Tirol; schrieb geschichtl. Tragödien („Der Kanzler von Tirol" 1926), Seelendramen, Tierromane („Laikan" 1931) u. Jugenderinnerungen.

Wentschou [ˈuəndʒou], *Wenchow, Yungkia*, chines. Hafenstadt in der Prov. Tschekiang, rd. 400 000 Ew., Ausfuhr landwirtschaftl. Produkte.

Wentworth [-wəːθ], Thomas →Strafford.

Wenzel, *Kartenspiel:* →Unter.

Wenzel [Kurzform des latinisierten slaw. Vornamens *Wenzeslaus*, „Ruhmeskranz, ruhmgekrönt"], tschech. *Václav*, poln. *Wazlaw*, russ. *Wjatscheslaw*, männl. Vorname.

Wenzel, Fürsten. Deutscher König: **1.** König 1378–1400 (als König von Böhmen W. IV.), *26. 2. 1361 Nürnberg, †16. 8. 1419 Schloß Wenzelstein bei Kundratitz; Luxemburger, Sohn Karls IV., bereits 1376 zum röm. König gewählt u. gekrönt, 1378 Nachfolger seines Vaters im Reich u. in Böhmen. War bald den immer größer werdenden Schwierigkeiten in Kirche (päpstl. Schisma seit 1378) u. Reich (Kämpfe zwischen Fürsten u. Städten, bes. in Dtschld.) nicht mehr gewachsen. Nach anfängl. Parteinahme für die Städte stellte er sich im *Landfrieden von Eger* 1389, in dem alle Städtebünde verboten wurden, auf die Seite der Fürsten. Der Mord an *Johannes von Nepomuk* 1393 in Prag erschütterte seine Stellung in Böhmen, wo er den Hussitenwirren machtlos gegenüberstand. Die wechselnden Familienkämpfe im Hause Luxemburg führten 1394 zur vorübergehenden Gefangennahme durch seinen Vetter *Jobst von Mähren*. 1400 wurde W., der sich durch seine Untätigkeit immer unbeliebter gemacht u. seit 1387 Dtschld. ferngehalten hatte, von den Kurfürsten abgesetzt; er behielt die böhm. Königskrone u. den Titel des röm. Königs jedoch bis zu seinem Tod. – ▫ 5.3.3. Böhmen: **2.** tschech. *Václav, W. der Heilige*, Herzog der Böhmen 921–929, *um 910, †28. 9. 929 Altbunzlau; erster Herzog aus der Přemyslidendynastie, förderte das Christentum in Böhmen u. erstrebte die Angliederung an das Reich, von seinem heidn. Bruder Boleslaw I. ermordet; kath. Nationalheiliger in Böhmen, Fest: 28. 9.

3. *W. I.*, König 1230–1253, *1205, †22. 9. 1253 Beraun; Sohn Ottokars I. u. Schwiegersohn des dt. Königs Philipp von Schwaben, förderte dt. Kolonisation u. Kultur (Minnesang); Vater Ottokars II.

4. *W. II.*, König von Böhmen 1278–1305, König von Polen 1300–1305, König von Ungarn 1302–1305, *17. 9. 1271, †21. 6. 1305 Prag; seit 1290 dt. Kurfürst; Schwiegersohn Rudolfs von Habsburg.

5. *W. III.*, König 1305–1306, *1289, †4. 8. 1306 Olmütz (ermordet); 1302 vorübergehend König von Ungarn, letzter Přemyslide im Mannesstamm.

6. *W. IV.* →Wenzel (1).

Wenzelbibel, für König *Wenzel IV.* von Böhmen 1380–1390 angefertigte Miniaturenhandschrift, ein Hptw. der böhm. Miniatorenschule, heute in der Nationalbibliothek in Wien. In der außergewöhnl. Pracht der Ausführung fallen bes. die Randleisten auf, in denen sich figürl. u. pflanzl. Motive zu phantast. Gebilden u. Szenen mischen.

Wenzelskrone, Krone des Königreichs Böhmen, 1347 hergestellt aus der alten Přemyslidenkrone nach französ. Vorbild.

Wenzel von Olmütz, Kupferstecher u. Goldschmied in Olmütz, tätig 1481–1497; seine überlieferten 91 Stiche zeigen vor allem religiöse Darstellungen sowie Goldschmiede- u. Ornamentenentwürfe, wobei nur die letzteren als eigene Schöpfungen gelten; alle figürl. Darstellungen sind

Kopien, vor allem nach M. *Schongauer* u. dem *Hausbuchmeister*.
Wenzinger, 1. August, schweizer. Cellist u. Gambist, *14. 11. 1905 Basel; lehrte dort seit 1934; 1954–1958 Dirigent der auf alten Instrumenten spielenden Capella Coloniensis des WDR Köln. **2.** Christian, Bildhauer, Maler u. Baumeister, *10. 12. 1710 Ehrenstetten bei Freiburg i. Br., †1. 7. 1797 Freiburg i. Br.; Rokokoplastiken von maßvoller Bewegtheit. Hptw.: Ausstattung der Stiftskirche St. Gallen 1757–1761; „Haus zum schönen Eck" in Freiburg, seit 1761.
Wenzl, Aloys, Philosoph, *25. 1. 1887 München, †20. 7. 1967 München; krit. Realist, der sich den Grenzproblemen zwischen Naturphilosophie u. Religion zuwandte. Hptw.: „Das Leib-Seele-Problem" 1933; „Theorie der Begabung" 1934, 21957; „Wissenschaft u. Weltanschauung" 1936, 21948; „Metaphysik als Weg von den Grenzen der Wissenschaft an die Grenzen der Religion" 1939, 21956; „Philosophie der Freiheit" 2 Bde. 1947–1949; „Unsterblichkeit" 1951.
Weöres ['vœrɛʃ], Sándor, ungar. Lyriker, *22. 6. 1913 Szombathely; seine bizarre irrationalist. Lyrik geht von entspr. Tendenzen der westeurop. Dichtung aus.
Wera [russ., „Glaube"], *Vera*, weibl. Vorname.
Werbeagentur, Unternehmen der Werbewirtschaft, das die Planung, Durchführung u. Vermittlung von Werbemaßnahmen anderer Unternehmen gegen Entgelt übernimmt.
Werbeantwort, *Post:* Antwort (Bestellung) auf eine Werbepostkarte oder einen Werbebrief (bis 20 g Gewicht); die Freigebühr zahlt der Absender der Werbesendung.
Werbeberater, selbständiger Werbefachmann, der ein oder mehrere Unternehmen bei der Werbung berät; besitzt vielfach ein eigenes Werbebüro u. übernimmt dann neben der Beratung auch die Durchführung der Werbemaßnahmen.
Werbeberufe, in der Werbung tätige Fachleute; entweder als Angestellte in Werbeabteilungen von Unternehmen, in Werbeagenturen, Annoncenexpeditionen u. a. oder als selbständige *Werbungsmittler, Werbeberater, Werbeleiter.* Es gibt keine vorgeschriebene Ausbildung für Werbefachleute; möglich ist der Ausbildungsweg über den Ausbildungsberuf des *Werbekaufmanns* (3 Jahre Ausbildungszeit); nach Ablegung der Gehilfenprüfung können eingehendere Fachkenntnisse durch den Besuch einer *Werbefachschule* erworben werden. →auch Art-Direktor.
Werbeerfolg, der Erfolg einer Werbemaßnahme, im allg. Umsatzvergrößerung durch Werbung. Der W. wird durch die →Erfolgskontrolle ermittelt, ist aber wegen der zahlreichen Einflußfaktoren auf den Umsatz nicht exakt festzustellen.
Werbefilm, im Auftrag einer Industrie- oder Handelsfirma hergestellter u. für diese werbender Filmstreifen.
Werbefunk, *Werbefernsehen,* Unterhaltungssendungen bei Hörfunk oder Fernsehen, zwischen deren einzelne Darbietungen kurze Werbetexte, -melodien, -bilder oder -filme *(Werbespots)* geschaltet werden. Der Anteil der kommerziellen Werbung darf bei den Sendern der BRD ein gewisses festgelegtes Maß nicht überschreiten. Kommerzielle Rundfunkanstalten, z. B. in den USA, sind ganz auf Gewinn aus W.-Einnahmen gegründet.
Werbegraphik →Gebrauchsgraphik.
Werbellinsee, See nordwestl. von Eberswalde, 8,1 qkm, durchschnittl. 19 m, bis 50 m tief.
Werbemittel →Werbung (2).
Werbespot →Werbefunk.
Werbung, 1. *Verhaltensforschung:* →Balz, →soziale Verständigung.
2. *Wirtschaft:* bewußte Beeinflussung von Menschen auf einen bestimmten Werbezweck hin. Man unterscheidet zwischen *Propaganda,* die polit., sozialpolit. oder kulturellen Zwecken dient, u. *Wirtschafts-W.* Die früher allg. übliche Bez. *Reklame* für alle wirtschaftl. Werbemaßnahmen wird heute häufig in abwertendem Sinn gebraucht.
Die Wirtschafts-W. ist ein Instrument der betriebl. Absatzpolitik, mit dem eine Absatzförderung erreicht werden soll. Zu den Mitteln der W. *(Werbemitteln)* gehören die Schrift- u. Bildwerbemittel (Anzeigen, Werbebriefe, Plakate, Leuchtschriften, Werbefilme u. a. [Reklame i. e. S.]), persönliche Werbemittel (Vorträge, Vorführungen), akustische Werbemittel (Schallplatten, Tonbänder u. a.), Schaufenster, Schaukästen, Fahrzeuge u. Bauten aller Art. Die Gegenstände u. Einrichtungen, über die das Werbemittel der Öffentlichkeit zugänglich gemacht wird, bezeichnet man als *Werbeträger.* Hierzu gehören die Presse (Zeitungen, Zeitschriften u. a.), Anschlagstellen, Post, Kino, Rundfunk u. Fernsehfunk, Messen, Ausstellungen, Verkehrsmittel, Läden u. a.
Die Wirtschafts-W. erfolgt entweder als *Allein-W.* durch einen einzelnen Produzenten bzw. Händler oder als *Gemeinschafts-W.* durch mehrere Unternehmen bzw. einen ganzen Wirtschaftszweig. Viele Firmen haben eine eigene *Werbeabteilung,* in der *Werbefachleute* arbeiten. Die W. kann aber auch einem selbständigen *W.smittler* oder *Werbeberater* übertragen werden.
Der Verbraucher erhält durch die W. die Möglichkeit, sich über das am Markt vorhandene Warenangebot zu unterrichten. Das setzt voraus, daß die W. auf Wahrheit beruht. Unwahre Angaben über die Beschaffenheit, den Ursprung, die Herstellungsart, den Preis usw. einer Ware werden in der BRD nach dem *Gesetz gegen den unlauteren Wettbewerb* vom 7. 6. 1909 (mit mehrfachen Änderungen) bestraft. – 🄻 4.8.6.
Werbungskosten, die zur Erwerbung, Sicherung u. Erhaltung der Einnahmen notwendigen u. deshalb vom steuerpflichtigen Einkommen abzugsfähigen Aufwendungen (§ 9 EStG). Dazu gehören u. a. Schuldzinsen, Grundsteuern, Beiträge zu Berufsverbänden u. Fahrtkosten zwischen Wohnung u. Arbeitsstätte. In die Lohnsteuertabelle ist ein Pauschalbetrag von 564 DM eingearbeitet.
Werbungsmittler, Fachunternehmen der Werbewirtschaft, die im eigenen Namen u. auf eigene Rechnung Werbeaufträge von Firmen oder Verbänden an Unternehmen weitergeben, die Werbung durchführen, z. B. *Annoncenexpeditionen, Werbeagenturen.*
Werchojansk, Stadt in der Jakut. ASSR der RSFSR (Sowjetunion), in Ostsibirien, 1400 Ew.; 1638 gegr.; im Gebiet W. liegt Oimjakon, einer der →Kältepole der Erde.
Werdau, Kreisstadt im Bez. Karl-Marx-Stadt, westl. von Zwickau, 22 800 Ew.; Textil-, Maschinen-, Werkzeugindustrie u. Kraftfahrzeugwerke. – Krs. W.: 208 qkm, 78 000 Ew.
Werdehausen, Hans, Maler, *5. 2. 1910 Bochum, †16. 7. 1977 Bödexen/Westf.; Mitgründer der „Gruppe Junger Westen"; schuf eine abstrakte Malerei aus dynam. Farbfeldern mit gelegentl. Einbeziehung von Materialeffekten.
Werdenberg →Buchs.
Werdenfelser Land, Landschaft zwischen Wettersteingebirge, Ammergebirge, Kocheler Bergen u. Karwendel, zwischen oberer Isar u. oberer Loisach, mit Garmisch-Partenkirchen u. Mittenwald.
Werder, *Wärder, Wert(h), Wört(h),* Bez. für Flußinseln (*Nonnenwerth* im Rhein) oder trokkengelegtes Niederungsland eines Flusses *(Danziger W.)* bzw. schmale Landstriche zwischen Flüssen.
Werder (Havel), Stadt im Krs. u. Bez. Potsdam, an der Havel (Insel), südwestl. von Potsdam, 9800 Ew.; Eisen- u. Stahlindustrie; größtes Obstbaugebiet der DDR; beliebtes Ausflugsziel (bes. zur Kirschblüte; Baumblütenfest); Zucht von Weinbergschnecken (Export nach Frankreich).
Werdin, Eberhard, Komponist u. Musikerzieher, *19. 10. 1911 Spenge; komponierte vor allem Jugendmusik, Jugendopern: „Des Kaisers neue Kleider" 1948; „Die Wunderuhr" 1951; „Der Fischer und sine Fru" 1952; „Rumpelstilzchen" 1954; „Der gestiefelte Kater" 1961.
Werdohl, Stadt in Nordrhein-Westfalen (Märkischer Kreis), an der Lenne, im Sauerland, 22 000 Ew.; Metall-, Stahl-, Glasindustrie.
Werefkin, Marianne, russ. Malerin, *1860 Tula, †1938 Ascona; Schülerin von I. *Repin,* siedelte 1896 mit A. *Jawlensky* nach München über, wo ihr Salon Treffpunkt der Avantgarde wurde. In Zürich war sie am Kabarett Voltaire beteiligt. Ihre schwerblütige Malerei ist dem russ. Symbolismus verbunden.
Werenskiold ['ve:rənʃɔld], Erik, norweg. Maler, *11. 2. 1855 Eidskog bei Kongsvinger, †23. 11. 1938 Oslo; führender Vertreter des norweg. Naturalismus, Bildnismaler u. Illustrator.
Wereschtschagin, Wasilij Wasiljewitsch, russ. Maler, *26. 10. 1842 Ljubez, †13. 4. 1904 Port Arthur (gefallen); malte als Anhänger der *Peredwischniki* realist. Szenen aus dem russ. Bauernleben u. Darstellungen der Schrecken des Krieges.
Werfel, 1. Alma →Mahler-Werfel, Alma.
2. Franz, österr. Schriftsteller, *10. 9. 1890 Prag, †26. 8. 1945 Beverly Hills, Calif. (USA); befreundet mit F. *Kafka* u. M. *Brod;* geprägt von der Zugehörigkeit zum Judentum, der Bindung an Österreich u. dem Katholizismus, dem er zuneigte; 1911–1914 Lektor im Kurt Wolff Verlag Leipzig, begründete dort mit W. *Hasenclever* u. K. *Pinthus* die Sammlung „Der jüngste Tag" (1913–1921), lebte dann bis 1938 meist in Wien, wo er Alma *Mahler,* die Witwe G. Mahlers, heiratete; floh 1940 aus Frankreich nach den USA. W. begann mit expressionist. Lyrik: „Der Weltfreund" 1911; „Wir sind" 1913; „Der Gerichtstag" 1919; „Schlaf u. Erwachen" 1935; schuf dann expressionist. Ideen- u. Erlösungsdramen: „Die Troerinnen des Euripides" (Bearbeitung) 1915; „Spiegelmensch" 1920; „Juarez u. Maximilian" 1924; „Paulus unter den Juden" 1926; zu internationalen Erfolgen kam er als Erzähler („Nicht der Mörder, der Ermordete ist schuldig" 1920 u. „Der Abituriententag" 1928), bes. mit histor. u. religiösen Stoffen: „Verdi. Roman der Oper" 1924; „Barbara oder die Frömmigkeit" 1929; „Die Geschwister von Neapel" 1931; „Die 40 Tage des Musa Dagh" 1933; „Höret die Stimme" 1937; „Der veruntreute Himmel" 1939; „Das Lied von Bernadette" 1941; „Stern der Ungeborenen" (posthum) 1946. – 🄻 3.1.1.
werfen, Junge gebären (von Säugetieren).
Werfen, *Wurfsport,* leichtathlet. Übungsgruppe, zu der →Speerwerfen, →Hammerwerfen u. Diskuswerfen (→Diskus) gehören.
Werfen, Marktgemeinde im Pongau (Österreich), an der Salzach, 3100 Ew.; vor dem Paß Lueg, überragt von der Burg *Hohen-W.,* einst Sperrfestung der Salzburger Erzbischöfe; Sommerfrische u. Wintersportplatz; Eisenwerk Konkordiahütte; Seilbahn zur Eisriesenwelt.
Werff, Adriaen van der, holländ. Maler, *21. 1. 1659 Kralinger-Ambacht bei Rotterdam, †12. 11. 1722 Rotterdam; seit 1697 kurpfälz. Hofmaler; malte meist kleinformatige bibl. u. mytholog. Bilder, Madonnen u. Porträts in feiner, emailartiger Technik, zeichnete auch Architekturentwürfe. Sein Bruder Pieter (*1665, †1722) war sein Mitarbeiter.
Werft, Betrieb zum Neubau u. Ausbessern von Schiffen; umfaßt die zur Montage notwendigen Werkstätten u. Einrichtungen (Kräne, Gerüste) sowie →Helling u. →Docks. Man unterscheidet je nach Lage *See-W.* u. *Binnen-W.,* nach Schiffsart *Schiffs-* u. *Boots-W.,* ferner *Montage-* u. *Reparatur-W.;* Kriegsschiffe werden auf einer *Marine-W.* gebaut. →auch Schiffbau.
Werftkäfer, *Lymexylonidae,* Familie kleiner, bis 1 cm langer gelber *Käfer,* deren Larven tiefe horizontale Löcher in harte Hölzer bohren; fressen Ambrosiapilze von den Gangwänden.
Werg, *Hede,* bei der Aufbereitung u. Verarbeitung von Flachs u. Hanf anfallende Kurzfasern. Sie lassen sich noch zu groben Garnen verspinnen oder werden als Polstermaterial sowie Putz- u. Abdichtmaterial verwendet. *Jute-W.* erhält man durch Zerreißen der langen Bastfaserbänder.
Wergeland ['værgəlan], Henrik, Pseudonym *Siful Sifadda,* norweg. Dichter, *17. 6. 1808 Kristiansand, †12. 7. 1845 Kristiania (Oslo); besang die neugewonnene politische Unabhängigkeit Norwegens.
Wergeld [ahd. *wer,* „Mann"], *Manngeld, Mannbuße, Blutgeld,* im german. u. mittelalterl. Recht Sühnezahlung für Tötung an die Sippe des Erschlagenen, gezahlt vom Täter oder seiner Sippe als Ablösung für die Blutrache.
„Wer ist wer?", alphabet. Verzeichnis dt. bekannter lebender Persönlichkeiten mit Angaben zu Biographie, Tätigkeit, Stellung u. ä., begründet von H. A. L. *Degener* als „Wer ist's?" 1905, heutiger Titel seit 1951, 171973; nach dem Vorbild des engl. *„Who's Who?"* (seit 1849 für Großbritannien, seit 1899 für die USA, Ausgaben für zahlreiche weitere Länder).
Werkbücherei, Unterhaltungs- u. Bildungsbücherei für die Angehörigen eines Betriebs oder wissenschaftl. Bibliothek für die bes. Forschungszwecke eines industriellen Unternehmens.
Werkdruck, auch *Buchdruck,* das Drucken von Büchern im Gegensatz zum Akzidenz-, Zeitungs- u. Zeitschriftendruck. Im engeren Sinn sind Bücher gemeint, bei denen der Schwerpunkt auf dem Text liegt. Sind Bilder das Wesentliche des Werks (Bildbände), spricht man von *Illustrationsdruck.* Die Bez. W. läßt keinen Schluß auf das *Druckverfahren* zu. Zwar wird noch ein Teil des W.s im →Hochdruck ausgeführt; bei Großbetrieben überwiegt der Offsetdruck (→Flachdruck).

Beim Buchdruckverfahren wird das Manuskript von Hand mit Einzellettern oder (heute fast immer) mit der →Setzmaschine abgesetzt. Beim Handsatz liegen die Buchstaben im Setzkasten; der Setzer entnimmt sie u. reiht sie in den Winkelhaken ein. Die fertige Zeile, in der die einzelnen Wörter durch den *Ausschluß* getrennt werden, u. zwar so, daß gleichlange Zeilen entstehen, wird auf dem *Setzschiff* abgestellt. *Maschinensatz* wird überwiegend bei glattem Satz angewendet, Handsatz ist notwendig z.B. beim Setzen von Überschriften, Formeln u. Tabellen. Nach dem Setzen wird der Satz *umbrochen*, d.h. dem durch die Größe der Druckseite gegebenen *Satzspiegel* angepaßt, u. Überschriften sowie Bilddruckstöcke eingefügt. Das Drucken erfolgt in →Druckmaschinen. Der Drucker übernimmt vom Setzer den fertigen, korrigierten (von Setzfehlern befreiten) Satz u. richtet die Druckform zu (→Zurichtung [1]). Die Druckform wird bei Flachformmaschinen auf dem Druckfundament der Druckmaschine geschlossen u. ist nun zum Druck bereit, oder es werden für Rotationsmaschinen mit Hilfe der →Stereotypie zylindrische Druckformen hergestellt. Werden beide Seiten des Bogens bedruckt, was in der Regel der Fall ist, müssen Vorder- u. Rückseite (*Schön-* u. *Widerdruck*) einander genau gegenüberstehen. Auf einem Druckbogen werden jeweils eine Anzahl auf Vorder- oder Rückseite unterzubringender Seiten gleichzeitig gedruckt, je nach Größe der Seite u. des Bogens bis 64 Seiten. Dabei sind die Seiten in der Druckform so angeordnet, daß sie beim späteren Falzen in der richtigen Reihenfolge liegen *(ausschießen)*. In der Druckmaschine wird vom *Farbwerk* auf die Druckform Farbe aufgetragen. Die Bogen werden den Flachform- u. Bogenrotationsmaschinen einzeln zugeführt; bei Rollen-Rotationsdruck wird das Papier von einer Papierrolle abgezogen, nach dem Druck in der Maschine auf Maß geschnitten u. als Bogen ausgelegt *(Planoauslage)* oder durch einen den Druckwerken nachgeschalteten Falzapparat gefalzt u. ausgelegt. Der letzte Arbeitsgang ist das Binden (→Buchbinderei). – ▫ 10.3.3.

Werkfürsorge, alle freiwilligen Einrichtungen u. Maßnahmen eines Betriebs zur wirtschaftl., gesundheitl., familiären u. kulturellen Betreuung der Beschäftigten.

Werkgemeinschaft, Interessengemeinschaft der Arbeiter, Angestellten u. Inhaber eines Betriebs; steht als Idee im Gegensatz zum Gewerkschaftssystem u. wurde bes. vom Nationalsozialismus u. Faschismus angestrebt.

Werkkunst →Kunstgewerbe.

Werkkunstschule, *Kunstgewerbeschule,* Lehranstalt zur Ausbildung des Nachwuchses in den angewandten Künsten; im Unterschied zur →Kunsthochschule ohne Hochschulstatus; seit Beginn des 18. Jh. in europ. Ländern eingerichtet u. damals wie Handwerkerschulen organisiert, heute vielfach auch unter der Bez. *Meisterschule* geführt. Die meist dreijährige Ausbildung umfaßt neben dem allg. Unterricht in Werk- u. Materialkunde eine auf das spezielle Berufsziel ausgerichtete Schulung in Einzelklassen, bes. für Graphik u. Buchgewerbe, Mode, Innenarchitektur, Textilkunst, Keramik, Industriegestaltung, Photographie. In der BRD bestehen W.n u.a. in Aachen, Bielefeld, Braunschweig, Darmstadt, Dortmund, Düsseldorf, Essen, Hannover, Kassel, Kiel, Köln, Krefeld, Mainz, München, Münster (Westf.), Offenbach, Saarbrücken, Wiesbaden, Wuppertal sowie Westberlin. Um die Reform der W. u. verwandter Lehranstalten bemühten sich im Sinn moderner Kunstpädagogik am Anfang des 20. Jh. in Dtschld. H. *Muthesius,* A. *Lichtwark* u.a.

„Werkleute auf Haus Nyland", *Nyland-Kreis,* gegr. 1912 von J. *Kneip,* W. *Vershofen* u. J. *Winckler,* zu denen noch H. *Lersch,* G. *Engelke* u.a. kamen; eine Dichtervereinigung, die Verständnis für moderne Technik mit der Liebe zur alten Kultur verbinden wollte; sprachl. dem Expressionismus nahestehend.

Werklieferungsvertrag, Vertrag über die Herstellung von Gegenständen aus Material, vom Unternehmer zu liefern; rechtl. Behandlung nach §651 BGB bei Herstellung vertretbarer Sachen als Kauf, sonst als Werkvertrag.

Werkmeister, für die Leitung einer kleineren Produktionsabteilung (Werkstätte) angestellter, qualifizierter u. meist auf einer W.schule ausgebildeter Facharbeiter.

Werknormen, *Fabriknormen,* Normen, die eine Fabrik für die eigene Fertigung aufgestellt hat u. die sich nicht oder nur teilweise an DIN anschließen; W. sind vielfach üblich.

Werksatz, Schriftsatz für den →Werkdruck.

Werkschulen, staatl. anerkannte Ersatzberufsschulen, vielfach von Industriebetrieben (z.B. der Textilindustrie) in eigener Regie geführt.

Werksparkassen, von Unternehmern für ihre Arbeitnehmer geschaffene innerbetriebl. Sparinstitutionen; in der BRD nicht zugelassen.

Werkspionage [-'naʒǝ], Erkundung von *Betriebsgeheimnissen* zur Weitergabe an Konkurrenzfirmen (unlauterer Wettbewerb) oder (z.B. bei Rüstungsbetrieben) an Beauftragte ausländischer Staaten (unter Umständen →Landesverrat). →Spionage.

Werkstätte, Arbeitsraum bes. für gewerbl. Fertigung, in dem beim Handwerksbetrieb *(Werkstatt)* gewöhnlich sämtl. Arbeitsgänge durchgeführt werden, während der Fabrikbetrieb, soweit nicht Fließfertigung vorliegt, getrennte W. (z.B. Schmiede, Dreherei, Montage-W.) umfaßt.

Werkstattzeichnung, eine techn. Zeichnung, die ein Werkstück, eine Maschine oder sonstige Konstruktion so darstellt, daß die Herstellung oder der Zusammenbau ohne weitere Erläuterungen möglich ist. Die W. enthält also Form u. Maße sowie Angaben über Genauigkeit u. Oberflächenzustand; sie wird nach den DIN-Normen ausgeführt.

Werksteine, zu Mauersteinen, Tür- u. Fensterumrahmungen, Treppenstufen, Fußbodenplatten u.ä. steinmetzmäßig bearbeiteter Naturstein oder künstl. kaltgebundener Stein.

Werkstelle, Fertigungsort von Gegenständen aus zähflüssiger Glasmasse; →Glashütte.

Werkstoff, alle festen Materialien wie Holz, Stahl, NE-Metalle, Leder, Steine, Kunststoffe, die sich zur Herstellung von Werkstücken, z.B. Maschinenteilen u. Gebrauchsgegenständen, eignen.

Werkstoffprüfung, *Materialprüfung,* die Untersuchung von Werkstoffen im Hinblick auf verschiedene Eigenschaften. Geprüft werden: Zusammensetzung (durch chem. oder Spektralanalyse; bes. metall. Werkstoffe); elektr. Eigenschaften (Widerstand bzw. Leitfähigkeit, Dielektrizitätswerte); magnet. Eigenschaften (Hysteresis, Permeabilität, Koerzitivkraft); Wärmeverhalten (Schmelz-, Umwandlungs- u. Siedepunkte, Wärmeleitfähigkeit, Strahlungsvermögen); opt. Eigenschaften (Reflexion, Durchlässigkeit, Brechungsvermögen für verschiedene Spektralbereiche, Farbzusammensetzung); mechan. Eigenschaften, die für die Bewertung des Werkstoffs bei Beanspruchung durch äußere Kräfte bes. wichtig sind (*Zugfestigkeit* mit gleichzeitiger Ermittlung der Streckgrenze, Bruchdehnung, Einschnürung im *Zugversuch,* ähnlich auch die Bestimmung der elast. Eigenschaften); entspr. auch Druck-, Biege- u. Verdrehfestigkeit; Härte als Widerstand gegen Eindringen eines anderen Körpers; Schlagbiege- u. Kerbschlagbiegefestigkeit; Dauerstandfestigkeit bei langdauernder Beanspruchung, bes. bei höheren Temperaturen; Dauerschwingfestigkeit bei langdauernder Wechselbeanspruchung; Zähflüssigkeit (Viskosität) bei Flüssigkeiten u. Gasen; Verarbeitbarkeit (Schmiede-, Warmbehandlungs- [bes. Härteproben], Kaltverformbarkeits-, Zerspanbarkeitsproben u.a., den verschiedenen Herstellungsverfahren angepaßt).

Metallographische (Gefüge-)Prüfungen, bei denen ein Abschnitt des Prüflings poliert u. geätzt wird, worauf (meist unter dem Mikroskop) an dem so entwickelten Gefügebild die Eigenschaften des Kristallaufbaus untersucht werden, den außer der Zusammensetzung auch die Vorgänge bei der Erstarrung u. die Warmbehandlung beeinflussen. *Prüfung auf grobe Fehler* infolge von Rissen oder Schlackeneinschlüssen: Durchstrahlen mit Röntgen- oder Gammastrahlen oder Ultraschall; bei magnet. leitenden Stoffen Erzeugen eines starken magnet. Feldes u. Kenntlichmachung von dessen Störungen durch übergestreutes Magnetpulver *(Durchflutungsverfahren).* Letztere Verfahren werden häufig als nichtzerstörende *(zerstörungsfreie)* Prüfverfahren bezeichnet im Gegensatz zu den übrigen, die fast durchweg eine Zerstörung des Prüflings verlangen u. daher nur Stichproben erlauben.

Werkstoffprüfmaschinen sind Maschinen zur Durchführung von z.B. Zug-, Druck- oder Biegeversuchen oder deren Kombinationen zur Ermittlung der statischen oder dynamischen Festigkeitseigenschaften oder des technolog. Verhaltens von Werkstoffen. Es werden auch Maschinenelemente u. ganze Bauteile geprüft.

Die Maschinen werden meist in 2- oder 4-Säulen-Bauart ausgeführt; je nach der Prüfungsaufgabe zieht man stehende oder liegende Anordnung (Prüfung von Ankerketten, Drahtseilen) vor. Man unterscheidet sowohl nach Gattungen (Zerreißmaschinen, Pressen, Universalprüfmaschinen, Härteprüfgeräte, Pendelschlagwerke, Dauerprüfmaschinen) als auch nach dem Verwendungszweck (Drahtprüfmaschine, Federprüfmaschine, Betonprüfpresse, Gummizerreißmaschine u.dgl.). Allerdings lassen sich Maschinen für die Ermittlung technolog. Eigenschaften nur noch durch den Verwendungszweck kennzeichnen: Hinundherbiegemaschine für Drähte, Isolatorenprüfmaschine, Presse für Scheiteldruckversuche an Betonwerken, Berstdruckprüfer, Falzer u. Doppelfalzer für Papier u.ä. – ▫ 10.7.2.

Werkstück, ein Teil in der Fertigung.

Werkstudent, ein Student, der die Kosten seines Studiums u. Unterhalts ganz oder z.T. durch Erwerbstätigkeit aufbringt.

Werkunterricht, Handfertigkeitsunterricht an Volks- u. höheren Schulen, der nicht der Berufs- oder Fachschulung dient, sondern den handwerkl. Umgang mit verschiedenen Werkstoffen (Holz, Papier, Ton, Metall) als Teil der Allgemeinbildung pflegt; oft mit Kunsterziehung verbunden.

Werkverkehr, Beförderung selbsterzeugter oder gehandelter Waren mit eigenen Kraftfahrzeugen im *Werknahverkehr* (bis 50 km) oder *Werkfernverkehr,* geregelt durch das *Güterkraftverkehrsgesetz* in der Fassung vom 4. 12. 1970 (§§ 48–52).

Werkvertrag, Vertrag über die Herstellung oder Veränderung einer Sache oder über einen anderen durch Arbeits- oder Dienstleistung herbeizuführenden Erfolg (Gegensatz: →Dienstvertrag, bei dem nur die Dienstleistung als solche geschuldet wird) durch den Unternehmer gegen die Entrichtung der vereinbarten Vergütung durch den Besteller. Dem Unternehmer obliegt eine *Mängelhaftung,* die der des Verkäufers ähnlich ist (→Gewährleistung); er hat für seine Forderungen aus dem W. ein →Pfandrecht an den von ihm hergestellten oder ausgebesserten beweglichen Sachen des Bestellers, wenn sich diese in seinem Besitz befinden, bei Herstellung eines Bauwerks oder eines Schiffs kann er entspr. die Einräumung einer Sicherungshypothek an dem Baugrundstück bzw. einer Schiffshypothek an dem Schiff verlangen. Bes. geregelt ist der W. mit einem →Spediteur oder Frachtführer (→Fracht) u. im Verlagsrecht. – Ähnlich in Österreich (§§1151f., 1165ff. ABGB) u. in der Schweiz (Art. 363ff. OR). →auch Werklieferungsvertrag. – ▫ 4.3.1.

Werkzeitschriften, *Betriebszeitschriften,* von Industrie- oder Wirtschaftsbetrieben herausgegebene Zeitschriften, die im Betrieb selbst, aber auch nach außen Kontakte u. Vertrauen herstellen u. pflegen sollen.

Werkzeug, Arbeitsgerät wie Hammer, Meißel, Bohrer zur Bearbeitung von Werkstoffen.

Werkzeugmacher, Ausbildungsberuf des Handwerks u. der Industrie mit 3½jähriger Ausbildungszeit; stellt Maschinenwerkzeuge (Vorrichtungen) aus. Stahl zur spanlosen oder spanabhebenden Formgebung von Werkstoffen; leistet Präzisionsarbeit von hoher Maßgenauigkeit.

Werkzeugmaschinen, Arbeitsmaschinen zur Bearbeitung von Werkstücken, z.B. Bohr-, Hobel-, Fräs-, Drehmaschine; heute meist elektr. an-

Werkstoffprüfung: Ultraschallprüfung von Schweißverbindungen am Polyäthylen

getrieben. Bei *numerisch gesteuerten W.*, die zunehmend Verwendung finden, wird ein Arbeitsprogramm (wie bei elektron. Datenverarbeitungsanlagen) eingegeben, nach dem die Arbeitsvorgänge automatisch ablaufen. – 📖 10.6.5.

Werkzeugschlitten →Schlitten (1).

Werkzeugstahl, härtbarer Stahl für die verschiedensten Werkzeuge zum Umformen, spanenden Formen u. Trennen; unlegiert mit höherem Kohlenstoffgehalt (ungefähr 0,6 bis 1,5%) u. legiert (je nach geforderter Eigenschaft mit Chrom, Molybdän, Vanadium, Wolfram, Mangan, Nickel, Silicium, Kobalt).

Werl, Stadt in Nordrhein-Westfalen, südwestl. von Soest, 25000 Ew.; alte Salzstadt am Hellweg; Franziskanerkloster, Missionsmuseum; Maschinen-, Textil-, Papierindustrie; Solbad. – 1024 Burg, 1246 Stadt, früh Hansestadt.

Werlhof, Paul Gottfried, Arzt, *24. 3. 1699 Helmstedt, †26. 7. 1767 Hannover; nach ihm benannt die *W.sche Krankheit (Purpura haemorrhagica, Morbus maculosus W.)*, eine Form der Blutfleckenkrankheit, die auf einer angeborenen Verminderung der Blutplättchen beruht (konstitutionelle Thrombopenie).

Wermelskirchen, Stadt in Nordrhein-Westfalen (Rheinisch-Bergischer Kreis), südl. von Remscheid, 35000 Ew.; Schuh-, Eisen- (bes. Werkzeuge), Textilindustrie.

Wermut, 1. *Botanik:* = Absinth (1).
2. *Getränke: W.wein*, Wein mit Zusatz von Absinthauszug u. Zucker; Alkoholgehalt nicht unter 14,5%.

Wernau (Neckar), Gemeinde in Baden-Württemberg (Ldkrs. Esslingen), südöstl. von Stuttgart, 12500 Ew.; got. Hallenkirche; Elektrogeräte- u. a. Industrie.

Werndl, Josef, österr. Büchsenmacher, *21. 2. 1831 Steierdorf, Oberösterreich, †29. 4. 1889 Steyr; Erfinder des nach ihm benannten Hinterladergewehrs, Gründer einer Waffenfabrik (Vorläuferin der Steyr-Werke).

Werne, Stadt in Nordrhein-Westfalen (Ldkrs. Unna), 25700 Ew.; got. Pfarrkirche; Steinkohlenbergbau, Spirituosenherstellung. – Alte Siedlung, seit etwa 1360 Stadt.

Werner [älter *Wernher*; die Bedeutung des ersten Bestandteils ist umstritten; *hari, heri*, „Heer, Krieger"], männl. Vorname.

Werner, 1. Abraham Gottlob, Mineraloge, *25. 9. 1750 oder 1749 Wehrau, †30. 6. 1817 Dresden; Vertreter des →Neptunismus; gilt als dt. Begründer der Mineralogie, Petrographie u. Geologie.
2. Alfred, schweizer. Chemiker, *12. 12. 1866 Mülhausen (Elsaß), †15. 11. 1919 Zürich; lieferte wertvolle Beiträge zur Chemie der Koordinationsverbindungen, Begründer der Koordinationslehre; Nobelpreis 1913.
3. Oskar, eigentl. O. J. *Bschließmayer*, österr. Schauspieler, *13. 11. 1922 Wien; 1941–1949 u. seit 1955 am Wiener Burgtheater, seit 1948 auch im Film; Heldenrollen u. gebrochene, sensible Charaktere.
4. Pierre, luxemburg. Politiker (Christl.-Soziale Partei), *29. 12. 1913 St.-André (Frankreich); Anwalt; 1953 Parteivorstand, 1953–1959 Finanz-Min., 1954 auch Wehr-Min.; 1959–1974 u. seit 1979 Min.-Präs., daneben weitere Min.-Posten. Initiator eines nach ihm benannten Wirtschaftsplans (*W.-Plan:* Stufenplan für die Errichtung einer europ. Wirtschafts- u. Währungsunion).
5. Theodor, Maler, *13. 2. 1886 Jettenburg bei Tübingen, †15. 1. 1969 München; kam, vom Kubismus ausgehend, zur Abstraktion, in der zeichnerische Arabesken dominieren. Hptw.: das 20m lange Wandbild im Foyer des Konzertsaals der Hochschule für Musik in Westberlin.
6. Zacharias, Dramatiker, *18. 11. 1768 Königsberg, †17. 1. 1823 Wien; pietist., später kath. Romantiker, schrieb das theatral. Tempelherren-Stück „Die Söhne des Tals" 1803 u. das erste dt. Schicksalsdrama „Der 24. Februar" 1815; Tragödie „Martin Luther oder die Weihe der Kraft" 1807. – 📖 3.1.1.

Wernerit [der; nach A. G. *Werner*], das Mineral →Skapolith.

Werner von Eppenstein, Mainzer Erzbischof 1259–1284, †2. 4. 1284 Aschaffenburg; setzte 1273 die Königswahl *Rudolfs von Habsburg* durch u. unterstützte den König bei der Durchsetzung des Landfriedens.

Wernher, 1. *Bruder W.*, mhd. Spruchdichter, wahrscheinl. ein österr. Fahrender, dessen polit. Sprüche (datierbar von 1217–1250) die Auseinandersetzungen zwischen Kaiser, Fürsten u. Papst wiedergeben.
2. *W. der Gartenaere* [„W. der Gärtner"], Fahrender des 13. Jh., Verfasser der zeitkrit. Versnovelle „Meier Helmbrecht" (zwischen 1250 u. 1282, Schauplatz oberes Innviertel), worin sich ein Bauernsohn über die Grenzen seines Standes erheben will u. als Raubritter scheitert. Diese erste „Dorfgeschichte" zeigt die Auflösung der Ständeordnung u. den Verfall des Rittertums.

Wernicke, 1. Carl, Neurologe u. Psychiater, *15. 5. 1848 Tarnowitz, Oberschlesien, †15. 6. 1905 im Thüringer Wald (Unfall); nach ihm benannt als *W.sches Zentrum* das sensorische Sprachzentrum im hinteren Drittel der (bei Rechtshändern linken) oberen Schläfenwindung. Bei Schädigung dieses Zentrums kommt es zur Aufhebung des Sprachverständnisses (Worttaubheit, →Aphasie).
2. Christian, Epigrammdichter u. Verssatiriker, *Januar 1661 Elbing, †5. 9. 1725 Kopenhagen; dän. Gesandter in Paris, bekämpfte den spätbarokken Schwulst: „Überschriften oder Epigrammata" 1697.

Wernigerode, Kreisstadt im Bez. Magdeburg, am Nordharz, 35600 Ew.; Fachwerkbauten, Schloß (12. Jh.) der Fürsten von Stolberg-W. (Feudalmuseum); Holz-, Schokoladen-, Arzneimittel-, Elektro- u. Eisenindustrie, Herstellung von Fotopapieren; heilklimat. Kurort. – Stadtrecht 1229; die Grafschaft W. kam 1429 an die Familie Stolberg. – Krs. W.: 772 qkm, 103600 Ew.

Wernle, Paul, schweizer. ev. Theologe, *1. 5. 1872 Zürich, †11. 4. 1939 Basel; „Die synoptische Frage" 1899; „Der ev. Glaube nach den Hauptschriften der Reformatoren" 3 Bde. 1918/19.

Wéroia, *Béroia*, Stadt in Griech.-Makedonien, am Ostfuß des Wérmion, 26000 Ew.; mittelalterl. Befestigungen; Textilindustrie, Marmorbrüche.

Werra, bedeutendster Quellfluß der Weser, 292km, entspringt im Thüringer Wald, westl. von Lauscha, vereinigt sich in Münden mit der Fulda zur Weser; Anteil in der BRD 105km.

Werre →Maulwurfsgrille.

Werre, *Westfäl.* oder *Lippische Werra*, linker Nebenfluß der Weser, 69km, entspringt am Teutoburger Wald bei Horn-Bad Meinberg, mündet bei Bad Oeynhausen.

Werschetz, ung. *Versec*, serbokr. *Vršac*, jugoslaw. Stadt im Banat, 34000 Ew.; Erdöllager, Weinbau. – 1723 von dt. Weinbauern besiedelt.

Werschok [der], altes russ. Längenmaß; 1 W. = 1/16 Arschin = 4,445cm.

Werst [russ.; die], altes russ. Längenmaß; 1 W. = 500 Saschen = 1500 Arschin = 1,067km.

Wert, 1. *Philosophie:* zu Beginn des 19. Jh. aus der Volkswirtschaftstheorie übernommener Begriff. Je nach Einstellung ist der W. eine Eigenschaft bzw. ein Charakter eines Dings, das als W.träger dadurch zu einem *Gut* wird; oder er ist eine ideale Wesenheit, die erst sekundär im Gut konkretisiert wird.
2. *Volkswirtschaftslehre:* die Bedeutung, die Gütern für die Bedürfnisbefriedigung beigemessen wird. Man unterscheidet zwischen dem *Gebrauchs-W.* (nach subjektiver W.schätzung) u. dem *Tausch-W.* (in Geld ausgedrückt: Preis); außerhalb der objektiven Schätzung liegt der *Liebhaber-W.*

Wertach, linker Nebenfluß des Lech, 145km, entspringt in den Allgäuer Alpen, mündet bei Augsburg.

Wertanalyse, die Prüfung von Material, Anlagegütern, Erzeugnissen oder Produktionsverfahren nach vorgegebenen Beurteilungskriterien durch Vergleich mit ähnlichen Gegenständen oder Verfahren mit dem Ziel der Kostensenkung.

Wertberichtigung, ein Korrekturposten in der *Bilanz*. Er wird auf der Passivseite für zu hoch ausgewiesene Posten des Anlagevermögens *(indirekte Abschreibung)* u. des Umlaufvermögens (vor allem Forderungen) u. auf der Aktivseite für zu hoch ausgewiesene Passivposten eingesetzt (z.B. können Verlustvortrag u. ausstehende Einlagen auf das Grundkapital als W.en zum Eigenkapital angesehen werden).

Wertebereich →Funktion.

Werth, *Werdt*, Johann Graf von, auch *Jan de Weert*, Reitergeneral im Dreißigjährigen Krieg, *um 1600 Büttgen, Jülich, †16. 1. 1652 Benatek, Böhmen; führte im Dienst der *Liga* seit 1632 mit mehreren Reiterregimentern Krieg in Süd-Dtschld. u. Frankreich. Noch am 6. 10. 1648 errang W. Erfolge gegen Franzosen u. Schweden.

Wertheim, Stadt in Baden-Württemberg (Main-Tauber-Kreis), an der Taubermündung in den Main, 20400 Ew.; Fachwerkbauten, got. Stadtkirche, Rathaus (16. Jh.), „Hofhaltung" (16. Jh.), „Kemenate" (17. Jh.), Schloßruine W.; Glaserzeugung u. -verarbeitung (Herstellung von Glasfasern, Laborgeräten, Thermometern u. a.).

Wertheimer, Max, Psychologe, *15. 4. 1880 Prag, †12. 10. 1943 New York; Mitbegründer der „Berliner Schule" der *Gestaltpsychologie*; Hptw.: „Experimentelle Studien über das Sehen von Bewegung" 1911; „Über Schlußprozesse im produktiven Denken" 1920; „Drei Abhandlungen zur Gestalttheorie" 1925; „Produktives Denken" 1957.

Werther (Westf.), Stadt in Nordrhein-Westfalen (Ldkrs. Gütersloh), im Teutoburger Wald, nordwestl. von Bielefeld, 9700 Ew.; Zigarren-, Textil-, Möbelindustrie.

Werthes, Friedrich August Clemens, Schriftsteller, *12. 10. 1748 Buttenhausen, †5. 12. 1817 Stuttgart; Anhänger Ch. M. *Wielands*, Mitredakteur an dessen „Teutschem Merkur", übersetzte C. Gozzi u. L. Ariosto; auch histor. Dramen.

Werthmann, Lorenz, kath. Sozialpolitiker, *1. 10. 1858 Geisenheim, †10. 4. 1921 Freiburg i. Br.; gründete 1897 den Dt. Caritasverband.

Wertigkeit, 1. *Chemie: Valenz*, eine Verhältniszahl, die angibt, wie viele Wasserstoffatome ein Atom eines bestimmten chem. Elements zu binden bzw. zu ersetzen vermag. Ihre Größe hängt davon ab, wie viele Elektronen das betr. Atom in seiner äußeren Elektronenschale (→Atom) aufnehmen *(negative W.)* oder aus dieser abgeben kann *(positive W.)*. Sowohl bei Aufnahme als auch Abgabe von Elektronen wird der Zustand einer vollständig besetzten äußeren Elektronenschale erreicht. Die W. eines Elements entspricht seiner Stellung im →Periodensystem der Elemente.
2. *Grammatik:* →Valenz.

Wertingen, bayer. Stadt in Schwaben (Ldkrs. Dillingen an der Donau), an der Zusam, nordwestl. von Augsburg, 6200 Ew.; Schloß; Industrie.

Wertminderung, die Differenz zwischen dem Übergabe- u. dem Rückgabewert einer Sache nach Rücktritt des Verkäufers vom *Abzahlungsgeschäft*. Die W. ist im Rahmen der vom Käufer zu zahlenden *Gebrauchsvergütung* zu berücksichtigen (§2 AbzG).

Wertpapierbereinigung, die Neuordnung des Wertpapierwesens in der BRD nach dem 2. Weltkrieg, insbes. die Klärung der Rechtsverhältnisse an den durch die im Krieg vernichteten oder abhanden gekommenen Wertpapieren. – In *Österreich* ist die W. geregelt im W.sgesetz von 1964.

Wertpapiere, Rechte verbriefende Urkunden, bei denen das Recht an den Besitz der Urkunde gebunden ist. →Inhaberpapiere, →Namenspapiere u. →Orderpapiere; →auch Effekten (2).

Wertpapiersteuer, Teil der →Kapitalverkehrsteuer, Gliedsteuer der Umsatzsteuer, auf den Ersterwerb von inländ. Schuldverschreibungen sowie von ausländ. Schuldverschreibungen u. Gesellschaftsrechten im Inland; durch Gesetz vom 25. 3. 1965 aufgehoben.

Wertphilosophie, *Wertlehre, Axiologie, Timologie*, durch H. *Lotze* Ende des 19. Jh. begründet. Lotze versuchte eine Verbindung zwischen positivistischem Naturalismus u. spekulativem Idealismus zu erreichen, indem er einen neuen Bereich der *Werte* einführte, deren Wirklichkeitscharakter als „Gelten" bezeichnet wurde. – In der heutigen W. lassen sich verschiedene Richtungen unterscheiden: der *Wertabsolutismus* sieht in den Werten absolute, vom Menschen unabhängige Gegebenheiten; sie sind für den *Wertidealismus* ideale Gebilde ähnlich den Platonischen Ideen (daher auch Wertplatonismus); für N. *Hartmann*, M. *Scheler* haben sie dabei ein ideales „Ansichsein", während der Neukantianismus, wie W. *Windelband*, H. *Rickert*, ihnen nur ein „Gelten" zuerkennt. Für den *Wertrealismus* sind Werte objektive Charaktere an u. im Wirklichen. Demgegenüber erkennt der *Wertrelativismus* Werte nur in bezug auf den Menschen an; Werte sind Korrelate subjektiver Wertung u. Beurteilung; im *Wertpsychologismus* wird nur ein empirisches subjektives Werten anerkannt.

Wertschöpfung, das Nettoergebnis der Produktionstätigkeiten (Bruttoproduktionswerte minus Vorleistungen minus Abschreibungen) oder die Summe der durch den Produktionsprozeß entstandenen Einkommen einer Volkswirtschaft (Nettosozialprodukt zu Faktorkosten = Volkseinkommen). →auch Sozialprodukt.

Wertsendungen, im Postverkehr *Wertbriefe* u. *Wertpakete,* die, gegen erhöhte Gebühr mit Wertangabe aufgegeben, besondere Schadensersatzsicherung (bis zum angegebenen Wertbetrag, aber nicht über den tatsächl. Wert hinaus) durch die Post genießen. Wertpakete über 500 DM müssen versiegelt sein.

Wertsicherungsklausel, eine in Form der Währungs-, Sachwert-, Lebenshaltungsindex- oder Goldklausel vereinbarte Absicherung gegen die Entwertung von Geldforderungen, insbes. bei langfristigen Verträgen (z. B. Anleihen, Darlehen, Hypotheken). Während der Inflationszeit nach dem 1. Weltkrieg wurde die W. oft vereinbart, heute ist sie nur mit Zustimmung der Dt. Bundesbank zulässig.

Werttitelpapier, holzfreies oder hadernhaltiges Papier mit Flächen-Wasserzeichen; für die Herstellung von Werttiteln (Aktien, Policen u. ä.).

Wertzeichenfälschung →Münzdelikte.

Wertzeichengeber, Automat für Briefmarken u. Markenheftchen sowie für amtl. Postkarten mit Wertstempeleindruck.

Wertzeichenpapier, Papier für Wertzeichen, z. B. Briefmarken; holzfrei, oft hadernhaltig, zäh; rd. 60 g/m² schwer, mit Flächen-Wasserzeichen.

Wertzoll, ein Zoll, dessen Höhe sich im Gegensatz zum *Gewichtszoll* nach dem Wert der zu verzollenden Waren bestimmt u. in Prozenten des Warenwerts im Zolltarif angegeben ist. Der W. ist in der BRD mit dem *Zolltarifgesetz* von 1951 eingeführt worden u. löste den spezifischen Zoll bis auf wenige Ausnahmen ab.

Wertzuwachssteuer, *Liegenschaftsgewinnsteuer,* bis 1944 erhobene Steuer auf den Wertzuwachs bei Grundstücken (Differenz zwischen Erwerbs- u. Verkaufspreis); seitdem wird ein Zuschlag zur *Grunderwerbsteuer* erhoben.

Wervik, *Wervicq,* Stadt in der belg. Prov. Westflandern, 12 700 Ew.; Textilindustrie (Spitzen).

Werwolf [ahd. *wer,* „Mann"], 1. *Geschichte:* 1. ein 1923 gegr. konservativ-revolutionärer Wehrverband, ursprüngl. eine Absplitterung des *Stahlhelms,* der 1933 in die SA übertrat. – 2. in der Endphase des 2. Weltkriegs vom nat.-soz. Regime propagierte Bewegung mit dem Ziel, in den bereits vom Feind besetzten Gebieten den Kampf weiterzuführen. Die Bevölkerung befolgte Aufrufe zur Schaffung dieser Bewegung nur vereinzelt. 2. *Volkskunde:* im Volksglauben ein durch das Anlegen eines Wolfskleids oder Wolfsgürtels zu ekstatischer Wildheit aufgereizter Mann, der Mensch u. Tier anfällt. Wird er mit seinem menschl. Namen angerufen, verliert er seine Wildheit u. steht nackt u. bebend vor dem Gegner. W.sagen waren in ganz Europa verbreitet.

Wescott [-kət], Glenway, US-amerikan. Schriftsteller, *11. 4. 1901 bei Kewaskum, Wis.; schrieb Romane („Die Towers" 1927, dt. 1928).

Wesel, Kreisstadt in Nordrhein-Westfalen, an der Lippemündung in den Rhein u. am Lippe-Seitenkanal, 56 500 Ew.; got. Dom; Maschinen-, Zement-, keram. u. Glasindustrie. 1809 Erschießung der Schillschen Offiziere. – Ldkrs. W.: 1042 qkm, 410 000 Ew.

Wesel-Datteln-Kanal, *Lippe-Seitenkanal,* Schiffahrtsweg in Nordrhein-Westfalen zwischen Wesel u. Datteln, 1929 errichtet, 60,2 km, 6 Schleusen, für Schiffe bis 1350 t.

Wesen, grch. *usia,* lat. *essentia, i. w. S.* Ausdruck für einzelne Dinge, bes. lebende (z. B. „Lebewesen"); *i. e. S.:* 1. Eigenart, „Natur", So-Sein einer Sache; 2. das eigentl. Sein einer Sache im Unterschied zu ihrer faktischen Gegebenheit, auch im Gegensatz zum Schein; 3. Bedeutung oder Sinngehalt einer Sache; das einer ganzen Art oder Gattung Gemeinsame, das Allgemeine.

Wesenberg, estn. *Rakvere,* Stadt in der nördl. Estn. SSR (Sowjetunion), 16 000 Ew.; Fleisch- u. Schuhindustrie.

Wesendonck, Mathilde, eigentl. Agnes, geb. *Luckemeyer,* *23. 12. 1828 Elberfeld, †31. 8. 1902 Traunblick; Freundin R. *Wagners,* der 5 Gedichte von ihr vertonte, die „W.-Lieder", u. durch sie Anregungen zur Gestaltung seiner Oper „Tristan u. Isolde" empfing.

Wesensschau, *Ideenschau,* das Innewerden des Allgemeinen oder der Bedeutungen bzw. des Wesens der Dinge durch einen unmittelbaren geistigen Akt. Nach *Platons* Mythos von der W. hat die Seele vor ihrer Einkörperung in den Leib die Ideen unmittelbar geschaut. W. wird im Neuplatonismus, in der Mystik u. teilweise im dt. Idealismus angestrebt. →auch Phänomenologie.

Weser: Zusammenfluß von Werra (rechts) und Fulda (links) zur Weser in Münden

Weser, Fluß in Nordwest-Dtschld., 440 km (bis Bremerhaven, 480 km mit der Außen-W.), entsteht bei Münden durch Vereinigung von →*Fulda* u. →*Werra,* durchfließt das *W.bergland* u. die *Porta Westfalica,* nimmt als rechte Nebenflüsse die *Aller* u. die *Oker,* als linken die *Hunte* auf u. mündet bei W.münde nordwestl. von Bremen in die Nordsee. Bis Bremen ist sie für Seeschiffe befahrbar; der Verkehrswert der übrigen W. steigt durch die 1960 abgeschlossene Kanalisierung der *Mittel-W.* zwischen Bremen u. Minden. Durch Hunte u. Dortmund-Ems-Kanal ist die W. mit dem Ruhrgebiet verbunden.

Weserbergland, die vorwiegend aus Kalk- u. Sandsteinen aufgebauten waldreichen dt. Mittelgebirge beiderseits der Weser zwischen Münden u. Minden; östl. der Weser (von S nach N): *Bramwald, Solling, Vogler, Hils, Ith, Osterwald, Süntel, Deister, Bückeberge, Wesergebirge;* westl. der Weser: *Reinhardswald, Eggegebirge, Teutoburger Wald, Wiehengebirge.*

Weser-Ems, 1978 gebildeter Reg.-Bez. in Niedersachsen, 14 949 qkm, 2,1 Mill. Ew.; Sitz der Bezirksregierung ist die Stadt Oldenburg (Oldenburg); umfaßt die bisherigen Reg.-Bez.e Aurich u. Osnabrück sowie den Verw.-Bez. Oldenburg.

Wesergebirge, Teil des Weserberglands östl. der Porta Westfalica.

Wesermarsch, niedersächs. Ldkrs. im Reg.-Bez. Weser-Ems, 822 qkm, 95 000 Ew., Verwaltungssitz *Brake.*

Weserrenaissance [-rənɛ'sɑ̃s; frz.], Profanbaukunst im Weserland zwischen etwa 1530 u. 1630, begünstigt durch wirtschaftl. Blüte u. Latifundienbildung des Weseradels. In der städtisch-bürgerl. Profan-Architektur lebten die stilist. Merkmale des späten MA. weiter, wurden aber durch den Einfluß des niederländ. Manierismus (Roll- u. Beschlagwerk) der Ziergiebel allmählich zurückgedrängt. Im Schloßbau übernahm man von italien. u. französ. Bautypen den regelmäßigen Grundriß (Vierflügelanlage) u. den Wendeltreppenturm zwischen den Flügeln, ferner die venezian. Halbkreiszinnen, die sog. „welschen Giebel". Hptw.: Schlösser in Stadthagen, Schwöbber, Hämelschenburg u. Bevern.

Weserrenaissance: Schloß Hämelschenburg; 1588–1602

Weser-Rhein-Germanen, zwischen Nieder- u. Mittelrhein, Untermain u. Weser ansässige german. Stämme, zu denen u. a. die Bataver, Brukterer, Chatten u. Cherusker gehörten.
Wesir [pers., arab.], *Wazír, Vezir*, Titel der höchsten Staatsbeamten im Islamischen Reich seit den Abbasiden; später auch im Osman. Reich (→Großwesir).
Wesker, Arnold, engl. Dramatiker, *24. 5. 1932; erfolgreich mit der sozialkrit. Trilogie „Hühnersuppe mit Graupen" 1958, dt. 1963, „Tag für Tag" 1959, dt. 1962 u. „Nächstes Jahr in Jerusalem" 1960, dt. 1962.
Wesley [-li], John, engl. Kirchenstifter, *17. 6. 1703 Epworth, Lincolnshire, †2. 3. 1791 London; begann nach seiner 1738 in London unter dem Einfluß der Herrnhuter Brüdergemeine erfolgten Bekehrung Predigt- u. Seelsorgetätigkeit (der sich sein Bruder Charles W., *1707, †1788, anschloß) u. gründete Gemeinschaften innerhalb der Anglikan. Kirche, aus denen die Erweckungsbewegung der →Methodisten hervorging.
Wespen, *Faltenwespen, Vespoidae*, Überfamilie der *Stechimmen* mit der Länge nach zusammenfaltbaren Vorderflügeln. Es gibt einzeln lebende (solitäre) u. staatenbildende (soziale) W. Erstere bauen ihre Nester in Pflanzenstengeln, Holzröhren oder Erdlöchern, letztere errichten aus zernagtem Holz papierartige Bauten mit nach unten geöffneten Zellen, die sie an Felswänden, Baumzweigen oder auch in der Erde anlegen. Die Staaten werden im Frühjahr von befruchteten Weibchen, die überwintert haben, gegründet. Es werden die Arbeiterinnen herangezogen, die bei der Vergrößerung des Staates sowie bei der Brutpflege helfen. Erst im Herbst erfolgt die Begattung von männl. u. weibl. W. hoch in der Luft; die Männchen gehen dann zugrunde. Die Nahrung der Larven besteht aus zerkauten Insekten, die der erwachsenen W. aus Pflanzensäften. Die in Südeuropa häufige *Feld-Wespe, Polistes gallicus*, baut an warmen Felswänden gestielte, nicht sehr individuenreiche Nester ohne Umhüllung. In unseren Gebieten finden sich bes. die →Hornisse, die *Gewöhnl. Wespe, Vespa vulgaris*, u. *Vespa germanica*, die solitär lebenden →Mauerwespen u. die →Lehmwespen. Die etwa 3000 Arten verteilen sich auf 3 Familien, die solitären *Lehmwespen, Eumenidae*, die sozialen *Vespidae* u. die einzeln lebenden *Masaridae* (Honig-W.), die ihre Larven mit Honig aufziehen.
Wespenbienen, *Nomada*, unbehaarte, meist wespenartig bunt gezeichnete *Stechimmen* aus der Gruppe der *Schmarotzerbienen*, die ihre Eier in die Brutzellen von *Erd-* u. *Schmalbienen* legen.
Wespenbock, *Necydalis major*, bis 3 cm langer, seltener mitteleurop. *Bockkäfer*, dessen rotbraune Vorderflügel die gelbl. Hinterflügel nur etwa zu einem Viertel bedecken, so daß das Tier einer großen (Schlupf-)Wespe ähnelt (Mimikry).
Wespentaille [-taljə], die geschnürte, hüftbetonende enge Taille in der Damenmode um 1900 u. später im New Look.
Wespentaillenform →Flächenregel.
Wessel, 1. Helene, Politikerin, *6. 7. 1898 Dortmund, †13. 10. 1969 Bonn; seit 1915 aktives Mitglied des kath. Zentrums, 1928–1933 im Preuß. Landtag, 1945 stellvertr., seit 1949 1. Vorsitzende der Dt. Zentrumspartei, 1952–1957 Vorstandsmitglied der Gesamtdt. Volkspartei, ab 1957 SPD-Mitgl., 1949–1953 u. 1957–1969 MdB.
2. Horst, Student, *9. 10. 1907 Bielefeld, †23. 2. 1930 Berlin (an den Folgen einer Schußverletzung bei einem Überfall); seit 1926 Mitgl. der NSDAP; das von ihm verfaßte *Horst-W.-Lied* („Die Fahne hoch...") wurde 1933–1945 im Anschluß an das Deutschlandlied als 2. Nationalhymne gesungen.
3. Johan Hermann, norweg.-dän. Dichter, *6. 10. 1742 Vestby bei Oslo, †29. 12. 1785 Kopenhagen; von L. *Holberg* beeinflußt; schrieb die parodist. Tragödie „Der Bräutigam ohne Strümpfe" 1772, dt. 1827, eine Satire auf die Alexandrinerdramen.
Wesselburen, schleswig-holstein. Stadt (Ldkrs. Dithmarschen), südl. der Eidermündung, 3700 Ew.; Geburtsort von F. *Hebbel* (Museum); Textil-, Bürstenindustrie, Fischräuchereien.
Wesseling, Stadt in Nordrhein-Westfalen (Ldkrs. Köln), zwischen Köln u. Bonn, 27600 Ew.; Eisen-, chem. Industrie, Ölraffinerie; bedeutender Umschlaghafen (bes. Braunkohlen u. Erdöl) am Rhein (1978: 3,2 Mill. t); Endpunkt der Erdölleitungen aus Wilhelmshaven u. Rotterdam.
Wesselmann, Tom, US-amerikan. Popkünstler, *1931 Cincinnati, Ohio; kam über Porträt-Collagen zu seinen „Great American Nudes", Interieurs mit nur einer Wand, bei denen die gemalten Partien mit Fenstern, Kühlschranktüren, Radios u. ä. kombiniert sind.
Wessely, Paula, österr. Schauspielerin, *20. 1. 1907 Wien; an Wiener Bühnen, bes. am Burgtheater, am Dt. Theater in Berlin, seit 1934 beim Film; Charakterdarstellerin mit natürlicher Ausstrahlungskraft; verheiratet mit Attila *Hörbiger*.
Wessenberg, Ignaz Heinrich Frhr. von, kath. Theologe, *4. 11. 1774 Dresden, †9. 8. 1860 Konstanz; Generalvikar in Konstanz, Koadjutor K. Th. von *Dalbergs*; bemühte sich im Sinn der Aufklärung um Reformen des Klerus, der Liturgie u. Seelsorge; vertrat kirchenpolit. Ideen des *Febronianismus* u. erstrebte eine von Rom weitgehend unabhängige dt. Nationalkirche.
Wessex [„Westsachsen"], angelsächs. Teilkönigreich in Südwestengland; begründet von dem sagenhaften *Cerdik* um 500; führende Macht unter *Egbert* (†839).
Wessex-Kultur, frühbronzezeitl. Kultur Südenglands, verdankt ihre bes. Stellung dem Zinnreichtum Cornwalls. Vermutl. herrschaftl. Organisation; zunächst Körperbestattung, später Totenverbrennung vornehml. bei Frauen, unter Hügeln, gelegentl. mit hausförmigen Einbauten. Exporte bis Ungarn; Import von ägypt. Fayenceperlen. Die imponierendsten Denkmäler sind große Erd-, Holzpfosten- u. Steinkreise, darunter *Stonehenge*.
Wessobrunn, oberbayer. Gemeinde bei Weilheim, 1700 Ew.; ehem. Benediktinerabtei (753 bis 1803; seit 1913 Tutzinger Benediktinerinnen), bekannt durch das *W.er Gebet*, eines der ältesten dt. Sprachdenkmäler (aufgezeichnet um 800); bestehend aus 9 Stabreimversen über die Weltschöpfung mit anschließendem Prosagebet.
West, 1. Benjamin, US-amerikan. Maler, *10. 10. 1738 Springfield, Pa., †11. 3. 1820 London; seit 1763 in London, 1792–1815 dort Präs. der Königl. Akademie; schuf eklektische Historienbilder u. religiöse Gemälde im Sinn des Klassizismus. Hptw.: „Der Tod des Generals Wolfe" 1759; „Penns Verhandlungen mit den Indianern" 1772.
2. Nathanael, eigentl. Nathan Wallenstein *Weinstein*, US-amerikan. Schriftsteller, *17. 10. 1903 New York, †21. 12. 1940 El Centro (Calif.); verfaßte z. T. satir. Gesellschaftsromane: „Schreiben Sie Miss Lonelyhearts" 1933, dt. 1961; „Tag der Heuschrecke" 1939, dt. 1964.
3. Rebecca (Pseudonym aus H. Ibsens „Rosmersholm"), eigentl. Cecily Isabel *Fairfield*, engl. Schriftstellerin, *25. 12. 1892 County Kerry (Irland); formvollendete, zeit- u. gesellschaftskrit. Romane mit psychoanalyt. Thematik; auch Essays u. Reiseschrifttum.
West Allis ['wɛst 'ælis], Stadt in Wisconsin (USA), im SW der Agglomeration von Milwaukee, 72000 Ew.; Motoren- u. Maschinenbau.
Westalpen →Alpen.
Westar, erster rein kommerzieller US-amerikan. Nachrichtensatellit (7200 Ton- oder 12 Farbfernsehkanäle), 1974 gestartet; kann das gesamte Gebiet der USA versorgen.
Westarp, Kuno Graf von, Politiker, *12. 8. 1864 Ludom, Posen, †30. 7. 1945 Berlin; 1913–1918 Vors. der konservativen Fraktion im Reichstag; Gegner des Verständigungsfriedens, 1918 Mitgründer der Deutschnationalen Volkspartei, 1925–1929 deren Fraktions-, zeitweilig auch Partei-Vors.; widersetzte sich der starren Oppositionspolitik A. *Hugenbergs* u. beteiligte sich 1930 an der Gründung der Konservativen Volkspartei, die er bis 1932 im Reichstag vertrat.
Westatlantische Mulde, Westteil des Atlant. Ozeans, westl. vom Nord- u. Südatlant. Rücken, wird eingeteilt in Labrador-, Neufundland-, Nordamerikan., Guayana-, Brasilian., Argentin., Südantillen- u. Atlant.-Ind. Südpolarbecken.
Westaustralien, größter Bundesstaat Australiens, 2525500 qkm, 1,4 Mill. Ew., davon 12000 Eingeborene, Hptst. *Perth*. Er besteht aus einer Rumpffläche präkambrischer Gesteine, die in den *Kimberleys* bis nahe 1000 m, in der *Hamersley Range* bis über 1000 m gehoben sind u. denen in Becken jüngere Sedimente auflagern (Nullarbor Plain, Canningbecken im NW); weitgehend arides Klima, nur der N erhält durch den Sommermonsun, der SW durch winterl. Zyklonen ausreichend Niederschläge. Anbau ist daher nur in diesen Gebieten möglich: Kleine bewässerte Gebiete liegen im Ord- u. Fitzroy-Tal, im SW Intensivkulturen u. Weizenanbau. Schwerindustrie, Ölraffinerien, Aluminiumwerk u. a. im Bereich von Perth, andere Industriezweige (Nahrungsmittelindustrie, Holzverarbeitung) sind auf die übrigen lokalen Zentren verteilt. Goldfunde in der Goldenen Meile (Kalgoorlie); Eisenerzlagerstätten (rd. 8 Mrd. t) in der Hamersley Range (Export nach Japan).
Westaustralisches Becken, Tiefseebecken des Ind. Ozeans vor Westaustralien, südl. Fortsetzung des Nordwestaustral. Beckens, bis 6350 m tief.
Westaustralische Schwelle, eine flache untermeer. Erhebung im Ind. Ozean, die sich von der Dirk-Hartogs-Insel (Westaustralien) nach W erstreckt; trennt das *Nordwestaustral. Becken* vom *Westaustral. Becken*.
Westaustralstrom, an der Westküste Australiens (im Ind. Ozean) nach NW fließender Kaltwasserarm der *Westwinddrift*, der in den Südäquatorialstrom des Ind. Ozeans einmündet.
Westbengalen, *West Bengal*, Staat der Ind. Union, besteht aus dem westl. Teil des Ganges-Brahmaputra-Deltas, daneben hat es Anteil am Bergland Chota Nagpur u. am Himalayavorland, 87853 qkm, 46,0 Mill. Ew. (524 Ew./qkm), Hptst. *Calcutta*; Anbau von Reis, Hülsenfrüchten u. Jute; Jute- u. Metallindustrie.
Westberlin, *Berlin-West*, die drei westl. Sektoren des 1948 gespaltenen Berlin.
West Bromwich ['wɛst 'brʌmitʃ], engl. Stadt nordwestl. von Birmingham, 166600 Ew.; Steinkohlenbergbau, Eisen-, Zement- u. Glasindustrie.
West Covina ['wɛst kou'vinə], Stadt im südl. Kalifornien (USA), östl. Vorort in der Agglomeration von Los Angeles, 69000 Ew.
Westdeutsche Bodenkreditanstalt, Kurzbez. *Westboden*, Köln, 1893 gegr. Kreditinstitut, 1974 Fusion mit der *Rheinischen Hypothekenbank*.
Westdeutsche Landesbank-Girozentrale, Düsseldorf u. Münster, größte Zentralbank der Sparkassen in der BRD, 1969 hervorgegangen aus dem Zusammenschluß der 1854 gegr. *Rheinischen Girozentrale* in Düsseldorf u. der 1832 gegr. *Landesbank für Westfalen* in Münster.
Westdeutsche Rektorenkonferenz, Abk. *WRK*, Konferenz der durch ihre Rektoren vertretenen Universitäten, Techn. Hochschulen u. anderen wissenschaftl. Hochschulen in der BRD u. Westberlin; 1949 als gemeinsames Organ der akadem. Selbstverwaltung gegründet; Sekretariat in Bonn-Bad Godesberg. Die W. R. befaßt sich mit Wissenschafts- u. Studienförderung, Auslandsbeziehungen, Organisation u. Verfassung der Hochschulen; ein Archiv ist angegliedert.
Westdeutscher Rundfunk, Abk. *WDR*, 1954 vor Auflösung des Nordwestdeutschen Rundfunks gegr. öffentl.-rechtl. Rundfunkanstalt mit Sitz u. Funkhaus in Köln, Studios in Bielefeld, Bonn, Dortmund, Düsseldorf, Essen u. Münster; sendet 4 Hörfunkprogramme u. das WDR-Fernsehen.
Westdeutscher Verlag GmbH, Opladen, gegr. 1947 von Friedrich *Middelhauve*; gehört seit 1974 zum Bertelsmann Universitätsverlag, Düsseldorf. Wirtschafts- u. Sozialwissenschaften, Politik.
Westdeutschland, in Westberlin, in der DDR u. im Ausland häufig gebrauchte Bezeichnung für die BRD.
Weste [die; frz.], aus dem →Wams entwickelte, seit etwa 1675 zum *Justaucorps* getragene Unterjacke, zunächst mit Ärmeln versehen u. reich bestickt, später kurz u. ärmellos.
Westen →Himmelsrichtungen.
West End, Wohnviertel im W Londons.
Westerburg, rheinland-pfälz. Stadt im Westerwald (Ldkrs. Westerwald), nördl. von Limburg, 5300 Ew.; Metallwaren-, Spielwarenindustrie.
Westerkappeln, Gemeinde in Nordrhein-Westfalen (Ldkrs. Steinfurt), nordwestl. von Osnabrück, 8700 Ew.; roman.-frühgot. Kirche. In der Nähe Naturschutzgebiet „Sloopsteene" (Megalithgrab).
Westerland, schleswig-holstein. Stadt (Ldkrs. Nordfriesland), auf der nordfries. Insel Sylt, 10800 Ew.; bekanntes Seebad mit Spielkasino; bioklimat. Forschungsstation, Flugplatz.
Westerlinck, Albert, eigentl. José *Aerts*, fläm. Schriftsteller, *17. 2. 1914 Geel, Antwerpen; Prof. für Literatur; kath.-religiöse Lyrik u. Essays.
Westermann, 1. Diedrich, Völkerkundler u. Sprachforscher, *24. 6. 1875 Baden bei Bremen, †31. 5. 1956 Baden; 1901–1903 u. 1907 Missionar in Westafrika, 1925–1939 Direktor des Internationalen Africa Instituts. Hptw.: „Wörterbuch der Ewe-Sprache" 1905/06; „Handbuch der Ful-Sprache" 1909; „Die Sudansprachen" 1911; „The Shilluk People" 1912; „Der Afrikaner heute u. morgen" 1937; „Afrikaner erzählen ihr Leben" 1938; „Geschichte Afrikas" 1952.

2. Liesel, Leichtathletin, *2. 11. 1944 Sulingen bei Bremen; Silbermedaillengewinnerin im Diskuswerfen bei den Olymp. Spielen 1968, stellte mehrere Weltrekorde auf; „Sportlerin des Jahres" 1967 u. 1969.

Westermann Verlag, Georg Westermann Verlag, Braunschweig, gegr. 1838 von Georg Westermann (*1810, †1879); Verlagsgebiete: Sachbücher, Pädagogik, Berufskunde, Technik, bildende Kunst, die Kulturzeitschrift „Westermanns Monatshefte" (seit 1856), Geographie, Atlanten (Diercke Weltatlas), Wandkarten.

Western [engl.], →Wildwestfilm.

Western Electric Company Inc. ['wɛstən iˈlɛktrik ˈkʌmpəni-], New York, US-amerikan. Unternehmen der Elektroindustrie, fertigt bes. Telegraphen- u. Telephongeräte u. -anlagen; Anfänge der Firma 1869 in Cleveland, seit 1881 heutige Firma; Produktionsgesellschaft der American Telephone and Telegraph Co.

Western Isles ['wɛstən 'ailz], Gruppe der →Hebriden.

Western Music ['wɛstən 'mjuzik; engl.], „westliche Musik", d.h. Volksmusik des amerikanischen Westens (Hillbilly).

Westernport ['wɛstənpɔ:t], Meeresbucht der Bass-Straße in Süd-Victoria (Australien), Erdölraffinerie, erdölverarbeitende u. chem. Industrie (Pipeline von der Bass-Straße), Stahlwalzwerk; neue Tiefwasser-Hafenanlage am vertieften westl. Kanal, drittgrößter Hafen von Victoria.

Westerplatte, Landzunge an der Danziger Bucht, östl. der alten Weichselmündung, nördl. von Danzig. Gegen poln. Befestigungen auf der W. fielen am 1. 9. 1939 die ersten Schüsse des 2. Weltkriegs.

Westerstede, niedersächs. Kreisstadt im Ammerland, nordwestl. von Oldenburg, 16900 Ew.; Baumschulen; Betonwerk, Möbel-, Holzindustrie. Verwaltungssitz des Ldkrs. Ammerland.

Westerwald, dt. Mittelgebirge, Teil des Rheinischen Schiefergebirges zwischen Sieg, Rhein u. Lahn, im N der waldreiche basaltische Hohe W. (im Fuchskauten 657m). Das rauhe u. feuchte Klima läßt selbst auf den vulkan. Böden nur Anbau von Kartoffeln, Hafer, Gerste u. Roggen zu; überwiegend Viehwirtschaft (rotbraunes Westerwälder Rind); Tonabbau u. Töpferei im Kannenbäckerland; bedeutender Basaltabbau.

Westeuropäisches Becken, Meeresbecken des Atlant. Ozeans, zwischen der westeurop. Küste u. dem Nordatlant. Rücken; bis 6325m tief; geht nach NW in das bis zu 3008 m tiefe Islandbecken südl. von Island über, nach S durch die Biskayaschwelle vom Iberischen Becken getrennt.

Westeuropäische Union, Abk. WEU, Westpakt, eine Vertragsorganisation, die gegenwärtig vor allem der Beratung westeurop. Verteidigungsfragen sowie der Kontrolle der Rüstungen der Mitgliedstaaten u. des Verzichts der BRD auf ABC-Waffen dient. Die WEU ging am 23. 10. 1954 aus dem Brüsseler Pakt (1948) hervor. Mitglieder: Belgien, BRD, Frankreich, Großbritannien, Italien, Luxemburg, Niederlande.

Westeuropäische Zeit, Abk. WEZ, mittlere Ortszeit des Längengrads von Greenwich (→Weltzeit), als Zonenzeit gebräuchlich, z.B. in Island, Färöer, Portugal, Marokko, Senegal, Guinea, Elfenbeinküste, Ghana, Mali, Obervolta.

Westfal [das; nach Westfalen], Stufe des Oberen Karbons.

Westfalen, histor. Land in Nordwestdeutschland, seit 1954 Landschaftsverband W.-Lippe innerhalb des Bundeslands Nordrhein-W., 21500qkm, rd. 8,0 Mill. Ew.; Hptst. Münster; im S u. O vorwiegend gebirgig (Sauerland, Siegerland, Teutoburger Wald u.a.), im Münsterland (Westfäl. Bucht) Flachland; wichtigste Wirtschaftsgebiete sind der zu W. gehörende Teil des Ruhrgebiets u. der Bielefelder Raum in Ost-W.

Geschichte: Erstmals 775 erwähnt, bildete W. ursprüngl. eine der drei sächs. Stammesprovinzen (→Sachsen, Herzogtum). Im 12. Jh. umfaßte W. die Gebiete zwischen Rhein u. Weser. Zu den westfäl. Territorien wurden vom 13. bis 18. Jh. gerechnet: die Gebiete der Bistümer Münster, Paderborn, Osnabrück u. Minden, die kurköln. Nebenlande Herzogtum W. u. das Vest (Gaugericht) Recklinghausen, die Grafschaften Hoya, Diepholz, Schaumburg, Bentheim, Lingen, Tecklenburg, Ravensberg, Mark, Rietberg u. Waldeck, die Abteien Corvey u. Essen u. die Herrschaft Lippe. – Das 1180 von Kaiser Friedrich I. Barbarossa bei der Teilung des sächs. Herzogtums Heinrichs des Löwen geschaffene Herzogtum W. umfaßte nur einen Teil des Sauerlands südl. der Lippe. – Das napoleon. Königreich W. (1807–1813) wurde aus preuß., hess. u. a. Besitzungen gegr. u. umfaßte von den alten westfäl. Gebieten lediglich Paderborn, Minden-Ravensberg, Osnabrück, Corvey u. Rietberg. 1810 wurden noch Teile Hannovers mit ihm verbunden. – Die preuß. Provinz W. entstand 1815 aus dem alten westfäl. Kerngebiet, der früheren Grafschaft Sayn-Wittgenstein u. der Abtei Essen, während Osnabrück u. das Niederstift Münster zwischen Hannover u. Oldenburg geteilt wurden. – 1946 wurden W. u. die nördl. Rheinprovinz mit dem Land Lippe zum Land Nordrhein-W. verbunden. – ⌷ 5.4.0.

Westfälisch →deutsche Mundarten.

Westfälische Bucht = Münsterländer Bucht.

westfälische Hallenkirche, bes. in Westfalen ausgeprägter Kirchenbautyp der Romanik u. Gotik. Die früheste Hallenkirche in Dtschld. ist die Bartholomäuskapelle in Paderborn, um 1017 im Auftrag Bischof Meinwerks von griech. Bauleuten gebaut. In romanischer Zeit entstanden nach dem Hallenschema zahlreiche Kirchen in Westfalen, darunter St. Ludgeri in Münster (Ende 12. Jh.), die Dome von Paderborn (um 1225–1260) u. Minden (um 1261–1290). Ein Kuriosum im westfäl. Kirchenbau ist die Hohnekirche (Maria zur Höhe) in Soest (frühes 13. Jh.), eine dreischiffige Halle, die breiter als lang ist, einige Nachfolgebauten in Westfalen beeinflußt hat (Lohne, Weslarn). In der Gotik waren in vielen Gegenden Deutschlands Hallenkirchen die bevorzugte Bauform. Westfalen aber brachte mit der Wiesenkirche in Soest einen der eindrucksvollsten u. lichtesten got. Hallenräume hervor (Baubeginn 1314 oder 1331, vollendet im 15. Jh.). →auch Hallenkirche. – ▣ S. 256.

Westfälische Pforte = Porta Westfalica.

Westfälische Provinzial-Feuersozietät, Münster, gegr. 1722, Anstalt des öffentl. Rechts, betreibt Feuer- u.a. Sachversicherungen im Gebiet der früheren Provinz Westfalen.

Westfälischer Friede, beendete nach Verhandlungen des Kaisers mit Frankreich u. dessen Verbündeten in Münster u. mit Schweden u. dessen Verbündeten in Osnabrück am 24. 10. 1648 den →Dreißigjährigen Krieg. Das Instrumentum Pacis, das als Reichsgrundgesetz bis 1806 galt, traf 1. territoriale Regelungen:

Frankreich wurde der Besitz der Bistümer Metz, Toul u. Verdun bestätigt, dazu erhielt es vom Haus Habsburg die Landgrafschaften Unter- u. Oberelsaß, den Sundgau u. die Landvogtei über die 10 elsäss. Reichsstädte, ferner die Festungen Breisach u. Pinerolo (Savoyen) u. das Besatzungsrecht in Philippsburg.

Schweden erhielt Vorpommern, Wismar u. die Bistümer Bremen u. Verden als Reichslehen mit Sitz u. Stimme auf dem Reichstag.

Brandenburg erhielt für seine Erbansprüche auf Vorpommern Hinterpommern u. Cammin, die Bistümer Halberstadt u. Minden sowie die Anwartschaft auf Magdeburg.

Mecklenburg erhielt für Wismar die Bistümer Schwerin u. Ratzeburg, Hessen-Kassel die Abtei Hersfeld u. die Grafschaft Schaumburg.

Bayern erhielt die Oberpfalz u. die pfälz. Kurwürde. Die Rheinpfalz wurde mit der neuen achten Kurwürde an Karl von der Pfalz zurückgegeben.

Kursachsen erhielt die Ober- u. Niederlausitz als erbl. böhm. Lehen (seit 1635 in Pfandbesitz).

Die Niederlande schieden aus dem Reich aus; das Ausscheiden der Schweizer Eidgenossen wurde anerkannt.

2. In den konfessionellen Regelungen wurden der Passauer Vertrag (1552) u. der Augsburger Religionsfriede (1555) anerkannt u. auf die Reformierten ausgedehnt; das Jahr 1624 wurde als Normaljahr für den Besitzstand geistl. Güter u. die Konfessionszugehörigkeit festgelegt.

3. In der Reichsverfassung wurden Kurfürsten u. Fürsten als gleichberechtigt neben dem Kaiser anerkannt. Die Außenpolitik des Reichs bedurfte der Zustimmung des Reichstags, in dem die Reichsstädte endgültig Sitz u. Stimme gewannen u. als dritte Kurie neben die Kurfürsten u. Fürsten traten. – ⌷ 5.3.5.

Westflandern, belg. Prov., 3134 qkm, 1,08 Mill. Ew.; Hptst. Brügge. →auch Flandern.

Westfluß = Si Kiang.

Westfranken, Westfränkisches Reich, der westl. Teil des Frankenreichs, der 843 im Vertrag von Verdun an Karl den Kahlen fiel; Grenze Schelde–Maas–Rhônemündung; daraus entstand das spätere Frankreich.

Westfriesische Inseln, der niederländ. Teil der Fries. Inseln westl. der Emsmündung: Texel (Prov. Nordholland), Vlieland, Terschelling, Ameland, Schiermonnikoog, Simonzand u. Boschplaat (alle Prov. Friesland), ferner Rottumeroog u. Rottumerplaat (Prov. Groningen), insges. rd. 500 qkm, 20000 Ew.

Westfriesland, Nordteil der niederländ. Prov. Nordholland. →auch Holland.

Westgalizien = Galizien.

Westgermanen, die zwischen Rhein u. Oder, Meeresküste u. Donau lebenden Germanen, von Plinius d. Ä. u. Tacitus untergliedert in: Herminonen (Elbgermanen), zu denen u.a. die Hermunduren, Langobarden, Markomannen, Quaden u. Semnonen gehörten, u. Istwäonen (Weser-Rhein-Germanen), zu denen u.a. die Bataver,

Westerwald: Landschaft im Niederwesterwald nördlich von Bad Ems

Westghats

Brukterer, Chatten, Cherusker, Alemannen, Franken u. Thüringer gehörten.

Westghats →Ghats.

Westgoten →Goten.

West Ham [wɛst'hæm], Teil des Stadtbez. Newham (229 000 Ew.) von Greater London, nördl. der Themse, große Dockanlagen.

West Hartford ['wɛst 'ha:tfəd], Stadt in Connecticut (USA), im W der Agglomeration von Hartford, 68 300 Ew.; University of Hartford (1957), Taubstummenanstalt; Chemie- u. Stahlindustrie.

West Hartlepool [wɛst'ha:tlpu:l], Hafenstadt in England, südöstl. von Durham, 81 300 Ew.; Kunst- u. Techniker-College; Stahlindustrie, Schiffbau, Schwer- u. Leichtindustrie, Brauerei; Seaton Carew im S Badestrand; Flugplatz.

West Haven ['wɛst 'hɛivn], Stadt im S von Connecticut (USA), Wohnort in der Agglomeration von New Haven, 55 000 Ew.; Fahrzeugzubehör- u. Werkzeugindustrie; Brauereien.

Westheim, Paul, Kunstschriftsteller u. Kritiker, *7. 8. 1886 Eschwege, †21. 12. 1963 Berlin; lebte seit 1933 in Mexiko. W. trat bes. für den Expressionismus ein, veröffentlichte Arbeiten über altmexikan. Kunst u. ind. Architektur, Monographien über W. Lehmbruck u. O. Kokoschka.

Westhofen, seit 1975 Stadtteil von Schwerte, Märkischer Kreis (Nordrhein-Westfalen).

Westindien, die karib.-mittelamerikan. Inselwelt, bestehend aus den *Großen Antillen* (211 329 qkm, 24,85 Mill. Ew.), den *Kleinen Antillen* (14 629 qkm, 3,15 Mill. Ew.), den *Bahamainseln* (13 935 qkm, 220 000 Ew.) u. den *Turks- u. Caicosinseln*; zusammen 239 893 qkm mit 28,2 Mill. Ew. Die Bermudainseln gehören dagegen zu Nordamerika. Zu den *Großen Antillen* gehören Kuba (mit Nebeninseln), Jamaika, Cayman Island, die Insel Haiti u. Puerto Rico. Die Inseln über dem Winde der *Kleinen Antillen* umfassen die US-Jungferninseln, die brit. Jungferninseln, die niederländ. Inseln über dem Winde, die Leeward Islands, Montserrat, die französ. Inseln über dem Winde, die Windward Islands, Barbados, Trinidad u. Tobago u. Martinique. Zu den Inseln unter dem Winde der Kleinen Antillen zählen die Venezolanischen u. die Niederländ. Antillen.

W. erhielt seinen Namen durch die irrtüml. Annahme des Kolumbus, mit der am 12. 10. 1492 betretenen Bahamainsel *San Salvador* auf dem westl. Seeweg Indien erreicht zu haben.

Landesnatur: Drei große Formenelemente prägen den Charakter der Inselflur: ein Faltengebirge, das als Teil der amerikan. Kordilleren den gesamten Inselbereich durchzieht, ein Vulkangebirge, das im Bereich der Inseln über dem Winde als nach W vorgelagerter Bogen auftritt, u. flache Kalkplateaus, wie sie auf den Bahamainseln, in weiten Teilen Kubas u. in den äußeren der Inseln über dem Winde anzutreffen sind. Durch seine Lage in den vom Nordostpassat bestimmten Randtropen zeichnet sich W. durch ein wechselfeuchtes, trop. Klima mit hohen Niederschlägen aus.

Die ursprüngl. indianische Bevölkerung ist fast ganz ausgerottet. Vorherrschend sind auf den meisten Inseln mit über 90% die (einst als Sklaven eingeführten) Neger u. Mulatten. Nur auf Kuba u.

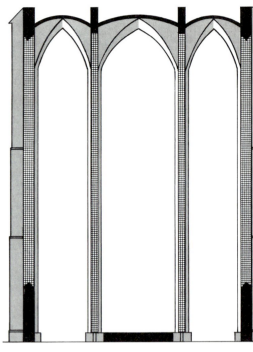

Schema einer spätgotischen Hallenkirche

Die dreischiffige, zweijochige Halle der Hohnekirche (Maria zur Höhe) in Soest, um 1225

Die auf byzantinische Tradition zurückgehende Halle der Bartholomäuskapelle in Paderborn; um 1017

Die Wiesenkirche in Soest gilt als die „vornehmste" unter den westfälischen Hallenkirchen; begonnen 1. Hälfte des 14. Jh.

WESTFÄLISCHE HALLENKIRCHEN

Das dreischiffige Hallenlanghaus des Mindener Doms; um 1265–1290

Innenraum der Stiftskirche St. Ägidii in Wiedenbrück, Langhaus um 1500

Westindische Assoziierte Staaten

Puerto Rico überwiegt mit 70% u. mehr der Anteil der Weißen. Daneben gibt es überall eingewanderte Chinesen u. Inder (bes. auf brit. Inseln).

Wirtschaft: Abgesehen von Puerto Rico, dessen Industrialisierung verhältnismäßig weit fortgeschritten ist, u. von Trinidad, Aruba u. Curaçao (Erdölraffinerien), ist die trop. Landwirtschaft mit dem Anbau von Zuckerrohr, Tabak, Kaffee, Bananen, Baumwolle u. Sisalagaven der Haupterwerbszweig der Bevölkerung. An Bodenschätzen finden sich hauptsächl. Erdöl, Eisen-, Kupfer- u. Manganerze (bes. auf Kuba) u. Bauxit (Jamaika). Auf einigen Inseln spielt auch der Fremdenverkehr eine Rolle. – 🗺 →Zentralamerika.

Westindische Assoziierte Staaten, *The West Indies Associated States,* ehem. brit. Kolonien in den Kleinen Antillen (Westindien), 1804 qkm, 355 000 Ew. Sie erhielten nach der Auflösung der *Karib. Föderation* 1967 die volle innere Autonomie, Großbritannien behielt jedoch die Zuständigkeit für Fragen der Außenpolitik u. Verteidigung. Zu den W.n A.n S. gehören die *Leeward Islands* Antigua, St. Kitts, Nevis and Anguilla; die *Windward Islands* Saint Lucia u. Saint Vincent wurden 1979, Dominica 1978, Grenada 1974 unabhängig. Montserrat verblieb im Kolonialstatus. Staatsoberhaupt ist die brit. Königin, die jeweils durch einen Gouverneur in den einzelnen Staaten vertreten wird. Als gemeinsame Einrichtung besitzen die W.n A.n S. ein Oberstes Gericht. Sie gehören dem *Karibischen Gemeinsamen Markt* an.

Westindische Föderation →Karibische Föderation.

Castries mit Hafenanlagen auf Saint Lucia

WESTINDIEN

Landschaft in Zentralkuba

Bananenernte auf Saint Vincent

Westindische Mulde, der Westteil des Ind. Ozeans, westl. des *Zentralind. Rückens,* wird durch Schwellensysteme in Oman-, Arabisches, Somali-, Komoren-, Maskarenen-, Madagaskar-, Natal-, Agulhas-, Südwestind. u. Atlant.-Ind. Südpolarbecken untergliedert.

Westindischer Rücken, untermeer. Schwelle im Ind. Ozean, verbindet den Atlantisch-Ind. Rücken mit dem Zentralind. Rücken zwischen den südafrikan. Prinz-Edward-Inseln u. Südl. Wendekreis.

Westinghouse [-haus], George, US-amerikan. Ingenieur, * 6. 10. 1846 Central Bridge, N. Y., † 12. 3. 1914 New York; Erfinder (1867) der nach ihm benannten *W.-Bremse,* einer Eisenbahn-Druckluftbremse mit rd. 5 at Betriebsdruck. W. arbeitete auch auf dem Gebiet der Starkstromtechnik.

Westinghouse Electric Corporation [ˈwɛstiŋhaus iˈlɛktrik kɔːpəˈrɛiʃən], Pittsburgh, Pa., US-amerikan. Unternehmen der elektrotechn. Industrie, entstanden 1886 aus einem 1872 von G. *Westinghouse* gegr. Unternehmen; erzeugt elektrotechn. Maschinen u. Apparate, besitzt eigene Rundfunk- u. Fernsehstationen; zahlreiche in- u. ausländ. Tochtergesellschaften.

Westirian, *Irian Jaya,* der Westteil von Neuguinea, seit 1963 der indones. Verwaltung unterstellt (1969 durch Volksbefragung bestätigt); mit Nebeninseln (etwa 10% der Fläche; vor allem *Kolepom, Misool* u. *Waigeo*) 412 925 qkm, 1 Mill. Ew., Hptst. *Jayapura.* W. liegt am östl. Ende des Indones. Archipels, ist von dichtem trop. Regenwald bedeckt u. von Gebirgen west-ostwärts durchzogen (Zentralgebirge; im Nassau-, Karl-Ludwig- oder Carstensz-Gebirge mehrfach über 5000 m hoch u. vergletschert; *Jaya* [früher *Sukarnospitze*] 5030 m). Nördl. der Gebirge erstrecken sich weite Aufschüttungsböden, im S u. W ausgedehnte Sumpfflächen. Die Bevölkerung besteht aus Melanesiern u. Negritos u. ist in viele Stämme gegliedert. Angebaut werden vor allem Yams, Taro, Süßkartoffeln, meist noch durch Brandrodungsbau; weitere Nahrungsmittel sind Bananen u. Zuckerrohrprodukte sowie das Mark der Sagopalme. Auf der Halbinsel *Vogelkop* wird Erdöl gewonnen (Pipeline zum Hafen *Sorong*). Lagerstätten von Kupfererz mit Gold- u. Silberanteil sowie von Nickel sind bisher kaum abgebaut. Industrie u. Landverkehrswege sind wenig entwickelt.

Westkarolinenbecken, Tiefseebecken im Pazif. Ozean, zwischen den Westkarolinen u. dem westl. Neuguinea. Vom Ostkarolinenbecken durch die Aurepikschwelle getrennt. Im N, im Palau- u. Yapgraben (8527 m tief) die größten Tiefen, im S, in der Neuguinearinne, bis 5311 m tief.

Westkarolinengraben, der →Palaugraben im Pazif. Ozean.

Westkasachstan, *Oblast W.,* die Oblast→Uralsk, im W der Kasach. SSR (Sowjetunion).

Altstadt von San Juan, Puerto Rico

Westsamoa

Arbeiter im Asphaltsee von Trinidad

Bergland im zentralen Haiti

Westland ['wɛstlənd], Stadt in Michigan (USA), in der Agglomeration von Detroit, 93 500 Ew.
Westler, russ. *Sapadniki*, russ. Intellektuelle im 19. Jh., die im Gegensatz zu den *Slawophilen* für die Übernahme der westl. Kultur, insbes. der polit. Einrichtungen u. Ideen, eintraten. Die W. entwickelten sich meist von Liberalen zu Sozialisten. Führende W.: A. *Herzen*, W. *Belinskij*.
West-Lothian [-'lɔuðjən], ehem. ostschott. Grafschaft am Firth of Forth, 311 qkm, 108 200 Ew.; Hptst. *Linlithgow*; Steinkohlen- u. Eisenerzabbau, Mineralölgewinnung.
Westmächte, in der Zeit nach dem 2. Weltkrieg Bez. für die USA, Frankreich u. Großbritannien sowie die mit den USA verbundenen europ. Staaten; Gegensatz: *Ostblock*.
Westman, Carl, schwed. Architekt, *20. 2. 1866 Uppsala, †23. 1. 1936 Stockholm; neben L. I. *Wahlman* einer der führenden sozialen Erneuerer der schwed. Baukunst nach 1900, vereinte in zahlreichen öffentl. Bauten (Haus der Medizinischen Gesellschaft, Stockholm, 1905; Gerichtshofgebäude, 1915) moderne Formgesinnung mit nationalschwed. Traditionen (Holz- u. Ziegelbau).
Westmeath ['wɛstmi:θ], irisch *An Iarmhidhe*, mittelirische Grafschaft in der Prov. Leinster, 1763 qkm, 53 600 Ew.; Hptst. *Mullingar (An Muileann Cearr*, 6000 Ew., Garnisonstadt).
West Midlands ['wɛst'midləndz], großstädt. Grafschaft (Metropolitan County) in Mittelengland, um Birmingham, 899 qkm, 2,74 Mill. Ew.
Westminster ['wɛstminstə], **1.** Stadt in Kalifornien (USA), in der Agglomeration von Los Angeles, 60 500 Ew.
2. Stadtbez. von Greater London, im zentralen London, nördl. der Themse, das heutige Regierungsviertel, 210 000 Ew.; mit *W. Abbey* u. Parlamentsgebäude; früher Hptst. der Grafschaft *Middlesex*.
Westminster Abbey [-'æbi], *Westminster-Abtei*, Krönungskirche u. Grablege der engl. Könige in London, Ruhestätte vieler bedeutender Persönlichkeiten, Grabmal des Unbekannten Soldaten. – Erstmals 785 sicher urkundl. bezeugt. Der gotische Bau stammt aus der Zeit Heinrichs III. u. Eduards I. (13./14. Jh.), die Krönungskapelle aus der Zeit Heinrichs VII. (15. Jh.). – ▣ Elisabeth, →London.
Westminster Hall [-hɔ:l], Königshalle des 1097 begonnenen Westminster-Palastes in London, 1399 unter Richard II. völlig restauriert, entging dem Brand des Palastes 1834 u. wurde in das 1840–1852 erbaute neue Parlamentsgebäude von Westminster einbezogen.
Westminsterstatut, 1931 abgegebene, auf den Beschlüssen der brit. Reichskonferenz von 1926 fußende Erklärung des engl. Parlaments, durch die die Dominions als autonome, gleichberechtigte Glieder des Brit. Commonwealth unter der brit. Krone anerkannt wurden.
Westminstersynode, 1643–1652 in der Westminster Abbey tagende Synode zur Reform der Anglikan. Kirche, die zur presbyterian. Kirchenversammlung wurde. Die W. erarbeitete neben zwei Katechismen die *Westminster Confession*, das reformierte (presbyterian.) Hauptbekenntnis.
Westmitteldeutsch →deutsche Mundarten.
Westmoreland ['wɛstmələnd], William Childs, US-amerikan. General, *26. 3. 1914 Spartanburg County, S.C.; 1964–1968 Oberbefehlshaber der amerikan. Truppen in Vietnam, 1968–1972 Chef des Stabes der US-Armee.
Westmorland ['wɛstmələnd], ehem. nordwestengl. Grafschaft in den Cumbrian Mountains u. der Pennine Chain, 2043 qkm, 73 000 Ew.; Hptst. *Kendal* seit 1974 Teil der Grafschaft *Cumbria*.
Westmount ['wɛstmaunt], Vorstadt von Montreal in der kanad. Prov. Quebec, rd. 30 000 Ew.
Westniederdeutsch →deutsche Mundarten.
Weston-Element ['wɛstən-], *Cadmiumnormalelement*, ein →Normalelement mit einer Quecksilber- (+) u. einer Cadmiumamalgamelektrode (−); die Spannung beträgt bei 20 °C 1,0183 V.
Westpakt →Brüsseler Pakt, →Westeuropäische Union.
West Palm Beach ['wɛst 'pa:m 'bi:tʃ], Stadt u. Badeort in südöstl. Florida (USA), 57 000 Ew. (Metropolitan Area 251 000 Ew.); Elektronik- u. Flugzeugzubehörindustrie; Fremdenverkehr; Hafen; internationaler Flughafen; Luftwaffenbasis.
Westpazifische Mulde, Westteil des Pazif. Ozeans, nach O begrenzt u. von der Zentralpazif. Mulde getrennt durch den *Westpazif. Rücken*; geteilt in (von N nach S) westl. Marianen-, Philippinen-, West- u. Ostkarolinen-, Salomonen-, Korallen-, Neuhebriden-, Fidschibecken, Neukaledoniensenke (Tasmansee) u. Tasmanbecken.
Westpazifischer Rücken, die Gesamtheit der Erhebungen, die sich im Westteil des Pazif. Ozeans vom Südhonschu-Rücken über den Karolinen-Salomonen-Rücken, die Neuen Hebriden u. Fidschiinseln, die Kermadec-Tonga-Schwelle bis Neuseeland u. zu den Aucklandinseln hinziehen.
Westphal, 1. Alexander Karl Otto, Sohn von 2), Neurologe u. Psychiater, *18. 5. 1863 Berlin, †9. 1. 1941 Bonn; arbeitete bes. über die patholog. Anatomie des Zentralnervensystems.
2. Carl, Neurologe u. Psychiater, *23. 3. 1833 Berlin, †27. 1. 1890 Kreuzlingen; entdeckte 1870/71 die diagnostische Bedeutung des Patellarsehnenreflexes bei bestimmten Nervenerkrankungen.
3. Kurt, Musikwissenschaftler, *9. 10. 1904 Bublitz; Musikkritiker in Berlin („Der Kurier"), 1962–1966 Direktor des Städt. Konservatoriums; „Vom Einfall zur Symphonie. Einblick in Beethovens Schaffensweise" 1965.
West Point ['wɛst'pɔint], 1779 errichteter US-amerikan. Militärstützpunkt am unteren Hudson im Staat New York, 1802 in eine Offizierschule umgewandelt.
Westpreußen, ehem. preuß. Provinz beiderseits der unteren Weichsel, umfaßte das preuß. Weichselgebiet mit Elbing u. Marienburg sowie *Pommerellen* u. das *Kulmerland*; 25 552 qkm mit (1910) rd. 1,7 Mill. Ew. – Der westl. Teil →Preußens wurde 1466 nach dem 2. Thorner Frieden als „Preußen königlichen Anteils" Polen inkorporiert. Die engere Bindung an Polen seit der Union von Lublin (1569) drängte den ev. Glauben zurück. Durch die *Poln. Teilungen* kam W. 1772 (Danzig u. Thorn 1793) an Preußen. Es wurde 1824 mit Ostpreußen zur *Provinz Preußen* vereinigt, 1878 eigene *Provinz W.* mit dem Regierungssitz Danzig, 1920 durch den Versailler Vertrag geteilt in den *Regierungsbezirk W.* (zur Provinz Ostpreußen) u. die *Grenzmark Posen-W.*, die bei Dtschld. verblieben, sowie in das zur Freien Stadt erklärte Danzig u. in Pommerellen, das Polen zugesprochen wurde (→Polnischer Korridor). Nach dem 2. Weltkrieg 1945 wurden der Regierungsbezirk W. u. die Grenzmark poln. Verwaltung unterstellt (→Ostgebiete). – ⌸ 5.4.0.
Westrick, Ludger, Politiker (CDU), *23. 10. 1894 Münster; Jurist u. Kaufmann; 1951–1963 Staatssekretär im Bundeswirtschaftsministerium, enger Mitarbeiter L. *Erhards*, 1963/64 Staatssekretär im Bundeskanzleramt, 1964–1966 Bundesminister für bes. Aufgaben u. Chef des Bundeskanzleramts.
West Riding [wɛst'raidiŋ], westl. Teil der ehem. engl. Grafschaft *Yorkshire*, im Gebiet der mittleren Pennine Chain, 7248 qkm, 3,8 Mill. Ew.; Hptst. *Wakefield*; Kammgarn- u. Wollindustrie. – 1974 aufgelöst.
Weströmisches Reich →Römisches Reich.
Westsahara →Spanisch-Sahara, →Polisario.
Westsamoa, amtl. *Samoa i Sisifo*, Inselstaat im Pazif. Ozean, in Polynesien, nordöstl. von Fidschi,

Westseeland

2842 qkm, 152 000 Ew.; Hptst. *Apia*, an der Nordküste von *Upolu*, einer der beiden Hauptinseln. Upolu ist 1127 qkm groß u. zählt mit den Nebeninseln *Manono* u. *Apolima* 110 000 Ew.; *Savai'i* mit 1715 qkm hat 42 000 Ew.

L a n d e s n a t u r : Die Inseln sind vulkan. Ursprungs u. gebirgig, die Küsten von Korallenriffen umgeben u., ausgenommen die Lavaergüsse, bei feuchttrop., ozean. Klima von dichtem Buschwald überzogen. Savai'i, die westlichste der Inseln, erreicht 1857 m Höhe, letzte Vulkanausbrüche fanden hier 1902 u. 1905–1911 statt. Jährl. werden die Inseln von mehreren leichteren bis mittleren Erdbeben erschüttert. Upolu ist im *Mount Fito* 1099 m hoch u. sehr fruchtbar; Apolima besteht aus einem meerwärts durch eine Enge geöffneten, wassererfüllten Krater; Manono, eine 70 m hohe Koralleninsel, leidet unter Wassermangel.

Die B e v ö l k e r u n g (Samoaner) ist überwiegend polynes. Herkunft, rd. 13 000 Bewohner sind Mischlinge mit Europäern (Euronesier) u. über 1000 Europäer. Die Samoaner sprechen Englisch u. Samoanisch, 75% sind protestantisch.

W i r t s c h a f t : Hauptanbau- u. Ausfuhrgüter sind Kopra, Kakao u. Bananen; ferner Erzeugung von Kaffee, Gummi; Holzeinschlag u. -verarbeitung; Viehhaltung (Rinder, Schweine) u. Fischerei; seit 1965 wird der Fremdenverkehr gefördert.

G e s c h i c h t e : Die Samoainseln wurden wahrscheinl. 1722 von dem Holländer Jacob *Roggeveen* entdeckt. Im Wettstreit zwischen England, den USA u. Dtschld. kam es seit 1878 zur *Samoakrise*, die 1889 in Berlin durch Vereinbarung einer gemeinsamen Verwaltung unter Neutralitätsgarantie beigelegt wurde. 1899 wurde die Inselgruppe in Interessensphären aufgeteilt, wobei Dtschld. Savai'i u. Upolu (Westsamoa), die USA Tutuila u. Großbritannien die Tonga-Inseln erhielten. 1914 besetzte Neuseeland W. u. erhielt 1920 als Völkerbundsmandat. 1947 erklärten die Vereinten Nationen W. zum Treuhandgebiet unter neuseeländ. Verwaltungshoheit; 1962 erhielt W. volle Unabhängigkeit.

Westseeland, dän. *Vestsjælland*, dän. Amtskommune im W der Insel Seeland, 2983 qkm, 257 400 Ew; Hptst. *Sörö*.

Westspitzbergenstrom, Zweig des →Golfstroms im Atlant. Ozean.

Weststellingwerf, ausgedehnte Gemeinde im S der niederländ. Prov. Friesland, Prov. Friesland.

West Virginia [wɛstvərˈdʒinjə], Abk. *W. Va.*, Gebirgsstaat im O der USA, 62 629 qkm, 1,9 Mill. Ew. (5% Nichtweiße), Hptst. u. Wirtschaftszentrum *Charleston*. Das nördl. W. V. liegt überwiegend im Appalachenplateau, der O im (Großen) Appalachenlängstal; es grenzt im W an den Ohio; zu ²/₃ bewaldet; Milchvieh- u. Geflügelhaltung, Anbau von Äpfeln u. Tabak, ferner von Mais u. Hafer, Heugewinnung, hauptsächl. Nebenerwerbsbetriebe; Erdgas- u. wichtigste Kohlenproduktion der USA, Mineralvorkommen, bes. Salzlager; Stahl- (in Wheeling), chem., Glas- u. Steinindustrie. – W. V. wurde 1863 von Virginia abgetrennt u. gilt als 35. Staat der USA.

Westwall, seit 1936 gebaute Befestigungslinie an der dt. Westgrenze; war nicht so stark, aber tiefer gegliedert als die *Maginotlinie*; bestand aus über 22 000 Beton- u. Panzerwerken u. verlief von der schweizer. Grenze zunächst rechts des Rheins, dann über Saarbrücken, Trier, Aachen bis zur niederländ. Grenze.

Westwerk, zentraler, in sich geschlossener Bau im Westen einer Kirche, setzt sich zusammen aus einem mehrgeschossigen, turmartigen Mittelbau u. zwei ihn flankierenden Türmen mit Treppen zu den oberen Geschossen. Das untere Geschoß des Mittelbaus ist gewöhnl. eine mehrschiffige Eingangshalle, deren Gewölbe von Säulen getragen werden; darüber befindet sich ein schachtartiger Raum, der an der westl., nördl. u. südl. Seite durch Arkaden mit einer umlaufenden Empore verbunden ist. Die Westempore soll dem Kaiser vorbehalten gewesen sein. Nach Osten war der schachtartige Raum mit einer arkadendurchbrochenen Wand vom Langhaus der Kirche getrennt. Das W. ist eine Form des Westbaus karoling. u. otton. Kirchen (Klosterkirche in Corvey); der ursprüngl. Typ wurde später variiert u. vereinfacht. Die Bestimmung des W.s ist unklar; es kann Torburg (gewöhnl. dem hl. Michael geweiht), kaiserl. Gastkirche, Taufkirche, Grabbau u. Reliquienturm gewesen sein u. bereitete die Doppelturmfassade des roman. Kirchenbaus vor.

Westwinddrift, *Westdrift*, *Westwindtrift*, Meeresströmungen im Bereich der außertrop. Westwindzonen, bes. ausgeprägt als zirkumpolares Band zwischen 35° u. 60° südl. Breite. Im Nordpazif. u. Nordatlant. Ozean ist die zonale Anordnung durch den Einfluß der Kontinente gestört; zur W. gehören der Pazif. u. der Atlant. Strom.

West Yorkshire [wɛst ˈjɔːkʃiə], großstädt. Grafschaft (Metropolitan County) um Leeds in Nordengland, 2039 qkm, 2,07 Mill. Ew.

Wetar, *Wetterinsel*, indones. Insel in der südl. Bandasee, nördl. von Timor, 3888 qkm, Hauptort *Ilwaki*; Kokospalmen- u. Sagoanbau.

Wete, Hauptort der ostafrikan. Insel Pemba (Tansania), 10 000 Ew., Handel mit Gewürznelken.

Wetluga, linker Nebenfluß der mittleren Wolga, rd. 870 km, entspringt westl. von Tscheboksary, mündet oberhalb von Kosmodemjansk; größtenteils schiffbar, Flößerei.

Wettbewerb →Konkurrenz.

Wettbewerbsrecht, umfaßt in weitester Bedeutung die Normen zur Regelung des Wettbewerbs. Zu unterscheiden sind aber die gegen unzulässige Beschränkung des Wettbewerbs gerichteten Vorschriften (→Kartell, Antitrustgesetze [→Trust]) u. die Bestimmungen zur Unterbindung eines →unlauteren Wettbewerbs. Letzteres ist das eigentl. W. Es ist in erster Linie geregelt im *Gesetz gegen den unlauteren Wettbewerb (UWG)* vom 7. 6. 1909 mit zahlreichen Änderungen, ferner in der *Zugabe VO* vom 9. 3. 1932/25. 6. 1969, dem *Rabattgesetz* vom 25. 11. 1933/11. 4. 1967, der *Wettbewerbs-VO* vom 21. 12. 1934 u. in der *VO über Sommer- u. Winterschlußverkäufe* vom 13. 7. 1950. Auch das *Warenzeichengesetz* vom 5. 5. 1936/2. 1. 1968 ist ein Teil des W.s. Als Hauptgrundsatz gilt, daß niemand einen Anspruch auf Erhaltung seines Absatzgebiets u. seines Kundenkreises hat, daß also das Streben, die Kunden des Mitbewerbers an sich zu ziehen, frei ist, soweit mit lauteren Mitteln gearbeitet wird. Im Vordergrund steht das Erfordernis der Wahrheit im Wettbewerb. Außerdem sind die Vorschriften des Handelsgesetzbuchs zum Firmenschutz ergänzt u. spezielle Fälle wie Schmiergeldgabe u. Geheimnisverrat geregelt. Aufgrund der Generalklausel des § 1 UWG hat sich eine umfangreiche Rechtsprechung zu den vielen Einzelfällen entwickelt. Internationale Abkommen bestehen in der →*Pariser Übereinkunft* u. im *Madrider Abkommen* betr. die Unterdrückung falscher Herkunftsangaben auf Waren vom 14. 4. 1891/31. 10. 1958.

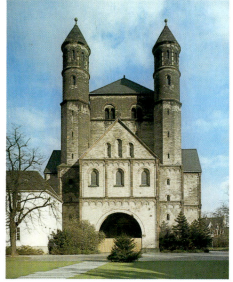

Westwerk: Köln, St. Pantaleon; um 1000

In Österreich geregelt im Gesetz gegen den unlauteren Wettbewerb vom 26. 9. 1923, das Einzeltatbestände teilweise näher ausführt; außerdem Sonderbestimmungen über unentgeltl. Zuwendungen im Geschäftsverkehr (Gesetz von 1931) u. Zugaben zu Waren oder Leistungen (Gesetz von 1934) sowie die VO über den Ausverkauf vom 11. 11. 1933. Ferner gelten das Kartellgesetz 1959 u. Ratengesetz 1961. – S c h w e i z : Bundesgesetz über den unlauteren Wettbewerb vom 30. 9. 1943, Bundesgesetz über den Abzahlungs- u. Vorauszahlungsvertrag vom 23. 3. 1962, Bundesgesetz betr. Kartelle u. ähnl. Organisationen vom 20. 12. 1962.

Wettbewerbsverbot, 1. auf Gesetz oder Vertrag (*Konkurrenzklausel*) beruhende Unterlassungspflicht, an Konkurrenzunternehmungen mitzuwirken. *Gesetzliche W.e* können mit Einwilligung des Begünstigten aufgehoben werden, sie dienen dem Schutz bestehender Vertragsbindungen, z.B. beim *Handlungsgehilfen,* der während des Anstellungsverhältnisses kein eigenes Handelsgewerbe betreiben, noch im Handelszweig des Prinzipals für eigene oder für Rechnung Dritter Geschäfte tätigen darf (§ 60 HGB), ferner beim *Gesellschafter* einer *OHG* u. beim *Komplementär* einer *KG*, die während bestehender Gesellschaft nicht an branchengleichen Unternehmungen beteiligt sein dürfen (§§ 112, 161 Abs. 2 HGB). *Vertragliche W.e* beziehen sich meist auf die Zeit nach Beendigung der Mitarbeit; sie sind im Interesse des Verpflichteten meist durch Gesetz nach Dauer u. Umfang zwingend eingeschränkt u. häufig ohne Zusage einer Entschädigung (*Karenzentschädigung*) nichtig (vgl. §§ 74 ff. HGB für Handlungsgehilfen, § 82a HGB für Volontäre, § 90a HGB für Handelsvertreter, § 133f GewO für Betriebsbeamte, Werkmeister u. Techniker). – Ähnlich in Österreich. 2. *geheimes W.,* Sperrabrede unter Arbeitgebern, bestimmte Handlungsgehilfen, Handlungslehrlinge oder Volontäre, die bei einem der Arbeitgeber im Dienst stehen bzw. gestanden haben, nicht oder nur unter bestimmten Voraussetzungen anzustellen. Gegen den Bruch der Vereinbarung durch einen Arbeitgeber kann keine Klage erhoben werden (§ 75f HGB). – ▢ 4.3.2.

Wette, ein Vertrag, durch den zur Bekräftigung bestimmter einander widersprechender Behauptungen ein Gewinn für denjenigen vereinbart wird, dessen Behauptung sich als richtig erweist. Die *Wettschuld* ist zahlbar (keine ungerechtfertigte →Bereicherung), aber nicht klagbar (→Naturalobligationen), u. insoweit dem *Spiel* gleichgestellt (§ 762 BGB). Von diesem unterscheidet sich die W. aber dadurch, daß das Spiel nur der Unterhaltung oder Gewinnerzielung dient, u. zwar entweder als →*Glücksspiel* oder als *Geschicklichkeitsspiel.* Zu den Glücksspielen gehören außer der →*Lotterie (Ausspielung)* auch die sog. *Renn-W.n,* die also nicht W.n im Rechtssinn sind. Nach ihrer Regelung im *Rennwett- und Lotteriegesetz* vom 8. 4. 1922 werden sie mit dem →*Buchmacher* oder am →*Totalisator* abgeschlossen u. durch Eintragung in das *Wettbuch* bzw. Ausstellung eines *Wettscheins* verbindlich. Sie unterliegen der *Rennwettsteuer.* Der *Wetteinsatz* kann nicht zurückgefordert werden. Buchmacher u. Totalisatoren ohne behördliche Konzession sowie die Wettende, der sich bei ihnen oder außerhalb der genehmigten Plätze mit Wetten befaßt, machen sich strafbar. – Ähnl. in Österreich (§§ 1269ff. ABGB) u. in der Schweiz (Art. 513ff. OR u. Bundesgesetz betr. die Lotterien u. die gewerbsmäßigen Wetten vom 8. 6. 1923). →auch Toto.

Wetter, 1. *Bergbau:* die Luft unter Tage, einschl. etwaiger gasförmiger Verunreinigungen, z.B. Methan (→schlagende Wetter). 2. *Meteorologie:* das Zusammenspiel der meteorolog. Elemente (Temperatur, Feuchtigkeit, Wind, Strahlung u.a.) in begrenztem atmosphär. Raum zu einem bestimmten Zeitpunkt. Ursachen des W.geschehens sind die Verlagerung von Druckgebilden (Tiefdruck-, Hochdruckgebiete), Fronten u.ä., vor allem die Sonnenstrahlung als Energielieferant. Der Ablauf des W.s erfolgt nach physikal. Gesetzen, auf deren Kenntnis z.T. die *W.vorhersage* beruht. Die Gesamtheit der W.ereignisse zu einem bestimmten Zeitpunkt über einem größeren Gebiet bezeichnet man als *W.lage;* sie ist oft durch typ. Wolken gekennzeichnet, z.B. Schönwetterwolken (Kumulus humilis), Schleierwolken (Zirrostratus; verbunden mit Regenfront) u.a. Im Zusammenhang mit der atmosphär. Zirkulation u. der Land-Meer-Verteilung kommt es zur

Ausbildung typ. *Großwetterlagen*, z. B. für Europa Westlage (ostwärts wandernde Tiefdruckgebiete), Hoch bzw. Tief über den Brit. Inseln, Islandtief, Azorenhoch. →auch Wettervorhersage. – Ⓑ S. 262.

Wetter, 1. [die], rechter Nebenfluß der Nidda, 55 km, entspringt am Vogelsberg, durchfließt die *Wetterau*, mündet bei Assenheim.
2. →Wetter (Ruhr).

Wetterau, fruchtbare hess. Landschaft zwischen Vogelsberg u. Taunus nordöstl. von Frankfurt, rd. 1200 qkm.

Wetterbeeinflussung, bisher aufgrund mangelnder Energien fast immer vergebl. Bemühungen um künstl. Lenkung des Wetters, z. B. Hagelschießen, Nebelzerstreuung durch Elektrizität u. Ultraschall, Erzeugung oder Verhinderung von Niederschlägen durch Explosionen; sogar Atombomben wirken räuml. u. zeitl. zu begrenzt. Das Verfahren von I. *Langmuir*, durch Streuen von Kohlendioxidschnee oder Silberjodid in die Wolken Kondensationskerne zu schaffen u. so einen künstl. Regen einzuleiten, ist besser begründet, der prakt. Erfolg noch umstritten; auch die jurist. Situation ist zweifelhaft, da die künstl. Ausregnung über einem Gebiet für das Nachbargebiet Vorenthaltung oder Entzug der entspr. Niederschläge bedeutet.

Wetterdienste, staatl. Institutionen, die das Wettergeschehen erforschen, die Ergebnisse veröffentlichen (Berichte, Wetterkarten), Wettervorhersagen u. Gutachten erstellen u. Beratungs- (vor allem für Landwirtschaft, Verkehr, Medizin) u. Warndienste (Sturm-, Nebelwarnung) ausüben. Entspr. den unterschiedl. Anforderungen haben sich spezielle Dienstzweige entwickelt, z. B. Flug-, Agrar-, Medizinmeteorologie. W. verfügen über ein Netz von synopt. u. klimatolog. sowie aerolog. Stationen, deren Einzelbeobachtungen in Zentralstellen koordiniert u. über Funk u. Fernschreiber national u. international ausgetauscht werden (internationale Zusammenarbeit seit 1873). →auch Deutscher Wetterdienst.

Wetterdistel = Eberwurz.

Wetterführung, *Grubenbewetterung*, Versorgung von Bergwerken mit frischer Luft, Verdünnung u. Fortführung matter, böser u. →schlagender Wetter u. Temperatursenkung in heißen Gruben durch einen Luftstrom, der über einen oder mehrere Grubenbaue (meist Schächte) in die Grube einzieht, diese, durch Wettertüren u. ä. gelenkt, vollständig bestreicht u. durch einen oder mehrere Grubenbaue wieder auszieht. Für die Bewegung der Wetter reicht oft der natürl. Zug aus *(natürl. W.)*. In tiefen Gruben u. in solchen, die zur Bekämpfung von Schlagwettern große Wettermengen brauchen, wird der Wetterstrom durch meist über Tage aufgestellte elektr. Ventilatoren (bis über 1000 kW Leistung) erzeugt *(künstl. W.)*. – In der *Auffahrung* befindliche Grubenbaue werden, weil sie erst nach einer Seite offen sind, mittels →Lutten durch Einblasen frischer oder Absaugen verbrauchter Wetter bewettert. In heißen Gruben werden die Wetter durch Kühlmaschinen gekühlt.

Wetterkarte, zeichner. Darstellung der Wetterverhältnisse eines größeren Gebiets der Erde zu einem bestimmten Zeitpunkt (mittels internationaler Symbole); dargestellt werden u. a. Temperatur-, Luftdruck-, Windverhältnisse, Niederschlag; man unterscheidet *Boden-* u. *Höhen-W.n*. W.n sind die wichtigste Grundlage der Vorhersage *(synoptische Karten)*. – Ⓑ →Wetter.

Wetterkunde = Meteorologie.

Wetterlampe, *Benzinsicherheitslampe*, ursprüngl. allg. Grubenlampe in Bergwerken mit Schlagwettergefahr. Die benzingespeiste Flamme wird durch Drahtkorb am Austritt gehindert. Die W. dient heute nur noch als Schlagwetteranzeiger (charakterist. Veränderung der Flamme bei verschiedenen Methangehalten der Wetter).

Wetterleuchten, das Aufleuchten von Blitzen oder ihrem Widerschein in den Wolken, meist bei Dunkelheit ohne nachfolgenden Donner infolge zu großer Entfernung.

Wetterlutte →Lutte.

Wetterpflanzen, Pflanzen, von denen bestimmte Teile unter Einfluß der Luftfeuchtigkeit sog. hygroskopische Bewegungen ausführen können, z. B. bei vielen Leguminosen die Fruchthülsen, die sich bei Austrocknung schraubig einrollen.

Wetterregeln →Bauernregeln.

Wetter (Ruhr), Stadt in Nordrhein-Westfalen (Ennepe-Ruhr-Kreis), nordwestl. von Hagen, am Harkortsee (aufgestaute Ruhr), 29 700 Ew.; Stahl- u. Eisenindustrie.

Wettersatellit →Satellit (3).

Wetterschacht, *Bergbau:* ein Schacht, der in erster Linie der →Wetterführung dient.

Wetterscheide, Grenzlinie oder -zone zwischen Gebieten mit verschiedenem Witterungscharakter, bes. Gebirgskämme (z. B. Alpen); bildet oft gleichzeitig eine *Klimascheide*.

Wetterschenkel →Wasserschenkel.

Wettersprengstoffe, Explosivstoffe für den Steinkohlenbergbau; sie entwickeln geringere Explosionstemperaturen u. kürzere Explosionsflammen als andere Explosivstoffe, haben dafür aber eine kleinere Brisanz u. Sprengkraft. W. verringern die Gefahr von Schlagwetter- u. Kohlenstaubexplosionen.

Wetterstationen, meteorolog. Stationen, an denen die bodennahen Wetterelemente (z. B. Temperatur, Niederschlag) beobachtet bzw. gemessen werden *(Boden-W.)* u. der physikal. Zustand der höheren Luftschichten erforscht wird *(aerolog. Stationen)*. Die Beobachtungen der Boden-W. erfolgen ein-, drei- oder sechsstündl.

Wettersteiger, ein mit der Überwachung der *Wetterführung* beauftragter *Steiger*; bes. wichtig in Gruben mit schlagenden Wettern.

Wettersteingebirge, Teil der Nordtiroler Kalkalpen zwischen Isar u. Loisach, in der Zugspitze 2962 m.

Wetterstern, *Astraeus hygrometricus*, im Herbst in Nadelwäldern gelegentl. auftretender, wie ein Erdstern aussehender *Bauchpilz*, mit 15–17 spitzen Seitenlappen u. schmutzigbrauner, federig zersprungener Oberfläche. Die Fruchtkörper sind hygroskopisch, die Seitenlappen bei feuchter Luft ausgebreitet, bei trockener geschlossen.

Wettervorhersage, *Wetterprognose*, die von sehr verschiedenen Grundlagen ausgehende Beurteilung des künftigen Wetters. Die wissenschaftl. W. sucht die atmosphär. Vorgänge physikal. zu verstehen u. aufgrund von Erfahrungen u. der Gesetzmäßigkeiten den weiteren Ablauf zu bestimmen; wichtig ist dabei die möglichst genaue Erfassung der Ausgangssituation, wozu die *Aerologie* in steigendem Maß Möglichkeiten bietet. Eine genaue Berechnung künftiger Wetterentwicklung für größere Zeiträume ist wegen Ungenauigkeiten u. Vereinfachungen der zugrunde liegenden physikal. Modelle bisher nicht möglich; dagegen erzielt sie für kurze Spannen gleich gute Ergebnisse wie die empirische Vorhersage.
Kurzfristvorhersagen werden für 1–2 Tage erstellt u. geben eine möglichst genaue Vorhersage zu erwartender Wetterereignisse (z. B. Schauer, Gewitter, Nebel). Wichtig für den voraussichtl. Wetterablauf ist das Verhalten der Druckgebilde, der Begriff der Steuerung u. die Bewegung der Fronten. Als Arbeitsgrundlage für die Vorhersage dienen die Beobachtungen der synopt. Stationen, die in den *Wetterkarten* (synopt. Karten) aufgezeichnet sind. Die Treffsicherheit dieser Prognosen beträgt in unserem Klima etwa 85–90 %. Laien, bes. Bauern, Förster, Fischer u. Schäfer, die durch ständige Beobachtung des Wetters, bes. der Wolken, genügend Erfahrungen gesammelt haben, vermögen auch ohne den Apparat der Wetterwarten brauchbare, ganz kurzfristige Wettervorhersagen zu geben, die z. T. in den Bauernregeln festgelegt sind.
Mittelfristvorhersagen, etwa für die folgende Woche, geben den Charakter des zukünftigen Wetterablaufs an; sie können nach der synopt. Methode unter Berücksichtigung von Eigentümlichkeiten gewisser Wetterlagen, z. B. ihrer Beharrungstendenz, mit erhebl. geringerer Treffsicherheit als bei Kurzfristvorhersagen aufgestellt werden.
Langfristvorhersagen für folgende Wochen u. Monate, für entfernter liegende Monate u. ganze Jahreszeiten erfordern gänzlich andere Methoden, die alle noch mit größerer Unsicherheit behaftet sind. Für die Vorhersage von Großwetterlagen bzw. der Witterung von Jahreszeiten haben sich an langen Beobachtungsreihen statistisch festgestellte Beziehungen zwischen Witterungscharakter u. Sonnenflecken am besten bewährt. Detaillierte Angaben über das Wetter eines etwa 3 Monate vorausliegenden einzelnen Tags oder einer so weit vorausliegenden Woche sind zur Zeit unmöglich. Mond u. Planeten sind ohne merkbaren Einfluß auf das Wetter. Schlüsse, die aus dem Verhalten von Tieren auf die kommende Witterung gezogen werden, dürfen nur mit Vorsicht behandelt werden. Neuerdings werden auch *Satelliten* für die W. herangezogen; die von ihnen gelieferten Bilder sind eine wichtige Ergänzung der Wetterkarte, da sie die großräumige Verteilung der Wolkenfelder zeigen, aus der man auf Luftdruck- u. Strömungsverhältnisse schließen kann.

Wetterwarten, meist hauptamtl. besetzte meteorolog. Beobachtungsstellen des Dt. Wetterdienstes; in der BRD gibt es 11 Flug-W., 7 Schiffs-W. u. 5 Land-W.

Wettin, Stadt im Saalkreis, Bez. Halle, an der Saale, 3200 Ew.; Burg (10.–12. Jh.), Stammsitz der *Wettiner*.

Wettiner, altes dt. Herrschergeschlecht aus dem zwischen Saale, Bode u. Harz gelegenen Nordschwabengau. Der älteste nachweisbare W. ist Markgraf *Burkhard* oder *Bucco* der sorbischen Mark († 908). Sein Enkel *Dedi* († 957) war Graf im Hassegau zwischen Saale u. Unstrut. Einer seiner Nachkommen, *Thimo* († um 1091), erhielt Burg u. Grafschaft *Wettin*, die dem Geschlecht den Namen gab. Seit 1089 war eine Linie des Hauses im Besitz der Grafschaft *Eilenburg*. Thimos Sohn *Konrad I.* († 1157) bemächtigte sich der Mark *Meißen* u. begründete damit die landesherrl. Machtstellung des wettin. Hauses. 1423 erhielten die W. das Herzogtum *Sachsen-Wittenberg* mit der Kurwürde. 1485 erfolgte die Teilung der W. in die *Albertinische* (→Albertiner) u. die *Ernestinische* (→Ernestiner) *Linie*.

Wettingen, Gemeinde im schweizer. Kanton Aargau, an der Limmat, Industrie- u. bes. Wohnvorort von Baden, 20 500 Ew.; ehem. Zisterzienserabtei (1227 gegr., 1841 aufgehoben, jetzt Lehrerseminar), Klosterkirche mit got. Kreuzgang, Glasgemälden u. reichem Schmuck.

Wettkampfgymnastik, *moderne Gymnastik*, aus der *rhythmischen Gymnastik* entwickelte Form des Leistungssports für Frauen u. Mädchen; nach Punkten gewerteter Vierkampf mit den Übungen *Ball-*, *Band-*, *Reifen-* u. *Seilgymnastik*. Die W. wird von den Turnverbänden organisiert; Weltmeisterschaften seit 1963.

Wettrüsten →Abrüstung.

Wettstein, 1. Friedrich von, Sohn von 3), österr. Botaniker, * 24. 6. 1895 Prag, † 12. 12. 1945 Trins, Tirol; seit 1934 Direktor des Kaiser-Wilhelm-Instituts für Biologie (Berlin-Dahlem); widmete sich bes. der experimentellen Vererbungsforschung.
2. Johann Rudolf, schweizer. Politiker, * 27. 10. 1594 Basel, † 12. 8. 1666 Basel; erwirkte im Westfäl. Frieden die Bestätigung der Unabhängigkeit der gesamten Schweiz vom röm.-dt. Reich.
3. Richard von, österr. Botaniker, * 30. 6. 1863 Wien, † 10. 8. 1931 Trins, Tirol; Direktor des Botan. Gartens in Wien; bemüht um den Ausbau eines natürlichen Systems der Pflanzen. Hptw.: „Handbuch der systematischen Botanik" 2 Bde. [4]1933.

Wetzel, Friedrich Gottlob, Schriftsteller, * 14. 9. 1779 Bautzen, † 29. 7. 1819 Bamberg; Redakteur, früher Arzt. 1809 Mitarbeiter an H. von *Kleists* „Phöbus"; galt lange als Verfasser des 1804 unter dem Pseudonym *Bonaventura* erschienenen romant. Romans „Nachtwachen".

Wetzikon, schweizer. Dorf im Zürcher Oberland, 14 000 Ew.; Schloß (13.–17. Jh.); Textilindustrie; Straßen- u. Bahnknotenpunkt.

Wetzlar, hess. Kreisstadt (Lahn-Dill-Kreis) am Zusammenfluß von Lahn u. Dill, 50 000 Ew.; roman.-got. Dom; Stahl-, Eisen- *(Buderussche Eisenwerke)*, Textil-, opt., Elektro-, Funk- u. Fernsehindustrie. 1180 Freie Reichsstadt, 1693 bis 1806 Sitz des Reichskammergerichts, 1815 bis 1945 preußisch. W. bildete zusammen mit Gießen von 1977–1979 die Stadt Lahn.

WEU, Abk. für →Westeuropäische Union, →auch Brüsseler Pakt.

Weule, Karl, Völkerkundler, * 29. 2. 1864 Alt-Wallmoden bei Goslar, † 19. 4. 1926 Leipzig; dort Direktor des Museums für Völkerkunde u. Inhaber des ersten Lehrstuhls für Völkerkunde in Dtschld. Hptw.: „Negerleben in Ostafrika" 1908; „Kultur der Kulturlosen" 1910; „Die Urgesellschaft u. ihre Lebensfürsorge" 1912; „Vom Kerbstock zum Alphabet" 1915; „Die Anfänge der Naturbeherrschung" 2 Bde. 1921/22.

Wevelinghoven, ehem. Stadt in Nordrhein-Westfalen, an der Erft südwestl. von Düsseldorf, seit 1975 Ortsteil von Grevenbroich.

Wewelinghöfer, westfäl. Silberpfennig des 13./14. Jh. mit knappem Schrötling, der nur Teile des Münzbilds erkennen läßt; benannt nach Florenz von *Wewelinghofen* (Wevelinghoven) (1364 bis 1379 Bischof von Münster).

Wexford ['wɛksfəd], irisch *Loch Garman*, Hptst. der südostirischen Grafschaft W. (2351 qkm,

WETTER

ESSA 8
8. August 1973

Wolkenmosaik einer sommerlichen Wetterlage. Die Aufnahme wurde aus rund 1450 km Höhe vom amerikanischen Wettersatelliten ESSA 8 in Einzelbildern aufgenommen, gesendet, vom Deutschen Wetterdienst empfangen, montiert und mit einer darübergezeichneten Bodenwetterkarte interpretiert. Über dem Europäischen Nordmeer (südlich von Spitzbergen) ist die Wolkenspirale eines Tiefdruckgebiets erkennbar. Von dort aus erstreckt sich die bandartige Wolkenanordnung seiner Kaltfront nach Süden bis Jugoslawien; ein Teiltief liegt über der Ostsee (Wolkenverdichtung). Auf der Rückseite des Nordmeertiefs wird über Skandinavien in Schauer- und Gewitterwolken erkennbare Kaltluft herangeführt, die sich über Norddeutschland in kräftiger Bewölkung äußert. Über dem Mittelmeergebiet herrscht ein Hoch und damit Wolkenfreiheit (kleines Tief über dem Schwarzen Meer). Nebel und Schichtbewölkung finden sich an der Südostflanke des Azorenhochs. Ein hell reflektierendes Wolkenfeld über dem Atlantischen Ozean zeigt ein sich entwickelndes Tief an

86 000 Ew.), in der Prov. Leinster, 12 700 Ew.; alljährl. Opern-Festival; Handelsplatz; Schiffbau, Maschinen-, Textil- u. Nahrungsmittelindustrie (Käse-, Schweinefleisch- u. Malzherstellung); Tourismus; Seehafen; östl. von W. der Vorhafen *Rosslare* (Autofähre).

Weyden ['wɛidə], Rog(i)er van der, Roger de la *Pasture*, niederländ. Maler, *1399 oder 1400 Tournai, †18. 6. 1464 Brüssel; Sohn eines Bildhauers; spätestens 1436 Stadtmaler in Brüssel, 1449/50 in Italien. W.s Werk bildet im Rückgriff auf die Monumentalität der Hochgotik einen Höhepunkt der altniederländ. Malerei. In seinen Altarbildern treten Landschafts- u. Innenraumgestaltung u. Detailschilderung zurück hinter der Charakterisierung der Figuren in Ausdruck, Haltung u. Farbe. Darin u. mit der Einfügung der Formen in einen linienbetonten Kompositionszusammenhang wurde W.s Kunst für die nordische Malerei des späteren 15. Jh. vorbildlich. Hptw.: Kreuzabnahme um 1435–1440, Madrid, Prado; Marienaltar (2 Exemplare, eines davon in Berlin, Staatl. Museum; Teile des anderen in Granada, Capilla Real; New York, Metropolian Museum); Jüngstes Gericht mit den Stifterbildnissen des Kanzlers Rolin u. seiner Frau auf den Flügeln, um 1442–1450, Beaune bei Dijon, Hospital; Johannesaltar, Berlin, Staatl. Museum; Bladelin-Altar mit der Anbetung des Kindes, um 1450–1452, ebenda; Dreikönigs-Altar, um 1460, München, Alte Pinakothek. – B→Gotik. – L 2.4.5.

Weyer, Willi, Politiker (FDP) u. Sportführer, *16. 2. 1917 Hagen; Jurist; 1953/54 MdB, danach in der Landespolitik Nordrhein-Westfalens tätig, 1962–1974 Innen-Min.; seit 1974 Präs. des Dt. Sportbunds.

Weygand [vɛ'gã], Louis Maxime, französ. General, *21. 1. 1867 Brüssel, †28. 1. 1965 Paris; 1918 Stabschef von Marschall F. Foch, 1920 Berater des poln. Staatschefs J. Piłsudski im poln.-sowjet. Krieg. Im Mai 1940 nach dem Vormarsch der dt. Truppen in Frankreich zum Oberbefehlshaber der französ. Streitkräfte berufen, konnte W. die Kapitulation *(W.-Linie)* nicht verhindern u. bat um Waffenstillstand. Danach bis Sept. 1940 Verteidigungs-Min. der Vichy-Regierung. 1942–1945 in dt., bis 1946 in französ. Haft, 1948 rehabilitiert. W. schrieb u. a. „Mémoires" 3 Bde. 1950–1957; „En lisant les Memoires du Général de Gaulle" 1955 (gegen Ch. de Gaulle gerichtet).

Weyhe, Gemeinde im Kreis Diepholz (Niedersachsen), südwestl. von Bremen, 22 000 Ew.

Weyl, Hermann, Mathematiker, *9. 11. 1885 Elmshorn, †9. 12. 1955 Zürich; seit 1933 in Princeton; arbeitete über Grundfragen der Mathematik u. theoret. Physik, insbes. Relativitätstheorie.

Weymouthkiefer ['vaimu:t-; engl. 'wɛimǝθ-], *Pinus strobus* →Kiefer.

Weyrauch, Wolfgang, Schriftsteller, *15. 10. 1907 Königsberg, †7. 11. 1980 Darmstadt; prägte

Erstellung der Bordwetterkarte auf dem Forschungsschiff Meteor

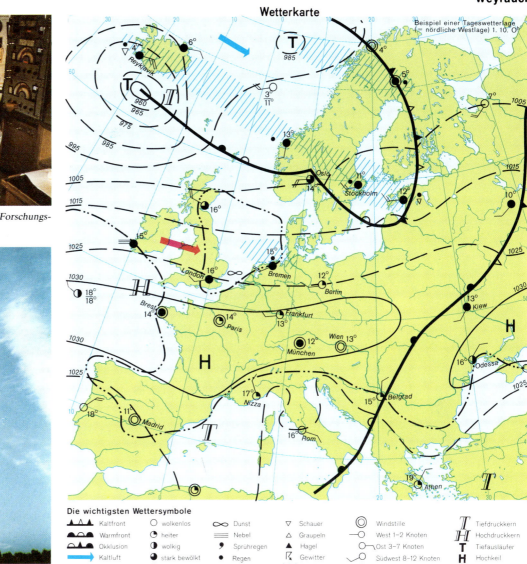

Wetterkarte

Beispiel einer Tageswetterlage (= nördliche Westlage) 1. 10. 0 h

Die wichtigsten Wettersymbole

Symbol	Bedeutung	Symbol	Bedeutung	Symbol	Bedeutung	Symbol	Bedeutung
▲▲▲	Kaltfront	○	wolkenlos	∞	Dunst	▽	Schauer
●●●	Warmfront	◐	heiter	≡	Nebel	△	Graupeln
▲●▲●	Okklusion	◑	wolkig	＇	Sprühregen	▲	Hagel
→ (blau)	Kaltluft	●	stark bewölkt	•	Regen	⚡	Gewitter
→ (rot)	Warmluft	●	bedeckt	✻	Schnee	∕∕∕	Niederschlagsgebiet

◎	Windstille
─○	West 1–2 Knoten
─○	Ost 3–7 Knoten
─○⌐	Südwest 8–12 Knoten
─○⌐⌐	Süd 23–27 Knoten

T	Tiefdruckkern
H	Hochdruckkern
T̄	Tiefausläufer
H̄	Hochkeil
– · · –	Luftmassengrenze

Federwolken Zirrus (Ci)

Grobe Schäfchenwolken Altokumulus (Ac)

Haufenwolken Kumulus (Cu)

Typische Gewitterwolke, Kumulonimbus (Cb)

nach 1945 das Schlagwort vom nötigen „Kahlschlag" in der dt. Gegenwartsliteratur; vereint formale Experimente mit polit. Engagement. Lyrik: „An die Wand geschrieben" 1950; „Die Spur" 1963. Erzähltes: „Der Main" 1934; „Die Liebenden" 1947; „Geschichten zum Weiterschreiben" 1969; „Wie geht es Ihnen?" 1971. Viele Hörspiele: „Die Minute des Negers" 1953; „Dialog mit dem Unsichtbaren" 1962. Essays.

Weyssenhoff, Józef Baron, poln. Schriftsteller, *8. 4. 1860 Kolano, †6. 7. 1932 Warschau; satir. Gesellschaftsromane: „Ein Übermensch" 1898, dt. 1902; „Die Affaire Dolega" 1902, dt. 1904; „Der Zobel u. die Fee" 1912, dt. 1937.

WEZ, Abk. für →Westeuropäische Zeit.

WG, Abk. für *Wechselgesetz* vom 21. 6. 1933 (geändert durch Gesetz vom 5. 7. 1934).

WGB, Abk. für →Weltgewerkschaftsbund.

Whangarei [waːŋaˈreɪ], Hafenstadt im N von Neuseeland, Viehumschlag, 30 700 Ew.

Wharton [wɔːtn], **1.** Edith, geb. *Newbold Jones*, US-amerikan. Schriftstellerin, *24. 1. 1862 New York, †11. 8. 1937 St.-Brice-sous-Forêt (Frankreich); schrieb unter dem Einfluß von H. *James* realist.-gesellschaftskrit. Romane aus der alten amerikan. Gesellschaft: „The House of Mirth" 1905; „Die Schlittenfahrt" 1911, dt. 1948; „Amerikan. Romanze" 1920, dt. 1939; „Die oberen Zehntausend" 1927, dt. 1931.
2. Thomas, engl. Anatom, *31. 8. 1614 Winston-on-Tees, Durham, †15. 11. 1673 London; nach ihm ist die *W.sche Sulze* benannt, das gallertige Grundgewebe der Nabelschnur.

Wheatstone [ˈwiːtstən], Sir Charles, engl. Physiker, *7. 2. 1802 Gloucester, †19. 10. 1875 Paris; konstruierte 1837 einen elektr. Nadeltelegraphen, maß die Fortpflanzungsgeschwindigkeit von Elektrizität in einem Leiter, führte den rotierenden Spiegel für Frequenzmessungen an schwingenden Körpern ein u. erfand die *W.sche Brücke*.

Wheatstonesche Brücke [ˈwiːtstən-], elektr. Meßgerät, bei dem ein Schieber auf einem Widerstandsdraht so verschoben wird, bis das *Nullinstrument* (empfindl. Galvanometer) in der „Brücke" keinen Strom mehr anzeigt. Es verhält sich dann $R_x : R = l_1 : l_2$.

Wheeling [ˈwiːlɪŋ], Stadt in West Virginia (USA), am Ohio, 47 500 Ew. (Metropolitan Area 157 000 Ew.); Kohlenabbau, Eisen-, Stahl-, Papier- u. Glasindustrie; Erdgasquellen.

Whichcote [ˈwɪtʃkout], Benjamin, engl. Philosoph, *4. 5. 1609 Stoke, Shropshire, †1683 London; Mitgl. der *Schule von Cambridge*, vertrat in ihr die theologisch-rationalistische Richtung. Werke: „Discourses" 1701; „Moral and Religious Aphorisms" 1703.

Whickham [ˈwɪkəm], Stadt am Derwent, südwestl. von Newcastle upon Tyne in Nordengland, 28 000 Ew.; Steinkohlengruben, Stahl-, Eisen- u. chem. Industrie.

Whigs [wɪgz], **1.** eine der beiden alten brit. Parteien (Gegenpartei: *Tories*). Der Name (ursprüngl. ein schott. Schimpfwort für Pferdediebe) kam 1679 auf u. bezeichnete die Gegner der kath. Stuarts. In der „Glorreichen Revolution" 1688/89 sahen die W. ihre Vorstellungen von einer prot. konstitutionellen Monarchie verwirklicht. Gestützt auf das städt. Handelsbürgertum u. einen Teil des Landadels, waren sie im 18. Jh. lange Zeit Regierungspartei. Im 19. Jh. entstand aus ihnen die moderne Liberale Partei.
2. polit. Partei in den USA seit etwa 1828; Gegner der Demokraten; stellte u. a. die Präsidenten Z. *Taylor* u. M. *Fillmore*; ging in den 1850er Jahren in der Republikan. Partei auf.

Whipcord [der; engl.], gabardineähnl. Gewebe

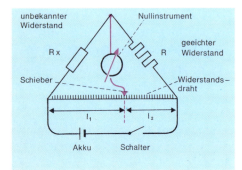

Wheatstonesche Brücke: Schaltschema

mit bes. stark hervortretenden Köpergraten durch sehr dichte Kett- u. lose Schußeinstellung; hergestellt aus Wollkammgarn, Halbwolle oder Baumwolle für Sport- u. Berufskleidung.

Whippet, *englisches Windspiel,* eine Hunderasse, dem *Greyhound* ähnlich, aber kleiner; kurzhaarig (selten rauhhaarig); intelligent, schnell, wird für →Windhundrennen gezüchtet.

Whipple [wɪpl], George Hoyt, US-amerikan. Pathologe, *28. 8. 1878 Ashland, N. H., †1. 2. 1976 Rochester, N. Y.; entdeckte zusammen mit G. *Minot* u. W. P. *Murphy* die Leberbehandlung der perniziösen Anämie; Nobelpreis für Medizin 1934.

Whisker [ˈwɪs-; der; engl.], sehr feiner, fadenartig gewachsener organischer oder anorganischer Einkristall von großer Zugfestigkeit. Die Dicke beträgt etwa 1 μm.

Whisky [der; engl.], ein Branntwein, in Schottland aus Gerste *(Scotch W.)*, in Amerika bes. aus Mais *(Bourbon Whiskey)* gebrannt, mit 43–44 Vol.-% Alkohol u. darüber; häufig mit Zusatz von kohlensäurehaltigem Wasser genossen *(W.-Soda)*. Seine typisch goldgelbe Farbe u. seinen rauchigen Nachgeschmack erhält der W. bei seiner langjährigen Lagerung in angekohlten Eichenholzfässern.

Whist [das; engl.], ein mit französ. Karten (52 Blatt) gespieltes Kartenspiel für vier Personen, von denen je zwei Partner sind.

Whistler [ˈwɪslər], James Abbott McNeill, US-amerikan. Maler u. Graphiker, *10. 7. 1834 Lowell, Mass., †17. 7. 1903 London; seit 1859 abwechselnd in London u. Paris tätig; entwickelte in Landschaften, Bildnissen u. Radierungen einen durch klare Flächengliederung u. einfache Umrißführung gekennzeichneten Stil, der Einflüsse des japan. Farbholzschnitts verarbeitete. Seit 1875 machte sich zunehmend impressionist. Formauflösung bemerkbar, deutl. vor allem in den 1877 in London ausgestellten „Nocturnes". W. schrieb „The Gentle Art of Making Enemies" 1890.

White [waɪt], **1.** Clarence H., US-amerikan. Photograph, *1871 Ohio, †1925 Mexiko; 1902 mit Alfred *Stieglitz* Begründer der *Photosezession*; schuf als Meister des *Pictorialismus* in idealisierender Manier Bilder von gemäldeartiger Wirkung.
2. Patrick, austral. Schriftsteller, *28. 5. 1912 London; seine Romane geben ein umfassendes Bild des modernen austral. Lebens: „Zur Ruhe kam der Baum des Menschen nie" 1955, dt. 1957; „Voss" 1958, dt. 1958; „Die im feurigen Wagen" 1961, dt. 1969; auch Dramen u. Lyrik. Nobelpreis 1973.

Whitefield [ˈwaɪtfiːld], George, engl. Erweckungsprediger, *16. 12. 1714 Gloucester, †30. 9. 1770 Newburyport, Mass.; wirkte zunächst in enger Verbindung mit John *Wesley* führend in der methodist. Erweckungsarbeit in England, Schottland, Irland u. bes. in Nordamerika, später mehr kalvinist. ausgerichtet.

Whitehall [ˈwaɪthɔːl], von Regierungsgebäuden gesäumte Straße in London; führt vom Trafalgar Square zum Parlament; benannt nach dem 1697 abgebrannten Königspalast.

Whitehaven [ˈwaɪtheɪvn], Hafenstadt in der westengl. Grafschaft Cumbria, an der Irischen See, 27 000 Ew.; Kohlen- u. Eisenerzabbau, Eisen-, Schiffs- u. Maschinenindustrie.

Whitehead [ˈwaɪthɛd], Alfred North, engl. Philosoph u. Mathematiker, *15. 2. 1861 Ramsgate, Kent, †30. 12. 1947 Cambridge, Mass. (USA); begründete mit B. *Russell* die moderne *Logistik*, wandte sich dann naturphilosoph. u. metaphys. Fragen zu. Hptw.: „Principia Mathematica" 1910–1913 (mit B. *Russell*); „An Enquiry Concerning the Principles of Natural Knowledge" 1919; „The Concept of Nature" 1920; „Science and the Modern World" 1926; „Process and Reality" 1929; „The Function of Reason" 1929; „Adventures of Ideas" 1933; „Philosophie u. Mathematik" 1947, dt. 1949.

Whitehorse [ˈwaɪthɔːs], Hauptort des kanad. Yukonterritoriums, 5500 Ew.; am Alaska Highway; Bahnendpunkt von Skagway (Südalaska).

White House [waɪt 'haus] →Weißes Haus.

Whitelaw [ˈwaɪtlɔː], William, brit. Politiker (Konservativer), *28. 6. 1918 Edinburgh; 1972/73 Min. für Nordirland, 1973/74 Arbeits-Min., seit 1979 Innen-Min.

Whiteman [ˈwaɪtmən], Paul, US-amerikan. Jazzmusiker (Bandleader), *28. 3. 1890 Denver, Colo., †29. 12. 1967 Doylestown, Pa.; brachte 1924 die „Rhapsody in Blue" von G. *Gershwin* zur Uraufführung; seine Tanz- u. Unterhaltungsmusik wurde „sinfonischer Jazz" genannt.

White Mountains [waɪt ˈmauntɪnz], **1.** Bergzug in den nordamerikan. Appalachen, im *Mount Washington* 1917 m.
2. Kette der Rocky Mountains u. Indianerreservat, östl. der Sierra Nevada, an der Grenze der USA-Staaten Nevada u. Kalifornien, bis 4341 m.

White Plains [waɪt ˈpleɪnz], Stadt im USA-Staat New York, nördl. von New York, 50 700 Ew.

White River [waɪt ˈrɪvə], **1.** rechter Nebenfluß des Mississippi in den USA, rd. 1100 km, entspringt im Ozark Plateau, mündet oberhalb der Arkansasmündung.
2. rechter Nebenfluß des Missouri in Nebraska u. South Dakota (USA), an den Ufern große Badlands, mündet in den Fort-Randall-Stausee.
3. linker Nebenfluß des *Wabash* in Indiana (USA), 480 km.

Whitlam [ˈwɪtləm], Gough, austral. Politiker (Labour), *11. 7. 1916 Melbourne; Anwalt, 1967 Oppositionsführer, 1972–1975 Premierminister.

Whitman [ˈwɪtmən], Walt(er), US-amerikan. Schriftsteller, *31. 5. 1819 West Hills bei Huntington, N. Y., †26. 3. 1892 Camden, N. Y.; Autodidakt; nach journalist. Tätigkeit in New York trat er 1855 mit den Gedichten „Grashalme" (dt. 1889) hervor. In ihnen schuf er eine Lyrik von neuem Sprachgefühl (freie Rhythmen, unkonventionell kühne Wortgebung) u. neuer geistiger Haltung (Verherrlichung des Ichs als seelisch-sinnl. Ganz-

Walt(er) Whitman um 1865

heit, in der sich der demokrat. Mensch verkörpert: „Song of Myself"). Dem hier herrschenden Pathos eines lebensgläubigen Optimismus tritt in den späteren, erweiterten Ausgaben des Werks (1891) die Gestaltung der Todeserfahrung entgegen. W. hat der Dynamik u. dem expansiven Menschheitsglauben des Amerikaners den gültigsten Ausdruck verliehen (Essays „Demokrat. Ausblicke" 1871, dt. 1948). Seine Dichtung wirkte auch stark auf Europa. – ▢ 3.1.4.

Whitney, *Mount W.* [maunt ˈwɪtnɪ], höchster Berg der nordamerikan. Sierra Nevada u. der USA, 4418 m. Sternwarte, geophysikal. Observatorium.

Whittier [ˈwɪtjər], Stadt im südl. Kalifornien (USA), Wohnort in der Agglomeration von Los Angeles, 73 100 Ew.; Quäkerzentrum; landwirtschaftl. Mittelpunkt; Bau von Ausrüstungen für die Erdölexploration; Luftfahrtzubehör- u. Konservenindustrie; Flugplatz.

Whittier [ˈwɪtjər], John Greenleaf, US-amerikan. Schriftsteller, *17. 12. 1807 Haverhill, Mass., †7. 9. 1892 Hampton Falls, N. H.; kämpfte als Journalist gegen die Sklaverei (poet. Niederschlag: „Voices of Freedom" 1846); Lyrik über Geschichte u. Landschaft Neuenglands: „Snow-Bound" 1866.

Whitworth [ˈwɪtwəθ], Joseph, engl. Ingenieur, *21. 12. 1803 Stockport bei Manchester, †22. 1. 1887 Monte Carlo; entwickelte erstmals ein einheitliches Gewindesystem, das nach ihm benannt u. teils noch heute verwendet wird.

WHO, Abk. für engl. *World Health Organization,* →Weltgesundheitsorganisation.

„Who's Who?" [ˈhuːz ˈhuː; engl.] →„Wer ist wer?"

Whyalla [waɪˈælə], Hafenstadt in Südaustralien, am Spencergolf, 32 000 Ew.; Eisenerzausfuhr u. -verhüttung (Erz von *Iron Knob* u. *Iron Monarch*); Werftindustrie; neue Bahn nach Port Augusta.

Whymper [ˈwɪmpə], Edward, engl. Bergsteiger, *27. 4. 1840 London, †16. 9. 1911 Chamonix; bestieg als erster 1865 das Matterhorn, erforschte die

Montblanc-Gruppe, Grönland u. die Anden von Ecuador.

Wibbelt, Augustin, westfäl. Mundartdichter, *19. 9. 1862 Vorhelm, †14. 9. 1947 Vorhelm; kath. Pfarrer, seit 1909 Hrsg. des Volkskalenders „De Kiepenkerl", schrieb meist in Münsterländer Platt. Lyrik: „Mäten-Gaitlink" 1909.

Wiberg-Verfahren →Direktreduktion.

Wiborg, gelegentl. dt. Bez. für *Wyborg*.

Wicelius, Georg →Witzel, Georg.

Wichard [ahd. *wig*, „Kampf", + *hart*, „stark, kühn"], männl. Vorname.

Wichern, Johann Hinrich, ev. Theologe, *21. 4. 1808 Hamburg, †7. 4. 1881 Hamburg; gründete in Hamburg-Horn 1833 das →Rauhe Haus, gab mit seiner Rede auf dem Kirchentag in Wittenberg 1848 den Anstoß zur Gründung des „Centralausschusses für die innere Mission der dt. ev. Kirche"; bemühte sich um eine Gefängnisreform u. lenkte den Blick der Öffentlichkeit auf die soziale Frage. Schriften: „Notstände der prot. Kirche" 1844; „Die innere Mission der dt. evangelischen Kirche" 1849.

Wichert, Ernst, ostpreuß. Erzähler, *11. 3. 1831 Insterburg, †21. 1. 1902 Berlin; Richter; schrieb „Litauische Geschichten" 2 Bde. 1881–1890; ferner Dramen u. viele histor. Romane.

Wichita ['witʃitɔ:], nordamerikan. Indianerstamm, →Caddo.

Wichita ['witʃitɔ:], Stadt in Kansas (USA), am Arkansas, 264000 Ew. (Metropolitan Area 338000 Ew.); Universität (1926); Mühlen-, Fleischwaren-, Maschinen- u. Flugzeugindustrie (Boeing).

Wichita Falls ['witʃitɔ: 'fɔ:lz], Stadt in Texas (USA), 97000 Ew. (Metropolitan Area 117000 Ew.); Erdöl- u. Gasquellen, landwirtschaftl., chem. u. a. Industrie.

Wichmann, Graf von Seeburg, Erzbischof von Magdeburg (seit 1152), *um 1110, †25. 8. 1192 Könnern; unterstützte die Politik *Friedrich Barbarossas*, Vermittler im Frieden von Venedig (1177) zwischen Kaiser u. Papst; förderte die Besiedlung des Magdeburger Raums durch dt. Bauern u. Handwerker; ließ das älteste Magdeburger Stadtrecht aufzeichnen.

Wichs [der], Tracht der farbentragenden Verbindungsstudenten bei bes. Anlässen.

Wichse [von *Wachs*], gefärbte Pasten aus Hartwachsen, Paraffin u. a., in Terpentinöl oder ähnl. Ersatzprodukten gelöst, zur Lederpflege.

Wichte [die], *spezifisches Gewicht, Artgewicht*, Formelzeichen γ, das Verhältnis von *Normalgewicht* G_n (Gewicht bei Normalfallbeschleunigung $g_n = 9{,}80665\ \mathrm{m/s^2}$) eines Körpers zu seinem Volumen V:

$$\gamma = \frac{G_n}{V}.$$

Die W. wird in $\mathrm{N \cdot m^{-3}}$ (Newton pro Kubikmeter), $\mathrm{p/cm^3}$ u. ä. gemessen. Zwischen Wichte γ u. Dichte ϱ eines Körpers besteht die Beziehung: $\gamma = g_n \cdot \varrho$.

Wick, Hptst. der ehem. nordschott. Grafschaft *Caithness*, an der Mündung des W. in die Nordsee, 8000 Ew.; Fischereihafen.

Wicke, *Vicia*, artenreiche Gattung der *Schmetterlingsblütler*. Hauptverbreitung in den gemäßigten Zonen der nördl. Hemisphäre u. in den südamerikan. Anden. Meist mit Wickelranken kletternde Kräuter mit schön gefärbten Blüten. Die nicht kletternden Arten haben Stachelspitzen an den Blättchen. Angebaut werden bei uns: auf armen Böden die *Futter-W.*, *Vicia sativa*, mit violetter Fahne u. roten Flügeln, Anbau allein oder im Gemenge mit Hafer, Gerste u. Erbsen. Auf Sandböden wird gelegentl. die *Zottige W.*, *Pelluschke*, *Vicia villosa*, desgleichen die *Linsen-W.*, *Vicia ervilia*, kultiviert. Ebenfalls angebaut wird die *Dicke Bohne* oder →Pferdebohne. Wild wachsen u. a. die *Vogel-W.*, *Vicia cracca*, mit rötlich-violetten Blüten; *Zaun-W.*, *Vicia sepium*, mit schmutzigvioletten Blüten; *Rauhhaarige W.*, *Vicia hirsuta*, mit bläulich-weißen Blüten. Eingebürgert ist auch die *Ungarische W.*, *Vicia pannonica*, verwildert in Süd-Dtschld. gelegentl. die asiat. *Maus-W.*, *Vicia narbonensis*.

Wickede (Ruhr), Gemeinde in Nordrhein-Westfalen (Ldkrs. Soest), an der Ruhr, 11500 Ew.; Eisen- u. Metallwarenindustrie, Röhrenwerke.

Wickelbär, *Kinkaju*, *Potos flavus*, ein ca. 50 cm langer *Vorbär*, der als einzige Art die Unterfamilie der *W.en*, *Cercoleptinae*, repräsentiert, mit überkörperlangem, echtem Greifschwanz, „Mopsgesicht" u. „Dackelbeinen"; die Zehen sind zur Hälfte miteinander verwachsen; der weiche, glänzende Pelz kann verschiedenste Farbvarianten annehmen. Der W. klettert gewandt in den höchsten Baumkronen, um mit schmaler, 15 cm langer Zunge die Stöcke wilder Bienen auszulecken, die er vorher mit den scharfen Krallen aufreißt; nimmt auch Eier u. Vögel. Er ist in allen Urwäldern Mittel- u. Südamerikas verbreitet. Wird sehr zahm.

Wickelgamasche, Wickelbinde, Beinbekleidung in Form einer Streifenbinde.

Wickelwatte, ein Faserstoffhalbzeug, verhältnismäßig breite Faserlängsverbände mit mehr oder weniger parallelgerichteten Fasern.

Wickenburg, 1. Alfred, österr. Maler u. Graphiker, *26. 7. 1885 Gleichenberg; Mitbegründer der Grazer Sezession. Glasfenster in Seckau, Fresken im Theatersaal der Arbeiterkammer, Graz.

2. Erik, Pseudonym Robert *Steiner*, österr. Schriftsteller, *19. 1. 1903 Kasern-Salzburg; Redakteur; schrieb Romane, Skizzen u. andere Prosa: „Farben einer Kinderlandschaft" 1932; „Barock u. Kaiserschmarren" 1961.

Wickert, Erwin, Schriftsteller u. Diplomat, *7. 1. 1915 Bralitz, Mark Brandenburg; 1971–1976 Botschafter in Bukarest, 1976–1980 in Peking; schrieb Hörspiele („Cäsar u. der Phönix" 1956; „Robinson u. seine Gäste" 1960), histor.-dokumentar. Romane („Der Auftrag" 1961; „Der Purpur" 1965).

Wickhoff, Franz, österr. Kunsthistoriker, *7. 5. 1853 Steyr, †6. 4. 1909 Venedig; führte die quellenkritische Arbeit in die Kunstgeschichte ein.

Wicki, Bernhard, Theater- u. Filmschauspieler u. Filmregisseur, *28. 10. 1919 St. Pölten; spielte in Bremen, Basel, Zürich u. München; Regie in „Die Brücke" 1960; „Der Besuch" 1964; „Morituri" 1965; „Die Eroberung der Zitadelle" 1976.

Wickler, *Blatt-W.*, *Blüten-W.*, *Tortricidae*, eine Familie unscheinbarer Kleinschmetterlinge, deren Larven sich in zusammengesponnenen Blättern oder Blütenanlagen entwickeln. Zu den W.n gehört eine Reihe gefürchteter Schädlinge, z. B. *Eichen-W.*, *Trauben-W.*, *Pflaumen-W.*, *Apfel-W.*, *Erbsen-W.* u. *Kieferntrieb-W.*

Wicklow ['wiklɔu], irisch *Cill Mhanntáin*, Hptst. der ostirischen Grafschaft W. (2025 qkm, 66300 Ew.), in der Prov. Leinster, 3340 Ew.; Hafen an der Irischen See.

Wicklow Mountains ['wiklɔu 'mauntinz], Bergland, südl. von Dublin (Rep. Irland), bis 926 m.

Wicklung, auf einen Trag- oder Stützkörper aufgewundener Faserlängsverband (Faserverband, Vorgarn, Garn, Monofil [Chemie-Endlosgarn aus nur einem Elementarfaden] u. ä.), je nach Form u. Verlauf des Fadens unterschieden in Parallel-, Kreuz-, Kops-, Spiral-W.

Wickram, Jörg, Dichter, *um 1505 Colmar, †vor 1562 als Stadtschreiber in Burgheim, Elsaß; gründete 1549 eine Meistersingerschule in Colmar, schrieb in bürgerl. Geist die ersten selbständigen dt. Prosaromane („Gabriotto u. Reinhard" 1551; „Der jungen Knaben Spiegel" 1554; „Der Goldfaden" 1557), die Schwanksammlung „Das Rollwagenbüchlein" 1555, Fastnachtsspiele („Das Narrengießen" 1538) u. bibl. Schauspiele („Spiel von dem verlorenen Sohn" 1540); auch Hrsg. älterer Literatur (*Ovid*, Th. *Murner*).

Wickrath, ehem. Gemeinde in Nordrhein-Westfalen, südl. von Rheydt, seit 1975 Ortsteil von Mönchengladbach.

Wicksell, Knut, schwed. Nationalökonom, *20. 12. 1851 Stockholm, †3. 5. 1926 Stocksund; trat auf dem Gebiet der Bevölkerungslehre (Neomalthusianismus), Verteilungs- u. Geldtheorie (Zinsspannenlehre, monetäre Konjunkturtheorie) hervor. Hptw.: „Über Wert, Kapital u. Rente" 1893; „Geldzins u. Güterpreise" 1898; „Vorlesungen über Nationalökonomie auf Grundlage des Marginalprinzipes" 2 Bde. 1901–1906, dt. 1913–1922.

Wiclif, *Wyclif*, John, engl. Kirchenreformer, *um 1330, †31. 12. 1384 Lutterworth; Prof. in Oxford, seit 1374 Pfarrer in Lutterworth. W. entwickelte in zahlreichen Schriften u. Predigten seine Lehren von Prädestination, Armutsideal, Demut, Gottes- u. Nächstenliebe. Die Bibel war ihm die einzige Glaubensquelle; als wahre Kirche betrachtete er die Gesamtheit der zur Seligkeit Prädestinierten; Papsttum, Mönchtum, Hierarchie, Güterbesitz der Kirche, Ohrenbeichte u. Zölibat lehnte er ab; die kirchl. Lehre über Meßopfer, Sakramente, Heiligen- u. Reliquienverehrung verwarf er. W. begann eine Bibelübersetzung ins Englische. Seine Ideen lebten in den Kreisen der *Lollarden* fort. Nach Niederwerfung des Bauernaufstands von 1381 unternahmen engl. Bischöfe energische Schritte zur Eindämmung der kirchen- u. sozialkritischen Bewegung. Doch konnte auch die nach dem Tod W.s einsetzende blutige Verfolgung die Lollarden nicht vollständig unterdrücken. W.s Lehren wurden von J. *Hus* übernommen u. mit Sätzen aus dessen Schriften vom Konzil zu Konstanz 1415 verurteilt.

Widahfinken, *Diatropura*, durch die langen Schwanzfedern den *Witwen* ähnelnde echte →Webervögel. In Ost- u. Südafrika.

Widal, Fernand, französ. Mediziner, *9. 3. 1862 Dellys, Algerien, †14. 1. 1929 Paris; führte die Typhus-Schutzimpfung im 1. Weltkrieg ein; bekannt durch die nach ihm u. M. von *Gruber* benannte *Gruber-W.sche Reaktion* (1896).

Widder, 1. *Astronomie:* *Aries*, Sternbild des Tierkreises am nördl. Himmel, Hauptstern: Hamal.

2. *Wehrtechnik:* →Kriegsmaschinen.

3. *Zoologie:* männl. Schaf, Schafbock.

Widderchen, *Zygaenidae*, Familie tagsüber fliegender Falter aus der Verwandtschaft der *Eulen* u. *Zahnspinner*, auffällig schwarz, gelb u. rot gezeichnet, in rd. 1000 Arten weltweit verbreitet; u. a. *Blutströpfchen*, *Steinbrechschwärmer*.

Widerbart, *Epipogium*, Gattung der *Orchideen*. In Dtschld. der *Blattlose W. (Ohnblatt, Epipogium aphyllum)*, selten, in schattigen feuchten Wäldern.

Widerdruck →Werkdruck.

Widerklage, 1. *Strafprozeß:* entsprechend wie bei der →Privatklage. Im österr. Strafprozeß keine W.

2. *Zivilprozeß:* Klage des Beklagten gegen den Kläger, zulässig nur, wenn sie mit dem Klageantrag oder mit den gegen diesen vorgebrachten Verteidigungsmitteln im Zusammenhang steht; zu unterscheiden von der →Vollstreckungsgegenklage u. der →Widerspruchsklage. – Ähnlich in Österreich (§§ 233 Abs. 2, 391, 411 ZPO). Die W. ist auch im Zivilprozeßrecht aller Schweizer Kantone u. im Verfahren vor dem Bundesgericht in Lausanne zulässig.

Widerlager, *Bautechnik:* die eine Wölbkonstruktion stützenden Mauerwerksteile; bei Brücken die Endpfeiler; übertragen den Auflagerdruck in den Baugrund.

Wideröe [-rø:], Rolf, norweg. Physiker, *11. 7. 1902 Oslo; lebt in der Schweiz; bes. Verdienste um den Bau von Teilchenbeschleunigern u. kernphysikal. Apparaturen. W. entwickelte das Prinzip der Vielfachbeschleunigung, auf dem der Linearbeschleuniger u. darüber hinaus alle Kreisbeschleuniger beruhen. Er schlug 1943 die Verwendung von Speicherringen bei Beschleunigern zur Steigerung ihrer Energie vor.

Widerrist, der vordere Teil des Rückens der Säugetiere, bes. ausgebildet bei Kuh u. Pferd; seine knöcherne Grundlage bilden bes. die ersten 12 Brustwirbel mit den Dornfortsätzen.

Widerruf, 1. *Beamtenrecht:* die jederzeit mögliche Aufhebung des Beamtenverhältnisses eines *W.sbeamten (Beamter auf W.)* durch dessen Dienstvorgesetzten.

2. *bürgerliches Recht:* die Zurücknahme einer Willenserklärung bzw. eines Auftrags, Darlehnsversprechens oder Testaments oder einer Schenkung oder Vollmacht. – W. im österr. bürgerl. Recht gibt es von der Anweisung (§ 1403), Auslobung (§ 860a), Enterbung (§ 772), Schenkung (§§ 946ff., 1487), Vollmacht (§§ 1020, 1025), Erbvertrag (§ 1254) u. dem letzten Willen (§§ 717ff. ABGB) sowie den W. der Privatklage (§ 530 StG). – In der Schweiz gibt es W. des Vertragsantrags bzw. seiner Annahme (Art. 9 OR), der Vollmacht (Art. 34, 465, 470, 565 OR), der Schenkung (Art. 249ff. OR), des Auftrags (Art. 404 OR), der einem Gesellschafter übertragenen Geschäftsführung (Art. 539, 557, 598 OR), der letztwilligen Verfügung (Art. 509ff. ZGB); ferner bei gewissen Verträgen handelsrechtl. Art.

3. *Verwaltungsrecht:* die Aufhebung von rechtmäßigen →Verwaltungsakten durch die Behörde, unbeschränkt zulässig nur bei belastenden Verwaltungsakten, bei begünstigenden dagegen regelmäßig nur bei bes. *W.svorbehalt*, bei der Nichterfüllung von Auflagen u. – in beschränktem Rahmen – bei nachträglicher Änderung der Rechts- oder Sachlage. →auch Rücknahme.

Widerspruch, 1. *Denken:* extreme Form des Gegensatzes, bei dem sich absolute Bejahung u. absolute Verneinung (im Satz) oder absoluter Ausschluß (im Begriff) gegenüberstehen. Der W. spielt in der traditionellen Philosophie, vor allem in der →Dialektik, eine wichtige Rolle. – *Satz des W.s* (auf *Aristoteles* zurückgehend): „Etwas kann nicht zugleich u. in gleicher Hinsicht sein u. nicht sein, so

Widerspruchsklage

sein u. anders sein, so gedacht werden u. anders gedacht werden, gut bewertet oder negativ bewertet werden, usw." *W.sfreiheit* eines Systems: aus den vorgegebenen Axiomen dürfen sich nicht zwei sich widersprechende Aussagen ableiten lassen.

2. *Liegenschaftsrecht*: der Hinweis auf die Unrichtigkeit einer Grundbucheintragung, bedarf zur Rechtswirksamkeit (u. a. Durchbrechung der →öffentlichen Glaubens) seinerseits der Eintragung in das Grundbuch. Diese erfolgt bei Unrichtigkeit des Grundbuchs infolge gesetzwidriger Eintragung durch das Grundbuchamt von Amts wegen *(Amts-W.)*, sonst aufgrund gerichtl. einstweiliger Verfügung oder Bewilligung des Betroffenen (§§ 53 Grundbuchordnung, 899, 892 BGB).

3. *Verwaltungsgerichtsbarkeit*: das Rechtsmittel, mit dem das Vorverfahren bei Anfechtungs- u. Verpflichtungsklagen eingeleitet wird. Aufgrund der Verwaltungsgerichtsordnung des Bundes von 1960 ist der W. an die Stelle von *Beschwerde* u. *Einspruch* getreten. Mit der Einlegung des W.s wird in der Regel die Wirksamkeit des angefochtenen Verwaltungsakts aufgeschoben. Der W. ist ein Rechtsbehelf gegen jede Art von Verwaltungsakten, der zunächst bei der Behörde, die den Verwaltungsakt erlassen hat, oder bei der nächsthöheren Behörde einzulegen ist; erst bei (auch teilweisem) Beharren der Behörden auf dem Verwaltungsakt bzw. ihrer fortgesetzten Untätigkeit trotz des W.s ist Klage vor dem Verwaltungsgericht zulässig. Der W. ist binnen eines Monats bei der Behörde einzulegen, bei der er angebracht wird. – ▫ 4.1.8.

4. *Wohnungsmietrecht*: das Recht des Mieters zum W. gegen eine Kündigung, wenn die vertragsmäßige Beendigung des Mietverhältnisses für den Mieter oder seine Familie eine Härte bedeuten würde, die auch unter Würdigung der berechtigten Interessen des Vermieters nicht zu rechtfertigen ist (→Sozialklausel). →auch Kündigungsschutz (2).

5. *Zivilprozeßrecht*: der mit Gründen versehene Rechtsbehelf gegen den Mahnbescheid im →Mahnverfahren (§ 694 ZPO) oder gegen die Anordnung eines →Arrests oder →einstweiligen Verfügung (§§ 924, 936 ZPO), wenn diese in Form eines *Beschlusses* erlassen worden sind.

Widerspruchsklage, *Interventionsklage, Drittwiderspruch,* ein Rechtsbehelf, durch den die von einer →Zwangsvollstreckung betroffenen Dritten geltend machen können, daß sie dadurch in ihren Rechten verletzt werden, z. B. weil ihnen an einem Gegenstand, der der Zwangsvollstreckung unterworfen wurde, ein die Veräußerung hinderndes Recht zusteht (z. B. §§ 771 ff. ZPO). – Ähnlich in Österreich (Exszindierungs-, Aussonderungs-, Entrückungsklage, § 37 Exekutionsordnung). – Ähnlich auch in der Schweiz (Art. 106 ff. u. Art. 242 des Bundesgesetzes über Schuldbetreibung u. Konkurs von 1889); die zuständigen Gerichte für die W. (Art. 106 ff.) u. die *Aussonderungsklage* (Art. 142) werden von den Kantonen benannt.

Widerstand, 1. *Elektrizitätslehre*: das Verhältnis von Spannung (in Volt) zu Strom (in Ampere) in einem Stromkreis *(Ohmsches Gesetz)*. Maßeinheit ist das Ohm. Der Kehrwert des W.s wird *Leitwert* genannt. Jedes Material besitzt einen *spezifischen W.*, der bei Metallen mit der Temperatur ansteigt. Bei einigen anderen Werkstoffen, z. B. Kohlenstoff, ist es umgekehrt (Heißleiter). Bei Wechselstrom kommt zum Ohmschen W., auch *Wirk-W.* oder *Resistanz* genannt, der induktive oder kapazitive *Blind-W.* (auch *Reaktanz*) hinzu. Der Blind-W. ist von der Frequenz abhängig; er verbraucht keine Leistung, nimmt aber einen Teil der angelegten Spannung auf. Wirk-W. u. Blind-W. bilden zusammen den *Schein-W.* (auch *Impedanz*). Der W. einer Spannungsquelle (Generator, galvan. Element, Elektronenröhre) wird *Innen-W.* genannt. Der *Wellen-W.*, kennzeichnende Größe von Fernmeldeleitungen, ist von deren Querschnittsabmessungen, jedoch nicht von der Länge abhängig.

Widerstände als Bauteile gibt es in vielen Ausführungen: z. B. als *Draht-W.* (Heiz-W., Anlasser-W., Meß-W.) oder als *Schicht-W.*, bei denen ein Keramikröhrchen mit einer Kohleschicht versehen ist. *Regel-Widerstände* haben einen verschiebbaren Kontakt, in Spannungsteiler-Schaltungen nennt man sie →Potentiometer.

2. *Strafrecht*: 1. *W. gegen die Staatsgewalt,* die gewalttätige oder mit Gewaltanwendung drohende Widersetzlichkeit gegen die rechtmäßige Amtsausübung eines Beamten oder Soldaten der Bundeswehr, der zur Vollstreckung von Gesetzen, Rechtsverordnungen, Urteilen, Gerichtsbeschlüssen oder Verfügungen berufen ist; ferner gegen die zur Unterstützung eines solchen Beamten hinzugezogenen Personen. Strafbar nach §§ 113, 114 StGB. Strafschärfung bei Waffengebrauch oder Herbeiführung einer bes. Gefahr für den Angegriffenen. – Ähnlich in Österreich nach § 269 StGB; Schweiz: Art. 285 StGB (die Schweiz stellt das Erfordernis der Rechtmäßigkeit der Amtsausübung nicht ausdrückl. auf). – 2. *Forst-W.,* W. gegen einen Forst-, Jagd- oder Fischereibeamten; früher nach § 117 StGB, heute nur noch nach den allg. Vorschriften strafbar.

Widerstandsbewegung, Sammelbez. für polit. u. weltanschaul. Gruppen u. Kreise, die Hitler u. den Nationalsozialismus bekämpften.

In Deutschland gab es bürgerl. Widerstandsgruppen um C. *Goerdeler* (u. a. J. *Popitz*, U. von *Hassell*) u. H. J. von *Moltke* (→Kreisauer Kreis), Zellen der früheren freien u. christl. Gewerkschaften (u. a. W. *Leuschner*, J. *Kaiser*, Bernhard Letterhaus [* 1894, † 1944]), der Sozialdemokraten (u. a. J. *Leber*, A. *Reichwein*), der Kommunisten (→Rote Kapelle) ebenso wie Kreise der kath. (u. a. E. *Klausener*, C. A. von *Galen*, Bernhard *Lichtenberg* [* 1875, † 1943], R. *Mayer*) u. der ev. Kirche (M. *Niemöller*, D. *Bonhoeffer*). Alle diese Gruppen (mit Ausnahme der kommunist.) blieben ohne ausländ. Hilfe. Angesichts der weitgehenden Perfektion des nat.-soz. Machtstaats richtete sich die Hoffnung vielfach auf die Opposition der Militärs (u. a. L. *Beck*, W. *Canaris*, H. *Oster*, E. von *Witzleben*, E. *Rommel*, K. H. von *Stülpnagel*, Henning von *Tresckow* [* 1901, † 1944], C. Graf Schenk von *Stauffenberg*), da man bei ihnen am ehesten Möglichkeiten sah, gegen Hitler vorzugehen u. dennoch ein Chaos zu vermeiden.

Schon im Sept. 1938 u. dann wieder Anfang Nov. 1939 bestanden konkrete Pläne, die jedoch nicht verwirklicht werden konnten, da die (außenpolit. bzw. personellen) Voraussetzungen im entscheidenden Augenblick nicht ausreichten. Nach mehreren vergebl. Attentatsversuchen, zunächst mit dem Ziel der Festnahme, dann mit dem der Beseitigung Hitlers, unternahm dann Stauffenberg am 20. 7. 1944 im Hauptquartier bei Rastenburg in Ostpreußen einen Bombenanschlag auf Hitler. Da dieser überlebte, war die eingeleitete Umsturzbewegung zum Scheitern verurteilt. Einige Führer der W. wurden sofort standrechtl. erschossen; der Volksgerichtshof fällte in den folgenden Monaten Hunderte von Todesurteilen gegen Mitglieder aller Widerstandsgruppen. □ 5.4.5.

In den während des 2. Weltkriegs von dt. u. italien. Truppen besetzten Ländern entstanden Spionage-, Sabotage- u. Partisanengruppen, die für die Befreiung ihrer Länder kämpften u. durch die gegen Deutschland kämpfenden Staaten unterstützt wurden. Sie spielten nach den Rückschlägen für die Deutschen eine große militär. Rolle. Doch lag ihre Bedeutung vor allem auf polit. Gebiet, da sich das polit. Leben der von den Achsenmächten zunächst unterworfenen Völker weitgehend in den W.en abspielte u. in ihnen wichtige Entscheidungen über die polit. Entwicklung in den Ländern in der Nachkriegszeit fielen. W.en entstanden vor allem in Frankreich *(Résistance)*, Jugoslawien, Norwegen, Polen u. der Sowjetunion. – □ 5.8.3.

Widerstandsmesser, ein Ohmmeter oder eine Meßbrücke.

Widerstandsrecht, die Befugnis, ja Pflicht, den Inhabern der Staatsmacht den Gehorsam zu versagen oder sogar mit Gewalt gegen sie vorzugehen, wenn sie ihre Regierungsämter grob mißbräuchlich ausüben. Seit dem MA. ausdrückl. begründetes, aber schon zuvor von einzelnen Staats- u. Rechtsdenkern u. Theologen bis hin zu Augustinus diskutiertes, im germanischen Rechtsbewußtsein auch kollektiv vorhandenes, aus dem Naturrecht hergeleitetes Recht, einen rechtswidrig amtierenden Herrscher ohne Rücksicht auf seine legale Herrschaftsgrundlage seines Amts mit Gewalt zu entsetzen oder sogar zu beseitigen (→Monarchomachen; →Tyrannenmord).

Durch die Widerstandsbewegungen im Dritten Reich u. in anderen Diktaturen wurde das W. in unserer Zeit wieder Gegenstand der aktuellen Diskussion. Nach 1945 wurde das W. im westl. Dtschld. insoweit positives Verfassungsrecht, als es um den Schutz der Verfassung gegen verfassungswidrige Ausübung der Staatsgewalt geht (Art. 147 hess. Verf., Art. 19 Verf. der Freien Hansestadt Bremen). In das GG der BRD wurde im Rahmen der Notstandsgesetzgebung (24. 6. 1968) das W. ausdrückl. in Art. 20 Abs. 4 aufgenommen, um die bei Gefahr einer tiefgreifenden Störung der grundgesetzl. Ordnung notwendige Durchbrechung der normalen Legalität um der Legitimität willen im GG zu fixieren. Ein Anwendungsfall des W.s war 1920 der Generalstreik gegen den Kapp-Putsch. – □ 4.0.1.

Widerstandsthermometer, ein Thermometer, dessen Wirkungsweise auf der Änderung des elektr. Widerstands eines Leiters aus Nickel, Kupfer oder Platin bei Temperaturänderungen beruht. Der Widerstand wird mit einem elektr. Meßinstrument gemessen.

Widerstandszahl, eine Zahl, die den Strömungswiderstand einer Flüssigkeit, z. B. in einem Rohr, kennzeichnet; Quotient aus dem Gesamtdruckabfall in einem Rohr u. dem mittleren Staudruck in einem bestimmten Rohrquerschnitt.

Widerstoß →Strandnelke.

Widertonmoos, *Polytrichum,* Gattung oft Rasen oder Polster bildender *Laubmoose*; bevorzugen saure Böden.

Widia →Hartmetalle.

Widin, Hptst. des bulgar. Bez. W. (3110 qkm, 180 000 Ew.), Hafenstadt an der Donau, 42 600 Ew.; alte Grenzfestung *Baba Vida* aus dem 13. Jh.; Mustafa-Pascha-Moschee; um W. Getreide-, Wein- u. Tabakanbau; Maschinenbau u. Tabakverarbeitung.

Widmann, Joseph Viktor, schweizer. Schriftstel-

Widerstandsbewegung: Generalfeldmarschall Erwin von Witzleben vor dem Volksgerichtshof

ler, *20. 2. 1842 Nennowitz, Mähren, †6. 11. 1911 Bern; zuerst ev. Theologe, seit 1880 Feuilletonredakteur u. Kritiker am Berner „Bund". Versepen: „Buddha" 1869; „Der Heilige u. die Tiere" 1905. Dramen: „Orgetorix" 1867; „Maikäfer-Komödie" 1897.

Widmannstättensche Figuren, Figuren, die entstehen, wenn man durchschnittene →Meteoriten aus Eisen mit Säuren anätzt. Sie sind auf eine bestimmte kristalline Struktur zurückzuführen, die sich bei irdischen Mineralien nicht zeigt. Die W.n F. sind daher im allg. Hinweise auf die meteoritische Herkunft eines Eisens. Die Steinmeteoriten zeigen keine W.n F.

Widmung, die Zueignung einer Sache als Zeichen der Verehrung oder Freundschaft.

Widnes ['widnis], Stadt am Mersey (Manchester-Schiffahrtskanal), Mittelengland, südöstlich von Liverpool, 55000 Ew.; Eisen- u. chem. Industrie.

Widor, Charles-Marie, französ. Komponist u. Organist, *24. 2. 1844 Lyon, †12. 3. 1937 Paris; Begründer der neuen französ. Orgelschule u. der Gattung der „Orgelsinfonie". Opern, Instrumental- u. Vokalwerke; mehrere Schriften.

Widukind, Wittekind, westfäl. Adeliger, Führer der Sachsen im Kampf gegen die Franken u. das Christentum, unterlag Karl d. Gr. u. ließ sich 785 in Attigny taufen.

Widukind von Corvey, Mönch, Geschichtsschreiber, *um 925, †nach 973 Corvey, schrieb „Widukindi Rerum Gestarum Saxonicarum libri tres" („Drei Bücher sächs. Geschichte"), die von den Stammessagen über Heinrich I. bis zum Tod Ottos I. 973 reichen u. eine der wichtigsten Quellen für die Geschichte des 10. Jh. sind.

Widuschaka, Vidushaka, die lustige Figur des ind. Dramas, ein ungebildeter, mißgestalteter, gefräßiger Brahmane, der Freund u. Helfer des Helden.

Wiechert, 1. Emil, Geophysiker, *26. 12. 1861 Tilsit, †19. 3. 1928 Göttingen, entwickelte Seismometer; grundlegende Forschungen für die moderne Erdbebenkunde, bes. über die Fortpflanzung der Erdbebenwellen u. den Aufbau der Erde. **2.** Ernst, Pseudonym Barany Bjell, Schriftsteller, *18. 5. 1887 Forsthaus Kleinort bei Sensburg, †24. 8. 1950 Uerikon (Schweiz); seine schwermütigen Erzählwerke sind von ethischem u. religiösem Suchen erfüllt: „Jedermann" 1931; „Die Magd des Jürgen Doskocil" 1932; „Die Majorin" 1934; „Hirtennovelle" 1935; „Das einfache Leben" 1939; „Die Jerominkinder" 1945–1947; „Missa sine nomine" 1950. Erinnerungsbücher: „Wälder u. Menschen" 1936; „Der Totenwald. Ein Bericht" (über seine Haftzeit im KZ Buchenwald Juli/August 1938) 1945; „Jahre u. Zeiten" 1949. Daneben Märchen, Dramen, Spiele, Gedichte, Reden u. Betrachtungen. – ⌧ 3.1.1.

Wiechert-Gutenberg-Diskontinuität, die nach den Geophysikern E. Wiechert u. B. Gutenberg benannte Unstetigkeitsfläche (Sprungschicht) zwischen Erdmantel u. Erdkern in 2900 km Tiefe, an der sich infolge des Dichteunterschieds zwischen Mantel u. äußerem Kern (Dichtesprung von 5,7 auf 9,4) die Geschwindigkeit der Erdbebenwellen (Longitudinalwellen) von 13,6 auf 8,1 km/sek verringert.

Wied, rechter Nebenfluß des Rhein, 140 km, entspringt im Westerwald, mündet bei Neuwied.

Wied, 1. [við], Gustav, dän. Schriftsteller, *6. 3. 1858 Holmegaard bei Nakskov, †24. 10. 1914 Roskilde (Selbstmord); Humorist; schrieb Erzählungen, Dramen u. Satyrspiele. Romane: „Die von Leunbach" 1898, dt. 1900; „Die leibhaftige Bosheit" 1899, dt. 1901; „Die Väter haben Heringe gegessen" 1908, dt. 1909. **2.** Maximilian Prinz zu, Naturforscher, *23. 9. 1782 Neuwied, †3. 2. 1867 Neuwied; unternahm Forschungsreisen nach Brasilien (1815–1817) u. in das Mississippi-Missouri-Gebiet (1832–1834), völkerkundl. Beobachtungen.

Wiedehopf, Upupa epops, mittelgroßer, orangebräunl. Rackenvogel mit aufrichtbarer Federhaube. Das Nest (in Baumhöhlen) verbreitet meist durchdringenden Gestank, da die Jungen bei Gefahr ihren Kot verspritzen.

Wiedemann, 1. Fritz, Maler, *10. 4. 1920 Gimmeldingen, Pfalz; absolvierte eine Lehre als Holzbildhauer, Schüler von E. Heckel. Interieur- u. Landschaftsbilder sowie mytholog. Darstellungen in lockerer Malweise u. satter Farbigkeit. **2.** Gustav Heinrich, Physiker, *2. 10. 1826 Berlin, †24. 3. 1899 Leipzig; untersuchte den Elektromagnetismus; fand zusammen mit Rudolph Franz

Wiedehopf, Upupa epops africana

(*1827, †1902) das W.-Franzsche Gesetz, nach dem Wärmeleitfähigkeit u. elektr. Leitfähigkeit von Metallen einander proportional sind.

Wiedenbrück, Ortsteil von →Rheda-Wiedenbrück.

Wiederaufbereitungsanlage, großtechn. Anlage zur Rückgewinnung von Spaltstoffrestmengen aus abgebrannten Brennelementen von Kernreaktoren u. zur Separierung von den stark radioaktiven Spaltprodukten. Im allg. werden naßchemische Methoden verwendet.

Wiederaufnahmeverfahren, Wiederaufnahme des Verfahrens, die Überprüfung rechtskräftiger Gerichtsentscheidungen in einem neuen Verfahren.
1. *Strafprozeß:* bei Mängeln der Urteilsgrundlagen z. B. infolge von Urkunden-, Eides- u. Amtsdelikten sowie (nur zugunsten des Verurteilten) bei Vorliegen neuer Tatsachen oder Beweismittel oder (zuungunsten des Verurteilten) bei Ablegung eines Geständnisses (§§ 359–373a StPO); wegen der Haftentschädigung →Entschädigung.
2. *Zivilprozeß:* nur bei unvorschriftsmäßiger Besetzung des Gerichts oder unvorschriftsmäßiger Vertretung einer Partei sowie bei Mitwirkung eines an sich von der Mitwirkung ausgeschlossenen oder mit Erfolg abgelehnten Richters (→Nichtigkeitsklage, § 579 ZPO) oder in bestimmten Fällen der Unrichtigkeit von Urteilsgrundlagen (z. B. wegen Eides- u. Urkundendelikten oder wegen Amtspflichtverletzungen eines Richters; →Restitutionsklage, § 580 ZPO). – Ähnl. in Österreich (§§ 530ff. ZPO; §§ 352ff. StPO). Das W. ist in den gesetzl. vorgesehenen Fällen möglich; im Verwaltungsverfahren nach § 69 AVG. Das W. heißt in der Schweiz *Revisionsverfahren* oder *Restitutionsverfahren.*

Wiederbelebung, Maßnahmen zur Wiederingangsetzung von Kreislauf u. Atmung. Bei Herzstillstand während einer Operation durch direkte *Herzmassage* (Kneten) durch den Arzt, bei Unfällen (indirekte Herzmassage von außen) durch kräftige Schläge mit der flachen Hand auf die Herzgegend oder rhythmisches Pressen des Brustbeins bei gleichzeitiger *künstlicher Beatmung.* Diese wird u. a. in der Ausbildung der *Dt. Lebens-Rettungs-Gesellschaft* als Handbeatmung, mit Beatmungsgeräten durchgeführt; Methoden: Brustdruckverfahren mit Herzmassage, Atemspende mit Herzmassage (*Mund-zu-Mund-Beatmung*). →auch Reanimation, Erste Hilfe.

Wiederbeschaffungswert, *Tageswert,* der Betrag, der bei Wiederbeschaffung eines Gegenstands aufzuwenden wäre. Der W. wird in der Kalkulation mit dem Ziel verwendet, die Substanz des Unternehmens zu erhalten. Für die handels- u. steuerrechtl. Bilanz darf der W. nur angesetzt werden, wenn er unter dem Anschaffungswert liegt (→Bewertung). Zur Ermittlung u. Ausschaltung von Scheingewinnen werden die Erlöse mit dem W. verglichen.

Wiedereinsetzung in den vorigen Stand, im Prozeßrecht das Beseitigen eines Rechtsnachteils, der durch Versäumen einer Handlung, bes. des Einhaltens einer Frist erwachsen ist. Z. B. nach §§ 233–238 ZPO bei Versäumen von Not- oder Rechtsmittelbegründungsfristen wegen unverschuldeter Verhinderung. – In Österreich möglich bei Versäumung von Fristen u. Prozeßhandlungen im Zivilprozeß (§§ 146–154 ZPO), im Strafprozeß (§ 364 StPO) u. im Verwaltungsverfahren (§ 71 AVG). In der Schweiz ist die *Wiederherstellung* in einzelnen Kantonen (z. B. Bern) bei Fristbestimmungen stets unzulässig.

Wiedergabekopf, *Hörkopf* →Tonbandgerät.
Wiedergaberecht, das ausschl. Recht des Urhebers, sein Werk in unkörperl. Form öffentl. wiederzugeben; umfaßt das Vortrags-, Aufführungs- u. Vorführungsrecht, das Senderecht u. das Recht der Wiedergabe durch Bild- oder Tonträger sowie von Funksendungen. →Urheberrecht.

Wiedergänger, ein Verstorbener, der nach dem Volksglauben im Jenseits keine Ruhe findet u. zu bestimmten Zeiten auf der Erde umherirrt. Auf der Vorstellung vom W. beruhen manche Beerdigungsbräuche. W. sind oft Wöchnerinnen, die es zu ihrem Kind zurückzieht, Geizige, Mörder u. ä. Sie können erlöst werden, wenn sie sich geräcnt oder Sühne geleistet haben, wobei die Lebenden mithelfen können (z. B. durch Gebete, Wallfahrten). Die Vorstellung vom Wiedergehen als Strafe geht wohl darauf zurück, daß angesichts der Not der wirkl. Verhältnisse Ruhezeit u. Ausschlafendürfen als großes Gut erschienen.

Wiedergeburt, der bei vielen Völkern lebendige Glaube an das Neugeborenwerden eines Verstorbenen in einem neugeborenen Kind, wie etwa bei den Germanen. Im Lamaismus glaubt man an die Wiederverkörperung des verstorbenen Dalai-Lama in einem in seiner Todesstunde geborenen Kind. Im übertragenen geistigen Sinn wird die innere Erneuerung als W. bezeichnet, z. B. in den Mysterien u. Joh. 3,3.

Wiedergutmachung, 1. *allg.:* Entschädigung für eingetretene Vermögensverluste, für erlittenes Unrecht, →auch Restitution.
2. *öffentliches Recht:* In der BRD wird unter W. überwiegend die Verpflichtung zunächst der Länder, später des Bundes verstanden, den Opfern der Verfolgung durch den Nationalsozialismus (1933–1945) eine Entschädigung zu gewähren, vgl. das *Gesetz zur Regelung der W. nationalsozialist. Unrechts für Angehörige des öffentl. Dienstes* in der Fassung vom 15. 12. 1965 (W.s-Anspruch für Beamte, Angestellte, Soldaten). Dem entspricht das *Gesetz zur Regelung der W. nationalsozialist. Unrechts für die im Ausland lebenden Angehörigen des öffentl. Dienstes* in der Fassung vom 15. 12. 1965. Hinzu kommen die Leistungen aus dem *Gesetz über die W. nationalsozialist. Unrechts in der Kriegsopferversorgung im Ausland* in der Fassung vom 25. 6. 1958. Von großer Bedeutung ist das *Bundesentschädigungsgesetz* in der Fassung vom 29. 6. 1956 mit zahlreichen Änderungen u. Ergänzungen, das jedermann eine Entschädigung gewährt, der wegen seiner polit. Gegnerschaft zum Nationalsozialismus oder aus Gründen des Glaubens, der Rasse usw. Benachteiligungen erlitten hat (wobei diejenigen ausgeschlossen sind, die der nationalsozialist. Gewaltherrschaft selbst Vorschub geleistet haben). Für die Entscheidung über derartige Ansprüche sind bes. Rechtszweige eingerichtet worden: *Entschädigungskammern* u. *Wiedergutmachungskammern* (Landgericht) sowie *Entschädigungs-* u. *Wiedergutmachungssenate* bei den Oberlandesgerichten u. beim Bundesgerichtshof.

Die W. ist auch ein Problem der zwischenstaatl. Beziehungen: In dem Vertrag zur Regelung aus Krieg u. Besetzung entstandenen Fragen als Bestandteil der Verträge vom 23. 10. 1954 finden sich die Abschnitte über Entschädigung für Opfer der nationalsozialist. Verfolgung, Reparationen, ausländ. Interessen (Vermögensrechte u. Rechtsansprüche) in Dtschld. Durch das *Londoner Schuldenabkommen* vom 27. 2. 1953 ist der Abschnitt „Ansprüche gegen Deutschland" als nunmehr gegenstandslos gestrichen worden. Die verbliebenen Bestimmungen sind jedoch noch sehr umfangreich. Es ist eine besondere Schiedskommission für Güter, Rechte u. Interessen in Dtschld. errichtet worden (Anhang zu obengenanntem Vertrag), u. der Vertragstext wurde durch mehrere Notenwechsel ergänzt. Diese Ausführlichkeit läßt erkennen, daß die unter dem Gesichtspunkt der W. gegen die BRD zu erhebenden Ansprüche volle Würdigung erfahren haben. – Am 10. 9. 1952 wurde zwischen der BRD u. der Rep. Israel ein W.sabkommen ge-

Wiedergutmachungskammer

schlossen, in dem sich die BRD zu Warenlieferungen im Wert von 3,45 Mrd. DM an Israel verpflichtete. Dieses Abkommen ist inzwischen erfüllt.
3. *Völkerrecht:* →Reparationen.
Wiedergutmachungskammer, bes. Kammer eines Landgerichts für Wiedergutmachungssachen.
Wiederholungsgefahr, im Strafprozeß die Gefahr, daß ein Tatverdächtiger weitere gleichartige Straftaten begehen wird (§ 112a StPO). Die W. bildet bei bestimmten Delikten einen der Haftgründe (→Untersuchungshaft), nämlich bei Sittlichkeitsverbrechen u. anderen wiederholten schweren Delikten (u. a. bei Raub, Erpressung, Diebstahl in bes. schweren Fällen).
Wiederholungszeichen, in der Notenschrift Zeichen für die Wiederholung eines Abschnitts, bestehend aus einem Doppelstrich am Beginn u. Ende mit zwei Punkten auf der Innenseite.
Wiederkäuen, die Eigenschaft vieler Paarhufer, die aufgenommene Pflanzennahrung nach einiger Zeit wieder „aufzustoßen" u. ein zweites Mal zu kauen. Die nur geringe Eiweißmengen enthaltende pflanzl. Nahrung muß von den Wiederkäuern in großen Mengen aufgenommen u. kann nicht gleich genügend zerkaut u. verdaut werden. Die oberflächlich gekaute Nahrung gelangt zunächst in den *Pansen (Rumen),* wo sie durch Sekrete erweicht u. von Bakterien aufgeschlossen wird, u. von dort in den kleinen, rundl. Pansenanhang des *Netzmagens (Reticulum).* Danach steigt sie durch Hervorwürgen wieder in den Mundraum zurück, wo sie erneut gründlich gekaut wird. Sie gelangt dann in den *Blättermagen (Psalter, Faltermagen, Omasus)* u. von da in den *Labmagen (Abomasus),* wo zahlreiche Sekretdrüsen die Verdauung vervollständigen. W. ist typ. für 2 Unterordnungen der Paarhufer, die diese Eigenschaft getrennt voneinander erworben haben: die *Kamele* (ohne Blättermagen) u. die *Wiederkäuer i. e. S.* – ▣ – Huftiere II.
Wiederkäuer i. e. S., *Ruminantia,* Unterordnung der *Paarhufer,* welche die pflanzl. Nahrung durch →Wiederkäuen in einem vierteiligen Magen verwerten. Hierher gehören *Zwergböckchen, Hirsche* u. *Horntiere.*
Wiederkauf, Zurückkaufen eines Gutes vom Käufer durch den Verkäufer; muß im Kaufvertrag ausdrücklich vorbehalten sein (§§ 497 ff. BGB). Die Ausübung des *W.rechts* erfolgt durch formlose Erklärung gegenüber dem Käufer. Der Preis, zu dem verkauft wurde, gilt im Zweifel auch für den W. – Österreich: W. nur bei unbewegl. Sachen; das Recht auf W. ist nicht übertragbar (§§ 1067 ff. ABGB). Schweiz: *Rückkaufsrecht* nur an Grundstücken; Verträge über einen W. bedürfen der öffentl. Beurkundung (Art. 216 Abs. 2 OR, Art. 683, 914, 959 ZGB).
Wiederkreuz, ein Kreuz, dessen vier Arme kreuzförmig enden.
Wiedersheim, Robert Ernst, Zoologe, * 21. 4. 1848 Nürtingen, † 12. 7. 1923 Schachen, Bodensee; Prof. in Freiburg; arbeitete bes. über die vergleichende Anatomie der Wirbeltiere.
Wiedertäufer, *Anabaptisten, Täufer,* im Gegensatz zu den Kirchen stehende, von Zürich ausgehende Bewegung der Reformationszeit, die ersten Vorkämpfer der persönl. Religionsfreiheit, z. T. revolutionär-kommunist. gesinnt (z. B. Th. *Münzer*). Sie zerfielen in 2 Gruppen: 1. die *Schwertler,* die das Reich Gottes mit Gewalt durchzusetzen versuchten (Münzer, W. in Münster); 2. die *Stäbler,* die mit dem „Wanderstab", d. h. auf friedl. Weise, ihre Gedanken vertraten. Allen W.n eigentümlich war die Forderung der Erwachsenentaufe, daher auch der Wiedertaufe. Ein radikaler Zweig der W. errichtete 1534/35 in Münster „das neue Zion"; Kirchen u. Klöster wurden geplündert, allg. Gütergemeinschaft eingeführt, die Stadt wurde erst nach 16monatiger Belagerung zurückerobert, die Führer der W. wurden hingerichtet. Reste der W. sammelten sich nach 1536 unter steter Verfolgung in stillen Gemeinden. Überall in Europa verfolgt, fanden sie eine Heimat in Nordamerika, wo sie heute noch tätig sind. →auch Mennoniten, Hutterische Brüder.
Wiederverheiratung, Eheschließung Geschiedener oder Verwitweter, nach bürgerl. Recht im Rahmen der allg. Eheverbote zulässig; bei W. verliert nach geltendem Recht der BRD der Unterhaltsberechtigte seine Ansprüche auf *Unterhalt* gegen den früheren Ehegatten (→Ehescheidung); mit ihr endet ferner die fortgesetzte →Gütergemeinschaft. →auch Todeserklärung.
Wiefelstede, niedersächs. Gemeinde (Ldkrs. Ammerland), nordwestl. von Oldenburg, 9500 Ew.; Maschinenbau, Holzverarbeitung, Fleischwarenfabrik; Baumschulen.
Wiegand, Theodor, Archäologe, * 30. 10. 1864 Bendorf, † 19. 12. 1936 Berlin; Organisator u. Leiter der Ausgrabungen in Priene, Milet, Didyma u. Samos (1899–1911), später in Baalbek u. Palmyra; 1911–1931 Direktor der Antikenabteilung der Berliner Museen, Gründer des Pergamon-Museums, 1932–1936 Präs. des Dt. Archäolog. Instituts; schrieb „Die archaische Porosarchitektur der Akropolis zu Athen" 1904.
Wiege, 1. *Graphik:* Bez. für den Granierstahl. 2. *Völkerkunde:* zum Schaukeln (in Längs- oder Querrichtung) eingerichtete Ruhestatt für (Klein-)Kinder, aufgehängt oder auf Schaukelbrettern; schon bei Naturvölkern vorhanden u. über die ganze Erde verbreitet.
Wiegele, Franz, österr. Maler, * 23. 2. 1887 Nötsch, Kärnten, † 17. 12. 1944 Nötsch; Porträts, Stilleben. Haupt der „Nötscher Schule".
Wiegendrucke →Inkunabeln.
Wiegenlied, klangmaler., oft mundartl. gefärbtes Volkslied mit altem Textgut u. sich wiederholender Melodie; zählt zu den ältesten poet. Formen (u. a. bei *Gottfried von Neifen,* 13. Jh.), die Blütezeit lag im 14. u. 15. Jh. Das geistl. W. hat seine Wurzeln in alten Weihnachtsliedern.
Wiegler, Paul, Schriftsteller, * 15. 9. 1878 Frankfurt a. M., † 22. 8. 1949 Berlin; Redakteur, Theaterkritiker, Literarhistoriker („Geschichte der Weltliteratur" 1913), kulturgeschichtl. Essayist („Die große Liebe" 1927), Übersetzer, Erzähler („Das Haus an der Moldau" 1933).
Wiehengebirge, Gebirgszug im Weserbergland, westl. der Porta Westfalica; stark bewaldet, Naturpark, im *Heidbrink* (bei Lübbecke) 320 m.
Wiehl, Gemeinde in Nordrhein-Westfalen (Oberberg. Kreis), an der *Wiehl* im Bergischen Land, 20 500 Ew.; Kurort; W.er Tropfsteinhöhle.
Wieland, isl. *Volundr,* kunstreicher Schmied der german. Sage (Thidrekssaga u. Edda); heiratet eine Schwanenjungfrau, entflieht später mit Hilfe eines Federkleids der Gefangenschaft bei König Nidhad, der seine Füße lähmen ließ.
Wieland, 1. Christoph Martin, Schriftsteller, * 5. 9. 1733 Oberholzheim bei Biberach, † 20. 1. 1813 Weimar; pietist. erzogen, Jurastudium in Tübingen, 1752–1758 in Zürich (Umgang mit J. J. Bodmer) u. Bern, seit 1772 in Weimar (zuerst Erzieher des Prinzen *Karl August*) oder auf seinem Gut Oßmannstädt. Mit seinem Schaffen, das sowohl französ. wie engl. Einflüsse verarbeitete u. das „Vernünftige" mit dem Geistreichen u. Galanten verband, begründete er die moderne dt. Erzählprosa u. wurde – nach einer seraphischen, klopstocknahen Periode – gleich bedeutend als Repräsentant des Rokoko wie der Aufklärung in der dt. Literatur. Hptw.: „Don Sylvio von Rosalva" 1764; Bildungsroman: „Geschichte des Agathon" 1766/67, unter dem Titel „Agathon" 1773; „Musarion oder Die Philosophie der Grazien" 1768; „Der goldene Spiegel oder Die Könige von Scheschian" 1772; „Die Abderiten" 1774; „Oberon" 1780; „Aristipp u. einige seiner Zeitgenossen" 1800–1802. Auch Übersetzer (22 Dramen Shakespeares 1762–1766, Horaz, Cicero, Lukian, Aristophanes, Euripides) u. Hrsg. der Zeitschriften „Der Teutsche Merkur" 1773–1810 u. „Attisches Museum" 1796–1809. – □ 3.1.1.
2. Heinrich, Chemiker, * 4. 6. 1877 Pforzheim, † 5. 8. 1957 München; stellte eine Theorie über den Verlauf der biolog. Oxydation (Dehydrierungstheorie) auf u. führte zahlreiche Untersuchungen auf dem Gebiet der Alkaloide, Hormone u. Chemie der Radikale durch. Nobelpreis 1927.
3. Ludwig, Sohn von 1), Schriftsteller u. liberaler Publizist, * 28. 10. 1777 Weimar, † 12. 6. 1819 Weimar; schrieb Lustspiele u. Erzählungen.
Wieliczka [wjɛˈlitʃka], Stadt in der poln. Stadtwojewodschaft Krakau, 13 600 Ew.; große Steinsalzbergwerke (seit dem 11. Jh.).
Wielki [ˈwjɛlki; poln.], *Wielka, Wielkie, Wielko,* Bestandteil geograph. Namen: groß.
Wieman, Mathias, Schauspieler, * 23. 6. 1902 Osnabrück, † 3. 12. 1969 Zürich; in Berlin u. Hamburg, seit 1928 im Film nobler Charakterdarsteller, Rezitator im Funk u. in eigenen Leseabenden.
Wien →S. 270.
Wien, 1. Max Carl, Vetter von 2), Physiker, * 25. 12. 1866 Königsberg, * 24. 2. 1938 Jena; arbeitete über Hochfrequenzwellen u. das Verhalten von Elektrolyten bei hohen elektr. Feldstärken.
2. Wilhelm, Physiker, * 13. 1. 1864 Gaffken, Ostpreußen, † 30. 8. 1928 München; arbeitete bes. über Wärmestrahlen; entdeckte u. a. das nach ihm benannte *W.sche Verschiebungsgesetz,* das eine Beziehung aufstellt zwischen der Temperatur eines schwarzen Körpers u. der Wellenlänge, bei der die von diesem ausgesandte Lichtenergie ein Maximum erreicht; die Wellenlänge nimmt mit steigender absoluter Temperatur ab. Nobelpreis für Physik 1911. Hptw.: „Lehrbuch der Hydrodynamik" 1900; „Über die Gesetze der Wärmestrahlung" 1912; „Aus der Welt der Wissenschaft" 1921; „Kanalstrahlen" ²1923.
Wienbarg, Ludolf, Pseudonym L. *Vineta,* Schriftsteller, * 25. 12. 1802 Altona, † 2. 1. 1872 Schleswig (Irrenanstalt); in seinen „Ästhetischen Feldzügen" 1834 der Theoretiker des *Jungen Deutschland,* dem er den Namen gab.
Wiene, Robert, Filmregisseur, * 5. 11. 1881 in Böhmen, † 17. 7. 1938 Paris; Bühnenschauspieler, Dramaturg, Theaterregisseur, kam 1918 zum Film; Regie in „Das Kabinett des Dr. Caligari" 1919; „Genuine" 1920; „Raskolnikow" 1923; „Orlacs Hände" 1924, u. a.
Wiener, 1. Alexander S., US-amerikan. Serologe, * 16. 3. 1907 Brooklyn, N. Y., † 6. 11. 1976 New York; entdeckte 1940 zusammen mit Karl *Landsteiner* den *Rhesusfaktor.*
2. Norbert, US-amerikan. Mathematiker; * 26. 11. 1894 Columbia, Mo., † 18. 3. 1964 Stockholm; zusammen mit C. *Shannon* Begründer der Informationstheorie, grundlegende Arbeiten zur Kybernetik; maßgebl. beteiligt an der Erfindung elektronischer Rechenautomaten; schrieb u. a. „Kybernetik" ²1963; „Mathematik – mein Leben" 1962; „Mensch und Menschmaschine" ²1954.
Wiener Becken, rd. 7000 qkm großes Einbruchsbecken zwischen Alpen u. Karpaten, von der Donau geteilt, i. e. S. das auch als *Wiener Neustädter Bucht* bezeichnete Gebiet südlich der Donau zwischen Wienerwald u. Leithagebirge im O, umrandet von einer Bruchlinie (Thermenlinie), an der Thermen auftreten; umfaßt das von den Alpenflüssen aufgeschotterte Steinfeld im S u. nach N anschließend die tonige Niederung der nassen Ebene sowie terrassierte Schotterplatten an der Donau; Weinbau u. reiche Landwirtschaft; Industriezone von Wien bis an den südl. Rand bei Gloggnitz.
Wiener Frieden, 1. Vertrag vom 18. 11. 1738 zwischen Österreich u. Frankreich, durch den der Polnische Thronfolgekrieg (1733–1738) sein Ende fand. Die span. Bourbonen erhielten Neapel-Sizilien; Österreich wurde der Besitz des Herzogtums Mailand bestätigt; Franz Stephan mußte auf das Herzogtum Lothringen-Bar verzichten, das an den ehem. poln. König Stanislaus Leszczýnski fiel. Franz Stephan erhielt Toskana.
2. →Schönbrunn.
3. Vertrag vom 30. 10. 1864 zwischen Dänemark, Österreich u. Preußen, beendete den Dt.-Dän. Krieg. Dänemark mußte die Herzogtümer Schleswig, Holstein u. Lauenburg an Österreich u. Preußen abtreten.
4. Friedensschluß vom 3. 10. 1866 zwischen Italien u. Österreich nach dem Dt. Krieg; Österreich mußte zugunsten Italiens auf Venetien verzichten.
Wiener Gruppe, eine zwischen 1952 u. 1954 aus dem Wiener „Art-club" entstandene, bis 1964 bestehende lose Vereinigung progressiver Literaten (H. C. Artmann, F. Achleitner, K. Bayer, G.

Christoph Martin Wieland mit seiner Familie um 1755. Nach dem Ölgemälde von F. M. Kraus. Berlin, Staatl. Museen Preuß. Kulturbesitz, Staatsbibliothek

Rühm, O. *Wiener*), die sich mit den verschiedenen Bereichen der Sprache auseinandersetzten, ausgehend u.a. von der Barockliteratur, dem Surrealismus u. der Sprachphilosophie L. *Wittgensteins*. Verfaßt wurden, oft in Gemeinschaftsarbeit, Lautdichtungen, Textmontagen, Dialektdichtung, Seh- u. Hörtexte; die gemeinsamen „Aktionen" („literar. cabarets") waren eine Vorwegnahme der „Happenings". →auch österreichische Literatur.

Wiener Klassik, *Musik:* die Zeit des Wirkens von *Haydn*, *Mozart* u. *Beethoven* in Wien. →Klassik.

Wiener Kongreß, der vom 18. 9. 1814–9. 6. 1815 in Wien unter Leitung des österr. Staatskanzlers Fürst *Metternich* sowie unter starkem Einfluß des russ. Zaren *Alexander I.* u. Englands abgehaltene Kongreß von Herrschern u. Staatsmännern aller europ. Staaten (außer der Türkei) zur Neuordnung Europas nach den Kriegen gegen Napoléon I. Preußen war durch *Friedrich Wilhelm III.*, den Staatskanzler Fürst *Hardenberg* u. W. von *Humboldt*, England durch *Castlereagh*, Frankreich durch *Talleyrand* vertreten. Der Kongreß wurde durch die Rückkehr Napoléons von Elba unterbrochen.

Die Neuordnung Europas erfolgte einmal unter dem Gesichtspunkt der Wiederherstellung der vorrevolutionären polit. Ordnung, zum anderen als territoriale Neugliederung unter dem Gesichtspunkt des Gleichgewichts der Mächte. Der W.K. fand seinen Abschluß mit der *Wiener Schlußakte*. Während der *1. Pariser Frieden* (30. 5. 1814) die Grenzen Frankreichs auf den Stand von 1792 (revidiert durch den *2. Pariser Frieden* vom 20. 11. 1815 auf den Stand von 1789) festgelegt u. die der süddt. Rheinbundstaaten durch Sonderverträge (Bayern, Vertrag von Ried 8. 10. 1813) mit Österreich garantiert worden waren, entstanden im O schwere Differenzen wegen Rußlands Anspruch auf den größten Teil Polens (der Hauptteil des Herzogtums Warschau, „Kongreßpolen", wurde mit Rußland vereinigt) auf Kosten Preußens. Dieses beanspruchte als Entschädigung ganz Sachsen, da *Friedrich August I.* bis zur Völkerschlacht bei Leipzig auf seiten Napoléons gestanden hatte; dagegen wandten sich Österreich, England u. Frankreich, die am 3. 1. 1815 ein Bündnis gegen Preußen schlossen. Sachsen wurde schließl. geteilt; Preußen erhielt den größeren nördl. Teil u. als weitere Entschädigung das Rheinland, Westfalen u. Pommern. Österreich verzichtete auf seine alten Besitzungen am Oberrhein u. auf die Österr. Niederlande (die auf Englands Betreiben mit den Generalstaaten zum Königreich der Vereinigten Niederlande zusammengeschlossen wurden), sicherte sich jedoch mit dem Lombardo-Venezian. Königreich die Vorrangstellung in Italien u. mit Galizien u. der Bukowina eine beherrschende Rolle im Donauraum. Norwegen, das sich von Dänemark losgesagt hatte, mußte die Vereinigung mit Schweden hinnehmen.

Durch seine legitimist. u. restaurative Politik geriet der W.K. in scharfen Gegensatz zu den liberalen u. nationalen Strömungen des 19. Jh. Dtschld. erhielt statt des erhofften Nationalstaats nur die lose Form des Dt. Bundes (Bundesakte vom 8. 6. 1815), Italien wurde die Einheit versagt, Polen erneut unter Rußland, Preußen u. Österreich aufgeteilt. Die Ergebnisse des Kongresses waren deshalb Gegenstand heftiger Kritik der liberalen u. nationalen Geschichtsschreibung. Doch darf man nicht übersehen, daß die durch den Kongreß für Europa geschaffene Ordnung dem Kontinent bis zum Krimkrieg vierzig Friedensjahre gesichert hat. – K →Europa (Geschichte). – L 5.3.5.

Wiener Kreis, eine Gruppe von Neopositivisten, die auf dem Positivismus des 19. Jh., vor allem E. *Machs* u. H. *Poincarés*, fußten u. Empirismus mit Logistik zu einer Wissenschaftslehre verbanden. Die Aufgabe der Philosophie wurde darin gesehen, die techn. Spielregeln zu erarbeiten, mit deren Hilfe die Sinnesdaten in einem streng logischen *Kalkül* in Analysis u. Syntax weiterverarbeitet werden können. Die Hauptvertreter waren: M. *Schlick*, Otto *Neurath* (*1882, †1945), R. *Carnap* u. H. *Reichenbach*.

Wiener Neustadt, niederösterr. Stadt im südl. Wiener Becken, am Neustädter Kanal, 35000 Ew.; roman.-got. Liebfrauenkirche (Domkirche; 13.–15. Jh.), herzogl. Babenberger Burg (um 1200), heute Militärakademie, mehrere Klosterkirchen; Maschinen-, Textil- u. Lederindustrie. – 1194 von Herzog Leopold V. gegr., 1529 u. 1683 von den Türken belagert.

Wiener Porzellan, Erzeugnisse der 1718 vom österr. Kriegskommissar Claudius du *Paquier* in Wien gegr. Porzellanmanufaktur (1864 aufgelöst), die sich durch einfache, klare Formen u. feine, oft vergoldete Bemalung auszeichnen. Die künstler. Blütezeit fiel in die 2. Periode (1744–1784), in der die Manufaktur unter staatl. Leitung stand. Formgebung u. Dekor wurden von Porzellankünstlern in Meißen u. Sèvres beeinflußt. Nach dem wirtschaftl. Niedergang der alten Manufaktur setzt die 1922 gegr. Wiener Porzellanfabrik Augarten mit Figuren- u. Luxusporzellan die Tradition fort. – L 2.1.2.

Wiener Sängerknaben, 1498 von Maximilian I. als Teil der Hofkapelle gegr. Wiener Knabenchor, 1924 neu gegr. Heute in 4 Chöre eingeteilt, von denen einer in Wien bleibt, während die anderen auf Konzertreisen durch die ganze Welt sind. In den Konzerten pflegen sie auch das Singspiel (K. Ditters von Dittersdorf, W. A. Mozart u.a.).

Wiener Schiedssprüche, gefällt am 2. 11. 1938 u. 30. 8. 1940 durch Dtschld. u. Italien. Im *1. Wiener Schiedsspruch* erhielt Ungarn slowak. Grenzgebiet östl. Preßburg zugesprochen. Als 1940 die UdSSR von Rumänien die Abtretung Bessarabiens u. der Nordbukowina erzwang u. daraufhin Ungarn Siebenbürgen u. Bulgarien die Dobrudscha von Rumänien forderten, schlichteten die Achsenmächte den Konflikt durch den *2. Wiener Schiedsspruch*: Rumänien trat die meisten Gebiete ab (Nordsiebenbürgen kam zu Ungarn, die südl. Dobrudscha zu Bulgarien) u. erhielt darauf eine Garantie seiner neuen Grenzen. Abgesehen vom Gebietszuwachs für die UdSSR wurden die Regelungen der W.S. nach dem 2. Weltkrieg wieder aufgehoben.

Wiener Schlußakte →Deutscher Bund.

Wiener Schule →S. 272.

Wienerwald, nordöstl. Alpenausläufer, waldreiches Bergland westl. u. südwestl. von Wien, vorwiegend aus Sandstein, im *Schöpfl* 890m; Erholungsgebiet für Wien.

Wiener Werkstätten, 1903 gegr. Unternehmen, das eine Reform von Wohnkultur u. Kunstgewerbe im Sinn des Jugendstils anstrebte. In den W.W. stellte 1908 der junge O. *Kokoschka* erstmals aus.

„Wiener Zeitung", am 8. 8. 1703 als „Wienerisches Diarium" erstmals erschienen, ab 1780 mit heutigem Titel u. seit 1810 offizielles Regierungsorgan (ein Teil wird als „Amtsblatt" bezeichnet).

Wieniawski [vjɛ'njafski], **1.** Henryk (Henri), poln. Geiger u. Komponist, *10. 7. 1835 Lublin, †31. 3. 1880 Moskau; zahlreiche Tourneen; schrieb u.a. 2 Violinkonzerte.

2. Józef (Joseph), Bruder von 1), poln. Pianist, *23. 5. 1837 Lublin, †11. 11. 1912 Brüssel; u.a. Schüler von F. Liszt, Anreger des Mangeotklaviers (mit zweiter Klaviatur in umgekehrter Tastenordnung).

Wieprecht, Wilhelm Friedrich, Militärmusiker, *8. 8. 1802 Aschersleben, †4. 8. 1872 Berlin; Reorganisator der preuß. Militärmusik, Erfinder der Baßtuba (1835 mit dem Instrumentenbauer Johann Gottfried *Moritz*, *1777, †1840).

Wieprz [vjɛpʃ], rechter Nebenfluß der Weichsel, entspringt in der Roztocze, mündet bei Demblin, 328km.

Wierden ['wi:rdə], Gemeinde in der niederländ. Prov. Overijssel, in Twente, westl. von Almelo, 18000 Ew., Fleischwarenfabrik, Textilindustrie, Herstellung von Chemikalien u. Arzneimitteln.

Wieringen, ehem. Insel im NW des IJsselmeers, in der niederländ. Prov. Nordholland, durch den 1927–1930 errichteten *Wieringermeerpolder* (200qkm) mit dem Land verbunden; Gemeinden W.: 7200 Ew., Wieringermeer: 9600 Ew.; intensive Landwirtschaft, Fischerei.

Wierzyński [vjɛ'ʒinjski], Kazimierz, poln. Lyriker, *27. 8. 1894 Drohobycz, †13. 2. 1969 London; emigrierte 1939; gehörte der futurist. Dichtergruppe um die Zeitschrift „Skamander" an; verfaßte Gedichte über das städt. Leben u. den Sport („Olymp. Lorbeer" 1927, dt. 1929); später Lyrik einer verdüsterten Lebensstimmung: „Barbakan Warschau" 1940; „Die Wölfin Erde" 1941.

Wies [vjɛs; poln.], Bestandteil geograph. Namen: Dorf.

Wies, Wallfahrtskirche des Klosters Steingaden im Krs. Schongau, Oberbayern, 1746–1757 nach Plänen von Dominikus *Zimmermann* als eines der Hptw. der süddt. Barockbaukunst über längsovalem Grundriß mit Vorhalle, Flachkuppel u. tiefem Chor errichtet; reiche Stukkaturen u. Freskomalereien (Deckengemälde 1753/54 von Johann B. *Zimmermann*) im Inneren.

Wiesbaden, Hptst. des Landes Hessen, am Südhang des Taunus u. am Rhein, Stadtkreis 204qkm, 270000 Ew.; klassizist. Schloß (jetzt Sitz von Landtag u. Ministerien), Hess. Staatstheater, Gemäldegalerie u.a. Sammlungen, Werkkunstschule u.a. Fachschulen, Statist. Bundesamt; Heilbad mit 27 heißen Kochsalzquellen (Kochbrunnen, Adlerquelle u.a.); Bau-, chem., opt., Kunststoffindustrie, Sektkellereien *(Henkell, Söhnlein Rheingold)*; Verwaltungssitz zahlreicher Industrie- u. Handelsfirmen, bedeutende Kongreßstadt, mehrere ehem. Leipziger Verlage *(F. A. Brockhaus, Insel)*, Filmateliers. In *W.-Biebrich* barockes Residenzschloß der Herzöge von Nassau. – Röm. Siedlung u. Bad seit 122; 829 als *Wisibada* von Einhart erwähnt; Anfang 13. Jh. Reichsstadt; 1816–1866 Hptst. des Herzogtums Nassau.

Wiese, rechter Nebenfluß des Rhein, 82km, entspringt am Feldberg (Schwarzwald), mündet bei Basel.

Wiese, *Wiese und Kaiserswaldau*, **1.** Benno von, Sohn von 2), Literarhistoriker, *25. 9. 1903 Frankfurt a.M., seit 1957 Prof. in Bonn; erforschte bes. die dt. Literatur des 18. u. 19. Jh. „Die dt. Tragödie von Lessing bis Hebbel" 1948; „Die dt. Novelle von Goethe bis Kafka" 2 Bde. 1956–1962; Mit-Hrsg. der Schiller-Nationalausgabe.

2. Leopold von, Soziologe u. Volkswirt, *2. 12. 1876 Glatz, †11. 1. 1969 Köln; begründete die Soziologie als →Beziehungslehre; Hptw.: „Allg. Soziologie" 2 Teile 1924–1929, [2]1933 unter dem Titel „System der allg. Soziologie", [3]1955; „Ethik" 1947; „Soziologie, Geschichte u. Hauptprobleme" [9]1971; „Erinnerungen" 1957; „Philosophie u. Soziologie" 1959.

Wiesel, *Mustela*, Gattung sich durch besondere Schlankheit auszeichnender *Marder*, vornehmlich nachts jagende Bewohner der Kulturlandschaft. Das *Große W. (Hermelin, Mustela erminea)*, von 28cm Körperlänge, trägt braunes Sommer- u. wertvolles weißes Winterkleid; in Eurasien nördl. von Pyrenäen, Balkan u. Himalaya sowie in Nordamerika verbreitet. Das *Kleine W. (Mauswiesel, Mustela nivalis)*, von 18cm Körperlänge, legt in den kälteren Zonen ein weißes Winterkleid an; lebt in Eurasien u. Nordafrika.

Wieselburg, ungar. *Mosonmagyaróvár*, Stadt in Nordwestungarn, 24500 Ew.; landwirtschaftl. Akademie (1818); Molkerei; Metallindustrie; 1939 mit Ungarisch Altenburg zusammengelegt.

Wieselkatze →Jaguarundi.

Wiesen, ursprüngl. mit Gräsern u. Futterpflanzen bestandene Flächen, landwirtschaftl. Kulturart, gekennzeichnet durch Dauerbesatz mit überwiegend horstbildenden Obergräsern neben Kräutern u. Kleearten, die, gemäht, bes. zu Heu gemacht werden. Die Erträge schwanken je nach dem verfügbaren Wasser, bes. Grundwasser, erheblich (10–60dz/ha). *Natur-W.* leiden oft an zu hohem Grundwasserstand u. sind deshalb mit geringwertigen Gräsern (Binsen, Seggen) bestanden. *Kunst-W.* sind mit den Bodenverhältnissen angepaßten Zuchtgräsern u. Kleearten angesät worden u. bringen bei planmäßiger Wasserzufuhr Höchsterträge. *Wechsel-W.* werden abwechselnd als Äkker oder W. genutzt.

Wiesenkalk →Seekreide.

Wiesenknopf, *Sanguisorba*, Gattung der *Rosengewächse*. Stauden mit gefiederten Blättern u. kugeligem oder walzlichem Blütenstand. In Dtschld. auf feuchten Wiesen der *Große W., Sanguisorba officinalis*, u. auf trockenen, meist kalkhaltigen Hügeln der *Kleine W., Sanguisorba minor*.

Wiesenkönigin, Pflanze, →Mädesüß.

Wiesenotter = Spitzkopfotter.

Wiesenraute, *Thalictrum*, Gattung der *Hahnenfußgewächse*. In schattigen Wäldern u. Gebüschen die *Akeleiblättrige W., Thalictrum aquilegiaefolium*, mit graugrünen, an die Akelei erinnernden Blättern u. blaßgrünen oder lila Blumenblättern. Auf feuchten Wiesen die *Gelbe W., Thalictrum flavum*, mit gelben Blüten in Rispen. Sonnige, kalkhaltige Hügel bevorzugt die *Kleine W., Thalictrum minus*, mit grünl. oder gelben, in sparrigen Rispen stehenden Blüten.

Wiesenschaumkraut →Schaumkraut.

Wiesenschmätzer, Bez. für →Braunkehlchen bzw. →Schwarzkehlchen.

Wiesenschnake, *Sumpfschnake, Tipula paludosa*, bis 2,5cm lange *Schnake*, deren Larven durch Fraß von Graskeimlingen auf Wiesen u. Getreidefeldern schädlich werden können. Bekämpfung mit Lindan- u. PSE-Mitteln.

(Fortsetzung S. 273)

Wien

Wien, Hptst. von Österreich u. österr. Bundesland, mit 23 Bezirken, 415 qkm, im Stadtkern 170 m ü. M., 1,6 Mill. Ew. – W. erwuchs auf Terrassen am Abhang des Wienerwalds, der bogenförmig das rechte Donauufer säumt ("Muschellage"), u. griff im Lauf der Zeit durch Eingemeindungen (Floridsdorf) auf das linke, flache Donauufer über. Die Lage am Schnittpunkt der Bernsteinstraße (N–S) mit der Donaustraße (W–O) sowie die Stellung als Residenz sind wesentlich für den Aufstieg W.s. Die *Altstadt* ist zentral gelegen, mit Citycharakter, umschlossen von der Ringstraße, die nach 1858 anstelle der Stadtmauern angelegt wurde; es schließen sich die *Vorstädte* (Josefstadt, Wieden) bis zur Gürtelstraße an (an der Stelle des "Linienwalls"); weiter gegen W folgen "Vororte", z. T. ehem. Dörfer (Grinzing), die von der sich ausbreitenden Siedlung erreicht wurden.

Wahrzeichen W.s ist der roman.-got. *Stephansdom* (13./16. Jh.) im Stadtkern. Die meisten bedeutenden Bauten stammen aus dem Barock: zahlreiche Kirchen (Karls-, Peters-, Jesuitenkirche) u. Adelspalais, wie die Anlagen für Prinz Eugen (Winterpalais u. Belvedereschlösser), Palais Starhemberg, Liechtenstein, Gardepalais u. Schönbrunn. Die Hofburg besteht aus verschiedenen Bauteilen, die barocken sind die bedeutendsten (Hofbibliothek u. Winterreitschule von Fischer von Erlach). W. ist ein mitteleurop. Kulturzentrum mit Universität (1365) u. 7 weiteren Hochschulen, Sammlungen u. Archiven (u. a. Kunsthistor. Museen, graph. Sammlung Albertina, Österr. Galerie, Museum des 20. Jh., Völkerkundemuseum, Naturhistor. u. Techn. Museum), Nationalbibliothek, Akademie der Wissenschaften. W. ist führende Theaterstadt (Burgtheater, Staatsoper), Sitz der zentralen Bundesbehörden u. der niederösterr. Landesregierung. Tagungsort der UN: *Internat. Zentrum W.* W. ist wichtigste Handels- u. auch Industriestadt Österreichs; es hat vor allem chem., feinmechan., elektrotechn., metallverarbeitende, Lederwaren-, Nahrungsmittelindustrie, graph. u. Kunstgewerbe. Bedeutend ist der Fremdenverkehr. Es gibt 5 Kopfbahnhöfe, mehrere Hafenanlagen an der Donau u. den Flughafen W.-Schwechat.

Geschichte: Als *Vindobona* röm. Lagerstadt in kelt. Siedlungsgebiet zur Abwehr der german. Markomannen. 811 als *Wenia* Ersterwähnung; Karl d. Gr. zerstörte das seit dem 6. Jh. dort entstandene Awarenreich u. gründete die Ostmark, die 907 dem Ansturm der Ungarn erlag. Nach Ottos I. Sieg auf dem Lechfeld verlieh Otto II. die Markgrafschaft 976 an seinen Anhänger Leopold I. von Babenberg, dessen Nachfolger, seit 1156 Herzöge, ihre Residenz vom Leopoldsberg nach Wien verlegten. Leopold IV., Erbauer einer Burg am Platz der heutigen Hofburg, verlieh 1221 das Stadtrecht. Die Kreuzzüge begünstigten die Entwicklung bis zur vorübergehenden Reichsunmittelbarkeit 1237. Ottokar II. von Böhmen gab W. 1274 seine Befestigungen, die bis 1857 erhalten blieben. Nach dem Sieg Rudolfs von Habsburg über den Böhmenkönig 1276 Residenz der Habsburger. Herzog Rudolf IV. gründete 1365 die Universität u. ließ den Stephansdom ausbauen. 1469 zum Bistum erhoben. 1485–1490 war W. vom Ungarnkönig Matthias Corvinus besetzt. Unter dem kaiserl. Feldhauptmann Graf Niklas Salm widerstand es 1529 dem Angriff der Türken unter Suleiman II. Im Dreißigjährigen Krieg wurde W. 1619 von böhm. Protestanten unter Graf Matthias Thurn u. 1645 vom Schwedengeneral Torstenson belagert. 1683 verteidigte Graf Ernst Rüdiger von Starhemberg die Stadt gegen das Türkenheer Mehmeds IV. unter Kara Mustafa bis zur Befreiung durch kaiserl. u. poln. Truppen. Unter der Regierung Karls VI. u. der Kaiserin Maria Theresia wurde W. gesellschaftl. u. polit. Mittelpunkt der Monarchie; im 18. u. 19. Jh. entfalteten sich Kunst u. Kultur zu glanzvoller Höhe, hier wirkten Gluck, Haydn, Mozart, Beethoven, Schubert, Johann Strauß, Josef Strauß, Bruckner, Brahms. 1804 Hptst. des Kaiserreichs Österreich, 1805/06 von Franzosen besetzt. Der →Wiener Kongreß 1814/1815 bestimmte die Gestaltung des neuen Europa nach dem Sturz Napoléons. Polit. Reaktion u. blutige Aufstände 1848 endeten mit dem Sturz Metternichs. Unter Kaiser Franz Joseph I. erhielt W. das Recht auf Selbstverwaltung. 1922 wurde W. Bundesland; 1939–1945 war es "Reichsgau"; 1945–1955 stand es unter Viermächteverwaltung. →auch Wiener Frieden; →Wiener Schiedssprüche.

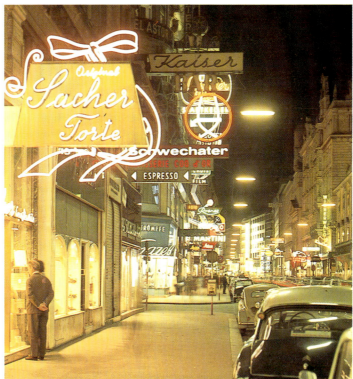

Kärntner Straße

Karlskirche (1716–1739)

Staatsoper am Ring   *Riesenrad im Prater*

WIEN

Innenstadt mit Peterskirche (links) und Stephansdom (rechts)

Schloß Belvedere (1714–1724)

Neubausiedlung in Floridsdorf

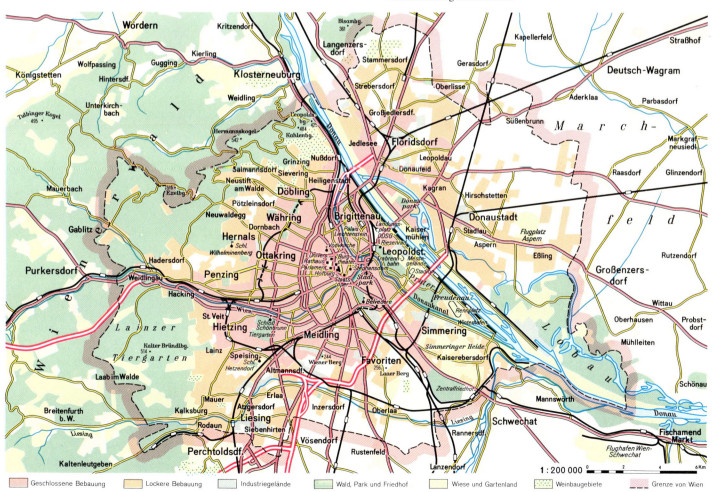

| Geschlossene Bebauung | Lockere Bebauung | Industriegelände | Wald, Park und Friedhof | Wiese und Gartenland | Weinbaugebiete | Grenze von Wien |

Wiener Schule, *Phantastischer Realismus, W. S. des phantastischen Realismus,* eine Gruppe von Malern, die sich nach 1945 im Wiener Art Club um die Person von A. P. *Gütersloh* scharte. E. *Fuchs,* R. *Hausner,* W. *Hutter* u. der französ. Literat Edgar *Jené* bildeten eine surrealistische Gruppe, zu der dann F. *Janschka,* A. *Lehmden* u. E. *Brauer* stießen. Die W.S., anfänglich neben der dominierenden abstrakten Kunst in einer Außenseiterposition, wird immer mehr als Manifestation eigenständiger österr. Kunst empfunden. Ihre Wurzeln liegen im Manierismus der altdeutschen u. niederländ. Malerei, im Jugendstil, in der dt. Neuen Sachlichkeit u. Surrealismus. Vom orthodoxen Surrealismus im Sinne Bretons, der eine Malerei „ohne durch den Verstand ausgeübte Kontrolle" gefordert hatte, unterscheidet die meisten Maler der W.S., daß sie nicht primär Unbewußtes, sondern künstl. Phantasieräume gestalten, deren Zugang intellektuell entschlüsselt werden muß. Gemeinsames Kennzeichen bei jeweils sehr unterschiedlicher Malweise und Sinngebung ist die altmeisterliche Sorgfalt, die in der Darstellung phantastischer Gegenständlichkeit eine Alternative zum Detailfetischismus der Vertreter des →Radikalen Realismus aufzeigt.

Zum weiteren Umkreis der W.S. gehören u.a. Robert *Doxat,* Karl *Korab,* Helmut *Leherb,* Reny *Lohner,* Kurt *Mikula,* Kurt *Regschetz,* Dieter *Schwertberger* u. Curt *Stenvert.*

Wolfgang Hutter, Die fliegende Gärtnerin; 1964

Reny Lohner, Feuervogel; 1965. New York, Privatbesitz

Anton Lehmden, Versinkendes Kolosseum; 1959. Graz, Privatbesitz

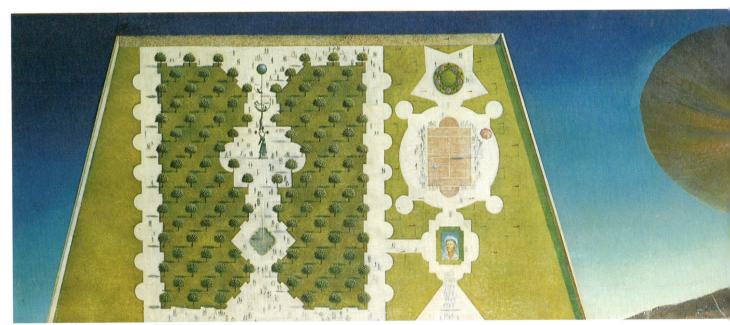

Rudolf Hausner, Zwei Kontinente; 1962. Wien, Zentralsparkasse

(Fortsetzung von S. 269)
Wiesensilge, *Silaum silaus,* ein *Doldengewächs,* 30–100 cm hoch, mit gelben Dolden; verstreut in ganz Europa.
Wiesent, rechter Nebenfluß der oberfränk. Rednitz, 78 km, entspringt in der Fränk. Alb, mündet bei Forchheim.
Wiesental, ehem. Gemeinde in Baden-Württemberg (Ldkrs. Karlsruhe), zw. Kraichbach u. Pfinz, 7600 Ew.; Maschinenbau u. Zigarrenindustrie.
Wieser, Friedrich Frhr. von, österr. Nationalökonom, *10. 7. 1851 Wien, †22. 7. 1926 St. Gilgen; 1917/18 österr. Handelsminister; Mitbegründer der →Grenznutzenschule; beschäftigte sich insbes. mit dem Wertzurechnungsproblem. Hptw.: „Über den Ursprung u. die Hauptgesetze des wirtschaftl. Wertes" 1884; „Der natürl. Wert" 1889; „Theorie der gesellschaftl. Wirtschaft" 1914.
Wiesloch, Stadt in Baden-Württemberg, südl. von Heidelberg, 21800 Ew.; Reste der mittelalterl. Stadtbefestigung; Metall-, Papier-, Nahrungsmittel- u.a. Industrie, Wein-, Obstbau.

Wiesmoor, niedersächs. Gemeinde (Ldkrs. Aurich), in Ostfriesland, südwestl. von Wilhelmshaven, 10000 Ew.; bekannt durch die Kultivierung des Hochmoors, Verbrauch des gewonnenen Torfs im Großkraftwerk W., Beheizung von Treibhäusern mit dem warmen Kühlwasser des Kraftwerks; Großgärtnereien; Torfwerke, Büromaschinen-, Textilindustrie.
Wiesner, Julius Ritter von, österr. Botaniker, *20. 1. 1838 Teschen, †9. 10. 1916 Wien; Mitbegründer der Lehre von den pflanzl. Rohstoffen.
Wiessee, *Bad W.,* oberbayer. Gemeinde (Ldkrs. Miesbach), am Westufer des Tegernsees, 4300 Ew.; Mineralbad mit Jod- u. Schwefelquellen.
Wietze, niedersächs. Gemeinde südl. der Aller (Ldkrs. Celle), 6200 Ew.; Sol- u. Moorbad; Erdölvorkommen, 1858 erstes Bohrloch auf Erdöl in Europa, Erdölmuseum; Kalksandsteinwerk.
Wigalois, Artusritter, Titelheld eines Versromans (1204 oder später) von *Wirnt von Grafenberg,* erzählt die Abenteuer des jungen W. auf der Suche nach seinem Vater Gawain; später Volksbuch.

Wigan ['wigən], Stadt in der nordwestengl. Grafschaft Lancashire, am Liverpool-Leeds-Kanal, 80000 Ew.; Techn. Hochschule; Steinkohlenabbau, Textil- u. Metallindustrie.
Wigandie, *Wigandia caracasana,* ein aus Venezuela stammendes, im Mittelmeergebiet beheimatetes *Wasserblattgewächs.*
Wigbert [ahd. *wig,* „Kampf", + *beraht,* „glänzend"], männl. Vorname, Nebenform *Wiprecht.*
Wight [wait], *Isle of W.,* südengl. Insel u. Grafschaft an der Kanalküste, südl. von Southampton, 381 qkm, 111000 Ew.; Hptst. *Newport;* mildes Klima; zahlreiche Seebäder (*Freshwater*) u. Winterkurorte; Schiffbau.
Wigman, Mary, Tänzerin, Choreographin u. Pädagogin des Ausdruckstanzes, *13. 11. 1886 Hannover, †19. 9. 1973 Berlin; weitete die Möglichkeiten des Ausdruckstanzes aus; gründete in Dresden 1920 die Mary-W.-Schule, weitere Schulen entstanden in München, Berlin, Hamburg, New York. Auf Gastspielreisen durch Europa u. Amerika zeigte sie eigene musiklose Schöpfungen des

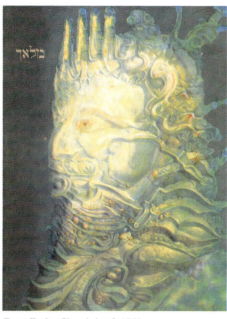

Ernst Fuchs, Cherubskopf; 1963

WIENER SCHULE

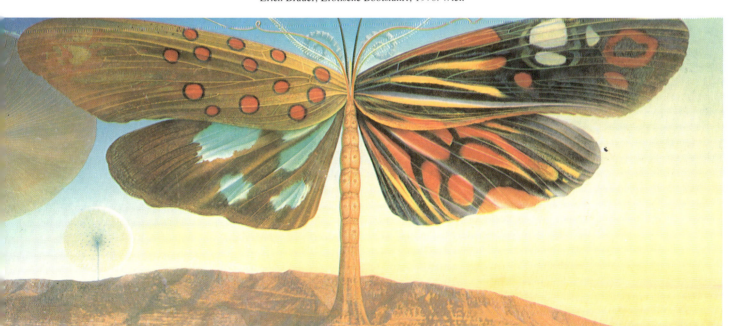

Erich Brauer, Erotische Bootsfahrt; 1970. Wien

freien Tanzes („Sieben Tänze des Lebens", „Vision", „Elegie" u. a.). Ihre Ideen des solist. „Kammertanzes" fanden unter ihren Schülern bedeutende Anhänger (H. *Kreutzberg*, G. *Palucca*, I. *Georgi*). Seit 1949 leitete sie in Berlin-Dahlem ein Tanzstudio. – ⌑ 3.6.2.

Wigner, Eugene Paul, US-amerikan. Physiker ungar. Herkunft, *17. 11. 1902 Budapest; lehrte in Princeton, wichtige Arbeiten über Kernkräfte u. Physik der Elementarteilchen. Nobelpreis für Physik 1963 mit H. D. *Jensen* u. M. *Goeppert-Mayer*.

Wigtown [-tən], ehem. südwestschott. Grafschaft, 1263 qkm, 27 300 Ew.; Hptst. *Stranraer*; Hafenstadt W. an der Irischen See (14 000 Ew.).

Wigwam [der; indian., engl.], ursprüngl. die kuppelförmige, rindenbedeckte Behausung einiger Algonkinstämme, allg. die indian. Wohnung.

Wijnants ['wei-], *Wynants*, Jan, holländ. Maler, *1630/1635 Haarlem (?), begraben 23. 1. 1684 Amsterdam; malte baumreiche Hügellandschaft in kleinteiliger Zeichnung u. gelblich-braunem Gesamtton; die Figurenstaffage stammt meist von anderen (P. *Wouverman*, A. van de *Velde*).

Wik [der], im frühen MA. befestigter Fernhandels- u. Umschlagsplatz für Kaufleute mit nur z. T. fester Anwohnerschaft. Typische W.e: Dorestad, Haithabu, Birka.

Wikinger →Normannen.

Wikingerzeit, die von den Wikinger genannten Nordgermanen (→Normannen) geprägte letzte Epoche der Eisenzeit in Nordeuropa, 8.–11. Jh., in der die Wikinger als letzte Welle der german. Völkerwanderung von ihren Schiffen den größten Teil Europas angriffen. Von ihren Eroberungszügen zeugen schriftl. Berichte, von einheim. Verhältnissen überwiegend archäolog. Funde. Es bestanden eine breite Schicht von Bauern, eine Schicht großer Geschlechter u. vornehmer Gefolgsleute (an einer bevorzugten Stelle der Gräberfelder angelegte Boot- u. Kammergräber, reich ausgestattete Gräber mit Waffen) u. ein Königtum (große u. luxuriös ausgestattete Schiffs- u. Kammergräber). Den größten Anteil der Funde bilden Waffen u. Schmuck aus Metall mit Tier- oder Flechtbandornamenten u. Holzschnitzereien (Osebergfund). Von hoher techn. Vollkommenheit waren die für die Seefahrt aus Holz gebauten Schiffe. Von Bedeutung für die Chronologie sind die zahlreichen Silberschatzfunde. Dank dem aufblühenden internationalen Handel entstanden die ersten Städte (Haithabu, Birka). Aus der W. sind auch Militärlager mit geometr. angelegten Wohnbauten u. kreisförmige Befestigungen bekannt (Trelleborg). Als erste einheim. Schriftquellen verdienen die Runensteine bes. Beachtung. Die literar. Denkmäler der W. sind in den island. Sagas erhalten, die auch über die Religion der Wikinger Auskunft geben. – ⌑ 5.5.4.

Wikström, Hans, schwed. Volkskünstler, *9. 9. 1759 Rättvik, †29. 9. 1833 Hedesunda; schuf in der Tradition der Bauernkunst Möbel u. Innendekorationen; gilt als bedeutendster Vertreter der schwed. Volkskunst seiner Zeit.

Wil, schweizer. Bez.-Hptst. im Kanton St. Gallen, im Tal der Thur, 15 500 Ew.; „Der Hof" (15. Jh.), ehem. Residenz der fürstl. Äbte von St. Gallen; Baumwollindustrie, Stickerei.

Wilamowitz-Moellendorff, Ulrich von, Altphilologe, *22. 12. 1848 Markowitz, Posen, †25. 9. 1931 Berlin; Forscher u. Lehrer sowie Übers. klass. Werke im Geiste des Neuhumanismus.

Wilberforce ['wilbəfɔːs], William, brit. Politiker, *24. 8. 1759 Hull, †29. 7. 1833 London; Unterhausabgeordneter, Anhänger William Pitts d.J., setzte sich entschieden für die Abschaffung der Sklaverei im Brit. Reich ein; das entspr. Gesetz wurde kurz nach seinem Tod verabschiedet.

Wilbrandt, Adolf von, Schriftsteller, *24. 8. 1837 Rostock, †10. 6. 1911 Rostock; verheiratet mit der Burgtheaterschauspielerin Auguste W.-*Baudius* (*1. 6. 1844, †30. 3. 1937); leitete 1881–1887 das Wiener Burgtheater; schrieb neben Biographien („H. v. Kleist" 1863; „Hölderlin" 1870) Novellen, Romane („Die Osterinsel" 1895; „Villa Maria" 1902) u. viele Schauspiele („Jugendliebe" 1873; „Nero" 1876; „Der Meister von Palmyra" 1889).

Wilcken, Ulrich, Althistoriker, *18. 12. 1862 Stettin, †10. 12. 1944 Baden-Baden; Papyrusforscher. Werke: „Grundzüge u. Chrestomathie der Papyruskunde" 1912; „Griech. Geschichte im Rahmen der Altertumsgeschichte" ⁹1962; „Alexander d. Gr." 1931.

Wild, 1. alle der Jagd unterliegenden Säugetiere (*Haar-W.*) u. Vögel (*Feder-W., Flug-W.*). **2.** jagdliche Bez. für die weibl. Tiere bei Rot- u. Damwild (*Kahl-W.*).

Wild, Sebastian, Augsburger Meistersinger des 16. Jh., Mitarbeiter am Text des Oberammergauer Passionsspiels, dramatisierte auch Volksbücher.

Wilda, Wilhelm Eduard, Rechtshistoriker, *17. 8. 1800 Altona, †9. 8. 1856 Kiel; Hptw.: „Das Gildenwesen im MA." 1831; „Das Strafrecht der Germanen" 1842.

Wildbach, steil abstürzender, schnellfließender Gebirgsbach, der bes. bei Regengüssen u. Schneeschmelze stark ansteigt u. Gesteins- u. Schuttmassen mit sich führt.

Wildbachverbauung, in Wildbächen quer zum Bachbett errichtete Mauern, die Erosionsschäden verhindern sollen; als Grundsperren oder -schwellen niedrig ausgeführt, um die weitere Eintiefung zu verhindern.

Wildbäder, *Akratothermen*, Quellen mit Wassertemperaturen über 20 °C ohne nennenswerten Anteil an gelösten Stoffen oder Mineralien besonderen Charakters; zur Behandlung von rheumat. Erkrankungen, entzündl. Frauenleiden, Nervenerkrankungen verwendet. Bekannte W.: Badastein, Schlangenbad, Warmbad (Transvaal, Südafrika), Wildbad u. a.

Wildbad im Schwarzwald, Stadt in Baden-Württemberg (Ldkrs. Calw), im Schwarzwälder Enztal, 424 m ü.M., 11 200 Ew.; Mineralbad (akrat., radiumhaltige Thermen); Holz-, Papierindustrie; Drahtseilbahn zum *Sommerberg* (731 m).

Wildberger, Jacques, schweizer. Komponist, *3. 1. 1922 Basel; Schüler von W. R. *Vogel*; setzte sich im Quartett 1951 mit dem späten A. *Webern*, in den „Tre Mutazioni" für Kammerorchester 1953 mit B. *Blachers* „variablen Metren" auseinander. Im Orchesterwerk „Intensio-Centrum-Remissio" 1958 ordnet W. der Tonhöhenreihe auch rhythm. Reihenbildungen zu, im „Épitaphe pour Évariste Galois" 1964 bezieht er differenzierte Klanggeräusche ein. Weitere Werke: Kantaten („Vom Kommen und Gehen des Menschen" nach Texten von Primitiven 1954; „Nur solange Dasein ist" nach T. S. Eliot u. M. Heidegger 1956; „Ihr meint, das Leben sei kurz" nach japan. Kurzgedichten 1957; „In my end is my beginning" nach T. S. Eliot 1965), „Mouvements pour orchestre" 1964.

Wildbeuter, die niedrigste bekannte Wirtschaftsstufe der Menschheit, auf der die Männer Jäger u. Fänger, die Frauen Sammlerinnen sind. Lebenseinheit ist eine Horde in abgegrenztem Lebensraum (nomadisierende Lebensweise). Die heutigen W. haben bei Berührung mit höherstehenden Stämmen Kulturgut aufgenommen (z. B. Eskimo, Nordsibirier, Buschmänner, Australier).

Wildbret [das; „Wildbraten"], *Wildpret*, Fleisch des Nutzwilds (Haarwild: Hirsch, Reh, Gemse, Wildschwein, Mufflon, Hase, Wildkaninchen; Federwild: Fasan, Reb- u. Birkhuhn, Wildente u. -gans u. a.).

Wilde [waild], Oscar, engl. Schriftsteller, *16. 10. 1854 Dublin, †30. 11. 1900 Paris; vertrat in Lyrik („Poems" 1881, dt. 1907), Drama („Salome" frz. 1893, engl. 1894, dt. 1903, 1905 von R. Strauss vertont) u. in dem Roman „Das Bildnis des Dorian Gray" 1890, endgültige Fassung 1891, dt. 1901, den Ästhetizismus des ausgehenden 19. Jh. Er verfaßte auch witzige, bühnenwirksame Konversationslustspiele („Lady Windermeres Fächer" 1892, dt. 1902; „Ein idealer Gatte" 1895, dt. 1903; „Ernst sein!" 1895, dt. 1903, auch unter dem Titel „Bunbury" 1908). W. wurde wegen homosexueller Betätigung zu zweijähriger Zuchthausstrafe verurteilt; er gestaltete das Zuchthauserlebnis in der „Ballade vom Zuchthaus zu Reading" 1898, dt. 1904, u. in den Prosabetrachtungen „De profundis" (posthum) 1905, dt. 1905. – ⌑ 3.1.3.

Wildebeest [das; afrikaans], *Weißschwanzgnu* →Gnus.

wilde Ehe →Konkubinat.

Wilde Männer, ursprüngl. Waldgeister, dann Wirtshauszeichen u. herald. Fabelwesen; dienen einzeln oder zu zweit als *Schildhalter*; werden als nackte Waldmenschen mit Laubkranz, Laubschürze u. Keule dargestellt.

Wildenbruch, Ernst von, Dramatiker u. Erzähler, *3. 2. 1845 Beirut, †15. 1. 1909 Berlin; Enkel Louis Ferdinands von Preußen; vaterländ. Geschichtsdramen („Die Karolinger" 1882; „Die Quitzows" 1888; „Die Rabensteinerin" 1907), daneben psycholog. u. sozialkrit. Novellen („Kindertränen" 1884; „Das edle Blut" 1892).

Wildens, Jan, fläm. Maler, *1576 Antwerpen, †16. 10. 1653 Antwerpen; von P. P. *Rubens* beeinflußte dekorative Landschaften mit Figurenstaffage; malte auch landschaftl. Hintergründe für Bilder von Rubens, F. *Snyders* u. a.

Wildenvey [-vai], Herman, eigentl. *Portaas*, norweg. Schriftsteller, *20. 7. 1886 Eiker, †27. 9. 1959 Stavern; schrieb musikal. beschwingte Lyrik. Erinnerungen: „Mein Pegasus u. die Welt" 1937, dt. 1938.

Wilder ['waildər], **1.** Billy, US-amerikan. Filmregisseur u. -autor österr. Herkunft, *22. 6. 1906 Wien; 1934 nach den USA emigriert; Regie bei „Boulevard der Dämmerung" 1950; „Reporter des Satans" 1951; „Das verflixte siebte Jahr" 1955; „Manche mögen's heiß" 1959; „Das Appartement" 1960; „Eins, zwei, drei" 1961; „Irma la Douce" 1963; „Küß mich, Dummkopf" 1964; „Avanti, Avanti" 1973; „Fedora" 1978. **2.** Thornton, US-amerikan. Schriftsteller, *17. 4. 1897 Madison, Wis., †7. 12. 1975 New Haven, Conn.; schrieb der abendländ. Tradition verpflichtete Romane („Querschnitt-Technik"), mit oft philosoph.-religiösem Hintergrund: „Die Brücke von San Luis Rey" 1927, dt. 1929;

Wikingerzeit: Schiffsförmige Steinsetzungen bilden den Mittelpunkt des kleinen Gräberfeldes von Anundshögn bei Västerås, der bedeutendsten archäologischen Stätte der Provinz Västmanland, Schweden

Oscar Wilde um 1892

„Die Frau aus Andros" 1930, dt. 1931; „Dem Himmel bin ich auserkoren" 1934, dt. 1935; „Die Iden des März" 1948, dt. 1949; „Der achte Schöpfungstag" 1967, dt. 1968; vielgespielte Dramen („illusionsloses Theater"): „Unsere kleine Stadt" 1938, dt. 1939; „Wir sind noch einmal davongekommen" 1942, dt. 1944; „Die Heiratsvermittlerin" 1954, dt. 1954; „Die Alkestiade" 1955, dt. 1958; auch Einakter u. Dreiminutenspiele (Sammelband „The Long Christmas Dinner" 1931).
Wilderei, Jagdwilderei →Jagdvergehen.
Wilder Jäger, in Ostdeutschland zu Fuß, in Westdeutschland zu Roß jagende Gestalt des Volksglaubens, die in geheiligten Nächten (→Zwölften) umgeht: Im Gefolge befinden sich u.a. unselige Tote, Selbstmörder, Gefallene, Gerichtete.
Wilder Kaiser →Kaisergebirge.
Wilder Mann, *Der Wilde Mann,* niederrhein. Dichter, der um 1180 zwei Verslegenden u. zwei geistl. Gedichte schrieb.
Wildermuth, Ottilie, schwäb. Jugend- u. Heimatschriftstellerin, *22. 2. 1817 Rottenburg, †12. 7. 1877 Tübingen. „Bilder und Geschichten aus dem schwäb. Leben" 2 Bde. 1852–1854.
wilde Seide →Seide.
Wildeshausen, niedersächs. Stadt an der Hunte südwestl. von Delmenhorst (Ldkrs. Oldenburg), 12 000 Ew.; Textil-, Tabak-, Metallindustrie. Älteste Stadt im Oldenburger Land, 851 erwähnt, 1249 Stadt, mittelalterl. Baudenkmäler.
Wildfang, für Tiergärten eingefangene Exemplare von Wildtieren, die – im Gegensatz zu den im Zoo geborenen Tieren – erst an das Leben in Gefangenschaft gewöhnt werden müssen.
Wildfolge, jagdgesetzl. Regelung der Nachsuche von krankgeschossenem Wild, das in ein anderes Jagdrevier überwechselt.
Wildgans →Gänse.
Wildgans, Anton, österr. Schriftsteller, *17. 4. 1881 Wien, †3. 5. 1932 Mödling; Jurist, 1921 bis 1923 u. 1930/31 Burgtheaterdirektor; suchte als Dramatiker („In Ewigkeit Amen" 1913; „Armut" 1914; „Liebe" 1916; „Dies irae" 1918; „Kain" 1920) realist. Sozialkritik mit expressiv symbolhafter Aussage zu vereinen. Versepos: „Kirbisch oder Der Gendarm, die Schande u. das Glück" 1927. Lyrik: „Und hättet der Liebe nicht" 1911. „Rede über Österreich" 1930. Erinnerungen: „Musik der Kindheit" 1928. – ⌸3.1.1.
Wildgatter, ein umzäunter Raum, in dem Wild gehalten wird; auch der Zaun selbst.
Wildgemüse, wild wachsende Pflanzen, deren Blätter als Salat (z.B. Brunnenkresse, Huflattich, Löwenzahn, Feldsalat) oder als Gemüse (z.B. Brennessel) Verwendung finden.

Wildgrafen, niederes fränk. Adelsgeschlecht (Nahe, Hunsrück), zurückgehend auf *Emich I.* (1072–1113/16), Graf im Nahegau, dessen Sohn *Emich II.* (1103–1135), Graf von Baumberg (1125), Kirburg (1127), Flonheim (1129) u. Schmitburg (1134), erstmals den Titel eines W. (*comes silvaticus* oder *silvestris*) führte; das Geschlecht starb 1350 (Hofrichter *Johann*) bzw. 1408 (*Gerhard III.*) aus, beerbt z.T. von den →Rheingrafen, die sich daraufhin *Wild- u. Rheingrafen* nannten.
Wildhege, Maßnahmen, um das Wild gesund u. zahlenmäßig so zu halten, daß es keinen übermäßigen Schaden verursacht. Zur W. gehört z.B. die Anlage von Schongebieten, die Winterfütterung sowie der Hegeabschuß.
Wildkatzen, 1. i.w.S.: *Felis,* Gattung von *Kleinkatzen,* die Steppen- u. sogar Wüstengebiete Afrikas u. Asiens bewohnen u. an extrem trockene Lebensräume angepaßt sind. Fellfärbung sehr variabel, doch meist getigert. Hierher gehören die *Sicheldünenkatze, Felis thinobia,* der Wüsten westl. des Kasp. Meers, die *Saharakatze, Felis margarita,* u. die *Schwarzfußkatze, Felis nigripes,* der Kalahari u. Karru Südafrikas. Von Ägypten bis Vorderindien u. bis in den höchsten Himalaya lebt die *Rohrkatze, Sumpfluchs, Felis chaus,* in Getreidefeldern u. Röhricht.
2. i.e.S.: *Felis silvestris,* Rassenkreis einer *Kleinkatze,* die von der Wüste Gobi, dem gemäßigten Zentralasien, Nordwest- u. Vorderindien, Kleinasien, ganz Afrika außerhalb des Regenwalds bis nach Europa einschl. Skandinaviens u. Rußlands verbreitet ist. Hierher gehören als Unterarten: *europ. Wildkatze, Felis silvestris silvestris,* mit buschigem, halbkörperlangem Schwanz, die *Nub. Falbkatze, Felis silvestris lybica,* von der die *Hauskatze* ursprüngl. abstammt, u. die *Steppenkatze, Felis silvestris ornata,* Vorderasiens.
Wildleder, sämisch gegerbtes Leder von tuchartiger Beschaffenheit aus Häuten wildlebender Tiere wie Hirsch, Reh, Gemse, Gazelle, Antilope für Handschuhe u. Bekleidung, z.B. Trachtenhosen. Wegen der oft starken Narbenbeschädigung der Wildfelle wird bei der Verarbeitung zu Leder stets die Narbenschicht entfernt. Ähnlich gearbeitete Felle von Zahmtierfellen (*Velours-, Samt-, Rauhleder*) werden oft mit W. verwechselt.
Wildling, Sämlingsunterlage für spätere Veredelung.
Wildonie, Herrand von →Herrand von Wildonie.
Wildpferd, *Equus przewalskii,* in Freiheit fast ausgerottetes *Pferd,* früher in den Ebenen ganz Eurasiens heimisch. Das Fell ist braun u. zottig. In vielen Wildreservaten des Ostens aus Zuchtanlagen wieder eingebürgert.
Wildrebe →Weinrebe.
Wildschaden, durch Schwarz-, Rot-, Elch-, Dam- u. Rehwild sowie Fasanen auf den Feldern, Wiesen u. im Wald verursachter Schaden; Jagdpächter müssen für den entstandenen Schaden haften (§ 835 BGB). – Ähnlich in Österreich nach § 383 ABGB u. den Landesjagdgesetzen. Schweiz: Regelung im Bundesgesetz über Jagd u. Vogelschutz vom 10. 6. 1925.
Wildschaf →Schaf.
Wildschutzgebiete, Schongebiete, in denen die Jagd bzw. die Fischerei nicht ausgeübt werden darf.
Wildschwein, *Sus scrofa,* zur Familie der *Schweine* gehörige Stammform der Rassen des Hausschweins; in vielen Unterarten in Nordafrika u. ganz Eurasien verbreitet. W.e gehören zum jagdbaren Wild. Jagdl. heißt der Eber „Keiler", das Jungtier „Frischling" u. das Muttertier „Bache".
Wildspitze, vergletscherter höchster Berg der Ötztaler Alpen (Tirol) mit Doppelspitze, *Nordgipfel* 3774 m u. *Südgipfel* 3770 m.
Wildstrubel, Gebirgsmassiv in den Berner Alpen, zwischen oberem Rhône-, Simmen- u. Engstligental, auf der Grenze der schweizer. Kantone Bern u. Wallis, im *Großstrubel* 3244 m.
Wildungen, *Bad W.,* hess. Stadt (Ldkrs. Waldeck-Frankenberg), südöstl. vom Eder-Stausee, 15 600 Ew.; berühmtes Heilbad mit eisen-, magnesia- u. kohlensäurehaltigen Quellen; Stadtkirche (14. Jh.; Flügelaltar von Konrad von Soest), oberhalb der Stadt Schloß *Friedrichstein;* Kunststoffindustrie.
Wildverbißmittel, *Verbißschutzmittel,* unschädl., fraßabschreckende Mittel zur Verhinderung von Wildverbiß. →auch Repellents.
Wildwestfilm, *Western,* in den USA entstandene Filmgattung, deren Rahmenmilieu durch den sog. Wilden Westen charakterisiert ist; von anderen Ländern übernommen u. kopiert.
Wilfried [ahd. *will(e)o,* „Wille, Wunsch", + *fridu,* „Schutz, Friede"], männl. Vorname.
Wilhelm, *Mount W.* [maunt-], höchster Berg in Papua-Neuguinea, 4694 m.
Wilhelm [ahd. *will(e)o,* „Wille, Wunsch", + *helm,* „Helm, Schutz"], männl. Vorname, Nebenform *Willehalm;* engl. *William,* frz. *Guillaume.*
Wilhelm, Fürsten. Deutsche Könige u. Kaiser: **1.** *W. von Holland,* (Gegen-)König 1247–1256, *1227, †28. 1. 1256 bei Alkmaar (erschlagen); von der päpstl. Partei 1247 gegen *Friedrich II.* zum König gewählt, aber erst nach *Konrads IV.* Tod (1254) allg. anerkannt; fiel beim Zug gegen die aufsässigen Friesen.
2. *W. I.,* König von Preußen 1861–1888, Deutscher Kaiser 1871–1888, *22. 3. 1797 Berlin, †9. 3. 1888 Berlin; Sohn Friedrich Wilhelms III. u. der Königin Luise, jüngerer Bruder u. Nachfolger Friedrich Wilhelms IV., vermählt seit 1829 mit *Augusta,* Tochter des Großherzogs Karl Friedrich von Sachsen-Weimar. Als entschiedener Gegner der Märzrevolution 1848 („Kartätschenprinz") mußte W. zunächst nach England fliehen; er führte nach seiner Rückkehr die Bundestruppen, die den republikan. Aufstand in der Pfalz u. in Baden 1849 niederschlugen. 1849–1854 Generalgouverneur der Rheinlande in Koblenz, öffnete er sich unter dem Einfluß seiner Frau in gewissem Umfang auch liberalen Ideen, die in der Politik der „Neuen Ära" (1858–1861) ihren Niederschlag fanden, als er für seinen geisteskranken Bruder die Regentschaft führte. Als König (seit dem 2. 1. 1861) geriet W. über die von ihm unterstützte Heeresreform Kriegsminister A. von *Roons* in Gegensatz zur liberalen Mehrheit des preuß. Abgeordnetenhauses. Schon zur Abdankung entschlossen, berief er 1862 auf Roons Rat *Bismarck* zum Min.-Präs., der die Regierung gegen das Parlament führte (→Verfassungskonflikt). Bismarck übte auf W. in der Folge einen starken Einfluß aus, dem er sich oft erst nach hartem Widerstand beugte (Friede von Nikolsburg 1866, Kaiserproklamation 1871, Zweibund 1879). Kaiserwürde u. -titel nahm W. erst nach Zustimmung aller Bundesfürsten an, blieb aber in erster Linie König von Preußen. – ⌸5.4.3.
3. *W. II.,* Enkel von 2), Deutscher Kaiser u. König von Preußen 1888–1918, *27. 1. 1859 Potsdam, †4. 6. 1941 Haus Doorn, Prov. Utrecht (Niederlande); Sohn Kaiser Friedrichs III. u. dessen Gemahlin Viktoria, vermählt in erster Ehe mit Prinzessin *Auguste Viktoria* von Schleswig-Holstein (*1858, †1921), in zweiter Ehe 1922 mit Prinzessin *Hermine* von Schönaich-Carolath (*1887, †1947). Nach seiner Thronbesteigung (15. 6. 1888) entfremdete sich W. schnell durch seine Sozialpolitik *Bismarck,* den er 1890 zum Rücktritt zwang, ohne selbst in der Lage zu sein, das Reich konsequent zu führen. Nach der „*Daily Tele-*

Kaiser Wilhelm I.

Kaiser Wilhelm II. in Paradeuniform; um 1900. Berlin, Staatsbibliothek, Preußischer Kulturbesitz

graph"-Affäre 1908, die W.s Selbstbewußtsein entscheidend traf, regierte er streng konstitutionell; im 1. Weltkrieg ließ er sich von der Obersten Heeresleitung fast ganz ausschalten. Außenpolit. schwankte er zwischen einer Vorliebe für England, das er jedoch durch seinen Flottenbau herausforderte, u. dem Wunsch nach Ausgleich mit Rußland (*Björkövertrag*) u. Frankreich. Trotz seines Festhaltens am Zweibund mit Österreich-Ungarn (Bosnische Krise 1908) versuchte er in der Julikrise 1914 ernsthaft, aber zu spät, den Frieden zu erhalten. Nach dem militär. Zusammenbruch des Dt. Reichs im 1. Weltkrieg u. nach der *Novemberrevolution* trat W. am 10. 11. 1918 auf Rat Hindenburgs auf niederländ. Boden über, wo er nach seiner Thronentsagung am 28. 11. 1918 in Haus Doorn zurückgezogen lebte. – 🄱 5.4.3.

4. Kronprinz des Deutschen Reichs u. von Preußen, ältester Sohn von 3), *6. 5. 1882 Potsdam, †20. 7. 1951 Hechingen; vermählt 1905 mit Prinzessin *Cecilie* von Mecklenburg-Schwerin (*1886, †1954). Im 1. Weltkrieg zunächst Oberbefehlshaber der 5. Armee, seit 1916 der „Heeresgruppe Deutscher Kronprinz" deren Kommando er am 11. 11. 1918 niederlegte. Am 13. 11. 1918 trat W. wie sein Vater auf niederländ. Gebiet über u. lebte auf der Insel Wieringen, bis G. *Stresemann* ihm 1923 die Rückkehr nach Dtschld. (Oels) ermöglichte. Nach dem 2. Weltkrieg lebte W. auf Schloß Hechingen.

Großbritannien: **5.** *W. I.*, *W. der Eroberer*, König von England 1066–1087, Herzog von der Normandie 1035–1087, *um 1027 Falaise, †9. 9. 1087 Rouen; unehel. Sohn Roberts I. von der Normandie; landete 1066 in England u. besiegte den angelsächs. König Harald II. in der Schlacht bei *Hastings*. Als König führte er in normann. Lehnsverfassung u. Sitte in England ein u. stattete seine normann. Gefolgsleute reichl. mit angelsächs. Landbesitz aus. Sie wurden durch eine straffe Lehnshierarchie dem König untergeordnet u. ihre Verpflichtungen im *Domesday Book* niedergelegt. Durch Teilung unter seine Söhne löste er die Personalunion zwischen England u. der Normandie. – 🄱→Großbritannien und Nordirland (Geschichte). – 🄻 5.5.1.

6. *W. III. von Oranien*, Statthalter der Niederlande 1672–1702, König von England, Schottland (als *W. II.*) u. Irland (als *W. I.*) 1689–1702, *14. 11. 1650 Den Haag, †19. 3. 1702 London; Sohn Wilhelms II. von Oranien (*1626, †1650) u. einer engl. Prinzessin (Tochter Karls I.); 1677 mit einer Tochter Jakobs II. von England verheiratet; landete, von mehreren Lords aus beiden Parteigruppen (Whigs u. Tories) gerufen, 1688 in England u. vertrieb seinen Schwiegervater (*Glorreiche Revolution*). Mit der Vereidigung auf die *Declara-*

tion of Rights von 1689 stimmte W. der konstitutionell umschriebenen Grundlage seiner Krone zu, die damit zu einem Staatsorgan geworden war. W. betrieb eine Eindämmungs- u. Gleichgewichtspolitik gegen Ludwig XIV. von Frankreich, die zu dessen Einkreisung im Span. Erbfolgekrieg führte. – 🄱→Großbritannien und Nordirland (Geschichte). – 🄻 5.5.1.

7. *W. IV.*, König von Großbritannien u. Irland u. König von Hannover 1830–1837, *21. 8. 1765 London, †20. 6. 1837 Windsor; hannoveran. Welfe, Sohn Georgs III., folgte seinem Bruder Georg IV. auf den Thron; ließ die Parlamentsreform von 1832 zu, versuchte jedoch vergebl., gegen den Willen des Parlaments zu regieren. Mit W. endete die Personalunion zwischen Großbritannien u. Hannover; in England folgte ihm seine Nichte *Viktoria*, in Hannover sein Bruder *Ernst August*.

Niederlande: **8.** *W. von Oranien*, *W. der Schweiger*, Graf von Nassau u. Prinz von Oranien, Statthalter der Niederlande 1580–1584, *25. 4. 1533 Schloß Dillenburg, †10. 7. 1584 Delft (ermordet); seit 1560 führend im Widerstand gegen Philipp II. von Spanien, Einiger der Niederlande (*Utrechter Union* 1579); 1580 von Philipp geächtet, von einem kath. Fanatiker ermordet.

9. *W. I.*, König 1815–1840, Großherzog von Luxemburg, *24. 8. 1772 Den Haag, †12. 12. 1843 Berlin; von Napoléon I. aus seinen Ländern vertrieben, wurde 1815 in Den Haag zum König der Niederlande ausgerufen; dankte zugunsten seines Sohnes *W. II.* ab.

10. *W. III.*, König der Niederlande u. Großherzog von Luxemburg 1849–1890, *19. 2. 1817 Brüssel, †23. 11. 1890 Het Loo; Letzter des Hauses Nassau-Oranien im Mannesstamm, da seine Söhne vor ihm starben; seine Tochter *Wilhelmina* folgte ihm auf den Thron. Mit W.s Tod erlosch die Personalunion der Niederlande mit Luxemburg.

Wilhelm, Richard, ev. Theologe u. China-Forscher, *10. 5. 1873 Stuttgart, †1. 3. 1930 Tübingen; 1899–1924 Missionar; Leiter des China-Instituts in Frankfurt. W. übersetzte viele chines. Werke u. gründete die „Chines. Blätter für Wissenschaft u. Kunst" (1925, seit 1928 „Sinica").

Wilhelmina, 1. Königin der Niederlande 1890–1948, *31. 8. 1880 Den Haag, †28. 11. 1962 Het Loo; folgte ihrem Vater Wilhelm III. auf den Thron (1890–1898 unter der Vormundschaft ihrer Mutter Königin Emma). W. emigrierte nach der dt. Besetzung 1940 mit der Regierung nach London, von wo sich auch der Widerstand der Niederländer gegen die dt. Besetzung formierte. Im März 1945 kehrte sie zurück; 1948 dankte sie zugunsten ihrer Tochter *Juliana* ab.

2. *Wilhelmine* Sophie Friederike, Markgräfin von Bayreuth, *3. 7. 1709 Berlin, †14. 10. 1758 Bayreuth; Lieblingsschwester *Friedrichs d. Gr.*, 1731 mit dem Markgrafen *Friedrich* von Brandenburg-Bayreuth (*1711, †1763) verheiratet. Neben einer umfangreichen Korrespondenz verfaßte sie in französ. Sprache 2 Bde. „Denkwürdigkeiten", in denen sie das Leben am preuß. Hofe schildert.

Wilhelminagebirge, Zentralgebirge von Niederländisch-Guayana (jetzt Surinam), 1280 m.

Wilhelminische Ära, Bez. für die Regierungszeit des dt. Kaisers Wilhelm II. (1888–1918).

Wilhelminischer Stil →Neubarock.

„Wilhelm Meister", der große Entwicklungs- u. Bildungsroman *Goethes*, an dem er 1775–1829 arbeitete; besteht aus „W.M.s Lehrjahre" 4 Bde. 1795/96 u. „W.M.s Wanderjahre oder die Entsagenden" 1821 u. 1829. Die früheste Fassung „W.M.s theatralische Sendung", die 1775–1785 entstand, wurde 1910 gefunden u. gedruckt.

Wilhelmsburg, 1. Stadt in Niederösterreich, an der Traisen, 6300 Ew.; roman.-got. Pfarrkirche, Metallwarenindustrie. Seit 1959 Stadt.
2. seit 1937 Stadtteil von Hamburg.

Wilhelmshaven [-fən], niedersächs. Stadtkreis (104 qkm) im Reg.-Bez. Weser-Ems, 99 800 Ew.; Zentralinstitut für Meeresforschung, niedersächs. Landesstelle für Marschen- u. Wurtenforschung, Küsten- u. Schiffahrtsmuseum; seit 1853 preuß. bzw. dt. Kriegshafen, nach dem 2. Weltkrieg Werft-, Kai- u. Hafenanlagen gesprengt, seit 1956 Stützpunkt der Bundesmarine; Herstellung von Büromaschinen, Kran- u. Verladeanlagen, Schiffbau, Bagger- u. Fahrzeugbau, Stahlguß, Aluminiumhütte, Textil-, Bekleidungs-, Möbel-, chem. u. Kunststoffindustrie; nördlich der Stadt größter dt. Erdöl- u. Massenguthafen (Umschlag 1979: 34,7 Mill. t) mit einer Ölleitung ins Rhein-Ruhr-Gebiet.

Wilhelm III. von Oranien. Gemälde von Caspar Netscher. Berlin, Staatliche Schlösser und Museen

Wilhelmshöhe, Schloß bei Kassel am Ostabhang des Habichtswalds, 1787–1798 von L. *Du Ry* im klassizist. Stil errichtet; der später erweiterte Bau liegt inmitten eines Barockparks mit dem von einer Herkulesstatue bekrönten Oktogon über steil abfallenden Kaskaden. 1870/71 Aufenthaltsort des gefangenen Napoléon III. – 🄱→Wasserkunst.

Wilhelmsthal, Rokokoschloß zwischen Kassel u. Hofgeismar, hervorgegangen aus einem seit 1743 von F. R. *Cuvilliés* d.Ä. ausgebauten Landsitz (Sommerresidenz Friedrichs I.).

Wilhelmstraße, ehemals Hauptstraße des Berliner Regierungsviertels (heute z.T. *Otto-Grotewohl-Straße*), an der neben anderen Ministerien, dem Palais des Reichs-Präs. u. der Reichskanzlei auch das Auswärtige Amt lag, das kurz „Die W." genannt wurde. Danach die Bez. W.n-Prozeß für ein Verfahren gegen dt. Diplomaten bei den →Nürnberger Prozessen.

„Wilhelm Tell", Schauspiel von *Schiller*, entstand, angeregt von Goethe, 1802–1804, uraufgeführt 17. 3. 1804 in Weimar, 1. Druck 1804; verwertet die Tell-Sage („Urner Spiel" 1511) u. Ae. Tschudis „Helvetische Chronik" (1570).

Wilhelm von Aquitanien, Graf von Toulouse u. Herzog von Aquitanien, Heiliger, *um 750, †28. 5. 812; verteidigte im Auftrag Karls d. Gr. die Span. Mark gegen die Sarazenen, unterwarf die Basken u. trug zur Einnahme von Barcelona (801) bei; zog sich später aus seiner Machtstellung zurück u. gründete das Kloster *Gellone* (804). Held des französ. Wilhelm-Lieds u. des „Willehalm" von *Wolfram von Eschenbach*. Fest: 28. 5.

Wilhelm von Auvergne [-o'vɛrnjə], französ. scholast. Theologe, *um 1180 Aurillac, †1249 Paris; seit 1228 Bischof von Paris; hielt gegenüber dem eindringenden Aristotelismus an Augustinus fest. Hptw.: „Magisterium divinale" 1223–1240, eine enzyklopäd. Summe.

Wilhelm von Auxerre [-o'sɛːr], französ. Frühscholastiker, †(3. 11.?) 1231 Rom; Prof. in Paris, noch Augustinist, benutzte er schon Aristoteles u. beeinflußte darin Hugo von St. Victor u. Albertus Magnus.

Wilhelm von Conches [-kɔ̃ʃ], scholast. Philosoph, *1080 Conches, Normandie, †um 1154 Paris; stark naturphilosophisch interessiert, verteidigte die Atomtheorie *Demokrits* u. übernahm von *Macrobius* die Lehre von der Bewegung der Venus u. des Mars um die Sonne.

Wilhelm von Köln, wahrscheinlich identisch mit *Wilhelm von Herle*, Maler, bezeugt zwischen 1358 u. 1378; Schöpfer von Tafelbildern mit schlanken Madonnen im Stil der Kölner Schule.

Wilhelm von Malmesbury [-'maːmzbəri], *William of Malmesbury*, *um 1080, †1143; anglonormann. Geschichtsschreiber, Mönch; schrieb eine Geschichte der engl. Könige u. Bischöfe „Gesta regum Anglorum" (1120 u. 1127); „Gesta pontificum Anglorum" (1125). Seine „Historia novella" schildert die Ereignisse von 1125–1142.

Wilhelm von Mọdena, *Meister Wilhelm, Wiligelmus*, italien. Bildhauer des frühen 12. Jh.; Schöpfer der roman. Relieffassade des Doms zu Mòdena.

Wilhelm von Ọckham →Ockham.

Wilhelm von Poitiers [-pwa'tje:], *Guillaume de Poitiers*, französ. Geschichtsschreiber, *um 1020 Préaux, Normandie, † nach 1087 Lisieux; Geistlicher; schrieb die „Gesta Guillelmi ducis Normannorum et regis Anglorum" (um 1073/74), eine Geschichte Wilhelms des Eroberers von 1047 bis 1068.

Wilhẹlmy, Herbert, Geograph, *4. 2. 1910 Sondershausen; Arbeiten zur Länderkunde u. Siedlungsgeographie, bes. Südamerikas u. Bulgariens. Hptw.: „Die La-Plata-Länder. Argentinien – Paraguay – Uruguay" 1963.

Wịlhering, Gemeinde an der Donau bei Linz, Oberösterreich, 2700 Ew.; Zisterzienserabtei seit 1146, heutiger Bau barock, Kirche mit Rokokoausstattung, Arbeiten der Familie *Altomonte*. An der Donau das Laufkraftwerk *Ottensheim-W.*

Wiligẹlmus →Wilhelm von Mòdena.

Wilkau-Haßlau, Stadt im Krs. Zwickau, Bez. Karl-Marx-Stadt, südl. von Zwickau, an der Zwikkauer Mulde, 13600 Ew.; Textil-, Wäsche-, Schokoladen-, Papier- u. Holzindustrie.

Wilke, Rudolf, Graphiker, *27. 10. 1873 Volzum, † 14. 11. 1908 Braunschweig; Zeichnungen u. Karikaturen für die Zeitschriften „Jugend" (seit 1896) u. „Simplicissimus" in linearem Jugendstil.

Wilkes [wilks], Charles, US-amerikan. Südpolarforscher, *3. 4. 1798 New York, † 8. 2. 1877 Washington; entdeckte 1840 auf der Suche nach dem magnet. Südpol eine 2000 km lange Küstenstrecke des antarkt. Kontinents, nach ihm *W.land* genannt.

Wilkes-Barre ['wilksbærə], Stadt in Pennsylvania (USA), am Susquehanna, 59000 Ew. (Metropolitan Area 245000 Ew.); Anthrazitbergbau, Stahl-, Eisen-, Textilindustrie; Bahnknotenpunkt.

Wilkesland ['wilkslənd], antarkt. Küstenland zwischen 102 ° u. 136 ° östl. Länge, benannt nach dem amerikan. Entdecker Charles *Wilkes*.

Wịlkie, Sir David, schott. Maler, *18. 11. 1785 Cults, † 1. 6. 1841 auf See; an der niederländ. Malerei des 17. Jh. geschult, schuf vor allem Bildnisse u. Gruppenbilder sowie humorist. Gesellschaftsszenen.

Wịlkins, 1. Sir George Hubert, austral. Flieger u. Polarforscher, *31. 10. 1888 Mount Bryan West, † 1. 12. 1958 Framingham, Mass.; begleitete 1921/22 E. H. *Shackleton* u. 1933–1936 L. *Ellsworth* in die Antarktis, überflog 1927 als erster die Beaufortsee in der Arktis, befuhr 1931 mit dem U-Boot „Nautilus" die arkt. Gewässer.

2. Maurice Hugh Frederick, engl. Biophysiker, *15. 12. 1916 Pongaroa (Neuseeland); erhielt für Entdeckungen über die Molekularstruktur der Nucleinsäuren gemeinsam mit F. H. C. *Crick* u. J. O. *Watson* den Nobelpreis für Medizin 1962.

Wilkinson ['wilkinsən], Geoffrey, brit. Chemiker, *14. 7. 1921; Forschungen über metallorganische Katalysatoren. 1973 Nobelpreis für Chemie zusammen mit E. O. *Fischer*.

Wilkịzkij, Boris Andrejewitsch, russ. Polarforscher, *3. 4. 1885 Pulkowo, † 4. 4. 1961 Brüssel; überwand nach großen Schwierigkeiten 1914/15 mit zwei Eisbrechern erstmalig den Nordöstlichen Seeweg von Wladiwostok nach Archangelsk.

Wilkịzkijstraße [nach B. A. *Wilkizkij*], russ. *Proliw Wilkizkowo*, Meerenge zwischen Halbinsel Tajmyr u. Bolschewikinsel in der Nordostpassage.

Willaert ['wila:rt], Adrian, niederländ. Komponist, *um 1490 Brügge oder Roulers, † 17. 12. 1562 Venedig; seit 1527 Kapellmeister an der Markuskirche in Venedig; gehört in jene Spätphase der Niederländischen Schule, in der italien. Stilelemente bestimmend wurden. Die einer älteren Tradition folgenden Vesperpsalmen von 1550 sind ein früher Beleg für die Mehrchörigkeit der Venezian. Schule. W. schrieb Madrigale, Motetten, Messen, Ricercari.

Willamette [wi'læmit], Fluß in Oregon (USA), 360 km, entspringt im Kaskadengebirge, mündet bei Portland in den Columbia; breites Längstal zwischen Küstenkette u. Kaskadengebirge; Obst- u. Hopfenanbau u. Milchviehzucht.

Wịllamov, Johann Gottlieb, Oden- u. Fabeldichter, *15. 1. 1736 Mohrungen, † 6. 5. 1777 St. Petersburg; schrieb Dithyramben u. Epigramme, galt als „preuß. Pindar".

Wille, im Unterschied zu *Drang* u. *Trieb* ein geistiger Akt, von dem ein Impuls zur Verwirklichung bestimmter Ziele *(W.nsziel)* ausgeht. Zum W.nsvorgang gehören der *W.nsakt* bzw. *W.nsentschluß*, als dessen Ursache die bewußten Beweggründe *(Motive)* erlebt werden u. dessen Folge die *W.nshandlung* ist.

Wille, Bruno, Schriftsteller, *6. 2. 1860 Magdeburg, † 4. 9. 1928 Schloß Senftenau bei Lindau; zuerst Sozialist, gründete freireligiöse Gemeinden, 1890 in Berlin die „Freie Volksbühne". Neuromant. Lyrik u. reflexive Romane.

Willebrands, Jan, niederländ. Kardinal (seit 1969), *4. 9. 1909 Bovenkarspel; seit 1975 Erzbischof von Utrecht u. Primas der kath. Kirche der Niederlande.

Wịllebroek [-bru:k], Stadt in der belg. Prov. Antwerpen, am *W.kanal*, zwischen Antwerpen u. Brüssel, 15800 Ew.; Metall- u. Papierindustrie.

„Wịllehalm", unvollendetes mhd. Versepos von *Wolfram von Eschenbach*, entstanden 1215–1218; Quelle war ein nicht erhaltenes Chanson de geste über die Kämpfe *Wilhelms von Aquitanien* gegen die Sarazenen. Geschildert wird das erste Zusammentreffen Christentum–Heidentum vom Standpunkt des höf.-humanen Weltbilds der Stauferzeit. *Ulrich von Türheim* führte das Werk in „Der starke Rennewart" 1247–1250 fort; im 15. Jh. wurde es als Prosa-Volksbuch bearbeitet.

Wịllemer, Marianne von, geb. *Jung*, Freundin Goethes, *20. 11. 1784 bei Linz, † 6. 12. 1860 Frankfurt a. M.; verheiratet mit dem Bankier Johann Jakob von W. (* 1760, † 1838); die „Suleika" des *Westöstl. Divan*, zu dem sie Gedichte beitrug.

Wịllemstad, Hptst. u. Hafen der *Niederländ. Antillen* u. der Insel *Curaçao*, 50000 Ew.; Museum, Bibliothek, Ölraffinerie; internationaler Flughafen; Fremdenverkehr; Altstadt in niederländ. Stil.

Willendorf, niederösterr. Ort im Bezirk Krems, altsteinzeitl. Funde, darunter die 1908 gefundene Plastik der *Venus von W.*

Willenserklärung, als wichtigster Bestandteil des →Rechtsgeschäfts u. damit Grundlage der Privatrechtsordnung die Äußerung des Willens, auf eine Rechtslage einzuwirken, durch ausdrückliche oder stillschweigende Erklärung; letztere kann sowohl in sachschlüssigen (konkludenten) Handlungen als auch im Schweigen als solchem liegen. Die W. ist nur bei voller →Geschäftsfähigkeit u. bei Fehlen von →Willensmängeln voll wirksam.

Willensfreiheit →Freiheit.

Willensmängel, allg.-rechtl. das Auseinanderfallen von Wille u. Erklärung bei Willenserklärungen. W. sind vor allem: 1. *Irrtum*, entweder im Erklärungsvorgang selbst (*Erklärungsirrtum*, z.B. durch Versprechen oder Verschreiben, auch bei falscher Übermittlung durch Boten, Abschreiben oder Fernmeldemittel) oder über den Inhalt der Erklärung (*Inhaltsirrtum*, z.B. Unkenntnis der rechtl. Bedeutung eines gebrauchten Worts) oder über ihre Motive *(Motivirrtum, Irrtum im Beweggrund)*. Als Inhaltsirrtum wird auch der Irrtum über wesentl. Eigenschaften einer Person oder Sache *(Eigenschaftsirrtum)* angesehen; der Irrtum ist zu unterscheiden vom →Dissens. – 2. *Scherzerklärung*, d.h. die nicht ernstlich gemeinte Willenserklärung, die in der Erwartung abgegeben wird, der Mangel der Ernstlichkeit werde nicht verkannt werden. – 3. →Drohung. – 4. →arglistige Täuschung. – Die Scherzerklärung ist nichtig, in den drei anderen Fällen ist der Erklärende zur →Anfechtung, im Eherecht zum Begehren der →Aufhebung berechtigt, beim Motivirrtum jedoch nur, wenn dies gesetzl. bes. bestimmt ist, wie im Fall der arglistigen Täuschung u. der Anfechtung des →Testaments, u. wenn das Motiv zum Bestandteil der Erklärung selbst gemacht worden ist. In allen Fällen muß der Erklärende grundsätzlich den *Vertrauensschaden* ersetzen (→Schadensersatz). →auch geheimer Vorbehalt, Scheingeschäft, Scheinehe.

Willensvollstrecker, schweizer. Bez. für →Testamentsvollstrecker.

Willesden ['wilzdən], Teil der Stadtgemeinde Brent im NW von Greater London; bis 1964 selbständige Stadt in Middlesex mit 170000 Ew.

William ['wiljəm], engl. für *Wilhelm*, Koseform *Bill(y)*.

William of Wykeham ['wiljəm əv 'wikəm], engl. Architekt, *1324 Wykeham, Hampshire, † 27. 9. 1404 Bishop's Waltham; Baumeister Eduards III. von England, wurde für die Planung der Bauten von Windsor herangezogen; seit 1366 Bischof von Winchester u. auch hier als Bauplaner tätig.

Williams ['wiljəmz], **1.** Alberto, argentin. Komponist, *23. 11. 1862 Buenos Aires, † 17. 6. 1952 Buenos Aires; Schüler von C. *Franck*; leitete 1893–1940 das von ihm gegründete Konservatorium von Buenos Aires; schrieb u.a. 9 Sinfonien, Suiten, Kammermusik, Chöre u. Lieder.

2. Roger, nordamerikan. Geistlicher u. Staatsmann, *um 1603 London, † 1683 Providence, R. I.; da seine tolerante Haltung auf den Widerstand der puritan. Orthodoxie in Massachusetts stieß, gründete er 1636 als erstes modernes Gemeinwesen die Kolonie Providence.

3. Tennessee, eigentl. Thomas Lanier W., US-amerikan. Dramatiker, *26. 3. 1911 Columbus, Miss.; Hauptvertreter des psycholog. Dramas; behandelt sexuelle Probleme, das menschl. Versagen u. den Gegensatz von Illusion u. Traum zu Realität u. Gewalt; Zentralerlebnis ist die Einsamkeit; Schauplätze seiner Werke sind meist die Südstaaten. „Die Glasmenagerie" 1945, dt. 1947, verfilmt 1950 (J. Rapper); „Endstation Sehnsucht" 1947, dt. 1949, verfilmt 1951 (E. Kazan); „Der steinerne Engel" 1948, dt. 1951, verfilmt 1961 (P. Glenville), Oper von Lee *Hoiberg* 1971; „Die tätowierte Rose" 1950, dt. 1952, verfilmt 1955 (D. Mann); „Camino Real" 1948, dt. 1954; „Die Katze auf dem heißen Blechdach" 1955, dt. 1955, verfilmt 1958 (R. Brooks); „Orpheus steigt herab" 1958, dt. 1960, verfilmt 1960 (S. Lumet); „Plötzlich letzten Sommer" 1958, dt. 1960, verfilmt 1959 (J. L. Mankiewicz); „Süßer Vogel Jugend" 1959, dt. 1959, verfilmt 1960 (R. Brooks); „Die Nacht des Leguan" 1961, dt. 1962, verfilmt 1963 (J. Huston); „Der Milchzug hält hier nicht mehr" 1962, dt. 1965, verfilmt unter dem Titel „Die Brandung" 1967 (J. Losey); Einaktersammlungen: „American Blues" 1939, dt. 1966 u.a.; Roman: „Mrs. Stone u. ihr röm. Frühling" 1950, dt. 1957; Lyrik: „In the Winter of Cities" 1956. – 📖 3.1.4.

4. William Carlos, US-amerikan. Lyriker, *27. 9. 1883 Rutherford, N.J., † 4. 3. 1963 Rutherford; bildhafte, dem Imagismus nahestehende Lyrik („Paterson" 1946–1958); auch krit. Essays.

Williamsburg ['wiljəmzbə:g], Ort in Virginia (USA) südöstl. von Richmond, 10000 Ew., 1633 als *Middle Plantation* gegr.; 1699–1780 Hptst. der Kolonie Virginia; College of William and Mary (1693); Rekonstruktion des Stadtbilds vom Ende des 18. Jh.

Williamsport ['wiljəmzpɔ:t], Stadt in Pennsylvania (USA), nordwestl. von Philadelphia, 37500 Ew. (Metropolitan Area 86000 Ew.); Fahrzeug- u. Flugzeugmotorenbau, Rundfunktechnik.

Wịllibald [ahd. *will(e)o*, „Wille, Wunsch", + *bald*, „kühn"], männl. Vorname.

Willibald, erster Bischof von Eichstätt, Heiliger, *700 Südengland, † 7. 7. 787 (?) Eichstätt; Mönch in Montecassino, von Bonifatius 741 zum Bischof geweiht; gründete das Kloster Eichstätt u. missionierte im Raum seines Bistums. Fest: 7. 7.

Wịllibrord, Erzbischof von Utrecht, Heiliger, *658 Northumbria, † 7. 11. 739 Echternach (Luxemburg); angelsächs. Benediktiner, stellte sich unter den Schutz der fränk. Herrscher u. missionierte seit 690, u.a. mit Swidbert, in Friesland; gründete um 700 als Stützpunkt für seine Arbeit die Abtei Echternach. Fest: 7. 11.

Willich, Stadt in Nordrhein-Westfalen (Ldkrs. Viersen), 39000 Ew.; Textil-, Stahl-, Maschinenindustrie, Brauerei.

Wịlligis, Erzbischof von Mainz u. Erzkanzler 975–1011, Heiliger, † 23. 2. 1011; wahrscheinl. Sachse, führende Gestalt der dt. Bischöfe unter den Ottonen, von maßgebl. Einfluß während der Regentschaft der Kaiserinnen *Theophano* u. *Adelheid*, sicherte *Otto III.* die Krone, setzte später die Wahl *Heinrichs II.* durch (1002) u. krönte diesen in Mainz. Fest: 23. 2.

Wịllkommbecher, verziertes Gefäß aus Fayence, Glas oder Silber, diente in Dtschld. u. Frankreich im 16.–18. Jh. bei festl. Anlässen zum Kredenzen des Begrüßungstrunks.

willkürliche Muskeln, *quergestreifte Muskeln*, →Muskel.

Willmann, Michael, Maler u. Radierer, getauft 27. 9. 1630 Königsberg, † 26. 8. 1706 Kloster Leubus, Schlesien; vorübergehend Hofmaler des Großen Kurfürsten in Berlin, seit 1660/61 in Leubus; malte in der Art der Niederländer, wurde aber trotz epigonaler Abhängigkeit einer der bahnbrechenden Meister des dt. Spätbarocks; vor allem religiöse u. mythologische Bilder.

Willoughby ['wiləbi], Hugh, engl. Seefahrer, † 1554; erreichte auf der Suche nach der Nordöstlichen Durchfahrt 1553/54 die Nordküste Lapplands, mußte als erster im hohen Norden überwintern u. ging mit seiner Mannschaft zugrunde.

Willow ['wilɔu], dörfl. Ansiedlung nördl. von Anchorage (Alaska); seit 1980 neuer Landesregierungssitz.

Willstätter, Richard, Chemiker, * 13.8.1872 Karlsruhe, † 3. 8. 1942 Locarno; verdient um die Erforschung von Alkaloiden, Chlorophyll, Enzymen; Nobelpreis 1915.

Willumsen ['viləmsən], Jens Ferdinand, dän. Maler, Graphiker, Bildhauer, Keramiker, Architekt, Kunstsammler u. Kunstkritiker, * 7. 9. 1863 Kopenhagen, † 4. 4. 1958 Cannes; kam von anfängl. Naturalismus über den Symbolismus zu einem kraftvollen Expressionismus mit leuchtender Farbgebung. – 🄻 2.5.8.

Wilm, 1. Alfred, Techniker, * 25. 6. 1869 Niederschellendorf, Schlesien, † 6. 8. 1937 Saalberg; erfand 1906 das *Dural.*

2. Ernst, ev. Theologe, * 27. 8. 1901 Reinswalde; Pfarrer in Lüdenscheid u. Mennighüffen, als Gegner des nat.-soz. Staats 1942–1945 im KZ Dachau; 1948–1968 Präses der Ev. Kirche von Westfalen.

Wilmersdorf, Bezirk in Westberlin; 155 000 Ew.; mit den Ortsteilen *W., Schmargendorf, Grunewald* u. *Halensee;* z. T. Villenvororte, Waldgebiete.

Wilmington [-tən], **1.** Hafenstadt am Delaware in Delaware (USA), in der Agglomeration von Philadelphia, 78 000 Ew.; Schiffbau, Stahl-, Eisen-, Maschinen-, Leder-, Papier- u. chem. Industrie.

2. Hafenstadt in North Carolina (USA), an der Mündung des Cape Fear River in den Atlant. Ozean, 46 500 Ew. (Metropolitan Area 87 000 Ew.); Schiffbau, Erdölraffinerie, Holzindustrie.

Wilna, lit. *Vilnius,* russ. *Wiljnus,* Hptst. der Litauischen SSR (Sowjetunion), an der Neris, 460 000 Ew.; Kultur-, Handels- u. Verkehrszentrum; Universität (1579), Akademie der Wissenschaften, Pädagog. u. Kunsthochschule, Geschichts-, Völkerkunde- u. Heimatmuseum, 3 Theater; Türme der Unteren u. Oberen Burg (13. Jh.), Annenkirche (16. Jh.), St. Nikolai (15. Jh.), Bernhardinerkirche (Anfang 16. Jh.) u. mehrere Barockkirchen; Königsschloß (1530–1540 im Renaissancestil), Universitätsgebäude (15.–18. Jh.), Rathaus (Ende 18. Jh.); Maschinen-, Nahrungsmittel-, Holz-, Leder-, Textil-, chem., Elektro- u. Baustoffindustrie; Wärmekraftwerk; Hafen u. Flugplatz.
Geschichte: Um eine alte Burg entstand im 13. Jh. die Stadt, die von Großfürst Gedymin 1322/23 zur Hptst. Litauens (bis 1795) gemacht wurde. 1387 kath. Bistum u. magdeburg. Recht, ca. 1503 Stadtmauer, 1578 jesuit. Akademie (seit 1803 poln. Universität; 1832–1919 geschlossen); 1794–1915 russ., dann bis 1939 poln., 1915–1918 u. 1941–1944 von dt. Truppen besetzt; 1940/41 u. seit 1945 Hptst. der Litauischen SSR.

Wilpert, Joseph, Archäologe u. Kunsthistoriker, * 22. 8. 1857 Eiglau, Schlesien, † 13. 2. 1944 Rom; seit 1926 Prof. am Päpstl. Institut für christl. Archäologie; Werke über frühchristl. Kunst: „Die Malereien der Katakomben Roms" 2 Bde. 1903; „Die röm. Mosaiken u. Malereien der kirchl. Bauten vom 4.–13. Jh." 4 Bde. 1924.

Wilrijk [-rɛik], Stadt im südl. Vorortbereich von Antwerpen (Belgien), 43 400 Ew.

Wils, Jan, holländ. Architekt, * 22. 2. 1891 Alkmaar, lebt in Voorburg; Schüler von H. P. *Berlage;* Mitglied der „Stijl"-Bewegung; baute Wohn- u. Geschäftshäuser in Amsterdam, Rotterdam u. Den Haag; schrieb über Architektur u. Wohnungsbau.

Wilseder Berg, höchste Erhebung der Lüneburger Heide, 169 m, Naturschutzgebiet.

Wilson, *Mount W.* [maunt 'wilsn], Berg bei Los Angeles, 1736 m, mit *Mount-W.-Observatorium* mit dem berühmten *Hooker-Spiegelteleskop* von 2,58 m Durchmesser.

Wilson ['wilsn], **1.** Angus, eigentl. A. Frank *Johnstone-W.,* engl. Schriftsteller, * 11. 8. 1913 Bexhill, Sussex; Verfasser zeitanalyt., iron.-satir. Romane.

2. Charles Thomson Rees, schott. Physiker, * 14. 2. 1869 Glencorse, † 15. 11. 1959 bei Edinburgh; lehrte in Cambridge; konstruierte die nach ihm benannte Nebelkammer zum Nachweis von radioaktiven Strahlen u. anderen geladenen Elementarteilchen. Nobelpreis für Physik 1927.

3. Edmund Beecher, US-amerikan. Zoologe, * 19. 10. 1856 Genf, † 3. 3. 1939 New York; arbeitete bes. auf dem Gebiet der Entwicklungsphysiologie, wies bei Insekten den Erbgang des Geschlechts nach (X-Chromosom).

4. Sir (1976) Harold, brit. Politiker (Labour), * 11. 3. 1916 Huddersfield, Yorkshire; Dozent für Wirtschaftswissenschaften; seit 1945 Abg. im Unterhaus, 1947–1951 Handels-Min., seit 1952 im Parteivorstand, seit 1963 Parteiführer (u. Führer der Opposition) als Nachfolger H. Gaitskells, 1964–1970 Premierminister, 1967–1970 zugleich Leiter des Wirtschaftsministeriums; 1970 bis 1974 wieder Oppositionsführer, 1974–1976 Premierminister. Erinnerungen: „Die Staatsmaschine" dt. 1972. – 🄱 →Sozialdemokratie.

5. Richard, engl. Maler, * 1. 8. 1714 Penegoes, † 15. 5. 1782 Colomendy bei Llanferres; führte die engl. Landschaftsmalerei von der schildernden Vedute zu Naturdarstellungen in heroischer, gelegentl. antikisierender Stimmung; auch schlichte Heide- u. Flußlandschaften in naturalist. Stil.

6. Robert Woadrow, US-amerikan. Physiker, * 10. 1. 1936 Huston, Tex.; Nachweis der kosm. Hintergrundstrahlung. Physiknobelpreis 1978.

7. Teddy, eigentl. Theodore W., afroamerikan. Jazzmusiker (Pianist), * 24. 11. 1912 Austin, Tex.; trat häufig mit Benny *Goodman* auf, leitete auch eine eigene Kapelle; wurde vielen Pianisten des Swing-Stils zum Vorbild.

8. Thomas Woodrow, US-amerikan. Politiker (Demokrat), * 28. 12. 1856 Staunton, Va., † 3. 2. 1924 Washington; seit 1890 Prof. für Geschichte, Rechtswissenschaft u. Volkswirtschaft in Princeton; 1910–1912 Gouverneur des Staats New Jersey, wurde gegen Th. Roosevelt u. W. H. Taft zum (28.) Präsidenten (1913–1921) der USA gewählt; durch die Beteiligung der USA am 1. Weltkrieg errang er für diese die erste Weltmachtstellung bei geringem militär. Einsatz. Auf den Pariser Friedensverhandlungen 1918/19 konnnte er zwar die Gründung des Völkerbunds, nicht aber den Frieden aufgrund seiner →Vierzehn Punkte durchsetzen. Der Senat der USA lehnte den Beitritt zum Völkerbund u. den Versailler Vertrag ab. Friedensnobelpreis 1919. – 🄻 5.7.8.

Wilster, schleswig-holstein. Stadt westl. von Itzehoe (Ldkrs. Steinburg), Mittelpunkt der fruchtbaren *W.-Marsch.* 4700 Ew.; elektrokeram., Kunststoffindustrie.

Wiltfang, Gerhard, Springreiter, * 27. 4. 1946 Stuhr bei Bremen; Olympiasieger (Mannschaftswertung) im Jagdspringen 1972; Weltmeister 1978, Europameister 1979.

Wilton-Kultur, mittel- u. jungsteinzeitl. Jägerkultur mit mikrolith. Steingeräten, ritzverzierter Keramik u. Perlen aus Straußeischalen, benannt nach dem Fundort *Wilton* in Rhodesien; bekannt bes. von Freilandlagerplätzen in Kenia, Nordtansania u. Äthiopien, aus Höhlen in Tansania, Somalia u. Uganda u. von Muschelhaufen am Victoriasee u. anderen Seen Ost- u. Südafrikas.

Wiltshire [-ʃiə], *Wilts,* südwestengl. Grafschaft im Gebiet der oberen Themse, 3481 qkm, 513 000 Ew.; Hptst. *Salisbury;* Viehzucht.

Wilzen →Lutizen.

Wimberger, Gerhard, österr. Komponist, * 30. 8. 1923 Wien; Schüler von C. *Bresgen* u. J. N. *David,* lehrt am Salzburger Mozarteum; Opern („Schaubudengeschichte" 1954; „La Battaglia oder Der rote Federbusch" 1960; „Dame Kobold" nach Calderón 1964), Oratorium „Memento Vivere" 1975, Orchestermusik („Loga-Rhythmen" 1956; „Figuren u. Phantasien" 1957), Ballette („Der Handschuh" 1955; „Hero u. Leander" 1963), Kammermusik u. Chansons.

Wimbledon ['wimbldən], Teil der Stadtgemeinde Merton (169 000 Ew.) im SW von Greater London; bis 1964 selbständige Stadt in Surrey.
In W. werden seit 1877 jährl. (mit Unterbrechungen durch die Weltkriege) die Internationalen Tennismeisterschaften von England *(All England Lawn Tennis Championships)* ausgetragen, die als inoffizielle Weltmeisterschaften im Tennis gelten. Bis 1968 durften in W. nur Amateure die Einzel- u. Doppelwettbewerbe (→Tennis) bestreiten; nach 1968, als man die sog. „offenen Turniere" einführte, wurden Geldpreise ausgesetzt u. Berufsspieler zugelassen. – 🄱 →London.

Wimmer, 1. Hans, Bildhauer, * 19. 3. 1907 Pfarrkirchen, Niederbayern; Bildnisse u. religiöse Figurenplastik; schrieb „Über die Bildhauerei" 1961.

2. Maria, Schauspielerin, * 27. 1. 1914 Dresden; kam von Stettin nach Hamburg, München, Düsseldorf, Berlin u. Zürich, spielt bes. klass. Frauenrollen; auch im Film.

Wimmer-Wisgrill, Eduard Josef, österr. Innenarchitekt, Maler, * 2. 4. 1882 Wien, † 25. 12. 1961 Wien; gründete u. leitete die Modeabteilung der Wiener Werkstätten. Lehrer an der Wiener Kunstgewerbeschule, Bühnenbildner.

Wimpel, kleine dreieckige Flagge.

Wimperg [der], Ziergiebel über spitzbogigen Maueröffnungen got. Bauten, an den Seiten mit Krabben, an der Spitze mit einer Kreuzblume, in der Fläche mit Blendwerk geschmückt.

Wimpern, 1. *Cilia, Zilien,* kurze, bewegl. Plasmafäden, die meist in großer Zahl vorhanden sind u. vielen einzelligen Tieren *(Wimpertierchen, Ciliaten)* u. auch einfachen höheren Tieren (z. B. *Strudelwürmer, Turbellarien*) u. Larven zur Fortbewegung im Wasser dienen sowie bei allen Tieren, außer bei Gliederfüßern (Arthropoden), durch →Flimmerbewegungen Flüssigkeiten in Körperhohlräumen (z. B. Nahrung im Darm) bewegen. Als Bewegungsorganellen können W. in Reihen angeordnet oder zu *Griffeln (Zirren)* gebündelt sein.

2. *Augen-W.* →Auge.

Wimpernschminke, *Wimperntusche, Mascara,* flüssige oder feste Färbemittel für Wimpern. Früher auf Natronseifenbasis mit starkem Farbzusatz hergestellt. Erst durch Triäthanolaminverseifung (u. damit hergestellte ätzkalifreie Seifen) fand eine fast reizlose W.n-Grundlage Verwendung.

Wimpertierchen, *Ciliata, Ziliaten, Infusorien,* Stamm der *Protozoen;* Einzeller von bereits hochentwickelter Organisation u. oft verhältnismäßig beträchtl. Größe, deshalb auch oft als *Cytoidea* den einfacheren *Cytomorpha* gegenübergestellt. W. sind mit einer härteren Außenschicht *(Pellikula)* umgeben, die schwingende Protoplasmafortsätze *(Wimpern, Zilien)* zur Fortbewegung u. zum Herbeistrudeln der Nahrung trägt. Der Reizleitung u. der Kontraktion dienen faserartige Strukturen (*Neuroneme* u. *Myoneme*). – Die Nahrung (kleine Algen, andere Einzeller u. Bakterien) wird an einer vorbestimmten Stelle, dem Zellmund *(Zytostom),* in das Zellinnere aufgenommen, wo sie in *Nahrungsvakuolen* verdaut wird. Die unverdaul. Reste werden durch den Zellafter *(Zytopyge)* oder an beliebiger Körperstelle ausgeschieden. – Die Vermehrung kann ungeschlechtlich durch Zellquerteilung erfolgen oder geschlechtlich durch den Vorgang der *Konjugation* oder durch aktiv schwärmende *Mikrogameten,* die die ruhenden, weiblichen *Makrogameten* aufsuchen u. mit ihnen verschmelzen. Es gibt auch eine *Dauersporen(Zysten-)bildung,* wobei sich das W. mit einer derben Hülle umgibt, in der es schlechte Zeiten (Trockenheit, Kälte) überstehen kann. Bei günstigeren Umweltsbedingungen schlüpft es wieder aus der *Zyste.* – Die W. lassen sich einteilen in die als erwachsene Tiere bewimperten *Euziliaten (Euciliata)* u. in die nur in der Jugendform bewimperten *Suktorien (Suctoria).* Bekanntestes W. ist das *Pantoffeltierchen.* – 🄱 →Protozoen und Schwämme.

Wimpfeling, *Wimpheling, Wympfeling,* Jakob, Humanist, * 25. 7. 1450 Schlettstadt, † 17. 5. 1528 Schlettstadt; Erzieher in Heidelberg, Speyer u. Straßburg; schrieb „Epitome rerum Germanicarum usque ad nostra tempora" 1505, den ersten Versuch einer Darstellung der Geschichte Deutschlands.

Wimpfen, *Bad W.,* Stadt in Baden-Württemberg, am Neckar, nordwestl. von Heilbronn, 6200 Ew.; in der Talstadt die Ritterstiftskirche St. Peter (10.–15. Jh.), in der Bergstadt Reste einer stauf. Kaiserpfalz (13. Jh.), Tore u. Türme der alten reichsstädt. Befestigung u. zahlreiche Fachwerkhäuser; Sol- u. Moorbad.

Wimsbach-Neydharting, *Bad W.,* oberösterr. Moorbad im Alpenvorland, 2000 Ew.; Barockschloß (17. Jh.), Wasserschloß *Neydharting.*

Wina [die], ind. Röhrenzither, klassisches Instrument der Inder. Die nordind. (ältere) W. heißt auch *Bin,* sie besteht aus einer über 1 m langen Bambusröhre mit 19–22 Bünden u. 2 Resonanz-Kalebassen. Die 7 Drahtsaiten werden mit einem Plektron gerissen. Die südind. *Rudra-W.* hat statt der einen Kalebasse einen hölzernen birnenförmigen Resonator, die andere ist kleiner geworden. Sie hat 4 Griffbrett- u. 3 freie Bordunsaiten, die mit den Fingernägeln gezupft werden.

Winchester ['wintʃistə], Name einer US-amerikan. Waffenfabrik.

Winchester ['wintʃistə], Hptst. der südengl. Grafschaft *Hampshire,* 31 100 Ew.; anglikan., roman. Kathedrale (11.–15. Jh.); Public School (1382).

Winckelmann, Johann Joachim, Archäologe u. Kunstwissenschaftler, * 9. 12. 1717 Stendal, † 8. 6. 1768 Triest (ermordet); war nach dem Studium der Theologie, Medizin u. Mathematik Lehrer u. Bibliothekar in Seehausen u. Nöthnitz (bei Dresden), trieb dort erste Antikenstudien u. begann seine schriftsteller. Tätigkeit mit „Gedanken über die Nachahmung der griech. Werke in der Malerei und Bildhauerkunst" 1755. Seit 1755 in Rom, wurde W. 1763 beauftragt mit der Oberaufsicht über alle Altertümer in u. bei Rom. Er gilt als Begründer der wissenschaftl. Archäologie; sein Versuch, die antike Plastik u. Architektur in kunstgeschichtl. Entwicklungszusammenhänge einzuordnen, wurde vorbildl. für die Methoden der neueren Kunstwissenschaft. W.s Wesensdeutung griech. Kunst („edle Einfalt und stille Größe") bestimmte maßgebl. die Schönheitsideale des Klassizismus. Hptw.: „Geschichte der Kunst des Altertums" 1764. – 🗔 2.0.7.

Winckler, 1. Hugo, Archäologe, *4. 7. 1863 Gräfenhainichen, †19. 4. 1913 Berlin; erforschte assyr. Altertümer, entdeckte bei Ausgrabungen in Boğazköy bei Ankara (1906 bis 1912) die alte hethit. Hptst. Hattusa. „Altorient. Forschungen" 3 Bde. 1893–1906; „Vorderasien im 2. Jahrtausend auf Grund archival. Studien" 1913.
2. Josef, Dichter, *6. 7. 1881 Rheine, †29. 1. 1966 Neu-Frankenberg bei Bensberg; 1912 Mitbegründer des Dichterbunds „Werkleute auf Haus Nyland"; nach Industriedichtungen („Eiserne Sonette" 1914) schrieb er Versepik („Der Irrgarten Gottes" 1922) sowie humorist. u. heimatverbundene Werke („Der tolle Bomberg" 1924).

Wind, Bewegung der Luft, meist horizontal, doch bei Beeinflussung durch Bodenformen auch vertikal *(Aufwind)* oder schräg auf- bzw. abwärts *(Berg- und Tal-W., Fall-W.)*. W. entsteht als Ausgleichsströmung zwischen Gebieten unterschiedl. Luftdrucks (vom hohen zum tiefen Druck); durch die Erdrotation werden die W.e aus ihrer ursprüngl. Richtung abgelenkt (auf der Nordhalbkugel nach rechts, auf der Südhalbkugel nach links; →Coriolis-Kraft), bis sie senkrecht zum Luftdruckgradienten, d.h. parallel zu den Isobaren, strömen *(Gradient-W.)*; im allg. ist dies nur bei Höhen-W.en der Fall, da bei bodennahen W.en die Richtung auch durch die Beschaffenheit der überwehten Fläche beeinflußt wird (Reibungswiderstand, Hindernisse). Im allg. wird der W. nach der Richtung bezeichnet, aus der er kommt, daneben gibt es jedoch noch zahllose, oft nur lokal geltende Namen. Der Luftkreislauf der Erde führt zur Ausbildung großer planetarischer W.systeme *(Monsun, Passat)*. →auch Luftdruck, atmosphärische Zirkulation. – 🗔 S. 280.

Windau, lett. *Ventspils,* Stadt in der Lett. SSR (Sowjetunion), an der Mündung der W. *(Venta,* 340 km, entspringt in Westlitauen) in die Ostsee, 38000 Ew.; medizin. Fachschule; Nahrungsmittel-, Maschinen-, Holz-, Textil- u. Lederindustrie, Werft; eisfreier Hafen. – Im 7. Jh. gegründet.
Windaus, Adolf, Chemiker, *25. 12. 1876 Berlin, †9. 6. 1959 Göttingen; führte Untersuchungen über Sterine u. Vitamine durch. Nobelpreis 1928.
Windbestäuber, *Windblüher, Anemogamen,* Pflanzen, bei denen der Pollen durch den Wind übertragen wird; haben meist unscheinbare, duft- u. nektarlose Blüten u. große, oft zerteilte Narben u. erzeugen große Mengen schwebefähigen Pollens (z.B. Gräser, Nadelhölzer, „Kätzchenblüher"); →auch Bestäubung.
Windbeutel, lockeres Gebäck aus Brandteig, meist mit Creme- oder Schlagsahnefüllung.
Windblüher = Windbestäuber.
Windbordziegel, Dachziegel zur Eindeckung von Giebelkanten. →Ortgang.
Windbruch, das Abbrechen der Baumstämme eines Walds durch den Sturm; *Windwurf:* das Ausreißen der Bäume mit dem Wurzelballen. – 🗔→Wind.
Windbüchse →Luftgewehr.
Winddruck, vom Wind auf einen festen Körper ausgeübter Druck (gemessen in N/m²); hängt von der Gestalt u. Größe des Körpers sowie der Windgeschwindigkeit (Windstärke) ab.
Winde, 1. *Botanik: Convolvulus,* Gattung der W.ngewächse, windende Kräuter oder Sträucher, bes. des Mittelmeergebiets u. des Orients. In Dtschld. heimisch: die *Acker-W., Convolvulus arvensis,* mit liegenden oder windenden Stengeln, spießförmigen Blättern u. weißen, rosa oder rosagestreiften Blüten, lästiges Unkraut auf Äckern; die *Zaun-W., Convolvulus sepium,* mit pfeilförmigen Blättern u. großen weißen Blüten; die *Strand-W., Convolvulus soldanella,* mit nierenförmigen Blättern u. rötlich-weißen Blüten. Andere Arten sind als Zierpflanzen bekannt, z.B. *Dreifarbige W., Convolvulus tricolor.*
2. *Fördertechnik:* Gerät zum Heben von Lasten. Bei der *Zahnstangen-W.* wird mit Hilfe einer Kurbel über eine Zahnradübersetzung eine Zahnstange bewegt. Die *Schrauben-W.* besteht aus einer Schraubenspindel mit Ratsche oder Handhebel. Die *hydraulische W.* arbeitet wie eine hydraulische Presse. Bei der *Seil-* oder *Aufzugs-W.* wird ein Tragseil mit Hilfe einer Zahnradübersetzung auf einer Seiltrommel aufgewickelt.
Windeck, Gemeinde in Nordrhein-Westfalen (Rhein-Sieg-Kreis) östl. von Bonn, 1969 gebildet, 17000 Ew.
Windei, Vogelei mit sehr dünner oder ohne Schale, evtl. auch ohne Dotter oder stark verformt.
Windelband, Wilhelm, Philosoph, *11. 5. 1848 Potsdam, †22. 10. 1915 Heidelberg; Begründer der Südwestdt. Schule des *Neukantianismus,* dessen Wertphilosophie er gemeinsam mit H. *Rickert* entwickelte. Von bes. Bedeutung ist W. für die Philosophiegeschichtsschreibung (problemgeschichtl. Darstellungsweise). „Geschichte der neueren Philosophie" 1878–1880, [12]1928; „Geschichte der alten Philosophie" 1888, [4]1923; „Lehrbuch der Geschichte der Philosophie" 1892, [15]1957.
Windelen, Heinrich, Politiker (CDU), *25. 6. 1921 Bolkenhain, Schlesien; Kaufmann; seit 1957 Mitglied des Bundestags, 1969 Bundesminister für Vertriebene, Flüchtlinge u. Kriegsgeschädigte, 1970–1977 Vors. seiner Partei in Westfalen-Lippe, seit 1981 Vize-Präs. des Bundestags.
Winden [das], *Zyklonastie,* autonome Wachstumsbewegung der *Winde-* u. *Schlingpflanzen.* Es liegt zyklische (kreisförmige) Wachstumsförderung rund um den Sproß vor. Die Windepflanzen klettern in schraubenförmigen Windungen an geeigneten Stützen empor. Die Bewegung erfolgt von oben gesehen in Uhrzeigerrichtung bei den *Rechtswindern,* entgegen dem Uhrzeiger bei den *Linkswindern* (z.B. Bohne). Nur wenige Pflanzen (z.B. einige Nachtschattengewächse) winden nach beiden Seiten. →Nutation.
Windengewächse, *Convolvulaceae,* Familie der *Tubiflorae,* Schlingpflanzen mit wenigsamigen Kapseln. Hierher gehören u.a. *Batate, Strandwinde, Teufelszwirn, Winde.*
Windenschwärmer, *Herse convolvuli,* großer rindenfarbener, in Südeuropa häufiger *Schwärmer* mit rötl. Bindenzeichnung auf dem Hinterleib; gelangt nur als Zuwanderer nach Mitteleuropa u. kann sich hier nicht fortpflanzen; saugt vornehmlich an Phloxblüten.
Winderhitzer, *Cowperscher W.,* in einer Eisenhütte ein 25–40 m hoher, mit feuerfesten Steinen ausgemauerter zylindr. Verbrennungsschacht mit Eisenblechwandung, Durchmesser 6–8 m. Eine Gebläsemaschine bläst Luft (Wind) über die durch ein Gichtgas-Luft-Gemisch (z.T. mit höherwertigen Brennstoffen angereichert) auf örtlich bis zu 1500 °C erhitzten Steine in den →Hochofen.
Windermere [-miːə], größter engl. See, in den Cumbrian Mountains (Lake District), 15 qkm, bis 70 m tief, Abfluß ist der *Leven.*

Windfahne, *Wetterfahne,* eine dünne, an einer vertikalen Achse drehbar befestigte Metallplatte, die durch den Winddruck in die Lage des geringsten Widerstands gedreht wird u. so die Windrichtung anzeigt.
Windfang, *Windschleuse,* ein mit zwei Türen abgeschlossener Raum zwischen Hauseingang u. Diele.
Windfege, ein Gerät, in dem durch horizontalen Luftstrom Getreide von Staub u. Strohresten befreit wird u. gleichzeitig die Körner nach der Schwere sortiert werden.
Windfrischverfahren, Verfahren zur Stahlgewinnung aus Roheisen. Das flüssige Roheisen wird in einen →Konverter gefüllt u. die unerwünschten Eisenbegleiter Kohlenstoff, Silicium, Mangan, Phosphor durch Hindurchblasen von Luft („Wind") verbrannt. Im Bessemerverfahren (→Bessemer) wird phosphorarmes, im *Thomasverfahren* phosphorreiches Roheisen verblasen. Die W. sind weitgehend durch die →Sauerstoffaufblasverfahren verdrängt worden.
Windgassen, Wolfgang, Opernsänger (Heldentenor), *26. 6. 1914 Annemasse, Frankreich, †8. 9. 1974 Stuttgart; seit 1945 Mitglied der Stuttgarter Oper (1970 Direktor), war auch in Wien, Bayreuth u. New York tätig; bes. Wagner-Sänger.
Windgeschwindigkeit, der Weg der bewegten Luft pro Zeiteinheit, wird in m/sek oder km/h oder Knoten (Seemeilen/h) ausgedrückt: 1 m/sek = 3,6 km/h oder 1,944 Knoten = rd. 2 Seemeilen/h. Die W. ist, vom Luftdruckgefälle abgesehen, abhängig von der Beschaffenheit der überströmten Fläche (Reibungswiderstand); deshalb liegt sie über Meeresflächen grundsätzl. höher als über dem Land. Sie beträgt auf dem Land durchschnittl. einige m/sek, ausnahmsweise kommen auch W.en über 50 m/sek vor. Man kann die W. auch durch die Windstärke (→Beaufortskala) ausdrücken.
Windgötter, in der griech. Mythologie Äolus, Boreas, Zephyros.
Windhalm, *Apera spica-venti,* euras. *Süßgras,* lästiges Ackerunkraut.
Windhose, *Sandhose,* ein Wirbelwind (→Trombe) mit einem aus einer Wolke herabhängenden, rotierenden Wolkentrichter oder -schlauch u. einem „Fuß" aus aufgewirbeltem, angesaugtem Staub u. Sand (auch größeren Gegenständen).
Windhuk, engl. u. afrikaans *Windhoek,* Hptst. von Südwestafrika, 1655 m ü.M., 70000 Ew.; Nahrungsmittel-, graph. Industrie, Handels-, Verkehrs- u. Kulturzentrum, Flughafen.
Windhund, Sammelname für Hetzhunde von schlanker u. zartgliedriger Gestalt u. großer Schnelligkeit, heute Luxushunde für W.rennen; hierzu gehören *Afghane, Barsoi, Deerhound, Greyhound, Saluki, Slughi, Whippet* u. *Windspiel.*
Windhundrennen, bes. in England zu Wettzwecken veranstaltete Rennen von Windhunden, die von Startkästen aus hinter „künstl. Hasen" (mittels einer Zugvorrichtung gezogene Fellstücke) über die Rennbahn geschickt werden.
Windisch, schweizer. Ort im Kanton Aargau, über

Windhuk

Windischeschenbach

der Reuss- u. Limmatmündung in die Aare, 5500 Ew.; Ausgrabungen des Römerlagers *Vindonissa* (gegr. wahrscheinl. 15 v. Chr.; u.a. Thermen, Tore, Forum, Amphitheater).

Windischeschenbach, bayer. Stadt in der Oberpfalz (Ldkrs. Neustadt a.d. Waldnaab), an der Waldnaab, 6700 Ew.; Porzellan-, Glasindustrie.

Windischgrätz, *Windisch-Graetz,* Alfred Fürst zu, österr. Feldmarschall, *11. 5. 1787 Brüssel, †21. 3. 1862 Wien; unterdrückte 1848 als Generalkommandant in Böhmen die Aufständischen der *Märzrevolution*; wurde wenig später Oberbefehlshaber aller österr. Truppen außerhalb Italiens. Nach der blutigen Unterwerfung Wiens in Ungarn schwer bedrängt, wurde W. am 12. 4. 1849 abberufen. *Metternich* nahestehend, vertrat er auch später einen föderalen Konservatismus.

Windjacke, wetterfeste Sportjacke.

Windjammer [engl.], seemänn. für große, seetüchtige Segelschiffe.

Windkanal, tunnelartige Versuchseinrichtung, in der von einem Gebläse ein von Wirbeln freier Luftstrom erzeugt wird; dient zur Erforschung des aerodynamischen Verhaltens von Flugzeugen, Flugzeugteilen u. -modellen, Kraftwagenmodellen u.ä. mit Hilfe geeigneter Meßvorrichtungen. Im Überschall-W. läßt sich mehrfache Schallgeschwindigkeit erzeugen.

Windkanter, *Kantengeröll, Pyramidengeröll,* durch Korrasion (Sandschliff) modelliertes Gesteinsstück mit meist senkrecht zur Windrichtung liegenden Kanten (*Einkanter, Dreikanter* usw.).

Windkessel, *Maschinenbau:* 1. ein in die Druck- oder Saugleitung von Kolbenpumpen eingebauter Ausgleichsbehälter, der teils mit Luft, teils mit Flüssigkeit gefüllt ist; er hat die Aufgabe, Strömungsschwankungen zu verhindern. – 2. Reservebehälter für Druckluftanlagen.

Windkraftmaschinen, Maschinen, die die kinetische Energie des Windes zur Erzeugung von Antriebsleistung ausnutzen. Meist angewandt ist das vertikal laufende *Windrad,* das auf einer horizontalen Welle befestigt ist. Es ist mit schräggestellten Flügeln oder Schaufeln besetzt. Bei *Windturbinen* ist das Windrad horizontal auf einer vertikalen Welle angeordnet u. mit gekrümmten Schaufeln versehen. Anwendung finden W. u.a. bei Windmühlen, Windkraftwerken u. Pumpstationen zur Ent- u. Bewässerung.

Windkraftwerk, ein Kraftwerk, das die Energie des Windes mittels eines *Windrads* zur Erzeugung elektr. Stroms ausnutzt. Das Windrad hat einen Durchmesser von 3 m bis über 30 m u. ist auf einem etwa 20 m hohen Stahlmast angebracht. Es ist mit zahlreichen Flügeln versehen, die sich radial auf einer horizontalen Achse befinden, wird durch

Der achtseitige „Turm der Winde" (Uhrenturm); 1. Jh. v. Chr. Athen

Kleintromben über dem Meer

WIND

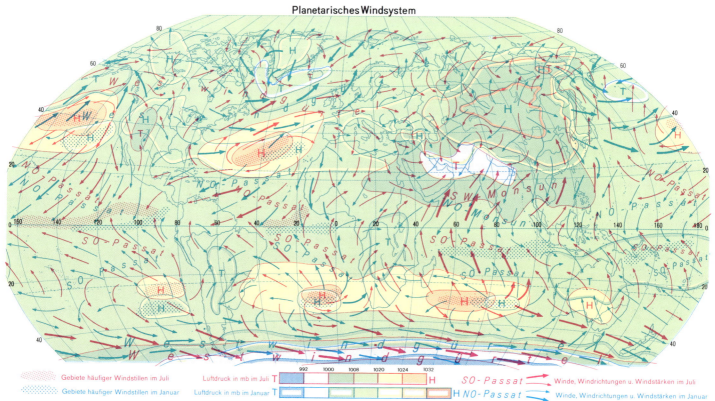

Planetarisches Windsystem

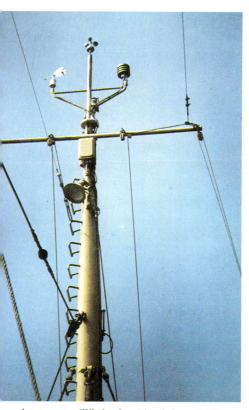

Anemometer (Windmeßgerät) auf einem Schiffsmast

Festlegung von (windgeformten) Sicheldünen bei Säbsevar (Nordostiran) durch Bepflanzung

eine *Windfahne* stets in den Wind gestellt u. treibt über Welle u. Getriebe den Generator an. Da der Betrieb der W.e unregelmäßig ist, sind meist Energiespeicher (Akkumulatorenbatterien) vorgesehen.
Windlade, bei der →Orgel ein Kasten, auf dem die Pfeifen nach Registern stehen. Im Innern der W. befinden sich die Kanzellen u. die Ventile für den Einzelton wie für die Register. Die ältesten W.n (15. Jh.) sind die *Spring-* u. die heute wieder moderne *Schleiflade;* E. F. *Walcker* erfand 1842 die *Kegellade,* die seitdem viel gebaut wurde, aber nicht dem Klangideal der Barockorgel entspricht.
Windleitbleche, vorn an einer Dampflokomotive an beiden Seiten angebrachte Bleche; verbessern durch den Fahrwind den Luftzug am Schornstein u. halten den Rauch vom Führerstand ab.
Windmantel, *Forstwirtschaft:* ein tief zu Boden reichender Äste- oder Staudenschutz der Waldränder (Bestandsränder) bzw. ein älterer Baumbestand, der einem jüngeren auf der sturmgefährdeten Seite (meist W) vorgelagert ist. Der W. verhindert oder vermindert Trockenschäden im Wald, Rindenbrand, Sturmschäden, er fördert das Holzwachstum u. schützt das Kleinklima.
Windmeßgeräte, *Windmesser,* Geräte zur Ermittlung der Windgeschwindigkeit (*Anemometer,* außerdem *Winddruckscheiben*) oder der Windrichtung (*Windfahne, Windsack*) oder beider Größen gleichzeitig; außer in der Meteorologie u. a. im Sport verwendet.
Windmill-Hill-Kultur, neolith. Kultur in England, benannt nach der Fundstelle *Windmill Hill* bei Avebury, Wiltshire. Halbnomad. Landwirtschaft mit Viehkralen, langgestreckte Hügelgräber (*long barrows*) mit Kollektivbestattungen, Feuersteinbergwerke, Spaltindustrie; meist unverzierte Keramik mit abgerundeten Böden.
Windmühle, eine →Windkraftmaschine.
Windpocken, *Wasserpocken, Schafblattern, Spitzpocken, Varizellen,* meist nur im Kindesalter auftretende ansteckende, aber harmlose Viruskrankheit, bei der nach einer Inkubationszeit von 14 bis 17 Tagen rötl. Flecken mit Wasserbläschen mit oder ohne Fieber auftreten; die Bläschen trocknen rasch ein u. heilen meist ohne Narben ab.
Windrad, *Windturbine* →Windkraftmaschinen.
Windröschen = Anemone.
Windrose →Kompaß.
Windsack, konisch geformter, an einem Mast befestigter Stoffschlauch, der durch Ringe an den Enden offengehalten wird; durch die durchströmende Luft gestrafft u. in Windrichtung gedreht; zeigt z. B. auf Flugplätzen oder an windgefährdeten Straßen (Brücken) die Windrichtung u. -stärke an.
Windsbach, bayer. Stadt in Mittelfranken (Ldkrs. Ansbach), an der Fränk. Rezat, 5200 Ew.; Sitz des *W.er Knabenchors;* Betonwarenherstellung.
Windschatten = Lee.
Windscheid, Bernhard, Rechtslehrer, *26. 6. 1817 Düsseldorf, †26. 10. 1892 Leipzig; Verfasser des für die Vorbereitung des BGB maßgebenden Systems des gemeinen Rechts in seinem Hptw. „Lehrbuch des Pandektenrechts" 3 Bde. 1862 bis 1870; 1880–1883 Mitglied der Kommission zur Schaffung des BGB.
windschiefe Geraden, Geraden im Raum, die sich weder schneiden noch parallel laufen.
Windschirm, *Wetterschirm,* ein pultartiger oder halbrunder Schutz aus Blättern, Zweigen u. anderem Material für die Lagerstatt (u. das Lagerfeuer) bei nomad. lebenden Wildbeuter-Völkern (Pygmäen u. a.), eine Vorstufe von Zelt, Hütte u. Haus. – B→Völker der Erde/Völkerkunde.
Windschutzanlagen, künstl. angelegte Waldstreifen u. Hecken, z. B. die *Shelterbelts;* sie vermindern die Windgeschwindigkeit u. setzen die Verdunstung sowie die Bodenabtragung durch Erosion herab. Durch Beeinflussung des Mikroklimas wird eine Ertragssteigerung erzielt. W. sollen auch kalte Luftströmungen von bes. wertvollen Kulturen fernhalten. – B→Landschaftsschutz und Landschaftsgestaltung.
Windschutzscheibe, vordere Scheibe im Kraftwagen zum Schutz der Insassen gegen den Fahrtwind; sie muß aus *Sicherheitsglas* bestehen.
Windsee, die Wellenbewegung der Meeresoberfläche, entsteht durch direkten Windeinfluß.
Windsheim, *Bad W.,* bayer. Stadt in Mittelfranken (Ldkrs. Neustadt an der Aisch-Bad Windsheim), an der Aisch, 10 500 Ew.; Solbäder.
Windsichtung, ein mechanisches Verfahren der *Aufbereitung* zur Unterteilung eines staubhaltigen Gutes nach der Korngröße; das Gut wird in einem aufsteigenden Luftstrom getrennt, der die kleinen Partikel mitnimmt, während die größeren nach unten fallen. *Windsichter* werden unter anderem in der Müllerei verwendet.
Windsor ['winzə], **1.** amtl. *New W.,* Stadt am Südufer der Themse, westl. von London (England), 31 000 Ew.; mit *W. Castle,* dem Sommersitz des engl. Herrscherhauses, einem der größten u. schönsten spätgot. Schlösser; danach nennt sich seit 1917 das engl. Königshaus *Haus W.*

Windbruch und Entwurzelung von Bäumen kann in bewohnten Gegenden (hier Düsseldorf-Benrath), aber auch an Forsten erheblichen Schaden anrichten (links). – Luftbild von Inverness (Miss.), USA, nach der Zerstörung durch einen Tornado im Februar 1971 (rechts)

Windsor

2. Stadt in der kanad. Prov. Ontario, nahe der USA-Grenze, in der Agglomeration von Detroit, 200 000 Ew.; Auto-, Maschinen-, pharmazeut. u. chem. Industrie; Molkereien; Steinsalzabbau.
3. Stadt in Neusüdwales (Australien), 10 000 Ew.; Nahrungsmittel- u. Textilindustrie.
Windsor ['winzə], Name des seit 1901 regierenden brit. Königshauses, den es während des 1. Weltkriegs statt der bisherigen Benennung nach der dt. Linie *Sachsen-Coburg-Gotha* annahm; namengebend war Schloß W. – *Herzog von W.*, Titel des abgedankten Königs Eduard VIII., →Eduard (8).
Windsorvertrag ['winzə-], **1.** 1386 Erneuerung des Bündnisses von 1373 zwischen England u. Portugal, leitete die jahrhundertelange Anlehnung Portugals an England ein.
2. Vertrag von 1899 zwischen Großbritannien u. Portugal, Garantieerklärung über den portugies. Kolonialbesitz.
Windspiel, ein in Italien gezüchteter kurzhaariger →Windhund; Schulterhöhe bis 35 cm.
Windstärke, geschätztes Maß für die Größe der Windgeschwindigkeit aufgrund der mechan. Wirkung des Windes, entspr. der →Beaufortskala.
Windstau, 1. Erhöhung des Luftdrucks bei Abnahme der Windgeschwindigkeit vor einem Hindernis, bes. vor quer zur Strömungsrichtung liegenden Gebirgen.
2. Stau des Meerwassers an Küsten bei lange Zeit gleichbleibender Windrichtung, kann zu Sturmfluten führen, bes. wenn W. mit Springtiden zusammenfällt. →auch Sturmflut.
Windstille, das Fehlen horizontaler Luftbewegung, Windstärke Null der Beaufortskala, Geschwindigkeit unter 0,3 m/sek; →auch Kalme, Flaute.
Windsurfing [-sə:fiŋ], neue Art des Wassersports, die, aus Amerika kommend, auch in Europa zunehmend Anhänger gewinnt. Um auf Gewässern ohne Brandungswellen das →Wellenreiten ausüben zu können, wurde ein bis zu 3,5 m langes Kunststoff-Brett *(Surfboard)* mit einem etwa 5 m² großen Segel kombiniert. Der Segelmast wird auf dem Brett befestigt, muß aber von dem auf dem Brett stehenden Sportler festgehalten u. dem Windeinfall entspr. bewegt werden.
Windthorst, Ludwig, Politiker (Zentrum), *17.1. 1812 Kaldenhof bei Osnabrück, †14.3.1891 Berlin; 1851–1853 u. 1862–1865 hannoverscher Justiz-Min., seit 1866 Rechtsberater des Ex-Königs Georg V. von Hannover; seit 1867 Mitglied des Reichstags, wo er nach 1870 als parlamentar. Führer der neu gegr. Zentrumspartei – vor allem in der Zeit des *Kulturkampfs* – der wichtigste Gegenspieler *Bismarcks* war. – *W.bünde*, Jugendorganisation des Zentrums 1895–1933.
Windverband, bei Stahlbrücken (meist in einer horizontalen Ebene) angeordneter Verband aus Zug- u. Druckstäben zur Aufnahme der durch den Wind hervorgerufenen horizontalen Kräfte.
Windward Islands [-wəd 'ailəndz], *Windward-Inseln*, Südgruppe der →Inseln über dem Winde, Kleine Antillen (Westindien), 2100 qkm, 377 000 Ew.: *Dominica, Grenada, Saint Lucia* u. *Saint Vincent*, bis zur Unabhängigkeit Teil der →Westindischen Assoziierten Staaten. Die feuchttrop., fruchtbaren u. teilweise dichtbewaldeten Inseln sind vulkan. Ursprungs u. gebirgig. Sie liefern Zukker, Baumwolle, Kakao, Gewürze (Muskatnüsse von Grenada, Vanille von Dominica, Pfeilwurz von St. Vincent), Bananen, Südfrüchte, Kokospalmprodukte u. Rum. Die Bevölkerung besteht meist aus Negern u. Mulatten. – 1627 bzw. 1838 brit. u. seither bis 1956 gemeinsam verwaltet; 1958–1962 4 Gliedstaaten der Karib. Föderation.
Windwardpassage ['windwədpa'saʒə] = Paso de los Vientos.
Winfrid →Bonifatius.

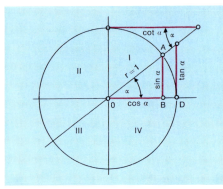

Die vier Winkelfunktionen (veranschaulicht am Einheitskreis)

Winfried [ahd. *wini*, „Freund", + *fridu*, „Schutz, Friede"], männl. Vorname; engl. *Winfred*.
Winifred [kelt. (walis.) *Gwenfrewi* („weiß" u. „Woge"), angeglichen an *Winfred*], engl. weibl. Vorname.
Winkel, geordnetes Paar zweier von einem Punkt, dem *Scheitel*, ausgehender →Halbgeraden, der *Schenkel*. Die Größe des W.s ist der Richtungsunterschied zwischen den beiden Schenkeln. Einer ganzen bzw. halben bzw. viertel Umdrehung des einen Schenkels entspricht der *Voll-W.* bzw. der *gestreckte* bzw. der *rechte W. Spitze W.* sind kleiner, *stumpfe W.* größer als rechte W., aber kleiner als gestreckte W.; größere W. heißen *überstumpf*. Die Größe des W.s wird durch seinen Bogen (arc), manchmal in rad (→Radiant), gemessen oder in Graden (°), Minuten (′) u. Sekunden (″), neuerdings auch in →Neugraden. 1° entspricht dem 360. Teil des Voll-W.s, 1′ dem 60. Teil eines Grades, 1″ dem 60. Teil einer Minute. – Umrechnung (Grad in Bogen):

$$1° = \frac{180}{\pi}, 90° = \frac{1}{2}\pi, 180° = \pi, 360° = 2\pi.$$

Neben-W. ergeben zusammen einen gestreckten W.; sie haben einen Schenkel gemeinsam. Ihre Summe ist 180°. Bei *Scheitel-W.n* sind die Schenkel des einen die Verlängerung des anderen; sie haben gleiche Größe.
Der W. zweier →windschiefer Geraden ist als der W. definiert, den eine von ihnen mit einer sie schneidenden Geraden bildet, die zur anderen parallel ist.
Der W. zweier Ebenen ist der W., den zwei auf der Schnittgeraden errichtete Senkrechte miteinander bilden. – Der W. zweier Kurven ist der W. der Tangenten in ihrem Schnittpunkt.
Ein *körperlicher W.* (Raum-W.) wird von mindestens 3 durch einen Punkt gehenden Ebenen gebildet u. durch das Verhältnis der auf der Einheitskugel ausgeschnittenen Fläche zur ganzen Kugelfläche gemessen.
Winkelhalbierende wird die Gerade durch den Scheitel genannt, die den W. in 2 gleiche Teile teilt. Die *Dreiteilung* eines W.s mit Zirkel u. Lineal ist allg. nicht möglich (→Dreiteilung des Winkels).
Winkeleisen, Stabeisen von L-förmigem Querschnitt.
Winkelfunktionen, transzendente Funktionen, die einen Zusammenhang zwischen Winkeln u. Strecken herstellen. Die theoret. Definition wird im Einheitskreis (Radius 1) gegeben. Jeder Punkt A des Umfangs läßt sich durch den Zentriwinkel α eindeutig angeben. Dann ist die Länge des Lotes AB von A auf den Durchmesser OD der Sinus des Winkels α (geschrieben $\sin\alpha$). Die Maßzahl der Länge von OB ist der Cosinus von α ($\cos\alpha$). Zusätzlich definiert man $\frac{\sin\alpha}{\cos\alpha} = \tan\alpha$ (Tangens) u. $\frac{\cos\alpha}{\sin\alpha} = \cot\alpha$ (Cotangens); $\frac{1}{\cos\alpha} = \sec\alpha$ (Secans), $\frac{1}{\sin\alpha} = \csc\alpha$ (Cosecans). In rechtwinkligen Dreiecken OAB (Hypotenuse nicht gleich 1, α = Winkel zwischen OA u. OD) gilt: $\sin\alpha = \frac{AB}{OA}$; $\cos\alpha = \frac{OB}{OA}$; $\tan\alpha = \frac{AB}{OB}$; $\cot\alpha = \frac{BO}{AB}$. Wie sich am Einheitskreis ersehen läßt, erreicht OA nach einer Drehung von 360° wieder die Ausgangslage; daraus folgt, daß die W. periodisch die gleichen Werte erreichen. Bei Auftragung der Werte im Koordinatensystem erhält man die vier Kurven der W. – Die praktische Verwertung der W. geschieht in der →Trigonometrie.

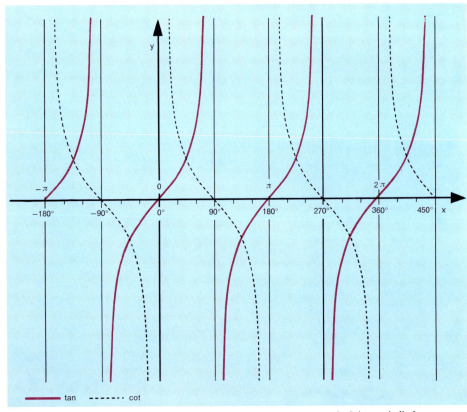

Wie die Sinus- und Kosinusfunktion so sind auch die Tangens- und Kotangensfunktion periodisch

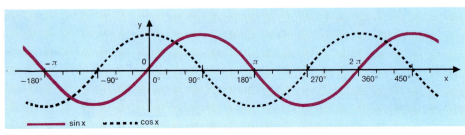

Sinus- und Kosinusfunktion

Winkelgeschwindigkeit, der Winkel, den bei der starren Drehung eines Körpers um eine Achse ein Punkt in der sek überstreicht; wird in Winkel/sek oder einem Vielfachen von 2π/sek gemessen, wobei 2π zu einer ganzen Umdrehung gehört.

Winkelgetriebe, ein Kegelradpaar, das die unveränderliche Winkellage zweier Treibwellen zueinander ermöglicht. Beim Kraftfahrzeug ist ein W. notwendig, wenn die Motorwelle in Fahrzeuglängsrichtung steht. Hier wird das W. meist mit dem Differentialgetriebe zusammengebaut.

Winkelhaken, *Buchdruckerei: Anschlagwinkel*, eine Winkelschiene mit einer festen u. einer zur Einstellung der Zeilenlänge verstellbaren Seitenwand *(Frosch)*, in der die Buchstaben zu einer Zeile aneinandergefügt werden.

Winkelkonsulent →Rechtsbeistand.

Winkelkosinussatz →Trigonometrie.

Winkelmaß = Anschlagwinkel.

Winkelmesser, halbkreisförmige Scheibe mit Gradeinteilung zum Messen von Winkelgrößen.

Winkelräder, veraltete Bez. für Zahnräder in einem →Winkelgetriebe.

Winkelrichtgröße, *Rückstellmoment, Richtmoment*, für einen um eine Achse drehbaren, elastisch an eine Stellung gebundenen Körper das Verhältnis von →Drehmoment zum Verdrehungswinkel gegen seine Ruhelage; für kleine Drehungen konstant.

Wịnkelried, Arnold, schweizer. Sagenheld aus Unterwalden, soll den Sieg bei Sempach 1386 vorbereitet haben, indem er Spieße der habsburg. Ritter mit den Armen umfaßte u. sich in die Brust bohrte, so daß eine Lücke in der feindl. Schlachtordnung entstand.

Winkelspiegel, 1. 2 Spiegel, die einen bestimmten Winkel α miteinander einschließen. Jeder einfallende Strahl wird um den Winkel 2α abgelenkt. Ein 45°-W. wird in der Landvermessung zur Bestimmung eines rechten Winkels benutzt.
2. = Zielspiegel.

Winkelspinne = Hausspinne.

Winkelsucher, ein optischer Durchsichtssucher, dessen Einblicksrichtung im rechten Winkel zur Aufnahmerichtung steht, so daß unbeobachtet photographiert werden kann.

Winker →Fahrtrichtungsanzeiger.

Winkerkrabben, *Uca*, etwa 65 in Gängen an den Küsten aller trop. Meere lebende Arten der *Krabben* aus der Familie der *Ocypodidae*, auffallend bunt gezeichnet. Die Männchen sind dadurch ausgezeichnet, daß die Schere der einen Körperseite extrem groß ausgebildet ist (bis 50% des Gesamtgewichts). Bei den Paarungsspielen wird diese Schere in bestimmtem Rhythmus bewegt u. dient u.a. zur Anlockung der Weibchen.

Winkler, 1. Clemens, Chemiker, *26. 12. 1838 Freiberg, Sachsen, †10. 10. 1904 Dresden; Entdecker des *Germaniums*, schuf durch die von ihm entdeckte Oxydation von Schwefeldioxid mit Hilfe von Platin als Katalysator die Grundlage des Kontaktverfahrens zur Herstellung von Schwefelsäure.
2. Eugen Gottlob, Schriftsteller, *1. 5. 1912 Zürich, †28. 10. 1936 München (Selbstmord); Lyrik; Essays. „Gesammelte Schriften" 2 Bde. 1937; „Briefe 1932–1936" hrsg. 1949.
3. Friedrich, Kunsthistoriker, *5. 3. 1888 Prehna, Thüringen, †23. 2. 1965 Berlin; 1933–1957 Direktor des Kupferstichkabinetts der Staatl. Museen Berlin; schrieb u.a.: „Die fläm. Buchmalerei im 15. u. 16. Jh." 1925; „Albrecht Dürer, Leben u. Werk" 1957; „Hugo van der Goes" 1964.
4. Gerhard, Komponist u. Pianist, *12. 9. 1906 Berlin, †25. 9. 1977 Wiggensbach, Allgäu; schrieb 4 Operetten u. Filmmusiken; Lieder: „O mia bella Napoli", „Capri-Fischer", „Chianti-Lied".
5. Hans Günter, Springreiter, *24. 7. 1926 Wuppertal-Barmen; Weltmeister 1954 u. 1955, Europameister 1957; Olympiasieger 1956 in Stockholm (im Einzel- u. Mannschaftsspringen), 1960 in Rom, 1964 in Tokio u. 1972 in München im „Preis der Nationen" (Mannschaftsspringen); mit der Mannschaft Silbermedaille 1976 u. Bronzemedaille 1968; ist durch seine Teilnahme an sechs Olymp. Spielen u. die dabei errungenen Medaillen der erfolgreichste dt. Olympionike. Sein bekanntestes Pferd war die Stute „Halla".
6. Woldemar, Maler u. Zeichner, *17. 6. 1902 Dresden; seit 1947 in Westdeutschland; bevorzugt phantast. Motive mit symbolist. Überhöhung.

Winkler Prins, Antony, niederländ. Schriftsteller, *30. 1. 1817 Voorst, †4. 1. 1908 Voorburg; schuf die erste große niederländ. Enzyklopädie, 16 Bde. 1870–1882: 18 Bde. [7]1966ff.

Winkler-Verlag, München, gehört seit 1971 zum →Artemis-Verlag.

Winnebago [wini'bɛigɔu], Stamm (rd. 3000) der Chiwere-Gruppe der Sioux-Indianer, ursprüngl. am Westufer des Michigansees, heute in einer Reservation in Nebraska; Sammler (insbes. von Wildreis), Jäger u. Fischer.

Winnebagosee, See in Wisconsin (USA), 557 qkm, bis 6 m tief; durch den Fox River mit der Green Bay des Michigansees verbunden.

Wịnnenden, Stadt in Baden-Württemberg (Rems-Murr-Kreis), nordöstl. von Stuttgart, 22000 Ew.; ehem. Schloß der Dt.-Ordens-Komturei (heute Heilanstalt *Winnental*); verschiedene Industrie.

Winnẹtka-Plan, ein von C. *Washburne* in Winnetka, einer Vorstadt von Chicago, durchgeführter pädagog. Plan, ähnlich dem *Dalton-Plan*, berücksichtigt sowohl die Individualität des Schülers als auch die Sozialerziehung; daher Teilung der Arbeitszeit in Einzelarbeit u. Gruppenarbeit; Ablösung der Altersklassen durch Leistungsgruppen. Das Kind schreitet nach eigenem Lerntempo vorwärts. Die Schüler haben Freiheit in der Wahl ihrer Arbeitsgebiete; die Lehrer werden in die Rolle des Helfers versetzt. Die Beurteilung des Schülers erfolgt sowohl nach seinen Leistungen als auch danach, wie er sich in die Gemeinschaft eingliedert.

Winnig, August, Schriftsteller u. Politiker, *31. 3. 1878 Blankenburg, Harz, †3. 11. 1956 Bad Nauheim; 1918 Reichskommissar für das Baltikum, 1919 Oberpräsident in Ostpreußen, wegen Unterstützung des Kapp-Putschs 1920 amtsenthoben u. aus der SPD ausgeschlossen, schloß sich dann nationalist.-konservativen Gruppierungen an. Polit. Betrachtungen: „Vom Proletariat zum Arbeitertum" 1930. Selbstbiograph.: „Frührot" 1919, erweitert 1924; „Aus 20 Jahren" 1948; Roman: „Wunderbare Welt" 1938.

Wịnnipeg, Hptst. der kanad. Prov. Manitoba, an der Mündung des Assiniboine in den Red River of the North, 243200 Ew. (Agglomeration 570000 Ew.); Universität (1877), kanad. Hauptkontor der Hudsonbaikompanie; Mühlen, Sägereien, Schlachtereien, Brauereien, Getreidemarkt, Textilindustrie, Erdölraffinerien, Bahnknotenpunkt.

Winnipegosissee [winipɛ'gɔusis-], See in der kanad. Prov. Manitoba, 5401 qkm, bis 12 m tief.

Wịnnipegsee, See in der kanad. Prov. Manitoba, 24300 qkm, bis 21 m tief, Seespiegel 217 m ü.M.; vom Saskatchewan (Nelson) durchflossen.

Wịnniza, ukrain. *Winnyzja*, Hptst. der Oblast W. (26500 qkm, 2132000 Ew., davon rd. 20% in Städten) in der Ukrain. SSR (Sowjetunion), am Bug, 300000 Ew.; Hochschule; Zuckerfabriken Phosphatwerke, Maschinenbau, Metall-, Holz- u. Lederverarbeitung; Verkehrsknotenpunkt.

Wịnrich von Kniprọde, Hochmeister des Dt. Ordens seit 1351, †24. 6. 1382; unter ihm erlebte der Dt.-Ordens-Staat seine Blütezeit. Die Litauer wurden seit 1360 in die Defensive gedrängt u. 1370 bei Rudau im Samland vernichtend geschlagen. Im selben Jahr verhalf W. der Hanse zu dem Frieden von Strahlsund mit Dänemark. Er war bemüht um planmäßige Kolonisation, Burgenbau in Kurland u. Semgallen, Städtegründungen u. veranlaßte die Vollendung der Marienburg (1398).

Winschoten ['vinsxo:tə], Stadt in der niederländ. Prov. Groningen, am Winschoter Diep, 18000 Ew.

Winsen (Luhe), niedersächs. Stadt am Nordrand der Lüneburger Heide, südl. der Elbmarschen, 24000 Ew.; Schloß; Papier-, Maschinen-, Elektro-, Möbel-, Schokoladen-, pharmazeut. Industrie. Verwaltungssitz des Ldkrs. *Harburg*.

Winston-Salem ['winstən 'sɛiləm], Stadt im NW von North Carolina (USA), 134000 Ew. (Metropolitan Area 234000 Ew.); Tabakanbau u. -handel; Tabakwarenindustrie (70% der USA); Möbel-, Elektro-, Düngemittelindustrie u. Maschinenbau. – *Salem* wurde 1766 von dt. Einwanderern gegr., 1913 mit *Winston* vereinigt.

Winter, Jahreszeit zwischen Wintersolstitium u. Frühlings-Äquinoktium, auf der Nordhalbkugel der Erde vom 22. 12.–21. 3., auf der Südhalbkugel vom 21. 6.–23. 9.

Winter, Fritz, Maler, *22. 9. 1905 Altenbögge, Westfalen, †1. 10. 1976 Herrsching; während der nat.-soz. Zeit in Dtschld. mit Ausstellungs- u. Malverbot belegt; gelangte von einem vom Bauhaus-Expressionismus beeinflußten Stil zur abstrakt-ungegenständl. Malerei mit symbolhaften Zeichen. – Ⓑ→Mosaik.

Winterastern, *Herbst-Chrysanthemen*, in vielen Sorten gezüchtete Zierpflanzen, deren Stammpflanze die *Indische Wucherblume (Weihnachtsaster, Chrysanthemum indicum)* ist; blühen vom Spätherbst bis November u. in Gewächshäusern bis Dezember mit großen oder kleinen Blütenköpfchen, in vielen Farben. Meist gefüllte Sorten.

Winterberg, 1. Stadt in Nordrhein-Westfalen (Ldkrs. Brilon), Luftkurort im Sauerland, nördl. des Kahlen Astens, 700–800 m ü.M., 14000 Ew.; Wintersportplatz (Sprungschanze).
2. *Großer W.*, Berg im Elbsandsteingebirge, südöstl. von Bad Schandau (DDR), 551 m.

Winterbohnenkraut →Kölle.

Wịntercounts [-kaunts; engl., „Winterzählung"], chronolog. Aufzeichnungen in Bilderschrift bei den Sioux-Indianern.

Wintereiche, *Traubeneiche* →Eiche.

Winterendịvie, *Wegwarte* →Cichorium.

Winterfrüchte, frostharte Kulturpflanzen, die bereits im Herbst ausgesät werden müssen (z.B. Winterroggen, Winterweizen, Winterraps), weil sie zu ihrer weiteren Entwicklung eines Kältereizes bedürfen; →Keimstimmung.

Wintergarten, ein dem Gewächshaus ähnl., mit Zimmerpflanzen ausgestatteter Raum des Wohnhauses; seit dem ausgehenden 19. Jh. in fast allen gut ausgestatteten Bürgerhäusern in der verglasten Veranda eingerichtet, heute meist durch Blumenfenster ersetzt.

Wintergeld, Zuschuß zum Arbeitslohn von Bauarbeitern, die auf einem witterungsabhängigen Arbeitsplatz beschäftigt sind u. die bei witterungsbedingtem Arbeitsausfall Anspruch auf *Schlechtwettergeld* haben. Das W. wird für jede Arbeitsstunde in der Zeit vom 16. 12. bis 24. 12. u. vom 2. 1. bis 15. 3. gezahlt. Es soll zur Beschäftigung der Bauarbeiter im Winter anreizen. Die Mittel gewährt die Bundesanstalt für Arbeit.

Wintergemüse, Gemüsearten, die bes. zum Verbrauch im Winter angebaut werden.

Wintergetreide, Getreiderassen, bei denen zur Ausbildung von Blüten u. Früchten ein Kältereiz notwendig ist. W. ist dem Sommergetreide im Ertrag überlegen. →auch Keimstimmung.

Wịntergreenoil [-gri:nɔil; das; engl.], *Wintergrünöl, Gaultheriaöl*, aus dem amerikan. *Wintergrün, Gaultheria procumbens*, destillierte gelbl., ölige Flüssigkeit, die bis zu 99% aus Methylsalicylat (Salicylsäuremethylester) besteht. Eigentüml. Geruch, schwach antiseptisch, hautreizend, erregend; verwendet zu Heilmitteln, Kosmetika, zur Herstellung durchsichtiger anatom. Präparate.

Wintergrün, 1. *Pyrola*, Gattung der *W.gewächse*, kleine Pflänzchen mit wintergrünen Blättern, Blüten einzeln an der Spitze des Stengels beim *Einblütigen W., Pyrola uniflora*, Blüten in Trauben z.B. beim *Nickenden W., Pyrola secunda*, u. beim *Kleinen W., Pyrola minor*.
2. *Gaultheria procumbens*, in Nordamerika heimischer Halbstrauch aus der Familie der *Heidekrautgewächse* mit rötlich-weißen Blüten u. grellroten, weichfleischigen Früchten. Die Blätter werden zum Berg- oder Salvatortee verarbeitet. Durch Destillation wird aus ihnen das *W.öl* (→Wintergreenoil) gewonnen.
3. = Efeu.

Wintergrüngewächse, *Pyrolaceae*, Familie der *Bicornes*, teils immergrüne Pflanzen, teils Saprophyten. Hierher gehören u.a. *Wintergrün* (1) u. *Fichtenspargel*.

Wintergrünöl = Wintergreenoil.

Winterhafte, *Gletschergäste, Schneeflöhe, Boreidae*, Familie der *Schnabelhafte*, Insekten mit gutem Sprungvermögen, bis 4,5 mm lang, Flügel rückgebildet, nur beim Männchen als Klammerspangen erhalten. Von Oktober bis März bei Sonnenschein im Moos oder auf der Oberfläche tauenden Schnees. Die raupenähnl. Larven entwickeln sich im Moosrasen.

Winterhalter, Franz Xaver, Maler u. Graphiker, *20. 4. 1805 Menzenschwand, Schwarzwald, †8. 7. 1873 Frankfurt a.M.; seit 1843 als beliebter Gesellschaftsporträtist in Paris u. an Königshöfen fast ganz Europas tätig. Bildnisse u. Genregemälde in einem idealisierenden, glatten Stil.

Winterkohl, *Blattkohl*, →Kohl.

Winterkönig, Spottname *Friedrichs V. von der Pfalz*, dessen böhm. Königtum nur einen Winter dauerte (1619/20).

Winterkresse = Barbenkraut.

Winterkrieg, der finn.-sowjet. Krieg 1939/40. Am 11. 10. 1939 begann die UdSSR mit den Kampfhandlungen, nachdem sie mit ihrer Forderung auf Überlassung von Stützpunkten auf den Widerstand Finnlands gestoßen war. Bis Mitte Februar 1940

Winterlieb

konnten sich die Finnen trotz sowjet. Überlegenheit behaupten, mußten aber im Friedensvertrag (12. 3. 1940) Gebiete abtreten.

Winterlieb, *Chimaphila,* Gattung der *Wintergrüngewächse,* in Dtschld. durch die in trockenen, sandigen Kiefernwäldern vorkommende Art *Chimaphila umbellata* vertreten.

Winterling, *Eranthis,* südeurop. *Hahnenfußgewächs.* Die Zierpflanze *Kleiner W., Eranthis hiemalis,* erscheint bereits im Februar oder März mit tiefgeschlitzten u. zierl. gelben Blüten.

Wintermücken, *Petauristidae,* Familie kleiner langbeiniger *Mücken,* die im Herbst zur Zeit der ersten Nachtfröste oft in Scharen auftreten; den *Schnaken* nahe verwandt. Die Larven entwickeln sich in verwesenden Pflanzenresten, z. B. in faulenden Kartoffeln der Lagervorräte.

Winternitz, Wilhelm, österr. Internist, * 1. 3. 1834 Josefstadt, Böhmen, † 22. 2. 1917 Wien; Schüler von V. Prießnitz; war Direktor der ersten Hydrotherapeutischen Klinik in Wien (1896).

Winterraps →Raps.

Winterreifen, Kraftfahrzeugreifen, die durch spezielles Profil *(M+S-Reifen)* bes. für Betrieb im Winter geeignet sind. *Spikesreifen* sind nicht mehr zulässig. →auch Bereifung.

Winterrübsen →Rübsen.

Winters, Lawrence, afroamerikan. Sänger (Bariton). *15. 11. 1915 Kings Creek, S. C., † 24. 9. 1965 Hamburg; seit 1952 an der Hamburger Staatsoper.

Wintersberger, Lambert Maria, Maler, *1941 München; stellt auf seinen in der süßlichen Farbgebung der Pop-Malerei nahestehenden Bildern überdimensionierte Ausschnitte von Körpergliedmaßen, denen schwere Verletzungen zugefügt werden, dar.

Winterschlaf, 1. *Medizin:* künstlicher W. = kontrollierte Hypothermie.
2. *Zoologie:* →Überwinterung.

Winterschlafdrüse, paarig angelegter braungelber Fettkörper in der Nackengegend bei Wirbeltieren, am stärksten ausgebildet im Oktober, wird während des Winterschlafs langsam aufgebraucht. Die Funktion der W. ist noch unklar.

Wintershall AG, Celle, Verwaltungssitz: Kassel, 1921 als *Kali-Industrie AG* gegr. Unternehmen, seit 1929 heutige Firma. Der Produktionsbereich des Konzerns umfaßt die Gewinnung u. Verarbeitung von Kalisalzen, Herstellung von Nebenprodukten u. stickstoffhaltigen Düngemitteln, Gewinnung von Erdöl u. Erdgas, Herstellung von Treibstoffen, Heizölen u. Schmierstoffen; Grundkapital: 176 Mill. DM (im Besitz der *BASF AG*); 16 600 Beschäftigte; Tochtergesellschaften: *Kali und Salz AG,* Kassel; *Gewerkschaft Erdöl-Raffinerie Emsland,* Lingen; *Wintershall Oil of Canada Ltd.,* Calgary, u. a.

Wintersport, Sammelbez. für alle auf Schnee u. Eis betriebenen Sportarten: Bobfahren, Curling, Eislaufen, Eisschießen, Eissegeln, Eishockey, Skisport u. Rodeln.

Winterspritzung, *Obstbau:* Schädlingsbekämpfungsmethode während der Vegetationsruhe. An frostfreien Tagen werden die Bäume mit einem Spritzmittel benetzt, das Überwinterungsstadien von Schädlingen u. Ansiedlungen von Algen, Moosen, Flechten vernichtet. Grüne Pflanzenteile werden durch Winterspritzmittel geschädigt.

Winterstein, Eduard von, eigentl. E. Frhr. von Wangenheim, Schauspieler, * 1. 8. 1871 Wien, † 22. 7. 1961 Berlin; 1898–1938 u. seit 1945 am Dt. Theater Berlin, dazwischen am Schillertheater; Charakterdarsteller, auch im Film.

Winterswijk [-wεik], Stadt in der niederländ. Prov. Gelderland, nahe der dt. Grenze, 26 300 Ew.; Stahl-, Metall-, Möbel- u. Textilindustrie, Steinkohlenlager.

Winterthur, nordschweizer. Industrie- u. Kunststadt im Kanton Zürich, in der Talniederung von Eulach u. Töss, 86 600 Ew. (Agglomeration 107 000 Ew.); seit 1264 Stadtrechte, im selben Jahr habsburgisch, 1467 an Zürich verpfändet; mittelalterl. Stadtkern mit spätgot. Stadtkirche St. Laurentius (13.–16. Jh.) u. alten Bürgerhäusern, Kunstmuseum, Museum der Stiftung O. Reinhart, Naturwissenschaftl. Sammlung, Musikkollegium (seit 1629), Kantonales Technikum; bedeutende Textil- u. Maschinenindustrie (Lokomotiv- u. Dieselmotorbau); Messe; Verkehrsknotenpunkt. In der Umgebung die Schlösser *Kyburg, Mörsburg* (13. Jh.), *Hegi* (16. u. 20. Jh.), *Wülfingen* (17. Jh.).

Winter Verlag, *Carl Winter, Universitätsverlag GmbH,* Heidelberg, gegr. 1822; geisteswissenschaftl., bes. sprachwissenschaftl. Literatur, naturwissenschaftl. Taschenbücher.

Winterzwiebel, Jakobszwiebel, *Allium fistulosum,* in Sibirien heim. Zwiebel mit in der Mitte aufgeblasenen Stengeln, längl. Zwiebeln u. Nebenzwiebeln.

Winthrop ['winθrəp], John, nordamerikan. Politiker, *12. 1. 1588 Edwardston, Suffolk (England), † 26. 3. 1649 Boston; wanderte 1630 nach Massachusetts aus, dessen Gouverneur er 9 Jahre lang war. Sein Tagebuch ist ein wichtiges Dokument für die Geschichte des frühpuritan. Neuengland.

Wintun [-tən], Stamm der *Penuti-Indianer,* im N des kaliforn. Längstals, Fischer, Jäger u. Sammler.

Winzer, Weinbauer, landwirtschaftl. Ausbildungsberuf mit 3jähriger Ausbildungszeit; vielseitige Tätigkeit vom Anbau der Reben im Weinberg bis zur Weinlese, bei der Weinbereitung u. in der Weinkellerei; Weiterbildung durch den Besuch von Weinbauschulen u. Höheren Weinbauschulen; letztere werden mit der Prüfung als *staatlich geprüfter Weinbauer,* als *Weinbautechniker* oder als *Weinbauingenieur* abgeschlossen (Bedienstete eines Weinbauamtes u. ä. Institutionen).

Winzer, Otto, Politiker (SED), * 3. 4. 1902 Berlin, † 3. 3. 1975 Ostberlin; Verlagshersteller, später -leiter, seit 1925 Mitgl. der KPD, seit 1935 Emigration; kehrte 1945 mit W. Ulbricht aus der Sowjetunion zurück, seit 1947 Mitgl. des ZK, 1949 bis 1956 Staatssekretär u. Chef der Privatkanzlei des DDR-Präsidenten, 1956–1965 stellvertr. Min., 1965–1975 Min. für Auswärtige Angelegenheiten der DDR.

Winzergenossenschaft, Zusammenschluß der Winzer zwecks besserer Verwertung ihres Weins; verfügt über gut eingerichtete Keller, sachkundiges Personal, lagert die Weine getrennt nach Traubensorten u. Qualitäten.

Wiora, Walter, Musikwissenschaftler, * 30. 12. 1906 Kattowitz; Arbeiten zur Volksliedforschung, „Die vier Weltalter der Musik" 1961.

Wipfeldürre = Gipfeldürre.

Wipo, Kaplan u. Historiograph, † nach 1046; wahrscheinl. Erzieher Kaiser Heinrichs III., schrieb Lehrgedichte u. die „Gesta Chuonradi imperatoris" (zwischen 1040 u. 1046), eine Biographie Kaiser Konrads II.

WIPO, Abk. für engl. *World Intellectual Property Organization,* →Weltorganisation für geistiges Eigentum.

Wipper, 1. *Bergbau:* Vorrichtung zum Entladen von Grubenwagen; um seine Längsachse drehbares stählernes Gestell, in das der Grubenwagen hineingefahren wird, so daß er sich beim Drehen des W.s entleert.
2. *Geldwesen:* →Kipper und Wipper.

Wipper, Oberlauf der →Wupper.

Wipperfürth, Stadt in Nordrhein-Westfalen (Rhein.-Berg. Kreis), im Bergischen Land, an der Wupper, 21 100 Ew.; Textil-, Metall-, Papier-, Elektro-, Kunststoffindustrie.

Wirbel, 1. *Anatomie:* Glied des Achsenskeletts *(Wirbelsäule)* der Wirbeltiere; wird zwischen den Muskelsegmenten *(intersegmental)* aus dem Mesenchym gebildet. Die *W.körper* umgeben die Chorda u. verdrängen sie teilweise (Fische) oder ganz (Säugetiere). Von ihnen gehen *obere Bögen (Neuralbögen)* aus, die in Rumpf- u. Schwanzregion das *Neuralrohr (Rückenmark)* umgeben u. in ihrer Gesamtheit den *Neuralkanal* bilden. Die vereinigten Neuralbögen eines W.körpers können auf der Rückenseite *Dornfortsätze* haben. Bauchwärts gehen von den W.körpern die *unteren Bögen (Hämalbögen)* aus, die in der Schwanzregion den Hämalkanal um die großen Blutgefäße, in der Rumpfregion oft die Ansätze der *Rippen* bilden.
2. *Musik:* 1. bei Saiteninstrumenten drehbare Pflöcke zum Befestigen u. Stimmen der Saiten, in einer *W.platte* oder einem *W.kasten* angebracht. Sie sind aus Holz bei Streichinstrumenten, aus Eisen bei Klavierinstrumenten u. auch bei modernen Gitarren u. Mandolinen. – 2. schneller Schlagwechsel bei Trommeln u. Pauken.
3. *Physik:* jede drehende Bewegung von Flüssigkeiten oder Gasen; z. B. Luft-W. (→Zyklone), Wasser-W. Die Theorie der W. ist ein sehr wichtiger Teil der Hydrodynamik.

Wirbeldost, Pflanze, →Kölle.

Wirbellose, *Invertebrata, Evertebrata,* nicht systemat. Bez. für die Tiere ohne Wirbelsäule.

Wirbelrohr, eine Kältemaschine einfachster Bauart, bei der ein verdichtetes Gas durch eine Düse tangential in ein Rohr expandiert, wodurch in diesem ein Wirbel entsteht, in dessen Zentrum heißes Gas u. in dessen Randschichten ein stark abgekühltes Gas rotiert. Diese beiden Gasströme lassen sich durch geeignete Vorrichtungen trennen, so daß an einem Rohrende ein Kaltgasstrom, am anderen Rohrende ein Heißgasstrom austritt. Nach dem Entdecker dieses Effekts wird das W. auch als *Hilsch-Rohr* bezeichnet.

Wirbelrosette, Rosette mit radial angeordneten Binnenformen, die den Eindruck einer Drehbewegung erwecken.

Wirbelsäule, das Achsenskelett der →Wirbeltiere, das durch Verknöcherung der biegsamen →Chorda dorsalis entsteht, durch Gliederung in einzelne Wirbel aber allseitig beweglich bleibt. Stammesgeschichtlich gliederte sich die W. in den verschiedenen Wirbeltier-Gruppen zunehmend auf: Bei den Fischen sind nur im Rumpfabschnitt (mit freien Rippen) u. ein Schwanzabschnitt (mit geschlossenen Hämalbögen, →Wirbel) zu unterscheiden. Bei den Vierfüßern trennt das Kreuzbein Rumpf- u. Schwanz-Abschnitt, an ihm ist der hintere Gliedmaßengürtel *(Beckengürtel)* aufgehängt. Bei Reptilien, Vögeln u. Säugern lassen sich im Rumpfbereich eine Halsregion *(Cervicalregion,* mit kurzen Rippen oder rippenlos), eine Brustregion *(Thoracalregion,* mit Rippen, die das Brustbein erreichen) u. eine rippenfreie Lendenregion *(Lumbalregion)* unterscheiden. Im Bereich des Kreuzbeins *(Sacralregion)* kommt es zu Verwachsungen, in die auch teilweise die Schwanz-W. *(Caudalregion)* einbezogen wird. So haben die Amphibien noch einen oder zwei freie Sacralwirbel; bei den Reptilien (Schlangen bis 200 Wirbel) verwachsen zwei oder mehr Sacralwirbel; bei den Vögeln ist das stark verbreitete Becken mit 9 bis 22 Wirbeln der Lumbal- u. Sacralregion verwachsen; bei den Säugetieren kommt es zu Verwachsungen zwischen Sacralwirbeln u. Becken, in die die rückgebildeten Schwanzwirbel einbezogen werden können *(Steißbein des Menschen).*
Die W. des Menschen besteht aus 7 *Hals-,* 12 *Brust-* u. 5 *Lendenwirbeln* u. ruht auf dem *Kreuzbein* (5 verwachsene Wirbel), dem das rudimentäre *Steißbein* anhängt (meist 4 [3–6] Wirbel). Die Wirbelkörper senden zur Rückenseite Neuralbögen aus, die den *Rückenmarkskanal* bilden u. sich

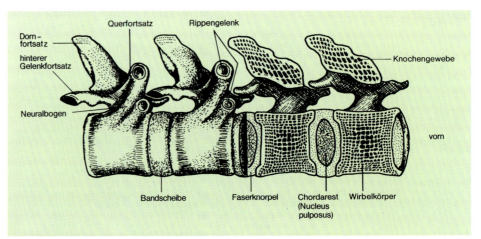

Wirbelsäule eines Säugetiers

zu Dornfortsätzen vereinigen; seitlich tragen sie je einen Querfortsatz u. oben u. unten je zwei Gelenkfortsätze, mit denen je zwei aufeinanderfolgende Wirbel gelenkig verbunden sind. Zwischen den Wirbelkörpern sind die *Bandscheiben* gelagert, das sind Zwischenwirbelscheiben mit einem von einem Faserknorpelring umgebenen Gallertkern. Beim Reißen des Faserrings kann der Gallertkern hervorquellen u. durch Druck auf das Rückenmark u. die dort entspringenden Nervenwurzeln heftige Schmerzen hervorrufen; viele *Ischiasbeschwerden* lassen sich auf einen solchen Bandscheibenvorfall zurückführen. Die W. wird von großen u. kleinen Bändern zwischen den Wirbelkörpern u. ihren Fortsätzen zusammengehalten u. ist im Lendenteil u. Halsteil leicht nach vorn, im Brustteil nach hinten gekrümmt. Diese Krümmungen haben zusammen mit dem Bandscheibenapparat den Zweck, die den Körper treffenden Stöße abzufangen.
Häufigste Erkrankungen der W. sind degenerative sowie rheumat. u. tuberkulös entzündl. Erkrankungen. Versteifungen führen zur *Bechterewschen Krankheit* (→Bechterew). Daneben kommen vor: krankhafte Krümmungen nach vorn *(Lordose)*, nach hinten *(Kyphose)* u. zur Seite *(Skoliose)* u. durch Zusammenfallen zerstörter Wirbelkörper, z. B. bei Tuberkulose, Spitzbuckel *(Gibbus)*.

Wirbelschichtreaktor, ursprüngl. ein Reaktionsgefäß zum Vergasen von festen Brennstoffen (vorwiegend Braunkohle); arbeitet nach dem Gleichstromprinzip: Von unten eingeblasenes Vergasungsmittel trägt den in der Korngröße 1–8 mm zugeführten Brennstoff nach oben, bis sich Brennstoffgewicht u. Vergasungsmitteldruck im Gleichgewicht befinden. Zurückfallender Brennstoff wird immer wieder hochgewirbelt bis zur vollständigen Verbrennung. Nach dem gleichen Prinzip können sulfidische Erze geröstet u. oxidische Erze reduziert werden.

Wirbelstrombremse, Bremse zur Drehmomentmessung bei umlaufenden Kraftmaschinen. Durch Elektromagnete werden in einer Bremsscheibe *Wirbelströme* erzeugt, die der von der Kraftmaschine abgegebenen Leistung entsprechen. Weitere Anwendungsformen der W. sind Dämpfungsvorrichtungen für Zeiger von Meßgeräten, Läuferscheiben von Elektrizitätszählern u. Gleisbremsen.

Wirbelströme, innerhalb von elektr. Leitern (z. B. Blechen) geschlossen verlaufende Ströme, die durch ein veränderl. Magnetfeld entstehen. Sie erwärmen den Leiter u. verbrauchen dabei einen Teil der dem Magnetfeld zugeführten Energie *(Wirbelstromverlust)*.

Wirbelsturm, im allg. jede starke Luftbewegung, die um ein Zentrum tiefen Drucks rotiert, bes. ein trop. →Zyklon.

Wirbeltiere, *Vertebrata*, Gruppe der →Chordaten, zu der u. a. die Säugetiere u. damit auch der Mensch gehören. In der modernen Systematik werden die W. aufgelöst in die Unterstämme *Kieferlose (Agnatha)* u. *Kiefermäuler (Gnathostomata)*, die dann gleichberechtigt neben den anderen beiden Unterstämmen der Chordaten, *Manteltiere (Tunicata)* u. *Schädellose (Acrania)*, stehen. Hauptkennzeichen ist der Besitz eines gegliederten Achsenskeletts *(Wirbelsäule)*, in dessen Nähe oder in dessen Innerem sich das *Rückenmark* befindet, sowie einer →sekundären Leibeshöhle *(Coelom)*. Der ursprüngl. Körberbau der W. zeigt eine Gliederung in hintereinandergelegene Abschnitte *(Metamerie)*, die jedoch im Lauf der Entwicklung durch Verschmelzungsprozesse stark umgeändert werden. Bei den niedersten W.n findet man diese Gliederung noch in den segmental angelegten Muskelabschnitten *(Myotome)* oder den entspr. Abschnitten des Nerven- oder Skelettsystems (*Neurotome* u. *Sklerotome*). Bei den höheren W.n kann man nur noch die Regionen (Kopf, Hals, Brust, Bauch, Becken u. Schwanz) als Ergebnis der Verschmelzungsprozesse unterscheiden. Die Haut der W. zeigt einen zweischichtigen Bau: mehrschichtige Oberhaut *(Epidermis)* u. daruntergelegene Lederhaut *(Cutis)*. Die Oberhaut kann Federn, Haare, Schuppen tragen u. die Mündungen von tiefergelegenen Talg-, Schweißdrüsen beherbergen. Das *Nervensystem* der W. zeigt meist am Vorderende des Rückenmarks eine Gehirnanlage, deren 5 Teile (Vorder-, Zwischen-, Mittel-, Hinter- u. Nachhirn) mehr oder weniger gut ausgebildet sein können. Das *Blutkreislaufsystem* ist geschlossen. Die paarigen *Gliedmaßen* lassen sich theoret. von den Flossen der Fische, vom sog. *Archipterygium („Urflosse")*, ableiten, da nämlich alle W. (unabhängig von ihrer Lebensweise in Wasser, Luft oder auf dem Lande) auch sonst homologe Skelettelemente, nur jeweils ihren Lebensbedürfnissen angepaßt, aufweisen (→Abstammungslehre). Die *Sinnesorgane* sind meist hoch entwickelt. – Die ersten W. entstanden wahrscheinl. in Form von Panzerfischen, die viel stärker verknöchert waren, im Silur.
Systematik
3. Unterstamm (der Chordaten): *Kieferlose, Agnatha*; der erste Kiemenbogen ist noch nicht zum Kiefer umgewandelt. Neben einer Anzahl ausgestorbener Tiere (z. B. *Heterostraci, Osteostraci*) gehören zu dieser Gruppe zwei heute lebende Klassen, die *Rundmäuler, Cyclostomata*, mit 23 u. die *Inger, Myxiniformes*, mit 18 Arten.
4. Unterstamm (der Chordaten): *Kiefermäuler, Gnathostomata*; der erste Kiemenbogen, später noch weitere, sind zum Kauappart *(Kiefer)* umgewandelt. Befähigung zum Kauen sowie überhaupt zur Aufnahme brockenhafter Nahrung.
1. Untergruppe *Aphetohyoidea*; der zweite Kiemenbogen tritt nicht in Beziehung zum Kieferapparat; nur ausgestorbene *Panzerfische* wie die *Placodermi*.
2. Untergruppe *Eugnathostomata*; der zweite Kiemenbogen tritt als Zungenbeinbogen *(Hyomandibularbogen)* in Beziehung zum Kieferapparat.
Klasse *Knorpelfische, Chondrichthyes*; Wirbelsäule nur verknorpelt; Tiere mit unterständigem Maul.
Unterklasse *Haie* u. *Rochen* (*Elasmobranchia* = *Plagiostomi*).
Unterklasse *Seedrachen* oder *Chimären, Holocephalia*.
Klasse Knochenfische, *Osteichthyes*.
Unterklasse *Strahlenflosser, Actinopterygii*; mit Flossenstrahlen u. inneren Rippen.
Überordnung *Knorpelganoide, Chondrostei*.
Überordnung *Knochenganoide, Holostei*.
Überordnung *Echte Knochenfische, Teleostei*. Große Artenfülle der „modernen" Fische.
Unterklasse *Muskelflosser, Sarcopterygia*.
Überordnung *Lungenfische, Dipnoi*; können im Schlamm überwintern.
Überordnung *Quastenflosser, Crossopterygii*; überlebende Art: *Latimeria chalumnae*. Stammgruppe der Land-W.
Klasse *Lurche, Amphibia*, mit feuchter, funktionsreicher Haut.
Ordnung *Blindwühler, Gymnophiona*.
Ordnung *Froschlurche, Anura*.
Ordnung *Schwanzlurche, Urodela*; Molche u. Salamander; zur Entwicklung an das Wasser gebunden.
Reptiliomorpha; mit trockener, funktionsarmer Haut; benötigen auch zur Fortpflanzung nicht mehr das Wasser.
Klasse *Kriechtiere, Reptilia*; wechselwarme, meist eierlegende Wirbeltiere mit mehrschichtiger, schuppenbedeckter Haut.
Klasse *Vögel, Aves*; warmblütige, eierlegende W.; Vorderbeine zu Flügeln umgebildet; Federkleid.
Klasse *Säugetiere, Mammalia*; warmblütige, meist lebendgebärende W.; Haarkleid, Wangen.

Wirkerei, ein Zweig der Textiltechnik, der sich mit der Herstellung von Gewirken befaßt. Beim Wirken werden über die Warenbreite verteilt Schleifen gebildet u. daraus eine Anzahl Maschen gleichzeitig hergestellt. Die *Flach-W.* dient zur Herstellung von Breitwirkwaren, die *Rund-W.* von Schlauchwirkwaren. Man unterscheidet folgende Wirkwaren: *Kulierwaren*, ein Faden stellt alle Maschen in einer Reihe her; *Kettenware*, eine Vielzahl von Fäden (Kette) arbeitet nebeneinander, wobei ein Faden höchstens 2 nebeneinanderliegende Maschen bildet. Auch Strickwaren gehören, obwohl nach Art des Handstrickens hergestellt, technologisch zu den Wirkwaren. In der Regel sind sie gröber als Wirkwaren. – Wirkware ist auch Bezeichnung für alle fertigen gewirkten Bekleidungsstücke; dabei gibt es abgepaßte, geschnittene, glatte u. gemusterte Erzeugnisse. →auch Bindung. – 🄻 10.8.7.

Wirkstoffe, *Biokatalysatoren*, früher *Ergine, Ergone*, zusammenfassende Bez. für *Enzyme, Vitamine* u. *Hormone*. W. sind im Organismus stets in geringen Konzentrationen vorhanden u. entfalten doch entscheidende Wirkungen.

Wirkung, 1. *Philosophie:* Ergebnis einer →Ursache.
2. *Physik:* eine Größe von der Dimension Energie mal Zeit (bzw. Ort mal Impuls, also Drehimpuls). In der klass. Physik spielt die W. nur eine untergeordnete Rolle, sie tritt z. B. auf im Prinzip der kleinsten W., einem →Extremalprinzip der Mechanik. Nach der Quantentheorie kann die W. nur ganzzahlige Vielfache eines kleinsten Wertes, des →Wirkungsquantums, annehmen.

Wirkungsgrad, *Ausbeute, Nutzeffekt*, in der Technik bei einer Energieumwandlung das Verhältnis der nutzbringend gewonnenen Energie zur aufgewendeten Energie. Beispiele: W. einer Maschine, einer Lichtquelle, der Umwandlung von Wärme in Strom; bei einer Wärmekraftmaschine bedeutet W. das Verhältnis der gewonnenen mechan. Arbeit zu der Wärmemenge, die durch Verbrennung eines Brennstoffs zugeführt wurde.

Wirkungsquantum, *Plancksches W.*, eine universelle Naturkonstante, die wichtigste Zahlengröße der →Quantentheorie u. Atomphysik, 1900 von M. *Planck* entdeckt; mit dem Buchstaben *h* bezeichnet, zahlenmäßiger Wert $h = 6{,}6252 \cdot 10^{-34}$ Js. In quantentheoret. Rechnungen tritt statt *h* häufig auch die Zahl $h/2\pi = \hbar$ (sprich: *h quer*) auf.

Wirkungsquerschnitt, *Streuquerschnitt*, Maß für die Wahrscheinlichkeit eines Streuprozesses oder einer Kernreaktion. Experimentell bestimmt wird der W. als Zahl der pro Sekunde eintretenden Reaktionen dividiert durch die Zahl der pro Sekunde u. pro Flächeneinheit eingeschossenen Teilchen u. die Zahl der Atomkerne, auf die der Teilchenstrahl einfällt. Anschaulich gibt der W. den effektiven Querschnitt an, den der beschossene Kern dem Geschoß entgegenstellt (im rein geometr. Sinn). Der W. wurde in barn $= 10^{-24}$ cm^2 gemessen, heute in m^2.

Wirkwaren →gewirkte Stoffe, →Wirkerei.

Wirkwiderstand →Widerstand.

Wịrnhier, Konrad, Schießsportler, * 7. 7. 1937 Pfarrkirchen; bei den Olymp. Spielen 1972 in München Goldmedaillengewinner im Wurftauben-(Skeet-)Schießen, Olympiadritter 1968; Weltmeister 1965 u. 1967.

Wirnt von Grafenberg, mhd. Epiker aus Oberfranken, verfaßte wahrscheinl. 1204 (oder kurz danach) den Artus-Roman „Wigalois oder Der Ritter mit dem Rad". →auch Wigalois.

Wirpsza ['virpʃa], Witold, poln. Schriftsteller, * 4. 12. 1918 Odessa; verfaßte symbolist. Lyrik u. realist. Prosa; Übersetzer dt. Literatur; krit. Essay „Pole, wer bist du" 1971.

Wirrfaservlies [-fli:s], *Textiltechnik:* ein Faservlies, dessen Fasern eine völlig ungeordnete Lage einnehmen. Alle Eigenschaften wie Festigkeit u. Dehnung sind in allen Richtungen gleichmäßig vorhanden.

Wirsẹn, Carl David af, schwed. Lyriker, * 9. 12. 1842 Vallentuna, Uppland, † 15. 6. 1912 Stockholm; schrieb spätromant. Lyrik; Literaturkritiker.

Wirsing →Kohl.

Wirt, *Biologie:* der von einem Parasiten befallene Organismus. *Haupt-W.* ist der hauptsächl. befallene W.; der *Neben-W.* dient als W., wenn der Haupt-W. nicht zur Verfügung steht. – *W.swechsel*, regelmäßiger Wechsel des W.s im Lauf der Entwicklung eines Parasiten (z. B. parasit. Würmer, Rostpilze). *Zwischen-W.e* sind diejenigen W.sorganismen, die bestimmte Entwicklungsstadien (Larven) des Parasiten beherbergen; im *End-W.* lebt der Parasit im geschlechtsreifen Zustand; z. B. Schweinebandwurm: Zwischen-W. Schwein (mit Finnen), End-W. Mensch (mit Bandwurm). Bestimmte Parasiten können nacheinander mehrere Zwischen-W.e haben. Der Zwischen-W. ist häufig der Überträger, bes. wenn mit dem W.swechsel ein →Generationswechsel verbunden ist, d. h., wenn im Zwischen-W. bestimmte Vermehrungsvorgänge ablaufen.

Wirtel [der], **1.** *Baukunst:* = Schaftring.
2. *Botanik: Quirl*, bei einer Pflanze mehrere Blätter an einem Stengelknoten (z. B. beim Schachtelhalm).
3. *Spinnerei: Spinn-W.*, eine Scheibe oder Kugel aus Ton, Stein oder Metall, die als Schwungrad für die Handspindel diente. W. wurden seit der Jungsteinzeit verwendet u. werden häufig bei Ausgrabungen gefunden. Heute wird als W. die an Spinnmaschinen-Spindeln befindliche Antriebsrolle bezeichnet.

Wirtelechsen, *Cordylidae*, Familie afrikan. *Echsen*, Körper eidechsen- oder schlangenförmig, Gliedmaßen wohlentwickelt oder fehlend. Körper bei vielen Arten mit großen, durch eine Knochenunterlage verstärkten Stachelschuppen, die in Wirteln stehen. Hierher gehören *Gürtelschweife, Schlangengürtelechsen, Schildechsen*.

Wirth, Josef, Politiker (Zentrum), *6. 9. 1879 Freiburg i. Br., †3. 1. 1956 Freiburg i. Br.; 1914–1918 u. 1920–1933 Mitglied des Reichstags, 1920 Reichsfinanz-Min., 1921/22 Reichskanzler, 1929/30 Reichs-Min. für die besetzten Gebiete, 1930/31 Reichsinnen-Min.; 1933–1948 in der Emigration; 1948 Gründer u. Führer der Union der Mitte, 1953 Mitgründer des *Bundes der Deutschen*; Gegner der dt. Wiederbewaffnung.

Wirtschaft, alle Einrichtungen u. Handlungen, die der planvollen Deckung des menschl. Bedarfs dienen, bes. die Erscheinungen der Gütererzeugung, des Güterverbrauchs, des Güterumlaufs u. der Güterverteilung (bes. Einkommensverteilung), oft in räumliche Beziehung gesetzt, so z. B. in *Welt-, Volks-, Stadt-, Betriebs-W.*

Wirtschaftlichkeit, das *Rationalprinzip* im wirtschaftl. Bereich *(ökonomisches Prinzip).* W. ist gegeben, wenn ein bestimmtes Ziel mit möglichst geringem Aufwand oder wenn mit gegebenem Aufwand ein möglichst hoher Ertrag erzielt wird. Bei Verwendung der ersten Formulierung kann der Grad der W. durch das Verhältnis von Sollaufwand zu Istaufwand, bei der zweiten Formulierung durch das Verhältnis von Solleistung zu Istleistung gemessen werden.

Wirtschaftsabkommen, *Handelsvertrag, Handelsabkommen,* Vertrag zwischen zwei od. mehreren Staaten über die Regelung des Handels-, Güter-, Reise- u. Schiffahrtverkehrs, des Niederlassungsrechts, die Bestimmungen der Zollsätze u. a.; wird für einen bestimmten Zeitraum geschlossen, die Kündigung ist meist erschwert. – Grundlage der meisten W. ist die Gegenseitigkeit *(Reziprozität),* von 1860 bis zum 1. Weltkrieg bes. nach dem Grundsatz der →Meistbegünstigung; nach dem 1. Weltkrieg herrschte infolge der zerrütteten Weltwirtschaftslage u. der Kontingentierungsvorschriften das →Präferenzsystem vor; nach dem 2. Weltkrieg wurde bes. durch die Gründung des GATT eine Liberalisierung angestrebt; →auch Außenhandel, Weltwirtschaft.

Wirtschaftsakademie →Verwaltungsakademie.

Wirtschaftsausschuß, ein gemäß dem Betriebsverfassungsgesetz vom 15. 1. 1972 (§§ 106 ff.) in Unternehmen mit mehr als 100 ständig beschäftigten Arbeitnehmern zu bildendes Organ, das dem Zusammenwirken zwischen Unternehmer u. Belegschaft in wirtschaftl. Angelegenheiten dienen soll. Der W. besteht aus 3–7 Mitgliedern, die vom Betriebsrat bestimmt werden u. dem Unternehmen angehören müssen; mindestens ein Mitgl. muß Betriebsratsmitglied sein. Auch leitende Angestellte können dem W. angehören. Der Unternehmer oder sein Vertreter muß an den W.-Sitzungen, die monatl. stattfinden sollen, teilnehmen. Der W. ist über alle wirtschaftl. Angelegenheiten, die die Interessen der Arbeitnehmer berühren, zu unterrichten, soweit Betriebs- u. Geschäftsgeheimnisse dadurch nicht in untragbarer Weise gefährdet werden. Der Jahresabschluß ist dem W. vorzulegen u. zu erläutern. – ▢ 4.3.6.

Wirtschaftsbeirat, ein Unterausschuß der österr. →Paritätischen Kommission für Preis- u. Lohnfragen, setzt sich zusammen aus Vertretern der Bundeskammer der gewerbl. Wirtschaft, der Arbeiter- u. Landwirtschaftskammern u. des Österr. Gewerkschaftsbunds.

Wirtschaftsblockade, eine Form des *Seekriegs,* die darauf abzielt, den Gegner von der Zufuhr der Wirtschaftsgüter abzuschneiden u. ihn an der Ausfuhr seiner Produkte zu hindern. Während der Handelskrieg insbes. die maritimen Mächte meist für sich in Anspruch nahm, den feindl. u. den feindbestimmten neutralen Handel durch Wegnahme von Ladung u. evtl. auch der Schiffe zu unterbinden, hat bereits der 1. Weltkrieg zu einer Erweiterung der Blockadetechnik im Dienst der Wirtschaftskriegführung geführt. Die „effektive Blockade" im Sinn der →Pariser Seerechtsdeklaration von 1856 ist angesichts der modernen Waffen nicht mehr durchführbar (Stationierung eines Blockadegeschwaders vor der blockierten Küste). Deshalb ist man bereits im 1. Weltkrieg zur Fernblockade übergegangen (Sperrung der Zufahrten zur Nordsee) u. hat durch zahlreiche Maßnahmen den neutralen Handel mit dem Kriegsgegner auch jenseits des rein maritimen Eingreifens zu unterbinden versucht (System der „grauen" u. „schwarzen" Listen als Boykottmaßnahmen, Einfrieren von Guthaben, Beschlagnahme von Transportraum, Währungsmaßnahmen). Gegenüber dem Gegner sind typische Formen der W.: Kontingentierung der Einfuhren der Nachbarländer unter dem Vorwand der Weiterlieferung zu Lande oder zu Luft, Ausweitung des Begriffs der „feindl. Bestimmung" u. der „fortgesetzten Reise", Beschlagnahme des Privateigentums.

Wirtschaftsbund, *Österreichischer W.,* Abk. *ÖWB,* einer der 3 Bünde der →Österreichischen Volkspartei; der W. setzt sich aus Gewerbetreibenden, Handwerkern u. Industriellen zusammen.

Wirtschaftsdemokratie, *Wirtschaftsparlamentarismus,* Übertragung der polit. Demokratie auf die Wirtschaftsführung, insbes. durch Schaffung von Wirtschaftsparlamenten (Reichswirtschaftsrat) u. durch betriebl. Mitwirken der Arbeitnehmer (Betriebsräte u. Mitbestimmung).

Wirtschaftsdünger, die in landwirtschaftl. Betrieben anfallenden Abfälle mit düngender Wirkung (z. B. Stallmist, Jauche, Fäkalien).

Wirtschaftsethnologie, Zweig der Völkerkunde, erforscht die wirtschaftl. Grundlagen u. Gegebenheiten von Naturvölkern; nahm ihren Ausgang bes. von den USA (M. *Herskovits* u. a.).

Wirtschaftsgeographie, Zweig der Anthropogeographie, untersucht die Bedeutung der Naturfaktoren für die Wirtschaft, erforscht Räume nach ihrer wirtschaftl. Struktur u. Funktion, ist bestrebt, diese abzugrenzen *(wirtschaftsräuml. Gliederung),* u. befaßt sich mit den Auswirkungen auf die Kulturlandschaft. – ▢ 6.0.6.

Wirtschaftsgeschichte, Zweig der Geschichtswissenschaft mit den Aufgaben: Erforschung u. Darstellung der Wirtschaft in ihrem Zeitablauf, Ordnung der Fakten zu einem Gesamtbild wirtschaftl. Lebens, gedankliche Eingliederung dieses Teilphänomens Wirtschaft in den Gesamtzusammenhang der Kultur. – ▢ 4.4.6.

Wirtschaftsgymnasium →Wirtschaftsoberschule.

Wirtschaftshochschulen, *Handelshochschulen,* Fachhochschulen mit Promotions- u. Habilitationsrecht, an denen Wirtschaftsakademiker mit dem Abschlußexamen als Diplom-Kaufmann u. Diplom-Handelslehrer ausgebildet werden. W. wurden in Dtschld. ab 1898 in Leipzig (1946 in der Universität aufgegangen), Aachen (1908 geschlossen), Köln (1919 zur Universität erhoben), Frankfurt a. M. (1914 mit der neu gegründeten Universität vereinigt), Berlin (1946 mit der Humboldt-Universität vereinigt), Mannheim (1967 zur Universität erhoben), München (1945 mit der Universität vereinigt), Königsberg u. Nürnberg (1961 mit der Universität Erlangen verbunden) errichtet. In Österreich wurden 1898 die heute noch selbständige Hochschule für Welthandel in Wien u. in der Schweiz im gleichen Jahr die Handelshochschule in St. Gallen gegründet.

Wirtschaftsingenieur [-inʒəˈnjøːr], akadem. Beruf; Studium an der TU Berlin, TH Darmstadt (9semestriges techn.-wirtschaftswissenschaftl. Studium), 4semestriges wirtschaftswissenschaftl. Aufbaustudium an der TH Aachen, TU Berlin, TU Braunschweig (Voraussetzung Dipl.-Ingenieurexamen). Ausbildung zum *Techn. Betriebswirt* oder *Techn. Volkswirt* an der Universität Karlsruhe in 8 Semestern (Schwergewicht auf wirtschaftswissenschaftl. Fächern). Die Ausbildung befähigt insbes. zur Ausübung leitender kaufmännisch-technischer Tätigkeiten in Industriebetrieben.

Wirtschaftsingenieur (grad.) für Seeverkehr →Kapitän.

Wirtschaftsjahr, *Geschäftsjahr,* ein 12 Kalendermonate umfassender Zeitraum, zu dessen Ende jeweils der Jahresabschluß aufgestellt (bei Unternehmen) oder auf andere Weise Rechnung gelegt wird (z. B. Haushaltsrechnung der öffentl. Körperschaften). Meist deckt sich das W. mit dem Kalenderjahr (Ausnahme z. B. Landwirtschaft).

Wirtschaftskreislauf, die graphische, kontenmäßige oder tabellarische Darstellung der ökonom. Transaktionen in einer Volkswirtschaft; beruht auf der gegenseitigen, durch Tauschbeziehungen hergestellten Abhängigkeit der Wirtschaftssubjekte. Grundeinheiten in Kreislaufdarstellungen sind im einfachsten Fall die Gesamtheit der Unternehmungen u. die Gesamtheit der Haushalte. Hier wird gezeigt, wie *Ausgaben* (Kosten der Produktionsfaktoren) bei deren Empfängern (Haushalte) zu *Einkommen* werden, woraus sich wiederum Nachfrage nach den Erzeugnissen der Unternehmen entfaltet. Dabei sind die Märkte für produktive Dienste u. Güter die Durchgangsstellen der beiden Ströme des W.s: 1. der „reale" der Güter u. produktiven Dienste; 2. der jeweils gegenläufige „monetäre" der Geldeinkommen u. -ausgaben. Hierin enthüllt sich die Abhängigkeit der Produk-

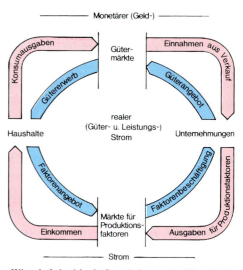

Wirtschaftskreislauf: Grundschema des Wirtschaftskreislaufs einer geschlossenen Volkswirtschaft ohne staatliche Aktivität

tionsentscheidungen der Unternehmer vom Kaufverhalten der Haushalte u. der Kaufmöglichkeiten der Verbraucher von den Produktionsentscheidungen der Unternehmer. Für einen störungsfreien Ablauf des Wirtschaftsprozesses ist somit wichtigste Voraussetzung, daß Einkommensentstehung u. -verwendung nicht auseinanderklaffen: Die Höhe des *Volkseinkommens* entspricht dann der Nachfrage nach Konsum- u. Investitionsgütern. Ein vollständiges Kreislaufschema enthält die Pole Unternehmungen, private Haushalte, Staat, Ausland u. Vermögensbildung. Berücksichtigt sind hierin zusätzl. folgende Ströme: die privaten u. staatl. Ersparnisse, der staatl. Konsum, direkte Steuern u. staatl. Transferzahlungen, indirekte Steuern u. Subventionen, Abschreibungen, unternehmerische u. staatliche Investitionen, Exporte u. Importe, in- u. ausländische Kapitalleistungen u. schließl. noch die privaten u. staatlichen Einkommens- u. Vermögensübertragungen zwischen dem In- u. Ausland. Die theoretische Analyse des W.s *(Kreislauftheorie)* ist die Voraussetzung der volkswirtschaftlichen Gesamtrechnung u. insofern wichtiges Hilfsmittel der Wirtschaftspolitik. – ▢ 4.4.5.

Wirtschaftskrieg, *Handelskrieg,* Inbegriff aller auf die wirtschaftl. Schwächung des Kriegsgegners gerichteten Maßnahmen, z. B. das Verhindern von Wareneinfuhren durch *Blockade* (→auch Wirtschaftsblockade); das Bombardieren von Fabriken u. Lagern.

Wirtschaftskrise →Weltwirtschaftskrise.

Wirtschaftslandschaft, die durch die wirtschaftl. Tätigkeit des Menschen umgestaltete Landschaft, z. B. Agrar-, Industrie-, Bergbaulandschaft.

Wirtschaftsoberschule, eine im allg. auf der Untersekunda eines Gymnasiums oder einer Oberschule aufbauende Sonderform der höheren Schule, deren Hauptgewicht auf wirtschaftskundl. Fächern (Betriebswirtschaftslehre, Volkswirtschaftslehre, Rechtswissenschaft u. a.) liegt, ohne daß die allgemeinbildenden Fächer wie Deutsch, Geschichte, Fremdsprachen, Mathematik vernachlässigt werden. Das *Wirtschaftsabitur* berechtigt zum Studium an den wirtschafts- u. sozialwissenschaftlichen Fakultäten der Universitäten.

Wirtschaftsordnung, die historisch gewachsene oder bewußt geschaffene, auf ein Leitbild ausgerichtete konkrete Organisation des wirtschaftl. Lebens eines Landes. Die W. wird wesentl. durch rechtl.-organisator. Normen *(Wirtschaftsverfassung;* Eigentumsordnung, Unternehmensrecht u. dgl.) bestimmt. – ▢ 4.4.3.

Wirtschaftsplan, der zu Beginn einer Wirtschaftsperiode für eine bestimmte Wirtschaftseinheit aufgestellte Plan über den Ablauf des Wirtschaftsgeschehens in dieser Periode. Die Wirtschaftseinheit, deren beabsichtigte Produktion, Investitionen, Einnahmen, Ausgaben u. dgl. durch den W. bestimmt werden, kann eine Einzelwirtschaft (Haushalt, Unternehmung), ein Wirtschaftsbereich oder aber auch eine ganze Volkswirtschaft sein (z. B. →Fünfjahresplan). Der W. bildet die Grundlage für die in der betr. Planperiode anfallenden wirtschaftl. Entscheidungen.

Wirtschaftspolitik, Inbegriff aller Maßnahmen des Staates u. der Verbände zur Beeinflussung der Höhe u. der Verteilung des Sozialprodukts. Im Rahmen der allg. W. unterscheidet man Wirtschaftsordnungspolitik, Konjunkturpolitik, Verteilungspolitik u. Strukturpolitik. Die *Wirtschaftsordnungspolitik* umfaßt die Setzung der rechtl. Normen, die die langfristigen Rahmenbedingungen für den Wirtschaftsablauf bilden. Hierzu gehören alle Bestimmungen, die die Produktionsverfassung, die Marktverfassung, die Geldverfassung u. die Finanzverfassung betreffen. Die *Konjunkturpolitik* umfaßt vor allem die Maßnahmen zur Verhinderung von übermäßigen Preis- u. Beschäftigungsschwankungen, insbes. also die Maßnahmen der Geldpolitik, der Finanzpolitik, der Preispolitik u. der Mengenpolitik. Die *Verteilungspolitik* ist der Inbegriff aller lohn- u. sozialpolit. Maßnahmen, u. die *Strukturpolitik* ist die Gesamtheit der Maßnahmen der langfristigen Erschließungs- u. Entwicklungspolitik; hierzu gehört vor allem die Raumordnung.
Kriterien zur Beurteilung wirtschaftspolit. Maßnahmen sind neben den kurz- u. langfristigen Haupt- u. Nebenwirkungen die Kompatibilitätsprinzipien der Markt- u. Systemkonformität. *Marktkonform* ist eine wirtschaftspolit. Maßnahme dann, wenn sie nur eine Änderung des wirtschaftl. Datenkranzes bewirkt, ohne daß sie direkt den marktwirtschaftl. Ausgleichsmechanismus der freien Preisbildung außer Kraft setzt. Als *systemkonform* wird eine wirtschaftspolit. Maßnahme dann angesehen, wenn sie mit der gegenwärtig bestehenden Wirtschaftsordnung vereinbar ist. In der Marktwirtschaft sind alle marktkonformen wirtschaftspolit. Maßnahmen gleichzeitig systemkonform. Dagegen gibt es hier viele systemkonforme Maßnahmen, die nicht marktkonform sind, z. B. ein vorübergehender Preisstopp, der lediglich dazu dient, in einer bestimmten Situation der spekulativen Nachfrage Einhalt zu gebieten. – 🄻 4.5.0.

Wirtschaftspresse, Zeitungen u. Zeitschriften, die sich mit Fragen der Wirtschaft, der Industrie, des Handels, des Handwerks, der Landwirtschaft, des Börsen- u. Bankwesens befassen.

Wirtschaftsprüfer, hat die Aufgabe, betriebswirtschaftl. Prüfungen, insbes. solche von Jahresabschlüssen wirtschaftl. Unternehmungen, u. die gesetzl. vorgeschriebenen Prüfungen, vor allem bei Aktiengesellschaften, Banken, Versicherungen u. Betrieben der öffentl. Hand, durchzuführen. Voraussetzung für die Zulassung als W. ist nach dem *Gesetz über eine Berufsordnung der W.* vom 24. 7. 1961 in der Fassung vom 5. 11. 1975 in der Regel ein abgeschlossenes Studium (Dipl.-Kaufmann, Dipl.-Volkswirt, Jurist, Dipl.-Ingenieur oder Dipl.-Landwirt), 5 Jahre Praxis u. das Bestehen des W.-Examens vor regionalen Prüfungsausschüssen *(Wirtschaftsprüferkammer).*

Wirtschaftsprüferkammer, Berufsorganisation der Wirtschaftsprüfer, Sitz: Düsseldorf. Die Aufgaben der W. regeln sich nach dem Gesetz über eine Berufsordnung der Wirtschaftsprüfer vom 24. 7. 1961 in der Fassung vom 5. 11. 1975.

Wirtschaftsprüfung, die sich in erster Linie auf die Buchführung u. den Jahresabschluß beziehende Prüfung von Betrieben *(Abschlußprüfung).* Für Aktiengesellschaften (§ 162 AktG), Kreditinstitute, Versicherungen, Genossenschaften u. Wirtschaftsbetriebe der öffentl. Hand sind jährl. Prüfungen durch öffentl. bestellte *Wirtschaftsprüfer* oder genossenschaftl. Prüfungsverbände gesetzl. vorgeschrieben. Der Umfang der Prüfung wird durch die einschlägigen Gesetze bestimmt. Mitunter bezieht sich die W. auch auf die Wirtschaftlichkeit u. die Rentabilität. Außerdem wird eine W. vielfach bei der Aufnahme von Beteiligungen u. großen Krediten, bei der Gründung u. Kapitalherabsetzung sowie beim Verdacht unerlaubter Handlungen von Mitarbeitern eines Unternehmens durchgeführt. – 🄻 4.8.8.

Wirtschaftspsychologie, ein Zweig der angewandten Psychologie, der sich mit allen in der Wirtschaft auftretenden psycholog. Fragen befaßt; umfaßt die *Arbeits-, Betriebs-, Werbe-* u. *Eignungspsychologie.*

Wirtschaftsrecht, Sammelbegriff für die verstreuten, die unternehmerische Wirtschaft betreffenden Bestimmungen des privaten u. öffentl. Rechts. Das *Wirtschaftsprivatrecht* umfaßt, aufbauend auf den einschlägigen Grundnormen des BGB, hauptsächlich das Handels- u. Gewerberecht einschl. des gewerblichen Rechtsschutzes, die privatrechtl. Seite des Kartell- u. Konzernrechts sowie das Recht der →Allgemeinen Geschäftsbedingungen.
In der modernen Gesellschaft mit ihrem zunehmenden Staatseinfluß gewinnt das *öffentliche W.* ständig an Bedeutung. Zum *Wirtschaftsverwaltungsrecht* gehört vor allem das Recht der Wirtschaftslenkung, d. h. die rechtl. Bestimmungen, mit denen der Staat auf die Produktion, die Verteilung, den Verbrauch u. die Nutzung der Wirtschaftsgüter Einfluß nimmt. Dazu rechnet man i. w. S. auch das Steuerrecht. Außerdem gehören zum Wirtschaftsverwaltungsrecht das öffentl. Kartell- u. Konzernrecht (Gesetz gegen Wettbewerbsbeschränkungen vom 27. 7. 1957/4. 4. 1974), das Außenwirtschaftsrecht, das die Grundlage für Staatseingriffe in den Außenhandel bildet (Außenwirtschaftsgesetz vom 28. 4. 1961/31. 8. 1973) u. das bei Mangelsituation in Kraft tretende Bewirtschaftungs- u. Preisrecht (z. B. *Wohnraumbewirtschaftung*). Auch das Recht der Staats- u. Selbstverwaltungsorganisationen der Wirtschaft ist W., z. B. des Bundeskartellamtes u. der Landeskartellämter, der staatl. Einfuhr- u. Vorratsstellen, des Statist. Bundesamts sowie der entspr. Landesämter einerseits, andererseits der Industrie- u. Handels-, Handwerks- u. Landwirtschaftskammern.
In einer rechtsstaatl. Ordnung gewinnt mit dem Wirtschaftsverwaltungsrecht auch das *Wirtschaftsverfassungsrecht* an Bedeutung. Es gibt Aufschluß darüber, inwieweit Verwaltung u. Gesetzgebung in die wirtschaftl. Betätigungsfreiheit des Unternehmens eingreifen dürfen u. inwieweit ihnen derartige Eingriffe zur Pflicht gemacht sind, z. B. aufgrund der Sozialstaatsgarantie der Verfassung. Im einzelnen berührt es die Eigentums-, Vereinigungs-, Vertrags-, Berufs- u. Gewerbefreiheit. In Staaten mit staats- oder gemeineigener Wirtschaft ist das W. weitgehend auf das Wirtschaftsverwaltungsrecht beschränkt. – 🄻 4.3.2.

Wirtschaftsreferendar, Bewerber für die Laufbahn des höheren allg. Verwaltungsdienstes mit abgeschlossenem wirtschafts-, finanz- oder sozialwissenschaftl. Studium (Dipl.-Kaufmann, Dipl.-Volkswirt); nach weiterer Ausbildung als W. u. nach Ablegung einer 2. Staatsprüfung *(Wirtschaftsassessor-Examen)* im Verwaltungsdienst in der gleichen beamtenrechtl. Stellung wie der Jurist, der die 2. Staatsprüfung abgelegt hat.

Wirtschaftssicherstellung, Teil der Regelungen für den Notstand, z. B. Deckung des Bedarfs der Zivilbevölkerung u. der Streitkräfte an Gütern u. Diensten. Rechtsgrundlage ist das *W.sgesetz* vom 24. 8. 1965/3. 10. 1968, das einen Katalog von Ermächtigungen zum Erlaß von Verordnungen zur W. enthält. Dabei ist eine Lenkung aller Vorgänge der Volkswirtschaft von der Sicherung bzw. Gewinnung der Rohstoffe bis zur Weiterleitung der Fertigprodukte an Endverbraucher vorgesehen.

Wirtschaftssoziologie, Teilgebiet der Soziologie, untersucht die sozialen Voraussetzungen u. Folgen des Wirtschaftslebens, seinen Einfluß auf die Gesellschaft sowie den Einfluß der Gesellschaft auf die Wirtschaftsgestaltung. – 🄻 1.6.3.

Wirtschaftsstil, Ausdruck für soziale, polit. oder religiöse Merkmale, die das Wirtschaftsleben einer Epoche bestimmen (z. B. W. des Mittelalters, des Spätkapitalismus).

Wirtschaftsstrafrecht, das →Strafrecht auf dem Gebiet des *Wirtschaftsrechts*; in Dtschld. bes. ausgedehnt in der Zeit um den 2. Weltkrieg; für die BRD geregelt in den einzelnen Gesetzen u. Verordnungen des Wirtschaftsrechts u. allg. im Gesetz zur weiteren Vereinfachung des W.s *(Wirtschaftsstrafgesetz)* vom 9. 7. 1954/3. 6. 1975. Die Zuwiderhandlungen der W.s sind danach in bes. Fällen (kriminelle) *Straftaten* (z. B. wenn die Tat geeignet ist, die Ziele der Wirtschaftsordnung erheblich zu beeinträchtigen, oder wenn der Täter verantwortungslos handelt u. durch sein Verhalten zeigt, daß er das öffentl. Interesse an dem Schutz der Wirtschaftsordnung mißachtet), sonst (nicht kriminelle) →Ordnungswidrigkeiten. Als Strafe ist bei vorsätzl. begangenen Straftaten Freiheitsstrafe bis zu 5 Jahren u. (oder) Geldstrafe bis 100 000 DM, bei fahrlässig begangenen Geldstrafe bis 50 000 DM angedroht, bei Ordnungswidrigkeiten können Geldbußen bis zu 50 000 DM verhängt werden; daneben kann auf →Einziehung bzw. Abführung des Mehrerlöses erkannt werden. Das W. wurde erheblich verschärft durch das *Erste Gesetz zur Bekämpfung der Wirtschaftskriminalität* vom 29. 7. 1976. – 🄻 4.1.4.

Wirtschaftsstufen, Stadien der volkswirtschaftl. Entwicklung. Die Lehre von den W. beruht auf der Annahme einer regelmäßigen Entwicklungsfolge in der Wirtschaft aller Völker, etwa Natural-, Geld- u. Kreditwirtschaft (B. *Hildebrand*); geschlossene Hauswirtschaft, Stadt- u. Volkswirtschaft (K. *Bücher*). Im wesentl. geht es hier stets um die zunehmende Entfaltung der gesellschaftl. Arbeitsteilung. Kein Gliederungsversuch konnte jedoch befriedigen: Die geschichtl. Wirklichkeit hat eindeutig die These einer gradlinigen Entwicklung von primitiveren zu höheren Formen widerlegt. – 🄻 4.4.6.

Wirtschaftssystem, die Organisation der Planung u. Lenkung (Koordination) der Wirtschaftsprozesse in arbeitsteiligen Gesellschaften. In einer *Marktwirtschaft* entscheiden die Dispositionen der Haushalte u. Unternehmen über Produktion u. Verteilung der Güter (dezentrale Lenkung der Gesamtwirtschaft über Märkte nach einer Vielzahl von Plänen), in einer *Zentralverwaltungswirtschaft* liegen Planung u. Lenkung in der Hand des Staates (zentrale Lenkung der Gesamtwirtschaft nach einem übergeordneten Plan). – 🄻 4.4.3.

Wirtschaftstheorie, wichtiges Teilgebiet der →Volkswirtschaftslehre; behandelt die allgemeinen Erscheinungen u. Zusammenhänge der Wirtschaft. Mit Hilfe von *Modellen* (als vereinfachten Rekonstruktionen der Wirklichkeit) sucht sie die wichtigsten Funktionalbeziehungen u. Ablaufsmechanismen wirtschaftl. Systeme zu bestimmen. Die Entwicklung aussagefähiger Modelle ist eine entscheidende Voraussetzung für die Erklärung von wirtschaftl. Situationen u. für die Erstellung von Diagnosen, d. h. für die Ermittlung der Distanz zwischen aktuellem Geschehen u. einem angestrebten Zielzustand der Wirtschaft.

Wirtschafts- und Sozialrat, engl. *Economic and Social Council*, Abk. *ECOSOC*, Organ der Vereinten Nationen, Sitz: New York; Aufgabe ist die Förderung der Zusammenarbeit auf wirtschaftl.-sozialem Gebiet u. der Schutz der Menschenrechte. Als Hilfsorgane stehen ihm 5 *Regionalkommissionen* (ECE, ESCAP, ECWA, ECLA u. ECA), *Fachkommissionen* (für Transport- u. Nachrichtenwesen, Statistik, Bevölkerung, Sozialwesen, Menschenrechte, Frauenrechte, Rauschgifte, Internationalen Rohstoffhandel), *Sonderkörperschaften* (z. B. UNICEF) u. *Sonderorganisationen* (z. B. FAO, ILO, UNESCO) zur Seite.

Wirtschafts- und Sozialwissenschaftliches Institut des Deutschen Gewerkschaftsbundes GmbH, Abk. WSI, wirtschafts- u. sozialwissenschaftl. Forschungsinstitut des DGB; 1946 gegr., heutiger Name seit 1972; Sitz: Düsseldorf.

Wirtschaftsverbände, freiwillige Zusammenschlüsse von Wirtschaftsunternehmen gleicher oder verwandter Branchen bes. zur Wahrnehmung der Interessen der Mitglieder nach außen. Die Dachorganisationen der meisten W. in der BRD bildet der *Gemeinschaftsausschuß der Dt. Gewerbl. Wirtschaft* (gegr. 1950; Sitz: Bonn), dem folgende fachl. Spitzenverbände angeschlossen sind: *Dt. Industrie- und Handelstag* (Bonn), *Bundesverband der Dt. Industrie e. V. (BDI;* Köln), *Bundesvereinigung der Dt. Arbeitgeberverbände (BDA,* Köln), *Bundesverband des Dt. Groß- und Außenhandels e. V.* (Bonn), *Hauptgemeinschaft des Dt. Einzelhandels e. V.* (Köln), *Centralvereinigung Dt. Handelsvertreter- und Handelsmakler-Verbände (CDH*; Köln), *Zentralarbeitsgemeinschaft des Straßen-Verkehrsgewerbes e. V. (ZAV*; Frankfurt a. M.), *Bundesverband dt. Banken e. V.* (Köln), *Gesamtverband der Dt. Versicherungswirtschaft e. V.* (Köln), *Zentralverband des Dt. Handwerks (ZDH*; Bonn), *Dt. Hotel- u. Gaststättenverband e. V.* (Bonn-Bad Godesberg), *Verband Dt. Reeder e. V.* (Hamburg), *Bundesverband der dt. Binnenschifffahrt e. V.* (Duisburg), *Dt. Sparkassen- u. Giroverband e. V.* (Bonn), *Bundesverband der Dt. Volksbanken u. Raiffeisenbanken e. V.* (Bonn).

Wirtschaftswald, Waldungen u. unbestockte Waldflächen, die regelmäßig bewirtschaftet werden, keinen Schutzwald-Charakter haben u. eine nachhaltige Nutzungsmöglichkeit von mehr als 1 Festmeter Holz je Jahr u. Hektar besitzen. Gegensatz: *Nichtwirtschaftswald.* →auch Schutzwald.

Wirtschaftswegebau, Ausbau von Feld- u. Forstwegen im Hinblick auf die Mechanisierung u. Rationalisierung der Land- u. Forstwirtschaft.

Wirtschaftswissenschaften, die Gesamtheit der Wissenschaften, die wirtschaftl. Erscheinungen zum Forschungsobjekt haben; z. B. *Volkswirtschaftslehre, Volkswirtschaftspolitik, Betriebswirtschaftslehre, Finanzwissenschaft,* auch *Statistik* u. wirtschaftl. relevante Teile des *Rechts.*

Wirtschaftsziel, *Forstwirtschaft:* die Gesamtheit u. die Rangordnung der an den Betrieb gestellten Anforderungen volks- u. betriebswirtschaftl. Art.

Wirtswechsel →Wirt.

Wirz, Otto, schweizer. Schriftsteller, *3. 11. 1877 Olten, †5. 6. 1946 Gunten, Thuner See; Ingenieur; Expressionist; Romane: „Gewalten eines Toren" 1923; „Die geduckte Kraft" 1928; „Prophet Müller-Zwo" 1933.

Wirzsee, estn. *Võrtsjärv,* See im S der Estn. SSR (Sowjetunion), westl. von Dorpat, 285 qkm, vom Embach (Ema jögi) durchflossen, der ihn mit dem Peipussee verbindet; schiffbar.

Wis., Abk. für den USA-Staat →Wisconsin.

Wisby, dt. Name von →Visby.

Wisch [wis], Gemeinde in der niederländ. Prov. Gelderland, 18 100 Ew.; Landwirtschaft; Eisengießerei, Emaillewerk, Herstellung von Trikotagen, Klebstoff, Möbeln u. Holzschuhen.

Wischakhadatta, ind. Dramatiker, wahrscheinl. 4. Jh. n.Chr.; verfaßte das klass. Sanskritdrama „Mudraraksasa", das die polit. Machtkämpfe zur Zeit Tschandragupta Mauryas behandelt.

Wischera, linker Nebenfluß der zur Wolga fließenden Kama, rd. 450 km lang, entspringt im nördl. Ural u. mündet oberhalb des Kama-Stausees, im Unterlauf schiffbar; Diamantenfunde.

Wischnewski, Hans-Jürgen, Politiker (SPD), *24. 7. 1922 Allenstein; 1966–1968 Bundes-Min. für wirtschaftl. Zusammenarbeit, 1968–1971 SPD-Bundesgeschäftsführer, 1974–1976 Staats-Min. beim Bundes-Min. des Auswärtigen, 1976 bis 1979 beim Bundeskanzler, seit 1979 stellvertr. Partei-Vors.

Wischnu, *Vishnu,* ind. Gottheit, schon in der wedischen Religion bekannt, jedoch entwickelte sich der Glaube an W. als den gnädigen Herren *(ischwara)* erst im Hinduismus. Seine zahlreichen Erscheinungsformen *(awatara)* in verschiedener Gestalt (z.B. als Fisch, Löwe, Eber, in menschl. Gestalt als *Rama* u. *Krischna*) vorgestellt, ermöglichten die Einbeziehung ursprünglich selbständiger Kulte in die W.-Religion. So wurde W. vor allem Gegenstand der Bhakti-Frömmigkeit im Hinduismus. W.s Gemahlin ist →Lakschmi. Die Religion der W.-Gläubigen ist monotheistisch. Die Erlösung von der unheilvollen Bindung an den Geburtenkreislauf *(samsara)* wird hier nicht durch eigene Werke, sondern allein durch die Gnade W.s gewonnen. Die *Bhagawadgita* ist das wichtigste literar. Dokument des W.-Glaubens.

Wischnugupta →Tschanakya.

Wisconsin [wis'kɔnsin], Abk. *Wis.,* nordöstl. USA-Staat zwischen Mississippi, Oberem u. Michigansee, 145 438 qkm, 4,6 Mill. Ew., Hptst. *Madison;* weitgehend moränenbedecktes Hügelland, im SW die bizarre, nie vergletschert gewesene *Driftless Area* (Touristengebiet), 46% Wald; Milchviehhaltung, Anbau von Kartoffeln (im N), Tabak, Obst u. Futterpflanzen; etwas Bergbau (Steine, Sand, Zinkerze); Maschinen-, Fahrzeug- u. Schiffbau, Papier-, Nahrungsmittel- u. Getränkeindustrie (Molkereiprodukte, Brauereien). – 1848 als 30. Staat in die USA aufgenommen.

Wisconsin River [-rivə], linker Nebenfluß des Mississippi (USA), 960 km, entspringt im See *Lac Vieux Desert,* mündet oberhalb von Dubuque.

Wise-Insel, *Wiese,* Insel zwischen Sewernaja Semlja u. Franz-Josef-Land im Nordpolarmeer mit wissenschaftl. Station seit 1945. – 1930 entdeckt.

Wiseman ['waizmən], Nicholas Patrick Stephen, engl. Kardinal, *2. 8. 1802 Sevilla, †15. 2. 1865 London; 1850 Kardinal u. Erzbischof von Westminster, bedeutsam für die Erneuerung des Katholizismus in England.

Wisent →Bison.

Wislicenus, Johannes, Chemiker, *24. 6. 1835 Kleineiderstädt bei Querfurt, †5. 12. 1902 Leipzig; zahlreiche organ.-chem. Synthesen u. Untersuchungen auf dem Gebiete der Stereochemie.

Wismar, Stadtkreis (41 qkm) u. Kreisstadt im Bez. Rostock, Hafenstadt an der Ostsee in der Lübekker-Mecklenburger Bucht *(Wismarbucht),* nördl. von Schwerin, 56 700 Ew.; mittelalterl. Stadtbild mit Marienkirche (14./15. Jh.), Fürstenhof (16. Jh.) u. klassizist. Rathaus, neues Viertel im SW, Wendorf im W; Schiffbau, Werft für Fahrgast- u. Fangschiffe; Kaliexport, Ölumschlag; Metall-, Zucker-, Nahrungsmittel-, Konservenindustrie. – Krs. W.: 588 qkm, 33 000 Ew.
1229 erstmals als Stadt genannt (lübisches Recht), 1256–1358 mecklenburg. Fürstensitz, seit 1358 Mitgl. der Hanse, 1648–1803 mit Insel Poel u. Amt Neukloster schwedisch, 1803 Rückkehr zu Mecklenburg(-Schwerin; zunächst pfandweise, 1903 Verzicht Schwedens auf Einlösung).

Wismut [das], chem. Zeichen Bi [lat. *Bismutum*], silberweißes bis rötliches, sprödes dreiwertiges Metall, Atomgewicht 208,98, Ordnungszahl 83, spez. Gew. 9,85, Schmelzpunkt 271°C, Siedepunkt 1560°C. W. findet sich in der Natur im *W.glanz* (Bi$_2$S$_3$) u. *W.ocker* (Bi$_2$O$_3$), ferner in Form der Doppelsulfide *Kupfer-, Blei-* u. *Silber-W.glanz;* die Hauptfundstellen liegen in Bolivien u. Australien. Die Gewinnung erfolgt durch Reduktion des oxid. Erzes oder des durch Rösten des sulfid. Erzes erhaltenen Oxids mit Kohle. W. ist an der Luft beständig, bei erhöhter Temperatur verbrennt es zu W.trioxid, mit den Halogenen u. Schwefel reagiert es unter Erhitzung. *Legierungen* des W.s mit Blei, Zinn u. Cadmium haben sehr niedrigen Schmelzpunkt (→Woodsche Legierung), sie werden daher für Schmelzsicherungen verwendet. Andere W.legierungen werden wegen der beim Erkalten stattfindenden Ausdehnung zur Anfertigung von Abgüssen verwendet, außerdem findet sich W. als Legierungsbestandteil in Lagermetallen. – *Verbindungen:* W.halogenide (BiF$_3$, BiCl$_3$, BiBr$_3$, BiJ$_3$) bilden bei Einwirkung von Wasser basische Halogenide u. die entsprechenden Halogenwasserstoffsäuren; basisches W.nitrat (BiO[NO$_3$]·H$_2$O) wird als „Magisterium bismuti" als Darmdesinfiziens u. zur Wundbehandlung verwendet. Organ. W.verbindungen dienen als Chemotherapeutika.

Wismut AG, Hauptverwaltung in Siegmar-Schönau bei Karl-Marx-Stadt, Unternehmen des Uranbergbaus in der DDR; gegr. 1946 durch die Hauptverwaltung des Sowjet. Vermögens im Ausland des Ministerrats der Sowjetunion u. durch die Staatliche AG der Buntmetallindustrie „Medj" in der Sowjetunion; 1954 in eine dt.-sowjet. Aktiengesellschaft umgewandelt. Der Uranbergbau der W. konzentriert sich auf folgende Gebiete: Erzgebirge u. Vogtland mit Zentren in u. um Aue, Johanngeorgenstadt, Oberschlema, Auerbach; Thüringen mit Zentren um Saalfeld, Blankenburg, Ilmenau, Greiz, Werdau, Schleusingen.

Wismutglanz, *Bismuthinit,* bleigraues bis zinnweißes, metallglänzendes Mineral, wichtigstes Wismuterz, Bi$_2$S$_3$; rhombisch; Härte 2; in strahligen Aggregaten.

Wismutocker, erdig-graues, gelbes, auch grünliches Mineral, verwitterter *Wismutglanz.*

Wissen, rheinland-pfälz. Stadt (Ldkrs. Altenkirchen), an der Sieg, 8900 Ew.; Weißblechwerk, Eisen-, Bekleidungsindustrie.

Wissenschaft, ursprüngl. das systemat. Ganze der Erkenntnis *(Philosophie* des Altertums u. des MA.); mit der Ausbildung der neuzeitl. *Naturwissenschaften* beginnt die Auflösung des universalen W.sbegriffs zugunsten stärkerer Betonung der Einzel-W.en. Zugleich wurde die mathemat.-naturwissenschaftl. Methode Vorbild aller Wissenschaftlichkeit, der gegenüber im ausgehenden 19. Jh. die *Geisteswissenschaften* die in ihrem Wesen liegende, andersartige Methodik geltend machten. Denn *Wissenschaftlichkeit* heißt Methodik, Vorurteilsfreiheit, Wertfreiheit, Verifizierbarkeit u. Verifikation jeder Aussage, Möglichkeit der Kritik sowie Intersubjektivität. – W. wird ferner i.w.S. die Gesamtheit des wissenschaftl. Betriebs (Institutionen u. a.), i. e. S. die Gesamtheit der gewonnenen Resultate genannt. – Die Gliederung des „Systems der W." stellt eine *Ideal-W.,* wie die Mathematik, den *Real-W.en* gegenüber. Diese zerfallen in die Natur- u. die Geistes-W.en; als Unterscheidungsmerkmale werden angegeben: Erklären gegen Verstehen (W. *Dilthey*), generalisierende gegen individualisierende (H. *Rickert*), nomothetische (Gesetzes-) gegen idiographische (einzelbeschreibende) W. (W. *Windelband*), Realitäts-W. gegen Sinn- bzw. Wert-W. (E. *Rothakker*), exakte gegen unexakte W.

wissenschaftliche Betriebsführung, engl. *Scientific Management,* eine zuerst von F. W. *Taylor* befürwortete Betriebsführung auf der Grundlage einer wissenschaftl. Analyse des Arbeitsvollzuges. Die w.B. wurde nach dem 2. Weltkrieg durch die Einführung mathemat. Methoden bei der unternehmerischen Planung *(Operations Research)* erheblich weiterentwickelt.

Wissenschaftliche Buchgesellschaft, Darmstadt (seit 1953), gegr. 1949 in Tübingen, Buchgemeinschaft für wissenschaftl., bes. geisteswissenschaftl. Standardwerke, Werke der Weltliteratur, Kunstbücher u. -blätter.

wissenschaftliche Photographie, das Photographieren zu wissenschaftl. Zwecken u. mit wissenschaftl. Methoden, vorwiegend Mikrophotographie in Schwarzweiß u. Farbe sowie Stereo- u. Zeitlupenaufnahmen, verwendet u. a. in Medizin, Botanik, Zoologie, Archäologie, Astronomie, Kriminalistik u. Technik.

wissenschaftliche Prüfungsämter, den jeweiligen Fachministerien unterstellte Behörden für Staatsprüfungen zum Abschluß von Hochschulstudien, z. B. für Juristen, Mediziner, Lehrkräfte an Schulen; im Unterschied zu akadem. Prüfungen (Promotion, Habilitation, Diplom, Magister), für die die Hochschulen selbst zuständig sind.

Wissenschaftlicher Beirat, Beratungsorgan bei verschiedenen Bundesministerien der BRD aus Vertretern der einschlägigen Fachwissenschaften.

Wissenschaftlicher Rat, an den Hochschulen der BRD Titel bestimmter beamteter Mitglieder des Lehrkörpers, im Rang unterhalb der ordentl. Professoren stehend.

Wissenschaftliche Verlagsgesellschaft mbH, Stuttgart, gegr. 1921; Bücher über Medizin, Pharmazie, Biologie, Physik, Chemie; Monatsschriften „Naturwissenschaftliche Rundschau" (seit 1948), „Universitas" (seit 1946) u.a.

Wissenschaftsrat, Deutscher Wissenschaftsrat, 1957 durch ein Verwaltungsabkommen zwischen

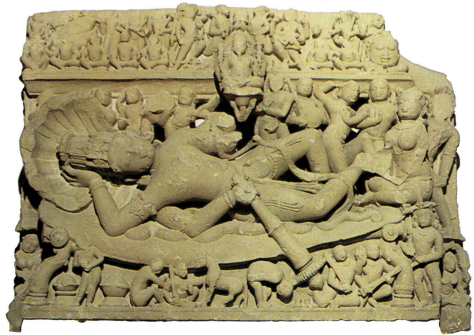

Wischnu, auf einer Schlange liegend; um 1000. Khajuraho

Bund u. Ländern in der BRD gegr. Einrichtung zur Aufstellung eines Gesamtplans der Wissenschaftsförderung u. zur Beratung bei der Mittelvergabe für wissenschaftl. Zwecke; die Mitglieder des W.s werden vom Bundes-Präsidenten berufen, sie setzen sich aus Vertretern der Wissenschaft, der Bundesregierung, der Länder, Persönlichkeiten des öffentlichen Lebens u.a. zusammen. Sitz: Köln-Marienburg.

Wissenschaftsstädte, Städte in der Sowjetunion, die ausschl. der Forschung u. Entwicklung auf verschiedenen wissenschaftl.-technischen Gebieten dienen u. nur von dazugehörigem sowie betreuendem Personal bewohnt werden; meist in der Nähe von Großstädten; die erste Stadt dieser Art ist *Akademgorodok* bei Nowosibirsk.

Wissenschaftstheorie, engl. *philosophy of science*, untersucht mit der modernen *Logistik* Begrifflichkeit u. Methodologie, die log. u. erkenntnistheoret. Grundlagen der einzelnen Wissenschaften, ihre Erkenntnismöglichkeiten u. die Gültigkeit ihrer Aussagen (K. R. *Popper*: „Logik der Forschung"). Üblicherweise befaßt sie sich nur mit den Naturwissenschaften (engl. *sciences*); neuerdings wird aber versucht, eine allg. W. zu entwickeln, die Natur-, Sozial- u. Kulturwissenschaften umfassen soll. – ◫ 1.4.1.

Wissenschaftswissenschaft, engl. *science of science*, befaßt sich mit dem konkreten Wissenschaftsbetrieb wie Forschungsforschung (engl. *research on research*), Arbeitsanalysen, Kreativität u. Innovation, Wissenschaftssoziologie, -politik, -organisation u. a.; vor allem in den USA u. in der UdSSR betrieben.

Wissenssoziologie, die spezielle Soziologie, welche die Zusammenhänge der Bewußtseinsstrukturen u. Denkformen mit spezifischen histor. u. gesellschaftl. Lebensordnungen u. -verhältnissen untersucht.

Wissmann, 1. Hermann von, Afrikaforscher, *4. 9. 1853 Frankfurt (Oder), †16. 6. 1905 Weißenbach; durchquerte Mittel- u. Ostafrika, befuhr 1884 als erster den Lulua u. Kasai bis zum Kongo; 1895/96 Gouverneur von Dt.-Ostafrika; Hptw.: „Im Innern Afrikas" 1888.

2. Hermann von, Sohn von 1), Geograph, *2. 9. 1895 Etzweiler, †5. 9. 1979 Tübingen; Arbeiten zur Länderkunde Chinas u. Arabiens, zur Geomorphologie u. Klimageographie; Hptw.: „Südarabienreise" (mit C. *Rathjens*) 1931–1934; „Arabien" (in: Handbuch der Geograph. Wissenschaft) 1933.

Wissmannfälle, Stromschnellen u. Wasserfälle am Kasai oberhalb der Luluaeinmündung, am Südrand des Kongobeckens.

Wissowa, Georg, Altphilologe, *17. 6. 1859 Breslau, †13. 5. 1931 Halle (Saale); grundlegende Arbeiten über die altröm. Religion; gab 1893–1916 A. *Paulys* „Realenzyklopädie der class. Altertumswissenschaft" neu heraus.

Wistarie [nach dem US-amerikan. Arzt Caspar *Wistar*, *1761, †1818], Pflanze, →Glycine.

Wiszniewski [wiʃ'njɛfski], Zbigniew, poln. Komponist, *30. 7. 1922 Lemberg; verbindet expressionist. Elemente mit neuesten Techniken u. Klangwirkungen, erhielt für seine Funkoper „Neffru" 1959 den Prix d'Italia. Gebrauchsmusik für Film, Funk u. Theater, auch elektron. Musik. Weitere Werke: „Dezibel-Herz-Sekunde" 1962; „Tre pezzi della tradizione" 1964; „Triptychon" 1968.

Wit, Anna Augusta de, niederländ. Schriftstellerin, *25. 11. 1864 Siboga, Sumatra, †10. 2. 1939 Baarn; beschrieb das Leben Indonesiens („Orpheus in der Dessa" 1902, dt. 1905).

Witbank [-bæŋk], Stadt in Transvaal (Rep. Südafrika), nördl. des Witwatersrand, Zentrum eines Kohlenreviers, 1622 m ü.M., 30000 Ew.; Eisen-, Stahl- u. chem. Industrie, Verkehrsknotenpunkt.

Witbooi, *Hobesen*, Gruppe der *Orlam*, eines Teilstamms der *Nama* (Hottentotten) in Groß-Namakwaland, Südwestafrika; 1904/05 Aufstand unter Hendrik *Witbooi* (†1905) gegen die dt. Herrschaft.

Witebsk, Hptst. der Oblast W. (40100 qkm, 1,4 Mill. Ew., davon rd. 51% in Städten) im N der Weißruss. SSR (Sowjetunion), an der Sapadnaja Dwina (Düna), 290000 Ew.; Hochschulen; Mittelpunkt eines Flachsanbaugebiets; Textil- u. Schuhfabriken, Landmaschinenbau, Holz-, Papier-, Baustoffindustrie, Wärmekraftwerk; Eisenbahn- u. Straßenknotenpunkt; Hafen, Flugplatz.

Withalm, Hermann, österr. Politiker (ÖVP), *21. 4. 1912 Gaweinstal, Niederösterreich; 1968–1970 Vizekanzler; 1970/71 Bundesparteiobmann der ÖVP.

Wither ['wiðə], *Withers*, George, engl. Dichter, *11. 6. 1588 Bentworth, Hampshire, †2. 5. 1667 London; Puritaner; dichtete Satiren u. religiöse Hymnen.

Withering ['wiðə-], William, engl. Arzt, *März 1741 Willington, Shropshire, †6. 10. 1799 Birmingham; entdeckte 1776 in einem von einer Kräuterfrau gegen Wassersucht angewendeten Teegemisch *Digitalis purpurea* (Roten Fingerhut), stellte systemat. Versuche an u. wurde zum Begründer der *Digitalis-Therapie*.

Witigis, *Witiches*, König der Ostgoten 536–540, †541; Heerführer unter Theoderich d.Gr.; 536 vom Gotenheer zum König gewählt, heiratete die letzte Amalerin *Mataswintha*, die Tochter Amalasunthas; ergab sich dem byzantin. Feldherrn *Belisar* 540 in Ravenna u. wurde mit seiner Frau u. vielen got. Großen nach Konstantinopel gebracht.

Witim, rechter Nebenfluß der Lena in Ostsibirien, rd. 1900 km, entspringt im *W.hochland* östl. des Baikalsees, 300 km schiffbar; 7 Monate vereist; am Unterlauf das Goldrevier von Bodajbo.

Witjastiefe, *Vitiaztiefe*, die 1957 von dem sowjet. Vermessungsschiff „Witjas I" im *Marianengraben* gelotete bisher größte Meerestiefe der Erde von 11022 m. Weitere Tiefen der „Witjas" in Tiefseegräben des Pazif. Ozeans: 10542 m im Kurilengraben (1954), 10882 m im Tonga-Graben (1957), 10047 m im Kermadecgraben (1958); nach ihm auch ein Graben am Südrand des Melanes. Bekkens benannt (bis 6150 m tief).

Witkiewicz [vit'kjɛvitʃ], Stanisław Ignacy, poln. Schriftsteller u. Maler, *24. 2. 1885 Krakau, †18. 9. 1939 Jeziory bei Dąbrowica (Selbstmord); Theoretiker der Maler- u. Dichtergruppe der „Formisten"; bahnbrechend für die moderne poln. Literatur; utop. Romane („Unersättlichkeit" 1930, dt. 1966); groteske Dramen („Die Pragmatiker" 1920, dt. 1968; „Der Narr u. die Nonne" 1923, dt. 1965); theoret. Arbeiten.

Witold [aus *Wituwalt*, ahd. *witu*, „Holz, Wald", + *waltan*, „walten, herrschen"], männl. Vorname.

Witold, lit. *Vytautas*, Großfürst von Litauen 1401–1430, *um 1350, †27. 10. 1430; zunächst Gegner *Jagiełłos*; erkannte nach der Niederlage gegen die Tataren die poln. Oberhoheit an u. wurde von Jagiełło 1392 zum Statthalter Litauens, 1401 zum Großfürsten ernannt. W. unterstützte die Politik Jagiełłos (Teilnahme an der *Schlacht von Tannenberg* 1410), er dehnte sein Reich bis zum Schwarzen Meer aus.

Witos, Wincenty, poln. Politiker, *21. 1. 1874 Wierzchosławice bei Tarnów, †31. 10. 1945 Krakau; zwischen 1920 u. 1926 als Führer der Bauernpartei wiederholt Min.-Präs.; 1930 als einer der Führer der Mitte-Links-Opposition auf Anweisung Piłsudskis inhaftiert u. vor Gericht gestellt; 1933–1939 im Exil in der Tschechoslowakei; 1945 Vize-Präs. des Poln. Nationalrats.

Witschuga, Stadt in der RSFSR (Sowjetunion), nordöstl. von Iwanowo, 57000 Ew.; Baumwollindustrie (seit 1812).

Witt, 1. Franz Xaver, Komponist, *9. 2. 1834 Walderbach, Oberpfalz, †2. 12. 1888 Landshut; Gründer des Allg. Deutschen Cäcilienvereins (1868), Hrsg. der „Fliegenden Blätter für kath. Kirchenmusik" u. der Ztschr. „Musica sacra"; komponierte Kirchenmusik.

2. Johan de, niederländ. Politiker, *24. 9. 1625 Dordrecht, †20. 8. 1672 Den Haag (ermordet); als Ratspensionär (1653–1672) von Holland Leiter der niederländ. Politik, suchte der Herrschaft des städt. Kaufmanns-Patriziats (gegen die Oranier) Dauer zu verschaffen; führte zwei Seekriege gegen England; vernachlässigte die Landrüstungen, so daß Ludwig XIV. von Frankreich die Niederlande 1672 überrennen konnte. Als *Wilhelm III. von Oranien* Generalstatthalter wurde, trat W. zurück; zusammen mit seinem Bruder *Cornelis* in Den Haag von Gegnern gelyncht.

3. Otto Nikolaus, Chemiker, *31. 3. 1853 St. Petersburg, †23. 3. 1915 Berlin; führte zahlreiche Untersuchungen über organ. Farbstoffe durch, stellte eine Farbstofftheorie auf.

Witte, 1. *Wit*, Emanuel de, holländ. Maler, *um 1617 Alkmaar, †1692 Amsterdam; dort seit 1654 tätig; Hauptmeister des holländ. Architekturbildes; malte hauptsächl. Kircheninterieurs (meist Phantasieräume) von harmon. Verbindung der lichtdurchfluteten Räume u. der einzeln u. in Gruppen dargestellten Kirchgänger; außerdem Darstellungen bürgerl. Innenräume, Waldlandschaften, Marinen, Marktbilder u. Porträts.

2. Pieter de →Candid, Pieter.

3. Sergej Juljewitsch Graf, russ. Politiker balt. Herkunft, *29. 6. 1849 Tiflis, †13. 3. 1915 Petrograd; 1892–1903 Verkehrs- u. Finanz-Min.; betrieb durch Aufnahme ausländ. Anleihen, Eisenbahnbau (Transsibir. Eisenbahn), Schutzzölle u. Einführung der Goldwährung die Industrialisierung Rußlands; 1905/06 Min.-Präs., entwarf 1905 das →Oktobermanifest des Zaren. – ◫→Vereinigte Staaten von Amerika (Geschichte).

Wittek, 1. Bruno Hanns, sudetendt. Erzähler u. Lyriker, *15. 2. 1895 Freudenthal, †27. 1. 1935 Troppau; Hauptwerk ist ein Roman über Hans Kudlich, den österr. Bauernbefreier von 1848: „Sturm überm Acker" 1927.

2. Erhard, Pseudonym Fritz *Steuben*, Schriftsteller, *3. 12. 1898 Wongrowitz, Posen, †4. 6. 1981; schrieb Jugend u. Kinderbücher („Der fliegende Pfeil" 1930; „Der Sohn des Manitu" 1938), Novellen u. Romane („Traum im Februar" 1939; „Die Schuld des Andreas Bernewaldt" 1956).

Wittekind →Widukind.

Wittelsbacher, dt. Herrschergeschlecht, benannt nach der Stammburg *Wittelsbach* (seit 1115/20) bei Aichach; beginnend (ältere Luitpoldinger) mit Markgraf *Luitpold* (†907), dessen Sohn *Arnulf* (†937) das alte bayer. Herzogtum (→Bayern [Geschichte]) zu erneuern suchte u. dessen Nachkommen (jüngere Luitpoldinger), seit 1070 Grafen von *Scheyern*, in *Otto IV.* (†1156) die bayer. Pfalzgrafenwürde, in *Otto I.* (†1183) das jüngere, den Welfen abgenommene Herzogtum Bayern u. in *Otto II.* (†1253) die *Rheinpfalz* (→Pfalz [Geschichte]) erhielten. 1255 erfolgte eine Teilung des Besitzes der W. in die Herzogtümer *Oberbayern*(-Pfalz) u. *Niederbayern*. 1294–1777 waren die W. in die bayer. u. die pfälz. Hauptlinie aufgezweigt. Die anfangs gemeinsame Kurwürde (→Kurfürsten) erhielt 1356 die pfälz. Linie; 1620/48 gewann sie die bayer. Linie, wobei für die Pfalz eine neue, 8. geschaffen wurde, so daß fortan beide Linien im Besitz einer Kurwürde waren. 1777 erlosch die jüngere, bayer. Hauptlinie der W. (*Maximilian III. Joseph*). Erbe war die pfälz. Linie, die für Bayern die Königswürde erlangte: Pfalzgraf *Maximilian IV. Joseph* von Zweibrücken-Birkenfeld, seit 1799 Kurfürst u. seit 1806 als *Maximilian I.* erster König von Bayern, bis *Ludwig III.*, der 1918 abdanken mußte.

Witten [niederdt., „weißer" (Pfennig)], 1340 eingeführte Silbermünze (1,3 g) norddt. Hansestädte, dem Wert von 4 Pfennigen entspr., bis 1410 als Hauptmünze des Wendischen Münzvereins geprägt.

Witten, Stadt in Nordrhein-Westfalen (Ennepe-Ruhr-Kreis), an der Ruhr, südöstl. von Bochum, 106000 Ew.; Metall-, Maschinen-, Autoindustrie.

Witten, Hans, Bildhauer, →Meister H.W.

Wittenbauer, Ferdinand, österr. Techniker, *18. 2. 1857 Marburg, †16. 2. 1922 Graz; schuf die graph. Dynamik als Zweig der techn. Mechanik; schrieb „Aufgaben aus der techn. Mechanik" 3 Bde. 1907 ff.; „Graphische Dynamik" 1923.

Wittenberg, *Lutherstadt W.*, Kreisstadt im Bez. Halle, an der Elbe, östl. von Dessau, 47000 Ew.; kurfürstl. Schloß (15. Jh.) mit Schloßkirche, Grabstätten u. Häuser (Museen) Luthers u. Melanchthons, Stadtkirche (13.–15. Jh.), ehem. Universität (1502–1817), Teile der Universität Halle-W., Theater; Natur- u. Völkerkundemuseum; Eisen-, Maschinenindustrie, Stickstoff- u. Gummiwerke. – 1293 Stadtrecht, seit 1240 Residenzstadt des Herzogtums Sachsen-W.; 1423 wettinisch; die Universität (Luther) war Ausgangspunkt u. lange Zeit Rückgrat der Reformation; 1815 preuß., Festung bis 1873. – Krs. W.: 609 qkm, 96000 Ew.

Wittenberge, Stadt im Krs. Perleberg, Bez. Schwerin, an der Elbe (Hafen), 33200 Ew.; Textil-, Maschinen- u. a. Industrie, Bahnknotenpunkt.

Wittenberger Konkordie, im Abendmahlsstreit der Reformationszeit von M. *Bucer* u. Ph. *Melanchthon* erarbeitete, in etwas abgewandelter Form von M. *Luther* 1536 gebilligte Einigungsformel zwischen Luther u. den oberdt. Städten (Straßburg u. a.).

Wittenwiler, *Wittenweiler*, Heinrich, schweizer. Dichter des späten MA. (urkundl. von 1395 bis 1436 nachgewiesen), schrieb um 1400 (Abschrift ca. 1410) das grotesk komische, satir. Epos „Der Ring", das in didakt. Absicht mit parodist. Mitteln Bauern u. Ritter verspottet.

wittern, riechen, Witterung bekommen.

Witterung, 1. *Jagd:* Geruch, Ausdünstung; auch scharf riechende Lockmittel für Raubzeug.

2. *Meteorologie:* die mittlere oder vorherrschende Art des allg. Wetterablaufs an einem Ort während eines größeren Zeitraums.

Witteveen [-ve:n], Hendrikus Johannes, niederländ. Währungsfachmann, *12. 6. 1921 Zeist; 1963–1965 u. 1967–1971 Finanz-Min.; 1973–1978 Geschäftsführender Direktor des Internationalen Währungsfonds.

Wittgensdorf, Gemeinde im Krs. u. Bez. Karl-Marx-Stadt; bei Karl-Marx-Stadt, 6200 Ew.; Textil-, Nadel- u. a. Industrie.

Wittgenstein, ehem. Ldkrs. in Nordrhein-Westfalen, 1975 aufgelöst u. dem Landkreis Siegen angegliedert.

Wittgenstein, Ludwig (Joseph Johann), Philosoph, *26. 4. 1889 Wien, †29. 4. 1951 Cambridge; einer der Hauptvertreter der modernen *Logistik*; knüpfte zunächst an Gedanken aus der Schule F. *Brentanos* an, entwickelte dann in Auseinandersetzung mit der Logik G. *Freges* u. B. *Russells* sein eigenes System. Später gab W. diese Lehre z. T. auf u. entwickelte unter Einfluß G. E. *Moores* eine Philosophie der Sprachkritik, von der her er eine neue Theorie der Mathematik u. Psychologie aufstellte. Werke: „Tractatus Logico-Philosophicus" 1921, [5]1951; „Philosophische Untersuchungen" 1953; „Bemerkungen über die Grundlagen der Mathematik" 1956; „Philosophische Bemerkungen" 1964. – 🕮 1.4.9.

Wittgensteiner Land, westfäl. Landschaft im Sauerland, südöstl. des Rothaargebirges, waldreiches Bergland, Hauptorte *Laasphe* u. *Berleburg*.

Wittig, 1. Edward, poln. Bildhauer, *22. 9. 1879 Warschau, †3. 3. 1941 Warschau; Schüler A. *Rodins*, schuf u. a. Denkmäler („Gefallener Flieger", im Krieg zerstört; „Pax", Genf, Friedenspalais) u. Statuen in expressiv-bewegtem Stil.

2. Georg, Chemiker, *16. 6. 1897 Berlin; zahlreiche Arbeiten auf den Gebieten der präparativen u. theoret. organ. Chemie, u. a. über Radikale, Ylidreaktionen u. bes. lithiumorgan. Verbindungen. Erhielt 1979 zusammen mit H. C. *Brown* den Nobelpreis für Chemie.

3. Joseph, kath. Schriftsteller u. Theologe, *22. 1. 1879 Neusorge bei Neurode, †22. 8. 1949 Göhrde bei Lüneburg; 1912 Prof. in Breslau, 1926–1946 wegen seiner Auffassung von der Rechtfertigung exkommuniziert; Hptw.: „Leben Jesu in Palästina, Schlesien u. anderswo" 1925.

Wittingau, tschech. *Třeboň*, Stadt in Südböhmen (ČSSR), östl. von Budweis, im seenreichen *W.er Becken*, 4500 Ew.; Schloß, Augustinerkloster; Fischzucht; Brauereien u. Textilindustrie.

Wittingen, niedersächs. Stadt (Ldkrs. Gifhorn), am Ostrand der Lüneburger Heide, 12100 Ew.; Landwirtschaftszentrum, Brauerei, Nahrungsmittel-, Textilindustrie.

Wittislingen, Dorf bei Lauingen an der Donau, bekannt durch ein dort ausgegrabenes Fürstengrab (Frauenbestattung) des 7. Jh. n. Chr.

Wittlich, rheinland-pfälz. Stadt am Nordwestrand der *W.er Senke*, 14400 Ew.; Rathaus (17. Jh.); Eisen-, Elektrogeräte-, Metall-, Holz-, Textilindustrie; Fremdenverkehr (Naturpark Südeifel). Verwaltungssitz des Ldkrs. *Bernkastel-W.*: 1186 qkm, 110000 Ew.

Wittlin, Józef, poln. Schriftsteller, *17. 8. 1896 Dmytrowa; expressionist. Lyrik, Kriegsroman: „Das Salz der Erde" 1935, dt. 1937.

Wittling, 1. *Merlan, Merlangus merlangus*, 30–45 cm langer *Schellfisch*, bewohnt Algenwiesen von Spanien bis zum Nordkap; frißt bodenbewohnende Wirbellose u. kleinere Fische. Sehr ausgedehnte Laichzeit in 40–45 m Tiefe jenseits der Kabeljaulaichgründe; wirtschaftl. regional (Dänemark, Frankreich, England) bedeutend.

2. →Blauer Wittling.

Wittlinger, Karl, Dramatiker, *17. 5. 1922 Karlsruhe; bes. erfolgreich mit der Komödie „Kennen Sie die Milchstraße?" 1956, ferner „Kinder des Schattens" 1957; „Zwei rechts, zwei links" 1960; „Zum Frühstück zwei Männer" 1963.

Wittmaack, Adolph, Industrieller u. Schriftsteller, *30. 6. 1878 Itzehoe, †4. 11. 1957 Hamburg; Begründer des Schutzverbands dt. Schriftsteller (1919); schrieb Romane über das Leben der Seeleute u. der Hamburger Gesellschaft: „Konsul Möllers Erben" 1913; „Ozean" 1937.

Wittmund, niedersächs. Kreisstadt in Ostfriesland, 19100 Ew.; Landwirtschaftszentrum, Textil-, Ziegel-, Kunststoffindustrie. – Ldkrs. W.: 656 qkm, 53000 Ew.

Wittstock, Kreisstadt im Bez. Potsdam, in der Prignitz, 10600 Ew.; Textil-, Holz- u. Maschinenindustrie. – Krs. W.: 574 qkm, 22600 Ew.

Wittstock, Erwin, Schriftsteller, *25. 2. 1899 Hermannstadt, †27. 12. 1962 Kronstadt; behandelte Themen aus Siebenbürgen: „Zineborn" 1927; „Bruder, nimm die Brüder mit" 1934; „Siebenbürg. Novellen u. Erzählungen" 1955.

Wittum [das], im german. Recht das Gut, das die Frau vom Mann anläßlich der Eheschließung erhielt u. das der Witwenversorgung dienen sollte.

Witwatersrand, *Rand*, engl. *Far East Rand*, an Goldvorkommen reicher südafrikan. Höhenzug (Schichtstufe nach N) im südl. Transvaal, 1600–1800 m, Quellgebiet des *Limpopo*; einer der größten bergbaul. Ballungsräume der Erde, Städtereihe von Springs im O bis Randfontein im W, Zentrum *Johannesburg*, zusammen als Agglomeration W. 2,2 Mill. Ew.

Witwe, *Witfrau, Witib*, eine Frau, deren Ehemann gestorben ist; entsprechend *Witwer. W.*nversorgung nach Beamtenrecht durch Zahlung von *W.ngeld* (entspr. Witwerversorgung); *W.nrente* im Rahmen der Sozialversicherung bei Arbeiterrenten-, Angestellten-, Unfall- u. Knappschaftsversicherung, außerdem nach dem Lastenausgleichs- u. dem Bundesversorgungsgesetz.

Witwen, *Witwenvögel, Viduinae*, Unterfamilie afrikan. *Webervögel*, deren Männchen im Hochzeitskleid 4 lange Schwanzfedern besitzen. Alle W. sind Brutparasiten, die ihre Eier in Nester von Prachtfinken legen u. deren Verhalten u. Gesang nachahmen, z. B. die *Paradies-Witwe, Steganura paradisaea*.

Witwenblume, *Knautia*, Gattung der *Kardengewächse*, in Dtschld. durch die *Acker-W., Knautia arvensis*, mit meist bläulichen Blüten u. die rötlich-violett blühende *Wald-W., Knautia silvatica*, vertreten. Die Blüten haben keine Spreublätter (Unterschied zur →Skabiose), der Außenkelch wird von einem becherförmigen Saum umhüllt.

Witwenrente, Hinterbliebenenrente an die Ehefrau des verstorbenen Versicherten aus der Unfall- u. Rentenversicherung. Die Witwe erhält die W. nach dem Tod ihres Mannes; bei der W. aus der Rentenversicherung ist Voraussetzung, daß dem Verstorbenen zur Zeit seines Todes Versichertenrente zustand oder zu diesem Zeitpunkt die Wartezeit von ihm erfüllt war oder als erfüllt gilt. Für die W. gilt der Grundsatz der „*unbedingten W.*". Bei Wiederverheiratung erlischt die W., es wird eine Abfindung gewährt; der Anspruch auf W. kann aber wiederaufleben, wenn die Ehe aufgelöst wird. →auch Witwerrente.

Witwenrose, *Actinothoë clavata*, zu den Seerosen (→Aktinien) gehöriges Meerestier, das auf Steinen, Schlacken, Muschelschalen, Wurmröhren u. Pfählen der Gezeitenzone in der Nordsee noch in 100 m Tiefe lebt. Flachseeformen sind stärker gefärbt als Tiefseeformen.

Witwentötung, die Sitte, nach dem Tod eines Mannes dessen Ehefrau zu töten; z. B. bei der Witwenverbrennung *(Sati)* in Indien, die 1829 von Engländern verboten, aber erst im neuen Indien ganz unterdrückt wurde; oder bei Negerfürsten, denen die Witwe mit ins Grab gegeben wurde. Zugrunde liegt die Vorstellung, daß die Frau nach der Heirat vollkommen vom Ehemann abhängig sei, zum anderen der Glaube, daß sie ihre Pflicht als Ehefrau auch im Jenseits erfüllen müsse.

Witwerrente, Hinterbliebenenrente an den Ehemann einer verstorbenen Versicherten aus der Unfall- u. Rentenversicherung, falls diese den Lebensunterhalt überwiegend bestritten hat, in der Unfallversicherung jedoch nur für die Dauer, in der die Ehefrau den Lebensunterhalt überwiegend bestritten haben würde. Die Feststellung des Unterhaltsbeitrags der Ehefrau, der die Hälfte des Gesamtunterhalts übersteigen muß, bestimmt sich nicht nur nach den Einkünften der beiden Ehegatten, sondern auch nach dem Wert der von der Ehefrau als Hausfrau u. Mutter erbrachten Leistungen. Im übrigen gilt dasselbe wie für die *Witwenrente*.

Witz, ursprüngl. heller, lebendiger Verstand (so noch in „Mutterwitz"); heute: *Wortkomik*, ein Wortgefüge, in dessen Verlauf der Sinn von einer Ebene auf eine völlig andere u. unerwartete Ebene überspringt. Der Unterschied zwischen den beiden Ebenen u. die Überraschung wollen Heiterkeit auslösen. Der echte W. enthält nur das, was zum Verständnis der Pointe unbedingt notwendig ist; er besteht daher nur aus wenigen Sätzen, oft nur aus einem einzigen.

Witz, Konrad, Maler, wahrscheinl. auch Bildschnitzer, *nach 1400 Rottweil (?), †um 1445 Basel; seit 1431 in Basel tätig, neben L. *Moser* u. H. *Multscher* in der altdt. Malerei Hauptmeister des Realismus, durch den der weiche Stil endgültig überwunden wurde. W. vereinigte den von den Niederlanden übernommenen zeichnerisch klaren Figurenstil mit einer neuen, auf Naturstudium beruhenden Landschaftsdarstellung, die erstmalig topographisch erfaßbare Orte ins Bild übertrug („Fischzug Petri" vom Genfer Altar, mit Landschaft des Genfer Sees). Hptw.: Flügelbilder des Heilsspiegelaltars um 1434/35, Basel, Öffentl. Kunstsammlung; Flügelbilder des von Bischof François de Mez für die Genfer Kathedrale gestifteten Altars, 1444, Genf, Museum; Flügelbilder eines Altars, dessen Tafeln sich in Museen in Nürnberg, Basel u. Straßburg befinden. – 🕮 2.4.3.

Witzblätter, *satirische Zeitschriften*, im 19. Jh. aufgekommener Zeitschriftentyp, in seiner höheren Form die geistreiche Satire in Wort u. Bild pflegend, z. B. „Punch", „Kladderadatsch", „Simplicissimus", „Pardon".

Witzel, *Wicelius*, Georg, Theologe, *1501 Vacha, Hessen, †16. 2. 1573 Mainz; zuerst Anhänger M. *Luthers*, wandte sich dann von ihm ab; vertrat in seinen zahlreichen Schriften eine von *Erasmus von Rotterdam* beeinflußte Vermittlungstheologie, erstrebte eine Reform der kath. Kirche.

Witzenhausen, hess. Stadt an der Werra (Werra-Meißner-Kreis), 17000 Ew.; Dt. Institut für trop. u. subtrop. Landwirtschaft; Papier-, Metall-, Konserven-, Textilindustrie.

Witzleben, Erwin von, Generalfeldmarschall, *4. 12. 1881 Breslau, †9. 8. 1944 Berlin; 1939–1942 Oberbefehlshaber der 1. Armee; 1942 verabschiedet; führend in der Militäropposition gegen Hitler; war von Vertretern der dt. Widerstandsbewegung in einer künftigen Regierung als Oberbefehlshaber der Wehrmacht vorgesehen; wurde nach dem mißglückten Attentat vom 20. Juli 1944 vom Volksgerichtshof verurteilt u. hingerichtet.

Wivallius, Lars, eigentl. L. *Svensson von Wivalla*, schwed. Dichter, *1605, †1669; zog als Vagabund durch Europa; schrieb lebensfrohe Lyrik, daneben patriot. Preisgedichte auf Gustav Adolf.

Wivel, Ole, dän. Lyriker, *29. 9. 1921 Kopenhagen; Verlagsdirektor, zeitweise Hrsg. der Kulturzeitschrift „Heretica"; seine formstrengen Verse beeinflußten die dän. Literatur der Nachkriegszeit.

Wiyot ['waiət], Indianerstamm der →Algonkin.

Wizelin →Vizelin.

Wjasa, *Vyasa*, myth. Verfasser des *Mahabharata* u. der *Puranas*.

Wjatka, 1. bis 1934 Name der sowjet. Stadt →Kirow.

2. rechter Nebenfluß der in die Wolga mündenden Kama, entspringt im Kamabergland, 1367 km, größtenteils schiffbar, Flößerei.

Wlachen, *Walachen*, die rumän. Stämme der →Aromunen.

Wladikawkas [russ., „Beherrsche den Kaukasus"], bis 1932 Name der sowjet. Stadt →Ordschonikidse.

Wladimir, Hptst. der Oblast W. (29000 qkm, 1,55 Mill. Ew., davon rd. 60% in Städten) in der RSFSR (Sowjetunion), an der Kljasma, 285000 Ew.; Baumwollverarbeitung, Maschinen-, Traktorenbau u. chem. Industrie.

W. wurde 1108 gegr.; seit 1157 Mittelpunkt des nordostruss. Kolonisationsgebiets *(Fürstentum Wladimir-Susdal)*. Anfang 13. Jh. verlagerte sich mit der Großfürstenwürde die Vormacht in Rußland von *Kiew* nach W.; während der Tatarenherrschaft Zersplitterung in Teilfürstentümer. Nach Kämpfen mit *Twer* übernahm 1328 *Moskau* von W. die Großfürstenwürde u. wurde so zur Keimzelle des Russ. Reichs.

Wladimir [slaw. *wladetj*, „herrschen", + *mir*, „Friede"], russ. männl. Vorname.

Wladimir, russ. Fürsten: **1.** *W. der Heilige*, Großfürst von Kiew 978–1015, *um 956, †15. 7. 1015 Berestowa bei Kiew; Sohn Swatjoslaws; eroberte Gebiete von Polen (981) u. dehnte die Herrschaft Kiews über alle ostslaw. Stämme aus; ließ sich 988 bei seiner Heirat mit der Schwester Basileus' II. von Byzanz, Anna, taufen u. vollendete so die Christianisierung des Kiewer Reichs.

2. *W. Monomach*, Urenkel von 1), Großfürst von Kiew 1113–1125, *1053, †19. 5. 1125 bei Kiew; führte das Kiewer Reich zu einem letzten Höhepunkt seiner Macht; seine „Ermahnung" ist eines der wichtigsten Denkmäler altruss. Literatur.

Wladislaw [slaw. *wladetj*, „herrschen", + *slawa*, „Ruhm"], männl. Vorname; latinisiert *Ladislaus*, poln. *Władysław*, ung. *László*.

Wladislaw, Fürsten. Böhmen: **1.** *W. I.* = W. III. von Polen, →Wladislaw (6).

2. *W. V.* = W. V. Posthumus von Ungarn, →Wladislaw (11).
3. *W. V.*, König von Böhmen 1471–1516 u. Ungarn (*W. II.* seit 1490), *1456, †13. 3. 1516 Ofen; poln. Jagiellone, von den Utraquisten zum König gewählt, mußte nach Kampf Schlesien, Lausitz u. Mähren 1478 an Matthias Corvinus geben; nach dessen Tod auch in Ungarn gewählt; seine Schwäche förderte den Machtzuwachs des Adels. Er verheiratete seine beiden Kinder mit Habsburgern (Enkel u. Enkelin Kaiser Maximilians), weshalb später Böhmen u. Ungarn an Habsburg kamen.
Polen: **4.** *Władysław I. Łokietek* [„Ellenlang"], König (1306) 1320–1333, *1260, †2. 3. 1333 Krakau; ursprüngl. Herzog von Kujawien, konnte sich nach dem Tod der Böhmenkönige Wenzel II. u. Wenzel III., die auch die poln. Krone trugen, 1306 in Krakau u. Kleinpolen, 1314 auch in Großpolen durchsetzen; 1320 zum König gekrönt; wurde der eigentl. Schöpfer des poln. Einheitsstaats, der bis Ende des 18. Jh. Bestand hatte.
5. *Władysław II. Jagiełło* →Jagiełło.
6. *Władysław III. Warneńczyk* [„von Warna"], König 1434–1444, als *Ulászló I.* König von Ungarn 1440–1444, *31. 10. 1424 Krakau, †10. 11. 1444 bei Warna (Bulgarien); im Kampf gegen die Türken gefallen.
7. *Władysław IV. Wasa*, König 1632–1648, *19. 4. 1594 Łobzów bei Krakau, †20. 5. 1648 Merecz, Litauen; aus der Dynastie Wasa; 1610–1612 russ. Zar; erfolgreich gegen die Russen 1632–1634 bei Smolensk, das bei Polen blieb, u. gegen die Türken 1633 bei Kamieniec; erlangte von Schweden 1635 im Vertrag von Stumdorf Westpreußen zurück; begünstigte die Jesuiten u. ihr Bildungssystem; verlor zunehmend seine Macht an den Adel.
Ungarn: **8.** *László I., W. der Heilige*, König 1077–1095, *1040 in Polen, †29. 7. 1095 Neutra; aus der Arpáden-Dynastie, Sohn Bélas I., folgte seinem Bruder Géza; stürzte mit Géza den ungar. König Salomon, eroberte Nordkroatien u. bildete Ungarn nach dt. Vorbild um; Gegner des Kaisers u. Anhänger des Papsttums (Gregor VII.).
9. *László II.* = W. V. von Böhmen, →Wladislaw (3).
10. *Ulászló I.* = W. III. von Polen, →Wladislaw (6).
11. *László V. Posthumus*, König 1444(1452) bis 1456, als König von Böhmen *W. V.* 1453–1457, *22. 2. 1440 Komárom, †23. 11. 1457 Prag (vermutl. ermordet); nachgeborener Sohn des Habsburgers *Albrecht II.*; für ihn regierte Janós *Hunyadi* 1446–1452 als Reichsverweser.
Wladiwostok [russ., „Beherrsche den Osten"], Hptst. des *Primorskij Kraj* in der RSFSR (Sowjetunion), im S von Sowjet.-Fernost, am Japan. Meer, 536000 Ew.; Universität (1923 gegr.; 1939–1956 geschlossen), Hochschulen (Polytechnikum, Medizin-, Seefahrt-, Schiffbau-, Fischerei-, Kunst-, Musik- u. Pädagog. Hochschulen), Zweigstelle der Akademie der Wissenschaften; Philharmonie, mehrere Theater; Basis für Fisch-, Krabben-, Robben- u. Walfang, Fischverarbeitung, Maschinen- u. Schiffbau, Holz-, Leder-, Baustoff- u. a. Industrie, Erdölraffinerien; Wärmekraftwerk. Größter sowjet. Hafen am Pazif. Ozean; befestigter Flotten- u. Luftstützpunkt; Endpunkt der Transsibir. Bahn, Flughafen, Nachrichtensatellitenempfangsstation. – 1860 als Flottenstützpunkt gegründet.
Władysław [ua'disuaf], poln. Vorname, →Wladislaw.
Wlasow [-sɔf], Andrej Andrejewitsch, russ. General, *1901 Nischnij Nowgorod, †1. 8. 1946 Moskau; 1942 als Armee-Oberbefehlshaber in dt. Gefangenschaft geraten; von der dt. Regierung an die Spitze einer aus russ. Kriegsgefangenen u. Freiwilligen bestehenden, antisowjet. „Befreiungsarmee" gestellt; von den Amerikanern 1945 an die Sowjetunion ausgeliefert, dort hingerichtet.
Włocławek [wuɔ'tsuavɛk], poln. Stadt an der Weichsel, südöstl. von Thorn, seit 1975 Hptst. der Wojewodschaft W. (bis 1975 Wojewodschaft Bydgoszcz), 100000 Ew.; got. Kathedrale (12. Jh.); chem., Zellstoff-, Papier-, Metall- u. Nahrungsmittelindustrie. In der Nähe Staustufe mit Wasserkraftwerk (160 MW).
Włodkowic ['wuɔdkɔwits], Paweł, *Paulus Wlodimiri* von Brudzeń, poln. Staats- u. Rechtstheoretiker, *ca. 1370 Brudzeń, †nach dem 9. 10. 1435 Krakau; Prof. u. Rektor der Universität Krakau, trat auf dem Konzil von Konstanz (1415) mit einem Traktat gegen den Dt. Orden hervor.
WMA, Abk. für engl. *World Medical Association*, →Weltärztebund.
WMF, Abk. für →Württembergische Metallwarenfabrik.
WMO, Abk. für →World Meteorological Organization.
Wobbegong →Ammenhai.
Wobbelverfahren [engl.], Meßverfahren der Nachrichtentechnik u. Elektronik; gestattet es, das Übertragungsverhalten von Leitungen u. Geräten in einem ganzen Frequenzbereich meßtechnisch zu erfassen. Man gibt dabei mit einem *Wobbelgenerator* (Oszillator mit stetig wechselnder Frequenz) das interessierende Frequenzband auf das Meßobjekt u.erhält auf dem am Ausgang des Meßobjekts angeschlossenen Kathodenstrahl-Oszillographen einen Kurvenzug. Aus diesem ist zu ersehen, wie die einzelnen Frequenzen durchgelassen worden sind u. wie sich Abgleichmaßnahmen auswirken.
Wobbermin, Georg, ev. Theologe, *27. 10. 1869 Stettin, †15. 10. 1943 Berlin; versuchte die Theologie auf die Religionspsychologie zu gründen u. im Sinn des Neuprotestantismus christl. Glauben u. wissenschaftl. Weltbild zu verbinden. Hptw.: „Systemat. Theologie nach religionspsycholog. Methode" 3 Bde. 1913–1925.
Woche, Zeitabschnitt von sieben Tagen, etwa ein Viertel der Dauer des Mondumlaufs. Die siebentägige W. ist morgenländischen Ursprungs u. hängt mit der babylon. Sternkunde zusammen; sie wurde im griech. u. lat. Bereich 321 n. Chr. durch *Konstantin d. Gr.* eingeführt. Die W.ntage wurden nach den Planeten genannt.
Woche, *„Die W."*, 1899 von August *Scherl* in Berlin gegr. illustrierte Familienzeitschrift; 1944 eingestellt; Auflage 325000 (1944).
Wochenbett = Kindbett.
Wochenendgarten →Hausgarten.
Wochenfürsorge, von der öffentl. Fürsorge für hilfsbedürftige werdende Mütter u. Wöchnerinnen geleistete Hilfe.
Wochenhilfe →Mutterschaftshilfe.
Wochenpflege, Betreuung (häusl. Hilfe) der werdenden Mutter u. Wöchnerin durch kirchl. u. karitative Gemeinschaften u. Organisationen.
Wochenschau, Filmaufnahmen von Tagesereignissen, die wöchentlich, monatlich oder als Sonder-W. erscheinen. Infolge der größeren Aktualität der Nachrichtensendungen des Fernsehens haben die W.en heute mehr Magazincharakter; sie bringen weniger aktuelle Berichte u. mehr Kuriositäten, Sensationen u. allg. Impressionen aus verschiedenen Lebensbereichen.
Wochenzeitungen, wöchentl. erscheinende Zeitschriften, in Gestaltung u. Aktualitätsbezug der Zeitung verwandt. Man kann 3 Gruppen von W. unterscheiden: 1. die der Unterhaltung dienenden *Wochenend-Blätter*, die hauptsächl. bei einem reichen Angebot von Star- u. Prominentengeschichten hohe Auflagen erzielen; 2. *Sonntagszeitungen*, die als selbständige Ausgaben neben Tageszeitungen erscheinen („Welt am Sonntag", „Bild am Sonntag") u. Information mit einem reichen Angebot an Unterhaltung verbinden; 3. anspruchsvolle polit.-kulturelle W. mit meinungsbildender Zielsetzung („Rheinischer Merkur", „Die Zeit"). Auch die wöchentl. erscheinenden offiziösen Kirchenblätter der Konfessionen sind heute zu den W. zu rechnen.
Wöchnerin, eine Frau in der Zeit des →Kindbetts.
Wodan, *Wotan*, im Norden *Odin*, in der german. Mythologie der in →Walhall thronende „Fürst der Asen", als „Allvater" u. „Menschenvater" die an der Spitze der nord. Götterwelt stehende Gottheit; seine Gattin ist *Frigg*. Als Toten- u. Schlachtengott ist W. auf seinem (achtbeinigen?) Hengst *Sleipnir* im Sturmwind mit den Seelen („das wütende Heer") unterwegs, begleitet von 2 Wölfen u. 2 Raben (*Hugin* u. *Munin*), während seine Botinnen (→Walküren) die Gefallenen *(Einherier)* auf dem Schlachtfeld sammeln u. nach Walhall geleiten. W. gilt auch als Gott der Ekstase, der Runenweisheit u. Heilkunde. Selber dem Schicksal unterworfen, wird er beim Weltuntergang vom →Fenriswolf verschlungen. – 🄻 1.8.1.
Wodehouse ['wudhaus], Pelham Grenville, engl. Erzähler, *15. 10. 1881 Guildford, †15. 2. 1975 New York; Verfasser humorvoller Romane, die durch die wiederkehrende Figur des Dieners Jeeves verbunden sind.
Wodka [der; russ., „Wässerchen"], bes. in Rußland u. Polen verbreiteter Trinkbranntwein aus Kartoffeln; bes. gereinigt, enthält mindestens 40 Vol.-% Alkohol; wasserhell, im Geschmack ähnl. dem Kornbranntwein.
Wodu [vu'du:], *Voodoo*, Geheimkult bes. der Neger von Tahiti, mit afrikan. u. christl. Elementen; Kennzeichen: ekstat. Tänze, Götter- u. Ahnenglaube.
Woedtke ['vo:t-], Fritz von, Pseudonym Lucien von *Belling*, Schriftsteller, *7. 2. 1906 Berlin, †4. 7. 1959 Hamburg; verfaßte Skizzen u. gepflegte Unterhaltungsliteratur („Daphne u. der Diplomat" 1936; „Viola d'amore" 1956), auch Komödien u. Drehbücher („Eine Woche in Paris" 1952).
Woensampresse [nach Anton *Woensam*, Holzschneider u. Maler, tätig in der 1. Hälfte des 16. Jh. in Köln], eine Werkgemeinschaft dt. Graphiker, gegr. 1934; Sitz: Wuppertal; Mitglieder u.a.: Wilhelm *Geißler*, Walter *Klemm*, H. *Orlowski*, Josef *Pieper*, M. *Unold*.
Woerden [wu:rdə], Gemeinde in der niederländ. Prov. Südholland, nordöstl. von Gouda, 19300 Ew.; Viehhaltung, Käsehandel, Herstellung von Ziegeln, Steinen u. a.
Woermann, 1. Adolph, Großkaufmann, *10. 12. 1847 Hamburg, †4. 5. 1911 Gröhnwohld, Stormarn; erwarb große Ländereien in Kamerun u. Togo u. übergab sie als Schutzgebiet dem Dt. Reich; gründete 1884 eine Schiffahrtslinie *(W.-Linie)* u. war an der Gründung der *Dt. Ostafrika-Linie* (1890) beteiligt.
2. Emil, Agrarwissenschaftler, *12. 12. 1899 Hoberge, Krs. Bielefeld; arbeitete über landwirtschaftl. Betriebslehre u. Veredlungswirtschaft; Mit-Hrsg. der „Zeitschrift für Betriebswirtschaft u. Marktforschung".
3. Karl, Kunsthistoriker, *4. 7. 1844 Hamburg, †4. 2. 1933 Dresden; dort als Museumsdirektor tätig. Hptw.: „Geschichte der Kunst aller Zeiten u. Völker" 3 Bde. 1900–1911.
Woestijne [wu:s'tɛinə], Karel van de, fläm. Dichter, *10. 3. 1878 Gent, †24. 8. 1929 Zwijnaarde bei Gent; vom französ. Symbolismus beeinflußte Lyrik (dt. Übers.: „Tödl. Herbst" 1941) u. Prosa („Janus mit dem Zwiegesicht" 1908, dt. 1948).
Woëvre [vwa:vr], Landschaft in Lothringen (Ostfrankreich), zwischen den im W gelegenen Maashöhen u. der Mosel; eine feuchte, flachwellige Ebene mit fruchtbarem Mergelboden, vielen Wäldern u. Teichen (Fischzucht); Zentrum *Étain* (2800 Ew.). – Im 1. Weltkrieg schwere Kämpfe.
Wogulen, das ugrische Volk der →Mansen.
wogulische Sprache, *Mansisch*, von den *Mansen* gesprochene, zum obugrischen Zweig der finn.-ugrischen Sprachen gehörende Sprache.
Wohlau, poln. *Wołow*, Stadt in Schlesien (seit 1945 poln. Wojewodschaft Wrocław), nordwestl. von Breslau, 10000 Ew.; Laurentiuskirche (15. Jh.); Holz-, Baustoff-, Nahrungsmittelindustrie.
Wohlbrück, Adolf, Schauspieler, *19. 11. 1900 Wien, †9. 8. 1967 Garatshausen, Starnberger See; wirkte in Wien, München, Dresden, Berlin, ging 1937 nach London u. trat seitdem unter dem Namen Anton *Walbrook* auf; seit 1931 beim Film.
Wohlen, Industriegemeinde im schweizer. Kanton Aargau, an der Bünz, 13000 Ew.; Strohflechtereien, Textilindustrie, Kabel-, Stahlwerke.
Wohlensee, durch Aufstau der mittleren Aare entstandener 15 km langer Stausee im schweizer. Kanton Bern, 481 m ü. M., 3,7 qkm.
Wöhler, 1. August, Ingenieur, *22. 6. 1819 Soltau, †21. 3. 1914 Hannover; verdient um die Werkstoffprüfung; begann 1856 Versuche zur Dauerbeanspruchung des Eisens.
2. Friedrich, Chemiker, *31. 7. 1800 Eschersheim bei Frankfurt a. M., †23. 9. 1882 Göttingen; stellte die Elemente Aluminium, Beryllium u. Yttrium in reinem Zustand dar; führte 1828 erstmals die Synthese einer organ. Verbindung aus einem anorgan. Ausgangsstoff durch.
wohlerworbene Rechte, subjektive Rechte, deren Bestand erhöhten Rechtsschutz genießt; bes. die w.nR. von Beamten, d.h. die subjektiven Rechte der Beamten aus ihrem Beamtenverhältnis, deren Unverletzlichkeit früher Art. 129 der Weimarer Verfassung bes. garantierte. Eine solche Gewährleistung besteht im geltenden Recht der BRD nicht, doch erfüllt die vom Grundgesetz (Art. 33 Abs. 5) gebotene „Berücksichtigung der hergebrachten Grundsätze des Berufsbeamtentums" eine ähnl. Schutzfunktion zugunsten der Beamten.
Wohlfahrt, *i. w. S.* Gemeinwohl u. Wohlstand des einzelnen; *i. e. S.* die öffentl. →Fürsorge u. →Wohlfahrtspflege.
Wohlfahrtsausschuß, französ. *Comité de salut public*, die in der Französ. Revolution am 6. 4. 1793 geschaffene eigentl. Regierungsbehörde des Konvents, bediente sich terrorist. Herrschaftsmethoden; am 27. 10. 1795 aufgelöst.

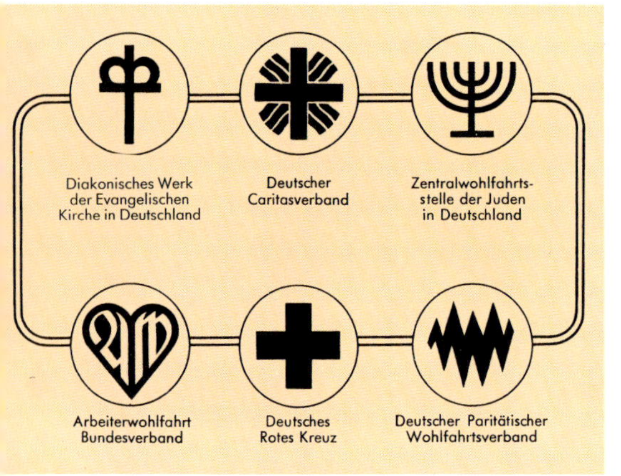

Wohlfahrtspflege: Die sechs Spitzenverbände der freien Wohlfahrtspflege sind in der Bundesarbeitsgemeinschaft der Freien Wohlfahrtspflege e. V., Bonn, zusammengeschlossen

Wohlfahrtsmarken, von der Post ausgegebene Postwertzeichen mit Zuschlag, der für öffentl. Unterstützungszwecke zur Verfügung gestellt wird.

Wohlfahrtspflege, planmäßige, vorbeugende u. abhelfende Betreuung Notleidender oder Gefährdeter auf gesundheitl., sittl. u. wirtschaftl. Gebiet; durchgeführt **1.** als *öffentliche (staatliche) W.* von Städten u. Landkreisen sowie von den Jugend- u. Gesundheitsämtern; geregelt durch das *Bundessozialhilfegesetz* in der Neufassung vom 13. 2. 1976 u. das *Jugendwohlfahrtsgesetz* in der Neufassung vom 25. 4. 1977. →auch Fürsorgerecht, Jugendwohlfahrtspflege. – Österreich: Jugendwohlfahrtsgesetz vom 9. 4. 1954 u. Unterhaltsschutzgesetz vom 17. 2. 1960.
2. als *private (freie) W.* (früher *Wohltätigkeit* genannt) von Verbänden *(Wohlfahrtsverbänden)* in freiwilliger Einzelbetreuung. Die kath. freie W. ist im *Deutschen Caritasverband e. V.*, die evangelische im *Diakonischen Werk der Ev. Kirche in Deutschland e. V.* zusammengefaßt, die sich mit der *Arbeiterwohlfahrt*, dem *Dt. Roten Kreuz*, dem *Dt. Paritätischen Wohlfahrtsverband e. V.* u. der *Zentralwohlfahrtsstelle der Juden in Deutschland e. V.* zur *Bundesarbeitsgemeinschaft der Freien Wohlfahrtspflege e. V.*, Bonn, zusammengeschlossen haben.

Wohlfahrtspfleger, veraltete Bez. für →Sozialarbeiter.

Wohlfahrtsstaat, eine Kennzeichnung, die sowohl auf eine histor. als auch auf die gegenwärtige Erscheinungsform des Staates bezogen wird. Mit der histor. Erscheinungsform ist der *Patriarchalstaat* des 17. u. 18. Jh. gemeint. Unter „Wohlfahrt" wird das „allg. Wohl" verstanden, freilich in dem engeren Sinn, der damals damit verbunden wurde u. der auch die Betonung der ständischen Privilegien einschloß. Es handelt sich also um den landesväterl. Polizeistaat des aufgeklärten Absolutismus, der nicht vor Zwang u. Bevormundung zurückschreckte.
Auf den modernen Staat angewendet, hat die Bez. W. einen polemischen Inhalt. Gemeint ist damit, daß der Staat sich zu leicht bereit gefunden habe, das Lebensrisiko dem einzelnen weitgehend abzunehmen u. auf die Allgemeinheit zu verlagern (Ausdehnung der Zwangsversicherungen). Es findet sich daher auch die Kennzeichnung *Versorgungsstaat*. Noch schärfer kommt die Kritik in dem Ausdruck „Gefälligkeitsstaat" zum Ausdruck, der besagt, daß insbes. die Regierung der BRD dem Drängen der Interessentenverbände, Berufsgruppen, wirtschaftl. Machtkonzentrationen zu leicht nachgebe u. entsprechende Privilegien (Subventionismus) gewähre, wenn sie dadurch polit. entlastet werde (Bauernverbände, Landsmannschaften, Industrie, Gewerkschaften). Im Grunde geht es bei dieser Kritik um die Grenzen des *Sozialstaats* (Art. 20 GG). Probleme dieser Art entsprechen aber allg. der Entwicklung im Zeitalter der Industriegesellschaft. Ob damit ein Verlust an staatl. Substanz verbunden sein muß, ob die Ausweitung der Leistungen zur Daseinsvorsorge nur negativ zu beurteilen ist u. ob wegen der Nichterfüllbarkeit aller sozialen Ansprüche sich eine gefährl. Staatsverdrossenheit ausbreiten muß, ist keineswegs erwiesen. – 🅻 4.1.2.

Wohlfahrtsverbände, freie Vereinigungen zur vorbeugenden oder heilenden Arbeit in Fällen sozialer, gesundheitl. u. sittl. Gefährdung oder Not. →Wohlfahrtspflege (2).

Wohlgeboren, ein ehrendes Prädikat, das heute fast außer Gebrauch gekommen ist. In Österreich wird es gelegentl. noch, bes. in briefl. Anrede, für Personen höherer Lebensstellung verwendet.

Wohlthatmassiv, Gebirgsgruppe in Neuschwabenland, Antarktika, zu dem meist das *Mühlig-Hofmann-Gebirge* (3300 m) u. das *Ritscherhochland* (3010 m) hinzugerechnet werden. Am Nordfuß liegt ein See, der von einem schwimmenden Gletscher bedeckt wird.

Wohmann, Gabriele, Schriftstellerin, *21. 5. 1932 Darmstadt; analysiert exakt beobachtend das bürgerl. Alltagsleben u. das psychische Fehlverhalten aller sozialen Schichten. Romane: „Jetzt und nie" 1958; „Abschied für länger" 1965; „Ernste Absicht" 1970; „Ausflug mit der Mutter" 1976; „Frühherbst in Badenweiler" 1978. Erzählungen: „Mit einem Messer" 1958; „Ländliches Fest" 1968; „Sonntag bei den Kreisands" 1970; „Selbstverteidigung" 1971; „Gegenangriff" 1972; „Habgier" 1973. Fernseh- u. Hörspiele.

Wohndichte, statist. Kennziffer: das Verhältnis der Personenzahl zu der Zahl der Wohnräume oder Zahl der Haushalte je Wohnung oder auch Zahl der Wohnungen je 1000 Ew.

Wohngeld, Miet- oder Lastenzuschuß zu den Aufwendungen für Wohnraum, gesetzl. geregelt im *2. W.gesetz* vom 14. 12. 1970, zuletzt durch Gesetz vom 21. 9. 1980 geändert. Zur Vermeidung sozialer Härten soll jedem Inhaber von Wohnraum ein Mindestmaß an Wohnraum durch das W. wirtschaftl. gesichert werden. W. wird gewährt, wenn die Miete oder Belastung einen bestimmten Prozentsatz des monatl. Familieneinkommens übersteigt. Ein Anspruch auf Gewährung von W. besteht nicht, wenn das monatliche Einkommen 1060 DM bei Alleinstehenden übersteigt. Diese Grenze erhöht sich für das zweite u. jedes weitere zum Haushalt rechnende Familienmitglied um durchschnittlich 320 DM.

Wohnhof, ein Hof- u. Gartenbereich, der vom Wohnraum aus zugänglich ist u. zum Wohnen im Freien dient (Terrasse, Schaukel, Schwimmbekken).

Wohnlaube, eine Laube, die so ausgestattet ist, daß ein zeitweiliges Wohnen möglich ist.

Wohnraumbewirtschaftung, *Wohnungszwangswirtschaft*, Durchführung des Wohnungsnotrechts durch Wohnungsämter; sollte die Wohnungsknappheit beheben u. den Mieter vor Mietwucher u. Obdachlosigkeit schützen; gesetzl. geregelt durch das *1. Wohnungsbaugesetz* vom 24. 4. 1950 in der Fassung vom 25. 8. 1953, das *2. Wohnungsbaugesetz* vom 27. 6. 1956, das *W.gesetz* vom 31. 3. 1953 in der Fassung vom 23. 6. 1960 u. die in seinem Rahmen ergangenen Ländergesetze; auch durch das *Mieterschutzgesetz* vom 15. 12. 1942 in der Fassung vom 25. 8. 1953. Das *Gesetz über den Abbau der Wohnungszwangswirtschaft u. über ein soziales Miet- u. Wohnrecht* vom 23. 6. 1960 hat die W. weitgehend aufgelockert. Zum 31. 12. 1967 ist die W. im ganzen Bundesgebiet einschl. Westberlin beseitigt worden. →auch Kündigungsschutz (2), Mieterschutz, Mietpreisrecht, Sozialklausel, Vergleichsmiete.
In Österreich lief 1955 das *Wohnraumanforderungsgesetz* ab. Das *Gesetz zur Regelung der Vermietung freier Wohnungen* vom 3. 12. 1956 gilt seit 1958 nur noch (teilweise) für mit Hilfe des Wohnungswiederaufbaufonds errichtete Wohnungen. – 🅻 4.2.0.

Wohnraumhilfe, eine der Maßnahmen des →Lastenausgleichs, um den Geschädigten zu Wohnungen zu verhelfen. Die Mittel werden den Ländern darlehnsweise überlassen u. von diesen zusammen mit Landesmitteln als öffentl. Mittel zur Finanzierung im Wohnungsbau eingesetzt.

Wohnsitz, die rechtl. vielfach u. in allen Rechtsgebieten bedeutsame ständige Niederlassung an einem Ort oder auch an mehreren Orten (z. B. 2. W.). Erforderlich für die rechtswirksame Begründung u. Aufhebung des W.es im Rechtssinn ist ein diesbezügl. Willensentschluß *(W.willen).* Nicht voll Geschäftsfähige können ohne Willen ihres gesetzl. Vertreters einen W. nicht begründen oder aufheben. Vor Einführung der Gleichberechtigung der Geschlechter teilte die Ehefrau regelmäßig den W. des Ehemanns; nunmehr kann auch die Frau einen eigenen W. begründen, u. zwar, wenn sie verheiratet ist, auch als Minderjährige; das gleiche gilt für eine Frau, die verheiratet war u. das 18. Lebensjahr vollendet hat. Ein minderjähriges Kind teilt den W. der Eltern; es teilt nicht den W. eines Elternteils, dem das Recht fehlt, für die Person des Kindes zu sorgen. Steht keinem Elternteil das Personensorgerecht zu, so teilt das Kind den W. desjenigen, dem dieses Recht zusteht (z. B. Vormund). Das Kind behält den W., bis es ihn rechtsgültig aufhebt (§§ 7–11 BGB).

Wohnung, die dem Menschen als Schutz gegen Witterungsunbilden dienende u. seinem Privatleben vorbehaltene ein- oder mehrräumige Unterkunft; in den ältesten Formen außer den Höhlen ein Windschirm (evtl. über einer in die Erde eingetieften Wohngrube) in halbrunder oder pultdekkelartiger Gestalt. Daraus entwickelten sich Zelt, Hütte u. Haus in Rund- u. Reckteckform, z. B. Kegelzelt (Nordasien, Prärie-Indianer), Kuppelzelt (Jurte, Kibitka), Kugelhütte (afrikan. Pygmäen, Feuerländer), Kuppel- oder Bienenkorbhütte (Pontok Südafrikas, östl. Nordamerika, Chaco, Iglu der Eskimo), Kegeldachhaus (Afrika, Neuguinea, Neukaledonien, versenkt in den Erdboden in Brit.-Kolumbien, Nordostasien), Ovalhaus, Rechteckzelt (Nomaden Nordafrikas), Firsthütte (Kalifornien, Amurgebiet, einzelne Kongostämme), Rechteckhaus als Giebeldachhaus (westl. Bantu, O u. NW Nordamerikas, Altperu), Walmdachhaus, Satteldachhaus (am Sepik Neuguineas), Pultdachhaus (Marquesas-Inseln), Tonnendachhaus (Nordafrika) u. Flachdachhaus (Tembe Ostafrikas, Arabien). Sonderformen sind Hausboot (China), Baumhaus (Tschadseegebiet, Neuguinea) u. Pfahlbauten.
Die Anforderungen, die an eine W. gestellt werden, richten sich nach Klima u. Kulturstufe. Seit dem 19. Jh. sind die an W.sgröße u. W.seinrichtung (Komfort) gestellten Ansprüche stetig gestiegen. Der moderne W.sbau trägt besonders den Erfordernissen der Hygiene u. der Zweckmäßigkeit Rechnung.
Heute gilt als Mindestwohnbedarf einer dreiköpfigen Familie: 1 Wohnzimmer, 1 Schlafzimmer, 1 Kinderzimmer, 1 Kochküche, 1 Flur mit Garderobe, 1 WC, 1 Baderaum sowie 1 Abstellraum oder Vorratskeller. Auch der Balkon gehört zu den selbstverständl. Bau- u. Raumgliedern einer W. Küche u. Nebenräume sollen in nördl. bis östl. Richtung, die Schlafräume in nordöstl. bis südöstl. Richtung liegen. Als beste Lage der Wohnräume hat sich die südl. bis südwestl. Seite bewährt.
Als Durchschnittsgröße eines Wohnraums nimmt man 18–22 m^2 an; ein Zweibettschlafzimmer sollte mindestens 10–12 m^2 groß sein, ein Kinderzimmer mit einem Bett 8 m^2, ein Kinder-Zweibettraum 12 m^2. Die Küche in Neubau-W.en ist meist 5–8 m^2 groß u. vielfach mit einer „Durchreiche" zum Eßplatz ausgestattet. Auch auf eine möglichst kurze Verbindung zwischen den Wohnräumen u. den Sitzplätzen im Freien (Balkon oder Terrasse) sowie zwischen Schlafzimmer u. Badezimmer wird großer Wert gelegt. Allg. läßt sich die Tendenz zur größeren (3–4-Zimmer-)W. auch für kleinere Familien der mittleren Einkommensklasse feststellen, was jedoch nicht bedeutet, daß der W.smangel, zumal für sozial schlecht gestellte Familien, in der BRD bereits überall behoben wäre.

Wohnungsbau, in der BRD bes. die Maßnahmen, die der Behebung der vor allem durch die Kriegsereignisse entstandenen Wohnungsnot dienen; geregelt durch die beiden →Wohnungsbaugesetze des Bundes. Das *Erste W.gesetz* gibt die Rechtsgrundlage für die öffentl. Förderung des sozialen W.s („Wohnungen, die nach Größe, Ausstattung u. Miete bzw. Belastung für die breiten Schichten des Volkes bestimmt u. geeignet sind", heute auch *Sozialwohnungen* genannt). Bes. vordringlich war der W. für Umsiedler (Vertriebene), SBZ- bzw. DDR-Flüchtlinge, Ausgebombte, Bergarbeiter (Mitfinanzierung durch die *Kohlenabgabe*) u. Besatzungsverdrängte. Das nach Kriegsende bestehende Defizit von 6 Mill. Wohnungen konnte bis 1962 nach amtl. Angaben auf ca. 1 Mill. Wohnungen verringert werden. Es sinkt jedoch seitdem kaum mehr ab, weil die starke Bevölkerungsbewegung in die Ballungsgebiete, die um 1955 einsetzte, weiterhin anhält u. weil immer mehr Altbauten unbewohnbar bzw. heutigen Ansprüchen nicht mehr gerecht werden.
Die Eingliederung des W.s in das marktwirtschaftl. System erfolgt durch verstärkte Heranziehung von Kapitalmarktmitteln sowie durch Auflockerung der Mietrichtsätze. Das hat jedoch zu einer Erleichterung der Bauspekulation u. zu einer erhebl. Steigerung der Mieten beigetragen. – Das *Zweite*

W.- u. Familienheimgesetz betonte die Abkehr von dem vorher bevorzugt geförderten Mietwohnungsbau in Richtung auf eine bes. Begünstigung eigentumsgebundener Wohn- u. Nutzungsformen, u. zwar durch steuerl. Hilfen u. Prämien für das Bausparen. Kinderreichen Familien können Familien-Zusatzdarlehen gegeben werden. – Österreich: *W.förderungsgesetz* von 1960.

Wohnungsbaugesetze. Das *Erste Wohnungsbaugesetz* vom 24. 4. 1950 (Neufassung vom 25. 8. 1953) für die BRD enthält: 1. Festsetzung eines mehrjährigen Wohnungsbauprogramms, das die Schaffung von möglichst 2 Mill. Wohnungen des *sozialen Wohnungsbaus* für die breiten Volksschichten vorsah; 2. finanzielle Förderung des *Wohnungsbaus* durch öffentl. Mittel, durch Übernahme von Bürgschaften u. durch Steuervergünstigungen; 3. Bund, Länder u. Gemeinden haben für den sozialen Wohnungsbau Grundstücke zu angemessenen Preisen zu Eigentum bzw. Erbbaurecht zur Verfügung stellen; 4. öffentl. Mittel werden nur für Wohnungen gewährt, deren Miete je 1 m² Wohnfläche den *Mietrichtsätzen* für die öffentl. geförderten Mietwohnungen entspricht (*Sozialmiete*) u. die mindestens 40 m² u. höchstens 80 m² Wohnfläche haben; 5. beim nur steuerbegünstigten (nicht öffentl. finanzierten) Wohnungsbau kann eine vom Vermieter eingebildete Miete vereinbart werden. Ist diese aber höher als der für die Deckung der laufenden Aufwendungen erforderl. Betrag (*Kostenmiete*), so kann sie auf Antrag des Mieters durch die Preisbehörde herabgesetzt werden. – Das *Zweite Wohnungsbau- u. Familienheimgesetz* vom 27. 6. 1956 in der Fassung vom 1. 9. 1965 enthielt: 1. Festsetzung eines mehrjährigen Bauprogramms, das die Schaffung von möglichst 1,8 Mill. Wohnungen des sozialen Wohnungsbaus für die breiten Volksschichten u. die Bildung von Einzeleigentum bes. in Form von Familienheimen vorsieht; 2. finanzielle Förderung des Wohnungsbaus durch öffentl. Mittel, Übernahme von Bürgschaften, Steuervergünstigungen, Gewährung von Prämien für Wohnungsbausparer u. Maßnahmen zur Baukostensenkung; 3. Bund, Länder u. Gemeinden haben für den sozialen Wohnungsbau Grundstücke zu angemessenen Preisen bzw. Erbbaurechte zur Verfügung zu stellen; 4. öffentl. Mittel werden nur für solche Wohnungen gewährt, deren Wohnfläche gewisse Grenzen nicht überschreitet; die Wohnungen werden durch die Wohnungsbehörde vergeben, jedoch hat der Bauherr ein absolutes Vorschlagsrecht; für öffentl. geförderte Wohnungen darf grundsätzl. keine höhere Miete verlangt werden als zur Deckung der laufenden Aufwendungen erforderl. ist (*Kostenmiete*); 5. beim nur steuerbegünstigten (nicht öffentl. finanzierten) Wohnungsbau ist eine Überschreitung der im § 39 Abs. 1 des 2. Wohnungsbau- u. Familienheimgesetzes von 1956 bestimmten Wohnflächengrenzen um nicht mehr als 20% zulässig. Steuerbegünstigte Wohnungen unterliegen bzw. unterlagen nicht der *Wohnraumbewirtschaftung*, aber einer Mietpreisgrenze. Die Neufassungen des Zweiten Wohnungsbaugesetzes vom 1. 9. 1976 u. 30. 7. 1980 berücksichtigen u. a. den Wegfall der Wohnraumbewirtschaftung. – ▢ 4.2.0.

Wohnungsbauprämie, wird von den Ländern auf Antrag aus Bundesmitteln für Sparmaßnahmen u. Rücklagen zu Bauzwecken gewährt. *Prämienbegünstigt* werden vor allem Beiträge an →Bausparkassen, Wohnungsbaugenossenschaften u. Wohnungs- u. Siedlungsunternehmen. Voraussetzung ist, daß das zu versteuernde Einkommen des Bausparers bestimmte Grenzen nicht übersteigt. Aufwendungen, für die Prämien beantragt werden, können allerdings im Rahmen der Einkommensteuer nicht mehr als Sonderausgaben abgesetzt werden. Die W.n sind im *W.n-Gesetz* vom 17. 3. 1952 in der Fassung vom 20. 12. 1977 gesetzl. geregelt.

Wohnungsbeihilfe, Österreich: ziffernmäßig fester monatl. Zuschuß zur Miete; die W. erhalten alle Lohn- u. Gehaltsempfänger aufgrund des W.gesetzes von 1951.

Wohnungseigentum, eine bes. Art des →Eigentums in der BRD an dem nach dem BGB nicht eigentumsfähigen Sachinbegriff der Wohnung, ausgestaltet als Sondereigentum an der Wohnung u. *Miteigentum* am Grundstück u. den Gemeinschaftseinrichtungen des Gesamtgebäudes (W.sgesetz des Bundes vom 15. 3. 1951). – In Österreich gibt es W. seit dem Gesetz betr. das Eigentum an Wohnungen u. Geschäftsräumen vom 8. 7. 1948, in der Schweiz schon seit langem

als →Stockwerkseigentum (neuerdings auch Eigentum an Stockwerksteilen). – ▢ 4.3.1.

Wohnungsgeld, bei Beamten →Ortszuschlag; →auch Wohngeld.

Wohnungsmilben, *Tyrophygus dimidiatus, Carpoglyphus lactis* u. *Glycyphagus cadaverum,* zu den Vorratsmilben (Acaridae) gehörende Milben, die sich bei Befall der Vorräte aus ganz über feuchte Wohnungen verteilen können.

Wohnungsrecht, Sammelbez. für alle sich auf das Wohnen beziehenden Rechtsvorschriften. Zum *privaten W.* gehören das Recht der →Miete einschl. des Rechts auf →Mieterschutz sowie das Recht auf →Wohnungseigentum; zum *öffentl. W.* gehört das Grundrecht der Unverletzlichkeit der Wohnung (→Hausrecht), das Recht der →Wohnraumbewirtschaftung. – ▢ 4.2.0 u. 4.3.1.

Wohnungszwangswirtschaft →Wohnraumbewirtschaftung.

Wohnwagen, zweiachsiger, vollständig überdachter u. verkleideter Wagen mit Inneneinrichtung zum Schlafen, Kochen u. Wohnen; bei Wandertruppen, Schaustellern, Zigeunern; von Pferden oder Zugmaschinen gezogen. Neuerdings auch als Kraftfahrzeuganhänger in Leichtbauweise hergestellt; meist einachsige Wagen mit Schlaf- u. Kochmöglichkeit, bes. zu Camping-Zwecken.

Wojlach [der; russ.], grobe u. schwere Gewebe aus Haargarn oder Wollstreichgarn, durch Walken verfilzt, für Pferde- u. Schlafdecken verwendet.

Woina Dega [amhar., ,,Weinland''], die gemäßigte Höhenstufe des Hochlandes von Äthiopien, 1800–2400 m hoch, Hauptlandwirtschaftszone.

Woiwode = Wojewode.

Wojciechowski [vɔjtsie'xɔfski], Stanisław, poln. Politiker, * 15. 3. 1869 Kalisz, † 9. 4. 1953 Gołąbki bei Warschau; 1922–1926 Staats-Präs.

Wojewode, *Woiwode* [slaw., ,,Heerführer''], **1.** in Polen bis Anfang des 14. Jh. Vertreter des Königs bzw. Herzogs in Militär- u. Gerichtssachen; seit 1139 in jedem der zahlreichen Teilfürstentümer (später *Wojewodschaften*). Seit dem 14. Jh. (bis 1795) rangältester Beamter der Adelsselbstverwaltung einer Wojewodschaft, Mitgl. des Senats. 1918–1939, 1944–1950 u. seit 1973 oberster staatl. Beamter einer Wojewodschaft.
2. in Rußland im 10.–15. Jh. Befehlshaber der fürstl. Gefolgschaft oder des allg. Aufgebots, im 16.–17. Jh. der 5 Hauptheeresdivisionen, im 16.–17. Jh. militär. u. ziviler Leiter einer Provinz.
3. in der Moldau u. Walachei im 15.–16. Jh. Titel der Fürsten.

Wojewodschaft, *Woiwodschaft,* Verwaltungsbezirk in Polen; bis 1975 gab es 22 W.en, seit der Verwaltungsreform jedoch 49 (einschließl. der Stadt-W.en Warschau, Krakau u. Lodsch); dafür wurden die 391 Kreise abgeschafft.

Woking ['wəʊkɪŋ], Stadt südwestl. von London (England), am Wey, 78000 Ew.; Moschee (1889).

Wölber, Hans-Otto, ev. Theologe, * 22. 12. 1913 Hamburg; in der ev. Jugendarbeit tätig; 1964 Bischof der Ev.-luth. Kirche in Hamburg (seit 1977 zur Nordelbischen Ev.-luth. Kirche gehörig), 1969–1975 Leitender Bischof der VELKD. Hptw.: ,,Religion ohne Entscheidung'' 1959.

Wolchow ['vɔlxəf], schiffbarer Fluß im NW Rußlands, 222 km, verbindet Ilmen- u. Ladogasee; die niedrigen Ufer sind im Frühjahr häufig überschwemmt; an der Mündung liegt das älteste sowjet. Wassergroßkraftwerk (66000 kW, 1926 erbaut). – Im 2. Weltkrieg heftige Kämpfe am W., der lange Zeit die dt. Hauptkampflinie war.

Wold [wəʊld; engl.], Bestandteil engl. geograph. Namen: unkultiviertes Heideland, Hügelland.

Wolf, 1. *Astronomie:* Lupus, Sternbild des südl. Himmels.
2. *Bautechnik:* stählerne Greifvorrichtung, mit deren Hilfe Werkstücke (z. B. Quadersteine) vom Kran gefaßt u. gehoben werden können.
3. *Haushaltsgeräte:* →Fleischwolf.
4. *Medizin:* = Hautwolf.
5. *Textiltechnik:* Bez. für verschiedene Maschinen der Baumwoll- u. Wollspinnereivorbereitung (*Klopf-W., Reiß-W., Krempel-W.*), die durch wolfszahnähnl. Stahlbeschlag zusammengepreßte u. verfilzte Faserbüschel auflockern, mischen, Abfälle für die Reißwollerzeugung aufreißen u. Verunreinigungen herausklopfen.
6. *Zoologie:* Canis lupus, ein hundeartiges Raubtier (→Hunde), das in vielen Standortrassen über die ganze Welt verbreitet, an vielen Orten aber ausgerottet ist. Sehr variabel in Form u. Farbe, wobei die nördl. Rassen (z. B. der riesige weiße Polar-W.) größer u. ebenmäßiger gefärbt, die südl. kleiner u. bunter sind (z. B. der Ind. W., *Canis lupus pallipes,* der als Stammform des Hundes gilt). Die Kopf-Rumpf-Länge schwankt von 100 bis 140 cm, die Schwanzlänge von 30 bis 48 cm, die Schulterhöhe von 65 bis 90 cm u. das Gewicht von 30 bis 80 kg. Ebenso plastisch ist der W. in seinen Lebensansprüchen u. im Verhalten. Der *europ. W.* ist gewöhnl. graubraun u. schäferhundgroß. Obwohl Raubtier, ist er in Notzeiten Allesfresser, der auch Insekten, Aas oder Feldfrüchte nimmt. Er ist von der Abend- bis zur Morgendämmerung aktiv. In Kanada besteht ein W.srudel aus 5–10 Tieren, wobei ein W. auf 25 qkm bzw. 100 Weißwedelhirsche fällt. In einer Woche werden vom Rudel 3 Hirsche erbeutet, was nur ⅓ der natürl. Verluste ausmacht. Überfälle auf Menschen sind weltweit nur äußerst selten belegt. Jedes Rudel hat ein festes, mit Urin u. Kot markiertes Revier. Der Leit-W. u. die weitere soziale Rangfolge werden durch eine strenge Beißordnung bestimmt, nach deren Festlegung sich die Wölfe untereinander friedl. verhalten. Im Winter rotten sich die nord. Wölfe, auf das W.sgeheul hin, zu Großrudeln zusammen, in denen die Paarung erfolgt. Die Paarung rangniederer Tiere wird dabei verhindert (Geburtenkontrolle). Nach 60–65 Tagen wirft die Wölfin 4–8 Junge in selbstgegrabenen Erdhöhlen oder natürl. Verstecken. Während die Jungen 2 Monate lang von der Mutter im Nest gesäugt werden, wird das Geheck vom Rüden bewacht, u. die Jungen werden von der Mutter mit vorverdauter Nahrung ernährt.

Wolf, 1. *Christa,* Schriftstellerin, * 18. 3. 1929 Landsberg, Warthe; in verschiedenen kulturpolit. Funktionen der DDR tätig, 1963–1967 Kandidatin des ZK der SED; greift in vieldiskutierten Romanen Zeitfragen auf: ,,Der geteilte Himmel'' 1963 (verfilmt 1964); ,,Nachdenken über Christa T.'' 1969; ,,Kindheitsmuster'' 1977. Aufsätze u. Prosastücke ,,Lesen u. Schreiben'' 1973.
2. *Erik,* Rechtsphilosoph u. Strafrechtslehrer, * 13. 5. 1902 Biebrich, † 13. 10. 1977 Oberrotweil; erforschte, von M. *Heidegger* beeinflußt, den Zusammenhang von Philosophie, Theologie u. Recht; war führendes Mitglied der Bekennenden Kirche. Hptw.: ,,Griech. Rechtsdenken'' 4 Bde. 1950 bis 1970; ,,Große Rechtsdenker der dt. Geistesgeschichte'' ⁴1963; ,,Recht des Nächsten. Ein rechtstheolog. Entwurf'' ²1966.
3. *Ernst,* ev. Theologe, * 2. 8. 1902 Prag, † 11. 9. 1971 Göttingen; lehrte Kirchengeschichte u. systematische Theologie. Hptw.: ,,Peregrinatio. Studien zur reformator. Theologie u. zum Kirchenproblem'' 2 Bde. 1954, 1964.
4. *Friedrich,* Dramatiker u. Erzähler, * 23. 12. 1888 Neuwied, † 5. 10. 1953 Lehnitz bei Berlin; Arzt; mußte 1933 emigrieren, 1949–1951 Botschafter der DDR in Warschau; begann mit expressionist. Stücken (,,Der Unbedingte'' 1919), kam dann zum polit. Zeittheater: ,,Cyankali. § 218'' 1929; ,,Die Matrosen von Cattaro'' 1930; ,,Professor Mamlock'' 1935; ,,Thomas Münzer'' 1953. Auch Romane u. Novellen.
5. *Friedrich August,* Sprach- u. Altertumsforscher, * 15. 2. 1759 Hainrode bei Nordhausen, † 8. 8. 1824 Marseille; Begründer der modernen Alter-

Wolf, Canis lupus

tumswissenschaft („Prolegomena ad Homerum" 1795).

6. Hugo, österr. Komponist, *13. 3. 1860 Windischgraz, †22. 2. 1903 Wien; überragender Liedschöpfer der Spätromantik, der, von R. *Schumann* ausgehend, zu expressiver Deklamation der Singstimme bei gleichwertigem, harmonisch reich differenziertem Klavierpart gelangte; komponierte 53 „Mörike-Lieder" 1888, 20 „Eichendorff-Lieder" 1880–1888, 51 „Goethe-Lieder" 1889, „Span. Liederbuch" (1889/90) mit 44 u. „Italien. Liederbuch" mit 46 Liedern (1896), ferner 2 Opern: „Der Corregidor" 1896 u. „Manuel Venegas" (unvollendet), sinfon. Dichtung „Penthesilea", „Italien. Serenade" u. Kammermusik.

7. Johannes, Musikwissenschaftler, *17. 4. 1869 Berlin, †25. 5. 1947 München; „Geschichte der Mensuralnotation von 1250–1460" 3 Bde. 1904; „Handbuch der Notationskunde" 2 Bde. 1913–1919.

8. Max, Astronom, *21. 6. 1863 Heidelberg, †3. 10. 1932 Heidelberg; seit 1909 Direktor der Sternwarte bei Heidelberg; förderte die Himmelsphotographie; untersuchte Milchstraße, galaktische u. außergalakt. Nebel, Eigenbewegungen der Fixsterne, veränderliche Sterne, Kometen; entdeckte zahlreiche Planetoiden.

9. Rudolf, schweizer. Astronom, *7. 7. 1816 Fällanden bei Zürich, †6. 12. 1893 Zürich; leitete die Sternwarten in Bern, später in Zürich; beobachtete die Sonnenflecken (*W.sche Sonnenflecken-Relativzahlen* als Maß für deren Häufigkeit) u. entdeckte ihren Zusammenhang mit dem Erdmagnetismus. Hptw.: „Geschichte der Astronomie" 1877; „Handbuch der Astronomie" 2 Bde. 1890–1893.

Wolfach, baden-württ. Stadt im Schwarzwald (Ortenaukreis), am Zusammenfluß von Kinzig u. W., 5700 Ew.; Schloß (17. Jh.); Glas-, Textil- u. a. Industrie.

Wolfdietrich, Titelgestalt eines mhd. Heldenepos (erhalten in 4 Fassungen um 1230–1300), Sohn *Hugdietrichs.*

Wolfe [wulf], Thomas Clayton, US-amerikan. Schriftsteller, *3. 10. 1900 Asheville, N.C., †15. 9. 1938 Baltimore; schrieb mit starker Gefühlsintensität gestaltete Romane: „Schau heimwärts, Engel" 1929, dt. 1932; „Von Zeit u. Strom" 1935, dt. 1936; „Geweb u. Fels" 1939, dt. 1953, unter dem Titel „Strom des Lebens" 1941; „Es führt kein Weg zurück" 1940, dt. 1942); auch Dramen („Herrenhaus" 1948, dt. 1953).

wölfen, *Jagd: setzen,* gebären (beim Raubwild).

Wolfen, Stadt im Krs. Bitterfeld, Bez. Halle, nordwestl. von Bitterfeld, 34500 Ew.; chem., Filmindustrie (ORWO, früher Agfa), elektrochem. Kombinat u. Braunkohlenbergbau.

Wolfenbüttel, 1. Fürstentum *(Braunschweig-W.)* →Braunschweig (1).

2. niedersächs. Kreisstadt südl. von Braunschweig, an der Oker, 50000 Ew.; Ev. Akademie, Schloß (15./18. Jh.), Zeughaus (17. Jh.), Lessingmuseum (früher Wohnhaus Lessings), Herzog-August-Bibliothek; Textil-, Maschinen-, Rundfunk- u. Fernsehgeräte-, Zeltstoff-, Konserven-, Spirituosenindustrie. – Ldkrs. W.: 722 qkm, 116000 Ew.

Wolfenstein, Alfred, expressionist. Schriftsteller, *28. 12. 1888 Halle (Saale), †22. 1. 1945 Paris (Selbstmord); emigrierte 1933 nach Prag, 1939 nach Frankreich. Hrsg. des Jahrbuchs „Die Erhebung" 1919/20. Lyrik: „Die gottlosen Jahre" 1914; „Die Freundschaft" 1917. Auch Dramen u. Novellen.

Wolfermann, Klaus, Leichtathlet, *31. 3. 1946 Altdorf; Olympiasieger im Speerwurf in München 1972 mit 90,48 m; erzielte 1973 Weltrekord mit 94,08 m.

Wolff, 1. Bernhard, Journalist u. Verleger, *3. 3. 1811 Berlin, †11. 5. 1879 Berlin; gründete 1849 als erste dt. Nachrichtenagentur *Wolffs Telegraphisches Bureau.*

2. *Wolf,* Christian (seit 1745) Reichsfreiherr von, Philosoph, *24. 1. 1679 Breslau, †9. 4. 1754 Halle (Saale); seit 1707 Prof. in Halle, 1723 auf Betreiben der theolog. Fakultät vertrieben, ging nach Marburg, von dort 1740 durch Friedrich d. Gr. nach Halle zurückberufen. Von *Leibniz* ausgehend, schuf W. ein umfassendes rationalist. System, durch das die Theologie aus ihrer Vorrangstellung verdrängt u. die gesamte dt. Aufklärung entscheidend beeinflußt wurde. Durch die in dt. Sprache geschriebenen Werke legte W. den Grund zu einer dt. philosoph. Terminologie. W.s Schüler, die sog. *Wolffianer* (Georg Bernhard *Bilfinger* [*1693, †1750], A. G. *Baumgarten,* J. Ch. *Gottsched,* Martin *Knutzen* [*1713, †1751], Georg Friedrich *Meier* [*1718, †1777]), hatten an fast allen dt. Universitäten philosoph. Lehrstühle. Hptw.: „Vernünftige Gedanken. . ." (über Gott, Welt u. Seele; Tun u. Lassen, gesellschaftl. Leben; Wirkungen der Natur u. a.) 1712 ff. – □1.4.8.

3. Jakob d. Ä., Baumeister u. Bildhauer; *um 1546 Bamberg, †vor 16. 7. 1612 Nürnberg; Schöpfer u. Miterbauer berühmter Renaissancebauten, wie des Rathauses in Rothenburg o. d. T. (seit 1572), des Toblerhauses (seit 1590) u. des Pellerhauses (seit 1605) in Nürnberg.

4. Jacob d. J., Sohn von 3), Baumeister, *wahrscheinl. 1571 Bamberg, †25. 2. 1620 Nürnberg; errichtete als sein Hptw. das Nürnberger Rathaus, vollendet 1622 von seinem Bruder Hans.

5. Julius, Schriftsteller, *16. 9. 1834 Quedlinburg, †3. 6. 1910 Berlin-Charlottenburg; schrieb romantisierende Verserzählungen („Der Rattenfänger von Hameln" 1876; „Der wilde Jäger" 1877) u. viele histor. Romane („Der Sülfmeister" 1883; „Das schwarze Weib" 1894).

6. Kasper Friedrich, Anatom u. Physiologe, *1733 Berlin, †22. 2. 1794 St. Petersburg; Begründer der neuzeitl. Entwicklungsgeschichte u. Entdecker des *W.schen Ganges.*

7. Kurt, Verleger, *3. 3. 1887 Bonn, †22. 10. 1963 Marbach; übernahm 1912 in Leipzig den Rowohlt Verlag u. führte ihn 1919–1931 als *Kurt Wolff Verlag* (seit 1919 in München), der bes. die expressionist. Dichtung pflegte; der Verlag kam dann in andere Hände. W. gründete 1942 in New York den Verlag *Pantheon Books* (Dichtung u. Geisteswissenschaften, z. T. in zweisprachigen engl.-dt. Ausgaben). Erinnerungen: „Autoren, Bücher, Abenteuer" 1965; „Briefwechsel eines Verlegers 1911–1963" 1966.

8. Martin, Rechtslehrer, *26. 9. 1872 Berlin, †20. 7. 1953 London; emigrierte 1938 nach England; Hptw.: „Das Internationale Privatrecht Deutschlands" [3]1954; „Sachenrecht" (in *Enneccerus* „Lehrbuch des Bürgerl. Rechts" 10. Bearb. 1957).

9. Theodor, Publizist, *2. 8. 1868 Berlin, †23. 9. 1943 nach KZ-Haft in Berlin; 1906–1933 Chefredakteur des „Berliner Tageblatts".

Wolff AG, *Otto Wolff AG,* Köln, Dachgesellschaft eines Konzerns, der Unternehmen der Eisen- u. Stahlerzeugung u. -verarbeitung, des Handels u. a. umfaßt; gegr. 1966 durch Umwandlung der *Otto Wolff KG,* die aus der 1904 von Otto *Wolff* (*1881, †1940) gegr. Eisengroßhandlung hervorging; Grundkapital: 100 Mill. DM.

Wolf-Ferrari, Ermanno, italien. Komponist dt. Abstammung, *12. 1. 1876 Venedig, †21. 1. 1948 Venedig; erneuerte Elemente der *Commedia dell' arte*; schrieb u. a. das Oratorium „La vita nuova" 1902 (nach Dante) u. die Buffo-Opern „Die neugierigen Frauen" 1903; „Die vier Grobiane" 1906; „Susannens Geheimnis" 1909; „Der Liebhaber als Arzt" 1913; „Die schalkhafte Witwe" 1931; weitere Opern: „Der Schmuck der Madonna" 1911; „Sly" 1927.

Wolff-Fälle, Stromschnellen u. Wasserfälle am Sankuru zwischen Mbuji-Mayi u. Lusambo, am Südostrand des Kongobeckens.

Wolffie [die; nach dem Arzt u. Botaniker J. F. *Wolff,* †1806] →Zwergwasserlinse.

Wölfflin, 1. Eduard, schweizer. Altphilologe, *1. 1. 1831 Basel, †9. 11. 1908 Basel; Mitbegründer des „*Thesaurus Linguae Latinae*".

2. Heinrich, Sohn von 1), schweizer. Kunsthistoriker, *21. 6. 1864 Winterthur, †19. 7. 1945 Zürich; entwickelte kunstgeschichtl. Unterscheidungskategorien mit 5 Grundbegriffspaaren (z. B. „linear u. malerisch", „Fläche u. Tiefe"), die auch andere Geisteswissenschaften befruchteten. Hptw.: „Renaissance u. Barock" 1888, Neudr. 1965; „Die klass. Kunst" 1899, [7]1968; „Die Kunst A. Dürers" 1905, Neudr. 1963; „Kunstgeschichtl. Grundbegriffe" 1915, [14]1970; „Italien u. das dt. Formgefühl" 1931, Neudr. 1964. – □2.0.7.

Wolffscher Gang [nach K. *Wolff*], *Vor- Urnierengang, primärer Harnleiter,* der paarige Mündungsgang der *Vorniere* u. *Urniere* der Wirbeltiere; bei den Männchen der Fische u. Amphibien führt er als Harn-Samen-Leiter zur Kloake, bei den Männchen der höheren Wirbeltiere tritt er allein in den Dienst der Ausleitung der Geschlechtsorgane (*Samengang [Vas deferens]* bei den Amniontieren); bei den Weibchen wird er zurückgebildet. →Ausscheidungsorgane.

Wolffs Telegraphisches Bureau AG, Abk. *WTB,* 1849 von Bernhard *Wolff* gegr. erste dt. (offiziöse) Nachrichtenagentur, Sitz: Berlin; 1934 in das NS-offiziöse *Deutsche Nachrichtenbüro (DNB)* eingebracht.

Wolff von Amerongen, Otto, Industrieller, *6. 8. 1918 Köln; Miteigentümer der *Otto Wolff AG,* Aufsichtsratsvorsitzender mehrerer Aktiengesellschaften; seit 1969 Präsident des Dt. Industrie- u. Handelstags; Vorsitzender des Ost-Ausschusses der Dt. Wirtschaft.

Wolfgang [„Wolf", zweiter Bestandteil ungeklärt], männl. Vorname.

Wolfgang, Bischof von Regensburg (seit 972), Heiliger, †31. 10. 994 Pupping, Oberösterreich; trat 965 in das Kloster Einsiedeln ein, 971 Ungarnmissionar; Erzieher Heinrichs II.; förderte die Klosterreform in Regensburg. Seit dem Spät-MA. Wallfahrten bezeugt, u. a. nach Sankt Wolfgang. Fest: 31. 10.

Wolfhagen, nordhess. Stadt westl. des Habichtswalds (Ldkrs. Kassel), 12100 Ew.; Stadtkirche (13./14. Jh.), Rathaus (17. Jh.); Maschinen-, Elektro-, Fahrzeugindustrie.

Wolfram, früher auch *Tungsten,* chem. Zeichen W, weißglänzendes Metall, 2-, 3-, 4-, 5- u. 6wertig, Atomgewicht 183,85, Ordnungszahl 74, spez. Gew. 19,3, Schmelzpunkt 3410 °C; kommt in der Natur im *Wolframit* (Mn, Fe)WO_4, *Scheelit* ($CaWO_4$) u. *Scheelbleierz* ($PbWO_4$) vor; Hauptvorkommen in den USA u. China, in der DDR im Erzgebirge. Eine Eisenlegierung des W.s ist das *Ferro-W.,* das 60–80% W. enthält, direkt aus W. u. Eisenerzgemischen gewonnen u. bei der Herstellung härte- u. säurebeständiger Legierungen dem Eisen zugesetzt wird. Ein Material von besonderer Härte ist das *W.carbid,* das anstelle von Diamanten für Ziehdüsen, außerdem zur Herstellung der Widia-Werkzeugstähle verwendet wird. Wegen seines hohen Schmelzpunkts eignet sich W. bes. für Glühlampenfäden.

Wolfram [ahd. *wolf,* „Wolf", + *hraban,* „Rabe"], männl. Vorname.

Wolframit [der], dunkelbraunes bis schwarzes, fettig metallglänzendes Wolframmineral, Oxid von Wolfram u. Eisen bzw. Mangan; monoklin; Härte 5–5,5; dicktafelige Kristalle, auch grobstrahlig, blättrig, derb; wichtiges Wolframerz.

Wolfram von Eschenbach, mhd. Dichter, *um 1170 Eschenbach bei Ansbach (heute Wolframs-Eschenbach), †nach 1220 Eschenbach, in der Frauenkirche bestattet; war ein armer fränk. Ritter (bezeichnete sich selbst als Bayer), zeitweise auf der Burg Wildenberg im Odenwald u. am Hof des Landgrafen Hermann von Thüringen. W. v. E. war der sprachgewaltigste Epiker der höf. Dichtung; zumal in seinem Hauptwerk, dem „Parzival" (1210 vollendet) beweist er große Kunst der Menschencharakterisierung u. der Komposition, ideenreiche Phantasie u. Humor, barock anmutende Sprachgebung, die Archaismen, Fremdwörter u. Neubildungen neben volkstüml. Wendungen mitunter sinnverdunkelnd verwendet; Vorbild für den „geblümten Stil" der Epigonen u. Meistersinger. Unvollendet blieben das stroph. Epos „Titurel" (aus der Spätzeit) u. der human-heroische „Willehalm" (nach 1210 begonnen, von *Ulrich von Türheim* vollendet). Von W.s Lyrik sind nur 8 Minnelieder erhalten, davon 5 Tagelieder, eine Gattung, die er zur Vollendung geführt hat; sie sprengen durch ihre Leidenschaftlichkeit u. Lobpreisung der Ehe die höf. Form. – □3.1.1.

Wolfratshausen, Stadt in Oberbayern (Ldkrs. Bad Tölz-W.), an der Loisach, östl. vom Starnberger See, 15000 Ew.; Fremdenverkehr.

Wolf-Rayet-Sterne [-ra'jɛ-; nach den Entdekkern, den frz. Astronomen Charles *Wolf,* *1827, †1918, u. Georges *Rayet,* *1839, †1906], sehr heiße Sterne mit Oberflächentemperaturen von 50000 bis 100000 °C, die dauernd Materie in Form von Gashüllen mit Geschwindigkeiten bis zu 3000 km/sek abstoßen.

Wolfsangel, im MA. gebräuchl. Vorrichtung zum Fang von Wölfen; zusammengeheftete, federnde Widerhaken hielten die Pfoten von Wölfen fest. Ähnlich die *Fuchsangel.*

Wolfsauge, *Lycopsis,* Gattung der *Rauhblattgewächse.* In Dtschld. durch die auf Kies- u. Sandböden zerstreut vorkommende Art *Lycopsis arvensis,* mit himmelblauen Blüten, vertreten.

Wolfsbarsch →Seebarsch.

Wolfsberg, österr. Bez.-Hptst. in Kärnten, im Lavanttal, 29000 Ew.; roman. Pfarrkirche (13. Jh.), Schloß; Holz-, Papier-, Lederindustrie.

Wolfsburg, niedersächs. Stadt an der Aller u. am Mittellandkanal, nordöstl. von Braunschweig, als

Stadtkreis 204 qkm, 126 000 Ew.; 1938 mit der gleichzeitigen Errichtung der →Volkswagenwerk AG auf den Ländereien des ehem. Renaissanceschlosses W. u. zweier Dörfer gegr.; Kulturzentrum von A. *Aalto* (1958–1962).

Wolfsfische, Gattung *Lycodes* u. ähnl. der *Gebärfische*; 40–90 cm große Grundfische des kalten Wassers der europ. u. amerikan. Küsten des Nordatlantik in Tiefen bis 500 m, Herbstlaicher; leben von Krebstieren, Würmern, Weichtieren u. a.

Wolfsgrube, 3–4 m tiefe Fallgrube, ursprüngl. zum Fang von Wölfen, die durch einen Köder (ein lebendes Tier) angelockt wurden u. durch die dünne Reisigabdeckung hindurchbrachen; im Befestigungswesen mit in den Boden gerammten zugespitzten Pfählen.

Wolfshund, 1. der einem Wolf ähnl. *Dt. Schäferhund.*
2. *Irischer Wolfshund,* rauhhaariger, schlanker *Windhund*; mit mindestens 80 cm Schulterhöhe die größte Hunderasse der Welt. Fast jede Färbung ist erlaubt. Ähnl. Hunde wurden schon im Altertum für die Jagd auf Wölfen benutzt.

Wolfskehl, Karl, Schriftsteller, * 17. 9. 1869 Darmstadt, † 30. 6. 1948 Auckland (Neuseeland); Freund u. Mitarbeiter von St. *George,* emigrierte 1938 nach Neuseeland. Hrsg. u. Übersetzer älterer dt. Dichtung; im eigenen Werk erfüllt von myth. u. ekstat. Geist; schrieb Dramen („Thors Hammer" 1908), Lyrik („Die Stimme spricht" 1934; „An die Deutschen" 1947; „Sang aus dem Exil" posthum 1950) u. Essays.

Wolfskralle, erste (überflüssige) Phalanx an den Hinterläufen der Hunde, wird operativ entfernt. Der Wolf hat keine W. Im Volksglauben gilt eine W. fälschl. als Zeichen bes. Wildheit.

Wolfsmilch, *Euphorbia,* artenreiche Gattung der *W.gewächse*; milchsaftführende Gewächse von mannigfaltiger Gestalt. Neben niederliegenden Kräutern, deren häufig giftiger Saft als „Hexenmilch" bezeichnet wird, finden sich hohe Stauden, Sträucher u. reich verzweigte Bäume. Die kaktusartigen, unbeblätterten u. oft stacheligen Formen (*Baumeuphorbien*) bewohnen vorwiegend die afrikan. Steppen, ebenso sind die hohen baumförmigen *Kandelabereuphorbien* auf die Steppengebiete des wärmeren Afrika u. der atlant. Inseln beschränkt. Für die W.arten ist beim Bau der Blüte die Ausbildung eines *Hüllbechers* kennzeichnend. Die einfach gebauten Einzelblüten sind in Scheinblüten (*Pseudanthien*), die hier *Cyathien* heißen, vereinigt. Jedes Cyathium besteht aus einer hängenden weibl. Blüte u. 5 Hochblättern, die 5 Gruppen männl. Blüten umfassen. In Dtschld. finden sich: *Sumpf-W., Euphorbia palustris; Zypressen-W., Euphorbia cyparissias; Esels-W., Euphorbia esula; Garten-W., Euphorbia peplus.*

Wolfsmilchgewächse, *Euphorbiaceae,* Familie der *Tricoccae,* vorwiegend tropische, aber auch bei uns heim. Pflanzen; Hölzer oder Kräuter, die oft einen Milchsaft enthalten. Hierher gehören u. a. *Aleurites, Bingelkraut, Christusdorn, Sandbüchsenbaum, Talgbaum, Wolfsmilch,* aber auch als Nutzpflanzen die Gattungen →*Hevea, Manihot* (→Maniok) u. →Rizinus.

Wolfsmilchschwärmer, *Celerio euphorbiae,* großer mitteleurop. *Schwärmer* mit veränderl. Flügelzeichnung. Die prächtig schwarzgrün, gelb u. rot gezeichnete Raupe ist an den meisten Wolfsmilcharten zu finden.

Wolfsrachen, Lippen-Kiefer-Gaumenspalte, eine angeborene Mißbildung. →Hasenscharte.

Wolfsspinnen, *Lycosidae,* Familie umherschweifender Jagdspinnen, die kein Netz spinnen. Sie tragen die Eikokons unter dem Hinterleib an den Spinnwarzen umher. Hierher gehören die →Taranteln.

Wolfsspitz, Hunderasse, →Spitz.

Wolfssproß →Geweih.

Wolfstrapp, *Lycopus,* Gattung der *Lippenblütler*; in Dtschld. nur selten durch den *Hohen W., Lycopus exaltatus,* in Auwäldern u. Sümpfen am Mittelrhein u. Bodensee sowie bei Magdeburg vertreten.

Wolga, längster u. wasserreichster Strom Europas, 3700 km, Einzugsgebiet 1,38 Mill. qkm, mittlerer Jahresabfluß 251 Mrd. m³; entspringt (228 m ü. M.) in den Waldajhöhen u. mündet bei Astrachan mit 150 km breitem Delta ins Kasp. Meer (28 m u. M.), schiffbar ab Rschew. Im Mittellauf bildet das zur *W.platte* teils über 350 m steil ansteigende „*Bergufer*" im W einen starken Gegensatz zum flachen „*Wiesenufer*" u. zu der im Frühjahr bei Hochwasser oft weithin überschwemmten *W.niederung* auf der Gegenseite. In den letzten Jahrzehnten wurden bei *Iwankowo, Uglitsch, Rybinsk, Gorkij, Kujbyschew, Saratow* u. *Wolgograd* Stauanlagen mit Großkraftwerken errichtet, weitere sind bei *Tscheboksary* u. am Unterlauf der W. im Bau; der Ausbau der W. in eine Kaskade von 9 Staustufen dient neben der Energiegewinnung der Regulierung der Wasserführung u. der Bewässerung weiter Trockengebiete an Mittel- u. Unterlauf. Als wichtigste Binnenwasserstraße der Sowjetunion (neben Personenbeförderung bedeutender Frachtverkehr: stromaufwärts Erdöl, Getreide, Salz, Fische, abwärts insbes. Holzflößerei) ist sie durch Kanäle mit den anderen großen Flüssen Osteuropas u. an angrenzenden Meeren verbunden: durch den →*Wolga-Don-Schiffahrtskanal* mit dem Asowschen bzw. Schwarzen Meer, durch den *Wolga-Ostsee-Wasserweg* (von Rybinsk aus) mit der Ostsee oder über den *Weißmeer-Ostsee-Kanal* mit dem Weißen Meer u. durch den *Moskwa-Wolga-Kanal* (ab Iwankowo) mit Moskau. Fischerei auf Stör, Hecht, Rotauge, Zander, Hering, Blei u. a.

Wolgabulgaren →Bulgaren.

Wolgadeutsche, seit 1763 von Katharina II. an der Wolga angesiedelte Deutsche, die dt. Sitte u. Sprache bewahrten. 1918 bildete die Sowjetregierung eine „Autonome Arbeiterkommune" der W.n, 1924 die *Autonome Sozialist. Sowjetrepublik der W.n.* Diese wurde nach dem dt. Angriff auf die Sowjetunion 1941 aufgelöst; die W.n wurden nach Zentralasien deportiert.

Wolga-Don-Schiffahrtskanal, *Leninkanal,* Schiffahrtsweg in der Ukrain. SSR (Sowjetunion), der die untere Wolga mit dem unteren Don verbindet (somit den Atlant. Ozean mit dem Schwarzen Meer); 101 km lang, 13 Schleusen; für 10 000-t-Schiffe befahrbar; 1952 eröffnet.

Wolga-Ostsee-Wasserweg, *Wolga-Balt-Kanal,* früher *Marienkanalsystem,* Binnenschiffahrtsstraße im nördl. europ. Teil der RSFSR (Sowjetunion) zwischen oberer Wolga u. Finn. Meerbusen der Ostsee bei Leningrad, 1135 km, für 5000-t-Schiffe befahrbar; umfaßt Rybinsker u. Tscherepowezer Stausee, Scheksna, Bjeloserokanal, Kowscha, den ehem. Marienkanal, Wytegra (zusammen mit 7 Schleusen auf rd. 370 km), Onega-Umgehungskanal, Swir, Ladoga-Umgehungskanal u. Newa; 1810 als Marienkanalsystem angelegt, 1964 ausgebaut; durch den Bau des Weißmeer-Ostsee-Kanals (Verbindung Wolga–Weißes Meer) u. des Moskwa-Wolga-Kanals (Verbindung Moskau–Ostsee) erlangte der W. erst volle Bedeutung; durchgehende Verbindung vom Atlant. Ozean zum Kasp., Schwarzen u. Mittelländ. Meer (Fahrzeit Murmansk–Baku: 15 Tage).

Wolgast, Kreisstadt im Bez. Rostock u. Hafen, gegenüber von Usedom, 15 400 Ew.; Schiffbau, Metall-, Lederindustrie. Marinestützpunkt; im 17./18. Jh. oft umkämpfte Festung. – Krs. W.: 542 qkm, 61 000 Ew.

Wolgatataren, die um die mittlere Wolga, zu 75% in der Tatarischen ASSR ansässigen Turkstämme (rd. 5,4 Mill.), eingewandert zur Zeit des Mongolensturms unter Aufsaugung altbulgarischer Reste; Moslems; Bauern, Handwerker, Händler; zu ihnen gehören die *Ural-(Orenburger* u. *Ufa-) Tataren.*

Wolgemuth, Michael, Maler u. Holzschneider, * 1434 Nürnberg, † 30. 11. 1519 Nürnberg; übernahm 1473 die Werkstatt H. *Pleydenwurffs,* dessen Schüler er war; Lehrer A. *Dürers.* Typisch für seinen Stil sind nüchterne Empfindung u. harte Linearität. Bedeutend sind seine Holzschnittillustrationen zum „Schatzbehalter" 1491 u. zur „Schedelschen Weltchronik" 1493, letztere zusammen mit W. Pleydenwurff. Andere Hptw.: Hochaltar der Marienkirche in Zwickau 1479; Altar der Stiftskirche in Feuchtwangen 1484; Hochaltar der Stadtpfarrkirche in Schwabach 1508. – ꕢ 2.4.3.

Wolgograd, bis 1925 *Zarizyn,* 1925–1961 *Stalingrad,* Hptst. der Oblast W. (114 100 qkm, 2,4 Mill. Ew., davon 69% in Städten) in der RSFSR (Sowjetunion), an der Wolga, unterhalb des *Wolgograder Stausees,* 931 000 Ew.; mehrere Hochschulen; Edelstahl- u. Walzwerke, Maschinen-, Traktoren-, Kraftwagen- u. Kugellagerfabrik, chem.- Holz- u. Textilindustrie, Erdölraffinerien; Wassergroßkraftwerk; Verkehrsknotenpunkt; Hafen u. Umschlagplatz, Ausgangspunkt des Wolga-Don-Kanals, Flugplatz. – Im 2. Weltkrieg schwer umkämpft (→Stalingrad).

Wolgograder Stausee, von der unteren Wolga gebildeter, etwa 600 km langer u. bis 15 km breiter Stausee mit dem Großkraftwerk „22. Parteitag" oberhalb der sowjet. Stadt *Wolgograd,* Seefläche rd. 3200 qkm, Stauinhalt 32 Mrd. m³, davon 8,3 Mrd. m³ nutzbar, Stauhöhe 26 m; Inbetriebnahme der 22 Aggregate des Kraftwerks Wolschskij 1961, installierte Leistung 2,5 Mill. kW u. jährl. Stromerzeugung 11,1 Mrd. kWh (40% davon über eine 500-kV-Leitung nach Moskau); der See dient auch der Bewässerung des umliegenden fruchtbaren, aber dürregefährdeten Steppenlands u. der Wasserversorgung von Siedlungen u. Industrie.

Wolhynien [vo'ly-] = Wolynien.

Wolken, sichtbare Ansammlung von Wassertröpfchen (*Wasser-W.*) oder Eisteilchen (*Eis-W.*) oder einem Gemisch von beiden (*Misch-W.*) in der Atmosphäre, im übertragenen Sinn auch von Staub, Rauch u. a. kleinen Teilchen. W. entstehen, wenn bei Abkühlung der Wasserdampf enthaltenden Luft der Sättigungspunkt überschritten wird u. der Wasserdampf kondensiert; bei Ausfall der Tröpfchen oder Eisteilchen durch zu starkes Anwachsen kommt es zu Niederschlägen; vom Nebel unterscheiden sich W. nur durch ihre Höhe vom Erdboden. Die wichtigsten Grundformen der

Wolga-Don-Schiffahrtskanal: eine Schleuse der ukrainischen Wasserstraße

W.bildung sind die *Schicht-W. (Stratus), Haufen-W. (Kumulus), Feder-W. (Zirrus)* u. *Regen-W. (Nimbus)*. Im internationalen Wetterdienst werden entspr. dem Internationalen W.atlas nach der Höhenlage 4 W.familien mit insges. 10 W.gattungen unterschieden: Hohe W. (5000–13000m): *Feder-W.* (*Zirrus*, Abk. *Ci*), *Schäfchen-W.* (*Zirrokumulus*, Abk. *Cc*), *Schleier-W.* (*Zirrostratus*, Abk. *Cs*). Mittelhohe W. (2000–7000m): *Grobe Schäfchen-W.* (*Altokumulus*, Abk. *Ac*), *Mittelhohe Schicht-W.* (*Altostratus*, Abk. *As*). Tiefen-W. (bis 2000m): *Haufenschicht-W.* (*Stratokumulus*, Abk. *Sc*), *Niedrige Schicht-W.* (*Stratus*, Abk. *St*). Wolken mit vertikalem Aufbau (500m bis Zirrushöhe): *Regen-W.* (*Nimbostratus*, Abk. *Ns*), *Haufen-W.* (*Kumulus*, Abk. *Cu*), *Gewitter-W.* (*Kumulonimbus*, Abk. *Cb*); die Höhenangaben gelten für die gemäßigten Zonen, für die Polargebiete u. Tropen liegen sie darunter bzw. darüber. Zur weiteren Kennzeichnung sind die Gattungen nach der Ausbildung in Arten u. Unterarten unterteilt. Die Arten können oft spezif. Wetterlagen zugeordnet werden u. sind deshalb für die Wettervorhersage von großer Bedeutung. →auch Bewölkung. – 🅱→Wetter.

Wolkenband, Ornament der pers. u. türk. Kunst des 15. Jh. Osman. Muster kombinieren einen gewellten Doppelstreifen von Wolken mit den buddhist. drei Kugeln zu dem *Tschintamani-Motiv*.

Wolkenbruch, ein sehr starker →Regen.

Wolkenkratzer, engl. *skyscraper*, ein vielstöckiges →Hochhaus, bes. in den Großstädten der USA.

Wolker, Jiři, tschech. Dichter; *29. 3. 1900 Proßnitz, †3. 1. 1924 Proßnitz; seine Gedichte („Die schwere Stunde“ 1922, dt. 1924) führten von einem sentimentalen Vitalismus zur „proletar.“ Dichtung.

Wolkusen, Fisch →Seeskorpion.

Wollabfall, nach dem Streichgarnverfahren verarbeitbare Abgänge unterschiedl. Qualität aus Wollwäscherei, Spinnerei, Weberei, Appretur.

Wollaffen, *Lagothrix*, Gattung der *Rollschwanzaffen* mit dicht-wolligem Fell u. langem Greifschwanz; Südamerika.

Wollafter, *Eriogaster lanestris*, violettbrauner Spinner aus der Familie der *Glucken*, dessen Raupen gesellig in großen Gespinsten in Kirsch- u. Pflaumenbäumen u.a. leben. Das Weibchen bedeckt die Gelege mit seiner Afterwolle.

Wollaston ['wuləstən], William Hyde, engl. Naturforscher, *6. 8. 1766 East Dereham bei Norfolk, †22. 12. 1828 London; Entdecker des Palladiums, des Rhodiums u. des Zystins, Erfinder des Reflexionsgoniometers u. der *Camera lucida*.

Wollastonhalbinsel ['wuləstən-], Halbinsel der Victoriainsel im kanad.-arkt. Archipel zwischen Prinz-Albert-Sund, Dolphin and Union Strait u. Coronation Gulf, Kalksteinplateau, bis 520m.

Wollastonit [der; nach W. *Wollaston*], weißes oder graues, glasglänzendes Mineral; triklin; Härte 4,5–5; meist eingewachsene Kristalle, auch derb u. strahlig.

Wolläuse, *Pemphigidae*, Familie der *Blattläuse*. Die W. können wollig aussehende Wachsmassen ausscheiden, z.B. die →Blutlaus. Einige Gattungen *(Pemphigus, Pemphiginus)* erzeugen Gallbildungen an Pflanzen. Die Bez. W. wird auch für bestimmte →Schildläuse der Gewächshäuser, z.B. *Pseudococcus citri*, verwendet (sog. *Schmierläuse*).

Wollbaum →Seidenwollbaum; →auch Kapok.

Wollbiene, *Anthidium*, zu den *Bauchsammlern* gehörige Biene mit dunklem Körper; verwendet zum Nestbau geschabte Pflanzenmaterialien von wollartiger Beschaffenheit u. Pflanzenharz.

Wollblumen, die getrockneten gelben Blüten der Königskerzen *Verbascum phlomoides* u. *thapsiforma*.

Wolle, 1. *Jagd:* das Haarunterkleid des Haarwilds, im Gegensatz zu den überstehenden Haaren, den *Granen*.

2. *Textilrohstoffe:* die Haare verschiedener Tiere (Kamel, Ziege, Schaf, Kaninchen), die sich zum Verspinnen u. Weben eignen. Der Hauptwollieferant ist das *Schaf*. Bei seinem Haarkleid *(Vlies)* unterscheidet man das derbere u. längere Ober- oder Grannen- von dem feineren Unter- oder Flaumhaar. Bei Hochzuchtrassen ist das grobe Oberhaar fast oder völlig rückgebildet, doch gibt es auch Schafrassen, die das Oberhaar bilden sollen (engl. *Lincoln-* u. *Leicester-Rassen*). Das Haar der verschiedenen Altersklassen der Schafe läßt sich mikroskopisch unterscheiden u. ist von verschiedenem Wert. So ist *Lamm-W.* nicht sehr fest, aber zart u. weich, die *Jährlings-W.* der Einjährigen hat keine Spitze, ähnelt aber der Lamm-W. Eine Unterscheidung erfolgt durch Hinweis auf die Herkunft, z.B. Kaschmir-W., Angora-W.; verschiedene Qualitäten werden bestimmt durch Haarlänge, Haarfeinheit u. Kräuselung u. im Handel entsprechend gekennzeichnet, z.B. 4A für feine, kurze, stark gekräuselte Merino-W. oder F für lange, grobe, glatte Cheviot-W. Bestimmend für die Beschaffenheit des Wollhaars sind die Schafrassen, die in 3 Gruppen einzuteilen sind: 1. *Höhen-* oder *Landschafe* bringen gekräuselte, feine u. 30–120mm lange W.; 2. *Niederungsschafe* bringen glatte, grobe u. 130–550mm lange W.; 3. *Crossbreds* bringen 120–130mm lange W. mittlerer Feinheit u. Kräuselung.

W. ist hochelastisch, deshalb knitterfest, leitet schlecht Wärme, nimmt viel Feuchtigkeit auf, ist gegenüber Säuren beständig, gegenüber Laugen unbeständig. Die Bez. Kammgarn, Streichgarn geben keinen Aufschluß über den Wollanteil von Geweben. Über Kennzeichnungsvorschriften →Wollstoffe.

Gewinnung der W.: 1. durch Hand- oder Maschinenscheren, normal *Einschur-W.*, bei langen Haaren *Zwischenschur-W.*, beste Qualität; 2. nach dem Schlachten *Haut-* oder *Schlacht-W.*, gute, aber nicht gleichmäßige Qualität; 3. von verendeten Schafen *Sterblings-W.*, minderwertig; 4. nach dem Gerben *Gerber-W.*, schlechteste, durch Kalkmilch geschädigte Qualität. Je nach Geschlecht oder Alter des Schafs wird unterschieden zwischen Jährlings-, Lamm-, Widder- oder Mutter-W. Ein Merinoschaf erbringt etwa 2kg gewaschene W. Das zusammenhängende Wollkleid eines Schafs (Vlies) kommt als Schmutz- oder Schweiß-W., als rückengewaschene oder als nach der Schur vorgewaschene W. in die *Spinnerei*, wird zuerst sortiert, da die einzelnen Körperteile verschiedene Qualitäten bringen (Schulter-W. beste Qualität), dann gewaschen (Nebenprodukt →Wollfett). Kurze, verfilzte W. wird aufgelockert, zu einem Faserband gekrempelt, zum groben, ungedrehten Vorgarn geformt u. feingesponnen; auf diese Weise entsteht das flusige, weiche Streichgarn. Zur Herstellung von Kammgarn werden durch Kämmen des Faserbands kurze Haare entfernt, die verbleibenden langen geglättet u. versponnen.

Die Entwicklung der Schafzucht geht auf die Zucht des span. *Merinoschafs* im 14. Jh. zurück. Etwa zur gleichen Zeit hatte auch die engl. Schafzucht große Bedeutung. Im 19. Jh. wurden Zuchttiere nach Australien, Südafrika, Neuseeland u. Südamerika geliefert, u. die überseeischen Gebiete überflügelten bald die europ. Schafzucht.

3. *Werkstoffe:* Bez. für wollartig aussehende techn. Erzeugnisse: Glas-W., Basalt-W., Stahl-W.

Wollfett, *Wollwachs*, sehr unangenehm riechendes Fett der Schafwolle; enthält ein Gemisch von Cholesterin- u. Cetylestern höherer Fettsäuren u. wird gereinigt als *Lanolin* für Salbengrundlagen u. in der Lederindustrie verwendet.

Wollgras, *Eriophorum*, Gattung der *Sauergräser*, in Mooren u. auf sumpfigen Wiesen häufige Pflanzen mit Blütenborsten, die nach der Blütezeit zu langen haarähnl. Fäden auswachsen u. einen weißen Wollschopf bilden. Verbreitet ist das *Schmalblättrige W., Eriophorum angustifolium*, das *Breitblättrige W., Eriophorum latifolium*, u. das *Scheidige W., Eriophorum vaginatum*. Die weißen, dünnen Fasern von letzterem werden als Isolier- u. Polstermaterial verwendet u. sind mit Wolle, Reißwolle oder Baumwolle verspinnbar (Berandinegarn).

Wollhaar, dünne, spiralig eingerollte Haare, die bei vielen Säugetieren das dichte Unterfell bilden. Beim Menschen →Lanugo.

Wollhandkrabbe, *Eriocheir sinensis*, bis 7,5cm breite *Krabbe* des chines. Tieflands aus der Familie der *Grapsidae*, 1912 nach Europa eingeschleppt (Aller), seither in ganz Europa verbreitet. Die W. war eine ernste Gefahr für Fischwirtschaft u. Deichbau, bes. im Stromgebiet von Elbe u. Weser. Jetzt Bestandsabnahme.

Wollheim, Gert H., Maler, Graphiker, Bildhauer u. Schriftsteller, *11. 9. 1894 Loschwitz bei Dresden, †22. 4. 1974 New York; 1920–1925 in Düsseldorf Führer der Gruppe „Das junge Rheinland“. 1933 Emigration nach Paris, 1947 Auswanderung nach Amerika. W. begann in einem expressiven Realismus u. verarbeitete später Anregungen des Kubismus u. Surrealismus.

Wollhuhn →Huhn.

Wollin, poln. *Wolin*, pommersche Insel vor dem Stettiner Haff (Oderhaff; polnisch), zwischen Dievenow u. Swine, 265qkm; Zentrum: *W.*, an der Dievenow, 3200 Ew., das alte *Vineta* (?); Seebad *Misdroy*. Seit 1960 Nationalpark (46qkm).

Wollkrabben, *Dromiidae*, primitivste Familie der *Krabben*. Körper stark behaart, 4. u. 5. Beinpaar klein, weit auf den Rücken verlagert, dienen zum Festhalten von Fremdkörpern, mit denen sich die W. maskieren. Ausschl. Meeresbewohner, viele Tiefseeformen. Zu den W. gehört z.B. die *Gewöhnl. Wollkrabbe, Dromia vulgaris*, bis 7cm lang, fast kugelig, in 20–100m Tiefe im Mittelmeer.

Wollkraut = Königskerze.

Wollmaus →Chinchilla.

Wollnashorn, *Dicerorhinus antiquitatis*, stark behaartes, fossiles eiszeitliches *Nashorn*. Eine ähnliche Form ist *Elasmotherium* aus dem Pleistozän von Sibirien.

Wollo, Stämmegruppe der →Galla am Blauen Nil.

Wollongong ['wuləŋ-], bis 1970 *Greater W.*, Stadt in Neusüdwales (Australien), südl. von Sydney, 163000 Ew.; Stahl- u.a. Industrie; Hafen.

Wollsackverwitterung, *Blockverwitterung*, Gesteinszersetzung bei Massengesteinen (Granit u.a.) entlang von Klüften, bes. in arideren Klimaten, führt zur Entstehung gerundeter Gesteinsblöcke („Wollsäcke“) u. bei Abtragung zur anderweitigen Ansammlung in →Felsenmeeren.

Wollschweber →Hummelfliegen.

Wollstoffe, aus Wolle oder unter Verwendung von Wolle hergestellte Gewebe, die mit anderen Fasern gemischt worden sind. Nach dem Textilkennzeichnungsgesetz gibt es folgende Bezeichnungen: „100% Schurwolle“, „Rein Schurwolle“ oder „Ganz Schurwolle“ (die verwendete Wolle darf noch nicht in einem Fertigerzeugnis enthalten oder einer faserschädigenden Behandlung oder Benutzung ausgesetzt gewesen sein; ein Fremdfaseranteil von lediglich 0,3% ist zugelassen); „100% Wolle“ oder „Rein Wolle“ oder „Ganz Wolle“ (hier kann das Erzeugnis insges. oder zu einem Teil auch aus Reißwolle bestehen; der Fremdfaseranteil darf bis zu 5% betragen); Mischungen von „Schurwolle“ oder „Wolle“ mit anderen Fasern sind entspr. ihrem Mischungsverhältnis zu deklarieren, z.B. „55% Polyester, 45% Schurwolle“.

Gruppenbez. für W. sind: 1. *Kammgarn*, z.B. Gabardine, Doppeltuch; 2. *Streichgarn*, hergestellt aus weich gedrehten Fasern, mit weichem Griff u. flusiger Oberfläche, z.B. Tweed, Donegal. 3. *Tuch* für alle W. aus Streichgarn, die durch Walken u. Rauhen eine moosige Oberfläche erhalten haben, z.B. Velours, Flausch, Loden. W. sind elastisch, wärmeisolierend, wasserabweisend, feuchtigkeitsaufsaugend, gegenüber Alkalien, bes. in der Hitze, unbeständig, gegenüber Säuren beständig. Erkennung von Wolle durch Brennprobe: Wolle glimmt nur u. hinterläßt koksartige, nach verbrannten Haaren riechende Asche.

Wollstonecraft ['wulstənkra:ft], Mary, engl. Schriftstellerin, *27. 4. 1759 London, †10. 9. 1797 London; verheiratet mit W. *Godwin*. Durch ihre Schrift „Eine Verteidigung der Rechte der Frauen“ 1792, dt. 1899, wurde sie zur Begründerin der Frauenrechtsbewegung in England.

Wollust, durch Erregung der Geschlechtsorgane hervorgerufenes wohliges Gefühl, das mit dem Orgasmus seinen Höhepunkt erreicht u. dann abklingt.

Wollvlies [-fli:s], das vollständige, nach dem Scheren noch zusammenhängende Wollkleid des Schafs.

Wollweber, Ernst, Politiker (SED), *28. 10. 1898 Hann.-Münden, †3. 5. 1967 Berlin; 1919 Mitglied der KPD; seit 1953 Staatssekretär, 1955–1957 Min. für Staatssicherheit in der DDR, 1954–1958

Wollhandkrabbe, Eriocheir sinensis

Mitgl. des ZK der SED; 1958 wegen „Fraktionstätigkeit" gegen W. Ulbricht ausgeschlossen.
Wolmar, lett. *Valmiera*, Stadt im N der Lett. SSR (Sowjetunion), 20000 Ew.; Nahrungsmittel-, Glasfaser- u. Holzindustrie; Bahnknotenpunkt.
Wolmirstedt, Kreisstadt im Bez. Magdeburg, nördl. von Magdeburg, in der Letzlinger Heide, 11500 Ew.; ehem. erzbischöfl.-magdeburg. Schloß; landwirtschaftl. Industrie. – Krs. W.: 384 qkm, 47900 Ew.
Wolof, Sudannegervolk (rd. 1,4 Mill.) zwischen Senegal u. Gambia, mit maurischem u. Fulbe-Einfluß; Moslems; Feldbauern (Hirse) mit Kastengliederung; vom 14.–16. Jh. ein mächtiges Reich.
Wologda, Hptst. der Oblast W. (145700qkm, 1296000 Ew., davon rd. 54% in Städten) in der RSFSR (Sowjetunion), an der schiffbaren W., nahe ihrer Mündung in die Suchona, 225000 Ew.; Kreml, Kathedrale (16. Jh.), Hochschulen; Maschinenbau, Eisenbahnwerkstätten, Holz-, Textil- (u. Spitzen-), Leder- u. Nahrungsmittelindustrie; Wärmekraftwerk; Verkehrsknotenpunkt, Hafen.
Wólos, griech. *Bólos*, griech. Hafenstadt in Thessalien, am Pagasäischen Golf, 50000 Ew.; Textil-, Zement- u. Tabakindustrie; Ausfuhr von Tabak, Fellen, Olivenöl, Sesam u. Schafwolle.
Wołów ['wo:uf], poln. Name der Stadt →Wohlau.
Wolpe, Stefan, Komponist, * 25. 8. 1902 Berlin, † 4. 4. 1972 New York; Kompositionslehrer in Jerusalem u. den USA. Sein zwölftöniges Komponieren schließt harmon. Wendungen nicht aus u. verarbeitet Anregungen aus der hebräischen u. nahöstlichen Folklore. Oper („Zeus u. Elida" 1929), Oratorien („Israel and His Land" 1939), Ballette, Kammermusik, Klavierwerke (Passacaglia 1936).
Wols, eigentl. Alfred Otto Wolfgang *Schulze-Battmann*, Maler u. Graphiker, * 27. 5. 1913 Berlin, † 1. 9. 1951 Paris; nach kurzer Ausbildung am Dessauer Bauhaus 1932 als Photograph u. surrealist. Maler in Paris; entwickelte seit etwa 1940 einen expressiven Farbstil, der wegbereitend wurde für die Ausbildung des internationalen *Tachismus*. Zarte Aquarelle, Federzeichnungen u. Buchillustrationen runden das von J.-P. Sartre geförderte Werk von W. zu einer lyrisch-verspielten Seite hin ab. – ▣→auch abstrakte Kunst.
Wolschsk, früher *Lopatino*, Stadt im S der Mari-ASSR (Sowjetunion) am Kujbyschewer Stausee, 45000 Ew.; Papierindustrie.
Wolschskij, Stadt in der RSFSR (Sowjetunion), in der Wolganiederung, östl. von Wolgograd, 203000 Ew.; Baustoffindustrie; Kraftwerk W. am → Wolgograder Stausee.
Wolsey ['wulzi], Thomas, engl. Kardinal u. Kanzler, * um 1475 Ipswich, † 29. 11. 1530 Leicester; seit 1507 am engl. Hof, 1514 Erzbischof von York, 1515 Lordkanzler u. Kardinal; bestimmte Innen- u. Außenpolitik, schaltete das Parlament nahezu aus; mußte wegen Versagens im Ehescheidungsprozeß Heinrichs VIII. 1529 zurücktreten, wurde wegen Hochverrats angeklagt u. starb in Haft.
Wolsk, Stadt in der RSFSR (Sowjetunion), am Bergufer der Wolga, am Nordende des Wolgograder Stausees, 70000 Ew.; Flußhafen; Zement-, Holz- u. Papierindustrie, Schuh- u. Lederwarenherstellung, Konservenfabriken.
Wölsungen →Wälsungen.
Wolter, Charlotte, Schauspielerin, * 1. 3. 1834 Köln, † 14. 6. 1897 Hietzing bei Wien; seit 1862 am Wiener Burgtheater; gefeiertste Tragödin ihrer Zeit.
Wolters, Friedrich, Schriftsteller u. Literarhistoriker, * 2. 9. 1876 Uerdingen, Niederrhein, † 14. 4. 1930 München; dem George-Kreis zugehörig. Prosa: „Herrschaft u. Dienst" 1909; „Stefan George u. die Blätter für die Kunst" 1930. Lyrik: „Wandel u. Glaube" 1911. Übersetzer althochdt., mittelhochdt., griech. u. latein. Dichtungen.
Woltersdorf, Gemeinde im Krs. Fürstenwalde, Bez. Frankfurt, östl. von Berlin, 6100 Ew.
Woluwe-Saint-Lambert [vɔ'ly:v sɛ̃lã'bɛ:r], *Sint-Lambrechts-Woluwe*, Vorort von Brüssel, 46300 Ew.
Wolverhampton ['wulvəhæmtən], Stadt nordwestl. von Birmingham (Ostengland), 268900 Ew.; Techn. Hochschule; Eisen-, Maschinen-, Auto- u. chem. Industrie.
Wólwisee, *Límnē Bólbē*, nordgriech. See östl. von Saloniki, 74qkm; fischreich.
Wolynien, 1. *Wolhynien*, Landschaft im NW der Ukrain. SSR (Sowjetunion), rd. 65000qkm; Zentrum *Schitomir*; das leichtwellige, durchschnittl. 200m hohe, großenteils bewaldete Land fällt nach

Wols: Das trunkene Schiff; 1946/47. Zürich, Kunsthaus

N hin zu den Pripjatsümpfen ab; im S fruchtbare Schwarzerde, vorwiegend mit Weizenanbau; gilt als Urheimat der Slawen.
Südwestl. Fürstentum des Kiewer Rus, relativ unabhängig, im 12. Jh. mit dem Fürstentum Halitsch vereinigt, 1199 an das Fürstentum Wladimir, im 13. Jh. unter mongol. Tributherrschaft; während Halitsch an Polen fiel, kam das Fürstentum W. im 14. Jh. an Litauen, wurde 1569 poln., seit der 2. u. 3. Poln. Teilung 1793 u. 1795 russ.; 1921–1939 war W. als Wojewodschaft W. poln., seitdem sowjet. Die im 19. Jh. angesiedelten Deutschen wurden 1939 in das Dt. Reich umgesiedelt.
2. *Oblast W.*, Verwaltungsgebiet im NW der Ukrain. SSR (Sowjetunion), 20200 qkm. 1 Mill. Ew. (rd. 36% in Städten), Hptst. *Luzk*; ausgedehnte Wälder, im N die Pripjatsümpfe; Kartoffel- u. Roggenanbau, Mühlen, Sägewerke, Ziegeleien.
Wolzogen, 1. Ernst Ludwig Frhr. von, Sohn von 4), Erzähler u. Bühnenschriftsteller, * 23. 4. 1855 Breslau, † 30. 8. 1934 München; gründete 1900 in Berlin das literar. Kabarett „Das Überbrettl", schrieb Humoresken u. Gesellschaftsromane („Die Kinder der Excellenz" 1888).
2. Hans Paul Frhr. von, Sohn von 4), Stiefbruder von 1), Kultur- u. Musikschriftsteller, * 13. 11. 1848 Potsdam, † 2. 6. 1938 Bayreuth; war dort seit 1877 Hrsg. der „Bayreuther Blätter", die sich für R. *Wagner* einsetzten.
3. Henriette Freifrau von, geb. *Marschalk* Freiin von *Ostheim*, mütterl. Freundin *Schillers*, * 18. 6. 1745 Marisfeld, Hildburghausen, † 5. 8. 1788 Bauerbach bei Meiningen, wo Schiller 1782/83 Asyl bei ihr fand.
4. Karl August Alfred Frhr. von, Schriftsteller, * 27. 5. 1823 Frankfurt a.M., † 13. 1. 1883 San Remo; Hoftheaterintendant, schrieb Lustspiele u. Biographien („Rafael Santi" 1864).
5. Karoline, Freifrau von, geb. von *Lengefeld*, verheiratet mit 6), Schriftstellerin, * 3. 2. 1763 Rudolstadt, † 11. 1. 1847 Jena; Schwägerin *Schillers*. Roman: „Agnes von Lilien" 1798; Biographie: „Schillers Leben" 2 Bde. 1830.
6. Wilhelm Frhr. von, Sohn von 3), verheiratet mit 5), Mitschüler u. später Schwager von *Schiller*, * 25. 11. 1762 Bauerbach bei Meiningen, † 17. 12. 1809 Wiesbaden; Staatsbeamter in Weimar.
Wombat [der; austral.] →Plumpbeutler.
Won, Währungseinheit in Nordkorea u. Südkorea (1 W. = 100 *Chon*).
Wondratschek, Wolf, Schriftsteller, * 14. 8. 1943 Rudolstadt; lebt in Frankreich; verfaßte Hörspiele („Paul oder die Zerstörung eines Hörbeispiels" 1969), Prosa („Früher begann der Tag mit einer Schußwunde" 1969) u. Lyrik.
Wondrebsenke, Senke an der Wondreb, zwischen Fichtelgebirge u. Oberpfälzer Wald, südöstl. des Steinwalds.
Wongrowitz, poln. *Wągrowiec*, Stadt an der Wełna, nordöstl. von Posen (bis 1975 Wojewodschaft Poznań, seit 1975 Piła), 15600 Ew.; Maschinen- u. Nahrungsmittelindustrie

Wonsan, *Wŏnsan*, nordkorean. Hafen- u. Prov.-Hptst. von Kangwŏn, an der Ostkoreabucht, 270000 Ew.; Maschinenbau, Metall-, Zement-, chem. Industrie, Ölraffinerie; Flughafen.
Wood [wud; engl.], Teil geograph. Namen: Wald.
Wood [wud], Grant, US-amerikan. Maler, Graphiker u. Kunstgewerbler, * 13. 2. 1892 Anamosa, Iowa, † 12. 2. 1942 Anamosa; schilderte das Farmerleben im amerikan. Mittelwesten mit den zeichner. Stilmitteln der Neuen Sachlichkeit. Hptw.: „American Gothic" 1930. – ▣→Vereinigte Staaten von Amerika (Kunst).
Woodbridge ['wudbridʒ], Frederic James Eugene, US-amerikan. Philosoph, * 26. 3. 1867 Windsor (Kanada), † 1. 6. 1940 New York; strebte eine Verbindung von wissenschaftl. Naturalismus u. platon. Idealismus an. Hptw.: „The Purpose of History" 1916; „The Realm of Mind" 1926; „Son of Apollo" 1929; „Nature and Mind" 1937; „An Essay on Nature" 1940.
Woodlarkinseln ['wudla:k-], Inselgruppe östl. von Neuguinea, polit. zu Papua-Neuguinea, rd. 1250 qkm; Hauptinsel *Woodlark* oder *Murua*, 1114 qkm, 2300 Ew.; Grünstein-(Serpentin-)vorkommen, 1934–1938 Goldgewinnung.
Woodsche Legierung ['wud-; nach dem amerikan. Physiker Robert Williams *Wood*, * 1868, † 1955], *Woodsches Metall*, eine aus 50% Wismut, 25% Blei, 12,5% Cadmium u. 12,5% Zinn bestehende, bereits bei etwa 61 °C schmelzende Legierung; wird u. a. für Schmelzsicherungen in elektr. Leitungen u. als Schnellot verwendet.
Woodville ['wudvil], Richard Caton, US-amerikan. Maler, * 1825 Baltimore, † 1855 London; mit sorgfältig komponierten, tonig gemalten Bildern einer der Hauptvertreter der Düsseldorfer Genremalerei in den USA. Sein ebenfalls in Düsseldorf ausgebildeter Sohn Richard Caton W. d. J. (* 1856, † 1926) trat in England als Historienmaler hervor.
Woodward ['wudwɔ:d], **1.** Sir Ernest Llewellyn, brit. Historiker, * 14. 5. 1890 London, † 11. 3. 1971 Oxford; Hrsg. der „Documents on British Foreign Policy 1919–1939" 1947ff.; Werke: „The Age of Reform 1815–1870" 1938; „History of England" 1947.
2. Robert Burns, US-amerikan. Chemiker, * 10. 4. 1917 Boston, Mass., † 8. 7. 1979 Cambridge, Mass.; grundlegende Forschungen auf dem Gebiet der organ. Synthese; ihm gelang u. a. die Synthese des Chlorophylls, des Cortisons u. des Chinins. Nobelpreis für Chemie 1965.
Woolf [wulf], Virginia, engl. Schriftstellerin, * 25. 1. 1882 London, † 28. 3. 1941 bei Lewis, Sussex (Selbstmord); Tochter von L. *Stephen*; suchte mit Symboltechnik u. poetisierender Sprache Bewußtseinsspiegelungen von Lebensmomenten festzuhalten u. die Geheimnisse des Unterbewußten aufzuspüren; schrieb Romane („Eine Frau von 50 Jahren" 1925, dt. 1928; „Die Fahrt zum Leuchtturm" 1927, dt. 1931; „Orlando" 1928, dt. 1928), Kurzgeschichten u. Essays („The Common Reader" 2 Bde. 1925–1932).
Woolley ['wu:li], Sir Charles Leonard, engl. Archäologe, * 17. 4. 1880 London, † 20. 2. 1960 London; leitete bedeutende Ausgrabungen u. a. in Nubien 1907–1912, Mesopotamien 1912–1914 u. Ur 1922–1934. Hptw.: „The Sumerians" 1929, dt. „Vor 5000 Jahren" 1929; „Excavations at Ur" 1929, dt. „Ur in Chaldäa" 1956.
Woolwich ['wulidʒ], Stadtteil von Greenwich (Greater London, England), 150000 Ew.; Militärakademie, chem. Industrie.
Woolworth Company ['wulwə:θ 'kʌmpəni], *F. W. Woolworth Company*, New York, US-amerikan. Warenhausunternehmen, 1911 hervorgegangen aus einem 1879 von Frank Winfield *Woolworth* (* 1852, † 1919) gegr. Einheitspreisgeschäft (5 u. 10 Cents), doch wurden die Einheitspreise später aufgegeben; verkauft jetzt Bedarfsartikel aller Art in den niedrigeren Preisklassen; in der Welt rd. 6000 Läden. Tochtergesellschaft: *F. W. Woolworth Co. GmbH*, Frankfurt a.M.
Woomera ['wu:mərə], 1948–1953 angelegtes Versuchsgelände für Atomwaffen u. Raketengeschosse im zentralen Südaustralien, zwischen Lake Torrens u. Lake Gairdner; 5000 Ew.
Woonsocket [wu:n'sɔkit], Stadt in Rhode Island (USA), in der Agglomeration von Providence, 47000 Ew.
Worb, gewerbereicher Ort im schweizer. Kanton Bern, an der *W.*len (r. Nebenfluß der Aare), 6000 Ew.; burgartiges Altes Schloß (12. u. 16. Jh.), Barockschloß *Neu-W*. (nach 1743).
Worbis, Kreisstadt im Bez. Erfurt, im Eichsfeld,

3400 Ew.; verschiedene Industrie. – Krs. W.: 561 qkm; 70200 Ew.

Worcester ['wustər], **1.** Hptst. der westengl. Grafschaft *Hereford and W.*, am Severn, südwestl. von Birmingham, 73500 Ew.; anglikan., roman.-got. Kathedrale (11./13. Jh.); Porzellanmanufaktur (1751), Metall-, Leder- u. Autoindustrie, Herstellung von *Worcestersauce*.

2. Stadt in Kapland (Rep. Südafrika), 35000 Ew.; bedeutendes Weinbauzentrum, Obst-, Gemüsekonserven- u. a. Industrie.

3. Stadt in Massachusetts (USA), 175000 Ew. (Metropolitan Area 336500 Ew.); Clark University (1887); Textil-, Metall-, Maschinen- u. Autoindustrie.

Worcestersauce ['wustəzo:sə], in England seit dem 18. Jh. hergestellte Gewürzsoße, für die es kein Einheitsrezept gibt. Die Grundlage bildet Essig sowie Tomatenmark u. Tamarindenmus. Als würzende Zutaten kommen in Frage: Cayennepfeffer, Lorbeer, Nelken, Curry, Pfeffer, Senf, Piment, Zitrone, Zimt, Muskat, Koriander, Dill, Schalotten, Knoblauch, Sherry u. Rum.

Wordsworth ['wə:dzwə:θ], William, engl. Dichter, *7. 4. 1770 Cockermouth, Cumberland, †23. 4. 1850 Rydal Mount bei Grasmere, Cumberland; anfangs der Französ. Revolution zuneigend, später christl.-konservativ, 1843 Poeta Laureatus. Seine nationale u. christl. Dichtung (Oden, „Ecclesiastical Sonnets" 1821) betont das Übersinnliche. Grundthema ist das Verhältnis des Menschen zur Natur, die ihm als Ausdruck des Göttl. gilt („Ode on the Intimations of Immortality"). W.s geistige Entwicklung stellt sich in zwei ep. Gedichten dar: „The Prelude, or Growth of a Poet's Mind" (posthum) 1850, das Schlüsselwerk der Philosophie der engl. Romantik, u. „The Excursion" 1814. Durch die mit seinem Freund S. T. *Coleridge* gemeinsam verfaßten „Lyrical Ballads" 1798 wurde W. Schöpfer einer naturnahen, verinnerlichten Dichtersprache. Im Vorwort zur 2. Auflage (1800) gab er die grundlegende Bestimmung des romant. Dichtungsbegriffs. – 🄻 3.1.3.

Wörgl, österr. Stadt im östl. Tirol, 7800 Ew., Straßen- u. Eisenbahnknotenpunkt an der Einmündung des Brixentals in das Unterinntal.

Wörishofen, *Bad W.*, bayer. Stadt in Schwaben (Ldkrs. Unterallgäu), an der Mindel, nördl. von Kaufbeuren, 630 m ü. M., 12600 Ew.; Wirkungsstätte von S. *Kneipp*; Kneippheilbad.

Work-Factor ['wə:k 'fæktə; engl., „Arbeitsfaktor"] →Arbeitszeitermittlung.

Workington ['wə:kiŋtən], Hafenstadt in der engl. Grafschaft Cumbria, an der Mündung des Derwent in die Irische See, 30000 Ew.; Kohlenabbau, Stahl-, Eisen- u. Maschinenindustrie.

Workuta, neue Bergbaustadt im NO der Komi-ASSR, RSFSR (Sowjetunion), am Westrand des Polarural, 100000 Ew.; Abbauzentrum der Steinkohlenlager im Petschorabecken (vom Fluß W. durchflossen) u. Endpunkt der Petschora-Nordbahn, Bau von Bergwerksausrüstungen, Leichtindustrie, Wärmekraftwerk; Flugplatz. Bekannt durch große Straflager, bes. in der Stalin-Ära.

World Association for Christian Communication ['wɔ:ld əsɔusi'ɛiʃən fər 'kristjən kəmjuni'kɛiʃən; engl.] →WAAC.

World-Cup ['wə:ld kʌp; der; engl.] →Weltpokal.

World Meteorological Organization ['wə:ld mi:tjərə'lɔdʒikəl ɔ:gənai'zeiʃən; engl.], Abk. *WMO, Meteorologische Weltorganisation*, Fachorganisation der Vereinten Nationen, 1951 gegr. als Nachfolgerin der *Internationalen Meteorologischen Organisation* (gegr. 1873); Sekretariat in Genf. Die WMO ist gegliedert in den alle 4 Jahre zusammentretenden Kongreß, das Exekutivkomitee (24 Mitglieder), 8 Kommissionen für Aerologie, aeronautische Meteorologie, landwirtschaftl. Meteorologie, Klimatologie, hydrolog. Meteorologie, meteorolog. Instrumente u. Beobachtungsmethoden, maritime Meteorologie u. synoptische Meteorologie sowie 6 regionale Kommissionen für die einzelnen Erdteile. Aufgabenbereich: Regelung der Zusammenarbeit u. der Vervollständigung der Beobachtungsnetze, Schaffung von Systemen für schnellen Austausch der Beobachtungsergebnisse, Vereinheitlichung der Veröffentlichung der Beobachtungsergebnisse der einzelnen Länder, Förderung der Anwendung der Meteorologie auf Flugwesen, Landwirtschaft u. Gesundheitswesen, Anregung u. Unterstützung meteorolog. Arbeiten. Der WMO gehören 123 Staaten sowie 13 Territorien (Gebiete ohne Staatseigenschaften mit eigenen Wetterdiensten) an.

World University Service ['wə:ld ju:ni'və:siti 'sə:vis; engl.], Abk. *WUS, Weltstudentendienst*, gegr. 1951, Sitz: Genf, eine internationale Vereinigung von Professoren u. Studenten zum Zweck der internationalen Verständigung an den Hochschulen, insbes. in der Betreuung ausländ. Dozenten u. Studenten tätig.

World Wildlife Fund ['wə:ld 'waildlaif 'fʌnd; engl.], Abk. *WWF*, Internationale Naturschutz-Organisation mit nationalen Landesgruppen zur Koordinierung u. Finanzierung größerer Naturschutzprojekte u. zur Aufbringung der dazu notwendigen finanziellen Mittel (z.B. Schutz von 250000 ha Deltagebiet des Guadalquivir in Spanien); Symbol: Bambusbär.

Wörlitz, Stadt im Krs. Gräfenhainichen, Bez. Halle, in der Elbniederung, westl. von Dessau, 2100 Ew.; Barockstädtchen (1680) mit Schlössern Oranienbaum (1683–1689, Histor. Staatsarchiv) u. Luisium mit Schloßmuseum (18. Jh.), Museum Gotisches Haus, Landschaftspark (in engl. Stil, mit Tempelchen, 2. Hälfte des 18. Jh.).

Wormditt, poln. *Orneta*, Stadt in der ehem. Prov. Ostpreußen (1945–1975 poln. Wojewodschaft Olsztyn, seit 1975 Elbląg), im Ermland, 9000 Ew.; landwirtschaftl. u. Baustoffindustrie.

Worms, 1. rheinland-pfälz. Stadtkreis (109 qkm) am Rhein, nordwestl. von Mannheim, 75000 Ew.; die sagenumwobene „Nibelungenstadt" mit vielen Resten mittelalterl. Baukunst, →Wormser Dom, Reformationsgedächtniskirche (Hl. Dreifaltigkeit); Pädagog. Hochschule; Weinbau u. -handel, Maschinen-, Eisen-, Kunststoff-, chem., Zucker-, Konservenindustrie, Sektkellerei.
G e s c h i c h t e: Ursprüngl. kelt. Siedlung *Borbetomagus*, unter den Römern *Civitas Vangionum*, seit dem 4. Jh. Sitz eines Bischofs, im 5. Jh. polit. u. kulturelles Zentrum des Burgunderreichs. Blütezeit seit den Franken *(Wormatia)* bis zum Ende des MA. (zahlreiche Reichstage u. Fürstenversammlungen). Seit etwa 1000 unter der Herrschaft der W.er Bischöfe, erlangte W. 1273 die Reichsfreiheit. Die Stadt erlitt im Dreißigjährigen Krieg u. in den Reunionskriegen schwere Schäden. 1797 wurde W. französ.; 1816 fiel es an Hessen-Darmstadt; seit 1946 gehört es zu Rheinland-Pfalz. – Das Bistum W. wurde 1803 säkularisiert.

2. dt. Name der estn. Insel →Vormsi.

Wormser Dom, ein Hptw. der rhein. Romanik, als basilikale Doppelchoranlage mit je 2 Rundtürmen an jedem Chor, je einem achteckigen Turm über Ostvierung u. Westchor aufgeführt. Der flach geschlossene Westchor des heutigen Baus, dem eine fränkische Basilika u. die unter Bischof Burchard um 1020 errichtete Kirche vorausgingen, wurde 1181 geweiht, der zentralbauartige Westbau im 1. Drittel des 13. Jh. vollendet. Die Erneuerung des spätroman. Westchors erfolgte 1859–1906. Ausstattung: roman. u. got. Plastiken u. Malereien. – 🄱→deutsche Kunst I.

Wormser Edikt, Erlaß Kaiser *Karls V.* am 25. 5. mit Datum vom 8. 5. 1521 im Anschluß an den Reichstag zu Worms, auf dem *Luther* sich geweigert hatte zu widerrufen (→Reformation); tat diesen u. seine Anhänger in die Reichsacht u. verbot Verbreitung u. Lektüre seiner Schriften.

Wormser Konkordat, am 23. 9. 1122 bei Worms verkündeter Vertrag zwischen Kaiser *Heinrich V.* u. Legaten Papst *Kalixts II.* zur Beendigung des →Investiturstreits. Das W.K. sah eine Trennung der *Temporalien* von den *Spiritualien* vor. Der Kaiser verzichtete auf das Recht der Investitur mit Ring u. Stab, erreichte aber, daß eine Bischofswahl in Dtschld. nur in Anwesenheit des Königs oder seines Vertreters stattfinden durfte, wobei die Belehnung mit den Temporalien durch den König (mit dem Zepter) in Dtschld. der Verleihung der Spiritualien durch die kanon. Wahl u. die geistl. Weihe vorausgehen, in Burgund u. Italien aber folgen sollte. Damit war der Einfluß des dt. Königs auf die dt. Kirche gesichert, auf die von Italien u. Burgund jedoch geschwächt.

Wörndle, 1. August von, österr. Maler, *22. 6. 1829 Wien, †26. 4. 1902 Wien; Spätnazarener; Historienbilder, Fresken (Schloßkapelle Ambros, Salzburger Dom), Altarbilder.

2. Edmund von, Bruder von 1), österr. Maler, *28. 7. 1827 Wien, †3. 8. 1906 Innsbruck; Landschaften, Fresken, Gobelins, Zeichnungen.

Wörnitz, linker Zufluß der Donau, 90 km, entspringt in der Frankenhöhe, mündet bei Donauwörth.

Woronesch, Hptst. der Oblast W. (52400 qkm, 2,53 Mill. Ew.; davon 52% in Städten) in der RSFSR (Sowjetunion), am Fluß W., nahe seiner Einmündung in den Don, 780000 Ew.; kultureller u. wirtschaftl. Mittelpunkt des zentralruss. Schwarzerdegebiets; Universität u. a. Hochschulen; Maschinen-, insbes. Landmaschinenbau, Farbenfabriken, Herstellung von synthet. Kautschuk, Nahrungsmittel-, Leder- u. Baustoffindustrie, Eisenbahnwerkstätten; Atomkraftwerk; Hafen, Bahnknotenpunkt, Flughafen.

Woronichin [vara'nixin], Andrej Nikiforowitsch, russ. Maler u. Architekt, *28. 10. 1759 Nowoje Ussolje, Gouvernement Perm, †5. 3. 1814 St. Petersburg; frühester Vertreter des sog. alexandrinischen Klassizismus. Hptw.: Kasansche Kathedrale in Leningrad, mit einer Nachbildung der Petersplatz-Kolonnaden G. Berninis.

Woroschilow [vara'ʃiləf; nach K. J. *Woroschilow*], 1935–1957 Name der sowjet. Stadt →Ussurijsk.

Woroschilow [vara'ʃiləf], Kliment Jefremowitsch, sowjet. Politiker u. Marschall (1935), *4. 2. 1881 Werchneje, Gouvernement Jekaterinoslaw, †3. 12. 1969 Moskau; seit 1903 Bolschewik, 1921–1961 u. 1966–1969 Mitgl. des ZK, 1926–1960 des Politbüros bzw. Präsidiums der KPdSU; 1925–1940 Volkskommissar für Militärwesen bzw. Verteidigung, danach auf verschiedenen Kommandoposten; 1953–1960 Vorsitzender des Präsidiums des Obersten Sowjets (Staatsoberhaupt); in den letzten Jahren der Amtszeit N. S. *Chruschtschows* in Ungnade, später rehabilitiert.

Woroschilowgrad [nach K. J. *Woroschilow*], 1958–1970 *Lugansk*, Hptst. der Oblast W. (26700 qkm, 2,8 Mill. Ew., davon 84% in Städten) in der Ukrain. SSR (Sowjetunion), im Donezbecken, 450000 Ew.; mehrere Hochschulen. Kohlengruben, Verhüttung von Eisenerz, Maschinen-, Lokomotiv- u. Waggonbau, koks-chem. Werk, Textil-, Leder- u. Fleischindustrie.

Woroschilowsk [nach K. J. *Woroschilow*], **1.** im 2. Weltkrieg Name der sowjet. Stadt →Stawropol.
2. 1931–1961 Name der sowjet. Stadt →Kommunarsk.

Worpswede, niedersächs. Gemeinde (Ldkrs. Osterholz) im Teufelsmoor, nordöstl. von Bremen, 7800 Ew.; seit Ende des 19. Jh. Künstlerkolonie, der u. a. Otto u. Paula *Modersohn*, F. *Mackensen*, H. *Vogeler*, F. *Overbeck* u. B. *Hoetger* angehörten. Roselius-Museum für Frühgeschichte.

Worringer, Wilhelm, Kunsthistoriker, *13. 1. 1881 Aachen, †29. 3. 1965 München; schrieb als Dissertation unter dem Eindruck des Expressionismus dessen Programmschrift „Abstraktion und Einfühlung" 1908, ferner: „Formprobleme der Gotik" 1911; „Altdt. Buchillustration" 1912; „Dt. Jugend u. östl. Geist" 1924; „Griechentum u. Gotik" 1928; „Problematik der Gegenwartskunst" 1948.

Wort [Mz. *Wörter*; im Sinn von „Aussprüche": *Worte*], **1.** *a l l g. S p r a c h w i s s e n s c h a f t:* nach L. *Bloomfield* die kleinste als selbständige Äußerung vorkommende Einheit der Sprache. Keine der wissenschaftl. Definitionen des W.s trennt die Wörter eines Textes in allen Fällen so ab, wie sie in der Schrift durch Zwischenräume abgetrennt werden. Durch solche Schriftgewohnheiten scheinen die Wortabtrennungen (Worteinheiten) im Sprachgefühl der Sprecher bedingt u. verankert zu sein. Wörter können 1. einfach *(Simplex)* sein, z.B. „Haus"; 2. aus einfachen zusammengesetzt sein *(Kompositum)*, z.B. „Haustür". Die einfachen Wörter ihrerseits können unabgeleitet („Haus") oder abgeleitet sein. Ableitung geschieht durch *Präfixe, Suffixe* oder *Infixe*; in „befahrbar" ist „be" Präfix, „fahr" Stamm, „bar" Suffix. – Die Bildung des W.s einschließlich der Flexion behandelt die *Morphologie*, die Verwendung im Satz die *Syntax*, die Bedeutung (Inhalt) des W.s die *Semantik*, den Wandel seiner Form u. Bedeutung die *Etymologie*.

2. *D a t e n v e r a r b e i t u n g:* das Maximum der in einem einzelnen Speicherplatz unterzubringenden Information. Die Information kann eine Folge von Zeichen, Ziffern oder ein Befehl sein.

3. *R e l i g i o n s w i s s e n s c h a f t: heiliges Wort*, dient als Ausdrucksform seit frühesten Zeiten aufgrund der in ihm gewitterten numinosen Kraft (Kraftwort) im Bereich des Kults, des Zaubers, der religiösen Verkündigung, der theolog. Lehre als Medium. Es findet nicht nur auf der Seite der Menschen Verwendung, sondern auch die Gottheit wird vielfach als W.e sprechend vorgestellt. So kennt man vor allem das göttl. Schöpfungswort,

Fritz Wotruba, Große Sitzende; 1949. Wien, Österreichische Galerie

durch das z. B. Jahwe das Licht schuf (1. Mose 1,3). Auch das Gebot der Gottheit, das Gesetz, ist in W.e gefaßt. In manchen Religionen weiß man von W.en, die die Gottheit zu Propheten u. Offenbarungsträgern spricht. W.en: im griech. Logosspekulation, die im Prolog des Johannesevangeliums (Joh. 1,1) Nachwirkungen hat, erscheint die göttl. Wirklichkeit als W.

Wortart, *Wortklasse,* Klasse oder Menge von Wörtern mit gleichen grammat. Merkmalen u. Funktionen in der Satzkette. Für die dt. Sprache unterscheidet man 1. flektierbare, d. h. der Form nach veränderl. W.en: Substantiv, Begleiter u. Stellvertreter des Substantivs (Artikel, Pronomen, Numerale), Verb, Adjektiv; 2. nichtflektierbare W.en: Partikeln (Adverb, Konjunktion, Präposition) u. Interjektion.

Wortatlas →Deutscher Sprachatlas.

Wortbildschrift, eine Bilderschrift, bei der jedes Zeichen einem Wort der gesprochenen Sprache entspricht.

Wortblindheit, *Worttaubheit,* Form der sensorischen →Aphasie als Folge einer Gehirnstörung.

Wörterbuch, alphabetisch angeordnetes Verzeichnis von Wörtern entweder nur mit kurzen oder mit Übersetzungen in eine andere Sprache oder mit Erläuterungen allgemein oder auf ein Fachgebiet (z. B. die Kaufmannssprache), eine Mundart *(Idiotikon)* oder eine Gruppe von Wörtern beschränkt.

Wortfeld, Gruppe sinnverwandter Wörter, die sich auf einen Sachverhalt beziehen. Z. B. wird der Sinnbezirk „aufhören zu leben" durch Dutzende Wörter ausgedrückt: sterben, heimgehen, umkommen, eingehen, krepieren usw. Die Wörter eines W.es begrenzen ihre Bedeutung gegenseitig u. haben in W. ihren Stellenwert. Der Wortschatz einer Sprache ist ungleichmäßig in W.er gegliedert; jedes Wort gehört einem oder mehreren W.ern an.

Wortgottesdienst, in der kath. Liturgie der erste Hauptteil der Messe; daneben auch eine eigenständige Gottesdienstform, deren Grundelemente Lesung u. Auslegung der Hl. Schrift, Gebet u. Gesang sind. Anlaß für einen W. sind z. B. der Vorabend eines hohen Festes oder Advents- u. Fastenzeit.

Wörth am Rhein, Stadt in Rheinland-Pfalz (Ldkrs. Germersheim), nordwestl. von Karlsruhe, 8600 Ew.; Lastkraftwagenmontagewerk *(Daimler-Benz),* Ölraffinerie (Kreuzungspunkt zweier Erdölleitungen), Rheinhafen.

Wörther See, *Wörthersee,* größter See in Kärnten (Österreich), westl. von Klagenfurt, 440 m ü. M., 17 km lang, bis 1,6 km breit, 19,4 qkm groß, bis 85 m tief, Abfluß durch *Glanfurt* zur Glan; an seinen Ufern vielbesuchte Bade- u. Sommerferienorte: Velden, Pörtschach, Krumpendorf, Maria-Wörth.

Worthing ['wə:ðiŋ], Seebad am Kanal, westl. von Brighton, Südengland, 88 200 Ew.; Fischfang.

Wörthsee, See im bayer. Alpenvorland, östl. des Ammersees, 4,5 qkm, bis 33 m tief.

Wortklasse →Wortart.

Wortschatz, allg. der Gesamtbestand an Wörtern in einem Sprachsystem (Sprache, Dialekt); beim Individuum die Gesamtheit der nur verstandenen Wörter *(passiver W.)* oder die Gesamtheit der in Situationen spontan verfügbaren Wörter *(aktiver W.).* Der aktive W. ist kleiner als der passive. Nicht nur der Bestand des individuellen W.es, sondern auch der des W.es einer lebenden Sprache ändert sich dauernd; aufs Ganze gesehen, nimmt er in beiden Fällen ständig zu, bes. in der Sprache durch Erschließung u. Differenzierung neuer Objektbereiche (Wissenschaft). Man gliedert den W. gewöhnl. nach Ableitungsgruppen mit ident. Stamm *(Wortfamilien),* z. B. „Mensch, menschlich" usw., oder nach inhaltl.-sachl. Gesichtspunkten *(Wortfeldern),* oder man ordnet ihn alphabet., wie in den meisten Wörterbüchern.

Wortspiel, eine witzige oder iron. Verbindung gleich- oder ähnl. lautender Wörter mit verschiedener, oft entgegengesetzter Bedeutung. →auch Paronomasie.

Woschod [vas'xɔt; russ., „Aufgang"], Name sowjet. mehrsitziger bemannter Raumflugkörper. Am 18. 3. 1965 verließ A. *Leonow* W. 2 u. schwebte als erster Mensch frei im Weltraum. →auch Weltraumfahrt.

Nr.	Kosmonauten	Starttag	Flugdauer h/min	Umläufe
1	W. Komarow K. Feoktistow B. Jegorow	12.10. 1964	24/17	16
2	P. Beljajew A. Leonow	18.3. 1965	26/02	18

Wosnesenskij, Andrej Andrejewitsch, sowjetruss. Lyriker, * 12. 5. 1933 Moskau; Architekt; als „Formalist" angegriffen, wandte sich gegen „Massenkultur" u. Enthumanisierung durch die Technik. Seine Lyrik zeigt sprachliche u. typographische Experimente: „Bahn der Parabel" 1960, dt. 1963; „Antiwelten" 1964, dt. 1967; „Osa" 1964, dt. 1966.

Wostok [russ., „Osten"]. 1. *Antarktisforschung:* sowjet. Station auf dem Inlandeis von Antarktika, 1957 errichtet, auf 78°27′ südl. Br., 106°52′ östl. Länge. Im August 1958 wurde hier eine der tiefsten jemals auf der Erde gemessenen Temperaturen mit −88,3 °C beobachtet; später noch −90 °C (→Kältepole).

2. *Weltraumfahrt:* Name sowjetischer bemannter Raumschiffe, die das ausgedehntes Raumfahrtprogramm durchführten. Alle Flüge waren wissenschaftlich u. technisch sehr erfolgreich. Mit der W. 1 unternahm J. *Gagarin* am 12. 4. 1961 die erste bemannte Erdumkreisung. →auch Weltraumfahrt.

Nr.	Kosmonaut	Starttag	Flugdauer h/min	Umläufe
1	J. Gagarin	12.4.1961	1/48	1
2	G. Titow	6.8.1961	25/18	17
3	A. Nikolajew	11.8.1962	94/25	64
4	P. Popowitsch	12.8.1962	70/59	48
5	W. Bykowskij	14.6.1963	119/06	81
6	W. Tereschkowa	16.6.1963	71/10	48

Wotan →Wodan.

Wotjaken, der ostfinnische Stamm der →Udmurten.

Wotkinsk, Stadt in der Udmurt. ASSR (Sowjetunion), nordöstl. von Ischewsk, 90 000 Ew.; Maschinenbau, Torfbrikettfabrik, Holz- u. Baustoffindustrie; Wärmekraftwerk.

Wotkinsker Stausee, gestauter Abschnitt der Kama in der RSFSR (Sowjetunion), oberhalb von Tschaikowskij, 1300 qkm, 365 km lang, Stauinhalt 15 Mrd. m³; Energiegewinnung (1 Mill. kW), Flußregulierung u. Fischerei; 1962–1964 angelegt.

Wotruba, Fritz, österr. Bildhauer u. Graphiker, * 23. 4. 1907 Wien, † 28. 8. 1975 Wien; Schüler von A. *Hanak,* lebte 1939–1945 in der Schweiz, danach Prof. in Wien; gelangte von klass. Formauffassung mit monumentalen Steinfiguren zu einer archaischen, blockhaften Stilisierung, die oft bis an die Grenzen ungegenständl. Gestaltung reicht u. stark die Materialwirkung in den ästhet. Gesamteindruck einbezieht.

Wouk [wouk], Herman, US-amerikan. Schriftsteller, * 27. 5. 1915 New York; Marineoffizier; schrieb spannende u. zeitkrit. Gesellschaftsromane: „Die Caine war ihr Schicksal" 1951, dt. 1952, verfilmt 1954 (S. Kramer); „Marjorie Morningstar" 1955, dt. 1956; „Arthur Hawke" 1962, dt. 1964; „Der Feuersturm" 1971, dt. 1972.

Wouters ['wouters], Rik, belg. Maler u. Bildhauer, * 2. 8. 1882 Mecheln, † 11. 7. 1916 Amsterdam; schuf dem *Fauvismus* nahestehende, starkfarbige Gemälde, bes. Figurenszenen, die klare Bildform mit fläm. Ausdruckskraft vereinigen.

Wouwermans ['wouwər-], *Wouverman,* Philips, holländ. Maler, getauft 24. 5. 1619 Haarlem, † 19. 5. 1668 Haarlem; Schüler von F. *Hals,* beeinflußt von P. van *Laer,* malte hauptsächl. phantasiereiche Reiterszenen (Jagden u. Gefechte) sowie Markt u. Landstraßenbilder mit meist stark bewegten Figuren u. Tieren in souverän komponierten Landschaftsszenerien. Trotz der großen Zahl seiner Werke (etwa 800 sind erhalten) ist die Durchführung stets miniaturhaft fein. W. hatte bes. im 18. Jh. viele Nachfolger. Das umfangreiche Werk seines Bruders Pieter W. (* 1623, † 1682) ist themat. u. stilistisch von ihm abhängig.

„Woyzeck", fragmentar. Szenenfolge von G. Büchner, deren Stil Naturalistisches u. Expressionistisches vorwegnimmt; geschrieben 1835/36, gedruckt 1850 u. 1875, uraufgeführt 8. 11. 1913 Residenztheater München. Oper von A. Berg „Wozzeck" 1925.

Wrack [ndrl.], infolge Alters oder Unfalls untauglich gewordenes Schiff oder (i. w. S.) Fahrzeug u. ä.

Wrangel, dt.-balt. Uradelsgeschlecht (Ersterwähnung 1277) mit Linien in den Niederlanden, Preußen, Rußland, Schweden. **1.** Carl Gustav Graf, schwed. Feldherr, * 23. 12. 1613 Skokloster bei Uppsala, † 5. 7. 1676 Spieker, Rügen; zeichnete sich im Dreißigjährigen Krieg als Heer- u. Flottenführer aus. Auch an den Kriegen gegen Polen, Dänemark u. Bremen beteiligt, wurde W. wegen des z. T. unverschuldeten Mißerfolgs im Kampf gegen Brandenburg (Fehrbellin 1675) abgesetzt.
2. Wrangell, Ferdinand Petrowitsch Baron von, Polarfahrer in russ. Diensten, * 9. 1. 1797 (?) Pleskau, † 6. 6. 1870 Dorpat; begleitete 1817–1819 W. M. Golownin auf dessen 2. Weltreise, befuhr 1820–1824 die nordsibir. Eismeerküste u. sichtete die nach ihm benannte *Wrangelinsel.* 1829–1835 Generalgouverneur von Russisch-Amerika (Alaska), 1855–1857 Marine-Min.
3. Friedrich Heinrich Ernst Graf von, preuß. Generalfeldmarschall, * 13. 4. 1784 Stettin, † 1. 11. 1877 Berlin; schon in den Befreiungskriegen als Kavallerieoffizier ausgezeichnet, befehligte W. 1848 die Bundestruppen in Schleswig-Holstein; besetzte als Oberbefehlshaber in den Marken am 9. 11. 1848 Berlin, sprengte die preuß. Nationalversammlung u. schlug die Märzrevolution mit Blutvergießen nieder. Im dt.-dän. Krieg 1864 mußte er den Oberbefehl über die österr.-preuß. Truppen wegen Nichtbefolgung des Moltkeschen Feldzugsplans niederlegen. Volkstüml. Erscheinung in Berlin.
4. Wrangell, Pjotr Nikolajewitsch Baron von, russ. General, * 27. 8. 1878 Nowo-Alexandrowsk, † 25. 4. 1928 Brüssel; 1920 Oberbefehlshaber der Weißgardisten in Südrußland.

Wrangelinsel [nach F. P. von *Wrangel*], sowjet. Insel in der Ostsibir. See, nördl. der Tschuktschenhalbinsel, rd. 7500 qkm, rd. 100 Ew.; 1097 m hoch; Wetterstation.

Wrangell Mountains ['ræŋɡəl 'mauntinz], vulkan. Gebirge in Südost-Alaska, im *Mount Blackburn* 5036 m, im *Mount Wrangell* 4270 m.

Wrasen [der; niederdt.], *Brodem,* Dunst (aus heißen Flüssigkeiten).

Wraza ['vratsa], Hptst. des bulgar. Bez. W. (4186 qkm, 315 000 Ew.), nördl. von Sofia, 47 600 Ew.; Reste der ehem. Festung, Uhrturm; Zement- u. Textilindustrie; bei W. mehrere Höhlen.

Wrede, Karl Philipp Fürst von, bayer. Feldmarschall, * 29. 4. 1767 Heidelberg, † 12. 12. 1838 Ellingen; kämpfte an der Spitze einer bayer. Division 1805 u. 1809 für Frankreich gegen Österreich,

Wren

führte 1812 die bayer. Truppen nach Rußland; seit 1813 Gegner Napoléons I. (Völkerschlacht bei Leipzig, Niederlage bei Hanau 30./31. 10. 1813, Feldzug nach Paris 1814); vertrat Bayern auf dem Wiener Kongreß.

Wren [rɛn], Sir Christopher, engl. Baumeister, *20. 10. 1632 East Knoyle, †25. 2. 1723 Hampton Court; Prof. der Astronomie, nach I. *Jones* der bedeutendste Vertreter des engl., an A. *Palladio* anknüpfenden Klassizismus, seit 1668 königl. Generalarchitekt; entwarf den nur z. T. verwirklichten Wiederaufbauplan Londons nach dem Brand von 1666, schuf zahlreiche öffentl. Bauten, bes. Kirchen. Hptw.: St.-Pauls-Kathedrale in London 1675–1710 als Verbindung von Langhaus u. überkuppeltem Zentralbau; Trinity-College-Bibliothek in Cambridge 1676–1695; Ostflügel von Hampton Court seit 1689. – ▢ 2.4.7.

Wreschen, poln. *Września*, Stadt (seit 1919) südöstl. von Posen (Wojewodschaft Poznań), 17 800 Ew.; Elektro-, Holz- u. landwirtschaftl. Industrie.

Wright [rait], **1.** Frank Lloyd, US-amerikan. Architekt, *8. 6. 1869 Richland Center, Wis., †9. 4. 1959 Taliesin West, Ariz.; einer der Hauptmeister der modernen Baukunst; Schüler von L. *Sullivan*, von dem er sich 1893 trennte; unternahm 1906 eine Japan-, 1910 eine Deutschland- u. Italienreise; seine Laufbahn als Baumeister von internationalem Rang begann nach 1900 mit einer Folge von flachen Prärieshäusern sowie dem Bürohaus Larkin in Buffalo, N. Y., 1904, u. der Unity Church in Oak Park, 1906. Die für diese Bauten charakterist. kubischen Formen gingen in den Werken der Folgezeit (Imperial Hotel in Tokio, 1916–1922; Apartmenthaus Noble in Los Angeles, 1929; Falling Water House in Bear Run, 1936–1939) eine organ. Verbindung mit neuen Stahlbetonbaukonstruktionen u. dem jeweiligen landschaftl. Rahmen ein u. wurden in vielfältiger Weise ineinander verschachtelt oder phantasievoll zu expressiver Wirkung gesteigert. Seine Forderung nach organ. Bauen verwirklichte W. am konsequentesten mit der Errichtung seines Winterhauses in Taliesin West, 1938, u. des Hauses Pauson in Phoenix, 1940. Andere Hptw.: Hotel San Marcos bei Chandler, Ariz., 1927; Price Tower in Bartlesville, Okla., 1955; Guggenheim-Museum in New York (Entwurf 1943–1946), 1956–1959; Beth Sholom Synagoge in Elkins Park, 1959. Zahlreiche theoret. Schriften, außerdem „Autobiography" 1943; „Testament" 1957, dt. 1959. – ▢ →Vereinigte Staaten von Amerika (Kunst). – ▢ 2.5.9. **2.** Orville, US-amerikan. Flugpionier, *19. 8. 1871 Dayton, Ohio, †30. 1. 1948 Dayton; erbaute mit seinem Bruder Wilbur das erste flugtüchtige Motorflugzeug, mit dem am 17. 12. 1903 der erste Motorflug gelang (53 m Länge in 12 sek). Ihre weiteren Erfolge waren bahnbrechend auch für die Entwicklung der Fliegerei in Europa. **3.** Richard, afroamerikan. Schriftsteller, *4. 9. 1908 Natchez, Miss., †28. 11. 1960 Paris; Arbeiter, zeitweise Kommunist, seit 1946 in Paris; ein Hauptvertreter zeitgenöss. Negerliteratur; gestaltete die soziale Unterdrückung seiner Rasse u. trat für Rassengleichheit ein. Romane: „Onkel Toms Kinder" 1938, dt. 1948; „Sohn dieses Landes" 1940, dt. 1940; „Ich Negerjunge" 1945, dt. 1947; „Der schwarze Traum" 1958, dt. 1960. **4.** Wilbur, Bruder von 2), US-amerikan. Flugpionier, *16. 4. 1867 Henry County, †30. 5. 1912 Dayton; Mitarbeiter seines Bruders Orville.

wringen, Wasser aus Wäsche mechanisch auspressen, wodurch Tropf- u. Kapillarwasser entfernt wird; Quellungswasser kann nur durch Hitzeeinwirkung beseitigt werden. Das W. wird mit den Händen oder mit Hilfe von *Wäscheschleudern, Wäschepressen* oder *Wringern* ausgeführt. Elektrisch betriebene Wäscheschleudern arbeiten wie Zentrifugen u. schleudern das Wasser in 2 min so weit aus, daß die Wäsche nur noch 30–40 % der Wassermenge enthält, die bei einer mit der Hand ausgewrungenen Wäsche vorhanden ist. Die Wäschepresse ist ein Behälter mit einem Stempel, der heruntergedrückt wird u. dabei das Wasser aus der Wäsche preßt. Wringer bestehen aus 2 elektrisch betriebenen Gummiwalzen, die an den Bottichwaschmaschinen angebracht sind.

Wrocław [ˈvrɔtsuaf], poln. Name von →Breslau.
Wroost, Wilfried, plattdt. Schriftsteller, *13. 9. 1889 Hamburg, †14. 8. 1959 Hamburg; verfaßte viele Volksstücke u. Erzählwerke.
Wrubel, Michail Alexandrowitsch, russ. Maler u. Bildhauer, *5. 3. 1856 Omsk, †1. 4. 1910 St. Petersburg; als Akademieschüler zunächst von I. *Repin* beeinflußt, malte dann byzantinisierende Fresken für die St.-Kyrillius-Kirche (Kiew), schuf Bühnenbilder für die Moskauer Oper u. Jugendstil-Entwürfe für die Keramikmanufaktur von Abramzewo. 1905 fiel W. in geistige Umnachtung. – ▢ →russische Kunst, →Symbolismus.

Wruke, *Kohlrübe* →Raps.
WRV, Abk. für *Weimarer Reichsverfassung*, →Weimarer Verfassung.
Września [ˈvʒɛʃnja], poln. Name von →Wreschen.
Wsetín [ˈfsɛtiːn], tschech. *Vsetín*, Stadt in Nordmähren (ČSSR), nordöstl. von Gottwaldov, 20 000 Ew.; Maschinenbau.
WSI, Abk. für *Wirtschafts- und Sozialwissenschaftliches Institut des Deutschen Gewerkschaftsbundes GmbH*.
WTB, Abk. für →*Wolffs Telegraphisches Bureau*.
Wtewael [ˈutɑvaːl], *Uytewael*, Joachim, niederländ. Maler, *um 1566 Utrecht, †1. 8. 1638 Utrecht; malte in einem von A. *Bloemaert* u. H. *Goltzius* geprägten spätmanierist. Stil.
Wu →Wuwang.
Wucher, 1. *allg.*: die Ausbeutung der Notlage, des Leichtsinns oder der Unerfahrenheit eines anderen zur Erzielung unverhältnismäßiger Vermögensvorteile.
2. *bürgerliches Recht*: bei Vornahme eines Rechtsgeschäfts, durch das der W.er sich oder einem Dritten für eine Leistung Vermögensvorteile versprechen oder gewähren läßt, die den Wert der Leistung in auffälligem Mißverhältnis zu ihr übersteigen, besteht nach § 138 Abs. 2 BGB als Verstoß gegen die →guten Sitten Grund für die →Nichtigkeit des Rechtsgeschäfts. – Ebenso in Österreich (§ 879 Abs. 2 ABGB u. W.-Gesetz 1949). Ähnlich in der Schweiz nach Art. 21 OR (Herausgabeanspruch binnen Jahresfrist).
3. *Strafrecht*: das Versprechen- oder Gewährenlassen unverhältnismäßig hoher Darlehnszinsen oder entspr. Vermögensvorteile (Kredit-W., Zins-W.), strafbar mit Freiheitsstrafe bis zu 10 Jahren (schwere Fälle) oder Geldstrafe (§ 302 StGB). Wenn die Vorteile verschleiert oder wechselmäßig, unter Verpfändung der Ehre, auf Ehrenwort, eidlich oder unter ähnl. Versicherungen oder Beteuerungen versprochen wurden, beträgt die Freiheitsstrafe bis zu einem Jahr. Entsprechend wird bestraft, wer bewußt eine bewucherte Forderung erwirbt u. entweder weiterveräußert oder die wucherlichen Vermögensvorteile geltend macht (Nach-W.). Bei Gewerbs- oder Gewohnheitsmäßigkeit des Kredit-W.s erfolgt Strafschärfung. Dieselbe erhöhte Strafe trifft denjenigen, der gewerbs- u. gewohnheitsmäßig sich für andere als Geldgeschäfte unverhältnismäßige Vorteile versprechen oder gewähren läßt (Sach-W.), dessen Unterfall →Mietwucher neuerdings gemäß § 302f StGB bes. streng bestraft wird).
Ähnlich in Österreich nach § 154 StGB (*Geld-W.*) u. § 155 (*Sach-W.*). In allen Fällen sind Freiheitsstrafen vorgesehen; daneben können in allen Fällen Geldstrafen verhängt werden. – Ähnlich auch in der Schweiz nach Art. 157 StGB: Zuchthaus bis zu 5 Jahren oder Gefängnisstrafe; der Wucherer, der jemanden wissentlich dem wirtschaftl. Ruin zuführt oder den W. gewerbsmäßig betreibt, wird mit Zuchthaus bis zu 10 Jahren bestraft (Art. 157 Abs. 2).

Wucherblume, *Chrysantheme*, *Chrysanthemum*, Gattung der *Korbblütler* mit rd. 200 Arten, von denen in Dtschld. die weiße *Wiesen-W*. (*Große Gänseblume, Großes Maßliebchen, Margerite, Chrysanthemum leucanthemum*) u. die gelbblühende, als lästiges Unkraut bekannte *Saat-W.*, *Chrysanthemum segetum*, sowie der als Wurmmittel gern verwendete *Rainfarn*, *Chrysanthemum vulgare*, vorkommen. Stammform der Gartenchrysanthemen in vielen Formen u. Farben sind die asiat. Arten *Chrysanthemum indicum*, *sinense* u. *morifolium*. →auch Pyrethrum.
Wuchereria bancrofti, zu den *Filarien, Filarioidea*, gehörender *Fadenwurm*, der in heißen Ländern die Lymphe des Menschen befällt. Die Weibchen sind 10 cm u. die Männchen 4 cm lang. Die lebend geborenen Larven (*Mikrofilarien*) dringen in die Blutbahn ein u. erreichen die Hautkapillaren. Zwischenwirt ist eine Stechmücke, die die Larven bei ihrem Stich mit dem Menschenblut aufsaugt. Die Larven bohren sich durch den Mückenmagen u. wandern zur Flugmuskulatur. Hier entwickeln sie sich weiter zum Befallsstadium. Sie wandern an den Stechrüssel der Mücke u. bohren sich durch das Außenskelett des Insekts, wenn ih-

Michail Wrubel: Pan; 1899. Moskau, Tretjakow-Galerie

nen der Mensch durch die Wärmeausstrahlung angezeigt ist. Sie bohren sich aktiv durch die menschl. Haut u. sammeln sich als erwachsene Würmer an bestimmten Stellen des Lymphsystems. Durch immer neue Wurminfektionen kommt es zu Massenansammlungen dieser Fadenwürmer. Absterbende Würmer verursachen Entzündungen, Kapselbildungen u. durch Stauungen auftretende Vergrößerungen der Lymphgefäße, die sich nach außen durch ein riesenhaftes Anschwellen der betroffenen Körperteile zeigt (→Elephantiasis).

Wucherung, *Proliferation*, (Neu-)Bildung von Gewebe bei verschiedenen physiolog. u. patholog. Prozessen: 1. Bindegewebs-W., z. B. bei der Wundheilung (→Granulation), 2. Zellgewebs-W. während der Ebryonal- u. Fetalentwicklung, der Regeneration u. der Reizbeantwortung (→Hyperplasie), 3. überschießende, sich verselbständigende Neubildung von Zellen bzw. Gewebe (→Geschwulst). →auch adenoide Wucherungen.
Wuchsstoffe →Phytohormone.
Wucht, *Physik:* ältere Bez. für kinetische →Energie.
Wuermeling, Franz-Josef, Politiker (CDU), *8. 11. 1900 Berlin; Jurist, 1949–1969 MdB, 1953–1962 Bundes-Min. für Familien- u. (seit 1957) Jugendfragen.
Wuhan [ˈuxan], Hptst. der chines. Prov. Hupeh, an der Mündung des Han Schui in den Yangtze Kiang, 2,5 Mill. Ew.; Universität, Techn. Universität, wissenschaftl. Institute, mehrere Theater; vielseitige Industrie, vor allem Eisen- u. Stahlerzeugung, Traktorenherstellung, Werkzeug- u. Maschinenbau, Textilindustrie, Binnenhafen; Doppelstockbrücke über den Yangtze Kiang (1955–1957 erbaut). – W. entstand 1927 durch Zusammenschluß der drei Städte Hankou, Hanyang u. Wutschang. Im Stadtteil Wutschang weitere Erinnerungsstätten an die Revolution von 1911.
Wühlechsen = Skinke.
Wühler, *Cricetidae*, vielgestaltige u. artenreiche Familie der *Nagetiere;* leben im Erdreich in selbstgegrabenen Bauen. Zu den W.n gehören die Unterfamilien der *Hamster* u. der *Wühlmäuse*.
Wühlmäuse, *Microtinae*, Nagetiere aus der Familie der *Wühler*, mit walzenförmigem Körper, kurzen Ohren u. kurzem Schwanz. Sie legen unterird. Gänge u. sind dadurch oft schädl.; viele Arten sind auch Vorratsschädlinge. W. sind in den nördl. Gebieten der Alten u. Neuen Welt verbreitet. Zu ihnen gehören u. a. *Bisamratte, Erdmaus, Feldmaus, Lemminge, Rötelmaus, Wasserratte*.
Wuhu [ˈuxu], chines. Stadt in der Prov. Anhwei, am Yangtze Kiang, 300 000 Ew.; Eisen- u. Stahlwerk, Textil-, Nahrungsmittelindustrie, Binnenhafen (für Seeschiffe erreichbar).
Wu Kiang [ˈudʒjaŋ], rechter Nebenfluß des Yangtze Kiang in der Prov. Kueitschou, mündet unterhalb von Tschungking, ca. 800 km.

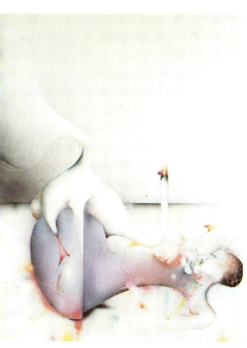

Paul Wunderlich: Leda und der Schwan; 1966. Köln, Sammlung Theo Wormland

Wulf, *Wolf, Ulf,* männl. Vorname, Kurzform von Zusammensetzungen mit *Wolf-* (z.B. *Wolfram, Wolfgang*) oder *-wolf* (z.B. *Adolf, Radulf*).

Wulfenit [der; nach dem österr. Mineralogen F. X. von *Wulfen,* †1805], →Gelbbleierz.

Wulff, 1. Hilmar, dän. Erzähler, *5. 3. 1908 Randers; verfaßte naturalist. u. sozialkrit. Romane aus der Welt der Fischer u. Arbeiter.
2. Johannes, dän. Schriftsteller, *11. 1. 1902 Kopenhagen; schrieb neben Versbänden u. ironisierenden Romanen auch eigenwillige Tiergeschichten.
3. Oskar, Kunsthistoriker, *6. 6. 1864 St. Petersburg, †23. 1. 1946 Berlin; dort seit 1917 Prof., arbeitete vorwiegend über osteurop. u. altchristl. Kunst; schrieb u. a. „Die altchristl. u. die byzantin. Kunst" 2 Bde. 1915/16.

Wulfila, *Ulfilas,* arianischer Westgotenbischof, *um 311, †wahrscheinl. 383 Konstantinopel; schuf mit dem gotischen Alphabet die erste german. Buchstabenschrift u. übersetzte die Bibel ins Gotische (die älteste Übers. der Bibel in eine german. Sprache), wovon Teile in ostgot. Handschriften des 6. Jh. erhalten sind. →auch Codex argenteus.

Wülfrath, Stadt in Nordrhein-Westfalen (Ldkrs. Mettmann), nordwestl. von Wuppertal, 20 500 Ew.; Kalk-, Textil-, Eisen-, Lederindustrie.

Wullenwever, Jürgen, Bürgermeister von Lübeck, *um 1492 Hamburg, †29. 9. 1537 bei Wolfenbüttel (hingerichtet); wurde 1533 Bürgermeister als Führer der Bürgerschaft, nachdem die Vorherrschaft der Patrizier durch einen Volksaufstand beseitigt worden war. W. wollte dem Protestantismus Geltung verschaffen, durch einen Krieg die dän. Macht brechen u. Lübeck wieder zur Beherrschung der Ostsee machen. Er scheiterte am Widerstand der Patrizier u. der anderen Hansestädte, dankte 1535 nach einer Niederlage ab u. wurde an Herzog *Heinrich d. J.* von Braunschweig-Wolfenbüttel ausgeliefert u. hingerichtet.

Wüllner, 1. Franz, Dirigent u. Komponist, *28. 1. 1832 Münster (Westf.), †7. 9. 1902 Braunfels; 1858–1864 städt. Musikdirektor in Aachen, 1871 1. Hofkapellmeister in München, 1877 in Dresden, seit 1884 in Köln. W. komponierte u. a. Chorwerke.
2. Ludwig, Sohn von 1), Schauspieler, Sänger, Rezitator, *19. 8. 1858 München, †19. 3. 1938 Kiel; 1889–1895 als Helden- u. Charakterdarsteller in Meiningen, dann Lieder- u. Opernsänger, bes. erfolgreich als Rezitator auf vielen Gastspielreisen.

Wulst, *Baukunst:* vorgewölbtes Zierglied mit Viertelkreis- oder Dreiviertelkreis-Querschnitt, bes. am Säulenfuß.

wulsten, *Keramik:* ein Gefäß durch ringförmiges Aufwulsten von Tonrollen herstellen; auch das Aufbauen von Formen im Gegensatz zum Drehen auf der Töpferscheibe.

Wulstlinge, *Amanita,* große u. mittelgroße *Blätterpilze* mit mittelständigem Stil, weißen oder gelben Lamellen u. weißem Sporenstaub. Hut mit Resten der Hülle, Stiel mit Manschette; an der knolligen Stielbasis eine Scheide als Rest der Hülle. Zu den W.n gehören mehrere sehr giftige Pilze, z.B. der *Knollenblätterpilz, Amanita phalloides* u. *virosa,* u. der *Fliegenpilz, Amanita muscaria,* aber auch sehr gute Speisepilze, z.B. der *Perlpilz, Amanita rubescens.*

Wümme, rechter Nebenfluß der Weser, 128 km, entspringt im Königsmoor südl. von Tostedt, vereinigt sich mit der *Hamme* zur *Lesum,* mündet bei Vegesack; Abfluß der Moorgebiete östl. von Bremen.

Wunde, *Vulnus,* durch gewaltsame Einwirkung entstandene Zerreißung oder Durchtrennung von Geweben. Einfache W.n betreffen Haut, Schleimhäute oder oberflächlich gelegene Organe, komplizierte W.n tiefer gelegene Gewebe u. Organe. Nach Art der Einwirkung unterscheidet man Hieb-, Stich-, Schnitt-, Riß-, Biß-, Kratz-, Schuß-, Quetsch- u. Platz-W.n, ferner Ätz- u. Brand-W.n. Der *Wundschmerz* entsteht durch Freilegen der Nervenenden, außerdem kommt es durch Eröffnung der Blutgefäße zu Blutungen u. manchmal noch zu Nachblutungen. Die *Wundheilung* erfolgt entweder direkt durch Verklebung der Wundränder ohne stärkere Entzündung (primäre Heilung) oder indirekt unter Entzündungserscheinungen mit starker Granulationsgewebebildung (sekundäre Wundheilung). Eindringen von Erregern in die W. kann zu Wundfieber, Wunderkrankung (Eiterung, Diphtherie u.a.) u. →Wundstarrkrampf führen. – Die *Wundversorgung* sucht das Eindringen von Keimen zu vermeiden, verschmutzte W.n zu reinigen u. von Fremdkörpern u. Gewebsresten zu befreien, schließlich die Blutung zu stillen.
Erste Hilfe: Bedecken der W. mit sterilem Mull unter leichtem Druck; bei spritzenden W.n Abbinden des Körperteils oberhalb der Stromrichtung des Blutgefäßes; danach rasche Überweisung in ärztliche Behandlung zur endgültigen Wundversorgung. Der Arzt verschließt die W. nach sorgfältiger Versorgung mit einer Naht oder Klammern; verunreinigte W.n werden offen behandelt; Infektionsbekämpfung durch Antibiotika u. Sulfonamide, außerdem Vorbeugung gegen Wundstarrkrampf.

Wunder, ein Ereignis in Raum u. Zeit, das menschlicher Erfahrung u. den Gesetzlichkeiten von Natur u. Geschichte widerspricht. In der Antike ist W. selbstverständliches Mittel göttl. Weltregierung u. dämonischen Aufruhrs gegen Gott. Naturwissenschaftl. Erwägungen spielen hier keine Rolle. Dieses W.verständnis hat auch in der Bibel Spuren hinterlassen. Aufs Ganze gesehen steht das W.verständnis der Bibel, bes. des N. T., im Widerspruch zur Antike (bes. Matth. 12,38f.; 1. Kor. 1,22f.). Das wahre W. ist nicht das faszinierende Ereignis, sondern die im Glauben erfahrene Rechtfertigung des Gottlosen. Die W.geschichten des N. T. sind deshalb keine Berichte von Schau-W.n, sondern von Zeichen, die über sich hinausweisen. In der theolog. Diskussion über das W. stehen sich seit der Aufklärung zwei Fronten gegenüber: eine rationalistische, die die historische Tatsächlichkeit bibl. W. durch natürl. Erklärungen des Berichteten zu retten versucht, u. eine fundamentalist., die pauschal die Tatsächlichkeit aller in der Bibel berichteten W. bejaht. Keine dieser Erklärungsweisen befriedigt. Ihr gemeinsamer Fehler liegt darin, im Bann der modernen Frage nach histor. oder naturwissenschaftl. Wahrscheinlichkeit eines berichteten W.s zu stehen u. damit das neutestamentl. W.verständnis aus dem Blick zu verlieren, das aus W. als ein Instrument der Verkündigung in Dienst nimmt u. dennoch eine populäre Form antiken W.verständnisses vermeidet.

Wunderbaum →Rizinus.

Wunderblume, *Mirabilis,* Gattung der *Nyktaginazeen.* In Dtschld. einige Arten als Zierpflanzen. *Mirabilis jalapa,* eine in verschiedenen Farben blühende glühende Gartenblume des Spätsommers. Da die Blüten erst nachmittags öffnen, wird sie auch als *Vieruhrblume* bezeichnet. Mit dieser Pflanze experimentierte G. *Mendel,* der Entdecker der Vererbungsgesetze.

Wunderhorn, „Des Knaben W.", von A. von *Arnim* u. C. *Brentano* hrsg. u. Goethe gewidmete Volksliedersammlung (3 Bde. 1806–1808); wirkte anregend auf die romant. Lyrik u. Musik sowie auf die Germanistik (Volkskunde, Märchenforschung, Neuentdeckung von Minne- u. Meistersang).

Wunderkerze, unter Funkensprühen verbrennendes Gemisch aus Bariumnitrat mit Kohle, Aluminiumpulver, Eisenfeilspänen u. Dextrin als Bindemittel; die Brennmasse wird auf Drähte aufgestrichen.

Wunderlich, 1. Friedrich, Geistlicher, *23. 1. 1896 Plauen; 1953–1968 Bischof der Methodistenkirche in Dtschld.
2. Fritz, Sänger (Tenor), *26. 9. 1930 Kusel, Pfalz, †17. 9. 1966 Heidelberg; Lieder-, Opern- u. Oratoriensänger, bes. Mozart- u. Strauss-Interpret.
3. Paul, Maler u. Lithograph, *10. 3. 1927 Eberswalde; erregte mit seinen surrealist. Bildzyklen „Qui s'explique" u. „20. Juli 1944" Aufsehen. W.s spätere Entwicklung zeigt Einflüsse von Pop u. Jugendstil u. verbindet in der Lithofolge zum „Hohenlied des Salomo" 1970 graph. Techniken u. photograph. Aufnahmen zu raffinierten Konfigurationen.

Wunderlich Verlag, Rainer Wunderlich Verlag Hermann Leins, Tübingen, gegr. 1913 in Leipzig, seit 1926 im Besitz von H. *Leins* (*25. 5. 1899); Belletristik, Biographien, geistes-, kultur- u. wirtschaftsgeschichtl. Literatur.

Wundfährte, *Schweißfährte,* jagdl. Bez. für die Blutspur *(Schweißspur)* eines angeschossenen Wilds.

Wundhormone →Phytohormone.

Wundklee, *Anthyllis,* hauptsächl. mittelmeerische Gattung der *Schmetterlingsblütler.* In Dtschld. wächst der *Gewöhnl. W., Anthyllis vulneraria,* eine auf trockenen Wiesen u. Triften, meist auf Kalk auftretende Pflanze mit kugeligen, goldgelben Blütenköpfchen. Der obere Teil des Schiffchens ist zuweilen blutrot. Früher als Wundheilmittel beliebt.

Wundliegen, *Dekubitus* = Aufliegen.

Wundrose = Rose (4).

Wundsein, *Intertrigo* = Hautwolf.

Wundstarrkrampf, *Starrkrampf, Tetanus,* akute anzeigepflichtige Infektionskrankheit, die durch den Tetanusbazillus *(Glostridium tetani)* hervorgerufen wird. Nach Wundverunreinigung, bes. mit Erde, entwickeln die Erreger nach Abheilung in der Tiefe der Wunde Gifte, die längs der Nervenbahnen zum Rückenmark ziehen u. sich hier festsetzen. 1–2 Wochen nach der Ansteckung treten Krämpfe auf, häufig zuerst in der Unterkiefer-, später in der Nacken- u. Rumpfmuskulatur; sehr bald anfallsweise starre Krämpfe in verschiedenen Muskelbezirken, wobei bes. Schling- u. Schluckkrämpfe u. Krämpfe der Atemmuskulatur zum Tod führen können. Vorbeugung: sorgfältige Wundbehandlung verdächtiger Wunden u. Schutzimpfung mit *Tetanusschutzserum* bzw. Verabreichung von *Tetanusheilserum.*

Wundt, 1. Max, Sohn von 2), Philosoph, *29. 1. 1879 Leipzig, †31. 10. 1963 Tübingen; Hptw.: „Geschichte der griech. Ethik" 2 Bde. 1908–1911; „Kant als Metaphysiker" 1924; „Untersuchungen zur Metaphysik des Aristoteles" 1953.
2. Wilhelm, Psychologe u. Philosoph, *16. 8. 1832 Neckarau bei Mannheim, †31. 8. 1920 Großbothen bei Leipzig; seit 1875 Prof. in Leipzig, gründete dort das erste Institut für experimentelle Psychologie; umfassender Denker, für die allg. Psychologie u. Völkerpsychologie richtungweisend. Während W. in der empir. Psychologie die Erforschung seel. Lebens durch naturwissenschaftl. Methoden forderte, vertrat er in der Philo-

Grauer Wulstling, Amanita spissa

Wünschelrute

sophie einen realist. begründeten, voluntarist. Idealismus. Hptw.: „Grundzüge der physiolog. Psychologie" 3 Bde. 1874, [6]1908–1911; „Logik" 2 Bde. 1880–1883, [4-5]1919–1924 3 Bde.; „Ethik" 1886, [5]1923/24 3 Bde.; „System der Philosophie" 1889, [4]1919 2 Bde.; „Grundriß der Psychologie" 1896, [15]1922; „Völkerpsychologie" 10 Bde. 1900ff.

Wünschelrute, ein gegabelter Baumzweig oder ein elastischer Metalldraht, der Bodenschätze, Wasservorkommen oder auch „Reizstreifen" auf der Erdoberfläche anzeigen soll. Der *Rutengänger* begeht das zu untersuchende Gelände u. hält dabei die W. mit beiden Händen waagerecht in Spannung. Bewegungen der W. *(Anschlagen)* werden als Fündigkeit gedeutet. Das Verfahren ist stark umstritten. Die W.nbewegung wird von Wissenschaftlern mit unbewußten Kontraktionen der Handmuskeln erklärt. Zahlreiche Versuche, die mit anerkannten Rutengängern unternommen wurden, erbrachten auf denselben Versuchsgeländen völlig widersprechende Ergebnisse.

Wünsdorf, Gemeinde im Krs. Zossen, Bez. Potsdam, bei Zossen, 2600 Ew.; Hauptquartier der sowjet. Streitkräfte in der DDR.

Wunsiedel, bayer. Kreisstadt im Fichtelgebirge, 10600 Ew.; Geburtsort *Jean Pauls*; Porzellan-, Farben-, Textilindustrie, Likörherstellung. – Ldkrs. W. im Fichtelgebirge: 606 qkm, 94 000 Ew.

Wunstorf, niedersächs. Stadt (Ldkrs. Hannover), westl. von Hannover, südöstl. vom Steinhuder Meer, 37 000 Ew.; Zement-, Metall-, keram.-, Fußbodenbelag-, Nahrungsmittelindustrie; Kiesgruben.

Wuolijoki, Hella, Pseudonym Juhani *Tervapää*, finn. Dramatikerin, *22. 7. 1886 Helme (Estland), †2. 2. 1954 Helsinki; bekannt durch das Drama „Die Frauen auf Niskavuori" 1936, dt. 1937, u. die Komödie „Gegengift" 1939, dt. 1942; schrieb mit B. *Brecht* gemeinsam das Drama „Der Großbauer Iso-Heikkilä u. sein Knecht Kalle" 1947, die Urfassung von Brechts „Herr Puntila u. sein Knecht Matti".

Wupper, rechter Nebenfluß des Rhein, 114 km, entspringt als *Wipper* im Ebbegebirge (Sauerland), mündet bei Leverkusen; *W.talsperre* bei Radevormwald, 2,25 qkm, 26 Mill. m³ Stauinhalt, Höhe der Staumauer 39 m.

Wuppertal, Stadtkreis (168 qkm) in Nordrhein-Westfalen, an der Wupper, im Bergischen Land östl. von Düsseldorf, 395 000 Ew.; Gesamthochschule (1972); Schauspielhaus u. Oper; Sitz der Vereinigten Evangelischen Mission; Von-der-Heydt-Museum, Histor. Uhrenmuseum; Schwebebahn (13,3 km lang; über der Wupper); Textil-, chem., Gummi-, Papier-, Metall-, pharmazeut. Industrie. – W. entstand 1929 durch Vereinigung von *Barmen* u. *Elberfeld* mit 4 anderen Orten.

Wurf, 1. *Mechanik:* Bewegung eines geworfenen Körpers; es wird zwischen vertikalem, schrägem u. horizontalem W. unterschieden. Der schräge u. horizontale W. wird von einer waagerechten u. einer senkrechten Komponente bestimmt, →auch Flugbahn. **2.** *Sport:* 1. in der Leichtathletik die Ausführung der Übung im Speer-, Diskus- u. Hammerwerfen; 2. bei Judo u. Ringen das Zu-Boden-Werfen des Gegners mittels bestimmter W.techniken; 3. bei Ballspielen das Abwerfen des Balls aus der Hand. **3.** *Tierzucht:* die gleichzeitig geborenen (geworfenen) Jungen.

Würfel, 1. *Geometrie:* Hexaeder, ein von 6 gleichen Quadraten begrenzter Körper mit 12 gleichen Kanten (k). Rauminhalt: $V = k^3$, Oberfläche: $F = 6k^2$. **2.** *Spiele:* Knobel, beim Würfelspiel (→würfeln) verwendeter Körper aus Holz, Kunststoff u. ä., dessen sechs Flächen die Ziffern 1–6 tragen.

Würfelbein, *Os cuboides,* großer würfelförmiger Fußwurzelknochen.

Würfelfestigkeit →Druckfestigkeit.

Würfelfries, *Schachbrettfries,* Ornament der roman. Baukunst, bestehend aus vorspringenden, schachbrettartig angeordneten Würfeln. →auch Fries.

Würfelkapitell, roman. Kapitellform, entstanden aus der Durchdringung von Kugel u. Würfel, wodurch eine Vermittlung zwischen dem runden Säulenschaft u. der Wand geschaffen wird. Das W. trat in der dt. Architektur zuerst in der Michaeliskirche in Hildesheim auf (um 1015); später wurde es mit Flechtornamenten u. Figurenreliefs überzogen. →auch Kapitell.

würfeln, knobeln, eines der ältesten Glücksspiele mit 1–6 Würfeln, die mit einem Würfelbecher (Knobelbecher) auf den Tisch gerollt werden. Es zählen je nach Spielart die Kombination oder die Summe der auf der Würfeloberseite sichtbaren Ziffern (Augen).

Würfelnatter, *Natrix tesselata,* Wassernatter Mitteleuropas, sucht das Land nur zum Sonnen u. zur Überwinterung auf; 5–25 Eier pro Gelege; ungiftig; unter Naturschutz; Lebensdauer über 7 Jahre.

Würfelquallen, *Cubomedusae,* Ordnung der *Skyphozoen,* bis 25 cm große schnellschwimmende Quallen mit vierkantigem Schirm; nur in warmen Meeren; tragen an den Schirmecken Tentakeln, mit denen sie hauptsächl. Fische fangen.

Wurfholz, *Wurfkeule,* gerader oder leicht gekrümmter Stock, der vorwiegend zum Wurf statt zum Schlag benutzt wird u. als Kampf- oder Jagdwaffe oder als Sportgerät dient. In Europa (seit der Altsteinzeit), Afrika (bei den Steppenjägern), Indien, Nordamerika (bei den Pueblo-Indianern), bes. aber bei den Australiern verbreitet, wo der *Bumerang* eine Spezialform darstellt. Eine Weiterentwicklung des W.es ist das *Wurfmesser.*

Wurfmäuse →Blindmausartige.

Wurfmesser, *Wurfeisen,* mit mehreren Verzweigungen der Klinge versehenes Messer, das im Zentral- u. Ostsudan u. im Kongogebiet teils als Wurfwaffe, teils als Zeremonialmesser dient, eine Umbildung des *Wurfholzes.*

Wurfschaufellader, *Bergbau:* schienengebundene oder auf Raupen laufende *Lademaschine* mit einer kastenförmigen Schaufel, die durch Vorwärtsfahrt der Maschine in das zu ladende Gut hineingedrückt wird, sich dabei füllt, in einer kurvenförmigen Bewegung über die Maschine hinweggehoben u. in ein dahinterstehendes Fördermittel (Förderwagen, Transportband) entleert wird.

Wurfsendungen, früher *Postwurfsendungen,* offene Massensendungen (in der Regel Drucksachen); werden nur noch „an alle Haushaltungen" verteilt.

Wurftaubenschießen, *Tontaubenschießen,* Wettbewerb im *Schießsport* mit allen Arten von (auch automat.) Schrotgewehren bis Kaliber 12 (Patrone nicht länger als 70mm, Schrotgröße 2–2,5mm, Ladung 32–36g). Die „Wurftauben" sind Tonscheiben von 11 cm Durchmesser, 25–28mm Höhe u. 100g Gewicht. Beim *Trapschießen* werden die Tauben mit Wurfmaschinen aus einer Deckung (in 15m Entfernung vom Schützen) hochgeschleudert, Flughöhe 1,5–4 m, Weite 75–85 m, je 6 Schützen in einem Durchgang; Anschlag stehend freihändig, zwei Schüsse auf jede Taube. Beim *Skeetschießen* wird von 8 Positionen aus geschossen, je zwei Tauben werden gleichzeitig aus einem „Hochhaus" u. einem „Niederhaus" geschleudert; kein Voranschlag, Gewehr ist in Hüfthöhe zu halten, ein Schuß auf jede Taube; *Rotten* zu 5 Schützen; von jeder Position schießt jeder eine Serie von 25 Tauben. Bei beiden Arten sind in einem internationalen Wettbewerb pro Teilnehmer 200 Tauben zu schießen. – B →Schießsport.

Wurfwaffen, geworfene Steine, Wurfhölzer, -spieße, -messer, -keulen, -beile (→Tomahawk) u. Schleudern, aus denen im Altertum *Wurfmaschinen* entwickelt wurden. Die ersten Wurfmaschinen mögen die Phönizier erfunden haben, von denen sie die Griechen (→Balliste) übernahmen, deren Techniker (z. B. Archimedes) sich um ihre Verbesserung bemühten. Hannibal verwendete sie im 2. Pun. Krieg, danach kamen sie auch bei den Römern in Gebrauch (für Belagerung, Feldschlacht [→Kriegsmaschinen], Seeschlacht). I. w. S. gehören zu den W. das Lasso, die Bola, die Harpune, die Handgranate u. der Granatwerfer.

Wurfzeug, *Berliner,* Gerät zum Niederlegen von Großtieren.

Würger, 1. *Botanik:* Schmarotzerpflanze, →Sommerwurz. **2.** *Zoologie:* Laniidae, eine in allen Erdteilen vorkommende Familie kräftiger, offenes Gelände bewohnender *Singvögel.* Ihre Nahrung besteht aus Insekten, Jungvögeln u. Kleinsäugern. Die Beute wird oft im Übermaß geschlagen u. der nicht gleich verzehrbare Rest auf die Dornen einzeln stehender Büsche gespießt. Viele W. besitzen ein auffällig kontrastreiches Gefieder. Einheim. der *Raub-W., Lanius excubitor,* groß, schwarz-weiß-grau gefärbt; ähnlich, aber kleiner der *Schwarzstirn-W., Lanius minor;* der noch kleinere braunköpfige *Rotkopf-W., Lanius senator,* u. der braunrückige *Neuntöter, Lanius collurio.*

Wurm, Theophil, ev. Theologe, *7. 12. 1868 Basel, †28. 1. 1953 Stuttgart; 1929 Kirchenpräsident, 1933 Landesbischof von Württemberg; kämpfte gegen die Übergriffe der vom nat.-soz. Staat eingesetzten Kirchenregierung u. gegen die Gewaltmaßnahmen gegen Juden u. Kranke; förderte die Gründung der EKD, 1945–1949 Vors. ihres Rates.

Würm [die], **1.** Abfluß des Starnberger Sees (*W.-See*), gabelt sich bei Pasing u. fließt als Nymphenburger Kanal zu der Isar bzw. durch das Dachauer Moos in die Amper; nach ihr ist die *W.-Eiszeit,* die jüngste alpine Eiszeit des Pleistozäns, benannt. **2.** rechter Nebenfluß der Nagold, 52 km, entspringt im Schönbuch, mündet bei Pforzheim.

Wurmberg, Harzgipfel nördl. von Braunlage, 971 m, Sprungschanze.

Würmeiszeit [nach *Würm* (1)], vierte u. letzte Vereisung des Pleistozäns in den Alpen; entspricht der *Weichseleiszeit* in Norddeutschland.

Wuppertal: Innenstadt mit Wupper und Schwebebahn

Würmer, *Vermes, Helminthes,* Sammelbegriff für Tiergruppen verschiedenster Organisation u. Verwandtschaft, die meist nur die gestreckte, einfache Wurmgestalt gemeinsam haben. Zu den W.n gehören die 5 selbständigen Baupläne der →Ringelwürmer *(Meeresborstenwürmer, Regenwürmer, Blutegel),* →Plattwürmer *(Strudelwürmer, Saugwürmer, Bandwürmer),* →Fadenwürmer (z.B. *Spulwürmer),* →Schnurwürmer u. →Kamptozoen. Dazu kommen einige kleinere Gruppen unsicherer systemat. Stellung wie die *Sipunkuliden, Priapuliden, Saitenwürmer, Kratzer, Igelwürmer.* Die Wissenschaft von den W.n heißt *Helminthologie.* →auch Wurmkrankheit.
Wurmfarn, *Dryopteris filix-mas,* Farn mit doppelt gefiederten, bis 1,50 m langen Wedeln. Stiel u. Spindel der Blätter sind mit zimtbraunen Schuppen bedeckt. Der Wurzelstock *(Rhizoma Filicis)* wird als bandwurmabtreibendes Mittel verwendet.
Wurmfortsatz, *Appendix vermicularis, Appendix vermiformis,* ein etwa 8 cm langer, bleistift- bis kleinfingerdicker, blind endender Fortsatz des Blinddarms; reich an lymphatischem Gewebe.
Wurmfortsatzentzündung, *Appendizitis,* fälschlich *Blinddarmentzündung,* sehr häufige, meist akute entzündl. Erkrankung des Wurmfortsatzes. Ursache: Eindringen von Krankheitserregern, meist vom Darm aus. Anzeichen der akuten W.: Beginn mit Übelkeit, Erbrechen, allg. Krankheitsgefühl u. meist kolikartigen Schmerzen zunächst im Mittelbauch, erst allmähl. im rechten Unterbauch. Die gefürchtetste Komplikation ist der Durchbruch des entzündeten u. vereiterten Wurmfortsatzes *(Appendixperforation).* Wegen dieser seltenen, aber jederzeit möglichen Gefahr ist die einzige sichere Behandlung die Operation.
Wurmfraß, Fraßgänge im Bast u. Splint der Nadelhölzer durch die Larven forstschädl. Insekten, z.B. Borkenkäfer.
Wurmkrankheit, *Helminthiasis,* durch verschiedenartige Würmer oder ihre einzelnen Entwicklungsstadien beim Menschen u. bei Tieren in Darm, Geweben u. Eingeweiden hervorgerufene Erkrankungen; in Frage kommen *Bandwürmer* u. ihre Finnen, *Spulwürmer, Madenwürmer, Haken-* u. *Peitschenwürmer, Trichinen,* in den Tropen auch *Bilharzia* u. *Filaria.* Mittel gegen W.en nennt man *Antihelminthika* oder *Vermizide.* – 9.9.1.
Wurmlattich →Bitterkraut.
Wurmmollusken, *Solenogastres, Aplacophora,* urtüml. *Weichtiere,* die weder eine Schale noch einen Fuß haben. Im Schlick lebende Meerestiere, die sich von Diatomeen, Foraminiferen u. anderen Protozoen ernähren. Die größte der 140 Arten *(Epimenia verrucosa)* wird 30 cm lang.
Wurmriff →Sandkorallen.
Wurmschlangen, *Leptotyphlopidae,* Familie kleiner Schlangen, den *Blindschlangen* sehr ähnlich u. oft mit diesen verwechselt, jedoch ist ihr Schwanz länger, ihr Oberkiefer zahnlos. Afrika, Südwestasien, Nord- u. Südamerika.
Wurmschnecken, 1. *Vermetidae,* Gruppe von *Vorderkiemer-Schnecken* der warmen u. gemäßigten Meere mit am Grund festgewachsenem Gehäuse, die an Röhrenwurmkolonien erinnern. W. stoßen bis 30 cm lange Fangfäden aus, an denen Plankton u. Detritus hängenbleiben.
2. →Wurmmollusken.
Würmsee →Starnberger See.
Würselen, Stadt in Nordrhein-Westfalen (Ldkrs. Aachen), 35000 Ew.; Nadel-, Tabakindustrie, Eisenbahnausbesserungswerk.
Wurst, Gemenge aus zerkleinertem Muskelfleisch, Innereien, Knorpel, Schwarten, Euter, Zunge, Fett, Speck, flüssigen Zutaten (Wasser, Milch oder Wein), Blut u.a. Bindemitteln u. Gewürzzutaten (Zucker, Salz, Zwiebeln, Knoblauch, Kümmel, Pfeffer, Majoran u.a.), das in Därme, Magen, Blasen, Pergament- oder Zellglashüllen gepreßt oder in Büchsen konserviert wird. Nach Art der Herstellung unterscheidet man: 1. *Roh-* u. *Dauer-W.* (geräuchert), z.B. Salami, Zervelat-, Mett-W.; 2. *Koch-W.* (gekocht u. angeräuchert), z.B. Leber-, Blut-, Sülz-W.: 3. *Brüh-W.* (geräuchert u. gebrüht), z.B. Bock-W., Frankfurter u. Wiener Würstchen.
Wursten →Land Wursten.
Wurstkraut = Majoran.
Wurstkrug →Ringkrug.
Wurten →Warften.
Württemberg, ehem. süddeutsches Land, umfaßte (1939) 19506 qkm mit 2,9 Mill. Ew., alte Hptst. *Stuttgart.* W. wurde 1945 aufgeteilt zwischen *W.-Baden* u. *W.-Hohenzollern;* 1951 mit

Württemberg: Schloß Ludwigsburg; im 18. Jh. zeitweilig Residenz der württembergischen Landesherren

Baden zum *Südweststaat* (seit 1952 →Baden-Württemberg) vereinigt.
Geschichte: Das Geschlecht derer von W. geht zurück auf *C(u)onradus de Wirdeberch* (1081), der auf dem *Wirteneberg* (später *Wirtemberg,* heute *Rotenberg* bei Untertürkheim) die Stammburg erbaute. Graf *Ulrich I.* (*um 1226, †1265) hatte seine Besitzungen im Neckar- u. Remstal. Seinen Nachfolgern gelang es, bes. im 13. u. 14. Jh. bes. um stauf. Gebiete in Schwaben zu vermehren. 1442 kam es zur Teilung des Landes: die Söhne *Eberhards IV.* (*1388, †1419) wurden Begründer der Uracher (Graf *Ludwig I.,* *1412, †1450) u. der Neuffener oder Stuttgarter Linie *(Ulrich V.,* *um 1413, †1480). *Eberhard V. (I.) im Bart* gelang es, den Besitz der beiden Linien wieder zu verschmelzen; er erließ eine Landesordnung u. wurde 1495 zum Herzog von W. erhoben. Herzog *Ulrich* büßte nach schweren Kämpfen mit den Ständen u. dem Schwäb. Bund den ganzen Besitz seines Hauses ein, der 1519 an die Habsburger verkauft wurde. Seit 1534 regierte Ulrich sein Land als österr. Lehen; er u. sein Sohn *Christoph* führten die Reformation ein.
1599 wurde W. erneut Reichslehen. Der Dreißigjährige Krieg u. die Kriege Ludwigs XIV. (1688–1692) schädigten das Land schwer. Die Herzöge *Karl Alexander* u. *Karl Eugen* herrschten absolutistisch, bis letzterer 1770 die Rechte der Landstände anerkennen mußte. 1796 fiel *Mömpelgard* an Frankreich. Für die verlorenen linksrhein. Gebiete bekam W. durch den Reichsdeputationshauptschluß 1803 u.a. 9 Reichsstädte, außerdem Abteien, Klöster u. Stifte. Das Land wurde Kurfürstentum u. 1805 (Frieden von Preßburg) Königreich. Als Verbündeter Frankreichs im Rheinbund erhielt es österr. Gebiet in Oberschwaben, weitere Gebiete im Wiener Frieden 1809. *Friedrich I.* (*1754, †1816) versuchte zunächst auf absolutist. Weise, diese heterogenen Landesteile zu einem Staat zu verschmelzen. Gegen den Widerstand der Stände unternahm er es nach 1815 vergeblich, eine Verfassung einzuführen. Dies gelang erst 1819 seinem Nachfolger *Wilhelm I.* (*1781, †1864), der auch die Verwaltung neu ordnete.
Unter dem Druck der Märzrevolution kam es 1848 zur Berufung des Führers der Liberalen anstelle des bisherigen Ministeriums. 1849 wurde die Verfassung von 1819 wieder in Kraft gesetzt. Nach anfängl. Gegensatz zu Preußen in der Frage der dt. Einigung stand W. unter König *Karl I.* (*1823, †1891) im Dt.-Französ. Krieg auf preuß. Seite. Der Beitritt W.s zum Dt. Reich wurde am 1. 1. 1871 vereinbart. 1918 dankte König *Wilhelm II.* (*1848, †1921) ab, u. im folgenden Jahr gab die Landesversammlung W. eine neue Verfassung als Freistaat der Weimarer Republik. 1933–1945 stand W. unter einem Reichsstatthalter. Seit 1945 bestanden auf württemberg. Gebiet die Länder *W.-Hohenzollern* u. *W.-Baden.* Aufgrund einer Volksabstimmung von 1951 kam es 1952 zum Zusammenschluß zum Bundesland *Baden-Württemberg.* – 5.4.0.
Württembergisch →deutsche Mundarten.
Württembergische Metallwarenfabrik, Abk. *WMF,* Geislingen an der Steige, 1853 gegr. Unternehmen für Besteck-, Tafelgeräte-, Glaswaren-, Kochgeschirr- u. Kaffeemaschinenfabrikation, bes. für hochwertige (Edelstahl „Cromargan") Hotel-, Speisewagen- u. Schiffsausstattung; eigene Verkaufsniederlassungen in allen größeren Städten der BRD; in- u. ausländ. Tochtergesellschaften; Grundkapital: 50,0 Mill. DM; 6100 Beschäftigte.
Wurtz, Charles Adolphe, französ. Chemiker dt. Herkunft, *26. 11. 1817 Straßburg, †12. 5. 1884 Paris; zahlreiche Arbeiten auf den Gebieten der anorgan. u. organ. Chemie. *W.sche Synthese:* Aufbau von Paraffinkohlenwasserstoffen (Paraffinen) durch Einwirkung von metallischem Natrium auf Alkylhalogenide.
Wurzach, Bad W., Stadt in Baden-Württemberg (Ldkrs. Ravensburg), nordwestl. von Leutkirch, 11500 Ew.; ehem. Barockschloß; Moorbad.
Würzburg, bayer. Stadtkreis (87 qkm) u. Kreisstadt in Unterfranken, am Main, 127000 Ew.; Verwaltungssitz des Reg.-Bez. Unterfranken; im 2. Weltkrieg sehr stark zerstörtes, z.T. gut restauriertes altes Stadtbild, roman. Dom (11.–13. Jh.), Barockkirchen, Residenz (18. Jh.; nach 1945 wiederhergestellt) mit berühmtem Treppenhaus u. Hofgarten, ehem. Festung *Marienberg* mit mainfränk. Museum (Werke von T. Riemenschneider u.a.), Martin-von-Wagner-Museum, Käppele (Wallfahrtskirche von B. Neumann); Universität (1582), Pädagog. Akademie, Konservatorium, Stadttheater; Maschinen-, Metall-, chem., Motoren-, Textil- u. Druckereiindustrie; Verkehrsknotenpunkt. – Ldkrs. W.: 969 qkm, 133000 Ew. Geschichte: Castellum *Virteburch* erstmals 704 erwähnt; im 7./8. Jh. Zentrum des fränk.-thüring. Herzogtums; seit 741/42 (Bonifatius) Bischofssitz; durch eine Urkunde König Konrads II. von 1030 wurden die Bischöfe Herren der Stadt, die, seit 1168 auch Herzöge von Franken, eine Landesherrschaft aufrichteten. Unter den Fürstbischöfen J. *Echter von Mespelbrunn* u. J. Ph. von *Schönborn* wurde die Gegenreformation u. eine Neuordnung des Hochstifts durchgeführt, das im 18. Jh. unter den Schönborns seine Glanzzeit erlebte. 1803 wurde es säkularisiert, 1806–1814 Großherzogtum, 1814 mit Stadt bayerisch, das Bistum 1817 (1820) der Kirchenprovinz Bamberg unterstellt. – S. 304.
Würzburger Schule, von O. Külpe ausgehende psycholog. Forschungsrichtung, die sich durch Selbstbeobachtung u. Experiment insbes. den Pro-

Wurzel

Würzburg: Alte Mainbrücke und Festung

blemen des (produktiven) Denkens zuwandte. Sie erbrachte den Nachweis, daß es im Denken, Sprechen u. Wollen erfaßbare Phänomene unanschaulicher Art gibt u. daß Denkvollzüge nicht allein durch Assoziationen, sondern z. B. auch durch Zielvorstellungen als *determinierende Tendenzen* bestimmt sind. Zur W. S. gehörten außer Külpe: K. *Bühler*, A. W. *Messer*, K. *Marbe*, Otto *Selz* (*1881, †1944), N. *Ach*, Johannes *Lindworsky* (*1875, †1939) u. Karl *Duncker* („Zur Psychologie des produktiven Denkens" 1935, Neudr. 1963).

Wurzel, 1. *Anatomie:* Zahnwurzel →Zahn.
2. *Botanik: Radix*, stets blattloses Organ der Pflanze zur Aufnahme von Wasser u. Nährsalzen sowie zur Verankerung im Boden. Bei den zweikeimblättrigen u. den nacktsamigen Pflanzen bleibt im allg. die bei der Keimung entstehende *Primär-W.* als *Haupt-* oder *Pfahl-W.* erhalten, während sie bei den einkeimblättrigen Pflanzen zugrunde geht u. durch neue, stets stengelbürtige W.n ersetzt wird, die meist eine Büschel-W. bilden. An der pflanzlichen W. unterscheidet man folgende Zonen: den durch die *W.haube (Kalyptra)* geschützten *W.vegetationspunkt;* die anschließende Verlängerungszone, in der das Streckungswachstum vor sich geht; die Zone der *W.haare*, die neben den bisher genannten Zonen hauptsächl. der Aufnahme von Wasser u. Nährsalzen dient. Mit dem fortschreitenden Wachstum der W.spitze werden laufend neue W.haare gebildet, während die rückwärtigen älteren W.haare zugrunde gehen; die letzte Zone ist die der *Seiten-W.n*, in der die Verzweigung des W.systems erfolgt.
Anatomisch gliedert sich die W. in eine dünne Oberhaut ohne Kutikula u. Spaltöffnungen, die bei älteren W.n durch eine verkorkte *Exodermis* ersetzt wird; die Rinde aus farblosem, parenchymatischem Speichergewebe, deren innerste Schicht eine →Endodermis bildet; den Zentralzylinder, in dem die Leitungsbahnen verlaufen, die bei allen W.n ein zentrales, radiales →Leitbündel bilden. Die äußerste Zellschicht des Zentralzylinders, die an die Endodermis grenzt u. aus der die Seitenwurzeln entspringen, heißt *Perizykel.* – Wenn die W.n andere als die oben genannten Funktionen übernehmen, so erfahren sie eine bes. Ausgestaltung. Derartige Metamorphosen der W. sind: *W.knollen, Luft-W., Haft-W., Stelz-W., W.dornen, Brett-W.* u. a.

3. *Mathematik:* die n-te W. aus einer Zahl *a* (geschrieben $\sqrt[n]{a}$) ist diejenige Zahl, deren n-te Potenz die Zahl *a* ist: $\left(\sqrt[n]{a}\right)^n = a$. *a* heißt *Radikand*, *n* W.exponent. Eine andere Schreibweise für $\sqrt[n]{a}$ ist $a^{\frac{1}{n}}$. *W.ziehen* = *Radizieren*. Beispiele: Die *Quadratwurzel* aus 36 (geschrieben $\sqrt{36}$) ist ±6, weil $(\pm 6)^2 = 36$; die *Kubikwurzel* aus −27 (geschrieben $\sqrt[3]{-27}$) ist −3, weil $(-3)^3 = -27$.

4. *Sprachwissenschaft:* der durch Ablösung aller Bildungselemente gewonnene (theoret.) Wortkern, z. B. das Element -bau- in dem Wort „erbaulich".

Wurzelbakterien →Knöllchenbakterien.
Wurzelbauer, Benedikt, Erzgießer u. Bildhauer, *25. 9. 1548 Nürnberg, †2. 12. 1620 Nürnberg; beeinflußt von W. *Jamnitzer*; Hptw.: Tugendbrunnen in Nürnberg 1585–1589; Venusbrunnen in Prag 1599/1600. – B →Wasserkunst.
Wurzelbohrer, *Hepialidae*, ursprüngliche Familie der *Schmetterlinge*; träge, in Gebirgen vorkommende Dämmerungstiere mit verkümmerten Mundwerkzeugen. Zu den W.n gehört der *Hopfenwurzelbohrer.*
Wurzelbrand, durch parasit. Pilze verursachte Krankheit bei Keimlingen vieler Kulturpflanzen, bes. bei Rüben u. Kohl. Jungpflanzen verwelken.
Wurzelbrut, junge Sprosse, die an flach unter der Erdoberfläche hinstreifenden Wurzeln einiger Laubhölzer (Pappeln, Ulmen, Robinie, Weißerle, Espe) entstehen.
Wurzeldruck, *Blutungsdruck*, der Druck, mit dem aus der Wurzel Wasser in die Leitungsbahnen gepreßt wird; nicht bei allen Pflanzen nachweisbar u. im allg. kleiner als 1 atm. Der eigentl. Motor des Wasserferntransports in den Gefäßen ist die →Transpiration, zu der W. nur eine Ergänzung ist. Ursache des W.s ist wahrscheinl. die aktive Ionenabgabe aus lebenden Zellen des Wurzelzentralzylinders in die Gefäße. Aus abgeschnittenen Sprossen quillt infolge des W.s Wasser (*Bluten*). Bes. auffällig ist das *Frühjahrsbluten* der Pflanzen. Aus im Wurzelsaft gelösten Zucker wird beim Zuckerahorn in Nordamerika u. der Zuckerpalme in den Tropen Zucker gewonnen.
Wurzelfäule, parasitäre Erkrankung an den Wurzeln lebender Bäume, die verletzt wurden u. in denen ein Pilz *(Polyporus annosus)* eindringen u. hochwandern kann (bei der Fichte bis zu 8 m).
Wurzelfüßer, *Rhizopoda*, Tierstamm der Protozoen mit veränderlicher Körperform; Einzeller, die oft Innen- oder Außenskelette bilden, meist aber ohne Skelette vorkommen. Fortbewegung durch Scheinfüßchen. Die W. mit rd. 900 Arten werden eingeteilt in 4 Klassen: *Amöben, Foraminiferen, Sonnentierchen u. Radiolarien.*
Wurzelgemüse, Rüben aller Art: Mohrrüben, Karotten, Speiserüben (Teltower Rübchen), Rettich, rote Rüben, Schwarzwurzeln, Sellerie, Kohlrüben.
Wurzelhaut, *Periodontium*, die Haut, die den Zahn mit dem umgebenden Knochen verbindet, mit Faserbündeln von Blut- u. Lymphgefäßen durchzogen; daneben finden sich in ihr Epithelzellen als Reste der Zahnentwicklung.
Wurzelhautentzündung, *Periodontitis*, sehr schmerzhafte Erkrankung des Zahnes; ohne zahnärztl. Behandlung Gefahr von Fistel- u. Abszeßbildungen u. Knochenmarksentzündungen bei der akuten W. Die chron. W. ist dagegen fast schmerzlos u. führt zur Entwicklung von Zahngranulomen.
Wurzel Jesse →Stammbaum Christi.
Wurzelkletterer →Kletterpflanzen.

Wurzelknöllchen, Wucherungen verschiedener Gestalt an den Wurzeln von Pflanzen, die durch symbiontische Kleinlebewesen entstehen. So enthalten viele Schmetterlingsblütler →Knöllchenbakterien; Erle, Ölweide, Sanddorn u. a. enthalten Strahlenpilze, die Luftstickoff binden. →auch Nitrifikation.
Wurzelkrebse, *Rhizocephala*, Ordnung der *Rankenfußkrebse;* ausschl. Innenparasiten in *Zehnfußkrebsen*, bilden im Wirt ein Geflecht aus nahrungsaufnehmenden Röhren u. entsenden nach außen einen Brutsack, der die Geschlechtsorgane des Parasiten enthält. Die W. besitzen weder einen Darm noch Beine u. erinnern in keiner Weise an die Krebsgestalt. Die Larven (*Nauplius, Cypris*) sind jedoch typische Krebslarven. Der umwälzende Gestaltwandel ist durch die Lebensweise als Parasit zu erklären. Hierher gehört der *Sackkrebs.*
Wurzelläuse, Sammelbez. für *Blatt-* u. *Schildläuse*, die ständig (z. B. *Lachnus rosae* an Rosen) oder zeitweilig an Pflanzenwurzeln leben (z. B. *Reblaus, Baumläuse*) u. dadurch Schaden anrichten können.
Wurzelmundquallen, *Rhizostomae*, Ordnung der *Skyphozoen*, Quallen mit krausig verzweigtem Mundrohr. An den europ. Küsten lebt die *Wurzelmundqualle, Rhizostoma pulmo.* Der 30–60 (maximal 80) cm messende Schirm ist gelbl.-weiß mit blauem Rand.
Wurzelpech, schwefelgelbes Harz aus Wurzel-

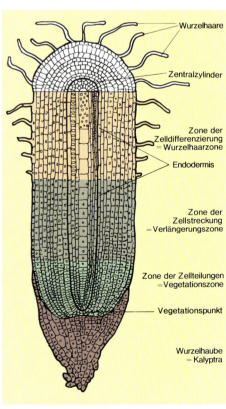

Wurzel: Freigelegt durch Erdabrutsch (oben), Anatomie der Wurzelspitze (unten)

Wüsten: Wüste von Judäa nahe der Nordspitze des Toten Meeres (links). – Sandwüste bei Tarhit, Algerien (rechts)

ästen von Fichten (Fichtenharz) u. anderen Nadelbäumen; enthält Abietinsäure.
Wurzelpilze →Mykorrhiza.
Wurzelratte →Blindmausartige.
Wurzelstock = Rhizom.
Wurzen, Kreisstadt im Bez. Leipzig, an der Mulde, östl. von Leipzig, 20 000 Ew.; Burg seit dem 10. Jh., Dom (12. Jh.), Schloß (15. Jh., ehem. Residenz der Bischöfe von Meißen); Erzeugung von Maschinen, Keks, Lampen, Leder, Möbel u. Teppichen. – Krs. W.: 352 qkm, 53 000 Ew.
Wu-Schule, *Sutschou-Schule,* chines. Malerschule der Ming-Zeit. Ihre ersten Anhänger nannte man nach Wusien, einem Teil des modernen Sutschou; es waren meist Mitglieder chines. Gelehrtenfamilien, die an die Tradition der Gelehrtenmaler der Nord-Sung-Dynastie anknüpften, u. a. *Shen Chou,* sein Schüler *Wen Chengming, T'ang-Yin, Ch'iu Ying.*
Wusi [′utçi], *Wuxi,* chines. Stadt in der Prov. Kiangsu, am Kaiserkanal u. am Nordufer des Tai Hu, 650 000 Ew.; vielseitige Industrie, Binnenhafen. – ⬚ →China (Geographie).
Wusien →Sutschou.
Wust, 1. *Harald,* Offizier, * 14. 1. 1921 Kiel; 1976–1978 Generalinspekteur der Bundeswehr. **2.** *Peter,* Philosoph, * 28. 8. 1884 Rissenthal, Saar, † 3. 4. 1940 Münster (Westf.); seit 1930 Prof. in Münster; vertrat eine auf *Augustinus* zurückgehende, an den dt. Idealismus u. M. *Scheler* anknüpfende kath. Weltanschauung. Hptw.: „Die Auferstehung der Metaphysik" 1920; „Die Dialektik des Geistes" 1928; „Der Mensch u. die Philosophie" 1934. – Gesammelte Werke 8 Bde. 1963–1966.
Wüsten, Erdräume mit so starker Trockenheit (geringe Wasserzufuhr, starke Verdunstung) oder Kälte, daß sich fast nur Trockenflora, aber keine großräumig landschaftsbestimmende Vegetation entwickeln kann. Danach unterscheidet man *Kälte-W.* (Eis- u. Felsgebiete des polaren Klimas u. der Hochgebirge) u. *Trocken-W.,* letztere bes. in der Zone der subtrop. Hochdruckgebiete (z. B. →Sahara, arab.-pers. W., →Gobi, →Kalahari, westaustral. W.) sowie an Meeresküsten mit kaltem Auftriebwasser (z. B. →Atacama, →Namib) u. in abgeschlossenen Gebirgsbecken (→Great Basin). Klimat. Kennzeichen sind geringe jährl. Niederschläge u. große tägl. Temperaturschwankungen. Menschl. Siedlungen u. landwirtschaftl. Anbau sind nur in →Oasen möglich. Nach dem an der Oberfläche vorherrschenden Verwitterungsmaterial unterscheidet man: *Sand-W., Fels-W., Kies-W., Lehm-W., Staub-W., Salz-W.* →auch *Halbwüste, Trockengebiete.* – ⬚ →Sahara.
Wüstenfuchs →Großohrfüchse.
Wüstenhühner = Flughühner.
Wüstenlack, 1. durch Windschliff *(Korrasion)* erzeugter matter Glanz an Gesteinsoberflächen. **2.** dünner, glatter, meist braunschwarzer Überzug aus Eisen- u. Manganoxiden an Gesteinen in Trockenklimaten; früher als Niederschlag mineral. Bestandteile aus kapillar aufsteigenden u. an der Oberfläche verdunstenden Lösungen des Gesteinsinnern gedeutet, nach neuester Forschung Ausfällungsprodukte von Mikroorganismen.
Wüstenluchs, *Karakal, Lynx caracal,* ein *Luchs* von 75 cm Körperlänge, in Wüsten u. Steppen Afrikas u. Westasiens verbreitet.
Wüstenrose, *Sandrose, Steinrose,* rosettenartige Verwachsungen von grobblättrigen Gipskristallen; enthält Beimischungen von feinen Sandkörnern, von graubrauner oder gelbl. Farbe. W.n entstehen in Trockengebieten durch Verdunstung des Wassers aus Salzseen oder durch Kiesverwitterung.
Wüstenschlange, *Sandboa, Eryx jaculus,* zu den *Boaschlangen* zählende, bis 80 cm lange Schlange der Sandgebiete Nordafrikas, Südwestasiens u. Südosteuropas, ungiftig, Lebensdauer über 14 Jahre.
Wüstenspringmaus →Springmäuse.
Wüstenteufel →Moloch (2). – ⬚ →Reptilien I.
Wustmann, *Gustav,* Kulturhistoriker u. Schriftsteller, * 23. 5. 1844 Dresden, † 22. 12. 1910 Leipzig; Anthologie: „Als der Großvater die Großmutter nahm" 1886; „Allerhand Sprachdummheiten" 1891, ¹³1955.
Wustrow [′vustro:], **1.** *Ostseebad W.,* Gemeinde im Krs. Ribnitz-Damgarten, Bez. Rostock, auf dem Fischland (Teil des Darß), am Saaler Bodden; 2000 Ew.; Seefahrtsschule; Seebad. **2.** Halbinsel an der mecklenburg. Ostseeküste bei Wismar, umschließt die Bucht des *Salzhaffs.*
Wüstung, untergegangene Siedlung; zu unterscheiden sind *Orts-* u. *Flur-W.en.* Die Ursachen sind regional sehr verschieden: grundherrlicher Druck, Einführung neuer Wirtschaftssysteme, Getreidebaukrisen, Epidemien, Fehlsiedlungen in ungünstigen Lagen u. a. Die wichtigste W.speriode, die in weiten Teilen Mittel-, West- u. Nordeuropas nachweisbar ist, fällt ins 13.–15. Jh.
Wutach, rechter Nebenfluß des Rhein, 112 km, entspringt als *Seebach* aus dem Feldsee (Schwarzwald), durchfließt den Titisee, verläßt ihn als *Gutach,* durchfließt nach Vereinigung mit *Haslach* u. *Rötenbach* als W. ein unter Naturschutz stehendes Durchbruchstal *(W.schlucht),* mündet bei Waldshut.
Wutai Schan [u′tajʃan; chin., „Fünfterrassenberg"], *Wu-t'ai-schan,* Berg im N der chines. Prov. Schansi, 2996 m; altes Zentrum des chines. Buddhismus mit zahlreichen Klöstern; das bedeutendste ist das „Kloster des Lichtes von Buddha" mit zwei Tempeln u. mehreren Pagoden (erste Anlage aus dem 5. Jh.). Der Name W.S. wurde auf das gesamte umliegende Bergland übertragen. – ⬚ →chinesische Kunst I.
Wu Tao-tze, chines. Maler aus Yangtschai, Honan, * 720, † 760; tätig am Hof des Kaisers *Hsüan-tsung,* führte Wandmalereien in zahlreichen buddhist. u. taoist. Tempeln in Tschangan u. Loyang aus. Originale seiner Werke sind nicht erhalten, doch läßt sich sein Stil durch Abklatsche von Steinreliefs annähernd rekonstruieren.
Wute, stark von den Fulbe beeinflußter Sudannegerstamm in Kamerun, mit Lehnssystem, 3 Klassen (Adel, Freie, Sklaven), bekannter Schmiedekunst (Wurfspeer, Dolch, Schwert), kunstvoller Frauenhaartracht u. riesigen Büffelhautschilden; früher sakrales Häuptlingstum.
Wuti, *Wu-Ti,* mehrere chines. Kaiser. Unter dem der Han-Dynastie angehörenden W. (141–87 v.Chr.), * 157 v.Chr., † 87 v.Chr., wurde China zum Weltreich. Er bannte die Gefahr der hunnischen Hsiung-nu u. drang im S bis Nordannam, im O bis Nordkorea, im W bis ins Tarimbecken vor (Sicherung der Seidenstraßen in Zentralasien). W. zentralisierte das Staatswesen, schaffte endgültig das Lehnswesen ab u. gab den Anstoß zur Entstehung der nach konfuzian. Grundsätzen ausgebildeten Gelehrtenbürokratie.
Wutschou [′udʒou], *Wuchow,* chines. Stadt in der südchines. Autonomen Region Kuangsi-Tschuang, an Si Kiang, rd. 200 000 Ew.; altes Handelszentrum, chem. u. Nahrungsmittel- u. a. Industrie, Hafen.
Wutsin [′udzjin] →Tschangtschou.
Wuwang, *Wu,* Begründer der Tschou-Dynastie in China vor 1100 v.Chr.; idealisierte Herrschergestalt der chines. Geschichte.
Wuyi Schan, langgestrecktes Gebirge im südöstl. China, an der Grenze zwischen Fukien u. Kiangsi, bis über 1000 m.
W.Va., Abk. für den USA-Staat →West Virginia.
Wwe., Abk. für *Witwe.*
WWF, Abk. für *World Wildlife Fund.*
Wyandot [′waiən-], der Indianerstamm der →Huronen.
Wyandotte [′waiəndɔt], Stadt in Michigan (USA), am Detroit River, in der Agglomeration von Detroit, 40 500 Ew.; chemische Industrie, Steinsalzabbau.
Wyatt [′waiət], **1.** *James,* engl. Architekt, * 3. 8. 1748 Burton Constable, † 5. 9. 1813 Marlborough; anfangs Klassizist, trug später zum Wiederaufleben des got. Stils in England bei, leitete die Restaurierung mehrerer Kathedralen. Hptw.: Schloß Fonthill Abbey bei Salisbury, seit 1796 nach Art einer Abtei mit oktogonalem Vierungsturm erbaut, 1825 z.T. eingestürzt, heute Ruine. **2.** Sir *Thomas,* engl. Dichter, * 1503 Allington Castle, Kent, begraben 11. 10. 1542 Sherborne; führte das Petrarca-Sonett in die engl. Literatur ein u. trat mit liedhafter Lyrik hervor.
Wybicki [vy′bitski], *Józef,* poln. Politiker u. Schriftsteller, * 29. 9. 1747 Bendomin bei Danzig, † 10. 3. 1822 Manieczki; Verfasser der 1918 zur poln. Nationalhymne gewordenen Verse „Noch ist Polen nicht verloren" 1797; auch polit. Schriften, Bühnenwerke u. Memoiren.
Wyborg, finn. *Viipuri,* schwed. *Viborg,* Hafenstadt in der RSFSR (Sowjetunion), an der Mündung des Saimaa-Kanals in die W.er Bucht (Finn. Meerbusen), 65 000 Ew.; got. Backsteindom, schwed. Burg (13. Jh.); Maschinen- u. Schiffbau, holz-, metallverarbeitende, Elektro-, Textil- u. Baustoffindustrie; Bahnknotenpunkt, Hafen. – 1293 als schwed. Festung gegründet, bis 1940 finnisch.

Wycherley ['witʃəli], William, engl. Dramatiker, *um 1640 Clive bei Shrewsbury, †1. 1. 1716 London; verfaßte derb-witzige Konversationskomödien: „The Country Wife" 1675; „The Plain Dealer" 1677.

Wyckaert ['wɛikaːrt], Maurice, fläm. Maler, *15. 11. 1923 Brüssel; Vertreter einer informellen Malweise, die in der farbigen Intensität dem Fauvismus nahesteht u. formale Anregungen aus der Natur einbezieht.

Wyclif ['wiklif], John →Wiclif.

Wyczółkowski [vytʃul'kɔfski], Leon, poln. Maler, *11. 4. 1852 Huta Miastkowska, †27. 12. 1936 Warschau; wandte sich als einer der ersten in Polen dem Impressionismus zu u. gehörte zu den bedeutendsten poln. Malern seiner Zeit; stimmungsvolle Landschaftsgemälde, z. T. nach Motiven aus der Ukraine, Porträts, Graphik.

Wye [wai], Fluß in Wales (Großbritannien), 205 km, entspringt in den Cambrian Mountains, mündet in den Severn.

Wyeth ['waiəθ], Andrew, US-amerikan. Maler u. Graphiker, *12. 6. 1917 Chadds Fort, Pa.; Schilderer der Menschen u. Landschaft Neuenglands u. Pennsylvanias, malt mit kühler Lichtgebung u. altmeisterl. Detailwiedergabe im Stil eines magischen Realismus, in dem die Isolation des Dargestellten oft romant. Empfindungen weckt („Christinas Welt" 1948).

Wygosero, *Wygsee*, finn. *Uikujärvi*, halbjährig eisbedeckter See in der Karel. ASSR, RSFSR (Sowjetunion), rd. 1200 qkm, bis 23 m tief; in das *Weißmeer-Ostsee-Kanalsystem* einbezogen.

Wyhratalsperre, Staumauer in der Wyhra u. Eula (Nebenflüsse der Pleiße) in Witznitz, Krs. Borna; Stauraum des Sees 22,7 Mill. m³, 2,3 qkm Fläche; 1952 erbaut, dient dem Hochwasserschutz u. der Betriebswasserversorgung.

Wyk [viːk], Stadt auf der nordfries. Insel Föhr, 5500 Ew.; Seebad; Friesenmuseum; Fähre nach Dagebüll, Muschelhandel.

Wyle, Niklas von, schweizer. Frühhumanist, *um 1410 Bremgarten, Aargau, †1478 Stuttgart (?); Stadtschreiber in Nürnberg u. Esslingen; übersetzte aus Werken von G. Boccaccio, F. Petrarca u. a., vermittelte damit neue Stoffe u. Formen für die dt. Frührenaissance u. die dt. Kunstprosa: „Translatzen" („Translationen", „Teutschungen"), 18 Übersetzungen, 1461. W. übertrug die latein. Grammatik u. Rhetorik direkt auf die dt. Sprache; er stellte als erster systemat. Regeln des Übersetzens ins Dt. auf.

Wyler ['wai-], William, US-amerikan. Filmregisseur, *1. 7. 1902 Mühlhausen, Elsaß, †27. 7. 1981 Beverly Hills; ging 1920 nach Hollywood; Regie bei „Die besten Jahre unseres Lebens" 1946; „Ein Herz und eine Krone" 1953; „An einem Tag wie jeder andere" 1955; „Ben Hur" 1959; „Infam" 1962; „Der Fänger" 1965; „Funny Girl" 1967; „The Liberation of L. B. Jones" 1970.

Wylie ['waili], Elinor Hoyt, US-amerikan. Schriftstellerin, *7. 9. 1885 Sommerville, N.J., †16. 12. 1928 New York; in ihrer Lyrik J. Donne u. P. B. Shelley verpflichtet. Sonette „Angels and Earthly Creatures" 1928.

Wynants ['weinants], Jan →Wijnants.

Wyneken, Gustav, Schulreformer, *19. 3. 1875 Stade, †8. 12. 1964 Göttingen; 1900–1906 Mitarbeiter von H. *Lietz*, gründete mit P. *Geheeb* die „Freie Schulgemeinde Wickersdorf"; beanspruchte die Führung in der Jugendbewegung. Seine Forderung nach einer „Jugendkultur" 1914 erwies sich als nicht realisierbar. – ▢ 1.7.2.

Wynnytschenko, Wladimir, ukrain. Schriftsteller u. Politiker, *2. 7. 1880 Jelisawetgrad, Gouvernement Cherson, †6. 3. 1951 Mouyins (Frankreich); 1917 erster Min.-Präs. der Ukraine, seit Ende des Bürgerkriegs im Exil; Vertreter der ukrain. Dekadenz; Erzählungen mit sozialer Thematik.

Wyo., Abk. für den USA-Staat →Wyoming.

Wyoming [wai'ɔumiŋ], **1.** Abk. *Wyo.*, westl. USA-Staat (seit 1890), 253 597 qkm, 410 000 Ew. (2,5% Nichtweiße), Hptst. *Cheyenne*; liegt in den durch weite Becken gegliederten mittleren Rocky Mountains u. den Great Plains; durchschnittl. Höhe 2000 m, überwiegend Steppe, nur 14% sind bewaldet; hauptsächl. Rinder- u. Schafzucht („Cowboystaat"), etwas Trocken- u. Bewässerungsfeldbau (auf rd. 3% der Staatsfläche) mit Anbau von Weizen, Zuckerrüben u. Bohnen; Erdöl- u. Erdgasförderung, Bergbau auf Eisen- u. Uranerze; noch kaum genutzte Kohlenlager; Tourismus bes. im Yellowstone-Nationalpark.
2. Stadt in Michigan (USA), in der Agglomeration von Grand Rapids, 58 000 Ew.

Wyrsch [virʃ], Johann Melchior, schweizer. Maler, *21. 8. 1732 Buochs, †9. 9. 1798 Buochs; Historien- u. Kirchenmaler, auch als Porträtist tätig.

Wyschinskij, Andrej Januarjewitsch, sowjet. Politiker, *11. 12. 1883 Odessa, †22. 11. 1954 New York; seit 1902 in der sozialist. Bewegung, anfangs Menschewik, seit 1921 Bolschewik; 1935–1939 Generalstaatsanwalt, Hauptankläger in den Moskauer Schauprozessen 1936–1938; 1940–1949 stellvertr. Außen-Min., 1949–1953 Außen-Min., dann wieder stellvertr. Außen-Min. u. Delegierter bei den UN.

Wyschnij Wolotschek ['viʃnij vala'tʃɔk], Stadt in der RSFSR (Sowjetunion), an der Bahnlinie Moskau–Leningrad, 74 000 Ew.; großes Baumwollkombinat, Sägewerke u. Baustoffproduktion.

Wysoko [russ.], *Wysokij*, Bestandteil geograph. Namen: hoch, Ober-.

Wyspiański [vys'pjanjski], Stanisław, poln. Dramatiker u. Maler, *15. 1. 1869 Krakau, †28. 11. 1907 Krakau; von R. *Wagner* beeinflußter Neuromantiker; wollte von Volksbewußtsein schaffen. Dramen: „Die Warschauerin" 1898, dt. 1918; „Die Novembernacht" 1904, dt. 1918; „Die Richter" 1907, dt. 1933. W. schuf als Maler zunächst Bilder im impressionist. Stil, dann Porträts, Glasfensterentwürfe u. Fresken.

Wyß [viːs], Johann Rudolf, schweizer. Schriftsteller, *4. 3. 1782 Bern, †21. 3. 1830 Bern; war dort Prof. der Philosophie, verfaßte das schweizer. Nationallied „Rufst du, mein Vaterland" 1811; Hrsg. des Musenalmanachs „Alpenrosen" 1810–1830 u. des von seinem Vater Johann David W. (*1743, †1818) verfaßten „Schweizer. Robinson" 1812/1813.

Wystiter See [viʃ'tiːtər], von der Pissa durchflossener See in der ehem. Prov. Ostpreußen, poln. Teil (Masuren), 17,6 qkm, bis 47 m tief; grenzt an die Litauische SSR u. die Oblast Kaliningrad der RSFSR (Sowjetunion).

Wyszyński [vi'ʃinjski], Stefan, poln. kath. Theologe, *3. 8. 1901 Żużela, †28. 5. 1981 Warschau; 1948 Erzbischof von Gnesen u. Warschau, Primas von Polen, 1952 Kardinal; 1953–1956 in Klosterhaft; setzte sich für die Neuregelung der Diözesen in den ehem. dt. Ostgebieten ein.

Wytschegda, östl. Quellfluß der Sewernaja Dwina, 1100 km, entspringt auf dem Timanrücken, größtenteils schiffbar; Überlauf durch Stauung ins Kama-System u. über die Wolga zum Kasp. Meer (Hebung des Wasserspiegels) geplant.

WZG, Abk. für *Warenzeichengesetz* vom 5. 5. 1936 in der Fassung vom 2. 1. 1968. →Warenzeichen.

x, X, 24. Buchstabe des dt. Alphabets.
x, *Mathematik:* Zeichen für eine unbekannte oder variable Größe.
X, röm. Zahlzeichen für 10.
Xanten, Stadt in Nordrhein-Westfalen (Ldkrs. Wesel), am Niederrhein westl. von Wesel, 15 500 Ew.; roman.-got. Dom (13.–16. Jh.), Klever Tor (1393; Röm. Museum), am Stadtrand ein Amphitheater aus der Römerzeit; Metallindustrie. – Röm. Lager *(Castra vetera)*; nach dem Nibelungenlied eine Königsstadt.
xanth... →xantho...
Xanthelasma [das; grch.], auf einer abnormen örtlichen Speicherung von Cholesterin beruhende Gewebsveränderung, die zu gelblichen, flach erhabenen Flecken oder beetartigen Knötchen an den Augenlidern führt; Xanthelasmen kommen z.B. im höheren Alter öfter vor. Wenn sie kosmetisch stören, können sie chirurgisch entfernt werden.
Xanthenfarbstoffe [grch.], Gruppe synthet. Triphenylmethanfarbstoffe, zu denen die *Phthaleine* (z.B. Phenolphthalein, Fluoreszein, Eosin) u. die *Rhodamine* zählen.
Xánthi [-θi], *Xanthē,* griech. Stadt in Thrakien, 27 000 Ew.; Tabakanbau u. -markt; Basar.
Xanthidae [grch.], Familie der *Krabben* mit zahlreichen exotischen Arten u. vielen Bewohnern von Korallenriffen. In europ. Gewässern z.B. die Gattungen *Xantho* u. *Pilumnus.*
Xanthin [das; grch.], *2,6-Dihydroxypurin,* in der Natur in geringen Mengen vorkommendes Alkaloid, dem Coffein u. Theobromin verwandt; wirkt herzmuskelschädigend.
Xanthippe, Frau des *Sokrates,* die zum Typ der zanksüchtigen Ehefrau geworden ist.
xantho... [grch.], Wortbestandteil mit der Bedeutung „gelb"; wird zu *xanth...* vor Selbstlaut.
Xanthogensäuren [grch.], Ester der *Dithiokohlensaure,* Formel:

$$S=C\begin{matrix}\nearrow OR\\ \searrow SH\end{matrix}$$

(R = Alkyl); unbeständige, stechend riechende ölige Flüssigkeiten, die leicht in Schwefelkohlenstoff u. Alkohol zerfallen. Das Ersetzen des Wasserstoffs der SH-Gruppe durch Alkali- oder Schwermetallionen (Kalium, Natrium, Kupfer) ergibt *Xanthogenate.* Natriumxanthogenat ist bei der Herstellung der Viskosekunstseide von Bedeutung. Kaliumxanthogenat wird zur Reblausbekämpfung verwendet.
Xanthom [das; grch.], *Gelbknoten,* gutartige, größere oder kleinere, einzeln oder mehrfach vorkommende Bindegewebsgeschwulst der Haut in Form gelber bis bräunlicher Knoten, Knötchen oder kleiner Erhabenheiten; X.e kommen bes. bei jüngeren Menschen vor u. finden sich mit Vorliebe an Knie, Fingergelenken, Handflächen, Ferse, Ellenbogen, auch am Rücken. *Xanthomatose* nennt man das Vorhandensein zahlreicher X.e.
Xanthophyceae, *Heterocontae,* meist grüne *Algen;* hierher gehört die kosmopolitisch vorkommende *Vaucheria.*
Xanthophylle [grch.] →Carotinoide.
Xanthoproteinreaktion, Nachweis der Aminosäuren Phenylalanin, Tyrosin u. Tryptophan in Eiweißstoffen durch Behandlung mit starker Salpetersäure. Die Gelbfärbung der Haut beim Verätzen mit Salpetersäure beruht auf der X.
Xanthos, 1. antiker Name des Flusses *Kocacay* im südwestl. Anatolien, in seinem Flußtal lagen die wichtigsten Städte des antiken Lykien.
2. größte Stadt im antiken Lykien, beim heutigen Kinik in Anatolien; 546 v.Chr. durch die Perser u. 42 v.Chr. durch Brutus völlig zerstört. Bekannt durch seine teils in den Felsen eingehauenen u. mit Architekturfassade versehenen, teils freistehenden Grabdenkmäler in Haus- oder Pfeilerform; am bekanntesten das Harpyienmonument (6. Jh. v.Chr.) u. das Nereidenmonument (Ende 5. Jh. v.Chr.).
Xanthos der Lyder, Geschichtsschreiber, der im 5. Jh. v.Chr. eine Geschichte Lydiens in griech. Sprache verfaßte (in Bruchstücken erhalten).
Xaver [aus dem Familiennamen *Xavier* (nach dem Schloß Xavier in Navarra, Spanien) des hl. *Franz Xaver*], männl. Vorname.
Xaver, Franz →Franz Xaver.
X-Bein, *Bäckerbein, Knickbein, Genu valgum,* Abknickung des Unterschenkels gegenüber dem Oberschenkel nach außen bei gleichzeitig bestehendem Knickfuß; operative Korrektur möglich, in den meisten Fällen aber nicht notwendig.
x-Chromosom →Geschlechtschromosomen.
Xe, chem. Zeichen für *Xenon.*
X-Einheit, Kurzzeichen XE, Längeneinheit zur Angabe von γ- u. Röntgenstrahlwellenlängen; 1 XE = $1,002 \cdot 10^{-11}$ cm (rd. $^1/_{1000}$Å). Amtl. nicht mehr zugelassen.
Xenakis, Yannis, griech. Komponist, *1. 5. 1922 Brăila (Rumänien); Vertreter der seriellen Musik, komponiert nach mathemat. Gesetzmäßigkeiten: „Metastasis" 1955; „St/10 – 1,080262" („stochastische", d.h. auf dem Zufallsprinzip basierende Musik, deren Formgesetze ein Computer errechnet hat); „Achorripsis" für 21 Instrumente 1958; „Pithoprakta" für Orchester 1957; „Anastenaria" 1957; „Stratégie" für 2 Orchester 1963; „Nomos Alpha" für Cello solo 1966; „Terretektorh" 1966; Ballett „machen – opfern" 1971. Essays „Musiques formelles" 1963; „Musique, Architecture" 1971.
Xenia [grch., „gastlich, gastfreundlich"], *Xenja,* weibl. Vorname, auch Kurzform von Zusammensetzungen mit *-xenia,* z.B. *Polyxenia.*
Xenien [Mz.; grch., „Gastgeschenke"], 1. *Genetik:* Lebewesen mit gesteigerter →Dominanz. Diese tritt in triploiden Chromosomensätzen auf: ein Gen überdeckt seine 2 Allele, die entgegengesetzte Wirkung ausüben. Beispiel: Feldmais – süßer Mais. Kann hier dazu führen, daß einige Feldmaiskörner in den Süßmaiskolben eingesprengt sind u. umgekehrt.
2. *Literatur:* von *Goethe* u. *Schiller* (nach *Martial*) verwendeter Titel für 414 epigrammat. Distichen gegen literar. Widersacher, die sie gemeinsam 1796 im „Musenalmanach auf das Jahr 1797" veröffentlichten. 1820 erschienen Sprüche u. Epigramme Goethes unter dem Titel „Zahme X."
xeno... [grch.], Wortbestandteil mit der Bedeutung „Gast, Fremder".
Xenon [das; grch.], chem. Zeichen Xe, zur Gruppe der Edelgase gehörendes Element, Atomgewicht 131,29 Ordnungszahl 54, Litergewicht 5,89 g; in geringen Mengen in der Luft vorkommend, aus der es nach deren Verflüssigung durch fraktionierte Destillation gewonnen werden kann. X. wird, mit Krypton gemischt, zur Füllung von →Xenonlampen verwendet.
Xenonlampe, eine Hochdruckgasentladungslampe, die mit dem Edelgas *Xenon* gefüllt ist u. Licht hoher Leuchtdichte durch eine elektr. Bogenentladung erzeugt. Der Betriebsdruck beträgt bis 30at, bei Höchstdrucklampen bis 75 at. Die Lichtfarbe entspricht mittlerem Tageslicht, weshalb sich X.n für alle Anwendungsgebiete eignen, bei denen eine naturgetreue Farbwiedergabe wichtig ist. X.n benötigen eine besondere Zündspannung. *Xenon-Kurzbogenlampen* werden an Gleichstrom betrieben, die Versorgungsspannung beträgt 60–80 V, die Zündspannung 25 kV, Nennleistungen etwa 75 W bis 6,5 kW. Einsatzgebiete: Filmprojektion, Studiobeleuchtung u.a. *Xenon-Langbogenlampen* werden für Wechselspannungen von 220 bis 380 V hergestellt u. erreichen Leistungen von 1,5 bis 20 kW u. mehr. Sie werden zur Beleuchtung von Hallen, Verkehrsanlagen, Sportplätzen u.a. verwendet. Auch das für photograph. Aufnahmen benutzte *Elektronenblitzgerät* enthält als Lichtquelle eine X. Bei der Auslösung an der Kamera (Schließen des Synchronkontakts) wird über Zündkondensator, Zündspule u. eine Zündelektrode die Edelgasfüllung ionisiert, so daß sich die an den Elektroden liegende hohe Spannung des Blitzkondensators schlagartig unter Lichtaussendung entladen kann. →auch Gasentladungslampe.
Xenophanes, griech. Philosoph u. Dichter, *um 580 v.Chr., †um 480 v.Chr. Elea, Unteritalien; vertrat gegenüber der Gottesvorstellung der homerischen Epen u. der Volksreligion die Einheit u. Geistigkeit Gottes u. kämpfte gegen den Anthropomorphismus des Gottesbildes.
Xenophon, 1. griech. Schriftsteller, *um 426 v.Chr. Athen, †um 355 v.Chr.; Schüler des Sokrates, dem er in den Schriften „Apologie" (Verteidigungsrede des Sokrates), „Symposion" (Siegesfeier für einen schönen Knaben), „Apomnemoneumata" (Erinnerungen an Sokrates) ein Denkmal setzte. Die 7 Bücher „Anabasis" schildern den Rückzug des im Dienst des Kyros stehenden griech. Söldnerheeres nach der Niederlage bei Kunaxa gegen Artaxerxes II. Eine Fortsetzung zur Geschichte des Thukydides gab er in der „Hellenika". In der „Erziehung des Kyros" entwarf X. das Bild eines Idealstaates.
2. X. von Ephesos, griech. Schriftsteller, um 200 n.Chr.; schrieb den Roman „Ephesiaka", die Liebesgeschichte von Antheia u. Habrokomes.
Xenophyophora [grch.], Tiefseetiere verschiedener Gestalt, scheibenförmig oder verzweigt, bis 7 cm groß, deren Körper filzartig aus feinen Röhren, aus einer Kittmasse u. eingelagerten Fremdkörpern aufgebaut ist. Lebensweise u. Stellung der X. im zoolog. System noch ungeklärt.
Xenoplastik [grch.] = Heteroplastik.
Xenopulos, Gregorios, neugriech. Erzähler u. Dramatiker, *9. 12. 1867 Istanbul, †14. 1. 1951 Athen; Gesellschaftsromane u. Dramen, in denen zum ersten Mal in der neugriech. Literatur soziale Probleme aufgegriffen werden. Mitbegründer des neugriech. Theaters.
Xenotim [der; grch.], gelbl., fettglänzendes Mineral; tetragonal; Härte 4–5; in Granit- u. Pegmatitgängen, Seifen.
xer... →xero...
Xeres de la Frontera ['xeres-] = Jeres de la Frontera.
xero... [grch.], Wortbestandteil mit der Bedeutung „trocken, dürr".

Xerographie [die; grch.], elektrostatisches Druckverfahren, in großem Umfang für Photokopien eingesetzt. Die Druckform ist eine Metallplatte mit photoelektrischer Anthrazen- oder Selenschicht, die im Dunkeln positiv aufgeladen wird. Bei Projektion eines Bildes auf die Druckplatte bleiben die dunklen Schrift- u. Bildelemente elektrostatisch aufgeladen, die belichteten (nicht druckenden) Teile der Platte verlieren ihre Ladung. Gedruckt wird mit negativ aufgeladenem Farbpulver, das an den positiv geladenen Elementen der Druckplatte haftet. Die Papierbahn wird an der Platte vorbeigeführt, die Aufladung an dieser Stelle unterbrochen u. das Farbpulver durch einen positiv geladenen Pol hinter der Papierbahn angezogen u. auf das Papier übertragen. Anschließend wird das Farbpulver in einer Heizanlage angeschmolzen oder durch Lösungsmittel mit dem Papier verbunden. →auch elektrostatische Druckverfahren.

xeromorphe Pflanzen [grch.] →Trockenpflanzen, →Sonnenblätter.

xerophil [grch.], *Ökologie:* trockenheitsliebend, Bez. für Tiere u. Pflanzen, die trockene Lebensräume bevorzugen.

Xerophthalmie [grch.], *Augendarre*, Austrocknung u. Schrumpfung der Augenbindehaut u. Hornhaut, die im schwersten Fall einschmelzen u. geschwürig zerfallen kann *(Keratomalazie)*; Ursache dieser heute seltenen Krankheit, die mit Nachtblindheit verbunden ist, ist das Fehlen des Vitamins A. Die X. kann durch rechtzeitige Vitamin-A-Zufuhr erfolgreich behandelt werden.

Xerophyten [grch.] →Trockenpflanzen.

Xerose [die; grch.], *Medizin: Xerosis*, Trockenheit, Aus- bzw. Vertrocknung.

Xerxes, griech. Form von altpers. *Chschajarscha*, Name altpers. Könige aus dem Geschlecht der Achämeniden; bes. *X. I.*, 486–465 v.Chr., Sohn Dareios' I., Vater Artaxerxes' I., *um 519, †465 v. Chr.; der *Ahasverus* der Bibel; begann 480 v. Chr. den Feldzug gegen Griechenland, der für Persien mit einer Katastrophe endete; mit seinem Sohn Dareios vom Führer seiner Leibgarde ermordet. →Perserkriege.

X, F, M und V, zur Kennzeichnung der Blitzlichtkontakte *(Synchronkontakte)* u. der Vorlaufeinstellung an Kameras verwendete Buchstaben. Der X-Kontakt ist für den Anschluß von Elektronenblitzgeräten u. Blitzlampen (Vacublitze) bestimmt. Die Blitzlichtauslösung erfolgt bei voller Verschlußöffnung. F ist ein Spezialanschluß für kurzbrennende Blitzlampen; Zündung etwa 5 Millisekunden vor der Verschlußöffnung. Der (seltene) M-Kontakt dient zur Synchronisation von länger brennenden Spezialblitzlampen für Aufnahmezeiten unter $1/30$ sek, Zündung etwa 16 Millisekunden vor der Verschlußöffnung; es wird nur ein Teil der Blitzleuchtzeit ausgenutzt. V = Vorlauf (Selbstauslöser).

X-Haken, ein Haken, der mit schräg nach unten stehenden Stahlnadeln in die Wand eingeschlagen wird; bes. zum Aufhängen von Bildern.

Xhosa [ˈkoːzə] = Xosa.

Xi, ξ, Ξ, 14. Buchstabe des griech. Alphabets.

Xiêng Khouang [siɛŋ-], zentralaot. Prov.-Hptst. auf der Hochebene der Tonkrüge, 5000 Ew., Eisenerzvorkommen.

Ximénez de Cisneros [xiˈmeneθ ðə θis-], *Jiménez de Cisneros*, Francisco, span. Politiker, *1436 Torrelaguna, Kastilien, †8. 11. 1517 Roa bei Burgos; 1495 Großkanzler von Kastilien u. Erzbischof von Toledo, 1507 Großinquisitor u. Kardinal; Beichtvater Isabellas von Kastilien, auf deren polit. Entscheidungen von starkem Einfluß, u. war ihm Tod Regent für den abwesenden Ferdinand von Aragón (1506/07) sowie 1516/17 nach dem Tod Ferdinands bis zum Eintreffen Karls I. (Kaiser Karl V.); veranlaßte die zwangsweise Bekehrung der Mauren im Königreich Granada.

Xingu [ˈʃingu], Nebenfluß des Amazonas, 2100 km, entspringt auf dem Plateau von Mato Grosso, mündet bei Porto de Moz; wegen der zahlreichen Stromschnellen nur im Unterlauf schiffbar.

Xipe Totek [ˈxipə; aztek., „Unser Herr der Geschundene"], aztek. Frühlingsgott, mit einer Maske aus abgezogener Menschenhaut dargestellt; seine Priester zogen sich die Haut der Menschenopfer als Symbol der Erneuerung über.

Xiphosura [grch.] = Pfeilschwänze.

Xmas [ˈiksməs], Abk. für engl. *Christmas*, Weihnachtsfest.

Xochicalco [xɔtʃiˈkalko; aztek., „Ort des Blumenhauses"], das heutige *Cuernavaca*, Ruinenstadt im mexikan. Staat Morelos, Blüte zwischen dem 7. u. 10. Jh., Tempelpyramiden mit berühmtem Federschlangenrelief, Hieroglypheninschriften; stand unter Einfluß von Teotihuacan, der Maya u. der Zapoteken.

Xochimilco [xɔtʃi-], südöstl. Vorstadt von México, im Bundesdistrikt, 40 000 Ew.; Anbau von Gemüse u. Blumen in den „schwimmenden Gärten" (aus Weidengeflecht gebildete Inselchen) zur Versorgung der Hptst.; Tourismus. – B →Mexiko.

Xochipilli [xɔtʃiˈpiji], aztek. Sommergottheit, Gott der Liebe u. des Spiels.

Xochiquetzatl [xɔtʃikɛtˈsatl], aztekische Göttin der Schönheit, der Liebe, der Blumen u. des Haushalts.

Xosa [ˈkoːza], *Xhosa*, südlichste Gruppe der →Nguni, vorwiegend in der Transkei.

XP, 1. *Post:* Angabe auf Telegrammen: Eilbotenzustellung im Landzustellbezirk vom Absender bezahlt.
2. *Religion:* →Christusmonogramm.

XP-Gespräch, das Heranrufen einer Person an eine öffentl. Sprechstelle gegen bes. Gebühr.

X-Strahlen, in manchen Ländern benutzte Bez. für →Röntgenstrahlen.

Xuthos, in der griech. Sage Sohn des Hellen u. der Orseis, Gemahl der *Kreusa*, Tochter des attischen Königs *Erechtheus*.

Xylamon, Handelsname für verschiedene ölige Holzschutzmittel mit unterschiedl. Wirkungsspektrum gegen Holzpilze u. Insekten.

Xylem [das; grch.], wasserleitender Gefäßteil des pflanzl. →Leitbündels.

xylo... [grch.], Wortbestandteil mit der Bedeutung „Holz".

Xylol [das; grch.], *Dimethylbenzol*, in drei Isomeren im Steinkohleteer u. Erdöl vorkommende aromat. Verbindung; farblose, stark lichtbrechende Flüssigkeiten, als Lösungsmittel für Kautschuk, Lacke, Fette u. Öle sowie zur Synthese von Kunstharzen, Farb- u. Riechstoffen verwendet.

xylophag [grch.], *Ökologie:* holzfressend, Bez. für Tiere, deren Nahrung vorwiegend aus Holz besteht (z.B. Termiten, Larven von Bockkäfern).

Xylophon [das; grch., „Klangholz"], Volks- u. Orchesterinstrument aus Holzstäben, die mit hölzernen Schlegeln geschlagen werden. Die in bis zu vier Reihen parallel liegenden Stäbe ruhen auf Stroh- oder Filzunterlagen (auch Gummistreifen). Heute werden X.e in Klaviatur-Anordnung gebaut (→Marimba). Einfachere X.e werden in der Jugendmusik (C. Orff) verwandt. Im Orchester wird das X. gelegentl. als Effektinstrument eingesetzt; in der Unterhaltungsmusik häufig als Virtuoseninstrument. – In Europa ist das X. seit dem 15. Jh. nachweisbar. Es stammt aus Asien.

Xylose [die; grch.], *Holzzucker*, ein *Monosaccharid* mit 5 Kohlenstoffatomen (eine Aldopentose), das aus Holz, Kleie oder Stroh durch Abbau des polymeren Kohlenhydrats *Xylan* mittels verschiedener Säuren gewonnen werden kann.

Xystus →Sixtus.

y, Y, 25. Buchstabe des dt. Alphabets, *Ypsilon* genannt, entspricht dem 20. Buchstaben des griech. Alphabets, wird im Dt. nur in Fremwörtern mit dem Lautwert ü (oder i) u. j gebraucht.
y, *Mathematik:* Zeichen für eine unbekannte oder variable Größe.
Y, chem. Zeichen für *Yttrium.*
Y [i], französ. Gemeinde im Dép. Somme nördl. von Paris, bei Péronne, 100 Ew.
„Ya", 1935 gegr. führende kath. Zeitung Spaniens in Madrid; Auflage 147 000.
Ya'an, chines. Stadt in der Prov. Szetschuan, südöstl. von Tschengtu, rd. 100 000 Ew.; Umschlagplatz für Waren von u. nach Tibet.
Yadin, Yigael, eigentl. *Sukenik,* israel. General, Archäologe u. Politiker, *21. 3. 1917 Jerusalem, 1949–1952 Generalstabschef; seit 1959 Prof. in Jerusalem, leitete zahlreiche Ausgrabungen (Werke: „Masada" dt. 1967; „Bar Kochba" dt. 1971; „Hazor" dt. 1976); gründete 1977 die Partei *Dash* (Bewegung für demokrat. Erneuerung), die sich 1978 spaltete; 1977–1981 stellvertr. Min.-Präs.
Yagi-Antenne [nach dem japan. Erfinder], Richtstrahler in der Funktechnik, eine Kombination von Dipolantenne, Reflektor u. Direktor. →Antenne.
Yahata, Stadtteil von →Kita-Kyuschu.
Yahgan, *Yamana,* ausgestorbener Indianerstamm an der Südspitze Südamerikas; Jäger (von Seesäugetieren), Fischer u. Sammler, mit Rindenbooten, Fell- u. Rindenhütten.
Yahya Kemal Beyatlı, türk. Lyriker, *2. 12. 1884 Skopje (Makedonien), †1. 11. 1958 Istanbul; Abg. u. Gesandter; schrieb, die traditionellen Formen wiederbelebend, bildhafte Lyrik, beeinflußt vom französ. Symbolismus; von großer Wirkung.
Yahya Khan →Jahja Khan.
Yak, *Bos [Poephagus] mutus,* bis 2 m hohes, zottiges *Echtes Rind* der zentralasiat. Hochländer in 4000–6000 m Höhe; fast ausgerottet. Aus ihm wurde um 1000 v. Chr. der kleinere *Haus-Yak, Bos mutus grunniens,* als Gebrauchstier gezüchtet.
Yakima ['jækɪməː], Stadt in Washington (USA), zwischen Kaskadengebirge u. Columbia River, 46 000 Ew. (Agglomeration 80 000 Ew.), im Tal des *Y. River;* bewässerter Anbau von Obst, Gemüse (bes. Äpfel, Birnen) u. Hopfen; Viehzucht.
Yakup Kadri Karaosmanoğlu [-oxlu], türk. Schriftsteller u. Diplomat, *27. 3. 1889 Cairo, †14. 12. 1974 Ankara; hatte als Romancier Anteil an der Entwicklung der modernen, westl. orientierten türk. Literatur; behandelte mit psycholog. Motivation Themen aus der neueren türk. Geschichte. „Flamme u. Falter" 1922, dt. 1948; „Der Fremdling" 1932, dt. 1939.
Yale-Schloß [jeɪl-; nach dem Erfinder Linus *Yale,* *1821, †1868], Sicherheitsschloß zum Einschieben in Kastenschlösser.
Yale University ['jeɪl juːnɪ'vəːsɪtɪ], US-amerikan. Universität in New Haven, Conn.; benannt nach dem engl. Philanthropen E. *Yale* (*1649, †1712); gegr. als College 1701, Volluniversität 1887.
Yalü Kiang, *Yalu, Jalu,* korean. *Amnokkang,* schnell fließender, stromschnellenreicher Grenzfluß zwischen Nordkorea u. der Mandschurei, 550 km; entspringt im nordkorean. Bergland, großenteils flöß- u. schiffbar, mündet bei Sinuidschu-Antung mit 30 km breitem Delta in die Koreabucht; im Winter 3–4 Monate zugefroren.
Yalung Kiang, linker Nebenfluß des oberen Yangtze Kiang, entspringt am Bayan Khar Uul in Tsinghai, mündet südl. des Tasüe Schan, 1200 km.
Yama, Urmensch der ind. Religion, im pers. Awesta *Yima,* zugleich Gott des Todes im Hinduismus.
Yama [jap.], Bestandteil geograph. Namen: Berg.
Yamagata, japan. Präfektur-Hptst. in Nordhonschu, westl. von Sendai, 205 000 Ew.; Textil-, Nahrungsmittel- u. Seidenindustrie; Forellenfang.
Yamagata *Aritomo, Jamagata Aritomo,* Fürst, japan. Politiker u. Feldherr, *22. 4. 1838 Hagi, †1. 2. 1922 Odawara; 1889–1891 u. 1898–1900 Min.-Präs., verantwortl. für die Besetzung Koreas u. das Zustandekommen des brit.-japan. Bündnisses (gegen Rußland).
Yamagutschi, japan. Präfektur-Hptst. in Südwesthonschu, 101 000 Ew.; Textilindustrie, Ölraffinerie.
Yamamoto *Yuso* →Jamamoto Juso.
Yamana, der südamerikan. Indianerstamm der →Yahgan.
Yamato-E [jap., „Malerei aus Yamato", d.i. Japanmalerei], eine Gattung japan. Malerei, die im Gegensatz zum *Butsuga* (buddhist. Malerei) u. *Kara-E.* (Tuschmalerei chines. Stils) in Themen u. Darstellungsart das Einheim. betont. Y. erblühte im 12. u. 13. Jh. u. verlor seit der Mitte des 14. Jh. an Bedeutung. Sie beeinflußte die Tosau. die Koetsu-Schule u. trug auch wesentl. zur Bildung des Kano-Stils u. des Ukiyo-E bei. Die Bilder erscheinen meist in Makimono-Form, gelegentl. auch auf Fusuma (Schiebetüren); sie zeigen höf. Szenen u. Vorgänge aus der Geschichte, Legenden- u. Sagenwelt, seltener Bildnisse u. buddhist. Motive. Charakterist. sind die Trennung der Szene durch ornamentale Wolken, die Vorliebe für Aufsichten aus der Vogelperspektive (wobei oft die Dächer der Gebäude weggelassen sind, um Einblick in das Innere der Räume zu ermöglichen), die Reduzierung der Gesichtsformen u. die Umschreibung der Figuren mit geringem Formenaufwand.
Yamswurzel, *Dioscorea,* Gattung der *Y.gewächse, Dioscoreaceae.* Mehrere Arten werden in den Tropen wegen der stärkereichen Knollen angebaut. So liefert die in der Kapprovinz wachsende *Dioscorea elephantopus* das →Hottentottenbrot u. die in Ostasien heimische *Dioscorea batata* die *Chinesische Kartoffel.* – Y.knollen dienen den Europäern in den Tropen als Kartoffelersatz. Den Einheimischen sind sie ein allg. Nahrungsmittel. In der Südsee vor allem wird die Y. in zeitl. Abwechslung mit →Taro angebaut.
Yamuna, *Jumna,* größter rechter Nebenfluß des Ganges, 1450 km, Einzugsbereich von ca. 300 000 qkm; entspringt in 6300 m Höhe im westl. Kumaun-Himalaya, mündet bei Allahabad; unbedeutende Schiffahrt; Ausnutzung für die Bewässerung; Wasserkraftwerk (1974 fertiggestellt); heiliger Fluß für die Hindu; Zuflüsse (rechts) Chambal, Sindh, Betwa, Ken.
Yan'an, *Jenan, Fuschi,* chines. Stadt in der Prov. Schensi, 35 000 Ew.; wurde nach dem „Langen Marsch" 1935 „Hauptstadt" der kommunist. Bewegung gegen die Kuomintang.
Yanbu al Bahr [-'baxər], *Janbo,* Industriestadt in Saudi-Arabien, am Roten Meer, 100 000 Ew. (geplant); Exporthafen für Rohöl; Endpunkt der Pipeline von *Abqaiq* (am Persischen Golf).

Yang, Chen Ning, US-amerikan. Physiker chines. Herkunft, *22. 9. 1922 Hofei, Anhwei (China); seit 1945 in den USA, befaßt sich mit Quantentheorie u. Kernphysik; Arbeiten über Nichterhaltung der Parität. Nobelpreis für Physik 1957 mit T. D. *Lee.*
Yangdog Tsho, südtibet. Hochlandsee, 4375 m hoch, südl. des Tsangpo u. Lhasas gelegen.
Yangtschou ['jaŋdʒou], *Yang-chou, Kiangtu,* chines. Stadt in der Prov. Kiangsi, am Kaiserkanal nördl. des Yangtze Kiang, 200 000 Ew.; Nahrungsmittelindustrie. Anfang 7. Jh. Hptst. von China.
Yangtze Kiang, *Jangtsekiang, Chang Jiang* [chin., „Blauer Fluß"], größter u. wasserreichster Fluß Chinas, 6300 km, rd. 1,8 Mill. qkm Einzugsgebiet; entspringt als *Mörön Us* im osttibet. Tanglha-Gebirge, heißt im Oberlauf streckenweise *Dre Tschhu;* durchströmt das Hochland von Yünnan u. Szetschuan, mündet nordwestl. von Schanghai ins Ostchinesische Meer. Verheerende Überschwemmungen waren bis in die jüngste Zeit hinein nicht selten, werden aber durch den Bau von großen Wasserkraftwerken immer mehr zurückgedrängt. Auf 2700 km (von Ipin an) ist der Fluß schiffbar (für große Seeschiffe bis Wuhan; rd. 1000 km). Wichtigste Nebenflüsse links: *Yalung Kiang, Min Kiang, Kialing Kiang, Han Schui;* rechts: *Wu Kiang, Yüan Kiang, Siang Kiang, Kan Kiang.* Zwischen 1955 u. 1968 wurden in Wuhan, oberhalb von Tschungking u. in Nanking bedeutende Brückenbauten errichtet, bes. für den Eisenbahnverkehr in N-S-Richtung. – ▣→China (Geographie).
Yang und Yin →Yin und Yang.
Yankee ['jæŋkɪ; ndrl., engl.], Spitzname für die Bewohner der USA; in den USA selbst Bez. für die Bewohner der Neuengland-Staaten.
Yankee Doodle ['jæŋkɪ 'duːdl], altes Nationallied in den USA; seit dem 18. Jh. bekannt.
Yao, 1. *Yaotse, Jau, Jautze, Man,* Gebirgsvolk in Südchina, Nordvietnam u. Laos (rd. 1 Mill.), seit 400 Jahren längs der Gebirge nach Hinterindien vorrückend; mit Brandrodungs- u. z.T. übernommenem Naßreisbau; unter chines. Kultureinfluß. **2.** *Wayao,* mutterrechtl. Bantustamm (über 400 000) am Rovuma in Moçambique u. Tansania; Hackbau u. z.T. Rinderzucht; Lippenpflöcke.
Yao, mytholog. Herrschergestalt in China im 3. Jahrtausend v.Chr.
Yaoundé [jaun'deː], *Jaunde,* Hptst. der afrikan. Rep. Kamerun, östl. von Douala, 300 000 Ew.; Universität (1962), Goethe-Institut, Nationalbibliothek; Metall-, Baustoff-, Holz-, Nahrungsmittel- u.a. Industrie, Flughafen.
Yap ['jaːp], *Jap,* größte Inselgruppe u. Hauptinsel (100 qkm) der Karolinen, im Pazif. Ozean, mit den Inseln *Rumong* u. *Map,* 4400 Ew., als Distrikt 216 qkm, 8500 Ew., Hauptort *Colonia;* Anbau von Kokospalmen; Kohlen- u. Kabelstation. →auch Karolinen.
Yapgraben ['jaːp-], meridional verlaufender untermeer. Graben im Pazif. Ozean, an der Nordspitze des Westkarolinenbeckens östl. u. südl. der Insel Yap; bis 8527 m tief.
Yaqui ['jaki], pazif. Küstenfluß in Mexiko, rd. 620 km, entsteht aus den Quellflüssen Río Bavispe u. Río Papigochic in der Sierra Madre, mündet in den Golf von Kalifornien.
Yaracuy, nordvenezolan. Staat, 7100 qkm,

Yard

209200 Ew.; Hptst. *San Felipe*; Plantagen; Schwefelkiesabbau.

Yard [das; engl., „Elle"], Kurzzeichen Yd, Längenmaß in Großbritannien; 1 Y. = 3 Feet zu 12 Inches = 0,914399 m; in den USA = 0,91440 m.

Yaren, Hptst. der pazif. Inselrep. Nauru, 7000 Ew.

Yarigatake, Gipfel im Hidagebirge (Japan. Alpen), westl. von Matsumoto, 3180 m.

Yarkand, chines. Oasenstadt am westl. Rand des Tarimbeckens in der Autonomen Region Sinkiang-Uigur, am *Y. Darva*, 1220 m ü. M., 80000 Ew.; Moscheen; Teppichherst., Handelszentrum.

Yarmouk [-muk], *Jarmuk*, größter Nebenfluß des Jordan, 150 km, entspringt im syr. Haouran, mündet bei Genezareth südl., durchfließt das Gebiet des Byzant. Reichs; Syrien u. Palästina wurden islamisch. – In der *Schlacht am Y.* (20. 8. 636) gelang den Arabern der Einbruch in das Gebiet des Byzant. Reichs; Syrien u. Palästina wurden islamisch.

Yarmouth [ˈjaːməθ], Stadt in Mittelengland, →Great Yarmouth.

Yarqon [-kən], *Yarkon*, israel. Fluß im Küstentiefland, 26 km; entspringt bei Rosh Ha-Ayin, mündete nördl. von Tel Aviv; von den außerordentl. ergiebigen Quellen führt seit 1953 die 107 km lange Y.-Negev-Leitung Wasser in die Bewässerungsgebiete des nördl. Negev, der Rest wird im Großraum Tel Aviv verbraucht.

Yasar Kemal [jaˈʃar-], türk. Schriftsteller, * 1922 Göğçeli, Kreis Adana; seine realist. Erzählungen sind von der anatol. Volksdichtung beeinflußt. „Ince Memed" 1955, dt. 1960; „Anatol. Reis" 1955, dt. 1962.

Yasawagruppe, Gruppe von 16 Fidschiinseln, nördl. von Viti Levu; u. a. Naviti 33,7 qkm, Yasawa 28,5 qkm.

Yäsd, *Jezd*, *Yäzd*, iran. Stadt im SO von Isfahan, 93000 Ew.; Vorkommen von Eisen, Kohle, Nickel, Kupfer, Blei, Erdöl; Straßenknotenpunkt, Flugplatz.

Yatsushiro, japan. Stadt in Westkyuschu südl. von Kumamoto, 105000 Ew.; Kunstfaser-, Zement-, Papier-, Alkoholherstellung; früher berühmtes Porzellan; Ayu-Fischerei.

Yaví, *Cerro Y.* [ˈθero-], höchster Gipfel der *Serrania de Mapichi* im westl. Venezuela, 2285 m.

Yawatahama, japan. Stadt in NW von Schikoku, 50000 Ew.; Fischereihafen, Baumwollweberei.

Yawl [jɔːl; die; engl.], dem Kutter ähnliches Boot mit einem zusätzlichen, 1/3 langen Treibermast auf dem Hecküberhang hinter dem Ruder.

Yazdegerd →Jezdegerd.

Yazilikaya, Felsheiligtum 2 km östl. der hethit. Hptst. *Hattusa* (Boğazköy) in der Türkei. Die in zwei Kammern in steil aufragende Felsen gehauenen Reliefs sind im 13. Jh. v. Chr. entstanden; sie zeigen u. a. eine Götterversammlung.

Yb, chem. Zeichen für Ytterbium.

Ybbs [ips], **1.** niederösterr. Stadt an der Donau, 6400 Ew.; spätgot. Pfarrkirche (15. Jh.); Stahl- u. Metallwarenindustrie; Donaustau- u. Kraftwerk *Y.-Persenbeug*, 1957 fertiggestellt. **2.** rechter Nebenfluß der Donau in Niederösterreich, im Oberlauf *Ois* genannt, entspringt am *Großen Zellerhut* (1639 m) in den Steirisch-Niederösterr. Kalkalpen, mündet nach 115 km bei der Stadt Y.

y-Chromosọm →Geschlechtschromosomen.

Yazilikaya: Felsrelief

Yeats [jɛits], William Butler, irischer Schriftsteller, * 13. 6. 1865 Sandymount bei Dublin, † 28. 1. 1939 Roquebrune, Cap Martin bei Nizza; 1899 Mitgründer u. Leiter des Abbey-Theaters in Dublin; 1922–1928 Senator des Irischen Freistaats, 1923 Nobelpreis. Y. verschaffte der kelt. Renaissance Weltgeltung. Er erneuerte das poet. Drama unter Verwendung von Elementen des japan. No-Theaters („Four Plays for Dancers" 1921); schuf lyr.-symbol. Versdramen u. Ideendramen („Gräfin Cathleen" 1892, dt. 1925; „Das Land der Sehnsucht" 1894, dt. 1911). In anfangs symbolist. Lyrik u. in seiner Prosa („Die chymische Rose" 1897, dt. 1927) gestaltete er eine elementare u. traumhafte Welt aus seiner Sage, seiner Mythos u. seiner irischen Geistigkeit. Lyrik: „The Wanderings of Oisin" 1889; „The Wild Swans at Coole" 1919; auch Essays u. Autobiographisches. – 📖 3.1.3.

Yẹdo-Zeit →Edo-Zeit.

Yeh Tschienying, *Jeh Tschienjing*, chines. Politiker u. Marschall, * 1898 Prov. Kwangtung; nahm am Langen Marsch teil; seit 1973 Mitgl. des Ständigen Ausschusses des Politbüros der KP, 1975 bis 1978 Verteidigungs-Min., seit 1978 Vors. des Ständigen Ausschusses des Nationalen Volkskongresses (Staatsoberhaupt).

Yell, zweitgrößte Shetlandinsel (Schottland), unfruchtbar, 142 qkm, 1500 Ew.

Yellowknife [ˈjɛlounaif], Hptst. der kanad. Nordwestterritorien am Nordufer des Großen Sklavensees, 4000 Ew.; Goldbergbau; Endpunkt des Mackenzie Highway von Peace River, Alberta, wichtigster Ausgangspunkt für Charterflüge in den kanad. Norden; Hptst. seit 1967.

Yellow Pine [ˈjɛlou ˈpain; die; engl.], *Pinus ponderosa*, weitverbreitete Kiefernart im östl. Nordamerika, die wertvolles Holz liefert.

Yellowstone River [ˈjɛloustoun ˈrivə], rechter Nebenfluß des Missouri (USA), rd. 1600 km, entspringt im *Yellowstonesee* (*Yellowstone Lake*, 363 qkm), durchfließt den rd. 40 km langen, bis 1000 m tief eingeschnittenen *Yellowstone Canyon*, mündet bei Fort Union. – Das Quellgebiet des Y. R. in den nördl. Rocky Mountains wurde 1872 zum *Yellowstone-Nationalpark* (8670 qkm) erklärt; es ist berühmt wegen seiner zahlreichen Geysire (bes. des *Old Faithful*), Schlammvulkane, vielen u. seltenen Tiere.

Yẹmen = Jemen.

Yen [der], Währungseinheit in Japan: 1 Y. = 100 *Sen*.

Yen Li-pen, chines. Maler aus Wan-nien, Schensi, † 673; führender Figurenmaler des 7. Jh., war am Hof der Kaiser T'ai-tsung u. Kao-tsung tätig, hoher Staatsbeamter. – 🄱 →China (Geschichte).

Yentai, *Yantai*, früher *Tschifu*, ostchines. Hafenstadt im N der Halbinsel Schantung, 250000 Ew.; Eisen- u. Stahlerzeugung, Maschinenbau, Textilu. a. Industrie.

Yerkes-Sternwarte [ˈjəːkiːz-], große Sternwarte in Williams Bay bei Chicago; 1892 von Ch. T. *Yerkes* gestiftet.

Yẹrma [die; span.], *Wüstenstaubboden*, extrem humusarmer, staubreicher lockerer Boden in Wüstengebieten.

Yersin [jɛrˈsɛ̃], Alexandre John Émile, schweizer. Tropenarzt, * 22. 9. 1863 Rougemont, † 1. 3. 1943 Nha Trang, Vietnam; entdeckte 1894, unabhängig von Kitasato, den Pesterreger, nach ihm ist das *Y.sche Pestserum* benannt.

Yerupaja [-ˈpaxa], Andengipfel in Peru nördl. von Lima, 6632 m.

Yẹrwa Maiduguri, Stadt im nordöstl. Nigeria, nahe dem Tschadsee, 165000 Ew.; Umschlagplatz im Transitverkehr von u. nach der Rep. Tschad.

Yeşilirmak [jɛʃiˈl-; türk., „grüner Fluß"], *Iris*, Fluß im N der Türkei, entspringt am Köse Daği nordöstl. von Sivas, durchbricht den Pontus, mündet östl. von Samsun, 350 km lang, nimmt den Nebenfluß *Kelkit* auf.

Yeu, *Île d'Yeu* [iːl ˈdjøː], Insel vor der Westküste Frankreichs, südwestl. der Loiremündung, 22,5 qkm groß, 35 m hoch; gehört zum Dép. Vendée; die 4800 Bewohner leben vorwiegend von Fischfang u. -konservierung (Thunfisch, Sardinen) sowie vom Fremdenverkehr; Hauptort ist *Port-Joinville* (Hafen u. Seebad) mit 1500 Ew. – Verbannungs- u. Sterbeort von H. Ph. Pétain.

Yezo [jɛzo], älterer Name für →Hokkaido.

Yggdrasil, *Yggdrasill*, Weltesche, in der nord. Mythologie ein immergrüner Baum im Mittelpunkt der Welt, unter dessen Wurzeln die Welten der Menschen, der Hel u. der Reifriesen liegen.

Yi, tibetobirman. Volk der →Lolo in Südwestchina.

Yibin = Ipin.

Yima →Yama.

Yin, altes chines. Längenmaß: 1 Y. = 24,556 m; auch chines. Gewicht: 1 Y. = 1,2096 kg.

Yin, Herrscherdynastie in China; →Schang.

Yinchuan [ˈintʃuan], Hptst. der chines. Autonomen Region Ningsia, bei dem Huang Ho, 1150 m ü. M., 110000 Ew.; Universität (1962); Verarbeitung landwirtschaftl. Produkte (Baum- u. Schafwolle, Reis u. a.).

Yingkou [ˈiŋkou], chines. Hafenstadt in der südmandschur. Prov. Liaoning, an der Mündung des Liao Ho, 220000 Ew., verschiedene Industrie.

Yining = Kuldscha.

Yinsien = Ningpo.

Yin und Yang, *Yang und Yin*, Zeichen der chines. Symbolik (Kreis mit einer hellen u. einer dunklen Hälfte), das in überlieferten Inschriften der späten Schang-Zeit (13.–11. Jh. v. Chr.) „Dunkel und Hell" bedeutet. Später wird mit ihm die Polarität der dunklen, ruhenden, weibl. Kraft (*Yin*) u. des hellen, bewegl., männl. Geistes (*Yang*) ausgedrückt.

Ylang-Ylang-Öl [ˈiːlaŋ-; mal.], äther. Öl aus den Blüten einer auf Madagaskar wachsenden Cananga-Art (*Anonaceae*); in der Parfümerie verwendet.

Ylem [ˈailəm], Bez. für Urstoff oder Urmaterie (bes. in der engl. Naturphilosophie); die Elementarteilchen können als diskrete Quantenzustände des Urstoffs angesehen werden.

YMCA, Abk. für engl. *Young Men's Christian Associations*, Weltorganisation der *Christl. Vereine Junger Männer* (→CVJM), wesentlich vom Methodismus Nordamerikas geprägt. Aufgaben u. a. Missionstätigkeit, in u. nach dem 2. Weltkrieg Kriegsgefangenenbetreuung; etwa 4 Mill. Mitglieder, Sitz: Genf. Entsprechende Organisation für die weibl. Jugend: *YWCA* (*Young Women's Christian Associations*), etwa 4,5 Mill. Mitglieder.

Ymir, in der nord. Mythologie der Urriese, aus dessen Körperelementen (Fleisch, Blut u. a.) Welt u. Menschen geschaffen wurden.

Ynglinge, in der norweg.-island. Überlieferung (*Ynglingatal*) Hauptlinie der frühesten schwed. Könige, die sich von dem Gott *Yngwe* herleiteten; 1060 mit *Edmund dem Alten* ausgestorben.

Yoga = Joga.

Yogyakarta = Jogjakarta.

Yokkaitschi, japan. Hafenstadt in Südhonschu, an der Isebucht westl. von Nagoya, 250000 Ew.; Handels- u. Industriezentrum; Holz-, Baumwoll-, Düngemittel-, Kunststoff-, synthet. Gummi-, Porzellanindustrie; Erdölraffinerien u. -verschiffung; Marschlandgewinnung.

Yokohama, *Jokohama*, japan. Hafenstadt u. Präfektur-Hptst. in Honschu, am Westufer der Bucht von Tokio u. an der Mündung des Tamaflusses, 2,6 Mill. Ew.; Elektro-, feinmechan., opt., Seiden-, Maschinen-, Fahrzeug-, Textil- u. chem. Industrie, Schiffswerften; gilt als größter Hafen Japans (jährl. Umschlag 110 Mill. t), mit Tokio als *Keihin-Hafen* verbunden, zugleich im Schwerindustrieballungsraum *Keihin* mit Tokio u. Kawasaki vereinigt; bewältigt 1/3 der japan. Ein- u. Ausfuhr; Flughafen *Haneda*. 1872 erste japan. Eisenbahn Y.-Tokio. 1923 durch Brand u. Erdbeben Verlust von 23000 Menschenleben.

Yokosuka, japan. Hafenstadt in Zentralhonschu am Eingang der Bucht von Tokio, 390000 Ew.; kath. Frauenuniversität; Schiffbau; US-Marinestützpunkt.

Yokuts, Indianerstamm der *Penuti* im S des kaliforn. Längstals.

Yoldia [die; nach dem span. Naturforscher Graf *Yoldi*, † 1852], *Yoldia arctica*, urtüml. *Muschel* des Atlant. Ozeans im Gebiet der nordamerikan. Küste, auch der nördl. kalten Meere. Ihr Vorkommen in der Ostsee (→Yoldiameer) beweist, daß diese früher als mit der Nordsee auch noch mit dem Weißen Meer in Verbindung stand.

Yoldiameer [nach der Muschel *Yoldia arctica*], nacheiszeitl. Stadium der Ostsee, entwickelte sich im untersten Holozän (Yoldiazeit, um ca. 8000 v. Chr.) aus dem Balt. Eisstausee, hatte Verbindung zur Nordsee u. zum Weißen Meer.

„Yomiuri Shimbun" [jap., „Vorlesen-Verkaufen-Zeitung"], 1874 gegründete japanische Tageszeitung mit mehreren Ausgaben in Tokio; Auflage 5,90 Mill.

Yom-Kippur-Krieg, *Jom-Kippur-Krieg* →Nahostkonflikt.

Yonezawa, japan. Stadt in Nordhonschu, 93000 Ew.; Kunstfaser- u. Seidenindustrie.

Yonkers ['jɔŋkərz], nördl. Vorstadt von New York, am Ostufer des Hudson, 204500 Ew.; Textil- u. Maschinenindustrie.

Yonne [jɔn], **1.** linker Nebenfluß der Seine in Mittelfrankreich, 295 km; entspringt in den Monts du Morvan, mündet bei Montereau-faut-Y.; kanalisiert, 108 km schiffbar.

2. mittelfranzös. Département beiderseits der Y., 7425 qkm, 300000 Ew.; Hptst. *Auxerre*; überwiegend Teil der *Champagne*; teilweise in Burgund.

Yorck von Wartenburg, 1. Ludwig Graf, preuß. Feldmarschall, * 26. 9. 1759 Potsdam, † 4. 10. 1830 Klein-Oels bei Breslau; führte 1812 das preuß. Hilfskorps im russ. Feldzug Napoléons. Ohne Ermächtigung des preuß. Königs schloß er am 30. 12. 1812 die *Konvention von Tauroggen* mit dem russ. General I. I. von Diebitsch. In der Ständeversammlung am 5. 2. 1813 in Königsberg rief er Ostpreußen zur Erhebung gegen Napoléon auf u. gab damit das Zeichen zu den *Befreiungskriegen*.

2. Paul Graf, Enkel von 1), Philosoph, * 1. 3. 1835 Berlin, † 12. 9. 1897 Klein-Oels; stand in seinen kulturphilosoph. Untersuchungen W. *Dilthey* nahe; schrieb „Die Katharsis des Aristoteles" 1866; „Der Ödipus Coloneus des Sophokles" 1866.

Yoritomo *Minamoto, Joritomo*, japan. Feldherr u. Staatsmann, * 1147, † 1199; als 1. *Schogun* Japans (1192–1199) Begründer des Schogunats (→Kamakura-Zeit) u. des ritterl. Feudalsystems.

York [jɔ:k], **1.** ostengl. Stadt an der Ouse, 102000 Ew.; Kathedrale (11.–15. Jh.); Eisen-, Textil-, Lederindustrie; Universität (1963). Das röm. *Eburacum*, 79–427 n. Chr. Hptst. Britanniens, dann des angelsächs. Königreichs Northumbria.

2. Stadt im südl. Pennsylvania (USA), 50000 Ew. (Agglomeration 182000 Ew.); Maschinenbau u. a.

3. Stadt in der kanad. Prov. Ontario, in der nordwestl. Agglomeration von Toronto, 147000 Ew.

York [jɔ:k], engl. Herzogsgeschlecht (seit 1385), jüngere Linie des Hauses Plantagenet. 1435 wurde Richard von Y. (* 1411, † 1460), ein Urenkel König Eduards III., Regent von Frankreich; der Streit zwischen ihm (Haus Y.: Wappen weiße Rose) u. dem Haus Lancaster (rote Rose) um die Thronfolge führte zu den →Rosenkriegen. Das Haus Y. starb 1499 aus. Der Titel des Herzogs von Y. wurde später meist dem zweiten Sohn des engl. Königs verliehen. – B→Großbritannien (Geschichte).

Yorkshire, ['jɔ:kʃiə], **1.** ehemalige nordostengl. Grafschaft, gebildet aus den Teilgrafschaften *North* u. *West Riding* (jetzt Grafschaft *North Y.*) u. East Riding (jetzt Grafschaft *Humberside*).

2. *North Y.*, seit 1975 Grafschaft in NO-England, 8317 qkm, 653000 Ew., Hptst. *Northallerton*.

3. *South Y.*, großstädt. Grafschaft (Metropolitan County) um Sheffield, in N-England, 1560 qkm, 1,3 Mill. Ew.

4. *West Y.*, großstädt. Grafschaft (Metropolitan County) um Leeds, in N-England, 2039 qkm, 2,1 Mill. Ew.

Yorktown ['jɔ:ktaun], Ort in *Virginia* (USA), auf der Yorkhalbinsel, nordwestl. von Norfolk, 300 Ew. Die *Schlacht bei Y.* 1781 entschied den US-amerikan. Unabhängigkeitskrieg.

Yoruba, *Joruba*, Sudannegervolk (rd. 6,6 Mill.), stärkste Volksgruppe der Westregion Nigerias, nach eigenen Ursprungssagen aus Ägypten eingewandert. Die traditionsbewußten Y. sind Träger einer alten Hochkultur (Plastiken von *Ife*) mit dem kulturellen Zentrum Ife (heilige Stadt). Sie lebten in Großfamiliengehöften, betrieben Hackbau, schon frühzeitig Pferdezucht, Baumwoll- u. Plüschstoffweberei, Mattenflechten, waren geschickte Schmiede, Gelbgießer, Holzschnitzer, Lederarbeiter. Sie besaßen eine umfangreiche Mythologie. Heute sind die Y. wirtschaftl. u. kultureller Modernisierung aufgeschlossen. Im 10.–18. Jh. bildeten die Y. ein großes Reich, eine Konföderation von Stadtstaaten, deren Kern das Reich *Oyo* bildete, unter dem „Alafin" (dem sakralen König); es zerfiel um 1850 unter dem Druck der von N angreifenden islam. Fulbe. Die brit. Kolonialherrschaft (an der Küste seit 1860) ließ die Y.-Fürsten im Amt (indirekte Herrschaft). Etwa die Hälfte der Y. nahm den Islam an, der Rest ist christianisiert.

Yoschida *Schigeru, Yoshida Shigeru*, japan. Politiker, * 22. 9. 1878 Tokio, † 20. 10. 1967 Oiso; 1930–1932 Botschafter in Rom, 1936–1938 in London, 1945/46 Außen-Min., 1946–1954 Min.-Präs. 1950–1954 Vors. der Liberalen Partei; schloß 1951 den Frieden von San Francisco.

Yoschihito, *Yoshihito* →Taischo-Tenno.

Yosemitetal [jɔu'sɛmiti-], tief eingeschnittenes eiszeitl. Trogtal im W der Sierra Nevada in Kalifornien (USA); wegen der zahlreichen Naturschönheiten seit 1864 Nationalpark, mit den 740 m hohen *Yosemitefällen*; Mammutbäume (Sequoia).

Youlou [ju'lu], Fulbert, afrikan. Politiker in Kongo-Brazzaville, * 17. 6. 1917 Mandibu bei Brazzaville, † 6. 5. 1972 Madrid; kath. Priester; 1958 Regierungschef, 1960–1963 Staats-Präs., wurde gestürzt.

Young [jʌŋ], **1.** Brigham, US-amerikan. Mormonenführer, * 1. 6. 1801 Witingham, Vt., † 22. 8. 1877 Salt Lake City; nach dem Tod von J. *Smith* führte er einen Großteil der →Mormonen 1846/47 in die Ebene des Großen Salzsees u. baute dort ein blühendes Siedlungswerk auf.

2. Edward, engl. Dichter, * Juli 1683 Upham, Hampshire, † 5. 4. 1765 Welwyn, Hertfordshire; Pfarrer; schrieb neben Tragödien u. Satiren die weltschmerzl.-empfindsame Blankversdichtung „Klagen oder Nachtgedanken über Leben, Tod u. Unsterblichkeit" 1742–1745, dt. 1760/61, u. den Essay „Conjectures on Original Composition" 1759, wodurch er auf die Romantik wirkte.

3. Francis Brett, engl. Erzähler, * 13. 7. 1884 Halesowen, Worcester, † 28. 3. 1954 Kapstadt; schrieb Abenteuerromane u. psycholog. verfeinerte Frauenromane mit pessimist. Weltsicht.

4. Lester Willis, genannt „Prez", afroamerikan. Jazzmusiker (Tenorsaxophon), * 27. 8. 1909 Woodville, Miss., † 15. 3. 1959 New York; neben C. *Hawkins* stilangebender Musiker des Tenorsaxophons, inspirierte den Cool Jazz.

5. Owen D. →Young-Plan.

6. Thomas, engl. Arzt, Physiker u. Naturphilosoph, * 13. 6. 1773 Milverton bei Lommersetshire, † 10. 5. 1829 London; führte ausschlaggebende Versuche über die Wellentheorie des Lichts durch u. erklärte das Farbsehen mit Hilfe einer Dreifarbentheorie, nach der sich alle Farbeindrücke aus den drei Grundfarben Rot, Grün u. Blau zusammensetzen.

Young Christian Workers ['jʌŋ 'kristjən 'wə:kəz; engl.], Abk. *YCW*, Bez. für die kath. *Christl. Arbeiterjugend* in den angelsächs. Ländern.

Younghusband [jʌŋ'hʌzbənd], Sir Francis Edward, brit. Forschungsreisender, * 31. 5. 1863 Murree (Indien), † 1. 8. 1942 Lytchett-Minster; durchquerte 1887 als erster Innerasien von Peking nach W, erreichte 1903/04 Lhasa.

Young Men's Christian Associations [jʌŋ mɛnz 'kristjən əsousi'eiʃəns; engl.] →YMCA.

Young-Plan [jʌŋ-], der auf der unter Vorsitz des US-amerikan. Industriellen Owen D. *Young* (* 1874, † 1962) tagenden Pariser Konferenz von 1929 ausgearbeitete Plan (Revision des *Dawes-Plans*) zur Zahlung dt. Reparationen nach dem Versailler Vertrag. Diese wurden auf 121 Mrd. Mark (einschl. der Kriegsschuldenraten der Alliierten) festgesetzt, die nach einem bestimmten Zahlungsplan in 59 Jahreszahlungen zu durchschnittl. 2 Mrd. Mark bis 1988 abgetragen werden sollten. Seine Undurchführbarkeit bewirkte, daß 1931 mit dem *Hoover-Moratorium* seine weitere Durchführung prakt. eingestellt wurde.

Youngstown ['jʌŋztaun], Stadt in Ohio (USA), 138000 Ew. (Metropolitan Area 508000 Ew.); Eisen-, Stahl-, Elektro- u. Fahrzeugindustrie.

Yourcenar [jursə-], Marguerite, eigentl. M. de *Crayencour*, französ. Schriftstellerin, * 7. 6. 1903 Brüssel; Prof. in New York; schrieb psycholog. Romane u. Novellen: „Ich zähmte die Wölfin" 1951, dt. 1953; „Alexis oder der vergebl. Kampf" 1929, dt. 1956; „Pindare" (Biographie) 1932; „Oriental. Erzählungen" 1938, dt. 1964.

Yo-Yo [das], *Jo-Jo*, ursprüngl. chines. Geschicklichkeitsspiel, bei dem eine Spule an einem Faden in tanzende Bewegung gesetzt wird.

Yozgat ['jɔzgat], *Jazgat*, Hptst. der innertürk. Provinz Y., östl. von Ankara, auf einer Hochfläche in der Landschaft Galatien, 28000 Ew.

Yperit [das; nach *Ypern*] = Senfgas.

Ypern, fläm. *Ieper, Yperen*, frz. *Ypres*, Stadt in der belg. Prov. Westflandern, 18700 Ew.; Gemüseanbau; Textilindustrie u. Biskuitherstellung; got. Kirchen, Patrizierhäuser. Im MA. reiche Industrie- u. Handelsstadt, oft umkämpfte Festung; im 1. Weltkrieg Mittelpunkt der Flandernschlachten, fast völlig zerstört; die wichtigsten Bauten wurden im alten Stil wieder aufgeführt.

Ypsilanti, *Hypsilantis*, Alexandros, griech. Freiheitskämpfer, * 12. 12. 1792 Istanbul, † 1. 8. 1828 Wien; leitete 1821 die griech. Erhebung gegen das Osman. Reich; nach der Niederlage bis 1827 in österr. Haft.

Ypsilon, *y, Y*, 20. Buchstabe des griech. Alphabets; →auch y.

Ysaye [iza'i], Eugène, belg. Geiger, Dirigent u. Komponist, * 16. 7. 1858 Lüttich, † 12. 5. 1931 Brüssel; wirkte bes. in Brüssel u. den USA; gründete ein Streichquartett u. ein Orchester.

Ysenbrant, Adriaen →Isenbrant.

Yser [i'zɛ:r], belg.-französ. Fluß in Flandern, 76 km, entspringt nordöstl. von Saint-Omer, mündet bei Nieuwpoort in die Nordsee.

Ysop ['izɔp; der; babylon., hebr., grch.], *Isop, Hyssopus officinalis*, in Südeuropa heim. *Lippenblütler*, mit dunkelblauen, rosenroten oder seltener weißen Blüten. Bei uns Zierpflanze.

Yssel ['ɛisəl], niederländ. Fluß, →IJssel.

Ysselmeer = IJsselmeer.

Ystad, Badeort u. Hafenstadt in der südschwed. Prov. (Län) *Malmöhus*, in Schonen, 24000 Ew.; spätroman. Marienkirche (13. Jh.); Schiffbau.

Ytterbium [das; nach dem schwed. Ort *Ytterby*], chem. Zeichen Yb, zur Gruppe der →Lanthanoide gehörendes Element, Atomgewicht 173,04, Ordnungszahl 70; tritt auf zusammen mit anderen seltenen Erdmetallen in Gadolinit, Xenotim u. a.; technisch nur als Legierungsbestandteil des Cer-Mischmetalls (→Cer) verwendet.

Yttrium [das; zu *Ytterbium*], chem. Zeichen Y, zur Gruppe der →seltenen Erdmetalle gehörendes Element, Atomgewicht 88,9059, Ordnungszahl 39; Vorkommen in Gadolinit, Samarskit u. a. Verwendet als Legierungsbestandteil von Cer-Mischmetall (→Cer) u. Vanadium.

Yuan [chin.] →Renminbi Yuan.

Yüan [chin.], früher Organ der Staatsgewalt in China, noch heute in Taiwan. Nach den verschiedenen republikan. Verfassungen seit 1912, in denen sich westl. u. traditionell chines. Vorstellungen von den Staatsgewalten mischten, gab es 5 Y.s: für Legislative, Exekutive, Justiz, Beamtenausbildung u. Beamtenkontrolle.

Yüan, mongol. Dynastie 1279–1368 in China; Begründer war Kublai Khan.

Yüan Kiang, größter Zufluß des Sees Tungting Hu in China (Prov. Hunan), ca. 800 km.

Yüan Schikai, *Yüan Shih-K'ai*, chines. Offizier u. Politiker, * 20. 9. 1859 Hsiang Cheng, Prov. Honan, † 6. 6. 1916 Peking; baute eine moderne Armee auf; Vertrauensmann der Kaiserinwitwe *Tse-hi*; wurde bei Ausbruch der Revolution 1911 an die Spitze der Regierung berufen. Y. S. veranlaßte die Abdankung der Mandschu-Dynastie (12. 2. 1912) u. wurde erster Präs. der chines. Republik. Sein Versuch, sich 1915 zum Kaiser zu machen, scheiterte.

Yubari, *Jubari*, japan. Stadt in Zentralhokkaido, 70000 Ew.; Erdöl- u. Steinkohlenförderung; Bergbahn von *Sapporo*; Eisenbahn von Tomakomai.

Yucatán, 1. zentralamerikan. Halbinsel zwischen den Golfen von Honduras u. Campeche, rd. 175000 qkm, im S von trop. Regenwald, im N von Trockenwald u. Baumsavanne bestandenes, karstreiches Tafelland; umfaßt die mexikan. Bundesstaaten Y. u. Campeche u. das Bundesterritorium Quintana Roo, den Nordteil Guatemalas sowie Britisch-Honduras; Ruinenstätten der Mayakultur (Chichen Itzá, Uxmal, Tikal, Uaxactún u. a.).

2. mexikan. Staat im N von 1), 39340 qkm, 905000 Ew.; Hptst. *Mérida*; Hauptanbaugebiet der Sisalagave; Anbau von Mais, Zuckerrohr (Bewässerung mit Grundwasser); Edelhölzer.

Yucatánbecken, tiefster Teil des →Yucatánmeers.

Yucatánkanal, Meeresenge im Amerikan. Mittelmeer (Atlant. Ozean), zwischen der Halbinsel Yucatán u. Kuba, 200 km breit, verbindet den Golf von Mexiko mit dem *Yucatánmeer*, Durchtrittstelle der Karibischen Strömung in den Golf von Mexiko.

Yucatánmeer, der zentrale Teil des Amerikan. Mittelmeers zwischen der Halbinsel Yucatán u. Kuba mit dem *Yucatánbecken* im West- u. Nordteil (bis 6415 m tief), dem Caymangraben im Südteil (bis −7680 m), der vom Yucatánbecken durch den Caymanrücken getrennt wird. Mit dem Golf von Mexiko verbindet der *Yucatánkanal*; mit dem Karib. Meer besteht zwischen Jamaika u. Honduras eine breite u. flache Verbindung.

Yucca, *Palmlilie, Adamsnadel, Dolchpflanze, Spanisches Bajonett, Bärgras*, amerikan. Gattung der *Liliengewächse*; Pflanzen mit kräftigen, häufig verzweigten, zuweilen baumartigen Stämmen, lan-

Yucca spec., sog. Palmlilie

gen schmalen Blättern u. hängenden, glockigen, in Rispen stehenden weißen Blüten. Viele Arten liefern Blätter zur Fasergewinnung.

Yuccafaser, spröde, stark verholzte Blattfasern der Liliengewächse *Yucca gloriosa* u. *Yucca filamentosa* (Mexiko, Ostküste Nordamerikas); geeignet für Matten.

Yukawa, Hideki, japan. Physiker, *23. 1. 1907 Tokio; erklärte 1935 die Kernkräfte durch die Annahme eines Teilchens, dessen Masse zwischen der des Elektrons u. des Protons liegt; später wurden solche Teilchen (→Mesonen) tatsächl. entdeckt. Als Y.-Teilchen bezeichnet man gelegentl. die pi-Mesonen. Nobelpreis für Physik 1949.

Yukon River, einer der längsten Flüsse Nordamerikas, 3185 km; entspringt im kanad. Teil der Rocky Mountains, fließt durch Alaska u. mündet in einem großen Delta südl. der Seward-Halbinsel ins Beringmeer; verwildertes Bett oft 10–15 km breit; bis Mitte Mai gefroren.

Yukonterritorium, nordwestkanad. Territorium am oberen Yukon, 536 324 qkm, 22 000 Ew., Hauptort *Whitehorse*; spielte eine große Rolle z. Z. des „Goldrauschs" von 1897/98 (1901 noch 28 000 Ew.); Blei-, Kupfer-, Silber-, Gold- u. Asbestbergbau, Pelzhandel. – K→Kanada.

Yuma, Stamm (u. Sprachfamilie) der Hoka-Indianergruppe am unteren Colorado, Maispflanzer.

Yuma ['juːmə], Stadt in Arizona (USA), an Colorado u. mexikan. Grenze, 29 000 Ew. (Agglomeration 43 000 Ew.).

Yümen, *Jümen*, bedeutendes Erdölfeld im NW der chines. Prov. Kansu, 1934–1937 erschlossen, Ölleitung nach Lantschou, Verarbeitung im Ort Y. u. in Lantschou.

Yun, Isang, korean. Komponist, *17. 9. 1917 Tong Young; 1954 Musikdozent in Seoul, studierte dann in Berlin, 1967 aus polit. Gründen nach Südkorea verschleppt u. inhaftiert, 1969 freigelassen; seither wieder in der BRD. Y. bemüht sich um die Synthese von ostasiat. Musiktradition u. abendländ. Zwölftonmusik. Kennzeichnend für seine Musik ist die Funktion eines Haupttons, der durch mannigfache Verzierungen u. Klangfarbenwechsel spezifische Ausdrucksqualitäten erhält. Hptw.: „Om mani padme hum", Zyklus nach Worten Gotamo Buddhos 1964; „Fluktuationen" für Orchester 1964; Doppeloper „Träume" („Der Traum des Liu-Tung", „Die Witwe des Schmetterlings") 1969; „Réak" für Orchester 1966; „Tuyaux sonores" für Orgel 1967; Opern „Geisterliebe" 1971 u. „Sim Tjong" 1972.

Yungas, Waldlandschaft am bolivian. Nordosthang der Anden.

Yungkia →Wentschou.

Yunglo, *Yung-lo*, Regierungsdevise des 3. Kaisers der chines. Ming-Dynastie u. danach Name für ihn selbst (1403–1424), persönl. Name *Tschengtsu*, *1360, †1424; führte erfolgreiche Feldzüge gegen die Mongolen u. verlegte 1421 zur Sicherung der chines. Nordgrenze die Hptst. von Nanking nach Peking, das er ausbaute (Himmelsaltar).

Yünho [chin.], Teil geograph. Namen: Kanal.

Yünnan, *Yunnan, Jünnan*, Provinz im S der Volksrep. China, an der Grenze zu Birma u. Indochina, 436 200 qkm, 28 Mill. Ew., Hptst. *Kunming*; im westl. Teil 4000–6000 m hohe Gebirgsketten, im Zentrum Hochplateaus mit Seen, im O Karstbergland; abgesehen von den tiefeingeschnittenen Tälern herrscht Höhenklima; Rinder- u. Schafzucht, in günstigen Gebieten Anbau von Gerste, Weizen, Reis, Hirse, Tee, Zuckerrohr u. a.; Zinn-, Kupfer-, Eisen- u. Steinkohlenbergbau, Bauxit-, Wolfram- u. Antimonvorkommen, Erdölförderung; verschiedene Industrie. In allen Teilen der Provinz leben nichtchines. Minderheiten. In Y. bestand 730–1253 das Reich der *Nantschau*, das dann von Mongolen erobert u. Ende des 14. Jh. dem chines. Reich eingegliedert wurde.

Yunus Emre, türk. Mystiker, *Mitte des 13. Jh. Anatolien, †1321; über sein Leben gibt es zahlreiche Legenden; sein volkstüml.-myst. Werk wirkt z. T. auf die neuere türk. Lyrik.

Yurdakul →Mehmet Emin Yurdakul.

Yurok, Indianerstamm der kaliforn. →Algonkin.

Yürüken = Jürüken.

Yurumi [der] →Ameisenfresser.

Yuruna, Indianerstamm der *Tupí* am unteren Xingu, Pflanzer (Maniok), Jäger u. Fischer.

Yu Schan, *Sinkao Schan, Mt. Morrison*, höchster Berg des Tschungyang Schanmo auf Taiwan (Ostasien), 3997 m.

Yusho *Kaiho*, japan. Samurai u. Maler von Landschaften, Figuren u. Blumen, *1533 Sakata, †1615 Kyoto; studierte bei *Kano Motonobu* u. lernte von den Bildern der chines. Sung- u. Yüan-Meister; Gründer der *Kaiho-Schule*.

Yusuf ibn Tachfin, *Jussuf I. ibn Taschfin*, almoravidischer Herrscher 1061–1106, gründete Marrakesch u. erhob es zur Residenz, eroberte bis 1082 Nordwestafrika bis nach Algier; vom Emir von Sevilla gegen die Christen zur Hilfe gerufen, setzte er 1086 nach Spanien über, schlug Alfons VI. von Kastilien, unterwarf das ganze arab. Spanien u. Portugal u. begründete die Herrschaft der *Almoraviden* in Spanien.

Yvelines [ivˈliːn], nordfranzös. Département beiderseits der unteren Seine, westl. von Paris, 2271 qkm, 1,1 Mill. Ew.; Hptst. *Versailles*; 1964 neu gebildet aus dem westl. Teil des ehem. Dép. Seine-et-Oise.

Yverdon [ivɛrˈdõ], dt. *Iferten*, westschweizer. Bez.-Hptst. im Kanton Waadt, an der Mündung der Zihl (La Thièle) in den Neuenburger See, 21 500 Ew.; an der Stelle des Römerlagers *Eburodunum*; das Schloß der Herzöge von Savoyen (13. u. 19. Jh.) war 1805–1825 eine von J. H. *Pestalozzi* geleitete Erziehungsanstalt, jetzt Museum; Metall-, Maschinen-, Zigarrenindustrie. In der Nähe *Y.-les-Bains (Bad Iferten)*.

YWCA, Abk. für engl. *Young Women's Christian Association*, →YMCA.

z, Z, 26. u. letzter Buchstabe des dt. Alphabets; entspricht dem griech. *Zeta (ζ, Z).*
Z., 1. Abk. für *Zahl.*
2. Abk. für *Zeile.*
Zaanstad [zaːn-], Stadt in der niederländ. Prov. Nordholland, nördl. von Amsterdam, 126 000 Ew.; Schiffbau, Holz-, Metall-, chem. u. a. Industrie.
Zabaleta [θa-], Nicanor, span. Harfenist, *7. 1. 1907 San Sebastián; führender Harfenvirtuose, für den u. a. D. Milhaud, E. Krenek, H. Villa-Lobos komponierten; auch als Pädagoge u. Hrsg. tätig.
Zabelstein, höchster Berg im nördl. Steigerwald (Franken), nordöstl. von Gerolzhofen, 492 m.
Zabergäu, baden-württ. Landschaft südwestl. von Heilbronn, zwischen Heuchelberg, Stromberg u. Neckar, Weinbau.
Zabern, frz. *Saverne,* Kreisstadt im ostfranzös. Dép. Bas-Rhin (Unterelsaß), an der Zorn u. am Rhein-Marne-Kanal, am Anfang des Vogesenübergangs *Z.er Senke* (auch *Z.er Steige,* frz. *Col de Saverne*) zwischen Nord- u. Mittelvogesen, 10 100 Ew.; Schloß (19. Jh.), Eisen-, Werkzeug-, Holz- u. Glasindustrie, Sandsteinbrüche.
Zabrze [ˈzabʒɛ], poln. Name der schles. Stadt →Hindenburg O.S.
Zacapa [zaˈka-], Stadt in Guatemala (Zentralamerika), 38 000 Ew.; Viehwirtschaft u. Tabakanbau; Nahrungs- u. Genußmittelindustrie; Bahnknotenpunkt; nahebei Schwefelquellen.
Zacatecas [zaka-], Hptst. des mexikan. Staats Z. (75 040 qkm, 1,1 Mill. Ew.), im zentralen Hochland, 2496 m ü. M., 50 000 Ew.; Zentrum eines Silber- u. Quecksilberbergbaugebiets.
Zacatecoluca [zaka-], Stadt in El Salvador (Zentralamerika), 15 000 Ew.; landwirtschaftl. Mittelpunkt, Nahrungsmittel- u. Textilindustrie.
Zacatenco [za-], altindian. Kultur der archaischen Zeit im Hochland von Mexiko, charakterisiert durch einfache Keramik mit gerundetem Boden.
Zacatón [zaˈ-, das, span.], *Mexikanische Reiswurzel,* von den im mexikan. Hochland massenhaft wachsenden Süßgräsern *Epicampes macroura* u. *Epicampes stricta* gewonnenes Bürstenmaterial.
Zachariae, Just Friedrich Wilhelm, Schriftsteller, *1. 5. 1726 Bad Frankenhausen, Thüringen, †30. 1. 1777 Braunschweig; gehörte zu den „Bremer Beiträgern"; schrieb nach dem Vorbild von A. Pope das scherzhafte Heldengedicht „Der Renommiste" 1744; „Fabeln u. Erzählungen" 1771; übersetzte J. Miltons „Verlorenes Paradies" 1760; bearbeitete auch dt. Volksbücher.
Zacharias [grch. Form für hebr. *Sécharja,* „Gott (Jahwe) gedenkt", männl. Vorname; russ. *Sachar.*
Zacharias, 1. Prophet, →Sacharja.
2. nach der Vorgeschichte Jesu bei Lukas Vater Johannes' des Täufers.
Zacharias, Papst 741–752, Heiliger, Grieche, †22. oder 15. 3. 752 Rom; stellte zum Langobardenkönig *Liutprand* gute Beziehungen her u. erreichte von ihm die Rückgabe eroberter Gebiete. Z. unterstützte die Missions- u. Reformtätigkeit des *Bonifatius* in Dtschld. u. legitimierte durch seine Zustimmung die Übertragung des fränk. Königtums von den Merowingern auf *Pippin d. J.,* den er durch Bonifatius salben ließ. Fest: 22. 3.
Zacken, poln. *Łomnica,* linker Nebenfluß des *Bober,* in Schlesien, 40 km, entspringt als *Großer Z.* in der *Z.klamm* (Riesengebirge) u. als *Kleiner Z.* im Isergebirge, mündet bei Hirschberg; Talsperre bei Warmbrunn, 1906–1909 errichtet, 5,7 Mill. m³, 2,10 qkm, 6,2 m Stauhöhe.
Zackenbarsche, *Serranidae,* Familie der *Barschartigen,* Raubfische warmer u. gemäßigter Meere, bewohnen Korallenriffe u. Felsküsten, halten sich auch im tieferen Wasser auf, einige gehen ins Süßwasser. Vertreter: *Sägebarsch* u. *Wolfsbarsch.*
Zackenfirn = Büßerschnee.
Zackenhirsche, *Rucervus,* indische *Hirsche,* deren Geweih sich gabelartig verzweigt. Hierher gehören u. a.: *Leierhirsch* oder *Thamin, Rucervus eldii,* aus Hinterindien, u. der *Barasinga, Rucervus duvauceli,* aus Vorderindien.
Zackenschötchen, *Bunias,* Gattung der *Kreuzblütler;* in Dtschld. das *Senfblättrige Z., Bunias erucago,* u. das eingeschleppte *Morgenländische Z., Bunias orientalis,* beide mit gelben Blüten; auf Schuttplätzen, an Wegrändern u. auf Äckern.
Zadar [ˈza-], ital. *Zara,* jugoslaw. Hafenstadt am Adriat. Meer, 43 000 Ew.; zahlreiche Kirchen u. Renaissance-Paläste; Fischerei, Tabak-, Likörindustrie (Maraschino); Fremdenverkehr.
Zaddik [der; hebr., „Gerechter"], im Judentum ursprüngl. der Fromme, im →Chassidismus der wundertätige Meister u. Lehrer.
Zadek, Peter, Regisseur u. Intendant, *19. 5. 1926 Berlin; war Intendant in Bremen u. Bochum; bes. bekannt durch seine ins Moderne gewendeten Klassikaufführungen (Molière, Shakespeare); statt Werktreue propagiert Z. Aktualitätsbezug.
Zadkine [zadˈkin], Ossip, französ. Bildhauer russ. Herkunft. *14. 7. 1890 Smolensk, †25. 11. 1967 Paris; seit 1906 in England, seit 1909 in Paris, lebte während des 2. Weltkriegs in den USA; beeinflußt vom Kubismus, den er in eigenwilliger Expressivität abwandelte. Viele seiner Plastiken spiegeln symbol. oder literar. Vorstellungsinhalte. Hptw.: „Orpheus" 1949; „Die zerstörte Stadt" (Denkmal für Rotterdam) 1953/54; „Rückkehr des verlorenen Sohnes" 1955/56; Entwürfe für ein Van-Gogh-Denkmal in Wasmes (Belgien) 1956.
Zadok, Oberpriester Salomos in Jerusalem.
Zadruga [za-; die; serbokr.], **1.** früher in Jugoslawien häufige, heute noch vereinzelt anzutreffende Hauswirtschaft, die unter einem Oberhaupt (*Gospodar*) in strenger Besitzgemeinschaft lebt.
2. = Genossenschaft.
Żagań [ˈʒaganj], poln. Name der Stadt →Sagan.
Zaghlul Pascha [za-] = Saghlul Pascha.
Zagreb [ˈza-], jugoslaw. Stadt, →Agram.
Zaharoff [zə-], Sir (seit 1919) Basil(eios) Zacharias, Finanzmann u. Rüstungsindustrieller griech. Herkunft, *6. 10. 1849 Muğla, Anatolien, †27. 11. 1936 Monte Carlo; aus ärmlichsten Verhältnissen kommend, trat er in die Leitung des Vickers-Konzerns, später der Anglo-Persian Oil Co. ein, finanzierte im 1. Weltkrieg die Ententepropaganda, übernahm 1923–1928 die Spielbank von Monte Carlo; einer der reichsten Männer Europas mit Einfluß auf die Weltpolitik.
Zähigkeit →Viskosität.
Zahiriten, eine islam. Rechtsschule, die die Gesetze aus dem Wortlaut des Korans ableitet.
Zahir Schah [zah-], *Sāhir Schah,* Mohammed, König von Afghanistan 1933–1973, *15. 10. 1915 Kabul; Sohn des ermordeten Nadir Schah; 1973 während eines Auslandsaufenthalts gestürzt.
Zahladverb →Numerale.
Zahlen, ein auf der Tätigkeit des Zählens beruhender Begriff; Z. sind Glieder einer durch Zählen entstandenen Reihe, die dadurch gekennzeichnet ist, daß jedes Glied einen bestimmten Platz hat, d. h., daß ihm ein wohlbestimmtes Glied vorangeht oder folgt. Werden Dinge gezählt, so ist das letzte Glied die Anzahl der Dinge. Die so entstandenen Z. heißen *benannte Z.* (4 Hunde, 6 Liter). Im Gegensatz dazu stehen die *unbenannten Z.* 1, 2, ..., auch *Grund-* oder *natürliche (Kardinal-)Z.* genannt. *Gerade Z.* sind 2, 4, 6, ..., *ungerade Z.* 1, 3, 5, ... Die Z. als Glieder einer Reihe heißen *Ordnungs-(Ordinal-)Z.* (der erste, zweite, ...).
Die Grundrechnungsarten haben zu Erweiterungen des Z.begriffs geführt. Durch die Subtraktion als Umkehrung der Addition gelangte man zu der *Null* u. den *negativen Z.,* durch die Division als Umkehrung der Multiplikation zu den *gebrochenen Z. (Brüchen).* Die natürl. Z. heißen im Gegensatz zu den negativen Z. u. den Brüchen *positive ganze Z.* Die gebrochenen Z. sind Quotienten zweier ganzer Z. Sie werden mit Hilfe eines Bruchstrichs geschrieben; →Bruch (4). Die ganzen u. gebrochenen Z. heißen *rationale Z.* – Eine besondere Art von Brüchen sind die Zehner- oder Dezimalbrüche, die auch als Dezimal-Z. geschrieben werden ($\frac{3}{10} = 0{,}3$). Brüche, deren Nenner nicht Z.

Ossip Zadkine: Intimität; 1950. Köln, Walraff-Richartz-Museum

sind, die sich als Produkt von Potenzen der Z. 2 u. 5 darstellen lassen, kann man in der Form von *periodischen (unendlichen) Dezimal-Z.* schreiben, z. B. $\frac{7}{11} = 0{,}636363 \ldots$
Durch die Umkehrungen von Potenzrechnung gelangt man zu den *irrationalen Z.* Solche Z. sind z. B. $\sqrt{2} = 1{,}4142 \ldots$ u. $\lg 2 = 0{,}30103 \ldots$ Die irrationalen Z. werden eingeteilt in algebraische u. transzendente Z. Eine *algebraische Zahl* ist jede Zahl, die sich als Wurzel (Lösung) einer algebraischen Gleichung ergibt; das sind alle aus Wurzelausdrücken zusammensetzbaren Z., z. B. $\sqrt{2} + \sqrt{3}$. Alle nicht algebraischen Z. heißen *transzendente Z.*, z. B. π, e, die Logarithmen, die meisten Werte der Winkelfunktionen. – Stellt man die rationalen Z. auf einer Geraden dar, so erfüllen sie die Gerade nicht restlos; zwischen ihnen liegen die irrationalen Z. Z. B. liegt das Bild der Zahl $\sqrt{2}$ zwischen den Bildern der Z. 1 u. 2 u. (wenn man das Intervall verkürzt) weiter zwischen den Z. 1,4 u. 1,5; 1,41 u. 1,42; 1,414 u. 1,415; 1,4142 u. 1,4143 usw. Es läßt sich jedoch keine rationale Zahl angeben, deren Wert $\sqrt{2}$ genau ist, aber $\sqrt{2}$ kann durch eine *Intervallschachtelung* bestimmt werden. Die irrationalen Z. lassen sich also nicht wie die rationalen Z. durch ein gemeinsames Maß messen; daher heißen sie irrationale Z. (lat. *ratio*, „Maß"); man nennt sie auch *inkommensurabel*. Die irrationalen Z. lassen sich aber durch unendliche nichtperiodische Dezimal-Z. beliebig genau angeben.
Bei der Lösung von quadrat. Gleichungen können sich *imaginäre Z.* ergeben, denn keine der bisher genannten Z. hat die Eigenschaft, daß die Quadratzahl negativ ist; aus $x^2 = -1$ folgt z. B. $x = \sqrt{-1}$; für $\sqrt{-1}$ wurde das Zeichen i eingeführt. i heißt *imaginäre Einheit.* Die Z. $a \cdot i$, wobei a eine der bisher betrachteten Z. ist, die im Gegensatz zu diesen Z. *reelle Z.* heißen, werden *imaginäre Z.*, die Z. der Form $a + bi$ *komplexe Zahlen* genannt. 2 Z. der Form $a \pm bi$ heißen *konjugiert komplexe Z.* Ebenso wie sich die reellen Z. als Vektoren längs einer Z.geraden darstellen lassen, stellt man die komplexen Z. in einer Ebene (Gaußsche Z.ebene) als *Vektoren* oder *Zeiger* dar. – ▱ 7.1.0.

Zahlengeometrie, Anwendung geometrischer Methoden auf die Zahlentheorie mit Hilfe von Punktgittern.

Zahlenlotto →Lotto.

Zahlenmystik, *Zahlensymbolik*, der Glaube an eine über den Zahlenwert hinausgehende Bedeutung einzelner Zahlen (etwa Gleichsetzung der 3 mit dem männl., der 4 mit der weibl. Geschlecht).

Zahlentheorie, ein Teilgebiet der Arithmetik, das die Eigenschaften u. Gesetzmäßigkeiten der natürl. Zahlen 0, 1, 2, 3, ... untersucht, die sich ergeben, wenn sie mit Hilfe der 4 Grundrechnungsarten miteinander verknüpft werden, wie z. B. ihre Teilbarkeit, die Gesetze über die Primzahlen. In neuerer Zeit verwendet man auch Vorstellungen u. Sätze der Geometrie. – ▱ 7.1.0.

Zähler, 1. *Mathematik:* →Bruch (4).
2. *Technik:* →Zählwerke.

Zahlkarte, Formblatt für Bareinzahlung auf ein Postscheckkonto.

Zählmaße, Bez. für bestimmte Stückzahlen, z. B.: Paar, Dutzend, Gros.

Zahlmeister, bis zum Ende des 2. Weltkriegs Wehrmachtsbeamter des gehobenen Dienstes; als Z., Ober-, Stabs- u. Oberstabs-Z. Gehilfe des Kommandeurs in Verwaltungsangelegenheiten.

Zählrohr = Geigerzähler.

Zahlung, Erfüllung einer Verbindlichkeit durch Übergabe von Z.smitteln. Während bei der Z. in Währungsgeld die entspr. Verpflichtung sofort erlischt, gibt z. B. der Scheck dem Gläubiger nur die Möglichkeit, seine Forderung zu befriedigen. – Jeder kann über die von ihm geleistete Z. eine *Quittung* verlangen (§ 368 BGB; § 1426 österr. ABGB; Art. 88 schweizer. OR).

Zahlungsabkommen, *Verrechnungsabkommen*, Vertrag über die Modalitäten im internationalen Zahlungsverkehr. Z. kommen als *bilaterale* (zwischen zwei Staaten) u. *multilaterale Z.* (zwischen mehreren Staaten) vor.

Zahlungsbefehl →Zwangsvollstreckung, →Mahnverfahren.

Zahlungsbilanz, Gegenüberstellung sämtlicher Zahlungsforderungen u. -verpflichtungen zwischen In- u. Ausland für einen bestimmten Zeitraum (meist ein Jahr); erlaubt am besten ein Urteil über die außenwirtschaftl. Situation. Die Z. setzt sich aus den Werten der *Leistungsbilanz* (→Handelsbilanz, →Dienstleistungsbilanz), der *Kapitalbilanz* (Kapitalbewegungen, Zinsen) u. den *Übertragungen* (Gegenbuchungen zu unentgeltlichen Güter- u. Kapitalbewegungen) zusammen. Die Z. muß sich auf die Dauer stets ausgleichen. Der Ausdruck aktive u. passive Z., der häufig verwendet wird, ist irreführend. Spricht man von *passiver Z.*, so bedeutet dies, daß eine bei den übrigen Z.posten aufgetretene Passivität durch Goldausfuhr oder Kapitaleinfuhr ausgeglichen worden ist. *Aktiv* nennt man die Z., wenn das Ausland Gold abgeben oder Kapital einführen muß. – ▱ 4.5.3.

Zahlungseinstellung, die Nichterfüllung unbestrittener fälliger Verbindlichkeiten am Zahlungsstichtag, meist infolge *Zahlungsunfähigkeit* (Erschöpfung der liquiden Mittel u. keine Möglichkeit zur Kreditbeschaffung).

Zahlungsmittel, *i. w. S.* Geld, auf Geld lautende Anweisungen (Scheck, Wechsel u. a.) u. Geldersatz (z. B. nach 1945 „Zigarettenwährung"); *i. e. S.* die von der Notenbank (in der BRD: Dt. Bundesbank) herausgegebenen Banknoten u. Münzen *(gesetzl. Z.)*.

Zahlungsunfähigkeit, *Insolvenz*, das Unvermögen eines Schuldners, seine fälligen Geldschulden zu bezahlen. Sofern sie nicht auf nur vorübergehender →Illiquidität beruht, führt sie zur *Zahlungseinstellung* u. bildet einen Grund für die Eröffnung eines Vergleichs- oder Konkursverfahrens.

Zahlungsverkehr, Gesamtheit der Kaufkraftübertragungen; kann durch direkte Übergabe gesetzl. Zahlungsmittel *(Barzahlung)* oder häufiger bargeldlos (→*bargeldloser Zahlungsverkehr*) erfolgen. Der *internationale Z.* wird durch Zahlungsabkommen geregelt. – ▱ 4.8.7.

Zählwerke, *Zähler*, Geräte zur selbsttätigen Zählung von sich wiederholenden gleichartigen Vorgängen (z. B. Umdrehungen, auf- u. abgehende Bewegungen). →auch Elektrizitätszähler, Gaszähler, Wassermesser.

Zahlwort =Numerale.

Zahn, *Dens*, das Einzelelement des Gebisses des Menschen u. der Wirbeltiere. Vorläufer der Mundzähne sind die *Hautzähne* der Knorpelfische, bei denen die *Placoidschuppen* mit Zähnchen aus Z.bein *(Dentin)* besetzt u. verkalkt sind. Die Mundzähne sitzen bei Knorpelfischen u. Säugetieren auf den Kiefern (Unter-, Ober-, Zwischenkiefer), bei den übrigen Fischen, bei Amphibien u. Reptilien an allen Knochen der Mundhöhle.
Am Z. sind die frei aus dem Kiefer ragende *Krone*, die *Z.wurzel* u. dazwischen der *Z.hals* zu unterscheiden. Mit den Wurzeln ist der Z. im *Alveolarfortsatz* des Kiefers verkeilt u. wird durch die *Wurzelhaut (Periodontium)* befestigt. Im Innern des Z.s findet sich ein Hohlraum, der das *Z.mark (Pulpa)* mit Gefäßen u. Nerven enthält, feine Kanäle in den Wurzeln nach außen durchtreten. – Die Masse des Z.s wird von *Z.bein (Dentin)* gebildet, das zu einem Viertel bis Drittel aus lebender Substanz besteht. Bei Reptilien, Säugetieren u. dem Menschen ist die Krone überzogen von *Z.schmelz*, einer Abscheidung der Epidermis. Der Z.schmelz besteht fast nur aus anorgan. Stoffen, wobei Fluorverbindungen seine außerordentliche Härte bewirken. Den Schmelz überzieht ein *Schmelzoberhäutchen (Cuticula dentis)*. Die *Z.wurzel* oder der ganze Z. kann außerdem zur Erhöhung der Festigkeit von echter *Knochensubstanz (Zement)* überzogen sein, die durch den Gebrauch des Z.s ständig erneuert wird.
Bei allen Wirbeltieren findet ein *Z.wechsel* statt. Ausgenommen bei den Säugetieren werden die Mundzähne laufend ersetzt u. erneuert *(dauernder Z.wechsel, Polyphyodontie)*, bei den meisten Säugetieren u. beim Menschen werden die Zähne einmal im Leben gewechselt *(Diphyodontie)*, das sog. *Milchgebiß* gegen das bleibende Gebiß ausgewechselt wird. – Nach ihrer Aufgabe u. Stellung im Gebiß können die Zähne verschieden geformt sein. Im Säugetiergebiß u. beim Menschen kommen drei verschiedene Z.typen vor *(Heterodontie)*: *Schneidezähne (Incisiven)*, *Eckzähne (Caninen)* – beide einwurzelig – u. *Backzähne (Backzähne, Prämolaren u. Molaren)* mit 2–4 Wurzeln. Von diesen kommen die Molaren allein im bleibenden Gebiß vor, alle anderen werden gewechselt. Bei pflanzenfressenden Säugetieren nutzen sich die Zähne stark ab; sie haben entweder die Fähigkeit, längere Zeit oder dauernd (z. B. beim Pferd) nachzuwachsen; oder dadurch, daß die Zähne nicht gleichzeitig gebildet werden, können abgekaute durch neue ersetzt werden (z. B. Backzähne beim Elefanten, wo jeweils ein Backzahn abgekaut

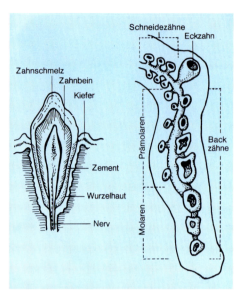

Zähne: Eckzahn im Längsschnitt (links) und rechte Zahnleiste eines Säugetier-Embryos (rechts)

wird, die anderen nacheinander gebildet werden u. von hinten nachrücken.
Das menschliche Gebiß besteht im endgültigen Zustand aus 32 Zähnen (4 Schneidezähne, 2 Eckzähne, 4 Prämolaren, 6 Molaren in jedem der beiden Kiefer), im Milchgebiß fehlen die 12 Molaren. Der *Z.durchbruch (das Zahnen)* bes. der ersten Milchzähne erzeugt meist Spannungen u. Druck im Kiefer; dabei können Fieber oder Krämpfe auftreten. Das Zahnen erfolgt beim Säugling meist im 6. bis 8. Monat, früheres Zahnen (z. B. schon bei der Geburt) ist sehr selten *(Dentitio praecox)*, kleine Verzögerungen dagegen kommen oft vor, deuten auf Rachitis hin.
Die häufigsten Erkrankungen der Zähne sind →Zahnkaries u. →Parodontose, die ihre Ursache in Zivilisationsschäden haben. Die Z.fleischentzündungen sind meist Teilerscheinung einer Mundschleimhautentzündung, können aber auch von schadhaften Zähnen herrühren. – ▱ 9.9.5.

Zahn, 1. *Ernst*, schweizer. Erzähler, *24. 1. 1867 Zürich, † 12. 2. 1952 Zürich; schrieb über 60 vielgelesene Bücher, bes. aus der Bergwelt: „Helden des Alltags" 1906; „Frau Sixta" 1926; „Der Weg hinauf" 1935.
2. *Leopold*, Kunsthistoriker, *8. 7. 1890 Wien, † 28. 4. 1970 Baden-Baden; vielseitiger Vorkämpfer der modernen Kunst, verfaßte 1920 das erste Buch über Paul Klee u. gründete 1946 die Ztschr. „Das Kunstwerk". Weitere Schriften: „Caravaggio" 1928; „Im Schatten Apolls" 1940; „Vincent van Gogh" 1946; „Friedrich Nietzsche" 1950; „Abstrakte Kunst – eine Weltsprache" 1958 (mit G. *Poensgen*); „Geschichte der Kunst" 1963; „Seurat" 1964.
3. *Peter von*, Journalist, *29. 1. 1913 Chemnitz; Tätigkeit bei Rundfunk u. Fernsehen, gründete 1960 eine eigene Fernseh-Produktionsgesellschaft mit Auslandsstudios.
4. *Theodor von*, ev. Theologe, *10. 10. 1838 Moers, † 15. 3. 1933 Erlangen; Forschungen zum N. T. Hrsg. und Kommentarwerks.

Zahnalter, Bestimmung des ungefähren Alters der Tiere nach Durchbruch, Abnutzung u. Stellung der Zähne im Kiefer. Fälschen des Z.s nennt man *Gitschen*.

Zahnarme, *Edentata*, heute nicht mehr gebräuchl. Zusammenfassung von *Erdferkeln, Schuppentieren* u. *Nebengelenkern* mit den *Ameisenfressern, Faultieren* u. *Gürteltieren.*

Zahnarzt, Heilbehandler u. Sachverständiger auf dem Gebiet der Zahnheilkunde mit staatl. Bestallung (Approbation) nach abgeschlossenem Hochschulstudium der Zahnmedizin u. prakt. Ausbildung. →auch Dentist.

Zahnbrasse, *Dentex dentex*, als Speisefisch geschätzte, 50 cm bis 1 m lange, bis zu 10 kg schwere *Brasse* des Atlantiks u. Mittelmeers. Nur mit Fangzähnen ausgerüsteter Kurzstreckenjäger, der von unten blitzschnell in Ährenfischschwärme hineinstößt; bevorzugt Felsgründe u. Algenwiesen.

Zahnbürstenbaum, *Salvadora persica*, kleiner Baum aus der Familie der *Salvadorazeen* Vorderasiens u. der Buschsteppen Afrikas. Das zähfaserige Zweigholz wird, pinselförmig ausgefranst, in Arabien u. im trop. Afrika als Zahnbürste verwendet.

Zahnersatz, *künstliche Zähne*, Vervollständigung eines lückenhaften Gebisses aus gesundheitl. oder kosmet. Gründen. Man unterscheidet Kronenersatz, Z. u. Kieferersatz. *Kronenersatz* ist nur bei einwandfrei erhaltener Wurzel möglich. Die Krone wird aus Edelmetall-Legierungen, Stahl, Kunststoff oder Porzellan ersetzt; dabei verwendet man im Frontzahngebiet *Mantel-* oder *Jackettkronen* aus Porzellan oder Kunststoff, die den verbliebenen Zähnen in Form u. Farbe angepaßt werden, nachdem die Krone entspr. beschliffen worden ist. Muß die Krone ganz ersetzt werden, so wird ein Metallkern als neue Krone mit einem Stift in die Wurzel versenkt *(Stiftzahn)*. Der vollständige Z. erfolgt durch festsitzenden *Brückenersatz* oder teilweise herausnehmbaren *Plattenersatz*; Metall-Legierungen, Kunststoff, Kautschuk, rostfreier Stahl dienen als Werkstoff. – 🄻 9.9.5.

Zahnfäule = Zahnkaries.

Zahnflanke, die Seite bei Radzähnen, die die Kräfte überträgt; →Zahnräder.

Zahnfleisch, *Gingiva*, der den Alveolarfortsatz der Zähne überziehende Teil der Mundschleimhaut, der an den Zahnhälsen in die Z.taschen übergeht.

Zahnformel, kurze Zusammenfassung der für den Menschen u. alle Säugetiere charakterist. Zahnstellung im Gebiß, wobei die Zahl der vier Zahntypen einer Seite (Schneide-, Eckzähne, Prämolaren, Molaren) oben (Oberkiefer) u. unten (Unterkiefer) angegeben wird. Die Z. des Menschen lautet z.B.:

$$\frac{2\,1\,2\,3}{2\,1\,2\,3};$$

die wahrscheinl. Grundformel des Säugetiergebisses, aus der durch Rückbildung die verschiedenen Gebisse entstanden, ist

$$\frac{5\,1\,4\,4}{5\,1\,4\,4}.$$

Zahnfries, *Deutsches Band*, ein Fries aus dreieckig vorstehenden Backsteinen. – 🄱 →Fries.

Zahnheilkunde, *Zahnmedizin, Odontologie*, die Wissenschaft von den Zahn-, Mund- u. Kieferkrankheiten, ihrer Erkennung u. Behandlung; neben den eigentl. Zahnkrankheiten gehören auch die Zahn- u. Kieferfehlstellungen zum Behandlungsgebiet der Z. (Kieferregulierung, K.orthopädie). – Geschichtl. hat sich die Z. aus der Chirurgie entwickelt; viele Methoden der heute ganz selbständigen Z. sind auch chirurgisch, z.B. die Zahnextraktionen. – 🄻 9.9.5.

Zahnhühner, *Zahnwachteln, Baumhühner*, Gattung *Odontophorus* u.a., kleine amerikan. wachtelähnl. *Fasanenvögel* mit hakenförmiger Oberschnabelspitze u. Federhaube auf dem Kopf; leben oft auf Bäumen; z.T. beliebtes Jagdwild (→Baumwachtel).

Zahnkaries [-ries; die], *Zahnfäule*, eine Zahnerkrankung, entsteht durch Zerstörung der Hartsubstanzen des Zahns unter Mitwirkung von Spaltpilzen, Säuren u. anderen Gärungsprodukten bes. auf der Grundlage von Mangelstörungen in der Ernährung (Mineralstoffe, Spurenelemente), von ungenügender Zahnpflege u. von schädl. Eßgewohnheiten. Es kommt ohne zahnärztl. Behandlung der Kariesdefekte zu Entzündungen des Zahnmarks *(Pulpitis)* u. der Wurzelhaut *(Periodontitis)*, Abszessen des Knochens u. der umgebenden Weichteile, Zahnfisteln, Granulomen u.a. →auch Fluoridierung. – 🄻 9.9.5.

Zahnkarpfen, *Kärpflinge, Cyprinodontiformes*, Ordnung der *Knochenfische* (→Ährenfischähnliche) ohne stachelige erste Rückenflosse u. typ. Gesichtsschädel. 7 Familien, von denen 2 als Aquarienfische beliebt sind: *Eierlegende Z., Cyprinodontidae*; einzige Z., die Eier legen; in den Tropen u. Subtropen aller Erdteile außer Australien; längl. Fische mit großen Schuppen, oft Oberflächenjäger mit ausstülpbarem Maul (sog. *Hechtlinge*), die als Mückenvertilger in Ostasien sehr geschätzt sind. – *Lebendgebärende Z., Poecilidae*, mit 138 Arten in den wärmeren Gebieten Amerikas verbreitete, kleine Süß- u. Brackwasserfische (größte Art – bis 20 cm – ist der *Hechtkärpfling, Belonesox belinzanus*, aus Mexiko). Aus 3 Strahlen der Bauchflosse entwickelt sich beim Männchen, das stets kleiner ist als das Weibchen, ein schwenkbares Begattungsorgan *(Gonopodium)*, mit dem eine Samenkapsel *(Spermatophore)* übertragen wird; sie reicht für mehrere Würfe *(Vorratsbefruchtung)*. Hierher gehören u.a. *Schwertträger, Guppy* u. die Gattung *Poecilia* („Platy", „Molly").

Zahnkranz, aus hochwertigem Werkstoff bestehender Kranz, der bei großen Zahnrädern mit dem aus billigem Grauguß hergestellten Tragkörper meist durch Schrumpfen zusammengefügt wird.

Zahnlaute →Dentale.

Zahnlilie, *Erythronium*, Gattung der *Liliengewächse*, von Japan bis Südeuropa verbreitet. Noch in Süddeutschland zu finden ist *Erythronium dens canis (Hundszahn)*.

Zahnpasta, cremeförmiges Zahnreinigungsmittel; Grundstoff ist überwiegend gefällte Kreide, aber auch Calciumphosphat, Magnesiumcarbonat u.a. Zur Steigerung der reinigenden u. schaumbildenden Wirkung dienen oberflächenaktive Stoffe. Cremeartige Beschaffenheit wird durch Zugabe von Glycerin sowie Binde- u. Stabilisierungsmittel erzielt. Weitere Zusätze sind Aromastoffe, Desinfektionsmittel u. mundkosmetische Stoffe, mitunter auch Farbstoffe. Zusätze von Fluor verringern u. verhindern wahrscheinl. die Zahnkaries.

Zahnpulver, pulverförmiges Zahnpflegemittel aus gefällter Kreide mit Zusätzen von Calciumphosphat, Kaolin oder reinstem Seifenpulver sowie ätherischen Ölen zur Aromatisierung, Desinfektionsmitteln, Adstringentien u. rosa Farbstoff.

Zahnradbahn, eine →Gebirgsbahn zur Überwindung größerer Steigungen, bei denen die Reibungskraft der Zugmaschine nicht mehr ausreicht. Zwischen den Schienen sind eine oder mehrere Zahnstangen befestigt; das am meisten angewandte, von R. *Abt* entwickelte System hat 2 oder 3 Zahnstangen, die gegeneinander versetzt sind; die Antriebsmaschine besitzt ebenso viele Zahnräder (die kleine federnde Bewegungen ausführen können), so daß immer mehrere Zähne zu gleicher Zeit im Eingriff sind. Bei gemischten Betrieben, d.h. Strecken, die nur auf einem Teil überhöhte Steigung haben, ist nur die Schiebelokomotive mit Zahnradantrieb ausgestattet. Bei sehr starker Steigung werden die Personenwagen u. Lokomotiven in der Schräge gebaut. Erste Z. in Europa ist die 1871 erbaute *Rigi-Bahn*; größte Steigung hat die *Pilatusbahn* mit fast 45°.

Zahnräder, Maschinenelemente zur zwangsläufigen Umformung der Bewegung zwischen zwei Drehwellen oder zwischen Drehwelle u. Zahnstange. Das Übersetzungsverhältnis ist gleich dem Verhältnis der Zähnezahl. Die Wellen können parallel *(Stirnräder)* oder senkrecht *(Kegelräder)* zueinander stehen. Zur gleichförmigen Bewegungsübertragung müssen sich die Flanken der miteinander im Eingriff stehenden Zähne aufeinander abwälzen (nicht gleiten), was die Ausbildung der Flankenform nach speziellen Wälzkurven (Evolventen oder Zykloiden) verlangt. Die Kopflinie wird bei Stirnrädern als Gerade parallel zur Achse, schräg (Schräg-Z.) oder in V-Form (Pfeilräder) gestaltet; bei Kegelrädern werden auch gekrümmte Zähne (Spiralzähne) verwendet. Eine bes. Form ist die *Triebstockverzahnung*, bei der die Zähne des einen Rads als runde Stäbe ausgebildet sind. Die Zähne können außen auf dem Zahnkranz oder innerhalb (Innenverzahnung) liegen. Als Werkstoff für Z. wird Gußeisen, Stahl, Stahlguß, Bronze, Rotguß, Holz oder Kunststoff verwendet. – 🄻 10.6.3.

Zahnradgetriebe, ein Rädergetriebe zur zwangsläufigen u. gleichförmigen Bewegungsübertragung zwischen sich drehenden Wellen mit Hilfe von *Zahnrädern*; ausgeführt mit einer festen Übersetzung (Übersetzungsgetriebe) oder mit mehreren wechselweise verwendbaren Übersetzungen (Schaltgetriebe).

Zahnradwechselgetriebe →Kennungswandler.

Zahnschmelz →Schmelz (1).

Zahnschnäbler = Siebschnäbler.

Zahnschnecken = Kahnfüßer.

Zahnschnitt, als Zierat gedachte Mauerschichten an Friesen oder Gesimsen, bei denen die Ziegel regelmäßig vor- u. zurückspringen.

Zahnsegment, ein Zahnrad, das nur auf einem Teil seines Umfangs verzahnt ist.

Zahnseife, festes Zahnreinigungsmittel aus reinster Natrium-Kalium-Seife oder gepulverter Natronseife, unter Beigabe von →Zahnpulver hergestellt u. in flache Stücke gepreßt.

Zahnspinner, *Notodontidae*, Nachtschmetterlingsfamilie, deren Angehörige meist einen Schuppenzahn am Hinterrand des Vorderflügels besitzen. Hierher gehören z.B. die *Gabelschwänze*, der *Mondvogel*, der *Zickzackspinner (Notodonta ziczac)* u. die *Buchenspinner*.

Zahnstange, mit Zähnen versehene Stange, in die ein Zahnrad eingreift; wandelt eine drehende Bewegung in eine geradlinige um.

Zahnstein, Ablagerungen von Calciumsalzen am Zahn bei Menschen, Pferden, Wiederkäuern u. häufig bei Hunden.

Zahntrost, *Odontites*, eine nur grüne Halbschmarotzer umfassende Gattung der *Rachenblütler*. In Dtschld. kommen vor: der *Gelbe Z., Odontites lutea* mit gelben Blüten in Trauben, u. der formenreich auftretende *Rote Z., Odontites rubra* mit roten, selten weißen Blüten in Trauben.

Zahnverstümmelung, *Zahndeformation*, die bes. bei Naturvölkern verbreitete künstl. Veränderung des Gebisses, bes. der Schneidezähne; erfolgt durch Ausschlagen bestimmter Zähne (z.B. in Teilen Australiens u. Ostafrikas), Zurechtfeilen (Spitzfeilen oder Abfeilen, z.B. in Indonesien, Afrika) oder durch Einlegen von Gold, Türkis, Jade (Zahninkrustation; u.a. in Zentralamerika). Die Z. dient in manchen Gebieten allein dem Schmuckbedürfnis, bei anderen Völkern ist sie Stammesabzeichen; sie wird oft im Verlauf der Initiation angebracht.

Zahnvögel, *Odontognathen*, eine Gruppe ausgestorbener *Vögel* aus der Kreidezeit mit noch bezahnten Kiefern, z.B. *Hesperornis, Ichthyornis*.

Zahnwale, *Odontoceti*, Unterordnung der *Wale*. Im Gegensatz zu den *Bartenwalen* ist der Kiefer der Z. mit vielen einfachen Zähnen besetzt, deren Zahl auch innerhalb einer Art stark schwanken kann (→Delphine); ihr Körper ist mehr spindelförmig. Z. fressen jede Beute, die sie bewältigen können, wie Fische, Wasservögel, Robben u. Tintenfische. Viele Arten der Z. können vielfältige Pfeiflaute ausstoßen, z.T. im Ultraschallbereich; sie dienen als Echolot beim Orten von Beute u. zum gegenseitigen Kontakthalten. Die Erforschung der „Sprache der Z.", zu der sich vor allem *Delphine* u. *Schweinswale* eignen, verspricht wertvolle Aufschlüsse, da das Gehirn der Z. stärker zentralisiert ist als das des Menschen. Hierher gehören die Familien der *Flußdelphine, Schnabelwale* (→Dögling), *Pottwale, Gründelwale, Delphine* u. *Schweinswale*.

Zahnwurz, *Dentaria*, Gattung der *Kreuzblütler*. In Dtschld. sind vertreten: *Finger-Z., Dentaria digitata*, mit rosaroten Blüten, *Weiße Z., Dentaria enneaphyllos*, mit gelblichweißen Blüten in Trauben, *Fieder-Z., Dentaria bulbifera*, mit hellvioletten bis weißen Blüten, *Drüsen-Z., Dentaria glandulosa*, mit purpurnen Blüten in lockeren Trauben.

Zahnwurzel, 1. *Anatomie:* →Zahn.
2. *Botanik:* =Engelwurz.

Zahnwurzelbehandlung, sorgfältige Entfernung des abgestorbenen bzw. des nicht mehr erhaltungsfähigen u. darum vom Zahnarzt abgetöteten Zahnmarks (Zahnpulpa) aus den Wurzelkanälen; Desinfektion u. Füllung der Wurzelkanäle mit einer Wurzelfüllmasse.

Zähringer, südd. Adelsgeschlecht, benannt nach der Stammburg *Zähringen* (erbaut 1108) bei Freiburg i.Br., seit dem 10. Jh. Grafen im Breisgau. *Berthold I.* († 1078) war 1061–1072 mit dem Herzogtum Kärnten u. der Markgrafschaft Verona belehnt. *Berthold II.* († 1111) gab seinen ererbten Anspruch auf das Herzogtum Schwaben (1092–1098) auf, erhielt 1100 den Herzogstitel für Zähringen u. gründete die gleichnamige Burg. *Konrad* († 1152), Bruder *Bertholds III.* († 1122), nahm außerdem 1127 den Titel eines Herzogs von Burgund an, war Ratgeber König Konrads III. u. gründete Freiburg i.Br. Sein Sohn *Berthold IV.* († 1186) sicherte den ererbten Besitz in der Schweiz u. gründete Freiburg im Üchtland (Fribourg) u. Murten. *Berthold V.* († 1218) gründete 1191 Bern u. festigte seine Herrschaft in Burgund. Mit ihm starb die *herzogl. Linie* aus. Die Gebiete in Burgund u. der Schweiz gingen verloren. – *Hermann* († 1074), ein Halbbruder Bertholds II., 1061–1073 Markgraf von Verona, dessen Sohn *Hermann I.* († 1130) Markgraf von Baden wurde, begründete die *markgräfl. Linie* der Z., aus der das Fürstenhaus von →Baden (1) hervorging.

Zahrnt, Heinz, ev. Theologe u. Schriftsteller, * 31. 5. 1915 Kiel; theolog. Schriftleiter des „Dt. Allg. Sonntagsblattes", Mitglied des Vorstands u. 1971–1973 Präs. des Dt. Ev. Kirchentages. Hptw.: „Es begann mit Jesus von Nazareth" 1960; „Die Sache mit Gott" 1966; „Gott kann nicht sterben" 1970; „Wozu ist das Christentum gut?" 1972.

Zährte, *Vimba vimba*, ein *Karpfenfisch* (Weißfisch), bis 35 cm lang; im Einzugsgebiet der Nord- u. Ostsee sowie des Kaspischen u. Schwarzen Mee-

Zaiditen

res verbreitet; Teilwanderer, zieht in die Flüsse zum Laichen; Grundfisch, der im Schlamm Weichtiere, Würmer u. Insektenlarven sucht.

Zaiditen [zai-], *Saiditen, Sa'diten, Seiditen,* eine Konfession des schiitischen Islams, die im 8. Jh. entstand u. sich nach *Zaid ben Ali* († 739), einem Urenkel Alis, nennt. Ihr entstammt die Herrscherdynastie in Jemen, begründet 859 durch *Jahja ibn al-Hussain* (859–911), einen Nachkommen des Ali. Den Z. gehörten die Herrscher von Jemen bis zum Bürgerkrieg 1962–1970 an; der König war zugleich religiöses Oberhaupt (Imam); zur Konfession der Z. gehören vor allem die Bergstämme. →auch Jemen (1).

Zain [der], Rute, Schwanz; Metallstange; der für die Münzprägung vorgesehene, in eine längl. Form gegossene Barren des Münzmetalls.

Zaineisen, alte Bez. für das unter dem Hammer ausgereckte Schweißeisen.

Zaire [za'i:r], seit 1967 Währungseinheit in Zaire: 1 Z. = 100 *Makuta*.

ZAIRE
République Zaïre
ZR

Fläche: 2 345 409 qkm

Einwohner: 29,0 Mill.

Bevölkerungsdichte: 12 Ew./qkm

Hauptstadt: Kinshasa

Staatsform: Präsidiale Republik

Mitglied in: UN, GATT, OAU

Währung: 1 Zaire = 100 Makuta = 10 000 Sengi

Landesnatur: Die Kernlandschaft ist das Becken des *Kongo,* 300–400 m hoch gelegen u. vom Strom u. seinen Zuflüssen teilweise überschwemmt. Nach S steigt das Land zur 900 bis über 1500 m hohen *Lundaschwelle* an, nach O zu den Randgebirgen des Zentralafrikan. Grabens (*Ruwenzori* 5110 m), nach N zur *Asandeschwelle*. Die Westbegrenzung bildet die *Niederguineaschwelle,* die der Kongo in einem engen Tal durchbricht. Nur mit einem schmalen Zipfel berührt Z. das Meer. – Das Klima des Landes, das vom Äquator geschnitten wird, ist im Becken feucht u. heiß, in höheren Lagen etwas kühler. Im N u. S schließen sich Zonen mit kleiner Trockenzeit an; weiter nach S wird die Trockenzeit länger u. dauert im äußersten S Shabas fast 7 Monate.

Dem Klima entspricht die Vegetation: Das Kongobecken ist nach dem Amazonasbecken das zweitgrößte Waldgebiet der Tropen. Dieser trop. Regenwald wird von einem Ring von Feuchtsavannen umgeben, die im S u. SO (Shaba) in regengrüne Trockenwälder (Miombowald) übergehen. Im Kivubergland im O reicht die Höhenabstufung vom trop. Regenwald über Bergwälder bis zu subalpinen Formationen. Mangrove bewächst die Ufer der Kongomündung.

Die **Bevölkerung** zerfällt in Hunderte von Stämmen der Bantu- u. Sudanneger u. der Niloten. Daneben gibt es hamitische Völker sowie etwa 100 000 Pygmäen; ca. 800 000 Ausländer (Flüchtlinge aus Angola, Belgier, Franzosen) leben in Z.

Wirtschaft: Die traditionelle Landwirtschaft zur Eigenversorgung mit Maniok, Mais, Bananen, Hirse, Erdnüssen, Baumwolle sowie neuerdings Reis u. Weizen ist vorherrschend. Etwas Viehzucht ist in Shaba u. in den östl. Gebirgen verbreitet. Zum Export gelangen Kaffee, Kakao, Kautschuk, Palmprodukte u. Edelhölzer, doch machen diese Güter nur einen geringen Teil des Ausfuhrwerts aus. Der Export wird vielmehr vom Bergbau beherrscht, der sich in Shaba konzentriert. In großem Umfang werden Kupfer, Uran, Kobalt, Zink, Germanium, Cadmium, Mangan, Zinn, Wolfram, Eisen, Gold, Silber, Kohle u. a. Minerale abgebaut bzw. gewonnen. Kasai ist das bedeutendste Industriediamanten-Fundgebiet der Erde. Die Industrie bereitet vor allem die Bergbau- u. Agrarprodukte auf u. bedient sich dabei der in den zahlreichen Wasserkraftwerken gewonnenen elektr. Energie (Inga-Kraftwerke am unteren Kongo u. a.); ein Werk zur Anreicherung von Uranerzen ist im Aufbau. Die sich gut entwickelnde Verbrauchsgüterindustrie stellt bereits 60% der Konsumgüter im Land her.

Verkehr: Das Landverkehrsnetz ist in weiten Landesteilen noch ungenügend. Die Gebiete von Kinshasa u. Shaba haben gute Eisenbahn- u. Straßenverbindungen zu dem Hafen Matadi an der Kongomündung bzw. zu den für Shaba bedeutenden Häfen an der Ost- u. Westküste Afrikas. Die Schiffahrt auf dem Kongo u. seinen Zuflüssen wird zwar durch Stromschnellen u. Wasserfälle gestört, jedoch werden diese durch Eisenbahnstrecken umgangen. Wichtig ist der Inlandluftverkehr (Kinshasa, Lubumbashi, Kisangani).

Geschichte: Außer dem Reich Kongo gab es im Raum von Z. vor der europ. Kolonisation noch andere bedeutende afrikan. Staaten, u. a. der →Luba, Lunda u. Kuba. Im 19. Jh. dehnte sich der Einfluß von Sansibar bis etwa nach Kisangani aus. Seit 1876 setzte sich König Leopold II. von Belgien im Kongo fest. Die Großmächte erkannten 1884/85 seine Erwerbungen auf der Berliner Kongokonferenz als unabhängigen Staat an u. beschlossen Handelsfreiheit für das Kongobecken. Grausame Ausbeutung der Einwohner führte zu einem internationalen Skandal, worauf Belgien 1908 das Gebiet in direkte Kolonialverwaltung nahm (*Belgisch-Kongo*). Erst nach dem 2. Weltkrieg erwachte unter den Afrikanern modernes polit. Leben. Unruhen in Léopoldville (Kinshasa) 1959 veranlaßten Belgien zu überstürzten Reformen. Auf einer Konferenz in Brüssel (Jan. 1960) versprach es die Unabhängigkeit zum 30. 6. 1960. Wahlen im Mai 1960 u. die Regierungsbildung unter J. *Kasavubu* (Präs.) u. P. *Lumumba* (Min.-Präs.) verschleierten die Schwäche des neuen Staats (*Republik Kongo,* meist *Kongo-Kinshasa* genannt), die im Juli 1960 beim Meuterei der Truppen (Force Publique) offenbar wurde. Im gleichen Monat erklärte sich die reiche Provinz Katanga (das heutige Shaba) unter M. *Tschombé* für unabhängig. Lumumba rief die Vereinten Nationen zu Hilfe, die Militär entsandten. Im Sept. wurde Lumumba gestürzt, im Jan. 1961 ermordet. In der Ostprovinz bildete A. *Gizenga* eine separate Regierung, löste sie aber 1962 bei Bildung des Kabinetts C. *Adoula* auf. 1963 beendeten UN-Truppen gewaltsam die Sezession Katangas. Die wirtschaftl. u. polit. Zerrüttung konnte aber nicht beseitigt werden. Nach dem Abzug der UN 1964 brachen in mehreren Provinzen blutige Unruhen aus. Mit amerikan. Rückhalt wurde Tschombé 1964 Min.-Präs.; er warb weiße Söldner an u. schlug die Rebellen. Insges. forderte der Bürgerkrieg seit 1960 etwa 1 Mill. Todesopfer. Am 13. 10. 1965 zwang Präs. *Kasavubu* Tschombé zum Rücktritt.

Am 25. 11. 1965 ergriff General J.-D. *Mobutu* (seit 1972 *Mobutu Sese Seko*) die Macht u. übernahm das Präsidentenamt. Unter seiner Führung trat eine gewisse Konsolidierung ein. Mehrere Oppositionspolitiker wurden hingerichtet. 1966 verstaatlichte Mobutu die Kupferbergwerke. 1967 erließ er eine neue Verfassung mit zentralist. Zügen u. gründete die Einheitspartei „Revolutionäre Volksbewegung" (MPR). Im Zuge einer Kampagne für „Eigenständigkeit" wurde das Land 1971 in *Zaire* umbenannt. Die „Zairisierung" der Unternehmen brachte wirtschaftl. Rückschläge. 1977 u. 1978 fielen Rebellen von Angola aus in Shaba ein. Sie wurden mit marokkan., franzö. u. belg. Militärhilfe zurückgeschlagen.

Dorf am Ufer des Kongo

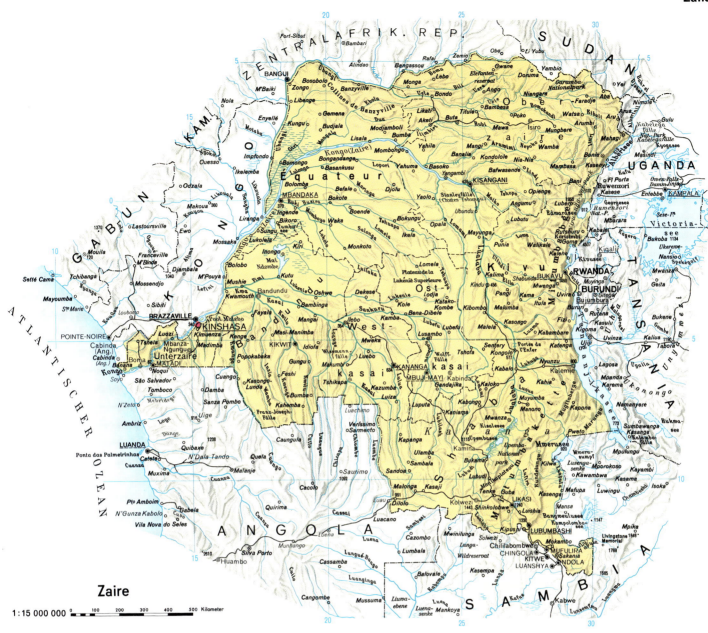

Zaire
1 : 15 000 000

Mobutu wurde mit der Machtfülle eines Diktators ausgestattet, er übernahm neben dem Amt des Staats- u. Regierungschefs das Oberkommando u. das Verteidigungs-Ministerium sowie die Führung der Staatspartei. 1971 wurde Kongo-Kinshasa in *Republik Zaire* umbenannt. Eine Kampagne gegen Relikte aus der kolonialen Vergangenheit, vor allem gegen die kath. Kirche, setzte ein (z.B. Ersetzung europ. Namen durch afrikanische), 1972 trat Z. aus der OCAM aus. Mit Erfolg bemühte sich Mobutu, die im Bürgerkrieg zutage getretenen Stammes- u. Distriktsgegensätze zu überbrücken u. Z. zu einem Nationalstaat zu machen. – ▣→Afrika (Geschichte). – ▢ 5.6.5. u. 5.4.9.

Zaisser, Wilhelm, Politiker (SED), * 19. 1. 1893 Rotthausen, † 3. 3. 1958 Berlin; Lehrer; seit 1919 Kommunist; als „General Gómez" Stabschef aller Internationalen Brigaden im Spanischen Bürgerkrieg; während des 2. Weltkriegs in der UdSSR; 1948 sächsischer Innenminister; seit 1950 Minister für Staatssicherheit der DDR u. Mitglied des Politbüros der SED; erstrebte 1953 in Gegensatz zu W. *Ulbricht* eine Reform der SED-Politik u. wurde nach dem Juniaufstand aller Posten enthoben.
Zakopane [za-], Kurort u. Wintersportplatz in Polen im NW der Hohen Tatra (Wojewodschaft Nowy Sącz), 27 100 Ew.
Zalaegerszeg [ˈzɔlɔɛgɛrsɛg], Hptst. des ungar. Komitats *Zala* (3284 qkm, 267 000 Ew.), westl. des Plattensees, 39 100 Ew.; Erdölgewinnung, Textilindustrie u. Maschinenbau.
Zalat, Fisch, = Rapfen.
Zalău [zaˈləu], ungar. *Zilah.* Hptst. des rumän. Kreises Sălaj (3850 qkm, 266 000 Ew.), im nordwestl. Siebenbürgen, nordwestl. von Klausenburg, 32 000 Ew.; Holz- u. Nahrungsmittelindustrie.
Zama, antike, nicht sicher lokalisierbare nordafrikan. Stadt westl. von Karthago; hier wurde 202 v. Chr. *Hannibal* entscheidend durch den älteren *Scipio* geschlagen (Ende des 2. Punischen Krieges).

Zambo [ˈθambo; span.], Mischling zwischen Negern u. Indianern.
Zamboanga [θambo-], *Samboangam,* Hafen u. Hauptort der Philippineninsel Mindanao, an der Südspitze der Halbinsel Z., 265 000 Ew.; Handelszentrum, Fischmarkt; Eisen-, Holz- u. Nahrungsmittelindustrie; Perlenfischerei; Flugplatz.
Zamenhof [ˈza:-], Ludwik, Augenarzt, * 15. 12. 1859 Białystok, † 14. 4. 1917 Warschau; erfand die Welthilfssprache *Lingvo Internacia* (1887), später nach seinem Pseudonym *Esperanto* genannt.
Zamfirescu [zam-], Duiliu, rumän. Schriftsteller u. Diplomat, * 30. 10. 1858 Plăineşti, † 3. 6. 1922 Agapia; schrieb Lyrik, Novellen, Romane u. Dramen; Hptw. ist der 5bändige Romanzyklus über die Familie Comaneştilor (1894–1910).
Zamora, 1. [θaˈmora], westspan. Stadt im S der baumlosen Tierra del Vino in *León,* auf einem Felshügel über dem Duero, 52 500 Ew.; alte Stadtmauer mit Toren; Kathedrale (12. Jh.), roman. Kirchen; Herstellung von Branntwein, Lederwaren u. Textilien. Hptst. der Provinz Z. (10 559 qkm, 249 000 Ew.). –
2. [zaˈmora], *Z. de Hidalgo,* Stadt in Mexiko, in der Meseta Neovolcánica, östl. des Chapalasees, 57 800 Ew.; Tabak- u. Textilindustrie, Mühlen.
Zamora [θaˈmora], **1.** Antonio de, span. Dramatiker, * um 1660 Madrid, † 1728 Madrid; seit 1694 Hofdichter, Anhänger Karls II. u. der Bourbonen; schrieb Schauspiele in der Art *Calderóns.*
2. *Z. y Torres,* Niceto Alcalá, span. Politiker (Liberaler) * 6. 7. 1877 Priego de Córdoba, † 18. 2. 1949 Buenos Aires; Anwalt; 1917 Landwirtschafts-, 1922 Kriegs-Min.; Gegner Primo de Riveras; gründete 1930 die Republikanische Partei; 1931 entscheidend an der Beseitigung der Monarchie beteiligt; kurze Zeit Min.-Präs., dann 1931–1936 Präs. der Republik; nach dem Wahlsieg der Volksfront 1936 amtsenthoben.
Zamość [ˈzamɔstʃ], Stadt in der *Roztocze,* südöstl. von Lublin, seit 1975 Hptst. der Wojewodschaft Z. (bis 1975 Wojewodschaft Lublin), 40 000 Ew.; Holz- u. Nahrungsmittelindustrie. 1580 gegr., im Renaissancestil erbaut; 1595–1773 Universität; Geburtsort Rosa *Luxemburgs.*
Zamoyski [zaˈmɔjski], poln. Adelsgeschlecht. – Jan Z., poln. Staatsmann, * 19. 3. 1542 Stary Zamość, † 3. 6. 1605 Zamość; Kron-Großkanzler seit 1578 u. Kron-Groß-Hetman seit 1581, leitete die Politik Polens.
Záncara [ˈθaŋ-], eigentlicher Stammfluß (mit dem *Gigüela*) des *Guadiana* in Spanien, 220 km; kommt aus den Bergen westl. von *Cuenca,* verstärkt nordwestl. von Daimiel den Guadiana bajo; speist Bewässerungskanäle.
Zand, Herbert, österr. Schriftsteller, * 14. 11. 1923

Koppen, † 14. 7. 1970 Wien; verfaßte gesellschaftskrit. u. Kriegsromane: „Letzte Ausfahrt" 1953; „Der Weg nach Hassi el emel" 1956; „Erben des Feuers" 1961; auch Lyrik.

Zande, der Sudannegerstamm der →Asande.

Zander, *Schill, Sandbarsch, Hechtbarsch, Lucioperca lucioperca,* mit bis 1,30 m Länge u. 15 kg Gewicht größter *Barsch* Mitteleuropas; 6 Unterarten; Körper spindelförmig gestreckt; bevorzugt warme, flache Süßgewässer; auch in der Ostsee, wo er zum Laichen die Haffe aufsucht; lebt von Weißfischen u. Stinten. Wertvoller Speisefisch.

Zander ['san-], Jonas Gustaf Wilhelm, schwed. Orthopäde, * 29. 3. 1835 Stockholm, † 17. 6. 1920 Stockholm, konstruierte früher viel gebrauchte Apparate *(Z.apparate)* zur Apparategymnastik.

Zandonai, Riccardo, italien. Komponist, * 30. 5. 1883 Sacco, Rovereto, † 5. 6. 1944 Pesaro; stilistisch seinem Lehrer P. *Mascagni* nahestehend. Opern („Francesca da Rimini" 1914, nach G. d'Annunzio), sinfon. Dichtungen u. ein Requiem.

Zandvoort ['zantfo:rt], Nordseebad in der niederländ. Prov. Nordholland, 15700 Ew.; Ausflugsort für Amsterdam; 4,193 km lange, ebene Rennstrecke im Dünengelände mit 2 scharfen Kurven.

Zanella [der; ital.], *Futtersatin,* haltbares Gewebe mit glänzender Oberfläche in Schußatlasbindung; Futterstoff u. Bezug für Steppdecken.

Zanesville ['zɛinzvil], Stadt in Ohio (USA), östl. von Columbus, 32000 Ew. (m.V. 56000 Ew.).

Zange, Werkzeug zum Festhalten (z.B. *Schmiede-Z.*), Abscheren *(Beiß-Z., Seitenschneider),* Biegen *(Flach-Z.),* Lochen u.a.

Zangenfries, friesartiges Ornament aus zangenähnl. Gebilden, typisch für die Kunst der Völkerwanderungszeit.

Zangi →Sengi.

Zangwill ['zæŋvil], Israel, engl. Schriftsteller, * 14. 2. 1864 London, † 1. 8. 1926 Midhurst, Sussex; Zionist; gab in seinen Erzählungen („Kinder des Ghetto" 1892, dt. 1897) wirklichkeitsnahe Bilder vom Leben der Juden in London.

Zanichelli [-ni'kɛli], *Casa Editrice Z.,* italien. Verlag in Bologna, gegr. 1859; Belletristik, Sachbücher, Wörterbücher, Atlanten, wissenschaftl. Literatur zur Philologie, Philosophie, Pädagogik, Geschichte, Rechtswissenschaft, Technik.

Zankapfel, in der griech. Sage Apfel der →Eris.

Zankow [-kɔf], Alexander, bulgar. Politiker, * 29. 6. 1879 Orechowo, † 17. 7. 1959 Buenos Aires; Prof.; Gründer der Demokrat. Vereinigung, unterdrückte 1923 die kommunist. Umsturzversuche; 1923–1926 Min.-Präs.; emigrierte 1944.

Zanonie [die; nach dem ital. Botaniker G. *Zanonie,* † 1682], *Zanonia,* Gattung der *Kürbisgewächse;* Klettersträucher des Malaiischen Archipels; große Samen mit breiten Seitenflügeln, die im Flugzeugbau wegen ihrer Flugeigenschaften als Vorbild dienten.

Zantedeschia [-'dɛskia; die; nach dem italien. Priester u. Physiker F. *Zantedeschi,* † 1873], in Südafrika heim. Gattung der *Aronstabgewächse* mit leuchtendweißer Spatha. Als Zimmerpflanze kultiviert; fälschlich oft →Calla palustris genannt.

Zanussi, Krzystof, poln. Filmregisseur, * 17. 7. 1939 Warschau; versucht in seinen Filmen Kommunikationsschwierigkeiten der Menschen darzustellen: „Die Struktur des Kristalls" 1969, „Illumination" 1973, „Spirale" 1978.

Zanza ['zanza] →Sansa.

Zao-Wou-Ki, chines. Maler, * 13. 2. 1921 Peking; seit 1948 in Paris, wo er Anregungen von P. *Picasso* u. P. *Klee* verarbeitete u. zu einem abstrakten, kalligraph. Elemente aufnehmenden Stil gelangte.

Zapaleri, *Cerro Z.* ['sɛro sa-], Andengipfel, Grenzpunkt zwischen Argentinien, Chile u. Bolivien, 5648 m.

Zäpfchen, 1. *Anatomie:* Teil des Gaumens.
2. *Medikamente: Suppositorium,* bei Körpertemperatur schmelzende, kegelförmige Masse, die in den After eingeführt wird, damit der Darm die in ihr enthaltenen Arzneimittel aufsaugt.

Zapfen, 1. *Bauwesen:* zur Herstellung von Holzverbindungen (z.B. Scher-Z., Schräg-Z.) zugerichtetes Kantholzende, das in die entspr. Aussparung eines anderen Kantholzes eingreift.
2. *Botanik: Zapfenblüte,* an langer Achse angeordnete Staub- oder Fruchtblätter der nacktsamigen Pflanzen. Die weibl. Z.blüte entwickelt sich in einer Z.frucht, zwischen deren holzigen Schuppen sich die Samen befinden. Dagegen ist der Z. der Erle ein Fruchtstand, der aus einem kätzchenähnl. Blütenstand hervorgeht.
3. *Maschinenbau:* abgesetztes Ende von Wellen u. Achsen, meist zylindrisch, selten Kugelform.
4. *Reizphysiologie:* →Auge, →Farbensinn, →Lichtsinnesorgane, →Stäbchen.

Zapfenblume, *Strobilanthes dyerianus,* ein in Birma heim. *Akanthusgewächs,* Blattpflanze, mit bläulich-metallischen Blättern.

Zapfenstreich, ursprüngl. der Zeitpunkt, zu dem auf ein Trommel- oder Hornsignal im Feldlager Ruhe zu herrschen hatte u. die „Zapfen" an den Bierfässern der Marketender zu „streichen" waren, d.h. der Ausschank eingestellt wurde; später allg. der Zeitpunkt, zu dem alle nicht beurlaubten Soldaten in ihrer Unterkunft zu sein haben.
Der *Große Z.* ist eine militärmusikal. Zeremonie, die nur zu bes. Anlässen ausgeführt wird, wobei im allg. ein Musikkorps sowie eine Kompanie Infanterie u. Fackelträger mitwirken. Der Große Z. besteht seit der ersten Aufführung 1838 in Preußen durch W. *Wieprecht* aus einer vorangehenden *Serenade,* die Werke großer Meister u. bes. Lieblingsmelodien des mit dem Z. zu Ehrenden enthält, u. dem eigentl. Z. mit der Folge: *Locken, Z.marsch, Harmonischer Z.* der Reiterei (die „3 Posten"), *Zeichen zum Gebet, Gebet* („Ich bete an die Macht der Liebe..."), *Abschlagen nach dem Gebet, Ruf nach dem Gebet* (dem *Amen* in der Liturgie entsprechend), *Nationalhymne.*

Zapfwelle →Motorschlepper.

Zapolska [za-], Gabryela, poln. Schriftstellerin u. Schauspielerin, * 30. 3. 1857 Podhajcy, Wolynien, † 17. 12. 1921 Lemberg; schrieb naturalist. gesellschaftskrit. Romane („Wovon man nicht spricht" 1909, dt. 1913) u. Dramen („Die Moral der Frau Dulska" 1907, dt. 1913).

Zápolya ['za:pɔlja] →Szapolyai.

Zaponlack, harter, durchsichtiger, glänzender Lack, meist aus Nitrocellulose, die in Butylamylacetat oder Amylalkohol gelöst ist; bes. als Überzug für Metall.

Zapoteken, *Tzapoteken,* altes indian. Kulturvolk (heute noch 260000) aus der Sprachfamilie *Oto-Mangue* in den mexikan. Staaten Oaxaca u. Tehuantepec. Zur Zeit der span. Landung bildeten sie ein Reich mit der Hptst. *Zoahila.* Sie wehrten sich erfolgreich gegen die *Azteken,* wurden von den *Mixteken* teilweise verdrängt (so in ihrer alten Hptst. *Monte Albán*) u. begrüßten die Spanier daher als Befreier. Die Anfänge ihrer im 1. Jh. v. Chr. beginnenden Kultur sind eng mit der von *La Venta* verknüpft; ihre Blüte fällt ins 3.–5. Jh. n. Chr.; in dieser Zeit bestanden enge Beziehungen erst zur *Maya-Kultur,* dann zu *Teotihuacan.* An der Spitze ihres Staats standen wohl Priesterfürsten.
Die wichtigsten Ruinenstätten der Z. sind *Mitla* u. *Monte Albán.* Letzteres war eine Stadt mit zahlreichen Tempeln, Palästen, Ballspielplätzen, Observatorien; von einem Netz von Wohnbauten umgeben. Eine Besonderheit bilden die megalith. unterird. Grabkammern der Z., mit rechteckigem, T- oder kreuzförmigem Grundriß u. flachem oder spitz zulaufendem Dach. Die Wände waren mit Stuck überzogen u. vielfach mit polychromen Fresken bemalt. Für die Sakralkunst sind große Figurengefäße aus gelbgrauem Ton charakteristisch; in der Spätzeit oft mit Schmuckformen überladen. Die Z. besaßen eine Hieroglyphenschrift (noch weitgehend unentziffert), Kalender u. leisteten Hervorragendes auf dem Gebiet der Mathematik. Sie hatten eigenartige Haartrachten u. Kopfschmuck (aus zahlreichen Fäden verschlungener Kopfputz), trugen Ketten an Waden u. Handgelenken; Ohrpflöcke, Zahndeformation.

Zápotocký ['za:pɔtɔtski], Antonín, tschechoslowak. Politiker (KP), * 19. 12. 1884 Zákolany, Böhmen, † 13. 11. 1957 Prag; 1921 Mitgl. des ZK, seit 1925 im tschechoslowak. Parlament, 1929 Sekretär der kommunist. Gewerkschaften; 1939–1945 im KZ; 1945–1950 Vors. der Gewerkschaften, 1948–1953 Min.-Präs., 1953–1957 Staats-Präs. Z. schrieb mehrere Romane.

Zar [slaw., von lat. *Caesar*], Herrschertitel bei Bulgaren (seit 7. Jh. u. 1908–1946), einigen serb. Fürsten (14. Jh.) u. Russen (1547–1917; seit 1721 offiziell „Imperator"). *Zariza,* Frau (bzw. Witwe) eines Z.en; *Zarewitsch,* Sohn eines Z.en u. Titel des russ. Thronfolgers 1547–1797, der seitdem bis 1917 offiziell als *Zesarewitsch* bezeichnet wurde. *Zarewna,* Tochter eines Z.en.

Zaragoza [θara'gɔθa] = Saragossa.

Zárate ['sa-], Stadt nordwestl. von Buenos Aires (Argentinien), 50000 Ew.

Zárate ['θa-], Antonio Gil y →Gil y Zárate, Antonio.

Zarathustra, griech. *Zoroaster,* vornehmlich in Baktrien wirkender prophetischer Reformator der altiranischen Religion, nicht sicher datierbar, * wahrscheinlich 800 v. Chr. oder 700 v. Chr., nach iran. Tradition erschien er 258 Jahre vor Alexander d. Gr.; Stifter des →Parsismus; die →Gathas („Lieder") des ältesten Teils des →Awesta gehen wohl auf Z. selbst zurück. Z. verstand sich als den von seinem Gott →Ahura Mazda berufenen Verkünder einer monotheist. Religion u. als Verwirklicher einer Gott wohlgefälligen Ackerbaukultur. F. *Nietzsches* Werk „Also sprach Z." hat inhaltlich keine Beziehungen zur Lehre Z.s. – 🕮 1.8.1.

Zarcillo y Alcaraz [θar'θiljo i alka'raθ], Francisco, span. Bildhauer, getauft 12. 5. 1707 Murcia, † 2. 3. 1783 Murcia; Hauptmeister der span. Rokokoplastik; seine Werke (Prozessionsgruppen) vereinen ekstatische Religiosität mit übersteigertem Naturalismus.

Zarewitsch →Zar.

Zarewna →Zar.

Zarge [die], **1.** *Müllerei:* der die Steine eines Mahlgangs umhüllende Blechmantel.
2. *Musikinstrumente:* Seitenwand zwischen Boden u. Decke bei Saiteninstrumenten, z.B. Violine, Gitarre.
3. *Tischlerei:* in die Mauer eingebauter Rahmen von Türen u. Fenstern aus Holz, Metall oder Kunststoff; rahmende Einfassung, z.B. erhöhte Tischkante.

Zaria ['zarja], Stadt im nördl. Nigeria, nordwestl. des Bauchiplateau, 225000 Ew.; Universität (1962); Nahrungsmittel-, Fahrzeugindustrie, Handelszentrum, Flugplatz. – Früher Hptst. eines der 7 Haussastaaten.

Zariza →Zar.

Zarlino, Gioseffo, italien. Musiktheoretiker u. Komponist, * 22. 3. 1517 Chioggia, † 14. 2. 1590 Venedig; Hptw.: „Le istitutioni harmoniche" 1558, grundlegende Darstellung der Musiklehre seiner Zeit.

Zarncke, Friedrich, Germanist, * 7. 7. 1825 Zahrenstorf, Mecklenburg, † 15. 10. 1891 Leipzig; erforschte die dt. Sprache u. Literatur des MA.; gab zusammen mit Wilhelm *Müller* ein „Mittelhochdt. Wörterbuch" heraus (1854–1867).

Zarskoje Selo, bis 1917 Name der sowjet. Stadt →Puschkin.

Żary [ʒari], poln. Name der Stadt →Sorau.

Zäsalpiniengewächse [nach dem italien. Botaniker Andrea *Cesalpino,* * um 1519, † 1603], *Caesalpiniaceae,* Familie der *Leguminosae,* trop. u. subtrop. Holzpflanzen mit einfach oder doppelt gefiederten Blättern. Hierher gehören u.a. *Caesalpinia, Tamarinde, Johannisbrotbaum, Gleditsia, Judasbaum* u. *Kassie.*

Zasius, eigentl. *Zäsy,* Ulrich, Humanist u. Rechtslehrer, * 1461 Konstanz, † 24. 11. 1535 Freiburg i. Br.; übertrug die Gedanken des Humanismus auf die Rechtswissenschaft u. bildete in seinem Geist bes. das röm. Recht fort.

Zäsur [die; lat., „Einschnitt"], in der antiken Verslehre die Pause innerhalb eines Versfußes, die durch das Ende eines Worts oder eines Sinnabschnitts entsteht; im Gegensatz zur *Diärese,* bei der die Pause am Ende eines Versfußes liegt; in der neueren Verslehre der merkl. Einschnitt innerhalb eines Verses, der durch eine syntakt. Pause entsteht (etwa durch den Beginn eines neuen Satzes). Die Z. braucht nicht in der Versmitte zu stehen. Im *Alexandriner* steht sie regelmäßig nach der 3. Hebung.

Zäsurreim, in Versen mit einer *Zäsur* der Reim zwischen dem Wort vor der Zäsur u. dem Versende.

Zátopek ['za-], Emil, tschech. Leichtathlet, * 16. 9. 1922 Kaprivice; gewann bei Olymp. Spielen 1 Silber- u. 4 Goldmedaillen (über 10000 m 1948, über 5000, 10000 m u. im Marathonlauf 1952); stellte 18 Weltrekorde auf.

Zauber, *Zauberei,* der Versuch, durch Beherrschung übernatürl. Mächte das ird. Geschehen zu beeinflussen; beruht auf dem Glauben an diese Möglichkeit. Der Z. soll bei mit Z.kraft begabten Menschen (z.B. Hexen) durch den bloßen Wunsch erfolgen. Verstärkend wirkt das Wort (Z.spruch, Fluch, Segen) u. die Z.handlung (z.B. Berührungs-Z., Bild-Z., Analogie-Z.). Wie bei anderen Formen des Volksglaubens sind auch hier die Übergänge zur Volksfrömmigkeit oft fließend (Verwendung religiöser Formeln u. Gegenstände). In Varietés u. Kabaretts ist Zauberei eine beliebte Unterhaltung, die im wesentl. auf Tricks, Sinnestäuschungen u. großer Handfertigkeit beruht, wo-

Zaunkönig, Troglodytes troglodytes

durch Gegenstände scheinbar verschwinden, hervorgezaubert oder verwandelt werden.

Zauberfisch →Teufelsfisch (2).

Zauberflöte, „Die Z.", Oper von W. A. *Mozart* (Wien 1791), Text von J. E. *Schikaneder.* Der Titel der Oper geht auf Ch. M. *Wielands* Märchen „Lulu oder die Z." zurück; der Inhalt ist eine Kombination verschiedener Märchenmotive mit freimaurerischen Ideen u. Symbolen. – ▣→Mozart, Wolfgang Amadeus.

Zaubernuß →Hamamelis.

Zauberposse, *Zauberstück,* eine Form des Volksstücks, in der Geister, Zauberer u. Dämonen auftreten u. fördernd oder hindernd in menschl. Verhältnisse eingreifen; entstanden aus der Tradition des kath. Barockschauspiels, der Commedia dell'arte u. der französ. Feenmärchen; bes. ausgeprägt im „Wiener Vorstadttheater", so bei J. von *Kurz-Bernardon* („Maschinenkomödien"), Ph. *Hafner,* J. *Perinet,* E. *Schikaneder,* A. *Bäuerle,* F. *Raimund.*

Zauberring = Hexenring (1).

Zauberspruch, eine Spruchformel, die die Abwehr von Unheil oder Krankheit bewirken soll. Älteste dt. Zaubersprüche sind die beiden vorchristl. *Merseburger Zaubersprüche* in althochdt. Sprache (10. Jh.).

Zaubertrommel, *Schamanentrommel,* eine einseitig bespannte, oft bemalte u. mit Zaubergegenständen behängte Trommel, dient bei Naturvölkern (Lappen bis ins 18. Jh., Eskimo, Nordasiaten) dazu, den Schamanen in Trance zu versetzen.

Zauche, Landschaft in der Mittelmark, südl. von Brandenburg, zwischen Fläming u. Havel.

Zaum, Vorrichtung am Kopfgestell, um Zug- u. Reitpferde leichter lenken u. führen zu können; die *Trense* ist die übl. Z., der auf die Kinnladen des Tieres verhältnismäßig wenig einwirkt; die *Kandare* wirkt mittels Gebißstange u. Kinnkette hebelartig auf den Unterkiefer.

Zaunammer, *Emberiza cirlus,* mit der *Goldammer* verwandter *Singvogel* West- u. Südeuropas; der Kopf ist dunkler als bei dieser gezeichnet.

Zauneidechse, *Lacerta agilis,* häufigste dt. Eidechse, bis 20 cm lang. Männchen grün, Weibchen grau- oder rotbraun. Typischer Bewohner trockener Böschungen, Hecken, Waldränder.

Zauner, Franz Anton von, österr. Bildhauer, *5. 7. 1746 Untervalpatann, Tirol, †3. 3. 1822 Wien; seit 1782 Lehrer an der Wiener Akademie, schuf frühklassizist. Denkmäler, Brunnenfiguren, Bildnisbüsten u. a. Hptw.: Ehrenhofstatue vom Schloß Schönbrunn seit 1775; Reiterstatue Josephs II. in Wien 1795–1806; Grabdenkmäler in Vöslau 1788–1790, Hadersdorf 1790–1795 u. für Leopold II. in Wien 1793–1795.

Zaunkönig, *Troglodytes troglodytes,* ein bis 9 cm großer einheim. *Singvogel* mit kurzem, aufrecht stehendem Schwänzchen; lebt in dichtestem Gestrüpp, wo er seine Kugelnester mit seitlichem Eingang baut.

Zaunrebe, Bez. für verschiedene Kletterpflanzen.

Zaunrübe, *Bryonia,* in Vorderasien u. im Mittelmeergebiet heim. Gattung der *Kürbisgewächse,* kletternde Sträucher mit fünfeckigen oder gelappten Blättern, kleinen Blüten u. Früchten. In Dtschld.: die *Weiße Z., Bryonia alba,* mit gelblichgrünen bis weißen Blüten u. schwarzen Beeren, an Lauben u. Hauswänden angepflanzt; die *Zweihäusige Z., Bryonia dioica,* mit gelbgrünen Blüten u. kirschroten Beeren, in Hecken u. Gebüschen.

Zaupser, Andreas Dominik, Schriftsteller, *28. 12. 1748 München, †1. 6. 1795 München; Prof. der Philosophie, Zögling, dann Gegner der Jesuiten; Gedichte im Geist der Aufklärung.

Zavattini, Cesare, italien. Schriftsteller, *20. 9. 1902 Luzzara, Règgio nell'Emìlia; schildert satir. die Gegensätze modernen Lebens („Liebenswerte Geister. Kleine Reise ins Jenseits" 1931, dt. 1958); verfaßte Drehbücher für neorealist. Filme („Fahrraddiebe", „Umberto D." u. a.).

ZAW, Abk. für *Z*entral*a*usschuß der *W*erbewirtschaft e. V.

Zawadzki [za'vatski], Aleksander, poln. Politiker (KP), *16. 12. 1899 Będzin, †7. 8. 1964 Warschau; 1944/45 Chefpolitoffizier der poln. Armee in der Sowjetunion, später auch der gesamten poln. Streitkräfte; seit 1944 Mitgl. des Politbüros der Poln. (seit 1948 Vereinigten) Arbeiterpartei, 1948–1949 Sekretär des ZK, 1949–1952 stellvertr. Min.-Präs., 1952–1964 Vors. des Staatsrats (Staatsoberhaupt).

Zawiercie [za'vjertsjɛ], Stadt nordöstl. von Sosnowiec, an der Warthe (Polen, Wojewodschaft Katowice), 39 400 Ew.; Eisenhütte, Maschinen-, Textil- u. Glasindustrie.

Zawiya [die; arab.], islam. Einsiedelei im Maghreb; Gebäude religiösen Charakters mit Betraum, ein Mittelpunkt religiösen u. myst. Lebens; häufig Essensausgabe u. Unterkunftsgewährung.

z. B., Abk. für *z*um *B*eispiel.

z. b. V., Abk. für *z*ur *b*esonderen *V*erwendung.

Zchinwali [tsxin-], *Tschinwali, Cchinwali,* 1934–1961 *Staliniri,* Hptst. der *Südosset. AO* in der Grusin. SSR (Sowjetunion), an der Südseite des Großen Kaukasus, 30 000 Ew.; Holz- u. Nahrungsmittelindustrie.

z. D., Abk. für *z*ur *D*isposition; →Wartestand.

z. d. A., Abk. für *z*u *d*en *A*kten.

ZDF, Abk. für *Z*weites *D*eutsches *F*ernsehen.

Zduńska Wola ['zdujnska-], Stadt südwestl. von Lodsch (Polen, bis 1975 Wojewodschaft Łódź, seit 1975 Sieradz), 29 100 Ew.; Maschinen- u. Textilindustrie; Bahnknotenpunkt.

Zębaoth [hebr., „Heerscharen"], *Sabaoth,* im A. T. Beiname Gottes als „Herr der Heerscharen" (der Allmächtige); wurde auch als Anführer der Heerscharen Israels verstanden.

Zebedäus, im N. T. Vater der Apostel Johannes u. Jakobus des Älteren.

Zebra [das; afrik.] →Zebras.

Zebrabärbling, *Zebrafisch, Zebrabarbe,* (*Brachy-*)*Danio rerio,* bis 4 cm langer *Karpfenfisch* mit hellgelben Seiten, dunkelgrünem Rücken u. 4 leuchtendblauen Längsbändern; beliebter Aquarienfisch aus Indien.

Zebrafink, *Taeniopygia guttata,* ein *Prachtfink* Australiens u. der Kleinen Sundainseln, der im offenen Grasland in dichten Büschen lockere Brutkolonien bildet. Die Wildform hat einen roten Schnabel u. gelben Wangenfleck. Anspruchsloser Käfigvogel mit vielen Zuchtvarietäten.

Zebraholz, *Zebrano, Zingana,* dunkel gestreiftes Holz der Dattel- u. Kokospalme, das auch fast schwarze Holz der Tabagopalme; für Intarsien u. zur Herstellung von Spazierstöcken u. Knöpfen.

Zebrahund →Beutelwolf.

Zebras, wildlebende *Pferde* Afrikas. Die typ. schwarzweiße Streifenzeichnung wird meist als tarnende Auflösung der Körperumrisse *(Somatolyse)* im Geflimmer des heißen Steppenbodens verstanden. Dafür ist jedoch die Zeichnung auf große Distanz zu eng, für die mittlere Angriffsdistanz der Raubtiere aber zu auffällig. Sie ist jedenfalls ein sehr altes Merkmal der Pferde; die Einfarbigkeit ist erst später erworben. Von den 3 Arten mit jeweils mehreren Unterarten stehen die *Berg-Z., Equus zebra,* Südwestafrikas den Eseln nahe; erhalten gebliebene Unterarten des →*Quagga,* z. B. *Grant-Z.* des Ostafrika, repräsentieren die Halbesel; die größten Z., die *Grevy-Z., Equus grevyi,* entsprechen dem Pferdetypus.

Zebraspinnen, Spinnen mit auffallendem Streifenmuster auf dem Hinterleib. Diese Bez. gilt für *Salticus scenicus,* eine *Springspinne,* die auf dem Hinterleibsrücken ein schwarz-weißes Streifenmuster zeigt, u. für die *Z. i. e. S., Argyopinae,* eine Unterfamilie der *Radnetzspinnen,* z. B. *Argyope bruennichi,* die gelb-schwarz gebändert ist.

Zebrastreifen, Kennzeichnung für Fußgängerüberwege auf Straßen aus weißen Anstrichen oder hellen Pflasterklinkern.

Zebrina, *Zebra-Tradescantia,* Gattung der Scheibenblumengewächse, *Commelinaceae.* Wichtigste Art ist die als Zimmerpflanze (Ampelpflanze) kultivierte *Z. pendula;* Blätter oben mit zwei silberweißen Längsstreifen, unterseits rot.

Zebroid [das], der aus einer Kreuzung zwischen Zebra u. Pferd oder Esel hervorgegangene unfruchtbare Mischling, im Aussehen u. in der Streifung je nach den Eltern unterschiedlich.

Zebu [der oder das; tibet.], *Buckelrind, Bos taurus indicus,* mit buckelförmigem Fetthöcker ausgestattete Rasse des Hausrinds Indiens u. Ostafrikas (wo es *Sanga* genannt wird), das als Zug-, Tragetier, als Milch- u. Fleischlieferant gehalten u. (in Indien von den Hindus) als Symbol der Fruchtbarkeit als heilig angesehen wird.

Zech, Paul, Schriftsteller, *19. 2. 1881 Briesen, Westpreußen, †7. 9. 1946 Buenos Aires, wo er seit 1937 als Emigrant lebte; Expressionist u. Romantiker; schrieb religiöse, sozial u. pazifist. ausgerichtete Lyrik („Waldpastelle" 1910; „Rotes Herz der Erde" 1927; „Bäume am Rio de La Plata" 1935) u. Novellen („Der schwarze Baal" 1917).

Zeche, 1. *Bergbau:* ursprüngl. Zusammenschluß mehrerer Personen zum gemeinsamen Betreiben eines Bergwerks (die Beteiligten „zahlten die Zeche" mit ihrer Einlage); heute Bergwerksbetrieb einschl. der über Tage befindl. Anlagen.

2. *Gastronomie:* die Wirtshausrechnung.

Zechenhaus, das Gebäude, in dem sich die Bergleute vor der Einfahrt versammeln.

Zechenkoks, *Hüttenkoks* →Koks.

Zechine [die; arab., ital.] →Dukat.

Zechlin, Egmont, Historiker, *27. 6. 1896 Danzig; Hptw.: „Bismarck u. die Grundlegung der dt. Großmacht" 1930, ²1961; „Maritime Weltgeschichte" 1948; „Die dt. Politik u. die Juden im 1. Weltkrieg" 1969.

Zechprellerei, der →Betrug durch Vorspiegeln von Zahlungsfähigkeit oder -absicht bei Verzehr von Speisen u. Getränken.

Zechstein, jüngstes Glied des Paläozoikums (Erdaltertum), oberste Abteilung des *Perm* (→Geologie, Tabelle der Erdzeitalter); im unteren Z. Deutschlands bituminöse Kupferschiefer (Mansfeld), im oberen Z. ausgedehnte Stein- u. Kalisalzlager (Staßfurt), die wahrscheinl. in einer abgeschnürten Meeresbucht entstanden sind.

Zecken, *Ixodei,* kleine Milben mit flachem, lederartig zähem Körper u. parasit. Lebensweise. Die Weibchen lassen sich von erhöhten Orten (Blättern u. ä.) auf vorbeistreifende Warmblüter fallen u. saugen mit ihrem mit Widerhaken besetzten Vorderende dem zeitweiligen Wirt Blut ab. Nach Füllung des sackartig anschwellenden Körpers lassen sich die Z. von ihrem Opfer herabfallen u. nehmen oft lange Zeit keine Nahrung auf. Viele Z. sind Überträger von ansteckenden Krankheiten (z. B. Rückfallfieber, Texasfieber, Zeckentyphus, Mittelmeerfieber, Herzwassersucht). Zu den Z. gehören der *Holzbock* u. die *Lederzecke.*

Zedekia [hebr., „Jahwe ist gerecht"], letzter Kö-

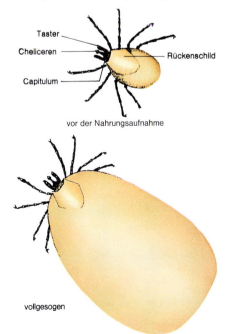

Zecken: Holzbock, Ixodes ricinus

Zedenbal

nig von Juda; erhob sich 587 v. Chr. gegen Nebukadnezar II., der ihn 597 v. Chr. als Vasallenkönig eingesetzt hatte; unterlag, starb geblendet im Gefängnis in Babylon (Jer. 37–39).

Zedenbal, Tsedenbal, Jumschagin, mongol. Politiker (Kommunist), * 17. 9. 1916 Ubsanursker Aimal; 1940 Finanz-Min. u. Mitgl. des ZK der Mongol. Revolutionären Volkspartei; 1952–1974 Vors. des Ministerrats (Regierungschef), seit 1958 Erster Sekretär der Partei, seit 1974 Vors. des Präsidiums des Großen Volkshurals (Staatsoberhaupt).

Zedent [lat.], der bisherige Gläubiger bei der →Abtretung einer Forderung.

Zeder [hebr., grch., lat.], Cedrus, artenarme Gattung der Nadelhölzer des Mittelmeergebiets u. des westl. Himalaya. Die *Echte Z. (Libanon-Z., Cedrus libani)* ist ein bis 40 m hoher Baum, jung fast pyramidenförmig, im Alter schirmartig mit überhängender Spitze; Nadeln kurz, dunkelgrün, in Büscheln an den Kurztrieben. Hauptverbreitung im Libanon, Taurus u. Atlas. – Nur im Atlasgebirge heimisch ist die *Atlas-Z. (Silber-Z., Cedrus atlantica)*, im nordwestl. Himalaya die *Himalaya-Z. (Deodara-Z., Cedrus deodara)*, heiliger Baum der Hindus. Das dauerhafte Holz wird bei Erd- u. Wasserbauten benutzt. Nicht zur Gattung Cedrus gehören die Nadelhölzer *Schuppen-Z., Fluß-Z.* (Gattung *Libocedrus*), *Tasmanische Z.* (Gattung *Arthrotaxis*), *Z.tanne* (Gattung *Ketteleria*), *Sumpf-Z.* (Gattung *Taxodium*, →Sumpfzypresse), *Virginische Z.* (Juniperus virginiana, →Wacholder), *Rote Z. (Thuja gigantea)*, *Z.nzypresse (Chamaecyparis thyoides)*, *Formosa-Z. (Taiwania cryptomerioides)*, *Japanische Z.* (Cryptomeria japonica), *Südafrikanische Z.* (Callitris juniperoides). Auch die vielen Z.nhölzer des Handels stammen meist von nicht zur Gattung der Z.n gehörenden Nadelhölzern, z. B. *Florida-Z.nholz* (Juniperus bermudinana), *Gelbes Z.nholz* (Sitkazypresse, Chamaecyparis nutkaensis), *Weißes Z.nholz* (Z.nzypresse, Chamaecyparis thyoides).

Zedernblattöl, Thujaöl, äther. Öl aus den Zweigspitzen der amerikan. Lebensbaumart *Thuja occidentalis*; in der Parfümerie verwendet.

Zedernholzöl, äther. Öl aus dem Holz der Zeder; schon im Altertum bekannt, jetzt meist aus den Abfällen des Floridazedernholzes (→Zeder), bei der Bleistiftfabrikation gewonnen; zu Seifen u. Parfüms verarbeitet. →auch Ölimmersion.

Zedlersches Lexikon, im Verlag Johann Heinrich Zedler, Halle u. Leipzig, in 64 Bänden (A–Z) u. 4 Ergänzungsbänden (A–Caq) 1732–1754 erschienenes „Großes vollständiges Universal-Lexikon aller Wissenschaften u. Künste", hrsg. von K. G. *Ludovici*.

Zedlitz, Joseph Frhr. von, spätromant. österr. Dichter, * 28. 2. 1790 Schloß Johannisberg, Schlesien, † 16. 3. 1862 Wien; Offizier u. Diplomat. Versepos „Waldfräulein" 1843; „Gedichte" 1832; „Dramat. Werke" 1830–1846.

Zedrachbaum, *Melia*, Gattung der *Zedrachgewächse*, Verbreitung von Westafrika über Südasien nach Japan u. Polynesien. Zierbaum wärmerer Gebiete ist der *Indische Z. (Paternoster-, Paradiesbaum, Melia azedarach)* mit zierlichem, eschenartigem Laub u. fliederartig duftenden, violetten Blüten.

Zedrachgewächse, *Meliaceae*, Familie der Gruinales. Hierher gehören *Zedrachbaum, Swietania, Trichilia, Zedrela* u. a.

Zedrelaholz [span.], *Westindisches Zedernholz*, für die Herstellung von Zigarren- u. Zuckerkisten verwendete, leicht spaltbares, rotes, aromatisches Holz des Zedrachgewächses *Zedrela, Cedrela odorata*.

Zee [ze:, ndrl.], Bestandteil geograph. Namen: Meer.

Zeebrugge [ˈzeːbryxə], *Seebrügge*, Hafenstadt nordwestl. von Brügge in Belgien, an der Mündung des Brügge-Seekanals in die Nordsee, 3000 Ew.; Fischerei u. Seebad; Fährverkehr nach England.

Zeeland [ˈzeː-], niederländ. Prov., →Seeland.

Zeeland [ˈzeː-], Paul van, belg. Politiker (christl.-sozial), * 11. 11. 1893 Soignies, † 22. 9. 1973 Brüssel; Prof. für Volkswirtschaft; 1935–1937 Min.-Präs.; Mitgründer der „Unabhängigen Liga für Zusammenarbeit"; 1936 u. 1949–1954 Außen-Min.

Zeeman [ˈzeː-], Pieter, niederländ. Physiker, * 25. 5. 1865 Zonnemaire, † 9. 10. 1943 Amsterdam; entdeckte 1896 mit H. A. *Lorentz* den Z.-Effekt, bei dem die Spektrallinien der in einem starken Magnetfeld befindl. Atome in 2 oder mehrere Linien aufgespalten werden. Nobelpreis 1902.

Zehdenick, Stadt im Krs. Gransee, Bez. Potsdam, nördl. von Berlin, an der Havel, 12 600 Ew.; ehem. Zisterzienserinnenkloster, Schloß; Leder-, Holz-u. Ziegelindustrie.

Zehen, die Endglieder eines →Fußes (der hinteren Extremität der vierfüßigen Wirbeltiere einschl. des Menschen), ursprünglich zu fünft (z. B. beim Menschen), aus drei Gliedern (*Phalangen*) aufgebaut. Die große Zehe besteht nur aus zwei Gliedern. Das Endglied der Z. ist ursprüngl. durch Krallen bewehrt u. geschützt, die z. B. bei Huftieren zu Hufen oder bei Herrentieren zu flachen Nägeln weiterentwickelt wurden, die einem Nagelbett aufliegen.

Zehengänger →Gang (1).

Zehlendorf, Bezirk in Westberlin, 90 000 Ew.; mit den Ortsteilen Z., Dahlem, Schlachtensee, Nikolassee u. Wannsee, größtenteils Villenvororte, zahlreiche Waldgebiete, Seen.

Zehnbambushalle, eigentl. „Sammlung von Kalligraphien und Malereien aus der Zehnbambushalle" (chin. „Shih-chu-shai shu-hua p'u"), seit 1627 von *Hu Cheng-yen* (*um 1582, † 1672) geschaffenes, 1633 erstmals veröffentlichtes u. seither in zahlreichen Nachschnitten u. Drucken verbreitetes chines. Farbholzschnittwerk. Den Abbildungen sind Gedichte beigeordnet.

Zehnender, *Zehner*, ein Hirsch, dessen →Geweih auf beiden Stangen zusammen 10 Enden hat.

Zehnerklub, die 10 Mitgliedstaaten des Internationalen Währungsfonds, die 1961 das →Pariser Abkommen schlossen (Belgien, BRD, Frankreich, Großbritannien, Italien, Japan, Kanada, die Niederlande, Schweden, USA), dem 1964 auch die Schweiz beitrat. →auch Zwanziger-Gruppe.

Zehnersystem = Dezimalsystem.

Zehnfußkrebse, *Decapoda*, artenreichste Ordnung der *Höheren Krebse* (8300 Arten), umfaßt die größten bekannten Krebsformen (Hummer über 1 m lang, die Languste *Jasus hügeli* bis 60 cm lang, die Krabbe *Pseudocarcinus gigas* bis 40 cm breit). Die Z. bewohnen alle Lebensräume der Meere, das Süßwasser u. mit einigen Vertretern auch das Land. Meist Fleisch- oder Allesfresser, einige Schlamm- u. Pflanzenfresser. – Der Körper der Z. ist stets deutlich in einen Kopf-Brust-Abschnitt u. den Hinterkörper gegliedert. Der *Carapax* überwölbt die Brustseiten weit u. bildet große Kiemenhöhlen. Die Z. sind fast stets getrenntgeschlechtlich. Aus den Eiern schlüpft bei den meisten Arten eine Zoea-Larve. – Die Z. werden in die Unterordnungen der *Garnelen (Natantia*, Schwimmer) u. *Reptantia* (Krieche) eingeteilt.

Zehn Gebote, *Dekalog*, die nach 2. Mose 20 bzw. 5. Mose 5 am Sinai von Gott auf 2 steinernen Tafeln an Moses übergebene religiös-sittl. Grundordnung zunächst des Volkes Israel, dann der christl. Ethik bzw. Lebensführung, deren „1. Tafel" die Stellung des Menschen zu Gott regelt, während die „2. Tafel" die menschl. Beziehungen abgrenzt. →auch Gebote.

Zehnkampf, *Sport*: aus zehn Einzelübungen, die nach Punkten gewertet u. addiert werden, bestehender Mehrkampf. Der *leichtathlet. Z.* der Männer besteht aus den Übungen: 100-m-Lauf, Weitsprung, Kugelstoßen, Hochsprung, 400-m-Lauf (in dieser Reihenfolge am 1. Tag). u. 110-m-Hürdenlauf, Diskuswerfen, Stabhochsprung, Speerwerfen, 1500-m-Lauf (am 2. Tag). Die Punktwertung erfolgt nach einer Tabelle, in der die Leistungen abgestufte Punktzahlen von 0–1200 zugeordnet sind. Die Bewertungsmaßstäbe wurden in den letzten 50 Jahren mehrfach geändert. Der *turnerische Z. (Dt. Z.)* besteht aus Geräteübungen u. leichtathlet. Übungen.

Zehnmächtepakt, *Londoner Z.*, am 5. 5. 1949 in London unterzeichneter Vertrag zwischen den Benelux-Staaten, Dänemark, Frankreich, Irland, Italien, Norwegen, Schweden u. Großbritannien. Später traten dem Pakt die BRD (1951), die Türkei, Island, Österreich, die Schweiz, Malta u. Zypern bei, ferner Griechenland, das wieder austrat. Mit dem Z. wurde der *Brüsseler Pakt* erweitert, der kurz zuvor beschlossene →Europarat erhielt die endgültige Form seines Statuts. Initiatoren dieses Zusammenschlusses europ. Staaten waren Graf R. *Coudenhove-Kalergi*, P.-H. *Spaak* u. W. *Churchill*.

Zehnt [der], *Dezem*, Abgabe (zunächst in Naturalien) vom Rohertrag, ursprüngl. der 10. Teil; zuerst als *Kirchen-Z.*, seit dem 19. Jh. in Geldrente umgewandelt oder aufgehoben.

Zehrer, Hans, Publizist, * 22. 6. 1899 Berlin, † 23. 8. 1966 Berlin; 1923–1931 Redakteur der „Vossischen Zeitung"; 1929–1933 Hrsg. der Ztschr. „Die Tat", führender Kopf des →Tatkreises; 1953–1966 Chefredakteur der Zeitung „Die Welt".

Zehrfuss [zɛrˈfyːs], Bernard, französ. Architekt, * 20. 10. 1911 Angers; baute zusammen mit M. *Breuer* u. P. L. *Nervi* das UNESCO-Gebäude in Paris (1953–1957) u. ist als Architekt großer Industriebauten (Renault-Werke in Flins) bekannt.

Zeichen, 1. *Kommunikationswissenschaft*: etwas, was für etwas anderes steht. Ein materieller Gegenstand oder Vorgang, das Bezeichnende (*Signifikant*), steht für eine nicht materiell erscheinende Bedeutung, das Bezeichnete (*Signifikat*). Die Zuordnung zwischen beiden ist arbiträr (beliebig), d. h. von Kommunikationspartnern frei vereinbart u. nicht von der Natur des Bezeichneten vorgeschrieben. Ein Z. muß sich nicht auf real Existierendes beziehen. Die reichsten Z.systeme sind die natürl. Sprachen mit den Lauten als Signifikanten u. den Bedeutungen als Signifikaten. 2. *Religion*: ursprüngl. *Vorzeichen*, *Wahrzeichen* für den Willen der Götter u. als solches Gegenstand kultischer Deutung (z. B. Vogelflug, Eingeweide von Opfertieren, Träume, besondere Naturereignisse). Im N.T. ist Z. außer „dynamis" (Krafttat) Bez. für Wunder Jesu im Sinn des zeichenhaften Hinweises auf die Kraft Gottes (Luk. 5,17), die heilend wirken.

Zeichenerklärung →Legende (1).

Zeichenfilm, *Zeichentrickfilm*, ein Film, dessen einzelne Bilder gezeichnet u. dann auf dem Tricktisch photographiert werden. – Gezeichnete Bewegungsphasen wurden schon beim *Stroboskop* u. *Lebensrad* verwendet. Die photograph. Aufnahme führten in den USA Stuart *Blackton* 1906 u. in Frankreich Emile *Cohl* 1908 mit ihren ersten Z.en

Zeichentrickfilm: In Walt Disneys Film „Aristocats" begegnen sich die vornehme Angorakatze Duchesse und der abenteuerlustige Kater Tom

ein. Durch W. *Disney* wurde der Z. zur populären Filmgattung, die sich bes. zur Unterhaltung u. zu Werbezwecken eignet. Neue künstler. Qualitäten gewann der Z. der Gegenwart bes. durch tschechoslowak. u. poln. Regisseure.

Zeichenmaschine, Vorrichtung bes. für das techn. Zeichnen; besteht aus einem in Höhe u. Neigung verstellbaren Reißbrett, über das an einem beweg. Arm zwei senkrecht zueinander stehende Lineale geführt werden können, die als Maßstäbe, Reißschiene u. Winkel dienen.

Zeichenrolle, beim →Patentamt geführtes Register, in das angemeldete →Warenzeichen eingetragen werden.

Zeichensetzung, *Interpunktion*, die Verwendung von bestimmten Zeichen (Satzzeichen) zur Gliederung geschriebener Texte u. zur Angabe der Intonation (Doppelpunkt, Ausrufezeichen, Fragezeichen, Gedankenstrich, Apostroph, Anführungszeichen [Gänsefüßchen]). Den Griechen der Antike waren Punkt, Semikolon u. Komma (Beistrich) sowie einige andere Zeichen (Paragraphos, Häkchen, Korronis) bekannt; sie wurden aber unregelmäßig u. willkürlich gehandhabt. Das MA. verwendete die Z. ebenfalls unregelmäßig u. sparsam. In der Karolingerzeit verwendete man den Punkt u. den Strich (daraus entwickelte sich das Komma). Ende des 15. Jh. führte der venezian. Buchdrucker A. *Manutius* die gebräuchl. Satzzeichen ein.

Zeichenunterricht →Kunsterziehung.

Zeichnung, 1. *Kunst*: mit Feder, Pinsel, Kohle,

Zeichnung: Albrecht Dürer, Hafen von Antwerpen; Feder 1520. Wien, Albertina (links). – Julius Schnorr von Carolsfeld, Haare flechtendes Mädchen; Graphit. Dresden, Kupferstichkabinett (rechts)

Kreide, Metall- oder Graphitstift oder einer Nadel (auch Kupfer, Nickel, Zink oder Stein) ausgeführte bildl.-lineare Darstellung.

Die Feder (als Rohr- u. Kielfeder) ist von allen techn. Mitteln der Z. das wichtigste. Schon in frühchristl. Zeit gebraucht, setzt ihre Verwendung große Schulung u. Sicherheit voraus; gegenüber anderen Techniken hat sie den Nachteil, daß sich eine falsch gezeichnete Partie schwer korrigieren läßt. Andererseits lassen sich durch wechselnden Federdruck sehr wirkungsvolle Effekte erzielen. Bes. virtuos wußten G. B. *Tiepolo*, S. *Botticelli*, V. *Carpaccio, Rembrandt*, A. *Dürer* u. H. *Holbein* die Feder zu handhaben. Um die Wirkung der Feder-Z. zu erhöhen, werden gerne getönte Papiere verwendet. Vielfach wird auch laviert, d. h., die aufgetragene Tinte oder Tusche wird mit nassem Pinsel verwischt, wodurch zusätzliche, als Schattenmodellierung erscheinende Effekte entstehen.

Das schon den alten Römern bekannte Zeichnen mit Metallstiften wird heute kaum noch geübt; jahrhundertelang aber bediente man sich des Silber-, des Blei- u. gelegentl. auch des Zinngriffels. Die Wertschätzung, deren sich insbes. die Silberstift-Z. im 15. u. 16. Jh. erfreute, läßt sich allein schon an der verhältnismäßig großen Zahl der Blätter ablesen, die sich aus dieser Zeit erhalten haben. Sie beruht auf dem feinen, leicht hellgrau getönten Strich, den die Spitze des Silberstifts auf Papier u. Pergament hinterläßt. Auch die Metallstiftzeichner bevorzugten getönte Papiere, die sie zusätzl. mit in Leimwasser aufgelöstem Knochenpulver, mit Bleiweiß, Kreide oder geschlemmtem Gips grundierten. Die bedeutendsten italien. Silberstiftzeichner waren P. *Perugino, Leonardo da Vinci* u. *Raffael*. In Dtschld. ist die Silberstifttechnik vor allem von A. *Dürer*, L. *Cranach* u. H. *Baldung* gepflegt worden.

Die älteste aller Zeichentechniken ist das Zeichnen mit Kohle. Aus primitiven Anfängen in vor- u. frühgeschichtl. Zeit entwickelte es sich zu einer noch heute sehr beliebten Technik, die sich vor allem bei großen Flächenformaten, z. B. bei Fresken- u. Mosaikentwürfen, gut bewährt. Auch hier lassen sich, ähnl. wie bei der Feder, durch entsprechende Haltung des Kohlestifts u. durch bald stärkeren, bald schwächeren Druck verschiedene Tonstufen u. Strichbreiten erzielen. Die Tonwerte reichen vom hellen Grau bis zum tiefen Schwarz, wobei die Härte des gebrannten Holzes eine Rolle spielt.

Eine Abart der übl. Zeichenkohle ist die *Fett-* oder *Ölkohle*. Sie verdankt ihre Erfindung dem Umstand, daß die mit normaler Holzkohle angefertigten Z.en mit besonderen Flüssigkeiten haltbar gemacht werden müssen. Bei einer Z., die mit einem in Öl getauchten Kohlestift ausgeführt ist, kann man auf das Fixieren verzichten; der Strich hat nicht nur eine tiefere Schwärze, er haftet auch durch den Ölgehalt der Kohle stärker am Papier. Schwarze u. weiße Naturkreiden werden als Zeichenmittel heute kaum mehr verwendet; sie wurden von künstl. hergestellten Kreiden *(Pastell)* verdrängt. Dagegen ist der zuerst gegen Ende des 14. Jh. in Italien aufgekommene Rötelstift, aus rotbraunem, kreideartigem Gestein hergestellt, noch immer in Gebrauch. *Leonardo da Vinci* war es wahrscheinlich, der als erster den Rötel-Z. zunächst als Entwurfsbehelf, dann aber auch als selbständiges graph. Ausdrucksmittel benutzte. In Dtschld. läßt sich die Rötelstifttechnik bis an den Anfang des 16. Jh. zurückverfolgen. Ihre Blütezeit erlebte sie im 17. u. 18. Jh.

Der Nachfolger des Bleigriffels wurde der Bleistift, der seinem Vorläufer nur noch dem Namen nach ähnelt; in Wirklichkeit besteht er aus Graphit. Ursprüngl. nur zum Schreiben benutzt, fand er seit dem 16. Jh. auch als Zeichenmittel Verwendung, nachdem man drei Vorzüge erkannt hatte: Die Bleistifttechnik ließ sich leicht mit der Federtechnik verbinden, sie erlaubte die allerfeinsten Linien, u. der Strich konnte mit einem Gummi mühelos gelöscht werden. Im Unterschied zu Kohle u. Kreide setzte sich der Graphitstift in Künstlerwerkstätten nur langsam durch; erst nach 1790, als es gelungen war, Bleistifte in allen Härten herzustellen, gewann die Graphit-Z. in der Kunst an Bedeutung. Zu bes. Meisterschaft in der Bleistifttechnik brachten es die Künstler der dt. Romantik sowie die Franzosen J. A. D. *Ingres* u. E. *Isabey* (*1803, †1886).

Wenn das Pastell die Grenzen zwischen Z. u. Malerei hauptsächl. im Hinblick auf die beiden Gattungen gemeinsame Farbigkeit öffnen kann, so tut es die Pinsel-Z. im wesentl. von der technisch-handwerkl. Seite her. Dennoch bleibt ein wichtiger Unterschied bestehen: Während ein Gemälde sich aus mehreren Farben zusammensetzt, die als geschlossene Farbdecke einer Fläche aufliegen, ist eine Pinsel-Z. fast durchweg einfarbig u. in der Wirkung von der Linie bestimmt. Diese Linie kann breit sein, mitunter auch zu Klecksen u. großen Strichflächen verlaufen, typisch aber bleibt immer, daß sie sich ungebunden von der Zeichenfläche abhebt. In Deckfarben ausgeführte Pinsel-Z.en von bewundernswerter Feinheit finden sich schon in der got. *Miniaturmalerei*. In der Frührenaissance gab man die feinstrichige Deckfarbentechnik zugunsten einer lockeren, großzügigen Technik auf, bei der man sich dünnflüssiger Tinten u. farbiger Papiere bediente. Für die Pinsel-Z.en der italien. Hochrenaissance ist ein malerisch-skizzenhafter Stil charakteristisch.

Der Reiz zeichner. Mischtechniken ist früh erkannt worden. Neben dem erwähnten Lavieren der Feder-Z. durch Pinselwischer waren die Kombinationen Kohle–Kreide, Kreide–Rötel u. Metallstift–Feder sehr beliebt. – ◫ 2.0.5.

2. Technik: →technisches Zeichnen.

Zeidler, 1. Hans Joachim, Zeichner u. Maler, *1935 Berlin; begann als wissenschaftl. Zeichner an der Universität Tübingen; Neomanierist, der in altmeisterlich perfekter Technik bizarre Fabeltiere darstellt.

2. Jakob, österr. Literarhistoriker, *13. 9. 1855 Wien, †20. 8. 1911 Mödling; Arbeiten zur Theatergeschichte; mit J. W. *Nagel* Hrsg. der „Dt.-österr. Literaturgeschichte" (1899 u. 1914).

Zeil am Main, bayer. Stadt in Unterfranken (Haßbergkreis), 5400 Ew.; Wallfahrtskirche auf dem Kapellenberg.

Zeilendrucker, ein Druckgerät, das eine ganze Zeile auf einmal ausdruckt; meist als Ausgabeeinheit bei elektron. Rechenanlagen verwendet.

Zeilengießmaschine, Anlage zum Gießen ganzer Schriftzeilen, die im Handsatz aus Matrizen der einzelnen Buchstaben gesetzt werden.

Zeilensprungverfahren, *Zwischenzeilenverfahren,* ein Bildabtastverfahren in Fernsehempfängern, bei dem zuerst die ungeradzahligen u. dann die geradzahligen Zeilen übertragen werden. Dadurch wird die Bildwechselfrequenz scheinbar ver-

Zeichnung: Jean-Antoine Watteau, Junge Frau auf der Erde sitzend; Rötel. Chantilly, Musée Condé

doppelt u. die Wiedergabe verbessert. →Fernsehen.

Zeiller, 1. Franz Anton Felix Edler von, österr. Rechtslehrer, *14. 1. 1751 Graz, †23. 8. 1829 Hietzing bei Wien; lehrte in Wien, vertrat eine von *Kant* beeinflußte Naturrechtsauffassung; Schöpfer des →Allgemeinen Bürgerlichen Gesetzbuchs für Österreich von 1811. Hptw.: „Das natürliche Privatrecht" [4]1838; „Kommentar über das ABGB" 4 Bde. 1811–1813.
2. Johann Jakob, österr. Maler, *8. 7. 1708 Reutte, Tirol, †8. 7. 1783 Reutte; arbeitete häufig mit seinem Vetter Franz Anton Z. (*1716, †1793) zusammen, so bei der Ausführung der Kuppelfresken in der Benediktinerstiftskirche Ottobeuren, für die teilweiser Verzicht auf Architekturmotive u. asymmetrische Untersicht charakteristisch sind. – B →Ottobeuren.

Zein [tse'i:n; das; grch., lat.], eine Eiweißart aus der Gruppe der *Globuline*; als Prolamin im Maiskorn. Aus Z. werden Kunststoffe u. -fasern, Klebemittel u. Lacke hergestellt.

Zeisige, *Carduelis*, Gattung der *Finkenvögel*; in Mitteleuropa leben u.a. *Erlenzeisig, Birkenzeisig, Grünfink, Stieglitz* u. *Hänfling*.

Zeiss, Carl, Feinmechaniker u. Industrieller, *11. 9. 1816 Weimar, †3. 12. 1888 Jena; gründete 1846 die *Z.-Werke* in Jena (feinmechan. u. opt. Erzeugnisse), die bald Weltgeltung errangen. Das Werk wurde 1891 vom Inhaber Ernst *Abbe* auf die für soziale, wissenschaftl. u. gemeinnützige Zwecke tätige *Carl-Z.-Stiftung* (seit 1889) übertragen. Nach dem 2. Weltkrieg wurde es z.T. demontiert u. 1948 verstaatlicht; es besteht heute als *VEB Carl Z.* – Die Carl-Z.-Stiftung hat seit 1949 ihren Sitz in der BRD in Heidenheim, das Hauptwerk der Fa. Carl Z. ist in Oberkochen u. das der Fa. *Glaswerk Schott & Gen.* in Mainz. Auch in der DDR wurde die Carl-Z.-Stiftung fortgeführt.

Zeist [zɛist], Gemeinde in der niederländ. Prov. Utrecht, 59000 Ew.; pharmazeut. u. opt. Industrie; Siedlung der Herrnhuter Brüdergemeine.

Zeit, für die gewöhnl. Auffassung ein kontinuierliches Fortschreiten, innerhalb dessen sich alle Veränderungen vollziehen. Bei der wissenschaftl. Bestimmung des Z.begriffs ist zwischen Real-Z. u. Ideal-Z. zu unterscheiden. *Real-Z.* ist die bestimmbare (meßbare) Z. oder Dauer (bei Newton: *relative Z.*), die in der durch die Wahrnehmung gegebenen Aufeinanderfolge von Veränderungen mitgegeben ist. *Ideal-Z.* ist die allen bestimmbaren Z.en zugrunde liegende Z., durch die die Beziehung aller bestimmten (relativen) Z.en aufeinander allein mögl. wird (bei Newton: *absolute Z.*); diese ist als solche weder gegeben noch bestimmbar, sondern nur eine als notwendig gedachte, reine Ordnung; bei Kant ist Z. „eine Bedingung a priori" u. damit (gleich dem →Raum) eine Form der sinnl. Anschauung.
In der Physik ist die Z. eine (nach der alltägl. Erfahrung) nicht beeinflußbare physikal. Größe. Man kennzeichnet die Bewegung von Körpern durch die Angabe ihrer Orte zu verschiedenen Z.punkten u. betrachtet daher die Z. als eine zu den drei Raumkoordinaten hinzutretende 4. Koordinate. Die genaue Untersuchung der Z.messung an räumlich getrennten Punkten (→auch Gleichzeitigkeit) führte Einstein zu seiner →Relativitätstheorie, in der die Bewegung eines Körpers in dem formal eingeführten, Raum u. Zeit umfassenden „vierdimensionalen Raum" *(Raum-Z.-Kontinuum)* untersucht wird. Danach sind Aussagen über die Z. (Z.ablauf, Gleichzeitigkeit) relativ, sie hängen stets vom Standpunkt des Beobachters u. seiner Bewegung relativ zum beobachteten Objekt ab.

Zeit, *„Die Zeit"*, seit 1946 in Hamburg erscheinende polit.-kulturelle Wochenzeitung; demokrat.-liberal; Auflage rd. 455000.

Zeitalter, 1. ein Zeitabschnitt, der von einem herausragenden geschichtl. Ereignis, einer Idee oder einer Persönlichkeit geprägt wird, z.B. Viktorian. Z., Atom-Z. – 2. soviel wie *Weltalter (aetas mundi)*, im MA. die gebräuchlichste Gliederung der Geschichte. Man nahm allg. 6 Weltalter von je 1000 Jahren an, entsprechend den 6 Tagen der Schöpfung, abgegrenzt durch biblische Gestalten, oder legte der Weltgeschichte im Anschluß an den Propheten Daniel die Einteilung nach den 4 Weltmonarchien (babylon. med.-pers., makedon. u. röm.) zugrunde. Hauptvertreter: Augustinus, Orosius, Isidor von Sevilla, Beda. – Heute ist noch weithin vorherrschend, wenn auch nicht mehr unbestritten, die von den Humanisten entwickelte Dreiteilung Altertum–Mittelalter–Neuzeit, endgültig durchgesetzt von Chr. *Cellarius* (*1634, †1707). – L 5.0.1.

Zeitansage, Bekanntgabe der Uhrzeit im Rundfunk oder Fernsehen. Bei Z. über Telephon muß eine bestimmte Rufnummer gewählt werden; die Z. geschieht durch ein Tonbandgerät, das von einer genauen Uhr gesteuert wird.

Zeitbestimmung, eine Methode, den Stand einer Uhr durch Beobachtung der Gestirne zu kontrollieren bzw. zu verbessern, z.B. durch Beobachtung von Gestirnshöhe oder des Meridiandurchgangs von Gestirnen.

Zeitblom, Bartholomäus, Maler, *1455/1460 Nördlingen, †1518/1527 Ulm; Hauptmeister der Ulmer Malerschule um 1500; Schüler von F. *Herlin*; wandte sich vom zierlich bewegten Figurenstil seines Lehrers der eigenständigen schwäb. Kunsttradition zu. Z.s Hptw. gehören dem späten 15. Jh. an: Flügelbilder vom Hochaltar in Blaubeuren (Plastik von G. *Erhart*) 1493–1495; Eschacher Altar 1496; Heerberger Altar 1497.

Zeitdilatation, ein Effekt, der durch die →Relativitätstheorie vorausgesagt wird. Eine Uhr geht für einen relativ zu ihr bewegten Beobachter langsamer als für einen ruhenden Beobachter. Oder anders formuliert: Vergleicht ein Beobachter zwei genau gleich gebaute Uhren, von denen eine ruht, die andere relativ zu ihm sich bewegt, so geht die bewegte Uhr langsamer. Wirklich beobachtbar wird die Z. nur bei Relativgeschwindigkeiten, die der Lichtgeschwindigkeit nahekommen. Experimentell bestätigt worden ist sie beim Zerfall sehr schneller μ-Mesonen (→Elementarteilchen), die durch die Höhenstrahlung in der Erdatmosphäre erzeugt werden. Diese Mesonen haben ruhend eine mittlere Lebensdauer von $2{,}2 \cdot 10^{-6}$sek; Licht durchläuft in dieser Zeit 660m, die Mesonen durchlaufen tatsächlich die hundert- bis tausendfache Strecke, bis sie zerfallen.

Zeiteinheiten, die der Zeitmessung zugrunde gelegten prakt. Einheiten, wie Jahr (Abk. a = annus), Tag (Abk. d = dies), Stunde (Abk. h = hora), Minute (Abk. min), Sekunde (Abk. s); 1 a = 365,256 d = 525968,64 min; 1 d = 24 h = 1440 min = 86400 s; 1 h = 60 min = 3600 s; 1 min = 60 s. – Die am meisten benutzte Zeiteinheit ist der mittlere →Sonnentag. Größere Z. sind die Woche, der Monat u. das Jahr.

Zeitformen, *Grammatik:* →Tempus.

Zeitgeschäft →Termingeschäft.

Zeitgeschichte, Teilbereich der Geschichte u. Begriff der Geschichtswissenschaft, als histor. Disziplin in Dtschld. erst nach dem 2. Weltkrieg eingebürgert. Z. wird verstanden als wissenschaftl. Erforschung der „Epoche der Mitlebenden". Diese ist geprägt durch die 1917 entstandene universalgeschichtl. Situation (Eintritt der USA in den Krieg, russ. Revolution). Mit der Emanzipation Asiens u. Afrikas u. dem Aufstieg der Entwicklungsländer zeichnet sich eine neue zeitgeschichtl. Phase ab. – L 5.0.0. u. 5.3.4.

Zeitgleichung, Unterschied zwischen der wahren u. der mittleren Sonnenzeit. Die Z. hat im Jahr 2 Maxima, 2 Minima u. 4 Nullstellen.

Zeitlohn, *Stundenlohn*, nach der Arbeitszeit bemessener →Lohn; Monatslohn wird *Gehalt* genannt.

Zeitlose, *Colchicum*, Gattung der *Liliengewächse*. Zu den Z.n gehört die *Herbst-Z.*

Zeitlupe, *Zeitdehner*, Filmaufnahme mit erhöhter Bildfrequenz (Bildzahl je Sekunde). Bei der Vorführung des Films mit der Normalgeschwindigkeit (18–24 Bilder/sek) erscheinen schnelle Bewegungen verlangsamt. Normale Filmkameras haben *Z.ngänge*, die Aufnahmen bis etwa 54 Bilder/sek gestatten. Mit dem Arbeitsprinzip der üblichen Filmkamera (intermittierender Bildlauf; Bildstillstand während der Belichtung) lassen sich Bildfrequenzen bis 600 Bilder/sek verwirklichen. Noch höhere Bildfrequenzen werden mit den Mitteln der *Hochfrequenzkinematographie* erreicht. In Spezialkameras mit kontinuierlichem Bildlauf wird das vom Objektiv entworfene Bild durch rotierende Prismen nachgeführt. Nicht selbstleuchtende Vorgänge beleuchtet man durch Lichtblitze entspr. Frequenz. Bei Geräten für höchste Aufnahmefrequenzen ruht der Film in einem Kreissegment, u. das Bild wird durch einen mit Preßluft angetriebenen Drehspiegel auf den Film übertragen. Mit den beschriebenen u. abgewandelten Methoden lassen sich bis 20 Mill. Bilder/sek aufzeichnen. →auch Zeitraffer.

Zeitmaß →Tempo.

Zeitmessung, die Messung der Dauer zweier zeitlich getrennter Ereignisse; im Altertum durch die aus einem Behälter ausgelaufene Menge von Flüssigkeit oder Sand (Sanduhr), heute durchweg durch periodische Vorgänge, deren Frequenz sich nicht ändert (z.B. Pendel-, Quarz-, neuerdings auch Atomuhren). In der Wissenschaft wird der Z. als Zeiteinheit die Umdrehungszeit der Erde um ihre Achse in bezug auf ein von Kräften unbeeinflußtes räumliches System *(Inertialsystem)* zugrunde gelegt u. als „siderischer Tag" bezeichnet; aus ihm lassen sich die prakt. *Zeiteinheiten* (Sterntag u. mittlerer Sonnentag) ableiten. Doch ist der Tag (u. damit seine Unterabschnitte: Stunde, Minute, Sekunde) kein absolut konstantes Zeitmaß, da die Rotationszeit der Erde infolge verschiedener Ursachen (Gezeitenreibung, Massenverlagerung im Erdkörper u. damit verbundene Änderung des Trägheitsmoments) langsam größer wird u. außerdem lang- u. kurzperiod. Schwankungen zeigt. Ein Zeitmaß, aus dem diese Ungleichförmigkeiten eliminiert sind, wird als *Newtonsche* oder *Inertial-Zeit* bezeichnet (da nur für die mit einer solchen Zeit berechneten Geschwindigkeiten u. Beschleunigungen der Himmelskörper das Newtonsche Gravitationsgesetz streng gilt). Eine hohe in der Praxis mögliche Annäherung an die Inertialzeit stellt die *Ephemeridenzeit* dar. Sie wird seit 1960 zur Berechnung der Ephemeriden allgemein benützt.

Zeitnehmer, *Betriebswirtschaft:* ein mit Aufgaben der →Arbeitszeitermittlung betrauter Betriebsangehöriger.

Zeitraffer, Filmaufnahme mit verringerter Bildfrequenz (Bildzahl je Sekunde), im Extremfall wenige Aufnahmen je Tag. Bei Vorführung des Films mit normaler Geschwindigkeit (18–24 Bilder/sek) erscheint der Vorgang beschleunigt. Das Verfahren dient zum Studium sehr langsam ablaufender Ereignisse, z.B. des Aufblühens von Blüten. Den entgegengesetzten Weg beschreitet die →Zeitlupe.

Zeitrechnung, auf Beobachtungen des Tages- u. Jahresablaufs beruhende, von einem willkürl. festgelegten Zeitpunkt ausgehende Berechnung des Zeitablaufs; war je nach dem Zeitgefühl, der Fähigkeit zur Himmelsbeobachtung u. dem Ausgangspunkt der Zählung bei den Völkern des Altertums u. des MA. außerordentl. verschieden.
Im alten Ägypten war eine von einem festen Zeitpunkt aus durchgehende Jahreszählung unbekannt. Man berechnete zunächst die Zeit nach bedeutenden Ereignissen, später nach einer alle zwei Jahre stattfindenden Steuererhebung oder nach den Regierungsjahren der Pharaonen, wobei bei jedem Regierungsantritt wieder mit der Zahl 1 begonnen wurde. Die Dynastieeinteilung des Priesters *Manetho* stammt erst aus dem 3. Jh. v.Chr. – Einige Völker rechneten nach der Erschaffung der Welt, die sie zu verschiedenen Zeitpunkten festsetzten. So beginnt umgerechnet auf die christl. Ära die Z. der Juden mit dem Jahr 3761 v.Chr., die Z. der Byzantiner dagegen mit dem Jahr 5509 v.Chr.; die byzantin. Z. war in Rußland bis zu ihrer Beseitigung durch Peter d.Gr. (1. 1. 1700) in Gebrauch.
Den Griechen fehlte eine gemeinsame Z. Die einzelnen Städte führten gesondert Listen ihrer Oberbeamten, Könige, Priester oder Wettkampfsieger. Später wurde die Datierung nach den *Olympiaden* üblich (ab 776 v.Chr.). Das Zeitalter des Hellenismus zählte vom Todesjahr Alexanders d.Gr. (323 v.Chr.) oder, meist, vom Regierungsantritt des Seleukos (312 v.Chr.) an. – Die römische Z. beginnt mit der Gründung Roms (ab urbe condita), die der Schriftsteller Marcus Terentius *Varro* in das Jahr 753 v.Chr. legte.
Mit dem Todesjahr Buddhas (483 v.Chr.) beginnen die Buddhisten ihre Z.; die Moslems zählen von der Übersiedlung Mohammeds von Mekka nach Medina (Hedschra, 622 n.Chr.) an.
Die christl. Z. wurde durch den Abt *Dionysius Exiguus* festgelegt, der bei der Aufstellung der Ostertafeln (532) das „Jahr von der Menschwerdung des Herrn" als Ausgangspunkt annahm. Wie wir heute wissen, wurde Jesus jedoch 3 bis 7 Jahre vor dem angenommenen Datum geboren. →auch Chronologie, Datierung, Kalender. – L 5.0.5.

Zeitreihen, *Statistik:* Zahlenangaben für bestimmte Erscheinungen oder Vorgänge im Zeitablauf (z.B. Entwicklung der jährl. Stromerzeugung eines Landes innerhalb eines Jahrzehnts). Die Z. spiegeln nach allg. Auffassung vier Bewegungskomponenten wider: die langfristige Bewegung *(Trend)*; die jahreszeitl. Bewegung *(Saison)*; die

zyklische Bewegung *(Konjunktur)* u. eine restliche Bewegung (*Zufalls-* oder *Restschwankungen*).
Zeitschalter, ein Schalter, der mit einem Uhrwerk so gekuppelt ist, daß er sich, einmal eingestellt, nach Ablauf einer bestimmten Zeit selbsttätig öffnet oder schließt, z. B. der Z. der Treppenhausbeleuchtung.
Zeitschrift, in regelmäßiger Zeitfolge (wöchentlich, vierzehntäglich, monatlich, vierteljährlich) erscheinende Druckschrift; ohne die grundsätzliche Aktualität u. Inhalts-Allgemeinheit der Zeitung, ausgerichtet auf bestimmte Leserkreise oder Lesesituationen. Danach unterscheidet man *Fach-Z.en, Standes-* u. *Berufs-Z.en* u. *Freizeit-Z.en (Unterhaltungs-Z.en, Publikums-Z.en).* Zu den Fach-Z.en gehören die wissenschaftl., kulturellen u. z.T. auch die techn. u. wirtschaftl. Z.en. Die Standes- u. Berufs-Z.en sind an gesellschaftl. Ordnungen (z.B. konfessionelle Z.en) u. Zusammenschlüssen (Verbands-, Vereins-, Gewerkschafts-Z.en) sowie an den Berufsgruppen (Z.en der beruflichen Organisationen, *Werk-Z.en, Wirtschaftspresse*) orientiert. Am stärksten verbreitet (abgesehen von den *Kunden-Z.en*) sind heute die Freizeit-Z.en, von denen nach Auflage u. Publikumsgunst im Vordergrund stehen: 1. *illustrierte Z.en.* – 2. auf bestimmte Lesergruppen ausgerichtete *Magazine* (z. B. für Frauen, Eltern u. Jugendliche); *Theater-* u. *Film-Z.en*; *polit. Z.en.* – 3. *Programm-Z.en* für Hörfunk u. Fernsehen in unterhaltender Umrahmung. – 4. *Sex-Magazine* u. *-Wochenblätter.*
Halbjährlich zu den Handelsmessen erscheinende *Meßrelationen* (Ende des 16. Jh.), Flugblattfolgen u. Sammelwerke waren Vorläufer der ersten Z.en: „Journal des Savants" (1665, Paris), „Acta Eruditorum" (1682, Leipzig), „Monatsgespräche" (1688, Leipzig, Hrsg. Christian Thomasius; erste Z. in dt. Sprache). Aus dieser Gruppe der gelehrten Z.en erwuchsen wissenschaftl., kulturelle u. historisch-polit. Z.en. Erste unterhaltende Z.en waren die *moralischen Wochenschriften* (z.B. in England: „Tatler", „Spectator", 1709; in Dtschld: „Vernünftler" 1713, u. „Patriot", 1724, beide Hamburg). Im 19. Jh. folgten die *Familien-Z.en* („Gartenlaube") u. erste Illustrierte (Leipziger „Illustrirte Zeitung", „Berliner Illustrirte Zeitung").
Zeitsignaturen, in bestimmten Erdperioden durch Parallelentwicklung in verwandten Tiergruppen auftretende ähnliche Entwicklungsstufen von Merkmalen.
Zeitsinn, *innere Uhr* →Biorhythmik.
Zeitstandversuch, Festigkeitsprüfung bei konstanter Temperatur (auch oberhalb der Raumtemperatur) mit ruhender Belastung. Die Verformung wird laufend oder in bestimmten Zeitabständen gemessen. Der Versuch wird bis zu einer bestimmten Verformung oder bis zum Bruch durchgeführt.
Zeittafeln, zeitl. geordnete Übersichten von histor. Daten, bes. als synchronist. Z.: nebeneinander *(synoptisch)* geordnet gleichzeitige Ereignisse aus dem polit., wirtschaftl. u. geistigen Leben verschiedener Völker u. Kulturen.
Zeitumkehr, *Elementarteilchenphysik:* ein Begriff, den man rein formal durch Vorzeichenänderung der Zeitkoordinate t in $-t$ erhält. Das äußert sich bei allen Teilchen eines mikrophysikal. Systems z. B. in einer Umkehrung der Impulse bzw. der Geschwindigkeiten u.ä. Alle diese Vorgänge sind gegen Z. *invariant* (unverändert), d. h., zu jedem mikrophysikal. Prozeß gibt es einen, der durch Umkehrung des Bewegungsablaufs aus dem ursprüngl. hervorgegangen ist. Als zeitumgekehrter Prozeß der Paarerzeugung (Energie eines energiereichen *Lichtquants* wird in Massen eines *Teilchen-Antiteilchen-Paars* umgewandelt) kann die Paarvernichtung angesehen werden. Im Makroskopischen gibt es keine Z. Die Zeitrichtung eines Prozesses ist durch eine Zunahme der *Entropie* eines abgeschlossenen Systems eindeutig festgelegt; die Vorgänge sind nichtumkehrbar (irreversibel).
Zeitung, üblicherweise werktäglich oder täglich („Tages-Z."), hier u. da auch mehrmals täglich erscheinende Druckschrift; enthält Nachrichten u. Berichte über (aktuelle) Neuigkeiten aus aller Welt u. aus nahezu allen Lebensbereichen, dazu Meinungsbeiträge (Leitartikel, Glossen), Unterhaltungsstoff (Feuilleton) u. Anzeigen. Die Inhalte der Z. werden von *Reportern, Korrespondenten, Nachrichtenagenturen* u. *Pressediensten* geliefert bzw. erstellt von der *Redaktion*, deren Hauptaufgabe es ist, das eingehende Neuigkeiten-Rohmaterial zu prüfen, nach Sachgebieten („Sparten", „Ressorts": Politik, Wirtschaft, Lokales, Kultur, Sport, Vermischtes) zu ordnen u. publizistisch zur Druckreife zu gestalten. Für den *Anzeigenteil* ist die Anzeigenleitung verantwortlich.
Die Z. wird mit den schnellsten techn. Mitteln (Setzmaschinen) gesetzt, umbrochen u. auf billigem Papier gedruckt (Rotationsdruckmaschinen). Die Herstellungstechnik ist in einer Revolution begriffen: computergesteuerte Setzmaschinen, Lichtsatztechnik u. Offset- statt der bisher üblichen Hochdruck-Rotationen beschleunigen den Produktionsablauf u. ändern das Erscheinungsbild der Z., z.B. durch Mehrfarben-Illustrationen u. -Anzeigen. – Geschäftlich ist die Z. das Unternehmen eines Verlags, vertrieben wird sie im Abonnement (in Dtschld. überwiegend) oder im Straßenverkauf (USA, England, Frankreich).
Den Kern der Z., die aktuelle *Nachricht*, gab es lange vor der gedruckten Z. Das Wort Z. bedeutete ursprüngl. selbst nur Nachricht. Gesammelte u. in schneller Folge als Druckschrift veröffentlichte Nachrichten, also Z.en im neueren Sinn, gibt es seit 1609: „Relation" (Straßburg) u. „Aviso" (Wolfenbüttel). 1650 erschienen als erste Tages-Z. die „Einkommenden Zeitungen" 6mal wöchentl. in Leipzig. Sehr bald unterwarfen die Landesfürsten die Z.en der Zensur u. betätigten sich durch Herausgaben von *Intelligenzblättern* (1727 erstmalig in Preußen: Mitteilungs- u. Anzeigenblätter, vielfach durch staatl. Zwangsabonnement vertrieben) selbst zeitungsunternehmerisch.
Erst die Revolution von 1848 brachte in Dtschld. die (nachmals mehrfach beschränkte) Pressefreiheit. Im 19. Jh. gab es einen großen Aufschwung des Z.swesens, hervorgerufen u. gefördert durch die polit. u. wirtschaftl. (Börsenwesen) Entwicklung, durch neue geschäftl. wie gestalterische Ideen der Z.sverleger (1836 erste Massen-Z. zu niedrigem Preis: „La Presse", Paris, gegr. von Émile de Girardin; Feuilleton, Fortsetzungsroman; *Generalanzeiger*) u. durch neue techn. Erfindungen (1812 Schnellpresse, 1849 Telegraphenbüro, 1863 Rotationsmaschine, 1884 Zeilensetzmaschine). Verschiedene Z.sverlage wuchsen zu Großunternehmen („Pressekonzerne": *Scherl, Mosse, Ullstein* in Dtschld.; *Bennett, Hearst, Pulitzer* in den USA; *Beaverbrook, Harmsworth* in Großbritannien).
Für Dtschld. brachte die Machtergreifung durch die NSDAP die „Gleichschaltung" der Presse, die Besatzungszeit nach dem 2. Weltkrieg den Lizenzzwang für Z.sgründungen (Lizenzpresse). Nach dessen Aufhebung erlebte die Presse in der BRD, was Auflagenhöhe u. Zahl der Z.sunternehmen anbelangt, einen gewaltigen Aufschwung, der erst in den 1960er Jahren hinsichtl. der Vielfalt der Z.en ein vorläufiges Ende fand. Im Lauf eines Strukturwandels innerhalb des Z.sverlagswesens verlieren immer mehr kleinere Z.en ihre Selbständigkeit u. werden von größeren übernommen. – →auch Pressekonzentration.
Zeitungsdruckpapier, holzhaltiges, maschinenglattes Druckpapier im Gewicht von rd. 50 g/m².
Zeitungswissenschaft →Publizistik (2).
Zeitwaage, elektr. Prüfgerät in der Uhrenindustrie u. in Reparaturwerkstätten zur schnellen Kontrolle des Gangs einer Uhr durch selbsttätigen Vergleich mit einer Normaluhr.
Zeitwertversicherung →Neuwertversicherung.
Zeitwort →Verbum.
Zeitz, Kreisstadt im Bez. Halle, an der Weißen Elster, 44000 Ew.; *Moritzburg* (ehem. Bischofs- u. Herzogsschloß), Schloßkirche, Rathaus (16. Jh.); chem., Maschinen-, Holz-, Eisen-, Leder-, Nahrungsmittel- u. Klavierindustrie, Braunkohlenabbau. – Z. entstand aus drei Teilen: Burg-Dombezirk (Bistum von 968–1028), Oberstadt (Markt) u. Unterstadt (in der Elsterniederung). – Krs. Z.: 353 qkm, 87000 Ew.
Zeitzeichen, vor allem für die Schiffs- u. Luftnavigation wichtige, von den Rundfunkstationen u. Küstenfunkstationen zu bestimmten Zeiten ausgesandte Zeichenfolge, die die (astronomisch) genaue Zeit angibt; die Z.maschine der Sender wird meist von einer Sternwarte direkt gesteuert.
Zeitzonen, von örtlichen Ausnahmen abgesehen jeweils 15 Längengrade breite Zonen der Erdoberfläche mit einer international festgelegten u. anerkannten einheitl. →Zonenzeit. →auch Einheitszeit, Weltzeit.
Zeitzünder, eine Vorrichtung, um Sprengladungen nach einem bestimmten Zeitablauf (im Unterschied zum *Aufschlagzünder*) zur Detonation zu bringen z. B. durch eine Uhr oder chem. Zersetzung.
Zejleŕ ['zɛj-], Handrij, dt. Andreas *Seiler*, obersorb. Schriftsteller, *1. 2. 1804 Salzenforst bei Bautzen, †15. 10. 1872 Lohsa, Oberlausitz; ev. Pfarrer, 1842 Begründer der ersten regelmäßig erscheinenden sorb. Wochenschrift; als Lyriker Hauptvertreter der sorb. Romantik.
Zẹla, antike Stadt in Kleinasien. Nach der *Schlacht bei Z.* 47 v. Chr. soll Cäsar den Ausspruch „veni, vidi, vici" (ich kam, sah u. siegte) getan haben.
Zelebrạnt [lat.], in der kath. Liturgie derjenige, der während einer gottesdienstl. Handlung, vor allem der Messe, den Vorsitz führt, also in der Regel Bischof oder Priester; heute vermiedener Ausdruck, da die ganze Gemeinde „feiert".
zelebrieren [lat.], festlich begehen, feiern, insbes. das Meßopfer.
Żeleński [ʒɛ'lɛnjski], Tadeusz, Pseudonym *Boy*, poln. Schriftsteller u. Literaturkritiker, *21. 12. 1874 Warschau, †4. 7. 1941 Lemberg (ermordet); Arzt; in Krakau Mitbegründer des ersten literar. Kabaretts in Polen („Grüner Ballon"); seine Lyrik u. Prosa wandte sich gegen kulturelle u. gesellschaftl. Stagnation. Ż. wurde nach dem Einmarsch dt. Truppen verhaftet u. erschossen.
Zelge [die], ein Felderkomplex, der unter Flurzwang, Anbauverabredung oder Anbaugewohnheit von allen Nutzungsberechtigten in gleicher Weise genutzt oder brach liegengelassen wird.
Zelinogrạd [russ., „Neulandstadt"], bis 1961 *Akmolinsk*, 1960–1965 Hptst. des ehem. *Zelinnyj Kraj* in der Kasach. SSR (Sowjetunion), am oberen Ischim, 225000 Ew.; Zentrum des nordkasach. Neulandgebiets; elektron. Industrie (Mikroprozessoren), Maschinenbau, Nahrungsmittel-, chem., Holz- u. Baustoffindustrie; i. d. Nähe Bauxitlager.
Zell, 1. *Z. am Harmersbach*, baden-württ. Stadt nahe des Kinzigtals im Schwarzwald (Ortenaukreis), 6200 Ew.; spätgot. Wallfahrtskirche, Luftkurort. – Kleinste ehem. Reichsstadt Deutschlands, 1803 badisch.
2. *Z. am Main*, bayer. Markt in Unterfranken, nordwestl. Vorort von Würzburg, 3300 Ew.; ehem. Prämonstratenserabtei (12.–19. Jh.)
3. *Z. am See*, österr. Bez.-Hptst. des Pinzgaus in Salzburg, am Westufer des *Zeller Sees*, 757 m ü. M., 7500 Ew.; Seebad, Luftkurort u. Wintersportplatz mit starkem Durchgangsverkehr zur Großglockner-Hochalpenstraße; um 740 als *Cella in Bisoncio* von Salzburger Mönchen gegr.; roman. Pfarrkirche (12. Jh.), Vogtturm (12. Jh.), Schloß *Rosenberg* (1583); Seilschwebebahn zur *Schmittenhöhe*.
4. *Z. am Ziller*, österr. Ort im oberen Zillertal (Tirol), an der Einmündung des Gerlostals, 1570 Ew.; Sommerfrische u. Wintersportplatz, in der Nähe das 1936–1948 erbaute *Gerloskraftwerk*.
5. *Z. im Wiesental*, baden-württ. Stadt (Ldkrs. Lörrach), im südl. Schwarzwald zu Füßen des *Zeller Blauen* (1079 m), 6900 Ew.; verschiedene Industrie; Luftkurort.
6. *Z. (Mosel)*, rheinland-pfälz. Stadt an der mittleren Mosel (Ldkrs. Cochem-Zell), 5000 Ew.; ehem. Schloß (16. Jh.); Weinbau *(Zeller Schwarze Katz)*; Kunststoff-, Holzindustrie; nahebei auf einer Moselschleife die *Marienburg* (ehem. Prämonstratenserkloster).
Zella-Mehlis, Stadt im Krs. u. Bez. Suhl, am Thüringer Wald, nordwestl. von Suhl, 15200 Ew.; Heimat- u. Waffenmuseum; Fahrrad-, feinmechan., Maschinen-, Werkzeug-, Waffen- u. keram. Industrie; Erholungsort. – 1112 Gründung der „Cella (Klosterzelle) St. Blasii", aus der die Siedlung hervorging. Waffenherstellung seit dem 15. Jh.; 1527 Stadt (Bergbau); seit 1918 Doppelstadt.
Zellatmung →Dissimilation.
Zelle, 1. *Biologie:* kleinste lebende Einheit u. Grundbaustein aller Lebewesen. Bei Einzellern (→Protozoen) führt eine Z. alle Lebensfunktionen aus, während bei Vielzellern Z.n verschiedener Gestalt u. Funktion zum Zweck der Arbeitsteilung zu Geweben vereinigt sind. Die lebende, aktiv tätige Zellmasse ist das *Protoplasma*. Es wird bei tier. u. menschl. Z.n von einer dünnen Zellmembran (Plasmalemma), bei Pflanzen zusätzl. von einer cellulosehaltigen Zellwand umgeben. Es besteht aus dem →Grundzytoplasma u. zahlreichen geformten u. beständigen Differenzierungen mit speziellen Aufgaben, den Zellorganellen (*Zellkern, Mitochondrien, Golgi-Apparat, Zentralkörperchen*, bei Pflanzen außerdem *Plastiden*); es wird vom Kanalsystem des *endoplasmatischen Retikulums* durchzogen u. enthält meist flüssigkeits-

Zellengewölbe

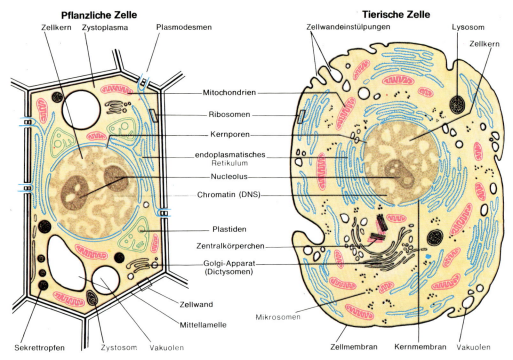

Pflanzliche Zelle — Zellkern, Zystoplasma, Plasmodesmen, Mitochondrien, Ribosomen, Kernporen, endoplasmatisches Retikulum, Nucleolus, Chromatin (DNS), Plastiden, Zentralkörperchen, Golgi-Apparat (Dictysomen), Zellwand, Mittellamelle, Sekrettropfen, Zystosom, Vakuolen

Tierische Zelle — Zellwandeinstülpungen, Lysosom, Zellkern, Mikrosomen, Zellmembran, Kernmembran, Vakuolen

Die tierische und die pflanzliche Zelle sind im Prinzip gleich gebaut. Die Pflanzenzelle hat gegenüber der Tierzelle zusätzlich feste Zellwände, die durch Plasmodesmen durchbrochen sind, grüne Plastiden (zur Assimilation der Stärke) und weite Vakuolen

ZELLORGANELLEN

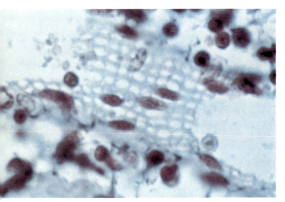

Endoplasmatisches Retikulum

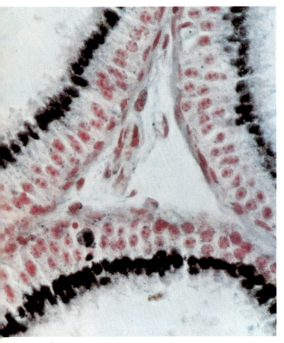

Golgi-Apparat von Epithelzellen

PFLANZLICHE GEWEBE

Querschnitt durch einen Pflanzenstengel, Dicotyledonae

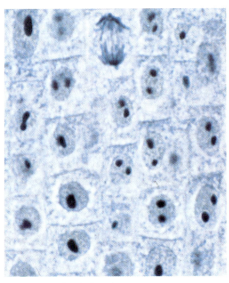

Pflanzliche Epithelzellen (Zwiebelwurzel)

EPITHEL (DECKGEWEBE)

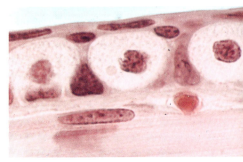

Hautepithel der Salamanderlarve mit Becherzellen, läng[s]

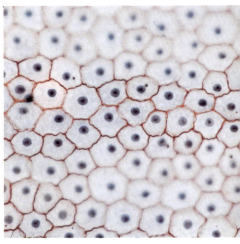

Einfaches Plattenepithel, quer

ZELLE UND GEWEBE

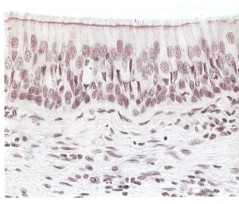

Flimmerepithel der Luftröhre, längs, das für die Reinigung von Staubpartikeln sorgt

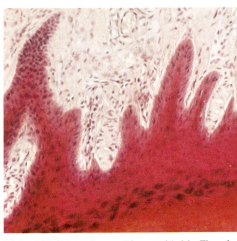

Mehrschichtiges, verhorntes Plattenepithel der Fingerbee[re]

Zellenkalk

STÜTZGEWEBE

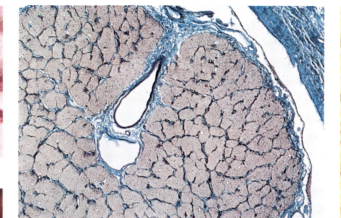

Sehnerv, quer

NERVENGEWEBE

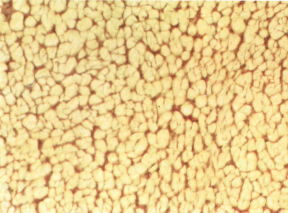

Elastisches Band, Ligamentum flavum, quer

DRÜSENGEWEBE

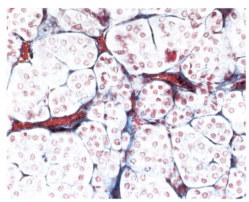

Endokrine (Hormon-)Drüse: Nebennierenmark, quer

MUSKELGEWEBE

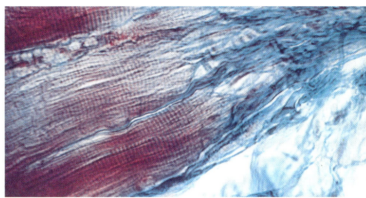

Übergang von quergestreifter Muskulatur in eine Sehne (Zunge)

Pflasterepithel der Hornhaut des Auges, längs

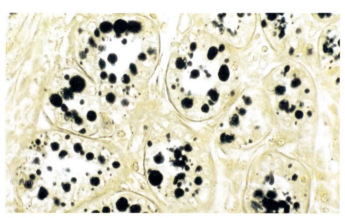

Apokrine Drüse: sekretierende (laktierende) Milchdrüse; die Milchtröpfchen sind als dunkle Punkte sichtbar

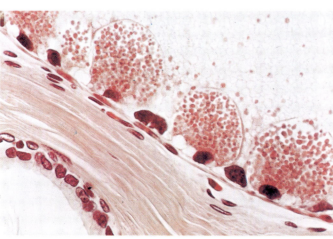

gs, mit stark verzahnten Grenzschichten (links). – Alveoläre Drüsen: Giftdrüsen in der Salamanderhaut (rechts)

gefüllte Räume, die *Vakuolen*. Alle Grenzflächen werden von *Elementarmembranen* gebildet. Das Protoplasma kann außerdem zahlreiche irreversible u. reversible Differenzierungen u. Einschlüsse enthalten (*Ribosomen, Mikrotubuli, Mikrovilli, Lysosomen, Sphärosomen, Paraplasma*). Die durchschnittl. Zellgröße liegt bei 10 bis 100 μm. Die kleinsten Z.n (bis 0,1 μm) findet man bei Bakterien. Die größten Z.n, z. B. Vogelei-Z.n, können mehrere cm Durchmesser haben. Nerven-Z.n können bis zu 1 m lange, dünne Fortsätze bilden. Echtes Zellwachstum besteht in einer Zunahme der lebenden Substanz, wobei vor allem Eiweißstoffe aufgebaut werden. Diese werden früher oder später wieder abgebaut u. in den Zellstoffwechsel einbezogen (*turn over*). Die Zellvermehrung erfolgt durch Zellteilung, der eine →Kernteilung vorausgeht. Im vielzelligen Organismus sterben fortwährend Z.n ab u. werden durch neue ersetzt, während die Gesamtgestalt erhalten bleibt. Die Lehre vom Bau u. den Funktionen der Z. ist die →Zytologie.

2. *Elektrotechnik:* einzelnes Trockenelement oder kleinste Einheit eines Akkumulators, auch die elektrolyt. Z. oder die Photo-Z.

3. *Luftfahrt:* Flugzeugzelle →Flugzeug.

4. *Politik:* organisator. u. polit. einheitliche (meist kommunist. oder linksradikale) Gruppe in Wirtschaftsbetrieben (*Betriebs-Z.*) oder an Hochschulen, Schulen, Heimen u. a. sozialen Einheiten (bes. als *Rote Z.n*). Während die Betriebs-Z.n als kommunist. Organisationsgrundsatz u. organisator. Grundeinheit der kommunist. Parteien bes. in der Zeit zwischen den beiden Weltkriegen von Bedeutung waren, machten die Roten Z.n (die z. T. an die Tradition der ersteren anknüpfen wollten) etwa ab 1969/70 als linksradikale Gruppierungen an den Hochschulen Westberlins u. z. T. auch der BRD (in einzelnen Fällen auch an Schulen u. ä. Einrichtungen) von sich reden.

Zellengewölbe, spätgot. Gewölbeform, die sich aus bienenwabenähnl. Zellen (mulden- oder trichterartig vertieften Flächen bzw. Graten) zusammensetzt.

Zellenkalk, *Zellendolomit, Rauhwacke, Rauchwacke,* durch Auslaugungsvorgänge löcherig-zellig

Zellenschmelz

gewordener Dolomit oder Kalkstein; häufig im Zechstein u. mittleren Muschelkalk.

Zellenschmelz →Emailkunst.

Zeller, 1. Eduard, prot. Theologe u. Philosoph, *22. 1. 1814 Kleinbottwar, Württemberg, †19. 3. 1908 Stuttgart; Philosophiehistoriker, arbeitete bes. über griech. Philosophie; förderte auch die systemat. Philosophie (vor allem die Erkenntnistheorie) im Sinn eines auf Kantische Probleme gerichteten Neokritizismus. Hptw.: „Die Philosophie der Griechen" 3 Bde. 1844–1852; „Geschichte der dt. Philosophie seit Leibniz" 1873.
2. Karl, österr. Operettenkomponist, *19. 6. 1842 St. Peter in der Au, †17. 8. 1898 Baden bei Wien; Hptw.: „Der Vogelhändler" 1891; „Der Obersteiger" 1894.

Zeller See, österr. Alpensee in Salzburg zwischen oberem Saalachtal u. Pinzgau, 748 m ü. M., 4 km lang, bis 1,5 km breit, 4,7 qkm groß, bis 68 m tief, Abfluß über das *Zeller Moos* zur Salzach.

Zellgewebsentzündung, *Bindegewebsentzündung, Phlegmone,* eitrige Entzündung des Bindegewebes, bes. des Unterhautbindegewebes, ohne Begrenzung (im Gegensatz zu dem begrenzten Abszeß). Ausdehnung u. Verlauf sind von der Art des Erregers abhängig.

Zellglas, dünne, glasklare Kunststoffolie aus Viskose, als Warenzeichen z. B. *Cellophan.*

Zellhorn = Celluloid.

Zellitfarbstoffe = Cellitfarbstoffe.

Zellkern, *Nukleus, Karyon,* wichtigste *Zellorganelle,* meist kugelig, verformbar; tritt in zwei Zuständen auf: 1. als in Teilung begriffener *Mitosekern* (→Kernteilung), 2. als zwischen zwei Teilungen befindl., stoffwechselaktiver *Interphase-* oder *Arbeitskern.* Dieser ist durch die Kernmembran vom Zytoplasma abgegrenzt, eine Doppelmembran, die zahlreiche, z. T. verschließbare Poren besitzt u. in das Membransystem des *endoplasmatischen Retikulums* übergeht. Sein Inneres *(Karyoplasma)* enthält den Kernsatz *(Karyolymphe),* ein bis mehrere →Kernkörperchen *(Nukleolen)* u. das *Chromatin,* ein feines Netzwerk aus Kerneiweißen *(Nucleoproteiden,* →Nucleinsäuren), das die Erbanlagen enthält. Zu Beginn der Kernteilung formiert es sich zu den →Chromosomen. Bei Bakterien u. Blaualgen, die keinen Z. besitzen, sind die Kerneiweiße an sog. Kernäquivalente (rundliche Körnchen) gebunden oder diffus im Zytoplasma verteilt. Die beiden Funktionen des Z.s, Übertragung des Erbguts auf die Tochterzellen u. Stoffwechseltätigkeit, können auch auf zwei Kerne *(Mikro-* u. *Makronukleus)* verteilt sein *(Kerndimorphismus* der Wimperntierchen).

Zellkonstanz, die Erscheinung, daß ganze Organismen bzw. einzelne Organe von einer festgelegten Anzahl Zellen gebildet werden; z. B. bei Rädertierchen, Bärtierchen, Kratzern, Fadenwürmern. Die zellkonstanten Tiere werden wegen dieser Formerstarrung als „Sackgassentypen" bezeichnet.

Zerkleinerungsanlage für Kalkstein. Der Hammerbrecher zerkleinert Gesteinsbrocken mit einer Kantenlänge 1800 mm in einem Durchgang zu Schotter von etwa 30 mm (links). – Der Drehofen ist der Mittelpunkt der Zeme

Gesamtanlage eines modernen Zementwerks (Dyckerhoff Zementwerke AG, Neubeckum)

ZEMENT

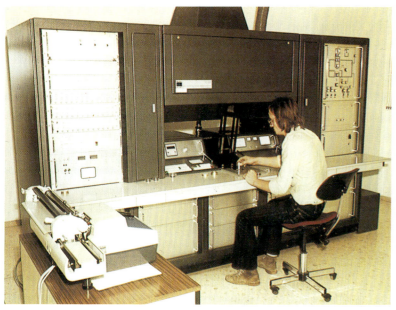 

Mit dem Röntgenfluoreszenzgerät wird fortlaufend die Elementkonzentration des Rohmaterials bestimmt und nach dem Ergebnis der kontinuierliche Materialfluß gesteu (links). – Abfüllen von Sackzement mit der Vierstutzenpackmaschine (Mitte). – Bedienungsstand der Fahrzeugwaage. Hier werden die Silowagen abgefertigt, deren Fahr

...erstellung. Bei etwa 1450 °C wird hier das aufbereitete Rohmaterial zu Zementklinker gebrannt (rechts)

...mittels Knopfdruck in Selbstbedienung an der Siloanlage die gewünschte Sorte Losezement geladen haben (rechts)

Zellkreuzung, bei Tieren →Zellverschmelzung, bei Pflanzen →Protoplasten.

Zellorganellen, in jeder Zelle enthaltene, durch →Elementarmembranen vom →Grundzytoplasma abgegrenzte Zellbezirke mit bes. Funktion: *Zellkern, Mitochondrien, Golgi-Apparat, Zentralkörperchen* u. bei Pflanzen außerdem *Plastiden.*

Zellstoff, aus *Cellulose* bestehende, feinfaserige, weiche u. weiße Masse; Ausgangsprodukt für die Herstellung von Papier, Kunstseide, Nitrocellulose, Vulkanfiber, Zellglas u. a. Kunststoffen. Als Rohmaterial für die Gewinnung von Z. verwendet man in erster Linie Holz (Fichte, Kiefer, Buche), in steigendem Umfang aber auch anderes cellulosehaltiges Material, wie Stroh, Kartoffelkraut u. Bastfasern, das entweder durch einen alkal. oder sauren Aufschluß von Lignin befreit wird. Bei dem erstgenannten Verfahren wird das geschälte u. zerkleinerte Holz in großen Kochern bei einem Druck von 7–10 at u. einer Temperatur von 170–180 °C einige Stunden mit einer entweder nur 10 % Ätznatron *(Natron-Z.)* oder Ätznatron, Natriumsulfid, -carbonat u. -sulfat enthaltenden Lauge *(Sulfat-Z.)* behandelt, wobei Lignin in Lösung geht. Der zurückbleibende Z. wird auf Filtern von der Lauge befreit, durch Auswaschen mit Wasser gereinigt u. gebleicht. Das aus der Lauge zurückgewonnene Ätznatron kehrt in den Prozeß zurück. Beim sauren Aufschluß wird das zerkleinerte Holz in Druckgefäßen bei 4–6 at mit freie schweflige Säure enthaltender Calciumsulfitlauge bis zur völligen Erweichung mit Dampf erhitzt; die Aufarbeitung des Z.s erfolgt wie bei Sulfat-Z. *(Sulfit-Z.).* 1 m³ Holz liefert ungefähr 150 kg Z. Die anfallende Ablauge kann durch Gärung auf Alkohol u. Hefe (Bäcker- u. Futterhefe) verarbeitet werden, wobei 10–14 l Alkohol pro m³ gewonnen werden; sie kann auch nach Eindampfen als Brennstoff verwertet werden, ferner lassen sich aus ihr Gerb- u. Klebemittel gewinnen. – ▭ 8.6.0.

Zellteilung, Entstehung von 2 oder mehr Tochterzellen aus einer Mutterzelle. Der Z. geht immer eine →Kernteilung voraus.

Zellularpathologie [lat. + grch.], von R. Virchow begründete Lehre, nach der Krankheiten Störungen des normalen Lebens der Zelle sind; als Lehre von den krankhaften Veränderungen der Zellen heute noch Grundlage der beschreibenden Krankheitslehre in der patholog. Anatomie, indes nicht mehr einzige Grundlage der Lehre von den Krankheiten; humorale *(Humoralpathologie,* Ableitung der Krankheiten aus der fehlerhaften Zusammensetzung der Körpersäfte u. des Bluts) u. funktionelle Betrachtungsweisen *(Neural-* u. *Relationspathologie)* ergänzen die Z.

Zellulartherapie [lat. + grch.], von P. Niehans eingeführte Behandlung zahlreicher Krankheiten durch Einspritzung frischer embryonaler oder jugendlicher Organ- u. Drüsenzellen von Schlachttieren *(Frischzellenbehandlung).* Die Zellen werden auch durch Gefriertrocknung haltbar gemacht u. in Ampullen zum jederzeitigen Gebrauch in den Handel gebracht *(Trockenzellenbehandlung).* Im Prinzip dient die Z. der Regeneration des Organismus oder einzelner Organe; ihre Wirkung ist umstritten. – ▭ 9.8.0.

Zellulasen = Cellulasen.

Zelluloid →Celluloid.

Zellulose = Cellulose.

Zellverschmelzung, Verschmelzung von Körperzellen zweier verschiedener Tiere *(Hybridisierung)* im Laborversuch (in vitro), die durch Viren (z. B. Sendai-Virus) begünstigt wird. Dabei vereinigen sich zwei oder mehrere Zellen zu einer teilungsfähigen, einkernigen *Hybridzelle,* die aber, im Gegensatz zu pflanzlichen *Protoplasten,* keine vollständigen Individuen ausbilden kann. So gelangen u. a. Mensch-Maus-Zellkreuzungen, die wertvolle Hinweise auf die Lokalisierung von Genen auf den Chromosomen ergeben. Z. bei Pflanzen →Protoplasten.

Zellwolle, frühere Bez. für Viskosespinnfasern. Der Name Z. wurde 1935 für Chemiespinnfasern auf Cellulosebasis eingeführt u. ersetzte die damalige Benennung *Kunstspinnfasern.* Später wurden nur noch Spinnfasern aus regenerierter Cellulose, schließlich nur noch nach dem Viskosespinnverfahren hergestellte als Z. bezeichnet. Nach dem Textilkennzeichnungsgesetz ist für Z. die Materialbezeichnung →Viskose zu verwenden.

Zelot [der; grch.], religiöser Eiferer; benannt nach der altjüd. Partei der *Zeloten,* im 1. Jh. n. Chr. gegründet, die gewaltsam durch Aufstände die polit. Befreiung von Rom herbeizuführen suchte.

Zelt, eine leicht auf- u. abbaubare u. transportierbare Behelfsunterkunft aus Leinwand (meist zusammenknöpfbare Z.bahnen), die mit Hilfe von ineinandersteckbaren Z.stangen aufgeschlagen u. durch Z.pflöcke (Heringe) am Erdboden verankert wird. Z.e werden z. B. beim Militär, Wandersport (Camping) u. auf Expeditionen verwendet. Für besondere Zwecke gibt es *Groß-Z.e* (Zirkus, Jahrmarkt). Z.e waren ursprüngl. die transportable Wohnung nomadischer Jäger- u. Hirtenstämme, bestehend aus einem mit Matten, Stoffbahnen, Rinde oder Fellen bedeckten Stangengerüst: bei Hottentotten, Indianern u. Nomaden Nordafrikas u. Westasiens das *Kuppel-Z.*; davon abgeleitet die *Jurte* (Kibitka) der mittelasiat. Nomadenvölker; im größten Teil des nördl. Nadelwaldgebiets, bei einigen Eskimo, Prärieindianern, Mongolen u. Kalmüken das *Kegel-Z.*; im Wüsten- u. Steppengürtel von Westafrika bis zum Iran u. in Tibet das Nomaden-Z. in Form des Rechteckhauses.

Zeltdach, Dach in Form eines Zelts über Türmen u. a. Bauwerken mit quadrat. Grundriß. →auch Dach.

Zelter [der], das mittelalterl. Reitpferd der Damen u. Geistlichen, das im Paßgang gehen mußte.

Zelter, Carl Friedrich, Komponist, *11. 12. 1758 Berlin, †15. 5. 1832 Berlin; trat 1791 in die Berliner Singakademie ein, die er seit 1800 als Leiter zu hoher Blüte brachte; gründete 1809 die erste „Liedertafel" in Berlin; Förderer der Bachpflege; Freund u. musikal. Berater *Goethes*; manche seiner Lieder wurden volkstümlich („Es war ein König in Thule").

Zeltmission, Verkündigung der christl. Botschaft in freien Vorträgen in einem Zelt jeweils 7–10 Tage gehalten werden; 1902 von Jakob Vetter (*1872, †1918) gegr., zuerst von Freikirchen u. der Ev. Allianz gehalten, seit 1945 auch von den Landeskirchen übernommen.

Zeltweg, österr. Ort in der oberen Steiermark, im Aichfeld (oberes Murtal), 657 m ü. M., 8500 Ew.; Hüttenwerk, Dampfkraftwerk; in der Nähe die Kraftfahrsport-Rennstrecke →Österreichring.

Zement [der; lat.], an der Luft u. unter Wasser erhärtendes, nach dem Erhärten wasserbeständiges Bindemittel für Mörtel u. Beton.
Die Z.e bestehen im wesentl. aus Verbindungen von Calciumoxid mit Kieselsäure, Tonerde u. Eisenoxid. Genormt nach DIN 1164 sind Portland-Z., Eisenportland-Z., Hochofen-Z. u. Traß-Z. Die Rohstoffe (Kalkstein u. Ton oder Mergel) werden fein gemahlen u. innig gemischt *(homogenisiert),* danach im Drehofen bis zur Sinterung (etwa 1450 °C) zum *Portlandklinker* gebrannt. Daraus wird durch Mahlen mit Gipssteinzusatz der *Portland-Z.* gewonnen. Der Portland-Z. wurde 1824 von dem engl. Maurer Joseph Aspdin erfunden. Neben diesem Portland-Z. finden bes. die beiden *Hütten-Z.e* (Eisenportland-Z. u. Hochofen-Z.) Verwendung, zu deren Herstellung in vorgeschriebenen Anteilen schnellgekühlte, granulierte Hochofenschlacke gemeinsam mit Portlandklinker u. Gipsstein vermahlen wird. Die Norm-Z.e werden in mehreren Festigkeitsklassen geliefert. Portland-Z. ergibt hohe Frühfestigkeit, Hütten-Z. erhärtet langsamer. – ▭ 10.1.1.

Zementation, 1. *Hüttenwesen:* Erhitzung von kohlenstoffarmem Stahl in Kohlepulver, wodurch sich die Oberflächenschicht mit Kohlenstoff anreichert u. gehärtet werden kann. →auch härten. **2.** *Metallurgie:* Fällung eines Metalls aus einer Lösung durch ein unedleres Metall. →Naßmetallurgie.

Zementationszone, unter der *Oxydationszone* im Bereich des Grundwasserspiegels liegender Teil einer Erzlagerstätte, wo die im Sickerwasser gelösten Metallsalze der Oxydationszone durch sulfidische Erze ausgefällt werden *(Zementation);* führt reichlich Sulfide von Silber, Kupfer, Blei u. Zink, aber wenig Oxiderze.

Zementierverfahren, zum Abteufen von Schächten in nicht standfestem Gestein angewandtes Verfahren. In der unmittelbaren Umgebung des Schachts werden Bohrungen niedergebracht, durch die Zementmilch in das lockere Gestein gepreßt wird, das durch den abbindenden Zement verfestigt wird.

Zementit [der; frz.], Eisencarbid mit 6,67 % Kohlenstoff; harter u. spröder Gefügebestandteil von Eisen-Kohlenstoff-Legierungen.

Zemlinsky, Alexander von, österr. Dirigent u. Komponist, *14. 10. 1871 Wien, †15. 3. 1942 Larchmont, N. Y. (USA); Lehrer A. *Schönbergs*; wirkte u. a. in Wien, Mannheim, Prag u. Berlin, seit

1934 in den USA. In seiner harmonisch reichen Musik ging er von G. *Mahler*, F. *Schreker* u. R. *Strauss* aus. Opern („Kleider machen Leute" 1910; „Der Zwerg" 1921; „Der Kreidekreis" 1933), 3 Sinfonien u. Kammermusik.

Zemp, Werner, schweizer. Lyriker u. Essayist, *10. 11. 1906 Zürich, †16. 11. 1959 Mendrisio, Tessin; formstrenge, der Klassik u. Neuromantik verpflichtete Lyrik: „Gedichte" 1937, 1943, 1954. „Mörike" Essays 1939.

Zen, an die Praxis des Joga anknüpfende Meditationssekte des chines.-japan. Buddhismus, die von dem ind. Mönch *Bodhidharma* 526 n. Chr. von Indien nach China gebracht wurde, wo sie die Malerei u. in Japan (seit dem 13. Jh.) die ganze Kultur entscheidend beeinflußte.

Zend-Awesta →Awesta.

Zener-Effekt ['zi:nər-], von dem US-amerikan. Physiker Clarence *Zener* (*1. 12. 1905) entdeckte Erscheinung, wonach in einem Halbleiterkristall Elektronen unter dem Einfluß einer sehr hohen Feldstärke aus dem Gitterverband herausgerissen werden, so daß der Widerstand des Materials sprunghaft kleiner wird. Die *Zener-Diode* nützt den Z. aus u. wird zur Spannungsstabilisierung verwendet, weil der Z. immer bei einer für die jeweilige Diode charakterist. Spannung einsetzt.

Zengakuren, *Gesamtjapanischer Studentenverband*, die Dachorganisation der student. Selbstverwaltungsgremien an den japan. Universitäten. In den 1960er Jahren ist der Z., dessen Führung ideologisch radikal links ausgerichtet war, mehrfach durch gewalttätige, meist antiamerikan. Demonstrationen hervorgetreten. – 🕮 5.8.8.

Zenger, Johann Peter, deutschamerikan. Drucker u. Journalist, *1697, †28. 7. 1746 New York; wanderte 1710 aus Dtschld. nach Nordamerika aus, betrieb seit 1726 eine eigene Druckerei in New York, war 1734/35 wegen seiner Opposition gegen die brit. Kolonialherrschaft im Gefängnis. Sein Prozeß (1735) war bedeutend für die Geschichte der Pressefreiheit.

Zengi ['zɛŋgi] →Sengi.

Zengiden [zɛŋ-], *Sengiden* →Sengi.

Zenica ['zɛnitsa], jugoslaw. Stadt an der Bosna, nordwestl. von Sarajevo, 52000 Ew.; Braunkohlenlager, Schwer- u. chem. Industrie.

Zenit [der oder das; arab.], *Scheitelpunkt*, höchster Punkt der Himmelskugel, der von allen Punkten des Horizonts gleichen Abstand hat (Höhe 90°).

Zenitalregen, der in der Tropenzone um die Jahreszeiten des höchsten Sonnenstands auftretende starke Regen.

Zenitfernrohr, *Zenitteleskop*, um die vertikale u. horizontale Achse drehbares Fernrohr ohne feingeteilte Meßkreise, aber mit Libelle u. Fadenmikrometer ausgerüstet; dient feinen astronom. Messungen, z. B. von Polhöhenschwankungen aus Beobachtung von zenitnahen Sternen.

Zenker, 1. Karl-Adolf, Seeoffizier, *19. 7. 1907 Berlin; wurde 1944 in die dt. Seekriegsleitung als Fachmann für Minenräumung berufen; 1955 vorläufiger Inspekteur der Marine, 1957 Chef der Seestreitkräfte Nordsee, 1961–1967 Inspekteur der Marine der Bundeswehr (1962 Vizeadmiral).

2. Friedrich Albert von, Pathologe, *13. 3. 1825 Dresden, †13. 6. 1898 Reppentin, Mecklenburg; erkannte 1860 die Bedeutung der Trichinen für den Menschen; nach ihm benannt u. a. das *Z.sche Pulsionsdivertikel*, eine durch Druck von innen gegen eine schwache Wandstelle entstehende Speiseröhrenaussackung.

Zenneck, Jonathan, Physiker, *15. 4. 1871 Ruppertshofen, Württemberg, †8. 4. 1959 München; Prof. in München, 1934–1953 Vors. des Vorstands des Dt. Museums in München; Arbeitsgebiete: elektromagnet. Wellen, Ionosphärenforschung.

Zeno →Zenon.

Zenobia, arab. *Zainab*, syr. *Bathzabbai*, Septimia Z., Königin von Palmyra 266–273, Regentin für ihren unmündigen Sohn, eroberte Ägypten, Syrien u. große Teile Kleinasiens; von Aurelian bei Antiochia u. Emesia besiegt.

Zenon, eigentl. *Tarasikodissa*, byzantin. Kaiser 474–491, *426, †9. 4. 491; isaur. Fürst, Offizier in Konstantinopel, 466 Schwiegersohn u. 474 Nachfolger Kaiser Leons I., 474/75 vertrieben, erkannte Odoakers Herrschaft über Italien an, lenkte die Ostgoten unter Theoderich nach Italien u. befreite so den O des Reichs vom Druck der Germanen.

Zenon, *Zeno*, **1.** *Z. der Ältere* aus Elea (Süditalien), griech. Philosoph, *um 490 v. Chr., †430 v. Chr.; Schüler des *Parmenides*, versuchte dessen Lehre durch indirekte Beweisführung zu stützen, indem er die widerspruchsvollen Konsequenzen der Annahme einer Vielheit aufzeigte *(Zenonische Paradoxien)*.

2. *Z. der Jüngere* aus Kition (Zypern), griech. Philosoph, *um 336, †264 v. Chr.; Begründer der *Stoa*. Von seinen Schriften sind nur Bruchstücke erhalten; er soll sich das Leben genommen haben.

Zensor [lat.], **1.** *Geschichte:* *Censor*, altröm. Magistrat, dem ursprüngl. nur die Aufstellung der Bürgerliste u. die Einteilung der Bürger in die Tribus zur Schätzung ihres Vermögens zu Steuerzwecken oblag (→Zensus [1]), verbunden mit einer Art Sittengerichtsbarkeit. Seit 312 v. Chr. führte der Z. auch die Senatorenliste, mit dem Recht, Senatoren aus dem Senat zu entfernen. Weitere Aufgaben: Verpachtung der Steuern u. Zölle, der Einkünfte aus den Bergwerken u. des staatl. Grundbesitzes u. die Vergabe öffentl. Arbeiten an private Firmen.

2. *Presserecht:* der die →Zensur (3) ausübende Beamte.

Zensur [die; lat.], **1.** *kath. Kirche:* schwere Kirchenstrafe: Kirchenbann (Exkommunikation), Suspension, Interdikt; Z.en zielen auf die Besserung des Bestraften ab, daher *Beugestrafen* genannt. Auch kirchl. Prüfung u. Verbot von Büchern.

2. *Pädagogik:* in Schulzeugnissen Note zur Beurteilung der Schülerleistungen.

3. *Presserecht:* die staatl. Überwachung von Inhalt u. Verbreitung von Druckerzeugnissen sowie von Film, Fernsehen, Rundfunk u. Theater. Die Z. kann präventiv (als *Vor-Z.*) oder repressiv (als *Nach-Z.* mit evtl. Beschlagnahme) ausgeübt werden. Art. 5 Abs. 1 GG bestimmt u. a.: „Die Pressefreiheit u. die Freiheit der Berichterstattung durch Rundfunk u. Film werden gewährleistet. Eine Z. findet nicht statt." Eine Einschränkung findet sich allerdings in Abs. 2: „Diese Rechte finden ihre Schranken in den Vorschriften der allg. Gesetze, den gesetzl. Bestimmungen zum Schutze der Jugend u. in dem Recht der persönl. Ehre." Weitere Beschränkungen ergeben sich nach herrschender Ansicht aus den sog. *besonderen Gewaltverhältnissen*, d. h. aus der besonderen Rechtsstellung des Beamten oder Soldaten (Staatsdienst): Hier kann die Pflicht zur Vorlage auf den Dienst bezüglicher Veröffentlichungen, u. U. auch eine Unterlassungspflicht bestehen. – Für den Film besteht die →Freiwillige Selbstkontrolle der Filmwirtschaft. Die Weimarer Verfassung erlaubte eine Vor-Z. von Filmen. Der *Dt. Presserat* (seit 1956) stellt Richtlinien für die Presse auf, ohne jedoch eine Z. auszuüben.

4. *Tiefenpsychologie:* Begriff des von S. *Freud* entworfenen Persönlichkeitsmodells; in der Z. zeige sich das Wirken des *Über-Ich*: sie verdrängt (→Verdrängung) Triebregungen aus dem Bewußtsein oder entstellt sie.

Zensurverbot →Pressefreiheit.

Zensus [der, lat.], **1.** *Census*, im alten Rom die Schätzung der Bürger nach ihrem Vermögen zwecks Festsetzung der Steuer- u. der Kriegsdienstpflicht u. der polit. Bürgerrechte.

2. in den angelsächs. Ländern Bez. für die regelmäßigen großen *Volkszählungen*. →auch Mikrozensus.

Zent [der], altes Gewicht in Bayern, Preußen, Sachsen, Hessen; 1 Z. = rd. 166,67 mg.

Zenta, ungar. Name der Stadt →Senta.

Zentaur →Kentaur.

Zentgraf [lat. *centenarius*], Vors. des *Zentgerichts*, das sich im hohen u. späten MA. in Ostfranken, Lothringen u. Hessen fand u. fast ausschl. Kriminalgericht war, dem der Adel nicht unterstand; der Zusammenhang dieser hochmittelalterl. Zent mit der im Frankenreich von den Römern übernommenen Einrichtung von Militärkolonien *(centena)* auf Königsgut ist fraglich.

zenti... [lat.], Wortbestandteil mit der Bedeutung „Hundertstel".

Zentifolie [die; lat., „hundertblättrig"] →Rose.

Zentimeter [das], Kurzzeichen cm, vom Meter abgeleitetes Längenmaß; 1 cm = 0,01 m = 10 mm.

Zentimeter-Gramm-Sekunde-System, *CGS-System*, das absolute Maßsystem der Physik, das nur die drei genannten Größen als Grundeinheiten benutzt.

Zentner [lat.], früheres Handelsgewicht von 100 Pfund, 1840 im Dt. Zollverein eingeführt; seit Annahme des metrischen Systems ist der *Doppel-Z.* (→auch Meterzentner) zu 100 kg gebräuchlich.

Zentralafrikanische Föderation →Rhodesien und Nyasaland.

Zentralafrikanische Republik, amtl. *République Centrafricaine*, Binnenstaat in Afrika zwischen Tschad im N und Zaire im S; hat eine Fläche von 622984 qkm u. 2,65 Mill. Ew. (4 Ew./qkm); Hptst. ist *Bangui*.

Landesnatur: Das trop., wechselfeuchte Land nimmt im wesentl. die bis 1400 m hohe *Asandeschwelle* zwischen Kongo- u. Tschadbecken ein. Entspr. der Klimaabstufung liegt der SW des Landes im Bereich trop. Regenwalds. Den größten Teil nimmt Feuchtsavanne ein, die nach NO in Trokken- u. gebietsweise in Dornsavanne übergeht.

Die *Bevölkerung* (60% Anhänger von Naturreligionen, 35% Christen, 5% Moslems) besteht aus verschiedenen Sudanneger- u. Bantustämmen (Banda, Baja u. a.). Im N des Landes leben daneben auch äthiopide Bevölkerungsgruppen, außerdem gibt es einen kleinen Stamm von Pygmäen. – Die Staatsuniversität des Z.n K. wurde 1970 in Bangui gegr.

Wirtschaft u. Verkehr: Die Landwirtschaft liefert für den Eigenbedarf Hirse, Maniok, Mais, Erdnüsse, Reis u. Sesam, für den Export vor allem Baumwolle, Kaffee u. Kautschuk. Hauptsächl. im S befinden sich wertvolle Waldbestände, die vorerst mehr für den Export als für den Eigenbedarf genutzt werden. An Bodenschätzen gibt es vor allem Diamanten, weiter Vorkommen von Eisen-, Nickel-, Chrom-, Magnesiumerz, Tonerde sowie bedeutende Uranlager. Die industrielle Entwicklung (Verarbeitung landwirtschaftl. Produkte; Textil- u. techn. Reparaturbetriebe) u. der Ausbau des bisher recht weitmaschigen Straßennetzes machen Fortschritte. Wichtig für den Außenhandel ist die Schiffahrtsverbindung über den Ubangi zum Kongo u. – wie in allen zentralafrikan. Ländern – der Binnenluftverkehr.

Geschichte: Seit 1887 französ. Kolonialgebiet, seit 1910 Teil *Französ.-Äquatorialafrikas*. Gründer der Unabhängigkeitsbewegung *MESAN* (Bewegung für die soziale Entwicklung Schwarzafrikas) war B. *Boganda* († 1959). 1958 erhielt das

Gebiet Autonomie, 1960 die Unabhängigkeit als *Zentralafrikan. Republik*. Erster Präs. war D. *Dacko*. Er wurde 1966 durch Militärputsch von J. B. *Bokassa* gestürzt, der eine despot. Herrschaft errichtete. 1976 erklärte er das Land zum *Zentralafrikan. Kaiserreich* u. machte sich zum Kaiser. Bokassa genoß lange Zeit die Unterstützung Frankreichs. Nach ihrem Entzug wurde er 1979 gestürzt. Das Land wurde wieder Republik; Dacko übernahm erneut das Amt des Staatspräsidenten.

Zentralafrikanischer Graben, *Tanganjika-Graben*, Teil des Ostafrikanischen Grabensystems, mit Albert-, Edward-, Kivu- u. Tanganjikasee; von Gebirgen z. T. vulkanischen Ursprungs begleitet: Kirunga-Vulkane, Mitumbaberge, Ruwenzori u. a.

Zentralalpen, zwischen den Nördl. u. Südl. Kalkalpen liegender, aus kristallinen Gesteinen (Gneis, Glimmerschiefer u. a.) aufgebauter Kernteil der Ostalpen. →auch Alpen.

Zentralamerika →S. 331.

Zentralamerikanische und Karibische Spiele, erstmals 1926 für alle mittelamerikan. Staaten durchgeführte Sportwettkämpfe mit Wettbewerben in den wichtigsten Sommersportarten; weitere Austragungen seit 1967 alle zwei Jahre.

Zentralamerikanische Wirtschaftsgemeinschaft, span. *Mercado Común Centroamericano*, Abk. *MCCA*, 1958 beschlossener Zusammenschluß der zentralamerikan. Staaten El Salvador, Guatemala, Nicaragua, Honduras u. Costa Rica. Ziele: Errichtung einer Zollunion durch stufenweisen Abbau der Zölle, sofortige teilweise Abschaffung von Import- u. Exportsteuern u. Kontingenten u. einheitl. Regelungen für den freien Transitverkehr. 1960 Ratifizierung des Generalvertrags zunächst ohne Costa Rica, das erst 1962 zustimmte. Im Juli 1969 brachte der 5-Tage-Krieg zwischen Honduras u. El Salvador die Z. W. an den Rand des Zusammenbruchs. 1971 schied Honduras aus, 1972 auch Costa Rica.

Zentralarbeitsgemeinschaft, Zusammenschluß der Spitzenverbände der Arbeitgeberverbände u. Gewerkschaften vom 15. 11. 1918; stellte sich die Aufgabe der gemeinsamen Lösung aller die Industrie u. das Gewerbe berührenden wirtschafts- u. sozialpolit. Fragen. Sie zerfiel bald.

Zentralasien = Innerasien.

Zentralausschuß der Deutschen Landwirtschaft, Sitz: Bonn, 1949 vom *Dt. Bauernverband e. V.,* von der *Dt. Landwirtschafts-Gesellschaft e. V.,* vom *Dt. Raiffeisenverband e. V.* u. vom *Verband der Landwirtschaftskammern* zum Zweck einer einheitl. Bearbeitung grundsätzlicher u. gemeinsam interessierender Fragen gegründet.

Zentralausschuß der Werbewirtschaft e. V., Abk. *ZAW,* Bonn-Bad Godesberg, Spitzenverband der Werbewirtschaft; angeschlossen sind 37 Verbände, die sich in die Gruppen Werbungtreibende, Werbeberufe, Werbungdurchführende u. Werbemittelhersteller sowie Werbeagenturen u. Werbemittlungen gliedern. Neben der allg. Interessenvertretung hat der ZAW das Ziel der Selbstkontrolle zur Vermeidung irreführender u. unlauterer Werbung.

Zentralbau, ein Bauwerk, das sich um eine senkrechte Achse entwickelt, im Unterschied zu einem *Längsbau,* etwa einer Basilika. Ein Z. kann über einem kreisförmigen, ovalen, quadrat., kreuzförmigen oder oktogonalen Grundriß errichtet u. von einem Umgang umschlossen sein; außerdem kann er sich zu Kapellen, Nischen u. Anräumen öffnen. Frühe Beispiele der vermutl. aus den runden Grabbauten des Altertums hervorgegangenen Z.ten sind die zuweilen als Rundbauten errichteten Tempel der Antike, z. B. das Pantheon in Rom. Auch die islam. Baukunst brachte zahlreiche Z.ten hervor. In der abendländ. Architektur, in der der Längsbau vorherrscht, sind Z.ten verhältnismäßig selten (Aachen, Münster); nur in bes. Fällen als Begräbnisstätten, Taufkirchen (→Baptisterium) oder als Nachbildungen des Heiligen Grabes (→Templerkirche) ausgeführt. In der byzantin. Kunst hat der Z. eine weitaus größere Rolle gespielt. In der italien. Renaissance trat mit dem Wiederaufleben des Kuppelbaus auch der Z. stärker in den Vordergrund, doch wurde er aus liturg. Gründen meist mit einem Langhaus verbunden (St. Peter in Rom). Ein reiner Z. war die Frauenkirche in Dresden. Profanbauten des 19. u. 20. Jh. sind bisweilen als Z.ten gestaltet.

Zentralbehörden, die meist am Sitz der Regierung errichteten Fachbehörden mit Zuständigkeit für das ganze Staatsgebiet bzw. für die Länder, heute meist Ministerien. Die Spezialisierung der Verwaltung hat zur Ersetzung der regionalen Verwaltungsform (Zuständigkeit für Gebiete, dann aber für alle Verwaltungsbereiche) durch das *Fachbehördensystem* geführt. →auch Zentralismus.

Zentrale [die, Mz. *Z.n,* lat.], Mittel-, Ausgangs-

Zentralbau: Villa Rotonda in Vicenza von Andrea Palladio; 1552

punkt, Leitung, Zusammenfassung, z. B. *Telephon-Z.* oder ein Kraftwerk, in dem die elektr. Energie in großen erzeugt wird (Wasserkraft- oder Wärmekraftanlage).

Zentrale Kommission für Staatliche Kontrolle →Kontrollkommission.

zentrale Orte, nach einer für die Geographie sehr fruchtbaren Theorie W. *Christallers* Orte mit Aufgaben (Verwaltung, Kultur, Bildungs-, Gesundheitswesen, Handel, Dienstleistungen, Verkehr), die sie zum Mittelpunkt des wirtschaftl., sozialen u. kulturellen Lebens eines bestimmten Verflechtungsbereichs machen; ordnen sich in ein hierarchisches System; d. h., z. O. höherer Ordnung haben zentrale Funktionen auch für die z. O. der nächstniederen Ordnung usw. Das System der z.n O. u. Verflechtungsbereiche gliedert sich in der Bundesrepublik Deutschland in *Oberzentren* mit Einrichtungen des speziellen höheren Bedarfs für die Bevölkerung eines Oberbereichs (100 000 Ew. u. mehr), *Mittelzentren* mit Einrichtungen des gehobenen Bedarfs für die Bevölkerung eines Mittelbereichs (40 000 Ew. u. mehr bzw. mehr als 20 000 Ew. in dünnbesiedelten Gebieten), *Unterzentren* u. *Kleinzentren* mit Einrichtungen der Grundversorgung für die Bevölkerung eines Nahbereichs mit mehr als 5000 Ew. Bei zunehmender Bedeutung von Dienstleistungen aller Art erhalten die z.n O. Schlüsselstellungen für die Landesentwicklung, sie sind daher ein wichtiges Instrument der Raumordnung. – *Zentralität* ist das über den Eigenbedarf eines Ortes hinausgehende Mehrangebot an sog. zentralen Diensten.

Zentrale Pakt-Organisation →CENTO.

Zentrales →Diatomeen.

Zentralexekutivkomitee, russ. Abk. *ZIK,* in der Sowjetunion bis 1936 vom Sowjetkongreß gewähltes Organ mit Parlamentsfunktionen. Auch die einzelnen Unionsrepubliken hatten Z.s. Nach der Verfassung von 1936 wurde das Z. durch den *Obersten Sowjet* abgelöst.

Zentralfahndungsblatt, amtl. Fahndungsorgan in Österreich, 1853–1961 *Zentralpolizeiblatt,* enthält Fahndungen, Haftbefehle, Beschreibung gestohlener Sachen, Ermittlungsersuchen u. a.

Zentralgenossenschaften, regionale u. überregionale Zusammenschlüsse von einzelnen Genossenschaften zur Durchführung gemeinschaftl. Warengeschäfte (*Ein- u. Verkaufszentralen*) oder in Form von Spitzeninstituten für den Geld- u. Kreditverkehr (*Zentralkassen*).

Zentralheizung →Heizung.

Zentralide, eine Rasse der →Indianiden.

Zentralindischer Rücken, der mittlere u. Hauptteil des fast meridional verlaufenden untermeer. mittelozean. Rückens des Ind. Ozeans, schließt im N mit einer Verwerfung an den Arabisch-Ind. Rücken an, südl. der Insel Neuamsterdam setzt er sich im Ind.-Antarkt. Rücken fort.

Zentralindisches Becken, ausgedehntes Meeresbecken im zentralen nördl. Ind. Ozean, der westl. Teil der Ostind. Mulde, bis 6090 m tief, im nördl. Teil die Afanasia-Nikitina-Kuppe.

Zentralinstitut für Erziehung und Unterricht, früher in Berlin bestehende zentrale Institution auf dem Gebiet des Schul- u. Erziehungswesens, 1915 von Ludwig *Pallat* gegr. u. bis 1938 von ihm geleitet. Aufgaben waren: Lehrerfortbildung, Prüfung u. Sammlung von Lehrmitteln, Ausstellungen u.

Auskunftserteilung über in- u. ausländ. Erziehungswesen. Nach dem 2. Weltkrieg wurde die Tradition des Z. f. E. u. U. 1947 unter F. *Hilker* in Wiesbaden gegr. Pädagogischen Arbeitsstelle, ferner von der Hauptstelle für Erziehungs- u. Schulwesen in Berlin-Schöneberg weitergeführt, heute durch das 1965 gegr. *Pädagogische Zentrum,* Berlin, u. das *Institut für Bildungsforschung der Max-Planck-Gesellschaft,* Berlin.

Zentralismus, das in der Verwaltung, aber auch in der Politik u. Wirtschaft vorhandene Bestreben, die Entscheidungsbefugnisse in einer Hand zu konzentrieren (Grund: „Erhaltung der Schlagkraft der Verwaltung", praktisch vielfach: Verstärkung der Machtstellung). Gegensatz: *Dezentralismus,* insbes. auf der Grundlage, daß bestimmte Arten von Entscheidungen besser aus der unmittelbaren Verwaltungsnähe (auch „Bürgernähe" genannt) getroffen werden. Ein Mindestmaß an Z. benötigt der moderne Staat, doch kann dieses Prinzip auch übertrieben werden u. wirkt sich dann in einer Wirklichkeitsfremdheit der Regelungen aus. In der preuß. Verwaltung wurde in dem System der Mittelinstanzen (Provinz, Regierungsbezirk, Landrat sowie Provinzial- u. Kreisselbstverwaltung) ein Ausgleich gesucht.

Im Staatsrecht bedeutet Z. →Unitarismus, jedenfalls Ablehnung des →Föderalismus, vielfach auch das Streben nach Beseitigung der kommunalen oder sonstigen Selbstverwaltung zugunsten der rein staatl. Verwaltung.

Zentralkapsel, pseudochitinige, durchbrochene Innenkapsel der *Radiolarien,* die den Innenkörper mit den Kernen vom Außenkörper trennt.

Zentralkassen, regionale Spitzeninstitute der →ländlichen Kreditgenossenschaften u. der →gewerblichen Kreditgenossenschaften; →Zentralgenossenschaften des genossenschaftl. Bankwesens, die selbst wiederum in der *Deutschen Genossenschaftsbank* ihr Spitzeninstitut haben.

Zentralkomitee, Abk. *ZK,* das in den kommunistischen Parteien nach dem Vorbild der Kommunistischen Partei der Sowjetunion (seit 1912) eingerichtete oberste Organ zwischen den Parteitagen, auf denen die Mitglieder des ZK gewählt werden. Das ZK wählt das *Politbüro* (zeitweilige Bez.: *Präsidium*), das *Sekretariat* u. die *Zentrale Parteikontrollkommission.* Die wirklichen polit. Machtzentren sind das Politbüro u. das Sekretariat.

Zentralkomitee der deutschen Katholiken, Zusammenschluß der kath. Laienorganisationen in Dtschld. zur Veranstaltung der Katholikentage. Mitglieder sind u. a. die Diözesen mit ihrer Laienarbeit, die bischöfl. Hauptstellen u. Hauptarbeitsstellen. – Gegründet 1868 in Bamberg als „Zentralkomitee der dt. Katholikentage", 1872 im Kulturkampf aufgelöst, wiedererrichtet 1898 als „Zentralkomitee der Katholiken Deutschlands", 1952 für die BRD in der jetzigen Form neu gegründet.

Zentralkörperchen, *Zentriol,* sich durch Selbstteilung vermehrende Zellorganelle der meisten Tiere u. einiger Pflanzen; markiert bei der →Kernteilung den Spindelpol.

Zentralkraft, eine Kraft, die stets nach demselben Punkt (Zentrum) hin gerichtet ist; z. B. die Kraft, die die Sonne auf die Planeten ausübt, oder die Kraft, mit der die Elektronen eines Atoms vom Atomkern angezogen werden. Ein Körper, auf den eine Z. wirkt, führt, wenn er nicht in Ruhe ist, eine

Zentralbau: St. Michael in Fulda, Blick in die Rotunde; 9. Jh. 1934–1937 restauriert

Zentralnachweisstelle

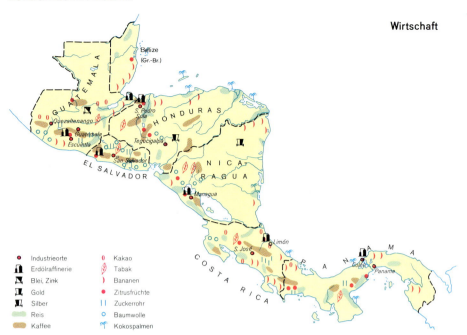

Wirtschaft

Indiomarkt in Chichicastenango (Guatemala)

ZENTRALAMERIKA

Arbeit im Tabakfeld (El Salvador)

Vulkan der Insel Ometepe im Nicaraguasee

Zentralbewegung aus. Er fällt aber nicht in das Kraftzentrum hinein, weil er durch die bei jeder krummlinigen Bewegung auftretende Zentrifugalkraft vom Kraftzentrum fortgezogen wird. Die nach innen u. nach außen ziehenden Kräfte heben sich bei period. Bewegungen im Mittel gerade auf; daher können z. B. die Planeten auf Ellipsenbahnen um die Sonne fliegen.
Zentralnachweisstelle, Abteilung des Bundesarchivs, Sitz: Kornelimünster bei Aachen; besitzt alle noch vorhandenen Personal- u. Kriegsgerichtsakten der früheren Wehrmachtsteile Heer u. Luftwaffe (für die Kriegsmarine →Deutsche Dienststelle [WASt]).
Zentralnervensystem →Nervensystem.
zentralnervöser Automatismus, ein innerer, Erregung produzierender Mechanismus im Zentralnervensystem, der bestimmte Verhaltensweisen verursacht. Durch Wechselwirkung zwischen den verschiedenen zentralnervösen Automatismen können koordinierte Bewegungen erfolgen, z. B. Schlängeln bei Aal u. Schlangen, Laufbewegungen bei Insekten, Flossenschlag der Fische. Zentrale Koordination u. Automatismus sind Kennzeichen der Instinktbewegung (→Erbkoordination). – ▯ 9.3.2.
Zentralnotenbank →Notenbank.
Zentralpazifische Mulde, mittlerer u. weitläufigster Teil des Pazif. Ozeans zwischen Westpazif. u. Ostpazif. Rücken.
Zentralpazifisches Becken, Tiefseebecken im zentralen Pazif. Ozean, wird begrenzt im N durch die mittelpazif. Kuppen, im O durch die Zentral-

polynes. Sporaden, im S durch die Tokelau- u. Gesellschaftsinseln, im W durch Marshall- u. Gilbertinseln. Die zahlreichen Kuppen reichen im S in den Phoenixinseln über den Meeresspiegel, im N bis nahe darunter (Wilderkuppe –5 m); größte Tiefe im Phoenixgraben; außerhalb des Grabens bis –6478 m (westl. der Phoenixinseln).
Zentralperspektive, Verfahren zur Darstellung von Raumgebilden in einer Ebene mit Hilfe der Zentralprojektion. Die Projektionsstrahlen bewirken eine Lageveränderung der Kanten des Raumgebildes zueinander. Parallele Kanten liegen im Bild auf Geraden, die sich in einem Punkt (*Fluchtpunkt*) schneiden; bei horizontalen Urbildern liegt der Fluchtpunkt auf der Fluchtgeraden, die in der Höhe des Auges liegt. →auch Perspektive.
Zentralplateau [-to:], *Zentralmassiv,* frz. *Plateau Central, Massif Central,* stark abgetragener Gebirgsblock im mittleren u. südl. Frankreich, umfaßt mit rd. 85000 qkm fast ein Sechstel der gesamten Bodenfläche des Landes. Das Z. ist aus Graniten, Gneisen u. kristallinen Schiefern aufgebaut; seine 500–1000 m hohen tertiären Rumpfflächen sind nach W u. N geneigt, während der steile Bruchrand im O u. SO in den →Cevennen bis über 1500 m Höhe über dem Rhônetal u. der Ebene von Languedoc aufsteigt. Kernlandschaft ist das Vulkangebiet der →Auvergne mit den höchsten Erhebungen (*Puy de Sancy* 1886 m, *Cantal* 1858 m). Das Klima ist im allgemeinen feucht u. kühl. Der Wald wurde sehr früh durch Brandrodung u. ausgedehnte Beweidung überwiegend zer-

stört; die Rücken u. Hänge sind darum mit weiten Grasländern u. Heideflächen bedeckt, die aber heute wieder aufgeforstet werden. Das Z. wird von Kastanienhainen gesäumt, seine unteren Hänge sind mit einem dichten Netz von baumreichen Hecken überzogen u. erinnern an die Bocagelandschaften Nordwestfrankreichs. Die Landwirtschaft hat sich beachtl. entwickelt; angebaut werden Roggen, Weizen, Rüben, Kartoffeln u. Futterpflanzen, daneben konnte das Grünland u. mit ihm die Rinderzucht ausgedehnt werden. Die Industrie ist vorwiegend auf die Kohlen-, Eisenerz- u. Kaolinlager gegründet u. konzentriert sich in den randl. Becken. Der Wasserreichtum der Flüsse wird zur Gewinnung von Elektrizität genutzt. Die zahlreichen Mineralquellen schufen die Grundlage für einen lebhaft entwickelten Fremdenverkehr. Das Bergland ist bis auf die Becken u. Täler dünn besiedelt, die Abwanderung der ländl. Bevölkerung hält an. – ▯ 6.4.7.
Zentralpolynesische Sporaden, *Äquatoriale Sporaden,* Inselgruppe in Ozeanien, über ein weites Seegebiet zwischen etwa 6° N u. 12° S verteilt, umfaßt die zur ehem. brit. *Gilbert and Ellice Island Colony* gehörenden Line Islands *Washington, Fanning* u. *Christmas,* ferner *Malden, Starbuck, Flint, Caroline* u. *Vostok* sowie US-amerikan. Inseln *Jarvis* u. *Palmyra.*
Zentralprojektion, die Abbildung eines Gegenstands auf eine Bildebene mittels Strahlen, die von einem Projektionszentrum ausgehen. Die Projektionsstrahlen sind Verbindungsgeraden zwischen Gegenstands- u. Bildpunkt. Projektionen paralle-

Zentralverwaltungswirtschaft

Landschaftliche Gliederung

- Atlantisches Küstentiefland
- Kalktafel von Yucatán
- Nordmittelamerikanisches Gebirgsland
- Mittelamerikanisches Vulkangebirgsland
- Nicaraguasenke
- Südmittelamerikanisches Gebirgsland
- Pazifisches Küstentiefland
- Senke von Comayagua
- Panamasenke
- --- Staatsgrenzen

Zentralamerika, *i. w. S.* die Landbrücke zwischen dem Isthmus von Tehuantepec u. der Atratosenke, *i. e. S.* die Staaten Guatemala, Honduras, El Salvador, Nicaragua, Costa Rica u. Panama sowie Belize (früher Brit.-Honduras; Z., Mexiko u. Westindien bilden zusammen Mittelamerika). Z. hat eine Fläche (ohne Mexiko) von 523 361 qkm u. 20 Mill. Ew., meist Mestizen, Indianer, Mulatten u. Neger neben rd. 10% Weißen. Die sozialen Verhältnisse sind teilweise sehr rückständig. Z. wird von den Kordilleren durchzogen, die (abgesehen von der Halbinsel Yucatán) wenig Platz für niedriges Land bieten. Die Wasserscheide liegt in der Nähe der pazif. Küste, zu der das Gebirge steil abfällt, während es sich nach NO langsam abdacht; zahlreiche, oft noch tätige Vulkane überhöhen das Gebirge (Tajumulco 4210 m, Fuego 3918 m). An der engsten Stelle, in der nur 60 km breiten Landenge von Panama, senkt sich das Bergland im Culebraabschnitt auf 100 m u. wird hier seit 1914 vom →Panamakanal durchquert. Hauptanbauprodukte sind neben Mais, Bohnen, Hirse u. Reis für den Bedarf der Einheimischen vorwiegend Kaffee, Kakao, Bananen, Zuckerrohr, Tabak- u. Kokospalmen; der Anbau von Baumwolle ist im Vordringen; die Wälder liefern Edelhölzer (Zedern-, Mahagoniholz); Rinderzucht wird in Honduras u. Costa Rica betrieben. – K S. 332. – L 6.8.0.

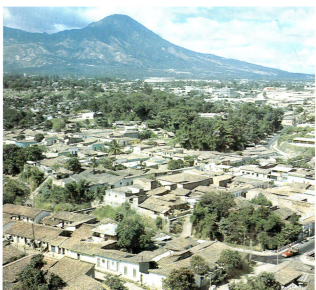

Altstadt von San Salvador mit Vulkan San Salvador (El Salvador)

Provinzhauptstadt Heredia in Costa Rica

Pedro-Miguel-Schleusen des Panamakanals

ler Geraden laufen durch den Fluchtpunkt (→Zentralperspektive); die Projektionen der zur Bildebene senkrechten Geraden gehen durch den *Hauptpunkt,* d. h. den Fußpunkt des Lots vom Projektionszentrum auf die Bildebene.

Zentralrat der Juden in Deutschland, Spitzenorganisation der Juden in der BRD, Sitz: Düsseldorf.

Zentralschmierung, eine Schmieranlage, die von einer Stelle aus Fett oder Öl an alle zu schmierenden Stellen drückt (z. B. im Kraftwagen).

Zentralstelle für das ausländische Bildungswesen, Sitz: Bonn, Einrichtung der *Ständigen Konferenz der Kultusminister* der Länder der BRD.

Zentralverordnungsblatt, Abk. *ZVOBl.,* seit 1947 Gesetz- u. Verordnungsblatt der dt. Zentralverwaltungen in der SBZ, ab März 1948 der *Dt. Wirtschaftskommission;* Vorläufer des *Gesetzblatts der DDR.*

Zentralverschluß, ein →Photoverschluß, der im allg. im Objektiv, zwischen den Linsen, angeordnet ist. Stahllamellen öffnen u. schließen sich sternförmig in der Mitte. Kurzzeiten werden durch Verstellen einer Federspannung (unter $1/30$ sek), Langzeiten (1 sek bis $1/15$ sek) durch Luftbremse (Compound) oder Vorlauf eines hemmenden Räderwerks bewirkt. Heutige Ausführungen haben X-, mitunter auch noch M-Blitzsynchronisation sowie einen Selbstauslöser. Für Zeitaufnahmen ist eine Einstellung B u. manchmal auch T vorhanden. →auch Belichtung.

Zentralverwaltungswirtschaft, im Gegensatz

Zentralwohlfahrtsstelle der Juden in Deutschland e.V.

zur *Marktwirtschaft* das Wirtschaftssystem, in dem die Wirtschaftsvorgänge durch eine oberste Wirtschaftsbehörde zentral geplant *(Planwirtschaft)* u. gelenkt werden. Diese allein entscheidet, was, wieviel, wo u. wie produziert wird u. wie die Verteilung des Sozialprodukts erfolgt. Formen der Z.: 1. *totale Z.*, 2. Z. mit freier Konsumwahl, 3. Z. mit freier Konsum-, Berufs- u. Arbeitsplatzwahl, 4. Z. mit freier Konsum- u. Berufswahl sowie freier Sparmöglichkeit. Dem Vorteil gegenüber der freien Marktwirtschaft, daß durch eine Z. Vollbeschäftigung u. Krisenfestigkeit gewährleistet werden kann, stehen Freiheitsbeschränkungen der Wirtschaftenden als Objekten der zentralen Planung u. U. auch Mängel im Hinblick auf das Ziel der Wohlstandsförderung gegenüber. Wegen der prakt. Schwierigkeiten zentraler Planung u. Lenkung wird neuerdings durch Einbau marktwirtschaftl. Elemente in die Z. eine Synthese von Markt u. Plan versucht. – ⌸ 4.4.3.

Zentralwohlfahrtsstelle der Juden in Deutschland e.V., Frankfurt a.M., gegr. 1951 als Nachfolgeorganisation der 1917–1933 bestehenden *Zentralwohlfahrtsstelle der dt. Juden e.V.*, Berlin; ist der Bundesarbeitsgemeinschaft der Freien Wohlfahrtspflege e.V. angeschlossen.

Zentralzylinder, von der Rinde abgesetzter innerer Teil der Wurzel u. des Stengels, der die Leitbündel enthält.

zentrieren [lat.], auf den Mittelpunkt (Mittelachse) einstellen, z.B. Linsen in einem Objektiv; in der Dreherei: von einem Werkstück den Mittelpunkt bestimmen u. durch Körner festlegen.

zentrifugal [lat.], vom Zentrum (Mittelpunkt) fliehend. Gegensatz: *zentripetal*, zum Mittelpunkt hinstrebend.

Zentrifugalkraft, *Fliehkraft,* die Kraft, die bei einer Rotationsbewegung einen bewegten Körper von einem Zentrum nach außen fortzuziehen versucht. Sie ist eine Trägheitskraft, d.h., sie entsteht erst, wenn der Körper durch eine andere Kraft *(Zentripetalkraft)* aus seiner geradlinigen Bewegung herausgezwungen wird, u. verschwindet mit dem Aufhören dieses Zwangs. Die Z. ist immer entgegengesetzt gleich der Zwangskraft. Ihre Größe ist gegeben durch $mr\omega^2$, dabei ist m die Masse des Körpers, r seine Entfernung vom Zentrum u. ω seine Winkelgeschwindigkeit. – In einer rotierenden Flüssigkeit ist danach die auf ein Flüssigkeitsteilchen wirkende Z. um so größer, je größer die Dichte der Flüssigkeit ist. Hierauf beruht die Wirkung der Zentrifugen. Im Z.regulator werden durch die Z. zwei Gewichte gehoben, die über eine Regulierstange die Umlaufgeschwindigkeit der Drehbewegung regeln.

Zentrifugalmoment, *Deviations-, Kreiselmoment,* ein auf einen drehenden Körper wirkendes Drehmoment, das versucht, die Richtung der momentanen Drehachse zu verändern. Es tritt nur dann nicht auf, wenn der Körper sich um eine Symmetrieachse (genauer eine Hauptträgheitsachse) dreht. Bei Maschinen heißt die Beseitigung eines Z.s →auswuchten.

Zentrifugalpumpe, *Kreiselpumpe* = Pumpe (2).

Zentrifuge [lat.], ein Gerät zum Trennen von Gemischen aus flüssigen, festen u. gasförmigen Bestandteilen mit Hilfe der Fliehkraft (Zentrifugalkraft). Hauptbestandteil ist meist ein zylindrisches Gefäß, das durch einen Elektromotor in rasche Umdrehung versetzt wird. Zum Trennen von flüssigen u. festen Stoffen dienen *Trommel-Z.n* mit einer siebartigen Lochung der Trommel, durch die

Zentralamerika und Westindien

die Flüssigkeit herausgeschleudert wird (Wäscheschleuder, Saft-Z.), manchmal auch mit Filtereinlage (*Filter-Z.*). Teller-Z.n trennen Flüssigkeiten unterschiedlicher Dichte durch mehrere übereinander angebrachte konische Schleuderbleche (Teller), auf die das Flüssigkeitsgemisch geleitet wird (z.B. Milch, Blut). *Flaschen-Z.n* werden in Labors verwendet. Bei ihnen befindet sich das Trenngut in mehreren flaschenartigen Behältern, die um eine senkrechte Welle rotieren. →auch Ultrazentrifuge.

Zentriol [das; lat. + grch.], →Zentralkörperchen.
Zentripetalkraft [lat.] →Zentrifugalkraft.
Zentriwinkel [lat.] →Kreis.
Zentromer [das; lat. + grch.], *Kinetochor*, Ansatzstelle der Kernspindel am Chromosom bei der →Kernteilung.
Zentrosom [das; lat. + grch.], Strahlenfigur bei der →Kernteilung, besteht aus einem →Zentralkörperchen u. sternförmig ausstrahlenden Fasern.
Zentrum [das, Mz. *Zentren*; lat.], **1.** *allg.*: Mitte, Mittelpunkt; Innenstadt.
2. *Geometrie:* Mittelpunkt einer zentrisch-symmetr. Figur (Kurve).

Zentrumspartei, kath. Partei im Kaiserreich 1871–1918 u. der Weimarer Republik 1919 bis 1933. Anfänge kath. Gruppenbildung reichen in die Frühzeit der Landtage in Süd-Dtschld. zurück (Hessen, Bayern u. Baden). In der Versammlung in der Paulskirche 1848/49 konstituierte sich bei Grundrechtsberatungen ein Kath. Klub (Vors.: J. M. von *Radowitz*; außerdem August *Reichensperger*, I. von *Döllinger* u. W. E. Frhr. von *Ketteler*). 1852 bildete sich eine kath. Fraktion im preuß. Landtag; sie nannte sich 1859 Fraktion des Zentrums (nach der Sitzordnung in der Paulskirche). Sie wurde in den Verfassungskämpfen allmähl. zerrieben u. verschwand bei den Wahlen von 1866 völlig.
Aufgrund eines Aufrufs von Peter *Reichensperger* (*1810, †1892) wurde die Z. vor den Wahlen zum preuß. Abgeordnetenhaus von 1870 neu gegr. Bei den Wahlen zum ersten Reichstag erhielt sie 57 Sitze u. wurde zweitstärkste Fraktion. Sie legte Wert auf den Zusatz „Verfassungspartei". Unter der Führung L. *Windthorsts* wandte sich die Z. scharf gegen den Kulturkampf, unterstützte aber seit 1878 gemeinsam mit den Konservativen Bismarcks Wirtschafts- u. Sozialpolitik. Die Z. war 1881–1912 u. 1916–1918 stärkste Fraktion im Reichstag.
Nach dem Tod Windthorsts wurde E. *Lieber*, ein großdeutscher Demokrat, Nachfolger im Parteivorsitz. Einflußreich auf die Politik der Z. wurde die Gründung des „Volksvereins für das kath. Deutschland" u. später die Gründung der interkonfessionellen Christl. Gewerkschaften (1899). Nach 1900 gab es starke Bestrebungen innerhalb der Z., aus dem „kath. Turm" auszubrechen. 1909 wurde der interkonfessionelle Charakter der Z. offiziell festgelegt. Trotzdem blieb sie ohne Resonanz bei der ev. Bevölkerung. Die Z. war unter den Kanzlern *Hohenlohe* u. *Bülow* bis 1906 praktisch Regierungspartei. Sie stellte zwei Reichstagspräsidenten seit 1895 u. wirkte u.a. bei der Abfassung des BGB mit. In Preußen bestand in kulturpolit. Fragen eine enge Verbindung zwischen der Z. u. den Konservativen. Während des 1. Weltkriegs war die Haltung der Z. zu Annexionsplänen sehr schwankend. 1917 stimmte sie mit SPD u. Fortschrittspartei für die Friedensresolution, die einen Frieden ohne Annexionen u. Kontributionen (Reparationen) forderte.
1918/19 stellte sich die Z. auf den Boden der Weimarer Republik. Sie war bis 1932 an allen Reichsregierungen beteiligt. Die ihr angehörenden Kanzler waren K. *Fehrenbach*, W. *Marx*, J. *Wirth* u. H. *Brüning*. Bei den Reichstagswahlen hatte sie bis zuletzt einen Stimmenanteil von durchschnittl. 13–15%. 1920–1932 bildete die Z. mit geringfügiger Unterbrechung in Preußen eine Koalition mit SPD u. DDP. Die Z. besaß in der Weimarer Zeit einen konservativen Flügel (*Marx*, *Brüning* u. der letzte Vors., Prälat L. *Kaas*), einen linksdemokrat. Flügel (*Wirth*, M. *Erzberger*) u. einen gewerkschaftl. Flügel (A. *Stegerwald*, J. *Joos*). 1933 wurde die Partei zur Selbstauflösung gezwungen.
Nach dem 2. Weltkrieg bildete sich neben der CDU als zweite christl. Partei in Nordrhein-Westfalen u. Niedersachsen die Deutsche Z. Sie hatte im 1. Bundestag zehn u. im 2. Bundestag drei Sitze; bis 1958 war sie im nordrhein-westfäl. Landtag vertreten u. an der Landesregierung beteiligt. Heute ist diese Z. der BRD eine unbedeutende Splitterpartei. – ⌑ 5.8.5.

Zenturie [-riə; lat., „Hundertschaft"], dem röm. König *Servius Tullius* zugeschriebene militär. u. polit. Einteilung der röm. Bürgerschaft; bildete die Grundlage für Volksabstimmungen u. zur militär. Aushebung. Im Heer war die Z. die kleinste Einheit (rd. 100 Mann), mit einem *Centurio* an der Spitze; die Legion bestand aus 60 Z.n.

Zenzi, Kurzform von →Kreszentia.

Zeolithe [Ez. der *Zeolith*; grch.], Gruppe von Mineralen, kristallisierte Silicate mit wechselndem Wassergehalt, der beim Erhitzen ohne Störung des Kristallgitterbaus abgegeben (u. auch wieder aufgenommen) wird. Techn. bedeutsam ist das Vermögen der Z., Metallionenanteile gegen einen anderen aus einer zugeführten Salzlösung auszutauschen, z.B. Natrium- gegen Calciumionen (Trinkwasserenthärtung).

Zepernick, Gemeinde im Krs. Bernau, Bez. Frankfurt, nordöstl. von Berlin, 9200 Ew.

zephalo... →kephalo...

Zephanja, *Sophonias,* einer der kleinen Propheten des A.T. am Ende des 7. Jh. v.Chr.; auf ihn geht das bibl. Buch Z. zurück.

Zephir [der; grch.], *Zephyr,* **1.** *Meteorologie:* ursprüngl. ein feuchtwarmer Westwind im Mittelmeerraum, jetzt allg. jeder warme sanfte Wind.
2. *Textiltechnik:* leichtes Baumwollgewebe aus feinfädigen Garnen, meist in Leinwandbindung, das für Oberhemden u. Blusen verwendet wird. *Z.flanell* ist beidseitig gerauht; *Z.garn (Z.wolle)* ist ein weich gedrehtes Kammgarn aus Merinowolle. →Reißwolle.

Zephyrinus, Papst 198/199–217, Heiliger, Römer; spielte in der Frage des Monarchianismus eine Rolle; sein Martyrium ist nicht nachgewiesen.

Zephyros, in der griech. Mythologie Gott des milden Westwinds, Sohn der Eos, Vater der Rosse des Achilles.

Zeppelin, Ferdinand Graf von, Erfinder, *8.7. 1838 Konstanz, †8.3. 1917 Berlin; schied 1891 aus dem Offiziersdienst aus, vollendete (mit Th. Kober) 1895 die erste Konstruktion eines Starrluftschiffs. Nach Schwierigkeiten u. Rückschlägen wurde 1908 durch die „Nationalspende" von 6 Mill. Mark die Gründung der „Luftschiffbau-Zeppelin GmbH" ermöglicht, die die Idee von Z. verwirklichte. →auch Luftschiff. – ⌑ 10.9.3.

Zeppelinpost, philatelist. Spezialgebiet für Belege von Zeppelinflügen.

Zepter [das; grch.], *Szepter,* Sinnbild der Herrschergewalt; Herrscherstab, Bestandteil der Krönungsinsignien.

zer... →zero...

Zer = Cer.

Zerberus, *Cerberus, Kerberos,* in der griech. Sage der Wachhund am Tor zur Unterwelt, mit meist drei Köpfen; wedelt jeden Kommenden an, läßt aber keinen Toten wieder heraus.

Zerbst, Kreisstadt im Bez. Magdeburg, nordwestl. von Dessau, 19 500 Ew.; mittelalterl. Stadtbild (Nikolaikirche, Rathaus), Schloß (17./18. Jh.); Spargelanbau; Maschinen- u. Bekleidungsindustrie, Brauerei. 1603–1797 Residenz von Anhalt-Z. – Krs. Z.: 707 qkm, 43 700 Ew.

Zerealien [lat.; nach *Ceres*], *Cerealien,* die der menschl. u. tier. Ernährung dienenden Feldfrüchte. →Getreide, →Nutzpflanzen.

zerebral [lat.], zum Gehirn gehörig.

Zerebrallaute, *Kakuminale,* Laute (Konsonanten), die durch Berührung der zurückgebogenen Zungenspitze mit dem harten Gaumen gebildet werden, z.B. das amerikan. r.

Zerebroside = Cerebroside.

Zerebrospinalflüssigkeit, *Gehirn-Rückenmark-Flüssigkeit, Liquor cerebrospinalis,* Flüssigkeit im Gehirn u. Rückenmark der Wirbeltiere von klarer, nur wenig Eiweiß u. Zucker enthaltender wässeriger Beschaffenheit zum mechan. Schutz des Gehirns u. Rückenmarks; es wird durch *Punktion* gewonnen zur Diagnose vieler Krankheiten.

Zerebrum [das; lat.] →Gehirn.

Zeresin = Ceresin.

Zeretheli, Akaki, georg. Dichter, *21.6. 1840 Schwitori, †8.2. 1915 Schwitori; bedeutend als Lyriker, Dramatiker u. Epiker.

Zerevis [das; lat. *cerevisia,* „Bier"], das schirmlose Käppchen der farbentragenden Verbindungsstudenten.

Zerfallskonstante, die Größe, die die Geschwindigkeit des radioaktiven Zerfalls einer Substanz kennzeichnet; die Wahrscheinlichkeit dafür, daß ein Atomkern in der betreffenden Sekunde zerfällt. Der reziproke Wert der Z. heißt →Lebensdauer. →auch Radioaktivität.

Zerfallsreihe, bei radioaktiven Zerfällen über mehrere Stufen die Folge der Atomkerne, die vom Anfangskern bis zum stabilen Endprodukt durchlaufen wird. →auch Radioaktivität.

Zerhacker, nach Art eines →Wagnerschen Hammers arbeitendes Gerät; wird benutzt, um einen Gleichstrom in period. Stromimpulse umzuwandeln, die dann meist auf eine höhere Spannung transformiert werden können.

Zerimetrie [-riə] = Cerimetrie.

Zerkarie [-riə] = Cercarie.

Zerkaulen, Heinrich, Schriftsteller, *2.3. 1892 Bonn, †13.2. 1954 Hofgeismar; volkstüml. rheinischer Erzähler („Die Spitzweg-Gasse" 1918; „Musik auf dem Rhein" [Beethovenroman] 1930), auch Bühnenstücke („Der Sprung aus dem Alltag" 1935) u. Lyrik („Lieder vom Rhein" 1923).

Zerkleinerungsmaschinen, Maschinen, die Rohstoffe (z.B. Erze, Kohlen, Steine) bis zu einer bestimmten Größe zerkleinern, z.B. der *Hammerbrecher,* bei dem das Gut in einer rotierenden Trommel von „Stahlhämmern" zerschlagen wird, ebenso (bei feineren Stückgrößen) die *Hammer-*

mühle. Weitere Z.: Backenbrecher, Kreiselbrecher, Kugelmühle, Rohrmühle.
Zerklüftung, Spalten- u. Rißbildung im Gestein.
Zermatt, Luftkur-, Wintersportort im schweizer. Kanton Wallis, an der Matter Visp (linker Zufluß der Rhône), 1616 m ü. M., 4500 Ew.; am Fuß des *Matterhorns*; Zahnradbahn zum Riffelberg u. Gornergrat u. Schwebebahn zum Stockhorn.
Zermatten, Maurice, schweizer. Schriftsteller, *22. 10. 1910 Saint Martin bei Sitten, Wallis; seit 1967 Präs. des schweizer. Schriftstellervereins; schrieb Romane in französ. Sprache, meist im bäuerl. Milieu spielend („Denn sie wissen nicht, was sie tun" 1958, dt. 1959).
Zermelo, Ernst, Mathematiker, *27. 7. 1871 Berlin, †21. 5. 1953 Freiburg i. Br.; stellte 1908 das erste Axiomensystem für die Cantorsche Mengenlehre auf; arbeitete über Variationsrechnung, Mengenlehre u. statist. Mechanik.
Zer-Metall, *Zer-Mischmetall* →Cer.
Zernatto, Guido, österr. Lyriker, *21. 7. 1903 Treffen bei Villach, Kärnten, †8. 2. 1943 New York; war unter K. Schuschnigg österr. Minister, emigrierte 1938. Naturnahe Gedichte: „Gelobt sei alle Kreatur" 1930; „Die Sonnenuhr" 1933.
Zernike ['zεr-], Frits, niederländ. Physiker, *16. 7. 1888 Amsterdam, †10. 3. 1966 Amersfoort; entwickelte ein *Phasenkontrastmikroskop*, das z. B. das Studium lebender Zellen ermöglicht, ohne daß diese durch chem. Färbung angegriffen oder getötet werden. Nobelpreis für Physik 1953.
Żeromski [ʒε-], Stefan, poln. Erzähler u. Dramatiker, *1. 11. 1864 Strawczyna bei Kielce, †20. 11. 1925 Warschau; schilderte die sozialen Probleme des Bauerntums u. kritisierte den bürgerl. Humanismus. Romane: „Die Heimatlosen" 1900, dt. 1954; „Zu Schutt u. Asche" 1904, dt. 1904.
Zeroplastik = Wachsbildnerei.
Zerreißmaschine, eine Werkstoffprüfmaschine, in der der Prüfkörper durch Zugkräfte meist bis zum Bruch belastet wird. →Zugfestigkeit.
Zerrung, 1. *Geologie:* eine Störung durch horizontale, auseinandergerichtete, geotektonische Kräfte, durch die eine Ausweitung eines Erdkrustenteils erfolgt; dabei entstehen hauptsächl. Flexuren, Verwerfungen u. Klüfte.
2. *Medizin:* →Sehnenzerrung.
Zersetzung, Zerfall chem. Verbindungen in Bestandteile niederen Molekulargewichts.
Zersetzungsspannung, diejenige elektr. Spannung, bei der der Stromfluß in einer bestimmten Elektrolytlösung merklich einsetzt u. die Elektrolyse in Gang kommt.
Zersiedlung, planlose Streuung von Gebäuden und Wohngebieten (auch Freizeitwohngebieten, Wohnwagenstellplätze) in der freien Landschaft; wirkt sich für die Landschaft negativ aus.
Zerspanung, spangebende Bearbeitung von Werkstücken aus Metall, Holz u. Kunststoffen mit Hilfe von Werkzeugmaschinen wie Bohrmaschine, Drehbank, Gewindeschneid-, Hobel-, Fräs-, Rundschleif-, Blechricht-, Stoßmaschine, Kreis-Kaltsäge u. Lochstanze. Aus wirtschaftl. Gründen sucht man heute vor allem bei großen Stückzahlen zur →spanlosen Formung überzugehen.
Zerstäuber, Verteiler von Flüssigkeiten oder Staub in feinster Form mittels Zentrifugenschleuder, Pralldüse (Aufschlag), Druckluft oder Dampfdruck, z. B. Ölbrenner.
Zerstörer →Torpedoboot.
Zerstrahlung, Umwandlung von Materie in elektromagnet. Strahlungsenergie, z. B. eines Elektron-Positron-Paars in Gammaquanten.
Zerstreuungsspiegel, *Konvexspiegel*, nach außen gewölbter Spiegel, der einfallende parallele Lichtstrahlen durch Reflexion in auseinanderlaufende Lichtstrahlen überführt; erzeugt immer verkleinerte virtuelle Bilder.
Zertifikat [das; lat.], **1.** *allg.:* amtliches Ursprungszeugnis, Beglaubigung, Bescheinigung; auch Schuldschein.
2. *Finanzierung:* = Investmentzertifikat.
3. *Handelsrecht: Schiffs-Z.*, eine Bescheinigung über die Eintragung eines Schiffs in das →Schiffsregister, weist beim Seeschiff das Recht zur Führung der Schiffsflagge nach, beim Binnenschiff gibt es den vollen Inhalt der Registereintragung wieder.
Zervelatwurst [ital.], *Servelatwurst*, eine Dauerwurst aus feingehacktem Schweine- u. Rindfleisch mit Speck.
Zerzer, Julius, österr. Lyriker u. Erzähler, *5. 1. 1889 Mureck, Steiermark, †29. 10. 1971 Linz; natur- u. heimatverbundene Lyrik, histor. Roman: „Der Kronenerbe" 1953.
Zesarewitsch →Zar.
Zesen, Philipp von, Barockdichter, *8. 10. 1619 Priorau bei Dessau, †13. 11. 1689 Hamburg; gründete dort 1642 als Anhänger von M. *Opitz* u. als Sprachreiniger u. Ästhetiker (Poetik: „Hochdeutscher Helicon oder Grundrichtige Anleitung zur hochdt. Dicht- u. Reimkunst" 1641) die „Teutschgesinnte Genossenschaft"; schrieb außer stimmungsvoller Lyrik heroisch-galante Romane (Verbindung von Liebes- u. Staatsroman): „Adriatische Rosemund" 1645 (autobiograph.); „Assenat" 1670; „Simson" 1679.
Zession [die; lat.] →Forderungsübergang.
Zessionar [lat.], der neue Gläubiger bei der →Abtretung einer Forderung.
Zeta, ζ, Z, 6. Buchstabe des griech. Alphabets.
Zetagerät [Kurzwort aus engl. *Zero Energy Thermonuclear Assembly*], Versuchsgerät zur Erzeugung von Kernverschmelzungen; in einem Toroid aus Aluminiumblech wird Deuterium durch Stromstöße (bis zu 200000 A) aufgeheizt. Die Einschließung des Plasmas erfolgt aufgrund des →Pincheffekts. →auch Kernfusion.
Zetel, niedersächs. Gemeinde (Ldkrs. Friesland), südwestl. von Wilhelmshaven, 10300 Ew.; Holzschuhherstellung, Ziegelei; in der Nähe Naturschutzgebiet „Neuenburger Urwald".
Zetkin, Clara, Politikerin, *5. 7. 1857 Wiederau, Sachsen, †20. 6. 1933 Archangelskoje bei Moskau; führend in der sozialist. Frauenbewegung vor dem 1. Weltkrieg, leitete 1892–1917 die SPD-Frauenzeitschrift „Die Gleichheit", trat 1919 der KPD bei u. gehörte bis 1929 meist ihrer Führung an; 1921–1933 Mitgl. des Exekutivkomitees der Komintern; 1920–1933 MdR.
Zettelbank →Notenbank.
Zettelkatalog, aus Karteikarten bestehendes Verzeichnis der Bestände einer Bibliothek; ersetzt die früheren *Bandkataloge*. Im Z. können beliebig neue Karten eingeordnet bzw. alte ausgeschieden werden.
zetteln, *Weberei:* einen Teil der Gesamtkettfadenzahl in voller Warenbreite auf einen *Zettelbaum* aufwickeln, wobei die Kettfadendichte geringer ist als in der Ware. Beim Schlichtprozeß werden mehrere Zettelbäume zu einem *Kettbaum* vereinigt. →auch schären.
Zetterström ['sεtər-], Hasse (Hans Harald), schwed. Erzähler, *23. 5. 1877 Stockholm, †1. 6. 1946 Stockholm; zahlreiche humorist. Bücher.
Zettler, Franz Xaver, Maler, *21. 8. 1841 München, †27. 3. 1916 München; gründete 1871 in München eine Glasmalereiwerkstatt, die spätere Königl. Hofglasmalerei, schuf Farbglasfenster für Kirchen in europ. Ländern u. den USA.
Zeug, Gewebe, Stoff; Jagdgerät; im Buchdruck Schriftmetall; militärisch i. e. S. Artilleriegerät, i. w. S. alles Kriegsgerät.
Zeugdruck, *Textildruck*, das Bedrucken von Textilien mit farbigen Mustern. Im allg. werden fertige Gewebe bedruckt, gelegentl. auch Garne vor der Weiterverarbeitung. Die älteste Art des Z.s ist der *Hand-* oder *Tafeldruck*. Das Muster wird in einen Holzblock eingeschnitten u. von Hand aufgedruckt. Heute erfolgt der Druck im allg. maschinell im Tief-, Sieb- oder Hochdruckverfahren mit bis zu 16 Farben. Eine weitere Art des Z.s ist der *Weißätzdruck*. Hierbei zerstört die aufgedruckte Ätzfarbe die Farbstoffe in dem vorher gebleichten u. gefärbten Gewebe, so daß weiße Muster auf farbigem Grund entstehen. Nach dem gleichen Verfahren lassen sich auch bunte Drucke herstellen. Dabei werden die Farbstoffe im Gewebe nicht zerstört, sondern schlagen durch das Bedrucken mit bestimmten Chemikalien in einen anderen Farbton um, z. B. Rot in Blau *(Buntätzdruck, Konversionsdruck)*. Ein Verfahren des Z.s ist der *Reservedruck*. Das Gewebe wird vor dem Färben bedruckt u. nimmt im Farbbad an den bedruckten Stellen keine Farbe an, so daß weiße Muster auf farbigem Grund entstehen. – 🕮 10.3.3.
Zeuge, eine Person, die tatsächl. Vorgänge wahrgenommen hat (im Unterschied zum →Sachverständigen) u. darüber im Prozeß aussagt (→Vernehmung), um so dem Gericht den →Beweis zu ermöglichen. Z.n sind auch Personen, die bei bestimmten Rechtsvorgängen zur Kontrolle zugezogen werden müssen (z. B. bei bestimmten Testamenten u. Pfändungen; *Urkunds-Z.* oder *Solennitäts-Z.*). Jedermann ist verpflichtet, im Prozeß als Z. auszusagen *(Zeugnispflicht)*, soweit ihm nicht ein *Zeugnisverweigerungsrecht* zusteht. Die Verletzung dieser Pflicht kann durch →Ordnungsstrafen geahndet, ihre Erfüllung durch →Zwangsmittel erzwungen werden. Die *Falschaussage* vor Gericht ist strafbar (→Eidesdelikte). Der Z. hat seine Aussage in der Regel zu beeidigen. Von der *Vereidigung* kann oder muß aber in bestimmten Fällen abgesehen werden, z. B. bei mangelnder Verstandesreife, bei fehlender →Eidesfähigkeit, im Strafprozeß bei Tat- oder Teilnahmeverdacht oder beim durch die Tat Verletzten.
Zeugenberge, *Auslieger*, in wechselnder Entfernung vom Rand eines Tafel- oder Schichtstufenlands auftretende Einzelberge, Reste der ehem. Schichtstufe, die beim Zurückweichen der Stufe stehengeblieben sind, z. B. Hesselberg (Fränk. Alb) u. Hohenstaufen (Schwäb. Alb).
Zeugen Jehovas, *Jehovas Zeugen*, früher *Ernste Bibelforscher*, seit 1953 auch *Neue-Welt-Gesellschaft*, 1878/79 von dem Kaufmann Charles Taze *Russell* (*1852, †1916) in Pittsburgh (USA) gegr. apokalyptische Sekte, die aufgrund von Russells Berechnungen für 1914 den Anbruch des 1000jährigen Reichs erwartete. Als dies ausblieb u. eine Krise eintrat, wurde die Sekte durch Joseph Franklin *Rutherford* (*1869, †1942), seit 1917 Präs., lehrmäßig u. organisatorisch grundlegend verändert. Er gab ihr eine „theokratische Organisation" unter autoritärer Führung u. verpflichtete alle Mitglieder zum „Felddienst" als „Verkündiger" oder „Pioniere".
Die Leitung beansprucht für alle Anordnungen die Autorität Gottes u. macht das zukünftige Heil der Z. J. von ihrem blinden Gehorsam abhängig, bes. von ihrer propagandist. Aktivität. Die 1914 begonnene „Zeit des Endes" soll ihren Abschluß mit der Schlacht von Harmageddon finden, in der Christus alle Menschen außer den Z. J. vernichtet. Dann errichtet er mit ihnen die „Neue Welt", in der die wiedererweckten Toten ewiges Glück auf der paradiesisch erneuerten Erde gewinnen können. Kirchl. Lehren wie Dreieinigkeit, ewige Verdammnis, Unsterblichkeit der Seele werden verworfen, Taufe u. Abendmahl umgedeutet. Die Z. J. lehnen Staaten u. christl. Kirchen ab u. verweigern Militärdienst u. Wahlbeteiligung. Bes. in diktatorisch regierten Ländern sind sie Verfolgungen ausgesetzt. Durch ihre Aktivität verbreitete sich die Sekte über die ganze Welt. Sie ist zusammengeschlossen in der Körperschaft „Watch Tower Bible and Tract Society" in Pittsburgh u. Brooklyn (USA); dt. Zweigbüro in Wiesbaden. Ztschr.: „Der Wachtturm", „Erwachet!". – 🕮 1.8.9.
Zeughaus, Gebäude zur Aufbewahrung u. Instandsetzung von Kriegsgerät; heute oft als Museum. →Arsenal.
Zeugit [grch.], im alten Athen der freie Ackerbürger. Seit *Solon* waren die Z.en die 3. Klasse, die zwischen den Rittern u. der niedrigsten Klasse, den Theten, standen; ihnen standen bis auf die höchsten alle Ämter offen; sie bildeten im Heer die Phalanx.
Zeugma [das; grch.], die Verbindung eines Prädikats mit mehreren gleichgeordneten Objekten, von denen aber nicht alle sinnmäßig dazu passen, z. B.: „Er nahm Hut, Stock, Revolver, Abschied u. sich das Leben." Die grammat. Zuordnung ist zwar richtig, aber die Zuordnung der Begriffe ist falsch (umgekehrt wie bei der *Syllepsis*).
Zeugmeister, früher für die Aufbewahrung u. Instandhaltung von Kriegsgerät verantwortl. Soldat.
Zeugnis, 1. *allg.:* Bescheinigung einer Tatsache oder Leistung einschl. ihrer Bewertung.
2. *Arbeitsrecht:* Bescheinigung des Arbeitgebers an den Arbeitnehmer über Art u. Dauer des Arbeitsverhältnisses, auf Verlangen auch über Leistung u. Führung (§ 630 BGB, § 73 HGB, § 113 GewO). Das Z. kann erst bei oder nach Beendigung des Arbeitsverhältnisses verlangt werden, nach Kündigung u. U. ein *Zwischen-Z.* Das Z. muß richtig sein, Klage auf Berichtigung ist möglich; bei schuldhaft unrichtigem Z. Haftung gegenüber dem Arbeitnehmer, bei vorsätzlich wahrheitswidrigem, zu günstigem Z. auch dem späteren Arbeitgeber gegenüber. – Ebenso in Österreich (§ 1163 ABGB; § 104 GewO u. a. arbeitsrechtl. Sondergesetze). In der Schweiz kann der Arbeitnehmer jederzeit ein Zeugnis verlangen, das sich auf Angaben über Art u. Dauer des Arbeitsverhältnisses beschränken muß, wenn der Arbeitnehmer dies ausdrücklich wünscht (Art. 330a OR).
3. *Schulwesen: Schul-Z.*, gibt Schülern u. Eltern zweimal jährlich Aufschluß über die Leistungen des vergangenen Halbjahrs, auch als *Abschluß-Z.* erteilt. Für die Beurteilung stehen 6 Noten zur Verfügung: sehr gut (1), gut (2), befriedigend (3), ausreichend (4), mangelhaft (5), ungenügend (6).

Betragen, Fleiß u. Ordnungssinn werden häufig in von diesem Schema abweichender Form beurteilt.

Zeugnisverweigerungsrecht, 1. *allg.:* das Recht eines →Zeugen, im Prozeß die Aussage zu verweigern. Ein Z. haben allg. Ehegatten (auch geschiedene), Verlobte, nahe Verwandte u. Verschwägerte des Prozeßbeteiligten. Hinsichtl. einzelner Fragen besteht ein Z., wenn ihre Beantwortung für den Zeugen oder einen seiner Angehörigen die Gefahr strafgerichtl. Verfolgung mit sich bringt, im Zivilprozeß auch, wenn sie diesen Personen zur Unehre gereicht oder einen unmittelbaren Vermögensnachteil verursachen würde; ferner z.B. im Rahmen eines →Amtsgeheimnisses oder →Berufsgeheimnisses; im Strafprozeß unter gewissen Voraussetzungen auch für Parlamentsmitglieder.

2. *Presserecht:* früher meist mit *Redaktionsgeheimnis* umschriebenes Auskunftsverweigerungsrecht der Presse u. des Rundfunks (einschl. Fernsehen) über ihre Nachrichtenquellen u. (oder) Gewährsleute, insbes. Behörden gegenüber. Das zivilrechtl. Z. der Presse ist stark erweitert u. in allen Landespressegesetzen der BRD verankert worden. Daneben gilt auch § 53 Abs. 1 Nr. 5 StPO weiter, wonach jeder, der bei der Herstellung, Veröffentlichung oder Verbreitung eines periodischen Druckwerks mitgewirkt hat, über die Person des Verfassers, Einsenders oder Gewährsmanns von Beiträgen u. Unterlagen sowie über die ihm anvertrauten Tatsachen, Vermutungen u. Meinungen das Zeugnis verweigern darf. Eine bundeseinheitl. Präzisierung des Z.s ist durch das Bundesgesetz vom 25. 7. 1975 erfolgt. – 🄻4.3.1.

Zeulenroda, Kreisstadt im Bez. Gera, im Vogtland, 13600 Ew.; Metall-, Maschinen-, Textil- u. Gummiindustrie. – Krs. Z.: 263 qkm, 42000 Ew.

Zeuner, Gustav Anton, Ingenieur, *30. 11. 1828 Chemnitz, †17. 10. 1907 Dresden; bedeutender Forscher der Mechanik u. Wärmelehre.

Zeus, der höchste Gott der Griechen, Sohn des Kronos u. der Rhea, Gatte der Hera; sein Sitz war der Olymp; ursprüngl. Himmelsgott, der Tag u. Nacht, Regen u. Schnee, Blitz u. Donner sendet, später Herr u. Vater von Göttern u. Menschen, auch Gott der Weissagekunst, der sittl. Ordnung, der Familie u. der Fremden; bekannteste Kultstätten in Olympia u. Dodona. Dem Z. entspricht der röm. Gott →Jupiter. – 🄱→griechische Religion.

Zeuss, Johann Kaspar, Altertumsforscher u. Keltologe, *22. 7. 1806 Vogtendorf, Oberfranken, †10. 11. 1856 Vogtendorf; Begründer der kelt. Philologie.

Zeven, niedersächs. Stadt (Ldkrs. Rotenburg/Wümme), nordöstl. von Bremen, 10200 Ew.; Gummi-, Maschinen-, Nahrungsmittelindustrie.

Zevenaar ['ze:vəna:r], Stadt in der niederländ. Prov. Gelderland, an einem alten Rheinarm, 20400 Ew., Kirche aus dem 14. Jh., Grenzort nahe der dt. Grenze bei Elten; Landwirtschaft; Handel; Butter- u. Käsefabrik. – 1487 Stadt.

Zevenwouden ['ze:vənvaudə], Moorlandschaft im S der niederländ. Prov. Friesland.

Zeyer 1. ['zɛjɛr], Julius, tschech. Schriftsteller, *26. 4. 1841 Prag, †29. 1. 1901 Prag; Hauptvertreter der tschech. Neuromantik; „Roman von der treuen Freundschaft der Ritter Amis u. Amil" 1880, dt. 1898.

2. Werner, Politiker (CDU), *25. 5. 1929 Oberthal, Kreis St. Wendel; Jurist; 1972–1979 MdB; seit 1979 Min.-Präs. des Saarlands.

Zêzere ['zezərə], rechter Nebenfluß des Tejo (span. *Tajo*) in Portugal, 185 km; entspringt in der *Serra da Estrela*, mündet bei *Constância.*

ZGB, Abk. für das schweizer. →Zivilgesetzbuch.

Zgierz [zgjɛʃ], Stadt an der oberen Bzura, nördl. von Lodsch (Polen, Wojewodschaft Łódź), 43000 Ew.; Textil- u. chem. (Farbstoff-)Industrie.

Zhangjiakou = Kalgan.

Zhao Ziyang [dʒau dzijaŋ], *Tschao Tsijang*, chines. Politiker (Kommunist), *1919 Kreis Huaxian, Prov. Honan; seit 1979 Mitgl. des Politbüros der KP, seit 1980 Min.-Präs.

Zibeben [arab., ital.] →Rosinen.

Zibeline [die; frz.], Damenkleiderstoff aus Wollkammgarn oder -streichgarn, mit weißer, fellartiger Faserdecke auf dunklem Grund.

Zibet [der; arab., ital.], streng riechender Duftstoff, hauptsächl. aus den Drüsen von Z.katzen gewonnen; enthält als Geruchsstoffe *Zibeton* u. *Skatol.* Verdünnt ein Fixiermittel für Parfüm.

Zibetbaum →Durianbaum.

Zibethyäne →Erdwolf.

Zibetkatzen, *Viverrinae*, Unterfamilie der *Schleichkatzen* mit großen →Duftdrüsen zwischen After u. Genitalien. Das Fell ist fahlgelb mit schwarzen Punkten, die nach hinten in Streifung übergehen, der körperlange Schwanz lebhaft beringelt. Hierzu gehören auch die *Ginsterkatzen*, die *Linsangs* u. die *Wasser-Zivetten*; weiter die bis 80 cm lange *Afrikan. Zibetkatze*, Gattung *Viverra*, mit sträubbarer Nackenmähne, die sehr ähnl., aber kleinere *Asiat. Zibetkatze*, Gattung *Civettictis*, u. die 65 cm lange *Zwerg-Zibetkatze* oder *Rasse*, Gattung *Viverricula*, die vom Himalaya bis zu den Sunda-Inseln verbreitet ist.

Zibeton [das], ein cyclisches Keton, Geruchsträger des →Zibets; in der Parfümerie verwendet; auch vollsynthet. darstellbar.

Ziborium →Ciborium.

Zića ['zitʃa], jugoslaw. Kloster westl. von Kraljevo, im 13. Jh. erbaut, bis zur Türkenherrschaft Krönungsort der serb. Zaren.

Zichorie [die; grch.], Pflanze, →Cichorium.

Zichy ['zitʃi], Mihály, ungar. Maler u. Zeichner, *15. 10. 1827 Zala, †28. 2. 1906 St. Petersburg; seit 1847 in St. Petersburg, seit 1859 russ. Hofmaler; Historienbilder, Buchillustrationen u. erot. Zeichnungen vom russ. Hofleben.

Zick, 1. Januarius, Sohn von 2), Maler u. Architekt, getauft 6. 2. 1730 München, †14. 11. 1797 Ehrenbreitstein; Hauptmeister der dt. Malerei des Spätbarocks; schuf religiöse Fresken von abgetönter Farbigkeit u. bewegter Komposition. Hptw.: Fresken im Schloß von Engers 1760, in der Klosterkirche von Wiblingen 1778–1780, Obereldingen 1782/83 u. Rot an der Rot 1784.

2. Johann, Maler, *10. 1. 1702 Lachen, †4. 3. 1762 Würzburg; schuf in Schloß Bruchsal (1751–1754), der Pfarrkirche von Amorbach (1753) u. der Residenz in Würzburg Fresken, die die Kunst G. B. *Tiepolos* mit süddt. Barocktradition vereinigen.

Zickelfell, *Kitzfell*, weiche, kurz- u. feinhaarige Felle junger Ziegen aus Indien, Nordafrika, Europa; als Pelzfutter u. (enthaart) für Handschuhe.

Zickzackstich, Stichart bei Nähmaschinen, bei der die Verbindungslinie zweier aufeinanderfolgender Nadeleinstiche unter einem Winkel zur Richtung des Nähguttransports liegt.

Zider [der; frz.] →Cidre.

Ziege, 1. *Capra*, Gattung der *Horntiere*. Da die Angehörigen der gesamten Gattung unbeschränkt fruchtbar untereinander u. auch mit der Haus-Z. kreuzbar sind, betrachtet man die 4 „Arten" besser als Unterarten bzw. eine Großart *(Capra ibex)* mit Rassenkreisen. Der Unterschied besteht nur in Gehörn u. Behaarung der Männchen, während die Weibchen allesamt sehr ähnlich sind. So teilt man 4 Artgruppen der Großart *Capra ibex* ein: 1. *Bezoar-Z.n*, 2. *Steinböcke* (mit Alpensteinbock u. Tur), 3. *Iberische Steinböcke*, 4. *Schrauben-Z.n.* Zur Gattung Capra stellt man heute auch das *Mähnenschaf*; einen Übergang zu den Schafen bildet vielleicht das *Blauschaf* (→Schaf). Die Hörner sind kräftig u. vielgestaltig; das Haarkleid ist meist rauh u. weist Woll- u. Grannenhaare sowie oft Mähne u. Bart auf. Die meisten Z.n sind ausgezeichnete Kletterer. Die Wild-Z.n bewohnen in Gruppen bes. die Berggebiete Asiens, Afrikas u. Europas. Als Stammform der Haus-Z.nrassen Europas kommt vorwiegend die *Bezoar-Z.* in Frage, die schon im Neolithikum domestiziert worden ist. Die heutigen Z.nrassen sind meist Landrassen. Man unterscheidet die Landrassen der Nord- u. Ostsee, die weiße *flandr. Z.*, die langhaarige Walliser *Schwarzhals-Z.* (Fleischrasse), die *Toggenburger Z.* der Ostschweiz, die rein weißen Rassen (sehr wirtschaftl., typische Kulturrassen) der *Saanen-Z.* von Bern u. Wallis (auch in manchen Gebieten Deutschlands nachgezüchtet). Noch erwähnenswert sind die *Angora-Z.* u. die *Kaschmir-Z.* mit längerem u. feinerem Haar.

2. Fisch, →Sichling.

Ziegel [lat.], aus Lehm, Ton oder tonigen Massen geformter u. gebrannter künstl. Stein, dessen Rohstoffe durch Zusätze (Sand, Aschen u. a.) gemagert werden dürfen. Der Z., einer der ältesten Baustoffe, wurde von den Römern in Dtschld. eingeführt. Er wird heute größtenteils automatisch hergestellt (→Ziegelei). Maurer-Z.arten: *Voll-Z.* (ungelocht u. gelocht; Normalformat 240 × 115 × 71 mm), *Hochloch-Z.* (*Gitter-, Waben-Z.* u. a., senkrecht zur Lagerfläche gelocht), *Langloch-Z.* (waagerecht zur Lagerfläche gelocht, →Lochziegel), *Vormauer-Z.* (frostbeständig, druckfester als Voll-Z.), *Poren-Z.* (bes. wärmedämmend), *Hochbau-Klinker* (hart, dicht gebrannt). Andere Z.arten: *Decken-Z.* (Langloch-Z.; mittragende Teile oder Füllkörper für bewehrte u. unbewehrte Massivdecken), *Dach-Z.* (*Strang-* u. *Preßdach-Z.*), *Schornstein-Mauer-Z.* (*Ring-Z.* u. a.), *Keil-Z.* *(Gewölbebau-Z.)*, *Tiefbau-Klinker (Pflaster-, Tunnel-, Kanal-Klinker).* →auch Lehmpatzen.

Ziegelei, Anlage zur Herstellung von Mauerziegeln, Dachziegeln, Hourdis u. a. Die Hauptarbeitsgänge im Z.betrieb sind Aufbereiten des Rohstoffs (Ton, Lehm), Formen, Trocknen u. Brennen der Z.erzeugnisse. Den in der Tongrube mit Baggern abgebauten Rohstoff befördern Feld- oder Seilbahnen zur *Aufbereitungsanlage*. Hier wird er über Beschicker (Schuppenbänder, Stahlbänder, Gummiband-Förderer) den Aufbereitungsmaschinen (Kollergänge, Walzwerke) zugeführt, die ihn zerkleinern u. mit Wasser zu einer plast. Masse verarbeiten. Anschließend lagert der Rohstoff mehrere Wochen lang zur gleichmäßigen Durchfeuchtung, zur weiteren Aufschließung u. zur Erhöhung der Plastizität in Sumpfhäusern oder Maukanlagen. Den gesumpften Rohstoff heben Bagger auf Förderbänder, die ihn zu den *Formgebungsmaschinen* (Strangpressen, Revolverpressen) bringen. Auf der Strangpresse werden Mauerziegel aller Art, Strangdachziegel (z.B. Biberschwänze) u. ähnl. Erzeugnisse hergestellt. Sie erhalten ihre Form durch entspr. Mundstücke, an denen sie automatisch abgeschnitten, abgenommen u. zur Weiterbeförderung in Hubgerüste abgesetzt werden. – Der für Flachdachpfannen, Falzziegel oder andere Formstücke bestimmte Rohstoff wird zunächst auf einer Vakuumpresse zu Kuchen verformt. Diese gelangen auf Transportbändern zu Revolverpressen, wo sie in die gewünschte Form gepreßt werden. Absetzwagen bringen die Formlinge in die *Trocknungsanlagen* (heizbare Trockenkammern oder Durchlauftrockner). Die getrockneten Formlinge werden schließlich in *Ring-, Zickzack-* oder *Tunnelöfen* bei einer Brenntemperatur von 900 bis 1100 °C u. einer Brenndauer von etwa einer Woche gebrannt. – 🄱S. 336. – 🄻10.1.1.

Ziegelhausen, ehem. Gemeinde in Baden-Württemberg, am Neckar, seit 1975 Ortsteil von Heidelberg; Stift *Neuburg.*

Ziegenbart, *Korallenschwamm, Bärentatze, Bocksbart, Judenbart, Krausbart, Clavaria*, Gattung der *Ständerpilze.* Man unterscheidet die *Goldgelbe Koralle, Clavaria aurea*, die in jungem Zustand eßbar ist, u. den *Bleichen Ziegenbart (Blasse Koralle) Clavaria pallida*, der Koliken hervorruft, aber nicht tödlich ist *(Bauchwehpilz).*

Ziegenfuß, *Ziegenfußporling, Polyporus pes caprae*, ein *Röhrenpilz* mit rotbraunem, schuppigem Hut u. kurzem Stil; in Gebirgsnadelwäldern in dichten Haufen wachsender Speisepilz.

Ziegenhaar, für textile Zwecke genutztes Haar der Ziegen; wird unterschieden in *Haus-Z.*, 4–10 cm lang, für Filze u. Haargarne; *Angora-Z.* (Mohair), bis 20 cm lang, weich, für Plüsche, feine Gewebe, Effektfäden u. a.; *Kaschmir-Z.*, feine, weiche, kurze Wollhaare für Mantel-, Kleiderstoffe, Schals u. grobe Grannenhaare für Filze, Haargarne; diese beiden Qualitäten werden durch Kämmen voneinander getrennt.

Ziegenhals, poln. *Głuchołazy*, Stadt in Schlesien (1945–1950 poln. Wojewodschaft Katowice, seit 1950 Opole), südl. von Neisse, nahe der tschechoslowak. Grenze, 13000 Ew.; Metall-, Papier-, Holz- u. Bekleidungsindustrie; Kurort.

Ziegenkäse, Weichkäse aus Ziegenmilch oder einer Mischung aus Kuh- u. Ziegenmilch (mindestens 15 %), mit Schimmelbelag u. roquefortähnl. Charakter; bekannt sind *Altenburger Z.* (aus Sachsen u. Thüringen) u. *Milbenkäse.*

Ziegenlippe, *Filziger Röhrling, Xerocomus subtomentosus*, wohlschmeckender Speisepilz mit filzigem, lederfarbenem Hut, weiten gelben Mündungen der Röhren u. schlankem Stiel.

Ziegenmelker, *Caprimulgius europaeus*, einheim. *Nachtschwalbe*, die durch ihren nächtl. schnurrenden Gesang auffällt. Das Gefieder ist rindenfarbig (Tarntracht). Der Z. verbringt den Tag regungslos in Bodenmulden oder auf Ästen.

Ziegenpeter, *Wochentölpel* →Mumps.

Ziegfeld, Paul, US-amerikan. Produzent, *21. 3. 1868 Chicago, †22. 7. 1932 Santa Monica, Calif.; Produzent von Revuen u. Musicals in den USA; erfolgreich durch das Engagement hervorragender Varietéstars, Girl-Truppen u. Ausstatter.

Ziegler, 1. Adolf, Maler, *16. 10. 1892 Bremen, †11. 9. 1959 Varnhalt bei Baden-Baden; organisierte als Präs. der Reichskunstkammer die Aus-

Ziegelei: Kollergang. – Ziegelpresse (Strangpresse). Der zu einer plastischen Masse verarbeitete Rohstoff erhält hier seine Form. Eine Schneidevorrichtung trennt

stellung „Entartete Kunst"; wurde mit allegorischen Aktdarstellungen zum Lieblingsmaler Hitlers.
2. **Heinrich Ernst**, Zoologe, *15. 7. 1858 Freiburg i. Br., †1. 6. 1925 Stuttgart; Embryologe. „Zoologisches Wörterbuch" 1909, ³1927.
3. **Karl**, Chemiker, *26. 11. 1898 Helsa bei Kassel, †11. 8. 1973 Mülheim a. d. Ruhr; seit 1943 Direktor des heutigen Max-Planck-Instituts für Kohleforschung in Mülheim an der Ruhr; zahlreiche Arbeiten auf dem Gebiet der organ. Chemie, Darstellung von aluminiumorganischen Verbindungen u. a. Nobelpreis 1963.
4. **Klara**, Schauspielerin, *27. 4. 1844 München, †19. 12. 1909 München; 1868–1874 in München, dann auf Gastspielen, gefeierte Tragödin; die ihrem Nachlaß entstammende *Klara-Ziegler-Stiftung* ist ein Theatermuseum in München.
5. **Leopold**, Philosoph, *30. 4. 1881 Karlsruhe, †25. 11. 1958 Überlingen; Privatgelehrter; suchte von Schopenhauer u. E. von *Hartmann* her den religiösen Gehalt von Kultur u. Tradition zu erschließen. Hptw.: „Gestaltwandel der Götter" 2 Bde. 1920; „Menschwerdung" 2 Bde. 1947.
Ziegler und Kliphausen, Anselm von = Zigler und Kliphausen.
Ziehbrunnen, ein Brunnen, aus dem das Wasser mit einem Eimer, der an einer Seilwinde oder einem langen Schwingbaum (zweiarmiger Hebel mit Gegengewicht) hängt, entnommen wird.
Zieheisen, Werkzeug mit verschieden großen Löchern zum →Ziehen von Draht.

ziehen, *Jagd:* ruhig, unbekümmert schreiten (von Hochwild).
Ziehen, Umformverfahren der Metallbearbeitung; man unterscheidet: *Tief-Z.* (→Ziehpresse) u. *Stab-Z.*; bei letzterem werden Metallstangen warm oder kalt durch einen konischen →Ziehring von kleinerem Lochquerschnitt gezogen; dadurch wird der Stangenquerschnitt vermindert u. beim *Kalt-Z.* der Werkstoff verfestigt.
Ziehen, Theodor, Philosoph, Psychologe u. Psychiater, *12. 11. 1862 Frankfurt a. M., †29. 12. 1950 Frankfurt a. M.; Vertreter eines positivist. Erkenntnistheorie („Gignomenologie", *Empiriokritizismus*) u. einer physiologist. Psychologie. Hptw.: „Leitfaden der physiolog. Psychologie" 1891, ¹²1924; „Psychiatrik" 1894, ³1907; „Erkenntnistheorie" 1913, ²1934–1939 3 Bde.; „Die Grundlagen der Psychologie" 1915; „Lehrbuch der Logik" 1920; „Das Seelenleben der Jugendlichen" 1923, ⁵1943; „Grundlagen der Charakterologie" 2 Bde. 1930, 2. Bd. ²1939.
Ziehfeder, *Reißfeder* →Reißzeug.
Ziehharmonika, ein Musikinstrument, dessen Zungenstimmen in zwei Kästen untergebracht sind, die durch einen Faltenbalg verbunden werden; durch Auseinanderziehen u. Zusammendrücken des Balgs wird Luft durch die Zungen von innen oder außen gedrückt, wenn durch Knöpfe oder Tasten der Weg freigegeben ist. Einzelformen sind *Bandoneon, Konzertina, Akkordeon* u. a. Die erste Z. baute 1822 Friedrich Ludwig *Buschmann* (*1805, †1864) in Berlin.

Ziehpresse, *Tiefziehpresse*, Presse zur Herstellung (Tiefziehen) von Hohlkörpern aus Metallen (u. anderen geeigneten Materialien); die zugeschnittenen Bleche werden mittels Ziehstempel in eine Matrize gepreßt. Bei tiefen Hohlkörpern werden mehrere Ziehstempel u. Matrizen verwendet.
Ziehrer, Carl Michael, österr. Operettenkomponist, *2. 5. 1843 Wien, †14. 11. 1922 Wien; 1908 kaiserl. Hofballmusikdirektor; schrieb neben 600 Tänzen 22 Operetten („Die Landstreicher" 1899, „Der Liebeswalzer" 1908).
Ziehring, Werkzeug bei Ziehbänken zur Veränderung des Querschnitts von Stangen, die durch den Z. hindurchgezogen werden. Die Abmessungen des Z.lochs dürfen nur so viel von der Anfangsform der Stange abweichen, daß die Zugkräfte von dem Werkstoff aufgenommen werden können.
ziehschleifen = honen.
Ziel, *Zahlungsverkehr:* die Zahlungsfrist.
zielen = Visier.
Zielenzig, poln. *Sulęcin*, Stadt in Ostbrandenburg (1945–1950 poln. Wojewodschaft Poznań, 1950 bis 1975 Zielona Góra, seit 1975 Gorzów Wielkopolski), 7000 Ew.; got. Kirche (13.–15. Jh., 1945 zerstört, wiederaufgebaut); Holz-, landwirtschaftl. u. a. Industrie.
Zielfernrohr, ein optisches Visiergerät für Handfeuerwaffen (Scharfschützengewehre, Jagdgewehre) zum Zielen über weite Entfernung; es vergrößert etwa 4fach u. bietet den Vorteil, daß Visiermarke (meist ein Fadenkreuz) u. Ziel gleichzeitig scharf gesehen werden können.
Zielgevierttafel, rechteckige Tafel aus durchsichtigem Material u. mit eingerissenem Quadratnetz zur Zielbezeichnung auf großmaßstäbigen Karten ohne Gitternetz.
Zielona Góra [zjɛ'lɔna 'gura], poln. Name der Stadt u. Wojewodschaft →Grünberg.
Zielphotographie, photograph. Verfahren zur exakten Feststellung des Zieleinlaufs von Wettkampfteilnehmern; wird bes. in der Leichtathletik, im Pferderennsport u. im Radsport angewendet. Die *Zielbildkamera* photographiert z. B. jeden einzelnen Läufer eines Laufwettbewerbs genau im Moment seines Zieldurchlaufs. Das wird durch einen speziellen „Sehschlitz" der Kamera u. einen in der Kamera abrollenden Film erreicht. Dadurch ist es möglich, die Abstände der Läufer im Ziel sowie mittels einer am Filmrand eingeblendeten Zeittabelle auch die Laufzeit genau festzustellen.
Zielspiegel, *Winkelspiegel*, ein Kontrollgerät bei der Schießausbildung; der Z. wird auf den Gewehrlauf gesetzt, so daß der Lehrer von der Seite die Visiereinrichtung u. damit das Zielen des Schützen beobachten kann.
Ziemssen, Hugo von, Internist, *13. 12. 1829 Greifswald, †21. 2. 1902 München; Hauptarbeitsgebiet Elektromedizin; begründete mit F. A. von *Zenker* das „Dt. Archiv für klinische Medizin".
Zierapfel, *Kirschapfel*, Ziergewächse der Gattung *Malus* (Apfel). Die aus Nordamerika u. Asien stammenden strauchartigen, selten hochstämmigen Pflanzen werden in unseren Gärten u. Anlagen gern als Zierpflanzen gehalten. Sie fallen auf durch viele weiße, rosarote oder dunkelrote Blüten im

Zielphotographie: Zielphoto eines 100-m-Laufs. Die moderne Zielbildkamera photographiert nicht etwa das gesamte Feld während des Zieldurchlaufs des Siegers, sondern durch eine spezielle Konstruktion jeden einzelnen Teilnehmer in dem Moment, in dem er das Ziel erreicht. Durch Anlegen einer Lotrechten vom Oberkörper des Läufers zur unten eingeblendeten Zeitskala ist so die genaue Laufzeit jedes einzelnen und damit auch die Reihenfolge abzulesen

mit einem Stahldraht die Ziegel ab. – Eingang zum Brennofen (Tunnelofen). – Hubstapler setzen die fertigen Ziegel ab (von links nach rechts)

Frühjahr u. durch kleine, walnußgroße, säuerl. schmeckende Früchte. Bes. bekannt ist bei uns der *Reichblütige Z., Malus floribunda,* der aus Japan stammt, u. der *Prachtapfelbaum, Malus spectabilis.*

Zierfische →Aquarienfische.

Ziergräser, Gräser, die wegen Schönheit u. Größe ihrer Gestalt, ihrer Blätter u. vor allem der Blütenstände kultiviert werden, z.B. *Pampasgras, Ravennagras (Erianthus ravennae), Weißes Federborstengras (Pennisetum villosum), Riesenschilf (Arundo donax).* – 🗎 9.6.8.

Zierkirsche, *Japanische Z., Prunus serratula,* ein *Rosengewächs* aus Ostasien; kleine Bäume mit rosa Blüten in Dolden; wird in vielen Varietäten neben verwandten Arten bei uns in Gärten u. Anlagen angepflanzt.

Zierkohl, *Blattkohl* →Kohl.

Ziernarben →Narbentatauierung.

Zierpflanzen →Zimmerpflanzen, →Ziergräser.

Ziese →Akzise.

Ziesel [der; slaw.], *Citellus citellus,* ein osteurop. *Hörnchen;* ein Nagetier, das in selbstgegrabene Erdhöhlen Samen, Beeren u. Wurzeln einträgt; besitzt Backentaschen; (mit Schwanz) 30 cm lang.

Ziesel, Kurt, österr. Schriftsteller, * 25. 2. 1911 Innsbruck; lebt in München; schrieb Zeitromane („Der kleine Gott" 1939; „Und was bleibt ist der Mensch" 1951); kritisiert die Verhältnisse in der BRD von einem konservativen Standpunkt aus („Der dt. Selbstmord" 1963); Geschäftsführer der „Deutschland-Stiftung e. V."

Ziest [der; slaw.], *Stachys,* artenreiche Gattung der *Lippenblütler* mit quirlständigen Blüten in Scheinähren. Häufig in Gebüschen u. feuchten Wäldern der *Wald-Z., Stachys silvatica,* auf nassen Böden u. in Sümpfen der *Sumpf-Z., Stachys palustris,* beide mit roten Blüten, auf Äckern der blaßrosa blühende *Acker-Z., Stachys arvensis.* Als Arznei verwendet wurde der rosa blühende *Gewöhnl. Z., Stachys officinalis,* eine auf Wiesen u. in Wäldern häufige Pflanze. Bemerkenswert noch der mit schneeweißem wolligem, seidenglänzendem Filz bedeckte *Woll-Z., Stachys lanata.*

Zieten, *Ziethen,* Hans Joachim von, preuß. Reitergeneral, * 24. 5. 1699 Wustrau bei Ruppin, † 27. 1. 1786 Berlin; Chef der Leibhusaren Friedrichs d. Gr.; im Siebenjährigen Krieg vielfach bewährt, entschied u.a. die Schlacht bei Torgau 1760.

Ziff., Abk. für *Ziffer.*

Ziffern [arab., lat.], Zahlzeichen. 1. *römische Z.* u. gleichzeitig Zahlen sind die Zeichen I = 1, V = 5, X = 10, L = 50, C = 100, D = 500, M = 1000. Aus ihnen werden durch Addition (additives Z.system) die anderen Zahlen gebildet, jedoch werden höchstens 3 der Ziffern I, X, C, M nebeneinandergesetzt. Außerdem ist zu beachten: IV = 4, IX = 9, XL = 40, XC = 90, CD = 400, CM = 900. Beispiel: 1974 = MCMLXXIV. – 2. *arabische Z.,* die jetzt üblichen, ursprüngl. indischen Zeichen 1, 2, 3, …, 9, 0; sie stellen gleichzeitig Zahlen dar (Einer), während alle anderen Zahlen durch Kombination mehrerer Z. gebildet werden. Dabei ist die Bedeutung der Z. durch ihren Stellenwert bestimmt *(dekadisches Positionssystem).*

Zigarette [die; indian., span., frz.], stabförmiges Tabakerzeugnis von gleichmäßigem Durchmesser aus feingeschnittenem Tabak in einer Papierumhüllung; oft mit Filter versehen, der einen Teil des Nicotins u. der Teerbestandteile des Rauchs absorbiert. Für die verschiedenartigen Z.ntypen sind die Tabakmischungen ausschlaggebend. Für amerikan. Z.n finden Orienttabake, Virginia, Maryland u. Burley Verwendung, die außerdem noch soßiert werden (→soßieren); für Orient-Z.n überwiegend Orienttabake; für schwarze (französ.) Z.n Tabake aus den französ. Überseeprovinzen u. Zusätze von Virginia, Maryland, Java, Burley u.a.; für engl. Z.n überwiegend heller Virginia. – Die Z. ist eine südamerikan. Erfindung, dort als *Papelito* bekannt. Im 18. Jh. gelangte die Z.nfabrikation nach Spanien u. erst über Rußland u. die Türkei nach Dtschld., wo der dt.-französ. Fabrikant Joseph Hupmann 1862 die erste Z.nfabrik in Dresden gründete.

Zigarettenpapier, dünnes, festes Papier, das keine gesundheitsschädl. Bestandteile enthalten darf; es ist glimmfähig, meist aus einer Mischung von Hadern- u. Edelzellstoff hergestellt, velin oder gerippt, rd. 16–22 g/m² schwer.

Zigarillo [der oder das; indian., span.], kleine, mit Feinschnitt gefüllte Zigarre ohne Kopf (Spitze) u. z. T. (in Frankreich) ohne Umblatt.

Zigarre [die; indian., span., frz.], stabförmig gewickeltes Tabakerzeugnis, besteht aus Einlage, Umblatt u. Deckblatt. Die fermentierten Tabakblätter werden durch Anfeuchten geschmeidig gemacht u. für die Anfertigung der Einlage entrippt u. getrocknet. Die Einlage wird je nach Art der Z. gemischt (zur Verwendung kommen Brasil-, Havanna-, Java-, Sumatra-, Borneotabak u.a., bei Virginia-Z.n u. Stumpen auch bes. Kentucky) u. mit einem feuchten Umblatt umhüllt. Der so entstandene Wickel wird im *Penal* (2 aufeinandergesteckte Teile in Form einer Z.) oder in einer *Wickelform* (2 aufeinanderpassende Holzplatten mit mehreren eingeschnittenen Z.nformen) gepreßt u. mit einem Tabakblatt möglichst anderer Tabakart überrollt. Nach einem auf Kuba entwickelten Überrollvorgang wird das Deckblatt spiralenförmig um den Wickler gelegt u. so die beiderseitig zugespitzte Kopf-Z. *(Torpedo)* hergestellt. Von den Philippinen stammt das Verfahren, das Deckblatt glatt herumzulegen u. festzukleben. So entstehen die sog. *Coronas* mit rundem Kopf u. abgeschnittene Z.n, die mit Hilfe von Wickeltüchern als lange Stangen hergestellt u. dann zerschnitten werden (→auch Zigarillo). *Virginia*-Z.n sind bes. lange, dünne Z.n, die in ein Strohmundstück eingefügt wird. – Die Herstellung von Z.n erfolgte bis zur Mitte des 19. Jh. in Handarbeit, seitdem halbmaschinell mit Hilfe von Wickelform u. Penal oder vollmaschinell durch Wickel- u. Überrollmaschinen. Der Genuß von Tabak in Form zusammengerollter Blätter war schon den Eingeborenen in Amerika bekannt, wo er von Kolumbus entdeckt wurde. Die Ursprünge der Z.nfabrikation liegen in Kuba, von wo sie 1720 nach Spanien gelangte. In Dtschld. wurde das Z.nrauchen Anfang des 19. Jh. durch die napoleon. Truppen bekannt. Die erste deutsche Z.nfabrik wurde 1788 von Hans Heinrich Schlottmann in Hamburg eröffnet. Anfang des 20. Jh. wurde die Z. durch die →Zigarette überflügelt. – Z.nmuseum in Bünde, Westf.

Zigarrenkäfer = Tabakkäfer.

Zigarrenwickler, volkstüml. für die →Blattwickler.

Zigerkäse = Schabziger.

Zigeuner, 1. →Hexenpilz. – 2. →Reifpilz.

Zigeuner, Eigenname *Rom,* auch *Manusch,* ein unter allen Kulturvölkern (außer Ostasien) verbreitetes Volk mit 1–2 Mill. Angehörigen. Es leben in Bulgarien 210000, Rumänien 115000, Jugoslawien 90000, ČSSR 100000, Sowjetunion 135000, England 20000, Spanien 50000; mehrere Stämme u. zahlreiche Dialekte. Dunkle Haut, Haare u. Augen sind kennzeichnend. Die indoarische Sprache der Z. wird noch von rd. 1 Mill. gesprochen. Die Z. fühlen sich trotz der Zersplitterung als Einheit. In Sprache u. Religion haben sich die Z. der jeweiligen Kultur, in der sie leben, angepaßt; sie bewahren daneben aber ihre eigenen kulturellen Traditionen. So nehmen etwa der Stammeshäuptling (von Uneingeweihten oft „König" genannt) u. die stammesälteste Frau („Z.mutter") bevorrechtete Stellungen ein. Auch in den Ehesitten (der Mann tritt bei der Heirat in den Stamm der Frau über) zeigen sich mutterrechtl. Züge. Ein großer Teil der Z. lebt nomadisch in Zelten oder Wohnwagen (Wander-Z.) oder halb seßhaft in Z.vierteln; deshalb sind sie häufig auf Wandergewerbe (Hausierer, Korbflechter, Schausteller, Wandermusikanten, Pferdehändler, Kesselflicker, Wahrsagerinnen) angewiesen. Wie vielen anderen Fremden u. sozialen Außenseitern werden ihnen oft schlechte Eigenschaften zugeschrieben. Unter dem Nationalsozialismus wurden sie verfolgt. Die Z. stammen von niedrigen Kasten *(Dom, Changar),* von Musikern u. Tänzern in Nordindien ab; bei mittelalterl. islam. Schriftstellern treten sie als *Zott* auf. In Iran werden die *Ljuli* u. *Masangen* (rd. 100000) zu ihnen gerechnet, in Arabien die *Sleb* oder *Sulaib,* im südl. Kaukasien die *Boša* oder *armen. Z.* Im 14./15. Jh. wanderten sie über den Balkan nach Europa ein. – 🗎 6.1.4.

Zigeunerhuhn →Schopfhuhn.

Zigeunerliteratur, das Erzähl- u. Singgut der Zigeuner, das in der *Zigeunersprache* mündl. überliefert wird. Es finden sich zeit- u. raumunabhängige Märchen, Schwänke, Lieder, Zaubersprüche u. die lauten Totenklagen. Der Vortrag ist sehr gefühlsintensiv, große Bedeutung kommt dem Erleben an Ort u. Stelle zu; direkte Rede, Tonfall, Mimik u. Körperbewegung spielen eine entscheidende Rolle. Mit der Z. befaßt sich die Ztschr. „Journal of the Gypsy Lore Society", Edinburgh.

Zigeuner-Moll, die Tonleiter der Zigeuner, die, abweichend von der harmonischen Molltonleiter, einen Leitton zur Quinte aufweist, also z.B. mit c beginnend die Leiter c, d, es, fis, g, as, h, c′. Das Z. wurde von F. Liszt in „ungarischen" Stücken verwandt, obwohl die ungar. Musik nicht mit der Zigeuner identisch ist.

Zigeunermusik. Seit dem 15. Jh. sind Zigeunermusikanten in Ungarn belegt, die aus ungar. Volksweisen eine Art volkstümlicher Unterhaltungsmusik mit eigenem Vortragsstil schufen *(Csárdás).* Nach Untersuchungen der neueren un-

Zigeunersprachen

Zikaden: Eschenzikade, Tettigia orni

gar. Musikforschung kommen Zigeuner nicht als Musikschöpfer, sondern nur als „reproduzierende Spieler" des einheim. nationalungar. Musikguts in Betracht. →auch ungarische Musik.

Zigeunersprachen, *Romani,* neuind. Dialekte, den Sprachen Nordwestindiens nahestehend; untereinander durch das aus der Sprache des jeweiligen Gastlands übernommene Lehn- u. Fremdwortgut geschieden u. gekennzeichnet.

Zigler und Kliphausen, Heinrich Anselm von, Schriftsteller, *6. 1. 1663 Radmeritz, Oberlausitz, †8. 9. 1696 Liebertwolkwitz bei Leipzig; schrieb im Stil des hochbarocken Manierismus den heroischen Geschichtsroman „Die Asiatische Banise oder Das blutig – doch mutige Pegu" 1689; daneben Gedichte u. polit. Schriften.

Ziguinchor [zigɛ̃ ʃɔr], Stadt im S der westafrikan. Rep. Senegal, 35 000 Ew.; Nahrungsmittelindustrie, Hafen, Flugplatz.

Zihl, frz. *La Thièle,* aus den Quellflüssen *Orbe, Nozon* u. *Talent* gebildeter Fluß des Schweizer Mittellandes, durchströmt den Neuenburger See, verbindet diesen als *Z.kanal* mit dem Bieler See u. fließt durch den *Nidau-Büren-Kanal* zur Aare.

Zijpenberg [ˈzɛipənbɛrx], Höhe nordöstl. von Arnheim (Niederlande), 106 m.

Zikaden, *Zirpen, Cicadina,* Gruppe der *Pflanzensauger,* über die ganze Welt verbreitete *Schnabelkerfe* mit meist gut entwickelten, dachartig über den keilförmigen Körper gelegten Flügeln u. häufig zu Sprungbeinen umgebildeten Hinterbeinen. Männchen mit Trommelorgan; jedoch sind nur die Töne einiger Arten auch für den Menschen wahrnehmbar (→Singzikaden). Gehörorgane sind bei beiden Geschlechtern vorhanden. Bekanntere Gruppen sind *Schaum-Z., Sing-Z., Buckelzirpen, Laternenträger* u. *Zwerg-Z.* Zu den *Sing-Z.* gehört die bis 4 cm lange, schwarz u. rot gezeichnete *Siebzehnjährige Zikade, Tibicen septemdecim,* Nordamerikas, deren Larve an Baumwurzeln saugt u. 17 Jahre zur Entwicklung benötigt. Lebensdauer der Vollinsekten 5–6 Wochen.

Zikkurat [die, Mz. *Z.s*; assyr.-babylon.], auf einer Terrasse über rechteckigem oder quadrat. Grundriß ruhender mehrstufiger Tempelturm, dessen Stockwerke nach oben in ihrer Grundfläche kleiner werden, eine charakterist. Bauform Mesopotamiens in der Art des *babylonischen Turms,* entstanden aus einfachen Hochterrassen in altsumer. Zeit. Die erste Blütezeit der Z.form lag in der neusumer. Epoche, für die mehrstufige Terrassen mit einem Tempel als Bekrönung typisch sind.

Zilcher, Hermann, Komponist u. Pianist, *18. 8. 1881 Frankfurt a. M., †1. 1. 1948 Würzburg; Nachromantiker; Oper „Doktor Eisenbart" 1922, 4 Sinfonien, Kammermusik u. Werke für Akkordeon.

Ziliarkörper, *Corpus ciliare,* im Auge Verbindungsstück zwischen Regenbogen- u. Aderhaut; sondert das Kammerwasser ab u. enthält im *Ziliarmuskel,* der durch ringförmiges Zusammenziehen die Linse zur Naheinstellung wölbt.

Ziliaten [lat.] →Wimpertierchen.

Zilien [lat.] = Wimpern.

Zilies von Seine, *Meister Cilies von Seyn,* mhd. Spruchdichter des späten 13. Jh.; mögl. Verfasser der bruchstückhaft erhaltenen Geschichtsdichtung von der Schlacht bei Göllheim (1298).

Zille [die; slaw.], *Zülle,* 350- bis 600-t-Lastkahn.

Zille, Heinrich, Maler u. Graphiker, *10. 1. 1858 Radeburg, Sachsen, †9. 8. 1929 Berlin; begann 1900 für Tageszeitungen u. die Zeitschriften „Lustige Blätter", „Simplicissimus" u. „Jugend" Karikaturen zu zeichnen, gab als volkstüml. Schilderer des Berliner Proletarier-„Milljöhs" mit starker Sozialkritik mehrere Mappenwerke heraus.

Ziller [der], rechter Nebenfluß des Inn in Tirol, entspringt in den östl. Z.taler Alpen an der *Dreiecker Spitze* (2893 m), mündet bei Straß.

Ziller, Tuiskon, Pädagoge, *22. 12. 1817 Wasungen, Meiningen, †20. 4. 1882 Leipzig; Anhänger der Lehren J. F. *Herbarts,* dessen Formalstufentheorie er weiterentwickelte. Werke: „Einleitung in die allg. Pädagogik" 1856; „Grundlegung zur Lehre vom erziehenden Unterricht" 1865; „Vorlesungen über allg. Pädagogik" 1876.

Zillertal, vom *Ziller* durchflossenes rechtes Seitental des Unterinntals in Tirol, fächert sich talaufwärts gegen die S in mehrere Talgründe auf: *Zillergrund, Stillupp, Floite, Dornaubergtal, Tuxer Tal;* Hauptorte: Mayrhofen, Zell am Ziller; Almwirtschaft, Fremdenverkehr. – ▣→Österreich (Natur u. Bevölkerung).

Zillertaler Alpen, Gruppe der Zentralalpen in Österreich, zwischen Pfitscher Joch im W u. Birnlücke im O sowie Ahrntal u. Pustertal im S, Ziller- u. Geroltal im N; im *Hochfeiler* 3510 m, im *Mösele* 3479 m; starke Vergletscherung in den obersten Quelltälern des Zillertals, den sog. Gründen; Kraftwerke im Stillupp- u. Schlegeisgrund (*Zemmkraftwerke*), seit 1969/70 in Betrieb.

Zillich, Heinrich, Schriftsteller, *23. 5. 1898 Brenndorf bei Kronstadt, Siebenbürgen; dort 1924–1936 Hrsg. der Zeitschrift „Klingsor", dann in Starnberg; schrieb Lyrik, Anekdoten, Novellen u. bes. Romane über die Siebenbürgen-Deutschen u. Südosteuropa: „Zwischen Grenzen u. Zeiten" 1936; „Der Sprung im Ring" 1953.

Zillig, Winfried, Komponist u. Dirigent, *1. 4. 1905 Würzburg, †18. 12. 1963 Hamburg; bediente sich einer zur Tonalität neigenden Zwölftontechnik. Opern („Rosse" 1933; „Das Opfer" 1937; „Die Windsbraut" 1941; „Troilus u. Cressida" 1951; Funkoper „Die Verlobung in St. Domingo" 1957); Konzerte, Chöre u. Lieder.

Zillis, Ort im schweizer. Kanton Graubünden, in Schams am Hinterrhein vor der Roflaschlucht u. Via Mala, 350 Ew.; Martinskirche (12. Jh., auf röm. u. karoling. Fundamenten) mit einzigartiger Holzdecke mit 153 roman. Gemälden.

Zilpzalp, ein →Laubsänger.

Zimba, die Bantunegerstämme der →Vazimba (2).

Zimbabwe [zim-], *Simbabwe,* **1.** Ruinenstadt 20 km südöstl. von Fort Victoria im felsigen Hügelland von Rhodesien; erste eisenzeitl. Besiedlung zu Beginn des 1. Jahrtausends n. Chr., Beginn der Z.-Kultur im 8./9. Jh., Hochblüte mit den wichtigsten Steinbauten etwa im 14./15. Jh., sakrosanktes Königtum. Nach einigen Forschern haben einheim. Stämme Z. erbaut u. die *Bantu* es zeitweise bewohnt; andere schreiben es den *Uganda* nahestehenden ostafrikan. Herrschergeschlechtern zu. Vermutl. haben die um die Mitte des 2. Jahrtausends aus dem Süden auf das rhodes. Plateau einströmenden *Wakaranga* mit ihrer Herrscherschicht *Monomtapa* das Z.-Reich abgelöst. **2.** von der afrikan. Nationalbewegung eingeführter, seit dem 18. 4. 1980 amtl. Name für das ehem. →Rhodesien; im Deutschen üblich: *Simbabwe.*

Zimbalist, Efrem, US-amerikan. Geiger u. Komponist russ. Herkunft, *21. 4. 1889 Rostow-na-Donu; Schüler von L. von *Auer,* 1941–1968 Direktor des Curtis Institute of Music in Philadelphia.

Zimbelstern, ein an Barockorgeln zuweilen oben am Prospekt angebrachter Apparat. Er dreht sich mittels eines hinter ihm liegenden Windrads u. läßt dabei Glöckchen oder Klangstäbe erklingen, die meist abgestimmt sind.

Zimbern →Kimbern.

Zimelie [die; lat.], Kleinod, bes. des Kirchenschatzes; wertvolles Buch, kostbare Handschrift.

Zimljansker Stausee, gestauter Abschnitt des unteren Don, rd. 250 km langer u. bis 35 km breiter Stausee mit Großkraftwerk oberhalb der neuen sowjet. Stadt *Zimljansk,* Seefläche rd. 2700 qkm, Stauinhalt 23,8 Mrd. m³, Stauhöhe 26 m, Gesamtlänge des Staudamms 13,5 km, Kraftwerksleistung 160 000 kW; der See nimmt im oberen Teil den Wolga-Don-Kanal auf u. dient zur Bewässerung von 16 000 qkm Steppenland; Kraftwerk 1949–1952 erbaut.

Zimmer, Friedrich, ev. Theologe u. Pädagoge, *22. 9. 1855 Gardelegen, †5. 12. 1919 Gießen; gründete 1894 den Ev. Diakonieverein, 1898 ein Heim mit Frauenoberschule, ein Kindergärtnerinnen-Seminar u. eine Fürsorgeanstalt in Berlin-Zehlendorf; seit 1907 entwickelte sich daraus die *Mathilde-Zimmer-Stiftung* (Töchterheime, Hausfrauenschulen; später Heimgründungen auch in Kassel, Eisenach, Weimar, Gernrode, Hellerau).

Zimmerahorn →Schönmalve.

Zimmeraralie, *Fatsia japonica,* ein Efeugewächs mit handförmig gelappten, glänzendgrünen Blättern; beliebte Zimmerpflanze.

Zimmerbock, *Zimmermannsbock, Acanthocinus aedilis,* bis 20 mm langer, bräunl.-grauer *Bockkäfer* mit übermäßig langen Fühlern.

Zimmerhopfen = Spornbüchschen.

Zimmerlinde, *Sparmannia africana,* zu den *Lindengewächsen* gehörende, vom Kapland stammende, beliebte Zimmerpflanze mit haarigen, großen hellgrünen Blättern u. weißen Blüten.

Zimmermann, *Zimmerer,* handwerkl. u. industrieller Ausbildungsberuf mit 3jähriger Ausbildungszeit; Anfertigung von Holzkonstruktionen jeder Art; Fortbildungsmöglichkeiten über die Staatsbauschule zum Bautechniker bzw. -ingenieur. Einer der wenigen Handwerksberufe, die sich noch eine „zünftige" Lebensform bewahrt haben (z. B. typische Berufstracht).

Zimmermann, 1. Armin, Admiral, *23. 12. 1917 Blumenau (Brasilien), †30. 11. 1976 Bonn; im 2. Weltkrieg zuletzt Korvettenkapitän; 1956 zur Bundeswehr, 1957–1960 Marineattaché in London, 1965–1968 Leiter des Referats Militärpolitik im Bundesministerium der Verteidigung, 1968–1970 Befehlshaber der Seestreitkräfte der Nordsee, 1970–1972 der Flotte, 1972–1976 Generalinspekteur der Bundeswehr. **2.** Bernd Alois, Komponist, *20. 3. 1918 Bliesheim bei Köln, †10. 8. 1970 Großkönigsdorf bei Köln (Selbstmord); seit 1957 Prof. in Köln; führender dt. Avantgardist; begann mit tonalen Frühwerken, verwendete im Konzert für Violine 1950 erstmals die Reihentechnik, gelangte Ende der 1950er Jahre zu seiner „pluralist." Phase, die durch strukturelle Verwendung von Zitat u. Collage gekennzeichnet ist. Hauptbeispiel ist die Oper „Die Soldaten" (nach J. R. M. Lenz, 1960 vollendet, 1965 uraufgeführt). Die achronolog. Erweiterung des Bewußtseins wird am deutlichsten in dem „Lingual" genannten „Requiem für einen jungen Dichter" 1970 (nach Texten von W. W. Majakowskij, S. A. Jesenin u. K. Bayer). Weitere Werke: „Kontraste" 1954; „Perspektiven" 1955; „Alagoana" 1955; „Omnia tempus habent" 1957; „Dialoge" 1960; „Tratto" 1966; „Stille und Umkehr" 1971; „Ich wandte mich und sah an alles Unrecht, das geschah unter der Sonne" für zwei Sprecher, Baßsolo u. Orchester 1972. **3.** Dominikus, Baumeister u. Stukkateur, *3. 6. 1685 Wessobrunn, †16. 11. 1766 Wies bei Steingaden; Hauptmeister der südd. Rokokobaukunst, wandte sich von der indirekten mystischen Beleuchtung der Gebrüder *Asam* ab u. einer auf heitere Farbklänge abgestimmten hellen Räumlichkeit zu. Schöpfer südd. Kirchenbauten mit phantasievoll gestalteten Innenräumen u. harmon. zur Architektur abgestimmter Dekoration. Hptw.: Wallfahrtskirche Steinhausen 1727–1733; Liebfrauenkirche in Günzburg 1736–1741; Wallfahrtskirche →Wies bei Steingaden 1746–1754; Saal der Klosterbibliothek Schussenried, seit 1752. – ▣ 2.4.3. **4.** Johann Baptist, Bruder von 3), Maler u. Stukkateur, *3. 1. 1680 Gaispoint bei Wessobrunn, begraben 2. 3. 1758 München; neben F. *Cuvilliés* Hauptvertreter der bayer. Rokokodekoration; Hptw. in Weyarn, Tegernsee u. München (Residenz, Amalienburg in Nymphenburg). **5.** Johann Georg, schweizer. Arzt u. Schriftsteller, *8. 12. 1728 Brugg, †7. 10. 1795 Hannover; stand mit vielen berühmten Zeitgenossen in Verbindung; schrieb „Über die Einsamkeit" 1756 u. a. **6.** Mac, Maler u. Graphiker, *22. 8. 1912 Stettin; surrealist. Kompositionen mit an Werke S. *Dalis* u. Y. *Tanguys* erinnernden weiträumigen Landschaften u. gespenstischen Traumszenen. **7.** Walter, Botaniker, *9. 5. 1892 Walldürn, Baden, †30. 6. 1980 Tübingen; Begründer der Telomtheorie zur Evolution der höheren Pflanzen.

Zimmerpflanzen, wegen Blüte, Blättern oder Wuchs beliebte, im Zimmer gedeihende Pflanzen, z. B. *Zimmerlinde, Pelargonien, Fuchsien, Azaleen, Primeln, Alpenveilchen, Gloxinien, Begonien, Amaryllis, Kakteen* u. a. – ▣ 9.6.8.

Zimmertanne →Araukarie.

Zimmertheater, eine Bühne mit einem Zuschauerraum, der an Umfang einem Zimmer vergleichbar ist; nach dem 2. Weltkrieg infolge Raummangels entstanden, zuerst in Hamburg von H. *Gmelin* eingerichtet. Geeignet für das Kammerspiel mit wenigen Darstellern.

Zimmerung, im Bergbau u. Tunnelbau die Sicherung der Wandungen u. Firste gegen den Gebirgsdruck durch Einbauten aus Holz oder Stahl. →auch Grubenausbau.

Zimt [der; mal., phöniz., grch., lat.], *Cinnamomum*, Gattung der *Lorbeergewächse*, mit wichtigen trop. Kulturpflanzen; →Campher liefert der *Echte Kampferbaum* (eine Z.art); den Z. *(Zimmet)* des Handels der *Ceylon-Z.baum, Cinnamomum ceylanicum*. Der bis 10m hohe, in Ceylon heim. Baum wird strauchartig kultiviert u. von den zweijährigen Trieben die Rinde gewonnen, die nach Entfernung der Oberhaut in Röhren zusammengelegt u. getrocknet wird. Der Abfall wird zur Gewinnung von *Z.öl* verwendet, das als Duftstoff u. als Aroma für Liköre benutzt wird. Arzneil. Verwendung finden die Rinde *(Cortex Cinnamomi)* u. das Öl *(Oleum Cinnamomi)* als Geruchs- u. Geschmackskorrigens. – Die *Z.-Kassie (Kassienrinde)* wird von dem in Südchina heim. *Chinesischen Z.baum, Cinnamomum cassia*, gewonnen. Die Kassienrinde diente bereits im alten Ägypten, Griechenland u. Rom als Räuchermittel, später als Bestandteil von Salben u. Ölen. Unter dem Namen *Kassiablüten (Z.blüten, Flores Cassiae)* kommen die unreifen Früchte mehrerer Arten, vor allem aber vom Chines. Z.baum als Gewürz in den Handel. – Von anderen Pflanzenfamilien stammen der *Weiße Z.* (→Kaneel) u. der *Nelken-Z.*

Zimtöl, aus Blättern oder Rinden des auf Madagaskar u. Ceylon heim. Zimtbaums gewonnenes äther. Öl. Z. aus Blättern enthält viel *Eugenol*, das Öl aus Rinden mehr Zimtaldehyd. Verwendung in der Parfümerie, als Gewürzöl u. zur Eugenolgewinnung.

Zimtsäure, *β-Phenylacrylsäure*, eine ungesättigte aromat. Monocarbonsäure, chem. Formel $C_6H_5{-}CH{=}CH{-}COOH$, die in verschiedenen Harzen frei oder verestert vorkommt u. synthet. gewonnen werden kann. Die substituierten Z.n haben Bedeutung als Riechstoffe, z.B. *Cumarin*.

Zịncgref, *Zinkgref*, Julius Wilhelm, frühbarocker Lyriker u. Spruchdichter, *3. 6. 1591 Heidelberg, †12. 11. 1635 St. Goar; Hrsg. der Anthologie „Teutsche Poemata" (darin M. *Opitz*, G. R. *Weckherlin* u.a.) 1624; „Emblemata" 1619; „Apophtegmata, der Teutschen scharpfsinnige kluge Sprüch" 1626.

Zindelkraut, *Cicendia*, Gattung der *Enziangewächse*; in Süd- u. Westeuropa, in Dtschld. nur *Cicendia filiformis* auf sandigen Heide- u. Moorböden. mit kleinen gelben Blüten.

Zinder ['zin-], *Sinder*, Stadt im S der afrikan. Rep. Niger, 40000 Ew.; Verwaltungs- u. Handelszentrum, Sultanspalast; Leder- u. Kunsthandwerk.

Zinerạrie [lat.] **1.** = Cinerarie.
2. = Aschenpflanze.

Zingel [der., lat.], Ringmauer einer Burg.

Zingst, Halbinsel an der Ostseeküste, westl. von Rügen, Krs. Ribnitz-Damgarten, Bez. Rostock, ehem. Insel, seit 1876 mit dem Darß verbunden; Seebäder (Ostseebad Z., 2400 Ew.), Fischerei.

Zink, 1. [das], *Chemie:* chem. Zeichen Zn, bläulichweißes, sprödes zweiwertiges Metall, Atomgewicht 65,38, Ordnungszahl 30, spez. Gew. 7,13; Schmelzpunkt 419,4 °C, Siedepunkt 906 °C; kommt als *Z.blende* (ZnS), *Z.spat* (*Galmei*, $ZnCO_3$) u. *Kieselzinkerz* ($Zn_2SiO_4 \cdot H_2O$) in der Natur vor. Die Gewinnung erfolgt im trockenen Verfahren durch Reduktion des aus Z.blende durch Rösten oder aus Z.spat durch Brennen erhaltenen Z.oxids mit Kohle in Muffelöfen, wobei das Z. dampfförmig anfällt u. in Schamottevorlagen, die an den Muffelöfen angebracht sind, kondensiert. Das so erhaltene *Roh-Z.* enthält als Verunreinigungen Blei, Cadmium u. Eisen, von denen es durch fraktionierte Destillation oder durch Elektrolyse getrennt wird. Bei dem sog. nassen Verfahren werden die gerösteten bzw. gebrannten Erze mit Schwefelsäure ausgelaugt u. die Sulfatlösungen der Elektrolyse unterworfen. Hierbei wird sehr reines Metall erhalten.
Z. überzieht sich an der Luft mit einer dünnen Oxidschicht, wodurch es gegen die Einwirkung von Atmosphärilien beständig wird. Aus diesem Grund wird es, in dünnen Überzügen auf eiserne Gegenstände aufgebracht (Verzinken durch Eintauchen in geschmolzenes Z. oder galvanisch), als Rostschutz verwendet. Z. ist Legierungsbestandteil des Messings, Neusilbers u.a.; man verwendet es außerdem zur Herstellung von Trockenbatterien.
Verbindungen: *Z.oxid* (ZnO), entsteht durch Verbrennung von Z., wird als Malerpigment *(Z.weiß)* verwendet, Bestandteil von *Z.paste* (25%), *Z.puder* (20–25%), *Z.salbe* (10%); *Z.hydroxid* ($Zn[OH]_2$), ein amphoteres Hydroxid, bildet mit Alkalien *Zinkate*; *Z.chlorid* ($ZnCl_2$) wird bei der Herstellung von Vulkanfiber u. zur Holzimprägnierung verwendet; *Z.sulfat* (*Z.vitriol*, $ZnSO_4$), als Ätzmittel in der Heilkunde gebraucht; *Z.sulfid* (ZnS) dient, mit Schwermetallspuren versetzt, als Leuchtfarbe, die u.a. für Leuchtschirme verwendet wird. →auch Lithopone.
2. [der], *Musikinstrumente: Zinken*, ital. *cornetto*, Grifflochhorn, meist aus Holz mit Lederumwicklung. Bildbelege weisen den Z.en schon im 12. Jh. nach, verwendet wurde er bis ins 18. Jh. Er wurde chorisch, d.h. in mehreren Stimmlagen, gebaut bis zum schlangenförmig gewundenen →Serpent als Baß.

Zink, Jörg, ev. Pfarrer u. Publizist, *22. 11. 1922 Elm; Medienbeauftragter der Württemberg. Landeskirche. Übertragung der Bibel in heutiges Deutsch; bemüht sich, theolog. Fragen allgemeinverständl. darzustellen.

Zinkblende, *Sphalerit*, gelb- bis dunkelbraunes, schwarzes, auch rotes, blendeartig glänzendes Mineral, chem. Zinksulfid (bei eisenreichen Varietäten auch Metallglanz); regulär; Härte 3,5–4; häufig Zwillingskristalle, strahlig-kugelig als *Schalenblende*; bedeutendstes Zinkerz. – 🅱→Mineralien.

Zinkblüte, *Hydrozinkit*, weiß bis blaßgelbes Zinkcarbonatmineral; monoklin, Härte 2–2,5; erdig, kreidig, auch in Schalen u. gebänderten Krusten.

Zinkdruck, *Zinkographie* →Flachdruck.

Zinken, 1. *Gaunersprache:* = Gaunerzinken.
2. *Musikinstrumente:* →Zink (2).
3. *Holzbau:* schwalbenschwanzartiger Zapfen am Ende eines Bretts, der sich in eine entspr. Aussparung eines anderen Bretts einpassen läßt, um so eine Holzeckverbindung herzustellen.

Zinkgref, Julius Wilhelm →Zincgref.

Zinkspat, *Smithsonit*, durchscheinendes, farbloses, weißes oder gelbl. Mineral, Zinkcarbonat, $ZnCO_3$; trigonal; Härte 5; meist in derben nierigen Massen u. Krusten, auch strahlig oder erdig.

Zinn, lat. *Stannum*, chem. Zeichen Sn, silberweißes, glänzendes, weiches u. dehnbares zwei- u. vierwertiges Metall, Atomgewicht 118,69, Ordnungszahl 50, spez. Gew. 7,28, Schmelzpunkt 231,8 °C; findet sich in der Natur in geringen Mengen gediegen, außerdem als *Z.stein* (SnO_2) in Bolivien, in Malakka u. in Indonesien (Banka-Z.). Die Gewinnung erfolgt durch Reduktion des Z.steins mit Koks, die Reinigung des bes. mit Eisen verunreinigten Roh-Z.s durch *Seigern*. Beträchtl. Mengen Z. werden durch Chlorentzinnung von Weißblech (verzinntes Eisenblech) zurückgewonnen. Bei längerer Aufbewahrung bei einer unter 13 °C liegenden Temperatur geht Z. in eine graue, pulvrig zerfallende Modifikation über *(Z.pest)*. Z. ist gegen Wasser u. Luft beständig; man verwendet es daher dazu, andere Metalle durch Eintauchen in geschmolzenes Z. *(Verzinnen)* zum Schutz gegen Korrosion zu überziehen. Z.-Legierungen sind die *Lötmetalle (Z.lote)*, die neben Z. Blei enthalten; die *Lagermetalle*, die sich aus Z., Blei u. Kupfer zusammensetzen; →auch Britanniametall. *Stanniol* ist sehr dünngewalztes Z., bes. früher als Verpackungsfolie verwendet.
Verbindungen: *Z.-II-Hydroxid* ($Sn[OH]_2$), ein amphoteres Hydroxid, bildet mit Alkalien Stannite; *Z.-IV-Chlorid* ($SnCl_4$) entsteht bei der Einwirkung von Chlor auf Z.; das Ammoniumsalz der aus ihm mit Salzsäure entstehenden Hexachlorozinnsäure (H_2SnCl_6) ist das Färberei-Beizmittel *Pinksalz* ($(NH_4)_2[SnCl_6] \cdot 6H_2O$; *Z.-IV-Oxid* ($SnO_2$), ein weißes Pulver, dient zur Herstellung weißer Emaillen u. Glasuren u. als Poliermittel; mit Alkalihydroxiden u. -oxiden geht es unter Bildung von Stannaten in Lösung; *Z.-IV-Sulfid* (SnS_2) wird als *Musivgold* zum Bronzieren verwendet.

Zinn, Georg-August, Politiker (SPD), *27. 5. 1901 Frankfurt a. M., †27. 3. 1976 Frankfurt a. M.; Jurist; 1945–1963 hess. Justiz-Min., 1948/49 Mitgl. des Parlamentar. Rats, 1949–1951 MdB; 1951–1969 Min.-Präs. von Hessen.

Zịnnaischer Münzfuß [a-i], 1667 in Zinna zwischen Brandenburg, Kursachsen u. Braunschweig-Lüneburg geschlossener Vertrag zur Ausmünzung von $^2/_3$, $^1/_3$ u. $^1/_6$ Talern.

Zinne [die], 1. gezahnte Mauer- oder Turmbekrönung mittelalterl. Verteidigungsanlagen, auch Dachschmuck. – 2. von einer Brüstung oder einem Geländer umfriedetes Flachdach.

Zinnemann, Fred, US-amerikan. Filmregisseur österr. Herkunft, *29. 4. 1907 Wien; seit 1929 in Hollywood. „Das siebente Kreuz" 1944; „Zwölf Uhr mittags" 1952; „Verdammt in alle Ewigkeit" 1953; „Oklahoma" 1955; „Der alte Mann u. das Meer" 1956; „Giftiger Schnee" 1957; „Deine Zeit ist um" 1964, u.a.

Zinnenfries, in rechten Winkeln gebrochene Zierleiste an roman. Kirchen; vor allem in der anglo-normann. Baukunst gebräuchlich.

Zinnguß, das Gießen von Zinn zu Gerätschaften, Zinnfiguren u.a. Gegenständen der Kleinkunst, seit dem 14. Jh. in Europa betrieben in handwerkl. Fertigungsstätten, deren Angehörige in Zünften zusammengeschlossen waren. Der Z. wurde ausgeführt nach Modellen u. Formen, die zunächst aus Sandstein, Lehm oder Gips, seit dem 16. Jh. aus festen Metallen (Blei, Messing, Eisen) bestanden; der auf rd. 400 °C erhitzten Gießmasse setzte man als Härtemittel Blei, später Kupfer u. Antimon zu. Die ausgeformten Stücke wurden, sofern es sich um mehrteilige Arbeiten handelte, nach dem Erkalten zusammengelötet. Die anschließende Verzierung erfolgte meist durch Ätzen, Gravieren u. Patinieren, oft auch als Treib- oder Einlegearbeit; Reliefschmuck wurde bereits beim Gießen durch entspr. Modellausformung erzielt. – Z.erzeugnisse tragen Marken, sog. *Zinnstempel*, meist in Wappenschildform, daneben Meisterinitiale, Stadtmarke u. Zahlen nach einem von den Vorschriften der Zünfte abhängigen System.
Die Blütezeit des Zinngusses, dessen Technik bereits im Altertum bekannt war, lag in Europa im 17. u. 18. Jh. In Dtschld. befanden sich die berühmtesten Werkstätten in Nürnberg (Reliefzinn), Augsburg, Ulm, München, Köln, Lübeck, Hamburg u. Bremen, in Österreich in Wien (seit 1326). Die anfangs von dt. Meistern beeinflußte schweizer. Zinnkunst zeichnete sich durch bes. Kannentypen u. sog. Dedikationsplatten (Zierteller) aus. Holland, wo die Verwendung von Zinn seit den ersten nachchristl. Jahrhunderten nachweisbar ist, besaß seine wichtigsten Zinngießereien in Amsterdam, Rotterdam, Mecheln u. Leiden, Rußland seit 1650 in Moskau. – 🄻 2.0.3.

Zịnnie [nach dem Botaniker G. *Zinn*, †1759], *Zinnia*, aus Mexiko stammender *Korbblütler*. Sehr beliebt ist die *Zinnia elegans* mit roten, gelben oder weißen, oft zungenförmigen Blüten.

Zinnkies, das Mineral →Stannin.

Zinnkraut →Schachtelhalm.

Zinnọber [der; pers., grch., lat.], **1.** *Farben:* gelbliches Rot.
2. *Mineralogie: Cinnabarit, Merkurblende*, scharlachrotes, auch braunes u. bleigraues, diamantglänzendes Mineral (Quecksilbersulfid); trigonal; Härte 2–2,5; meist körnig, erdig; wichtigstes Erz zur Quecksilberherstellung. Mit organ. u. erdigen Bestandteilen verunreinigte Z.varietäten: Stahlerz, Lebererz, Korallenerz, Ziegelerz.

Zịnnowitz, Stadt auf der Insel Usedom, Krs. Wolgast, Bez. Rostock, 4400 Ew.; Ostseebad.

Zinnstein, *Cassiterit*, braunes, braun- oder eisenschwarzes, selten gelbes oder graues, diamantglänzendes Mineral, chem. Zinndioxid; tetragonal; Härte 6–7; säulige Kristalle (häufig Zwillinge), selten nadelig *(Nadelzinn)* oder faserig, glaskopfartig *(Holzzinn)*, auch als Seifen; bedeutendster Rohstoff zur Zinngewinnung.

Zins [lat. *census*], *i.w.S.* Miete, Pacht; auch Bez. für Abgaben, Steuern, Tributleistungen. *Z.leute*, abgabepflichtige Bauern im MA. – *I.e.S.* (meist als Mz. üblich: *Zinsen*) Vergütung für geliehenes Kapital; meist in v.H. des Kapitals pro Jahr ausgedrückt *(Z.fuß, Z.satz)*; bildet sich als Preis, der das Angebot u. die Nachfrage nach Krediten ins Gleichgewicht bringt (für langfristige Kredite am Kapitalmarkt: *Kapital-Z.*; für kurzfristige Kredite am Geldmarkt: *Geld-Z., Diskontsatz*). Die große Bedeutung des Z.es für den Wirtschaftsablauf (die Z.höhe ist mitbestimmend für das Ausmaß der Investitionen u. damit der Beschäftigung) gibt dem Staat oft Anlaß, durch Festsetzung des Diskontsatzes, der Z.en bei Sparkassen, Offen-Markt-Politik u.a. auf die Z.höhe regulierend einzuwirken *(Z.politik)*.
Geschichtliches: Das Z.nehmen wurde schon von *Aristoteles*, später von den *Scholastikern* als Wucher abgelehnt, da nicht aus dem neutralen Geld Erwerb gezogen werden sollte *(kanonisches*

Z.verbot). Das führte dazu, daß die Geldleihe im MA. fast ausschl. von Juden betrieben wurde. Später wurde bes. von den *Sozialisten* (ausgehend von der *Arbeitswerttheorie)* der Z. als arbeitsloses Einkommen heftig angegriffen. Trotzdem nahm das Z.nehmen immer mehr zu u. wurde im *Kapitalismus* zu einem tragenden Wirtschaftsfaktor.
Zur Begründung u. Erklärung des Z.es wurden von der Wissenschaft eine Reihe von *Z.theorien* aufgestellt, z.B.: *Abstinenztheorie* (Z. als Entschädigung für Konsumverzicht), *Produktivitätstheorie* (Kapital schafft Mehrwert), *Nutzungstheorie* (Höherschätzung von Gegenwarts- gegenüber Zukunftsgütern), *Liquiditätstheorie* (Aufgeben der Liquidität muß belohnt werden).
Die Berechtigung des Z.es wird heute kaum mehr diskutiert, auch in den sozialist. Staaten ist der Z. nicht abgeschafft worden. Umstritten ist aber, ob große Kapitalansammlungen in Privathand gelassen werden sollen u. wieweit der Staat bei der Festsetzung der Z.höhe mitwirken soll. – ▭4.5.3.
Recht: Die Z.pflicht kann auf Vertrag oder Gesetz (z.B. beim Schuldnerverzug) beruhen. Der Z.fuß kann frei vereinbart werden; aber die Festsetzung von *Wucher-Z.en* (Z.festsetzung unter Ausbeutung der Notlage, des Leichtsinns oder der Unerfahrenheit des Geschäftspartners) ist nichtig. Ist die Höhe des Z.fußes nicht bestimmt, so beträgt er allg. 4% (§ 246 BGB), unter Kaufleuten 5% (§ 352 HGB), für Wechsel- u. Scheck-Z.en Diskontsatz plus 2%, mindestens aber insgesamt 6% (Gesetz über die Wechsel- u. Scheck-Z.n vom 3. 7. 1925). Der Diskontsatz kann in der BRD durch die Bundesbank erhöht oder gesenkt werden. Ähnl. Befugnisse haben auch andere Nationalbanken, z.T. auch Regierungen. Die Vereinbarung von *Zinseszinsen* (Z.en von den Z.en; *Anatozismus*) ist mit Ausnahme der Sparkassen-, Bank- u. Kontokorrentgeschäfte nichtig (§ 248 BGB).

Zinsgroschen, sächs. Silbermünze der Jahre 1492–1499. Der Z. des N.T. war ein →Schekel.

Zinspolitik, Inbegriff aller Maßnahmen des Staates u. der Notenbank zur Regulierung des Zinssatzes in einer Volkswirtschaft; →auch Geld- und Kreditpolitik.

Zinsrechnung, die Art der Prozentrechnung, die sich mit verzinsbar angelegten Kapitalien befaßt. Bez.: Kapital *(k)*, Zinsfuß *(p)* in Prozenten pro Jahr, Zeit in Jahren *(n)*, in Tagen *(t)*, Zinsen *(z)*. 1. *Einfache Zinsen* kommen im allg. nur für Zeiten bis zu 1 Jahr in Frage. Die einfachen Zinsen nach *n* Jahren sind

$$z = \frac{k \cdot p \cdot n}{100},$$

nach *t* Tagen

$$z = \frac{k \cdot p \cdot t}{100 \cdot 360},$$

da das Bankjahr 360 Tage, jeder Monat 30 Tage hat. Die Banken benutzen zur Zinsberechnung *Zinszahlen* (→Kontokorrent). – 2. *Zinseszinsen.* Werden die Zinsen eines Kapitals am Ende eines Jahres nicht abgehoben, so werden sie dem Kapital zugeschlagen. Das Kapital K_n nach *n* Jahren ist dann

$$K_n = k \cdot q^n,$$

wobei

$$q = 1 + \frac{p}{100}$$

der *Zinsfaktor* ist. – 3. *Laufende Zahlungen.* Wird auf ein (von einem) Konto von der Höhe *B* ein (laufender) Betrag *r* am Ende eines jeden Jahres (nachschüssige Zahlungen) gezahlt (abgehoben), so ist der Endwert *E* des Anfangskapitals *B* u. der Zahlungen *r* nach *n* Jahren

$$E = Bq^n \pm r \cdot \frac{q^n - 1}{q - 1}.$$

Ist $E = 0$, so handelt es sich um Rentenzahlungen. Der Barwert der Rente ist

$$B = \frac{r}{q^n} \cdot \frac{q^n - 1}{q - 1}.$$

Werden die Zahlungen vorschüssig (am Anfang eines jeden Jahres) geleistet, ist in den Formeln *r* durch *rq* zu ersetzen.

Zinssatz, *Zinsfuß*, der in Hundertteilen ausgedrückte Preis für geliehenes Kapital. →auch Zins.

Zinsscheine, *Zinskupons*, Berechtigungsscheine für den Bezug der Zinsen aus einer Schuldverschreibung; sind zusammengefaßt in einem *Zinsbogen (Kuponbogen)*, der daneben noch den *Erneuerungsschein (Talon, Zinsleiste*; für den Bezug eines neuen Zinsbogens) enthält.

Zinsspanne, bei Banken u. Sparkassen der Unterschied zwischen *Aktivzinsen* (für Kredite; sind höher) u. *Passivzinsen* (für Einlagen); dient zur Deckung der Kosten, der Risikoprämie u. eines Unternehmergewinns.

Zinten, russ. *Kornewo*, Stadt in Natangen, bei Heiligenbeil, in der ehem. Prov. Ostpreußen (kam 1945 unter sowjet. Verwaltung, seit 1946 Oblast Kaliningrad der RSFSR), 5800 Ew.; landwirtschaftl. Industrie, Seifenfabrik.

Zintl, Eduard, Chemiker, *21. 1. 1898 Weiden, †17. 1. 1941 Darmstadt; röntgenograph. Untersuchungen an Kristallen, Arbeiten über intermetallische Verbindungen (Entdecker der *Z.schen Phasen*).

Zinzendorf, Nikolaus Ludwig Graf von, Begründer der Herrnhuter →Brüdergemeine, *26. 5. 1700 Dresden, †9. 5. 1760 Herrnhut; sammelte seit 1722 auf seinem Gut Berthelsdorf Emigranten aus Kreisen der Böhmischen Brüder zu einer christl. Lebensgemeinschaft, gründete auf ausgedehnten Reisen zahlreiche Niederlassungen Gleichgesinnter, förderte die Mission in Westindien u. Grönland. Dichter vieler Kirchenlieder.

Ziolkowskij, Konstantin Eduardowitsch, russ. Mathematiker, *5. 9. 1857 Ischewskoje, Gouvernement Rjasan, †19. 9. 1935 Kaluga; einer der ersten theoret. u. prakt. Raketentechniker, veröffentlichte 1895 technisch ernst zu nehmende Gedanken über die Raumfahrt u. 1927 das grundlegende Werk „Die kosmische Rakete".

Zion, *Sion*, ursprüngl. die befestigte, vorisraelit. Stadt der Jebusiter auf dem südöstl. Hügel von Jerusalem (2. Sam. 5,7); dann auf den von David u. Salomo bebauten nordöstl. Hügel, bes. den Palast- u. Tempelbezirk, u. schließlich auf die ganze Stadt übertragen. Als Stadt Gottes u. seines erwählten Volkes spielt Z. eine große Rolle in der Kultdichtung (P.s 14,7; 48; 84; 125f. u.a.) u. Prophetie (Jes. 1,27; 2,2–4; 10, 12; Jer. 26,18 u.a.) des A.T. u. auch im N.T. (Hebr. 12,22; Offb. 14,1). – *Tochter Z.*, die als Person gedachte Stadt Jerusalem (2. Kön. 19,21; Jes. 62,11; Sach. 9,9).

Zionismus, eine national-jüdische Bewegung auf internationaler Ebene, die die Lösung der Judenfrage nicht durch Assimilation, sondern durch Gründung bzw. „Wiederherstellung" eines eigenen jüd. Staats in Palästina anstrebte. Der Z. wurzelt in der „Zionssehnsucht" des osteurop. Judentums u. erhielt durch Th. *Herzl* („Der Judenstaat" 1896) Organisation u. polit. Programm („Schaffung einer öffentl.-rechtl. gesicherten Heimstätte in Palästina"), dessen Verwirklichung auf den von Herzl seit 1897 organisierten Zionisten-Kongressen u. durch die von ihm geleitete „Zionist. Organisation" angestrebt wurde. Herzl versuchte, den türk. Sultan u. europ. Herrscher u. Politiker für die Idee des Z. zu gewinnen. Obwohl die türk. Regierung jede Unterstützung u. verfassungsmäßige Garantie (Charte) für jüd. Niederlassungen in Palästina verweigerte, wurden 1908 mit der Errichtung des Palästinaamts in Jaffa u. einer zionist. Siedlung am Jordan sowie mit der Gründung von Tel Aviv als jüd. Stadt die ersten Erfolge des „praktischen Z." erzielt, dessen wichtigster Repräsentant Ch. *Weizmann* wurde. Im Gegensatz dazu erstrebte der „polit. Z." erfolglos schon vor der Ansiedlung polit. Garantien für die Staatsgründung u. die Rechte der jüd. Volksgruppen. Im 1. Weltkrieg erreichte Weizmann die Zusage der von den Türken verweigerten Charte von den Engländern durch die *Balfour-Deklaration*, die aber von zweifelhaftem Wert war, da die Engländer auch den Arabern das Land zugesagt hatten. Trotzdem führte die Balfour-Deklaration zur Übertragung des Völkerbunds-Mandats über Palästina an Großbritannien, das die Grundlage für die Errichtung eines jüd. Staats bilden sollte. Im Z. standen u. stehen sich eine meist die Mehrheit repräsentierende mehr pragmat. Richtung (Ch. Weizmann, D. *Ben Gurion* u.a.) u. ein von W. *Jabotinsky* u. nach 1948 von M. *Begin* geführter „revisionistischer", um die „histor. Grenzen" („Groß-Israel") kämpfender Flügel gegenüber.
Erst nach dem 2. Weltkrieg wurde 1948 der Staat Israel gegr., nachdem in der Zwischenzeit eine starke, nicht zuletzt von der dt. Judenverfolgung verursachte Einwanderung die wirtschaftl. u. sozialen Voraussetzungen dazu geschaffen hatte. →auch Israel (Geschichte), Nahostkonflikt, Palästina. – ▭5.6.8.

Zipfelmütze, aus der *Gugel* durch Weglassen des Halskragens entstandene Kopfbedeckung, verbreitet in vielen dt. Volkstrachten.

Zippammer, *Emberiza cia*, ein die Felsen der Mittelmeerländer bewohnender *Singvogel*, mit hellgrauer Kehle.

Zipperlein, *Podagra, Fußgicht* →Gicht (2).

Zips [die], slowak. *Spiš*, Beckenlandschaft u. ehemalige dt. Sprachinsel im SO der Hohen Tatra, Zentrum *Käsmark*; im MA. Bergbau; Ortsgründungen der dt. *Z.er Sachsen* (seit dem 13. Jh.).

Zipser Neudorf, slowak. *Spišská Nová Ves*, Stadt in der Zips (Slowakei), 18000 Ew.; Holzverarbeitungs-, Nahrungsmittelindustrie, Eisenerzvorkommen.

Zirbe, *Zirbelkiefer* = Arve.

Zirbeldrüse, *Epiphyse*, Drüse innerer Sekretion (→Hormon) von Wirbeltieren u. Mensch; entstammt der Zwischenhirndecke, u. zwar dem →Pinealorgan, das bei Neunaugen noch als Pinealauge ausgebildet ist (→Lichtsinnesorgane). Die Z. nimmt als Gegenspieler der Hirnanhangdrüse *(Hypophyse)* Einfluß auf die körperl. u. seel. Entwicklung, auf den Ernährungszustand des Körpers u. einzelner Organe. Beim Menschen ist sie ein haselnußgroßer, dem Zapfen der Zirbelkiefer ähnlicher Anhang am Zwischenhirn; ihr Hormon hemmt bis zum 7. Lebensjahr die Entwicklung der Keimdrüsen.

Ziriden, islam. Dynastie in Nordafrika, 10.–12. Jh.; begründet durch den Statthalter im Gebiet des heutigen Algerien, *Ziri* (†971).

Zirkassier, alter Name für die →Tscherkessen.

Zirkel [grch., lat.], **1.** *allg.:* Kreis(linie); kleiner, geselliger Personenkreis.
2. *Zeichentechnik:* ein Gerät zum Zeichnen von Kreisen u. zum Ausmessen von Strecken. Es werden u.a. unterschieden *Scharnier-, Stangen-, Feder-Z.*; der *Nullen-Z.* dient zum Ziehen sehr kleiner Kreise. Der Radius wird bei ihm durch eine Stellschraube eingestellt. Der *Stech-Z.* trägt an beiden Schenkeln Stahlspitzen u. wird zum Abgreifen u. Übertragen von Strecken verwendet, z.B. auf Landkarten. *Reduktions-Z.* erlauben mit Hilfe von Schenkeln veränderlicher Länge das Übertragen von Strecken zwischen Zeichnungen verschiedenen Maßstabs.

Zirkelschluß →Circulus vitiosus.

Zirkon [der; arab., frz.], farbloses, meist aber verschieden gefärbtes, fett- oder diamantglänzendes Mineral, chem. Zirkoniumsilicat; tetragonal, Härte 7,5; bildet Einsprenglinge in Eruptivgesteinen u. kristallinen Schiefern. Edelsteinvarietäten sind *Hyazinth* (braun, gelbrot) u. *Jargon* (farblos, blaßgelb).

Zirkonium [das; zu *Zirkon*], chem. Zeichen Zr, stahlgraues bis silberweißes Metall, Atomgewicht 91,22, Ordnungszahl 40, Schmelzpunkt 1860 °C, spez. Gew. 6,52; kommt in der Natur als Mineral *Zirkon* (Z.silicat) u. *Z.erde* (ZrO_2) vor. Verwendung für chem. Apparate (chem. beständig), chirurg. Instrumente u.a.

Zirkulargeschwindigkeit →Kreisbahngeschwindigkeit.

Zirkularkreditbrief, ein Akkreditiv, das an verschiedene Banken gerichtet ist, so daß der Begünstigte nach freier Wahl von einer dieser Banken Geld verlangen kann. I.w.S. ist der *Reisescheck* ein Z.

Zirkularnote, im diplomat. Verkehr eine gleichzeitig an mehrere Empfänger gerichtete Note.

Zirkulation [lat.], **1.** *allg.:* Kreislauf, Umlauf.
2. *Physik:* Integral für eine geschlossene Linie in einer Strömung. In Potentialströmungen ist die Z. für alle geschlossenen Linien gleich Null, wenn sie keinen Wirbel umgreifen. Die Z. bleibt in einer homogenen, reibungslosen Flüssigkeit konstant. Ein Wirbelfaden hat in der Flüssigkeit immer dieselbe Z. u. endigt nirgends *(Helmholtzsche Wirbelsätze).* →auch Wirbel.

zirkum... [grch.], Vorsilbe mit der Bedeutung „um, herum".

Zirkumflex [der; lat.] →Akzent.

Zirkumpolarsterne [lat.], Sterne, die während der tägl. Umdrehung der Himmelskugel nicht auf- oder untergehen (den Horizont nicht überschreiten). Über den Erdpolen sind alle Sterne Z., am Äquator gibt es keine.

Zirkumpolarvölker [lat.], die am Rand der Arktis lebenden Völker, →Polarvölker.

Zirkumzision [lat.], die →Beschneidung.

Zirkus [lat., „Kreis"], in altröm. Zeit ein Kampfspielplatz in Form eines langgestreckten Ovals, mit Zuschauerreihen auf den beiden Längsseiten, Sitzen für die Veranstalter u. Preisrichter auf einer Schmalseite. Die Arena war durch eine zu umfahrende Schranke *(spina)* in der Längsrichtung aufgeteilt, an deren Enden je drei Kegelsäulen *(metae)*, die die Kurve markierten, aufgestellt

Zirkus: Programmzettel des Zirkus Sarrasani; um 1910

waren. Der Z. diente vor allem Wagen- (Zweier- oder Vierergespanne) u. Pferderennen; vor dem Bau von Amphitheatern u. Stadien auch Gladiatorenkämpfen, Tierhetzen u. gymnast. Spielen. Bedeutendste Z.gebäude waren der *Circus Maximus* (angebl. bereits in der Königszeit angelegt, in der Kaiserzeit etwa 600 m lang u. 90 m breit, mit ansteigenden Sitzreihen für 150000, im 4. Jh. 385000 Zuschauer), der *Circus Flaminius* u. der *Circus Neronis.* Fast jede größere röm. Provinzstadt besaß einen Z.
In neuerer Zeit (seit Ende des 18. Jh.) ist der Z. ein Unternehmen, das durch artistische Leistungen, bes. Tierdressur, Kunstreiten, Akrobatik, Clowns, der Unterhaltung dient. Die Vorführungen finden in einem Zelt oder festen Gebäude, in einer ovalen oder kreisrunden Manege (oft mehrere nebeneinander) mit umlaufenden ansteigenden Sitzreihen statt. – ▭ 3.6.1.

Zirkusparteien, *Demen,* im Byzantin. Reich bis in das 7. Jh. polit. einflußreiche Organisationen, die sich äußerl. durch verschiedene Farben unterschieden; von Bedeutung unter Justinian I. (*Nika-Aufstand* 532).

Zirmet, *Drehkraut, Tordylium,* Gattung der *Doldengewächse.* In Mitteleuropa kommt das bis 1,30 m hohe *Tordylium maximum* an sandigen, buschigen Orten u. Wegrändern vor.

Zirndorf, bayer. Stadt in Mittelfranken (Ldkrs. Fürth), westl. von Nürnberg, 20500 Ew.; Metall-, Spielzeugindustrie.

Ziro, Hauptort des ind. Unionsterritoriums Arunachal Pradesh (bis 1972 North East Frontier Agency), im Nordosten der Indischen Union gelegen.

zirpen, *stridulieren,* bestimmte Töne erzeugen (von Insekten). Dabei betätigen die Männchen besondere Schrill- oder Zirporgane (meist Chitinleisten mit zahnartigen Vorsprüngen), um die Weibchen anzulocken (→*Balz*). Die Lage der Zirporgane ist sehr verschieden. Laubheuschrecken z. mit einer Reibleiste des linken Flügels, Feldheuschrecken mit den Hinterbeinschienen, einige Käfer (z.B. Bockkäfer) bewegen reibend die Chitinränder von Brust u. Hinterleibsabschnitt gegeneinander.

Zirpen = Zikaden.

Zirren, griffelartig gebündelte →Wimpern *(Zilien),* z.B. Fortbewegungsorganelle bestimmter Wimpertiere.

Zirrhose [die; grch.], *Zirrhosis,* auf Entzündung beruhende Bindegewebswucherung auf Kosten des drüsigen Gewebes; am bekanntesten ist die Leber-Z. (→Leber).

Zirrokumulus [der, Mz. *Zirrokumuli;* lat.], *Lämmer-* oder *Schäfchenwolke,* hohe Wolke über 5 km, Schicht oder Bank von zirrusartigen Wolken, die aus einzelnen weißen Flocken oder sehr kleinen Bällchen ohne Schatten bestehen; tritt selten auf, meist zusammen mit Zirrus oder Zirrostratus.

Zirrostratus [der, Mz. *Zirrostrati;* lat.], Schleierwolke, hohe Wolke über 5 km, feiner weißer Schleier, durch den die Sonne fast unvermindert scheint.

Zirruswolken [lat.], *Eis-, Federwolken,* Wolken in mindestens 5 km Höhe; einzelne feine Wolken von faserigem Aufbau in Form von Fäden, Flecken oder Streifen, ohne eigentl. Schatten, meist von weißer Farbe, oft mit seidenartigem Glanz.

Zirzensische Spiele [lat.], mit feierl. Aufzügen verbundene Veranstaltungen, die im alten Rom ursprüngl. aus religiösen Anlässen, später von den Kaisern dem Volk zur Unterhaltung geboten wurden; sie fanden in einem *Zirkus* statt u. bestanden hauptsächl. aus Wagen- u. Pferderennen.

Zisalpinische Republik, der 1797 von Napoléon geschaffene oberitalien. Staat mit der Hptst. Mailand, 1802 in *Italien. Republik* umbenannt, wurde 1805 zum napoleon. *Königreich Italien.*

Zischka, Anton Emmerich, österr. Schriftsteller, *14. 9. 1904 Wien; schrieb vielbeachtete wirtschaftspolit. u. weltpolit. Sachbücher.

Zischlaut = Sibilant.

Ziseleur [-'lø:r; frz.], handwerkl. u. industrieller Ausbildungsberuf, 3 Jahre Ausbildungszeit; Abschluß durch Gesellen- bzw. Facharbeiterprüfung; Meisterprüfung u. Selbständigkeit möglich. Arbeitsaufgaben: Heraustreiben von Verzierungen aus Gold-, Silber-, Messingblech oder Feinbearbeitung der Verzierungen in Guß- oder Preßformen. Arbeitsweise mit der des *Graveurs* verwandt. Weiterbildung auf Werkkunstschulen.

ziselieren [frz.], ausgestanztes Gold u. Silber dekorieren bzw. Bronzeguß mit Meißel, Feile, Stichel u. Punze überarbeiten.

Žiška ['ʒiʃka], Jan, *Žižka von Trocnow* (Tratzenau), Hussitenführer, *um 1370 Trocnow, †11. 10. 1424 bei Přibislau; Organisator der hussit. Heere, schlug 1420 mit den Taboriten das dt. Kreuzheer u. 1422 König Sigismund bei Prag.

Zisleithanien →Cisleithanien.

Zissoide [die; grch.], *Cissoide, Efeublattkurve,* algebraische Kurve 3. Ordnung, geometr. Ort für die Fußpunkte aller Lote, die vom Scheitel einer Parabel auf die Tangenten gefällt werden können. Gleichung $y^2(a-x) = x^3$ oder $r = a \sin^2 \varphi / \cos \varphi$.

Ziste [die; grch., lat.], *Cista,* zylinderförmiges, aus Bronzeblech getriebenes Gefäß, z.T. mit Henkeln u. figürl. oder ornamentaler Verzierung; aus dem Orient stammend; häufig im Verbreitungsgebiet der Hallstatt-Kultur, Erzeugungszentren in Oberitalien (Bologna, Este).

Zisterne [die; lat.], in die Erde eingetiefter Auffangbehälter für Regenwasser.

Zisterzienser, lat. *Sacer Ordo Cisterciensis,* Abk. *SOCist,* auch *Bernhardiner,* kath. Mönchsorden, als Reformbewegung aus dem Benediktinerorden hervorgegangen, 1098 von →Robert von Molesme im Stammkloster *Cîteaux* gegr.; durch *Bernhard von Clairvaux* wesentl. gefördert; päpstl. Approbation 1119. Der Z.orden zeichnete sich anfangs durch bes. Strenge u. Einfachheit in der Lebensweise aus; vorbildl. Bodenbewirtschaftung führte bald zu großem Reichtum. Die Z. waren maßgebend an der Kultivierung u. Christianisierung der Slawenländer östl. der Elbe beteiligt, verloren aber bis zum 19. Jh. den größten Teil ihres Besitzes. Heute hauptsächl. in Seelsorge u. Unterricht tätig. An der Spitze des Ordens steht der Generalabt, Sitz: Rom. Zu den bekanntesten dt. Z.klöstern gehören das Priorat Birnau u. die Abteien Marienstatt im Westerwald u. Himmerod. – Ordenskleid: weiß mit schwarzem Skapulier u. Cingulum. Weibl. Ordenszweig: *Zisterzienserinnen,* seit etwa 1125. →auch Trappisten.

Zisterzienserarchitektur, die Baukunst des Zisterzienserordens. Charakteristisch für die Kirchen der Zisterzienser sind die bes. formale Behandlung des Chors, das Fehlen von Krypten u. Türmen u. die äußerst sparsame Verwendung von Schmuckmotiven. Hinzu kommt, daß in nicht wenigen Bauten der Westfront eine offene Vorhalle angegliedert ist (Maulbronn). In den ältesten Zisterzienserkirchen, etwa der um die Mitte des 12. Jh. errichteten Abteikirche von Fontenay, ist der Chor so gebildet, daß das an die Vierung sich anschließende Chorquadrat von schmalen rechteckigen Kapellen, für Einzelandachten u. Bußübungen bestimmt, flankiert wird u. Chor u. Kapellen mit geraden Wänden abschließen. Dieser Chortyp ist nicht nur in Frankreich, sondern auch in Spanien (Las Huelgas), Italien (Casmari), England (Roche) u. Dtschld. (Eberbach) zu finden. Seit dem letzten Viertel des 12. Jh. kamen weitere Kapellen hinzu, die sich um ein rechtwinklig um das Chorquadrat geführten Umgang gruppieren (Riddagshausen, Ebrach). Unter dem Eindruck der großen Umgangschöre wird das Chorquadrat mit einer polygonalen Apsis abgeschlossen u. der Umgang entspr. gestaltet. Die Kapellen behalten ihre rechteckige Grundrißgestalt u. wirken wie durch Trennwände voneinander isolierte Joche eines äußeren Umgangs (Abteikirche in Clairvaux). Erst im Lauf des 13. Jh. erhielten die Kapellen einen polygonalen Abschluß (Abteikirchen in Royamont, Altenberg), so daß man nun den Grundriß einer Zisterzienserkirche kaum von dem einer anderen Abtei- oder Domkirche unterscheiden kann. Im Innern entsteht durch bewußtes Festhalten an schlichten Rundstützen, durch sparsame Verwendung von Profilen u. Schmuckmotiven u. nicht übermäßig große Abmessungen der Eindruck großer Schlichtheit.
Die Z. hat in Dtschld. die Entwicklung der übrigen Kirchenarchitektur stark beeinflußt; die Dome in Magdeburg, Nordhausen, Breslau, Bamberg, Osnabrück u. Bremen sind dafür beispielhaft. Umgekehrt übernahm die Z. Merkmale anderer Sonderformen. So ist z.B. das Hallenschema der Abteikirche in Haina von der Marburger Elisabethkirche angeregt worden. Im 15. u. 16. Jh. hatte die Z. nur noch geringe Bedeutung. In der Zeit der Gegenreformation entstanden teils durch Umbauten, teils als Neubauten Zisterzienserkirchen, die sich von anderen Kirchen kaum unterscheiden.

Zistrose, *Cistus,* Charakterpflanze der Hartlaubformationen des Mittelmeergebiets aus der Familie der *Zistrosengewächse.* Die von den Drüsenhaaren mancher Arten abgesonderte harzige, styraxartig duftende Masse wurde früher als *Ladanum (Labdanum)* innerlich als Stimulans u. äußerlich zu Pflastern benutzt.

Zistrosengewächse, *Cistaceae,* für die Macchie kennzeichnende Familie aus der Pflanzenordnung *Parietales.* Hierher gehören u.a. *Sonnenröschen* u. *Zistrose.*

Zita, Kaiserin von Österreich u. Königin von Ungarn 1916–1918, *9. 5. 1892 Villa Pianore bei Viareggio; Tochter des Herzogs Robert von Bourbon-Parma, heiratete 1911 den späteren Kaiser *Karl I.;* bestärkte ihn 1917 in dem Bestreben, sich aus dem Bündnis mit Dtschld. zu lösen (Sixtusaffäre) u. die Königswürde in Ungarn zu behaupten; lebt im Exil.

Zitadelle [ital., frz.], bes. festes Verteidigungswerk innerhalb einer Festung oder einer befestigten Stadt.

Zitat [das; lat.], wörtlich genau wiedergegebene Stelle aus einer Schrift oder Rede. In den allg. Sprachgebrauch eingegangene Z.e *(geflügelte Worte)* sammelten G. *Büchmann* ([13]1972), F. *Lipperheide* ([51]1965), R. *Zoozmann* ([111]1964), K. *Peltzer* ([4]1968), G. *Hellwig* (1974) u.a.

Zisterzienserarchitektur: Innenansicht der Abteikirche von Pontigny; 12./13. Jh.

Zither [die; grch. *kithara*], Saiteninstrument der Volksmusik, bes. in den Alpenländern, besteht aus einem flachen Resonanzkasten mit Schalloch, auf dem parallel zur Längsseite die 5 Spiel- u. 24–37 Begleitsaiten verlaufen. Unter den Spielsaiten liegt das mit 29 Bünden versehene Griffbrett. Beim Spiel ruht die Z. auf dem Schoß oder Tisch. Die Spielsaiten werden mit einem Schlagring gespielt, die Begleitsaiten werden gezupft.
Zitral = Citral.
Zitrin [der; lat.], *Citrin*, gelbe durchsichtige Varietät des Quarzes, Härte 7; kann künstl. durch Glühen aus Amethyst hergestellt werden. – 🅱→Mineralien.
Zitronat [das; ital., frz.], *Sukkade*, kandierte Schale der Zedratzitrone *(Citrus medica var. bajoura)*; halbierte, unreife Früchte werden gekocht, die weichen Schalen vom Fruchtfleisch befreit u. 3–4 Monate in konzentrierte Zuckerlösung gelegt; Z. dient als Backgewürz.
Zitrone [ital.], *Limone, Citrus medica*, Art der Pflanzengattung →Citrus der *Rautengewächse*. Im Himalayagebiet beheimatet, hat sich die Pflanze über Indien u. Iran bis zum Mittelmeergebiet ausgebreitet. Aus den Z.nschalen wird durch Pressen oder Destillation ein äther. Öl gewonnen *(Z.nöl, Oleum Citri)*. Hauptanbaugebiete: Italien, Spanien, Nordamerika (Florida, Kalifornien).
Zitronellal, *Zitronellaldehyd* = Citronellal.
Zitronellol = Citronellol.
Zitronenfalter, *Gonepteryx rhamni*, Tagfalter aus der Gruppe der Weißlinge, der als Falter überwintert u. deshalb einer der ersten im Frühjahr fliegenden Schmetterlinge ist. Raupen bevorzugen Faulbäume.
Zitronengras, *Zitronellgras, Narden-Bartgras, Andropogon nardus*, vor allem in Ceylon angebaute, zu den *Süßgräsern* gehörende Pflanze, die ein Gemisch von *Citronellal, Geraniol* u. *Citral* enthält u. zugleich nach Zitronen u. Rosen riecht. Durch Destillation wird das *Ceylon-Citronellöl (Oleum Citronellae)* gewonnen, das technisch in der Parfümerie u. arzneil. als Geruchskorrigens zu Einreibungen verwendet wird. Auf Java wird ebenfalls ein Z. angebaut, das das *Java-Citronellöl* liefert.
Zitronenkraut = Melisse.
Zitronenpilz = Sandpilz.
Zitronensäure = Citronensäure.
Zitronensäurezyklus →Citronensäurecyclus.
Zitronenstrauch →Lippie.
Zitrusfrüchte →Citrus.
Zittau, Kreisstadt im Bez. Dresden, in der Oberlausitz, im Südostzipfel der DDR, am *Z.er Gebirge* (Lausche 793 m); 41 700 Ew.; Peter-u.-Pauls-Kirche (13./14. Jh.), Kreuzkirche (14./15. Jh.); Fahrzeug-, Maschinen-, Fahrrad-, Textil- u. chem. Industrie; im Umland Braunkohlenbergbau *(Z.er Becken)*. Ein Teil von Z. kam 1945 an Polen (Sieniawka, Wojewodschaft Wrocław). – Krs. Z.: 256 qkm, 97 600 Ew.
Zitteraal, *Gymnotus electricus*, zur Familie der *Nacktaale* gehöriger, langgestreckter Süßwasserfisch Mittel- u. Südamerikas bis zum Rio de la Plata, von rd. 2 m Länge; kann zur Lähmung der Beute u. zur Orientierung elektr. Schläge erzeugen. →auch elektrische Fische.
Zittergras, *Briza*, Gattung der *Süßgräser*. Das *Gewöhnl. Z., Briza media*, hat ausgebreitete Rispen, 5–9blütige, seitl. zusammengedrückte Ährchen an haardünnen Stielen, die beim leisesten Luftzug erzittern; als Ziergräser: *Briza minor* u. *Briza maxima*.
Zitterling →Zitterpilze.
zittern, die Muskeln des Körpers oder einzelner Körperteile mehr oder weniger rasch u. unwillkürlich bewegen. Das Z. (der *Tremor*) tritt bei Abkühlung u. bei seelischen Erregungen (z.B. Angst) auf. Auch bei Rückenmark- u. Gehirnkrankheiten sowie der Basedowschen Krankheit u. Vergiftungen (Alkoholismus) kommt Z. vor.
Zitterpilze, *Tremellaceae*, Familie der *Ständerpilze*, auf toten oder absterbenden Ästen u. Zweigen verschiedener Baumarten, mit gallertigen Fruchtkörpern. Hierher gehören u.a. der *Zitterzahn, Tremellodon gelatinosus*, u. der *Goldgelbe Zitterling, Tremella mesenterica*.
Zitterrochen, Unterordnung *Torpedinoidea* der *Rochen*, mit einer Familie *Torpedinidae*. Zu beiden Seiten des kreisrunden Vorderkörpers liegen nierenförmige elektr. Organe, die aus bis 600 6kantigen Säulen mit je 40–50 Plättchen *(Elektroplaxen)* bestehen. Der Strom von 70–300 Volt Spannung u. bis 2 kW Leistung kann in Stößen kurz nacheinander abgegeben werden; er dient als Waffe u. zum Beutefang. Z. leben in allen wärmeren Meeren. Im Mittelmeer kommen vor: *Augenfleck-Z., Torpedo ocellata*, bis 50 cm lang; *Marmor-Z., Torpedo marmorata*, bis 1 m lang, u. *Schwarzer Z., Torpedo nobiliana*, bis über 1,50 m lang. Lebendgebärend; Nahrung sind Bodentiere.
Zitterwelse, *Malapteruridae*, Familie der *Welse*, bis über 1 m lange Fische; Hauptverbreitungsgebiet ist Westafrika. Das elektr. Organ liegt mantelartig zwischen Körperhaut u. Rumpfmuskulatur; es besteht aus fettartigem Gewebe. Der Strom läuft vom Kopf bis zum Schwanz u. kann willkürlich zur Verteidigung u. zur Ortung von Beute abgegeben werden; die elektr. Schläge erreichen 450 V.
Zitterzahn →Zitterpilze.
Zitrauer, Maria, verh. *Röhrer*, österr. Lyrikerin, *10. 1. 1913 Badbruck; verinnerlichte Lyrik in sachl. Sprache: „Die Feuerlilie" 1954.
Zitwer [der; lat.], **1.** der Wurzelstock von →Curcuma.
2. *Deutscher Z.* →Kalmus.
3. *Z.blüten*, die Blüten von *Artemisia cina*, einem *Korbblütler* aus dem iran. Hochland; sie enthalten Santonin; Wurmmittel.
Zitz [der; ndrl.], Baumwollgewebe in Leinwandbindung, meist buntfarbig u. gewachst, für Dekorations- u. Bespannstoffe u. Fahnen.
Zitze [die], meist als Hautvorwölbung ausgebildete Endigung der Milchdrüsenausführgänge der Säugetiere.
Zitzenkaktus = Mammillaria.
Ziu →Tyr.
zivil [lat., frz.], bürgerlich; umgänglich. – *Z.* [das], bürgerl. Kleidung (im Gegensatz zur Uniform).
Zivilbevölkerung, alle Personen, die nicht den bewaffneten Streitkräften angehören, insbes. die nichtmilitär. Bevölkerung eines Landes, das Kriegspartei ist. Das geltende *Kriegsrecht* geht von dem Grundsatz des Schutzes der Z. aus, d.h., sie darf nicht zum Gegenstand von Kampfhandlungen gemacht werden. Wird allerdings ein legales Kampfziel angegriffen, so gilt eine im Zusammenhang damit erfolgende Tötung von Zivilpersonen nicht als rechtswidrig. Verboten sind dagegen *Terrorangriffe*, die in erster Linie gegen die Z. gerichtet sind, wie etwa die Flächenbombardierung der Städte in Großbritannien, Japan u. Dtschld. im 2. Weltkrieg. Bei der Besetzung feindl. Landes sind das Leben, die Gesundheit, die Ehre u. das Eigentum der Z. zu schützen, soweit letzteres nicht nach den Vorschriften der →Haager Landkriegsordnung in Anspruch genommen werden kann. Kollektivstrafen sind verboten, ebenso Deportationen.
Das *IV. Genfer Abkommen zum Schutze von Zivilpersonen* vom 12. 8. 1949 (insgesamt von 77 Staaten ratifiziert, u.a. von der BRD, den USA u. der UdSSR) brachte vor allem das Verbot der Geiselnahme, das Repressalienverbot, Verbot der Zwangsarbeit, Verantwortlichkeit der Besatzungsmacht für Ernährung u. Gesundheitswesen sowie besondere Bestimmungen für Internierungen u. die Durchführung von Strafverfolgungen. Den *Schutzmächten* u. dem *Internationalen Roten Kreuz* wurden verstärkte Kontroll- u. Initiativrechte zugestanden, insbes. auf dem Gebiet der Überwachung von Hilfssendungen u. des Rechtsschutzes. Damit ist die Z. weithin der geschützten Rechtsstellung der Kriegsgefangenen angeglichen, wobei es keine Rolle spielt, ob sich die militär. Auseinandersetzungen zwischen Staaten, zwischen nicht anerkannten Regierungen, in Bürgerkriegssituationen oder auf andere Weise abspielen.
Zivildienst, früher *ziviler Ersatzdienst*, der Dienst, der von *Wehrdienstverweigerern* statt des Wehrdiensts (→Wehrpflicht) in Krankenhäusern, Pflegeheimen u.a. Sozialeinrichtungen geleistet wird. Zuständig für den Z. ist in der BRD der Bundes-Min. für Arbeit u. Sozialordnung, dem der *Bundesbeauftragte für den Z.* (seit 1970) u. das *Bundesamt für den Z.* (Köln, seit 1973) unterstehen. – 🅻 1.3.6.
Zivilehe, die durch staatl. (standesamtl.) →Eheschließung begründete Ehe im Gegensatz zur kirchlich geschlossenen Ehe. Die *obligatorische Z.* wurde in Dtschld. 1875 eingeführt.
Ziviler Bevölkerungsschutz →Zivilschutz.
Zivile Verteidigung, früher *Zivile Notstandsplanung*, gliedert sich in der BRD in die *Z. V. im nationalen Bereich* u. in die *Zivile NATO-Verteidigung*; erstere hat die Hauptaufgaben: Aufrechterhaltung der Staats- u. Regierungsgewalt, →Zivilschutz, Versorgung, Unterstützung der Truppe.
Zivilgericht, Bez. für die Teile von Gerichten der →ordentlichen Gerichtsbarkeit, die über Streitigkeiten des Privatrechts entscheiden.
Zivilgesetzbuch, Abk. *ZGB*, 1. das schweizer. Gesetzbuch über das bürgerliche Recht vom 10. 12. 1907 mit Ergänzungen *(Obligationenrecht)* vom 30. 3. 1911/18. 12. 1936; wegweisende u. vorbildliche Schöpfung von Eugen *Huber*; 2. das neue privatrechtl. Gesetzbuch der DDR, das ab 1. 1. 1976 an die Stelle des dt. →Bürgerlichen Gesetzbuchs getreten ist; das DDR-Familienrecht ist jedoch schon seit 1965/66 durch das →Familiengesetzbuch der DDR geregelt.
Zivilisation [lat.], Gesittung, verfeinerte bürgerliche Lebensform, die durch den Fortschritt der Wissenschaft u. Technik geschaffenen verbesserten Lebensbedingungen. Bes. in Dtschld. wird Z. noch oft als Gegensatzbegriff zu *Kultur* gebraucht, wobei Z. etwas Materielles, Kultur etwas Geistiges bedeuten soll; diese Unterscheidung ist jedoch wissenschaftl. nicht haltbar. – 🅻 1.6.0 u. 1.6.4.
Zivilisationskrankheiten, *Zivilisationsschäden*, zusammenfassende Bez. für funktionelle u. organ. Gesundheitsstörungen u. Krankheitszustände, bei denen materielle wie ideelle Einflüsse der Zivilisation auf den Menschen von auslösender, begünstigender oder auch ursächl. Bedeutung sind; die Skala dieser Einflüsse ist außerordentl. weit u. reicht von den einfachsten *Lebensbedingungen* der Wohnung, Kleidung, Ernährung, Hygiene, Beleuchtung über die *Arbeits-* u. *Lebensgewohnheiten* (Art der Arbeit, Dauer u. Schwere der Arbeit, Verhältnis körperl. zu geistiger u. mechan. zu produktiver Arbeit u.a.) bis zu den Gegebenheiten des *Zusammenlebens* der Menschen u. den nachteiligen Seiten der *Technisierung* wie unphysiologisch einseitige Belastung, ungenügende Abhärtung, Lärmeinfluß, Luftverunreinigung, Genußmittelmißbrauch, „Gehetztsein", abnorme Betriebsamkeit des modernen Erwerbslebens, Unsicherheit, Existenzangst.
Zu den Z. gehören Verdauungs- u. Stoffwechselstörungen, die durch Mißbrauch von Konservierungs- u. Schönungsmitteln bei der Gewinnung, Verarbeitung u. Zubereitung der Lebensmittel u. von Genuß- u. Heilmitteln verursacht werden; ferner Verfall des Gebisses (Karies), zahlreiche Erkältungskrankheiten, Neurosen, Kreislaufstörungen u. die auf einer Fehlsteuerung des vegetativen Nervensystems beruhende *Managerkrankheit*. Außer der Heilung durch ärztl. Behandlung im Krankheitsfall kann man den Z. durch eine vernünftige, der Natur des Menschen gemäße Lebensweise wirkungsvoll vorbeugen. – 🅻 9.8.0.
zivilisieren [lat., frz.], der *Zivilisation* zuführen; verfeinern, veredeln, gesittet machen.
Zivilkammer, eine →Kammer der →ordentlichen Gerichtsbarkeit für Zivilsachen des *Landgerichts* der BRD (3 Berufsrichter) u. des *Kreisgerichts* der DDR (1 Berufsrichter, 2 Schöffen). →auch Zivilsenat, Strafkammer.
Zivilliste, der dem Monarchen aus der Staatskasse gewährte Jahresbetrag für seine Bedürfnisse u. die der Angehörigen der königl. Familie. Daraus sind die *Apanage* sowie die Kosten für den königl. Haushalt zu bestreiten. Die Gewährung der Z. ist geschichtl. der Ausgleich dafür, daß das frühere Krongut im 19. Jh. an den Staat gefallen ist. Dies schließt nicht aus, daß der Monarch noch über eigene Besitzungen verfügt. Für die dt. Fürsten wurden nach ihrer Abdankung in der Weimarer Zeit besondere Regelungen getroffen *(Fürstenabfindung)*.
Zivilmakler, ein →Makler, dessen Rechtsverhältnisse sich nicht wie bei dem →Handelsmakler in erster Linie nach dem HGB, sondern lediglich nach den §§652ff. BGB richten, z.B. der Grundstücksmakler.
Zivilprozeß, der →Prozeß zur Entscheidung über Fragen des (allg. u. Sonder-)Privatrechts (*Zivilsachen*, →auch Rechtsweg), durchgeführt von den *Zivilgerichten*, nur ausnahmsweise unter Mitwirkung der Staatsanwaltschaft; geregelt in der *Z.ordnung* (Abk. *ZPO*) vom 30. 1. 1877, in der BRD in der Fassung vom 12. 9. 1950; ergänzt von der →Zwangsvollstreckung. Der Z. wird in der Regel durch Erhebung einer *Klage* eingeleitet, durch die die →Rechtshängigkeit der streitigen Ansprüche u.a. begründet wird. Ein *Termin* zur mündlichen Verhandlung soll außer bei Klageerhebung im *Armenrecht* oder in verschiedenen Dringlichkeitsfällen vom Gericht erst dann anberaumt werden, wenn der Kläger als Vorschuß auf die Gerichtskosten die *Prozeßgebühr* entrichtet hat. Den

äußeren Ablauf des Zivilprozesses bestimmt in der Regel der *Amtsbetrieb,* die Aufklärung des Sachverhalts die durch die Wahrheitspflicht der Parteien u. das richterl. Fragerecht gemäß §§ 138 u. 139 ZPO modifizierte →Verhandlungsmaxime. Offizialbetrieb u. -maxime sind dagegen hauptsächl. nur in Familien- u. in Personenstandssachen maßgebend. Dementsprechend verfügen im Z. die Parteien über den Umfang des →Streitgegenstands u. der gerichtl. Entscheidung (→Dispositionsmaxime, *Verfügungsgrundsatz*). Der Z. endet in der Regel durch gerichtl. Entscheidung (→Urteil oder →Beschluß), gegen die dem Unterlegenen →Rechtsmittel oder andere →Rechtsbehelfe offenstehen; auch u.U. infolge Rücknahme der Klage, →Anerkenntnis des Beklagten (dabei auf Antrag des Klägers →Anerkenntnisurteil) oder →Vergleich zwischen den Parteien. Erscheint eine Partei nicht im Verhandlungstermin, so entscheidet das Gericht auf Antrag der anderen Partei im →Versäumnisverfahren oder (bei hinreichender Klärung des Streitstands) nach Lage der Akten; dies auch, wenn die andere Partei keinen Antrag stellt oder wenn beide Parteien ausbleiben. Besondere Arten des Zivilprozesses sind Urkunden-, Wechselprozeß sowie die Verfahren zur Entmündigung, das Verfahren in Familien- u. Kindschaftssachen u. das Mahnverfahren.
In Österreich werden die gerichtl. Verfahren in bürgerl. Rechtsstreitigkeiten durch die Z.ordnung (ZPO) vom 1. 8. 1895 sowie durch das Gesetz vom 1. 8. 1895 über die Ausübung der Gerichtsbarkeit u. die Zuständigkeit der ordentl. Gerichte in bürgerl. Rechtssachen (Jurisdiktionsnorm, JN) geregelt. – In der Schweiz ist das Z.recht kantonal u. teilweise recht unterschiedl. geregelt; für zivilrechtl. Streitigkeiten vor dem Bundesgericht gilt das Bundesgesetz vom 4. 12. 1947 über den Bundeszivilprozeß. – ▭ 4.1.5.

Zivilprozeßordnung, Abk. *ZPO,* das für den *Zivilprozeß* maßgebende Verfahrensgesetz. Die ZPO wurde am 30. 1. 1877 verkündet u. trat am 1. 10. 1879 zusammen mit den übrigen sog. *Reichsjustizgesetzen* (Gerichtsverfassungsgesetz, Strafprozeß- u. Konkursordnung) in Kraft. Sie wurde in der Folgezeit häufig abgeändert u. gilt heute in der Fassung vom 12. 9. 1950. – Österreich: ZPO vom 1. 8. 1895.

Zivilrecht = Bürgerliches Recht.

Zivilschutz, früher *Luftschutz,* dann *Ziviler Bevölkerungsschutz,* Teil der →Zivilen Verteidigung im staatlichen Bereich, umfaßt alle staatl. u. privaten Maßnahmen zum Schutz der Zivilbevölkerung, zur Erhaltung lebenswichtiger ziviler Betriebe u. Anlagen sowie zur Beseitigung oder Milderung eingetretener Schäden, im einzelnen: neben Selbstschutzvorkehrungen der Bevölkerung: Katastrophenschutz, Warn- u. Alarmdienst, Aufenthaltsregelung, Schutzraumbau, Sicherstellung von Kulturgut, Gesundheitswesen. – In der BRD nimmt die Verwaltungsaufgaben des Z.es das 1958 errichtete *Bundesamt für zivilen Bevölkerungsschutz* in Bonn-Bad Godesberg wahr, das dem Bundesminister des Inneren untersteht. – ▭ 1.3.0.5.

Zivilsenat, Kollegialgericht für Zivilsachen bei höheren Gerichten der →ordentlichen Gerichtsbarkeit, besetzt beim Oberlandesgericht u. beim Bundesgerichtshof der BRD mit 3 bzw. 5 Berufsrichtern, beim Obersten Gericht u. beim Bezirksgericht der DDR mit 3 Berufsrichtern (bei erstinstanzlichen Entscheidungen des Bezirksgerichts mit 1 Berufsrichter u. 2 Schöffen). Über den *Großen Z.* beim Bundesgerichtshof →Senat (1); →auch Zivilkammer, Strafsenat.

Zivilstand →Personenstand.

Zivilstandsamt, *Schweiz:* = Standesamt.

Zivilstandsregister, das schweizer. Personenstandsregister. →auch Personenstand.

Ziviltechniker, in Österreich gesetzl. geschützte Berufsbezeichnung für Architekten, Zivilingenieure u. Ingenieurkonsulenten.

Zivltrauung, die standesamtliche →Eheschließung; →auch Trauung, Zivilehe.

Ziya Gökalp ['zija-], Mehmet, türk. Schriftsteller, Soziologe u. Politiker, * 1875 Diyarbakir, † 25. 10. 1924 Istanbul; von der Schaffung einer nationaltürk. Sprache ausgehend, forderte er eine national-bodenständige Kultur.

Zizit [Mz.; hebr.] →Schaufäden.

Žižka von Trocnow ['ʒiʃka- 'trɔtsnɔf] →Žiška.

ZK, Abk. für →Zentralkomitee.

ZKK, Abk. für Zentrale →Kontrollkommission (3).

Zlín [zli:n], bis 1949 Name von →Gottwaldov.

Zlotoryja [zuɔtɔ'rija], poln. Name der Stadt →Goldberg.

Zloty ['zuɔti; der; poln., „Goldener"], der 1528 eingeführte poln. *Gulden,* später Münzrechnungseinheit; seit 1833 in Silber geprägt. Seit 1924 Währungseinheit in Polen: 1 Z. = 100 *Groszy.*

Zmaj [zmai] →Jovanović, Jovan.

Zn, chem. Zeichen für *Zink.*

Znaim, tschech. *Znojmo,* Stadt in Südmähren (ČSSR), an der Thaya, 25 000 Ew.; roman. Rotunde der hl. Katharina, Dominikanerkloster; Leder- u. Nahrungsmittelindustrie.

ZNS, Abk. für Zentrales →Nervensystem.

Zoan →Tanis.

Zobel [der; russ.], 1. *Martes zibellina,* ein *Marder* von 50 cm Körperlänge, der wertvolles Pelzwerk liefert; heute nur noch in schwer zugänglichen Gebirgswäldern Sibiriens.
2. *Abramis sapa,* bis 30 cm langer u. 500 g schwerer *Karpfenartiger Fisch* in den Zuflußgebieten der Ostsee, des Kaspischen, Asowschen u. Schwarzen Meeres u. des Aralsees; dem *Blei* sehr ähnl.; laicht meist in Flüssen; überwintert in Gruben im Unterlauf der Flüsse. Als Nahrung dienen Zuckmücken- u. Köcherfliegenlarven, Krebse u. Pflanzen. Der Z. wird mit Zug- u. Stellnetzen gefangen; wirtschaftl. bes. in der UdSSR bedeutsam; grätenreiches Fleisch.

Zobeltitz, 1. *Fedor von,* Schriftsteller, * 5. 10. 1857 Rittergut Spiegelberg, Neumark, † 10. 2. 1934 Berlin; gründete 1899 die „Gesellschaft der Bibliophilen"; Gesellschaftsromane der Wilhelmin. Zeit („Die Pflicht gegen sich selbst" 1894); Erinnerungen: „Ich hab' so gern gelebt" 1934.
2. *Hanns von,* Bruder von 1), Schriftsteller, * 9. 9. 1853 Spiegelberg, † 4. 4. 1918 Bad Oeynhausen; seit 1890 Schriftleiter der Zeitschriften „Daheim" u. „Velhagen u. Klasings Monatshefte". Novellen u. Unterhaltungsromane: „Auf märkischer Erde" 1910.

Zobten, *Zoten, Siling,* poln. *Ślęza, Sobótka,* niederschles. Bergstock südwestl. von Breslau, 718 m; archäolog. Ausgrabungen (Lausitzer Kultur).

Zodiakallicht [grch.], *Tierkreislicht,* schwacher Lichtschimmer, in dunklen Nächten vom Untergangspunkt der Sonne (abends) oder vom Aufgangspunkt der Sonne (morgens) längs der Ekliptik pyramidenförmig aufragend. Ursache: Streuung des Sonnenlichts an fein verteilter interplanetar. Materie, die die Sonne in der Ebene der Ekliptik umgibt.

Zodiakus [der; grch.] = Tierkreis.

Zoë, byzant. Fürstinnen: 1. Kaiserin 1028 bis 1050, * 978, † 1050; Thronerbin Konstantins VIII., brachte durch ihre Ehen Romanos III., Michael IV. u. Konstantin IX. Monomach auf den Thron.
2. *Sophie,* Nichte des letzten Kaisers von Byzanz, heiratete 1472 den Großfürsten von Moskau, *Iwan III.*

Zoëa [die; grch.], Larve der *Höheren Krebse* mit aufgetriebenem Kopf-Brust-Abschnitt u. langgestrecktem Hinterleib.

Zoetermeer [zu:tər'me:r], Gemeinde in der niederländ. Prov. Südholland, 20 700 Ew.; Ackerbau, Milchwerk, Margarinefabrik.

Zofe [die], Kammerjungfer.

Zoff, Otto, Schriftsteller, * 9. 4. 1890 Prag, † 14. 12. 1963 München; 1932–1949 in der Emigration; schrieb Lyrik, Dramen („Die Geschwister Erskine" 1962), Romane („Das Haus am Wege" 1913), histor. Darstellungen („Die Hugenotten" 1935).

Zofingen, Stadt im schweizer. Kanton Aargau an der Wigger, 9300 Ew.; Mauritiuskirche (1520) mit roman. Krypta (um 1100); Farben-, Kartonagen- u. graph. Industrie, Weberei.

Zogu I. ['zogu], eigentl. Ahmed Z., König der Albaner 1928–1939 (formell 1946 abgesetzt), * 8. 10. 1895 Burgajet, † 9. 4. 1961 Suresnes bei Paris; 1922 Min.-Präs. des fürstenlosen Fürstentums Albanien, 1925 mit jugoslaw. Hilfe Staats-Präs. der Republik Albanien, 1928 König; arbeitete wirtschaftl. mit Italien zusammen; verließ 1939 nach dem Einmarsch der Italiener das Land.

Zola [zɔ'la], Émile, französ. Schriftsteller, * 2. 4. 1840 Paris, † 29. 9. 1902 Paris; seit 1865 Journalist; mußte 1898 wegen eines offenen Briefs „J'accuse", der für A. *Dreyfus* eintrat, nach England fliehen; kehrte 1899 zurück. Z. war als Theoretiker („Der Experimentalroman" 1880, dt. 1904) wie als Erzähler der Wortführer des europ. Naturalismus. Seine Romane („Therese Raquin" dt.

Émile Zola: Titelseite der Zeitschrift L'Aurore vom 13. 1. 1898 mit dem offenen Brief „J'accuse" („Ich klage an") des Schriftstellers zum Fall Dreyfus

1888, dramatisiert 1878, dt. 1887) versuchen, in naturwissenschaftl. exakter Beobachtung das wahre Bild des Menschen in seiner Abhängigkeit von Umwelt u. Erbmasse zu zeichnen. Die Individuen erscheinen oftmals nur als soziale Typen, ausführl. werden Einzelheiten geschildert. Z. behandelt in erster Linie die techn. Erscheinungen u. sozialen Mißstände des 2. Kaiserreichs. Seine Spätwerke sind von dem Glauben an sozialen Fortschritt im humanist. Geist erfüllt. Hptw. ist die 20bändige Romanfolge „Die Rougon-Macquart. Geschichte einer Familie unter dem 2. Kaiserreich" 1871–1893, dt. 1892–1899 (darin: „Der Bauch von Paris" 1873, dt. 1882; „Der Totschläger" 1877, dt.; „Nana" 1879/80, dt. 1881; „Germinal" 1885, dt. 1885; „Die Bestie im Menschen" 1890, dt. 1890; „Das Geld" 1891, dt. 1923–1925; „Der Zusammenbruch" 1892, dt. 1893). Weitere Romanzyklen: „Die drei Städte" („Lourdes" 1894, dt. 1895; „Rom" 1896, dt. 1896; „Paris" 1898, dt. 1898); „Die vier Evangelien" („Fruchtbarkeit" 1899, dt. 1900; „Arbeit" 1901, dt. 1901; „Wahrheit" posthum 1903, dt. 1907; unvollendet blieb „Gerechtigkeit"). Auch Essays („Édouard Manet" 1867). – ▭ 3.2.1.

Zölestin [der; lat.], das Mineral →Coelestin.

Zölestin, Päpste, →Cölestin.

Zöliakie [die; lat.], *Coeliakie* = Heubner-Hertersche Krankheit.

Zölibat [der oder das; lat.], in der röm.-kath. Kirche heute von allen Klerikern mit höheren Weihen verlangte Ehelosigkeit (theolog. Begründung auf Matth. 19,12 u. 1. Kor. 7,32–34 zurückgehend); im Bereich der unierten Ostkirchen nur von den Bischöfen gefordert. Dort können die vor den niederen Weihen Verheirateten die Ehe fortführen; Wiederverheiratung wird nicht gestattet. Dieselbe Regelung gilt in den orth. Ostkirchen. Die ev. Kirchen haben den Zwangs-Z. ab-

Zoll, 1. *Finanzwirtschaft:* →Zölle.
2. *Maße:* altes Längenmaß; Länge in den einzelnen (auch ehem. dt.) Ländern verschieden. Meist sind 12 Z. = 1 Fuß; 1 Z. in Preußen = 37,662 mm. In England (Inch): 2,539998 cm; in den USA: 2,540005 cm; in Frankreich (Pouce): 2,707 cm. →auch Maße und Gewichte.

Zollabandonnierung [-abãdɔ-], Verzicht auf das Eigentum an Gütern zugunsten des Staats, um die Verzollung zu vermeiden; Verwertung der Güter durch Versteigerung.

Zollager, Lager für zollpflichtige, aber noch nicht verzollte Waren. Das *Zollgesetz* vom 14. 6. 1961 in der Fassung vom 18. 5. 1970 unterscheidet öffentl. Zollgutlager (Zollniederlagen), private Zollgutlager u. private Zollaufschublager. In *Zollgutlagern* werden z.B. Waren gelagert, die wieder ausgeführt werden sollen, in *Zollaufschublagern* werden Waren gelagert, die im Inland bleiben u. für die der Zoll noch nicht entrichtet ist.

Zollaufschublager →Zollager.

Zölle [grch., lat.], den Verbrauchsteuern ähnl. Abgaben auf in den Zolltarifen bestimmten Waren; sind heute (im Unterschied zu den *Binnen-Z.*n) ausschl. Grenz-Z. (Zollpflicht entsteht mit dem Grenzübertritt der Ware), deren Anspruch mit der Zollabfertigung an der Zollgrenze u. bei Zollämtern aufgrund einer *Zolldeklaration* (Anmeldung zollpflichtiger Waren zur Verzollung) oder einer

Zollrevision (Zollschau, Prüfung durch Zollbeamte, ob Zollpflicht vorliegt) entsteht. Das von den *Zollgrenzen* (Zollinien) umschlossene *Zollgebiet* (Zollinland) deckt sich nicht ganz mit dem Staatsgebiet (Hoheitsgebiet), es umfaßt nicht die *Zollausschlüsse* (zum ausländ. Zollgebiet gehörende Gebietsteile) u. *Zollfreigebiete* (z. B. Freihäfen u. schwer zu kontrollierende Grenzgebiete), erstreckt sich aber auf *Zollanschlüsse* (ausländ. Gebietsteile innerhalb des Zollgebiets).
Man unterscheidet: 1. nach dem Motiv der Verzollung *Schutz-Z.* u. *Finanz-Z.*; 2. nach der Richtung des der Verzollung unterliegenden Warenverkehrs *Einfuhr-Z.* (am häufigsten), *Ausfuhr-Z.* u. *Durchfuhr-Z.*; 3. nach der Art des Tarifs *Differential-Z.* (Tarif nach Art u. Herkunftsland abgestuft; z. B. *Präferenz-* oder *Vorzugs-Z.*) u. *Einheits-Z.* (ohne Ausnahme geltender Tarif). Dem Schutzzoll verwandt ist die gegenüber der höheren inländischen Steuerlast ausgleichende Belastung der Einfuhren mit einer *Umsatzausgleichsteuer* (z. B. bei der Umsatzsteuer der BRD).
Der *Zolltarif* (Zusammenstellung der Zollsätze der zollpflichtigen Güter) wird nach Wert *(Werttarif, Wert-Z.)* oder Gewicht *(Gewichtstarif, Gewichts-Z.)* der Güter bemessen; kann einseitig vom Inland für die einzelnen Güterarten genau festgelegt *(General-, Einheitstarif)* oder z. B. im Rahmen von Handelsverträgen *(Zollverträge)* differenziert nach Ländern ausgehandelt worden sein *(Konventional-, Vertragstarif)*. Der Tarif enthält in der Praxis meist beide Elemente *(Doppeltarif)*, indem z. B. einseitig vom Inland eine Ober- u. Untergrenze für den Tarif festgelegt ist.
Rechtsgrundlage für die Zollerhebung in der BRD sind die *Abgabenordnung* vom 16. 3. 1976 (AO 1977), das *Zollgesetz* vom 14. 6. 1961 in der Fassung vom 18. 5. 1970, das *Zolltarifgesetz* vom 23. 12. 1960 u. die *Zolltarife*. Die ausschließliche Gesetzgebung u. die Verwaltung der Zölle liegen beim Bund, dem auch die Erträge aus allen eingenommenen Zöllen allein zufließen (Art. 105, 106 u. 108 GG).
Das *Zollstrafrecht* entspricht dem Steuerstrafrecht u. bedroht *Zollvergehen*, wie z. B. *Bannbruch* (verbotswidrige Einfuhr, Ausfuhr oder Durchfuhr ohne ordnungsgemäße Gestellung bei einer Zollstelle; Schmuggel), mit Geld- u. Freiheitsstrafen (§§ 369 ff. AO 1977). – [L] 4.7.3.

Zollfahndungsstelle, örtliche Behörde der Bundesfinanzverwaltung; wirkt bei der Erforschung u. Verfolgung von Zoll- u. Steuervergehen mit; die Beamten der Z.n sind Hilfsbeamte der Staatsanwaltschaft.

Zollfreilager, *Zollniederlagen*, meist öffentliche, unter Zollverschluß stehende Lagerräume im Inland, in denen zollpflichtige Einfuhrgüter unverzollt vorübergehend gelagert werden können.

Zọllikon, Stadt im schweizer. Kanton Zürich, am Nordostufer des Zürichsees, 12 500 Ew.; Vorort von Zürich; Weinbau.

Zollinger, Albin, schweizer. Lyriker u. Erzähler, *24. 1. 1895 Zürich, †7. 11. 1941 Zürich; Natur- u. Gedankenlyrik: „Sternfrühe" 1936; „Haus des Lebens" 1939. Romane: „Die große Unruhe" 1939; „Pfannenstiel" 1940; „Bohnenblust oder die Erzieher" (posthum) 1942.

Zöllner, 1. Friedrich, Astrophysiker, *8. 11. 1834 Berlin, †25. 4. 1882 Leipzig; arbeitete über die Photometrie der Himmelskörper; konstruierte das *Z.sche Photometer*, in dem eine künstl. Lichtquelle durch ein vorgeschaltetes Nicolsches Prisma meßbar so weit abgeschwächt wird, bis sie mit dem beobachteten Stern gleiche Helligkeit zeigt.
2. Heinrich, Dirigent u. Komponist, *4. 7. 1854 Leipzig, †8. 5. 1941 Freiburg i. Br.; Chorleiter in Köln u. New York; Neuromantiker; schrieb 10 Opern („Faust" 1887; „Die versunkene Glocke" 1899), 5 Sinfonien u. Männerchöre.

Zollrevision [lat.], die Fahndung nach zollpflichtigen Gütern beim Grenzübertritt.

Zolltarif, systematische Zusammenstellung der geltenden Zollsätze. In der BRD beziehen sich die Zollsätze bis auf wenige Ausnahmen auf den Wert der zu verzollenden Waren, die im *Gebrauchszolltarif* enthalten sind. Dabei wird zwischen dem *autonomen Tarif*, der für die Einfuhr aus solchen Ländern gilt, mit denen keine vertraglichen Vereinbarungen bestehen, u. dem *Vertragstarif* für die Einfuhr aus Vertragsländern unterschieden.

Zoll- und Wirtschaftsunion Zentralafrikas, frz. *Union Douanière et Économique de l'Afrique Centrale*, Abk. *UDEAC*, gegr. 1964; Mitglieder: Gabun, Kamerun, die Volksrep. Kongo, Tschad (bis 1968) u. die Zentralafrikan. Republik; Organe: Rat der Staatschefs, Direktionskomitee u. Generalsekretariat.

Zolluniọn, Zusammenschluß mehrerer souveräner Staaten zu einem einheitlichen Zollgebiet; oft Bestandteil einer engeren wirtschaftl. u. polit. Union; z. B. Dt. Zollverein, Europäische Gemeinschaft.

Zollverein →Deutscher Zollverein.

Zölọm [das; grch.] = sekundäre Leibeshöhle.

Zölọmepithẹl [das; grch.], das Gewebe, das die sekundäre Leibeshöhle *(Zölom)* auskleidet u. dem dritten Keimblatt *(Mesoderm)* entstammt; z. B. bei Wirbeltieren: Brustfell (Pleura), Bauchfell (Peritoneum), Gekröse u. Herzbeutel (Perikard).

Zölostạt [der; grch.] →Heliostat.

Zomba ['zɔmba], ehem. Hptst. von Malawi (Ostafrika), 20 000 Ew.; Universität (1965), Nationalarchiv; die Verlegung der Hptst. nach Lilongwe wurde 1975 abgeschlossen.

Zona ['zona, portug.; 'θona, span.], Bestandteil geograph. Namen: Zone, Gürtel, Gebiet.

Zọndek, 1. Bernhard, Gynäkologe, *29. 7. 1891 Wronke, Posen, †8. 11. 1966 New York; arbeitete bes. über Wärmeregulationsmechanismen u. innere Sekretion; schrieb u. a. „Die Hormone des Ovariums u. des Hypophysenvorderlappens" 1931. →auch Aschheim-Zondeksche Reaktion.
2. Hermann, Bruder von 1), Internist, *4. 9. 1887 Wronke, Posen; Hauptarbeitsgebiete u. a. Stoffwechselstörungen u. Endokrinologie; „Die Krankheiten der endokrinen Drüsen" 1923, ³1953.

Zọne [die; grch., „Gürtel"], **1.** *allg.:* Bereich, umgrenztes Gebiet.
2. *deutsche Geschichte:* →Besatzungszonen.
3. *Geologie:* eine kleine stratigraphische Zeiteinheit; meist nach einem relativ kurzlebigen, weit verbreiteten Z.nfossil genannt. →auch Formation.
4. *Kristallographie:* ein Verband von Flächen, die mit parallelen Schnittkanten aneinandergrenzen.
5. *Stereometrie:* →Kugel.

Zonenbeobachtungen, sehr genaue Positionsbestimmungen von Sternen sowie Untersuchungen ihrer Farbe, Helligkeit u. a. in bestimmten Zonen am Himmel. Bei dem *Zonenunternehmen* der Astronomischen Gesellschaft wurden z. B. die genauen Örter von rd. 135 000 Sternen des nördl. Himmels vermessen; zahlreiche europ. Sternwarten führten das 1863 beschlossene Unternehmen durch, wobei jede Sternwarte eine bestimmte Zone zugewiesen bekam. 1926–1938 wurde das Zonenunternehmen zur Bestimmung der Eigenbewegung der Sterne von dt. Sternwarten unter Zuhilfenahme der Himmelsphotographie wiederholt. Im *Zonenkatalog* der Astronom. Gesellschaft sind die Daten von rd. 190 000 Sternen festgehalten.

Zonengrenze, ursprüngl. Bez. für die Grenzen zwischen den Besatzungszonen Deutschlands, dann bes. für die Demarkationslinie bzw. Grenze zwischen den Westzonen u. der Sowjetischen Besatzungszone bzw. der BRD u. der DDR (von letzterer seit 1957 „Staatsgrenze West" genannt).

Zonenrandförderungsgesetz, Bundesgesetz vom 5. 8. 1971 zur Förderung der wirtschaftl., sozialen u. kulturellen Leistungskraft der Landkreise u. Städte an der Grenze zur DDR sowie an der Ostseeküste der BRD (des *Zonenrandgebiets*); das Gesetz sieht u. a. Verbesserung der Verkehrswege, verstärkte Wohnbauförderung u. Steuererleichterungen für die Industrieansiedlung vor.

Zonenschmelzverfahren, von dem US-amerikan. Chemiker W. G. *Pfann* erfundenes Verfahren zur Herstellung bes. reiner Werkstoffe. Von der z. B. in einem →Schiffchen befindlichen Substanz wird elektrisch (in einem Hochfrequenzfeld) eine dünne Schicht geschmolzen u. diese Schmelzzone langsam in der Substanz weitergeführt. Die an der rückseitigen Begrenzung der Schmelzzone wieder kristallisierende Substanz ist reiner als vorher; die Verunreinigungen bleiben in dem geschmolzenen Teil u. wandern mit diesem an das Ende des Schiffchens. Der Vorgang wird meist mehrmals wiederholt. Bei Stoffen mit sehr hohem Schmelzpunkt, z. B. Silicium, wird das tiegelfreie Z. angewandt, wobei man einen Stab des zu reinigenden Materials senkrecht an den Enden einspannt. Das Z. hat große Bedeutung z. B. bei der Gewinnung der in der Halbleitertechnik verwendeten Stoffe, an deren Reinheit größte Ansprüche gestellt werden.

Zonentarif, eine Ordnung des Beförderungsentgelts, in der innerhalb bestimmter Entfernungsstufen je Person oder Gewichtseinheit der gleiche Beförderungspreis erhoben wird; z. B. Porto für Postpakete.

Zonenzeit, Ortszeit eines bestimmten Längenkreises (Meridians) der Erde, die für die um diesen Meridian gruppierten Länder als konventionelle, bürgerliche Zeit gilt (z. B. Mitteleuropäische Zeit). →Zeitzonen.

Zonguldạk [zɔŋgul-], türk. Hafenstadt am Schwarzen Meer, Hptst. der Provinz Z., 75 000 Ew.; Eisenindustrie, Zentrum eines bedeutenden Kohlenbergbaugebiets; Bahn nach Ankara.

Zönobịten [grch.], *Koinobiten*, die gemeinschaftlich in einem Kloster lebenden Mönche. →Koinobitentum.

Zons, ehem. Stadt in Nordrhein-Westfalen, südl. von Düsseldorf, seit 1975 Ortsteil von Dormagen; ehem. bedeutende Zollfestung, zeitweilige Residenz der Kölner Erzbischöfe.

zoo... [tso:ɔ; grch.], Wortbestandteil mit der Bedeutung „Tier".

Zoo [der; grch.], *Tiergarten* →Zoologischer Garten.

Zoochlorẹllen [grch.], tierische Zellen, die im Cytoplasma symbiont., einzellige grüne Algen enthalten, wie z. B. Wimpertierchen *(Paramaeceum)*, Süßwasserpolypen *(Hydra viridis)* u. -schwämme *(Spongilla fluviatilis)*. →auch Zooxanthellen.

Zọochorịe [grch.], Ausbreitung von Pflanzensamen durch Tiere, z. B. Vögel u. Säugetiere, die Beerenfrüchte fressen oder Klettenfrüchte am Haar- oder Federkleid mit sich tragen. Sonderfall: Verschleppung bestimmter Samen (z. B. Veilchen, Schöllkraut, Wolfsmilch) durch Ameisen *(Myrmecochorie)*.

Zọogeographịe [grch.] = Tiergeographie.

Zọologịe [grch.], *Tierkunde*, die Wissenschaft von den Tieren, Teilgebiet der →Biologie; umfaßt die Wissensgebiete *Morphologie* (Erforschung des Baus) einschl. *Anatomie* (Organlehre), *Histologie* (Gewebelehre), *Zytologie* (Zellforschung); *Physiologie* (Erforschung der Tier. Leistungen), *Ontogenie* (Entwicklungsgeschichte), *Genetik* (Erblehre), *Verhaltensforschung* (Tierpsychologie), *Ökologie* (Erforschung der Umweltsbeziehungen). Die *Paläozoologie* (innerhalb der *Paläontologie*) erforscht die Tierwelt früherer Erdperioden. Die *Tiersystematik* bemüht sich, das Tierreich aufgrund natürl. Verwandtschaftszusammenhänge zu ordnen. Die *angewandte Z.* befaßt sich mit Schädlingskunde, Parasitismus, Tierzucht u. Tierfang. – [L] 9.0.0.

Zọologischer Garten, *Zoo*, der Öffentlichkeit zugängliche Einrichtung zur Haltung von Tieren, vor allem von Großtieren aus fremden Ländern; meist durch öffentl. oder private Zuschüsse erhalten; einige Zoos sind mit *Tierhandelsfirmen* verbunden (z. B. Carl *Hagenbeck*, Hamburg, u. *Ruhe*, Hannover). Ursprüngl. zur Unterhaltung angelegt (ältester Zoo der Welt: Wien-Schönbrunn 1752, ältester Zoo Deutschlands: Berlin 1844), erfüllen Zoos heute Zwecke der Volksbildung u. der Wissenschaft (Erforschung der Tiere in Gefangenschaft u. in ihrer Heimat; Erhaltung u. Zucht seltener u. gefährdeter Tierarten).
Der Tierbestand eines modernen Zoos ist sehr umfangreich u. vielseitig. Zur Pflege dieser Tiere ist ein erhebl. Aufwand an techn. u. tierärztl. Einrichtungen sowie an Personal notwendig. Die ursprüngl. Aneinanderreihung von Tierkäfigen *(Menagerie)* ist heute ersetzt durch große Freianlagen ohne störende Gitter, in denen u. U. mehrere verschiedene Tierarten vergesellschaftet gehalten werden. Soweit möglich, legt man Zoos heute weitläufig an u. gestaltet sie gärtnerisch bes. aus (Erholungsfunktion), z. B. Tiergarten (Ost-)Berlin-Friedrichsfelde (mit 160 ha größter dt. Zoo, danach München-Hellabrunn mit 70 ha). Die in den Städten liegenden Zoos sind meist räumlich beschränkt (Westberlin 30 ha, Hamburg 25 ha, Frankfurt 20 ha). Für die dt. Zoos werden auch die Bezeichnungen *Tiergarten* (z. B. Nürnberg, Osnabrück) oder *Tierpark* (z. B. Dortmund, Hagenbeck Hamburg) ohne klare gegenseitige Abgrenzung gebraucht. – Gesamtzahl der (größeren) Zoos der Welt: etwa 400 bis 500, davon in der BRD: 24 große, in der DDR: 9, in Österreich: 3 (Wien, Innsbruck, Salzburg) u. in der Schweiz: 3 (Zürich, Basel, Bern) nebst einer Reihe kleinerer „Tierparks". – [B] S. 346.

zọologische Stationen →biologische Stationen.

Zoom-Objektiv [zu:m-; engl.] →Gummilinse.

Zoonọse [die; grch.], auf den Menschen übertragbare Tierkrankheit, die als eigentl. Erkrankung beim Tier auftritt u. durch Tiere oder von Tieren

stammende Erzeugnisse auf den Menschen übertragen wird. Z.n können durch Viren, Bakterien, Pilze, Protozoen, Würmer verursacht werden; z.B. Pest, Milzbrand, Tularämie, Tollwut, Psittakose, Trichinose, Abortus Bang.
Zoon politikon [grch., „geselliges Wesen"], Bez. des *Aristoteles* für den Menschen als soziales Lebewesen.
Zoophyten [grch.], veraltete Bez. für festsitzende *Hohltiere*; →auch Pflanzentiere.
Zoosporen [grch.], aktiv bewegl. →Sporen.
Zootomie [grch.], Zerlegung u. Zerschneidung von Tierkörpern zum Studium des inneren Baus.
Zooxanthellen, tierische Zellen mit gelben symbiontischen Algen im Cytoplasma, wie einige *Radiolarien*, *Korallen* u. *Aktinien*.
Zoozmann ['tso:ts-], Richard, Schriftsteller, *15. 3. 1863 Berlin, †17. 2. 1934 Herrenalb, Schwarzwald; Hrsg. von Anthologien („Zitatenschatz der Weltliteratur" 1910, ¹¹1964) u. Übersetzer (Calderón, Dante, Minnelyrik).
Zope [die; slaw.], *Abramis ballerus*, bis 30 cm langer, in den Süßwässern ostwärts des Rhein verbreiteter, dem *Blei* sehr ähnl. *Karpfenartiger Fisch*; nährt sich von Zooplankton, überwintert in Gruben; Fleisch sehr grätenreich.
Zopf, 1. *Forstwirtschaft:* oberstes Stück eines Baumstammes.
2. *Haartracht:* geflochtener Haarstrang, als Haartracht bei manchen Naturvölkern verbreitet, bis zum 20. Jh. auch in China. Im Abendland wurde der Z. von den Germaninnen getragen; beliebt wurde er wieder im 13. u. 14. Jh. in Frankreich u. Dtschld. Im 17. u. 18. Jh. war der Z. an der (gepuderten) Perücke in Form des Mozart-Z.s Bestandteil der militär. Frisur. Zur Zeit ist er nur noch bei Kindern u. aufgesteckt als „Knoten" üblich.
Zöpfl, Heinrich Matthias, Staatsrechtslehrer, *6. 4. 1807 Bamberg, †4. 7. 1877 Heidelberg; Prof. in Heidelberg; Hptw.: „Dt. Staats- u. Rechtsgeschichte" 3 Abt. 1834–1836, 4. Aufl. als „Dt. Rechtsgeschichte" 3 Bde. 1871/72; „Grundsätze des allg. u. dt. konstitutionellen Staatsrechts" 1848, unter dem Titel „Grundsätze des gemeinen dt. Staatsrechts" 2 Bde. ⁵1863.
Zopfstil, ungenaue, meist abwertend gebrauchte Bez. für bestimmte, zur Steifheit u. Verschrobenheit neigende Merkmale der den Übergang vom Rokoko zum Klassizismus vollziehenden Kunst um 1760–1780; benannt nach der damals herrschenden Zopfmode.
Zoppot, poln. *Sopot*, Ostseebad an der Danziger Bucht, nordwestl. von Danzig (Wojewodschaft Gdańsk), 47 600 Ew.; 2 Hochschulen; bildet mit Danzig u. Gdingen ein Städtedreieck.
Zorach ['zɔrak], William, US-amerikan. Bildhauer litauischer Herkunft, *28. 2. 1887 Jurburg, †16. 11. 1966 Bath, Me.; Denkmäler, u.a. von Benjamin Franklin 1937 (Washington), Bauplastiken u. Reliefs (Mayo-Klinik, Rochester) u. Tierfiguren in blockhafter Monumentalität.
Zoraptera, *Bodenläuse*, Ordnung bis 3 mm langer, schlanker *Insekten*; geflügelt oder ungeflügelt mit 9gliedrigen Antennen. Z. leben gesellig im Boden, in morschem Holz u.a. ohne erkennbare soziale Organisation; oft in der Nähe von Termiten, in deren Verwandtschaft sie auch gestellt werden.
Zorilla [θɔ'rilja; die; span.], *Bandiltis*, *Ictonyx striatus*, ein *Marder* mit 35 cm Körperlänge, leitet in Körperbau u. Lebensweise zu den Stinktieren über, versprüht ein übelriechendes Sekret; in Felsgegenden Afrikas u. Westasiens verbreitet.
Zorn [die], rechter Nebenfluß der Moder (zum Rhein), 85 km; entspringt in den mittleren Vogesen, durchfließt die Zaberner Senke, mündet südöstl. von Bischweiler.
Zorn, 1. [sɔrn] Anders, schwed. Maler, Graphiker u. Bildhauer, *18. 2. 1860 Utmeland bei Mora, †22. 8. 1920 Mora; von den Impressionisten beeinflußt, schuf neben Bildnissen u. Darstellungen aus der schwed. Volksleben Freilichtakte, in denen er, ähnl. wie A. Renoir, ein fülliges Frauenideal bevorzugte. In der raffinierten Strichtechnik seiner Radierungen erwies sich Z. als einer der besten Graphiker seiner Zeit. Aus seiner Spätzeit stammen einige Kleinplastiken. – ▢ 2.5.8.
2. *Philipp*, Völkerrechtslehrer, *13. 1. 1850 Bayreuth, †4. 1. 1928 Ansbach; Teilnehmer an den Haager Friedenskonferenzen. Hptw.: „Das Staatsrecht des Dt. Reiches" 2 Bde. 1880–1883; „Deutschland u. die beiden Haager Friedenskonferenzen" 1920.
Zorndorf, poln. *Sarbinowo*, ostbrandenburg. Ort (poln. Wojewodschaft Gorzów Wielkopolski),

Zoologische Gärten in Mitteleuropa mit Gründungsjahr

Neumünster 1951
Rostock 1910
Bremerhaven 1913
Hamburg 1907
Schwerin 1973
Logabirum
Walsrode Vogelpark
Stendal 1952
Berlin-West 1844
Berlin-Friedrichsfelde 1954
Amsterdam 1836
Osnabrück 1936
Hannover 1865
Magdeburg 1950
Alphen Vogelpark
Rhenen
Münster 1875
Cottbus 1956
Rotterdam 1940
Gelsenkirchen 1949
Halle 1901
Leipzig 1878
Antwerpen 1843
Duisburg 1934
Dortmund 1953
Krefeld 1938
Wuppertal 1881
Dresden 1861
Köln 1860
Erfurt 1958
Bonn
Prag 1930
Kronberg (T.) 1956
Frankfurt a. M. 1858
Neunkirchen 1925
Heidelberg 1934
Nürnberg 1912
Saarbrücken 1932
Karlsruhe 1866
Stuttgart 1949
Straubing 1937
Wien 1752
Augsburg 1937
München 1928
Salzburg-Hellbrunn
Basel 1874
Zürich 1929
Innsbruck Alpenzoo
Bern

rd. 800 Ew. In der Schlacht bei Z. (25. 8. 1758) besiegte *Friedrich d. Gr.* die Russen. 
Zornnatter, *Coluber viridiflavus*, bis 1,8 m lange, gelbgrüne, äußerst angriffslustige, jedoch ungiftige Natter Südosteuropas; kann pfeilartig dahinschießen; legt 8–15 Eier.
Zoroaster →Zarathustra.
Zorrilla y Moral [θɔ'rilja i -], José, span. Dichter, *21. 2. 1817 Valladolid, †23. 1. 1893 Madrid; Hofdichter Kaiser Maximilians von Mexiko; 1889 zum Nationaldichter Spaniens gekrönt; ein Hauptvertreter der romant. span. Literatur; in seinen Verslegenden schuf er einen volkstüml. Romanzen-Zyklus; sein Drama „Don Juan Tenorio" 1844, dt. 1850, ist die heute in Spanien gültige Bühnenfassung des Don-Juan-Stoffs.
Zoser →Djoser.
Zosimus, Papst 417/18, Grieche; gegenüber dem Pelagianismus unsicher; war um weitgehende Durchsetzung des päpstl. Primats bemüht, mußte aber mehrere Maßnahmen auf Einspruch der betroffenen Bischöfe hin zurücknehmen.
Zossen, Kreisstadt im Bez. Potsdam, südl. von Berlin, 6000 Ew.; Metall-, Kachelindustrie. – Krs. Z.: 765 qkm, 75 200 Ew.
Zoster [der; grch.] = Gürtelrose.
Zottelblume →Bitterklee.
Zottelwicke, *Vicia villosa*, ein aus dem Mittelmeergebiet eingeschlepptes, verbreitetes Getreideunkraut aus der Familie der *Schmetterlingsblütler*; gute Futterpflanze, die ein außerordentlich nährstoffreiches Grünfutter liefert.
Zotten, *Medizin:* Villi, kegel-, faden- oder fingerförmige Ausstülpungen bzw. Fortsätze des Organgewebes im Innern von Organen, so z.B. die *Darm-Z.*, Erhebungen der Schleimhautoberfläche des Dünndarms, die die resorbierende Darmfläche vergrößern, u. die *Chorion-Z.* der Plazenta.
Zottenhaut, *Chorion*, die äußere Embryonalhülle (*Serosa*) bei lebendgebärenden Säugetieren, wo sie mit der Gebärmutterwand die Plazenta (Mutterkuchen) bildet. →Embryonalhüllen.
Zottenschwänze, *Thysanura*, früher gebräuchl. Zusammenfassung der →Borstenschwänze u. →Fischchen zu einer Insektenordnung. Aufgrund neuerer anatomischer Untersuchungen wurde die Selbständigkeit der beiden Gruppen festgestellt.
ZPO, Abk. für →Zivilprozeßordnung.
ZPÜ, Abk. für *Zentralstelle für private Überspielungsrechte*, Sitz: München, gegr. 1963 von →GEMA, →VG Wort u. der Gesellschaft zur Verwertung von Leistungsschutzrechten (GVL). Sie nimmt die Rechte der durch die drei Gesellschaften vertretenen Urheber, Interpreten, Verleger u. Schallplattenhersteller an privaten Tonbandaufnahmen wahr u. zieht die dafür vom Hersteller bzw. Importeur des Tonbandgeräts zu zahlende Vergütung ein.
Zr, chem. Zeichen für *Zirkonium*.
Zrazy ['zra:zi; Mz.; poln.], Rostbraten, der mit eingeweichtem Weißbrot bestrichen, zusammengerollt angebraten u. danach mit Zwiebeln, Speckwürfeln u. Kräutern im Ofen gar geschmort wird.
Zrenjanin ['zrɛn-], ung. *Nagybecskerek*, jugoslaw. Stadt in der Vojvodina, 60 000 Ew.; Ölraffinerie, Zuckerfabrik, Seidenraupenzucht, Weinbau.

Zoologische Gärten

Eingang von Hagenbecks Tierpark: romantische Vorstellungen prägten die Zoogestaltung des ausgehenden 19. Jahrhunderts

Eine Wende brachte Carl Hagenbecks 1896 patentierte und 1907 öffnete „Panorama-Freilichtanlage", die die Tiere in möglichst gro

Inzwischen abgerissene Raubtierhäuser aus Berlin (oben) und Hamburg (unten) aus der Zeit um 1900: Die Tiere wurden als „gefährliche Bestien" gehalten und vorgestellt

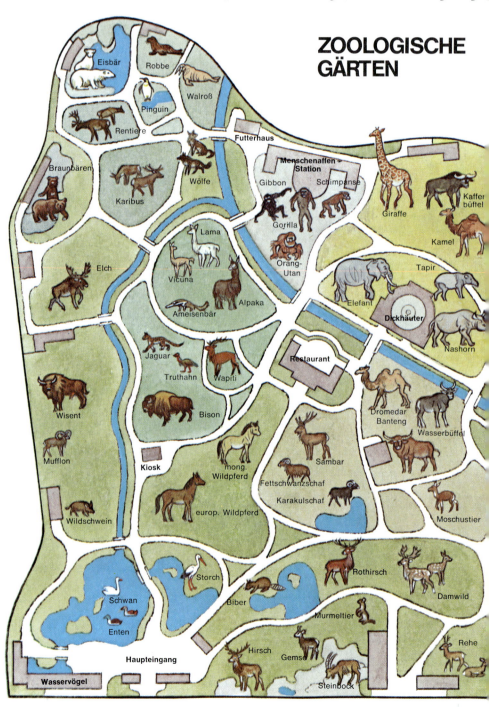

ZOOLOGISCHE GÄRTEN

Zoologische Gärten

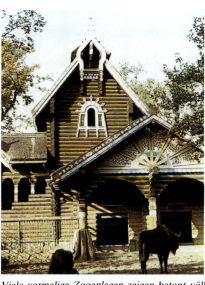

eiheit und „natürlicher" ngebung zeigt

Viele vormalige Zooanlagen zeigen betont völkerkundliches Element wie hier das „Russische Blockhaus" für die Wisente in Berlin (links) oder das Elefantenhaus aus Münster, das 1899 im Moscheestil erbaut wurde (rechts)

Moderne Freiflughallen – hier aus dem Zoo Frankfurt/Main – lösen die engen Volieren vergangener Epochen ab. Hier können exotische Vögel in ihrem natürlichen Verhalten beobachtet werden

Besonders fortschrittlich zeigt sich der Tierpark München-Hellabrunn, der die Tiere in möglichst naturgetreuer Landschaft zeigt

Plan eines zoologischen Gartens (Schema)

Heute herrschen weite, überschaubare Anlagen mit zweckorientierter Architektur vor (Nashorn-Freigehege, Basel)

Zrínyi ['zri:nji], Miklós (Nikolaus) Graf, Ban von Kroatien 1542–1561, *um 1508 Burg Zrin, † 7. 9. 1566 Szigetvár; hielt 1566 Szigetvár 5 Wochen gegen die Türken (Suleiman II.), beim letzten Ausfall schwer verwundet, von den Türken enthauptet. Ungar. Nationalheld. – Drama von Th. *Körner*.

Zschirnstein, *Großer Z.*, Berg im Elbsandsteingebirge, südöstl. von Bad Schandau, 561 m.

Zschokke, 1. Alexander, schweizer. Bildhauer, *25. 11. 1894 Basel, † Aug. 1981 Basel; Brunnen u. Einzelfiguren in einem formvereinfachenden, dem klass. Schönheitsideal verpflichteten Stil.
2. Friedrich, Enkel von 3), schweizer. Zoologe, *27. 5. 1860 Aarau, † 10. 1. 1936 Basel; arbeitete bes. über Hydrobiologie; teilte die schweizer. Gebirgsseen nach einem heute noch anerkannten System ihrer biolog. Zustände ein. Hptw.: „Die Tiefseefauna der Seen Mitteleuropas" 1911; „Die Tierwelt der Alpen einst u. jetzt" 1920.
3. Heinrich, Schriftsteller, *22. 3. 1771 Magdeburg, † 27. 6. 1848 Aarau (Schweiz); war dort 1798–1837 Hrsg. der volkserzieher. freisinnigen Wochenschrift „Der Schweizerbote", schrieb als Freimaurer vielgelesene „Stunden der Andacht" 6 Bde. 1809–1816; realist. Erzähler: „Abällino, der große Bandit" 1793; „Das Goldmacherdorf" 1817; „Die Branntweinpest" 1837.

Zschopau, 1. Kreisstadt im Bez. Karl-Marx-Stadt, im Erzgebirge, an der Z., südöstl. von Karl-Marx-Stadt, 10 300 Ew.; Fahrzeug- (Motorräder), Textil-, Holz- u. Metallindustrie. – Krs. Z.: 214 qkm, 57 600 Ew.
2. linker Nebenfluß der Freiberger Mulde, 105 km, entspringt am Fichtelberg, mündet unterhalb von Waldheim; bei *Kriebstein*, Krs. Hainichen, aufgestaut durch die *Z.talsperre* (11,6 Mill. m^3 Stauinhalt, See 1,3 qkm; Stauhöhe 21 m), dient dem Hochwasserschutz u. der Stromgewinnung, 1927–1933 erbaut.

Zschornewitz, Ort im Krs. Gräfenhainichen, Bez. Halle, nordöstl. von Bitterfeld, 4800 Ew.; Braunkohlenbergbau, in der Nähe das 1915/16 errichtete Braunkohlen-Großkraftwerk *Golpa-Z.*

Zsigmondy ['ʃigmɔndi], Richard, Chemiker ungar. Herkunft, *1. 4. 1865 Wien, † 23. 9. 1929 Göttingen; kolloidchem. Untersuchungen, konstruierte zus. mit H. *Siedentopf* das Ultramikroskop; Nobelpreis 1925.

Zsolnay Verlag ['ʃɔlnai-], *Paul Zsolnay Verlag GmbH*, Wien u. Hamburg, gegr. 1923 von Paul von *Zsolnay* (*1895, † 1961); Belletristik, bes. Romane dt., engl. u. französ. Autoren, Kulturgeschichte u. Populärwissenschaft.

z.T., Abk. für *zum Teil*.

Ztr., Kurzzeichen für →Zentner.

Zuaven, frz. *Zouaves*, **1.** *Zwawa*, bedeutendster Stamm der berber. *Kabylen*; oft fälschl. Bez. für alle Berberstämme Algeriens u. Nordmarokkos.
2. französ. Kolonialtruppe, anfangs arabisch gekleidet.

Zubehör, im bürgerl. Recht bewegliche Sachen, die, ohne →Bestandteil einer Hauptsache zu sein, doch deren wirtschaftl. Zweck zu dienen bestimmt sind u. zu ihr in einem dieser Bestimmung entsprechenden räumlichen Verhältnis stehen, außer wenn sie im Verkehr (üblicherweise) nicht als Z. angesehen werden. Bei einem gewerbl. Gebäude sind Z. auch die zum Betrieb bestimmten Maschinen u. Geräte, bei einem landwirtschaftl. Betrieb auch das zum Wirtschaftsbetrieb bestimmte Vieh u. die zur Fortführung der Wirtschaft bis zur nächsten Gewinnung gleicher oder ähnlicher Erzeugnisse erforderlichen landwirtschaftl. Erzeugnisse (§§ 97 u. 98 BGB). Auf das Z. erstrecken sich in der Regel Rechte an der u. auf die Hauptsache. – Österreich u. Schweiz: →Zugehör.

Zuber, altes bad. Raummaß (für Getreide); 1 Z. = 15 000 *l*.

Zubringer, *Zubringerstraße*, eine Straße, die zur Anschlußstelle einer Autobahn führt.

Zubuße, der auf die Anteile *(Kuxe)* einer *bergrechtlichen Gewerkschaft* von den Gewerken zu leistende *Nachschuß*. Durch das →Abandon (1) können sich die Gewerken der Pflicht zur Z. entziehen.

Zuccalli, Architekten- u. Maurerfamilie aus Graubünden, tätig in Bayern im 17. u. 18. Jh.; bedeutendste Mitglieder: **1.** Enrico (Johann Heinrich), *um 1642 Roveredo, † 8. 3. 1724 München; seit 1673 Hofbaumeister, wurde einer der Hauptmeister des Münchner Hochbarocks, arbeitete seit 1674 an der von A. *Barelli* (*1627) im Rohbau hinterlassenen Theatinerkirche, vollendet 1692.
2. Gasparo (Kaspar), *1667 Roveredo, † 14. 5. 1717 Adelholzen bei Traunstein; seit 1689 Hofbaumeister in Salzburg, errichtete dort 1685–1717 die Theatinerkirche St. Cajetan, 1685–1689 St. Erhard in Nonntal.

Zuccalmaglio [-'maljɔ], Anton Wilhelm Florentin von, Pseudonym Wilhelm von *Waldbrühl*, Schriftsteller, *12. 4. 1803 Waldbröl, † 23. 3. 1869 Nachrodt, Westfalen; Spätromantiker, sammelte dt. Volkslieder.

Zuccarelli, Francesco, italien. Maler u. Radierer, *15. 8. 1702 Pitigliano, † 30. 10. oder 12. 1788 Florenz; Landschaftsmaler in der Nachfolge des M. *Ricci*, von seinen Zeitgenossen u. bes. in England, wo er fünf Jahre tätig war, hoch geschätzt.

Zuccari, italien. Maler: **1.** Federico, *um 1540 Sant'Angelo in Vado, † 20. 7. 1609 Ancona; Schüler seines Bruders 2), tätig in Rom, Oberitalien, England u. Spanien, malte Fresken (Darstellung des Jüngsten Gerichts in der Kuppel des Florentiner Doms 1574–1579), Andachtsbilder u. Porträts; trat auch als Kunsttheoretiker hervor.
2. Taddeo, *1. 9. 1529 Sant'Angelo in Vado, † 2. 9. 1566 Rom; vom Spätwerk *Michelangelos* u. *Raffaels* ausgehende dekorative Freskenfolgen (Palazzo Farnese in Caprarola), Bildnisse Philipps II., der Maria Stuart u. Elisabeths von England.

Zuccoli, Luciano, eigentl. L. Graf von *Ingenheim*, italien. Schriftsteller, *5. 12. 1868 Calprino, Tessin, † 26. 11. 1929 Paris; verfaßte zahlreiche Romane aus dem Milieu der mondänen Welt („Le cose più grandi di lui" 1922).

Züchen = Költsch.

Zucht →Pflanzenzüchtung, →Tierzucht.

Zuchtgenossenschaft, Zusammenschluß von Züchtern in genossenschaftl. Form, um wertvolle Zuchttiere (bes. männl.) zu kaufen u. gemeinsam zu nutzen.

Zuchthaus →Freiheitsstrafe, →Vollzugsanstalt.

Züchtigungsrecht, den Inhabern der *elterl. Gewalt* zustehende Befugnis, den ihrer Erziehung anvertrauten Kindern zu Erziehungszwecken Züchtigungen zuzufügen. Nach der Rechtsprechung des Bundesgerichtshofs besteht auch ein auf Gewohnheitsrecht beruhendes Z. des Volksschullehrers, insbes. bei schwerer Widersetzlichkeit u. außergewöhnl. Roheit eines Schülers. Jedoch ist jede quälerische, gesundheitsschädl., das Anstands- u. Sittlichkeitsgefühl verletzende u. jede nicht dem Erziehungszweck dienende Züchtigung verboten. In fast allen Bundesländern einschl. Westberlin (Ausnahme: Saarland bis August 1975) ist durch zwingendes Landesrecht das *Z. des Lehrers* gänzlich abgeschafft. Das Bestehen eines Z.s schließt im Straf- u. Zivilrecht die Rechtswidrigkeit aus, wenn seine Grenzen eingehalten werden. Das frühere Z. des Lehrherrn gegenüber dem Lehrling ist vollständig aufgehoben; es besteht auch kein Z. gegenüber fremden Kindern.

Zuchtkristalle, bes. fehlerfreie Kristalle; sie werden unter günstigen Bedingungen (für die Kristallisation) erzeugt; haben wegen ihrer piezoelektr. Eigenschaften große Bedeutung in der Ultraschall- u. Hochfrequenztechnik.

Zuchtmittel →Jugendstrafrecht.

Zuchtrennen →Pferderennen.

Züchtung →Pflanzenzüchtung, →Tierzucht.

Zuchtwahl, *Auslese* →Selektion; →auch Abstammungslehre, Darwinismus.

Zucker, 1. *i.w.S.:* organ.-chem. Verbindungen, die zu den Kohlenhydraten zählen u. optische Aktivität aufweisen. Sie können als erste Oxydationsprodukte mehrwertiger Alkohole aufgefaßt werden u. tragen entweder eine Aldehydgruppe *(Aldosen)* oder eine Ketogruppe *(Ketosen)*. Man unterscheidet einfache, nicht weiter spaltbare *Monosaccharide* (z.B. Trauben-Z., Frucht-Z.) u. *Disaccharide*, die aus zwei Monosacchariden zusammengesetzt sind (z.B. Rohr-Z., Rüben-Z., Milch-Z., Malz-Z.) u. mit verdünnten Säuren oder Enzymen zurückgespalten werden können. Je nach der Zahl der Kohlenstoffatome im Molekül der Z. unterscheidet man Biosen, Triosen, Tetrosen usw., von denen die Pentosen (Arabinose, Xylose, Ribose) sowie die Hexosen (Glucose, Fructose, Galactose) am wichtigsten sind. Im Körperstoffwechsel werden die Z. oxydiert, wobei unter Wärmeabgabe Energie zur Betätigung von Muskeln u. Drüsen, also zur Arbeitsleistung frei wird. →auch Oligosaccharide.
2. *i.e.S.: Rohr-Z., Saccharose*, ein aus dem Saft der Z.rübe *(Rüben-Z.)*, des Z.rohrs u.a. zuckerhaltiger Pflanzen u. Früchte gewonnenes, aus Glucose u. Fructose bestehendes Disaccharid von süßem Geschmack u. hohem Nährwert. Formel: $C_{12}H_{22}O_{11}$. *Raffinade* ist reinste Saccharose, in Platten u. Würfeln im Handel. *Melisware* ist Z. geringerer Qualität; →auch Kandis.
Gewinnung: Die gereinigten u. zerkleinerten Z.rüben werden in großen Behältern (Diffuseuren, Auslaugetürmen) mit heißem Wasser ausgelaugt; dem *Rohsaft*, der 13–15% Z. enthält, wird Kalkmilch hinzugefügt, wodurch Beimengungen (anorgan. Salze, Eiweißstoffe, Farbstoffe) abgeschieden werden. Der *Scheideschlamm* u. die ausgelaugten Rübenschnitzel dienen als Viehfutter. Der *Scheidesaft* wird mit Kohlendioxid neutralisiert (Calciumcarbonat fällt aus), u. der erhaltene *Klarsaft* wird filtriert, gebleicht u. eingedickt, bis Kristall-Z. ausscheidet. Übrig bleibt die *Melasse*. Die Gewinnung von Z. aus dem etwa 12–18% Z. enthaltenden *Z.rohr* entspricht im wesentl. der Gewinnung aus der Z.rübe. Die Z.rohrmelasse wird durch Gärung auf Rum verarbeitet, die ausgepreßten Pflanzen (Kalebasse) als Brennmaterial verwendet. Die Z.gewinnung aus anderen Pflanzen (Kokospalme, Z.ahorn) hat keine große Bedeutung.
Die Weltproduktion an Z. betrug 1972 insgesamt 74 Mill. t, davon entfielen 31 Mill. t auf Rüben-Z. u. 43 Mill. t auf Rohr-Z. In der BRD wurden 2,1 Mill. t erzeugt u. verbraucht. Größte Z.produzenten der Welt sind die Sowjetunion, Kuba, Brasilien, Indien, die USA, China, Frankreich, Australien u. Mexiko.
Geschichte: Der Anbau des Z.rohrs u. die Gewinnung von Z. wurde wahrscheinl. zur Zeit der Kreuzzüge in Dtschld. bekannt, nachdem man schon um 300 n.Chr. in Ostindien aus Z.rohr Z. hergestellt hatte. Ende des 16. Jh. wurden in Dtschld. Raffinerien gegründet. 1747 entdeckte A. S. *Marggraf*, daß die Z.rübe ebenfalls Z. enthält. 1802 gründete F. K. *Achard* die erste Rübenzuckerfabrik in Kunern, Schlesien, doch nahm die Rübenzuckerproduktion erst in der 2. Hälfte des 19. Jh. größeren Umfang an.

Zuckerahorn, *Acer saccharum*, nordamerikan. *Ahorngewächs*, bis 15 m hoher Baum. Der Saft des Z.s u. des nahe verwandten *Silberahorns* enthält 3% Rohrzucker u. wird wirtschaftl. genutzt.

Zuckeraustauschstoffe, Ersatzstoffe, die in der Ernährung der Diabetiker an die Stelle der normalen Zucker treten u. so eine Süßung der Nahrung ermöglichen. Zu den Z.n zählen Fructose, Mannit, Sorbit, Xylit sowie die künstl. *Süßstoffe*.

Zuckerbäcker, Ausbildungsberuf der Industrie, mit 3jähriger Ausbildungszeit; weitgehend maschinelle Herstellung von Keks, Mürbegebäck, Leb- u. Pfefferkuchen, Waffeln, Zwieback u.a. Der Beruf entwickelte sich im Zuge der industriellen Massenfabrikation aus dem handwerkl. Berufen *Bäcker, Konditor, Pfefferküchler* u. *Lebzelter*.

Zuckererbse →Erbse.

Zuckergast = Silberfischchen.

Zuckerharnruhr = Zuckerkrankheit.

Zuckerhut, kegelförmig gegossener Raffinadezucker.

Zuckerhut, portug. *Pão de Açúcar*, Glockenberg in Rio de Janeiro, steilwandiges, 395 m hohes Wahrzeichen der Stadt, durch schalenartige Abschuppung (Desquamation) des Granits u. Gneises im feuchtheißen Klima entstanden; mit Schuttfuß; Anfang 1972 von einer dt.-österr. Seilschaft (H. Stutzig; H. Gasser, W. Haim, F. Kuen) erstmals von seiner Steilseite her durchstiegen.

Zuckerhütl, vergletscherter höchster Berggipfel der Stubaier Alpen in Tirol, 3507 m.

Zuckerkopf, *Kopfkohl* →Kohl.

Zuckerkrankheit, *Zuckerharnruhr, Diabetes mellitus*, Störung des Kohlenhydratstoffwechsels bei ständig erhöhtem Zuckergehalt des Bluts *(Hyperglykämie)*; beruht meist auf einer Erkrankung des Inselapparats des Pankreas, durch die die Abgabe des Pankreashormons *Insulin* an den Kreislauf erheblich vermindert ist *(Insulinmangeldiabetes)*. Da mit Hilfe des Insulins aus den durch Nahrung aufgenommenen u. durch Verdauung in einfache Zucker (Monosaccharide) umgewandelten Kohlenhydraten Glykogen aufgebaut u. in Leber- u. Muskelzellen gespeichert wird, geht bei mangelnder Insulinabgabe die Fähigkeit verloren, Zucker in Glykogen zu verwandeln u. in dieser Form so lange gespeichert zu halten, bis das Sinken des Zuckerspiegels eine Entspeicherung erfordert. Folge davon ist eine ungenügende Verwertung der Kohlenhydrate bei ständiger Abnahme der Glykogenreserven, beträchtliche Steigerung des Zuckergehalts des Bluts u. bei Überschreitung der Nierenschwelle Übertritt von Zucker in den Harn *(Glykosurie)* unter gleichzeitiger Vermehrung der

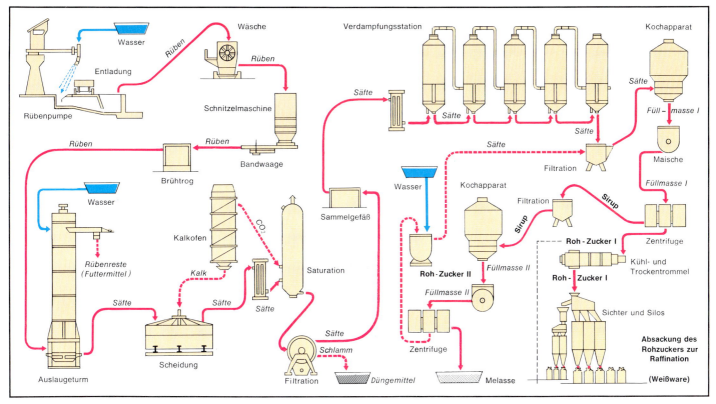

Zuckergewinnung aus Zuckerrüben

Harnmenge. Da weiterhin zur vollständigen Verbrennung von Fetten Glykogenreserven erforderlich sind, können bei glykogenarmer Leber Fette nur bis zu Ketonkörpern (Zwischenprodukte des Fettabbaues) verwandelt werden. Die Anhäufung von Acetonkörpern im Blut führt schließlich zu einer Säurevergiftung des Körpers *(Coma diabeticum),* einem lebensbedrohl. Zustand, der nur durch schnellste Insulinzufuhr beseitigt werden kann. Neben dem ausgesprochenen Pankreasdiabetes kann Z. auch auf einer Störung anderer innersekretorischer Drüsen beruhen, z. B. Hypophyse, Schilddrüse, Nebennierenrinde *(hypophysärer, thyreogener, Nebennierenrinden-Diabetes),* wie überhaupt bei der Z. meist der gesamte innersekretor. Mechanismus beteiligt ist.

Das Prinzip der Behandlung der Z. ist, die primäre Kohlenhydratstoffwechselstörung soweit wie möglich auszugleichen; für diese „Einstellung des Diabetes" gibt es 3 verschiedene Möglichkeiten, die von Arzt entsprechend den Verhältnissen des Einzelfalls (Art u. Schwere der Z., Alter des Patienten) angewendet werden. 1. die Diät berücksichtigt die verringerte Zuckertoleranz des Diabetikers u. ist das „Fundament" jeder Diabetestherapie. 2. die Insulinbehandlung ist eine Substitutionstherapie, d. h. ein künstlicher Ersatz des fehlenden bzw. zu wenig gebildeten körpereignen Insulins, u. bewirkt eine Erhöhung der Kohlenhydrattoleranz, eine Verbesserung der Fähigkeit, Zucker zu verwerten. 3. die →oralen Antidiabetika (Sulfonylharnstoffe, Biguanide) bewirken eine Anregung der insulinbildenden B-Zellen des Inselorgans u. eine Insulinmobilisierung bzw. -potenzierung in solchen Fällen von Z. im höheren Alter, in denen eine „Insulinblockierung" vorliegt. – Außerdem ist bei der Behandlung der Z. die Tatsache von Bedeutung, daß regelmäßige Muskelarbeit einen günstigen Einfluß auf den Stoffwechsel des Diabetikers hat; ein tägliches Quantum körperlicher Arbeit u. Bewegung kann daher die Behandlung wesentlich unterstützen. – ▢9.9.1.

Zuckerpalme = Arengapalme.

Zuckerrohr, *Saccharum,* Gattung der *Süßgräser.* Wichtigste Art ist die *Echte Z., Saccharum officinarum,* ein Rispengras mit langen, dicken Schäften, das in allen subtrop. u. trop. Gebieten mit feuchtwarmem Klima gedeiht. Hauptanbaugebiete Westindien (Kuba), Indien u. Java. →auch Zucker.

Zuckerrübe, *Beta vulgaris var. altissima,* zweijährige, von der *Runkelrübe* abstammende Kulturpflanze, die im 1. Jahr eine Blattrosette u. eine länglich-walzige, fleischige, nährstoffreiche Wurzel mit 12–20% Rohzucker (Runkelrübe 4,5%) ausbildet. Im 2. Jahr wird dann der etwa 1 m lange Blütenstand gebildet, doch nur zur Samengewinnung wird ein Teil der Pflanzen zweijährig kultiviert. Hauptanbaugebiete für Z.n sind: BRD, DDR, Sowjetunion, Frankreich u. die USA. →auch Zucker.

Zuckerrübenschnitzel, entweder Abfälle bei der Verarbeitung der Zuckerrüben (Naß-, Steffen- oder Trockenschnitzel) oder durch Schnitzeln u. Trocknen haltbar gemachte Zuckerrüben zur späteren Verfütterung (mit vollem Zuckergehalt).

Zuckersäure, eine bei der Oxydation von Glucose entstehende Oxydicarbonsäure, chem. Formel HOOC–(CHOH)$_4$–COOH.

Zuckerspiegel, die Konzentration des Zuckers Glucose im Blut, beträgt beim Menschen 900 mg/l. Durch Hormonsteuerung wird der Z. konstant gehalten; senkend wirkt das Hormon Insulin, steigernd Glucogen, Somatropin u. Cortisol. Bei Insulinmangel tritt *Zuckerkrankheit* auf. – ▢9.3.7.

Zuckersteuer, Verbrauchsteuer auf Zucker (Rüben- u. Rohrzucker), auch auf Rübensäfte, Sirup u. a. Der Steuersatz beträgt nach dem *Z.gesetz* in der Fassung vom 19. 8. 1959 (mit späteren Änderungen) 6 DM für 100 kg; für Rübensäfte bestehen Ermäßigungen; Steuerschuldner ist der Hersteller. Die früher übliche Erhebung als *Rohstoffsteuer* (bemessen nach den verarbeiteten Rüben) führte zur laufenden Steigerung der Ausbringungsmenge von Zucker je dz Rübenschnitzeln (Steuereinholung).

Zuckertang, *Laminaria saccharina,* eine *Braunalge* des Nordatlantik, auch bis zur Ostsee u. in das westl. Mittelmeer vordringend; bildet große Bestände in 50–250 m Tiefe von bis über 1 m langen, am Rand gekräuselten Blattkörpern.

Zuckervögel, *Coerebidae,* wahrscheinl. uneinheitliche Familie der *Singvögel;* zierl. amerikan. Vögel, die in Körperbau u. Ernährungsweise – es sind Blütensauger mit Fransenzungen – eine Parallelentwicklung zu Kolibris u. Nektarvögeln bilden; z. B. der bläulich schillernde *Türkisvogel, Cyanerpes cyaneus,* der in Kuba, Mittel- u. Südamerika vorkommt. – ▣→Kolibris und Nektarvögel.

Zuckerwurzel, 1. *Sium sisarum,* ein *Doldengewächs;* früher wegen der süßlich u. würzig schmeckenden Wurzeln in Küchengärten angebaut. →auch Merk.
2. *Erdmandel, Tigernuß, Zulunuß,* die bis 20% Öl u. Zucker enthaltende Knolle des aus Afrika stammenden, in allen warmen Ländern angebauten *Erdmandelgrases, Cyperus esculentus.*

Zuckmayer, Carl, Schriftsteller, *27. 12. 1896 Nackenheim, †18. 1. 1977 Visp, Wallis; 1939 bis 1946 im Exil in den USA, seit 1958 in der Schweiz; erfolgreich mit bühnenwirksamen, lebensnahen u. Zeitproblemen behandelnden Stücken: „Der fröhliche Weinberg" 1925; „Schinderhannes" 1927; „Katharina Knie" 1929; „Der Hauptmann von Köpenick" 1931; „Ulla Winblad oder Musik u. Leben des Carl Michael Bellmann" 1953 (entstanden 1937/38); „Des Teufels General" 1946; „Barbara Blomberg" 1949; „Der Gesang im Feuerofen" 1950; „Das kalte Licht" 1955; „Die Uhr schlägt eins" 1961; „Das Leben des Horace A. W. Tabor" 1964. Lyrik: „Der Baum" 1926; „Gedichte" 1960. Erzähltes: „Ein Bauer aus dem Taunus" 1927; „Herr über Leben u. Tod" 1938; „Der Seelenbräu" 1945; „Die Fastnachtsbeichte" 1959. Ferner Reden, Essays, Erinnerungen („Als wär's ein Stück von mir" 1966; „Henndorfer Pastorale" 1972). – Seine Frau Alice (geb. von Herdan) verfaßte Erinnerungsbücher: „Die Farm in den grünen Bergen" 1949; „Das Kästchen" 1962; „Das Scheusal. Geschichte einer sonderbaren Erbschaft" 1972. ▢3.1.1.

Zuckmücken, *Chironomidae, Tendipedidae,* Familie der *Mücken,* den *Stechmücken* im Aussehen sehr ähnlich, doch ohne oder mit verkümmertem Stechrüssel, daher ungefährlich. Die Männchen, die in den Abendstunden Mückenschwärme bilden, haben auffällig gefiederte, büschelartige Fühler, z. B. die der *Federmücke, Chironomus plumosus.* – Die Larven sind wertvolles Fischfutter.

Zufallshaftung, eine Ausnahme des bürgerl. Haftungsrechts, wonach innerhalb (zu unterscheiden von der →Gefährdungshaftung) bestehender Schuldverhältnisse nicht nach dem *Verschuldensprinzip,* sondern auch ohne eigenes Verschulden für gesetzl. bestimmte Schadensfälle gehaftet wird. Z. tritt z. B. nach dem BGB ein für das Verschulden *gesetzlicher Vertreter* u. *Erfüllungsgehilfen* (§ 278), für eingebrachte Sachen in Gaststätten, bei *Schuldnerverzug* (§ 278 II) u. bei *Mängelhaftung;* ferner im Eisenbahn- u. Postrecht für Beförderungsgut. Der Z. entspricht im Strafrecht die →Erfolgshaftung. – Ähnlich in Österreich; ähnl. auch in der Schweiz. →auch Haftpflicht.

Zufallskurve →Glockenkurve.

Zufallsstichprobe, eine statist. Erhebung, bei der die Auswahl der einzubeziehenden Elemente rein zufällig erfolgt, wobei jedes Element der zu untersuchenden Gesamtheit die gleiche Chance hat, in die Erhebung einbezogen zu werden; gewählt wird z. B. jeder 10. Haushalt von einer Anschriftenliste, jeder 5. Einkommensbezieher von einer Lohnliste.

Zuffenhausen

Zugspitzmassiv; im Vordergrund der Grubigstein

Nach dem *Gesetz der großen Zahl* bringt eine Anzahl von zufällig gewählten Einzelfällen aus einer Gesamtmasse bei genügend großer Auswahl die wesentl. Merkmale der Gesamtheit richtig zum Ausdruck. Durch die Z. können bei verhältnismäßig niedrigen Kosten u. einem relativ geringen Stichprobenumfang präzise Ergebnisse erzielt werden. Eine Z. empfiehlt sich vor allem bei homogenen Gesamtheiten.

Zuffenhausen, Ortsteil von Stuttgart, Porsche-Werk.

Zug, 1. *Eisenbahn:* die aus Zugmittel mit Kraftmaschine (z. B. Lokomotive) u. Lastträger (z. B. Waggon) gebildete Verkehrseinheit, auch auf allein fahrende Triebwagen u. Lokomotiven angewendet. Ein Z. muß als solcher durch die vorgeschriebenen Signale gekennzeichnet werden. Das Z.begleitpersonal untersteht einem Z.führer.
2. *Festigkeitslehre:* die Beanspruchung eines Werkstoffs durch zwei in Richtung der Achse angreifende, entgegengesetzt gerichtete Kräfte. →auch Zugfestigkeit.
3. *Heizung:* bei Feuerungsanlagen u. Öfen die Kanäle für Rauchgase; auch der Luftstrom, der durch die Temperaturunterschiede des heißen Rauchgases im Schornstein entsteht.
4. *Kraftfahrzeuge:* Lastkraftwagen mit Anhänger *(Lastzug).*
5. *Militär:* militär. Teileinheit; mehrere Züge bilden eine *Einheit* (Kompanie u.a.).
6. *Waffentechnik:* Züge, schraubenförmig gewundene Vertiefungen, die in das aus Weichmetall bestehende Innere *(Kernrohr, Seelenrohr)* des Laufs von Handfeuerwaffen oder des Rohrs von Geschützen eingeschnitten sind, um dem Geschoß eine Drehung um seine Längsachse *(Drall)* zur Stabilisierung im Flug zu verleihen. Zwischen den Zügen befinden sich die *Felder.* →auch Führung (5).

Zug, 1. zentralschweizer. Kanton, 239 qkm, 74 000 Ew.; einer der kleinsten Kantone, umfaßt das Gebiet beiderseits der Nordhälfte des Z.er Sees u. um den Ägerisee, ein Übergangsraum zwischen Voralpen u. Mittelland. Landwirtschaft (Ackerbau, Viehwirtschaft, Obstbau) u. Industrie (Maschinen- u. Apparatebau, Metall-, Holz-, Papier-, Textilindustrie), aber auch der Fremdenverkehr sind gut entwickelt. – Z. wurde 1273 habsburgisch, schloß sich 1352 der Eidgenossenschaft an, blieb in der Reformationszeit kath. u. gehörte 1845–1847 dem kath.-konservativen Sonderbund an.
2. Hauptstadt des schweizer. Kantons Z., am Nordostufer des Z.er Sees u. zu Füßen des Z.er Bergs (951 m), 22 400 Ew.; mittelalterl. Stadtbild mit Türmen, Toren u. Ringmauerresten, spätgot. Kirche St. Oswald (15./16. Jh.), Zeitturm mit astronom. Uhr (15. Jh.), Rathaus (1505), Burg (ehem. habsburg. Verwaltungssitz); Seebad u. Luftkurort mit starkem Fremdenverkehr; Metall-, Elektro-, Textil-, Papier-, Getränkeindustrie; Fischbrutanstalt.

Zugabe, *Geschenkwerbung, Zugabenwerbung, Wertreklame,* zusätzliche unentgeltliche Warenlieferung oder Leistung des Verkäufers neben der Hauptware oder -leistung. Z.n sind im allg. verboten durch die *Z.-VO* vom 9. 3. 1932 in der Fassung vom 25. 6. 1969. Zulässig sind Reklamestücke von geringem Wert, die als solche durch eine dauerhafte, deutlich sichtbare Bez. der Werbefirma gekennzeichnet sind, geringwertige Kleinigkeiten, handelsübliches Zubehör (z. B. Verpackung) u. Nebenleistung (z. B. Zuschicken der Ware) u. bestimmte Kundenzeitschriften. – In Österreich ist die Z. im Z.gesetz von 1934 geregelt, in der Schweiz enthält Art. 20 des Bundesgesetzes über den unlauteren Wettbewerb von 1943/1945 eine Ermächtigung an den Bundesrat zur Regelung des Z.wesens. – ⌑ 4.3.4.

Zugbahnfunk, Abk. *ZBF,* bei Eisenbahnen Kombination von Sprechfunk, z. B. zwischen Fahrdienstleiter u. Triebfahrzeugführer, u. Code-Signalfunk zur Übertragung von Befehlen (z. B. Nothalt) auf den Führerstand. Der Z. wird bei allen Triebfahrzeugen der DB eingeführt, um den Betrieb flüssiger zu gestalten u. die Sicherheit zu erhöhen.

Zugbeeinflussungsanlagen, Einrichtungen auf Eisenbahnstrecken (von der Signalstellung abhängige Gleismagnete) u. an den Triebfahrzeugen (Fahrzeugmagnete u. a.), die in die Fahrweise des Lokomotivführers direkt eingreifen. Die *induktive Zugbeeinflussung (Indusi)* soll verhindern, daß Unfälle u. Gefährdungen eintreten, wenn Signale vom Lokomotiv- oder Triebwagenführer nicht beachtet werden; sie bewirkt deshalb eine Zwangsbremsung, wenn der Fahrzeugführer nicht der Signalbedeutung entsprechend handelt. →auch Sicherheitsfahrschaltung.

Zugbildung, Zusammensetzung der einzelnen Wagen eines Reise- oder Güterzugs in bestimmter Reihenfolge. Z.sbahnhöfe befinden sich meist an Knotenpunkten, wo Züge entstehen oder enden, u. sind mit den notwendigen Reparaturanlagen ausgestattet.

Zugehör [das; schweizer. die], entspricht im österr. u. schweizer. Zivilrecht etwa dem →Zubehör des BGB. In Österreich kann die Z.eigenschaft jedoch auch durch (besonderes) Gesetz oder durch den Eigentümer hergestellt werden (§§ 294 ff. ABGB), in der Schweiz kommt es auf die ortsübl. Auffassung oder den klaren Willen des Eigentümers an (Art. 644 f. ZGB).

Zügel, 1. *allg.:* Leine oder Riemen zum Lenken u. Führen von Zug- oder Reittieren.
2. *Vogelkunde:* die Kopfpartie zwischen Auge u. Oberschnabel.

Zügel, Heinrich von, Maler, * 22. 10. 1850 Murrhardt, Württ., † 30. 1. 1941 München; Mitbegründer der Münchner Sezession (1892), malte bes. Tierbilder in einem zunächst realist., später mehr dem Impressionismus angenäherten Stil.

Zugelastizität, die Fähigkeit von zugbeanspruchten Stoffen, nach Aufhören der Zuglast ihre ursprüngl. Form wieder anzustreben. Bei Textilien ist der Formänderungsrückgang im allg. nicht vollständig; es verbleibt eine Restdehnung, die sich noch zeitabhängig ändert. Im Z.sversuch werden die gesamte, die elastische u. die bleibende Dehnung bei verschieden hohen Kraftstufen ermittelt.

Zuger See, fischreicher schweizer. See nördl. des Vierwaldstätter Sees, 413 m ü. M., 14 km lang, bis 4 km breit, 38 qkm groß, bis 198 m tief.

Zugewandte Orte, in der Schweiz bis 1798 Städte oder Gebiete, die in loserer Form sich der Eidgenossenschaft angeschlossen ("zugewandt") hatten, deren Schutz genossen u. Militärhilfe leisteten. Zu ihnen gehörten die Drei Bünde (Graubünden), Wallis, Bistum Basel, Stift St. Gallen, Stadt St. Gallen u. a.

Zugewinn →Zugewinngemeinschaft.

Zugewinngemeinschaft, in der BRD seit dem 1. 7. 1958 der gesetzliche Güterstand des →ehelichen Güterrechts. Mann u. Frau bleiben Eigentümer u. Verwalter ihres Vermögens. Lediglich der Zugewinn wird beim Ende der Z. ausgeglichen (§§ 1363 ff. BGB). Endet eine Ehe durch Scheidung, Aufhebung oder Nichtigerklärung, so gilt § 1378 BGB. Übersteigt der Zugewinn des einen Ehegatten den Zugewinn des anderen, so steht die Hälfte des Überschusses dem anderen Ehegatten als Ausgleichsforderung zu. Bei Beendigung der Ehe durch den Tod eines Ehegatten wird der Zugewinnausgleich nach § 1371 Abs. 1 BGB dadurch vollzogen, daß sich der gesetzliche Erbteil des überlebenden Ehegatten um ein Viertel der Erbschaft erhöht; dabei ist unerheblich, ob im Einzelfall tatsächlich ein Zugewinn erzielt worden ist. Der andere Ehegatte, in der Regel die Frau, wird also am Erwerb des ersteren beteiligt, an dessen Erringung er im Rahmen der ehelichen Lebensgemeinschaft mindestens mittelbar mitgewirkt hat. – ⌑ 4.3.1.

Zugfestigkeit, der Widerstand eines Körpers gegen Zerreißen beim Auftreten von Zugspannungen, also gegen Beanspruchung durch Zugkräfte. Die Spannung bei der höchstmöglichen Last im →Zugversuch wird mittels Probestab gemessen u. in kp/mm² angegeben.

Zugfolgestellen, alle Bahnanlagen, die einen Streckenabschnitt (Blockstrecke) begrenzen, in den ein Zug erst einfahren darf, nachdem ihn der vorausgefahrene Zug verlassen hat.

Zugfunk, seit 1928 eingeführter Telegramm- u. Telephonverkehr vom fahrenden Zug aus. Ein kleiner Sender bzw. Empfänger im Zug sendet bzw. empfängt die Gespräche; die elektromagnet. Wellen werden von feststehenden Sende- u. Empfangseinrichtungen, die in größeren Abständen an günstig gelegenen Punkten gebaut sind, aufgenommen u. in das normale Kabelnetz weitergeleitet. – Der Z. dient auch der reinen Eisenbahnbetriebsregelung *(Zugdienst);* hierbei empfängt der Fahrzeugführer seine Anweisungen drahtlos fernmündlich oder auch optisch.
Auf großen Rangierbahnhöfen findet der Z. als *Rangierfunk* Verwendung. Er ermöglicht die drahtlose Verständigung zwischen Aufsichts- u. Rangierpersonal.

Zuggattung, Art eines Eisenbahnzugs, z. B. TEE-Zug, Fernschnellzug, Schnellzug, Eilzug, Nahverkehrszug, Schnellgüterzug, Eilgüterzug, Durchgangsgüterzug, Nahgüterzug.

Zuggewicht, bei der Eisenbahn die Zuglast in Tonnen; besteht aus dem Eigengewicht der Wagen u. dem Gewicht der beförderten Güter.

Zugholz →Reaktionsgewebe.

Zugkilometer, die von einem Zug zurückgelegte Kilometerzahl.

Zugluft, leichte von einer Seite kommende Luftströmung; Ursache von Erkältungskrankheiten, da der Körper gegen die Abkühlung bei der geringen Luftbewegung nicht mit den üblichen Abwehrmaßnahmen reagiert.

Zugmaschine, meist mit Dieselmotor ausgestattetes Kraftfahrzeug, in der Landwirtschaft u. im Transportwesen verwendet. →Motorschlepper, →Sattelzug.

Zugmeldeverfahren, Hilfen zur Sicherung eines geregelten Zugverkehrs. Auf einer eingleisigen Strecke werden die Züge angeboten u. angenommen, abgeläutet u. zurückgemeldet, auf einer zweigleisigen Strecke abgemeldet u. zurückgemeldet. Wo Streckenblockung vorhanden ist, tritt an die Stelle des Rückmeldens das Rückblocken.

Zugnummer, die jedem Zug zugeordnete Num-

Zukunftsforschung

mer. Aus der Z. läßt sich die *Zuggattung* entnehmen. Für jede Z. gibt es einen Fahrplan.

Zugnummernmelder, ein elektron. Gerät, das bei modernen Gleisbild-Stellwerken die Zugnummern selbsttätig mit dem Zug von einem Bahnhof zum nächsten weitermeldet. Die Zugnummer wandert sichtbar auf dem Stelltisch weiter.

Zugpflaster, ein Pflaster, das die Durchblutung von Entzündungsherden durch Haut- u. Gewebereizung fördert; dient meist der Zusammenziehung („Reifung") eitriger Prozesse. Z. sind u.a. Spanischfliegen- (Canthariden-), Senf-, Seidelbast-, ichthyolhaltige Pflaster.

Zugrecht →Näherrecht.

Zugriffszeit, bei den Informationsspeichern in Elektronenrechnern die Zeit, die vergeht, bis die Information zur Verfügung steht; kann zwischen winzigen Bruchteilen einer Sekunde u. mehreren Minuten betragen.

Zugsicherung, Einrichtungen zur Sicherung des Eisenbahnverkehrs auf Bahnhöfen u. freier Strecke mit Hilfe von Signalanlagen u. von ihnen abhängigen Weichen u. Gleissperren. Der Z. dienen zunehmend zentrale elektr. Bahnhofs- u. Streckenstellwerke. Selbsttätige Streckenblockung u. Zugselbstlenkung sind ein Teil der Z. Auch die induktiven →Zugbeeinflussungsanlagen gehören dazu. →auch Eisenbahnsignale.

Zugsignale, optische Signale, die die Spitze u. den Schluß des Zuges sowie die auf die freie Strecke übergehenden Fahrzeuge kennzeichnen. Am Tag ist die Spitze nicht bes. gekennzeichnet, bei Dunkelheit trägt sie drei weiße Lichter in Form eines A *(Dreilichtspitzensignal).* Der Schluß eines Zuges wird am Tag durch zwei viereckige, von vorn u. hinten sichtbare rot-weiße Scheiben gekennzeichnet, die am letzten Fahrzeug in gleicher Höhe anzubringen sind. Das Schlußzeichen bei Nacht bilden zwei von vorn sichtbare weiße, von hinten sichtbare rote Lichter; sie befinden sich ebenfalls am letzten Fahrzeug in gleicher Höhe. Einzeln fahrende Lokomotiven, Arbeitszüge u. Nebenfahrzeuge führen das vereinfachte Schlußsignal, das bei Tag aus einer runden roten Scheibe mit weißem Rand u. bei Nacht aus einem roten Licht besteht. Für Fahrten auf falschem Gleis (bei zweigleisigen Strecken) gelten bes. Z.

Zugspindel, bei Drehmaschinen die Spindel zum Antrieb des Schlittens, wenn keine besondere Genauigkeit des Längsvorschubs gefordert wird. Beim Gewindedrehen wird die →Leitspindel benutzt.

Zugspitze, höchster Berggipfel Deutschlands, im Wettersteingebirge (Oberbayern), südwestl. von Garmisch-Partenkirchen, 2962 m; z.T. vergletschert (Höllental-, Schneeferner); bayer. *Zugspitzbahn* (18,7 km lange Zahnradbahn) von Garmisch, Seilbahnen vom Eibsee u. Ehrwald sowie vom Schneefernerhaus zum Münchner Haus; meteorolog. Observatorium.

Zugstraßen, 1. *Ökologie:* →Vogelzug. **2.** *Wetterkunde:* häufig, aber nicht ausschl. benutzte Wege der Zyklonen, für Europa klassifiziert u. numeriert von J. van *Bebber.* Heute wird nur noch die Zugstraße Vb genannt wegen ihres ungewöhnl. Verlaufs u. der damit verbundenen Wetterlage: von der Adria nördl. am Ostrand der Alpen vorbei über Schlesien nach der Ostsee oder Polen. Diese Zyklone ruft in Ostdeutschland Dauerregen mit Hochwasser hervor.

Zugtelephonie, drahtlose Funkfernsprechverbindung zwischen fahrenden Zügen u. dem Fernsprechnetz, arbeitet im UKW-Bereich. Im fahrenden Zug sind dazu Sender u. Empfänger untergebracht, die mit feststehenden Empfängern u. Sendern in der Nähe der Bahnstrecke in Verbindung stehen. Abstand der feststehenden Geräte etwa 100 km. Von diesen führen Kabel zum nächsten Fernmeldeamt.

Zugverband →Streckverband.

Zugversuch, *Zerreißversuch,* ein Verfahren der Werkstoffprüfung, bei dem ein Probestab an den Enden in der Zugprüfmaschine eingespannt u. in Längsrichtung zunehmend bis zum Bruch belastet wird. Die zu jeder Belastung des Stabs gehörende Dehnung u. charakteristische Größen wie →Zugfestigkeit, →Reißspannung, →Elastizitätsgrenze u. →Streckgrenze werden festgehalten.

Zugvögel →Vogelzug.

Zuhair, vorislam. arab. Dichter des 6. Jh., der als Greis den Propheten noch gesehen haben soll; schrieb überwiegend Gedichte mit lehrhafter Tendenz.

Zuhälterei, das Beziehen von Lebensunterhalt aus den Einkünften einer weibl. oder eines männl. Prostituierten *(ausbeuterische Z.)* oder das gewohnheitsmäßige oder eigennützige Schützen oder sonstige Fördern ihrer Prostitution *(kupplerische Z.)* durch eine weibliche oder eine männliche Person. Strafbar nach § 181a StGB; Ehegatteneigenschaft schließt die Strafbarkeit nicht aus (§ 181a Abs. 3). Die Z. ist zu unterscheiden von der →Kuppelei. – Ähnl. in der Schweiz nach Art. 201 StGB. In Österreich wird Z. gemäß § 216 StGB als Vergehen mit Freiheitsstrafe bis zu einem Jahr geahndet; die Tat ist von Amts wegen zu verfolgen.

Zuidersee ['zœydərze:], frühere Bez. für das →IJsselmeer.

Zuid-Willemsvaart ['zœyt-], Kanal im SO der Niederlande, verbindet die Maas oberhalb von Roermond mit der Bergschen Maas bei Herzogenbusch.

Zukunft, *Grammatik:* →Tempus.

Zukunft, „*Die Z.*", 1892–1922 in Berlin erschienene polit. u. kulturkritische Wochenschrift Maximilian *Hardens.*

Zukunftsforschung, *Futurologie,* Sammelbez. für wissenschaftl. Bemühungen, auf verschiedenen Gebieten (Technik, Wirtschaft, Politik u.a.) mögliche oder wahrscheinl. Entwicklungen vorauszusagen u. Modelle für eine wünschbare Zukunft zu entwerfen. Im Jahre 2000 wird z.B. die Erdbevölkerung auf rd. 6 Milliarden Menschen angewachsen sein. Sie alle sollen ein menschenwürdiges Leben führen. Das ist nur möglich, wenn schon heute alle Mittel ausgeschöpft werden, damit zur gegebenen Zeit die notwendige Nahrung u. Kleidung ausreichend vorhanden ist. Deshalb muß die mögl. Zukunft erforscht werden.

Ähnliche Fragen von nicht geringerer Bedeutung sind die zukünftige Entwicklung des Gesundheitswesens, der Biotechnik, der Kybernetik, der Automatisierung, der Reaktortechnik u. der Raum-

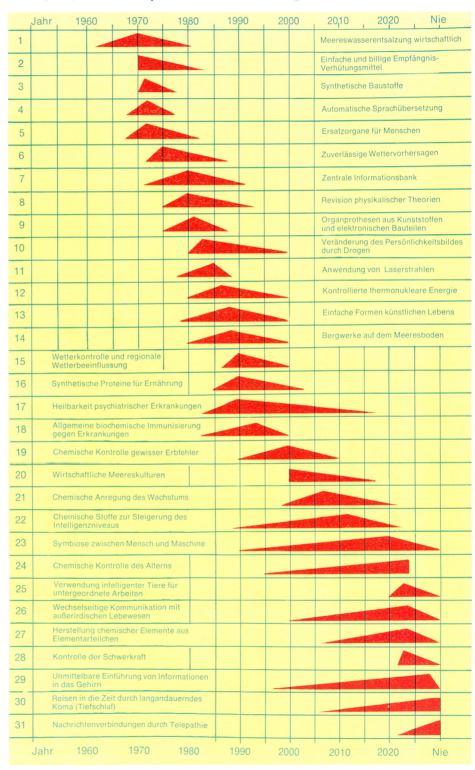

Zukunftsforschung: Entdeckungen und Erfolge der Wissenschaft

Zuladung

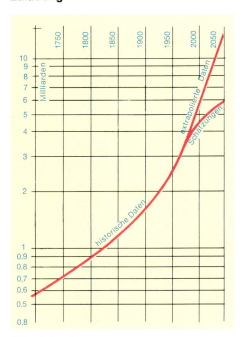

Zukunftsforschung:
Entwicklung der Weltbevölkerung

fahrt. Auch Bedarfsschätzungen auf dem Gebiet des Bildungswesens u. der wissenschaftlichen Forschung gehören hierher.
Bes. wichtige Hilfsmittel der Z. sind die *induktiven Methoden* (z.B. freie Assoziation), die *explorativen Methoden* (Zeitreihenextrapolation, historische Analogie) u. die *normative Vorausschau* (Entscheidungsmodelle, Netzplantechnik). Bei der häufig angewendeten *Extrapolation* werden Beobachtungsreihen der Vergangenheit u. Gegenwart in die Zukunft hinein verlängert. Sehr nützlich sind hierbei die elektron. Datenverarbeitungsanlagen, da sie große Datenmengen in einer vertretbaren Zeit verarbeiten können.
Mit den Mitteln der Z. ist es auch möglich, von erstrebenswerten Zielen auszugehen u. gewissermaßen die einzelnen Schritte zu ermitteln, die man in der Gegenwart tun muß, um das Gewünschte mit einem Minimum an Aufwand zu erreichen. Fehlentwicklungen u. Umwege können auf diese Weise vermieden oder verringert werden.
In den USA haben Wissenschaftler der Rand Corporation in Zusammenarbeit mit Fachleuten aus aller Welt eine exakte Vorausbestimmung von sechs großen Sachgebieten zu erarbeiten versucht: wissenschaftl. Entwicklungen, Bevölkerungswachstum, Automatisierung, Weltraumfahrt, Verhinderung von Kriegen u. zukünftige Waffensysteme. Es handelt sich dabei um *Langfrist-Vorhersagen* für die Welt der nächsten fünf Jahrzehnte. Die Befragung wurde mit Hilfe eines ausgefeilten Fragebogensystems durchgeführt. Die Befragten mußten den Zeitraum angeben, in dem ihrer Meinung nach das entspr. Ergebnis mit mindestens 50 Prozent Wahrscheinlichkeit eintreten würde (s. Abb.).
Da die Welt der Zukunft in einem hohen Maße gestaltbar geworden ist, kann die Z. steuernd u. beratend eingreifen u. z.B. etwaige Fehlentwicklungen unterbinden. Sie trägt dazu bei, daß man vorsichtiger zu Werke geht als früher, zugleich aber mutiger, weil man die Veränderungen, mit denen zu rechnen ist, besser abschätzen kann.
Zuladung, *Nutzlast,* die Masse eines beförderten Guts (z.B. in kg); auch die Ladefähigkeit eines Fahrzeugs ohne Kraftstoff; beim Schiff Nutzladung, Fahrgäste u. Besatzung, Vorräte.
zulässige Beanspruchung, derjenige rechnerische Grenzwert bei Werkstoffen, der der Bemessung von Bauteilen zugrunde gelegt wird. Die z.B. richtet sich nach den Festigkeitseigenschaften des Werkstoffs sowie nach der Art der Beanspruchung (ruhend, schwingend, stoßartig) u. muß auch die Unsicherheit der Rechnungsgrundlagen berücksichtigen. Das Verhältnis zwischen der tatsächl. Werkstofffestigkeit u. der z.n B. (*Sicherheitskoeffizient*) muß um so größer gewählt werden, je unzuverlässiger die Rechnungsgrundlagen sind u. je mehr die Festigkeit des Werkstoffs schwankt. Bei Naturstein u. Holz muß demzufolge ein größer, bei Stahl ein kleiner Sicherheitskoeffizient zugrunde gelegt werden.

Zulassung, 1. *Börsenwesen:* Erlaubnis zum Handel mit Wertpapieren an der Börse, wird durch die *Z.sstelle* erteilt.
2. *Hochschulwesen:* Genehmigung zum Besuch einer Hochschule. Voraussetzung ist in der BRD u. in Westberlin das Reifezeugnis oder ein von den Kultusministerien als gleichwertig anerkanntes Zeugnis. Das schnelle Anwachsen der Studentenzahlen in den 1960er Jahren, die Umstrukturierungen an vielen Hochschulen u. die sehr oft ungenügende Zahl an Arbeitsplätzen machen auf absehbare Zeit Z.sbeschränkungen (*Numerus clausus*) in fast allen Hochschulen u. in den meisten Fachbereichen unumgänglich. Seit dem Sommersemester 1973 entscheidet die in Dortmund neu eingerichtete *Zentrale für die Vergabe von Studienplätzen (ZVS)* über alle Z.n.
3. *Verkehrsrecht:* behördliche Erlaubnis für die Teilnahme von Personen u. Fahrzeugen am öffentl. Verkehr, gesetzl. geregelt in der *Straßenverkehrs-Zulassungs-Ordnung* (StVZO).
Zulassungsstelle, 1. *Börsenwesen:* ein Börsenausschuß, der über die Zulassung von Wertpapieren zum Börsenhandel entscheidet (§§ 36 ff. Börsengesetz).
2. *Verkehrsrecht:* →Verkehrsamt.
Zulia ['zu-], nordwestvenezolan. Staat, 63 100 qkm, 1,4 Mill. Ew., Hptst. *Maracaibo*; Erdölgewinnung.
Züllichau, poln. *Sulechów,* Stadt in Ostbrandenburg (1945–1950 poln. Wojewodschaft Poznań, seit 1950 Zielona Góra), südöstl. von Frankfurt (Oder), 10 000 Ew.; Textilindustrie.
Zulliger-Test, verkürzte Modifikation des →Rorschach-Tests von dem schweizer. Psychologen Hans *Zulliger* (*1893, †1965) mit drei Tafeln, die auch als Diapositive vorliegen.
Zuloaga [θu-], *Z. y Zabaleta,* Ignacio, span. Maler, *26. 7. 1870 Eibar, †31. 10. 1945 Madrid; malte temperamentvolle Szenen aus dem span. Volksleben mit ausdrucksstarker Farbwirkung u. zeitweilig dem Jugendstil angenäherter Formbehandlung, außerdem Bildnisse.
Zülpich, Stadt in Nordrhein-Westfalen (Ldkrs. Euskirchen), alte Römerstadt am Nordrand der Eifel westl. von Bonn, 16 500 Ew.; Ausgrabung der Römerbads; mittelalterl. Stadtbefestigung (12./13. Jh.); Papier- u. Steinzeugindustrie, Strumpffabrikation.
Zülpicher Börde, südl. Teil der Kölner Bucht zwischen Ville u. Eifel; auf Lößböden Weizen-, Zuckerrüben-, Tabak-, Gemüseanbau.
Zulu ['zu:lu], *Sulu, Amazulu,* eine Gruppe von Stämmen der *Nguni* (Südostbantu) in Natal (rd. 3,1 Mill.). Aus einem abhängigen Clan (den eigentl. Z.) schuf zu Beginn des 19. Jh. der Häuptling *Tschaka* unter Einschmelzung vieler Stammestrümmer u. Einführung einer neuen Angriffstechnik (geschlossene Linie, Stoßspeer) einen großen Militärstaat. Die Kriegs- u. Raubzüge der Z. führten zu großen Stammeswanderungen u. -veränderungen (Ngoni, Ndebele u. a.) bis zum Victoriasee.
Zulu [das], von ca. 3 Millionen Sprechern gesprochene Bantusprache im O der Südafrikanischen Republik.
Zululand, *Kwazulu,* teilautonomes Bantuland („Bantu-Heimatland") in Natal (Rep. Südafrika), mehrere nicht zusammenhängende Flächen 31 443 qkm, 4 Mill. Ew.; Hauptort *Nongoma;* umfaßt die fruchtbare Küstenebene u. die Ausläufer der Drakensberge; Zuckerrohr-, Baumwoll- u. Teeanbau; Universitätscollege des Z.s in *Ngoya.*
Zumbusch, 1. Kaspar Ritter von, Bildhauer, *23. 11. 1830 Herzebrock, Westfalen, †27. 9. 1915 Rimsting bei Prien am Chiemsee; Monumentaldenkmäler in idealisierendem Naturalismus, u.a. Denkmal für König Maximilian II., München, 1866–1872; Beethoven-Denkmal in Wien 1880.
2. Ludwig von, Sohn von 1), Maler u. Graphiker, *17. 7. 1861 München, †28. 2. 1927 München; Mitarbeiter der Zeitschrift „Jugend". Kinderbilder, z.T. in humoristischer Auffassung, Landschaften.
Zummara [die], arab. Doppelklarinette (zwei fest verbundene Rohrpfeifen) mit je sechs Grifflöchern; schon im alten Ägypten bekannt.
Zumsteeg, Johann Rudolf, Komponist, *10. 1. 1760 Sachsenflur, Odenwald, †27. 1. 1802 Stuttgart; Hofkapellmeister in Stuttgart; Jugendfreund Schillers; schrieb Balladen, Lieder, Opern, Singspiele, Kirchenkantaten u. Instrumentalwerke.
Zuname →Familienname.
Zünd, Robert, schweizer. Maler, *3. 5. 1827 Luzern, †15. 1. 1909 Luzern; Landschaften in realist. Auffassung mit z.T. religiöser Staffage.
Zunder, 1. *Hauswirtschaft:* früher wichtiger Zündstoff für Feuersteinfeuerzeuge, der aus dem wergartigen Inneren des →Zunderschwamms durch Tränken mit Salpeter hergestellt wurde.
2. *Metallurgie:* beim Glühen von Eisen entstehende Oxidschicht, die beim Schmieden oder Walzen abspringt.
Zünder, in einfachen Fällen eine Sprengkapsel zur Zündung von Sprengladungen; die Kapsel selbst wird durch eine Zündschnur gezündet. Bei der Zündung mehrerer Schüsse in bestimmter Reihenfolge, oft auch in genau festgelegten Zeitabständen (z.B. im Bergbau), bedient man sich der elektr. Z., in denen ein Drahtstück durch Strom zum Glühen gebracht wird. Dadurch detoniert eine im Z. selbst untergebrachte kleine Sprengladung, die den Sprengstoff zündet. Der Strom wird in den meisten Fällen von handbetätigten dynamoelektr. Zündmaschinen geliefert u. den Z.n durch Kabel zugeführt. Die Auslösung der Schüsse ist also auch aus größerer Entfernung möglich (Fernzündung). – Bei Feuerwaffen unterscheidet man *Geschoß-Z. u. Z.* für sonstige Sprengladungen. Zu den ersteren zäh-

Robert Zünd: Die Ernte; 1859. Basel, Kunstmuseum

len →Aufschlagzünder u. *Zeit-Z.* Aufschlag-Z. bestehen im Prinzip aus einem Schlagbolzen, der beim Abschuß des Geschosses frei wird u. beim Aufschlag den *Detonator* zündet, der seinerseits die Sprengladung mit oder ohne (mechanische oder chemische) Verzögerung zur Detonation bringt. Der *Doppel-Z.* ermöglicht, wahlweise einzustellen, ob das Geschoß nach bestimmter Zeit oder beim Aufschlag detonieren soll. Es gibt ferner magnetische Z., Bodenabstands-Z., Annäherungs-Z., Sonder-Z., z.B. für Minen u. Kernwaffen. Geforderte Z.eigenschaften sind u.a. →Regensicherheit, →Vorrohrsicherheit u. →Selbstzerlegung.

Zunderbeständigkeit, Widerstand gegen Verzundern (→Zunder [2]). Erhöhte Z. bei hohen Temperaturen wird bei Stahl durch Zulegieren von Chrom erreicht.

Zunderporling, 1. falscher →Feuerschwamm. **2.** = Zunderschwamm.

Zunderschwamm, *Polyporus fomentarius*, parasitischer Pilz, Erreger der Weißfäule der Buchen. Die Fruchtkörper sind konsol- oder hufförmig, grau, konzentrisch gezont. Z. wurde früher zur Zundergewinnung benutzt.

Zündhölzer, *Streichhölzer*, Holzstäbchen (auch Pappstreifen), die eine Kuppe aus *Zündmasse* tragen u. durch Reiben an einer *Reibfläche* entzündet werden. Bei *Sicherheits-Z.n* setzt sich die Zündmasse aus Kaliumchlorat als sauerstoffliefernde Verbindung, Antimonsulfid, Schwefel oder Schwefelkies als brennbare Stoffe u. Leim als Bindemittel zusammen. Die an den Schachteln angebrachten Reibflächen enthalten Glaspulver, Antimontrisulfid u. roten Phosphor. Die sog. *Überallzünder* enthalten in der Kuppe z.B. Tetraphosphortrisulfid (P_4S_3) u. Kaliumchlorat. Das Nachglühen der Z. wird durch Imprägnieren mit Ammoniumsulfat unterbunden, die Zündung durch Tränken des Holzes am Brennende mit Paraffin gefördert. Zur Herstellung von Z.n dient bes. Tannen-, Fichten- u. Pappelholz, das in dünne Holzbänder geschält, in Streifen geschnitten u. in entspr. Stäbchen unterteilt wird.
Die ersten Z. waren *Tauchhölzer*; ihre Kuppen bestanden aus einem Gemisch von Zucker oder Schwefel u. Kaliumchlorat. Sie wurden durch Eintauchen in mit Schwefelsäure getränkten Asbest entzündet. An ihre Stelle traten um 1830 die sehr leicht entzündlichen u. wegen ihres Phosphorgehalts giftigen *Phosphor-* oder *Schwefelhölzer*, bei denen die Zündmasse aus einem Gemisch von Schwefel oder Antimonsulfid, weißem Phosphor u. Kaliumchlorat bestand; sie wurden 1907 verboten. Die noch heute gebräuchl. Sicherheits-Z. wurden 1848 eingeführt.

Zündhütchen, am Boden von Patronen u. Kartuschen angebrachte kleine Metallkapsel mit Initialsprengstoff, die durch den Schlag des Schlagbolzens oder elektrisch gezündet wird u. die Treibladung zur Explosion bringt.

Zündkerze, eine Vorrichtung an Verbrennungsmotoren (Ottomotoren) zum elektr. Entzünden des im Verbrennungsraum eingeschlossenen Kraftstoff-Luft-Gemischs. Z.n bestehen aus einem Z.ngehäuse mit einer Mittelelektrode, keramischem Isolierkörper u. einer Masseelektrode. Zwischen Mittel- u. Masseelektrode springt der Zündfunke über. Der Elektrodenabstand beträgt 0,5–0,8 mm, die Zündspannung bis zu 25000 Volt, die Temperatur der Mittelelektrode 580 °–850 °C.

Zündpunkt, *Entzündungstemperatur*, die niedrigste Temperatur, bei der ein Stoff sich in der Luft von selbst ohne Wärmezufuhr entzündet u. weiterbrennt.

Zündschnur, ein mit einem Explosivstoff gefüllter dünner Schlauch aus Gewebe zur Zündung von Sprengladungen. Feuchtigkeitsbeständige Z.en sind mit Teer präpariert, wasserbeständige mit Kunststoff überzogen. Die Brenngeschwindigkeit von Z.en beträgt bis 130 m/sek, bei *Spreng-Z.en*, die als Momentzündung z.B. in Steinbrüchen angewandt werden, bis 7500 m/sek.

Zündspannung, die Mindestspannung, die an eine mit Gas gefüllte Röhre angelegt werden muß, wenn eine (mit Leuchten verbundene) Entladung (Zündung, selbständige Gasentladung) entstehen soll.

Zündstoffe →Explosivstoffe.

Zündung, 1. *Sprengtechnik:* eine Vorrichtung, mit deren Hilfe Spreng- u. Treibladungen zur Entzündung gebracht werden. →Zünder.
2. *Verbrennungsmotoren:* bei Otto-(Vergaser-)Motoren die Entzündung des verdichteten Kraftstoff-Luft-Gemischs durch von der Zündspule hochgespannten Batteriestrom, der mit Hilfe eines Verteilers zu den einzelnen →Zündkerzen geleitet wird u. dort als Funken zwischen 2 Elektroden überschlägt. Bei der Magnet-Z. (meist bei Motorrädern) wird der Zündstrom von einem in den Motor eingebauten Zündapparat erzeugt. Die Z. des eingespritzten Kraftstoffs bei Dieselmotoren erfolgt durch die angesaugte, hochverdichtete u. dadurch erhitzte Luft (Selbst-Z.), während Glühkopfmotoren im Zylinderkopf eine Glühstelle haben.

Zündwaren, i.e.S. *Zündhölzer (Streichhölzer)*, i.w.S. auch Feuerzeuge u.ä. Zündholzherstellung u. -absatz sind in der BRD entsprechend dem *Z.-Monopolgesetz* von 1930 monopolisiert (*Dt. Z.-Monopolgesellschaft*, Sitz: Berlin, Kapital: 1 Mill. DM, davon die Hälfte im Besitz einer schwed. Gesellschaftergruppe).

Zündwarensteuer, Verbrauchsteuer auf Zündhölzer u. ähnliche Erzeugnisse, ferner auf Zündkerzen aus Stearin oder Wachs. In der BRD wurde die aufgrund des *Z.gesetzes* vom 9. 6. 1961 erhobene Z. 1980 wieder abgeschafft.

Zunft, meist pflichtmäßige *(Z.zwang)* fachl. Vereinigung der Handwerker im örtl. Bereich. Die Zünfte entstanden im 12. Jh. als Zusammenschluß der von der Hofhörigkeit befreiten Handwerker u. wurden bald neben den Patriziern zu den Trägern der mittelalterl. Städte. Die Zünfte hatten strenge, geschriebene Satzungen *(Z.briefe, Z.rollen, Schragen)*, bestimmten die Zahl der Meister, die Lehrlingsausbildung, die *Z.wappen*, gaben Preis- u. Qualitätsvorschriften; sie waren z.T. militär. organisiert, es entwickelten sich strenge *Z.bräuche* (→Handwerksbräuche). Die starre Handhabung der Zugangsbeschränkung (die das Aufkommen eines „unzünftigen" Handwerks zur Folge hatte), der Zerfall der Stadtwirtschaft u. schließl. die einsetzende Industrialisierung führten (seit dem 16. Jh.) zum Verfall der Zünfte, der mit der Aufhebung ihrer Vorrechte durch die *Gewerbefreiheit* (1791 in Frankreich, 1869 im Norddt. Bund) endete. – Ein Teil der Aufgaben der Z. wird heute von der *Innung* u. der *Handwerkskammer* wahrgenommen. – ⓁⒹ4.4.6.

Zunftwappen →Wappen.

Zunge, 1. *Anatomie:* 1. *Lingua, Glossa*, wulstförmiges Greif- u. Schluckorgan am Boden der Mundhöhle von Wirbeltieren, hinten am Zungenbein befestigt (nur bei Fröschen liegt die Z. nach hinten geklappt in der Mundhöhle). Bes. lang ausgebildet ist die Z. beim Chamäleon u. bei Spechten (lange *Z.nbeine*). Bei den Säugetieren wird die Z. von einem muskulösen Körper gebildet, der zum größten Teil von einer Fortsetzung der Mundhöhlenschleimhaut überzogen ist. Sie trägt auf ihrer rauhen Oberseite *(Z.nrücken)* die Geschmackspapillen, an deren Innenseite die Geschmacksknospen, sekundäre Sinneszellen mit Schmeckhärchen, liegen. Außerdem dient die Z. der Lautbildung, der Sprache des Menschen. – Die Oberseite der *Z.nwurzel* geht unmittelbar in die mittlere Fläche der Gaumenbögen u. Mandeln über, die Unterseite ist durch eine derbe Schleimhautfalte *(Frenulum linguae, Zungenbändchen)* am Zahnfleisch fixiert. Die Schleimhaut des *Z.ngrundes* besitzt keine Papillen, ist weich u. von kleineren Lymphknoten *(Z.nbälge)* durchsetzt, in die meist Schleimdrüsen münden.
2. *Glossa* (bzw. *Nebenzunge, Paraglossa*), paarige Teile der →Mundwerkzeuge der Insekten.
3. Reibezunge der Weichtiere, →Radula.
2. *Musik:* bei Musikinstrumenten ein einseitig befestigter elastischer Körper aus Rohr oder Metall, der bei einigen Orgelregistern (→Zungenpfeife), beim Harmonium, bei der Maultrommel u.a. durch einen Luftstrom zum Schwingen gebracht wird. Der schwache Eigenton dient dabei zur Erregung eines Resonators (Kasten, Mundhöhle, Schallbecher) u. wird selbst nicht vernommen. Auch das Rohrblatt bei einigen Blasinstrumenten hat Z.n-Funktion.

Zungenbecken, Eintiefung des (ehem.) Gletscherbodens im Bereich der Gletscherzunge, entstanden durch Erosionstätigkeit des Eises u. der subglazialen Schmelzwässer. Dem Z. vorgelagert sind die Grund- u. Endmoräne, durch die die Bekkenform betont wird. Z. sind häufig von Seen oder Mooren erfüllt.

Zungenbein, *Os hyoides*, nicht in den Schädel eingetretener Teil des Viszeralskeletts der Wirbeltiere. Ursprüngl. der zweite →Viszeralbogen *(Zungenbogen, Hyoidbogen)*, der bei den Knorpelfischen noch als solcher vorhanden ist. Bei Fischen bis Vögeln bildet nur der untere Teil dieses Bogens *(Hyale)* das Z. Bei vielen Säugern einschl. des Menschen ist das Z. beiderseits durch ein Band am Griffelfortsatz des Schläfenbeins (Schädel) aufgehängt. Das menschliche Z. ist ein kleiner, hufeisenförmiger Knochen zwischen Unterkiefer u. Kehlkopf, durch eine Membran mit dem Schildknorpel des Kehlkopfs verbunden, der im Zusammenhang mit den Schluckbewegungen von Bedeutung ist.

Zungenbeinbogen, *Hyoidbogen*, der zweite →Viszeralbogen der Wirbeltiere, der aus dem *Hyomandibulare* (oben) u. dem *Hyoid* (unten) besteht; nimmt bei Luftatmern an der Bildung des Zungenbeins teil.

Zungenblüten, bei →Korbblütlern wichtige Blütenform, bei der im Gegensatz zu den Röhrenblüten die Blütenblätter einseitig zungenförmig verlängert sind u. – bes., wenn zusätzliche Röhrenblüten in der Mitte stehen – den bestäubenden Insekten eine einfache Blüte vortäuschen. – Ⓑ→Blütenpflanzen II.

Zungenblütler, *Liguliflorae*, Korbblütler, deren Blüten nur von Zungenblüten gebildet werden.

Zungenentzündung, *Glossitis*, entzündl. Erkrankung der Zungenschleimhaut aus verschiedenen Ursachen u. in verschiedenen Formen; als Begleiterscheinung bei anderen Krankheiten, als Mitkrankheit bei Mundschleimhautentzündung u. als selbständige Z. Eine bekannte Form der Z. ist die *Erdbeer-* oder *Himbeerzunge* bei Scharlach.

Zungenkrebs, krebsige Erkrankung der Zungenschleimhaut, neben dem Lippenkrebs die häufigste Form des Mundhöhlenkrebses, bei Männern häufiger als bei Frauen. Der Z. entwickelt sich entweder gleich als ein Krebsgeschwür oder zuerst als knotige Verdickung, die später geschwürig zerfällt.

Zungenpfeife, bei der Orgel ein Tonwerkzeug, bei dem der Luftstrom durch eine federnde Zunge (meist Messing) periodisch unterbrochen wird u. somit zum Schwingen u. Tönen kommt, während die Zunge selber keinen Ton angibt. Die Tonhöhe wird von der Länge der Zunge bestimmt, zur Tonverstärkung u. -färbung dienen Schallbecher.

Zungenpilz = Leberpilz.

Zungenreden →Glossolalie.

Zungenwürmer, *Linguatulida, Pentastomida*, wurmähnliche *Gliedertiere*, die in den Atmungsorganen fleischfressender Wirbeltiere (Kriechtiere, Vögel, Raubtiere) parasitieren. *Linguatula serrata*, der *Nasenwurm*, bei Füchsen, Wölfen, Hunden in der Stirn- u. Nasenhöhle, entwickelt sich mit mehreren Larvenstadien u. Wirtswechsel (Nager u. Huftiere [Pflanzenfresser] als Zwischenwirte). Die systematische Stellung der Z. ist nicht gesichert; neben Gliederwurmeigenschaften weisen sie Ähnlichkeiten mit Spinnentieren (Milben, Acari) auf.

Zungenwurst, Blutwurst mit Pökelzungenfleisch.

Zuñi ['θunji], Stamm der →Pueblo-Indianer, mit eigener Sprache.

Zünsler, *Pyralidae*, Familie der Kleinschmetterlinge mit dreieckigen Vorder- u. rundl. Hinterflügeln. Die Raupen leben oft in zusammengesponnenen Blättern, Papier- oder Stoffteilchen, die sie z.T. durch eigene Spinnfäden verbinden: *Wachsmotte, Mehlmotte, Mehl-Z., Mais-Z.* u. die Gattungen *Nymphula* u. *Cataclysta*, deren Raupen im Wasser leben. Außerdem eine Reihe Vorratsschädlinge, z.B. die *Dörrobstmotte, Plodia interpunctella*, u. an Südfrüchten parasitierende Arten.

Zunzunegui [θunθu'negi], Juan Antonio de, span. Schriftsteller, *21. 12. 1901 Portugalete bei Bilbao; verfaßte mehr als 20 formvollendete Romane in der Nachfolge der französ. Realisten u. des span. Schelmenromans (u.a. den humorist. Entwicklungsroman „El chiplichandle" 1940 u. die Madrider Milieuschilderung „Die dunklen Straßen von Madrid" 1954, dt. 1959).

Zuoz, schweizer. Dorf im Oberengadin (Graubünden), 1100 Ew.; typische guterhaltene Engadinerhäuser (Plantahäuser, 17./18. Jh.); Lyceum Alpinum.

Župančič ['ʒupantʃitʃ], Oton, slowen. Schriftsteller, *23. 1. 1878 Vinica, † 11. 1. 1949 Laibach; Direktor des Nationaltheaters, Abg., Mitbegründer der slowen. Akademie der Wissenschaften (1938); einer der Hauptvertreter der slowen. Moderne (Lyrik mit sozialer u. nationaler Thematik); legte die slowen. Bühnensprache fest.

Zupfgeigenhansl, „*Der Z.*", Fahrtenliederbuch für den Wandervogel, hrsg. 1908 von dem Arzt Hans *Breuer* (*1883, † 1918).

Zupfinstrumente

Zupfinstrumente, Chordophone oder Idiophone, die durch Zupfen oder Anreißen mit dem Finger oder einem Plektron zum Klingen gebracht werden: Zithern, Lauten, Harfen, Leiern.

Zurbarán [θur-], Francisco de, span. Maler, getauft 7. 11. 1598 Fuente de Cantos, †27. 8. 1664 Madrid; 1628 Stadtmaler von Sevilla; 1634–1636 u. seit 1658 in Madrid; gestaltete meist religiöse Themen (Andachtsbilder, Mönchsszenen) mit realist. Auffassung u. scharfen Helldunkelgegensätzen, malte auch Stilleben u. Bildnisse. Hptw.: „Apotheose des Thomas von Aquin" 1631; Bilderfolge mit Darstellungen der Herkulestaten, 1637 für den Buen-Retiro-Palast in Madrid; „Heilige Familie" 1659, Budapest, Museum.

Zurechnungsfähigkeit, *Schuldfähigkeit,* die geistig-seelische Fähigkeit, das Unrecht einer Tat einzusehen (intellektuelles Moment) u. nach dieser Einsicht zu handeln (Willensmoment). Die Z. setzt im Zivil- u. Strafrecht zunächst ein bestimmtes →Alter voraus. Sie kann außerdem durch bestimmte abnorme Geisteszustände ausgeschlossen sein *(Schuldunfähigkeit, Zurechnungsunfähigkeit, Unzurechnungsfähigkeit),* insbes. wegen krankhafter seel. Störungen (z. B. Vergiftungspsychosen, traumat. Psychosen), tiefgreifender Bewußtseinsstörungen (hypnot. Zustände, schwere Affekte) oder anderer seel. Abartigkeiten (schwere Neurosen, Psychopathien); Definition in § 20 StGB; Zivilrecht: § 827 BGB. Nicht schuldfähig sind auch Kinder bis 14 Jahre (§ 19 StGB).
Bei fehlender Z. entfällt die strafrechtl. Verantwortlichkeit. Ist die Z. erheblich vermindert, so kann nach §§ 21, 49 Abs. 1 StGB die Strafe gemildert werden. In allen Fällen hat das Gericht die Unterbringung des Täters in ein psychiatr. Krankenhaus anzuordnen, wenn die öffentl. Sicherheit es erfordert (→Sicherungsmaßregeln). Im bürgerl. Recht muß der Zurechnungsunfähige verursachte Schäden insoweit ersetzen, als es die Billigkeit nach den Verhältnissen der Beteiligten erfordert u. der angemessene Unterhalt sowie die Erfüllung seiner gesetzl. Unterhaltspflichten dadurch nicht gefährdet werden, es sei denn, der Verletzte kann Ersatz von einem aufsichtspflichtigen Dritten verlangen (§ 829 BGB). Bei Unzurechnungsfähigkeit, die der Täter durch Genuß von *Rauschmitteln* verschuldet hat, kann er auch nach § 330 a StGB straffällig werden (→Trunkenheit), bei einer →unerlaubten Handlung ist er in diesem Fall nach § 827 BGB entsprechend der Haftung für Fahrlässigkeit zum Schadensersatz verpflichtet.
Ähnl. in Österreich (§§ 11 StGB, 9–10 JGG) u. in der Schweiz (Art. 10ff. StGB). – ▢ 4.1.4.

Zürgelbaum, *Celtis,* Gattung der Ulmengewächse. Verbreitung in der gemäßigten Zone der nördl. Hemisphäre u. in den Tropen. In Dtschld. als Zierbaum in Parkanlagen der bis 20m hohe *Südliche Z., Celtis australis,* u. der bis 25 m hohe *Westliche Z., Celtis occidentalis.* Der häufiger kultivierte, aus Amerika stammende Westliche Z. hat oberseits etwas rauhe Blätter u. rötlichbraune kleine Früchte. Der Südl. Z. liefert ein feines u. festes Holz *(Triester Holz),* das zu Bildhauerarbeiten, Blasinstrumenten u. Peitschenstöcken verwendet wird.

Zürich, 1. zentraler Kanton der Nordschweiz zwischen Rhein u. Z.see, 1729 qkm, 1,11 Mill. Ew. Der bevölkerungsreichste Kanton (²/₃ der Bevölkerung wohnen in der Agglomeration Z.) reicht vom Fuß der Voralpen über die ganze Breite des Mittellands bis zum Hochrhein u. im Zipfel von Rafz auf das rechte Rheinufer. Die Höhenzüge des Albis u. die Voralpenausläufer mit dem *Hörnli* im O unterbrechen das im allg. flachhügelige, agrarisch intensiv genutzte Gebiet. Vor allem die entlang beider Z.seeufer, im Limmattal u. nach NO rasch wachsende Agglomeration, aber auch Winterthur u. einige kleinere Zentren (Uster, Wetzikon, Pfäffikon, Rüti) sind die Standorte der vielseitigen Industrie (Maschinen-, Metall-, Textil-, Bekleidungs-, graph., chem., Schokoladen- u. a. Nahrungsmittelindustrie). – ▣→Schweiz.
2. Hptst. des schweizer. Kantons Z., am Limmat-Ausfluß aus dem Z.see, 377 000 Ew. (Agglomeration 712 000 Ew.); die größte Stadt der Eidgenossenschaft, ihr Handels-, Wirtschafts- u. Kulturzentrum, Kongreß- u. Fremdenort; roman. Großmünster (12./13. Jh.), roman.-got. Fraumünster (erste Anlage von 853; 13.–15. Jh.), Wasserkirche (15. Jh.), Kirche St. Peter (14.–16. Jh.), Rathaus (17. Jh.), Zunfthäuser (seit 14. Jh.), Bürgerhäuser des 17. u. 18. Jh.; Bahnhofstraße mit Geschäftshäu-

Zürich mit der Limmat; rechts das Großmünster

sern des 19. u. 20. Jh.; Universität (1833), Techn. Hochschule (1855), Musikhochschule; Schweizer. Landesmuseum, Museum Rietberg (außereurop. Kunst), Kunstgewerbemuseum, Kunsthaus (schweizer. u. dt. Malerei der Spätgotik, europ. Kunst des 19./20. Jh., graph. Sammlungen). Vielseitige Maschinen-, Elektro-, Metall-, Porzellan-, chem., Textil- u. a. Industrie; Bankenzentrum von Weltbedeutung; Durchgangsort international wichtiger Straßen- u. Bahnverbindungen; Flughäfen *Kloten* u. *Dübendorf.* – ▣→auch Schweiz (Wirtschaft u. Verkehr).
Geschichte: Ursprüngl. Siedlung um das Großmünster u. das Fraumünster; in karoling. Zeit Königspfalz; 929 erstmals als Stadt erwähnt; im 13. Jh. löste sich die Stadt von der Oberhoheit des Fraumünsters u. wurde zugleich reichsfrei; 1336 Aufstand der Zünfte unter Rudolf Brun gegen die Kaufleute, 1351 Anschluß an die Eidgenossenschaft; im Zug der Expansionspolitik des 15. Jh. Zusammenstoß mit den territorialen Forderungen der Schwyzer, daraus entstand ein allg. eidgenöss. *Bürgerkrieg (Alter Zürcher-Krieg);* im 16. Jh. unter H. Zwingli Zentrum der Reformation in der dt. Schweiz. Der *Friede von Z.* am 10. 11. 1859 beendete den Krieg Frankreichs u. Sardiniens gegen Österreich. Österreich mußte die Lombardei an Italien abtreten, Frankreich erhielt Savoyen u. Nizza.

Zürichsee, schweizer. See im Alpenvorland zwischen den Kantonen Zürich, Schwyz u. St. Gallen, 406 m ü.M., 39 km lang, bis 4,5 km breit, 90 qkm groß, bis 143 m tief; Zufluß ist die *Linth* (durch den *Linthkanal* mit dem Walensee verbunden), Abfluß erfolgt durch die *Limmat* zur Aare, im See die Inseln *Ufenau* u. *Lützelau;* Landzunge u. Bahn- u. Straßendamm trennen den *Obersee* vom eigentl. Z. ab; in den dichtbesiedelten, wald- u. rebenbedeckten Ufern mehrere Villen-, Kur- u. Badeorte: Zollikon, Küsnacht, Erlenbach, Meilen, Stäfa, Rapperswil, Lachen, Wädenswil, Richterswil, Horgen, Thalwil, Rüschlikon; am Nordende des Sees die Stadt Zürich.

Zurichtung, 1. *Drucktechnik:* das Ausgleichen von Höhenunterschieden der Druckform vor Druckbeginn durch Unterlegen von Form u. Aufzug des Druckzylinders. Die *Kraft-Z.* dient außerdem zum Verstärken von Tonwertunterschieden u. zum Druckausgleich bei Autotypien u. fetten Buchstaben.
2. *Gerberei:* die Nachbehandlung der gegerbten Häute, insbes. die Arbeitsgänge nach der Trocknung des Leders. Wesentliche Ledereigenschaften wie gleichmäßige Farbe, Glanz, Wasserabweisung, Narbenbild, Weichheit, „Griff" werden dem Leder erst durch die Z. gegeben. – In der *Pelzgerberei* wird unter Z. auch die Behandlung mit Gerbstoffen verstanden. →auch Rauchwaren.

Zürn, 1. Jörg, Bildhauer, *um 1583 Waldsee, † vor 1635 Überlingen; dort seit 1607 tätig, Hauptmeister der frühbarocken Plastik im Bodenseegebiet;

schuf das Sakramentshaus u. gemeinsam mit seinem Vater u. einem Bruder 1613–1619 den Hochaltar im Überlinger Münster.
2. Michael, Neffe von 1), Bildhauer, *vor 1626 Wasserburg, †nach 1691 Gmunden; Hptw.: Engelsfiguren in der Stiftskirche von Kremsmünster 1682–1685 in einem auf G. L. *Bernini* zurückgehenden, lebhaft-bewegten Stil.

zurren, *seemänn.:* zorren, sorren, anbinden, z. B. von Ladung an Deck *(fest-z.).*

Zurückbehaltungsrecht, das Leistungsverweigerungsrecht des Schuldners bis zum Bewirken der ihm gebührenden Gegenleistung, setzt im bürgerl. Recht meistens *Fälligkeit* der Schuldnerforderung u. eine gemeinsame Rechtsgrundlage für Leistung u. Gegenleistung *(Konnexität)* voraus. Im Handelsrecht besteht ein besonderes *kaufmännisches Z.* wegen aller fälligen Forderungen aus allen überhaupt zwischen den Partnern geschlossenen beiderseitigen Handelsgeschäften u. an allen bewegl. Sachen u. Wertpapieren des andern, die mit dessen Willen aufgrund von Handelsgeschäften in den Besitz des Berechtigten gelangt sind u. sich noch darin befinden, darüber hinaus ein *außerordentliches Z.* auch wegen nicht fälliger Forderungen, wenn über das Vermögen des andern der *Konkurs* eröffnet oder eine *Zwangsvollstreckung* in sein Vermögen erfolglos versucht worden ist oder wenn er seine Zahlungen eingestellt hat. In beiden Fällen gibt das Z. in der Regel auch das Recht, sich aus den Forderungen aus den zurückbehaltenen Gegenständen wie aus einem →Pfandrecht zu befriedigen. Die Ausübung des Z. im Prozeß hat die Wirkung, daß der Schuldner nur zur Leistung Zug um Zug Erbringung der Gegenleistung verurteilt wird u. der Gläubiger nicht die Zwangsvollstreckung betreiben kann, ohne diese seinerseits zu erbringen. Sie kann, außer beim außerordentl. Z., durch →Sicherheitsleistung (aber nicht durch Bürgen) abgewandt werden (§§ 273, 274, 320ff., 1000ff. BGB, 369–372 HGB). – Ähnlich das *Retentionsrecht* in Österreich (§§ 471, 970c, 1052, 1062 ABGB; §§ 369–371 HGB) u. in der Schweiz (u.a. Art. 272ff., 286 Abs. 3, 401, 434, 451, 485 Abs. 3, 491 OR).

Zusammendrückbarkeit = Kompressibilität.

Zusammenveranlagung, eine Art der Steuererhebung: die in einem Haushalt lebenden Familienangehörigen werden gemeinsam zum Zweck der Steuerberechnung erfaßt. Bei der *Einkommensteuer* werden unbeschränkt steuerpflichtige Ehegatten, die nicht dauernd getrennt leben u. keine getrennte Veranlagung wählen, nach dem Verfahren des →Splitting besteuert. Zur *Vermögensteuer* werden Ehegatten, wenn beide uneingeschränkt steuerpflichtig sind u. nicht dauernd getrennt leben, zusammen veranlagt, ebenso Ehegatten u. Kinder oder Einzelpersonen u. Kinder, wenn diese eine Haushaltsgemeinschaft bilden u. die Kinder das 18. Lebensjahr noch nicht vollendet haben. – Durch die Z. ergeben sich gewöhnlich Steuervorteile.

Zusanek, Harald, österr. Schriftsteller, *14. 1. 1922 Wien; Regisseur; verfaßte Lyrik, Dramen („Die Straße nach Cavarcere“ 1952; „Die dritte Front“ 1964), Hörspiele u. Romane.

Zusatzfrage, die im österr. *Geschwornengericht* an die Geschwornenbank gestellte Frage nach einem Strafausschließungs- oder Strafaufhebungsgrund (§§ 313, 317 StPO); kann nur gestellt werden, wenn die →Hauptfrage bejaht wird.

Zuschlag, 1. *Bautechnik: Z.stoffe, Füllstoffe*, Stoffe wie Sand, Kies, Schotter, Blähton, die zusammen mit einem Bindemittel zu Mörtel oder Beton verarbeitet werden, an den chem.-physikalischen Vorgängen des Erhärtens aber nicht teilnehmen. →Beton.

2. *Konkursrecht:* 1. in der →Zwangsversteigerung die Anordnung des Vollstreckungsgerichts, durch die der Ersteher des Grundstücks dessen Eigentümer u. Eigentümer der Gegenstände wird, auf die sich die Versteigerung erstreckt hat. Der Z. bedarf der Verkündung u. wird mit ihr wirksam. Durch den Z. erlöschen nach näherer Bestimmung der §§ 91 u. 92 ZVG die Rechte an dem versteigerten Grundstück. Der Z. ist bei Vorliegen der in §§ 83–85 ZVG angeführten Gründe zu versagen; die rechtskräftige Versagung wirkt nach § 86 ZVG wie eine einstweilige Einstellung oder Aufhebung des Verfahrens. – 2. bei der öffentl. Versteigerung beweglicher Sachen im Rahmen der →Zwangsvollstreckung die Annahme des Gebots des Meistbietenden (§ 817 ZPO).

3. *Metallurgie:* Zusatz bei der Verhüttung von Erzen, um z. B. eine flüssigere Schlacke zu erreichen.

Zuschlagskalkulation, Methode zur Ermittlung der Kosten je Leistungseinheit bei der Einzel- u. Serienfertigung. Den für jedes Erzeugnis, jeden Auftrag oder jede Serie gesondert erfaßten *Einzelkosten* für Material u. bei manchen Arten der Z. auch für Löhne werden die *Gemeinkosten* in festen Sätzen zugeschlagen. In der Regel werden für die verschiedenen Gemeinkostenbereiche oder Kostenstellen des Unternehmens unterschiedl. Zuschlagssätze verwendet. Zur Ermittlung der Zuschlagssätze bedient man sich des →Betriebsabrechnungsbogens. Als *Zuschlagsbasis* werden für die Materialgemeinkosten der Wert des Fertigungsmaterials, für die Fertigungsgemeinkosten die Fertigungszeiten oder -löhne (mitunter zuzüglich der Materialkosten) u. für die Verwaltungs- u. Vertriebsgemeinkosten die Fertigungs- oder die Herstellkosten benutzt. – 🄻 4.8.8.

zuschneiden, die für die Herstellung von Bekleidungsstücken nötigen Teile nach Formschnitten schneiden; zugeschnitten wird mit Handscheren, Handmessern, Elektroscheren, Bandmesser-, Rundmesser-, Vertikalmessermaschinen u. Stanzen. Das Legen von Mehrfachlagen übernimmt die Stofflegemaschine; Markierungen werden mit Markiermaschinen angebracht.

Zuse, Konrad, Elektroniker, *22. 6. 1910 Berlin; nahm 1936 die Entwicklung einer programmgesteuerten Rechenanlage auf u. vollendete 1951 mit dem Relaisrechner *Zuse Z 3* die erste programmgesteuerte Rechenanlage der Welt; schrieb „Der Computer, mein Lebenswerk“ 1970.

Zustand, 1. *Druckgraphik:* der „état“ der Platte beim →Probedruck.

2. *Physik:* die Beschaffenheit eines Stoffs oder eines physikal. Systems (→Aggregatzustand); ist gekennzeichnet durch die Angabe einiger *Z.sgrößen*. Eine bestimmte Anzahl dieser Größen (auch *Z.svariabeln*) sind voneinander unabhängig. Z. B. kann in der Wärmelehre der Z. eines ruhenden Gases durch die freie Wahl von je 2 der 3 Größen Druck, Temperatur u. Volumen eindeutig definiert, die 3. Größe mit Hilfe einer Z.sgleichung berechnet werden. In der Quantentheorie ist der Z. eines atomaren Teilchens oder physikal. Systems durch eine Reihe von Quantenzahlen, z. B. für Energie u. Drehimpuls, gekennzeichnet. – Durch äußere Einflüsse kann eine *Z.sänderung* hervorgerufen werden, die entweder langsam (quasistationär) oder sehr rasch (nicht stationär) erfolgt. Sehr langsame (adiabatische) Z.sänderungen können nach der Wärmelehre umkehrbar (reversibel) sein, dann ändert sich die →Entropie nicht. Rasch verlaufende Z.sänderungen dagegen sind immer nichtumkehrbar (irreversibel).

Zuständigkeit, *Kompetenz*, die Befugnis zur Ausübung einer bestimmten Tätigkeit u. zur Wahrnehmung eines bestimmten Aufgabenkreises; auch diese Tätigkeit bzw. dieser Aufgabenkreis selbst. Im behördl. u. gerichtl. Verfahren werden örtliche, sachliche u. funktionelle (instanzielle) Z.en unterschieden.

Zustandsdiagramm, graph. Darstellung für Stoffe oder Stoffsysteme (z. B. Metallschmelzen), die deren Verhalten in Abhängigkeit von verschiedenen Zustandsgrößen wiedergibt.

Zustandsgleichung, eine Gleichung, die die gegenseitige Abhängigkeit der 3 Zustandsgrößen Druck, Volumen u. absolute Temperatur angibt; →Gas.

Zustandsgrößen der Sterne, alle physikalischen Eigenschaften der Sterne, wie absolute Helligkeit, Spektraltyp, Temperatur, Energieerzeugung, aber auch Masse, Dichte, Radius, Schwerebeschleunigung.

Zustellung, die förml., durch eine *Z.surkunde* beurkundete Übergabe eines Schriftstücks, im behördl. u. gerichtl. Verfahren bedeutsam außer für den Beweis der Übergabe für den Beginn prozessualer Fristen; zu unterscheiden von der (nicht beurkundeten) Mitteilung (Anzeige, Benachrichtigung). Im *Zivilprozeß* erfolgen Z.en auf Betreiben der Parteien in der Regel durch den Gerichtsvollzieher, aber auch durch die Post. Sie können außer an den Betroffenen u. a. auch an dessen Familienangehörige, Hausgenossen u. Geschäftspersonal, aber auch durch Niederlegen bei Gericht, Post, Polizei oder Gemeindeverwaltung u. schriftl. Mitteilung darüber oder durch *öffentliche Z.* mittels Aushang (zulässig bei unbekanntem Aufenthalt des Betroffenen) bewirkt werden. Z.en von Amts wegen (im Zivilprozeß in der Regel) besorgt die Geschäftsstelle im verschlossenen Umschlag durch einen Gerichtswachtmeister oder durch die Post (*vereinfachte Z.*; §§ 166–213 a ZPO). Im *Strafprozeß* werden die Z.en durch die Staatsanwaltschaft u. ihre Hilfsbeamten (Polizei) nach ähnl. Grundsätzen vorgenommen. Für Z.en der Verwaltungsbehörden ist bei Bundes- u. bei vielen Länderbehörden der BRD das *Verwaltungszustellungsgesetz* (Abk. *VwZG*) vom 3. 7. 1952 maßgebend. – In *Österreich* ähnl. (§§ 87–122 ZPO, §§ 79–81 StPO). In der *Schweiz* kantonal unterschiedl.: Z. durch einen Gerichtsbeamten (*Weibel*) oder (u.) durch die Post.

Zustimmung, *bürgerl. Recht:* die vorherige *Einwilligung* in ein Rechtsgeschäft oder seine nachträgliche *Genehmigung*.

Zustimmungsgesetz, im Staatsrecht der BRD 1. ein Gesetz, für das nach der Verabschiedung durch den *Bundestag* noch die Zustimmung des *Bundesrats* erforderlich ist. Das GG vermerkt bei den einzelnen Vorschriften, wann eine solche Zustimmung erforderlich ist. Kommt eine Einigung zwischen Bundestag u. Bundesrat nicht zustande, so ist der →Vermittlungsausschuß einzuberufen (Art. 77 GG). – 2. ein Gesetz, durch das der Bundestag seine Zustimmung zum Abschluß völkerrechtl. Verträge erteilt (Art. 59 Abs. 2 GG); kann auch Vorbehalte festlegen u. Durchführungsvorschriften enthalten. Es wird mit dem Vertrag im Bundesgesetzblatt veröffentlicht.

Zutphen ['zytfə], Stadt in der niederländ. Prov. Gelderland, nordöstl. von Arnheim, an der IJssel, 28 000 Ew.; altertüml. Stadtbild; Agrarzentrum.

Zuwachs, *Forstwirtschaft:* die durch das Wachstum von Bäumen u. Waldbeständen sich ergebende jährl., period., gesamte oder durchschnittl. Mehrung.

Zuwachsbohrer, von M. R. *Preßler* erfundenes Gerät, das der Untersuchung des *Zuwachses* an stehenden Bäumen dient. Hierbei werden in radialer Richtung 6–8 mm starke Zapfen aus den Bäumen herausgebohrt, an denen man neben der Anzahl der Jahresringe auch die Stärke des Zuwachses ablesen kann.

Zuwachsmethode →Biolleysches Verfahren.

ZVG, Abk. für *Zwangsversteigerungsgesetz*, →Zwangsversteigerung.

ZVOBl., Abk. für →Zentralverordnungsblatt.

Zwang, 1. *Strafrecht:* die Anwendung körperlicher oder seelischer Druckmittel zur Erzwingung von Handlungen oder Unterlassungen; kann geschehen durch physische →Gewalt oder →Drohung; Tatbestandsmerkmal verschiedener Straftaten gegen die persönliche Freiheit; im bürgerl. Recht Nichtigkeits- oder Anfechtungsgrund von Rechtsgeschäften.

2. *Verwaltungsrecht: unmittelbarer Z.*, obrigkeitliche Anwendung (*Gewaltmonopol* des Staates) physischer Gewalt (einschl. des Waffengebrauchs (→Zwangsmittel) gegen Personen u. gegen rechtswidrig errichtete oder eingerichtete Gegenstände (z. B. Beseitigung nicht genehmigter gewerbl. Anlagen u. vorschriftswidrig errichteter Gebäude); bes. häufig im Polizeirecht (→auch Verwaltungsvollstreckung). Nach dem Gesetz über den unmittelbaren Z. bei Ausübung öffentl. Gewalt durch Vollzugsbeamte des Bundes vom 10. 3. 1961 wird unmittelbarer Z. durch körperl. Gewalt, ihre Hilfsmittel u. durch Waffen ausgeübt. *Körperliche Gewalt* ist jede unmittelbare körperl. Einwirkung auf Personen oder Sachen. *Hilfsmittel der körperl. Gewalt* sind insbes. Fesseln, Wasserwerfer, technische Sperren, Diensthunde, Dienstpferde u. Dienstfahrzeuge. *Waffen* sind die dienstl. zugelassenen Hieb- u. Schußwaffen, Reizstoffe u. Explosivmittel.

Zwanglauf, Antrieb über formschlüssige Verbindungen, z. B. Zahnräder.

Zwangsanleihe, eine Staatsanleihe, zu deren Zeichnung bestimmte Personengruppen gesetzl. gezwungen werden; Mittel der Einnahmenbeschaffung für den Staat, bes. in Krisenzeiten (z. B. in Dtschld. 1922); in planwirtschaftl. Systemen vor allem Maßnahme zur Kaufkraftabschöpfung (z. B. in der UdSSR während der Stalin-Ära).

Zwangsarbeit, schwere Freiheitsstrafe in verschiedenen Ländern (z. B. Großbritannien, USA, Frankreich, Sowjetunion); auch zur Verwirklichung von Großplänen unter Eingriff in die Persönlichkeitsrechte, bes. von der Sowjetunion früher durchgeführt, u. a. durch Zurückhaltung von Kriegsgefangenen u. Deportierten. In den dt. Konzentrationslagern 1933–1945 mußten alle Häftlinge Z. leisten. – Auch im heutigen Strafvollzug der BRD besteht weitgehend Arbeitszwang; z. T. kann die Art der Arbeit frei gewählt werden.

Zwangsausgleich, österr. Bez. für →Zwangsvergleich.

Zwangsbehandlung, nach § 101 des Strafvollzugsgesetzes vom 16. 3. 1976, der nach Maßgabe des § 178 des Strafvollzugsgesetzes auch für Untersuchungsgefangene gilt, zwangsweise medizin. Untersuchung, Behandlung sowie Ernährung; zulässig bei Lebensgefahr, schwerwiegender Gefahr für die Gesundheit des Gefangenen oder bei Gefahr für die Gesundheit anderer Personen. Die Maßnahmen müssen für die Beteiligten zumutbar u. dürfen nicht mit erhebl. Gefahr für Leben oder Gesundheit des Gefangenen verbunden sein. Zur Durchführung der Z. ist die Vollzugsbehörde nicht verpflichtet, solange freie Willensbestimmung des Gefangenen besteht.

Zwangsbewegungen, unwillkürliche Bewegungen, die bei Erkrankung des Mittelhirns auftreten u. durch den Willen nicht zu hemmen sind, z. B. Hinundherbewegen von Händen u. Fingern, Schütteln mit dem Kopf.

Zwangsernährung →Zwangsbehandlung.

Zwangsgeld, *Erzwingungsgeld*, obrigkeitlich auferlegte Geldschuld als *Zwangsmittel*, bes. häufig im Polizei- u. Ordnungsrecht, auch im Zivilprozeß zur Erzwingung des Offenbarungseids bzw. jetzt der an seine Stelle getretenen eidesstattl. Versicherung u. der Vornahme, Duldung oder Unterlassung einer Handlung durch einen Vollstreckungsschuldner (§§ 888–890 ZPO), im Besteuerungsverfahren sowie in anderen gerichtl. u. behördl. Verfahren (z. B. zur Übernahme einer →Vormundschaft); häufig unscharf als *Geldstrafe* bezeichnet, obwohl es nicht wie diese vergeltend wirkt.

Zwangshaft, in der öffentl. Verwaltung ein *Zwangsmittel*, das an die Stelle des *Zwangsgelds* tritt (*Ersatzzwangshaft*), wenn die Beitreibung des Zwangsgelds ohne Erfolg versucht worden ist oder fest steht, daß sie keinen Erfolg haben wird; die Z. wird auf Antrag der Vollstreckungsbehörde durch den Richter (Verwaltungsgericht oder Amtsgericht) angeordnet.

Zwangshypothek, die zwangsweise Eintragung einer →Hypothek zum Zweck der *Zwangsvollstreckung* in das unbewegl. Vermögen (§ 866 ZPO). Die Eintragung erfolgt durch das Grundbuchamt als Vollstreckungsorgan.

Zwangskraft, die Kraft, die einen Massenpunkt auf einer vorgeschriebenen Bahn hält; sie rührt z. B. von einer mechan. Führung her. Die Führung kann formelmäßig durch die Z. ersetzt werden.

Zwangslachen →Lachkrampf.

Zwangslizenz, durch Klage beim *Patentgericht* erzwungene, zuvor vom Patentinhaber trotz des Angebots auf angemessene Vergütung verweigerte Erlaubnis, gegen Vergütung vom Inhalt eines im öffentl. Interesse (z. B. Aufbesserung der Außenhandelsbilanz, Hebung der hygienischen Verhältnisse) stehenden →Patents Gebrauch zu machen.

Zwangsmittel, *Erzwingungsmittel, Beugemittel,* auch *Beuge-, Erzwingungs-, Ungehorsams-* oder *Zwangsstrafe,* obrigkeitliche Zwangsausübung zum Zweck des Erwirkens rechtl. gebotener u. des Verhinderns rechtl. verbotener Handlungen, bes. im Polizei- u. Ordnungsrecht u. im Vollstreckungsrecht; im einzelnen →Ersatzvornahme, *Zwangsgeld, Zwangshaft* u. unmittelbarer →Zwang. Die Z. sind nach ihrem Zweck, der Erzwingung eines zukünftigen erwünschten Verhaltens, von den Geldbußen u. *Strafen,* der Vergeltung eines vergangenen unerwünschten Verhaltens, zu unterscheiden. Im Gegensatz zu diesen können Z. mehrfach verhängt werden; sie entfallen mit Eintritt des erwünschten Verhaltens oder Zustands. Z. sind auch →Repressalien u. →Retorsionen im Völkerrecht; beide erscheinen nur formal als Vergeltung, ihr Zweck ist aber das Beseitigen oder Verhindern bestimmter Maßnahmen des von ihnen betroffenen Staats.

Zwangssparen →sparen.

Zwangsvergleich, *Akkord, Zwangsausgleich,* im →Konkurs der das Konkursverfahren beendende →Vergleich zwischen den nicht bevorrechtigten Konkursgläubigern u. dem Gemeinschuldner auf dessen Vorschlag; zulässig in der Zeit zwischen dem allg. Prüfungstermin u. der Genehmigung der Schlußverteilung. Sein Abschluß erfordert die ausdrückl. Zustimmung der Mehrheit der im *Vergleichstermin* anwesenden stimmberechtigten Gläubiger, deren Forderungen dabei mindestens $^3/_4$ der Gesamtsumme der stimmberechtigten Forderungen betragen muß, u. die Bestätigung durch das *Konkursgericht.* Der Z. wirkt wie der →Vergleich zur Abwendung des Konkurses für u. gegen alle nicht bevorrechtigten Konkursgläubiger, auch wenn sie an dem Konkursverfahren oder an der Beschlußfassung über den Z. nicht teilgenommen oder gegen ihn gestimmt haben. Dingliche Sicherungsrechte (z.B. Pfandrechte u. Hypotheken) werden durch den Z. nicht berührt (§§ 173–201 KO). – In Österreich heißt der Z. im Konkursverfahren *Zwangsausgleich,* sonst *Ausgleich;* Gläubigern dritter Klasse muß angeboten werden, mindestens 20% ihrer Forderungen im Lauf eines Jahres zu bezahlen. – In der Schweiz entspricht dem Z. der *Nachlaßvertrag* (Art. 293–317 des Bundesgesetzes über Schuldbetreibung u. Konkurs von 1889).

Zwangsversteigerung, *Subhastation,* eine Art der →Zwangsvollstreckung in Grundstücke u. eingetragene Schiffe u. Schiffsbauwerke, durchgeführt vom Amtsgericht als Vollstreckungsgericht, geregelt im Gesetz über die Z. u. die Zwangsverwaltung (*Z.sgesetz,* Abk. *ZVG*) vom 24. 3. 1897 mit zahlreichen Änderungen, das in der BRD fortgilt; zu unterscheiden von der öffentl. →Versteigerung. Der Beschluß über die Anordnung der Z. bedarf der Eintragung ins Grundbuch u. gilt zugunsten des Gläubigers als Beschlagnahme des Grundstücks, die auch die von diesem noch nicht getrennten Erzeugnisse u. sonstigen Bestandteile im Eigentum oder Eigenbesitz des Eigentümers u. das in seinem Eigentum befindliche →Zubehör sowie Versicherungsforderungen umfaßt, auf die sich dann auch die Z. selbst erstreckt. Im Termin wird nur ein *Gebot* zugelassen, durch das die den Ansprüchen des Gläubigers vorgehenden Rechte sowie die aus dem Erlös zu deckenden Verfahrenskosten gedeckt werden können *(geringstes Gebot).* Derjenige Teil dieses geringsten Gebots, der zur Deckung der Verfahrenskosten sowie der Ansprüche eines die Z. betreibenden Gläubigers auf Auslagenersatz, des Dienstpersonals wegen des laufenden u. des aus dem letzten Jahr rückständigen Lohns, Kostgelds u.ä. sowie der öffentl. Gewalt aus öffentl. Lasten für die letzten 2–4 Jahre bestimmt ist, ferner der das geringste Gebot übersteigende Betrag des *Meistgebots* ist vom Ersteher im *Versteigerungstermin* bar zu bezahlen *(Bargebot).* Der Z.stermin endet mit dem →Zuschlag an den *Meistbietenden* oder an einen durch Erklärung im Termin oder durch eine öffentl. beglaubigte Urkunde als *Ersteher* ausgewiesenen Rechtsnachfolger oder Vollmachtgeber des Meistbietenden. Der Erlös der Z. wird in einem besonderen *Verteilungstermin* u. nach einem besonderen *Teilungsplan* an die Beteiligten verteilt.
In Österreich als öffentl.-rechtl. *Verwertungsverfahren* ähnl. geregelt (§§ 133ff. Exekutionsordnung). Auch das schweizer. Recht spricht von *Verwertung* (Art. 116ff. des Bundesgesetzes über Schuldbetreibung u. Konkurs von 1889); sie erfolgt auf dem Weg der *öffentl. Steigerung* (Z.; Art. 133ff. u. 125ff. desselben Gesetzes), hier auch Z. beweglicher Sachen. – □4.1.6.

Zwangsverwaltung, eine Art der →Zwangsvollstreckung in ein Grundstück, durch die der Gläubiger nur aus den Erträgen des Grundstücks befriedigt werden soll.

Zwangsvollstreckung, *Zwangsbeitreibung,* 1. *i.w.S.* ein besonderes behördl. Verfahren zur Durchsetzung von Rechtsansprüchen, in dem es nicht mehr wie im *Erkenntnisverfahren* um deren Bestehen, sondern nur noch um ihre unmittelbare Verwirklichung geht, vor allem als Z. i.e.S. u. als →Verwaltungsvollstreckung.
2. *i.e.S.* die Z. privatrechtl. Rechtsansprüche auf Betreiben eines einzelnen (im Unterschied zu →Konkurs u. →Zwangsvergleich) Gläubigers durch das *Vollstreckungsgericht* (Amtsgericht) u. den Gerichtsvollzieher (§§ 704–945 ZPO u. ergänzende Vorschriften). Die Z. setzt stets die Zustellung eines mit der →Vollstreckungsklausel versehenen →Vollstreckungstitels voraus. Die *Z. wegen Geldforderungen* in das bewegl. Vermögen erfolgt durch →Pfändung; die *Z. in Grundstücke* durch Eintragung einer *Zwangshypothek,* durch *Zwangsversteigerung* oder *Zwangsverwaltung.* Die *Z. zur Herausgabe von Sachen* erfolgt durch Inbesitznahme seitens des Gerichtsvollziehers (bei Nichtvorfinden →Offenbarungseid des Schuldners) u. Übergabe an den Gläubiger, bei Drittbesitz durch Pfändung u. Überweisung des Herausgabeanspruchs; die Z. zur Erwirkung von vertretbaren Handlungen durch Ermächtigung des Gläubigers, die Handlungen auf Kosten des Schuldners durchzuführen, zur Erwirkung von nichtvertretbaren Handlungen sowie von Duldungen u. Unterlassungen durch Verhängung von *Zwangsgeld* oder *Zwangshaft.* Zur Sicherung einer künftigen Z. dienen →Arrest u. →einstweilige Verfügung.
Gegen die Z. selbst können alle Beteiligten durch *Erinnerung* gegen die Art u. Weise der Z. vorgehen, z.B. der Schuldner wegen Verletzung des →Vollstreckungsschutzes, der Gläubiger wegen Verweigerung einer bestimmten Vollstreckungshandlung. Der Schuldner kann ferner →Vollstreckungsklage, ein durch die Z. betroffener Dritter kann die →Widerspruchsklage erheben. Pfandberechtigte (z.B. Vermieter) können dagegen nur auf vorzugsweise Befriedigung aus dem Erlös der Z. klagen. Bei Fortgang des Erkenntnisverfahrens aufgrund der →Wiedereinsetzung in den vorigen Stand oder eines →Wiederaufnahmeverfahrens kann das Vollstreckungsgericht (in der Regel nur gegen Sicherheitsleistung) die *Einstellung der Z.* anordnen u. Vollstreckungsmaßregeln aufheben oder ihre Fortdauer nur gegen Sicherheitsleistung zulassen (§ 707 ZPO).
In Österreich ist die Z. in der Exekutionsordnung (EO) vom 27. 5. 1896 (mehrmals novelliert) geregelt; die Z. wird aufgrund eines vollstreckbaren Exekutionstitels durchgeführt; Beschränkungen durch das Lohnpfändungsgesetz von 1955. – In der Schweiz ist die Z. wegen Geldforderungen abschließend im Bundesgesetz über Schuldbetreibung u. Konkurs vom 11. 4. 1889 geregelt; dagegen ist die auf Herausgabe von Sachen gerichtete Z. kantonal (z.T. unterschiedl.) geordnet. – □4.1.6.

Zwangsvorstellung, eine sich zwanghaft aufdrängende Vorstellung, die Denken u. Handeln des Menschen wider seinen bewußten Willen bestimmen kann. Z.en, zumeist von Angstgefühlen begleitet, können sich krankhaft verdichten zu *Zwangsneurosen.*

Zwangswirtschaft, der *Zentralverwaltungswirtschaft* verwandte Wirtschaftsform; unterscheidet sich von dieser nur durch die zeitl. Begrenzung (z.B. auf die Kriegszeit; Kriegswirtschaft).

Zwanziger-Gruppe, *Zwanzigerkomitee,* engl. *Committee on Reform of the International Monetary System and Related Issues,* 1972 gegr. Gremium zur Beratung des Gouverneursrats des Internationalen Währungsfonds; 1974 abgelöst durch den *Interimsausschuß* des Gouverneursrates des IWF.

Zwanzigster Juli 1944 →Widerstandsbewegung.

Zweck, grch. *Telos,* das vom Willen Aufgegebene, zu Verwirklichende. – *Z.setzung* ist das Aufstellen eines solchen Handlungsziels. Von der Z.setzung ist die bloße *Z.-* oder *Zielstrebigkeit* zu unterscheiden u. von beiden die objektive *Z.mäßigkeit* (→Teleologie). Während es Z.setzungen nur bei bewußt handelnden Subjekten gibt, läßt sich Zielstrebigkeit als Erstreben „unbewußter" Z.e dem Verhalten aller Lebewesen substituieren (→Instinkt).

Zweckmäßigkeit, Biologie: *Teleosis,* die Tatsache, daß Organismen in Bau u. Funktion so eingerichtet sind, daß eine Erhaltung des Individuums u. der Art gewährleistet ist. Diese offensichtl. Z. (vor allem bei Instinkthandlungen, Reflexen, komplizierten Beziehungen zwischen Parasit u. Wirt sichtbar) wurde nach der *teleologischen* Betrachtungsweise mit Hilfe eines zweckmäßig wirkenden „Prinzips" erklärt. Nach neuerer Auffassung ist dieses Prinzip für die Forschung wertlos, da es keine Erklärung gibt, sondern selber einer Erklärung bedarf. Statt dessen wird das Prinzip der *Kausalität* angewandt. Es ordnet jeden Gegenstand u. jeden Vorgang in eine Kette von ursächl. Zusammenhängen ein u. versucht, ihn mit Hilfe des Experiments u. der exakten Induktion von der Wirkung auf die vorhergehende Ursache zurückzuführen. Der Kausalität selbst liegt wieder eine Auslese aus Zufallsgeschehen zugrunde. →auch Ökonomie (2).

Zwecksparen, die Ansammlung von Sparbeträgen für einen bestimmten, von vornherein festgelegten Zweck.

Zwecksteuer, Steuer, bei der im Unterschied zur *Finanzsteuer* ein bevölkerungs- oder wirtschaftspolit. Zweck im Vordergrund steht *(Wirkungs-Z.)* oder deren Aufkommen einem bestimmten Zweck zugeführt wird *(Verwendungs-Z.).*

Zweckverband, ein Verband von Gemeinden u. Gemeindeverbänden zu gemeinsamer Erfüllung bestimmter Aufgaben (z.B. Bau u. Betrieb von Versorgungsanlagen), u.U. auch unter Heranziehung sonstiger Körperschaften, Anstalten u. Stiftungen des öffentl. Rechts, in bes. Fällen sogar unter Beteiligung von natürl. oder jurist. Personen des Privatrechts, aufgrund freiwilligen *(Freiverband)* oder gesetzl. *(Pflichtverband)* Zusammenschlusses unter staatl. Aufsicht (*Z.sgesetz* vom 7. 6. 1939, das als Landesrecht weiter gilt u. z.T. durch neuere Landesgesetze ersetzt wurde). Neben dem Z. nach den Z.sgesetzen gibt es andere, dem Z. sehr ähnliche, aber auf bes. Rechtsgrundlage beruhende *sondergesetzliche Verbände,* deren bedeutendster der →Siedlungsverband Ruhrkohlenbezirk ist. – Auch das schweizer. Gemeinderecht kennt den Z. für eine *Region;* Zweckverbände gibt es in der Schweiz bes. für den öffentl. Nahverkehr u. für die Abfallbeseitigung sowie den Gewässerschutz. – In Österreich können Gemeinden durch Landesgesetz zu Verwaltungsgemeinschaften zusammengeschlossen werden (Gemeindeverbände für Einzelzweck, Art. 116 Abs. 4 BVerfG).

Zweibadverfahren, ein Färbeverfahren für Fasermischungen, bei dem zur Erreichung hoher Echtheit in zwei verschieden zusammengesetzten Bädern nacheinander gefärbt wird.

Zweiblatt, 1. *Listera,* Gattung der *Orchideen;* Pflanzen mit nur 2 Blättern u. spornlosen, unscheinbaren Blüten. In Dtschld. kommen in feuchten bzw. moosigen Wäldern das *Große Z., Listera ovata,* u. das *Kleine Z., Listera cordata,* vor.
2. fälschlich für die zweiblättrige →Schattenblume.

Zweibrücken, rheinland-pfälz. Stadt nordwestl. von Pirmasens, 35 700 Ew.; Schloß (ursprüngl. 18. Jh., wiederaufgebaut, jetzt Sitz des rheinland-pfälz. Oberlandesgerichts), spätgot. Alexanderskirche (wiederhergestellt), Rosengarten; Maschinen-, Draht-, Armaturenindustrie. – *Grafschaft Z.* um 1190 entstanden, 1410–1731 Herzogtum einer pfälz. Teillinie, 1815 größtenteils bayerisch.

Zweibund, 1. das am 15. 10. 1879 geschlossene Bündnis zwischen dem Dt. Reich u. Österreich-Ungarn; es verpflichtete beide Mächte zu gegenseitigem Beistand bei einem Angriff Rußlands oder bei einem Angriff eines von Rußland unterstützten Staats. Am 20. 5. 1882 wurde der Vertrag durch den Beitritt Italiens zum *Dreibund* erweitert (am 30. 10. 1883 kam Rumänien dazu) u. diente bis 1914 als Grundlage der dt. Außenpolitik.
2. das französ.-russ. Bündnis, das dem →Dreibund entgegengestellt wurde; zunächst kein förmlicher Bündnisvertrag, sondern nur ein Einverständnis *(Entente)* über gemeinsame Außenpolitik (27. 8. 1891) u. eine Militärkonvention (17. 8. 1892); später durch Hinzutreten Englands *(Entente cordiale)* zum →Dreiverband umgestaltet.

Zweifel, Zustand der Unentschiedenheit in bezug auf die Wahrheit entgegengesetzter Urteile, Lehren, Überzeugungen; →auch Skeptizismus.

Zweifelderwirtschaft, früher in der Landwirtschaft Wechsel zwischen Weide- u. Ackernutzung (Getreidebau) oder Brache u. Getreideanbau.
Zweiflügelfruchtbaum →Dipterocarpus.
Zweiflügler, *Diptera*, weltweit verbreitete u. sehr artenreiche (ca. 85000 Arten, davon 6000 in Dtschld.) Insektenordnung, zu der mehrere hochspezialisierte Arten zählen. Die Z. besitzen gut ausgebildete Vorderflügel mit reduzierter Aderung u. zu Schwingkölbchen *(Halteren)* umgebildete Hinterflügel. Sie haben leckend-saugende (Pflanzensaftsauger) oder stechend-saugende Mundwerkzeuge (Räuber, Blutsauger, Parasiten). Die beinlosen Larven (Fliegen„maden"), denen bei den höchstentwickelten Formen auch ein eigentlicher Kopf fehlt, machen eine vollständige Entwicklung *(Holometabolie)* durch. Einige Arten sind lebendgebärend. – Die Z. werden unterteilt in die Unterordnungen der *Mücken, Nematocera*, u. der *Fliegen, Brachycera*.
Zweig, *Botanik:* verholzter Trieb.
Zweig, 1. Arnold, Schriftsteller, *10. 11. 1887 Glogau, †26. 11. 1968 Ostberlin; emigrierte 1933, kam 1948 aus Palästina nach Ostberlin, dort 1950–1953 Präs. der Dt. Akademie der Künste; psycholog. realist. Erzähler, durch das Erlebnis des 1. Weltkriegs antimilitarist. Zeitkritiker; schrieb sensible „Novellen um Claudia" 1912, den Kriegsroman „Der Streit um den Sergeanten Grischa" 1927, der zum Kernstück eines 6bändigen Zyklus „Der große Krieg der weißen Männer" wurde; ferner: „Das Beil von Wandsbek" 1947; auch Dramen („Soldatenspiele" 1956) u. Essays („Früchtekorb. Jüngste Ernte" 1957). – Ⓛ3.1.1.
2. Max, Vetter von 3), Dramatiker, *22. 6. 1892 Proßnitz in Mähren; seit 1938 in Tel Aviv; schrieb rd. 20 Dramen, darunter: „Die Marranen" 1938; „Tolstois Flucht" 1946; „Ghetto Warschau" 1947; „Aufruhr des Herzens" 1956.
3. Stefan, österr. Schriftsteller, *28. 11. 1881 Wien, †23. 2. 1942 Petropolis (Brasilien; Selbstmord gemeinsam mit seiner 2. Frau); literar. pazifist.-humanist. Mittler zwischen den Völkern; emigrierte 1938 nach England, 1941 nach Brasilien; begann mit Lyrik („Die frühen Kränze" 1907), Dramen („Jeremias" 1917) u. feinnervigen Novellen („Erstes Erlebnis" 1911; „Angst" 1920; „Amok" 1922; „Verwirrung der Gefühle" 1927), entwickelte sich dann zu einem von S. *Freud* beeinflußten biograph. Essayisten. Sammelbände: „Drei Meister" 1920; „Drei Dichter ihres Lebens" 1928; „Die Heilung durch den Geist" 1932; „Baumeister der Welt" 1935. Einzelbände: „Joseph Fouché" 1929; „Marie Antoinette" 1932; „Erasmus von Rotterdam" 1934; „Maria Stuart" 1935; „Castellio gegen Calvin" 1936; „Balzac" (posthum) 1946. Opernlibretto „Die schweigsame Frau" 1935 (R. *Strauss*). Spätere Erzählwerke: „Sternstunden der Menschheit" 1927; „Ungeduld des Herzens" Roman 1938; „Schachnovelle" 1941; „Legenden" (posthum) 1945. Erinnerungen: „Die Welt von gestern" 1942. Aufsätze u. Vorträge: „Zeit u. Welt" (posthum) 1943. – Ⓛ3.1.1.
Zweigeschlechtigkeit = Bisexualität.
Zweiglimmergneis, ein Gneis mit den beiden wichtigsten Glimmermineralien *Muskowit* u. *Biotit* in etwa gleicher Verteilung.
Zweiglimmergranit, ein Granit mit den beiden wichtigsten Glimmermineralien *Muskowit* u. *Biotit* in etwa gleicher Verteilung.
Zweigniederlassung →Filiale.
Zweigpostamt, früher Bez. für kleinere Postämter mit eigenem Zustelldienst, die aber kassen- u. verwaltungsmäßig einem größeren Postamt zugeteilt waren. Heutige Bez.: *Postamt* oder (bei kleinen Anstalten) *Poststelle*.
Zweihänder, langes, mit zwei Händen zu führendes Schwert des MA., z.B. der →Flamberg.
zweihäusig →Blüte.
Zweihufer = Paarhufer.
zweijährige Pflanzen, *bienne Pflanzen*, Pflanzen, die ihren Entwicklungszyklus erst im 2. Jahr mit der Blüte u. Fruchtbildung abschließen; im 1. Jahr wachsen sie rein vegetativ; z.B. Fingerhut, Zwiebel u. Zuckerrübe.
Zweikammersystem, im klassischen Konstitutionalismus des 19. Jh. der Grundsatz, daß das →Parlament aus zwei unterschiedlich zusammengesetzten *Kammern* bestehen soll, die aufgrund ihrer verschiedenen Struktur ein polit. Gleichgewicht bei der Gesetzgebung herstellen (so schon *Montesquieu*). Die eine Kammer ist entweder die Versammlung der Notabeln, des Adels, des Klerus (so das brit. *Oberhaus, House of Lords*), oder sie ist in der Form eines *Senats* eine mehr oder weniger paritätische Vertretung der Berufsstände einschl. Kunst u. Wissenschaft, wobei ursprüngl. ein Teil der Angehörigen vom Staat ernannt, der andere von Verbänden nominiert wird. In föderalist. Staaten wird die eine Kammer aus Vertretern der Gliedstaaten gebildet (*Senat* der USA, *Ständerat* der Schweiz; der dt. *Bundesrat* der Kaiserzeit u. der BRD war bzw. ist keine parlamentar. Kammer, weil er aus weisungsgebundenen Regierungsvertretern bestand bzw. besteht). Die andere Kammer (früher meist als zweite, heute vorwiegend als erste Kammer bezeichnet) besteht aus den aus allg. u. freien Wahlen hervorgegangenen *Volksvertretern* (z.B. *Abgeordnetenhaus* in Preußen im Gegensatz zum *Herrenhaus, House of Commons* in England, *Chambre des députés* bzw. *Assemblée nationale* in Frankreich).
Ursprüngl. bestand zwischen beiden Kammern Gleichberechtigung in dem Sinn, daß die Zustimmung beider für den Erlaß eines Gesetzes erforderlich war. Im 20. Jh. hat die Volkskammer das Schwergewicht erlangt. In vielen Staaten setzte sich das *Einkammersystem* durch, so auch (trotz des Bundesrats) in der BRD. Von den dt. Ländern hat Bayern eine zweite Kammer, nämlich den Senat, der lediglich beratende Aufgaben hat.
Zweikampf, das Messen der körperlichen Kräfte, meist zur Entscheidung eines Streits. Der *Z. mit tödlichen Waffen (Duell)* war in der BRD bis 1969 strafrechtl. gegenüber den allg. Bestimmungen über Tötung u. Körperverletzung privilegiert. Jetzt: →Körperverletzung, →Totschlag. – Noch heute entspr. Sonderregelung in der *Schweiz* (Art. 130, 131, 132 StGB); Strafe: Gefängnis bis zu 5 Jahren. Die entsprechende Regelung in *Österreich* ist seit dem 1. 1. 1975 aufgehoben.
zweikeimblättrige Pflanzen = Dikotyledonen.
Zweikiemer →Kopffüßer.
Zweiklappige Schnecke →Saccoglossa.
Zweikörperproblem, Berechnung der Bewegung von zwei Körpern, die aufeinander einwirken (z.B. mit Hilfe des Gravitations- u. Coulombschen Gesetzes). →auch Dreikörperproblem, Himmelsmechanik.
Zweikreisbremse, eine Bremsanlage für Kraftfahrzeuge, die in zwei voneinander unabhängig wirkende Verzögerungssysteme aufgeteilt ist. Gebräuchlich ist die Aufteilung der Bremshydraulik in einen Kreis für die Vorderräder u. einen für die Hinterräder; in Verbindung mit Vierzylinder-Radbremsen auch in einen Kreis für alle vier Räder u. einen zweiten nur für die Vorderräder. Die Z. verhindert, daß bei einem Schaden in der Bremsanlage die Bremsen gänzlich unwirksam werden.
Zweikreistriebwerk, *Zweistromtriebwerk*, engl. *Bypass-Triebwerk*, Sonderbauform eines →Strahltriebwerks, bei dem nur ein Teil (Primärstrom) der gesamten eintretenden Luftmenge in der Brennkammer aufgeheizt wird, während der restl. Teil (Sekundärstrom) nur mäßig verdichtet wird u. mit geringer Geschwindigkeit kalt aus dem Triebwerk austritt. Die Verdichtung der Sekundärluft kann in einem vornliegenden Gebläse (engl. *front-fan*) oder in einem Heckgebläse (engl. *aft-fan*) mit getrenntem Sekundärlufteintritt erfolgen. Die verdichtete Sekundärluft wird in einem mantelförmigen Ringgehäuse um das heiße Grundtriebwerk geführt u. dem Primärstrom in der Schubdüse zugemischt *(Mantelstromtriebwerk)* oder verläßt das Triebwerk unvermischt nach Durchtritt durch das Frontgebläse *(Bläsertriebwerk)*. Vorteile des Z.s sind niedrigerer Kraftstoffverbrauch, erhöhter Schub sowie geringerer Strahllärm zufolge geringerer Strahlgeschwindigkeit.
Zweileitungsbremse, bes. bei Kraftfahrzeug-Anhängern verwendete Druckluftbremse mit zwei Leitungen: eine Leitung steht im gelösten Zustand unter Druck, eine zweite Leitung wird erst beim Bremsen unter Druck gesetzt. Die Z. vereinigt die Vorteile der direkten mit denen der indirekten Bremsanlage. Beim Lösen der Kupplung wird der Anhänger automat. gebremst.
Zweimaster →Zweispitz.
Zweinaturenlehre, *Dyophysitismus*, die aus der Aufnahme hellenist. Spekulation in die christl. Theologie folgende christologische Lehre von der göttl. u. menschl. Natur Christi; im Konzil von Chalcedon (451) gegenüber dem *Monophysitismus* ausformuliert.
Zweiquellentheorie, eine Theorie der histor.-krit. Forschung, wonach das Matthäus- u. das Lukasevangelium auf zwei Quellen, dem Markusevangelium u. der sog. Logienquelle, beruhen.
Zweirad Union AG, Nürnberg, aus der 1886 gegr. *Frankenburger & Ottenstein Fahrradfabrik OHG* hervorgegangenes Unternehmen, 1895 AG, 1899 Firmenänderung in *Victoria Werke AG*, seit 1958 heutige Firma; seit 1966 Tochtergesellschaft der *Fichtel & Sachs AG*; erzeugt Fahrräder, Mopeds, Motorräder, Motoren, Fahrzeugteile.
Zweischwertertheorie, eine mittelalterliche kirchenpolit. Theorie über das Verhältnis von Kirche u. Staat, nach der die Gewalt durch zwei Schwerter versinnbildlicht wird; die Kirche besitzt u. zieht das geistl. Schwert; das weltl. Schwert hingegen ist den Fürsten übergeben, die es (für u. nach Wunsch u. Willen der Kirche?) ziehen. Die Z. bildete die Grundlage der kirchenpolit. Ansprüche des Papstes *Bonifatius VIII.* in der Bulle *Unam sanctam*.
Zweispitz, *Zweimaster*, ein Hut mit auf zwei Seiten aufgeschlagener Krempe; entweder quer oder mit einer Spitze nach vorn getragen, kam um 1790 in Frankreich auf u. löste den →Dreispitz ab; heute noch in einigen Gala- u. Hoftrachten verbreitet.
Zweistimmensystem, die in bestimmten →Wahlsystemen für den Wähler bestehende Möglichkeit, zwei Stimmen unterschiedl. Bedeutung abzugeben. So hat im Wahlsystem der BRD, das das Entscheidungsprinzip der *Mehrheitswahl* mit dem Repräsentationsmodell der *Verhältniswahl* verbindet, der Wähler zwei Stimmen, eine *Erststimme* zur Wahl eines Abgeordneten im Wahlkreis nach relativer Mehrheit u. eine *Zweitstimme* zur Wahl einer starren Parteiliste auf Länderebene. Das Z. gestattet dem Wähler eine differenzierte Wahlentscheidung, da er die Erststimme einem Kandidaten geben kann, der nicht der Partei angehört, die er mit der Zweitstimme wählt.
Zweistromtriebwerk →Zweikreistriebwerk.
Zweitaktmotor, eine Verbrennungskraftmaschine, bei der jeder 2. Takt ein Arbeitstakt ist. Gegenüber dem *Viertaktmotor* fallen der 4. Takt (Ausschieben) u. der 1. Takt (Ansaugen) fort. Beim 1. Takt werden Frischgase verdichtet, gleichzeitig strömt durch einen Ansaugschlitz Frischgas in das Kurbelgehäuse. Beim 2. Takt wird das verdichtete Frischgas entzündet; der Kolben leistet Arbeit u. verdichtet gleichzeitig das Gas im Kurbelgehäuse. Vor dem unteren Totpunkt öffnet sich der Auspuff- u. der Überströmschlitz, u. das im Kurbelgehäuse befindliche Gas strömt durch Überströmkanal u. -schlitz in den Zylinder, wo es von dem sich nach oben bewegenden Kolben verdichtet wird. →auch Verbrennungsmotor.
Zweite Bundesliga, seit der Spielzeit 1974/75 eingeführte zweithöchste Fußball-Spielklasse in der BRD; als zweigeteilte Liga aus den vorher bestehenden 5 Regionalligen (Nord, West, Berlin, Süd, Südwest) gebildet, jede Gruppe mit je 20 Mannschaften. Die 2. Liga Nord umfaßte urspr. 11 Vereine aus dem Westen, 7 aus dem Norden u. 2 Vertreter Berlins; die 2. Liga Süd begann mit 13 Süd- u. 7 Südwestvereinen. Nach der Spielzeit 1980/81 Umwandlung in eine *eingleisige* Z.B. mit 20 Mannschaften (je 10 aus den Staffeln Nord u. Süd); die beiden nach der Spielrunde bestplazierten Mannschaften steigen in die erste →Bundesliga auf (dazu nach Entscheidungsspiel mit dem 16. der Bundesliga-Tabelle eventuell auch der drittplazierte Verein).
Zweite Kammer →Kammer (4), →Zweikammersystem.
zweiter Bildungsweg, zusammenfassender Begriff für die verschiedenen Möglichkeiten in der BRD, ein Reifezeugnis, das zum Hochschulstudium berechtigt, außerhalb der üblichen Ausbildung zu erwerben. Im allg. wird eine abgeschlossene Berufsausbildung vorausgesetzt. Das Alter der Absolventen liegt zwischen 25 u. 40 Jahren. Hochschulreife kann man erwerben:
1. auf *Abendgymnasien* (nebenberufl.) in 2–6jährigen Kursen;
2. durch die *Sonderreifeprüfung* für Fachschulabsolventen (vor allem für technische, landwirtschaftliche oder kaufmännische Berufe gedacht);
3. durch die *Begabtenprüfung* für Bewerber mit guter Allgemeinbildung u. überdurchschnittlicher Begabung für bestimmte Fächer;
4. auf *Fachschulen* (z.B. Wirtschaftsgymnasien, Frauenfachschulen, Ingenieurschulen, höhere Landbauschulen);
5. durch *Sonderprüfungen* (berechtigen zum Besuch Pädagogischer Hochschulen);
6. auf *Kollegs* u. *Akademien*, bes. für den zweiten Bildungsweg gedacht, z.T. mit Internat, in zwei-

bis dreijährigem Unterricht (z.B. Akademie für Wirtschaft u. Politik in Hamburg). Uneingeschränkte Hochschulreife erwerben Schüler des Berlin-Kollegs, Braunschweig-Kollegs, Bayern-Kollegs u. Oldenburg-Kollegs; staatl. Institute zur Erlangung der Hochschulreife sind in Bielefeld, Oberhausen u. Weidenau, städtische Institute in Dortmund, Essen u. Köln, private Institute in Düsseldorf, Espelkamp, Neuss u. Münster; ferner gibt es das Hessen-Kolleg, Speyer-Kolleg, Ketteler-Kolleg, Saarland-Kolleg, München-Kolleg, Nürnberg-Kolleg, Stuttgart-Kolleg.

Zweiter Weg, seit 1959 vom Dt. Sportbund durchgeführte Aktionen, um neben den bewährten Formen des Übungs-, Trainings- u. Wettkampfbetriebs der einzelnen Sportarten *(erster Weg)* weitere Möglichkeiten zu finden, die dem Erholungs-, Spiel- u. Sportbedürfnis der modernen Industriegesellschaft entgegenkommen. Bes. viel Resonanz finden die seit 1970 eingeführten →Trimm-Dich-Aktion, →Trimmspiele u. →Volkswettbewerbe. →auch Goldener Plan.

Zweites Deutsches Fernsehen, Abk. *ZDF*, 1961 durch Staatsvertrag gegr. öffentl.-rechtl. Rundfunkanstalt, Sitz: Mainz; strahlt seit 1963 ein weiteres Fernsehprogramm neben dem der ARD aus.

Zweitfrucht, innerhalb eines Jahres die nach einer Hauptfrucht noch folgende angebaute Nutzpflanze (z.B. Futterpflanze in Form der Stoppelsaat, Gemüse-Z.).

Zweitourenmaschine →Druckmaschine.

Zweitstimme →Zweistimmensystem.

Zweizahn, *Bidens*, Gattung der *Korbblütler*, deren Früchte 2 oder 4 Grannenborsten haben. In Dtschld. wachsen der *Dreiteilige Z., Bidens tripartitus*, u. der *Nickende Z., Bidens cernuus*, beide an Gräben u. Teichen.

Zwenkau, Stadt im Krs. u. Bez. Leipzig, an der Weißen Elster, südwestl. von Leipzig, 10200 Ew.; Papier- u. Pelzwarenindustrie.

Zwentibold, Fürsten: **1.** König von Lothringen 895–900, *um 870, †13. 8. 900; Sohn Arnulfs von Kärnten.
2. →Swatopluk.

Zwerchfell, *Diaphragma*, für die Säugetiere charakteristische u. für ihre Atmung wichtige muskulöse Scheidewand zwischen Brust- u. Bauchhöhle, die sich kuppelförmig in den Brustraum vorwölbt u. von der Speiseröhre, der Aorta, der unteren Hohlvene, dem Brustlymphgang, den Grenzsträngen des Sympathikus u.a. Nerven u. Gefäßen durchbrochen wird. Bei Kontraktion seiner Muskulatur flacht sich das Z. ab, erweitert den Brustraum u. damit die Lunge (sog. *Bauchatmung*). Die Z.bewegung wird durch den *Z.nerv (Nervus phrenicus)* bewirkt. Quetschung oder Durchtrennung des Z.nervs führt zu vorübergehendem bzw. dauerndem Hochstand u. zu Bewegungslosigkeit des Z.s *(Z.lähmung)*. Bei der Behandlung der Lungentuberkulose wird das Z. zur Verringerung der Atembewegungen der Lunge künstl. gelähmt. – *Z.krampf* hat →Schlucksen *(Schluckauf)* zur Folge. *Z.brüche, Z.hernien*, sind Einbrüche der Bauchorgane durch natürliche, angeborene oder erworbene Öffnungen in die Brustfellhöhlen.

Zwerenz, Gerhard, Schriftsteller, *3. 6. 1925 Gablenz, Vogtland; erste Veröffentlichungen in der DDR, seit 1957 in der BRD; schildert die Verhältnisse in den beiden dt. Staaten kritisch u. oft provozierend. Essayist. Prosa: „Ärgernisse. Von der Maas bis an die Memel" 1961; „Die Lust am Sozialismus" 1969; „Hat es gelohnt, Genossen?" 1972; „Bericht aus dem Landesinneren, City, Strecke, Siedlung" 1972. Romane: „Die Liebe der toten Männer" 1959; „Aufs Rad geflochten" 1959; „Casanova oder der kleine Herr in Krieg u. Frieden" 1966; „Rasputin" 1970; „Die Erde ist unbewohnbar wie der Mond" 1973. Gedichte: „Gesänge auf dem Markt" 1962.

Zwergalpenrose, *Rhodothamnus*, Gattung der *Heidekrautgewächse*. In Dtschld. kommt nur *Rhodothamnus chamaecistus* in der Zwergstrauchregion der östl. Kalkalpen vor (unter Naturschutz).

Zwergammer, *Emberiza pusilla*, ein die nordeuras. Tundren bewohnender *Finkenvogel*, der auf dem Zug ins Mittelmeergebiet oft auch Mitteleuropa berührt.

Zwergantilopen, volkstüml. Bez. für einige gut hasengroße Antilopenarten, z.B. die *Böckchen*, sowie manche *Ducker*.

Zwergbiene, *indische Z.* →Honigbiene.

Zwergböckchen, *Zwerghirsche, Zwergmoschustiere, Hirschferkel, Tragulidae*, Familie sehr primitiver hasengroßer *Wiederkäuer* (Hirsche) mit rudimentärem Blättermagen u. dolchartig verlängerten oberen Eckzähnen. Z. leben in Dickichten u. Felsspalten oder (als gute Schwimmer u. Taucher) an Flußufern. Die afrikan. Art (von Gambia bis Ituri), *Hyemoschus aquaticus*, das *Hirschferkel* i.e.S., ist das größte Z.; es ist Allesfresser u. braun mit weißen Streifen. Die südostasiat. Gattung *Tragulus* mit mehreren Arten u. Unterarten ist Pflanzenfresser u. wird auch *Kantschil* genannt.

Zwerge, *Heinzelmännchen, Wichtelmännchen*, im Volksglauben als klein, alt u. bärtig vorgestellte menschenähnliche Erdgeister, die unterirdisch wohnen u. über Tarnkappen verfügen, so daß sie ungesehen auf die Oberwelt kommen können. Sie bewachen Schätze u. sind handwerklich wunderbar geschickt, bes. als Schmiede. Sie werden von einem Z.nkönig beherrscht.

Zwergflachs, *Radiola*, Gattung der *Leingewächse*, bis 10cm hohe Pflanze mit weißen Blüten. In Dtschld. kommt *Radiola linoides* auf feuchten Sand- u. Moorböden in den Heidegebieten vor.

Zwergfledermaus, *Pipistrellus pipistrellus*, eine *Glattnasen-Fledermaus* Eurasiens; Rumpflänge 3,5–4,5cm, Spannweite ca. 20cm, gern in der Nähe menschlicher Siedlungen in Mauerspalten u. unter Dachrinnen.

Zwergfliegenschnäpper, *Zwergschnäpper, Ficedula parva*, mitteleurop. u. asiat. *Fliegenschnäpper*; 11,5cm lang, mit orangenfarbener Kehle; jagt Insekten.

Zwergfüßer, *Symphyla*, Unterklasse der *Tausendfüßer*, die im Bau Beziehungen zu niedersten Insekten zeigt, andererseits auch unter den Tausendfüßern zu den stammesgeschichtl. ältesten Formen zählt; kleine, höchstens 1cm lange Tiere, die auf sehr feuchte Luft in Erdspalten angewiesen sind. Gestalt skolopenderähnlich.

Zwerggalerie, Laufgang mit sich nach außen öffnenden Arkaden unter der Traufenkante, meist an der Apsis roman. Kirchen (z.B. am Dom in Worms). – Ⓑ→deutsche Kunst I.

Zwerghamster, *Cricetulus migratorius*, mit 8–13cm (einzelne Rassen bis 25cm) kleinster *Hamster*, der von Südosteuropa bis China in mehreren (früher für selbständige Arten gehaltenen), äußerlich stark differierenden Rassen vorkommt; lebt in Erdbauten u. wie alle Hamster von Körnerfrüchten. Z. steigen im Gebirge bis 2000m Höhe.

Zwerghirsche →Zwergböckchen.

Zwerghühner, kleine, meist besonders temperamentvolle Rassen des Haushuhns.

Zwerghunde, z.T. auch als *Schoßhunde* bezeichnete, von verschiedenen Haushundrassen gezüchtete Klein(st)formen, z.B. *Japan-Chin, Malteser, Mops, Chihuahua, Pekinese, Zwergdackel, -pinscher, -pudel, -schnauzer, -spaniel, -spitz, -terrier.*

Zwergläuse, *Phylloxeridae*, eine Familie der *Blattläuse*, deren Arten, darunter die Reblaus, bis zu 1,5mm lang werden.

Zwergmännchen, bei einigen Tierarten auftretende Kleinform des männlichen Partners, die meist auch im Bau sehr vereinfacht ist, so daß oft nur noch ein mit den notwendigsten Sinnesorganen u. einem Fortbewegungsapparat versehener Behälter der Samenzellen übrigbleibt. Z. kommen vor bei Rädertieren *(Rotatorien)*, bei Rankenfüßern *(Zirripedien)* u. bei dem Meereswurm →Bonellia viridis, wo das Weibchen etwa 90 cm lang wird, während das Männchen mikroskopisch klein bleibt.

Zwergmaus, *Micromys minutus*, mit ca. 12cm Gesamt- u. ca. 6cm Schwanzlänge zweitkleinste europ. *Echte Maus*. Die Z. ist ein gewandter Halmkletterer u. baut ein kugelförmiges Sommernest, das sie in 80cm bis 1,50m Höhe an Strauchwerk oder Schilfhalmen befestigt. Der Schwanz dient auch als Greiforgan.

Zwergmispel, *Cotoneaster*, kleine, meist immergrüne Sträucher aus der Familie der *Rosengewächse*, mit kleinen, mehligen, steinharte Früchtchen bergenden Sammelfrüchten. In Dtschld. ist nur die sommergrüne *Gewöhnl. Z., Cotoneaster integerrima*, etwas weiter verbreitet. Sie ist ein bis 1,5m hoher Strauch mit ganzrandigen Blättern u. purpurroten Früchten.

Zwergmoschustiere →Zwergböckchen.

Zwergmotten, *Stigmellidae, Nepticulidae*, Familie kleinster mottenähnl. Kleinschmetterlinge (wenige Millimeter Spannweite), deren Raupen in Blättern minieren. Zu den Z. gehört z.B. die *Rosenminiermotte, Nepticula centifoliella.*

Zwergpalme, *Chamaerops humilis*, Fächerpalme im westl. Mittelmeergebiet; einzige ursprüngl. europäische *Palme*; die Blattfasern werden zu Bürsten u. Stricken verarbeitet.

Zwergpapageien, *Psittaculirostrini*, gedrungene, sperlingsgroße *Lori-Papageien* aus Neuguinea.

Zwergpfeffer, *Peperomia*, artenreiche, überall in den Tropen verbreitete Gattung der *Pfeffergewächse*. Einige Arten werden bei uns in Gewächshäusern u. als Blattpflanzen im Zimmer kultiviert.

Zwergrassen, Sammelbez. für kleinwüchsige Menschengruppen, meist primitive Wildbeuter, deren Körpergröße bei den Männern durchschnittl. unter 145cm bleibt (Frauen rd. 10cm kleiner); hierzu gehören außer den Pygmäen Zentralafrikas *(Bambutide)* auch die Buschmänner *(Khoisanide)* Südafrikas u. die *Negritos (Negritide)* Südostasiens.

Zwergrohrdommel, *Ixobrychus minutus*, einheim. kleiner Verwandter der *Rohrdommel* mit ähnlichem Verhalten.

Zwergrost, *Puccinia simplex*, auf Gerste parasitierender *Rostpilz*.

Zwergsäger, *Mergus albellus*, nordeurop., im männl. Geschlecht weiß-schwarzer *Entenvogel*; überwintert in Dtschld.

Zwergscharbe →Kormorane.

Zwergsterne, Sterne mit kleinem Durchmesser u. geringer absoluter Helligkeit. Rote Z. gehören den Spektralklassen K u. M an, z.B. Proxima Centauri. →Weißer Zwerg.

Zwergstrauchformationen →Halb- und Zwergstrauchformationen.

Zwergwal, *Balaenoptera acutorostrata*, ein *Finnwal*, bei 10m Körperlänge der kleinste *Bartenwal*; in allen Meeren, vornehmlich in Küstennähe.

Zwergwasserlinse, *Wolffia arrhiza*, ein Wasserlinsengewächs; kleinste Blütenpflanze, in Dtschld. selten u. nicht blühend; in Südeuropa auf Weihern häufig.

Zwergwuchs, *Minderwuchs*, zu geringe Körpergröße, abnorme Kleinheit; man unterscheidet den Z. i.e.S. *(Nanosomie)* mit einer Körperlänge von maximal 130cm vom *Kleinwuchs* mit höchstens 140–150cm. Es gibt folgende Z.formen: 1. *hormonaler Z.* aufgrund hormonaler Fehlsteuerungen, z.B. seitens der Hypophyse, der Schilddrüse; 2. *metabolischer Z.* aufgrund von Stoffwechselstörungen, z.B. bei Rachitis; 3. *anlagebedingter Z.*, z.B. bei Mongolismus, Chondrodystrophie; 4. *primordialer Z.*, ohne erkennbare Ursache, bei im übrigen normalen anatom. u. physiolog. Verhältnissen; 5. *infantilistischer Z.*, wobei auch die gesamte übrige Entwicklung auf einer frühkindl. Stufe verharrt. Liliputaner sind primordiale Zwerge.

Zwergzikaden, *Zwergzirpen, Jassidae*, arten- u. individuenreichste Familie der *Zikaden*, deren Vertreter an Getreide u. Wiesengräsern oft sehr schädlich werden. Hierher gehören die *Grünzirpe, Cicadela viridis*, von 8mm Länge u. die *Z. i.e.S.*, Gattung *Cicadula*, die fast alle Kulturpflanzen befallen.

Zwet, *Tswett*, Michail Semjonowitsch, russ. Botaniker, *19. 5. 1872, †26. 6. 1919; wandte zur Trennung von Pflanzenfarbstoffen erstmalig die →Chromatographie an; Hptw.: „Chromophylle in der Pflanzen- u. Tierwelt" 1910.

Zwetajewa, Marina Iwanowna, russ. Schriftstellerin, *26. 9. 1892 Moskau, †31. 8. 1941 Kasan (Selbstmord); 1922–1938 in der Emigration in Paris; Brieffreundschaft mit R. M. *Rilke*; schrieb vom Symbolismus beeinflußte Lyrik, auch Dramen.

Zweter, Reinmar von →Reinmar von Zweter.

Zwetsche, *Zwetschge* →Pflaume.

Zwettl Stadt, niederösterr. Bez.-Hptst. im Waldviertel, am Zusammenfluß von Großem Kamp u. *Zwettlbach*, 11600 Ew.; guterhaltene Stadtmauern u. Türme, Rathaus (14. Jh.), got. Stiftskirche (1343–1348) mit Barockturm; nordöstl. das 1137 gegr. Zisterzienserstift *Zwettl*, ein Mittelpunkt der mittelalterl. Kolonisation; östl. von Z. der *Ottensteiner Stausee*.

Zwickau, Stadtkreis (57qkm) u. Kreisstadt im Bez. Karl-Marx-Stadt, an der *Z.er Mulde*, südwestl. von Karl-Marx-Stadt, nördl. des Erzgebirges, 122000 Ew.; Schloß *Osterstein* (Strafanstalt), alter Stadtkern (Rathaus 1404; Gewandhaus 1522–1525; Katharinenkirche 1212–1219; Marienkirche, 1506 jetzige Gestalt, u.a.); Musikakademie, Oberbergschule, Ingenieurschule für den Kraftfahrzeugbau u. Pädagog. Institut, Stadt- u. Kreismuseum; Steinkohlenabbau, Textil-, Maschinen-, Fahrzeug- (ehemalige Horch-Werke, heute VEB Sachsenring, LKW-Bau), Grubenlampen- u. Pumpenindustrie. – Krs. Z.: 332 qkm, 92 000 Ew.

Zwicke, unfruchtbares weibliches Tier; Fall von *Scheinzwittrigkeit (Pseudohermaphroditismus)*: die Ausbildung der Geschlechtsorgane wird im Embryonalstadium durch eher wirksame Geschlechtshormone männlicher Geschwister-Embryonen gehemmt. Häufig bei Zwillingsschwangerschaften des Rindes.

Zwickel, 1. *Baukunst:* dreiseitig begrenzte Wandfläche, z.B. zu beiden Seiten über einem rechteckig umrahmten Bogen (Bogen-Z.), auch ein nach unten spitz zulaufender Gewölbeteil (→Pendentif).
2. *Kleidung:* keilförmiger Einsatz.

Zwieback [„zweimal Gebackenes"], geröstete Scheiben von *Einback* (Weizenhefegebäck mit Zucker, Fett, Eiern).

Zwiebel, 1. ein meist unterirdischer, stark gestauchter pflanzl. Sproß, an dem fleischig verdickte Schuppenblätter sitzen, die der Speicherung dienen (z.B. Küchen-, Tulpen-Z.).
2. *Zwiebellauch, Sommer-Z., Garten-Z., Küchen-Z., Allium cepa,* zweijährige Kulturpflanze, ein *Liliengewächs* mit röhrigen Blättern u. Z.n als Überwinterungsorganen, im 2. Jahr mit unter der Mitte aufgetriebenen Stengeln u. langgestielten, weißlich-grünen Blüten, aber nur zur Samengewinnung oder zur Anzucht von *Saat-Z.n (Steck-Z.n, Setz-Z.n)* zweijährig gezogen. Die in einjähriger Kultur entwickelten Z.n sind Gewürz oder Gemüse, das junge Grün wird als Gewürz für Suppen u. Salate verwendet. →auch Allium.

Zwiebeldach, *Zwiebelkuppel,* geschweifte Dachhaube mit kielbogenartigem Umriß, die in der russ. Kirchenarchitektur bes. häufig ist.

Zwiebelfisch, *Buchdruckersprache:* ein in den Satz geratener Buchstabe aus einem anderen Schriftgrad oder einer anderen Schrift.

Zwiebelfliege, *Phorbia antiqua,* rd. 7 mm lange, schwärzliche *Blumenfliege,* deren Larve die Herzblätter von Zwiebel- u. Lauchpflanzen am Grund zerfrißt, so daß sie absterben.

Zwiebelglas →Angster.

Zwiebelkuchen, schwäb. (auch hess.) Kuchen aus Brotteig mit Speckwürfeln, kleingehackten Zwiebeln, Rahm, Eiern, Kümmel u.a. Gewürzen.

Zwiebelkuppel →Zwiebeldach.

Zwiebelmuster, ein bes. in der Delfter Fayence verbreitetes, aus Blüten, Blättern u. zwiebelähnl. Knollen bestehendes Dekorationsmuster in Unterglasurmalerei, entwickelt aus ostasiat. Blumenornamenten; in der Porzellanmanufaktur Meißen eine seit 1793 gebräuchl. Schmuckform.

Zwiebelsuppe, französ. Gericht aus geschmorten Zwiebeln, Fleischbrühe, Käse u. Weißbrot.

Zwiedineck-Südenhorst, Otto von, österr. Nationalökonom u. Sozialpolitiker, *24. 2. 1871 Graz, †4. 8. 1957 Graz; entwickelte ein Gesetz der zeitlichen Einkommensfolge. Hptw.: „Lohnpolitk u. Lohntheorie" 1900; „Allg. Volkswirtschaftslehre" 1932, ²1948; „Mensch u. Wirtschaft" 1955; „Mensch u. Gesellschaft" (posthum) 1961.

Zwiefacher, in Niederbayern, der Oberpfalz u. Österreich bekannter Volkstanz, mit häufigem, in seiner Abfolge nicht schematisch faßbarem Wechsel von geradem u. ungeradem Takt.

Zwiebeldächer am Kloster Benediktbeuern (links) und an der russischen Kapelle in Darmstadt

Zwiefalten, Gemeinde in Baden-Württemberg (Ldkrs. Reutlingen), 2250 Ew.; 1089 gegr. Benediktinerkloster (jetzt Psychiatr. Landeskrankenhaus), angegliedert ist das 1738–1765 von J. M. Fischer u.a. im Rokokostil erbaute Münster.

Zwielicht, Beleuchtung durch zwei verschiedene Lichtquellen, z.B. Dämmerlicht u. Kunstlicht.

Zwiesel [der oder die], **1.** *Botanik:* ein Baum, der statt eines durchgehenden Schafts eine Gabelung in zwei fast gleich starke Höhentriebe besitzt; entsteht bes. bei Holzarten mit gegenständigen Knospen, wie Esche u. Ahorn. Z.bildung (*Gabelwuchs*) beeinträchtigt den Nutzwert, kann Anlaß zu Rissen u. Stammfäule sein. →Holzfäule.
2. *Pferdesport:* ein Teil (Kammer) des Sattels, der den Pferderücken umspannt u. verhindert soll, daß die Rückenmuskeln des Pferds vom Sattel belastet werden.

Zwiesel, niederbayer. Stadt (Ldkrs. Regen), im Böhmerwald (Hinterer Bayer. Wald), südöstl. vom Arber, 10 200 Ew.; Glas- u. Holzindustrie, Fremdenverkehr, Wintersport.

Zwijndrecht ['zveindrɛxt], Stadt in der niederländ. Prov. Südholland, bei Dordrecht, 40 000 Ew.

Zwillich [der], grobfädiges, kräftiges Baumwoll-, Halbleinen- oder Leinengewebe in Fischgrätköperbindung oder in damastähnlicher, blockweiser Musterung für Hand-, Wisch- u. Tischtücher.

Zwilling, Ernst Alexander, österr. Afrikaforscher u. Reiseschriftsteller, *25. 9. 1904 Osijek, Slowenien; „Unvergessenes Kamerun" 1940; „Großwildjäger in Afrika" 1954; „Wildes Karamoja" 1964 u.a.

Zwillinge, 1. *Astronomie:* Sternbild des Tierkreises am nördl. Himmel. Hauptsterne Castor u. Pollux.
2. *Entwicklungsphysiologie:* Gemini, häufigste Form der Mehrlingsgeburten; zweieiige Z. (aus zwei befruchteten Eiern hervorgegangen) u. eineiige Z. (aus einem befruchteten Ei hervorgegangen). *Eineiige Z.* entstehen dadurch, daß sich der Keim in einem frühen Stadium, meist bei den ersten Zellteilungen, in 2 gleiche Teile spaltet, von denen sich jeder zu einem Lebewesen entwickelt. Eineiige Z. haben also den gleichen Chromosomenbestand u. damit gleiches Erbgut. Daraus erklärt sich ihre ungewöhnl. Ähnlichkeit u. ihre Geschlechtsgleichheit. Eineiige Z. gibt es beim Menschen u. bei anderen Wirbeltieren. Bei einer Gürteltierart ist sogar eine zweimalige Spaltung des Keims in 4 Einzelwesen (eineiige Vierlinge) die Regel. Es gibt Fälle, bei denen sich die Trennung der Keimeshälften nicht völlig vollzogen hat, so daß die Z. an Brust, Rücken oder Seiten mehr oder weniger miteinander verwachsen sind. Nach einem weithin bekannt gewordenen Paar werden sie *siamesische Z.* genannt. Eine operative Trennung ist meist dadurch erschwert, daß lebenswichtige Organe miteinander verbunden sind. Die künstl. Bildung von eineiigen Z.n ist dem Entwicklungsphysiologen H. *Spemann* bei Molchen geglückt, indem er mit einer feinen Haarschlinge ein befruchtetes, sich teilendes Molchei durchschnürte. Ob es sich beim Menschen bei einem gleichgeschlechtlichen Zwillingspaar um eineiige oder zweieiige Z. handelt, kann endgültig nur durch Ähnlichkeitsdiagnose entschieden werden, die frühestens nach Vollendung des 1. Lebensjahrs gestellt wird; sie besteht in der Vergleichung zahlreicher, erbbedingter Merkmale an den Partnern (z.B. Haarfarbe, Haarform, Augenfarbe, Form der Augenbrauen, Nase u. Ohren, Tastlinien der Fingerkuppen, →auch Zwillingsforschung). Die Häufigkeit der Zwillingsgeburten beträgt beim Menschen 1,1% aller Geburten, davon sind im allg. 85% zweieiige u. 15% eineiige Z. Die Feststellung einer Zwillingsschwangerschaft ist möglich durch Abtasten u. Abhören (verschiedene Frequenz der beiden kindl. Herztöne) des Leibs der Mutter; sicheren Aufschluß gibt allerdings nur eine Röntgenaufnahme.
3. *Kristallographie:* gesetzmäßige Verwachsung zweier (oder mehrerer) Kristallindividuen in nicht paralleler Stellung symmetrisch zur sog. *Zwillingsebene,* die nie eine Symmetrieebene des Einzelkristalls sein kann; an Kalifeldspäten z.B. die *Karlsbader Z.*
4. *Waffentechnik:* →Zwillingsgeschütz.

Zwillingsarten, sehr nahe verwandte, in morpholog. Merkmalen nicht oder nur wenig, genetisch aber oft äußerst verschiedene, nicht kreuzbare, echte biolog. Arten. Oft bei Insekten.

Zwillingsfenster, ein Fenster, das durch eine Säule in zwei Öffnungen unterteilt wird.

Zwillingsforschung, eine Arbeitsrichtung der Anthropologie, die körperliche u. geistig-seelische Merkmale bei eineiigen Zwillingspartnern (EZ) u. zweieiigen Partnern (ZZ) vergleicht mit dem Ziel, die Auswirkung von Erbanlagen u. Umwelt auf die Entwicklung der untersuchten Merkmale zu beurteilen. – ▯ 9.2.7.

Zwillingsgeschütz, *Zwilling,* meist zur Flugabwehr verwendetes Geschütz, das Dauerfeuer aus zwei gleichzeitig schießenden, miteinander gekoppelten Rohren abgibt. Gebräuchlich ist auch die Kopplung von 4 Rohren (Vierling).

Zwillingsmaschine, Dampfmaschine mit zwei gleichartigen, mit Frischdampf arbeitenden Zylindern, deren Kolben auf eine gemeinsame Kurbelwelle wirken.

Zwingenberg, hess. Stadt am Westhang des Odenwalds (Ldkrs. Bergstraße), 4700 Ew.; got. „Berg"-Kirche, Fachwerkhäuser; Wein-, Obst- u. Gemüseanbau u. -handel, Milchverarbeitung, pharmazeut. Industrie.

zwingendes Recht, *Jus cogens,* Rechtsvorschriften, deren Anwendung vertraglich nicht ausgeschlossen oder abgeändert werden kann, im bürgerl. Recht der BRD bes. das *Sachenrecht.* Gegensatz: dispositives Recht.

Zwinger, bei mittelalterl. Befestigungen das von den Ringmauern eingeschlossene, oft mit Tierhegen (Bären-Z.) ausgestattete Gelände, auf dem mit Vorliebe ritterl. Spiele ausgetragen wurden; danach benannt der *Dresdner Z.,* ein weiter, für höfische Festlichkeiten bestimmter Platz, den von Pavillonbauten unterbrochene Galerien umrahmen. In diesem 1711–1722 im Auftrag Augusts des Starken von D. *Pöppelmann* u. B. *Permoser* geschaffenen Meisterwerk des dt. Barocks verbin-

Zwiebelmuster-Terrine der Porzellanmanufaktur Meißen. Dresden, Porzellansammlung

den sich harmonisch Architekturformen u. figürl. Plastik. Im Febr. 1945 durch Luftangriffe schwer beschädigt, inzwischen nach den ursprüngl. Plänen wiederaufgebaut.

Zwingli, Huldrych (Ulrich), erster Reformator der Schweiz, *1. 1. 1484 Wildhaus, Toggenburg, †11. 10. 1531 bei Kappel; wurde nach theolog. u. humanist. Studien in Wien u. Basel 1506 Pfarrer in Glarus, 1516 Leutpriester in Einsiedeln, 1518 am Großmünster in Zürich. Beeinflußt von *Erasmus von Rotterdam* u. M. *Luther*, wandte er sich gegen Mißbräuche in der Kirche, die Verbindlichkeit der Fastengebote u. des Priesterzölibats. 1522–1525 baute Z. mit Zustimmung des Zürcher Rats die vom Staat beschützte Volkskirche auf. Im Gottesdienst Konzentration auf die Predigt, Abschaffung der Messe, Verbannung von Bildwerken u. Musik; Auflösung der Klöster. 1524 heiratete Z. Er bekämpfte die Wiedertäufer, die ursprüngl. seine treuesten Anhänger waren. Mit Luther geriet er in Streit über die Abendmahlslehre; Z. betonte den Gedächtnischarakter des Abendmahls u. lehrte die symbolische Gegenwart Christi im Abendmahl. Auf dem Marburger Religionsgespräch erfolgte die endgültige Trennung zwischen Luther u. Z. 1528/29 gewann Z. auch Bern, Basel, St. Gallen, Straßburg für seine Neuordnung; doch seine Bemühungen, in den übrigen Kantonen der dt. Schweiz die Reformation durchzuführen, stießen auf den Widerstand der kath. Urkantone; diese setzten sich gegen die gewaltsame Einführung zur Wehr u. besiegten das Heer der Zürcher in der Schlacht bei Kappel 1531, in der Z. fiel. – 🅑→Reformation. – 🅛 1.9.4.

Zwirn, ein aus mehreren zusammengedrehten Garnen hergestelltes linienförmiges Gebilde, z. B. Nähgarn; die Anzahl der Einzelfäden wird durch eine Zahl hinter der Garnnummer angegeben, z. B. 60/6; diese sog. *einfachen Z.e (Z.e 1. Ordnung, einstufige Z.e)* können zu *doppelten Z.n (Z.en 2. Ordnung, zweistufigen Z.en, Mehrfach-Z.n, Kordonett-Z.n, Aus-Z.n, Nach-Z.n)* zusammengedreht werden, z. B. 60/6/2. Die Herstellung erfolgt auf *Z.maschinen* (Ring-, Flügel- oder Doppeldraht-Z.maschinen). Normalerweise wechseln die Drehrichtungen in den aufeinanderfolgenden Drehprozessen wie Spinnen, Zwirnen, Kabeln. Z. kann durch Bleichen, Färben, Glänzen veredelt werden (z. B. Stickgarn). Bei Kunst-, Zier- oder Effekt-Z. kann durch Einzwirnung von Knötchen, Schleifen oder buntgefärbten Spritzern ein besonderer Effekt erzielt werden. *Umwickelte Z.e* haben eine durchlaufende Seele (Kern), die mit einem oder mehreren Fäden umwickelt ist, unterschieden in *Z. mit offener Wicklung* (Seele ist sichtbar) u. *Z. mit geschlossener Wicklung* (Seele unsichtbar). Auch Naturseidenfäden oder gedrehte Garne aus Endlos-Chemiefasern, die mit oder ohne Vordrehung gezwirnt (mouliniert) werden, nennt man Z.e.

Zwirner, Ernst Friedrich, Architekt, *28. 2. 1802 Jakobswalde, Schlesien, †22. 9. 1861 Köln; leitete seit 1833 die Fertigstellung des Kölner Doms, setzte den engen Anschluß an die mittelalterl. Pläne durch.

Zwirnerei, Abteilung eines Textilbetriebs zur Herstellung von →Zwirn.

Zwischenahn, *Bad Z.*, niedersächs. Gemeinde (Ldkrs. Ammerland), am *Z.er Meer* (5,2 qkm, bis 9 m tief), nordwestl. von Oldenburg, 22600 Ew.; Moor- u. Heilbad; Pfarrkirche (12. Jh.) mit freistehendem Glockenturm (15. Jh.); Ammerländer Bauerngehöft (Museumsanlage); Institut für Torfforschung; pharmazeut. Industrie, Torfwerk.

Zwischenakt →Akt (3).

Zwischenbau, Kordlage zwischen Karkasse u. Lauffläche des Luftreifens; →Bereifung.

Zwischenbuchhandel, Organisationsformen, die der raschen u. zweckmäßigen Verteilung von Druckwerken auf dem Weg vom Verlag zum Sortiment dienen; zum Z. gehören: *Kommissionsbuchhandel, Grossobuchhandel, Barsortiment.*

Zwischendeck, bei Seeschiffen jedes zwischen dem Hauptdeck u. dem Boden gelegene →Deck; bei Fahrgastschiffen früher unteres Fahrgastdeck (niedrigster Fahrpreis, Vielbettkabinen).

Zwischeneiszeit →Interglazial.

Zwischenfeststellungsklage, *Inzidentfeststellungsklage*, die in einem rechtshängigen Zivilprozeß vom Kläger durch nachträgliche *Klagenhäufung* erhobene Klage oder vom Beklagten erhobene *Widerklage* auf Feststellung, daß ein im Lauf des Prozesses streitig gewordenes Rechtsverhältnis (präjudizielles Rechtsverhältnis), von dem die Entscheidung des Rechtsstreits abhängt, besteht oder nicht besteht (§ 256 Abs. 2 ZPO). – Ähnl. in Österreich (§ 236 ZPO).

Zwischenfrequenz →Super.

Zwischenfrucht, zwischen 2 Hauptfrüchte eingeschobene Frucht (z. B. Unter- oder Stoppelsaat): Kleearten, Wicken, Erbsen, Stoppelrüben u. a. Bei Winter-Z. steht die Z. vom Herbst bis April/Mai (z. B. Grünroggen, Grünraps, Landsberger Gemenge), um dann der *Hauptfrucht*, zumeist Hackfrüchte (Kartoffeln, Rüben), Platz zu machen. Durch die Z. wird bei gleichbleibendem Anbauverhältnis zusätzlich Futter, auch Gemüse, erzeugt.

Zwischengeschirr, *Bergbau:* Verbindungsstück zwischen Förderseil u. Förderkorb.

Zwischengoldglas, *Fondi d'oro*, Glaserzeugnisse mit Blattgoldfolien, die ausgesparte ornamentale oder figürl. Darstellungen tragen; über sie ist wiederum eine durchsichtige Glasschicht gelegt, so daß die Goldbilder völlig von Glas umschlossen sind. Das Z. war verbreitet in der röm. u. frühchristl. Kunst, später bes. im Kunsthandwerk des Barocks. – 🅑→Kunstglas.

Zwischenhandel, 1. der Handel zwischen Produzenten u. Weiterverarbeitern *(Produktions-Z., Produktionsverbindungshandel).*
2. Bez. für *Transithandel* (→Durchfuhr).

Zwischenhirn →Gehirn.

Zwischenkern, *Verbundkern, Compoundkern*, der (nach einer Modellvorstellung von N. *Bohr)* bei einer Kernreaktion sehr kurzzeitig entstehende Zwischenzustand, in dem der beschossene Atomkern das Teilchengeschoß in sich aufgenommen, eingefangen hat; der Z. zerfällt dann in die Endprodukte der Kernreaktion.

Zwischenkiefer, *Praemaxillare, Intermaxillare*, ein im harten Gaumen zwischen den beiden Oberkieferknochen *(Maxillare)* stehender paariger Knochen, der die oberen Schneidezähne trägt; verwächst beim Menschen frühzeitig (bis zum 4. Lebensjahr) mit dem Oberkiefer. *Goethe* (1784) u. Félix *Vicq d'Azyr* (*1748, †1794) wiesen unabhängig voneinander nach, daß auch der Mensch einen Z. hat.

Zwischenlauf →Vorlauf.

Zwischenmoor, *Übergangsmoor*, erwächst aus dem Flachmoor durch fortschreitende Torfbildung über den Grundwasserspiegel hinaus; durch allmähl. Austrocknung seiner Oberfläche erfolgt Absterben seiner Moosflora, worauf sich Erlen, Birken u. a. Waldbäume ansiedeln. Bei hohen Niederschlägen kann infolge Undurchlässigkeit des Torfbodens neue Versumpfung eintreten u. sich u. U. ein überlagerndes Hochmoor bilden.

Zwischenreim, *Schweifreim* →Reim.

Zwischenschein, *Interimsschein*, eine vorläufige Urkunde, die bei Gründung einer Aktiengesellschaft vor Ausstellung der Aktien zunächst an deren Stelle ausgegeben wird. Der Z. ist ein auf den Namen lautendes *Orderpapier*, das durch *Indossament* übertragen werden kann (§ 10 AktG).

Zwischenspiel, komische Einlage zwischen den Akten eines Schauspiels; dient als Ruhepause für die Schauspieler u. zum Szenenwechsel; reicht von der Aneinanderreihung von Schauszenen bis zum eigenständigen, vom Hauptspiel losgelösten Spiel; in Spanien wird das Z. *Entremes, Sainete*, in England *Interludes, Dumb show*, in Italien *Intermezzo* genannt.

zwischenstaatlich, zwischen Staaten bestehend, international.

zwischenstaatliche Organisationen, die zwei oder mehr Staaten umfassenden Organisationen, z. B. die *Vereinten Nationen* u. ihre Sonderorganisationen. Die Zweckrichtung muß hoheitlichen Aufgaben entsprechen (Gegensatz die sog. *nongovernmental organizations*). Die Rechtsform ist unterschiedlich, ebenso der innere Aufbau, je nach dem Grad der Institutionalisierung u. dem mit der Organisation verfolgten Zweck. Mitunter wird der Begriff z. O. auch zur Abgrenzung gegen *supranationale Organisationen* gebraucht u. soll dann den Zustand völliger Gleichberechtigung u. das Fehlen einer Zwangsgewalt, die gegen den Willen eines Mitgliedstaats durchgesetzt werden kann, kennzeichnen.

zwischenstaatliche Pakte und Konferenzen, Übersicht →S. 361.

zwischenstaatliches Recht, anderer Ausdruck für →Völkerrecht. Das Völkerrecht ist ein von den Staaten, nicht von einer über ihnen bestehenden Autorität gesetztes Recht. Es ist seinem Wesen nach Koordinations-, nicht Subordinationsrecht. Gerade darin unterscheidet es sich vom staatl. Recht. – Nicht z. R., sondern nationales Recht ist das *internationale Privatrecht*, das die staatl. Vorschriften für eine Kollision der verschiedenen nationalen Rechtsordnungen enthält. Nicht zum z. R. gehört außerdem das *internationale Strafrecht*, das die Normen enthält, die sich mit der Strafbarkeit von im Ausland begangenen Verbrechen, mit der Anrechnung von ausländischen Verurteilungen u. ähnlichen Fragen befassen.

Zwischenstromland = Mesopotamien.

Zwischenurteil, ein Urteil im Zivilprozeß, das nicht über den →Streitgegenstand, sondern über *prozessuale Vorfragen* entscheidet (§ 303 ZPO). Das Z. kann in einem Zwischenstreit zwischen den Parteien ergehen (z. B. über die Zulässigkeit der Klage) oder in einem Zwischenstreit zwischen einer Partei u. einem Dritten (z. B. über die Zulässigkeit der Zeugnisverweigerung durch einen Zeugen oder der *Nebenintervention*). Es ist in der Regel nur zusammen mit dem Endurteil anfechtbar (§ 512 ZPO), ausnahmsweise kann es jedoch selbständig angefochten werden (§ 280 ZPO). Z.e, die einen Zwischenstreit zwischen einer Partei u. einem Dritten entscheiden, sind zum Teil mit der sofortigen *Beschwerde* anfechtbar. – Ähnlich in den meisten kantonalen Prozeßgesetzen der Schweiz die *Zwischenentscheidung*, auch *Vorentscheid, Beiurteil* oder *Bescheid* genannt. Anders in Österreich: Ein Z. ist möglich, wenn ein Anspruch nach Grund u. Betrag streitig u. die Verhandlung zunächst nur hinsichtl. des Grunds zur Entscheidung reif ist; ein solches Z. ist wie ein Endurteil anfechtbar (§ 393 ZPO).

Zwischenwirbelscheibe →Bandscheibe.

Zwischenwirt →Wirt.

Zwischenzellen, *Leydigsche Zellen*, Zellgruppen im Hodengewebe der Säugetiere, bilden das männl. Sexualhormon *Testosteron.*

Zwischenzellräume →Interzellularen.

Zwittau, tschech. *Svitavy*, Stadt in Nordmähren, an der Zwittawa, nördl. von Brünn, 14000 Ew.; Maschinenbau u. Textilindustrie.

Zwitter, ein Individuum, das Keimdrüsen u. Merkmale beider Geschlechter in sich vereint.

Zwitterbildung, *Zwittertum, Hermaphroditismus*, das Vorkommen von männl. u. weibl. Geschlechtsorganen bei einem Lebewesen, das dann *Zwitter* oder *Hermaphrodit* genannt wird. Bei Pflanzen ist zu unterscheiden zwischen *zwittrigen Blüten*, die sowohl Staubgefäße als auch Fruchtblätter bilden (die meisten Blütenpflanzen), u. *zwittrigen Pflanzen*, die eingeschlechtige Blüten beiderlei Geschlechts auf ein u. demselben Individuum tragen u. die dann *einhäusig* oder *monözisch* genannt werden. Vor allem bei den Tieren gibt es neben echter Z. auch abnorme Z., d. h. Z. bei normalerweise getrenntgeschlechtl. Wesen (→Gynandrie, →Intersexualität). Echte Zwitter besitzen beiderlei Geschlechtsorgane in funktionsfähigem Zustand, sie können also befruchten u. befruchtet werden, was teils durch Fremd-, teils durch Selbstbefruchtung erfolgt. Die männl. u. weibl. Geschlechtsorgane können zu verschiedenen Zeiten reifen (*Protogynie*, wenn die weibl. zuerst, *Proterandrie*, wenn die männl. zuerst reifen), wodurch eine Selbstbefruchtung vermieden wird, die u. U. zu einer Anhäufung minderwertiger Erbanlagen führen kann. Echte Zwitter unter den Tieren sind alle Plattwürmer (z. B. Bandwurm, Leberegel, Planarie), Regenwürmer, Blutegel, einige Schnekken u. Muscheln u. Manteltiere. Eine Sonderstellung nehmen die zwittrigen Schnecken ein, indem sie Keimdrüsen besitzen, die sowohl Spermien als auch Eier produzieren (sog. *Zwitterdrüsen* oder *Ovariotestes*).
Z. wird durch die Theorie der →Sexualität erklärt.

Zwitterfahrzeug →Gleiskettenfahrzeug.

Zwittermünze, eine Münze, deren Vorder- u. Rückseite ursprüngl. nicht füreinander bestimmt waren; oft mit verschiedenen Jahreszahlen bezeichnet.

Zwittertum →Zwitterbildung.

zwittrig →Zwitterbildung.

zwölf, Grundzahl des Duodezimalsystems (Dutzend); wichtig in der Astronomie (Tierkreiszeichen), Zeiteinteilung (Tag = 2mal 12 Stunden), Mythologie (12 Arbeiten des →Herakles) u. Mystik (→Zwölften).

Zwölf Artikel, Programmschrift der Bauern im →Bauernkrieg.

Zwölfender, 1. *Jagd: Zwölfer*, ein Hirsch, dessen →Geweih an beiden Stangen zusammen 12 Enden hat.
2. *Soldatensprache:* früher ein 12 Jahre dienender Soldat.

Zwölfender

Zwischenstaatliche Pakte und Konferenzen (Auswahl)

Name	Datum	Teilnehmer	Zweck und Ziel, Verhandlungsthemen
Internationale Verträge, Konferenzen, Abkommen			
Atlantik-Charta	14. 8. 1941	USA und Großbritannien, später alle Kriegsgegner Deutschlands	Verurteilung des Imperialismus; Gewaltverzicht. Zusammenarbeit aller Völker auf wirtschaftlichem Gebiet. Grundlage der *UN-Charta*
Atomsperrvertrag	1. 7. 1968	zahlreiche Staaten, nicht die Atommächte China und Frankreich	Verbot der Weitergabe von Atomwaffen
Bandung-Konferenz	18.–24. 4. 1955	Staaten der Dritten Welt (*Bandung-Staaten*)	erste Konferenz der Staaten der Dritten Welt. Wirtschaftliche Zusammenarbeit, kulturelle Kontakte, Selbstbestimmungsrecht für alle Völker. Gegen Rassendiskriminierung, gegen Atomwaffen. Anerkennung der UN-Charta
Genfer Protokoll	17. 6. 1925	zahlreiche Staaten	Verbot der Anwendung von Giftgasen und bakteriologischen Waffen
Havanna, Konferenz	1966	82 Staaten und Vertreter von Unabhängigkeitsbewegungen der Dritten Welt	erste Solidaritätskonferenz der afrikanischen, asiatischen und lateinamerikanischen Völker. Anti-imperialistisch, revolutionär, gegen Rassendiskriminierung, Vietnam-Resolution
Jalta, Konferenz (Krimkonferenz)	4.–11. 2. 1945	Großbritannien, UdSSR, USA	Behandlung Deutschlands nach Kriegsende; Polens (Curzon-Linie); Organisation der UN; Eintritt der UdSSR in den Krieg gegen Japan (*Jalta-Deklaration*)
Meeresboden-Vertrag	11. 2. 1971	USA, Großbritannien, UdSSR u. a.	Verbot der Anwendung und Lagerung von Kern- und Massenvernichtungswaffen auf dem Meeresboden
SALT (Strategic Arms Limitation Treaty) SALT I, Moskau / SALT II, Wien	28. 5. 1972 / 18. 6. 1979	USA, UdSSR	Begrenzung strategischer Waffen und Waffensysteme
San Francisco, Friedensvertrag	8. 9. 1951	48 Staaten (nicht kommunistisch), u. a. USA	Friedensvertrag mit Japan. Japan verlor alle seit 1870 erworbenen Territorien
San Francisco, Konferenz	25. 4.–26. 6. 1945		Gründung der *UN*
Teststoppabkommen, Moskauer Atomteststopp-Abkommen	5. 8. 1963	USA, Großbritannien, UdSSR und zahlreiche weitere Staaten	Verbot von Kernwaffenversuchen in der Atmosphäre, im Weltraum und unter Wasser. Aufforderung an alle Staaten, das Abkommen zu unterzeichnen
Weltraumvertrag	27. 1. 1967	USA, UdSSR, Großbritannien und zahlreiche andere Staaten	friedliche Nutzung des Weltraums im Interesse aller Länder
Wien, Gipfeltreffen	1961	Kennedy, Chruschtschow	Abrüstungsprobleme, Kernwaffenversuche, deutsche Frage, Berlin-Frage, Laos-Krise. Beginn der Koexistenz-Phase
Kontinentale und regionale Verträge, Konferenzen, Abkommen			
Afrika			
Accra, Konferenz	8.–12. 12. 1958	28 afrikanische Länder und Vertreter der Unabhängigkeitsbewegungen	erste panafrikanische Konferenz. Forderung: Abzug aller Kolonialmächte aus Afrika. Gegen Rassendiskriminierung. Ablehnung der NATO, EFTA und EWG
Addis Abeba, Konferenz	22.–25. 5. 1963	30 unabhängige afrikanische Länder	Unterzeichnung der *OAU-Charta* (Organisation für die Afrikanische Einheit). Forderung nach Beseitigung des Kolonialismus, der Rassendiskriminierung. Wirtschaftliche und technische Zusammenarbeit. Afrika zur atomwaffenfreien Zone erklärt
Brazzaville, Konferenz	15.–19. 12. 1960	ehem. französische Kolonien Afrikas (*Brazzaville-Staaten* = westlich orientierte Staaten), 1961 in der politisch gemäßigten Afrikan.-Madegassischen Organisation zusammengeschlossen	Gemeinsame Außen-, Wirtschafts- und Kulturpolitik
Casablanca-Konferenz	3.–7. 1. 1961	Ghana, Guinea, Libyen, Mali, Marokko, Ägypten, algerische Exilregierung (*Casablanca-Staaten*)	wirtschaftliche und politische Zusammenarbeit der neutralistischen Staaten Afrikas. Afrikanische Charta, bestand bis zur Gründung der OAU
Lagos, Konferenz	22.–31. 1. 1962	*Monrovia-Staaten*	*Monrovia-Charta* (Vorstufe zur OAU)

Zwischenstaatliche Pakte und Konferenzen

Name	Datum	Teilnehmer	Zweck und Ziel, Verhandlungsthemen
Monrovia, Konferenz	8.–12. 5. 1961	*Brazzaville-Staaten* und Äthiopien, Liberia, Libyen, Nigeria, Sierra Leone, Somalia, Togo, Tunesien (*Monrovia-Staaten*)	Ausgleich zwischen *Monrovia-* und *Casablanca-Staaten*. Gründung der Afrikan.-Madegass. Union beschlossen
Tananarive, Konferenz	6.–12. 9. 1961	*Brazzaville-Staaten*	Gründung der Afrikan.-Madegass. Union
Amerika			
Bogotá, Konferenz	30. 3.–2. 5. 1948	die 21 amerikanischen Staaten	Gründung der *OAS* (Organisation der amerikanischen Staaten)
Chapultepec, Konferenz	Februar/März 1945	die 21 amerikanischen Staaten	erste interamerikanische Konferenz nach dem 2. Weltkrieg. *Akte von Chapultepec* unterzeichnet: interamerikanische Solidarität, vor allem auf politischem und militärischem Gebiet
Punta del Este, Deklaration	17. 8. 1961	alle Mitglieder der *OAS*, ausgenommen Kuba	Abschluß der *Charta von Punta del Este*: finanzielle Unterstützung der USA bei der Demokratisierung Amerikas, dem wirtschaftlichen und sozialen Aufbau Lateinamerikas („Allianz für den Fortschritt")
Punta del Este, Konferenz	22.–31. 1. 1962	alle Mitglieder der *OAS*	Ausschluß des kommunist. Kuba aus der OAS
Arabische Länder			
Cairo, Arabische Gipfelkonferenz	13.–16. 1. 1964	Staaten der *Arabischen Liga*	erste „Gipfelkonferenz" der Staaten der *Arabischen Liga*. Beratung über Israel: Jordanien, Libanon, Syrien. Ableitung des Jordanwassers
Casablanca, Konferenz	13.–17. 9. 1965	Staaten der *Arabischen Liga* (ohne Tunesien)	Stellungnahme zur Israel- und Jordanien-Frage. Aufbau einer Armee gegen Israel. Gründung eines Arab. Solidaritäts-Paktes
Asien			
Delhi, Konferenz	März 1947	30 asiatische Länder, einschließlich 6 Sowjet-Republiken	wirtschaftlicher und kultureller Aufbau Asiens. Beginn der weltpolitischen Rolle Asiens im 20. Jh.
Genfer Indochina- und Korea-Konferenz	26. 4.–21. 7. 1954	China, Frankreich, Großbritannien, UdSSR, USA (bei Korea-Verhandlung auch Australien, Äthiopien, Belgien, Dänemark), Griechenland, Kanada, Kolumbien, Neuseeland, Nordkorea, Philippinen, Südkorea, Thailand, Türkei. (Bei Indochina-Verhandlung: Vietnam, Laos, Kambodscha)	Indochina: Anerkennung des Waffenstillstandsabkommens. Neutralitätsverpflichtung von Laos, Kambodscha, Vietnam; Rückzug Frankreichs aus Indochina, Festsetzung einer Waffenstillstandslinie. Korea: Anerkennung des Waffenstillstandsabkommens. Bestätigung der Teilung Koreas
Genfer Laos-Konferenz	16. 5. 1961–23. 7. 1962	Birma, China, Frankreich, Großbritannien, Indien, Kambodscha, Kanada, Nordvietnam, Polen, Südvietnam, Thailand, UdSSR, USA (Laos)	Neutralisierung von Laos, Vorbereitung des Genfer Laos-Abkommens. Abzug ausländischer Truppen
Washington, Friedensvertrag	26. 3. 1979	Ägypten, Israel (USA)	Friedensschluß zwischen Ägypten und Israel mit den USA als Vermittler und inoffizieller Garantiemacht
Europa			
Brüsseler Fünfmächtevertrag (*Brüsseler Pakt*)	17. 3. 1948	Großbritannien, Frankreich, Benelux	Vorstufe der *WEU* (Pariser Verträge); Pakt zur politischen, wirtschaftlichen, militärischen, sozialen und kulturellen Zusammenarbeit der Westmächte
Deutschlandvertrag (*Generalvertrag*)	26. 5. 1952	BRD, Frankreich, Großbritannien, USA	Aufhebung des Besatzungsstatuts, Auflösung der Alliierten Hohen Kommission, Aufnahme diplomat. Beziehungen zur BRD und volle Souveränität der BRD. (Wirksamkeit des Deutschlandvertrages erst in den Pariser Verträgen 1954)
deutsch-polnischer Vertrag (*Warschauer Vertrag*)	7. 12. 1970	BRD und Polen	Normalisierung der gegenseitigen Beziehungen; Unverletzlichkeit der bestehenden Grenzen; Zusammenarbeit auf wirtschaftlichem, kulturellem und wissenschaftlich-technischem Gebiet
deutsch-sowjetischer Vertrag (*Moskauer Vertrag*)	12. 8. 1970	BRD und UdSSR	Anerkennung des Status quo in Europa einschl. der Oder-Neiße-Grenze und der Grenze zwischen BRD und DDR; Gewaltverzicht
deutsch-tschechoslowakischer Vertrag	11. 12. 1973 Prag	BRD und ČSSR	Münchener Abkommen für nichtig erklärt, Aufnahme diplomatischer Beziehungen

Zwischenstaatliche Pakte und Konferenzen

Name	Datum	Teilnehmer	Zweck und Ziel, Verhandlungsthemen
Europäische Sicherheits-konferenz, KSZE, Helsinki u. Genf	3. 7. 1973–31. 7. 1975	europäische Staaten, Kanada, USA	Sicherheit in Europa, wirtschaftliche Zusammenarbeit, Zusammenarbeit auf humanitärem Gebiet
Görlitzer Abkommen	6. 7. 1950	Polen und DDR	Anerkennung der Oder-Neiße-Linie als Grenze zwischen Polen und der DDR
Gruber-de-Gasperi-Abkommen	5. 9. 1946	Österreich und Italien	Abkommen über Südtirol. Autonomiewünsche der Südtiroler berücksichtigt
Grundvertrag	8. 11. 1972	BRD und DDR	Anerkennung der Grenzen zwischen der BRD und DDR; Gewaltverzicht; Errichtung ständiger Vertretungen
Londoner Neunmächte-Konferenz, Londoner Akte	28. 9.–3. 10. 1954	Benelux, BRD, Frankreich, Großbritannien, Italien, Kanada, USA	Aufhebung des Besatzungsstatuts für Deutschland, Ausbau des *Brüsseler Pakts* (Beitritt BRD und Italien), Beitritt der BRD und Italien zur NATO. BRD als alleiniger Nachfolgestaat des Deutschen Reichs anerkannt. Berlin-Garantie der Westmächte. Beitritt der BRD und Italiens zum Brüsseler Pakt. Grundlage der *Pariser Verträge* von 1954
Londoner Sechsmächte-Konferenz	23. 11. 1947–7. 6. 1948	Großbritannien, Frankreich, USA, Benelux	wirtschaftlicher Wiederaufbau Westeuropas, Bildung des Europarats, Reparationsfragen. Besatzungsstatut (*Londoner Empfehlungen*)
Londoner Zehnmächtepakt	5. 5. 1949	Benelux, Dänemark, Frankreich, Großbritannien, Irland, Italien, Norwegen, Schweden, später Türkei, Island, Österreich, Schweiz, Malta und Zypern	Gründung des *Europarats*
M(B)FR Wien	seit 30. 10. 1973	NATO- und Warschauer-Pakt-Staaten	Gegenseitige Verminderung von Streitkräften und Rüstungen in Mitteleuropa
Moskauer Ostblock-Konferenz	29. 11.–2. 12. 1954	Albanien, Bulgarien, DDR, Polen, Rumänien, ČSR, UdSSR, Ungarn	Protest gegen Pariser Verträge 1954. Beschluß der militärischen Zusammenarbeit der Ostblockländer
Österreichischer Staatsvertrag (Wien)	15. 5. 1955	Frankreich, Großbritannien, UdSSR, USA, Österreich	Österreich wieder souveräner Staat, Aufhebung der Viermächtekontrolle und der Besatzungszonen. Verzicht der Siegermächte auf Reparationen, Verpflichtung zur Neutralität
Pariser Friedensverträge	10. 2. 1947	Alliierte, Bulgarien, Finnland, Italien, Rumänien, Ungarn	Friedensverträge zwischen einerseits Bulgarien, Finnland, Italien, Rumänien, Ungarn und andererseits den Alliierten
Pariser Gipfelkonferenz	16./17. 5. 1960	Frankreich, Großbritannien, UdSSR, USA	vor Beginn von Chruschtschow zum Scheitern gebracht (U2-Zwischenfall)
Pariser Verträge (Pariser Konferenz)	23. 10. 1954	Benelux, BRD, Frankreich, Großbritannien, Italien, Kanada, USA, Dänemark, Griechenland, Island, Norwegen, Portugal, Türkei	Durchführung der Beschlüsse der *Londoner Neunmächtekonferenz* 1954: Errichtung der *WEU*; Änderung des *Deutschland-Vertrags*. Aufnahme der BRD in die *NATO*; deutsch-französische Verhandlungen über Saarstatut. Beendigung des Besatzungsstatuts
Petersberger Abkommen	22. 11. 1949	BRD, Frankreich, Großbritannien, USA	Eingliederung der BRD in die westliche Gemeinschaft (erster Schritt zur Souveränität der BRD)
Potsdamer Abkommen (Potsdamer Konferenz)	2. 8. 1945	Großbritannien, UdSSR, USA	Behandlung Deutschlands aufgrund der Konferenz von *Jalta* 1945: völlige Abrüstung Deutschlands, Entnazifizierung, Demokratisierung, Dezentralisierung, Demontage, Dekartellisierung, Grenzregelung, Reparationen
Römische Verträge	25. 3. 1957	BRD, Benelux, Frankreich, Italien	Kurzbezeichnung für EWG- und Euratom-Verträge
Verkehrsvertrag (Berlin)	26. 5. 1972	BRD und DDR	Regelung des Personen- und Güterverkehrs zwischen beiden deutschen Staaten
Vertrag über deutsch-französische Zusammenarbeit	22. 1. 1963	BRD und Frankreich	Förderung der Zusammenarbeit der BRD u. Frankreichs auf außenpolitischem, wirtschaftlichem, kulturellem und militärischem Gebiet
Viermächteabkommen über Berlin	3. 9. 1971	USA, Großbritannien, Frankreich, UdSSR	regelt auf der Grundlage der Viermächteverantwortung das Verhältnis Westberlins zur BRD

Internationale Pakte und Zusammenschlüsse

Name	Datum	Teilnehmer	Zweck und Ziel, Verhandlungsthemen
ANZUS-Pakt (Australia, New Zealand, United States)	1. 9. 1951 San Francisco	Australien, Neuseeland, USA	Verteidigungspakt von Pazifik-Staaten
Arabische Liga	22. 3. 1945 Cairo bzw. Tunis	Ägypten, Algerien, Bahrain, Djibouti, Irak, Arab. Rep. Jemen, Demokrat. Volksrep. Jemen, Jordanien, Katar, Kuwait, Libanon, Libyen, Marokko, Mauretanien, Oman, Saudi-Arabien, Somalia, Sudan, Syrien, Tunesien, Union Arab. Emirate, PLO	enge Zusammenarbeit auf wirtschaftlichem, administrativem, kulturellem, sozialem, politischem und militärischem Gebiet; Ägypten seit 1979 suspendiert

Zwölffingerdarm

Name	Datum	Teilnehmer	Zweck und Ziel, Verhandlungsthemen
ASEAN (Assoziation Südasiatischer Nationen)	7. 8. 1967	Indonesien, Malaysia, Philippinen, Singapur, Thailand	Förderung gemeinsamer wirtschaftlicher, sozialer, kultureller und technischer Interessen
Balkanpakt	28. 2. 1953/ 9. 8. 1954	Griechenland, Jugoslawien, Türkei	Beistandspakt, Zusammenarbeit von Balkanstaaten auf wirtschaftlichem und kulturellem Gebiet
CENTO, Central Treaty Organization	1955 Ankara	Türkei, Iran, Pakistan, Großbritannien (USA)	militärische, wirtschaftliche, soziale Zusammenarbeit; 1979 aufgelöst
Colombo-Plan	28. 11. 1950 Colombo	Australien, Bhutan, Brunei, Birma, Ceylon, Großbritannien, Indien Indonesien, Japan, Kambodscha, Kanada, Laos, Malaysia, Nepal, Neuseeland, Pakistan, Philippinen, Singapur, Thailand, USA, Vietnam	Commonwealth-ähnlicher Interessenverband. Förderung technischer, wirtschaftlicher, sozialer Entwicklung in Süd- und Südostasien
COMECON, Rat für gegenseitige Wirtschaftshilfe	25. 1. 1949 Moskau	Bulgarien, ČSSR, DDR, Kuba, Mongol. VR, Polen, Rumänien, Ungarn, UdSSR, Vietnam (Jugoslawien)	Wirtschaftspakt der Ostblockländer
Commonwealth of Nations	1948 London	Großbritannien und seine abhängigen Gebiete und die ehem. Kolonien, die heute selbständig sind	Zusammenschluß der ehem. britischen Kolonialgebiete mit Großbritannien zur wirtschaftlichen, politischen und kulturellen Zusammenarbeit
EURATOM, Europäische Atomgemeinschaft	25. 3. 1957 Brüssel	Benelux, BRD, Frankreich, Italien, Großbritannien, Irland, Dänemark	gemeinsame Atomindustrie, Unterstützung der Forschung, Austausch von Forschungsergebnissen
Europäische Freihandelsassoziation (EFTA)	20. 11. 1959 Stockholm	Island, Norwegen, Österreich, Portugal, Schweden, Schweiz (Liechtenstein, Finnland)	Beseitigung der Handelsschranken, wirtschaftliche Zusammenarbeit der europäischen Staaten, die nicht EWG und COMECON angehören
Französische Gemeinschaft, Communauté française	28. 9. 1958	Frankreich mit französischen Überseegebieten, Madagaskar, Senegal, Gabun, Kongo, Tschad, Zentralafrikanische Republik	Commonwealth-ähnlicher Interessenverband ehem. französischer Kolonialgebiete mit Frankreich; Nachfolgeorganisationen der Union française; jetzt bedeutungslos
Europäische Wirtschaftsgemeinschaft (EWG, Gemeinsamer Markt, EG)	25. 3. 1957 Brüssel	Benelux, BRD, Frankreich, Italien, Großbritannien, Irland, Dänemark	Errichtung eines gemeinsamen Markts, Zollunion
Europarat	5. 5. 1949 Straßburg	Benelux, BRD, Dänemark, Frankreich, Griechenland, Großbritannien, Irland, Island, Italien, Liechtenstein, Malta, Norwegen, Österreich, Portugal, Schweden, Schweiz, Spanien, Türkei, Zypern	wirtschaftliche, soziale, kulturelle, wissenschaftliche, rechtliche und administrative Zusammenarbeit europäische Staaten
Lateinamerikanische Freihandelsassoziation, (LAFTA)	18. 2. 1960 Montevideo	Argentinien, Brasilien, Chile, Ecuador, Kolumbien, Mexiko, Paraguay, Peru, Uruguay, Venezuela	Koordinierung der Wirtschaftspolitik lateinamerikanischer Staaten
Montan-Union	18. 4. 1951 Paris	Benelux, BRD, Frankreich, Italien, Großbritannien, Irland, Dänemark	Schaffung eines gemeinsamen Markts für Kohle, Eisen, Stahl
Nordatlantikpakt-Organisation (NATO)	4. 4. 1949 Washington	Benelux, BRD, Dänemark, Frankreich, Griechenland, Großbritannien, Island, Italien, Kanada, Norwegen, Portugal, Türkei, USA	Verteidigungsbündnis der „westlichen Welt", weitgehende Integration der Streitkräfte
Nordischer Rat	5. 12. 1951 Kopenhagen	Dänemark, Finnland, Island, Norwegen, Schweden	beratendes Organ der nordeuropäischen Staaten für gemeinsame Wirtschafts-, Sozial-, Rechts-, Verkehrs- und Kulturfragen
Organisation für die Afrikanische Einheit (OAU)	25. 5. 1963 Addis Abeba	alle afrikan. Staaten, ausgenommen Südafrikan. Republik und Rhodesien	interafrikanische Zusammenarbeit auf kulturellem, politischem, wirtschaftlichem und sozialem Gebiet
Organisation der Amerikanischen Staaten (OAS)	30. 4. 1948 Bogotá	alle amerikanischen Staaten, ausgenommen Kanada, Kuba, Guayana	Zusammenarbeit auf politischem, militärischem, wirtschaftlichem und sozialem Gebiet
Organisation für wirtschaftliche Zusammenarbeit und Entwicklung (OECD)	14. 12. 1960 Paris	Australien, Benelux, BRD, Dänemark, Frankreich, Griechenland, Großbritannien, Irland, Island. Italien, Japan, Kanada, Norwegen, Österreich, Portugal, Schweden, Schweiz, Spanien, Türkei, USA (Finnland, Jugoslawien)	Koordinierung der Wirtschafts- und Konjunkturpolitik der „westlichen" Welt und der Hilfe an die Entwicklungsländer. Nachfolgeorganisation der OEEC
South-East Asia Treaty Organization (SEATO) (auch Manila-Pakt)	8. 9. 1954 Bangkok	Australien, Frankreich, Großbritannien, Neuseeland, Philippinen, Thailand, USA	erweiterter ANZUS-Pakt, Verteidigungsbündnis pazifischer Staaten; 1977 aufgelöst
Vereinte Nationen (UN)	26. 6. 1945 New York	alle Staaten der Erde, ausgenommen Andorra, Liechtenstein, Monaco, San Marino, Schweiz, Vatikan, Nord- und Südkorea	Internationale Friedenswahrung, Lösung internationaler wirtschaftlicher, kultureller, politischer, sozialer und rechtlicher Fragen, Wahrung der Menschenrechte
Warschauer Pakt	14. 5. 1955 Moskau	Bulgarien, ČSSR, DDR, Polen, Rumänien, UdSSR, Ungarn	Zusammenarbeit und gegenseitiger militärischer Beistand
Westeuropäische Union (WEU)	23. 10. 1954 Paris	Benelux, BRD, Frankreich, Großbritannien, Italien	Pakt zur kollektiven Verteidigung der Brüsseler Pakt-Staaten mit BRD und Italien

Zwölffingerdarm, *Duodenum,* bei Säugetieren der an den Magenausgang sich anschließende, hufeisenförmig gebogene Anfangsteil des Dünndarms; der Name kommt daher, daß seine Länge beim Menschen etwa der Breite von 12 Fingern entspricht. In den Z. münden an der *Vaterschen Papille* der *Lebergallengang* u. der *Bauchspeicheldrüsengang.* Im Z. wird die Eiweiß- u. Kohlenhydratverdauung fortgesetzt u. die Fettverdauung eingeleitet. →Darm.

Zwölfkampf, *olympischer Z.,* Mehrkampf im Gerätturnen der Männer; setzt sich aus je einer Pflicht- u. Kürübung am Reck, Barren, Seitpferd, Langpferd (Pferdsprung), an den Ringen u. im Bodenturnen zusammen; entspr. *Achtkampf* der Frauen (Schwebebalken, Stufenbarren, Pferdsprung, Bodenturnen). Bei anderen turnerischen Mehrkämpfen (z. B. *turnerischer Z.*) ist Gerätturnen mit leichtathlet. Übungen kombiniert. →auch Kunstturnen.

Zwölfmeilenzone →Dreimeilengrenze, →Territorialgewässer.

Zwölfprophetenbuch, Sammelname für die Schriften der 12 „kleinen" Propheten, die in der jüd. Bibel als ein einziges Buch gelten.

Zwölfstädtebund, Zwölferorganisation von Städten, Stämmen u. Völkern um einen kultischen Mittelpunkt, vom Mittelmeer bis nach China verbreitet. Bes. bekannt ist der Z. der →Etrusker. Er umfaßte die Städte *Arretium, Caere, Clusium, Cortona, Perusia, Rusellae, Tarquinii, Veii, Vetulonia, Volaterrae, Volsinii, Vulci.* Außer diesem Z. gab es zeitweise einen entspr. Zusammenschluß von Städten in der Poebene u. einen kampanischen mit dem Hauptort *Capua.* Die Einheit war die einer →Amphiktyonie, die Stadt handelte polit., wirtschaftl. u. militär. selbständig.

Zwölftafelgesetz, lat. *Lex duodecim tabularum,* um 450 v. Chr. erfolgte erste schriftl. Aufzeichnung des ältesten röm. Rechts auf 12 ehernen Tafeln; zivil-, straf- u. prozeßrechtl. Normen. Die Tafeln gingen 387 v. Chr. beim Sturm der Gallier auf Rom verloren, Bruchstücke sind durch verschiedene Schriftsteller überliefert.

Zwölften, *Zwölfnächte, Rauhnächte,* die 12 Tage zwischen Hl. Abend u. Hl. Drei Könige, in denen nach dem Volksglauben das Geisterreich offensteht, dämon. Wesen wie *Percht* u. *Wilder Jäger* u. die Seelen Verstorbener erscheinen u. Umzüge halten. Viele Arbeiten, wie Mistfahren, Wäschewaschen u. -aufhängen, sind an diesen Tagen verboten u. werden von den Dämonen bestraft. Da in dieser Zeit die Zukunft offensteht, kann man etwas über Künftiges erfahren, bes. im Traum.

Zwölftonmusik, *Dodekaphonie,* Sammelbegriff für Kompositionen, in denen die Töne nicht mehr nach Verwandtschaftsgraden funktionieren, sondern ein eigenes Bezugssystem bilden, in dem alle Töne gleichberechtigt sind, so daß keinem eine Vorrangstellung zukommt.

Die mit R. *Wagners* „Tristan" beginnende Auflösung der Tonalität, die Alterationsharmonik der Spätromantik u. die Atonalität haben den Weg vorbereitet, der zur neuen Materialordnung der Z. führt. Aus den 12 chromatischen Halbtönen werden die 12 Töne. Die Z. beruht auf der Anwendung der Zwölftontechnik, die als musiktheoretische Disziplin nichts über Stil u. Wert der Musik aussagt. Deshalb ist es richtiger, nicht von Z., sondern von Zwölftontechnik zu sprechen. Die einfachste Zwölftonfolge ist die chromat. Leiter (von c bis h). Wieviel verschiedene Tonreihen man mit den 12 Tönen bilden kann, heißt rechnerisch: wie oft man in der Zahlenreihe von 1 bis 12 Umstellungen vornehmen kann, ohne daß sich eine Reihe wiederholt (= 479 001 600).

Die kompositorische Reihe wird nach gewissen Regeln aufgestellt, nach denen kleinere u. größere Tonschritte miteinander abwechseln. Der Anfangsteil der Reihe kann als Motiv, Thema oder Melodie erfunden werden; die ganze Reihe kann aber ebenso auch als vorgegebenes Material aufgestellt werden. Die Hauptregel der Z. beruht darauf, daß ein Ton der Reihe erst wiederkehren darf, wenn alle übrigen Töne erklungen sind, u. daß die einmal festgelegte Reihe im Verlauf eines Stücks beibehalten wird.

Das scheinbar starre Verfahren läßt viele Varianten zu; die wichtigsten davon sind: 1. die Verlegung einzelner Töne in andere Oktavlagen, 2. die Wiederholung von Tönen unmittelbar hintereinander, 3. Transpositionen der Reihe auf andere Tonstufen, 4. Veränderungen der Reihe durch Spiegelungen, a) im „Krebs" (von rückwärts), b) in der „Umkehrung" der Intervallrichtung, c) in der rückläufigen Form von b) („Krebs der Umkehrung"), 5. die melodische u. akkordische Aufteilung des Reihenmaterials, 6. die ständig verschiedene Rhythmisierung u. motivische Gliederung. Diese von A. *Schönberg* nach 1920 ausgebildete Kompositionsmethode (J. M. *Hauer,* E. *Varèse,* J. *Golyschew,* H. *Eimert* erkannten etwa zur selben Zeit diese Möglichkeit) wurde von A. *Webern* streng an die Intervallproportionen gebunden, die um 1950 zum Ausgangspunkt der „seriellen" Technik wurden. Die serielle Technik dehnt das einlinige Ordnungsprinzip der Z. auf alle musikalischen Schichten aus u. verbindet Zwölftonreihen mit Elfintervallreihen u. mit Reihen aus rhythmischen, dynamischen, klangfarblichen u. akzentuierenden Elementen. Die extreme Starre dieser vollständig vorbestimmten („total organisierten") Musik wurde durch die Einführung von Elementen des „Zufalls" u. von austauschbaren Formteilen aufgelockert (P. *Boulez,* K. *Stockhausen,* H. *Pousseur,* M. *Kagel,* R. *Leibowitz,* W. *Fortner,* L. *Dallapiccola,* E. *Krenek,* L. *Nono*). – ▭ 2.9.4.

Zwolle ['zvɔlə], Hptst. der niederländ. Prov. *Overijssel,* am *Zwarte Water,* 79 000 Ew.; spätgot. Michaelskirche (mit dem Grabmal Thomas' von Kempen); vielseitiges Industrie- u. Handelszentrum.

Zwönitz, Stadt im Krs. Aue, Bez. Karl-Marx-Stadt, südl. der Bezirksstadt, 9700 Ew.; Leder-, Metall-, Textil- u. Präzisionsgeräteindustrie.

Zworykin ['zvɔri-], Vladimir Kosma, US-amerikan. Physiker u. Elektrotechniker russ. Herkunft, * 30. 7. 1889 Murom; seit 1919 in den USA, Vizepräsident der Radio Corporation of America (RCA), Erfinder der ersten brauchbaren elektron. Aufnahmeröhre des Fernsehens (Ikonoskop, 1924); zahlreiche Arbeiten, bes. über Photozellen.

z. Wv., Abk. für *zur Wiederverwendung*; nach dem Gesetz zu Art. 131 GG (→Hunderteinunddreißiger) für amtsverdrängte Beamte auf Lebenszeit oder auf Zeit, die wieder im öffentl. Dienst untergebracht werden sollen, Zusatz zu der Amtsbezeichnung aus der letzten aktiven Rechtsstellung vor dem 8. 5. 1945.

z. w. V., Abk. für *zur weiteren Verwendung.*

Zyan [grch.] = Cyan.

Zyanophyzeen [grch.] = Blaualgen.

Zyanose [die; grch.] = Blausucht.

Zygnemazeen [grch.], *Zygnemaceae* →Jochalgen.

zygomorph [grch.], eine Blüte mit nur einer Symmetrieebene betreffend.

Zygophyllaceae [grch.] = Jochblattgewächse.

Zygoptera [grch.] →Schlankjungfern.

Zygoten [grch.], Verschmelzungsprodukte von →Keimzellen.

zykl... →zyklo...

Zykladen, griech. Inselgruppe, →Kykladen.

Zyklen, Mz. von →Zyklus.

Zyklentheorie →geotektonisch-geomagmatischer Zyklus.

Zyklische Dichter, unbekannte griech. Dichter, im 8. Jh. v. Chr. lebend, die Sagen, bes. vom Trojan. Krieg u. von Theben u. Herakles, zu einem *epischen Zyklus* zusammenfügten. Ihre Werke sind bis auf Bruchstücke verloren, doch war ihr Einfluß auf die griech. Literatur als Stoffquelle groß.

zyklische Verbindungen = cyclische Verbindungen.

zyklische Vertauschung, *Mathematik:* Ersetzung jeder Größe durch die folgende u. der letzten durch die erste. Aus der Anordnung 1, 2, 3, 4 erhält man durch z. V. nacheinander 2, 3, 4, 1; 3, 4, 1, 2; 4, 1, 2, 3.

zyklo... [grch. + lat.], Wortbestandteil mit der Bedeutung „Kreis, kreisförmig".

zykloid [grch.], Bez. für eine abnorme menschl. Gemütslage, →Zyklothymie.

Zykloide [die; grch.], *Rollkurve, Radlinie,* ebene Bahn mit einem Kreis verbundener Punkte, wobei der Kreis auf einer Geraden oder (z. B. in) einem anderen Kreis rollt (Z. oder *Epi-* bzw. *Hypo-Z.*). Je nachdem, ob die Punkte auf dem rollenden Kreis bzw. innerhalb oder außerhalb des Kreises liegen, entstehen *gewöhnliche* bzw. *gestreckte* oder *verschlungene Z.n* (auch *Trochoiden* genannt). →auch Epizykel, Kardioide.

Zyklon [grch.], **1.** [das], *Chemie:* Warenzeichen für Schädlingsbekämpfungsmittel auf Basis →Blausäure, die zusammen mit einem (zur Warnung) stark riechenden Ester von Kieselgur oder Zellstoffscheiben aufgesogen ist. Verwendung in geschlossenen Räumen (Gewächshäusern, Schiffsräumen, Mühlen, Silos u. dgl.), auch gegen Wollschädlinge. Z. wurde unter der nat.-soz. Herrschaft zum Töten von Häftlingen in Gaskammern der Vernichtungslager verwendet.

2. [der], *Meteorologie:* trop. Wirbelsturm *(Hurrikan, Taifun)* mit einem Durchmesser von mehreren 100 km u. einem windstillen Zentrum (Auge), der meist im Sommer oder Anfang Herbst in 8–10° Breite über Meeresgebieten entsteht, von wo er sich (auf der Nordhalbkugel) erst nach W bewegt, dann nach N abbiegt (auf dem Wendekreis) u. in Nordostrichtung unter allmähl. Abschwächung verläuft (ähnl. auf der Südhalbkugel, jedoch in südl. Richtung). Die Fortbewegung erfolgt so regelmäßig, daß das Eintreffen eines Z.s recht sicher vorhergesagt werden kann. Ein Z. kann sich allmählich in eine gewöhnl. Tief *(Zyklone)* wandeln.

3. [der], *Verfahrenstechnik:* Hydrozyklon, ein Aufbereitungsgerät zum Trennen feinkörniger Mineralgemische nach der Korngröße. Es besteht aus einem nach unten spitz zulaufenden, kegelförmigen Hohlkörper, an dessen oberem Ende das zu trennende Material mit hoher Geschwindigkeit tangential eingebracht wird, von wo es in schraubenförmiger Bewegung nach unten läuft. Durch die Fliehkraftwirkung sammeln sich die größeren Partikel an den Wänden u. werden an der Kegelspitze ausgetragen; die kleineren steigen in der Kegelachse nach oben u. werden dort abgenommen.

Zyklonastie [grch.] →Winden.

Zwolle: am Schwarzen Wasser

Zyklone [die; grch.], Tiefdruckgebiet mit konzentr. Isobaren u. auf das Zentrum gerichteter wirbelnder Luftbewegung (auf der Südhalbkugel mit, auf der Nordhalbkugel gegen den Uhrzeigersinn drehend). Innerhalb der Z. herrschen verhältnismäßig starke Winde; die Grenzen der Warmluftmassen der Z. gegen die Kaltluftmassen heißen *Fronten.* Wolkenbildung u. Niederschläge sind nach der Z.ntheorie von V. *Bjerknes* überwiegend an die Vorderseite (Warmfront) gebunden, während an der Rückseite (Kaltfront) Wetterbesserung vorherrscht. →auch Okklusion.

Zyklonentstauber, ein Gerät zur Ausscheidung kleiner Staubteilchen aus Luft oder Gasen. Die durch einen Ventilator angesaugte Luft wird tangential in einen zylindr. Behälter eingeblasen u. entspannt. Infolge der Zentrifugalkraft fliegen die auszuscheidenden Teilchen an die Wand u. können dort abgezogen werden, während die Luft nach oben entweicht. Verwendung: Holzbearbeitungs-, Schleifmaschinen, Gußputzereien u.a.

Zyklonfeuerung, *Dampfkessel:* eine *Schmelzkammerfeuerung*, bei der durch die Brennstoff-(Kohlenstaub) u. Luftzuführung in einer zylindrischen Brennkammer ein spiralförmiger Flammenweg bewirkt wird. Die entstehende hohe Temperatur bringt den größten Teil der Asche zum Schmelzen, so daß sie im Zyklon abfließt u. die nachgeschalteten Heizflächen nicht verschmutzt.

Zyklopen [grch.] →Kyklopen.

Zyklopenmauer, ein Mauerwerk aus sehr großen, unregelmäßig geformten Steinen, dessen Errichtung man im griech. Altertum den Zyklopen (Kyklopen) zuschrieb. Als Z.n galten z.B. die äußeren Burgmauern in Tiryns u. Mykénai.

Zyklophrenie [grch.], *manisch-depressives Irresein, zirkuläres (periodisches) Irresein*, zu den endogenen Psychosen gehörendes Krankheitsbild, bisher ohne erkennbare organische Grundlage. Die Z. ist gekennzeichnet durch einen periodischen (wenngleich oft nicht ganz deutl. ausgeprägten) Wechsel zwischen gehobener Stimmung u. erhöhter Erregung *(Manie)* einerseits und gedrückter Stimmung und gehemmter Antriebslage *(Depression)* andererseits. Viele Kranke sind vorwiegend manisch oder vorwiegend depressiv, auch Mischformen sind nicht selten. Die Z. ist ein Gemütsleiden; Denkvermögen, Gedächtnis u. Orientierung bleiben erhalten, oft auch Kritik u. Krankheitseinsicht; Denkhemmungen finden sich in der depressiven, Ideenflucht in der manischen Phase.

Zyklostomen [grch.] →Rundmäuler.

Zyklothymie [grch.], nach E. *Kretschmer* die dem pyknischen Körperbau zugehörige normale Temperamentsart (Gegensatz: *Schizothymie*), die durch leichten Wechsel zwischen Heiterkeit u. Traurigkeit (diathetische Proportion), schwingende Temperamentskurve (behäbig-beweglich) u. im allg. natürliche, reizentsprechende Psychomobilität gekennzeichnet ist. Der *Zyklothymiker* ist tatkräftig, derb, humorvoll, sinnenfroher Genießer, menschenfreundlich. – Den Grenz- u. Übergangszustand von der Z. zur manisch-depressiven Psychose bezeichnet Kretschmer als *zykloid.* →auch Konstitution.

Zyklotron [das; grch.; Mz. *Z.s* u. *Z.e*], Großapparatur der modernen Hochenergiephysik zur Beschleunigung von Protonen u. leichten Atomkernen auf große Geschwindigkeiten; besteht aus einem großen Elektromagneten, zwischen dessen Polen sich ein rundes, dosenförmiges Vakuumgefäß befindet. In dessen Mitte werden die zu beschleunigenden, geladenen Teilchen (Ionen) durch Stoßionisation des entspr. Gases (z.B. Wasserstoff) mittels Glühelektronen erzeugt. Diese positiven Ionen fliegen im Magnetfeld auf Kreisen; ihre Beschleunigung erfolgt durch ein von einem Kurzwellensender erzeugtes hochfrequentes elektr. Feld, das an zwei mit dem Vakuumgefäß verbundene D-förmige Elektroden angelegt wird. Die Ionen durchfliegen mit wachsender Geschwindigkeit immer größere Kreise u. werden schließlich durch ein elektr. Auslenkfeld ins Freie gelenkt. Das Magnetfeld kann während des ganzen Vorgangs konstant bleiben, da die Umlaufzeit eines Ions für alle Kreisbahnen dieselbe ist. Dies gilt aber nur so lange, wie die Geschwindigkeit klein gegenüber der Lichtgeschwindigkeit ist; im anderen Fall macht sich die relativist. Massenänderung (→Relativitätstheorie) bemerkbar, u. das Magnetfeld muß auch verändert werden (→Synchrotron). Die Teilchen werden im Z. etwa auf $^1/_{10}$ Lichtgeschwindigkeit beschleunigt; das entspricht einer Protonenergie von rd. 10 MeV. Man kann damit die Streuung von Protonen an Atomkernen u. die Zertrümmerung dieser Kerne messend verfolgen. Moderne Z.s ermöglichen Teilchenenergien bis 100 MeV. →auch Teilchenbeschleuniger. – 🄻 7.6.4.

Zyklus [der, Mz. *Zyklen*; grch.], **1.** *allg.:* Reihe, Folge; Kreislauf, regelmäßige Wiederkehr, z.B. von Tagen, Monaten, Jahreszeiten; Schriften- oder Vortragsfolge.
2. *Medizin:* monatl. Regelblutung der Frau; →Regel (2).
3. *Wirtschaft:* = Konjunkturzyklus.

Zylinder [der; grch.], **1.** *Geometrie:* ein Körper, der von 2 kongruenten, parallelen, krummlinig begrenzten (Grund-)Flächen u. der sie verbindenden Mantelfläche begrenzt wird. Sonderfälle sind der

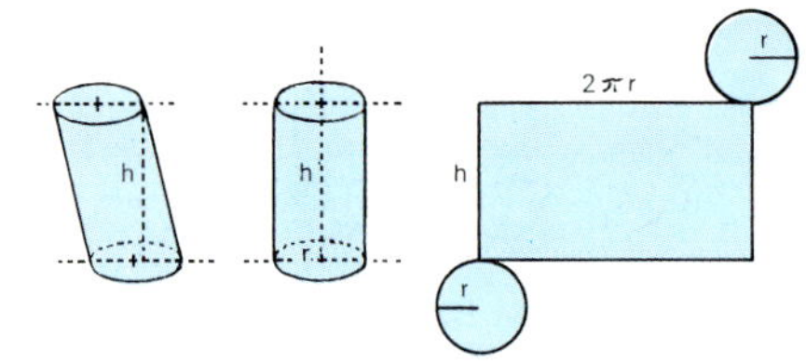

Schiefer und gerader Zylinder; Zylindernetz

gerade u. der schiefe Kreis-Z. Der Rauminhalt des Kreis-Z.s ist $V = \pi r^2 h$. Die Mantelfläche eines geraden Kreis-Z.s ist $M = 2\,\pi\,r \cdot h$. – *Z.fläche*, eine durch Parallelverschiebung einer Geraden entlang der Leitlinie entstandene Fläche.
2. *Kleidung: Z.hut*, in der 1. Hälfte des 19. Jh. in Mode gekommener, röhrenähnl., meist zusammenklappbarer Hut, zu feierl. Anlässen u. als Teil mancher Zunfttrachten getragen.
3. *Maschinenbau:* ein langgestreckter, runder Hohlkörper, z.B. bei Dampf- u. Verbrennungskraftmaschinen.

Zylinderkoordinaten →Koordinaten.

Zylinderlinse, eine Linse, deren brechende Flächen Zylinderflächen sind; wird zur Behebung des Achsenastigmatismus des Auges verwendet.

Zylinderöle, zähflüssige Mineralöle, die zur Schmierung von Dampfzylindern (Heiß- bzw. Sattdampfzylindern) verwendet werden.

Zylinderprojektion →Kartennetzentwürfe.

Zymase [die; grch.], Enzymgemisch aus Hefe, das Hexosen zu Alkohol vergären kann.

Zymbelkraut →Leinkraut.

Zymol [grch., lat.] = Cymol (p).

Zyniker [grch.], ursprüngl. Anhänger einer von *Antisthenes* begründeten Philosophenschule (→Kyniker); im übertragenen Sinn „bissiger" Mensch, der die Wertgefühle anderer mißachtet.

Zynismus, eine Lebensanschauung, die aus vollendeter Skepsis, Lebens- oder Menschenverachtung alle Werte herabsetzt.

Zypergras, *Cyperus*, Gattung der *Sauergräser*; Ufer-, Sumpf- u. Wasserpflanzen der warmen Zonen. Wichtigste Arten *Papyrus* u. *Erdmandel.* In Europa heimisch sind das *Gelbliche Z., Cyperus flavescens*, u. das *Braune Z., Cyperus fuscus.*

Zypern, *Cypern*, engl. *Cyprus*, griech. *Kypriaki Dimokratía*, türk. *Kibris Cumhuriyeti*, Inselstaat im östl. Mittelmeer, südl. der Türkei; hat eine Fläche von 9251 qkm u. 690000 Ew.; Hptst. ist *Nicosia.* Seit 1974 ist Z. in einen türk.-zypriot. u. einen griech.-zypriot. Teilstaat getrennt.

Landschaftlich ähnelt die Insel dem benachbarten Kleinasien. Sie hat das gleiche Klima mit trockenheißen Sommern u. feuchtmilden Wintern u. ist ähnl. gebirgig. Den S. nimmt das ausgedehnte Bergland *Tróodos* mit dem Gipfel *Olympos* (1952 m) ein, im N erhebt sich ein 1000 m hoher Gebirgszug, der nach NO in einer schmalen Halbinsel ausläuft. Dazwischen erstreckt sich von der Ostküste bei Famagusta u. Larnaka zur Westküste bei Méfu die fruchtbare Schwemmlandebene *Messaria*, in deren Zentrum die Hptst. liegt u. die mit einigen Küstenstrichen das wichtigste Siedlungs- u. Anbaugebiet bildet. Die Insel ist waldarm, Hochwald fehlt fast völlig, nur der immergrüne Buschwald der Macchie nimmt größere Flächen ein.

78% der Bevölkerung sind Griechen, 18% sind Türken, 4% Armenier u. Araber. Die türk. Minderheit lebte bis zum Putsch 1974 über die ganze Insel verstreut. Seitdem bewohnen die Griechen und Türken, abgesehen von Restgruppen, geschlossene Siedlungsgebiete. Die Türken sind Mohammedaner, die Griechen gehören der unabhängigen orthodoxen zypriot. Kirche an. Über 40% der Bevölkerung leben in Städten. Die Hptst. Nicosia ist geteilt.

Wirtschaftlich überwiegt der Anbau von Getreide, Kartoffeln, Wein, Zwiebeln, Südfrüchten, Tabak, Oliven, Obst sowie Baumwolle. Die Schaf- u. Ziegenhaltung ist weit verbreitet, die Großviehzucht hat geringeren Umfang. Bedeutend sind Fischfang u. Schwammfischerei. Den Hauptteil des Exports liefert der Bergbau (Kupfer, Eisen, Chrom, Asbest, Gips). Die moderne Industrie (Obstverarbeitung, Textilindustrie, Herstellung von Stahlrohren u.a.) entwickelt sich recht gut, während das traditionelle Kleingewerbe u. Handwerk in den Städten an Bedeutung verliert. Die Kapazität der öffentl. Versorgungskraftwerke weitet sich aus. Das Straßennetz ist recht gut. Im internationalen Flugverkehr ist Z. als Hauptstützpunkt für viele ausländ. Fluglinien von Bedeutung.

Geschichte: Z. ist infolge seiner seestrateg. Lage viel umkämpft worden. Im 14./13. Jh. v.Chr. war es ein Zentrum der myken. Kultur, um 1000 v.Chr. phönizisch, dann assyr., ägypt., pers. (540 v.Chr.); 333 v.Chr. kam es zum Reich Alexanders d.Gr., gehörte 294–58 v.Chr. zum Ptolemäer-Reich; 58 v.Chr. fiel es an die Römer, später an die Byzantiner, zeitweilig an die Araber. Auf die Herrschaft der Kreuzfahrer-Dynastie Lusignan 1192–1489 folgte die der Venezianer. 1571 wurde Z. von den Türken erobert. 1878 besetzte Großbritannien (bei formeller Anerkennung der türk. Oberhoheit) die Insel, 1914 annektierte es sie; 1925 wurde Z. brit. Kronkolonie.
Große Teile der griech. Zyprioten forderten seit dem 19. Jh. den Anschluß *(Enosis)* an Griechenland. Diese anfangs gegen die türk., später gegen die brit. Herrschaft gerichteten Bestrebungen, die 1931 zu Unruhen führten, lebten nach dem 2. Weltkrieg verstärkt auf. An die Spitze der Bewegung trat das Oberhaupt der orth. Kirche von Z., Erzbischof *Makarios.* Seit 1955 führte die Untergrundorganisation EOKA unter G. *Grivas* einen Guerillakampf gegen die brit. Kolonialmacht, die mit harten Repressalien antwortete. Gleichzeitig kam es zum Konflikt zwischen den interessierten Mächten: Großbritannien wünschte den Fortbestand des Kolonialstatus, Griechenland den Anschluß, die Türkei eine Teilung der Insel. 1959 wurde der Konflikt durch das *Londoner Abkommen* zunächst beigelegt: Z. erhielt die Unabhängigkeit, die von den drei Mächten garantiert wurde; für das Verhältnis der Nationalitäten wurde eine vorläufige Rechtsgrundlage geschaffen;

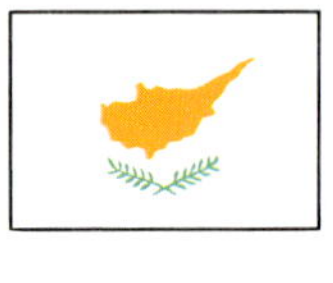

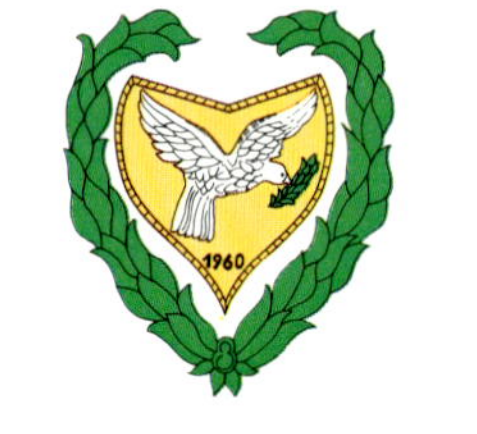

Großbritannien wurden Militärstützpunkte zugestanden. Makarios wurde zum Staats-Präs. gewählt. Am 16. 8. 1960 erfolgte die Unabhängigkeitserklärung.
Kennzeichnend für die Verfassung von 1960 war der institutionalisierte Dualismus von griech. Mehrheit u. türk. Minderheit. Alle Staatsorgane wurden im Verhältnis 70:30 besetzt. Das aus 35 griech. u. 15 türk. Abg. bestehende Repräsentantenhaus wurde nach allg., gleichem, geheimem u. direktem Wahlrecht bestellt, jedoch wählten beide Nationalitäten ihre Abg. in gesonderten Wahlkreisen. Auch der griech. Präs. u. der türk. Vize-Präs. (F. *Küçük*) wurden getrennt gewählt. Als Makarios 1963 dieses System zugunsten der griech. Mehrheit beseitigen wollte (Aufhebung des Proporzes bei Wahlen u. Stellenbesetzungen), kam es zu blutigen Kämpfen zwischen den Volksgruppen. Die UN entsandten 1964 eine Sicherheitstruppe, die noch heute auf Z. stationiert ist.
In der 2. Hälfte der 1960er Jahre beruhigte sich die Lage, doch kam eine Verständigung trotz jahrelanger Verhandlungen nicht zustande. Inzwischen entstand bei Teilen der griech. Zyprioten Mißstimmung gegen Makarios, der die Enosis-Bewegung nur noch formell zu unterstützen schien. Seit 1972 trat die von Grivas († 1974) geführte

Zypern: Nicosia

EOKA wieder mit Terroranschlägen, jetzt gegen Regierungsmitglieder u. Regierungseinrichtungen gerichtet, in Erscheinung. Gegen Makarios wandte sich auch ein Teil des Klerus.
Am 15. 7. 1974 putschte die von griech. Offizieren befehligte u. von der Regierung Griechenlands gesteuerte Nationalgarde gegen Makarios. Makarios verließ das Land (bis Dez.). Unter dem Eindruck eines drohenden Anschlusses der Insel an Griechenland landeten am 20. 7. türk. Truppen u. besetzten den NO der Insel, rd. 40% der Gesamtfläche. Es kam zu großen Bevölkerungsverschiebungen (Flucht, Vertreibung, Umsiedlung), wodurch nahezu geschlossene Siedlungsgebiete der Volksgruppen entstanden. Im türk. Teil wurde 1975 einseitig ein „Föderativer türk.-zypriot. Staat" proklamiert. Verhandlungen zwischen den Volksgruppen blieben ergebnislos, da die Griechen auf einem Einheitsstaat mit begrenzt autonomen Kantonen bestehen, während die Türken eine lose Föderation zweier weitgehend selbständiger Staaten fordern. Nach Makarios' Tod (1977) folgte ihm S. *Kyprianou* als Präs.
Z. ist Mitgl. der UN, des Commonwealth, des Europarats u. des GATT. – ▱ 5.3.4 u. 5.5.7.
Zypresse [die; ital.], *Cupressus*, Gattung der Z.ngewächse. Wichtigste Art ist die *Echte Z.*, *Cupressus sempervirens*, ein im Nordiran u. im Mittelmeergebiet beheimateter, 20–50 m hoher Baum. Der im natürl. Zustand mit ausgebreiteten Ästen wachsende Baum wird in der Kultur vorwiegend in der schmalkronigen Form der Pyramiden- od. Säulen-Z. angepflanzt. – Als Kübelpflanze wird noch die *Trauer-Z., Cupressus funebris*, kultiviert, eine in China beheimatete Art mit abstehenden Ästen u. überhängenden Zweigen.
Zypressengewächse, *Cupressaceae*, Familie der *Nadelhölzer* mit meist schuppenförmigen, seltener nadelförmigen Blättern; Blattstellung gegenständig oder zu dreien in Wirteln; holzige Zapfen, Ausnahme die Gattung *Juniperus (Wacholder)* mit Beerenzapfen. Zu den Z.n gehören *Zypresse, Scheinzypresse (Chamaecyparis), Lebensbaum, Wacholder, Sandarakzypresse* u. a.
Zypressenkraut = Heiligenblume.
zyprische Schrift, aus der kret. Bilderschrift entwickelte Bilderschrift auf der Insel Zypern; 7.–1. Jh. v. Chr.
Żyrardów [ʒi'rarduf], Stadt südwestl. von Warschau (Polen; bis 1975 Wojewodschaft Warszawa, seit 1975 Skierniewice), 33 200 Ew.; Textilindustrie.
Zyste [grch., „Blase"], **1.** *Biologie:* meist mit derber Haut umgebene Hülle bestimmter niederer Tiere (Bakterien, Protozoen, Rädertiere, Bärtierchen, Schwämme). Diese Tiere bilden Z.n in Zeiten ungünstiger Lebensbedingungen (z. B. Trokkenheit), sie *enzystieren* sich, schlüpfen später wieder aus der Z. u. leben normal weiter. →auch Sporen.
2. *Medizin:* durch eine Membran abgeschlossener Hohlraum mit dünn- oder dickflüssigem Inhalt, einkammerig oder durch Zwischenwände aufgeteilt, *Echte Z.n* sind mit Epithelgewebe ausgekleidet, *falsche Z.n* nur von einer Bindegewebskapsel umgeben. Entstehung: durch Behinderung des Abzugs von Flüssigkeiten aus Hohlräumen (*Retentions-Z.n*, z. B. *Balggeschwulst*), durch Austritt von Gewebsflüssigkeit u. Blut in Gewebe oder Hohlräume (*Exsudations-Z.n, Extravasations-Z.n*; z. B. Hydrozele, Hämatozele, Hygrom, Blut- u. *Lymph-Z.n*), durch Erweichung, Verflüssigung oder Einschmelzung von Geweben (*Erweite-* *rungs-Z.n*; z. B. nach Gehirnerweichung) u. durch Gewebeparasiten (*parasitäre Z.n;* z. B. Amöben-Z.n, Echinokokken-Z.n). Behandlung chirurgisch durch operative Ausschälung.
Zystitis [die; grch.], Entzündung der Harnblase.
Zystoskopie [grch.], endoskopische Untersuchung der Harnblase mit dem Zystoskop (→Blasenspiegel).
zyto..., *cyto...* [grch.], Wortbestandteil mit der Bedeutung „Zelle".
Zytochrome = Cytochrome.
Zytodiagnostik [grch.], mikroskop. Untersuchung von Zellen aus Körperflüssigkeiten, Zellabstrichen u. ä., die zuvor nach bes. Verfahren gefärbt (→Papanicolaou-Färbung) u. fixiert worden sind. Die Z. dient der Krankheitserkennung, insbes. zur Frühdiagnostik des Gebärmutterhalskrebses, des Bronchialkarzinoms u. des Magenkrebses.
Zytogonie [grch.], *Agamogonie*, einfachste Art der →Fortpflanzung im Tierreich, wobei Einzelzellen vom Mutterorganismus abgeschnürt werden, wie z. B. bei den meisten →Protozoen.
Zytologie [grch.], *Zellenlehre*, das Gebiet der allg. Biologie, das den Bau u. die Funktionen der →Zelle erforscht. Ausgangspunkt war die Entdeckung der Zelle am Flaschenkorken u. ihre erste Beschreibung durch R. *Hooke* 1665. Erst viel später wurde erkannt, daß alle Gewebe aus Zellen zusammengesetzt sind, u. in der Zelltheorie von M. J. *Schleiden* 1838 für pflanzl. Gewebe, von Th. *Schwann* 1839 für tier. Gewebe formuliert. Im Zusammenhang mit der experimentellen Embryologie erfolgte um 1900 ein weiterer Aufschwung der Z. Spezielle Fixierungs- u. Färbungstechniken wurden entwickelt. Untersuchungsmethoden der heute morpholog., biochem. u. biophysikal. orientierten Z. sind Zentrifugierung, radioaktive Markierung, Dünnschnittechnik u. Mikroskopie, vor allem Elektronenmikroskopie. – ▱ 9.0.6.
Zytoplasma [das; grch.], die den →Zellkern umgebenden Bestandteile der →Zelle (→Grundzytoplasma, →Zellorganellen).
Zytosin [grch.] = Cytosin.
Zytostatika [grch.], *zytostatische Mittel, Karzinostatika*, chem. Stoffe, die auf kranke, bes. auf krebsig entartete, aber auch auf gesunde Zellen schädigend u. wachstumshemmend einwirken u. aufgrund der ersten Eigenschaft zur Krebschemotherapie angewendet werden, wenn sich bei entspr. Dosierung eine ausreichende krebsschädigende Wirkung bei erträgl. Nebenwirkungen erzielen läßt. Es gibt chem. u. pharmakolog. verschiedene Gruppen von Z., z. B. sog. *Mitosegifte* (TEM [Triethylenmelamin], Zyklophosphamid u. a.), sog. *Antimetaboliten* (Methotrexat, L-Asparaginase) u. bestimmte *Antibiotika* (Aktinomyzine u. a.), i. w. S. auch *Hormone* (z. B. Östrogene beim Vorsteherdrüsenkrebs u. Androgene beim Brustdrüsenkrebs).
Żywiec [ˈʒivjɛts], Stadt am Nordfuß der Westbeskiden, südöstl. von Krakau (Polen; bis 1975 Wojewodschaft Kraków, seit 1975 Bielsko-Biała), 22 600 Ew.; Maschinenbau u. Brauerei. In der Nähe Staustufe der *Soła* (zur Weichsel).
z. Z., Abk. für *zur Zeit*.

ABBILDUNGSNACHWEIS

Farbfotos: aaa-photo (1); ADN-Zentralbild – Link (1); AEG-Telefunken (1); Wilhelm Albrecht (4); Dr. Wolfgang Altenkirch (9); Archiv für Kunst und Geschichte (1); The Art Institute of Chicago (1); Audi NSU Auto Union AG (1); Peter F. Bading (1); BASF (1); Erich Baumann (8); Bavaria-Verlag (3) – Bernhaut (2) – Nägele (1) – Rebo (1) – Scholz (2) – Sycholt (1) – Tessore (1); Bayer AG (3); Bibliothèque Nationale Paris (1); Bildarchiv für Medizin München GmbH (1); Dr. Dietrich Böhm (1); British Museum (1); Brown, Boverie u. Cie AG (2); Werner Büdeler (7) Bundesforschungsanstalt für Landeskunde und Raumordnung – DFVLR (1); Bundesministerium der Verteidigung (5); Burda Bilderdienst (3); Bruce Coleman Ltd. (2); color service Gernolf Martens (1); Corvina Verlag (5); CTK (6); Deutsche Fotothek Dresden (2); Deutscher Verein für Vermessungswesen e. V. (1); Dr. Gisela Dohle (15); dpa (8); Dyckerhoff Zementwerke AG (1); Explorer (1); Sammlung Fogarassy (1); A. Foglia (1); Food and Agriculture Organization of the United Nations (1); FPG (1); Michael Friedel (1); Prof. Dr. Friedrich W. Funke (1); Dr. Ingo Gabriel (2); Germanisches Nationalmuseum (1); Archiv Gerstenberg (1); Giraudon (3) – Lauros (1); Gerhard Grau (1); Ruth Greve (2); Irmgard Groth (1); Dr. Grün (2); The Solomon R. Guggenheim Museum (1); Käthe Günther (1); Claus Hansmann (5); Joram Harel Management (1); Rudolf Hausner (1); Heinz Herfort (10); Prof. Dr. Alfred Herold (2); Dorothea Hildebrand (13); Hans Hinz (1); Hirmer Verlag (1); Gebrüder Hischmann Maschinenfabrik (1); Historisches Uhrenmuseum Wuppertal (11); Dr. Siegmar Hohl (3); Holmes-Lebel (1); Edmond van Hoorick (1); Wilhelm Hoppe (1); Wolfgang Huttner (1); Institut für Auslandsbeziehungen (1); Internationales Bildarchiv Horst von Irmer (4); Dr. H. Jahn (1); Maria Jeiter (1); Dietmar Keil (25); Joachim Kinkelin (5); Gerhard Klammet (2); Paolo Koch (1); Dr. F. Krügler (7); Kunsthaus Zürich (1); Kunsthistorisches Museum Wien – Photo Meyer (1); Kunstmuseum Bern (1); laenderpress (1) – Riboud/Magnum (1); Landesanstalt für Immissions- und Bodennutzungsschutz des Landes Nordrhein-Westfalen (1); Lauros (1); The Library of Congress (1); Reny Lohner (1); Werner Ludewig (1); H. Maedler (1); MAN Werk Augsburg (1); Aldo Margiocco (11); Bildagentur Mauritius – Almasy (1) – Bohnacker (2) – Kapkin (1) – Dr. Kramarz (1) – Schönbach (1) – Dr. Wirth (1); Giuseppe Mazza (6); Ann Münchow (1); Musée National d'Art Moderne Paris – J. E. Bulloz (1); Museum of Modern Art New York (1); Dr. Uwe Muuß (1); Nationalgalerie Prag (1); Ladislav Neubert (2); Werner Neumeister (3); New York Graphic Society (2); Niedersächsisches Landesverwaltungsamt – Landesbildstelle (1); Rosemarie Nohr (1); Nowosti (1); Rudi Otto (2); Hans Pfletschinger (2); Photo Löbl (1); Photri (1); Willi Pragher (2); Preiss & Co (2); Fritz Prenzel (6); Presse- und Informationsamt der Bundesregierung – Bundesbildstelle (4); Jaroslav Rajzik (1); Prof. Dr. W. Rauh (4); Wolfgang Reichel (10); Jochen Remmer (2); roebild (1); Rohde & Schwarz (1); Römisches Museum Augsburg (1); Dr. Frieder Sauer (1); Scala (2); Egon G. Schleinitz (1); Joachim Schörken (1); Gabriel Schumacher (1); Scienta Presse-Dienst (1); Service de Documentation Photographique de la Réunion des Musées Nationaux (1); Shostal Associated Inc. (10) – Barnell (1); Fritz Siedel (1); Jacques Six (1); Solarfilma S. F. (1); Staatliche Museen Preußischer Kulturbesitz – Museum für Völkerkunde (1) – Nationalgalerie (1); Staatliche Museen zu Berlin (Ost) – Nationalgalerie (1); Staatliche Schlösser und Gärten (1); Staatliches Museum für Völkerkunde München (1); Staatsbibliothek Preußischer Kulturbesitz – Bildarchiv (12); Städtisches Reiss-Museum Mannheim (1); Herwart Stehr (7); Hans Steinmetzler (19); Georg Stiller (8); D. H. Teuffen (1); Dr. Walter Thauer (6); USIS (1); V-Dia-Verlag GmbH (3); Verlagsgruppe Bertelsmann GmbH – Bildarchiv (3); Volkswagenwerk AG (1); Pressedienst Votava (2); Whitney Museum of American Art (1); Dr. Douglas P. Wilson (1); Madeline Winkler-Betzendahl (1); Bildarchiv Dr. Werner Wrage (5); ZEFA (2); – Barone (1) – Carlé (1) – Everts (2) – Gaertner (1) – Hackenberg (1) – Herfort (1) – Dr. Kramarz (1) – Pittius (1) – Phillips (1) – Reinhard (1) – Riehse (3) – Dr. Sauer (1) – Scholz (3) – Strass (1) – Thau (1) – Ungarisches Werbestudio (1) – Walther (1) – Weber (1); Carl Zeiss (3).

Schwarzweißfotos: Archiv für Kunst und Geschichte (1); Bildarchiv für Medizin München GmbH (1); Black Star (1); Deutsche Fotothek Dresden (2); Deutscher Wetterdienst, Zentralamt Offenbach (1); Deutsches Institut für Filmkunde (1); Dr. Gisela Dohle (9); dpa (2); Foto Marburg (2); Archiv Gerstenberg (2); Giraudon (1); Claus Hansmann (3); Historia-Photo (2); Historisches Porträtarchiv Dr. Schreyl (1); Farbwerke Hoechst AG (1); IBA (1); Imperial War Museum (1); Interfoto MTI (1); Landesamt für Denkmalspflege Nordrhein-Westfalen (1); Landesanstalt für Immissions- und Bodennutzungsschutz des Landes Nordrhein-Westfalen (1); Museum für Kunst und Kulturgeschichte Dortmund (1); The Museum of Modern Art New York (1); Niederländische Botschaft – Hofmeester (1); Österreichische Galerie (1); Österreichische Nationalbibliothek (3); Pinguin-Verlag Pawlowski KG (2); Prof. Hans B. Reichow (1); Rheinisches Bildarchiv (1); Schmelzer-Nicolai-Verlag (1); Heinz Schröter (1); Staatsbibliothek Preußischer Kulturbesitz – Bildarchiv (22); Dr. Franz Stoedtner (1); D.H. Teuffen (2); Franz Thorbecke (1); Ullstein GmbH – Bilderdienst (14); USIS (1); Manfred Veit M.A. (1); Verlagsgruppe Bertelsmann GmbH – Bildarchiv (3); Dr. Paul Wolff & Tritschler (1).

LITERATURVERZEICHNIS

Die folgende Aufstellung von Literaturangaben zu 800 Fachgebieten und einer großen Zahl von Stichwörtern wurde in diesem Anhang zusammengefaßt, um dem Benutzer des LEXIKOTHEK-Lexikons die Möglichkeit zu geben, sich möglichst umfassend über die Literatur zu informieren, die er zur Ergänzung der im Lexikon angegebenen Informationen heranziehen kann.
Im Lexikon wurde am Ende eines Stichworts bzw. am Ende eines Abschnitts eines Länderartikels, zu dem man Literaturangaben erwartet, das Zeichen ⌶ mit einer drei- bzw. vierstelligen Zahl eingesetzt. Dieser Literaturverweis gibt die Fachgebietsnummer an, unter der sich in diesem Anhang Literaturangaben zu dem betreffenden Stichwort finden lassen. Die Angabe ⌶4.8.0 ist zum Beispiel ein Hinweis auf das Fachgebiet „Allgemeine Betriebswirtschaftslehre". Unter dieser Zahl findet der Benutzer in diesem Literaturverzeichnis betriebswirtschaftliche Biographien und Lexika, Gesamtdarstellungen der Betriebswirtschaftslehre und Literaturangaben zur Geschichte der Betriebswirtschaftslehre. Um das Literaturverzeichnis übersichtlicher zu gestalten, wurden die Hauptfachgebiete in weitere Teilgebiete untergliedert, zum Beispiel das Gebiet „Allgemeine Betriebswirtschaftslehre" in 4.8.1 Unternehmungsformen, 4.8.2 Betriebsorganisation, 4.8.3 Personalwesen usw. bis 4.8.8 Rechnungswesen. Bei diesen Untergruppen findet man jeweils am Anfang Gesamtdarstellungen und danach Literaturangaben zu einzelnen Stichwörtern. Dabei sind die Stichwörter in alphabetischer Reihenfolge angeordnet und in Halbfettdruck hervorgehoben. Die Reihenfolge der Literaturangaben zu einem Stichwort ergibt sich ebenfalls aus dem Alphabet, und zwar als alphabetische Reihenfolge der Nachnamen der Autoren. Die Vornamen der Autoren wurden im allgemeinen mit dem ersten Buchstaben abgekürzt. Auf Untertitel wurde meist verzichtet, um die bibliographischen Hinweise möglichst kurz zu fassen. Der Erscheinungsort wurde bei Werken aus Deutschland bzw. aus der BRD und der DDR in der Regel nicht angegeben. Die Zahl der Auflagen wurde als Indexzahl vor das Erscheinungsjahr gesetzt.
Man kann das Literaturverzeichnis auch als Sachweiser verwenden, in dem die wichtigsten im LEXIKOTHEK-Lexikon vorhandenen Stichwörter jeweils in systematischer Ordnung erscheinen. Um diesen Überblick zu erleichtern, folgt hier eine Zusammenfassung der Fachgebiete.

1.0.1		Enzyklopädie, Lexikon	5.0.0 – 5.7.9	Geschichte und historische Hilfswissenschaften
1.0.5		Namenkunde		
1.1.0 –	1.1.9	Sport und Spiel	5.8.0 – 5.9.3	Politik
1.2.0 –	1.2.8	Ernährungswissenschaft, Gastronomie, Hauswirtschaft	6.0.0 – 6.9.8	Geographie
			7.0.0 – 7.3.9	Mathematik
1.3.0 –	1.3.7	Wehrwesen	7.4.0 – 7.6.5	Physik
1.4.0 –	1.4.9	Philosophie	7.8.0	Maße und Gewichte
1.5.0 –	1.5.9	Psychologie	7.9.0 – 7.9.8	Astronomie
1.6.0 –	1.6.6	Soziologie	8.0.0 – 8.6.6	Chemie
1.7.0 –	1.7.9	Pädagogik	8.6.9	Geowissenschaften
1.8.0 –	1.9.9	Religionswissenschaft und Theologie	8.7.0 – 8.8.4	Geologie
2.0.1 –	2.5.9	Bildende Kunst	8.8.5 – 8.8.9	Mineralogie und Petrographie
2.6.0 –	2.9.5	Musik	8.9.0 – 8.9.6	Geophysik
3.0.0 –	3.4.6	Literatur	9.0.0 – 9.0.9	Allgemeine Biologie
3.5.0 –	3.6.4	Theater, Film, Kleinkunst, Tanz	9.1.0 – 9.2.6	Botanik
3.6.5		Volkskunde	9.2.7 – 9.5.5	Zoologie
3.6.6 –	3.7.2	Buch-, Bibliotheks- und Pressewesen	9.5.6 – 9.5.9	Veterinärmedizin
3.7.5		Schrift	9.6.0 – 9.6.4	Angewandte Biologie
3.8.1 –	3.9.4	Sprachwissenschaft	9.6.5 – 9.7.2	Gewerbliche Biologie
4.0.0 –	4.3.6	Recht	9.8.0 – 9.9.9	Medizin
4.4.0 –	4.9.5	Wirtschaftswissenschaften	10.0.0 –10.9.6	Technik

1.0.1 ENZYKLOPÄDIEN, Lexika. R. Collison, Encyclopaedias, their history throughout the ages. New York, London. 1964. – E. H. Lehmann, Geschichte des Konversationslexikons. 1934. – W. Lenz, Kleine Geschichte großer Lexika. ³1980. – G. Zischka, Index lexicorum. Bibliographie lexikalischer Nachschlagewerke. Wien. 1959.
1.0.5 Namenkunde. A. Bach, Dt. Namenkunde. 3 Bde. 1956. – M. Gottschaid, Dt. Namenkunde. ⁴1971. – W. Seibicke, Vornamen. 1977. – W. Sturmfels u. H. Bischof, Unsere Ortsnamen im ABC erklärt. ³1961. – F. W. Weitershaus, Das neue Vornamenbuch. ⁵1981.

1.1.0 SPORT (ALLGEMEINES)
Bibliographien: Bibliographie der Veröffentlichungen Carl Diems. 1969. – Dt. Sportbibliographie. Ein Verzeichnis der in der BRD, der DDR, in Österreich u. in der Schweiz erschienenen deutschsprachigen Schriften über Körperkultur 1965–1973. 1974. – W. Ehrler, Skiliteratur. 1961. – F. Klaus, Das deutschsprachige sportmedizinische Schrifttum 1950–1960. 1960. – R. Mack, Dt. Sportbibliographie. 3 Bde. 1953 bis 1969. – J. Recla, Das neue Schrifttum über Turnen, Sport u. Spiel als Leibeserziehung. 1952. – A. Sokoll, Literaturführer: Sport-Leibesübungen. ²1979.
Handbücher u. Lexika: E. Beyer (Hrsg.), Reclams Sportführer. 1971. – A. G. Boehmig, Lexikon des Sports. 1956. – H. Borowik, Welt-Sportlexikon. 1956. – Das große Buch vom Sport. ¹⁰1972. – Das große Sportlexikon. 1978. – Der Sport Brockhaus. ²1973. – W. Klein, Dt. Sporthandbuch (Loseblattausg.). – Kleine Enzyklopädie Körperkultur u. ⁴1972. – F. G. Menke, The Encyclopaedia of Sports. New York. 1960. – W. Nordheim, Sport International. 2 Bde. 1971. – K. A. Scherer, Sport von A bis Z. 1969. – H. Sohre, Sport-taschenbuch. 1968. – E. Weitzdörfer, Sportgeräte, Sportbauten, Spielfelder. ⁴1973. – H.-J. Winkler, Sportbegriffe von A–Z. 1978. – H. Zech, Das große Lexikon des Sports. 1971.
Wörterbücher: H. Axtmann, Spezialwörterbuch für Sport u. Spiel. 1949. – E. Deyer, Die amerikanische Sportsprache. ²1960. – Regeln u. Sprache des Sports. 2 Bde. 1976. – B. Webb, 8 × Wassersport (Internationales Wörterbuch). 1969.
Geschichte des Sports. Allgemeines: E. Angerstein u. O. Kurth, Geschichte der Leibesübungen. 1926. – H. Barisch, Sportgeschichte aus erster Hand. 1977. – H. Bernett, Grundformen der Leibeserziehung. ³1971. – G. Lukas u. a., Geschichte der Körperkultur in Deutschland. 4 Bde. 1967 bis 1969. – E. Neuendorff, Geschichte der neueren dt. Leibesübungen. 4 Bde. 1932–1936. – B. Saurbier, Geschichte der Leibesübungen. 1969. – H. Ueberhorst, Geschichte der Leibesübungen. Bd. 4: 1972, Bd. 5: 1976. – K. C. Wildt, Daten zur Sportgeschichte. 3 Tle. 1971–1977. – K. Wilimczik, Leibesübungen bei Homer. 1969.
Altertum: J. Bintz, Die Gymnastik der Hellenen. 1878. – E. Diem, Alexander der Große als Sportsmann. 1957. – J. Jüthner, Körperkultur im Altertum. 1928. – A. Pope, Die Gymnastik im Altertum. Diss. 1936. – U. Popplow, Leibesübungen u. Leibeserziehung in den griechischen Antike. 1959. – H. Schröder, Der Sport im Altertum. 1927. – H. Ueberhorst, Geschichte der Leibesübungen. Bd. 1. 1972. – M. Vogt, Der antike Sport. 1934. – H. Wilsdorf, Ringkampf im alten Ägypten. Diss. 1938. – W. Zschietzschmann, Wettkampf- u. Übungsstätten in Griechenland. 1961.
Mittelalter: J. Bintz, Die Leibesübungen des Mittelalters. 1880. – M. Hahn, Die Leibesübungen im mittelalterl. Volksleben. 1972. – W. Körbs, Vom Sinn der Leibesübungen zur Zeit der italien. Renaissance. 1938. – H. Kowald, Die Leibesübungen der Germanen bis zum Ende der dt. Karolinger. Diss. 1934. – B. Mahler, Die Leibesübungen in den Ritterakademien. 1921. – G. Schneider, Puritanismus u. Leibesübungen. 1968. – K. C. Wildt, Leibesübungen im dt. Mittelalter. 1957.
Neuzeit: H. Bernett, Die pädag. Neugestaltung der bürgerlichen Leibesübungen durch die Philanthropen. ³1971. – Ders., Nationalsozialist. Leibeserziehung. 1965. – Ders., Sportpolitik im 3. Reich. 1971. – G. A. Bogeng, Geschichte des Sports aller Zeiten u. Völker. 3 Bde. 1942. – C. Diem, Olympische Flamme. 3 Bde. 1942. – C. Euler, Enzyclopädisches Handbuch des gesamten Turnwesens u. der verwandten Gebiete. Wien. 1894–1896. – F. Fetz, H. Wieland, Große Leibesübungen (C. Diem u. K. Gaulhofer). 1969. – R. Gasch, Handbuch des gesamten Turnwesens u. der verwandten Leibesübungen. 2 Bde. 1928. – J. C. F. Guts Muths, Spiele zur Übung u. Erholung des Körpers u. des Geistes. 1796. – Ders., Kleines Lehrbuch der Schwimmkunst. 1798. – Ders., Katechismus der Turnkunst. 1818. – Ders., Gymnastik für die Jugend. 1793. (Hrsg. W. Beier) Neudr. 1957. – E. L. Jahn u. E. Eiselen, Die dt. Turnkunst. 1816. – J. B. Masüger, Schweizerbuch der alten Bewegungsspiele. 1955. – F. K. Mathys, Das Turnen in der Schweiz 1816 bis zur Gegenwart. 1959. – B. H. Mensendieck, Körperkultur der Frau. 1931. – H. Neumann, Die dt. Turnbewegung in der Revolution 1848/49.
Grundsatzfragen: H. Bernett (Hrsg.), Terminologie der Leibeserziehung. ⁴1964. – G. Bäumler, H. Rieder, W. Seitz, Sportpsychologie. ²1975. – E. W. Burger u. H. Groll, Leibeserziehung. Wien. ³1970. – C. Diem, Wesen u. Lehre des Sports u. der Leibeserziehung. ⁵1964. – F. Fetz, Grundbegriffe der Bewegungslehre der Leibesübungen. 1975. – Ders., Grundbegriffe der Methodik der Leibesübungen. 1975. – H. Gabler, Leistungsmotivation im Hochleistungssport. ²1975. – Ders., Aggressive Handlungen im Sport. 1976. – K. H. Gieseler (Hrsg.), Der Sport in der BRD. 1972. – H. Groll, Die Systematiker der Leibesübungen 1957 – O. Grupe, Leibesübung u. Erziehung. ²1964. – Ders., Grundlagen der Sportpädagogik. ²1975. – Ders., Einführung in die Theorie der Leibeserziehung. ⁴1977. – A. Kirsch, Grundriß der Leibeserziehung. ³1975. – H. Lenk, Werte, Ziele, Wirklichkeit der modernen Olympischen Spiele. ²1972. – Ders., Leistungsmotivation u. Mannschaftsdynamik. ²1977. – Ders., Leistungssport: Ideologie oder Mythos. ²1974. – R. Meinel, Bewegungslehre. ³1971. – L. Mester, Grundfragen der Leibeserziehung. ³1969. – Olympia-Organisationskomitee (Hrsg.), Sport im Blickpunkt der Wissenschaft. 1972. – K. Paschen, Didaktik der Leibesübungen. ⁴1972. – H. Plessner, H. E. Bock, O. Grupe (Hrsg.), Sport u. Leibeserziehung. ⁴1975. – H. Roth (Hrsg.), Sport u. Lernen. ¹⁰1976. – P. Röthig (Hrsg.), Sportwissenschaftliches Lexikon. ⁴1977. – H. Schmitz, Studien zur Didaktik der Leibeserziehung. 4 Bde. 1972–1975. – D. Ungerer, Zur Theorie des sensomotorischen Lernens. ³1977. – W. Volpert, Sensomotorisches Lernen. ²1973. – Ders., Optimierung von Trainingsprogrammen. ²1976. – K. Wilimczik, Wissenschaftstheoret. Aspekte einer Sportwissenschaft. 1968. – Ders., Forschungsmethoden in der Sportwissenschaft. 1975.
Methodik: L. Diem, Wer kann...? Beispiele einer Bewegungserziehung in den ersten Schuljahren. ⁷1968. – D. D. Donskoi, Grundlagen der Biomechanik. 1975. – G. Dyson, Mechanics of Physical Movement. 1963. – F. Fetz, Allg. Methodik der Leibes-

übungen. [5]1972. – A. Geißler, Springen und Schwingen. 1958. – G. Hagedorn, W. Volpert u. a. (Hrsg.), Sport in der Primarstufe. 7 Bde. 1972–1975. – O. Hammelsbeck, Leibeserziehung in der Gesamterziehung. [2]1963. – O. Hanebuth, Grundschulung zur sportl. Leistung. 1961. – D. Harre, Trainingslehre. [3]1971. – U. Jonath, Circuit-Training. [8]1978. – K. Meinel, Bewegungslehre. [3]1971. – L. Mester, Planvolle Leibeserziehung im Kindesalter. 1959. – Ders., Leibesübungen. 1962. – Ders., Freizeitpädagogik. 1962. – H. Mökkelmann, Leibeserziehung u. jugendl. Entwicklung. [8]1975. – J. Nöcker, Die biologischen Grundlagen der Leistungssteigerung durch Training. [6]1977. – Schule u. Leibeserziehung (Hrsg. H. Altrock u. H. Karger). 4 Bde. 1956–1958. – G. Stiehler u. a., Methodik des Sportunterrichts. 1968. – M. Streicher, Natürl. Turnen. 2 Bde. 1971/72. – D. Ungerer, Leistungs- u. Belastungsfähigkeit im Kindes- u. Jugendalter. [4]1977. – H. Wagner, Pädagogik u. Methodik in der Leibeserziehung. 2 Bde. [3]1964–1967.

Sportmedizin u. Biomechanik: A. Arnold, Lehrbuch der Sportmedizin. [2]1960. – R. Ballreich, Weg- u. Zeitmerkmale von Sprintbewegungen. 1969. – Ders., Weitsprung-Analyse. 1970. – Ders. u. W. Baumann, Biomechanik des Sports. 1975. – F. Fetz u. P. Opavsky, Biomechanik des Turnens. 1968. – H. Grimm, Grundriß der Konstitutionsbiologie u. Anthropometrie. 1966. – H. Groh (Hrsg.), Sportmedizin. 1962. – G. Hochmuth, Biomechanik sportl. Bewegung. [3]1974. – W. Hollmann, Der Arbeits- u. Trainingseinfluß auf Kreislauf u. Atmung. 1959. – Ders., Höchst- u. Dauerleistungsfähigkeit des Sportlers. 1963. – Ders., Körperl. Training als Prävention von Herz-Kreislauf-Krankheiten. 1965. – Ders. (Hrsg.), Zentrale Themen der Sportmedizin. [2]1977. – J. Keul, E. Doll u. D. Keppler, Muskelstoffwechsel. 1969. – H. H. Matthiass, Reifung, Wachstum u. Wachstumsstörungen des Haltungs- u. Bewegungsapparats im Jugendalter. 1966. – H. Mellerowicz, Der Kreislauf des Jugendlichen bei Arbeit u. Sport. 1965. – Ders., Ergometrie. [2]1975. – J. Nöcker, Physiologie der Leibesübungen. [3]1976. – H. Reindell, H. Roskamm, Herzkrankheiten. 1977. – H. Roskamm, H. Reindell, K. König, Körperl. Aktivität u. Herz- u. Kreislaufkrankheiten. 1966. – F. Schede, Grundlagen der körperl. Erziehung. [5]1969. – H. P. Schwerdtner, N. Fohler (Hrsg.), Sportverletzungen. 1976. – J. Stegemann, Leistungsphysiologie. 1971. – M. Steinbach, B. Wischmann, Medizin.-Psycholog. Probleme der Wettkampfvorbereitung. 1971. – K. Tittel, Zur Biotypologie u. funktionellen Anatomie des Leistungssportlers. 1965. – Ders., Anatomie des Menschen. [8]1978. – F. Treumann, F. Fetz, Die Muskeldurchblutung bei trainierten u. nichttrainierten Menschen. 1969. – H. Weidemann, Die Herz- u. Kreislaufbelastung im Hallensportunterricht. 1970.

Bergsteigen. O. Eidenschink, Richtiges Bergsteigen. Bd. 1: [6]1966, Bd. 2: [5]1967. – H. Huber, Bergsteigen heute. [4]1978. – K. Lukan, Bergsteigen, richtig, sicher u. mit Freude. Wien. 1969. – C. Maestri, Kletterschule. Schweiz. 1967. – F. Nieberl, Das Klettern im Fels. 1960. – D. Seibert, Bergsteiger-ABC für Dich u. Deine Familie. [2]1974. – Ders., Bergwandern-Bergsteigen. 1976. – Ders., Felsklettern u. Eisgehen. 1977. – G. Sturm, F. Zintl, Sicheres Klettern in Fels u. Eis. [3]1976.

1.1.1 OLYMPISCHE SPIELE UND SCHACH

Olympische Spiele. Altertum: H. Bengtson, Die O.S. in der Antike. 1972. – E. Curtius, Olympia. 1935. – L. Drees, Der Ursprung der O.S. 1962. – F. Mezö, Geschichte der O.S. 1930.

Neuzeit: P. de Coubertin, Olympische Erinnerungen. Hrsg. C. Diem. 1959. – C. Diem, Der Olympische Gedanke. 1963. – B. Horn, Von Olympia bis heute – Athen bis Mexiko. 1969. – H. Ueberhorst, Von Athen bis München. [2]1971. – W. Umminger, Die Olympischen Spiele der Neuzeit. 1969.

Schach. O. Borik, M. v. Fondern, Das große Buch der Schacheröffnungen. 1977. – A. Brinkmann, Lehrbuch des Schachspiels. [6]1979. – J. R. Capablanca, Grundzüge der Schachstrategie. [4]1979. – Ders., Letzte Schachlektionen. [2]1977. – J. Dufresne, J. Mieses (Bearb. R. Teschner), Lehrbuch des Schachspiels. 1958. – M. Euwe, Schach von A–Z. [3]1979. – Ders., Urteil und Plan im Schach. [3]1968. – Ders., Positionsspiel u. Kombinationsspiel im Schach. [4]1971. – R. Fischer, Bobby Fischer lehrt Schach. 1972. – A. S. Gurwitsch, W. Speckmann, Meisterwerke der Endspielkunst. 1964. – G. Henschel, Freude am Schach. 1973. – H. Kmoch, Die Kunst der Verteidigung. [3]1978. – A. Koblenz, Schachtraining. [2]1978. – E. Lasker, Moderne Schachstrategie. [8]1966. – K. Lindörfer, Großes Schachlexikon. 1977. – K. Richter, Kombinationen. 1978. – R. Teschner, Das moderne Schachlehrbuch. 1978. – Ders., Turnierpartien der Gegenwart. 1978.

1.1.2 RADSPORT. E. Archipov, Das Training des Straßenfahrers. 1959. – B. Lipfert, Radsport. 1963.

1.1.3 RASENSPORT- UND SPIELE

Allgemeines: W. Braungardt, Turnspiele. 1959. – Cramer u. a., Die großen Spiele. [4]1968. – Regeln u. Sprache des Sports (Bd. 1: Fußball, Handball, Korbball, Hockey, Tennis, Golf, Polo, Basketball, Wasserball u. a.). [2]1976.

Fußball. G. Bauer, Fußball perfekt. [3]1976. – Ders., Richtig fußballspielen. 1978. – W. Busch, Fußball in der Schule. [4]1976. – D. Cramer, Fußballtechnik, F.-Training, F.-Taktik. 3 Bde. 1954–1957. – K. Dietrich, Fußball – spielgemäß lernen – spielgemäß üben. [4]1975. – K. Grindler u. a. (Hrsg.), Fußball-Praxis, 2 Bde. (Bd. 1: [12]1978, Bd. 2: [8]1978). – K.-H. Heddergott, Neue Fußball-Lehre. [3]1975. – J. Herberger, Gewinnen im Fußball. 1967. – H.-J. Jendral, Fußball A–Z. 1977. – C. Koppehel, Schiedsrichter im Fußball. [8]1974. – Lexikon für Fußballfreunde. 1978. – J. Palfai, Moderne Trainingsmethoden im Fußball. [4]1976. – H. Schön, Fußball. 1978. – W. Schweden, Das Kleine Fußball-Lexikon. 1970. – H. Studener, W. Wolf, Fußballtraining I. [4]1974. – H. Ueberle, Fußball für Trainer u. Spieler. 1978. – H. Weisweiler, Der Fußball, Taktik, Training u. Mannschaft. [7]1974.

Golf. K. Adwick, Golf für Anfänger u. Fortgeschrittene. 1976. – R. Browning, A History of Golf. London. 1955. – H. Fehring, Golfspielen, die reine Freude. 1970. – Golf für Anfänger. [2]1970. – C. Middlecoff, Das große Buch vom Golf. 1972. – J. Morgan, Golf. 1978.

Handball, Hallenhandball. Dt. Handball-Bund, Internationale Hallen- u. Feldhandball-Regeln. o.J. – P. Eigenmann, Handball-Grundschule. 1978. – H. Geilenberg, H. Klein, Das Handballspiel für Feld u. Halle. [4]1970. – R. Heger, Handball für Schule u. Verein. Wien. 1970. – H. Käsler, Handball – Vom Erlernen zum wettkampfmäßigen Spiel. [4]1976. – Ders., Kleine Regelillustrierte für Feld- u. Hallenhandball. [3]1971. – J. Mraz, G. Schädlich, Hallenhandball. 2 Bde. 1974–1977. – E. Singer, Hallenhandball. [3]1976. – Ders., Spielschule Hallenhandball. 1978. – H. D. Trosse, Handball. 1978.

Hockey. H. Budinger, Hockey. 2 Bde. 1969–1971. – H. Esch, Hockey. 1958. – H. Wein, Hockey – lernen u. lehren. [3]1977. – Ders., Hockey. Grundschule, Training, Taktik. 1977.

Korfball. Jack van Driel, Das holländische Korfballspiel. 1962.

Leichtathletik. G. Bernhard, Das Training der jugendl. Leichtathleten (Sprungtraining). [3]1977. – Ders., Leichtathletik der Jugend. 2 Bde. 1971. – Ders., Didaktik der Jugendleichtathletik. 1976. – U. Jonath, A. Kirsch, P. Schmidt, Das Training der jugendl. Leichtathleten (Lauftraining). [2]1976. – U. Jonath, Praxis der Leichtathletik. 1973. – A. Kirsch, K. Koch, Erweiterte Grundausbildung im differenzierten Sportunterricht. [5]1976. – A. Kirsch, Jugend-Leichtathletik. [5]1977. – K. Koch, Grundausbildung im obligatorischen Unterricht in der Schule. [7]1976. – Ders., Praktische Lernhilfen im Sportunterricht. [2]1978. – D. Kruber, Leichtathletik in der Halle. 1978. – Leichtathletik für Jugend u. Schüler. [2]1974. – T. Nett, Der Lauf. 1960. – Ders., Die Technik bei Wurf u. Stoß. 1961. – Ders., Lehrweise der Leichtathletik. [2]1963. – Ders., Leichtathlet. Muskeltraining. [2]1964. – Ders., Mittelstreckentraining. 1966. – Ders., Modernes Training weltbester Mittel- u. Langstreckenläufer. [5]1976. – Ders., Der Sprint. [3]1974. – Ders., Training der Leichtathleten. o.J. – T. Nett, U. Jonath, Kraftübungen zur Konditionsarbeit. 1960. – F. Schirmer, Zehnkämpfer, ihr Training u. Wettkampf. 1965. – G. Schmolinsky u. a., Leichtathletik. [9]1979. – P. Tschiene, Das Training jugendl. Leichtathleten. 1969. – B. Wischmann, Methodik der Leichtathletik. [3]1971.

Orientierungssport. R. Brinkmann, Orientierungssport. 1967. – H. Hartmann, S. Cornaz, Orientierungslaufen als Freizeitsport für Schule u. Verein. 1978.

Rugby. K. Lachat, Moderne Rugby-Schule. 1968. – M. Reichenbach, Rugby. 1955.

Tennis. K. Bohlen, Tenniskurs. 1978. – F. Buding, Tennis von morgen. 1979. – P. Darmon, Tennis, Satz für Satz. 1978. – G. Deniau, Tennis methodisch. 1973. – Ders., Tennistaktik. 1977. – R. Ellwanger, Tennis, bis zum Turnierspieler. [5]1976. – H. Elschenbroich, Tennis. 1976. – G. Glasbrenner, Perfektes Tennistraining. 1977. – H. Hösl, Tennis, falsch u. richtig. 1977. – W. Lencer, Tennis-Regeln u. Ratschläge. 1975. – Lexikon für Tennisfreunde. 1977. – M. Meier, Kleine Tennisschule. [5]1977. – R. Menzel, Tennislehrgang. [2]1969. – T. Mottram, Tennis-Training. 1977. – F. Nitsche, Technik u. Taktik im Tennis. [6]1976. – P. Scholl, Richtig Tennis spielen. 1978. – C. Spangenberg, A. Trengove, Tennis für Anfänger u. Fortgeschrittene. [2]1975. – W. Tilden, Tilden lehrt Tennis. 1950. – A. Trengove, Die Tennis-Schule. [2]1972. – U. W. Wolff, Tennis für Fortgeschrittene. 1977.

1.1.4 WASSERSPORT

Kanusport. J. Baur, P. Holz, Kanufahren für Anfänger u. Fortgeschrittene. 1978. – J. Baur, H. Hahn, P. Holz, Grundlagen des Kanusports. 1977. – E. Engel, Kanu-Kajak-Faltboot. [2]1974. – W. u. H. Freiberger, Kanu. 1978. – I. Granek, Kanusport. 1970. H. Obstoj, K. Knap, H. G. Suchotzki, Kajak u. Canadier. 1978. – H. Rittlinger, Die neue Schule des Kanusports. [5]1977. – H. Vesper, R. Heggen, Kanusport in Wort u. Bild. [3]1975.

Rudern. K. Adams, M. Rulls u. a., Rudertraining. 1977. – W. Dubach, Renn-Rudern. [3]1966. – H. Hänel, Rudern. 1963. – H. Held, F. Kreiß, Vom Anfänger zum Rennruderer. 1973. – E. Herberger, Rudern. 1977. – H. Pfeiffer, Der Schiedsrichter u. das Regattarecht des Rudersports. 1964. – W. Reuß, Ruder, Boot u. Bootshaus. 1964. – G. Winsauer, Handbuch für Wanderruderer. [3]1970.

Segelsport. J. Baader, Segelsport – Segeltechnik – Segelyachten. [5]1976. – M. Curry, Regatta-Segeln. 1960. – R. Denk, Das große Handbuch des Segelns. 1976. – Ders., Richtig segeln. 1978. – Ders., Segeln, klar zum A-Schein. [6]1978. – Ders., Segelsport-Lexikon. 1974. – A. Gliksman, Segeln auf See. [3]1978. – F. Grube, G. Richter (Hrsg.), Das große Buch vom Segeln. 1978. – E. Hiscock, Segeln in Küstengewässern. [3]1970. – C. A. Marchaj, Segeltheorie u. -praxis. 1971. – H. Overschmidt, Führerschein A für Segler. [16]1978. – O. Roost, Segeln. [8]1970. – Seemannschaft. Handbuch für Segler. Hrsg. Dt. Hochseesportverband. [16]1977. – M. J. Tidiek, Segeln – das 1 × 1 von Pinne u. Schot. [3]1974.

Schwimmen. P. Andreas, Schwimmen, Lernen, Trainieren, Kämpfen. [8]1974. – P. Brockmann, Schwimmschule. [4]1973. – U. Brunner, K. Knebel, H. Wirth, Das Konditionstraining des Schwimmers. [2]1976. – J. E. Counsilman, Schwimmen. [2]1972. – W. Freitag, Schwimmen. 1977. – F. Klemm, Grundschule des Schwimmens. [8]1972. – E. Krodel, Schwimmfibel. [3]1977. – G. Lewin, Schwimmsport. [5]1974. – A. Popescu, Schwimmen. 1978. – G. Volck (Hrsg.), Schwimmen in der Schule. 1977.

Sportfischen. H. Bensch, Die Sportfischerprüfung in Frage u. Antwort. [6]1977. – H. Bielefeldt, Das Turnierwerfen. 1969. – M. von dem Borne, W. Quint, Die Angelfischerei. [15]1976. – M. Grünefeld, A. Hutterer-Niedereder, Der sportgerechte Angler. [9]1979. – L. Koller, A. Grosser, C. Moser, Das große Anglerbuch. [2]1975. – C. Willock, H. G. Jentsch, Das große ABC des Fischens. [4]1976.

Tauchsport. M. Dorn, Tauchen mit Preßluftgerät. 1978. – W. Freihen, Tauchen. 1970. – M. Mattes, ABC des Tauchsports. [7]1976. – Ders., Das große Taucherbuch. [3]1975. – Ders., Perfekt tauchen. [4]1976. – G. Poulet, R. Barincou, Das große Buch vom Tauchsport. 1976.

Wasserball. M. Sarkany, Wasserball spielend lernen. 1965.

Wasserski. R. Hester, Wasserski in Wort u. Bild. [4]1973. – E. Pauli, Wasserski. [2]1976.

Wasserspringen. J. Beyer, Sportl. Wasserspringen. 1972. – H. Braecklein, Wasserspringen, lernen, üben, leisten. [4]1978. – U. Ludwig, Wasserspringen – gelernt, gekonnt. 1971.

Windsurfing. J. Charchulla, Windsurfing. 1978. – U. Mares, Windsurfing. [4]1977. – E. Prade, Windsurfing. [2]1976. – K. Prade, Richtig segelsurfen. 1978.

1.1.5 WINTERSPORT

Eissport. H. J. Bäumler, Eislaufschule für Anfänger u. Fortgeschrittene. 1978. – J. Dedic, Eiskunstlauf. 1957. – Dt. Eislauf-Union, Dt. Eiskunstlauf-Bestimmungen. 1967. – Dt. Eissport-Verband, Dt. Eissport. 1971. – H. Höfl, H. Rampf, Der Eisschnelllauf. 1967. – L. Horsky, Eishockey. 1967. – O. Hügin, J. Gerschwiler, Eiskunstlaufen. [2]1978. – K. Jeschko, Eisschießen. Wien. 1971. – H. Neumayer, Eishockey. 1977. – M. Schnelldorfer, Eislauf im Bild. 1967. – F. Stein, Eiskunstlaufen. [6]1975. – E. Zeller, Eiskunstlauf für Fortgeschrittene. [2]1975.

Skisport. W. Brehm, Skisport. 1977. – H. Brinkmann, Skibobfahren – leicht u. sicher. 1970. – H. Brunner, A. Kälin, Ski-Langlauf für Meister u. Genießer. [6]1975. – C. Deutelmoser, Ski alpin. 1976. – T. Fukuoka, Zur Biomechanik u. Kybernetik des alpinen Skilaufs. 1970. – H. Habegger, Ski-Langlauf. [3]1977. – J. Kemmler, Perfektes Skitraining. [4]1976. – J. Kemmler, M. Vorderwülbecke, Das große DSV-Skihandbuch. 1977. – A. Kupfer, Ski aktuell. 1975. – H. Maegerlein u. a., Neuer Schwung auf kurzem Ski. 1969. – Österr. Schilehrplan. Wien. 1971. – F. Reichert u. a., Skilehrbuch. [3]1970. – Ski-Lehrplan. 7 Bde. 1971 ff. – I. Stenmark, Skischule. 1977. – F. Wöllzenmüller, Skilanglauf. [2]1976. – Ders., Richtig skilanglaufen. 1978.

1.1.6 SPIELE

E. Glonegger, Das goldene Spielebuch. [5]1975. – E. Glonegger, W. Diem, Das große Ravensburger Spielebuch. [4]1978. – R. Gööck, Das große Buch der Spiele. 1978. – E. Gorys, Das Buch der Spiele. 1976. – F. V. Grunfeld, E. Oker, Spiele der Welt. 1978.

Kartenspiele. L. Beckmann, H. Kruse, Skat. Lernen, Spielen, Gewinnen. 1970. – R. Danyliuk, 1 × 1 der Kartenspiele. 1972. – R. Gööck, Freude am Kartenspiel. 1978. – C. D. Grupp, Alles über Pokern. 1978. – Ders., Kartenspiele. 1975. – Ders., Schafkopf, Doppelkopf, Binokel, Cego, Gaigel, Jass, Tarock u. a. Lokalspiele. 1976. – K. U. Katira, Poker u. a. Kartenspiele. 1979. – E. Mertel, Das große Buch der Patiencen. 1978. – K. Ritz, Bridge-Lehrbuch. 1972. – T. Schuster, Neun beliebte Kartenspiele. 1978. – E. Sicard, Das kleine Buch der Patiencen. 1975. – P. Trumpf, Kartenspiele u. Spielkarten. 1966. – Ders., Das Buch vom Skat. 1971.

1.1.7 MOTORSPORT. C. Becker, Handbuch für Sportfahrer. [3]1972. – E. Bondick, Motorboot-Führerschein in Frage u. Antwort. [4]1978. – FIA-Automobilsport-Jahrbuch. 1979 ff. – W. Honegger, Rennsportl. Fahrtechnik. 1969. – F. Leverkus, Schnell auf zwei Rädern. [6]1972. – H. Overschmidt, Motorboot-Führerschein A. 1978. – R. Poensgen, Das große Handbuch für den Motorradfahrer. 1977. – J. Springer, Rallye-Sport. [6]1972. – P. Taruffi, Stil u. Technik des Rennfahrers. [3]1967. – B. Wagner, Go-Kart-Sport in Dtschld. 1968.

1.1.8 PFERDESPORT. B. v. Achenbach, Anspannen u. Fahren. [5]1975. – M. von Barnekow, Die Ausbildung des Springpferdes. 1959. – R. Becher, Erfolge mit Longe, Hilfszügel u. Gebiß. 1970. – Ders., Hindernisse, Parcours, Geländestrecken. 1972. – A. Brandl, Modernes Reiten – Schritt, Trab, Galopp. 1969. – Ders., Das Reitpferd. 1977. – U. Bruns, Voltigieren leicht gemacht. [3]1973. – U. Bürger, Vollendete Reitkunst. [4]1975. – Dt. Reiterliche Vereinigung, Richtlinien für Reiten u. Fahren. 3 Bde. o.J. – Dies., Ausbildungs- u. Prüfungsordnung. 1976. – Dies., Leistungsprüfungsordnung. 1976. – K. Drawer, H. Franke, Turnierreiter u. Reitturniere. 1976. – A. Furler, K. Klein, In Sattel u. Sulky. 1976. – M. Giebel, Handlexikon des Reit- u. Fahrsports. 1979. – F. Grube, G. Richter (Hrsg.), Pferdesport. 1975. – S. von Haugk, H. von Seherr-Thoss, Das Reiter-ABC. [7]1977. – R. Heinze, Das Buch vom Reitsport. [5]1978. – W. Hölzel, Das Reiterabzeichen. [6]1975. – G. Kapitzke, Pferdesport von A–Z. 1977. – R. Klimke, Military. [2]1978. – Ders., Cavaletti. [4]1975. – M. W. Meyer, Im Sattel. [4]1973. – C. F. Moosdorf, Turniersport von A–Z. 1976. – W. Müseler, Reitlehre. [42]1976. – J. Nissen, Großes Reiter- u. Pferdelexikon. [2]1977. – Ders., Springen. 1968. – A. Paalman, Springreiten. [3]1975. – M. Pape, Die Kunst des Fahrens. [3]1973. – A. Podhasky, Die klassische Reitkunst. [2]1966. – H. Pollay, Reitsport von A–Z. 1976. – A. Schockemöhle, W. Lutz, Dt. Springreiter. 1969. – H. von Seherr-Thoss, Dressurprüfungen. [2]1970. – L. Seyfert, Praktisches Reiten. [6]1973. – R. Wätjen, Das Dressurreiten. [8]1978. – Xenephon, Über die Reitkunst. Der Reiteroberst (Hippolog. Lehrbücher der Antike). Hrsg. R. Kelber. 1962.

1.1.9 INDOOR-SPORT, SCHIESS-SPORT, BEHINDERTENSPORT

Badminton. J. Holthusen, Handbuch des Badminton-Sports. 1956. – H. Knüppel, Freizeitsport Badminton in Schule u. Gruppen. 1976. – Sportregelheft Badminton. [2]1973. – K. Vilstrup, Badminton. 1977.

Basketball. G. Hagedorn, Basketball-Handbuch. [3]1977. – Ders., Mini-Basketball. 1979. – L. Lakfalvi, Basketball. [4]1975. – H. Neumann, Basketball-Grundschule. [3]1976. – D. Niedlich, C. Czwalina, Basketball. 2 Bde. (Bd. 1: [4]1977, Bd. 2: [2]1973). – L. Waldowski, Basketball. 1978.

Behindertensport. I. K. Gill, Heilpädagogische Leibeserziehung mit Behinderten. 1974. – H. Haep, Regeln für Spiele der Versehrten. 1965. – H. Lorenzen, Lehrbuch des Versehrtensports. 1961. – Ders., Behinderte schwimmen. 1971. – Ders. u. G. Marten, Bewertung sportl. Leistungen bei Körperschäden (Mehrkampfwertung). [2]1967.

Billard. Billard von A–Z. Wien. o.J. – G. Seischab, Das Billard-Spiel. [3]1966. – U. Wolff, Billard. 1977.

Boxen. H. Fiedler, Boxsport. 1976. – E. I. Ogurenko, Der Nahkampf im Boxen. [2]1977. – L. Reithmayer, Boxen, die Schule des Faustkampfes. o.J. – H. Sonnenberg, Fechten mit der Faust. [9]1978.

Fechten. B. Bay, Florett- u. Degen-Fechten. 1956. – E. Beck, Fechten. 1978. – C. L. de Beaumont, Fechten nach den Regeln der Kunst. 1977. – K. Kerstenhan, Florettfechten. 1978.

Gewichtheben. G. Carl, Gewichtheben. [2]1971. – W. Hersberger, Modernes Gewichtheben. 1955. – M. T. Lukjanow u. a., Gewichtheben für Jugendliche. 1972.

Judo, Ju-Jutsu, Karate. F. Demura, Karate. 1979. – A. Hasemeier, Judo-Grundschule. [4]1977. – Ders., Judo-Kampftechnik. [2]1977. – Ders., Judo-Lehrgang. [4]1978. –

Ders., Ju-Jutsu-Lehrgang. 1971. – Ders., Karate-Grundschule. [5]1976. – Ders., Karate-Lehrgang. [4]1976. – Ders., Karate-Nahkampf. [3]1977. – Ders., Karate-Spitzenklasse. [2]1977. – W. Heim, F. Gresch, Ju-Jutsu. Waffenlose Selbstverteidigung. 1971. – Dies.n, Ju-Jutsu II. 1976. – E. Hölzel, Aikido-Fibel. [4]1976. – W. Hofmann, Judo. 1978. – A. Pflüger, Sicher durch Selbstverteidigung. 1968. – Ders., Karate-Do. Das Handbuch des modernen Karate. 1975. – Ders., Karate für alle. 1973. – P. Volkmann, Katame-no-Kata (Judo-Bodentechnik). [7]1976. – Ders., Gonosen-no-Kata (Gegenwurftechnik). [4]1977. – Ders., Itsutsu-no-Kata. [2]1975. – W. Weinmann, 1×1 des Judo. [13]1978. – Ders., Das Judo-Brevier. [15]1978. – Ders., Gokyo – Die Judo-Wurftechnik. [27]1978.

Kegelspiel. G. Bocsai, Beliebte u. neue Kegelspiele. o.J. – Ders., Fibel für Kegelfreunde. o.J. – J. Lewinsky, Kegeln u. Bowling. 1977. – F. Schäfer, 50 Kegelspiele. 1963. – L. Zahl, Alles über Kegeln. 1960.

Ringen. G. Czech u.a., Freier Ringkampf. 1974. – W. Klug, Der freie Ringkampf. 1967. – D. Rast, Der Ringkampf. [2]1977.

Schießsport. G. Bock, W. Weigel, Handbuch der Faustfeuerwaffen. [7]1978. – A. Bogdanov, Dt. Schützenbund, Liegend – Kniend – Stehend. [3]1968. – C. Deutelmoser, Sportschießen mit Kustermann. 1978. – F. Hadas, Bogenschießen. 1971. – K. H. Lanz, Die besten Tips der besten Schützen. [2]1969. – Ders. u. Dt. Schützenbund, Sportl. Gewehrschießen. [6]1970. – B. Nichols, Skeet- u. Trap-Schießen. [3]1979. – W. Schumann, Sportschießen. 1978. – L. Weinstein, Dt. Schützenbund, Sportl. Schießen mit Faustfeuerwaffen. [3]1969. – G. Zakraisek, Sportschießen. 1977.

Tanzsport. T. von Buiren-Frank, Das Tanzbüchlein. [2]1970. – E. u. H. Fern, Wir lernen tanzen mit dem Ehepaar Fern. 1970. – R. Hubert, Dt. Tanzsport-Verband, DTV-Sporttaschenbuch Tanz. 1970ff. – E. Klindt, Tanzen in der Schule. [3]1977.

Tischtennis. O. Brucker, T. Harangozo, Tischtennis. 1975. – H. Gieseke, Das Schiedsrichter 1×1 im Tischtennis. [3]1974. – Gottlöber, Oelschlägel, Tischtennis. [3]1974. – C. M. Gruber, Tischtennis-Taktik. 1968. – M. Sklorz, Tischtennis. Vom Anfänger zum Könner. [3]1977.

Turnen, Gymnastik. A. Bertram, Dt. Turnsprache. [6]1967. – Ders., u. F. Fetz, Die Bezeichnungen der Bodenübungen. [3]1965. – G. Borrmann u.a., Geräteturnen. [2]1974. – H. Braecklein, Trampolin-Turnen. 2 Bde. 1974, 1976. – H. Brandt u.a., Turnen am hohen Stufenbarren. [3]1967. – J. Dieckert, K. Koch, Methodische Übungsreihen im Geräteturnen. [4]1976. – W. Donnhauser, R. Gauch, W. Häusler, Boden- u. Geräte-Turnen. [2]1972. – M. Duda-Schüßler, Heilgymnastik – rhythmische Gymnastik – tänzerische Körperbildung. 1975. – H. Forstreuter, Gymnastik – Körperschule ohne Gerät. [28]1974. – K. Knirsch, Lehrbuch des Kunstturnens. [3]1977. – K. Koch, Springen u. Überschlagen, Hechten u. Rollen. [5]1977. – Ders., Vom Bockspringen zu den Längssprüngen. [3]1970. – Ders. u. H. Timmermann, Klettern u. Steigen, Schwingen u. Springen am Stufenbarren. [5]1977. – Dies.n, Vom Steigen u. Balancieren zum Turnen am Schwebebalken. [3]1973. – H. Medau, Moderne Gymnastik. 1967. – H. Meusel, Vom Schaukeln u. Schwingen zu Schwungstemmen u. Umschwüngen. [4]1977. – Ders., Vom Purzelbaum zum Salto. [5]1975. – E. Müller, W. Dalitz, 1333 Gymnastikübungen mit Geräten. 1978. – H. Müller, Helfen u. Sichern im Geräteturnen. [4]1973. – H. Pribitzer, J. Zdarsky, Moderne Gymnastik für Schule u. Verein. 1978. – R. Räupke, K. Koch, Vom Klettern u. Klimmen zum Turnen an den Ringen. [2]1976. – G. Riehm, Ein Weg zur Wettkampfgymnastik. 1976. – H. Timmermann, Leistungsturnen am hohen Stufenbarren. [2]1972. – Ders., Leistungsturnen am Schwebebalken. 1972. – K. Wiemann, Vom Kippen zum Überschlagen, vom Schwingen zum Felgen. [2]1971.

Volleyball. R. Andresen (Red.), Volleyball. [2]1977. – D. Beutelstahl, Volleyball für Spieler u. Trainer. [2]1975. – W. Brettschneider, G. u. U. Westphal, Das Volleyballspiel. [2]1978. – G. Blume, Volleyball. 1977. – G. Dürrwächter, Volleyball – spielend lernen, spielend üben. [2]1976. – Ders., Volleyball, spielnah trainieren. [2]1975. – T. Hoch, Volleyball. [4]1973. – H. Huhle, Volleyball. 1975. – J. Kobrle, E. Neuberg, Taktik des Volleyballspiels. 1977. – J. Zeigert, Volleyball für Schule u. Verein. [4]1973.

1.2.0 ERNÄHRUNGSWISSENSCHAFT. W. Facius, Handbuch der Nährwertkontrolle. [3]1968. – H. Glatzel, Die Ernährung in der Techn. Welt. 1970. – M. Hofmann, H. Lydtin, Ernährungslehre. [29]1978. – H. Huxley, Eisbein mit Sauerkraut u. Gift. Sind unsere Lebensmittel gesundheitsschädlich? 1967. – K. Lang, Biochemie der Ernährung. [3]1974. – W. Lutz, Leben ohne Brot. [6]1977. – G. Ritzel, Richtlinien gesunder Ernährung. 1968.

1.2.1 GASTRONOMIE, KOCHKUNST L. Aureden, Das schmeckt so gut. Die Kochkunst der Hausfrau in 18 Ländern. 1975. – A. Escoffier, Kochkunstführer. Hand- u. Nachschlagebuch der klass. französ. u. der feinen internationalen Küche. 1968. – R. Gööck, Das neue große Kochbuch. 1975. – R. Hering, Lexikon der Küche. [18]1978. – A. Krüger, Die kalte Küche für Feinschmecker. o.J. – Ders., Spezialitäten aus aller Welt. o.J. – G. Oheim, Das prakt. neue Kochbuch. 1968. – R. Schielicke, Handbuch der modernen Kochkunst. 1964. – E. Schuler, Das goldene Buch der Kochkunst. 1976. – G. Willinsky, Kulinarische Weltreise. o.J.

1.2.2 LEBENSMITTEL Nachschlagewerke u. Kochbücher: G. Boros, Unsere Küchen- u. Gewürzkräuter. [3]1975. – W. Dahm, Lebensmittel- u. Getränkekunde. [5]1966. – A. Day, L. Stuckey, Spezialitäten aus der Gewürzküche. 3 Bde. 1966. – A. Glas, Prakt. Handbuch der Lebensmittel. 1965. – R. Gööck, Das Buch der Gewürze. 1977. – R. Grau, Fleisch u. Fleischwaren. [2]1969. – Handbuch der Lebensmittelchemie. Hrsg. J. Schormüller. 9 Bde. 1965–1970. – W. Heimann, Grundzüge der Lebensmittelchemie. [3]1976. – R. Hennig, Fischwaren. 1972. – K. Herrmann, Gemüse u. Gemüsedauerwaren. 1969. – F. Klein, Das bunte Lebensmittelbuch. [5]1969. – P. Klencz, Lebensmittel-Warenkunde. 1969. – H. Kraut, Die Zusammensetzung der Lebensmittel. Losebl. 1962ff. – A. Oetker, Warenkunde-Lexikon. [10]1969. – S. W. Souci, E. Mergenthaler, Fremdstoffe in Lebensmitteln. 1958. – E. Spreer, Technologie der Milchverarbeitung. [2]1972. – W. Wachs, Öle u. Fette. 2 Bde. 1963. – M. Waldeck, Gesund durch Gewürze. 1969. – W. Ziesack, Unsere Nahrungsmittel. 1963. Konservierung: J. Gutschmidt, Das Kühlen u. Gefrieren von Lebensmitteln im Haushalt u. in Gemeinschaftsanlagen. 1964. – K. Herrmann, Tiefgefrorene Lebensmittel. 1970. – Handbuch der Kältetechnik. Bd. 9: Biochem. Grundlagen der Lebensmittelfrischhaltung. 1952. Bd. 10: Die Anwendung der Kälte in der Lebensmittelindustrie. 1960. Bd. 11: Der gekühlte Raum, der Transport gekühlter Lebensmittel u. die Eiserzeugung. 1962. – P. Nehring, H. Krause, Konserventechn. Taschenbuch der Obst- u. Gemüseverwertungsindustrie. 1969.

1.2.3 GETRÄNKE Allgemeines: W. Dahm, Lebensmittel- u. Getränkekunde. [5]1966. – Das Getränkebuch. Hrsg. F. Wagner. 1962. – H. Göttler, Lexikon der spirituosen- u. alkoholfreien Getränkeindustrie. 1958. – Handbuch für die Getränkeindustrie. 1968. – C. Wilhelm, Lexikon der Getränke. 1973.

Brauerei. K. Hennies, R. Spanner, Der Werdegang des Bieres. [7]1977. – M. Hoffmann, 5000 Jahre Bier. 1956. – C. Maronde, Rund um das Bier. 1975. – K. Schuster, F. Weinfurtner, Die Bierbrauerei. 3 Bde. 1963–1968.

Kaffee. B. Brodt, Kleine Kaffeekunde. 1966. – C. Coolhaas u.a., Kaffee. 1960. – S. Schall, Lob des Kaffees. 1969.

Kakao. H. Fincke, Handbuch der Kakaoerzeugnisse. 1965. – H. Holst, Kleine Kakaokunde. 1961.

Tee. C. Maronde, Rund um den Tee. 1967. – H. W. A. Schoeller, Tee, Kaffee, Kakao.

Wein, Spirituosen. S. Andres, Die großen Weine Deutschlands. [6]1972. – Handbuch der Kellerwirtschaft. Bd. 1: G. Troost, Die Technologie des Weines. 1972. Bd. 2. H. Schanderl, Die Mikrobiologie des Mostes u. Weines. [2]1959. Bd. 3: E. Vogt, Weinchemie u. Weinanalyse. [3]1970. – E. Hornickel, Die Spitzenweine Europas. 1977. – R. Krämer-Badoni, Das kleine Buch vom Wein. 1969. – A. Waugh, Weine u. Spirituosen. 1969. – H. Wüstenfeld, G. Haeseler, Trinkbranntweine u. Liköre. [4]1964.

1.2.4 TABAK. H. Aschenbrenner, G. Stahl, Handbuch des Tabakhandels. 1944. – G. Böse, Im blauen Dunst. Eine Kulturgeschichte des Rauchens. 1957. – H. Gerhard, Kaffee, Tee, Alkohol, Tabak. [2]1977. – Nikotin, Pharmakologie u. Toxikologie des Tabakrauches. 1968.

1.2.5 HAUSWIRTSCHAFT. M. T. Brendl, Methodik des hauswirtschaftl. Unterrichts. 1954. – E. Horn, Hausgeräte. Technik u. Anwendung. 1967. – O. Lueger, Lexikon der Verfahrenstechnik, Lebensmitteltechnik, Haushaltstechnik. 1971. – G. Oheim, Das prakt. Haushaltsbuch. 1970. – E. Quenzer u.a., Koch- u. Haushaltsbuch. o.J. – K. Wicht, Elektr. Hausgeräte. Technik u. Anwendung. [5]1978.

1.2.6 WÄSCHEREI. L. Haarer, Haushalt u. Wäschepflege. 1967. – A. Kastner, Wäsche u. Kleider richtig gepflegt. [8]1978. – K. Lindner, Textilhilfsmittel u. Waschrohstoffe. 3 Bde. 1964–1971. – H. Stülpel, Synthet. Wasch- u. Reinigungsmittel. 1959.

1.2.7 KOSMETIK. H. Janistyn, Handbuch der Kosmetika u. Riechstoffe. 3 Bde. [2]1969–1972. – J. S. Jellinek, Kosmetologie. [2]1967. – L. Kumer, Dermatolog. Kosmetik. 1957. – H. Möller, Behandlungsverfahren der Kosmetik. [4]1970. – K. Rothemann, Das große Rezeptbuch der Haut- u. Körperpflegemittel. [5]1969. – E. Schrümpf, Lehrbuch der Kosmetik. 1964.

1.2.8 GASTSTÄTTENGEWERBE. Berufskunde für das Gaststättengewerbe. 2 Bde. 1966. – Handbuch für das Gast- und Schankstättengewerbe. Hrsg. J. von Scheibe. 1957. – F. Wagner, Das Tafel- u. Servicewesen. 1967. – A. L. Wahl, M. Hoffmann, Der neuzeitl. Hotel- u. Gaststättenbetrieb. 1962. – E. M. Wallner, Von der Herberge zum Grandhotel. 1970.

1.3.0 WEHRWESEN (ALLGEMEINES, GESAMTSTREITKRÄFTE, KRIEG)

1.3.0.0 HILFSMITTEL; WEHRWISSENSCHAFTEN, WEHRPOLITIK Bibliographien: Bücherschau der Weltkriegsbücherei, 1921ff. Fortgesetzt unter dem Titel: Jahresbibliographie der Bibliothek für Zeitgeschichte/Weltkriegsbücherei. 1960ff. – H. Craig, A Bibliography of Encyclopedias and Dictionaries dealing with Military, Naval and Maritime Affairs, 1577–1965. Houston, Texas. [3]1965. – Heer u. Wehr im Buche der Gegenwart. Verzeichnis der Neuerwerbungen der Dt. Heeresbücherei. 3 Bde. 1929–1939. – J. Pohler, Bibliotheca historico-militaris. Systemat. Übersicht der Erscheinungen aller Sprachen auf dem Gebiete der Geschichte der Kriege u. Kriegswissenschaft seit Erfindung der Buchdruckerkunst bis zum Schluß des Jahres 1880. 4 Bde. 1887–1899. Nachdr. 1961. – Zentralbibliothek der Bundeswehr (Hrsg.), Militärwissenschaftl. Quellenkunde. Jg. 1ff., 1963ff. Handbücher u. Nachschlagewerke: R. E. Dupuy, T. N. Dupuy, The Encyclopedia of Military History from 3500 B.C. to the Present. New York, Evanston. 1970. – D. Eggenberger, A. Dictionary of Battles. London. 1967. – H. Franke (Hrsg.), Handbuch der neuzeitl. Wehrwissenschaften. 4 Bde. 1936–1939. – K. H. Fuchs, F. W. Kölper (Hrsg.), Militärisches Taschenlexikon. [2]1961. – W. von Groote (Hrsg.), Große Soldaten der europ. Geschichte. 1961. – W. Hahlweg (Hrsg.), Klassiker der Kriegskunst. 1960. – M. Jähns, Handbuch einer Geschichte des Kriegswesens von der Urzeit bis zur Renaissance. 1880. – Militärlexikon. (DDR) [2]1973. – E. Obermann (Hrsg.), Gesellschaft u. Verteidigung. Idee, Weltstrategie, Bundeswehr. Ein Handbuch. 1971. – B. Poten (Hrsg.), Handwörterbuch der gesamten Militärwissenschaften. 3 Bde. 1877–1880. – G. Zivkovic, Heer- u. Flottenführer der Welt. 1971. Allgemeine Darstellungen: A. Beaufre, Die Revolutionierung des Kriegsbildes. Neue Formen der Gewaltanwendung. Dt. 1973. – S. Bidwell, Modern Warfare. London. 1973. – G. Blainey, The Causes of War. London. 1973. – A. Buchan, Der Krieg in unserer Zeit. Dt. 1968. – C. von Clausewitz, Vom Kriege. Hrsg. W. Hahlweg. [18]1973. – Militärische Theorie u. militär. Praxis. Dt. (DDR) [2]1973. – W. Picht, Vom Wesen des Krieges u. vom Kriegswesen der Deutschen. [2]1952. – P. Schmitthenner, Krieg u. Kriegführung im Wandel der Weltgeschichte. 1930. – H. Stegemann, Der Krieg, sein Wesen u. seine Wandlung. 1939. – R. Steinmetz, Philosophie des Krieges. 1907. – Sun Tzu, Kriegskunst. Dt. 1972. – J. L. Wallach, Kriegstheorien. 1973. – F. Wiener, Die Streitkräfte der siebziger Jahre. 1971. Wehrwissenschaften, Kriegs- u. Militärgeschichte: I. Ch. Bagramjan (Hauptred.), Geschichte der Kriegskunst. Dt. (DDR) 1973. – E. Barker, The Cold War. New York. 1973. – J. Bénoist-Méchin, Geschichte der dt. Militärmacht 1918–1946. 10 Bde. Dt. 1965–1971. – G. A. Craig, Die preuß.-dt. Armee 1640–1945. Dt. 1960. – E. Daniels, Geschichte des Kriegswesens. 7 Bde. 1910–1913. – H. Delbrück u.a., Geschichte der Kriegskunst im Rahmen der polit. Geschichte. 7 Bde. [1–3]1920–1936. Nachdr. der Bde. 1–4 1962–1966. – K. Demeter, Das dt. Offizierskorps in Gesellschaft u. Staat 1650–1945. 1965. – J. Dennert, Verschwiegenes Zeitgeschehen. Kriege u. Kämpfe der Gegenwart, von denen keiner spricht. 1970. – S. Fiedler, Grundriß der Militär- u. Kriegsgeschichte. Bd. 1: Die stehenden Heere im Zeitalter des Absolutismus 1640–1789. 1972. – Th. Fuchs, Geschichte des europ. Kriegswesens. Teil 1: Vom Altertum bis zur Aufstellung der stehenden Heere. 1972. – J. F. C. Fuller, A Military History of the Western World. 3 Bde. New York. 1954–1956. – U. von Gersdorff (Hrsg.), Geschichte u. Militärgeschichte. Wege einer Wissenschaft. 1974. – L. J. Halle, Der Kalte Krieg. Dt. 1969. – C. H. Hermann, Dt. Militärgeschichte. 1968. – M. Jähns, Geschichte der Kriegswissenschaften, vornehml. in Dtschld. 3 Abteilungen. 1889–1891. Nachdruck 1964. – Kurzer Abriß der Militärgeschichte von den Anfängen der Geschichte des dt. Volkes bis 1945. (DDR) 1974. – K. Linnebach, Die Wehrwissenschaften. 1939. – Militärgeschichtl. Forschungsamt (Hrsg.), Handbuch zur dt. Militärgeschichte 1648–1939. 1964ff. – B. L. Montgomery, Kriegsgeschichte. Dt. 1972. – G. Ritter, Staatskunst u. Kriegshandwerk. 4 Bde. 1965–1968. – J. D. Singer, M. Small, The Wages of War 1816–1965. New York, London. 1972. – Ch. Zentner, Die Kriege der Nachkriegszeit. Eine illustrierte Geschichte militärischer Konflikte seit 1945. 1969. Wehrpsychologie, Wehrsoziologie: R. Bigler, Der einsame Soldat. 1963. – van Dahm/Fleckenstein, Das Ende der Massenarmee. 1973. – E. Klöss,, H. Grossmann (Hrsg.), Unternehmen Bundeswehr. Zur Soziologie der Streitkräfte. 1974. – R. König (Hrsg.), Beiträge zur Militärsoziologie. 1968. – W. Mosen, Eine Militärsoziologie. 1967. – K. von Schoenau, Kl. Truppenpsychologie. 1964. Wehrpolitik, Bündnisse: G. Baumann, Sicherheit. Dt. Friedenspolitik im Bündnis. 1970. – A. Beaufre, Die NATO u. Europa. 1967. – Bundesminister der Verteidigung (Hrsg.), Weißbuch 1979/1980. Zur Sicherheit der Bundesrepublik Deutschland u. zur Entwicklung der Bundeswehr. 1980. – G. Däniker, Europas Zukunft sichern. Anleitung für Führungskräfte. 1973. – M. Dormann, Demokratische Militärpolitik. 1970. – Th. Ebert (Hrsg.), Wehrpolitik ohne Waffen. 1974. – L. Freund, Polit. Waffen. 1966. – A. Legault, G. Lindsey, Dynamik des nuklearen Gleichgewichts. Rüstungsbeschränkung u. Sicherheit. 1973. – F. O. Miksche, Kapitulation ohne Krieg. Die Jahre 1970–1980. 1965. – Ders., Rüstungswettlauf. Ursachen u. Auswirkungen. 1972. – E. Rosenkranz, R. Jütte, Abschreckung contra Sicherheit? 1974. – L. Ruehl, Machtpolitik u. Friedensstrategie. 1974. – F. Ruge, Politik u. Strategie. 1967. →auch 1.3.0.3.

Gneisenau, August Graf Neidhardt von. F. Lange, N. von Gneisenau, Schriften von u. über Gneisenau. 1954. – G. H. Pertz, H. Delbrück, Das Leben des Feldmarschalls Grafen N. von Gneisenau. 5 Bde. 1864–1881.

Scharnhorst, Gerhard Johann David von. R. Höhn, Scharnhorsts Vermächtnis. [2]1972. – M. Lehmann, Scharnhorst. 2 Bde. 1886/87. – H. J. Usczeck, Scharnhorst. (DDR) 1972.

1.3.0.1 INNERE FÜHRUNG, PERSONALWESEN, WEHRRECHT. M. Baden, H.-J. von Mitzlaff, Wehrdisziplinarordnung. [6]1965. – W. von Baudissin, Soldat für den Frieden. 1969. – E. Brandstetter (†), H.-G. Schwenk, R. Weidinger (Hrsg.), Handbuch des Wehrrechts, Losebl. 1956/73ff. – E. Brandstetter, Soldatengesetz. 1962. – C.-G. von Ilsemann, Die Bundeswehr in der Demokratie. Zeit der Inneren Führung. 1971. – H. Karst, Das Bild des Soldaten. [3]1969. – U. de Maizière, Soldatische Führung heute. 1966. – O. Meyer, Die Laufbahnen des Soldaten. 1963. – E. Richter, H. Riedl, K. Johanny, Das Recht des Wehrpflichtigen. 1973. – J. Schreiber, D. W. Oetting, Wehrbeschwerdeordnung. [4]1973. – J. Schreiber, K. Folle, Das gesamte Urlaubsrecht der Soldaten der Bundeswehr. [3]1973. – H.-G. Schwenk, Wehrstrafrecht. 1973. – A. Steinkamm, Die Streitkräfte im Kriegsvölkerrecht. 1967. – W. R. Vogt, Militär u. Demokratie. Funktionen u. Konflikte der Institution des Wehrbeauftragten. 1972. – Wehrrecht. Textsammlg. mit Anmerkungen, Verweisung u. Sachverzeichnis. 15. Lfg. (Stand Juni 1973). 1973.

Orden und Ehrenzeichen. Geeb/Kirchner/Thiemann, Dt. Orden u. Ehrenzeichen. [2]1970. – P. O. Hieronymussen, J. Lundö, H.-U. Krantz (Bearb.), Handbuch europ. Orden in Farben. Dt. 1966. – K.-G. Klietmann (Bearb.), Dt. Auszeichnungen. 2 Bde. [1–3]1971. – H.-U. Krantz, Orden u. Ehrenzeichen der Bundesrepublik Dtschld. 1958. – E. A. Prinz zu Lippe, Orden u. Auszeichnungen in Geschichte u. Gegenwart. 1958. – V. Měřička, Orden u. Auszeichnungen. Prag. Dt. 1966.

Uniformen. P. Kannik, Uniformen in Farben. Dt. 1967. – K.-G. Klietmann, Die dt. Wehrmacht. Uniformen u. Ausrüstung 1934–1945. 1960. – Knötel/Sieg, Handbuch der Uniformkunde. [8]1937. Nachdruck 1969. – J. Mollo, Die bunte Welt der Uniform. 250 Jahre militär. Tracht. 17.–20. Jh. 1972.

1.3.0.2 GEHEIMDIENST, SPIONAGE, ABWEHR. M. Boveri, Der Verrat im 20. Jh. 4 Bde. 1956–1961. – G. Buchheit, Die anonyme Macht. Aufgaben, Methoden, Erfahrungen der Geheimdienste. 1969. – R. Gehlen, Der Dienst. [4]1972. – M. Gunzenhäuser, Geschichte des geheimen Nachrichtendienstes (Spionage, Sabotage u. Abwehr), Literaturbericht u. Bibliographie. 1968. – W. Ritter von Schramm, Der Geheimdienst in Europa 1937–1945. 1973. – R. Vögeli, Spionage in der Gegenwart. Kreuzlingen. 1969.

1.3.0.3 LANDESVERTEIDIGUNG, STRATEGIE, STRATEGISCHE PLANUNG. R. Aron, Einführung in die Atomstrategie. 1964. – H. W. Baldwin, Strategy for Tomorrow. New York. 1970. – A. Beaufre, Introduction à la Stratégie. Paris, 1963. Dt.: Totale Kriegskunst im Frieden. 1964. – Ders., Stratégie pour demain. Paris. 1973. – G. Blumentritt, Strategie u. Taktik. Ein Beitrag zur Geschichte des Wehrwesens vom Altertum bis zur Gegenwart. 1960. – A. Buchan, Eine Welt von Nuklearmächten. 1968. – R. Clark, Stumme Waffen. Chemische u. biologische Kriegsführung. 1969. – M. H. Halperin, Contemporary Military Strategy. Neuausg. London. 1972. – B. H. Liddell Hart, Strategie. Ihre Geschichte vom 5. Jh. v. Chr. bis zum 20. Jh. 1929. [6]1967. dt. 1955. – W. von Raven, Strategie im Weltraum. 1969. – W. D. Sokolowski (Hrsg.), Militär-Strategie. Dt. [3]1969. → auch 1.3.0.0.

Revolutionärer Krieg, Guerilla, Psychologische Kriegführung: F. R. Allemann, Macht u. Ohnmacht der Guerilla. 1974. – Th. Arnold, Der revolutionäre Krieg. 1961. – W. Hahlweg, Guerilla. 1968. – Ders., Lehrmeister des kleinen Krieges. Von Clausewitz bis Mao Tse-tung u. (Che) Guevara. 1968. – E. Kinkead, Kampf ohne Waffen. 1963. – F. Kitson, Im Vorfeld des Krieges. Abwehr von Subversion u. Aufruhr. Dt. 1974. – S. Labin, Praktiken der polit. Kriegsführung. Propaganda, Infiltration u. Konspiration der Sowjets. Dt. 1969. – P. M. Linebarger, Schlachten ohne Tote. 1960. – Mao Tse-tung, Theorie des Guerillakriegs oder Strategie der Dritten Welt. Dt. 1966. – P. C. Mayer-Tasch, Guerillakrieg u. Völkerrecht. 1973.

Generalstab, Führung, Ausbildung: R. Elble, Führungsdenken-Stabsarbeit. 1967. – W. Erfurth, Die Geschichte des dt. Generalstabs 1918–1945. 1960. – W. Görlitz, Kleine Geschichte des dt. Generalstabs. 1967. – H. Karst, K. Schnell, H. Seidel (Hrsg.), Taschenbuch für Wehrausbildung. 1968. – U. de Maizière, Bekenntnis zum Soldaten. Militär. Führung in unserer Zeit. [3]1971. – H. Model, Der dt. Generalstabsoffizier. 1968. – W. Schall, Führungstechnik u. Führungskunst in Armee u. Wirtschaft. 1965. – W Schmidt-Richberg, Die Generalstäbe in Dtschld. 1871–1945. 1962. – H. Teske, Die silbernen Spiegel. Generalstabsdienst unter der Lupe. 1965. – H. Wust, F. Himburg (Hrsg.), Das militärische Führungssystem. 1974.

Clausewitz, Carl von. H. Hahlweg, C. von Clausewitz. [2]1969. – R. Parkinson, Clausewitz – a Biography. London. 1970.

Moltke, Helmuth Graf von. M. Jähns, Feldmarschall Moltke. 2 Bde. [2]1906. – E. Kessel, Moltke. 1957. – R. Stadelmann, Moltke u. der Staat. 1950.

Schlieffen, Alfred Graf von. F. von Boetticher, Generalfeldmarschall Graf Schlieffen. 1957. – G. Ritter, Der Schlieffen-Plan. 1956.

1.3.0.4 LOGISTIK, INFRASTRUKTUR. H. E. Eccles, Logistik u. Landesverteidigung. 1963. – J. Gerber, Betriebslehre für Streitkräfte. 1967. – Ders., Taschenbuch für Logistik. 1969. – B. Glüher, Die Truppenversorgung. 1962. – G. Roos, Handbuch für Pioniertechnik u. Infrastruktur. 1962. – H. Schulze-Lentz, Lufttransportfibel. 1962. – F. E. Zernial, H. A. Heidemanns (Hrsg.), Handbuch des Sanitätsmaterials der Bundeswehr. [4]1973.

1.3.0.5 ZIVILSCHUTZ. Handbuch für den Zivilschutz u. die zivile Verteidigung. Losebl. 1959ff. – H.-A. Thomsen, H. G. Merk (Hrsg.), Zivilschutz u. Zivilverteidigung. Handbücherei für die Praxis. Broschüren u. Losebl. 1972ff.

1.3.1 HEER, LANDKRIEG. Jahrbuch des Heeres. 1967ff. – W. Keilig, Das dt. Heer 1939–1945. 1956. – K. Linnebach (Hrsg.), Dt. Heeresgeschichte. 1935. – H. Meier-Welcker, Dt. Heerwesen im Wandel der Zeit. 1954. – B. Mueller-Hillebrand, Das Heer 1933–1945. 2 Bde. 1954–1956.

Artillerie. F. Kosar, Taschenbuch der Artillerie. 5 Bde. 1971ff.

Infanterie. R. Ernst, Die Entwicklung der Infanterie. 1961. – F. M. Frhr. von Senger u. Etterlin, Die Panzergrenadiere. Geschichte u. Gestalt der mechanisierten Infanterie 1930–1960. 1961.

Panzertruppe. W. K. Nehring, Die Geschichte der dt. Panzerwaffe 1916–1945. 1969 u. 1974.

1.3.2 MARINE, SEEKRIEG. K. Assmann, Dt. Seestrategie in zwei Weltkriegen. 1957. – J. Dülffer, Weimar, Hitler u. die Marine. Reichspolitik u. Flottenbau 1920 bis 1939. 1972. – K. Eichler, Vom Bug zum Heck. Seemann. Hand- u. Wörterbuch. [4]1964. – F. E. Giese, Kleine Geschichte der dt. Flotte. 1966. – R. Güth, Die Marine des Dt. Reiches 1919–1939. 1972. – M. Hanke, A. Th. Mahan. Ein Klassiker der Seekriegstheorie. 1974. – H. H. Herwig, The German Naval Officer Corps. A Social and Political History 1890–1918. London. 1973. – W. Hubatsch, Der Admiralstab u. die obersten Marinebehörden in Dtschd. 1848–1945. 1958. – Jahrbuch der dt. Marine. 1966ff. – A. Th. Mahan, Der Einfluß der Seemacht auf die Geschichte, 1660–1812. Dt. 2 Bde. 1898/99. Nachdr. 1974. – E. B. Potter, Ch. W. Nimitz, J. Rohwer (Hrsg.), Seemacht. Eine Seekriegsgeschichte von der Antike bis zur Gegenwart. 1974. – A. Röhr, Handbuch der dt. Marinegeschichte. 1963. – J. Rohwer, G. Hümmelchen, Chronik des Seekrieges 1939–1945. 1968. – F. Ruge, Seekrieg 1939–1945. 1962. – Ders., Seemacht u. Sicherheit. [2]1968. – M. Salewski, Die dt. Seekriegsleitung 1935–1945. 3 Bde. 1969–1973. – P. Schmalenbach, Kurze Geschichte der k. u. k. Marine. 1970. – H. Schottelius, W. Deist (Hrsg.), Marine u. Marinepolitik im Kaiserl. Dtschld. 1871–1914. 1972. – H. Schur, R. Martens, W. Koehler, Führungsprobleme der Marine im Zweiten Weltkrieg. 1973. – P. Simsa, Marine intern. Entwicklung u. Fehlentwicklung der dt. Marine 1888–1939. 1972. – Weyers Flottentaschenbuch. 1956ff.

1.3.3 LUFTWAFFE, LUFTKRIEG. C. Demand, H. Emde (Hrsg.), Stationen der Fluggeschichte von 1939–1945. 1969. – F. Dierich, Handbuch der Flieger. 1962. – G. Douhet, Luftherrschaft. 1935. – G. W. Feuchter, Der Luftkrieg. [3]1964. – D. W. Green, The World's Fighting Planes. London. [4]1964. – Jahrbuch der Luftwaffe. 1964ff. – K. Köhler, Bibliographie des Luftkrieges. 1966. – Militärgeschichtl. Forschungsamt (Hrsg.), Die Militärluftfahrt bis 1914. 3 Bde. [2]1965–1966. – Johannes Müller, Luftverteidigung. 1973. – K.-H. Völker, Die dt. Luftwaffe 1933–1939. [2]1967. – Ders., Die Entwicklung der militär. Luftfahrt in Dtschld. 1920–1933. 1962. – Ders., Dokumente u. Dokumentarfotos zur Geschichte der dt. Luftwaffe. 1968.

1.3.4 SANITÄTSWESEN. F. H. Garrison, Notes on the History of Military Medicine. 1970. – K. Geiger, Grundlagen der Militärmedizin. 1964. – H. Hawickhorst, Der Arzt der soldatischen Gemeinschaft. 1954. – Ders., Taschenbuch für den Sanitäts- u. Gesundheitsdienst der Bundeswehr. 1968. – Jahrbuch der Wehrmedizin. 1963ff. – L. Schönbauer, Das österr. Militärsanitätswesen. 1948. – M. Winzenried, Das Militärsanitätswesen in der Schweiz von der Mediation bis zum Sonderbundskrieg. 1954. → auch 1.3.0.4.

1.3.5 WAFFEN UND GERÄT

Allgemeines: T. Benecke, A. Wahl (Hrsg.), Jahrbuch der Wehrtechnik. Jährl. – H. Dathan, Waffenlehre für die Bundeswehr, o. J. – Eckardt-Morawietz, Die Handwaffen des brandenburg.-preuß.-dt. Heeres 1640–1945. 1957. – F. Hahn, Dt. Geheimwaffen 1939–1945. Flugzeugbewaffnungen. 1963. – R. Hanslian, Vom Gaskampf zum Atomkrieg. 1951. – D. Irving, Die Geheimwaffen des 3. Reiches. 1973. – M. Jähns, Entwicklungsgeschichte der alten Trutzwaffen. 1899. – Klee, Merk, Damals in Peenemünde. 1963. – E. Leeb, Aus der Rüstung des 3. Reiches. 1958. – R. Lusar, Die dt. Waffen u. Geheimwaffen des 2. Weltkriegs. [6]1971. – M. Stumpf, Waffen-Almanach. 1960.

Ballistik. H. Athen, Ballistik. 1958. – G. Hauck, Äußere Ballistik. 1972.

biologische u. chemische Kampfmittel. S. Franke, Lehrbuch der Militärchemie. 1967. – Kliewe, Albrecht, Lehrbuch biolog. Kampfmittel, Einsatz- u. Schutzmöglichkeiten. 1963. – K. Lohs, Synthet. Gifte. 1967.

Feuerwaffen. Bock, Weigel, Handbuch der Faustfeuerwaffen. [5]1971. – H. Brändli, Waffe u. Wirkung bei der Fliegerabwehr. 1956. – O. von Renz, Deutsche Flug-Abwehr. 1960. – F. von Senger u. Etterlin, Die dt. Geschütze 1930–1945. [2]1966.

Flugkörper. A. Bohrmann, Bahnen künstlicher Satelliten. [2]1966. – R. Brock, Taschenbuch der Flugkörper – Raketen –Satelliten. 1964. – R. F. Staritz, Einführung in die Technik der Flugkörper. 1966. – W. Wolff, Raketen u. Raketenballistik. o. J.

Kernwaffen. A. Bühl, Atomwaffen. 1968. – Demmig, Harmsen, Saur, Kernexplosionen u. ihre Wirkungen. 1961. – S. Glasstone, Die Wirkungen der Kernwaffen. 1964. – Krauß, Eisenlohr, Atomschutzfibel. 1959. – O. Messerschmidt, Auswirkungen atomarer Detonationen auf den Menschen. 1960. – F. Miksche, Atomwaffen u. Streitkräfte. 1956. – Sheyley-Blair, Die Wasserstoffbombe. 1955.

Marinewaffe. S. Breyer, Schlachtschiffe u. Schlachtkreuzer 1905–1970. 1970. – H. Lawrenze, Die Entwicklungsgeschichte der U-Boote. 1968. – D. Macintyre, Kriegsschiffe in 5000 Jahren. 1969. – P. Schmalenbach, Die Geschichte der dt. Schiffsartillerie. 1968.

Munition. F. Hoffmann, Praktische Sprengstoff- u. Munitionskunde. 1961. – W. Stutz, Schießlehre. 1959.

Panzerwaffe. F. von Senger u. Etterlin, Taschenbuch der Panzer. [5]1976. – Ders., Das kleine Panzerbuch. 1964. – Ders., Die dt. Panzer 1926–1945. [3]1968.

Raumwaffen. E. Sänger, Raumfahrt – technische Überwindung des Krieges. 1958. – Straubel, Loosbrock, Raumwaffen, Angriff u. Abwehr im Weltraum. 1959.

1.3.6 WEHRVERWALTUNG, WEHRERSATZ, ZIVILDIENST. R. Absolon, Wehrgesetz und Wehrdienst 1935–1945. 1960. – Bundesversorgungsgesetz/Soldatenversorgungsgesetz. 1968. – H.-O. Eichel, Wehrersatzwesen. [3]1973. – G. Hahnenfeld, Wehrpflichtgesetz. 1967. – Ders., Wehrverfassungsgesetz. 1965. – K.-P. Hedde, E. Fischer, Betreuung u. Fürsorge in der Bundeswehr. 1969. – R. Kaub, W. Schmidbauer, Die soziale Sicherung des Wehrpflichtigen. 1973. – M. Kögel, Zivildienstpflicht? 1972. – H. Reinfried, Die Bundeswehrverwaltung. [2]1964. – H. Schiekel, Kommentar zum Gesetz über den Zivildienst der Kriegsdienstverweigerer. 1973. – J. Tegethoff, Soldatenversorgung. 1969. – J. Weisheit, Ersatzdienst statt Wehrdienst. 1973. – A. Wenzel, A. Klas (Hrsg.), Bundeswehrverwaltung. 8 Ordner. 1956ff.

1.3.7 NATIONALE STREITKRÄFTE. The International Institute für Strategic Studies, London (Hrsg.), The Military Balance. Jährl. – R. C. Sellers, Armed Forces of the World. A Reference Handbook. New York. [3]1971. – F. Wiener, Die Armeen der NATO-Staaten. [3]1970. – Ders., Die Armeen der Warschauer-Pakt-Staaten. [5]1971. – Ders., Die Armeen der neutralen u. blockfreien Staaten Europas. [2]1972.

Bundesheer (Österreich). Allmayr-Beck/Lessing, Die K. (u.) K.-Armee 1848–1914. 1974. – J. Bystricky, B. Sutter, 350 Jahre österr. Armee. Wien. 1968. – Heeresgeschichtl. Museum/Militärwissenschaftl. Institut, Wien (Hrsg.), 1918–1968. Die Streitkräfte der Rep. Österreich. Wien. 1968.

Bundesheer (Schweiz). A. Ernst, Die Konzeption der schweizer. Landesverteidigung 1815–1966. 1971. – H. R. Kurz, Das Schweizer Heer. Von den Anfängen bis zur Gegenwart. Dietikon-Zürich. 1969. – Verein zur Förderung des Wehrwillens u. der Wehrwissenschaft (Hrsg.), Unsere Armee in den 70er Jahren. Zürich. 1974.

Bundeswehr. W. Buchstaller, H. E. Jahn, K. Neher, L. Roske (Hrsg.), Taschenbuch für Wehrfragen 1972/73. 7. Jg. 1971. – W. Markus, Die Bundeswehr. 1972. – F. Pöggeler, O. Wien (Hrsg.), Soldaten der Demokratie, Die Bundeswehr in Gesellschaft u. Staat. 1973. – K. H. Schnell, W. Eckert, P. Beyer (Bearbeiter), Dt. Bundeswehr-Kalender. Grundwerk 1974/I u. II.

Nationale Volksarmee. Th. M. Forster, Die NVA. [9]1979. – P. Jungermann, Die Wehrideologie der SED u. das Leitbild der Nationalen Volksarmee vom sozialist. Soldaten. 1973.

Reichswehr. F. L. Carsten, Reichswehr u. Politik 1918–1933. 1964. Engl. London. 1973. – H. I. Gordon, Die Reichswehr u. die Weimarer Republik 1919–1926. 1959. – R. Wohlfeil, H. Dollinger, Reichswehr u. Republik 1918–1933. 1972. – Dies.n, Die dt. Reichswehr. Bilder, Dokumente, Texte. 1972.

Sowjetunion (Militär). M. Garder, Die Geschichte der Sowjetarmee. Dt. 1968. – R. L. Garthoff, Die Sowjetarmee. 1955.

Vereinigte Staaten von Amerika (Militär). V. Pizer, The United States Army. London. 1967. – R. F. Weigley, History of the United States Army. New York. 1967.

Wehrmacht. R. Absolon, Die Wehrmacht im Dritten Reich. 6 Bde. 1969ff. – H. C. Deutsch, Das Komplott oder die Entmachtung der Generäle. Zürich. 1974. – M. Messerschmidt, Die Wehrmacht im NS-Staat. 1969. – G. Tessin, Verbände u. Truppen der dt. Wehrmacht u. Waffen-SS im Zweiten Weltkrieg 1939–1945. 5 Bde. 1966ff.

1.4.0 PHILOSOPHIE (ALLGEMEINES, HILFSMITTEL)

Einführungen: E. Bloch, Einleitung in die Philosophie. 2 Bde. [1–4]1964–1967. – J. M. Bocheński, Wege zum philosoph. Denken. [11]1973. – N. Hartmann, Einführung in die Philosophie. [7]1968. – K. Jaspers, Einführung in die Philosophie. Neuaufl. 1972. – G. Krüger, Grundfragen der Philosophie. [2]1965. – H. Leisegang, Einführung in die Philosophie. [8]1973 (Slg. Göschen 4281). – G. E. Müller, Systemat. Einführung in die Philosophie. 1972. – Die Philosophie. Einführungen in Gegenstand, Methoden u. Ergebnisse ihrer Disziplinen. 1972ff.

Bibliographien: Bibliographie de la philosophie, Bulletin trimestriel. Paris. 1937–1953. Neue Serie 1954ff. – Bibliographie Philosophie. (DDR). 1967ff. – J. M. Bocheński (Hrsg.), Bibliograph. Einführungen in das Studium der Philosophie. 23 Hefte. Bern. 1948–1953. – L. Geldsetzer, Allgemeine Bücher- u. Institutionenkunde für das Philosophiestudium. 1971. – M. Jasenas, A History of the Bibliography of Philosophy. Hildesheim, New York. 1973. – W. Totok, Bibliographischer Wegweiser der philosoph. Literatur. 1959. – Ders., Handbuch der Geschichte der Philosophie. 3 Bde. 1964ff.

Handbücher u. Nachschlagewerke: W. Brugger S. J., Philosophisches Wörterbuch. [13]1967. – A. Diemer, I. Frenzel (Hrsg.), Philosophie. Neuaufl. 1973 (Fischer Lexikon 11). – P. Edwards (Hrsg.), The Encyclopedia of Philosophy. 8 Bde. New York, London. 1967. 4 Bde. 1972. – R. Eisler, Philosophenlexikon. 1912. Neudr. 1972. – G. Giacon u. a. (Hrsg.), Enciclopedia Filosofica. 6 Bde. Florenz [2]1968/69. – J. Grooten, G. J. Steenbergen, New Encyclopedia of Philosophy. Hrsg. E. van den Bossche. New York. 1972. – J. Hoffmeister (Hrsg.), Wörterbuch der philosoph. Begriffe. [2]1955. – L. Jerphagnon (Hrsg.), Dictionnaire des Grandes Philosophies. Toulouse. 1973. – G. Klaus, M. Buhr (Hrsg.), Philosophisches Wörterbuch. 2 Bde. [8]1972. – H. Krings, H. M. Baumgartner, Ch. Wild (Hrsg.), Handbuch philosoph. Grundbegriffe. 3 Bde. Studienausg. 6 Bde. 1973ff. – A. Lalande, R. Poirier, Vocabulaire technique et critique de la Philosophie. Paris. [11]1972. – G. Legrand, Dictionnaire de Philosophie. Paris. 1973. – M. Müller, A. Halder (Hrsg.), Kleines philosoph. Wörterbuch. [3]1973. – J. Ritter (Hrsg.), Histor. Wörterbuch der Philosophie. 8 Bde. 1971ff. – H. Schmidt (†), G. Schischkoff (Hrsg.), Philosophisches Wörterbuch. [19]1974. – W. Ziegenfuss, G. Jung (Hrsg.), Philosophen-Lexikon. 2 Bde. 1949/50. Bd. 2 Nachdr. 1966.

Gesamtdarstellungen (historische u. systematische): E. von Aster, Geschichte der Philosophie. [15]1969. – F. Châtelet (Hrsg.), Geschichte der Philosophie. Ideen, Lehren. Dt. Bd. 1ff., 1973ff. – A. Diemer, Grundriß der Philosophie. 2 Bde. 1962–1964. – I. Frenzel, Mensch u. Philosophie. 1974. – H. Glockner, Die europ. Philosophie von den Anfängen bis zur Gegenwart. [2]1961. – F. Heinemann (Hrsg.), Die Philosophie im 20. Jh. [2]1963. – J. Hessen, Lehrbuch der Philosophie. 3 Bde. [2–3]1959–1964. – J. Hirschberger, Kleine Geschichte der Philosophie. [10]1973. – Hans Meyer, Systemat. Philosophie. 4 Bde. 1955–1969. – H. J. Störig, Kleine Weltgeschichte der Philosophie. 2 Bde. Neudr. nach der 11. Aufl. 1973. – F. Ueberweg, Grundriß der Geschichte der Philosophie. 5 Bde. [11–12]1923–1928. Nachdruck Basel. 1951–1953 (u. öfter). – K. Vorländer, Geschichte der Philosophie. 3 Bde. [7]1927. [8–9]1939ff. Taschenbuch-Ausg. 5 Bde. 1963–1967. – W. Windelband, Lehrbuch der Geschichte der Philosophie. Bearb. H. Heimsoeth. [15]1957.

Agnostizismus. A. O. J. Cockshut, The Unbelievers. 1964. – Ernst Mayer, Dialektik des Nichtwissens. 1950.

Anthropologie (philosophische). P. Alsberg, Das Problem des Menschen. 1974. – L. Binswanger, Grundformen u. Erkenntnis menschl. Daseins. [5]1973. – H.-G. Gadamer, P. Vogler (Hrsg.), Neue Anthropologie. 6 Bde. 1972ff. – A. Gehlen, Der Mensch. Seine Natur u. seine Stellung in der Welt. [9]1971. – Ders., Anthropolog. Forschung. 56–60. Tsd. 1971. – M. Landmann, Philosophische Anthropologie. [3]1969 (Sammlg. Göschen 156/156a). – Ders., Das Ende des Individuums. Anthropolog. Skizzen. 1971. – W. Kamlah, Philosophische Anthropologie. 1973. – C. Lévi-Strauss, Strukturale Anthropologie. Dt. 1971. – H. Plessner, Die Stufen des Organischen u. der Mensch. [2]1965. – Ders., Philosophische Anthropologie u. a. Hrsg. G. Dux. 1970. – R. Rocek, O. Schatz (Hrsg.), Philosophische Anthropologie heute. 1972. – E. Rothacker, Philosophische Anthropologie. [3]1970. – M. Scheler, Die Stellung des Menschen im Kosmos. [7]1966.

Anthroposophie. O. Fränkl-Lundborg, Was ist Anthroposophie? 1972. – J. W. Hauer, Werden u. Wesen der Anthroposophie. 1922. – R. Steiner, Anthroposophie. Eine Einführung in die anthroposoph. Weltanschauung. [3]1959.

Geisteswissenschaften. W. Dilthey, Einleitung in die Geisteswissenschaften. [6]1966 (Dilthey, Gesammelte Schriften 1). – H. Kimmerle, Die Bedeutung der Geisteswissenschaften für die Gesellschaft. 1971. – W. Laskowski (Hrsg.), Geisteswissenschaft u. Naturwissenschaft. Ihre Bedeutung für den Menschen von heute. 1970. – E. Rothacker, Einleitung in die Geisteswissenschaften. [2]1930. Nachdr. 1972. – Ders., Logik u. Systematik der Geisteswissenschaften. [2]1948. – M. Thiel (Hrsg.), Enzyklopädie der geisteswissensch. Arbeitsmethoden. 1967ff.

Ideologie. Th. W. Adorno, Jargon der Eigentlichkeit. Zur dt. Ideologie. [5]1970. – J. Barion, Ideologie, Wissenschaft, Philosophie. 1966. – Ders., Was ist Ideologie? [2]1971. – G. Lichtheim, Das Konzept der Ideologie. Dt. 1973. – N. Lobkowicz (Red.), Ideologie u. Philosophie. 3 Bde. 1973. – K. Mannheim, Ideologie u. Utopie. Dt. [5]1965. – H. Marcuse, Der eindimensionale Mensch. Studien zur Ideologie der fortgeschrittenen Industriegesellschaft. Dt. Sonderausg. 1970. – A. Stüttgen, Kriterien einer Ideologiekritik. 1972. – E. Topitsch, K. Salamun, Ideologie, Herrschaft des Vorurteils. 1972. – H. Zeltner, Ideologie u. Wahrheit. 1966.

Mensch → Anthropologie.

Naturphilosophie. B. Bavink, Ergebnisse u. Probleme der Naturwissenschaften. Eine Einführung in die heutige Naturphilosophie. [10]1954. – M. Bense, Der Begriff der Naturphilosophie. 1953. – L. Carnap, Einführung in die Philosophie der Naturwissenschaft. 1969. – H. Conrad-Martius, Der

Selbstaufbau der Natur. [2]1961. – F. Dessauer, Naturwissenschaftl. Erkennen. [2]1960. – N. Hartmann, Philosophie der Natur. 1950. – W. Heitler, Naturphilosoph. Streifzüge. 1970. – H. Sachsse, Einführung in die Naturphilosophie. 2 Bde. 1967–1968. – V. von Weizsäcker, Am Anfang schuf Gott Himmel u. Erde. Grundfragen der Naturphilosophie. [6]1963.

1.4.1 ERKENNTNISTHEORIE, WISSENSCHAFTSTHEORIE

Gesamtdarstellungen: E. Cassirer, Das Erkenntnisproblem in der Philosophie u. Wissenschaft der neueren Zeit. 4 Bde. Bd. I–III [2-3]1922/23. Bd. IV 1957. Nachdr. 1971–1974. – A. Diemer, Was heißt Wissenschaft? 1964. – W. K. Essler, Wissenschaftstheorie. 4 Bde. 1970ff. – R. Garaudy, Die materialistische Erkenntnistheorie. Dt. 1960. – A. Gosztonyi, Grundlagen der Erkenntnis. 1972. – D. W. Hamlyn, The Theory of Knowledge. London. 1971. – R. Hönigswald, Geschichte der Erkenntnistheorie. 1933. Nachdr. 1966. – W. A. Jöhr, Gespräche über Wissenschaftstheorie. 1973. – G. Klaus, Spezielle Erkenntnistheorie. 1966. – W. Leinfellner, Einführung in die Erkenntnis- u. Wissenschaftstheorie. [3]1980. – H. Seiffert, Einführung in die Wissenschaftstheorie. 2 Bde. [5-7]1973/74. – W. Stegmüller, Probleme u. Resultate der Wissenschaftstheorie u. analyt. Philosophie. 4 Bde. 1969–1973. – E. Ströker, Einführung in die Wissenschaftstheorie. 1973. – P. Weingartner, Wissenschaftstheorie. Bd. 1 1971.

Anschauung. W. Flach, Zur Prinzipienlehre der Anschauung. Bd. 1 1963.

Dialektik. H.-G. Gadamer, Hegels Dialektik. 1971. – W. Hartkopf, Studien zur Entwicklung der modernen Dialektik. 1973. – R. Heiss, Wesen u. Form der Dialektik. 1959. – Ders., Die großen Dialektiker des 19. Jh. Hegel, Kierkegaard, Marx. [2]1966. – M. Merleau-Ponty, Das Abenteuer der Dialektik. Dt. 1972. – Gustav E. Müller, Dialektische Philosophie. 1973.

1.4.2 METAPHYSIK UND ONTOLOGIE. A. Diemer, Einführung in die Ontologie. 1959. – K. H. Haag, Die Lehre vom Sein in der modernen Philosophie (Textsammlung). [2]1964. – E. von Hartmann, Geschichte der Metaphysik. 2 Bde. 1899/1900. Nachdr. 1969. – N. Hartmann, Grundzüge einer Metaphysik der Erkenntnis. [5]1965. – Ders., Zur Grundlegung der Ontologie. [4]1965. – Ders., Neue Wege der Ontologie. [5]1968. – M. Heidegger, Was ist Metaphysik? [10]1969. – Ders., Einführung in die Metaphysik. [3]1966. – H. Heimsoeth, Metaphysik der Neuzeit. 1934. Nachdr. 1967. – Ders., Die sechs großen Themen der abendländischen Metaphysik. [6]1966. – K. Jaspers, Metaphysik. [3]1956. – L. Lavelle, Einführung in die Ontologie. 1970. – G. Martin, Allg. Metaphysik. 1965. – W. Risse, Metaphysik. Grundthemen u. Probleme. 1973. – W. Stegmüller, Metaphysik, Skepsis, Wissenschaft. [2]1969. – E. Topitsch, Vom Ursprung u. Ende der abendländ. Metaphysik. Neuausg. 1972.

1.4.3 LOGIK UND LOGISTIK

Gesamtdarstellungen: J. M. Bocheński, A. Menne, Grundriß der Logistik. [3]1965. Taschenbuch-Ausg. [4]1973. – Ders., Formale Logik (Histor. Textsammlung). [3]1970. – Ders., Die zeitgenöss. Denkmethoden. [5]1971. – R. Carnap, Grundlagen der Logik u. Mathematik. Dt. Neuausg. 1973. – Ders., Einführung in die symbol. Logik. [3]1973. – L. Czayka, Grundzüge der Aussagenlogik. 1972. – W. K. Essler, Einführung in die Logik. [2]1969. – Ders., Induktive Logik. 1970. – G. Frege, Schriften zur Logik u. Sprachphilosophie. Hrsg. G. Gabriel. 1971. – B. von Freytag-Löringhoff, Logik. 2 Bde. [1-5]1967–1972. – W. R. Fuchs, Eltern entdekken die neue Logik. 1971. – G. Haas, Einführung in die moderne Logik. 1972. – D. Hilbert, W. Ackermann, Grundzüge der theoret. Logik. [6]1972. – G. Klaus, Moderne Logik. [6]1972. – F. von Kutschera, A. Breitkopf, Einführung in die moderne Logik. [3]1974. – P. Lorenzen, Formale Logik. [4]1970 (Slg. Göschen 1176/76a). – W. Markward, Einführung in die formale Logik u. Metamathematik. 1972. – A. Menne, Einführung in die Logik. [2]1973. – A. Pfänder, Logik. [3]1963. – W. van O. Quine, Grundzüge der Logik. Dt. Sonderausg. 1972. Taschenbuchg-Ausg. 1974. – Ders., Philosophie der Logik. Dt. 1973. – W. Risse, Bibliographia logica. 1965ff. – B. Russell, Einführung in die mathemat. Philosophie. 1953. – H. Scholz, Abriß der Geschichte der Logik. [2]1959. – H. Seiffert, Einführung in die Logik. 1973. – O. Spann, Ganzheitl. Logik. [2]1971. – A. Tarski, Einführung in die mathemat. Logik. Dt. [3]1969.

Axiomatik. F. Austeda, Axiomat. Philosophie. 1962. – H. Schüling, Geschichte der axiomat. Methode im 16. u. beginnenden 17. Jh. 1970. – H. Stachowiak, Rationalismus im Ursprung. Die Genesis des axiomat. Denkens. 1971.

1.4.4 ETHIK

Gesamtdarstellungen: B. Bauch, Grundzüge der Ethik. 1935. Nachdr. 1968. – A. Gehlen, Moral u. Hypermoral. Eine pluralist. Ethik. [2]1970. – G.-G. Grau (Hrsg.), Probleme der Ethik. 1972. – N. Hartmann, Ethik. [4]1962. – D. von Hildebrand, Ethik, Situationsethik u.a. 1973 (Hildebrand, Gesammelte Werke, Bde. 2 u. 8). – F. Jodl, Geschichte der Ethik als philosoph. Wissenschaft. 2 Bde. [4]1930. Nachdr. 1966. – H. Kohlenberger (Hrsg.), Aktuelle Fragen der Ethik. 1973. – G. E. Moore, Principia Ethica. Dt. 1970. – H. Reiner, Die philosoph. Ethik. 1964. Neuausg. 1974. – Ders., Die Grundlagen der Sittlichkeit. 1974. – M. Riedel (Hrsg.), Rehabilitierung der prakt. Philosophie. 2 Bde. 1972–1974. – H. Sachsse, Technik u. Verantwortung. Probleme der Ethik im techn. Zeitalter. 1972. – M. Scheler, Der Formalismus in der Ethik u. die materiale Wertethik. [5]1966 (Scheler, Gesammelte Werke, Bd. 2). – H. H. Schrey, Einführung in die Ethik. 1972. – W. Trillhaas, Ethik. [3]1970.

Freiheit. Aspekte der Freiheitsproblematik. 1973 (Philosophische Perspektiven 5). – A. Gehlen, Theorie der Willensfreiheit u.a. 1965. – W. Keller, Das Problem der Willensfreiheit. 1965. – B. Lakebrink, Die europ. Idee der Freiheit. Bd. 1 1968. – A. Mercier (Hrsg.), Freiheit. Begriff u. Bedeutung in Geschichte u. Gegenwart. 1973. – M. Pohlenz, Griech. Freiheit. Wesen u. Werden eines Lebensideals. 1955. – J. Schlumbohm, Freiheitsbegriff u. Emanzipationsprozeß. 1973. – E. Stadter, Evolution zur Freiheit. 1971.

1.4.5 ÄSTHETIK. A. Baeumler, Ästhetik. 1934. Nachdr. 1972. – M. Bense, Aesthetica. Einführung in die neue Ästhetik. 1965. – Ders., Einführung in die informationstheoret. Ästhetik. 1969. – B. Bolzano, Untersuchungen zur Grundlegung der Ästhetik. Hrsg. D. Gerhardus. 1972. – F. Th. Fischer, Aesthetik oder Wissenschaft des Schönen. 6 Bde. 1922/23. Nachdr. 1974. – M. Geiger, Beiträge zur Phänomenologie des ästh. Genusses. 1973. – A. Giannaras (Hrsg.), Ästhetik heute. 1974. – N. Hartmann, Ästhetik. [2]1966. – W. Henckmann (Hrsg.), Ästhetik. 1974. – Ist eine philosophische Ästhetik möglich? Mit Beiträgen von G. Boehm u.a. 1973 (Neue Hefte für Philosophie 5). – G. Lukács, Ästhetik. 4 Bde. 1972. – J. Mukarovsky, Studien zur strukturalist. Ästhetik u. Poetik. Dt. 1973. – Th. Munro, Form and Style. An Introduction to Aesthetic Morphology. Cleveland. 1970. – A. Nivelle, Kunst- u. Dichtungstheorien zwischen Klassik u. Aufklärung. Dt. 1960. – H. Osborn (Hrsg.), Aesthetics. London. 1973. – W. Perpeet, Das Sein der Kunst u. die kunstphilosoph. Methode (mit Bibliographie zur Ästhetik u. Kunstphilosophie). 1970. – R. Rohs, Transzendentale Ästhetik. 1974. – H. R. Schweizer, Ästhetik als Philosophie der sinnlichen Erkenntnis. 1973. – G. Smets, Aesthetic Judgement and Arousal. Den Haag. 1973.

1.4.6 PHILOSOPHIE DES ALTERTUMS

Gesamtdarstellungen: P. Aubenque u. a., Die heidn. Philosophie. Dt. 1973. – W. Capelle, Die griech. Philosophie. 2 Bde. [3]1971 (Slg. Göschen 857/857a u. 858/858a). – Th. Gomperz, Griech. Denker. 3 Bde. [4]1922–1931. Nachdr. 1973. – W. K. C. Guthrie, A History of Greek Philosophy. 3 Bde. London. 1962–1971. – W. Kranz, Die griech. Philosophie. [5]1962. Taschenbuch-Ausg. 1971. – K. Praechter, Die Philosophie des Altertums. [12]1926. Nachdr. 1953 (F. Ueberweg, Grundriß der Geschichte der Philosophie 1). – W. Totok, Handbuch der Geschichte der Philosophie. Bd. 1: Altertum. 1964. – K. Vorländer, Philosophie des Altertums. Taschenbuch-Ausg. 49.–53. Tsd. 1974. – E. Zeller, Die Philosophie der Griechen in ihrer geschichtl. Entwicklung. 3 Teile. [4-7]1909–1923. Nachdr. 1963. – Ders., Griech. Denker. 3 Bde. [3-4]1931. Nachdr. 1973.

Anaxagoras. W. Bröcker, Die Lehre des Anaxagoras. In: Kant-Studien. 1943. – F. Löwy-Cleve, Die Philosophie des Anaxagoras. Wien. 1916. Engl. New York. 1949.

Anaximander. K. Jaspers, Aus dem Ursprung denkende Metaphysiker, Anaximander, Heraklit, Parmenides, Plotin, Anselm, Spinoza, Laotse, Nagarjuna. 1967. – Ch. H. Kahn, Anaximander and the Origins of Greek Cosmology. New York. 1960.

Anaximenes. J. Dörfler, Zur Urstofflehre des Anaximenes. Programm Freistadt/Österreich 1912.

Antike → Gesamtdarstellungen.

Aristoteles. D. J. Allan, Die Philosophie des Aristoteles. Dt. 1955. Engl. London [2]1970. – G. Bien, Die Grundlegung der polit. Philosophie bei Aristoteles. 1973. – W. Bröcker, Aristoteles. [4]1974. – A. H. Chroust, Aristotle. New Lights on his Life and some of his Lost Works. 2 Bde. London. 1973. – Chung-Hwan Chen, Sophia, the Science Aristotle Sought. Hildesheim. 1974. – Düring, Aristoteles. 1966. – M. Ganter, Mittel u. Ziel in der prakt. Philosophie des Aristoteles. 1974. – W. Jaeger, Aristoteles. [2]1955. – P. Moraux (Hrsg.), Aristoteles in der neueren Forschung. 1968. – Ders., Aristoteles-Biographie. 1974. – W. D. Ross, Aristotle. New York. 1959. – J.-M. Zemb, Aristoteles. [4]1969. → auch Sokrates.

chinesische Philosophie. W. Baskin (Hrsg.), Classics in Chinese Philosophy from Mo Tzu to Mao Tse-tung. New York. 1972. – Wing-tsit Chan, Chinese Philosophy 1949 to 1963; an Annoted Bibliography. Honolulu. 1967. – A. Forke, Geschichte der chines. Philosophie. 3 Bde. [2]1964. – Fung Yu-Lan, A History of Chinese Philosophy. 2 Bde. Princeton. 1952/53. – Ders., A. Short History of Chinese Philosophy. Neuausg. New York. 1966. – M. Granet, Das chines. Denken. Dt. [2]1971. M. Kaltenmark, La Philosophie Chinoise. Paris. 1972.

Demokrit. H. Langerbeck, Doxis Epirhysmie, Studien zu Demokrits Ethik u. Erkenntnislehre. [2]1967.

Eleaten. G. Calogero, Studien über den Eleatismus. Dt. 1970. – J. H. M. M. Loenen, Parmenides, Melissus, Gorgias. A Reinterpretation of Eleatic Philosophy. Assen/Niederlande u. New York. 1959.

Empedokles. J. Bollack, Empedocle. 3 in 4 Bden. Paris. 1973ff. – U. Hoelscher, Empedokles u. Hölderlin. 1965. – W. Kranz, Empedokles. Antike Gestalt u. romant. Neuschöpfung. 1949. – J. Ch. Lüth, Die Struktur des Wirklichen im empedokleischen System „Über die Natur". 1970.

Epikur. D. Konstan, Some Aspects of Epicuream Psychology. Leiden. 1973. – D. Lemke, Die Theologie Epikurs. 1973. – A. Manuwald, Die Prolepsislehre Epikurs. 1972. – Reimar Müller, Die epikureische Gesellschaftstheorie. 1972. – R. Philippson, Studien zu Epikur u. den Epikureern. Hrsg. W. Schmid. 1974.

griechische Philosophie → Gesamtdarstellungen.

Heraklit. J. Bollack, H. Wismann, Héraclite ou la Séparation. Paris. 1972. – M. Heidegger, E. Fink, Heraklit. 1970. – E. Kurtz, Interpretationen zu den Logos-Fragmenten Heraklits. 1971. – E. N. Roussos, Heraklit-Bibliographie. 1971. → auch Anaximander.

indische Philosophie. E. Frauwallner, Geschichte der ind. Philosophie. 8 Bde. 1953ff. – H. von Glasenapp, Die Philosophie der Inder. [3]1974. – S.-P. Radhakrishnan, Ind. Philosophie. Dt. 2 Bde. 1955/56. – P. T. Raju, The Philosophical Traditions of India. London. 1972. – H. Zimmer, Philosophie u. Religion Indiens. 1961. Taschenbuch-Ausg. 1973.

Konfuzius. P. Do-Dinh, Konfuzius. 1960. – H. Fingarette, Confucius – the Secular as Sacred. New York. 1972. – B. Staiger, Das Konfuzius-Bild im kommunist. China. 1969. – R. Wilhelm, Kung-tse, Leben u. Werk. [2]1956.

Lao-tse. P. J. Opitz, Lao-tzu. 1968. – R. Wilhelm, Lao-Tse u. der Taoismus. [2]1965. → auch Anaximander.

Neuplatonismus. G. von Bredow, Platonismus im Mittelalter. Eine Einführung. 1972. – W. Theiler, Forschungen zum Neuplatonismus. 1966. – T. Whittaker, The Neo-Platonists. Cambridge. [2]1928, Nachdruck 1961.

Parmenides. K. Bormann, Parmenides. Untersuchungen zu den Fragmenten. 1971. – K. Reinhardt, Parmenides u. die Geschichte der griech. Philosophie. [2]1959. → auch Anaximander, Eleaten.

Platon. F. Ast, Lexicon Platonicum. 3 Bde. 1935–1938. Nachdr. 1956. – K. Bormann, Platon. 1973. – Y. Brès, La Psychologie de Platon. Paris. [2]1973. – W. Bröcker, Platos Gespräche. [2]1967. – P. Friedländer, Platon. 3 Bde. [3]1964–1973. – K. Gaiser (Hrsg.), Das Platonbild. 1969. – G. Guzzoni, Vom Wesensursprung der Philosophie Platons. 1974. – Ernst Hoffmann, Platon. 1950. Taschenbuch-Ausg. 1961. – Gerhard Krüger, Einsicht u. Leidenschaft. Das Wesen des platon. Denkens. [4]1973. – E. M. Manasse, Platonliteratur. 2 Bde. 1957–1961. – G. Martin, Platon. 1969. – Ders., Platons Ideenlehre. 1973. – L. Noussan-Lettry, Spekulatives Denken in Platons Frühschriften. 1974. – H. Perls, Plato-Lexikon. 1973. – E. R. Sandvoss, Platon. 1972. – A. E. Taylor, Platon. London. [7]1956. – U. von Wilamowitz-Moellendorff, Platon. 2 Bde. [3-5]1959–1962. – J. Wippern (Hrsg.), Das Problem der ungeschriebenen Lehre Platons. 1972. → auch Sokrates, 1.4.8 Hobbes, Thomas.

Plotin. É. Bréhier, La Philosophie de Plotin. Paris. [2]1961. – A. Graeser, Plotinus and the Stoics. Leiden 1972. – F. Heinemann, Plotin. 1921. Neudr. 1973. – B. Mariën, Bibliografia critica degli studi plotiniani con rassegna delle loro recensioni. Bari. 1949. – V. Schubert, Plotin. Einführung in sein Philosophieren. 1973. – K.-H. Volkmann-Schluck, Plotin als Interpret der Ontologie Platos. [3]1966. → auch Anaximander.

Pythagoras. E. Bindel, Pythagoras. Leben u. Lehre in Wirklichkeit u. Legende. 1962. – E. Strohl, Pythagore, Pérennité de sa Philosophie. Paris. 1968.

Skeptiker. V. Brochard, Les Sceptiques Grecs. Neuausg. Paris. 1959. – J.-P. Dumont, Le Scepticisme et le Phénomène. Essai sur la Signification et les Origines du Pyrrhonisme. Paris. 1972. – A. Goedeckemeyer, Die Geschichte des griech. Skeptizismus. 1905. – A. Weische, Cicero u. die Neue Akademie. Untersuchungen zur Entstehung u. Geschichte des antiken Skeptizismus. 1961.

Sokrates. W. Birnbaum, Sokrates. Urbild abendländ. Denkens. 1973. – S. Blasucci, Socrate. Mailand. 1972. – J. Brun, Socrate. Paris. [4]1969. – K. Jaspers, Die maßgebenden Menschen: Sokrates, Buddha, Konfuzius, Jesus. Neuaufl. 1967. – Heinrich Maier, Sokrates. 1913. Neudr. 1964. – G. Martin, Sokrates. 1967. – G. Nebel, Sokrates. 1969. – Philosophie des Altertums u. des MA.: Sokrates, Platon, Aristoteles, Augustinus, Thomas von Aquin, Nicolaus Cusanus. 1972.

Sophisten. E. Dupréel, Les Sophistes. Paris, Neuchâtel. 1949. – H. Gomperz, Sophistik u. Rhetorik. 1912. Nachdr. 1965. – Ernst Hoffmann, Der pädagog. Gedanke bei den Sophisten u. Sokrates. In: Hoffmann, Pädagog. Humanismus. Zürich. 1955.

Stoa. P. Barth, Die Stoa. [6]1946. – L. Bloos, Probleme der stoischen Physik. 1973. – J. Brun, Le Stoicisme. Paris. [5]1969. – M. Frede, Die stoische Logik. 1973. – M. Pohlenz, Die Stoa. Geschichte einer geistigen Bewegung. 2 Bde. [4]1970–1972. → auch Plotin.

Vorsokratiker. W. Bröcker, Geschichte der Philosophie vor Sokrates. 1965. – H.-G. Gadamer (Hrsg.), Um die Begriffswelt der Vorsokratiker. 1968. – O. Gigon, Der Ursprung der griech. Philosophie von Hesiod bis Parmenides. [2]1968. – K. Hildebrandt, Frühe griech. Denker. Eine Einführung in die vorsokrat. Philosophie. 1968. – U. Hölscher, Anfängl. Fragen. Studien zur frühen griech. Philosophie. 1968. – E. Hussey, The Presocratics. New York. 1973. – W. Jaeger, Die Theologie der frühen griech. Denker. [2]1964. – B. Snell, Die Entdeckung des Geistes. Studien zur Entstehung des europ. Denkens bei den Griechen. [3]1955.

1.4.7 PHILOSOPHIE DES MITTELALTERS

Gesamtdarstellungen: A. Abdel-Malek u. a., Die Philosophie des MA. Dt. 1973. – E. Bréhier, La Philosophie du Moyen Âge. Neuausg. Paris. 1971. – F. C. Copleston, A History of Medieval Philosophy. Neuausg. London. 1972. – B. Geyer, Die patrist. u. scholast. Philosophie. [13]1956 (F. Ueberweg, Grundriß der Geschichte der Philosophie 2). – É. Gilson, Der Geist der mittelalterl. Philosophie. Dt. Wien. 1950. Frz. Paris. [2]1969. – Ders. u. Ph. Böhner, Die Geschichte der christl. Philosophie von ihren Anfängen bis Nikolaus von Cues. [3]1954. – M. Grabmann, Geschichte der scholast. Methode. 2 Bde. 1909–1911. Nachdr. Basel. 1957 u. 1961. – J. Pieper, Scholastik. Gestalten u. Probleme der mittelalterl. Philosophie. 1960. – W. Totok, Handbuch der Geschichte der Philosophie. Bd. 2 MA. 1973. – K. Vorländer, Philosophie des MA. Taschenbuch-Ausg. 1973 (Vorländer, Geschichte der Philosophie 2). – P. Wilpert (Hrsg.), Die Metaphysik im MA. 1963.

arabische Philosophie. Abd ar R. Badawi, Histoire de la Philosophie en Islam. 2 Bde. Paris. 1972. – C. Brockelmann, Geschichte der arab. Literatur. 2 Bde. Leiden. [2]1943–1948. 3 Suppl.-Bde. 1936–1942. – H. Corbin, Histoire de la Philosophie Islamique. Neuausg. Paris. 1968. – F. Dieterici, Die Philosophie bei den Arabern im 10. Jh. n. Chr. Gesamtdarstellung u. Quellenwerk. 14 Bde. 1858–1886. Nachdr. 1969. – P. J. de Menasce, Arab. Philosophie. Bern. 1948. – R. Paret, Der Islam u. das griech. Bildungsgut. 1950. – N. Rescher, Studies in Arabic Philosophy. Pittsburgh. 1967. – M. M. Sharif (Hrsg.), A History of Islamic Philosophy. 2 Bde. Wiesbaden. 1963–1966. – W. Schüpbach, Der Arabismus. 1970.

Augustinismus. Augustinus magister. Congrès International Augustinien. 1954. 3 Bde. Paris. 1955. – F. Cayré, La Philosophie de s. Augustin. Auf 6 Bde. berechnet. Paris. 1951ff. – J. Hessen, Die Philosophie des hl. Augustinus. [2]1958. – J. Hoyles, The Edges of Augustanism. Den Haag. 1972. – A. Schöpf, Augustinus. Einführung in sein Philosophieren. 1970. → auch 1.9.5.

Averroës. S. van den Bergh (Hrsg.), Die Epitome der Metaphysik des Averroës. 1924. Nachdr. Leiden. 1970. – L. Gauthier, Ibn Rochd (Averroès). Paris. 1948. – M. Grabmann, Der latein. Averroismus des 13. Jh. u. seine Stellung zur christl. Weltanschauung. 1933.

Duns Scotus, Johannes. É. Gilson, J. Duns Scotus. Dt. 1959. – O. Schäfer, Bibliographia de vita, operibus et doctrina Johannis Duns Scoti. Rom. 1955. – F. Wetter, Die Trinitätslehre des J. Duns Scotus. 1967.

Eckhart. E. von Bracken, Meister Eckhart: Legende u. Wirklichkeit. Beiträge zu einem neuen Eckhartbild. 1972. – A. Dempf, Meister Eckhart. 1934. Taschenbuch-Ausg. 1960. – Heribert Fischer, Meister Eckhart. 1971 u. 1974. – E. Soudeck, Meister Eckhart. 1973.

islamische Philosophie → arabische Philosophie.

Nikolaus von Kues. A. Brüntrup, Können u. Sein. Der Zusammenhang der Spätschriften des Nikolaus von Kues. 1973. – E. Fräntzki, N. von Kues u. das Problem der absoluten Subjektivität. 1972. – M. de Gandillac, N. von Cues. Studien zu seiner Philosophie u. philosoph. Weltanschauung. Dt. 1953. – K. Jaspers, Nikolaus Cusanus. 1964. Taschenbuch-Ausg. 1968. – A. Lübke, N. von Kues. Kirchenfürst zwischen MA. u. Neuzeit. 1968. – E. Vansteenberghe, Le Cardinal Nicolas de Cues. Paris. 1920. Nachdr. Frankfurt a. M. 1963. – K. H. Volkmann-Schluck, Nikolaus Cusanus, [2]1968. → auch 1.4.6 Sokrates.

Ockham, Wilhelm von. L. Baudry, Guillaume d'Ockham. Bd. 1. Paris. 1949. – Ders., Lexique philosophique de Guillaume d'Ockham. Paris. 1958. – H. Junghans, Ockham im Lichte der neueren Forschung. 1969. – J. Miethke, Ockhams Weg zur Sozialphilosophie. 1969.

Scholastik → Gesamtdarstellungen.

Thomismus. E. Gilson, Le Thomisme. Paris. [6]1972. – P. Grenet, Der Thomismus. Kompendium der Philosophie des Thomas von Aquin. 1959. Engl. New York. 1967. – P. Mandonet, J. Destrez, Bibliographie Thomiste. Paris [2]1960. – M. Reding, Die Struktur des Thomismus. 1974. → auch 1.8.6 Thomas von Aquin.

1.4.8 PHILOSOPHIE DER NEUZEIT

Gesamtdarstellungen: E. Coreth, Einführung in die Philosophie der Neuzeit. Bd. 1 1972. – M. Frischeisen-Köhler, W. Moog (Hrsg.), Die Philosophie der Neuzeit bis zum Ende des XVIII. Jh. [12]1924. Nachdr. Basel. [13]1953 (F. Ueberweg, Grundriß der Geschichte der Philosophie 3). – W. Kern, Geschichte der europäischen Philosophie in der Neuzeit. 2 Bde. 1962/63. – K. Schilling, Geschichte der Philosophie. Bd. 2: Die Neuzeit. [2]1953. – Ders., Geschichte der Philosophie 6: Von der Renaissance bis Kant. 1954 (Slg. Göschen 394/394a). – K. Vorländer, Die Philosophie der Neuzeit bis Kant. Neubearb. H. Knittermeyer. [9]1955 (Vorländer, Geschichte der Philosophie 2). Taschenbuch-Ausg. 2 Bde. 1966/67. – Ders., Nachkantische Philosophie bis zur Gegenwart. Neubearb. L. Geldsetzer. 1974 (Vorländer, Geschichte der Philosophie 3). → auch 1.4.9 Philosophie der Gegenwart.

Agrippa von Nettesheim. H. F. W. Kuhlau, Die imitatio Christi u. ihre kosmolog. Überfremdung. Die theolog. Grundgedanken des Agrippa von Nettesheim. 1968. – A. Prost, Les Sciences et les Arts Occultes au XVIe Siècle. Corneille Grippa, sa Vie et ses Œuvres. 2 Bde. Paris. 1881/82. Nachdr. Nieuwkoop. 1965.

Alembert, Jean le Rond d'. R. Grimsley, J. d'Alembert. Oxford, London. 1963. – H. Ley, Zur Bedeutung d'Alemberts. Wissenschaftl. Zeitschrift der Universität Leipzig. 1951/52.

Aufklärung. E. Cassirer, Die Philosophie der Aufklärung. [3]1973. – E. Coreth, Einführung in die Philosophie der Neuzeit. Bd. 1: Rationalismus, Empirismus, Aufklärung. 1972. – P. Gay, Age of Enlightenment. New York. 1966. – P. Hazard, Die Herrschaft der Vernunft. Das europ. Denken im 18. Jh. Dt. 1949. – M. Horkheimer, Th. W. Adorno, Dialektik der Aufklärung. Taschenbuch-Ausg. [3]1972. – I. Kant, Was ist Aufklärung? Aufsätze zur Geschichte u. Philosophie. Hrsg. J. Zehbe. 1968. – H. Ley, Geschichte der Aufklärung u. des Atheismus. 2 Bde. 1970/71. – H. Nicolson, Das Zeitalter der Vernunft. Dt. 1961. – W. Schneiders, Die wahre Aufklärung. 1974. – H.-J. Schoeps (Hrsg.), Zeitgeist der Aufklärung. 1974. – F. Valjavec, Geschichte der abendländ. Aufklärung. 1961. – M. Wundt, Die dt. Schulphilosophie im Zeitalter der Aufklärung. 1945. Nachdr. 1964.

Avenarius, Richard. F. Raab, Die Philosophie des R. Avenarius. 1913.

Bergson, Henri. M. Barthélemy-Madaule, Bergson u. Teilhard de Chardin. Die Anfänge einer neuen Welterkenntnis. Dt. 1970. – M. Capek, Bergson and Modern Physics. Dordrecht. 1971 (Boston Studies in the Philosophy of Science 7). – A. Cresson, Bergson. Paris. [6]1964. – Les Études Bergsoniennes. Paris. 1948 ff. – M. Garcia Morente, La Filosofia de Bergson. Madrid. 1972. – P. Jurevičs, H. Bergson. Eine Einführung in seine Philosophie. 1949. – G. Pflug, H. Bergson. 1959.

Brentano, Franz. A. Kastil, Die Philosophie F. Brentanos. 1951. – A. G. Scharwath, Tradition, Aufbau u. Fortbildung der Tugendlehre F. Brentanos. 1967.

Bruno, Giordano. E. Grassi (Hrsg.), G. Bruno. Heroische Leidenschaften u. individuelles Leben. 1947. Taschenbuch-Ausg. 1957. – A. Groce, G. Bruno. 1. Teil. Wien. 1972. – P.-H. Michel, The Cosmology of G. Bruno. London. 1972. – V. Salvestrini, Bibliografia di G. Bruno 1582–1950. Florenz. [2]1958. – Heinz-Ulrich Schmidt, Zum Problem des Heros bei G. Bruno. 1968.

Comte, Auguste. P. Arbousse-Bastide, A. Comte, Paris. 1968. – P. Arnaud, La Pensée d'A. Comte. Paris. 1969. – H. Gouhier, La Jeunesse d'A. Comte et la Formation du Positivisme. 3 Bde. Paris. 1933–1941. – A. Kremer-Marietti, A. Comte. Paris. 1970. – J. Lacroix, La Sociologie des A. Comte. Paris. 1956. – A. Marcuse, Die Geschichtsphilosophie A. Comtes. 1932. – O. Negt, Strukturbeziehungen zwischen den Gesellschaftslehren Comtes u. Hegels. 1964.

Descartes, René. F. Alquié, Descartes. Dt. 1962. – L. Gäbe, Descartes' Selbstkritik. 1972. – H. Gouhier, La Pensée Religieuse de Descartes. Paris. [2]1972. – K. Jaspers, Descartes u. die Philosophie. [4]1966. – A. Koyré, Descartes u. die Scholastik. [2]1971. – R. Lefevre, La Métaphysique de Descartes. Paris. [3]1972. – J. Morris, Descartes Dictionary. New York. 1971. – W. Röd, Descartes' Erste Philosophie. 1971. – G. Rodis-Lewis, L'Œuvre de Descartes. 2 Bde. Paris. 1971. – G. Sebba, Bibliographia Cartesiana. Den Haag. 1964. – R. Specht, R. Descartes. 1966.

deutsche Philosophie. M. Dupuy, La Philosophie Allemande. Paris. 1972. – A. Hübscher, Von Hegel zu Heidegger. 1961. – K. Löwith, Von Hegel zu Nietzsche. [5]1964. Neuausg. 1969. – T. K. Oesterreich (Hrsg.), Die dt. Philosophie des XIX. Jh. u. der Gegenwart. [12]1923. Nachdr. Basel. [13]1951 (F. Ueberweg, Grundriß der Geschichte der Philosophie 4). – E. F. Sauer, Dt. Philosophen. Von Eckhart bis Heidegger. 1968. – Raymund Schmidt (Hrsg.), Die dt. Philosophie der Gegenwart in Selbstdarstellungen. 7 Bde. 1921–1929. – K. Zweiling (Hrsg.), Die dt. Philosophie (1895–1945). 3 Bde. 1961/62. → auch 1.4.7, 1.4.8 u. 1.4.9.

Dilthey, Wilhelm. O. F. Bollnow, Dilthey. Eine Einführung in seine Philosophie. [3]1967. – H. Diwald, W. Dilthey. Erkenntnistheorie u. Philosophie der Geschichte. 1963. – U. Herrmann, Bibliographie W. Dilthey. 1969. – Ders., Die Pädagogik W. Diltheys. 1970. – H. Johach, Handelnder Mensch u. objektiver Geist. Zur Theorie der Geistes- u. Sozialwissenschaften bei W. Dilthey. 1974. – P. Krausser, Kritik der endl. Vernunft. Diltheys Revolution der allg. Wissenschafts- u. Handlungstheorie. 1968. – G. Misch, Vom Lebens- u. Gedankenkreis W. Dilthey's. 1947. – K. Sauerland, Diltheys Erlebnisbegriff. 1972. – Ch. Zöckler, W. Dilthey u. die Hermeneutik. 1973.

Driesch, Hans. A. Wenzl (Hrsg.), H. Driesch. Persönlichkeit u. Bedeutung für Biologie u. Philosophie. 1951.

englische Philosophie. E. von Aster, Geschichte der engl. Philosophie. 1927. – P. Dubois, Le Problème Moral dans la Philosophie Anglaise de 1900 à 1950. Paris. 1967. – P. Ginestier, Philosophes Anglais et Américains d'aujourd'hui. Paris. 1973. – E. Leroux, A. Leroy, La Philosophie Anglaise Classique. Paris. 1951. C. A. Mace (Hrsg.), British Philosophy in the Mid-Century. London. [2]1956. – R. Metz, Die philosoph. Strömungen der Gegenwart in Großbritannien. 2 Bde. 1935. – L. Stephen, History of EnglishThought in the Eighteenth Century. 2 Bde. London. 1962. – G. J. Warnock, Engl. Philosophie im 20. Jh. Dt. 1971.

Feuerbach, Ludwig. H.-J. Braun, Die Religionsphilosophie L. Feuerbachs. 1972. – M. von Gagern, L. Feuerbach. 1970. – F. Jodl, L. Feuerbach. [2]1921. – S. Rawidowicz, L. Feuerbachs Philosophie. [2]1964. – Alfred Schmidt, Emanzipatorische Sinnlichkeit. L. Feuerbachs anthropolog. Materialismus. 1973. – W. Schuffenhauer, Feuerbach u. der junge Marx. [2]1972. – E. Thies (Hrsg.), L. Feuerbach. 1973. – M. Xhaufflaire, Feuerbach u. die Theologie der Säkularisation. Dt. 1972.

Fichte, Johann Gottlieb. H. M. Baumgartner, W. G. Jacobs, Fichte-Bibliographie. 1968. – Kuno Fischer, Fichtes Leben, Werke u. Lehre. [4]1914. – C. K. Hunter, Der Interpersonalitätsbeweis in Fichtes früher angewandter prakt. Philosophie. 1973. – W. Janke, Fichte – Sein u. Reflexion. 1970. – G. Schulte, Die Wissenschaftslehre des späten Fichte. 1971. – I. Schüssler, Die Auseinandersetzung von Idealismus u. Realismus in Fichtes Wissenschaftslehre. 1972. – W. Weischedel, Der frühe Fichte. [2]1974.

Franck, Sebastian. W.-E. Peuckert, S. Franck. 1943. – A. Reimann, S. Franck als Geschichtsphilosoph. 1921. – E. Teufel, „Landräumig". S. Franck, ein Wanderer an Donau, Rhein u. Neckar. 1954. – S. Wollgast, Der dt. Pantheismus im 16. Jh. S. Franck u. seine Wirkungen auf die Entwicklung der pantheist. Philosophie in Dtschld. 1972.

französische Philosophie. E. Callot, Von Montaigne zu Sartre. Dt. 1952. – A. Cuvillier, Anthologie des Philosophes Français Contemporains. Paris. [2]1965. – H. Gouhier, Les Grandes Avenues de la Pensée Philosophique en France depuis Descartes. Paris. 1966. – P. Groethuysen, Die Philosophie der Französ. Revolution. Dt. 1971. – J. Lacroix, Panorama de la Philosophie Française Contemporaine. Paris. [2]1967. – A. Robinet, La Philosophie Français. Paris. [2]1969. – P. Trotignon, Les Philosophes Français d'aujourd'hui. Paris. [2]1970. – J. Wahl, Französ. Philosophie. Dt. 1948.

Hegel, Georg Wilhelm Friedrich. Th. W. Adorno, Drei Studien zu Hegel. In: Adorno, Gesammelte Schriften 5. 1971. – J. Barion, Hegel u. die marxist. Staatslehre. [2]1970. – E. Bloch, Subjekt – Objekt, Erläuterungen zu Hegel. 1962. Taschenbuch-Ausg. 1971. – W. Dilthey, Die Jugendgeschichte Hegels u.a. Abhandlungen zur Geschichte des dt. Idealismus. [4]1968 (Dilthey, Gesammelte Schriften 4). – I. Fetscher, Hegel – Größe u. Grenzen. 1971. – Ders. (Hrsg.), Hegel in der Sicht der neueren Forschung. 1973. – H.-G. Gadamer (Hrsg.), Stuttgarter Hegel-Kongreß 1970. Vorträge. 1973. – H. Glockner (Hrsg.), Hegel-Lexikon, 4 in 2 Bden. 1957 (Hegel, Sämtl. Werke. Jubiläums-Ausg. Bde. 23–26). – Ders., Hegel. 2 Bde. 1929–1940 (Hegel, Sämtl. Werke 21–22), Neuausg. [4]1964. – R. Heede, J. Ritter (Hrsg.), Hegel-Bilanz. 1973. – P. Heintel, Hegel. Der letzte universelle Philosoph. 1970. – J. d'Hondt, Hegel in seiner Zeit. Berlin, 1818–1831. Dt. 1973. – G.-K. Kaltenbrunner (Hrsg.), Hegel u. die Folgen. 1970. – H. Ley (Hrsg.), Zum Hegelverständnis unserer Zeit. Beiträge marxist.-leninist. Hegelforschung. 1972. – G. Lukács, Der junge Hegel. Neuausg. 2 Bde. 1973. – G. Maluschke, Kritik u. absolute Methode in Hegels Dialektik. 1974. – G. Nicolin (Hrsg.), Hegel in Berichten seiner Zeitgenossen. 1970. – O. Pöggeler, Hegels Idee einer Phänomenologie des Geistes. 1973. – L. B. Puntel, Darstellung, Methode u. Struktur. Untersuchungen zur Einheit der systemat. Philosophie G. W. F. Hegels. 1973. – L. Sichirollo (Hrsg.), Schriften zu Hegel u. seiner Wirkungsgeschichte. 1970. – F. D. Wagner, Hegels Philosophie der Dichtung. 1974. – F. Wiedmann, Hegel. [3]1969. → auch 1.4.1 Dialektik, 1.4.8 Idealismus.

Hobbes, Thomas. H. Fiebig, Erkenntnis u. techn. Erzeugung, Hobbes' operationale Philosophie der Wissenschaft. 1973. – R. Hönigswald, Hobbes u. die Staatsphilosophie. 1924. Nachdr. 1971. – K. M. Kodalle, Th. Hobbes – Logik der Herrschaft u. Vernunft des Friedens. 1971. – R. Koselleck, R. Schnur (Hrsg.), Hobbes-Forschungen. 1969. – H. Macdonald, M. Hargreaves, Th. Hobbes. A Bibliography. London. 1952. – Hans Maier (Hrsg.), Klassiker des polit. Denkens. Bd. 1: Von Plato bis Hobbes. [4]1972. – G. C. Robertson, Hobbes. Edinburgh u. London. 1886. Nachdr. (mit Einl. von F. O. Wolf) 1972. – F. Tönnies, Th. Hobbes Leben u. Lehre. [3]1925. Mit Nachwort u. Bibliographie neu hrsg. von K.-H. Ilting. 1969. – F. O. Wolf, Die neue Wissenschaft des Th. Hobbes. 1970.

Hume, David. T. E. Jessop, A Bibliography of D. Hume and Scottish Philosophy. London. 1938. – R. Metz, D. Hume. 1929. – E. C. Mossner, The Life of D. Hume. London. [2]1970. – J. Noxon, Hume's Philosophical Development. Oxford, London. 1972. – A. Schaefer, D. Hume, Philosophie u. Politik. 1963. – D. C. Stove, Probability and Hume's Inductive Scepticism. London. 1973. – F. Zabeeh, Hume, Precursor of Modern Empiricism. Den Haag [2]1973. → auch Locke, John.

Husserl, Edmund. Th. W. Adorno, Zur Metakritik der Erkenntnistheorie. Studien über Husserl u. die phänomenolog. Antinomien. Neuausg. 1972. – A. Diemer, E. Husserl, Versuch einer systemat. Darstellung seiner Phänomenologie. [2]1965. – Festschrift E. Husserl zum 70. Geburtstag gewidmet. 1929 (Jahrbuch für Philosophie u. phänomenolog. Forschung, Erg.-Bd.). Nachdr. 1969 u. 1973. – E. Holenstein, Phänomenologie der Assoziation. Zur Struktur u. Funktion eines Grundprinzips der passiven Genesis bei E. Husserl. Den Haag. 1972. – H. Noack (Hrsg.), Husserl. 1973. – A. Pazanin, Wissenschaft u. Geschichte in der Phänomenologie E. Husserls. Den Haag. 1972. – E. Tugendhat, Der Wahrheitsbegriff bei Husserl u. Heidegger. [2]1969. → auch Phänomenologie u. 1.4.9 Existenzphilosophie.

Idealismus. R. Bubner (Hrsg.), Hegel-Tagung Villigst 1969. Das älteste Systemprogramm. Studien zur Frühgeschichte des dt. Idealismus. 1972 (Hegel-Studien, Beiheft 9). – J. E. Erdmann, Philosophie der Neuzeit: Der dt. Idealismus. 2 Bde. Taschenbuch-Ausg. 1971 (Geschichte der Philosophie 6 u. 7). – N. Hartmann, Die Philosophie des Dt. Idealismus. 2 Teile. [3]1974. – R. Kroner, Von Kant bis Hegel. 2 Bde. [2]1961. – G. Stiehler, Der Idealismus von Kant bis Hegel. 1970. → auch Fichte, Johann Gottlieb; Hegel, Georg Wilhelm Friedrich; Schelling, Friedrich Wilhelm.

japanische Philosophie. Ch. Fujisawa, Zen and Shinto. The Story of Japanese Philosophy. Westport, Conn. 1971. – D. Holzman u.a., Japanese Religion and Philosophy. A Guide to Japanese Reference and Research Materials. Ann Arbor. 1959. – T. A. Imamichi, Die gegenwärtige Lage der japan. Philosophie. In: Philosophische Perspektiven. Bd. 1. 1969. – P. Lüth, Die japan. Philosophie. 1944. – K. Nishida, Die intelligible Welt. Dt. 1943. – G. K. Piovesana, Recent Japanese Philosophical Thought, 1862–1962. A Survey. Tokio. 1963.

Kant, Immanuel. L. W. Beck, Kants „Kritik der prakt. Vernunft". Dz. 1973. – E. Cassirer, Kants Leben u. Lehre. 1918. Nachdr. 1972 u. 1974. – F. Delekat, I. Kant. Histor.-krit. Interpretation der Hauptschriften. [3]1969. – R. Eisler, Kant-Lexikon. 1930. Nachdr. 1961 u. (3. Aufl.) 1964. – G. Funke (Hrsg.), Akten des 4. Internat. Kant-Kongresses. Mainz, 6.–10. Apr. 1974. 3 Teile in 4 Bden. 1974. (T. 1 Sonderheft der Kant-Studien, Jg. 65). – F. Gause, Kant u. Königsberg. 1974. – M. Heidegger, Kant u. das Problem der Metaphysik. [4]1973. – H. Heimsoeth, Transzendentale Dialektik. Ein Kommentar zu Kants Kritik der reinen Vernunft. 4 Teile. 1966–1971. – Ders., Studien zur Philosophie I. Kants. 2 Bde. [1-2]1970–1971.– W. Hogrebe, Kant u. das Problem der transzendentalen Semantik. 1974. – H. Holzhey, Kants Erfahrungsbegriff. 1970. – J. Kopper, R. Malter (Hrsg.), I. Kant zu ehren. 1974. – St. Körner, Kant. Dt. 1967. – G. Martin (Hrsg.), Allg. Kantindex. Auf etwa 21 Bde. berechnet. 1967 ff. – Ders., I. Kant Ontologie u. Wissenschaftstheorie. [4]1969. – G. Prauss (Hrsg.), Kant. Zur Deutung seiner Theorie von Erkennen u. Handeln. 1973. – Ders., Kant u. das Problem der Dinge an sich. 1974. – M. Puder, Kant – Stringenz u. Ausdruck. 1974. – R. Saage, Eigentum, Staat u. Gesellschaft bei I. Kant. 1973. – Raymund Schmidt (Hrsg.), I. Kant, Die drei Kritiken in ihrem Zusammenhang mit dem Gesamtwerk. [10]1969. – Uwe Schultz, I. Kant. [2]1967. – Karl Vogel, Kant u. die Paradoxien der Vielheit. 1974. – K. Vorländer, Kants Leben. Hrsg. R. Malter. [3]1974. – W. Weischedel (Hrsg.), Kant-Brevier. 1974. → auch Idealismus.

Kierkegaard, Sören. Th. W. Adorno, Kierkegaard. Konstruktion des Ästhetischen. [3]1966. Taschenbuch-Ausg. 1974. – H. Diem, S. Kierkegaard. 1964. – J. Himmelstrup, S. Kierkegaard. International Bibliografi. Kopenhagen. 1962. – E. Hirsch, Kierkegaard-Studien. 3 Bde. 1930–1933. – A. Hügli, Die Erkenntnis der Subjektivität u. die Objektivität des Erkennens bei S. Kierkegaard. Zürich. 1973. – K. O. Larsen, S. Kierkegaard. Dt. 1973. – P. P. Rohde, S. Kierkegaard. [7]1969. – H.-H. Schrey (Hrsg.), S. Kierkegaard. 1971. – J. Wahl, Études Kierkegaardiennes. Paris. [3]1967. – K. Weisshaupt, Die Zeitlichkeit der Wahrheit. Eine Untersuchung zum Wahrheitsbegriff S. Kierkegaards. 1973. → auch 1.4.1 Dialektik.

Lebensphilosophie. O. F. Bollnow, Die Lebensphilosophie. 1958. – W. Dilthey, Die geistige Welt. Einleitung in die Philosophie des Lebens. 2 Teile. [5]1968 (Dilthey, Gesammelte Schriften 5 u. 6). – G. Misch, Lebensphilosophie u. Phänomenologie. [2]1931. Nachdr. 1967.

Leibniz, Gottfried Wilhelm. Akten des II. Internationalen Leibniz-Kongresses, Hannover, 17.–22. Juli 1972. 4 Bde. 1973 ff. (Studia Leibnitiana, Supplementa 12–15). – Ch. Axelos, Die ontolog. Grundlagen der Freiheitstheorie von Leibniz. 1973. – E. Cassirer, Leibniz' System in seinen wissenschaftl. Grundlagen. 1902. Nachdr. 1962. – W. Dilthey, Leibniz u. sein Zeitalter. In: Dilthey, Gesammelte Schriften 3. [4]1968. – A. Gurwitsch, Leibniz. Philosophie des Panlogismus. 1974. – E. Hochstetter (Hrsg.), G. W. Leibniz. Zu seinem 300. Geburtstag. 1646–1946. 8 Lieferungen. 1946–1952. – Ders. u. G. Schischkoff (Hrsg.), Gedenkschrift für G. W. Leibniz. 1966 (Zeitschrift für philosoph. Forschung 20, 3/4). – Gerhard Krüger (Hrsg.), G. W. Leibniz, Die Hauptwerke. [5]1967. – Kurt Müller (Hrsg.), Leibniz Bibliographie. 1967. – Ders. u. G. Krönert (Bearb.), Leben u. Werk von G. W. Leibniz. Eine Chronik. 1969. – B. Russell, A Critical Exposition of the Philosophy of Leibniz. London. [2]1937. Nachdr. 1967. – S. von der Schulenburg, Leibniz als Sprachforscher. 1973. – W. Totok, C. Haase (Hrsg.), Leibniz. Sein Leben – sein Wirken – seine Welt. 1966. – P. Wiedeburg, Der junge Leibniz. Das Reich u. Europa. 2 Teile in 6 Bden. 1962–1970. → auch Spinoza, Benedictus; Wolff, Christian.

Locke, John. R. I. Aaron, J. Locke. London. [3]1971. – J. Bennett, Locke, Berkeley, Hume. Central Themes. Oxford. 1971. – F. Duchesneau, L'Empirisme de Locke. Den Haag. 1973. – W. Euchner, Naturrecht u. Politik bei J. Locke. 1969. – J. W. Gough, J. Locke's Political Philosophy. London. [2]1973. – P. Hazard, J. Locke u. sein Zeitalter. Dt. 1947. – A. Klemmt, J. Locke. Theoret. Philosophie. [2]1967. – J. D. Mabbott, J. Locke. London. 1972. – Hans Maier, H. Rausch, H. Denzer (Hrsg.), Klassiker des polit. Denkens. Bd. 2: Von Locke bis M. Weber. [2]1969.

Montaigne, Michel de. P. Bonnefon, Montaigne. Bordeaux. 1892. Nachdr. Paris. 1943. – R. Friedenthal, Entdecker des Ichs. Montaigne – Pascal – Diderot. 1969. – H. Friedrich, Montaigne. [2]1967. – F. Jeanson, M. de Montaigne. Dt. 1958. – R. Judrin,

Montaigne, Tableau Synoptique de sa Vie et de ses Œuvres; Étude, Choix de Textes, Bibliographie. Paris. 1971. – F. Joukovsky, Montaigne et le Problème du Temps. Paris. 1972. – F. Rider, The Dialectic of Selfhood in Montaigne. London. 1973.

Neukantianismus. H. Dussort, L'École de Marburg. Paris 1963. – N. Hartmann, Vom Neukantianismus zur Ontologie. 1958 (Hartmann, Kleinere Schriften 3). – H. Rikkert, Die Heidelberger Tradition u. Kants Kritizismus. 1934. – W. Ritzel, Studien zum Wandel der Kantauffassung. 1952. Nachdr. 1968.

Nietzsche, Friedrich. Ch. Andler, Nietzsche. Sa Vie et sa Pensée. 6 Bde. Paris. 1920–1931. – E. Bertram, Nietzsche. Versuch einer Mythologie. ^{8}1965. – E. Fink, Nietzsches Philosophie. ^{3}1973. – E. Förster-Nietzsche, Das Leben F. Nietzsches. 2 in 3 Bden. 1895–1904. – I. Frenzel, F. Nietzsche. ^{4}1970. – Ch. Georg, F. Nietzsche. Wahnsinn u. Wirklichkeit einer Philosophie, eines Philosophen unserer Zeit. 1974. – E. Heftrich, Nietzsches Philosophie. 1962. – M. Heidegger, Nietzsche. 2 Bde. ^{2}1970. – K. Jaspers, Nietzsche. Einführung in das Verständnis seines Philosophierens. ^{3}1950. Nachdruck 1973. – R. F. Krummel, Nietzsche u. der dt. Geist. 1974. – K. Löwith, Nietzsches Philosophie der ewigen Wiederkehr des Gleichen. ^{2}1956. – E. F. Podach, F. Nietzsches Werke des Zusammenbruchs. 1961. – P. Pütz, F. Nietzsche. 1967 (Sammlung Metzler 62). – H. W. Reichert, K. Schlechta, International Nietzsche Bibliography, Chapel Hill (N. C.). 1960. – G. Rohrmoser, Nietzsche u. das Ende der Emanzipation. 1971. – K. Schlechta, Der Fall Nietzsche. ^{2}1959. – H. Steffen (Hrsg.), Nietzsche. Werk u. Wirkungen. 1974.

Pascal, Blaise. A. Béguin, B. Pascal, Dt. ^{3}1965. – L. Brunschvicq, B. Pascal. Paris. ^{2}1953. – L. Goldmann, Der verborgene Gott. Studie über die trag. Weltanschauung in den Pensées Pascals u. im Theater Racines. Dt. 1973. – H. Gouhier, Pascal, Commentaires. Paris. ^{2}1971. – R. Guardini, Christl. Bewußtsein. Versuche über Pascal. ^{3}1956. Taschenbuch-Ausg. 1962. – Th. M. Harvington, Vérité et Méthode dans les „Pensées" de Pascal. Paris. 1972. – E. Morot-Sir, Pascal. Paris. 1973. – J.-P. Schobinger, B. Pascals Reflexionen über die Geometrie im allgemeinen. 1973. – Th. Spoerri, Der verborgene Pascal. 1955. – F. Strowski, Pascal et son temps. 3 Bde. Paris. 1907/08. – E. Wasmuth, Die Philosophie Pascals. 1949. – Ders., Der unbekannte Pascal. 1962. →auch Montaigne, Michel de.

Phänomenologie. W. Biemel (Hrsg.), Phänomenologie heute. Den Haag. 1972. – E. Fink, Studien zur Phänomenologie 1930–1939. Den Haag. 1966. – G. Funke, Phänomenologie – Metaphysik oder Methode? ^{2}1972. – E. Husserl, Ideen zu einer reinen Phänomenologie u. phänomenolog. Philosophie. 3 Teile. ^{2}1950–1952 (Husserliana 3–5). – L. Landgrebe, Der Weg der Phänomenologie. 1963. Neuausg. 1971. – K. Schumann, Die Dialektik der Phänomenologie. 2 Bde. Den Haag. 1973. – A. Schütz, Studien zur phänomenolog. Philosophie. Dt. Den Haag. 1971. – R. C. Solomon (Hrsg.), Phenomenology and Existentialism. New York. 1972. – H. Spiegelberg, The Phenomenological Movement. A Historical Introduction. 2 Bde. Den Haag. ^{2}1969. →auch Husserl, Edmund, Lebensphilosophie.

Positivismus. J. Blühdorn, J. Ritter (Hrsg.), Positivismus im 19. Jh. 1971. – A. Comte, Rede über den Geist des Positivismus. Hrsg. I. Fetscher. ^{2}1966. – R. Kamitz, Positivismus. Befreiung vom Dogma. 1972. – L. Kolakowski, Die Philosophie des Positivismus. Dt. 1971. – H. Schnädelbach, Erfahrung, Begründung u. Reflexion. Versuch über den Positivismus. 1971. – Logischer Positivismus (Neopositivismus) →1.4.9 Analytische Philosophie.

Pragmatismus. A. J. Ayer, The Origins of Pragmatism. London. 1968. – E. Baumgarten, Die geistigen Grundlagen des amerikan. Gemeinwesens. Bd. 2: Der Pragmatismus: R. W. Emerson, W. James, J. Dewey. 1938. – P. Hossfeld, Pragmatismus mit dogmat. Rückhalt. 1971. – Ch. Morris, The Pragmatic Movement in American Philosophy. New York. 1970. – Ch. S. Peirce, Vorlesungen über Pragmatismus. Engl.-Dt. Hrsg. E. Walther. 1973.

Scheler, Max. S. M. Frings, M. Scheler. Löwen u. Paris. 1965. – F. Hammer, Theonome Anthropologie? M. Schelers Menschenbild u. seine Grenzen. Den Haag. 1972. – W. Hartmann (Hrsg.), M. Scheler. Bibliographie. 1963. – A. R. Luther, Persons in Love. A Study of M. Scheler's „Wesen u. Formen der Sympathie". Den Haag. 1972. – B. Rutishauser, M. Schelers Phänomenologie des Fühlens. 1969. →auch 1.4.9 Gesamtdarstellungen.

Schelling, Friedrich Wilhelm Joseph von. J. A. Bracken, Freiheit u. Kausalität bei Schelling. 1972. – I. Görland, Die Entwicklung der Frühphilosophie Schellings in der Auseinandersetzung mit Fichte. 1973. – M. Heidegger, Schellings Abhandlung über das Wesen der menschl. Freiheit (1809). Hrsg. H. Feick. 1972. – D. Jähnig, Schelling. Die Kunst in der Philosophie. 2 Bde. 1966–1969. – K. Jaspers, Schelling. 1955. – B. Loer, Das Absolute u. die Wirklichkeit in Schellings Philosophie. 1974. – H.-J. Sandkühler, F. W. J. Schelling. 1970 (Slg. Metzler 87). – G. Schneeberger, F. W. J. Schelling. Eine Bibliographie. Bern. 1954. – M. Schröter, Kritische Studien über Schelling u. zur Kulturphilosophie. 1971. – Walter Schulz, Die Vollendung des dt. Idealismus in der Spätphilosophie Schellings. 1955. – H. Zeltner, Schelling. 1954.

Schopenhauer, Arthur. W. Abendroth, A. Schopenhauer. ^{3}1971. – H.-D. Bahr, Das gefesselte Engagement. Zur Ideologie der kontemplativen Ästhetik Schopenhauers. 1970. – Ch. M. J. Frauenstädt, Schopenhauer-Lexikon. 2 Bde. 1871. – W. Gwinner, A. Schopenhauer. Aus persönl. Umgang dargestellt. Hrsg. Ch. von Gwinner. 1963. – A. Hübscher, Denker gegen den Strom. Schopenhauer gestern, heute, morgen. 1973. – Von der Aktualität Schopenhauers. Festschrift A. Hübscher. 1972 (Schopenhauer-Jahrbuch 53).

Spinoza, Benedictus. N. Altwicker (Hrsg.), Texte zur Geschichte des Spinozismus. 1971. – G. Brykman, La Judéité de Spinoza. Paris. 1973. – St. von Dunin-Borkowski, Spinoza. 4 Bde. $^{1-2}$1933–1936. – E. Giancotti-Boscherini, Lexicon Spinozanum. 2 Bde. Den Haag. 1970. – S. Hessing (Hrsg.), 300 Jahre Ewigkeit. Spinoza-Festschrift. 1632–1932. Den Haag. ^{2}1962. – F. Kauz, Substanz u. Welt bei Spinoza u. Leibniz. 1972. – A. S. Oko, The Spinoza Bibliography. Boston. 1964. – Spinoza on Knowing, Being and Freedom. Spinoza-Symposion, Leitung: J. G. Van Der Bend. Assen/Niederlande. 1974. – M. Sterian, Einführung in das Ideenreich Spinozas. Zürich. 1972. – Th. de Vries, Spinoza. 1970. – J. Wetlesen, A Spinoza Bibliography 1940–1967. Folkestone, Kent. 1968. →auch 1.4.6 Anaximander.

Vereinigte Staaten von Amerika, Philosophie. A. J. Bahm (Hrsg.), Directory of American Philosophers. Albuquerque. 1962ff. – M. Black (Hrsg.), Philosophy in America, Ithaca (N.Y.), London. 1965. – J. L. Blau, Philosophie u. Philosophen Amerikas. Ein histor. Abriß. Dt. 1957. – L. Marcuse, Amerikan. Philosophieren. 1959. – G. E. Müller, Amerikan. Philosophie. ^{2}1950. – G. E. Myers, The Spirit of American Philosophy. New York. 1970. – St. E. Nauman, Dictionary of American Philosophy. 1973. – J. A. Reck, New American Philosophers. Baton Rouge (Lou). 1968. – H. W. Schneider, Geschichte der amerikan. Philosophie. Dt. 1957. – J. E. Smith (Hrsg.), Contemporary American Philosophy. 2. Serie. London. 1970. – M. White, Science and Sentiment in America. Philosophical Thought from J. Edwards to J. Dewey. London. 1972. – R. B. Winn, Amerikan. Philosophie. Bern. 1948 (Bibliograph. Einführungen in das Studium der Philosophie 2). – Ders., American Philosophy. New York. 1968. →auch Pragmatismus.

Wolff, Christian. A. Bissinger, Die Struktur der Gotteserkenntnis. Studien zur Philosophie Ch. Wolffs. 1970. – M. Campo, Ch. Wolff e il Razionalismo Precritico. 2 Bde. Mailand. 1939. – W. Lenders, Die analyt. Begriffs- u. Urteilstheorie von G. W. Leibnitz u. Ch. Wolff. 1971. – H. A. Meissner, Philosoph. Lexikon aus Ch. Wolffs sämtl. dt. Schriften. 1738. Nachdr. 1971. – M. Wundt, Ch. Wolff u. die dt. Aufklärung. In: Das Deutsche in der Philosophie. 1941.

1.4.9 PHILOSOPHIE DER GEGENWART

Gesamtdarstellungen: H. Albrecht, Dt. Philosophie heute. 1969. – F. Austeda, Moderne Philosophie. 1972. – I. M. Bocheński, Europ. Philosophie der Gegenwart. ^{2}1951. – J. Collins, Interpreting Modern Philosophy. Princeton, New Jersey. 1972. – B. Delfgaauw, Philosophie im 20. Jh. 1966. Engl. Dublin. 1969. – J. H. Gill, Philosophy Today. New York, London. 3 Bde. 1969/70. – Les Grands Courants de la Pensée Contemporaine. La Philosophie mondiale du XXe Siècle. 6 in 3 Bden. Paris. 1958–1964. – W. Hochkeppel (Hrsg.), Die Antworten der Philosophie heute. 1967. – Ders., Modelle des gegenwärtigen Zeitalters Thesen der Kulturphilosophie im 20. Jh. 1973. – A. Hübscher, Denker unserer Zeit. 1956. – R. Klibansky (Hrsg.), Philosophy in the Mid-Century. 4 Bde. Florenz. 1958. – L. Landgrebe, Philosophie der Gegenwart. ^{2}1957. – H. Lenk, Philosophie im technolog. Zeitalter. 1971. – H. Noack, Die Philosophie Westeuropas. 1962 (Die philosoph. Bemühungen des 20. Jh.). – Philosophie der Gegenwart: Frege, Carnap, Wittgenstein, Popper, Russell, Whitehead; Scheler, Hönigswald, Cassirer, Plessner, Merleau-Ponty, Gehlen. 2 Bde. 1972/73 (J. Speck [Hrsg.], Grundprobleme großer Philosophen Bde. 2 u. 3). – F.-J. von Rintelen, Contemporary German Philosophy. Bonn. ^{2}1973. – Walter Schulz, Philosophie in der veränderten Welt. 1972. – W. Stegmüller, Hauptströmungen der Gegenwartsphilosophie. ^{4}1969. – K. Ulmer, Philosophie der modernen Lebenswelt. 1972. – J. O. Urmson (Hrsg.), The Concise Encyclopedia of Western Philosophy and Philosophers. New York. 1960. →auch 1.4.8.

Analytische Philosophie. A. J. Ayer (Hrsg.), Logical Positivism. Neuausg. New York. 1966. – Ders., Russell and Moore; the Analytical Heritage. London. 1971. – M. Black (Hrsg.), Philosophical Analysis. Ithaca (N. Y.). 1950. Nachdr. Freeport (N. Y.). 1971. – R. Bubner (Hrsg.), Sprache u. Analysis. Texte zur engl. Philosophie der Gegenwart. 1968. – W. K. Essler, Analyt. Philosophie. Bd. 1. 1972. – O. Neurath, R. Carnap, Ch. W. Morris, International Encyclopedia of Unified Science. 2 Bde. Chicago. 1955. – K. R. Popper, Logik der Forschung. Dt. ^{5}1973. – H. Reichenbach, Der Aufstieg der wissenschaftl. Philosophie. Dt. ^{2}1968. – Ch. L. Reid, Basic Philosophical Analysis. Hemel Hempstead. 1972. – B. Russell, Das menschl. Wissen. Dt. 1953. – Ders., Probleme der Philosophie. Dt. 1967. – G. Ryle, Der Begriff des Geistes. Dt. 1969. – E. von Savigny, Die Philosophie der normalen Sprache. Eine krit. Einführung in die „ordinary language philosophy". 1969. – Ders. (Hrsg.), Philosophie u. normale Sprache. Texte der Ordinary-Language-Philosophy. 1969. – Ders., Analyt. Philosophie. 1970. – L. Wittgenstein, Schriften. Hrsg. R. Rhees u. B. F. Mc Guinness. 5 Bde., 2 Beihefte. 1967–1972. →auch 1.4.1 Wissenschaftstheorie; 1.4.3 Logistik; 1.4.9 Russell, Bertrand; Wittgenstein, Ludwig.

Croce, Benedetto. A. A. De Gennaro, Philosophy of B. Croce. An Introduction. New York. 1968. – K.-E. Lönne, B. Croce als Kritiker seiner Zeit. 1967. – W. Mager, B. Croces literar. u. polit. Interesse an der Geschichte. 1965. – E. Merlotti, L'Intention Spéculative de B. Croce. Paris. 1970. – T. Osterwalder, Die Philosophie Benedetto Croces als moderne Ideenlehre. 1954.

Existenzphilosophie. O. F. Bollnow, Existenzphilosophie. ^{7}1969. – Ders., Neue Geborgenheit. Das Problem der Überwindung des Existentialismus. ^{3}1972. – A. Camus, Der Mensch in der Revolte. Dt. 13.–15. Tsd. 1964. – L. Gabriel, Existenzphilosophie. Von Kierkegaard bis Sartre. Wien. ^{2}1968. – M. Heidegger, Sein u. Zeit. ^{12}1972. – F. Heinemann, Existenzphilosophie – lebendig oder tot? ^{4}1971. – K. Jaspers, Existenzphilosophie. ^{3}1964. – Ders., Vernunft u. Existenz. 1973. – H. Knittermeyer, Die Philosophie der Existenz von der Renaissance bis zur Gegenwart. 1952. – G. Marcel, Das Geheimnis des Seins. Dt. 1952. – M. Merlau-Ponty, Existence et Dialectique. Textauswahl. Hrsg. M. Dayan. Paris. 1971. – Max Müller, Existenzphilosophie im geistigen Leben der Gegenwart. ^{3}1965. – St. E. Nauman, The New Dictionary of Existentialism. New York. 1971. – E. Pivcevic, Von Husserl bis Sartre. 1972. – J. P. Sartre, Das Sein u. das Nichts. Dt. 12.–14. Tsd. 1970. →auch Phänomenologie.

Hartmann, Nicolai. W. Bulk, Das Problem des idealen An-sich-Seins bei N. Hartmann. 1971. – R. Gamp, Die interkategoriale Relation u. die dialekt. Methode in der Philosophie N. Hartmanns. 1972. – A. Guggenberger, Der Menschengeist u. das Sein. Eine Begegnung mit N. Hartmann. 1942. – H. Heimsoeth, R. Heiß (Hrsg.), N Hartmann. Der Denker u. sein Werk. 1952. – K. Kanthack, N. Hartmann u. das Ende der Ontologie. 1962.

Heidegger, Martin. W. Biemel, M. Heidegger. 1973. – C. F. Gethmann, Untersuchungen zum Methodenproblem in der Philosophie M. Heideggers. 1974. – V. Klostermann (Hrsg.), Durchblicke. M. Heidegger zum 80. Geburtstag. 1970. – K. Löwith, Heidegger, Denker in dürftiger Zeit. ^{3}1965. – O. Pöggeler, (Hrsg.), Heidegger. Perspektiven zur Deutung seines Werks. ^{2}1970. – Ders., Philosophie u. Politik bei Heidegger. ^{2}1974. – H.-M. Sass, Heidegger-Bibliographie. ^{2}1968. – Ders. u. a., Materialien zu einer Heidegger-Bibliographie. 1974. →auch 1.4.8 Husserl, Edmund; 1.4.9 Existenzphilosophie.

Jaspers, Karl. G. Gefken, K. Kunert, K. Jaspers. Bibliographie seiner Werke u. Schriften (1909–1967). 1968. – H. Pieper, Selbstsein u. Politik. Jaspers' Entwicklung vom esoterischen zum polit. Denker. 1973. – K. Piper, H. Saner (Hrsg.), Erinnerungen an K. Jaspers. 1974. – H. Saner, K. Jaspers. 1970. – Ders. (Hrsg.), K. Jaspers in der Diskussion. 1973.

Russell, Bertrand. A. J. Ayer, B. Russell. 1973. – R. Crawshay-Williams, Russell Remembered. London. 1970. – H. Gottschalk, B. Russell. 1962. – E. R. Eames, B. Russell's Theory of Knowledge. London. 1969. – E. D. Klemke (Hrsg.), Essays on B. Russell. Urbana (Ill.), London. 1970/71. – G. Nahknikian, B. Russell's Philosophy. London. 1974. – D. F. Pears, B. Russell and the British Tradition in Philosophy. London, New York. 1967. – A. Wood, B. Russell, Skeptiker aus Leidenschaft. Dt. 1959. →auch Gesamtdarstellungen; Analytischer Philosophie.

Strukturalismus. M. Bierwisch, Probleme u. Methoden des Strukturalismus. 1972. – J. M. Broekman, Strukturalismus. Moskau, Prag, Paris. 1971. – H. Gallas (Hrsg.), Strukturalismus als interpretatives Verfahren. 1972. – W. D. Hund (Hrsg.), Strukturalismus – Ideologie u. Dogmengeschichte 1972. – U. Jaeggi, Ordnung u. Chaos. Der Strukturalismus als Methode u. Mode. ^{2}1970. – A. Reif (Hrsg.), Antworten der Strukturalisten. L. Althusser, R. Barthes, M. Foucault, J. Lacan, C. Lévi-Strauss. 1972. – G. Schiwy, Der französ. Strukturalismus. Mode – Methode – Ideologie. ^{3}1970. – Ders., Neue Aspekte des Strukturalismus. 1971. Taschenbuch-Ausg. 1973. – Ders., Strukturalismus u. Zeichensysteme. 1973. – F. Wahl (Hrsg.), Einführung in den Strukturalismus. Dt. 1973.

Wittgenstein, Ludwig. R.-A. Dietrich, Sprache u. Wirklichkeit in Wittgensteins Tractaus. 1973. – K. T. Fann, Die Philosophie L. Wittgensteins. Dt. 1971. – A. Kenny, Wittgenstein. Dt. 1974. – N. Malcolm, L. Wittgenstein. Ein Erinnerungsbuch. Dt. 1961. – Ders., P. F. Strawson, N. Garver, St. Cavell, Über L. Wittgenstein. 1968. – D. Pears, L. Wittgenstein. Dt. 1971. – W. A. Shibles, Wittgenstein. Sprache u. Philosophie. 1973. →auch Gesamtdarstellungen.

1.5.0 PSYCHOLOGIE (ALLGEMEINES, HILFSMITTEL)

Bibliographien: American Psychological Association (Hrsg.), Psychological Abstracts. Worcester (Mass.). 1927ff. – J. Dambauer (Hrsg.), Bibliographie der deutschsprachigen psycholog. Literatur. 5 Bde. 1972–1977. – Dt. Pädagog. Zentralinstitut, Ostberlin (Hrsg.), Bibliographie der psycholog. Literatur der sozialist. Länder. 1960ff. – A. Wellek (Hrsg.), Gesamtverzeichnis der deutschsprachigen psycholog. Literatur der Jahre 1942–1960. 1965.

Handbücher: K. Gottschaldt, Ph. Lersch, F. Sander, H. Thomae (Hrsg.), Handbuch der Psychologie in 12 Bden. 1959ff. – Th. Hermann, P. R. Hofstätter, Handbuch psychologie. Grundbegriffe. 1977. – D. u. R. Katz (Hrsg.), Kleines Handbuch der Psychologie. ^{3}1972. – Die Psychologie des 20. Jh. 15 Bde. 1976ff.

Lexika u. Wörterbücher: W. Arnold, H. J. Eysenck, R. Meili (Hrsg.), Lexikon der Psychologie. 3 Bde. 1971/72. – G. Dietrich, H. Walter, Grundbegriffe der psycholog. Fachsprache. ^{2}1972. – F. Dorsch, Psycholog. Wörterbuch. ^{9}1976. J. Dreyer, W. D. Fröhlich, dtv-Wörterbuch zur Psychologie. ^{5}1975. – W. Hehlmann, Wörterbuch der Psychologie. ^{11}1974. – P. R. Hofstätter, Psychologie. 1974. (Fischer Lexikon 6). – K. von Sury, Wörterbuch der Psychologie u. ihrer Grenzgebiete. ^{4}1974.

Einführungen, Lehrbücher, Gesamtdarstellungen: H. Albert, H. Keuth (Hrsg.), Kritik der krit. Psychologie. 1973. – G. Anschütz, Psychologie. Grundlagen, Ergebnisse u. Probleme der Forschung. 1953. – H. Benesch, F. Dorsch (Hrsg.), Berufsaufgaben u. Praxis des Psychologen. 1971. – C. Bondy, D. Eggert, Einführung in die Psychologie. ^{5}1971. – Ch. Bühler, Psychologie im Leben unserer Zeit. Sonderausg. 1970. – K. Bühler, Die Krise der Psychologie. ^{3}1965. – I. Dembicki, Psychologie, Modell u. Wirklichkeit. 1969. Teil 2 Taschenbuch-Ausg. u. d. T.: Psychologie im Alltag. 1973. – H. J. Eysenck, Wege u. Abwege der Psychologie. Dt. 74.–80. Tsd. 1965. – E. Gattig, P. Viebahn, Was ist Psychologie? 1972. – C. F. Graumann (Hrsg.), Einführung in die Psychologie. 7 Bde. 1969ff. – D. O. Hebb, Einführung in die moderne Psychologie. ^{7}1973. – K. D. Heil, Programmierte Einführung in die Psychologie. 1973. – K. Holzkamp, Krit. Psychologie. 1972. – U. Kleinbeck, R. Lutz, W. Schönpflug, Das Studium der Psychologie. 1971. – D. Krech, R. S. Crutchfield, Grundlagen der Psychologie. 2 Bde. Dt. $^{1-5}$1971–1973. – U. Laucken, A. Schick, Einführung in das Studium der Psychologie. 1971. – H. Legewie, W. Ehlers, Knaurs moderne Psychologie. 1972. – A. H. Maslow, Psychologie des Seins. Ein Entwurf. Dt. 1973. – Mehtoden der Psychologie u. Pädagogik. 1969 (M. Theil [Hrsg.], Enzyklopädie der geisteswissenschaftl. Arbeitsmethoden 7). – W. Metzger, Psychologie. ^{4}1968. – Ph. Muller, Die Psychologie in der modernen Welt. 1972. – G. Politzer, Kritik der klass. Psychologie. Dt. 1974. – L. J. Pongratz, W. Traxel, E. G. Wehner (Hrsg.), Psychologie in Selbstdarstellungen. 1972. – K.-E. Rogge (Hrsg.), Steckbrief der Psychologie. ^{2}1974. – H. Rohracher, Einführung in die Psychologie. ^{11}1976. – V. Rüfner, Psychologie. Grundlagen u. Hauptgebiete. 1969 (Hans Meyer, Systemat. Philosophie 4). – E. Spranger, Psychologie u. Menschenbildung. Hrsg. W. Eisermann. 1973. (Spranger, Ges. Schriften 4). – W. Traxel, Grundlagen u. Methoden der Psychologie. ^{2}1974. – H. Ueckert, R. Kakuska, J. Nagorny, Psychologie, die uns angeht. 1974. – D. von Uslar, Die Wirklichkeit des Psychischen. 1969. – Ders., Psychologie u. Welt. 1972. – H. Volkelt, Grundfragen der Psychologie. 1963. – A. Wellek, Psychologie. ^{3}1971.

Historische Darstellungen: F. Dorsch, Geschichte u. Probleme der angewandten Psychologie. 1963. – F. Doucet, Forschungsobjekt Seele. Eine Geschichte der Psychologie. 1971. – W. Hehlmann, Geschichte der Psychologie. ^{2}1967. – D. B. Klein, A History of Scientific Psychology. London. 1970. – L. Pongratz, Problemgeschichte der Psychologie. 1967. – A. A. Roback, Weltgeschichte der Psychologie u. Psychiatrie. Dt. 1969. – M. Wertheimer, Kurze Geschichte der Psychologie. Dt. 1971.

1.5.1 ALLGEMEINE PSYCHOLOGIE

Gesamtdarstellungen: L. Binswanger, Einführung in die Probleme der allg. Psychologie. 1922. Nachdr. Amsterdam. 1965. – Th. Erismann, Allg. Psychologie. 4 Bde. $^{2-3}$1962–1970 (Slg. Göschen 831–834a). – W. Fischel, Struktur u. Dynamik der Psyche. Ein Überblick über die allg. Psychologie. ^{2}1967 (Enzyklopädie der Psychologie in Einzeldarstellungen 7). – R. W. Levanway, Advanced General Psychology. Oxford. 1972. – W. Metzger u. a. (Hrsg.), Allg. Psychologie. 2 in 3 Bden. $^{1-2}$1966–1970 (Handbuch der Psychologie 1–2). – K. E. Müller, Einführung in die allg. Psychologie. ^{3}1972. – W. Toman, Einführung in die allg. Psychologie. 2 Bde. 1973.

Denkpsychologie. R. Bergius (Hrsg.), Lernen u. Denken. ^{2}1969 (Handbuch der Psychologie 1, 2). – W. Fischel, Psychologie der Intelligenz u. des Denkens. 1969. – C. F. Graumann, Denken. ^{5}1970. – R. Hönigswald, Die Grundlagen der Denkpsychologie. ^{2}1925. Nachdr. 1965. – A. O. Jäger, Dimensionen der Intelligenz. ^{3}1973. – H. A. Müller, Psychologie u. Anthropologie des Denkens. 1971. – R. Oerter, Psychologie des Denkens. ^{3}1974. – J. Piaget, Psychologie der Intelligenz. Dt. ^{3}1970. – M. Wertheimer, Produktives Denken. Dt. ^{2}1964.

experimentelle Psychologie. H.-J. Fietkau, Zur Methodologie des Experiments in der Psychologie. 1973. – P. Fraisse, Praktikum der experimentellen Psychologie. Dt. 1966. – J. Gernama, Contemporary Experimental Psychology. Hemel Hempstead. 1973. – H. Heckhausen, Allg. Psychologie in Experimenten. 1970. – R. Meili, H. Rohracher (Hrsg.), Lehrbuch der experimentellen Psychologie. ^{3}1972. – H. Selg, Einführung in die experimentelle Psychologie. ^{3}1972. – R. Wormser, Experimentelle Psychologie. 1974.

Ganzheitspsychologie. W. Ehrenstein, Probleme der ganzheitspsycholog. Wahrnehmungslehre. ^{3}1954. – F. Krueger, Zur Philosophie u. Psychologie der Ganzheit. 1953. – F. Sander, H. Volkelt (Hrsg.), Ganzheitspsychologie. ^{2}1967. – A. Wellek, Ganzheitspsychologie u. Strukturtheorie. ^{2}1969.

Gedächtnis. J. A. Deutsch (Hrsg.), The Psychological Basis of Memory. New York. 1973. – H. Ebbinghaus, Über das Gedächtnis. 1885. Nachdr. 1971. – K. Foppa, Lernen, Gedächtnis, Verhalten. ^{7}1970. – L. F. Katzenberger, Gedächtnis oder Gedächtnisse. 1967. – D. A. Norman, Aufmerksamkeit u. Gedächtnis. Dt. 1973.

Gestaltpsychologie. D. Katz, Gestaltpsychologie. ^{4}1969. – W. Köhler, Die Aufgabe der Gestaltpsychologie. Dt. 1971. – M. Wertheimer, Drei Abhandlungen zur Gestaltspsychologie. 1925. Nachdr. 1967.

Motiv. P. Diel, Psychologie de la Motivation. Paris. 1971. – H. Heckhausen (Hrsg.), Motivationsforschung. 1973 ff. – P. Keiler, Wollen u. Wert. Versuch einer systemat. Grundlegung einer psycholog. Motivation. 1970. – K. B. Madsen, Theories of Motivation. Kopenhagen. ^{4}1974. – H. Thomae, Die Motivation menschl Handelns. ^{5}1969. – Ders. (Hrsg.), Motivation. ^{2}1970 (Handbuch der Psychologie 2.2). – W. Toman, Motivation, Persönlichkeit, Umwelt. 1968.

1.5.2 ENTWICKLUNGSPSYCHOLOGIE.

A. L. Baldwin, Theorien der Entwicklungspsychologie. 2 Bde. 1974. – F. Bäumler, Grundfragen der modernen Entwicklungspsychologie. 1974. – Ch. Bühler, Kindheit u. Jugend. ^{4}1967. – Dies., Der menschl Lebenslauf als psycholog. Problem. ^{2}1959. – K. Bühler, L. Schenk-Danzinger, Abriß der geistigen Entwicklung des Kleinkindes. ^{9}1967. – A. Busemann, Kindheit u. Reifezeit. ^{6}1965. – K. Dienelt, Anthropologie des Jugendalters. 1974. – O. Engelmayer, Das Kindes- u. Jugendalter. ^{2}1970. – O. M. Ewert (Hrsg.), Entwicklungspsychologie. Bd. 1. 1972. – H. Hetzer, Kind u. Jugendlicher in der Entwicklung. ^{10}1967. – E. W. Kleber, Abriß der Entwicklungspsychologie. 1974. – M. Montessori, Die Entdekkung des Kindes. Dt. 1969. – H. Nickel, Entwicklungspsychologie des Kindes- u. Jugendalters. Bd. 1. ^{2}1973. – R. Oerter, Moderne Entwicklungspsychologie. ^{14}1974. – J. Piaget, B. Inhelder, Die Psychologie des Kindes. Dt. 1972. – H. Remplein, Die seel. Entwicklung des Menschen im Kindes- u. Jugendalter. ^{16}1969. – L. Schenk-Danzinger, Entwicklungspsychologie. Wien. ^{7}1974. – W. J. Schraml, Einführung in die moderne Entwicklungspsychologie. 1972. – R. A. Spitz, Vom Säuglingsalter zum Kleinkind. Dt. ^{3}1972. – E. Spranger, Psychologie des Jugendalters. ^{28}1966. – W. Starck, Kindes- u. Jugendpsychologie. ^{3}1973. – W. Stern, Psychologie der frühen Kindheit. ^{10}1971. – H. Thomae (Hrsg.), Entwicklungspsychologie. ^{2}1972 (Handbuch der Psychologie 3). – H. M. Trautner, Lehrbuch der Entwicklungspsychologie. 1977. – W. Zeller, Konstitution u. Entwicklung. ^{2}1964. – H. Zulliger, Das normale Kind in der Entwicklung. 1972.

Greisenalter. Arbeitsgruppe Alternsforschung (Hrsg.), Altern, psycholog. gesehen. 1971. – J. E. Birren, Altern als psycholog. Prozeß. Dt. 1974. – V. Böhlau (Hrsg.), Wege zur Erforschung des Alterns. 1973. – E. Feldmann, H. Demme, Der Mensch im Alter. 1972. – R. Katz, Das Alter u. seine Schwierigkeiten. 1973. – U. Koch-Straube, H.-B. Koch, R. Leisner, Alternsforschung. 1972. – H. E. Lauer, Vom richtigen Altwerden. ^{2}1972. – U. Lehr, Psychologie des Alterns. 1972. – H. Thomae, U. Lehr (Hrsg.), Altern – Probleme u. Tatsachen. ^{2}1973.

Pubertät. P. Blos, Adoleszenz. Eine psychoanalyt. Interpretation. Dt. 1973. – Ch. Bühler, Das Seelenleben des Jugendlichen. Versuch einer Analyse der psych. Pubertät. ^{6}1967. – A. Busemann, Krisenjahre im Ablauf der menschl. Jugend. ^{3}1965. – E. Ell, Flegelalter. Junge u. Mädchen in der leibl. Pubertät. 1973. – H. H. Muchow, Flegeljahre. ^{4}1967. – L. Pépin, La Psychologie des Adolescents. Toulouse. 1973. – H. Zulliger. Die Pubertät der Knaben. 1969. – Ders., Die Pubertät der Mädchen. 1972.

1.5.3 DIFFERENTIELLE PSYCHOLOGIE (CHARAKTERKUNDE UND PERSÖNLICHKEITSFORSCHUNG)

Gesamtdarstellungen: G. W. Allport, Gestalt u. Wachstum der Persönlichkeit. Dt. Neuausg. 1970. – Ders., The Person in Psychology. Boston. 1972. – W. Arnold, Person, Charakter, Persönlichkeit. ^{3}1969. – H. Brandstätter, H. Schuler, G. Stocker-Kreichgauer, Persönlichkeitspsychologie. 1974. – R. B. Cattell, Die empir. Erforschung der Persönlichkeit. Dt. 1973. – H. J. Eysenck, The Structure of Human Personality. London. ^{3}1970. – J. P. Guilford, Persönlichkeit. Dt. ^{6}1974. – R. Heiß, Charakterologie. ^{4}1965. – Th. Herrmann, Lehrbuch der empir. Persönlichkeitsforschung. ^{2}1972. – Ders., Persönlichkeitsmerkmale. 1974. – P. R. Hofstätter, Differentielle Psychologie. 1971. – L. Klages, Die Grundlagen der Charakterkunde. ^{14}1969. – F. Künkel, Einführung in die Charakterkunde. ^{15}1971. – Ph. Lersch, H. Thomae (Hrsg.), Persönlichkeitsforschung u. Persönlichkeitstheorie. ^{2}1968 (Handbuch der Psychologie 4). – Ders., Aufbau der Person. ^{11}1970. – Ders., Charakterologie. 1974. – G. Meili-Dworetzki, R. Meili, Grundlagen individueller Persönlichkeitsunterschiede. 1972. – F. Merz, H. Giesen, Lehrbuch der Differentiellen Psychologie. 1974. – H. Remplein, Psychologie der Persönlichkeit. ^{6}1967. – H. Rohracher, Kleine Charakterkunde. ^{12}1969. – E. Roth, Persönlichkeitspsychologie. ^{3}1972. – E. Rothacker, Die Schichten der Persönlichkeit. ^{7}1966. – H. Thomae, Das Individuum u. seine Welt. Eine Persönlichkeitstheorie. 1968. – Ders., Persönlichkeit. Eine dynam. Interpretation. ^{5}1973. – A. Wellek, Die Polarität im Aufbau des Charakters. ^{3}1966.

Klages, Ludwig. W. Hager, L. Klages im memoriam. 1957. – H. Kasdorff, L. Klages – Werk u. Wirkung. Einführung u. kommentierte Bibliographie. 2 Bde. 1969–1974. – Hans E. Schröder, L. Klages – Die Geschichte seines Lebens. 3 Teile. 1966–1972 (Klages, Sämtl. Werke, 6 Abt., Suppl.). – Ders., L. Klages 1872–1956. Katalog zur Centenar-Ausstellung 1972. 1972.

Konstitution →Typologie.

Typologie. K. Conrad. Der Konstitutionstypus. ^{2}1963. – H. W. Jürgens, Ch. Vogel, Beiträge zur menschl. Typenkunde. 1965. – C. G. Jung, Psycholog. Typen. ^{12}1967. – E. Kretschmer, Körperbau u. Charakter. ^{25}1967. – E. Spranger, Lebensformen. ^{9}1966.

1.5.4 AUSDRUCKSKUNDE. K. Bühler, Ausdruckstheorie. ^{2}1968. – R. Buser, Ausdruckspsychologie. 1973. – R. Buttkus, Physiognomik. ^{2}1970. – F. J. J. Buytendijk, Allg. Theorie der menschl. Haltung u. Bewegung. ^{2}1972. – P. Ekman, W. V. Friesen, Ph. Ellsworth, Gesichtssprache. Dt. 1974. – J. Fast, Körpersprache. Dt. 1971. – D. Görlitz, Ergebnisse u. Probleme der ausdruckspsycholog. Sprechstimmforschung. 1972. – F. Kiener, Hand, Gebärde u. Charakter. 1962. – G. Kietz, Gang u. Seele. Neuausg. 1966. – R. Kirchhoff (Hrsg.), Ausdruckspsychologie. ^{2}1972. – L. Klages, Grundlegung der Wissenschaft vom Ausdruck. ^{9}1970. – Ph. Lersch, Gesicht u. Seele. ^{4}1971. – M. Poiret, Was der Körper verrät. 1973. – H. Strehle, Mienen, Gesten u. Gebärden. ^{4}1966.

Graphologie. R. Heiß, I. Strauch, Die Deutung der Handschrift. ^{3}1966. – H. Hubmann, Lexikon der Graphologie. 1973. – L. Klages, Handschrift u. Charakter. ^{26}1968. – J.-H. Michon, System der Graphologie. 1965. Taschenbuch-Ausg. 1972. – W. H. Müller, A. Enskat, Grapholog. Diagnostik. ^{2}1973. – H. Pfanne, Lehrbuch der Graphologie. 1961. – R. R. Pokorny, Psychologie der Handschrift. 1967. Taschenbuch-Ausg. 1973. – R. Pophal, Graphologie. 3 Bde. 1965–1968. – M. Pulver, Symbolik der Handschrift. Zürich. ^{7}1964. Taschenbuch-Ausg. 1972. – R. Wieser, Grundriß der Graphologie. 1968. Taschenbuch-Ausg. 1973.

1.5.5 PSYCHODIAGNOSTIK. H. Brandstätter, Der psycholog. Test. 1971. – R. Dieterich, Psychodiagnostik. 1973. – P. J. D. Drenth, Der psycholog. Test. 1969. – H. Hartmann, Psycholog. Diagnostik. ^{2}1973. – R. Heiß (Hrsg.), Psycholog. Diagnostik. ^{3}1971 (Handbuch der Psychologie 6). – H. Hiltmann, Kompendium der psycholog. Tests. ^{2}1966. – G. A. Lienert, Testaufbau u. Testanalyse. ^{3}1969. – R. Meili, Lehrbuch der psycholog. Diagnostik. ^{5}1965. – H. Rorschach, Psychodiagnostik. ^{9}1972.

1.5.6 TIEFENPSYCHOLOGIE

Gesamtdarstellungen: W. Bitter, Freud, Adler, Jung. Einführung in die Tiefenpsychologie. 1972. – L. Chertok, R. de Saussure, Naissance du Psychanalyste. De Mesmer à Freud. Paris. 1973. – S. Elhardt, Tiefenpsychologie. Eine Einführung. ^{3}1973. – R. Heiß, Allg. Tiefenpsychologie. ^{2}1964. Taschenbuch-Ausg. 1972. – R. R. Pokorny, Grundzüge der Tiefenpsychologie. Freud, Adler, Jung. 1973. – L. Schlegel, Grudriß der Tiefenpsychologie. Auf 5 Bde. berechnet. 1972 ff. – W. Schraml, Einführung in die Tiefenpsychologie. ^{4}1971. – A. Troch, Stress u. Persönlichkeit: eine problemorientierte Einführung in die Tiefenpsychologie von Freud u. Adler. 1979. – E. Wiesenhütter, Grundbegriffe der Tiefenpsychologie. 1969. – D. Wyss, Die tiefenpsycholog. Schulen von den Anfängen bis zur Gegenwart. ^{4}1972.

Adler, Alfred. H. L. u. R. R. Ansbacher (Hrsg.), A. Adlers Individualpsychologie. Dt. 1972. – H. Jacoby, A. Adlers Individualpsychologie u. dialekt. Charakterkunde. 1974. – H. Orgler, A. Adler. 1956 u. 1972. – J. Rattner, Individualpsychologie. Eine Einführung in die tiefenpsycholog. Lehre von A. Adler. ^{3}1974. – Ders., A. Adler. 1972. – M. Sperber, A. Adler oder Das Elend der Psychologie. 1972. →auch Gesamtdarstellungen.

Angst. W. von Baeyer, W. von Baeyer-Katte, Angst. 1973. – H. von Ditfurth (Hrsg.), Aspekte der Angst. 1964. Taschenbuch-Ausg. 1972. – S. Freud, Hysterie u. Angst. Neuausg. 1970 (Freud, Studienausg. 6). – S. Kierkegaard, Der Begriff der Angst. Dt. 6.–7. Tsd. 1965 (Kierkegaard, Gesammelte Werke, Abt. 31). – E. E. Levitt, Die Psychologie der Angst. ^{2}1973. – F. Riemann, Grundformen der Angst. ^{8}1973. – M. W. Wandruszka von Wanstetten, Angst u. Mut. 1950.

Freud, Sigmund. L. Andreas-Salomé, In der Schule bei Freud. 1958. – G. Ballv. Einführung in die Psychoanalyse S. Freuds. ^{10}1974. – L. Binswanger, Erinnerungen an S. Freud. 1956. – Ch. Brenner, Grundzüge der Psychoanalyse. ^{3}1973. – A. Görres, Methode u. Erfahrungen der Psychoanalyse. ^{2}1961. Taschenbuchausg. ^{2}1971. – H. Hartmann, Psychoanalyse u. moral. Werte. Dt. 1973. – E. Jones, Das Leben u. Werk von S. Freud. 3 Bde. Dt. 1960–1962. – J. Laplanche, J.-B. Pontalis, Das Vokabular der Psychoanalyse. Dt. 1972. Taschenbuch-Ausg. 2 Bde. 1973. – O. Mannoni, S Freud. ^{5}1974 (roro). – H. Nagera (Hrsg.), Psychoanalyt. Grundbegriffe. Dt. 1974. – H. M. Ruitenbeek (Hrsg.), Freud as wie knew him. Detroit. 1972. – W. Salber, Entwicklungen der Psychologie S. Freuds. 2 Bde. 1973/74. – J. vom Scheidt (Hrsg.), Der unbekannte Freud. 1974. – M. Schur, S. Freud. Leben u. Sterben. Dt. 1973. – R. Wollheim, S. Freud. Dt. 1972. →auch Gesamtdarstellungen.

Individualpsychologie →Gesamtdarstellungen u. Adler, Alfred.

Jung, Carl Gustav. G. Adler, Zur analyt. Psychologie. 1952. – H. H. Balmer, Die Archetypentheorie von C. G. Jung: eine Kritik. 1972. – E. A. Bennet, C. G. Jung. Dt. 1963. – M.-L. von Franz, C. G. Jung. Der Mensch u. sein Mythos. Frauenfeld. 1971. – J. Goldbrunner, Individuation. Selbstfindung u. Selbstentfaltung. Die Tiefenpsychologie von C. G. Jung (mit Jung-Bibliographie). ^{3}1966. – J. Jacoby, Die Psychologie C. G. Jungs. ^{5}1967. – G. Wehr, C. G. Jung. 1969. – Ders., C. G. Jung u. R. Steiner. 1973. →auch Gesamtdarstellungen.

Psychoanalyse →Gesamtdarstellungen u. Freud, Sigmund.

1.5.7 PÄDAGOGISCHE PSYCHOLOGIE. W. Correll, Einführung in die pädagog. Psychologie. ^{6}1973. – L. J. Cronbach, Einführung in die Pädagog. Psychologie. Dt. Neuaufl. 1973. – J. Dewey, Psycholog. Grundfragen der Erziehung. Einl. u. Hrsg. W. Correll. 1974. – R. Dieterich, Einführung in die method. Grundlagen der Pädagog. Psychologie. ^{2}1975. – O. Engelmayer, Pädagog. Psychologie für die Schulpraxis. ^{6}1974. – N. Gage, D. Berliner, Pädagog. Psychologie. 1977. – C. F. Graumann, H. Heckhausen (Hrsg.), Pädagog. Psychologie. 2 Bde. 1973. – Th. Herrmann (Hrsg.), Psychologie der Erziehungsstile. ^{3}1972. – H. Hetzer (Hrsg.), Pädagog. Psychologie. ^{2}1970 (Handbuch der Psychologie 10). – W. Keil, Psychologie des Unterrichts. 1977. – M. Keilhacker, Pädagog. Psychologie. ^{6}1969. – H. J. Klausmeier, R. R. Ripple, Moderne Unterrichtspsychologie. Bd. 1. 1973. – D. Lüttge, Einführung in die pädagog. Psychologie. 1972. – G. Mietzel, Pädagog. Psychologie. Einführung für Pädagogen u. Psychologen. 1973. – H. Nickel, E. Langhorst (Hrsg.), Brennpunkte der Pädagog. Psychologie. 1973. – H. Roth, Pädagog. Psychologie des Lehrens u. Lernens. ^{14}1973. – Ders., Pädagog. Anthropologie. 2 Bde. 1970/71. – L. Schenk-Danzinger, Pädagog. Psychologie. Wien. ^{2}1974. – L. M. Smith, B. B. Hudgins, Pädagog. Psychologie. 2 Bde. Dt. 1971/72. – R. u. A.-M. Tausch, Erziehungspsychologie. ^{8}1977. – U. Tewes, Einführung in die Unterrichtspsychologie. 1975. – F. Weinert (Hrsg.), Pädagog. Psychologie. – Wörterbuch der pädagog. Psychologie. 1974. →auch 1.5.2 Entwicklungspsychologie.

1.5.8 ANDERE DISZIPLINEN ANGEWANDTER PSYCHOLOGIE

Arbeitspsychologie. A. Ackermann, Prakt. Führungspsychologie. 1973. – J. Geissler, Psychologie der Karriere. Neurosen im Beruf u. ihre Überwindung. 1977. – B. von Haller-Gilmer, Handbuch der modernen Betriebspsychologie. 1969. – C. Graf Hoyos, Arbeitspsychologie. 1974. – A. Mayer, B. Herwig (Hrsg.), Betriebspsychologie. ^{2}1970 (Handbuch der Psychologie 9). – L. von Rosenstiel, W. Molt, B. Rüttlinger, Organisationspsychologie. 1973. – K. H. Seifert, E. Bornemann (Hrsg.), Berufspsychologie. 1977.

forensische Psychologie. F. Arntzen, Vernehmungspsychologie. 1978. – G. Blau, E. Müller-Luckmann (Hrsg.), Gerichtl. Psychologie. 1962. – H. von Hentig, Zur Psychologie der Einzeldelikte. 4 Bde. 1954–1959. – Hilde Kaufmann, Lehrbuch der Kriminologie. Teil 1 1971. – R. Lempp, Jugendliche Mörder. 1977. – G. Nass, Der Mensch u. die Kriminalität. 3 Bde. 1959–1961. – H. Szewczyk (Hrsg.), Kriminalität u. Persönlichkeit. 1972. – U. Undeutsch (Hrsg.), Forens. Psychologie. 1967 (Handbuch der Psychologie 11). – H. Witter, Grundriß der gerichtl. Psychologie u. Psychiatrie. 1970.

klinische Psychologie. M. Balint, Der Arzt, sein Patient u. die Krankheit. 1976. – J. Delay, P. Pichot, Medizinische Psychologie. Dt. ^{4}1973. – H. Enke u. a., Lehrbuch der Medizinischen Psychologie. 1973. – K. Hauss, Medizinische Psychologie im Grundriß. 1976. – E. Kretschmer, Medizinische Psychologie. ^{13}1971. – L. J. Pongratz, Lehrbuch der Klin. Psychologie. 1973. – R. Schmitz-Scherzer, H. H. Grombach, Psychologie des Patienten. 1973. – W. J. Schraml (Hrsg.), Klin. Psychologie. 2 Bde. 1971–1974. – Ders., Abriß der Klin. Psychologie. ^{2}1972. – Th. v. Uexküll, Grundfragen der psychosomatischen Medizin. ^{5}1976. – D. Vaitl, Klin. Psychologie. 1974. – K.-H. Wewetzer (Hrsg.), Klin. Psychologie. 1975 (Handbuch der Psychologie 8). – H. H. Wieck u. a. (Hrsg.), Medizinische Psychologie u. medizin. Soziologie. 1973. – D. Wyss, Lehrbuch der medizin. Psychologie u. Psychotherapie für Studienrende. 1971.

Kriminalpsychologie →forensische Psychologie.

Massenpsychologie. H. Broch, Massenpsychologie. Taschenbuch-Ausg. 1973. – S. Freud, Massenpsychologie u. Ich-Analyse. In: Gesammelte Werke, Bd. 11. ^{3}1961. Taschenbuch-Ausg. 1975. – G. LéBon, Psychologie der Massen (1895). ^{14}1973. – A. Mitscherlich, Massenpsychologie ohne Ressentiments. 1973. – W. Moede, Experimentelle Massenpsychologie. 1920. Nachdr. 1973. – J. Ortega y Gasset, Der Aufstand der Massen. 1977. – P. Reiwald, Vom Geist der Massen. Handbuch der Massenpsychologie. Zürich. ^{3}1948. – D. Riesman, Die einsame Masse. Dt. ^{7}1963. →auch Sozialpsychologie.

Sexualpsychologie, Sexualwissenschaft. G. Bastin, Wörterbuch der Sexualpsychologie. Dt. 1972. – H. Giese (Hrsg.), rororo sexologie. 1968 ff. – Ders. (Hrsg.), Die Sexualität des Menschen. Handbuch der medizin. Sexualforschung. ^{2}1971. – R. Huber, Sexualtiät u. Bewußtsein. 1977. – A. C. Kinsey, Das sexuelle Verhalten der Frau. Dt. 1954. Taschenbuch-Ausg. 2 Bde. 1970. – Ders., Das sexuelle Verhalten des Mannes. Dt. 1955. Taschenbuch-Ausg. 1970. – J. Rattner, Psychologie u. Psychopathologie des Liebeslebens. 1970.

Sozialpsychologie. H. Bertram, Gesellschaft, Familie u. moralisches Urteil. Analysen kognitiver, familialer u. sozialstruktureller Bedingungszusammenhänge moralischer Entwicklung. 1978. – C. F. Graumann (Hrsg.), Sozialpsychologie, 2 Halb-Bde. 1969–1972 (Handbuch der Psychologie 7). – W. Herkner, Einführung in die Sozialpsychologie. 1976. – P. R. Hofstätter, Einführung in die Sozialpsychologie. [5]1973. – M. Irle, Lehrbuch der Sozialpsychologie. 1974. – Ph. Lersch, Der Mensch als soziales Wesen. [2]1965. – H. C. Lindgren, Einführung in die Sozialpsychologie. Dt. 1973. – L. Mann, Sozialpsychologie. Dt. [2]1972. – M. Mitscherlich, Das Ende der Vorbilder. Vom Nutzen u. Nachteil der Idealisierung. 1978. – S. Moscovici, Forschungsgebiete der Sozialpsychologie. 1976. – E. Mueller, A. Thomas, Einführung in die Sozialpsychologie. 1974. – H. Nolte, I. Staeuble, Zur Kritik der Sozialpsychologie. 1972. – Ch. Schmerl, Sozialisation u. Persönlichkeit. Zentrale Beispiele zur Soziogenese menschl. Verhaltens. 1978. – K. Strzyz, Sozialisation u. Narzißmus. Gesellschaftl. Wandel u. die Veränderung von Charaktermerkmalen. 1978. – E. Timaeus, H. Lück, Sozialpsychologie der Erziehung (Arbeitsmittel für Studium u. Unterricht). 1976.

1.5.9 PARAPSYCHOLOGIE. P. Andreas, Die phantast. Wissenschaft. Parapsychologie. 1976. – H. Bender (Hrsg.), Parapsychologie. [2]1971. – Ders., Verborgene Wirklichkeit. Parapsychologie u. Grenzgebiete der Psychologie. 1973. – H. C. Berendt, Parapsychologie. Eine Einführung. 1972. – H. Driesch, Parapsychologie. [3]1952. Taschenbuch-Ausg. [2]1971. – G. Frei, Probleme der Parapsychologie. Hrsg. A. Resch. [2]1971. – H. Schreiber, Wörterbuch der Parapsychologie, 1976. – G. N. M. Tyrell, Mensch u. Welt in der Parapsychologie. 1972.

1.6.0 ALLGEMEINE SOZIOLOGIE

Nachschlagewerke: E. Ballerstedt, W. Glatzer, Soziologischer Almanach. [3]1979. – E. von Beckerath, H. Bente u.a. (Hrsg.), Handwörterbuch der Sozialwissenschaften. 12 Bde. 1956ff. – W. Bernsdorf (Hrsg.), Wörterbuch der Soziologie. [6]1979. – W. Fuchs, R. Klima u.a. (Hrsg.), Lexikon zur Soziologie. [2]1978. – G. Hartfiel, Wörterbuch der Soziologie. [2]1976. – R. König (Hrsg.), Handbuch der empirischen Sozialforschung. 14 Bde. [3]1973ff. – H. Schoeck, Soziologisches Wörterbuch. [10]1979. – A. Vierkandt (Hrsg.), Handwörterbuch der Soziologie. [2]1959. – W. Ziegenfuß (Hrsg.), Handbuch der Soziologie. 1956.

Gesamtdarstellungen: R. Aron, Deutsche Soziologie der Gegenwart. [3]1969. – A. Bellebaum, Soziologische Grundbegriffe. [8]1980. – P. L. Berger, Einladung zur Soziologie. Olten. 1976. – P. J. Bouman, Grundlagen der Soziologie. 1968. – A. Comte, Soziologie. 3 Bde. [2]1923. – R. Dahrendorf, Homo Sociologicus. [15]1979. – E. Durkheim. Die Regeln der soziologischen Methode. Neue verb. Ausg. hrsg. von R. König. [5]1976. – E. K. Francis, Wissenschaftliche Grundlagen soziologischen Denkens. 1957. – H. Freyer, Einleitung in die Soziologie. 1931. – Ders., Soziologie als Wirklichkeitswissenschaft. [2]1964. – A. Gehlen, Anthropologische Forschung. [3]1971. – Ders., Studien zur Soziologie u. Anthropologie. 1963. – Ders. u. H. Schelsky (Hrsg.), Soziologie. Ein Lehr- u. Handbuch zur modernen Gesellschaftskunde. [6]1966. – L. Gumplowicz, Grundriß der Soziologie. In: Ausgew. Werke, Bd. II. 1926. – P. Heintz, Einführung in die soziologische Theorie. [2]1968. – P. R. Hofstätter, Einführung in die Sozialpsychologie. [5]1973. – W. Jerusalem, Einführung in die Soziologie. 1926. – D. Käsler (Hrsg.), Klassiker des soziologischen Denkens. 2 Bde. 1978. – G Kiss, Einführung in die soziolog. Theorien. 2 Bde. [3]1977. – J. Matthes, Einführung in das Studium der Soziologie. 1973. – W. F. Ogburn u. M. F. Nimkoff, Sociology. New York/Boston. [3]1958. – F. Oppenheimer, System der Soziologie. 4 Bde. 1922–1935. 9 Bde. [2]1964. – V. Pareto, Trattato di Sociologia generale. 2 Bde. Florenz. [2]1923. – T. Parsons, Beiträge zur soziologischen Theorie. [2]1968. – A. Schäffle, Abriß der Soziologie. 1906. – I. Seger, Knaurs Buch der modernen Soziologie. 1970. – M. Sherif u. C. W. Sherif, An Outline of Social Psychology. New York. [2]1956. – G. Simmel, Grundfragen der Soziologie. [3]1970. – Ders., Soziologie. [5]1968. – H. Spencer, Die Principien der Soziologie. 4 Bde. [4]1885. – L. von Stein, Geschichte der sozialen Bewegung in Frankreich. 3 Bde. [2]1921. – F. Tönnies, Einführung in die Soziologie. [2]1965. – A. Vierkandt, Kleine Gesellschaftslehre. [3]1961. – E. M. Wallner, Soziologie. Einführung in Grundbegriffe u. Probleme. [6]1979. – M. Weber, Wirtschaft u. Gesellschaft. Grundriß der verstehenden Soziologie. 2 Bde. [5]1973. – Ders., Soziologie. Weltgeschichtliche Analysen. Politik. [4]1968. – L. von Wiese, System der allgemeinen Soziologie. [4]1966. – J. Wössner, Soziologie. Einführung u. Grundlegung. [6]1975.

Autorität, Herrschaft, Macht. Th. Adorno u.a., Studien zum autoritären Charakter. 1973. – B. Constant, Über die Gewalt. 1942. – G. Ferrero, Macht. Bern. 1944. – R. Hauser, Autorität u. Macht. Die Staatsautorität in der neueren protestant. Ethik u. in der kath. Gesellschaftslehre. 1949. – M. Horkheimer (Hrsg.), Autorität u. Familie. Paris. 1936. – G. Kerschensteiner, Autorität u. Freiheit als Bildungsgrundsätze. 1927. – R. M. MacIver, Macht u. Autorität. 1953. – G. Sorel, Über die Gewalt. Innsbruck. 1928. – D. Sternberger, Autorität, Freiheit u. Befehlsgewalt. 1959. – Ders., Grund u. Abgrund der Macht. 1962. – G. Weippert, Das Prinzip der Hierarchie. 1932. – K. A. Wittfogel, Die orientalische Despotie. 1962.

berufsständische Ordnung →Stände, Klassen, berufsständische Ordnung.

Beziehungslehre. A. Vierkandt, Die Beziehung als Grundkategorie des soziologischen Denkens. In: Archiv für Rechts- u. Wirtschaftsphilosophie IX. 1915/16. – L. von Wiese, Beziehungslehre. In: Hdwb. der Soziologie. [2]1959.

Bund. G. Hölther, Männerbünde. In: Hdwb. der Soziologie. [2]1959. – H. Schmalenbach, Die soziologische Kategorie des Bundes. In: Die Dioskuren I. 1922.

Bürgertum. H. Freyer, Bürgertum. In: Hdwb. der Sozialwissenschaften Bd. 2. 1959. – M. Horkheimer, Anfänge der bürgerlichen Geschichtsphilosophie. [2]1971. – E. H. Maurer, Der Spätbürger. 1963. – A. Meusel, Bürgertum. In: Hdwb. der Soziologie. [2]1959. – W. H. Riehl, Die bürgerliche Gesellschaft. [9]1897. – W. Sombart, Der Bourgeois. 1913.

Bürokratie. H. P. Bahrdt, Industriebürokratie. 1958. Nachdr. 1972. – R. Mayntz, Bürokrat. Organisation. [2]1971. – O. Stammer, Bürokratie. In: Wörterbuch der Soziologie. [2]1969. – A. Weber, Der Beamte. In: A. Weber, Ideen zur Staats- u. Kultursoziologie. 1927. – M. Weber, Bürokratie. In: M. Weber, Wirtschaft u. Gesellschaft. [5]1973.

Elite. T. Bottomore, Elite und Gesellschaft. Eine Übersicht über die Entwicklung des Eliteproblems. 1974. – H. P. Dreitzel, Elitebegriff u. Sozialstruktur. 1962. – M. Freund, Das Elitenproblem in der modernen Demokratie. 1954. – A. W. Gouldner, Studies in Leadership. New York. 1950. – U. Jaeggi, Die gesellschaftliche Elite. [2]1967. – L. Kofler, Staat, Gesellschaft u. Elite. 1960. – O. Stammer, Das Elitenproblem in der Demokratie. 1951.

Familie. H. Achinger u.a., Die Familie im Umbruch der Gesellschaft. 1954. – D. Claessens. Familie u. Wertsysteme. In: Soziologische Abhandlungen. 1962. – W. J. Goode, Soziologie der Familie. [6]1975. – R. König, Materialien zu einer Soziologie der Familie. Bern. 1946. – R. Mayntz, Die moderne Familie. 1955. – M. Mitterauer, R. Sieder, Vom Patriarchat zur Partnerschaft. Zum Strukturwandel der Familie. [2]1980. – W. F. Ogburn, The Family and Its Functions, New York. 1934. – T. Parsons u. R. F. Bales, Family, Socialization and Interaction Process. Glencoe, Ill. 1955. – H. Schelsky, Wandlungen der deutschen Familie in der Gegenwart. [5]1967. – G. Wurzbacher, Leitbilder gegenwärtigen deutschen Familienlebens. [4]1969.

Frau. S. de Beauvoir, Das andere Geschlecht. Sitte und Sexus der Frau. 1968. – A. Bebel, Die Frau u. der Sozialismus. 1895. – Ders., Die Frau in der Vergangenheit, Gegenwart u. Zukunft. Zürich. 1883. – C. G. Jung, Die Frau in Europa. Zürich. 1948. – E. Kev, Die Frauenbewegung. In: Die Gesellschaft. Bd. 28. Hrsg. M. Buber. 1909. – M. Rudorff, Das Schicksal der Frauenbewegung. In: Soziale Welt. H. 1/2. 1956. – A. Schwarzer, Der „kleine" Unterschied und seine großen Folgen. Frauen über sich – Beginn einer Befreiung. 1977. – E. Sullerot (Hrsg), Die Wirklichkeit der Frau. 1979.

Gemeinschaft, Gesellschaft. Th. Geiger, Gemeinschaft. In: Hdwb. der Soziologie. [2]1959. – Ders., Gesellschaft. In: Hdwb. der Soziologie. [2]1959. – R. König, Die Begriffe Gemeinschaft u. Gesellschaft bei Ferdinand Tönnies. In: Kölner Ztschr. für Soziologie u. Sozialpsychologie 7. 1955. – Th. Litt, Individuum u. Gemeinschaft. [3]1926. – F. Tönnies, Gemeinschaft u. Gesellschaft. [8]1935. Nachdr. 1979. – G. Wurzbacher, Beobachtungen zum Anwendungsbereich der Tönnies'schen Kategorien Gemeinschaft u. Gesellschaft. In: Kölner Ztschr. für Soziologie u. Sozialpsychologie 7. 1955.

Gruppe. W. Bernsdorf, Gruppe. In: Wörterbuch der Soziologie. [2]1969. – Ch. H. Cooley, Social Organisation. New York. 1909. – P. Heintz, Soziale Vorurteile. 1957. – P. R. Hofstätter, Gruppendynamik. [12]1971. – G. C. Homans, Theorie der sozialen Gruppe. [7]1978. – K. Lewin, Die Lösung sozialer Konflikte. Ausgewählte Abhandlungen über Gruppendynamik. [3]1968. – T. M. Mills, Soziologie der Gruppe. [5]1976. – J. L. Moreno, Die Grundlagen der Soziometrie. [2]1973.

Herrschaft →Autorität, Herrschaft, Macht.

Jugend. K. R. Allerbeck, L. Rosenmayr, Einführung in die Jugendsoziologie. 1976. – H. Bussiek, Bericht zur Lage der Jugend. 1978. – D. Grieswelle, Jugend und Freizeit. Bedingungen außerschulischer Jugendarbeit. 1978. – P. Heintz u. R. König (Hrsg.), Soziologie der Jugendkriminalität. Kölner Ztschr. für Soziologie u. Sozialpsychologie, Sonderheft 2. [3]1966. – M. Markefka, Jugend. Begriffe u. Formen in soziolog. Sicht. 1967. – W. Middendorf, Jugendkriminologie. 1956. – H. H. Muchow, Sexualreife u. Sozialstruktur der Jugend. 1959. – Ders., Jugend u. Zeitgeist. 1962. – H. Pross, Jugend, Eros, Politik. Die Geschichte der deutschen Jugendverbände. 1964. – H. Schelsky, Die skeptische Generation. 1975. – V. Sigusch, G. Schmidt, Jugendsexualität. Dokumentation einer Untersuchung. 1973.

Klasse →Stände, Klassen, berufsständische Ordnung.

Macht →Autorität, Herrschaft, Macht.

Masse. G. Colm. Die Masse. In: Hdwb. der Soziologie. [2]1959. – S. Freud, Massenpsychologie u. Ich-Analyse. In: S. Freud, Gesammelte Werke. XIII. London. 1940. – Th. Geiger, Die Masse u. ihre Aktion. 1926. – G. Le Bon, Psychologie der Massen. [14]1973. – J. Ortega y Gasset, Der Aufstand der Massen. 1977. – D. Riesman, Die einsame Masse. [2]1972. – W. Vleugels, Die Masse. 1930.

Massenkommunikation. G. Anders, Die Antiquiertheit des Menschen. 1957. – O. P. Baumert, Die Entstehung des deutschen Journalismus. 1921. – K. Bücher, Die Entstehung des Zeitungswesens. In: Die Entstehung der Volkswirtschaft, Bd. 1. 1917. – E. Canetti, Masse und Macht. 1978. – L. H. Eisner u. H. Friedrichs (Hrsg.), Film, Rundfunk, Fernsehen. 1958. – E. Feldmann, Theorie der Massenmedien – Presse, Film, Funk, Fernsehen. [2]1973. – B. J. Fine, Television and Family Life. Boston. 1952. – E. Katz u. P. F. Lazarsfeld, Personal Influence. The Part Played by People in the Flow of Mass Communication. Glencoe, Ill. 1955. – J. Kob, Zur Soziologie des Fernsehens. In: Hamburger Jahrbuch für Wirtschafts- u. Gesellschaftspolitik. 1964. – K. Korn, Die Kulturfabrik. 1953. – E. Noelle, Die Wirkung der Massenmedien. In: Publizistik. Bd. 5. 1960. – A. Silbermann, U. M. Krüger, Soziologie der Massenkommunikation. o. J. →auch 3.7.1.

Mobilität, soziale Schichtung. B. Barber, Social Stratification. New York. 1957. – R. Bendix u. S. M. Lipset (Hrsg.), Class, Status, Power. A Reader in Social Stratification. Glencoe, Ill. 1953. – K. M. Bolte, Sozialer Aufstieg u. Abstieg. Eine Untersuchung über Berufsprestige u. Berufsmobilität. 1959. – Ders., Soziale Schichtung. 1973. – Th. Geiger, Die soziale Schichtung des deutschen Volkes. 1932. Nachdr. 1967. – Ders., Schichtung. In: Wörterbuch der Soziologie. 1955. – D. V. Glass u. R. König (Hrsg.), Soziale Schichtung u. soziale Mobilität. Sonderheft der Kölner Ztschr. für Soziologie u. Sozialpsychologie. [5]1974. – S. M. Lipset, Mobility and Urbanisation. In: Rural Sociology. Vol. 20. 1955. – P. A. Sorokin, Social Mobility. New York, London. 1927. – M. M. Tumin, Schichtung und Mobilität. [3]1975.

Öffentlichkeit, öffentliche Meinung. H. P. Bahrdt, Die moderne Großstadt. [3]1972. – B. Berelson u. M. Janowitz, Reader in Public Opinion and Communication. Glencoe, Ill. [2]1953. – H. Gross, Meinungspflege. 1952. – J. Habermas, Strukturwandel der Öffentlichkeit. [11]1980. – P. R. Hofstätter, Psychologie der öffentlichen Meinung. Wien. 1949. – W. R. Langenbucher (Hrsg.), Politik und Kommunikation. Über die öffentliche Meinungsbildung. 1979. – E. Noelle, Die Träger der öffentlichen Meinung. In: Die öffentliche Meinung. Bd. 4. 1962. – Dies., Öffentlichkeit als Bedrohung. Beiträge zur empirischen Kommunikationsforschung. 1979. – F. Tönnies, Kritik der öffentlichen Meinung. 1922. →auch 3.7.1, Publizistik.

Schicht →Mobilität, soziale Schichtung.

Stände, Klassen, berufsständische Ordnung. F. Baader, Schriften zur Gesellschaftsphilosophie. Hrsg. S. Sauter. 1925. – R. Dahrendorf, Soziale Klassen u. Klassenkonflikt. 1957. – F. Engels, Die Lage der arbeitenden Klasse in England. 1893. – Th. Geiger, Die Klassengesellschaft im Schmelztiegel. 1949. – J. Handl, K. U. Mayer, W. Müller, Klassenlagen und Sozialstruktur. Empirische Untersuchungen für die Bundesrepublik Deutschland. 1977. – H. Herrfahrdt, Das Problem der berufsständischen Vertretung von der Französ. Revolution bis zur Gegenwart. 1921. – G. Lukács, Geschichte u. Klassenbewußtsein. 1923. Nachdr. 1971. – J. Messner, Die berufsständische Ordnung. Innsbruck. 1936. – O. von Nell-Breuning. Berufsständische Ordnung. Stand u. Ständewesen. Ständestaat. Unitarismus u. Pluralismus. Wb. der Soziologie. [2]1969. – H. Schelsky, Die Bedeutung des Klassenbegriffs für die Analyse unserer Gesellschaft. In: Jb. für Sozialwissenschaft. Bd. 12. H. 3. 1961. – O. Spann, Der wahre Staat. [4]1938. – W. Stapel, Die drei Stände. 1941. – L. von Stein, Die industrielle Gesellschaft. 1921. – F. Tönnies, Stände u. Klassen. In: Hdwb. der Soziologie. [2]1959.

1.6.1 GESCHICHTE DER SOZIOLOGIE

Gesamtdarstellungen: H. E. Barnes, An Introduction to the History of Sociology. Chicago. [2]1950. – W. Bernsdorf (Hrsg.), Internationales Soziologenlexikon. 1959. – G. Eisermann, Bedeutende Soziologen. 1968. – F. Jonas, Geschichte der Soziologie. 2 Bde. 1976. – H. Schoeck, Geschichte der Soziologie. 1973. – W. Sombart, Die Anfänge der Soziologie. In: Erinnerungsgabe für Max Weber. 1923. – E. M. Wallner, M. Pohler-Funke, Soziologische Hauptströmungen der Gegenwart. 1977.

Pareto, Vilfredo. G. Eisermann, Vilfredo Paretos System der allgemeinen Soziologie. 1962. – R. Hamann, Paretos Elitentheorie u. ihre Stellung in der neueren Soziologie. 1964.

Riehl, Wilhelm Heinrich von. V. von Geramb, W. H. Riehl, Leben u. Wirken. 1955.

Saint-Simon. G. Salomon-Delatour (Hrsg.), Die Lehre Saint-Simons. 1962.

Tönnies, Ferdinand. R. Heberle, Das soziologische System von Ferdinand Tönnies. In: Schmollers Jahrbuch 75. 1955.

Vierkandt, Alfred. F. Bülow, Alfred Vierkandt als Soziologe. In: Schmollers Jahrbuch 73. 1954.

Weber, Max. D. Heinrich, Die Einheit der Wissenschaftslehre Max Webers. 1952. – W. Mommsen, Max Weber u. die deutsche Politik 1890–1920. [2]1974. – J. Winckelmann, Gesellschaft u. Staat in der verstehenden Soziologie Max Webers. 1957.

1.6.2 POLITISCHE SOZIOLOGIE

L. Bergsträsser, Geschichte der polit. Parteien in Deutschland. [11]1965. – Ders., Politik in Wissenschaft u. Bildung. 1961. – U. Bermbach (Hrsg.), Politische Wissenschaft und politische Praxis. Politische Vierteljahresschrift. Sonderheft 9. 1978. – C. Brinkmann, Soziologische Theorie der Revolution. 1948. – Th. Eschenburg, Staat u. Gesellschaft in Deutschland. [9]1968. – L. Gumplowicz, Die soziologische Staatsidee. [2]1902. – R. Heberle, Das Theorem. Gemeinschaft u. Gesellschaft in der Soziologie der polit. Parteien. 1955. – Ders., Hauptprobleme der polit. Soziologie. 1967. – J. L. Horowitz, Grundlagen der politischen Soziologie. 5 Bde. 1976. – M. G. Lange, Politische Soziologie, Hrsg. G. Kade. [5]1972. – M. R. Lepsius, Denkschrift zur Lage der Soziologie u. der Politischen Wissenschaft. 1961. – S. M. Lipset, Soziologie der Demokratie. 1963. – R. Michels, Zur Soziologie des Parteiwesens in der modernen Demokratie. [4]1970. – G. Mosca, Die herrschende Klasse – Grundlagen einer polit. Wissenschaft. 1950. – E. Rosenstock, Die europäischen Revolutionen u. der Charakter der Nationen. [2]1951.– J.-J. Rousseau, Über den Ursprung u. die Grundlagen der Ungleichheit unter den Menschen. 1955. – Ders., Staat u. Gesellschaft. 1959. – G. Salomon-Delatour, Politische Soziologie. 1959. – C. Schmitt, Der Begriff des Politischen. 1963. – O. Stammer, Gesellschaft u. Politik. In: Handbuch der Soziologie. 1955. – E. Voegelin, Die neue Wissenschaft der Politik. [2]1965. – M. Weber, Politik als Beruf. [5]1969. – Ders., Gesammelte polit. Schriften. [3]1971. – Ders., Staatssoziologie. [2]1966.

1.6.3 WIRTSCHAFTSSOZIOLOGIE

Gesamtdarstellungen: H. G. Barnett, Innovation. New York, Toronto, London. 1953. – P. F. Drucker, Gesellschaft am Fließband. 1949/50. – E. Durkheim, De la division du travail social. Paris [6]1926, engl. 1949. – G. Eisermann, Wirtschaftstheorie u. Soziologie. 1957. – F. Fürstenberg, Wirtschaftssoziologie. [2]1970. – K. Marx, Das Kapital. 3 Bde. 1867–1894. Neudr. 1967. – Ders., Die Frühschriften. 1953. – J. A. Schumpeter, Kapitalismus, Sozialismus u. Demokratie. [3]1972. – W. Sombart, Der moderne Kapitalismus. 3 Bde. [7]1928. Neudr. 1955. – M. Weber, Wirtschaftsgeschichte. 1923. – G. Weißer, Wirtschaft. In: Handwörterbuch der Soziologie. 1956.

Industriesoziologie, Betriebssoziologie. T. Atteslander, Konflikt u. Kooperation im Industriebetrieb. 1959. – H. P. Bahrdt, Industriebürokratie. 1958. Nachdr. 1972. – G. Briefs, Betriebsführung u. Betriebsleben in der Industrie. 1934. – G. A. C. Brown, Psychologie der industriellen Leistung. 1956. – F. Croner, Soziologie der Angestellten. 1962. – R. Dahrendorf, Industrie- u. Betriebssoziologie. [3]1964. – Ch. Ferber, Arbeitsfreude – Wirklichkeit u. Ideologie. 1959. – G. Friedmann, Zukunft der Arbeit. 1953. – Ders., Der Mensch in der mechanisierten Produktion. 1952. – F. Fürstenberg (Hrsg.), Industriesoziologie. 3 Bde. 1974–1976. – L. H. A. Geck, Die sozialen Arbeitsverhältnisse im Wandel der Zeit. Eine geschichtliche Einführung in die Betriebssoziologie. 1931. – Ders., Soziale Betriebsführung. [2]1953. – U. Jaeggi u. H. Wiedemann, Der Angestellte im automatisierten Büro. 1963. – R. König, Handbuch der empirischen Sozialforschung. Bd. 8: Beruf, Industrie, Organisation. 1976. – W. Littek, Industriearbeit und Gesellschaftsstruktur. Zur Kritik der Industrie- und Betriebssoziologie. 1973. – E. Mayo, Probleme industrieller Arbeitsbedingungen. 1950. – D. C. Miller u. W. H. Form, Unternehmung, Betrieb u. Umwelt. 1957. – H. Popitz, H. P. Bahrdt, E. A. Jüres, H. Kesting, Technik u. Industriearbeit. 1957. – F. J. Roethlisberger, Betriebsführung u. Arbeitsmoral. 1954. – Th. Scharmann, Arbeit u. Beruf. 1956. – H. Schelsky, Die sozialen Folgen der Automatisierung. 1957. – F. Tannenbaum, Eine Philosophie der Arbeit. 1954. – Th. Veblen, The Instinct of Workmanship and the State of the Industrial Arts. New York. 1914. – L. Zündorf (Hrsg.), Industrie- und Betriebssoziologie. 1979.

1.6.4 KULTURSOZIOLOGIE

Gesamtdarstellungen: R. Benedict, Urformen der Kultur. 1955. – H. Freyer, Theorie des objektiven Geistes. 1923. – A. Gehlen, Die Seele im technischen Zeitalter. [7]1964. Nachdr. 1972. – L. Lévy-Bruhl, Die geistige Welt der Primitiven. 1927. – Ders., Die Seele der Primitiven. 1930. – B. Malinowski, Eine wissenschaftliche Theorie der Kultur. Zürich. 1949. – Ders., Die Dynamik des Kulturwandels. 1951. – W. E. Mühlmann, Methodik der Völkerkunde. 1938. – W. F. Ogburn, Social Change. New York. [2]1952. – A. R. Radcliffe-Brown, Structure and Function in Primitive Society. London. 1952. – P. A. Sorokin, Social and Cultural Dynamics. 4 Bde. 1937–1941. – O. Spengler, Untergang des Abendlandes. Umrisse einer Morphologie der Weltgeschichte. 2 Bde. 1918–1922. – H. P. Thurn, Soziologie der Kultur. 1976. – R. Thurnwald, Die menschliche Gesellschaft in ihren ethno-soziologischen Grundlagen. 5 Bde. 1931–1935. – A. J. Toynbee, Der Gang der Weltgeschichte. 2 Bde. 1970. – A. Weber, Kultursoziologie. In: Hdwb. der Soziologie. [2]1959. – Ders., Kulturgeschichte als Kultursoziologie. 1950. – L. A. White, The Science of Culture. New York. 1923.

1.6.5 SEXUALSOZIOLOGIE

Gesamtdarstellungen: M. Allemann-Tschopp, Geschlechtsrollen. Versuch einer interdisziplinären Synthese. 1979. – H. Kentler, Texte zur Sozio-Sexualität. 1973. – K. H. Kerscher (Hrsg.), Konfliktfeld Sexualität. 1977. – M. Marcuse, Handwörterbuch der Sexualwissenschaft. [2]1926. – M. Mead, Mann u. Weib. [5]1963. Nachdr. 1971. – Dies., Jugend u. Sexualität in primitiven Gesellschaften. 3 Bde. 1970. – A. Miller, Kultur u. menschliche Fruchtbarkeit. 1962. – A. Moll, Handbuch der Sexualwissenschaft mit bes. Berücksichtigung der kulturellen Beziehungen. 1912. – Morus, Eine Weltgeschichte der Sexualität. 1956. – H. Schelsky, Soziologie der Sexualität. 1955. Nachdr. 1977. – Ders., Die sozialen Formen der sexuellen Beziehungen. Die Sexualität des Menschen. Handb. der medizin. Sexualforschung (Hrsg. H. Giese). 1953. – Ders. u. H. Bürger-Prinz, Sexualität. In: Hdwb. der Sozialwissenschaften. Bd. 9. 1956.

1.6.6 SONSTIGE SPEZIELLE SOZIOLOGIE(N)

Agrarsoziologie. P. von Blanckenburg, Einführung in die Agrarsoziologie. 1962. – W. Conze, Agrarverfassung. In: Hdwb. der Sozialwissenschaften, Bd. 1. 1956. – S. von Frauendorfer, Ideengeschichte der Agrarwirtschaft u. Agrarpolitik im deutschen Sprachgebiet. Bd. I. 1957. – Ders., Ideengeschichte der Agrarwirtschaft u. Agrarpolitik. Bd. II. 1958. – F. W. Henning, Landwirtschaft und ländliche Gesellschaft in Deutschland 1750–1976. Bd. 2. 1978. – G. F. Knapp, Die Bauernbefreiung u. der Ursprung der Landarbeiter in den älteren Teilen Preußens. 1. u. 2. Teil. 1887. – K. Kötter, Landbevölkerung im sozialen Wandel. 1958. – Ders., Struktur u. Funktion von Landgemeinden im Einflußbereich einer deutschen Mittelstadt. 1952. – C. P. Loomis u. J. A. Beegle, Rural Social Systems. New York. 1950. – H. Niehaus, Leitbilder der Wirtschafts- u. Agrarpolitik in der modernen Gesellschaft. 1957. – H. Röhm, Stellung u. Bedeutung des bodenverbundenen Industriearbeiters in Vergangenheit u. Gegenwart. In: Berichte über Landwirtschaft. Bd. 37. 1959. – P. Quante, Die Flucht aus der Landwirtschaft. 1933.

Gemeindesoziologie. V. v. Borries, L. Clausen, K. Simons, Siedlungssoziologie. Wohnung – Gemeinde – Umwelt. 1978. – R. König (Hrsg.), Soziologie der Gemeinde. Sonderheft der Kölner Ztschr. für Soziologie u. Sozialpsychologie. 1962. – H. Linde, Grundfragen der Gemeindetypisierung. In: Raum u. Wirtschaft. 1953. – R. S. Lynd u. H. M. Lynd, Middletown. A Study in American Culture. New York. 1929. – Dies.n, Middletown in Transition. A Study in Cultural Conflicts. New York. 1937. – R. Mayntz, Soziale Schichtung u. sozialer Wandel in einer Industriegemeinde. 1958. – R. Redfield, The Little Community. Uppsala, Stockholm. 1955.

Kriminalsoziologie. F. Bauer, Das Verbrechen u. die Gesellschaft. 1957. – H. A. Bloch u. G. Geis, Man, crime and society: The forms of criminal behaviour. New York. 1962. – H. von Hentig, Das Verbrechen. Bd. 1: Der kriminelle Mensch im Kräftespiel von Zeit u. Raum. 1961. – H. Mannheim, Group Problems in Crime and Punishment. London. 1955. – D. K. Pfeiffer, S. Scherer, Kriminalsoziologie. 1979. – S. Quensel, Sozialpsychologische Aspekte der Kriminologie. 1964. – G. Radbruch u. H. Gwinner, Geschichte des Verbrechens. 1951. – P. Reiwald, Die Gesellschaft u. ihre Verbrecher. [2]1973. – F. Sack, R. König, Kriminalsoziologie. [3]1979.

Kunstsoziologie. Th. W. Adorno, Noten zur Literatur. 1958. Nachdr. 1973. – K. Blaukopf, Musiksoziologie. [2]1972. – C. Brinkmann, Kunstsoziologie. In: Hdwb. der Sozialwissenschaften. Bd. 6. 1959. – W. Hausenstein, Bild u. Gemeinschaft. Entwurf einer Soziologie der Kunst. 1920. – A. Hauser, Soziologie der Kunst. [2]1978. – R. König (Hrsg.), Handbuch der empirischen Sozialforschung. Bd. 13: Sprache – Künste. 1979. – G. Lukács, Die Theorie des Romans. 1920. Nachdr. 1971. – Ders., Literatursoziologie. 1961. – L. L. Schücking, Soziologie der literarischen Geschmacksbildung. [3]1961. – A. Silbermann, Wovon lebt die Musik – Die Prinzipien der Musiksoziologie. 1957. – Ders., Empir. Kunstsoziologie. 1974.

Meinungsforschung. L. Festinger u. a., Research Methods in the Behavioral Sciences. New York. 1953. – H. Hyman, Survey Design and Analysis. Principles, Cases and Procedures. Glencoe, Ill. 1955. – H. Kreutz, Soziologie der empirischen Sozialforschung. Theoretische Analyse von Befragungstechniken und Ansätze zur Entwicklung neuer Verfahren. 1972. – P. F. Lazarsfeld, The Language of Social Research. A Reader in the Methodology of Social Research. Glencoe, Ill. 1955. – R. K. Merton, M. Fiske, P. L. Kendall, The Focused Interview. Glencoe, Ill. 1956. – E. Noelle, Umfragen in der Massengesellschaft. 1963. – Dies., Die Schweigespirale. Die öffentliche Meinung – unsere soziale Haut. 1980.

Rechtssoziologie. E. Ehrlich, Grundlegung der Soziologie des Rechts. [3]1967. – E. Fechner, Rechtsphilosophie. Soziologie u. Metaphysik des Rechts. [2]1962. – Th. Geiger, Vorstudien zu einer Soziologie des Rechts. 1964. – G. Gurvitch, Grundzüge der Soziologie des Rechts. 1960. – G. W. F. Hegel, Grundlinien der Philosophie des Rechts. [4]1967. – H. Kelsen, Der soziologische u. der juristische Staatsbegriff. [2]1928. Neudr. 1960. – W. Maihofer u. a. (Hrsg.), Jahrbuch für Rechtssoziologie und Rechtstheorie. 7 Bde. Stand 1980. – H. Rottleuthner, Rechtstheorie und Rechtssoziologie. 1980. – R. Stammler, Wirtschaft u. Recht nach der materialistischen Geschichtsauffassung. [5]1924. – M. Weber, Rechtssoziologie. [3]1973.

Religionssoziologie. M. Argyle, Religious Behaviour. Glencoe, Ill. 1959. – J. H. Fichter, Soziologie der Pfarrgruppen. 1958. – J. Freytag, Die Kirchengemeinde in soziologischer Sicht. 1959. – F. Fürstenberg, Religionssoziologie. [2]1970. – D. Goldschmidt u. J. Matthes (Hrsg.), Probleme der Religionssoziologie. Kölner Ztschr. für Soziologie u. Sozialpsychologie, Sonderheft 6. [3]1971. – W. J. Goode, Religion among the Primitives. Glencoe, Ill. 1951. – R. W. Green (Hrsg.), Protestantism and Capitalism (The Weber Thesis and its Critics). Boston. 1959. – J. Hasenfuß, Religionssoziologie. 2 Bde. 1964. – P. Honigsheim, Religionssoziologie. In: Die Lehre von der Gesellschaft (Hrsg. G. Eisermann). – N. Luhmann, Funktion der Religion. 1977. – G. Mensching, Soziologie der Religion. [2]1968. – T. Rendtorff, Die soziale Struktur der Gemeinde. 1958. – D. Savramis, Religionssoziologie. Eine Einführung. [2]1977. – G. Simmel, Die Religion. [2]1912. – E. Troeltsch, Zur religiösen Lage, Religionsphilosophie u. Ethik. Ges. Schriften, Bd. 2. [3]1962. – Ders., Aufsätze zur Geistesgeschichte u. Religionssoziologie. Ges. Schriften. Bd. 4. [3]1966. – E. Voegelin, Die polit. Religionen. Stockholm. 1939. – J. Wach, Religionssoziologie. [2]1951. – M. Weber, Gesammelte Aufsätze zur Religionssoziologie. 3 Bde. 1920/21. Nachdr. 1976. – G. Wurzbacher, K.-M. Bolte, R. Roeder, T. Rendtorff, Der Pfarrer in der modernen Gesellschaft. 1960.

Stadtsoziologie. W. Bockelmann, R. Hillebrecht, A. M. Lehr, Die Stadt zwischen Gestern u. Morgen. 1961. – E. W. Burgess u. D. J. Bogue (Hrsg.), Contributions to Urban Sociology. Chicago, London. 1964. – S. Chermayeff u. Ch. Alexander, Community and Privacy. Toward a New Architecture of Humanism. New York. 1963. – J. P. Gibbs (Hrsg.), Urban Research Methods. London, Toronto, New York. 1961. – R. R. Grauhan, Großstadt-Politik, Texte zur Analyse u. Kritik lokaler Demokratien. 1972. – Ders. (Hrsg.), Lokale Politikforschung. 2 Bde. 1975. – G. Ipsen, Stadt (IV). In: Hdwb. der Sozialwissenschaften. Bd. 9. 1956. – H. Korte u. a. Soziologie der Stadt. 1974. – K. Lynch, The Image of The City. Cambridge. 1960. – A. Mitscherlich, Die Unwirtlichkeit unserer Städte. [10]1971. – Ders., Thesen zur Stadt der Zukunft. 1971. – L. Mumford, Die Stadt. Geschichte und Ausblick. 2 Bde. 1979. – R. E. Park, E. W. Burgess u. R. D. McKenzie, The City. New York. 1925. – L. Reissman, The Urban Process. Glencoe, Ill. 1964. – M. Weber, Die Stadt. In: M. Weber, Wirtschaft u. Gesellschaft. [5]1972.

Wissenssoziologie. H. E. Barnes u. H. Becker, Social Thought from Lore to Science. 2 Bde. [2]1952. – Th. Geiger, Ideologie u. Wahrheit. 1953. – E. Grünwald, Das Problem einer Soziologie des Wissens. 1934. – G. Gurvitch, Wissenssoziologie. In: Die Lehre von der Gesellschaft. Hrsg. G. Eisermann. [2]1974. – S. Landshut, Kritik der Soziologie. [2]1969. – K. Lenk, Ideologie. 1961. – H.-J. Lieber, Wissenssoziologie. In: Wörterbuch der Soziologie. [2]1969. – K. Mannheim, Ideologie u. Utopie. [6]1978. – R. K. Merton, The Sociology of Knowledge. In: G. Gurvitch and W. E. Moore (Hrsg.), Twentieth Century Sociology. 1945. – W. Stark, Die Wissenssoziologie. Ein Beitrag zum tieferen Verständnis des Geisteslebens. 1960.

1.7.0 PÄDAGOGIK (ALLGEMEINES)

Bibliographien: Erziehungswissenschaftl. Handbuch, Hrsg. Th. Ellwein, H. Groothoff, H. Roth. 5 Bde. 1969–1975 (geplant sind 14 Bde.).

Nachschlagewerke: H. Groothoff, E. Reimers (Hrsg.), Lexikon der Pädagogik, 4 Bde. 1970/71. – H. Groothoff, H. Stallmann (Hrsg.), Neues Pädagog. Lexikon. [5]1971. – W. Hehlmann (Hrsg.), Wörterbuch der Pädagogik. [9]1971. – W. Horney, J. Ruppert, W. Schultze, Pädagog. Lexikon. 2 Bde. 1970. – L. Roth, Handlexikon zur Erziehungswissenschaft. 1976.

Allg. Einführungen: W. Flitner, Allg. Pädagogik. [13]1970. – W. Horney, P. Merkel, W. Schultze, F. Wolff (Hrsg.), Handbuch für Lehrer. 3 Bde. 1960–1963. – W. Klafki, Funkkolleg Erziehungswissenschaft. 3 Bde. 1970/71. – M. Langeveld, Einführung in die theoretische Pädagogik. [7]1969. – Th. Wilhelm, Pädagogik der Gegenwart. [5]1977.

1.7.1 PÄDAGOGISCHE GRUNDBEGRIFFE

Lexika u. Handbücher: H. Ipfling, Grundbegriffe der pädagog. Fachsprache. 1975. – G. Wehle, Pädagogik aktuell. Lexikon pädagog. Schlagworte u. Begriffe. 3 Bde. 1973.

Bildungstheorie. J. Piaget, Theorien u. Methoden der modernen Erziehung. 1974. – Ch. Wulf, Theorien u. Konzepte der Erziehungswissenschaft. [2]1978.

Dialektik u. Methodik. H. Blankertz, Theorien u. Modelle der Didaktik. 1969. – F. Blättner, Die Methoden des Unterrichts in der Jugendschule. 1963. – J. S. Bruner, Der Prozeß der Erziehung. 1970. – G. Hausmann, Didaktik als Dramaturgie des Unterrichts. 1959. – P. Heimann, G. Otto, W. Schulz, Unterricht, Analyse u. Planung. [5]1970. – W. Klafki, Studien zur Bildungstheorie u. Didaktik. 1963.

Erziehung. S. Bernfeld, Sisyphos oder die Grenzen der Erziehung. 1925. Neudr. 1967. – G. Bittner, Für u. Wider die Leitbilder. 1964. – H. Gamm, Allgemeine Pädagogik. 1979. – K. Mollenhauer, Erziehung u. Emanzipation. 1968. – E. Weber, Erziehungsstile. 1970.

Jugendkunde. R. Oerter, Moderne Entwicklungspsychologie. [7]1970. – Dt. Jugendinstitut München (Hrsg.), Überblick zur wissenschaftl. Jugendkunde. 18 Bde. 1965 ff. – E. Wezel, Jugend in Gesellschaft u. Schule. 1972.

Sozialpädagogik. F. Vahlsen, Einführung in die Sozialpädagogik. 1975. – H. Zander, Sozialpädagog. Grundbegriffe. 1975.

1.7.2 GROSSE PÄDAGOGEN

Comenius, Johann Amos. K. Schaller, Die Pädagogik des J. A. Comenius. 1973.

Diesterweg, Adolph. H. G. Bloth, A. Diesterweg. 1966.

Fischer, Aloys. H. Röhrs, Die Pädagogik A. Fischers. 1953.

Herbart, Johann Friedrich. E. Geißler, Herbarts Lehre vom erziehenden Unterricht. 1970.

Humboldt, Wilhelm von. C. Menze, Wilhelm von Humboldt u. der Neuhumanismus. 1976.

Kerschensteiner, Georg. G. Wehle, Praxis u. Theorie mit Lebenswerk G. Kerschensteiners. [2]1964.

Makarenko, Anton Semjonowitsch. I. Rüttenauer, A. S. Makarenko. 1965.

Pestalozzi, Johann Heinrich. W. Guyer, Pestalozzi aktueller denn je. 1975. – A. Rang, Der polit. Pestalozzi. 1967. – E. Spranger, Pestalozzis Denkformen. [2]1959.

Rousseau, Jean-Jacques. M. Rang, Rousseaus Lehre vom Menschen. [2]1965.

Schleiermacher, Friedrich. J. Schurr, Schleiermachers Theorie der Erziehung. 1975.

1.7.3 GESCHICHTE DER PÄDAGOGIK

Gesamtdarstellungen: F. Blättner, Geschichte der Pädagogik. [11]1965. – H. Weimer, W. Schöler, Geschichte der Pädagogik. [18]1976.

Einzelne Gebiete: F. Blättner, Das Gymnasium. Aufgaben der höheren Schule in Geschichte u. Gegenwart. 1960. – J. Dolch, Lehrplan des Abendlandes. 1959. – H. I. Marrou, Geschichte der Erziehung im klassischen Altertum. 1976. – F. Paulsen, Geschichte des gelehrten Unterrichts. 2 Bde. 1919–1921, Neudr. 1960. – P. M. Roeder, Erziehung u. Gesellschaft. 1968. – W. Roessler, Die Entstehung des modernen Erziehungswesens in Deutschland. 1961.

1.7.4 HOCHSCHULEN

Allgemeine Darstellungen: J. Habermas, Protestbewegung u. Hochschulreform. 1969. – A. Keller, Beiträge zur Hochschulentwicklung. 1974. – S. Leibfried, Die angepaßte Universität. 1968. – A. Manzmann, Bildung u. Ausbildung im Hochschulbereich heute. 1977. – R. Neuhaus (Hrsg.), Dokumente zur Hochschulreform 1945–1959. 1961. – H. Plessner (Hrsg.), Untersuchungen zur Lage des dt. Hochschullehrers. 3 Bde. 1956. – H. Schelsky, Einsamkeit u. Freiheit – Idee u. Gestalt der dt. Universität. 1963. – VDS (Hrsg.), Deutscher Hochschulführer. Jährl.

Studenten. U. Bergmann u. a., Rebellion der Studenten. 1968. – U. Göbel, Die Studentenbewegung u. ihre Folgen. 1978. – J. Habermas u. a., Student u. Politik. 1969. – G. Kath, Das soziale Bild der Studentenschaft in der BRD. 1969.

1.7.5 DEUTSCHES SCHULWESEN

Berufsschule. F. Blättner, Pädagogik der Berufsschule. [2]1965. – A. Förner, Die Unterrichtsfächer berufl. Schulen. 1976.

Bundesrepublik Deutschland. H. Becker, R. Dahrendorf, P. Glotz, H. Maier, Bildungsreform. 1976. – Das Bildungswesen in der BRD. Kompetenzen – Strukturen – Bildungswege. Veröffentlichung der Kultusministerkonferenz. – Deutscher Bildungsrat, Empfehlungen der Bildungskommission, Strukturplan für das Bildungswesen. 1970. – H. Hamm-Brücher, Auf Kosten unserer Kinder? Reise durch die pädagog. Provinzen der BRD u. Berlins. 1965. – W. Keim (Hrsg.), Gesamtschule. Bilanz ihrer Praxis. 1973. – A. Rang, W. Schulz (Hrsg.), Die differenzierte Gesamtschule. 1974. – Sammlung der Beschlüsse der Ständigen Konferenz der Kultusminister der Länder der BRD. 1979.

Deutsche Demokratische Republik. Akademie der Pädagog. Wissenschaften der RSFSR, Die Grundlagen der kommunist. Erziehung. 1964. – H. Hettwer, Das Bildungswesen der DDR seit 1945. 1976. – H. Klein, Polytechn. Bildung u. Erziehung in der DDR. 1962. – H. Vogt, Bildung u. Erziehung in der DDR. 1969.

Erwachsenenbildung. H. Feidel-Mertz, Erwachsenenbildung seit 1945. 1976. – J. Knoll, H. Siebert, Erwachsenenbildung in der Bundesrepublik. Dokumente 1945–1966. 1967. – J. Sauer, Erwachsenenbildung. Stand der Forschung in der BRD. 1976.

Grund- u. Vorschule. H. Dennerlein, Vorschulerziehung. Handbuch für Eltern u. Erzieher. 1973. – S. Gerbaulet, B. Klemm, Grundschule: Kinderschule. 1977.

Gymnasium. F. Blättner, Das Gymnasium. Aufgaben der höheren Schule in Geschichte u. Gegenwart. 1960. – H. Tenorth, Hochschulzugang u. gymnasiale Oberstufe in der Bildungspolitik von 1945–1973. 1975.

Haupt- u. Realschule. H.-W. Brandau, Die mittlere Bildung in Dtschld. 1959. – H. von Hentig, Systemzwang u. Selbstbestimmung. [2]1969. – W. Horney u. a. (Hrsg.), Handbuch für Lehrer. 3 Bde. 1960–1963. – H. Möller, Die Hauptschule. 1972. – W. Thielke, Differenzierung der Realschuloberstufe. 1975. – K. Wünsche, Die Wirklichkeit des Hauptschülers. Berichte von Kindern der schweigenden Mehrheit. [2]1977.

Zweiter Bildungsweg. H. Belser, Zweiter Bildungsweg. 1960. – R. Dahrendorf u. H. D. Ortlieb, Der Zweite Bildungsweg im sozialen u. kulturellen Leben der Gegenwart. 1959. – K. Storb, Der Zweite Bildungsweg, Chance oder Illusion? [2]1974.

1.7.6 BILDUNGSWESEN ANDERER LÄNDER

Gesamtdarstellungen: O. Anweiler (Hrsg.), Bildungssysteme in Europa zwischen Tradition u. Fortschritt. 1976. – Ders. (Hrsg.), Bildungsreformen in Osteuropa. 1969. – W. Schultze (Hrsg.), Schulen in Europa. 3 Bde. 1968/69. – H. Thomas u. a., Schulreform im gesellschaftl. Prozeß. 2 Bde. 1975. – UNESCO (Hrsg.), World Survey of Education. 2 Bde. 1958–1961.

Frankreich. C. Freinet, Die moderne französ. Schule. 1965. – J. Schriewer, Schulreform u. Bildungspolitik in Frankreich. 1974.

Großbritannien. P. Büchner, England. Fakten, Analysen, Tendenzen des Bildungswesens. 1975.

Israel. L. Liegle (Hrsg.), Kollektiverziehung im Kibbutz. [4]1977.

Italien. K. G. Fischer, Italien. Fakten, Analysen, Tendenzen des Bildungswesens. 1973.

Lateinamerika. J. Gamarra-Romero, Universität u. Gesellschaft in Lateinamerika.

1977. – W. Grenz, Das Bildungswesen in der Gesamtentwicklung Lateinamerikas. 1966.

Schweden. E. Jüttner, Schweden. Fakten, Analysen, Tendenzen des Bildungswesens. 1972.

Schweiz. L. Jost, Perspektiven u. Horizonte. 1976.

Sowjetunion. U. Bronfenbrenner, Zwei Welten. Kinder in den USA u. in der UdSSR. 1972. – E. Eichberg, Vorschulerziehung in der Sowjetunion. 1974. – W. Mitter (Hrsg.), Das sowjet. Schulwesen. 1970.

Vereinigte Staaten von Amerika. O. Monsheimer, Erziehung für Übermorgen. 1968. – H. Reimann, Höhere Schule u. Hochschule in den USA. 1970. – H. Röhrs, Die progressive Erziehungsbewegung in den USA. 1977. – B. Trouillet, Vorschulerziehung in den USA. 1972.

1.7.7 JUGENDBEWEGUNG. W. Helwig, Die blaue Blume des Wandervogels. 1960. – H. Jantzen, Namen u. Werke. Beiträge zur Soziologie der Jugendbewegung. 1973. – W. Kindt (Hrsg.), Grundschriften der dt. Jugendbewegung. 1963. – R. Kneip, Wandervogel – Bündische Jugend 1905–1943. o. J. – W. Laqueur, Die dt. Jugendbewegung. 1978. – H. Pross, Jugend – Eros – Politik. Die Geschichte der dt. Jugendverbände. 1964.

1.7.8 AKADEMIEN UND FORSCHUNGSINSTITUTE. F. Domay, Handbuch der dt. wissenschaftl. Akademien u. Gesellschaften. [2]1977. – The World of Learning. [27]1976. – Vademekum dt. Lehr- u. Forschungsstätten. [7]1978.

1.7.9 JUGENDORGANISATIONEN UND -EINRICHTUNGEN

Jugendorganisationen. R. Baden-Powell, Pfadfinder – ein Handbuch der Erziehung. 1953. – R. Kneip, Jugend der Weimarer Zeit. Handbuch der Jugendverbände 1919–1938. 1974. – H. Herz, Die FDJ. 1965. – K. Korn, Die Arbeiterjugendbewegung. 1922.

Jugendpflege. H. Bussiek, Bericht zur Lage der Jugend. 1978. – H. Kentler, Jugendarbeit in der Industriewelt. 1962. – K. Mollenhauer, Jugendhilfe. 1969. – W. Müller, Was ist Jugendarbeit? 1965. – H. Rauhe, Jugend in der heutigen Gesellschaft. – H. Stettner, Jugendpflege in der BRD. 1966. – F. H. Tenbruck, Jugend u. Gesellschaft. 1962.

1.8.0 RELIGIONSWISSENSCHAFT (ALLGEMEINES)

Bibliographien u. Lexika: A. Anwander, Wörterbuch der Religion. 1948. – Eranos-Jahrbuch. Zürich. 1933 ff. – F. König (Hrsg.), Religionswissenschaftl. Wörterbuch. 1956. – Lehrbuch der Religionsgeschichte. Begr. P. D. Chantepie de la Saussaye. 2 Bde. [4]1925. – W. Otto (Hrsg.), Religiöse Stimmen der Völker. 1915 ff. – Reallexikon für Antike u. Christentum. 1950 ff. – A. Bertholet, Wörterbuch der Religionen. [3]1976.

Gesamtdarstellungen: K. Beth, Einführung in die vergleichende Religionsgeschichte. 1920. – M. Eliade, Die Religionen u. das Heilige. Nachdr. 1976. – Ders., Kosmos u. Geschichte. 1949. – F. Heiler, Die Religionen der Menschheit. [2]1962. Neu hrsg. von Kurt Goldammer. [3]1980. – A. Jeremias, Allg. Religionsgeschichte. [2]1924. – G. Mensching, Geschichte der Religionswissenschaft. 1948. – Ders., Toleranz u. Wahrheit in der Religion. 1955, 1966. – Ders., Das Wunder im Glauben u. Aberglauben der Völker. Leiden. 1957. – Ders., Die Religion. 1962. – Ders., Das lebendige Wort. Texte aus den Religionen der Erde. [3]1961. – R. Otto, Das Heilige. [40]1971. – H. Ringgren, A. V. Ström, Die Religionen der Völker. [2]1968. – W. Schmidt, Handbuch der Vergleich. Religionsgeschichte. 1930. – Tiele-Söderblom, Kompendium der Religionsgeschichte. [6]1931.

Mythos. E. Cassirer, Philosophie der symbol. Formen. [7]1977. – H. Haussig, Wörterbuch der Mythologie. 2 Bde. 1965–1973. – A. E. Jensen, Mythos u. Kult bei den Naturvölkern. [2]1960. – C. G. Jung, Symbolik des Geistes. [2]1953. – K. Kerényi, Einführung in das Wesen der Mythologie. [4]1951. – K. Reinhardt, Platons Mythen. 1927. – F. W. J. von Schelling, Philosophie der Mythologie. 1842. Nachdr. 1973. – K. H. Volkmann-Schluck, Mythos u. Logos. 1969. – L. Ziegler, Gestaltwandel der Götter. 1910.

Religionsphänomenologie. K. Goldammer, Die Formenwelt des Religiösen. 1960. – F. Heiler, Erscheinungsformen u. Wesen der Religion. [2]1979. – E. Hirschmann, Phänomenologie der Religion. 1940. – G. van der Leeuw, Phänomenologie der Religion. [3]1970. – G. Widengren, Religionsphänomenologie. 1969.

Religionssoziologie. → 1.6.6.

1.8.1 VOLKSRELIGIONEN DES INDOGERMANISCHEN RAUMES

Gesamtdarstellungen: C. Clemen, Religionsgeschichte Europas. 1926–1931. – H. Güntert, Der arische Weltkönig u. Heiland. 1923. – L. von Schröder, Arische Religion. 2 Bde. 1926.

germanische Religion. C. Clemen, Altgerman. Religionsgeschichte. 1934. – G. Dumézil. Loki. 1959. – W. Gehl, Der german. Schicksalsglaube. 1939. – V. Grønbech, Kultur u. Religion der Germanen. [8]1978. – K. Helm, Altgerman. Religionsgeschichte. 2 Bde. 1937–1953. – Ders., Wodan. 1946. – O. Höfler, German. Sakralkönigtum. Bd. 1. 1952. – M. Ninck, Wodan u. german. Schicksalsglaube. 1935. – Ders., Götter u. Jenseitsglauben der Germanen. 1937. – H. Schneider, Die Götter der Germanen. 1938. – J. de Vries, Keltische Religion. 1961. – Ders., Altgerman. Religionsgeschichte. 2 Bde. [3]1970.

griechische Religion. M. Grant, Mythen der Griechen u. Römer. 1964. – H. Hunger, Lexikon der griech. u. röm. Mythologie. [7]1975. – H. Jens, Mytholog. Lexikon. 1969. – K. Kerényi, Die Mythologie der Griechen. 2 Bde. 1966. – O. Kern, Die Religion der Griechen. 3 Bde. [2]1963. – M. P. Nilsson, Geschichte der griech. Religion. 2 Bde. [2-3]1961–1967. – W. F. Otto, Die Götter Griechenlands. [6]1970. – R. von Ranke-Graves, Griech. Mythologie. 2 Bde. [6]1969. – H. J. Rose, Griech. Mythologie. [5]1978. – U. von Wilamowitz-Moellendorff, Der Glaube der Hellenen. 2 Bde. [4]1973.

Hinduismus. H. von Glasenapp, Der Hinduismus. 1922. – K. Klostermaier, Hinduismus. 1965.

indische Religionen. H. von Glasenapp, Die Religionen Indiens. [2]1956. – Ders., Die Philosophie der Inder. [3]1973. – J. Gonda, Die Religionen Indiens. 2 Bde. 1960–1963. – F. Heiler, Die Mystik in den Upanishaden. 1925. – H. Oldenberg, Die Lehre der Upanishaden u. die Anfänge des Buddhismus. 1915. – Ders., Die Religion des Veda. Nachdr. 1977. – S. Radhakrishnan, Ind. Philosophie. 2 Bde. 1956.

Parsismus. H. S. Nyberg, Die Religionen des alten Iran. 1966. – G. Widengren, Hochgottglaube im alten Iran. 1938. – Ders., Die Religionen Irans. 1965.

römische Religion. F. Altheim, Röm. Religionsgeschichte. [2]1956 (Slg. Göschen 1035). – C. Koch, Der röm. Jupiter. 1937, Nachdr. 1968. – K. Latte, Röm. Religionsgeschichte. [2]1967. – H. J. Rose, Ancient Roman Religion. New York. 1948. – G. Wissowa, Religion u. Kultus der Römer. [2]1912. Nachdr. 1971.

Sikh. M. Singh, Mystik u. Yoga der Sikh-Meister. [2]1978. – E. Trumpp, Die Religion der Sikhs. 1881.

1.8.2 VOLKSRELIGIONEN DES VORDERORIENTALISCHEN RAUMES

Gesamtdarstellungen: S. Dubnow, Weltgeschichte des jüd. Volkes. 10 Bde. 1925–1929. – A. Götze, Kleinasien. [2]1957. – B. Hrozny, Die älteste Geschichte Vorderasiens. Prag. 1940. – L. Landmann (Hrsg.), Universal Jewish Encyclopedia. New York. 1948. – Lexikon des Judentums. [2]1971. – S. Moscati, Geschichte u. Kultur der semit. Völker. Neuausg. 1961. – C. Roth, Geschichte der Juden. [2]1964. – H. Schmökel, Geschichte des alten Vorderasien. 1957. – H. J. Schoeps, Jüdische Geisteswelt, Texte. 1953.

ägyptische Religion. H. Bonnet, Reallexikon der ägypt. Religionsgeschichte. [2]1971. – A. Erman, Die Religion der Ägypter. 1934, Nachdr. 1978. – H. Junker, Pyramidenzeit. 1949. – H. Kees, Der Götterglaube im alten Ägypten. [4]1980. – Ders., Totenglauben u. Jenseitsvorstellung der alten Ägypter. [2]1956. – S. Morenz, Ägyptische Religion. [2]1977.

babylonische Religion. A. Falkenstein u. W. von Soden, Sumerische u. akkadische Hymnen u. Gebete. 1953. – M. Jastrow, Die Religionen Babyloniens u. Assyriens. 1905–1912. – A. Moortgat, Tammuz. Der Unsterblichkeitsglaube in der altoriental. Bildkunst. 1949. – H. Schmökel, Ur, Assur, Babylon. [2]1966. – A. Ungnad, Die Religion der Babylonier u. Assyrer. 1921.

Chassidismus. M. Buber, Die chassidische Botschaft. 1952. – Ders., Die Erzählungen der Chassidim. 1949. – S. Dubnow, Geschichte des Chassidismus. 2 Bde. 1931. – G. Scholem, Die jüd. Mystik in ihren Hauptströmungen. 1967.

Essener. H. Braun, Gesammelte Studien zum N. T. u. seiner Umwelt. [3]1971. – A. Dupont-Sommer, Die essenischen Schriften vom Toten Meer. 1960. – K. Schubert, Die Gemeinde vom Toten Meer. 1958.

Juden/Religion. W. F. Albright, Von der Steinzeit zum Christentum. 1949. – I. Elbogen, Der jüd. Gottesdienst. [3]1931, Nachdr. 1962. – G. Fohrer, Geschichte der israelit. Religion. 1969. – H. Ringgren, Israelit. Religion. 1963.

Kabbala. G. Scholem, Ursprung u. Anfänge der Kabbala. 1962.

Midrasch. H. L. Strack, Einleitung in Talmud u. Midrasch. [5]1921. Neudr. [6]1976.

Mischna. H. J. Kassowsky, Konkordanz der gesamten Mischna. 1927/29. – K. H. Rengstorf, L. Rost (Hrsg.), Die Mischna. Text, Übers. (Begr. G. Beer u. O. Holtzmann). 1912 ff.

Pharisäer. L. Baeck, Paulus, die Pharisäer u. das N. T. 1961.

Sadduzäer. R. Leszynsky, Die Sadduzäer. 1912.

Talmud. Der Babylonische Talmud. Übers. von L. Goldschmidt. 12 Bde. 1930–1936. – L. Berkovits, Was ist der Talmud? 1965.

1.8.3 VOLKSRELIGIONEN DES OSTASIATISCHEN RAUMES

Gesamtdarstellungen: M. Anesaki, History of Japanese Religion. London. 1930. – O. Benl u. H. Hammitzsch (Hrsg.), Japanische Geisteswelt. Texte. 1956. – W. Eichhorn, Die Religionen Chinas. 1973. – K. Florenz, Japan. Mythologie. Tokyo. 1901. – A. Forke, Geschichte der alten chines. Philosophie. [2]1964. – J. J. M. de Groot, Universismus. 1918. – H. Kishimoto, Japanese Religion in the Meiji Era. Tokyo. 1956. – F. E. A. Krause, Ju-Tao-Fo. Die religiösen u. philosoph. Systeme Ostasiens. 1924. – P. Lüth, Die japan. Philosophie. 1944. – R. Wilhelm, Geschichte der chines. Kultur. 1928.

Konfuzianismus. M. Granet, Das chines. Denken. [2]1971. – E. Schmitt, Konfuzius, sein Leben u. seine Lehre. 1925. – H. O. Stange, Gedanken u. Gespräche des Konfuzius. 1953. – R. Wilhelm, Kungfutse, Gespräche. 1910. – Ders., Kungtse u. der K. 1928.

Schintoismus. W. Gundert, Japan. Religionsgeschichte. 1935. – J. Herbert, Shinto. London. 1967. – D. C. Holtom, Modern Japan and Shinto Nationalism. [2]1947.

1.8.4 WELTRELIGIONEN

Bibliographien u. Lexika: B. Spuler (Hrsg.), Handbuch der Orientalistik. Leiden. 1961 ff. – A. J. Wensinck u. J. H. Kramers (Hrsg.), Handwörterbuch des Islam. Leiden. 1941.

Gesamtdarstellungen: C. Clemen, Die Religionen der Erde. 4 Bde. 1966. – H. von Glasenapp, Die fünf Weltreligionen. 1975, 1981. – G. Mensching, Die Weltreligionen. 1972. – M. Schlesinger, Vom Wesen heiliger Kunst in den Weltreligionen. 1955. – C. M. Schröder (Hrsg.), Die Religionen der Menschheit. 36 Bde. 1960 ff.

Buddha. H. von Glasenapp, Die Weisheit des Buddha. 1946, 1975. – G. Mensching, Buddha u. Christus. 1978. – H. Oldenberg, Buddha. [13]1959.

Buddhismus. A. Bareau, Der ind. Buddhismus. 1964. – E. Conze, Der Buddhismus. [7]1981. – H. Dumoulin, Zen, 1959. – H. M. Enomiya-Lassalle, Zen, Weg zur Erleuchtung. [4]1973. – E. Frauwallner, Die Philosophie des Buddhismus. [2]1958. – H. von Glasenapp, Der Buddhismus, eine atheistische Religion. 1966. – Ders. (Übers.), Der Pfad zur Erleuchtung. Grundtexte der buddhist. Heilslehre. 1978. – F. Heiler, Buddhist. Versenkung. [2]1922. – G. Mensching, Die Bedeutung des Leidens im Buddhismus u. Christentum. [2]1930. – Ders., Buddhist. Geisteswelt. Texte. 1955. – Z. Ohasama, Der lebendige Buddhismus in Japan. 1925. – D. T. Suzuki, Erfülltes Leben aus Zen. 1973. – Ders., Zen u. die Kultur Japans. 1971.

Dschinismus. H. von Glasenapp, Der Jainismus. 1925, 1964. – W. Schubring, Die Lehre der Jainas. 1935.

Islam. T. Andrae, Mohammed. Leben u. Glaube. 1974. – R. Frieling, Christentum u. Islam. 1977. – I. Goldziher, Vorlesungen über den Islam. [3]1963. – G. E. von Grunebaum, Der Islam im Mittelalter. 1963. – R. Hartmann, Die Religion des Islam. 1944. – Der Islam. 2 Bde. [6]1980. – R. Italiaander (Hrsg.), Die Herausforderung des Islam. 1965. – E. Kellerhals, Der Islam. [3]1981. – G. Konzelmann, Die Islam. Herausforderung. 1980.

Koran. W. Beltz, Die Mythen des Koran. 1980. – H. Gätje, Koran u. Koranexegese. 1980. – Der Koran. Dt. Übersetzung von M. Henning. [4]1980; von R. Paret 1979.

Lamaismus. W. Filchner, Kumbum-Dschamba-Ling. 1933. – H. Hoffmann, Die Religionen Tibets. 1956.

Mohammed. Ibn Ishâq, Das Leben des Propheten. o. J. – G. Konzelmann, Mohammed. 1980. – R. Paret, Mohammed u. der Koran. [5]1980.

1.8.5 THEOLOGIE (ALLGEMEINES). Ev. Kirchenlexikon. 3 Bde., 1 Registerband. [2]1962. – Ev. Soziallexikon. [7]1980. – F. Hauck, Theolog. Fach- u. Fremdwörterbuch. [5]1969. – Herders Theolog. Taschenlexikon. 8 Bde. 1972/73. – Kirche in der Welt. 1948 ff. – Kirchl. Jahrbuch für die Ev. Kirche in Dtschld. – Lexikon für Theologie u. Kirche. 10 Bde., 1 Registerband u. 3 Ergänzungsbände. [2]1957–1968. – Die Religion in Geschichte u. Gegenwart. 6 Bde., 1 Registerband. [2]1957–1965. – Taschenlexikon Religion u. Theologie. 4 Bde. [3]1978.

1.8.6 KATHOLISCHE KIRCHE

Gesamtdarstellungen: K. Adam, Das Wesen des Katholizismus. [13]1957. – Entwicklungslinien des dt. Katholizismus: Beiträge zur Katholizismusforschung. 1972 ff. – B. Hanssler (Hrsg.), Die Kirche in der Gesellschaft. Der dt. Katholizismus u. seine Organisationen. 1961. – F. Heiler, Der Katholizismus. 1923, 1970. – A. Kolping, Kath. Theologie gestern u. heute. Thematik u. Entfaltung deutscher kath. Theologie im 1. Vaticanum bis zur Gegenwart. 1964. – W. von Loewenich, Der moderne Katholizismus vor u. nach dem Konzil. 1970. – H. de Lubac, Katholizismus als Gemeinschaft. 1943. – H. Maier (Hrsg.), Dt. Katholizismus nach 1945. 1965. – G. Maron, Die röm.-kath. Kirche von 1870–1970. 1972. – Quellen zur Geschichte des Papsttums u. des röm. Katholizismus. 1967 ff. – J. Ratzinger, Einführung in das Christentum. [11]1970. – W. Spael, Das kath. Deutschland im 20. Jh. 1964. – H. Vorgrimler, R. van der Gucht (Hrsg.), Bilanz der Theologie im 20. Jh. 3 Bde. 1969/70.

Albertus Magnus. Gesamtausgabe Ed. Coloniensis. Köln. 1951 ff. – B. Geyer, Die Universitätspredigten des Albertus Magnus. 1966. – H. Jorissen, Meßerklärung u. Kommunionstraktat. Werke Alberts d. Gr. 1956. – H. Ostlender, Studia Albertina. 1952. – H. Ch. Scheeben, Albertus Magnus. [2]1955.

Anselm von Canterbury. Gesamtausgabe 6 Bde. Hrsg. F. S. Schmitt. 1938–1961. – Anselm von Canterbury, Cur Deus Homo. Warum Gott Mensch geworden. Lat. u. dt., Hrsg. F. S. Schmitt. [3]1970. – K. Barth, Fides quaerens intellectum. 1931. – B. Geyer, Zur Deutung von Anselms Cur Deus Homo. Theologie u. Glaube. 1942. – H. K. Kohlenberger (Hrsg.), Sola Ratione. Anselm-Studien. 1970. – F. S. Schmitt, Analecta Anselmina. Untersuchungen über Person u. Werk Anselms von Canterbury. 2 Bde. 1969/70.

Bischofskonferenz. R. Lill, Die ersten dt. Bischofskonferenzen. 1964.

Katholikentag. Berichte über den jeweiligen Katholikentag, Hrsg. Zentralkomitee der dt. Katholiken. – E. Filthaut, Dt. Katholikentage 1948–1958 u. soziale Frage. 1960. – J. B. Kissling, Geschichte der dt. Katholikentage. 2 Bde. 1920–1923.

Katholisch. Th. Sartory, Die ökumen. Bewegung u. die Einheit der Kirche. 1955.

Kurie. J. Neuvecelle, Hauptstadt Vatikan. 1955. – P. Poupard, Der Vatikan heute. 1969.

Mission. B. Arens, Handbuch der kath. Missionen. [2]1925. – J. Funk, Einführung in das Missionsrecht. 1958. – A. Mulders, Missionsgeschichte. 1960. – J. Schütte, Mission nach dem Konzil. 1967.

Teilhard de Chardin, Pierre. G.-E. Baudry, P. T. de C. Bibliographie 1881–1972. 1972. – C. Cuénot, P. T. de C. Leben u. Werk. 1972. – S. M. Daecke, T. de C. u. die ev. Theologie. Die Weltlichkeit Gottes u. die Weltlichkeit der Welt. 1967. – B. Delfganuw, T. de C. u. das Evolutionsproblem. [3]1971. – I. F. Görres, Sohn der Erde. Der Mensch T. de C. [4]1974. – A. Müller, Das naturphilosoph. Werk T. de C.s. 1964. – H. Reinalter (Hrsg.), Evolution der Welt: Versuche über T. de C. 1973. – G. Schiwy, T. de C.: sein Leben u. seine Zeit. 1981. – C. Tresmontant, Einführung in das Denken T. de C.s. [2]1963.

Thomas von Aquin. Gesamtausgabe: Editio Leonina. 26 Bde. Rom. 1882 ff. – M. Grabmann, Die Werke des hl. T. v. A. [3]1949, 1967. – L. Schütz, Thomaslexikon. [2]1895, Nachdr. 1969.

Einführung: M.-D. Chenu, Einführung in das Studium des hl. T. v. A. 1960. – H. M. Christmann, T. v. A. als Theologe der Liebe. 1958. – M. Grabmann, Einführung in die Summa theologica des hl. T. v. A. [2]1928. – Ders., T. v. A. Eine Einführung in seine Persönlichkeit u. Gedankenwelt. [8]1949.

Untersuchungen. K. Bernath, Anima forma Corporis. Eine Untersuchung über die ontolog. Grundlagen der Anthropologie des T. v. A. 1969. – Th. Bonhoeffer, Die Gotteslehre des T. v. A. als Sprachproblem. [2]1961. – H. Kasten, Taufe u. Rechtfertigung bei T. v. A. u. M. Luther. 1970. – H. Meyer, T. v. A., sein System u. seine geistesgeschichtl. Stellung. [2]1961. – K. Rahner, Geist in Welt. Zur Metaphysik der endlichen Erkenntnis bei T. v. A. [3]1964.

Thomas von Kempen. F. Kern (Hrsg.), Die Nachfolge Christi. Von Gerrit Grote. 1947. – R. R. Post, De moderne devotie. Amsterdam. [2]1950. – T. v. K. Beiträge zum 500. Todestag 1471–1971. Hrsg. von der Stadt Kempen. 1971.

1.8.7 EVANGELISCHE KIRCHE

Allgemeine Darstellungen: K. Heim, Das Wesen des ev. Christentums. [4]1929. – E. Hirsch, Geschichte der neueren ev. Theologie. [5]1975. – G. Jacob u. a. (Hrsg.), Die ev. Christenheit in Dtschld. 1958. – K. Kupisch (Hrsg.), Quellen zur Geschichte des dt. Protestantismus. 1965–1971. – Ders., Die dt. Landeskirchen im 19. u. 20. Jh. [2]1975. – W. von Loewenich, Die Aufgabe des Protestantismus in der geistigen Situation der Gegenwart. 1952. – U. Mann, Vom Wesen des Protestantismus. 1964. – R. Stupperich, Der Protestantismus auf seinem Weg nach Osteuropa. Kirche im Osten. I. 1958. – P. Tillich, Vorlesungen über die Geschichte des christl. Denkens. Teil 2: Aspekte des Protestantismus in 19. u. 20. Jh. 1972. – H. Zahrnt, Die Sache mit Gott. 1972.

Röm.-kath. Darstellungen: A. Bran-

denburg, Hauptprobleme der ev. Theologie. 1956. – O. Karrer, Um die Einheit der Christen. 1953. – W. H. van de Pol, Das reformatorische Christentum. 1956.
Verfassung, Gliederung: H. Brunotte, Einheit u. Gliederung der EKD. 1946. – Ders., Die Grundordnungen der EKD. 1954. – F. Merzyn, Das Recht der EKD. 1964. – Taschenbuch der ev. Kirchen 1978. 1978. – G. Wasse, Die Werke u. Einrichtungen der Ev. Kirchen. 1970. – E. Wolf, Ordnung der Kirche. 1961.
Altpreußische Union. J. Beckmann, Neuordnung der ev. Kirche der APU. 1951. – W. Elliger (Hrsg.), Die Ev. Kirche der Union. 1967. – R. Marson, Die Preußische Union. 1923. – O. Söhngen, 100 Jahre Ev. Oberkirchenrat der APU. 1950.
Bekennende Kirche. Arbeiten zur Geschichte des Kirchenkampfes. 1958 ff. – G. Harden u. W. Niemöller (Hrsg.), Die Stunde der Versuchung. 1933–1945. 1963. – G. Heidtmann (Hrsg.), Hat die Kirche geschwiegen? [4]1965. – W. Niesel, Kirche unter dem Wort. 1978. – F. Zipfel, Der Kirchenkampf in Dtschld. 1933–1945. 1965.
Bonhoeffer, Dietrich. E. Bethge, D. B. Theologe, Christ, Zeitgenosse. [4]1978. – E. Feil, Die Theologie D. B.s. [3]1979.
Brot für die Welt. C. Berg (Hrsg.), Brot für die Welt, Dokumente. 1962.
Bruderschaften. G. Heinz-Mohr, Christsein in Kommunitäten. 1968. – L. Präger (Hrsg.), Frei für Gott u. die Menschen. [2]1964.
Bultmann, Rudolf. K. Barth, R. B. [3]1964. – W. Schmithals, Die Theologie R. B.s. [2]1967. – O. Schnübbe, Der Existenzbegriff in der Theologie B.s. 1959.
Diakonie. H. Krimm, Das Diakonische Amt der Kirche. [2]1965. – Ders., Das Diakonische Amt der Kirche im ökumen. Bereich. 1960. – Ders., Quellen zur Geschichte der Diakonie. 3 Bde. 1960–1967. – P. Philippi, Christozentrische Diakonie. [2]1975. – H. Rünger, Die männl. Diakonie. 1965.
dialektische Theologie. H. U. von Balthasar, Analogie u. Dialektik. In: Divus Thomas 22. 1944. – W. Dantine u. K. Lüthi (Hrsg.), Theologie zwischen gestern u. morgen. 1968. – W. Fürst (Hrsg.), D. T. in Scheidung u. Bewährung 1933–1936. 1966. – J. Moltmann (Hrsg.), Anfänge der dialekt. Theologie. 2 Bde. [2]1966/67. – E. Thurneysen, Die Anfänge. K. Barths Theologie der Frühzeit. In: Antwort. 1956.
Entmythologisierung. H. W. Bartsch (Hrsg.), Kerygma u. Mythos. 6 Bde. [1–3]1955–1968. – R. Bultmann, Glauben u. Verstehen. 4 Bde. [3–8]1965–1980. – E. Fuchs, Das Programm der Entmythologisierung. [3]1957.
Freikirche. W. Bartz, Freikirchen in Dtschld. 1973. – O. Eggenberger, Die Kirchen. Sondergruppen u. relig. Vereinigungen. [2]1978.
Gott-ist-tot-Theologie. E. Bloch, Atheismus im Christentum. 1973. – P. M. van Buren, Reden von Gott – in der Sprache der Welt. 1965. – J. B. Cobb, Christl. Glaube nach dem Tode Gottes. 1971. – H. Cox, Stadt ohne Gott? [6]1971. – S. M. Daecke, Der Mythos vom Tode Gottes. 1969. – H. Gollwitzer, Von der Stellvertretung Gottes. [2]1968. – Ders., Die Existenz Gottes im Bekenntnis des Glaubens. [4]1968. – J. Moltmann, Der gekreuzigte Gott. [2]1973. – D. Sölle, Stellvertretung. Ein Kapitel Theologie nach dem „Tode Gottes". 1972. – H. Zahrnt, Gott kann nicht sterben. 1970.
Innere Mission. E. Beyreuther, Geschichte der Diakonie u. der I. M. [2]1963. – E. Freudenstein, Vom Wesen u. Werden der I. M. 1948. – M. Gerhardt, Ein Jahrhundert I. M. 2 Bde. 1948. – G. Uhlhorn, Die christl. Liebestätigkeit. 1959.
Kalvinismus. W. Niesel, Die Theologie Calvins. [2]1957. – K. Reuter, Das Grundverständnis der Theologie Calvins. 1963. – T. Stadtland, Rechtfertigung u. Heiligung bei Calvin. 1972.
Kirchentag. C. Wolf (Hrsg.), 20 Jahre Kirchentag. 1969.
Lutherischer Weltbund. Der Luther. Weltbund, Aufbau u. Arbeit. 1959. – W. Elert, Morphologie des Luthertums. 2 Bde. [3]1965. – Enzyklopädie der Luther. Kirchen. 1965. – S. Grundmann, Der Luther. Weltbund. 1957. – L. Haikola, Studien zu Luther u. zum Luthertum. Uppsala. 1958.
Mission. G. Brennerke, Weltmission in ökumen. Zeit. 1961. – H. Frick, Die ev. Mission. Ursprung, Geschichte, Ziel. 1922. – H.-W. Gensichen, Glaube für die Welt. 1971. – S. C. Neill, Mission zwischen Kolonialismus u. Ökumene. 1962. – Ders., Geschichte der christl. Mission. 1973. – Ders., Lexikon zur Weltmission. 1975.
ökumenische Bewegung. K. Böhme, Texte zur Geschichte der ö.n B. 1948. – A. Boyens, Kirchenkampf u. Ökumene 1933–1939. 1970. – Ders., Kirchenkampf u. Ökumene 1939–1945. 1973. – H. Döring, Kirchen unterwegs zur Einheit. 1969. – G. Gassmann, Geschichte der ö.n B. 1948–1968. 1974. – P. Kawerau, Die ökumen. Idee seit der Reformation. 1968. – E. Kinder, Die ö. B. 1963. – H. Ristow u. H. Burgert (Hrsg.), Konfession u. Ökumene. 1965. – R. Rouse, S. C. Neill, Geschichte der ö.n. B. 1517–1948. 2 Bde. [2]1973. – W. A. Visser't Hooft, Hauptschriften. 2 Bde. 1967.
Pietismus. H. Bornkamm, Mystik, Spiritualismus u. die Anfänge des Pietismus im Luthertum. 1926. – W. Mahrholz, Der dt. Pietismus (Quellen). 1921. – A. Ritschl, Geschichte des Pietismus. 3 Bde. Nachdr. 1966. – J. Roessle (Hrsg.), Zeugnisse der Schwabenväter. 10 Bde. 1961–1964. – H. Weigelt, Pietismus-Studien. 1965.
reformierte Kirche. K. R Hagenbach (Hrsg.), Leben u. ausgewählte Schriften der Väter u. Begründer der reformierten Kirche. 10 Bde. 1857–1863. – P. Jacobs, Theologie reformierter Bekenntnisschriften. 1959. – O. Weber, Versammelte Gemeinde. [2]1975.
Religionsunterricht. K. Wegenast (Hrsg.), Religionsunterricht – wohin? 1971. – Ders., Curriculumtheorie u. Religionsunterricht. 1972.
Schleiermacher. H. J. Birkner, S.s christl. Sittenlehre. 1964. – W. Brand, Der Heilige Geist u. die Kirche bei S. 1968. – W. Dilthey, Leben S.s. 2 Bde. [3]1970. – E. Hirsch, S.s Christusglaube. 1968. – M. Redeker, Friedrich Schleiermacher. 1968. – P. Seifert, Die Theologie des jungen S. 1960.
Schweitzer, Albert. R. Grabs, A. S. Denker aus Christentum. 1958. – Ders., A. S. Gehorsam u. Wagnis. [5]1960. – W. G. Kümmel, C. H. Ratschow, A. S. als Theologe. 1966. – H. Steffahn, Du aber folge mir nach. 1974. – M. Woytt-Secretan, A. S. baut Lambarene. [4]1961.

1.8.8 ORTHODOXE UND MORGENLÄNDISCHE KIRCHEN

Allgemeine Darstellungen: M. Dietz, I. Smolitsch, Kleine Philokalie. 1976. – F. Heiler, Die Ostkirchen. 1971. – P. Huber, Athos – Leben, Glaube, Kunst. 1969. – E. von Ivánka u. a., Handbuch der Ostkirchenkunde. 1971. – P. Kawerau, Das Christentum des Ostens. 1972. – M. Lehmann, Leitfaden der Ostkirchen. 1969. – St. Schiwietz, Das morgenländische Mönchtum. 3 Bde. 1904–1938. – B. Spuler, Die Gegenwartslage der Ostkirchen. [2]1968.
morgenländische Kirchen. B. Spuler, Die morgenländ. Kirchen. 1964.
orthodoxe Kirchen. A. M. Ammann, Abriß der ostslaw. Kirchengeschichte. 1950. – N. von Arseniew, Die russ. Frömmigkeit. 1964. – H. G. Beck, Kirche u. theolog. Literatur im byzantin. Reich. 1964. – E. Benz, Geist u. Leben der Ostkirche. [2]1971. – E. Benz u. a., Das Buch der heiligen Gesänge der Ostkirche. 1962. – P. Bratsiotis, Von der griech. Orthodoxie. 1966. – J. Chrysostomus, Kirchengeschichte Rußlands der neuesten Zeit. 3 Bde. 1965–1968. – P. Hauptmann, Altrussischer Glaube (über Altgläubige). 1963. – S. Heitz, Der orth. Gottesdienst. 2 Bde. 1966 ff. – K. Kirchhoff, Hymnen der Ostkirche. 1960 ff. – V. Lossky, Schau Gottes. 1964. – J. Madey, Die Kirchen des Ostens. 1972. – J. Meyendorff, Die orth. Kirche gestern u. heute. 1963. – B. Ohse, Der Patriarch (Athenagoras I.). 1968. – K. Onasch, Einführung in die Konfessionskunde der orth. Kirche. 1962. – D. Savramis, Ökumen. Probleme in der neugriech. Theologie. 1964. – B. Schultze u. J. Chrysostomus, Die Glaubenswelt der orth. Kirche. 1961. – I. Smolitsch, Leben u. Lehre der Starzen. [2]1952. – Ders., Russisches Mönchtum. 1953. – Ders., Russ. Kirchengeschichte 1700–1917. 1964 ff. – R. Stupperich, Die russ.-orth. Kirche in Lehre u. Leben. [2]1967. – J. Tyciak, Gegenwart des Heils in den östl. Liturgien. 1968.
Ostkirchen u. Ökumene. E. von Ivánka, Seit 900 Jahren getrennte Christenheit. 1962. – N. A. Nissiotis, Die Theologie der Ostkirche im ökumen. Dialog. 1968. – D. Papandreou, Stimmen der Orthodoxie zu Grundfragen des II. Vatikanums. 1969. – R. Slenczka, Ostkirche u. Ökumene. 1962. – Studienhefte des Kirchl. Außenamts der Ev. Kirche in Dtschld. über ev.-orth. Gespräche. 1960 ff.
unierte Kirchen. J. Hajjar, Zwischen Rom u. Byzanz: die unierten Christen des Nahen Ostens. 1972. – A. Lampart, Ein Märtyrer der Union mit Rom. 1966. – N. Liesel, Die Liturgien der Ostkirche. 1960. – Die Stimme der Ostkirche. Hrsg. Patr. der melkitischen Kirche. 1962. – W. de Vries, Rom u. die Patriarchate des Ostens. 1963. – Dekret des II. Vatikanums über die kath. Ostkirchen.

1.8.9 KONFESSIONSKUNDE

Allgemeine Darstellungen: K. Algermissen, Konfessionskunde. [8]1969. – W. Bartz, Sekten heute. [2]1970. – E. Hammerschmidt, Grundriß der Konfessionskunde. 1955. – Handbuch Religiöse Gemeinschaften. 1978. – K. Hutten, Seher, Grübler, Enthusiasten. [12]1979. – H. Mulert, E. Schott, Konfessionskunde der christl. Kirchen u. Sekten heute. [4]1967. – K. D Schmidt, W. Sucker (Hrsg.), Quellen zur Konfessionskunde. 1952 ff. – E. Stakemeier, Konfessionskunde heute. 1957.
Konfessionsstatistik: The Lutheran Churches of the World. Genf. 1929 ff. – Yearbook of American Churches. New York. 1916 ff.
Adventisten. W. Müller, Die Adventisten, was man von ihnen wissen muß. [5]1948.
Anglikanische Kirche. H. H. Harms (Hrsg.), Die Kirche von England u. die anglikan. Kirchengemeinschaft. 1966.
Baptisten. J. D. Hughey, Die Baptisten. 1964.
Christengemeinschaft. F. Rittelmeyer, Christus. 1950. – K. von Stieglitz, Die Christosophie R. Steiners. 1970.
Christian Science. H. D. Reimer, Christian Science, Geschichte, Lehre, Praxis. 1959. – Ders., Metaphysisches Heilen. 1966.
Erweckungsbewegungen. F. W. Kantzenbach, Die Erweckungsbewegung. 1957. – L. Tiesmeyer, Die Erweckungsbewegung in Dtschld. 4 Bde. 1902–1912. – W. Wendland, Erweckungsbewegungen in Dtschld. 1926.
Freimaurerei. F. C. Endres, Die Symbole des Freimaurers. 1977. – A. F. Fleck, Das Freimaurertum. 1950. – E. Lennhoff u. O. Posner, Internationales Freimaurer-Lexikon. 1932, Neudr. 1966. – A. Mellor, Logen, Rituale, Hochgrade. 1967. – M. Steffens, Freimaurer in Dtschld. [2]1966.
freireligiöse Gemeinden. S. Hardung u. H. Schlötermann, Vom Leben u. Wesen der freireligiösen Gemeinschaft. 1952. – H. Schlötermann, Weltfrömmigkeit. 1958.
Heilsarmee. R. Collier, Der General Gottes W. Booth. 1965. – M. Gruner, Revolutionäres Christentum. 2 Bde. 1953/54.
Jugendreligionen. F. W. Haack, Jugendreligionen. 1979.
Mennoniten. C. Bornhäuser, Leben u. Lehre Menno Simons'. 1973. – C. Hege, C. Neff, Mennonit. Lexikon. 4 Bde. 1913–1962.
Methodisten. G. Kennedy, Weltweite Methodistenkirche. 1958. – Verfassung u. Ordnung der Ev.-methodist. Kirche. 1969.
Mormonen. Einar Andersen, Ich war ein Mormone. 1967. – R. S. Howells, Die Geschichte der Mormonen. 1957. – J. E. Talmage, Die Glaubensartikel. [4]1950.
Neuapostolische Kirche. K. Weinmann, Geschichte der N. K. 1963.
Pfingstbewegung. W. J. Hollenweger, Die Pfingstkirchen. 1971. – M. T. Kelsey, Zungenreden (Vorwort von U. Sinclair). 1970.
Quäker. H. Loukes, Die Quäker. 1965. – E. Sieveking, Die Quäker u. ihre sozialpolit. Wirksamkeit. 1948.
Zeugen Jehovas. D. Hellmund, Die Geschichte der Zeugen Jehovas. 1971. – Jehovas Zeugen in Gottes Vorhaben. 1960.

1.9.0 DOGMATIK UND ETHIK

Abendmahl. Im N. T.: A. Arnold, Der Ursprung des Abendmahls. 1937. – W. L. Boelens, Die Arnoldshainer A.sthesen. 1964. – J. Jeremias, Die A.sworte Jesu. [4]1967. – E. Käsemann, Anliegen u. Eigenart der paulinischen A.slehre. In: Exegetische Versuche u. Besinnungen. I. [6]1970. – H. Lietzmann, Messe u. Herrenmahl. [3]1967. – W. Marxsen, Das A. als christolog. Problem. [5]1968. – P. Neuenzeit, Das Herrenmahl. 1960.
Religionsgeschichtlich: F. Bammel, Das heilige Mahl im Glauben der Völker. 1950.
Dogmatisch: P. Althaus, Die A.slehre in der Gegenwart. 1931. – H. Gollwitzer, Coena Domini. 1937. – H. Grass, Die A.slehre bei Luther u. Calvin. [2]1954. – G. W. Locher, Streit unter Gästen. 1972. – G. Niemeier (Hrsg.), Lehrgespräch über das Hl. Abendmahl. 1961. – H. Sasse, Vom Sakrament des Altars. 1941. – V. Vajta (Hrsg.), Kirche u. A. 1963.
Apostolat. H. von Campenhausen, Der urchristl. Apostelbegriff. Studia Theologica I. 1948. – G. Hegele, Der Laie in der Kirche. 1954. – G. Klein, Die Zwölf Apostel. 1961. – K. Rahner, Über das Laienapostolat. Schriften zur Theologie II. [8]1968. – W. Schmithals, Das kirchl. Apostelamt. 1961.
Auferstehung. K. Barth, Die Auferstehung der Toten. [4]1953. – H. von Campenhausen, Der Ablauf der Osterereignisse u. das leere Grab. [4]1977. – A. Geense, Auferstehung u. Offenbarung. 1971. – H. Grass, Ostergeschehen u. Osterberichte. [4]1970. – W. Künneth, Theologie der Auferstehung. 1968. – W. Marxsen, Die Auferstehung Jesu von Nazareth. 1972. – H. Schwantes, Schöpfung u. Endzeit. 1963. – F. Viering (Hrsg.), Die Bedeutung der Auferstehungsbotschaft. [7]1968. – U. Wilkens, Auferstehung. [2]1977.
Bekenntnisschriften. Die B. der ev.-luth. Kirche. [8]1979. – H. Denzinger (Hrsg.) u. a., Enchiridion Symbolorum. [36]1976. – H. Fagerberg, Theologie der luth. B. von 1529–1537. 1965. – P. Jacobs, Theologie reformierter B. in Grundzügen. 1964.
Buße. E. K. Dietrich, Die Umkehr im A. T. u. im Judentum. 1936. – R. Herrmann, Luthers These. Gerecht u. Sünder zugleich. 1930. – H. Karpp, Die B. 1969. – A. Kirchgassner, Erlösung u. Sünde im N. T. 1950. – J. Schniewind, Die Freude der Buße. [2]1960.
Christologie. W. Bousset, Kyrios Christos. [3]1967. – O. Cullmann, Die Christologie des N. T. [5]1975. – F. Gogarten, Jesus Christus, Wende der Welt. [2]1967. – F. Hahn, Christolog. Hoheitstitel. [4]1974. – W. Pannenberg, Grundzüge der Christologie. [5]1976. – K. Rahner, W. Thüsing, Christologie systematisch u. exegetisch. 1972. – R. Schäfer, Jesus u. der Gottesglaube. [2]1972.
Dogmatik. Allgemeines: D. Bonhoeffer, Akt u. Sein. [4]1976. – H. Diem, Dogmatik. Ihr Weg zwischen Historismus u. Existentialismus. [4]1964. – G. Ebeling, Theologie u. Verkündigung. [2]1963. – H. G. Fritzsche, Die Strukturtypen der Theologie. 1961. – W. Pannenberg, Grundfragen systematischer Theologie. [2]1971. – T. Rendtorff, Theorie des Christentums. 1972.
Kath. Dogmatik: F. Diekamp, Kath. Dogmatik nach den Grundsätzen des hl. Thomas. 3 Bde. [11–13]1954–1962. – J. Feiner, M. Löhrer (Hrsg.), Mysterium Salutis. 5 Bde. 1965 ff. – J. Feiner, L. Vischer, Neues Glaubensbuch. [13]1975. – L. Ott, Grundriß der kath. Dogmatik. [8]1970. – M. Schmaus, Kath. Dogmatik. 8 Bde. [5]1953 ff.
Ev. Dogmatik: P. Althaus, Die christl. Wahrheit. [8]1969. – K. Barth, Kirchl. Dogmatik. 13 Bde. u. Reg.-Bd. 1932–1967. – E. Brunner, Dogmatik. 3 Bde. I: [4]1972, II: [3]1972, III: [2]1965. – H. Schmid, Die Dogmatik der ev.-luth. Kirche. 1978. – H. Thielicke, Der ev. Glaube. Grundzüge der Dogmatik. 3 Bde. 1968–1978. – P. Tillich, Systemat. Theologie. 3 Bde. [3]1964–1966. – W. Trillhaas, D. [4]1980. – O. Weber, Grundlagen der Dogmatik. 2 Bde. [3]1977.
Ekklesiologie. H. E. Bahr u. a., Kirchen als Träger der Revolution. 1968. – J. Beckmann, K. G. Steck, Von Einheit u. Wesen der Kirche. 1960. – O. Cullmann, Königsherrschaft Christi u. Kirche im N. T. In: Theolog. Studien 10. [3]1950. – H. Diem, Die Kirche u. ihre Praxis. 1963. – W. Jetter, Was wird aus der Kirche? 1971. – E. Kinder, Der ev. Glaube u. die Kirche. [2]1960. – H. Küng, Die Kirche. 1977. – A. Lang, Der Auftrag der Kirche. 1954. – H. de Lubac, Betrachtung über die Kirche. 1954. – W. D. Marsch, Institution im Übergang. 1970. – J. B. Metz u. a., Kirche im Prozeß der Aufklärung. 1970. – T. Rendtorff, Kirche u. Theologie. [2]1970. – G. Schmidtchen (Hrsg.), Zwischen Kirche u. Gesellschaft. [2]1973. – R. Strunk, Polit. E. im Zeitalter der Revolution. 1971.
Engel. H. Bietenhard, Die himml. Welt im Urchristentum u. Spätjudentum. 1951. – E. Peterson, Das Buch von den Engeln. [2]1955. – E. Stier, Jahwe u. seine Engel im A. T. 1934. – C. Westermann, Gottes Engel brauchen keine Flügel. 1978.
Erbsünde. U. Baumann, Erbsünde? 1971. – E. Brunner, Der Mensch im Widerspruch. [4]1965. – C. Clemen, Die christl. Lehre von der Sünde. 1937. – J. Groß, Geschichte des Erbsündendogmas. 4 Bde. 1960–1972. – E. Kinder, Die Erbsünde. 1959.
Eschatologie. P. Althaus, Die letzten Dinge. [10]1970. – J. Brinktrine, Die Lehre von den letzten Dingen. 1963. – W. Kreck, Die Zukunft des Gekommenen. [2]1966. – W. G. Kümmel, Verheißung u. Erfüllung. [2]1953. – W. D. Marsch, Zukunft. 1969. – J. Moltmann, Theologie der Hoffnung. [10]1977. – G. Sauter, Zukunft u. Verheißung. [2]1973. – E. Schlink, Der kommende Christus u. die kirchl. Traditionen. 1961. – H. D. Wendland, Die E. des Reiches Gottes bei Jesus. 1931.
Ethik. Biblische Grundlagen: G. Bornkamm, Der Lohngedanke im N. T.: In: Ges. Aufs. II. [3]1970. – R. Bultmann, Das Problem der Ethik bei Paulus. In: Exegetica. 1967. – H. van Oyen, Ethik des A. T. 1967. – H. von Soden, Sakrament u. Ethik bei Paulus. In: Urchristentum u. Geschichte. I. 1951. – H. D. Wendland, Die Ethik des N. T. [3]1978.
Kath. Ethik: J. Mausbach, Kath. Moraltheologie. [9–11]1959–1961. – F. Tillmann, Die Verwirklichung der Nachfolge Christi. [4]1950.
Ev. Ethik: P. Althaus, Grundriß der Ethik. [2]1953. – D. Bonhoeffer, Ethik. [8]1975. – E. Brunner, Das Gebot u. die Ordnungen. [4]1977. – H. G. Fritzsche, Ev. Ethik. [3]1966. – Handbuch der christl. Ethik. 2 Bde. 1978. – M. Honecker, Konzept einer sozialethischen Theorie. 1971. – L. Lehmann, Ethik als Antwort. 1966. – A. Rich, Christl. Existenz in der industriellen Welt. [2]1964. – H. Schrey, Einführung in die Ethik. 1972. – H. Thielicke, Theolog. Ethik. [5]1981. – H. D. Wendland, Grundzüge der ev. Sozialethik. 1968. – G. Winter, Grundlegung einer Ethik der Gesellschaft. 1970.
Glaube. G. Ebeling, Das Wesen des christl. Glaubens. [4]1977. – K. Jaspers, Der philosoph. Glaube. [6]1974. – K. Löwith, Wissen, Glaube u. Skepsis. [3]1962. – W. Trillhaas, Glaube u. Kritik. 1969.
Gnade. E. Brunner, Natur und Gnade. [2]1953. – R. Bultmann, Gnade und Freiheit. In: Glauben u. Verstehen. II: [5]1966. – G. Greshake, Gnade als konkrete Freiheit. 1972. – I. Willig, Geschaffene und ungeschaffene Gnade. 1964.

Häresie. W. Bauer, Rechtgläubigkeit u. Ketzerei im ältesten Christentum. [2]1964. – J. Brosch, Das Wesen der Häresie. 1956. – H. W. Gensichen, Damnamus – Die Verwerfung von Irrlehren bei Luther u. im Luthertum des 16. Jh. 1955. – W. Nigg, Das Buch der Ketzer. 1970. – H. J. Schultz (Hrsg.), Die Wahrheit der Ketzer. 1968.
Heiliger Geist. J. G. Davies, Der Heilige Geist, die Kirche u. die Sakramente. 1958. – W. Jetter, Über den Geist. 1968. – M. Kähler, Das schriftgemäße Bekenntnis zum Hl. Geist. 1908. – W. Krusche, Das Wirken des Hl. Geistes nach Calvin. 1957. – Th. Rüsch, Die Entstehung der Lehre vom Hl. Geist. 1952.
Himmelfahrt. S. H. Gutberlet, Die Himmelfahrt Christi in der bildenden Kunst. 1934. – G. Lohfink, Die Himmelfahrt Jesu. 1971.
Konfirmation. K. Dienst, Moderne Formen des Konfirmandenunterrichts. 1973. – K. Frör, Confirmatio, Forschungen zur Geschichte u. Praxis der K. 1959. – W. Neidhart, Konfirmandenunterricht in der Volkskirche. 1964. – Neue Modelle für den Konfirmandenunterricht. 1971.
Maria. St. Benko, Mariologie in protestant. Sicht. 1971. – W. Delius, Geschichte der Marienverehrung. 1963. – W. Stählin, Maria, Mutter des Herrn. In: Symbolon. 1958. – H. Volk, Das neue Mariendogma. [3]1956.
Prädestination. G. Adam, Der Streit um die Prädestination. 1971. – W. A. Hauck, Die Erwählten. Prädestination u. Heilsgewißheit nach Calvin. 1950. – J. Moltmann, Prädestination u. Perseveranz. 1973.
Rechtfertigung. I. Asheim, Humanität u. Herrschaft Christi. 1969. – E. Brunner, Gerechtigkeit. [2]1943. – H. J. Iwand, Glaubensgerechtigkeit nach Luthers Lehre. [4]1964. – G. Maron, Kirche u. R. 1969. – O. H. Pesch, Theologie der R. bei M. Luther u. Thomas von Aquin. 1967. – P. Stuhlmacher, Gottes Gerechtigkeit bei Paulus. [2]1966.
Sakrament. E. Jüngel, K. Rahner, Was ist ein Sakrament? 1971. – M. Köhnlein, Was bringt das Sakrament? 1971. – A. Kolping, Sacramentum Tertullianeum. 1948. – K. Rahner, Kirche u. Sakramente. [3]1968. – E. Roth, Sakrament nach Luther. 1952. – O. Semmelroth, Vom Sinn der Sakramente. 1960.
Schöpfung. K. Barth, Kirchl. Dogmatik. III. 1–4. 1957–1961. – D. Bonhoeffer, Schöpfung u. Fall. 1968. – E. Brunner, Die christl. Lehre von Schöpfung u. Erlösung. [3]1972. – Schöpfungsglaube u. Evolutionstheorie. Kröner Bd. 230. – V. von Weizsäcker, Am Anfang schuf Gott Himmel u. Erde. [3]1961. – C. Westermann, Schöpfung. 1972. – G. Wingren, Schöpfung u. Gesetz. 1960.
Taufe. K. Aland, Taufe u. Kindertaufe. 1971. – G. Bornkamm, Taufe u. neues Leben. In: Das Ende des Gesetzes. [5]1966. – K. Brinkel, Die Lehre Luthers von der fides infantium bei der Kindertaufe. 1958. – G. Delling, Die Zueignung des Heils in der Taufe. 1961. – N. Gäumann, Taufe u. Ethik. 1967. – J. Jeremias, Die Kindertaufe in den ersten vier Jahrhunderten. 1958. – W. Marxsen, Darf man kleine Kinder taufen? 1969. – O. Perels (Hrsg.), Begründung u. Gebrauch der hl. Taufe. [2]1964. – E. Schlink, Die Lehre von der Taufe. 1969.
Una Sancta. H. L. Althaus, Ökumen. Dokumente. 1962. – H. Asmussen, A. Brandenburg, Wege zur Einheit. 1960. – K. W. Dahm, H. de Bruin, Ökumene in der Gemeinde. 1971. – R. Frieling, Ökumene in Dtschld. 1970. – G. Gassmann, Die Zukunft des Ökumenismus. 1972. – K. Nitzschke, Gespräch zwischen den Konfessionen. 1957.
Wunder. R. Bultmann, Zur Frage des Wunders. In: Glauben u. Verstehen. I: [7]1972. – Ders., Jesus Christus u. die Mythologie. 1967. – E. Käsemann, Zum Thema der Nichtobjektivierbarkeit. In: Exeget. Versuche u. Besinnungen. I. [3]1970. – E. u. M. Keller, Der Streit um die Wunder. 1968. – G. Klein, Wunderglaube u. N.T. 1960. – G. Mensching, Das Wunder im Glauben u. Aberglauben der Völker. 1957. – W. Schmithals, Wunder u. Glaube. 1970.

1.9.1 KIRCHENRECHT
Evangelisches Kirchenrecht: H. Dombois, Das Recht der Gnade. Ökumen. Kirchenrecht I. [2]1969, II. 1974. – A. Erler, Kirchenrecht. Ein Studienbuch. [4]1975 (ev. u. kath). – H. Frost, Strukturprobleme ev. Kirchenverfassung. Rechtsvergleichende Untersuchungen zum Verfassungsrecht der dt. ev. Landeskirchen. 1972. – S. Grundmann, Der Luth. Weltbund. Grundlagen – Herkunft – Aufbau. 1957. – Ders., Abhandlungen zum Kirchenrecht. 1969. – Das Recht der Ev. Kirche in Dtschld. [4]1978. – Erik Wolf, Ordnung der Kirche (ev. u. kath.). 1961.
Katholisches Kirchenrecht: G. J. Ebers, Grundriß des kath. Kirchenrechts. 1950. – E. Eichmann u. K. Mörsdorf, Kirchenrecht. Bd. I: [11]1964. Bd. II: [11]1967. Bd. III: [10]1964. – A. Retzbach, F. Vetter, Das Recht der kath. Kirche nach dem Codex Iuris Canonici. [7]1963. – J. B. Sägmüller, Lehrbuch des kath. Kirchenrechts. 4 Bde. [4]1925–1934. – Archiv für kath. Kirchenrecht. 1857 ff.
Staatskirchenrecht: A. von Campenhausen, S. Ein Leitfaden durch die Rechtsbeziehungen zwischen Staat u. den Religionsgemeinschaften. 1973. – M. Heckel, A. Hollerbach, Die Kirchen unter dem Grundgesetz. Veröff. der Vereinigung der Dt. Staatsrechtslehrer. Heft 26. 1968. – K. Hesse, Die Entwicklung des Staatskirchenrechts seit 1945. Jahrbuch des öffentl. Rechts N. F. 10. 1961. – H. Quaritsch u. H. Weber (Hrsg.), Staat u. Kirchen in der Bundesrepublik. Staatskirchenrechtl. Aufsätze 1950–1967. 1967. – U. Scheuner, Schriften zum Staatskirchenrecht. 1973.

1.9.2 ALTES TESTAMENT
Texte: Biblia Hebraica. Hrsg. R. Kittel u. P. Kahle. [15]1968. – E. Lohse, Die Texte aus Qumran. [2]1971. – Septuaginta, Vetus Testamentum Graecum (sog. Göttinger Septuaginta). [2]1968–1978. – Septuaginta. Hrsg. A. Rahlfs. [9]1971. – E Würthwein, Der Text des A.T. [4]1972.
Forschungsgeschichte: H. Bardtke, Die Handschriftenfunde am Toten Meer. I: [3]1961. II: [2]1961. – Ders., Die Handschriftenfunde in der Wüste Juda. 1962. – H.-J. Kraus, Geschichte der historisch-krit. Erforschung des A.T. [2]1969. – Ders., Die Bibl. Theologie. 1970.
Einleitungswissenschaft und Literaturgeschichte: O. Eißfeldt, Einleitung in das A.T. [4]1976. – H. Gunkel, Die israelit. Literatur. Kultur der Gegenwart. I. 7. 1925, Nachdr. 1963. – H. Gunkel, J. Begrich, Einleitung in die Psalmen. [3]1975. – O. Kaiser, Einleitung in das A.T. [4]1978. – K. Koch, Was ist Formgeschichte? [3]1973. – S. Mowinckel, Psalmenstudien. 6 Bde. 1921–1924, Nachdr. 1961. – M. Noth, Überlieferungsgeschichte des Pentateuch. [3]1966. – Ders., Überlieferungsgeschichtl. Studien. [3]1967. – L. Rost, Einleitung in die alttestamentl. Apokryphen u. Pseudepigraphen einschl. der großen Qumran-Handschriften. 1971. – E. Sellin, G. Fohrer, Einleitung in das A.T. [12]1979. – C. Westermann, Grundformen prophetischer Rede. [4]1971. – H. W. Wolff, Bibel. Das A.T. Eine Einführung in seine Schriften u. in die Methoden ihrer Erforschung. 1970.
Geschichte Israels und des nachexilischen Judentums: M. A. Beck, Geschichte Israels. Von Abraham bis Bar Kochba. [4]1976. – J. Bright, Geschichte Israels. 1966. – E. L. Ehrlich, Geschichte Israels. Von den Anfängen bis zur Zerstörung des Tempels. [2]1970 (Slg. Göschen 231/231a). – K. Galling, Textbuch zur Geschichte Israels. [2]1968. – A. H. J. Gunneweg, Geschichte Israels bis Bar Kochba. 1978. – S. Hermann, Israels Aufenthalt in Ägypten. 1970. – Ders., Geschichte Israels in alttestamentl. Zeit. [2]1979. – M. Metzger, Grundriß der Geschichte Israels. [4]1977. – M. Noth, Die Welt des A.T. [4]1962. – Ders., Geschichte Israels. [8]1976.
Theologie des A.T. und israelitisch-jüdische Religionsgeschichte: W. Bousset, H. Greßmann, Die Religion des Judentums im späthellenistischen Zeitalter. [4]1966. – W. Eichrodt, Theologie des A.T. I: [8]1968, II: [7]1974. – Ders., Religionsgeschichte Israels. 1969. – L. Köhler, Theologie des A.T. [4]1966. – G. von Rad, Theologie des A.T. I: [7]1978, II: [6]1975. – Ders., Weisheit in Israel. 1970. – H. Ringgren, Israelit. Religion. 1963. – H. W. Wolff, Anthropologie des A.T. [3]1976. – W. Zimmerli, Grundriß der alttestamentl. Theologie. Theolog. Wissenschaft. Bd. 3. [3]1978.

1.9.3 NEUES TESTAMENT
Text u. Sprache: K. Aland, Synopsis Quattuor Evangeliorum. [7]1971. – K. Aland, M. Black, B. M. Metzger, A. Wikgren (Hrsg.), The Greek New Testament. [2]1968. – A. Huck, H. Greeven, Synopse der drei ersten Evangelien. [13]1981. – B. M. Metzger, Der Text des N.T. 1966. – E. Nestle, K. Aland (Hrsg.), Novum Testamentum Graece. [25]1963.
Forschungsgeschichte: R. Bultmann, Die Erforschung der synopt. Evangelien. [5]1966. – C. Colpe, Die religionsgeschichtl. Schule. 1961. – W. G. Kümmel, Das N.T. Geschichte der Erforschung seiner Probleme. [2]1970. – R. Schnackenburg, Neutestamentl. Theologie. Der Stand der Forschung. [2]1965. – A. Schweitzer, Geschichte der Paulinischen Forschung. [2]1933. – Ders., Geschichte der Leben-Jesu-Forschung. [3]1977.
Einleitungen in das N.T.: P. Feine, J. Behm, W. G. Kümmel, Einleitung in das N.T. [20]1980. – W. Marxsen, Einleitung in das N.T. [4]1978. – W. Michaelis, Einleitung in das N.T. [3]1961.
Zeitgeschichte: W. Foerster, Neutestamentl. Zeitgeschichte. [2]1968. – M. Hengel, Judentum u. Hellenismus. [2]1973. – J. Jeremias, Jerusalem zur Zeit Jesu. [3]1969. – E. Lohse, Umwelt des N.T. [5]1980. – E. Meyer, Ursprung u. Anfänge des Christentums. 1962. – B. Reicke, Neutestamentl. Zeitgeschichte. [2]1968. – H. J. Schoeps, Theologie u. Geschichte des Judenchristentums. 1949.
Gesamtdarstellungen: R. Bultmann, Theologie des N.T. [8]1980. – Ders., Die Geschichte der synoptischen Tradition. [8]1980. – H. Conzelmann, Grundriß der Theologie des N.T. [3]1976. – Ders., Geschichte des Urchristentums. [3]1976. – E. Fuchs, Hermeneutik. [4]1970. – J. Jeremias, Neutestament. Theologie. I. [3]1978. – W. G. Kümmel, Die Theologie des N.T. nach seinen Hauptzeugen Jesus, Paulus, Johannes. [4]1980. – M. Meinertz, Theologie des N.T. 1950. – K. H. Schelkle, Theologie des N.T. 1968 ff.
Jesus. G. Bornkamm, Jesus von Nazareth. [12]1980. – H. Braun, Jesus. [2]1976. – O. Cullmann, Die Christologie des N.T. [5]1975. – M. Dibelius, W. G. Kümmel, Jesus. [4]1966. – F. Hahn, Christolog. Hoheitstitel. [4]1974. – M. Kähler, Der sog. historische J. u. der geschichtliche, biblische Christus. [4]1969. – K. H. Rengstorf, Die Auferstehung Jesu. [5]1967. – E. Schweizer, Jesus Christus im vielfältigen Zeugnis des N.T. [4]1976.
Paulus. G. Bornkamm, Paulus. [4]1979. – M. Dibelius, W. G. Kümmel, Paulus. [4]1970. – K. H. Rengstorf (Hrsg.), Das P.bild in der neuesten dt. Forschung. [2]1969.

1.9.4 KIRCHENGESCHICHTE
Theologische Bedeutung: F. C. Baur, Die Epochen der kirchl. Geschichtsschreibung. [2]1968. – H. Bornkamm, Grundriß zum Studium der Kirchengeschichte. 1949. – J. Chambon, Was ist Kirchengeschichte? 1957. – G. Ebeling, Kirchengeschichte als Geschichte der Auslegung der Heiligen Schrift. 1947. – R. Kottje, Kirchengeschichte heute. 1970. – P. Meinhold, Geschichte der kirchl. Historiographie. 2 Bde. 1967. – A. Philipp, Die Kirchengeschichte im kath. u. ev. Religionsunterricht. 1971. – E. C. Scherer, Geschichte u. Kirchengeschichte an den dt. Universitäten. 1927.
Gesamtdarstellungen: H. Bornkamm, Zeittafeln zur Kirchengeschichte. [4]1980. – A. Hauck, Kirchengeschichte Deutschlands. 5 in 6 Bden. [10]1969. – K. Heussi, Kompendium der Kirchengeschichte. [14]1976. – H. Jedin (Hrsg.), Handbuch der Kirchengeschichte. 7 Bde. 1965 ff. – Ders., Atlas zur Kirchengeschichte. 1970. – B. Moeller, Geschichte des Christentums in Grundzügen. 1965. – K. D. Schmidt, Grundriß der Kirchengeschichte. [7]1978. – Ders. u. E. Wolf (Hrsg.), Die Kirche in ihrer Geschichte. 1961 ff.
apostolisches Zeitalter. H. von Campenhausen, Kirchl. Amt u. geistl. Vollmacht in den ersten drei Jahrhunderten. [2]1963. – H. Conzelmann, Geschichte des Urchristentums. [3]1976. – C. Weizsäcker, Das apostol. Zeitalter der christl. Kirche. 1886.
Augsburgisches Bekenntnis. H. Bornkamm, Das Augsburger Bekenntnis. 1978. – L. Fendt, Der Wille der Reformation im Augsburg. Bekenntnis. [2]1966.
Calvin. W. Dankbaar, Calvin. 1976. – J. Moltmann (Hrsg.), Calvin-Studien. 1959. – W. Neuser, Calvin. 1971. – U. Smidt (Hrsg.), J. Calvin u. die Kirche. 1972. – F. Wendel, Calvin. [2]1973.
Christentum. R. Bultmann, Das Urchristentum im Rahmen der antiken Religionen. [3]1963. – A. von Harnack, Das Wesen des C.s 1977. – E. Meyer, Ursprung u. Anfänge des C.s 1923, Nachdr. 1962.
Christenverfolgungen. J. Moreau, Die Christenverfolgungen im röm. Reich. [2]1971. – J. Vogt, Zur Religiosität der Christenverfolger im Röm. Reich. 1962. – A. Wlosok, Rom u. die Christen. 1970.
Cluniazensische Reform. K. Hallinger, Gorze-Cluny. 2 Bde. 1951. Nachdr. 1971. – E. Sackur, Die Cluniacenser bis zur Mitte des 11. Jh. 1892–1894, Nachdr. 1971.
Gegenreformation. H. Jedin, Kath. Reformation oder Gegenreformation? [2]1946. – L. Petry, Die G. in Dtschld. 1952. – E. W. Zeeden, Zeitalter der Gegenreformation. 1967.
Gnosis. W. Eltester (Hrsg.), Christentum u. Gnosis. 1969. – W. Foerster (Hrsg.), Die Gnosis. 2 Bde. 1969–1971. – H. Jonas, Gnosis u. spätantiker Geist. 2 Bde. 1964–1966. – K. Rudolph, Die Gnosis. [2]1980. – R. M. Wilson, Gnosis u. Neues Testament. 1971.
Hus. J. Loserth, Hus u. Wiclif. 1925. – J. Macek, Die hussit. revolutionäre Bewegung. 1958. – M. Vischer, J. Hus. [2]1955.
Inquisition. P. Flade, Das röm. Inquisitionsverfahren in Dtschld. bis zu den Hexenprozessen. 1902. – H. Grundmann, Religiöse Bewegungen im Mittelalter. [3]1970. – H. W. Scheepler, Die rechtl. Behandl. d. Täufer. 1957.
Iroschottische Kirche. J. H. A. Ebrard, Die iroschott. Missionskirche des 6., 7. u. 8. Jh. 1873, Nachdr. 1971.
Konzil. G. Dumeige u. H. Bacht, Geschichte der ökumen. Konzilien. 12 Bde. 1964 ff. – H. J. Margull, Die ökumen. K.e der Christenheit. 1964. – P. Meinhold, K.e der Kirche in ev. Sicht. 1962. – K. Stürmer, Konzilien u. ökumen. Kirchenversammlungen. 1962.
Luther. Ausgaben: K. Aland (Hrsg.), Luther Deutsch. 1948 ff. – Weimarer Ausgabe, ca. 150 Bde. 1883 ff. – Luthers Werke (Hrsg. O. Clemen). [3]1972.
Darstellungen: P. Althaus, Luthers Haltung im Bauernkrieg. [4]1971. – Ders., Die Theologie M. L.s. [5]1980. – H. Bornkamm, L.s geistige Welt. [4]1960. – Ders., L. im Spiegel der dt. Geistesgeschichte. [2]1970. – G. Ebeling, Luther. [4]1981. – Ders., L.studien. 2 Bde. 1971 bis 1977. – W. Link, Das Ringen L.s um die Freiheit der Theologie von der Philosophie. Nachdr. 1969. – B. Lohse, Martin Luther. 1981. – O. H. Pesch, Die Theologie der Rechtfertigung bei M. L. u. Thomas von Aquin. 1967. – V. Vajta, Die Theologie des Gottesdienstes bei L. [3]1959.
Marcion. A. von Harnack, Marcion. Das Evangelium vom fremden Gott. [2]1924, Nachdr. 1960.
Melanchthon. H. Bornkamm, Ph. Melanchthon. [3]1960. – W. Maurer, Melanchthonstudien. 1964. – Ders., Der junge M. 2 Bde. 1967–1969. – P. Meinhold, Melanchthon. 1960. – Melanchthons Werke. Studienausgabe. Hrsg. R. Stupperich. 1951 ff. – W. Neuser, Melanchthonstudien. 1957. 1968. – A. Sperl, M. zwischen Humanismus u. Reformation. 1959. – R. Stupperich, Melanchthon (Sammlg. Göschen 1190).
Mystik. J. Bernhart, Die philosoph. Mystik des MA. Nachdr. 1974. – R. Otto, West-östl. Mystik. [3]1971. – W. Preger, Geschichte der dt. Mystik im MA. 3 Bde. 1874–1893. Nachdr. 1962.
Reformation. H. Bornkamm, Das Jahrhundert der Reformation. [2]1966. – W. Hubatsch (Hrsg.), Wirkungen der dt. Reformation bis 1555. 1967. – F. W. Kantzenbach, Die Reformation in Dtschld. u. Europa. 1965. –J. Lortz, E. Iserloh, Kleine Reformationsgeschichte. [2]1971. – Gerhard Ritter, Weltwirkung der Reformation. [3]1969. – S. Skalweit, Reich u. Reformation. 1972. – R. Stupperich, Die Reformation in Dtschld. [2]1980. – E. W. Zeeden, Die Entstehung der Konfessionen. 1965.
Vatikanisches Konzil (1). R. Aubert, Vaticanum I. 1965. – H. Ott, Die Lehre des I. Vatikanums. 1963.
Vatikanisches Konzil (2). M. von Galli, Das Konzil. 1965. – J. C. Hampe, Ende der Gegenreformation? 1964. – Ders. (Hrsg.), Die Autorität der Freiheit. 3 Bde. 1967. – O. Karrer, Das 2. V. K. 1966. – H. Küng, Konzil u. Wiedervereinigung. [7]1963. – M. Plate, Weltereignis Konzil. [3]1966. – J. Ratzinger, Die vier Konzilsperioden. 1963–1966. – E. Schillebeeckx, Die Signatur des 2. Vatikanums. 1965. – E. Schlink, Nach dem Konzil. 1966. – F. Schlösser, Kirche – Anspruch u. Ärgernis. [2]1966. – G. Vallquist, Das 2. V. K. 1966.
Waldenser. A. Molnár, Die Waldenser. 1980. – K. V. Selge, Die ersten Waldenser. 2 Bde. 1967.
Zwingli. J. Courvoisier, Z. als reformierter Theologe. 1966. – M. Haas, H. Zwingli, Leben u. Werk. [2]1976. – G. W. Locher, Z. in neuer Sicht. 1969. – J. Rogge, Z. u. Erasmus. 1962. – F. Schmidt-Clausing, Zwingli. 1965.

1.9.5 PATROLOGIE
Gesamtdarstellungen: B. Altaner, B. Stuiber, Patrologie. [8]1978. – K. Bihlmeyer, Die apostolischen Väter. [3]1970. – H. von Campenhausen, Griechische Kirchenväter. [6]1981. – Ders., Latein. Kirchenväter. [4]1978.
Ambrosius. H. von Campenhausen, A. von Mailand als Kirchenpolitiker. 1929. – Mailänder Jubiläums-Sammelpublikationen. Ambrosiana. 1897.
Antiochenische Schule. F. Loofs, Paul von Samosata. 1924. – Ders., Theophil von Antiochien. 1930.
Athanasius. G. Müller, Lexicon Athanasianum. 1952. – H. G. Opitz, Untersuchungen zur Überlieferung der Schriften A. 1935. – D. Ritschl, Athanasius. 1964.
Augustinus. Gesamtausgabe: Aur. Augustins Werke in dt. Sprache. 1940 ff. – Maurinerausgabe. 11 Bde. 1679–1700.
Darstellungen: Augustinus in Selbstzeugnissen u. Bilddokumenten. rowohlts monographien Nr. 8. – C. Andresen (Hrsg.), Zum Augustin-Gespräch der Gegenwart (mit Bibliographie). [2]1975. – R. Guardini, Die Bekehrung des Aur. Augustinus u. der innere Vorgang in seinen Bekenntnissen. [3]1959. – W. von Loewenich, Augustinus. Leben u. Werk. 1965. – M. Löhrer, Der Glaubensbegriff des hl. Augustinus in seinen ersten Schriften bis zu den Confessiones. 1955. – F. von der Meer, Augustinus der Seelsorger. [3]1963. – G. Nygren, Das Praedestinationsproblem in der Theologie Augustins. 1956. – M. F. Sciacca, Augustinus. Bern. 1948.
Basilius. H. Dörries, De spiritu sancto. Der Beitrag des B. zum Beschluß des trinitarischen Dogmas. 1956.
Eusebius. H. Berkhoff, Die Theologie des E. von Caesarea. 1939. – D. S. Wallace-Hadrill, E. of Caesarea. London. 1960.
Irenäus. H. von Campenhausen, Die Entstehung der christl. Bibel. 1968. – P. Nautin, Patristica Irenäus. 1953.
Johannes Chrysostomos. C. Baur, Der hl. J. C. u. seine Zeit. 2 Bde. 1929/30. – A. M. Ritter, Charisma im Verständnis des J. C. u. seiner Zeit. 1972.
Klemens von Alexandria. W. Völker, Der wahre Gnostiker nach Clemens Alexandrinus. 1952.

Origenes. H. U. von Balthasar, Geist u Feuer. [2]1951. – F. Faessler, Der Hagiosbegriff bei O. 1958. – F. H. Kettler, Der ursprüngl. Sinn der Dogmatik des O. 1966. – H. Merki, Homoiosis Theo. 1952.
Tertullian. A. Beck, Römisches Recht bei T. u Cyprian. 1930. – J. Lortz, T. als Apologet. 1927. – St. Otto, Natura u. dispositio, Untersuchungen zum Naturbegriff u. zur Denkform T.s. 1960.

1.9.6 PAPSTTUM

Gesamtdarstellungen: K. O. von Aretin, Papsttum u. moderne Welt. 1970. – R. Bäumer, M. Luther u. der Papst. [2]1971. – K. Bihlmeyer, H. Tüchle, Kirchengeschichte. 3 Bde. [18]1969. – E. Caspar, Geschichte des Papsttums. 2 Bde. 1930–1933. – Ders., Das Papsttum unter fränkischer Herrschaft. 1956. – J. Déer, Papsttum u. Normannen. 1972. – G. Denzler (Hrsg.), Päpste u. Papsttum. 1971 ff. – F. Dvornik, Byzanz u. der röm. Primat. 1966. – E. Eichmann, Weihe u. Krönung des Papstes im MA. 1951. – F. Engel-Janosi, Österreich u. der Vatikan 1846–1918. 2 Bde. 1958–1960. – A. Franzen, R. Bäumer, Papstgeschichte von den Anfängen bis zur Gegenwart. [2]1979. – H. Fuhrmann, Von Petrus zu Johannes Paul II. 1980. – C. G. Fürst, Cardinalis, Prolegomena zu einer Rechtsgeschichte des röm. Kardinalskollegiums. 1967. – J. Haller, Das Papsttum. 5 Bde. 1965. – G. Langgärtner, Die Gallienpolitik der Päpste im 5. u. 6. Jh. 1964. – W. Marschall, Karthago u. Rom. Die Stellung der nordafrikan. Kirche zum Apostol. Stuhl. 1971. – N. Miko, Das Ende des Kirchenstaates. 4 Bde. 1964–1970. – W. Mohr, Fränk. Kirche u. Papsttum zwischen Karlmann u. Pippin. 1966. – L. von Pastor, Geschichte der Päpste seit dem Ausgang des MA. 16 Bde. in 22 Teilbänden. [8-13]1955–1961. – L. von Ranke, Die röm. Päpste in den letzten vier Jahrhunderten. [3]1956. – K. Repgen, Die Röm. Kurie u. der Westfäl. Friede. 2 Bde. 1962–1965. – F. J. Schmale, Studien zum Schisma des Jahres 1130. 1961. – G. Schwaiger, Geschichte der Päpste im 20. Jh. 1968. – F. X. Seppelt, G. Schwaiger, Geschichte der Päpste. [6]1964. – W. Ullmann, Die Machtstellung des Papsttums im MA. 1960. – K. Walf, Die Entwicklung des päpstl. Gesandtschaftswesens. 1966. – H. Zimmermann, Papstabsetzungen des MA. 1968. – Ders., Das dunkle Jh. 1971.
Benedikt XV. W Steglich, Der Friedensappell Papst Bendikts XV. 1970.
Bonifatius IX. A. Esch, Bonifaz IX. u. der Kirchenstaat. 1969.
Gregor V. T. E. Moehs, Gregor V. 1972.
Gregor VII. F. J. Meulenberg, Der Primat der röm. Kirche im Denken u. Handeln Gregors VII. 1965. – C. Schneider, Prophetisches Sacerdotium u. heilsgeschichtl. Regnum im Dialog. Zur Geschichte Gregors VII. u. Heinrichs IV. 1971.
Gregor IX. K. Ganzer, Papsttum u. Bistumsbesetzungen in der Zeit Gregors IX. bis Bonifaz VIII. 1968.
Hadrian II. H. Grotz, Erbe wider Willen. Hadrian II. (867–872) u. seine Zeit. 1972.
Innozenz III. F. Kempf, Papsttum u. Kaisertum bei Innozenz III. 1954. – H. Roscher, Papst Innozenz III. u. die Kreuzzüge. 1969.
Johannes XXIII. L. Elliott, Johannes XXIII. [7]1976. – G Lercaro, Johannes XXIII. 1967. – Nikodim, Johannes XXIII. 1978.
Johannes Paul II. E. Trost, Der Papst aus einem fernen Land. 1979. – St. Kardinal Wyszynski, Der Primas von Polen über den Papst aus Krakau. 1979.
Klemens VII. G. Müller, Die röm. Kurie u. die Reformation. 1523–1534. 1969.
Leo I. P. Stockmeier, Leos I. d. Gr. Beurteilung der kaiserl. Religionspolitik. 1959.
Paul VI. D. A. Seeber, Paul VI., Papst im Widerstreit. 1971.
Pius X. F. Engel-Janosi, Die Pontifikate Pius X. u. Benedikts XV. 1960.
Pius XII. E. Kawa, Pius XII. [2]1959. – E. Schmidt-Pauli, Pius XII. [4]1959.

1.9.7 ORDENSWESEN

Gesamtdarstellungen: P. B. d'Azy. Das Ordensleben in der Sicht des 2. Vatikanischen Konzils. 1968. – H. U. von Balthasar, Die großen Ordensregeln. [3]1974. – F. Biot, Ev. Ordensgemeinschaften. 1962. – J. Décarreaux, Die Mönche u. die abendländ. Zivilisation. 1964. – B. Häring, Orden im Umbruch. [3]1972. – P. J. Hasenberg (Hrsg.), Das Wirken der Orden u. Klöster in Dtschld. 2 Bde. 1957–1964. – M. Heimbucher, Die Orden u. Kongregationen der kath. Kirche. 2 Bde. Nachdr. 1980. – G. Heinz-Mohr, Brüder der Welt. 1965. – K. Heussi, Der Ursprung des Mönchtums. 1936. – J. Kerkhofs, Das Schicksal der Orden, Ende oder Neubeginn. 1971. – J. Moorhouse, Bastionen Gottes. Orden u. Klöster in dieser Zeit. 1969.
Benediktiner. S. Hilpisch, Das Benediktinertum im Wandel der Zeiten. 1943. – R. Tschudy, Die Benediktiner. 1960.
Communauté de Taizé. R. Schutz, Die Regel von Taizé. [10]1978.
Dominikaner. A. M. Walz, Die Dominikaner in Geschichte u. Gegenwart. 1960.
Franziskaner. H. Holzapfel, Handbuch der Geschichte des Franziskaner-Ordens. 1909.
Ignatius von Loyola. L. Marcuse, I. v. L. 1973. – H. Rahner, I. v. L. als Mensch u. Theologe. 1964.
Jesuiten. H. Becher, Die Jesuiten. 1951. – H. Böhmer, Die Jesuiten. [2]1957. – C. Hollis, Die Jesuiten. 1970.
Zisterzienser. A. Schneider (Hrsg.), u. a., Die Cistercienser. 1972. – F. Winter, Die Z. des nordöstl. Deutschlands. 1868, Neudr. 1966.

1.9.8 LITURGIK

Im N. T.: G. Bornkamm, Zum Verständnis des Gottesdienstes. In: Ende des Gesetzes. [5]1966. – J. Leipold, Der Gottesdienst in der ältesten Kirche – jüdisch? griechisch? christlich? 1937.
Geschichtlich: Th. Klauser, Kleine abendländ. Liturgiegeschichte. [5]1965. – W. Nagel, Gesch. des christl. Gottesdienstes. [2]1970.
Allgemeine Darstellungen: A. Adam, Erneuerte Liturgie. [3]1976. – P. Althaus, Das Wesen des ev. Gottesdienstes. 1926. – R. Berger, Kleines liturg. Wörterbuch. 1969. – W. Birnbaum, Die dt. ev. liturg. Bewegung. 1970. – Th. Bogler, Liturg. Erneuerung in aller Welt. 1950. – L. Fendt, Einführung in die Liturgiewissenschaft. 1958. – B. Fischer, Volk Gottes um den Altar. [3]1970. – K. Gamber, Liturgie übermorgen. 1966. – R. Guardini, Liturgie u. liturg. Bildung. 1966. – J. Kempff u. K. Faustmann, Handbuch der Liturgik. [6]1950. – Liturgia, Handbuch des ev. Gottesdienstes. 1954 ff. – E. J. Lengeling, Die neue Ordnung der Eucharistiefeier. [4]1972. – C. Mahrenholz, Kompendium der Liturgik des Hauptgottesdienstes. 1963. – G. Podhrasky, Lexikon der Liturgie. [2]1967. – H. Volk, Theolog. Grundlagen der Liturgie. [2]1965.

1.9.9 HEILIGE UND HEILIGENVEREHRUNG. J. A. Amann, Die neuen Heiligen. 1954. – H. Bader, Alle Heiligen u. Seligen der röm.-kath. Kirche. [2]1957. – J. Braun, Tracht u. Attribute der Heiligen in der dt. Kunst. 1943, Nachdr. 1964. – Th. Briemle, Deutsche Heilige. [2]1954. – P. Claudel, Heilige unserer Zeit. 1956. – K. Färber, Heilige sind anders. [5]1962. – A. Goetz, Heilige, Märtyrer u. Helden. 1957. – Herders kleines Lexikon der Heiligen. 1968. – H. Hümmeleo, Helden u. Heilige. 1976. – Der Röm. Kalender. 1969 (Nachkonziliare Dokumentation Bd. 20). – V. Krug, Unsere Namenspatrone. 1929. – M. Lackmann, Verehrung der Heiligen. Versuch einer luth. Lehre von den Heiligen. 1958. – P. Manns (Hrsg.), Die Heiligen. [3]1977. – E. u. H. Melchers, Das große Buch der Heiligen. 1978. – W. Nigg, Große Heilige. [7]1966. – Ders. u. W. Schamoni (Hrsg.), Heilige der ungeteilten Christenheit. 1962 ff. – R. Pfleiderer, Die Attribute der Heiligen. [2]1920. – Reclams Lexikon der Heiligen u. der bibl. Gestalten. [4]1980. – W. Schamoni, Das wahre Gesicht der Heiligen. [5]1975. – H. Siebert, Beiträge zur vorreformator. Heiligen- u. Reliquienverehrung. 1941. – J. Sudbrack, J. Walsh (Hrsg.), Große Gestalten christl. Spiritualität. 1969. – J. Torsy, Lexikon der dt. Heiligen. 1959. – O. Wimmer, Handbuch der Namen u. Heiligen. [3]1966.

2.0.1 BILDENDE KUNST

Kunstgeschichte. M. W. Alpatow, Gesch. der Kunst. 2 Bde. 1959–1964. – Atlantisbuch der Kunst. 1952. – Belser Stilgeschichte. 12 Bde. 1969–1971. – B. Bilzer, Begriffslexikon der bildenden Künste. 1971. – DuMonts Bild-Lexikon der Kunst. 1976. – A. Hauser, Sozialgeschichte der Kunst u. Literatur. 1953. – Herder, Lexikon Kunst. [3]1977. – J. Jahn, Wörterbuch der Kunst. [8]1975. – Lexikon der Kunst. 5 Bde. 1968–1978. – H. Lützeler, Weltgeschichte der Kunst. [9]1973. – Ders., Bildwörterbuch der Kunst. [3]1979. – Propyläen-Kunstgeschichte. 18 Bde. 1966–1974. – Reclams Künstlerlexikon. 1979. – U. Thieme, F. Becker, Allgem. Lexikon der bildenden Künstler. Nachdr. 1955–1957. – Universum der Kunst. Eine Weltkunstgesch. Bisher 28 Bde. 1962–1981. – H. Vollmer, Allgem. Lexikon der bildenden Künstler des 20. Jh. 5 Bde. 1953–1961.
Kunsttheorie, Ästhetik der bildenden Kunst. R. Assunto, Die Theorie des Schönen im MA. 1963. – Ästhetik u. Gewalt. 1970. – B. Berenson, Ästhetik u. Geschichte. Zürich. 1950. – J. Burnham, Kunst u. Strukturalismus. 1973. – A. Gehlen, Zeit-Bilder. Zur Soziologie u. Ästhetik der modernen Malerei. 1960. – E. Grassi, Die Theorie des Schönen in der Antike. 1962. – W. Hofmann, Kunst u. Politik. 1971. – R. Ingarden, Untersuchungen zur Ontologie der Kunst. 1962. – H. Lützeler, Kunsterfahrung u. Kunstwissenschaft. 3 Bde. 1975. – U. Kultermann, Leben u. Kunst. 1970. – G. Pfeiffer, Kunst u. Kommunikation. 1972. – W. Pinder, Von den Künsten u. der Kunst. 1948. – E. Thorn, Künstler über Kunst. 1951.
Kunstwissenschaft. L. Dittmann, Stil, Symbol, Struktur. Studien zu den Kategorien der Kunstgesch. 1967. – M. Dvořák, Kunstgeschichte als Geistesgeschichte. 1924. – D. Frey, Kunstwissenschaftl. Grundfragen. 1946. – U. Kultermann, Gesch. der Kunstgesch. 1966. – E. Panofsky, Aufsatz zu Grundfragen der Kunstwissenschaft. 1964. – A. Schmarsow, Grundbegriffe der Kunstwissenschaft. 1905. – H. Sedlmayr, Kunst u. Wahrheit. 1958, Neuausg. 1978. – H. Wölfflin, Gedanken zur Kunstgeschichte. 1941. – Ders., Kunstgeschichtl. Grundbegriffe. [15]1976. – W. Worringer, Abstraktion u. Einfühlung. Neuausg. 1976.

2.0.2 BAUKUNST

Gesamtdarstellungen: F. Baumgart, Geschichte der abendländ. Baukunst. 1960. – Ders., Stilgesch. der Architektur. [2]1973. – G. Dehio, L. G. Bezold, Die kirchl. Baukunst des Abendlandes. 7 Bde. 1887–1901. – Epochen der Architektur. Bisher 4 Bde. 1968 ff. – S. Giedeon, Raum, Zeit u. Architektur. 1965. – H. Klotz, Architektur in der Bundesrepublik. 1977. – Ders., Die röhrenden Hirsche der Architektur. 1977. – H. Koepf, Bildwörterbuch der Architektur. [2]1975. – Ders., Baukunst in fünf Jahrtausenden. [7]1975. – Ders., Struktur u. Form. Eine architekton. Formenlehre. 1979. – P. Nestler, P. M. Bode, Deutsche Kunst seit 1960. Architektur. 1976. – N. Pevsner, Europ. Architektur von den Anfängen bis zur Gegenwart. 1963. – Ders., Lexikon der Weltarchitektur. 1970. – H. Pothorn, Das große Buch der Baustile. [2]1979.
Backsteinbau. W. Burmeister, Norddt. Backsteindome. [3]1943. – A. Kamphausen, Backsteingotik. 1978. – S. Thurm, Norddt. Backsteinbau. 1935. – N. Zaske, Got. Backsteinkirchen Norddeutschlands. 1968.
Basilika. H. Brandenburg, Roms frühchristl. Basiliken. 1978. – L. Kitschelt, Die frühchristl. Basilika als Darstellung des himml. Jerusalem. 1938. – E. Langlotz, Der architekton. Ursprung der christl. Basilika. Festschr. 1951.
Hallenkirche. E. Finck, Die got. Hallen Westfalens. 1934. – K. Gerstenberg, Dt. Sondergotik. 1913. – G. Hahn, Der kirchl. Hallenraum zwischen westl. Ostsee u. Mittelgebirge. Diss. 1968. – H. J. Kunst, Die Entstehung des Hallenumgangschores. 1969.
Kirchenbau. G. Bandmann, Mittelalterl. Architektur als Bedeutungsträger. 1951. – O. Bartning, Vom neuen Kirchenbau. 1919. – G. Dehio, G. von Bezold, Die kirchl. Baukunst des Abendlandes. 1887–1901. – G. E. Kidder Smith, Neuer Kirchenbau in Europa. 1965. – G. Kunze, Lehre, Gottesdienst, Kirchenbau in ihren gegenseitigen Beziehungen. 2 Bde. 1949–1961. – V. Pascharsky, Bibliographie des Kirchenbaus u. der kirchl. Kunst der Gegenwart. 1963/64. – W. Rüdiger, Die got. Kathedrale. 1979. – H. Schnell, Der Kirchenbau des 20. Jahrhunderts in Deutschland. o. J. – H. Sedlmayr, Die Entstehung der Kathedrale. [2]1976. – W. Weyres u. a., Kirchen. Handbuch für den Kirchenbau. 1959.
Wehrbau. Bayerische Schlösser u. Burgen. 1979. – W. Meyer, Dt. Schlösser u. Festungen. 1969. – Ders., Europas Wehrbau. 1973. – Ders., E. Lessing, Deutsche Ritter – Deutsche Burgen. 1976. – C. Tillmann, Lexikon der dt. Burgen u. Schlösser, 3 Bde. u. Atlasband. 1958–1961. – A. Tuulse, Burgen des Abendlandes. 1958.
Zentralbau. H. Biehn, Ein Beitrag zur Geschichte des Zentralbaues bis zum Jahre 1500. 1933. – D. Boniver, Der Zentralraum. 1937. – W. Götz, Zentralbau u. Zentralbautendenz in der got. Architektur. 1968.

2.0.3 PLASTIK

Gesamtdarstellungen: H. J. Albrecht, Skulptur im 20. Jahrhundert. o. J. – J. André, Skulpturen kennen, restaurieren, pflegen. 1977. – K. Badt, Raumphantasien u. Raumillusionen. Das Wesen der Plastik. 1963. – F. Baumgart, Geschichte der abendländ. Plastik. Neuaufl. 1966. – K. Baur, Der Bildhauer in seiner Zeit. 1975. – G. Bazin, 20000 Jahre Bildhauerkunst der Welt. 1973. – A. Feulner, Geschichte der dt. Plastik. 1953. – H. R. Fuchs, Die Plastik der Gegenwart. 1970. – C. Giedeon-Welcker, Die Plastik des 20. Jh. 1955. – H. Kinkel, Entstehung einer Plastik. 1951. – U. Kultermann, Neue Dimensionen der Plastik. 1967. – F. Lübbecke, Die Plastik des dt. MA. 2 Bde. 1922. – R. Lullies, Griech. Plastik. Neuausg. 1979. – J. Mangels, 100 Fragen zum Betrachten einer Plastik. 1978. – J. Morschel, Deutsche Kunst seit 1960. – Plastik, Objekte, Aktionen. 1972. – Th. Müller u. a., Dt. Plastik von der Frühzeit bis zur Gegenwart. o. J. – E. Panofsky, Die dt. Plastik des 11.–13. Jh. 1924. – W. Pinder, Die dt. Plastik vom ausgehenden MA. bis zum Ende der Renaissance. 1924. – K. Scheffler, Geschichte der europ. Plastik im 19. u. 20. Jh. 1927. – W. H. Schuchhardt, Die Epochen der griech. Plastik. 1959. – J. Selz, Ursprünge der modernen Plastik. 1963. – L. Stone, Sculpture in Britain. Harmondsworth. 1955. – E. Trier, Figur u. Raum. Die Plastik des 20. Jh. 1960.
Bronzeplastik. G. Bruns, Antike Bronzen. 1947. – Th. Dexel, Chines. Bronzen. 1958. – O. von Falke, E. A. Meyer, Bronzegeräte des MA. 1935. – A. Goldschmidt, Die dt. Bronzetüren des frühen MA. 2 Bde. 1926–1932. – H. Leisinger, Roman. Bronzen. 1956. – H. Lüer, M. Creutz, Geschichte der Metallkunst. Bd. 1: 1904. – Ders., Technik der Bronzeplastik. 1902. – J. Montagu, Bronzen. 1947. – G. Roeder, Ägypt. Bronzewerke. 1937. – Ch. Hauser, Die Kunstgießerei. Genf. 1972.
Denkmal. A. E. Brinckmann, Platz u. Monument. [3]1923. – A. Hofmann, Denkmäler. 2 Bde. 1905. – Monumente u. Standbilder Europas. 1914. – A. Riegl, Der moderne Denkmalkultus, sein Wesen u. seine Entstehung. 1903.
Holzplastik. C. Dell' Antonio, Die Kunst des Holzschnitzens. [3]1953. – F. Frutschi, Holzschnitzen u. Holzbildhauen. [2]1975. – M. Picard, Mittelalterl. Holzfiguren. 1920. – W. Vogelsang, Die Holzskulptur in den Niederlanden. 2 Bde. 1911/12. – H. Wilm, Die got. Holzfigur. [3]1942.
Relief. W. Messerer, das Relief im MA. 1959. – G. Rodenwaldt, Das Relief bei den Griechen. 1923.

2.0.4 MALEREI

Gesamtdarstellungen: E. Berger, Quellen zur Maltechnik während der Renaissance u. deren Folgezeit. 1901. – Ders., Die Maltechnik des Altertums. 1904. – M. Doerner, Malmaterial u. seine Verwendung im Bilde. [14]1975. – A. Eibner, Entwicklung u. Werkstoffe der Tafelmalerei. 1928. – Herders Enzyklopädie der Malerei. 8 Bde. 1976–1978. – Kindlers Malerei-Lexikon. 6 Bde. 1964–1971.
Aquarellmalerei. W. Blake, Grundkurs Aquarellmalerei. 1978. – L. Brieger, Das Aquarell. 1923. – L. H. Fischer, Die Technik der Aquarellmalerei. 1901. – F. Jännicke, Handbuch der Aquarellmalerei. [8]1926. – K. Wehlte, Malen mit Wasserfarben. [10]1976.
Architekturmalerei. R. Fritz, Das Stadt- u. Straßenbild in der holländ. Malerei des 17. Jh. 1932. – H. Jantzen, Das niederländ. Architekturbild. 1910.
Buch- u. Miniaturmalerei. P. D'Ancona, E. Aeschlimann, Dictionnaire des miniaturistes du moyen âge et de la renaissance. Mailand. [2]1949. – A. Boeckler, Abendländ. Miniaturen bis zum Ausgang der roman. Zeit. 1930 – Ders., Dt. Buchmalerei der Gotik. 1959. – A. Goldschmidt, Die dt. Buchmalerei. 2 Bde. 1928. – A. Grabar, C. Nordenfalk, Die roman. Malerei vom 11.–13. Jh. 1958. – J. Harthan, Stundenbücher u. ihre Eigentümer. 1977. – W. Köhler, Die karoling. Miniaturen. 3 Bde. 1930–1933, 1958–1960. – C. Nordenfalk, Insulare Buchmalerei. 1977. – I. Uhl, Buchmalerei. 1971. – F. Unterkirchner, Die Buchmalerei. 1974. – I. F. Walther, Got. Buchmalerei – Minnesänger. 1978. – J. Williams, Frühe span. Buchmalerei. 1977.
Fresko. H. Bauer, B. Rupprecht, Corpus der barocken Deckenmalerei in Dtschld. 1976. – A. Eibner, Entwicklung u. Werkstoffe der Wandmalerei vom Altertum bis zur Neuzeit. 1926. – M. Meiss, Das große Jh. der Freskenmalerei. 1971. – P. P. Philippot, Die Wandmalerei. 1972. – H. Tintelnot, Die barocke Freskomalerei in Dtschld. 1951. – K. Welthe, Wandmalerei. – H. Wiegand, Antike Fresken. 1944.
Genremalerei. L. Brieger, Das Genrebild. 1922. – W. Hütt, Das Genrebild. 1955. – A. Sailer, Goldene Zeiten. 1975.
Glasmalerei. P. Boesch, Die Schweizer Glasmalerei. 1955. – Corpus vitrearum medüaevi für Belgien, Dtschld., Frankreich, Österreich, Schweiz u. Skandinavien. Seit 1956. – Die Welt der Glasfenster. 1977. – J. L. Fischer, Handbuch der Glasmalerei. [3]1937. – U. Frenzel, Glasbilder aus got. Zeit. 1960. – E. Frodl-Kraft, Die Glasmalerei. 1970. – H. Wentzel, Meisterwerke der Glasmalerei. 1951. – E. von Witzleben, Bemalte Glasscheiben. 1977.
Historienbild. P. Brieger, Die dt. Geschichtsmalerei im 19. Jh. 1930. – W. Hager, Das geschichtl. Ereignisbild. 1939.
Landschaftsmalerei. C. Baur, Landschaftsmalerei der Romantik. 1979. – J. Carrington, Landschaftsmalerei als Hobby. [4]1977. – O. Fischer, Chines. Landschaftsmalerei. [3]1943. – M. J. Friedländer, Essays über Landschaftsmalerei u. a. Bildgattungen. 1947. – F. Geese, Die heroische Landschaft von Koch bis Böcklin. 1930. – H. Geller, 150 Jahre dt. Landschaftsmalerei. 1951. – K. Gerstenberg, Die ideale Landschaft, ihre Begründung u. Vollendung in Rom. 1923. – P. F. Schmidt, Die dt. Landschaft von 1750–1830. 1922. – A. Schober, Die Landschaft in der antiken Kunst. 1923. – J. Strzygowski, Die Landschaft in der nord. Kunst. 1922. – Turner u. die Landschaft seiner Zeit. 1976.
Mosaik. J. Carreau, Gestaltendes Mosaik. 1976. – J. L. Fischer, Dt. Mosaik u. seine Geschichtsquellen. 1939. – W. Läuppi, Stein an Stein. Technik des Mosaiks für Laien u. Künstler. [2]1967. – P. L'Orange, P. J. Nordhagen, Mosaik. Von der Antike bis zum MA. 1960. – I. Schmitt-Menzel, Mosaik aus Stein, Glas, Holz, Papier. 1968.

Ölmalerei. E. Berger, Quellen u. Technik der Fresko-, Öl- u. Tempera-Malerei des Mittelalters. 1973. – A. Eibner, Entwicklung u. Werkstoffe der Tafelmalerei. 1928. – Ch. Hallbauer, Die Ölfarbentechnik der alten Meister. 1938. – H. Jännicke, Handbuch der Ölmalerei. 2 Bde. ^{3}1922/23. – K. Welthe, Ölmalerei. ^{16}1977.
Pastellmalerei. L. Brieger, Das Pastell. 1921. – R. Hahn, Pastellmalerei. 1932. – R. Halm, Pastell, eine Einführung in die Technik. ^{5}1955. – E. Savage, Pastellmalerei als Hobby. ^{3}1976.
Stilleben. B. Dunstan, Stilleben als Hobby. 1970. – C. Sterling, La Nature morte. De l'antiquité à nos jours. Paris. 1959.
Temperamalerei. K. Wehlte, Temperamalerei, Einführung in Werkstoffe u. Malweisen. ^{7}1975.

2.0.5 GRAPHIK

Gesamtdarstellungen: E. Bock, Geschichte der graph. Künste von ihren Anfängen bis zur Gegenwart. 1930. – H. Bockhoff, F. Winzer (Hrsg.), Das große Buch der Graphik. 1968. – O. Fischer, Geschichte der dt. Zeichnung u. Graphik. 1951. – W. Koschatzky, Die Kunst der Graphik. 1980. – J. Leymarie, M. Melot, Französ. Impressionisten. Das Graph. Werk von Manet, Pissarro, Renoir, Cézanne, Sisley. 1972. – J. Siblík, Zeitgenöss. Graphik. 1970. – K. Sotriffer, Die Druckgraphik. 1977. – W. Stubbe, Die Graphik des 20. Jh. 1962. – W. Ziegler, Die manuellen graph. Techniken. Bd. I: 1912.
Gebrauchsgraphik. J. Barnicoat, Das Poster. 1972. – W. Brauer, Graphik u. Design. 1976. – K. Gerstner, M. Kutter, Die neue Graphik. 1959. – J. Hampel, W. Grulich, Polit. Plakate der Welt. 1971. – B. Hillier, Hundert Jahre Plakate. 1972. – E. J. Maecker, Werbung u. Grafik. 1953. – J. u. Sh. Müller-Brockmann, Geschichte des Plakates. 1971. – W. Preiß, Praxis der Werbegrafik. 1972. – H. Schindler, Monographie des Plakats. 1972.
Holzschnitt. M. J. Friedländer, Der Holzschnitt. ^{3}1926. – E. Göpel, Dt. Holzschnitte des 20. Jh. 1955. – P. Heitz (Hrsg.), Die Einblattdrucke des 15. Jh. 100 Bde. 1906–1942. – A. M. Hind, An Introduction to a history of woodcut. 2 Bde. London. 1935. – R. Lane, Ukiyo-e-Holzschnitte. 1978. – Th. H. Musper, Der Holzschnitt in 5 Jahrhunderten. 1964. – A. Schramm, Der Bilderschmuck der Frühdrucke. 23 Bde. 1922–1943. – W. L. Schreiber, Handbuch der Holz- u. Metallschnitte des 15. Jh. Neuausg. 12 Bde. 1969–1976. – W. Schürmeyer, Holzschnitt u. Linolschnitt. Eine Einführung in die Techniken für Künstler u. Laien. ^{8}1970.
Holzstich. J. Reiner, Holzschnitt u. Holzstich. 1947.
Karikatur. E. Fuchs, Die Karikatur der europ. Völker vom Altertum bis zur Neuzeit. 2 Bde. ^{4}1921. W. Hofmann, Die Karikatur von Leonardo bis Picasso. 1956. – Humor aus zwei Jahrhunderten. 1977. – M. Melot, Die Karikatur. 1975. – G. Ramseger, Duell mit der Geschichte. Dt. Karikaturisten der Gegenwart. 1955. – A. Sailer, Die Karikatur, ihre Geschichte, ihre Stilformen u. ihr Einsatz in der Werbung. 1969.
Kupferstich. A. Appell, Handbuch für Kupferstichsammler. Neuausg. 1972. – A. Bartsch, Le Peintre-Graveur. 22 Bde. 1922. – M. Geisberg, Die Anfänge des Kupferstichs. ^{2}1924. – P. Kristeller, Kupferstich u. Holzschnitt in 4 Jahrhunderten. ^{3}1921. – M. Lehrs, Geschichte u. krit. Katalog der dt., niederländ. u. französ. Kupferstiche im 15. Jh. 9 Bde. 1908–1934. – F. Lippmann, Der Kupferstich. ^{7}1963.
Lithographie. H. Cliffe, Lithographie heute. 1968. – R. Gräfe, Die Farbenlithographie. 1955. – R. Mayer, Die Lithographie. ^{2}1970. – A. Senefelder, Lehrbuch der Steindruckerey. Neuausg. 1970. – C. Wagner, Geschichte der Lithographie. 1914. – W. Weber, Saxa loquuntur – Steine reden. 2 Bde. 1961–1964. – R. A. Winkler, Die Frühzeit der dt. Lithographie. 1975.
Radierung. M. Friedländer, Die Radierung. 1921. – A. Haemmerle, Der Farbstich, seine Anfänge u. seine Entwicklung bis zum Jahre 1765. 1937. – L. Schober, Die Radierung u. ihre Technik. 1974.
Schabkunst. J. Leisching, Schabkunst. 1913.
Siebdruck. W. Hainke, Siebdruck. 1979.
Zeichnung. B. Degenhart, Europ. Handzeichnungen. 1943. – W. Koschatzky, Die Kunst der Zeichnung. 1980. – R. Lepeltier, Druckgraphik u. Zeichnungen kennen, restaurieren u. pflegen. 1977. – H. Leporini, Die Künstlerzeichnung. ^{2}1955. – J. Meder, Die Handzeichnung, ihre Technik u. ihre Entwicklung. ^{2}1923. – W. Timm, Meisterzeichnungen aus 6 Jahrhunderten. 1960. – E. Trier, Zeichner des 20. Jh. 1956. – Ch. de Tolnay, History and Technique of old Master Drawings. A Handbook. New York. 1943. – F. Winkler, Die großen Zeichner. 1951.

2.0.6 ÖFFENTLICHE KUNSTPFLEGE, KUNSTERZIEHUNG

Denkmalpflege. F. Bollerey, K. Hartmann, M. Tränkle, Denkmalpflege u. Umweltgestaltung. 1975. – M. F. Fischer, F. Grundmann, M. Sack, Architektur u. Denkmalpflege. 1975. – W. Götz, Beiträge zur Vorgeschichte der Denkmalpflege. Diss. 1956. – J. A. Hedvall, Chemie im Dienst der Archäologie, Baukunst u. Denkmalpflege. Göteborg. 1962. – A. Knoepfli, Altstadt u. Denkmalpflege. 1975. – H. Kühn, Erhaltung u. Pflege von Kunstwerken u. Antiquitäten mit Materialkunde u. Einführung in künstler. Techniken. 2 Bde. 1974–1980. – H. Maier, Denkmalschutz. 1976.
Kunsterziehung. Ästhetische Erziehung als Wissenschaft. 1979. – I. Below, Kunstwissenschaft u. Kunstvermittlung. 1975. – H. K. Ehmer, Ästhetische Erziehung u. Alltag. 1979. – O. Koch, Kunst u. Kunsterziehung. 1950. – A. Lichtwark, Die Grundlagen der künstler. Bildung. 1901. – G. Otto (Hrsg.), Handbuch der Kunst- u. Werkerziehung. 6 Bde. – H. Read, Erziehung durch Kunst. 1962. – H. Trümper, Handbuch der Kunst- u. Werkerziehung. Bd. I 1975.
Kunstsammeln. L. Brieger, Die großen Kunstsammler. 1932. – J. Burckhardt, Die Sammler. 1930. – A. Donath, Technik des Kunstsammelns. 1925. – M. J. Friedländer, Von Kunst u. Kennerschaft. 1946. – N. von Holst, Künstler, Sammler, Publikum. 1960. – E. Waldmann, Sammler u. ihresgleichen. 1920.
Museumswesen. G. Bott (Hrsg.), Das Museum der Zukunft. 1970. – Denkschrift Museen. 1974. – Der deutsche Museumsführer in Farbe. 1979. – A. Furtwängler, Über Kunstsammlungen in alter u. neuer Zeit. 1899. – K. G. Heise, Das Museum in Gegenwart u. Zukunft. 1961. – Jahrbuch der dt. Museen. 1928ff. – W. Klausewitz (Hrsg.), Museumspädagogik. 1978. – G. F. Koch, Die Kunstausstellung. 1967. – Museologie. 1973. – E. Roloff, Museen, die nicht jeder kennt. 1964. – V. Scherer, Dt. Museen. 1913. – J. Rohmeder, Methoden u. Medien der Museumsarbeit. 1977. – A. Wagner, Museumsbesuche. 1977.
Restaurierung. J. André, Skulpturen kennen, restaurieren, pflegen. 1977. – H. Aulmann, Gemäldeuntersuchungen mit Röntgen-, Ultraviolett- u. Infrarotstrahlen. 1958. – G. Emile-Mâle, Gemälde kennen, restaurieren, pflegen. 1976. – A. Flinsch, Möglichkeiten u. Gefahren der Restaurierung von alten Gemälden. 1951. – S. Gangloff, Antiquitäten – Restaurieren u. Erhalten. 1975. – F. Kelly, Restaurierung von Gemälden u. Drucken. ^{3}1979.

2.0.9 PHILATELIE. F. Arnau, Handbuch der Philatelie. 1967. – K. K. Doberer, Briefmarkenbuch. 1978. – W. Grallert, W. Gruschke, Lexikon der Philatelie. 1971. – U. Häger, Großes Lexikon der Philatelie. 2 Bde. 1978. – A. Heß, K. Martens, Briefmarken u. Münzen als Geldanlage. 1967. – E. Heyder, Große Freude an kleinen Marken. 1966. – H. R. Johannsen, Die Briefmarke, ein graphisches Kunstwerk. 1969. – A. Schlunegger, Der Motivsammler am Anfang. 1969. – L. Tröndle, Briefmarkenkunde. 1978. – A. Wieland, So sammelt man Briefmarken. 1972. – H. Wittmann, Die Briefmarke als Geldanlage u. Spekulationsobjekt. ^{5}1966.

2.1.0 KUNSTHANDWERK

Gesamtdarstellungen: H. Th. Bossert, Geschichte des Kunstgewerbes aller Zeiten u. Völker. 6 Bde. 1929–1935. – Das große Antiquitätenlexikon. ^{2}1977. – H. Exner, Kunst u. Gerät. o. J. – H. J. Hansen, Meisterwerke handwerkl. Kunst aus fünf Jahrhunderten. 1970. – H. Kohlhausen, Geschichte des dt. Kunsthandwerks. 1955. – N. Pevsner, Wegbereiter moderner Formgebung. 1957. – E. Poche, Welt der Antiquitäten in Farbe. 1978.
Elfenbeinschnitzerei. D. Gaborit, Elfenbeinkunst im Mittelalter. 1978. – A. Goldschmidt, Die Elfenbeinskulpturen aus der roman. Zeit. 2 Bde. 1923–1926. – Ders., K. Weitzmann, Die byzantin. Elfenbeinskulpturen des 10.–13. Jh. 2 Bde. 1930. – H.-W. Hegemann, Elfenbeinschnitzerei in Schmuck, Plastik u. Gerät. 1967. – P. Metz, Elfenbein in der Spätantike. 1962. – E. von Philippovich, Elfenbein. 1961.
Emailkunst. W. Burger, Abendländ. Schmelzarbeiten. 1930. – K. Guth-Dreifus, Transluzides Email. 1954. – W. Harper, Emaillieren. ^{2}1977. – E. Hasenohr, Email. ^{3}1968.
Goldschmiedekunst. F. Coarelli, B. I. Barsali, E. Steingräber, Kostbarkeiten der Goldschmiedekunst. 1974. – E. G. Grimme, Goldschmiedekunst im MA. 1972. – M. Rosenberg, Geschichte der Goldschmiedekunst auf techn. Grundlage. ^{2}1924. – F. Rossi, Italien. Goldschmiedekunst. 1957. – G. Schade, Dt. Goldschmiedekunst. 1976. – E. Steingräber, Der Goldschmied. 1966. – H. J. Wilm, Lebendige Goldschmiedekunst. 1953.
Lackkunst. W. Holzhausen, Lackkunst in Europa. 1959. – E. Hüni, Neue Lackmalerei. 1969. – H. Huth, Europ. Lackarbeiten 1600–1850. 1955. – K. Stephan, Chines. u. japan. Lackmalerei. o. J.
Schmuck. J. A. Black, Die Geschichte des Schmucks. 1976. – Bruckmann's Handbuch des Schmucks. 1977. – P. E. Desautels, Edelsteine, Perlen, Jade. 1973. – O. Dragsted, Schmuck u. edle Steine in Farben. 1972. – G. Gregorietti, Gold u. Juwelen. 1971. – K. Klever, Exot. Schmuck. 1977. – Ph. Schmidt, Edelsteine. Ihr Wesen u. Wert bei den Kulturvölkern. 1948.
Zinnguß. Bruckmann's Handbuch der Zinnfiguren. 1978. – H. Haedecke, Zinn. Ein Handbuch für Sammler u. Liebhaber. ^{2}1973. – A. Hintze, Die dt. Zinngießer und ihre Marken. 7 Bde. 1921–1931. – K. Knauth, Zinngießen. 1978. – L. Mory, Schönes Zinn. ^{5}1975. – H. Schneider, Zinn. 1970. – G. Sterner, Zinn. 1979.

2.1.1 WOHNUNG

Allgemeine Darstellungen: E. Meier-Oberist, Kulturgeschichte des Wohnens im abendländ. Raum. 1956. – J. Roh, Die moderne Wohnung. Einst u. jetzt. 1954. – E. Schondorff (Hrsg.), Möbel, Haus u. Wohnung. 1955. – A. Silbermann, Vom Wohnen der Deutschen. 1963. – L. von Wilckens, Dt. Raumkunst in sieben Jahrhunderten. o. J.
Möbel. P. Alcouffe, Möbel kennen, restaurieren und pflegen. 1977. – Bruckmann's Möbel-Lexikon. 1978. – H. Honour, Meister der Möbelkultur von der Renaissance bis heute. 1972. – H. Kreisel, G. Himmelheber, Die Kunst des dt. Möbels. 3 Bde. 1968–1973. – K. Mang, Geschichte des modernen Möbels. 1978. – P. W. Meister, Das schöne Möbel im Laufe der Jahrhunderte. Neuaufl. 1978. – Ullstein Möbelbuch. Neuaufl. 1972. – Ch. Vandam, Die großen europ. Möbelstile. 1963.
Tapete. L. Hager, Alte Wandbespannungen u. Tapeten. 1954. – J. Leiss, Bildtapeten aus alter u. neuer Zeit. 1961. – F. Rullmann, Handbuch der Tapete. ^{4}1969. – Tapeten, Ihre Gesch. bis zur Gegenwart. 3 Bde. 1969/70.

2.1.2 KERAMIK

Gesamtdarstellungen: J. Astigas, J. Corredor-Matheos, Span. Volkskeramik. 1978. – M. Beurdeley, C. Beurdeley, Chines. Keramik. 1974. – F. Cottier-Angeli, Die Keramik. 1973. – W. Dexel, Keramik, Stoff u. Form. 1958. – H. Hecht, Lehrbuch der Keramik. ^{2}1930. – F. Jaennicke, Geschichte der Keramik. 1900. – J. Holfsted, Töpfern Schritt für Schritt. ^{4}1979. – B. Leach, Das Töpferbuch. ^{4}1978. – J. Liebscher, F. Willert, Technologie der Keramik. 1955.
Fayence. A. Behse, Dt. Fayencemarken-Brevier. 1955. – A. Berendsen, Eine Geschichte der Wand- u. Bodenfliesen. 1964. – S. Ducret, Dt. Porzellan u. dt. Fayencen. 1962. – C. Frégnac, Europ. Fayencen. 1976. – F. W. Hudig, Delfter Fayence. 1929. – K. Hüseler, Dt. Fayencen. 3 Bde. 1956–1958. – M. Penkala, Fayencen u. Steingut aus europ. Manufakturen. 1972. – G. Kaufmann, Bemalte Wandfliesen. 1973. – G. Nagel, Fayencen. 1977. – Ullstein Fayencenbuch. 1970.
Porzellan. L. Danckert, Handbuch des europ. Porzellans. ^{4}1978. – S. Ducret, Dt. Porzellane u. Fayencen. 1962. – Ders., Fürstenberger Porzellan. 3 Bde. 1965. – Ders. Meißner Porzellan. Neuaufl. o. J. – J. G. Th. Graesse, E. Jaennicke, Führer für Sammler von Porzellan u. Fayence, Steinzeug, Steingut usw. 24. Aufl. o. J. – E. Köllmann, Berliner Porzellan. 1763–1963. 2 Bde. 1966. – D. Lion-Goldschmidt, Ming-Porzellan. 1978. – R. Schmidt, Das Porzellan als Kunstwerk u. Kulturspiegel. 1925. – L. Schnorr von Carolsfeld, Porzellan der europ. Fabriken des 18. Jh. ^{6}1972. – Ullstein Porzellanbuch. ^{4}1972. – G. Weber, Kostbares Porzellan. 1977. – G. Zick, Das Berliner Porzellan der Manufaktur Wegely. 1977. – E. Zimmermann, Chines. Porzellan. 2 Bd. ^{2}1923. – Ders., Die Erfindung u. Frühzeit des Meißner Porzellans. 1978.

2.1.3 TEXTILKUNST

Allgemeines: I. Bennett (Hrsg.), Teppiche der Welt. 1978. – H. Th. Bossert, Ornamente der Volkskunst. Gewebe, Teppiche, Stickereien. ^{5}1962. – E. Flemming, Das Textilwerk. 1957. – D. Heinz, Von den Anfängen der Bildwirkerei bis zum Ende des 16. Jh. 1963. – Dies., Europ. Wandteppiche. 1963ff. – R. Jacques, Dt. Textilkunst. 1953. – W. Rinne, Revolutionen im Faserreich. 1950.
Teppich. E. Biedrzynski, Bruckmann's Teppichlexikon. ^{2}1975. – K. Erdmann, Der oriental. Knüpfteppich. 1955. – Ders., Europa u. der Orientteppich. 1962. – E. Gans-Ruedin, Handbuch der oriental. u. afrikan. Teppiche. 1971. – Ders., Der pers. Teppich. 1978. – H. Haack, Echte Teppiche. ^{7}1971. – P. Liebetrau, Orientteppiche in Farben. o. J. – H. Ropers, Morgenländ. Teppiche. 1961. – J. Schlosser, Der schöne Teppich in Orient u. Okzident. Neuausg. 1978.

2.1.4 KOSTÜMKUNDE, MODE

Gesamtdarstellungen: M. von Boehn, Die Mode. 2 Bde. 1976. – W. Bruhn, Kostüm u. Mode. 1956. – Ders., Kostümgeschichte in Bildern. Neuausg. 1966. – H. Döbler, Kleidung, Mode, Schmuck. 1972. – H.-M. Baron von Eelking, Lexikon der Herren-Mode. 1960. – H. H. Hansen, Knaurs Kostümbuch. 1956. – Internationales Wörterbuch für Mode, Schneiderei, Bekleidung, Zubehör, Textil, Leder u. Schmuck. 1956. – R. Klein, Lexikon der Mode. 1950. – R. König, Macht u. Reiz der Mode. 1971. – L. Kybalova u. a., Das große Bilderlexikon der Mode. 1966. – G. Lenning, Kleine Kostümkunde. ^{7}1977. – I. Loschek, Mode im 20. Jahrhundert. 1978. – E. Nienholdt, Kostümkunde. 1961. – E. Thiel, Geschichte des Kostüms. 1968. – M. Tilke, Kostümkunde u. Gewandformen. o. J. – Ders., Trachten u. Kostüme. 1978.
Haartracht. U. Arend, Haare sind immer in Mode. 1970. – E. Kröner, Zauber der Frisur. 5000 Jahre Haarkosmetik u. Mode. 1964. – H. Möller, W. Domnick, Stilkunde, Frisurenkunde. 3. Aufl. o. J. – G. Wolf, Geschichte der Frisur in allen Zeiten. 1952.

2.1.5 NUMISMATIK

Bibliographien u. Lexika: E. E. Clain-Stefanelli, Das große Buch der Münzen u. Medaillen. 1976. – Dies., Select Numismatic Bibliography. New York. 1965. – T. Kroha, Lexikon der Numismatik. 1977. – F. Frhr. von Schroetter (Hrsg.), Wörterbuch der Münzkunde. ^{2}1970. – Welt der Münzen. Numismat. Enzyklopädie. 1972–1978.
Gesamtdarstellungen: F. Friedensburg, Die Münze in der Kulturgeschichte. 1926. – Ders., Münzkunde u. Geldgeschichte der Einzelstaaten. 1928. – H. Gebhart, Numismatik u. Geldgeschichte. 1949. – B. Hobson, Münzen bestimmen. ^{4}1972. – Ders., Geliebte Münzen. Einführung in die Münzkunde. ^{5}1973. – T. Kroha, Münzen sammeln. ^{6}1975. – A. Luschin von Ebengreuth, Allgemeine Münzkunde u. Geldgeschichte. Neuausg. 1976. – J. Marco, Münzen sammeln lohnt sich. 1972. – F. Reinfeld, Münzkatalog der bekanntesten Münzen von der Antike bis zur Gegenwart. ^{14}1974. – Ders., Der Münzkenner. ^{3}1970. – H. Winskowsky, Münzen pflegen. ^{8}1976. – Ders., Wie sammelt man Münzen? ^{3}1975.
Antike. P. R. Franke u. M. Hirmer, Die griech. Münze. ^{2}1972. – R. Göbl, Antike Numismatik. 2 Bde. 1978. – Ders., Einführung in die Münzkunde der röm. Kaiserzeit. ^{2}1960. – M. Miller, Münzen des Altertums. Ein Handbuch für Sammler u. Liebhaber. ^{3}1969. – K. Pink, Einführung in die kelt. Münzkunde. ^{2}1960. – C. T. Seltman, Greek coins. London. ^{2}1960.
Medaillen. J. Babelon, La médaille et les médailleurs. Paris. 1927. – M. Bernhart, T. Kroha, Medaillen u. Plaketten. ^{3}1966. – L. Forrer, Biographical dictionary of medallists. London. 1904–1930. – G. Habich, Die dt. Schaumünzen des 16. Jh. 1929–1936. G. F. Hill, Medals of the Renaissance. Oxford. 1920.

2.1.6 GARTENKUNST

Gesamtdarstellungen: J. S. Berrall, Die schönsten Gärten. 1969. – D. Clifford, Geschichte der Gartenkunst. 1966. – M. Hadfield, Gärten. 1972. – D. Hennebo, A. Hoffmann, Geschichte der dt. Gartenkunst. 3 Bde. 1962–1965. – F. Hallbaum, Der Landschaftsgarten. 1927. – A. Hoffmann, Der Landschaftsgarten. 1963. – H. Keller, Kleine Geschichte der Gartenkunst. 1976. Park u. Garten im 18. Jahrhundert. 1976. – R. Rainer, Die Welt als Garten-China. 1976. – P. O. Rave, Gärten der Barockzeit. 1951. – J. Schaarschmidt-Richter, Japan. Gärten. 1977. – A. Seifert, Italien. Gärten. 1950.
Klein- u. Hausgärten. G. Allinger, Der dt. Garten. 1950. – H. Hoffmann, Garten u. Haus. 1939. – O. Valentien, Zeitgemäße Wohngärten. Eine Sammlung alter u. neuer Hausgärten. 1932. – Ders., Gärten. Beispiele u. Anleitungen zur Gestaltung. ^{3}1961.
Wasserkunst. R. Borrmann, Monumentale Wasserkunstanlagen im Städtebau des Altertums u. der neueren Zeit. 1910. – C. G. Brigante, Röm. Brunnen. 1941. – A. Heubach, Monumentalbrunnen Deutschlands, Österreichs u. der Schweiz aus dem 13.–18. Jh. 1902/03. – W. Lindner, Schöne Brunnen in Dtschld. 1920. – H. V. Morton, Die Brunnen von Rom. o. J. – B. Rein, Der Brunnen im Volksleben. 1912.

2.1.7 TOTENBESTATTUNG, FRIEDHOFS- UND GRABMALKUNST. H. Achelis, Die Katakomben von Neapel. 1936. – B. Andreae, Studien zur röm. Grabkunst. 1963. – J. Bialostocki, Vom heroischen Grabmal zum Bauernbegräbnis. 1977. – E. Bock, R. Goebel, Die Katakomben. 1961. – E. Borgwardt, Die Typen des mittelalterl. Grabmals in Dtschld. Diss 1939. – F. W. Bredt, Friedhof u. Grabmal. 1916. – F. Burger, Geschichte des florentin. Grabmals. 1904. – G. Cohn, Der jüd. Friedhof. 1930. – A. Conze, Das attische Grabrelief. 4 Bde. 1890–1923. – M. Dvořák, Katakombenmalereien. 1928. – F. Gerke, Die christl. Sarkophage der vorkonstantin. Zeit. 1940. – L. Hertling, E. Kirschbaum, Die röm. Katakomben u. ihre Märtyrer. 1950. – St. Hirzel, Grab u. Friedhof der Gegenwart. 1927. – H. Klumbach, Tarentiner Grabkunst. 1937. – H. Melchert, Die Entwicklung der dt. Friedhofsordnungen. Diss. 1929. – P. A.

Memmesheimer, Das klassizist. Grabmal. 1969. – E. Panofsky, Grabplastik. 1964. – Th. G. Thiele, H. Küsthardt, Meisterwerke alter Grabmalkunst. 1914. – O. Valentien, Der Friedhof. Gestaltung, Bauten, Grabmale. [2]1963. – J. Wiesner, Grab u. Jenseits. 1938.

2.1.8 INDISCHE KUNST. L. Bachhofer, Die frühind. Plastik. 2 Bde. 1929. – D. Barrett, B. Gray, Ind. Malerei. 1963. – A. K. Coomaraswamy, Geschichte der ind. u. indones. Kunst. 1927. Nachdr. 1965. – K. Fischer, Schöpfungen ind. Kunst. 1959. – H. G. Franz, Buddhist. Kunst Indiens. 1965. – Ders., Hinduist u. islam. Kunst Indiens. 1967. – H. Goetz, Indien. Fünf Jahrtausende ind. Kunst. Neuausg. 1979. – Ders., Geschichte der ind. Miniaturmalerei. 1934. – M. Hallade, H. Hinz, Indien. Gandhara, Begegnung zwischen Orient u. Okzident. 1968. – H. Härtel, Ind. Skulpturen. 1960. – Ders. u. J. Auboyer, Indien u. Südostasien. 1971. – M. Hürlimann, Indien u. seine Kulturdenkmäler. 1966. – E. Mackay, Early Indus Civilization. London. 1948. – G. Michell, Der Hindu-Tempel. 1979. – H. Mode, Ind. Frühkulturen u. ihre Beziehungen zum Westen. 1944. – Ders., Das frühe Indien. 1956. – H. Rau, Die Kunst Indiens bis zum Islam. 1958. – B. Rowland, The Art and Architecture of India. Harmondsworth. 1967. – D. Schlingloff, Die altind. Stadt. 1969. – C. Sivaramamurti, Indien – Kunst u. Kultur (Ars Antiqua). 1975. – A. Volwahsen, Indien, Bauten der Hindus, Buddhisten u. Jainas. 1968. – Ders., Islamisches Indien. o. J. – St. C. Welch, Ind. Buchmalerei unter den Großmoguln. 1978. – H. Zimmer, The art of Indian Asia. 2 Bde. New York. 1955.

2.1.9 PERSISCHE KUNST. E. Diez, Iran. Kunst. 1944. – K. Gallas, Iran. Kulturstätten Persiens. 1976. – R. Ghirshman, Iran. Parther u. Sassaniden. 1962. – Ders., Iran. Protoiranier, Meder, Achämeniden. 1964. – B. Gray, Pers. Malerei. 1961. – J.-L. Huot, Persien I: Von seinen Ursprüngen bis zu den Achämeniden. 1965. – W. G. Lukonin, Persien II. 1967. – J. Morris, Persien. 1970. – H. H. von den Osten, Die Welt der Perser. [5]1966. – A. U. Pope (Hrsg.), A Survey of Persian Art. 13 Bde. 1938ff. Neudruck Tokio. 1964, Bd. XIV London. 1967. – E. Poroda, Altiran. 1962. – F. Sarre, Die Kunst des alten Persien. o. J.

2.2.2 VORDERASIATISCHE KUNST

Gesamtdarstellungen: K. Oberhuber, Die Kultur des alten Orients. 1972. – K. Schippmann u. a., Sumer, Assur, Babylon. 1978. – W. Speiser, Vorderasiat. Kunst. 1952. – E. Strommenger, M. Hirmer, 5 Jahrtausende Mesopotamien. 1962. – L. Woolley, Mesopotamien u. Vorderasien. 1961.

Assyrische Kunst. F. S. von Bissing, Beiträge zur Geschichte der assyr. Skulptur. 1912. – A. Parrot, Assur. 1961. – Reallexikon der Assyriologie u. vorderasiat. Archäologie, bisher 5 Bde. 1931–1978. – O. Weber, Assyr. Kunst. 1924.

Babylonische Kunst. M. A. Beek, Bildatlas der assyr.-babylon. Kultur. 1961. – V. Christian, Altertumskunde des Zweistromlandes. Bd. 1: 1940. – A. Moortgat, Die Entstehung der sumer. Hochkultur. 1945. – H. Schmökel, Ur, Assur u. Babylon. Neuaufl. 1964.

Hethitische Kunst. E. Akurgal, Die Kunst der Hethiter. [2]1976. – K. Bittel, Die Hethiter. 1976. – M. Riemschneider, Die Welt der Hethiter. [7]1965. – E. Thiele, Kunst u. Kultur der Hethiter. 1961.

Sumerische Kunst. A. Moortgat, Die Entstehung der sumer. Hochkultur. 1945. – A. Parrot, Vorderasien I: Sumer. [3]1970. – L. Woolley, Ur in Chaldäa. 1956.

2.2.3 OSTASIATISCHE KUNST

Gesamtdarstellungen: J. Fontein, R. Hempel, China, Korea, Japan. 1968. – R. Goepper, Kunst u. Kunsthandwerk Ostasiens. 1978. – Handbuch der Formen- u. Stilkunde Asien. 1980. – O. Kümmel, Die Kunst Chinas, Japans u. Koreas (Handbuch der Kunstwissenschaft). 1929. – S. E. Lee, Dumonts Kunstgeschichte des Fernen Ostens. 1966. – D. Seckel, Einführung in die Kunst Ostasiens. 1960. – W. Speiser, Die Kunst Ostasiens. [2]1956. – Ders., E. von Erdberg-Consten, Ostasiat. Kunst. 1964. – P. C. Swann, Die Kunst des Fernen Ostens. China, Korea, Japan. 1966.

Zu verschiedenen Themen: K. Herberts, Das Buch der ostasiat. Lackkunst. 1959. – F. Koyama, Keramik des Orients. China, Japan, Korea. Südostasien, Naher Osten. 1959. – D. Seckel, Buddhist. Kunst Ostasiens. 1957. – Ders., Kunst des Buddhismus. Werden, Wanderung u. Wandlung (Kunst der Welt). 1964. – W. Speiser, Baukunst des Ostens. Von der Zeitenwende bis zum 19. Jh. 1964.

Altsibirische Kunst. Gesamtdarstellungen: Die Kulturen der eurasischen Völker. In: Handbuch der Kulturgeschichte. 1968. – M. Grjasnow, Südsibirien. 1970. – K. Jettmar, Die frühen Steppenvölker (Kunst der Welt). 1964. – E. H. Minns, The Art of the Northern Nomads. London. 1943. – T. Talbot-Rice, Die Skythen. 1957.

Zu verschiedenen Themen: M. Griaznov, L'Art Ancien de l'Altai. Leningrad. 1958. – Ders., Südsibirien (Archaeologia mundi). 1970. – A. P. Okladnikow, Der Hirsch mit dem goldenen Geweih. Vorgeschichtl. Felsbilder Sibiriens. 1972.

China. Gesamtdarstellungen: W. Böttger, Kultur im alten China. 1977. – W. Speiser, China, Geist u. Gesellschaft. 1979. – M. Sullivan, A Short History of Chinese Art. Berkeley, Los Angeles. 1967. – W. Watson, China (Ars Antiqua) 1980.

Zu verschiedenen Themen: M. u. C. Beurdeley, Chines. Keramik. 1974. – F. van Briessen, Chines. Maltechnik. 1963. – J. Cahill, Chines. Malerei. Genf. 1960. – E. Consten, Das Alte China. 1958. – M. Feddersen, Chines. Kunstgewerbe. [2]1955. – R. Goepper, Vom Wesen chines. Malerei. 1962. – L. Hájek, A. Hoffmeister, Chines. Malerei der Gegenwart. 1959. – H. A. Lorentz, Chines. Teppiche. 1975. – W. Patalas, Chines. Münzen. 1965. – W. Speiser, R. Goepper, J. Fribourg, Chines. Kunst (Malerei, Kalligraphie, Steinabreibungen, Holzschnitte). 1965. – M. Sullivan, Chinese Art in the Twentieth Century. London. 1959. – Th. Thilo, Klass. chines. Baukunst. 1977.

Japan. Gesamtdarstellungen: R. Goepper, E. Dittrich, G. Gabbert, Japan. Kunst. Zürich. 1969. – P. C. Swann, Japan. Von der Jomon- zur Tokugawa-Zeit. 1979. – Y. Yashiro, P. C. Swann, Japan. Kunst. 1958.

Zu verschiedenen Themen: T. Akiyama, Japanische Malerei. 1961. – W. Alex, Architektur der Japaner. 1965. – W. Blaser, Tempel u. Teehaus in Japan. 1955. – K. Brasch, T. Senzoku, Die kalligraph. Kunst Japans. Tokio. 1963. – Emaki, Die Kunst der klass. japan. Bilderrollen. 1959. – M. Feddersen, Japan. Kunstgewerbe. 1960. – R. Goepper, Kunst u. Kunsthandwerk Ostasiens. 1978. – T. Hasumi, D. Seckel, Japan. Plastik. 1961. – R. Hempel, Zenga, Malerei des Zen-Buddhismus. 1960. – H. Hillier, Die Meister des japan. Farbendruckes. 1954. – U. Kultermann, Neues Bauen in Japan. 1960. – H. Monsterberg, Zen-Kunst. 1978. – R. Lane, Ukiyo-e-Holzschnitte. 1978. – B. von Ragué, Geschichte der japan. Lackkunst. 1967. – J. Schaarschmidt-Richter, Japan. Gärten. 1977. – T. Yoshida, Japan. Architektur. 1952. – Ders., Der japan. Garten. 1957.

Korea. Gesamtdarstellungen: W. Forman, J. Bařinka, Alte korean. Kunst. 1962. – A. B. Griswold, C. Kim, P. H. Pott, Burma, Korea u. Tibet (Kunst der Welt). 1963. – C. Kim, W.-Y. Kim, Korea. 2000 Jahre Kunstschaffen. 1966.

Zu verschiedenen Themen: Korean Arts. Hrsg. Ministry of Foreign Affairs. 3 Bde. Seoul. 1956ff. – A. Eckhardt, Korean. Keramik. 1970.

Südostasiatische Kunst. J. Auboyer, D. Darbois, Angkor. Lausanne. 1971. – M. C. Subhadrakis Diskul, Art in Thailand. Bangkok. 1970. – K. Döhrig, Buddhist. Tempelanlagen in Siam. 3 Bde. 1920. – B. Forman, Borobudur. 1980. – L. Frédéric, Südost-Asien, Tempel u. Skulpturen. 1968. – M. Giteau, Angkor. 1976. – B. Ph. Groslier, Angkor. 1956. – C. Holt, Art of Indonesia. Ithaca (N. Y.). 1967. – J. Myrdal, Kunst u. Imperialismus am Beispiel Angkor. 1973. – H. Stierlin, Angkor (Weltkulturen u. Baukunst). 1970. – Th. H. Thomann, Pagan. Ein Jahrtausend buddhist. Tempelkunst. 1923. – F. A. Wagner, Indonesien. Die Kunst eines Inselreiches (Kunst der Welt) 5. Auflage o. J. ([4]1962).

2.2.4, 2.2.8, 2.2.9 KUNST UND KULTUR DES MITTELMEERRAUMS. ALTERTUM

Ägyptische Kunst. Ägypten (Universum der Kunst) 3 Bde. 1979–1981. – F. W. von Bissing, Ägypt. Kunstgeschichte. Systemat. Handbuch. 1934ff. – A. Campdor, Die altägypt. Malerei. 1957. – L. Curtius, Die antike Kunst. Bde. 1: Ägypten u. Vorderasien. Neudr. 1959. – R. Hamann, Ägypt. Kunst, Wesen u. Geschichte. 1944. – A. Hermann, W. Schwan, Ägypt. Kleinkunst. 1941. – E. Komorzynski, Das Erbe des alten Ägypten. 1965. – R. Lepsius, Denkmäler aus Ägypten u. Äthiopien. 5 Bde., Supplementbd., 6 Atlasbde. Leipzig. 1897–1913. – K. Lange, König Echnaton u. die Amarna-Zeit. 1951. – Ders., Lebensbilder aus der Pharaonenzeit, Meisterwerke altägypt. Reliefkunst u. Malerei. 1952. – Ders. u. M. Hirmer, Ägypten. Architektur, Plastik, Malerei in 3 Jahrtausenden. 1978. – K. Michalowski, Karnak. 1970. – Ders., Luxor. 1972. – Ders., Ägypten (Ars Antiqua). [5]1976. – B. de Rachewiltz, Die Kunst der Pharaonen. 1959. – R. Ranke, Meisterwerke der ägypt. Kunst. 1948. – E. Schaffran, Ägypt. Malerei. 1978. – I. Woldering, Die Kunst der Pharaonen. 1979. – W. Wolf, Die Stellung der ägypt. Kunst zur antiken u. abendländ. u. das Problem des Künstlers in der ägypt. Kunst. 1951. – Ders., Die Welt der Ägypter. [3]1958. – Ders., Kulturgeschichte des Alten Ägypten. [2]1977.

Etruskische Kunst. L. Banti, Die Welt der Etrusker. 1960. – R. Bloch, Die Etrusker. [3]1977. – T. Dohrn, Grundzüge etrusk. Kunst. 1958. – F. Gröteke, Etruskerland. 1973. – G. M. A. Hanfmann, Etrusk. Plastik. 1957. – R. Hess, Das etrusk. Italien. 1979. – H. Leisinger, Malerei der Etrusker. 1954. – M. Sprenger, G. Bartoloni, Die Etrusker. 1977. – W. Zschietzschmann, Kunst der Etrusker. 1963.

Griechische Kunst. Gesamtdarstellungen: H. Berve, F. Gruben, Griech. Tempel u. Heiligtümer. 1978. – E. Buschor, Plastik der Griechen. 1935. – L. Curtius, Die klass. Kunst Griechenlands. 1938. – W. Fuchs, Die Skulptur der Griechen. 1969. – G. Hafner, Geschichte der griech. Kunst. 1961. – R. Hamann, Griech. Kunst. 1949. – J. Jukker, Griech. Vasen. 1978. – H. Kähler, Der griech. Tempel. Wesen u. Gestalt. 1964. – G. Kaschnitz-Weinberg, Die mittelländ. Grundlagen der antiken Kunst. 1944. – E. Kirsten, W. Kraiker, Griechenlandkunde. [5]1967. – E. Langlotz, Griech. Bildhauerschulen. 1927. – Ders., Die Kunst der Westgriechen in Sizilien u. Unteritalien. 1963. – R. Lullies, Griech. Plastik. Neuausg. 1979. – K. Papaioannu, Griech. Kunst. [2]1974. – E. Pfuhl, Malerei u. Zeichnung der Griechen. 3 Bde. 1924. – G. M. A. Richter, A Handbook of Greek Art. London. 1959. – G. Rodenwaldt, Die Kunst der Antike. [4]1944. – A. von Salis, Die Kunst der Griechen. [4]1953. – K. Schefold, Die Griechen u. ihre Nachbarn (Propyläen-Kunstgeschichte). 1967. – W. H. Schuchhardt, Griech. Kunst. 1964.

Akropolis: K. Eller, Die Akropolis. 1959. – W. Hege, G. Rodenwaldt, Akropolis. [5]1956. – E. Langlotz, W. H. Schuchhardt, Archaische Plastik auf der Akropolis. 1941. – S. Meletzis, H. Papadakis, Akropolis u. Museum. 1979. – H. Schrader, Die archaischen Marmorbildwerke der Akropolis. 2 Bde. 1939.

Erechtheion: W. Dörpfeld, H. Schleif, Erechtheion. 1942.

Myron: H. Poulsen, Myron, ein stilkrit. Versuch. 1940.

Olympia: P. C. Bol, Großplastik aus Bronze in Olympia. 1978. – E. Buschor, R. Hamann, Die Skulpturen des Zeustempels zu Olympia. 1924. – E. Curtius, Olympia 1935. – W. Dörpfeld, Alt-Olympia. 2 Bde. 1935. – L. Drees, Olympia. 1967. – E. Kunze, Olymp. Forschungen. 2 Bde. 1950.

Parthenon: F. Brommer, Der Parthenonfries. 2 Bde. 1977.

Pergamon: Altertümer von Pergamon. 12 Bde. 1912–1978. – G. Bruns, Der große Altar von Pergamon. 1948. – H. Kähler, Der große Fries von Pergamon. 1948. – Ders., Pergamon. 1949. – E. Schmidt, Der Pergamon-Altar. 1960. – A. Schober, Die Kunst von Pergamon. 1951.

Phidias: E. Buschor, Phidias der Mensch. 1948. – E. Langlotz, Phidias, Vermächtnis der antiken Kunst. 1950. – H. Schrader, Phidias. 1926.

Vasenmalerei: P. E. Arias, M. Hirmer, Tausend Jahre griech. Vasenkunst. 1960. – J. D. Beazley, Attic red-figured Vase-Painters. Oxford. 1942. – Ders., Attic black-figured Vase-Painters. Oxford. 1956. – E. Buschor, Griech. Vasen. [2]1975. – R. M. Cook, Greek Painted Pottery. London. 1960. – A. Furtwängler, D. Reichhold, Griech. Vasenmalerei. 1900–1932. – M. Robertson. Griech. Malerei. 1959.

Kretisch-myken. Kunst, minoische Kunst. S. Alexiou, Minoische Kultur. 1976. – H. Biesantz, Kretisch-myken. Siegelbilder. 1954. – S. A. Evans, The Palace of Minos at Knossos. 4 Bde. London. 1921–1935. – W. Graham, The Palaces of Crete, Princeton. 1962. – G. Karo, Schachtgräber von Mykene. 1930–1933. – S. Marinatos, Kreta, Thera u. das myken. Hellas. [3]1976. – F. Matz, Kreta, Mykene, Troja. 1956. – Ders., Kreta u. frühes Griechenland. 1963. – Ders., H. Biesantz, Corpus der minoischen u. myken. Siegel. 1964ff. – V. Müller, Frühe Plastik in Griechenland u. Vorderasien. 1955. – N. Platon, Kreta, Neuaufl. 1968. – F. Schachermeyer, Die minoische Kultur des alten Kreta. [2]1979. – W. Schiering, Funde auf Altkreta. 1976.

Phönikische Kunst. D. Baramki, Die Phönizier. 1965. – G. Contenau, La civilisation phénicienne, Paris. 1949. – G. Herm, Die Phönizier. 1973. – A. Parrot, M. H. Chehab, S. Moscati, Die Phönizier (Universum der Kunst). 1977.

Römische Kunst. Gesamtdarstellungen: B. Andreae, Röm. Kunst (Ars Antiqua). [2]1974. – R. Bianchi Bandinelli, Die röm. Kunst. 1975. – L. Curtius, A. Nawrath, Das antike Rom. 1944. – G. M. A. Hanfmann, Röm. Kunst. 1964. – H. Kähler, Rom u. seine Welt. 2 Bde. 1958–1960. – G. Kaschnitz von Weinberg, Röm. Kunst. 4 Bde. 1961–1963. – W. Lübke/E. Pernice, Die Kunst der Römer. Neubearb. 1958. – T. Kraus, Das röm. Weltreich (Propyläen-Kunstgeschichte). 1967. – V. Poulsen, Röm. Kunst. Bildwerke u. Bauten. 1964. – W. Technau, Die Kunst der Römer. 1940. – A. Wotschitzky, Das antike Rom. Einführung in das Wesen seiner monumentalen Kunst. 1950.

Italienische Einzeldenkmäler: M. Brion, Pompeji u. Herculaneum. 1964. – L. Curtius, Die Wandmalereien Pompejis. 1929. – Th. Kraus, L. von Matt, Lebendiges Pompeji. 1973. – G. Moretti, Ara Pacis Augustae. Rom. [2]1948. – E. Nash, Bildlexikon zur Topographie des antiken Rom. 1962. – P. Romanelli, Forum Romanum. 1951. – K. Schefold, Pompejan. Malerei. 1952. – H. A. Stützer, Röm. Kulturgeschichte. 1973.

2.2.5 ISLAMISCHE KUNST

Bibliographie: A. C. Creswell, A Bibliography of the Architecture, Arts and Crafts of Islam. Cairo. 1961.

Handbücher: M. S. Dimand, A Handbook of Muhammadan Art. New York. [3]1958. – The Encyklopaedia of Islam. Leiden. 1954ff. – H. L. Gottschalk, Die Kultur der Araber. In: Handbuch der Kulturgeschichte. 1971. – B. Spuler, Die Kultur des islam Ostens. In: Handbuch der Kulturgeschichte. 1971.

Gesamtdarstellungen: E. Diez, Die Kunst der islam. Völker. 1917. – Ders., Islamische Kunst. 1964. – K. Otto-Dorn, Kunst des Islam. 1964. – A. Papadopoulo, Islam. Kunst (Ars Antiqua). 1977. – D. T. Rice, Die Kunst des Islam. 1967.

Einzeldarstellungen: F. Altheim, R. Stiehl, Die Araber in der Alten Welt. 5 Bde. 1964–1969. – B. Brentjes, Die Araber. Geschichte u. Kultur. 1971. – T. Burckhardt, Die maur. Kultur in Spanien. 1970. – E. Egli, Sinan, der Baumeister osmanischer Glanzzeit. 1954. – K. Erdmann, Der orient. Knüpfteppich. 1955. – R. Ettinghausen, Arab. Malerei. 1961. – O. Grabar, Die Entstehung der Islam. Kunst. 1977. – M. S. Ipsiroglu, Das Bild im Islam. Ein Verbot u. seine Folgen. 1971. – A. Klein, Islam. Keramik. 1976. – E. Kühnel, Miniaturmalereien im islam. Orient. 1923. – Ders., Kunst u. Kultur der Arabischen Welt. 1943. – Ders., Islam. Kleinkunst. [2]1963. – A. Lane, Early Islamic Pottery. 1949. – Ders., Later Islamic Pottery. 1957. – K. Otto-Dorn, Türk. Keramik. 1957. – Ders., Kunst des Islam. 1964.

2.2.6 KUNST AFRIKAS UND OZEANIENS

afrikanische Kunst. T. Bodrogi, Afrikan. Kunst. 1967. – Bruckmann's Handbuch der afrikan. Kunst. 1975. – J. Cornet, Afrikan. Kunst. 1973. – E. Elisofon, W. Fagg, Die afrikan. Plastik. 1960. – H. Himmelheber, Negerkunst u. Negerkünstler. 1960. – R. Italiaander, Neue Kunst in Afrika. 1957. – M. Leiris, J. Delange, Afrika. Die Kunst des Schwarzen Erdteils. 1968. – E. Leuzinger, Afrika, Kunst der Negervölker. 1959. – Dies., Die Kunst von Schwarz-Afrika. 1972. – R. Wassing, Die Kunst des schwarzen Afrika. 1977. – F. Willett, Ife. Metropole afrikan. Kunst. 1967.

ozeanische Kunst. T. Bodrogi, Die Kunst Ozeaniens. 1960. – A. Bühler, T. Barrow, Ch. P. Mountford, Ozeanien u. Australien. [3]1965. – J. Guiart, Ozeanien. 1963. – A. u. K. Lommel, Die Kunst des 5. Erdteils. Australien. 1959. – A. Schmitz, F. L. Kennett, Ozean. Kunst. 1962. – H. Tischner, F. Hewicker, Kunst der Südsee. 1954.

2.2.8 →2.2.4

2.2.9 →2.2.4

2.3.0 FRÜHCHRISTILICHE UND BYZANTINISCHE KUNST

byzantinische Kunst. A. Grabar, Das Zeitalter Justinians (Universum der Kunst). 1967. – J. Hutter, Frühchristl. Kunst/Byzantinische Kunst. 1978. – R. Lange, Die byzantin. Reliefikone. o. J. – D. T. Rice, Die Kunst im byzantin. Zeitalter. 1968. – Ders., M. Hirmer, Kunst aus Byzanz. 1959. – Reallexikon zur byzantin. Kunst. 7 Bde. 1963–1978. – S. Runciman, Kunst u. Kultur in Byzanz. 1978. – Ph. Schweinfurth, Die byzantin. Form, ihr Wesen u. ihre Wirkung. [2]1954. – K. Wessel, Die byzantin. Emailkunst. o. J.

frühchristliche Kunst. B. Brenk, Spätantike u. frühes Christentum. 1977. – F. W. Deichmann, Frühchristl. Bauten u. Mosaiken von Ravenna. 1958. – A. Grabar, Die Kunst des frühen Christentums. 1967. – J. Lassus, Frühchristl. u. byzantin. Welt. 1968. – F. van der Meer, Altchristl. Kunst. 1960. – D. T. Rice, Beginn u. Entwicklung christl. Kunst. 1961. – W. F. Volbach, M. Hirmer, Frühchristl. Kunst. 1958. – W. F. Volbach, J. Lafontaine-Dosogne, Byzanz u. der christl. Osten. 1968. – K. Weitzmann, Spätantike u. frühchristl. Buchmalerei. 1977.

normannische Kunst. R. Liess, Der frühroman. Kirchenbau des 11. Jh. in der Normandie. 1967. – J. J. Norwich, Die Normannen in Sizilien 1130–1194. 1971. – H. Rau (Hrsg.), Normann. Kunst in Sizilien. 1956. – J. B. Villars, Les Normands en Méditerranée. Paris. 1951.

2.3.1 OSTEUROPÄISCHE KUNST

Gesamtdarstellungen: A. Grabar, Die mittelalterl. Kunst Osteuropas. 1968. – K. Groth (Hrsg.), Aktuelle Kunst in Osteuropa. 1972. – K. Wessel (Hrsg.), Kunst u. Geschichte in Südosteuropa. 1973.

Archipenko, Alexander. D. H. Karshan, Archipenko. 1974.

Brancusi, Constantin. C. Giedion-Welcker, C. Brancusi. 1958.

Chagall, Marc. Die Chagall-Fenster in Zü-

rich. 1971. – H. Keller, Marc Chagall. 1975. – R. Marteau, M. Chagall. Glasmalerei. 1973.
Christo. L. Alloway, Christo. 1969.
Gabo, Naum. N. Gabo, Bauten, Skulptur, Malerei, Zeichnungen, Graphik. 1961.
Kandinsky, Wassily. R. Korn, Kandinsky u. die Theorie der abstrakten Malerei. 1960. – W. Grohmann, W. Kandinsky, Leben u. Werk. [2]1961. – P. Volbaudt, Kandinsky Zeichnungen. 1974.
Kemény. Zoltán. M. Ragon, Z. Kemény. 1960.
Lewitan, Isaak. K. Paustowski, I. Lewitan. 1965.
Lissitzky, El. E. Lissitzky, Maler, Architekt, Typograf, Fotograf. 1967.
Moholy-Nagy, László. H. Weitemeier, Laszlo Moholy-Nagy. 1976.
Mukácsi, Milhály. L. Végváry, M. M. 1954.
Pevsner, Antoine. C. Giedion-Welcker, P. Peissi, A. Pevsner. 1961.
Repin, Ilja Jefimowitsch. T. Stephanowitz, I. J. R. 1955.
Vasarely, Victor. W. Spies, V. V. 1973. – V. V., Farbwelt. 1973.
Wrubel, Michail. N. A. Prachow, M. W. 1968. →auch 2.3.9.

2.3.2 KUNST DER VEREINIGTEN STAATEN VON AMERIKA
Gesamtdarstellungen: D. Ashton, Modern American Sculpture. New York. 1968. – A. H. Barr, H. R. Hitchcock, P. Johnson, L. Mumford, Modern Architects. New York. 1932. – The Britannica Encyclopedia of American Art. New York. o. J. – L. Chase, Der Neue Realismus in Amerika. 1973. – C. W. Drepperd, American Pioneer Arts and Artists. Springfield. 1942. – H. Effelberger, Umrisse der amerikan. Kultur u. Kunst. 1937. – A. Eliot, 300 Years of American Painting. New York. 1957. – M. Fielding, Dictionary of American Painters, Sculptors and Engravers. From Colonial Times to 1926. – New York. [2]1960. – J. Th. Flexner, Die ersten Künstler der Neuen Welt. 1947. – Ders., Amerikan. Malerei. 1958. – S. Hartmann, A History of American Art. Boston. 1932. – W. Hegemann, Amerikan. Architektur u. Stadtbaukunst. [2]1927. – F. M. Huebner u. V. P. Delgado, Die Maler der Romantik in Amerika. 1953. – B. Kerber, Amerikan. Kunst seit 1945. 1971. – J. Mellquist, Die amerikan. Kunst der Gegenwart. Berlin. o. J. – L. Mumford, Vom Blockhaus zum Wolkenkratzer. 1925. – A. Neumeyer, Gesch. der amerikan. Malerei. 1974. – P. Portmann, Amerikan. Malerei. 1977. – B. Rose, Amerikas Weg zur modernen Kunst. 1969. – L. Taft, The History of American Sculpture. New York. 1930.
Calder, Alexander. H. Arnason (Hrsg.), A. Calder. 1971.
Catlin, Georg. Die Indianer Nord-Amerikas. 1973. – H. Künnemann, Wigwams, Büffel, Indianer. Die abenteuerlichen Reisen des Indianer-Malers G. C. 1969.
Dine, Jim. W. von Bonin, M. Cullen, J. Dine. Complete Graphics. London. 1970.
Lichtenstein, Roy. R. Morphet, R. L. 1969. – B. Kerber, R. L. Ertrinkendes Mädchen. 1970. – D. Waldmann, R. L. 1971.
Louis, Morris. M. Fried, M. Louis. New York. 1970.
Neutra, Richard. D. Neutra, Exner, R. Neutra, Pflanzen, Wasser, Steine, Licht. 1974.
Nevelson, Louise. G. Celant, L. Nevelson. 1973.
Newman, Barnett. L. Alloway, B. N. New York. 1966. – M. Imdahl, B. N.: Who's afraid of red, yellow and blue. 1971.
Oldenburg, Claes. G. Baro, C. O. New York. 1969. – B. Kerber, C. O., Schreibmaschine. 1971.
Pollock, Jackson. E. Putz, J. P., Theorie u. Bild. 1975. – B. Robertson, J. P. 1961.
Rauschenberg, Robert. G. Adriani, R. R. Zeichnungen, Gouachen, Collagen 1949–1979. 1979. – A. Forge, R. R. New York. 1970.
Ray, Man. S. Alexandrian, M. R. 1973. – A. Schwarz, M. R. 1979.
Segal, George. W. C. Seitz, G. S. (Kunst heute).
Stella, Frank. M. Imdahl, F. S., Sanbornville II. 1970.
Sullivan, Louis H. S. Paul, L. H. Sullivan. 1963.
Tobey, Mark. W. Schmied, M. Tobey, 1966.
Warhol, Andy. E. Billeter (Hrsg.), A. W. 1978.
Wright, Frank Lloyd. M. D. Bardeschi, F. L. Wright. 1971.

2.3.8 IKONOGRAPHIE UND IKONOLOGIE
H. Appuhn, Einführung in die Ikonographie der mittelalterl. Kunst in Deutschland. 1979. – H. Aurenhammer, Lexikon der christl. Ikonographie. 1959–1967. – G. Bandmann, Mittelalterl. Architektur als Bedeutungsträger. 1951. – J. Bernoulli, Röm. Ikonographie. 4 Bde. 1882–1884. – Ders., Griech. Ikonographie. 2 Bde. 1901. – I. Bialostocki, Stil u Ikonographie. 1966. – M.-L. Birchler, O. Karrer, Die Madonna in der Kunst. 1940. – J. Braun, Die Attribute der Heiligen in der dt. Kunst. Nachdr. 1969. – D. Forstner, Die Welt der Symbole. [3]1976. – G. Heinz-Mohr, Lexikon der Symbole, Bilder u. Zeichen der christl. Kunst. [4]1976. – E. Kirschbaum (Hrsg.), Lexikon der christl. Ikonographie 1968. – K. Künstle, Ikonographie der christl. Kunst. 2 Bde. 1926–1928. – K. Lipffert, Symbol-Fibel. 1955. – M. Lurker, Symbol, Mythos u. Legende in der Kunst. 1958. – E. Panofsky, Studies in iconology. Toronto. 1939. – A. Pigler, Barockthemen. 2 Bde. 1956. – G. Schiller, Ikonographie der christl. Kunst. 1966ff. – H. Sedlmayr, Die Kathedrale. 1950.

2.3.9 KUNST EUROPÄISCHER LÄNDER
Gesamtdarstellungen: F. Baumgart, Geschichte der abendländ. Plastik von den Anfängen bis zur Gegenwart. Neuaufl. 1966. – Ders., Die europ. Malerei. 1971. – E. Börsch-Supan, Europäische Stilkunde. 1975. – B. Cichy, Baukunst in Europa. [2]1965. – O. H. Förster, Europ. Kunst. 1970. – M. Levey, Die abendländ. Kunst. 1970. – P. Meyer, Europäische Kunstgeschichte. 2 Bde. 1978. – W. Müseler, Europ. Malerei. Neuaufl. 1962. – Ders., Europ. Kunst. Neuaufl. 1967. – A. Zacharias, Kleine Kunstgeschichte abendländ. Stile. [12]1976.
Belgien. A. Courtens, J. Roubier, Romanische Kunst in Belgien. 1969. – H. Gerson, E. H. Ter Kuile, Art and architecture in Belgium 1600–1800. Harmondsworth. 1960. – H. Hymanns, Belg. Kunst des 19. Jh. 1906. – F. C. Legrand, La peinture en Belgique des primitifs à nos jours. Brüssel. 1954. – G. Marlier, Die fläm. Malerei der Gegenwart. 1943. – M. Seuphor, die abstrakte Malerei in Flandern. Brüssel. 1953. – A. L. van de Walle, Got. Kunst in Belgien. 1972.
Bulgarien. A. Boschkow, Die bulgar. Malerei. 1969. – Ders., Die bulgar. Volkskunst. 1972. – B. Filov, Geschichte der bulgar. Kunst. 2 Bde. 1932/33. – K. Krestev, V. Sachariev, Alte bulgar. Malerei. 1960. – A. Protitsch, Bulgar. Kunst. 2 Bde. 1933/34. – Ph. Schweinfurth, Die Wandbilder der Kirche von Bojana. 1943. →auch 2.3.1.
Dänemark. Dänische Maler. Neuausg. 1961. – E. Hannover, Dän. Kunst des 19. Jh. 1907. – K. R. Langewiesche, Dän. Maler von Jens Juel bis zur Gegenwart. 1911. →auch 2.4.9.
Deutschland. Bruckmanns Handbuch der dt. Kunst. 1975. – G. Dehio, Handbuch der dt. Kunstdenkmäler. (Neue Ausgabe von E. Gall) [2]1949ff. – R.-G. Dienst, Dt. Kunst: eine neue Generation. 1970. – E. Hempel, Gesch. der dt. Baukunst. 1949. – H. Kohlhausen, Gesch. des dt. Kunsthandwerks. 1955. – J. Morschel, Dt. Kunst der 60er Jahre: Plastik, Objekte, Aktionen. 1972. – W. Müseler, Dt. Kunst im Wandel der Zeiten. Neuaufl. 1970. – G. Piltz, Kunstführer durch die DDR. [4]1971. – W. Pinder, Vom Wesen u. Werden dt. Formen. 2 Bde. [5]1952. – Reclams Kunstführer Dtschld. 7 Bde. [1–8]1974–1978. – F. Roh, Gesch. der dt. Kunst von 1900 bis zur Gegenwart. 1958. – J. Roh, Dt. Kunst der 60er Jahre. Malerei, Collage, Op-Art, Graphik. 1971. – W. Schmied, Malerei nach 1945. 1974. – O. Schmitt (Hrsg.), Reallexikon zur dt. Kunstgeschichte. 1937ff. – L. Schreyer, Ein Jahrtausend dt. Kunst. 1954. – G. Ulrich, Schätze dt. Kunst. 1972. P. Vogt, Geschichte der dt. Malerei im 20. Jahrhundert. 1972. – H. Weigert, Geschichte der dt. Kunst von der Vorzeit bis zur Gegenwart. 1942. →auch 2.4.3.
England. T. S. R. Boase (Hrsg.), The Oxford History of English Art. Oxford. 1949ff. – Große engl. Kathedralen. 1962. – G. Hartlaub, Die großen engl. Maler der Blütezeit 1730–1840. 1948. – M. Hürlimann, Engl. Kathedralen. [3]1956. – R. Maxwell, Neue engl. Architektur. 1972. – J.-J. Mayoux, Die Engl. Malerei. Von Hogarth bis zu den Praeraffaeliten. 1972. – N. Pevsner, Das Englische in der engl. Kunst. 1974. – H. Read, Contemporary, British Art. Harmondsworth. 1951. – D. T. Rice, English Art 871–1100. Oxford. 1952. – O. F. Saunders, Engl. Buchmalerei. 2 Bde. 1928. – R. Stoll, J. Roubier, Britannia Romanica. 1966. – R. H. Wilenski, English Painting. London. [4]1964. →auch 2.4.7.
Finnland. H. J. Becker, Neuer Wohnbau in Finnland. [2]1964. – J. Boulton-Smith, Finn. Malerei. 1970. – U. Hard af Segerstad, Finn. Kunsthandwerk. 1970. – O. Okkonen, Die finn. Kunst. 1943. – J. Racz, Finn. Volkskunst. 1969. – A. Salokorpi, Finn. Architektur. 1970. – G. Schildt, Finn. Bildhauerei. 1961. →auch 2.4.9.
Frankreich. A. Blunt, Art and architecture in France. 1500–1700. Harmondsworth. 1953. – A. Châtelet u. J. Thuillier, Die französ. Malerei. 3 Bde. 1962–1964. – J. Cuisenier, Die Volkskunst in Frankreich. 1976. – Frankreichs Museen, Ein Führer. 1971. – W. Friedlaender, Hauptströmungen der französ. Malerei von David bis Delacroix. 1977. – M. Hürlimann u. a., Got. Kathedralen in Frankreich. [8]1967. – J. Leymarie u. M. Melot, Französ Impressionisten. 1972. – W. Messerer, Roman. Plastik in Frankreich. 1964. – R. Passeron, Französ. Graphik des 20. Jh. 1970. – M. Pobé, J. Roubier, Das klass. Frankreich. 1963. – Dies., Das got. Frankreich. [2]1964. – Reclams Kunstführer Frankreich. Bd. I: [2]1979. Bd. IV: [2]1975. →auch 2.4.6.
Italien. B. Berenson, Die italien. Maler der Renaissance. 1952. – W. Braunfels, E. Peterich, Kleine ital. Kunstgesch. 1960. – A. Chastel, Die Kunst Italiens. 2 Bde. 1978. – J. Burckhardt, Die Kultur der Renaissance in Italien. [10]1976. – H. Decker, Italia Romanica. 1958. – Ders., Gotik in Italien. 1964. – Ders., Renaissance in Italien. 1967. – G. Dogo, Kunst in Italien. Ein alphabet. Kunstführer. 1975. – H. Keller, Die Kunstlandschaften Italiens. 1960. – Kunstdenkmäler in Italien. 10 Bde. 1972ff. – R. Oertel, Die Frühzeit der italien. Malerei. [2]1966. – W. Patz, Die Kunst der Renaissance in Italien. [3]1961. – Reclams Kunstführer Italien. 6 Bde. [2–3]1974–1977. – H. A. Stützer, Die italien. Renaissance. 1977. →auch 2.4.4.
Jugoslawien. Stickmuster u. Applikationen. Volkskunst aus Jugoslawien. 1978. – Fresken u. Ikonen. Mittelalterl. Kunst in Serbien u. Makedonien. 1958. – R. Hamann-Maclean, H. Hallensleben, Die Monumentalmalerei in Serbien u. Makedonien vom 11. bis zum frühen 14. Jh. 1963. – A. Horvat, Kunstdenkmäler in Kroatien. Zagreb. 1957. – Kunstschätze in Jugoslawien. 1972. →auch 2.3.1.
Niederlande. W. Bernt, Die niederländ. Maler des 17. Jh. 3 Bde. [3]1969/70. – Ders., Die niederländ. Zeichner des 17. Jh. 2 Bde. o. J. – R. Blijstra, Die niederländ. Architektur nach 1900. 1966. – W. von Bode, Die Meister der holländ. u. fläm. Malerschulen. [5]1951. – J. Leymarie, Die holländ. Malerei. Genf. 1956. – E. Merten, Niederländ. Landschaftsmalerei. 1978. – H. Th. Musper, Altniederländ. Malerei. 1968. – E. Plietzsch, Holländ. u. fläm. Maler des 17. Jh. 1960. – A. von Wurzbach, Niederländ. Künstlerlexikon. 3 Bde. 1906–1911. →auch 2.4.5.
Norwegen. H. Arneberg, Norwegian peasant art. 2 Bde. Oslo. 1949–1951. – A. Aubert, Die norweg. Malerei des 19. Jh. 1910. – E. Burger, Norweg. Stabkirchen. 1978. – E. Gudenrath, Norweg. Malerei von J. C. Dahl bis E. Munch. 1943. →auch 2.4.9.
Österreich. P. von Baldass, Gotik in Österreich. 1961. – Ders., Romanik in Österreich. 1962. – H. Fasching, K. Sotriffer, Kunstwerke Österreichs. 1978. – H. Koepf, Stadtbaukunst in Österreich. 1972. – Kunstdenkmäler in Österreich. 3 Bde. 1965–1967. – Österr. Kunsttopographie. 1970ff. – C. Pack, Moderne Graphik in Österreich. 1969. – Reclams Kunstführer Österreich. 2 Bde. [4]1974. – H. Sedlmayr. Österr. Barockarchitektur. 1930. →auch 2.4.3.
Polen. A. Bochnak, K. Buczkowski, Kunsthandwerk in Polen. 1972. – A. Jackowski, J. Jarmuszkiewicz, Poln. Volkskunst. 1968. – J. Chr. Jensen (Hrsg.), Polnische Malerei von 1830–1914. 1978. – F. Kopera, Geschichte der Malerei in Polen. 3 Bde. Krakau. 1925–1929. – A. Kuhn, Die poln. Kunst von 1800 bis zur Gegenwart. [2]1937. – B. Łisowski, Die moderne Architektur in Polen. Warschau. 1968. – I. Piotrowska, The art of Poland. New York. 1947. – J. Starzyński, 500 Jahre poln. Malerei. Warschau. [3]1953. – J. Zachwatowicz, Poln. Architektur. 1966 →auch 2.3.1.
Portugal. R. Dos Santos, L'art portugais. Paris. 1953. – A. Haupt, Portugies. Frührenaissance. o. J. – G. Kubler, M. Soria, Art and Architecture in Spain and Portugal and their American Dominions. 1500 1800. Harmondsworth. 1959. – E. Lambert, L'art en Espagne et au Portugal. Paris 1945. – J. Lees-Milne, Baroque in Spain and Portugal. London. 1960. →auch 2.4.8.
Rumänien. C. Daicoviciu, E. Condurachi, Rumänien. 1972. – W. Giese, M. Block, Die Kultur Rumäniens. 1972. – F. Letz, Siebenbürg.-sächs. Kirchenburgen. 1970. – G. Oprescu, Die rumän. Bildhauerkunst. 1961. – Ders., Die Malerei Rumäniens seit 1900. 1936. – C. H. Wendt, Rumän. Ikonenmalerei. 1953. →auch 2.3.1.
Rußland. Altruss. Baukunst. Moskau. o. J. – E. Behrens, Kunst in Rußland. Ein Reiseführer zu den russ. Kunststätten. 1977. – H. Faensen, Altruss. Baukunst. 1972. – V. Fiala, Die russ. realist. Malerei des 19. Jh. Prag. 1953. – H. P. Gerhard, Welt der Ikonen. [3]1970. – C. Gray, Das große Experiment. Die russ. Kunst 1863–1922. 1974. – R. Hare, 1000 Jahre russ. Kunst. 1964. – Ikonen aus der Sowjetunion. 1972. – K. Kornilowitsch, A. Kaganowitsch, Illustr. Gesch. der russ. Kunst. 1975. – K. Onasch, Ikonen. o. J. – D. T. Rice, Die Kunst Rußlands. 1965. – Russ. Graphik des 20. Jh. 1970. – W. Schmidt, Russ. Graphik des 19. u. 20. Jh. 1967. – J. Schmidt-Voigt, Russ. Ikonen. 1978. – A. M. Vogt, Russ. u. französ. Revolutionsarchitektur. 1974. →auch 2.3.1.
Schweden. A. Dresdner, Schwed. u. norweg. Kunst seit der Renaissance. 1924. – A. Kamphausen, Dt. u. skandinav. Kunst. 1956. – G. E. Kidder Smith, Sveden builds. New York. 1957. – J. Roosval, Die Kirchen Gotlands. 1911. – Ders., Swedish art. Princeton. 1932. →auch 2.4.9.
Spanien. J. L. Artigas, J. Corredor-Matheos, Span. Volkskeramik. 1978. – A. Cirici-Pellicer, Spanien u. seine Kunstschätze. 1965. – M. Durliat, Hispania Romanica. 1962. – A. Garcia y Bellido, Iberische Kunst in Spanien. 1971. – J. Gudiol, Die Kunst Spaniens. 1964. – P. de Palol, M. Hirmer, Spanien. Kunst des frühen MA. vom Westgotenreich bis zum Ende der Romanik. 1965. – J. M. Pita Andrade, Spanien u. seine Kunstschätze. Von Altamira bis zu den kath. Königen. 1967. – A. Székely, Span. Malerei. 1977. – P. Tisné, Spanien. Bildatlas der span. Kunst. 1968. – J. Williams, Frühe span. Buchmalerei. 1977. →auch 2.4.8.
Tschechoslowakei. Die Tschechoslowakei. Böhmen – Mähren – Slowakei in Wort u. Bild. 1974. – M. Lamac, Die bildende Kunst der Tschechoslowakei. Prag. 1958. – D. Libal, Die got. Architektur in Böhmen u. Mähren. Prag. 1948. – J. Mašin, Die roman. Wandmalerei in Böhmen u. Mähren. Prag. 1954. – F. Mateuš, Mittelalterl. Glasmalerei in der Tschechoslowakei. 1975. – J. Neumann, Die Malerei des 17. Jh. in Böhmen, Prag. 1951. – J. Pešina, Die tschech. Malerei der Spätgotik u. der Renaissance. Prag. 1950. – H. Swarzenski, Tschechoslowakei: Roman. u. got. Buchmalerei. 1959. – J. Vajdis, V. Hasalová, Volkskunst in der Tschechoslowakei. 1974. →auch 2.3.1.
Ungarn. J. Balogh u. a., Die ungar. Malerei von der Landnahme bis zum 19. Jh. 1956. – M. Csernyánszky, Ungarische Spitzenkunst. 1962. – J. Hiller, Ungar. Kunstgeschichte. 1956. – A. Kampis, Kunst in Ungarn. Budapest. 1966. – Kunstdenkmäler in Ungarn. 1973. – J. Manga, Ungar. Hirtenschnitzereien. 1972. – G. Ö. Pogány, Die ungar. Malerei des 20. Jh. Budapest. 1960. – D. Radocsay, Got. Tafelmalerei in Ungarn. Budapest. 1963. – A. Szendröi, Neue Architektur in Ungarn. 1978. – M. Varjú-Ember, Alte ungar. Stickerei. 1963. →auch 2.3.1.

2.4.0,2.4.1 KUNST DES EUROPÄISCHEN MITTELALTERS
Gotik. M. Aubert, Hochgotik. 1979. – Baukunst der Gotik in Europa. [7]1968. – H. Dekker, Gotik in Italien. 1964. – F. Deuchler, Gotik. 1978. – K. Gerstenberg, Dt. Sondergotik. 1913. – Gotische Plastik in Europa. 1962. – M. Hürlimann, Got. Kathedralen in Frankreich. [6]1966. – H. Jantzen, Kunst der Gotik. 1957. – Ders., Die Gotik des Abendlandes. [2]1963. – O. Mazal, Buchkunst der Gotik. 1975. – W. Swaan, Kunst u. Kultur der Spätgotik. 1978. – R. Wilhelm, Die got. Kathedrale. 1979.
karolingische Kunst. W. Braunfels, Die Welt der Karolinger u. ihre Kunst. 1968. – H. Fillitz, Das Mittelalter I. 1969. – J. Hubert, J. Porcher, W. F. Volbach, Frühzeit des Mittelalters. 1968. – Dies.n, Die Kunst der Karolinger. 1969. – F. Mütherich, J. E. Gaehde, Karoling. Buchmalerei. 1976. – E. Patzelt, Die karoling. Renaissance. Graz. [2]1965.
ottonische Kunst. L. Grodecki u. a., Die Zeit der Ottonen u. Salier. 1973. – E. Herzog, Die otton. Stadt. 1964. – H. Holländer, Kunst des frühen Mittelalters. 1969. – H. Jantzen, Otton. Kunst. Neuaufl. 1959. – E. Medding-Alp, Rhein. Goldschmiedekunst in otton. Zeit. 1952. – R. Wesenberg, Bernwardin. Plastik. 1955.
Romanik. J. Ainaud, Die Malerei der Romanik. 1963. – Baukunst der Romanik in Europa. [6]1959. – H. Busch, Germania Romanica. [3]1967. – H. Decker, Italia Romanica. [2]1966. – M. Durliat, Hispania Romanica. Nachdr. 1967. – H. Eckstein, Die roman. Architektur. 1975. – J. Gantner, M. Pobé, J. Roubier, Gallia Romanica. 1955. – L. Grodecki, Roman. Glasmalerei. 1977. – Roman. Plastik in Europa. 1961. – W. Messerer, Roman. Plastik in Frankreich. 1964. – R. Th. Stoll, J. Roubier, Britannia Romanica. 1966.

2.4.2 STILEPOCHEN: 15.–18. JAHRHUNDERT
Barock. W. Hager, Barockarchitektur. 1979. – W. Hansmann, Baukunst des Barock. 1978. – W. Hausenstein, Vom Genie des Barock. Neuausg. 1962. – N. Lieb u. M. Hirmer, Barockkirchen zwischen Donau u. Alpen. [4]1976. – A. Riegl, Die Entstehung der Barockkunst in Rom. [3]1923. – M. Seidel, E. M. Landau, Chr. Baur, Südt. Barock, Sakralbauten. 1980. – R. Stamm, Die Kunstformen des Barockzeitalters. 1956. – M. Wackernagel, Renaissance, Barock u. Rokoko. 2 Bde. 1964. – H. Wölfflin, Renaissance u. Barock. 7. Aufl. o. J.
Manierismus. F. Baumgart, Renaissance u. Kunst des Manierismus. 1963. – J. Bousquet, Die Malerei des Manierismus. 1963. – G. Briganti, Der italien. Manierismus. 1961. – D. Frey, Manierismus. 1964. – A. Hauser, Der Manierismus. [2]1972. – G. R. Hocke, Die Welt als Labyrinth. [5]1966. – G. Weise, Das Fortleben got. Ausdrucksweise in der Kunst des Manierismus. 1954. – F. Würtenberger, Der Manierismus. 1962. – E. Wüsten, Die Architektur des Manierismus. 1951.
Renaissance. J. Burckhardt, Die Kultur

der Renaissance in Italien. [10]1976. – Italienische Renaissance (Universum der Kunst). 4 Bde. I: L. H. Heydenreich, Anfänge u. Entfaltung in der Zeit von 1400–1460. 1972. – II: A. Chastel, Die Ausbildung der großen Kunstzentren in der Zeit von 1460–1500. 1965. III: Ders., Die Ausdrucksformen der Künste in der Zeit von 1460–1500. 1966. IV: L. H. Heydenreich, G. Passavant, Die großen Meister in der Zeit von 1500–1540. 1975. – Theodor Müller, Dt. Plastik der Renaissance. 1962 – W. Paatz, Die Kunst der Renaissance in Italien. 1953. – E. Panofsky, Die Renaissancen der europäischen Kunst. 1979.

Rokoko. A. E. Brinkmann, Die Kunst des Rokoko. 1940. – E. Cyran, Preuss. Rokoko. 1979. – H. W. Hegemann. Dt. Rokoko. 1942. – E. Hildebrandt, Malerei u. Plastik des 18. Jh. in Frankreich. 1924. – B. Rupprecht, Die Bayer. Rokoko-Kirche. 1959. – A. Schönberger, H. Söhner, Die Welt des Rokoko. [2]1963. – M. Schwarz, Das Zeitalter der galanten Malerei. Europäisches Rokoko. 1969. – R. Sedlmaier, Grundlagen der Rokokoornamentik in Frankreich. 1924.

2.4.3, 2.5.2 KUNST DES DEUTSCHEN SPRACHGEBIETS

Altdorfer, Albrecht. J. Krichbaum, A. A. Meister der Alexanderschlacht. 1978. – E. Winzinger, A. A., Graphik, Holzschnitte, Kupferstiche, Radierungen. 1963. – Ders., A. A. – Die Gemälde. 1975.

Arp, Hans. S. Poley, H. A. 1977. – M. Seuphor, H. A. [2]1964. – E. Trier, H. A. – Skulpturen. 1968.

Asam. E. Hanfstaengel, Cosmas Damian A. 1939. – Ders., Die Brüder A. 1955. – B. Rupprecht, W. Chr. von der Mülbe, Die Brüder Asam. 1980.

Baldung, Hans (gen. Grien). M. Bernhard (Hrsg.), H. B. Grien. Handzeichnungen u. Druckgraphik. 1978. – G. Bussmann, Manierismus im Spätwerk H. B. Griens. 1966. – K. Martin, Das Skizzenbuch H. B. Griens. 1959. – K. Oettinger, K. A. Knappe, H. B. Grien. 1963.

Barlach, Ernst. C. D. Carls, E. B. 1968. – N. Jackson-Groves, E. B. – Leben u. Werk. 1975. – F. Schult, E. B., Das graph. Werk. 1958. – Ders., E. B., Das plast. Werk. 1960. – W. Stubbe, E. B., Zeichnungen. 1961. – Ders., E. B., Plastik. 1964.

Bartning, Otto. H. K. F. Mayer, Der Baumeister O. B. 1951.

Baumeister, Willi. G. Adriani, W. B. 1972. – W. Grohmann, W. B. 1963.

Beckmann, Max. L.-G. Buchheim, M. B. 1959. – G. Busch, M. B. 1960. – F. W. Fischer, M. B. 1972. – E. Göpel, M. B. der Maler. 1957. – St. Lackner, M. B. 1979. – St. v. Wiese, M. B.s zeichner. Werk 1903–1925. 1977.

Bellmer, Hans. S. Alexandrian, H. B. 1972. – C. Jelenski, Die Zeichnungen von H. B. 1969.

Beuys, Joseph. G. Adriani, W. Konnertz, K. Thomas, J. B. 1973. – V. Harlan, R. Rappmann, P. Schata, Soziale Plastik. Materialien zu J. B. 1976. – Romain, Wedewer, Über Beuys. 1972. – J. Schellmann, B. Klüser, J. B. multiplizierte Kunst. Werkverzeichnis. 1978.

Bill, Max. M. Staber, M. B. 1971. – E. Hüttinger, M. B. 1977.

Brauer, Erich. W. Schmied, Brauer. 1973.

Brüggemann, Hans. F. Fuglsang, Der Bordesholmer Altar des H. B. 1959. – F. H. Hamkens, Der Bordesholmer Altar Meister B.s. 1952.

Bruyn. H. May, Barthel B., Gesamtverzeichnis seiner Bildnisse u. Altarwerke. Katalog der Barthel B.-Ausstellung. 1955. – H. J. Tuemmers, Die Altarbilder des älteren Bartholomäus B. 1964.

Busch, Wilhelm. J. Ehrlich, W. B., der Pessimist. 1962. – F. Novotny, W. B. als Zeichner u. Maler. 1949. – W. Pape, W.B. 1977.

Carstens, Asmus Jakob. H. von Einem. A. J. C., Die Nacht mit ihren Kindern. 1958. – A. Kamphausen, A. J. C. 1941.

Cavael, Rolf. J. Roh, R. C. 1971.

Cimiotti, Emil. H. Wille, E. C. 1966.

Corinth, Lovis. Ch. Berend-Corinth, Die Gemälde von L. C. 1985. – G. von der Osten, L. C. [2]1959. – K. Schwarz, Die graph. Werke von L. C. [2]1922.

Cranach. K. Glaser, Lucas C. 1921. – H. Posse, Lucas C. d. Ä. 1942. – J. Rosenberg, Die Zeichnungen Lucas C.s d. Ä. 1960. – W. Schade, Die Malerfamilie Cranach. 1977. – O. Thulin, C.-Altäre der Reformation. 1955.

Dexel, Walter. Der Maler W. D. 1972.

Dientzenhofer. A. H. Gürth, Über Wolfgang D. Diss. 1958. – H. G. Franz, Die Kirchenbauten des Christoph D. 1942. – H. Zimmer, Die D. 1976.

Dix, Otto. O. Conzelmann, O. D. 1959. – F. Karsch, O. D. 1961. – F. Löffler, O. D. 1960.

Dürer, Albrecht. F. Anzelewsky, D. Werk u. Wirkung. 1980. – W. Bongard, M. Mende, Dürer heute. [2]1978. – A. Degener, A. D. 1977. – W. J. Hofmann, Über D.s Farbe. 1971. – W. Hütt, A. D.: Das gesamte graph. Werk. 2 Bde. [4]1971. – H. Jantzen, D. der Maler. 1952. – H. Kauffmann, A. D.s rhythm. Kunst. 1924. – K. A. Knappe, D. Das graph. Werk. 1964. – H. Lüdecke, S. Heiland, D. u. die Nachwelt. 1955. – M. Mende, D.-Bibliographie. 1971. – H. Th. Musper, A. D. 1965. – E. Panofsky, Das Leben u. die Kunst A. D.s. 1977. – H. Tietze, E. Tietze-Conrat, Krit. Verzeichnis der Werke A. D.s. Bd. 1: 1928. Bd. 2–3: 1937/38. – W. Waetzoldt, D. u. seine Zeit. 1935. – H. Wölfflin, Die Kunst A. D.s. [7]1971.

Elsheimer, Adam. W. Drost, A. E. u. sein Kreis. – Ders., A. E. als Zeichner. 1957. – F. Bothe, A. E., der Maler aus Frankfurt. 1939.

Erdmannsdorff, Friedrich Wilhelm Frhr. von. E. P. Riesenfeld, F. W. Frhr. von E., der Baumeister des Herzogs Leopold Friedrich Franz von Anhalt-Dessau. 1913.

Ernst, Max. M. E., V. M. Schneede, P. Waldberg, D. Waldmann, M. E. 1977. – J. Russell, M. E. 1966. – W. Spies, M. E. 1950–1970. Die Rückkehr der schönen Gärtnerin. 1979.

Feininger, Lyonel. L. Prasse, L. F.: Das graph. Werk. 1972.

Feuchtmayer. W. Boeck, F., Meisterwerke. 1963.

Feuerbach, Anselm. A. F., Gemälde u. Zeichnungen. 1976. – J. Lauts, W. Zimmermann, A. F. 1961.

Fischer von Erlach. D. Frey, Johann Bernhard F. von E. 1923. – G. Kunoth, Die histor. Architektur F.s von E. 1956. – H. Sedlmayr, F. von E. [2]1976. – Th. Zacharias, Josef Emanuel F. von E. 1960.

Flötner, Peter. E. F. Bange, P. F. 1926.

Friedrich, Caspar David. H. Börsch-Supan, C. D. F. 1973. – H. von Einem, C. D. F. [3]1950. – G. Eimer, C. D. F. u. die Gotik. 1963. – J. Emmrich, C. D. F. 1964. – W. Geismeier, C. D. F. [2]1975. – J. Chr. Jensen, C. D. F. Leben u. Werk. [3]1975. – H. Koch, C. D. F. 1977. – W. Schmied, C. D. F. 1975.

Fuchs. Ernst u. Eva Christina Fuchs, Album der Familie F. 1973.

Gerhaert von Leyden, Nicolaus. L. Fischel, N. G. u. die Bildhauer der dt. Spätgotik. 1944.

Giacometti, Alberto. R. Hohl, A. G. 1971.

Gropius, Walter. A. Busignani, W. G. 1972. – H. M. Wingler, W. G., Bauhausbauten. Dessau. 1974.

Grosz, George. U. M. Schneede, G. G. Der Künstler in seiner Gesellschaft. 1975.

Hausbuchmeister. A. Stange, Der H. 1958.

Hauser, Erich. Werkverzeichnis Plastik 1962–1969. 1970.

Hausner, Rudolf. W. Schmied, R. H. 1970.

Heckel, Erich. H. Platte, E. H. 1964. – P. Vogt, E. H. 1965.

Hildebrand, Johann Lucas von. B. Grimschitz, J. L. von H. 1959.

Hodler, Ferdinand. E. Bender, W. Y. Müller, Die Kunst F. H.s. 2 Bde. 1923–1941. – P. Dietschi, Der Parallelismus F. H.s. 1957. – C. A. Loosli, F. H.s Werke u. Nachlaß. 4 Bde. 1921–1924.

Holbein der Jüngere, Hans. U. Christoffel, Hans H. d. J. [2]1950. – P. Ganz, Hans H. d. J. Die Gemälde. 1950. – Ders., Die Handzeichnungen Hans H.s d. J. Krit. Katalog. 1911–1937. – H. W. Grohn, Hans H. d. J. als Maler. 1955. – H. A. Schmid, Hans H. d. J. 3 Bde. 1945–1948. – W. Waetzoldt, Hans H. d. J. Werk u. Welt. 1938.

Hrdlicka, Alfred. W. Schmied, W. Stubbe (Hrsg.), A. H.: Das graph. Werk. 1973.

Hundertwasser, Friedereich. M. Bockelmann, F. H.: Regentag. 1973. – W. Schmied, H. 1973.

Hutter, Wolfgang. O. Breicha, W. H. 1964.

Klee, Paul. Chr. Geelhaar, P. K. Leben u. Werk. 1974. – C. Giedion-Welcker, P. K. 1954. – W. Grohmann, P. K., Handzeichnungen. 1949. – Ders., Der Maler P. K. 1966. – W. Haftmann, P. K., Wege bildner. Denkens. [3]1957. – E. W. Kornfeld, Verzeichnis des graph. Werks von P. K. 1963. – Chr. Kröll, Die Bildtitel P. K.s. 1968.

Klenze, Leo von. O. Hederer, L. von K., Persönlichkeit u. Werk. 1964.

Klimt, Gustav. F. Novotny, J. Dobai, G. K. [2]1975.

Kobell, Wilhelm von. W. Lessing, W. von K. 1966.

Koch, Josef Anton. O. von Lutterotti, J. A. K. 1940. – P. O. Rave, J. A. K., Gemälde u. Zeichnungen. 1939.

Kokoschka, Oskar. L. Goldscheider, O. K. [3]1967. – E. Hoffmann, O. K. London. 1947. – H. M. Wingler, O. K. 1956.

Kollwitz, Käthe. A. Heilborn, K. K. [4]1949. – A. Klipstein, K. K., Verzeichnis des graph. Werkes. 1955. – O. Nagel, K. K. 1963. – Ders., Selbstbildnisse der K. K. 1965. – F. Schmalenbach, K. K. [2]1975. – W. Worringer, K. K. 1931.

Konrad von Soest. R. Fritz, Conrad von S., Der Wildunger Altar. 1954. – K. Steinbart, K. von S. 1946.

Langhans, Carl Gotthard. W. Th. Hinrichs, C. G. L., ein schles. Baumeister. 1909.

Lehmbruck, Wilhelm. A. Hoff, W. L. Leben u. Werk. 1961. – E. Petermann, Die Druckgraphik von W. L. 1964. – E. Trier, W. L., Zeichnungen und Radierungen. 1955.

Lehmden, Anton. W. Koschatzky, A. L.: Die Graphik. 1970. – W. Schmeller, A. L.: Weltlandschaften. 1972.

Lenbach, Franz. S. Wichmann, F. L. u. seine Zeit. 1974.

Liebermann, Max. M. J. Friedländer, M. L. 1923. – G. Schiefler, Das graph. Werk M. L.s [3]1923. – F. Stuttmann, M. L. 1961.

Lochner, Stephan. W. Bombe, S. L. 1937. – O. H. Förster, S. L., ein Maler zu Köln. 1938. – H. Schrade, S. L. 1923.

Mack, Heinz. M. Staber, H. M. 1969. – H. M., Strukturen. 1975.

Macke, August. A. M., Die Tunisreise. 1973. – E. Macke-Erdmann, Erinnerungen an A. M. 1962. – G. Vriesen, A. M. 1953.

Marc, Franz. H. Bünemann, F. M., Zeichnungen u. Aquarelle. [2]1952. – K. Lankheit, F. M. 1970. – Ders., F. M. im Urteil seiner Zeit. 1960.

Marées, Hans von. B. Degenhart, H. von M. Zeichnungen. 1953. – Ders., H. von M. Die Fresken in Neapel. 1958. – J. Meier-Graefe, H. von M. Sein Leben u. sein Werk. 3 Bde. 1909/10.

Meister Bertram. A. Dorner, M. B. von Minden. 1937. – F. A. Martens, M. B., Herkunft, Werk u. Wirken. 1936.

Meister Francke. B. Martens, M. F. 2 Bde. 1929.

Mendelsohn, Erich. W. von Eckhardt, E. M. New York. 1962. – A. Whittick, Eric M. New York. [2]1956.

Mengs, Anton Raphael. U. Christoffel, Der schriftl. Nachlaß von R. M. 1918. – K. Gerstenberg, J. J. Winckelmann u. A. R. M. 1929.

Menzel, Adolph von. W. Schmidt, A. von M. 1958. – R. Weinhold, M.-Bibliographie. 1959.

Merian, Matthäus. D. Burckhardt, M. M. 3 Bde. Basel 1907–1909. – L. H. Wüthrich, Die Handzeichnungen von M. M. 1963.

Meyer-Amden, Otto. C. Huber, O. M. 1969.

Mies van der Rohe, Ludwig. W. Blaser, Ludwig Mies van der Rohe. Die Kunst der Struktur. 1965.

Moilliet, Louis. J. Ch. Amman, L. M. 1972.

Mueller, Otto. L.-G. Buchheim, O. M. Leben u. Werk. 1968. – H. Th. Flemming, O. M. Farbige Zeichnungen u. Lithographien. 1957. – E. Troeger, O. M. 1949.

Multscher, Hans. K. Gerstenberg, H. M. 1928. – G. Otto, H. M. 1939. – M. Schröder, Das plast. Werk M.s in seiner chronolog. Entwicklung. 1955. – A. Stange, Lucas Moser u. H. M. 1922.

Neithardt, Mathis. L. Behling, Die Handzeichnungen des Matthis Gothart Nithart gen. Grünewald. 1955. – L. Dittmann, Die Farbe bei Grünewald. 1955. – W. Holtz, Meister Mathis der Bildschnitzer. Die Plastik Grünewalds u. seines Kreises. 1961. – W. Hütt, Mathis Gothardt-Neidhart, genannt Grünewald, Leben u. Werk im Spiegel der Forschung. 1968. – M. Lanchoronska, Matthäus Gotthart Neithart. 1963. – M. Meier, Grünewald. 1957. – E. Ruhmer, Grünewald. The Paintings. Compl. Edition, London. 1958. – M. Seidel, Der Isenheimer Altar. 1973. – A. M. Vogt, Grünewald. 1957. – H. Voßberg, Matthias Grünewald. 1960. – W. K. Zülch, Grünewald. 1949.

Neumann, Balthasar. E Ortner, Der Barockbaumeister B. N. 1978. – H. Reuther, Die Kirchenbauten B. N.s. 1966.

Nolde, Emil. H. H. Fehr, E. N. 1957. – M. Gosebruch, N., Aquarelle u. Zeichnungen. [3]1964. – W. Haftmannn, E. N. 1958. – Ders., E. N. Ungemalte Bilder. 1963. – R. Hoffmann, Radierungen von E. N. 1948. – J. von Lepel, E. N. 1961. – E. N. Blumen u. Tiere. 1972.

Notke, Bernt. K. G. Heise, Die Gregorsmesse des B. N. 1941. – W. Paatz, B. N. u. sein Kreis. 1939. – Ders., B. N. 1944.

Parler, Peter. E. Bachmann, P. P. 1952. – Die P. u. der Schöne Stil 1350–1400. 3 Bde. 1978.

Permoser, Balthasar. S. Asche, B. P. u. die Barockskulptur des Dresdener Zwingers. 1966. – W. Boeck, B. P. Der Bildhauer des dt. Barock. 1938. – E. Michalski, B. P. 1927.

Pöppelmann, Matthäus Daniel. B. A. Döring, M. D. P., der Meister des Dresdener Zwingers. 1930. – H. Heckmann, M. D. P. als Zeichner. 1954. – Ders., M. D. P. 1972.

Rainer, Arnulf. O. Breicha, A. R. 1972.

Richter, Ludwig. J. Beer (Hrsg.), L. R. 1976. – E. Kalkschmidt, L. R. [2]1948. – C. W. Schmidt (Hrsg.), L. R., Leben u. Werk. 1948.

Riemenschneider, Tilman. J. Bier, T. R. 3 Bde. 1925–1973. – H. Flesche, T. R. 1957. – M. H. von Freeden, T. R. [4]1972. – K. Gerstenberg, T. R. [3]1950.

Runge, Philipp Otto. W. Feldmann, R. u. die Seinen. 1944. – J. Traeger, P. O. R. u. sein Werk. 1975.

Schiele, Egon. R. Leopold, E. S. 1972. – E. Mitsch, E. S. 1975.

Schlüter, Andreas. E. Benkard, A. S. 1925. – H. Ladendorf, A. S. 1937. – A. Schellenberg, A. S. 1951.

Schmidt-Rottluff, Karl. K. Brix, K. S. 1971. – W. Grohmann, K. S. 1956.

Schongauer, Martin. E. Buchner, M. S. als Maler. 1941. – E. Flechsig, M. S. 1951. – F. Winzinger, Die Zeichnungen M.S.s 1962.

Schwitters, Kurt. F. Lach, Der Merz-Künstler K. S. 1971. – W. Schmalenbach, K. S. 1967.

Semper, Gottfried. K. Lipsius, G. S. in seiner Bedeutung als Architekt. 1880. – H. Quitzsch, Die ästhet. Anschauungen G. S.s. 1962.

Slevogt, Max. W. von Alten, M. S. 1926. – A. Rümann, Verzeichnis der Graphik von M. S. in Büchern u. Mappenwerken. 1936. – K. Scheffler, M. S. 1940. – J. Sievers, E. Waldmann, M. S. Das druckgraph. Werk. Radierungen, Lithographien, Holzschnitte. 1962.

Spitzweg, Carl. J. Ch. Jensen, C. S. zwischen Resignation u. Zeitkritik. Neuaufl. 1979. – E. Kalkschmidt, C. S. u. seine Welt. [4]1966. – G. Roennefahrt, C. S. 1960. – W. Spitzweg, Der unbekannte S. Ein Bild aus der Welt des Biedermeier. 1958.

Stadler, Toni. D. Schmidt, T. S. 1971.

Stoß, Veit. H. Decker, Der Salzburger Flügelaltar des V. S. 1950. – A. Jaeger, V. S. u. sein Geschlecht. 1958. – E. Lutze, V. S. [3]1952.

Tischbein. K. Nonn, Chr. Wilhelm T., Maler u. Architekt. 1912. – E. Preime, Die Handzeichnungen v. Joh. Heinrich T. 1942.

Ücker, Günther. D. Helms, G. Ü. 1971.

Vischer. F. Kämpfer, Peter V. 1960. – S. Meller, Peter V. d. Ä. u. seine Werkstatt. 1925. – H. Stafski, Der jüngere Peter V. 1962.

Vogeler, Heinrich. H. W. Petzet, H. V. 1976.

Vordemberge-Gildewart, Friedrich. H. Jaffé, F. V. 1971.

Witz, Konrad. J. Gantner, K. W. 1942. – L. Ganz, Meister K. W. von Rottweil. 1947. – H. Graber, K. W. 1924. – M. Meng-Köhler, Die Bilder des K. W. u. ihre Quellen. 1947.

Wolgemut, Michael. R. Bellm, W.s Skizzenbuch im Berliner Kupferstichkabinett. 1959. – F. J. Stadler, M. W. u. der Nürnberger Holzschnitt im letzten Drittel des XV. Jh. 2 Bde. 1913.

Zimmermann, Dominikus. S. Hofmann, M. Baur, Die Brüder Z. [2]1977. – C. Lamb, Die Wies, das Meisterwerk von D. Z. 1937.

2.4.4, 2.5.3. ITALIENISCHE KUNST

Alberti, Leon Battista. A.-Index. 4 Bde. 1975/76. – H. Baron, L. B. A.s humanist.-philosoph. Schriften. 1938. – I. Gadol, L. B. A. Chikago, London. 1969. – G. Santinello, L. B. A. Padua. 1962.

Angelico, Fra. G. C. Argan, Fra A. 1955. – G. Bazin, Fra A. Antwerpen. 1941. – W. Hausenstein, Fra A. Antwerpen 1941. – St. Orlandi, Beato A. Florenz. 1964.

Antonello da Messina. St. Bottari, A. Mailand. 1953. – L. Lauts, A. da M. [3]1940. – G. Vigni, Tutta la pittura di A. da M. Mailand. 1952.

Arcimboldi, Giuseppe. B. Geiger, Die skurrilen Gemälde des G. A. 1960. – A. P. Mandiargues, A. 1978.

Bernini, Giovanni Lorenzo. A. Gessner, G. B. 1938. – N. Heise, Gianlorenzo B.s Vierströmebrunnen. Diss. 1966. – H. Kauffmann, G. L. B. Die figürl. Kompositionen. 1970. – R. Wittkower, G. L. B., the sculptor of the Roman baroque. London. 1955. – Ders. u. R. Brauer, Die Zeichnungen des G. B. 2 Bde. 1931.

Bibiena, Galli da. C. Ricci, I Bibiena, architetti teatrali. Milano. 1915. – G. Schöne, Die Entwicklung der Perspektivbühne von Serlio bis G. da B. nach den Perspektivbüchern. 1933.

Borromini, Francesco. G. C. Argan, B. Verona. 1952. – E. Hempel, F. B. 1924. – P. Portoghesi, F. B. Baumeister des röm. Barock. 1977. – H. Sedlmayr, Die Architektur B.s. Neuausg. 1973.

Botticelli, Sandro. G. C. Argan, B. 1957. – A. Chastel, S. B. 1957. – A. Leclerc, S. B. 1951. – L. Venturi, S. B. 1961.

Bramante, Donato. C. Baroni, B. Bergamo. 1944. – O. H. Förster, B. 1956.

Bronzino, Agnolo. L. Becherucci, B. Milano. 1951. – A. K. MacComb, B. Oxford. 1928. – H. Schulze, Die Werke A. B. 1911.

Brunelleschi, Filippo. G. C. Argan, B. Verona. 1955. – J. Behles, Das Gestaltungsprinzip B.s beim Bau v. Santo Spirito in Florenz. 1978. – E. Carli, F. B. Mailand. 1952.

Calderara, Antonio. R. Jochims, A. C. 1971.

Canaletto. W. G. Constable, C. 2 Bde. Oxford. 1962. – H. A. Fritzsche, Bernardo Belotto gen. C. 1936. – S. Kozakilwicz, B. Bellotto, genannt C. 2 Bde. 1972. – V. Moschini, C. 1955. – T. Pignatti, Das Venezian. Skizzenbuch von C. 1958.

Caravaggio, Michelangelo Merisi da. F. Baumgart, C. Kunst u. Wirklichkeit. 1955. – H. Wagner, M. da C. 1958.

Carpaccio, Vittore. J. Lauts, V. C., Gemälde u. Zeichnungen, Gesamtausgabe. 1962. – G. Perocco, C. nella scuola di S. Giorgio degli schiavoni. Venedig. 1964. – T. Pignatti, C. 1958.

Carrà, Carlo. G. Pacchioni, C. C. Mailand. 1959.

Cellini, Benvenuto. R. Corwegh, B. C. 1912. – W. Hess (Hrsg.), Das Leben des B. C. 1957.

Chirico, Giorgio de. H. Bodmer, C. u. die Malerei der Emilia. 1942. – J. Faldi, G. de C. Venedig. 1949. – G. Gronau (Hrsg.), C., des Meisters Gemälde. 1907. – W. Schmied (Hrsg.), G. de C.: Wir Metaphysiker. 1972.

Donatello. G. Gastelfranco, D. Mailand. 1963. – L. Grassi, Tutta la Scultura di D. Mailand. [2]1963. – H. Kaufmann, D. 1953.

Duccio, Buoninsegna di. C. Brandi, D. Florenz. 1951. – E. Carli, B. di D. Mailand. 1961.

Fontana, Lucio. G. Ballo, L. F. 1971.

Ghiberti, Lorenzo. L. Goldscheider, G. London. 1949. – H. Gollob, G.s künstler. Werdegang. 1929.

Giorgione. L. Baldass, G. Heinz, G. 1964. – T. Pignatti, G. Werk u. Wirkung. 1979.

Giotto di Bondone. E. Battisti, G. 1960. – D. Gioseffi, G. architetto. Mailand. 1963. – M. Gosebruch, G. u. die Entwicklung des neuzeitl. Kunstbewußtseins. 1962. – Th. Hetzer, G. 1941.

Lardera, Berto. M. Seuphor, B. L. 1960.

Leonardo da Vinci. K. Clark, L. da V. Cambridge. 1952. – S. Esche, L. da V. Das anatom. Werk. 1954. – L. Goldscheider, L. da V. 1960. – L. – Künstler, Forscher, Magier. 1974. – L. H. Heydenreich, L. 2 Bde. Basel. [2]1954. – Ders., L. architetto. Florenz. 1963. – H. Ost, L.-Studien. 1975. – S. Piantanida, C. Baroni, L. da V. Das Lebensbild eines Genies. 1977.

Mantegna, Andrea. J. Blum, A. M. u. die Antike. 1936. – M. Meiß, A. M. als Illuminator. 1957. – G. Paccagnini, A. M. Mailand. 1961. – E. Tietze-Conrat, M. Paintings. Complete Edition. London. 1955.

Manzù, Giacomo. J. Rewald, G. M. 1972.

Masaccio. L. Berti, M. Mailand. 1964. – U. Procacci, Tutta la pittura di M. Mailand. 1. 1961. – K. Steinbart, M. 1948.

Michelangelo. O. J. Blažiček, M. 1978. – R. J. Clements u. a., Der Bildhauer M. 1966. – L. Dußler, Die Zeichnungen des M. 1959. – Ders., M.-Bibliographie 1927–1970. 1974. – H. von Einem, M. 1973. – L. Goldscheider, M. Gemälde, Skulpturen, Architekturen. Gesamtausgabe. [6]1971. – F. Knapp, Die Handzeichnungen M. Buonarroti. 1925. – E. H. Ramsden, The Letters of M. 2 Bde. London. 1963. – E. Redslob (Hrsg.), Die Dichtungen des M. Buonarroti. 1964. – M. Salmi (Hrsg.), M. Bildhauer, Maler, Architekt, Dichter. 1966. – Ch. de Tolnay, M. 5 Bde. Princeton. 1947–1960.

Modigliani, Amadeo. G. Diehl, M. 1970. – G. Jedlicka, M. 1953. – A. Salmon, A. M. Sein Leben u. Schaffen. 1960. – A. Werner, M., der Bildhauer. 1961.

Palladio, Andrea. E. Forrsmann, P.s Lehrgebäude. Stockholm. 1955. – P. Lionello, A. P. Das Gesamtwerk. 2 Bde. 1977. – H. Pée, Die Palastbauten des A. P. 1941.

Piero della Francesca. P. Bianconi, P.d. F. Mailand. 1957.

Pisano. M. Ayrton, Giovanni P., Bildhauer. 1970. – H. Keller, Giovanni P. 1942. – G. N. Fasola, Nicola P. Rom. 1941. – A. E. Popp, Nicola u. Giovanni P. 1922. – J. Toesca, Andrea u. Nino P. Florenz. 1950.

Pontormo, Jacopo. K. W. Forster, P. 1966.

Raffael. O. Fischel, R. 1962. – Th. Hetzer, Gedanken um R.s Form. 1932. – Th. Hofmann, R. in seiner Bedeutung als Architekt. 4 Bde. 1900–1914. – R. Sanzio, Tutti gli scritti. Mailand. 1956. – W. Schöne, R. 1958. – C. G. Stridbeck, R.-Studies, Stockholm. 1960.

Tiepolo, Giovanni Battista. F. Büttner, G. B. T. Die Fresken der Residenz zu Würzburg. 1980. – M. H. von Freeden, C. Lamb, Das Meisterwerk des G. B. T. Die Fresken der Würzburger Residenz. 1956.

Tintoretto. H. Tietze, T., Gemälde u. Zeichnungen. London. 1950.

Tizian. M. Brion, T. o. J. – T. Hetzer, T. Geschichte seiner Farbe. [3]1969. – Krsek, T. 1978. – H. Tietze, T. Gemälde u. Zeichnungen. London. [2]1950. – J. Williams, T. u. seine Zeit. o. J.

Uccello, Paolo. W. Boeck, P. U., der Florentiner Meister u. sein Werk. 1939. – E. Carli, Tutta la Pittura di P. U. Mailand. [2]1959.

Vasari, Giorgio. U. Davitt-Asmus, Corpus Quasi V. 1977. – E. Rudi, G. V. Renaissancens Kunsthistoriker. Kopenhagen. 1961.

Verrocchio, Andrea del. G. Passavant, V. 1970

Veronese, Paolo. R. Pallucchini, V. Bergamo. 1940. – T. Pignatti, P. V. Gesamtkatalog. 2 Bde. 1976.

2.4.5, 2.5.4 NIEDERLÄNDISCHE KUNST

Bosch, Hieronymus. C. von Baldass, H. B. [2]1959. – J. Combe, H. B. 1957. – W. Fraenger, H. B. 1977. – H. Holländer, H. B. 1975. – C. Linfert, H. B. 1970. – R. H. Marijnissen, H. B. 1972.

Bouts, Dieric. W. Schöne, D. B. u. seine Schule. 1938.

Brouwer, Adriaen. W. von Bode, A. B. 1924. – G. Böhmer, Der Landschafter A. B. 1940 – E. Höhne, A. B. 1960.

Bruegel, Pieter. R. Delevoy, P. B. Genf. 1959. – M. Dvořák, Die Gemälde P. B.s 1941. – F. Grossmann, P. B., die Gemälde. London. 1955. – G. Jedlicka, P. B. [2]1947. – R. H. Marijnissen, P. B. 1969. – C. Mettra, B. 1978.

Delvaux, Paul. A. Terrasse, P. D. 1972.

Dyck, Anthonis van. G. Adriani (Hrsg.), A. v. D., Italien. Skizzenbuch. 1940. – E. Göpel, Van D. 1940. – L. van Puyvelde, Van D. Brüssel. 1956.

Eyck, Jan u. Hubert van. L. Baldass, J. v. E. London. 1952. – H. Beenken, H. u. J. v. E. 1941. – M. J. Friedländer, Die van Eycks. 1937.

Gerhaert, Nicolaus. L. Fischel, N. G. u. die Bildhauer der dt. Spätgotik. 1944. – O. Wertheimer, N. G. Seine Kunst u. seine Wirkung. 1929.

Goes, Hugo van der. V. Denis, H. v. d. G. Brüssel. 1956. – K. Pfister, H. v. d. G. 1923. – F. Winkler, Die Werke des H. v. d. G. 1964.

Gogh, Vincent van. P. Cabanne, V. v. G. 1975. – R. Huyghe, v. G. („Die Verfolgung des Absoluten"). 1978. – F. Erpel, Die Selbstbildnisse van Goghs. [2]1964. – H. Keller, V. v. G. Neuaufl. 1978. – J. Leymarie, v. G. Paris. 1951. – J. Meier-Graefe, Vincent. 2 Bde. 1921. – M. Schapiro, V. v. G. [2]1978. – W. Uhde, V. v. G. o. J.

Gossaert, Jan (gen. Mabuse). J. G., Ausstellungskatalog Rotterdam. Brügge. 1965.

Goyen, Jan von. H. U. Beck, J. v. G. 1965. – H. van de Waal, J. v. G. Amsterdam. 1948.

Hals, Frans. F. Dülberg, F. H., sein Leben u. Werk. 1930. – C. Grimm, F. H. 1972. – E. Plietzsch, F. H. 1940.

Hooch, Pieter de. W. R. Valentiner, P. d. H. 1929.

Leyden, Lucas van. L. Baldass, Die Gemälde des L. v. L. 1923. – M. J. Friedländer, L. v. L. 1963.

Magritte, René. R. Passeron, R. M. 1971. – U. Schneede, R. M. Leben u. Werk. 1973. – H. Torczyner, R. M. Zeichen u. Bilder. 1977.

Massys, Quentin. M. J. Friedländer, Q. M. 1929.

Memling, Hans. L. von Baldass, H. M. 1942. – M. J. Friedländer, M. Amsterdam. 1949.

Mondrian, Piet. M. Seuphor, P. M. 1957. – H. L. Jaffé, P. M. 1971.

Rembrandt, Harmensz van Rijn. K. Bauch, Der frühe R. u. seine Zeit. 1960. – Ders., R. – Gemälde. 1966. – O. Benesch, The Drawings of R. 6 Bde. London. 1954–1957. – W. Boeck, R. 1962. – H. Bonnier, R. u. seine Welt. 1969. – J. Gantner, R. 1964. – H. Gerson, R. 1969. – L. Goldscheider, R. Gemälde u. Graphik. 1960. – B. Haak, R. 1969. – Ders., R.-Zeichnungen. 1974. – E. Hanfstaengl, R. H. v. R. 1947. – M. Hausmann, Der Mensch vor Gottes Angesicht. R. – Bilder – Deutungsversuche. [3]1979. – J. Jahn, R. 1956. – G. Simmel, R.studien. 1953.

Rubens, Peter Paul. P. Arents, R.-Bibliographie. 1943. – F. Baudouin, P. P. R. 1977. – H. Bauer, R. 1977. – R. Delevoy, R. 1973. – H. G. Evers, R. u. sein Werk. Brüssel. 1944. – R. Liess, Die Kunst des R. 1977. – E. Lucie-Smith, R. London. 1961. – M. Warnke, P. P. R. Leben u. Werk. 1977.

Ruisdael, Jacob van. H. Beenken, Die Landschaftsschau J. v. R. 1943. – K. E. Simon, J. v. R. 1927.

Ruysdael, Salomon van. W. Stechow, S. v. R. Eine Einführung in seine Kunst. [2]1975.

Seghers, Hercules. G. Knutel, H. S. Amsterdam. 1951. – J. Springer, Die Radierungen des H. S. 4 Bde. 1910–1913.

Sluter, Claus. H. David, C. S. Paris. 1951.

Ter Borch, Geraert. S. J. Gudlaugsson, G. T. 2 Bde. Den Haag. 1959/60. – E. Plietzsch, G. t. B. 1944.

Vermeer, Johannes. L. Goldscheider, J. V. 1958. – J. Mistler, V. 1973. – E. G. Grimme, J. V. van Delft. 1974.

Vries, Adrian de. L. O. Larsson, A d. V. 1967.

Weyden, Rogier van der. H. Beenken, R. v. d. W. 1951. – M. Davies, R. v. d. W. 1973. – M. J. Friedländer, R. v. d. W. u. der Meister von Flémalle. Leiden. 1937. – Th. Musper, Untersuchungen zu R. v. d. W. u. Jan van Eyck. 1949. – A. Schmarsow, Robert van der Campine u. R. v. d. W. 1928.

2.4.6, 2.5.5 FRANZÖSISCHE KUNST

Bonnard, Pierre. R. Cogniat, P. P. 1968. – H. Rumpel, P. B. 1952. – Ch. Terrasse, P. B. 1964.

Boucher, François. G. Gailleux, F. B., premier peintre du roi. Paris. 1964. – G. Kahn, F. B. 1912. – H. Leporini (Hrsg.), B., Handzeichnungen. 1948.

Bourdelle, Emil Antoine. P. Descargues, E. A. B. Paris. 1954.

Braque, Georges. P. Descargues, F. Ponge, A. Malraux, G. B. 1972. – W. Hofmann, G. B., das graph. Werk. 1961. – J. Leymarie, G. B. Genf. 1961. – J. Russel, G. B. 1959.

Cézanne, Paul. G. Adriani, P. C. Zeichnungen. 1978. – K. Badt, Das Spätwerk C.s. 1971. – K. Leonhard, P. C. 1976. – J. Meier-Graefe, C. u. sein Kreis. 1922. – F. Novotny, C. u. das Ende der wissenschaftl. Perspektive. [2]1970. – H. Perruchot, C. 1961.

Corot, Jean-Baptiste-Camille. J. Leymarie, C. 1980. – Y. Taillandier, C. 1968.

Courbet, Gustave. K. Herding (Hrsg.), Realismus als Widerspruch. Die Wirklichkeit in C.s Malerei. 1978. – M. L. Kaschnitz, Die Wahrheit, nicht der Traum. Das Leben des Malers C. 1978. – J. Meier-Graefe, C. 1924.

Daumier, Honoré. M. Gobin, D. sculpteur. Genf. 1952. – G. Piltz, H. D. 1975. – G. Ziller, D. 1947.

David, Jacques Louis. L. Hautecœur, L. D. Paris. 1954. – K. Lankheit, J. L. D., Der Tod Marats. 1962.

Degas, Edgar. J. Adhémar, F. Cachin, Franz. Impressionisten II. Das Graph. Werk v. E. D. 1973. – J. Meier-Graefe, D. 1924. – J. Rewald, D., das plast. Werk. 1957.

Delacroix, Eugène. K. Badt, E. D. 1965. – Ders., E. D., Zeichnungen. 1951. – G. Busch, E. D. 1973. – U. Christoffel, E. D. 1951. – H. Graber (Hrsg.), Der junge D. Briefe, Tagebücher, Werke. 1938.

Delvaux, Paul. A. Terrasse, P. D. 1972.

Denis, Maurice. S. Barazzetti, Demoulin, M. D. Paris. 1945. – P. Jamot, M. D. Paris. 1947.

Derain, André. G. Hilaire, D. Genf. 1959. – D. Sutton, A. D. London. 1960.

Dubuffet, Jean. A. Franzke, D. 1975. – M. Loreau, J. D. 1971.

Duchamp, Marcel. R. Lebel, D. Von der Erscheinung zur Konzeption. 1972. – C. Tomkins, D. u. seine Zeit. o. J.

Dufy, Raoul. R. Ben Sussan, R. D. Gemälde u. Aquarelle. 1959.

Fouquet, Jean. P. Wescher, J. F. u. seine Zeit. [2]1947.

Fragonard, Jean Honoré. A. Ananoff, L'œuvre dessiné de F. 2 Bde. Paris. 1961, 1963. – L. Réau, F., sa vie, son œuvre. Brüssel. 1956. – G. Wildenstein, F. aquafortiste. Paris. 1956. – Ders., The Paintings of F. London. 1960.

Froment, Nicolas. M. Marignane, N. F. Paris. 1936.

Gauguin, Paul. G. Boudaille, G. 1978. – K. von Etzdorf, P. G. 1960. – R. Goldwater, P. G. 1957. – Ch. Gray, Sculpture and ceramics of P. G. Baltimore. 1963. – G. Wildenstein (Hrsg.), G., sa vie, son œuvre. Paris. 1964.

Géricault, Théodore. K. Berger, G. u. sein Werk. 1952.

Klein, Yves. P. Wember, Y. K. 1972.

La Tour, Georges de. P. Rosenberg, G. d. L. T. 1973.

Laurens, Henri. W. Hofmann, H. L. 1970.

Le Corbusier. W. Boesiger-Girsberger, L. C. 1960. – F. Choay, L. C. 1961. – T. Hilpert, Die Funktionelle Stadt. L. C.s Stadtvisionen. 1978. – N. Huse, L. C. 1976.

Le Nain. P. Jamot, L. N.: peintures, dessins. Paris. 1939. – G. Isarlo, Les trois L. N. Paris. 1938. – J. Thuillier, Les frères L. N.: une nouvelle œuvre religieuse. Paris. 1960.

Leger, Fernand. R. Delevoy, F. L. Genf. 1962. – J. Leymarie, L.: Das graph. Werk. 1973. – W. Schmalenbach, F. L. 1977.

Lorrain, Claude. K. Gerstenberg, C. L. 1952. – Th. Hetzer, C. L. 1947. – M. Röthlisberger, C. L., the paintings. 2 Bde. New Haven. 1961.

Maillol, Aristide. G. Busch, A. M. als Illustrator. 1970. – F. Fosca, A. M. 1945. – R. Linnenkamp. A. M. Die großen Plastiken. 1960.

Manessier, Alfred. J. P. Hodin, A. M. 1972.

Manet, Edouard. G. Bataille, M. Genf. 1955. – P. Courthion, E. M. 1962. – G. Jedlicka, E. M. 1941. – H. Perruchot, M. 1962.

Matisse, Henri. G. Diehl, M. 1952. – G. Jedlicka, Die M.-Kapelle in Vence. 1955. – J. Lassaigne, M. Genf. 1959. – G. Marchiori, M. 1967.

Monet, Claude. J. P. Hoschedé, C. M. Genf. 1960. – W. C. Seitz, C. M. [2]1975. – D. Wildenstein, C. M. 1972.

Picasso, Pablo Ruiz. R. Arnheim. P., Guernica, Entstehung eines Bildes. 1964. – F. A. Baumann, P. P. – Leben u. Werk. 1976. – W. Boeck, P. P. o. J. – J. Cassou (Hrsg.), P. 1975. – J. E. Cirlot, P., Das Jugendwerk eines Genies. 1972. – P. Descargnes, F. Ponge, P. 1975. – K. Gallwitz, P. Laureatus. Sein malerisches Werk seit 1945. 1971. – F. Gilot, C. Lake, Leben mit P. Biographie. 1969. – D.-H. Kahnweiler, P.-Keramik. 1970. – J. Leymarie, P. P. Die Metamorphosen P.s 1971. – S. u. G. Ramié, P. P.: Die Keramiken. 1959. – W. Spies, P. P.: Das plastische Werk. 1971.

Pissaro, Camille. R. Cogniat, P. 1978. – J. Rewald, C. P. [2]1968.

Poussin, Nicolas. A. Chastel, N. P. 2 Bde. Paris. 1960. – U. Christoffel, P. u. Claude Lorrain. 1942. – W. Friedländer, The drawings of N. P. 4 Bde. London. 1939. – G. Kauffmann, P.-Studien. 1960. – D. Wild, N. P. 2 Bde. 1980.

Renoir, Auguste. G. Jedlicka, R. 1947. – W. Pach, A. R. Leben u. Werk. 1976. – J. Renoir, Mein Vater A. R. 1962.

Rodin, Auguste François René. J. Gantner, R. u. Michelangelo. 1953. – H. Hale, R. u. seine Zeit. o. J. – R. M. Rilke, R. 1955.

Rouault, Georges. P. Courthion, G. R. 1962.

Rousseau, Henri. W. Helwig, Die Geheimnisse eines Zöllners. – H. R. 1962. – H. Perruchot, H. R. o. J. – E. Raboff, H. R. o. J. – D. Vallier, H. R. 1961.

Seurat, Georges. C. M. de Hauke, S. et son œuvre. Paris. 1961. – R. L. Herbert, S.s Drawings. New York. 1963. – J. Russell, S. 1968.

Signac, Paul. G. Besson, P. S., Dessins. Paris. 1950. – G. Besson, P. S. Paris. 1935.

Toulouse-Lautrec, Henri Marie Raymond de. G. Adriani, H. de T.-L. Monographie u. Katalog des gesamten graph. Werkes. 1976. – W. Kern., T.-L. 1948. – H. Perruchot, T.-L. Eine Biographie. 1978. – L. Schmidt, T.-L. 1977.

Utrillo, Maurice. J. Giesen, M. U. 1954. – H. Guenther, U. Der Meister des Montmartre. 1944. – P. Pétridès, L'œuvre complèt de M. U. 2 Bde. Paris. 1959–1962.

Watteau, Jean-Antoine. H. Adhémar, W., sa vie, son œuvre. Paris. 1950. – A. E. Brinckmann, J.-A. W. 1943. – M. Gauthier, W. 1959. – J. Mathey. A. W. Paris. 1959.

2.4.7, 2.5.6 ENGLISCHE KUNST

Bacon, Francis. J. Russell, F. B. 1972.

Beardsley, Aubrey. F. Blei, A. B. Zeichnungen. 1978. – B. Reade, A. B. 1969.

Blake, William. A. Blunt, The Art of W. B. New York. 1959. – G. Keynes, W. B.s Engravings. London. 1950. – Ders., W. B. Dichter, Drucker, Prophet. 1959. – G. Klotz, W. B. 1958. – M. D. Paley, W. B. 1978.

Brown, Ford Madox. H. Rossetti, F. M. B. London. 1902.

Chippendale, Thomas. O. Brackett, Th. C. London. 1924. – E. J. Layton, Th. C. A review of his life and origin. London. 1928.

Gainsborough, Thomas. E. K. Waterhouse, G. London. 1958. – M. Woodall (Hrsg.), The Letters of Th. G. London. 1963.

Hogarth, William. F. Antal, H. u. seine Stellung in der europ. Kunst. 1966. – J. Burke, W. H.: Das graph. Werk. 1968. – K. Haemmerling, H. 1950.

Moore, Henry. J. Atlen, Projects. 1971. – W. Grohmann, H. M. 1960. – A. Hentzen, H. M. 1960. – J. P. Hodin, M. Amsterdam. 1956. – Katalog des graph. Werkes 1931–1972. 1973. – R. Melville, H. M.: Skulpturen u. Zeichnungen. 1971. – H. Read, H. M. Sculpture and drawings. 2 Bde. London. 1949 u. 1955.

Morris, William. F. A. Schmidt-Künsemüller, W. M. und die neuere Buchkunst. 1955.

Nicholson, Ben. Zeichnungen, Gemälde u. Reliefs 1911–1968. 1970.

Ruskin, John. J. Evans, J. R. London. 1954.

Sutherland, Graham. Das graph. Werk. 1970.

Turner, Joseph Mallord William. W. Haftmann u. a., J. M. W. T. Der Maler des Lichts. 1972. – J. Rothenstein, M. Butlin, J. M. W. T. 1965. – J. Walker, W. T. 1978.

Whistler, James Abbott McNeill. D. Sutton, Nocturne: The art of J. McNeill W. London. 1963.

Wren, Sir Christopher. J. Summerson, S. Ch. W. London. 1965. – W. C. Whitacker, S. Ch. W. London. 1932.

2.4.8, 2.5.7 SPANISCHE KUNST

Berrocal, Miguel. G. Marchiori, B. 1973.

Gaudi, Antonio. G. Sterner, G. Architektur als Ereignis. 1979.

Gonzalez, Julio. V. A. Cerni, J. G. 1973.

Goya, Francisco de. A. Dieterich, F. de G.: Visionen einer Nacht. 1972. – J. Gantner, G. Der Künstler u. seine Welt. 1974. – P. Gassier, J. Wilson, G. 1970. – E. Lafuente-Ferrari, G. Sämtl. Radierungen u. Lithographien. 1961. – A. Malraux, G. 1957. – G. Williams, G. 1978.

Greco (El Greco), Dominico. J. Camón Aznar, D. G. 2 Bde. Madrid. 1950. – L. Goldscheider, El G. London. 1938. – J. Gudiol, El G. 1973. – P. Guinard, El G. 1956. – H. Kehrer, G. als Gestalt des Manierismus. 1939.

Gris, Juan. D.-H. Kahnweiler, Letters of J. G. London. 1956. – Ders., J. G. Leben u. Werk. 1968. – G. Schmidt, J. G. u. die Geschichte des Kubismus. 1957.

Mirò, Joan. J. Dupin, M., der Bildhauer. 1972. – J. Hunter, J. M. Das graph. Werk. 1959. – A. Jouffroy, J. Teixidor, M. Plastik. 1974. – J. Lassaigne, M. 1963. – M. Leiris, F. Mourlot, J. M., der Lithograph. 1972.

Murillo, Bartholomé Estéban. H. Knackfus, M. [7]1913. – A. L. Mayer, M. [2]1923.

Ribera, Jusepe de. A. Liebmann Mayer, J. de R. [2]1923.

Velazquez, Diego. K. Gerstenberg. D. V. 1957. – J. López-Rey, V., A catalogue raisonné of his œuvre. London. 1963. – J. E. Muller, V. 1975.

Zurbaran, Francisco de. P. Guinard, Z. et les peintres epagnoles de la vie monastique. Paris. 1960. – H. Kehrer, F. de Z. 1918. – M. S. Soria, The Paintings of Z. London. 1953.

2.4.9, 2.5.8 SKANDINAVISCHE KUNST

Aalto, Alvar. K. Fleig (Bearb.), A. A. Gesamtwerk. 3 Bde. [3]1970, 1971, 1976.

Dahl, Johan Christian. L. Øs by, J. Ch. D. Oslo. 1957.
Gallen-Kallela, Axel. O. Okkonen, A G.-K. Helsinki. 1949.
Gulbransson, Olaf. D. Björnson-G., Das O. G. Buch. 1977. – E. Roth, O. G., Maler u. Zeichner. 1959.
Hertervig, Lars. A. Blytt, L. H. Oslo. 1939.
Jorn, Asger. G. Atkins, A. J. London. 1964. – W. Schmied u. a., A. J. 1973.
Munch, Edvard. H. Bock, G. Busch (Hrsg.), E. M. Probleme – Forschungen – Thesen. 1973. – H. E. Gerlach, E. M., Sein Leben u. Werk. 1955. – J. P. Hodin, E. M. 1963. – J. Selz, E. M. 1975. – R. Stang, E. M. 1979.
Roslin, Alexander. D. Levertin, A. R. Stockholm. 1901.
Willumsen, Jens Ferdinand. S. Schultz, J. F. W. Stockholm. 1948.

2.5.1 STILEPOCHEN: 19.–20. JAHRHUNDERT

abstrakte Kunst. M. Brion, Geschichte der abstrakten Kunst. 1960. – W. Grohmann (Hrsg.), Neue Kunst nach 1945. 1958. – W. Haftmann, Dt. abstrakte Maler. 1953. – G. Händler, Dt. Malerei der Gegenwart. 1956. – H. L. C. Jaffé, De Stijl, 1917–1931. Amsterdam. 1956. – R. Korn, Kandinsky u. die Theorie der abstrakten Malerei. 1960. – H. Lützeler, Abstrakte Malerei. 1961. – K. Malewitsch, Vom Kubismus zum Suprematismus. 1915. – Ders., Die gegenstandslose Welt. 1927. – A. Pohribny, Abstrakte Malerei. 1978. – M. Seuphor (Hrsg.), Lexikon abstrakter Malerei. 1957. – Ders., Ein halbes Jahrhundert abstrakte Malerei. 1962.
Ars Povera, Objektkunst, Conceptual Art. G. Celant, Ars Povera. 1969. – Ders., Conceptual Art, Arte Povera, Land Art. 1970. – J. Frecot (Hrsg.), Idee, Konzept, Werk. 1977. – K. Groh (Hrsg.), If I had a mind (ich stelle mir vor). Concept-art, project-art. 1971. – K. Honnef, Concept Art. 1971. – K. Hoffmann, Kunst im Kopf. Aspekte der Realkunst. 1972. – R. Wedewer, K. Fischer, Konzeption-conception. 1969.
Biedermeier → Klassizismus.
Dadaismus. R. Huelsenbeck, Mit Witz, Licht u. Grütze. Auf den Spuren des Dadaismus. 1957. – Ders., En avant Dada. Zur Geschichte des Dadaismus. [2]1978. – M. Oesterreicher-Mollwo, Surrealismus u. Dadaismus. 1978. – H. Richter, Dada Profile. 1961. – Ders., Dada – Kunst u. Antikunst. Neuaufl. 1973. – W. S. Rubin, Dada u. Surrealismus. 1973. – W. Verkauf, Dada, Monographie einer Bewegung. 1957.
Expressionismus. H. Bahr, Expressionismus. 1920. – L.-G. Buchheim, Die Künstlergemeinschaft „Brücke". 1956. – J. P. Crespelle, Fauves u. Expressionisten. 1963. – Chr. Eykman, Denk- u. Stilformen des Expressionismus. 1974. – G. F. Hartlaub, Die Graphik des Expressionismus in Dtschld. 1947. – G. Jedlicka, Der Fauvismus. Zürich. 1961. – W. Kandinsky, F. Marc, Der Blaue Reiter. [2]1914. – J. Leymarie, Fauvismus. 1959. – B. S. Myers, Die Malerei des Expressionismus. 1957. – L. Richard (Hrsg.), Lexikon des Expressionismus. 1978. – P. Vogt, Dt. Malerei des Expressionismus 1905–1920. 1978. – H. Walden, Expressionismus. Die Kunstwende. 1918. – H. M. Wingler. Der Blaue Reiter. 1954.
Fluxus, Happening, Environment. L. Alloway, Fluxus. 1970. – J. Becker, W. Vostell (Hrsg.), Happenings. Fluxus, Pop Art, Nouveau Réalisme. Eine Dokumentation. 1965. – J. Burns (Hrsg.), Jam. Ein Buch über Environments, Architekturexperimente u. Zukunftsdesign. 1971. – J. Claus, Expansion der Kunst. Action, Environment, Kybernetik, Technik, Urbanistik. 1970. – H. W. Franke, G. Jäger, Apparative Kunst. 1973. – A. Kaprow, Assemblage, Environments and Happenings. 1968. – M. Kirby, Happenings in New York. New York. 1965. – J.-J. Lebel, Le happening. Paris. 1966.
Futurismus. C. Baumgart, Geschichte des Futurismus. 1966. – U. Boccioni, Pittura, Scultura, Futurista. Mailand. 1914. – R. Carrieri, Futurismus. 1962. – E. Falqui, Bibliografia e iconografia del futurismo. Florenz. 1959. – M. Gerhardus, D. Gehardus, Kubismus u. Futurismus. 1977. – F. T. Marinetti, Manifesti del Futurismo. 4 Bde. Mailand. 1932.
Impressionismus. P. Courthion, Malerei des Impressionismus. 1976. – W. Gaunt, Impressionismus. 1971. – H. Keller, Die Kunst der französ. Impressionisten. 1975. – J. Leymarie, Der Impressionismus. 1955. – Ders., M. Melot, Französ. Impressionisten. Das Graph. Werk von Manet, Pissarro, Renoir, Cézanne, Sisley. 1972. – J. Meier-Graefe, Impressionisten. 1907. – F. Novotny, Die großen französ. Impressionisten. 1952. – J. Rewald, Die Geschichte des Impressionismus. 1965. – M. Sérullaz (Hrsg.), Lexikon des Impressionismus. 1975. – S. Wichmann, Realismus u. Impressionismus in Dtschld. 1964.
Jugendstil u. Symbolismus. F. Ahlers-Hestermann, Stilwende. [2]1956. – G. Bott, Jugendstil. Kunsthandwerk um 1900. 1965. – I. Cremona, Die Zeit des Jugendstils. 1966. – R. L. Delevoy, Der Symbolismus in Wort u. Bild. 1979. – K. Dingelstedt, Jugendstil in der angewandten Kunst. 1959. – K. Eschmann, Jugendstil. 1976. – M. Gerhardus, D. Gerhardus, Symbolismus u. Jugendstil. 1977. – H. Hofstätter, Geschichte der europäischen Jugendstilmalerei. [3]1969. – Ders., Idealismus und Symbolismus. 1972. – Ders., Symbolismus u. die Kunst der Jahrhundertwende. 1965. – L. Hönninghausen, Präraffaeliten u. fin de siècle. 1971. – Ph. Jullian, Mythen u. Phantasmen in der Kunst des fin de siècle. 1971.
Klassizismus, Romantik, Biedermeier. K. Andrews, The Nazarenes. Oxford. 1964. – H. Beenken, Das 19. Jh. in der dt. Kunst. 1944. – Ders., Schöpfer, Bauideen der dt. Romantik. 1952. – E. Behlen u. a., Die europäische Romantik. 1972. – M. Brion, Kunst der Romantik. 1960. – K. Clark, The Gothic Revival. London. [2]1950. – H. von Einem, Dt. Malerei des Klassizismus u. der Romantik 1760–1840. 1978. – G. Giedion, Spätbarocker u. romant. Klassizismus. 1922. – W. Herrmann, Dt. Baukunst des 19. Jh. 1770–1840. 1932. – J. Chr. Jensen, Aquarelle u. Zeichnungen der dt. Romantik. 1978. – E. Kalkschmidt, Biedermeiers Glück u. Ende. 1957. – H. Keller, Dt. Maler des 19. Jahrhunderts. 1979. – E. Klessmann, Die dt. Romantik. 1979. – A. T. Leitich, Wiener Biedermeier. [5]1944. – G. Pauli, Die Kunst des Klassizismus u. der Romantik. 1925. – E. Scheyer, Biedermeier in der Literatur u. Kunstgeschichte. 1960. – P. F. Schmidt, Biedermeiermalerei. [2]1923. – Ders., Die Lukasbrüder. 1924. – H. Schrade, Dt. Maler der Romantik. 1967. – F. Schumacher, Strömungen in der dt. Baukunst seit 1800. 1935. – H. Steffen (Hrsg.), Die dt. Romantik. [3]1978. – H. Verbeck-Cordanus, Die Lukasbrüder. 1947. – H. Vogel, Dt. Baukunst des Klassizismus. 1937. – R. Zeitler u. a., Die Kunst des 19. Jh. (Propyläen-Kunstgeschichte). 1966.
Kubismus. G. Apollinaire, Die Maler des Kubismus. 1956. – P. Cabanne, Die moderne Zeit des Kubismus. 1964. – M. Gerhardus, D. Gerhardus, Kubismus u. Futurismus. 1977. – A. Gleizes, Kubismus. 1928. – D.-H. Kahnweiler, Der Weg zum Kubismus. 1958. – M. Lifschitz, Krise des Häßlichen. Vom Kubismus zur Pop-Art. 1971. – A. Schmeller, Kubismus. 1956. – H. Walden, Einblick in Kunst; Expressionismus, Futurismus, Kubismus. [3]1924.
Nachimpressionismus. C. Coquiot, Les Indépendants. Paris. 1920. – A. Eddy, Cubists and Postimpressionism. Chicago. [2]1919. – M. Raphael, Von Monet zu Picasso. 1913. – J. Rewald, Von van Gogh zu Gauguin. Die Maler des Nachimpressionismus. 1957.
Neue Sachlichkeit. F. Roh, Nachexpressionismus. 1925. – Ders., Geschichte der dt. Kunst von 1900 bis zur Gegenwart. 1958. – W. Schmied, Neue Sachlichkeit u. magischer Realismus in Deutschland. 1918–1933. 1969. – B. Taut, Die neue Wohnung. [3]1925.
Pittura metafisica. Ausstellungskatalog: Futurismo e Pittura Metafisica. Zürich. 1950. – C. Carra, Pittura Metafisica. Rom. 1919.
Pop- und Op-Art, Psychedelische Kunst. C. Barrett, Op-art. London. 1970. – R. G. Dienst, Pop-art. 1965. – J. Hermand, Pop international. 1971. – L. R. Lippard, Pop-art. 1968. – R. E. L. Masters, Psychedelische Kunst. 1969. – J. Pierre, Du Mont's kleines Lexikon der Pop-Art. 1978. – W. C. Seitz, The responsive eye, Museum of Mod. Art. New York. 1965.
Romantik → Klassizismus.
Surrealismus. S. Alexandrian, Surrealist. Maler. 1973. – P. C. Berger, Bilanz des Surrealismus. 1951. – A. Breton, Die Manifeste des Surrealismus. 1977. – R. Passeron (Hrsg.), Lexikon des Surrealismus. 1975. – U. W. Schneede, Malerei des Surrealismus. 1973. – P. Waldberg, Der Surrealismus. 1972.
Symbolismus → Jugendstil.
Wiener Schule des phantastischen Realismus, Neuer Realismus. L. Chase, Der Neue Realismus in Amerika. 1973. – U. Kultermann, Radikaler Realismus. 1972. – P. Sager, Neue Formen des Realismus. 1973. – W. Schmied, Malerei des phantast. Realismus. Die Wiener Schule. 1964. – J. Muschik, Die Wiener Schule des Phantast. Realismus. 1974.

2.5.2 → 2.4.3
2.5.3 → 2.4.4
2.5.4 → 2.4.5
2.5.5 → 2.4.6
2.5.6 → 2.4.7
2.5.7 → 2.4.8
2.5.8 → 2.4.9

2.5.9 MODERNE KUNST

Gesamtdarstellungen: L.-G. Buchheim (Hrsg.), Lexikon moderner Kunst. 1958. – J. Claus, Kunst heute. 1965. – R.-G. Dienst, Dt. Kunst: eine neue Generation. 1970. – Ders., Noch Kunst. Neuestes aus dt. Ateliers. 1970. – Documenta I, II, III, IV, V, VI. Kataloge: 1955, 1959, 1964, 1968, 1972, 1976. – E. M. Gombrich, Kunst u. Fortschritt. 1978. – B. von Grüningen. Vom Impressionismus zum Tachismus. 1964. – A. P. Gütersloh, Zur Situation der modernen Kunst. 1963. – P. Klee, Über die moderne Kunst. 1948. – E. Lucie-Smith, Kunstrichtungen seit 1945. 1969. – Dies., S. Hunter, A. M. Vogt, Kunst der Gegenwart (Propyläen-Kunstgeschichte). 1978. – J. Morschel, Dt. Kunst der 60er Jahre. Plastik, Objekte, Aktionen. 1972. – A. Neumeyer, Die Kunst in unserer Zeit. 1961. – J. Roh, Dt. Kunst der 60er Jahre. Malerei, Collage, Op-Art, Graphik. 1971. – B. Rose, Amerikas Weg zur modernen Kunst. 1967. – H. Sedlmayr, Die Revolution der modernen Kunst. 1955. – Ders., Verlust der Mitte. [9]1976. – K. Thomas, Bis Heute. Stilgeschichte der bildenden Kunst im 20. Jh. 1971. – Dies., Sachwörterbuch zur Kunst des 20. Jh. 1973.
Baukunst. L. Benevolo, Geschichte der Architektur im 19. und 20. Jh. 1964. – U. Conrads, Programme u. Manifeste zur Architektur des 20. Jh. Neuaufl. 1971. – S. Giedion, Zeit, Raum u. Architektur. 1965. – W. Grohmann, Bildende Kunst u. Architekten. 1953. – G. Hatje, Lexikon der modernen Architektur. Neuaufl. 1971. – W. Hofmann, U. Kultermann, Baukunst unserer Zeit. 1969. – R. Jaspert (Hrsg.), Handbuch moderner Architektur. 1957. – J. Joedicke, Moderne Architektur. 1969. – H. Klotz, Gestaltung einer neuen Umwelt. 1978. – U. Kultermann, Neues Bauen in der Welt. Neuausg. 1974. – Ders., Die Architektur im 20. Jahrhundert. 1977. – Moderne Architektur. Fundamente, Funktionen, Formen. 1978. – N. Pevsner, Der Beginn der modernen Architektur u. des Design. 1971. – G. E. Smith, Moderne Architektur in Europa. 1964.
Graphik. J. Adhémar, Europäische Graphik im 20. Jh. 1964. – W. Stubbe, Die Graphik des 20. Jh. 1960. – E. Trier, Zeichner des 20. Jh. 1956.
Malerei. J. Claus, Theorien zeitgenöss. Malerei in Selbstzeugnissen. 1963. – W. Haftmann, Die Malerei im 20. Jh. Eine Entwicklungsgeschichte. [4]1965. – Ders., Die Malerei im 20. Jh. Eine Bildenzyklopädie. 1965. – W. Hess, Dokumente zum Verständnis der modernen Malerei. 1956. – N. Ponente, Moderne Malerei. Zeitgenöss. Strömungen. 1960. – H. Read, Geschichte der modernen Malerei. 1964. – H. Richter, Stilgeschichte der Malerei im 20. Jahrhundert. 1974. – P. F. Schmidt, Geschichte der modernen Malerei. 1952. – D. Vallier, Geschichte der Malerei im 20. Jh. 1870–1940. 1963. – P. Vogt, Geschichte der dt. Malerei im 20. Jh. 1972.
Plastik. H. J. Albrecht, Skulptur im 20. Jahrhundert. Raumbewußtsein u. künstl. Gestaltung. 1977. – G. Caradente (Hrsg.), Lexikon der modernen Plastik. 1961. – H. R. Fuchs, Die Plastik der Gegenwart. 1964. – C. Giedion-Welcker, Moderne Plastik. 1936. – U. Kultermann, Neue Dimensionen der Plastik. 1967. – J. Morschel, Plastik, Objekte, Aktionen. 1972. – J. Selz, Ursprünge der modernen Plastik. 1963. – E. Trier, Figur u. Raum. Die Skulptur des 20. Jh. 1960.
Städtebau. G. Albers, Was wird aus der Stadt? 1972. – H. P. Bahrdt, Die moderne Großstadt, Soziolog. Überlegungen zum Städtebau. [3]1972. – W. Braunfels, Abendländ. Stadtbaukunst. 1976. – E. Egli, Geschichte des Städtebaus. 3 Bde. 1959–1967. – R.-R. Grauhan (Hrsg.), Großstadt-Politik. 1972. – R. Günther u. a., Architektur u. Städtebau im 20. Jahrhundert. 1975. – J. Joedicke, Architektur u. Städtebau. 1963. – H. Koepf, Stadtbaukunst in Österreich. 1972. – J. V. Lindsay, Städte brauchen mehr als Geld. 1971. – Medizin u. Städtebau. 2 Bde. 1957. – Mehr Demokratie im Städtebau. 1972. – A. Mitscherlich, Thesen zur Stadt der Zukunft. 1971. – H. B. Reichow, Organische Stadtbaukunst. 1948. – Ders., Die autogerechte Stadt. 1959. – Städtebau der Zukunft. Tendenzen, Prognosen, Utopien. 1970. – J. C. Tesdorpf, Systemat. Bibliographie zum Städtebau. Stadtgeographie – Stadtplanung – Stadtpolitik. 1975. – M. Trieb, U. Grammel, A. Schmidt, Stadtgestaltungspolitik. 1979. auch → 2.4.0.

2.6.0 MUSIK (ALLGEMEINES)

Lexika und Enzyklopädien: W. Apel (Hrsg.), Harvard Dictionary of Music. Cambridge. [2]1969. – H. Bennwitz, Kleines Musiklexikon. 1963 (Sammlung Dalp 91). – F. Blume (Hrsg.), Die Musik in Geschichte u. Gegenwart. 15 Bde. 1948–1979. – C. Dahlmann, H. H. Eggebrecht (Hrsg.), Brockhaus-Riemann-Musiklexikon. 2 Bde. 1978. – R. Eitner, Biographisch-bibliographisches Quellenlexikon der Musiker u. Musikgelehrten. 10 Bde. 1900. Nachdr. 6 Bde. 1959/60. – P. Frank, W. Altmann, Kurzgefaßtes Tonkünstler-Lexikon. 2 Bde. [15]1936. Neudr. 1971–1973. – G. Grove, Dictionary of Music and Musicians. 9 Bde. London. [5]1954. – F. Herzfeld (Hrsg.), Ullstein Lexikon der Musik. [9]1980. – M. Honegger, G. Massenkeil (Hrsg.), Das große Lexikon der Musik. 8 Bde. 1978ff. – N. Lloyd, Großes Lexikon der Musik. [2]1978. – Meyers Handbuch über die Musik. [4]1971. – H.-J. Moser, Musiklexikon. 2 Bde. u. Ergänzungsband. [4]1955–1963. – K. Pahlen, Musiklexikon der Welt. [2]1966. – H. Riemann, Musiklexikon. 3 Bde. [12]1959–1967, Hrsg. W. Gurlitt. 2 Ergänzungsbände, Hrsg. C. Dahlhaus. – N. Slonimsky, Music since 1900. New York. [4]1971. – E. Thiel, Sachwörterbuch der Musik. [2]1973. – O. Thompson, The International Cyclopedia of Music and Musicians. New York. [9]1964. Bilddarstellungen: H. Besseler u. M. Schneider (Hrsg.), Musikgeschichte in Bildern. 4 Bde. 1965ff. – K. M. Komma, Musikgeschichte in Bildern. 1961. – A. Ott, Tausend Jahre Musikleben. [3]1968.
Musikästhetik. Th. W. Adorno, Philosophie der neuen Musik. 1978. – E. Bloch, Zur Philosophie der Musik. 1974. – F. Busoni, Entwurf einer neuen Ästhetik der Tonkunst. 1973. – C. Dahlhaus, Musikästhetik. 1968. – H. H. Eggebrecht, Musikalisches Denken. 1977. – H. Goldschmidt, Die Musikästhetik des 18. Jh. 1915. Nachdr. 1968. – E. Hanslick, Vom Musikalisch-Schönen. 1854. Nachdr. 1976. – K. Huber, Musikästhetik. 1954. – A. Riethmüller, Die Musik als Abbild der Realität. 1976. – R. Schäfke, Geschichte der Musikästhetik in Umrissen. [2]1964. – G. Schuhmacher, Einführung in die Musikästhetik. 1975. – A. Wellek, Die ganzheitspsychoolog. Aspekte der Musikästhetik. 1958. – E. G. Wolff, Grundlagen einer autonomen Musikästhetik. 2 Bände. 1934–1938.
Musikpsychologie. G. Albersheim (Hrsg.), Zur Musikpsychologie. [2]1979. – J. Handschin, Der Toncharakter. Eine Einführung in die Tonpsychologie. 1948. – E. Kurt, Musikpsychologie. 1931. Nachdr. 1969. – G. Révész, Einführung in die Musikpsychologie. [2]1972. – A. Wellek, Musikpsychologie u. Musikästhetik. [2]1975.
Musiksoziologie. Th. W. Adorno, Einleitung in die Musiksoziologie. Neuausg. 1975. – S. Drinker, Die Frau in der Musik. 1955. – T. Kneif, Polit. Musik. 1977. – O. Kolland (Hrsg.), Musik u. Gesellschaft. 1978. – M. Weber, Die rationalen u. soziolog. Grundlagen der Musik. 1972.
Musikwissenschaft. E. Bücken, Handbuch der Musikwissenschaft. 12 Bde. 1927–1934. – C. Dahlhaus, T. Kneif, Einführung in die systemat. Musikwissenschaft. 1971. – K. G. Fellerer, Einführung in die Musikwissenschaft. [2]1956. – H. Husmann, Einführung in die Musikwissenschaft. 1958.

2.6.1 MUSIKALISCHE GRUNDBEGRIFFE

Homophonie. H. Besseler, Bourdon u. Fauxbourdon. 1950.
Instrumentation. H. Becker, Geschichte der Instrumentation. 1964. – H. Berlioz, Instrumentationslehre (erg. u. rev. von R. Strauss). 2 Bde. [2]1955. – H. Erpf, Lehrbuch der Instrumentation u. Instrumentenkunde. [2]1962. – H. Kunitz, Die Instrumentation. 13 Teile. [13]1973ff.
Musikalität. Th. Billroth, Wer ist musikalisch? [4]1912.
Rezitativ. P. Mies, Das instrumentale Rezitativ. 1968. – F. H. Neumann, Die Ästhetik des Rezitativs. 1962.
Stimme, Stimmbildung, Stimmlage. E. Fischer, Handbuch der Stimmbildung. 1969.
Stimmung. W. Dupont, Geschichte der musikal. Temperatur. 1935.

2.6.2 MUSIKLEHRE. H. Grabner, Allgemeine Musiklehre. [12]1978. – K. Johnen, Allgemeine Musiklehre. [9]1974. – H.-J. Moser, Allgemeine Musiklehre. [3]1968. – H. Renner, Grundlagen der Musik. [8]1969.

2.6.3 METRIK UND RHYTHMUS

Metrik. P. Benary, Rhythmik u. Metrik. 1967. – R. Konrad, Rhythmus – Metrum – Form. 1979. – H. Riemann, System der musikal. Rhythmik u. Metrik. 1903, Nachdr. 1971.
Rhythmus. G. Becking, Der musikal. Rhythmus als Erkenntnisquelle. 1928, Nachdr. 1958. – A. Bund, Einige strittige Probleme der musikal. Rhythmik. Diss. 1927. – E. Feudel, Rhythmisch-musikal. Erziehung. [3]1956. – G. Flik, Die Morphologie des Rhythmus. Diss. 1936. – T. Georgiades, Der griech. Rhythmus. 1949. – E. Jaques-Dalcroze, Rhythmus, Musik u. Erziehung. 1922. – L. Klages, Vom Wesen des Rhythmus. [2]1944. – R. Steglich, Die elementare Dynamik des musikal. Rhythmus. 1930. – E. Tetzel, R. u. Vortrag. 1926.

2.6.4 NOTEN UND NOTENSCHRIFT

Mensuralnotenschrift. H. Anglès, Die zwei Arten der Mensuralnotation der Monodie des MA. 1958. – H. Bellermann, Die Mensuralnoten u. Taktzeichen des 15. u. 16. Jh. [4]1963. – F. Dietrich-Kalkhof, Gesch. der Notenschrift. 1907. – K. von Fischer, Studien zur italien. Musik des Trecento u. frühen Quattrocento. 1956. – F. Gennrich, Abriß der Mensuralnotenschrift des 14. u. 15. Jh. [2]1965. – J. Wolf, Gesch. der Mensuralnotation von 1250–1460. 3 Teile. 1904. Nachdr. 1965.
Neumen. E. Jammers, Zur Entwicklung der Neumenschrift im Karolingerreich. 1936. – E. Omlin, Die St.-gallischen Tonarbuchstaben. 1934. – H. Sanden, Entzifferungsvorgang neumat. Tonzeichen. 1959. – P. Wagner, Neumenkunde. [2]1912, Nachdr. 1962.

Notation. W. Apel, Die Notation der polyphonen Musik 900–1600. [4]1962. – W. Hitzig, Tonsystem u. Notenschrift. 1929. – K. Johannis, Notenschriftreform. 1961. – E. Karkoschka, Das Schriftbild der Neuen Musik. 1966. – H. E. Laing u. A. W. Brown, The Standard System of Musical Notation. London. 1928. – A Machabey, La Notation Musicale. Paris. [3]1959. – H. Riemann, Kompendium der Notenschrift. 1910. – J. Wolf, Handbuch der Notationskunde. 2 Bde. 1913–1919, Nachdr. 1963.

2.6.5 TONARTEN

Kirchentonarten. M. Vogel, Die Entstehung der Kirchentonarten. 1962. – P. Wagner, Einführung in die gregorian. Melodien. 3 Bde. 1911–1921, Nachdr. 1962.

Tonart. H. Beckh, Die Sprache der Tonart von Bach bis Bruckner. 1937. – O. Gombosi, Studien zur Tonartenlehre des frühen MA. 1938. – J. Handschin, Der Toncharakter. 1948. – P. Mies, Der Charakter der Tonarten. 1948. – K. Schumann, Tonart u. Thema in der Instrumentalmusik der Wiener Klassik. Diss. 1940. – H. Stephani, Der Charakter der Tonarten. 1923.

2.6.7 HARMONIELEHRE UND KONTRAPUNKTLEHRE

Harmonielehre. E. Appenzeller, Harmonielehre. 1947. – S. Borris, Prakt. Harmonielehre. [2]1972. – H. Grabner, Handbuch der funktionellen Harmonielehre. [7]1974. – F. Hartmann, Harmonielehre. 1934. – J. Hauer, Über die Klangfarbe. 1918–1920. – J. Marx u. F. Bayer, Harmonielehre. 1934. – R. Müller-Hartmann, Harmonielehre. 1928. – F. Neumann, Synthet. Harmonielehre. 1951. – P. Reichwein, Harmonielehre nach neuen Grundsätzen. 1906. – H. Riemann, Handbuch der Harmonielehre. [10]1929. – A. Schoenberg, Harmonielehre. [7]1966. – H. Schröder, Naturharmonien. 1906. – J. Winkler, Über musikal. Harmonie. 1923.

Kontrapunkt. Th. W. Adorno, Die Funktion des Kontrapunkts in der neuen Musik. 1957. – B. Blacher, Einführung in den strengen Satz. 1953. – J. Hein, Die Kontrapunkt-Lehre bei den Musiktheoretikern im 17. Jh. Diss. 1954. – K. Jeppesen, Kontrapunkt. Lehrbuch der klassischen Vokalpolyphonie. [8]1977. – E. Krenek, Zwölfton-Kontrapunkt-Studien. 1952, Neuaufl. 1970. – H. Lemacher u. H. Schröder, Lehrbuch des Kontrapunkts. [6]1971. – E. Pepping, Der polyphone Satz. I: [2]1950. II: 1957 (Sammlg. Göschen 1164/1164a). – R. Robbins, Beitrag zur Gesch. des Kontrapunkts von Zarlino bis Schütz. Diss. 1938. – H. Searle, 20th Century Counterpoint. London. [2]1955.

2.6.8 EUROPÄISCHE MUSIKINSTRUMENTE

Gesamtdarstellungen, Geschichte: A. Baines (Hrsg.), Musikinstrumente. Die Geschichte ihrer Entwicklung u. ihrer Formen. 1962. – R. Bragard u. F. J. De Hen, Musikinstrumente aus 2 Jahrtausenden. 1968. – W. Brandl, Instrumentenkunde. 1950. – A. Buchner, Musikinstrumente von den Anfängen bis zur Gegenwart. 1972. – F. Herzfeld, Unsere Musikinstrumente. 1954. – W. Kolneder, Musikinstrumentenkunde. [5]1979. – H. Kunitz, Instrumenten-Brevier. [3]1975. – C. Moritz, Die Orchesterinstrumente in akustischer u. techn. Betrachtung. 1942. – D. Munrow, Musikinstrumente des Mittelalters u. der Renaissance. 1980. – Musikinstrumente der Welt. 1979. – C. Sachs, Real-Lexikon der Musikinstrumente. 1913, Nachdr. 1964. – Ders., Handbuch der Musikinstrumentenkunde. [2]1930, Nachdr. 1971. – W. Stauder, Alte Musikinstrumente in ihrer vieltausendjähr. Entwicklung u. Geschichte. 1973. – E. Valentin, Handbuch der Musikinstrumentenkunde. [6]1974.

Aulos. H. Huchzermeyer, Aulos u. Kithara in der griech. Musik. 1931.

Chordophone. T. Norlind, Systematik der Saiteninstrumente. [2]1941.

Elektrophone. W. Meyer-Eppler, Elektrische Klangerzeugung. 1949.

Fagott. H. Kunitz, Fagott. 1957. – A. Reimann, Studien zur Geschichte des Fagotts. 1956.

Flöteninstrumente. H. Kölbel, Von der Flöte. [2]1966. – R. Meylan, Die Flöte. 1973.

Gitarre. B. Henze, Die Gitarre u. ihre Meister des 18. u. 19. Jh. 1920. – F. Jahnel, Die Gitarre u. ihr Bau. [2]1973.

Hammerklavier. J. Blüthner, Der Pianofortebau. 1952. – F. J. Hirt, Meisterwerke des Klavierbaus. 1955. – H. Junghanns, Der Piano- u. Flügelbau. [4]1971. – K. Wolters, Das Klavier. [3]1975.

Harfe. H. Kunitz, Harfe. 1960. – W. Stauder, Die Harfen u. Leiern der Sumerer. 1957.

Harmonium. L. Hartmann, Das Harmonium. 1913.

Laute. B. Henze, Die Laute u. ihre Meister des 18. u. 19. Jh. 1920.

Orgel. W. Adelung, Einführung in den Orgelbau. [3]1975. – C. Elis, Orgelwörterbuch. [3]1949. – F. Jakob, Die Orgel. [2]1971. – H. Klotz, Das Buch der Orgel. [7]1965. – Orgeln in aller Welt. 1965.

Schlagzeug. G. Avgerinos, Handbuch der Schlag- u. Effektinstrumente. 1967. – K. Peinkofer, F. Tannigel, Handbuch des Schlagzeugs. 1969.

Violine. F. Farga, Geigen u. Geiger. [6]1968. – W. Kolneder, Das Buch der Violine. [2]1978. – E. Melkus, Die Violine. [2]1974

2.6.9 AUSSEREUROPÄISCHE MUSIKINSTRUMENTE. A. Buchner, Musikinstrumente der Völker. 1969. – B. W. Dietz, Musical Instruments of Africa. New York. 1965. – K. Dittmer, Musikinstrumente der Völker. 1947. – H. Fischer, Schallgeräte in Ozeanien. 1958. – K. G. Izikowitz, Musical and other Sound Instruments of the South American Indians. Göteborg. 1935. – P. R. Kirby, The Musical Instruments of the Native Races of South Africa. Johannesburg. [2]1953. – S. Marti, Instrumentos musicales precortesianos. Mexico. 1955. – C. Sachs, Die Musikinstrumente des alten Ägypten. 1921. – Ders., Die Musikinstrumente Indiens u. Indonesiens. [2]1923. – M. Wegner, Die Musikinstrumente des Alten Orients. 1950.

2.7.0 INSTRUMENTENBAUER. D. H. Boalch, Makers of the Harpsichord and Clavichord 1440–1840. London. 1956. – Enzyklopädie des Geigenbaus. 2 Bde. 1965. – W. Hamma, Meister italien. Geigenbaukunst. [5]1978. – K. Jalovec, Dt. u. italien. Geigenbauer. 1967. – L. G. Langwill, An Index of Musical Wind-Instrument Makers. Edinburgh. [2]1962. – W. L. von Lütgendorff, Die Geigen- u. Lautenmacher vom Mittelalter bis zur Gegenwart. [6]1922, Nachdr. 1968.

2.7.1 FORMENLEHRE UND ANGEWANDTE MUSIKALISCHE FORMEN

Etüde. E. Gurk, Die Klavieretüde von Mozart bis Liszt. Diss. 1930. – D. Themelis, Étude ou caprice. Die Entstehungsgeschichte der Violinetüde. 1967.

Formenlehre. G. Altmann, Musikalische Formenlehre. 1970. – F. Brenn, Form in der Musik. 1954. – H. Leichtentritt, Musikalische Formenlehre. [8]1971. – D. de la Motte, Musikalische Analyse. 1969. – E. Ratz, Einführung in die musikalische Formenlehre. 1952. – W. Stockmeier, Musikalische Formprinzipien. [3]1973. – R. Stöhr, Formenlehre der Musik. 1954.

Fuge. A. Ghislanzoni, Storia della Fuga. Mailand. 1952. – W. Jacobi, Lehrbuch der Fuge. 1950. – W. Kirkendale, Fuge u. Fugato in der Kammermusik des Rokoko u. der Klassik. 1966. – J. Müller-Blattau, Grundzüge einer Geschichte der Fuge. [3]1963. – K. Trapp, Die Fuge in der dt. Romantik von Schubert bis Reger. Diss. 1958.

Improvisation. A. Baresel, Methodischer Lehrgang der Jazz-Improvisation. 1952. – C. Bresgen, Die Improvisation. [2]1974. – E. Brintz, Die Orgel-Improvisation. 1955. – A. Epping, ABC der Improvisation. 1954. – P. Heilbutt, Improvisation im Klavierunterricht. [2]1979. – D. J. Noll, Zur Improvisation im dt. Free Jazz. 1977.

Kanon. L. K. J. Feininger, Die Frühgeschichte des Kanons bis Josquin des Prez. 1937. – F. Jöde, Der Kanon. [2]1929. – E. Pepping, Der polyphone Satz II: Übungen im doppelten Kontrapunkt u. Kanon. 1957 (Sammlg. Göschen 1164/64a). – J. J. A. van der Walt, Die Kanongestaltung im Werk Palestrinas. Diss. 1956.

Menuett. H. Goldmann, Das Menuett in der dt. Musikgeschichte des 17. u. 18. Jh. Diss. 1956. – H. Martens, Das Menuett. [2]1958. – N. Sauvage, Le menuet. Paris. 1960.

Militärmusik. L. Degele, Die Militärmusik. 1937. – M. Grebe, Militärmusik. 1960. – G. Kandler, Dt. Armeemärsche. 1962.

Tanzmusik. F. M. Böhme, Geschichte des Tanzes in Deutschland. 2 Bde. 1886, Nachdr. 1967. – P. Nettl, Tanz u. Tanzmusik. 1962. – C. Sachs, Eine Weltgeschichte des Tanzes. 1933.

Variation. K. von Fischer, Die Variation. 1955. – J. M. Müller-Blattau, Gestaltung – Umgestaltung. Studien zur Geschichte der musikalischen Variation. 1950.

2.7.2 INSTRUMENTALMUSIK

Gesamtdarstellungen: H. Engel, Das Instrumentalkonzert. 1973. – R. Kloiber, Handbuch des Instrumentalkonzerts. 2 Bde. 1973. – A. Schering, Geschichte des Instrumentalkonzertes. [2]1927, Nachdr. 1965. – L. Schrade, Die handschriftl. Überlieferung der ältesten Instrumentalmusik. [2]1968. – R. von Tobel, Die Formenwelt der klassischen Instrumentalmusik. 1935.

Kammermusik. H. Mersmann, Die Kammermusik. 4 Bde. 1930–1933. – H. Renner, Reclams Kammermusikführer. [9]1980. – O. Schumann, Handbuch der Kammermusik. [2]1969. – F. Stein, Verzeichnis der Kammermusikwerke von 1650 bis zur Gegenwart. 1962.

Sinfonie. P. Bekker, Die Sinfonie von Beethoven bis Mahler. 1918. – K. Blaukopf, Lexikon der Symphonie. 1953. – R. Kloiber, Handbuch der klassischen u. romantischen Symphonie. 1964. – K. Nef, Geschichte der Sinfonie u. Suite. 1921, Neudruck. – F. Weingartner, Die Sinfonie nach Beethoven. [4]1926.

Sonate. H. Fischer, Die Sonate. 1957. – O. Klauwell, Geschichte der Sonate. 1899. – J. Uhde, Beethovens Klaviermusik. 3 Bde. 1968–1973.

Streichquartett. W. Altmann, Kleiner Führer durch die Streichquartette. 1950. – Ders., Handbuch für Streichquartettspieler, 2 Bde. [2]1979. – L. Finscher, Das klass. Streichquartett u. seine Grundlegung durch J. Haydn. 1973. – W. Pütz, Studien zum Streichquartettschaffen von Hindemith, Bartók, Schönberg u. Webern. o. J.

Suite. H. Beck, Die Suite. 1964. – F. Blume, Studien zur Vorgeschichte der Orchestersuite im 15. u. 16. Jh. 1925. – R. Münnich, Die Suite. [2]1958.

2.7.3 VOKALMUSIK

Allgemeines: T. Georgiades, Musik u. Sprache. 1954.

Kantate. M. Lange, Die Anfänge der Kantate. 1938. – W. Neumann, Handbuch der Kantaten J. S. Bachs. [4]1970. – K. F. Rieber, Die Entwicklung der dt. geistl. Solo-Kantate im 17. Jh. 1932. – E. Schmitz, Geschichte der Kantate u. des geistl. Konzertes. 1966.

Lied. E. Bücken, Das deutsche Lied. 1939. – H.-J. Moser, Das deutsche Lied seit Mozart. 2 Bde. [2]1968. – W. Oehlmann, Reclams Liedführer. [2]1977. – H. Osthoff, Das deutsche Chorlied vom 16. Jh. bis zur Gegenwart. 1955. – A. Sydow, Das Lied. 1962.

Madrigal. A. Einstein, The Italian Madrigal. 3 Bde. Princeton. 1949. – E. H. Fellowes, The English Madrigal Composers. London. [2]1948. – H. Schultz, Das Madrigal als Formideal. 1939.

Motette. H. Leichtentritt, Geschichte der Motette. 1908, Nachdr. 1967. – Motetten – Madrigale – Volksweisen. 1971.

Oratorium. A. Schering, Geschichte des Oratoriums. 1911, Nachdr. 1966. – H. Schnoor, Oratorien u. weltl. Chorwerke. [5]1939.

Passion. W. Braun, Die mitteldeutsche Choralpassion im 18. Jh. 1960. – O. Kade, Die ältere Passionskomposition bis zum Jahre 1631. 1893, Nachdr. 1967. – F. Spitta, Die Passionsmusiken von J. S. Bach u. H. Schütz. Leipzig. 1893.

2.7.4 KIRCHENMUSIK

Gesamtdarstellungen: F. Blume, Geschichte der ev. Kirchenmusik. [2]1965. – H. Borlisch, Kleine Geschichte der ev. Kirchenmusik. 1961. – A. Brunner, Musik im Gottesdienst. [2]1968. – K. G. Fellerer, Soziologie der Kirchenmusik. 1963. – Ders., Geschichte der kath. Kirchenmusik. 2 Bde. 1972 ff. – R. Hagen, Jazz in der Kirche? 1967. – W. Kurzschenkel, Die theolog. Bestimmung der Musik. 1971. – H. Mersmann, Die Kirchenmusik im 20. Jh. 1958. – H.-J. Moser, Die ev. Kirchenmusik in Deutschland. 1954. – O. Söhngen, Theologie der Musik. 1967. – Ders., Erneuerte Kirchenmusik. 1975. – W. Tell, Kleine Geschichte der deutschen ev. Kirchenmusik. [2]1965. – O. Ursprung, Die kath. Kirchenmusik. 1931. – E. Valentin (Hrsg.), Die ev. Kirchenmusik. 1968.

Gregorianischer Choral. E. Jammers, Der mittelalterliche Choral. 1954. – D. Johner, Wort u. Ton im Choral. [2]1952. – F. Tack, Der gregorian. Choral. 1960. – H. Wagener, Die Begleitung des gregorian. Chorals im 19. Jh. 1964. – P. Wagner, Einführung in die gregorianischen Melodien. 3 Bde. [4]1962.

Kirchenlied. W. Bäumker, Das kath. deutsche Kirchenlied. Neudr. 1962. – Ch. Mahrenholz u. O. Söhngen (Hrsg.), Handbuch zum Ev. Kirchengesangbuch. 4 Bde. 1958 ff. – W. Nelle, Geschichte des deutschen ev. Kirchenliedes. [4]1962. – W. Tappolet, In neuen Zungen. Zur Frage des zeitgenöss. Kirchenliedes. 1963. – J. Zahn, Die Melodien der dt. ev. Kirchenlieder. 6 Bde. 1888–1893, Neudr. 1963.

2.7.5 OPER, OPERETTE, MUSICAL

Oper. R. Bauer, Die Oper. [2]1959. – O. Bie, Die Oper. [10]1923. – H. Bulthaupt, Dramaturgie der Oper. [3]1925, Neudr. 1972. – K. V. Burian, Die Oper. Ihre Geschichte in Wort u. Bild. Prag. 1961. – P. Czerny, Opernbuch. [10]1966. – O. Daube, Oper u. Musikdrama. [2]1955. – J. Gregor, Kulturgeschichte der Oper. [2]1950. – G. Hausswald. Das neue Opernbuch. [6]1957. – Herders Musiklexikon. Oper, Operette, Musical. 1977. – J. Jirouschek, Internationales Opernlexikon. 1948. – R. Kloiber, Handbuch der Oper. [8]1973. – Knaurs Opernführer. [27]1972. – H. Koeltzsch, Der neue Opernführer. 1968. – Mosaik Opernführer – Konzertführer. 1979. – K. Pahlen, Oper der Welt. 1963. – Reclams Opernführer. [28]1978. – H. Renner, Oper, Operette, Musical. 1969. – H. Riemann, Opernhandbuch (mit Suppl. 1 u. 2). [2]1893. – A. Schibler, Zur Oper der Gegenwart. 1956. – H. Schmidt-Garre, Oper. Eine Kulturgeschichte. 1963. – O. Schiemann, Handbuch der Oper. [10]1972. – H. Seeger, Opernlexikon. 1978. – O. Schumann, Handbuch der Oper. [10]1972. – H. Steger u. K. Howe, Der neue Opernführer. 1968. – H. H. Stuckenschmidt, Oper in dieser Zeit. 1964.

Operette. St. Czech, Das Operettenbuch. [4]1960. – B. Grun. Die leichte Muse. 1968. – F. Hadamowsky u. H. Otte, Die Wiener Operette. 1947. – O. Keller, Die Operette in ihrer geschichtl. Entwicklung. 1926. – E. Nick, Vom Wiener Walzer zur Wiener Operette. 1954. – Reclams Operettenführer. [12]1969. – O. Schneidereit, Operette von Abraham bis Ziehrer. [4]1967. – H. Steger u. K. Howe, Operette von Offenbach bis zum Musical. 1958.

Musical. U. Gatzke, Das amerikan. Musical. 1969. – St. Pflicht, Musical-Führer. 1979. – S. Schmidt-Joos, Das Musical. 1965.

2.7.6 JAZZ

Lexika u. Gesamtdarstellungen: A. Baresel, Jazz in der Krise – Jazz im Umbruch. 1959. – J. E. Berendt, Das Jazzbuch. [25]1980. – Ders., Ein Fenster aus Jazz. 1978. – C. Bohländer, Das Wesen der Jazzmusik. 1954. – S. Borris. Modern Jazz. 1962. – L. Feather, The Encyclopedia of Jazz in the Sixties. New York. 1967. – S. Finkelstein, Jazz. 1951. – E. Jost, Free Jazz. 1975. – O. Keppnews, B. Grauer, A Pictorial History of Jazz. New York. [2]1966. – H. H. Lange, Die deutsche Jazz-Discographie. 1955. – Ders., Jazz in Deutschland. 1966. – St. Longstreet, A. M. Dauer, Knaurs Jazzlexikon. 1963. – C. G. zu Mecklenburg, Stilformen des modernen Jazz. 1979. – Reclams Jazzführer. [2]1977. – S. Schmidt-Joos, Jazz, Gesicht einer Musik. 1961. – C. Schreiner, Jazz aktuell. 1968. – D. Schulz-Koehn, Kleine Geschichte des Jazz. 1963. – K. Williamson, Das ist Jazz. 1963. – J. Wölfer, Handbuch des Jazz. 1979.

Dixieland-Jazz. H. O. Brunn, The Story of the Original Dixieland-Jazz-Band. 1960. – S. B. Charters, Jazz: New Orleans 1885–1963. [2]1963.

Negro Spiritual. C. Bohländer, 40 Songs u. Spirituals. 1962. – M. M. Fisher, Negro Slave Songs in the United States. New York. 1953. – T. Lehmann, Negro Spirituals. 1965. – H. Lilje, Das Buch der Spirituals u. Gospel Songs. 1961.

2.8.0 KONZERT- UND CHORWESEN

Chor. W. Ehmann, Die Chorführung. [3]1964. – F. J. Ewens, Lexikon des Chorwesens. [2]1960. – F. Lysek, Der Kinderchorgesang. Prag. 1958. – O. Schumann, Handbuch der Chormusik u. des Klavierliedes. 1958. – G. Schünemann, Führer durch die dt. Chorliteratur. 1935/36. – K. Thomas, Lehrbuch der Chorleitung. 3 Bde. [17–19]1973–1975. – E. Valentin, Handbuch der Chormusik. [2–4]1968.

Konzert. R. Bauer, Das Konzert, 1955. – E. Hanslick, Geschichte des Concertwesens in Wien. 2 Bde. Wien. 1869/70, Nachdr. – R. Kloiber, Handbuch des Instrumentalkonzerts. 2 Bde. 1973. – K. Pahlen, Das große Heyne-Konzert-Lexikon. 1980. – H. Renner, Reclams Konzertführer. [11]1978. – G. von Westermann, Knaurs Konzertführer. [20]1970.

Orchester. P. Bekker, The Orchestra. New York. 1963. – A. Carse, The Orchestra from Beethoven to Berlioz. Cambridge. 1948. – H. Kralik, Das große Orchester. [2]1957. – B. Paumgartner, Das instrumentale Ensemble. 1966.

2.8.1. MUSIKINTERPRETATION (INSTRUMENTALSOLISTEN). J. Bächi, Berühmte Cellisten. [2]1975. – H. Bennwitz, Interpretenlexikon der Instrumentalmusik. 1964. – J. W. Hartnack, Große Geiger unserer Zeit. 1968. – J. Kaiser, Große Pianisten unserer Zeit. [3]1977. – R. Luck, Werkstattgespräche mit Interpreten Neuer Musik. o. J. – M. Pincherle, Virtuosen. Ihre Welt u. ihr Schicksal. 1964. – H. C. Schonberg, Die großen Pianisten. 1972. – J. von Wasielewski, Die Violine u. ihre Meister. [7]1927, Neudr. 1968.

2.8.2 MUSIKINTERPRETATION (VOKALSOLISTEN). K. Honolka, Die großen Primadonnen. 1960. – H. Kühner, Große Sängerinnen der Klassik u. Romantik. 1954. – K. J. Kutsch, L. Riemens, Unvergängl. Stimmen. 1975. – K. Pahlen, Große Sänger unserer Zeit. 1972.

2.8.3 MUSIKINTERPRETATION (DIRIGENTEN). C. Bachmann, Große Interpreten im Gespräch. 1978. – K. Blaukopf, Große Dirigenten. 1957. – F. Herzfeld, Magie des Taktstocks. 1964. – C. Krebs, Meister des Taktstocks. 1919. – G. Pössiger, Die großen Sänger u. Dirigenten. 1968. – H. Scherchen, Lehrbuch des Dirigierens. Neuaufl. 1972. – H. C. Schonberg, Die großen Dirigenten. 1973. – A. Weismann, Der Dirigent im 20. Jh. 1925.

2.8.4 MUSIKERZIEHUNG. S. Abel-Struth, Musikal. Beginn in Kindergarten u. Vorschule. 1972. – M. Alt, Didaktik der Musik. [5]1980. – H. Antholz, Unterricht in Musik. [2]1972. – Ders., Zur Aktualitätsproblematik in der Musikpädagogik. 1979. – H. Fischer (Hrsg.), Handbuch der Musikerziehung. 2 Bde. 1958–1965. – K. Füller, Musikerziehung. 1977. – G. Götsch, Musische Bildung. 3 Bde. 1949–1955. – F. Jöde (Hrsg.), Bausteine zur Musikerziehung u. Musikpflege. 1951 ff. – W. Kohlmann, Projekte im Musikunterricht. 1978. – M. Neuhäuser, Musikal. Früherziehung. 1971. – R. Nykrin, Erfahrungserschließende Musikerziehung. 1978. – E. Preussner, Allgemeine Musikerziehung. ^{3}1974. – H. Segler (Hrsg.), Musik u. Musikunterricht in der Gesamtschule. 1972. – K. Sydow, Wege elementarer Musikerziehung. ^{3}1967. – E. Wolf, Die Musikausbildung. 1967.

2.8.5 MUSIKKRITIK. H. Andres, Beiträge zur Geschichte der Musikkritik. 1938. – R. French (Hrsg.), Music and Criticism. Cambridge. 1948. – M. Graf, Composer and Critic. New York. 1946. – C. Lachner, Die Musikkritik. 1955.

2.9.0 MUSIKGESCHICHTE (ALLGEMEINES)

Gesamtdarstellungen: W. Abendroth, Kurze Geschichte der Musik. 1969. – G. Adler, Handbuch der Musikgeschichte. 2 Bde. ^{3}1961. – E. Bücken (Hrsg.), Handbuch der Musikgeschichte. 1927ff. – A. Einstein, Geschichte der Musik. 1953. – H. Handschin, Musikgeschichte im Überblick. ^{2}1964. – K. Honolka, Knaurs Weltgeschichte der Musik. 1968. – H. Leichtentritt, Music of the Western Nations. Cambridge (Mass.). 1956. – R. Montigny, Geschichte der Musik. 1967. – H. J. Moser, Geschichte der dt. Musik. 3 Bde. 1968. – Ders., Lehrbuch der Musikgeschichte. ^{14}1967. – K. Nef, Einführung in die Musikgeschichte. ^{3}1945. – H. Renner, Geschichte der Musik. 1969. – H. Riemann, Handbuch der Musikgeschichte. ^{2}1920, Nachdr. 1972. – A. Schering, Geschichte der Musik in Beispielen. ^{2}1972. – Ders., Tabellen zur Musikgeschichte. ^{5}1962. – L. Schiedermair, Einführung in das Studium der Musikgeschichte. ^{4}1947. – J. A. Westrup (Hrsg.), The New Oxford History of Music. 1954ff. – K. H. Wörner, Geschichte der Musik. ^{6}1975.

2.9.1 EUROPÄISCHE MUSIKGESCHICHTE BIS 900

Adam de la Halle. R. Meienreis, Adams Robin u. Marion. Diss. 1893.

Aristoxenos. H. Becker, Syrinx bei A. 1970. – R. Westphal, A. von Tarent. 2 Bde. 1883–1893, Neudr.

Guido von Arezzo. J. Smits von Waesberghe, G. v. A. als Musikerzieher u. Musiktheoretiker. 1953. – H. Wolking, Guidos Micrologus u. seine Quellen. Diss. 1931.

2.9.2 EUROPÄISCHE MUSIKGESCHICHTE 900–1750

Ars antiqua. G. D. Sasse, Die Mehrstimmigkeit der Ars antiqua in Theorie u. Praxis. Diss. 1940.

Ars nova. W. Korte, Studie zur Geschichte der Musik in Italien im 1. Viertel des 15. Jh. 1933. – A. Schering, Studien zur Musikgeschichte der Frührenaissance. 1944.

Bach, Johann Sebastian. F. Blume, J. S. B. im Wandel der Geschichte. 1947. – A. E. Cherbuliez, J. S. B. 1957. – A. Dürr, W. Neumann (Hrsg.), Bach-Jahrbuch. 1904ff. – J. N. Forkel, Über J. S. B.s Leben, Kunst u. Kunstwerke. 1802, Neudr. 1970. – K. Geiringer, J. S. B. ^{2}1978. – F. Hamel, J. S. B. ^{4}1968. – H. Keller, Die Orgelwerke Bachs. 1948. – Ders., Die Klavierwerke Bachs. 1950. – W. Neumann, Handbuch der Kantaten Bachs. ^{4}1971. – Ders., Das kleine B.-Buch. 1978. – Ders. (Hrsg.), B.-Dokumente, 4 Bde. 1980. – W. Schmieder, Themat.-systemat. Verzeichnis der musikal. Werke J. S. B.s. ^{4}1969. – A. Schweitzer, J. S. B. ^{8}1972. – B. Schwendovius, W. Dömling, J. S. B. 1976. – W. Siegmund-Schulze, J. S. B. 1978.

Buxtehude, Dietrich. J. Hedar, D. B.s Orgelwerke. 1950. – H. J. Moser, D. B. 1957.

Clemens non Papa. B. Kempers, C. n. P. u. seine Motetten. 1928. – J. Schmidt-Görg, Die Messen des C. n. P. Diss. Bonn. 1926.

Desprez, Josquin. H. Osthoff, J. D. 2 Bde. 1962–1965.

Dufay, Guillaume. R. Bockholdt, Die frühen Messenkomposit. von G. D. 2 Bde. 1960.

Händel, Georg, Friedrich. A. E. Cherbuliez, G. F. H. 1949. – F. Chrysander, G. F. H. ^{2}1919, Nachdr. 1966. – O. E. Deutsch, Händel: A Documentary Biography. London. 1955. – Händel-Jahrbuch. 1955ff. – J. Mainwaring, G. F. H.s Lebensbeschreibung. 1761, neu hrsg. H. u. E. H. Müller von Asow. 1964. – R. Rolland, Händel. ^{5}1960. – J. Rudolph, Händelrenaissance. 2 Bde. 1960–1969. – W. Serauky, G. F. H. Sein Leben – sein Werk. 5 Bde. 1959ff.

Lasso, Orlando di. L. Balmer, O. d. L.s Motetten. Diss. 1937. – W. Boetticher, O. d. L. u. seine Zeit. 2 Bde. 1958–1963. – J. Huschke, O. d. L.s Messen. Diss. 1939. – H. Leuchtmann, O. d. L. 2 Bde. 1976/77.

Monteverdi, Claudio. A. A. Abert, C. M.s Bedeutung für die Entstehung des musikal. Dramas. 1979. – W. Osthoff, Das dramat. Spätwerk C. M.s. 1960. – H. F. Redlich, C. M. 1949.

Niederländische Schule. Ch. van den Borren, Geschiedenis van de muziek in de Nederlanden. 2 Bde. Antwerpen. 1948–1951. – H. Ch. Wolff, Die Musik der alten Niederländer. 1956.

Palestrina, Giovanni Pierluigi da. H. Coates, P. London. 1938. – K. G. Fellerer, P. ^{2}1960. – E. Ferraci, Il P. Rom. 1960. – E. Schmitz, P. ^{2}1954. – R. R. Terry, G. d. P. London. ^{2}1948.

Praetorius, Michael. W. Gurlitt, M. P. 1915, Nachdr. 1968

Purcell, Henry. R. Sietz, H. P. Zeit, Leben, Werk. 1955. – J. A. Westrup, P. London. ^{4}1960.

Rameau, Jean-Philippe. H. Pischner, Die Harmonielehre J.-P. R.s. ^{2}1967.

Renaissance (Musik). H. Besseler, Die Musik des MA. u. der Renaissance. 1931. – F. Lesure, Musicians and Poets of the French Renaissance. New York. 1955. – D. Munrow, Instrumente des Mittelalters u. der Renaissance. 1980. – O. Roy, Musik des MA. u. der Renaissance. 1960. – J. Schmidt-Görg, Niederländ. Musik des MA. u. der Renaissance. 1942.

Rokoko. E. Bücken, Die Musik des Rokoko u. der Klassik. 1927.

Schütz, Heinrich. O. Brodde, H. S. ^{2}1979. – H. J. Moser, H. S. ^{2}1954. – R. Petzold, H. S. u. seine Zeit in Bildern. 1971. – L. Schrade, Das musikal. Werk von H. S. in der protestant. Liturgie. 1961. – W. Schuh, Formprobleme bei H. S. 1928. – Schütz-Werke-Verzeichnis. Kleine Ausg. 1960.

Telemann, Georg Philipp. W. Hobohm, Beiträge zu einem neuen Telemannbild. 1963. – E. Klessmann, T. in Hamburg. 1980. – R. Petzold, G. P. T. 1957. – E. Valentin, G. P. T. ^{3}1952.

Vivaldi, Antonio. W. Kolneder. A. V. 1965. – M. Pincherle. A. V. et la musique instrumentale. 2 Bde. Paris. ^{2}1955.

2.9.3. EUROPÄISCHE MUSIKGESCHICHTE 1750-1900

Beethoven, Ludwig van. K. Dofmüller, Beiträge zur B.-Bibliographie. 1979. – E. Herriot, Das Leben B.s. 1953. – W. Hess, B.-Studien. 1972. – J. Kaiser, B.s 32 Klaviersonaten u. ihre Interpreten. 1975. – H. C. R. Landon, B. 1970. – J. u. B. Massin, B. 1970. – H. K. Metzger, R. Riehn (Hrsg.), B., Das Problem der Interpretation. 1975. – L. Nohl, B.s Leben. 3 Bde. ^{2}1906. – G. Nottebohm u. E. Kastner, Themat. Verzeichnis der im Druck ersch. Werke von L. v. B. 1969. – W. Riezler, B. ^{11}1977. – R. Rolland, L. v. B. Neuausg. 1969. – M. Salomon, B. 1978. – A. Schering, B. in neuer Deutung. 1934. – L. Schiedermair, Der junge B. 1970. – A. Schindler, Biographie von L. v. B. 1840, 1970. – A. Schmitz, Das romant. B.-Bild. 1927. Neuaufl. 1978.

Berlioz, Hector. A. Boschot, H. B. 3 Bde. Paris. 1948/49. – W. Dömling, H. B. 1977. – Ders., Die symphon.-dramat. Werke. 1979.

Brahms, Johannes. H. Gal, J. B. 1961. – K. Geiringer, J. B. ^{2}1955. – R. Gerber, J. B. 1938. – M. Kalbeck, J. B. 4 Bde. ^{4}1921. – H. A. Neunzig, B. Der Komponist des dt. Bürgertums. 1976. – A. Orel, J. B. 1948. – W. u. P. Rehberg, J. B. 1969. – C. Rostand, J. B. 2 Bde. Paris. 1955. – W. Siegmund-Schulze, J. B. 1978.

Bruckner, Anton. W. Abendroth, Die Symphonien A. B.s. ^{2}1942. – M. Auer, A. B., sein Leben u. Werk. ^{6}1949. – A. B. in Lehre u. Forschung. 1974. – M. Dehnert, A. B. Versuch einer Deutung. 1958. – H. C. Fischer, A. B. 1974. – H. T. Flemming, A. B. 1978. – A. Göllerich, A. B. Ein Lebens- u. Schaffensbild. 4 Bde. (II–IV Hrsg. M. Auer). ^{2}1938, Nachdr. 1974. – O. Loerke, A. B. Neuausg. 1976.

Chopin, Frédéric. A. E. Cherbuliez, F. C. Leben u. Werk. 1948. – B. Gavoty, C. 1980. – K. Kobylánska, F. C. Themat.-bibliograph. Werkverzeichnis. 1980. – F. Liszt, F. C. 1948. – W. u. P. Rehberg, F. C. 1978.

Dvořák, Anton. K. Holzknecht, A. D. ^{2}1971. – O. Sourek, A. D. 1955.

Franck, César. N. Demuth, C. F. London. 1949. – W. Mohr, C. F. ^{2}1969.

Glinka, Michail. A. Altajew, M. G. 1949. – G. Dippel, Klingende Einkehr. 1953. – O. von Riesemann, G. Nachdr.

Gluck, Christoph Willibald von. A. A. Albert, C. W. G. 1959. – A. Einstein, G. ^{2}1954. – R. Gerber, C. W. G. ^{2}1950. – R. Tenschert, C. W. G. 1951.

Haydn, Joseph. P. Barbaud, J. H. 1968. – K. Geiringer, J. H. 1962. – H. E. Jacob, J. H. 1969.– L. Nowak, J. H.s Leben, Bedeutung u. Werk. ^{3}1966. – W. Reich (Hrsg.), J. H. 1962. – Robbins, H. C. London, Das kleine H.-Buch. 1979.

Impressionismus. E. Kroher, Impressionismus in der Musik. 1957. – H. Mersmann, Moderne Musik. 1928. – H. G. Schulz, Musikalischer u. impressionist. Klavierstil. 1938.

Liszt, Franz. K. Hamburger, F. L. 1973. – P. Raabe, F. L. 2 Bde. ^{2}1968. – P. Rehberg, F. L. 1978. – S. Sitwell, L. 1959. – H. Weilguny-Handrick, F. L. Biographie in Bildern. 1958. – B. W. Wessling, F. L. 1979.

Lortzing, Albert. G. Dippel, A. L. Ein Leben für das dt. Musiktheater. 1951. – G. R. Kruse, A. L. Leben u. Werk. ^{2}1947. – H. Laue, Die Operndichtung L.s. 1932.

Mendelssohn-Bartholdy, Felix. S. Grossmann-Vendrey, F. M.-B. u. die Musik der Vergangenheit. 1969. – H. E. Jacob, F. M.-B. u. seine Zeit. 1959. – F. Krummacher, M. – der Komponist. 1978. – E. Werner, F. M.-B., eine biograph. u. krit. Neuwertung. 1962. – K. H. Wörner, F. M.-B. 1947.

Mozart, Wolfgang Amadeus. H. Abert, M.s Persönlichkeit. 1953. – R. Angermüller, O. Schneider, M.-Bibliographie 1971–1975. 1978. – J. H. Eibl, M. 1978. – A. Einstein, M. Sein Charakter. Sein Werk. 1978. – W. Hildesheimer, M. 1977. – L. Ritter von Köchel, Chronolog.-themat. Verzeichnis sämtlicher Tonwerke W. A. M.s. ^{6}1964. – W. A. Mozart, Briefe u. Aufzeichnungen. 7 Bde. 1962–1975. – P. Nettl. W. A. M. 1955. – G. N. Nissen, Biographie W. A. M.s. ^{2}1972. – B. Paumgartner, M. ^{8}1980. – E. Schenk, M. 1977. – O. Schneider, A. Algatzy, M.-Handbuch. 1962.

Musorgskij, Modest. H. Chr. Worbs, M. M. 1976.

Offenbach, Jacques. A. Decaux, J. O. 1960. – A. Henseler, J. O. 1930. – P. W. Jacob, J. O. 1969. – S. Kracauer, Pariser Leben. 1962.

Programmusik. A. Copland, Music and Imagination. New York. 1959. – G. Knepler, Musikgeschichte des 19. Jh. 1961. – A. Schering, Das Symbol in der Musik. 1941. – K. Schubert, Programmusik. ^{2}1961. – H. Unverricht, Hörbare Vorbilder in der Instrumentalmusik bis 1750. Untersuchungen zur Vorgeschichte der Programmusik. 1953.

Rimskij-Korsakow, Nikolaj Andrejewitsch. N. van Gilse van der Pals, N. A. R. 1929.

Schubert, Franz. O. E. Deutsch (Hrsg.), S. Dokumente seines Lebens. 1964. – A. Einstein, S. 1953. – H. J. Fröhlich, S. 1978. – H. Gal, F. S. oder die Melodie. 1970. – T. Georgiades, S. Musik u. Lyrik. 1967. – H. Goldschmidt, F. S. ^{3}1962. – O. E. Otto (Hrsg.), F. S. Themat. Verzeichnis seiner Werke in chronolog. Reihenfolge. 1978. – B. Paumgartner, F. S. ^{5}1979. – W. u. P. Rehberg, F. S. 1969. – J. Wechsberger, S. Bildbiographie. 1978.

Schumann, Robert. G. Eismann, R. S. 1964. – H. Kohlhase, Die Kammermusik R. S.s. 1979. – W. u. P. Rehberg, R. S. ^{2}1969. – E. Schumann, Erinnerungen. 1948. – P. Sutermeister, R. S. ^{2}1949. – P. M. Young, R. S. 1968

Smetana, Bedřich. H. Boese, Zwei Urmusikanten. Smetana – Dvořák. 1955. – K. Honolka, B. S. 1978. – B. Karásek, B. S. 1967.

Strauß, Johann. H. E. Jacob, J. S. Vater u. Sohn. 1960. – S.-Werke-Verzeichnis. Neudruck 1977. – A. Witeschnik, Die Dynastie Strauß. 1958.

Tschaikowskij, Pjotr Iljitsch. A. E. Cherbuliez, P. T. 1948. – E. Helm, P. T. 1976. – A. Rachmanowa, T. 1972. – K. von Wolfurt, P. I. T. ^{2}1978.

Verdi, Giuseppe. F. Abbiati, G. V. 4 Bde. 1959. – V. Baerwald, G. V. Sein Leben, sein Werk. 1969. – E. Orlandi, V. u. seine Zeit. 1978. – J. Wechsberg, Verdi. 1975.

Wagner, Richard. Th. W. Adorno, Versuch über W. 1974. – J. Bertram, Mythos, Symbol, Idee in R. W.s Musikdramen. 1957. – M. Gregor-Dellin, R. W. 1980. – H. Kirchmeyer, Musikkritik – Das zeitgenöss. Wagnerbild. 1973. – D. Mack, E. Voss (Hrsg.), R. W. 1978. – L. Marcuse, Das denkwürdige Leben des R. W. 1973. – H. Mayer, R. W. 1978. – K. Overhoff, Die Musikdramen R. W.s. 1967. – C. von Westernhagen, R. W. 1968.

Weber, Carl Maria von. H. Hoffmann, C. M. v. W. 1978. – M. Leinert, C. M. v. W. 1978. – J. Warrack, C. M. v. W. 1972. – Max M. von Weber, C. M. v. W. 3 Bde. 1912.

Wolf, Hugo. E. Decsey, H. W. ^{2}1921. – M. von Hattingberg, H. W. 1953. – E. Schmitz, H. W. 1906. – E. Werba, H. W. oder Der zornige Romantiker. 1971.

2.9.4 MUSIKGESCHICHTE: 20. JAHRHUNDERT

Gesamtdarstellungen: J. E. Behrendt, J. Uhde (Hrsg.), Prisma der gegenwärtigen Musik. 1959. – S. Borris, Der Schlüssel zur Musik von heute. 1967. – P. Collaer, Geschichte der modernen Musik. 1963. – U. Dibelius, Moderne Musik 1945–1965. ^{2}1972. – P. Gradenwitz, Wege zur Musik der Gegenwart. ^{2}1973. – J. Häusler, Musik im 20. Jh. 1969. – H. Kirchmeyer, H. W. Schmidt, Aufbruch der jungen Musik. 1971. – F. K. Prieberg, Lexikon der neuen Musik. 1968. – Ders., Musik im anderen Deutschland. 1968. – K. H. Ruppel, Musik in unserer Zeit. 1960. – H. H. Stuckenschmidt, Schöpfer der Neuen Musik. 1974. – Ders., Musik des 20. Jh. 1979. – Ders., Die großen Komponisten unseres Jahrhunderts. 1971. – H. J. Vetter, Die Musik unseres Jahrhunderts. 1968. – H. Vogt, Neue Musik seit 1945. ^{2}1975. – K. H. Wörner, Neue Musik in der Entscheidung. ^{2}1956.

atonale Musik. Th. W. Adorno, Philosophie der neuen Musik. 1978. – H. Eimert, Atonale Musiklehre. 1924. – J. M. Hauer, Vom Wesen des Musikalischen. Neuaufl. 1966. – A. Schönberg, Harmonielehre. ^{7}1966.

Bartók, Béla. L. Lesznai, B. B. ^{3}1974. – P. Petersen, Die Tonalität im Instrumentalschaffen von B. B. 1971. – W. Reich (Hrsg.), Eigene Schriften u. Erinnerungen der Freunde. 1958. – B. Szabolcsi (Hrsg.), B. B. Leben u. Werk. 1971. – T. A. Zielinsky, B. Leben u. Werk. 1973.

Berg, Alban. Th. W. Adorno, A. B. 1978. – E. A. Berg (Hrsg.), A. B. – Leben u. Werk in Daten u. Bildern. – H. F. Redlich, A. B. 1957. – W. Reich, A. B. ^{2}1963.

Britten, Edward Benjamin. E. W. White, B. B. 1970.

Busoni, Ferruccio. H. H. Stuckenschmidt, F. B. 1967.

Cage, John. R. Kostelanetz, J. C. 1973.

Debussy, Claude Achille. W. Danckert, C. D. 1950. – A. Jakobik, C. D. oder die lautlose Revolution der Musik. 1977. – H. Strobel, C. D. ^{5}1961. – L. Vallas, D. u. seine Zeit. 1961. – E. Vuillermoz, C. D. 1957.

Eimert, Herbert. H. Kirchmeyer, Versuch über H. E. 1964.

elektronische Musik. F. Busoni, Entwurf einer neuen Ästhetik der Tonkunst. 1973. – H. Eimert, H. U. Humpert, Das Lexikon der elektron. Musik. 1973. – F. C. Judd, Elektron. Musik. 1966. – W. Kaegi, Was ist elektron. Musik? 1967. – W. Meyer-Eppler, Elektrische Klangerzeugung. 1949.

Fortner, Wolfgang. H. Lindlar (Hrsg.), W. F. 1960.

Glasunow, Alexander. H. Günther (Hrsg.), A. G. 1965.

Hindemith, Paul. A. Briner, P. H. 1971. – M. Hürlimann, P. H. Die letzten Jahre. 1965.

Honegger, Arthur. P. Meylan, A. H. 1970. – W. Tappolet, A. H. 1954.

Janáček, Leoš. H. Hollander, L. J. 1964. – T. Kneif, Die Bühnenwerke v. L. Janáček. 1974. – J. Racek, L. J. 1962.

Kodály, Zoltán. I. Eösze, Z. K. 1971.

Krenek, Ernst. L. Knessl, E. K. 1967. – W. Rogge, E. K.s Opern. 1970. – F. Saathen, E. K. 1959.

Ligeti, György. O. Nordwall, G. L. 1971.

Mahler, Gustav. Th. W. Adorno, G. M. 1971. – K. Blaukopf, G. M. oder der Zeitgenosse der Zukunft. Neuausg. 1980. – Ders., M. – Sein Leben, sein Werk u. seine Welt. 1976. – C. Floros, G. M. 2 Bde. 1977. – V. Karbusicky, G. M. u. seine Umwelt. 1978. – A. Mahler-Werfel, Erinnerungen an G. M. 1971. – W. Schreiber, G. M. 1971. – B. Walter, G. M. 1957.

Martinů, Bohuslav. H. Halbreich, B. M. 1968.

Milhaud, Darius. P. Collaer, D. M. 1947. – C. Rostand, Gespräche mit D. M. 1954.

Orff, Carl. A. Liess, C. O. ^{2}1977. – K. H. Ruppel (Hrsg.), C. O. ^{2}1960. – H. W. Schmidt, C. O. 1971. – W. Twittenhoff, Orff-Schulwerk, 1930.

Pfitzner, Hans. W. Abendroth, H. P. 1941. – J. Müller-Blattau, H. P. 1969. – H. Rutz, H. P. 1949.

Popmusik. R. Brinkmann (Hrsg.), Avantgarde – Jazz – Pop. 1978. – M. Bonson u. a., Lexikon Pop. 1977. – N. Cohn, A Wop Bopa Loo Bop. 1971. – B. Dufour, Die Story des Pop u. Rock. K. Hanson, Disco Fieber. 1979. – P. Hemphill, Nashville Sound. 1971. – R. Hoffmann, Zwischen Galaxis & Underground. ^{2}1972. – T. Kneif, Sachlexikon Rockmusik. 1978. – G. Peelaert, Rock Dreams – Die Geschichte der Popmusik. 1973. – L. Roxon, The Rock Encyclopaedia. New York. 1969. – H. Salzinger, Rock power oder Wie musikalisch ist die Revolution? 1972. – S. Schmidt-Joos, Rock-Lexikon. 1973. – F. Schöler (Hrsg.), Let it rock. 1975. – Th. Wolton (Hrsg.), Underground im Ostblock. 1978.

Prokofjew, Sergej Sergejewitsch. H. Lindlar (Hrsg.), S. P. 1953. – I. Nestjew, S. P. 1962.

Puccini, Giacomo. N. Christen, G. P. 1978. – W. Marggraf, G. P. 1979.

Ravel, Maurice. V. Jankélévitch, M. R. 1958. – A. Orenstein, M. R. 1978. – H. H. Stuckenschmidt, M. R. 1966.

Reger, Max. A. Lindner, M. R. ^{3}1938. – G. Massenkeil, R.-Studien. 1978. – H. Mersmann, M. R. in unserer Zeit. 1949. – E. Otto, M. R. 1957. – O. Schreiber, M. R. 1966. – F. Stein, M. R. 1939.

Schönberg, Arnold. E. Freitag, S. 1973. – J. Meyerowitz, A. S. 1967. – W. Reich, A. S. oder Der konservative Revolutionär. 1968. – J. Rufer, Das Werk A. S.s. 1959. – P. Stefan, A. S. 1924. – H. H. Stuckenschmidt, A. S. 1974. – E. Wellesz, A. S. 1912. Neudr. 1980.

Schostakowitsch, Dmitrij. K. Laux, D. S. Chronist eines Volkes. 1966. – I. Martynow, S. 1947. – S. Volkow, Zeugenaussage. Die Memoiren des D. S. 1979.

Sibelius, Jean. N.-E. Ringbom, J. S. 1950. – E. Tanzberger, J. S. 1962.

Six. E. Satie, Les Six. Paris. 1922.

Skrjabin, Alexander Nikolajewitsch. L. Danilewitsch, S. 1954. – C. C. von Gleich, Die sinfon. Werke von A. S. 1963.

Stockhausen, Karlheinz. W. Krüger, K. S.: Allmacht u. Ohnmacht in der neuesten Musik. ^{2}1974. – D. Schnebel (Hrsg.), K. S. Texte. 4 Bde. 1963–1978. – K. H. Wörner, K. S. 1963.

Strauss, Richard. K. Böhm, Begegnung mit R. S. 1965. – G. Brosche, R. S. – Bibliographie. 1973. – E. Krause, R. S. 1979. – W. Mann, Die Opern von R. S. 1969. – W. Panofsky, R. S. 1965. – W. Schuh, R. S. – Jugend u. frühe Meisterjahre. 1976. – R. S., H.

von Hofmannsthal, Briefwechsel. [5]1978. – F. Trenner, R. S. Dokumente seines Lebens u. Schaffens. 1954.
Strawinsky, Igor. H. Kirchmeyer, I. S. 1958. – Ders., S.s russ. Ballette. 1974. – I. S., Erinnerungen u. Gespräche mit Robert Craft. 1972. – H. Strobel, I. S. 1956.
Webern, Anton. H. Eimert (Hrsg.), A. W. 1958. – W. Kolneder, A. W. 1961. – H. Krellmann, A. W. 1975. – C. Rostand, A. W. 1969. – F. Wildgans, A. W. 1967.
Weill, Kurt. B. Brecht, Versuche. 14 Hefte 1930–1955. – H. Kotschenreuther, K. W. 1962.
Zwölftonmusik. H. Eimert, Lehrbuch der Zwölftontechnik. [6]1964. – J. M. Hauer, Vom Wesen des Musikalischen. 1966. – H. Jelinek, Anleitung zur Zwölftonkomposition. [2]1967. – J. Rufer, Die Komposition mit zwölf Tönen. [2]1966. – A. Schönberg, Style and Idea. New York. 1950.

2.9.5 MUSIKGESCHICHTE NACH LÄNDERN

afrikanische Musik. R. Italiaander, Tanz in Afrika. 1960. – J. K. Kwabena Nketia, Die Musik Afrikas. 1979. – W. Laade, Neue Musik in Afrika, Asien u. Ozeanien. 1971.– L. Marfurt, Musik in Afrika. 1957.
ägyptische Musik. A. Simon, Studien zur ägypt. Volksmusik. 1972.
arabische Musik. R. G. Kiesewetter, Die Musik der Araber. 1968. – H. H. Thoma, Die Musik der Araber. 1974.
asiatische Musik. A. Danielou, Die Musik Asiens zwischen Mißachtung u. Wertschätzung. 1973. – P. Gradenwitz, Musik zwischen Orient u. Okzident. 1977. – E. M. von Hornbostel, Musik des Orients. 1931. – R. Lachmann, Musik des Orients. 1929. – I. Vandor, Die Musik des tibet. Buddhismus. 1978. – R. Watermann, C. Cobbs u. a., Bibliography of Asiatic Musics. 1947 ff.
belgische Musik. J. Stehmann, Histoire de la musique en Belgique. Brüssel. 1950.
bulgarische Musik. R. Katzavora, Bulgarian Folk Music. London. 1954. – K. Nikolov, Beiträge zum Studium des bulgar. Volksliedes. 1942.
chinesische Musik. F. Kornfeld, Die tonale Struktur chinesischer Musik. 1955. – H. Pischner, Musik in China. 1955. – K. Reinhard, Chinesische Musik. 1956.
dänische Musik. N. Schiørring, Danish Folk Music. London. 1954.
englische Musik. E. Blom, Music in England. London. 1942, dt. 1947. – E. D. Makkerness, A Social History of English Music. New York. 1965. – E. H. Meyer, Die Kammermusik Alt-Englands. 1958. – J. A. Westrup, Die Musik von 1830–1914 in England. 1962.
französische Musik. P. Coirault, Notre chanson folklorique. Paris. 1942. – U. Ekkart-Bäcker, Frankreichs Musik zwischen Romantik u. Moderne. 1966. – F. Goldbeck, Frankreich, Italien, Spanien (Die großen Komponisten unseres Jahrhunderts II). 1978.
griechische Musik. T. Georgiades, Musik u. Rhythmus bei den Griechen. 1958. – H. Koller, Musik u. Dichtung im alten Griechenland. 1963. – M. Wegner, Das Musikleben der Griechen. 1949.
iberoamerikanische Musik. G. Chase, A Guide to Latin American Music. Washington. [2]1962. – G. Kutscher (Hrsg.), Alt-aztekische Gesänge. 1957. – J. Subirá, Musikgeschichte von Spanien, Portugal, Lateinamerika. 1957.
indische Musik. A. Danielou, Einführung in die ind. Musik. 1975. – O. Gosvami, The Story of Indian Music. Bombay. 1961. – J. Kuckertz, Form u. Melodiebildung der karnat. Musik Südindiens. 2 Bde. 1970. – A. Pingle, History of Indian Music. Calcutta. [3]1963.
irische Musik. A. G. Fleischmann, Music in Ireland, Cork and Oxford. 1952. – D. J. O'Sullivan, Songs of the Irish. London. 1960.
italienische Musik. H. Goldschmidt, Studien zur Geschichte der italien. Oper im 17. Jh. 2 Bde. Nachdr. 1967. – L. Paduano, La Musica folkloristica nella vita culturale italiana. Rom. 1952.
japanische Musik. D. Arima, Japan. Musikgeschichte auf Grund der Quellenkunde. Diss. 1933. – H. Eckardt, Japan. Musik. 1952. – Musikleben in Japan in Geschichte u. Gegenwart. 1967.
jüdische Musik. E. Gerson-Kiwi, Jüd. Volksmusik. 1958. – P. Gradenwitz, Die Musikgeschichte Israels. 1961. – A. M. Rothmueller, Die Musik der Juden. 1951. – A. Sendrey, Musik in Alt-Israel. 1970.
jugoslawische Musik. V. Zganec, Die Elemente der jugoslaw. Folklore. 1956.
kanadische Musik. M. Barbeau, Folkmusic in Canada. Toronto. 1955. – E. F. Fowke u. R. Johnston, Folk Songs of Canada. Ontario. [2]1955.
mesopotamische Musik. H. Hartmann, Die Musik der sumerischen Kultur. Diss. 1960.
niederländische Musik. A. L. Corbet, Netherlandish Folk Music. London. 1954. – P. F. Sanders, Moderne Nederlandsche Componisten. Den Haag. 1930. – H. C. Wolff, Die Musik der alten Niederländer. 1956.
norwegische Musik. O. Gurvin u. a., Norwegian Folk Music. 6 Bde. Oslo. 1958 ff.
österreichische Musik. R. F. Brauner, Österr. Neue Musik. 1948. – Jahrbuch des österr. Volksliedwerkes. 1952 ff. – E. Schenk, 950 Jahre Musik in Österreich. 1946. – R. Zoder, Volkslied, Volkstanz u. Volksbrauch in Österreich. 1950.
persische Musik. M. T. Massoudieh, Awaz-e-Sur. Zur Melodiebildung in der pers. Kunstmusik. 1968.
polnische Musik. S. Jarociński (Hrsg.), Polish Music. Warschau. 1965.
römische Musik. G. Wille, Die Bedeutung der Musik im Leben der Römer. 1953.
rumänische Musik. E. Riegler-Dinu, Das rumän. Volkslied. 1943.
russische Musik. J. Keldysch, Geschichte der russischen Musik. 1956. – K. Laux, Die Musik in Rußland u. in der Sowjetunion. 1958. – F. K. Prieberg, Musik in der Sowjetunion. 1965. – B. Schwarz, Music and Musical Life in Soviet Russia, 1917–1970. London. 1972. – V. J. Seroff, Das mächtige Häuflein. [2]1967. – A. Tcherepnin, Russ. Musik-Anthologie. 1966.
schwedische Musik. B. Alander, Die schwedische Musik. 1955.
schweizerische Musik. E. Refardt, Musik in der Schweiz. 1952. – W. Schuh (Hrsg.), Schweizer Musiker-Lexikon. 1964.
spanische Musik. G. Chase, The Music of Spain. New York. [2]1959. – J. Subirá, La Musique Espagnole, Paris. 1959.
tschechische Musik. V. Helfert, E. Steinhardt, Die Musik in der Tschechoslowakei. [2]1938. – J. Matějček, Tschech. Komponisten von heute. 1957.
türkische Musik. G. Oransay, Die traditionelle türk. Kunstmusik. 1964. – K. Reinhard, Türk. Musik. 1962.
ungarische Musik. B. Bartók, Das ungar. Volkslied. 1925. – Z. Kodály, Die ungar. Volksmusik. 1956. – J. Manga, Ungar. Volkslieder u. Volksinstrumente. 1969. – B. Szabolcsi, Geschichte der ungar. Musik. 1964.
Vereinigte Staaten von Amerika. R. Ames, The Story of American Folk Song. New York. 1955. – F. Bose, Musik u. Folklore in Amerika. 1955. – G. Chase, Die Musik Amerikas. 1958. – A. Copland, Musik von heute. 1948. – V. Thomson, Musikgeschehen in Amerika. 1948.

3.0.0 ALLGEMEINE LITERATURWISSENSCHAFT, PHILOLOGIE

Dichter. H. Hillmann, Alltagsphantasie u. dichterische Phantasie. 1977. – E. C. Mason, Exzentrische Bahnen. Zum Dichterbewußtsein der Neuzeit. 1963.
Dichtung. P. Böckmann, Formgeschichte der dt. Dichtung. Bd. 1: Von der Sinnbildsprache zur Ausdruckssprache. 1973. – W. Dilthey, Das Erlebnis u. die Dichtung. [2]1964. – K. Hamburger, Die Logik der Dichtung. [2]1968. – J. Pfeiffer, Umgang mit Dichtung. [10]1962. – W. Schmiele (Hrsg.), Dichter über Dichtung. 1955.
Germanistik. M. L. Gansberg, P. G. Völker, Methodenkritik der Germanistik. [4]1973. – J. Hansel, Bücherkunde für Germanisten. [5]1968. – G. Herfurth, J. Henning, L. Huth, Topographie der Germanistik. Standortbestimmungen 1966–1971. 1971. – F. Stroh, Handbuch der german. Philologie. 1952. →auch 3.1.1.
Literatur. F. J. Raddatz, Marxismus u. Literatur. 3 Bde. 1969.
Erotische Literatur: P. Englisch, Geschichte der erot. Literatur. [4]1963. – M. Hyde, Geschichte der Pornographie. Dt. 1965.
Religiöse Literatur: W. Grenzmann, Dichtung u. Glaube. [5]1964. – A. H. Kober, Geschichte der religiösen Dichtung in Deutschland. 1910.
Trivialliteratur: M. Kienzle, Der Erfolgsroman. 1975. – P. Nusser, Romane für die Unterschicht. Groschenhefte u. ihre Leser. [4]1976. – G. Waldmann, Theorie u. Didaktik der Trivialliteratur. [2]1977.
Literaturgeschichte. W. Milch, Über Aufgaben u. Grenzen der Literaturgeschichte. 1950. – W. Muschg, Tragische Literaturgeschichte. Bern. [3]1958.
Vergleichende Literaturgeschichte: L. Clausen, B. Clausen (Hrsg.), Spektrum der Literatur. 1977. – F. Ernst, K. Wais (Hrsg.), Forschungsprobleme der vergleichenden Literaturgeschichte. 1963.
Literaturpreis. Verzeichnisse darüber in: Fischer Weltalmanach. 1959 ff. – Kürschners Dt. Literatur-Kalender. – J. Clapp, International dictionary of literary awards. New York. 1963.
Literaturwissenschaft. H. L. Arnold, V. Sinemus, Grundzüge der Literatur- u. Sprachwissenschaft. 2 Bde. 1973. – I. Drewitz, Die Literatur u. ihre Medien. 1973. – E. Ermatinger, Das dichterische Kunstwerk. [3]1939. – H. Gallas, Marxist. Literaturtheorie. 1971. – H. Geiger, A. Klein, J. Vogt, Hilfsmittel u. Arbeitstechniken der Literaturwissenschaft. 1971. – R. Ingarden, Das literar. Kunstwerk. [2]1960. – H. Ischreyt, Welt der Literatur. 1961. – W. Kayser, Das sprachl. Kunstwerk. [14]1968. – W. Müller-Seidel, Probleme der literar. Wertung. 1965. – S. J. Schmidt, Linguistik u. Literaturwissenschaft. Pläne, Prognosen, Probleme 1969–1970. 1970. – O. Walzel (Hrsg.), Handbuch der Literaturwissenschaft. 24 Bde. 1923–1943. – Ders., Gehalt u. Gestalt im Kunstwerk des Dichters. [3]1957. – M. Wehrli, Allgemeine Literaturwissenschaft. [2]1969. – W. Weiß, Gegenwartsliteratur. Zugänge zu ihrem Verständnis. [2]1977. – U. Weisstein, Einführung in die Vergleichende Literaturwissenschaft. 1968. – R. Wellek u. A. Warren, Theorie der Literatur. Dt. [2]1963. – G. von Wilpert, Sachwörterbuch der Literatur. [4]1964.
Orientalistik. Bibliographien: J. D. Pearson, Oriental and Asian bibliography. London. 1966. – E. Littmann, Der dt. Beitrag zur Wissenschaft vom Vorderen Orient. 1942. – B. Spuler (Hrsg.), Handbuch der Orientalistik. Speziell: 1. Abteilung, Bd. 1, 2. Abschnitt. 1970 (Ägyptologie). Bd. 2, 1. u. 2. Abschnitt. 1969 (Altkleinasiat. Sprachen). Bd. 3. 1964 (Semitistik). Bd. 4, 2. Abschnitt. 1968 (Iranistik, Literatur). Bd. 4, 1. Abschnitt. 1958 (Neupersisch). Bd. 4, 3. Abschnitt. 1971 (Tocharisch). Bd. 5, 1. Abschnitt. 1963 (Turkologie). Bd. 5, 2. Abschnitt. 1964 (Mongolistik). Bd. 5, 3. Abschnitt. 1968 (Tungusologie). Bd. 7. 1963 (Armenisch, Kaukasische Sprache).
Philologie. H. G. Gadamer, Wahrheit u. Methode. [2]1965. – W. Stammler, Dt. Philologie im Aufriß. 1957. – U. von Wilamowitz-Moellendorf, Geschichte der Philologie. 1921. Neuaufl. 1959.
Poetik. I. Braak, Poetik in Stichworten. 1966. – B. Croce, La Poesia. Bari. [4]1946. – K. Hamburger, Die Logik der Dichtung. [3]1977. – J. Körner, Einführung in die Poetik. 1968. – B. Markwardt, Geschichte der dt. Poetik. Bd. 1–3, 5. 1937–1967. – H. Seidler, Die Dichtung. Wesen, Form, Dasein. 1959. – E. Staiger, Grundbegriffe der Poetik. Zürich. 1968. – P. Valéry, Zur Theorie der Dichtkunst. Dt. 1962. – E. G. Wolff, Die Ästhetik der Dichtkunst. 1944.
Weltliteratur. Handbücher u. Lexika: Dizionario letterario Bompiani delle opere e dei personaggi di tutti i tempi e di tutte de letterature. 9 Bde. Mailand. 1947–1950. – Kindlers Literaturlexikon. 8 Bde. 1965–1975. – H. W. Eppelsheimer, Handbuch der Weltliteratur. [3]1960. – E. Frauwallner. H. Giebisch, E. Heinzel (Hrsg.), Die Weltliteratur. 3 Bde. 1951–1954. – E. Frenzel, Stoffe der Weltliteratur. Lexikon dichtungsgeschichtl. Längsschnitte. [2]1963. – W. Kayser u. H. Rüdiger (Hrsg.), Kleines literar. Lexikon. 3 Bde. [4]1966. – F. Lennartz, Ausländ. Dichter u. Schriftsteller unserer Zeit. [4]1971. – Meyers Handbuch über die Literatur. 1964. – O. Olles, Literaturlexikon 20. Jh. 3 Bde. 1971. – H. Pongs, Das kleine Lexikon der Weltliteratur. 2 Bde. [6]1967. – G. von Wilpert, Lexikon der Weltliteratur. [2]1975.
Literaturgeschichten: E. Laaths, Knaurs Geschichte der Weltliteratur. [4]1958. – R. Lavalette, Literaturgeschichte der Welt. [2]1954. – Weltliteratur der Gegenwart. 1890–1931. – P. Wiegler, Geschichte der fremdsprachigen Weltliteratur. [6]1949. – G. von Wilpert, I. Ivask, Moderne Weltliteratur. 1972.
Weltliteratur im 20. Jh.: G. Blöcker, Die neuen Wirklichkeiten. Linien u. Profile der modernen Literatur. [3]1961. – H. Glaser, Weltliteratur der Gegenwart. 1960. – W. Grenzmann, Weltdichtung der Gegenwart. [3]1960. – A. Schmidt, Wege u. Wandlungen moderner Dichtung. [2]1959.

3.0.2 GATTUNGEN, FORMEN

Gesamtdarstellungen: M. Fubini, Entstehung u. Geschichte der literar. Gattungen. 1971. – W. Lockemann, Lyrik, Epik, Dramatik. 1973.
Abenteuerroman. H. Plischke, Von Cooper bis Karl May. Eine Geschichte des völkerkundl. Reise- u. Abenteuerromans. 1951. – H. Rousse, Der dt. Abenteuerroman. 1912.
Anekdote. H. Grothe, Anekdote. 1971.
Aphorismus. H. Krüger, Studien über den Aphorismus als philosoph. Form. 1957. – G. Neumann, Zur Geschichte, zu den Formen u. Möglichkeiten einer literarischen Gattung. 1976.
Autobiographie. I. Bode, Die Autobiographien zur dt. Literatur, Kunst u. Musik. 1900–1965. 1966. – G. Misch, Geschichte der Autobiographie. 4 Bde. 1969–1976. – B. Neumann, Identität u. Rollenzwang. Zur Theorie der Autobiographie. 1970.
Ballade. A. Elschenbroich, Ballade. 1966. – W. Hinck. Die dt. Ballade von Bürger bis Brecht. [3]1978. – G. Köpf, Die Ballade. Probleme in Forschung u. Didaktik. 1975.
Bänkelsang. L. Petzoldt, Bänkelsang. Vom historischen Bänkelsang zum literarischen Chanson. 1974. – K. Riha, Moritat, Song, Bänkelsang. 1965. – W. V. Ruttkowski. Das literar. Chanson in Dtschld. 1966.
Bauerndichtung. K. Schulz, Bauernromane. 1933. – F. Martini, Das Bild des Bauerntums im dt. Schrifttum bis zum 16. Jh. 1944. →auch Dorfgeschichte.
Brief. W. Büngel, Der Brief, ein kulturgeschichtl. Dokument. 1939. – K. Faßmann (Hrsg.), Briefe der Weltliteratur. 24 Bde. geplant. 1964 ff. – G. Steinhausen, Geschichte des dt. Briefes. 2 Bde. [3]1902.
Briefroman. D. Kimpel, Entstehung u. Formen des Briefromans in Deutschland. Diss. Wien. 1962. – K. R. Mandelkow, Der deutsche Briefroman. In: Neophilologus 44. 1960.
bukolische Dichtung →Hirtendichtung.
Dorfgeschichte. F. Altvater, Die dt. Dorfgeschichte im 19. Jh. 1930. – J. Hein, Die Dorfgeschichte. 1976. →auch Bauerndichtung.
Drama. E. Bentley, Das lebendige Drama. Eine elementare Dramaturgie. 1967. – W. Creizenach, Geschichte des neueren Dramas. 5 Bde. 1909–1923. – M. Dietrich, Europ. Dramaturgie. [2]1967. – Dies., Europ. Dramaturgie im 19. Jh. 1961. – Dies., Das moderne Drama. [3]1977. – M. Esslin, Das Theater des Absurden. [2]1966. – Ders., Jenseits des Absurden. 1972. – P. Fechter, Das europ. Drama. 3 Bde. 1956–1958. – E. Franzen, Formen des modernen Dramas. [3]1974. – G. Freytag, Die Technik des Dramas. 1863. [13]1922. – V. Klotz, Geschlossene u. offene Form im Drama. 1960. – S. Melchinger, Drama zwischen Shaw u. Brecht. [4]1961. – F. N. Mennemeier, Das moderne Drama des Auslandes. 1961. – M. Pfister, Das Drama, Theorie u. Analyse. 1976. – W. von Scholz, Das Drama. 1956. – P. Szondi, Theorie des modernen Dramas. 1970.
Elegie. E. Beissner, Geschichte der dt. Elegie. [3]1965. – K. Weissenberger, Formen der Elegie von Goethe bis Celan. Bern. 1969.
Entwicklungsroman. M. Gerhard, Der dt. Entwicklungsroman bis zu Goethes „Wilhelm Meister". [2]1968. – L. Köhn, Entwicklungs- und Bildungsroman. Ein Forschungsbericht. 1969.
Epigramm. G. Pfohl, Das Epigramm, Zur Geschichte einer inschriftl. u. literar. Gattung. 1969. – R. Reiser, Über das Epigramm. 1950.
Epik. K. Friedemann, Die Rolle des Erzählers in der Epik. 1910 – J. Pfeiffer, Wege zur Erzählkunst. [6]1964. – E. Lämmert, Bauformen des Erzählens. [3]1968. – R. Petsch, Wesen u. Formen der Erzählkunst. [6]1964.
Epos. K. O. Brogsitter, Artusepik. 1965. – A. Heusler, Lied u. Epos in german. Sagendichtung. [2]1956. – W. Matz, Der Vorgang im Epos. Interpretationen. 1947. – L. Pollmann, Das Epos in den romanischen Literaturen. 1966. – W. J. Schröder (Hrsg.), Das dt. Versepos. 1969.
Essay. D. Bachmann, Essay u. Essayismus. 1969. – B. Berger, Der Essay, Form u. Geschichte. 1964. – M. Christadler, Geschichte des amerikan. Essay. 1968. – G. Haas, Essay. 1969. – L. Rohner, Der dt. Essay. 1966.
Fabel. K. Doderer, Fabeln. Formen, Figuren, Lehren. 1970. – E. Leibfried, Fabel. [3]1976. – K. Meuli, Herkunft u. Wesen der Fabel. 1954.
Fastnachtsspiele. E. Catholy, Das Fastnachtsspiel des Spät-MA. 1961. – Ders., Fastnachtsspiel. 1966. – W. Lenk, Das Nürnberger Fastnachtsspiel des 15. Jh. 1966.
Heimatroman. K. Rossbacher, Heimatkunstbewegung u. Heimatroman. 1975. – M. Wegener, Die Heimat u. die Dichtkunst, in: G. Schmidt-Henkel, Trivialliteratur. 1964.
Heldendichtung. C. M. Bowra, Heldendichtung. Eine vergleichende Phänomenologie der heroischen Poesie aller Völker u. Zeiten. 1970. – K. Hauck (Hrsg.), Zur german.-dt. Heldensage. 1961. – J. de Vries, Heldenlied u. Heldensage. 1961.
Hirtendichtung. E. Eike, Die Entstehung der religiösen Schäferlyrik. 1957. – K. Garber (Hrsg.), Europäische Bukolik u. Georgik. 1976.
historische Literatur. W. Schiffels, Geschichte erzählen. Über Geschichte, Funktionen u. Formen historischen Erzählens. 1975. →auch historischer Roman.
historischer Roman. H. Bock, K. Weitzel, Der histor. Roman als Begleiter der Weltgeschichte. 1922–1931. – Ch. Jenssen, Der histor. Roman. Möglichkeiten u. Gefahren. 1954. – G. Lukács, Der histor. Roman. 1955.
Hörspiel. K. E. Fischer, Das Hörspiel. 1964. – A. P. Frank, Das Hörspiel. Vergleichende Beschreibung u. Analyse. 1963. – H. Keckeis, Das dt. Hörspiel 1923–1973. 1973. – H. Schwitzke, Das Hörspiel. Dramaturgie u. Geschichte. 1963.
Idylle. R. Böschenstein-Schäfer, Idylle. [2]1978. – P. Merker, Dt. Idyllendichtung 1700 bis 1840. 1934.
Kritik. G. Blöcker u. a., Kritik in unserer Zeit. 1960. – A. Carlsson, Die dt. Buchkritik. 2 Bde. 1963 ff. – P. Wiegler, Geschichte der Kritik. 1948. →auch Literaturkritik.
Kurzgeschichte. K. Doderer, Die Kurzgeschichte in Dtschld. Ihre Form u. ihre Entwicklung. [5]1977. – R. Kilchenmann, Die Kurzgeschichte. Formen u. Entwicklung. 1969.
Lehrdichtung. B. Boesch, Lehrhafte Litera-

tur. 1977. – C. Spitteler, Vom Lehrgedicht. Ästhet. Schriften. 1947.
Literaturkritik. N. Frye, Analyse der Literatur-Kritik. Dt. 1964. – H. Mayer, Dt. Literaturkritik. 4 Bde. 1978. – E. Staiger, Klassiker der Kritik. 1962 ff. – R. Wellek, Geschichte der Literaturkritik. 2 Bde. Dt. 1959 ff. – Ders., Grundbegriffe der Literaturkritik. [2]1970.
Lyrik. B. Asmuth, Aspekte der Lyrik. [4]1976. – G. Benn, Probleme der Lyrik. [10]1969. – H. Friedrich, Die Struktur der modernen Lyrik. [12]1971. – U. Füllborn, Das dt. Prosagedicht. Zur Theorie u. Geschichte einer Gattung. 1970. – W. Killy, Wandlungen des lyr. Bildes. [6]1971. – M. Kommerell, Gedanken über Gedichte. [2]1956. – O Knörrich, Die dt. Lyrik der Gegenwart. 1945–1970. 1971. – R. Petsch, Die lyrische Dichtkunst. 1939. – F. Schlawe, Die dt. Strophenformen. 1972. – J. Wiegand, Elemente der Lyrik. 1972.
lyrisch. W. Kayser, Das sprachl. Kunstwerk. [11]1965. – F. Sieburg, Die Gnade der lyr. Formung. Diss. 1920. – E. Staiger, Grundbegriffe der Poetik. [8]1968.
Märchen. F. von der Leyen, Die Welt des Märchens. 1953 f. – M. Lüthi, Märchen. 1971. – A. Nitschke, Soziale Ordnung im Spiegel der Märchen. 1976/77. – L. Röhrich, Märchen u. Wirklichkeit. [3]1974. – M. Thalmann, Das Märchen u. die Moderne. [2]1967.
Memoiren. A. Gräser, Das literar. Tagebuch. 1955. – A. von Harnack, Kritik von Memoiren u. Tagebüchern. 1950. – G. R. Hocke, Europ. Tagebücher aus vier Jahrhunderten. 1978. – R. H. Kurzrock, Das Tagebuch als literar. Form. 1955.
Novelle. J. Klein, Geschichte der dt. Novelle von Goethe bis zur Gegenwart. [3]1956. – J. Kunz, Novelle. [2]1973. – W. Pabst, Novellentheorie u. Novellendichtung (in den roman. Literaturen). 1953. – K. K. Polheim, Novellentheorie u. Novellenforschung, Forschungsbericht. 1965. – B. von Wiese, Novelle. [3]1975.
Ode. D. Janak, Geschichte der Ode u. Stance von Ronsand bis Boileau. 1967. – K. Viëtor, Geschichte der dt. Ode. 1923. Neudruck. 1961.
Reiseliteratur. E. G. Cox, A reference guide to the literature of travel. 3 Bde. Washington. [2]1948–1950. – H. Plischke. Von Cooper bis Karl May. Eine Geschichte des völkerkundl. Reise- u. Abenteuerromans. 1951.
Rhetorik. M. Dessoir, Rede als Kunst. [2]1948. – K. Dockhorn, Macht und Wirkung der Rhetorik. 1964. – H. Geissner, Rede in der Öffentlichkeit. 1969. – W. Jens, Von der dt. Rede. 1969. – H. Lausberg, Handbuch der literar. Rhetorik. 2 Bde. 1960. – H. Reclam, J. Midderhoff, Elemente der Rhetorik. 1979.
Roman. R. M. Albérès, Geschichte des modernen Romans. Dt. 1964. – R. Bauvigart, Aussichten des Romans oder Hat Literatur Zukunft? 1970. – M. Butor, Probleme des Romans. 1965. – H. von Doderer, Grundlage u. Funktion des Romans. 1959. – H. Emmel, Der dt. Roman. 2 Bde. 1975. – R. Grimm, Dt. Romantheorien. 1969. – K. A. Horst, Das Spektrum des modernen Romans. 1960. – W. Kayser, Entstehung u. Krise des modernen Romans. [5]1968. – V. Klotz, Zur Poetik des Romans. 1965. – W. R. Langenbucher, Der aktuelle Unterhaltungsroman. 1964. – G. Lukács, Die Theorie des Romans. [2]1963. – E. Muir, The Structure of the Novel. London. [5]1959. – H. Paulsen, Der dt. Roman u. seine historischen u. politischen Bedingungen. 1979. – M. Schwonke, Vom Staatsroman zur Science Fiction. 1957. – H. Singer, Der galante Roman. [2]1966. – F. K. Stanzel, Typ. Formen des Romans. 1964.
Sage. A. Heusler, Lied u. Epos in german. Sagendichtung. [2]1956. – W. E. Peuckert, Handwörterbuch der Sagen. 1961 ff. – L. Röhrich, Sage. [2]1971.
Schlüsselroman. G. Schneider, Die Schlüsselliteratur. 3 Bde. 1951–1953.
Science-Fiction. E. Barmeyer, Science Fiction – Theorie u. Geschichte. 1972. – M. Nagel, Science fiction in Dtschld. 1972. – G. Seeßler, B. Kling, Romantik & Gewalt. Ein Lexikon der Unterhaltungsindustrie. 2 Bde. 1973. – T. Todorov, Einführung in die phantast. Literatur. 1972.
Sprichwort. A Boecklein, Sprichwörter in sechs Sprachen. [4]1947. – G. Büchmann, Geflügelte Worte. [32]1972. – F. Frhr. von Lipperheide, Spruchwörterbuch. 1907. Neudr. [4]1962. – L. Röhrich, Lexikon der sprichwörtl. Redensarten. 2 Bde. 1973. – K. Wander, Dt. Sprichwörter-Lexikon. 5 Bde. 1867–1880.
Tierdichtung. H. R. Jauss, Untersuchungen zur mittelalterl. Tierdichtung. 1959. – U. Schwab (Hrsg.), Das Tier in der Dichtung. 1970.
Tragikomödie. K. S. Gutschke, Die moderne Tragikomödie. Theorie u. Gestalt. 1960. – H. Herter, Vom dionys. Tanz zum komischen Spiel. 1947.
Übersetzung. Die Kunst des Übersetzens, Hrsg. Bayr. Akademie der Schönen Künste. 1963. – H. J. Störig (Hrsg.), Das Problem des Übersetzens. 1963. – R. Italiaander (Hrsg.), Übersetzen. 1965.
Vagantendichtung. K. Langosch, Vagantendichtung. 1963. – H. Süssmilch, Die lat. Vagantenpoesie des 12. u. 13. Jh. 1972.

3.0.4 EINZELNE BEGRIFFE ZUR LITERATUR

Allegorie. V. Calin, Auferstehung der Allegorie. 1975. – B. A. Sörensen, Allegorie u. Symbol, Texte zur Theorie des dichterischen Bildes im 18. u. frühen 19. Jh. 1972.
Ghasel. D. Balke, Westöstl. Gedichtformen. Diss. 1952. – H. Tschersig, Die Ghasel in der dt. Dichtung. 1907.
Humor. J. Bourke, Engl. Humor. 1965. – F. Forster, Studium zum Wesen von Komik, Tragik u. Humor. Diss. Wien. 1967. – W. Preisendanz, Humor als dichterische Einbildungskraft. 1963. – W. Schmidt-Hidding, Humor u. Witz. 1963. → auch Komik.
Komik. K. Flögel, Geschichte des Groteskkomischen. 2 Bde. 1788. Neudr. 1914. – F. G. Jünger, Über das Komische. [2]1948. – G. Müller, Theorie der Komik. 1964. – W. Preisendanz, Das Komische. 1976. → auch Humor.
Metrum. W. Th. Elwert, Französ. Metrik. [3]1970. – Ders., Italien. Metrik. 1968. – O. Paul, I. Glier, Dt. Metrik. [9]1974. – F. Schlaue, Neudeutsche Metrik. 1972.
Stil. P. Boeckmann, Stil- u. Formprobleme in der Literatur. [2]1974. – D. Faulseit u. D. Kühn, Stilist. Mittel u. Möglichkeiten der dt. Sprache. [2]1963. – W. K. Jude, Kleine dt. Stillehre. 1959. – A. Kutscher, Stilkunde der dt. Dichtung. 2 Bde. 1951/52. – G. Michel u. a., Einführung in die Methodik der Stiluntersuchung. 1968. – H. Seidler, Allgemeine Stilistik. [2]1963. – L. Spitzer, Stilstudien. 2 Bde. [2]1961. – E. Staiger, Stilwandel. 1963.
Vers. E. Arndt, Dt. Verslehre. [5]1968. – A. Behrmann, Einführung in die Analyse von Verstexten. 1970. – T. S. Eliot, Der Vers. Dt. 1952. – A. Heusler, Dt. Versgeschichte. 3 Bde. [2]1952–1956. – W. Kayser, Geschichte des dt. Verses. [2]1971. – Ders., Kleine dt. Versschule. [15]1971. – G. Storz, Der Vers in der neueren dt. Dichtung. 1970.

3.0.6 EPOCHEN, SCHULEN

Anakreontik. A. Anger, Literar. Rokoko. 1962. – H. Zeman, Die dt. anakreontische Dichtung. 1972.
Aufklärung. H. Boetius, Dichtungstheorien der Aufklärung. 1971. – H. Hettner, Literaturgeschichte des 18. Jh. [7]1925. – H. Nicolson, Das Zeitalter der Vernunft. Dt. 1963. – H. Steinmetz, Die Komödie der Aufklärung. 1966. – V. Valgavec, Geschichte der abendländ. Aufklärung. 1961.
Barock. R. Alewyn u. a., Aus der Welt des Barock. 1957. – W. Barner, Barockrhetorik. 1970. – M. Baur-Heinhold, Theater des Barock. 1966. – C. J. Friedrich, Das Zeitalter des Barock. 1954. – P. Hankamer, Dt. Gegenreformation u. dt. Barock. [3]1964.
Dekadenz. F. Altheim, Roman u. Dekadenz. 1951. – W. Eickhorst, Dekadenz in der neueren dt. Prosadichtung. – R. Geißler, Dekadenz u. Heroismus. 1964.
empfindsame Dichtung. H. Boeschenstein, Dt. Gefühlskultur. 1954. – P. U. Hohendahl, Der europäische Roman der Empfindsamkeit. 1977.
Expressionismus. A. Arnold, Die Literatur des Expressionismus. 1966. – R. Brinkmann, Expressionismus. Forschungsprobleme 1952–1960. 1961. – E. Denkler, Das Drama des Expressionismus. 1967. – H. Friedmann, P. Raabe (Hrsg.), Expressionismus, Aufzeichnungen u. Erinnerungen der Zeitgenossen. 1965. – W. Rothe, Expressionismus als Literatur. 1969. – H. Rötzer (Hrsg.), Begriffsbestimmung des literarischen Expressionismus. 1976. – W. H. Sokel, Der literarische Expressionismus. 1960.
höfische Dichtung. R. R. Bezzela, Liebe u. Abenteuer im höf. Roman. 1961. – K. O. Brogsitter, Artusepik. 1965. – J. Schwietering, Mystik u. höf. Dichtung im Hoch-MA. 1960.
Humanismus. H. O. Burger, Humanismus – Renaissance – Reformation. 1968. – H. Rupprich, Humanismus u. Renaissance. [2]1935. – H. Weinstock, Die Tragödie des Humanismus. [3]1956.
Impressionismus. H. Sommerhalder, Zum Begriff des literar. Impressionismus. 1961. – L. Thon, Die Sprache des dt. Impressionismus. 1928.
Klassik. H. Burger, Begriffsbestimmung der Klassik u. des Klassischen. 1972. – A. Heusler, Klassik u. Klassizismus in der dt. Literatur. 1952. – K. Scheffler, Späte Klassik. 1946. – F. Strich, Dt. Klassik u. Romantik. [5]1962.
Klassizismus. F. Ernst, Der Klassizismus in Italien, Frankreich u. Dtschld. Wien. 1924. – A. Heusler, Klassik u. Klassizismus in der dt. Literatur. 1952. – R. Zeitler, Klassizismus u. Utopia. Stockholm. 1954.
Meistergesang. H. O. Burger, Die Kunstauffassung der frühen Meistersinger. 1936. – B. Nagel, Der dt. Meistersang. [2]1971.
Minne. H. Fürstner, Studien zur Wesensbestimmung der höf. Minne. Groningen. 1956. – M. Isbăsescu, Minne u. Liebe. 1940. – H. Kolb, Der Begriff der Minne u. die Entstehung der höf. Lyrik. 1958. – H. Wenzel, Frauendienst u. Gottesdienst. 1974. – D. Wiercinski, Minne, Herkunft u. Anwendungsschichten eines Wortes. 1964.
Minnesang. R. Baehr (Hrsg.), Der provençal. Minnesang. 1967. – Th. Frings, Minnesinger u. Troubadours. 1949. – H. Fromm (Hrsg.), Der dt. Minnesang. [5]1972. – R. Grimminger, Poetik des frühen Minnesangs. 1969. – E. Jammers, Ausgewählte Melodien des Minnesangs. 1963. – C. von Kraus (Hrsg.), Des Minnesangs Frühling. [33]1961.
Naturalismus. H. Bahr, Zur Überwindung des Naturalismus. Theoret. Schriften. 1887–1904. Neudr. 1968. – R. Hamann, J. Hermand, Naturalismus. 1972. – S. Hoepfert, Das Drama des Naturalismus. [2]1973. – E. Ruprecht, Literar. Manifeste des Naturalismus 1880–1892. 1962.
Neuromantik. A. Mann, Die Neuromantik. 1966. – I. A. Thomèse, Romantik u. Neuromantik. 1923.
Realismus. M. L. Gansberg, Begriffsbestimmung des literar. Realismus (Hrsg. R. Brinkmann). 1968. – H. Kunisch, Zum Problem des künstler. Realismus im 19. Jh. 1966. – G. Lukács, Probleme des Realismus. 1955. – H. Schlaffer, Lyrik im Realismus. 1966.
Renaissance. H. H. Borcherdt, Das europ. Theater im MA. u. in der Renaissance. 1969. – K. Borinski, Die Poetik der Renaissance in Dtschld. 1967. – K. H. Dannenfeld, The Renaissance, Boston. 1959.
Rokoko. A. Anger, Literar. Rokoko. 1962. – A. Schönberger, Die Welt des Rokoko. 1959.
Romantik, H. Friedrich, Wirkungen der Romantik. 1954. – E. C. Mason, Dt. u. engl. Romantik. 1959. – M. Praz, Liebe, Tod u. Teufel. Die schwarze Romantik. Dt. 1963. – K. Weimar, Versuch über Voraussetzung u. Entstehung der Romantik. 1968.
Sturm u. Drang. S. Melchinger, Dramaturgie des Sturm u. Drang. 1929. – R. Pascal, Der Sturm u. Drang. [2]1977. – H. Röhl, Sturm u. Drang. [2]1931.
Surrealismus. M. Nadeau, Geschichte des Surrealismus. 1962. – P. Waldberg, Der Surrealismus. 1965. – D. Wyss, Der Surrealismus. 1950.
Symbolismus. C. M. Bowra, Das Erbe des Symbolismus. Dt. 1947. – A. M. Schmidt, La littérature symboliste. Paris. [2]1957. – A. Whitehead, Symbolismus. 1958.

3.1.0 ALTNORDISCHE LITERATUR

Gesamtdarstellungen: W. Golther, Nordische Literaturgeschichte. [2]1921. – P. Hallberg, Die isländische Saga. 1965. – A. Heusler, Die altgerman. Dichtung. 1926. Nachdr. 1957. – W. Lange, Studien zur christl. Dichtung der Nordgermanen 1000 bis 1200. 1958. – G. Neckel, Die altnordische Literatur. 1923. – A. Ruprecht. Die ausgehende Wikingerzeit im Lichte der Runeninschriften. 1956. – J. de Vries, Altnord. Literaturgeschichte. 2. Bde. [2]1963–1965.
Edda. Bibliographien: J. S. Hannesson, Bibliography of the Eddas. Ithaca. 1955.
Ältere Edda. Faksimile-Ausgaben: G. Magnæ u. a. (Hrsg.), Edda Sæmundar hinns Fróda. 3 Teile. Kopenhagen. 1787–1828. – G. Neckel, Edda. 2 Bde. 1914–1927. - L. F. A. Wimmer, F. Jónsson (Hrsg.), Kopenhagen. 1891.
Übersetzungen: J. N. C. M. Denis, Die Lieder Sineds des Barden. Wien. 1772. – K. Simrock, Die Edda, die ältere u. jüngere, nebst den myth. Erzählungen der Skalden. Neu bearbeitet von H. Kuhn. 2 Bde. 1935/36. Nachdruck 1947.
Literatur: R. Hippe, Edda u. altnord. Literatur. 1969. – H. Klingenberg, Edda-Sammlung u. Dichtung. 1974. – G. Neckel, Beiträge zur Eddaforschung. 1908.
Jüngere Edda. Gesamtausgaben: P. J. Resenius. Kopenhagen. 1665. – F. Jonsson. Kopenhagen. [2]1926, 1931. – Faksimile-Ausgaben. Kopenhagen. 1931. – Uppsala. 1964.
Übersetzungen: K. Simrock, Die Edda. 1851.
Literatur: W. Baetke, Die Götterlehre der „Snorra-Edda". 1950. – E. Mogk, Zur Bewertung der „Snorra-Edda" als religionsgeschichtl. u. mytholog. Quelle des nordgerman. Heidentums. 1932. – F. W. Müller, Untersuchungen zur Uppsala-Edda. 1941.
germanische Dichtung. G. Baesecke, Vor- u. Frühgeschichte des dt. Schrifttums. Bd. I. 1940. – A. Heusler, Die altgerman. Dichtung. [2]1941. – W. Lange, Studien zur christl. Dichtung der Nordgermanen 1000–1700. 1958. – W. Mohr, Altgerman. Kultdichtungen. In: Ztschr. für Deutschkunde 54. 1940. – F. Nieder, G. Neckel (Hrsg.), Thule. Altnordische Dichtung u. Prosa. 24 Bde. 1912–1930. – J. de Vries, Altnord. Literaturgeschichte. 2 Bde. [2]1964–1967.
Saga. P. Hallberg, Die isländ. Saga. 1965. – A. Heusler, Anfänge der isländ. Saga. 1914. – K. Schier, Sagaliteratur. 1970. – K. v. See, German. Heldensage. 1971.
Skaldendichtung. Bibliographien: M. Hollander, A bibliography of Skaldic studies. Kopenhagen. 1958.
Literatur: G. Keller, Der Beruf des Skalden. 1939. – W. Lange, Christl. Skaldendichtung. 1958.

3.1.1 DEUTSCHE LITERATUR

Einführungen, Bücher- u. Quellenkunde: R. F. Arnold, Allg. Bücherkunde zur neueren dt. Literaturgeschichte. [4]1966. – K. O. Conrady, Einführung in die neuere dt. Literaturwissenschaft. [4]1968. – K. Kunze, H. Obländer, Grundwissen Dt. Literatur. o. J. – P. Raabe, Einführung in die Bücherkunde zur dt. Literaturwissenschaft. [6]1969. – Ders., Quellenkunde zur neueren dt. Literaturgeschichte. [2]1968.
Bibliographien: H.-W. Eppelsheimer, C. Köttelwesch, Bibliographie der dt. Literaturwissenschaft (seit 1945). 8 Bde. 1957–1969; ab 1970 jährlich unter dem Titel „Bibliographie der dt. Sprach- u. Literaturwissenschaft". Hrsg. C. Köttelwesch. – C. Köttelwesch (Hrsg.), Bibliograph. Handbuch der dt. Literaturwissenschaft. 1945 bis 1972. 3 Bde. 1971 ff. – K. Goedeke, Grundriß zur Geschichte der dt. Dichtung. 15 Bde. [2]1884–1966; Bd. 4, Teile 1–4. [3]1910–1916. Teil 5. 1960. – Handbuch der dt. Literaturgeschichte. 2 Abt.: Bibliographien. 12 Bde. München, Bern. 1970 ff. – J. Hansel, Personalbibliographie zur dt. Literaturgeschichte. 1967. – J. Körner, Bibliograph. Handbuch des dt. Schrifttums. 1949, Neudr. 1966. – F. A. Schmitt, Stoff- u. Motivgeschichte der dt. Literatur. Bibliographie. 1965. – G. v. Wilpert u. A. Gühring, Erstausgaben dt. Dichtung (1600–1960). 1967.
Handbücher u. Lexika: G. Albrecht, K. Böttcher u. a. (Hrsg.), Lexikon deutschsprachiger Schriftsteller von den Anfängen bis zur Gegenwart. 2 Bde. 1968. – Dies.n Dt. Literaturgeschichte in Bildern. 2 Bde. 1969/70. – Dt. Literatur-Lexikon. Begründet von W. Kosch, Biographisch-Bibliograph. Handbuch. 4 Bde. [2]1947–1958. 3. Aufl. Hrsg. von B. Berger, H. Rupp, bisher erschienen 6 Bde. 1968 ff. – E. Friedrichs, Literar. Lokalgrößen 1700–1900. 1967. – Reallexikon der dt. Literaturgeschichte. Hrsg. P. Merker u. W. Stammler. 4 Bde. 1925–1931. Neuausg. Hrsg. W. Kohlschmidt u. G. Mohr. 4 Bde. 1958 ff. – W. Stammler (Hrsg.), Dt. Philologie im Aufriß. 3 Bde. u. Registerbd. [2]1957–1963. – G. von Wilpert, Dt. Dichterlexikon. 1963. – Ders., Dt. Literatur in Bildern. [2]1965.
Gesamtdarstellungen: B. Boesch (Hrsg.), Dt. Literaturgeschichte in Grundzügen. [3]1967. – H. de Boor, R. Newald, Geschichte der dt. Literatur von den Anfängen bis zur Gegenwart. Bisher 8 Bde. 1949 ff. – O. Burger (Hrsg.), Annalen der dt. Dichtung. 3 Bde. [2]1962 ff. – H. A. u. E. Frenzel, Daten dt. Dichtung. Chronolog. Abriß der dt. Literaturgeschichte. [4]1967. Bd. 2: [3]1966. – G. Fricke u. M. Schreiber, Geschichte der dt. Literatur. [16]1974. – W. Grabert u. A. Mulot, Geschichte der dt. Literatur. [13]1968. – P. Hankamer, Dt. Literaturgeschichte. [3]1952. – Kollektiv für Literaturgeschichte (K. Gysi u. a.), Geschichte der dt. Literatur von den Anfängen bis zur Gegenwart. 10 Bde. 1962 ff. – D. Lattmann, Die Literatur der BRD. 1973. – F. Martini, Dt. Literaturgeschichte von den Anfängen bis zur Gegenwart. [13]1965. – J. Nadler, Geschichte der dt. Literatur. [2]1961. – J. G. Robertson, E. Purdie, Geschichte der dt. Literatur. Dt. 1968. – F. Schmitt, J. Görres (Hrsg.), Abriß der dt. Literaturgeschichte in Tabellen. [5]1969. – V. Zmegač, Geschichte der dt. Literatur vom 18. Jh. bis zur Gegenwart. 2 Bde. 1978.
Zur Literatur der DDR: H. J. Geerdts, Literatur der DDR in Einzeldarstellungen. 1972. – K. Franke, Die Literatur der DDR. 1974.
Zur Literatur Österreichs: H. Giebisch, G. Gugitz, Bio-Bibliograph. Literaturlexikon Österreichs. Wien. 1964. – H. Kindermann, M. Dietrich u. a. (Hrsg.), Dichter aus Österreich. 3 Bde. 1969 ff. – N. Langer, Dichter aus Österreich. 4 Folgen. 1956 ff. – J. Nadler, Literaturgeschichte Österreichs. [3]1964. – A. Schmidt, Dichtung u. Dichter Österreichs im 19. u. 20. Jh. 2 Bde. 1964. – H. Spiel (Hrsg.), Die zeitgenössische Literatur Österreichs. 1976.
Zur Literatur der Schweiz: C. Calgari, Die vier Literaturen der Schweiz. 1958, dt. 1966. – E. Ermatinger, Dichtung u. Geistesleben der dt. Schweiz. 1933. – M. Gsteiger (Hrsg.), Die zeitgenössischen Literaturen der Schweiz. 1974. – W. Günther, Dichter der neueren Schweiz. 2 Bde. Bern. 1963. – A. Zäch, Die Dichtung der dt. Schweiz. Zürich. 1951.
Einzelne Gattungen: K. Guthke (Hrsg.), Das dt. bürgerl. Trauerspiel. [2]1976. – H. Himmel, Geschichte der dt. Novelle. 1963. – W. Killy (Hrsg.), Epochen der dt. Lyrik. 8 Bde. 1970 ff. – J. Kunz, Die dt. Novelle im 20. Jh. 1977. – H. Maiworm, Neue dt. Epik. 1968. – O. Mann, Geschichte des dt. Dramas. [3]1969. – F. Sengle, Das histor. Drama in Dtschld. 1969. – H. Steffen (Hrsg.), Das dt. Lustspiel. 2 Bde. 1968. – B. von Wiese (Hrsg.), Die dt. Lyrik vom MA. bis zur Gegenwart. [6]1970. – Ders. (Hrsg.),

Der dt. Roman vom Barock bis zur Gegenwart. 2 Bde. ^{3}1965. – Ders., Die dt. Novelle von Goethe bis Kafka. 2 Bde. 1956. ^{8}1969. – Ders. (Hrsg.), Das dt. Drama vom Barock bis zur Gegenwart. ^{5}1969. – Ders., Die dt. Tragödie von Lessing bis Hebbel. ^{7}1967.

Einzelne Epochen. Frühzeit u. Mittelalter: G. Baeseke, Vor- u. Frühgeschichte des dt. Schrifttums. 2 Bde. 1941, 1953. – M. Batts, Hohes MA. 1970. – H. de Boor, Die dt. Literatur von Karl dem Großen bis zum Beginn der höf. Dichtung 770 bis 1170. ^{7}1967. – Ders., Die höf. Literatur 1170–1250. ^{8}1969. – Ders., Dt. Literatur im späten MA.1250–1350. ^{3}1966. – Ders. (Hrsg.), MA. 2 Bde. 1965 (Die dt. Literatur. Texte u. Zeugnisse Bd. 1). – G. Ehrismann, Geschichte der dt. Literatur bis zum Ausgang des MA. 4 Bde. 1918–1935, Neudr. 1959. – H. Kratz, Frühes MA. 1970. – H. Kuhn, Dichtung u. Welt im MA. ^{2}1970. – K. Langosch, Die dt. Literatur des latein. MA. in ihrer geschichtl. Entwicklung. 1964. – F. Maurer, Dichtung u. Sprache des MA. 1963. – F. Neumann, Geschichte der altdt. Literatur (800–1600). 1966. – H. Schneider, Heldendichtung, Geistlichendichtung, Ritterdichtung. ^{2}1943. – W. J. Schröder, Spielmannsepik. ^{2}1967. – J. Schwietering, Die dt. Dichtung des MA. ^{2}1957. – C. Soeteman, Dt. geistl. Dichtung des 11. u. 12. Jh. 1963. – (Hrsg.), Verfasserlexikon des MA. Hrsg. W. Stammler u. K. Langosch. 5 Bde. 1933–1955. – P. Wapnewski, Die dt. Literatur des MA. 1960.

Renaissance, Humanismus, Reformation: G. Müller, Dt. Dichtung von der Renaissance bis zum Ausgang des Barock. ^{2}1957. – R. Newald, Humanismus u. Reformation. ^{2}1962. – H. Rupprich, Die dt. Literatur vom späten MA. bis zum Barock. 2 Bde. 1970–1973. – W. Stammler, Von der Mystik zum Barock 1400–1600. ^{2}1950. – F.-W. Wentzlaff-Eggebert, Dt. Literatur im späten MA. (1250–1450). 3 Bde. 1971.

Barock: R. Alewyn (Hrsg.), Dt. Barockforschung (mit Literatur). ^{3}1968. – R. Benz, Dt. Barock. 1949. – P. Hankamer, Dt. Gegenreformation u. dt. Barock. ^{3}1964. – H. Jaumann, Die Umwertung der dt. Barockliteratur. 1975. – R. Newald, Die dt. Literatur vom Späthumanismus zur Empfindsamkeit 1570–1750. ^{5}1965. – A. Schöne (Hrsg.), Das Zeitalter des Barock (Die dt. Literatur. Texte u. Zeugnisse. Bd. 3). ^{2}1968.

Aufklärung, Rokoko, Geniezeit: R. Alewyn (Hrsg.), 18. Jh. (Die dt. Literatur.Texte u. Zeugnisse Bd. 4). 1968. – A. Anger, Literar. Rokoko. ^{2}1968. – E. Ermatinger, Dt. Dichter. 1750–1900. Geistesgeschichte in Lebensbildern. 2 Bde. ^{2}1961. – H. Hettner, Geschichte der dt. Literatur im 18. Jh. 6 Bde. 1856–1870, Neudr. 1961, 1970. – G. Kaiser, Geschichte der dt. Literatur von der Aufklärung bis zum Sturm und Drang, 1730–1785. 1966. – W. Kohlschmidt, Vom Barock bis zur Klassik. 1965. – A. Köster, Die dt. Literatur der Aufklärungszeit. 1925, Neudr. 1970. – F. J. Schneider, Die dt. Dichtung der Aufklärungszeit. ^{2}1948. – Ders., Die dt. Dichtung der Geniezeit. 1952. – E. Staiger, Stilwandel, Studien zur Vorgeschichte der Goethezeit. 1963. – K. Viëtor, Dt. Dichten u. Denken von der Aufklärung bis zum Realismus. ^{3}1958.

Goethezeit, Romantik: R. Benz, Die Zeit der dt. Klassik. 1953. – Ders., Die dt. Romantik. ^{5}1956. – W. Bruford, Die gesellschaftl. Grundlagen der Goethezeit. 1975. – H.-F. Hass (Hrsg.), Sturm u. Drang/Klassik/Romantik. 2 Bde. 1965 (Die dt. Literatur. Texte u. Zeugnisse Bd. 5). – P. Kluckhohn, Der Ideengehalt der dt. Romantik. Zur dt. Klassik u. Romantik. 1963. – R. Newald, Von Klopstock bis zu Goethes Tod 1750–1832. I. Teil ^{5}1967. – F. Schulz, Klassik u. Romantik der Deutschen. 2 Bde. ^{5}1959. – F. Strich, Dt. Klassik u. Romantik. ^{5}1962.

19. Jahrhundert: E. Alker, Die dt. Literatur im 19. Jh. ^{3}1969. – F. Brümmer, Lexikon der dt. Dichter u. Prosaisten vom Beginn des 19. Jh. bis zur Gegenwart. 8 Bde. ^{6}1913. – C. David, Zwischen Romantik u. Symbolismus 1820–1885. 1966. – G. Lukács, Dt. Realisten des 19. Jh. ^{5}1956. – F. Martini, Dt. Literatur im bürgerl. Realismus 1848–1898. ^{2}1964. – E. Neubuhr, Begriffsbestimmung des literarischen Biedermeier. 1974. – E. Staiger, Meisterwerke dt. Erzählkunst im 19. Jh. ^{4}1961. – B. von Wiese (Hrsg.), 19. Jh. (Die dt. Literatur. Texte u. Zeugnisse Bd. 6). 1965. – Ders., Dt. Dichter der Romantik. Ihr Leben u. Werk. 1971.

20. Jahrhundert: W. Bortenschlager, Dt. Dichtung im 20. Jh. Wien. o. J. – C. David, Von Richard Wagner zu Bertolt Brecht. 1964. – P. Demetz, Die süße Anarchie. Dt. Literatur seit 1945. 1970. – M. Durzak (Hrsg.), Die dt. Literatur der Gegenwart. 1971. – Ders. (Hrsg.), Die dt. Exilliteratur 1933–1945. 1973. – W. Duwe, Dt. Dichtung des 20. Jh. 2 Bde. ^{2}1962. – H. Friedmann, O. Mann, W. Rothe, Dt. Literatur im 20. Jh. ^{5}1968. – W. Jens, Dt. Literatur der Gegenwart. ^{4}1962. – K. G. Just, Von der Gründerzeit bis zur Gegenwart. 1973. – W. Killy (Hrsg.), 20. Jh. 1880–1933 (Die dt. Literatur. Texte u. Zeugnisse Bd. 6). 1968. – T. Koebner (Hrsg.), Tendenzen der dt. Literatur seit 1945. – H. Kunisch (Hrsg.), Handbuch der dt. Gegenwartsliteratur. 2 Bde.^{2}1969, dazu: H. Wiesner/I. Živsa/Ch. Stoll, Bibliographie der Personalbibliographien zur dt. Gegenwartsliteratur. 1970. – Kürschners Dt. Literatur-Kalender. 1878 ff. (57. Jahrgang 1978). – P. K. Kurz, Über moderne Literatur. 2 Bde. 1967 u. 1969. – F. Lennartz, Dt. Dichter u. Schriftsteller unserer Zeit. ^{10}1969. – G. Lukács, Dt. Literatur im Zeitalter des Imperialismus. 1945. – R. Matthei (Hrsg.), Grenzverschiebung. Neue Tendenzen in der dt. Literatur der 60er Jahre. 1970. – H. Mayer, Dt. Literatur der 60er Jahre. 1970. – M. Reich-Ranicki, Dt. Literatur in West u. Ost. Prosa seit 1945. 1963. 1970. – Ders., Literatur der kleinen Schritte. Dt. Schriftsteller heute. 1968. – W. Rothe (Hrsg.), Expressionismus als Literatur. 1969. – A. Soergel, Dichtung u. Dichter der Zeit. 3 Bde. 1912–1934, erneuert durch C. Hohoff. 2 Bde. ^{4}1963/64. – H. A. Walter, Dt. Exilliteratur 1933–1950. 2 Bde. 1972. – D. Weber (Hrsg.), Dt. Literatur seit 1945. ^{2}1969. – W. Welzig, Der dt. Roman im 20. Jh. ^{2}1970. – B. von Wiese (Hrsg.), Dt. Dichter der Moderne. Leben u. Werk. ^{2}1969. – Ders. (Hrsg.), Dt. Dichter unserer Zeit. Ihr Leben u. Werk. 1973.

Abraham a Santa Clara. Gesamtausgabe: K. Bertsche (Hrsg.), 3 Bde. 1943–1945.
Literatur: K. Bertsche, A. a. S. C. ^{2}1922. – F. Maurer, A. a. S. C., „Huy u. Pfuy! der Welt". Eine Studie zur Geschichte des moralpädagog. Bilderbuchs im Barock. 1968.

alemannische Mundartdichtung. H. Baum, Freude am alemann. Gedicht. Auslegungen. ^{2}1969. – K. Bohnenberger, Die alemann. Mundarten. 1953.

althochdeutsche Literatur. G. Ehrismann, Geschichte der dt. Literatur bis zum Ausgang des MA. ^{2}1932. – H. Neumann, Dt. Dichten u. Denken von der german. bis zur staufischen Zeit. ^{2}1952. – J. Schwietering, Die dt. Dichtung des MA. 1941. In: Handbuch der Literaturwissenschaft. Hrsg. O. Walzel. – L. Wolff, Das dt. Schrifttum bis zum Ausgang des MA. Bd. I. 1951.

Angelus Silesius. Gesamtausgabe: L. Held (Hrsg.), Sämtl. poet. Werke. 3 Bde. ^{3}1949–1952.
Literatur: G. Ellinger, A. S., ein Lebensbild. 1967.

Anzengruber, Ludwig. Gesamtausgabe: R. Latzko, O. Rommel (Hrsg.), Sämtl. Werke. 17 Bde. 1920–1922.
Literatur: G. Benda, L. A. Diss. Wien. 1950.

Arndt, Ernst Moritz. Gesamtausgabe: Werke. 8 Bde. 1892–1903. – 4 Bde. 1912. – A. Dühr, Polit. Schriften. 1803–1818.
Literatur: P. H. Ruth, L. Magon, E. Gülzow, E. M. A., Ursprung. Wesen. Wirkung. 1944.

Arnim, Achim von. Gesamtausgaben: W. Grimm (Hrsg.), Sämtl. Werke. 22 Bde. 1839–1856. – W. Migge (Hrsg.), Sämtl. Romane u. Erzählungen. 3 Bde. 1961–1965. – R. Steig (Hrsg.), Briefwechsel. 3 Bde. 1894 bis 1913.
Bibliographie: O. Mallon (Hrsg.), 1925. Neuausg. 1965.
Literatur: G. Falkner, Die Dramen A. v. Arnims. Diss. Zürich. 1962. – G. Rudolf, Studien zur dichter. Welt A. v. Arnims. 1958. – I. Seidel, Drei Dichter der Romantik. 1956.

Arnim, Bettina von. Gesamtausgaben: G. Konrad, Werke u. Briefe. 5 Bde. 1959–1963. – W. Oehlke (Hrsg.), Sämtl. Werke. 7 Bde. 1920–1922.
Literatur: H. von Arnim, B. v. A. 1963. – I. Drewitz, B. v. A. 1969. – C. Kahn-Wallenstein, Bettine. 1952.

Auerbach, Berthold. Gesamtausgabe: Schriften. 18 Bde. ^{3}1893–1895.
Literatur: A. Bettelheim, B. A., der Mann, sein Werk, sein Nachlaß. 1907. – W. Hagen, B. A., Dichter u. Schriftsteller. 1960. In: Lebensbilder aus Schwaben u. Franken. Bd. 7.

Bachmann, Ingeborg. N. Langer, I. B. In: Dichter aus Österreich. ^{3}1958. – H. Pausch, I. B. In: Köpfe des 20. Jh. Bd. 81. 1975. – A. Schmidt, I. B. In: Dichtung u. Dichter Österreichs im 20. Jh. II. 1964.

Bahr, Hermann. Gesamtausgabe: F. Schreyvogel (Hrsg.), Ausgew. Werke. 1968.
Literatur: E. Hubalek, H. B. im Kreise Hofmannsthals u. Reinhardts. Diss. Wien. 1953. – H. Kindermann, H. B. Ein Leben für das europ. Theater (mit Bibliographie von K. Thomasberger). 1954.

Barlach, Ernst. Gesamtausgaben: F. Droß (Hrsg.), Das dichter. Werk. 3 Bde. 1958/59. – Ders., Briefe. 2 Bde. 1968/69.
Literatur: H. Falkenstein, E. B. 1977. – H. Franck, B., Leben u. Werk. 1961.

Barth, Emil. Gesamtausgabe: F. N. Mennemeier (Hrsg.), Gesammelte Werke. 2 Bde. 1960.
Literatur: H. Hennecke, E. B. In: Handbuch der dt. Gegenwartsliteratur. 1965.

Becher, Johannes Robert. Gesamtausgaben: Ausgewählte Werke. 6 Bde. 1952. – Akademie-Ausgabe. 20. Bd. 1966 ff.
Literatur: E. M. Herden, Vom Expressionismus zum sozialist. Realismus. Der Weg J. R. Bechers. Diss. 1962. – H. Peter (Hrsg.), J. R. B., Dichter der Nation u. des Friedens. 1956.

Beer, Johann. Gesamtausgabe: R. Alewyn (Hrsg.), Sämtl. Werke. 12 Bde. 1969 ff.
Literatur: R. Alewyn, J. B. 1932.

Beer-Hofmann, Richard. Gesamtausgabe: Gesammelte Werke. 1963.
Literatur: O. Oberholzer, R. B.-H., Werk u. Weltbild des Dichters. 1947.

Benjamin, Walter. Gesamtausgaben: Th. W. Adorno u. a. (Hrsg.), Schriften. 2 Bde. 1955. – Ders., Briefe. 2 Bde. 1966.
Literatur: P. Gebhardt, N. Grzimek, W. B. Zeitgenosse der Moderne. 1976.

Benn, Gottfried. Gesamtausgabe: D. Wellershoff (Hrsg.), Gesammelte Werke. 4 Bde. 1958–1961.
Bibliographie: E. Lohner (Hrsg.). ^{2}1960.
Literatur: J. P. Wallmann, G. B. 1965. – D. Wellershoff, G. B., Phänotyp dieser Stunde. 1976. – F. W. Wodtke, G. B. 1962.

Bergengruen, Werner. Biographie: W. Bergengruen, Privilegien des Dichters. ^{4}1970.
Literatur: H. Bänzinger, W. B. Leben u. Werk. ^{3}1968. – G. Klemm, W. B. ^{5}1961.

Bernhard, Thomas. A. Botond (Hrsg.), Über Th. B. 1970. – H. Gamper, T. B. (dtv Dramatiker des Welttheaters 70). – B. Sorg, T. B. 1977.

Bertram, Ernst. H. Büchner, Möglichkeiten (Essays u. Vorträge, mit Bibliographien des Gesamtwerks). 1958.
Literatur: H. Jappe, E. B. Gelehrter, Lehrer u. Dichter (mit Bibliographie). 1969.

Bierbaum, Otto Julius. Gesamtausgabe: M. C. Conrad, H. Brandenburg (Hrsg.), Werke. 7 Bde. 1912–1921.
Literatur: F. Droop, O. J. B., ein dt. Lyriker. 1912.

Billinger, Richard. Gesamtausgabe: H. Gerstinger, Gesammelte Werke. 12 Bde. 1955–1960.
Literatur: H. Gerstinger, R. Billinger als Dramatiker. Diss. Wien. 1947.

Binding, Rudolf Georg. Gesamtausgaben: Gesammelte Werke. 2 Bde. 1954. – L. F. Barthel (Hrsg.), Die Briefe. 1957.
Literatur: L. F. Barthel, Das war B. 1955. – R. G. Bindings Leben u. Werk. Zum 70. Geburtstag. 1937.

Blei, Franz. Gesamtausgabe: A. P. Gütersloh (Hrsg.), F. B.: Schriften in Auswahl. 1960.
Literatur: E. Schönwiese, F. B.: Zwischen Orpheus u. Don Juan. Wien. 1965. – D. Steffen, F. B. als Literat u. Kritiker der Zeit. Diss. 1966.

Bobrowski, Johannes. G. Wolf, Beschreibung eines Zimmers. 15 Kapitel über J. B. 1972.

Bodmer, Johann Jakob. Gesamtausgabe: F. Ernst (Hrsg.), Schriften. 1938.
Literatur: M. Wehrli, J. J. B. u. die Geschichte der Literatur. 1936.

Böll, Heinrich. Ch. Hoffmann, H. B. 1977. – M. Jürgensen, H. B. Untersuchungen zum Werk. o. J. – M. Reich-Ranicki (Hrsg.), In Sachen Böll. ^{2}1968. – W. J. Schwarz, Der Erzähler H. B. Seine Werke in Gestalten. 1967.

Borchardt, Rudolf. Gesamtausgabe: M.-L. Borchardt u. a., Gesammelte Werke. 8 Bde. 1953–1962 u. 3 Bde. 1966 ff.
Bibliographie: G. C. Buck, R. B. Eine Bibliographie. 1958.
Literatur: H. Hennecke. R. B. Eine Einführung in sein Werk u. eine Auswahl. 1954. – W. Kraft, R. B. Welt aus Poesien. Geschichte. 1961. – H. Uhde-Bernays, Über R. B. 1954.

Borchert, Wolfgang. Gesamtausgabe: R. B. Das Gesamtwerk. 1967.
Literatur: P. Rühmkorf, W. B. in Selbstzeugnissen u. Bilddokumenten. 1961.

Börne, Ludwig. Gesamtausgaben: L. Geiger, Schriften, histor.-krit. Ausgabe (unvollständig Bd. 1–3, 6, 7, 9). 1911–1913. – I. u. P. Rippmann, Sämtl. Schriften. 4 Bde. 1964–1966.
Literatur: H. Bock, L. B., Vom Gettojuden zum Nationalschriftsteller. 1962. – L. Marcuse, Revolutionär u. Patriot. Das Leben Börnes. 1929.

Boßhart, Jakob. Gesamtausgabe: F. Hunziker (Hrsg.), Werke. 6 Bde. 1950/51.
Literatur: K. Fehr, J. B., der Dichter u. die Wirklichkeit. 1964.

Brecht, Bert. Ausgaben: Gesammelte Werke. 20 Bde, bzw. 8 Bde. 1967. – Schriften zur Politik u. Gesellschaft. 1968. – Schriften zur Literatur u. Kunst. 3 Bde. 1966. – Schriften zum Theater. 7 Bde. 1965. – Prosa. 5 Bde. 1965. – Gedichte. 10 Bde. 1960 ff. – Stücke. 14 Bde. 1953 ff.
Bibliographien: W. Nubel, B.-B.-Bibliographie. In: Sinn u. Form. 2. Sonderheft B. B. 1957. – K.-D. Petersen, B.-B.-Bibliographie. 1967.
Literatur: M. Esslin, Brecht, Dt. 1962. – F. Ewen, B. B. 1970. – F. Faßmann, Bildbiographie. ^{2}1964. – H. Gallas, Lukács oder B.? 1971. – R. Grimm. B. B. ^{5}1971. – H. Hultberg, Die ästhet. Anschauungen B. Brechts. 1962. – V. Klotz. B. B. ^{3}1967. – H. Rischbieter, B. B. ^{2}1968. – K. Völker, B. B. Eine Biographie. ^{2}1976.

Brinckman, John. Gesamtausgabe: J. Becker u. a., Plattdt. Werke kritisch hrsg. 11 Bde. 1924 ff.
Literatur: W. Schmidt, J. B. 1914.

Britting, Georg. Gesamtausgabe: Gesamtausgabe in Einzelbänden. 8 Bde. 1957–1967.
Literatur: K. Dachs, G. B. Der Dichter u. sein Werk. 1967.

Broch, Hermann. Gesamtausgaben: Kommentierte Werkausgabe. 16 Bde. 1977/78. – Briefe 1929–1951. 1957. – B. Hack, M. Kleiß (Hrsg.), Briefwechsel mit D. Brody 1930–1951 (mit Bibliographie). 1971.
Literatur: M. Durzak, H. B. in Selbstzeugnissen u. Bilddokumenten. 1966. – Ders., Hermann Broch, Dichtung u. Erkenntnis. o. J.

Büchner, Georg. Gesamtausgabe: W. R. Lehmann (Hrsg.), G. B. Sämtl. Werke u. Briefe. 4 Bde. 1969.
Bibliographie: W. Schlick (Hrsg.). 1968.
Literatur: W. Hildesheimer, Interpretationen. 1969. – E. Johann, G. B., in Selbstzeugnissen u. Bilddokumenten (mit Bibliographie). 1958. – W. Martens (Hrsg.), G. B. 1965. – G. Penzold, G. B. 1965.

Bürger, Gottfried August. Gesamtausgaben: L. Kaim-Kloock, S. Streller (Hrsg.), Werke. 1956. – K. Reinhard (Hrsg.), Sämtl. Werke. 4 Bde. 1796–1802.
Literatur: K. Schreinert, G. A. B. 1955. – W. von Wurzbach, G. A. B. Sein Leben u. sein Werk. 1900.

Carossa, Hans. Gesamtausgabe: Sämtl. Werke. 2 Bde. 1978.
Literatur: A. Haneis, H. C., Persönlichkeit u. Werk. 1935. – A. Langen, H. C., Weltbild u. Stil. ^{2}1964. – H. Schlegel, Die Lyrik Carossas. Ein Beitrag zu ihrer Interpretation. Diss. Zürich. 1963.

Celan, Paul. V. Lange, P. C. In: Handbuch der dt. Gegenwartsliteratur. 1965. – P. H. Neumann, Zur Lyrik P. Celans. 1968. – K. Weissenberger, Die Elegie bei P. C. 1969.

Chamisso, Adalbert von. Gesamtausgabe: O. Flake (Hrsg.), Gesammelte Werke. 1964. – M. Koch (Hrsg.), Gesammelte Werke. 4 Bde. 1883.
Literatur: W. Feudel, A. v. C. als polit. Dichter. Diss. 1965. – E. Hitzig, Leben u. Briefe von A. v. C. 2 Bde. 1839.

Claudius, Matthias. Gesamtausgabe: W. Pfeiffer-Belli (Hrsg.), Sämtl. Werke (mit Bibliographie). 1968.
Literatur: P. Berglar, M. C. 1972. – U. Roedl, M. C. Sein Weg u. seine Welt. ^{3}1969. – W. Stammler, M. C., der Wandsbecker Bothe. 1915.

Dach, Simon. Gesamtausgabe: W. Ziesemer, S. D. Gedichte. 4 Bde. 1936–1938.
Literatur: L. Suderow, S. D. u. der Königsberger Dichterkreis. 1905.

Dahn, Felix. Gesamtausgabe: Gesammelte Werke. Erzählende u. poetische Schriften. 16 Bde. 1912.
Literatur: F. Martini, F. D. In: Neue Dt. Biographie. 1957. – H. Meyer, F. D. 1913.

Däubler, Theodor. Gesamtausgabe: F. Kemp (Hrsg.), Dichtungen u. Schriften (mit Bibliographie). 1956.
Literatur: H. Ulbricht, T. D., eine Einführung in sein Werk und eine Auswahl. 1951.

Dauthendey, Max. Gesamtausgabe: Gesammelte Werke. 6 Bde. 1925.
Literatur: H. Gerstner, Sieben Meere nahmen mich auf. Ein Lebensbild mit unveröffentl. Dokumenten aus dem Nachlaß. 1957. – M. Rössler, Vom Heimweg des Dichters M. D. 1967.

Dehmel, Richard. Gesamtausgabe: Gesammelte Werke. 10 Bde. 1906–1909. – J. P. Schindler (Hrsg.), Dichtungen, Briefe, Dokumente. 1963.
Literatur: J. Bab, R. D. Die Geschichte eines Lebenswerkes. 1926. – H. Fritz, Literar. Jugendstil u. Expressionismus. Zur Kunsttheorie, Dichtung u. Wirkung R. Dehmels. 1969.

Derleth, Ludwig. Gesamtausgabe: Das Werk. 6 Bde. 1971/72.
Literatur: D. Jost, L. D. Gestalt u. Leistung. 1965.

Döblin, Alfred. Gesamtausgabe: Ausgewählte Werke in Einzelbänden. 15 Bde. 1963–1978.
Bibliographie: W. Peitz, A. D. Bibliographie 1905–1966. 1968.
Literatur: G. Grass, Über meinen Lehrer Döblin. 1968. – W. Kort, A. Döblin. 1970. – L. Kreutzer, A. Döblin. 1970. – K. Müller-Salget, A. Döblin – Werk u. Entwicklung. 1972.

Doderer, Heimito von. Bibliographie: I. Ivask, Bio-Bibliography of H. v. D. In: Books Abroad Norman. 1968.
Literatur: H. Flesch-Brunninger, H. v. D. In: Books Abroad Norman. 1968. – D. Weber, H. v. D. 1963. – W. Wolff, Wiedereroberte Außenwelt. 1970.

Droste-Hülshoff, Annette Freiin von. Gesamtausgaben: C. Heselhaus, Sämtl. Werke. 1952. Erweitert ^{4}1964. – K. Schulte-Kemminghausen (Hrsg.), Sämtl. Werke. 2 Bde. 1973–1978.
Bibliographie: H. Thiekötter, A. v. D. Eine Auswahlbibliographie. ^{2}1969.
Literatur: P. Berglar, A. v. D. in Selbstzeugnissen u. Bilddokumenten. 1967. – L. Schücking, A. v. D. Ein Lebensbild. ^{4}1964. – E. Staiger, A. v. D. ^{3}1967.
Dürrenmatt, Friedrich. Bibliographien: J. Hansel, F.-D.-Bibliographie. 1968. – K. D. Petersen, F.-D.-Bibliographie. 1970.
Literatur: A. Arnold, F. D. 1969. – H. Bänziger, Frisch u. D. ^{7}1976. – E. Brock-Sulzer, F. D. Stationen seines Werks. ^{4}1974.
Ebner-Eschenbach, Marie von. Gesamtausgaben: Sämtl. Werke. 12 Bde. 1928. – E. Gross (Hrsg.), Gesammelte Werke. 3 Bde. 1956–1961.
Literatur: K. Benesch, Die Frau mit den hundert Schicksalen. Das Leben der M. v. E. Wien. 1966. – G. Fussenegger M. v. E. oder Der gute Mensch von Zdißlawitz. 1967.
Edschmid, Kasimir. Bibliographie: U. Brammer, K.-E.-Bibliographie. 1970.
Literatur: L. Weltmann (Hrsg.), K. E. Der Weg. Die Welt. Das Werk. 1955.
Eich, Günther. S. Möller-Hanpft (Hrsg.), Über G. E. 1970. – K. D. Post, G. E. Zwischen Angst u. Einverständnis. 1977.
Eichendorff, Joseph von. Gesamtausgaben: G. Baumann (Hrsg.), Werke u. Schriften. 4 Bde. 1957–1960. – A. Sauer, W. Kosch, fortgeführt von H. Kunisch. 1908 ff.
Literatur: R. Mühlher, Eichendorffs poet. Sprache. 1970. – O. Seidlin, Versuche über E. 1965. – P. Stöcklein, J. v. E. in Selbstzeugnissen u. Bilddokumenten. 1963.
Ekkehard IV. F. Brunhölzl, E. IV. In: Neue Dt. Biographie. Bd. 4. 1959.
Engelke, Gerrit. Gesamtausgabe: H. Blome (Hrsg.), Das Gesamtwerk. 1960.
Literatur: F. Hüser (Hrsg.), G. E. Arbeiter u. Dichter. 1958.
Enzensberger, Hans Magnus. H. M. Keplinger, Rechte Leute von links – Gewaltkult u. Innerlichkeit. 1970. – J. Schickel (Hrsg.), Über H. M. E. 1970.
Ernst, Paul. Gesamtausgaben: Gesammelte Werke. 21 Bde. 1928–1941. – P. E. Werke in Einzelausgaben. 1969 ff.
Literatur: A. Potthoff, P. E. Einführung in sein Leben u. Werk. 1935.
Fallada, Hans. Gesamtausgaben: Gesammelte Erzählungen. 1967.
Literatur: T. Lemmer, H. Fallada, Eine Monographie. 1961. – J. Manthey, H. Fallada in Selbstzeugnissen u. Bilddokumenten. 1963.
Faust, Dr. Johannes. H. Birven, Der histor. Dr. Faust. 1963. – R. Petsch, Faustsage u. Faustdichtung. 1966.
Federer, Heinrich. Gesamtausgaben: Gesammelte Werke in Einzelausgaben. 15 Bde. 1947–1950. – Briefe. 1965.
Literatur: S. Frick, H. F. Leben u. Dichtung. Luzern. ^{2}1963.
Fehrs, Johann Hinrich. Ausgewählte Werke. 3 Bde. 1957.
Literatur: L. Foerste, J. H. F. 1957.
Feuchtwanger, Lion. Gesamtausgabe: Gesammelte Werke. 20 Bde. 1959 ff.
Literatur: H. Leupold, L. F. 1967.
Fischart, Johannes. Gesamtausgabe: A. Hauffen (Hrsg.), J. F. Werke. 3 Bde. 1895.
Literatur: H. Sommerhalder, J. Fischarts Werk. 1960.
Fleming, Paul. Gesamtausgabe: J. M. Lappenberg (Hrsg.), P. F. Dt. Gedichte. 2 Bde. 1865. Neu 1965.
Literatur: H. Pyritz, P. Flemings dt. Liebeslyrik. ^{2}1963.
Fontane, Theodor. Gesamtausgaben: K. Schreinert, E. Gross (Hrsg.), Sämtliche Werke. 27 Bde. 1959 ff. – K. u. A. Schreinert (Hrsg.), F. Nymphenburger Taschenbuch-Ausgabe. 15 Bde. 1969. – W. Keitel (Hrsg.). 15 Bde. 1961 ff.
Bibliographie: Ch. Jolles (Hrsg.). ^{2}1976.
Literatur: H. Fricke, Fontane-Chronik. 1960. – H. Nürnberger, Th. F. in Selbstzeugnissen u. Bilddokumenten. 1968. – H. H. Reuter, Von Dreißig bis Achtzig. Fontanes Leben in seinen Briefen. 1970.
Fouqué, Friedrich Baron de la Motte. Gesamtausgabe: W. Ziemser (Hrsg.), Werke. 1908.
Literatur: A. Schmidt, F. u. einige seiner Zeitgenossen. ^{2}1959.
François, Luise von. Gesamtausgabe: Gesammelte Werke. 5 Bde. 1918.
Literatur: H. Enz, L. v. F. Zürich. 1918.
Freytag, Gustav. Gesamtausgabe: H. M. Elstner (Hrsg.), Gesammelte Werke. 12 Bde. 1926.
Literatur: M. Kienzle, Der Erfolgsroman. Zur Kritik seiner poet. Ökonomie bei G. F. u. E. Marlitt. 1975.
Frisch, Max. H. Bänziger, F. u. Dürrenmatt. ^{5}1967. – H. Karasek, M. F. 1968. – W. Weber, Zeit ohne Zeit. 1959.
Frischlin, Nikodemus. Gesamtausgabe: D. F. Strauss (Hrsg.), N. F. Dt. Dichtungen. 1857.
Literatur: W. Schoner, N. F. In: Allgem. Dt. Biographie. Bd. 8. 1878. – D. F. Strauss, Leben u. Schriften Frischlins. 1856.
Gellert, Christian Fürchtegott. Gesamtausgaben: W. Klinckhardt. 1965. – S. Scheibe, Histor.-krit. Ausgabe. 1966 ff.
Literatur: C. Schlingmann, Eine literarhistor. Revision. 1967. – A. Stein, Ch. F. G. Ein Lebensbild. ^{2}1901.
George, Stephan. Gesamtausgaben: R. Boehringer, St. Georges Werke. 2 Bde. ^{2}1968. – St. G. Gesamtausgabe der Werke. $^{1-2}$1927–1934.
Literatur: F. Gundolf, G. ^{3}1930. Neu 1968. – K. Hildebrandt, Erinnerungen an St. G. u. seinen Kreis. 1949. – E. Morwitz, Die Dichtung St. Georges. 1934. – Ders., Kommentar zu dem Werk St. Georges. 2 Bde. 1960–1962.
Gleim, Johann Wilhelm Ludwig. Gesamtausgabe: W. Körte (Hrsg.), Sämtl. Werke. 8 Bde. 1811–1841.
Literatur: K. Becker, G., der Grenadier u. seine Freunde. 1919. – W. Creizenach, J. W. L. Gleim (Allgemein. Dt. Biographie. Bd. 9). 1879.
Goethe, Johann Wolfgang von. Gesamtausgaben: Schriften. 8 Bde. 1787–1790, Faksimile-Druck. 1968. – Sämtl. Werke. Ausgabe letzter Hand. 60 Bde. 1827–1842. – Weimarer Sophien-Ausgabe (histor.-krit.). 143 Bde., davon 55 Bde. Dichtung, 14 Bde. Naturwissenschaft, 16 Bde. Tagebücher, 50 Bde. Briefe, 4 Bde. Register. 1887–1919. Nachdr. 1909–1932. – Propyläen-Ausgabe. 49 Bde. 1909–1932. – Cottasche Jubiläumsausgabe. 4 Bde. 1902–1912. – E. Trunz (Hrsg.), Hamburger Ausgabe. 14 Bde. 1948–1960. $^{3-8}$1963–1977. – K. R. Mandelkow (Hrsg.), Goethes Briefe, 4 Bde. 1970 (Hamburger Ausgabe). – E. Beutler (Hrsg.), Artemis-(Gedenk-)Ausgabe. 24 Bde. 1948–1960. u. 4 Ergänzungsbde.; Kleine Ausgabe. 10 Bde. Auswahl von P. Boerner. – E. Grumach (Hrsg.), Akademieausgabe. Bisher 25 Bde. 1952 ff. – Berliner Ausgabe. 16 Bde. Poetische Werke. 1961–1969. 6 Bde. kunsttheoret. Schriften. 1970 ff. – B. von Heiseler (Hrsg.), Werke. 7 Bde. 1960. – E. Staiger u. a. (Hrsg.), Werke (Insel-Goethe). 6 Bde. 1965. – F. von Biedermann (Hrsg.), Goethes Gespräche. 5 Bde. ^{2}1909–1911, neu bearb. von W. Herwig. 4 Bde. 1965 ff. – E. u. R. Grumach (Hrsg.), G., Begegnungen u. Gespräche. 15 Bde. 1965 ff. – F. Bergemann (Hrsg.), Gespräche mit Eckermann. 1955.
Bibliographien: Abriß in: P. Boerner, G. 1965. – Goedeke, Grundriß. 4 Bde. 2.–4. Teil. ^{3}1913, 5. Teil (Lit. 1912–1950). 1960. – H. Henning, G.-Bibliographie. In: Goethe Jahrbuch 89. 1972. – H. Pyritz u. a. (Hrsg.), 2 Bde. 1955–1966. – Jahrbuch der G.-Gesellschaft. 1951 ff.
Literatur zu Goethes Leben: F. von Biedermann, 1931. Bearbeitet von F. Götting. 1963. – A. Bielschowsky, G. 2 Bde. ^{42}1922. – B. Fairley, G., dargestellt in seiner Dichtung. Dt. 1968. – R. Friedenthal, G. Sein Leben u. seine Zeit. ^{2}1974. – B. Gajek, F. Götting, Goethes Leben u. Werk in Daten u. Bildern. 1966. – H. Grimm, Das Leben Goethes. Neu von R. Buchwald. ^{7}1959. – H. Nicolai, Zeittafel zu Goethes Leben u. Werk. 1964. – E. Staiger, G. 1749–1832. 3 Bde. ^{4}1970.
Literatur zu Goethes Werk u. zur Deutung: H. Baumgart, Goethes lyrische Dichtung. 3 Bde. 1931–1939. – E. Beutler, Essays um Goethe. ^{6}1962. – H. Böhm, G., Grundzüge seines Lebens u. Werks. Neu von R. Buchwald. ^{5}1947. – R. Buchwald, Führer durch Goethes Faustdichtung. ^{7}1964. – H. Fischer, Goethes Naturwissenschaft. Zürich. 1950. – W. Flitner, G. im Spätwerk. ^{2}1957. – Th. Friedrich, L. J. Scheithauer, Kommentar zu Goethes Faust. Mit einem Faust-Wörterbuch u. einer Faust-Bibliographie. ^{2}1963. – M. Jolles, Goethes Kunstanschauung. Bern 1957. – H. A. Korff, Geist der Goethezeit. 4 Bde. 1923–1953. – G. Lukács, G. u. seine Zeit. 1947. – H. Pyritz, G.-Studien (Hrsg. I. Pyritz). 1962. – P. Schmidt, Goethes Farbensymbolik. 1965. – H. Schmitz, Goethes Altersdenken. 1959. – E. Spranger, G. Seine geistige Welt. 1967. – R. Steiner, Goethes Weltanschauung. ^{5}1963. – P. Stöcklein, Wege zu G. ^{2}1960. – K. Viëtor, Goethes Anschauung v. Menschen. 1960. – R. Ch. Zimmermann, Das Weltbild des jg. G. 1960.
Literatur zu Forschung u. Nachwirkung: R. Dobel (Hrsg.), Lexikon der G.-Zitate. 2 Bde. ^{2}1972. – O. Fambach, G. u. seine Kritiker. 1953. – G. Femmel (Hrsg.), Corpus der G.-Zeichnungen. 2 Bde. 1958–1960. – P. Fischer, Goethes Wortschatz. 1928. – W. Flemming, Goethe u. das Theater seiner Zeit. 1968. – Goethe-Handbuch. 3 Bde. ^{2}1955 ff. – H. G. Gräf, G. über seine Dichtungen. 9 Bde. 1901–1914. – W. Hantke, W. Schadewald, W. Simon, W. Wissmann, Goethe-Wörterbuch. 1971. – H. Kindermann, Das G.-Bild des 20. Jh. ^{2}1966. – W. Leppmann, G. u. die Deutschen. Vom Nachruhm des Dichters. 1962. – Hans Mayer (Hrsg.), G. im 20. Jh. 1967. – M. Mommsen, Die Entstehung von Goethes Werken in Dokumenten. 6 Bde. 1958 ff. – H. Schmidt, Goethe-Taschenlexikon. 1955.
Goll, Ivan. Gesamtausgabe: C. Goll (Hrsg.), Dichtungen. Lyrik. Prosa. Dramen. 1960.
Literatur: J. Müller, G. im dt. Expressionismus. 1962. – D. Schaefer, Die frühe Lyrik I. Golls. Diss. 1965.
Görres, Joseph von. Gesamtausgabe: W. Schellberg, L. Just, Gesammelte Schriften. 28 Bde. 1926 ff.
Literatur: R. Saitschik, J. G. u. die abendländ. Kultur. 1953. – W. Schellberg, G. ^{2}1926.
Gottfried von Straßburg. Bibliographie: H. H. Steinhoff. ^{4}1973.
Literatur: G. Weber, W. Hoffmann, G. v. St. ^{3}1968.
Gotthelf, Jeremias. Gesamtausgaben: H. Bloesch, R. Hunziker, Sämtl. Werke. 24 Bde. u. 18 Ergänzungsbände. 1911–1974. – W. Muschg (Hrsg.), Werke. 20 Bde. 1948 ff.
Literatur: K. Fehr, J. G. 1967. – W. Günther, J. G. Wesen u. Werk. ^{2}1954.
Gottsched, Johann Christoph. Gesamtausgaben: J. Birke (Hrsg.), Ausgewählte Werke. 10 Bde. 1968 ff. – E. Reichel (Hrsg.), Gesammelte Schriften. 6 Bde. 1903–1906.
Literatur: E. Reichel, G. 2 Bde. 1908–1912.
Grabbe, Christian Dietrich. Gesamtausgaben: A. Bergmann (Hrsg.), Werke u. Briefe. Histor.-krit. Ausgabe. 6 Bde. 1960–1970. – F. Siefert (Hrsg.), Sämtl. Werke. 1964.
Literatur: A. Bergmann, Chronik seines Lebens. 1954. – F. J. Schwider, Ch. D. G. Persönlichkeit u. Werk. 1934.
Grass, Günther. G. Cepl-Kaufmann, G. G. Analyse des Gesamtwerkes. 1975.
Grillparzer, Franz. Gesamtausgaben: P. Frank, K. Pörnbacher, Sämtl. Werke. 4 Bde. 1960–1965. – A. Sauer, R. Bachmann, Histor.-krit. Gesamtausgabe. 42 Bde. 1909–1948.
Literatur: G. Baumann, F. G. Dichtung u. österr. Geistesverfassung. 1966. – Ders., Zu F. G. Versuche zur Erkenntnis. 1969. – Grillparzer Forum Forchtenstein (Hrsg.), Vortragsreihe, Forschungen, Berichte. – J. Kaiser, Grillparzers dramat. Stil. 1961. – W. Naumann, F. G. ^{2}1967. – W. Paulsen, F. G. Das Werk u. sein Dichter. 1970.
Grimm, Jakob. G. F. Hering, J. G. 1948. – W. Scherer, J. G. ^{2}1885. – W. Schoof, J. G. Aus seinem Leben. 1961. – C. Zuckmayer, Die Brüder Grimm. 1948.
Grimm, Wilhelm. E. Neumann, W. G. 1959. – W. Schorer, W. G. In: Allgemeine Dt. Biographie. Bd. 9. 1879. – C. Zuckmayer, Die Brüder Grimm. 1948.
Grimmelshausen, Hans Jakob Christoffel von. Gesamtausgabe: R. Tarot, Gesammelte Werke in Einzelausgaben. 14 Bde. 1967 ff.
Literatur: R. Lochner, G. Ein dt. Mensch im 17. Jh. 1974. – G. Rohrbach, Figur u. Charakter. 1959. – J. H. Scholte, Der Simplicissimus u. sein Dichter. 1950. – G. Weydt, H. J. Ch. v. G. 1971.
Groth, Klaus. Gesamtausgabe: P. Pauly (Hrsg.), Sämtliche Werke. 8 Bde. 1952–1965.
Literatur: G. Seelig, K. G. Sein Leben u. Werden. 1924.
Grün, Anastasius. Gesamtausgabe: A. Schlossar (Hrsg.), A. G. Sämtl. Werke in 10 Bänden. 1907.
Literatur: P. Hermens, A. G. Ein Zeitbild aus der österr. Dichtung. 1900. – R. Wächter, A. Grüns polit. Dichtung. 1933.
Gryphius, Andreas. Gesamtausgabe: H. Powell, M. Szyrocki (Hrsg.), Histor.-krit. Ausgabe. 10 Bde. 1963 ff.
Literatur: W. Flemming, A. G. Monographie. 1965. – E. Mannack, A. G. 1968.
Günther, Johann Christian. Gesamtausgaben: W. Krämer (Hrsg.), Histor.-krit. Ausgabe. 6 Bde. 1930–1937. Neuausg. 1965.
Literatur: H. Dahlke, J. Ch. G. Seine dichter. Entwicklung. 1960. – W. Krämer, Das Leben J. Ch. G. 1950.
Gutzkow, Karl. Gesamtausgabe: R. Gensel (Hrsg.), K. G. Werke. 7 Bde. 1912. Neuausg. 1975.
Literatur: E. W. Dobert, K. G. u. seine Zeit. Bern, München. 1968. – H. Gerig, K. G. Der Roman des Nebeneinander. 1954.
Halbe, Max. Gesamtausgabe: M. H. Sämtl. Werke. 14 Bde. 1944–1950.
Literatur: F. Zillmann, M. H. Wesen u. Werk. 1959.
Haller, Albrecht von. Gesamtausgabe: H. Maync, A. v. H. Gedichte. 1923.
Literatur: Ch. Siegrist, A. v. H. 1967.
Handke, Peter. H. Arnold, P. H. ^{3}1976. – M. Mixer, P. H. 1977.
Hamann, Johann Georg. Gesamtausgabe: J. Nadler (Hrsg.), Histor.-krit. Ausgabe. 6 Bde. 1949–1957.
Literatur: J. Nadler, J. G. H. Salzburg. 1949. – R. Unger, H. u. die Aufklärung. 2 Bde. ^{4}1968.
Harsdörffer, Georg Philipp. W. Kayser, Die Klangmalerei bei H. ^{2}1962.
Hartlaub, Felix. Gesamtausgabe: G. Hartlaub (Hrsg.), F. H. Das Gesamtwerk. Dichtungen, Tagebücher. 1959.
Literatur: E. Krauss, G. F. Hartlaub (Hrsg.), F. H. in seinen Briefen. 1958. – Ch. H. Wilke, Die letzten Aufzeichnungen F. H.s. 1967.
Hartleben, Otto Erich. Gesamtausgabe: F. Heitmüller, Ausgewählte Werke. 3 Bde. 1909.
Literatur: H. Lücke, O. E. H. 1941.
Hartmann von Aue. Gesamtausgabe: F. Beck, H. v. A. Werke. 3 Bde. $^{4-5}$1934.
Bibliographie: E. Neubuhr (Hrsg.). 1971.
Literatur: E Blattmann, Die Lieder Hartmanns v. A. 1968. – P. Wapnewski, H. v. A. ^{4}1969.
Hasenclever, Walter. Gesamtausgabe: K. Pinthus (Hrsg.), Gedichte, Dramen, Prosa. 1963.
Literatur: M. Raggam-Lindquist, W. H. 1973.
Hauff, Wilhelm. Gesamtausgaben: E. Engelhardt (Hrsg.), W. H. Werke. 2 Bde. 1961/62. – S. Steinsdorff (Hrsg.), 3 Bde. 1967.
Literatur: H. Hofmann, W. H. 1902.
Hauptmann, Gerhart. Gesamtausgabe: H. E. Hass (Hrsg.), Centenar-Ausgabe zum 100. Geburtstag des Dichters. 11 Bde. 1962–1971.
Bibliographien: W. A. Reichart, Bibliographie der gedruckten u. ungedruckten Dissertationen. In: Philobiblon XI. 1967. – W. Requardt. 4 Bde. 1930/31. – H. D. Tschörtner. 1962.
Literatur: J. Améry, G. H., der ewige Deutsche. 1963. – C. F. W. Behl, F. A. Voigt, Chronik von G. Hauptmanns Leben u. Schaffen. 1957. – H. Daiber, G. H. 1971. – P. Fechter, G. H. 1961. – J. Gregor, G. H. Das Werk u. unsere Zeit. 1951. – K. S. Guthke, G. H. Weltbild im Werk. 1961. – Th. Mann, G. H. 1952. – M. Mayer, G. H. 1967.
Hausmann, Manfred. Gesamtausgabe: Gesammelte Schriften in Einzelausgaben. 9 Bde. 1955–1967.
Literatur: K. Schauder, M. H. 1963.
Hebbel, Friedrich. Gesamtausgabe: R. M. Werner, Histor.-krit. Gesamtausgabe. 12 Bde. u. 4 Bde. Tagebücher u. 8 Bde. Briefe. ^{2}1940.
Literatur: E. Kuh, Biographie F. H.s. 2 Bde. Wien. ^{3}1912. – A. Meetz, Friedrich Hebbel. ^{3}1973.
Hebel, Johann Peter. Gesamtausgaben: W. Altwegg (Hrsg.), J. P. H. Werke. 3 Bde. Zürich. 1943. – E. Meckel (Hrsg.), J. P. H. Werke. 2 Bde. 1968.
Literatur: R. M. Kully, J. P. H. 1969. – W. Zeltner, J. P. H. Eine Biographie. ^{2}1965.
Heine, Heinrich. Gesamtausgaben: Säkularausgabe der Werke, Briefe u. Lebenszeugnisse. Etwa 50 Bde. 1969 ff. – M. Windfuhr (Hrsg.), Histor.-krit. Gesamtausgabe. 16 Bde. 1970 ff.
Bibliographie: G. Wilhelm, E. Galley, S. Seifert (Hrsg.). 3 Bde. 1960–1968.
Literatur: E. Galley, H. H. ^{2}1967. – L. Hofrichter, H. H. Biographie seiner Dichtung. 1966. – M. Windfuhr, H. H. Revolution u. Reflexion. 1969.
Heinrich v. Veldeke. Gesamtausgabe: Th. Frings, G. Schieb (Hrsg.), H. v. V. Die epischen Werke. 1956 ff.
Literatur: G. Schieb, Henric van Veldeken. 1965.
Heinse, Johann Jakob Wilhelm. Gesamtausgabe: C. Schüddekopf, A. Leitzmann (Hrsg.), Sämtl. Werke. 10 Bde. 1902–1926.
Literatur: H. Mohr, W. H. 1971. – R. Terras, W. H.s Ästhetik. 1972.
Herder, Johann Gottfried von. Gesamtausgabe: B. Suphan (Hrsg.), Sämtl. Werke. Histor.-krit. Ausgabe. 33 Bde. 1877–1913.
Bibliographie: W. Wiora (Hrsg.), H. Studien. 1960.
Literatur: E. Baur, J. G. H. 1960. – W. Dobbeck, J. G. Herders Weltbild. 1969. – R. Haym, H. Nach seinem Leben u. seinen Werken. ^{2}1958.
Herwegh, Georg. Gesamtausgabe: H. Tardel (Hrsg.), Werke. 3 Bde. 1909.
Literatur: E. Baldinger, Georg Herwegh. 1917. – B. Kaiser, Der Freiheit eine Gasse. 1947.
Hesse, Hermann. Gesamtausgabe: Gesammelte Werke. 12 Bde. 1970.
Bibliographien: M. Pfeifer (Hrsg.). 1973. – S. Unseld (Hrsg.). ^{2}1955.
Literatur: H. Ball, H. H. ^{4}1967. – B. Zeller, H. H. in Selbstzeugn. u. Bilddokum. 1963.
Heyse, Paul. Gesamtausgaben: Gesammelte Werke. 38 Bde. 1871–1914. – Gesammelte Werke. 15 Bde. 1924.
Literatur: M. Krausnick, P. H. u. der Münchner Dichterkreis. 1973. – H. Spiero, P. H. 1910.
Hochhuth, Rolf. R. Taëni, R. H. 1977.
Hoffmann, E. T. A. Gesamtausgaben: W. Müller-Seidel, F. Schnapp u. a. (Hrsg.). 5 Bde. 1961–1965. – C. G. von Maasen, Histor.-krit. Ausgabe. 1–4, 6–9, 10. 1908–1928. – H. von Müller, F. Schnapp (Hrsg.), Briefwechsel. 3 Bde. 1961 ff.

Bibliographie: G. Salomon (Hrsg.). [2]1927.
Literatur: W. Harich, E. T. A. H. Das Leben eines Künstlers. 2 Bde. [3]1922. – W. Sorgebrecht, Autobiographie u. Dichtung. 1967. – G. Wittkop-Ménardeau (Hrsg.), E. T. A. Hoffmanns Leben u. Werk in Daten u. Bildern. 1968.

Hoffmann von Fallersleben. Gesamtausgabe: H. Gerstenberg (Hrsg.), Gesammelte Werke. 8 Bde. 1890–1893.
Literatur: W. Marquardt, H. v. Fallersleben. 1941.

Hofmann von Hofmannswaldau, Christian. Gesamtausgabe: F. Heiduck, Ch. H. v. H. Dt. Übersetzungen u. Gedichte. 2 Bde. 1969.
Literatur: E. Rotermund, Ch. H. v. H. 1963.

Hofmannsthal, Hugo von. Gesamtausgabe: H. Steiner (Hrsg.), Gesammelte Werke in Einzelbänden. 15 Bde. 1953–1966.
Bibliographie: Bibliographie des Schrifttums. 1872–1963.
Literatur: R. Alewyn, Hofmannsthals Wandlung. 1949. – Ders., Über H. v. H. [3]1963. – H. Broch, H. u. seine Zeit. 1974. – R. Exner, H.-Studien. 1970. – W. Jens, H. u.die Griechen. 1955. – W. Volke, H. v. H. in Selbstzeugnissen u. Bilddokumenten. 1967.

Hölderlin, Friedrich. Gesamtausgaben: F. Beißner, Große Stuttgarter Ausgabe. 8 Bde. 1943 ff. – Ders., F. H. Sämtl. Werke. 7 Bde. 1970 ff. – G. Mieth, Sämtl. Werke u. Briefe. 2 Bde. 1970.
Bibliographien: F. Seebaß (Hrsg.). 1922. Fortgef. von M. Kohler, A. Kelletat. 1953.
Literatur: P. Härtling, H. 1978. – U. Häussermann, F. H. in Selbstzeugnissen u. Bilddokumenten. 1961. – G. Hempelmann, Dichtung u. Denkverzicht. H. als Tragiker. Diss. Hamburg. 1972. – W. Michel, Das Leben F. Hölderlins. 1967. – A. Pellegrini, F. H. Sein Bild in der Forschung. 1965. – P. Szondi, H.-Studien. 1967.

Hölty, Ludwig Heinrich Christoph. Gesamtausgabe: U. Berger, Werke u. Briefe. 1966.
Literatur: Th. Oberlin-Kaiser, L. H. Ch. H. Zürich. 1964.

Holz, Arno. Gesamtausgabe: W. Emrich (Hrsg.), A. Holz, 7 Bde. 1962–1964.
Bibliographie: B. Sauer (Hrsg.). 1971.
Literatur: A. Döblin, A. H. Die Revolution der Lyrik. 1951. – G. Schulz, A. H. Eine Monographie. 1970.

Horváth, Ödön von. Gesamtausgabe: Gesamtausgabe. 3 Bde. 1970. Ergänzungsband. 1971.
Literatur: W. Huder, T. Kirschke, D. Hildebrandt (Hrsg.), Ö. v. H. 4 Bde. 1970 ff.

Hrotsvith von Gandersheim. Gesamtausgabe: O. Baumhauer u. a. (Hrsg.), H. v. G. Sämtl. Dichtungen. 1966.
Literatur: B. Nagel, H. v. G. 1965.

Huch, Ricarda. Gesamtausgabe: W. Emrich, Werke. 10 Bde. u. Registerband. 1966–1969.
Literatur: H. Baumgartner, R. H. Von ihrem Leben u. Schaffen. [2]1951.

Humboldt, Wilhelm von. Gesamtausgabe: A. Leitzmann u. a. (Hrsg.), 17 Bde. 1903–1936.
Literatur: R. Haym, W. v. H. Lebensbild u. Charakteristik. 1856. Neu 1965. – S. A.Kaehler, H. u. der Staat. [2]1963. – E. Kessel, W. v. H. Idee u. Wirklichkeit. 1967.

Hutten, Ulrich von. Gesamtausgaben: E. Münch (Hrsg.), Sämtl. Werke. 5 Bde. 1821. – U. v. H. Die dt. Dichtungen. 1890/91. Neuausg. 1967.
Literatur: O. Flake, U. v. H. [7]1930. – H. Holborn, U. v. H. 1968.

Immermann, Karl Lebrecht. Gesamtausgabe: B. v. Wiese (Hrsg.), Gesammelte Werke. 5 Bde. 1970 ff.
Literatur: B. v. Wiese, K. I., sein Werk u. sein Leben. 1969.

Jahnn, Hans Henny. Gesamtausgabe: T. Freemann, T. Scheuffelen (Hrsg.), Werke in 7 Bden. 1974.
Literatur: H. Wolffheim, H. H. J. Der Tragiker der Schöpfung. 1966.

Jean Paul. Gesamtausgabe: Dt. Akademie der Wissenschaften (Hrsg.), J. Pauls sämtl. Werke. Histor.-krit. Ausgabe. 35 Bde. 1927 ff.
Bibliographie: Jahrbuch der J.-P.-Gesellschaft. 1966 ff.
Literatur: G. Baumann, J. P. Zum Verstehensprozeß der Dichtung. 1967. – M. Kommerell, J. P. [4]1966.

Johnson, Uwe. W. J. Schwarz, Der Erzähler U. J. 1970.

Jünger, Ernst. Gesamtausgabe: E. J. Werke. 10 Bde. 1960–1964.
Literatur: G. Loose, E. J. Gestalt u. Werk. 1957. – K. Paetel, E. J. in Selbstzeugnissen u. Bilddokumenten. 1962.

Junges Deutschland. J. Hermand (Hrsg.), Das Junge Deutschland. Texte u. Dokumente. 1966. – W. Wülfing, J. D. Texte, Abbildungen, Kommentar. 1978.

Jung-Stilling, Johann Heinrich. Gesamtausgabe: J. H. Jungs, genannt Stilling, sämtl. Werke. 12 Bde. [3]1943/44.
Literatur: H. R. G. Günther, J.-St., ein Beitrag zur Psychologie des dt. Pietismus. [2]1948. – G. Stecher, J. St. als Schriftsteller. 1913.

Kafka, Franz. Gesamtausgabe: M. Brod (Hrsg.), Gesammelte Werke. 9 Bde. 1951–1958.
Literatur: H. Binder, K. – Kommentar zu sämtl. Erzählungen. 1975. – M. Brod, Über F. Kafka. 1966. – H. Politzer, F. K., der Künstler. 1968.

Kaiser, Georg. Gesamtausgaben: W. Huder (Hrsg.), Stücke, Erzählungen, Aufsätze u. Gedichte. 1966. – Ders., G. K.: Werke. 6 Bde. 1970–1972.
Literatur: E. A. Fivian, G. K. u. seine Stellung im Expressionismus. 1947. – W. Steffens, G. K. 1968.

Kästner, Erich. Gesamtausgabe: Gesammelte Schriften, 7 Bde. 1958.
Literatur: L. Enderle, E. K. 1966.

Keller, Gottfried. Gesamtausgabe: J. Fränkel, C. Helbing (Hrsg.), Histor.-krit. Ausgabe. 24 Bde. 1926–1948.
Literatur: C. Winter, G. K. Zeit, Geschichte, Dichtung. 1971. – A. Zäch, G. K. im Spiegel seiner Zeit. 1952.

Kerner, Justinus. Gesamtausgabe: J. Gaismaier (Hrsg.), Sämtl. poet. Werke. 4 Bde. 1905.
Literatur: K. Pörnbacher (Hrsg.), Das Leben des J. K., erzählt von ihm u. seiner Tochter Marie. 1967. – H. Rüttiker, J. K. Ein Beitrag zur Geschichte der Spätromantik. Diss. Zürich. 1952.

Klabund. Gesamtausgabe: Klabunds gesammelte Werke in Einzelausgaben. 6 Bde. Wien. 1940.
Literatur: H. Grothe, Klabund. 1933. – A. Zink, Polarität u. Einheit bei K. Diss. 1957.

Kleist, Ewald Christian von. Gesamtausgaben: A. Sauer (Hrsg.), E. v. K. Histor.-krit. Ausgabe. 3 Bde. 1883. Neuausg. 1967.
Literatur: H. Guggenbühl, E. v. K. Weltschmerz als Schicksal. Diss. Zürich. 1948.

Kleist, Heinrich von. Gesamtausgabe: E. Schmidt, R. Steig, G. Minde-Pouet (Hrsg.), Histor.-krit. Ausgabe. 5 Bde. 1904/05. 8 Bde. 1936 ff.
Bibliographien: H. Sembdner (Hrsg.), 1966.
Literatur: G. Blöcker, H. v K. oder das absolute Ich. 1977. – C. Hohoff, H. v. K. in Selbstzeugnissen u. Bilddokumenten. [5]1963. – J. Maass, K., Die Fackel Preußens. 1957.

Klinger, Friedrich Maximilian von. Gesamtausgaben: H. J. Geerdts, F. M. K. Werke. 2 Bde. [2]1964. – R. Herrmann, Histor.-krit. Ausgabe. 1960 ff.
Literatur: Ch. Hering, F. M. K. Der Weltmann als Dichter. 1966. – O. Smoljana, F. M. K. Leben u. Werk. 1962.

Klopstock, Friedrich Gottlieb. Gesamtausgabe: A. Beck, K. L. Schneider, H. Thiemann, Histor.-krit. Ausgabe. 1961 ff.
Literatur: M. Freivogel, Der hl. Dichter. Bern. 1954. – G. Kaiser, Religion u. Dichtung. 1975. – F. Muncker, F. G. K. Geschichte seines Lebens u. seiner Schriften. 1900.

Kolbenheyer, Erwin Guido. Gesamtausgabe: E. G. K. Gesamtausgabe der Werke letzter Hand. 14 Bde. 1957 ff.
Literatur: F. Koch, K. 1953. – K. Wandrey, K. Der Dichter u. der Philosoph. 1934.

Kraus, Karl. Gesamtausgabe: H. Fischer (Hrsg.), Werke. 14 Bde. 1952 ff.
Bibliographien: O. Kerry (Hrsg.). [2]1970.
Literatur: C. Kohn, K. K. als Lyriker, Paris. 1968. – W. Kraft, K. K. Beiträge zum Verständnis seines Werkes. Salzburg. 1956. – H. Weigel, K. K. oder die Macht der Ohnmacht. Wien. 1968.

Kudrun. Gesamtausgabe: K. Bartsch (Hrsg.). [5]1965.
Literatur: R. Wisniewski, K. [2]1969.

Langgässer, Elisabeth. Gesamtausgabe: E. L. Gesammelte Werke in Einzelausgaben. 5 Bde. 1959–1964.
Literatur: E. Augsburger, E. L. 1962.

Lasker-Schüler, Else. Gesamtausgabe: F. Kemp, W. Kraft (Hrsg.), Gesammelte Werke. 3 Bde. 1959–1961.
Literatur: G. Guder, E. L. Deutung ihrer Lyrik. 1966. – J. P. Wallmann, E. L. 1966.

Laube, Heinrich. Gesamtausgabe: H. H. Houben (Hrsg.), Gesammelte Werke in 50 Bänden. 1908/09.
Literatur: W. Lange, H. Laubes Aufstieg. 1923. – K. Nolle, L. als sozialer u. polit. Schriftsteller. Diss. 1915.

Le Fort, Gertrud Freiin von. Gesamtausgabe: G. v. L. F. Erzählende Schriften. 3 Bde. 1956.
Literatur: A. Focke, G. v. L. F. 1960. – N. Heinen, G. v. L. F. Einführung in Leben, Kunst u. Gedankenwelt der Dichterin. [2]1960.

Lehmann, Wilhelm. Gesamtausgabe: W. L. Sämtl. Werke. 3 Bde. 1962.
Literatur: H. Bruns, W. L. Sein Leben u. Dichten. 1962. – H. D. Schäfer, W. L. Studien zu seinem Leben u. Werk. 1969.

Lenau, Nikolaus. Gesamtausgabe: E. Castle (Hrsg.), Histor.-krit. Ausgabe. 6 Bde. 1910–1923. – W. Dietze (Hrsg.), Sämtl. Werke u. Briefe. 2 Bde. 1968.
Literatur: W. Martens, Bild u. Motiv im Weltschmerz. 1957. – J. Turáczi-Trostler, L. 1961.

Lenz, Jakob Michael Reinhold. Gesamtausgabe: R. Daunicht (Hrsg.), Gesammelte Werke. 4 Bde. 1967 ff.
Literatur: H. Kindermann, L. u. die dt. Romantik. 1925. – M. N. Rosanow, J. M. R. L. Sein Leben u. sein Werk. 1909.

Lersch, Heinrich. Gesamtausgabe: H. L. Das dichter. Werk. 2 Bde. 1944.
Literatur: K. Weber, H. L. Dichter u. Arbeiter. 1936.

Lessing, Gotthold Ephraim. Gesamtausgaben: H. G. Göpfert u. a. (Hrsg.), Gesammelte Werke. 8 Bde. 1970 ff. – P. Rilla (Hrsg.), Gesammelte Werke. 10 Bde. [2]1968. – Briefe von u. an L. 5 Bde. 1904–1907.
Bibliographien: K. S. Guthke. 1965.
Literatur: G. u. S. Bauer (Hrsg.), G. E. L. 1968. – E. Dvaretzky, G. E. L. Dokumente zur Wirkungsgeschichte. 2 Bde. 1972. – K. Guthke, S. Schneider, G. E. L. [2]1973. – P. Rilla, L. u. sein Zeitalter. [2]1977. – K. Wölfel (Hrsg.), Leben u. Werk in Daten u. Bildern. 1967.

Lichtenberg, Georg Christoph. Gesamtausgaben: W. Grenzmann (Hrsg.), Gesammelte Werke. 3 Bde. 1949. – W. Promies (Hrsg.), Schriften u. Briefe. 4 Bde. [2]1973 ff.
Bibliographie: R. Jung (Hrsg.). 1972.
Literatur: C. Brinitzer, G. Ch. L. 1956.

Liliencron, Detlev von. Gesamtausgabe: R. Dehmel (Hrsg.), Gesammelte Werke. 8 Bde. [2]1922.
Literatur: H. Spiero, D. v. L. Sein Leben u. seine Werke. 1913.

Loerke, Oskar. Gesamtausgaben: P. Suhrkamp (Hrsg.), Gedichte u. Prosa. 2 Bde. 1958. – Tagebücher 1903–1939. 1956.
Literatur: H. Kasack, O. L. 1951.

Lohenstein, Daniel Caspar von. Gesamtausgaben: F. Heiduk (Hrsg.), Sämtl. Gedichte. 2 Bde. 1971/72. – K. G. Just (Hrsg.), D. C. v. L. Dramen. 3 Bde. 1953–1957.
Literatur: B. Asmut, D. C. v. L. 1971. – F. Schaufelberger, Das Tragische bei L. 1945.

Ludwig, Otto. Gesamtausgaben: P. Merker u. a. (Hrsg.), Sämtl. Werke, Histor.-krit. Ausgabe. 6 Bde. 1913–1922. 1961 fortgeführt von der Dt. Akademie der Wissenschaften, Ost-Berlin.
Literatur: A. Stern, O. L. Ein Dichterleben. [2]1906. – E. Witte, Ludwigs Erzählkunst. 1959.

Mann, Heinrich. Gesamtausgaben: L. Mann-Askenazy u. a. (Hrsg.), Gesammelte Werke. 25 Bde. 1967 ff. – Briefwechsel mit Th. Mann. 1965.
Bibliographie: E. Zenker (Hrsg.), 2 Bde. 1967 ff.
Literatur: A. Kantorowicz, H. u. Th. M. 1956. – K. Schröter, H. M. in Selbstzeugnissen u. Bilddokumenten. 1967. – Ders., H. M. 1971. – R. Werner, H. M. Texte zu seiner Wirkungsgeschichte in Deutschland. 1977.

Mann, Thomas. Gesamtausgaben: Gesammelte Werke in Einzelausgaben. 15 Bde. Wien. 1936/37. – Stockholmer Gesamtausgabe der Werke Th. Manns. Stockholm 1938, Wien 1949, Frankfurt a. Main 1950 ff. – Gesammelte Werke. 12 Bde. 1960. – E. Mann (Hrsg.), Briefe. 3 Bde. 1962–1965. – P. de Mendelssohn (Hrsg.), Tagebücher 1918 bis 1921, 1931–1936. 1937–1939. 1977–1979. 1980.
Bibliographien: H. Bürgin, Das Werk Th. Manns. 1959. – K. Jonas, Die Th. Mann Literatur. 1970 ff. – G. Wenzel, Betrachtungen u. Überblicke zum Werk Th. Manns. 1966.
Literatur: A. Banuls, Th. M. u. sein Bruder Heinrich. 1968. – H. Bürgin, H.-O. Mayer. Th. Mann. Eine Chronik seines Lebens. – R. Karst, Th. M. 1969. – H. Lehnert, Th. M.-Forschung. 1969. – P. de Mendelssohn, Der Zauberer. Das Leben des dt. Schriftstellers Th. M. Erster Teil 1875–1918. – C. A. M. Noble, Krankheit, Verbrechen u. künstler. Schaffen bei Th. M. 1971. – K. Schröter (Hrsg.), Th. M. im Urteil seiner Zeit. Dokumente 1891–1955. 1969. – K. Sontheimer, Th. M. u. die Deutschen. 1961.

Meyer, Conrad Ferdinand. Gesamtausgaben: H. Zeller, A. Zäch (Hrsg.), Sämtl. Werke. Histor.-krit. Ausgabe. 15 Bde. 1958 ff. – A. Frey (Hrsg.), Briefe. 2 Bde. 1908.
Literatur: F. F. Baumgarten, Das Werk C. F. Meyers. Zürich, Wien. 1948. – K. Fehr, C. F. M. 1971.

Miegel, Agnes. Gesamtausgabe: Gesammelte Werke. 7 Bde. [1-3]1955–1966.
Literatur: A. Piorreck, A. M. Ihr Leben u. ihre Dichtung. 1967.

mittelhochdeutsche Literatur. H. de Boor, Geschichte der dt. Literatur von den Anfängen bis zur Gegenwart. 1964 ff. – G. Ehrismann, Geschichte der dt. Literatur bis zum Anfang des MA. 4 Bde. 1954/55. – A. Heusler, Die altgerman. Dichtung. 1957. – W. Stammler, K. Langosch (Hrsg.), Die dt. Literatur des MA. Verfasserlexikon. 5 Bde. 1933–1935. – L. Wolff, Das dt. Schrifttum bis zum Ausgang des MA. [2]1951.

Mombert, Alfred. Gesamtausgabe: E. Herberg (Hrsg.), Dichtungen. 3 Bde. 1963/1964.
Literatur: R. Benz, Der Dichter. A. M. 1947.

Mörike, Eduard. Gesamtausgabe: H. H. Krummacher, B. Zeller, H. Meyer (Hrsg.), Histor.-krit. Ausgabe. 15 Bde. 1967 ff.
Bibliographien: S. S. Prawer, M. u. seine Leser. 1960.
Literatur: H. Meyer, E. M. [3]1969. – G. Storz. E. M. 1967.

Musil, Robert. Gesamtausgabe: A. Frisé (Hrsg.), Gesammelte Werke. 3 Bde. 1952–1957.
Literatur: G. Baumann, R. M. Zur Erkenntnis der Dichtung. Bern, München. 1965. – K. Dinklage (Hrsg.), R. M. Leben, Werk, Wirkung. [2]1970.

Nestroy, Johann Nepomuk. Gesamtausgabe: F. Bruckner, O. Rommel (Hrsg.), Historisch-kritische Ausgabe. 16 Bde. 1924–1930.
Literatur: O. Basil, J. N. in Selbstzeugnissen u. Bilddokumenten. 1967. – L. Tönz, Die künstler. Eigenständigkeit u. Eigenart N. Wien. 1969. – H. Weigel, J. N. 1967.

Nibelungenlied. Ausgaben: H. de Boor (Hrsg.). 1960. – H. Brackert (Hrsg.). 2 Bde. 1971.
Bibliographien: W. Krogmann, U. Pretzel (Hrsg.). [4]1967.
Literatur: A. Heusler, Nibelungensage u. Nibelungenlied. [6]1965. – W. Krogmann, Der Dichter des Nibelungenliedes. 1962. – B. Nagel, Das Nibelungenlied. Stoff, Form, Ethos. 1965.

niederdeutsche Literatur. H. K. A. Krüger, Geschichte der niederdt. oder plattdt. Literatur von Heliand bis zur Gegenwart. 1913. – H. Quistorf, J. Sass, Niederdt. Autorenbuch. 1959. – W. Stammler, Geschichte der niederdt. Literatur von den ältesten Zeiten bis auf die Gegenwart. 1920. Neuausg. 1968. – R. Syring, Niederdt. Lyrik. 1945–1968.

Novalis. Gesamtausgaben: P. Kluckhohn, R. Samuel (Hrsg.). 4 Bde. [2]1970 f. – E Wasmuth, N. Werke, Briefe, Dokumente. 4 Bde. 1953–1957.
Literatur: M. Beheim-Schwarzbach, N. Friedrich von Hardenberg. [3]1953. – H. Ritter, Novalis Hymnen an die Nacht. 1930. – G. Schulz 1969.

Opitz, Martin. Gesamtausgabe: G. Schulz-Behrend (Hrsg.), Histor.-krit. Gesamtausgabe. 5 Bde. 1968 ff.
Literatur: H. Max, O. als geistl. Dichter. 1931. – M. Szyrocki, M. O. [2]1974.

Platen, August Graf von. Gesamtausgabe: M. Koch, E. Petzel (Hrsg.), Histor.-krit. Ausgabe. 6 Bde. 1910. Neuausgabe 1969.
Literatur: R. Schlösser, A. Graf v. P. 2 Bde. 1910–1913.

Raabe, Wilhelm. Gesamtausgaben: K. Hoppe (Hrsg.), Histor.-krit. Ausgabe. 20 Bde. u. 4 Ergänzungsbände. 1965 ff. – Ders., W. R. Sämtl. Werke. 19 Bde. 1969 ff.
Literatur: K. Hoppe, W. R. 1967. – G. Mayer, Die geistige Entwicklung Raabes. 1960. – H. Oppermann, W. R. 1970. – H. Ponys, W. R. Leben u. Werk. 1958.

Raimund, Ferdinand. Gesamtausgaben: F. B. Bruckner, E. Castle (Hrsg.), Histor.-krit. Ausgabe. 6 Bde. 1924–1934. Nachdruck (7 Bde.) dieser Ausgabe 1974.
Literatur: J. Hein, F. R. 1970. – H. Politzer, F. R. 1970.

Reuter, Christian. Gesamtausgaben: G. Witkowski (Hrsg.), Werke. 2 Bde. 1916. – J. Jäckel (Hrsg.), Werke. [2]1965.
Literatur: W. Hecht, Ch. R. 1966.

Reuter, Fritz. Gesamtausgaben: K. Batt (Hrsg.), Gesammelte Werke u. Briefe. 9 Bde. 1967.
Literatur: F. Griese, F. R. [14]1942. – F. R. Eine Festschrift zum 150. Geburtstag. Hrsg. vom R.-Komitee der DDR. 1960.

Rilke, Rainer Maria. Gesamtausgabe: Sämtl. Werke. Hrsg. vom Rilke-Archiv (E. Zinn). 6 Bde. 1955–1966.
Bibliographien: W. Ritzer. 1951. Ergänzung: Insel Almanach. 1967.
Literatur: N. Fuerst, R. in seiner Zeit. 1975. – W. Günther, Weltinnenraum. [2]1952. – H. E. Holthusen, R. M. R. in Selbstzeugnissen u. Bilddokumenten. [8]1967 – E. L. Mason, R. M. R. Sein Werk u. sein Leben. 1964. – I. Schnack (Hrsg.), Bildbiographie. 1956. – J. Steiner, Rilkes Duineser Elegien. 1962.

Rist, Johann. Gesamtausgaben: E. Mannack (Hrsg.), J. R. Sämtl. Werke (auf 10 Bde. berechnet). 1967 ff.
Literatur: H. Friese, Brich aus du schönes Morgenlicht. Werden u. Wirken des Dichters J. R. 1961.

Roth, Joseph. Gesamtausgabe: H. Kesten (Hrsg.), Werke. 3 Bde. 1956. – M. Reich-Ranicki (Hrsg.), Briefe 1911–1939. 1970.
Literatur: D. Bronsen, J. R. 1974. – F. Hackert, Kulturpessimismus u. Erzählform. Studien zu J. Roths Leben u. Werk. 1967.

Rückert, Friedrich. Gesamtausgaben: H. Rückert, D. Sauerländer (Hrsg.), Gesammelte poet. Werke. 12 Bde. 1867–1869. – G. Ellinger (Hrsg.), F. R. Werke. 2 Bde. 1897.
Literatur: Ch. Kranz, F. R. u. die Antike. 1965. – H. Prang, F. R. Geist u. Form der Sprache. 1963.
Sachs, Hans. Gesamtausgabe: A. von Keller, E. Götze (Hrsg.), Werke. 26 Bde. 1870–1908. Neuausg. 1964.
Literatur: E. Geier, Der Meistergesang des H. S. Bern, München. 1965. – B. Könneker. H. S. 1971. – H. U. Wendler, H. S. Einführung in Leben u. Werk. 1953.
Schiller, Friedrich. Gesamtausgaben: Ch. G. Körner (Hrsg.), Sämtl. Werke. 12 Bde. 1812–1815. – J. Petersen u. H. Schneider (Hrsg.), jetzt B. von Wiese u. L. Blumenthal. Nationalausgabe. 44 Bde. (22 Bde. Werke, 10 Bde. Briefe, 8 Bde. Briefe an Schiller). 1943ff. – G. Fricke u. H. G. Göpfert (Hrsg.), Sämtl. Werke. 5 Bde. (kommentiert) 41967, davon Auswahl 3 Bde. u. dtv-Ausgabe in 20 Bdn. 1965/66. – E. Jenny (Hrsg.). 10 Bde. 1955 bis 1968. G. Fricke (Hrsg.), Briefe. 1955.
Bibliographien: Goedeke, Bd. 5. 1893. – W. Vulpius. 1893–1963. 2 Bde. 1959–1967. – Jahrbuch der Dt. Schiller-Gesellschaft 1957ff. (insbes. Jg. 6. 1962).
Literatur zu Schillers Leben: W. Hoyer (Hrsg.), Schillers Leben dokumentar. in Briefen, zeitgenöss. Berichten u. Bildern. 1967. – G. von Wilpert, S.-Chronik. 1958. – B. Zeller (Hrsg.), Schillers Leben u. Werk in Daten u. Bildern. 1966.
Literatur zu Schillers Werk u. zur Deutung: L. Bellermann, Schillers Dramen. 3 Bde. 51919. – R. Buchwald, S. Leben u. Werk. 51966. – F. Burschell, F. S. 1968. – H. Cysarz, S. 21970. – Ders., Die dichter. Phantasie F. Schillers. 1959. – K. Hamburger, S. u. Sartre. 1966. – H. Koopmann, S.-Kommentare zu sämtl. Werken des Dichters. 2 Bde. 1969. – W. Muschg, Die Tragödie der Freiheit. 1959. – H. Rischbieter, F. v. S. 1969. – G. Sautermeister, Idyllik u. Dramatik im Werk F. Schillers. 1971. – E. Spranger, Schillers Geistesart. 1941. – E. Staiger, F. S. 1967. – G. Storz, Der Dichter F. S. 41968. – V. Vorländer, Kant, Schiller, Goethe. 21923. – F.-W. Wentzlaff-Eggebert, Schillers Weg zu Goethe. 21963. – B. von Wiese, Die Dramen Schillers. 1938. – Ders., F. S. 31963.
Schlegel, August Wilhelm von. Gesamtausgaben: E. Böcking (Hrsg.), Sämtl. Werke. 12 Bde. 1846/47. – E. Lohner (Hrsg.), Krit. Schriften u. Briefe. 7 Bde. 1962–1971.
Literatur: B. von Brentano. A. W. S. 21949.
Schlegel, Friedrich von. Gesamtausgaben: E. Behler (Hrsg.), krit. Ausgabe. 35 Bde. 1958ff. – W. Rasch (Hrsg.), Krit. Schriften. 21964.
Literatur: E. Behler, F. S. in Selbstzeugnissen u. Bilddokumenten. 1966. – G. P. Hendrix, Das polit. Weltbild F. Schlegels. 1961. – H. Nüsse, Die Sprachtheorie F. Schlegels. 1962.
Schneider, Reinhold. Gesamtausgabe: R. S. Ausgewählte Werke. 4 Bde. 1953 bis 1958.
Literatur: H. U. von Balthasar, R. S. Sein Weg u. sein Werk. 1953. – F. A. Schmitt (Hrsg.), R. S. Leben u. Werk in Dokumenten. 1969.
Spitteler, Carl. Gesamtausgaben: G. Bohnenblust u.a. (Hrsg.), Gesammelte Werke. 11 Bde. 1945–1958. – W. Stauffacher (Hrsg.), Krit. Schriften. 1965.
Literatur: W. Stauffacher, C. S. 1973. – J. H. Wetzel, C. S. Sein Leben u. Dichten. 1973.
Sternheim, Carl Gesamtausgaben: W. Emrich (Hrsg.), C. S. Gesamtwerk. 8 Bde, 1963ff. – F. Hofmann (Hrsg.), Sämtl. Werke. 6 Bde. 1963–1968.
Literatur: H. Karasek, C. S. 1965. – W. Wendler, C. S. 1966.
Stifter, Adalbert. Gesamtausgaben: A. Sauer u.a. (Hrsg.), Histor.-krit. Gesamtausgabe. 39 Bde. 1908–1960 (Neudruck 1972). – M. Steffl (Hrsg.), Gesammelte Werke. 9 Bde. 1952–1960. – G. Fricke (Hrsg.), Briefe. 1949.
Literatur: H. Augustin, A. S. u. das christl. Weltbild. 1959. – Ders., A. Stifters Krankheit u. Tod. 1964. – K. G. Fischer, Leben u. Werk in Briefen u. Dokumenten. 1962. – G. Mattenklott, Sprache der Sentimentalität. 1973. – F. Novotny, S. als Maler. 31947. – U. Roedl, A. S. in Selbstzeugnissen u. Bilddokumenten. 21967.
Storm, Theodor. Gesamtausgabe: A. Köster (Hrsg.), Krit. Ausgabe. 8 Bde. 1920.
Literatur: F. Stuckert, Th. St. Sein Leben u. seine Welt. 1955. – Ders., Th. S. Der Dichter in seinem Werk. 31966.
Sudermann, Hermann. Gesamtausgaben: Dramat. Werke. Gesamtausgabe. 6 Bde. 1923. – Romane u. Novellen. Gesamtausgabe. 10 Bde. 1930.
Literatur: K. Busse, H. S. Sein Werk u. sein Wesen. 1927. – Th. Duglor, H. S. 1958.
Tieck, Ludwig. Gesamtausgaben: M. Thalmann (Hrsg.), 4 Bde. 1963–1966. – L. T. Schriften. 28 Bde. 1828–1854. Neuausg. 1967.
Literatur: F. Gundolf, Romantiker. 1931. – W. Segebrecht, L. T. 1976.
Tucholsky, Kurt. Gesamtausgaben: M. Gerold-Tucholsky, F. J. Raddatz (Hrsg.). 3 Bde. 21967. Briefe. 1962.
Literatur: H. Prescher, K. T. 1959. – F. J. Raddatz, T.-Bildbiographie. 1961. – K.-P. Schulz. K. T. 1959.
Uhland, Ludwig. Gesamtausgaben: H. Fischer, L. U. Werke. Mit einer biograph.-literar.-histor. Einl. 3 Bde. 1892 (Nachdruck 1977). – W. P. H. Scheffler, Dichtungen, Briefe, Reden (Auswahl). 1963.
Literatur: H. Fröschle, L. U. u. die Romantik. 1973. – G. Schwarz, L. U. 1964.
Unruh, Fritz von. Gesamtausgaben: H. M. Elster (Hrsg.), Gesammelte Werke. 1971ff.
Literatur: W. Küchler u. a., F. v. U. 1949. – F. Rasche (Hrsg.), F. v. U., Rebell u. Verkünder. 1960.
Walser, Martin. Th. Beckermann, M. W. oder die Zerstörung eines Musters. 1972. – K. Pezold, M. W. 1970.
Walser, Robert. Gesamtausgaben: J. Greven, Das Gesamtwerk. 12 Bde. 1966ff. – Dichtungen in Prosa. 5 Bde. 1953–1961.
Literatur: R. Mächler, Das Leben R. Walsers 1966. – D. Rodewald, R. Walsers Prosa. 1970. – C. Seelig, Wanderungen mit R. W. 1967.
Walther von der Vogelweide. Gesamtausgaben: K. Lachmann (Hrsg.), W. v. d. V., Die Gedichte. Neu hrsg. v. H. Kuhn. 131965. – F. Maurer (Hrsg.), W. v. d. V. Die Lieder. Unter Beifügung erhaltener u. erschlossener Melodien. 2 Bde. 31967–1969.
Bibliographie: M. G. Scholz (Hrsg.). 1969.
Literatur: K. H. Halbach, W. v. d. V. 31973. – C. von Kraus, W. v. d. V. 21966. – F. Maurer, Die polit. Lieder W. v. d. V. 21964.
Wedekind, Frank. Gesamtausgaben: M. Hahn (Hrsg.), Gesammelte Werke. 3 Bde. 1969. – A. Kutscher, R. Friedenthal (Hrsg.), Gesammelte Werke. 9 Bde. 1912–1921.
Literatur: A. Kutscher, F. W. 3 Bde. 21954. – F. Rothe, F. Wedekinds Dramen. 1968. – G. Seehaus, F. W. u. das Theater. 1964. – K. Ude, F. W. 1966.
Weinheber, Josef. Gesamtausgabe: J. Nadler, H. Weinheber (Hrsg.), Sämtl. Werke. 5 Bde. 1953–1956.
Literatur: F. Feldner, J. W. Eine Dokumentation in Bild u. Wort. Salzburg. 1965. – J. Nadler, J. W. 1952.
Werfel, Franz. Gesamtausgabe: A. D. Klarmann (Hrsg.), Gesammelte Werke. 15 Bde. 1947–1968.
Literatur: W. Braselmann, F. W. 1960. – A. Mahler-Werfel, Mein Leben. 1960. – L. Zahn, F. W. 1966.
Werner, Zacharias. P. Hankamer, Z. W. 1920. – G. Kozielek, Das dramat. Werk Z. Werners. 1967.
Wiechert, Ernst. Gesamtausgabe: Sämtl. Werke. 10 Bde. 1957.
Literatur: H. Ollesch, E. W. 41961. – H.-M. Pleßke. E. W. 1967.
Wieland, Christoph Martin. Gesamtausgaben: Gesammelte Schriften. Hrsg. Akademie der Wissenschaften. 24 Bde. u. 8 Bde. Übersetzungen u. 10–15 Bde. Briefe. 1909ff. – F. Martini, H. W. Seiffert (Hrsg.), 5 Bde. 1964–1968.
Literatur: J. Jacobs, Wielands Romane. 1969. – F. Sengle, W. Leben u. Werk. 21961. – C. Sommer, Ch. M. W. 1971.
Wildgans, Anton. Gesamtausgaben: Gesammelte Werke. 5 Bde. 1930. – Sämtl. Werke. 1948ff.
Literatur: J. Soyka, Das Buch um A. W. 1932. – L. Wildgans, A. W. u. das Burgtheater. 1955.
Wolfram von Eschenbach. Gesamtausgaben: K. Lachmann (Hrsg.), 61926. Neudr. 1965. – A. Leitzmann (Hrsg.), 5 Bde. 1961–1965.
Bibliographie: U. Pretzel, W. Bachofen (Hrsg.). 21968.
Literatur: J. Bumke, W. v. E. 21966. – H. – J. Koppitz, Wolframs Religiosität. 1959. – B. Mergell, Der Gral bei W. 1952. – P. Wapnewski, Wolframs Parzival. 1955.
Zuckmayer, Carl. Gesamtausgaben: Gesammelte Werke. 4 Bde. 1960.
Literatur: Th. Ayck, C. Z. 1977. – Fülle der Zeit. Festschrift zum 60. Geburtstag. 1960. – A. J. Jakobius, Das Schauspiel C. Zuckmayers. 1956. – L. E. Reinl, Z. Eine Bibliographie. 1961.
Zweig, Arnold. Gesamtausgaben: Ausgewählte Werke in Einzelausgaben. 16 Bde. 1957–1967.
Literatur: E. Hilscher, A. Z. 1968. – P. Huchel, A. Z. (mit Bibliographie). 1952. – Sinn u. Form, Sonderheft. A. Z. 1952.
Zweig, Stefan. Gesamtausgaben: Gesammelte Werke in Einzelausgaben. 19 Bde. 1946–1967. – F. Friedenthal (Hrsg.), Die Dramen. 1964.
Bibliographien: H. Arens (Hrsg.), Der große Europäer. St. Z. 1956. Erweitert 1968. – R. Klawitter (Hrsg.). 1964.
Literatur: A. Bauer, St. Z. 21963. – F. M. Zweig, St. Z. Eine Bildbiographie. 21967.

3.1.2. SKANDINAVISCHE LITERATUREN

Gesamtdarstellungen: A. Baldus, Nord. Dichtung der Gegenwart. 1948. – H. Borelius, Die nord. Literaturen. 1931. – W. Friese, Nordische Literaturen im 20. Jahrhundert. 1971. – M. Gabrielli, La letterature delle Scandinavia. Florenz/Mailand. 1969. – F. W. Horn, Geschichte der Literatur des skandinav. Nordens von den ältesten Zeiten bis auf die Gegenwart. 1880. – S. Rossel, Skandinav. Literatur 1870–1970. 1973.
Andersen, Hans Christian. Gesamtausgabe: Gesammelte Werke. 50 Bde. Kopenhagen. 1847ff.
Literatur: F. Böök. Das Leben des Märchendichters H. Ch. Andersen. Zürich. 1943. – S. Dahl, H. Topsøe Jensen (Hrsg.), Ein Buch über den dän. Dichter H. Ch. Andersen, sein Leben u. sein Werk. Kopenhagen. 1955. – E. Nielsen, H. Ch. Andersen in Selbstzeugnissen u. Bilddokumenten. 1958.
Andersen-Nexö, Martin. Gesamtausgabe: Gesammelte Werke. 8 Bde. Kopenhagen. 1951ff.
Literatur: W. A. Berendsohn, M. Andersen-Nexös Weg in die Weltliteratur. 1948. – K. K. Nicolaisen, M. Andersen-Nexö. Kopenhagen. 1919.
Bang, Hermann. Gesamtausgaben: Gesammelte Werke. 6 Bde. Kopenhagen. 1912. – Gesammelte Werke. 6 Bde. 1921.
Literatur: E. Grandjean, H. Bang. Kopenhagen. 1942. – H. Jacobsen, H. Bang. Kopenhagen. 1957.
Bellmann, Carl Mikael. Gesamtausgabe: Gesammelte Werke. 5 Bde. Stockholm. 1856ff.
Literatur: P. Friedrich. Der schwedische Anacreon. 1907. – F. Niedner. C. M. Bellmann. 1907.
Bjørnson, Bjørnstjerne. Gesamtausgabe: J. Elias (Hrsg.), B. Bjørnsons Gesammelte Werke. 5 Bde. 1927.
Literatur: H. Larson, B. Bjørnson. 1945. – F. Meyen, B. B. im dt. Schrifttum. 1933.
Blicher, Steen Steensen. Gesamtausgaben: Gesammelte Werke. 23 Bde. Kopenhagen. 1920ff. – J. Aakjaer, St. St. Blichers Livstragedie. 3 Bde. Kopenhagen 1903/04. Neudr. 1964.
Literatur: S. Undset, St. St. Blicher. Oslo. 1957.
Blixen-Finecke, Karen. C. Svendsen, O. Wivel (Hrsg.), K. Blixen. Kopenhagen. 1962.
dänische Literatur. F. J. Billeskov-Jansen, Danmarks Digtekunst. 4. Bde. Kopenhagen. 1943ff. – H. Brix, Danmarks Digtere. Kopenhagen. 1951. – J. Cladi, Contemporary Danish Authors. Kopenhagen. 1952. – E. Frederiksen, Modern Dansk Literatur. Stockholm. 1931. – Ders., Dän. Literatur. 1964. Dt. 1965. – H. Kjaergaard, Die dän. Literatur der neuesten Zeit. Kopenhagen. 1934. – S. M. Kristensen, Dansk Litteratur 1918–1950. Kopenhagen. – P. M. Mitchell, A. History of Danish Literature. Kopenhagen. 1957. – Svend Norrild, Fra Saxo til Kaj Munk. 2 Bde. Kopenhagen. 1949. – H. M. u. W. Svendsen, Geschichte der dän. Literatur. Neumünster, Kopenhagen. 1964.
Duun, Olav. D. Haakonsen, O. Duun, en dikter om våregen id. Oslo. 1949. – R. Thesen, O. Duun. Oslo. 1942.
Ewald, Johannes. Gesamtausgaben: Gesammelte Werke. 8 Bde. Kopenhagen. 1850ff.
Literatur: H. Brix, J. Ewald. Kopenhagen. 1913. – D. Smith, J. Ewald. Oslo. 1943.
Falkberget, Johan Petter. Gesamtausgabe: Gesammelte Werke. 10 Bde. Oslo. 1949.
Literatur: E. Döhl, Bergstadens dikter J. Falkberget. Oslo. 1963. – R. Thesen, J. Falkbergets og hans rike. Oslo. 1959.
Hamsun, Knut. Gesamtausgabe: J. Sandmeier, K. Hamsuns Gesammelte Werke. 17 Bde. 1921–1936.
Literatur: A. Carlsson, Ibsen, Strindberg, Hamsun. 1978. – M. Hamsun, K. Hamsun. 1959. – M. Behaim-Schwarzbach, K. Hamsun. 1958.
Holberg, Ludvig. Gesamtausgabe: C. S. Petersen (Hrsg.), L. Holbergs samlede skrifter. 19 Bde. Kopenhagen. 1913–1963.
Literatur: G. Brandes, L. Holberg u. seine Zeitgenossen. 1885. – L. Prutz, L. Holberg, sein Leben u. seine Schriften. 1857.
Ibsen, Hendrik. Gesamtausgaben: Gesammelte Werke. 14 Bde. 1898–1924. – H. Ibsen, Samlede værker. 20 Bde. Oslo. 1928–1930.
Bibliographie: F. Meyen, Ibsen-Bibliographie. 1928.
Literatur: K. Horbach, Ibsens Dramen. Diss. 1934. – H. Kolst, H. Ibsen. 2 Bde. Oslo. 21954. – F. Paul, H. I. 1977.
isländische Literatur. K. E. Andrésson, Det moderna Islands Litteratur. 1918–1948. – R. Beck, History of Icelandic Poets 1800–1940. Ithaka, N.Y. 1950. – R. Dzulko, Studien zur isländ. Lyrik der Gegenwart. 1941. – Ders., A History of Icelandic Literature. New York. 1957. – B. M. Gislason, Islands litteratur efter Sagatiden 1400–1918, Kopenhagen. 1949. – W. Golther, Nordische Literaturgeschichte. 21921. – F. P. Hallberg. Die isländische Saga. 1965. – G. Turville-Petre. Origins of Icelandic Literature. 1953.
Jacobsen, Jens Peter. Gesamtausgaben: Gesammelte Werke. 5. Bde. Kopenhagen. 1924–1929. – J. P. Jacobsens sämtl. Werke. 3 Bde. Zürich. 1947.
Literatur: H. Bethge, J. P. Jacobsen. Ein Versuch. 1920. – H. Nägele, J. P. Jacobsen. 1973.
Lagerkvist, Pär. Gesamtausgaben: P. Lagerkvist, Samlade dikter. Stockholm. 1941. – P. Lagerkvist, Dramatik. Stockholm. 1946. – Prosa. 6 Bde. Stockholm. 1959.
Literatur: G. Freden, P. Lagerkvist. Stockholm. 1952. – H. O. Oberholzer, P. Lagerkvist, Studien zu seiner Prosa u. zu seinen Dramen. 1958.
Lagerlöf, Selma. Gesamtausgabe: Gesammelte Werke. 12 Bde. Stockholm. 1943.
Bibliographie: A. Büscher, Lagerlöf – Bibliographie. 1930.
Literatur: A. Afzelius, S. Lagerlöf – den förargelseväckande. Lund. 1969. – W. A. Behrendsohn, S. Lagerlöfs Heimat u. Leben, Künstlerschaft, Werke, Wirkung u. Wert. 1927. – E. Wägner, S. Lagerlöf. 2 Bde. Stockholm. 21958.
Munk, Kaj. Gesamtausgabe: Gesammelte Werke. Kopenhagen 1946ff.
Literatur: G. Jacobsen, K. Munk. Kopenhagen. 21964. – E. Meergard, K. Munk. Ein Dichter zwischen zwei Weltkriegen. Zürich, Stuttgart. 1945.
norwegische Literatur. Bibliographien: F. Meyen, Norweg. Bibliographie. 1928. – R. Öksnevad, Norsk litteraturhistorisk bibliografi 1900–1950. Oslo. 1951.
Gesamtdarstellungen: H. u. E. Beyer, Norsk litteraturhistorie. Oslo. 1970. – F. Bull, F. Paasche, A. H. Winsnes, P. Houm, Norsk litteraturhistorie. 6 Bde. Oslo. 1924–1955. Revidierte Ausgabe: Oslo 1957–1963. – H. Christiansen, Norweg. Literaturgeschichte von der Edda bis zur Gegenwart. 1953. – J. A. Dale, Norsk Litteraturhistorie. Oslo. 1962. – B. W. Downs, Modern Norwegian Literature 1860–1918. Cambridge. 1966. – P. Houm, Norsk litteratur efter 1900. Oslo. 1951. – H. Schneider, Geschichte der norweg. u. isländ. Literatur. 1948.
schwedische Literatur. Lexika: Svensk Litteraturlexikon. Lund. 1964. – Å. Runnquist, Moderna svenska författare. Stockholm. 21967.
Gesamtdarstellungen: H. Alving u. G. Hasselberg, Svensk litteraturhistorie. Stockholm. 1957. – W. Butt, Mobilmachung des Elfenbeinturms. 1977. – G. Brandell, Svensk litteratur 1900–1950. Stockholm. 1958. – A. Gustafson, A History of Swedish Literature. Minneapolis. 1961. – J. Holm u. M. von Platen, La Litérature suédoise. Stockholm. 1957. – E. H. Linder, Schwedische Dichtung. Oslo. 1948. – H. Schück u. C. Warburg, Illustrerad svensk litteraturhistorie. 8 Bde. Stockholm. 31926–1949. – E. N. Tigerstedt, Svensk litteraturhistorie. Stockholm. 31960. – Ders. (Hrsg.), Ny illustrerad svensk litteraturhistoria. 6 Bde. Stockholm. 21967.
Strindberg, August. Gesamtausgaben: Samlade skrifter. 55 Bde. 21921–1927. – Dt. Gesamtausgabe. 46 Bde. 1904–1930.
Bibliographie: Stockholm. 1913.
Literatur: S. Alström, A. Strindberg. 1960. – H. Lunin, Strindbergs Dramen. Emsdetten 1963. – G. Ollén, A. Strindberg. 1968. – A. Wirtanen, A. Strindberg in Selbstzeugnissen u. Bilddokumenten. 1962.
Undset, Sigrid. A. Baldus, S. Undset, Leben u. Werk. 1951. – Ch. Flaskamp, S. Undset. 1934. – N. Roll-Anker, Min ven S. Undset. Oslo. 1946. – A. H. Winsnes, S. Undset. Oslo. 1949.

3.1.3 ENGLISCHE UND ENGLISCHSPRACHIGE LITERATUREN (OHNE LITERATUR DER USA)

Bibliographien: F. N. W. Bateson (Hrsg.), The Cambridge Bibliography of English Literature. 5 Bde. London. 1940–1957. Neuausg. 1970ff. – W. Hübner, Das engl. Literaturwerk. 1963, – A. G. Kennedy, D. B. Sands, A Concise Bibliography for Students of English. Stanford. 51972. – G. Watson, The Concise Cambridge Bibliography of English Literature (600–1950). Cambridge. 1965. – I. R. Wilson, The New Cambridge Bibliography of English Literature. Vol. IV: 1900–1950. Cambridge. 1972.
Lexika: D. C. Browning, Dictionary of Literary Biography, English and American. London. 1962.
E. St. Spender, D. Hall, The Concise Encyclopedia of English and American Poets and Poetry. London. 21970. – A. C. Ward, Longman Companion to Twentieth Century Literature in English. London. 1970.
Literatur: B. Bergonzi, Sphere History of Literature in the English Language. London 1970. – M. Bradbury, The Social Context of Modern English Literature. Oxford.

1971. – Cambridge History of English Literature. 15 Bde. Cambridge. 1949–1953. – D. Daiches, The Present Age. London 1969. – M. S. Day, History of English Literature. Garden City. 1964. – H. W. Drescher, Englische Literatur der Gegenwart in Einzeldarstellungen. 1970. – B. Ford (Hrsg.), Pelican Guide to English Literature. 7 Bde. London. 1954–1962. – P. Harvey (Hrsg.), The Oxford Companion to English Literature. Oxford. 1960. – W. Hortmann, Englische Literatur im 20. Jahrhundert. Bern. 1965. – W. Karrer, E. Kreutzer, Daten der engl. u. amerikan. Literatur von 1890 bis zur Gegenwart. 1973. – Oxford History of English Literature. 12 Bde. Oxford 1945–1963. – G. Sampson (Hrsg.), The Concise Cambridge History of English Literature. Cambridge. 1961. – W. F. Schirmer, Geschichte der engl. u. amerikan. Literatur von den Anfängen bis zur Gegenwart. [5]1968. – M. Schmidt, G. Lindop, British Poetry Since 1960. Oxford. 1972. – A. Schöne, Abriß der engl. Literaturgeschichte in Tabellen. 1965. – F. Schubel, Englische Literaturgeschichte. 4 Bde. 1954. – E. Standop, E. Mertner, Englische Literaturgeschichte. [3]1976. – R. Sühnel, D. Riesner (Hrsg.), Englische Dichter der Moderne.

Zu einzelnen Gattungen:

Lyrik: K. H. Göller (Hrsg.), Die engl. Lyrik. 1968. – R. Haas, Wege zur engl. Lyrik. 1962. – J. Press, A Map of Modern English Verse. Oxford 1971. – M. L. Rosenthal, The New Poets. American and British Poetry since World War II. New York. 1967.

Prosa: E. A. Baker, The History of English Novel. 11 Bde. London, New York. 1924–1967. – H. E. Bates, The Modern Short Story. Boston. 1956. – R. Fricker, Der moderne engl. Roman. [2]1966. – H. Oppel, Der moderne engl. Roman. Interpretationen. 1971. – H. Read, English Prose Style. Boston. 1959. – F. K. Stanzel (Hrsg.), Der engl. Roman vom Mittelalter zur Moderne. 1969.

Schauspiel: J. R. Brown, Modern British Dramatists. Englewood Cliffs. 1968. – R. Fricker, Das moderne engl. Drama. [2]1974. – A. Harbage, Annals of English Drama 975–1700. London. 1964. – H. Oppel (Hrsg.), Das engl. Drama der Gegenwart. Interpretationen. 1976. – R. Stamm, Geschichte des engl. Theaters. Bern. 1951.

Zu einzelnen Epochen:

Altenglisch: A. Heusler. Altgerman. Literatur. In: Handbuch der Literaturwissenschaft. [2]1943. – F. Mossé, Manuel de l'anglais du moyen age des origines au XVIe siècle. Paris. [2]1950 (engl. Übersetzung von J. A. Walker. Baltimore. 1952).

Mittelenglisch: G. Kane, Middle English Literature. London. 1951.

Renaissance: R. S. Crane, English Literature 1660–1800. 2 Bde. Princeton. 1951–1953. – W. F. Schirmer, Der engl. Frühhumanismus. 1963.

Klassizismus: H. Hettner, Geschichte der engl. Literatur 1660–1770. [7]1913. – H. Müllenbrock, E. Späth, Literatur des 18. Jh. 1977.

Romantik: E. Bernbaum, Guide through the Romantic Movement. New York. [2]1949. – F. Schubel, Engl. Literaturgeschichte der Romantik u. des Viktorianismus. [2]1972.

Realismus u. Viktorianismus: J. E. Baker, The Reinterpretation of Victorian Literature. Princeton, N. J. 1960. – E. C. Batho, B. Dobrée, The Victorians and After. 1813 1914. London. 1962. – K. Groß (Hrsg.), Der engl. soziale Roman im 19. Jh. 1977. – S. Vines, A Hundred Years of English Literature (1830–1940). London. 1950.

20. Jahrhundert: D. W. Clarke, Writers of Today. London. 1956. – H. V. Routh, English Literature and Ideas in the 20th Century. London. [2]1948. –. E. Reynolds, Modern English Drama (ab 1900). London. [2]1950.

Addison, Joseph. Gesamtausgaben: Works. 6 Bde. New York. 1856. – Miscellaneous Works. 2 Bde. London 1914/15.
Literatur: H. J. Possin, Natur u. Landschaft bei A. 1965. – P. Smithers, Life of J. A. New York. 1964.

Anglistik. Bibliographien: Annual bibliography of English language and literature. Cambridge. 1921 ff. – A. G. Kennedy, A concise bibliography for students of English. Stanford. [2]1945.
Literatur: R. Breuer, R. Schöwerling, Das Studium der Anglistik. 1974. – G. Müller-Schwefe, Einführung in das Studium der engl. Philologie. [2]1968. – D. H. Palmer, The rise of English studies. London. 1965. – K. Wächtler, Das Studium der engl. Sprache. 1969.

Austen, Jane. Gesamtausgabe: R. W. Chapman (Hrsg.), Novels. 6 Bde. Oxford. 1923–1954.
Literatur: R. W. Chapman, J. A. Oxford. [2]1955.

australische Literatur. G. P. Dutton (Hrsg.), The Literature of Australia. Harmondsworth. 1964. – Ders., A History of Australian Literature. 2 Bde. Sydney. 1961. Neuausg. 1971. – T. I. Moore, Social Patterns in Australian Literature. Sydney. 1971. – C. D. Narasimhaiah (Hrsg.), An Introduction to Australian Literature. Brisbane. 1965. – J. Schulz, Geschichte der austral. Literatur. 1960. – C. Semmler, 20th Century Australian Literary Criticism. New York. 1967.

Blake, William. Gesamtausgabe: Works. London. 1925.
Literatur: G. B. Keynes, W. B. Dichter – Drucker - Poet. 1965. – K. Wolf-Gumpold, W. B. Versuch einer Einführung in sein Leben u. Werk. 1964.

Boswell, James. K. Brinitzer, Dr. Johnson u. B. 1968. – H. Pearson. Johnson and B. London. 1958.

Browning, Robert. Gesamtausgabe: A. Birrell (Hrsg.), Complete Poetical Works. 2 Bde. New York. [2]1919.
Literatur: W. H. Griffin, The life of R. B. Hamden. 1966. – W. C. de Vane, R. B. New York. [2]1955.

Bulwer, Sir Edward George. Gesamtausgaben: The Works. 26 Bde. [2]1877/78. – The Novels. 29 Bde. London. 1895–1898.
Literatur: H. Graser, B. Lyttons kunsttheoret. u. literar. Anschauungen. 1925. – W. Schepelmann, Die engl. Utopie von B. bis H. G. Wells. 1975.

Burns, Robert. Gesamtdarstellungen: Poetry. 4 Bde. Edinburgh. [3]1907.
Literatur: A Dent. B. in his time. London. 1966. – H. Hecht, R. B. 1919.

Byron, George Gordon Noel Lord. Gesamtausgaben: Poetical Works. 7 Bde. London. 1894–1904 (Bibliographie in Bd. 7). – Sämtl. Werke. 3 Bde. 1977.
Literatur: C. Gigon, B. in seinen Briefen u. Tagebüchern. 1963. – A. Maurois, Don Juan oder das Leben Byrons. 1969. – H. Richter, Lord Byrons Persönlichkeit u. Werk. 1929.

Chaucer, Geoffrey. Bibliographien: E. P. Hammond, C. A. Bibliographical Manual. New York. [2]1933; weitergeführt von D. D. Griffith, Bibliography of C. Seattle. 1955.
Gesamtausgaben: Works. 7. Bde. Oxford. 1894–1897. – Works. London. [2]1957.
Literatur: W. Clemen, Chaucers frühe Dichtungen. 1963. – J. W. Kleinstück, Chaucers Stellung in der mittelalterl. Literatur. 1956. – Publications of the C. Society. 1868 ff.

Coleridge, Samuel Taylor. Bibliographien: J. H. Hanley, Bibliography of C. Philadelphia. 1903; ergänzt von V. W., Kennedy u. M. N. Barton. Baltimore. 1935.
Gesamtausgaben: Complete Poetical Works. 2 Bde. Oxford. 1912. – Complete Works. 7 Bde. New York. 1853 u. 1884. – Collected Letters. 6 Bde. Oxford 1956 ff. – Notebooks. 5 Bde. London. 1957 ff.
Literatur: E. K. Chambers, S. T. C. Oxford. 1938. – G. Watson, C., the poet. New York. 1966.

Conrad, Joseph. Bibliographie: T. J. Wise (Hrsg.). London. 1928.
Gesamtausgaben: Works. 22 Bde. London. 1925. – 12 Bde. London. 1946–1952. – Letters 1895–1924. London. 1928.
Literatur: J. Allen, J. C. Die Jahre zur See 1969. – R. Jablkowska, J. C. Warschau. [2]1961. – H. Stresau, J. C. Der Tragiker des Westens. 1937.

Defoe, Daniel. Gesamtausgaben: Works. Hrsg. G. H. Maynadier. 16 Bde. New York. 1903/04. – Novels and Selected Writings. 14 Bde. Oxford. 1927/28.
Literatur: J. Sutherland, D. D. London. 1937. – R. Weimann, D. D. 1962.

Dickens, Charles. Bibliographie: W. Miller, The D. Student and Collector. London. 1946.
Gesamtausgaben: A. J. Philipp, A. D. Dictionary. London. [2]1928. – Works. 23 Bde. Bloomsbury. 1937/38.
Literatur: W. Dibelius, Ch. D. [2]1926. – H. Gelfert, Die Symbolik im Romanwerk von Ch. D. 1974. – E. Johnson, Ch. D. 2 Bde. London. 1953. – U. Pope-Hennessy, Ch. D. London. [4]1968. Dt. Zürich. 1971. – J. Schmidt, Ch. D. 1978.

Donne, John. Gesamtausgaben: H. J. C. Grierson, Poems. Oxford. 1912. – T. Redpath, Songs and Sonnets. London. 1956.
Literatur: H. Freitag, J. D. Zentrale Motive u. Themen in seiner Liebeslyrik. 1975. – E. W. Gosse (Hrsg.), The life and letters of J. D. 2 Bde. Gloucester. 1959. – A. Stein, J. Donne's lyrics. Minneapolis. [2]1956.

Dryden, John. Gesamtausgaben: E. N. Hooker (Hrsg.), H. T. Swedenberg. Works. 21 Bde. Berkely. 1956 ff. – G. R. Noyes (Hrsg.), Poetical Works, Cambridge, Mass. [2]1951.
Literatur: T. S. Eliot, J. D. New York. 1932. – Ch. Ward, The life of J. D. Chapel Hill. 1961.

Eliot, Thomas Stearns. Bibliographie: D. Gallup, T. S. E. A Bibliography. London. 1952.
Gesamtausgabe: Complete Poems and Plays. New York. 1952.
Literatur: K. Habedank, Kultur- u. Sozialkritik bei T. S. E. 1974. – J. Kleinstück, T. S. E. in Selbstzeugnissen u. Bilddokumenten. 1966. – F. Kuna, T. S. E. 1968. – G. Smith, T. S. E.'s Poetry and Plays. Chicago. 1956.

Fielding, Henry. Gesamtausgabe: Works. 12 Bde. London 1898/99.
Literatur: F. H. Dudden, H. F. His life, works and times. Oxford. 1952. – W. Iser. Die Weltanschauung H. Fieldings. 1952. – I. Watt, Der bürgerl. Roman. 1974.

Goldsmith, Oliver. Gesamtausgaben: Works. 5 Bde. London. 1885/86. – Letters. Cambridge. 1928.
Literatur: A. N. Jeffares. O. G. London. 1959. – A. Laun, O. G. Sein Leben, sein Charakter u. seine Werke. 1876.

Hardy, Thomas. Gesamtausgaben: Collected Poems. 1932. – Wessex Edition. 23 Bde. London. 1912/13.
Literatur: C. Lewis, Th. H. London. 1951. – J. Nelson, Hardy's People. Structure and Character in the Major Fiction. 1974.

irische Literatur. (in engl. Sprache). E. A. Boyd, Ireland's Literary Renaissance. New York. 1968. – M. Harmon, Modern Irish Literature. 1800–1967. Ooster Springs. 1968. – K. Hoagland, 1000 Years of Irish Poetry. New York. 1962. – G. B. Saul, A Handbook Introduction to Traditional Irish Literature. Stackpole. 1953. – K. Völker, Irisches Theater. 1967.

Johnson, Samuel. Gesamtausgaben: J. F. Browne, Critical Opinions of S. J. London. 1926. – D. N. Smith, E. L. McAdam (Hrsg.). Collected Poems. 1941.
Literatur: J. W. Krutch, S. J. New York. [2]1963. – H. Pearson, J. and Boswell. London. 1958.

Johnson, Ben. Gesamtausgabe: C. H. Herford, P. Simpson (Hrsg.), Complete Works. 11 Bde. Oxford. 1925–1952.
Literatur: E. Koeppel, B. Johnsons Wirkung auf zeitgenöss. Dramatiker. 1906. – C. G. Thayer, B. J. studies in the plays. Norman. [2]1966.

Joyce, James. Bibliographie: A. Parker, Bibliography. Boston. 1948.
Gesamtausgabe: Werke, Frankfurt. 1969 ff.
Literatur: R. Ellmann, J. J. New York. 1959. Dt. Zürich. 1961. – Ders., A. Burgess, Ein Mann in Dublin names J. 1968. – St. Gilbert, J.'s Ulysses. London. 1952 (Dt.: Das Rätsel Ulysses. 1960.). – St. Joyce, Meines Bruders Hüter. 1960. – J. Paris, J. J. in Selbstzeugnissen u. Bilddokumenten. 1960. – D. von Recklinghausen, J. J. Chronik von Leben u. Werk. 1968.

kanadische Literatur. Bibliographie: R. E. Watters, A Check List of Canadian Literature. 1959.
Lexikon: Canadian Writers. A Biographical Dictionary. Toronto. 1964.
Literatur: C. F. Clinck (Hrsg.), Literary History of Canada. Toronto. 1965. – W. Eggleston, The Frontier and Canadian Letters. 1957. – C. F. Klinck, Literary History of Canada. Toronto. 1965. – R. E. Watters, J. F. Bell, On Canadian Literature 1806–1860. Toronto. 1966.

Keats, John. Bibliographie: J. R. MacGillivray, Bibliography and Reference Guide. Toronto. 1960.
Gesamtausgaben: Complete Works. 5 Bde. Glasgow. 1900/01. – Poetical Works. Oxford. [2]1958. – H. W. Garred (Hrsg.), Oxford. [2]1958. – Letters. Cambridge, Mass. 1958.
Literatur: R. Gittings, J. K. London. 1968. – M. Gotheim, J. K. Leben u. Werke. 2 Bde. 1897. – H. Viebrock, J. K. 1977.

Kipling, Rudyard. Gesamtausgaben: Works. Bombay Edition. 26 Bde. London. 1923–1927. – Verse. London. 1940.
Literatur: Ch. Carrington, R. K. His life and work. 1955. – E. Mertner, Das Prosawerk R. Kiplings. 1940. – J. M. S. Tompkins, The Art of R. K. London. 1960.

Lawrence, David Herbert. Gesamtausgaben: Complete Poems. 3 Bde. London. 1957. – Works. 33 Bde. London. 1936–1939. – Complete Short Stories. 3 Bde. 1955.
Literatur: R. Aldington, D. H. L. in Bildzeugnissen u. Dokumenten. 1961. – A. Hsia, D. H. L. Die Charaktere seiner Kurzgeschichten in Handlung u. Spannung. 1968. – E. Nehls, D. H. L., a composite Biography. 3 Bde. Madison. 1957/58.

Macpherson, James. Gesamtausgaben: Works. 2 Bde. 1765. – W. Sharp (Hrsg.), Edinburgh. 1896.
Literatur: J. S. Smart, J. M. An episode in literature. London. 1905. – D. S. Thomson, The Gaelic sources of Macphersons „Ossian". Edinburgh, London. 1952.

Marlowe, Christopher. Gesamtausgabe: R. H. Chase (Hrsg.), Complete Works. London. 1930–1933.
Literatur: J. Bakeless, The Tragical History of Ch. M. 2 Bde. Cambridge, Mass. 1942. – R. E. Knoll, Ch. M. New York. 1968.

Meredith, George. Gesamtausgaben: Works, Memorial Edition. 27 Bde. London. 1909–1911. – Standard Edition. 15 Bde. London. 1904–1920. – W. M. Meredith (Hrsg.), Letters. 2 Bde. London. 1912.
Literatur: E. Dick, G. M. Drei Versuche. 1910. – S. M. Ellis, G. M., his Life and Friends. London. 1919. – S. Sasson, G. M. London. 1952.

Milton, John. Gesamtausgaben: Works. 23 Bde. New York. 1931–1950. – D. A. Wolfe (Hrsg.), Complete Prose Works. 8 Bde. New York. 1954 ff.
Literatur: J. M. French, The Life Records of M. 5 Bde. New Brunswick. 1949–1958. – B. Moritz-Siebeck, Untersuchungen zu Miltons „Paradise lost". 1963. – A. Stern, J. M. u. seine Zeit. 4 Bde. 1877–1879. – E. Tillyard, M. London. [2]1966. – J. Thorpe, M. Criticism. London. 1951.

Moore, Thomas. Gesamtausgabe: Poetical Works. 10 Bde. London. 1840/41.
Literatur: A. Stockmann, Th. M., der irische Freiheitssänger. 1910.

Morris, William. Gesamtausgaben: M. Morris (Hrsg.), Collected Works. 24 Bde. London. 1910–1915. – Letters. London. 1950.
Literatur: B. I. Evans, W. M. and his Poetry. London. 1925. – Ph. Henderson, W. M. His life, work and friends. London. 1967. – H. Hapf, W. M., sein Leben u. Werk. 1949.

Pope, Alexander. Bibliographien: R. H. Griffith, Bibliography. Austin, Texas. 1922. Fortgef. von J. E. Tobin, New York. 1945.
Gesamtausgaben: Complete Works. 10 Bde. London. 1871–1889 (einschl. Briefe, mit Kommentar u. Biographie). – Poems. 6 Bde. London. 1939 ff. – Prose Works. 2 Bde. Oxford. 1936 ff. – Correspondence. 5 Bde. Oxford. 1956.
Literatur: P. Dixon, The world of Popes satires. New York. 1969. – J. N. Schmidt, Satire: Swift und Pope. 1977. – A. Stamm, Der umstrittene Ruhm A. P.s. 1941

Richardson, Samuel. Gesamtausgabe: W. L Phelps. 18 Bde. New York. 1901 bis 1903.
Literatur: G. Engel, Individuum, Familie, Gesellschaft in den Romanen R.s. 1974. – A. M. Kearney, S. R. London, New York. 1968.

schottische Literatur (in englischer Sprache). Bibliographie: W. Geddie, A Bibliography of Middle Scots Poets. Edinburgh. 1912.
Literatur: F. Brie, Die nationale Literatur Schottlands von den Anfängen bis zur Renaissance. 1937. – J. Speirs, The Scots' Literary Tradition. London. 1962. – K. Wittig, The Scottish Tradition in Literature. London. 1958.

Scott, Sir Walter. Bibliographien: J. C. Corson, Bibliography. Edinburgh. 1943.
Gesamtausgaben: Poetical Works. London. 1904. – The Waverley Novels. 48 Bde. Edinburgh. 1901–1903. – Letters. 12 Bde. London. 1932–1937.
Literatur: A. M. Clarke, Sir W. S. London. 1969. – F. Eberty, W. S. Ein Lebensbild. 2 Bde. [2]1871.

Shakespeare, William. Bibliographien: W. Ebisch u. L. L. Schücking, A. S. Bibliography. Oxford. 1931; Suppl. 1937. – H. Granville-Barker u. G. B. Harrison, A Companion to S. Studies. Cambridge. 1934. – T. M. Parrott, A. S. Handbook. New York. 1955.
Biographien: E. K. Chambers, S. Facts and Problems. 2 Bde. London. 1930. – E. J. Fripp, S. Man and Artist. 2 Bde. Oxford. 1938. – F. E. Halliday, S. 1961. – P. Quennell, S. 1964.
Gesamtausgaben: Th. Thorpe, Sonette. 1609. – Comedies, histories and tragedies. Printed by I. Jaggard, E. Blount. London. 1623. – Faksimiledrucke dieser „First Folio": H. Staunton. 1866. S. Lee, 1902. J. D. Wilson, London. 1929 ff. – Shakespeare quarto facsimiles. Issued under the superintendence of F. J. Furnivall. 43 vols. London. 1885–1891. – W. W. Greg (Hrsg.), Quarto facsimiles. 1939 ff. – Arden Edition. Hrsg. W. J. Case, R. H. Craig u. a. 37 Bde. London 1899–1924. – New Arden Edition. Hrsg. U. Ellis-Fermor u. a. London. 1951 ff. – N. Delius. 7 Bde. 1854–1861 (mit dt. Anmerkungen). – Variorum Edition. Hrsg. H. H. Furness. Philadelphia. 1871 ff. – A. Quiller-Couch, J. D. Wilson. 1921 ff. (The New Shakespeare). – N. Rowe (Hrsg.), The works. 6 Bde. 1709. – The Complete Works of S. (Hrsg. J. Sisson). London. 1954. – Globe Edition. London. 1864 u. ö.
Übersetzungen: J. Bab, 9 Bde. 1923/24. – R. Flatter, 6 Bde. Wien, Zürich. 1952–1956. – E. Fried. 1970 ff. – H. Rothe, W. S. Das dramat. Werk. 4 Bde. [2]1963/64. – R. Schaller. 1968 ff. – A. W. Schlegel, L. Tieck, Dramatische Werke. 8 Bde. 1797–1810. – A. W. Schlegel, D. Tieck, W. von Baudissin, Shakespeares dramat. Werke (Hrsg. L. Tieck), 9 Bde. 1825–1833. – A. W. Schlegel, L. Tieck, Dramatische Werke. 12 Bde. 1839/40. – L. L. Schücking (Hrsg.), Werke Englisch u. Dt. 20 Bde. 1912–1935. – Ch. M. Wieland, Theatral. Werke. 8 Bde. 1762–1766.
Sonette: P. Celan. 1967. – R. Flatter, Sonette. 1956. – K. Lachmann, Sonette. 1820.
Literatur: J. R. Brown, Shakespeare's dramatic style, London. 1970. – A. Burgess, S. London. 1970. – O. J. Campbell, E. G. Quinn (Hrsg.), A. S. encyclopaedia. London. 1966. – W. Clemen, Das Drama Sha-

kespeares. 1969. – C. Ehrl, Sprachstil u. Charakter bei. S. 1957. – W. Franz, Die Sprache S. ^{4}1939. – F. Gundolf, Sein Wesen u. Werk. 2 Bde. ^{2}1949. – W. Habicht u.a. (Hrsg.), S.-Kommentar zu den Dramen, Sonetten, Epen u. kleineren Dichtungen. 1972. – K. L. Klein (Hrsg.), Wege der S.-Forschung. 1971. – G. W. Knight, The Wheel of Fire, The Imperial Theme, The Shakespearian Tempest, The Crown of Life, The Mutual Flame, The Sovereign Flower. 1930–58. – M. Lüthi, Shakespeares Dramen. ^{2}1966. – H. Oppel, Shakespeares Tragödien u. Romanzen. 1954. – J. Paris, W. S. In Selbstzeugnissen u. Bilddokumenten. 1958. – R. Rothe, S. als Provokation. Sein Leben u. sein Werk, sein Theater u. seine Welt, seine Freunde u. seine Feinde. 1961. – I. Schabert, Shakespeare-Handbuch. 1972. – K. Schlüter, Shakespeares dramat. Erzählkunst. 1958. – A. Schmidt, Shakespeare-Lexicon. 2 Bde. ^{5}1962.

Shaw, George Bernard. Gesamtausgaben: Complete Plays. London. 1931. – Works. 37 Bde. London. 1931–1949.
Literatur: A. Arnold, G. B. S. 1965. –. E. R. Bentley, B. S. Norfolk, Conn. ^{2}1957. – F. Denninghaus, Die dramat. Konzeption. G. B. Shaws. 1971. – D. Schwanitz, G. B. S. – Künstler. Konstruktion u. unordentl. Welt. 1971. – H. Stresau, G. B. S. in Selbstzeugnissen u. Bilddokumenten. 1962.

Shelley, Percy Bysshe. Gesamtausgaben: Complete Works (einschl. Briefe). 10 Bde. London. 1926–1930. – Poetical Works. London. 1950. – New Letters. London. 1948.
Literatur: J. P. Aschenbrenner, Shelleys ständnis Shelleyscher Dichtung. 1948. – J. O. Fuller, S. A biography. London. 1968. – G. Kirchner, P. B. S. als revolutionärer Dichter. 1966.

Spenser, Edmund. Gesamtausgaben: E. Greenlaw u. a. (Hrsg.), Works. 10 Bde. Baltimore. 1932–1949. – J. C. Smith, E., de Selincourt (Hrsg.), Poetical Works. 3 Bde. Oxford. 1909/10.
Literatur: F. R. Johnson, E. S. Birmingham. Al. 1966. – W. Nelson, The poetry of E. S. New York. 1963.

Sterne, Laurence. Gesamtausgaben: Letters (einschl. Tagebuch an Eliza). Hrsg. L. P. Curtis. Oxford. 1935. – Works. 12 Bde. New York. 1904. – 7 Bde. London. 1926–1929.
Literatur: W. L. Cross, Life and Times of L. S. New Haven, Conn. ^{3}1929. – A. B. Howes, Yorick and the Critics. S.s Reputation in England 1760–1868. New Haven, Conn. 1958. – P. Michelsen, L. S. u. der dt. Roman des 18. Jh. 1962.

Swift, Jonathan. Bibliographien: H. Teerink, Bibliography. Den Haag. 1937.
Gesamtausgaben: Correspondence. 6 Bde. London. 1910–1914. – Poems. 3 Bde. Oxford. ^{2}1958. – Prose Writings. 14 Bde. Oxford. 1938ff. – Works. 19 Bde. ^{2}1824.
Literatur: J. M. Murry, S. London. 1954. – Ph. Wolff-Windegg, S. 1967.

Thackeray, William Makepeace. Gesamtausgaben: Letters and Papers. 4 Bde. Cambridge, Mass. 1946/47.
Literatur: G. N. Ray, T. 2 Bde. London u. New York. 1955–1958. – G. Tillotson, T. the Novelist. Cambridge. 1954.

Wells, Herbert George. Bibliographie: A Bibliography, Dictionary and Subject Index. London. 1926.
Gesamtausgabe: Works. 28 Bde. London. 1925.
Literatur: J. Kagarlitski, The life and thoughth of H. G. W. New York. 1966. – H.-J. Lang, H. G. W. 1948.

Wilde, Oscar. Gesamtausgaben: Complete Works. 4 Bde. Paris. 1936. – Ausgewählte Werke. 3 Bde. 1977f.
Literatur: P. Funke, O. W. in Selbstzeugnissen u. Bilddokumenten. 1969. – E. Pearson, O. W. 1947. – E. San Juan, The art of O. W. Princeton. 1967.

Wordsworth, William. Bibliographie: J. V. Logan, Guide and Bibliography. Columbus, Ohio. 1947.
Gesamtausgaben: Letters of W. and Dorothy W. 6 Bde. Oxford. 1935–1939. – Poetical Works. 5 Bde. Oxford. ^{2}1952. – Prose Works. 2 Bde. London. 1896.
Literatur: M. Gothein, W. W., sein Leben, seine Werke, seine Zeitgenossen. 2 Bde. 1893. – M. Moorman, W. W. 2 Bde. Oxford. 1957/58.

Yeats, William Butler. Biographie: A. Wade, Bibliography. London. ^{2}1957
Gesamtausgaben: Autobiographies. London. 1935. – Collected Plays. London. ^{2}1952. – Collected Poems. New York. 1957. – Essays. London. 1924. Dublin. 1937. – Letters. London. 1955.
Literatur: I. von Bülow, Der Tanz im Drama. Untersuchungen zu. W. B. Yeats' dramat. Theorie u. Praxis. 1968. – J. Kleinstück, W. B. Y. oder der Dichter in der modernen Welt. 1963. – J. Lander, W. B. Y. Die Bildersprache seiner Lyrik. 1967. – F. A. C. Wilson, Y. and Tradition. London. 1958.

3.1.4 VEREINIGTE STAATEN VON AMERIKA

Bibliographien: J. Blanck, Bibliography of American Literature. New Haven. 1955ff. – C. Gohdes, Bibliographical Guide to the Study of the Literature of the USA. Durham. 1963. – Ders., Literature and Theatre of the States and Regions of the USA. Durham. 1967.
Lexika: D. C. Browning, J. W. Cousin, Everyman's Dictionary of Literary Biography. ^{2}1960. – Concise Dictionary of American Literature. New York. 1955. – M. J. Herzberg, The Reader's Encyclopaedia of American Literature. New York. 1962. – St. Spender, D. Hall (Hrsg.), The Concise Encyclopedia of English and American Poets and Poetry. London. 1970.
Literatur: J. W. Beach, American Fiction. New York. 1972. – J. Brown, Panorama der amerikan. Literatur. 1965. – U. Brumm, Puritanismus u. Literatur in Amerika. 1973. – M. S. Day, History of American Literature. New York. 1971. – J. D. Hart (Hrsg.), The Oxford Companion to American Literature. New York. ^{4}1965. – I. Hassan, Die moderne amerikan. Literatur. 1974. – G. Hoffmann, Amerikan. Literatur im 20. Jh. 1971. – W. Karrer, E. Kreutzer, Daten der engl. u. amerikan. Literatur von 1890 bis zur Gegenwart. 1973. – H. Lüdeke, Geschichte der amerikan. Literatur. 1963. – W. F. Schirmer, Geschichte der engl. u. amerikan. Literatur. 1968. – A. Schöne, Abriß der amerikan. Literaturgeschichte in Tabellen. 1967. – M. Schulze, Wege der amerikan. Literatur. 1968. – R. E. Spiller (Hrsg.), Literary History of the United States. New York. ^{3}1963. Dt. 1959. – Ders., The Cycle of American Literature. New York. 1967.
Zu einzelnen Gattungen:
Lyrik: R. P. Blackmur, Form and Value in Modern Poetry. New York. 1957. – G. Hughes, Imagism and the Imagists, a Study in Modern Poetry. New York. 1959. – I. O. McCormick, Amerikan. Lyrik der letzten 50 Jahre. ^{2}1961.
Prosa: R. H. Bone, The Negro Novel in America. New Haven. 1958. – H. Bungert (Hrsg.), Die amerikan. Short Story. 1972. – F. J. Hoffmann, The Modern Novel in America 1900–1950. Chicago. 1964. –. I. O. McCormick, Der moderne amerikan. Roman. 1960.
Schauspiel: M. Gottfried, A Theater Divided. The Postwar American Stage. Boston. 1968. – H. Itschert, Das amerikan. Drama von den Anfängen bis zur Gegenwart. 1972. – J. W. Krutch, The American Drama since 1918. New York. 1957. – A. Weber (Hrsg.), Amerikan. Drama u. Theater im 20. Jh. 1975.

Anderson, Sherwood. Gesamtausgaben: P. Rosenfeld, The S. A.-Reader. Boston. 1947. – H. M. Jones, Letters. Boston. 1953.
Literatur: I. Howe, S. A. New York, London. 1951. – J. Schevill, S. A. Denver. 1951.

Beecher-Stowe, Harriet. Gesamtausgabe: The Writings. 16 Bde. Boston. 1896.
Literatur: H. Foster, The Rungless Ladder, H. B. and New English Puritanism. Durham. 1953. – F. Wilson, H. B. 1941. – Ph. Wynn Jackson, V. Cinderella, The Story of H. B. 1947.

Cooper, James Fenimore. Gesamtausgaben: Works. 32 Bde. Boston. 1876–1884; 33 Bde. New York. 1895–1900.
Literatur: M. Clavel, F. C., sa Vie et son œuvre 1789–1826. Aix-en-Provence. 1938. – J. Grossmann, J. F. C. New York. 1949.

Dickinson, Emily Elizabeth. Gesamtausgabe: Th. H. Johnson (Hrsg.), The Poems of E. D. 3 Bde. Cambridge, Mass. 1955.
Literatur: R. Chase, E. D. London. 1952. – Th. H. Johnson, E. D. Cambridge, Mass. 1955. – J. Leyda, E. D. 2 Bde. 1961. – R. B. Sewall, E. D. A Collection of Critical Essays, Englewood Cliffs. 1963.

Dos Passos, John. Literatur: W. Geissler, Das Bild Amerikas in den Romanen von J. D. P. Diss. Wien. 1950. – J. H. Wrenn, J. D. P. 1962.

Dreiser, Theodore Hermann Albert. Gesamtausgabe: H. R. Elias (Hrsg.), Collected Letters. 3 Bde. Philadelphia, Oxford. 1959.
Literatur: H. Dreiser, Mein Leben mit Th. D. Wien. – F. O. Matthiessen, Th. D. New York. 1951. – G. Willen, Th. D. Diss. Minnesota. 1955.

Emerson, Ralph Waldo. Gesamtausgaben: Works. 12 Bde. Boston. 1903/04. – Complete Essays and other Writings. New York. 1940.
Literatur: R. L. Rusk, The Life of E. New York. 1949.

Faulkner, William Harrison. Gesamtausgaben: Collected Stories. London. 1951. 3 Bde. 1957–1959. – J. B. Merriweather (Hrsg.), Essays, Speeches and Public Letters. New York. 1965.
Literatur: M. Christadler, Natur u. Geschichte im Werk von W. F. 1962. – J. Faulkner, Mein Bruder Bill. 1967. – D. Meindl. Bewußtsein als Schicksal. 1974. – H. Straumann, William Faulkner. 1968.

Hawthorne, Nathaniel. Gesamtausgaben: Complete Works. 12 Bde. Boston. 1883. – The American Notebooks. New Haven. Conn. 1932. – Ausgewählte Werke. 3 Bde. 1977f.
Literatur: F. H. Link. Die Erzählkunst N. Hawthornes. 1962. – T. Martin. N. H. New York. 1965. – R. Stewart. N.: a biography, New Haven. 1948. – M. Van Doren. N. H. London. 1950.

Hemingway, Ernest Miller. Gesamtausgaben: The First Forty-Nine Stories. London. 1944. – The Short Stories of E. H. New York. o.J.
Literatur: G.-A. Astre, E. H. in Selbstzeugnissen u. Bilddokumenten. ^{3}1964. – C. Baker, H. The Writer as Artist, Princeton, N.J. ^{2}1956. – C. Balser, E. H. 1967. – L. Gürtler, E. H. Diss. Innsbruck. 1950. – L. Hemingway, Mein Bruder E. H. 1962. – A. E. Hotchner, Papa Hemingway. 1966. –. L. Lania, H. New York. 1960. – H. Stresau, E. H. 1958. – P. Young, E. H. London. ^{2}1966.

Irving, Washington. Gesamtausgabe: Works. 40 Bde. New York. 1897–1903.
Literatur: Van Wyck Brooks, The World of W. I. New York. 1944. – W. L. Hedges, W. I. Baltimore. 1965. – St. T. Williams, The Life of W. I. 2 Bde. New York. 1935.

James, Henry. Gesamtausgaben: Novels and Tales. 26 Bde. New York. 1907–1917. 35 Bde. London. ^{2}1921–1923.
Literatur: J. W. Beach, The Method of H. J. Philadelphia. ^{2}1954. – E. Nierlich, Kuriose Wirklichkeit in den Romanen von H. J. 1973.

Keller, Helen. E. Cleve, H. K. 1951. – R. Harrity, G. Martin, The three lives of H. K. Garden City. 1962.

Longfellow, Henry Wadsworth. Gesamtausgaben: S. Longfellow (Hrsg.), The Works of H. W. L. 14 Bde. Boston. 1886–1891. – Complete Works. 14 Bde. Boston. 1904.
Literatur: S. Longfellow, The Life of H. W. L. 2 Bde. Boston. 1886. – E. Wagenknecht, L. A full-length portrait. New York. 1955. – Ders., W. L. New York. 1966.

Mark Twain. Gesamtausgaben: The Writings. 37 Bde. New York. 1922–1925. – Works. 23 Bde. New York. 1933. – Gesammelte Werke. 5 Bde. 1965f.
Literatur: J. Kaplan (Hrsg.), M. T. A profile. New York. 1967. – A. B. Paine, M. T. Biography. 3 Bde. New York. 1912. – C. Wagenknecht, M. T.: The Man and His Work. Norman. ^{2}1961.

Melville, Herman. Gesamtausgaben: The Works. 16 Bde. London. 1922–1924. – Complete Works. 14 Bde. Chicago. 1947ff.
Literatur: P. Buchlo, H. Krüger (Hrsg.), H. M. 1974. – J. Leyda, The Melville Log. A Documentary Life of H. M. 2 Bde. New York. 1951. – R. Mason, The Spirit above the Dust. A Study of H. M. London. 1951.

O'Neill, Eugene. Gesamtausgabe: Works. 11 Bde. London. 1937.
Literatur: B. H. Clark, O'Neill, New York. ^{3}1947. – A. u. B. Gelb, O'Neill. New York. 1960. – F. H. Link, E. O'Neill u. die Wiedergeburt der Tragödie aus dem Unbewußten. 1967.

Poe, Edgar Allan. Gesamtausgaben: Works. 17 Bde. New York. 1902. – Werke. 4 Bde. 1974f.
Literatur: H. Allen, Israfel. The life and times of E. A. P. New York. 1956. – W. Lenning, E. A. P. in Selbstzeugnissen u. Bilddokumenten. ^{4}1970. – F. H. Link, E. A. P. 1968. – A. Staats, E. A. Poes symbolist. Erzählkunst. 1968. – K. Schuhmann, Die erzählende Prosa Poes. 1958.

Pound, Ezra Loomis. Bibliographie: D. C. Gallup, A. bibliography of E. P. London. 1969.
Literatur: E. Hesse (Hrsg.), E. P. 22 Versuche über einen Dichter. 1967. – Dies., Beckett – Eliot – Pound, 3 Textanalysen. 1971. – H. Kenner, The Poetry of E. P. London. 1951. – L. Lenberg, Rosen aus Feilstaub. Studien zu den Cantos von E. P. 1966. – N. C. de Nagy, The poetry of E. P. Bern. ^{2}1968. – N. Stock, The life of E. P. London. 1970.

Steinbeck, John. Gesamtausgaben: P. Covici, The Portable S. New York. ^{2}1946. – J. H. Jackson, The Short Novels of J. S. New York. 1953.
Literatur: P. Lisca, The Wide World of J. S. New Brunswick, N.J. 1958. – E. W. Tedlock u.a., S. and His Critics. Albuquerque. 1957. – F. W. Watt, J. S. 1962.

Whitman, Walt. Gesamtausgabe: Complete Writings. 10 Bde. New York. 1902.
Literatur: C. W. Allen, The Solitary Singer. Biography of W. W. New York. 1951. – H. S. Camby, W. W. Boston. 1943. Dt. 1947. – H. W. Reisiger, W. W. 1946. – F. Usinger, W. W. 1957.

Williams, Tennessee. Memoiren. 1977. – W. H. Thiem, T. W. 1956.

3.1.5 KELTISCHE LITERATUREN

Artus. M. Bindschedler, Die Dichtung um König Artus u. seine Ritter. 1957. – K. Gürttler, Künec Artus der guote. Das Artusbild der höfischen Epik des 12. u. 13. Jh. 1976.

bretonische Literatur. F. Gourvil, Langue et littérature bretonnes. Paris. 1960.

irische Literatur (in keltischer Sprache). M. Dillon, Early Irish Literature. Chicago. 1948. – Ders., Irish Sagas, Dublin. 1959. – D. Hyde, A Literary History of Ireland. New York. 1967.

keltische Literatur. Bibliographie: W. Bonser. An Anglo-Saxon and Celtic Bibliographie. Oxford. 1957.
Gesamtdarstellungen: J. Marx, Les littératures celtiques. Paris. 1959. – J. Pokorny, Altkelt. Dichtungen. 1944. – H. Zimmer, Abenteuer u. Fahrten der Seele. Mythen, Märchen u. Sagen aus kelt. u. östl. Kulturbereichen. 1977.

kymrische Literatur. R. G. Jones, The Literary Revival of the 20th Century. Llandybie. 1967. – T. Parry, History of Welsh Literature. Oxford. 1955.

schottische Literatur (in gälischer Sprache). A. de Blácam, Gaelic Literature Surveyed. Dublin. 1929. – G. Humbert, Literar. Einflüsse in schott. Volksballaden. 1932.

3.1.6 FLÄMISCHE LITERATUR, NIEDERLÄNDISCHE LITERATUR

Conscience, Hendrik. Gesamtausgabe: Ges. Werke. 41 Bde. Leiden. 1878ff.
Literatur: A. van Hageland, H. Conscience en het volksleven. Löwen. 1953. – F. Jootes, H. Conscience. 1917.

Coster, Charles de. Literatur: A. Gerlo, Coster en Vlanderen. Antwerpen. 1959. – J. Hanse, Ch. de Coster. Löwen. 1928.

Couperus, Louis. F. Bordewijk, Over L. Couperus. 1952. – W. J. Simons, L. Couperus. Brügge, Utrecht. 1963.

Dekker, Eduard Douwes. Gesamtausgabe: Ges. Werke. 10 Bde. Amsterdam. 1888.
Literatur: G. Brom, Multatuli. Utrecht, Antwerpen. 1958.

flämische Literatur. M. Hechtle, Die fläm. Dichtung von 1830 bis zur Gegenwart. 1942. – G. Hermanowski, Die moderne fläm. Literatur. 1963. – K. Jonckheere, De Vlaamse letteren vandaag. Antwerpen. 1958. – B. Kemp, De Vlaamse letteren tussen gisteren en morgen (1930/60). Hasselt. 1963. – Ders., Fläm. Literaturgeschichte des 19. u. 20. Jh. 1970. – L. Sertorius, Literarisches Schaffen u. Volkstum in Flandern. 1932. – J. Weisgerber, Formes et domaines du roman flamand. Brüssel 1963.

Gezelle, Guido. Gesamtausgabe: Ges. Werke. 18 Bde. Brüssel. 1930ff.
Literatur: R. Guarnieri, G. Gezelle. Brescia. 1941. – A. Walgrave, Het leven van G. Gezelle. 2 Bde. Amsterdam. 1923/24.

Hooft, Pieter Corneliszoon. Gesamtausgaben: Ges. Werke. 1671. – Ges. Gedichte. 2 Bde. 1900.
Literatur: J. Prinsen, P. C. Hooft. Amsterdam. 1922. – H. W. van Tricht, P. C. Hooft. Haarlem. 1951.

niederländische Literatur. F. Baur u. A. van Duinkerken (Hrsg.), Geschiedenis van de letterkunde in de Nederlanden. 10 Bde. Herzogenbusch. ^{2}1950ff. – J. C. Brandt-Corstins, K. Jonckheere, De Literatuur van de Nederlanden in de moderne tijd. Utrecht. 1959. – F. Huser, Niederländ. Literatur der Gegenwart. 1964. – G. Knuvelder, Handboek tot de Geschiedenis der Nederlandse letterkunde. 4 Bde. Herzogenbusch. ^{4}1967. – Ders., Handboek tot de moderne Nederlandse letterkunde, Herzogenbusch. 1959. – J. van Mierlo, Beknopte Geschiedenis van de oude middelnederlandse letterkunde. Antwerpen. 1956. – L. Schneider, Geschichte der niederländ. Literatur. 1887. – C. G. N. de Vooys u. G. Stuiveling, Schets van de Nederlandse letterkunde. Groningen. 1959. – Th. Weevers, Poetry of the Netherlands in its European Context. London. 1960.

Vondel, Joost, van den. Gesamtausgaben: Ges. Werke. 12 Bde. Amsterdam. 1865ff. – Ges. Werke. 30 Bde. Leiden. 1888.
Literatur: J. Noe, Vondel. Amsterdam. 1955. – W. A. P. Smith u. P. Brachin, Vondel, 1587 bis 1679. Paris. 1964.

3.1.7 GRIECHISCHE (ALTGRIECHISCHE) LITERATUR. →auch 3.1.8

Lexika: W. Buchwald, A. Hohlweg, u. O. Prinz, Tusculum-Lexikon der griech. u. lat. Literatur. ^{2}1963. – P. Kroh, Lexikon der antiken Autoren. 1972. – Paulys Realencyclopädie der classischen Altertumswissenschaft. Neue Bearb., Hrsg. G. Wissowa u. a. 1894–1967.
Gesamtdarstellungen: A. Dihle, Griechische Literaturgeschichte. 1967. – H. Koller, Musik u. Dichtung im alten Griechenland. 1963. – A. Körte, P. Händel, Die hellenistische Dichtung. ^{2}1960. –. W. Kranz, Geschichte der griech. Literatur. ^{3}1958. – A. Lesky, Geschichte der griech. Literatur. Bern, München. ^{3}1971. – W. Nestle, Geschichte der Griech. Literatur. Bd. 1: ^{3}1961. Bd. 2: ^{2}1950.
Zu einzelnen Gattungen: R. Helm, Der antike Roman. ^{2}1956. – H. Herter, Vom dionys. Tanz zum komischen Spiel. Die Anfänge der attischen Komödie. 1947. –. A. Kerényi, Der antike Roman. 1971. – A. Korte, Die griech. Komödie. 1914. – A. Lesky, Die griech. Tragödie. ^{4}1968. – Ders., Die tragische Dichtung der Hellenen. ^{3}1972. – H. Patzer, Die Anfänge der griech. Tragödie. 1962. – A. W. Pickard-Cambridge, Dithyramb Tragedy and Comedy.

Oxford. 1927. – M. Pohlenz. Die griech. Tragödie. 2 Bde. [2]1954. – L. Rademacher, Zur Geschichte der griech. Komödie. 1924. – H. Reich, Der Mimus. 1903. – W. Schadewaldt, Antike Tragödie auf der modernen Bühne. 1957. – O. Weinreich, Epigramm u. Pantomimus. 1948. – Ders., Der griechische Liebesroman. 1962. – U. von Wilamowitz-Moellendorf, Einleitung in die griech. Tragödie. [3]1921. – Ders., Die griech. Tragödie u. ihre drei Dichter. 1923. – Ders., Griech. Verskunst. [2]1958.

Apollonios von Rhodos. Textausgaben: H. Fränkel, Oxford. 1961. – R. C. Seaton, Oxford. 1929.
Literatur: A. Hurst, A. de Thodes. Bern. 1967.

Aristophanes. Textausgaben: V. Coulon (Hrsg.), 5 Bde. Paris. 1923–1930. – F. W. Hall u. W. M. Geldart (Hrsg.), 2 Bde. Oxford. 1953/54.
Literatur: E. Fraenkel, Beobachtungen zu A. Rom. 1962. – Th. Gelzer, A., der Komiker. 1971. – P. Händel, Formen u. Darstellungsweisen in der aristophan. Komödie. 1963. – O. Seel. A. oder der Versuch über die Komödie. 1960.

Äschylus. Textausgaben: U. von Wilamowitz-Moellendorf (Hrsg.). [2]1958. – O. Werner (Hrsg.). [2]1969. – H. J. Mette (Hrsg.). 1959 (Fragmente).
Literatur: W. Porzig, Die attische Tragödie des Ä. 1926. – G. Thomson, Ä. u. Athen. Dt. 1957. – U. von Wilamowitz-Moellendorf, Ä. Interpretationen. [2]1966.

Äsop. Gesamtausgaben: A. Hamrath, H. Hunger, Corpus fabularum Aesopicarum. [4]1970.

Demosthenes. W. Jaeger, D. [2]1963. – A. Schaefer, D. u. seine Zeit. [2]1885–1887. – H. J. Wolff, D. als Advokat. 1968.

Euripides. Textausgaben: A. Nauck (Hrsg.), [3]1913–1921. – G. Murray (Hrsg.), 3 Bde. Oxford. 1902–1910. Neuausg. 1954.
Literatur: S. Melchinger, E. 1967. – G. Murray, E. u. seine Zeit. 1957. – H. Rohdich, Die euripideische Tragödie. 1968.

Hesiod. Textausgaben: A. Rzach (Hrsg.). [3]1913. Neuausg. 1967. – P. Mazon (Hrsg.). Paris. [6]1964.
Literatur: J. Blusch, Formen u. Inhalt von H.s individuellem Denken. 1970. – F. Krafft, Vergleichende Untersuchungen zu Homer u. H. 1963. – J. R. Tebben, Hesiod-Konkordanz. 1977.

Homer. Textausgaben: D. B. Monro, T. W. Allen (Hrsg.). 5. Bde. [1-3]1917–1920. Neuausg. 1946. – B. Snell (Hrsg.). 2 Bde. 1956. – K. F. Ameis, C. Hentze, P. Caner (Hrsg.). 12 Hefte. 1905–1925. Neuausg. 1964/65.
Literatur: Caner, Grundfragen der Homerkritik. [3]1921. Neuausg. 1971. – R. Friedrich, Stilwandel im Homer. Epos. 1975. – A. Lesky, Die H.-Forschung in der Gegenwart. Wien. 1952. – K. Meister, Die homer. Kunstsprache. [3]1921. – R. Merkelbach, Untersuchungen zur Odyssee. 1951. – G. Nebel, H. 1959. – K. Reinhardt, Die Ilias u. ihr Dichter. 1961. – M. Riemschneider, H. Entwicklung u. Stil. [2]1952.

Ilias. Gesamtausgaben: D. Chalkondylas (Hrsg.). Florenz. 1488. – V. Stegemann (Hrsg.). 2 Bde. [2]1960.
Literatur: W. Kullmann, Die Quellen der „Ilias“. 1960. – K. Reinhardt, Die „Ilias“ u. ihr Dichter. 1961. – U. von Wilamowitz-Moellendorff, Die „Ilias“ u. Homer. 1916.

Isokrates. Textausgaben: G. E. Benseler, F. Blass (Hrsg.). 2 Bde. [2]1913–1927. –. E. E. Brémond (Hrsg.). 4 Bde. Paris [1-3]1950–1962.
Literatur: M. A. Levi, Isocrate. Mailand. 1959. – H. Wersdörfer, Die philosophia des I. 1940. – F. Zucker, I. Panathenaikos. 1954.

Kallimachos. Textausgaben: R. Pfeiffer (Hrsg.). 2 Bde. Oxford. 1949–1953. Neuausg. 1965/66. – E. Howald, E. Staiger (Hrsg.). Zürich. 1955.
Literatur: E. Howald, Der Dichter K. von Kyrene. 1943. – R. Pfeiffer, K.-Studien. 1922. – U. von Wilamowitz-Moellendorf, Hellenist. Dichtung in der Zeit des K. [2]1962.

Pindar. Textausgaben: L. R. Farnell (Hrsg.). 2 Bde. Amsterdam. [2]1961. – B. Snell (Hrsg.). 2 Bde. [5]1971. – O. Werner (Hrsg.). 1967.
Literatur: C. M. Bowra, P. Oxford. 1964. – H. Gundert, P. u. sein Dichterberuf. 1935. – G. Perrotta, P. Rom. 1959. – U. von Wilamowitz-Moellendorf. P. [2]1966.

Sophokles. Textausgaben: A. C. Pearson (Hrsg.). Oxford. [3]1955. – F. W. Schneidewind, A. Nauck, L. Radermacher (Hrsg.). 1909–1914. Teilweise neu 1963.
Literatur: H. Frey, Deutsche S.-Übersetzungen. Winterthur. 1964. – K. Reinhardt, S. [4]1976. – T. B. L. Webster, An Introduction to S. London. [2]1969. – H. Weinstock, S. [3]1948. – T. von Wilamowitz, Dramatische Technik des S. 1917.

3.1.8 ARMENISCHE, BYZANTINISCHE, GEORGISCHE, GRIECHISCHE (NEUGRIECHISCHE) LITERATUR

armenische Literatur. M. Abeghean, Geschichte der altarmen. Literatur. 2 Bde. Erewan. 1944–1946. – A. Baumstark, Die armen. Literatur. In: Die christl. Literaturen des Orients. 1911. – H. M. V. Čanasean, Geschichte der modernen armen. Literatur. Venedig. 1953. – F. N. Finck, Geschichte der armen. Literatur. In: Geschichte der christl. Literaturen des Orients. [2]1909. – W. Inglisian, Die armen. Literatur. In: Handbuch der Orientalistik. Bd. 7. Leiden, Köln. 1963. – H. Mkrtcyan, Die sowjetarmen. Literatur. Erewan. 1958.

byzantinische Literatur. H. G. Beck, Kirche u. theolog. Literatur im byzantin. Reich. 1959. – K. Dieterich, Geschichte der byzantin. u. neugriech. Literatur. [2]1909. – K. Krumbacher, Geschichte der byzantin. Literatur von Justinian bis zum Ende des oström. Reiches (527–1453). München. [2]1897. Nachdr. New York. 1958.

georgische Literatur. A. Baumstark, Die georg. Literatur. In: Die christl. Literaturen des Orients. 1911. – G. Deeters, Georgische Literatur. In: Handbuch der Orientalistik. Bd. 7. Leiden, Köln. 1963. – K. Kekelidze, dt. Ausgabe: Geschichte der kirchl. georg. Literatur . . . Vatikanstadt. 1955.

griechische Literatur (neugriechische Literatur). K. D. Demaras, Historia tes Neohellenikes Logotechnias. Athen. [2]1954. – K. Dieterich, Geschichte der byzantin. u. neugriech. Literatur. [2]1909. – B. Knös, L'Histoire de la Littérature neogrecque. La période jusqu'en 1821. Stockholm. 1962. – B. Lavagnini, Storia della Letteratura neoellenica. Mailand. [2]1959. – A. Mirambel, La Littérature Grecque moderne. Paris. 1953. → auch 3.1.7.

3.1.9 LATEINISCHE (RÖMISCHE) LITERATUR

Lexika: W. Buchwald, A. Hohlweg u. O. Prinz, Tusculum-Lexikon der griech. u. lat. Lit. [2]1963. – P. Kroh, Lexikon der antiken Autoren. 1972. – Paulys Realencyclopädie der classischen Altertumswissenschaft. Neue Bearb., Hrsg. G. Wissowa u.a. 1894–1967.
Gesamtdarstellungen: E. Bickel, Lehrbuch der Geschichte der Röm. Literatur. 2 Bde. 1961. – L. Bieler, Geschichte der röm. Literatur. 2 Bde. 1961. – K. Büchner, Röm. Literaturgeschichte. 1957. – F. Leo, Geschichte der röm. Literatur. Bd. 1. [2]1958. – E. Norden, Die röm. Literatur. [5]1954. – O. Seel, Weltdichtung Roms. 1965.
Zu einzelnen Gattungen: K. Büchner, Die röm. Lyrik. 1976. – G. Highet, Römisches Arkadien. Dichter u. ihre Landschaft: Catull, Vergil, Properz, Horaz, Tibull, Ovid, Iuvenal. 1964. – U. Knoche, Die röm. Satire. [3]1971. – G. Luck, Die röm. Liebeselegie. 1961. – O. Weinreich, Röm. Satiren. 1949.

Horaz. Textausgaben: F. Klingner (Hrsg.). [5]1970. – F. Burger, W. Schöne, H. Färber (Hrsg.). [4]1967. – A. Kiessling, R. Heinze, E. Burck (Hrsg.). [11]1964 (Oden u. Epoden). [8]1961 (Satiren). [7]1961 (Briefe).
Literatur: H. Drexler, H. 1953. – E. Fraenkel, H. [3]1971. – Th. Halter, Vergil u. Horaz. 1970. – H. Hommel, H., der Mensch u. das Werk. 1950. – R. Reitzenstein, Aufsätze zu H. 1963.

Juvenal. Textausgaben: I. D. Duff (Hrsg.). Cambridge. 1970. – O. Jahn, F. Bücheler, F. Leo (Hrsg.). [4]1910.
Literatur: J. Dürr, Das Leben Juvenals. 1888. – G. Highet, J. the Satirist. Oxford. 1962.

Lukrez. Textausgabe: K. Büchner (Hrsg.). 1956. – K. Lachmann (Hrsg.). [4]1882. L. Martin (Hrsg.). [5]1963.
Bibliographie: C. A. Gordon, A bibliography of L. London. 1962.
Literatur: K. Büchner, Studien zur röm. Literatur. Bd. 1: Lukrez u. Vorklassik. 1963. – W. Schmid, L. Probleme der Lukrezdichtung. 1970.

Ovid. Textausgaben: H. Bornecque, G. Lafaye (Hrsg.). 3 Bde. Paris. 1924ff. – R. Merkel, R. Ehwald, F. Lenz (Hrsg.). 3 Bde. 1915–1932.
Literatur: H. Fraenkel, O. 1970. – H. Schöner, O.-Interpretationen. Diss. 1957. – W. Stroh, O. im Urteil der Nachwelt. 1969. – E Zinn, O. 1968.

Plautus. Textausgaben: F. Leo (Hrsg.). [2]1958. – W. M. Lindsay (Hrsg.). 2 Bde. Oxford. 1903. – E. Ritschel, G. Goetz, G. Löwe, F. Schöll (Hrsg.). 1871–1894.
Literatur: E. Lefèvre, Die röm. Komödie: P. u. Terenz. 1973. – G. E. Lessing, Von dem Leben u. den Werken des P. 1750.

Prudentius Clemens. Textausgaben: J. Bergmann (Hrsg.). Wien. 1926.

Seneca. Textausgaben: F. Leo (Hrsg.). 2 Bde. 1878/79 (Tragödien). – Th. Thomann (Hrsg.). 2 Bde. 1961–1969.
Literatur: U. Knoche, Der Philosoph Seneca. 1933. – J. N. Sevenster, Paulus u. S. 1961.

Terenz. Textausgaben: K. Dziatzko (Hrsg.). [2]1913. – A. Fleckeisen (Hrsg.). [2]1898. – R. Kauer, W. M. Lindsay (Hrsg.). Oxford. 1959.
Literatur: K. Büchner, Das Theater des T. 1974. – J. Straus, T. u. Menander. Zürich. 1955.

Tibull. Textausgaben: R. Helm (Hrsg.). [3]1968. – E. Hiller (Hrsg.). 1885. Neudr. 1965. – K. Lachmann, L. Dissen (Hrsg.). 1835.
Literatur: M. Schuster, T.-Studien. Wien. 1930. Neudr. 1967. – W. Witte, T. 1924.

Vergil. Textausgaben: R. A. B. Mynors (Hrsg.). Oxford. 1969. – O. Ribbeck (Hrsg.). 5 Bde. [2]1894/95. Neudr. 1966.
Literatur: K. Büchner, V. Der Dichter der Römer. 1961. – Th. Haecker, V., Vater des Abendlandes. [7]1952. – Th. Halter, V. u. Horaz. 1970. – M. Hügi, Vergils Aeneis u. die hellenist. Dichtung. 1952. – G. N. Knauer, Die Aeneis u. Homer. 1965. – E. Kraggerud, Äneis-Studien. Oslo. 1968. – W. F. Otto, V. 1931. – H. Oppermann (Hrsg.), Wege zu Vergil 1963.

3.2.0 MITTELLATEINISCHE LITERATUR, NEULATEINISCHE LITERATUR

Archipoeta. Textausgabe: Die Gedichte. Bearb. H. Watenphul. Hrs. H. Krefeld. 1958.

Balde, Jakob. Textausgaben: Opera omnia. 8 Bde. 1729. – Dichtungen, latein. u. dt. hrsg. u. übers. von M. Wehrli. 1963.
Literatur: J. Bach, J. B. 1904. – A. Heinrich, Die lyrischen Dichtungen J. B.s. 1915.

Bidermann, Jakob. Textausgaben: M. Sadil, J. B. 2 Bde. Wien. 1899/1900. – R. Tarot, J. B. Ludi theatrales. 2 Bde. 1967. – M. Wehrli, J. B. Cenodoxus. In: Das dt. Drama. Hrsg. B. von Wiese. Bd. 1. 1958. – Ders., B., Philemon Martyr. Latein. u. dt. 1960.
Literatur: M. Sadil, J. B. Wien. 1900.

Carmina burana. Textausgaben: C. B. Faksimile-Ausgabe der Benediktbeuerner Handschrift (Staatsbibliothek München). 2 Bde. 1965. – A. Hilka u. O. Schumann (Hrsg.). 1930–1941 (nicht vollst.). – J. A. Schmeller (Hrsg.). 1847. Neudr. 1927.

Ecbasis captivi. Textausgabe: K. Strecker (Hrsg.). 1935. Nachdr. 1956.
Übersetzung: E. Greßler. 1910.

Erasmus von Rotterdam. Textausgaben: Werke. hrsg. B. Rhenanus. 9 Bde. 1540ff. – Opera Omnia. 10 Bde. Leiden. [11]1961. – Auswahl von A. Gall. Dt. 1948. – Briefwechsel. 11 Bde. Oxford. 1906–1947. – Briefe. Hrsg. W. Köhler. Dt. [3]1956.
Literatur: W. P. Eckert, E. v. R. 1967. – J. Huizinga, Erasmus. Basel. [4]1957. – R. Newald, Erasmus Roterodamus. 1947.

Gesta Romanorum. Textausgaben: W. Dick (Hrsg.). Leipzig. 1890. – H. Österley (Hrsg.). Berlin 1871/72.

Jacobus de Voragine. Textausgabe: J. G. T. Grässe (Hrsg.). [3]1890.

Jesuitendrama. K. Adel, Das Jesuitendrama in Österreich. 1957. – Ders., Das Wiener Jesuitentheater u. die europ. Barockdramatik. 1960. – W. Flemming, Geschichte des Jesuitendramas. 1923. – J. Müller. Das Jesuitendrama . . . 2 Bde. 1930.

Legenda aurea. Gesamtausgaben: o.O. ca. 1470. – J. G. Graesse. 1965.
Literatur: H. Rosenfeld, Legende. 1964.

Mittellateinische Literatur. Gesamtdarstellungen: E. R. Curtius, Europäische Literatur u. latein. Mittelalter. [9]1978. – K. Langosch, Latein. Mittelalter. Einleitung in Sprache u. Literatur. 1964. – M. Manitius, Geschichte der latein. Literatur des Mittelalters. 3 Bde. 1911–1931. Nachdr. 1965ff.
Mittellatein. Literatur in Deutschland: K. Hauck, Mittellatein. Literatur. In: W. Stammler, Aufriß der dt. Philologie. Bd. 2. [2]1957. – K. Langosch, Latein. Mittelalter. Einführung in Sprache u. Literatur. [3]1975.

Neulateinische Literatur. K. O. Conrady, Latein. Dichtungstradition u. dt. Lyrik des 17. Jh. 1962. – G. Ellinger, Geschichte der neulatein. Literatur Deutschlands im 16. Jh. 3 Bde. 1929–1933. – R. Newald, Die dt. Literatur vom Späthumanismus zur Empfindsamkeit. [4]1963. – A. Schroeter, Beiträge zur Geschichte der neulatein. Poesie Deutschlands u. Hollands. 1905.

3.2.1 FRANZÖSISCHE LITERATUR

Handbücher zur Romanistik: R. Hess, G. Siebenmann, Literaturwissenschaftl. Wörterbuch für Romanisten. 1971. – E. Leube, L. Schrader (Hrsg.), Reihe: Grundlagen der Romanistik. 1972ff. – C. Tagliavini, Einführung in die roman. Philologie. 1972.
Bibliographien: A. Cioranescu, Bibliographie de la littérature française du 18e siècle. Paris. 1969ff. – O. Klapp (Hrsg.), Bibliographie der französ. Literaturwissenschaft. 1956ff. – P. Langlois, A. Mareuil, Guide bibliographique des études littéraires. Paris. 1960.
Lexika: P. de Boisdeffre, Dictionnaire de la littérature contemporaine. Paris. 1962. – A. Bourin, J. Rousselot, Dictionnaire de la littérature française contemporaine. Paris. 1968. – W. Engler, Lexikon der französ. Literatur. 1974.
Gesamtdarstellungen: P. de Boisdeffre, Histoire de la littérature contemporaine. 1900–1962. Paris. 1963. – J. Calvet (Hrsg.), Histoire de la littérature française. 9 Bde. Paris. 1931–1955. – L. Cazamian, Geschichte der französ. Literatur. 1963. – H. Hatzfeld, Literature through Art. A New Approach to French Literature. New York. 1969. – E. Henriot (Hrsg.), Neuf Siècles de la Littérature française. Paris. 1958. – E. von Jan, Französ. Literaturgeschichte in Grundzügen. [4]1956. – G. Lanson, Histoire de la littérature française. Paris. [21]1930. Neudr. 1953. – L. Pollmann, Geschichte der französ. Literatur. 7 Bde. 1975ff. – J. Theisen, Geschichte der französ. Literatur des 20. Jh. 1976.
Mittelalter: Ph. A. Becker, Grundriß der altfranzös. Literatur. 1907. – G. Gröber, Geschichte der mittelfranzös. Literatur. 2 Bde. [2]1932–1937. – L. Kukenheim, H. Roussel, Führer durch die französ. Literatur des MA. 1968. – K. Voretzsch, Einführung in das Studium der altfranzös. Literatur. [3]1925.
Renaissance: W. Mönch, Frankreichs Literatur im 16. Jh. 1938. – H. Morf, Geschichte der französ. Literatur im Zeitalter der Renaissance. Straßburg. [2]1914. – R. Morçay, A. Müller, La Renaissance. 2 Bde. [2]1960. – A. Tilley, Literature of the French Renaissance. 2 Bde. New York. 1959.
Klassik: A. Adam, Histoire de la littérature française au 17e siècle. 5 Bde. Paris. 1948–1955. – R. Bray, La formation de la doctrine classique en France. Paris. [3]1961. – H.-C. Lancaster, A History of French Dramatic Literature in the 17th century. 7 Bde. Baltimore. [2]1952. – F. Lotheissen, Geschichte der französ. Literatur im 17. Jh. 4 Bde. Wien. [2]1896. – F. Neubert, Die französ. Klassik u. Europa. 1941.
Aufklärung: V. Klemperer, Geschichte der französ. Literatur im 18. Jh. Bd. 1: das Jahrhundert Voltaires. 1954. – P. Trahard, Les maitres de la sensibilité française au 18e siècle. 1715–1789. 4 Bde. Paris. 1931–1933.
Romantik: J. Bertaut, L'époque romantique. Paris. 1947. – V. Klemperer, Geschichte der französ. Literatur im 19. u. 20. Jh. (1800 bis 1925). 2 Bde. 1956. – P. Martino, L'époque romantique en France. Paris. 1944. – A. Thibaudet, Geschichte der französ. Literatur. Von 1789 bis zur Gegenwart (1935). [2]1954.
Realismus, Parnaß, Naturalismus: F. Lion, Der französ. Roman im 19. Jh. Stendhal, Balzac, Flaubert, Zola. 1952. – H. Müller, Der Roman des Realismus-Naturalismus in Frankreich. 1977. – A. M. Schmidt, La littérature symboliste. Paris. 1955.
20. Jahrhundert: P. de Boisdeffre, Abrégé d'une histoire de la littérature d'aujour – d'hui. Paris. 1969. – P. Burger, Vom Ästhetizismus zum Nouveau Roman. 1975. – M. Girard, Grundriß der neuesten französ. Literatur. 1918–1950. 1952. – V. Klemperer, Geschichte der französ. Literatur im 19. u. 20. Jh. 2 Bde. 1956. – Ders., Moderne französ. Lyrik. 1957. – W.-D. Lange (Hrsg.), Französ. Literatur der Gegenwart in Einzeldarstellungen. 1971. – W. Mönch, Französ. Theater im 20. Jh. (mit Bibliographie). 1965. – M. Nadeau, Geschichte des Surrealismus. 1965. – G. Picon, Panorama der modernen Literatur Frankreichs. 1963. – B. Pingaud, Schriftsteller der Gegenwart. Französ. Literatur. 1965. – A. Rousseaux, Littérature du 20e siècle. 6 Bde. Paris. 1938–1958.
Einzelne Gattungen: W. Engler, Der französ. Roman von 1800 bis zur Gegenwart. 1965. – H. Friedrich, Die Struktur der modernen Lyrik. 1958. – G. R. Hocke, Der französ. Geist. Die Meister des Essays von Montaigne bis zur Gegenwart. 1938. – L. Janvier, Literatur als Herausforderung. Die neue Welt des Nouveau roman. 1967. – W. Papst (Hrsg.), Der moderne französ. Roman. Interpretationen. 1968. – L. Pollmann, Der französ. Roman im 20. Jh. 1970. – W. Raible, Die moderne Lyrik in Frankreich. Epochendarstellung, Interpretationen. 1972. – K. Schoell, Das französ. Drama seit dem zweiten Weltkrieg. 2 Bde. 1970. – J. von Stackelberg. Von Rabelais bis Voltaire. Zur Geschichte des französ. Romans. 1970. – Ders. (Hrsg.), Das französ. Theater vom Barock bis zur Gegenwart. 1968.

Académie Française. F. Masson, L'A.F. 1629–1793–1913. Paris. 1913. – Trois siècles de l'Académie Française. 1935.

Amiel, Henri Frédéric. H. Hilz, A. u. die Deutschen. 1930. – B. Vadier, A. Paris. 1885.

Anouilh, Jean. Gesamtausgaben: Pièces noires. Paris. 1948. – Pièces roses. Paris. 1948. – Pièces grinçantes. Paris. 1956. – Nouvelles pièces noires. Paris. 1958. – Pièces costumées. Paris. 1961.
Literatur: V. Canaris. A. 1968. – G. Bock, Elemente des Komischen im dramat. Werk A. 1969. – P. Ginester, J. A. Paris. 1969. –J. Theisen, Köpfe des 20. Jh.s 1968. – P. Vandrome, J. A. Der Autor u. seine Gestalten. 1965.

Apollinaire, Guilleaume. Gesamtausgabe: M. Adema, M. Decaudin (Hrsg.), Œuvres poétiques. Paris. 1956.
Literatur: A. Billy, G. A. Paris. 1947. – C. Giedion-Welcker, Die neue Realität bei G. A. 1945. – C. Mackworth, A. u. die Kubisten. 1960. – H. Meter, A. u. der Futurismus. 1977.

Balzac, Honoré de. Gesamtausgabe: Œuvres complètes. 40 Bde. Paris. 1912–1940.
Literatur: E. R. Curtius. B. ^{2}1951. – H. Friedrichs, Drei Klassiker des französ. Romans. ^{7}1973. – P. Lambriet, L'année balzacienne, 6 Bde. Paris. 1960–1965. – G. Lukács, B. u. der französ. Realismus. 1952. – A. Maurois, Prometheus oder das Leben Balzacs. 1966.
Baudelaire, Charles. Gesamtausgaben: J. Crêpet (Hrsg.), Œuvres complètes. 22 Bde. Paris. 1922–1953. – Y.-G. Le Dantec, C. Pichois (Hrsg.), Œuvres complètes. Paris. 1961.
Literatur: P. Arnold, Das Geheimnis B. 1958. – W. T. Bandy, C. Pichois, B. im Urteil seiner Zeitgenossen (Dt. von F. Ph. Ingold. R. Kopp.) 1969. – W. Benjamin, Ein Lyriker im Zeitalter des Hochkapitalismus. 1974. – L. Decannes, Ch. B. 1968. – P. Pia, Ch. B. in Selbstzeugnissen u. Bilddokumenten. 1967. – J. P. Sartre, B. Paris. 1947.
Beaumarchais, Pierre Augustin Caron de. Gesamtausgaben: L. Colin (Hrsg.), Œuvres complètes. 7 Bde. Paris. 1809. – Théâtre complet. Paris. 1934.
Literatur: P. Frischauer, B. Wegbereiter der großen Revolution. 1961. – F. Grendel, B. Oder die Verleumdung u. Freispruch eines Abenteuergenies. 1977.
Bernanos, Georges. Gesamtausgaben: Œuvres complètes. 6 Bde. Paris. 1950. – G. B. Œuvres romanesques complètes. Paris. 1967.
Literatur: A. Beguin, G. B. in Selbstzeugnissen u. Bilddokumenten. 1958. – M. Milner, G. B. Paris. 1967. – H. Urs. von Balthasar, B. 1954.
Breton, André. Literatur: J.-L. Bédonin. A. B. Paris. ^{2}1963. – C. Browder, A. B. arbiter of surrealism. Paris. 1967. – V. Castre, A. B. 1952.
Camus, Albert. Gesamtausgaben: Œuvres complètes. 6 Bde. Paris. 1961/62. – Carnets. 3 Bde. 1962–1965.
Übersetzungen: Dramen. 1959. – Literar. Essays. 1959. – Gesammelte Erzählungen. 1966.
Literatur: A. Espiau de la Maëstre, Gott u. Mensch bei Sartre u. Camus. 1968. – P. Kampits, Der Mythos vom Menschen. Zum Atheismus u. Humanismus A. Camus. Salzburg. 1968. – M. Lebesque, C. in Bildzeugnissen u. Dokumenten. 1963. – L. Pollmann, Sartre u. Camus – Literatur der Existenz. 1967. – J. Rehbein, A. C. Vermittlung u. Rezeption in Frankreich. 1978.
Chanson de geste. C. d. g. u. höf. Roman. Heidelberger Kolloquium. 1963. –. K. Kloocke, J. Bédiers, Theorie über den Ursprung der C. d. g.
Chateaubriand, François René Vicomte de. Gesamtausgaben: Œuvres complètes. 12 Bde. Paris 1859–1861. – Correspondance générale. 5 Bde. Paris. 1912–1914.
Literatur: A. Maurois, René ou la vie de C. Paris. 1966. – P. Moreau, C., l'homme et l'œuvre. Paris. 1956. – F. Sieburg, C. 1959. – Ders., C., Romantik u. Politik. 1963.
Chrétien de Troyes. Gesamtausgaben: W. Foerster, A. Hilka (Hrsg.), Chrétien von Troyes. Sämtl. erhaltene Werke. 5 Bde. 1884–1932.
Literatur: R. R. Bezzola, Liebe u. Abenteuer im höf. Roman: C. de T. 1961. – St. Hofer, C. de T. Leben u. Werk des altfrz. Epikers. 1954. – Erich Köhler, Ideal und Wirklichkeit in der höfischen Epik. 1970.
Claudel, Paul. Gesamtausgaben: Œuvres complètes, 20 Bde. Paris. 1950–1959. – Théâtre. 2 Bde. Paris. 1956. – Œuvre poétique. Paris. 1957.
Literatur: P. C. Cahiers, P. C. 5 Bde. 1959–1964. – L. Chaigne, P. C. Leben u. Werk. 1963. – A. Espian de la Maëstre, Das göttl. Abenteuer. P. C. u. sein Werk. Salzburg. 1968. – P. A. Lesort, P. C. in Selbstzeugnissen u. Bilddokumenten. 1964. – J. Theisen, P. C. 1973.
Corneille, Pierre. Gesamtausgaben: M. Rat (Hrsg.), Théâtre complet. 3 Bde. 1960. – Œuvres complètes. 12 Bde. Paris. ^{2}1887. – Théâtre complet. 2 Bde. Paris. 1942. – A. Stegmann (Hrsg.), P. C. Œuvres complètes. Paris. 1963.
Literatur: R. Brasillach, C. Paris. ^{2}1961. – V, Klemperer, P. C. 1933. – W. Krauss, C. als polit. Dichter. 1936. – A. Montleart, C. u. Racine. 1969. – C. Wanke, Seneca, Lucian, Corneille. 1964.
Daudet, Alphonse. Gesamtausgaben: Œuvres complètes. 20 Bde. Paris. 1929 bis 1931.
Literatur: L. Daudet, A. D. Paris. 1898. – B. Diederich, A. D., sein Leben u. seine Werke. 1900.
Diderot, Denis. Gesamtausgaben: Œuvres complètes, 20 Bde. Paris. 1875–1877. – Correspondance. 7 Bde. Paris. 1955 ff..
Literatur: D. Mornet, D. D., l'homme et l'œuvre. Paris. 1966. – R. Mortier, D. in Deutschland. 1750–1850. 1966. – K. Rosenkranz, D.'s Leben u. Werke. 2 Bde. 1966. Neudr. 1964.
Dumas, Alexandre, père. Gesamtausgaben: Œuvres complètes. 301 Bde. Paris. 1846–1876. – Œuvres. 35 Bde. Paris. 1922 ff.
Literatur: H. Clouard, A. D. (père). Paris. 1955. – A. Maurois, Die drei D. 1959.
Felibristen. Anthologien: C. P. Julian, P. Fontan, Anthologie du félibrige provençal. 2 Bde. Paris. 1920–1924. – K. Voretzsch, Lyr. Auswahl aus der Felibredichtung. 2 Bde. 1934–1936.
Literatur: E. Koschwitz, Über die provençal. Felibre. 1894. – E. Ripert, La Félibrige. Paris. ^{3}1948.
Flaubert, Gustave. Gesamtausgaben: Œuvres complètes. 22 Bde. Paris. 1926–1933. – Édition critique.. 12 Bde. Paris. 1938–1949. – Correspondance. 9 Bde. Paris. 1926–1933, dazu 4 Supplement-Bde. 1953.
Literatur: R. Dumesnil, G. F. L'homme et l'œuvre. Paris. ^{3}1947. – H. Friedrich, Drei Klassiker des frz. Romans. Stendhal, Balzac, Flaubert. ^{5}1966. – J. P. Sartre, Der Idiot der Familie G. F. 1821–1857. 1977. – J. Suffel, G. F. Paris. 1958. – J. de la Varende. G. F. in Selbstzeugnissen u. Bilddokumenten. 1958.
France, Anatole. Gesamtausgabe: (Euvres complètes. 26 Bde. Paris. 1925–1937.
Literatur: A. Bönsch, A. F. u. das 18. Jh. 1938. – J. Suffel, A. F. Paris. ^{7}1946. – Ders., A. F. par lui-même. Paris. 1954.
Gide, André. Gesamtausgaben: Œuvres complètes. 17 Bde. Paris. 1932–1954.
Bibliographie: O. Klapp (Hrsg.). 1959.
Literatur: K. Mann, A. G. u. die Krise des modernen Denkens. 1966. – C. Martin, A. G. in Selbstzeugnissen u. Bilddokumenten. 1963. – R. Theis, A. G. 1974.
Giraudoux, Jean. Gesamtausgaben: Théâtre complet. 16 Bde. Neuchâtel. 1945–1953. – Œuvres complètes. Paris. 1958 ff.
Literatur: W. Fink, J. G. Diss. Basel. 1947. – Ch. Marker, J. G. in Selbstzeugnissen u. Bilddokumenten. 1961. – R. Michaelis, J. G. 1968. – F. Toussaint, J. G. 1953.
Goncourt, Jules de. Gesamtausgaben: Edmont et Jules de Goncourt, Œuvres. 27 Bde. Paris. 1926–1927. – Journal des Goncourts (1851–1895). 26 Bde. Monaco. 1956 ff.
Literatur: R. Baldick, G. London. 1960. – A. Billy, Vie des frères Goncourt. 3 Bde. Paris. 1956. – E. Köhler, Die Begründer des Impressionismus. 1912.
Hugo, Victor. Gesamtausgaben: Edition nationale. Paris. 1885–1897. – Œuvres complètes. 43. Bde. 1904–1952. – Poésies complètes. 1961.
Literatur: J.-B. Barière, La fantasie de V. H. 3 Bde. 1949–1960. Paris. – H. J. Heimbecher, V. H. u. die Ideen der großen französ. Revolution. 1967.
Jammes, Francis. Gesamtausgaben: Œuvres de F. J. 5 Bde, Paris. 1913–1926. – Mémoires. 3 Bde. 1921–1923.
Literatur: P. Claudel, F. J. Paris. 1949. – R. Mallet, F. J. Sa vie, son œuvre 1868–1938. Paris. 1961.
La Fontaine, Jean de. Gesamtausgaben: Œuvres complètes. 11 Bde. Paris. 1883–1892. 10 Bde. Paris 1927–1929. – R. Groos, J. de La F. Œuvres complètes. 2 Bde. ^{2}1958/59.
Literatur: A. Bailly, La F. Paris. 1937. – K. Voßler, La F. u. sein Fabelwerk. 1919.
Maeterlinck, Maurice. Gesamtausgaben: Théâtre. 3 Bde. Brüssel. 1901/02. – J. Hanse (Hrsg.), M. M. Poèsies complètes. Brüssel. 1965.
Literatur: J. Hanse, R. Vivier (Hrsg.), M. M. 1862–1962. Brüssel. 1962. – H. Panthel, Rilke u. M. M. 1973. – A. Pasquier, M. M. Brüssel. 1963.
Mallarmé, Stephane. Gesamtausgaben: Œuvres complètes. Paris. ^{2}1951. – Lettres. Paris. 1959.
Literatur: H. Mondor, Vie de M. Paris. 1946. – J. P. Sartre, M. 1967. – A. Thibaudet, La poésie de St. M. Paris. ^{5}1930. – K. Wais, M. Dichtung, Weisheit, Haltung. ^{2}1952.
Malraux, André. H. Balz, Aragon, M., Camus. 1970. – D. Boack, A. M. London. 1968. – A. Th. Maierhofer, Das Menschenbild bei M. Diss. Graz. 1966. – A. G. Wuchenauer, Die Sprache A. M.'s. 1973.
Maupassant, Guy de. Gesamtausgaben: Œuvres complètes. 29 Bde. Paris. 1907– 1910. – 15 Bde. Paris. 1934 ff.
Literatur: H. Kessler, M.s Novellen, Typen u. Themen. 1966. – A. Lanoux, M., le bel-ami. Paris. 1967. – P. Mohn, G. de M. Sein Leben und seine Werke. 1908. – H. Roch, M. Ein Leben. 1959.
Mérimée, Prosper. Gesamtausgaben: Œuvres complètes. 10 Bde. Paris. 1925–1933. – Correspondance générale. 6 Bde. Paris. 1941–1952.
Literatur: A. Billy, M. Paris. 1959. – P. Léon, M. et son temps. Paris. 1962.
Molière, Jean-Baptiste. Gesamtausgaben: Œuvres complètes. 13 Bde. Paris. 1873–1900. – 11 Bde. Paris. 1949 ff. – 2 Bde. Paris. ^{2}1951.
Bibliographien: P. Saintonge u. R. W. Christ, Fifty Years of M. Studies (1892–1941). Baltimore. 1942.
Literatur: Bulgakow, Das Leben des Herrn M. 1975. – C. S. Gutkind. M. u. das komische Drama. 1928. – W. Küchler, M. 1929. – G. Mander, J.-B. M., Philosophie u. Gesellschaftskritik. 1969. – A. Tilley. M. New York. ^{2}1968.
Proust, Marcel. Gesamtausgaben: Œuvres completes. 18 Bde. Paris. 1929–1935. – Correspondance générale. 6 Bde. Paris. 1930–1936.
Literatur: M. Bardèche, M. P. romancier. Paris. 1971. – S. Beckett, M. P. Zürich. 1969. – M. Bibesco, Begegnungen mit M. P. 1972. – E. Köhler, M. P. ^{2}1967. – C. Mauriac, M. P. in Selbstzeugnissen u. Bilddokumenten. ^{4}1969.
provençalische Literatur. Bibliographie: D. Haskell (Hrsg.), Provençal Literature and Language. New York. 1925.
Literatur: R. Baehr (Hrsg.), Der provenzal. Minnesang. 1967. – E. von Jan, Neuprovençalische Literaturgeschichte. 1850–1950. 1959. – F. P. Kirsch, Studien zur languedokischen u. gaskognischen Literatur der Gegenwart. 1965. – E. Köhler, Trobadorlyrik u. höfischer Roman. 1962.
Rabelais, François. Gesamtausgaben: Œuvres. 5 Bde. Paris. 1929. – 5. Bde. Paris 1957.
Literatur: M. Bakhtine, L'œuvre de F. R. Paris. 1970. – F. R. Hausmann, F. R. 1979. – A. J. Krailsheimer, R. Paris. 1967.
Racine, Jean. Gesamtausgaben: Œuvres complètes. 9 Bde. Paris. ^{2}1912–1932. – 2 Bde. Paris. 1951/52.
Literatur: K. Biermann, Selbstentfremdung u. Mißverständnis in den Tragödien J. Racines. 1969. – R. Galle, Tragödie u. Aufklärung. 1976. – M. Gutwirth, J. R. Montreal. 1971.
Rimbaud, Arthur. Gesamtausgaben: Œuvres complètes. Paris. 1946. – Œuvres. Paris. 1961. – Lettres. Paris. ^{6}1931.
Literatur: Y. Bonnefoy, A. R. in Selbstzeugnissen u. Bilddokumenten. 1962. – R. Etiemble, Le mythe de R. 2. Bde. Paris. ^{2}1968. – A. Felsch, A. R. Poetische Struktur u. Kontext. 1978. – P. Gascar, R. et la commune. Paris. 1971. – M. A. Ruff, P. Paris. 1968. – E. Starkie, Das trunkene Schiff. Das Leben des J. A. R. 1963.
Rolland, Romain. Gesamtausgaben: Œuvres. Paris. 1931 ff. – Correspondance. Hrsg. M. von Meysenburg. Paris. 1948.
Literatur: J. B. Barrère, R. R.: L'âme et l'art. Paris. 1966. – W. Ilberg, Leben u. Werk R. Rollands. 1955. – H. March, R. R. New York. 1971. – St. Zweig, R. R. Der Mann u. das Werk. ^{3}1926.
Romains, Jules. M. Berry, J. R. Paris. 1959. – E. Glässer, Denkform u. Gemeinschaft bei J. R. 1967. – W. Widdom, Weltbejahung u. Weltflucht im Werke J. R. Genf. 1960.
Roman de la Rose. Gesamtausgaben: E. Langlois, (Hrsg.). 5 Bde. Paris. 1914–1924. – Neufranzös. hrsg. von A. Mary. Paris. ^{2}1949.
Literatur: J. Huizinga, Herbst des MA. ^{9}1965. – F. W. Müller, Der „Rosenroman" u. der latein. Averroismus des 13. Jahrhunderts. 1947.
Ronsard, Pierre de. Gesamtausgaben: Œuvres complètes. 16 Bde. Paris. 1914–1965. – 7 Bde. Paris. 1923/24.
Literatur: M. Dassonville, R. Étude historique et litteraire. Genf. 1968 f. – A. Gendre, R. Neuenburg. 1970. – P. de Nolhac, R. et l'humanisme. Paris. 1966.
Rousseau, Jean-Jacques. Gesamtausgaben: Œuvres complètes. 25 Bde. Paris. 1823–1826. – 13 Bde. Paris. 1964/65. Neudr. 1959 ff. – Correspondance générale. 20 Bde. Paris. 1924–1934.
Bibliographie: J. Sénelier (Hrsg.). Paris. 1949.
Literatur: W. Durant, R. u. die Revolution. 1969. – I. Fetscher, R.s polit. Philosophie. 1960. – J. Guéthenno, J.-J. R. 3 Bde. Paris. 1948–1952. – G. Holmsten, J.-J. R. 1972. – M. Rang, R.s Lehre vom Menschen. 1959. – H. Röhrs, J.-J. R. Vision u. Wirklichkeit. ^{2}1966. – J. Starobinski. J.-J. R. Paris. ^{2}1971.
Sand, George. Gesamtausgabe: Œuvres complètes. 109 Bde. Paris. 1862–1883. – Correspondance. 6 Bde. Paris. 1882–1884.
Literatur: C. Carrére, G. S. als Liebende u. Geliebte. 1970. – A. Maurois, Dunkle Sehnsucht. Das Leben der G. S. 1954. – F. Winwar, Ein Leben des Herzens. G. S. u. ihre Zeit. 1947.
Sartre, Jean-Paul. Bibliographie: M. Contat, M. Rybalka, Les écrits de Sartre. Paris. 1970.
Literatur: S. de Beauvoir, La force des choses. Paris. 1963. – W. Biemel, J.-P. Sartre in Selbstzeugnissen u. Bilddokumenten. 1964. – J. Hackenbroch, J.-P. Sartre. 1977. – K. Hartmann, Sartres Sozialphilosophie. 1966. – W. Haug, J.-P. Sartre u. die Konstruktion des Absurden. 1966. – K. Kohut, Was ist Literatur? Die Theorie der littérature engagée bei J.-P. Sartre. Diss. 1965. – F. von Krosigk, Philosophie u. polit. Aktion bei J.-P. Sartre. 1969. – Th. Molnar, S. Ideologe in unserer Zeit. 1970. – L. Pollmann, Sartre u. Camus. 1961. – G. Seel, Sartres Dialektik. 1971. – G. A. Zehn, J.-P. Sartre. 1965.
Staël-Holstein, Germaine (genannt Madame de Staël). Gesamtausgabe: Œuvres complètes et œuvres posthumes. 3 Bde. Paris. 1836.
Literatur: Ch. Blennerhasset, Frau von Staël, ihre Freunde u. ihre Bedeutung in der Politik u. Literatur. 3 Bde. 1887-1889. – Ch. Herold, Madame de Staël, Herrin eines Jahrhunderts. 1968.
Stendhal. Gesamtausgaben: Œuvres complètes. 75 Bde. Paris. 1927–1939. – Œuvres. 3 Bde. Paris. 1952–1956. – Correspondance 1800–1842. 10 Bde. Paris. 1933 bis 1935.
Bibliographien: H. Cordier (Hrsg.), Paris. 1914. – V. del Litto (Hrsg.), 4 Bde. Grenoble. 1945–1958.
Literatur: H. Friedrich, Drei Klassiker des französ. Romans. ^{5}1966. – P. Hazard, Stendhal. Wie er lebte, schrieb u. liebte. 1950.
Troubadour. Anthologie: K. Appel, Provençal. Chrestomanie. ^{6}1930. – H. G. Tuchel, Die Trobadors. Leben u. Lieder. 1966.
Bibliographien: A. Pillet, Bibliographie der Troubadours. 1933. – E. Vincenti, Bibliografia antica dei trovatori. Mailand. 1963.
Literatur: R. Borchardt, Die großen Trobadors. 1924. – J. Boutière, A. H. Schulz, I. M. Cluzel, Biographies des troubadours. Paris. 1964. – F. Gennrich, Der musikal. Nachlaß der Troubadours. 1958. – Ders., Troubadours, Trouvères, Minne u. Meistergesang. 1960. – E. Lommatzsch, Leben u. Lieder der provençalischen Troubadours. 1957–1959. – U. Mölk, Studien zur Dichtungstheorie der Trobadors. 1968. – R. Pernoud, Königin der Troubadoure. Eleonore von Aquitanien. 1979.
Valéry, Paul. Gesamtausgaben: Œuvres. 12 Bde. Paris. 1931–1938. – Œuvres. 2 Bde. Paris. 1957 ff.
Literatur: A. Berne-Joffroy, V. Paris. 1960. – K. A. Blüher, Strategie des Geistes. P. Valerys Faust. 1960. – H. Harth, L. Pollmann. P. V. 1972.
Verlaine, Paul. Gesamtausgaben: Œuvres poétiques complètes. Paris. Mit Bibliographie 1951. – Correspondance. 3 Bde. Paris. 1922–1929.
Literatur: J. Richter, P. V. 1968. – A. Schoenhals, Begegnung mit Baudelaire, V., Rimbaud. 1973.
Villon, François. Gesamtausgaben: Œuvres. Paris. 1892. ^{5}1935. – Œuvres. 3 Bde. Paris. 1923.
Literatur: J. Chapiro, der arme V. Wien. 1931. – F. Habeck, F. V. oder die Legende eines Rebellen. Wien. 1969. – P. Le Gentil, V. Paris. 1967.
Voltaire. Gesamtausgaben: Œuvres complètes. 70 Bde. Paris. 1820–1834; dazu 2 Index-Bde. 1840. – Œuvres. 52 Bde. Paris. 1877–1885. – Romans et contes. Paris. ^{2}1940. – Correspondance. Genf. 1953 ff.
Bibliographien: G. Bengesco (Hrsg.), 4 Bde. Paris. 1882–1891. Ergänzung dazu: J. Malcolm. Genf. 1953. – M. M. H. Barr (Hrsg.). (1825–1925) New York. ^{3}1941.
Literatur: Th. Bestermann, V. London. 1969. – G. Holmsten, Voltaire. – W. Mönch, V. u. Friedrich der Große. ^{3}1943. – J. Orieux, Das Leben des Voltaire. 2 Bde. 1968.
Zola, Émile. Gesamtausgabe: Œuvres. 50 Bde. Paris. 1927–1929.
Literatur: H. Barbusse, É. Z. Wien. 1932. – M. Euvrad, Z. Paris. 1967. – H. U. Gumbrecht, Zola im historischen Kontext 1978. – F. W. J. Hemmings, É. Z. 1979.

3.2.2 ITALIENISCHE LITERATUR

Bibliographien: U. Bosco, Repertorio bibliografico della letteratura italiana. Florenz. 1953–1969. – R. Frattarolo, Bibliografia speciale della letteratura italiana. Mailand. 1959. – G. Prezzolini, Repertorio bibliografico della storia e della critica della letteratura italiana dal 1902 al 1932. 2 Bde. Rom. 1937–1939. Fortsetzung 1932–1948. 2 Bde. New York. 1946–1948. – M. Puppo, Manuale critico-bibliografico per lo studio della letteratura italiana. Turin. 1961.
Lexika: Dizionario enciclopedico della letteratura italiana. Bari. 1966–1968. – U. Renda, P. Operti, Dizionario storico della letteratura italiana. Turin. ^{4}1959.
Literatur: S. D'Amico, Storia del teatro. Mailand. 1968. – F. Biondolillo, Panorama della letteratura contemporanea. Rom. 1959. – G. Bisinger, W. Höllerer, Das literar. Profil von Rom. 1970. – G. Carsaniga, Geschichte der italien. Literatur. 1970. – G. Contini, Letteratura dell'Italia unita. 1861–1968. Florenz. 1968. – F. Fichera, Letteratura italoamericana. Mailand. 1958. – F. Flora, Storia della letteratura italiana. 5 Bde. Mailand. ^{16}1969. – H. Friedrich, Epochen der italien. Lyrik. 1964. – H. Hinterhäuser, Moderne italien. Lyrik. 1964. – E. Kanduth, Wesenszüge der modernen italien. Erzählliteratur. 1968. – G. Manacorda, Storia della letteratura italiana contemporanea (1940–1965). Rom. 1967. – G. Natali, Il Settecento. 9 Bde. Mailand. 1964. – Orientamenti culturali. Letteratura ita-

liana. 11 Bde. Mailand. 1956–1969. – F. de Sanctis, Geschichte der italien. Literatur. 2 Bde.. 1941–1943. – E. Sapegno, Compendio di storia della letteratura italiana. 3 Bde. Florenz. ^{20}1965. – N. Sapegno, E. Cecchi (Hrsg.), Storia della letteratura italiana. 9 Bde. Mailand. 1965–1969. – Storia letteraria d'Italia. 13 Bde. Mailand. $^{3-8}$1964–1967. – W. A. Vetterli, Geschichte der italien. Literatur des 19. Jh. Bern. 1950. – K. Voßler, Italien. Literaturgeschichte. 1948. – Ders., Italien. Literatur u. Gegenwart. Von der Romantik zum Futurismus. 1914.

Accademia della Crusca. G. Grazzini (Hrsg.), L'A. d. C. Florenz. ^{3}1968. – B. Migliorini, L'A. d. C. Florenz. 1952.

Alfieri, Vittorio. Gesamtausgabe: Opere. 5 Bde. Mailand. 1925–1933. Bibliographie: G. Bustico, Bibliografia di V. A. Florenz. ^{3}1927. Literatur: M. Fubini, V. A. Florenz. ^{2}1953. – G. Natali, V. A. Rom. 1949.

Annunzio, Gabriele d'. Gesamtausgaben: d'Edizione nazionale. 49 Bde. Verona. 1927–1928. – Tutte le opere. 9 Bde. 1947 bis 1955. Bibliographie: M. Vecchione, Bibliografia su G. d. A. 1963. Literatur: T. Antongini, Vita segreta di G. d'A. Mailand. ^{12}1957. Dt.: Der unbekannte G. d'A. 1939.

Aretino, Pietro. Gesamtausgaben: Lettere. 3 Bde. Bari. 1913–1916. – Ragionamenti. 2 Bde. Lanciano. 1914. Literatur: I. Hösle, P. Aretinos Werk. 1969.

Ariosto, Ludovico. Gesamtausgaben: Opere. 1857/58. – Orlando furioso. Mailand. 1954. – Opere minori. Mailand. 1954. Literatur: H. Frenzel, A. u. die romant. Dichtung. 1962. – D. Kremers, Der „Rasende Roland" des L. A. 1973.

Bandello, Matteo. Gesamtausgaben: F. Flora (Hrsg.), Tutte le opere di M. B., 2 Bde. Mailand, 1934/35. – Novelle. 5 Bde. Bari. 1910–1912. Literatur: T. G. Griffith, Bandello's fiction. Oxford. 1955. – G. Petrocchi, M. B. Florenz. 1949.

Basile, Giambattista. Gesamtausgaben: B. Croce (Hrsg.). 2 Bde. 1925. – L. D. Francia, Il Pentamerone. Turin. 1927.

Boccaccio, Giovanni, Gesamtausgaben: Opere volgari. 17 Bde. Florenz. 1827 bis 1834. – Opere. Bari. 1938 f. Literatur: C. Grabher, G. B. 1946. – H.-J. Neuschäfer, B. u. der Beginn der Novelle. 1968. – M. Landau, G. B., sein Leben u. seine Werke. 1877.

Boiardo, Matteo Maria. Gesamtausgabe: Tutte le opere. 2 Bde. Mailand. 1936/37. – Orlando innamorato. 3 Bde. Turin. 1926. Literatur: E. Bigi, La poesia di B. Florenz. 1941. – J. Wyss, Virtù u. Fortuna bei B. u. Ariost. 1973.

Carducci, Giosuè. Gesamtausgaben: Opere. Edizione nazionale. 30 Bde. Bologna. $^{1-5}$1935–1955. – Epistolario. 20 Bde. Bologna. 1938–1957. Literatur: M. Biagini, Il poeta della Terza Italia. Vita di G. C. Mailand. 1961. – B. Croce, G. C. Bari. ^{2}1946.

Casanova, Giovanni Giacomo. Gesamtausgaben: G. Casanova, Histoire de ma vie. Mémoires. Edition intégrale. 6 Bde. Paris, Wiesbaden. 1960–1962. Bibliographie: J. R. Child (Hrsg.). Wien. 1956. Literatur: G. C., Memoiren. 1977. – J. R. Childs, G. C., in Selbstzeugnissen u. Bilddokumenten. 1960. – E. Eckard-Skalberg, C. Erlebnisse in Sonetten. 1964. – H. Kesten, C. 1962.

Castiglione, Baldassare. Gesamtausgaben: G. A. u. G. Volpi (Hrsg.), Opere volgari e latine del Conte B. C. Padua. 1733. – Il Cortegiano. Florenz. ^{4}1947. Literatur: E. Loos, B. C. Libro del Cortegiano. 1955.

Cavalcanti, Guido. Gesamtausgabe: Le rime. Bologna. 1902. Literatur: W. Th. Elwert, G. C. als Schöpfer des „Süßen Neuen Stils". In: Dt. Dante-Jahrbuch. 1950.

Colonna, Vittoria. Gesamtausgaben: Rime e lettere. Florenz. 1876. – Carteggio. Turin. 1889. Literatur: K. Pfister, V. C. Werden u. Gestalt der frühbarocken Welt. 1950. – A. von Reumont, V. C., Leben, Dichtung, Glauben im 16. Jh. ^{2}1862. – J. J. Wyss, V. C. 1916.

Dante Alighieri. Gesamtausgaben: Opere. Hrsg. M. Barbi. 12 Bde. Florenz. 1948 ff. – Opere. Hrsg. E. Moore. London. ^{4}1944. – La Divina Commedia. Hrsg. G. Petrocchi. Mailand. 1966/67. Bibliographien: G. Mambelli, Gli annali delle edizioni. Bologna. 1931. – N. D. Evola, Bibliografia Dantesca 1920–1930. Florenz. 1932. – A. Vallone. Gli studi Danteschi 1940–1949. 1950. – T. Ostermann, D. in Deutschland. Dt. D.-Literatur 1416–1927. 1929. Literatur: Beerenbusch, Der neue Dante. 1980. – R. Guardini, D.-Studien. 1951 bis 1958. – F. Schneider, D. ^{5}1960. – T. Spoerri, D. u. die europ. Literatur. 1963. – Jahrbuch der Dt. D.-Gesellschaft 1–4. 1867–1877. Forts. u. d. T.: Dt. D.-Jahrbuch 5. 1920 ff.

dolce stil nuovo. G. Petrocchi, Il dolce stil nuovo. 1960. – K. Voßler, Die philosoph. Grundlagen zum Süßen Neuen Stil. 1904.

Foscolo, Ugo. Gesamtausgaben: F. S. Orlandini, E. Mayer (Hrsg.), Opere edite e postume. 12 Bde. Florenz. 1850–1890. – Epistolario. 5 Bde. Florenz. 1949–1956. – Opere. 11 Bde. Florenz. 1954–1956. Literatur: C. Antona-Traversi, U. F. 4 Bde. Mailand. 1927/28. – M. Fubini, U. F. Florenz. ^{3}1962.

Goldoni, Carlo. Gesamtausgaben: Opere complete. 38 Bde. Venedig. 1907 bis 1951. –Tutte le opere. 14 Bde. ^{4}1950–1959. Bibliographien: A. della Torre (Hrsg.). Florenz. 1908. – N. Maganini (Hrsg.), Bibliografia Goldoniana. 1908–1957. Rom. 1961. Literatur: G. Caprin, C. G. La sua vita, le sue opere. Mailand. 1907. – H. Riedt, C. G. 1967. – W. Theile, G. 1977.

Gozzi, Carlo. Gesamtausgaben: Opere. 14 Bde. Venedig. 1801–1803. Literatur: B. Cestaro, C. G. Turin. 1932.

Guinizelli, Guido. M. Casella, Al cor gentil. In: Studi romanzi. 1943. – G. Contini, Poeti del Duccento. 1960.

Leopardi, Giacomo. Gesamtausgaben: Opere. 6 Bde. Bologna. 1927–1931. – Epistolario. 7 Bde. Florenz. 1934–1941. – Werke. Bd. 1. 1978. Bibliographien: G. Mazzatinti, M. Meninghini u. G. Natali (Hrsg.), (bis 1930). 2 Bde. Florenz. 1930–1932. – G. Natali u. Musmarra (Hrsg.), (bis 1951). Florenz. 1953. Literatur: H. Scheel, L. u. die Antike. 1959. – K. Voßler, L. 1923.

Manzoni, Alessandro. Gesamtausgaben: J. Sanesi (Hrsg.), Opere. 9 Bde. Florenz. 1923. – M. Opere. Edizione nazionale. Florenz. 1954 ff. - Die Verlobten. 1977. Literatur: G. Alberti, A. M. Mailand. 1964. – B. Croce, A. M. Bari. ^{4}1952. – M. Hudig-Frey, M. Dichter, Denker, Patriot. Bern. 1958. – A. Momigliano, A. M. Messina. ^{5}1958.

Petrarca, Franceso. 'Gesamtausgaben: G. Contini, Il Canzoniere. 1964. – N. Festa, Tutte le opere. 1926 ff.. – F. Neri (Hrsg.), Rime e trionfi. 1953. Bibliographien: E. Calvi, Bibliografia analitica petrarchesca (1877–1904). Rom. 1904. – M. Fowler, Catalogue of the Petrarch Collection W. Fiske. Oxford. 1917. Literatur: U. Bosco, P. Bari. ^{2}1961. – A. Buck, F. P. 1976. – H. W. Eppelsheimer, P. 1926. – G. Koerting, P.s Leben u. Werke. 1878. – F. de Sanctis, Saggio critico sul P. Bari. 1955. – E. H. Wilkins, Life of P. Chicago. 1961. – E. Wolf, P. Darstellungen seines Lebensgefühls. 1973.

Pirandello, Luigi. Gesamtausgaben: Tutte le opere teatrali. 10 Bde. Mailand. 1930–1939. – Tutti i romanzi. Mailand. 1959. – Novelle per un anno. 15 Bde. Florenz. 1932–1937. Bibliographien: M. Lo Vecchio Musti, Bibliografia di P. 2 Bde. Mailand. ^{2}1952. Literatur: M. Martini, P. Genf. 1969. – R. Matthei, L. P. 1967. – F. N. Mennemeier, Der Dramatiker. P. 1965.

Tasso, Torquato. Gesamtausgaben: Opere. 33 Bde. Pisa. 1821–1832. – Opere. 2 Bde. Pisa. 1955/56. – Le rime. 3 Bde. Bologna. 1949. – Lettere. 5 Bde. Florenz. 1852–1855. Bibliographien: A. Tortoreto u. J. G. Fucilla (Hrsg.). 1896–1930. Mailand. 1935. Forts. für 1931–1945 von A. Tortoreto in: Aevum 20. Mailand. 1946. Literatur: L. Caretti, Ariosto e T. 1963. – E. Donadoni, T. Florenz. ^{3}1946. – G. Getto, Interpretazione del T. Neapel. 1951. – U. Leo, T.-Studien zur Vorgeschichte des Secentismo. 1951. – Ders., Ritterepos – Gottesepos. Köln u. Graz. 1958. – A. Solerti, Vita di T. (mit Bibliographie). 3 Bde. Turin. 1895.

Ungaretti, Giuseppe. Gesamtausgaben: G. Ungaretti. Opere. Mailand. $^{1-4}$1948 ff. – G. Ungaretti, Vita d'un uomo. Mailand. 10 Bde. $^{1-4}$1947–1961. Literatur: G. Cavalli, U. Mailand. 1958.

Verga, Giovanni. Gesamtausgaben: Opere complete. Mailand. 1930 ff. – L. u. V. Peroni (Hrsg.), G. V. Opere. 5 Bde. Mailand. 1939–1943. – Tutte le novelle. 2 Bde. Mailand. 1957. Literatur: N. Cappellani, V. Europeo. 3 Bde. Florenz. 1940–1954. – L. Russo, G. V. ^{5}1955. – F. di Pretoro, V. e verista. Florenz. 1961.

3.2.3 SPANISCHE LITERATUR

Bibliographien: A. Palan y Dulcet, Manual del librero hispano-americano. 18 Bde. Barcelona. ^{2}1948 ff. – J. Simon Diaz, Bibliografia de la literatura española. Madrid. Bd. 1–3. ^{2}1950–1963. Bd. 4–7. 1955–1968. Lexika: Diccionario de literatura española. Madrid. ^{3}1964. Gesamtdarstellungen: J. L. Alborg, Historia de la literatura española. 4 Bde. Madrid. 1969 ff. – A. Andrés, Geschichte der span. Literatur vom 18. Jh. bis zur Gegenwart. 1961. – L. Cernuda, Poesia española contemporánea. Madrid. 1958. – Díez-Echarri, Roca Franquesa, Historia de la literatura española e hispanoamericana. Madrid. ^{2}1966. – M. Franzbach, Abriß der span. u. portugies. Literaturgeschichte in Tabellen. 1968. – J. García Lopez, Historia de la literatura española. Barcelona. ^{11}1967. – W. Giese, Geschichte der span. u. portugies. Literatur. 1949. – H. Jeschke, Die Generation von 1898 in Spanien. 1934. – L. Michelena, Historia de la literatura vasca. Madrid. 1960. – F. Niedermayer, Span. Literatur des 20. Jh. Bern, München. 1964. – G. Siebenmann, die moderne Lyrik in Spanien. 1965. – A. Valbuena Prat, Historia de la literatura española. 3 Bde. Barcelona. ^{7}1964.

Alarcón, Pedro Antonio de. Gesamtausgabe: Obras completas. 19 Bde. Madrid. 1881–1928. Literatur: J. F. Montesinos, P. A. de A. Zaragoza. 1955.

Alemán, Mateo. Gesamtausgabe: M. M. Villalta. 2. Bde. Barcelona. 1963. Literatur: G. Alvarez, M. A. Buenos Aires. 1953.

Amadis de Gaula. Gesamtausgaben: F. Buendía (Hrsg.), Libros de caballorías españoles. Madrid. 1954. – E. P. Place (Hrsg.), Amadís. 3 Bde. Madrid. 1959–1965. Literatur: M. Pfeiffer, Amadisstudien. 1905.

Auto sacramentale. J. Marsial de Gante, Los autos sacramentales. 1911. – N. D. Shergold, J. E. Varey, Los autos sacramentales en Madrid en la época de Calderón. 1961.

Azorín. Gesamtausgaben: A. Cruz Rueda (Hrsg.), Obras completas. 9 Bde. Madrid. 1947–1954. Literatur: J. Alfonso, A. Barcelona. 1959. – H. Denner, Das Stilproblem bei A. Zürich. 1931.

Baroja y Nessi, Pío. Gesamtausgaben: Obras. 69 Bde. Madrid. 1917–1936. – Obras completas. 8 Bde. Madrid. 1946–1951. Literatur: H. Demuth, P. B.: das Weltbild in seinen Werken. 1937. – L. S. Granjel, Retrato de P. B. Barcelona. 1953. – M. Pérez Ferrero, Vida de P. B. El hombre y el novelista. Barcelona. 1960.

Bécquer, Gustavo Adolfo. Gesamtausgaben: J. u. S. Álvarez Quintero (Hrsg.), Obras completas. Madrid. ^{8}1954. – J. García Pérez (Hrsg.). Barcelona. 1966. Literatur: R. Brown, B. Barcelona. 1963. – J. P. Díaz, G. A. B. Vida y poesía. Madrid. 1958. – F. Schneider, G. A. Bécquers Leben u. Schaffen unter besonderer Betonung des chronolog. Elementes. 1915.

Benavente, Jacinto. Gesamtausgaben: Teatro. 38 Bde. Madrid. 1903–1931. – Obras completas. 9 Bde. Madrid. ^{4}1947–1954. Literatur: Á. Lázaro, Vida y obra de B. Madrid. 1964. K. Pörtel, Die Satire im Theater B's. 1966.

Calderón de la Barca. Gesamtausgaben: Obras completas. Hrsg. L. A. Marin. 3 Bde. Madrid. 1952 ff. – Autos sacramentales. Hrsg. A. Valbuena Prat. 2 Bde. Madrid. 1926/27. – Comedias completas. Hrsg. J. E. Hartzenbusch. 4 Bde. Madrid. 1848–1850, Neuausg. 1925. Literatur: H. Friedrich, Der fremde C. ^{2}1966. – S. L. Hardy, Goethe, Calderón u. die romantische Theorie des Dramas. 1965. – M. Kommerell, Beiträge zu einem dt. C. 2 Bde. 1946. – A. Parker, The Allegorical drama of C. Oxford. ^{2}1961. – A. Valbuena Prat, C. Madrid. 1941. – J. Wille, C.s Spiel der Erlösung. 1932.

Cervantes Saavedra. Bibliographie: A Sánchez (Hrsg.). Madrid. 1961. Gesamtausgaben: F. R. Marin, don Quijote. 7 Bde. Madrid. 1927/28. – R. Schevill, A. Bonilla y San Martin (Hrsg.). 18 Bde. Madrid. 1914–1941. – A. Valbuena Prat (Hrsg.), Obras. 2 Bde. Madrid. 1952–1956. Literatur: S. J. Arbo, Das große Lebensabenteuer des C. 1952. – W. Brüggemann, C. u. die Figur des Don Quijote in Kunstanschauung u. Dichtung der dt. Romantik. 1958. – Th. Mann, Meerfahrt mit Don Quijote. 1956. – A. Rüegg, C. u. sein Don Quijote. Bern. 1949. – M. de Unamuno, Vida de Don Quijote y Sancho, segun M. de C. S., explicada y comentada. Madrid. ^{11}1958. – F. Schnurr, C. 1963.

Cid. Gesamtausgaben: R. Menéndez Pidal. 3 Bde. Madrid. 1908–1911. – Ders., Madrid. ^{3}1929 (mit Kommentar). – F. López Estrada. Madrid. 1955. Literatur: J. G. Herder, Der Cid. 1978. – R. Menéndez Pidal, Das Spanien des Cid. 2 Bde. 1935–1937.

Echegaray, José. Gesamtausgaben: Obras dramáticas escogidas. 12 Bde. Madrid. 1884–1905. – A. L. Ros (Hrsg.), Teatro escogido. Madrid. ^{3}1959. Literatur: A. Martinez Olemedilla, J. E. Su vida. Su obra. Su ambuente. Madrid. 1949.

García Lorca, Federico. Gesamtausgaben: A. del Hoyo (Hrsg.), Obras completas. Madrid. ^{12}1966. – G. de Torre, Obras completas. 8 Bde. Buenos Aires. ^{4}1949–1951. Literatur: J. Gebser, L. oder das Reich der Mütter. 1949. – E. Huber, G. L. Die Metaphorik seiner Dichtung. 1967. – G. W. Lorenz, F. G. L. 1961.

Garcilaso de la Vega. Gesamtausgaben: H. Keniston (Hrsg.), Obras. New York. 1925. – E. L. Rivers (Hrsg.), Obras completas. Madrid. 1964. Literatur: H. Keniston, G. de la V. A critical study of his life and works. New York. 1922. – A. Gallego Morell, El poeta G. de la V. en el teatro español. Granada. 1963.

Góngora y Argote. Gesamtausgaben: R. Foulché-Delbose (Hrsg.), Obras poeticas. 3 Bde. New York. 1921. – J. u. I. Millé y Jiménez (Hrsg.), Obras completas. Madrid. ^{6}1967. Literatur: D. Alonso, Estudios y ensayos gongorinos. Madrid. ^{2}1961. – B. Müller, Góngoras Metaphorik. Versuch einer Typologie. 1963. – W. Papst, L. de Góngora im Spiegel der dt. Dichtung u. Kritik. 1967.

Gracián, Balthasar. Gesamtausgaben: im Spiegel der dt. Dichtung u. Kritik. 1967.

Gracián, Balthasar. Gesamtausgaben: E. Correa (Hrsg.), Obras completas. Madrid. 1944. – A. de Hoyo (Hrsg.), Obras completas. Madrid. ^{2}1960. Literatur: K. Borinski, B. G. u. die Hofliteratur in Deutschland. 1971. – H. Jansen, Die Grundbegriffe des B. G. Genf, Paris. 1958. – G. Schröder, B. Graciáns „Criticón". Eine Untersuchung zur Beziehung zwischen Manierismus u. Moralistik. 1966.

Jiménez, Juan Ramón. Gesamtausgabe: Poesias completas. Madrid. 1957. Literatur: R. Cardwell, J. R. J. The Modernist Apprenticeship. 1977. – M. P. Predmore, La obra en prosa de J. R. J. Madrid. 1966.

katalanische Literatur. Bibliographien: Llibres en català. Barcelona. 1968. Literatur: F. Curet, Història del teatre català. Barcelona. 1967. – O. Denk, Einführung in die Geschichte der altkatalan. Literatur. 1893. – M. de Montoliu, Les grans personalitats de la literatura catalana. 8 Bde. Barcelona. 1957–1962. – M. de Riquer, Historia de la literatura catalana. 4 Bde. Barcelona. 1964 ff.

Pérez de Ayala, Ramón. Gesamtausgaben: J. García Mercadal (Hrsg.). 3 Bde. Madrid. 1964–1966. – Obras completas. 19 Bde. Madrid. 1923–1928. Literatur: F. Agustin, R. P. de A. Su vida y obras. Madrid. 1927.

Pérez Galdós, Benito. Gesamtausgabe: F. C. Sáinz de Robles (Hrsg.), Obras completas. 6 Bde. Madrid. 1941–1951. Literatur: I. Casalduero, Vida y obra de Galdós. Madrid. ^{2}1951. – H. Hinterhäuser, Die „Episodios Nacionales" von B. P. G. 1961. – H. Müller, B. P. G. Diss. 1951. – S. Ortega, Cartas a G. Madrid. 1964.

Pérez de Hita, Ginés. Gesamtausgabe: P. Blanchard-Demouge (Hrsg.), 2 Bde. Madrid. 1913–1915. Literatur: D. Bodmer, Die granadinischen Romanzen in der europ. Literatur. Zürich. 1965.

Quevedo y Villegas, Francisco Goméz de. Gesamtausgaben: L. Astrana Marín (Hrsg.). 2 Bde. Madrid. ^{3}1943–1945. – Epistolario completo. Madrid. 1946. – M. Menéndez y Pelayo (Hrsg.). 3 Bde. Sevilla. 1897–1907. Literatur: L. Astrana Marín, La vida turbulenta de Quevedo. Madrid. 1945. – I. Nolting-Hauff, Vision. Satire u. Pointe in Quevedos „Sueños". 1968. – D. Reichardt, Von Quevedos „Buscón" zum dt. „Avanturier". 1970.

Quintana, Manuel José. Gesamtausgabe: A. Ferrer del Rio (Hrsg.), Obras completas. Literatur: R. Piñeyro, M. J. Q. (1772 bis 1857). Ensayo crítico y biográfico. Paris. 1892.

Ruiz, Juan. Gesamtausgaben: J. Corominas (Hrsg.). Madrid. 1967. Übersetzungen: W. Goldbaum, Aus dem Buch der guten Liebe. 1960. Literatur: U. Leo, Zur dichter. Originalität des Arcipreste de Hita. 1958. – A. N. Zahareas, The art of Juan Ruiz Arcipreste de Hita. Madrid. 1965.

Siglo de Oro. J. Gregor, Das span. Welttheater. 1943. – L. Pfandl, Geschichte der span. Nationalliteratur in ihrer Blütezeit. 1929. – A. Schäffer, Geschichte des span. Nationaldramas. 2 Bde. 1890. – K. Voßler. Einführung in die span. Dichtung des goldenen Zeitalters. 1939.

Tirso de Molina. Gesamtausgabe: B. de los Ríos (Hrsg.), Obras completas. Madrid. 1946–1958. Literatur: I. L. McClelland, T. de M. Studies in dramatic realism. Liverpool. 1948. – W. Mettmann. Studien zum religiösen Theater T. de Molinas. 1954. – K. Voßler, Lecciones sobre T. de M. Madrid. 1965.

Valera y Alcalá Galiano, Juan. Gesamtausgaben: L. Aranjo Costa (Hrsg.). 3 Bde. Madrid. ^{2}1949–1958. – Obras completas. 49 Bde. Madrid. 1900–1925. Literatur: G. Engel, Don J. V. 1824–1905.

Weltanschauung u. Denkverfahren. 1935. – B. Ruiz Cano, Don J. V. en su vida y en su obra. Jaén. 1935.

Vega Carpio, Lope de. Gesamtausgaben: E. Cotarelo y Mori (Hrsg.), 10 Bde. Madrid. 1916–1930. – J. de Entrambasaguas (Hrsg.), Obras completas. Madrid. 1965 ff.

Bibliographien: J. Simón Díaz, J. de José Prades (Hrsg.). Madrid. 1955 (ergänzt 1961). – H. Tiemann, L. de V. in Deutschland. 1939.

Literatur: J. de Entrambasaguas, Estudios sobre L. de V. 3 Bde. Madrid. 1946–1958. – S. Scheid, Petrarkismus in L. de V. Sonetten. 1966. – K. Voßler, L. de V. u. sein Zeitalter. ^{2}1947. – R. Wagner, L. de V. 1966. – W. von Wurzbach, L. de V. u. seine Komödien. 1899. – A. Zamora Vicente, L. de V. Su vida y su obra. Madrid. 1961.

3.2.4 PORTUGIESISCHE LITERATUR

Bibliographien: M. Moisés, Bibliografia da literatura portuguesa. São Paulo, 1968. – M. A. Valle Ciutra, Bibliografia de textos medievais portugueses. Lissabon. 1960.

Lexika: I. do Prado Coelho (Hrsg.), Dicionário des literaturas portuguesa, galega e brasileira. Porto. ^{2}o. J.

Gesamtdarstellungen: R. Carballo Calero, Historia da literatura galega contemporánea. Vigo. 1963 f. – H. Cidade, A literatura portuguesa e a expansão ultramarina. 2 Bde. Coimbra. 1963/64. – F. de Figueiredo, Literatura portuguesa. Lissabon. ^{3}1955. – M. Franzbach, Abriß der span. u. portugies. Literaturgeschichte in Tabellen. 1968. – W. Giese, Geschichte der span. u. portugies. Literatur. 1949. – F. Ramos, História da literatura portuguesa desde o século XII aos meados do século XX. Lissabon. ^{4}1960. – G. C. Rossi, Geschichte der portugies. Literatur. 1964. – J. G. Simões, História da poesía portuguesa das origens aos nossos dias. 2 Bde. Lissabon. 1955/56. – L. Stegagno Picchio, Storia del teatro portoghese. Rom. 1964.

Alcoforado, Mariana. Gesamtausgaben: F. Deloffre, I. Rougeot. Paris. 1962. – H. Koch. 1955.

Literatur: L. Spitzer, Roman. Literaturstudien. 1959.

Camões, Luíz Vaz de. Gesamtausgabe: A. Salgado Junior (Hrsg.), Obra completa. Rio de Janeiro. 1963.

Literatur: H. Cidade, L. de C. 3 Bde. Lissabon. ^{2}1952–1956. – Ders., L. de C. Lissabon. 1961. – A. J. Saraiva, L. de C. Lissabon. 1959. – R. Schneider, Das Leiden des C. oder Untergang u. Vollendung der portugies. Macht. 1959. – Ders., Gesammelte Werke. Bd. 1, C., Philipp II. 1977.

Dantas, Julio. Übersetzungen: L. Ey, Dramat. Dichtungen in Prosa u. Versen. 1920.

Literatur: F. de Figueiredo, Literatura contemporânea: J. D. Lissabon. 1919. – L. de Oliveira, J. D. una vida, una obra, una época. Lissabon. 1963.

Eça de Queirós, José Maria. Gesamtausgabe: Obras. 15 Bde. Porto. 1946–1948.

Literatur: P. Cavalcanti, E. de Q., agitador no Brasil. São Paulo. ^{2}1966. – V. Moog, E. de Q. e o século XIX. Rio de Janeiro. ^{4}1945.

Garrett, João Baptista da Silva Leitão de Almeida. Gesamtausgaben: Obras completas. 28 Bde. Lissabon. 1904/05. - Lírica completa. Lissabon. 1963.

Literatur: O. Antscherl, J. V. de A. G. u. seine Beziehungen zur Romantik. 1927. – A. Crabbé Rocha, O teatro de G. Coimbra. ^{2}1954.

Vicente, Gil. Gesamtausgaben: M. Braga (Hrsg.), Obras completas. 6 Bde. Lissabon. 1942–1944. – A. J. da Costa Pimpão. Porto. ^{2}1962.

Literatur: A. Braamcamp Freire, Vida e obras de G. V. Lissabon. ^{2}1944. – L. Keates, The court of theatre of G. V. Lissabon. 1962.

3.2.5 IBEROAMERIKANISCHE LITERATUR

Anthologien: St. Baciu, K. Marti, Der du bist im Exil. Gedichte zwischen Revolution u. Christentum. 1969. – G. W. Lorenz, Zeitgenössische Autoren aus Lateinamerika. 1965.

Bibliographien: D. Reichardt, Schöne Literatur lateinamerikanischer Autoren. Eine Übersicht der dt. Übersetzungen mit biografischen Angaben. ^{2}1971.

Lexika: D. Reichardt, Lateinamerikanische Autoren. 1972.

Gesamtdarstellungen: M. Ballesteros Gaibrois, J. Ulloa Suárez, Indigenismo americano. Madrid. 1962. – O. Collazos, J. Cortázar, M. Vargas Llosa, Literatura en la revolución y revolución en la literatura. México. 1970. – W. Eitel (Hrsg.), Lateinamerikan. Literatur in Einzeldarstellungen. 1978. – R. Grossmann, Geschichte u. Probleme der lateinamerikan. Literatur. 1969. – W. K. Jones, Breve historia del teatro latinoamericano. México. 1965. – G. W. Lorenz, Dialog mit Lateinamerika. Tübingen, Basel. 1970. – Ders., Die zeitgenöss. Literatur in Lateinamerika. 1971. – Panorama das literaturas des Américas. 3 Bde. Nova, Lissabon. 1958/59. – L. Pollmann, Der neue Roman in Frankreich u. Lateinamerika. 1968. – G. Siebenmann, Die neuere Literatur Lateinamerikas u. ihre Rezeption im dt. Sprachraum. 1972. – C. Solórzano, Teatro latinoamericano el siglo XX. México. 1964. – M. Strausfeld, Materialien zur lateinamerikan. Literatur. 1976.

Die spanischsprachigen Literaturen. Bibliographien: J. de Entrambasaguas, J. S. Díaz, Bibliografía de la literatura hispanoamericana. Madrid. 1949 ff. – J. A. Leguizamón, Bibliographia general de la literatura hispanoamericana. Buenos Aires. 1954.

Gesamtdarstellungen: F. Alegría, Historia de la novela hispanoamericana. México. ^{3}1966. – E. Anderson Imbert, Historia de la literatura hispanoamericana. 2 Bde. México, Buenos Aires. Bd. 1: ^{6}1967. Bd. 2: ^{5}1966. – G. Bellini, U. Gallo, Storia della letteratura ispanoamericana. Mailand. ^{3}1959. – J. E. Englekirk, An outline history of Spanish American Literature. New York. 1965. – J. Franco, An Introduction to Spanish-American Literature. Cambridge. 1969. – C. Fuentes, La nueva novela hispanoamericana. México. 1969. – H. Petriconi, Spanisch-amerikanische Romane der Gegenwart. 1950. – A. Torres-Ríoseco, Grandes novelistas de la América hispana. Berkeley. ^{2}1949. – Ders., Nueva historia de la gran literatura hispanoamericana. Buenos Aires. 1960. – A. Valbuena Briones, Literatura hispanoamericana. Barcelona. 1962. – M. L. Wagner, Die spanisch-amerikanische Literatur in ihren Hauptströmungen. 1924.

Argentinien: R. A. Arrieta (Hrsg.), Historia de la literatura argentinia. 6 Bde. Buenos Aires. 1958–1960. – A. Giménez Pastor, Historia de la literatura argentinia. Buenos Aires. ^{2}1958. – R. Rojas, Historia de la literatura argentinia. 8 Bde. Buenos Aires. ^{2}1948. – N. Salvador, La nueva poesía argentina. Buenos Aires. 1969.

Bolivien: E. Finet, Historia de la literatura boliviana. La Paz. ^{3}1964.

Chile: F. Alegria, La literatura chilena contemporánea. Buenos Aires. 1968. – H. Montes, J. Orlandi, Historia y antología de la literatura chilena. Santiago de Chile. ^{7}1965. – R. Silva Castro, Panorama literario de Chile. Santiago de Chile. 1961.

Costa Rica: A. Bonilla, Historia de la literatura costarricense. San José. 1967.

Dominikanische Republik: P. R. Contín Aybar, Poesía dominicana. Santo Domingo. 1969.

Ecuador: J. J. Barrera, Historia de la literatura ecuatoriana. Quito. 1960. – A. Cueva Tamariz, La literatura ecuatoriana. Buenos Aires. 1969.

El Salvador: L. Gallegos Valdés, Panorama de la literatura salvadoreña. San Salvador. ^{2}1962.

Guatemala: D. Vela, Literatura guatemalteca. Guatemala. 1967.

Kolumbien: J. A. Nuñez Segura, Literatura colombiana. Medellin. ^{19}1967.

Kuba: M. Henríquez Ureña, Panorama histórico de la literatura cubana. 2 Bde. New York. 1963.

Mexiko: Bibliographie: I. B. Iyuíniz, Bibliografía, biográfica mexicana. México. 1969.

Literatur: M. del C. Millán, Mexikanische Literatur. Übers. aus dem Span., revidiert von D. Woll. 1968. – A. Dessau, Der mexikanische Revolutionsroman. 1967. – C. Gonzáles Peña, Historia de la literatura mexicana. México. ^{10}1969.

Nicaragua: I. Ycaza Tigerino, La poesía y los poetas de Nicaragua. Managua. 1958.

Panama: I. García S., Historia de la literatura panameña. México. 1964.

Paraguay: H. Rodríguez Alcalá, La literatura paraguaya. Buenos Aires. 1968.

Peru: C. Angeles Caballero, Literatura peruana. Lima. 1969. – L. A. Sánchez, La literatura peruana. 5 Bde. Lima. ^{3}1965/66.

Puerto Rico: F. Manrique Cabrera, Historia de la literatura puertoriqueña. San Juan. ^{2}1965.

Uruguay: S. Bollo, Literatura uruguaya. 1807–1965. 2 Bde. Montevideo. 1965.

Venezuela: J. R. Barrios Mora, Compendio histórico de la literatura venezolana. Caracas. 1955. – P. Díaz Seijas, La antigua y la moderna literatura venezolana. Caracas. 1966.

Die portugiesischsprachige Literatur (Brasilien):

Gesamtdarstellungen: D. Fontana, Literatura brasileira. São Paulo. 1965. – P. A. Jannini, Storia della letteratura brasiliana. Florenz. 1959. – W. Rela, El teatro brasileño. Buenos Aires. 1969. – S. Romero, História da Literatura Brasileira. 5 Bde. Rio de Janeiro. ^{5}1953/54. – A. Soares Amora, Historia da literatura brasileira. São Paulo. 1967. – N. Werneck Sodré, Historia da literatura brasileira. Rio de Janeiro. 1964. – Ders., O que se deve leer para conher o Brasil. Rio de Janeiro. 1967.

Asturias, Miguel Angel. Übersetzungen: Der Herr Präsident. Dt. von I. Bachmann. 1957. – Sturm. Dt. von L. Klein 1976. – Der grüne Papst. Dt. von L. Klein. 1977. – Don Nino. Dt. von A. Maler. 1977.

Borges, Jorge Luis. Übersetzungen: K. A. Horst u. a., Labyrinthe. 1959. – Gesammelte Werke. 9 Bde. 1980 ff. – Ders. u. a., Sämtliche Erzählungen. 1970.

Literatur: Cahiers de L'Herne, J. L. B., hrsg. von Dominique de Roux. 1964.

Carpentier, Alejo. Romane: Das Reich von dieser Welt. Dt. von D. Deinhard. 1974. – Staatsraison. Dt. von H. Adler. 1976. – Explosion in der Kathedrale. Dt. von H. Stiehl. 1977. – Die verlorenen Spuren. Dt. von A. Botond. 1979.

Darío, Rubén. Obras completas. 22 Bde. Madrid. 1916–1919. – Obras completas. 5 Bde. 1951–1953.

Übersetzungen: H. Weyl, Azul (Teilsammlung). Buenos Aires. 1942.

Bibliographie: H. Doyle, R. D., bibliografía. Cambridge, Mass. 1935.

Literatur: A. Marasso, R. D. La Plata. 1934. – B. de Pantorba, La vida y el verbo de R. D. Madrid. 1967.

Machado de Assis, Joaquim Maria. Obras completas. 31 Bde. Rio de Janeiro. 1942–1946. – Obra Completa. 3 Bde. 1962.

Übersetzungen: Meistererzählungen des Machado de Assis. Dt. von C. Meyer-Clason. 1964.

Literatur: A. Grieco, M. de A. Rio de Janeiro. ^{2}1960. – J. Machado Bettencourt, M. de A. New York. 1953.

Mistral, Gabriela. Poesías completas. Santiago de Madrid. 1958.

Übersetzungen: A. Theile (Hrsg.), Gedichte. 1958. – Gedichte. Zürich. 1969.

Literatur: M. Arce de Vázquez, G. M. New York. 1968. – K. Wais, Zwei Dichter Südamerikas. G. M. u. Rómulo Gallegos. 1955.

Neruda, Pablo. Obras completas. 10 Bde. Santiago de Chile. 1947/48.

Übersetzungen: Der große Gesang. Dt. von E. Arendt. 1953. – Die Trauben u. der Wind. Dt. von E. Arendt. 1955. – Dichtungen 1919–1965. Dt. von E. Arendt u. a. 2 Bde. 1967. – Poesie impure. Dt. von H. M. Enzensberger. 1968.

Literatur: A. Alonso, Poesía y estilo de P. N. 1940, erweitert 1951. – H. M. Enzensberger, Der Fall P. N. 1962. – J. Marcenac, P. N. 1969.

3.2.6 RÄTOROMANISCHE LITERATUR, RUMÄNISCHE LITERATUR

rätoromanische Literatur. Bibliographie: Bibliografia retoromontscha. 1552 bis 1930. Chur. 1938.

Gesamtdarstellungen: G. Calgari, Die vier Literaturen der Schweiz. 1966. – C. Decurtius, Geschichte der rätoroman. Literatur. In: G. Gröber, Grundriß der roman. Philologie. II. 1901. – T. Gartner, Handbuch der rätoroman. Sprache u. Literatur. 1910. – P. Lansel, Musa Rumantscha. Chur. 1950. – J. Pult, Die rätoroman. Literatur. In: G. Rohlfs, Roman. Philologie. II. 1952.

rumänische Literatur. Gesamtdarstellungen: M. Block, Die rumänische Literatur. In: Handbuch der Literaturwissenschaft. 1938. – V. Brădăteanu, Istoria literaturii dramatice româneşti si a artei spectacolului. Bukarest. 1966. – G. Lupi, Storia della letteratura romena. Florenz. 1955. – D. Micu, N. Manolescu, Rumänische Literatur der Gegenwart 1944–1966. 1968. – B. Munteanu, Geschichte der neueren rumänischen Literatur. Wien. 1943. – K.-H. Schroeder, Einführung in das Studium des Rumänischen. Sprachwissenschaft u. Literaturgeschichte. 1967.

Rumänische Dichter:

Caragiale, Ion Luca. Gesamtausgabe: Opere, 7 Bde. Bukarest. 1930–1942.

Literatur: A. Colombo, Vita e opere de I. L. C. Rom. 1934. – H. P. Petrescu, Caragiales Leben u. Werk. Diss. 1911. – I. Roman, Caragiale. Bukarest. 1964.

Eminescu, Mihai. Gesamtausgaben: Opere complete. 5 Bde. Bukarest. 1939 bis 1958. – Poezii, Bukarest. 1916, 1938, 1939. – Scrieri literare. Bukarest. 1939.

Literatur: G. Călinescu, das Leben M. Eminescus. Bukarest. 1967. – F. Lang, M. Eminescu als Dichter u. Denker. 1928.

Istrati, Panait. Übersetzungen: Drei Romane. 1964.

Literatur: A. Oprera, P. Istrati. Bukarest. 1964. – A. Talex, P. Istrati. Bukarest. 1944.

3.2.7 RUSSISCHE, UKRAINISCHE, WEISSRUSSISCHE LITERATUR

Belinskij, Wissarion Grigorjewitsch. R. Lettmann, Die Abstracta „um" u. „Razum" bei B. 1971. – B. Schultze, W. G. Belinskij. Wegbereiter des revolutionären Atheismus in Rußland. 1958.

Blok, Alexander Alexandrowitsch. A. B., A. Belyi, Perepiska. Briefwechsel. 1969. – R. Kemball, Alexander Blok. A Study in Rhythm and Metre. Den Haag. 1965. – J. Peters. A. B. Gedichte. 1972. – F. D. Reeve, A. Blok between image and idea. New York. 1962.

Bunin, Iwan Alexejewitsch. Meistererzählungen. 1974. – V. N. Muromceva-Bunina, Žizn' Bunina. 1870–1960. Paris. 1955.

Dostojewskij, Fjodor Michajlowitsch. Sämtliche Werke in zehn Bänden. 1977. – M. Bachtin, Probleme der Poetik Dostojewskijs. Moskau. ^{2}1963. – M. Braun, F. M. D. 1976. – A. S. Dolinin, Die letzten Romane Dostojewskijs. Moskau. 1962. – L. Grossmann, Dostojevskij. Moskau. 1962. – J. Lavrin, F. M. D. in Selbstzeugnissen u. Bilddokumenten. 1963. – N. S. Trubetzkoj, Dostojevskij als Künstler. Den Haag. 1964.

Gogol, Nikolaj Wasiljewitsch. Werke in drei Bänden. 1979. – D. Gerhardt, Gogol u. Dostojevskij in ihrem künstlerischen Verhältnis. 1941. – V. Gippius, G. Leningrad. 1924. Nachdr. Providence. 1963. – D. Kasack, Technik der Personendarstellung bei N. V. Gogol. 1957. – V. Setschkareff, N. V. Gogol. Leben u. Schaffen. 1953.

Gontscharow, Iwan Alexandrowitsch. Oblomow. 1980. – Ein Monat Mai in Petersburg. Ausgewählte Erzählungen. 1979. – W. Rehm, G. u. Jacobsen. 1963. – A. P. Rybasow, I. A. G. Moskau. 1957.

Gorkij, Maxim. Kinderjahre im alten Rußland. Autobiographische Notizen. 1976. – N. Gourfinkel, Maxim Gorki in Selbstzeugnissen u. Bilddokumenten. 1958. – G. Habermann, Maxim Gorki. 1968.

Lermontow, Michail Jurjewitsch. F. Dukmeyer, Die Einführung Lermontovs in Deutschland u. des Dichters Persönlichkeit. 1925. – B. M. Eichenbaum, L. 1967.

Leskow, Nikolaj Semjonowitsch. Gesammelte Werke. 1964. – B. Macher, Nikolai Leskovs Verhältnis zur Orthodoxie. 1952. – V. Setschkareff, N. S. Leskov. Sein Leben u. sein Werk. 1959.

Majakowskij, Wladimir Wladimirowitsch. Werke. 10 Bde. 1980. – W. Duwakin, M. als Dichter u. bildender Künstler. 1967. – H. Huppert, W. M. in Selbstzeugnissen u. Bilddokumenten. 1965. – F. Mierau, M. 1968. – W. Storck, M. 1969.

Ostrowskij, Alexander Nikolajewitsch. I. Patouillet, Le théâtre de moers russes des origines à Ostrowskij. Paris. 1912. – G. P. Pirogov, A. N. Ostrowskij. Moskau. 1962.

Puschkin, Alexander Sergejewitsch. Gesammelte Werke. 1974. – A. Luther, Solange Dichter leben. Puschkin-Studien. 1949. – H. Raab, Die Lyrik Puškins in Deutschland (1820–1870). 1964. – V. Setschkareff, Alexander Puškin, sein Leben u. Werk. 1963. – G. Ziegler, P. in Selbstzeugnissen u. Bilddokumenten. 1979.

russische Literatur. Bibliographien u. Nachschlagewerke: G. Dox, Die russ. Sowjetliteratur. Namen, Daten, Werke. 1961. – W. E. Harkins, Dictionary of Russian Literature. New Jersey. 1959. – K. D. Muratova, Istorija russkoj literatury konca XIX-načala XX veka. Bibliografičeskij ukazatel'. Moskau, Leningrad. 1963.

Gesamtdarstellungen: D. Blagoj (Hrsg.), Istorija russkoj literatury. 3 Bde. Moskau. 1958–1964. – E. J. Brown, Russian Literature since the Revolution. New York. 1963. – W. Düwel, E. Dieckmann u. a. (Hrsg.), Geschichte der klass. russ. Literatur. 1965. – Istorija russkoj poezii. 2 Bde. Leningrad. 1968/69. – W. Lettenbauer, Russ. Literaturgeschichte. ^{2}1958. – A. Luther, Geschichte der russ. Literatur. 1924. – D. Mirskij, Geschichte der russ. Literatur. 1964. – N. Pospelov, P. Schabliowski, A. Sertschaninov, Geschichte der russ. Literatur. 3 Bde. 1952–1954. – P. N. Sakulin, Die russ. Literatur (Handbuch der Literaturwissenschaft). 1931. – A. Stender-Petersen, Geschichte der russ. Literatur. 2 Bde. 1957.

Altrussisch: N. K. Gudzij, Geschichte der russ. Literatur. 11. bis 17. Jh. 1959. – D. Tschizewskij, Altruss. Literatur. Geschichte der altruss. Literatur im 11., 12. u. 13. Jh. Kiever Epoche. 1948. – Ders., History of Russian Literature from the 11th Century to the End of Baroque. Den Haag. 1960. – Ders., Abriß der altruss. Literaturgeschichte. 1968.

18. Jahrhundert: P. Berkov, Vredenie v izučenie istorii russkoj literatury XVIII veka. Bd. I ff. Leningrad. 1964 ff. – V. P. Stepanov, Istorija russkoj literatury XVIII veka. Leningrad. 1968. - N. S. Trubetzkoj, Die russ. Dichter des 18. u. 19. Jh. Abriß einer Entwicklungsgeschichte. Hrsg. R. Jagoditsch. 1956.

19. Jahrhundert: M. Braun, Russ. Dichtung im XIX. Jh. ^{2}1953. – D. Tschiżewskij, Russ. Literaturgeschichte des 19. Jh. 3 Bde. 1964 ff. – A. A. Volkov, Očerki russkoj literatury konca XIX i načala XX vekov. Moskau. 1952.

20. Jahrhundert: V. Alexandrova, A. History of Soviet Literature 1917–1964. New York. 1964. – N. V. Arseniew, Die russ. Literatur der Neuzeit u. Gegenwart in ihren geistigen Zusammenhängen. 1929. – G. Donchin, The Influence of French Symbolism on Russian Poetry. Den Haag. 1958. – V. Erlich, Russ. Formalismus. Geleitwort von R. Wellek. 1964. – J. Holthusen, Russ. Gegenwartsliteratur. I: 1890–1940. Bern. 1963. II: 1941–1967. Bern 1968. – Ders., Studien zur Ästhetik u. Poetik des russ. Symbolismus. 1957. – Istorija russkoj sovetskoj literatury. Bd. I. 1917–1929. Moskau. 1967. – M. Slonim, Die Sowjetlitera-

tur. 1972. – H. von Ssachno, Der Aufstand der Person. Sowjetliteratur seit Stalins Tod. 1965. – Stepun, Mystische Weltschau. Fünf Gestalten des russ. Symbolismus (W. Solowjew, N. A. Berdjajew, W. Iwanow, A. Belyi, A. Blok). 1964. – G. Struve, Geschichte der Sowjetliteratur. 1957.

Tolstoj, Leo. Episches Gesamtwerk in sieben Bden. 1976. – Tagebücher 1847–1910. 1978. – T. Tolstoi, Ein Leben mit meinem Vater. 1978.
Literatur: K. Hamburger, Leo Tolstoj, Gestalt u. Problem. Bern. 1950. – R. Rolland, Das Leben Tolstois. Übersetzt von O. R. Sylvester. 1922 ff. – G. Vincenter, Tolstoi u. seine Zeit. 1978.

Tschechow, Anton. Gesammelte Werke – Briefe in fünf Bden. 1979. – P.. Bicilli, Anton P. Čechov. 1965. – T. Eckman (Hrsg.), Anton Čechov 1860–1904. Leiden. 1960. – G. Gruber, Das Stimmungsdrama A. P. Čechovs. Wien. 1950. – S. Melchinger, A. Tschechow. 1968. – G. Selge, A. Čechovs Bild vom Menschen. 1967.

Turgenjew, Iwan Sergejewitsch. Sämtl. Werke. 1979. – P. Brang, I. S. T. in der russ. Literaturwissenschaft 1917–1954. In: Zeitschrift für Slav. Philologie. Bd. 24. 1956. – H. Granjard, I. T. et les courants politiques et sociaux de son temps. Paris. 1954. – G. Ziegergeist (Hrsg.), I. S. T. u. Dtschld. Materialien u. Untersuchungen. 1965.

ukrainische Literatur. Bibliographie: L. J. Machnoveć, Ukrainski pyśmennyky. Bio-bibliografičnyj slovnyk. 3 Bde. Kiew. 1960–1965.
Gesamtdarstellungen: B. B. Burjak (Hrsg.), Istorija ukrainskoi literatury u vosmi tomach. Kiew. 1967 ff. – P. K. Kolinskyj (Hrsg.), Istorija, ukrainskoi literatury. Davnja literatura. Kiew. 1969. – J. Kosnač, Ukrain. Literatur der Gegenwart. 1947. – J. Kossatsch, Ukrainische Literatur der Gegenwart. 1947. – C. A. Manning, Ukrainian Literature. Studies of the Leading Authors. New York 1944. – I. Mirtschuk, Geschichte der ukrainischen Kultur. 1957.

weißrussische Literatur. Gesamtdarstellungen: P. P. Achrymenka, M. H. Larčanka, Staratschytnaja belaruskaja literatura. Minsk. 1968. – E. F. Karskij, Geschichte der weißruss. Volksdichtung u. Literatur. 1926. – Ders., Die weißrussische Volkspoesie u. Literaturgeschichte. 1930. – G. L Messina, La letteratura belorussa. Florenz. 1952. – V. Seduro, The Byelorussian Theatre and Drama. New York. 1955. – N. P. Vakar, A bibliographical guide to Belorussia. Cambridge, Mass. 1956.

3.2.8 POLNISCHE LITERATUR

Bibliographien: Bibliografia literatury polskiej. Nowy Korbut. Bd. 1–7, 12. Krakau. 1963 ff. – J. Rudnicka, Bibliografia powieści polskiej, 1601–1880. Breslau, Warschau, Krakau. 1964.
Gesamtdarstellungen: A. Brückner, Geschichte der polnischen Literatur. 1901. – Ders., Polnische Literaturgeschichte. 1920. – K. Hartmann, Das poln. Theater nach dem 2. Weltkrieg. 1964. – J. Kleiner, Die polnische Literatur. In: Handbuch der Literaturwissenschaft. 1929. – K. Krejci, Geschichte der poln. Literatur. 1958. – M. Kridl, A Survey of Polish Literature and Culture. Den Haag. [2]1965. – J. Kryzanowski, Dzieje literatury polskiej. Warschau. 1965. – Ders., Historia literatury polskiej. Alegoryzmpreromantyzm. Warschau. 1966. – H. Kunstmann. Moderne polnische Dramatik. 1965. – D. Langer, Grundzüge der poln. Literaturgeschichte. 1975. – W Maciąg, Die poln. Gegenwartsliteratur. 1939–1976. 1979. – S. Marcel, Histoire de la littérature polonaise des origines au début du XIXe siècle. Paris. 1957. – C. Miłosz, The history of Polish literature. New York. 1969. – F. W. Neumann, Die poln. Literatur im XX. Jh. In: Osteuropa-Handbuch. Polen. Hrsg. W. Markert. 1959.

Mickiewicz, Adam. M. Iastrun, M. 1953. – W. Lednicki (Hrsg.), A. M. in World Literature. Berkeley, Los Angeles. 1956. – V. Weintraub, The Poetry of A. M. Den Haag. 1954.

Slowacki, Juliusz. M. Kridl, The Lyric Poems of J. S. Den Haag. 1958. – St. Treugutt, J. S., Dichter der Romantik. Warschau. 1959.

3.2.9 TSCHECHISCHE LITERATUR

Bibliographie: Česka literárni bibliografie 1945–1963. 3 Bde. Prag. 1963/64.
Literatur: J. Jakubec, A. Novák, Geschichte der tschechischen Literatur. [2]1913. – H. Jelínek, Histoire de la littérature tchèque. 3 Bde. Paris. 1930–1935. – H. Kunstmann, Tschechische Erzählkunst im 20. Jh. 1974. – J. Mühlberger, Tschechische Literaturgeschichte. 1970. – A. Novák, Die tschechische Literatur aus der Vogelperspektive. Prag. 1923. – Ders., Die tschechische Literatur. In: Handbuch der Literaturwissenschaft. Hrsg. O. Walzel. 1931. – J. L. Seifert, Literaturgeschichte der Čechoslowaken, Südslawen u. Bulgaren. 1922. – R. Wellek, Essays on Czech Literature. 1962.

3.3.0 SLOWAKISCHE LITERATUR. SORBISCHE LITERATUR

slowakische Literatur. J. Máchal, Slovanské literatúry. 3 Bde. Prag. 1922–1929. – A. Mráz, Die Literatur der Slovaken. Berlin, Prag, Wien. 1942. – M. Pišut (Herausgeber), Dejiny slovenskej literatúry. Bratislava. 1960.

sorbische Literatur. Bibliographie: J. Jatzwauk, Sorbische Bibliographie. [2]1952.
Literatur: J. Brězan (Hrsg.), Sorbische Lyrik. 1954. – L. Hoffmann, Die Sprache u. Literatur der Wenden. 1899. – P. Malnik, Die sorbische Literatur. 2 Bde. 1958/59. – J. Młyńk, 400 Jahre sorbisches Schrifttum. 1960. – E. Veckenstedt, Wendische Sagen, Märchen u. abergläubische Gebräuche. Graz. 1880.

3.3.1 SERBOKROATISCHE LITERATUR, SLOWENISCHE LITERATUR

Andrić, Ivo. M. S. Marković, Tausendundeine Nacht des Ivo Andrić. 1962. – R. Minde, Ivo Andrić. Studien über seine Erzählkunst. 1962.

Karadžić, Vuk Stefanović. M. Popović, Vuk S. Karadižić. 1778–1964. Belgrad. 1964.

serbokroatische Literatur. Gesamtdarstellungen: A. Barac, A History of Yugoslav Literature. Beograd. 1955. – M. B. Bogdanov, Serbskaja satiričeskaja proza konca XIX-načala XX veka i nekotorye voprosy teorii satiry. Moskau. 1962. – M. Braun, Die Anfänge der Europäisierung in der Literatur der moslimischen Slaven in Bosnien u. Herzegowina. 1934. – Ders., Das serbokroatische Heldenlied. 1961. – A. Cronia, Storia della letteratura serbocroata. Mailand. [2]1963. – G. Gesemann, Die serbokroatische Literatur. In: Handbuch der Literaturwissenschaft. 1940. – F. Hille (Hrsg.), Kroatische u. bosnische Novellen. Wien. 1940. – D. Kadach, Die Anfänge der Literaturtheorie bei den Serben. 1960. – A. Kadić,Contemporary Serbian Literature. Den Haag. 1960. – M. Murko, Geschichte der älteren südslawischen Literaturen. 1908. – Ders., Die südslawischen Literaturen. In: Kultur der Gegenwart. Tl. 1. Abt. 9: Die osteurop. Literaturen. 1908. – D. Prohaska, Das kroat.-serb. Schrifttum in Bosnien u. der Herzegowina. Von den Anfängen bis zur nationalen Wiedergeburt im 19. Jh. Zagreb. 1911. – A. Schmaus, Die literar. Strömungen in Jugoslawien. In: Osteuropa-Handbuch „Jugoslawien". 1954. – M. Baupotić, Contemporary Croatian literature. Agram. 1966.
Lexika: V. Smolej, Slovenski dramski leksikon. 2 Bde. Ljubljana. 1961/62.
Gesamtdarstellungen: F. Hille, S. Hafner (Hrsg.), Slowenische Novellen. Wien. 1940. – F. S. Krauss, Tausend Sagen u. Märchen der Südslawen. 1914. – L. Legiša, A. Gspan (Hrsg.), Zyodovina slovenskega slovstva. 5. Bde. Ljubljana. 1956–1964. – J. Pogacnik, Von der Dekoration zur Narration. Zur Entstehungsgeschichte der slovenischen Literatur. 1974. – A. Slodnjak, Geschichte der slovenischen Literatur. 1958. – B. Terček, Die slowenische Literatur von 1918–1940. Dissertation. Graz. 1947.

3.3.2 ALBANISCHE, BULGARISCHE, MAZEDONISCHE LITERATUR

albanische Literatur. Bibliographien: E. Legrand, Bibliographie Albanaise. Paris. 1912. – Manek-Pekmezi-Stotz, Albanesische Bibliographie. Wien. 1909.
Gesamtdarstellungen: G. Gradilone, Studi di letteratura albanese. Rom. 1960. – M. Lambertz, Albanisches Lesebuch. 1948. – S. E. Mann, Albanian Literature. London. 1955. – G. Schiro, Storia della letteratura albanese. Mailand. 1959. – D. S. Shuteriqi, K. Bihiku u. M. Domi, Historia e letërsisë shqipe. Tirana. [2]1958.

bulgarische Literatur. G. Adam, Bulgarische Volkslieder. 1919. – I. Bogdanov, Bulgarskata literatura v dafi i charakteristiki, 817–1965. Sofia. 1966. – C. A. Manning, R. Matl, Die bulgar. Moderne. In: Südslawische Studien. 1965. – M. Murko, Geschichte der älteren südslaw. Literaturen. 1908. – C. Nedjalkov, Bulgarska literatura. Sofia. [2]1963. – C. Obreschkoff, Das bulgarische Volkslied. Bern. 1937. – M. M. Schischmanov (Hrsg.), Bulgarische Novellen. Wien. 1940. – D. Tschitschewskij, Vergleichende Geschichte der slawischen Literaturen. 2 Bde. 1968.

mazedonische Literatur. A. Barac, A. History of Yugoslav Literature. Belgrad. 1955. – B. Koneski, Makedonska literatura vo 19 vek. Skoplje. 1950. – H. G. Lunt, A Survey of Macedonian literature. In: Harvard Slavic Studies. 1953. – Ch. Polenakovik, Stranici od makedonskata književnost. Skoplje. 1952.

3.3.3 BALTISCHE LITERATUREN.

Gesamtdarstellungen: A. Baldus, Die heutige Dichtung der baltischen Völker. 1957.

estnische Literatur. O. Loorits, Estn. Volksdichtung u. Mythologie. Tartu. 1932. – A. Oras, Storia delle letterature estone. Mailand. 1957. – K. Ristiviki, Eesti kirjanduse lugu. Stockholm. 1954. – G. Suits, Die estn. Literatur. 1909. – R. Viidalepp (Hrsg.), Eesti rahvaluule ülevaade. Tallinn. 1959.

lettische Literatur. P. Andrups u. V. Kalve, Latvian Literature. Stockholm. 1954. – E. Blesse, Storia delle letterature lettone. Mailand. 1957. – K. Dravinš, Altlettische Schriften u. Verfasser. Lund. 1965. – A. Günther, Altlettische Sprachdenkmäler. 2 Bde. 1929. – J. Vigrabs, Das lett. Schrifttum. 1924.

litauische Literatur. G. Devoto, Storia delle letterature baltiche. Mailand. 1957. – Antanas Maceina, Geist u. Charakter der litauischen Dainos. 1955. – J. Mauclère, Panorama de la littérature lithuanienne contemporaine. Paris. 1938. – V. Mykolaitis-Putinas, Naujoji lietuvių literatura. Kaunas. 1936. – L. Rhesa, Dainos oder litauische Volkslieder. Königsberg. 1825. – K. Senkus, Die Formen der litauischen Volkslieder. 1957.

3.3.4 FINNISCHE LITERATUR

Gesamtdarstellungen: H. Grellmann, Finn. Literatur. 1932. – E. R. Gummerus, Storia delle letterature della Finlandia. Mailand. 1957. – I. Havu u. T. Warbuton, Finlands Litteratur 1900–1950. Stockholm. 958. – K. Laitinen, Finnlands moderne Literatur. 1969. – J.-L. Perret, Panorama de la littérature contemporaine de Finlande. Paris. 1936. – E. N. Setälä, Die finn. Literatur. 1908. – V. Tarkiainen, Finsk litteraturhistoria. Stockholm. 1950. – L. Viljanen, Die neuere finn. Literatur. Helsinki. 1940. – T. Warbuton, Finsk diktning i svensk dräkt. Stockholm. 1960.

Kalevala. Gesamtausgaben: Helsinki. 1849 ff.
Übersetzungen: M. Buber. 1927. 1942. – L. u. H. Fromm. 1967. – D. Welding. 1977.
Literatur: B. Collinder, The Kalevala and its Background. Stockholm. 1964.

Kivi, Aleksis. Gesamtausgabe: Ges. Werke. 4 Bde. Helsinki. 1915 ff.
Literatur: V. Tarkiainen, A. K. Elämä ja teokset. Helsinki. [5]1950.

3.3.5 UNGARISCHE LITERATUR

Bibliographien: Bibliographia Hungariae. Berlin 1923–1929. – C. M. Kertbeny u. G. Petrik, Ungarns dt. Bibliographie 1801–1860. 2 Bde. Budapest. 1886.
Literatur: J. von Farkas, Die Entwicklung der ungar. Literatur. 1934. – L. Katona u. F. Szinnyei, Geschichte der ungar. Literatur. [2]1927. – I. Kont, Geschichte der ungar. Literatur. In: Die Literaturen des Ostens III. 1. [2]1907. – Panorama de la littérature hongroise du XXe siècle. Hrsg. I. Sötér. 3 Bde. Budapest. 1965 ff. – A. Sivirsky, Die ungar. Literatur der Gegenwart. 1962.

Ady, Endre. Textausgaben: Budapest. 1930. – Ges. Gedichte. Budapest. 1961. – Prosaschriften. Budapest. 1955 ff.
Literatur: G. Földessy, A. Budapest. 1919 u. 1921. – L. Hatvany, A. 2 Bde. Budapest. 1958.

Arany, János. Textausgaben: 13 Bde. Budapest. 1900. – 10 Bde. Budapest. 1924 bis 1932. – Budapest. 1951 ff.
Literatur: F. Riedl, J. A. [7]1920. – G. Voinovich, J. A. 3 Bde. Budapest. 1929–1938.

Jókai, Mór. Textausgaben: 100 Bde. Budapest. 1894–1898. – Nachlaß 10 Bde. Budapest. 1912. – Budapest. 1926 ff.
Literatur: F. Zsigmond, J. Budapest. 1924. – J. Gál, J. Budapest. 1925.

Kazinczy, Ferenc. Textausgabe: 22 Bde. Budapest. 1890–1927.
Literatur: J. Czeizel, F. K. Budapest. 1930. – L. Négyesy, F. K. Budapest. 1931.

Molnár, Ferenc. Textausgabe: 20 Bde. Budapest. 1928.
Literatur: B. Halm, F. M. Budapest. 1929.

Petőfi, Sándor. Textausgaben: A. Havas (Hrsg.), 6 Bde. Budapest. 1892–1896. – C. Voinovich (Hrsg.). 2 Bde. Budapest. 1923. – 6 Bde. Budapest. 1951/56. – Gedichte. 1978.
Literatur: J. von Farkas, Der ungar. Vormärz. P.s Zeitalter. 1943. – A. Fischer, P.s Leben u. Werke. 1889. – G. Illyes, P. Budapest. [3]1963.

3.3.6 TÜRKISCHE LITERATUR

Gesamtdarstellungen: A. Battal-Taymas, Die moderne kazantürk. u. baschkirische Literatur. In: Handbuch der Orientalistik. Hrsg. B. Spuler, 1. Abt., 5 Bde. 1. Abschnitt: Turkologie. Leiden, Köln. 1963. – A. Bombaci, Storia della letteratura turca. Mailand. 1956. – A. Caferoğlu, Die moderne aserbaidschanische Literatur. In: Handbuch der Orientalistik (... siehe oben). – A. von Gabain, Vorislamische alttürk. Literatur. In: Handbuch der Orientalistik (... siehe oben). – O. Hachtmann, Die türkische Literatur des 19. Jahrhunderts. 1916. – M. Hartmann, Dichter der neuen Türkei. 1919. – O. Spies, Die türk. Prosaliteratur der Gegenwart. 1943. – Ders., Die türk. Volksliteratur. In: Handbuch der Orientalistik (... siehe oben). – Ders., Die moderne türk. Literatur. In: Handbuch der Orientalistik (... siehe oben). Ch. U. Spuler, Das türk. Drama der Gegenwart. 1968. – F. Taeschner, Die osmanische Literatur. In: Handbuch der Orientalistik (... siehe oben). – Zeki Velidi Togan, Die islamische Zeit. In: Handbuch der Orientalisik (... siehe oben). – K. Yavuz, Der Islam in Werken moderner türk. Schriftsteller. 1974.

3.3.7 ARABISCHE LITERATUR

Gesamtdarstellungen: J.-M. Abdel Jalil, Histoire de la littérature arabe. Paris. [2]1960. – A. Abdel-Meguid, The Modern Arabic Short Story. 1955. – A. J. Arberry, Modern Arabic Poetry. 1950. – C. Brockelmann, Geschichte der arabischen Literatur. 2 Bde. Leiden. [2]1943–1949. – Ders., Geschichte der arabischen Literatur. In: Handbuch der Orientalistik. Hrsg. B. Spuler. 1. Abt., 3. Band. 1964. – L. Ecker, Arabischer, provençalischer u. dt. Minnesang. 1934. – H. A. R. Gibb, J. M. Landau, Arabische Literaturgeschichte. Zürich. 1968. – G. E. von Grunebaum, Kritik u. Dichtkunst. Studien zur arabischen Literaturgeschichte. 1955. – R. A. Nicholson, A Literary History of the Arabs. Cambridge. 1956. – O. Rescher, Abriß der arabischen Literaturgeschichte. 2 Bde. 1925–1933.

3.3.8 HEBRÄISCHE, JÜDISCHE LITERATUR, JIDDISCHE LITERATUR

hebräische, jüdische Literatur. A. Belli, Storia della letteratura ebraica biblica e postbiblica. Mailand. 1957. – M. Buber (Hrsg.), Die Erzählungen der Chassidim. 1949. – K. Budde, Geschichte der althebr. Literatur. [2]1909. – A. Eliasberg, Ostjüdische Erzähler. 1916. – Ders., Jüdisches Theater. 2 Bde. [2]1920. – H. Gunkel, Die israelitische Literatur. [2]1925. – J. Hempel, Die althebräische Literatur u. ihr hellenist.-jüd. Nachleben. 1934. – P. Navé, Die neue hebräische Literatur. 1962. – R. Rießler, Altjüdisches Schrifttum außerhalb der Bibel. 1926. – M. Steinschneider, Jüdisch-dt. Literatur. Jerusalem. 1961. – R. Wallenrod, The Literature of Modern Israel. New York, London. 1956. – M. Waxmann, A History of Jewish Literature. 5 Bde. New York. 1930–1960. – J. Winter, A. Wünsche, Die jüdische Literatur. 2 Bde. [2]1905. – Dies. (Hrsg.), Die jüdische Literatur seit dem Abschluß des Kanons. 3 Bde. [2]1968.

jiddische Literatur. H. Dinse, Die Entwicklung des jiddischen Schrifttums im dt. Sprachgebiet. 1973. – Ders., Einführung in die jidd. Literatur. 1978. – L. Fuks, The Oldest Known Literary Documents of Yiddish Literature. 2 Bde. Leiden. 1957. – C. A. Madison, Yiddish Literature. Its Scope and Major Writers. New York. 1968. – M. Wiener, Zu der Geschichte fun der jiddischen literatur in 19[n] jorhundert. 2 Bde. New York. 1945/46. – I. Zinberg, The History of the Jewish Literature. 6 Bde. Wilna. 1935.

3.3.9 ÄGYPTISCHE LITERATUR, KOPTISCHE LITERATUR

ägyptische Literatur. H. Brunner, Grundzüge einer Geschichte der altägypt. Literatur. 1966. – S. Donadoni, Storia della Letteratura Egiziana Antica. Mailand. [2]1959. – A. Erman, Die Literatur der Ägypter. 1923. – P. Gilbert, La Poésie Egyptienne. Brüssel. [2]1949. – F. Hintze, Untersuchungen zu Stil u. Sprache neuägypt. Erzählungen. 1950–1952. – M. Pieper. Die Literatur der Ägypter. In: Handbuch der Literaturwissenschaft. 1927. – K. Sethe, Die Totenliteratur der alten Ägypter. 1931. – Ders., Die altägypt.. Pyramidentexte. [2]1960. – B. Spuler (Hrsg.), Handbuch der Orientalistik. 1. Abt., 1 Bd. 2. Abschnitt: Ägypt. Literatur. [2]1970.

koptische Literatur. S. Morenz, Die koptische Literatur. In: Handbuch der Orientalistik. Hrsg. B. Spuler. Bd. 1. 1952.

3.4.0 BABYLONISCH-ASSYRISCHE LITERATUR

Gesamtdarstellungen: H. A. Brongers, De Literatuur der Babyloniers en Assyriers (Servire's Encycl.). Den Haag. 1950. – A. Falkenstein, Zur Chronologie der sumerischen Literatur. Paris. 1951. – Ders., W. von Soden, Sumerische u. akkadische Hymnen u. Gebete. 1953. – C. H. Gordon, Ugaritic Literature. Rom. 1949. – B. Meißner, Die babylon.-assyr. Literatur (Handbuch der Literaturwissenschaft). 1927.

Gilgamesch-Epos. Übersetzungen: E. Burckhardt. 1916 u. ö. – E. Ebeling (vollständ.). [2]1926. – A. Schott u. W. von Soden. 1958. – H. Schmökel. 1966.
Literatur: W. Baumeister, Die Zeichnungen zum G. E. 1976. – P. Jensen. Das Gilgameschepos in der Weltliteratur. 2 Bde. 1906–1928.

3.4.1 PERSISCHE LITERATUR

Gesamtdarstellungen: B. Alavi, Geschichte u. Entwicklung der modernen persischen Literatur. 1964. – H. Ethé, Neupersische Literatur. In: Grundriß der iran. Philologie. Bd. 2. 1896. – R. Gelpke, Persische Meistererzähler der Gegenwart. 1961. – P. Horn, Geschichte der persischen Literatur. [2]1909. – H. Kamshad, Modern Persian prose literature. Cambridge. 1966. – I. Rypka, Iranische Literaturgeschichte. 1960. – B. Spuler (Hrsg.), Handbuch der Orientalistik. 1. Abt., 4. Bd.: Iranistik. 2. Abschnitt: Literatur. 1968. – C. A. Storey, Persian Literature. 2 Bde. London. 1953. – I. Tavaida, Die mittelpersische Sprache u. die Literatur der Zarathustrier. 1956.

Dschami. M. Wickerhauser, Liebe, Wein u. mancherlei. 1855.

Dschelal ed-Din Rumi. G. Richter, Persiens Mystiker. 1933. – A. Schimmel, Die Bildersprache D. 1948.
Firdausi. K. H. Hansen, Das iranische Königsbuch. 1955. – Th. Nöldeke, Das iranische Nationalepos. [2]1920.
Hafis. H. R. Roemer, Probleme der Hafisforschung u. der Stand ihrer Lösung. 1951. – C. Shareghi-Boroujeni, Herrscher u. Dichter in Goethes u. H.'s Divan.

3.4.2 INDISCHE LITERATUR

Bibliographien: The National Bibliography of Indian Literature. Neu-Delhi. 1962ff. – M. Schuyler, A Bibliography of the Sanskrit Drama. New York. 1906.
Gesamtdarstellungen: O. Böthlingk, Indische Sprüche, Sanskrit u. Dt. 3 Bde. St. Petersburg. [2]1870–1873. – Contemporary Indian Literature. Hrsg. v. der Sahitya Akademie Neu-Delhi. [2]1959. – S. N. Dasgupta, S. K. De, History of Sanskrit Literature. Calcutta. 1947. – O. von Glasenapp, Die Literaturen Indiens. 1961. – V. K. Godak (Hrsg.), Literatures in Modern Indian Languages. Neu-Delhi. 1957. – J. Hertel, Indische Märchen. [25]1953. – S. Konow, Das indische Drama. 1920. – H. Oldenberg, Die Literatur des alten Indien. 1923. – W. Ruben, Indische Romane. 3 Bde. 1964–1967. – F. Rückert, Ind. Liebeslyrik. 1921. – Sukumar Sen, History of Bengali Literature. Neu-Delhi. 1960. – M. Winternitz, Geschichte der Indischen Literatur. 3 Bde. 1909–1922.
Aschwaghoscha. Gesamtausgabe: E. H. Johnston. 2 Bde. Calcutta. 1935/36.
Kalidasa. A. Hillebrandt, K., ein Versuch zu seiner literar. Würdigung. 1921. – W. Ruben, K., die menschl. Bedeutung seiner Werke. 1956.
Mahabharata. Biren (Hrsg.), Indiens großes Epos. 1978. – H. Gehrts, M. Das Geschehen u. seine Bedeutung. 1975. – A. Holtzmann, Das M. u. seine Teile. 1971.
Pantschatantra. J. Hertel, Das P., seine Geschichte u. seine Verbreitung. 1914. – W. Ruben, Das P. u. seine Morallehre. 1959.
Ramajana. A. Baumgartner, Das Ramajana u. die Rama-Literatur der Inder. 1894. – I.-L. Gunsser, Die religiösen u. sittl. Ideen des R. Diss. 1945. – H. Jacobi, Das Ramajana. Geschichte u. Inhalt. 1893. – Ch. Velder, Der Kampf der Götter u. Dämonen. 1962.
Tagore, Rabindranath. Gesamtausgaben: Collected Poems and Plays. London. 1956. – 5 Bde. Tauchnitz Ed. 1921/22.
Literatur: E. Engelhardt, R. T. als Mensch, Dichter u. Philosoph. 1921. – E. J. Thompson, R. T., Poet and Dramatist (mit Bibliographie). London [2]1948. – M. Winternitz, R. T. Religion u. Weltanschauung des Dichters. Prag. 1936.

3.4.3 CHINESISCHE LITERATUR

Bibliographien: Ch. O. Hucker, China, a Critical Bibliography. Tuscon. 1962. – Revue bibliographique de sinologie. Paris. 1955ff.
Literatur: L. C. Arlington, The Chinese Drama from the earliest times until today. Schanghai. 1930. – G. Bertuccioli, Storia della letterature cinese. Mailand. 1959. – C. Birch (Hrsg.), Chinese Communist Literature. New York, London. 1963. – Ch'ên Shou-yi, Chinese Literature, a Historical Introduction. New York. 1961. – W. Grube, Geschichte der chines. Literatur. 1902. – J. Jo-Yü Liu, The Art of Chinese Poetry. London. 1962. – K. Nagasawa, Geschichte der chines. Literatur. 1959. – S. Obraszow, Theater in China. 1963. – I. Prušek, Die Literatur des befreiten China u. ihre Volkstraditionen, Prag. 1955. – P. Weber-Schäfer, Altchinesische Hymnen. 1967. – R. Wilhelm, Die chines. Literatur. In: Handbuch der Literaturwissenschaft. 1930.
I-ching. Gesamtausgabe: Schanghai. 1935.
Literatur: H. Wilhelm, Die Wandlung. Peking. 1944. – R. Wilhelm, Wandlung u. Dauer. Die Weisheit des I Ging. 1956.
Li Po. G. Debon, Li Po. 1962. – A. Waley, The Poetry and Career of Li Po. London. 1951.
Po Chü-i. A. Waley, The Life and Times of Po Chü-i. London. 1949.
Schui hu-tschuan. Gesamtausgabe: 4 Bde. Peking. 1920.
Literatur: R. G. Irwin, The Evolution of a Chinese novel: Shui-hu-chuan. Cambridge, Mass. 1953.
Tu Fu. D. Hawkes, A little Primer of Tu Fu. 1967. – W. Hung, Tu Fu. China's Greatest Poet. 2 Bde. Cambridge, Mass. 1952.

3.4.4 JAPANISCHE LITERATUR

Bibliographien: Japanese Literature in European Languages, a Bibliographie. Hrsg. Jap. PEN-Club. Tokio. 1957. – R. Sieffert, Bibliographie du théâtre japonais. Tokio. 1954. – B. S. Silbermann, Japan and Korea, a Critical Bibliography. Tuscon. 1962.
Lexikon: Lexikon zum Lesen u. Verständnis der klassischen Literatur (Koten dokkati jiten). Tokio. 1956.
Gesamtdarstellungen: P. Arnold, Le théâtre japonais. Paris. 1957. – W. G. Aston, A History of Japanese Literature. London. 1933. – O. Beul, Die geheime Überlieferung des No, aufgezeichnet von Meister Seami. 1961. – K. Florenz, Geschichte der japan. Literatur. [2]1909. – Ders., Japanische Dramen. 1900. – C. Glaser, Japanisches Theater. 1930. – W. Gundert, Die japan. Literatur. In: Handbuch der Literaturwissenschaft. 1929. – A. S. Halford, G. M. Halford, The Kabuki Handbook. Tokio. 1965. – Introduction to Contemporary Japanese Literature. Tokio. 1959. – T. Kawatake, A History of Japanese Theatre. Tokio. 1971. – H. Kindermann (Hrsg.), Fernöstl. Theater. 1966. – D. Keene, Japanische Literatur. Eine Einführung für westl. Leser. Zürich. 1962. – Kokusai Bunka Shinkokai, Introduction to Classic Japanese Literature. Tokio. 1948. – Dies., Introduction to Contemporary Japanese Literature. 2 Bde. Tokio. 1939–1959. – M. Piper, Das japan. Theater. 1937. – K. Watanabe, Japanische Meister der Erzählung. 1960.
Heike Monogatari. Gesamtausgabe: Tokio. 1960.
Literatur: S. Ishimoda, Heike-monogatari. Tokio. 1957.
Ibara Saikaku. H. Zachert, Saikaku u. die Entstehung der Volksliteratur zur Tokugawazeit. In: Asiatische Studien. 6. 1962.
Kokinschu. Gesamtausgaben: 1647. – Tokio. 1922.
No. O. Behl, Die geheime Überlieferung des No. 1961. – H. Bohner, Gestalten u. Quellen des No. 1955. – Ders., No. 1959. – A. Waley, The Nô plays of Japan. New York. [3]1957.
Tschikamatsu Monsaëmon. E. Ernst, The Kabuki Theatre. New York. 1956. – D. Keene, The Battles of Coxinga. Chikamatsu's Puppet Play, its Backgrounds and Importance. London. 1951. – D. H. Shively, The Love Suicide of Amijima. Cambridge. Mass. 1953.

3.4.5 INDONESISCHE, KOREANISCHE, MONGOLISCHE, TIBETISCHE LITERATUR

Geser-Epos. Gesamtausgaben: Peking. 1716. – Ulan-Bator. 1960.
Hikajat Hang Tua. Gesamtausgabe: Kassim Ahmand (Hrsg.), Kuala Lumpur. 1964.
Literatur: R. O. Winstedt, A History of Classical Malay Literature. Singapur. [2]1961.
indonesische Literatur. T. J. Bezemer, Volksdichtung aus Indonesien. Den Haag. 1904. – W. A. Braasem, Moderne Indonesische literatuur. Amsterdam. 1954. – C. Hooykaas, Literatur in Maleis en Indonesisch. Groningen, Djakarta. 1952. – H. Kähler, Die Insel der schönen Si Melu. Indonesische Dämonengeschichten, Märchen u. Sagen aus Simular. 1952. – H. Nevermann, Stimme des Wasserbüffels. Malaiische Volkslieder. 1956. – H. Overbeck, Malaiische Erzählungen. 1925. – Ders., Malaiische Weisheit u. Geschichte. 1927.
koreanische Literatur. Bibliographien: Bibliography of Korean Studies. Seoul. 1961. – Soon Hi Lee, Korea, a Selected Bibliography in Western Languages, 1950–1958. Washington. 1959.
Literatur: H. N. Allen, Korean Tales. Seoul. [2]1904. – A. Eckardt, Geschichte der Koreanischen Literatur. 1966. – Historical Survey of Korean Literature. 2 Bde. Pyongyang. 1959.
mongolische Literatur. M. Haltod, Ein Schamanengesang aus dem Bulgan-Gebiet, Collectana Mongolica. 1966. – W. Heissig, Mongol. Literatur. In: Handbuch der Orientalistik. Hrsg. B. Spuler. 5 Bde., 2. Abschnitt. 1964. – Ders., Geschichte der mongol. Literatur. 2 Bde. 1971. – Ders., Geschichte der mongol. Literatur bis zum Einfluß moderner Ideen. 1972. – B. Laufer, Skizze der mongol. Literatur. Keleti Szemle, 8. 1907. – N. Poppe, Mongolische Volksdichtung. 1960. – N. Tantjatova u.a., Burjat-Mongol Literatura. Ulan Ude. 1954.
tibetische Literatur. B. Laufer, Milaraspa. Tibet, Texte in Auswahl. 1922. – I. J. Schmidt, Die Taten des Bodga Gesser Khan. 1925. – F. W. Thomas, Tibetan Literary Texts and Documents Concerning Chinese Turkestan. 3 Bde. London. 1935–1955.

3.4.6 NEOAFRIKANISCHE LITERATUR

Bibliographie: J. Jahn, Die neoafrikan. Literatur. Gesamtbibliographie. 1965.
Gesamtdarstellungen: A. S. Gerard, Four African Literatures. Berkeley. 1971. – G. Gouraige, Histoire de la littérature haitienne. Port-au-Prince. 1961. – Ch. Heywood, Perspectives on African Literature. London. 1971. – J. Jahn, Muntu. 1958. – Ders., Geschichte der neoafrikan. Literatur. 1966. – Ders., U. Schild, A. Nordmann, Who's Who in African Literature. 1972. – L. Kesteloot, Les écrivains noirs de la langue française. Brüssel. 1963. – M. Laurence, Long Drums and Cannons. London. 1968. – V. Loggins, The Negro Author. New York. 1931. – G. Moore, The Chosen Tongue. London. 1969. – R. Pageard, Littérature nègro-africaine. Paris. 1966. – R. S. Sayers, The Negro in Brazilian Literature. New York. 1956. – L. S. Senghor, Négritude und Humanismus. 1934. Dt. 1967. – W. Shepherd, Bantu Literature and Life. Lovedale. 1955. – H. M. Zell, H. Silver, A Reader's Guide to African Literature. New York. 1971.
Lyrik: J. P. Clark, Poetry in Africa today. In: Transition 18. Kampala. 1965. – T. Melone, New Voices of African Poetry in French. In: African Forum 4. New York. 1966. – J. Wagner, Les poètes nègres des États-Unis. Paris. 1963.
Roman: R. A. Bone, The Negro Novel in America. New Haven. 1958. – J. Gleason, This Africa. Novels by West Africans in English and French. Evanston. 1965. – E. Margolies, Native Sons. Philadelphia. 1968. – K. Ramchand, The West Indian Novel and Its Background. London. 1970.
Schauspiel: U. Beier, Yoruba Theatre. In: Introduction to African Literature. London. 1967. – J. M. Gibbs, Aspects of Nigerian Dramatic Tradition. Ann Arbor. 1967. – L. Mitchell, Black Drama. New York. 1967.

3.5.0 THEATER

Allg. Darstellungen: B. M. Baker, Theatre and allied arts. A Guide to books dealing with the history, criticism, and technic of the drama and theatre. New York. 1952. – L. Eisenberg, Großes biograph. Lexikon der dt. Bühne im 19. Jh. 1903. – P. Hartnoll, Das Theater. 1970. – G. Richter, Bühne frei – Vorhang auf! 1966. – R. Seydel (Hrsg.), Schauspieler, Theater, Film, Fernsehen. 1980.
Bibliographien und Nachschlagewerke: Dt. Bühnen-Jahrbuch. Hamburg. 1889ff. – Dictionnaire des personnages dramatiques et littéraires de tous les temps et de tous les pays. Paris. 1960. – Enciclopedia dello spettacolo. 9 Bde. Rom. 1954–1962 u. 2 Ergänzungsbände. 1966 u. 1968. – H. A. Frenzel u. H. J. Moser, Kürschners Biograph. Theaterhandbuch. Schauspiel, Oper, Film, Rundfunk, Dtschld., Österreich, Schweiz. 1956. – K. Gröning u. W. Kließ, Friedrichs Theaterlexikon. 1969. – S. Kienzle, Modernes Welttheater. Ein Schauspielführer. 1966. – W. Kosch, Dt. Theaterlexikon. Biograph. u. bibliograph. Handbuch. 3 Bde. 1953ff. – F. Langer, (Hrsg.), Österr. Theaterjahrbuch. 1964ff. – Theatre Words. 1981.
Dramaturgie: M. Dietrich, Europ. Dramaturgie. Wien. [2]1967. – Dies., Europ. Dramaturgie im 19. Jh. 1961. – H. Kreuzer (Hrsg.), Deutsche Dramaturgie der sechziger Jahre. 1974. – G. Müller, Dramaturgie des Theaters, des Hörspiels u. des Films. [6]1954.
Schauspielkunst u. Regie: J. Bab, Schauspieler u. Schauspielkunst. [4]1928. – G. M. Bergman, Der Eintritt des Berufsregisseurs in die dt.-sprach. Bühne (Maske u. Kothurn 12, 1966). – E. Devrient, Geschichte der dt. Schauspielkunst. 5 Bde. 1848–1878. Neuausg. H. Devrient. 2 Bde. 1905. Neubearb. W. Stuhlfeld. 1929. – O. Gaillard, Lehrbuch der Schauspielkunst. Das dt. Stanislawskij-Buch. 1946. – M. Hermann, Die Entstehung der berufsmäßigen Schauspielkunst im Altertum u. in der Neuzeit. 1962. – M. Jacobs, Dt. Schauspielkunst. Zeugnisse zur Bühnengeschichte klass. Rollen. 1954. – P. Legband, Der Regisseur. 1947. – A. Schoch, H. Geißner u.a., Grundlagen der Schauspielkunst. 1965. – H. Schwarz, Regie, Idee u. Praxis. 1965. – K. S. Stanislawskij, Das Geheimnis des schauspieler. Erfolges. 1949. – A. Winds, Geschichte der Regie. 1925.
Burgtheater. J. Gregor, Das Wiener Burgtheater. Wien. 1934. – E. Haeussermann, Das Wiener Burgtheater. 1974. – O. Michtner, Das alte Burgtheater als Opernbühne. 1970.
Commedia dell'arte. R. Alewyn, Schauspieler u. Stegreifbühne des Barock. 1950. – M. T. Herrick, Italian Comedy in the Renaissance. Urbana. 1960. – H. Kindermann, Die Commedia dell'arte u. das dt. Volkstheater. 1938. – M. Kommerell, Über die Commedia dell'arte. 1952. – W. Krömer, Die italienische C. d. A. 1977. – A. Kutscher, Die Commedia dell'arte in Dtschld. 1955. – K. M. Lea, Italian popular comedy. Oxford. 1934. – A. Nicoll, The World of Harlequin. Cambridge. 1963.
Laienspiel. P. Amtmann u. H. Kaiser (Hrsg.), Darstellendes Spiel. 1966. – R. Drenkow, I. C. Hoerning, Handbuch für Laientheater. 1968. – J. Gentges u.a., Laienspielratgeber. 1949. – M. Luserke, Jugend u. Laienbühne. 1927. – R. Mirbt, Laienspiel u. Laientheater. 1960. – P. Wolfersdorf, Stilformen des Laienspiels. 1962.
Pantomime. M. Marceau, Weltkunst der Pantomime. 1973. – K. G. Simon, Pantomime. 1960.
Theatergeschichte. Gesamtdarstellungen: V. Arpe, Bildgeschichte des Theaters. 1962. – M. Berthold, Weltgeschichte des Theaters. 1968. – S. Cheney, The Theatre, 3000 years of drama, acting and stagecraft. New York. 1959. – L. Dubech, Histoire générale du théâtre. 5 Bde. Paris. 1934. – H. Kindermann, Theatergeschichte Europas. 10 Bde. Salzburg. 1957ff. – A. M. Rabenalt, Mimus eroticus. Theater- u. Sittengeschichte. 5 Bde. 1965/66.
Griechenland u. Rom: M. Bieber, The History of the Greek and Roman theatre. Princeton. [2]1961. – H. Bulle u. H. Wirsing, Szenenbilder zum griech. Theater des 5. Jh. v. Chr. 1949. – J. E. Duckworth, The Nature of Roman Comedy. 1952. – H. Herter, Vom dionys. Tanz zum komischen Spiel. Die Anfänge der att. Komödie. 1947. – A. Müller, Das att. Bühnenwesen. [2]1916. – Polacco-Anti, Nuove ricerche sui teatri greci arcaici. 1969. – Steidle, Studien zum antiken Drama. 1968. – T. B. L. Webster, Griech. Bühnenaltertümer. In: Studienhefte zur Altertumswissenschaft 9. 1963.
Mittelalter: H. H. Borcherdt, Das europ. Theater im MA. u. in der Renaissance. [2]1969. – H. Brinkmann, Zum Ursprung des liturg. Spiels. 1929. – G. Cohen, Le théâtre en France au moyen-âge. 2 Bde. Paris. 1929–1931. – G. Frank, The Medieval French Drama. Oxford. 1954. – M. Herrmann, Forschungen zur dt. Theatergeschichte des MA. u. der Renaissance. 1914. – W. Müller, Der schauspieler. Stil im Passionsspiel im MA. 1927. – R. Vey, Christl. Theater in MA. u. Neuzeit. 1960. – R. Warning, Funktion u. Struktur. 1974.
Humanismus u. Reformation: E. Kessler, Das Problem des frühen Humanistendramas. 1968. – H. Rüdiger, Wesen u. Wandlungen des Humanistendramas. [2]1966. – M. Seidlmayer, Wege u. Wandlungen des Humanistendramas. 1965.
Deutschland: R. Alewyn u. K. Sälzle, Das große Welttheater. Die Epoche der höf. Theater. 1959. – M. Baur-Heinold, Theater des Barock. 1966. – H. Braun, Theater in Dtschld. 1952. – W. Drews, Die Großen des dt. Schauspiels. 1941, u. d. T. Die großen Zauberer. Wien. 1953. – W. Flemming, Das Schauspiel der Wanderbühne. 1931. – G. Hensel, Das Theater der siebziger Jahre. 1980. – H. Kindermann, Theatergeschichte der Goethezeit. Wien. 1948. – H. Knudsen, Dt. Theatergeschichte. 1959. – W. Kosch, Das dt. Drama u. Theater im 19. u. 20. Jh. [3]1939. – F. Michael, Geschichte des dt. Theaters. 1969. – F. Moser, Die Anfänge des Hof- u. Gesellschaftstheaters in Dtschld. 1940. – A. Mühr, Rund um den Gendarmenmarkt. Von Iffland bis Gründgens. 1965. – J. Petersen, Das dt. Nationaltheater. 1919. – G. Reinhardt, Der Liebhaber, Erinnerungen seines Sohnes G. R. an Max Reinhardt. 1973. – H. Schultze, Das dt. Jugendtheater. Vom Schultheater des 16. Jh. bis zu den dt. Jugendspielbestrebungen der Gegenwart. 1960. – Theater in Berlin, Premieren 1945–1970. (Schriftenreihe zur Berliner Zeitgeschichte). 1972. – B. von Wiese, Dt. Dramaturgie vom Barock bis zur Klassik. 1976. – Wer spielt was? Bühnenrepertoire der DDR. 1975/76.
Österreich: F. Fuhrich, Theatergeschichte Oberösterreichs im 18. Jh. 1968. – J. Gregor, Das Wiener Barocktheater. Wien. 1922. – Ders. Geschichte des österr. Theaters. Wien. 1948. – H. Haider-Pregler, Theater u. Schauspielkunst in Österreich. 1970. – N. Hölzl. Theatergeschichte des östl. Tirol. 2 Bde. 1966/67. – J. Kant, Festspiele in Salzburg. [2]1969. – A. Sturm, Theatergeschichte Oberösterreichs im 16. u. 17. Jh. 1964.
Schweiz: O. Eberle, Theatergeschichte der inneren Schweiz 1200–1800. 1929. – J. H. Heß, Die schweizer. Barockbühne. 1923. – P. Lang, Bühne u. Drama der dt. Schweiz im 19. u. beginnenden 20. Jh. Zürich. 1924. – E. Müller, Schweizer Theatergeschichte. Zürich. 1944.
England: G. E. Bentley, The Jacobean and Caroline stage. 5 Bde. New York. 1941–1956. – H. J. Diller, Redeformen des engl. Mysterienspiels. 1973. – R. Fricker, Das moderne englische Drama, 1964. – H. Kosock (Hrsg.), Das englische Drama im 18. u. 19. Jh. Interpretationen. 1976. – D. Mehl (Hrsg.), Das englische Drama. Vom Mittelalter bis zur Gegenwart (2 Bde.). 1970. – A. Nicoll, British Drama. [6]1978. – A. P. Roister, English Drama from Early Times to the Elizabethans. London. 1956. – C. Rowell, The Victorian stage. Oxford. 1956. – R. Stamm, Geschichte des engl. Theaters. Bern. 1951. – R. Weimann, Shakespeare u. die Tradition des Volkstheaters. 1975.
Frankreich: M. Aghion, Le théâtre à Paris au 18e siècle. Paris. 1926. – A. Boll, Le théâtre et son histoire. Paris. 1941. – E. Champion, La Comédie Française. 5 Bde. Paris. 1927–1937. – T. E. Lawrenson, The French stage in the 17th century. Manchester. 1957. – R. Lebègue, De la Renaissance au Classicisme. Le Théâtre baroque en France. Paris. 1942. – K. Mantzius, Molière, les théâtres, le public et les comédiens de son temps. Paris. 1908. – P. Moreau, Le théâtre romantique. Paris. 1949. – B. Mosters, A. Student's Guide to Molière. 1970. – W. Pabst (Hrsg.), Das moderne französ. Drama. 1971. – J. Scherer, La dramaturgie classique en France. Paris. 1959. – W. Tal-

mon-Gros, Das moderne französ. Theater. 1947.
Italien: S. d'Amico, Storia del teatro italiano. 2 Bde. Mailand. 1955. – M. Apollonio, Storia del teatro italiano. 4 Bde. Florenz. 1954. – V. Pandolfi, Il teatro drammatico. Rom. 1958.
Spanien: M. A. Cilley, El teatro español. Las épocas en al desarrollo del drama. Madrid. 1934. – J. Gregor, Das span. Welttheater. 21943. – H. J. Müller, Das spanische Theater im 17. Jahrhundert. 1977. – J. H. Parker, Breve historia del teatro español. Barcelona. 1956. – A. Valbuena Prat, Historia del teatro español. Barcelona. 1956.
Portugal: A. Ehrlich, Übersicht über die Theatergeschichte Portugals. 1958. – F. de. Figueiredo, Bulletin d'histoire du théâtre portugais. 5 Bde. Lissabon. 1950–1954. – G. C. Rossi, Teatro portughese e brasiliano. Mailand. 1956.
Rußland: N. Evréinoff, Histoire du théâtre russe. Paris. 1947. – J. Gregor u. R. Fülöp-Miller, Das russ. Theater. Wien. 1927. – M. Slonim, Russian Theatre. From the Empire to the Soviets. London. 1963. – B. Varneke, History of the Russian theatre. 17th through 19th century. New York. 1951.
Übriges Europa: A. Cronia, Teatro serbocroato. Mailand. 1955. – R. K. Estreicher, Die Theater in Polen. Warschau. 1953. – G. Heiberg, Norsk teater. Oslo. 1920. – G. Hilleström, Theater u. Ballett in Schweden. Malmö. 1956. – M. Hubay, Nationale Schauspielkunst, dramatisches Ungartum. Budapest. 1941. – T. Krogh, Aeldre dansk teater, Kopenhagen. 1940. – W. P. Poos, Theatre in Holland, Amsterdam. 1957. – J. Pukánszky-Kádár, Geschichte des dt. Theaters in Ungarn. München. 1933. – G. Staudt, Bibliographia theatralis Hungarica. Budapest. 1938. – J. A. Worp, Geschiednis van het drama en van het tooneel in Nederlande. 2 Bde. Groningen. 1908.
USA: R. Haas, E. Lohner, Theater u. Drama in Amerika. Aspekte u. Interpretationen. 1978. – G. Hughes, A. History of the American theatre 1700 bis 1950. New York. 1951.
Iberoamerika: J. P. Echagüe, Le théâtre argentin. Paris. 1927. – Lafayette Silva, História do teatro brasileiro. Rio. 1938. – F. Monterde, Bibliografía del teatro en México. México. 1933. – R. Usigli, México en el teatro. México. 1932.
Indien: S. K. Do, The theatre in Bengal. In: Bulletin Ramakrishna Miss. Inst. of Culture. 4. Calcutta. 1953. – The Mirror of gesture. Being the Abbinaya. Darpana of Nandikesvara (Über ind. Schauspielkunst). Übersetzer A. Coomaraswamy. Cambridge, Mass. 1917. – R. K. Yajnik, The Indian theatre. London. 1934.
China: H. Kindermann, Fernöstl. Theater. 1966. – S. Obraszow, Theater in China. 1963. – G. Soulié de Morant, Théâtre et musique moderne en Chine. Paris. 1932. – S. H. West, Vaudeville and Narrative: Aspects of Chin Theatre. 1977.
Japan: F. Bowers, The Japanese Theatre. New York. 1959. – Z. Kincaid, The popular stage of Japan. London. 1925. – T. Immoos, F. Mayer, Japanisches Theater. 1975. – A. C. Scott, The Kabuki Theatre of Japan. London. 1955. – Shutaro Miyake, Kabuki. Berlin. 1965.
Theater der Gegenwart: A. Artaud, Das Theater u. sein Double. 1964. – G. E. Bentley, The modern theatre. London. 1948. – B. Brecht, Schriften zum Theater. Über eine nichtaristotel. Dramatik. 1957. – P. Brook. Der leere Raum. 1969. – Encyclopédie du théâtre contemporain. 2 Bde. Paris. 1957–1959. – M. Esslin, Das Theater des Absurden. 1963. – W. Felsenstein u. S. Melchinger, Musiktheater. 1961. – P. Ginestier, Le théâtre contemporain dans le monde. Paris. 1961. – H. Gouhier, Le théâtre et l'existence. Paris. 1952. – J. Grotowski, Das arme Theater. 1968. – G. Hensel, Theater der Zeitgenossen. 1972. – H. Hilpert, Formen des Theaters. Wien. 1944. – Ders., Gedanken zum Theater. 1951. – M. Kesting, Panorama des zeitgenöss. Theaters. 50 literar. Porträts. 1962. – S. Melchinger, Theater der Gegenwart. 21958. – Ders. u. H. Rischbieter, Welttheater. Bühnen, Autoren, Inszenierungen. 1962. – E. Piscator, Das polit. Theater. 1963. – O. F. Schuh u. F. Willnauer, Bühne als geistiger Raum. 1963.
Theaterkritik. J. Bab. Das Theater im Licht der Soziologie. Nachdr. 1974. – H. Knudsen, Theaterkritik. 1928. – W. Schwarzlose, Methoden der dt. Theaterkritik. 1951.
Theaterrecht. B. Riepenhausen, Das Arbeitsrecht der Bühne. 21956.
Theaterwissenschaft. H. Knudsen, Theaterwissenschaft. Werden u. Wertung einer Universitätsdisziplin. 1950. – A. Kutscher, Grundriß der Theaterwissenschaft. 2 Bde. 21949. – H. J. Rojek, Bibliographie der deutsch-sprachigen Hochschulschriften zur Theatergeschichte von 1953–1960. 1962. – G. Schwanbeck, Bibliographie der deutschsprachigen Hochschulschriften zur Theatergeschichte von 1885–1952. 1956. – D. Steinbeck, Einleitung in die Theorie u. Systematik der Theaterwissenschaft. 1970.
Volksbühne. S. Nestriepke, Geschichte der Volksbühne Berlin 1890–1914. 1930. – Ders., Neues Beginnen. Die Geschichte der Freien Volksbühne Berlin. 1946–1955. 1956. – A. Schwerdt, Zwischen Sozialdemokratie u. Kommunismus. Zur Geschichte der Volksbühne von 1918–1933. 1975.

3.5.1 THEATERBAU UND BÜHNENTECHNIK
Gesamtdarstellungen: H. Bulle, Untersuchungen an griech. Theatern. 1928. – H. Burris-Meyer u. E. C. Cole, Theatres and auditoriums. London. 1950. – A. Cassi Ramelli, Edifici per gli spettacoli teatri de massa, cinema, auditori, radio e cinecentri. Mailand. 21949. – A. Dörrer, Deutschlands erste Theaterbauten. 1937. – E. Fiechter, Das Dionysos-Theater in Athen: Das Theater in Piraieus. Das Theater auf Thera. 1950. – F. Hansing u. W. Unruh, Hilfsbuch der Bühnentechnik. 31950. – F. Kranich, Bühnentechnik der Gegenwart. 2 Bde. 1929–1933. – A. Neppi Modena, Gli edifici teatrali greci e romani. Florenz. 1961. – E. Stadler, Das neuere Freilichttheater in Europa u. Amerika. 1951. – W. Unruh, ABC der Theatertechnik. 21959. – B. E. Werner u. H. Gussmann, Theatergebäude. Geschichtl. Entwicklung u. Technik des Theaterbaus. 2 Bde. 1954.
Bühnenbild u. Theaterkostüm: M. von Boehn, Das Bühnenkostüm in Altertum, MA. u. Neuzeit. 1921. – O. Fischel, Das moderne Bühnenbild. 1923. – J. Laver, Drama, its costume and decor. London. 1951. – C. Niessen, Das Bühnenbild. Ein kulturgeschichtl. Atlas. 1927. – E. Pirchan, Bühnenmalerei. 21950. – Ders., Zweitausend Jahre Bühnenbild. Wien. 1948. – E. Preetorius, Das szenische Werk. 21943. – H. Rischbieter (Hrsg.), Bühne u. bildende Kunst im XX. Jh. 1972. – O. Schuberth, Das Bühnenbild, Geschichte, Gestalt, Technik. 1955. – W. Znamenacek, Kulissen, Bühne und Bild. 1957.
Amphitheater. G. Forni, Anfiteatro. In: Enciclopedia dell'arte antica 1. 1958.

3.5.3 PUPPENSPIEL
Gesamtdarstellungen: B. Baird, The art of puppet. New York. 1965. – J. Demmeni, Puppen auf der Bühne. 1951. – A. J. Fedotow, Technik des Figurentheaters. o. J. – H. Just (Hrsg.), Puppenspieler: Mensch – Narr – Weiser. 1958. – J. Malik u. E. Kolar, Das Puppenspiel in der Tschechoslowakei. 1970. – P. McPharlin, The puppet theatre in America. New York. 1949. – M. Niculescu u. a. (Hrsg.), Puppenspiel der Welt. Zeitgenöss. Puppenspiel in Wort u. Bild. 1965. – S. Obraszow, Mein Beruf. 1952. – H. R. Purschke, Vielgeliebtes Puppenspiel. 1965. – G. Speaight, The history of the English puppet theatre. London. 1955. – UNIMA (Hrsg.), Puppentheater der Welt. 1966.
Dschoruri. D. Keene, Bunraku. The art of Japanese theatre. Tokio. 1965.
Handpuppen. F. Arndt, Das Handpuppenspiel. 41965. – C. Niessen, Das rheinische Puppenspiel. 1928. – H. R. Purschke, Das ABC des Handpuppenspiels. o. J. – E. Reis u. J. Raffelt, Die Handpuppe. 1950.
Hohnsteiner Puppenspiele. M. Jacob, Wollt ihr Kasper spielen? 1971. – Ders., Mein Kasper u. ich. 1964. – R. Schimmrich (Hrsg.), Das Hohnsteiner Handpuppenspiel. 1937.
Karagöz. H. Ritter, Karagöz. Türk. Schattenspiele. 1924, 1941 u. 1953. – C. Spies, Türk. Puppenspiel. 1959.
Marionetten. O. Batek, Marionetten. 1980. – T. Dorst, Geheimnisse der Marionette. 1957. – A. C. Gervais, Marionettes et marionettistes de France. Paris. 1947. – G. Kraus, Die Salzburger Marionetten. 1966.
Puppenfilm. K. Lauscher (Hrsg. u. Übers.), Ein Sommernachtstraum mit Zeichnungen u. Puppen von Jiří Trnka. Prag. 1960. – J. Reichow, Zauberei auf Zelluloid. 1966. – R. Thiel, Puppen- u. Zeichenfilme. 1960.
Schattenspiel. O. Höver, Javan. Schattenspiele. 1923. – G. Jacob, Geschichte des Schattentheaters im Morgen- u. Abendland. 1925. – Ders. u. H. Jensen, Das chines. Schattenspiel. 1935. – Ders., H. Jensen u. H. Losch, Das ind. Schattentheater. 1931. – H. Paerl, Schattenspiel. 1981.
Wajang. C. P. Pink-Wilpert, Das indonesische Schattentheater. 1980.

3.5.6 FILM
Allgemeines: H. Agel, Esthétique du cinéma. Paris. 1957. – B. Balázs, Der Film. Wien. 21961. – A. Bazin, Qu'est ce que le cinéma? 2 Bde. Paris. 1958/59. – E. Feldmann, E. Meier (Hrsg.), Film u. Fernsehen im Spiegel der Wissenschaft. 1963. – S. Eisenstein, Film Form. New York. 1949. – Ders., The Film sense. New York. 21947. – W. Hagemann, Der Film, Wesen u. Gestalt. 1952. – E. Iros, Wesen u. Dramaturgie des Films. 21957. – F. Kempe, Film. Technik, Gestaltung, Wirkung. 1958. – T. Kotulla (Hrsg.), Der Film. Manifeste, Gespräche, Dokumente (Bd. 2: 1945 bis heute). 1964. – S. Kracauer, Theorie des Films. 1973. – Lo Duca, Die Erotik im Film. 1965. – E. Morin, Der Mensch u. das Kino. 1958. – J. P. Moulin, Y. Dalain (Hrsg.), Eintritt frei – Film. 2 Bde. Lausanne. 1962. – E. Patalas, Sozialgeschichte der Stars. 1963. – D. Prokop (Hrsg.), Materialien zur Theorie des Films. 1971. – W. Pudowkin, Filmregie u. Filmmanuskript. 1928. – R. Rach, Literatur u. Film. 1964. – G. Schmidt, W. Schmalenbach, P. Bächlin, Der Film wirtschaftlich, gesellschaftlich, künstlerisch. 1947. – J. G. Staab, Filmregie für Leinwand u. Bildschirm. 1962.
Bibliographien u. Nachschlagewerke: Arbeitsgemeinschaft der Filmjournalisten e. V. (Hrsg.), Jahrbuch der Filmkritik. 1959 ff. – A. Bauer, Dt. Spielfilm-Almanach 1929–1950. 1950. – Glenzdorfs Internationales Film-Lexikon. Bibliograph. Handbuch für das gesamte Filmwesen. 3 Bde. 1960/61. – L. Halliwell, The Filmgoer's Companion. London. 1972. – Kath. Filmkommission für Dtschld. (Hrsg.), 6000 Filme. Krit. Notizen aus den Kinojahren 1945–1958. 1959. – Dies., Filme 1959–1961. Krit. Notizen aus drei Kino- u. Fernsehjahren. 1962. – Dies., Filme 1962 bis 1964. Krit. Notizen aus drei Kino- u. Fernsehjahren. 1965. – U. Kurowski, Lexikon des Films. Neuausgabe 1976. – H. P. Manz, Internationale Filmbibliographie. 1952–1962. Zürich. 1963; Nachtrag für 1963/64. Zürich. 1964. – J. Mitry, Filmographie Universelle. Tome Ier: Index historique des techniques et industries du film. Paris. 1963. Tome IIme: Primitifs et précurseurs 1895–1915, Ier partie: France et Europe. Paris. 1964. – J. Reichow u. M. Hanisch, Filmschauspieler A–Z. 1974. – H. Traub u. H. W. Lavies, Das dt. Filmschrifttum. 1940.
Film-Arten: E. Beyfuß, A. Kossowsky (Hrsg.), Das Kulturfilmbuch. 1924. – D. Chevalier, Zeichentrickfilm. Lausanne. 1963. – T. Fürstenau, Wandlungen im Film. 1970. – Research Film Committee of the International Scientific Film Association (Hrsg.), Research Film – Film de Recherche – Forschungsfilm. In Connection with „Science and Film". Göttingen u. Paris. 1953. – J. L. Rieupeyrout, Der Western. 1963. – J. Horstmann (Hrsg.), Sprache des Kurzfilms. 1981. – B. Thomas, Walt Disney – Die Kunst des Zeichenfilms. 1960.
Filmgeschichte. Allgemeine Darstellungen: M. Bardeche, R. Brasillach, Histoire du cinéma. 2 Bde. Givors/Rhône. 1953/54. – R. Borde, F. Buache, J. Curtelin, Nouvelle vague. Lyon. 21962. – C. W. Ceram, Eine Archäologie des Kinos. 1965. – R. Clair, Vom Stummfilm zum Tonfilm. 1952. – S. Eisenstein, Erinnerungen. 1963. – U. Gregor u. E. Patalas, Geschichte des Films. 1962. – Dies.n, Geschichte des modernen Films. 1965. – R. Jeanne, Ch. Ford, Histoire encyclopédique du cinéma. 5 Bde. Paris. 1952–1962 – T. Kotulla, der Film. 1964. – G. Sadoul, Geschichte der Filmkunst. 1957. – Ders., Histoire générale du cinéma. 5 Bde. Paris. 1947–1954. – J. Toeplitz, Geschichte des Films. 1973 ff. – F. von Zglinicki, Der Weg des Films. 1956.
Deutschland: G. Albrecht, Nationalsozialist. Filmpolitik. 1969. – B. Bronnen, C. Brocher, Die Filmemacher. 1979. – L. Eisner, Dämonische Leinwand. 1955. – H. Kersten, Das Filmwesen in der Sowjet. Besatzungszone Dtschlds. 2 Bde. 21963. – S. Kracauer, Von Caligari bis Hitler. 1977.
Ausland: J. Anderson, D. Richie, The Japanese Film. New York. 21960. – R. Armes, French Film. London, New York. 1970. – J. Jacobs, The Rise of the American Film. New York. 1939. – E. Lauritzen, Swedish Films. New York. 1962. – J. Leyda, A History of the Russian and Soviet Film. London. 1960. – R. Low, R. Manvell, History of the British Film. 3 Bde. London. 1948–1951. – H. Prakke, B. J. Bertina, Film in den Niederlanden. Assen. 1963. – W. Pudowkin, M. Romm, A. Dowshenko, L. Kuleschо u. a., Der sowjetische Film. 1953. – L. C. Rosten, Hollywood. The Movie Colony – The Movie Makers. New York. 1941. – G. Sadoul, Le Cinéma français. Paris. 1962. – M. Schlappner, Von Rossellini zu Fellini. 1958. – P. Shah, Indian Film. Bombay u. New York. 1950.
Filmkunde, Filmsoziologie. G. Albrecht, Film u. Verkündigung. Probleme des religiösen Films. 1962. – L. Decurtins, Film u. Jugendkriminalität. 1961. – Ch. Ford, Der Film u. der Glaube. 1955. – K. Heinrich, Filmerleben – Filmwirkung – Filmerziehung. 1960. – W. Schmieding, Kunst oder Kasse – Der Ärger mit dem dt. Film. 1961. – D. Prokop, Soziologie des Films. 1970. – A. Silbermann, Mediensoziologie. Bd. 1: Film. 1973. – W. Troeger, Der Film u. die Antwort der Erziehung. Eine Untersuchung zu soziolog. u. pädagog. Fragen des Films bei werktätigen Jugendlichen u. Oberschülern. 1963. – A. Vogel, Film as a Subversive Art. London. 1974.

3.5.8 FILMWIRTSCHAFT. H. Bergner, Versuch einer Filmwirtschaftslehre. 1962. – F. J. Berthold, H. v. Hartlieb, Filmrecht. 1957. – W. Dadek, Die Filmwirtschaft. 1957.

3.6.0 KLEINKUNST, KABARETT, VARIETÉ. K. Budzinski, Die Muse mit der scharfen Zunge, Geschichte des deutschsprachigen Kabaretts. 1961. – Ders., So weit die scharfe Zunge reicht. Anthologie. 1964. – H. Greul, Die elf Scharfrichter. Zürich. 1962. – H. Hakel, Wigl-Wogl. Kabarett u. Varieté in Wien. Wien. 1962. – F. Hollaender, Von Kopf bis Fuß. Mein Leben mit Text und Musik. 1965. – R. Hösch, Kabarett von gestern. Bd. 1: 1900–1933. 1967. – S. Kühl, Dt. Kabarett. Ein Bildband. 1962. – C. W. Müller, Narren, Henker, Komödianten. Geschichte u. Funktion des polit. Kabaretts. 1956. – L. Reisner, Kabarett als Werkstatt des Theaters. Literar. Kleinkunst in Wien vor dem 2. Weltkrieg. Diss. Wien. 3 Bde. 1961. – T. Riegler, Das Liesl-Karlstadt-Buch. 1961. – W. Schaeffers, Tingeltangel. Ein Leben für die Kleinkunst. Aufgezeichnet von E. Ebermayer. 1959. – K. Valentin, Gesammelte Werke. 1961. – R. Weys, Cabaret u. Kabarett in Wien. 1970. – G. Zivier, H. Kotschenreuther, V. Ludwig, Kabarett mit K. 21977.

3.6.1 ZIRKUS. Internat. Autorenkollektiv (Hrsg.), Die Artisten, ihre Arbeit u. ihre Kunst. 1965. – R. Bart u. M. Cortesi, Circus. 1970. – G. Bose, E. Brinkmann, Cirkus. 1978. – J. Fillis, Grundsätze der Dressur u. Reitkunst. 1929. – E. Gobbers, Artisten. 1949. – W. Jäggi (Hrsg.), Harlekin. Bilderbuch der Spaßmacher. Basel. 1959. – J. Kusnezow, Der Zirkus der Welt. 1970. – A. Lehmann, Unsterblicher Zirkus. 1939. – Ders., Tiere als Artisten. 1955. – F. Sembach-Krone, Circus Krone. 1969. – H. Stosch-Sarrasani, Durch die Welt im Zirkuszelt. 1940. – F. Usinger, Die geistige Figur des Clowns in unserer Zeit. 1964.

3.6.2 TANZ
Allg. u. historische Darstellungen: M. von Boehn, Der Tanz. 1925. – F. M. Böhme, Geschichte des Tanzes in Dtschld. 2 Bde. 1886. – D. Günther, Der Tanz als Bewegungsphänomen. 1962. – V. Junk, Handbuch des Tanzes. 1930. – I. A. Meerlo, Rhythmus u. Ekstase. 1959. – K. Petermann, Tanzbibliographie. 1969/70. – C. Sachs, Weltgeschichte des Tanzes (mit Bibliographie). 1933. – W. Sorell, Knaurs Buch vom Tanz. 1969. – L. Spence, Myth and ritual in dance, game and rhyme. London. 1947. – L. Vaillat, Histoire de la danse. Paris. 1942.
Altertum u. fremde Kulturen: R. Alley u. E. Siao, Peking Opera. Dt. Peking. 1957. – T. P. van Baaren, Selbst die Götter tanzen. 1964. – E. Brunner-Traut, Der Tanz im alten Ägypten. 1938. – H. Cartier-Bresson, Bali. Theater u. Tanz. 1960. – J. Cuisinier, La danse sacrée en Indochine et en Indonésie. Paris. 1951. – O. Eberle, Cenalora. Leben, Glauben, Tanz u. Theater der Urvölker. Olten. 1954. – B. Gargi, Theater u. Tanz in Indien. 1960. – R. Italiaander, Tanz in Afrika. 1960. – R. Torniai, La danza sacra. Rom. 1950. – F. Weege, Der Tanz in der Antike. 1926.
Ausdruckstanz. K. Peters, Dore Hoyer. 1964. – E. Krull u. W. Gommlich, Palucca. 1964.
Ballett. Allg. u. historische Darstellungen: A. J. Balcar, Das Ballett. Eine kleine Kulturgeschichte. 1957. – K. V. Burian, Das Ballett, seine Geschichte in Wort u. Bild. Prag. 1963. – A. H. Franks, Ballet for film and television. London. 1950. – A. Golea, Histoire du ballet. Lausanne. 1967. – J. Gregor, Kulturgeschichte des Balletts. Wien. 21952. – H. Koegler, Ballett international. Versuch einer Bestandsaufnahme. 1960. – Ders., Modernes Ballett in Amerika. 1959. – E. Rebling, Ballett von A–Z. 21970. – F. Reyna, Das Buch vom Ballett. 1964. – G. Zacharias, Ballett. Gestalt u. Wesen. 1962.
Nachschlagewerke: A. J. Balcar, Knaurs Ballett-Lexikon. 1958. – C. W. Beaumont, Complete book of ballets. London. 21951. – Dictionnaire du ballet moderne. Paris. 1957. – R. Lawrence, The Victor Book of ballets and ballet music. New York. 1950. – O. F. Regner, Reclams Ballett-Führer. 41969.
Technik: Methodik des klass. Tanzes. Ausgearb. von der Arbeitsgemeinschaft für klass. Tanz am ungar. Staatl. Ballett-Institut. Berlin. 1964. – K. Peters, Lexikon der klass. Tanztechnik. 1961. – A. J. Waganowa, Die Grundlagen des klass. Tanzes. 1954.
Ensembles, Tänzer(innen): Z. Dominic u. M. Winkler-Betzendahl, John Cranko u. das Stuttgarter Ballett. 31975. – K. Geitel, Stars auf Spitze. Primaballerinen von heute. 1963. – Ders., Der Tänzer heute. 1964. – K. Lemmer, Primaballerinen. Bilder aus Rokoko u. Romantik. 1962. – A. Levinson, Meister des Balletts. 1923. – J. Slonimskij, Meister des Balletts im 19. Jh. 1937. – K. V. Prinz zu Wied, Königinnen des Balletts. 1961.
Pantomime. K. G. Simon, Pantomime. Ursprung, Wesen, Möglichkeiten. 1960.
Wigman, Mary. M. Wigman, Die Sprache des Tanzes. 1963. – G. Zivier, Harmonie u. Ekstase. Mary Wigman. 1956.

3.6.3 GESELLSCHAFTSTANZ. F. Heyer u. a., Der Tanz in der modernen Gesellschaft. 1958. – A. Moore, Gesellschaftstanz. [5]1964.

3.6.5 VOLKSKUNDE

Gesamtdarstellungen: A. Bach, Dt. Volkskunde. [3]1960. – H. Bausinger, Volkskultur in der techn. Welt. 1961. – Ders. (Hrsg.), Abschied vom Volksleben. 1970. – Ders., Volkskunde. 1972. – Ders., W. Brückner (Hrsg.), Kontinuität? Geschichtlichkeit u. Dauer als volkskundl. Problem. 1969. – T. Gebhard, J. Hanika (Hrsg.), IRO-Volkskunde. Europ. Länder. 1963. – W. Jacobeit, P. Nedo (Hrsg.), Probleme u. Methoden volkskundl. Gegenwartsforschung. 1969. – W. Peßler (Hrsg.), Handbuch der dt. Volkskunde. 3 Bde. o. J. – W.-E. Peuckert u. O. Laufer, Volkskunde. Quellen u. Forschungen seit 1930. 1951. – A. Spamer (Hrsg.), Die dt. Volkskunde. 2 Bde. 1934/35. – W. Stammler (Hrsg.), Dt. Philologie im Aufriß. Bd. 2 u. 3. [2]1962. – R. Weiss, Volkskunde in der Schweiz. Erlenbach. 1946.

Bibliographien, Lexika, Atlanten: International Bibliography of the Social Sciences (bes. International Bibliography of Sociology). 1952 ff. – International Bibliography of Social and Cultural Anthropology. 1958 ff. Paris. 1952 ff. – Internationale Volkskundl. Bibliographie. 1917 ff. – R. Beitl, Wörterbuch der dt. Volkskunde. [3]1974. – A. Haberlandt, Taschenwörterbuch der Volkskunde Österreichs. 2 Bde. Wien. 1953–1959. – Å. Hultkrantz (Hrsg.), International Dictionary of Regional European Ethnology and Folklore. Bd. 1: Å. Hultkrantz, General Ethnological Concepts. Kopenhagen. 1960. – Bd. 2: L. Bødker, Folk Literature. Kopenhagen. 1965. – M. Leach (Hrsg.), Standard Dictionary of Folklore, Mythology and Legend. 2 Bde. New York. 1949/50. – Atlas der dt. Volkskunde. 1937 ff. – Atlas der schweizer. Volkskunde. Basel. 1950 ff. – Österreich. Volkskunde-Atlas. Linz. 1959 ff.

Geschichte: H. Bausinger (Hrsg.), Zur Geschichte von Volkskunde u. Mundartforschung in Württemberg. 1964. – W. Emmerich, Germanist. Volkstumsideologie. Genese u. Kritik der Volksforschung im Dritten Reich. 1968. – K.-S. Kramer (Hrsg.), Volkskunde im 19. Jh. 1968. – G. Lutz (Hrsg.), Volkskunde. Ein Handbuch zur Geschichte ihrer Probleme. 1958. – L. Schmidt, Geschichte der österr. Volkskunde. Wien. 1951. – L. Weber-Kellermann, Dt. Volkskunde zwischen Germanistik u. Sozialwissenschaften. 1969.

Arbeit u. Gerät: W. Boman, Bäuerl. Hauswesen u. Tagewerk im alten Niedersachsen. [4]1941. – R. Braun, Industrialisierung u. Volksleben. 2 Bde. 1960–1965. – W. Hansen (Hrsg.), Arbeit u. Gerät in volkskundl. Dokumentation. 1969. – G. Heilfurth u. I. Weber-Kellermann (Hrsg.), Arbeit u. Volksleben. 1967.

Gemeinde, Siedlung, Haus: H. Bausinger, M. Braun, H. Schwedt, Neue Siedlungen. [2]1963. – A. Bernt (Hrsg.), Das dt. Bürgerhaus. 1959 ff. – B. Schier, Hauslandschaften u. Kulturbewegungen im östl. Mitteleuropa. [2]1965. – H. Schwedt, Kulturstile kleiner Gemeinden. 1968. – R. Weiss, Häuser u. Landschaften der Schweiz. Erlenbach. 1959.

Gruppen, Schichten, Minoritäten: G. Heilfurth, Das Bergmannslied. 1954. – W. Jacobeit, Schafhaltung u. Schäfer in Zentraleuropa. 1961. – U. Jeggle, Judendörfer in Württemberg. 1969. – H. Möller, Die kleinbürgerl. Familie im 18. Jh. 1969. – R. Peesch, Die Fischerkommunen auf Rügen u. Hiddensee. 1961. – W.-E. Peuckert, Volkskunde des Proletariats. 1932. – M. Rumpf, Dt. Handwerkerleben. 1955. – I. Weber-Kellermann, Erntebrauch in der ländl. Arbeitswelt des 19. Jh. 1965.

Volksbrauch, Volksfeste: E. Fehrle, Feste u. Volksbräuche im Jahreslauf europ. Völker. 1955. – P. Geiger, Dt. Volkstum in Sitte u. Brauch. 1936. – P. Sartori, Sitte u. Brauch. 3 Bde. 1910–1914. – A. Spamer, Sitte u. Brauch. In: W. Peßler, Handbuch der dt. Volkskunde. Bd. 2. o. J. – G. Wiegelmann, Alltags- u. Festspeisen. 1967.

Volksfrömmigkeit u. -glaube: H. Bächtold-Stäubli (Hrsg.), Handwörterbuch des dt. Aberglaubens. 10 Bde. 1927–1942. – G. Korff, Heiligenverehrung in der Gegenwart. 1970. – L. Kriss-Rettenbeck, Bilder u. Zeichen religiösen Volksglaubens. 1963. – M. Zender, Räume u. Schichten mittelalterl. Heiligenverehrung. 1959.

Volkskunst: H. T. Bossert, Volkskunst in Europa. 1926. – E. Fil, T. Hofer u. K. K. Csilléry, Ungarische Bauernkunst. Budapest. 1970. – H. J. Hansen (Hrsg.), Europas Volkskunst u. die europ. beeinflußte Volkskunst Amerikas. 1970. – S. Kovačevečová u. B. Schreiber, Volksplastiken. Bratislawa. 1971. – K. Rumpf, Dt. Volkskunst Hessen. [2]1972.

Volkslied, -musik, -tanz: F. M. Böhme, Dt. Kinderlied u. Kinderspiel. 1914. – Dt. Volksliederarchiv Freiburg i. Br. (Hrsg.), Dt. Volkslieder mit ihren Melodien. 1935 ff. – H. Fischer, Volkslied, Schlager, Evergreen. 1965. – F. Hoerburger, Katalog der europ. Volksmusik. 1952. – K. Klier, Volkstüml. Musikinstrumente in den Alpen. 1956. – L. Schmidt, Volksgesang u. Volkslied. 1970. – W. Steinitz, Dt. Volkslieder demokrat. Charakters aus 6 Jahrhunderten. 2 Bde. 1954–1962. – D. Stockmann, Der Volksgesang in der Altmark. 1962. – W. Suppan, Volkslied. 1966. – R. Wolfram, Die Volkstänze in Österreich u. verwandte Tänze in Europa. 1951. – Jahrbuch für Volksliedforschung. 1928 ff. – Jahrbuch des Österr. Volksliedwerks. 1952 ff.

Volksmedizin: E. Grabner (Hrsg.), Volksmedizin. 1967. – O. von Hovorka u. A. Kronfeld, Vergleichende Volksmedizin. 2 Bde. 1908/09.

Volksbuch, Volkspoesie u. Volkslesestoffe: H. Bausinger, Formen der „Volkspoesie“. 1968. – D. Bayer, Der triviale Familien- u. Liebesroman im 20. Jh. 1963. – J.-U. Davids. Das Wildwestromanheft in der Bundesrepublik. 1969. – M. Hain, Rätsel. 1966. – Dies., Sprichwort u. Volkssprache. 1951. – Handwörterbuch des dt. Märchens. 1930 ff. – Handwörterbuch der Sage. 1961 ff. – G. Henssen, Überlieferung u. Persönlichkeit. 1951. – A. Jolles, Einfache Formen. [2]1956. – F. von der Leyen, Das Märchen. [4]1958. – M. Lüthi, Märchen. [2]1964. – L. Röhrich, Sage. 1966. – H. Rosenfeld, Legende. 1961. – R. Schenda, Volk ohne Buch. 1970. – L. Schmidt, Die Volkserzählung. 1963. – E. Straßner, Schwank. 1968. – St. Thompson, Motif-Index of Folk-Literature. 5 Bde. Kopenhagen. 1955–1958. – K. F. W. Wander, Dt. Sprichwörter-Lexikon. 5 Bde. Neudruck 1963. – R. Wossidlo u. G. Schneidewind, Herr und Knecht. Antifeudale Sagen aus Mecklenburg. 1960.

Volksrecht: W. Brückner, Bildnis u. Brauch. 1966. – E. Frhr. von Künßberg, Rechtl. Volkskunde. 1936.

Volksschauspiel: B. Schöpel, Naturtheater. 1965. – L. Schmidt, Das dt. Volksschauspiel. 1962. – F. Sieber, Volk u. volkstüml. Motivik im Festwerk des Barocks. 1960.

Volkstracht: M. Hain, Das Lebensbild eines oberhess. Trachtendorfes. 1936. – F. Hottenroth, Dt. Volkstrachten. 3 Bde. 1898 bis 1901. – Katalog der Lipperheideschen Kostümbibliothek. Neu bearb. von E. Nienholdt u. G. Wagner–Neumann.

Andachtsbild. M. Scharfe, Evangel. Andachtsbilder. 1968. – A. Spamer, Das kleine Andachtsbild. 1930.

Bauernhaus. T. Gebhard, Wegweiser zur Bauernhausforschung in Bayern. 1957. – H. Kolesch, Das altoberschwäb. Bauernhaus. 1967. – H. Schilli, Das Schwarzwaldhaus. 1953. – K. A. Sommer, Bauernhof – Bibliographie. 1944. – G. Wolf (Hrsg.), Haus u. Hof dt. Bauern. 1940 ff. – A. Zippelius, Das Bauernhaus am unteren dt. Niederrhein. 1957.

Erntebräuche. I. Weber-Kellermann, Erntebrauch in der ländl. Arbeitswelt des 19. Jh. 1965.

Maske. H. Bausinger (Hrsg.), Maske zwischen Spiel u. Ernst. 1967. – F. Behn, Vorgeschichtl. Maskenbrauchtum. 1955. – J. F. Glück u. M. Noske, Afrikan. Masken. 1956. – J. Gregor, Die Masken der Erde. 1936. – M. Griaule, Masques Dogon. Paris. 1963. – F. Herrmann, Symbolik in den Religionen der Naturvölker. 1961. – W. Klingbeil, Kopfmasken u. Maskierungszauber. 1935. – R. Löhrer, Mienenspiel u. Maske in der griech. Tragödie. 1927. Neudr. New York. 1968. – A. Lommel, Maske. 1970. – H. Lucas, Lamaist. Masken. 1956. – Ders., Ceylones. Masken. 1958. – A. Nicoll, Masks, mimes and miracles. London. 1931. – E. Pirchan, Das Maskenmachen u. Schminken. [2]1954. – L. Schmidt (Hrsg.), Masken in Mitteleuropa. 1955.

Segen. L. Hampp, Beschwörung, Segen, Gebet. 1961.

Totenbestattung. H. Hartmann, Der Totenkult in Irland. 1952. – J. Huber, Das Brauchtum der Totenbretter. 1956.

Tradition. G. Weber, Beharrung u. Einführung. 1968.

Umzug. T. Gantner, Der Festumzug. Basel. 1970.

Verein. H. Freudenthal, Vereine in Hamburg. 1968.

3.6.6 BUCHWESEN

Gesamtdarstellungen, Nachschlagewerke: W. Adrian u. a. (Hrsg.), Das Buch in der dynam. Gesellschaft. 1970. – H. Bohatta, Einführung in die Buchkunde. [2]1928. – G. A. Glaister, Glossary of the book. London. 1960. – Gutenberg-Jahrbuch. 1926 ff. – H. Hiller, Wörterbuch des Buches. [4]1980. – E. Hölscher, Handwörterbuch für Büchersammler. 1947. – Imprimatur. Jb. für Bücherfreunde. 1930 ff. – J. Kirchner, Lexikon des Buchwesens. 4 Bde. [2]1981 – K.-O. Saur, Die Fachliteratur zum Buch- u. Bibliothekswesen. 1965 ff. – J. Schlemminger, Fachwörterbuch des Buchwesens. [2]1954. – H. Widmann (Hrsg.), Bibliothek des Buchwesens. Bd. 1. 1972.

Geschichte: S. Dahl, Geschichte des Buches. [3]1967. – R. Escarpit, La revolution du livre. [2]1969. – F. Funke, Buchkunde. [2]1963. – Geschichte der Textüberlieferung. 2 Bde. Zürich. 1961 u. 1964. – Histor. Kommission des Börsenvereins des dt. Buchhandels (Hrsg.), Archiv für die Geschichte des Buchwesens. 1958 ff. – Histor. Kommission des Börsenvereins der dt. Buchhändler zu Leipzig (Hrsg.), Beiträge zur Geschichte des Buchwesens. 1965 ff. – A. Labarre, Histoire du livre. Paris. 1970. – W. H. Lange, Das Buch im Wandel der Zeiten. [6]1951. – D. C. Mcmurtrie, The Book. New York. [10]1972. – P. Meyer-Dohm (Hrsg.), Das wissenschaftl. Buch. 1969. – W. Rüegg, Die kulturelle Funktion des Buches. 1965. – W. Schubart, Das Buch bei den Griechen u. Römern. [3]1962. – K. Schottenloher, Das alte Buch. [3]1956. – Ders., Bücher bewegten die Welt. 2 Bde. [2]1968. – F. Uhlig, Geschichte des Buches u. des Buchhandels. [2]1962.

Bibliophilie. G. A. E. Bogeng, Die großen Bibliophilen. Geschichte der Büchersammler u. ihrer Sammlungen. 3 Bde. 1922. – Ders., Einführung in die Bibliophilie. 1931. – A. Dühmert, Buchpflege. Bibliographie. 1963. – K. Kliemann, Stundenbuch für Letternfreunde. 1954. – H. M. Lydenberg u. J. Archer, Über die Pflege u. das Ausbessern von Büchern. [2]1960.

Bilderbuch. J. Becker, R. Rauter (Hrsg.), Die Dritte Welt im Kinderbuch. 1978. – K. Doderer, H. Müller (Hrsg.), Das Bilderbuch. [2]1975.

Buchdruck. G. Barthel u. U. Krebs, Das Druckwerk. Bd. 1. 1963. – G. Bass, Das Buchdruckerbuch. [5]1953. – G. A. E. Bogeng, Geschichte der Buchdruckerkunst. 2 Bde. 1930 u. 1940. – A. Kapr, Buchgestaltung. 1963. – O. Krüger, Satz, Druck, Einband u. verwandte Dinge. [8]1962. – J. Rosenberg, Die Druckkunst als Spiegel der Kultur in fünf Jahrhunderten. 1942. – G. K. Schauer, Wege der Buchgestaltung. 1953. – S. H. Steinberg, Die schwarze Kunst. [2]1961.

Bucheinband. J. Eyssen, Buchkunst in Deutschland. 1980. – F. Geldner, Bucheinbände aus elf Jahrhunderten. [2]1959. – K. Haebler u. I. Schunke, Rollen- u. Plattenstempel. Neudr. 1968. – H. Hellwig, Handbuch der Einbandkunde. 2 Bde. 1953 u. 1955. – Ders., Das dt. Buchbinder-Handwerk. 2 Bde. 1962 u. 1965. – Ders., Einführung in die Einbandkunde. 1970. – E. Kyriss, Verzierte got. Einbände. 3 Bde. 1951–1958.

C. Rosner, Die Kunst des Buchumschlages. 1954. – G. K. Schauer, Dt. Buchkunst. 1890–1960. 1963. – Ders., Internationale Buchkunst. 1969. – I. Schunke, Studien zum Bilderschmuck dt. Renaissancebände. 1959. – F. Wiese, Der Bucheinband. [4]1964.

Caxton, William. N. F. Blake, C. and his world. London. 1976. – E. Childs, W. C. London. 1976.

Erotika. H. E. Wedeck, Dictionary of erotic literature. New York. 1962.

Gutenberg, Johannes. G. Hermanowski, J. G., sein Leben u. sein Werk. 1970. – H. Lülfing, J. G. 1969. – A. Ruppel, G. [3]1968.

Inkunabeln. F. Geldner, Die dt. Inkunabeldrucker. 2 Bde. 1968 u. 1970.

Jugendbuch. E. G. von Bernstorff (Hrsg.), Aspekte der erzählenden Jugendliteratur. 1981. – K. Doderer (Hrsg.), Jugendliteratur heute. 1965. – K. Friesicke, Handbuch der Jugendpresse. 1956. – B. Hürlimann, Europäische Kinderbücher in drei Jahrhunderten. [2]1964. – K. E. Maier, Jugendschriften. [3]1968. – F. Rutt, Buch u. Jugend. [2]1960.

3.6.7 BUCHHANDEL

Gesamtdarstellungen, Nachschlagewerke: Börsenverein des Dt. Buchhandels (Hrsg.), Buch u. Buchhandel in Zahlen. 1951 ff. (jährl.). – H. Hiller u. W. Strauß (Hrsg.), Der dt. Buchhandel. [5]1971. – K. Kliemann u. P. Meyer-Dohm, Buchhandel. Bibliographie. 1963. – P. Meyer-Dohm u. W. Strauß (Hrsg.), Handbuch des Buchhandels. 1971 ff. – H. F. Schulz, Das Schicksal der Bücher u. der Buchhandel. [2]1960. – S. Taubert, Grundriß des Buchhandels in aller Welt. 1953.

Geschichte: Archiv für die Geschichte des dt. Buchhandels. 21 Bde. 1878–1898 u. 1930. – F. Kapp u. J. Goldfriedrich, Geschichte des dt. Buchhandels. 3 Bde. u. Registerbd. 1886 u. 1923. – R. Schmidt, Dt. Buchhändler, dt. Buchdrucker, Beiträge zu einer Firmengeschichte des dt. Buchgewerbes. 6 Bde. 1902–1908. – H. Widmann, Geschichte des Buchhandels vom Altertum bis zur Gegenwart. 1952. – Ders., Der Buchhandel vor der Erfindung des Buchdrucks. 1968. – Ders. (Hrsg.), Der dt. Buchhandel in Urkunden u. Quellen. 1965.

Sortiment u. Antiquariat. H. F. Kasper u. H. F. Schulz, Buchläden, durchdacht u. gestaltet. 1958. – P. Schroers u. B. Hack, Das Antiquariat. 1949. – Partnerschaft im Buchhandel (Bertelsmann Texte 6). 1976.

Verlagsbuchhandel. P. Meyer-Dohm u. W. Strauß (Hrsg.), Schriften zur Buchmarkt-Forschung. 1963 ff. – W. Olbrich, Einführung in die Verlagskunde. [3]1955. – R. Ostwald, Nachdruckverzeichnis von Einzelwerken, Serien u. Zeitschriften. 1965.

3.6.8 VERLAGE

Allgemein: C. Vinz u. G. Olzog, Dokumentation deutschsprachiger Verlage. [7]1980.

Brockhaus. A. Hübscher, Hundertfünfzig Jahre F. A. Brockhaus 1805–1955. 1955.

3.7.0 BIBLIOTHEKSWESEN

Bibliographien, Nachschlagewerke, Gesamtdarstellungen: Bibliographie des Bibliotheks- u. Buchwesens. Bearb. A. Hortzschansky u. a. (für 1904–1925). Forts.: Internationale Bibliographie des Buch- u. Bibliothekswesens (für 1926–1940). 1928–1941. – Handbuch der Bibliothekswissenschaft. [2]1952–1965. – Handbuch des Büchereiwesens. 1961 ff. – Internationales Bibliotheks-Handbuch. 1970/71. – Jb. der Bibliotheken, Archive u. Dokumentationsstellen (1967: Informationsstellen) der DDR. 1959 ff. – Jb. der dt. Bibliotheken. 1902 ff. – J. Kirchner, Bibliothekswissenschaft. [2]1953. – Lexikon des Bibliothekswesens. 1969. – Lexikon des Buchwesens. 1952–1956. – Library Literature. 1934 ff. – Library Science Abstracts. 1950 ff. – Libri. 1950 ff. – J. Unger, Zur Bibliotheksarbeit mit audiovisuellen Materialien. 1971. – J. Vorstius, Die Erforschung des Buch- u. Bibliothekswesens. 1952–1956.

Geschichte: A. Hobson, Große Bibliotheken der Alten u. der Neuen Welt. 1970. – G. Leyh, Die dt. wissenschaftl. Bibliotheken nach dem Krieg. 1947. – E. Mehl u. K. Hannemann, Dt. Bibliotheksgeschichte. [2]1957. – R. Mummendey, Von Büchern u. Bibliotheken. [5]1976. – F. Ritschl, Die alexandrin. Bibliotheken unter den ersten Ptolemäern u. die Sammlung der Homerischen Gedichte durch Pisistratus. Neudr. 1970. – J. Vorstius, Grundzüge der Bibliotheksgeschichte. [6]1969.

Verwaltung: Bibliotheksneubauten in der Bundesrepublik Dtschld. 1968. – M. Brawne, Bibliotheken. Architektur u. Einrichtung. 1970. – H. Fuchs, Bibliotheksverwaltung. [2]1968. – H. Fuchs, Kurzgefaßte Verwaltungslehre für Institutsbibliotheken. [3]1968. – R. Kluth, Grundriß der Bibliothekslehre. 1970. – Ders., Lehrbuch der Bibliothekspraxis. 1980. – K. Löffler, Einführung in die Katalogkunde. [2]1956. – H. Roloff, Lehrbuch der Sachkatalogisierung. [3]1968.

Bibliographie. T. Bestermann, A world bibliography of bibliographies and of bibliographical catalogues, calendars, abstracts, digests, indexes and the like. Neudruck 1971. – Bibliographie der dt. Bibliographien. 1954 ff. – H. Bohatta u. F. Hodes, Internationale Bibliographie der Bibliographien. 1950. – Index bibliographicus. [4]1959–1964. – H.-J. Koppitz, Grundzüge der Bibliographie. 1977. – L.-N. Malclès, Manuel de bibliographie. 1963. – Ders., Les sources du travail bibliographique. 1950–1958. – G. Schneider, Einführung in die Bibliographie. 1936. – W. Totok, R. Weitzel, K.-H. Weimann, Handbuch der bibliograph. Nachschlagewerke. [4]1972. – J. Vorstius, Der gegenwärtige Stand der Nationalbibliographie in den Kulturländern. Zugleich ein Beitrag zur Theorie der Bibliographie. 1930.

Dezimalklassifikation. D. Batty, Introduction to Dewey Classification. 1981. – K. Fill, Einführung in das Wesen der Dezimalklassifikation. [3]1969. – P. Herrmann, Prakt. Anwendung der Dezimalklasifikation. [6]1970.

Dokumentation. Dokumentation, Fachbibliothek, Werksbücherei. 1952/53 ff. – O. Frank, Einführung in die Dokumentation. 1949. – Ders., Literaturverzeichnis zur Dokumentation (1930–1950). 1955, (1955–1958). 1959. – T. P. Loosjes, Dokumentation wissenschaftl. Literatur. 1962. – E. Pietsch, Grundfragen der Dokumentation. 1954. – Verzeichnis von Schrifttums-Auskunftsstellen. [6]1967. – Wissenschaft, Regierung u. Information (Weinberg-Report, dt.). 1964.

3.7.1 PUBLIZISTIK

Bibliographien: G. Pötter, Bibliographie zur Wissenschaft von der Publizistik (Deutschsprachige Monographien u. Periodica 1945–1960). In: W. Haacke, Publizistik – Elemente u. Probleme. 1962. – W. C. Price, The Literature of Journalism. An Annotated Bibliographie. Minneapolis. 1959. – V. Spiess, Verzeichnis deutschsprachiger Hochschulschriften zur Publizistik 1885–1967. 1969.

Nachschlagewerke: E. Dovifat, Handbuch der Publizistik. 3 Bde. 1968/69. – Editor and Publisher International Year Book. New York. 192 ff. (jährlich). – W. Heide (Hrsg.), Handbuch der Zeitungswissenschaft. 1940. – K. Koszyk u. K. H. Pruys, dtv-Wörterbuch zur Publizistik. [4]1976. – W. Stamm (Hrsg.), Leitfaden für Presse u. Werbung. 1947 ff. (jährlich). – UNESCO (Hrsg.), L'information à travers le monde. Presse, radio, télévision, film. Paris. [4]1966.

Einführungen u. Gesamtdarstellungen: J. L. Aranguren, Soziologie der Kommunikation. 1967. – B. Berelson u. M. Janowitz (Hrsg.), Reader in Public Opinion and Communication. Glencoe. [2]1953. – C.

Cherry, Kommunikationsforschung – eine neue Wissenschaft. 1963. – E. Dovifat, Zeitungslehre. 2 Bde. [5]1967. – F. Dröge, R. Weißenborn, H. Haft, Wirkungen der Massenkommunikation. 1969. – F. J. Eilers, Christl. Publizistik in Afrika. 1964. – E. Feldmann, Theorie der Massenmedien. 1972. – O. Groth, Die Geschichte der dt. Zeitungswissenschaft. 1948. – Ders., Die unerkannte Kulturmacht. 7 Bde. 1960 ff. – Ders., Die Zeitung. 4 Bde. 1928–1930. – W. Haacke, Handbuch des Feuilletons. 3 Bde. 1951–1953. – Ders., Publizistik u. Gesellschaft. 1970. – J. Habermas, Strukturwandel der Öffentlichkeit. [4]1969. – W. Hagemann u. H. Prakke, Grundzüge der Publizistik. [2]1966. – E. Katz u. F. Lazarsfeld, Persönl. Einfluß u. Meinungsbildung. 1962. – S. von Kortzfleisch, Verkündigung u. öffentl. Meinungsbildung. 1960. – G. Maletzke, Psychologie der Massenkommunikation. 1963. – H. Meyn, Massenmedien in der Bundesrepublik Dtschld. [4]1974. – J. Müller-Brockmann, Geschichte der visuellen Kommunikation. 1971. – R. O. Nafziger u. D. M. White, Introduction to Mass Communications Research. Baton Rouge. 1958. – E. Noelle-Neumann, W. Schulz, Publizistik. 1971. – H. J. Prakke (Hrsg.), Publizist u. Publikum in Afrika. 1962. – Ders., Kommunikation der Gesellschaft. 1968. – G. Schmidtchen, Die befragte Nation. 1959. – W. Schramm, Grundfragen der Kommunikationsforschung. 1964. – G. Seidenspinner (Hrsg.), Fachstudienführer, Publizistik, Kommunikationswissenschaften. 1981. – U. de Volder, Soziologie der Zeitung. 1959. – E. Wasem, Medien der Öffentlichkeit. 1969. – Ch. R. Wright, Mass Communication. New York. 1963. – J. O. Zöller (Hrsg.), Massenmedien. Die geheimen Führer. 1965.

Bild. W. Hofmann, Die Karikatur von Leonardo bis Picasso. Wien. 1956. – R. B. Rhode u. F. H. McCall, Press Photography. New York. 1961. – W. Stiewe, Das Bild als Nachricht. 1933. – C. Wohlfarth, Theorie des aktuellen Bildes. 1937.

Presse. Bibliographien u. Nachschlagewerke: K. J. R. Arndt u. M. E. Olson, German-American Newspapers and Periodicals 1732–1955. 1961. – F. Blaser, Bibliographie der Schweizer Presse mit Einschluß des Fürstentums Liechtenstein. 2 Bde. 1956 bis 1958. – K. Bömer, Internationale Bibliographie des Zeitungswesens. 1932. – W. Heide (Hrsg.), Pressedissertationen an dt. Hochschulen. 1885–1938. 1940. – Institut für Publizistik an der Freien Universität Berlin (Hrsg.), Die dt. Presse. 1961. – H. J. Prakke (Hrsg.), Handbuch der Weltpresse. 2 Bde. 1970.
Allgemeines: K. d'Ester, Zeitung u. Zeitschrift. In: Dt. Philologie im Aufriß. Bd. 3. 1962. – H.-D. Fischer, Die großen Zeitungen. Porträts der Weltpresse. 1966. – W. Haacke, Zeitschrift – Schrift der Zeit. 1961. – W. Hagemann, Die Zeitung als Organismus. 1950. – E. H. Lehmann, Einführung in die Zeitschriftenkunde. 1936. – J. C. Merrill, The elite press. Great newspapers of the world. New York. 1968. – H. A. Münster, Die moderne Presse. 2 Bde. 1955/56. – M. Rühl, Die Zeitungsredaktion als organisiertes soziales System. 1969. – K. Schottenloher, Flugblatt u. Zeitung. 1922. – W. Schramm (Hrsg.), One Day in the World's Press. Stanford. 1959.
Geschichte u. gegenwärtige Entwicklungen, Deutschland: K.-D. Abel, Presselenkung im NS-Staat. 1968. – J. Aufermann u. a. Pressekonzentration. Eine krit. Materialsichtung u. -systematisierung. 1970. – W. Haacke, Die polit. Zeitschrift 1665–1965. 1968. – W. Hagemann (Hrsg.). Die dt. Zeitschrift der Gegenwart. 1957. – O. J. Hale, Presse in der Zwangsjacke 1933 bis 1945. 1965. – E. Herrmann, Zur Theorie u. Praxis der Presse in der Sowjet. Besatzungszone Deutschlands. 1963. – H. Holzer, Illustrierte u. Gesellschaft. 1967. – J. Kirchner, Das dt. Zeitschriftenwesen, seine Geschichte u. seine Probleme. 2 Bde. 1958–1962. – S. Klave u. a. (Hrsg.), Probleme der Pressekonzentrationsforschung. 1980. – K. Koszyk u. M. Lindemann, Geschichte der dt. Presse. 3 Bde. 1966, 1969. 1974. – P. de Mendelssohn, Zeitungsstadt Berlin. 1959. – E. Mittelberg, Wortschatz u. Syntax der Bild-Zeitung. 1967. – H. D. Müller, Der Springer-Konzern. 1968. – H. Pross, Dt. Presse seit 1945. 1965. – F. Schlawe, Literar. Zeitschriften 1855 bis 1910, 1910 bis 1933. 2 Bde. 1961–1962. – H. W. Schöne (Hrsg.), Die dt. Zeitung des 17. Jh. in Abbildungen. 1940. – Ders. (Hrsg.), Die Relation des Jahres 1609. 1940. – A. Silbermann u. E. Zahn, Die Konzentration der Massenmedien u. ihre Wirkungen. 1970. – G. E. Stoll, Die evangel. Zeitschriftenpresse im Jahre 1933. 1963. – D. Strothmann, Nationalsozialist. Literaturpolitik. [2]1963. – J. Wulf (Hrsg.), Presse u. Funk im Dritten Reich. 1966.
Ausland: C. Bellanger, J. Godechot, P. Guiral u. F. Terron, Histoire générale de la presse française. 4 Bde. Bisher Bd. 1 u. 2. Paris. 1969. – A. Buzek, Die kommunist. Presse. 1965. – F. Dahl, Dutch Corantos 1618–1650. Den Haag. 1946. – A. Dresler, Geschichte der italien. Presse. 3 Bde. 1933/34. – H. B. Fluch, Die Geschichte der belg. Tagespresse. Wien. 1962. – E. Hatin, Histoire politique et littéraire de la presse en France. 8 Bde. Paris. 1859–1861. – H. Herd, The March of Journalism – The Story of the British Press from 1622 to the Present Day. London. 1952. – Internationales Presseinstitut (Hrsg.), Svoboda. Die Presse in der Tschechoslowakei 1968. Zürich. 1969. – A. W. Just, Die Presse der Sowjetunion. 1931. – N. Kalnins, Agitprop. Die Propaganda in der Sowjetunion. 1966. – Ch. Ledé, Histoire de la presse. Paris. 1958. – A. M. Lee, The Daily Newspaper in America. New York. 1937. – R. de Livois, Histoire de la presse française. 2 Bde. Paris. 1965. – M. Lunzer, Die österr. Parteien u. ihre Presse. Wien. 1954. – H. R. Morsy, Die ägypt. Presse. 1963. – F. L. Mott, American Journalism. New York. 1959. – Ders., A. History of American Magazines. 4 Bde. Cambridge, Mass. 1957. – K. Paupié, Handbuch der österr. Pressegeschichte. 2 Bde. Wien. 1960 u. 1966. – M. Schneider, De Nederlandse Krant. Amsterdam. 1943. – K. Stewart u. J. Tebbel, Makers of Modern Journalism. New York. 1952. – A. Thommen, Die Schweizer Presse in der modernen Gesellschaft. Zürich. 1967. – C. Wittke, The German Language Press in America. Lexinton, Kentucky. 1957. – Handbuch der Weltpresse. 1964.

Rundfunk u. Fernsehen. Allgemeines: Arbeitsgemeinschaft der öffentl.-rechtl. Rundfunkanstalten der Bundesrepublik Dtschld. (Hrsg.), Rundfunkanstalten u. Tageszeitungen. Eine Materialsammlung. 5 Bde. 1965–1969. – F. Barsig, Die öffentlich-rechtliche Illusion. 1981. – F. Eberhard, Der Rundfunkhörer u. sein Programm. 1968. – U. Eggert, Tele-Lexikon von ARD-ZDF. 1971. – Fachwörterbuch Hörfunk u. Fernsehen. 1971. – Fernsehen im Leben der Erwachsenen. 1968. – Fernsehen in Dtschld. 2 Bde. 1967 u. 1969. – Hans-Bredow-Institut für Rundfunk u. Fernsehen an der Universität Hamburg (Hrsg.), Internationales Handbuch für Rundfunk u. Fernsehen. 1957 ff. (zweijährl.). – H. Heinrichs. Der Schulfunk. o. J. (nach 1955). – G. Kadelbach u. C. Freund, Bibliographie des Schulfunks. 1960. – O. H. Leiling. Funk – Ein neues Weltreich. 1959. – G. Maletzke, Fernsehen im Leben der Jugend. 1959. – W. Ring, Die fünfte Wand: Das Fernsehen. 1962. – K. Rössel-Majdan, Rundfunk u. Kulturpolitik. o. J. – V. Spieß, Bibliographie zu Rundfunk u. Fernsehen. 1966. – F. Stückrath u. G. Schottmayer, Fernsehen u. Großstadtjugend. 1967. – K. Wilhelm, Fernsehen. 1965. – ARD-Jahrbuch. 1980.
Geschichte, Deutschland: H. Bausch, Der Rundfunk im polit. Kräftespiel der Weimarer Republik. 1956. – Ders. (Hrsg.), Rundfunk in Deutschland. 4 Bde. 1980. – H. Brack, Organisation u. wirtschaftl. Grundlagen des Hörfunks u. des Fernsehens in Dtschld. 1968. – W. Bruch, Kleine Geschichte des dt. Fernsehens. 1967. – G. Eckert u. F. Niehus (Hrsg.), Zehn Jahre Fernsehen in Deutschland. 1963. – W. Först (Hrsg.), Nach 25 Jahren. Beitrag zur Geschichte u. Gegenwart des WDR. 1981. – K. H. Heil, Das Fernsehen in der Sowjet. Besatzungszone Deutschlands 1953–1963. 1967. – W. B. Lerg, Die Entstehung des Rundfunks in Dtschld. [2]1970. – J. Lingenberg, Das Fernsehspiel in der DDR. 1968. – G. Walther, Der Rundfunk in der Sowjet. Besatzungszone Deutschlands. 1961.
Ausland: J. de Boer, Omroep en publiek in Nederland tot 1940. Leiden. 1946. – A. Briggs, The History of Broadcasting in the United Kingdom. 3 Bde. London. 1961–1970. – C. Brinitzer, Hier spricht London. 1969. – G. Eckert, Das Fernsehen in den Ländern Westeuropas. 1965. – S. W. Head, Broadcastings in America. Boston. 1956. – History Compilation Room. Radio & TV Culture Research Institute (Hrsg.), The history of broadcasting in Japan. Tokio. 1967.

3.7.2 NACHRICHTENAGENTUREN

P. Fréderix, Un siècle de chasse aux nouvelles. De l'Agence d'Information Havas à l'Agence France-Presse 1835–1957. Paris. 1959. – T. E. Kruglak, The two faces of TASS. Minneapolis. 1962. – J. A. Morris, Deadline Every Minute. The Story of the United Press. New York. 1957. – G. Prüfer, Jetzt u. überall hier. Geschichte des Nachrichtenwesens. 1963. – W. Schwedler, Die Nachricht im Weltverkehr. 1922. – M. Steffens. Das Geschäft mit der Nachricht. 1969. – K. Steinbuch, Die informierte Gesellschaft. Geschichte u. Zukunft der Nachrichtentechnik. 1966. – H. Topuz, Selected Bibliography on news agencies (Bulletin de l'A. I. E. 1966 Nr. 516. S. 105–111).

3.7.5 SCHRIFT

Gesamtdarstellungen: G. Barthel, Konnte Adam schreiben? Weltgeschichte der Schrift. 1972. – E. Buchholz, Schriftgeschichte als Kulturgeschichte. 1965. – J. Friedrich, Geschichte der Schrift. 1966. – H. Jensen, Die Schrift in Vergangenheit u. Gegenwart. [3]1969. – A. Kapr, Schriftkunst. 1971.

chinesische Schrift. R. Goepper, Kalligraphie. In: Chines. Kunst. 1965. – B. Karlgren, Grammata, Serica, Recensa. Stockholm. 1957. – B. Schindler, Die Entwicklung der chines. Schrift. In: Ostasiat. Zeitschrift. 3. 1915/16. – P. C. M. Serrys, Survey of Chinese language reform. Berkeley. 1962.

griechische Schrift. →5.0.6 Inschriftenkunde, Paläographie.

Hieroglyphen. B. Riese, Grundlagen zur Entzifferung der Mayahieroglyphen: Dargestellt an den Inschriften von Copan. 1971. – S. Schott, Hieroglyphen. Untersuchung zum Ursprung der Schrift. 1951.

Keilschrift. B. Meissner u. K. Oberhuber, Die Keilschrift. [3]1967.

Kurzschrift. F. Haeger, Geschichte der Einheitskurzschrift. 1960. – F. Moser u. K. Erbach, Lebendige Kurzschriftgesch. [7]1969.

Lateinschrift. →5.0.6. Inschriftenkunde, Paläographie.

Runen. K. Düwel, Runenkunde. 1968. – W. Krause, Runen. 1970.

3.8.1 SPRACHWISSENSCHAFT

Bibliographien: Bibliographie linguistique des années 1939–1947. Utrecht. 1950. – Kompendienkatalog Sprachwissenschaft – Literaturwissenschaft. 2 Bde. [2]1969 ff.
Lexika: T. A. Sebeok (Hrsg.), Portraits of Linguists ... 1746–1963. 2 Bde. Bloomington, Ind. 1966.
Gesamtdarstellungen: H. P. Althaus, H. Henne, H. E. Wiegand, Lexikon der Germanist. Linguistik. [2]1980. – T. A. Amirova, Abriß der Geschichte der Linguistik. 1980. – M. Bense, E. Walther, Wörterbuch der Semiotik. 1973. – K.-D. Bünting, Einführung in die Linguistik. 1971. – N. Chomsky, Cartesianische Linguistik. 1971. – W. Dressler, Einführung in die Textlinguistik. 1972. – W. Friedrich, Einführung in das Sprachstudium u. die Grammatik. 1961. – A. J. Greimas. Sémantique Structurale. Paris. 1966. – H. Güntert, Grundfragen der Sprachwissenschaft. [2]1956. – P. Hartmann, Zur Theorie der Sprachwissenschaft. Assen. 1961. – G. Helbig, Geschichte der neueren Sprachwissenschaft. 1974. – J. Ihwe, Literaturwissenschaft u. Linguistik. 3 Bde. 1971. – Th. Lewandowski, Linguistisches Wörterbuch. [3]1980. – J. Lyons, Einführung in die moderne Linguistik. [5]1980. – A. Martinet, Grundzüge der allg. Sprachwissenschaft 1963. – F. de Saussure, Cours de linguistique générale. Genf. [5]1955. Dt.: Grundfragen der allg. Sprachwissenschaft. [2]1967. – A. Schaff, Einführung in die Semantik. 1973. – W. Ulrich, Wörterbuch. Linguistische Grundbegriffe. 1972. – W. von Wartburg, Einführung in die Problematik u. Methodik der Sprachwissenschaft. [2]1962. – G. Wotjak, Untersuchungen zur Struktur der Bedeutung. 1971.

Esperanto. Göhl, Ausführliche Sprachlehre des Esperanto. 1932. – L. L. Zamenhof, Fundamenta Krestomatio de la lingvo Esperanto. Paris. 1927.

Onomasiologie. H. E. Wiegand, Onomasiologie u. Semasiologie. Germ. Linguistik. [3]1970.

Semantik. K. O. Erdmann, Die Bedeutung des Wortes. [4]1925. Neudr. 1966. – H. Gipper, Bausteine zur Sprachinhaltsforschung. 1963. – S. I. Hayakawa, Semantik. Sprache im Denken u. Handeln. o. J. – F. Hundsnurscher, Neuere Methoden der Semantik. 1970. – P. Schifko, Bedeutungstheorie. 1975. – E. Struck, Bedeutungslehre. [2]1955. – St. Ullmann, The Principles of Semantics. Glasgow. [3]1963. Dt.: Grundzüge der Semantik. 1967. – U. Weinreich, Erkundungen zur Theorie der Semantik. 1970. – D. Wunderlich, Arbeitsbuch Semantik. 1978.

Sprache. L. Bloomfield, Language. New York. 1933. – F. Bodmer, Die Sprachen der Welt. [3]1964. – A. Borst, Der Turmbau von Babel. Geschichte und Meinungen über Ursprung u. Vielfalt der Sprachen u. Völker. 4 Bde. 1957–1963. – O. Jespersen, Language. London. 1954. – A. Martinet, Le Langage. Paris. 1968. – W. Porzig, Das Wunder der Sprache. [2]1957. – B. Snell, Der Aufbau der Sprache. 1952. – H. Sperber, P. von Polenz, Geschichte der dt. Sprache. 1965. – J. Vendryes, Le Language. [2]1950. – H. F. Wendt, Sprachen. [6]1977. – Ph. Wolff, Sprachen, die wir sprechen. 1971.

Sprachphilosophie. E. Cassirer, Philosophie der symbol Formen. Bd. 1: Die Sprache. [5]1972. – E. Coseriu, Die Geschichte der Sprachphilosophie von der Antike bis zur Gegenwart. 1969. – F. v. Kutschera, Sprachphilosophie. 1969. – A. Schaff, Dt. Sprache u. Erkenntnis. 1974.

Sprachpsychologie. U. Bach, Ausgewählte Bibliographie zur Psycholinguistik. o. J. – F. Kainz, Psychologie der Sprache. 5 Bde. 1941–1965. – T. Slama-Cazaku, La Psycholinguistique. [2]1972. – D. I. Slobin, Einf. i. d. Psycholinguistik. 1974.

Sprechkunde. I. Weithase, Sprechübungen. [6]1962. – M. Weller, Die Kunst der freien Rede. 1963. – W. Wittsack, Sprechkunde. 1956.

Übersetzungsmaschinen. E. Agricola (Hrsg.), Automatische Sprachübersetzung. 1963. – P. L. Gravin, Natural language and the computer. 1963. – G. Oettinger, Automatic Language Translation. Cambridge, Mass. 1960.

3.8.2 GRAMMATIK (ALLGEMEINE BEGRIFFE)

Grammatik. J. Bechert, D. Clément, W. Thümmel, K. H. Wagner, Einführung in die generative Transformationsgrammatik. 1970. – P. Grebe, Duden. Grammatik der dt. Gegenwartssprache. [2]1966. – P. Hartmann, Untersuchungen zur allg. Grammatik, 3 Bde. 1956/57. – O. Jespersen, Philosophy of Grammar. London. [6]1951. – J. von Knobloch, Sprachwissenschaftl. Wörterbuch. 1961 ff. – R. H. Robins, Ancient and medieval grammatical theory in Europe with particular reference to modern linguistic doctrine. 1951. – Ch. Rohner, Generative Grammatik u. funktionelle Grammatik. 1971. – W. Schneider, Stilist. dt. Grammatik. [4]1967. – W. Schmidt, Grundfragen der dt. Grammatik. 1965.

Lautlehre. B. Horacek, Kleine histor. Lautlehre des Deutschen. Wien. 1958. – R. von Kienle, Histor. Laut- u. Formenlehre des Deutschen. 1960.

Lexikographie. R. Hallig, W. von Wartburg, Begriffssystem als Grundlage für die Lexikographie. [2]1963. – F. W. Householder, S. Saporta (Hrsg.), Problems in Lexicography. Baltimore. 1962. – W. Lenz, Kleine Geschichte großer Lexika. [3]1980.

Lexikologie. H. Henne, Lexikographie. In: Lexikon der germ. Linguistik. [2]1980. – G. Matoré, La Méthode en Lexicologie. o. J.

Phonetik. W. Brandenstein, Einführung in die Phonetik. 1950. – E. Dieth, Vademecum der Phonetik. Bern. [2]1968. – O. von Essen, Allgemeine u. angewandte Phonetik. [4]1966. – J. Forchhammer, Allgemeine Sprechkunde (Laletik). 1951. – W. Herrlitz, Historische Phonologie des Deutschen. 1970. – M. Schubiger, Einführung in die Phonetik. 1977. – N. S. Trubetzkoy, Grundzüge der Phonologie. [4]1967.

Syntax. N. Chomsky, Syntactic Structures. Den Haag. 1959. – Ders., Aspekte der Syntaxtheorie. 1969. – H. J. Heringer, Dt. Syntax. [2]1972. – Ders. Theorie der dt. Syntax. [2]1973. – O. Jespersen, Analytic Syntax. Kopenhagen. [9]1969. – M. Regula, Grundlegung u. Grundprobleme der Syntax. 1951.

3.8.3 SPRACHVERWANDTSCHAFT.

A. Martinet (Hrsg.), Le Language. Paris. 1968. – A. Meillet u. M. Cohen (Hrsg.), Les Langues du monde. Paris. 1964.

3.8.4 INDOGERMANISCHE SPRACHFAMILIE

Gesamtdarstellungen: H. Hirt, Indogerman. Grammatik. 7 Bde. 1921–1937. – E. Kieckers, Einführung in die indogerman. Sprachwissenschaft. 1933. – H. Krahe, Indogerman. Sprachwissenschaft. [4]1962. – A. Meillet, Introduction à l'étude comparative des langues indo-européennes. Paris. [9]1950. – J. Pokorny, Indogermanisches etymolog. Wörterbuch. 1948 ff. – W. Porzig, Die Gliederung des indogermanischen Sprachgebiets. 1954.

Afrikaans. M. R. Breyne, Lehrbuch des Afrikaans. 1954. – A. Callesen, Langenscheidts Praktisches Lehrbuch Afrikaans. [2]1966.

Amerikanisch. H. Galinsky, Die Sprache des Amerikaners. 2 Bde. [2]1959. – M. M. Mathews, A Dictionary of Americanism on Historical Principles. Chicago. 1951.

armenische Sprache. D. Froundijan, Armen.-Dt. Wörterbuch. 1952. – S. L. Kogian, Armenian Grammar. Wien. 1949. – A. Meillet, Esquisse d'une grammaire comparée de l'arménien classique. Wien. [2]1936.

awestische Sprache. H. Reichelt, Avesta reader. Texts, notes, glossary and index. 1911. Neudr. 1968. – Ders., Awestisches Elementarbuch. 1909. Neudr. 1967.

baltische Sprachen. E. Fraenkel, Die baltischen Sprachen. 1950.

bretonische Sprache. D. W. F. Hardie, Handbook of modern Breton. Cardiff. 1948. – R. Hemon, Le langue bretonne. La Baule. 1948.

bulgarische Sprache. L. Beaulieux, Grammaire de la langue bulgare. Paris. [2]1950. – S. Mladenov, Geschichte der bulgar. Sprache. 1929.

dänische Sprache. H. C. Einersen, Grunddänisch. Kopenhagen. 1949. – J. Meissner-Andresen, 30 Stunden Dänisch für Anfänger. 1977. – E. Wessen, Die nord. Sprachen. 1967.

deutsche Mundarten. A. Bach, Dt. Mundartforschung. [2]1950. – A. Bretschneider, Dt. Mundartenkunde. 1934. – W. Mitzka, F. Wrede (Hrsg.), Dt. Sprachatlas. 1927 ff. – Lautbibliothek der dt. Mundarten. 1933 ff. – W. Mitzka, Dt. Wortatlas. 1951 ff. – E. Schwarz, Die dt. Mundarten. 1950.

deutsche Sprache. Allgemeines: O. Behaghel, Die dt. S. [11]1954. – H. Brinkmann, Die dt. S. Gestalt u. Leistung. [2]1971. – J.

van Dam, Handbuch der dt. S. 2 Bde. Groningen. 1950/51. – T. Siebs, Dt. Hochsprache. Bühnenaussprache. [18]1961 (mit Schallplatten. 1965). – L. Weisgerber, Die sprachl. Gestaltung der Welt. 1962.
Sprachgeschichte: A. Bach, Geschichte der dt. Sprache. [8]1965. – P. Braun, Tendenzen der dt. Gegenwartssprache. 1980. – H. Eggers, Dt. Sprachgeschichte. 3 Bde. 1963–1969. – T. Frings, Grundlegung einer Geschichte der dt. Sprache. [3]1957. – J. Grimm, Geschichte der dt. Sprache. 2 Bde. [4]1880. – H. Moser, Dt. Sprachgeschichte. [6]1969. – P. Thierfelder, Die dt. Sprache im Ausland. [5]1968.
Grammatik: W. A. Admoni, Der dt. Sprachbau. [3]1970. – O. Behaghel, Dt. Syntax. 4 Bde. 1923–1932. – J. Erben, Dt. Grammatik. 1968. – H. Glinz, Die innere Form des Deutschen. [5]1968. – W. Henzen, Dt. Wortbildung. 1968. – H. Kluge, Dt. Sprachgeschichte. [2]1924. – V. Michels, Mittelhochdt. Elementarbuch. [4]1921. – H. Naumann, W. Beth, Althochdt. Elementarbuch. [3]1962. – H. Paul, Dt. Grammatik. 5 Bde. [5]1958.– A. Schirmer, Dt. Wortkunde. [4]1960. – M. Weller, Die Kunst der freien Rede (Sprechplatten mit Textbüchern). 1963.
Wörterbücher: W. Dornseiff, Der dt. Wortschatz nach Sachgruppen. [5]1969. – Der Große Duden. 10 Bde. (Rechtschreibung. [18]1980; Bde. 2–10; 1957–1977). – J. u. W. Grimm u. a., Dt. Wörterbuch. 16 Bde. 1854–1861. – F. Kluge, Etymolog. Wörterbuch der dt. Sprache. 1882/83. [20]1967. – H. Küpper, Wörterbuch der dt. Umgangssprache. 3 Bde. 1955–1963. – L. Mackensen, Dt. Rechtschreibung. 1954 u. ö. – H. Paul, Dt. Wörterbuch. [8]1981. – Trübners Dt. Wörterbuch. 8 Bde. 1939–1957. – G. Wahrig, Dt. Wörterbuch. [17]1980. – E. Wasserzieher, Woher? [17]1966. – H. Wehrle u. H. Eggers, Dt. Wortschatz (nach Sachgruppen). [12]1961. – Wörterbuch der dt. Gegenwartssprache. 4 Bde. 1961 ff.
englische Sprache. Bibliographien, Einführungen: G. Müller-Schwefe, Einführung in das Studium der engl. Philologie. 1962. – S. Potter, Our Language. Harmondsworth. 1975. – The Years Work of English Studies (Jahrbuch mit Bibliographie u. Rezensionen).
Histor. Darstellungen: K. Brunner, Die engl. Sprache. 2 Bde. [2]1960–1962.
Grammatik: A. Lamprecht, Grammatik der engl. Sprache. 1973. – R. W. Zandvoort, A Handbook of English Grammar. London. 1957.
Wörterbücher: W. Friedrich, Engl.-Dt., Dt.-Engl. 1959 u. ö. – C. T. Onions u. a., The Oxford Dictionary of English Etymology. Oxford. 1967. – A. S. Hornby u. a., Oxford Advanced Learner's Dictionary of Current English. London. [3]1974. – Muret u. Sanders, Enzyklopäd. Wörterbuch engl.-dt. 2 Bde. [2]1962/63. – A. Reum, A Dictionary of English Style. [2]1961. – The Oxford English Dictionary on Historical Principles. London. 1975.
Alt- u. Mittelenglisch: K. Brunner, Abriß der mittelengl. Grammatik. [7]1967. – H. Kurath u. S. M. Kuhn, Middle English Dictionary. Ann Arbor, Mich. 1954 ff. – E. Sievers, K. Brunner, Abriß der altengl. Grammatik. [16]1963.
französische Sprache. Bibliographie: P. Ronge, Studienbibliographie Französisch. 2 Bde. 1971.
Historische Darstellungen: F. Brunot, Histoire de la langue française des origines à nos jours. 21 Bde. Paris. 1966/68. – W. von Wartburg, Evolution et structure de la langue française. [10]1971.
Wörterbücher: E. Gamillscheg, Etymolog. Wörterbuch der französ. Sprache, [2]1966/69. – P. Robert, Dictionnaire alphabétique et analogique de la langue française. Paris. 1973. – W. Gottschalk, G. Bent, Langenscheidts Großwörterbuch Französisch. 2 Bde. 1968–1979. – E. Weis, Französisch-Deutsch, Wörterbuch. [2]1967.
Altfranzösisch: A. Tobler, E. Lommatzsch, Altfranzös. Wörterbuch. 1954 ff. – G. Rohlfs, Vom Vulgärlatein zum Altfranzösischen. [3]1968.
friesische Sprache. W. Krogmann, Fries. Sprache. In: Dt. Philologie im Aufriß. 1. [2]1957. – W. Steller, Abriß der altfries. Grammatik. 1928.
gälische Sprache. T. F. O'Rahilly, Irish dialects past and present with chapters on Scottish and Manx. Dublin. 1932.
germanische Sprachen. H. Hirt, Handbuch des Urgermanischen. 3 Bde. 1931 ff. – Grundriß der german. Philologie. Begr. H. Paul. [2]1900–1909. – H. Kloss, Die Entwicklung neuer german. Kultursprachen von 1800 bis 1950. 1952. – H. Krahe, German. Sprachwissenschaft. 2 Bde. [7]1969. – A. Meillet, Charactères généraux des langues germaniques. Paris. [5]1937. – F. Stroh, Handbuch der german. Philologie. 1952.
gotische Sprache. W. Braune, Got. Grammatik mit Lesestücken u. Wörterverzeichnis. Hrsg. E. A. Ebbinghaus. [19]1981. – H. Hempel, Got. Elementarbuch. [4]1966. – M. H. Jellinek, Geschichte der gotischen Sprache. 1926. – W. Krause, Handbuch des Gotischen. [2]1963.
griechische Sprache. Einführungen, Bibliographien: W. Brandenstein, Griech. Sprachwissenschaft. 2 Bde. 1954–1959. – H. Poeschel, Die griech. Sprache. [2]1954. – F. Slotty, Einführung ins Griechische. [5]1964.
Grammatik, Sprachgeschichte, Mundarten: O. Hoffmann, Geschichte der griech. Sprache. 2 Bde. [2]1969. – H. Krahe, Histor. Grammatik des Griechischen. Laut- u. Formlehre. 1949. – E. Schwyzer, Griech. Grammatik. 3 Bde. [2]1950–1959. – A. Thumb u. E. Kieckers, Hdb. der griech. Dialekte. 1932.
Wörterbücher: E. Boisacq, Dictionnaire de la langue grecque. [4]1950. – H. H. Frisk, Griech. Etymolog. Wörterbuch. 1960 ff. – H. Menge u. O. Güthling, Taschenwörterbuch der griech. u. dt. Sprache. 2 Tle. 1963–1967. – Dies., Enzyklopäd. Wörterbuch der griech. u. dt. Sprache. Tl. 1: Griech.-Dt. [13]1955.
Neugriechisch: J. Kalitsunakis, Grammatik der neugriech. Volkssprache. [3]1963. – A. Steinmetz, Wörterbuch Neugriechisch. [6]1974. – H. F. Wendt, Langenscheidts Praktisches Lehrbuch Neugriechisch. [6]1977.
hethitische Sprache. H. Friedrich, Hethit. Elementarbuch. 2 Bde. 1940–1947. – Ders., Hethit. Wörterbuch. 1952–1954. – B. Hrozný, Die Sprache der Hethiter. 1917. – H. Kronasser, Vergleichende Laut- u. Formenlehre des Hethitischen. 1956. – F. Sommer, Hethiter u. Hethitisch. 1947.
Hindi. H. M. Lambert, Introduction to the Devanagari Script for Students of Sanskrit, Hindi, Marathi, Gujarati and Bengali. London. 1953. – Scharma-Vermeer, Einführung in die Hindi-Grammatik. 1963.
indische Sprachen. G. A. Grierson, Linguistic Survey of India. 11 Bde. Calcutta. 1903–1928. – M. Mayrhofer, Kurzgefaßtes Wörterbuch des Altindischen. 1953 ff.
Indogermanistik. K. Brugmann, B. Delbrück, Grundriß der vergleichenden Grammatik der indogerman. Sprachen. 5 Bde. 1897 ff. – H. Krahe, Indogerman. Sprachwissenschaft. 1962. – J. Pokorny, Indogerman. Wörterbuch. Bern. 1959.
iranische Sprachen. C. Bartholomae, Altiran. Wörterbuch. [2]1961. – W. Eilers, Dt.-pers. Wörterbuch. 1961. – W. Hinz, Persisch. 1959. – C. Salemann u. V. Strukowski, Pers. Grammatik mit Literatur, Chrestomathie u. Glossar. [4]1947.
irische Sprache. D. Greene, The Irish language. In: Irish Life and Culture. Dublin. 1966.
isländische Sprache. S. Einarsson, Icelandic Grammar, Texts, Glossary. Baltimore. 1945. – P. I. T. Glendening, Teach yourself Icelandic. London. 1961. – J. Ófeigsson, Dt.-isländ. Wörterbuch. Reykjavik. 1953.
italienische Sprache. G. Rohlfs, Histor. Grammatik der italien. Sprache u. ihrer Mundarten. 3 Bde. 1949–1954. – H. u. W. Frenzel, Langenscheidts Handwörterbuch Deutsch-Ital. [17]1975. – P. Giovanelli, W. Frenzel, Langenscheidts Handwörterbuch Ital.-Deutsch. 1972. – G. Sacerdote u. W. Ross, Taschenwörterbuch der italien. u. dt. Sprache. 1951.
italienische Sprachen. G. Devoto, Storia della lingua de Roma. Bologna. [2]1944. – E. Pulgram, The tongues of Italy. Cambridge, Mass. 1958.
Jiddisch. S. Birnbaum, Praktische Grammatik der Jiddischen Sprache. 1915. – U. u. B. Weinreich, Yiddish Language and Folklore. Den Haag. 1959. – S. Landmann, Jiddisch. Das Abenteuer einer Sprache. 1962. – S. A. Wolf, Jiddisches Wörterbuch. 1962.
katalanische Sprache. W. Meyer-Lübke, Das Katalanische. 1929.
Keltisch. H. Pedersen u. a., Vergleichende Grammatik der kelt. Sprachen. 1908–1912. – J. Pokorny, Keltologie. 1953.
Kirchenslawisch. A. Leskien, Handbuch der altbulgar. (altkirchenslaw.) Grammatik. [2]1955. – B. Rosenkranz, Histor. Laut- u. Formenlehre des Altbulgarischen (Altkirchenslawischen). 1955. – L. Sadnik u. R. Aitzetmüller, Handwörterbuch zu den altkirchenslaw. Texten. 1955. – N. S. Trubetzkoy, Altkirchenslaw. Grammatik. Hrsg. R. Jagoditsch. 1954. – N. van Wijk, Geschichte der kirchenslaw. Sprache. 1931.
lateinische Sprache. Sprachgeschichte, Grammatik: F. Altheim, Geschichte der latein. Sprache. 1951. – A. Debrunner, W. P. Schmidt, Geschichte der latein. Sprache. [4]1966. – J. B. Hofmann, Latein. Umgangssprache. [3]1951. – M. Leumann u. a., Latein. Grammatik. 3 Bde. 1963 ff. – M. Niedermann, Histor. Lautlehre des Lateinischen. [3]1953. – F. Stolz, Gesch. der lat. Sprache. [3]1953.
Wörterbücher: K. E. Georges, Lat.-dt. Handwörterbuch. [11]1963. – H. Menge u. O. Güthling, Enzyklopäd. Wörterbuch der latein. u. dt. Sprache. 2 Bde. [18]1973 u. [10]1977. – Thesaurus linguae latinae. 1900 ff. – Der kleine Stowasser, Lateinisch-Deutsches Schulwörterbuch. 1962.
lettische Sprache. J. Endzelins, K. Mühlenbach, Lettisch-dt. Wörterbuch. 6 Bde. Chicago. 1953–1956. – Grammatik der lett. Schriftsprache der Gegenwart. 2 Bde. 1959 bis 1962. – A. Ozols, Altlett. Schriftsprache. Riga. 1961.
litauische Sprache. M. Niedermann u. a. (Hrsg.), Wörterbuch der litauischen Schriftsprache. 5 Bde. 1932–1968. – J. Ostrebski, Handbuch der litauischen Schriftsprache. 2 Bde. 1957–1966.
neupersische Sprache. S. Beck, Neupersische Konversations-Grammatik. 1914.
niederländische Sprache. Dale, Groot Woordenboek der Nederlandse Tal. Den Haag. [10]1976.
nordische Sprachen. F. Holthausen, Vergleichendes etymolog. Wörterbuch des Altwestnordischen, Altnorwegisch-Isländischen. 1948. – W. Krause, Abriß der Altwestnordischen Grammatik. 1948. – F. Ranke, Altnord. Elementarbuch. [2]1949.
norwegische Sprache. A. Burgun, Le Développement linguistique en Norvège depuis 1814. 2 Bde. Christiania. 1919–1922. – Glydendals norweg. Wörterbuch. 1955.
Pali. K. Schmidt, Pali, Buddhas Sprache. 1951.
polnische Sprache. P. Kalina. Dt.-poln. u. poln.-dt. Wörterbuch. 2 Bde. Warschau u. Berlin. 1952. – Z. Klemensiewicz, Historia języka polskiego. Warschau. 1962 ff. – A. Słupski, Poln. Elemantarbuch. 1962.
portugiesische Sprache. J. Huber, Altportugies. Elementarbuch. 1933. – Langenscheidts Taschenwörterbuch Portugiesisch-Deutsch. [7]1976.
Prakrit. R. Pischel, Grammatik der P.-Sprachen. 1900. – A. C. Woolner, Introduction to Prakrit. Lahore. [2]1928.
provençalische Sprache. J. Ronjat, Essai de syntaxe des parlers provençaux modernes. 3 Bde. Montpellier. 1930–1937. – O. Schultz-Gora, Altprovenzal. Elementarbuch. [4]1924.
rätoromanische Sprache. K. Jaberg, Kultur u. Sprache in Romanisch-Bünden. 1921. – S. M. Nay, Lehrbuch der rätoroman. Sprache. Chur. [2]1948.
romanische Sprachen. W. Bahner, Kurze Bibliographie für das Studium der Romanistik. 1962. – A. Kuhn, Die roman. Sprachen. Bern. 1951. – Ders. Roman. Philologie. 1951 ff. – H. Lausberg, Roman. Sprachwissenschaft. 2 Bde. 1956. – W. Meyer-Lübke, Roman. etymolog. Wörterbuch. [3]1935. – G. Rohlfs, Roman. Sprachgeographie. 1972. – B. E. Vidos, Handbuch der roman. Sprachwissenschaft. 1968.
rumänische Sprache. M. Ibăsescu, Dictionar German-Romîn. Bukarest. 1966. – I. Popinceanu, Rumän. Elementargrammatik mit Übungstexten. [2]1962.
russische Sprache. K. A. Paffen, Die Hauptregeln der russ. Grammatik. 3 Bde. 1960–1969. – R. Trautmann, Kurzgefaßte russ. Grammatik. [2]1949. – B. O. Unbegaun, A Bibliographical Guide to the Russian Language. Oxford. 1953. – Ders., Grammaire de la langue russ. Paris. 1951. – M. Vasmer, Russ. etymolog. Wörterbuch. 3 Bde. 1953–1958. – G. O. Vinokur, Die russ. Sprache. [2]1955.
Sanskrit. C. Capeller, Sanskrit-Wörterbuch. Neudr. 1956. – J. Gond, Elementargrammatik der Sanskrit-Sprache. Leiden. [5]1948. – W. Morgenroth, Lehrbuch des Sanskrit. 1975. – A. F. Stenzler, Elementarbuch der Sanskritsprache. Hrsg. K. F. Geldner. [15]1965. – A. Thumb, Handbuch des Sanskrit. Hrsg. R. Hauschild. 2 Bde. [3]1958.
schwedische Sprache. E. Hammer, Schwed. Grammatik. Stockholm. 1958. – K. Lide-Corneliusson, Langenscheidts Praktisches Lehrbuch Schwedisch. 1977. – E. Wessén, Svensk språkhistoria. 2 Bde. 1958.
serbokroatische Sprache. J. Hamm, Grammatik der serbokroatischen Sprache. 1967. – J. Kangrga, Dt.-serbokroat. Wörterbuch. Belgrad. 1953. – I. Popovic, Geschichte der serbokroat. Sprache. 1960. – A. Schmaus, Lehrbuch der serbokroat. Sprache. [4]1969.
slawische Sprachen. H. Brauer, Slav. Sprachwissenschaft. Bd. 1. 1961. – M. Braun, Grundzüge der slaw. Sprachen. 1947. – G. Jarosch, Einführung in die Slawistik. 1957. – R. Nachtigal, Die slav. Sprache. Abriß der vergleichenden Grammatik. 1961. – R. Trautmann, Die slav. Völker u. Sprachen. 1948.
slowakische Sprache. J. Beniac, Neues Wörterbuch der dt. u. slowak. Sprache. 2 Bde. 1941–1943. – A. Macht, Prakt. Lehr- u. Übungsbuch der slowak. Sprache. 2 Bde. 1926/27.
slowenische Sprache. K. Mandrovic. Dt.-slowen. u. slowen.-dt. Wörterbuch. 2 Bde. [2]1947. – G. O. Svane, Grammatik der slowen. Schriftsprache. Kopenhagen. 1958.
sorbische Sprache. H. Jentsch, Die sorbische Mundart von Rodewitz. Spree. 1980. – A. Mitas, Sorbisch-dt. u. dt.-sorb. Wörterbuch. 2 Bde. 1950–1952.
spanische Sprache. J. Corominas, Diccionario critico etimológico de la lengua castellana. 4 Bde. 1955–1957. – G. Haensch, Span.-Dt., Dt.-Span. 1962. – F. Hanssen, Span. Grammatik auf histor. Grundlage. 1910. – T. Heinermann u. F. Palau-Ribes Casamitjana, Span. Lehrbuch. [19]1952. – R. J. Slabý u. R. Grossmann, Wörterbuch der span. u. dt. Sprache. 2 Bde. [9–11]1966. – R. Menéndez-Pidal, Manual de gramática histórica española. Madrid. [5]1925.
tschechische Sprache. R. Fischer, Tschech. Grammatik. 1954. – S. E. Mann, Czech Historical Gramar. London. 1957. – M. Vey, Morphologie du tchèque parlé. Paris. 1946. – J. Volný, Dt.-tschech. – tschech.-dt. Wörterbuch. 2 Bde. Prag u. Berlin. 1955–1957.
tocharische Sprache. H. Pedersen, Tocharisch vom Gesichtspunkt der indoeurop. Sprachvergleichung. Kopenhagen. 1941.
ukrainische Sprache. J. Rudnyckyj, Lehrbuch der ukrain. Sprache. 1942. – J. Schorech, Abriß der heutigen ukrain. Sprache. Paris, München. 1953.

3.8.5 EINZELNSTEHENDE EUROPÄISCH-VORDERASIATISCHE SPRACHEN

albanische Sprache. M. Camaj, Lehrbuch der albanischen Sprache. 1969. – M Lambertz, Alban. Lesebuch. 2 Tle. 1948.
baskische Sprachen. P. Laffitte, Grammaire basque, Bayonne. 1944. – P. Lhande, Dictionnaire basque-français. Paris. 1926–1938.
sumerische Sprache. R. Jestin, Abrégé de grammaire sumérienne. Paris. 1951. – A. Poebel, Grundzüge der sumer. Grammatik. 1923.

3.8.6 HAMITISCH-SEMITISCHE SPRACHFAMILIE

Gesamtdarstellungen: M. Cohen, Essai comparatif ... du chamito-sémitique. Paris. 1947. – J. Greenberg, Studies in African linguistic classification. New Haven, Conn. 1955.
ägyptische Sprache. A. Erman, Kurzer Abriß der ägyptischen Grammatik. 1955. – Ders. u. H. Grapow, Ägyptisches Wörterbuch der ä. S. 6 Bde. [2]1957.
akkadische Sprache. L. Matouš, Grammatik des Akkadischen. 1964. – A. Ungnad, W. von Soden, Akkad. Handwörterbuch. 1959 ff.
arabische Sprache. Harder u. Paret, Kleine arab. Sprachlehre. [8]1961. – H. Wehr, Arab. Wörterbuch für die Schriftsprache der Gegenwart. [3]1958. Suppl. 1955. – Wörterbuch der klass. arab. Sprache. 1960 ff.
aramäische Sprache. G. Dalman, Grammatik des jüd.-palästin. Aramäisch. 1960. – R. Degen, Altaramäische Grammatik. 1969.
äthiopische Sprachen. A. Dillmann, Grammatik der Äthiop. Sprache. [2]1899. – E. Uhlendorff, The Semitic Languages of Ethiopia. 1955.
hamitische Sprachen. A. Basset, La langue Berbère. London. 1952. – O. Köhler, Geschichte der Erforschung der nilot. Sprachen. 1955.
hebräische Sprache. H. Bauer u. Pontus Leander, Histor. Grammatik der hebräischen Sprache des A. T. 1922. Nachdr. 1962. – G. Bergsträsser, Hebräische Grammatik. 2 Bde. 1918–1929. Nachdr. 1962. – A. Bertsch, Kurzgefaßte hebräische Grammatik. 1956. – K. Feyerabend, Taschenwörterbuch hebr.-dt. zum A. T. [10]1956. – G. Steuernagel, Hebräische Grammatik. 1967.
phönizische Sprache. J. Friedrich, Phönizisch-Punische Grammatik. Rom. 1951.
semitische Sprachen. G. Bergsträsser, Einführung in die semit. Sprachen. 1928. – C. Brockelmann, Grundriß der vergleichenden Grammatik der semit. Sprachen. 2 Bde. 1909–1913. – Ders., Semit. Sprachwissenschaft. [2]1916. – S. Moscati u. a., An Introduction to the Comparative Grammar of the Semitic Languages. 1964.

3.8.7 URAL-ALTAISCHE SPRACHFAMILIE

altaische Sprachfamilie. J. Benzinger, Einführung in das Studium der altaischen Philologie u. der Turkologie. 1953. – N. Poppe, Introduction to Atlaic Linguistics. 1965. → auch uralische Sprachfamilie.
estnische Sprache. Ö. Lavotha, Kurzgefaßte estnische Grammatik. 1973. – E. Sell, Estnisch-dt. Wörterbuch. Tartu. 1942.
finnische Sprache. H. Fromm u. M. Sadeniemi, Finn. Elementarbuch. 2 Bde. 1956. – A. W. Rankka u. W. O. Streng-Renkonen, Dt.-Finn. Wörterbuch. Helsinki. [7]1960. – A. Sauvageot, Esquisse de la langue finnoise. Paris 1949.
finnisch-ugrische Sprachen. J. Szinnyei, Finn.-Ugrische Sprachwissenschaft. [2]1922.
mandschurische Sprache. E. Haenisch, Mandschu-Grammatik. 1961. – E. Hauer, Handwörterbuch der Mandschusprache. 3 Bde. 1952/55. – H. Peters, Manjurische Grammatik. Peking. 1940.
mongolische Sprache. Blechsteiner, Heissig u. Unkrig. Wörterbuch der heutigen mongolischen Sprache mit kurzem Abriß der Grammatik ... Wien u. Peking. 1941. – K. Gronbech u. J. R. Krueger, An Introduction to Classical Mongolian. 1961. – N. Poppe, Grammar of written Mongolian. 1954. – Ders., Lehrbuch der mongolischen Sprache. Leningrad. 1932.
türkische Sprache. F. Heuser u. I. Sevket,

Türk.-Dt. Wörterbuch. [5]1962. – H. Jansky, Lehrbuch der türk. Sprache. [4]1960. – P. Rühl, Türk. Sprache. [4]1960.
Turksprachen. A. von Gabain, Alttürkische Grammatik. [3]1974. – W. Radloff, Versuch eines Wörterbuches der Türkdialekte. St. Petersburg. 1899–1911. (Neudr. 1960).
ungarische Sprache. I. Ersek, Praktisches Lehrbuch Ungarisch. 1977. – E. Halasz, Handwörterbuch der ungarischen und deutschen Sprache. I: Ungarisch-Deutsch. II: Deutsch-Ungarisch. Budapest/Berlin. 1973 u. 1969.
uralische Sprachfamilie. H. Winkler, Uralaltaische Völker u. Sprachen. 1884. – Ders., Das Uralaltaische u. seine Gruppen. 1885.

3.8.8 KAUKASISCHE SPRACHFAMILIE

Gesamtdarstellungen: A. Dirr, Einführung in das Studium der Kaukas. Sprachen. 1928. – Geiger, Kuipers u.a., Peoples and Languages of the Caucasus. Den Haag. 1959.
grusinische Sprache. B. T. Rudenko, Grusin. Grammatik. Moskau. 1940. – K. Tschenkêli, Georg.-dt. Wörterbuch. 1961ff.

3.8.9 DRAWIDISCHE SPRACHFAMILIE

J. Bloch, Structure grammaticale des langues dravidiennes. Paris. 1946.

3.9.0 JAPANISCHE, KOREANISCHE SPRACHE

japanische Sprache. K. Kimura, Großes Japanisch-Deutsches Wörterbuch. Tokio. 1958. – K. Meissner, Einführung in die japan. Umgangssprache. [3]1961. – G. Wende, Japan. Phonetik. 2 Bde. 1954.
koreanische Sprache. E. M. Clark, Introduction to Spoken Korean. 2 Bde. New Haven, Conn. 1948/49. – E. Eckart, Grammatik der korean. Sprache. 1962. – H. J. F. Junker, Korean. Studien. 1955.

3.9.1 TIBETISCH-CHINESISCHE SPRACHEN

chinesische Sprache. Chinesisch-dt. Wörterbuch. Peking. 1959. – E. Haenisch, Lehrgang der klass. chines. Schriftsprache. Bd. 1: [4]1956. Bd. 2: [4]1956. Bd. 3: [3]1956. Bd. 4: 1957. – B. Karlgren, The Chinese Language. New York. 1949. – Lehrbuch der chines. Sprache. 2 Bde. Peking. 1959. – H. Martin, Chinesisch-Deutscher Wortschatz. Politik und Wirtschaft der VR China. 1977.
thailändische Sprache. G. B. McFarlane, Thai-English Dictionary, Bangkok. 1941.
tibetische Sprache. Sarat Chandre Das, A Tibetan-English Dictionary. Calcutta. 1902. – H. Hoffmann, Handbuch der tibetischen Schriftsprache. 1963. – H. A. Jaschke, Handwörterbuch der tibet. Sprache. 1971. – M. Lalou, Manuel élémentaire de tibétain classique. Paris. 1950.
tibetisch-birmanische Sprachfamilie. K. Wulff, Chinesisch u. Thai. Kopenhagen. 1934.
tibetisch-chinesische Sprachen. R. Shafter, The initials of Sino-Tibetan. Baltimore. 1950.
vietnamesische Sprache. Ho-gia-Huong u.a. (Hrsg.), Dt.-vietnames. Wörterbuch. 1964. – Jones Thong, Introduction to Spoken Vietnamese, Washington. 1960.

3.9.2 INDONESISCHE UND OZEANISCHE SPRACHEN

Gesamtdarstellungen: R. Brandtstetter, An introduction to Indonesian linguistics. London. 1916. – O. Scheerer, Zur Ethnologie der Inselkette zwischen Luzon u. Formosa. 1906.
australische Sprachen. E. Kieckers, Die Sprachstämme der Erde. 1931. – R. Salzner, Sprachenatlas des Indopazif. Raumes. 1960.
Bahasa Indonesia. H. Kähler, Einf. in das Bahasa Indonesia. 1965. – G. Kahlo, Malayisch-dt. u. dt.-malay. Wörterbuch. 1950. Nachtrag. 1956. – R. Kennedy, Bibliography of Indonesian Peoples and Cultures. London. 1945.

3.9.3 AFRIKANISCHE SPRACHEN

Gesamtdarstellungen: J. H. Greenberg, Languages of Africa. Den Haag. 1966. – L. Homburger, Les langues négro-africaines. Paris. 1957. – D. Westermann, Sprachbeziehungen u. Sprachverwandtschaft in Afrika. 1949.
Bantusprachen. Bantu. Modern ... Studies since 1860. London. 1945. – G. van Bulck, Manuel de linguistique bantou. Brüssel. 1949. – M. A. Bryan, The Bantu languages of Africa. London. 1959. – C. Meinhof, Grundzüge einer vergleichenden Grammatik der Bantusprachen. [2]1948.
Khoinsprachen. J. Spencer, Language in Africa. London. 1963.

3.9.4 AMERIKANISCHE (INDIANER-) SPRACHEN. A Bibliographical Check list of North American Indian Linguistics. Chicago. 1941. – Handbook of American Indian Languages. Hrsg. F. Boas. 4 Bde. Washington u. New York. 1911–1941. – H.-J. Pinnow. Die nordamerikan. Indianersprachen. 1964. – C. Thomas u. J. R. Swantou. Indian Languages of Mexico and Central America. Washington D. C. 1911. Nachdr. New York. 1969.

4.0.0 RECHTSWISSENSCHAFT

Bibliographien u. Lexika: Bibliographie dt.-sprachiger jurist. Festschriften u. Festschriftenbeiträge 1945–1961. 1962. – K. Binding (Hrsg.), Systemat. Handbuch der dt. Rechtswissenschaft. Abt. 1–10. 1883ff. – C. Creifelds (Hrsg.), Rechtswörterbuch. [5]1978. – K. u. H. Curtius, Keysers Rechtslexikon für Alle. 1951. – Dt. Rechtswörterbuch 1914ff. Nachdr. 1963ff. – W. Fuchs, Jurist. Bücherkunde. [3]1953. – A. Görlitz (Hrsg.), Handlexikon zur Rechtswissenschaft. 1972. – F. von Holtzendorf u. J. Kohler (Hrsg.), Enzyklopädie der Rechtswissenschaft in systemat. Bearbeitung. 5 Bde. [7]1913/15. – F. von Holtzendorf (Hrsg.), Rechtslexikon. 3 Bde. [3]1880/81. – E. Köst, Jurist. Wörterbuch. [8]1967. – P. Posener, Jurist. Fremdwörterbuch. 1927. – A. Reifferscheid, F. Benseler, Lexikon des Rechts, Loseblattwerk. Stand 1980. – W. K. Schaldach, Jurist. Taschenlexikon. 1948. – F. Stier-Somlo u. A. Elster (Hrsg.), Handwörterbuch der Rechtswissenschaft. 7 Bde. 1926–1931. – K. Stollreither, Internationale Bibliographie der jurist. Nachschlagewerke. 1955.
Einführungen: J. Baumann, Einführung in die Rechtswissenschaft. [5]1976. – W. Burckhardt, Einführung in die Rechtswissenschaft. Zürich. 1939. Nachdr. 1971. – G. Dahm, Dt. Recht. [2]1965. – K. Engisch, Einführung in das jurist. Denken. [7]1977. – O. A. Germann, Grundlagen der Rechtswissenschaft. Bern. [3]1975. – J. Hellmer, Recht. 1959. – E. von Hippel, Einführung in die Rechtstheorie. [4]1955. – J. Kohler, Einführung in die Rechtswissenschaft. [6]1929. – K. Larenz, Methodenlehre der Rechtswissenschaft. [4]1979. – H. Nawiasky, Allgemeine Rechtslehre als System rechtl. Grundbegriffe. [2]1948. – G. Radbruch, Einführung in die Rechtswissenschaft. Hrsg. K. Zweigert. [12]1969. – R. Reinhardt u.a., Einführung in die Rechtswissenschaft. [2]1950. – W. Sauer, Jurist. Elementarlehre. 1944. – R. Schmidt, Einführung in die Rechtswissenschaft. [3]1934. – W. Schönfeld, Grundlegung der Rechtswissenschaft. 1951. – A. Schönke, W. Schrade, Einführung in die Rechtswissenschaft. [6]1955. – A. Wegner, Einführung in die Rechtswissenschaft. [2]1948. – T. Zimmermann, Der praktische Rechtsberater. [25]1972.
Gewohnheitsrecht. S. Brie, Die Lehre vom Gewohnheitsrecht. Tl. 1. 1899. Nachdr. 1968. – H. Mokre, Theorie des Gewohnheitsrechts. 1932. Nachdr. 1973. – G. F. Puchta, Das Gewohnheitsrecht. 2 Bde. 1828–1837. – M. Rümelin, Die bindende Kraft des Gewohnheitsrechts u. ihre Begründung. 1929. – F. Stier-Somlo, Die Volksüberzeugung als Rechtsquelle. 1900.
Gierke, Otto von. W. Ebel, Dt. Recht u. Dt. Staat. Otto von Gierke. Paul Laband. In: Darstellungen u. Quellen zur Geschichte der dt. Einheitsbewegung. 6 Bd. 1965. – U. Stutz, Zur Erinnerung an Otto von Gierke. Zeitschrift für Rechtsgeschichte. German. Abt. 43. 1922. – E. Wolf, Große Rechtsdenker der dt. Geistesgeschichte. [4]1963.
Historische Rechtsschule. S. Brie, Der Volksgeist bei Hegel u. die histor. Rechtsschule. 1909. – O. von Gierke, Die histor. Rechtsschule u. die Germanisten. 1903. – R. Hübner, Jacob Grimm u. das dt. Recht. 1895. – F. Wieacker, Privatrechtsgeschichte der Neuzeit. [2]1967.
Huber, Eugen. M. Rümelin, Eugen Huber. 1923. – U. Stutz, Eugen Huber, Zeitschrift für Rechtsgeschichte. German. Abt. 44. 1923.
Pufendorf, Samuel Frhr von. H. Welzel, Die Naturrechtslehre Samuel Pufendorfs. 1958. – E. Wolf, Große Rechtsdenker der dt. Geistesgeschichte. [4]1963.
Savigny, Friedrich Carl von. R. Gmür, Savigny u. die Entwicklung der Rechtswissenschaft. 1962. – A. Stoll, Friedrich Carl von Savigny. 3 Bde. 1927–1939. – D. Strauch, Recht, Gesetz u. Staat bei Friedrich Carl von Savigny. 1960.

4.0.1 RECHTS- UND STAATSPHILOSOPHIE

Gesamtdarstellungen: K. Bergbohm, Jurisprudenz u. Rechtsphilosophie. 1892. Nachdr. 1973. – F. Berolzheimer, System der Rechts- u. Wirtschaftsphilosophie. 5 Bde. 1904. Neudr. 1963. – J. Binder, Philosophie des Rechts. 1925. Neudr. 1967. – H. Coing, Grundzüge der Rechtsphilosophie. [3]1976. – E. Fechner, Rechtsphilosophie, Soziologie u. Metaphysik des Rechts. [2]1962. – C. F. Friedrich, Die Philosophie des Rechts in historischer Perspektive. 1955. – G. W. F. Hegel, Grundlinien der Philosophie des Rechts. Hrsg. J. Hoffmeister. [4]1967. – H. Henkel, Einführung in die Rechtsphilosophie. [2]1977. – E. von Hippel, Geschichte der Staatsphilosophie. 2 Bde. [2]1958. – U. Hommes, Die Existenzerhellung u. das Recht. 1962. – E. Huber, Recht u. Rechtsverwirklichung. Probleme der Gesetzgebung u. der Rechtsphilosophie. Basel. 1921. – A. Kaufmann, W. Hassemer (Hrsg.), Einführung in Rechtsphilosophie und Rechtstheorie der Gegenwart. 1977. – E. Kaufmann, Kritik der neukantischen Rechtsphilosophie. 1921. Neudr. 1964. – J. Kohler, Lehrbuch der Rechtsphilosophie. [3]1923. – E. Lask, Rechtsphilosophie. Bd. I der Ges. Schriften. 1923. – A. Lasson, System der Rechtsphilosophie. 1882. Nachdr. 1967. – M. E. Meyer, Rechtsphilosophie. [3]1933. – L. Nelson, System der philosoph. Rechtslehre u. Politik. Gesammelte Schriften. Bd. 6. 1924. [2]1976. – G. Radbruch, Rechtsphilosophie. Hrsg. E. Wolf, H. P. Schneider. [8]1973. – A. Reinach, Zur Phänomenologie des Rechts. [2]1953. – H. Ryffel, Rechts- u. Staatsphilosophie. 1969. – W. Sauer, System der Rechts- u. Sozialphilosophie. [2]1949. – T. Schramm, Einführung in die Rechtsphilosophie. 1978. – R. Stammler, Lehrbuch der Rechtsphilosophie. [3]1928. Nachdr. 1970. – P. J. Stucka, Die revolutionäre Rolle von Recht u. Staat. 1969. – G. del Vecchio, Lehrbuch der Rechtsphilosophie. [2]1951. – Ders., Die Gerechtigkeit. [2]1950. – Ders., Grundlagen u. Grundfragen des Rechts. Rechtsphilosoph. Abhandlungen. 1962. – A. Verdross, Grundlinien der antiken Rechts- u. Staatsphilosophie. [2]1948. – Ders., Abendländ. Rechtsphilosophie. Ihre Grundlagen u. Hauptprobleme in geschichtl. Schau. [2]1963. – E. Wolf, Griechisches Rechtsdenken. 3 Bde. 1950–1974. – R. Zippelius, Geschichte der Staatsideen. [3]1976.
Althusius, Johannes. O. von Gierke, Johannes Althusius u. die Entwicklung der naturrechtl. Staatstheorien. [6]1968. – E. Reibstein, Johannes Althusius als Fortsetzer der Schule von Salamanca. 1955.
Interessenjurisprudenz. G. Ellscheid, W. Hassemer (Hrsg.), Interessenjurisprudenz. 1974. – P. Heck, Begriffsbildung u. Interessenjurisprudenz. 1932. Neudr. 1968. – P. Oertmann, Interesse u. Begriff in der Rechtswissenschaft. 1931.
Montesquieu. M. Imboden, Montesquieu und die Lehre der Gewaltentrennung. 1959. Nachdruck 1967. – G. Krauss, Die Gewaltenteilung bei Montesquieu. In: Festschrift für C. Schmitt. 1959. – Montesquieu: Vom Geist der Gesetze. 2 Bde. Hrsg. E. Forsthoff. 1951.
Naturrecht. H. Ahrens, Naturrecht oder Philosophie des Rechts u. des Staates. Wien. 1870. Neudr. 1968. – E. Bloch, Naturrecht u. menschliche Würde. [2]1972. – E. W. Böckenförde, F. Böckle, Naturrecht in der Kritik. 1973. – E. F. Böckle, E.-W. Böckenförde (Hrsg.), Naturrecht in der Kritik. 1973. – E. Brunner, Gerechtigkeit. Eine Lehre von den Grundgesetzen der Gesellschaftsordnung. 1943. – V. Cathrein, Recht, Naturrecht, positives Recht. [2]1909. Nachdr. 1964. – H. Coing, Die obersten Grundsätze des Rechts. Ein Versuch zur Neubegründung des Naturrechts. 1947. – F. Flückiger, Geschichte des Naturrechts. I. Bd.: Altertum u. Frühmittelalter. 1954. – E. v. Hippel, Elemente des Naturrechts. 1969. – A. Kaufmann, Naturrecht u. Geschichtlichkeit. 1957. – G. Küchenhoff, Naturrecht u. Liebesrecht. [2]1962. – W. Maihofer (Hrsg.), Naturrecht u. Rechtspositivismus. [2]1972. – J. Meßner, Das Naturrecht. Hb. der Gesellschaftsethik. Staatsethik u. Wirtschaftsethik. [5]1966. – J. Sauter, Die philosoph. Grundlagen des Naturrechts. Wien. 1932. Nachdr. 1966. – L. Strauß, Naturrecht u. Geschichte. 1956. – W. Weischedel, Recht u. Ethik. 1956. – H. Welzel, Naturrecht u. materiale Gerechtigkeit. [4]1962. – E. Wolf, Das Problem der Naturrechtslehre. [3]1964.
Widerstandsrecht. K. F. Bertram, Das Widerstandsrecht des Grundgesetzes. 1970. – W. Künneth, Das Widerstandsrecht als theolog.-ethisches Problem. 1954. – H. Weinkauff, Über das Widerstandsrecht. 1956.

4.0.2 RECHTSGESCHICHTE (ALLGEMEINES)

Gesamtdarstellungen: R. Bäumlin, Staat, Recht u. Geschichte. Zürich. 1961. – H. Coing, Aufgaben des Rechtshistorikers. 1976. – H. Decugis, Les étapes du droit des origines à nos jours. 2 Bde. Paris. [2]1946. – G. Dulckeit, Philosophie der Rechtsgeschichte. 1950. – J. Ellul, Histoire des institutions de l'antiquité. Paris. 1961. – J. Kohler u. L. Wenger, Allgemeine Rechtsgeschichte 1. 1914. – B. W. Leist, Graeco-italische Rechtsgeschichte. 1884. Neudr. 1964. – C. Letourneau, L'évolution juridique dans les diverses races humaines. Paris. 1890. – A. de Maday, Le droit, son origine, son évolution. Basel. 1943. – H. Mitteis, Vom Lebenswert der Rechtsgeschichte. [7]1961. – A. H. Post, Die Grundlagen des Rechts u. die Grundzüge seiner Entwicklungsgeschichte. 1884. – B. Rehfeldt, Grenzen der vergleichenden Methode in der rechtsgeschichtl. Forschung. 1942. – F. Schuler-Libloy, Abriß der europ. Staats- u. Rechtsgeschichte. 1874. – W. Seagle, Weltgeschichte des Rechts. 1969. – F. Senn, Les origines de la notion de jurisprudence. Paris. 1926. – M. Smith, The development of European law. New York. 1928. – P. Vinogradoff, Outlines of historical jurisprudence. 1923. – L. Wenger, Röm. u. antike Rechtsgeschichte. Graz. 1905. – F. Wieacker, Notizen zur rechtshistor. Hermeneutik. 1963.
Frauenstimmrecht. A. Blos, Die Frauenfrage im Lichte des Sozialismus. 1930. – M. Boehlen, Kleine Geschichte des Frauenstimmrechts in der Schweiz. Zürich. 1954. – G. Bremme, Die polit. Rolle der Frau in Deutschland. 1956. – M. Duverger, La participation des femmes à la vie politique. Paris. 1955. – O. von der Gablentz, Polit. Parteien als Ausdruck gesellschaftl. Kräfte. 1952. – E. Villard, Frauenstimmrecht. Basel. 1960.
Leibeigenschaft. W. Conze, Quellen zur Geschichte der dt. Bauernbefreiung. 1957. – P. Dollinger, L'évolution des classes rurales en Bavière (800–1250). Paris. 1949. – A. Dopsch, Herrschaft u. Bauer in der dt. Kaiserzeit. [2]1964. – V. Ernst. Die Entstehung des dt. Grundeigentums. 1926. Neudr. 1963. – N. Kindlinger, Geschichte der dt. Hörigkeit, insbes. der sog. Leibeigenschaft. 1819. Neudr. 1968. – G. F. Knapp, Die Bauernbefreiung u. der Ursprung der Landarbeiter in den älteren Teilen Preußens. 2 Bde. [2]1927. – T. Knapp, Gesammelte Beiträge zur Rechts- u. Wirtschaftsgeschichte vornehml. des dt. Bauernstandes. 1902. Neudr. 1964. – H. Rabe, Das Problem Leibeigenschaft. 1977. – S. Sugenheim, Geschichte der Aufhebung der Leibeigenschaft u. Hörigkeit in Europa. St. Petersburg. 1861. Neudr. 1966.
Rezeption. G. von Below, Die Ursachen der Rezeption des röm. Rechts in Deutschland. 1905. Neudr. 1964. – H. Coing, Die Rezeption des Röm. Rechts in Frankfurt a. M. [2]1962. – G. Dahm, Zur Rezeption des römisch-italienischen Rechts. Veränderter Vortrag. 1960. – Ders., Das Strafrecht Italiens im ausgehenden MA. 1931. – Ders., Zur Verfassungs- u. Strafrechtsgeschichte der italien. Städte im MA. 1941. – G. Kisch, Humanismus u. Jurisprudenz. Basel. 1955. – H. Knoche, Ulrich Zasius u. das Freiburger Stadtrecht von 1520. – P. Koschaker, Europa u. das röm. Recht. [4]1966. – H. Krause, Kaiserrecht u. Rezeption. 1952. – H. Kreller, Röm. Recht II. Grundlehren des gemeinen Rechts. Wien. 1950. – R. Stintzing, Ulrich Zasius. Basel. 1857. Neudr. 1968. – F. Wieacker, Das röm. Recht u. das dt. Rechtsbewußtsein. 1945.
Sklave. F. Affolter, Die Persönlichkeit des herrenlosen Sklaven. 1913. – N. Brockmeyer, Antike Sklaverei. 1979. – A. Ehrhardt, Rechtsvergleichende Studien zum antiken Sklavenrecht. Zeitschrift für Rechtsgeschichte. Roman. Abt. 68. 1951. – A. Erler, Ältere Ansätze zur Überwindung der Sklaverei. 1978. – L. Halkin, Les esclaves publics chez les Romains. Lüttich. 1933. – O. Jacob, Les esclaves publics à Athènes. Lüttich. 1928. – H. Kippenberg (Hrsg.), Entstehung der antiken Klassengesellschaft. 1975. – H. Klees, Herren und Sklaven. 1975. – J. Marquardt, Das Privatleben der Römer I. 1886. Nachdr. 1964. – R. Salomon, L'esclavage en droit comparé juif et romain. 1931. – F. Taubenschlag, Das Sklavenrecht im Rechte der Papyri. Zeitschrift für Rechtsgeschichte. Roman. Abt. 50. 1930. – J. Vogt, Struktur der antiken Sklavenkriege. 1957.

4.0.3 DEUTSCHE RECHTSGESCHICHTE

Bibliographien u. Lexika: Dt. Rechtswörterbuch. 1914ff. – J. Grimm, Dt. Rechtsaltertümer. [4]1899. Nachdr. 1955. – Handwörterbuch zur Dt. Rechtsgeschichte. Hrsg. A. Erler u. E. Kaufmann unter Mitarb. von W. Stammler. 1964ff. – J. Hoops (Hrsg.), Reallexikon der german. Altertumskunde. 4 Bde. 1913–1918. Neubearb. (Hrsg.: H. Jankuhn u.a.) 12 Bde. 1973ff. – H. Planitz u. T. Buyken, Bibliographie zur dt. Rechtsgeschichte bis 1500. 2 Bde. 1952. – H. Rössler u. G. Franz (Hrsg.), Sachwörterbuch zur dt. Geschichte. 1958. Nachdr. 1970–1978. – W. Stammler u. K. Langosch, Die dt. Literatur des Mittelalters, Verfasser-Lexikon. 5 Bde. 1933–1955. – O. Stobbe, Geschichte der dt. Rechtsquellen. 2 Bde. 1860–1864. Neudr. 1965.
Gesamtdarstellungen: K. von Amira, German. Recht. Bearb. K. A. Eckhardt. Bd. 1: [4]1960. Bd. 2: [4]1967. – H. Brunner, Dt. Rechtsgeschichte. Bd. 1: [2]1906. Neudr. 1961. Bd. 2: Bearb. C. Frhr. von Schwerin. [2]1928. Neudr. 1958. – H. Conrad, Dt. Rechtsgeschichte. Bd. 1: [2]1962. Bd. 2: 1966. – K. F. Eichhorn, Dt. Staats- u. Rechtsgeschichte. 4 Bde. [5]1843/44. – H. Fehr, Dt. Rechtsgeschichte. [6]1962. – G. Köbler, Rechtsgeschichte. Ein systematischer Grundriß der geschichtlichen Grundlagen des deutschen Rechts. [2]1978. – H. Mitteis, H. Lieberich, Dt. Rechtsgeschichte. [15]1978. – H. Planitz, Dt. Rechtsgeschichte, Bearb. K. A. Eckardt. [3]1971. – R. Schröder u. E. Frhr. von Künßberg, Lehrbuch der dt. Rechtsgeschichte. [7]1932. Neudr. 1966. – H. Siegel, Dt. Rechtsgeschichte. [3]1895. – A. Zycha, Dt. Rechtsgeschichte der Neuzeit. [2]1949.
Dt. Verfassungsgeschichte: O. Brunner, Land u. Herrschaft. 1973. – H. E. Feine, Kirchl. Rechtsgeschichte. Die kath. Kirche. [5]1972. – E. R. Huber, Deutsche Verfassungsgeschichte seit 1789. 5 Bde. 1969–1978. – E. Mayer, Dt. u. französ. Verfassungsgeschichte vom 9. bis zum 14. Jh. 2 Bde. 1899. Neudr. 1968. – A. Meister, Dt.

Verfassungsgeschichte bis ins 15. Jh. ^{3}1922. – H. Mitteis, Der Staat des hohen Mittelalters. ^{9}1974. – W. Plöchl, Geschichte des Kirchenrechts. 4 Bde. I/II: ^{2}1960/62. III: 1 1959. IV: 1966. – A. Schulte, Der dt. Staat, Verfassung, Macht u. Grenzen 919–1914. 1933. Neudr. 1968. – G. Waitz, Verfassungsgeschichte des dt. Volkes. 8 Bde. Neudr. 1953–1956. – A. Werminghoff, Geschichte der Kirchenverfassung Deutschlands im MA. 1905. Nachdr. 1970. →auch 4.1.2 Verfassung.

Dt. Privatrechtsgeschichte: H. Coing, Handbuch der Quellen und Literatur der neueren europäischen Privatrechtsgeschichte. 3 Bde. 1976/77. – A. Heusler, Institutionen des dt. Privatrechts. 2 Bde. 1885/86. – R. Hübner, Grundzüge des dt. Privatrechts. ^{5}1930. Neudr. 1969. – E. Molitor, Grundzüge der neueren Privatrechtsgeschichte. ^{3}1979. – C. Frhr. von Schwerin, Grundzüge des dt. Privatrechts. ^{2}1928.

Dt. Strafrechtsgeschichte: V. Achter, Geburt der Strafe. 1951. – K. von Amira, Die german. Todesstrafen. 1922. – K. S. Bader, Schuld, Verantwortung, Sühne als rechtshistor. Problem. In: E. R. Frey (Hrsg.), Schuld, Verantwortung, Strafe. Zürich. 1964. – L. von Bar, Geschichte des dt. Strafrechts u. der Strafrechtspflege. 1882. – H. von Hentig, Die Strafe. 2 Bde. 1954/55. – R. His, Geschichte des dt. Strafrechts bis zur Carolina. 1928. Nachdr. 1967. – Ders., Das Strafrecht des dt. Mittelalters. 2 Bde. 1920–1935. Neudr. 1964. – G. Radbruch, Elegantia juris criminalis. Vierzehn Studien zur Geschichte des Strafrechts. ^{2}1950. – E. Schmidt, Einführung in die Geschichte der dt. Strafrechtspflege. ^{3}1965. – W. Wilda, Das Strafrecht der Germanen. 1842. Neudr. 1960.

Geschichte der dt. Rechtspflege u. des Gerichtsverfahrens: M. A. von Bethmann-Hollweg, Der Zivilprozeß des gemeinen Rechts in geschichtl. Darstellung. 6 Bde. 1864–1874. Neudr. 1959. – H. Hirsch, Die hohe Gerichtsbarkeit im MA. 1922. Neudr. ^{2}1958. – W. Hülle, Das rechtsgeschichtl. Erscheinungsbild des preuß. Strafurteils. 1965. – J. W. Planck, Das dt. Gerichtsverfahren im MA nach dem Sachsenspiegel. 2 Bde. Braunschweig. 1879. Nachdr. 1973. – R. Scheyhing, Eide, Amtsgewalt u. Bannleihe. 1960. – E. Schmidt, Inquisitionsprozeß u. Rezeption. 1941. – Ders., Einführung in die Geschichte der dt. Strafrechtspflege. ^{3}1965. – W. Sellert, Über die Zuständigkeitsabgrenzung von Reichshofrat u. Reichskammergericht. 1965. – R. Smend, Das Reichskammergericht. I. Geschichte u. Verfassung. 1911. Neudr. 1965. →4.1.7.

Geschichte der dt. Rechtswissenschaft: R. Stintzing u. E. Landsberg, Geschichte der dt. Rechtswissenschaft. 6 Bde. 1880–1910. Neudr. 4 Bde. 1957. – A. Stölzel, Die Entwicklung des gelehrten Richtertums. 2 Bde. 1872. Neudr. 1964. – W. Trusen, Anfänge des gelehrten Rechts in Deutschland. 1962. →auch 4.0.2 Rezeption.

Acht. E. Eichmann, Acht u. Bann im Reichsrecht des MA. 1909. – D. Landes, Das Achtverfahren vor dem Reichshofrat. 1965. – J. Lechner, Die Reichsacht. Histor. Vierteljahresschrift 17. 1912. – J. Poetsch, Die Reichsacht im MA. u. bes. in der neueren Zeit. 1911. Neudr. 1971. – H. Siuts, Bann u. Acht u. ihre Grundlagen im Totenglauben. 1959.

Constitutio Criminalis Carolina. C. Brunnenmeister, die Quellen der Bambergensis. 1905. – C. Güterbock, Die Entstehung der Carolina. 1876. – Ders., Zur Redaktion der Bambergensis. 1912. – G. Radbruch, Die Peinliche Gerichtsordnung Kaiser Karls V. von 1532. Neue Ausgabe hrsg. von A. Kaufmann. 1960. – H. von Weber, die peinliche Halsgerichtsordnung Kaiser Karls V. Zeitschrift für Rechtsgeschichte. German. Abt. 77. 1960.

Eike von Repkow. M. Möllenberg, Eike von Repgow u. seine Zeit. 1934. – H. Thieme, Eike von Repgow. In: Die großen Deutschen I. ^{6}1966.

Feme. T. Lindner, Die Veme. ^{2}1896. – C. W. Scherer, Die westfäl. Femgerichte u. die Eidgenossenschaft. 1941. – O. Schnettler, Die Veme. Entstehung, Entwicklung u. Untergang der Frei- u. heimlichen Gerichte Westfalens. ^{2}1932. – L. Veit. Nürnberg u. die Feme. 1955. – P. Wigand, Das Femgericht Westfalens. ^{2}1893. Neudr. 1968.

Preußisches Allgemeines Landrecht. H. Conrad, Die geistigen Grundlagen des ALR. 1958. – Ders., Rechtsstaatl. Bestrebungen im Absolutismus Preußens u. Österreichs am Ende des 18. Jh. 1961. – Ders. u. G. Kleinheyer, Vorträge über Recht u. Staat von C. G. Svarez. 1960. – U. J. Heuer, ALR u. Klassenkampf. 1960. – G. Kleinheyer, E. Pappermann (Hrsg.), Preußisches Allgemeines Landrecht. 1972. – E. Schmidt, Staat u. Recht in Theorie u. Praxis Friedrichs d. Gr. 1936. – Ders., Die Justizpolitik Friedrichs d. Gr. Heidelberger Jahrbücher. 1962. – A. Stölzel, C. G. Svarez. 1885.

Sachsenspiegel. K. von Amira, Die Dresdner Bilderhandschrift des Sachsenspiegels. 2 Bde. 1902–1926. Nachdr. 1969. – C. Borchling (Hrsg.), Das Landrecht des Sachsenspiegels nach der Bremer Handschrift von 1342. 1925. – K. A. Eckhardt, Das Lehnrecht des Sachsenspiegels. ^{3}1975. – Ders., Lehnrecht. ^{2}1956. – J. Ficker, Über die Entstehungszeit des Sachsenspiegels u. die Ableitung des Schwabenspiegels aus dem Deutschenspiegel. 1859. – P. Heck, Eike von Repgow, Verfasser der alten Zusätze zu dem Sachsenspiegel. 1939. – H. C. Hirsch, Landrecht. 1936. – Ders., Lehnrecht. 1939. – C. G. Homeyer, Die dt. Rechtsbücher des MA. Bearb. C. Borchling, K. A. Eckhardt, J. von Gierke. ^{2}1931–1934. – R. Kötzschke, Die Heimat der mitteldt. Bilderhandschriften. 1943. – C. Frhr. von Schwerin (Hrsg.), Landrecht. 1962. – J. Weiske u. R. Hildebrand, Landrecht. ^{11}1929.

Stadtrecht. J. Bärmann, Die Stadtgründungen Heinrichs des Löwen. 1961. – W. Ebel, Der Bürgereid. 1958. – E. Ennen, Die europ. Stadt des MA. ^{3}1979. – A. Erler, Bürgerrecht u. Steuerpflicht im mittelalterl. Städtewesen. ^{2}1963. – H. Fischer, Burgbezirk u. Stadtgebiet im dt. Süden. 1956. – C. Haase, Die Entstehung der westfäl. Städte. ^{3}1976. – K. Kroeschell, Weichbild. 1960. – H. Planitz, Die dt. Stadt im MA. von der Römerzeit bis zu den Zunftkämpfen. ^{3}1973. – S. Rietschel, Markt u. Stadt. 1897. Neudr. 1965. – F. Rörig, die europ. Stadt u. die Kultur des Bürgertums im MA. ^{4}1964.

4.0.4 RÖMISCHE RECHTSGESCHICHTE

Bibliographien u. Lexika: B. Biondi, Diritto romano. Guide bibliografiche. 1944. – L. Caes u. R. Henrion, Collectio bibliographica operum ad ius Romanorum pertinentium. Ser. 1 Bd. 1–10. 1949–1961. Ser. 2 Bd. 1–2. 1950–1960. – P. de Francisci, Il diritto romano Guide bibliografiche. 1923. – Paulys Realencyclopädie der classischen Altertumswissenschaft. Bearb. G. Wissowa, W. Kroll, K. Mittelhaus u. K. Ziegler. 1894 ff.

Gesamtdarstellungen: V. Arangio-Ruiz, Storia del diritto romano. Neapel. ^{7}1960. – C. G. Bruns, O. Lenel, Geschichte u. Quellen des röm. Rechts. ^{7}1915. – G. Dulckeit, F. Schwarz, W. Waldstein, Röm. Rechtsgeschichte. ^{6}1975. – P. de Francisci, Storia del diritto romano. 3 Bde. Mailand. ^{2}1941–1943. – G. Grosso, Lezioni di storia del diritto romano. Turin. ^{4}1960. – A. Guarino, Storia del diritto romano. Mailand. ^{3}1963. – R. von Ihering, Geist des röm. Rechts auf den verschiedenen Stufen seiner Entwicklung. 3 Bde. $^{9-10}$1968. – H. F. Jolowicz, Historical Introduction to the study of Roman Law. Cambridge. ^{2}1952. – M. Kaser, Röm. Rechtsgeschichte. ^{2}1967. Nachdr. 1978. – T. Kipp, Geschichte der Quellen des röm. Rechts. ^{4}1919. – H. Kreller, Röm. Rechtsgeschichte. ^{2}1948. – P. Krüger, Geschichte der Quellen u. Literatur des röm. Rechts. ^{2}1912. – B. Kübler, Geschichte des röm. Rechts. 1925. – W. Kunkel, Röm. Rechtsgeschichte. ^{7}1973. – U. von Lübtow, Das röm. Volk, sein Staat u. sein Recht. 1955. – R. von Mayr, Röm. Rechtsgeschichte. 7 Bde. 1912/13. – F. Schulz, Geschichte der röm. Rechtswissenschaft. 1961. – F. Schwind, Röm. Recht I. 1950. Nachdr. 1971. – E. Seidl, Röm. Rechtsgeschichte u. röm. Zivilprozeßrecht. ^{3}1971. – H. Siber, Röm. Rechtsgeschichte. 1925. Nachdr. 1968. – E. Weiß, Grundzüge der röm. Rechtsgeschichte. 1936. – L. Wenger, Die Quellen des röm. Rechts. 1953. – F. Wieacker, Vom röm. Recht. ^{2}1961. – Ders., Recht u. Gesellschaft in der Spätantike. 1964. – H. J. Wolff, Roman Law. Norman 1951.

Römisches Privatrecht: Jörs, Kunkel, Wenger, Römisches Recht. Römisches Privatrecht. Abriß des römischen Zivilprozeßrechts. ^{3}1949. Nachdr. 1978. – M. Kaser, Röm. Privatrecht. ^{11}1979. – E. Rabel, Grundzüge des röm. Privatrechts. 1915. Neudr. 1955. – E. Seidl, Röm. Privatrecht. 1963. – H. Siber, Röm. Recht. Bd. 2: Röm. Privatrecht. 1928. Nachdr. 1968. – R. Sohm, L. Mitteis u. L. Wenger, Institutionen, Geschichte u. System des röm. Privatrechts. ^{17}1923. Neudr. 1949. – E. Weiß, Institutionen des röm. Privatrechts als Einführung in die Privatrechtsordnung der Gegenwart. ^{2}1949.

Römisches Zivilprozeßrecht: M. A. von Bethmann-Hollweg, Der röm. Zivilprozeß. 3 Bde. 1864–1866. Neudr. 1959. – M. Kaser, Das röm. Zivilprozeßrecht. 1966. – E. Seidl, Röm. Rechtsgeschichte u. röm. Zivilprozeßrecht. ^{3}1971. – L. Wenger, Institutionen des röm. Zivilprozeßrechts. 1925. – Ders., Abriß des röm. Zivilprozeßrechts. In: P. Jörs, W. Kunkel, Röm. Privatrecht. ^{3}1949.

Römisches Staats- u. Verwaltungsrecht: L. Homo, Les institutions politiques romaines. Paris. 1950. – J. Marquardt, Röm. Staatsverwaltung. Bd. 1: ^{3}1884. Bd. 2 u. 3: ^{2}1884/85. – F. de Martino, Storia della constituzione romana. Neapel. Bd. 1 u. 2: ^{2}1958–1960. Bd. 3: 1958. – E. Meyer, Röm. Staat u. Staatsgedanke. ^{3}1965. – T. Mommsen, Röm. Staatsrecht. 5 Bde. ^{3}1887/88. Nachdr. 1952/53. – Ders., Abriß des röm. Staatsrecht. ^{2}1907. Nachdruck 1974. – H. Siber, Röm. Verfassungsrecht in geschichtl. Entwicklung. 1952.

Römisches Strafrecht: C. Ferrini, Diritto penale romano. Mailand. 1901. – W. Kunkel, Untersuchungen zur Entwicklung des röm. Kriminalverfahrens in vorsullanischer Zeit. 1962. – T. Mommsen, Röm. Strafrecht. 1899. Nachdr. 1955. – W. Rein, Das Criminalrecht der Römer. 1844. Neudr. 1962.

Pandektenrecht: L. Arndt, Lehrbuch der Pandekten. ^{13}1886. – A. Brinz, Lehrbuch der Pandekten. 4 Bde. $^{2-3}$1873–1892. – H. Dernburg, Pandekten. 3 Bde. ^{7}1902/03. – F. Regelsberger, Pandekten. Bd. 1. 1893. – F. C. von Savigny, System des heutigen röm. Rechts. 1849. Nachdr. 1961. – K. A. von Vangerow, Lehrbuch der Pandekten. 3 Bde. ^{9}1906. – B. Windscheid u. T. Kipp, Lehrbuch des Pandektenrechts. 3 Bde. ^{9}1906. Neudr. 1963.

Corpus juris civilis. A. Albertario, Introduzione stòrica allo studio del diritto romano Giustiniano. 1935. – P. Bonfante, C. Fadda, C. Ferrini, S. Riccobono u. V. Scialoja, Digesta Iustiniani Augusti. 2 Bde. 1908–1931. – F. Hofmann, Die Kompilation der Digesten Justinians. 1900. – P. Krüger, T. Mommsen, R. Schoell u. G. Kroll, Corpus iuris civilis. Bd. 1: Institutiones et Digesta. ^{15}1928. Bd. 2: Codex. ^{10}1929. Bd. 3: Novellae. ^{5}1928. Neudr. 1954. – P. Krüger, Codex Iustinianus. 1877. – T. Mommsen, Digesta Iustiniani Augusti. 2 Bde. 1870. – J. Peters, Die oström. Digestenkommentare u. die Entstehung der Digesten. 1913. – F. Schulz, Einführung in das Studium der Digesten. 1916. – J. M. Sontis, Die Digestensumme des Anonymos. 1937. – L. Wenger, Der heutige Stand der röm. Rechtswissenschaft. ^{2}1970.

Glossatoren. E. Genzmer, Die justinian. Kodifikation u. die Glossatoren. Atti di Congresso Internazionale di diritto romano II. Bologna. 1934. – H. Kantorowicz, Die Entstehung der Digestenvulgata. 1912. – Ders., Studies in the Glossators of the Roman Law. Cambridge, Mass. 1938. Neudr. 1969. – P. Koschaker, Europa u. das röm. Recht. ^{4}1966. – G. Otte, Dialektik und Jurisprudenz, Untersuchungen zur Methode der Glossatoren. 1971. – F. C. von Savigny, Geschichte des röm. Rechts im MA. 7 Bde. ^{2}1834–1851. Nachdr. 1961. – P. Vinogradoff, Roman law in Medieval Europe. London. ^{2}1929.

4.0.5 KRIMINOLOGIE

Nachschlagewerke: A. Elster, H. Lingemann (Hrsg.), Handwörterbuch der Kriminologie. 3 Bde. u. Erg.-Bd. ^{2}1967 ff. – F. von Neureiter, F. Pietrusky, E. Schütt, Handwörterbuch der gerichtl. Medizin u. naturwissenschaftl. Kriminalistik. 1940.

Gesamtdarstellungen: H. E. Barnes, N. K. Teeters, New Horizons in Criminology. Englewood Cliffs. ^{3}1963. – F. Exner, Kriminologie. ^{3}1949. – H. Göppinger, Kriminologie. ^{4}1980. – H. von Hentig, Das Verbrechen. 3 Bde. 1961–1963. – G. Kaiser, Kriminologie. ^{4}1979. – A. Mergen, Die Wissenschaft vom Verbrechen. Eine Einführung in die Kriminologie. 1961. – Ders., Die Kriminologie. Eine systemat. Darstellung. ^{2}1978. – E. Mezger, Kriminologie. Ein Studienbuch. 1951. – W. Middendorff, Soziologie des Verbrechens. 1959. – K. Peters, Grundprobleme der Kriminalpädagogik. 1960. – W. Sauer, Kriminologie. 1950. – H. J. Schneider, Kriminologie. ^{2}1977. – E. Seelig, H. Bellavič, Lehrbuch der Kriminologie. ^{3}1963. – E. Seelig, K. Weindler, Die Typen der Kriminellen. 1949. – E. H. Sutherland, D. R. Cressey, Principles of Criminology. Chicago. ^{6}1960. – E. Wulffen, Kriminalpsychologie. Psychologie des Täters. 1926. →auch 1.6.6 Kriminalsoziologie.

Geschichte der Kriminologie: H. Mannheim, Pioneers in Criminology. London. 1960. – G. Radbruch, H. Gwinner, Geschichte des Verbrechens. Versuch einer histor. Kriminologie. 1951. – L. Radzinowicz, In Search of Criminology. London. 1961.

Kriminalistik. H. Groß, F. Geerds, Handbuch der Kriminalistik. Bd. 1: 1977. Bd. 2: 1978. – K. Zbinden, Kriminalistik. Strafuntersuchungskunde. ^{2}1974.

4.1.0 ÖFFENTLICHES RECHT (ALLGEMEINES)

Bibliographien: Bibliographie des dt. Rechts. Hrsg. Gesellschaft für Rechtsvergleichung. 1964. Erg.-Bd. 1964–1968. 1970. – Bibliographie zum öffentl. Recht in der BRD. Hrsg. H. Schneider. ^{2}1964.

Handwörterbücher: Handwörterbuch des Öffentlichen Rechts. 2 Bde. 1972.

Gesamtdarstellungen: H. Arndt, W. Rudolf, Öffentliches Recht. Grundriß für das Studium der Rechts- und Wirtschaftswissenschaften. ^{2}1978. – O. Bühler, Die subjektiven öffentl. Rechte u. ihr Schutz in der dt. Verwaltungsrechtsprechung. 1914. – G. Jellinek, System der subjektiven öffentl. Rechte. ^{3}1963. – E. Molitor, Über öffentl. Recht u. Privatrecht. 1949. – H. J. Schlochauer, Öffentliches Recht. 1957.

Dienstverpflichung. W. Schmitt, Die Notstandsgesetze. ^{2}1970. – W. Weber, Die Dienst- u. Leistungspflichten der Deutschen. 1943.

Entnazifizierung. H. Lenz, Der Schlußstrich? Gedanken zur Entnazifizierung. 1948. – G. Reinhold, F. Schmidt, Die Entnazifizierung. 1949.

Kirchenrecht. A. Albrecht, Koordination von Staat u. Kirche in der Demokratie. 1965. – H. Brunotte, Die Grundordnung der ev. Kirche in Deutschland. 1954. – W. Conrad, Der Öffentlichkeitsauftrag der Kirche. 1964. – H. Dombois, Das Recht der Gnade. Ökumenisches Kirchenrecht. ^{2}1969. – E. Eichmann, Lehrbuch des Kirchenrechts auf Grund des Codex Iuris Canonici. Hrsg. K. Mörsdorf. I: ^{11}1964. II: ^{11}1967. III: ^{10}1964. – A. Erler, Kirchenrecht ^{4}1975. – H. E. Feine, Kirchliche Rechtsgeschichte, Die kath. Kirche. ^{5}1972. – O. Friedrich, Einführung in das Kirchenrecht. ^{2}1978. – K. Hesse, Der Rechtsschutz durch staatl. Gerichte im kirchl. Bereich. 1956. – Ders., Die Entwicklung des Staatskirchenrechts seit 1945. In: Jahrbuch des öffentl. Rechts der Gegenwart N. F. 10. 1961. – H. Liermann, Deutsches ev. Kirchenrecht. 1933. – W. Meinecke, Die Kirche in der volksdemokrat. Ordnung der DDR. 1962. – F. Merzyn (Hrsg.), Das Verfassungsrecht der Ev. Kirche in Deutschland. 1957 ff. – P. Mikat, Kirchen u. Religionsgemeinschaften. In: Die Grundrechte. IV 1. 1960. – H. Peters, W. Weber, Die Gegenwartslage des Staatskirchenrechts. Veröffentlichungen der Vereinigung der dt. Staatsrechslehrer. 11. 1954. – A. Voigt, Kirchenrecht. 1961. – E. Wolf, Ordnung der Kirche. 1961.

Konkordat. A.-J. Becker, Zur Rechtsproblematik des Reichskonkordats. 1956. – E. Deuerlein, Das Reichs-Konkordat. 1956. – F. Giese, F. A. Frhr. v. d. Heydte (Hrsg.), Der Konkordatsprozeß. I–IV. 1957–1959. – A. Hollerbach, Verträge zwischen Staat u. Kirche in der BRD. 1965. – E. R. Huber, Verträge zwischen Staat und Kirche im Dt. Reich. 1930. – J. H. Kaiser, Die polit. Klausel der Konkordate. 1949. – L. Schöppe, Konkordate seit 1800. Originaltext u. dt. Übersetzung der geltenden Konkordate. 1964. – W. Weber, Die polit. Klausel in den Konkordaten. 1940. Neudr. 1966. – Ders., Konkordate, Kirchenverträge. In: Die Religion in Geschichte u. Gegenwart. III. ^{3}1959. – Ders., Die dt. Konkordate u. Kirchenverträge der Gegenwart. 2 Bde. Bd. 1: 1962. Bd 2: 1971. – E. Zweifel, Die rechtl. Natur der Vereinbarungen zwischen den Staaten u. dem apostol. Stuhl (Konkordate). Aarau. 1948.

Nürnberger Gesetze. M. Sigg, Das Rassenstrafrecht in Dtschld. 1933–1945. Aarau. 1951.

Religionsgesellschaften. J. Lehmann, Die kleinen Religionsgesellschaften des öffentl. Rechts im heutigen Staatskirchenrecht. 1959. – P. Mikat, Kirchen u. Religionsgemeinschaften. In: Die Grundrechte. IV 1. 1960. – W. Weber, Die Ablösung der Staatsleistungen an die Religionsgesellschaften. 1948. – Ders., Die kleinen Religionsgemeinschaften im Staatskirchenrecht des nationalsozialist. Regimes. In: Gedächtnisschrift für W. Jellinek. 1955. – Ders., Religionsgesellschaften. In: Die Religion in Geschichte u. Gegenwart. Bd. 5. ^{3}1961.

Stiftung. H. Ebersbach, Die Stiftung des öffentl. Rechts. 1961. – Ders., Handbuch des dt. Stiftungsrechts. 1972. – H. Liermann, Handbuch des Stiftungsrechts. 1.: Geschichte des Stiftungsrechts. 1963. – R. Schairer, Aufgabe, Struktur u. Entwicklung der Stiftungen. 1958. – G. Strickrodt, Stiftungsrecht. Geltende Vorschriften u. rechtspolit. Vorschläge. ^{2}1977. – W. Weber, Die Körperschaften, Anstalten u. Stiftungen des öffentl. Rechts. ^{2}1943. – Ders., Juristische Personen des öffentl. Rechts. In: Hdwb. der Sozialwissenschaften. Bd. 5. 1955. – Ders., Körperschaften des öffentl. Rechts. In: Hdwb. der Sozialwissenschaften. Bd. 6. 1957.

4.1.1 VÖLKERRECHT

Bibliographien u. Lexika: K.-H. Sonnewald, Bibliographie des dt. Schrifttums über Völkerrecht u. ausländ. Öffentl. Recht 1945–1951. 1952. – Handbuch des Völkerrechts. Hrsg. u. bearb. von F. Stier-Somlo, seit 1933 von Walz. 1912 ff. – Wörterbuch des Völkerrechts u. der Diplomatie. Hrsg. J. Hatschek u. K. Strupp. 3 Bde. 1924–1929. – Wörterbuch des Völkerrechts. Hrsg. H.-J. Schlochauer. 3 Bde. ^{2}1960–1962.

Gesamtdarstellungen: F. Berber, Lehrbuch des Völkerrechts. Bd. 1: ^{2}1975. Bd. 2: ^{2}1969. Bd. 3: ^{2}1977. – G. Dahm, Völkerrecht. 3 Bde. 1958–1961. – Die Klassiker des Völkerrechts in mordernen dt. Übersetzungen. Hrsg. W. Schätzel. 1950 ff. – P. Guggenheim, Lehrbuch des Völkerrechts. 2 Bde. Basel. 1948–1951. – F. A. von der Heydte, Völkerrecht. Ein Lehrbuch. 2 Bde. 1958–1960. – E. Menzel, Völkerrecht. Ein Studienbuch. ^{2}1979. – K. F. Partsch, Die Anwendung des Völkerrechts im innerstaatl. Recht. 1964. – A. Ross, Lehrbuch des Völkerrechts. 1951. – E. Sauer, Grundlehre des Völkerrechts. [3]1955. – H. Triepel, Völkerrecht u. Landesrecht. 1899. Neudr. 1958. – A. Verdross, Völkerrecht. [5]1964. – Ders., Die Quellen des universellen Völkerrechts. 1973. – W. Wengler, Völkerrecht. 2 Bde. 1964.

Aggression. H. Jescheck, Die Verantwortlichkeit der Staatsorgane nach Völkerstrafrecht. 1952. – H. Kipp, Angriff. In: Wörterbuch des Völkerrechts. Bd. 1. 1960. – K. Reichhelm, Der Angriff: Eine völkerrechtl. Untersuchung über den Begriff. 1934. – T. Taylor, Kriegsverbrechen u. Völkerrecht. 1951. – A. Verdross, Die völkerrechtswidrige Kriegshandlung u. der Strafanspruch der Staaten. 1920. – H. Wehberg, Krieg u. Eroberung im Wandel des Völkerrechts. 1953.

Anerkennung. R. L. Bindschedler, Die Anerkennung im Völkerrecht. 1961. – F. Klein, Zur Praxis der Anerkennung neuer Staaten durch die BRD. In: Festschr. für H. Kraus. 1964. – J. L. Kunz, Die Anerkennung von Staaten u. Regierungen im Völkerrecht. In: Handbuch des Völkerrechts II. 3. 1928. – W. Schaumann, Anerkennung. In: Wörterbuch des Völkerrechts. Bd. 1. 1960. – H.-H. Teuscher, Die vorzeitige Anerkennung im Völkerrecht. 1959.

Annexion. R. L. Bindschedler, Annexion. In: Wörterbuch des Völkerrechts. Bd. 1. 1960. – W. Schätzel, Die Annexion im Völkerrecht. 1921. – Ders., Die Annexion im Völkerrecht. Archiv des Völkerrechts 2. 1950.

Blockade. M. Andree, Blockade. 1918. – L. Kotzsch, Blockade. In: Wörterbuch des Völkerrechts. Bd. 1. 1960. – H. Pohl, Die rechtl. Natur der Blockade. 1913. – H. Sohler, U-Boot-Krieg u. Völkerrecht. 1956. – H. Triepel, Konterbande, Blockade, Seesperre. 1918.

Diplomat. A. Bergsträsser, Diplomatie. In: Wörterbuch des Völkerrechts. Bd. 1. 1960. – E. Kraske, W. Nöldecke, Handbuch des Auswärtigen Dienstes. [2]1957. – F. K. Plehwe, Internationale Organisationen und die moderne Diplomatie. 1972.

Dreimeilengrenze → Küstengewässer.

Geisel. G. Bauer, Geiselnahme aus Gewinnsucht. 1973. – H. R. Hoppe, Die Geiselschaft. Ihre Entwicklung u. Bedeutung. 1953. – W. Middendorff, Menschenraub – Flugzeugentführungen – Geiselnahme – Kidnapping, historische und moderne Erscheinungsformen. 1972.

Grotius, Hugo. A. Nussbaum, Geschichte des Völkerrechts. 1960. – H. Wehberg, Hugo Grotius. 1956. – E. Wolf, Grotius, Pufendorf, Thomasius. Drei Kapitel zur Gestaltungsgeschichte der Rechtswissenschaft. 1924. – Ders., Hugo Grotius. In: Große Rechtsdenker der dt. Geistesgeschichte. [4]1963.

Haager Abkommen, Haager Friedenskonferenzen. P. Schneider, Haager Friedenskonferenzen von 1899 u. 1907. In: Wörterbuch des Völkerrechts. Bd. 1. 1960. – H. Wehberg, Kommentar zu dem Haager Abkommen, betreffend die friedliche Erledigung internationaler Streitigkeiten. 1911. – Ders., Die Abkommen der Haager Friedenskonferenzen, der Londoner Seekonferenz nebst Genfer Konvention. [2]1915. – Ph. Zorn, Die beiden Haager Friedenskonferenzen von 1899 u. 1907. 1915.

Haager Landkriegsordnung. J. Hinz (Hrsg.), Kriegsvölkerrecht. [2]1960. – R. Laun, Haager Landkriegsordnung. [5]1950. – H. Strebel, Landkriegsrecht. In: Wörterbuch des Völkerrechts. Bd. 2. 1961.

Internationaler Gerichtshof. H.-J. Schlochauer, Internationaler Gerichtshof. In: Wörterbuch des Völkerrechts. Bd. 2. 1961. – H. Wehberg, Der Internationale Gerichtshof. [2]1972.

Kriegsgefangene. F. Groh, Das Recht der Kriegsgefangenen u. Zivilpersonen nach der Genfer Konvention vom 12. 8. 1949. 1953. – J. Hinz, Das Kriegsgefangenenrecht. 1955. – H. Strebel, Kriegsgefangene. In: Wörterbuch des Völkerrechts. Bd. 2. 1961.

Kriegsrecht. J. L. Kunz, Kriegsrecht im allgemeinen. In: Wörterbuch des Völkerrechts. Bd. 2. 1961. – H. Wehberg, Krieg u. Eroberung im Wandel des Völkerrechts. 1953. → auch Haager Landkriegsordnung.

Kriegsverbrechen. G. Dahm, Zur Problematik des Völkerstrafrechts. 1956. – Der Prozeß gegen die Hauptkriegsverbrecher vor dem Internationalen Militärgerichtshof. Bd. 1–42. 1947–1949. – K. Hinze, K. Schilling, Die Rechtsprechung der Nürnberger Militärtribunale. 1952. – H. H. Jescheck, Die Verantwortlichkeit der Staatsorgane nach Völkerstrafrecht. 1952. – Ders., Verbrechen gegen das Völkerrecht. 1955. – Ders., Kriegsverbrechen. In: Wörterbuch des Völkerrechts. Bd. 2. 1961. – R. Maurach, Die Kriegsverbrecherprozesse gegen dt. Gefangene in der Sowjetunion. 1950. – A. Rückert, Die Strafverfolgung nationalsozialist. Verbrechen 1945–1978. 1978. – A. Verdross, Die völkerrechtswidrige Kriegshandlung. 1920.

Küstengewässer. V. Böhmert, Die techn. Fragen des Küstenmeeres. 1934. – F. Münch, Küstengewässer. In: Wörterbuch des Völkerrechts. Bd. 2. 1961. – H. A. Reinkemeyer, Die sowjet. Zwölfmeilenzone in der Ostsee u. die Freiheit des Meeres. 1955.

Luftkriegsrecht. F. A. von der Heydte, Luftkriegsrecht. In: Wörterbuch des Völkerrechts. Bd. 2. 1961. – E. Menzel, Legalität oder Illegalität der Anwendung von Atomwaffen. 1960. – A. Meyer, Völkerrechtl. Schutz der friedlichen Personen u. Sachen gegen Luftangriffe. 1935. – H. Pohl, Luftkriegsrecht. 1924. – E. Spetzler, Luftkrieg u. Menschlichkeit. 1957.

Minderheit. G. Erler, Das Recht der nationalen Minderheiten. 1931. – Ders., Minderheiten; Minderheitenrecht. In: Wörterbuch des Völkerrechts. Bd. 2. 1961. – E. Flachbarth, System des internationalen Minderheitenrechts. 1937. – H. Guradze, der Stand der Menschenrechte im Völkerrecht. 1956. – E. Pircher, Der vertragliche Schutz ethnischer, sprachlicher und religiöser Minderheiten im Völkerrecht. 1979.

Neutralität. H. E. Duttwyler, Der Seekrieg u. die Wirtschaftspolitik des neutralen Staates. 1945. – H. Fiedler, Der sowjet. Neutralitätsbegriff in Theorie u. Praxis. 1959. – J. L. Kunz, Kriegsrecht u. Neutralitätsrecht. 1935. – E. Steck, Die Neutralität im Luftraum. 1942. – U. Scheuner, Neutralität. In: Wörterbuch des Völkerrechts. Bd. 2. 1961.

Nürnberger Prozesse. Das Urteil im IG-Farben-Prozeß. 1948. – Das Urteil im Wilhelmstraßenprozeß. Mit Einf. von R. M. W. Kempner u. C. Haensel. 1950. – W. Grewe, O. Küster, Nürnberg als Rechtsfrage. 1947. – K. Heinze, K. Schilling, Die Rechtsprechung der Nürnberger Militärtribunale. 1951. – J. J. Heydecker, J. Leeb, Der Nürnberger Prozeß. 1979. – H. H. Jescheck, Nürnberger Prozesse. In: Wörterbuch des Völkerrechts. Bd. 2. 1961. – A. von Knierim, Nürnberg. 1953. – B. F. Schmith, Der Jahrhundert-Prozeß. Die Motive der Richter von Nürnberg. Anatomie einer Urteilsfindung. 1979. → auch Kriegsverbrechen.

Seerecht. H. J. Abraham, Schiffahrtsrecht (Seerecht). In: Wörterbuch des Völkerrechts. Bd. 3. 1962. – Ders., Das Seerecht. [4]1974. – C. J. Colombos, Internationales Seerecht. 1963.

Spionage. J. Erasmus, Der geheime Nachrichtendienst. 1952. – J. Hinz, Spionage. In: Wörterbuch des Völkerrechts. Bd. 3. 1962. – W. Schätzel, Die riskante Kriegshandlung. In: Festschr. für R. Thoma. 1950. – H. Schuck, Der völkerrechtl. Status der Spionage. 1956.

4.1.2 STAATSRECHT

Nachschlagewerke: G. Anschütz, R. Thoma (Hrsg.), Handbuch des dt. Staatsrechts. 2 Bde. 1930–1932. – E. von Beckerath, H. Bente u. a. (Hrsg.), Handwörterbuch der Sozialwissenschaften. 12 Bde. 1956ff. – Görres-Gesellschaft (Hrsg.), Staatslexikon. 8 Bde. [6]1957–1963. 3 Erg.-Bde. 1969/70. – Hue de Grais, Peters, Hoche, Handbuch der Verfassung u. Verwaltung in Preußen u. im Dt. Reiche. [26]1930.

Gesamtdarstellungen: Th. Eschenburg, Staat u. Gesellschaft in Deutschland. [9]1965. – J. Hatschek, Dt. u. preuß. Staatsrecht. 2 Bde. [2]1930. – H. Helfritz, Allgemeines Staatsrecht. [5]1949. – K. Hesse, Grundzüge des Verfassungsrechts der BRD. [11]1978. – O. Koellreutter, Dt. Staatsrecht. 1953. – G. Küchenhoff, Staatsrecht. Allgemeiner Teil. 1951. – T. Maunz, Dt. Staatsrecht. [22]1978. – M. Mössner, Staatsrecht. 1977. – E. Stein, Staatsrecht. [6]1978.

Allgemeine Staatslehre. H. A. Dombois, Strukturelle Staatslehre. 1952. – R. W. Füsslein, Die unwandelbaren Fundamente des Staates. 1947. – H. Heller, Staatslehre. 1974. – E. von Hippel, Allg. Staatslehre. [2]1967. – G. Jellinek, Allg. Staatslehre. [5]1928. Nachdr. 1966. – H. Kelsen, Allg. Staatslehre. 1925. Nachdr. 1966. – H. Kipp, Staatslehre. [2]1949. – O. Koellreutter, Staatslehre im Umriß. 1955. – H. Krüger, Allg. Staatslehre. [2]1966. – G. u. E. Küchenhoff, Allg. Staatslehre. [8]1977. – R. Laun, Allg. Staatslehre im Grundriß, ein Studienbehelf. [9]1964. – H. Nawiasky, Allg. Staatslehre. I: [2]1958. II 1: 1952. II 2: 1955. III: 1956. IV: 1958. – R. Schmidt, Allg. Staatslehre. 2 Bde. 1901–1903. Neudr. 1969. – R. Zippelius, Allgemeine Staatslehre (Politikwissenschaft). [6]1978.

Bundesgesetze. Bundesrecht u. Bundesgesetzgebung. Referate von W. Grewe, R. Ringelmann, G. A. Zinn. 1950. – U. Severin, Das Bundesgesetzblatt. 1962. – E. Strätling, Wie entsteht ein Bundesgesetz? [7]1961.

Bundesrat. H. von Ditfurth, Die Zustimmung des Bundesrats bei der Gesetzgebung nach dem Grundgesetz. 1960. – G. Dux, Bundesrat u. Bundesaufsicht. 1963. – H. Ehard, Der Bundesrat. 1961. – Handbuch des Bundesrats. Losebl. Stand: 1979. – K. Neunreither, Der Bundesrat zwischen Politik u. Verwaltung. 1959. – A. Pfitzer, Der Bundesrat. [8]1961. – A. Rapp, Der Bundesrat. Geschichte und Bewährung 1949–1974. 1974. – G. Ziller, Der Bundesrat. [3]1970. – G. A. Zinn, Das Bundesratsprinzip heute. 1964.

Bundesregierung. F. Blücher, Bundesregierung u. Parlament. 1955. – T. Ellwein, Das Regierungssystem der BRD. [3]1973. – H. J. Erb, Handbuch der Bundesregierung. Losebl. 1979. – W. Hennis, Richtlinienkompetenz u. Regierungstechnik. 1964. – E. U. Junker, Die Richtlinienkompetenz des Bundeskanzlers. 1965. – F. Münch, Die Bundesregierung. 1954.

Bundesrepublik Deutschland. K. v. Beyme, Das politische System der Bundesrepublik Deutschland. Eine Einführung. 1979. – T. Ellwein, Das Regierungssystem der Bundesrepublik Deutschland. [4]1977. – E. Jesse, Die Demokratie der Bundesrepublik Deutschland. Eine Einführung in das politische System. 1978. – O. Model, C. Creifelds, Staatsbürger-Taschenbuch. [18]1979. – K. Sontheimer, H. H. Röhring (Hrsg.), Handbuch des politischen Systems der Bundesrepublik Deutschlands. [2]1978.

Bundesstaat. H.-W. Bayer, Die Bundestreue. 1961. – J. Harbich, Der Bundesstaat u. seine Unantastbarkeit. 1965. – K. Hesse, Der unitarische Bundesstaat. 1962. – O. Koellreutter, Der dt. Staat als Bundesstaat u. als Parteienstaat. 1927. – H. Laufer, der Föderalismus der Bundesrepublik Deutschland. 1974. – H. Monz, Das Verhältnis der Bundesländer untereinander. 1964. – H. Nawiasky, Der Bundesstaat als Rechtsbegriff. 1920. – Ders., Grundprobleme der Reichsverfassung. Teil 1: Das Reich als Bundesstaat. 1928. – H. Schäfer, Probleme einer Neugliederung des Bundesgebietes. 1963. – P. Sonn, Die auswärtige Gewalt des Gliedstaates im Bundesstaat. 1960. – M. Usteri, Theorie des Bundesstaats. Zürich. 1954.

Bundestag. Amtliches Handbuch des Dt. Bundestages. 1953ff. – H. Trossmann, Der Dt. Bundestag. Organisation u. Arbeitsweise. [6]1972. – W. Zeh, Der Deutsche Bundestag. [3]1978.

Demokratie. M. Duverger, Demokratie im technischen Zeitalter. 1973. – E. Forsthoff, Strukturwandlungen der modernen Demokratie. 1964. – E. Fraenkel, Deutschland und die westlichen Demokratien. [7]1979. – C. J. Friedrich, Demokratie als Herrschafts- u. Lebensform. [2]1966. – E. von Hippel, Vom Wesen der Demokratie. 1947. – H. Huber, Demokratie u. staatl. Autorität. Zürich. 1939. – F. W. Jerusalem, Demokratie richtig gesehen. 1947. – E. Kaufmann, Grundtatsachen u. Grundbegriffe der Demokratie. 1950. – H. Kelsen, Vom Wesen u. Wert der Demokratie. [2]1929. – G. Leibholz, Das Wesen der Repräsentation u. der Gestaltwandel der Demokratie im 20. Jh. [3]1966. Nachdr. 1973. – R. Loewenthal (Hrsg.), Die Demokratie im Wandel der Gesellschaft. 1963. – G. Schreeb, Demokratie in Deutschland. 1962.

Diktatur. J. Deutsch, Wesen u. Wandlung der Diktaturen. [2]1963. – M. Duverger, Über die Diktatur. Wien. 1961. – C. J. Friedrich, Totalitäre Diktatur. 1957. – M. Funke (Hrsg.), Totalitarismus. Ein Studien-Reader zur Herrschaftsanalyse moderner Diktaturen. 1979. – H. Heller, Rechtsstaat oder Diktatur? 1930. – C. Schmitt, Die Diktatur. [3]1964. – H. Schneider, Das Ermächtigungsgesetz vom 24. März 1933. [2]1961. – L. Strauss, Über Tyrannis. 1963. → auch totalitärer Staat.

Diktatur des Proletariats. Das Kommunistische Manifest. Mit Vorreden von K. Marx u. F. Engels. Wien. 1919. – K. Kautsky, Die Diktatur des Proletariats. [4]1919.

Enteignung. H. Diester, Enteignung u. Entschädigung nach altem u. neuem Recht. 1953. – F. Giese, Enteignung u. Entschädigung früher u. heute. 1950. – D. Haas, Das System der öffentlich-rechtl. Entschädigungspflichten. 1955. – R. Reinhardt, U. Scheuner, Verfassungsschutz des Eigentums. 1954. – W. Weber, Eigentum u. Enteignung. In: Die Grundrechte. Bd. 2. 1954. – Ders., Enteignung. In: Hdwb. der Sozialwissenschaften. Bd. 3. 1961.

Gesetzgebung. E. W. Böckenförde, Gesetz u. gesetzgebende Gewalt. 1958. – W. Ebel, Geschichte der Gesetzgebung in Deutschland. [2]1958. – H. Eichler, Das Wesen des Gesetzes. 1959. – T. Maunz, Gesetzgebung u. Verwaltung in den dt. Verfassungen. 1956. – J. Rödig (Hrsg.), Studien zu einer Theorie der Gesetzgebung. 1976. – H. Sinzheimer, Theorie der Gesetzgebung. Haarlem. 1948. → auch Bundesgesetze.

Gewaltenteilung. M. Draht, Die Gewaltenteilung im heutigen dt. Staatsrecht. In: Faktoren der Machtbildung. 1952. – E. von Hippel, Gewaltenteilung im modernen Staat. 1958. – O. Kägi, Von der klassischen Dreiteilung zur umfassenden Gewaltenteilung in moderner Sicht. 1954. – W. Weber, Die Teilung der Gewalten als Gegenwartsproblem. In: Festschr. für C. Schmitt. 1959. – Ders., Gewaltenteilung. In: Hdwb. der Sozialwissenschaften. Bd. 4. 1965.

Grundgesetz. W. Abendroth, Das Grundgesetz. [7]1978. – H. J. Abraham u. a., Kommentar zum Bonner Grundgesetz, Losebl. 1950ff. – F. K. Fromme, Von der Weimarer Verfassung zum Bonner Grundgesetz. 1960. – F. Giese, E. Schunck, Grundgesetz für die Bundesrepublik Deutschland. [9]1975. – A. Hamann, H. Lenz, Kommentar zum Grundgesetz für die BRD. [3]1970. – H. von Mangoldt, F. Klein, Das Bonner Grundgesetz. 2 Bde. [2]1973ff. – T. Maunz, G. Dürig, Grundgesetz. Kommentar. Losebl. [3]1972ff. – W. Weber, Die Verfassung der Bundesrepublik in der Bewährung. 1957.

Grundrechte. K. Brinkmann, Freiheit u. Verfassung. 1963. – F. Ermacora, Handbuch der Grundfreiheiten u. der Menschenrechte. Wien. 1963. – W. Geiger, Die Grundrechte in der Privatrechtsordnung. 1960. – W. Hamel, Die Bedeutung der Grundrechte im sozialen Rechtsstaat. 1957. – W. Leisner, Grundrechte u. Privatrecht. 1960. – F. L. Neumann, H. C. Nipperdey, U. Scheuner (Hrsg.), Die Grundrechte. Handbuch der Theorie u. Praxis der Grundrechte. 1954ff. – H. C. Nipperdey (Hrsg.), Die Grundrechte u. Grundpflichten der Reichsverfassung. Kommentar. 3 Bde. 1929/30. Nachdr. 1975. – A. Voigt, Geschichte der Grundrechte. 1948.

Immunität. P. Bockelmann, Die Unverfolgbarkeit der Abgeordneten nach dt. Immunitätsrecht. 1951. – H. Meyer, Bundestag u. Immunität. 1953.

kommunale Selbstverwaltung. E. Becker, Gemeindliche Selbstverwaltung. 1941. – Ders., Die Selbstverwaltung des Volkes in den Gemeinden des 19. Jh. u. der Gegenwart. In: Festschr. für F. Steinbach. 1960. – W. Brell, Vom Gemeindeverfassungsrecht. [2]1953. – R. Frey u. a. (Hrsg.), Kommunale Demokratie. Beiträge für die Praxis der kommunalen Selbstverwaltung. 1976. – A. Köttgen, Die Krise der kommunalen Selbstverwaltung. 1931. – Ders., Kommunale Selbstverwaltung zwischen Krise u. Reform. 1968. – H. Matzerath, Nationalsozialismus und kommunale Selbstverwaltung. 1970. – W. Weber, Staats- u. Selbstverwaltung in der Gegenwart. [2]1967. – Ders., H. A. Berkenhoff, Die Gemeinden im nachbarschaftl. u. bundesstaatl. Spannungsfeld. 1962. – O. Ziebill, Polit. Parteien u. kommunale Selbstverwaltung. [2]1972. – K. Zuhorn, W. Hoppe, Gemeindeverfassung. [3]1974. → auch Selbstverwaltung 4.1.8 Gemeinderecht.

Kriegsdienstverweigerung. K. Brinkmann, Grundrecht u. Gewissen im Grundgesetz. 1965. – H. Bues, Kommentar zum Gesetz über den zivilen Ersatzdienst. 1960. – H. Hekker, Die Kriegsdienstverweigerung im dt. u. ausländ. Recht. 1954. – M. Hinzmann, Die aktuelle Kriegsdienstverweigerung als beachtl. Gewissensentscheidung. 1959. – G. Leder, Kriegsdienstverweigerung aus Gewissensgründen. 1957. – W. Weber, Die Grenzen der Kriegsdienstverweigerung. 1956.

Meinungsfreiheit. M. Löffler (Hrsg.), Persönlichkeitsschutz u. Meinungsfreiheit. 1959. – H. Ridder, Meinungsfreiheit. In: Die Grundrechte. II. 1954. – R. Smend, Das Recht der freien Meinungsäußerung. In: Das Recht der freien Meinungsäußerung. 1928. → auch Pressefreiheit.

Menschenrechte. H. Coing, Der Rechtsbegriff der menschl. Person in der Theorie der Menschenrechte. 1950. – E. Friesenhahn, Der internationale Schutz der Menschenrechte. 1960. – F. Hartung, Die Entwicklung der Menschen- u. Bürgerrechte von 1776 bis zur Gegenwart. [4]1972. – G. Jellinek, Die Erklärung der Menschen- u. Bürgerrechte. 1927. – F. Klein, Die Europ. Menschenrechtskonvention u. Art. 125 des Bonner GG. In: Festschr. für R. Laun. 1962. – R. Laun, Die Menschenrechte. 1948. – G. Oestreich, Die Idee der Menschenrechte in ihrer geschichtl. Entwicklung. 1961. – R. Schnur (Hrsg.), Zur Geschichte der Erklärung der Menschenrechte. 1964.

Monarchie. F. Hartung, Dt. Verfassungsgeschichte vom 15. Jh. bis zur Gegenwart. [9]1969. – K. Loewenstein, Die Monarchie im modernen Staat. 1952.

Notstand. A. Arndt, F. Freund, Notstandsgesetz – aber wie? 1962. – H.-E. Folz, Staatsnotstand u. Notstandsrecht. 1962. – H. Ridder, Der permanente Notstand. 1963. – Ders., Grundgesetz, Notstand u. polit. Strafrecht. 1965. – W. Schmitt, Die Notstandsgesetze. [2]1970.

Parlament, Parlamentarismus. K. v. Beyme, Die parlamentarischen Regierungssysteme in Europa. [2]1973. – A. Böhm, F. A. Frhr. von der Heydte, Krise des Parlamentarismus. 1961. – E. Friesenhahn, Parlament u. Regierung im modernen Staat. 1958. – F. Glum, Das parlamentar. Regierungssystem in Deutschland, Großbritannien u. Frankreich. [2]1965. – J. Hatschek, Das Parlamentsrecht des Dt. Reichs. 1915. Nachdr. 1973. – E. Hübner, H. Oberreuter, Parlament und Regierung. 1977. – W. Zeh, Parlamentarismus. Historische Wurzeln – Moderne Entfaltung. 1978.

Pressefreiheit. P. Dagtoglou, Wesen u. Grenzen der Pressefreiheit. 1963. – M. Güde, Geheimsphäre des Staates u. die Pressefreiheit. 1959. – H. Huber, A. Schüle,

Persönlichkeitsschutz u. Pressefreiheit. 1961. – F. Schneider, Presse- u. Meinungsfreiheit nach dem Grundgesetz. 1962. – W. Thiele, Pressefreiheit. Theorie u. Wirklichkeit. 1964.

Rechtsstaat. O. Bachof, Begriff u. Wesen des sozialen Rechtsstaates. In: VVDStRL. 12. 1954. – E. Fechner, Freiheit u. Zwang im sozialen Rechtsstaat. 1953. – E. Forsthoff, Begriff u. Wesen des sozialen Rechtsstaates. In: VVDStRL. 12. 1954. – L. Hessdörfer, Der Rechtsstaat. 1961. – K. Hesse, Der Rechtsstaat im Verfassungssystem des Grundgesetzes. 1962. – E. R. Huber, Rechtsstaat u. Sozialstaat in der modernen Industriegesellschaft. 1962. – W. Kägi, Rechtsstaat u. Demokratie. Zürich. 1953. – D. Merten, Rechtsstaat und Gewaltmonopol. 1975. – U. Scheuner, Die neuere Entwicklung des Rechtsstaates in Deutschland. In: Festschr. zum Dt. Juristentag. Bd. 2. 1960. – M. Tohidipur (Hrsg.), Der bürgerliche Rechtsstaat. 1978. – R. Weber-Fas, Rechtsstaat und Grundgesetz. 1977.

Selbstverwaltung. E. Bührig, Soziale Selbstverwaltung als gesellschaftspolit. Problem. In: Festschr. für F. Sitzler. 1956. – G. Erdmann, Die soziale Selbstverwaltung in ihrer rechts- u. staatspolit. Bedeutung. In: Festschr. für F. Sitzler. 1956. – H. Heffter, Die dt. Selbstverwaltung im 19. Jh. ^{2}1969. – H. Herzfeld, Demokratie u. Selbstverwaltung in der Weimarer Epoche. 1957. – G. A. Vieli, Bundesstaat u. Selbstverwaltung. Bern. 1953. – W. Weber, Staats- u. Selbstverwaltung in der Gegenwart. ^{2}1967. – Ders., Der Staat in der unteren Verwaltungsinstanz. 1964. →auch kommunale Selbstverwaltung.

Souveränität. J. Dennert, Ursprung u. Begriff der Souveränität. 1964. – H. Heller, Die Souveränität. 1963. – B. de Jouvenel, Über Souveränität. 1963. – H. G. Koppensteiner, Die europ. Integration u. das Souveränitätsproblem. 1963. – W. von Simson, Die Souveränität im rechtl. Verständnis der Gegenwart. 1965.

Staat. R. Bäumlin, Staat, Recht u. Geschichte. Zürich. 1961. – E. W. Böckenförde (Hrsg.), Staat und Gesellschaft. 1976. – J. Dabin, Der Staat oder Untersuchungen über das Politische. 1964. – H. Ehmke, „Staat" u. „Gesellschaft" als verfassungstheoret. Problem. 1962. – U. Häfelin, Die Rechtspersönlichkeit des Staates. 1959. – H. Huber, Recht, Staat u. Gesellschaft. 1954. – M. Imboden, Staat und Recht. 1971. – D. Sauer, Staat und Staatsapparat. 1978. – R. Smend, Staat. In: Ev. Kirchenlexikon. Bd. III. 1961.

Staatsangehörigkeit. W. Hoffmann, Gesetz zur Regelung von Fragen der Staatsangehörigkeit. Kommentar. 1955/56. – M. Lichter, Staatsangehörigkeitsrecht. ^{3}1966. Mit Nachtrag 1970. – W. Kanein, Deutsches Staatsangehörigkeitsrecht. 1961. – A. N. Makarov, Allgemeine Lehren des Staatsangehörigkeitsrechts. ^{2}1962. – Ders., Dt. Staatsangehörigkeitsrecht. Kommentar. ^{2}1971. – F. Massfeller, Dt. Staatsangehörigkeitsrecht von 1870 bis zur Gegenwart. ^{2}1955/58. – K. Mueller, H. Weitzel, G. Weisner, Fremdenrecht. 1955. – W. F. Schleser, Die deutsche Staatsangehörigkeit. ^{3}1976. – H. J. Seeler, Die Staatsangehörigkeit der Volksdeutschen. 1960.

Ständestaat. W. Niederer, Der Ständestaat des Faschismus. 1932. – H. Spangenberg, Vom Lehnsstaat zum Ständestaat. 1912. Neudr. 1964. →auch 1.6.0 Stände, Klassen, berufsständische Ordnung.

totalitärer Staat. H. Ahrendt, Elemente u. Ursprünge totaler Herrschaft. 1955. – H. Buchheim, Totalitäre Herrschaft. Wesen u. Merkmale. ^{5}1967. – E. Forsthoff, Der totale Staat. 1933. – M. Funke (Hrsg.), Totalitarismus. 1979. – W. Schlangen, Die Totalitarismustheorie. Entwicklung und Probleme. 1976. – H. O. Ziegler, Autoritärer u. totaler Staat. 1932. →auch Diktatur.

Verfassung. B. Dennewitz (Hrsg.), Die Verfassungen der modernen Staaten. Eine Dokumentensammlung. 4 Bde. 1947–1949. – E. Forsthoff, Dt. Verfassungsgeschichte der Neuzeit. ^{4}1975. – M. Friedrich (Hrsg.), Verfassung. Beiträge zur Verfassungstheorie. 1978. – F. Hartung, Dt. Verfassungsgeschichte vom 15. Jh. bis zur Gegenwart. ^{9}1969. – F. A. Hermens, Verfassungslehre. ^{2}1968. – H. Hildebrandt (Hrsg.), Die deutschen Verfassungen des 19. und 20. Jahrhunderts. ^{10}1977. – E. R. Huber, Dt. Verfassungsgeschichte seit 1789. 5 Bde. 1969–1978. – Ders. (Hrsg.), Dokumente zur dt. Verfassungsgeschichte. 3 Bde. 1965–1978. – K. Loewenstein, Verfassungslehre. ^{3}1975. – C. Schmitt, Verfassungslehre. ^{5}1970. – R. Smend, Verfassung u. Verfassungsrecht. 1928. – W. Weber, Die Frage der gesamtdeutschen Verfassung. 1951. – Ders., Spannungen u. Kräfte im westdeutschen Verfassungssystem. ^{3}1970. →auch Grundgesetz. 4.0.3 Dt. Verfassungsgeschichte.

Verfassungsgerichtsbarkeit. F. Ermacora, Verfassungsrecht durch Richterspruch. 1960. – E. Friesenhahn, Die Verfassungsgerichtsbarkeit in der BRD. 1963. – F. Giese, E. Schenk, K. Winkler (Hrsg.), Verfassungsrechtsprechung in der BRD. 7 Bde. Losebl. – H. Huber, Die Verfassungsbeschwerde. 1954. – G. Pfeiffer, die Verfassungsbeschwerde in der Praxis. 1959. – H. Spanner, Verfassungsprozeß u. Rechtsschutzbedürfnis. In: Festschr. für H. Jahrreiss. 1964. – J. Wintrich, H. Lechner, Die Verfassungsgerichtsbarkeit. In: Die Grundrechte. III. 2. 1959. →auch 4.1.7 Bundesverfassungsgericht.

Wahl. K. Braumias. Das parlamentar. Wahlrecht. 2 Bde. 1932. – K. H. Seifert, Das Bundeswahlgesetz, Kommentar. ^{2}1965. – D. Sternberger, Die große Wahlreform. 1964. – Ders. u.a., Wahlen u. Wähler in Westdeutschland. Hrsg. E. Faul. 1960.

Weimarer Verfassung. W. Apelt, Geschichte der Weimarer Verfassung. ^{2}1964. – G. Anschütz, Die Verfassung des Dt. Reiches vom 11. August 1919. Kommentar. ^{14}1933. Nachdr. 1968. – F. Giese, Die Verfassung des Dt. Reiches. ^{8}1931. – K. Polak, Die Weimarer Verfassung, ihre Errungenschaften u. Mängel. 1950. – G. Schreeb, Demokratie in Deutschland. Weimarer Republik, Bundesrepublik. 1962. – W. Weber, Weimarer Verfassung u. Bonner Grundgesetz. 1949.

Wohlfahrtsstaat. F. Darmstaedter, Der Wohlfahrtsstaat u. das soziale Grundrecht. In: Festschr. für C. A. Emge. 1960.

4.1.3 PRESSE- UND RUNDFUNKRECHT

Gesamtdarstellungen: L. Delp, Das gesamte Recht der Presse, des Buchhandels, des Rundfunks u. des Fernsehens. Losebl. 1953 ff. – M. Löffler, Presserecht. Kommentar. 2 Bde. Bd. I: Allgemeines Presserecht. ^{3}1979. Bd. 2: Landespressegesetze. ^{3}1979. – H. P. Moehl, Das Zeugnisverweigerungsrecht der Presse im Straf- u. Disziplinarverfahren. 1964. – M. Rehbinder, Presserecht. 1967. – B. Scheer, Dt. Presserecht. 1966. →auch 4.1.2 Pressefreiheit.

4.1.4 STRAFRECHT UND STRAFPROZESSRECHT

4.1.4.1 STRAFRECHT

Gesamtdarstellungen: J. Baumann, Grundbegriffe u. System des Strafrechts. ^{5}1979. – Ders., Strafrecht. Allgemeiner Teil. ^{8}1977. – R. von Hippel, Dt. Strafrecht. 2 Bde. 1925–1932. Neudr. 1971. – R. Maurach, Dt. Strafrecht. Allgemeiner Teil. ^{5}1978. Besonderer Teil. ^{6}1977. Mit Nachträgen 1970 u. 1971. – H. Mayer, Das dt. Strafrecht. ^{2}1953. – E. Mezger, H. Blei, Strafrecht. Ein Studienbuch. Allgemeiner Teil. ^{15}1973. Besonderer Teil. ^{10}1973. – W. Sauer, Allgemeine Strafrechtslehre. ^{3}1955. – E. Schmidhäuser, Strafrecht. Allgemeiner Teil. ^{2}1975. – H. Welzel, Das dt. Strafrecht. ^{12}1979.

Kommentare: A. Dalcke, E. Fuhrmann, K. Schäfer (Hrsg.), Strafrecht u. Strafverfahren. ^{37}1961. – E. Dreher, Strafgesetzbuch. ^{38}1978. – L. Ebermayer, A. Lobe, W. Rosenberg, J. Nagler, Leipziger Kommentar (fortgef. von H. Jagusch, E. Mezger, A. Schaefer, W. Werner). 2 Bde. ^{9}1971 ff. – K. Lackner, H. Maassen, Strafgesetzbuch. ^{12}1978. – H. Preisendanz, Strafgesetzbuch. Lehrkommentar. ^{30}1978. – A. Schönke, H. Schröder, Strafgesetzbuch. ^{20}1979.

Atomverbrechen. H. Fischerhof, Deutsches Atomgesetz und Strahlenschutzrecht. Kommentar mit Berücksichtigung des internationalen Rechts. Bd. 1: ^{2}1978. – M. Kohlhaas, Erläuterungen zum Atomgesetz. In: G. Erbst, M. Kohlhaas (Hrsg.), Strafrechtl. Nebengesetze. Losebl. Bd. 1. 1964.

Bestechung. J. Baumann, Zur Problematik der Bestechungstatbestände. 1961. – F. Geerds, Über den Unrechtsgehalt der Bestechungsdelikte u. seine Konsequenzen für Rechtsprechung u. Gesetzgebung. 1961. – G. Neugebauer, Grundzüge einer ökonomischen Theorie der Korruption. Eine Studie über die Bestechung. 1978.

Betrug. R. Busch, Erpressung u. Betrug. 1922. – R. Hirschberg, Der Vermögensbegriff im Strafrecht. 1934. – A. Merkel, Die Lehre vom strafbaren Betrug. Kriminalist. Abhandlungen. Bd. 2. Leipzig. 1867.

Diebstahl. L. Backmann, Die Abgrenzung des Betrugs von Diebstahl. 1974. – H. von Hentig, Psychologie der Einzeldelikte. I. Diebstahl – Einbruch – Raub. 1954.

Eidesdelikt. W. Neumann, Der fahrlässige Falscheid. 1937. – K. Peters, Zeugenlüge u. Prozeßausgang. 1939. – H. Schröder, Unwahrer u. unwahrhaftiger Eid. 1939. – H. Teichmann. Meineidige u. Meineidssituationen (Kriminalist. Abh. Heft 21). 1935.

Erpressung. K. Schima, Erpressung und Nötigung. Eine kriminologische Studie. 1973. →auch Betrug.

Feuerbach, P. J. Anselm Ritter von. G. Radbruch, P. J. A. Feuerbach. Ein Juristenleben. ^{3}1969. – E. Wolf, Große Rechtsdenker der dt. Geistesgeschichte. ^{4}1963.

Hochverrat →Landesverrat.

Internationales Strafrecht. G. Dahm, Zur Problematik des Völkerstrafrechts. 1956. – D. Oehler, Internationales Strafrecht. 1973. – W. Zieher, Das sogenannte Internationale Strafrecht nach der Reform. 1977.

Körperverletzung. D. Kienapfel, Körperl. Züchtigung u. soziale Adäquanz im Strafrecht. 1961. – H. Stettner, Die strafrechtl. Problematik der körperl. Züchtigung. 1958. – J. Tepperwien, Pränatale Einwirkungen als Tötung oder Körperverletzung. 1973.

Landesverrat. H. Brune, Hoch- u. Landesverrat in rechtsvergleichender Darstellung. (Strafrechtl. Abh. Heft 375). 1937. – M. Güde, Probleme des polit. Strafrechts. 1957. – H. H. Jescheck, Pressefreiheit u. militär. Staatsgeheimnis. 1964. – E. Kern, Der Strafschutz des Staates u. seine Problematik. 1963.

Mord. P. Gast, Die Mörder. (Kriminalist. Abh. Heft 11). 1930. – H. von Hentig, Psychologie der Einzeldelikte. I. Der Mord. 1956. – J. Schröder, Zur Psychologie der Delikte gegen das Leben. Zürich. 1950.

Notwehr. R. Haas, Notwehr und Nothilfe. Zum Prinzip der Abwehr rechtswidriger Angriffe. Geschichtliche Entwicklung und heutige Problematik. 1978.

Ordnungsstrafrecht. W. Burhenne, H. J. Dietrich, Strafe und Buße im Umweltrecht. Losebl. Stand 1977. – J. Goldschmidt, Das Verwaltungsstrafrecht. 1902. Neudr. 1969. – H. Mattes, Untersuchungen zur Lehre von den Ordnungswidrigkeiten. Halbbd. 1: Geschichte und Rechtsvergleichung. 1977. – H. E. Rotberg, Gesetz über Ordnungswidrigkeiten. ^{5}1975.

Parteiverrat. O. Geppert, Der strafrechtl. Parteiverrat. 1961.

Raub. K. Hagel, Raub und Erpressung nach englischem und deutschem Recht und aus rechtsvergleichender Sicht. 1979. – R. Heimann, Der Raub in kriminalsoziolog. Betrachtung (Strafrechtl. Abh. Heft 393). 1938.

Schuld. K. Engisch, Die Lehre von der Willensfreiheit in der strafrechtsphilosoph. Doktrin der Gegenwart. ^{2}1965. – K. Forster (Hrsg.), Möglichkeiten u. Grenzen für die Bewältigung histor. u. polit. Schuld in Strafprozessen. 1962. – A. Kaufmann, Schuld u. Strafe. 1966. – Ders., Das Schuldprinzip. 1961. – R. Maurach, Schuld u. Verantwortung im Strafrecht. 1948. – G. Nass, Ursprung u. Wandlungen des Schuldbegriffs. 1963. – J. Rohrbach, Schuld und Strafe. 1978. – G. Stratenwerth, Die Zukunft des strafrechtlichen Schuldprinzips. 1977.

Sicherungsmaßregeln. F. Exner, Die Theorie der Sicherungsmittel. 1914. – L. Schäfer, O. Wagner, J. Schafheutle, Gesetz gegen gefährl. Gewohnheitsverbrecher u. über Maßregeln der Sicherung u. Besserung. 1934.

Sittlichkeitsdelikte. F. Bauer, H. Bürger-Prinz u.a. (Hrsg.), Sexualität u. Verbrechen. Beiträge zur Strafrechtsreform. 1963. – S. Berg, Das Sexualverbrechen. 1963. – O. P. Dost, Psychologie der Notzucht. 1963. – R. Koch, Über Sittlichkeitsverbrechen (Kriminalist. Abh. Heft 46). 1940. – H. Körner, Sexualkriminalität im Alter. 1977. – R. Lemke, Über Ursache u. strafrechtl. Beurteilung der Homosexualität. 1940. – F. Rattenhuber, Der gefährliche Sittlichkeitsverbrecher. (Kriminalist. Abh. Heft 39). 1939. – G. Simson, F. Geerds, Straftaten gegen die Person und Sittlichkeitsdelikte in rechtsvergleichender Sicht. 1969. – G. Weiß, Die Kinderschändung. 1963.

Strafaussetzung. D. von Caemmerer, Probation. 1952. – J. Hellmer, Die Strafaussetzung im Jugendstrafrecht. 1959. – K. H. Sydow, Erfolg u. Mißerfolg der Strafaussetzung zur Bewährung. 1963.

Strafe. V. Achter, Geburt der Strafe. 1951. – A. Esser, Die Ehrenstrafe. 1956. – H. von Hentig, Die Strafe. Bd. 1: Frühformen u. kulturgeschichtl. Zusammenhänge. 1954. Bd. 2: Die modernen Erscheinungsformen. 1955. – O. von der Leye, Vom Wesen der Strafe. 1959. – E. Schmidhäuser, Vom Sinn der Strafe. ^{2}1971. – G. Spendel, Zur Lehre vom Strafmaß. 1954. – W. Stree, Deliktsfolgen u. Grundgesetz. 1960. – H. von Weber, Die richterl. Strafzumessung. 1956.

Todesstrafe. H. P. Alt, Das Problem der Todesstrafe. 1960. – B. Düsing, Die Geschichte der Abschaffung der Todesstrafe. 1952. – A. Koestler, A. Camus, E. Müller-Meiningen. Jr., F. Nowakowski, Die Rache ist mein. Theorie u. Praxis der Todesstrafe. 1961. – R. Maurach (Hrsg.), Die Frage der Todesstrafe. Zwölf Antworten. 1962. – W. Middendorff, Todesstrafe. Ja oder Nein? 1962.

Trunkenheit. P. Cramer, Der Vollrauschtatbestand als abstraktes Gefährdungsdelikt. 1962.

Unterlassungsdelikte. N.Androulakis, Studien zur Problematik der unechten Unterlassungsdelikte. 1963. – O. Clemens, Die Unterlassungsdelikte im dt. Strafrecht von Feuerbach bis zum Strafgesetzbuch. (Strafrechtl. Abh. Heft 149). 1912. – A. Kaufmann, Die Dogmatik der Unterlassungsdelikte. 1959.

Verjährung. M. Lorenz, Die Verjährung in der dt. Strafgesetzgebung. 1955. Erg.-Bd. 1959.

Verkehrsdelikte. K. Händel, R. Lochner, J. Rauschke, Handbuch für Verkehrsstrafsachen. 1957. – W. Weigelt, Verkehrsunfallflucht u. unterlassene Hilfeleistung. 1960. – H. Welzel, Fahrlässigkeit u. Verkehrsdelikte. 1961.

Versuch. B. Lehmann, Die Bestrafung des Versuchs nach dt. u. amerikan. Recht. 1962. – K. Salm, Das versuchte Verbrechen. 1957.

Vorsatz. K. Engisch, Untersuchungen über Vorsatz u. Fahrlässigkeit im Strafrecht. 1930. Neudr. 1964. – W. Platzgummer, Die Bewußtseinsform des Vorsatzes. 1964.

Wahldelikte. G. Wolf, Straftaten bei Wahlen u. Abstimmungen. 1961.

Widerstand gegen die Staatsgewalt. K. Held, Der Widerstand gegen die Staatsgewalt. (Strafrechtl. Abh. Heft 313). 1933. – G. F. Rühe, Widerstand gegen die Staatsgewalt? oder Der moderne Staat u. das Widerstandsrecht. 1958.

Wirtschaftsstrafrecht. H. Ebisch, Wirtschaftsstrafgesetz 1954 in der Fassung vom 21. 12. 1962. Kommentar. 1963. – Bundeskriminalamt Wiesbaden (Hrsg.), Grundfragen des Wirtschaftsstrafrechts. 1963. – K. Siegert, Dt. Wirtschaftsstrafrecht. 1939. – E. Schmidt, Das neue westdt. Wirtschaftsstrafrecht. 1950.

Zurechnungsfähigkeit. W. Hellenthal, Die Regelung der Zurechnungsfähigkeit in den Rechtsordnungen des dt. u. französ. Sprachkreises. 1959. – E. Mezger, Probleme der strafrechtl. Zurechnungsfähigkeit. 1949. – K. Schneider, Die Beurteilung der Zurechnungsfähigkeit. ^{4}1961.

4.1.4.2 STRAFPROZESSRECHT

Gesamtdarstellungen: J. Glaser, Handbuch der Strafprozesse. 3 Bde. 1883–1907. – R. von Hippel, Dt. Strafprozeßrecht. 1941. – H. Henkel, Strafverfahrensrecht. Ein Lehrbuch. ^{2}1968. – E. Kern, C. Roxin, Strafverfahrensrecht. Ein Studienbuch. ^{15}1979. – K. Peters, Strafprozeß, Ein Lehrbuch. ^{2}1966. – E. H. Rosenfeld, Dt. Strafprozeßrecht. 2 Bde. 1926. – U. Stock, Strafprozeßrecht. 1952.

Kommentare: T. Kleinknecht, Strafprozeßordnung, Gerichtsverfassungsgesetz, Nebengesetze u. ergänzende Bestimmungen. ^{34}1979. – E. Löwe, W. Rosenberg, Die Strafprozeßordnung u. das Gerichtsverfassungsgesetz mit Nebengesetzen. Großkommentar. ^{23}1979. – E. Schmidt, Lehrkommentar zur Strafprozeßordnung u. zum Gerichtsverfassungsgesetz. Teil I: ^{2}1964. Teil II: 1957. Teil III: 1960. Nachträge zu Teil II. 2 Bde. 1966–1970.

Einzeldarstellungen: M. Alsberg, K. H Nüse, Der Beweisantrag im Strafprozeß. ^{4}1969. – R. Graßberger, Psychologie des Strafverfahrens. ^{2}1968. – M. Hirschberg, Das Fehlurteil im Strafprozeß. 1962. – F. Meixner, Der Indizienbeweis. 1962. – W. Sarstedt, Die Revision in Strafsachen. ^{4}1962. – H. Schorn, Der Schutz der Menschenwürde im Strafverfahren. 1963. – W. Schorn, Der Laienrichter in der Strafrechtspflege. 1955. – E. Schwinge, Grundlagen des Revisionsrechts. ^{2}1960. – W. Stree, In dubio pro reo. 1962. – W. Ullers, Der Strafverteidiger. 1962.

Gefängniswesen. E. Bumke (Hrsg.), Dt. Gefängniswesen. Ein Handbuch. 1928. – W. Mittermaier, Gefängniskunde. Ein Lehrbuch. 1954. – E. Schmidt, Zuchthäuser u. Gefängnisse. 1960.

Strafvollstreckung. H. Müller-Dietz, Strafvollzugsrecht. 1974. – J. Muntau, Strafvollzug u. Gefangenenfürsorge im Wandel der Zeit. 1961. – A. Röschel, E. Blaese, Die Strafvollstreckung. ^{2}1953. – K. Tiedemann, Die Rechtsstellung des Strafgefangenen nach französ. u. dt. Verfassungsrecht. 1963. – P. Wetterich, H. Hamann, Strafvollstreckung. ^{3}1978.

4.1.4.3 JUGENDSTRAFRECHT

Gesamtdarstellungen u. Kommentare: A. Böhm, Einführung in das Jugendstrafrecht. 1977. – W. Dallinger, K. Lackner, Jugendgerichtsgesetz. ^{3}1974. – G. Grethlein, R. Brunner, Jugendgerichtsgesetz. ^{3}1969. – G. Kaiser, H. Schöch, Kriminologie, Jugendstrafrecht, Strafvollzug. 1979. – H. Mantler (Hrsg.), Jugendgericht u. Jugendgerichtshilfe. 1955. – G. Potrykus, Kommentar zum Jugendgerichtsgesetz. ^{4}1955. – F. Schaffstein, Jugendstrafrecht. Eine systemat. Darstellung. ^{6}1977.

4.1.5 ZIVILPROZESSRECHT

Gesamtdarstellungen: J. Baumann, Grundbegriffe u. Verfahrensprinzipien des Zivilprozeßrechts. 1970. – W. Bernhardt, Das Zivilprozeßrecht. ^{3}1968. – A. Blomeyer, Zivilprozeßrecht. Erkenntnisverfahren. 1963. – W. Grunsky, Grundlagen des Verfahrensrechts. ^{2}1974. – K. Hellwig, Lehrbuch des dt. Zivilprozeßrechts (unvollendet). 3 Bde. 1903–1909. Neudr. 1968. – Ders., System des dt. Zivilprozeßrechts. Bd. 1: 1912, Bd. 2 (vollendet von P. Oertmann): 1919. Neudr. 1968. – F. Lent, O. Jauernig, Zivilprozeßrecht. Ein Studienbuch. ^{18}1977. – A. Nikisch, Zivilprozeßrecht. Ein Lehrbuch. ^{2}1952. – L. Rosenberg, K. H. Schwab, Zivilprozeßrecht. ^{11}1974. – A. Schönke, K. Kuchinke, Zivilprozeßrecht. ^{12}1977. – W. Zeiss, Zivilprozeßrecht. 1971. – L. Zysk, Zivilprozeß. ^{2}1971.

Kommentare: A. Baumbach, Zivilprozeßordnung mit Gerichtsverfassungsgesetz u. a. Nebengesetzen. Fortgef. von W. Lauterbach, bearb. von J. Albers u. P. Hartmann. ^{38}1979. – L. von Seuffert, Kommentar zur Zivilprozeßordnung. Bearb. von H. Walsmann. 2 Bde. ^{12}1932. Suppl. 1934. – F. Stein, M. Jonas, Kommentar zur Zivilprozeßordnung. Bearb. von R. Pohle, seit 1967 von W. Grunsky, D. Leipold, W. Münzberg, P. Schlosser u. E. Schumann. ^{19}1964 ff. – H. Thomas, H. Putzo, Zivilprozeßordnung mit Gerichtsverfassungsgesetz u. den Einführungsgesetzen. ^{10}1978. – B. Wieczorek, Zivilprozeßordnung u. Gerichtsverfassungsgesetz. ^{2}1966. – Ders., Zivilprozeßordnung u. Nebengesetze. 7 Bde. 1957–1963. – R. Zöller, Zivilprozeßordnung mit Gerichtsverfassungsgesetz u. Nebengesetzen. Bearb. von M. Degenhart, R. Geimer, P. Gummer, W. Karch, J. Mühlbauer, F. Scherübl, D. Stephan, M. Vollkommer. ^{12}1979.

Beweis. E. Döhring, Die Erforschung des Sachverhalts im Prozeß. 1964. – F. Leonhard, Die Beweislast. ^{2}1926. – L. Rosenberg, Die Beweislast. ^{5}1965. – E. Schneider, Beweis u. Beweiswürdigung. ^{3}1978.

Einstweiliger Rechtsschutz. F. Baur, Studien zum einstweiligen Rechtsschutz. 1967. – D. Leipold, Grundlagen des einstweiligen Rechtsschutzes. 1971.

Mahnverfahren. G. Holch, Das gerichtliche Mahnverfahren nach der Vereinfachungsnovelle. Leitfaden für die Praxis. 1978. – G. Späth, Mahnung, Zahlungsbefehl, Vollstreckung. Bearb. von R. Dohse. ^{11}1972.

Prozeßhandlungen. G. Baumgärtel, Wesen u. Begriff der Prozeßhandlung. ^{2}1972. – P. Schlosser, Einverständl. Parteihandeln im Zivilprozeß. 1968.

Rechtsmittel. P. Gilles, Rechtsmittel im Zivilprozeß. 1972. – H. Prütting, Die Zulassung der Revision. 1977. – C. D. Schumann, Die Berufung in Zivilsachen. 1972. – E. Schwinge, Grundlagen des Revisionsrechts. ^{2}1960.

Streitgegenstand. W. J. Habscheid, Der Streitgegenstand im Zivilprozeßrecht u. im Streitverfahren der Freiwilligen Gerichtsbarkeit. 1956. – W. Henckel, Parteilehre u. Streitgegenstand im Zivilprozeß. 1961. – Ders., Prozeßrecht u. materielles Recht. 1970. – A. Nikisch, Der Streitgegenstand im Zivilprozeß. 1935. – B. Rimmelspacher, Materiellrechtl. Anspruch u. Streitgegenstandsprobleme. 1970. – K. H. Schwab, Der Streitgegenstand im Zivilprozeß. 1954. – A. Zeuner, Die objektiven Grenzen der Rechtskraft. 1959.

Streitgenossenschaft. K. H. Schwab, Die Voraussetzungen der notwendigen Streitgenossenschaft. In: Festschr. für F. Lent. 1957.

Urteil. G. Furtner, Das Urteil im Zivilprozeß. ^{4}1978. – O. Jauernig, Das fehlerhafte Zivilurteil. 1958. – O. Mühl, Die Lehre von Gutachten u. Urteil. 1970. – P. Schlosser, Gestaltungsklagen u. Gestaltungsurteile. 1966.

Versäumnisverfahren. W. Münzberg, Die Wirkungen des Einspruchs im Versäumnisverfahren. 1959.

4.1.6 ZWANGSVOLLSTRECKUNGS- UND KONKURSRECHT

Gesamtdarstellungen: K. Blomeyer, Zwangsvollstreckung. ^{2}1956. – H. O. de Boor, Zwangsvollstreckung, Konkurs u. Vergleich, Bearb. von G. Erkel. ^{2}1962. – R. Bruns, Zwangsvollstreckungsrecht. ^{2}1976. – W. Grunsky, Einführung in das Zwangsvollstreckungs- u. Konkursrecht. ^{2}1979. – U. Hoche, Zwangsvollstreckung. Ein Lehrbuch für Studium und Praxis. ^{2}1955. – E. Jaeger, Lehrbuch des dt. Konkursrechts. ^{8}1932. Nachdr. 1973. – F. Lent, Zwangsvollstreckungs- u. Konkursrecht. Neubearb. von O. Jauernig. ^{14}1977. – J. Mohrbutter, Handbuch des gesamten Vollstreckungs- u. Insolvenzrechts. ^{2}1973. – W. Noack, Die Vollstreckungspraxis. ^{5}1970. – M. Pagenstecher, Der Konkurs. Bearb. von M. Grimm. ^{4}1968. – A. Schönke, Zwangsvollstreckungs-, Konkurs- u. Vergleichsrecht. Neubearb. von F. Baur. ^{10}1978. →auch 4.1.5 Zivilprozeßrecht.

Kommentare. A. Böhle, Stamschräder, Konkursordnung. ^{12}1976. – R. Falkmann, Die Zwangsvollstreckung in das bewegl. Vermögen einschl. der Zwangshypothek. Umgearb. von G. Hubernagel. ^{3}1937–1943. – L. Heller, F. Berger, L. Stix (Hrsg.), Kommentar zur Exekutionsordnung. ^{4}1976. – E. Jaeger, Konkursordnung mit Einführungsgesetzen. 1. Bd. (bearb. von F. Lent): ^{8}1958; 2. Bd. (bearb. von F. Weber u. U. Klug): ^{8}1958–1973.

Lohnpfändung. H. A. Bischoff, V. Rochlitz, Die Lohnpfändung. ^{3}1965. – D. Boewer, Die Lohnpfändung. 1972. – K. Stöber, Forderungspfändung. ^{5}1978. – B. Walter, Kommentar zum Lohnpfändungsrecht. ^{3}1972.

Vergleich. E. Bley, J. Mohrbutter, Vergleichsordnung. ^{4}1979. – A. Böhle-Stamschräder, Vergleichsordnung. ^{9}1977. – K. Künne, Außergerichtl. Vergleichsordnung. ^{7}1968.

Zwangsversteigerung. G. Dassler, H. Schiffhauer, Kommentar zum Zwangsversteigerungsgesetz. ^{10}1968. – W. Korintenberg, W. Wenz, Handbuch für die Zwangsversteigerung u. die Zwangsverwaltung. 1. Teil. 1934. – W. Ruhl, Die Zwangsversteigerungs- u. Zwangsverwaltungspraxis. Bearb. von J. Mohrbutter u. K. Drischler. ^{6}1978. – A. Steiner, Zwangsversteigerung u. Zwangsverwaltung in der dt. Bundesrepublik u. West-Berlin. Bearb. von H. Riedel. ^{8}1973 ff. – F. Zeller, Zwangsversteigerungsgesetz. ^{10}1979.

4.1.7 GERICHTSVERFASSUNGSRECHT

Gesamtdarstellungen: D. Brüggemann, Die rechtsprechende Gewalt. Wegmarken des Rechtsstaats in Deutschland. 1962. – E. Kern, Geschichte des Gerichtsverfassungsrechts. 1954. – Ders., Gerichtsverfassungsrecht. ^{5}1975. →auch 4.1.4.2 Strafprozeßrecht, 4.1.5 Zivilprozeßrecht, 4.1.8 Verwaltungsgerichtsbarkeit.

Bundesgerichte. H. Gerstenkorn, H. Kirchner, Die Dokumentation der Bundesgerichte der BRD, Österreichs u. der Schweiz. 1964. – W. Strauss, Die oberste Bundesgerichtsbarkeit. 1949.

Bundesverfassungsgericht. Bibliographie zum Bundesverfassungsgericht. Zusammengestellt von der Bibliothek des BVerfG. 4. Ausg. 1956. – Das Bundesverfassungsgericht. Zum 10jährigen Bestehen des Bundesverfassungsgerichts. Hrsg. Bundesverfassungsgericht. 1963. – J. Federer, G. Leibholz u. a., Das Bundesverfassungsgericht 1951–1971. 1971. – W. Geiger, Gesetz über das Bundesverfassungsgericht. Kommentar. 1952. – F. Klein, G. Barberg, Bundesverfassungsgericht u. Rückwirkung von Gesetzen. 1964. – H. Lechner, Bundesverfassungsgerichtsgesetz. Kurzkommentar. ^{3}1973. – Th. Maunz, H. Sigloch, B. Schmidt-Bleibtreu, F. Klein, Bundesverfassungsgerichtsgesetz. Losebl. 1965 ff. →auch 4.1.2 Verfassungsgerichtsbarkeit.

Freiwillige Gerichtsbarkeit. F. Baur, Freiwillige Gerichtsbarkeit. 1955. – Ders., Der gegenwärtige Stand der freiwilligen Gerichtsbarkeit. In: Juristen-Jahrbuch. Bd. 3. 1962. – K. A. Bettermann, Die freiwillige Gerichtsbarkeit im Spannungsfeld zwischen Verwaltung u. Rechtsprechung. In: Festschr. für F. Lent. 1957. – K. Firsching, Familienrecht u. a. Rechtsgebiete in der freiwilligen Gerichtsbarkeit. ^{4}1979. – P. Jansen, Gesetz über die Angelegenheiten der freiwilligen Gerichtsbarkeit. Kommentar. 3 Bde. ^{2}1969–1971. – Ders., Wandlungen im Verfahren der freiwilligen Gerichtsbarkeit. 1964. – F. Keidel, Th. Keidel, Freiwillige Gerichtsbarkeit. ^{11}1978. – F. Kersten, S. Bühling, Formularbuch u. Praxis der freiwilligen Gerichtsbarkeit. ^{15}1972. – F. Lent, W. Habscheid, Freiwillige Gerichtsbarkeit. Ein Studienbuch. ^{6}1977. – F. Schlegelberger, Gesetz über die freiwillige Gerichtsbarkeit. Bd. 1, 2. ^{7}1956/57.

Richter. A. Arndt, Das Bild des Richters. 1957. – O. Bachof, Grundgesetz u. Richtermacht. 1959. – Ders., Die richterl. Kontrollfunktion im westdt. Verfassungsgefüge. In: Festschr. für H. Huber. Bern. 1961. – M. Beradt, Der deutsche Richter. 1979. – P. Bockelmann, Richter u. Gesetz. In: Festschr. für R. Smend. 1952. – G. Schmidt-Räntsch, Dt. Richtergesetz. Kommentar. ^{2}1973. – H. Schorn, Der Richter im Dritten Reich. Geschichte u. Dokumente. 1959. – R. Wassermann, Der politische Richter. 1972. – W. Weber, Das Richtertum in der dt. Verfassungsordnung. In: Festschr. für H. Niedermeyer. 1953.

Schiedsgerichtsbarkeit. H. Balser, R. Bögner, Schiedsvertrag u. Schiedsverfahren. 1954. – A. Baumbach, K. H. Schwab, Schiedsgerichtsbarkeit. Kommentar. ^{3}1973. – W. Grimm, V. Rochlitz, Das Schiedsgericht in der Praxis. ^{2}1978. – F. Hartung, Handbuch des Schiedsmanns. ^{3}1969. – H. J. Maier, Handbuch der Schiedsgerichtsbarkeit. 1979. – H. Nef, Unabhängige Schiedsgerichte. In: Festschr. für H. Fritzsche. 1954. – D. J. Schottelius, Die kaufmänn. Schiedsgerichtsbarkeit. 1953. – W. Thomas, Das privat-rechtl. Schiedsgerichtsverfahren. ^{2}1957.

Sozialgerichtsbarkeit. E. Brocke, Der Sozialrichter. 1956. – E. Dähne, Sozialgerichtsverfahren. 1961. – W. Doetsch, H. P. Ortlepp, Das Sozialgerichtsverfahren. 1976. – K. Hofmann, K. Schroeter, Sozialgerichtsgesetz. Kommentar. ^{2}1957. – J. Meyer-Ladewig, Sozialgerichtsgesetz. Erläuterte Ausgabe. 1977. – H. Miesbach, K. Ankenbrank, Sozialgerichtsgesetz. Kommentar. Losebl. 1954 ff. Stand 1979. – H. Peters, Th. Sautter, R. Wolff, Kommentar zur Sozialgerichtsbarkeit. Losebl. ^{4}1972 ff. – H. Schraft, Sozialgerichtsgesetz. Kommentar. 1961. – J. Vey, W. Müller, Die Sozialgerichtsbarkeit. 1959. – W. Weber, C. H. Ule, O. Bachof (Hrsg.), Rechtsschutz im Sozialrecht. 1965.

Staatsanwaltschaft. K. S. Bader, Der Ankläger im heutigen Strafrecht. In: Schuld u. Sühne. 1960. – E. Blankenburg, K. Sessar, S. Wiebke, Die Staatsanwaltschaft im Prozeß strafrechtlicher Sozialkontrolle. 1978. – E. Carsten, Die Geschichte der Staatsanwaltschaft in Deutschland bis zur Gegenwart. 1971. – F. Kunigk, Die staatsanwaltliche Tätigkeit. ^{2}1978. – Würtenberger, Der Staatsanwalt. In: D. Bernecker, Die jurist. Berufe in Vergangenheit u. Gegenwart. 1948.

4.1.8 ALLGEMEINES VERWALTUNGSRECHT

Nachschlagewerke: Handwörterbuch der Kommunalwissenschaften. 1918–1927. →auch 4.1.2 Staatsrecht.

Gesamtdarstellungen: H.-U. Erichsen, W. Martens (Hrsg.), Allgemeines Verwaltungsrecht. ^{4}1979. – F. Fleiner, Institutionen des Dt. Verwaltungsrechts. ^{8}1928. Neudr. 1960 u. 1963. – E. Forsthoff, Lehrbuch des Verwaltungsrechts. Bd. 1: Allgemeiner Teil. ^{10}1973. – J. Hatschek u. P. Kurtzig, Lehrbuch des dt. u. preuß. Verwaltungsrechts. ^{8}1931. – W. Jellinek, Verwaltungsrecht. ^{3}1931. Nachdr. 1966. – H. Landmann, W. Giers u. E. Proksch, Allgemeines Verwaltungsrecht. ^{4}1969. – W. Loschelder u. J. Salzwedel (Hrsg.), Verfassungs- u. Verwaltungsrecht des Landes Nordrhein-Westfalen. 1964. – J. Mang, Th. Maunz, F. Mayer u. K. Obermayer (Hrsg.), Staats- u. Verwaltungsrecht in Bayern. ^{4}1975. – F. Mayer, Allg. Verwaltungsrecht. ^{4}1977. – Ders., C. H. Ule (Hrsg.), Staats- u. Verwaltungsrecht in Rheinland-Pfalz. 1969. – O. Mayer, Dt. Verwaltungsrecht. ^{3}1924. Neudr. 1969. – W. Merk, Dt. Verwaltungsrecht. 2 Bde. Bd. 1: 1962. Bd. 2: 1970. – F. Morstein Marx, Verwaltung. 1965. – I. von Münch (Hrsg.), Bes. Verwaltungsrecht. ^{5}1979. – R. Nebinger, Verwaltungsrecht. Allgemeiner Teil. ^{2}1949. – H. Peters, Lehrbuch der Verwaltung. 1949. – G. Püttner, Allg. Verwaltungsrecht. ^{5}1979. – R. Roelleke, Grundbegriffe des Verwaltungsrechts. 1972. – G. Scholz, Allgemeines Verwaltungsrecht I. ^{3}1979. – A. Wittern, Grundriß des Verwaltungsrechts. ^{8}1973. – H. J. Wolff, O. Bachof, Verwaltungsrecht. Ein Studienbuch. Bd. 1: ^{9}1974. Bd. 2: ^{4}1976. Bd. 3: ^{4}1978.

Deutscher Städtetag. H. Luther, Im Dienst des Städtetages, Erinnerungen aus den Jahren 1913 bis 1923. 1959. – Städtetag. In: H. Peters, Handbuch der kommunalen Wissenschaft u. Praxis. Bd. 1. 1956. – O. Ziebill, Geschichte des Dt. Städtetages. ^{2}1956.

Gemeinderecht. E. Althaus, Das Recht der Gemeinden u. Gemeindeverbände. ^{2}1951. – H. A. Berkenhoff, Gemeindeordnung u. Amtsordnung Nordrhein-Westfalen. ^{15}1973. – A. Galette, E. Laux, Kommentar zur Gemeinde-, Kreis- und Amtsordnung für Schleswig-Holstein (Loseblatt). – K. Goebel, K. Fröhner, Gemeindeordnung für Baden-Württemberg. ^{15}1976. – O. Gönnenwein, Gemeinderecht. 1963. – Handbuch des gemeindl. Steuerrechts unter bes. Berücksichtigung des bayer. Länderrechts. ^{4}1949–1955. – K. Helmreich, J. Widtmann, Bayer. Gemeindeordnung. Kommentar. ^{10}1973. – W. Henn, L. Köth, Kommunalrecht des Saarlandes. Kommentar. 1967. – H. Hölzer, Niedersächsische Gemeindeordnung. ^{19}1979. – J. Hölzl, Gemeindeordnung für den Freistaat Bayern. Kommentar. ^{6}1969. – H. Klüber, Das Gemeinderecht in den Ländern der BRD. 1971. – R. Kunze u. C. Schmid, Gemeindeordnung für Baden-Württemberg. Kommentar. ^{2}1964. – G. Kußmaul, Das Gemeindewirtschaftsrecht. 1949. – W. Loschelder, Die Gemeindeordnungen in der BRD. ^{3}1965. – K. Lüersen, M. Neuffer, Niedersächsische Gemeindeordnung (Loseblatt). – K. Müller, K. Göbel, Hessische Gemeindeordnung. ^{3}1977. – V. Oerter, F. W. von Loebel, F. Stork, H. Kuck, Gemeindeordnung für das Land Nordrhein-Westfalen (GONW). Loseblattwerk. ^{3}1976. – H. Pagenkopf, Einführung in die Kommunalwissenschaft. ^{2}1961. – Ders., Kommunalrecht. 1971. – H. Peters, Handbuch der kommunalen Wissenschaft und Praxis. 1956–1959. – H. Salzmann, E. Schunck, W. Hofmann, A. Schrick, Das Selbstverwaltungsgesetz für Rheinland-Pfalz. Kommentar. ^{3}1965. – H. Schlempp, D. Schlempp, Kommentar zur Hess. Gemeindeordnung. 1969. – L. Schneider, Gemeinderecht in Hessen. ^{4}1966. – H. Schnitzer, Die Wirtschafts- u. Haushaltsführung der Gemeinden u. Gemeindeverbände. ^{7}1967. – F. K. Surén, Die Gemeindeordnungen in der Bundesrepublik. Kommentar. Bd. 2: Gemeindewirtschaftsrecht. 1960. – J. Widtmann, Landkreisordnung u. Bezirksordnung für den Freistaat Bayern. Kommentar. ^{3}1971. – F. Zeiß, Das Eigenbetriebsrecht der gemeindlichen Betriebe. 1956. →auch 4.1.2 kommunale Selbstverwaltung.

Landschaftsschutz. W. Engelhardt, Umweltschutz. 1973. – M. Keller, Aufgabenverteilung und Aufgabenkoordination im Landschaftsschutz. 1977. – A. Lorz, Naturschutz-, Tierschutz- u. Jagdrecht. Fischerei u. Kulturpflanzenschutz. Kommentar. ^{3}1970. – R. Stich, Das Recht des Natur- u. Landschaftsschutzes in Deutschland. 1962. – G. Zwanzig, Die Fortentwicklung des Naturschutzrechtes in Deutschland nach 1945. 1962.

Verordnung. E. Forsthoff, Die organisierte Rechtsetzung innerhalb der Verwaltung. In: E. Forsthoff, Lehrbuch des Verwaltungsrechts. ^{10}1973. – G. Jellinek, Gesetz u. Verordnung 1887. Neudr. 1964. – W. Schneider, Die Verordnung im Rechtsstaat. Zürich. 1918. – H. Spanner, Die richterliche Prüfung von Gesetzen u. Verordnungen. 1951. – I. Tammelo, Untersuchungen zum Wesen der Rechtsnorm. 1947.

Verwaltungsakt. F. Becker u. N. Luhmann, Verwaltungsfehler u. Vertrauensschutz. Möglichkeiten gesetzl. Regelung der Rücknehmbarkeit von Verwaltungsakten. 1963. – H. P. Bull, Verwaltung durch Maschinen. 1964. – B. Degrandi, Die automatisierte Verwaltungsverfügung. 1977. – G. Ebel, Die Unmöglichkeit von Verwaltungsakten. 1972. – H.-U. Erichsen, Verfassungs- u. verwaltungsgeschichtl. Grundlagen der Lehre vom fehlerhaften belastenden Verwaltungsakt. 1971. – H. Herwart, Der gegenwärtige Stand der Lehre vom nichtigen Verwaltungsakt. 1959. – E. von Hippel, Untersuchungen zum Problem des fehlerhaften Staatsaktes. ^{2}1960. – H. P. Ipsen, Verwaltungsakt. In: F. Giese (Hrsg.), Die Verwaltung. H. 23. 1950. – W. Jellinek, Der fehlerhafte Staatsakt u. seine Wirkungen. 1908. Neudr. 1958. – P. Krause, Rechtsformen des Verwaltungshandelns. 1974. – H. W. Laubinger, Der Verwaltungsakt mit Doppelwirkung. 1967. – F. Ossenbühl, Die Rücknahme fehlerhafter begünstigender Verwaltungsakte. ^{2}1965. – H.-J. Papier, Der verfahrensfehlerhafte Staatsakt. 1973. – P. Saladin, Der Widerruf von Verwaltungsakten. Basel. 1960. – J. Schachel, Nebenbestimmungen zu Verwaltungsakten. 1979. – C. H. Ule, Die Lehre vom Verwaltungsakt im Licht der Generalklausel. In: Recht, Staat, Wirtschaft. III. Bd. 1951. – G. Winkler, Die absolute Nichtigkeit von Verwaltungsakten. 1960.

Verwaltungsgerichtsbarkeit. O. Bachof, Die verwaltungsgerichtl. Klage auf Vornahme einer Amtshandlung. ^{2}1968. – Ders., Verfassungsrecht, Verwaltungsrecht, Verfahrensrecht. ^{3}1966/67. – M. Baring (Hrsg.), Festschrift. Aus 100 Jahren Verwaltungsgerichtsbarkeit. 1963. – E. Eyermann u. L. Fröhler, Verwaltungsgerichtsordnung. Kommentar. ^{7}1977. – A. Görlitz, Verwaltungsgerichtsbarkeit in Deutschland. 1970. – K. Klinger, Verwaltungsgerichtsordnung. Kommentar. ^{2}1964. – A. Koehler, Verwaltungsgerichtsordnung. Kommentar. 1960. Erg.-Bd. 1962. – H. R. Külz u. R. Naumann (Hrsg.), Jubiläumsschrift zum hundertjährigen Bestehen der dt. Verwaltungsgerichtsbarkeit. Staatsbürger u. Staatsgewalt. 1963. – C. F. Menger, System des verwaltungsgerichtl. Rechtsschutzes. 1954. – K. Redeker u. H. J. von Oertzen, Verwaltungsgerichtsordnung. Kommentar. ^{6}1978. – H. Rumpf, Regierungsakte im Rechtsstaat. 1955. – E. Schunck u. H. de Clerck, Verwaltungsgerichtsordnung. ^{2}1967. – C. H. Ule, Verwaltungsgerichtsbarkeit. ^{2}1962. – Ders. Verwaltungsprozeßrecht. ^{7}1978. – Ders. (Hrsg.), Entwurf eines Verwaltungsgerichtsgesetzes. 1969. – Zehn Jahre Verwaltungsgerichtsbarkeit. 1970.

Verwaltungsvollstreckung. H. L. Arbeiter, Die Durchsetzung gesetzlicher Pflichten. 1978. – G. Kautz u. A. Riewald, Verwaltungszwangsverfahren zur Beitreibung von Geldbeträgen. Kommentar. ^{8}1955. Erg.-Bd. 1959. – H. Müller, Der Verwaltungszwang. 1976. – E. Rasch, Das Verwaltungsverfahren in Bund u. Ländern. 1961. – F. Rietdorf, Verwaltungsvollstreckungsgesetz für das Land Nordrhein-Westfalen. Kommentar. ^{2}1963. – H. Rosen-von Hoewel, Verwaltungsvollstreckungsgesetz u. Verwaltungszustellungsgesetz. 1953. – B. Scheer, Die Anwendung unmittelbaren Zwangs durch die Verwaltungs- und Polizeibehörden. 1956. – H. Schmitt-Lermann, Bayerisches Verwaltungszustellungs- u. Vollstreckungsgesetz. Handkommentar. 1961.

4.1.9 GEWERBERECHT

Gesamtdarstellungen: G. Boldt, Gewerberecht. ^{3}1961. – Ders., E. Stahlhacke, Kommentar zur Gewerbeordnung. Losebl. 1970 ff. – E. Eyermann, L. Fröhler, Gewerbeordnung. Kommentar. ^{12}1963. – L. Fröhler, J. Kormann, Kommentar zur Gewerbeordnung. 1978. – W. Henke, Gewerberecht. In: Hdwb. der Sozialwissenschaften. Bd. 4. 1964. – R. v. Landmann, G. Rohmer, Gewerbeordnung. 3 Bde. ^{13}1978–1979. – H. Rother, Gewerbeordnung. 1969. – H. Sieg, W. Leifermann, Gewerbeordnung. Kommentar. ^{2}1966. – H. Strobl, Handbuch des Gewerberechts. ^{5}1959.

Gaststätten. E. Michel, W. Kienzle, Gaststättengesetz. ^{6}1973. – L. Müller, Gaststättengesetz. 1970.

Handwerksordnung. E. Eyermann, L. Fröhler, G. Honig, Handwerksordnung. ^{3}1973. – H. Kiesel, Handbuch des Vertragsrecht für Handwerker. 1977. – H. Kolbenschlag, K. Lessmann (Hrsg.), Taschenlexikon handwerksrechtl. Entscheidungen. Losebl. 1962 ff. – Zentralverband des Deutschen Handwerks (Hrsg.), Die Handwerksordnung. 1976.

Ladenschlußgesetz. M. Schulte-Langforth, Ladenschlußgesetz vom 28. 11. 1956. 1957.

Lehrling. H. Hoffmann, R. Sauerwein, Deine Rechte als Lehrling. 1977. – W. Siebert, Lehrlingsrecht. In: Hdwb. der Sozialwissenschaften. Bd. 6. 1959. – H. Schieckel, Berufsbildungsgesetz. Kommentar. Losebl. 1970 ff. – R. Weber, Berufsbildungsgesetz. Kommentar. Losebl. 1970 ff.

Weingesetz. H. J. Koch, Weingesetz. Kommentar. Losebl. 1973 ff. – W. Zipfel, Weingesetz mit EWG-Vorschriften. Kommentar. 1972.

4.2.0 BAU-, MIET- UND WOHNUNGSRECHT

Baurecht. W. Bielenberg, H. Dyong, Das neue Bundesbaugesetz. 1976. – H. Brügelmann, H. Förster, G. Grauvogel, H. Kopp, D. Oedekoven, W. Pohl, S. Stahnke, Bundesbaugesetz. 3 Bde. Losebl. – W. Ernst, W. Zinkahn, W. Bielenberg, Bundesbaugesetz. ^{3}1978. – Städtebauförderungsgesetz. 1973. – H. C. Fickert, Bauvorhaben, Baunutzung – Baunutzungsrecht. 1962. – S. Heitzer, E. Oestreicher, Bundesbaugesetz. ^{6}1977. – H. Knaup, Kommentar zur Baunutzungsverordnung. ^{6}1975. – K. Meyer, R. Stich, O. Schlichter, Städtebauförderungsgesetz. Kommentar. Losebl. 1972 ff. – K. Meyer, R. Stich, H.-J. Tittel, Bundesbaurecht. 1966. – F. H. Müller, O. Neuffer, K. Weinisch, Die Baunutzungsverordnung. ^{2}1965. – K. Neuenfeld, Architekt und Recht. 1977. – O. Neuffer, Bundesbaugesetz. ^{7}1977. – W. Oelker, Bauaufsichtsrecht. 1954. – W. Scheerbarth, Das allgemeine Bauordnungsrecht unter bes. Berücksichtigung der Landesbauordnungen. ^{2}1966. – E. Schmidt-Assmann, Grundfragen des Städtebaurechts. 1972. – W. Schütz, G. Frohberg, Kommentar zum Bundesbaugesetz. ^{3}1970. – F. Thiel, K. Gelzer, Baurechtssammlung. 1945–1978.

Heimstätte. W. Ehrenforth, Reichsheimstättengesetz. ^{4}1967.

Miet- u. Wohnungsrecht. J. Bärmann, Wohnungseigentumsgesetz. ^{4}1967. – W. Ehrenforth, Wohn- u. Siedlungsrecht. ^{6}1969. – Ders., Zweites Wohnungsbaugesetz. Wohnungsbau- u. Familienheimgesetz. 1958. Nachtr. 1962. – V. Emerich, J. Sonnenschein, Mietrecht. 1979. – R. Endriß, J. Bertsch, R. Schaaber, Mieter-Rechte der Studenten. 1976. – M. Fellner, H. Fischer, Wohnraumbewirtschaftungsgesetz. ^{3}1956. – J. Fischer-Dieskau, H. G. Pergande, H. W. Schwender, Das erste Wohnungsbaugesetz des Bundes in der Fassung vom 25. 8. 1953. ^{2}1954. – Dies., Das zweite Wohnungsbaugesetz in der Fassung vom 1. 8. 1961. 1962. – Kiefersauer, H. Glaser, G. Brumby, Grundstücksmiete, Wohnungsmietrecht, Mieterschutz, Wohnraumbewirtschaftung, Mietzinsbildung. ^{10}1965. – J. Lutz, Lexikon des Miet- u. Wohnungsrechts. ^{3}1967. – H. G. Pergande, Gesetz über den Abbau der Wohnungszwangswirtschaft u. über ein soziales Miet- u. Wohnrecht. 1961. – E. Rodenberg, Die Kündigung im Wohnungsmietrecht. 1978. – H. Roquette, Bundesmietengesetze. ^{3}1961. – Ders., Neues soziales Mietrecht. 1969. – O. Stadtler, Handbuch der Wohnungsbauförderung u. des sozialen Wohnungsbaus. 1955. – F. Sternel, Mietrecht. ^{2}1979. – W. Ullrich, Wie erhalte ich Wohngeld? 1965. – Ders., Höhere Miete – höheres Wohngeld. 1973. – H. Weitnauer, C. Wirths, Wohnungseigentumsgesetz. Kommentar. ^{5}1974.

4.2.1 VERKEHRSRECHT

Gesamtdarstellungen: T. Krebs, Verkehrsrecht u. Verkehrswirtschaft. 1960. Mit Nachtrag 1966. – W. Weigelt, Verkehrsrecht-Sammlung. 36 Bde. (Ergänzungen monatl.).

Einzeldarstellungen: H.-J. Finger, Eisenbahngesetze. Textsammlung u. Kommentar. ^{7}1979. – A. Friesecke, Bundeswasserstraßengesetz. Kommentar. 1971. – W. Haustein, Die Eisenbahnen im dt. öffentl. Recht. 1960. – Ders., R. Hayer, Bundesbahngesetz. ^{2}1952. – G. Kaehlitz, Das Recht der Binnenschiffahrt. 2 Bde. 1953–1957. – O. Vortisch, Zschucke, Binnenschiffahrts- u. Flößereirecht. ^{3}1964.

Eisenbahnverkehrsordnung. H.-J. Finger, Eisenbahnverkehrsordnung. ^{5}1978. – E. Goltermann, Eisenbahnverkehrsordnung. Losebl. ^{3}1960 ff. – W. Weirauch, W. Heinze, Eisenbahnverkehrsordnung. ^{8}1962.

Haftpflicht. H. Becker, Kraftverkehrs-Haftpflichtschäden. ^{13}1978. – R. Geigel, Der Haftpflichtprozeß mit Einschluß des materiellen Haftpflichtrechts. ^{17}1979. – W. Weimar, ABC Haftpflicht im Straßenverkehr. 1973. – W. Wussow, Das Unfallhaftpflichtrecht. ^{11}1972.

Luftrecht. W. Guldimann, Rechtsprechkartei des internationalen Luftrechts. 1956 ff. – R. Schleicher, F. Reymann, H.-J. Abraham, Das Recht der Luftfahrt. 3 Bde. ^{3}1960–1966. – A. Wegerdt, K.-F. Reuß, Dt. Luftfahrtgesetzgebung. ^{3}1959.

Rhein. J. Bärmann, Die Freiheit der europ. Binnenschiffahrt. 1950. – H. van der Hoeven, Die Rheinschiffahrtsverträge u. die Cabotage. 1957. – H. Kraus, U. Scheuner, Rechtsfragen der Rheinschiffahrt. 1955. – U. Scheuner, Das internationale Recht der Rheinschiffahrt u. der nationale Binnenverkehr. 1954.

Seerecht. K.-H. Capelle, Seeschiffahrtsrecht. In: Hdwb. der Sozialwissenschaften. Bd. 9. 1956. – E. Gläser, R. Becker, Neues See- u. Binnenschiffahrtsrecht u. verwandte Gebiete in Einzeldarstellungen. Losebl. 1960 ff. – W. H. Lampe, F.-W. Marienfeld, Seeschiffahrtsstraßen-Ordnung. 1962. – K. u. O. R. von Laun, Seerecht. Losebl. ^{2}1965. – G. Schaps, H. J. Abraham, Das Dt. Seerecht. 3 Bde. ^{3}1959–1964. Erg.-Bd. 1967.

Straßenverkehrsrecht. H. Bidinger, Personenbeförderungsrecht. ^{2}1973. – W. Greif, Personenbeförderungsgesetz. 1961. – H. Jagusch, J. Floegel, F. Hartung, Straßenverkehrsrecht. ^{24}1978. – E. A. Marschall, Bundesfernstraßengesetz. ^{3}1971. – F. Müller, Straßenverkehrsrecht. Neubearb. von W. Möhl, W. Full u. K. Rüth. 3 Bde. ^{22}1969–1973. – A. Rautenberg, H. Frantzioch, Das Personenbeförderungsrecht. 1961. Erg.-Bd. 1962. – H. Schultz, Rechtsprechung und Praxis zum Straßenverkehrsrecht in den Jahren 1973–1977. 1979. – G. Xanke, W. Weigelt, Lexikon straßenverkehrsrechtl. Entscheidungen. Losebl.

Wegerecht. A. Bochalli, Wegerecht. In: Hdwb. der Sozialwissenschaften. Bd. 11. 1961. – A. Germershausen, G. Seydel, Wegerecht u. Wegeverwaltung in Preußen. Bd. 1: ^{4}1932. Nachdr. 1953. Bd. 2: Wegeverwaltung in der BRD u. deren Ländern. Hrsg. E. A. Marschall. ^{5}1961. – J. W. Gottschalk, Handbuch des niedersächs. Wegerechts. 1961. – F. Sieder, H. Zeitler, Bayer. Straßen- u. Wegegesetz. Kommentar. ^{2}1972. – K. Zimniok, Bayer. Straßen- u. Wegegesetz vom 11. 7. 1958. ^{5}1970.

4.2.2 WASSERRECHT

Gesamtdarstellungen: A. Bochalli, Das Wasser- u. Bodenverbandsrecht. ^{3}1966. – R. Breuer, Öffentliches und privates Wasserrecht. 1976. – O. Finkenbeiner, Wasserrecht. 1973. – W. Gässler, Wasserhaushaltsgesetz. 1978. – P. Gieseke, M. Abt. Schrifttum u. Rechtsprechung des Wasserrechts. 1963 ff. – P. Gieseke, W. Wiedemann, Wasserhaushaltsgesetz. Kommentar. ^{3}1979. – F. Kolb, Das Gesetz zur Ordnung des Wasserhaushalts. 1958. – Ders., Die Wasserversorgung u. der Gewässerschutz im Bundes- u. Landesrecht. 1968. – W. Matthes, Wasser- u. Uferrecht. 1956. – W. H. Mensing, Das Recht der Wasserbücher. 1963. – H. Roth (Hrsg.), Wasserhaushaltsgesetz und Abwasserabgabengesetz. 1977. – A. Wüsthoff, Einführung in das dt. Wasserrecht. ^{3}1962. – Ders., W. Kumpf, Handbuch des dt. Wasserrechts. Losebl. 1958 ff.

4.2.3 BERGRECHT

Gesamtdarstellungen: G. Boldt, Staat u. Bergbau. 1950. – H. Ebel, H. Weller, Allgemeines Berggesetz. ^{3}1969. – G. W. Heinemann, Der Bergschaden. ^{3}1961. – R. Klostermann, M. Fürst, H. Thielemann, Allgemeines Berggesetz für die preuß. Staaten. ^{6}1931. – H. Miesbach, D. Engelhardt, Bergrecht. Kommentar zu den Landesberggesetzen u. den sonstigen für den Bergbau einschlägigen bundes- u. landesrechtl. Vorschriften. 1962. Erg.-Bd. 1969. – M. Reuss, W. Grotefend, G. Dapprich, Das Allgemeine Berggesetz. ^{11}1959. – R. Willecke, G. Turner, Grundriß des Bergrechts. ^{2}1970. – Ders., Die deutsche Berggesetzgebung. 1977.

4.2.4 POLIZEIRECHT

Gesamtdarstellungen: J. Altmeyer, H. de Clerck, Polizeiverwaltungsgesetz von Rheinland-Pfalz. ^{2}1965. – B. Drews, G. Wacke, Allgemeines Polizeirecht. ^{7}1961. – V. Götz, Allg. Polizei- u. Ordnungsrecht. ^{5}1978. – H. Hans, Polizei- u. Ordnungsrecht. 1976. – E. Kaufmann (Hrsg.), Der polizeil. Eingriff in Freiheiten u. Rechte. 1951. – H.-G. König, Allgemeines Sicherheits- u. Polizeirecht in Bayern. 1962. – H. Lüers, Das Polizeirecht in der DDR. 1974. – H. H. Pioch, Das Polizeirecht einschl. der Polizeiorganisation. ^{2}1952. – Ders., Gesetz über den unmittelbaren Zwang bei Ausübung öffentl. Gewalt durch Vollzugsbeamte des Bundes. Kommentar. 1963. Nachtrag. 1968. – H. Reiff, G. Wöhrle, Polizeigesetz für Baden-Württemberg. ^{2}1971. – F. Rietdorf, G. Heise u. a., Ordnungs- u. Polizeirecht in Nordrhein-Westfalen. Kommentar. ^{6}1977. – R. Samper, Kommentar zum bayer. Polizeiaufgabengesetz. ^{2}1969. – B. Scheer, H. Trubel, Preuß. Polizeiverwaltungsgesetz vom 1. 6. 1931. ^{6}1961. – R. Schiedermair, Einführung in das bayerische Polizeirecht. 1961. – D. Schipper, F. Hainka, Allgemeines Verwaltungsrecht und Polizeirecht. ^{2}1978. – E. E. Schneider, Hessisches Polizeigesetz. ^{2}1963. – K. H. Schumann, Grundriß des Polizei- und Ordnungsrechts. 1978.

4.2.5 BEAMTENRECHT

Gesamtdarstellungen: J. Cornelius, H. Gester, F. Woschech, Die Meinungsfreiheit des Beamten. 1964. – T. Eschenburg, Der Beamte in Partei u. Parlament. 1952. – V. Grellert, Zusicherungen im Beamtenrecht. 1964. – Grün, Beamtenrecht. Neuaufl. 1976. – H. Havers, G. Schnupp, Beamten- und Disziplinarrecht. ^{4}1979. – C. Heyland, Das Berufsbeamtentum im neuen demokrat. Staat. 1949. – E. Kern, Die Institution des Berufsbeamtentums im kontinentaleurop. Staat. 1952. – H. Malz, J. Heilemann, Lexikon des öffentl. Dienstes. 1965. – W. Leisner, Grundlagen des Berufsbeamtentums. 1971. – G. Pfennig, Der Begriff des öffentl. Dienstes u. seiner Angehörigen. 1960. – K. Sontheimer, W. Bleek, Abschied vom Berufsbeamtentum? 1973. – W. Thieme, Der öffentl. Dienst in der Verfassungsordnung des Grundgesetzes (Art. 33 GG). 1961. – C. H. Ule, Gerichtl. Rechtsschutz im Beamtenrecht. 1951. – G. Wacke, Grundlagen des öffentl. Dienstrechts. 1957.

Kommentare: L. Ambrosius, E. Schütz, C. Ulland, Beamtenrecht des Bundes u. der Länder. 2 Bde. 1968. – A. Bochalli, Bundesbeamtengesetz. ^{2}1958. – Ders., Landesbeamtengesetz von Nordrhein-Westfalen. ^{2}1963. – R. Dietz, Personalvertretungsgesetz. 1956. – J. Crisolli, M. Schwarz, Hess. Beamtengesetz. Losebl. 1962 ff. – O. G. Fischbach, Bundesbeamtengesetz. 2 Bde. ^{3}1964/65. – Ders., Das Landesbeamtengesetz von Berlin. 1954. – E. Geib, Schleswig-Holstein. Landesbeamtenrecht. 1956. – W. Grabendorff, P. Arend, Beamtengesetz von Rheinland-Pfalz. Losebl. 1962 ff. – W. Grabendorff, C. Windscheid, Personalvertretungsgesetz. ^{2}1960. – H. Hartmann, F. Janssen, U. Kühn, BayrischesBeamtengesetz. ^{5}1978. – W. Hildebrandt, H. Demmler, H.-G. Bachmann, Kommentar zum Beamtengesetz für das Land Nordrhein-Westfalen. Losebl. 1963 ff. – A. Maneck, H. Schirrmacher, Hessisches Bedienstetenrecht. Losebl. – E. Molitor, Bundespersonalvertretungsgesetz vom 5. 8. 1955. ^{2}1958. – G. Müller, E. Beck, Das Beamtenrecht in Baden-Württemberg. Kommentar. Losebl. 1962 ff. – E. Plog, A. Wiedow, Bundesbeamtengesetz. Kommentar. Losebl. 1958 ff. – W. Rengier, Die Personalvertretung der Beamten, Angestellten, Arbeiter u. Soldaten. 1960. – C. W. A. Sachse, E. Topka, Niedersächs. Beamtengesetz. 1961. – W. Schmidbauer (Hrsg.), Beamtengesetze. Neuaufl. 1977. – E. Schütz, Beamtenrecht des Bundes u. der Länder. Losebl. ^{5}1973 ff. – H. Weiler, Verfassungstreue im öffentlichen Dienst. 1979.

Besoldung. L. Ambrosius, W. Rengier, Das Bundesbesoldungsrecht einschl. Wehrsoldgesetz. ^{7}1958. – L. Ambrosius, W. Rösen, Das Besoldungsrecht der Beamten in Nordrhein-Westfalen. ^{4}1961. – H. Bernard, K. Kraft, Das Besoldungsrecht in Baden-Württemberg. Losebl. ^{2}1962 ff. – H. Clemens, C. Millack u. a., Besoldungsrecht des Bundes u. der Länder. Losebl. – F. Isensee, J. Distel, Die Dienstbezüge der Beamten, Richter u. Soldaten. 1964. – E. Jessen, Die Besoldung der Beamten u. Soldaten. ^{2}1963. – W. Kümmel, H. Wehrhahn, Besoldungsrecht des Landes Niedersachsen. Losebl. ^{2}1962. – J. H. Müller, Besoldung im öffentl. Dienst. In: Hdwb. der Sozialwissenschaften. Bd. 2. 1959. – H. Raab, O. Schmidt, Hess. Besoldungsrecht. Losebl. ^{2}1967 ff. – G. Schubert, Das Besoldungsrecht in Nordrhein-Westfalen. Losebl. – S. Uttlinger, Die Besoldung der bayer. Beamten. Losebl. ^{7}1961.

Dienststrafrecht. E. Lindgen, Handbuch des Disziplinarrechts für Beamte u. Richter in Bund u. Ländern. 2 Bde. I: 1966. II: 1968. Erg.-Bd. 1969. – F. X. Lochbrunner, W. Küffner, Handbuch des Bundesdisziplinarrechts. 1964. – C. Römer, Bundesdisziplinarordnung nebst Länderdienststrafgesetzen. 1954. – E. Schütz, E. Siemer, Disziplinarrecht des Bundes u. der Länder. ^{3}1971.

Hunderteinunddreißiger. L. Ambrosius, L. Löns, H. Rengier, Gesetz zur Regelung der Rechtsverhältnisse der unter Art. 131 des Grundgesetzes fallenden Personen. 1952. – G. Anders, Gesetz zur Regelung der Rechtsverhältnisse der unter Artikel 131 des Grundgesetzes fallenden Personen. Fortgeführt von H. Jungkunz u. W. Köppner. ^{4}1959.

4.2.6 SCHULRECHT. K. A. Bettermann, M. Goessel, Schulgliederung, Lehrerausbildung u. Lehrerbesoldung in der bundesstaatl. Ordnung. 1963. – V. Dietz, Einführung in das bayrische Schulrecht. 1976. – L. Dietze, K. Hess, H. Noak, Rechtslexikon für Schüler, Lehrer, Eltern. 1974. – A. Grapengeter, Kultusrecht. 1 Bd.: Schulwesen. Losebl. – W. Haugg, Schulordnungsgesetz Nordrhein-Westfalen. 1962. – Ders., P. Seipp u. a., Schulrecht. Ergänzbare Sammlungen des Schulrechts in den Ländern. Losebl. –H. Heckel, Einführung in das Erziehungs- und Schulrecht. 1977. – H. Hochstetter, P. Seipp, E. Muser, Schüler – Richter – Lehrer, Maßnahmen der Schule im Spiegel der Rechtsprechung. ^{2}1963. – G. Mape, Rechtsprobleme im Schulwesen. 1965. – D. Margies, K. Roeser (Hrsg.), Grundlagen des Schulrechts. 1979. – Th. Oppermann, Schulverwaltungsrecht. 1969. – Sammlung der Beschlüsse der Ständigen Konferenz der Kultusminister der Länder in der BRD. Losebl. – P. Seipp, D. Tenhof, Die Privatschule. Losebl. 1964 ff. – A. Valentin, L. Politzer, F. v. Krendel, Eltern, Schule und Gesetze. 1976. – H. Zieseniss, Niedersächs. Schulgesetze mit Verwaltungsvorschriften. 1964.

4.2.7 GESUNDHEITSRECHT

Kommentare: M. Breyer, Gesetz über das Apothekenwesen. 1961. – J. Daniels, W. Hagen u. a., Das öffentl. Gesundheitswesen. 5 Bde. 1966–1969. – F. Etmer, Bundesseuchengesetz. 1969. – F. Etmer, J. Bolck, Arzneimittelgesetz. 1961. – A. Grapengeter, H. Burmester, Gesundheitsrecht. Losebl. 4 Bde. – W. Hagen, F. Bernhardt, Gesetz zur Bekämpfung der Geschlechtskrankheiten vom 23. 7. 1953. 1954. – H. Hoffmann, Gesetz über das Apothekenwesen. 1961. – B. Kant, Arzt- u. Apothekerrecht. 1954. – A. Kloesel, W. Cyran, Arzneimittelgesetz. ^{3}1973. – R. Kuhns, Das gesamte Recht der Heilberufe. 1958. – H. Narr, Ärztl. Berufsrecht. 1973. – H. Wichmann, Recht und Gesetz. ^{19}1979. – W. Zipfel, Arzneimittelrecht. 1971.

Lebensmittelrecht. G. Boldt, H. Saffert, Recht des Lebensmittelgewerbes. 1963. – H. Hieronimi, Kommentar zum Lebensmittelgesetz. ^{2}1959. – H. Holthöfer, K.-H. Nüse (Hrsg.), Sammlung lebensmittelrechtl. Entscheidungen. 1959 ff. – H. Holthöfer, Juckenack, K.-H. Nüse, Dt. Lebensmittelrecht. 4 Bde. I u. II: ^{5}1970. III u. IV: ^{4}1966. – K. H. Nüse, R. Franck, Zulassung und Verkehr mit Zusatzstoffen bei Lebensmitteln. 1978. – W. Zipfel, Lebensmittelrecht. Losebl. 1962 ff.

Opiumgesetz. H. Hügel, E. Vevera, Dt. Betäubungsmittelrecht. ^{4}1967. – J. Joachimski, Betäubungsmittelrecht. 1973. – L. Lewin, W. Goldbaum, Opiumgesetz. Kommentar. ^{2}1931.

4.2.8 FÜRSORGERECHT

Gesamtdarstellungen: A. Bochalli, Sozialrecht. In: Besonderes Verwaltungsrecht. ^{3}1967. – M. Fuchs, Sozialhilfe u. Kriegsopferfürsorge. 1963. – G. Gottschick, Das Bundessozialhilfegesetz. ^{5}1974. – H. Keese, K. H. Kursawe, H. G. Burucker (Hrsg.), Sozialhilferecht. ^{3}1969. – P. Lerche, Verfassungsfragen um Sozialhilfe u. Jugendwohlfahrt. 1963. – F. Luber, Bundessozialhilfegesetz. Losebl. 1961. – O. Mergler, Bundessozialhilfegesetz. ^{6}1967. – E. Oestreicher, Bundessozialhilfegesetz mit Recht der Kriegsopferfürsorge. Losebl. 1970 ff. – F. Ruppert, W. Kraegeloh, H. Gottschick, Das Recht der öffentl. Fürsorge. 1963.

Heimatvertriebene. W. Ehrenforth, Bundesvertriebenengesetz. 1954. Nachtrag 1962. – W. von Kopp, Das Bundesvertriebenengesetz. 1957. – E. Lemberg, F. Edding (Hrsg.), Die Vertriebenen in Westdeutschland. 3 Bde. 1959. – H. Leitreiter, Richtlinien zum Bundesvertriebenengesetz. ^{2}1955. – H. Lukaschek, Die dt. Heimatvertriebenen als zentrales dt. Problem. ^{2}1952. – W. Strassmann, Nitsche, Bundesvertriebenengesetz. ^{2}1958. Erg.-Bd. 1962.

Heimkehrer. K. Draeger, Heimkehrergesetz. ^{2}1953. Erg.-Bd. 1956.

Jugendschutz, Jugendwohlfahrtspflege. H. Adam, Jugendhilferecht II. 1978. – K.-W. Jans, G. Happe, Jugendwohlfahrtsgesetz. ^{2}1971. – G. Potrykus, Jugendschutzgesetz. ^{2}1963. – H. Riedel, Jugendwohlfahrtsgesetz. Kommentar. ^{2}1966 ff. – R. Steffen, J. Weigand (Hrsg.), Jugendmedienschutz – ohne Zensur in der pluralistischen Gesellschaft. 1979.

Kriegsbeschädigtenfürsorge, Kriegshinterbliebenenfürsorge. H. Schieckel, Kriegsopferversorgung. In: Hdwb. der Sozialwissenschaften. Bd. 6. 1959. – Ders., H. J. Gurgel, Bundesversorgungsgesetz. ^{3}1961. – W. Thannheiser, G. Wende, R. Zech, Handbuch des Bundesversorgungsrechts. Losebl. ^{3}1955 ff. – R. Töpfer, Handbuch der Beschädigtenversorgung. 1961. – G. Wilke, Bundesversorgungsgesetz. ^{4}1973.

4.2.9 LASTENAUSGLEICHSRECHT

Gesamtdarstellungen: H. Frohnhäuser, W. Schubert, H. Stramitzer, Lastenausgleich. Losebl. 1952 ff. – R. Harmening, R. Falk u. a., Lastenausgleich. Losebl. ^{2}1953 ff. – W. Horowski, Was vom Lastenausgleich noch gilt. Vermögensabgabe bis 1979. ^{2}1965. – W. Kühne, B. Wolff, Die Gesetzgebung über den Lastenausgleich. Teil A u. B. Losebl. 1952 ff. – G. Rau, Lastenausgleichslexikon. 1957 ff. – K. H. Schaefer, Die Schadensfeststellung im Lastenausgleich. Losebl. 1952 ff. – A. Schulz-Brachmann, H. Meilicke, G. Georgi, Lastenausgleichsgesetz. 1953. – F. Werner, Von der Schadensfeststellung bis zur Erfüllung. 1962.

4.3.0 PRIVATRECHT (ALLGEMEINES)

Gesamtdarstellungen: E. Bötticher, Gestaltungsrecht u. Unterwerfung im Privatrecht. 1964. – O. von Gierke, Dt. Privatrecht. 3 Bde. 1895–1917. – Haff, Institutionen des Dt. Privatrechts. 1927–1947. – H. Kußmann, Lexikon des Privatrechts. 2 Bde. 1964/65. – H. Mitteis, H. Lieberich, Dt. Privatrecht. Ein Studienbuch. ^{8}1978. – H. Planitz, Grundzüge des dt. Privatrechts. ^{3}1949. – L. Raiser, Die Aufgabe des Privatrechts. 1977. – K. Renner, Die Rechtsinstitute des

Privatrechts u. ihre soziale Funktion. 1965. – G. Wesenberg, Neuere dt. Privatrechtsgeschichte im Rahmen der europ. Rechtsentwicklung. [2]1969. – F. Wieacker, Privatrechtsgeschichte der Neuzeit. [2]1967. →auch 4.0.3 Dt. Privatrechtsgeschichte.

Gesellschaftsrecht. W. Erman, Personalgesellschaften auf mangelhafter Vertragsgrundlage. 1947. – A. Hueck, Gesellschaftsrecht. [16]1971. – W. Hefermehl, C. del Marmol, L. Dabin, D. Bastian, G. E. Colombo, B. Delvaux, W. van der Grinten, Jura Europae. Das Recht der Länder der Europ. Wirtschaftsgemeinschaft. Bd. 1: Gesellschaftsrecht. 1964. – H. Lehmann, R. Dietz, Gesellschaftsrecht (Handelsrecht II. Teil). [3]1970. – H. Sudhoff, Der Gesellschaftsvertrag der Personalgesellschaften. [5]1978. – H. Würdinger, Gesellschaften. 1 Teil: Recht der Personalgesellschaften. 1937.

4.3.1 BÜRGERLICHES RECHT

Gesamtdarstellungen: G. Boehmer, Grundlagen der bürgerl. Rechtsordnung. 3 Teile. 1950–1952. – K. Cosack, H. Mitteis, Lehrbuch des Bürgerl. Rechts. 2 Bde. [7–8]1924–1927. – H. Dernburg, Das Bürgerl. Recht des Dt. Reiches u. Preußens. 6 Bde. [3–4]1905–1915. – L. Enneccerus, T. Kipp, M. Wolff, Lehrbuch des Bürgerl. Rechts (Bearb. H. C. Nipperdey, H. Lehmann, H. Coing, L. Raiser u.a.). 5 Bde. [11–15]1959ff. – E. Goldmann, L. Lilienthal, Das BGB systematisch dargestellt. 3 Bde. [3]1908–1921. – J. Hellmer, Systematik des Bürgerl. Rechts u. angrenzender Gebiete. [2]1961. – J. Kohler, Lehrbuch des Bürgerl. Rechts. 3 Bde. 1904–1919. – Loewenwarter, Wegweiser durch das BGB. Bearb. H. Bohnenberg. [18]1952–1954. – Römer, Hafner, Lehrbuch des Bürgerl. Rechts. 2 Bde. [16]1957. – R. Schmidt, Bürgerl. Recht. 5 Bde. [2]1952–1957. – Schwarz, Grundriß des Bürgerl. Rechts. Bearb. Blume. 5 Bde. [18]1947 bis 1949.

Kommentare: W. Erman, Handkommentar zum BGB. [6]1976. – O. Palandt, Kurzkommentar zum Bürgerl. Gesetzbuch. [38]1979. – Reichsgerichtsräte-Kommentar. Das Bürgerl. Gesetzbuch mit bes. Berücksichtigung der Rechtsprechung des Reichsgerichts u. des Bundesgerichtshofes (Bearb. Denecke, Fischer, Haager u.a.). 6 Bde. [9–11]1959–1970. – H. Rosenthal, H. Bohnenberg, Bürgerl. Gesetzbuch. [15]1964. Mit Nachtrag 1970. – W. Rother, Grundsatzkommentar zum Bürgerlichen Gesetzbuch. 1973. – H. T. Soergel, W. Siebert, Bürgerl. Gesetzbuch (Bearb. Abraham, Augustin, Ballerstadt u.a.). 8 Bde. [10]1967ff. – J. von Staudinger, Kommentar zum BGB. [12]1979.

Abzahlung. C. A. Crisolli, F. Ostler, Abzahlungsgesetz. [5]1958. – M. von Biberstein, Das Abzahlungsgeschäft u. seine Finanzierung. 1959. – K. Winkler, Abzahlungsgesetz. Entscheidungssammlung. 1964.

Allgemeines Bürgerliches Gesetzbuch für Österreich. R. Hermann, H. Kapfer, Das Allgemeine bürgerl. Gesetzbuch. Wien. [7]1961. – H. Klang, F. Gschnitzer u.a. Kommentar zum Allgemein. Bürgerl. Gesetzbuch. Wien. [2]1962.

Annahme an Kindes Statt. J. Baer, H. Gross, Adoption und Adoptionsvermittlung. 1976. – R. Becker, Annahme an Kindes Statt. 1950. – Heinisch, Beendigung u. Nichtigkeit der Adoption. 1960. – A. Napp-Peters, Adoption – Das alleinstehende Kind und seine Familie. 1978. – K. Roth-Stielow, Das neue Adoptionsrecht. 1976.

eheliches Güterrecht. E. Bauer, Neues Ehegüterrecht. [4]1970 – K. Haegele, Das eheliche Güterrecht. [10]1972.

Eherecht. A. Bergmann, Internationales Ehe- u. Kindschaftsrecht. [3]1960ff. – G. Belchaus, Familien- und Eherecht. 1977. – H. Ent, G. Hopf, Das neue Eherecht. 1979. – D. Hanslik, H. Heetfeld, K. Schneider, F. Zellerhof, Schnellübersicht neues Eherecht. 1979. – W. Lauterbach, Vorschläge u. Gutachten zur Reform des dt. internationalen Eherechts. 1962.

Ehescheidung. E. Ambrock, Ehe und Ehescheidung. 1977. – H. Dölle, Grundsätzliches zum Ehescheidungsrecht. 1946. – A. Fuchs, Das neue Scheidungsrecht. 1976. – O. Kissel (Hrsg.), Ehe und Ehescheidung. 2 Bde. 1977. – O. Schwab, Handbuch des Ehescheidungsrechts. 1977.

Eheschließung. G. Beitzke, Eheschließung unter falschem Namen. 1963. – H. Dombois, Schumann, Weltliche u. kirchl. Eheschließung. 1953. – K. Haegele, Eheschließung u. Ehescheidung. [6]1973.

Eigentum. B. Börner, Das Wohnungseigentum u. der Sachbegriff des Bürgerl. Rechts. 1963. – R. P. Callies, Eigentum als Institution. 1962. – W. Däubler, U. Sieling-Wendeling, H. Welkoborsky, Eigentum und Recht. 1976. – A. Georgiades, Die Eigentumsanwartschaft beim Vorbehaltskauf. 1963. – H. J. Mertens, Eigentumsvorbehalt u. sonstige Sicherungsmittel des Verkäufers im ausländ. Recht. 1964. – F. Negro, Das Eigentum. 1963. – L. Raiser, Dingliche Anwartschaften. 1961. – K. Rudolph, Die Bindungen des Eigentums. 1960. – R. Serick, Eigentumsvorbehalt u. Sicherungsübertragung. 3 Bde. 1963–1970.

Erbbaurecht. H. Ingenstau, Kommentar zur Erbbaurechts-Verordnung. [4]1972. – Stahlhacke, Vorschläge zur Neuordnung des Erbbaurechts. [2]1960.

Erbrecht. H. Bartholomeyczik, Erbrecht. [10]1975. – H. Brox, Erbrecht. [6]1979. – M. Ferid, K. Firsching, Internationales Erbrecht. Losebl. [2]1967. – K. Firsching, Nachlaßrecht. Handbuch der amtsgerichtl. Praxis. Bd. 6. [4]1971. – Janikowski, Erbrecht an Hand von Fällen. 1964. – E. Ksoll, Erbrecht. [2]1960. – H. Lange, Lehrbuch des Erbrechts. 1962. – J. Wiefels, Erbrecht, Grundriß. [2]1970. →auch Testament.

Familienrecht. G. Beitzke, Familienrecht. Kurzlehrbuch. [20]1978. – H. Dölle, Familienrecht. 2 Bde. 1964/65. – J. Gernhuber, Lehrbuch des Familienrechts. [3]1979. – D. Henrich, Familienrecht. 1970. – F. Maßfeller, Das gesamte Familienrecht. 2 Bde. [2]1962/63. Bd. 1: [3]1973. – P. H. Neuhaus, Europ. Familienrecht? 1963.

Grundbuch. F. Henke, G. Mönch, E. Horber. Kurzkommentar zur Grundbuchordnung. [9]1966. – W. Hesse, E. Saage, N. Fischer, Kommentar zur Grundbuchordnung. 1957. – J. Kuntze, R. Ertl u.a., Grundbuchrecht. 1973. – G. Meikel, W. Imhof, H. Riedel, Grundbuchrecht. 4 Bde. [6]1965–1971. – P. Thieme, Grundbuchordnung. 2 Bde. [1–4]1955–1958.

Grundeigentum. D. Duwendag, G. Epping (Hrsg.), Wem gehört der Boden in der Bundesrepublik Deutschland? 1974. – H. Hasel, Einführung in das Grundstücksverkehrsgesetz. 1962. – R. Lange, Kommentar zum Grundstücksverkehrsgesetz. [2]1964. – H. Luckas, W. Weimar, Erwerb u. Veräußerung von Grundstücken. 1964. – F. Pelka, Das Grundstücksverkehrsgesetz. 1962. – A. Pikalo, Land- u. forstwirtschaftl. Grundstücksverkehrs- u. Erbrecht im westl. Europa. 1961. – K. Schade, Das vorrangige rechtsgeschäftl. Vorkaufsrecht am Grundstück. 1963. – K. Spiro, Die unrichtige Beurkundung des Preises beim Grundstückskauf. 1964. – H. Steffens, Die Bodenverkehrsgenehmigung. 1963. – G. Treutlein, P. Crusius, Kommentar zum Grundstücksverkehrsgesetz. 1963. – J. Vorwerk, H. von Spreckelsen, Kommentar zum Grundstücksverkehrsgesetz. 1963. – O. Wöhrmann, Kommentar zum Grundstücksverkehrsgesetz. 1964.

Hypothek. Erwig, Das Hypothekenrecht am Scheidewege. 1955. – H. Luckas, Hypotheken u.a. Belastungen. Losebl.

Kauf. D. Beinert (Hrsg.), Wesentliche Vertragsverletzungen und Rücktritt. 1979. – P. Ch. Filios, Die Gefahrtragung beim Kauf. 1964. – E. D. Graue, Die mangelfreie Lieferung beim Kauf bewegl. Sachen. 1964. – H. Meeske, Die Mängelrüge. 1965. – E. Rabel, Das Recht des Warenkaufs. 1957/58.

Kindschaftsrecht. H. Göppinger, Beschränkungen der elterl. Gewalt. 1964. →auch Familienrecht.

Nachbarrecht. H. Glaser, W. Dröschel, Das Nachbarrecht der Praxis. [3]1971. – F. Hodes, Hessisches Nachbarrecht. [2]1967. – C. Meisner, H. Stern, F. Hodes, Nachbarrecht im Bundesgebiet (ohne Bayern) u. in Westberlin. [5]1970. – J. Schnapp, Das Verhältnis von öffentlichem und privatem Nachbarrecht. 1978.

Namensrecht. O. Edlbacher, Das Recht des Namens in systematischer Darstellung. 1978.

nichteheliche Kinder. W. Bernhardt, Das Recht des unehel. Kindes u. dessen Neuregelung in beiden Teilen Deutschlands. 1962. – M. Grasnick, Das neue Nichtehelichenrecht. 1971. – H. Gross, Das Nichtehelichengesetz. [2]1971. – F. Odersky, Nichtehelichengesetz. Handkommentar. [4]1978. – M. Schnitzerling, Das Recht des nichtehel. Kindes. 1970. – H. Zeller, Das Recht des nichtehelichen Kindes. 1976.

Sachenrecht. F. Baur, Lehrbuch des Sachenrechts. [10]1978. – K.-H. Capelle, Sachenrecht. 1963. – J. von Gierke, Sachenrecht. [4]1959. – W. Hedemann, Sachenrecht des BGB. [3]1960. – H. Lange, R. Scheying, Fälle zum Sachenrecht. 1977. – F. Lent, K. H. Schwab, Kurzlehrbuch des Sachenrechts. [13]1972.

Schadensersatz. F. J. Braschos, Der Ersatz immaterieller Schäden im Vertragsrecht. 1979. – K. H. Hellwig, Der Schaden. Begriffe – Probleme – Tabellen aus dem Schadens-, Haftpflicht-, Privat- u. Sozialversicherungsrecht. Losebl. [5]1971ff. – W. Rother, Haftungsbeschränkung im Schadensrecht. 1965. – W. Selb, Schadensbegriff u. Regreßmethoden. 1963. →auch 4.2.1 Haftpflicht.

Schmerzensgeld. C. B. Bloemertz, Die Schmerzensgeldbegutachtung. [3]1971. – S. Hacks, Schmerzensgeldbeträge. [9]1978. – K. Jarosch, O. Müller, J. Piegler, Das Schmerzensgeld in medizinischer und juristischer Sicht. [3]1972. Nachtr. 1977. – R. Lieberwirth, Das Schmerzensgeld. [3]1965. – J. Schunack, Schmerzensgeld. Entscheidungen u. Veröffentlichungen. 1955–1962. 1963.

Schuldrecht. A. Blomeyer, Allgemeines Schuldrecht. [4]1969. – J. Esser, Schuldrecht. 2 Bde. Allgemeiner Teil. [5]1975. Besonderer Teil. [5]1977. – W. Fikentscher, Das Schuldrecht. [6]1976. – P. Heck, Grundriß des Schuldrechts. 1929. Neudr. 1958. – W. Hedemann, Schuldrecht des BGB. [3]1949. – K. Larenz, Lehrbuch des Schuldrechts. 2 Bde. Bd. 1: Allgemeiner Teil. [12]1979. Bd. 2: Besonderer Teil. [11]1979. – E. Molitor, Schuldrecht. 2 Bde. Allgemeiner Teil. [6]1965. Besonderer Teil. [7]1965. – Ders., Kurzlehrbuch des Schuldrechts. 1974.

Testament. P. Apfelbaum, E. Bauer, Mein Testament. [5]1964. – K. Haegele, Das Ehegattentestament. [6]1977. – Ders., Das Privattestament. [6]1977. – Ders., Mein letzter Wille. [13]1970. – O. J. Hoeres, Das Testament u. die Erbschaft. [2]1964. – Karger, Steuerl. zweckmäßige Testamente u. Schenkungen. [6]1960. – O. Model, Testament u. Güterstand des Unternehmers. [5]1966. – Ders., Testamentsrecht in bürgerl.-rechtl. u. steuerl. Sicht. [2]1964. – K. Peter, Unternehmernachfolge u. Testamente in der Praxis. [3]1966. – A. Schäfer, G. Schmidt-Weyland, Testament u. Erbe. [10]1965. – H. Schneider, G. Martin, Familienunternehmen u. Unternehmertestament. [4]1963. – F. Stahr, ABC der Vertrags- und Testamentmuster. 1977.

uneheliche Kinder. →nichteheliche Kinder.

Unterhalt. G. Brühl, Unterhaltsrecht. [2]1963. – W. Köhler, Handbuch des Unterhaltsrechts. [4]1977.

Verein. E. Sauter, Der eingetragene Verein. [10]1977. – H. Schumann, Zur Haftung der nichtrechtsfähigen Vereine. 1956. – Wendel, Der eingetragene Verein. 1952.

Verlöbnis. L. Thönissen, Grundfragen des Verlöbnisrechts. 1964.

Verschollenheit. E. Arnold, Kommentar zum Verschollenheitsrecht. 1951. – E. Schubart, H. Völker, Verschollenheitsrecht. 1950. – H. Strebel, Die Verschollenheit als Rechtsproblem. 1954. – H. Völker, Das neue Verschollenheitsrecht. 1951. – H. Vogel, Verschollenheitsrecht. 1949. Nachtr. 1951.

Vertrag. K. Haegele, Die Verträge des tägl. Lebens. [7]1973. – W. E. Hindemann, Leitfaden für den Abschluß von Verträgen. [4]1963. – F. Mikorey, Verträge richtig gemacht. 1977. – A. Nikisch, Über faktische Vertragsverhältnisse. 1963. – H. Pieper, Vertragsübernahme u. Vertragsbeitritt. 1963. – C. Reithmann, Internationales Vertragsrecht. [2]1972.

Vormundschaft. A. Brand, F. Hensel, Vormundschafts-, Familienrechts- u. Fürsorgeerziehungssachen in der gerichtl. Praxis. [2]1963. – H. Glaser, Das Vormundschaftswesen. 1957. – M. Hinz, Kindesschutz als Rechtsschutz und elterliches Sorgerecht. 1976. – O. Möhring, W. von Selzam, Vermögensverwaltung in Vormundschafts- u. Nachlaßsachen. [5]1963. – E. Zillken, Führer für Vormünder, Pfleger, Beistände u. Helfer. [7]1963.

Werkvertrag. W. Bindhardt, Die Haftung des Architekten. [7]1974. – W. Herding, M. Schmalzl, Vertragsgestaltung u. Haftung im Bauwesen. [2]1967. – W. Korintenberg, Erfüllung u. Gewährleistung beim Werkvertrage. 1935.

Zugewinngemeinschaft. K. Haegele, 6 Jahre Zugewinngemeinschaft. 1964. – Knur, Probleme der Zugewinngemeinschaft. 1959.

4.3.2 HANDELSRECHT

Gesamtdarstellungen: K.-H. Capelle, Handelsrecht. [10]1977. – K. Cosack, Lehrbuch des Handelsrechts. [12]1930. – V. Ehrenberg, Handbuch des gesamten Handelsrechts. 8 Bde. 1913–1929. – Gaul, Handelsrecht. 1978. – H. Hämmerle, Handelsrecht. 3 Bde. [2]1969. – K. Heinsheimer u. K. Geiler, Handels- u. Wechselrecht. [3]1930. – E. Heymann, Handelsrecht mit Wertpapierrecht u. Seerecht. [2]1943. – E. E. Hirsch, Leitfaden für das Studium des Handels- u. Gesellschaftsrechts. [5]1970. – H. Lehmann, G. Hueck, Handelsrecht. [2]1973. – K. Lehmann, Lehrbuch des Handelsrechts. I. Halbb. Bearb. Hoeniger. 1921. – R. Müller-Erzbach, Dt. Handelsrecht. [2–3]1928. Neudr. 1969. – R. Reinhardt, Handel u. Gewerbe. 1938. – H. Schumann, Handelsrecht. 3 Bde. [2–3]1972ff. →4.3.0 Gesellschaftsrecht, 4.8.1 Unternehmungsformen.

Kommentare zum HGB: G. Bandasch, Kommentar zum HGB. [3]1979. – A. Baumbach, K. Duden, Handelsgesetzbuch. [23]1978. – E. Heymann, H.-W. Kötter, Handelsgesetzbuch. [4]1971. – Großkommentar zum HGB. Bearb. von D. Brüggemann, R. Fischer, J. G. Helm u.a. 5 Bde. [3]1967–1979. – F. Schlegelberger, Kommentar zum HGB. 4 Bde. [4]1960–1965. Bd. 1 u. 2: [5]1973.

Handelsvertreter. R. Bachmann, Das neue Recht des Handelsvertreters. 1978. – K. Duden, Recht der Handelsvertreter. [8]1977. – W. Schober, Der Handelsvertreter-Vertrag. [2]1964.

Prokura. H. Meeske, K. Hofmann, Der Prokurist. Seine Rechtsstellung u. seine Rechtsbeziehungen. [4]1979.

Scheck, Wechsel. A. Baumbach, W. Hefermehl, Wechselgesetz u. Scheckgesetz. [12]1978. – F. Bornemann, Zivilrecht im Querschnitt, Bd. 5: Wertpapierrecht. 1972. – J. von Gierke, Recht der Wertpapiere. 1954. – A. Hueck, Recht der Wertpapiere. [10]1967. – E. Jacobi, Wechsel- u. Scheckrecht. 1954/55. – E. Locher, Recht der Wertpapiere. 1947. – B. Rehfeldt, W. Zöllner, Wertpapierrecht. [12]1978. – C. Frhr. von Schwerin, Wechsel- u. Scheckrecht. 1934. – M. Stranz, Wechselgesetz. [14]1952. – B. Waidelich, Wechsel und Scheck. 1978.

Seerecht. M. Leo, Dt. Seehandelsrecht. 1902. – H. Prüssmann, Seehandelsrecht. 1968. – F. Schlegelberger, R. Liesecke, Kommentar zum Seehandelsrecht. [2]1964. – H. Wüstendörfer, Neuzeitliches Seehandelsrecht. [2]1950.

Wechsel →Scheck, Wechsel.

4.3.3 URHEBERRECHT

Gesamtdarstellungen: K. Bussmann, R. Pietzcker, H. Kleine, Gewerbl. Rechtsschutz u. Urheberrecht. [3]1962. – A. Deringer, Urheberrecht. 1965. – R. Dittrich, Arbeitnehmer und Urheberrecht. 1978. – F. K. Fromm, W. Nordemann, Urheberrechtsgesetz u. Wahrnehmungsgesetz. [3]1974. – W. Goldbaum, Urheber- u. Urhebervertragsrecht. [3]1961. – H. Hubmann, Urheber- u. Verlagsrecht. [4]1978. – K. Runge, Urheber- u. Verlagsrecht. 1948–1953. – R. Voigtländer, A. Elster, H. Kleine, Die Gesetze betr. das Urheberrecht an Werken der Literatur u. der Tonkunst sowie an Werken der bildenden Kunst u. der Photographie. [4]1952.

Persönlichkeitsrecht. H. Hubmann, Das Persönlichkeitsrecht. [2]1967.

Verlagsrecht. W. Bappert, Th. Maunz, P. Selbherr, Verlagsrecht. Kommentar. [2]1973. – W. Bappert, E. Wagner, Rechtsfragen des Buchhandels. [2]1958.

Verwertungsgesellschaften. E. Schulze, Urheberrecht in der Musik u. die dt. Urheberrechtsgesellschaft. [4]1972. – E. Ulmer, K. Bussmann, S. Weber, Das Recht der Verwertungsgesellschaften. 1955.

Welturheberrechtsabkommen. W. Bappert, E. Wagner, Internationales Urheberrecht. 1956. – W. Goldbaum, Welturheberrechtsabkommen. 1956.

4.3.4 GEWERBLICHER RECHTSSCHUTZ

Gesamtdarstellungen: K. Bussmann, R. Pietzcker, H. Kleine, Gewerbl. Rechtsschutz u. Urheberrecht. Grundriß. [3]1962. – H. Hubmann, Gewerbl. Rechtsschutz. Studienbuch. [2]1969.

Arbeitnehmererfindung. G. Halbach, Arbeitnehmererfindergesetz. 1959. – W. Kremnitz, Das Arbeitnehmererfindungsrecht in der Praxis des Unternehmers. 1977. – H. Schade, H. Schippel, Das Recht der Arbeitnehmererfindung. [5]1973. – B. Vollmer, Arbeitnehmererfindungsgesetz. 1958. – Ders., Richtlinien über Vergütungen für Arbeitnehmererfindungen. 1964.

Gebrauchsmuster. M. Bühring, Gebrauchsmustergesetz. 1977. →auch Patentrecht.

Geschmacksmuster. H. Furler, Das Geschmacksmustergesetz. [3]1966. – Ders., Das Internationale Musterrecht. Kommentar zum Haager Musterabkommen. 1951. – O. F. von Gamm, Geschmacksmustergesetz. Kommentar. 1966.

Kartellrecht. A. Baumbach, W. Hefermehl, Wettbewerbs- u. Warenzeichenrecht. Kommentar. 2 Bde. [10]1969–1971. – K. Biedenkopf, R. Callmann, A. Deringer, Aktuelle Grundsatzfragen des Kartellrechts. 1957. – U. Eisenhardt, P. Raisch (Hrsg.), Kartellrecht, Gesetz gegen Wettbewerbsbeschränkungen und Europäisches Wettbewerbsrecht. 1979. – O. F. Gamm, Kartellrecht. 1979. – U. Immenga, Politische Instrumentalisierung des Kartellrechts? 1976. – R. Isay, Die Geschichte der Kartellgesetzgebungen. 1955. – H. Kaufmann, H.-G. Rautmann, H. von Hahn, D. Hoffmann, M. Kreifels, M. Frühauf, J. Lehmann, Kommentar zum Gesetz gegen Wettbewerbsbeschränkungen. Losebl. 1958ff. – R. Lukes, Der Kartellvertrag, das Kartell als Vertrag mit Außenwirkung. 1959. – H. Müller-Henneberg, G. Schwartz, Gesetz gegen Wettbewerbsbeschränkungen u. Europäisches Kartellrecht. [3]1972ff. – H. Rasch, K. Westrick, Wettbewerbsbeschränkungen, Kartell- u. Monopolrecht. [4]1974. – K. Schmidt, Kartellverbot und sonstige Wettbewerbsbeschränkungen. 1978.

Patentrecht. R. Beetz, D. Behrens u.a., Europäisches Patentrecht. 1979. – G. Benkard, Patentgesetz u. Gebrauchsmustergesetz, Patentanwaltsgesetz. [6]1973. – W. Bernhardt, Lehrbuch des dt. Patentrechts. [3]1974. – R. Busse, Patentgesetz u. Gebrauchsmustergesetz. [4]1972. – F. Lindenmaier, U. Weiss, Das Patentgesetz. [6]1973. – W. Lüdecke, E. Fischer, Lizenzverträge. 1957. – R. Schulte, Patentrecht. 1978. – J. D. v. Uexküll, H. J. Reich, Wörterbuch der Patentpraxis. 1976.

Preisbindung zweiter Hand. J. Bersuch, Alternativen zur Preisbindung. 1971. – B. Röper, Die vertikale Preisbindung bei Markenartikeln. 1955. – F. Völp, Preisbindung für Markenartikel. 1961.

Warenzeichen. R. Busse, Warenzeichengesetz. [5]1979. – H. Tetzner, Kommentar zum

Warenzeichengesetz. 1958. →auch Wettbewerbsrecht.

Wettbewerbsrecht. A. Baumbach, W. Hefermehl, Wettbewerbs- u. Warenzeichenrecht. 3 Bde. ^{10}1969–1971. – F. H. Burmann, Das Werbegestaltungsrecht. 1964. – K. Bussmann, H. Droste, Werbung u. Wettbewerb im Spiegel des Rechts. 1951. – W. Fikentscher, Die Preisunterbietung im Wettbewerbsrecht. ^{2}1962. – R. von Godin, J. Hoth, Wettbewerbsrecht. 1957. – E. Michel, W. Weber, G. Gries, Das Rabattgesetz. ^{2}1957. – E. Reimer, Wettbewerbs- u. Warenzeichenrecht. 3 Bde. ^{4}1967–1972. – H. Tetzner, Kommentar zum Gesetz gegen den unlauteren Wettbewerb. ^{2}1957. – K. Tiedemann, Wettbewerb und Strafrecht. 1976.

Zugabe. G. Klauer, H. Seydel, Das Zugabewesen. ^{3}1954.

4.3.5 INTERNATIONALES PRIVATRECHT

Gesamtdarstellungen: G. Beitzke, Grundgesetz u. Internationalprivatrecht. 1961. – G. Kegel, Internationales Privatrecht. Ein Studienbuch. ^{4}1977. – A. N. Makarov, Die Quellen des internationalen Privatrechts. ^{3}1978. – P. H. Neuhaus, Die Grundbegriffe des internationalen Privatrechts. 1976. – W. Niederer, Einführung in die allgemeinen Lehren des internationalen Privatrechts. ^{3}1961. – L. Raape, F. Sturm, Internationales Privatrecht. ^{6}1977. – E. Steindorff, Sachnormen im internationalen Privatrecht. 1958. – C. Reithmann, Internationales Vertragsrecht. ^{2}1972. – R. P. Umbricht, Die immanenten Schranken der Rechtswahl im internationalen Schuldvertragsrecht. Zürich. 1963. – M. Wolff, Das internationale Privatrecht Deutschlands. ^{2}1949.

4.3.6 ARBEITSRECHT

Bibliographien u. Nachschlagewerke: Arbeitsrechtl. Praxis. Nachschlagewerk des Bundesarbeitsgerichts. Hrsg. A. Hueck, H. C. Nipperdey, R. Dietz. 1954ff. – Bibliographie zur Mitbestimmung. Hrsg. Dt. Industrieinstitut. 1963. – A. Bonnefoi, Wörterbuch des Arbeits- und Sozialrechts deutsch-französisch. 1975. – E. Cornelssen (Hrsg.), Arbeits- u. Sozialrecht in Zeitschriften. 1954ff. – R. Dietz (Hrsg.), Fundheft für Arbeitsrecht. 1956ff. – K. Maurer, P. Seipp, Lexikon des Arbeitsrechts. 1963. – W. Maus, Handbuch des Arbeitsrechts. Losebl. ^{3}1963. – G. Müller (Hrsg.), Das Arbeitsrecht der Gegenwart. 1963ff. – Sammlung arbeitsrechtl. Entscheidungen. Hrsg. Bundesvereinigung der Dt. Arbeitgeberverbände. 1928–1933 u. 1947ff. – G. Schaub, Arbeitsrechts-Handbuch. Systematische Darstellung und Nachschlagewerk für die Praxis. ^{3}1977. – F. Sitzler (Hrsg.), Arbeitsrecht-Blattei. Losebl. 1951ff.

Gesamtdarstellungen: P. Bobrowski, D. Gaul, Das Arbeitsrecht im Betrieb. ^{7}1979. – F. Gamillscheg, Internationales Arbeitsrecht. 1959. – A. Hueck, H. C. Nipperdey, Lehrbuch des Arbeitsrechts. Bd. I (bearb. von A. Hueck): ^{7}1963. Bd. II (bearb. von H. C. Nipperdey): ^{7}1967–1970. – Dies., Grundriß des Arbeitsrechts. ^{5}1970. Neubearb. 1974. – E. Jacobi, Grundlehren des Arbeitsrechts. 1927. – W. Kaskel, H. Dersch, Arbeitsrecht. ^{5}1957. – A. Nikisch, Arbeitsrecht. Bd. I: ^{3}1961. Bd. II: ^{2}1959. Bd. III: ^{2}1966. – R. Richardi, Arbeitsrecht. ^{3}1976. – G. Schnorr, Das Arbeitsrecht als Gegenstand internationaler Rechtsetzung. 1960. – L. Schnorr von Carolsfeld, Arbeitsrecht. ^{2}1954. – A. Söllner, Arbeitsrecht. ^{6}1978.

Arbeitsgericht. F. Auffahrth, R. Schönherr, Arbeitsgerichtsgesetz. ^{2}1969. – H. Dersch, E. Volkmar, Arbeitsgerichtsgesetz. ^{6}1955. – R. Dietz, A. Nikisch, R. Richardi, Arbeitsgerichtsgesetz. Kommentar. ^{2}1974.

Arbeitszeit. J. Denecke, Arbeitszeitordnung. ^{9}1976. – F. H. Schmidt, Arbeitszeitordnung. ^{14}1971. – J. Zmarzlik, Arbeitszeitordnung. 1967.

BAT. L. Ambrosius, H. Fischer, Bundesangestelltentarifvertrag. 1962. – E. Böhm, H. Spiertz, Bundesangestelltentarif. Losebl. 2 Bde. 1963ff. – H. Clemens u.a., Bundesangestelltentarifvertrag. Losebl.

Betriebsverfassungsgesetz →Mitbestimmung.

Jugendarbeitsschutz. E. Molitor, B. Volmer, Jugendarbeitsschutzgesetz. ^{2}1973. – H. Riedel, Jugendarbeitsschutzgesetz. 1961. – M. Schulte-Langforth, K. Welzel, Jugendarbeitsschutzgesetz. ^{2}1966. Mit Nachtrag 1969.

Kündigungsschutz. K. H. Geyer, H. J. Blum, Das neue Kündigungsschutzgesetz. ^{2}1978. – W. Herschel, Kündigung von Arbeitsverhältnissen. ^{3}1972. – A. Hueck, Kündigungsschutzgesetz. Kommentar. ^{10}1979. – W. Maus, Kündigungsschutzgesetz. Kommentar. 1973. – D. Neumann, Kündigung bei Krankheit. ^{2}1965. – E. Stahlhacke, Kündigung u. Kündigungsschutz im Arbeitsverhältnis. ^{3}1977.

Mitbestimmung. Beiträge zum Betriebsverfassungsgesetz, 10 Jahre Betriebsverfassungsgesetz. 1963. – G. Boldt, Mitbestimmungsgesetz Eisen u. Kohle. 1952. Erg.-Bd. Mitbestimmungsergänzungsgesetz 1957. – W. Däubler, Das Grundrecht auf Mitbestimmung. ^{3}1975. – R. Dietz, R. Richardi, Betriebsverfassungsgesetz. ^{6}1979. – E.-G. Erdmann, C. Jürging, K.-U. Kammann, Betriebsverfassungsgesetz. Kommentar. 1972. – K. Fitting, F. Auffarth, H. Kaiser, Betriebsverfassungsgesetz nebst Wahlordnung. Kommentar. ^{13}1980. – H. Galperin, W. Siebert, Betriebsverfassungsgesetz. Kommentar. ^{5}1973. – G. Halberstadt, Das neue Recht der Betriebsräte. 1972. – H. Sahmer, Betriebsverfassungsgesetz. Kommentar. Losebl. 1972ff.

Mutterschutz. G.-A. Bulla, W. Hackbeil, Mutterschutzgesetz. ^{4}1976. – E. Köst, Kommentar zum Mutterschutzgesetz. 1968.

Personalvertretung. W. Grabendorff, C. Windscheid, Bundespersonalvertretungsgesetz. Kommentar. ^{4}1977. – G. Kirchner, W. Jung, Bundespersonalvertretungsgesetz. 1974. – W. Kuhn u.a., Kommentar zum Bundespersonalvertretungsgesetz. 1975. – O. Nufer, Arbeits- und Personalvertretungsrecht. 1977. – K. Pohl (Hrsg.), Personalvertretungsrecht. Grundriß für Studium und Praxis (bearb. von W. Ilbertz). 1978. – J. Ried, Bundespersonalvertretungsgesetz. Erläuterte Textausgabe. 1974.

Streik. G.-A. Bulla, Das zweiseitige kollektive Wesen des Arbeitskampfes. In: Festschr. für H. C. Nipperdey. 1955. – M. Hohn, Streikrecht und Aussperrungsrecht. 1979. – W. Kaskel (Hrsg.), Koalitionen u. Koalitionskampfmittel. 1925. – T. Ramm, Der Arbeitskampf u. die Gesellschaftsordnung des Grundgesetzes. 1965. – F. Siebrecht, Das Recht im Arbeitskampf. ^{3}1964.

Tarifvertrag. K. Dammann, Tarifvertrag und Arbeitskämpfe. Rechtliche Rahmenbedingungen aktiver Lohnpolitik. 1977. – W. Däubler, H. Hege, Tarifvertragsrecht. Ein Kommentar. 1977. – A. Hueck, H. C. Nipperdey, E. Tophoven, Tarifvertragsgesetz. ^{5}1973. – H. C. Nipperdey, Beiträge zum Tarifrecht. 1924. – T. Ramm, Die Parteien des Tarifvertrages. 1961. – R. Richardi, Kollektivgewalt u. Individualwille bei der Gestaltung des Arbeitsverhältnisses. 1968.

Urlaub. H. Dersch, D. Neumann, Bundesurlaubsgesetz. ^{5}1977. – G. Schelp, F. Herbst, Bundesurlaubsgesetz. 1963. – E. Stahlhacke, Bundesurlaubsgesetz. ^{3}1971.

4.4.0 VOLKSWIRTSCHAFTSLEHRE (ALLGEMEINES)

Handwörterbücher u. Lexika: W. Albers, K. E. Born, E. Dürr u.a. (Hrsg.), Handwörterbuch der Wirtschaftswissenschaften. 9 Bde. 1977ff. – E. von Beckerath, H. Bente u.a. (Hrsg.), Handwörterbuch der Sozialwissenschaften. 12 Bde. 1956ff. – F. Bülow, H. Langen, Wörterbuch der Wirtschaft. ^{7}1975. – W. Ehrlich, I. Esenwein-Rothe u.a. (Hrsg.), Kompendium der Volkswirtschaftslehre. 2 Bde. $^{4-5}$1975. – Görres-Gesellschaft (Hrsg.), Staatslexikon. 11 Bde. ^{6}1957–1970. – K. Hax, Th. Wessels (Hrsg.), Handbuch der Wirtschaftswissenschaften. Bd. 2: Volkswirtschaft. ^{2}1966. – H. Rittershausen, Fischer-Lexikon, Wirtschaft. ^{18}1976. – H. Seischab, K. Schwantag (Hrsg.), Handwörterbuch der Betriebswirtschaft. 4 Bde. ^{3}1956–1962. – R. Sellien, H. Sellien (Hrsg.), Gablers Wirtschafts-Lexikon. 2 Bde. ^{10}1979.

Wirtschaftswissenschaftliche Buchreihen: J. Broermann (Hrsg.), Volkswirtschaftl. Schriften. 1952ff. – E. Gutenberg (Hrsg.), Die Wirtschaftswissenschaften. 1958ff. – H. Jürgensen, A. Predöhl, R. Schaeder (Hrsg.), Grundriß der Sozialwissenschaften. 1948ff. – W. Kunkel, H. Peters, E. Preiser (Hrsg.), Enzyklopädie der Rechts- u. Staatswissenschaft. Abt. Staatswissenschaft. 1950ff. – E. Salin, (A. Spiethoff), G. Schmölders (Hrsg.), Hand- u. Lehrbücher aus dem Gebiet der Sozialwissenschaften. 1951ff. – Sammlg. Göschen, Volkswirtschaft. 1956ff. – Schriften des Vereins für Socialpolitik. N. F. 1949ff. – Vahlens Handbücher der Wirtschafts- u. Sozialwissenschaften. 1960ff. – Veröffentlichungen der List-Gesellschaft. 1956ff.

Gesamtdarstellungen: C. Brinkmann, Wirtschaftstheorie. ^{2}1953. – E. Böhler, Nationalökonomie. ^{5}1964. – F. Bülow, Volkswirtschaftslehre. 1957. – E. Carell, Allgemeine Volkswirtschaftslehre. ^{14}1972. – W. Eucken, Die Grundlagen der Nationalökonomie. ^{8}1965. – J. R. Hicks, Einführung in die Volkswirtschaftslehre. ^{8}1971. – A. Kruse, Nationalökonomie. 1960. – W. Meinhold, Grundzüge der allgemeinen Volkswirtschaftslehre. ^{4}1972. – A. E. Ott, Einführung in die dynamische Wirtschaftstheorie. ^{2}1970. – A. Paulsen, Allgemeine Volkswirtschaftslehre. 4 Bde. $^{5-10}$1968–1977. – H. Peter, Strukturlehre der Volkswirtschaft. 1963. – E. Preiser, Nationalökonomie heute. ^{12}1975. – W. Röpke, Die Lehre von der Wirtschaft. ^{12}1979. – P. A. Samuelson, Volkswirtschaftslehre. 2 Bde. ^{6}1975. – H. Sauermann, Einführung in die Volkswirtschaftslehre. Bd. 1: ^{2}1965. Bd. 2: 1964. – E. Schneider, Einführung in die Wirtschaftstheorie. Teil 1–4. $^{3-14}$1969–1973. – Ders., Volkswirtschaft u. Betriebswirtschaft. 1964. – H. von Stackelberg, Grundlagen der theoret. Volkswirtschaftslehre. ^{2}1951. – H. Wagenführ, Wie die Wirtschaft funktioniert. ^{3}1964. – Adolf Weber, Kurzgefaßte Volkswirtschaftslehre. ^{8}1966. – W. Weddingen, Theoret. Volkswirtschaftslehre als System der Wirtschaftstheorie. ^{3}1964. – A. Woll, Allgemeine Volkswirtschaftslehre. ^{6}1978.

Ökonometrie. H. Bolza, Die Elemente der Ökonometrie. ^{2}1965. – G. Menges, Ökonometrie. 1961. – J. Tinbergen, Einführung in die Ökonometrie. 1952. – G. Tintner, Handbuch der Ökonometrie. 1960.

4.4.1 VOLKSWIRTSCHAFTLICHE GRUNDBEGRIFFE

→auch 4.4.0 Gesamtdarstellungen.

Akzelerationsprinzip. W. Mieth, Das Akzelerationsprinzip. 1954. – P. Winding, Some Aspects of the Acceleration Principle. Kopenhagen. Amsterdam. 1957.

Arbeit, Arbeitsteilung. T. Brauer, Produktionsfaktor Arbeit. 1925. – K. Bücher, Arbeitsteilung u. soziale Klassenbildung. 1893. Neudr. 1946. – Ch. von Ferber, Arbeitsfreude. 1959. – H. Herkner, Arbeit u. Arbeitsteilung. Grundriß der Sozialökonomie II. 1. ^{2}1923. – A. Smith, Eine Untersuchung über Natur u. Wesen des Volkswohlstandes. 2 Bde. 1973. – K. Thomas, Analyse der Arbeit. 1969. – A. Weber, Der Kampf zwischen Kapital u. Arbeit. ^{6}1954.

Einkommen. W. Fellner, B. F. Haley (Hrsg.), Readings in the Theory of Income Distribution. ^{3}1961. – W. Hofmann (Bearb.), Einkommenstheorie. ^{2}1971. – G. H. Küster, Untersuchungen zur Einkommensverteilung im Wirtschaftswachstum. 1969.

Gleichgewicht. F. A. Lutz, Das Problem des internationalen wirtschaftl. Gleichgewichts. 1963. – O. Morgenstern, Spieltheorie u. Wirtschaftswissenschaft. ^{2}1966. – K. E. Rhode, Gleichgewicht u. Konjunktur. 1957. – H. Schneider, Das allgemeine Gleichgewicht in der Marktwirtschaft. 1969. – H. von Stackelberg, Marktform u. Gleichgewicht. 1934.

Grundrente. E. Carell, Bodenknappheit u. Grundrentenbildung. 1948. – M. Klafkowski, Der Rentenbegriff in der Wirtschaftstheorie. 1963. – F. Oppenheimer, David Ricardos Grundrententheorie. ^{2}1927.

Kapital. E. von Böhm-Bawerk, Kapital u. Kapitalzins. 2. Abt.: Exkurse zur positiven Theorie des Kapitals. ^{4}1961. – W. Ehrlicher, Geldkapitalbildung u. Realkapitalbildung. 1956. – W. Eucken, Kapitaltheoret. Untersuchungen. ^{2}1954. – J. R. Hicks, Value and Capital. Oxford. ^{2}1946. – L. M. Lachmann, Capital and its Structure. London. 1956. – K. Marx, Das Kapital. 3 Bde. 1867–1894. Neudr. 1967. – J. Robinson, Die Akkumulation des Kapitals. 1958. – W. Roepke, Zur Theorie der Kapitalbildung. 1929.

Lohn. E. Arndt, Theoretische Grundlagen der Lohnpolitik. 1957. – H. Arndt (Hrsg.), Lohnpolitik u. Einkommensverteilung. 1969. – W. Baldamus, Der gerechte Lohn. 1960. – M. Dobb, Der Lohn. 1970. – K. W. Rothschild. Lohntheorie. 1963.

Makroökonomik. Ch. F. Dernburg, D. M. McDougall, Lehrbuch der makroökonomischen Theorie. ^{2}1974. – G. Gehrig, Ein makroökonomisches Modell für die BRD. 1963. – A. H. Hansen, Keynes ökonomische Lehren. 1959. – J. M. Keynes, Allgemeine Theorie der Beschäftigung, des Zinses u. des Geldes. ^{5}1974. – F. Machlup, Der Wettstreit zwischen Mikro- u. Makrotheorien in der Nationalökonomie. 1960. – A. Paulsen, Neue Wirtschaftslehre. ^{4}1969. – E. Schneider, Einführung in die Wirtschaftstheorie. T. 3. ^{12}1973.

Multiplikator. H. Giersch, R. Richter, Beiträge zur Multiplikatortheorie. 1954. – H. Hegeland, The Multiplier Theory. Lund. 1954.

Preisbildung. K. Brandt, Preistheorie. 1960. – E. Carell, Grundlagen der Preisbildung. 1952. – W. Hofmann, Wert- u. Preislehre. 1964. – W. Krelle, Preistheorie. ^{2}1976. – A. E. Ott, Grundzüge der Preistheorie. ^{3}1979. – R. Richter, Preistheorie. 1970.

Produktion. E. Gutenberg, Grundlagen der Betriebswirtschaftslehre. Bd. 1: Die Produktion. ^{22}1976. – W. Kilger, Produktions- u. Kostentheorie. 1958. – W. Krelle, Produktionstheorie. ^{2}1969. – E. Schneider, Theorie der Produktion. 1934. – W. Waffenschmidt, Produktion. 1955.

Unternehmer. F. A. Hermens, Unternehmer u. Konjunktur. 1953. – Th. Pütz, Das Bild des Unternehmers in der Nationalökonomie. 1935. – F. Redlich, Der Unternehmer. 1964. – F. Rexhausen, Der Unternehmer u. die volkswirtschaftl. Entwicklung. 1960.

4.4.2 GESAMTWIRTSCHAFTLICHE GRÖSSEN

Input-Output-Analyse. H. Platt, Input-Output-Analyse. 1957. – J. Schumann, Input-Output-Analyse. 1968.

Investition. H. Albach, Investition u. Liquidität. 1962. – H. Brandt, Investitionspolitik. ^{2}1964. – E. Gutenberg, Untersuchungen über die Investitionsentscheidungen industrieller Unternehmen. 1959. – F. A. Lutz, Die Bedeutung der Investition für das Wachstum der Wirtschaft. 1957. – H. Schindler, Investitionsrechnungen in Theorie u. Praxis. ^{3}1966. – E. Schneider, Wirtschaftlichkeitsrechnung, Theorie der Investition. ^{8}1973.

Verteilung. W. Krelle, Verteilungstheorie. 1962. – Ders. u.a., Überbetriebliche Ertragsbeteiligung der Arbeitnehmer. 1968. – G. H. Küster, Untersuchungen zur Einkommensverteilung im Wirtschaftswachstum. 1969. – K. Rose, Theorie der Einkommensverteilung. 1965.

Volkseinkommen. W. Hoffmann, J. H. Müller, Das deutsche Volkseinkommen 1851–1956. 1959. – W. G. Hoffmann (Hrsg.), Einkommensbildung u. Einkommensverteilung. 1957. – E. Preiser, Bildung u. Verteilung des Volkseinkommens. ^{4}1970. – K. D. Schmidt u.a., Die Umverteilung des Volkseinkommens in der BRD. 1965.

volkswirtschaftliche Gesamtrechnung. J. R. Hicks, Einführung in die Volkswirtschaftslehre. Dt. ^{8}1971. – W. Hofmann, Die volkswirtschaftl. Gesamtrechnung. 1954. – W. Kraus, Volkswirtschaftl. Gesamtrechnung. 1961. – W. Krelle, Volkswirtschaftl. Gesamtrechnung einschl. input-output-Analyse mit Zahlen für die BRD. ^{2}1967. – R. Richter, Volkswirtschaftl. Gesamtrechnung – volkswirtschaftl. Finanzierungsrechnung – Zahlungsbilanz. 1969. – A. Stobbe, Volkswirtschaftl. Rechnungswesen. ^{4}1976.

4.4.3 WIRTSCHAFTSORDNUNG

Gesamtdarstellungen: F. Böhm, Wirtschaftsordnung u. Staatsverfassung. 1950. – F. A. von Hayek, Individualismus u. wirtschaftl. Ordnung. 1976. – K. P. Hensel, Grundformen der Wirtschaftsordnung. ^{3}1978. – J. E. Meade, Probleme nationaler u. internationaler Wirtschaftsordnung. 1955. – A. Müller-Armack, Religion u. Wirtschaft. ^{2}1969. – H.-D. Ortlieb, Wirtschaftsordnung u. Wirtschaftspolitik ohne Dogma. 1954. – E. Preiser, Die Zukunft unserer Wirtschaftsordnung. ^{5}1968. – H. Ritschl, Die Grundlagen der Wirtschaftsordnung. 1954. – J. Schumpeter, Kapitalismus, Sozialismus und Demokratie. ^{3}1975. – M. Weber, Wirtschaft und Gesellschaft. ^{5}1976. →auch 4.5.0.

Eigentum. Eigentum u. Eigentümer in unserer Gesellschaftsordnung. (Walter-Raymond-Stiftung). 1960. – O. Klug, Volkskapitalismus durch Eigentumsstreuung, Illusion oder Wirklichkeit? 1962. – C. E. Weber, Lohnwertbildung u. Eigentumsordnung in der modernen Marktwirtschaft. 1957.

Interventionismus. E. Küng, Der Interventionismus. Bern. 1941. – F. Marbach, Zur Frage der wirtschaftl. Staatsintervention. Bern. 1950. – F. Neumark, Wirtschafts- u. Finanzprobleme des Interventionsstaates. 1961.

Konzentration. H. Arndt (Hrsg.), Die Konzentration in der Wirtschaft. 2 Bde. ^{2}1971. – Ders., Die Konzentration der westdeutschen Wirtschaft. 1966. – Bundesamt für gewerbliche Wirtschaft, Bericht über das Ergebnis einer Untersuchung der Konzentration in der Wirtschaft (mit Anlagenband). 1964. – H. O. Lenel, Ursachen der Konzentration unter bes. Berücksichtigung der dt. Verhältnisse. ^{2}1968. – F. Marbach, Die Wirtschaftskonzentration. 1964. – F. Neumark (Hrsg.), Die Konzentration in der Wirtschaft. 1961.

Marktwirtschaft. H. Arndt, Über die Voraussetzungen des Marktautomatismus. 1947. – B. Gemper (Hrsg.), Marktwirtschaft u. soziale Verantwortung. 1973. – P. Jacobsson, Die Marktwirtschaft in der Welt von heute. 1963. – H. Kolms, Marktwirtschaft u. Wirtschaftspolitik. 1958. – H.-G. Krüsselberg, Marktwirtschaft u. ökonomische Theorie. 1969. – A. Weber, Marktwirtschaft u. Sowjetwirtschaft. 1949.

soziale Marktwirtschaft. K. H. Herchenröder (Hrsg.), Soziale Marktwirtschaft – Leistung u. Herausforderung. 1973. – A. Müller-Armack, Wirtschaftslenkung u. Marktwirtschaft. ^{2}1948. – Ders., Die soziale Marktwirtschaft. Theorie u. Politik. 1965. – F. Ottel, Untergang oder Metamorphose der Sozialen Marktwirtschaft. 1963. – E. Tuchtfeldt (Hrsg.), Soziale Marktwirtschaft im Wandel. 1973.

Technokratie. J. Ellul, The Technological Society. New York. 1967. – H. Elsner, Jr., The Technocrats. Syracuse. N. Y. 1967. – J. Habermas, Technik u. Wissenschaft als „Ideologie". 1975. – C. Koch u. D. Senghaas (Hrsg.), Texte zur Technokratiediskussion. 1970. – H. Marcuse, Der eindimensionale Mensch. ^{12}1979. – H. Schelsky, Der Mensch in der wissenschaftlichen Zivilisation. In: Auf der Suche nach Wirklichkeit. 1979.

Wirtschaftssystem. G. Halm, Wirtschaftssysteme. 1960. – E. Heimann, Soziale Theorie der Wirtschaftssysteme. 1963. – Ph. Herder-Dorneich, Wirtschaftssysteme. ^{2}1973.

Zentralverwaltungswirtschaft. K. Diekmann, Wirtschaftsrechnung, Investition u. Wachstum in einer Zentralverwaltungswirtschaft. 1960. – K. P. Hensel, Einführung in die Theorie der Zentralverwaltungswirtschaft. [3]1979. – C. Landauer, Planwirtschaft u. Verkehrswirtschaft. 1931. – P. D. Propp, Zur Transformation einer Zentralverwaltungswirtschaft sowjet. Typs in eine Marktwirtschaft. 1964.

4.4.4 MARKTFORMEN

Gesamtdarstellungen: R. C. Bernhard, Wettbewerb, Monopol u. öffentl. Interesse. 1963. – W. Eucken, Wettbewerb, Monopol u. Unternehmer. 1953. – E. Gutenberg, Grundlagen der Betriebswirtschaftslehre. Bd. 2: Der Absatz. [16]1979. – E. Heuss, Allgemeine Markttheorie. 1965. – A. E. Ott, Marktform u. Verhaltensweise. 1959.

Konkurrenz. J. M. Clark, Competition as a Dynamic Process. Washington. D. C. 1961. – K. Kühne, Funktionsfähige Konkurrenz. 1958. – E.-J. Mestmäcker, K. Biedenkopf u. E. Hoppmann (Hrsg.), Wettbewerb als Aufgabe. 1968.

Monopol. E. H. Chamberlin, The Theory of Monopolistic Competition. Cambridge, Mass. [7]1956. – F. Ritzmann, Der Monopolgewinn. Zürich. 1962. – J. Robinson, The Economics of Imperfect Competition. London. [2]1969. – E. Schneider, Reine Theorie monopolist. Wirtschaftsformen. 1932.

Oligopol. H.-G. Krüsselberg, Organisationstheorie, Theorie der Unternehmung u. Oligopol. 1965. – R. Richter, Das Konkurrenzproblem im Oligopol. 1954. – M. Shubik, Strategy and Market Structure: Competition, Oligopoly, and the Theory of Games. New York. 1959.

4.4.5 WIRTSCHAFTSABLAUF

Konjunktur. G. Haberler, Prosperität u. Depression. [2]1955. – W. A. Jöhr, Theoretische Grundlagen der Wirtschaftspolitik. Bd. 2: Die Konjunkturschwankungen. 1952. – E. Preiser, Grundzüge der Konjunkturtheorie. 1933. Neudr. 1956. – G. Schmölders, Konjunkturen u. Krisen. [10]1970. – J. Schumpeter, Theorie der wirtschaftl. Entwicklung. [6]1964. – Ders., Konjunkturzyklen. 2 Bde. 1961. – A. Spiethoff, Die wirtschaftl. Wechsellagen. 1955. – W. Weber (Hrsg.), Konjunktur- u. Beschäftigungstheorie. [2]1969.

Sequenzanalyse. E. Hoppmann, Die Periodenanalyse als Theorie der volkswirtschaftlichen Dynamik. 1956.

Wachstum. K. Brandt, Struktur der Wirtschaftsdynamik. 1952. – R. F. Harrod, Dynamische Wirtschaft. 1948. – H. Hösli, Kapitalbildung u. Wirtschaftswachstum. Winterthur. 1963. – H. König (Hrsg.), Wachstum u. Entwicklung der Wirtschaft. 1968. – W. Kraus, Wirtschaftswachstum u. Gleichgewicht. 1955. – W. Krelle (Hrsg.), Theorien des einzelwirtschaftl. u. gesamtwirtschaftl. Wachstums. 1965. – K. Oppenländer, Die moderne Wachstumstheorie. [2]1968. – A. E. Ott, Einführung in die dynamische Wirtschaftstheorie. [2]1970. – E. Preiser, Wachstum u. Einkommensverteilung. [3]1970. – W. W. Rostow, Stadien wirtschaftl. Wachstums. 1960. – R. Schilcher (Hrsg.), Wirtschaftswachstum. 1964. – C. C. von Weizsäcker, Wachstum, Zins u. optimale Investitionsquote. 1962.

Weltwirtschaftskrise. J. K. Galbraith, Der große Krach 1929. 1963. – H. Jecht, Konjunkturschwankungen u. Weltwirtschaftskrise. 1943. – G. Kroll, Von der Weltwirtschaftskrise zur Staatskonjunktur. 1958. – A. Predöhl, Das Ende der Weltwirtschaftskrise. 1962. – C. Veit, Die Weltwirtschaft nach der Katastrophe. 1936.

Wirtschaftskreislauf. C. Föhl, Geldschöpfung u. Wirtschaftskreislauf. [2]1955. – F. Grünig, Der Wirtschaftskreislauf. 1933. – C. Köhler, Der Geldkreislauf. 1962. – H. Peter, Mathemat. Strukturlehre des Wirtschaftskreislaufes. 1954. – E. Schneider, Theorie des Wirtschaftskreislaufs. [12]1965. – F. Wilken, Der Kreislauf der Wirtschaft. 1928. →auch 4.4.2.

4.4.6 WIRTSCHAFTSGESCHICHTE

Gesamtdarstellungen: L. Beutin, H. Kellenbenz, Wirtschaftsgeschichte. 1972. – K. E. Born (Hrsg.), Moderne dt. Wirtschaftsgeschichte. 1966. – C. Brinkmann, Wirtschafts- u. Sozialgeschichte. [2]1953. – H. Hausherr, Wirtschaftsgeschichte der Neuzeit. [4]1970. – F. Lütge, Studien zur Sozial- u. Wirtschaftsgeschichte. 1963. – A. Tautscher, Wirtschaftsgeschichte Österreichs auf der Grundlage abendländ. Kulturgeschichte. 1974. – W. Treue, Wirtschaftsgeschichte der Neuzeit 1700–1972. 2 Bde. [3]1973. – M. Weber, Wirtschaftsgeschichte. [3]1958.

Bauer. W. Abel, Die drei Epochen der dt. Agrargeschichte. 1964. – G. Franz (Hrsg.), Dt. Agrargeschichte. 5 Bde. [1–3]1967–1978. – S. von Frauendorfer, Ideengeschichte der Agrarwirtschaft u. Agrarpolitik im dt. Sprachgebiet. [2]1963. – R. Krzymowski, Geschichte der dt. Landwirtschaft. [3]1961.

Deutschland (Wirtschaft). H. Aubin, W. Zorn (Hrsg.), Handbuch der dt. Wirtschafts- u. Sozialgeschichte. Bd. 1: [2]1978; Bd. 2: 1976. – H. Bechtel, Wirtschafts- u. Sozialgeschichte Deutschlands. 1967. – R. Engelsing, Sozial- u. Wirtschaftsgeschichte Deutschlands. [2]1976. – F. Lütge, Dt. Sozial- u. Wirtschaftsgeschichte. [4]1979. – P. H. Seraphim, Dt. Wirtschafts- u. Sozialgeschichte von der Frühzeit bis zum Ausbruch des 2. Weltkrieges. [2]1966. – W. Sombart, Die dt. Volkswirtschaft im 19. Jh. u. im Anfang des 20. Jh. [7]1927. – G. Stolper, K. Häuser, K. Borchardt, Dt. Wirtschaft seit 1870. 1964.

Grundherrschaft. K. T. von Inama-Sternegg, Die Ausbildung der großen Grundherrschaften in Deutschland während der Karolingerzeit. 1878. – F. Lütge, Die mitteldt. Grundherrschaft u. ihre Auflösung. [2]1957. – Ders., Die bayer. Grundherrschaft. 1949.

Handwerk (Geschichte). W. Siewert, Strukturwandlungen des Handwerks im Rahmen der Wirtschaftsentwicklung. 1954. – W. Wernet, Geschichte des Handwerks in Deutschland. [5]1970.

Wirtschaftsstufen. K. Bücher, Volkswirtschaftl. Entwicklungsstufen. Grundriß der Sozialwissenschaften. I. 1. 1914. – W. G. Hoffmann, Stadien u. Typen der Industrialisierung. 1931. – F. List, Das nationale System der polit. Ökonomie. 1959. – W. Mitscherlich, Eine Wirtschaftsstufentheorie. 1924. – W. W. Rostow, Stadien wirtschaftlichen Wachstums. 1961.

Zunft. R. Kötzschke, Allg. Wirtschaftsgeschichte des MA. 1924. – G. Mickwitz, Die Kartellfunktion der Zünfte u. ihre Bedeutung bei der Entstehung des Zunftwesens. 1936. – K. D. H. Rau, Über das Zunftwesen u. die Folgen seiner Aufhebung. [3]1820.

4.4.7 GESCHICHTE DER VOLKSWIRTSCHAFTLICHEN LEHRMEINUNGEN

Gesamtdarstellungen: C. Gide, L. Rist, Geschichte der volkswirtschaftl. Lehrmeinungen. [3]1923. – E. Heimann, Geschichte der volkswirtschaftl. Lehrmeinungen. 1949. – A. Kruse, Geschichte der volkswirtschaftl. Theorien. [4]1959. – E. Salin, Geschichte der Volkswirtschaftslehre. [4]1951. – G. Schmölders, Geschichte der Volkswirtschaftslehre. [7]1977. – E. Schneider, Einführung in die Wirtschaftstheorie. 4. Teil. Ausgewählte Kapitel der Geschichte der Wirtschaftstheorie, 1. Bd. [3]1970. – J. Schumpeter, Geschichte der ökonom. Analyse. 2 Bde. 1965. – G. Stavenhagen, Geschichte der Wirtschaftstheorie. [4]1969. – S. Wendt, Geschichte der Volkswirtschaftslehre. [2]1968. – L. J. Zimmermann, Geschichte der theoret. Volkswirtschaftslehre. [3]1967.

Fabianismus. M. J. Cole, R. Crossman (Hrsg.), Neue Beiträge sozialist. Autoren. 1953. – E. Reichel, Der Sozialismus der Fabier. 1947. – G. B. Shaw, Wegweiser für die intelligente Frau zum Sozialismus u. Kapitalismus. Neudr. 1978. – Ders., Essays in Fabian Socialism. London. 1949.

Grenznutzenschule. E. von Böhm-Bawerk, Kapital u. Kapitalzins. 3 Bde. [4]1961. – W. S. Jevons, Die Theorie der polit. Ökonomie. 1924. – C. Menger, Gesammelte Werke. Bd. 1: Grundsätze der Volkswirtschaftslehre. 1968. – L. Walras, Mathemat. Theorie der Preisbestimmung der wirtschaftl. Güter. 1881. – F. von Wieser, Grundriß der Sozialökonomik. T. 2: Theorie der gesellschaftl. Wirtschaft. 1977.

Historische Schule. L. Brentano, Der wirtschaftende Mensch in der Geschichte. 1923. – K. Bücher, Die Entstehung der Volkswirtschaft. 1. u. 2. Sammlg. [17]1922 u. [8]1925. – W. Eucken, Die Überwindung des Historismus. Schmollers Jahrbuch 62. 1938. – B. Hildebrand, Die Nationalökonomie der Gegenwart u. Zukunft u. a. gesammelte Schriften. [2]1922. – K. Knies, Die polit. Ökonomie vom geschichtl. Standpunkte. Neudr. 1930. – F. Lifschitz, Die histor. Schule der Wirtschaftswissenschaft. Bern. 1914. – W. Roscher, Die Grundlagen der Nationalökonomie. [26]1922. – G. Schmoller, Grundriß der Allgemeinen Volkswirtschaftslehre. 2 Teile. Nachdr. 1978.

industrielle Revolution. W. Hoffmann, Stadien u. Typen der Industrialisierung. 1931. – Ders., Wachstum u. Wachstumsformen der englischen Industriewirtschaft von 1700 bis zur Gegenwart. 1940. – L. Pohle, Die Entwicklung des dt. Wirtschaftslebens im letzten Jh. [4]1920. – U. P. Ritter, Die Rolle des Staates in den Frühstadien der Industrialisierung. 1961. – A. Sartorius von Waltershausen, Dt. Wirtschaftsgeschichte 1815–1914. [2]1923. – H. G. Schachtschabel, Automation in Wirtschaft u. Gesellschaft. 1961. – L. W. White, Industrial and social revolution, 1750–1937. London. 1938.

Kameralismus. M. Humpert, Bibliographie der Kameralwissenschaften. Neudr. 1972. – A. Oncken, Geschichte der Nationalökonomie. [3]1922. – L. Sommer, Die österr. Kameralisten. Wien. 1920–1925. – A. Tautscher, Staatswirtschaftslehre des Kameralismus. Bern. 1947. →auch Merkantilismus.

Kapitalismus. W. Eucken, Die Grundlagen der Nationalökonomie. [8]1965. – L. von Mises, Die Wurzeln des Antikapitalismus. [2]1979. – J. A. Schumpeter, Kapitalismus, Sozialismus u. Demokratie. [3]1975. – W. Sombart, Der moderne Kapitalismus. 3 Bde. [7]1928. Bd. 3: Neudr. 1955. – A. Weber, Ende des Kapitalismus? 1929. – T. Wilson, Der moderne Kapitalismus u. der wirtschaftl. Fortschritt. 1952.

Kathedersozialismus. F. Boese, Geschichte des Vereins für Sozialpolitik. 1872–1932. 1939. – H. B. Oppenheim, Der Kathedersozialismus. [2]1873. – G. Schmoller, Über einige Grundfragen der Sozialpolitik u. Volkswirtschaftslehre. [2]1904. – W. Schneider, A. Wagners Beziehungen zum Sozialismus. 1921. – E. Thier, Rodbertus, Lasalle, A. Wagner. 1930. – A. Wagner, Die Strömungen in der Sozialpolitik u. der Katheder- u. Staatssozialismus. 1921. – Ders., Finanzwirtschaft u. Staatssozialismus. In: Sozialökonom. Texte. Hrsg. A. Skalweit. Heft 15. 1948.

Keynes, John Maynard. L. R. Klein, The Keynesian Revolution. New York. Neudr. 1950. – A. Leijonhufvud, Über Keynes u. den Keynesianismus. 1973. – A. Paulsen, Neue Wirtschaftslehre. Einführung in die Wirtschaftstheorie von J. M. Keynes u. die Wirtschaftspolitik der Vollbeschäftigung. [4]1958. Nachdr. 1972.

klassische Nationalökonomie. L. Brentano, Die klass. Nationalökonomie. 1888. – G. Briefs, Untersuchungen zur klass. Nationalökonomie. 1915. – R. Schüller, Die klass. Nationalökonomie u. ihre Gegner. 1895. – J. A. Schumpeter, Geschichte der ökonom. Analyse. 2 Bde. 1965. – G. Seidler-Schmid, Systemgedanken der sog. klass. Volkswirtschaftslehre. 1926. – K. Singer, Zur Wirtschaftspolitik u. Theorie der engl. Klassiker. Kyklos 7. Basel. 1954.

Lausanner Schule. M. Pantaleoni, Manuale di Economia Pura. 1889. – V. Pareto, Cours d'économie politique professé à l'Université de Lausanne. 2 Bde. Lausanne. 1896/97. – Ders., Anwendung der Mathematik auf Nationalökonomie. 1904. – Ders., Manuale di economia politica. [2]1927. – L. Walras, Mathemat. Theorie der Preisbestimmung der wirtschaftl. Güter. 1881. – Ders., Eléments d'économie politique pure. Paris. Neudr. 1952.

Law, John. R. Kerschagl, John Law. Wien. 1956.

Liberalismus. G. Briefs, Der klass. Liberalismus. In: Wandlungen der Wirtschaft im kapitalist. Zeitalter. 1932. – H. Gestrich, Liberalismus als Wirtschaftsmethode. 1930. – F. A. von Hayek, Der Weg zur Knechtschaft. [3]1976. – H. Levy, Der Wirtschaftsliberalismus in England. [2]1928. – L. von Mises, Liberalismus. 1927. – W. Röpke, Civitas Humana. In: Ausgewählte Werke. [4]1979. – A. Rüstow, Das Versagen des Wirtschaftsliberalismus. [2]1950.

List, Friedrich. E. von Beckerath, K. Goeser u. a. (Hrsg.), Friedrich List, Schriften, Reden, Briefe. 10 Bde. 1927–1936. – C. Brinkmann, Friedrich List. 1949. – P. Gehring, Friedrich List. 1964. – H. Ritschl, Friedrich Lists Leben u. Lehre. 1947. – A. Sommer, Friedrich Lists System der polit. Ökonomie. 1927. – G. Weippert, Der späte List. 1956.

Malthus, Thomas Robert. J. Bonar, Malthus and his Work. London, New York. [2]1924. – H. Würgler, Malthus als Kritiker der Klassik. Zürich. 1957.

Manchestertum. J. Becker, Das dt. Manchestertum. 1907. – C. Brinkmann, Richard Cobden u. das Manchestertum. 1924.

mathematische Nationalökonomie. H. W. Brand, Über die Fruchtbarkeit mathemat. Verfahren in der Wirtschaftstheoie. 1959. – G. Kade, Die logischen Grundlagen der mathemat. Wirtschaftstheorie als Methodenprobleme der theoret. Ökonomik. 1958. – O. Kühne, Die mathemat. Schule in der Nationalökonomie. I. 1. Die italien. Schule (bis 1914). 1928. – O. Weinberger, Mathemat. Volkswirtschaftslehre. 1930.

Merkantilismus. F. Blaich, Die Epoche des Merkantilismus. 1974. – J. Greven, Die dynamische Geld- u. Kreditlehre des Merkantilismus. 1936. – E. Heckscher, Der Merkantilismus. 1932. – J. Niehaus, Der Gedanke der Autarkie im Merkantilismus von einst u. im Neomerkantilismus von gestern. Zürich. 1945. – W. Treue, Der Merkantilismus u. das Wirtschaftsgefüge des absolutist. Zeitalters bis ins frühe 18. Jh. In: Übergang zur Moderne. Historia Mundi. VII. Bern. 1957. →auch Kameralismus.

Neoliberalismus. R. Behlke, Der Neoliberalismus u. die Gestaltung der Wirtschaftsverfassung in der BRD. 1961. – F. Böhm, Wirtschaftsordnung u. Staatsverfassung. 1950. – Ders., Die Aufgaben der freien Marktwirtschaft. 1951. – E. W. Dürr, Wesen u. Ziele des Ordo-Liberalismus. 1954. – W. Eucken, Grundsätze der Wirtschaftspolitik. [4]1968. – F. A. von Hayek, Individualismus u. wirtschaftl. Ordnung. [2]1976. – L. Miksch, Wettbewerb als Aufgabe. [2]1947. – Ordo, Jahrbuch für die Ordnung von Wirtschaft u. Gesellschaft. 1948 ff. – W. Röpke, Gesellschaftskrisis d. Gegenwart. In: Ausgewählte Werke. [6]1979. – Ders., Maß u. Mitte. In: Ausgewählte Werke. [2]1979.

Physiokratie. B. Güntzberg, Gesellschafts- u. Staatslehre der Physiokraten. 1907. – H. Higgs, The Physiocrats. London. 1897. – A. Oncken, Geschichte der Nationalökonomie I. [4]1971. – W. Petzet, Der Physiokratismus u. die Entdeckung des wirtschaftl. Kreislaufes. 1929. – F. Quesnay, Allgemeine Grundsätze der wirtschaftl. Regierung eines ackerbautreibenden Reiches. (Physiokrat. Schriften II. Hrsg. H. Waentig). 1921.

Ricardo, David. E. Lipschitz, Die theoret. Grundlagen David Ricardos im Lichte des Briefwechsels. 1957. – F. Oppenheimer, David Ricardos Grundrententheorie. [2]1927.

Smith, Adam. K. Jentsch, Adam Smith. 1905. – F. W. Koch, Über den Zusammenhang von Philosophie u. Theorie der Wirtschaft bei Adam Smith. 1927. – E. Leser, Der Begriff des Reichtums bei Adam Smith. 1874. – A. Oncken, Adam Smith u. Immanuel Kant. 1877. – Th. Pütz, Wirtschaftslehre u. Weltanschauung bei Adam Smith. 1932. – H. Roesler, Über die Grundlehren der von Adam Smith begründeten Volkswirtschaftstheorie. [2]1871. – W. R. Scott, Adam Smith as student and professor. Glasgow. 1937. – K. Walcker, Adam Smith, der Begründer der modernen Nationalökonomie. 1890.

Sozialismus. E. Bloch, Freiheit u. Ordnung. Abriß der Sozialutopien. 1947. – T. Brauer, Der moderne dt. Sozialismus. 1929. – P. Gay, Das Dilemma des demokrat. Sozialismus. 1954. – E. Heimann, Kapitalismus u. Sozialismus. 1931. – W. A. Jöhr, Ist ein freiheitlicher Sozialismus möglich? Bern. 1948. – C. Landauer, European Socialism. 2 Bde. Berkeley, Los Angeles. 1959. – R. Liefmann, Geschichte u. Kritik des Sozialismus. 1922. – H. de Man, Zur Psychologie des Sozialismus. [2]1927. – F. Oppenheimer, Weder Kapitalismus noch Kommunismus. [3]1962. – H.-D. Ortlieb, Wandlungen des Sozialismus. 1947. – T. Ramm, Die großen Sozialisten als Rechts- u. Sozialphilosophen. Bd. 1. 1954. – Ders. (Hrsg.), Der Frühsozialismus. [2]1968. – G. Rittig, Sozialismus heute. 1954. – J. A. Schumpeter, Kapitalismus, Sozialismus u. Demokratie. [3]1975. – W. Sombart, Der proletarische Sozialismus (Marxismus). 2 Bde. [10]1924.

Thünen, Johann Heinrich von. J. Brinkmann, Die Thünensche Rentenlehre u. die Entwicklung der neuzeitl. Landwirtschaft. In: Ztschr. für die ges. Staatswiss. 107. 1951. – F. Bülow, J. H. von Thünen als forstwirtschaftl. Denker. Weltw. Arch. Hamburg. 80. 1958. – E. Carell, J. H. von Thünen u. die moderne Wirtschaftstheorie. In: Ztschr. für die ges. Staatswiss. 106. 1950. – E. Schneider, J. H. von Thünen u. die Wirtschaftstheorie der Gegenwart, In: Schriften des Vereins für Socialpolitik. NF 14. 1959. – E. Woermann, J. H. von Thünen u. die landwirtschaftl. Betriebslehre der Gegenwart. In: Schriften des Vereins für Socialpolitik. NF 14. 1959.

4.5.0 WIRTSCHAFTSPOLITIK (ALLGEMEINES)

Bibliographien: Bibliographie der Sozialwissenschaften. Internationale Dokumentation der Buch- u. Zeitschriftenliteratur. Jg. 1–39 Berlin. 1905–1943. Bd. 42 NF 1 ff. Göttingen. 1950 ff. – Bibliographie der Wirtschaftspresse. 1949 ff. – International Bibliography of Economics. Paris. 1955 ff. – International Bibliography of Social Sciences. London. 1950 ff. – Schweizer, Bibliographie für Statistik und Volkswirtschaft. Bern. 1938 ff.

Handwörterbücher u. Lexika: →4.4.0.

Gesamtdarstellungen: E. Dürr, Prozeßpolitik. In: Kompendium der Volkswirtschaftslehre. Bd. 2. [4]1975. – W. Eucken, Grundsätze der Wirtschaftspolitik. [9]1969. – G. Gäfgen (Hrsg.), Grundlagen der Wirtschaftspolitik. [2]1967. – Ders., Allgemeine Wirtschaftspolitik. In: Kompendium der Volkswirtschaftslehre Bd. 2. [4]1975. – H. Giersch, Allgemeine Wirtschaftspolitik. 2 Bde. 1960–1972. – W. Herrmann, Wirtschaftspolitik in unserer Zeit. 1957. – W. A. Jöhr, H. W. Singer, Die Nationalökonomie im Dienste der Wirtschaftspolitik. [3]1974. – W. Meinhold, Volkswirtschaftspolitik. T. 1. [2]1970. – O. Morgenstern, Der theoret. Unterbau der Wirtschaftspolitik. 1957. – H. Niehaus, Leitbilder der Wirtschafts- u. Agrarpolitik in der modernen Gesellschaft. 1957. – H. Ohm, Allgemeine Volkswirtschaftspolitik. 2 Bde. [3–4]1972–1974. – H.-D. Ortlieb, F. W. Dörge (Hrsg.), Wirtschafts- u. Sozialpolitik. 1964. – Dieselben (Hrsg.), Wirtschaftsordnung u. Strukturpolitik. 1968. – E. Preiser, Wirtschaftspolitik heute. [6]1978. – Th. Pütz, Grundlagen der theoret. Wirtschaftspolitik. In: Wirtschaftspolitik. Bd. 1. [3]1975. – K. Schiller, Neue Entwicklungen in der Theorie der Wirtschaftspolitik. 1958. – C. Schmid, K. Schiller, E. Potthoff (Hrsg.), Grundfragen moderner Wirtschaftspolitik. 1958. – E. Schneider (Hrsg.), Rationale Wirtschaftspolitik u. Planung in der Wirtschaft von heute. 1967. – H. Seidenfus, Sektorale Wirtschaftspolitik. In: Kompendium der Volkswirtschaftslehre. Bd. 2. [4]1972. – H. J. Seraphim, Theorie der allg. Wirtschaftspolitik. [2]1963. – J. Tinbergen, Wirtschaftspolitik. [2]1972. →auch 4.4.3.

Arbeitslosigkeit. International Labour Office, Employment and Economic Growth. Genf. 1964. – J. M. Keynes, Allgemeine

Theorie der Beschäftigung, des Zinses u. des Geldes. [5]1974. – A. C. Pigou, The theory of unemployment. Neudr. 1968. – C. Reiner, Rationalisierung, Arbeitslosigkeit, Vollbeschäftigung. 1955. – A. M. Ross (Hrsg.), Employment policy and the labor market. 1965.

COMECON. H.-G. Böhmer, Wirtschaftsintegration in Osteuropa. 1969. – Dt. volkswirtschaftl. Gesellschaft e. V., Der COMECON, Ziele, Organisation, Tätigkeit. 1963. – W. Gumpel, J. Hacker, COMECON und Warschauer Pakt. 1966. – E. Hoffmann, COMECON. Der Gemeinsame Markt in Osteuropa. 1961. – M. Kaser, COMECON: Integration problems of planned economies. 1967. – A. Uschakow, Der Ostmarkt im COMECON. 1972.

Dumping. L. Eckert, Das Dumping in der nationalen Gesetzgebung u. in internationalen Verträgen. 1960. – H. Kahmann, Schutz gegen Dumping. 1955. – J. Viner, Dumping: A problem in international trade. Neudr. 1966. – M. Widmer, Dumping u. dumpingähnliche Tatbestände im Außenhandel. St. Gallen. 1961.

Entwicklungshilfe, Entwicklungsländer. A. Antweiler, Entwicklungshilfe u. Entwicklungsland. 1962. – Ders., Entwicklungshilfe – Versuch einer Theorie. 1962. – R. F. Behrendt, Soziale Strategie für Entwicklungsländer. [2]1968. – H. Braker, Multilaterale Hilfeleistung für Entwicklungsländer. 1968. – B. Fritsch (Hrsg.), Entwicklungsländer. 1966. – L. Gref, Bilaterale u. mulitlaterale Finanzhilfen an Entwicklungsländer. 1968. – Handbuch für Internationale Zusammenarbeit. Losebl. 1980. – K. Hautmann, Grundlagen u. Ziele der Entwicklungshilfe. 1962. – K. Hesse, Das System der Entwicklungshilfen. 1969. – D. Kebschull, Entwicklungspolitik – Eine Einführung. [3]1976. – G. Myrdal, Ökonomische Theorie u. unterentwickelte Regionen. 1974. – L. B. Pearson, Der Pearson-Bericht: Bestandsaufnahme u. Vorschläge zur Entwicklungspolitik. 1969. – K. Schiller, Zur Wachstumsproblematik der Entwicklungsländer. 1960. – E. H. Sieber, Entwicklungsländer u. Entwicklungspolitik. 1963. – R. E. Vente, Die Techn. Hilfe für Entwicklungsländer. 2 Bde. 1960–1962.

Euratom. Die Europäische Atomgemeinschaft (Vertrag mit Erläuterungen). 1957. – H. Drück, Die internationale Zusammenarbeit bei der friedlichen Verwendung der Atomenergie innerhalb Europas. 1959.

Europäische Freihandelsassoziation. M. Baumgartner, Das Zollrecht der Europ. Freihandels-Assoziation. Basel. 1960. – W. Hesberg, Die Freihandelszone als Mittel der Integrationspolitik. 1960. – H. Krämer, EWG und EFTA. 1968.

Europäische Gemeinschaft (Europäische Wirtschaftsgemeinschaft). K. Albrecht, Risiko u. Chance im Gemeinsamen Markt. 1957. – H. Commer, Leitfaden für europ. Märkte. [2]1963. – F.-W. Engel, Der Gemeinsame Markt. Losebl. 1958 ff. – H. von der Groeben, H. von Boeckh. Handbuch für Europ. Wirtschaft. Losebl. 1958 ff. – W. Hallstein, Die Europäische Gemeinschaft. [5]1979. – C. M. Klisch, Die Konjunkturpolitik in der Europäischen Gemeinschaft. 1974. – E. Noël, Die Arbeitsweise der Institutionen der Europäischen Gemeinschaften. 1969. – J. Rey, Entwicklungsaussichten für die Wirtschaftsunion. 1968.

Großraumwirtschaft. E. von Boeventer, Theorie des räumlichen Gleichgewichts. 1962. – A. Lösch, Die räumliche Ordnung der Wirtschaft. [3]1962. – A. E. Pöschl, Raum u. Raumordnung. 1965.

Konjunkturpolitik. E. Dürr, Probleme der Konjunkturpolitik. 1968. – K. Kühne, Grenzen der Konjunkturpolitik im Wachstumszyklus. 1968. – K. Walter, Konjunkturpolitische Betrachtungen. 1961. – G. Zeitel, J. Pahlke (Hrsg.), Konjunkturelle Stabilität als wirtschaftspolit. Aufgabe. 1962. → auch 4.4.5 Konjunktur.

Marshallplan. E Achterberg, General Marshall macht Epoche: Konferenzen, Gestalten, Hintergründe. 1964. – E. Schroeder, A. Vosen, ERP, Europ. Wiederaufbau-Programm, Marshall-Plan. 1953. – A. Wittkowski, Schrifttum zum Marschallplan u. zur wirtschaftl. Integration Europas. 1953.

Montanunion. H. Armbruster, F.-W. Engel, Handbuch der Montanunion. Losebl. – A. Coppé, Europäische Gemeinschaft für Kohle u. Stahl. 1967. – H. Potthoff, Die Montanunion in der europ. Gemeinschaft. 1965.

New Deal. D. R. Fusfeld, The Economic Thought of Franklin D. Roosevelt and the Origins of the New Deal. New York. 1956.

OECD, OEEC. H. Hahn, A. Weber, Die OECD, Organisation für wirtschaftliche Zusammenarbeit u. Entwicklung. 1976. – OECD, OECD at work. 1969. – H. Reif, Europäische Integration. 1962.

Preispolitik. A. Borgmeier, Preispolitik. 1958. – B. Hartmann, Preisbildung u. Preispolitik. 1963. – A. Hegelheimer, Wirtschaftslenkung u. Preisintervention. 1969. – H. Jacob, Preispolitik. [2]1976. – E. Schneider, Preisbildung u. Preispolitik. In: Volkswirtschaft u. Betriebswirtschaft. 1964. → auch 4.4.1 Preisbildung.

Siedlung. W. F. Boyens, Siedlung u. Bodenreform als Aufgabe des Bundes. 1950. – G. Schmidt, Kommunale Wirtschaft u. Besiedlungspolitik. 1959.

Sozialisierung. K.-D. Ehlermann, Wirtschaftslenkung u. Entschädigung. 1957. – K. Korsch, Schriften zur Sozialisierung. 1969. – Ben W. Lewis, British Planning and Nationalization. London, New York. 1952. – H.-D. Ortlieb, Der gegenwärtige Stand der Sozialisierungsdebatte in Deutschland. 1950. – G. Rittig, Theoret. Grundlagen der Sozialisierung. 1950. – K. Schiller, Aufgaben u. Versuche. Zur neuen Ordnung von Gesellschaft u. Wirtschaft. 1953. – A. Wernitz, Sozialdemokratische u. kommunistische Sozialisierungskonzeptionen – eine Untersuchung zur deutschen Sozialgeschichte des 19. u. 20. Jahrhunderts. 1966.

Volkseigentum. M. Ferad u. a., Das Eigentum im Ostblock. 1958. – W. Hamm, Kollektiveigentum. 1961.

4.5.1 AGRARPOLITIK

Bibliographien u. Nachschlagewerke: R. Bremer u. a. (Hrsg.), B. Bauknecht (Bearb.), Wörterbuch der Agrarpolitik. [2]1961. – Das Schrifttum der Agrarwirtschaft. Wien u. München. 1960 ff. – FAO, FAO Library select catologue of books 1951/58. Rom. 1961.

Gesamtdarstellungen: W. Abel, Agrarpolitik. [3]1967. – F. Baade, F. Fendt, Die dt. Landwirtschaft im Ringen um den Agrarmarkt Europas. 1971. – C. von Dietze, Gedanken u. Bekenntnisse eines Agrarpolitikers. Ges. Werke. 1962. – W. Gasser-Staeger, Die Agrarpolitik als gesamtwirtschaftl. Aufgabe. 1957. – W. Gatz, Ansätze für eine internationale Agrarpolitik. 1968. – E. Gerhardt, P. Kuhlmann (Hrsg.), Agrarwirtschaft u. Agrarpolitik. 1969. – O. Gottsmann (Hrsg.), Der Gemeinsame Agrarmarkt. Losebl. 1973 ff. – H. H. Herlemann, Grundlagen der Agrarpolitik. 1961. – H. Niehaus, Leitbilder der Wirtschafts- u. Agrarpolitik in der modernen Gesellschaft. 1957. – W. Schneider, Die Marktordnung als Grundlage der Agrarpolitik. 1959.

Bodenreform. F. Kuhnen, Die Bedeutung der Agrarreform im Rahmen der wirtschaftlichen Entwicklung. In: Zeitschrift für ausländische Landwirtschaft. H. 1. 1968. – K.-E. Ringer, Agrarreform u. wirtschaftliche Entwicklung. In: Kulturen im Umbruch. 1962. – D. Warringer, Land reform in principle and practice. 1969.

FAO. Food and Agricultural Organization. Forward appraisals of FAO. Rom. 1959. – R. Philipps, FAO, its organization and work and United States participation. 1964. – F. T. Wahlen, Die Ernährungs- u. Landwirtschaftsorganisation (FAO). In: Die großen zwischenstaatl. Wirtschafts-Organisationen. Zürich. 1955.

Flurbereinigung. E. H. Jacoby, Flurbereinigung in Europa. 1961.

Grüner Bericht. H. H. Götz, Weil alle besser leben wollen. 1963. – C. D. Hahn, die „grüne" Großmacht. 1962. – K. H. Hansmeyer, Finanzielle Staatshilfen für die Landwirtschaft. 1963. – D. von Toll, Die landwirtschaftsfördernden öffentl. Mittel in der BRD. 1969.

4.5.2 GEWERBEPOLITIK

Gesamtdarstellungen: C. Andreae, H. Seidenfus, W. Passern u. J. Meier, Der industrielle Mitelstand in der Wettbewerbsordnung. 1962. – W. Heinrich, Probleme der Klein- u. Mittelbetriebe in Handwerk u. Gewerbe. 1962. – E. Hruschka, Betriebswirtschaftl. u. allgemeine Gewerbeförderung. Wien. 1958. – H. Seidenfus, Sektorale Wirtschaftspolitik. In: Kompendium der Volkswirtschaftslehre. Bd. 2. [4]1975. – E. Tuchtfeld, Gewerbefreiheit als wirtschaftspolit. Problem. 1955. – Th. Wessels, Gewerbepolitik. In: Hdwb. der Sozialwissenschaften. Bd. 4. 1965.

Energiewirtschaft. W. Arendt, Energie international. 1969. – F. Baade, Weltenergiewirtschaft. 1958. – Kommission der Europäischen Gemeinschaften, Tendenzen der Weltenergiewirtschaft. 1968. – J. Meinert, Strukturwandlungen der westdeutschen Energiewirtschaft. 1980. – H. F. Mueller, Energiewirtschaft. In: Hdwb. der Sozialwissenschaften. Bd. 3. 1961. – K. Rhein, Die Energiewirtschaft der Bundesrepublik Deutschland. [7]1979. – Th. Wessels, Die volkswirtschaftliche Bedeutung der Atomenergie. In: Sozialwissenschaftliche Untersuchungen. 1969.

Gewerbe. A. Gutersohn, Das Gewerbe in der freien Marktwirtschaft. 3 Bde. Zürich. 1962–1974. → 4.1.9 Gewerberecht.

Handwerk, Handwerkspolitik. W. Abel, Das Handwerk in der modernen Wirtschaft u. Gesellschaft. 1966. – H. A. Ihle, Handwerksbetriebe im Urteil ihrer Kunden. 1963. – F. Voigt, Handwerk. In: Hdwb. der Sozialwissenschaften. Bd. 5. 1956. – W. Wernet, Handwerkspolitik. In: Hdwb. der Sozialwissenschaften. Bd. 5. 1956. – Ders., Zur Frage der Abgrenzung von Handwerk u. Industrie. 1965. → auch 4.1.9 Handwerksordnung.

Heimarbeiter. D. Antritter, Heimarbeit. 1966. – F. Voigt, Heimindustrie. In: Hdwb. der Sozialwissenschaften. Bd. 5. 1956.

Industrialisierung. W. Hoffmann, Studien u. Typen der Industrialisierung. In: Weltwirtschaftliches Archiv. Bd. 103. 1969. – B. Huhnt, Industrielle Revolution u. Industriezeitalter. 1966. – S. Klatt, Zur Theorie der Industrialisierung. 1959. – R. Rübberdt, Geschichte der Industrialisierung. 1972.

Industrie, Industriepolitik. Jahresbericht des Bundesverbandes der Dt. Industrie. 1949/50 ff. – G. Schulz, Technische Revolution u. Strukturwandel in der Industrie. 1966.

Wasserwirtschaft. S. Balke, Zur Frage der dt. Wasserwirtschaft. 1958. – R. Keller, Gewässer u. Wasserhaushalt des Festlandes. 1961. – W. Michalski, Die volkswirtschaftl. Problematik der Gewässerverunreinigung. 1963. → auch 4.2.2.

4.5.3 GELD- UND KREDITPOLITIK

Nachschlagewerke: E. Achterberg, B. Benning u. a. (Hrsg.), Enzyklopäd. Lexikon für das Geld-, Bank- u. Börsenwesen. 2 Bde. [3]1967/68. – W. Hofmann, V. Szagunn u. a. (Hrsg.), Handbuch des gesamten Kreditwesens. [7]1965. – G. Obst, O. Hintner, Geld-, Bank- u. Börsenwesen. [36]1967. – A. Weber, W. Hofmann, Geld u. Kredit, Banken u. Börsen. [6]1959.

Gesamtdarstellungen: O. Emminger, Währungspolitik im Wandel der Zeit. 1966. – F. Farian, Zur Aufgabe der Zentralbank in einer Wirtschaft mit freiheitlicher Ordnung. 1966. – A. L. Hahn, Geld u. Kredit. [2]1961. – H.-J. Jarchow, Theorie u. Politik des Geldes. Bd. 1: Geldtheorie. [4]1978. Bd. 2: Geldmarkt, Bundesbank u. geldpolit. Instrumentarium. [2]1976. – G. F. Knapp, F. Bendixen, K. Singer (Hrsg.), Zur staatl. Theorie des Geldes. 1958. – R. Koeser, H. Pfisterer, Die Notenbank. Ihre Aufgaben u. Instrumente. 1969. – H. Lipfert, Einführung in die Währungspolitik. [8]1974. – F. A. Lutz, Geld u. Währung. 1962. – H. Müller, Die Politik der deutschen Zentralbank 1948–1967. 1969. – H. Rittershausen, Die Zentralnotenbank. Ein Handbuch ihrer Instrumente, ihrer Politik u. ihrer Theorie. 1962. – G. Schmölders, Geldpolitik. [2]1968. – E. Schneider, Einführung in die Wirtschaftstheorie. T. 3: Geld, Kredit, Volkseinkommen u. Beschäftigung. [12]1973. – R. Stucken, Geld u. Kredit. [2]1957. – O. Veit, Grundriß der Währungspolitik. [3]1969. – H. Weise, Probleme der Geld- u. Kreditpolitik. 1964. → auch 4.9.4.

Assignaten. S. A. Falkner, Das Papiergeld der Französ. Revolution 1789/97. 1924.

Banking-Theorie. A. Weber, Bankkredit u. langfristige Investition. 1954. – G. W. Woodworth, The Monetary and Banking System. New York. 1950.

Currency-Theorie. T. Tooke, An inquiry into the Currency principle. London. 1844. Neudr. 1959. – A. Wagner, Die Geld- u. Kredittheorie der Peel'schen Bankacte. Wien. 1862.

Deflation. H. Giersch, Deflation. In: Hdwb. der Sozialwissenschaften. Bd. 2. 1959. → auch Inflation.

Devisen. H. Lipfert, Devisenhandel – Devisengeschäfte der Banken, Exporteure u. Importeure. 1958. – J. Schröder, Zur Theorie der Devisenmärkte. 1969.

Europäisches Währungsabkommen. A. Meyer, Die Abwicklung des innereurop. Zahlungsverkehrs unter dem Regime des europ. Währungsabkommens. Bern. 1962. – G. Schleiminger, Das Europ. Währungsabkommen von 1955. 1956.

Geld. U.-H. Franzke, Geldhoheit u. Währungssteuerung. 1964. – G. Haberler, Geld in der internationalen Wirtschaft. 1965. – G. N. Halm, Geld, Außenhandel u. Beschäftigung. [4]1966. – K. Köhler, Der Geldkreislauf. 1962. – H. Leutner, Geldstromtheorie u. Liquiditätstheorie. 1962. – H. Lipfert, Internationale Finanzmärkte. 1964. – W. Seuss, Alles über Geld. 1973. – O. Veit, Reale Theorie des Geldes. 1966.

Geldmarkt. G. Boesch, Der internationale Geldmarkt seit der Wiederherstellung der Konvertibilität der Währungen. 1969. – E. Brehmer, Struktur u. Funktionsweise des Geldmarktes der BRD. [2]1964. – M. Hein, Die internationalen Geldmarktgeschäfte deutscher Banken. 1966. – F. Höfermann, Geldmarkt u. Geldmarktgeschäfte. 1959. – H. Lipfert, Der Geldmarkt mit Eurogeldmarkt. [8]1975. – H. von Paucker, Internationale Geldmarktgeschäfte. 1969.

Geldschöpfung. C. Föhl, Geldschöpfung u. Wirtschaftskreislauf. [2]1955. – B. Gaude, Die Mechanismen der Zentralbankgeldschöpfung u. ihre Kontrollierbarkeit durch die Zentralbank. 1969. – G. Schaaf, Die Geldschöpfungsmöglichkeiten von Einzelbank, Bankengruppe u. Bankensystem in der BRD. 1965.

Goldautomatismus, Goldwährung. M. Friedmann, Echter u. unechter Goldstandard. Ordo. 13. 1962. – R. G. Hawtrey, The Goldstandard in Theory and Practice. London. 1947. – F. Machlup, Die Pläne zur Reform des internationalen Geldwesens. 1962. – H. Moeller, Goldwährung. In: Hdwb. der Sozialwissenschaften. Bd. 4. 1965. – K. Werling, Der Preis- u. Einkommensmechanismus der Goldwährung. 1962.

Inflation. A. Ammonn, Inflation u. Deflation. Bern. 1961. – E. Dähne, Inflationsbekämpfung in unserer Zeit. 1965. – F.-W. Dörge, Schleichende Inflation. 1967. – H. Giersch, Inflation. In: Hdwb. der Sozialwissenschaften. Bd. 5. 1956. – G. Haberler, Geldinflation, Nachfrageinflation, Kosteninflation. In: Stabile Preise in wachsender Wirtschaft. 1960. – A. L. Hahn, Fünfzig Jahre zwischen Inflation u. Deflation. 1963. – W. Hofmann, Die säkulare Inflation. 1962. – F. A. Lutz, Kosten- u. nachfrageinduzierte Inflation. 1963. – V. Muthesius, Augenzeuge von drei Inflationen. [2]1973.

Internationaler Währungsfonds. D. Hatzmann, Pläne u. Abkommen zur internationalen Währungsregelung. Zürich. 1959. – H. Joerges, G. Schleiminger, Internationaler Währungsfonds. 1965. – T.-D. Kern, Der internationale Währungsfonds u. die Berücksichtigung ausländ. Devisenrechts. 1968.

Kapitalmarkt. W. Dannemann, Struktur u. Funktionsweise des Kapitalmarktes in der BRD. 1959. – W. Kopp, Die Auswirkungen der Notenbankpolitik auf den Kapitalmarkt. 1967. – H. G. Merkel, Theorie der Kapitalmarktpolitik. 1955.

Kredit. H. Herold, Das Kreditgeschäft der Banken. [15]1964. – F. Hiebler, Die Praxis der Kreditwährung. [4]1979. – F.-K. Schlichting, Die Bedeutung des Kredits für Aufbau u. Ablauf der Wirtschaft. 1963. – E. Schneider, Einführung in die Wirtschaftstheorie. T. 3: Geld, Kredit, Volkseinkommen u. Beschäftigung. [12]1973. – H. Wagner, Wirtschaftslehre des Kreditwesens. Neubearb. von F. Junge. [17]1962.

Mindestreservenpolitik. O. Pfleiderer, Mindestreservenpolitik. In: Hdwb. der Sozialwissenschaften. Bd. 7. 1961. – K. Tudyka, System u. Politik der Mindestreserve. 1964.

Offen-Markt-Politik. O. Pfleiderer, Offenmarktpolitik. In: Hdwb. der Sozialwissenschaften. Bd. 8. 1964. – H. Rittershausen, Die Zentralnotenbank. Ein Handbuch ihrer Instrumente, ihrer Politik u. ihrer Theorie. 1962. – B. Stadermann, Offenmarktgeschäfte als Instrument der Liquiditätspolitik. 1961.

Währung. F. E. Aschinger, Das Währungssystem des Westens. [2]1973. – K. Blessing, Integration u. Währung. 1964. – W. Hankel, Währungspolitik. -1973. – O. Issing, Leitwährung u. internationale Währungsordnung. 1965. – O. Kraus, Währungssysteme u. Währungspolitik. 1961. – W. Meinhold (Hrsg.), Internationale Währungs- u. Finanzpolitik. 1961. – E. Sohmen, Internationale Währungsprobleme. 1964. – W. Stützel, Währung in weltoffener Wirtschaft. 1973.

Währungsreform. A. L. Hahn, Ein Traktat über Währungsreform. 1964. – H. Möller (Hrsg.), Zur Vorgeschichte der Dt. Mark. Die Währungsreformpläne von 1945/48. 1961. – R. Triffin, Wegweiser vom Währungswirrwarr. 1967.

Weltbank. Die Weltbank, IFC u. IDA: Arbeitsgrundsätze u. Geschäftstätigkeit. Frankfurt a. M. 1963. – Weltbankdarlehen am Werk. Washington. 1964.

Zahlungsbilanz. E. Aust, Währungsordnung u. Zahlungsbilanz im gemeinsamen Markt Europas. 1959. – D. Haubold, Direktinvestitionen u. Zahlungsbilanz. 1972. – R. Funck, Zahlungsbilanz. In: Hdwb. der Sozialwissenschaften. Bd. 8. 1964. – A. Konrad, Zahlungsbilanzstörungen u. wirtschaftl. Wachstum. 1962. – E. Küng, Zahlungsbilanzpolitik. 1959. – E. Schneider, Zahlungsbilanz u. Wechselkurs. 1968.

Zins. G. Bombach, Zins u. wirtschaftliches Wachstum. In: Weltwirtschaftliches Archiv. Bd. 96. 1966. – F. A. Lutz, Zinstheorie. [2]1967. – M. Willms, Zinstheoretische Grundlagen der Geldpolitik. 1971.

4.5.4 VERKEHRSPOLITIK

Gesamtdarstellungen: P. Berkenkopf, H. S. Seidenfus (Hrsg.), Beiträge zur Verkehrstheorie u. Verkehrspolitik. 1961. – W. M. von Bissing, Verkehrspolitik. 1956. – H. Heeckt, Verkehr als Integrationsfaktor der Europawirtschaft. 1956. – H. H. Herzlau (Hrsg.), W. Schlichting, Zeitwende im Verkehr. 1963. – W. Linden, Grundzüge der Verkehrspolitik. 1961. – H. R. Meyer, Der Verkehr u. seine grundlegenden Probleme. Basel. 1956. – K. Oettle, Verkehrspolitik. 1967. – A. Predöhl, Verkehrspolitik. [2]1964. – Ders. (Hrsg.), Verkehr. 1963. – E. Scheele, Tarifpolitik u. Standortstruktur. 1959. – H. S. Seidenfus, Verkehrsmärkte: Marktformen, Marktbeziehungen, Marktverhalten. 1959.

Binnenschiffahrt. R. Beine, Verkehrsplanung u. Binnenschiffahrt. In: Die deutsche Binnenschiffahrt. [2]1964. – W. Geile, Die Binnenschiffahrt im Umbruch. In: Verkehr (Festschr. für H.-C. Seebohm). 1963. – O. Most (Hrsg.), Die dt. Binnenschiffahrt.

[2]1964. – K.-P. Otto, Die Preisbildung in der Binnenschiffahrt. 1966. – E. Renner, Der Strukturwandel des Binnenschiffverkehrs nach dem Kriege. 1955.

Luftverkehr. A. Flechtner, Wirtschaftlichkeit u. Rentabilität im Luftverkehr. 1959. – H. Süssenguth, Die weltwirtschaftl. Aspekte des internationalen Luftverkehrs. 1967. – G. Wolf, Die Entwicklung des Weltluftverkehrs nach dem Zweiten Weltkrieg. 1967.

Schiffahrt. I. Dietrich, Schiffe, Meere, Häfen. 1955. – H. Hoedter, Über die Lage der Seeschiffahrt. In: 100 Jahre Schiffahrt, Schiffbau, Hafen. 1964. – W. Reisener, H. Stodieck. Wirtschaftliche Aspekte der Anpassung von Seehäfen an wachsende Schiffsgrößen. 1970.

4.5.5 HANDELSPOLITIK

Gesamtdarstellungen: P. Bernholz, Außenpolitik u. internationale Wirtschaftsbeziehungen. 1967. – J. Hellauer, Welthandelslehre. 1954. – H. Möller, Außenwirtschaftspolitik. 1961. – A. Predöhl, Außenwirtschaft. [2]1971. – H. Rittershausen, Internationale Handels- u. Devisenpolitik. [2]1955. – W. Weddigen, Grundzüge der Handelspolitik. 1968.

Außenhandel. G. N. Halm, Geld, Außenhandel u. Beschäftigung. [4]1966. – G. Kluth, Probleme einer allgemeinen außenhandelspolit. Liberalisierung. 1967. – A. Kruse, Außenwirtschaft. [3]1972. – E. Leitherer, Die exportwirtschaftl. Literatur. 1962. – W. Michalski, Export u. Wirtschaftswachstum. 1970. – Ders. (Hrsg.), HWWA-Studien zur Exportförderung. 1968 ff. – W. Nerreter, J. Stöcker, Der Import u. Export. [3]1977. – R. Noell von der Nahmer, Außenwirtschaft. 1959. – K. Ringel (Hrsg.), Außenhandelsjahrbuch. 1951 ff. – K. Rose, Theorie der Außenwirtschaft. [7]1978. – R. Sachs, Grundriß der Außenwirtschaft. [2]1972. – A. Zottmann, Theorie u. Politik der Außenwirtschaft. 1967.

Europäische Freihandelsassoziation → 4.5.0.

Europäische Gemeinschaft (Europäische Wirtschaftsgemeinschaft) → 4.5.0.

GATT. P. Bratschi, Allgemeines Zoll- u. Handelsabkommen. Handbuch für Praktiker. Zürich. 1973. – K. Kock, International tradepolicy and the GATT 1947–1967. 1969. – F. K. Liebich, Grundriß des allgemeinen Zoll- u. Handelsabkommens (GATT). 1967.

Handel. K. Ch. Behrens, J. Bildlingmaier, J. Jacobi (Hrsg.), Absatzpolitik u. Distribution. 1967. – E. Sundhoff, R. Seyffert, Distributionswirtschaft. 1968. → auch 4.9.2.

Montanunion → 4.5.0.

Weltwirtschaft. F. Baade, H. Heeckt, Dynamische Weltwirtschaft. 1969. – R. Bailey, Problems of the world economy. 1967. – O. Emminger, Deutschlands Stellung in der Weltwirtschaft. 1953. – F. Lenz, Weltwirtschaft im Umbruch. [3]1964. – A. Predöhl, Weltwirtschaft u. europ. Integration. 1960. – H. G. Voigt, Probleme der weltwirtschaftlichen Kooperation. 1969.

4.6.0 SOZIALPOLITIK

Bibliographien u. Lexika: Bibliographie der Sozialwissenschaften. Jg. 1–39. Berlin. 1905–1943 (Abt. Sozialpolitik), dann Abt. XI N. F. Göttingen. 1950 ff. – Bibliography on the International Labour Organization. Genf. 1954. – W. Bökenkruger u. H. Stempell (Hrsg.), Wörterbuch der Sozialpolitik. 2 Bde. 1954–1961. – M. E. Pfeffer, Kleines Wörterbuch zur Arbeits- u. Sozialpolitik. 1972. → auch 4.4.0 Handwörterbücher u. Lexika.

Gesamtdarstellungen: H. Achinger, Sozialpolitik als Gesellschaftspolitik. [3]1979. – W. Arendt, Kennzeichen sozial. Wege u. Ziele der sozialen Sicherung. 1972. – E. Boettcher (Hrsg.), Sozialpolitik u. Sozialreform. 1957. – J. Broermann, P. Herder-Dorneich (Hrsg.), Soziale Verantwortung. 1968. – A. Brusatti, W. Haas, W. Pollak (Hrsg.), Geschichte der Sozialpolitik mit Dokumenten. 1962. – A. Burghardt, Kompendium der Sozialpolitik. 1979. – K. Elsholz, Strukturänderungen der Sozialpolitik. 1963. – A. Gladen, Geschichte der Sozialpolitik bis zur Gegenwart. 1973. – L. Heyde, Abriß der Sozialpolitik. [12]1966. – E. Liefmann-Keil, Ökonom. Theorie der Sozialpolitik. 1961. – O. von Nell-Breuning, Wirtschaft u. Gesellschaft heute. 3 Bde. 1956–1960. – H.-D. Ortlieb, F.-W. Dörge (Hrsg.), Wirtschafts- u. Sozialpolitik. 1964. – L. Preller, Sozialpolitik. Theoret. Ortung. 1962. – A. Tautscher, Vom Arbeiter zum Mitarbeiter. Quantitative u. qualitative Sozialpolitik. 1961. – A. Weber, Sozialpolitik, Reden u. Aufsätze. 1931. – W. Weddigen, Grundzüge der Sozialpolitik u. Wohlfahrtspflege. 1957. – A. Wieches, Internationale u. supranationale Sozialpolitik. 1962.

Addams, Jane. J. W. Linn, Jane Addams. New York. 1935.

Arbeiterbewegung. W. Abendroth, Sozialgeschichte der europ. Arbeiterbewegung. 1975. – G. A. Briefs, Gewerkschaftsprobleme in unserer Zeit. 1968. – H. Grebing, Geschichte der dt. Arbeiterbewegung. [4]1973. – K. Jantke, Der vierte Stand. 1955. – A. Klönne, B. Klaus, K. Th. Stiller, Die deutsche Arbeiterbewegung. 1980. – L. Reichhold, Europ. Arbeiterbewegung . 2 Bde. 1953. – H. Wachenheim, Die deutsche Arbeiterbewegung. 1967. – A. Weber, Der Kampf zwischen Kapital u. Arbeit. [6]1954. → auch 4.6.2.

Fürsorge. G. Eichholz, Überblick über die Forschungen auf dem Gebiet der Sozialarbeit in Deutschland. 1957. – J. Heinig, Die schwedische Sozialfürsorge. 1961. – E. Otto, Öffentl. Fürsorge, Jugend- u. Gesundheitsfürsorge. 1950. – H. Scherpner, Theorie der Fürsorge. [2]1974. → auch 4.2.8.

Internationale Arbeitsorganisation. G. Cremer, Die Verfassung der Internationalen Arbeitsorganisation. 1929. – Dreißig Jahre Kampf für soziale Gerechtigkeit. 1919–1949. Internationales Arbeitsamt. Genf. 1950. – B. Meissner, Die Internationale Arbeitsorganisation. 1952.

Kindergeld. L. Käss, Die Kindergeldgesetze. Losebl. – H. Lauterbach, E. Wickenhagen, Die Kindergeldgesetzgebung. Losebl. [2]1962. – H. Schieckel, Kindergeldgesetz. Losebl. – W. Schreiber, Kindergeld im sozioökonomischen Prozeß. 1964. – K. Steinwender, Das Kindergeld. 1963. – U. Witting, J. Meier, Kindergeld-Handbuch. Losebl.

Syndikalismus. G. Briefs, Zwischen Kapitalismus u. Syndikalismus. Bern. 1952. – G. Lefranc, Le syndicalisme dans le monde. Paris. [5]1963. – E. Naef, Zur Geschichte des französischen Syndikalismus. Zürich. 1953.

4.6.1 SOZIALVERSICHERUNG

Gesamtdarstellungen: F. Böckel, W. Doetsch, Das Recht der Sozialversicherung. Losebl. 1958 ff. – K. Brackmann, Handbuch der Sozialversicherung. Losebl. [8]1978 ff. – W. Fischer, Begriffe der Sozialversicherung. [2]1971. – J. Jacobs, Lexikon der Sozialversicherung. 1971. – H. Jäger, Sozialversicherungsrecht. [8]1978 ff. – Th. Maunz, H. Schraft (Hrsg.), Die Sozialversicherung der Gegenwart. 8 Bde. 1963–1968. – H. Peters, Die Geschichte der sozialen Versicherung. [3]1978. – M. Richter (Hrsg.), Die Sozialreform. Dokumente u. Stellungnahmen. Losebl. 1962 ff. – G. Wannagat, Lehrbuch des Sozialversicherungsrechts. Bd. 1. 1965.

Angestelltenversicherung. F. Aichberger, Angestelltenversicherungsgesetz. Losebl. [23]1979. – F. Etmer, Angestelltenversicherungsgesetz. Losebl. – H. Koch, O. K. Hartmann u. a. (Hrsg.), Das Angestelltenversicherungsgesetz. Losebl.

Arbeiterrentenversicherung. F. Aichberger, Sozialgesetzbuch, Reichsversicherungsordnung. Losebl. [39]1979. – H. Eicher, W. Haase, F. Rauschenbach, Die Rentenversicherung der Arbeiter u. der Angestellten. [6]1978. – F. Etmer, Arbeiterrentenversicherung, RVO 4. Buch. Losebl. 1974 ff.

Arbeitslosenversicherung. M. Geffers, H. Schwarz, Arbeitsförderungsgesetz. Losebl. 1974 ff. – H. Krebs, Arbeitsförderungsgesetz. Losebl. – H. Schieckel, Arbeitsförderungsgesetz. Losebl. 1969 ff. – A. Schmitz u. a., Arbeitsförderungsgesetz. Losebl. – J. Stingl, Arbeitsförderungsgesetz. [5]1972. – R. Weber, G. Paul, Arbeitsförderungsgesetz. Losebl.

Knappschaft. H. Miesbach, W. Busl, Reichsknappschaftsgesetz. [4]1979. – S. Schimanski, Knappschaftsversicherung. Losebl. 1958 ff. – H. Thielmann, Die Geschichte der Knappschaftsversicherung. 1960.

Krankenversicherung. G. Albrecht, Die Versicherungspflicht in der Krankenversicherung. [5]1977. – C. H. Jäger, Krankheit des Arbeitnehmers. [5]1975. – H. Peters, Handbuch der Krankenversicherung. Losebl. [16]1961 ff.

Unfallversicherung. F. Etmer, W. Schulz, Unfallversicherung, RVO 3. Buch. Losebl. 1974 ff. – H. Lauterbach, Unfallversicherung. Losebl. [3]1979 ff. – W. Pelikan, E. Zachmann, Unfallversicherung. Losebl. [3]1979.

4.6.2 GEWERKSCHAFTSWESEN

Gesamtdarstellungen: E. Buchholz, Die Wirtschaftsverbände in der Wirtschaftsgesellschaft. 1969. – G. Elvers, Gewerkschaftl. Einflußmöglichkeiten auf den Wirtschaftsablauf einer Marktwirtschaft ohne Berücksichtigung der außenwirtschaftl. Beziehungen. 1967. – F. J. Furtwängler, Die Gewerkschaften. Ihre Geschichte u. internationale Auswirkung. [3]1963. – H. Gottfurcht, Die internationale Gewerkschaftsbewegung von den Anfängen bis zur Gegenwart. 1966. – K. Hemitz, R. Becker (Hrsg.), Gewerkschaft, Wirtschaft, Gesellschaft. 1963. – J. Hirsch, Die öffentlichen Funktionen der Gewerkschaften. 1966. – F. Lepinski, Die Gewerkschaftsbewegungen in Deutschland. 1962. – H. Reichel, F. Ringer, Das Koalitionsrecht u. die Sozialpartner. [2]1966 – F. Schürholz, Die dt. Gewerkschaften seit 1945. 1955. – H. Stadler, Die Gewerkschaften. 1965. – K. Steiner, Die Gewerkschaften in der heutigen Wirtschaftsordnung. Zürich. 1960. – A. Weber, Kapitalbildung u. Lohnkämpfe. 1955.

freie Gewerkschaften. K. Zwing, Geschichte der freien Gewerkschaften. 1926.

Hirsch-Dunckersche Gewerkvereine. G. Hartmann, 50 Jahre dt. Gewerkvereine. 1918.

4.6.3 GENOSSENSCHAFTSWESEN

Gesamtdarstellungen: G. Albrecht, Die soziale Funktion des Genossenschaftswesens. 1965. – Dt. Genossenschaftsverband (Hrsg.), Gegenwartsfragen genossenschaftl. Unternehmen. 1963. – G. Draheim, Zur Ökonomisierung des Genossenschaftswesens. 1965. – H. Faust, Geschichte der Genossenschaftsbewegung. [3]1977. – R. Henzler, Die Genossenschaft, eine fördernde Betriebswirtschaft. 1957. – Ders., Betriebswirtschaftl. Probleme des Genossenschaftswesens. 1962. – W. Preuss, Das Genossenschaftswesen in der Welt u. in Israel. 1958. – W. Watkins, Die Genossenschaftsidee u. die moderne Marktwirtschaft. 1963. – Ders., Die Internationale Genossenschaftsbewegung. 1969. – G. Weisser, W. E. Engelhardt (Hrsg.), Genossenschaften u. Genossenschaftsforschung. 1968.

Einkaufsgenossenschaft. H.-J. Brink, Die Einkaufsgenossenschaften des Handwerks in der BRD. 1967. – H. G. Geisbuesch, Die organisierte Nachfrage. 1964. – O. Richter, Die Einkaufsgenossenschaften des selbständigen Einzelhandels in den Ländern der EWG. 1962. – C. Schiller, Entwicklungstendenzen der Einkaufsgenossenschaften u. freiwilligen Gruppen. In: Absatzpolitik u. Distribution. 1967.

Konsumgenossenschaften. E. Hasselmann, Geschichte der dt. Konsumgenossenschaften. 1971. – W. Krause, Bedeutung u. Aufgaben der Konsumgenossenschaften. 1954. – W. Postelt, 75 Jahre Selbsthilfe der Verbraucher. 1960.

Owen, Robert. A. L. Morton, The life and ideas of Robert Owen. London. 1962. – A. Röhl, Die Beziehungen zwischen Wirtschaft u. Erziehung im Sozialismus Robert Owens. 1930.

4.6.4 BEVÖLKERUNGSLEHRE

Gesamtdarstellungen: H. Adebahr, Die Lehre von der optimalen Bevölkerungszahl. 1965. – K. M. Bolte, Bevölkerung (II) Politik. In: Hdwb. der Sozialwissenschaften. Bd. 2. 1959. – Ders., Bevölkerungsbewegung. In: Hdwb. der Sozialwissenschaften. Bd. 2. 1959. – F. Burgdörfer, Bevölkerungsdynamik u. Bevölkerungsbilanz. 1951. – Dt. Bevölkerungsbilanz des zweiten Weltkrieges. In: Wirtschaft u. Statistik. Heft 10. 1956. – G. Mackenroth, Bevölkerungslehre. 1953. – H. Schubnell, Ursache, Umfang u. Bedeutung der sog. Bevölkerungsexplosion. In: Bevölkerungsexplosion, Familienplanung, Geburtenkontrolle. 1963. – Ders. u. K. M. Bolte, Bevölkerung (1) Theorie. In: Hdwb. der Sozialwissenschaften. Bd. 2. 1959.

Auswanderung. F. Burgdörfer, Die Wanderungen über die Reichsgrenzen im letzten Jahrhundert. Allg. Statist. Archiv. Bd. 20. 1930. – B. Gelberg, Auswanderung nach Übersee. 1973. – K. Goetz, Auswandern? Handbuch für alle Fragen der Auswanderung. 1951. – H. Schuster, Überbevölkerung u. Auswanderung. 1951. – H. Wander, Die Bedeutung der Auswanderung für die Lösung europ. Flüchtlings- u. Bevölkerungsprobleme. 1951.

4.6.5 STATISTIK

Bibliographien u. Nachschlagewerke: Bibliographie der seit 1928 in Buchform erschienenen dt.-sprachigen Veröff. über theoret. Statistik u. ihre Anwendungsgebiete. Hrsg. Dt. Statist. Ges. 1955. – Demographic Yearbook. Hrsg. Statistical Office, United Nations. New York (jährl.). – M. G. Kendall, W. R. Buckland, A dictionary of statistical terms. London. 1957. – Statistical Yearbook. Hrsg. Statistical Office, United Nations. New York. 1952 ff. – Statist. Jahrbuch für die Bundesrepublik Deutschland (jährl.). – G. Weinhold, Kleines Wörterbuch der Wirtschaftsstatistik. 1955. – W. Winkler, Mehrsprachiges Demograph. Wörterbuch. Hrsg. Dt. Akademie für Bevölkerungswissenschaft. 1958.

Gesamtdarstellungen: A. Kann, Theoretische Statistik. 1973. – H. Kellerer, Statistik im modernen Wirtschafts- u. Sozialleben. [16]1974. – Ders. u. a., Technische Hilfsmittel der Statistik. Allg. Statist. Archiv. 1952. – C. Lorenz, Forschungslehre der Sozialstatistik. 1951. – Ders., Angewandte Sozialstatistik. Bevölkerungsstatistik u. Spezielle Sozialstatistik. 1963. – Ders., Betriebswirtschaftsstatistik. 1960. – Ders., Volkswirtschaftsstatistik. 1964. – G. Mackenroth, Methodenlehre der Statistik. [3]1963. – G. Menges, Statistik I: Theorie. [2]1973. – Ders., H. J. Skala, Statistik II: Daten. 1973. – O. Most, Allgemeine Statistik. [8]1966. – J. Pfanzagl, Allgemeine Methodenlehre der Statistik. Bd. 1. [5]1972. – P. Quante, Lehrbuch der prakt. Statistik. Bevölkerungs-, Wirtschafts-, Sozialstatistik. 1961. – H. Reichardt, Statistische Methodenlehre für Wirtschaftswissenschaftler. [6]1976. – H. Strecker, Moderne Methoden in der Agrarstatistik. 1957. – Ders. u. W. R. Bihn, Die Statistik in der Wirtschaftsforschung. 1967. – L. H. C. Tippett, Einführung in die Statistik. 1952. – E. Wagemann, Die Zahl als Detektiv. [2]1952. – Ders., Narrenspiegel der Statistik. [3]1950. – R. Wagenführ, Statistik leicht gemacht. Bd. I: Einführung in die deskriptive Statistik. [7]1974. – Bd. II (mit M. Tiede, W. Voß): Einführung in die induktive Statistik. 1971. – K. Werner, die Industriestatistik der BRD. 1958.

Bevölkerungsstatistik. G. Feichtinger, Bevölkerungsstatistik. 1973. – H. Schubnell, Bevölkerungsprobleme in neuer Sicht. Allg. Statist. Archiv. Bd. 36. 1952. – Ders., Statistik der Familien u. Haushalte. Allg. Statist. Archiv. 1961/62.

Lebenshaltung. H. Schmucker, Unser Lebensniveau gestern, heute, morgen. In: Bayern in Zahlen. Heft 7/8. 1960. – Dies., H. Schubnell u. a., Die ökonomische Lage der Familie in der BRD. 1961.

Produktivitätsmessung. H. M. Hoth, Beitrag zur Klärung des Produktivitätsbegriffes u. zur Produktivitätsmessung im Industriebetrieb. 1958. – H. H. Krieghoff, Technischer Fortschritt u. Produktivitätssteigerung. 1958. – J. E. Reuss, Produktivitätsanalyse. 1960.

Stichprobenverfahren. W. G. Cochran, Stichprobenverfahren. 1972. – H. Kellerer, Theorie u. Technik des Stichprobenverfahrens. 1953. – H. Stenger, Stichprobentheorie. 1971.

4.6.6 BERUFSKUNDE. K. M. Bolte, Beruf u. Gesellschaft in Deutschland. Berufsstruktur u. Berufsprobleme. 1970. – F. Furger, Der Beruf. Selbstverwirklichung in Welt u. Gesellschaft. 1969. – Ch. Hablitzel (Hrsg.), Lexikon der Lehrberufe. 1970. – H. G. Hess, K. Reichart, Berufsbildungsrecht. [2]1978. – H. A. Hesse, Berufe im Wandel. [2]1972. – Th. Luckmann, W. M. Sprondel, Berufssoziologie. 1972. – B. Lutz, L. Bauer, J. von Kornatzki, Berufsaussichten u. Berufsausbildung in der BRD. 1966. – F. Molle, Handbuch der Berufskunde. 1968. – B. Natzel, Das Berufsausbildungsverhältnis. [2]1974. – C. V. Rock, Berufe mit Zukunft. 1978.

4.7.0 FINANZWISSENSCHAFT

Bibliographien u. Lexika: E. von Beckerath, H. Bente u. a (Hrsg.), Handwörterbuch der Sozialwissenschaften. 12 Bde. 1956 ff. – Bibliographie der Staats- u. Wirtschaftswissenschaften. Hrsg. Statistisches Reichsamt. 1904–1943. – F. Neumark, Handbuch der Finanzwissenschaft. 4 Bde. [3]1977/78. – International Bibliography of Economics. London, Chicago. 1952 ff. – H. Seischab, K. Schwantag (Hrsg.), Handwörterbuch der Betriebswirtschaft. 4 Bde. [3]1956–1962. – H. Peters (Hrsg.), Handbuch der kommunalen Wissenschaft u. Praxis. 3 Bde. 1959. – C. S. Shoup, Bibliography in Public Finance for Graduate Students. New York. 1960. – J. Stammhammer, Bibliographie der Finanzwissenschaft. 1903.

Gesamtdarstellungen: W. Gerloff, Die öffentliche Finanzwirtschaft. 2 Bde. [2]1948 u. 1950. – G. Hedtkamp, Lehrbuch der Finanzwissenschaft. [2]1977. – H. Kolms, Finanzwissenschaft. 4 Bde. [2-4]1974–1977. – W. Lotz, Finanzwissenschaft. [2]1931. – F. K. Mann, Finanztheorie u Finanzsoziologie. 1959. – Ders., Dt. Finanzwirtschaft. 1929. – B. Moll, Lehrbuch der Finanzwissenschaft. 1930. – R. A. Musgrave, P. B. Musgrave, L. Kullmer, Die öffentl. Finanzen in Theorie u. Praxis. 4 Bde. [1-2]1977–1979. – R. Nöll von der Nahmer, Lehrbuch der Finanzwissenschaft. 2 Bde. 1964. – H. Ritschl, Theorie der Staatswirtschaft u. Besteuerung. 1925. – G. Schmölders, Finanz- u. Steuerpsychologie. 1970. – F. Terhalle, Die Finanzwirtschaft des Staates u. der Gemeinden. 1948. – A. Wagner, Finanzwissenschaft. [3]1883. – W. Weddigen, Allgemeine Finanzwissenschaft. [4]1964. – W. Wittmann, Einführung in die Finanzwissenschaft. 4 Teile. [2]1975–1977.

Branntwein. P. Badura, Das Verwaltungsmonopol. 1963. – F. Hassbach, Die Branntweinsteuer als Verbrauchsteuer. 1963. – G. Schmölders, Die Reform der Branntweinbesteuerung. 1950.

Finanzausgleich. G. Popitz, Der künftige Finanzausgleich zwischen Reich, Ländern u. Gemeinden. 1932. – P. H. Seraphim (Hrsg.), Die wirtschaftl. Betätigung der Gemeinden. 1957. – F. J. Strauß, Die Finanzverfassung. 1969. – H. Timm, H. Jecht (Hrsg.), Kommunale Finanzen u. Finanzausgleich. 1964.

Finanzpolitik. G. Colm, Volkswirtschaftl. Theorie der Staatsausgaben. 1927. – H. Haller, Finanzpolitik. [5]1972. – A. H. Hansen, Monetary Theory and Fiscal Policy. New York. 1949. – Ders., Fiscal Policy and Business Cycles. New York. 1940. – K. H. Hansmeyer, Finanzielle Staatshilfen für die Landwirtschaft. 1963. – H. Jecht, Finanzpolitik u. Kapitalbildung. 1958. – F. Neumark, Konjunktur u. Steuern. 1930. – H. C. Recktenwald (Hrsg.), Finanzpolitik. 1969. – G. Schmölders, Finanzpolitik. [3]1970. – F. Terhalle, Leitfaden der dt. Finanzpolitik. 1936.

Haushalt. R. Brüser, O. Krüger, Haushaltsrecht. [2]1973. – E. Egner, Der Haushalt. [2]1976. – K. Heinig, Das Budget. 3 Bde. 1949–1951. – G. Jèze, Allg. Theorie des Budgets. Hrsg. F. Neumark. 1927. – F. Klein, Finanz- u. Haushaltsreform. Gesetzestexte. 1969. – P. Morell, Bundeshaushaltsrecht. Losebl. 1970 ff. – F. K. Vialon, Haushaltsrecht. [2]1959.

öffentliche Betriebe. A. Schnettler, Öffentl. Betriebe. 1956.

Staatsschuld. N. Andel, Probleme der Staatsschuldentilgung. 1964. – H. D. Hessler, Gegenwartsprobleme staatl. Anleihepolitik. 1964. – H. C. Murphy, National Debt in War and Transition. New York, Toronto, London. 1950.

4.7.1 FINANZVERWALTUNG. W. Baier, H. Fähnrich, Die steuerl. Betriebsprüfung. [2]1963. – G. Coring, A. Vogel, Entscheidungen zum Steuer- u. Zollrecht. 1964 ff. – F. Erhard, Bilanzanalyse u. steuerliche Betriebsprüfung. 1975. – J. Froschauer, Das Kassenwesen der Finanzverwaltung. 1962. – T. Herrmann, Das Finanzamt als Organismus. 1955. – H. Leidel, Die Begründung der Reichsfinanzverwaltung. 1964. – H. Liman, Musterbücher der Finanzverwaltung. 1957 ff. – Ders., O. Schwarz, Das Steuerbeitreibungsrecht. 3 Bde. [3]1961–1966. – H.-C. Ratz, W. Podschwadek, Der Sachbearbeiter beim Finanzamt. 1962. – R. Steenbock (Bearb.), Vermögensverwaltung u. Vermögensrechnung nach dem kommunalen Haushaltsrecht. 1976.

4.7.2 STEUERWESEN

Gesamtdarstellungen: K. Bräuer, Finanzsteuern, Zwecksteuern u. Zweckzuwendungen von Steuererträgen. 1928. – B. Fuisting, Grundsätze der Steuerlehre. 1902. – H. Haller, Die Steuern. [2]1971. – W. Hark, G. Strickrodt, G. Wöhe u. a. (Hrsg.), Handwörterbuch des Steuerrechts. 2 Bde. 1972. – K. G. Holtgrewe, Der Steuerwiderstand. 1954. – F. Neumark, Grundsätze gerechter u. ökonomisch rationaler Steuerpolitik. 1970. – A. E. Schäffle, Die Steuern. 2 Bde. 1895–1897. – D. Schmidt, Nichtfiskalische Zwecke der Besteuerung. 1926. – G. Schmölders, Allgemeine Steuerlehre. [4]1965. – Ders., Organische Steuerreform. 1953.

Abgabenordnung. E. Becker, A. Riewald, K. Koch, Reichsabgabenordnung mit Nebengesetzen. 3 Bde. [9]1963–1968. – W. L. Eckert (Hrsg.), Abgabenordnung. Kompendium. [40]1980. – P. Hellwig, Abgabenordnung AO 1977/FGO. [9]1977. – W. Hübschmann, E. Hepp, A. Spitaler, Kommentar zur Reichsabgabenordnung, Finanzgerichtsordnung u. den Nebengesetzen. Losebl. 1951 ff. – R. Kühn, Abgabenordnung. [12]1977. – A. Sundau, H. Brauel, Abgabenordnung, Finanzgerichtsordnung u. Nebengesetze. [5]1974.

Doppelbesteuerung. O. Bühler, Prinzipien des internationalen Steuerrechts. Amsterdam. 1964. – R. Korn, H. Debatin, Doppelbesteuerung. Losebl. [7]1979 ff. – K. Locher, Das Internationale Doppelbesteuerungsrecht. 1954. – A. Schmid, Die Internationale Steuerflucht. Möglichkeiten u. Bekämpfungsmethoden. Zürich, St. Gallen. 1961. – R. C. A. Schmitz, Kommentar zum internationalen Steuerrecht der Bundesrepublik. 2 Bde. 1957. – A. Spitaler, Das Doppelbesteuerungsproblem bei den direkten Steuern. [2]1967.

Einkommensteuer. W. Blümich, L. Falk u. a., Einkommensteuergesetz. Losebl. [11]1978 ff. – Ch. Kühr, Die Einkommensteuer. 1971. – F. Lademann, E. Lenski, H. Brockhoff, Kommentar zum Einkommensteuergesetz. Losebl. 1950 ff. – E. Littmann, Das Einkommensteuerrecht. 2 Bde. Bd. 1: [12]1978; Bd. 2: 1979. – F. Neumark, Theorie u. Praxis der modernen Einkommensbesteuerung. 1947. – J. Oermann, Die Einkommensteuer. [7]1962. – R. Plückebaum, H. Sauerland, W. Wendt, Einkommensteuer. [9]1973.

Erbschaftsteuer. R. Kapp, Kommentar zum Erbschaftsteuer- u. Schenkungsteuergesetz. Losebl. [7]1979. – G. Klein, Die neue Erbschaftsteuer. [2]1976. – E. Lenski, F. Klenk, Erbschaftsteuer. [4]1975.

Gewerbesteuer. P. Küffner, W. Rieke, Neuregelung des Gewerbesteuerrechts. 1979. – E. Lenski, W. Steinberg, Kommentar zum Gewerbesteuergesetz. Losebl. [5]1977 ff. – H. Müthling, E. Fock, N. Neumann, Gewerbesteuergesetz. Losebl. [3]1979.

Grundsteuer. K. Just, Wertermittlung von Grundstücken. Bd. 1. [5]1977. – B. Ostendorf, Grundsteuer. [2]1976. – M. Troll, Grundsteuer. [2]1966.

Kapitalverkehrsteuer. E. P. Boruttau, Grundriß der Kapitalverkehrsteuer. 1950. – H. Brönner, B. Kamprad, Kommentar zum Kapitalverkehrsteuergesetz. [3]1979.

Körperschaftsteuer. G. Felix, M. Streck, Körperschaftsteuergesetz 1977. Kommentar. 1979. – W. Gail, K. Goutier, D. Grützner, Körperschaftsteuergesetz. Kommentar. 1980. – M. Greif, H. Münzner, H. J. Krebs, Körperschaftsteuer. 1978. – J. Lange, Lehrbuch der Körperschaftsteuer. [3]1978.

Kraftfahrzeugsteuer. W. Grundmeyer, Das Für u. Wider des Nonaffektationsprinzips, dargestellt am Beispiel der Kraftfahrzeugbesteuerung. 1958. – H. Jung, Die Steuern des Kraftfahrzeugbesitzers. 1967. – S. Neumann, Das Kraftfahrzeugsteuergesetz. [3]1962. – H. Ritschl, Die Deckung der Straßenkosten u. der Wettbewerb der Verkehrsmittel. 1956.

Lohnsteuer. W. Hartz, I. Meessen, N. G. Wolf, ABC-Führer Lohnsteuer. Losebl. [3]1964 ff. – R. Lassig, So spart man Lohnsteuer. 1980. – E. Ranft, W. Carstens, Lohnsteuer. [4]1973. – G. Schneidewind, 1980/81 noch mehr Lohnsteuer sparen. 1980.

Mehrwertsteuer. W. Kresse, Buchhaltungsfibel zur Mehrwertsteuer. [6]1969. – G. Rau, E. Dürrwächter, Die Mehrwertsteuer. [9]1967. – H. Treptow, Die Mehrwertsteuer in der Praxis. 1968. → auch Umsatzsteuer.

Steuerberatung. H. Bühring, Steuerberatungsgesetz. 1961. – Fachinstitut der Steuerberater (Hrsg.), Steuerberater-Jahrbuch. 1950 ff. – K. Maassen, Das Recht der Steuerberatung. [2]1963. – W. Thier, Die zivilrechtliche, steuerrechtl. u. steuerstrafrechtl. Haftung des Steuerberaters. 1955.

Steuerrecht. E. Berger, Der Steuerprozeß. 1954. – O. Bühler, G. Strickrodt, Steuerrecht I. Allg. Steuerrecht. 2 Bde. [2]1959/60. – G. Felix (Hrsg.), Von der Auslegung u. Anwendung der Steuergesetze. 1958. – A. Gierschmann, Die Grundlagen des dt. Steuerrechts. I. 1959. – F. Konz, Lehrgang des dt. Steuerrechts. [3]1970. – H. W. Kruse, Steuerrecht. Bd. I: Allg. Teil. [4]1979. – H. Paulick, Lehrbuch des allg. Steuerrechts. [2]1972. – R. Rösler (Hrsg.), Wörterbuch des Steuerrechts. Losebl. [2]1977. – K. Tipke, Steuerrecht. [6]1979.

Steuerstrafrecht. W. Buschmann, W. Luthmann, Das neue Steuerstrafrecht. 1969. – R. Goetzeler, Die rationalen Grundlagen des Steuerstrafrechts. 1934. – G. Kohlmann, Steuerstrafrecht. Losebl. [2]1976. – G. Mattern, Verwaltungs- u. gerichtl. Steuerstrafverfahren. 1955. – W. O. W. Terstegen, Steuerstrafrecht. 1956.

Umsatzsteuer. W. Eckhardt, K. Schettler, Umsatzsteuer. [8]1964. – R. Grabower, D. Herting, O. Schwarz, Die Umsatzsteuer, ihre Geschichte u. gegenwärtige Gestaltung im In- u. Ausland. [2]1962. – K. Peter, Umsatzsteuer u. Mehrwertsteuer. Losebl. [2]1966 ff. – G. Rau, E. Dürrwächter u. a., Kommentar zum Umsatzsteuergesetz (Mehrwertsteuer). Losebl. [2]1967 ff. – W. Schubert, Die Kumulativwirkung der dt. Umsatzsteuer. 1951. – B. Zierold-Pritsch, Die optimale Umsatzsteuer. 2 Tle. 1954–1956. → auch Mehrwertsteuer.

Verbrauchsteuern. H. Letsch, Hauptprobleme der Verbrauchsbesteuerung. Bern. 1960. – F. Pendele, W. Bock, Das Steuerrecht der Abgabenordnung für das Gebiet der Zölle u. Verbrauchsteuern. [8]1971. – G. Schmölders, Zur Begriffsbestimmung der Verbrauchsteuern. 1955. – Ders., Die Ertragsfähigkeit der Getränkesteuern. 1932.

Vermögensteuer. G. Dürschke, Vermögensteuergesetz. Kommentar. [4]1970. – L. Gürsching, A. Stenger, H. Diedenhofen, Kommentar zum Bewertungsgesetz u. Vermögensteuergesetz. Losebl. [7]1975. – R. Rössler, M. Troll, J. Langner, Bewertungsgesetz u. Vermögensteuergesetz. [11]1977. – H. Schmitt-Degenhardt, Vermögensteuer. 1953. – K. Tiepelmann, Die Problematik der Vermögensteuer. 1963.

Wechselsteuer. A. Haase, Wechselsteuergesetz 1955.

4.7.3 ZOLLWESEN. Th. Bail, W. Schädel, H. Hutter, Kommentar Zollrecht. Losebl. [2]1978. – H. Becker u. a., Der praktische Zollhelfer. Losebl. 1962 ff. – P. Bender, Das Zoll- und Verbrauchsteuerstrafrecht mit Verfahrensrecht. [4]1977. – K. Franke, Handbuch der Auslandszölle. Losebl. 1970 ff. – W. Jensen, Dt. Zollrecht. 1934. – G. Kautz, Handbuch der Bundeszollverwaltung. Losebl. 1950 ff. – H. Liman, L. Krockauer, Die Praxis der Zollverwaltung in Mustern. 1960. – F. Pendele, W. Bock, Das Steuerrecht der Abgabenverordnung für das Gebiet der Zölle u. Verbrauchsteuern. [8]1971. – K. Rister, L. Krockauer, Zollgesetze. 2 Bde. 1976.

4.8.0 ALLGEMEINE BETRIEBSWIRTSCHAFTSLEHRE

Bibliographien u. Lexika: Betriebswirtschaftliches Literatur-Lexikon. 1962. – K. Bott (Hrsg.), Das neue Kaufmannsbuch. 2 Bde. 1965. – Der neue Teismann. Die rechte Hand des Kaufmanns. [36]1978. – J. Greifzu (Hrsg.), Handbuch des Kaufmanns. [18]1968. – E. Gutenberg (Hrsg.), Die Wirtschaftswissenschaften. 1958 ff. – K. Hax, Th. Wessels (Hrsg.), Handbuch der Wirtschaftswissenschaften. Bd. 1: Betriebswirtschaft. [2]1966. – H. Joschke, Handbuch der kaufmänn. Geschäftsführung. 1959. – J. Löffelholz, Repetitorium der Betriebswirtschaftslehre. [5]1975. – E. Schnaufer, G. Rode (Bearb.), TFB Taschenbuch für den Betriebswirt. 1960. – H. Seischab, K. Schwantag (Hrsg.), Handwörterbuch der Betriebswirtschaft. 4 Bde. [3]1956–1962. – R. Sellien, H. Sellien (Hrsg.), Gablers Wirtschafts-Lexikon. 2 Bde. [10]1979.

Gesamtdarstellungen: H. Diederich, Allg. Betriebswirtschaftslehre. 2 Bde. Bd. 1: [5]1979; Bd. 2: 1974. – C. Findeisen, H. Großmann, W. Löbner, Grundriß der Betriebswirtschaft. [44]1967. – G. Fischer, Die Betriebsführung. Bd. 1: Allg. Betriebswirtschaftslehre. [9]1964. Bd. 2: Betriebl. Marktwirtschaftslehre. [2]1961. – J. Geertmann, Der Betrieb u. der Markt. 1963. – E. Gutenberg, Einführung in die Betriebswirtschaftslehre. (Die Wirtschaftswissenschaften). 1958. – Ders., Grundlagen der Betriebswirtschaftslehre. 3 Bde. Bd. 1: Die Produktion. [22]1976. Bd. 2: Der Absatz. [16]1979. Bd. 3: Die Finanzen. [8]1980. – Ders., Betriebswirtschaftslehre als Wissenschaft. 1957. – E. Heinen, Einführung in die Betriebswirtschaftslehre. [6]1977. – W. Hill, Betriebswirtschaftslehre als Wissenschaft. 1957. – H. Jacob (Hrsg.), Allg. Betriebswirtschaftslehre in programmierter Form. [3]1976. – H. K. Joschke, Praktisches Lehrbuch der Betriebswirtschaft. [5]1974. – W. Korndörfer, Allg. Betriebswirtschaftslehre. [4]1980. – E. Kosiol, Die Unternehmung als wirtschaftl. Aktionszentrum. Neudr. 1974. – K. Lechner, Betriebswirtschaftslehre. [5]1975. – M. Lehmann, Allg. Betriebswirtschaftslehre. [3]1956. – M. Lohmann, Einführung in die Betriebswirtschaftslehre. [4]1964. – K. Mellerowicz, Allgemeine Betriebswirtschaftslehre. Bd. 1–4: [12–14]1968–1973. Bd. 5: 1971. – A. Moxter, Methodolog. Grundfragen der Betriebswirtschaftslehre. 1957. – W. Prion, Die Lehre vom Wirtschaftsbetrieb. 3 Bde. 1935/36. – W. Rieger, Einführung in die Privatwirtschaftslehre. [3]1964. – K. Rössle, Allg. Betriebswirtschaftslehre. [5]1956. – E. Schäfer, Die Unternehmung. [9]1978. – F. Schönpflug, Betriebswirtschaftslehre. Methoden u. Hauptströmungen. [2]1954. – A. Walther, Einführung in die Wirtschaftslehre der Unternehmung. Bd. 1: Der Betrieb. [2]1955. Bd. 2: Die Unternehmung. 1953. – G. Wöhe, Einführung in die Allg. Betriebswirtschaftslehre. [13]1978. – C. Zimmerer, Kompendium der Betriebswirtschaftslehre. [4]1971.

Geschichte der Betriebswirtschaftslehre: Beiträge zur internationalen Entwicklung der Betriebswirtschaftslehre. Wien. 1954. – B. Bellinger, Geschichte der Betriebswirtschaftslehre. 1967. – E. Leitherer, Geschichte der handels- u. absatzwirtschaftl. Literatur. 1961. – H. Münstermann, Geschichte u. Kapitalwirtschaft. 1963. – R. Seyffert, Über Begriff, Aufgaben u. Entwicklung der Betriebswirtschaftslehre. [6]1971. – A. O. Stich, Die Entwicklung der Betriebswirtschaftslehre zur selbständigen Disziplin. 1956.

lineare Programmierung. M. J. Beckmann, Lineare Planungsrechnung, Linear Programming. 1959. – G. Dantzig, Lineare Programmierung u. Erweiterungen. 1966. – W. Dinkelbach, Sensitivitätsanalyse u. parametrische Programmierung. 1969. – W. W. Garvin, Introduction to Linear Programming, New York, Toronto, London. 1960. – W. Krelle, P. Künzi, Lineare Programmierung. Zürich. 1958. – W. A. Spivey, Linear Programming. An Introduction. New York, London. 1963. → auch 7.1.7.

Operations Research. R. L. Ackoff, P. Rivett, Industrielle Unternehmensforschung. 1966. – R. Henn, H. P. Künzi, Einführung in die Unternehmensforschung. 1968. – R. Henn, P. Kall u. a. (Hrsg.), Operations Research-Verfahren. 38 Bde. 1963–1980. – W. Krelle, Praeferenz- u. Entscheidungstheorie. 1968. – W. Kromphardt, R. Henn, K. Förstner, Lineare Entscheidungsmodelle. 1962. – O. Lange, Optimale Entscheidungen, Grundriß der Optimierungsrechnung. 1968. – O. Morgenstern, Spieltheorie u. Wirtschaftswissenschaft. [2]1966. – H. Müller-Merbach, Operations Research, Methoden u. Modelle der Optimalplanung. [3]1973. – M. Sasieni, A. Yaspan, L. Friedman, Methoden u. Probleme der Unternehmensforschung. [3]1971.

Planung. K. Agthe, E. Schnaufer (Hrsg.), Unternehmensplanung 1963. – H. Albach, Beiträge zur Unternehmensplanung. [3]1979. – A. Angermann, Industrielle Planungsrechnung. 1963. – W. Busse von Colbe, Die Planung der Betriebsgröße. 1964. – J. Fuchs, K. Schwantag, AGPLAN-Handbuch der Unternehmungsplanung. 1980. – W. Kilger, Optimale Produktions- u. Absatzplanung. 1973. – O. H. Leidscham, Gesamtplanung u. Durchführung. 1962. – W. Meyer, Die Theorie der Standortwahl. 1960. – RKW (Hrsg.), Planungspraxis in deutschen Unternehmen. 1966. – J. Ries, G. von Kortzfleisch (Hrsg.), Betriebswirtschaftliche Planung in industriellen Unternehmungen. Festschrift für T. Beste. 1959. – H. Weber, Die Planung in der Unternehmung. 1963. – F. Ziegler, P. Möllers, Modern planen – besser disponieren. 2 Bde. 1958.

Rationalisierung. H. Böhrs, Grundfragen u. Methoden der Bürorationalisierung. 1958. – H. H. Kunze, Praktische Rationalisierung im Industriebetrieb. 1953. – K. Pentzlin u. RKW (Hrsg.), Meister der Rationalisierung. 1963. – F. Pollock, Automation. 1956. – L. J. von Rago, Kostensenkung durch Rationalisierung in USA. 1958. – Rationalisierungs-Kuratorium der Dt. Wirtschaft (Hrsg.), Handbuch der Rationalisierung. Losebl. 1929 ff. – Verband für Arbeitsstudien REFA (Hrsg.), Rationalisierung. [2]1955.

4.8.1 UNTERNEHMUNGSFORMEN

Gesamtdarstellungen: H. Brönner, Die Besteuerung der Gesellschaften, des Gesellschafterwechsels u. der Umwandlungen. [14]1979. – F. Buchwald, E. Tiefenbacher, G. Martin, Die zweckmäßige Gesellschaftsform nach Handels- u. Steuerrecht. [5]1979. – E. Castan, Rechtsformen der Betriebe. 1968. – H. K. Klauss, Der Gesellschaftsvertrag in seiner zweckmäßigsten Form. [10]1979. – K. Peter, Neuzeitl. Gesellschaftsverträge u. Unternehmungsformen. [2]1970. – H. H. Wessel, Die Firmengründung. [3]1978. – F. Wille, Fehler in Gesellschaftsverträgen. [6]1969. → auch 4.3.0, 4.3.2.

Aktiengesellschaft. A. Baumbach, A. Hueck, Aktiengesetz. [13]1970. – K. Biedenkopf, C. Clausen u. a., Kölner Kommentar zum Aktiengesetz. 1970/71. – E. Dülfer, Die Aktienunternehmung. 1963. – W. Cadow, C. H. Barz, Aktiengesetz. 2 Bde. [3]1971 ff. – J. H. Gessler, Aktiengesetz. Losebl. [4]1978 ff. – R. Frhr. von Godin u. H. Wilhelmi, Aktiengesetz. 2 Bde. [4]1971. – W. Hefermehl, Aktiengesellschaft u. Kommanditgesellschaft auf Aktien. Losebl. – K. H. Lehmann, Aktienrechtsreform 1965. 1965. – H.-J. Werth, Vorstand u. Aufsichtsrat in der Aktiengesellschaft. 1960. – H. Würdinger, Aktien- u. Konzernrecht. [3]1973.

Gesellschaft mit beschränkter Haftung. A. Baumbach, A. Hueck, GmbH-Gesetz. [12]1969. – M. Henze, Wie gründet man eine Gesellschaft m.b.H.? [21]1970. – F. Scholz, Kommentar zum GmbH-Gesetz. 2 Bde. [6]1978/79. – H. Spörlein, P. Spörlein, H. Tausend, Handbuch für den Geschäftsführer der GmbH. [10]1978. – H. Sudhoff, Der Gesellschaftsvertrag der GmbH. [4]1979. – O. Wilke, K. Berg u. a., Handbuch der GmbH. [2]1961.

Kapitalanlagegesellschaft. J. Baur, Investmentgesetze. Kommentar. 1970. – K. Flachmann, R. D. Scholtz, L. Schork, K. H. Steder, Investment. Handbuch für das gesamte Investmentwesen. Losebl. 1970 ff.

Kapitalgesellschaft. C. Böttcher, H. Meilicke, Umwandlung u. Verschmelzung von Kapitalgesellschaften. [5]1958.

Kartell. D. Eckel, Das Kartell. Ein Modell der Verhaltenskoordination. 1968. – B. Fricke, Kollektivmonopole. 1956. – W. Giesler, Konditionenkartelle u. ihre Abgrenzung zu Preisen u. Preisbestandteilen. 1963. – Institut für ausländisches u. internationales Wirtschaftsrecht (Hrsg.), Kartelle u. Monopole im modernen Recht. 2 Bde. 1961. – G. Jahn, K. Junkerstorff (Hrsg.), Internationales Handbuch der Kartellpolitik. 1958. – H. Kronstein, Das Recht der internationalen Kartelle. 1967. – H. Müller-Henneberg, G. Schwarz, Gesetz gegen Wettbewerbsbeschränkungen u. europ. Kartellrecht. Gemeinschaftskommentar. 1963.

Kommanditgesellschaft. C. H. Barz, R. Berninger, Kommanditgesellschaft. Losebl. – M. Henze, Die GmbH & Co. KG. [11]1977. – M. Hesselmann, Handbuch der GmbH & Co. [16]1980. – H. K. Klauss, R. Mittelbach, Die Kommanditgesellschaft. [3]1976. – H. Sudhoff, Rechte u. Pflichten des Kommanditisten. [2]1971.

Kommanditgesellschaft auf Aktien. M. Elschenbroich, Die Kommenditgesellschaft auf Aktien. 1959. → auch Aktiengesellschaft.

Konzern. H. Rasch, Dt. Konzernrecht. [5]1974. – H.-P. Reuter, Die Besteuerung der verbundenen Unternehmen. 1970. → auch 4.8.8 Konzernbilanz.

Offene Handelsgesellschaft. C. H. Barz, R. Berninger, Offene Handelsgesellschaft. Losebl. – O. J. Hoeres, Die OHG nach Handels- u. Steuerrecht. 1958. – A. Hueck, Das Recht der offenen Handelsgesellschaft. [4]1971.

Personalgesellschaften. E. Kobs, Bilanzen u. Ergänzungsbilanzen bei Personengesellschaften. [6]1978. – E. Potthoff, H. Zintzen, K. Halft, Handbuch der Gesellschaftsverträge in Personalgesellschaften. [3]1965. – P. Römer, Nachfolge- u. Bestandssicherung der Personalgesellschaften des Handelsrechts im Erbfall. 1963. – G. Senfter, M. Henze (Hrsg.), Die offene Handelsgesellschaft u. die stille Gesellschaft. [12]1962. – H. Sudhoff, Der Gesellschaftsvertrag der Personengesellschaften. [5]1978. – H. Westermann, Handbuch der Personengesellschaften. 4 Teile. [2]1975.

Stille Gesellschaft. L. Aulinger, Die atypische stille Gesellschaft. 1955. – P. Hartmann, Die stille Gesellschaft: Rechtsgestaltung u. wirtschaftl. Bedeutung. [2]1974. – H. G. C. Otto, Die stille Gesellschaft. [4]1978. – H. Paulick, Handbuch der stillen Gesellschaft. [3]1980.

4.8.2 BETRIEBSORGANISATION

Gesamtdarstellungen: H. B. Acker, Organisationsanalyse: Verfahren u. Techniken prakt. Organisationsarbeit. [7]1973. – Arbeitskreis Dr. Krähe der Schmalenbach-Gesellschaft (Hrsg.), Unternehmungsorganisation. [4]1963. – E. Grochla, Automation u. Organisation. 1966. – Ders. (Hrsg.), Handwörterbuch der Organisation. 1973. – H. Hax, Die Koordination von Entscheidungen. 1965. – H. Herholz, Betriebsorganisation. [2]1967. – W. Kirsch, Unternehmensführung u. Organisation. 1973. – E. Kosiol, Grundlagen u. Methoden der Organisationsforschung. [2]1968. – Ders. (Hrsg.), Organisation des Entscheidungsprozesses. [2]1975. – Ders., Organisation der Unternehmung. (Die Wirtschaftswissenschaften). [2]1976. – W. Mag, Grundfragen einer betriebswirtschaftl. Organisationstheorie. [2]1971. – R. Mayntz, Soziologie der Organisation. 1963. – A. Meier, Organisation der Unternehmungsführung. [2]1965. – F. Nordsieck, Betriebsorganisation. [4]1972. – O. H. Poensgen, Geschäftsbereichsorganisation. 1973. – E. Schnaufer, K. Agthe (Hrsg.), Organisation. TFB Handbuchreihe. Bd. 1. 1961. – M. Schweitzer, Probleme der Ablauforganisation. 1964. – P. Stratoudakis, Organisation der Unternehmensführung. 1961. – G. Wegner, Systemanalyse u. Sachmitteleinsatz in der Betriebsorganisation. 1969.

Management. L. A. Allen, Management u. Organisation. 1961. – K. Bender, Die Führungsentscheidung im Betrieb. 1957. – P. F. Drucker, Neue Management-Praxis. 2 Bde. 1974. – E. Frese, Kontrolle u. Unternehmungsführung. 1968. – E. Gutenberg, Unternehmensführung. Organisation u. Entscheidungen. (Die Wirtschaftswissenschaften). 1962. – P. Holden, L. Fish, H. Smith, Industrielle Führungskunst. 1957. – K. Junckerstorff, Internationaler Grundriß der wissenschaftl. Unternehmensführung. 1964. – R. Kreis, Entscheidungs- u. führungsorientierte Betriebswirtschaftslehre. [2]1973. – P. Linnert, U. Müller-Seydlitz, F. Neske, Lexikon angloamerikanischer u. deutscher Management-Begriffe. 1972. – G. Pöhlmann, Der Prozeß der Unternehmensführung. 1964. – E. Rühli, Unternehmensführung u. Unternehmenspolitik. Bd. 1. 1974. – K. Stefanic-Allmayer, Die Technik der Entscheidungsbildung. 1964. – G. A. Steiner, Top Management Planung. 1971. – L. Urwick, Grundlagen u. Methoden der Unternehmensführung. 1961. – M. Wahl, Grundlagen eines Management-Informationssystems. 1969.

4.8.3 PERSONALWESEN

Gesamtdarstellungen: H. Friedrichs, Moderne Personalführung. [5]1978. – E. Gaugler (Hrsg.), Verantwortliche Betriebsführung. 1969. – F. Goossens, Personalleiter-Handbuch. [6]1974. – R. Höhn, Die Stellvertretung im Betrieb. [3]1971. – J. Kolbinger, Das betriebliche Personalwesen. 2 Teile. [2]1972. – J. Mand, Betriebl. Personalpolitik. 1956. – A. Marx, Personalplanung. 1963. – Ders., Personalführung. 2 Bde. 1969. – L. Müller-Hagedorn, Grundlagen der Personalbestandsplanung. 1970. – H. Raschke, Taschenbuch für Personalbeurteilung. [5]1977. – G. Reber, Personales Verhalten im Betrieb. 1973.

Erfolgsbeteiligung. H. Bayer, Gewinnbeteiligung. 1952. – O. Debatin, Gewinnbeteiligung der Arbeitnehmer. 1951. – F. Spiegelhalter, Gewinnbeteiligung. 1951. – E. Zander, Taschenbuch der Erfolgsbeteiligung. 1973.

4.8.4 BESCHAFFUNG, FERTIGUNG

Arbeitswissenschaft. Arbeitsgemeinschaft der Verbände für Arbeitsstudien-Refa (Hrsg.), Arbeitsgestaltung. [10]1961. – Dies. (Hrsg.), Method. Grundlagen der analytischen Arbeitsbewertung. 1965. – Dies. (Hrsg.), Arbeitsunterweisung. [7]1964. – Dies. (Hrsg.), Zeitvorgabe. [8]1958. – W. Bloch, Arbeitsbewertung. Zürich. 1959. – T. Ellinger, Ablaufplanung. 1959. – H. Faensen, G. Hofmann, Arbeitsstudien bei Fließarbeit. 1962. – H. H. Hilf, Einführung in die Arbeitswissenschaft. [2]1976. – G. Kaminsky, H. Schmidtke, Arbeitsablauf- u. Bewegungsstudien. 1960. – G. von Kortzfleisch, Betriebswirtschaftl. Arbeitsvorbereitung. 1962. – J. Riedel, Arbeitsunterweisung. [3]1955. – J. Wibbe, Entwicklung, Verfahren u. Probleme der Arbeitsbewertung. [3]1966.

Beschaffung. Arbeitskreis Kuczewski der Schmalenbach-Gesellschaft, Allg. Einkaufsbedingungen für die Dt. Industrie. 1964. – Arbeitskreis Weber-Hax der Schmalenbach-Gesellschaft, Der Einkauf im Industriebetrieb als unternehmerische u. organisatorische Aufgabe. 1960. – A. Degelmann (Hrsg.), Einkaufsleiter-Handbuch. 1965. – M. Hermann, Kleines Handbuch der Einkaufspraxis. 1967. – E. Kosiol u. a., Einkaufsplanung u. Produktionsumfang. [2]1975. – M. Munz, Beschaffung u. Beschaffungsplanung im Industriebetrieb. 1959. – L. Pack, Optimale Bestellmenge u. optimale Losgröße. [2]1964. – E. Sundhoff, Grundlagen u. Technik der Beschaffung von Roh-, Hilfs- u. Betriebsstoffen. 1958. – P. Theisen, Grundzüge einer Theorie der Beschaffung. 1970. – W. Trux, Einkauf u. Lagerdisposition mit Datenverarbeitung. [2]1971.

Fertigung. H. Albach, Produktionsplanung auf der Grundlage techn. Verbrauchsfunktionen. – K. F. Bussmann, P. Mertens (Hrsg.), Operations Research u. Datenverarbeitung bei der Produktionsplanung. 1968. – K. Elsner, Mehrstufige Produktionstheorie u. dynamisches Programmieren. 1964. – A. Gälweiler, Produktionskosten u. Produktionsgeschwindigkeit. 1960. – E. Gutenberg, Grundlagen der Betriebswirtschaftslehre. Bd. 1: Die Produktion. [22]1976. – K. W. Hennig, Betriebswirtschaftslehre der industriellen Erzeugung. [5]1969. – W. Lücke, Produktions- u. Kostentheorie. [3]1973. – H. Ludwig, Die Größendegression der techn. Produktionsmittel. 1962. – P. Riebel, Die Kuppelproduktion. 1955. – Ders., Industrielle Erzeugungsverfahren in betriebswirtschaftl. Sicht. (Die Wirtschaftswissenschaften). 1963. – W. G. Waffenschmidt, Produktion. 1955.

Lohn. F. Baierl, Produktivitätssteigerungen durch Lohnanreizsysteme. [3]1962. – F. Boesherz, Die Praxis der Prämienentlohnung. 1968. – H. Böhrs, Leistungslohn (Arbeitsleistung u. Arbeitsentlohnung). 1967. – H. Euler, Analyse, Bewertung u. Entlohnung der Leistung. Eine Studie über Ansatz u. Grundlagen einer analyt. Arbeitsbewertung. 1962. – E. Kosiol, Leistungsgerechte Entlohnung. [2]1962. – W. Leiner, Arbeitsbewertung u. Marktlohn. 1963. – H. Wiesner, Der Prämienlohn in Theorie u. Praxis. 1969.

4.8.5 TRANSPORT, LAGERHALTUNG. J. Göldner, Aufbauorganisation der industriellen Lagerwirtschaft. 1960. – E. Grochla, Grundlagen der Materialwirtschaft. [3]1978. – L. L. Illetschko, Transport-Betriebswirtschaftslehre. [2]1966. – H. Krippendorff, Wirtschaftlich lagern. 1969. – H. Lahde, Neues Handbuch der Lagerorganisation u. Lagertechnik. [2]1967. – P. Müller, Moderne Lagerverwaltung. 1967. – W. Popp, Einführung in die Theorie der Lagerhaltung. 1968. – M. K. Starr, D. W. Miller, Inventory Control. Englewood Cliffs, N. J. 1962. – E. Walz, Neue Methoden zur optimalen Lagerdisposition. 1970. – T. M. Within, The Theory of Inventory Management. Princeton, N. J. 1957.

Lagerbuchführung. K. Raasch, Lagerbuchführung u. Lagerverwaltung. 1950.

4.8.6 ABSATZ

Nachschlagewerke: E. Batzer, E. Greipl, H. Laumer u. a., Marketing-Lexikon. [2]1973. – S. Geiger, W. Heyn, Lexikon Marketing u. Marktforschung. [2]1968. – F. Neske, G. F. Heuer, Handlexikon Werbung u. Marketing. [2]1971. – Verlag Moderne Industrie (Hrsg.), Marketing- u. Verkaufsleiter-Handbuch. [3]1976. – Ders. (Hrsg.), Marketing-Enzyklopädie. 3 Bde. 1974. – H. Wehrmann, Handlexikon des Werberechts. 1971.

Gesamtdarstellungen: B. Albrecht, Marketing. [2]1973. – M. Geist, Selektive Absatzpolitik auf der Grundlage der Absatzmengenrechnung. 1963. – E. Gutenberg, Grundlagen der Betriebswirtschaftslehre. Bd. 2: Der Absatz. [16]1979. – Ders. (Hrsg.), Absatzplanung in der Praxis. 1962. – B. Hessenmüller, E. Schnaufer (Hrsg.), Absatzwirtschaft. 1964. – W. Koch, Grundlagen u. Technik des Vertriebes. 2 Bde. [2]1958. – Ph. Kotler, Marketing-Management. [2]1974. – W. Kroeber-Riel (Hrsg.), Absatztheorie. 1972. – E. Leitherer, Absatzlehre. [3]1974. – P. Linnert, Die neuen Techniken des Marketing. 2 Teile. [1–3]1972. – H. Möller, Kalkulation, Absatzpolitik u. Preisbildung. 1962. – R. Nieschlag, E. Dichel, K. Hörschgen, Marketing. [10]1979. – E. E. Scheuing, Das Marketing neuer Produkte. 1970. – E. Sundhoff, Absatzorganisation. 1958.

Marktforschung. K. Ch. Behrens, Demoskopische Marktforschung. [2]1966. – E. Dichter, Handbuch der Kaufmotive. 1964. – W. Heyn, Stichprobenverfahren in der Marktforschung. 1960. – M. Hüttner, Grundzüge der Marktforschung. [3]1977. – H. F. J. Kropff, Motivforschung. 1960. – G. Merk, Wissenschaftl. Marktforschung. 1962. – C. W. Meyer, Marktforschung u. Absatzplanung. [3]1974. – W. Ott (Hrsg.), Handbuch der prakt. Marktforschung. 1972. – E. Schäfer, Grundlagen der Marktforschung. [5]1974.

Werbung. K. Ch. Behrens, Absatzwerbung. [2]1976. – Ders. (Hrsg.), Handbuch der Werbung. [2]1975. – C. Hundhausen, Werbung. Grundlagen. 1969. – H. Jacobi, Werbepsychologie. 1963. – F. Jaspert, Methoden zur Erforschung der Werbewirkung. 1963. – E. J. Maecker, Planvolle Werbung. [3]1962. – P. W. Meyer, Die Werbeerfolgskontrolle. 1963. – P. Michligk, Elementare Werbekunde. [2]1970. – V. Packard, Die geheimen Verführer. 1964. – L. von Rosenstiel, Psychologie der Werbung. [2]1973. – R. Seyffert, Werbelehre. 2 Bde. 1966. – M. Wiesemann, Moderne Anzeigenwerbung. 1964.

4.8.7 FINANZIERUNG UND INVESTITION

Finanzierung. B. Bellinger, Langfristige Finanzierung. (Die Wirtschaftswissenschaften). 1964. – P. Deutsch, Grundfragen der Finanzierung im Rahmen der betriebl. Finanzwirtschaft. [2]1967. – H. H. Giersch, Investitionsfinanzierung u. Besteuerung. 1961. – E. Gutenberg, Grundlagen der Betriebswirtschaftslehre. Bd. 3: Die Finanzen. [8]1980. – D. Härle, Finanzierungsregeln u. ihre Problematik. 1961. – H. C. Heiser, Budgetierung. 1964. – H. Janberg (Hrsg.), Finanzierungs-Handbuch. [2]1970. – G. von Kortzfleisch, Die Grundlagen der Finanzplanung. 1957. – H. Lipfert, Optimale Unternehmensfinanzierung. [3]1969. – W. Lücke, Finanzplanung u. Finanzkontrolle. (Die Wirtschaftswissenschaften). 1965. – K. Oettle, Unternehmerische Finanzpolitik. 1966. – H. Rittershausen, Industrielle Finanzierungen. 1964. – C. Sandig, Finanzen u. Finanzierung der Unternehmung. [2]1972. – E. Schmalenbach, Die Beteiligungsfinanzierung. [9]1966. – Ders., Kapital, Kredit u. Zins in betriebswirtschaftl. Beleuchtung. [4]1961. – H. Vormbaum, Finanzierung der Betriebe. [5]1977.

Investition, Investitionsrechnung. H. Albach, Wirtschaftlichkeitsrechnung bei unsicheren Erwartungen. 1959. – Ders., Investition u. Liquidität. 1962. – H. Blohm, Investition. [4]1978. – G. Frischmuth, Daten als Grundlagen für Investitionsentscheidungen. 1969. – E. Gutenberg, Untersuchungen über die Investitionsentscheidungen industrieller Unternehmungen. 1959. – H. Hax, Investitionstheorie. [4]1979. – H. Jacob, Neuere Entwicklungen in der Investitionsrechnung. 1964. – Ders. (Hrsg.), Optimale Investitionspolitik. 1968. – K. Lüder, Investitionskontrolle. 1969. – P. Massé, Investitionskriterien. 1968. – M. Munz, Investitionsrechnung. [2]1974. – D. Schneider, Investition u. Finanzierung. [4]1975. – E. Schneider, Wirtschaftlichkeitsrechnung. [8]1973. – J. Schweim, Integrierte Unternehmungsplanung. 1969.

Kreditwürdigkeit. K. Fidrich, Kreditanträge u. Kreditwürdigkeitsgutachten für Klein- u. Mittelbetriebe. 1957. – K. H. Hendrikson u. a., Beurteilung der Kreditwürdigkeit nach der Ertragskraft. 1968. – K. Mellerowicz, H. Jonas, Bestimmungsfaktoren der Kreditfähigkeit. [2]1957. – R. Schultz, Kreditwürdigkeit u. Unternehmungsform. 1968.

Sanierung. H. Linhardt, Finanzierung u. Sanierung – Wegweiser für Prüfungen im Betrieb. 1968. – H. Schreiber, Sanierung, Sanierungsgewinn, Besserungsverpflichtungen u. -leistungen im Steuerrecht. 1958.

Zahlungsverkehr. O. Hahn, Zahlungsmittelverkehr der Unternehmung. 1962. – Ders., Das Zahlungs- u. Inkassogeschäft der Banken. 1970. – D. Lang, Rechtsfragen beim Zahlungsverkehr. [2]1969. – H. Lipfert, Nationaler u. internationaler Zahlungsverkehr. [2]1970.

4.8.8 RECHNUNGSWESEN

Bibliographien u. Nachschlagewerke: W. Alt, E. Engel, W. Kresse (Hrsg.), Taschenbuch für den Buchhalter. 1956 ff. – K. Bott (Hrsg.), Lexikon des kaufmänn. Rechnungswesens. 4 Bde. [2]1955–1957. – J. Greifzu (Hrsg.), Der praktische Fall. [5]1964. – W. Kresse, Handlexikon für Rechnungswesen, Steuer u. Recht. [2]1970. – E. Kosiol (Hrsg.), Handwörterbuch des Rechnungswesens. 1970. – R. Lembcke (Hrsg.), Das Rechnungswesen: Handbuch der Buchführungsorganisation, Bilanzierung u. Kostenrechnung. (Begr. J. Greifzu). [12]1971. – L. Rossipaul (Hrsg.), Rechnungswesen Fachbibliographie. Losebl. 1959 ff. – Ders. (Hrsg.), Buchhaltung, Fachbibliographie. Losebl. 1959 ff.

Gesamtdarstellungen: W. Busse von Colbe (Hrsg.), Das Rechnungswesen als Instrument der Unternehmungsführung. 1969. – K. F. Bussmann, Industrielles Rechnungswesen. 1963. – W. Kalveram, Industrielles Rechnungswesen. 3 Bde. [7]1973. – B. Lutz, Die Aussagefähigkeit des Rechnungswesens. Zürich, St. Gallen. 1963. – A. Märki, K. Keim, Industrielles Rechnungswesen. 3 Bde. 1952–1955. – E. Schneider, Industrielles Rechnungswesen. [5]1969. – H.-M. Schönfeld, Grundlagen des Rechnungswesens. [2]1969.

Abschreibung. H. Albach, Die degressive Abschreibung. 1967. – B. Gübbels, Handbuch der steuerl. Abschreibung. [4]1966. – H. Gudehus, Bewertung u. Abschreibung von Anlagen. 1959. – K. Mellerowicz, Abschreibungen in Erfolgs- u. Kostenrechnung. 1957. – H. Ruchti, Die Abschreibung. 1953. – H. Stutz, Degressive Abschreibungen. [5]1966.

Betriebsabrechnung. E. Bossard, Betriebsabrechnung u. Kalkulation in Industrie-, Warenhandels- u. Dienstleistungsbetrieben. 1964. – H. Funke, K. Mellerowicz u. a., Grundfragen u. Technik der Betriebsabrechnung. [3]1962. – E. Gau, Handbuch der praktischen Betriebsabrechnung. 1965. – W. Kalveram, Industrielles Rechnungswesen. Bd. 2: Betriebsabrechnung. [7]1973. – E. Kosiol, Grundriß der Betriebsabrechnung. [4]1966. – B. Lehmann, Kostenlenkung durch Betriebsabrechnung. 1961. – H. Norden, F. Wille, Der Betriebsabrechnungsbogen: die Kostenstellenrechnung in der Praxis. [11]1973.

Bilanz, Bilanzanalyse. H. Adler, W. Düring, K. Schmaltz, Rechnungslegung u. Prüfung der Aktiengesellschaft. 3 Bde. [4]1972. – H. Brönner, Die Bilanz nach Handels- u. Steuerrecht. [8]1971. – O. Bühler, P. Scherpf, Bilanz u. Steuer. [6]1957. – H. Egner, Bilanzen: ein Lehrbuch zur Bilanztheorie. 1974. – U. Harder, Bilanzpolitik. 1962. – E. Heinen, Handelsbilanzen. [8]1976. – K. Hesse, R. Fraling, Wie beurteilt man eine Bilanz? [15]1979. – R. Hofmann, Bilanzkennzahlen. [4]1977. – H. Knoll, E. Beyer, Bilanzkunde. [5]1978. – E. Kobs, Bilanzen u. Ergänzungsbilanzen bei Personengesellschaften. [6]1978. – E. Kosiol, Buchhaltung u. Bilanz. [2]1967. – W. Lehmann, Die dynamische Bilanz Schmalenbachs. 1963. – L. Mayer, Bilanz- u. Betriebsanalyse. [4]1970. – P. Scherpf, Die aktienrechtl. Rechnungslegung u. Prüfung. 1967. – E. Schmalenbach, Dynamische Bilanz. [13]1962. – F. Schmidt, Die organische Tageswertbilanz. [4]1969. – E. Schult, Bilanzierung u. Bilanzpolitik. [5]1978. – G. Seicht, Die kapitaltheoretische Bilanz u. die Entwicklung der Bilanztheorien. 1970. – F. J. Vogt, Bilanztaktik. 1959. – E. Walb, Finanzwirtschaftliche Bilanz. [3]1966. – A. Weidner, Bilanzanalyse u. Kreditwürdigkeitsprüfung. [2]1965. – G. Wöhe, Bilanzierung u. Bilanzpolitik. [5]1979.

Buchführung. Ausschuß für wirtschaftl. Verwaltung (Hrsg.), Kontenblattlose Buchhaltung u. Offene-Posten-Buchhaltung. 1962. – G. Bähr, W. F. Fischer-Winkelmann, Buchführung u. Bilanzen. [2]1979. – W. Engelhardt, H. Raffée, Grundzüge der doppelten Buchhaltung. [2]1971. – W. Hasenack, Buchhaltung u. Abschluß. 2 Bde. 1954/55. – K. W. Hennig, W. Kilger, Doppelte Buchführung. [5]1970. – F. Jähnke, Kaufmännische Buchführung, Offene-Posten-Buchhaltung u. Steuern. 1965. – F. Kiehl, Die Durchschreibebuchführung in der Praxis. 1957. – A. Klimmer, Repetitorium der Buchführung. [2]1970. – U. Leffson, Die Grundsätze ordnungsmäßiger Buchführung. [5]1980. – K. Peter, K. J. von Bornhaupt, Ordnungsmäßigkeit der Buchführung. [7]1978. – R. Vieweg, Buchhaltung mit mechanischen u. automatischen Datenverarbeitungsverfahren. [5]1972. – F. J. Vogt, A. Conrad, Hintertüren der Buchführung. [7]1973.

Inventur. R. Mittelbach, Inventur u. Bewertung. 1965. – G. Riedel, So macht man Inventur. [2]1967. – H. Spörlein, Die Inventur, nach Handelsrecht u. nach Steuerrecht. [8]1971.

Kameralistik. G. Barret, Kameralistik u. Doppik. 1965. – G. Held, Theorie der Kameralrechnung. 1951. – R. Johns, Kameralistik. 1951. – K. von Wysocki, Kameralistisches Rechnungswesen. 1965.

Kontenrahmen. W. Endres, Neue Überlegungen zur Gliederung von Kontenrahmen. 1968. – W. Kalveram, Industrielles Rechnungswesen. Bd. 1: Doppelte Buchhaltung u. Kontenrahmen. [7]1973. – F. Kiehl, K. Peter, Die Kontenrahmen-Sammlung. [3]1958. – E. Kosiol, Kontenrahmen u. Kontenpläne der Unternehmungen. 1962. – W. Kresse, J. Döring, So bucht man nach dem neuen Industriekontenrahmen. [2]1976. – E. Schmalenbach, Der Kontenrahmen. [6]1939.

Konzernbilanz. W. Busse von Colbe, D. Ordelheide, Konzernabschlüsse. [3]1979. – K. M. Dreger, Der Konzernabschluß. 1969. – D. Edelkott, Der Konzernabschluß in Deutschland. Zürich. 1963. – K. Käfer, H. Münstermann, Konzernbilanzen. 1958. – W. Schuhmann, Der Konzernabschluß. 1962. – K. von Wysocki, M. Wohlgemuth, Konzernrechnungslegung. 1975.

Kostenrechnung, Kalkulation. T. Beste, Die kurzfristige Erfolgsrechnung. [2]1962. – R. Bobsin (Hrsg.), Handbuch der Kostenrechnung. [2]1974. – G. Dorn, Die Entwicklung der industriellen Kostenrechnung in Deutschland. 1961. – W. Fassbender, Betriebsindividuelle Kostenerfassung u. Kostenauswertung. 1964. – K. Fässler, H. Rehkugler, C. Wagenast u. a., Kostenrechnungslexikon. [2]1973. – K. P. Fischer, Industrielle Vertriebskostenrechnung. 1963. – E. Heinen, Betriebswirtschaftl. Kostenlehre. [5]1978. – F. Henzel, Die Kostenrechnung. [4]1964. – A. Hunziker, A. Märki, Die kurzfristige Erfolgsrechnung. [3]1963. – W. Kalveram, Industrielles Rechnungswesen. Bd. 3: Kostenrechnung. [7]1973. – W. Kilger, Einführung in die Kostenrechnung. 1976. – H. Kloidt, Kalkulationslehre, 1963. – E. Kosiol, Warenkalkulation in Handel u. Industrie. [2]1953. – Ders., Kostenrechnung u. Kalkulation. [2]1972. – M. Lehmann, Industriekalkulation. [5]1964. – K. Mellerowicz, Kosten u. Kostenrechnung. Bd. 1: Theorie der Kosten. [5]1973. Bd. 2 I: Allgemeine Fragen der Kostenrechnung u. Betriebsabrechnung. [5]1974. Bd. 2 II: Kalkulation u. Auswertung der Kostenrechnung u. Betriebsabrechnung. [4]1968. – Ders., Neuzeitliche Kalkulationsverfahren. [6]1977. – M. Munz, H. Winkel, Lexikon der Kostenrechnung. [3]1977. – K. Rummel, W. Kilger, Einheitli-

che Kostenrechnung. ^{3}1967. – E. Schmalenbach, Kostenrechnung u. Preispolitik. ^{8}1963. – H. Vormbaum, Kalkulationsarten u. Kalkulationsverfahren. ^{4}1977.
Plankostenrechnung. K. Agthe, Die Abweichungen in der Plankostenrechnung. 1958. – Ders., Kostenplanung u. Kostenkontrolle im Industriebetrieb. 1963. – K. Käfer, Standardkostenrechnung. ^{2}1964. – W. Kilger, Flexible Plankostenrechnung. ^{7}1978. – H. Koller, Organisation der Plankostenrechnung. ^{2}1974. – E. Kosiol (Hrsg.), Plankostenrechnung als Instrument moderner Unternehmungsführung. 1956. – K. Mellerowicz, Planung u. Plankostenrechnung. Bd. 1: Betriebliche Planung. ^{3}1972. Bd. 2: Plankostenrechnung. 1973. – H. G. Plaut, H. Müller, W. Medicke, Grenzplankostenrechnung u. Datenverarbeitung. ^{2}1971. – Rationalisierungs-Kuratorium der Dt. Wirtschaft (Hrsg.), Planung u. Kontrolle mit Standardkosten. 1961. – F. Wille, Plan- u. Standardkostenrechnung. ^{2}1963.
Wirtschaftsprüfung. W. Ballmann, R. Baudisch u. a., Interne Revision in der Wirtschaft u. im Unternehmen. 1961. – V. Z. Brink, J. A. Cashin, Interne Revision. 1962. – K. F. Bussmann, Betreuung u. Prüfung der Unternehmungen. (Die Wirtschaftswissenschaften). 1960. – A. Hertlein, K. Meisner, Abschluß u. Prüfung der Unternehmungen einschl. Steuerprüfung. ^{4}1956. – Institut der Wirtschaftsprüfer in Deutschland (Hrsg.), Wirtschaftsprüfer-Handbuch. 1963 ff. – Institut für Interne Revision (Hrsg.), Aufgaben u. Praxis der internen Revision. 1959. – E. Loitlsberger, Treuhand- u. Revisionswesen. ^{3}1979. – D. Schmitt, F. Schmitt, Das neue Revisions-Handbuch. ^{2}1968. – D. W. Schulze zur Wiesch, Grundsätze ordnungsmäßiger aktienrechtl. Jahresabschlußprüfung. 1963. – K. von Wysocki, Grundlagen des betriebswirtschaftl. Prüfungswesens. ^{2}1977.

4.9.0 SPEZIELLE BETRIEBSWIRTSCHAFTSLEHRE (ALLGEMEINES)

Gaststätten. H. Bundschuh, Das Steuerrecht im Hotel- u. Gaststättengewerbe. 1960. – R. Eberhard, Aktuelle Fragen des Dt. Fremdenverkehrs. 1969. – W. Hunziker, Der Fremdenverkehrsbetrieb u. seine Organisation. Bd. 1: Betriebswirtschaftslehre des Fremdenverkehrs. Bern. 1959. – G. Walterspiel, Einführung in die Betriebswirtschaftslehre des Hotels. 1969.
Landwirtschaftliche Betriebslehre. K. Abromeit, Landwirtschaftl. Betriebslehre. ^{2}1968. – W. Brandes, E. Wörmann, Landwirtschaftl. Betriebslehre. Bd. 1: Allgemeiner Teil, Theorie u. Planung des landwirtschaftl. Betriebs. 1969. – W. Busch, Landwirtschaftl. Betriebslehre. 1958. – W. Flamme, Landwirtschaftl. Betriebslehre. ^{5}1964. – H. Howitz, S. Badewitz, Mathemat. Methoden in der Landwirtschaft. 1968. – H. Seuster, Landwirtschaftl. Betriebslehre. 1966.

4.9.1 INDUSTRIEBETRIEBSLEHRE

Gesamtdarstellungen: H. Funke, H. Blohm, Allgemeine Grundzüge des Industriebetriebes. ^{2}1969. – E. Heinen (Hrsg.), Industriebetriebslehre: Entscheidungen im Industriebetrieb. ^{6}1978. – K. W. Hennig, Betriebswirtschaftslehre der industriellen Erzeugung. ^{5}1969. – K. Huber, Industriebetriebslehre. ^{5}1957. – W. Kalveram, Industriebetriebslehre. ^{8}1972. – W. Kern, Industriebetriebslehre. ^{2}1974. – M. R. Lehmann, Industrielle Betriebsvergleiche. 1958. – K. Mellerowicz, Betriebswirtschaftslehre der Industrie. 2 Bde. ^{6}1968. – K. Reisch, Industriebetriebslehre. 1978.
Einzeldarstellungen: Betriebswirtschaftl. Ausschuß der Chem. Industrie (Hrsg.), Kostenrechnung in der Chemischen Industrie. ^{2}1962. – M. Braunsperger, Kunststoffverarbeitende Industrie. Strukturelle Probleme u. Wachstumschancen. 1964. – G. Hempel, Die deutsche Montanindustrie. 1969. – H. Funke, Betriebswirtschaft im Maschinenbau u. in verwandten Industrien. ^{3}1955. – P. Ippen, Wirtschaftslehre des Bergbaues. Wien. 1957. – H. Marcus, K. Oppenländer, Eisen- u. Stahlindustrie. Strukturelle Probleme u. Wachstumschancen. 1966. – P. Riebel, Industrielle Erzeugungsverfahren in betriebswirtschaftl. Sicht. 1963. – R. Schröder, Industrie der Steine u. Erden. Strukturelle Probleme U. Wachstumschancen. 1965. – K. Schworm, Chemische Industrie. Strukturelle Probleme u. Wachstumschancen. 1967. – W. Wunden, Die Textilindustrie der BRD im Strukturwandel. 1969.

4.9.2 HANDELSBETRIEBSLEHRE

Gesamtdarstellungen: K. Ch. Behrens, Kurze Einführung in die Handelsbetriebslehre. ^{2}1972. – B. R. Falk, J. Wolf, Handelsbetriebslehre. ^{5}1979. – R. Gümbel, Unternehmensforschung im Handel. 1969. – F. Klein-Blenkers, Die Ökonomisierung der Distribution. 1964. – K. Oberparleiter, Funktionen u. Risiken des Warenhandels. Wien. ^{2}1955. – Ders., Der Handel heute. 1962. – R. Seyffert, Wirtschaftslehre des Handels. ^{5}1972. – E. Sundhoff, Die Handelsspanne. 1953.
Außenhandel. K. Ch. Behrens, Betriebslehre des Außenhandels. 1957. – R. Henzler, Außenhandel. 1961. – Ders., Betriebswirtschaftslehre des Außenhandels. 1970. H. Vormbaum, Außenhandelskalkulation. 1955.
Ausstellung, Messe. E. Carboni, Ausstellungen u. Vorführungen. 1958. – W. Döring, Handbuch der Messen u. Ausstellungen. 1959. – E. B. Heil, Entwicklung u. Ausgestaltung des Messe- u. Ausstellungswesens in Deutschland nach dem 2. Weltkrieg. 1962. – A. Pludra, Messeführer Deutschland. 1969.
Einzelhandel. P. Deutsch, Die Betriebsformen des Einzelhandels. 1968. – E. Gartmayr, H. D. Mundorf, Nicht für den Gewinn allein. Die Geschichte des dt. Einzelhandels. ^{2}1970. – R. Gümbel, Die Sortimentspolitik in den Betrieben des Wareneinzelhandels. 1963. – D. Kalussis, Betriebslehre des Einzelhandels. 1960. – E. Rhein, Das Diskonthaus, eine neue Vertriebsform in den USA. 1958. – E. Sundhoff, F. Klein-Blenkers, Struktur- u. Leistungsanalysen von Einzelhandelsbetrieben der hauptsächlichen Branchen. 1969.
Großhandel. A. Bahn, Betriebswirtschaftslehre für den Groß- u. Außenhandel. 1966. – E. Batzer, Unternehmenspolitik u. Erscheinungsbild des Großhandels in der modernen Wirtschaft. 1966.
Markenartikel. H. Hax, Vertikale Preisbindung in der Markenartikelindustrie. 1961. – E. Hoppmann, Vertikale Preisbindung u. Handel. 1957. – E. Mellerowicz, Markenartikel. Die ökonom. Gesetze ihrer Preisbildung u. Preisbindung. ^{2}1963. – P. Thurmann, Grundformen des Markenartikels. 1961.
Messe → Ausstellung, Messe.
Selbstbedienungsläden. W. Baumann, Die Selbstbedienung. 1960. – K. A. Henksmeier, Die wirtschaftliche Leistung der Selbstbedienung in Europa. 1961. – H. V. Schulz-Klingauf, Selbstbedienung, der neue Weg zum Kunden. 1960.

4.9.3 VERSICHERUNGSBETRIEBSLEHRE

Bibliographien und Nachschlagewerke: L. Berger, Handbuch für die Versicherungspraxis. 3 Bde. 1959. – E. Finke (Hrsg.), Handwörterbuch des Versicherungswesens. 2 Bde. 1958. – W. Föhrenbach (Hrsg.), Neumanns Jahrbuch der Dt. Versicherungswirtschaft. (Begr. C. Neumann). 1961 ff. – W. Grosse, H. L. Müller-Lutz (Hrsg.), Die Versicherung. 5 Bde. 1962–1964. – Hoppenstedt, Versicherungsjahrbuch. 1958 ff. – H. L. Müller-Lutz, R. Schmidt, Versicherungs-Enzyklopädie. 6 Bde. 1976. – L. Rossipaul (Hrsg.), Versicherungswesen. Fachbibliographie. Losebl. 1960 ff. – G. Schwartz, Praktisches Versicherungslexikon. 1973. – Taschenbuch für den Versicherungskaufmann. 1956 ff.
Gesamtdarstellungen: P. Braeß u. a., Versicherung u. Risiko. (Die Wirtschaftswissenschaften). 1960. – F. Büchner, Grundriß der Individualversicherung. ^{7}1972. – M. Gürtler, Betriebswirtschaftl. Probleme des Versicherungswesens. (Die Wirtschaftswissenschaften). 1959. – K. Hax, Grundlagen des Versicherungswesens. 1964. – W. Mahr, Einführung in die Versicherungswirtschaft. ^{2}1964. – L. Müller, A. Barth (Hrsg.), Versicherungslehre. ^{10}1965. – H. Müller-Lutz, Grundbegriffe der Versicherungs-Betriebslehre. Bd. 1: Einführung in die Organisation. 1966. Bd. 2: Einführung in das Rechnungswesen. ^{2}1968. Bd. 3: Automation der Büroarbeiten. ^{4}1972. – O. E. Starke, O. Bronisch, Recht der privaten Versicherungen. ^{2}1961.
Feuerversicherung. R. Berndt, G. Luttmer, Der Ersatzwert in der Feuerversicherung. ^{2}1971. – W. Blank, Feuer- u. Betriebsunterbrechungsversicherung. In: Die Versicherung. Bd. 4. 1962–1964. – G. Höhne, Die industrielle Feuerversicherung. 1962. – A. Meyer, W. Blanck, ABC der Feuerversicherungspraxis. ^{4}1970. – O. Vossen, Moderne Feuerversicherungsprobleme in Deutschland. In: Informationsdienst der Colonia Versicherung. 1969.
Haftpflichtversicherung. R. Deichmann, Haftpflichtschäden. ^{2}1966. – W. Gelhär, Das Haftpflichtrecht des Straßenverkehrs. 1969. – K. Jannot, Haftpflichtversicherung. In: Die Versicherung. Bd. 4. 1962–1964. – J. Kuwert, Allgemeine Haftpflichtversicherung. 1979. – L. Schwaiger, E. Wagner, Führer durch die Haftpflichtversicherung. ^{8}1969.
Kraftfahrzeugversicherung. H. Becker, Kraftverkehrs-Haftpflichtschäden. ^{13}1978. – H. Bormann, P. Cuntz, E. G. Völker, Die Neuordnung der dt. Kraftfahrtversicherung. 1962. – G. Finke, H. Weidemann, Kraftverkehrsversicherung. In: Die Versicherung. Bd. 4. 1962–1964. – E. Stiefel, W. Wussow, E. Hofmann, Kraftfahrtversicherung. ^{11}1977.
Krankenversicherung. A. Balzer, E. Ohrt (Hrsg.), Tarife u. Bedingungen der Privaten Krankenversicherung. ^{16}1963. – G. Jäger, Die versicherungstechn. Grundlagen der dt. privaten Krankheitskostenversicherung. 1958. – E. Tauer, Krankenversicherungen. In: Die Versicherung. Bd. 4. 1962–1964.
Lebensversicherung. H. P. Goll, W. Gilbert, Handbuch der Lebensversicherung. ^{6}1973. – G. Kahlo (Hrsg.), Lebensversicherungsbedingungen u. Prämien. 1969. – H.-H. Mohr, H. Hofmann, Lebensversicherung. 1965. – F. Tonndorf, G. Horn, Lebensversicherung von A bis Z. ^{5}1965. – H. A. Traber, Neue Formen der Lebensversicherung. Zürich. 1958.
Rückversicherung. B. Mossner, Die Entwicklung der Rückversicherung bis zur Gründung selbständiger Rückversicherungsgesellschaften. 1959. – A. D. Vukailović, Techn.-ökonom. Betrachtung der Rückversicherung. 1958.
Transportversicherung. J. Hellauer, Transportversicherung. 1953. – W. Weimar, Schiffahrtsrecht u. Transportversicherungsrecht. 1959.

4.9.4 BANKBETRIEBSLEHRE

Nachschlagewerke: F. K. Feldbausch, Handbuch der Bankpraxis. ^{2}1972. – R. Kulla, Handbuch für den Bankkaufmann. 1972. – G. Müller, J. Löffelholz, Bank-Lexikon. ^{8}1978. – G. Obst, O. Hintner, Geld-, Bank- u. Börsenwesen. ^{36}1967. – F. Seidenzahl, H. Weissenfeld (Hrsg.), Bank- u. Börsen-Lexikon. ^{4}1973. → auch 4.5.3.
Gesamtdarstellungen: H. E. Büschgen, Grundriß der Bankbetriebslehre. 1973. – F. K. Feldbausch, Bankpolitik. 1969. – K. F. Hagenmüller, Bankbetrieb u. Bankpolitik. (Die Wirtschaftswissenschaften). 1959. – Ders., Der Bankbetrieb. 3 Bde. ^{4}1976–1978. – Ders., H. Müller, Bankbetriebslehre in programmierter Form. 1972. – O. Hahn, Bankbetriebslehre. ^{2}1979. – B. Hartmann, Bankbetriebsanalyse. 1962. – H. Kaeferlein, Der Bankkredit u. seine Sicherungen. ^{7}1953. – W. Kalveram, H. Günther, Bankbetriebslehre. ^{3}1961. – S. Kaminsky, Die Kosten- u. Erfolgsrechnung der Kreditinstitute. ^{2}1955. – K. Kolbinger, Elemente der Bankwirtschaftslehre. 1964. – H. Kresensky, Kurzgefaßte Bankgeschichte. 1968. – H. Linhardt, Bankbetriebslehre. 2 Bde. 1957–1960. – P. Muthesius, Die Bankbilanz. 1964. – H. T. Pfälzer, Bank- u. Sparkassenbuchhaltung in der Praxis. 1959. – E. Potratz, Die Praxis der Bankkostenrechnung. 1960. – H.-J. Runge, Der Bankbetrieb. ^{2}1971.
Anleihe. F. O. Bornemann, H.-O. Linnhoff, Die seit der Währungsreform begebenen Industrie-Anleihen. 1958. – H.-O. Linnhoff, Optionsanleihen. 1956. – H. H. Müncks, Die Bundesanleihen. 1972. – H. Rusch, Die Wandelschuldverschreibungen. 1956. – H. U. Surkamp, H. Weissenfeld, Wandelschuldverschreibungen. 1966.
Bausparkassen. H. Laux, Die Bausparfinanzierung. ^{4}1976. – W. Lehmann, Die Bausparkassen. ^{4}1970.
Effekten. E. Barocka, Handbuch des Emissionswesens. 1959. – G. Bruns, Einführung in das Effektenwesen. ^{2}1965. – Ders., Das Depotgeschäft. 1972. – G. Oppermann, Wertpapiere. ^{2}1959. – D. Weaver, Neue Techniken der Wertpapieranalyse. 1973. – Wertpapier-Taschenbuch. ^{2}1972. – K. Wohlfahrt, S. Bley, Grundlagen u. Praxis des Wertpapiergeschäfts. ^{3}1966.
Giroverkehr. A. Dick, Die Verflechtung zwischen Sparkassen u. Girozentralen. 1959. – K. Tries, Die Girozentralen. 1959.
Personalkredit. M. Ungerer, Der Personalkredit. 1959.
Sparkassen. W. D. Becker, Das Bild der modernen Sparkassen. 1964. – I. Hoffmann, Dt. Sparkasseneinheit. 1969. – W. Klebe, O. Türk, W. Weimar, Rechtsgrundlagen für die Geschäfte der Sparkassen u. kommunalen Banken. ^{3}1958. – K. Nehberg, Der Sparverkehr der Sparkassen. 1963. – Ders., Der Kontokorrentverkehr der Sparkassen. 1966. – D. Stolte, Zur Frage der Gemeinnützigkeit der Sparkassen. ^{2}1967. – A. Trende, Geschichte der dt. Sparkassen bis zum Anfang des 20. Jh. 1957.

4.9.5 BÖRSENWESEN. L. Bergschneider, Aktien u. Börse. 1966. – W. Blessing, J. Puhl, Börsenchancen richtig nutzen. ^{3}1962. – H. J. Bösch, Die Kurspflege bei Wertpapieren. 1959. – H. E. Büschgen, Aktienanalyse u. Aktienbewertung nach der Ertragskraft. 1962. – H. Gericke, Die Börsenzulassung von Wertpapieren. 1960. – O. Hintner, Wertpapierbörsen. (Die Wirtschaftswissenschaften). 1960. – K. Lanz, Börsen-ABC. Wörterbuch des Wertpapiermarktes. ^{3}1974. – R. Mindner (Hrsg.), Das kleine Börsenlexikon. ^{12}1972. – K. Richebächer, Börse u. Kapitalmarkt. ^{4}1971. – H. Schlembach, Die Bewertung von Aktien. ^{3}1973. – H. Schicht, Börsenterminhandel in Wertpapieren. 1972. – H. Sieg, Börsenrecht. ^{3}1969.

5.0.0 GESCHICHTE UND GESCHICHTSWISSENSCHAFT (ALLGEMEINES)

Allgemeine Nachschlagewerke und Bibliographien: E. Bayer, Wörterbuch zur Gesch. ^{2}1966. – O. Brunner, W. Conze, R. Koselleck (Hrsg.), Geschichtl. Grundbegriffe. Histor. Lexikon zur politisch-sozialen Sprache in Dtschld. 5 Bde. 1972 ff. – dtv-Wörterbuch zur Gesch. 2 Bde. 1972. – dtv-Atlas zur Weltgesch. 2 Bde. 1964 ff. – Fischer Lexikon: Gesch. in Gestalten. Hrsg. H. Herzfeld. 4 Bde. ^{3}1969. – G. Franz, Bücherkunde zur Weltgesch. 1956. – Großer histor. Weltatlas. 3 Tle. 1957 ff. Tl. 3. ^{3}1967. – Internationale Bibliographie der Geschichtswissenschaft. – H. Kramm, Bibliographie histor. Zeitschriften. 1939 bis 1951. 1952 ff. – Der Große Ploetz. Auszug aus der Gesch. ^{29}1980. – Putzger, Histor. Weltatlas. ^{92}1970. – Regenten u. Regierungen der Welt (Minister-Ploetz). Bearb. B. Spuler. 1953 ff.
Darstellungen/Weltgeschichte: M. Crouzet, Histoire Générale des Civilisations. Paris. 1953 ff. – Fischer-Weltgesch. 35 Bde. 1957 ff. – P. Grimal, Dictionnaire des Biographies. 2 Bde. Paris. 1958. – A. Heuss, Zur Theorie der Weltgesch. 1968. – Historia Mundi. Hrsg. F. Kern u. F. Valavec. 10 Bde. 1952 ff. – J. Pirenne, Les grands courants de l'histoire universelle. 7 Bde. 1945–1956. – Propyläen Weltgesch. 12 Bde. 1960–1965. – A. Randa (Hrsg.), Handbuch der Weltgesch. 4 Bde. ^{3}1962. – Saeculum Weltgesch. 5 Bde. 1965–1970. – The New Cambridge Modern History. 1957 ff. – A. J. Toynbee, A Study of History. 10 Bde. 1934–1954 (als Taschenbuch dt.: Der Gang der Weltgesch. 2 Bde. 1970). – A. Weber, Kulturgesch. als Kultursoziologie. ^{2}1950.
Ideengeschichte. G. H. Sabine, A History of Political Theory. London. ^{3}1966. – J. Touchard, Histoire des idées politiques (= Thémis, Manuels juridiques, économiques et politiques). Paris. ^{2}1963–1965.
Kulturgeschichte. J. Huizinga, Wege der Kulturgesch. 1930.
Landesgeschichte. H. Aubin, Geschichtl. Landeskunde. 1925. – P. Fried (Hrsg.), Probleme und Methoden der Landesgeschichte. 1978.
Mediaevistik. H. Aubin, Vom Altertum zum Mittelalter. 1949. – H. Boockmann, Einführung in die Geschichte des MA. 1978. – Clavis Mediaevalis. Kleines Wörterbuch der MA.-Forschung. Hrsg. R. Klausner u. O. Meyer. 1962.
Zeitgeschichte. H. Freyer, Theorie des gegenwärtigen Zeitalters. 1955. – H. Huber, Quellen und Texte zur Geschichte der Gegenwart. 1977. – P. Rassow, Der Historiker u. seine Gegenwart. 1948. – B. Scheurig, Einführung in die Zeitgesch. (Göschen Bd. 1204). 1962.

5.0.1 GESCHICHTSWISSENSCHAFT

Gesamtdarstellungen: W. Bauer, Einführung in das Studium der Gesch. Neudr. 1961. – P. Borowsky, B. Vogel, H. Wunder (Hrsg.), Einführung in die Geschichtswissenschaft. 1975/78. – W. Dilthey, Einleitung in die Geisteswissenschaften. Versuch einer Grundlegung für das Studium der Gesellschaft u. der Gesch. Bd. 1. 1883. Neuausg. 1922. – Fischer Lexikon: Gesch. Hrsg. W. Besson. ^{5}1969. – K. Heussi, Die Krisis des Historismus. 1932. – E. Keyser, Die Geschichtswissenschaft. Aufbau u. Aufgaben. 1931. – P. Kirn, Einführung in die Geschichtswissenschaft (Sammlg. Göschen 270). Bearb. u. ergänzt von J. Leuschner. ^{5}1968. – H. I. Marrou, De la connaissance historique. ^{2}1955. – E. Rothacker, Einleitung in die Geschichtswissenschaften. ^{2}1930. – E. Troeltsch, Der Historismus u. seine Probleme. Buch 1: Das logische Problem der Geschichtsphilosophie. 1922. Der Historismus u. seine Überwindung. 1924.
Geschichte – Geschichtsdenken der Gegenwart. G. Barraclough, Gesch. in einer sich wandelnden Welt. 1957. – J. Burckhardt, Weltgeschichtl. Betrachtungen. Hrsg. R. Marx. 1963. – E. H. Carr, What is History? Dt. 1963. – R. G. Collingwood, The Idea of History. Dt. 1955. – B. Croce, Die Gesch. als Gedanke u. als Tat. 1944. – L. Febvre, Combats pour l'histoire. 1953. – I. Geiss, R. Tamchina (Hrsg.), Ansichten einer künftigen Geschichtswissenschaft I. Kritik, Theorie, Methode. 1980. – L. Halphen, Introduction à l'histoire. ^{2}1960. – A. Heuss, Verlust der Gesch. 1959. – H. St. Hughes, History as Art and as Science. 1964. – J. Huizinga, Über eine Definition des Begriffs Gesch. In: Gesch. u. Kultur. 1954. – Ders., Im Bann der Gesch. ^{2}1945. – G. Iggers, Deutsche Geschichtswissenschaft. Ein kritischer Rückblick. 1971. – Ders., N. Baker, M. Frisch, Neue Geschichtswissenschaft. 1978. – E. Jäckel, E. Weymar (Hrsg.), Die Funktion der Geschichte in unserer Zeit. 1975. – F. Meinecke, Vom geschichtl. Sinn u. vom Sinn der Gesch. ^{5}1951. – K. Popper, The Poverty of Historicism. 1957. Neudr. 1961. – E. Rothacker, Mensch u. Gesch. 1950. – G. Schulz (Hrsg.), Geschichte heute. Positionen, Tendenzen, Probleme. 1973. – H. U. Wehler, Gesch. u. Soziologie. 1972. – Ders., Gesch. u. Ökonomie. 1973. – R. Wittram, Das Interesse an der Gesch. ^{2}1963. – Ders., Anspruch u. Fragwürdigkeit der Gesch. 1969.
Geschichtsschreibung. K. Brandi, Gesch. der Geschichtswissenschaften. ^{2}1952. – B. Croce, Theorie u. Gesch. der Historiographie 1930. – E. Fueter, Gesch. der neueren Historiographie (= Handbuch der mittelalterl. u. neueren Gesch. Abt. 1. Hrsg. G. von Below u. Fr. Meinecke). ^{3}1936. – P. Geyl, From Ranke to Toynbee. 1952. –

Gesch. u. Geschichtsschreibung. Möglichkeiten, Aufgabe, Methoden. Texte von Voltaire bis zur Gegenwart. Hrsg. F. Stern. 1966. – M. Grant, Klassiker der antiken Geschichtsschreibung. 1973. – H. Grundmann, Geschichtsschreibung im MA. 1965. – W. Kaegi, Chronica mundi. Grundformen der Gesch. seit dem MA. 1954. – G. Ritter, Zur Problematik der gegenwärtigen Geschichtsschreibung. In: Lebendige Vergangenheit. 1958. – H. Ritter von Srbik, Geist u. Gesch. vom dt. Humanismus bis zur Gegenwart. 1950/51. – J. Vogt, Wege zum histor. Universum. Von Ranke zu Toynbee. 1961. – F. Wagner, Moderne Geschichtsschreibung. Ausblick auf eine Philosophie der Geschichtswissenschaft. 1977.

Historische Theorie und Methodik. H. Berding, Bibliographie zur Geschichtstheorie. 1977. – E. Bernheim, Lehrbuch der histor. Methodik u. der Geschichtsphilosophie. [6]1908. – E. Betti, Allg. Auslegungslehre als Methodik der Geisteswissenschaften. 1967. – J. G. Droysen, Historik. Vorlesungen über Enzyklopädie u. Methodologie der Gesch. Hrsg. V. R. Hübner. [5]1967. – H. G. Gadamer, Wahrheit u. Methode. [4]1975. – P. L. Gardiner, Theory of History. [2]1964. – L. Gottschalk (Hrsg.), Generalization in the writing of history. Chicago. 1963. – H. I. Marrou, La méthodologie historique. 1953. – A. Meister, Grundzüge der histor. Methode. [3]1923. – H. Rickert, Die Grenzen der naturwissenschaftl. Begriffsbildung. [5]1929. – E. Rothacker, Logik u. Systematik der Geisteswissenschaften. [3]1948. – J. Rüsen, Für eine erneuerte Historik. Studien zur Theorie d. Geschichtswissenschaft. 1976. – Ch. Samaran (Hrsg.), L'histoire et ses méthodes. In: Encyclopédie de la Pléiade. Paris. 1961. – Th. Schieder, Möglichkeiten u. Grenzen vergleichender Methoden in der Geschichtswissenschaft. In: Gesch. als Wissenschaft. [2]1968. – Ders. (Hrsg.), Methoden der Geschichtswissenschaft. (Hist. Zeitschr., 3). 1974. – F. Wagner, Analogie als Methode geschichtl. Verstehens (Studium Generale VIII). 1955.

5.0.2 GESCHICHTSPHILOSOPHIE. R. Aron, La philosophie critique de l'histoire. [2]1950. – A. Dempf, Sacrum Imperium. [3]1962. – Dt. Geschichtsphilosophie von Lessing bis Jaspers (Sammlung Dietrich 174). 1959. – T. Hearing, Hauptprobleme der Geschichtsphilosophie. 1925. – K. Jaspers, Vom Ursprung u. Ziel der Gesch. [2]1955. – G. Mehlis, Lehrbuch der Geschichtsphilosophie. 1915. – Fr. Meinecke, Zur Theorie u. Philosophie der Gesch. In: Ges. Werke Bd. 4. 1959. – E. Rothacker, Geschichtsphilosophie. 1971. – R. Schaeffler (Hrsg.), Einführung in die Geschichtsphilosophie. 1973. – A. Schmidt, Die Kritische Theorie als Geschichtsphilosophie. 1976. – G. Simmel, Die Probleme der Geschichtsphilosophie. [5]1923. – J. Thyssen, Gesch. der Geschichtsphilosophie. [2]1970.

5.0.3 BEKANNTE HISTORIKER
Gesamtdarstellungen: H. U. Wehler (Hrsg.), Dt. Historiker. 1971 ff.

Burckhardt, Jacob. Briefe. Vollständige u. krit. Ausg. 10 Bde. Bearb. v. M. Burckhardt. 1949 ff. – W. Kaegi, J. B. 6 Bde. 1947–1977.

Droysen, Johann Gustav. G. Birtsch, Die Nation als sittl. Idee. Der Nationalstaatsbegriff in Geschichtsschreibung u. polit. Gedankenwelt J. G. D.s. 1964. – W. Hock, Liberales Denken im Zeitalter der Paulskirche. 1957. – F. Meinecke, J. G. D. Sein Briefwechsel u. seine Geschichtsschreibung (Neudr. in „Schaffender Spiegel"). 1948. – J. Rüsen, Begriffene Gesch. 1969.

Herodot. H. Drexler, Herodot-Studien. 1972. – W. Marg (Hrsg.), Herodot. Eine Auswahl aus der neueren Forschung. 1966.

Huizinga, Johan. P. Geyl, H. als aanklager van zijn tijd. 1961. – W. Kaegi, Das histor. Werk. J. H.s. 1947.

Meinecke, Friedrich. L. Dehio, F. M. 1953. – W. Hofer, Geschichtsschreibung u. Weltanschauung. Betrachtungen zum Werk F. M.s. 1950. – H. Rothfels, F. M. Neudr. in: Studium Berolinense. 1960.

Mommsen, Theodor. L. Wickert, Th. M. 4 Bde. 1959–1980. – A. Wucher, Th. M. Geschichtsschreibung u. Politik. 1968.

Niebuhr, Barthold Georg. F. Schnabel, N. 1931.

5.0.4 HISTORISCHE INSTITUTE, ARCHIVE UND EINRICHTUNGEN. H. Bresslau, Gesch. der Monumenta Germaniae Historica (Neues Archiv). 1921. – A. Brenneke u. W. Leesch, Archivkunde. 1953. – Neudr. 1969. – F. Facius, H. Booms, H. Boberach, Das Bundesarchiv u. seine Bestände (Schriften des Bundesarchivs 10). [2]1968. – K. A. Fink, Das Vatikanische Archiv. [2]1951. – Th. Heuss, Das German. Nationalmuseum. In: Noris. 1952. – W. Holtzmann, Das Dt. Histor. Institut in Rom. 1955. – International Directory of Archives. Hrsg. v. International Council of Archives. 1956. – W. Kienast, Die histor. Forschungsinstitute in Dtschld. In: Geschichte in Wissenschaft u. Unterricht 7. 1956. – G. V. Merhart, Das Röm. German. Zentralmuseum. 1953. – L. Santifaller, Das Institut für österreich. Geschichtsforschung Wien. 1950. – Vademecum dt. Lehr- u. Forschungsstätten. 1964 – Wentzcke u. G. Lüdtcke, Die Archive (Minerva Handbücher Abt. 2). 1932.

5.0.5 HISTORISCHE HILFSWISSENSCHAFTEN
Einführung: A. von Brandt, Werkzeug des Historikers. Eine Einführung in die Hist. Hilfswissenschaften. [5]1976.

Chronologie, Zeitrechnung. K. F. Ginzel, Handbuch der mathemat. u. techn. Chronologie. 3 Bde. 1906–1914. – H. Grotefend, Taschenbuch der Zeitrechnung des dt. MA. u. der Neuzeit. Hrsg. Th. Ulrich. [10]1960. – H. Lietzmann, K. Aland, Zeitrechnung der röm. Kaiserzeit, des MA. u. der Neuzeit für die Jahre 1–2000 n. Chr. (Sammlg. Göschen 1085). [3]1956. – K. J. Narr, Zeitmaße in der Urgeschichte. 1978.

Fürstenspiegel. W. Berges, Die F. des hohen u. späten MA. 1952.

Genealogie. Alt-österr. Adels-Lexikon. 1928 ff. – O. Forst de Battaglia, Wissenschaftl. G. Bern. 1948. – E. Heydenreich, Handbuch der prakt. G. 1913. – W. K. Prinz von Isenburg, Histor. G. 1940. – Ders., Stammtafeln zur Gesch. der europ. Staaten. 2 Bde. [2]1953. – O. Lorenz, Lehrbuch der gesamten wissenschaftl. G. Berlin. 1898. – Ders., Genealog. Handbuch der europ. Staatengesch. [3]1908. – Stammtafeln europäischer Herrschaftshäuser. Zusammengestellt von B. Sokop. Wien. 1976. – Wecken, Taschenbuch für Familiengeschichtsforschung. [8]1965. – Wiener Genealog. Taschenbuch. Wien. 1926.

Historische Geographie → 6.0.7.

Prosopographie. H. Berve, Das Alexanderreich auf prosopograph. Grundlage. 2 Bde. 1926. – J. Kirchner, Prosopographia Attica. 2 Bde. 1901–1903.

5.0.6 QUELLENKUNDE
Gesamtdarstellungen: R. C. von Caenegem, F. L. Ganshof, Kurze Quellenkunde des westeurop. MA. 1964. – M. Cary, The documentary sources for Greek history. Oxford. 1927. – P. Herre, Quellenkunde zur Weltgesch. 1910. – K. Jacob, Quellenkunde der dt. Geschichte im MA. 3 Tle. 1952. [6]1959, 1968. – A. Rosenberg, Einleitung u. Quellenkunde zur röm. Gesch. 1921. – F. Schnabel, Deutschlands geschichtl. Quellen u. Darstellungen in der Neuzeit. 1. Teil: Das Zeitalter der Reformation. 1931.

Heraldik. dtv-Lexikon polit. Symbole. 1970. – O. Neubecker, Heraldik. 1977. – G. A. Seyler, Geschichte der Heraldik. 1890. Neudr. 1970. – A. von Volborth. Heraldik aus aller Welt in Farben. 1972. – Wappenfibel, Handbuch der Heraldik. [15]1967.

Inschriftenkunde. G. Klaffenbach, Griech. Epigraphik. 1957. – F. Panzer, H. Köllenberger, Inschriftenkunde. In: Dt. Philologie im Aufriß I. [2]1957. – J. E. Sandys, Latin Epigraphy. Cambridge. [2]1927.

Numismatik. → 2.1.5.

Paläographie. B. Bischoff, Paläographie. In: Dt. Philologie im Aufriß I. [2]1957. Ergänzter Nachdr. 1970. – H. Foerster, Abriß der latein. Paläographie. Bern. [2]1963. – H. Jensen, Die Schrift in Vergangenheit u. Gegenwart. [3]1969. – A. Mentz, Gesch. der griech.-röm. Schrift. 1920. – R. Seider, Paläographie der griech. Papyri. 3 Bde. 1967 ff. – Ders., Paläographie der latein. Papyri. 3 Bde. 1972 ff. – E. M. Thompson, An Introduction to Greek and Latin Paleography. Oxford. [2]1912. – W. Wattenbach, Das Schriftwesen im MA. [4]1958.

Papyruskunde. K. Preisendanz, Papyruskunde. In: Handb. der Bibliothekswissenschaft I. [2]1950. – W. Schubart, Einführung in die Papyruskunde. 1918. → auch Paläographie.

Siegelkunde. E. Frhr. von Berchem, Siegel (Bibl. für Kunst- u. Antiquitätensammler Bd. 11). [2]1923. – W. Ewald, Siegelkunde. 1914. – Th. Ilgen, Sphragistik. In: A. Meister (Hrsg.), Grundriß der Geschichtswissenschaft. Bd. I. Abt. 4. [2]1912. – O. Posse, Die Siegel der dt. Kaiser u. Könige von 751 bis 1806. 5 Bde. 1909–1913.

Urkundenlehre. L. Bittner, Die Lehre von den völkerrechtl. Vertragsurkunden. 1924. – H. Bresslau, Handbuch der Urkundenlehre für Dtschld. u. Italien. 3 Bde. [3]1958–1960. – J. von Ficker, Beiträge zur Urkundenlehre. 2 Bde. Innsbruck. 1877/78. – A. Giry, Manuel de diplomatique. Paris. [2]1925. – H. O. Meisner, Archivalienkunde vom 16. Jh. bis 1918. 1969. – L. Santifaller, Urkundenforschung. Methoden, Ziele, Ergebnisse. 1937.

5.0.7 FLAGGEN. E. M. C. Barraclough u. W. G. Crampton, Flags of the World. London. 1978. – E. Inglefield, Fahnen u. Flaggen. 1980. – W. Smith, Die Zeichen der Menschen u. Völker. Luzern. 1975. → auch 5.0.6 Heraldik.

5.0.8 ARCHÄOLOGIE
Allgemeine Darstellungen, Nachschlagewerke: W. Bray u. D. Trump, Lexikon der Archäologie. Dt. 1973. – COWA (Council of Old World Archaeology) Surveys and Bibliographies. Cambridge, Mass. 1957 ff. – U. Hausmann (Hrsg.), Handbuch der Archäologie. Allg. Grundlagen der Archäologie. 1969. – H. G. Niemeyer, Einführung in die Archäologie. [2]1978. – W. Otto (Hrsg.), Handbuch der Archäologie. 3 Bde. 1937, 1950, 1953. – R. Pörtner, Alte Kulturen ans Licht gebracht. 1975. – J. Rehork, Faszinierende Funde. Archäologie heute. 1971. – D. Whitehouse, R. Whitehouse, Lübbes archäologischer Weltatlas. 1976.

Ausgrabung. G. T. Schwarz, Archäolog. Feldmethode. 1967. – Techn. u. naturwissenschaftl. Beiträge zur Feldarchäologie. 2 Bde. 1974–1979.

Bodendenkmäler. H. Hingst, Denkmalschutz u. Denkmalpflege in Deutschland. 1964.

Chronologie. R. W. Ehrich (Hrsg.), Chronologies in old world archaeology. Chicago. 1965.

Dendrochronologie. B. Frenzel (Hrsg.), Dendrochronologie und postglaziale Klimaschwankungen in Europa. 1977.

5.0.9 ALTERTUM. H. Bengtson, Einführung in die Alte Geschichte. [7]1975. – Handbuch der Altertumswissenschaft. 1963 ff. – E. Meyer, Geschichte des Altertums. 5 Bde. 1884 ff. Neuaufl. 1975 ff. – K. Ziegler u. W. Sontheimer (Hrsg.), Der kleine Pauly. 1964–1975.

5.1.0 VOR- UND FRÜHGESCHICHTE (ALLGEMEINES)
Allgemeine Darstellungen, Nachschlagewerke: H. Beck u. a. (Hrsg.), Reallexikon der german. Altertumskunde. 1970 ff. – F. Behn, Vor- u. Frühgeschichte. Grundlagen, Aufgaben, Methoden. 1948. – H. J. Eggers, Einführung in die Vorgeschichte. Neuausg. [2]1975. – J. Filip (Hrsg.), Enzyklopäd. Handbuch zur Ur- u. Frühgeschichte Europas. 2 Bde. 1966, 1969. – L. Franz, Die Kultur der Urzeit Europas (Handbuch der Kulturgeschichte). 1969. – Ders. u. A. R. Neumann (Hrsg.), Lexikon der ur- u. frühgeschichtl. Fundstätten Österreichs. Wien. 1965. – DuMont's Geschichte der frühen Kulturen der Welt. 1975. – H. Jankuhn, Vor- u. Frühgeschichte. Vom Neolithikum zur Völkerwanderungszeit (Dt. Agrargeschichte). 1969. – H. Müller-Karpel, Handbuch der Vorgeschichte. 5 Bde. 1969 ff. – Ders., Einführung in die Vorgeschichte. 1975. – Ders., Das vorgeschichtl. Europa (Kunst der Welt). 1979. – F. Wagner, Bibliographie der Bayer. Vor- u. Frühgeschichte. 1844–1959. 1964.

Crannog. V. G. Childe, The prehistory of Scotland. London. 1935.

Felsbilder. H.-G. Bandi u. a., Die Steinzeit, Vierzigtausend Jahre Felsbilder (Kunst der Welt). [3]1964. – M. E. König, Am Anfang der Kultur. [2]1973. – A. Leroi-Gourhan, Prähistor. Kunst. Die Ursprünge der Kunst in Europa. [3]1975.

Indogermanen. P. Bosch-Gimpera, Les Indoeuropéens. Paris. 1961. – A. Scherer (Hrsg.), Die Urheimat der Indogermanen. 1968.

Moorleichen. A. Dieck, Die europ. Moorleichenfunde. 1965.

5.1.1 STEINZEIT
Allgemeine Darstellungen: H. Müller-Karpe, Geschichte der Steinzeit. [2]1976. – K. J. Narr, Ursprung u. Frühkulturen. In: Saeculum Weltgeschichte. Bd. 1. 1965.
Altsteinzeit: K. Gripp, R. Schütrumpf u. H. Schwabedissen (Hrsg.), Frühe Menschheit u. Umwelt. 1970. – H. Müller-Karpe, Altsteinzeit (Handbuch der Vorgeschichte). [2]1977. – K. J. Narr, Kultur, Umwelt u. Leiblichkeit des Eiszeitmenschen. 1963. – Ders. (Hrsg.), Handbuch der Urgeschichte. Bd. 1. 1966. – K. P. Oakley, Frame works for dating fossil man. London. 1964. – P. Woldstedt, Das Eiszeitalter. 3 Bde. 1958–1965.

Altamira. H. Breuil u. H. Obermaier, The cave of Altamira at Santillana del Mar, Spain, Madrid. 1935. – E. Pietsch, Altamira u. die Urgeschichte der chem. Technologie. 1963.

Aurignacien. J. Hahn, Aurignacien. Das ältere Jungpaläolithikum in Mittel- u. Osteuropa. 1977.
Mittelsteinzeit: C. Barrière, Les civilisations tardenoisiennes en Europe occidentale. Bordeaux. 1957. – J. G. D. Clark, Excavations at Starr Carr, Cambridge. 1955. – K. J. Narr, Studien zur älteren u. mittleren Steinzeit der Niederen Lande. 1968. – H. Schwabedissen, Vom Jäger zum Bauern der Steinzeit in Schleswig-Holstein. 1967.
Jungsteinzeit: C. Bailloud u. P. Mieg de Bofzheim, Les civilisations néolithiques de la France dans leur contexte européen. Paris. 1955. – J. Mellaart, Earliest civilizations of the Near East. London. 1965. – J. Milojčić, Chronologie der jüngeren Steinzeit Mittel- u. Südosteuropas. 1949. – H. Müller-Karpe, Jungsteinzeit. (Handbuch der Vorgeschichte). 1969. – K. J. Narr (Hrsg.), Handbuch der Urgeschichte. Bd. 2: Jüngere Steinzeit. 1975. – S. Pigott, The neolithic cultures of the British Isles. Cambridge. 1954. – H. Schwabedissen (Hrsg.), Die Anfänge des Neolithikums vom Orient bis Nordeuropa. 1969 ff.

Archaic stage. R. Heizer. In: Prehistoric man in the New World. 1964.

Bandkeramik. E. Hoffmann, Die Kultur der Bandkeramik in Sachsen. 1963. – W. Meier-Arendt, Die bandkeram. Kultur im Untermaingebiet. 1966. – R. Kuper, J. Lüning, P. Stehli, Bagger und Bandkeramiker. 1975. – K. Schietzel, Müddersheim. Eine Ansiedlung der jüngeren Bandkeramik im Rheinland. 1965.

Catal Hüyük. J. Mellaart, Catal Hüyük. Stadt aus der Steinzeit. 1967.

Glockenbecher-Kultur. E. Sangmeister, La civilisation du vase campaniforme, Rennes. 1963.

Megalithbauten. G. Daniel, The megalithic builders of Western Europe. Harmondsworth. 1963. – H. Nachtigall, Die amerikan. Megalithkultur. 1958. – S. von Reden, Die Megalith-Kulturen. 1978. – A. Riesenfeld, The megalithic culture of Melanesia. Leiden. 1950. – J. Röder, Pfahl u. Menhir. 1949. – E. Sprockhoff, Atlas der Megalithgräber Deutschlands. 1967.

Streitaxtkulturen. U. Fischer, Die Gräber der Steinzeit im Saalegebiet. 1956. – G. Löwe, Katalog der mitteldeutschen Schnurkeramik. 1. 1959. – K. W. Struve, Die Einzelgrabkultur in Schleswig-Holstein. 1955. – T. Sulimirski, Corded ware and globular amphorae north-east of the Carpathians. London. 1968.

5.1.2 BRONZEZEIT
Allgemeine Darstellungen: J. Brøndsted, Die Bronzezeit in Dänemark (Nord. Vorzeit. Bd. 2). 1962. – V. G. Childe, The bronze age. Cambridge. 1930. Nachdr. New York. 1963. – M. Gimbutas, Bronze age cultures in central and eastern Europe. Den Haag. 1965. – S. Junghans u. a., Studien zu den Anfängen der Metallurgie. 2 Bde. 1960–1968. – H. Müller-Karpe (Hrsg.), Handbuch der Vorgeschichte. Bd. 4: Bronzezeit. In Vorb. – Ders., Prähistor. Bronzefunde. 1969 ff. – N. K. Sandars, Bronze age cultures in France. Cambridge. 1957.

Hügelgräber-Kultur. F. Holste, Die Bronzezeit in Süd- u. Westdeutschland. 1953. – H. Ziegert, Zur Chronologie u. Gruppengliederung der westl. Hügelgräberkultur. 1963.

Urnenfelderzeit. W. Coblenz, Grabfunde Sachsens. 1952. – W. Kimmig, Zur Urnenfelderkultur in Westeuropa. In: Festschr. für P. Goessler. 1954. – Ders., Seevölkerbewegung u. Urnenfelderkultur. In: Studien aus Alteuropa. 1. 1964. – G. Kossack, Studien zum Symbolgut der Urnenfelder- u. Hallstattzeit Mitteleuropas. 1954. – H. Müller-Karpe, Beiträge zur Chronologie der Urnenfelderzeit südl. u. nördl. der Alpen. 1959. Nachdr. 1970.

5.1.3 VORRÖMISCHE EISENZEIT
Allgemeine Darstellungen: W. Drack, Die Eisenzeit der Schweiz. 1957. – P. E. Gierow, The iron age cultures of Latium. 2 Bde. 1964–1966. – R. Hachmann, Die Chronologie der jüngeren vorröm. Eisenzeit. 1960. – C. F. Hawkes, The ABC of the British iron age (Antiquity 33). 1959. – E. M. Louis u. O. u. J. Taffanel, Le premiere âge de fer languedocien. 3 Bde. Bordighera. 1955–1960. – P. L. Schimmie (Hrsg.), The African iron age. London. 1971.

Druiden. F. Leroux, Les Druides. Paris. 1961.

Gallien. P. M. Duval, Gallien. Leben u. Kultur in röm. Zeit. 1979. – J. J. Hatt, Kelten u. Galloromanen. (Archaeologia Mundi). Genf. 1970. – M. Pobé u. J. Roubier (Hrsg.), Kelten – Römer. 1000 Jahre Kunst u. Kultur in Gallien. 1958.

Hallstatt. E. Lessing, Hallstatt. 1980.

Hallstattzeit. J. Böhm, Die Grundlagen der Hallstattkultur. 1937. – G. Kossack, Südbayern während der Hallstattzeit. 1959. – K. Kromer, Vom frühen Eisen u. reichen Salzherren. 1964. – A. Rieth, Die Eisentechnik der Hallstattzeit. 1942.

Iberer. A. Arribas, The Iberians. London. o. J. – A. Garcia y Bellido, Iberische Kunst in Spanien. 1971. – Iberische Landeskunde. 1974–1976.

Illyrer. W. H. von Barloewen u. a., Abriß der Gesch. antiker Randkulturen. 1961.

Kelten, keltische Kunst, Latènezeit. N. K. Chadwick, Celtic Britain. London. 1964. – B. Cunliffe, Die Kelten u. ihre Geschichte. 1980. – M. Dillon u. N. K. Chadwick, Die Kelten. 1976. – J. De Vries, Kelten u. Germanen. 1960. – J. Filip, Die kelt. Zivilisation u. ihr Erbe. Prag. 1961. – J. Hatt, Kelten u. Galloromanen. 1970. – F. Henry, Early christian Irish art. Dublin. 1963. – Die Kelten. 1979. – J. Raftery, Prehistoric Ireland. London. 1951.

5.1.4 FRÜHGESCHICHTE
Allgemeine Darstellungen: J. Filip, Enzyklopäd. Handbuch zur Ur- und Frühgeschichte Europas. 2 Bde. 1966. – D. Schlüter, Die Siedlungsräume Mitteleuropas in frühgeschichtl. Zeit. 2 Bde. 1952 bis 1958.

Germanen, Völkerwanderung. H. Döbler, Die Germanen. 2 Bde. 1977. – H. J. Eggers u. a., Kelten u. Germanen in heidn. Zeit (Kunst der Welt). 1964. – R. Hachmann, Die Goten u. Skandinavier. 1970. – Ders., Die Germanen (Archaeologia Mundi). 1971. – G. Laszlo, Steppenvölker u. Germanen. 1970. – R. Pörtner, Die Wikingersaga.

1971. – H. Reichardt, Die Germanen. 1978. – Ders., Die Völkerwanderung. 1980. – H. Riehl, Die Völkerwanderung. 1978. – P. Scardigli, Die Goten. Sprache u. Kultur. 1973. – K. F. Stroheker, Germanentum u. Spätantike. 1965.

Haithabu. H. Jankuhn, Haithabu. o. J.

Marbod, Markomannen. K. Motykova-Šneiderova, Die Anfänge der röm. Kaiserzeit in Böhmen. 1963.

Skythen. G. Charrière, Die Kunst der Skythen. 1974. – M. Grjasnow, Südsibirien (Archaeologia Mundi). 1970. – R. Grousset, Die Steppenvölker (Kindlers Kulturgeschichte). 1976. – K. Jettmar, Die frühen Steppenvölker (Kunst der Welt). 1980. – R. Rolle, Die Welt der Skythen. 1980.

5.1.5 ALTORIENTALISCHE KULTUREN

Allgemeine Darstellungen, Bibliographien, Lexika: B. Hrouda, Vorderasien I. Mesopotamien, Babylonien, Iran u. Anatolien. 1971. – K. Oberhuber, Die Kulturen des alten Orients (in: Handb. d. Kulturgesch. II). 1973. – Tübinger Atlas des Vorderen Orients. 1973 ff.

5.1.6 ÄGYPTEN

Allgemeine Darstellungen: J. von Beckerath, Abriß der Geschichte des alten Ägypten. 1971. – E. Brunner-Traut, Die alten Ägypter. 1976. – W. Helck, Geschichte des alten Ägypten (Handbuch d. Orientalistik. I. Abt., Bd. 1, 3. Abschn.). 1968. – Ders. u. E. Otto (Hrsg.), Lexikon der Ägyptologie. 1972 ff. – E. Hornung, Grundzüge der ägypt. Geschichte. [2]1978. – G. Posener, Knaurs Lexikon der ägypt. Kultur. 1960. – W. Wolf, Die Kultur des Alten Ägypten. 1972.

Echnaton. C. Aldred, Echnaton – Gott u. Pharao Ägyptens. 1973. – K. Lange, König Echnaton u. die Amarnazeit. Die Geschichte eines Gottkönigs. 1951.

Hatschepsut. S. Ratié, Hatschepsut. Die Frau auf dem Thron der Pharaonen. 1974.

Sesostris. K. Lange, Sesostris. 1954.

Tutanchamun. H. Carter, Tutenchamon. 1978. – I. E. Edwards, Tutanchamun. Das Grab und seine Schätze. 1978.

5.1.7 SYRIEN, PALÄSTINA, PHÖNIZIEN

Allgemeine Darstellungen: M. Avi-Yonah, Geschichte des Heiligen Landes. 1970. – B. Doe, Südarabien: Antike Reiche am Indischen Ozean. 1970. – A. H. J. Gunneweg, Geschichte Israels bis Bar Kochba. 1972. – H. Klengel, Geschichte u. Kultur Altsyriens. 1965. – K. Matthiae, Chronologische Übersichten und Karten zur spätjüdischen und urchristlichen Zeit. 1978. – J. B. Pritchard u. a., Alltagsleben in biblischer Zeit. 1975.

Byblos. E. J. Wein u. R. Opificius, 7000 Jahre Byblos. 1963.

Ebla. C. Bermant, M. Weitzman, Ebla. Dt. 1979.

Jericho. K. M. Kenyon, Archäologie im Heiligen Land. 1967.

Masada. Y. Yadin, Masada. [3]1975.

Megiddo. Y. Yadin. In: Biblical Archaeologist. 23. 1960. – Ders. In: Revue Biblique. 78. 1968.

Philister. R. A. S. Macalister, The Philistines. London. 1914. Nachdr. 1965.

Phönizier. G. Herm, Die Phönizier. 1975. – S. Moscati, Die Phöniker. Von 1200 v. Chr. bis zum Untergang Karthagos (Kindlers Kulturgeschichte). 1966.

5.1.8 KLEINASIEN

Allgemeine Darstellungen: K. Bittel, Grundzüge der Vor- u. Frühgesch. Kleinasiens. [2]1950. – A. Goetze, Kleinasien. Handb. der Altertumswissenschaft. III. Abteilung, Bd. III, Teil 3. [2]1957.

Hattusa. K. Bittel, Bogazköy-Hattusa. 1952.

Hethiter. C. W. Ceram, Enge Schlucht u. schwarzer Berg. 1955. – F. Cornelius, Grundzüge der Geschichte der Hethiter. 1979. – J. Grothus, Die Rechtsordnung der Hethiter. 1973.

Kommagene. F. K. Dörner, Kommagene. Ein wiederentdecktes Königreich. 1966.

Lydien. J. Keil, Lydia, In: Realenzyklopädie der klass. Altertumswissenschaft 13/2. 1927.

Phrygien. J. Friedrich, Prhygia. In: Realenzyklopädie der klass. Altertumswissenschaft. 20. 1941. – G. u. A. Körte, Gordion. 1904.

Troja. C. W. Blegen, Troy. Cambridge. 1961. – Ders., Troy and Trojans. New York. 1963.

5.1.9 MESOPOTAMIEN

Allgemeine Darstellungen: V. Christian, Altertumskunde des Zweistromlandes. 1940. – Diakonoff (Hrsg.), Ancient Mesopotamia. Socio-economic History. (Neudr. d. Ausg. 1969). 1973. – H. Schmökel, Geschichte des alten Vorderasiens. In: Handbuch der Orientalistik II. 2. 3. Leiden. 1957. – E. Strommenger u. M. Hirmer, Fünf Jahrtausende Mesopotamien. 1962.

Assur, Assyrien. W. Andrae, Das wiedererstandene Assur. 1977.

Assurbanipal, Tiglatpileser. W. von Soden, Herrscher im Alten Orient. 1954.

Babylonien. Ch. Seignobos, Die Welt des alten Babylon. 1975. – E. Unger, Babylon. 1931. Nachdr. 1970.

Chaldäer. D. J. Wiseman, Chronicles of Chaldaean kings. London. 1956.

Hammurapi. H. Schmökel, Hammurapi von Babylon. 1975.

Hurriter. E. Cassin u. a. (Hrsg.), Die altoriental. Reiche II (Fischer Weltgeschichte Bd. 3). 1966.

Kassiten. K. Jaritz, Die Kulturreste der Kassiten. 1960.

Semiramis. W. Eilers, Semiramis. Entstehung u. Nachhall einer altoriental. Sage. 1971.

Sumerer. S. N. Kramer, The Sumerians, their history, culture and character. Chicago. 1963. – A. Parrot, Sumer. 1960.

Ur. H. Schmökel, Ur, Assur u. Babylon. [4]1958.

Urartu. B. Piotrovskij, Urartu (Archaeologia Mundi). 1969. – M. Van Loon, Urartian Art. Istanbul. 1966.

5.2.0 PERSIEN BIS 330 VOR CHRISTUS

Allgemeine Darstellungen: B. Brentjes, Das alte Persien. Die iran. Welt vor Mohammed. 1978. – R. Ghirshman, Iran From the Earliest Times to the Islamic Conquest. Harmondsworth. 1954. – L. Vanden Berghe, Archéologie de l'Iran ancien. Leiden. 1959.

Achämeniden. M. A. Dandamaev, Persien unter den ersten Achämeniden. 1973. – G. Walser (Hrsg.), Beiträge zur Achämenidengeschichte. 1972.

Dareios. P. J. Junge, Dareios I., König der Perser. 1944.

Ekbatana. E. Herzfeld, Archaeological History of Iran. London. 1935.

Elam. W. Hinz, Das Reich Elam. 1964.

Meder. R. Ghirshman, Protoiranier, Meder, Achämeniden. 1964.

Parther. M. A. Colledge, The Parthians. London. 1967. – R. Ghirshman, Iran. Parther u. Sassaniden. 1962.

5.2.2 ÄGÄISCHE KULTUR

Allgemeine Darstellungen: H. T. Bossert, Altanatolien. 1942. – H. J. Buchholz u. V. Karageorghis, Altägäis u. Altkypros. 1972. – S. Marinatos, Kreta. Thera u. das Myken. Hellas. [2]1973. – F. Matz, Kreta, Mykene, Troja. [3]1958. – Ders., Kreta u. frühes Griechenland. 1962. – N. Platon, Kreta (Archaeologia Mundi). 1968. – F. Schachermeyr, Die ältesten Kulturen Griechenlands. 1955.

Atlantis. S. E. Ramage (Hrsg.), Atlantis. Mythos, Rätsel, Wirklichkeit. 1979.

helladische Kultur. F. Matz, Ägäis (Handbuch der Archäologie). 1954. – F. Schachermeyr, Frühe Kulturen Griechenlands. 1956.

Knossos. A. Evans, The palace of Minos. 4 Bde. London. 1921–1936.

minoische Kultur. St. Alexion, Minoische Kultur. 1976. – J. D. S. Pendlebury, The archaeology of Crete. 1939.

mykenische Kultur. J. Chadwick, Die mykenische Welt. 1979. – J. Kerschensteiner, Die myken. Welt in ihren schriftl. Zeugnissen. 1970. – F. H. Stublings, The Expansion of the Mycenaean Civilization. 1964.

5.2.3 GRIECHENLAND

Allgemeine Darstellungen: E. Bayer, Grundzüge der griech. Geschichte. 1978. – H. Bengtson, Einführung in die Alte Geschichte. [4]1964. – Ders., Griech. Geschichte (Handbuch der Altertumswissenschaft). [2]1960. – E. Powell, The history of Herodotus. Cambridge. 1939. – F. Schachermeyr, Geschichte der Hellenen bis 356 v. Chr. (Historia Mundi). Bern. 1954. – Ders., Griech. Geschichte mit bes. Berücksichtigung der geistesgeschichtl. u. kulturmorpholog. Zusammenhänge. 1960. – W. Schuller, Griechische Geschichte (Oldenbourg Grundriß der Gesch., Bd. 1). 1980. – G. Thomson, Die Frühgeschichte Griechenlands und der Ägäis. Forschung zur altgriech. Gesellschaft I. Hrsg. v. E. Sommerfeld. 1974. – I. Weiler, Griechische Geschichte. Einführung, Quellenkde., Bibliographie. 1976.

Achäischer Bund, Attischer Seebund, Korinthischer Bund. H. Bengtson, Die Staatsverträge der griech.-röm. Welt von 700 bis 338 v. Chr. 1962. – R. Urban, Wachstum u. Krise des Achäischen Bundes (Historia-Einzelschr. 35). 1979.

Agrigento. P. Marconi, Agrigento. Florenz. 1929.

Aischines. P. Cloché, Démosthènes et la fin de la démocratie athénienne. Paris. 1957.

Alkibiades. J. Hatzfeld, Alcibiade. [2]1951.

Amphiktyonie. J. Calabi, Ricerche sui rapporti tra le poleis. 1953. – M. Noth, Das System der zwölf Stämme Israels. 1966.

Athen. W. Ekschmitt, Der Aufstieg Athens. Die Zeit d. Perserkriege. 1978. – C. Hignett, A history of the Athenian constitution to the end of the fifth Century B. C. Oxford. 1952. – A. Jacoby, Atthis, The local chronicles of ancient Athens. Oxford. 1949. – J. Papastavrou, W. Zschietzschmann, Athenai. Geschichte u. Topographie. (Paulys Realencycl. d. class. Altertumswiss.). 1973. – C. Weber, Aufstieg und Größe des antiken Stadtstaates. Athen. 1979.

Böotien. P. Guillon, La Béotie antique. 1948.

Chaironeia. N. G. L. Hammond, The two battles of Chaeronea. In: Klio 31. 1938.

Delphi. G. Roux, Delphi, Orakel u. Kultstätten. 1971.

Dionysios, Gelon, Peisistratos. H. Berve, Die Tyrannis bei den Griechen. 1967. – G. Franz (Hrsg.), Dionysos I. Tyrann von Syrakus. 1971.

Dorier. P. Kretschmer, Die Dorier. In: Glotta 30. 1943.

Drakon. G. Busolt u. H. Swoboda, Griech. Staatskunde. 2 Bde. 1920–1926.

Epaminondas. M. Fortina, Epaminondas. Turin. 1958.

Ionier. G. L. Huxley, The early Ionians. London. 1966. – C. Roebuck, Ionian Trade and Colonization. 1959.

Ionischer Aufstand, Kalliasfriede, Kimon, Leonidas, Perserkriege, Thermopylen. H. Bengtson, Griechen u. Perser. 1965. – A. R. Burn, Persia and the Greeks. London. 1962.

Korinth. E. Kirsten u. W. Kraiker, Griechenlandkunde. [5]1967.

Peloponnesischer Krieg. B. W. Henderson, The great war between Athens and Sparta. London. 1927. – D. Lotze, Lysander u. der Peloponnes. Krieg. 1964. – J. de Romilly, Thucydide et l'impérialisme athénien. Paris. 1951.

Perikles. P. Cloché, Le siècle de Periclès. Paris. 1949. – J. De Santis, Pericle. Mailand. 1944. – K. Dienelt. Die Friedenspolitik des Perikles. 1958. – F. S. Schachermeyr, Religionspolitik u. Religiosität bei Perikles. 1968.

Philipp II. F. R. Wüst, Philipp II. von Makedonien u. Griechenland in den Jahren von 346–338. 1938.

Sizilische Expedition. J. Bérard, La colonisation grecque d'Italie méridionale et de la Sicile dans l'antiquité: histoire et légende. Paris. 1941. – K. Fabricius, Das antike Syrakus. 1932. – M. J. Finley u. D. Mac Smith, A history of Sicily. London 1968.

Solon. G. Ferrara, La politica di Solone. Neapel. 1964. – E. Ruschenbusch (Hrsg.), Solonos nomoi. Die Fragmente der solon. Gesetzeswerke mit einer Text- und Überlieferungsgeschichte. 1966.

Sparta. W. G. Forrest, A history of Sparta 950–192 B. C. London. 1968. – E. Kiechle, Lakonien u. Sparta. 1963.

Themistokles. J. Papustavrou, Themistokles. 1978.

5.2.4 HELLENISMUS

Allgemeine Darstellungen: F. Altheim, Weltgeschichte Asiens im Zeitalter des Hellenismus. 1946. – M. Hacias, Die Kultur des Hellenismus (in: Kindlers Kulturgesch. des Abendlandes, Bd. 3, hrsg. v. F. Heer). 1975. – J. Kaerst, Geschichte des Hellenismus. 2 Teile. [2–3]1926/27. – E. Meyer, Blüte u. Niedergang des Hellenismus in Asien. 1925. – F. Miltner, Der Aufbau der hellenist. Staatenwelt. In: Historia Mundi, Bd. 3. 1954. – M. Rostovtzeff, Die hellenist. Welt. Gesellschaft u. Wirtschaft. 3 Bde. 1955/56.

Alexander d. Gr. F. Altheim, Alexander u. Asien, Geschichte eines geistigen Erbes. 1953. – J. Seibert (Hrsg.), Alexander der Große. 1972.

Alexandrinisches Zeitalter. D. Neugebauer, The exact sciences in antiquity. Kopenhagen. [2]1957. – T. B. L. Webster, Hellenistic poetry and art. London. 1964.

Antiochos, Antigonos, Antipater, Diadochen, Kleopatra, Ptolemäer, Seleukiden. A. Bouché-Leclercq, Histoire des Lagides. 4. Bde. Paris. 1903–1907. Neudr. Brüssel. 1963. – Ders. Histoire des Seleucides. Paris. 1913/14. – E. O. Hansen, The Attalids of Pergamon. Ithaka, N. Y. 1947. – T. S. Skeat, The reigns of Ptolemies. München. 1954.

Hieron II. A. Schenk Graf von Stauffenberg, König Hieron II. von Syrakus. 1933.

Mithradates. D. Magie, Roman rule in Asia Minor. 2 Bde. Princeton. 1950.

5.2.5 KARTHAGO

Allgemeine Darstellungen: J. u. C. Charles-Picard, So lebten die Karthager zur Zeit Hannibals. 1955. – A. Heuss, Der Erste Punische Krieg u. das Problem des röm. Imperialismus (Nachdr. d. Ausg. 1949). 1970.

Hannibal, Hamilkar, Hasdrubal. G. de Beer, Hannibal. 1974. – K. Christ (Hrsg.), Hannibal. 1974. – W. Görlitz, Hannibal. 1970.

5.2.6 ETRUSKER. F. Altheim, Der Ursprung der Etrusker. 1951. – R. Bloch. Die Etrusker. 1970. – C. Clemen, Die Religion der Etrusker (Untersuchungen zur allg. Religionsgeschichte 7). 1936. – J. Heuryon, Die Etrusker. – R. Hess, Das etrusk. Italien. 1979. – Ders., Daily life of the Etruscans. London. 1964. – A. J. Pfiffig, Einführung in die Etruskologie. 1972. – M. Sprenger, G. Bartoloni, Die Etrusker. Kunst und Geschichte. 1977.

5.2.7 RÖMISCHES REICH

Allgemeine Darstellungen: F. Altheim, Röm. Geschichte, 4 Bde. (Sammlg. Göschen 19, 677, 679, 684). [1–2]1956–1962. – J. P. V. D. Balsdon, Das röm. Weltreich. 1970. – H. Bengtson, Grundriß der röm. Geschichte mit Quellenkunde. 1. [2]1969. – K. Christ, Römische Gesch. Einf. Quellenkunde, Bibliographie. 1976. – O. Doppelfeld, Der Rhein u. die Römer. 1970. – A. Heuss, Röm. Geschichte. [2]1964. – P. Makkendrick, Deutschlands röm. Erbe. 1972. – H. Temporini, W. Haase, Aufstieg u. Niedergang d. röm. Welt. Geschichte u. Kultur Roms im Spiegel d. neueren Forschung. 3 Tle. in mehreren Bdn. 1972–1979. – H. Volkmann, Grundzüge der römischen Geschichte. 1975.

Kultur, Wissenschaft, Technik: U. Kahrstedt, Kulturgeschichte der röm. Kaiserzeit. Bern. [2]1958. – W. Kroll, Die Kultur d. ciceronischen Zeit. 1. Politik u. Wirtschaft. 2. Religion, Gesellschaft, Bildung, Kunst (Nachdr. d. Ausg. 1933). 1975. – H.-L. Marrou, Geschichte der Erziehung im klass. Altertum. 1956. – A. Neuburger, Die Technik des Altertums. 1919. – H. Oppermann (Hrsg.), Römische Wertbegriffe. 1974.

Wirtschaft: T. Frank, An Economic History of Rome to the End of the Republic. Baltimore. 1920. – F. Kiechle, Sklavenarbeit u. techn. Fortschritt im Röm. Reich. 1970. – M. Rostovtzeff, Gesellschaft u. Wirtschaft im röm. Kaiserreich. 2 Bde. [2]1953. – E. H. Schneider (Hrsg.), Zur Sozial- und Wirtschaftsgeschichte der späten röm. Republik. 1976. – M. Wheeler, Der Fernhandel des Röm. Reichs. 1965.

Militär: J. Kromayer u. G. Veith, Heerwesen u. Kriegführung der Griechen u. Römer. In: Handbuch der klass. Altertumswissenschaft 4, 5, 2. 1928.

Staat, Verwaltung, Recht, Gesellschaft: J. Bleicken, Verfassungs- u. Sozialgesch. d. Röm. Kaiserreiches. 1978. – M. Gelzer, Die Nobilität der röm. Republik. 1912. – Ders., Vom röm. Staat. Zur Politik u. Gesellschaftsgeschichte der röm. Republik. 2 Bde. 1943. – O. Hirschfeld, Die kaiserl. Verwaltungsbeamten bis auf Diokletian. [2]1905. – E. Kornemann, Doppelprinzipat u. Reichsteilung im Imperium Romanum. 1930. – U. von Lübtow, Das röm. Volk, sein Staat u. sein Recht. 1955. – E. Meyer, Röm. Staat u. Staatsgedanke. Zürich. [3]1961. – T. Mommsen, Röm. Staatsrecht. 3 Bde. 1871–1888. Nachdr. 1963.

Frühzeit (Italiker, Servius Tullius, Tarquinier): A. Alföldi, Das frühe Rom und die Latiner. 1977. – Ders., Die Struktur d. voretruskischen Römerstaates. 1974. – H. Müller-Karpe, Vom Anfang Roms. 1959. – Ders., Zur Stadtwerdung Roms. 1962. – R. Werner, Der Beginn der röm. Republik. 1963.

Republik (Antonius, Brutus, Bundesgenossenkrieg, Cannae, Catilina, Cinna, Crassus, Flaminius, Marius, Punische Kriege, Scipio, Seeräuberkrieg, Sulla): J. Bleicken, Geschichte der röm. Republik. (Oldenbourg-Grundriß der Geschichte, 2). 1980. – Ders., Die Verfassung d. röm. Republik. Grundlagen u. Entwicklung. 1978. – K. Christ, Krise u. Untergang d. römischen Republik. 1979. – W. Dahlheim, Gewalt u. Herrschaft. Das provinziale Herrschaftssystem der röm. Republik. 1977. – W. Hoffmann, Rom u. die griech. Welt im 4. Jh. 1934. – E. Meyer, Caesar's Monarchie u. das Principat des Pompejus. [3]1922. – W. Schur, Das Zeitalter des Marius u. Sulla. Klio-Beiheft 46. 1942. – R. Syme, Die röm. Revolution. 1957. – A. J. Toynbee, Hannibal's legacy. The Hannibalic wars' effects on Roman life. Oxford. 1965. – J. Vogt, Die röm. Republik. [6]1973.

Kaiserzeit (Aurelian, Caracalla, Claudius, Commodus, Constantius, Diocletian, Domitian, Drusus, Elagabal, Calerius, Gallienus, Gratian, Hadrian, Julian, Marc Aurel, Maxentius, Nerva, Stilicho, Theodosius, Titus, Toleranzedikt): A. Alföldi, Studien zur Geschichte der Weltkrise des 3. Jh. n. Chr. 1967. – Ders., Die monarch. Repräsentation im röm. Kaiserreich. 1934. Nachdr. 1970. – M. Büdinger, Untersuchungen z. röm. Kaisergeschichte. 3 Bde. (Nachdr. d. Ausg. 1868–70). 1973. – D. R. Dudley, Tacitus u. die Welt der Römer. 1969. – W. Egk, Die staatl. Organisation Italiens in der hohen Kaiserzeit. 1979. – W. Hartke, Röm. Kinderkaiser. Eine Strukturanalyse röm. Denkens u. Daseins. 1951. – A. H. M. Jones, The Later Roman Empire 284–602. 3 Bde. Oxford. 1964. – P. Petit, La paix Romaine. Paris. 1969. – O. Veh (Bearb.), Lexikon der röm. Kaiser. Von Augustus bis Justinian. 1976. – J. Vogt, Der Niedergang Roms. 1965. – W. Weber, Röm. Herrschertum u. Reich im 2. Jh. n. Chr. 1937. – M. A. Wes, Das Ende des Kaisertums im Westen des Röm. Reichs. Den Haag. 1967. – A. Wlosok (Hrsg.), Römischer Kaiserkult. 1978.

Aktium. J. M. Carter, Die Schlacht bei Aktium. 1972.

Antoninus Pius. M. Hammond, The Antonine Monarchy. Rom. 1959.

Augusteisches Zeitalter, Augustus. V. Gardthausen, Augustus u. seine Zeit. 6 Bde. 1891–1904. Nachdr. 1964. – R. Heinze, Die augusteische Kultur. [2]1933. – K. Kraft, Zur Münzprägung des Augustus. 1970. – W. Schmitthenner (Hrsg.), Augustus. 1969.

Barkochba. Y. Yadin, Bar Kochba. 1971.
Cäsar, Gallischer Krieg. M. Gelzer, Cäsar, der Politiker u. Staatsmann. ^{6}1960. – H. Gesche, Caesar. 1976. – D. Rasmussen (Hrsg.), Caesar. 1976.
Cato. D. Kienast, Cato der Zensor. 1979.
Cicero. M. Gelzer, Cicero. 1969. – Zeitgenosse Cicero. Ein Lebensbild aus zeitgenöss. Quellen. Zusammengetragen von G. Schoeck. 1977.
Gracchus. E. von Stern, Zur Beurteilung der polit. Wirksamkeit des Tiberius u. Gaius Gracchus. 1921.
Konstantin d. Gr. H. Kraft, Konstantin d. Gr. 1974. – E. Schwartz, Kaiser Constantin u. die christl. Kirche. ^{2}1936.
Limes. H. von Petrikovits u. W. Schleiermacher (Hrsg.), Limesforschungen. 1959ff. – W. Schleiermacher, Der röm. Limes in Deutschland. ^{3}1967.
Nero. B. W. Henderson, The Life and Principate of the Emperor Nero. London 1903.
Pompeius. M. Gelzer, Pompeius. ^{2}1959.
Pompeji. E. C. Conte Corti, Untergang u. Auferstehung von Pompeji. ^{8}1978. – H. Eschenbach, Die städtebaul. Entwicklung des antiken Pompeji. 1970. – R. Etienne, Pompeji. 1976. – L. von Matt u. T. Kraus, Lebendiges Pompeji. 1973.
Sklavenkriege. N. Brockmeyer, Bibliographie zur antiken Sklaverei. 1979.
Trajan. R. Paribeni, Optimus Princeps. 2. Bde. Messina. 1926/27.

5.3.0 MITTELALTER (Deutschland u. Europa)

Allgemeines, Einführungen, Gesamt- u. übergreifende Darstellungen: F. Baethgen u. a. (Bearb.), Frühzeit u. MA. (Gebhardt, Handbuch der dt. Geschichte. 9. Aufl., Bd. 1). 1970. – H. Boockmann, Einführung in die Geschichte des MA. 1978. – A. Borst, Lebensformen im MA. 1973. – K. Bosl, Europa im MA. 1970. – Ders., Die Grundlagen der modernen Gesellschaft im MA. Eine dt. Gesellschaftsgeschichte des MA. 2 Teile. 1972. – O. Brunner u. a., Hohes u. spätes MA. (Historia Mundi 6). 1958. – J. Bühler, Die Kultur des MA. ^{6}1954. – G. E. von Grunebaum u. a., Islam. Die Entstehung Europas (Propyläen Weltgeschichte 5). 1963. – H. M. Gwatkin u. a. (Hrsg.), The Cambridge Medieval History. 8 Bde. Cambridge. 1913–1936. Bd. 4: ^{2}1966/67. – K. Hampe, Herrschergestalten des dt. MA. ^{7}1978. – J. Hashagen, Europa im MA. 1951. – H. Kämpf (Hrsg.), Herrschaft u. Staat im MA. 1964. Nachdr. 1972. – F. Kern, Recht u. Verfassung im MA. (HZ 120[1919]). Nachdr. 1972. – R. Kötzschke, Allg. Wirtschaftsgeschichte des MA. 1924. – J. Le Goff, Kultur des europ. MA. Dt. 1970. – Th. Mayer, Adel u Bauern im deutschen Staat des MA. (Nachdr. d. Ausg. 1943). 1976. – A. Meister, Dt. Verfassungsgeschichte von den Anfängen bis ins 15. Jh. ^{3}1922. – K. J. Narr u. a., Dt. Geschichte bis zum Ausgang des MA. (Brandt/Meyer/Just [Hrsg.], Handbuch der Dt. Geschichte 1). 1957. – H. Pirenne, Geschichte Europas. Von der Völkerwanderung bis zur Reformation. Dt. 1956 u. 1961. – Ders., Sozial- u. Wirtschaftsgeschichte Europas im MA. Dt. ^{2}1971. – M. M. Postan, Medieval Trade and Finance. London. 1973. – H. Quirin, Einführung in das Studium der mittelalterl. Geschichte. ^{4}1971. – W. Schlesinger, Beiträge zur dt. Verfassungsgeschichte des MA. 2 Bde. 1963. – Fedor Schneider, MA bis zur Mitte des 13. Jh. Wien 1929 (Handbuch für Geschichtslehrer 3). Nachdr. ^{4}1973. – G. Schnürer, Kirche u. Kultur im MA. 3 Bde. $^{1-3}$1927–1936. – R. Sprandel, Mentalitäten u. Systeme. Neue Zugänge zur mittelalterl. Geschichte. 1972. – W. von den Steinen, Der Kosmos des MA. ^{2}1967. – W. Störmer, Früher Adel. Studien zur polit. Führungsschicht im fränk.-dt. Reich vom 8. bis 11. Jh. 2 Bde. 1973. – W. Ullmann, Individuum u. Gesellschaft im MA. Dt. 1973. – W. Wattenbach, R. Holtzmann, Deutschlands Geschichtsquellen im MA. Die Zeit der Sachsen und Salier, Italien (1050–1125), England (900–1135). Bearb. v. F. Schmale. 1971. – L. White jr., Die mittelalterl. Technik u. der Wandel der Gesellschaft. Dt. 1968. – H. Zimmermann, Das Mittelalter. Tl. I: Von den Anfängen bis zum Ende des Investiturstreits. 1975. →auch 1.9.4 Kirchengeschichte, 1.9.6. Papsttum, 5.4.0 deutsche Geschichte (Allgemeines), Heiliges Römisches Reich Deutscher Nation.
Belehnung →Lehnswesen.
Deutscher Orden. L. Dralle, Der Staat des Dt. Ordens in Preußen nach dem II. Thorner Frieden. 1975. – E. Düsterwald, Studien zur polit. Geschichte des Deutschen Ritterordens. 1973. – M.-L. Favreau, Studien zur Frühgeschichte des Dt. Ordens. 1974. – M. Tumler, Der Dt. Orden im Werden, Wachsen u. Wirken bis 1400 mit einem Abriß der Geschichte des Ordens von 1400 bis zur neuesten Zeit. Montreal, Wien. 1955. – K. Wieser (Hrsg.), Acht Jahrhunderte Dt. Orden in Einzeldarstellungen. 1967. – Ders., U. Arnold (Hrsg.), Quellen u. Studien zur Geschichte des Dt. Ordens. 1966ff.
Elb- u. Ostseeslawen →Wenden.
Geblütsrecht. F. Rörig, Geblütsrecht u. freie Wahl in ihrer Auswirkung auf die dt. Geschichte. Untersuchungen zur Geschichte der dt. Königserhebung. 1948.
Johanniterorden. A. Wienand (Hrsg.), Der Johanniterorden. Der Malteser-Orden. Der ritterl. Orden des hl. Johannes vom Spital zu Jerusalem. 1970.
Kaiser. H. Appelt, Die Kaiseridee Friedrich Barbarossas. 1967. – H. Beumann, H. Büttner. Das Kaisertum Ottos d. Gr. 2 Vorträge. 1963. – Th. Schieffer, Die deutsche Kaiserzeit. 900–1250. 1974. – P. E. Schramm, Kaiser, Rom u. Renovatio. 2 Bde. 1929. Nachdr. 1975. – A. Schulte, Die Kaiser- u. Königskrönungen in Aachen, 813–1531. 1924. Nachdr. 1965. – E. E. Stengel, Abhandlungen u. Untersuchungen zur Geschichte des Kaisergedankens im MA. 1965. – G. Wolf (Hrsg.), Zum Kaisertum Karls d. Gr. 1972.
König. C. Brühl, Fodrum, Gistum, Servitium Regis. Studien zu den wirtschaftl. Grundlagen des Königtums im Frankenreich u. in den fränk. Nachfolgestaaten Dtschld., Frankreich u. Italien vom 6. bis zur Mitte des 14. Jh. 2 Bde. 1968. – E. Ewig u. a., Das Königtum. Seine geistigen u. rechtl. Grundlagen. ^{4}1973. – K. Hampe, Herrschergestalten des deutschen Mittelalters. 1978. – E. Hlawitschka (Hrsg.), Königswahl u. Thronfolge in otton.-frühdt. Zeit. 1971. – F. Kern, Gottesgnadentum u. Widerstandsrecht im frühen MA. Zur Entwicklungsgeschichte der Monarchie. ^{6}1973. – H. Mitteis, Die dt. Königswahl. Ihre Rechtsgrundlagen bis zur Goldenen Bulle. ^{2}1944. Nachdr. 1977. – Th. Schieder (Hrsg.), Beiträge zur Geschichte des mittelalterl. Königtums (Histor. Zeitschrift, Beiheft 2, N. F.). 1973. – G. Tellenbach, Königtum u. Stämme in der Werdezeit des dt. Reiches. 1939. →auch Geblütsrecht, Kaiser, 5.4.0 Heiliges Römisches Reich Deutscher Nation.
Lehnswesen. W. Ebel u. a., Studien zum mittelalterl. Lehnswesen. ^{2}1972. – F. L. Ganshof, Was ist das Lehnswesen? Dt. 1977. – H. Mitteis, Der Staat des hohen MA. Grundlinien einer vergleichenden Verfassungsgeschichte des Lehnszeitalters. ^{9}1973.
Lutizen →Wenden.
Minsterialen. K. Bosl, Die Reichsministerialität der Salier u. Staufer. 2 Bde. 1950/51.
Normannen. B. Almgren u. a. (Hrsg.), Die Wikinger. Dt. 1968. – T. Capelle, Die Wikinger. 1971. – E. Ebel (Hrsg.), Die Waräger. 1978. – G. Faber, Die Normannen. 1976. – H. Jankuhn, Haithabu. – E. Graf Oxenstierna, Die Wikinger. ^{2}1979. – R. Pörtner, Die Wikinger Saga. 51.–75. Tsd. 1971. Taschenbuch-Ausg. 1973.
Obodriten →Wenden.
Ritter. A. von Reitzenstein, Rittertum u. Ritterschaft. 1972. – G. Reuter, Die Lehre vom Ritterstand. Zum Ritterbegriff in Historiographie u. Dichtung vom 11. bis zum 13. Jh. 1975. – J. M. van Winter, Rittertum. Ideal u. Wirklichkeit. Dt. 1978.
Ritterorden. H. Prutz, Die geistl. Ritterorden. 1908. →auch Deutscher Orden, Johanniterorden.
Wenden. J. Herrmann (Hrsg.), Die Slawen in Dtschld. Geschichte u. Kultur der slaw. Stämme westl. von Oder u. Neiße vom 6. bis 12. Jh. Ein Handbuch. ^{3}1974. – H. Ludat (Hrsg.), Siedlung u. Verfassung der Slawen zwischen Elbe, Saale u. Oder. 1960. – F. Zagiba, Das Geistesleben der Slaven im frühen MA. Die Anfänge des slav. Schrifttums im Gebiete des östl. Mitteleuropa vom 8. bis 10. Jh. 1971.

5.3.1 FRÜHES MITTELALTER

Gesamtdarstellungen: F. Altheim u. a., Frühes MA. (Historia Mundi 5). 1956. – H. Aubin, Vom Altertum zum MA. 1949. – H. Büttner, Zur frühmittelalterl. Reichsgeschichte an Rhein, Main und Neckar. Hrsg v. A. Gerlich. 1975. – H. Dannenbauer, Die Entstehung Europas. Von der Spätantike zum MA. 2 Bde. 1959–1962. – J. Dhondt, Das frühe MA. Dt. (Fischer Weltgeschichte 10). 1976. – C. Erdmann, Forschungen zur polit. Ideenwelt des Früh-MA. 1951. – P. E. Hübinger, Spätantike u. frühes MA. 1972. – D. T. Rice (Hrsg.), Morgen des Abendlandes. Von der Antike zum MA. Dt. 1965. – A. Waas, Herrschaft u. Staat im dt. Früh-MA. 1938. Neudr. 1965. →auch Frankreich u. 5.4.0 Heiliges Römisches Reich Deutscher Nation.
Aistulf →Langobarden.
Alemannen. Th. Mayer u. a., Grundfragen der alemann. Geschichte. 1955. Nachdr. 1976. – W. Müller (Hrsg.), Zur Geschichte der Alamannen. 1975. – Quellen zur Geschichte der Alamannen. Bd. II, Bd. III. 1978/79.
Alkuin. W. Edelstein, Eruditio u. sapientia. Weltbild u. Erziehung in der Karolingerzeit. Untersuchungen zu Alcuins Briefen. 1965. – L. Wallach, Alcuin and Charlemagne. Ithaka. N. Y. 1959.
Austrien. E. Ewig, Die fränk. Teilungen u. Teilreiche (511–613). 1952.
Frankenreich. H. Büttner, Frühmittelalterl. Christentum u. fränk. Staat zwischen Hochrhein u. Alpen. ^{3}1972. – H. Löwe, Dtschld. im fränk. Reich. In: Gebhard, Handbuch der dt. Geschichte. 9. Aufl. Bd. 1. 1970. – F. Petri (Hrsg.), Siedlung, Sprache u. Bevölkerungsstruktur im Frankenreich. 1973. – R. Sohm, Die fränk. Reichs- u. Gerichtsverfassung. 1871. Nachdr. 1971. – F. Steinbach, Das Frankenreich. In: K. J. Narr u. a., Dt. Geschichte bis zum Ausgang des MA. (Brandt/Meyer/Just [Hrsg.], Handbuch der Dr. Geschichte 1). 1957. →auch Karolinger, Merowinger.
Geiserich. E. F. Gautier, Geiserich, König der Wandalen. Dt. 1934.
Goten. D. Claude, Geschichte der Westgoten. 1970. – P. Scardigli, Die Goten – Sprache u. Kultur. Dt. 1973. – H. Wolfram, Geschichte der Goten. Von den Anfängen bis zur Mitte des sechsten Jahrhunderts. 1979. – G. Vetter, Die Ostgoten u. Theoderich. 1938. →auch 5.1.4.
Karl der Große. H. Beumann u. a. (Hrsg.). Karl d. Gr. Lebenswerk u. Nachleben. 5 Bde. 1965–1968. – W. Braunfels, Karl d. Gr. 1972. – S. Epperlein, Karl d. Gr. ^{4}1974. – J. Fleckenstein, Karl d. Gr. ^{2}1967. →auch 5.3.0 Kaiser.
Karolinger. J. Boussard, Die Entstehung des Abendlandes. Kulturgeschichte der Karolingerzeit. Dt. 1968. – E. Brandenburg, Die Nachkommen Karls d. Gr. 1935. Nachdr. 1964. – W. Braunfels, Die Welt der Karolinger u. ihre Kunst. 1968. – A. Dopsch, Die Wirtschaftsentwicklung der Karolingerzeit, vornehml. in Dtschld. 2 Bde. ^{3}1962. – W. Metz, Zur Erforschung des karoling. Reichsgutes. 1971. – E. Mühlbacher, Dt. Geschichte unter den Karolingern. ^{2}1959. Nachdr. 1972. – R. Rau (Bearb.), Quellen zur karolingischen Reichsgeschichte II. 9. Jahrhundert (ab 830). (Frhr.-v.-Stein-Gedächtnisausg.). 1972. – F. Staab, Untersuchungen zur Gesellschaft am Mittelrhein in der Karolingerzeit. 1975.
Langobarden. G. Bäumer, Der Berg des Königs. Das Epos des langobard. Volkes. 1959. – G. Fasoli, I Longobardi in Italia. Bologna. 1965. – E. Schafferau, Geschichte der Langobarden. 1938.
Merowinger. B. S. Bachrach, Merovingian Military Organization 481 to 751. Minneapolis. 1972. – A. Bergengrün, Adel- u. Grundherrschaft im Merowingerreich. 1958. – E. Gamillscheg, Romania Germanica. Zu den ältesten Berührungen zwischen Römern u. Germanen. Die Franken. ^{2}1970. – M. Silber, The Gallic Royalty of the Merovingians in its Relationship to the „Orbis Terrarum Romanus" during the 5th and the 6th Centuries A. D. Bern, Frankfurt a. M. 1971. – J. M. Wallace-Hadrill, The Long-haired Kings, and other Studies in Frankish History. New York. 1962. – E. Zöllner, Geschichte der Franken bis zur Mitte des 6. Jh. 1970.
Theoderich der Große. W. Enßlin, Theoderich d. Gr. ^{2}1959. – B. Rubin, Theoderich u. Iustinian. 1953. Nachdr. 1967. →auch Goten.
Völkerwanderung, H. J. Diesner, Die Völkerwanderung. 1976. – L. Musset, Les Invasions. 2 Bde. Paris. 1965. – A. Graf Schenk von Stauffenberg, Das Imperium u. die Völkerwanderung. 1948. →auch 5.1.4.
Wandalen. H. J. Diesner, Das Vandalenreich. 1966. – L. Schmidt, Geschichte der Wandalen. ^{2}1942. Nachdr. 1970.

5.3.2 HOCHMITTELALTER

Gesamt- bzw. übergreifende Darstellungen: J. Evans (Hrsg.), Blüte des MA. Dt. 1966. – W. von Giesebrecht, Geschichte der dt. Kaiserzeit. 6 Bde. $^{1-5}$1878–1895. Nachdr. 1970. – J. Haller, H. Dannenbauer, Von den Karolingern zu den Staufern. Die altdt. Kaiserzeit (900–1250) (Sammlg. Gröschen 1065). 1970. – K. Hampe, Das Hoch-MA. Geschichte des Abendlandes von 900–1250. 1977. – Ders., F. Baethgen, Dt. Kaisergeschichte in der Zeit der Salier u. Staufer. ^{12}1968. – R. Holtzmann, Geschichte der sächs. Kaiserzeit (900–1024). ^{5}1967. Taschenbuch-Ausg. 2 Bde. 1971. – J. LeGoff, Das Hoch-MA. Dt. 7. Aufl. (Fischer Weltgeschichte 11). 1975. – Th. Schieffer, Die dt. Kaiserzeit (900–1250). (W. Hubatsch [Hrsg.], Dt. Geschichte 1). 1974. →auch 5.3.0 Lehnswesen.
Adelheid. G. Bäumer, Adelheid, Mutter der Königreiche. 1936. – H. Paulhart (Bearb.), Odilo, Abt von Cluny, Die Lebensbeschreibung der Kaiserin Adelheid. 1962.
Adolf von Nassau. H. Patze, Erzbischof Gerhard II. von Mainz u. König Adolf von Nassau. In: Hess. Jahrbuch für Landesgeschichte 13. 1963. – F. W. E. Roth, Geschichte des röm. Königs Adolf I. von Nassau. 1879.
Albrecht der Bär. O. von Heinemann, Albrecht der Bär. 1864. →auch 5.4.0 Brandenburg.
Anno von Köln. G. Jenal, Erzbischof Anno II. von Köln (1056–75) u. sein polit. Wirken. 1974.
Friedrich I. Barbarossa. K. Jordan, Friedrich Barbarossa. ^{2}1967. – Theodor Mayer, Friedrich I. u. Heinrich der Löwe. 1944. Nachdr. 1968. – M. Pacaut, Friedrich Barbarossa. Dt. 1970. – G. Wolf (Hrsg.), Friedrich Barbarossa. 1975. →auch 5.3.0 Kaiser.
Friedrich II. Th. C. van Cleve, The Emperor Frederick II of Hohenstaufen, Immutator Mundi. Oxford. 1972. – B. Gloger, Kaiser, Gott u. Teufel. Friedrich II. von Hohenstaufen in Geschichte u. Sage. ^{3}1974. – J. Heinisch (Hrsg.), Kaiser Friedrich II. in Briefen u. Berichten seiner Zeit. 1978. – E. Kantorowicz, Kaiser Friedrich der Zweite. Hauptwerk ^{4}1936. Erg.-Bd. 1931. 3.–4. Nachdr. 1973.
Gottfried von Bouillon. J. C. Andressohn, The Ancestry and Life of Godfrey of Bouillon. Bloomington, Ind. 1947. – G. Waeger, G. von Bouillon in der Historiographie. 1969.
Gregor VII. G. B. Borino (Hrsg.), Studi Gregoriani per la Storia di Gregorio VII e della Riforma Gregoriana. Rom. 1947ff. – G. Miccoli, Gregorio VII. In: Bibliotheca Sanctorum Bd. 7. Rom. 1966. →auch Investiturstreit.
Heinrich I. G. Waitz, Jahrbücher des Dt. Reiches unter König Heinrich I. ^{3}1885. Nachdr. (mit 2 Beiträgen von R. Büchner u. M. Lintzel) 1963.
Heinrich II. Ludwig Fischer, Studien um Bamberg u. Kaiser Heinrich II. 1954ff. – S. Hirsch, Jahrbücher des Dt. Reiches unter Heinrich II. 3 Bde. 1862–1875.
Heinrich III. E. Steindorff, Jahrbücher des Dt. Reiches unter Heinrich III. 2 Bde. 1874–1881. Nachdr. (mit Anhang: P. F. Kehr, Vier Kapitel aus der Geschichte Kaiser Heinrichs III.) 1963.
Heinrich IV. G. Meyer von Knonau, Jahrbücher des Dt. Reiches unter Heinrich IV. u. V. 7 Bde. 1890–1909. Neudr. 1964–1966. →auch Investiturstreit.
Heinrich V. A. Waas, Heinrich V. 1967. →auch Heinrich IV.
Heinrich VI. Th. Toeche, Kaiser Heinrich VI. 1867. Nachdr. 1965.
Heinrich der Löwe. J. Bärmann. Die Städtegründungen Heinrichs des Löwen u. die Stadtverfassung des 12. Jh. 1961. – K. Jordan, Heinrich d. Löwe. 1979. →auch Friedrich I. Barbarossa.
Hirsau. W. Irtenkauf, Hirsau. Geschichte u. Kultur. 1978. – J. Jacobs, Die Hirsauer. Ihre Ausbreitung u. Rechtsstellung im Zeitalter des Investiturstreites. 1961.
Investiturstreit. A. Becker u. a., Investiturstreit und Reichsverfassung. Hrsg. v. Konstanzer Arbeitskreis f. mittelalterl. Geschichte. 1973. – H. Kämpf (Hrsg.), Canossa als Wende. 1976. – G. Tellenbach, Libertas. Kirche u. Weltordnung im Zeitalter des Investiturstreites. 1936. →auch Gregor VII., Heinrich IV., Hirsau u. 1.9.4 Cluniazensische Reform.
Konradin. F. Geldner, Konradin, das Opfer eines großen Traumes. 1970. – K. Hampe, Geschichte Konradins von Hohenstaufen. ^{2}1940.
Kreuzzüge. C. Erdmann, Die Entstehung des Kreuzzugsgedankens. 1935. Nachdr. 1974. – F. Gabrieli (Hrsg.), Die Kreuzzüge aus arab. Sicht. Dt. 1973. – Hans E. Mayer, Bibliographie zur Geschichte der Kreuzzüge. 1960. Nachdr. 1965. – Ders., Geschichte der Kreuzzüge. ^{3}1973. – R. Pernoud, Die Kreuzzüge in Augenzeugenberichten. Taschenbuch-Ausg. 1971. – J. Prawer, Die Welt der Kreuzfahrer. 1976. – St. Runciman, Geschichte der Kreuzzüge. Dt. 3 Bde. 1957–1960. Neuausg. in 1 Bd. 1978. – K. M. Setton (Hrsg.), A. History of the Crusades. 2 Bde. Madison, Wisc., London. $^{1-2}$1969. →auch Ostsiedlung.
Ostsiedlung. H. Beumann (Hrsg.), Heidenmission u. Kreuzzugsgedanke in der dt. Ostpolitik des MA. ^{2}1973. – K. Hampe. Der Zug nach Osten. ^{5}1939. – H. Helbig, L. Weinrich (Hrsg.), Urkunden u. erzählende Quellen zur dt. Ostsiedlung im MA. 2 Bde. 1970–1975. – R. Kötzschke, W. Ebert, Geschichte der ostdt. Kolonisation. 1937. – W. Kuhn, Die dt. Ostsiedlung des MA. 1973. – Ders., Vergleichende Untersuchungen zur mittelalterl. Ostsiedlung. 1974. – Dt. Ostsiedlung in MA. u. Neuzeit (Studien zum Deutschtum im Osten 8). 1971.
Otto der Große. Festschrift zur Jahrtausendfeier der Kaiserkrönung Ottos d. Gr. 3 Teile (Mitteilungen des Instituts für Österreichische Geschichtsforschung, Erg.-Bd. XX/1–3). 1962/63. – H. Zimmermann (Hrsg.), Otto der Große. 1976. →auch 5.3.0 Kaiser.
Otto III. M. de Ferdinandy, Der hl. Kaiser Otto III. u. seine Ahnen. 1969. – K. u. M. Uhlirz, Jahrbücher des Dt. Reiches unter Otto II. u. Otto III. Bd. 2. 1954.
Staufer. O. Engels, Die Staufer. 1972. – F. von Raumer, Geschichte der Hohenstaufen u. ihrer Zeit. 6 Bde. ^{5}1878. Neubearbeitung in 1 Bd. von A. Milatz. 1968. – G. Wolf, Wende des Mittelalters. Idee u. Wirklichkeit des Stauf. Reichs. 1973.

5.3.3 SPÄTES MITTELALTER / FRÜHE NEUZEIT

Gesamtdarstellungen: W. Andreas, Dtschld. vor der Reformation. Eine Zeitenwende. ^{6}1959. – F. Baethgen, Dtschld. u. Europa im Spät-MA. (W. Hubatsch [Hrsg.],

Dt. Geschichte 1, 2). 1968. – F. Graus, Das Spät-MA. als Krisenzeit. Ein Literaturbericht als Zwischenbilanz. Prag (Mediaevalia Bohemica Bd. 1, 1. Supplement). Prag 1969. – J. Haller, H. Dannenbauer, Von den Staufern zu den Habsburgern (Sammlg. Göschen 1077) ^{3}1970. – E. Hassinger, Das Werden des neuzeitl. Europa 1300–1600. ^{2}1966. – J. Heers, L'Occident aux XIVe et XVe Siècles. Aspects Économiques et Sociaux. Paris. ^{3}1970. – J. Huizinga, Herbst des MA. Dt. ^{9}1965. – J. Leuschner, Deutschland im späten MA. Deutsche Geschichte. Bd. 3. 1975. – R. Romano, A. Tenenti, Die Grundlegung der modernen Welt. Spät-MA., Renaissance, Reformation. Dt. (Fischer Weltgeschichte 12). 1967. – B. Schmeidler, Das spätere MA. von der Mitte des 13. Jh. bis zur Reformation. 1937. Nachdr. 1974. – E. W. Zeeden, Dt. Kultur in der frühen Neuzeit (Handbuch der Kulturgeschichte). 1968. →auch 5.4.1.

Friedrich III. B. Haller, Kaiser Friedrich III. im Urteil der Zeitgenossen. Wien. 1965.

Goldene Bulle. Konrad Müller (Hrsg.), Die Goldene Bulle Kaiser Karls IV. 1356. Bern. ^{2}1964. – E. L. Petersen, Studien zur goldenen Bulle von 1356. In: Dt. Archiv 22. 1966. – K. Zeumer, Die Goldene Bulle Kaiser Karls IV. 2 Teile. 1908. Nachdr. 1967.

Hanse. Ph. Dollinger, Die Hanse. Dt. 1976. – Kölnisches Stadtmuseum (Hrsg.), Hanse in Europa. Brücke zwischen den Märkten. 12.–17. Jh. (Ausstellungskatalog). 1973. – G. v. Pölnitz, Fugger und Hanse (Stud. z. Fuggergeschichte, 11). 1953. – F. Rörig, Die Wirtschaftskräfte im MA. Abhandlungen zur Stadt- u. Hansegeschichte. ^{2}1971. – H. Sauer, Hansestädte u. Landesfürsten. Die wendischen Hansestädte in der Auseinandersetzung mit den Fürstenhäusern Oldenburg u. Mecklenburg während der zweiten Hälfte des 15. Jh. 1971.

Heinrich VII. W. M. Bowsky, Henry VII in Italy. The Conflict of Empire and City-State 1310–13. Lincoln, Nebr. 1960. – F. Schneider, Kaiser Heinrich VII., Dantes Kaiser. ^{3}1943. Nachdr. 1973.

Heinrich von Plauen. K. Hampe, Der Sturz des Hochmeisters Heinrich von Plauen. 1935. →auch 5.3.0 Deutscher Orden.

Interregnum. J. Kempf, Geschichte des Dt. Reiches während des großen Interregnums 1254 bis 1273. 1893. – E. P. La Roche, Das Interregnum u. die Entstehung der schweizer. Eidgenossenschaft. 1971.

Karl IV. Reinhard Schneider, Karls IV. Auffassung vom Herrscheramt. In: Th. Schieder (Hrsg.), Beiträge zur Geschichte des mittelalterl. dt. Königtums (Histor. Zeitschrift. Beiheft 2, N. F.). 1973. – F. Seibt, Karl IV. Ein Kaiser in Europa 1346–78. 1978. – E. Werunsky, Geschichte Kaiser Karls IV. u. seiner Zeit. 3 Bde. Innsbruck. 1880–1892. Nachdr. New York. 1960. →auch Goldene Bulle.

Maximilian I. R. Buchner, Maximilian I., Kaiser an der Zeitenwende. ^{2}1971. – H. Wiesflecker, Kaiser Maximilian I. 5 Bde. 1971 ff.

Rudolf von Habsburg. Th. L. Görlitz, Rudolf von Habsburg. Wien. 1961. – O. Redlich, Rudolf von Habsburg. Innsbruck. 1903. Nachdr. 1965.

Sigismund. J. von Aschbach, Geschichte Kaiser Sigmunds. 4 Bde. 1838–1845. Nachdr. 1964.

Wenzel. H. Rieder, Wenzel. Ein unwürdiger König. 1970.

5.3.4 NEUZEIT UND ZEITGESCHICHTE

Bibliographien: W. Baumgart, Bibliographie zum Studium der neueren Gesch. 1969. – Bibliographie zur Politik. Hrsg. D. Bracher, H.-A. Jacobsen. 1976. – Bibliographie zur Zeitgesch. Beilage der Vierteljahreshefte für Zeitgesch. Zusammengest. von T. Vogelsang. Vierteljährl. 1953 ff. – E. Hennig u.a., Internationale Politik, Friedensforschung, „Dritte Welt"-Entwicklungsländer. In: Materialien zur polit. Bildung, Nr. 2. Sept. 1971. – J. Rosch (Hrsg.), A Bibliography of Modern History. 1968. – The New Cambridge Modern History. Ed. by G. N. Clark u.a. 1957 ff.

Historiographie: F. Engel-Janosi, Die Wahrheit der Geschichte. Versuche zur Geschichtsschreibung in der Neuzeit. 1973. – E. Fueter, Gesch. der neueren Historiographie. ^{3}1936. – I. Geiss, R. Tamchina (Hrsg.), Ansichten einer künftigen Geschichtswissenschaft. I/II. 1980. – G. P. Gooch, Gesch. u. Geschichtsschreiber im 19. Jh. Dt. 1964. – G. A. Rein, Das Problem der europ. Expansion in der Geschichtsschreibung. 1929. – G. Ritter, Leistungen, Probleme u. Aufgaben der internationalen Geschichtsschreibung zur neueren Gesch. (16.–18. Jh.) In: Relazioni del Congresso Internaz. di Scienze stor., Bd. 6. 1955. – H. Ritter von Srbik, Geist u. Gesch. vom dt. Humanismus bis zur Gegenwart. 2 Bde. 1950/51.

Nachschlagewerke u. Lexika: Archiv der Gegenwart. Zusammengest. von H. von Siegler. 1931/32 ff. – Außenpolitik. Hrsg. G. Mann u. H. Pross (Das Fischer Lexikon). 1958. – R. Beck, Wörterbuch der Zeitgesch. (Kröners Taschenausgabe 372). 1967. – Biograph. Lexikon – Politiker aus aller Welt. ^{2}1970. – dtv-Weltgesch. des 20. Jh. – Der Fischer Weltalmanach. Hrs. G. Fochler-Hauke. Jährl. – G. Fochler-Hauke, Das polit. Erdbild der Gegenwart. 1968. – R. Hočevar u.a., Politiker des 20. Jh. 2 Bde. 1970 ff. – Der Illustrierte Gegenwarts-Ploetz. Weltgeschichte unserer Zeit seit 1945. 1977. – Internationale Beziehungen. Hrsg. K. D. Bracher, E. Fraenkel (Das Fischer Lexikon). 1969. – The International Who is Who. London. – Regenten u. Regierungen der Welt (Minister-Ploetz). Bd. 4. 1964. – C. Stern u.a., Lexikon zur Gesch. u. Politik im 19. u. 20. Jh. 2 Bde. 1971 f. – Wörterbuch der intenationalen Beziehungen u. Politik. Hrsg. G. Haensch. 1965.

Allg. Darstellungen: Ch. Booker, The Seventies. Portrait of a Decade. London. 1980. – dtv-Weltgesch. 14 Bde. 1966 ff. – J. Herz, Weltpolitik im Atomzeitalter. 1959. – E. Hinrichs, Einführung in die Geschichte der frühen Neuzeit. 1980. – C. A. Leeds, Twentieth Century History, 1900–1945. Plymouth. 1980. – J. Mück (Hrsg.), Internationale Politik. Grundlagen, Auswirkungen, Verläufe. 1972. – P. Renouvin, Histoire des relations internationales. Paris. 1955. – J. R. von Salis, Weltgesch. der neuesten Zeit. 3 Bde. 1951–1960. – E. Sieber, W. Haberli, E. Gruner, Weltgeschichte des 20. Jahrh. Von 1914 bis Herbst 1978. 1979. – A. Toynbee u.a. (Hrsg.), Survey of International Affairs. 1920–1946. London. 1927–1958. – W. G. Truchanowski, Gesch. der internationalen Beziehungen. 2 Bde. Dt. 1963 u. 1965.

Abrüstung und Entspannungspolitik →5.9.1.

Dritte Welt, Dekolonialisierung, Entwicklungspolitik.

Bibliographie: Literatur über Entwicklungsländer. Hrsg. Forschungsstelle der Friedrich-Ebert-Stiftung. 1961 ff.

Nachschlagewerke: Entwicklungspolitik. Handbuch u. Lexikon. Hrsg. H. Besters, E. E. Boech. 1966. – D. Nohlen, F. Nuscheler (Hrsg.), Handbuch der Dritten Welt. Unterentwicklung u. Entwicklung in Afrika, Amerika und Asien. 4 Bde. 1974. – B. Tibi, V. Brandes (Hrsg.), Handbuch 2. Unterentwicklung (Polit. Ökon. Gesch. u. Kritik). 1975.

Darstellungen: F. Ansprenger, Auflösung der Kolonialreiche (dtv-Weltgesch. Bd. 13). 1966. – D. Berg-Schlosser, Die polit. Probleme der Dritten Welt. 1972. – M. Bohnet (Hrsg.), Das Nord-Süd-Problem. Konflikte zwischen Industrie- u. Entwicklungsländern. 1971. – G. Chaliand, Revolutions in the Third World. From 1945 to the Present: Myths and Prospects. 1978. – D. Kebschull u.a., Entwicklungspolitik. 1971. – H. Krüger (Hrsg.), Nationalismus u. Sozialismus im Befreiungskampf der Völker Asiens u. Afrikas. 1970. – Mao Tse-tung, Theorie des Guerillakrieges oder Strategie der Dritten Welt. Dt. 1966. – Der Pearson-Bericht. Bestandsaufnahme u. Vorschläge zur Entwicklungspolitik. Wien. 1969. – P. Queuille, Histoire de l'afro-asiatienne jusqu' à Bandoung; la naissance du Tiers Monde. Paris. 1965. – G. van Roon, Europa u. d. Dritte Welt. Die Gesch. ihrer Beziehungen v. Beginn d. Kolonialzeit bis zur Gegenwart. 1978. – W. Schümperli, Die Vereinten Nationen u. die Dekolonisation. Bern. 1970.

Flüchtlingswesen →5.9.1

Friedensforschung und Friedensbewegung →5.9.1.

Großmächte in der Weltpolitik. Gesamtdarstellungen: A. Rapoport, The Big Two, Soviet-American Perceptions of Foreign Policy. New York. 1971. – W. Woyke (Hrsg.), Handwörterbuch Internationale Politik. 1980.

UdSSR A. Klieman, Soviet Russia and the Middle East. Baltimore, London. 1970. – H. H. Nolte, Gruppeninteresse u. Außenpolitik. Die Sowjetunion i. d. Geschichte internationaler Beziehungen. 1979. – S. Page, The USSR and Arabia. London. 1971. – G. Schöpflin (Hrsg.), The Soviet Union and Eastern Europe. 1970.

USA: America and the World. From the Truman Doctrine to Vietnam. Baltimore, London. 1970. – D. A. Barnett, E. O. Reischauer (Hrsg.), The United States and China. New York. 1970. – R. J. Barnet, Intervention and Revolution. The United States in the Third World. London. 1970. – G. Lenczowski (Hrsg.), United States Interests in the Middle East. Washington. 1968. – K. H. Putz, Die Außenpolitik der USA. Eine Einführung. 1974. – R. H. Wagner, United States Policy toward Latin America. Stanford, Cal. 1970.

Einzeldarstellungen: European Resistance Monuments 1939–1945. Oxford. 1960–1964. – Fischer Weltgesch. Bd. 12 ff. 1967 ff. – A. Grosser, Das Bündnis. Die westeurop. Länder u. d. USA seit dem Krieg. 1978. – K. H. Hahslach, M. Opel, Grauzonen zwischen SALT und MBFR. 1980. – W. C. Langam, The World since 1914. New York. 1936. – B. Meissner (Hrsg.), Moskau–Bonn. Die Beziehungen der Sowjetunion u. der Bundesrep. Dtschld. 1955–1972. 2 Bde. 1973. – K. M. Panikkar, Asien u. die Herrschaft des Westens. Dt. Zürich. 1955. – J. H. Parry, The Age of Reconnaissance. London. 1963. – E. Schulz, Moskau u. die europ. Integration. (Schriftenr. d. Forsch.-Inst. d. Dt. Ges. f. Ausw. Politik, 38). 1977. – J. L. Snell (Hrsg.), The Meaning of Yalta. Baton Rouge. 1956. →auch 5.3.5, 5.3.7, 5.4.2.

Internationale Konferenzen und Verträge →5.9.2.

Internationale Krisenherde. Gesamtdarstellungen: O. Flechtheim, Brandherde der Weltpolitik. 1962. – D. Horowitz, Kalter Krieg. Hintergründe der US-Außenpolitik von Jalta bis Vietnam (Rotbuch 13/14). 2 Bde. 1969. – W. Loth, Die Teilung der Welt. Geschichte des Kalten Krieges 1941 bis 1955. 1980. – J. Lukacs, Konflikte der Weltpolitik nach 1945 (dtv-Weltgesch. des 20. Jh. Bd. 12). 1970. – D. Sanders, Patterns of Political Instability. London. 1980.

Biafra: Z. Cervenka, The Nigerian War 1967–1970 (Schriften d. Bibl. f. Zeitgesch., 10). 1971.

China – Sowjetunion: H. E. Salisbury, Krieg zwischen Rußl. u. China. 1970.

Europa: →5.3.5.

Kuba: J. Yglesias, Kuba. 1970.

Nahost: T. N. Dupuy, Elusive Victory. The Arab-Israeli Wars, 1947–1974. London. 1979. – Y. Harkabi, Das palästinensische Manifest und seine Bedeutung. 1980. – D. Horowitz, M. Lissak, Origins of Israel Polity. Palestine under the Mandate. Chicago. 1978. – J. C. Hurewitz, Soviet-American Rivalry on the Middle East. New York. 1969. – J. Kimche, The Second Arab Awakening. The Middle East 1914 bis 1970. New York. 1970. – A. M. Lesch, Arab Politics in Palestine, 1917–1939. The Frustration of a Nationalist Movement. New York. 1979. – U. Steinbach, R. Hofmeier, M. Schönborn (Hrsg.), Politisches Lexikon Nahost. 1979. – R. Tophoven, Fedayin – Guerilla ohne Grenzen. 1974. – H. Wagner, Der arab.-israel. Konflikt im Völkerrecht. 1971. – W. Wengler, J. Tittel (Hrsg.), Dokumente zum arab.-israel. Konflikt. 1971.

Vietnam: A. W. Cameron (Hrsg.), Viet-Nam Crisis. A Documentary History. Vol I. 1971. – P. F. Langer, J. J. Zasloff, North Vietnam and the Pathet Lao. Cambridge, Mass. 1970. – A. Legler, F. Bauer, K. Hubinek, Krieg in Vietnam. Bericht u. Bibliographie in 5 Tln. (Schriftenr. d. Bibl. f. Zeitgesch.). 1969 ff. – P. Scholl-Latour, Der Tod im Reisfeld. Dreißig Jahre Krieg in Indochina. 1979. – Southeast Asian Affairs 1978. London. 1979. →auch 5.7.4.

Zypern: J. Ch. Papalekas, Unterbelichtete Aspekte des Zypern-Konflikts. 1976.

Kolonialismus und Imperialismus. R. Aaron, Die imperiale Republik. Die USA und die übrige Welt seit 1945. 1975. – D. K. Fieldhouse (Hrsg.), Die Kolonialreiche seit dem 18. Jahrhundert (Fischer Weltgesch., 29). 1976. – G. W. F. Hallgarten, Imperialismus vor 1914. 2 Bde. ^{2}1963. – J. A. Hobson. Der Imperialismus. Dt. 1968. – P. Jalée, Das neueste Stadium des Imperialismus. 1971. – C. de Lannoy, M. V. Linden, Histoire de l'Expansion coloniale des Peuples Européens. Brüssel. 1907. – W. Mommsen (Hrsg.), Imperialismus. Seine geistigen, politischen u. wirtschaftl. Grundlagen. 1977. – M. Perham, Bilanz des Kolonialismus. 1963.

Konferenzen und Verträge →5.9.3.

Organisationen und Pakte →5.9.3.

Rassenprobleme. G. L. Mosse, Rassismus. 1978. – P. von ZurMühlen, Rassenideologien. Geschichte und Hintergründe. 1977.

5.3.5. EUROPA (ALLGEMEINES)

Nachschlagewerke u. Handbücher: dtv-Weltgesch. des 20. Jh. Bde. 5 u. 14. 1968 f. – Fischer-Weltgesch. Bd. 9–12 u. 26. 1965 ff. – Handbuch der europ. Gesch. Hrsg. T. Schieder. 7 Bde. 1971 ff.

Darstellungen: W. C. Abbot, The Expansion of Europe, a History of the Foundations of the Modern World. 2 Bde. ^{2}1938. – K. Bosl, Frühformen der Gesellschaft im mittelalterl. Europa. 1964. – B. Mitchell (Hrsg.), European Historical Statistics, 1750–1970. London. 1979. – H. Dannenbauer, Die Entstehung Europas. 2 Bde. 1959–1962. – H. Diwald (Hrsg.), Propyläen Geschichte Europas. 6 Bde. 1976 ff. – J. Droz, Histoire diplomatique de 1648 à 1919. ^{2}1959. – H. Gollwitzer, Zur Wortgesch. u. Sinndeutung von „Europa". In Saeculum 2. 1951. – E. Hassinger, Das Werden des neuzeitl. Europa. 1300–1600. ^{2}1966. – F. Mauro, L'Expansion européenne 1600–1870. Nouv. Clio 27. 1964. – W. Naef, Die Epochen der neueren Gesch. Staat u. Staatengemeinschaft vom Ausgang des MA. bis zur Gegenwart. 2 Bde. 1945/46. – W. Ohnesorge, Abendland u. Byzanz. 1958. – H. Pirenne, Gesch. Europas. 1962. – W. Ross, T. Schneiders (Ill.), Imago Europae. Geschichte und Kultur des Abendlandes. – G. Stadtmüller, Das Abendland u. die Welt des östl. Christentums. HJB 74. 1955. – Studien zu den Anfängen des europ. Städtewesens. Reichenau-Vorträge 1955/56. 1958. – D. Talbot Rice (Hrsg.), Morgen des Abendlandes. 1965. – H. Van der Wee, The Growth of the Antwerp Market and the European Economy. 3 Bde. Den Haag. 1963. – W. Windelband, Die auswärtige Politik der Großmächte in der Neuzeit von 1494 bis Versailles. 1922 (bis zur Gegenwart: ^{5}1942). Nachdr. 1964. →auch 5.3.0–5.3.4 u. 5.3.6–5.5.7.

Kultur- u. Geistesgeschichte: E. Friedell, Kulturgesch. der Neuzeit. 2 Bde. 1979. – F. Heer, Europ. Geistesgesch. 1970. – J. Huizinga, Wege der Kulturgesch. 1930.

Absolutismus. M. S. Anderson, Europe in the Eighteenth Century. 1961. – M. Ashley, Das Zeitalter d. Absolutismus. 1978. – M. Beloff, The Age of Absolutism 1660–1815. ^{3}1966. – D. Gerhard (Hrsg.), Ständische Vertretungen in Europa im 17. u. 18. Jh. 1974. – W. Hubatsch (Hrsg.), Absolutismus. Zur Bestimmung v. Ausdr. u. Inhalt europ. Staatsformen im 17. u. 18. Jh. 1973. – Ders., Das Zeitalter des Absolutismus. 1600–1789. 1975. – G. Möbus, Die polit. Ideen im Zeitalter der absoluten Monarchie bis zur Französ. Revolution. ^{2}1966. – R. Mousnier, Les XVIe et XVIIe siècles. 1954. – R. R. Palmer, The Age of Democratic Revolution. A political history of Europe and America. 1760-1800. 2 Bde. 1959 bis 1964. – Ders. (Hrsg.), Europa im Zeitalter des Absolutismus u. der Aufklärung. In: Hdb. der europ. Gesch. Bd. 4. 1968. – E. M. Williams, The Ancien Régime in Europe. Government and Society in the Major States 1648–1789. 1970.

Europa nach 1789. W. Andreas, Das Zeitalter Napoleons u. die Erhebung der Völker. 1955. – H. Herzfeld, Die moderne Welt 1789–1945. 2 Tle. Tl. 1: 1969. Tl. 2: ^{4}1970. – E. J. Hobsbawm, The Age of Revolution – Europe from 1789 to 1848. 1962. – W. Mommsen, Gesch. des Abendlandes von der Französ. Revolution bis zur Gegenwart. 1951.

Locarno. H. Rößler (Hrsg.), Locarno u. die Weltpolitik 1924–1932. 1969.

Neunzehntes Jahrhundert. A. Bullock, A. J. P. Taylor, A select list of books on European history 1815–1914. ^{2}1957. – G. A. Craig, Geschichte Europas im 19. und 20. Jahrhundert. Bd. 1: Vom Wiener Kongreß bis zum Ausbruch des Ersten Weltkrieges. (1815–1914). 1978. – B. Croce, Geschichte Europas im neunzehnten Jh. 1979. – L'Europe du XIXe et du XXe siècle. Interprétations historiques. Hrsg. M. Beloff u.a. 6 Bde. 1959–1964. – Ch. Morazé, Das Gesicht des 19. Jh. Dt. 1959. – I. H. Pirenne, La Sainte Alliance. 2 Bde. Neuchâtel. 1949 f. – P. Renouvin, Le XIXe siècle. 2 Bde. 1954. – T. Schieder, Europa im Zeitalter der Nationalstaaten u. europ. Weltpolitik bis zum 1. Weltkrieg. In: Hdb. der europ. Gesch. Bd. 6. 1968. – R. Schnerb, Le XIXe siècle. L'apogée de l'expansion européenne (1815–1914). 1955. – A. Stern, Gesch. Europas seit den Verträgen von 1815 bis zum Frankfurter Frieden von 1871. 10 Bde. 1899–1924. – A. J. P. Taylor, The Struggle for mastery in Europe. 1848–1918. 1954.

Pariser Vorortverträge. K. Bosl (Hrsg.), Versailles – St. Germain – Trianon. 1973. – M. Gunzenhäuser, Die Pariser Friedenskonferenz 1919 u. die Friedensverträge 1919–1920. Literaturbericht u. Bibliographie. 1970. – J. Keynes, Economic Consequences of the Peace. 1919. – E. Mantoux, La paix calomniée ou les conséquences économiques de M. Keynes. 1946. – P. Mantoux, Les délibérations du conseil des quatres (24 mars – 28 juin 1919). 2 Bde. 1955. – A. J. Mayer, Political Origins of the New Diplomacy, 1917/18. 1959. – Ders., Politics and Diplomacy of Peacemaking. Containment and Counterrevolution at Versailles, 1918/19. 1968. – H. Rößler (Hrsg.), Ideologie u. Machtpolitik 1919. Plan u. Werk der Pariser Friedenskonferenz 1919. 1966. – H. Temperley (Ed.), History of the Peace Conference of Paris. 6 Bde. Nachdr. 1969. – J. M. Thompson, Russia, Bolshevism and Versailles Peace. 1966. – Der Vertrag v. Versailles. Mit Beitr. v. S. Haffner, H. Nicolson, J. M. Keynes, R. Aaron, G. Bateson. 1978. – E. Wüst, Der Vertrag von Versailles in Licht u. Schatten der Kritik. 1962.

Reformation u. Gegenreformation. K. Brandi, Gegenreformation u. Religionskriege. ^{2}1941. – G. R. Elton, Reformation Europe 1517–1559. 1963. – Ders. (Hrsg.), The Reformation 1520–1559. In: The New Cambr. Modern Hist. 2. 1955. – J. Lortz, Die Reformation in Dtschld. ^{5}1965. – H. Lutz, Reformation u. Gegenreformation. 1979. – G. Ritter, Die Neugestaltung Europas im 16. Jh. Die kirchl. u. staatl. Wandlungen im Zeitalter der Reformation u. der Glaubenskämpfe. 1950. – Ders., Die Weltwirkung der Reformation. ^{2}1959. – H. Rößler, Europa im Zeitalter von Renaissance, Reformation u. Gegenreformation. 1450–1650. – H. Tüchle, Reformation u. Gegenreformation. 1965. – F. Wagner, Der Westfäl. Frieden. 1959. – C. V. Wedgwood, Der Dreißigjährige Krieg. Dt. 1967. – E. W. Zeeden (Hrsg.), Gegenreformation. 1973.

Zwanzigstes Jahrhundert. Bibliographie: Bibliographie zur europ. Integration. Von G. Zellentin u. P. Buchdrucker. [3]1970.
Nachschlagewerke: H. J. Platz, Das große Europa-Handbuch. 1965. – C. Schöndube, Das neue Europa-Handbuch. 1969. – Ders., Europa-Taschenbuch. 1970.
Darstellungen: H. Bernard, Histoire de la résistance européenne. 1968. – H. Besters, Zwischenbilanz Europa. 1979. – K. D. Bracher, Europa u. d. Krise. Innengeschichte u. Weltpolitik seit 1917. 1979. – H. Brugmans, L'Idée européenne 1920–1970. Brügge. 1970. – Z. K. Brzezinski, Der Sowjetblock. 1962. – G. A. Craig, Geschichte Europas im 19. u. 20. Jahrhundert. Bd. 2: Vom Ersten Weltkrieg bis zur Gegenwart (1914–1970). 1979. – A. Domes (Hrsg.), Reformen u. Dogmen in Osteuropa. 1971. – Europa. Dokumente zur polit. Einigung. 3 Bde. 1961/62. – H. Graml, Europa. 1971. – A. Hillgruber, Europa i. d. Weltpolitik d. Nachkriegszeit 1945–1963. 1979. – H. Holborn, Der Zusammenbruch des europ. Staatensystems. Dt. 1954. – Die Krise des Nationalstaats. Das Nationalitätenproblem in Europa. 1932. – P. Paraf, Les Démocraties populaires. Albanie – Bulgarie – Hongrie – Pologne – Roumanie – Tchécoslovaquie – Yougoslavie – République Démocratique Allemande. Paris. 1962. – J. Schwarz (Hrsg.), Der Aufbau Europas. Pläne u. Dokumente. 1945–1980. 1980. – E. H. Tuma, European Economic History. London. 1971. – W. Wagner, Die Teilung Europas. Gesch. der sowjet. Expansion bis zur Spaltung Deutschlands. 1918–1948. 1959. →auch 5.9.1, 5.9.3 Europ. Organisationen.
Oder-Neiße-Grenze, dt. Frage: Th. Eschenburg, Die dt. Frage, Verfassungsproblem der Wiedervereinigung. 1959. – H. G. Lehmann, Der Oder-Neiße-Konflikt. 1979. – H. von Siegler (Hrsg.), Dokumente zur Deutschlandfrage. Von der Atlantik-Charta 1941 bis zur Berlin-Sperre 1961. 3 Bde. [2]1961. →auch 5.4.6 Oder-Neiße-Linie.

5.3.6 WELTKRIEG 1914–1918

Bibliographien: Bücherschau der Weltkriegsbücherei. Jährlich seit 1921 (1–24) u. seit 1953 (25–31). Neue Folge als: Jahresbibliographie der Bibliothek für Zeitgeschichte. 32 ff. 1960 ff. – M. Gunzenhäuser, Bibliographie der Bibliographien zum Ersten Weltkrieg 1914–1918. 1964.
Darstellungen: W. Deist (Bearb.), Militär u. Innenpolitik im Weltkrieg 1914/18. 2 Bde. 1970. – Dt. Akademie der Wissenschaften zu Berlin, Institut für Geschichte, Arbeitsgruppe Erster Weltkrieg (Hrsg.), Dtschld. im Ersten Weltkrieg. 3 Bde. (DDR) [2–3]1970/71. – J. Droz, Les Causes de la Première Guerre Mondiale. Paris. 1973. – K. D. Erdmann, Der Erste Weltkrieg. Die Weimarer Republik (Gebhardt, Handbuch der dt. Geschichte. 9. Aufl. Bd. 4, 1). 1979. – Fritz Fischer, Griff nach der Weltmacht. Die Kriegszielpolitik des kaiserl. Dtschld. 1914–18. 1979. – I. Geiss, Das Deutsche Reich u. d. Erste Weltkrieg. 1978. – Ders. (Hrsg.), Julikrise u. Kriegsausbruch 1914. Eine Dokumentensammlung. 2 Bde. 1963/64. – G. P. Hayes, World War I. A Compact History. New York. 1972. – H. Herzfeld, Der Erste Weltkrieg (dtv-Weltgeschichte des 20. Jh. 1). 1968. – E. Hölzle (Hrsg.), Quellen z. Entstehung des Ersten Weltkrieges. Internationale Dokumente 1901–1914 (Frhr.-v.-Stein-Gedächtnisausg.). 1978. – W. Hubatsch, Dtschld. im Weltkrieg 1914–1918. (Dt. Geschichte 5). 1966. – E. Johann (Hrsg.), Innenansicht eines Krieges. Dt. Dokumente 1914–1918. 1968. Gekürzte Taschenbuch-Ausg. 1973. – P. Graf Kielmannsegg, Dtschld. u. der Erste Weltkrieg. 1968. – J. Kocka, Klassengesellschaft im Krieg. Dt. Sozialgeschichte 1914–1918. 1978. – W. Laqueur, G. L. Mosse (Hrsg.), Kriegsausbruch 1914. Erweiterte Neuausg. 1970. – P. Renouvin, La Crise Européenne et la Première Guerre Mondiale (1914–1918). Paris. [5]1969. – G. Ritter, Der erste Weltkrieg. Studien zum deutschen Geschichtsbild. 1964. – W. Schieder (Hrsg.), Erster Weltkrieg. Ursachen, Entstehung u. Kriegsziele. 1969. – E. Zechlin, Kriegsausbruch u. Kriegsziele 1914. 1974.
Conrad von Hötzendorf, Franz. H. Hoyer, Kaiser Karl I. u. Feldmarschall Conrad von Hötzendorf. Wien. 1972. – O. Regele, Feldmarschall Conrad. 1955.
Hindenburg, Paul von →5.4.4.
Ludendorff, Erich. H. Frentz, Der unbekannte Ludendorff. 1972. – D. J. Goodspeed, Ludendorff. Dt. 1968.

5.3.7 WELTKRIEG 1939–1945

Bibliographien: Bibliographie zur Zeitgeschichte. Beilage der „Vierteljahrshefte für Zeitgeschichte". 1953 ff. – Bücherschau der Weltkriegsbücherei bzw. Jahresbibliographie der Bibliothek für Zeitgeschichte (→5.3.6); bes. M. Gunzenhäuser, Die Bibliographien zur Geschichte des Zweiten Weltkriegs. In: Jahresbibliographie 1961. 1963; u. J. C. Allmayr-Beck. Die internationale Kriegsgeschichtsschreibung über den Zweiten Weltkrieg. In: Jahresbibliographie 1962. 1964. – H.-A. Jacobsen, Zur Konzeption einer Geschichte des Zweiten Weltkrieges 1939–1945. 1964.
Darstellungen: W. Baum, E. Weichold, Der Krieg der Achsenmächte im Mittelmeerraum. 1973. – G. Binder, Der Zweite Weltkrieg (Dt. Geschichte im 20. Jh. 3). 1973. – P. Calvocoressi, G. Wint, Total War. The Story of World War II. New York. 1973. – P. Carell, Unternehmen Barbarossa. Der Marsch nach Rußland. [8]1973. – R. Cartier, Der Zweite Weltkrieg. Dt. 2 Bde. 14. Tsd. 1969. – W. Craig, Die Schlacht um Stalingrad. Dt. 1974. – H. G. Dahms, Geschichte des Zweiten Weltkriegs. 1965. – K. D. Erdmann, Der Zweite Weltkrieg. In: Gebhardt, Handbuch der dt. Geschichte, 9. Aufl., Bd. 4, 2. 1976. – L. Gruchmann. Der Zweite Weltkrieg. Kriegführung u. Politik (dtv-Weltgeschichte des 20. Jh. 10). 1967. Neuausg. in: Institut für Zeitgeschichte (Hrsg.), Dt. Geschichte seit dem Ersten Weltkrieg. Bd. 2. 1973. – A. Hillgruber (Hrsg.), Probleme des Zweiten Weltkrieges. 1967. – Ders., G. Hümmelchen, Chronik des Zweiten Weltkrieges. 1978. – W. Hofer, Die Entfesselung des Zweiten Weltkrieges. Eine Studie über die internationalen Beziehungen im Sommer 1939. [3]1964. – H.-A. Jacobsen, Der Zweite Weltkrieg. Grundzüge der Politik u. Strategie in Dokumenten. 1965. – Ders., H. Dollinger (Hrsg.), Der Zweite Weltkrieg in Bildern u. Dokumenten. 3 Bde. 1962/63. Taschenbuchausg. 10 Bde. 1968/69. – Ders., J. Rohwer (Hrsg.), Entscheidungsschlachten des Zweiten Weltkrieges. 1960. – B. Liddell Hart, Geschichte des Zweiten Weltkrieges. Dt. 2 Bde. 1978. – J. Lukacs, Die Entmachtung Europas. Der letzte europäische Krieg 1939–1941. 1978. – B. Martin, Friedensinitiativen u. Machtpolitik im Zweiten Weltkrieg 1939–1942. 1974. – H. Michaelis, Der Zweite Weltkrieg 1939–1945 (Neu bearbeitete u. erweiterte Sonderausg. aus Brandt/Meyer/Just [Hrsg.], Handbuch der Dt. Geschichte 4, 2.). 1972. – H. Michel, Second World War. New York. 1974. – Militärgesch. Forschungsamt (Hrsg.), Das Deutsche Reich u. der Zweite Weltkrieg. 10 Bde. 1979 ff. – J. R. von Salis, Weltchronik 1939–1945. Zürich. 1966. – A. Seaton, Der russ.-dt. Krieg 1941–1945. Dt. 1973. – J. L. Snell, Illusion u. Realpolitik. Die diplomat. Geschichte des Zweiten Weltkrieges. Dt. 1966. – K. von Tippelskirch, Geschichte des Zweiten Weltkrieges. [2]1956. – P. Young (Hrsg.), Atlas of the Second World War. London. 1973. →auch 1.3.1, 1.3.2, 1.3.3.

5.4.0 DEUTSCHE GESCHICHTE (GESAMT UND ALLGEMEIN, INSBESONDERE NEUZEIT)

Bibliographien: W. Baumgart, Bücherverzeichnis zur dt. Geschichte (W. Hubatsch [Hrsg.], Dt. Geschichte Bd. 14). 1971. – Dahlmann-Waitz, Quellenkunde der dt. Geschichte. [9]1931. Reg.-Bd. 1932, [10]1969 ff. Inzwischen fortgef. in: A. Brackmann u. F. Hartung (Hrsg.), Jahresberichte für dt. Geschichte. Jg. 1–15/16 (1925 bis 1939/40) 1927–1942. Neue Folge Jg. 1–18 (1949 bis 1966). 1952–1969. – E. Keyser (Hrsg.), Bibliographie zur Städtegeschichte Deutschlands. 1969. – R. Oberschelp, Die Bibliographien zur dt. Landesgeschichte u. Landeskunde. [2]1977.
Handbücher u. Nachschlagewerke: Allg. Dt. Biographie. 56 Bde. 1875–1912. Nachdr. 1967 ff. – K. Bosl, G. Franz (Bearb.), Biographisches Wörterbuch zur deutschen Geschichte. 3 Bde. [2]1975. – O. Brandt, A. O. Meyer, L. Just (Hrsg.), Handbuch der Dt. Geschichte. Auf 5 in 9 Bden. berechnet. 1956 ff. Bd. 5 (Bilderatlas) 1968. – Gebhardt, Handbuch der dt. Geschichte. 9. Aufl. Hrsg. H. Grundmann. 4 in 5 Bden. 1970 ff. – Handbuch der historischen Stätten Deutschlands. 1964 ff. (bis 1980 12 Bde.). – G. Hass u. a. (Hrsg.-Kollektiv), Biographisches Lexikon zur dt. Geschichte. Von den Anfängen bis 1945. (DDR) [2]1970. – A. Heupel, F. Hoffmann, H. D. Homann, W. Hubatsch, Karten u. Stammtafeln zur dt. Geschichte (W. Hubatsch [Hrsg.], Dt. Geschichte 16). 1972. – Institut für Geschichte der Dt. Akademie der Wissenschaften zu Berlin (Hrsg.), Dt. Geschichte in Daten. (DDR) 1967. – E. Keyser (Hrsg.), Dt. Städtebuch. Handbuch städt. Geschichte. 1939 ff. – Neue Dt. Biographie. 1953 ff. (bis 1980 12 Bde.). – P. Rassow (Hrsg.). Dt. Geschichte im Überblick. 3. Aufl. Hrsg. Th. Schieffer. 1973. – H. Rössler, G. Franz, Biographisches Wörterbuch zur dt. Geschichte. 1952. Neu bearb. von K. Bosl u. a. 3 Bde. 1973 ff. – Dies., Sachwörterbuch zur dt. Geschichte. 1958. Nachdr. 2 Bde. Nendeln, Liechtenstein. 1970. – G. W. Sante, A. G. Ploetz-Verlag (Hrsg.), Geschichte der dt. Länder, „Territorien-Ploetz". 2 Bde. 1964–1971. – G. Taddey (Hrsg.) u. a., Lexikon der deutschen Geschichte. Personen, Ereignisse, Institutionen. Von den Anfängen bis zum Ausbruch des 2. Weltkrieges. 1977.
Allgemeine, Gesamt- u. übergreifende Darstellungen: J. Bühler, Dt. Geschichte. 6 Bde. [2]1954–1960. – W. Conze, Die dt. Nation. Ergebnis der Geschichte. [2]1965. – H. G. Dahms, Dt. Geschichte im Bild. [2]1970. – E. Franzel, Geschichte des dt. Volkes. 1973. – M. Freund, Dt. Geschichte. Fortgeführt von Th. Vogelsang. Sonderausg. 1977. – P. Gaxotte, Geschichte Deutschlands u. der Deutschen. Dt. 2 Bde. 1965–1967. – H. Holborn, Dt. Geschichte in der Neuzeit. Dt. 3 Bde. 1970/71. – W. Hubatsch (Hrsg.), Dt. Geschichte. Ereignisse u. Probleme. 1966 ff. (bis 1980 19 Bde.). – Institut für Zeitgeschichte (Hrsg.), Dt. Geschichte seit dem Ersten Weltkrieg. 3 Bde. 1971–1973. – H.-A. Jacobsen, H. Dollinger (Hrsg.), Dtschld. 100 Jahre dt. Geschichte. Ill. Sonderausg. 1973. – A. Jüttner, Die dt. Frage. Eine Bestandsaufnahme. 1971. – P. Kirn, Polit. Geschichte der dt. Grenzen. [4]1958. – J. Leuschner (Hrsg.), Dt. Geschichte. Auf 10 Bde. berechnet. 1973 ff. – G. Linne u. a., Panorama der dt. Geschichte. 1973. – G. Ritter, Das dt. Problem. Grundfragen dt. Staatslebens gestern u. heute. [2]1966. – W. Treue, Dt. Geschichte. [4]1971. – V. Valentin u. a., Knaur Dt. Geschichte. 61. Tsd. 1968. Taschenbuch-Ausg. 2 Bde. 18.–25. Tsd. 1969. →auch Heiliges Römisches Reich, 5.3.4, 5.3.5 u. 5.4.3 Deutsches Reich.
Mittelalter: →5.3.0–5.3.3
Rechts- und Verfassungsgeschichte: →4.0.3.
Wirtschafts- und Sozialgeschichte: →4.4.6
Kulturgeschichte: →5.0.0.
Albertiner →Sachsen.
Anhalt. Sachsen-Anhalt. Landeskundl. Regionalbibliographie für die Bezirke Halle u. Magdeburg. Berichtsjahre 1967 u. 1968. Nachträge 1965 u. 1966. Bearb. R. Jodl u. P. Henning. 1970. Berichtsjahre 1969 u. 1970. Nachträge 1965 bis 1968. 1972. – H. Wäschke, Anhaltische Geschichte. 3 Bde. 1912/13.
Ansbach. H.-J. Herold, Markgraf Joachim Ernst von Brandenburg-Ansbach als Reichsfürst. 1973. – Christian Meyer, Geschichte der Burggrafschaft Nürnberg u. der späteren Markgrafschaft Ansbach u. Bayreuth. 1908.
Askanier. E. Schmidt, Die Mark Brandenburg unter den Askaniern (1134–1320). 1973.
Auslandsdeutschtum. F. D. Kaiser, B. Stadiewski (Hrsg.), Deutsche im europäischen Osten. 1977. – Th. Schieder (Hrsg.), Dokumentation der Vertreibung der Deutschen aus Ostmitteleuropa. 5 Bde. 1953–1961. →auch Balten u. 5.4.6 Ostgebiete.
Baden. K. S. Bader, Der dt. Südwesten in seiner territorialstaatl. Entwicklung. 1950. – Kommission für geschichtl. Landeskunde in Baden-Württemberg (Hrsg.), Bibliographie der bad. Geschichte. 5 in 7 Bden. 1929–1966. – P. Sauer, Die Entstehung des Bundeslandes Baden-Württemberg. Hrsg. v. Landtag BW/Hauptstaatsarchiv Stuttgart. 1977. – B. Sütterlin, Geschichte Badens. Bd. 1. [2]1968. – W. Vetter (Einf.), Baden von 1945 bis 1951. (Reprint d. Ausg. 1951). 1979.
Balten. W. Lenz (Hrsg.), Deutschbalt. biograph. Lexikon 1710–1960. 1970. – D. A. Loeber (Hrsg.), Diktierte Option. Die Umsiedlung der Dt.-Balten aus Estland u. Lettland. 1972. – Niedersächs. Landesbibliothek, Hannover (Hrsg.), Katalog des Schrifttums über die balt. Länder. 2 Bde. 1971. – A. Frhr. von Taube, Die Dt.-Balten. Schicksal u. Erbe einer eigenständigen Stammesgemeinschaft. Hrsg. C.-Schirren-Gesellschaft, Lüneburg. 1973. →auch 5.5.5.2.
Bauernbefreiung. G. F. Knapp, Die Bauernbefreiung in Preußen. 2 Bde. [2]1927. – F. Lütge, Geschichte der dt. Agrarverfassung. [2]1967.
Bayern. Bayerische Bibliographie. 1928 bis 1958 in: „Zeitschrift für bayerische Landesgeschichte", seit 1959 als deren Beihefte 1 ff. 1966 ff. – K. Bosl (Hrsg.), Bayern (Handbuch der histor. Stätten Deutschlands 7). [2]1965. – Ders., Bayerische Geschichte. Neuaufl. 1968. – M. Spindler (Hrsg.), Handbuch der bayerischen Geschichte. 4 Bde. 1967 ff.
Berlin. M. Arendt, E. Faden, O.-F. Gandert, Geschichte der Stadt Berlin. 1937. – G. Heinrich (Hrsg.), Berlin u. Brandenburg (Handb. d. histor. Stätten Deutschlands 10). 1973. – H. Herzfeld, Berlin in der Weltpolitik 1945–1970. 1973. – D. Mahncke, Berlin im geteilten Dtschld. 1973. – Senatsbibliothek Berlin (Hrsg.), Berlin-Bibliographie (bis 1960) 1965. (1961–1966) 1973. →auch Brandenburg.
Brandenburg. Geschichte von Brandenburg u. Berlin. Auf 3 Bde. berechnet (Veröffentlichungen der Histor. Kommission zu Berlin). 1968 ff. – G. Heinrich (Hrsg.), Berlin u. Brandenburg (Handbuch der histor. Stätten Deutschlands 10). 1973. – Eberhard Schmidt, Die Mark Brandenburg unter den Askaniern (1134–1320). 1973. – Johannes Schultze, Die Mark Brandenburg. 4 Bde. 1961–1964. – Staatsarchiv Potsdam (Hrsg.), Bibliographie zur Geschichte der Mark Brandenburg. Auf 4 Bde. berechnet. 1970 ff.
Braunschweig →Hannover.
Danzig. L. Denne, Das Danzig-Problem in der dt. Außenpolitik 1934–1939. 1959. – E. Keyser, Danzigs Geschichte. [2]1929. – Ch. M. Kimmich, The Free City. Danzig and German Foreign Policy 1919–1934. New Haven u. London. 1968. →auch Westpreußen.
Deutsches Reich (bis 1806) →Heiliges Römisches Reich.
Deutsches Reich (1871–1945) →5.4.3 – 5.4.6.
Hannover. K. Brüning, Heinrich Schmidt (Hrsg.), Niedersachsen u. Bremen (Handbuch der histor. Stätten Deutschlands 2). [4]1976. – C. Haase (Hrsg.), Niedersachsen. Territorien – Verwaltungseinheiten – geschichtl. Landschaften. 1971. – Niedersächs. Landesbibliothek, Hannover (Hrsg.), Bibliographie der niedersächs. Geschichte. 1933/1955. Bd. 1 ff. 1973 ff. – O. Wilhelm, Bibliographie von Niedersachsen 1957–1961. 1964.
Heiliges Römisches Reich (Deutscher Nation). K. O. Frhr. von Aretin, Heiliges Röm. Reich 1776–1806. 2 Bde. 1967. – A. Dempf, Sacrum imperium. Geschichts- u. Staatsphilosophie des Mittelalters u. der polit. Renaissance. [3]1962. – W. Eggert, Das ostfränk.-dt. Reich in der Auffassung seiner Zeitgenossen. 1973. – F. Heer, Das Heilige Röm. Reich. 1967. – H. Kämpf (Hrsg.), Die Entstehung des Dt. Reiches (Dtschld. um 900). 1956. – G. Koch, Auf dem Wege zum Sacrum Imperium. Studien zur ideolog. Herrschaftsbegründung der dt. Zentralgewalt im 11. u. 12. Jh. 1972. – E. Müller-Mertens, Regnum Teutonicum. Aufkommen u. Verbreitung der dt. Reichs- u. Königsauffassung im früheren MA. 1970. – F. H. Schubert, Die dt. Reichstage in der Staatslehre der frühen Neuzeit. 1966. – G. Tellenbach, Die Entstehung des Dt. Reiches. 2 Bde. 1976. – Wolfgang Wagner, Das Staatsrecht des Hl. Röm. Reiches Dt. Nation. 1968.
Hessen. K. E. Demandt, Geschichte des Landes Hessen. [2]1972. – Histor. Kommission für Nassau bzw. Hessen (Hrsg.), Schrifttum zur Geschichte u. geschichtl. Landeskunde von Hessen. 1965 ff. – G. W. Sante (Hrsg.), Hessen (Handbuch der histor. Stätten Deutschlands 4). [3]1976.
Hohenzollern. W. Bernhardt, R. Seigel, Bibliographie zur hohenzollerischen Geschichte. Hrsg. v. d. Landeskdl. Forschungsstelle Hohenzollern d. Komm. f. geschichtl. Landeskde. in BW. 1975. – Friedrich Wilhelm Prinz von Preußen (Hrsg.), Preußens Könige. 1971. – O. Hintze. Die Hohenzollern u. ihr Werk. 1916 – W. Hubatsch, Hohenzollern in der dt. Geschichte. 1961. – W. H. Nelson, Die Hohenzollern. Dt. 1973.
Königsberg (Pr). F. Gause, Die Geschichte der Stadt Königsberg in Preußen. 3 Bde. 1965–1971. →auch Ostpreußen.
Lübeck. A. von Brandt, Kurze Chronik von Lübeck. 1975. – F. Endres (Hrsg.), Geschichte der Freien u. Hansestadt Lübeck. 1926. →auch Schleswig-Holstein.
Mecklenburg. M. Hamann, Mecklenburgische Geschichte. 1968. – Mecklenburgische Landesbibliothek, Schwerin (Hrsg.), Mecklenburgische Bibliographie (Berichtsjahr 1965 ff.) 1966 ff. – K. Pagel, Mecklenburg. Biographie eines Landes. 1969.
Ostpreußen. Bibliographie der Geschichte von Ost- u. Westpreußen. 1933 ff. bearb. von E. Wermke, 1967–1970 im Auftrag der Histor. Kommission für Ost- und Westpreuß. Landesforschung. 1972. – M. Gräfin Dönhoff, Namen, die keiner mehr nennt. Erinnerungen an Ostpreußen. 26.–90. Tsd. 1971. – F. Gause, Geschichte des Preußenlandes. 1966. – B. Schumacher, Geschichte Ost- u. Westpreußens. [5]1967. – E. Weise (Hrsg.), Ost- u. Westpreußen (Handbuch der histor. Stätten). 1966. →auch Preußen u. 5.4.6 Ostgebiete.
Pommern. O. Eggert, Geschichte Pommerns. [4]1965. – H.-U. Raspe, H. Rister, Geschichtl. u. landeskundl. Literatur Pommerns 1940–1960. 2 Bde. 1958–1966. – M. Wehrmann, Geschichte von Pommern. 2 Bde. [2]1919–1921. →auch Mecklenburg u. (Hinterpommern) 5.4.6 Ostgebiete.
Preußen. F. L. Carsten. Die Entstehung Preußens. Dt. 1968. – R. Dietrich, Kleine Geschichte Preußens. 1966. – W. Dilthey, Zur preuß. Geschichte. Hrsg. E. Weniger (Dilthey, Gesammelte Schriften 12). [4]1973. – E. J. Feuchtwanger, Preußen. Mythos u. Realität. 1971. – W. Hubatsch (Hrsg.), Studien zur Geschichte Preußens. 1955 ff. – Ders., Grundzüge der preuß. Geschichte. 1973. – H.-J. Netzer (Hrsg.), Preußen. Porträt einer polit. Kultur. 1968. – H.-J. Schoeps, Preußen. Geschichte eines Staates. [5]1966. – Ders., Preußen u. Dtschld. Wandlungen seit 1765. [2]1970. →auch Brandenburg, Hohenzollern, Ostpreußen, 5.3.0 Deutscher Orden.
Sachsen, R. Bemmann, J. Jatzwauk, Bibliographie der sächs. Geschichte. 3 in 5

Bden. 1918–1932. Nachdr. 1970. 3 Sonderbände 1957–1964. – R. Kötzschke, H. Kretzschmar, Sächs. Geschichte. Neuausg. 1965. – Sächs. Bibliographie. Zusammengestellt von J. Jandt u. a. (Berichtsjahre 1961–1964). 1962–1965 (1968 mit Nachträgen 1961 ff.). 1969. – W. Schlesinger (Hrsg.), Sachsen (Handbuch der histor. Stätten Deutschlands 8). 1965.
Schlesien. Histor. Kommission für Schlesien (Hrsg.), Geschichte Schlesiens. Bd. 1. ^{3}1961. – H. Hupka (Hrsg.), Große Deutsche aus Schlesien. 1970. – H. Rister, Schles. Bibliographie 1928–1957. 1953–1963. → auch Ostgebiete.
Schleswig-Holstein. O. Brandt, Geschichte Schleswig-Holsteins. Überarb. von W. Klüver. ^{6}1966. – O. Klose (Hrsg.), Geschichte Schleswig-Holsteins. 1955 ff. – Ders. (Hrsg.), Schleswig-Holstein u. Hamburg (Handbuch der histor. Stätten Deutschlands 1). ^{3}1976. – Ders. (Hrsg.), Schleswig-Holsteinisches Biographisches Lexikon. 1970 ff. – V. Pauls bzw. O. Klose (Hrsg.), Bibliographie zur schleswig-holstein. Geschichte u. Landeskunde (1928–1960). 6 Bde. 1930–1962.
Thüringen. H. Patze, Bibliographie zur Thüring. Geschichte. 2 Halb-Bde. 1965–1967. – Ders., W. Schlesinger (Hrsg.), Geschichte Thüringens. Auf 5 Bde. berechnet. 1967 ff. – Ders. (Hrsg.), Thüringen (Handbuch der histor. Stätten Deutschlands 9). 1968.
Westfalen. W. Först, Geschichte Nordrhein-Westfalens. Bd. 1 (1945–1949) 1970. – Geschichtlicher Handatlas von Westfalen. 1975. – F. Petri u. a. (Hrsg.), Nordrhein-Westfalen (Handbuch der histor. Stätten Deutschlands 3). ^{2}1970. – Stadt- u. Landesbibliothek Dortmund (Bearb.), Westfäl. Bibliographie (1945 ff.). 1954 ff. → auch 5.4.3 Dtschld. im Zeitalter Napoléons u. der Befreiungskriege.
Westpreußen → Ostpreußen.
Württemberg. Bibliographie der württemberg. Geschichte (bis 1945). 8 in 9 Bden. 1895–1956. Fortgesetzt (1966 ff.) in „Zeitschrift für Württembergische Landesgeschichte", Beihefte. 1967 ff. – O. Borst, Württemberg. Geschichte und Gestalt eines Landes. 1978. – M. Miller, Die württemberg. Geschichte. Von der Reichsgründung bis heute. 1971. → auch Baden.

5.4.1 DEUTSCHLAND IM ZEITALTER DER REFORMATION UND DER GEGENREFORMATION

Bibliographien: Bibliographie de la Réforme 1450–1648. Fasc. 1: Allemagne. Bearb. G. Franz. ^{3}1964. – K. Schottenloher, Bibliographie zur dt. Geschichte im Zeitalter der Glaubensspaltung 1517–1587. 6 Bde. 1933–1940. Nachdr. 1956–1958. Bd. 7: Das Schrifttum von 1938–1960. 1966.
Darstellungen: K. Brandi, Dt. Geschichte im Zeitalter der Reformation u. Gegenreformation. ^{4}1969. – K. Burdach, Reformation, Renaissance u. Humanismus. ^{2}1926. Nachdr. 1970. – A. G. Dickens, The German Nations and M. Luther. London. 1973. – Gebhardt, Handbuch der dt. Geschichte. 9. Aufl. Hrsg. H. Grundmann. Bd. 2: Von der Reformation bis zum Ende des Absolutismus. 1970. – F. Hartung, Dt. Geschichte im Zeitalter der Reformation, der Gegenreformation u. des 30jährigen Krieges. (Sammlg. Göschen 3105). ^{3}1971. – L. von Ranke, Dt. Geschichte im Zeitalter der Reformation. Hrsg. W. Andreas. 2 Bde. 1957. – E. W. Zeeden, Das Zeitalter der Gegenreformation. 1967. → auch 1.9.4 u. 5.3.3.
Albrecht V. von Bayern → 5.4.0 Bayern.
Augsburger Interim. G. Beutel, Über den Ursprung des Augsburger Interims. Diss. Leipzig 1888.
August von Sachsen → 5.4.0 Sachsen.
Bauernkrieg. H. Buszello, Der dt. Bauernkrieg von 1525 als polit. Bewegung. 1970. – G. Franz, Der dt. Bauernkrieg. ^{8}1969. Aktenbd. 1935. Nachdr. 1977. – A. Waas, Die Bauern im Kampf um Gerechtigkeit 1300–1525. 1976. – Wilh. Zimmermann, Der große dt. Bauernkrieg. 1975.
Dreißigjähriger Krieg → 5.3.5 Reformation u. Gegenreformation.
Frundsberg, Georg von. E. Richter, Frundsberg. 1968.
Fugger. G. Frhr. von Pölnitz, Die Fugger. ^{2}1960.
Karl V. K. Brandi, Kaiser Karl V. Werden u. Schicksal einer Persönlichkeit u. eines Weltreiches. ^{2}1979. – F. Hartung, Karl V. u. die dt. Reichsstände von 1546–1555. 1910. Nachdr. 1970.
Luther, Martin → 1.9.4.
Maximilian I. → 5.3.3.
Wallenstein, Albrecht Eusebius Wenzel von. H. Diwald, Wallenstein 1979. – G. Mann, Wallenstein. Sein Leben erzählt. 1973. – Ders., R. Bliggensdorfer, Wallenstein. Bilder zu seinem Leben. 1973. – L. von Ranke, Die Geschichte Wallensteins. Hrsg. H. Diwald. 1978.

5.4.2 DEUTSCHLAND IM ZEITALTER DES ABSOLUTISMUS

Darstellungen: B. Erdmannsdörffer, Dt. Geschichte vom Westfäl. Frieden bis zum Regierungsantritt Friedrichs d. Gr. 2 Bde. 1892/1893, Neudr. 1962. – Gebhardt, Handbuch der dt. Geschichte. 9. Aufl. Hrsg. H. Grundmann. Bd. 2: Von der Reformation bis zum Ende des Absolutismus. 1970. – L. Häusser, Dt. Geschichte vom Tod Friedrichs d. Gr. bis zur Auflösung des alten Reichs. 2 Bde. 1899–1911. – W. Hubatsch, Dtschld. zwischen dem Dreißigjährigen Krieg u. der Französ. Revolution (Dt. Geschichte 2,3). 1974. – F. von Kopitzsch (Hrsg.), Aufklärung, Absolutismus und Bürgertum in Deutschland. 1976. – R. Vierhaus, Deutschland im Zeitalter des Absolutismus (1648–1763). (Deutsche Geschichte, Bd. 6). 1978. → auch 5.3.5 Absolutismus.
Friedrich Wilhelm, der Große Kurfürst. M. Lackner, Die Kirchenpolitik des Großen Kurfürsten. 1973. – G. Oestreich, Friedrich Wilhelm, der Große Kurfürst. 1972. – E. Opgenoorth, Friedrich Wilhelm, der große Kurfürst von Brandenburg. 1972.
Friedrich Wilhelm I. von Preußen. C. Hinrichs, Friedrich Wilhelm I., König in Preußen. 1. Bd.: Jugend u. Aufstieg. ^{2}1947. Nachdr. (der 1. Aufl. von 1943 sowie 2 weiterer Beiträge) 1974.
Friedrich II., der Große. P. Gaxotte, Friedrich d. Gr. Dt. 1977. – G. P. Gooch, Friedrich d. Gr. Herrscher, Schriftsteller, Mensch. Dt. 1951. Taschenbuch-Ausg. 1975. – W. Hubatsch, Friedrich d. Gr. u. die preuß. Verwaltung. 1973. – R. Koser, Geschichte Friedrichs d. Gr. 4 Bde. $^{4-7}$1914–1925. Nachdr. 1963. – I. Mittenzwei, Friedrich II. von Preußen. 1980. – G. Ritter, Friedrich d. Gr. 1978.
Galen, Christoph Bernhard Graf von. W. Koch, Ch. B. von Galen. Polit. Geschichte des Fürstbistums Münster 1650–1678. 1964.
Georg Friedrich von Waldeck. B. Erdmannsdörffer, G. F. von Waldeck, ein preuß. Staatsmann im 17. Jh. 1869.
Joseph II. E. Benedikt, Kaiser Joseph II. 1741–1790. Wien. ^{2}1947. – H. Magenschats, Joseph II. Revolutionär v. Gottes Gnaden. 1979.
Karl VII. W. J. Bekh (Hrsg.), Ein Wittelsbacher in Italien. Das unbekannte Tagebuch Kaiser Karls VII. 1973. – F. Wagner, Kaiser Karl VII. u. die großen Mächte. 1938.
Karl Eugen von Württemberg. Württembergischer Geschichts- u. Altertumsverein (Hrsg.), Herzog Karl Eugen von Württemberg u. seine Zeit. 2 Bde. 1907–1909.

5.4.3 DEUTSCHLAND VON DER FRANZÖSISCHEN REVOLUTION BIS ZUM ENDE DES 1. WELTKRIEGES

Gesamt- u. übergreifende Darstellungen: Gebhardt, Handbuch der dt. Geschichte. 9. Aufl. Hrsg. H. Grundmann. Bd. 3: Von der Französ. Revolution bis zum Ersten Weltkrieg. 1970. – H. Kramer, Dt. Kultur zwischen 1871 u. 1918 (Handbuch der Kulturgeschichte). 1971. – G. Mann, Dt. Geschichte des 19. u. 20. Jh. 66. Tsd. 1972. – E. Marcks, Der Aufstieg des Reiches. Dt. Geschichte von 1807–1871/78. 4.–5. Tsd. 1938. – F. Meinecke, Weltbürgertum u. Nationalstaat (Meinecke, Werke Bd. 5). ^{2}1969. – F. Schnabel, Dt. Geschichte im 19. Jh. 4 Bde. ^{3}1947–1951. Taschenbuch-Ausg. 8 Bde. $^{1-2}$1965–1970. – H. von Treitschke, Dt. Geschichte im 19. Jh. Neuausg. von R. Lüdicke. 5 Bde. 1927. Nachdr. 1967.
Deutschland im Zeitalter Napoleons u. der Befreiungskriege: H. Berding, Napoleonische Herrschafts- u. Gesellschaftspolitik im Königreich Westfalen 1807–1813. 1973. – J. Droz, Dtschld. u. die Französ. Revolution. 1954. – R. Friedrich, Die Befreiungskriege 1813–15. 4 Bde. 1911–1913. – E. Kleßmann (Hrsg.), Die Befreiungskriege in Augenzeugenberichten. 1966. Taschenbuch-Ausg. 1973. – F. Meinecke, Das Zeitalter der dt. Erhebung. ^{7}1963. – F. Valjavec, Die Entstehung der polit. Strömungen in Dtschld. 1780–1816. 1978. → auch Hardenberg, Karl August von, u. Stein, Karl vom u. zum.
Restauration u. Revolution 1815 bis 1848: M. Botzenhart, Deutscher Parlamentarismus i. d. Revolutionszeit. Handb. d. dt. Parlamentarismus. Hrsg. v. d. Komm. f. Gesch. d. Parlamentarismus u. d. polit. Parteien. 1977. – W. Conze (Hrsg.), Staat u. Gesellschaft im dt. Vormärz 1815–1848. ^{2}1970. – F. Eyck, Deutschlands große Hoffnung. Die Frankfurter Nationalversammlung 1848/49. Dt. 1973. – K.-G. Faber, Restauration und Revolution. (in: Brandt/Meyer/Just, Handb. d. dt. Gesch., Bd. 3/I., 2. Tl.). 1979. – H. Fenske (Hrsg.), Vormärz u. Revolution 1840–1849 (Frhr.-v.-Stein-Gedächtnisausg.). 1976. – E. R. Huber, Dt. Verfassungsgeschichte seit 1789. Bd. I: Reform u. Restauration (1789–1830). 1975. – H. Rothfels, 1848 – Betrachtungen im Abstand von hundert Jahren. 1948. Dt. Nachdr. 1972. – R. Stadelmann, Soziale u. polit. Geschichte der Revolution von 1848. ^{2}1970. Taschenbuch-Ausg. 1973. – V. Valentin, Geschichte der dt. Revolution 1848 bis 49, Neuausg. 2 Bde. 1971. – E. Zechlin, Die dt. Einheitsbewegung (W. Hubatsch [Hrsg.], Dt. Geschichte 3, 1). 1967. → auch Stein, Karl vom u. zum.
Das Zeitalter Bismarcks: O. Becker, Bismarcks Ringen um Deutschlands Gestaltung. Hrsg. u. erg. A. Scharff. 1958. – H. Böhme, Deutschlands Weg zur Großmacht. Studien zum Verhältnis von Wirtschaft u. Staat während der Reichsgründungszeit 1848–1881. 1972. – Ders. (Hrsg.), Probleme der Reichsgründungszeit 1848 bis 1879. 1968. – K. Born (Hrsg.), Bismarck-Bibliographie. Quellen u. Literatur z. Gesch. Bismarcks u. seiner Zeit. 1966. – W. Bußmann, Das Zeitalter Bismarcks (Brandt/Meyer/Just [Hrsg.], Handbuch der Dt. Geschichte 3, 2). 1979. – A. Hillgruber, Bismarcks Außenpolitik. 1972. – K. H. Höfele, Geist u. Gesellschaft der Bismarckzeit (1870–1890). 1967. – N. M. Hope, The Alternative of German Unification: the Anti-Prussian Party Frankfurt, Nassau and the two Hessen. Wiesbaden. 1973. – H. J. Schoeps, Der Weg ins Dt. Kaiserreich. 1970. – M. Stürmer (Hrsg.), Bismarck u. die preuß.-dt. Politik 1871–1890. ^{2}1973. – W. Treue, Dtschld. seit 1848. 1968. – V. Valentin, Von Bismarck zur Weimarer Republik. Sieben Beiträge zur dt. Politik. 1979. – H.-U. Wehler, Bismarck u. der Imperialismus. ^{3}1972. – E. Zechlin, Die Reichsgründung. (W. Hubatsch [Hrsg.], Dt. Geschichte 3, 2). 1967. → auch Deutsches Reich.
Deutschland unter Kaiser Wilhelm II.: M. Balfour, Der Kaiser. Wilhelm II. u. seine Zeit. Dt. 1967. – W. Baumgart, Dtschld. im Zeitalter des Imperialismus (1890–1914) (W. Hubatsch [Hrsg.], Dt. Geschichte 4). 1972. – K. E. Born, Staat u. Sozialpolitik seit Bismarcks Sturz. 1957. – E. Brandenburg, Von Bismarck zum Weltkrieg. ^{3}1939. Nachdr. 1973. – P. Domann, Sozialdemokratie u. Kaisertum unter Wilhelm II. 1974. – W. Frauendienst, Das Dt. Reich von 1890–1914. In: Brandt/Meyer/Just (Hrsg.), Handbuch der Dt. Geschichte 4, 1. 1973. – R. Hochhuth, H. H. Koch, Kaisers Zeiten. Bilder einer Epoche. 1973. – J. C. G. Röhl, Deutschland ohne Bismarck. Dt. 1969. – K. Saul, Staat, Industrie und Arbeiterbewegung im Kaiserreich. Zur Innen- und Sozialpolitik des Wilhelminischen Deutschland. 1903–1914. 1974. → auch Deutsches Reich.
Bebel, August. H. Hirsch, A. Bebel. 1973. – E. Schraepler, A. Bebel. 1966.
Bethmann Hollweg, Theobald von. W. Gutsche, Aufstieg u. Fall eines kaiserl. Reichskanzlers. Th. von Bethmann Hollweg 1856–1921. 1974. – K. Hildebrand. Bethmann Hollweg. Der Kanzler ohne Eigenschaften? Urteile der Geschichtsschreibung. Eine krit. Bibliographie. ^{2}1970. – K. Riezler, Tagebücher, Aufsätze, Dokumente. Einl. u. Hrsg. K. D. Erdmann. 1972. – E. von Vietsch, Bethmann Hollweg, Staatsmann zwischen Macht u. Ethos. 1969.
Bismarck, Otto von. K. E. Born (Hrsg.), Bismarck-Bibliographie. 1966. – L. Gall, Bismarck. 1980. – Ders. (Hrsg.), Das Bismarckproblem in der Geschichtsschreibung nach 1945. 1971. – H. Hallmann (Hrsg.), Revision des Bismarckbildes. Die Diskussion der dt. Fachhistoriker 1945–1955. 1972. – W. Mommsen, Bismarck. Ein polit. Lebensbild. 1959. – A. Palmer, Bismarck. 1978. → auch Das Zeitalter Bismarcks, Deutsches Reich.
Bülow, Bernhard von. P. Winzen, Bülows Weltmachtkonzept. Unters. z. Frühphase seiner Außenpolitik 1897–1901. Hrsg. v. Bundesarchiv Koblenz. 1977.
Caprivi, Leo von. R. Weitowitz, Deutsche Politik u. Handelspolitik unter Reichskanzler Leo von Caprivi 1890–1894. 1978.
Demagogenverfolgung → auch Restauration u. Revolution 1815–1848.
Deutscher Bund. H. J. Schoeps, Von Olmütz nach Dresden 1850/51. Ein Beitrag zur Geschichte der Reformen am Dt. Bund. 1972. – E. Wienhöfer, Das Militärwesen des Dt. Bundes u. das Ringen zwischen Österreich u. Preußen um die Vorherrschaft in Dtschld. 1815–1866. 1973. → auch Restauration u. Revolution 1815 bis 1848.
Deutscher Krieg. G. A. Craig, Königgrätz. Dt. Jubiläumsausg. Wien. 1977. – W. von Groote, U. von Gersdorff (Hrsg.), Entscheidung 1866. 1966. – H. Michaelis. Königgrätz (Sonderdruck aus H. Hallmann [Hrsg.], Revision des Bismarckbildes). 1972. – W. Schüssler, Königgrätz 1866. Bismarcks trag. Trennung von Österreich. 1958. Nachdr. 1971. – A. Wandruszka, Schicksalsjahr 1866. Graz. 1966. → auch 1.3.0.3 Moltke, Helmuth Graf von.
Deutsches Reich. G. Binder, Das Kaiserreich. Die Weimarer Republik (Dt. Geschichte des 20. Jh. 1). 1973. – K. E. Born, Von der Reichsgründung bis zum I. Weltkrieg (in: Gebhardt, Handb. d. dt. Gesch. Bd. 3). ^{9}1970. – K. Buchheim, Das Dt. Kaiserreich 1871–1918. 1969. – W. Conze, Die Zeit Wilhelms II. u. die Weimarer Republik. 1890–1933. 6. Tsd. 1964. – G. A. Craig, Deutsche Geschichte 1866–1945. 1980. – E. Deuerlein (Hrsg.), Die Gründung des Dt. Reiches 1870/71 in Augenzeugenberichten. 1970. – H. Dollinger (Hrsg.), Das Kaiserreich. Seine Geschichte in Texten, Bildern u. Dokumenten. 1966. – H. Fenske (Hrsg.), Im Bismarckschen Reich 1871–1890. 1978. – M. Göhring, Bismarcks Erben. 1890–1945. Deutschlands Weg von Wilhelm II. bis A. Hitler. ^{2}1959. – F. Haselmayr, Diplomatische Geschichte des Zweiten Reiches. 1871–1918. 6 in 7 Bden. 1955–1964. – M. Messerschmidt, Zum Verhältnis von Militär u. Politik in der Bismarckzeit u. in der Wilhelmin. Ära. 1973. – P. Milza, De Versailles à Berlin. 1919–1945. Paris. ^{2}1973. – G. Ritter, J. Kocka (Hrsg.), Deutsche Sozialgeschichte. Bd. 2: Dokumente und Skizzen 1870–1914. 1977. – Th. Schieder, E. Deuerlein (Hrsg.), Reichsgründung 1870/71. Tatsachen, Kontroversen, Interpretationen. 1970. – O. E. Schüddekopf (Hrsg.), Herrl. Kaiserzeit Dtschld. 1871–1914 (Bildband). 1973. – M. Schwarz, MdR. Biograph. Handbuch der (dt.) Reichstage. 1965. – M. Stürmer (Hrsg.), Das kaiserl. Deutschland. Politik u. Gesellschaft 1870–1918. 1970. – Herzogin Viktoria Luise, Bilder der Kaiserzeit. ^{2}1969. – H.-U. Wehler, Krisenherde des Kaiserreiches 1871–1918. Studien zur dt. Sozial- u. Verfassungsgeschichte. 1977. – Ders., Das Dt. Kaiserreich 1871–1918 (J. Leuschner [Hrsg.], Dt. Geschichte 9). 1977. – J. Ziekursch, Polit. Geschichte des neuen dt. Kaiserreichs. 3 Bde. 1925–1930 → auch Das Zeitalter Bismarcks, 5.4.4 u. 5.4.5.
Deutsch-Französischer Krieg. J. Dittrich, Bismarck, Frankreich u. die span. Thronkandidatur der Hohenzollern. Die „Kriegsschuldfrage" von 1870. 1962. – W. von Groote, U. von Gersdorff (Hrsg.), Entscheidung 1870. 1970. – F. Herre, Anno 70/71. 1970. – E. Kolb (Hrsg.), Der Kriegsausbruch 1870. 1970. → auch 1.3.0.3 Moltke, Helmuth Graf von.
Elsaß-Lothringen. F. Bronner, 1870/71, Elsaß-Lothringen. 2 Halb-Bde. 1971.
Emser Depesche → Deutsch-Französischer Krieg.
Friedrich III. M. Freund, Das Drama der 99 Tage. Krankheit und Tod Friedrichs III. 1966.
Großdeutsche. A. Rapp, Großdeutsch – kleindeutsch. Stimmen aus der Zeit von 1815–1914. 1922. – G. Ritter, Großdeutsch u. kleindeutsch im 19. Jh. In: Schicksalswege dt. Vergangenheit (Festschrift S. A. Kaehler) 1950.
Hambacher Fest. K. Baumann (Hrsg.), Das Hambacher Fest. 27. Mai 1832. Männer u. Ideen. 1957. – V. Valentin, Das Hambacher Nationalfest. 1932.
Hardenberg, Karl August von. H. Haussherr, Hardenberg. Eine polit. Biographie. Hrsg. K. E. Born. 1963. – W. Hubatsch, Die Stein-Hardenbergschen Reformen. 1977.
Kulturkampf. Ch. Weber, Kirchliche Politik zwischen Rom, Berlin und Trier. Die Beilegung des Preußischen Kulturkampfes 1876–1888. 1970.
Norddeutscher Bund. R. Dietrich (Hrsg.), Europa u. der Norddt. Bund. 1967.
Novemberrevolution. S. Haffner, Die deutsche Revolution 1918/19. 1979. – F. Kolb, Die Arbeiterräte in der deutschen Innenpolitik 1918–1919. 1978. – Ders. (Hrsg.), Vom Kaiserreich zur Weimarer Republik. 1974. – G. P. Meyer, Bibliographie zur deutschen Revolution 1918/19. 1977. – G. A. Ritter, S. Miller (Hrsg.), Die deutsche Revolution 1918–1919. Dokumente. ^{2}1975.
Stein, Karl vom u. zum. F. Herre, Freiherr vom Stein. 1973. – W. Hubatsch, Stein-Studien. Die preußischen Reformen des Reichsfreiherrn Karl vom Stein zwischen Revolution und Restauration. 1975. – G. Ritter, Stein. Eine polit. Biographie. ^{3}1958. – H. Rössler, Reichsfreiherr vom Stein. ^{2}1964.
Weltkrieg 1914–1918 → 5.3.6.
Wiener Kongreß → 5.3.5 Neunzehntes Jahrhundert.
Wilhelm I. E. Marcks, Kaiser Wilhelm I. Hrsg. K. Pagel. ^{9}1943. → auch Das Zeitalter Bismarcks.
Wilhelm II. F. Hartan, Wilhelm II. 1978. – W. Schüssler, Wilhelm II. Schicksal u. Schuld. ^{2}1970. → auch Deutschland unter Kaiser Wilhelm II.

5.4.4 DEUTSCHLAND ZUR ZEIT DER WEIMARER REPUBLIK

Gesamtdarstellungen: K. D. Bracher, Die Auflösung der Weimarer Republik. ^{5}1971. – K. Buchheim, Die Weimarer Republik. 1977. – K. Dederke, Reich u. Republik. Dtschld. 1917–1933. ^{3}1978. – K. D. Erdmann, Die Weimarer Republik. In: Gebhardt, Handbuch der dt. Geschichte. 9 Aufl. Bd. 4, 1. 1973. – E. Eyck, Geschichte der Weimarer Republik. 2 Bde. $^{4-5}$1973. – H. Heiber, Die Republik von Weimar (dtv-Weltgeschichte des 20. Jh. Bd. 3). ^{7}1974. – W. Hoegner, Die verratene Republik. 1979. – I. Koza, Die erste Dt. Republik im Spiegel des polit. Memoirenschrifttums. 1973. – A. Mohler, Die Konservative Revolution in Dtschld. 1918–1932. Ein Handbuch. ^{2}1972. – H. Mommsen, D. Petzina, B. Weisbrod, Industrielles System u. polit. Entwicklung in der Weimarer Republik. 1974. – G. Post, The Civil-Military Fabric of Weimar Foreign Policy. Princeton, N. J. 1973. – A. Rosenberg, Geschichte der Weimarer Republik. 1977. – Ders., Entstehung der Weimarer Republik. 1977. – O.-E. Schüddekopf, Nationalbolschewismus in Dtschld. 1918–1933. 1960. Taschenbuch-Ausg. 1973. → auch 5.4.3 Deutsches Reich.

Brockdorff-Rantzau, Ulrich von. E. Stern-Rubarth, Graf Brockdorff-Rantzau, Wanderer zwischen zwei Welten. Neuausg. 1968.

Brüning, Heinrich. E. Lohe, H. Brüning. 1969.

Dolchstoßlegende. F. Frhr. Hiller von Gaertringen, „Dolchstoß"-Diskussion u. „Dolchstoßlegende" im Wandel von 4 Jahrzehnten. In: Geschichte u. Gegenwartsbewußtsein (Festschrift für H. Rothfels). 1963.

Ebert, Friedrich. W. Besson, F. Ebert. ^{2}1971. – F. Ebert. 1871–1925. Geleitwort von G. Heinemann. 1971. – G. Haschke, H. Tönnies, F. Ebert. 1961. – G. Kotowski, F. Ebert. Eine polit. Biographie. Bd. 1. 1963.

Eisner, Kurt. A. Mitchell, Revolution in Bayern 1918/19. Die Eisner-Regierung u. die Räterepublik. 1967. – F. Schade, K. Eisner u. die bayer. Sozialdemokratie. 1961.

Erfüllungspolitik. L. Zimmermann, Dt. Außenpolitik in der Ära der Weimarer Republik. 1958.

Erzberger, Matthias. K. Epstein, M. Erzberger u. das Dilemma der dt. Demokratie. 1962. – Th. Eschenburg, M. Erzberger. 1973.

Hindenburg, Paul von. A. Dorpalen, Hindenburg in der Geschichte der Weimarer Republik. 1966. – W. Hubatsch, Hindenburg u. der Staat. 1965. – E. Marcks, W. Hubatsch, Hindenburg. Feldmarschall u. Reichspräsident. 1963. – W. Ruge, Hindenburg – Porträt eines Militaristen. (DDR) 1973. – J. W. Wheeler-Bennett, Der hölzerne Titan. P. von Hindenburg. Dt. 1969.

Hugenberg, Alfred. D. Guratzsch, Macht durch Organisation. Die Grundlegung des Hugenbergschen Presseimperiums. 1974.

Rathenau, Walther. P. Berglar, W. Rathenau. 1970. – H. Graf Keßler, W. Rathenau. 1962.

Reichswehr → 1.3.7.

Stresemann, Gustav. F. Hirsch, G. Stresemann. 1978. – M. Walsdorff, Bibliographie Gustav Stresemann. Hrsg. v. d. Komm. f. Gesch. d. Parlamentarismus u. d. polit. Parteien. 1972.

Versailler Vertrag → 5.3.5.

5.4.5 DEUTSCHLAND 1933–1945

Gesamtdarstellungen: G. Binder, Dtschld. unter dem Nationalsozialismus (Dt. Geschichte des 20. Jh. 2). 1973. – K. D. Bracher, Die dt. Diktatur. 1976. – M. Broszat, Der Staat Hitlers. (dtv-Weltgeschichte des 20. Jh. 9). ^{3}1973. – H. Buchheim, M. Broszat, H.-A. Jacobsen, H. Krausnick, Anatomie des SS-Staates. 2 Bde. 1965. – K. D. Erdmann, Dtschld. unter der Herrschaft des Nationalsozialismus. In: Gebhardt, Handbuch der dt. Geschichte. 9. Aufl. Bd. 4, 2. 1976. – J. C. Fest, Das Gesicht des Dritten Reiches. 7.–17. Tsd. 1964. – M. Freund, Dtschld. unterm Hakenkreuz. 1965. – A. Grosser, Wie war es möglich? Die Wirklichkeit des Nationalsozialismus. 1977. – R. Grunberger, Das zwölfjährige Reich. Der Deutschen Alltag unter Hitler. Dt. Wien. 1972. – F. V. Grunfeld, Hitlers Kampf. Die NSDAP u. das Dt. Reich von 1918 bis 1945. Dt. 1974. – E. Hennig, Thesen zur dt. Sozial- u. Wirtschaftsgeschichte 1933 bis 1938. 1973. – V. Hentschel, Weimars letzte Monate. Hitler und der Untergang der Republik. 1978. – K. Hildebrand, Das Dritte Reich (Oldenbourg-Grundr. d. Gesch., Bd. 17). ^{2}1980. – Ders., Dt. Außenpolitik 1933–1945. ^{2}1973. – W. Hofer, H. Michaelis, Von 1933 bis 1945 (Brandt/Meyer/Just [Hrsg.], Handbuch der Dt. Geschichte 4, 2). 1965. – E. Kogon, Der SS-Staat. Neuaufl. 1974. – H. von Maltitz, The Evolution of Hitler's Germany. New York. 1973. – H. Mau, H. Krausnick, Dt. Geschichte der jüngsten Vergangenheit 1933–1945. ^{6}1964. – F. Neumann, Behemoth. Struktur und Praxis des Nationalsozialismus 1933–1944. (Erstausgabe 1942). Dt. 1979. – D. Schoenbaum, Die braune Revolution. Eine Sozialgeschichte des Dritten Reiches. 1968. – Th. Vogelsang, Die nationalsozialist. Zeit. Dtschld. 1933 bis 1939 (W. Hubatsch [Hrsg.], Dt. Geschichte 7). 1967. → auch 5.4.3 Deutsches Reich, 5.8.3 Nationalsozialismus.

Auschwitz. H. G. Adler u.a. (Hrsg.), Auschwitz, Zeugnisse u. Berichte. 1979. – H. Langbein, Menschen in Auschwitz. Wien. 1972.

Canaris, Wilhelm. H. Fraenkel, R. Manvell, Canaris. Spion im Widerstreit. 1978. – H. Höhne, Canaris. 1976.

Deutsche Arbeitsfront. H.-G. Schumann, Nationalsozialismus u. Gewerkschaftsbewegung. Die Vernichtung der dt. Gewerkschaften u. der Aufbau der Deutschen Arbeitsfront. 1958.

Goebbels, Joseph. Joseph Goebbels. Tagebücher 1945. Die letzten Aufzeichnungen. Mit einer Einl. v. R. Hochhuth. 1977. – H. Heiber, J. Goebbels. 1962.

Goerdeler, Carl. G. Ritter, C. Goerdeler u. die dt. Widerstandsbewegung. 11.–14. Tsd. 1956.

Göring, Hermann. L. Mosley, Göring. 1977.

Himmler, Heinrich. J. Ackermann, Heinrich Himmler als Ideologe. 1970. – H. Fraenkel, R. Manvell, Himmler. 1965. – H. Himmler, Geheimreden. 1974. – B. Smith, H. H. 1900–1926. H. H.s Weg in den deutschen Faschismus. 1979. – R. Vogelsang, Der Freundeskreis Himmler. 1973.

Hitler, Adolf. E. Baumgarten (Hrsg.), Hitlers letzte Rechenschaft. 1973. – L. Besymenskij, Der Tod des A. Hitler. Unbekannte Dokumente aus den Moskauer Archiven. Dt. 1968. – A. Bullock, Hitler. Dt. Neuausg. 1977. – E. Deuerlein, Hitler. 1969. – M. Domarus (Hrsg.), Hitler. Reden und Proklamationen 1932–1945. 2 Bde. 1962/63. – J. C. Fest, Hitler. 1976. – S. Haffner, Anmerkungen zu Hitler. 1978. – Heinrich Hoffmann, Hitler aus der Nähe. 1974. – D. Irving, Hitler als Feldherr. Dt. 1974. – E. Jäckel, Hitlers Weltanschauung. 1969. – W. Maser, A. Hitler. Biographie. 1978. – J. Toland, A. Hitler. 1977.

Judenverfolgung. H. G. Adler, Der verwaltete Mensch. Studien zur Deportation der Juden aus Dtschld. 1974. – S. Adler-Rudel, Jüdische Selbsthilfe unter dem Naziregime 1933–1939 im Spiegel der Berichte der Reichsvertretung der Juden in Deutschland. 1974. – H. Genschel, Die Verdrängung der Juden aus der Wirtschaft im Dritten Reich. 1966. – R. Hilberg, The Destruction of the European Jews. Chicago. 1961. – W. Lewis, Hitler, the Germans and the Jews. 5 Bde. New York. 1973. – G. Reitlinger, Die Endlösung. Dt. 1979. – W. Scheffler, Judenverfolgung im Dritten Reich. 57. Tsd. 1969. – G. Schoenberner, Der gelbe Stern. 1978.

Kirchenkampf. D. Albrecht (Hrsg.), Katholische Kirche im Dritten Reich. 1976. – W. Niemöller, Die ev. Kirche im Dritten Reich. 1956. – K. Scholder, Die Kirchen u. d. Dritte Reich. 1977 ff. – F. Zipfel, Kirchenkampf in Dtschld. 1933–1945. 1965.

Wehrmacht → 1.3.7.

Weltkrieg 1939–1945 → 5.3.7.

Widerstandsbewegung. H. C. Deutsch, Verschwörung gegen den Krieg. Der Widerstand in den Jahren 1939–1940. Dt. ^{2}1969. – H. Elling, Frauen im deutschen Widerstand 1933–45. 1978. – K. Finker, Stauffenberg u. der 20. Juli (DDR). ^{2}1971. – J. D. Forman, Code Name Valkyrie. Count von Stauffenberg and the Plot to Kill Hitler. New York. 1973. – Peter Hoffmann, Widerstand, Staatsstreich, Attentat. ^{3}1979. – Inter Nationes (Hrsg.), Resistance in Germany. 1933–1945; a Bibliography. Bad Godesberg ^{3}1967. – Christian Müller, Oberst i. G. Stauffenberg. 1971. – Ch. Petry, Studenten aufs Schafott. Die Weiße Rose u. ihr Scheitern. 1968. – G. van Roon, Widerstand im Dritten Reich. 1979. – H. Rothfels, Die dt. Opposition gegen Hitler. 1977. – B. Scheurig, H. von Tresckow. 1973. → auch Goerdeler, Carl.

5.4.6 DEUTSCHLAND SEIT 1945

Gesamtdarstellungen: G. Binder, Dtschld. seit 1945. 1969. – K. D. Bracher (Hrsg.), Nach 25 Jahren. Eine Deutschlandbilanz. 1970. – BRD–DDR. Systemvergleich. 3 Bde. Hrsg. v. Bundesminister f. innerdeutsche Beziehungen. 1971–1974. – W. Cornides, Die Weltmächte u. Dtschld. Geschichte der jüngsten Vergangenheit 1945–1955. ^{2}1961. – D. Cramer, Dtschld nach dem Grundvertrag. 1973. – E. Deuerlein, Dtschld. nach dem Zweiten Weltkrieg. 1945–1955. (Brandt/Meyer/Just [Hrsg.], Handbuch der Dt. Geschichte 4, 3). 1965. – Ders., Dtschld. 1963–1970. 1972. – K. D. Erdmann, Die Spaltung Deutschlands. In: Gebhardt, Handbuch der dt. Geschichte. 9. Aufl. Bd. 4, 2. 1976. – E. J. Feuchtwanger (Hrsg.), Dtschld. Wandel u. Bestand. Eine Bilanz nach hundert Jahren. 1973. – A. Grosser, Deutschlandbilanz. Geschichte Deutschlands seit 1945. Dt. Sonderausg. 1974. – A. Hillgruber, Dt. Geschichte 1945–1972 (W. Hubatsch [Hrsg.], Dt. Geschichte 9). 1974. – H.-A. Jacobsen, H. Dollinger (Hrsg.), Hundert Jahre Deutschland 1870–1970. Bilder, Texte, Dokumente. 1969. – P. Ch. Ludz, Deutschlands doppelte Zukunft. Bundesrepublik u. DDR in der Welt von morgen. 1974. – K. Mehnert, Der dt. Standort. Neuausg. 1970. – H. Menudier, L'Allemagne après 1945 (mit Bibliographie). Paris. 1972. – P. Reichelt, H. U. Behn, Dt. Chronik 1945 bis 1970. 2 Bde. 1970/71. – H. Rumpf, Land ohne Souveränität. Krit. Betrachtungen zur Dtschld.-Politik von Adenauer bis Brandt. ^{2}1973. – Th. Vogelsang, Das geteilte Dtschld. (dtv-Weltgeschichte des 20. Jh. 11). ^{8}1978. – W. Weber, W. Jahn, Synopse zur Deutschlandpolitik 1941 bis 1973. 1973 → auch 5.8.5.

Bundesrepublik Deutschland: K. Bölling, Die zweite Republik. 1963. – H. Dollinger (Hrsg.), Die Bundesrepublik in der Ära Adenauer. 1949–1963. Ihre Geschichte in Texten, Bildern u. Dokumenten. 1966. – M. Hereth, Zwanzig Jahre Bundesrepublik Dtschld. in Dokumenten. 1969. – U. Jaeggi, Macht u. Herrschaft in der Bundesrepublik. 1969. – H. Kaack (Hrsg.), Der unbewältigte Machtwechsel. 1973. – R. Klett (Hrsg.), Stationen einer Republik. 1979. – R. Löwenthal, H.-P. Schwarz (Hrsg.), Die zweite Republik. 25 Jahre Bundesrepublik Deutschland – eine Bilanz. 1974. – P. H. Merkl, Die Entstehung der Bundesrepublik Deutschland. 1965. – K. Niclauß, Demokratiegründung in Westdeutschland. Die Entstehung der Bundesrepublik 1945–1949. 1974. – H. K. Rupp, Politische Geschichte der Bundesrepublik Deutschland. Entstehung und Entwicklung. 1978. – H. Schwarz, Vom Reich zur Bundesrepublik. Dtschld. im Widerstreit der außenpolit. Konzeption in den Jahren der Besatzungsherrschaft 1945–1949. 1966. – Westdeutschlands Weg zur Bundesrepublik 1945–1949. Beitr. v. Mitarb. d. Inst. f. Zeitgesch. 1976.

Deutsche Demokratische Republik: A. Baring, Der 17. Juni 1953. ^{2}1965. – W. Bröll, W. Heisenberg, W. Sühlo, Der andere Teil Deutschlands. ^{3}1971. – G. Buch (Bearb.), Namen u. Daten. Biographien wichtiger Personen der DDR. ^{2}1979. – Bundesministerium f. innerdeutsche Beziehungen (Hrsg.), DDR-Handbuch. ^{2}1979. – E. Deuerlein (Hrsg.), DDR. 1945–1970. Geschichte u. Bestandsaufnahme. ^{3}1971. – St. Doernberg, Kurze Geschichte der DDR. (DDR) ^{3}1968. – J. Dornberg, Deutschlands andere Hälfte. Profil u. Charakter der DDR. 1969. – J. W. Görlich, Geist u. Macht in der DDR. 1968. – W. Leonhard, Die Revolution entläßt ihre Kinder. 1979. – P. C. Ludz, Die DDR zwischen Ost und West. Politische Analysen 1961–1976. 1977. – Ders., Parteielite im Wandel. Funktionsaufbau, Sozialstruktur u. Ideologie der SED-Führung. ^{3}1970. – H. Rausch, Th. Stammen (Hrsg.), DDR – Das polit., wirtschaftl. u. soziale System. 1974. – E. Schneider, Die DDR. Geschichte, Politik, Wirtschaft, Gesellschaft. Hrsg. v. A. Rummel. 1978. – H. D. Schwarze, Die DDR ist keine Zone mehr. ^{4}1970. – H. Weber, DDR. Grundriß der Geschichte 1945–1976. (Ed. Zeitgeschehen). 1976. – G. Wettig, Die Sowjetunion, die DDR und die Deutschland-Frage 1965–1976 (Bonn aktuell 28). 1976. → auch 5.8.7.

Adenauer, Konrad. B. Bandulet, Adenauer zwischen West u. Ost. 1970. – R. Morsey, K. Repgen (Hrsg.), Adenauer-Studien. 1971 ff. – H. Osterheld, K. Adenauer. 1973. – A. Poppinga, Meine Erinnerungen an K. Adenauer. 1976. – H. G. Pöttering, Adenauers Sicherheitspolitik 1955–1963 (Bonner Schriften z. Politik u. Zeitgesch., 10). 1975. – T. Prittie, K. Adenauer. Dt. 1971. → auch Bundesrepublik Deutschland.

Berlin → 5.4.0.

Brandt, Willy. H. O. Bolesch, H. Leicht, Der lange Marsch des W. Brandt. ^{3}1970. – K. Harpprecht, W. Brandt. Porträt u. Selbstporträt. 1970. – T. Prittie, W. Brandt. Dt. 1973. – H. Scholl, W. Brandt. Mythos u. Realität. 1974. – C. Stern, W. Brandt. 1975. → auch Bundesrepublik Deutschland.

Bundeswehr → 1.3.7.

Erhard, Ludwig. H. Klein (Hrsg.), L. Erhard. 1967. – Gerhard Schröder u.a. (Hrsg.), L. Erhard, Beiträge zu seiner polit. Biographie. 1971. – K. G. von Stackelberg, Attentat auf Deutschlands Talisman. L. Erhards Sturz. 1967. → auch 4.4.3 soziale Marktwirtschaft.

Heimatvertriebene → 4.2.8, 4.2.9, auch 5.4.6 Ostgebiete.

Heinemann, Gustav. H. Böll, H. Gollwitzer, C. Schmid (Hrsg.), Anstoß u. Ermutigung. G. W. Heinemann. Bundespräsident 1969–1974. 1974. – J. Braun, Der unbequeme Präsident. G. Heinemann. 1972. – Diether Koch, Heinemann u. die Dtschld.-Frage. ^{2}1972. – Werner Koch, ein Christ lebt für morgen – Heinemann im Dritten Reich. 1973.

Heuss, Theodor. H. Bott, Th. Heuss in seiner Zeit. 1966. – K. D. Bracher, Th. Heuss u. die Wiederbegründung der Demokratie in Dtschld. 1965. – J. C. Heß, Th. Heuss vor 1933. 1973. – E. Pikart (Bearb.), Th. Heuss. 1967. – W. Wiedner, Th. Heuss. 1974.

Honecker, Erich. H. Lippmann, Honecker. Porträt eines Nachfolgers. 1971.

Nationale Volksarmee → 1.3.7.

Oder-Neiße-Linie. G. Bluhm, Die Oder-Neiße-Frage. 1968. – Y. Brancion, Die Oder-Neiße-Linie. Dt. ^{2}1970. – S. Krülle, Die völkerrechtl. Aspekte des Oder-Neiße-Problems. 1970. – Wolfgang Wagner, Die Entstehung der Oder-Neiße-Linie in den diplomat. Verhandlungen während des 2. Weltkriegs. ^{3}1964. Neuausg. 1968. → auch 5.3.5 Oder-Neiße-Grenze, dt. Frage.

Ostgebiete. B. von Archenholz, Erinnerung u. Abschied. Schicksal u. Schöpfertum im dt. Osten. 1972. – Bücherei des Dt. Ostens (Herne), Bücherverzeichnis. 1973. – Die dt. Vertreibungsverluste. Bevölkerungsbilanzen für die dt. Vertreibungsgebiete 1939/1950. 1958. – Göttinger Arbeitskreis (Hrsg.), Das östl. Dtschld. Ein Handbuch. 1959. – Ders. (Hrsg.), Ostdt. Bibliographie (1945 ff.). 1953 ff. – H. Jilek, H. Rister, H. Weiss (Bearb.), Bücherkunde Ostdeutschlands u. des Deutschtums in Ostmitteleuropa 1963. – Niedersächs. Landesbibliothek, Hannover (Hrsg.), Katalog des Schrifttums über den dt. Osten. 5 Bde. 1956–1968. Nachträge (Schlesien) 1973. – G. Rhode (Hrsg.), Die Ostgebiete des Dt. Reiches. ^{4}1957. – Eberhard G. Schulz (Hrsg.), Leistung u. Schicksal. Abhandlungen u. Berichte über die Deutschen im Osten. 1967. – H. Stehle, Deutschlands Osten, Polens Westen. 1965. – G. Ziemer, Dt. Exodus. Vertreibung u. Eingliederung von 15 Mill. Ostdeutschen. 1973.

Potsdamer Abkommen → 5.9.2.

Ulbricht, Walter. C. Stern, W. Ulbricht. 1964.

5.4.7 ÖSTERREICH

Bibliographien: M. Gunzenhaeuser, Bibliographie zur Gesch. Österreich-Ungarns. 1848–1914. 1935. – Österr. Histor. Bibliographie (Austrian Historical Bibliography), Hrsg. E. H. Boehm u. F. Fellner, Santa Barbara, Calif. 1965 ff.

Darstellungen u. Handbücher: H. Benedikt, Geschichte der Republik Österreich. (Unveränd. Nachdr. d. Ausg. 1954). 1977. – W. Goldinger, Gesch. der Republik Österreich. Wien. 1977. – H. Hantsch, Die Gesch. Österreichs. 2 Bde. ^{4}1959. – A. Huber, Gesch. Österreichs. 5 Bde. 1885–1896. Bd. 6 u. 7 Bearb. O. Redlich 1921 u. 1938. Bd. 2/1 Neubearb. A. Lhotsky. Wien. 1967. – Österreich Lexikon. Hrsg. R. Bamberger u. F. Maier-Bruck. 2 Bde. 1966. – R. G. Ploschka, K. Mack (Hrsg.), Die Auflösung des Habsburgerreiches (Schriftenr. d. Österr. Ost- u. Südosteuropa-Inst., 3). 1970. – E. Scheithauer u.a., Gesch. Österreichs in Stichworten. 2 Bde. Wien. 1971 ff. – A. J. P. Taylor, The Habsburg Monarchy 1809–1918. London. 1951. – K. U. M. Uhlirz, Handbuch der Gesch. Österreichs u. seiner Nachbarländer Böhmen u. Ungarn. 4 Bde. 1927–1944. – E. Weinzierl, K. Skalnik, Österreich. Die zweite Republik. 2 Bde. 1972 ff. – E. Zöllner, Gesch. Österreichs. ^{4}1970. → auch 5.5.7.

Kirchengeschichte: J. Wodka, Kirche in Österreich. Wien. 1959.

Verfassungsgeschichte: E. K. Hellbling, Österr. Verfassungs- u. Verwaltungsgesch. Wien. 1956.

Wirtschaftsgeschichte: F. Tremel, Wirtschafts- u. Sozialgeschichte Österreichs. 1969.

Nationalitätenproblem. R. A. Kann, Das Nationalitätenproblem der Habsburgermonarchie. 2 Bde. 1964. – H. Lehmann, S. Lehmann, Das Nationalitätenproblem in Österreich 1848–1918. (Hist. Texte Neuzeit, 13). 1974.

5.4.8 SCHWEIZ, LIECHTENSTEIN, MONACO

5.4.8.1 SCHWEIZ

Bibliographien: Bibliographie der Schweizer Gesch. 3 Bde. Basel. 1914/15.

Allgemeine Darstellungen: E. Bohnenblust, Geschichte der Schweiz. 1974. – P. Dürrenmatt, Schweizer Gesch. Zürich. 1963. – E. Gagliardi, Gesch. der Schweiz. 3 Bde. Zürich. ^{4}1939. – Handbuch der Schweizer Gesch. 2 Bde. Zürich. 1972 ff. – U. Imhof, Geschichte der Schweiz. 1976. – F. Schaffer, Abriß der Schweizer Geschichte. 1977. – K. Schib, Die Gesch. der Schweiz. 1966.

Einzeldarstellungen: E. Bonjour, Gesch. der schweizer. Neutralität. 4 Bde. 1978. – A. Hauser, Schweizer. Wirtschafts- u. Sozialgesch. Erlenbach-Zürich. 1961. – C. Masnata-Rubattel, F. Masnata-Rubattel, Macht u. Gesellschaft in der Schweiz. Demokratie u. Unterdrückung. 1978.

5.4.8.2 LIECHTENSTEIN. A. P. Goop, Liechtenstein. Vaduz. 1973. – L. A. Minelli, Schweiz-Liechtenstein. 1971. – P. Raton, Liechtenstein. Vaduz. 1971. – H. Zurlinden, Liechtenstein u. die Schweiz. 1930.

5.4.8.3 MONACO. F. de Bernardy, Histoire des princes de Monaco. Paris. 1960. – G. Saige, Monaco, ses origines et son histoire. Paris. 1898.

5.4.9 BENELUX. F. G. Eyck, Benelux countries. A historical survey. New York. 1959. – G. L. Weil, The Benelux Nations. New York. 1970.

5.4.9.1 BELGIEN. R. Demoulin, La Révolution de 1830. Brüssel. 1950. – L. Genicot u.a., Histoire de Belgique. Tournais–Paris. 1968. – F. von Kalken, Histoire de la Belgique et de son expansion coloniale. Brüssel. 1954. – H. Lademacher, Die belgische Neutralität als Problem d. europ. Politik 1830–1914. 1971. – Les conséquences d'ordre interne de la participation de la Belgique aux organisations internationales. Le Havre. 1958. – H. Pirenne, Histoire de Belgique. 7 Bde. Brüssel. 1900–1932. – Ders., Bibliographie de l'histoire de Belgique. ^{3}1931.

5.4.9.2 NIEDERLANDE. Algemene Geschiedenis der Nederlanden. 12 Bde. Utrecht. 1949. – S. J. F. Andrae, De nederlandse staat onder de republiek. Amsterdam. 1961. – P. I. Blok, Gesch. der Niederlande. Amsterdam. 1926. – I. J. Brugmans,

Paardenkracht en mensenmacht. Sociaal-econom. Geschiedenis van Nederland 1795 bis 1940. 's-Gravenhage. 1961. – H. de Buck, Bibliografie der Geschiedenis van Nederland. Leiden. 1968. – G. Geismann, Polit. Struktur u. Regierungssystem in den Niederlanden. 1964. – P. Geye, Geschiedenis van de Nederlandse stam. 6 Bde. 1961f. – J. H. Gosses, N. Japiske, Handboek tot de statkundije Geschiedenis van Nederland. 's-Gravenhage. 1947. – G. Parker, Der Aufstand der Niederlande. Von der Herrschaft der Spanier zur Gründung der niederländ. Rep. 1549–1609. 1979. – F. Petri, Die Kultur der N. In: Handbuch der Kulturgesch. 1964. – I. Schoeffer, Kleine Gesch. der Niederlande. 1956.

5.4.9.3 LUXEMBURG. A. Collart, Am Wege zur Unabhängigkeit Luxemburgs. Luxemburg. 1938. – J. Meyers, Gesch. Luxemburgs. Luxemburg. 1948.

5.5.0 FRANKREICH

Bibliographien: Bibliographie annuelle de l'histoire de France du 5e siècle à 1939. Paris. 1956ff.

Nachschlagewerke: Dictionnaire de Biographie française. Paris. 1929ff. – K. Hänsch, Frankreich. Eine polit. Landeskunde. Neuaufl. 1969. – J. Theisen, Frankreich. Landschaft, Gesch., Kultur. [2]1969.

Allgemeine Darstellungen: A. Cobban, A history of modern France (1715–1962). 3 Bde. Paris. 1957–1965. – Histoire de la France pour les Français. Bearb. E. Perroy u. a. 2 Bde. Paris. 1950. – E. Lavisse (Hrsg.), Histoire de France depuis les origines jusqu'à la Révolution. Paris. 9 Bde. 1900–1911. – Ders. (Hrsg.), Histoire de la France contemporaine. 10 Bde. Paris. 1920–1922. – Ch. Seignobos, Gesch. der französ. Nation. Dt. [2]1947. – O. Sieburg, Geschichte Frankreichs. 1977. – J. Voss, Geschichte Frankreichs, Bd. 2. Von der frühneuzeitl. Monarchie bis zur Ersten Republik, 1500–1800. 1980.

Einzeldarstellungen: C. u. A. Ambrosi, La France 1870–1970. Paris 1971. – L. André, Louis XIV et l'Europe. Paris. 1950. – P. de Beaumont, La IVe République. Brüssel. 1960. – D. W. Brogan, The French nation from Napoléon to Pétain, 1814–1940. London. [2]1957. – J. Chastenet, Histoire de la Troisième République. 7 Bde. Paris. 1952–1963. – P. Dreyfus, Die Résistance. Gesch. d. franz. Widerstandes. 1979. – M. Duverger, La Ve République. Paris. [4]1968. – E. M. Earle, Modern France. Problems of the Third and Fourth Republic. Princeton. 1952. – P. de la Gorce, La Restauration. 2 Bde. Paris. 1926–1928. – P. Goubert, Louis XIV et vingt millions de Français. Paris. 1966. – R. Mandrou, Introduction à la France moderne. 1500–1640. Paris. 1961. – L. von Ranke, Französ. Gesch., vornehml. im 16. u. 17. Jh. Neuausg. von O. Vossler. 3 Bde. 1954. – V. L. Tapié, La France de Louis XII et de Richelieu. Paris. 1952. – E. Weis, Frankreich von 1661 bis 1789. In: Handb. der europ. Gesch. Hrsg. Th. Schieder. Bd. 4. 1968. – E. Weisenfeld, Geschichte Frankreichs seit dem Krieg. Ereignisse, Gestalten, Hintergründe. 1944–1980. 1980. – V. Wieland, Frankreichs Weg in die Katastrophe. 1971. – F. R. Willis, France, Germany and the New Europe 1945–1967. London. 1968. – G. Ziebura. Die V. Republik. 1960.

Wirtschafts- und Sozialgeschichte: F. Braudel, E. Labrousse (Hrsg.), Histoire économique et sociale de la France. 4 Bde. Paris. 1970ff. – B. Groethuysen, Die Entstehung der bürgerl. Welt- u. Lebensanschauung in Frankreich. 2 Bde. 1978. – B. H. Moss, The Origins of the French Labour Movement. The Socialism of Skilled Workers, 1830–1914. Berkeley. 1980. – R. Pernoud, Histoire de la Bourgeoisie en France. 2 Bde. Paris. 1960–1962. – H. Sée, Französ. Wirtschaftsgesch. 2 Bde. 1930–1932. – G. Ziebura, Frankreich 1789–1870. Geschichte einer nationalen Gesellschaftsformation. 1979.

Geistesgeschichte: E. R. Curtius, Französ. Geist im 20. Jh. 1952. – M. Göhring, Weg u. Sieg der modernen Staatsidee in Frankreich vom MA. bis 1789. 1946. – F. Ponteil, La pensée politique depuis Montesquieu. Paris. 1960. – P. Stadler, Geschichtsschreibung u. histor. Denken in Frankr. 1789–1871. Zürich. 1958.

Verfassungsgeschichte: J. J. Chevallier, Histoire des institutions et des régimes politiques de la France moderne (1789–1958). Paris. [3]1967. – F. Goguel, G. Ziebura, Das französ. Regierungssystem. Leitfaden u. Quellenbuch. 1956/57. – R. Holtzmann, Französ. Verfassungsgesch. von der Mitte des 9. Jh. bis zur Revolution. Neudr. 1965.

Briand, Aristide. F. Siebert, Aristide Briand. Ein Staatsmann zwischen Frankreich u. Europa. 1973.

Burgund. F. Baethgen, Das Königreich B. in der dt. Kaiserzeit des MA.s. In: Mediaevalia 1. 1960. – L. Boehn, Gesch. Burgunds. 1979. – J. Calmette, Die großen Herzöge von Burgund. Dt. [3]1973.

Clemenceaux. G. Wormser, La République de C. Paris. 1961.

Französische Revolution. M. Göhring, Gesch. der Großen Revolution. 2 Bde. 1950–1954. – W. Grab, Die Französische Revolution. 1973. – G. Lefebvre, La Révolution française. Paris. [6]1968. – E. Naujoks, Die französische Revolution 1789–1799. 1969. – A. Soboul, Die Große Französische Revolution. Hrsg. v. J. Heilmann, D. Krause-Vilmar. 1976.

Gaulle, Charles de. F. Mauriac, De G. Dt. 1965. – P. Ory, De Gaulle. Paris. 1979.

Heinrich IV. S. R. Taillandier, H. IV. 1977.

Ludwig XIV. Ph. Erlanger, L. XIV. Paris. 1976.

Mazarin. P. Guth, Mazarin. 1976.

Mirabeau, Honoré Gabriel de. B. Erdmannsdörffer, M. Neudr. 1948.

Montesquieu, Charles de. R. Shackleton, M. A. critical biography. Oxford. 1961.

Napoléon I. A. Fournier, N. 2 Bde. [4]1926. – M. Göhring, N. 1959. – G. Lefebvre, N. Paris. [6]1969. – J. Presser, Napoleon. 1977.

Richelieu, Armand Jean du. C. J. Burckhardt, R. 4 Bde. 1935–1967.

Robespierre, Maximilien de. F. Sieburg, Robespierre. 1978.

Talleyrand, Charles Maurice. J. F. Bernard, Talleyrand. 1979.

5.5.1 ENGLAND, SCHOTTLAND, IRLAND

Bibliographien: Annual Bulletin of Historical Literature (Hrsg. Historical Society). London. 1911ff. – G. R. Elton (Hrsg.), Annual Bibliography of British and Irish History. London. – C. Gross, The Sources and Literature of English History from the Earliest Time to about 1485. London u. New York. [2]1946. – J. J. Hecht, G. R. Elton (Hrsg.), Bibliographical Handbooks. London. 1968ff. – A. T. Milne (Hrsg.), Writings on British History, London. 1934ff.

Allgemeine Darstellungen: C. Brooke, D. M. Smith (Hrsg.), A History of England (Nelson's History). 8 Bde. London. 1960ff. – G. N. Clark (Hrsg.), The Oxford History of England. 15 Bde. Oxford. 1934–1965. – K. Kluxen, Gesch. Englands. 1976. – W. N. Medlicott (Hrsg.), A History of England. 10 Bde. London. 1957ff. – The Pelican History of England. 9 Bde. Harmondsworth. 1951 bis 1965. – J. Schmidt-Liebich, Daten englischer Geschichte. 1975. – G. M. Trevelyan, Gesch. Englands. 2 Bde. [4]1949.

Einzeldarstellungen: M. Beloff, Neue Dimensionen in der Außenpolitik. England, die NATO u. Europa. o.J. – A. Briggs, A History of England. The Age of Improvement. 1783–1867. London. [3]1962. – M. Camps, Britain and the European Community 1955–1963. Princeton. 1964. – A. G. Dickens, The English Reformation. London. 1964. – A. J. J. Grossmann, Irische Nationalbewegungen 1884–1915. 1979. – E. Halévy, A History of the English People in the 19th Century. 6 Bde. Harmondworth. [2]1949. – R. Hermle, Der Konflikt in Nordirland. 1979. – Ch. Hill, The Century of Revolution 1603–1714. London. [5]1964. – J. C. Holt, Magna Carta. 1965. – P. M. Kennedy, Aufstieg und Verfall der britischen Seemacht. Hrsg. v. Dt. Marine-Inst. 1978. – G. Kitson Clark, The Making of Victorian England. 1962. – K. Kluxen, Das Problem der polit. Opposition. 1956. – H. R. Loyn, Anglo-Saxon England and the Norman Conquest. London. 1962. – A. Marwick, Britain in the Century of Total War, Peace and Social Change, 1900–1967. 1968. – Ch. Morris, The Tudors. London. [2]1966. – D. C. Platt, Finance, Trade and Politics in Britain's Foreign Policy, 1815–1914. 1967. – J. H. Plumb, The Growth of Political Stability in England. 1675–1725. London. 1965. – P. Richardson, Britain, Europe and the modern World, 1918–1968. London. 1971. – A. Sked, Ch. Cook, Post-War Britain. A Political History. London 1979. – P. Spufford, Origins of the English Parliament. 1967. – L. Stone, The Crisis of the Aristocracy. Oxford. 1965. – Ders. (Hrsg.), Social Change and Revolution in England, 1540–1640. 1965. – E. P. Thomson, The Making of the English Working Class. 1963. – C. H. Wilson, England's Apprenticeship 1603–1763. London. 1965.

Rechts- u. Verfassungsgeschichte: J. Hatschek, Engl. Verfassungsgesch. 1913. – J. E. A. Jolliffe, The Constitutional History of Medieval England. [4]1961. – D. L. Keir, The Constitutional History of Modern Britain, since 1485–1937. London. [8]1966. – Sir L. Namier, J. Brooke, The History of Parliament: The House of Commons 1754–1790. 3 Bde. London. 1964. – G. A. Ritter, Parlament u. Demokratie in Großbritannien. 1972. – T. P. Taswell, E. Langmead, English Constitutional History. London. [11]1960.

Wirtschafts- u. Sozialgeschichte: T. S. Ashton, The Industrial Revolution 1760 to 1820. London. [2]1952. – L. Brentano, Eine Gesch. der wirtschaftl. Entwicklung Englands. 4 Bde. 1927–1929. – J. D. Chambers, G. E. Mingay, The Agricultural Revolution 1750–1880. London. 1966. – M. W. Flinn, The Origins of the Industrial Revolution, 1760–1830. 1966. – H. J. Habakkuk, M. M. Postan, The Industrial Revolution and After (Doppelbd. 6 der Cambridge Economic History of Europe). 2 Bde. Cambridge. 1965. – Ch. Hill, Von der Reformation zur industriellen Revolution. Sozial- u. Wirtschaftsgesch. Englands 1530–1780. 1977. – P. Laslett, The World we have lost. 1965. – E. Lipson, The Growth of English Society. A short Economic History. London. [4]1959. – G. E. Mingay, English Landed Society in the 18th Century. London. 1963. – S. Pollard, The Development of the British Economy 1914–1967. [2]1969. – G. M. Trevelyan, Kultur- u. Sozialgeschichte Englands. Dt. 1948.

Kirchengeschichte: H. Arneke, Kirchengesch. u. Rechtsgesch. in England (Stud. z. engl. Philol., 91). 1937. – J. R. H. Moorman, A History of the Church in England. New York. [4]1963.

Kolonialgeschichte, Britisches Weltreich, Commonwealth: R. von Albertini, Dekolonisation. 1966. – P. Gordon Walker, The Commonwealth. London. [2]1965. – H. Höpfl, Geschichte Englands und des Commonwealth. o. J. – Sir W. J. Jennings, The British Commonwealth of Nations. London. [4]1961. – U. W. Kitzinger, Großbritannien, das Commonwealth u. Europa. 1963. – E. Lewin, The Best Books on the British Empire. A Bibliographical Guide for Students. [2]1945. – N. Mansergh, Das brit. Commonwealth, Entstehung, Gesch., Struktur. Dt. 1969. – R. A. Saintonge, Die Entwicklung des brit. Commonwealth seit 1945. 1960. – The Cambridge History of the British Empire. Cambridge. 1930ff. – G. M. Trevelyan, Der Aufstieg des brit. Weltreichs im 19. u. 20. Jh. 1938. – E. A. Walker, The British Empire. Its Structure and Spirit 1497–1953. [2]1953.

Alfred d. Gr. B. A. Less, Alfred the Great. London. 1915.

Chamberlain, Arthur Neville. I. Macleod, N. C. London. 1962.

Cromwell, Oliver. C. Hill, God's Englishman. O. C. and the English Revolution. London. 1970. – G. M. Young, Charles I and Cromwell. 1935.

Disraeli, Benjamin. W. F. Monypenny, G. E. Buckle, The Life of B. D. 6 Bde. London. [2]1929.

Elisabeth I. J. E. Neale, Königin Elisabeth. London. Dt. 1976. – N. Williams, Elisabeth I. 1978.

Gladstone, William Ewart. P. Magnus, G. Neudr. London. 1960.

Heinrich VIII. F. Grayeff, Heinrich VIII. 1978.

Irland. J. C. Beckett, Gesch. Irlands. Dt. 1971. – E. Curtis, A History of Ireland. London. [6]1950. – D. MacArdle, The Irish Republic. London. [4]1951. – E. Rumpf, Nationalismus u. Sozialismus in Irland. 1959.

Maria Stuart. A. Fraser, Maria, Königin der Schotten. Dt. 1971.

Marlborough, John Churchill. W. S. Churchill, M. 2 Bde. Dt. 1968/69.

Richard Löwenherz. M. Lavater-Sloman, Richard Löwenherz. 1977.

Richard III. P. M. Kendall, R. III. London. [3]1957.

Schottland. W. Croft u.a., A new History of Scotland. London, Edinburgh. 1961/62. – R. L. Mackie, A Short History of Scotland. Edinburgh. London. [2]1962. – T. C. Smouth, A History of the Scottish People, 1560–1830. Cambridge. 1969.

Walpole, Robert. J. H. Plumb, Sir R. W. 2 Bde. London. 1956–1960.

Wilhelm der Eroberer. D. C. Douglas, William the Conqueror. London. 1964.

5.5.2 ITALIEN, SAN MARINO

Bibliographien: E. Dupré, I. Theseider, Mittelalter. In: HZ. Sonderheft 1. 1962. – A. Wandruszka, Literaturbericht über die Gesch. Italiens in der Neuzeit. In: HZ. Sonderheft 5. 1973.

Allgemeine Darstellungen: G. Candelovo, Storia dell'Italia moderna. 2 Bde. [2–3]1960/61. – B. Croce, Gesch. Italiens. [7]1942. – H. Kramer, Gesch. Italiens. 2 Bde. 1968. – H. Leo, Gesch. von Italien (Gesch. der europ. Staaten). 5 Bde. 1829–1932. – R. Lill, Geschichte Italiens vom 16. Jahrhundert bis zu den Anfängen des Faschismus. 1980. – L. Olschki, Italien: Genius u. Gesch. Dt. 1958. – M. Seidlmayer, Th. Schieder, Gesch. Italiens. 1962. – N. Valeri, Storia d'Italia. 5 Bde. Turin. [2]1965.

Einzeldarstellungen: D. Albers (Hrsg.), Demokratie und Sozialismus in Italien. Der „historische Kompromiß" und die Strategie der Parteien u. Gewerkschaften. 1978. – K. J. Beloch, Bevölkerungsgesch. Italiens. 3 Bde. 1937–1961. – C. de Biase, L'Italia dalla neutralità all'intervento nella prima guerra mondiale. 2 Bde. 1965/66. – A. del Boca, La Guerra d'Abissinia 1935–1941. Mailand. [2]1966. – B. Caizzi, Storia dell'industria italiana dal XVIII secolo ai giorni nostri. 1965. – F. Chabod, Italien–Europa. Studien zur Gesch. Italiens im 19. u. 20. Jh. Dt. 1962. – Sh. B. Clough, The economic history of modern Italy. 1964. – R. de Felice, Giacobini italiana. Bari. 1965. – M. Gallo, L'Italie de Mussolini. Paris. 1971. – A. C. Jemolo, Chiesa e stato in Italia dalla unificazione a Giovanni XXIII. Turin. [2]1965. – E. R. Labande, L'Italie de la Renaissance 1200–1500. Paris. 1954. – P. S. Leicht, Storia del diritto italiano. 2 Bde. Mailand. [3]1957–1960. – A. Omodeo, Die Erneuerung Italiens u. die Gesch. Europas 1700–1920. Zürich. Dt. [2]1951. – M. Petrocchi, A Contrariforma in Italia. Rom. 1947. – L. Salvatorelli, Il pensiero politico italiano dal 1700 al 1870. Turin. [5]1949. – F. Siebert, Italiens Weg in den zweiten Weltkrieg. 1962. – M. Vaussard, Histoire de l'Italie moderne (1870–1971). Paris. 1972.

Kultur- u. Geistesgeschichte: A. Buck, Grundzüge der italien. Geistesgesch. 1947. – J. Burckhardt, Die Kultur der Renaissance in Italien. 1976. – Italien. Geisteswelt. Von Dante bis Croce. Hrsg. J. von Stackelberg. 1954.

Cavour, Camillo. C. Discorsi parlamentari. Hrsg. A. Omodeo, L. Russo. 8 Bde. 1932 bis 1939. – Carteggi Cavouriani 1858–1861. 10 Bde. Bologna. 1926–1936. – D. MacSmith, C. e Garibaldi. 1968. – P. Matter, C. et l'unité italienne. 3 Bde. Paris. 1926/27. – A. Omodeo, L'opera politica del Conte di C. 2 Bde. Florenz. 1940. – R. Romeo, C. e il suo tempo. 1ff. 1969ff. – F. Valsecchi, C. Mailand. 1957.

Faschismus u. Antifaschismus. A. Aquarone, L'Organizzazione dello stato totalitario. Turin. 1965. – R. Battaglia, Storia della Resistenza italiana. Turin. Neuaufl. 1964. – F. W. Deakin, Die brutale Freundschaft. Hitler, Mussolini u. der Untergang des italien. Faschismus. Dt. 1962. – W. Schieder (Hrsg.), Faschismus als soziale Bewegung. Deutschland u. Italien im Vergleich. 1976. – Ch. Seton-Watson, Italy from Liberalism to Fascism 1870–1925. London. 1967. – A. Tasca, Glauben, gehorchen, kämpfen. Aufstieg des Faschismus. Dt. Wien. 1969. – L. Valiani, Dal Antifascismo alla Resistenza. 1960. – R. A. Webster, The cross and the fasces. Stanford, Calif. 1960.

Florenz. M. Brion, Die Medici. 1972.

Garibaldi, Giuseppe. Edizione nationale degli scritti di G. G. 6 Bde. 1932–1937. – I. Montanelli, M. Nozza, G. Dt. 1964.

Machiavelli, Niccolò. M. Ges. Schriften, Hrsg. H. Floerke. 5 Bde. 1925. – R. König, N. M. Krisenanalyse einer Zeitenwende. 1979. – L. von Muralt, M.s Staatsgedanke. Basel. 1945. – R. Ridolfi, Vita di N. M. Florenz. [3]1969. – G. Sasso, N. M. Gesch. seines polit. Denkens. Dt. 1965.

Mazzini, Giuseppe. M. Opere. 98 Bde. 1906–1942. – E. Morelli, M. Rom. 1950. – M. Saponaro, G. M. 2 Bde. 1945. – O. Vossler, M. polit. Denken u. Wollen in den geistigen Strömungen seiner Zeit. 1927.

Mussolini, Benito. M. Opera omnia. Hrsg. E. u. D. Susmel. 36 Bde. Florenz. 1951–1963. – R. de Felice, M. il rivoluzionario. 1ff. Turin. 1965ff. – I. Kirkpatrick, M. Dt. 1965. – G. de Luna, B. M. 1979.

Risorgimento. W. Maturi, Interpretazioni del R. [2]1962. – R. Rosario, R. e capitalismo. 1959. – C. Spellanzon, Storia del Risorgimento e dell'unità d'Italia. 5 Bde. Mailand. 1934ff.

San Marino. E. Camuncoli, La serenissima Repubblica di San Marino. 1931. – F. Kochwasser, San Marino. 1961.

Sizilien. M. I. Finley, Das antike Sizilien. Von der Vorgeschichte bis zur arab. Eroberung. 1979. – D. MacSmith, A History of Sicily. 3 Bde. London. 1968. – S. Runciman, Die Sizilianische Vesper. Der Volksaufstand von 1282 u. d. europ. Gesch. im 13. Jh. Dt. 1976. – F. de Stefano, Storia della Sicilia. Bari. 1948.

Venedig. M. Hellmann, Grundzüge der Geschichte Venedigs. 1976.

5.5.3 IBERIA

Allgemeine Darstellungen: W. C. Atkinson, Gesch. Spaniens u. Portugals. Dt. 1962. – R. Konetzke, Gesch. des span. u. portugies. Volkes. 1939.

5.5.3.1 Spanien

Nachschlagewerke: Diccionario de Historia de España. 2 Bde. Madrid. 1952.

Allgemeine Darstellungen: A. Castro, Spanien. Dt. 1957. – R. Menéndez Pidal, Die Spanier in der Geschichte. Auszug aus: Historia de España. 1978. – P. Vilar, Histoire de l'Espagne. In: Que sais-je? Paris. 1958. – J. V. Vives, Gesch. Spaniens (Urban Bücher Bd. 122). Dt. 1969. – F. Wahl, Kleine Gesch. Spaniens. [2]1971.

Einzeldarstellungen: R. Beck, Das spanische Regierungssystem unter Franco. 1980. – M. Defourneaux, La vie quotidienne en Espagne au siècle d'Or. Paris. 1964. – J. H. Elliott, Imperial Spain 1469–1716. New York. 1966. – W. Haubrich, C. R. Moser, Francos Erben. 1976. – H. Kamen, Die span. Inquisition. Dt. 1980. – J. Lynch. Spain under the Habsburgs. 2 Bde. Oxford. 1964. – R. Konetzke, Das span. Weltreich. 1942. – H. Schreiber, Halbmond über Granada. Acht Jahrhunderte maurischer Herrschaft in Spanien. 1980. – S. Vilar, Opposition in Spanien von 1939 bis zur Gegenwart. Dt. 1971.

Kulturgeschichte: F. Litschauer, Span. Kulturgesch. 2 Bde. 1939.

Kirchengeschichte: P. B. Gams, Die Kirchengesch. von Spanien. 5 Bde. Graz. 1956.
Wirtschafts- u. Sozialgeschichte: J. V. Vives (Hrsg.), Historia social y económica de España y America. 5 Bde. Barcelona. 1957 ff.
Armada. G. Mattingh, Die Armada. Dt. 1960.
Franco. H. G. Dahms, F. Franco. 1972.
Karl I. →5.4.1 (Karl V.).
Philipp II. M. de Fernandy, Philipp II. Größe u. Niedergang der spanischen Weltmacht. 1977.
Spanischer Bürgerkrieg. W. E. Bernecker, Anarchismus und Bürgerkrieg. Zur Geschichte der Sozialen Revolution in Spanien 1936–1939 (Histor. Perspektiven, 10). 1978. – P. Broué, E. Témime, Revolution u. Krieg in Spanien. Dt. 1975. – H. Thomas, Der span. Bürgerkrieg. ²1964.

5.5.3.2 Portugal
Nachschlagewerke: Boletim de bibliografia portuguesa. Lissabon. 1937 ff. – Dicionário de História de Portugal. Lissabon. 3 Bde. Bd. 1: 1963. Bd. 2: 1965.
Allgemeine Darstellungen: W. G. Armando, Gesch. Portugals. 1966. – E. G. Jacob, Grundzüge der Geschichte Portugals und seiner Überseeprovinzen. 1969.

5.5.4 SKANDINAVIEN
Bibliographien: F. Lindberg, J. J. Kolehmainen, The Scandinavian countries in international affairs. A selected bibliography on the foreign affairs of Denmark, Finland, Norway and Sweden. 1800–1952. Minneapolis. 1953.
Darstellungen: N. Andrén, Government and Politics in the Nordic Countries. Stockholm. 1964. – R. N. Bain, Scandinavia. A political history of Denmark, Norway and Sweden from 1513–1900. Cambridge. 1905. – J. Brøndsted, Nord. Vorzeit. 4 Bde. 1961 ff. – Ders., Die große Zeit der Wikinger. 1963. – F. G. Castles, The Social Democratic Image of Society. A Study of the Achievement and Origins of Scandinavian Social Democracy in Comparative Perspective. Boston. 1979. – T. K. Derry, A History of Scandinavia. Norway, Sweden, Denmark, Finland and Iceland. London. 1979. – M. Gerhardt, W. Hubatsch, Dtschld. u. Skandinavien im Wandel der Jahrhunderte. 1950. – A. E. Imhof, Grundzüge der nord. Gesch. 1970. – U. Bracher, Gesch. Skandinaviens. 1968.

5.5.4.1 DÄNEMARK. F. C. Dahlmann, Gesch. Dänemarks. Hamburg. 1840–1843, fortgesetzt von D. Schäfer. 1893–1902. – R. Dey, Dänemark heute. 1969. – R. Häpke, Die Regierung Karls V. u. der europ. Norden. 1914. – L. Krabbe, Histoire de Danemark. Kopenhagen. 1950. – E. Rasmussen u. a., Geschichte Dänemarks 1830–1939. 1973. – P. Lauring, Gesch. Dänemarks. Dt. 1964.

5.5.4.2 FINNLAND. R. Dey, Finnland heute. 1979. – W. Erfurth, Der Finnische Krieg 1941–1944. 1978. – M. Jacobson, Finnlands Neutralitätspolitik zwischen Ost u. West. 1969. – E. Jutikkala, Gesch. Finnlands. 1964. – L. Krusius-Ahrenberg, Der Durchbruch des Nationalismus u. Liberalismus im polit. Leben Finnlands 1856–1863. Helsinki. 1934. – M. G. Schybergson, Polit. Gesch. Finnlands 1809 bis 1919. 1925. – W. Sommer, Gesch. Finnlands. 1938.

5.5.4.3 ISLAND. K. Gjerset, History of Iceland. New York. 1925. – K. Maurer, Island von seiner ersten Entdeckung bis zum Untergang des Freistaates. 1874.

5.5.4.4 NORWEGEN
Bibliographien: F. Meyen, Norweg. Bibliographie. Oslo. 1942/43.
Darstellungen: J. Andenaes, O. Riste, M. Skodvin, Norway and the second World War. 1966. – T. Andenaes (Hrsg.), Die Verfassung Norwegens. Oslo. 1964. – T. K. Derry, A short history of Norway. – M. Gerhardt u. W. Hubatsch, Norweg. Gesch. 1963. – O. A. Johnsen, Norweg. Wirtschaftsgesch. 1939. – K. Larsen, A history of Norway. Princeton. 1948. – J. Midgaard, Eine kurze Gesch. Norwegens. Oslo. 1963.

5.5.4.5 SCHWEDEN. I. Andersson, Schwed. Gesch. 1950. – R. Dey, Schweden heute. 1967. – O. Haintz, König Karl XII. von Schweden. 3 Bde. 1958. – R. Heberle, Zur Gesch. der Arbeiterbewegung in Schweden. 1925. – N. Herrlitz. Grundzüge der schwed. Verfassungsgesch. 1939. – J. Öhquist, Das nord. Dreigestirn Gustav Wasa – Gustav II. Adolf – Karl XII. 1941. – S. Stolpe, Königin Christine von Schweden. 1962. – D. V. Verney, Parliamentary Reform in Sweden 1866–1921. Oxford. 1957.

5.5.5 OSTEUROPA J. K. Hoensch, Sowjetische Osteuropapolitik seit 1945. 1977. – Osteuropa-Handbuch. 1959 ff. – K. Zernack, Osteuropa. Eine Einf. in seine Geschichte. 1977.

5.5.5.1 POLEN
Bibliographien: H. Madurowicz-Urbańska (Hrsg.), Bibliografia Historii Polski. 2 Bde. Warschau 1965 ff. – W. Recke, A. M. Wagner, Bücherkunde zur Gesch. u. Literatur des Königreichs Polen. Warschau. 1918.
Allgemeine Darstellungen: C. Brandenburg, M. Laubert, Poln. Gesch. (Sammlg. Göschen). 1927. – O. Halecki, Gesch. Polens. 1963. – S. Kieniewicz (Hrsg.), History of Poland. Warschau. 1968. – W. Markert (Hrsg.), Polen (Osteuropa-Handbuch). 1959. – E. Meyer, Grundzüge der Geschichte Polens. 1977. – W. F. Reddaway (Hrsg.), The Cambridge History of Poland. 2 Bde. Cambridge. 1941–1950. – G. Rhode, Gesch. Polens. ²1966. – H. Roos, Gesch. der poln. Nation 1916–1960. 1979.
Einzeldarstellungen: M. Broszat, 200 Jahre deutsche Polenpolitik. 1972. – L. Gelberg, Die Entstehung der VR Polen. Dt. 1972. – F. H. Gentzen, Großpolen im Januaraufstand. 1958. – J. Gumpert, Polen – Dtschld. auf dem Weg zur Verständigung. 1970. – M. Handelsmann, Napoléon et la Pologne 1806/07. Paris. 1909. – W. Hubatsch u. a., Die erste polnische Teilung 1772 (Stud. z. Deutschtum im Osten). 1974. – F. E. O. Jerzykiewicz-Jagemann, Der Untergang Polens u. seine Erneuerung. 1967. – C. Klessmann, Die Selbstbehauptung einer Nation (1939–1945). 1971. – T. Komarnicki, Rebirth of the Republic. London. 1957. – M. Kukiel, Czartoryski and European Unity 1770–1861. Princeton, N. Y. 1955. – R. F. Leslie, Polish Politics and the Revolution of November 1830. 1956. – Ders., Reform and Insurrection in Russian Poland 1856–1865. 1963. – Ders., J. M. Ciechanowski, Z. A. Pelczynski, A. Polonski (Hrsg.), The History of Poland since 1863. Cambridge. 1980. – R. H. Lord, The second Partition of Poland. Cambridge. 1915. – G. Rhode, Die Ostgrenze Polens. 1955. – G. Schramm, Der poln. Adel u. die Reformation in Polen. 1548–1607. 1965. – Um die poln. Krone. Sachsen u. Polen während des Nordischen Krieges. 1962.
Gomulka, Wladyslaw. N. Bethell, G. New York. 1969.
Johann Sobieski. O. Forst de Battaglia, J. S. 1946.
Pilsudski, Jozéf. W. F. Reddaway, Marshall P. London. 1939.
Warschauer Aufstand 1944. H. von Krannhals, Der Warschauer Aufstand 1944. ²1964.

5.5.5.2 BALTENLÄNDER UND LITAUEN
Bibliographie: R. Thomson, Baltische Bibliographie 1957–1961 u. Nachtr. 1945 bis 1956. 1962.
Allgemeine Darstellungen: R. Wittram, Balt. Gesch. Neudr. 1973. – G. V. Rauch, Gesch. der balt. Staaten. 1977.
Estland. H. Kruus, Grundriß der Gesch. des estn. Volkes. Dorpat. 1932.
Lettland. L. Arbusow, Frühgesch. Lettlands. Riga. 1933. – M. Hellmann, Das Lettenland im MA. 1954. – W. Rüdiger, Aus den letzten Kapiteln dt.-balt. Gesch. in Lettland. 1954.
Litauen. H. de Chambon, La Lithuanie moderne. Paris. ²1933. – B. Colliander, Die Beziehungen zwischen Litauen u. Dtschld. während der Okkupation 1915–1918. Åbo. 1935 – V. Jungfer, Litauen. ²1948. – M. Hellmann, Grundzüge der Gesch. Litauens u. des lit. Volkes. 1966.
Livland. L. Arbusow, Grundriß der Gesch. Liv-, Est- u. Kurlands. ⁴1918. – O. Harnack, Livland als Glied des Dt. Reiches vom 13. bis 16. Jh. 1891.

5.5.6 RUSSLAND/SOWJETUNION
Bibliographien: I. K. Kirpičeva, Handbuch der russ. u. sowjet. Bibliographien. 1962. – K. Maichel, J. S. G. Simmons, Guide to russian reference books. Bd. 2 Stanford, Calif. 1964. – A. L. Šapiro, Bibliografija istorii SSSR. Moskau. 1968.
Enzyklopädie: Sovetskaja istoričeskaja ėnciklopedija. Bd. 1 ff. Moskau. 1961 ff.
Gesamtdarstellungen: M. Hellmann, K. Zernack, G. Schramm (Hrsg.), Handbuch der Geschichte Rußlands. 3 Bde. 1976 ff. – R. Lorenz, Rußland (Fischer Weltgesch. Bd. 31). 1976. – I. Neander, Grundzüge der russ. Gesch. 1976. – H. von Rimscha, Gesch. Rußlands. 1979. – K. Stählin, Gesch. Rußlands. 5 Bde. Nachdr. Graz. 1961. – G. Stökl, Russ. Gesch. 1973.
Einzeldarstellungen: Europa u. Rußland, Hrsg. D. Tschižewskij u. D. Groh. 1959. – D. Geyer, Der russische Imperialismus. Studien über d. Zusammenhg. v. innerer u. ausw. Politik 1860–1914 (Krit. Stud. zur Geschichtswissenschaft 27). 1977. – E. Hölzle, Rußland u. Amerika. 1953. – G. von Rauch, Rußland, Staatl. Einheit u. nationale Vielfalt. 1953. – Die russische Intelligentsia. Hrsg. R. Pipes. 1962. – P. Scheibert, Von Bakunin zu Lenin. 1. Bd. Leiden. 1956.
Wirtschafts- u. Sozialgeschichte: P. I. Lyashchenko, History of the National Economy of Russia to the 1917 Revolution. New York. 1949. – S. S. von Podolinsky, Rußland vor der Revolution. Die agrarsoziale Lage und Reformen. 1971.
Geistes- u. Kulturgeschichte: J. H. Billington, The icon and the axe. An interpretative history of Russian culture. London. 1966 – Readings in Russian civilization. 3 Bde. (Anthologie). Chicago. 1964. – D. Tschižewskij, Russ. Geistesgeschichte. 1974. – S. V. Utechin, Gesch. der polit. Ideen in Rußland. 1966.
Kirchengeschichte: A. M. Ammann, Abriß der ostslaw. Kirchengeschichte. 1950.
Chruschtschow, Nikita S. R. Neumann-Hoditz, Chruschtschow. 1980.
Iwan III. J. L. I. Fennell, Ivan the Great of Moscow. London. 1961.
Iwan der Schreckliche. M. Hellmann, Iwan d. Schreckliche. Moskau an der Schwelle der Neuzeit. 1980.
Katharina d. Gr. I. Grey, Katharina d. Gr. 1978. – H. von Rimscha, Katharina II. 1977.
Karenski, Alexander F. Die K.-Memoiren. 1966.
Lenin. Lenin. Werke. Bd. 1 ff. 1963 ff. – L. Fischer, Das Leben L.s. 2 Bde. 1970. – G. von Rauch, L. 1980. – D. Shub, L. 1976. – H. Weber, G. Weber (Hrsg.), Lenin Chronik. 1974.
Oktoberrevolution. E. H. Carr, The Russian Revolution from Lenin to Stalin 1917 bis 1929. London. 1979. – D. Geyer, Die russ. Revolution. 1968. – M. Hellmann (Hrsg.), Die russische Revolution 1917. 1977. – R. A. Medwedjew, Oktober 1917. 1979. – L. D. Trotzki, Gesch. der russ. Revolution. 1931–1933. Neuausg. 1976.
Panslawismus. H. Kohn, Die Slawen u. der Westen. 1956. – H. Lemberg, Panslawismus. In: Sowjetsystem u. demokrat. Gesellschaft. Bd. 4. 1971.
Peter d. Gr. H. Vallotton, Peter d. Gr. 1978.
Sowjetunion. Gesamtdarstellungen: D. Geyer (Hrsg.), Sowjetunion (Osteuropa-Handbuch). 1972. – J. N. Hazard, The Soviet System of Government. Chicago. 1980. – G. von Rauch, Gesch. der Sowjetunion. 1970. – K.-H. Ruffmann, Sowjetrußland. Struktur u. Entfaltung einer Weltmacht (dtv-Weltgeschichte des 20. Jh. Bd. 8). ³1971.
Kommunistische Partei der SU.: Gesch. der KPdSU (offiziell). 6 Bde. Moskau. 1964 ff. – L. Schapiro, Die Gesch. der KPdSU. 1961. – Der Sowjetkommunismus. Dokumente. Hrsg. H.-J. Lieber, K.-H. Ruffmann. 2 Bde. 1963/64. – R. V. Daniels, Das Gewissen der Revolution. Kommunistische Opposition in der Sowjetunion. 1978.
Außenpolitik: A. Hillgruber, Sowjetische Außenpolitik. 1979. – A. Ulam. Expansion and Coexistence. London. 1968.
Geistes- u. Sozialgeschichte: Sowjetgesellschaft im Wandel. Hrsg. B. Meißner. 1966.
Wirtschaftsgeschichte: W. Markert u. D. Geyer (Hrsg.), Sowjetunion. In: Osteuropa-Handbuch. Bd. 1. 1967. – K. C. Thalheim, Grundz. des sowjet. Wirtschaftssyst. 1962.
Stalin. I. Deutscher, Stalin. 1962. – B. Souvarine, Stalin. Anm. z. Gesch. d. Bolschewismus. 1980. – A. Ulam, Stalin. Koloß der Macht. 1979.
Trotzki, Leo D. I. Deutscher, Trotzki. 3. Bde. 1972.

5.5.7 MITTEL- UND SÜDOSTEUROPA
Nachschlagewerke: Biograph. Lexikon zur Gesch. Südosteuropas. 4 Bde. 1972 ff.
Allgemeine Darstellungen: O. F. de Battaglia, Zwischeneuropa. Von der Ostsee bis zur Adria. Teil 1. 1954. – R. R. Betts (Hrsg.), Central and South East Europe 1945–1948. London, New York. 1950. – E. Birke, R. Neumann (Hrsg.), Die Sowjetisierung Ost-Mitteleuropas. 1959. – M. Braun, Die Slawen auf dem Balkan bis zur Befreiung von der türk. Herrschaft. 1941. – D. Djordjević, Revolutions nationales des peuples balkaniques 1804–1914. Belgrad. 1965. – F. Fejtö, Histoire des Démocraties populaires. 2 Bde. Paris. 1969. – O. Halecki, Grenzraum des Abendlandes. Eine Gesch. Ostmitteleuropas. Salzburg. 1956. – H. Hartl, Nationalitätenprobleme im heutigen Südosteuropa. 1973. – E. Hösch, Gesch. der Balkanländer. 1968. – R. A. Kann, Das Nationalitätenproblem der Habsburgermonarchie. Gesch. u. Ideengehalt der nationalen Bestrebungen vom Vormärz bis zur Auflösung des Reiches im Jahre 1918. 2 Bde. 1964. – P. Lendvai, Der rote Balkan. Zwischen Nationalismus u. Kommunismus. 1969. – K. Meyer u. a., Bibliographie z. osteurop. Geschichte. Hrsg. v. W. Philipp (Bibliogr. Mitteilg. d. Osteuropa-Inst. FU Bln. 10). 1972. – R. G. Plaschka, K. Mack (Hrsg.), Die Auflösung d. Habsburgerreiches. 1970. – G. Reichert, Das Scheitern der Kleinen Entente. Internationale Beziehungen im Donauraum 1933–1938. 1971. – G. Stadtmüller, Gesch. Südosteuropas. 1976. – L. S. Stavrianos, The Balkans since 1453. New York. 1958. – C. G. Ströhm, Zwischen Mao u. Chruschtschow. Wandlungen des Kommunismus in Südosteuropa. 1964. – Südosteuropa-Inst. (Hrsg.), Südosteuropa-Bibliographie. 4 Tle. in 2 Bden. 1959 ff. – K. u. M. Uhlirz, Handbuch der Gesch. Österreichs u. seiner Nachbarländer Böhmen u. Ungarn. 4 Bde. Graz. 1927–1944. Neu bearb. von M. Uhlirz, Handbuch der Gesch. Österreich–Ungarns. Bd. 1. Graz, Wien, Köln. 1963. – F. Valjavec, Gesch. der dt. Kulturbeziehungen zu Südosteuropa. 4 Bde. 1953–1965.
Bosnien. V. Klaić, Gesch. Bosniens von den ältesten Zeiten bis zum Verfalle des Königreiches. 1885. – P. F. Sugar, Industrialization of Bosnia-Hercegovina 1878–1918. Seattle. 1964.
Dalmatien. L. de Vojnovitch, Histoire de Dalmatie. 2 Bde. Paris. 1934.
Kroatien. St. Guldescu, History of Medieval Croatia. The Hague. 1964. – L. Hory, M. Broszat. Der kroat. Ustascha-Staat 1941 bis 1945. 1964. – R. Kiszling, Die Kroaten. 1956. – F. v. Šišić, Gesch. der Kroaten. 1. Teil (bis 1102). Zagreb. 1917.
Mazedonien. E. Barker, Macedonia. Its Place in Balkan Power Politics. London. 1950. – H. R. Wilkinson, Maps and politics. A review of the ethnographic cartography of Macedonia. Liverpool. 1951.
Slowenien. J. Mal, Probleme aus der Frühgesch. der Slowenen. Laibach. 1939.

5.5.7.1 TSCHECHOSLOWAKEI
Allgemeine Darstellungen: K. Bosl (Hrsg.), Handbuch der Gesch. der böhm. Länder. 3 Bde. 1966 ff. – D. Brandes, Die Tschechen unter dt. Protektorat. 2 Tle. 1969, 1975. – Die Ereignisse in der Tschechoslowakei vom 27. 6. 1967 bis 18. 10. 1968. Ein dokumentar. Bericht. Zusammengest. von H. Haefs. 1969. – K. Glaser, Die Tschechoslowakei. Polit. Gesch. eines neuzeitl. Nationalitätenstaates. 1964. – J. K. Hoensch, Gesch. der Tschechoslowak. Republik 1918–1978. 1978. – H. Kuhn, Der Kommunismus in der Tschechoslowakei. I: Organisationsstatuten u. Satzungen. 1965. – J. Lettrich, History of Modern Slovakia. New York. 1955. N. Lobkowicz, F. Prinz (Hrsg.), Die Tschechoslowakei 1945 bis 1970. 1978. – J. Skala, Die ČSSR. Vom Prager Frühling zur Charta 77. 1978. – H. J. Wünschel, E. Röper, H. Soell, E. Lemberg, Die sudetendeutsche Frage. 1974.

5.5.7.2 ALBANIEN. W. E. Griffith, Albania and the Sino-Soviet Rift. Cambridge, Mass. 1963. – H. Hamm, Rebellen gegen Moskau. Albanien, Pekings Brückenkopf in Europa. 1962. – N. C. Pano, The People's Republic of Albania. Baltimore. 1968. – W. Russ, Der Entwicklungsweg Albaniens. 1979. – St. Skendi, The Albanian Awakening 1878 to 1912. Princeton, N. Y. 1967. – Ders. (Hrsg.), Albania. New York. 1956. – G. Stadtmüller, Forschungen zur alban. Frühgesch. ²1966.

5.5.7.3 BULGARIEN. C. E. Black, The Establishment of Constitutional Government in Bulgaria. Princeton, N. J. 1943. – L. A. D. Dellin (Hrsg.), Bulgaria. New York. 1957. – J. F. Gellert, Die polit.-geograph. Entwickl. u. Struktur Bulgariens. 1933. – A. Hajek, Bulgariens Befreiung u. staatl. Entwicklung unter seinem ersten Fürsten. 1939. – H.-J. Hoppe, Bulgarien – Hitlers eigenwilliger Verbündeter (Stud. z. Zeitgesch.). 1979. – C. Jireček, Gesch. der Bulgaren. Prag. 1876. – D. Kossev, Ch. Christov, D. Angelov, Bulgar. Gesch. Sofia. 1963. – M. Macdermott, A history of Bulgaria 1393–1885. London. 1962. – J. Rothschild, The Communist Party of Bulgaria. Origins and Development 1883–1936. New York. 1959. – S. Runciman, A history of the first Bulgarian Empire. London. 1930. – W. N. Slatarski, N. Staneff, Gesch. der Bulgaren. 2 Bde. 1917.

5.5.7.4 JUGOSLAWIEN
Gesamtdarstellungen: I. Avakumović, History of the Communist Party of Yugoslavia. Bd. 1. Aberdeen. 1964. – V. Bonac, Jugoslawien. 1968. – R. F. Byrnes (Hrsg.), Yugoslavia. New York. 1958. – G. Gesemann, E. Heymann u. a., Das Königreich Südslawien. 1935. – É. Haumont, La formation de la Yougoslavie (XVᵉ–XXᵉ siècles). Paris. 1930. – G. W. Hoffmann, F. W. Neal, Yugoslavia and the New Communism. New York. 1962. – M. Heppell, F. B. Singleton, Yugoslavia. 2 Bde. London. 1961. – J. B. Hoptner, Yugoslavia in Crisis, 1934–1941. New York. 1962. – D. Ivin, Revolution u. Evolution in Jugoslawien. 1968. – R. J. Kerner (Hrsg.), Yugoslavia. Berkeley. 1949. – H. Ludat (Hrsg.), Jugoslawien zwischen West u. Ost. 1961. – W. Markert (Hrsg.), Osteuropa-Handbuch Bd. 1: Jugoslawien. 1954. – J. Tomasevich, Peasants, Politics and Economic Change in Yugoslavia. Stanford, Calif. 1955. – W. S. Vucinich (Hrsg.), Contemporary Yugoslavia. Twenty Years of Socialist Experiment. Berkeley, Los Angeles. 1969.
Serbien. C. Jirecek, Gesch. der Serben. 2 Bde. 1. 1911–1918. – F. Ph. Kanitz, Das Königreich Serbien u. das Serbenvolk von der Römerzeit bis zur Gegenwart. 3 Bde. 1904 bis 1914. – M. Mladenovitch, L'Etat serbe au moyen âge. Paris. 1931. – St. Novaković, Die Wiedergeburt des serb. Staates (1804–1813). Sarajevo. 1912. – W. S. Vucinich, Serbia between East and West. The Events of 1903–1908. Stanford, Calif. 1954.
Tito. Ph. Auty, Tito, Staatsmann aus dem Widerstand. 1972. – V. Dedijer, Tito, Autorisierte Biographie. 1980. – B. Lazitch, Tito

et la révolution yougoslave, 1937–1956. Paris. 1957. – D. Razumovsky, Titos Erbe. 1979.

5.5.7.5 RUMÄNIEN. St. Fischer-Galati (Hrsg.), The New Romania. New York. 1957. – Ders., The New Rumania. From People's Democracy to Socialist Republik. Cambridge, Mass., London. 1967. – A. Hillgruber, Hitler, König Carol u. Marschall Antonescu. Die dt.-rumän. Beziehungen 1938–1944. 1954. – W. Höpker, Rumänien diesseits u. jenseits der Karpathen. 1936. – M. Huber, Grundzüge der Geschichte Rumäniens. 1973. – N. Jorga, Histoire des Roumains et de la Romanité orientale. 11 Bde. Bukarest. 1937–1945. – Ders., Gesch. des rumän. Volkes im Rahmen seiner Staatsbildung. 2 Bde. 1905. – E. R. Rafael, Entwicklungsland Rumänien. Zur Gesch. d. „Umdefinierung" eines sozialist. Staates. 1977. – T. W. Riker, The Making of Roumania. 1856–1866. London, Oxford. 1931. – H. L. Roberts, Rumania. New Haven. 1951. – R. W. Seton-Watson, A history of the Roumanians from Roman Times to the completion of unity. Cambridge. 1934. – E. Schmidt, Die verfassungsrechtl. u. polit. Struktur des rumän. Staates in ihrer histor. Entwicklung. 1932.

5.5.7.6 UNGARN. Th. von Bogyay, Grundzüge der Gesch. Ungarns. 1977. – A. Domanovszky, Die Gesch. Ungarns. 1923. – J. Ch. von Engel, Gesch. des ungar. Reiches u. seiner Nebenländer. 4 Bde. Halle. 1797–1804. – J. von Farkas, Ungarns Gesch. u. Kultur in Dokumenten. 1955. – Z. Ferge, A Society in the Making. Hungarian Social and Societal Policy 1945–1975. White Plains. 1979. – B. Hóman, Gesch. des ungar. MA. 2 Bde. 1940–1943. – S. Kopácsi, Die ungarische Tragödie. 1979. – C. A. Macartney, Gesch. Ungarns. Dt. 1971. – P. Teleki de Szék, The evolution of Hungary and its place in European History. New York, London. 1923. – F. Váli, Rift and Revolt in Hungary. Nationalism Versus Communism. Cambridge. 1961.

5.5.7.7 GRIECHENLAND. K.-H. Buck, Griechenland und die Europäische Gemeinschaft. 1978. – E. Driault, M. Lhéritier, Histoire diplomatique de la Grèce de 1821 à nos jours. 5 Bde. Paris. 1925/26. – E. S. Forster, A short history of modern Greece 1821–1956. London. ²1958. – W. H. Heurtley u. a., Griechenland. Altertum – Mittelalter – Neuzeit. 1966. – C. Hopf, Gesch. Griechenlands vom Beginn des MA. bis auf unsere Zeit. 2 Bde. Leipzig 1867/68. Neudr. in: Ersch-Gruber, Allg. Encyklopädie der Wissenschaften u. Künste I. Section, 85 u. 86. New York. 1960. – B. P. Mathiopoulos, Die Gesch. der sozialen Frage u. der Sozialismus in Griechenland. 1821–1961. – E. O'Ballance, The Greek civil war 1944–1949. London. 1966. – A. Papandreou, Griechische Tragödie. Von der Demokratie zur Militärdiktatur. 1971. – S. Runciman, Das Patriarchat von Konstantinopel vom Vorabend der türk. Eroberung bis zum griech. Unabhängigkeitskrieg. 1970. – E. Schramm-von Thadden, Griechenland u. die Großmächte im 2. Weltkrieg. 1955. – N. G. Svoronos, Histoire de la Grèce moderne. Paris. 1953. – D. Tsakonas, Geist u. Gesellschaft in Griechenland. 1965. – C. M. Woodhouse, The Greek war of independence. London. 1952. – Ders., A short History of modern Greece. New York. 1968.

Antike: →5.2.2 – 5.2.4.

5.5.7.8 ZYPERN. L. Dischler, Die Zypernfrage. 1960. – F. G. Maier, Zypern. 1964.

5.5.8 BYZANZ

Allgemeine Darstellungen: N. H. Baynes u. H. S. L. B. Moss, Byzanz. Gesch. u. Kultur des oström. Reiches. 1964. – L. Bréhier, Le monde byzantin. 3 Bde. Paris. 1947–1950. – F. Dölger, Paraspora. 30 Aufsätze zur Gesch. des byzantin. Reiches. 1961. – Ders., Byzanz u. die europ. Staatenwelt. 1976. – Ders. u. A. M. Schneider, Byzanz. 1952. – Handbuch der Orientalistik. Bd. 5. 1966. – H.-W. Haussig, Byzantin. Gesch. 1969. – H. Hunger, Byzantin. Geisteswelt. 1958. – J. M. Hussey, Die byzantin. Welt. 1958. – W. Ohnsorge, Abendland u. Byzanz. 1958. – G. Ostrogorsky, Gesch. des byzantin. Staates. ³1963. – A. Vasiliev, History of the Byzantine Empire. Madison. ²1958. – P. Wirth, Grundzüge der byzantinischen Geschichte. 1976.

Kulturgeschichte: H.-W. Haussig, Kulturgesch. von Byzanz. 1959. – S. Runciman, Byzantine civilisation. London. 1933.

5.5.8.1 OSMANISCH-TÜRKISCHES REICH

Allgemeine Darstellungen: C. Brokkelmann, Gesch. der islam. Völker u. Staaten. ²1943. – C. Cahen, Pre-Ottoman Turkey. London. 1968. – J. von Hammer-Purgstall, Gesch. des Osman. Reiches. 4 Bde. Pest. ²1840. Neudr. 1963. – H. Keskin, Die Türkei. Vom Osmanischen Reich zum Nationalstaat. 1978. – U. Klever, Das Weltreich d. Türken. Vom Steppenvolk bis zur modernen Türkei. 1978. – J. W. Zinkeisen, Gesch. des Osman. Reiches in Europa. 7 Bde. Gotha. 1840–1863. Neudr.

Einzeldarstellungen: F. Ahmad, The Young Turks. Oxford. 1969. – F. Babinger, Mehmed der Eroberer u. seine Zeit. 1953. – H. Duda, Vom Kalifat zur Republik. Wien. 1948. – E. Kirsmal, Der nationale Kampf der Krimtürken. 1952. – W. Miller, The Ottoman Empire and its Successors 1801–1927. Cambridge. 1934. – G. Weiher, Militär u. Entwicklung i. d. Türkei, 1945–1973. 1978. – E. Werner, Die Geburt einer Großmacht: Die Osmanen. 1972.

5.5.9 ISLAMISCHE REICHE

Bibliographie: G. Pfannmüller, Handb. der Islam-Literatur. 1974 (Nachdr. d. Ausg. 1923).

Nachschlagewerke: Enzyklopädie des Islam. 4 Bde. u. Suppl. Leiden. ²1960ff. – E. von Zambaur, Manuel de généalogie et de chronologie pour l'histoire de l'Islam. ²1955.

Allgemeine Darstellungen: C. Cahen, L'Islam des origines au début de l'Empire Ottoman. Paris. 1970. Dt. 1968. – C. Brokkelmann, Gesch. der islam. Völker u. Staaten. ²1943. – F. Gabrieli, Gesch. der Araber. 1963. – G. E. von Grunebaum, Der Islam im MA. 1963. – Ders., Der Islam in seiner klassischen Epoche. – B. Spuler, Chalifenzeit. 1953.

Einzeldarstellungen: C. Cahen, La Syrie du Nord à l'époque des Croisades. Paris. 1940. – Fischer Weltgeschichte. Bd. 14 u. 15: Islam. 1968 u. 1971. – H. A. R. Gibb u. H. Bowen, Islamic Society and the West. I/1–2. 1950–1957. – S. Lane Poole, A history of Egypt in the Middle Ages. London. ⁵1925. – G. Le Stange, Palestine under the Moslems. London. 1890. – J. Wellhausen, Das arab. Reich u. sein Sturz. 1902. Neudr. 1960.

5.5.9.1 VORDERER ORIENT (NEUZEIT)

Allgemeine Darstellungen: M. Adams (Hrsg.), The Middle East. A handbook. London. 1971. – W. A. Beling, Pan-Arabism and Labor. Cambridge, Mass. 1960. – H. A. Fischer-Barnicol, Die islamische Revolution. 1980. – S. N. Fisher, Social Forces in the Middle East. Ithaca, N. Y. 1955. – Ders., The Middle East. A History. New York. ²1969. – F. Gabrieli, Die arabische Revolution. 1961. – H. A. Gibb, Modern Trends in Islam. Chicago. ²1950. – S. G. Haim (Hrsg.), Arab Nationalism. Los Angeles. 1962. – R. Hartmann, Islam u. Nationalismus. 1948. – A. Hourani, Arabic Thought in the Liberal Age. London. 1962. – P. Meyer-Ranke, Die arab. Staaten Vorderasiens. 1969. – I. Reinartz (Hrsg.), Nahost-Konflikt. 1975. – U. Steinbach, R. Hofmeier, M. Schönborn, Politisches Lexikon Nahost. 1979. – D. Warriner, Land Reform and Development in the Middle East: Study of Egypt, Syria and Iraq. London. 1957. – M. Y. Zayid. Egypt's Struggle for Independence. Beirut. 1965.

Ägypten →5.6.4.

Arabien. M. C. Hudson, Arab Politics. The Search for Legitimacy. London. 1979. – W. H. Ingrams, A Report on the Social, Economic and Political Conditions of the Hadhramaut, Aden Protectorate. London. 1936. – F. H. Kochwasser, Kuwait. 1969. – A. M. Lesch, Arab Politics in Palestine, 1917–1939. New York. 1979. – R. Sanger, The Arabian Peninsula, Ithaca, N. Y. 1954. – Who's Who in the Arab World, 5th Ed., 1978/79. Epping. 1979. – R. B. Winder, Saudi Arabia in the Nineteenth Century. New York. 1965.

Arabische Liga →5.3.4.

Irak. M. Khadduri, Socialist Iraq. A Study in Iraqi Politics since 1968. Washington. 1978. – Ders., Republican Iraq. London. 1969. – S. H. Longrigg, Oil in the Middle East. Oxford. 1954.

Jordanien. M. Haas, Husseins Königreich. 1975. – H. Kohn, Die staats- u. verfassungsrechtl. Entwicklung des Emirats Transjordanien. 1929. – P. Lyautey, La Jordanie Nouvelle. Paris. 1966.

Nahostkonflikt →5.3.4.

Saudi-Arabien →Arabien.

Syrien u. Libanon. J. Haddad, Fifty Years of Modern Syria and Lebanon. Beirut. 1950. – Ph. K. Hitti, History of Syria, including Lebanon and Palestine. New York. 1951. – A. Hourani, Syria and Lebanon. London. 1946. – D. Th. Schiller, Der Bürgerkrieg im Libanon. 1979. – P. Seale, The Struggle for Syria. London. 1965. – G. H. Torrey, Syrian Politics and the Military. Ohio. 1964. – N. Ziadeh, Syria and Lebanon. New York. 1957.

5.6.0 AFRIKA (ALLGEMEINES)

Bibliographien: Afrika-Bibliographie; ein Verzeichnis der deutschsprachigen wissenschaftl. Literatur. Hrsg. Dt. Afrika-Ges. (Jahresbände). 1960ff. – H. F. Conover, Africa south of the Sahara; a selected, annotated list of writings. Washington. 1963.

Allgemeine Darstellungen: Africa Handbook. Hrsg. C. Legum. Harmondsworth. ²1969. – F. Ansprenger, Afrika. Eine polit. Länderkunde. ⁶1968. – P. Berteaux, Afrika von der Vorgesch. bis zu den Staaten der Gegenwart (Fischer Weltgesch. Bd. 32). 1976. – R. u. M. Cornevin, Geschichte Afrikas von den Anfängen bis zur Gegenwart. 1980. – J. Hatch, A History of post-war Africa. London. ²1967. – B. W. Hodder, Africa Today. New York. 1979. – W. Holzer, 26mal Afrika. 1967. – E. G. Jacob, Grundzüge der Geschichte Afrikas. 1966. – D. A. Olderogge, I. I. Potechin, Die Völker Afrikas. 2 Bde. 1961. – D. Westermann, Gesch. Afrikas. 1952.

Einzeldarstellungen: Ph. D. Curtin, The Atlantic Slave Trade. Madison. 1969. – I. Geiss, Panafrikanismus. 1968. – R. H. Green, A. Seidmann, Unity or Poverty? Harmondsworth. 1968. – K. Nkrumah, Afrika muß eins werden. 1965. – G. Padmore, Pan-Africanism or Communism? London. 1956. – F. Pedler, Main Currents of West African History, 1940–1978. London. 1979. – E. Stahn, Das Afrika der Vaterländer. Der Weg in die Unabhängigkeit. 1975. – I. Wallerstein, Africa – the politics of unity. London. 1967. – J. Ziegler, Afrika: Die neue Kolonisation. 1980.

5.6.2 ÄTHIOPIEN. A. Bartnicki, J. Mantel-Niećko, Geschichte Äthiopiens. 2 Bde. Dt. 1978.

5.6.4 ARABISCH-AFRIKA

5.6.4.1 ÄGYPTEN. A. Abbel-Malek, Egypt – military society. New York. 1968. – R. W. Baker, Egypt's Uncertain Revolution under Nasser and Sadat. Cambridge/Mass. 1978. – J. u. S. Lacouture, L'Egypte en mouvement. Paris. ²1962. – R. Le Tourneau, Evolution politique de l'Afrique du Nord musulmane 1920–1961. Paris. 1962. – P. Mansfield, Nasser's Egypt. Harmondsworth. ²1969. – P. J. Vatikiotis, Nasser and his Generation. New York. 1979.

5.6.4.2 ALGERIEN. H. Elsenhans, Frankreichs Algerienkrieg 1954–1962. 1974. – F. Fanon, Aspekte der alger. Revolution. 1969. – Ch.-A. Julien, Histoire de l'Algérie contemporaine. Bd. 1 (1827–1871). Paris. 1964. – Y. Lacoste u. a., L'Algérie passé et présent. Paris. 1960. – W. B. Quandt, Revolution and political leadership – Algeria 1954–1968. London. 1969.

5.6.4.3 MAROKKO. D. E. Ashford, Political change in Morocco. Princeton. 1961. – Ch.-A. Julien, Le Maroc face aux Impérialismes, 1415–1956. Paris. 1978. – M. Rousset, Le Royaume du Maroc. Paris. 1978. – B. Stéphane, Maroc 1943–1956. 3 Bde. Brüssel. 1964.

5.6.5 SCHWARZAFRIKA. J. Ki-Zerbo, Die Geschichte Schwarz-Afrikas. 1980. – J. M. Werobèl-LaRochelle, R. Hofmeier, M. Schönborn, Politisches Lexikon Schwarzafrika. 1978.

5.6.5.1 GHANA. F. Ansprenger, H. Traeder, R. Tetzlaff, Die politische Entwicklung Ghanas von Nkrumah bis Busia. Hrsg. v. Ifo-Inst. f. Wirtschaftsforsch. 1972. – D. Austin, Politics in Ghana 1946–1960. London. 1964. – B. Fitch, M. Oppenheimer, Ghana – end of an illusion. New York. 1966. – R. Genoud, Nationalism and economic development in Ghana. New York. 1969. – D. Kimble, A political History of Ghana, 1850–1928. London. 1963. – K. Nkrumah, Schwarze Fanfare. 1958. – L. Rubin, P. Murray, The Constitution and Government of Ghana. London. 1961.

5.6.5.2 KENIA. J. Kenyatta, Facing Mount Kenya. London. 1959. – W. Leifer, Kenia (Erdmann-Ländermonographien 8). 1977. – T. Mboya, Afrika – Freiheit u. nachher? 1966. – O. Odinga, Not yet Uhuru. London. 1967. – C. G. Rosberg, J. Nottingham, The Myth of Mau Mau. New York. 1966.

5.6.5.3 NIGERIA. Ch. Allen, O. Oyediran (Hrsg.), Nigerian Government and Politics under Military Rule, 1966–1979. London. 1979. – Z. Cervenka, The Nigerian War. 1967–1970 (Schriftenr. d. Bibl. f. Zeitgesch., 10). 1971. – J. S. Coleman, Nigeria – background to nationalism. Berkeley. 1958. – M. Crowder, The Story of Nigeria. London. 1962. – K. O. Dike, Trade and Politics in the Niger Delta 1830–1885. Oxford. 1956. – K. Ezera, Constitutional Developments in Nigeria. Cambridge. ²1964. – J. P. Mackintosh, Nigerian Government and Politics. London. 1966. →auch 5.3.4.

5.6.5.4 TANSANIA. H. Bienen, Tanzania; party transformation and economic development. Princeton. 1967. – J. Iliffe, Tanganyika under German Rule 1905–1912. Cambridge. 1969. – J. Listowel, The Making of Tanganyika. London. 1965. – J. K. Nyerere, Freedom and Unity. Dar Es Salaam. 1966. – Ders., Freedom and Socialism. Dar Es Salaam. 1968. – C. Pratt, The Critical Phase in Tanzania, 1945–1968. Oxford. 1980. – K. M. Stahl, History of the Chagga People of Kilimanjaro. Den Haag. 1964.

5.6.5.5 ZAIRE. A. A. J. van Bilsen, Vers l'Indépendance du Congo. Brüssel. 1956. – R. Cornevin, Histoire du Congo-Léopoldville. Paris. 1963. – G. Gran, Zaire: Problems of Political and Economic Development. Eastbourne. 1980. – C. Hoskyns, The Congo since independence. London. 1964. – R. Lemarchand, Political awakening in the Congo. Cambridge, Mass. 1964. – C. Young, Politics in the Congo. Princeton. 1965.

5.6.6 SÜDLICHES AFRIKA. R. Rode (Hrsg.), Der Konflikt im Südl. Afrika. 1976.

5.6.6.1 RHODESIEN (SIMBABWE). G. Arrighi, The Political Economy of Rhodesia. Haag. 1967. – F. Clements, Rhodesia – the course to collision. London. 1969. – T. O. Ranger, Revolt in Southern Rhodesia 1896/97. London. 1967. – Ders., The African voice in Southern Rhodesia. London. 1970. – E. Windrich, Britain and the Politics of Rhodesian Independence. New York. 1979.

5.6.6.2 SÜDAFRIKA. H. Adam, Südafrika, Soziologie einer Rassengesellschaft. 1969. – H. R. Bilger, Südafrikas Weg in die Krise. 1978. – T. R. H. Davenport, South Africa: A Modern History. London. 1978. – G. M. Gerhart, Black Power in South Africa. The Evolution of an Ideology. Berkeley. 1978. – Kap ohne Hoffnung. Hrsg. F. Duve. 1965. – L. Marquard, The Peoples and Policies of South Africa. London. ⁴1969. – The Oxford History of South Africa. Hrsg. M. Wilson, L. Thompson. London. Bd. 1 (bis 1870): 1969, Bd. 2 (1870–1967): 1970. →auch 5.3.4, 5.9.2, 5.9.3.

5.6.7 AUSTRALIEN

Allgemeine Darstellungen: M. Bomoy, Australien. 1964. – M. Clark, Sources of Australian History. 1965. – G. Greenwood, Australia. A Political and Social History. Sydney. 1955. – Th. B. Millar, Australia in Peace and War. New York. 1978. – E. Scott, A Short History of Australia. Melbourne. 1965. – A. G. L. Shaw, The Story of Australia. London. 1961.

Einzeldarstellungen: B. Fitzpatrick, The Australian People 1788–1945. Melbourne. ²1951. – W. G. McMinn, A Constitutional History of Australia. Oxford. 1979. – R. C. Mills, The Colonisation of Australia 1829–1842. London. 1915. – P. D. Philips u. G. L. Wood, The Peopling of Australia. Melbourne. 1928 bis 1934. – S. H. Roberts, History of Australian Land Settlement 1788–1920. Melb. 1925. – A. W. Stargardt, Australia's Asian Policies. The History of a Debate. 1839–1972. 1977.

5.6.8 ISRAEL

Allgemeine Darstellungen: Encyclopedia of Zionism and Israel. Hrsg. R. Patay. 2 Bde. New York. 1971. – D. Ben Gurion, Israel. Die Gesch. eines Staates. 1973. – H. Jendges, Israel. Eine polit. Landeskunde. 1970. – W. Laqueur, Der Weg zum Staat Israel. Geschichte d. Zionismus. Dt. 1975. – Meier-Cronemeyer, Kusche, Rendtorff, Israel in Nahost (Ed. Zeitgesch.). 1975.

Einzeldarstellungen: N. Bethell, Das Palästina-Dreieck. Juden u. Araber im Kampf um das britische Mandat 1935–1948. Dt. 1979. – R. S. u. W. S. Churchill, ... und siegten am siebenten Tag. 1968. – H. Darin-Drabkin, Der Kibbuz. 1967. – A. Eban, Dies ist mein Volk. 1970. – Ders., Mein Land. 1975. – J. Oppenheimer u. a. (Hrsg.), Lexikon des Judentums. ²1971. – K. Sontheimer (Hrsg.), Israel – Politik, Gesellschaft, Wirtschaft. 1968. – A. Ullmann, Israel ²1967.

Nahostkonflikt →5.3.4.

5.7.0 ASIEN (ALLGEMEINES). L. Bianco, Das moderne Asien (Fischer Weltgesch. Bd. 33). 1969. – C. A. Buss, Asia in the Modern World. New York. 1964. – S. Chandrasekhar (Hrsg.), Asia's Population Problems. New York. 1967. – P. H. Clyde, The Far East. A history of the impact of the West on Eastern Asia. New York. 1958. – D. J. Dallin, Soviet Russia and the Far East. Yale. 1948. – J. K. Fairbank u. a., East Asia: The Modern Transformation. Boston. 1965. – N. Ginsburg, Pattern of Asia. Englewood Cliffs. 1958. – G. Hambly, Central Asia. A History from Hellenistic times to the present day. London. 1968. – R. Kurzrock (Hrsg.), Asien im 20. Jahrhundert (Forsch. u. Inform.). o. J. – H. U. Luther, Asien im Wandel. 1970. – O. Marwah, J. D. Pollack (Hrsg.), Military Power and Policy in Asian States. Towards the 1980s. Folkestone. 1979. – T. Mende, China, Indien u. die Welt. Wege zu einer neuen Weltpolitik. 1965. – G. Myrdal u. a., Asian Drama. New York. 1968. – J. Romein, The Asian Century. London. 1962. – Ders., Das Jahrhundert Asiens. Gesch. des modernen asiat. Nationalismus. 1958. – H. Zinkin, Asia and the West. New York. 1953.

5.7.1 ZENTRALASIEN, MONGOLEN UND TÜRKEN. W. Barthold, Turkestan down to the Mongol Invasion. London. ²1958. – G. Hambley (Hrsg.), Zentralasien. 1975. – B. Hayit, Turkestan im XX. Jh. 1956. – K. Jettmar, H. W. Haussig, B. Spuler, L. Peteck, Gesch. Mittelasiens. Leiden, Köln. 1966. – I. J. Korostovetz, Von Cinggis Khan zur Sowjetunion (Nachdr. d. Ausg. 1926). 1974. – J. H. Sanders, Tamerlane or Timur the Great Amir. London. 1936. – B. Spuler, Geschichte der Mongolen. o. J. – Ders., Die Goldene Horde. Die Mongolen in Rußland 1223–1502. Neudr. 1965.

5.7.2 OSTASIEN

Allgemeine Darstellungen: J. K. Fairbank, E. O. Reischauer, East Asia. The Great Tradition. London. 1960. – Dies. u. A. Craig. East Asia. The Modern Transformation. Boston. 1965. – W. Jaenicke, Das

Ringen um die Macht im Fernen Osten. Vorgesch. des chines.-japan. Krieges (1937). 1963. – G.-K. Kindermann, Der Ferne Osten in der Weltpolitik des industriellen Zeitalters (dtv-Weltgesch. Bd. 6). 1970. – K. S. Latourette, Gesch. des Fernen Ostens in den letzten 100 Jahren. Hrsg. Institut für Asienkunde. Hamburg. 1959. – P. Schöller, Ostasien. Fischer Länderkde., Bd. 1. 1977. – R. Shaplen, Drehscheibe Ostasien. Völker u. Staaten im Umbruch. 1980.

5.7.2.1 CHINA

Bibliographien: R. Hoffmann, Bücherkunde zur chines. Geschichte, Kultur u. Gesellschaft. 1973. – C. O. Huckert, China, A Critical Bibliography. Tuscon. 1962. – J. Lust, W. Eichhorn, Index Sinicus. Cambridge. 1964. – L. Phillips, Chinese History. A. Bibliography. New York. 1978. – Revue bibliographique de Sinologie. Paris. – T. L. Yuan, China in Western Literature: a continuation of Cordier's Bibliotheca Sinica. New Haven. 1958.

Allgemeine Darstellungen: W. Eberhard, Geschichte Chinas. 1971. – H. Franke, R. Trauzettel, Das chines. Kaiserreich (Fischer Weltgesch. Bd. 19). 1976. – O. Franke, Gesch. des chines. Reiches. 5 Bde. 1930–1952. – W. Franke (Hrsg.), China Handbuch. 1974. – C. A. Handbook. Hrsg. Yuan-Li Wu. Newton Abbot. 1973. – W. M. Meyer, China. An Introductory History. Totowa, N. J. 1978. – B. Wiethoff, Grundzüge der neueren chinesischen Geschichte. 1977.

Kulturgeschichte: China. Geschichte. Philosophie. Religion. Literatur. Technik (Forsch. u. Inform., 26). 1979. – H. G. Creel, Chinese Thought from Confucius to Mao Tse-tung. New York. 1960. – Ders., Confucius, the Man and the Myth. New York. 1949. – W. Eichhorn, Kulturgeschichte Chinas. 1964. – S. Fraser, Chinese Communist Education. New York. 1965. – M. Granet, La civilisation chinoise. Paris. 1948. – R. Juttka-Reisse, Geschichte u. Struktur d. chines. Gesellschaft. 1977. – R. Lorenz (Hrsg.), Umwälzung einer Gesellschaft. Zur Sozialgesch. d. Chines. Revolution (1911–1949). 1977. – R. Wilhelm, Die Gesch. der chines. Kultur. 1928. – Lin Yutang, Mein Land u. Volk. 1936.

Einzeldarstellungen: W. T. de Bary u. a., Sources of Chinese Tradition. New York. 1960. – E. Balázs, Chinese Civilisation and Bureaucracy. New Haven, Conn. 1964. – A. D. Barnett, Communist China in Perspective. New York. 1962. – Ders., Communist China: The Early Years, 1949 bis 1955. London. 1965. – W. Bauer (Hrsg.), China u. d. Fremden. 300 Jahre Auseinandersetzung in Krieg u. Frieden. 1980. – H. Bechtoldt, Chinas Revolutionsstrategie. 1969. – G. Blumer, Die chines. Kulturrevolution 1965–1967. 1968. – R. G. Boyd, Communist China's Foreign Policy. New York. 1962. – T. H. Chen, Thought Reform of the Chinese Intellectuals. Hongkong. 1960. – J. C. Cheng, Chinese Sources for the Taiping Rebellion 1850–1864. London. 1963. – Chiang K'ai-shek, China's Destiny. New York. 1947. – Ders., Soviet Russia in China. New York. 1957. – V. Chu, Ta ta tan tan. Die Wirklichkeit Rotchinas. Dt. 1964. – J. Domes, Politik u. Herrschaft in Rotchina. 1965. – G. Etienne, Chinas Weg zum Kommunismus. Dt. Wien. 1963. – C. P. Fitzgerald, Revolution in China. 1954. – W. Franke, Das Jahrhundert der chines. Revolution 1851–1949. 1980. – G. Ginsbergs, H. Mathos, Communist China and Tibet. Den Haag. 1964. – M. Granet, Etudes sociologiques sur la Chine. Paris. 1953. – B. Großmann, Die wirtschaftl. Entwicklung der Volksrepublik China. 1960. – M. H. Halperin, China and the Bomb. London. 1965. – W. Handke, Die Wirtschaft Chinas. 1959. – H. C. Hinton, Communist China's Foreign Policy as a Nuclear Power, New York. 1965. – H. R. Isaacs, The Tragedy of the Chinese Revolution. Stanford. 1961. – G. K. Kindermann, Konfuzianismus, Sunyatsenismus u. chines. Kommunismus. 1963. – G. Kaminski, China – Taiwan. 1971. – Kuo Heng-yü, Die Komintern und die chinesische Revolution. 1979. – O. Lattimore, Inner Asian Frontiers of China. Boston. 1962. – J. R. Levenson, Confucian China and its Modern Fate. 3 Bde. London. 1958–1965. – C. C. Liang, Intellectual Trends in the Ch'ing Period. Cambridge, Mass. 1959. – M. Loewe, Das China der Kaiser. Wien. 1966. – R. Macfarquhar, The Hundred Flowers Campaign. New York. 1960. – H. Maspero, La Chine antique. Paris. 1955. – Ders., E. Balázs, Histoire et institutions de la Chine ancienne. Paris. 1967. – K. Mehnert, Peking u. Moskau. [2]1964. – Ders., Maos zweite Revolution. 1966. – Ders., Kampf um Maos Erbe. 1977. – F. Michael, The Taiping Rebellion. Seattle. 1966. – Mu Fu-sheng, The Wilting of the Hundred Flowers: The Chinese Intelligentsia under Mao. New York. 1963. – E. Snow, Roter Stern über China. Dt. 1975. – Ders., Gast am anderen Ufer. Rotchina heute. Dt. 1964. – S. van der Sprenkel, Legal Institutions in Manchu China. London. 1962. – T'ang Leang-li, The Inner History of the Chinese Revolution. London. 1930. – S. Y. Teng, Historiography of the Taiping Rebellion. Cambridge, Mass. 1962. – Ders., J. K. Fairbank, China's Response to the West: a Documentary Survey. Cambridge, Mass. 1954. – C. M. Wilbur u. a., Documents on Communism, Nationalism, and Soviet Advisers in China, 1918–1927. New York. 1956. – K. A. Wittfogel, Wirtschaft u. Gesellschaft Chinas. 1931. – Ders., Feng Chia-sheng, History of the Chinese Society, Liao 907–1125. Philadelphia. 1949. – Wu Yuan-li, The Economy of Communist China. London. 1965. – D. S. Zagoria, Der chines.-sowjet. Konflikt 1956–1961. Dt. 1964.

Mandschurei. G. Fochler-Hauke, Die Mandschurei. 1941. – E. Hauer, Die Gründung des Mandschur. Kaiserreichs. Dt. 1926. – O. Lattimore, Manchuria cradle of conflict. New York. [2]1935. – Ders., The Mongols of Manchuria. New York. 1934.

Mao Tsetung. M. T., Ausgewählte Werke. 5 Bde. Peking. Dt. 1968/77. – P. Kuntze, Mao Tse-tung. 1977. – I. Schäfer, Mao Tse-tung. Eine Einf. in sein Denken. 1978. – Th. Scharping (Hrsg.), Mao Tse-tung. 1976.

Tschingis Khan. H. D. Martin, The Rise of Chingis Khan and his Conquest of North China. Baltimore. 1950.

5.7.2.2 KOREA

Bibliographien: M. Courant, Bibliographie Coréenne. 3 Bde. 1894–1896.

Allgemeine Darstellungen: The Centre for East Asian Cultural Studies, A Short History of Korea. Tokio. 1963. – A. Eckardt, Korea. Gesch. u. Kultur. 1968. – Hakwonsa, Korea. Its Land, People and Culture of All Ages. Seoul. 1960. – H. B. Hulbert, History of Korea. London, New York. 1962.

Einzeldarstellungen: H. Chang, 6 Insides From The Korean War. Seoul. 1958. – H. Conroy, The Japanese Seizure of Korea 1868–1910. Philadelphia. 1960. – W. E. Henthorn, Korea, The Mongol Invasions. Leiden. 1963. – E. Kux, J. G. Kun, Die Satelliten Pekings. Nordvietnam, Nordkorea. 1964. – R. Leckie, The Korean War. London. 1963. – Ch. Lee, The Korean Workers'Party. Stanford, Calif. 1978. – Ders., The Politics of Korean Nationalism. Berkeley and Los Angeles. 1963. – H. Lee, Korea – Time, Change and Administration. Honolulu. 1968. – U. Menzel, G. Wontroba, Stagnation u. Unterentwicklung in Korea. 1978. – Pyun, Korea, My Country. Seoul. 1962. – D. Rees, Korea, The Limited War. London, New York. 1964. – W. D. Reeve, The Republic of Korea. London, New York. 1963. – Shannon McCune, Korea's Heritage. A Regional and Social Geography. Rutland. 1957.

Kulturgeschichte: A. Eckardt, Gesch. der korean. Literatur. 1968. – C. Osgood, The Koreans and Their Culture. New York. 1951.

5.7.3 JAPAN

Bibliographien: Ko-kusai Bunka Shimko-kai, Bibliographie of standard reference books for Japanese studies. 12 Bde. Tokio. 1961–1969. – O. Nachod, H. Praesent, W. Haenisch, Bibliographie von Japan. 1906 bis 1937. 6 Bde. Neudr. 1970. – F. von Wenckstern, Bibliography of the Japanese Empire. 2 Bde. Neudr. 1970.

Allgemeine Darstellungen: H. A. Dettmer, Grundzüge der Gesch. Japans. 1973. – G. Haasch, Japan. Eine polit. Landeskde. 1973. – Hall, Das Japan. Kaiserreich (Fischer Weltgesch. Bd. 20). 1968. – J. Hunter, A. Dictionary of Modern Japanese History, Folkestone. 1979. – M. D. Kennedy, A History of Japan. London. 1963. – E. O. Reischauer, Japan. 1953. – G. B. Sansom, A History of Japan. 3 Bde. London. 1958–1964.

Einzeldarstellungen: E. J. Lewe van Aduard, Japan from Surrender to Peace. New York. 1953. – R. H. Akagi, Japan's Foreign Relations. 1542–1936: A Short History. Tokio. 1936. – F. S. Dunn, Peace-Making and the Settlement with Japan. Princeton. 1963. – H. Feis, The Road to Pearl Harbour. Princeton. 1950. – M. Kajima, Geschichte der japanischen Außenbeziehungen. 1976. – S. W. Kirby, The War against Japan. 3 Bde. London. 1957 bis 1961. – O. Nachod, Gesch. von Japan. Von der Urzeit bis zur Übernahme der chines. Kultur ca. 850. 2 Bde. 1906 u. 1929/30. – R. K. Reischauer, Early Japanese History. 2 Bde. Princeton. 1937. – G. B. Sansom, The Western World and Japan. New York. 1950. – R. Storry, Gesch. des modernen Japan. Dt. 1962.

Kulturgeschichte: C. Haguenauer, Origines de la Civilisation Japonaise. Paris. 1956. – W. S. Morton, Japan – Geschichte und Kultur. 1974.

Wirtschaftsgeschichte: K. Hax, Japan. Wirtschaftsmacht des Fernen Ostens. 1961. – P. Kevenhörster, Wirtschaft und Politik in Japan. 1973.

5.7.4 SÜDOSTASIEN

Bibliographie: J. F. Em Dree, L. O. Dotson, Bibliography of the peoples and cultures of mainland South-East Asia. New Haven. 1950. – S. N. Hay, M. H. Case (Hrsg.), Southeast Asian history: a Bibliographic Guide. New York. 1962.

Allgemeine Darstellungen: J. Bastian, H. J. Benda, A History of modern Southeast Asia. Colonialism, nationalism and decolonization. Englewood Cliffs. 1968. – J. Chesneaux, Gesch. Ost- u. Südostasiens im 19. u. 20. Jh. Dt. 1969. – G. Docker, Regierungssysteme in Süd- u. Südostasien. 1970. – D. G. E. Hall, A History of South-East Asia. London. [3]1968. – E. Sarkisyanz, Südostasien seit 1945. 1965. – Th. H. Silcock u. a., Studien zur Entwicklung in Südost- und Ostasien. 1958. – Southeast Asian Affairs, 1978. London. 1979. – J. Villiers (Hrsg.), Südostasien vor der Kolonialzeit (Fischer Weltgesch. Bd. 18). 1965.

5.7.4.1 BIRMA. J. F. Cady, A History of Modern Birma, Ithaca, N. Y. 1958. – D. G. E. Hall, Birma. London. 1960. – F. N. Trager, Burma – from Kingdom to republic. New York. 1966.

5.7.4.2 INDONESIEN UND NIEDERLÄNDISCH-INDIEN. B. Dahm, Sukarnos Kampf um Indonesiens Unabhängigkeit. Hrsg. Institut für Asienkunde, Hamburg. 1966. – Indonesien. (Amnesty International Publications). 1977. – J. Kennedy, A History of Malaya 1400–1959. London. [2]1970. – G. MacTurman Kahin, Nationalism and Revolution in Indonesia. Ithaca, N. Y. 1952. – W. Röll, Indonesien. 1979. – A. Zainúddin, A short history of Indonesia. 1968.

5.7.4.3 KAMBODSCHA. A. Barth, T. Terzani, Holocaust in Kambodscha. 1980. – A. Dauphin-Meunier, Histoire du Cambodge. In: Que sais-je? Paris. 1961. – A. Migot, Les Khmers. Paris. 1960. – W. Shawcross, Schattenkrieg. 1980.

5.7.4.4 LAOS. P. Le Boulanger, Histoire du Laos français. Paris. 1930. – A. J. Dommen, Conflict in Laos. 1964.

5.7.4.5 MALAYA. F. J. Moorhead, History of Malaya. 2 Bde. London. 1963.

5.7.4.6 THAILAND. D. A. Wilson, Politics in Thailand. Ithaca, N. Y. 1962. – W. A. R. Wood, A history of Siam. London. 1959.

5.7.4.7 VIETNAM. J. Buttinger, The smaller Dragon. A political history of Vietnam. New York. 1958. – J. Chesneaux, Vietnam, Gesch. u. Ideologie des Widerstandes. 1968. – Doan Van Toai, Der vietnamesische Gulag. Dt. 1980. – B. Fall, Le Viet-Minh. La République Démocratique du Viet-Nam. 1945–1960. Paris. 1960. – P.-R. Féray (Hrsg.), Le Viêt-Nam au XXe Siècle. Paris. 1979. – Lê Thành Khôi, 3000 Jahre Vietnam. Geschichte und Kultur eines Landes. Dt. 1969.

5.7.5 SÜDASIEN

5.7.5.1 IRAN. The Cambridge History of Iran. Cambridge. 1968. – P. Avery, Modern Iran. London. 1965. – B. Brentjes, Iran. Welt vor Mohammed. o. J. – A. Faraughy, Persien, Aufbruch ins Chaos? Eine Analyse der Entwicklung im Iran von 1953–1979. 1979. – A. K. S. Lambton, Islamic Society in Persia. London. 1954. – Ders., Landlords and peasants in Persia. London. Neudr. 1969. – G. Lenczowski, Russia and the West in Iran 1918–1948. Ithaca, N. Y. 1949. – A. Mahrad, Iran unter der Herrschaft Reza Schahs 1921–1936. 1977. – B. Spuler, Iran in frühislam. Zeit. 1952. – Ders., Die Mongolen in Iran. [3]1968. – F. Steppat, Iran zwischen den Großmächten, 1941–1948. 1948. – P. Sykes, A History of Persia. 2 Bde. London. [3]1963. – U. Tilgner (Hrsg.), Umbruch im Iran. Augenzeugenberichte, Analysen, Dokumente. 1979. – G. Widengren, Iran. Geisteswelt von den Anfängen bis zum Islam. 1961.

5.7.5.2 AFGHANISTAN. Berliner Inst. f. vergleich. Sozialforsch. (Hrsg.), Revolution in Iran u. Afghanistan. Jahrb. z. Gesch. u. Gesellsch. d. Mittleren Orients. 1980. – W. Fraser Tyler, Afghanistan. 1953. – W. Kraus (Hrsg.), Afghanistan. Natur, Gesch. u. Kultur, Staat, Gesellsch. u. Wirtsch. 1975. – S. P. Sinka, Afghanistan im Aufruhr. 1980.

5.7.5.3 CEYLON. H. W. Codrington, A short history of Ceylon. London. 1947. – W. Geiger, Culture of Ceylon in mediaeval times. Hrsg. H. Bechert. 1960. – S. A. Pakemann, Ceylon. London. 1964. – S. G. Perera, A History of Ceylon. 2 Bde. Colombo. 1951–1955.

5.7.5.4 INDIEN

Bibliographien: K. L. Janert, Verzeichnis indienkundl. Hochschulschriften. Dtschld. – Österreich – Schweiz. 1961. – M. H. Case, South Asian History 1750–1950. Princeton. 1968.

Allgemeine Darstellungen: L. Alsdorf, Indien von der mohammedan. Eroberung bis zur Gegenwart. In: Gesch. Asiens. 1950. – D. von Bernstorff, Indiens Rolle in der Weltpolitik. 1965. – A. T. Embree, F. Wilhelm, Indien (Fischer Weltgesch. 17). 1976. – J. Filliozat, Indien. 1964. – H. Goetz, Gesch. Indiens. 1962. – D. Rothermund, Grundzüge der indischen Geschichte. 1976. – V. A. Smith, The Oxford History of India. From the Earliest Times to the End of 1911. Überarb. u. bis 1921 fortges. von S. M. Edwardes. Oxford. [3]1958. – H. Steche, Indien. Bharat u. Pakistan. 1952.

Britische Herrschaft. A. Lyall, The Rise and Expansion of the British Dominion in India. London. 1910. – M. Schorowsky, Die Engländer in Indien, 1600–1773 (Bochumer Histor. Stud., Neuere Gesch., 1). 1978. – E. Thompson u. G. T. Garratt, Rise and Fulfillment of British Rule in India. London. 1934. – J. H. Voigt, Indien im Zweiten Weltkrieg (Stud. z. Zeitgesch., 11). 1978.

Gandhi. G. Woodcock, Mahatma G. 1974.

Indische Union. Gandhi, Hindu-Swaraj or Indian Home Rule. Ahmedabad. 1944. – P. Ch. Ghosh, The Development of the Indian National Congress. 1892–1909. Kalkutta. 1960. – B. R. Nanda, Essays in Modern Indian History. Oxford. 1979. – B. N. Pandey, The Indian Nationalist Movement, 1885–1947. London. 1978. – H. G. Rawlinson, India, a short cultural history. 1952.

Nehru. M. Brecher, N. 1963. – B. R. Nanda, P. C. Joshi, R. Krishna, Gandhi and Nehru. Oxford. 1979.

5.7.5.5 PAKISTAN. Pakistan (Erdmann Ländermonogr., 6). o. J. – J. Stephens, Pakistan. London. 1963.

Jinnah. H. Bolitho, J., Creator of Pakistan. London. 1954.

5.7.5.6 BANGLA DESH. A. Mondud, Bangla Desh: Constitutional Quest for Autonomy. 1950–1971. 1978.

5.7.6 AMERIKA (ALLGEMEINES). D. Ahrens, Der Karib. Raum als Interessensphäre der Vereinigten Staaten von Amerika. In: Untersuchungen zur Auswärtigen Politik. Bd. 3. 1965. – A. G. Bradley, The Fight with France for North America. London. [3]1908. – H. F. Cline, The United States and Mexico. Cambridge, Mass. [2]1963. – D. B. Cole, Handbook of American History. New York. 1968. – G. Friedrich, Der Charakter der Entdeckung u. Eroberung Amerikas durch die Europäer. 1925. – C. C. Griffin, History of the New World. Mexico. 1961. – L. Hanke, R. Konetzke, Entdecker u. Eroberer Amerikas. 1963. – R. Konetzke, Das span. Weltreich. 1943. – G. Louis-Jaray, L'Empire français d'Amerique 1534–1803. Paris. 1938. – G. McClellan (Hrsg.), United States Policy in Latin America. New York. 1963. – D. Perkins, The United States and Latin America. Baton Rouge, La. 1961. – O. Quelle, Die afrikan.-südamerikan. Völkerwanderung. In: Iberoamerikan. Archiv. Jg. 5. 1931. – A. Ramos, Die Negerkulturen in der Neuen Welt. Erlenbach, Zürich. 1948. – O. Schmieder, Die Neue Welt. 2 Tle. 1962. – J. H. Smith, The War with Mexico. 2 Bde. New York. 1919.

5.7.7 ALTAMERIKANISCHE KULTUREN

Allgemeines: C. A. Burland, Völker der Sonne. Azteken, Tolteken, Inka und Maya. 1977. – N. Davies, Bevor Columbus kam. Ursprung, Wege u. Entwicklung der altamerikanischen Kulturen. 1976. Taschenbuchausg. 1978. – H. D. Disselhoff, Geschichte der altamerikan. Kulturen. [2]1967. – Ders. u. S. Linné, Alt-Amerika (Kunst der Welt). 1964. – J. D. Jennings u. E. Norbeck (Hrsg.), Prehistoric man in the New World. Chicago. 1964. – W. Krickeberg, Felsplastik u. Felsbilder bei den Kulturvölkern Altamerikas. 1949. – W. Lindig, Die Kulturen der Eskimo u. Indianer Nordamerikas (Handbuch der Kulturgeschichte). 1972. – H. Trimborn, Das alte Amerika. 1959. – Ders. u. W. Haberland, Die Kulturen Altamerikas (Handbuch der Kulturgeschichte). 1969.

5.7.7.1 MITTELAMERIKANISCHE KULTUREN

Gesamtdarstellungen: C. F. Baudez, Mittelamerika (Archaeologia Mundi). 1972. – R. F. Guerrero, Die präkolumbische Kunst (Die Kunst Mexicos, Bd. 1). 1970. – W. Krickeberg, Altmexikan. Kulturen. [4]1975.

Azteken. K. A. Frank, Als der Sonnenadler stürzte: der Kampf um die Schätze der Azteken nach dem Bericht des Hauptmanns Bernal Diaz de Castillo u. altmexikan. Bilderhandschriften. 1977. – W. H. Prescott, Die Welt der Azteken. 1970.

Chichen Itza, Copan. P. Rivet, Cités Maya. Paris. 1954. – H. Stierlin, Maya. 1964.

Maya. E. P. Dieseldorf, Kunst u. Religion der Maya-Völker. 3 Bde. 1925–1928. – A. Kidder u. C. Samayoa Chinchilla, The Art of the Ancient Maya. New York. 1959. – B. Riese, Geschichte der Maya. 1972. – H. J. Spinden, Maya Art and Civilization. Indian Hills. 1957. – W. Wadepuhl, Die alten Maya u. ihre Kultur. 1964.

Mississippi-Kultur. J. B. Griffin (Hrsg.), Archaeology of Eastern United States. Ann Arbor. 1952.

Teotihuacán-Kultur. S. Linné, Archaeological researches at Teotihuacan, Mexico. Stockholm. 1934. – R. Millón, Teotihuacán. In: Scientific American 216, Nr. 6, 38 bis 48. New York. 1967.

5.7.7.2 SÜDAMERIKANISCHE KULTUREN

Gesamtdarstellungen: R. L. Hoyle, Peru (Archaeologia Mundi). 1966. – J. A. Mason, Das alte Peru. Zürich. 1965. – E.

Nordenskiöld, The copper and bronce ages in South America. Göteborg. 1931. – J. H. Steward (Hrsg.), Handbook of South American Indians. Bd. 2: The Andean Civilizations. Washington. 1946.

Chavin-Kultur, Moche-Kultur, Tiahuanaco-Kultur. G. Kutscher, Nordperuanische Keramik. 1959. – A. R. Sawyer, Ancient Peruvian Ceramics. New York. 1966. – H. Ubbelohde-Doering, Kulturen Altperus. 1966.

Chibcha. B. J. Meggers, Ecuador, London. 1966. – G. Reichel-Dolmatroff, Colombia. London. 1965.

Chimu. G. Kutscher, Chimu, eine altindian. Hochkultur. 1950.

Inka. H. D. Disselhoff, Alltag im alten Peru. 1966. – Ders., Das Imperium der Inka u. die indian. Frühkulturen der Andenländer. 1974. – L. u. T. Engl, Glanz u. Untergang des Inkareiches. 1967. – W. H. Prescott, Die Welt der Inkas. 1970.

5.7.8 NORDAMERIKA

5.7.8.1 VEREINIGTE STAATEN VON AMERIKA

Bibliographien: H. P. Beers, Bibliographies in American History. Guide to Materials for Research. New York. ^{2}1942. – W. Heß, W. Pollmann, H. Thomas, Bibliographie z. Studium der Geschichte der Vereinigten Staaten von Amerika. 1975. – M. Kraus, The Writing of American History. New York. 1953.

Nachschlagewerke: R. Adam, Die USA. Ein Handbuch. 3 Bde. 1964ff. – J. T. Adams, R. V. Coleman, Dictionary of U.S. History. 5 Bde. New York. ^{2}1946. – R. B. Morris, Encyclopedia of American History. New York. 1953. – The Encyclopedia Americana. 30 Bde. ^{19}1947. – USA-Ploetz. Die Vereinigten Staaten von Amerika. Geschichte, Probleme, Perspektiven. 1976.

Allgemeine Darstellungen: E. Angermann, Die Vereinigten Staaten von Amerika (dtv-Weltgesch. des 20. Jh. Bd. 7). 1966. – E. Channing, A History of the United States. 6 Bde. New York. 1905–1925. – A. Cooke, Amerika – Geschichte der Vereinigten Staaten. 1977. – H. G. Dahms, Grundzüge der Gesch. der Vereinigten Staaten. 1971. – H. R. Guggisberg, Geschichte der USA. 1976. – S. E. Morison, H. S. Commager, The Growth of the American Republic. 2. Bde. New York. ^{4}1950. Dt. 1949. – U. Sautter, Geschichte der Vereinigten Staaten von Amerika. 1976. – O. Graf zu Stolberg-Werningerode, Gesch. der Vereinigten Staaten von Amerika (Sammlg. Göschen 1051/1051 a). 1973.

Einzeldarstellungen: H. Adams, History of the United Staates during the Administration of Jefferson and Madison. 9 Bde. New York. 1889–1891. – J. R. Alden, The American Revolution. New York. 1954. – T. A. Bailey, A. Diplomatic History of the American People. New York. ^{5}1955. – L. Baker, Roosevelt and Pearl Harbour. London. 1970. – C. L. Becker, The Declaration of Independence. A Study in the History of Political Ideas. New York. ^{2}1942. – W. Besson, Von Roosevelt bis Kennedy. 1964. – R. Billington, The Far Western Frontier 1830–1860. New York. 1956. – F. R. Dulles, America's Rise to World Power 1898–1954. New York. 1955. – O. B. Faulk, Land of many Frontiers. A History of the American Southwest. New York. 1968. – C. R. Fish, The American Civil War. New York, London. 1937. – W. Förster, Das Rassenproblem in den USA. 1973. – E. Fraenkel, Das amerikanische Regierungssystem. 1976. – S. Friedländer, Hitler et les Etats Unis. Genf. 1963. – I. Geiss, Die Afro-Amerikaner. 1969. – L. H. Gipson, The Coming of the Revolution. New York. 1954. – F. Herre, Die Amerikanische Revolution. 1976. – E. Krippendorff. Die amerikan. Strategie. 1970. – W. L. Langer, S. E. Gleason, The Challenge to Isolation 1937–1940. New York. 1952. – Dies., The Undeclared War 1940/41. New York. 1953. – A. S. Link, American Epoch. History of the United States since the 1890's. New York. 1955. – H. D. Perkins, The Monroe Doctrine 1823–1907. 3 Bde. Cambridge, Mass., New York u. London. 1927 bis 1937. – N. K. Risjord, The Old Republicans. Southers Conservatism in the Age of Jefferson. New York. 1965. – F. B. Simkins, A History of the South. New York. 1953. – G. O. Trevelyan, The American Revolution. 4 Tle. in 6 Bden. London, New York. 1899–1914. – H. U. Wehler, Der Aufstieg des amerikanischen Imperialismus, 1865–1900. 1974. – L. W. Wright, The Cultural Life of the American Colonies. New York. 1957. – B. de Voto, The Year of Decision 1846. Dt. Wien. 1948.

Außenpolitik. E.-O. Czempiel, Amerikanische Außenpolitik. Eine Einführung. 1979. – Foreign Relations of the United States. Diplomatic Papers. Hrsg. U. S. Department of State. 36 Bde. Washington D.C. 1939ff. – G. F. Kennan, Amerika u. die Sowjetmacht. 2 Bde. 1959/60. – H. A. Kissinger, Memoiren 1968–1973. Dt. 1979. – Ders., Amerikan. Außenpolitik. Dt. 1969. – K. H. Pütz, Die Außenpolitik der USA. 1974. – K. Schwabe, Der amerikanische Isolationismus im 20. Jahrhundert (Frankf. Histor. Vortr., 1). 1975. – C.-C. Schweitzer, Die USA u. der Vietnamkonflikt 1964–1967. 1969.

Wirtschafts- u. Sozialgeschichte: F. L. Allen, The Big Change. Dt. Wien. 1954. – H. von Borch, Die unfertige Gesellschaft. 1960. – B. Hammond, Bank and Politics in America. Princeton. 1957. – E. C. A. Kirkland, A History of American Economic Life. New York. ^{3}1951. – S. Lens, Die amerikan. Gewerkschaften. 1951. – N. Mühlen, Die schwarzen Amerikaner. Anatomie einer Revolution. ^{2}1964. – D. Riesmann, R. Denney, N. Glazer, Die einsame Masse. Eine Untersuchung der Wandlungen des amerikanischen Charakters. 1977. – K. W. Roskamp, Die amerikanische Wirtschaft 1929–1970. 1975. – G. Schlott, Das Negerproblem in den USA. Hrsg. v. H. J. Winkler. 1970. – C. E. Weber, Wirtschaft u. Gesellschaft in den Vereinigten Staaten von Amerika. 1963. – L. S. Wittner, Rebels against War. The American Peace Movement 1941–1960. New York. London. 1969.

Franklin, Benjamin. R. Dormbacher (Hrsg.), Benjamin Franklin. Autobiographie. 1975.

Hamilton, Alexander. F. S. Oliver, A. H. New York. 1921. – N. Schachner, H. New York. 1946. – J. J. Smerten, A. H. New York. 1908.

Jackson, Andrew, M. James, The Life of A. J. Indianapolis. 1938. – A. M. Schlesinger, The Age of J. New York. ^{15}1949.

Jefferson, Thomas. W. Bottorff, Th. Jefferson. Boston. 1979. – C. G. Bowers, J. 2 Bde. Boston. 1936–1948. – G. Lisitzky, T. J. Dt. 1948.

Johnson, Lyndon B. T. H. White, The Making of the President 1964. New York. 1965.

Kennedy, John F. R. Hilsman, To Move a Nation. The Politics of Foreign Policy in the Administration of J. F. K. New York. 1969. – J. Joesten, President K. 1960. – A. M. Schlesinger, Die tausend Tage K.s. Dt. 1966. – Th. C. Sorensen, K. Dt. 1966.

Lincoln, Abraham. Lord Charnwood (G. R. Beson), A. L. New York. ^{18}1953. – J. G. Nicolay u. J. Hay, A. L. 10 Bde. New York. 1890. – C. Sandburg, A. L. 6 Bde. New York. 1926–1939. – J. G. Randall, L. The President. 3 Bde. New York. 1945 bis 1952.

Roosevelt, Franklin D. J. MacG. Burns, R. 2 Bde. New York. 1956–1970. – F. Freidel, R. 2 Bde. Boston. 1952–1954. – W. J. Helbich, F. D. R. 1970. – D. Junker, F. D. Roosevelt. 1979.

Roosevelt, Theodore. E. Morris, The Rise of Th. Roosevelt. New York. 1979. – G. E. Mowry, T. R. and the Progressive Movement. Madison. 1946.

Washington, George. D. S. Freeman, G. W. 6 Bde. New York. 1948–1954.

Wilson, Thomas W. H. Bell, W. and the People. New York. 1945. – K. Schwabe, W. Wilson. 1971.

5.7.8.2 KANADA

Bibliographien: E. Lewin, Subject Catalogue of the Library of the Royal Empire Society. Bd. 3: Canada and its Provinces. London. 1932. – R. G. Trotter, Canadian History. A. Syllabus and Guide to Reading. Toronto. 1934.

Nachschlagewerke: P. L. Le Jeune, Dictionnaire Général ... de Canada. 2 Bde. Ottawa. 1931. – W. St. Wallace, The Encyclopedia of Canada. 6 Bde. Toronto. 1935–1937.

Allgemeine Darstellungen: D. G. Creighton, Dominion of the North. A History of Canada. Toronto. 1947. – F. X. Garneau, Histoire du Canada. 2 Bde. Montreal. ^{8}1944. – A. R. M. Lower, Colony to Nation. A History of Canada. London. ^{3}1949. – U. Sautter, Gesch. Kanadas. 1972. – R. O. Schultze, Politik und Gesellschaft in Kanada. 1977. – C. Wittke, History of Canada. New York. ^{3}1941.

Wirtschaftsgeschichte: V. C. Fowke, Canadian Agricultural Policy. Toronto. 1935. – H. Groß, Kanada. 1954. – M. Q. Innis, An Economic History of Canada. Toronto. 1935.

Verfassungsgeschichte: H. N. Clokie, Canadian Government and Politics. London. 1945. – W. P. M. Kennedy, Constitution of Canada 1534–1937. London. 1938.

Einzeldarstellungen: Canada in World Affairs. 4 Bde. London. 1941–1950. – R. G. Trotter, Canadian Federation. Its Origin and Achievements. Toronto. 1924. – G. Vattier, Esquisse historique de la colonisation de la province de Quebec 1606–1925. Paris. 1928. – G. M. Wrong, The Rise and Fall of New France. 2 Bde. Toronto. 1928. – Ders., Canada and the American Revolution. Toronto. 1935.

5.7.9 LATEINAMERIKA

Bibliographien u. Nachschlagewerke: A. Curtis Wilgus, Historical Atlas of Latin America. Political, Geographic, Economic, Cultural. New York. 1967. – Handbook of Latin American Studies. Cambridge, Mass. (später Gainesville, Florida.) 1936ff. – Ibero-Amerika Verein (Hrsg.), Ibero-Amerika. Ein Handbuch. ^{6}1967. – M. R. Martin, G. H. Lovett, Encyclopedia of Latin-American History. Bearb. L. Robert Hughes. Indianapolis, New York. 1968. – G. Maurer, P. Molt, Eine polit. Länderkunde. 1971. – C. Véliz (Hrsg.), Latin America and the Caribean. A. Handbook. London. 1968. – P. Waldmann, Z. Zelinsky (Hrsg.), Politisches Lexikon Lateinamerika. 1980. – D. P. Werlich, Research Tools for Latin American Historians. A Select, Annotated Bibliography. New York. 1979.

Allgemeine Darstellungen: G. Beyhaut, Süd- u. Mittelamerika. Von der Unabhängigkeit bis zur Krise der Gegenwart (Fischer Weltgeschichte. Bd. 23). Dt. 1974. – W. M. Breuer u. a., Revolution in Lateinamerika. 1969. – T. Guldimann, Lateinamerika. Die Entwicklung einer Unterentwicklung. 1975. – T. Halperin Donghi, Historia contemporánea de America Latina. Madrid. 1969. – W. Hirsch-Weber, Lateinamerika: Abhängigkeit u. Selbstbestimmung. 1972. – R. Konetzke, Süd- u. Mittelamerika I. Die Indianerkulturen Altamerikas u. die span.-portugies. Kolonialherrschaft (Fischer Weltgeschichte. Bd. 22). 1965. – Lateinamerika-Ploetz. Die ibero-amerikanische Welt. Geschichte, Probleme, Perspektiven. 1978. – B. Loveman, Th. M. Davies (Hrsg.), The Politics of Antipolitics. The Military in Latin America. Lincoln. 1978. – H. Puhle (Hrsg.), Lateinamerika. Histor. Realität u. Dependencia-Theorien. 1976. – J. F. Rippy, Latin America. A modern history. Ann Arbor. 1958. – Die aktuelle Situation Lateinamerikas. 1971.

Zentralamerika. H. Boesch, Zentralamerika heute. Bern. 1952. – T. L. Karnes, The Failure of Union. Central America. 1824–1960. Chapel Hill, N. C. 1961. – J. D. Martz, Central America. The Crisis and the Challenge. Chapel Hill, N. C. 1959. – M. Rodríguez, Central America. Englewood Cliffs, N. J. 1965.

5.7.9.1 ARGENTINIEN. Argentinien heute. Zürich. 1970. – D. Boris, P. Hiedl, Argentinien. Geschichte u. Gegenwart. 1978. – J. A. F. Zapata (Hrsg.), Argentinien (Erdmann Ländermonogr., 10). 1979.

5.7.9.2 BOLIVIEN. H. S. Klein, Parties and Political Change in Bolivia, 1880–1952. Cambridge. 1969. – H. Osborne, Bolivia, a Land Divided, London u. New York. ^{2}1956. – H. J. Puhle, Tradition u. Reformpolitik in Bolivien. 1970.

5.7.9.3 BRASILIEN. N. Aigniar, The Structure of Brazilian Development. Eastbourne. 1980. – Brasilien heute. 1971. – E. B. Burns, A Documentary History of Brazil. New York. ^{2}1967. – Ders., Nationalism in Brazil. A Historical Survey. New York, Washington, London. 1968. – H. M. Görgen, Brasilien. 1971. – E. G. Jacob, Grundzüge der Geschichte Brasiliens. 1974.

5.7.9.4 CHILE. R. J. Alexander, The Tragedy of Chile. Westport, Conn. 1978. – J. Eyzaguirre, Historia de Chile. Santiago. 1969.

5.7.9.5 DOMINIKANISCHE REPUBLIK. W. Grabendorff, Bibliographie zu Politik und Gesellschaft der Dominikanischen Republik. Hrsg. v. Arnold-Bergstraesser-Inst. 1973.

5.7.9.6 ECUADOR. L. Linke, Ecuador. London, New York. ^{3}1960.

5.7.9.7 GUAYANA. R. T. Smith, British Guyana. London, New York. 1962.

5.7.9.8 HAITI. D. Bellegarde, Histoire du Peuple Haitien. Paris. 1938. – U. Fleischmann, Aspekte der sozialen und politischen Entwicklung Haitis. 1971.

5.7.9.9 JAMAIKA, TRINIDAD, BARBADOS. Sir A. C. Burns, History of the British West Indies. New York, London. ^{2}1966.

5.7.9.10 KOLUMBIEN. W. O. Galbraith, Colombia. London, New York. ^{2}1955. – K. Meschkat, P. Rhode, B. Többer, Kolumbien. Geschichte und Gegenwart eines Landes im Ausnahmezustand. 1980.

5.7.9.11 KUBA. J. I. Dominguez, Cuba. Order and Revolution. Cambridge, Mass. 1978. – T. Draper, Castroism: Theory and Practice. London, New York. 1965. – B. Goldenberg, Lateinamerika u. die kuban. Revolution. 1963. – I. L. Horowitz (Hrsg.), Cuban Communism. 1970. – L. A. Perez, Intervention, Revolution and Politics in Cuba, 1913–1921. Pittsburgh. 1979. → auch 5.3.4.

5.7.9.12 MEXICO. H. Bamford Parkes, A History of Mexico. Boston. ^{2}1950. – H. F. Cline, Mexico. Revolution to Evolution. 1940–1960. London, New York, Toronto. 1962. – M. Mols, H. W. Tobler, Mexiko. Die institutionalisierte Revolution. 1976. – F. Tannenbaum, Mexiko. 1967. – S. Zavala, Gesch. des Mexikan. Volkes. Hrsg. Botschaft der Vereinigten Mexikan. Staaten. o. J.

5.7.9.13 PARAGUAY. G. Pendle, A Riverside Nation. London, New York. ^{2}1956. – P. Raine, Paraguay. New Brunswick, N. J. 1956.

5.7.9.14 PERU. H. Fuhr, Agrarreform und Bauernbewegung in Peru. 1979. – R. J. Owens, Peru. London, New York. 1963. – F. B. Pike, The Modern History of Peru. London. 1967.

5.7.9.15 URUGUAY. R. H. Fitzgibbon, Uruguay. Portrait of a Democracy. New Brunswick. N. J. 1954. – E. Kaufmann, Uruguay in Transition. From Civilian to Military Rule. New Brunswick, N. J. 1978.

5.7.9.16 VENEZUELA. E. Lieuwen, Venezuela. London, New York, Toronto. 1961. – Ders., Petroleum in Venezuela. A History. Berkely – Los Angeles. 1955. – G. Morón, A History of Venezuela. London. 1964.

5.8.0 POLITIK (ALLGEMEINES)

Nachschlagewerke: G. Anschütz (Hrsg.), Handbuch der Politik. 6 Bde. 1920–1926. – R. Beck, Sachwörterbuch der Politik. 1977. – H. Drechsler, W. Hilligen, F. Neumann, Gesellschaft u. Staat. Lexikon der Politik. ^{5}1979. – H. Frederik, Politisches Lexikon. Politik von A–Z. 1959. – A. Görlitz (Hrsg.), Handlexikon zur Politikwissenschaft. 2 Bde. 1973. – C. Stern, T. Vogelsang, E. Klöss, A. Graff (Hrsg.), Lexikon zur Geschichte u. Politik im 20. Jh. 2 Bde. 1971. – W. Theimer, Lexikon der Politik. ^{8}1974.

Politische Wissenschaft. W. Abendroth, K. Lenk, Einführung in die Polit. Wissenschaft. ^{4}1974. – B. Blanke, U. Jürgens, H. Kastendieck, Kritik der Politischen Wissenschaft. 2 Bde. 1975. – O. K. Flechtheim (Hrsg.), Grundlegung der polit. Wissenschaft. 1958. – O. H. von der Gablentz, Einführung in die Polit. Wissenschaft. 1965. – M. Hättich, Lehrbuch der Politikwissenschaft. 3 Bde. 1967–1972. – H. Kastendieck, Die Entwicklung der westdeutschen Politikwissenschaft. 1977. – W. D. Narr, F. Naschold, Einführung in die moderne politische Theorie. Bd. 1: Theoriebegriff und Systemtheorie. ^{4}1976. – G. Kress, D. Senghaas, Politikwissenschaft. Eine Einführung in ihre Probleme. ^{2}1970. – O. Stammer (Hrsg.), Polit. Forschung. 1960. – K. H. Naßmacher, Politikwissenschaft. 2 Bde. Bd. 1: ^{3}1977. Bd. 2: ^{2}1979.

5.8.1 STAATS- UND REGIERUNGSFORMEN

Allgemeine Darstellungen: O. Barbarino, Staatsform u. polit. Willensbildung. 1949. – J. Haller, Gesellschaft u. Staatsform. 1927. – J. H. Herz u. G. M. Carter, Regierungsformen des 20. Jh. ^{3}1964. – M. Imboden, Politische Systeme – Staatsformen. ^{2}1974. – T. Stammen (Hrsg.), Vergleichende Regierungslehre. 1976.

Demokratie. R. Dahrendorf, Gesellschaft und Demokratie in Deutschland. 1971. – G. Leibholz, Strukturprobleme der modernen Demokratie. ^{3}1967. – C. B. Macpherson, Demokratietheorie. Beiträge zu ihrer Erneuerung. 1977. – A. Rosenberg, Demokratie u. Sozialismus. 1971. – F. W. Scharpf, Demokratietheorie zwischen Utopie und Anpassung. 1975. – H. E. Stier, Die klassische Demokratie. 1954. – R. Thoma, Über Wesen u. Erscheinungsformen der modernen Demokratie. 1948. – G. Zimpel, Selbstbestimmung oder Akklamation? Politische Teilnahme in der bürgerl. Demokratietheorie. 1972.

Föderalismus. B. Dennewitz, Der Föderalismus. 1947. – H. Laufer, Föderalismus. Studientexte zur Bundesstaatlichen Ordnung. 1973. – F. W. Jerusalem, Die Staatsidee des Föderalismus. 1949. – H. Rüdiger, Föderalismus. Beitrag zur Geschichte der Freiheit. 1979.

Monarchie. H. de Caboga-Stuber, W. Marcius, Das Weltbild des 20. Jh. u. die Monarchie. 1967. – R. Fusilier, Les monarchies parlementiers de gouvernement. Norvège, Suède, Danmark, Belgique, Pays-Bas, Luxembourg. Paris. 1960. – K. Loewenstein, Die Monarchie im modernen Staat. 1952.

Totalitärer Staat. H. Arendt, Elemente u. Ursprünge totalitärer Herrschaft. 1955. – M. Funke, Totalitarismus. Ein Studien-Reader zur Herrschaftsanalyse moderner Diktaturen. 1979. → auch 4.1.2.

5.8.2 POLITISCHE BEGRIFFE UND EINRICHTUNGEN

Allgemeine Darstellungen: M. Duverger, Droit Constitutionel et Institutions Politiques. 2 Bde. 1959. – A. Majonnier u. E. Blätter (Hrsg.), Taschenlexikon politischer Begriffe. Zürich. 1952. – P. Noack, T. Stammen (Herausgeber), Grundbegriffe der politikwissenschaftlichen Fachsprache. 1976.

Einzeldarstellungen: G. Briefs, Theorie u. Praxis im Gewerkschaftsleben. 1957. – B. Dechamps, Macht u. Arbeit der Ausschüsse. Der Wandel der parlamentar. Willensbildung. 1954. – W. Dettling, Macht der Verbände – Ohnmacht der Demokratie? 1976. – R. Wildenmann, Partei u. Fraktion. ^{2}1955. – G. Wittkämper, Grundgesetz u. Interessenverbände. 1963.

Flüchtlinge. O. Kimminich, Der internationale Rechtsstatus des Flüchtlings. 1962. – H. R. Knelz, Die Flüchtlinge aus der sowjet. Besatzungszone. 1950. – H. J. von Merkatz, Aus Trümmern wurden Fundamente. Aufsatzsammlung: Vertriebene – Flüchtlinge – Aussiedler – Drei Jahrzehnte Integration. 1979. – Ders., Völkerwanderung heute. 1971.

Nationalismus. H. Kohn, Die Idee des Nationalismus. 1950. – E. Lemberg, Geschichte des Nationalismus in Europa. 1950. – Ders., Nationalismus. 2 Bde. 1964. 2. Bd.: Taschenbuchausg. 1968. – H. A. Winkler (Herausgeber), Nationalismus. 1978.

5.8.3 POLITISCHE IDEOLOGIEN UND BEWEGUNGEN

Gesamtdarstellungen: C. A. Emge, Das Wesen der Ideologie. 1961. – J. Hersch, Die Ideologie u. die Wirklichkeit. Versuch einer polit. Orientierung. [2]1973. – K. Mannheim, Ideologie und Utopie. [6]1978. – E. Spranger, Wesen u. Wertung polit. Ideologien. Vierteljahresheft für Zeitgesch. 2. 1954. – W. Theimer, Geschichte der polit. Ideen. [4]1973. – K. Vorlaender, Von Macchiavelli bis Lenin. 1926.

Antisemitismus, Rassengesetzgebung u. Judenverfolgung. H. Arendt, Elemente und Ursprünge totaler Herrschaft. Bd. 1: Antisemitismus. 1975. – H. Lamm, Über die innere u. äußere Entwicklung des dt. Judentums im Dritten Reich. 1951. – G. L. Mosse, Rassismus. Ein Krankheitssymptom in der europäischen Geschichte des 19. und 20. Jahrhunderts. 1978. – M. Oppenheimer, H. Stuckmann, R. Schneider, Als die Synagogen brannten. Zur Funktion des Antisemitismus gestern und heute. 1978. – L. Poliakov u. J. Wulf, Das Dritte Reich u. die Juden. [2]1961. – G. Reitlinger, Die Endlösung. [4]1961. – G. Schoenberger, Der gelbe Stern. [2]1961. – M. Sigg, Das Rassenstrafrecht in Dtschld. 1933–45. Aarau. 1951. – J. Wulf, Die Nürnberger Gesetze. 1960.

Faschismus. M. Donosti, Mussolini e l'Europa. La politica estera fascista. Rom. 1945. – R. Josephs, Argentine Diary. The inside story of the coming of facism. New York. 1944. – E. Nolte. Der Faschismus in seiner Epoche. [5]1979.

Marxismus u. Kommunismus. J. M. Bochenski u. G. Niemeyer (Hrsg.), Handbuch des Weltkommunismus. 1958. – J. Braunthal, Geschichte der Internationale. 3 Bde. Bd. 1: 1961, Bd. 2: 1963, Bd. 3: 1971. – I. Fetscher, Der Marxismus. [2]1973. – Ders., Von Marx zur Sowjetideologie. [17]1972. – R. Garaudy, Die Aktualität des Marxschen Denkens. 1969. – L. Kolakowski, Die Hauptströmungen des Marxismus. Entstehung – Entwicklung – Zerfall. 3 Bde. 1977/78. – P. C. Ludz, Die Etappen des Ideologiebegriffes. Studien zur polit. Philosophie des Marxismus. 1963.

Nationalsozialismus. K. D. Bracher, Die deutsche Diktatur. [5]1976. – M. Broszat, Der Nationalsozialismus. 1960. – Ders., Der Staat Hitlers. 1969. – H. Buchheim, Das Dritte Reich. [6]1967. – K. D. Erdmann, Das dritte Reich im Zusammenhang der dt. Geschichte. 1961. – H. Glaser, H. Straube, Nationalsozialismus u. Demokratie. 1961. – H. Glaser, Das Dritte Reich. 1979. – F. Glum, Der Nationalsozialismus. 1962. – H. Grebing, Der Nationalsozialismus. Ursprung u. Wesen. [18]1973. – W. Jochmann, H. A. Jacobsen, Ausgewählte Dokumente zur Geschichte des Nationalsozialismus. 1967. – N. Kadritzke, Faschismus und Krise. Zum Verhältnis von Politik und Ökonomie im Nationalsozialismus. 1976. – R. Kühnl, Deutschland zwischen Demokratie u. Faschismus. [4]1973. – W. Schäfer, Die NSDAP. 1956. – W. L. Shirer, Aufstieg u. Fall des Dritten Reiches. 1961. Taschenbuchausg. 2 Bde. 1970. →auch 5.4.5 Hitler, Adolf.

Pazifismus. L. Gross, Pazifismus u. Imperialismus. Wien. 1931. – B. Russell, Vernunft u. Atomkrieg. 1959. – M. Scheler, Die Idee des Friedens u. des Pazifismus. 1931.

5.8.4 PARTEIEN UND PARTEIWESEN (ALLGEMEINES). U. von Alemann, Parteiensysteme im Parlamentarismus. 1973. – K. F. Everke, Zur Funktionsgeschichte der politischen Parteien. 1974. – C. D. Kernig (Hrsg.), Die kommunist. Parteien der Welt. 1969. – K. Lenk, F. Neumann (Hrsg.), Theorie u. Soziologie der polit. Parteien. 1972. – R. Michels, Zur Soziologie des Parteiwesens in der modernen Demokratie. Untersuchungen über die oligarchischen Tendenzen des Gruppenlebens. [2]1957. Nachdr. 1970. – R. Wichard, Parteien in der Demokratie. Eine Einführung in die allgemeine Parteienlehre. 1977.

5.8.5 POLITISCHE PARTEIEN IN DER BUNDESREPUBLIK DEUTSCHLAND UND IM DEUTSCHEN REICH.

Allgemeine Darstellungen: R. Barzel, Die geistigen Grundlagen der dt. Parteien. 1952. – L. Bergsträsser, Geschichte der polit. Parteien in Dtschld. [11]1965. – O. K. Flechtheim, Dokumente zur parteipolit. Entwicklung in Dtschld. seit 1945. 3 Bde. 1962/63. – Ders., Die Parteien der Bundesrepublik Dtschld. 1973. – S. Hergt (Hrsg.), Parteiprogramme, Grundsatzprogrammatik und aktuelle politische Ziele von SPD, CDU, CSU, FDP, DKP, NPD. [11]1977. – F. A. Frhr. von der Heydte, K. Sacherl, Soziologie der dt. Parteien. 1955. – H. Kaak, Geschichte u. Struktur des dt. Parteiensystems. 1971. – W. Mommsen, Dt. Parteiprogramme. 1977. – S. Neumann, Die Parteien der Weimarer Republik. [2]1970. – W. Treue, Dt. Parteiprogramme seit 1861. [4]1968.

CDU und CSU. H. Adamo, Die CDU/CSU. Wesen und Politik. 1976. – E. Deuerlein, CDU/CSU 1945–1957. Ein Beitrag zur Zeitgeschichte. 1957. – A. Minzel, Die CSU. Anatomie einer konservativen Partei. [2]1978. – W. Schönbohm, Die CDU – Porträt einer Partei. 1978. – I. Schwering, Frühgeschichte der CDU. 1963.

Deutsche Demokratische Partei. G. Bäumer, Grundlagen demokratischer Politik. 1928. – O. Riedel (Hrsg.), Das ABC der DDP. 1927. – W. Stephan, Aufstieg u. Verfall des Linksliberalismus 1918–1933. Geschichte der Deutschen Demokratischen Partei. 1973.

Deutsche Volkspartei. W. Hartenstein, Die Anfänge der Deutschen Volkspartei 1918 bis 1920. 1962. – O. Hauser, Polit. Parteien in Deutschland u. Frankreich 1918–1939. 1969.

Deutschnationale Volkspartei. M. Dörr, Die Deutschnationale Volkspartei 1925 bis 1928. 1964. – W. Liebe, Die Deutschnationale Volkspartei 1918–1924. 1956.

FDP. H. Bertsch, Die FDP u. der dt. Liberalismus 1789–1963. 1965. – P. Juling, Was heißt heute liberal? 1978. – G. Olzog, Die polit. Parteien. 1970. – R. Wallraf, Parteien, Wahlen u. Programme. 1965.

KPD. H. Duhnke, Die KPD von 1933–1945. 1972. – O. K. Flechtheim, Die KPD in der Weimarer Republik. Mit einer Einführung von H. Weber. [2]1971. – H. Weber, Die Wandlung des dt. Kommunismus. Die Stalinisierung der KPD in der Weimarer Republik. 2 Bde. 1969. – H. Wohlgemuth, Die Entstehung der KPD. Überblick. 1978.

Nationalliberale Partei. E. Brandenburg, 50 Jahre nationalliberale Partei. 1917.

NPD. R. Kühnl, R. Rilling, C. Sager, Die NPD. Struktur, Ideologie u. Funktion einer neofaschistischen Partei. [2]1969. – L. Niethammer, Angepaßter Faschismus. Politische Praxis der NPD. 1969. – W. Smoydzin, NPD. Geschichte u. Umwelt einer Partei. 1967.

NSDAP →5.8.3 Nationalsozialismus.

SPD. W. Abendroth, Aufstieg u. Krise der dt. Sozialdemokratie. [4]1978. – G. Eckert (Hrsg.), 1863–1963. Hundert Jahre dt. Sozialdemokratie. Bilder u. Dokumente. 1963. – R. Lipinski, Die Sozialdemokratie von ihren Anfängen bis zur Gegenwart. Eine gedrängte Darstellung. 2 Bde. 1927/28. – F. Österroth, D. Schuster, Chronik der dt. Sozialdemokratie. 3 Bde. Bd. 1 u. 2: [2]1975. Bd. 3: [2]1978. – T. Pirker, Die SPD nach Hitler. 1977. – W. Theimer, Von Bebel zu Ollenhauer. Der Weg der dt. Sozialdemokratie. 1957. – H. Wachenheim, Die dt. Arbeiterbewegung 1844–1914. 1967.

USPD. E. Prager, Geschichte der Unabhängigen Sozialdemokratischen Partei Deutschlands. [2]1978.

Zentrum. K. Bachem, Vorgeschichte, Geschichte u. Politik der Dt. Zentrumspartei. 9 Bde. 1927–1932. – R. Morsey, Die Dt. Zentrumspartei. In: Das Ende der Parteien 1933. 1960.

5.8.6 POLITIK UND PARTEIEN DER ALPENLÄNDER

Liechtenstein. P. Raton, Liechtenstein. Staat u. Geschichte. Vaduz. 1971. – G. Steger, Fürst u. Landtag nach liechtenstein. Recht. Freiburg (Schweiz). 1950. – H. Zurlinden, Liechenstein u. die Schweiz. 1930.

Österreich. Allmeyer, J. C. Beck, Der Konservativismus in Österreich. 1959. – K. Blecha, R. Gmoser, H. Kiene, Der durchleuchtete Wähler. Beiträge zur polit. Soziologie in Österreich. Wien. 1964. – L. Boyer, Wahlrecht in Österreich. Bd. 1. Wien. 1961. – L. Bruegel, Geschichte der österr. Sozialdemokratie. 5 Bde. Wien. 1922–1925. – F. Ermacora, Die Entwicklung des österr. Bundesverfassungsrechts seit 1956. In: Jahrbuch des öffentl. Rechts. Neue Folge Bd. 16. 1967. – W. Goldinger, Geschichte der Republik Österreich. 1962. – H. Kelsen, Österr. Staatsrecht. Wien. 1923. Neudr. 1970. – A. Leclaire, Große Koalition als permanente Krisenregierung. 1966. – R. Marcić u. a., Zur Reform der österr. Innenpolitik 1955–1965. Wien. 1966. – K.-H. Naßmacher, Das österr. Regierungssystem. 1968. – Parteien, Wahlen, Wähler. Ein Wahlhandbuch für Österreich. 3 Bde. Wien. 1965. – N. von Preradovich, Der nationale Gedanke in Österreich 1866–1938. 1962. – H. Siegler (Hrsg.), Österreichs Weg zur Souveränität, Neutralität u. Prosperität 1945–1959. Wien. 1959. – H. Spanner, L. Adamovich, Handbuch des österr. Verfassungsrechtes. Wien. [6]1971. – A. Verdross, Die immerwährende Neutralität Österreichs. 1978. – R. Walter, H. Mayer, Grundriß des österreichischen Bundesverfassungsrechts. [2]1978.

Schweiz. E. Bieri, E. Zellweger, M. Imboden u. a., Reform des eidgenössischen Wahlsystems u. der Parteien? Zürich. 1969. – Z. Giacometti, Das Staatsrecht der schweizer. Kantone. Zürich. 1941. Nachdr. 1979. – Ders., F. Fleiner, Schweizerisches Bundesstaatsrecht. Zürich. 1949. Nachdr. 1978. – E. Gruner, Die Parteien in der Schweiz. Bern. 1969. – H. M. u. K. Klopfenstein (Hrsg.,) Schweizerische Parteiprogramme (Texte). Bern. 1973. – K. Laely, Die stille Wahl in der Demokratie. Bern. 1951. – G. Lehmbruch, Proporzdemokratie. 1967. – E. Ruck, Schweizerisches Staatsrecht, Zürich. [3]1957. Mit einem Nachtrag 1957–1965. Zürich. 1965. – H. Schälchlin, Die Auswirkungen des Proportionalverfahrens auf Wählerschaft u. Parlament. Zürich. 1946. – B. Schnewlin, Das Verfahren zur Wahl des schweizer. Nationalrates. Bern. 1946. – J. Steiner, Das polit. System der Schweiz. 1971.

5.8.7 POLITIK UND PARTEIEN DER KOMMUNISTISCHEN STAATEN

Albanien. L. Lorenz (Hrsg.), Volksrepublik Albanien. Lese- und Arbeitsbuch über den Sozialismus in Albanien. 1974. – D. Nohlen, Albanien. In: Wahl der Parlamente. Bd. 1, 1. Halbbd. 1969. – R. Schwanke, Staat u. Recht in Albanien seit dem Jahre 1945. In: Jahrbuch für Ostrecht. Bd. 2. 1961.

Bulgarien. G. Geilke, C. Jessel, Einführung in das Recht der Bulgarischen Volksrepublik. 1975. – R.-O. Schultze, Bulgarien. In: Wahl der Parlamente. Bd. 1, 1. Halbbd. 1969. – H. Siegert, Bulgarien heute. Wien. 1964.

China (Volksrep.). J. Domes, Politik u. Herrschaft in Rotchina. 1965. – W. Franke, B. Staiger (Hrsg.), China-Handbuch. 1973. – R. Hoffmann, Kampf zweier Linien. Zur politischen Geschichte der Volksrepublik China 1949–1977. 1978. – Mao Tsetung. Ausgewählte Werke. 4 Bde. Peking. 1968/69. – Mao Tsetung, Worte des Vorsitzenden Mao Tsetung. Peking. [3]1969. – K. Mehnert, Peking u. Moskau. [7]1971. – Ders., China nach dem Sturm. 1971.

Deutsche Demokratische Republik. E. Deuerlein (Hrsg.), DDR 1945–1970. Geschichte u. Bestandsaufnahme. [4]1972. – P. Knevels, Aufbau u. Beseitigung der kommunist. Selbstverwaltung in der DDR. 1958. – R. Kulbach, H. Weber, Parteien im Blocksystem der DDR. Aufbau u. Funktion der LDPD u. der NDPD. 1969. – H. Rausch, T. Stammen, DDR – Das politische, wirtschaftliche und soziale System. [4]1978. – E. Richert, Das zweite Deutschland. [2]1966. – R. Rost, Der demokratische Zentralismus unseres Staates. 1959. – K. Sontheimer, W. Bleek, Die DDR. Politik, Gesellschaft, Wirtschaft. [5]1979. – A. Steiniger, Das Blocksystem. Ein Beitrag zu einer demokrat. Verfassungslehre. 1949. – „A bis Z". Ein Taschen- u. Nachschlagebuch über den anderen Teil Deutschlands. [11]1969.

Jugoslawien. L. Franke, K. Ziemer, Jugoslawien. In: Wahl der Parlamente. Bd. 1, 1. Halbbd. 1969. – O. Haberl, Parteiorganisation und nationale Frage in Jugoslawien. 1976. – D. Junić, Staatseinrichtung u. Gesellschaftsordnung Jugoslawiens. Belgrad. 1960. – I. Krbek, Die Verfassung der Sozialist. Föderativen Republik Jugoslawien vom 7. April 1963. In: Jahrbuch des öffentl. Rechts. Neue Folge Bd. 13. 1964. – W. Meder (Hrsg.), Die Verfassung der Sozialist. Föderativen Republik Jugoslawien. 1964.

Polen. S. Lammich, Regierung und Verwaltung in Polen. 1974. – W. Markert (Hrsg.), Polen (Osteuropa-Handbuch). 1959. – H. Roggemann, S. Lammich, Die Verfassung der VR Polen. 1979. – K. Schrode, Polen. In: Wahl der Parlamente. Bd. 1, 2. Halbbd. 1969.

Rumänien. S. Fischer-Galati, The New Rumania. From People's Democracy to Socialist Republic. Cambridge, Mass. u. London. 1967. – G. C. Marinescu, Die Entwicklung des parlamentar. Wahlsystems in Rumänien. 1954. – L. Schultz, Die verfassungsrechtl. Entwicklung der S.R.R. seit dem Zweiten Weltkrieg. In: Jahrbuch des öffentl. Rechts. Neue Folge Bd. 15. 1966. – K. Ziemer, Rumänien. In: Wahl der Parlamente. Bd. 1, 2. Halbbd. 1969.

Sowjetunion. M. Fainsod, Wie Rußland regiert wird. [2]1969. – W. Grottian, Das sowjet. Regierungssystem. [2]1965. – J. Hazard, The Soviet System of Government. Chicago. [4]1968. – R. Maurach, Handbuch der Sowjetverfassung. 1955. – K. Mehnert, Der Sowjetmensch. [11]1971. – G. Meyer, Bürokratischer Sozialismus. Eine Analyse des sowjetischen Herrschaftssystems. 1977. – W. I. Samkowoj, Krieg u. Koexistenz in sowjet. Sicht. Moskau, Ostberlin. 1969. – L. Schapiro, Partei u. Staat in der Sowjetunion. 1965. – O. Sik, Das kommunistische Machtsystem. 1976.

Tschechoslowakei. V. Klokočka, Demokratischer Sozialismus. Ein authentisches Modell. 1968. – H. Kuhn, Handbuch der Tschechoslowakei. 1967. – R.-O. Schultze, Tschechoslowakei. In: D. Sternberger, B. Vogel (Hrsg.), Wahl der Parlamente. Bd. 1, 2. Halbbd. 1969. – J. Skala, Die CSSR. Vom Prager Frühling zur Charta 77. 1978.

Ungarn. G. Bachmann, Ungarn. In: D. Sternberger, B. Vogel (Hrsg.), Wahl der Parlamente. Bd. 1, 2. Halbbd. 1969. – P. Darnóy, Ungarn nach dem Volksaufstand. 1960. – E. C. Helmreich (Hrsg.), Hungary. New York. 1967. – L. Singer, Der ungarische Weg. 1978.

5.8.8 POLITIK UND PARTEIEN DER (ÜBRIGEN) INDUSTRIELÄNDER

Australien. G. Greenwood, Australia. A political and social history. Sydney. 1955. – R. D. Lumb, The Constitution of the Australian State. Brisbane. [2]1965. – P. McGuire, Australien. 1950. – J. D. B. Miller, Australia. Government and Politics. London. [2]1959. – K. H. Pfeffer, Australien. 1950. – D. Pike, Australia. Cambridge. 1962.

Belgien. M. Caeys-van Haegendoren, Party and Opposition formation in Belgium. In: Res publica. Bd. 9. 1967. – K. Jürgensen, Lamennais u. die Gestaltung des belg. Staates. Der liberale Katholizismus in der Verfassungsbewegung des 19. Jh. 1963. – V. R. Lorwin, Belgium: Religion, Class and Language in National Politics. In: R. A. Dahl (Hrsg.), Political Opposition in Western Democracies. New Haven, London. 1966. – M. A. Pierson, Histoire du socialisme en Belgique. Brüssel. 1953. – W. Verkade, Democratic Parties in the low countries and Germany. Origins and historical developments. Leiden. 1965.

Dänemark. T. Fink, Deutschland als Problem Dänemarks. 1968. – J. E. Janssen, Dänemark aktuell. 1968. – H. Kammler, Politische Heterogenität in Skandinavien: Der Fall Dänemark. In: Verfassung u. Verfassungswirklichkeit (Hrsg. F. A. Hermens), Jahrbuch, Teil 1. 1967. – U. Schmiederer, Die Sozialistische Volkspartei Dänemarks. Eine Partei der Neuen Linken. 1969. – Scandinavian Political Studies, Helsinki. 1966 ff.

Finnland. P. Renvall, Die Repräsentation des finnischen Volkes vor der staatlichen Autonomie. In: Der Staat. Bd. 6. 1967. – T. Tarkiainen, The stability of Democratic Institutions in Post-war Finland. In: Parliamentary Affairs. Bd. 19. London. 1966. – K. Törnudd, The electoral System of Finland. Research Report (Institute of Political Science, University of Helsinki). Nr. 9. Helsinki. 1967. – Scandinavian Political Studies (Jahrbücher). 1966 ff.

Frankreich. G. Bortoli, Sociologie du référendum dans la France moderne. Paris. 1965. – M. Duverger, Institutions politiques et droit constitutionnel. Paris. [9]1967. – H. W. Ehrmann, Das politische System Frankreichs. Eine Einführung. [2]1977. – J. Fauvet, Von de Gaulle bis de Gaulle. 1961. – U. Kempf, Das politische System Frankreichs. Eine Einführung. 1975. – G. Wölke, Die sozialistische Partei Frankreichs. Daten, Probleme, Entwicklungen. 1977. – G. Ziebura, Die 5. Republik. 1960. – P. Zürn, Die republikanische Monarchie. Zur Struktur der 5. Republik in Frankreich. 1965.

Griechenland. I. Contiades, Staat, Gesellschaft u. Politik in Griechenland. In: Polit. Vierteljahresschrift 8. 1967. – H. Korisis, Die polit. Parteien Griechenlands. Ein neuer Staat auf dem Weg zur Demokratie 1821–1910. 1966. – E. Kyriacopoulos, Merkmale der Staatsform Griechenlands. In: Die moderne Demokratie u. ihr Recht. Festschrift für G. Leibholz. Bd. 2. 1966. – N. Poulantzas, Die Krise der Diktaturen. Portugal, Griechenland, Spanien. 1977.

Großbritannien. I. Jennings, G. A. Ritter, Das britische Regierungssystem. 1958. – K. Loewenstein, Staatsrecht u. Staatspraxis von Großbritannien. 2 Bde. 1967. – R. T. McKenzie, Polit. Parteien in England. 1961. – H. Morrisson, Regierung u. Parlament in England. 1956. – T. Oppermann, Brit. Unterhauswahlrecht u. Zweiparteiensystem. 1961. – G. A. Ritter, Parlament und Demokratie in Großbritannien. Studien zur Entwicklung und Struktur des politischen Systems. 1972.

Irland. B. Chubb, The Constitution of Ireland. Dublin. 1963. – W. W. Moss jr., Political Parties in the Irish Free State. New York. 1933. – J. D. O'Donnel, How Ireland is governed. Dublin. 1965. – J. F. S. Ross, The Irish Election System. What it is and how it works. London. 1959. – E. Rumpf, Nationalismus u. Sozialismus in Irland. 1959.

Island. A. J. Fischer, Kernprobleme der isländ. Parteipolitik. In: Internationales Jahrbuch der Politik. 1955/56. – O. Hansson, Tatsachen über Island. Reykjavik. 1967. – A. Hantschel, Es wetterleuchtet am Polarkreis. Island zwischen gestern u. morgen. 1963.

Israel. H. Darin-Drabkin, Der Kibbuz. [2]1969. – S. N. Eisenstadt, Die israelische Gesellschaft. 1973. – Y. Freudenheim, Die Staatsordnung Israels. 1963. – E. Meyer, Der Moshav. 1967. – T. Pirker, Die Histadrut. 1965. – K. Sontheimer (Hrsg.), Israel. Politik – Gesellschaft – Wirtschaft. 1968. – Tatsachen über Israel (Jährlich, Hrsg. Außenministerium, Informationsabteilung).

Italien. D. Albers, Demokratie und Sozialismus in Italien. Der „historische Kompromiß" und die Strategie der Parteien und Gewerkschaften. 1978. – K. von Beyme,

Das polit. System Italiens. 1970. – F. Chabod, Die Entstehung des neuen Italien. 1965. – G. Galli, Storia del partito comunista italiano. Mailand. 1958. – H. Hinterhäuser, Italien zwischen Schwarz u. Rot. 1956. – N. Kogan, The government of Italy. New York. 1962. – F. Magri, La Democrazia Christiana in Italia. 1. Bd.: 1897–1949. Mailand. ^{2}1956. – D. Sassoli, La destra in Italia. Rom. 1959.

Japan. W. G. Grewe, Staat, Wirtschaft und Gesellschaft im heutigen Japan. 1978. – G. Haasch, Japan. Eine politische Landeskunde. 1973. – P. Kevenhörster, Das polit. System Japans. 1969. – W. Röhl, Die japanische Verfassung. 1963.

Kanada. W. P. M. Kennedy, The constitution of Canada. London. 1938. – B. Laskin, Canadian constitutional law. Toronto. 1951. – J. R. Mallory, The Structure of Canadian Government. London. 1971. – V. Pantenburg, Ein Gigant erwacht, Kanada. 1966. – R. O. Schultze, Politik und Gesellschaft in Kanada. 1977.

Luxemburg. P. Majerus, L'Etat luxembourgeois. Luxemburg. ^{2}1959. – D. Nohlen, Luxemburg. In: Wahl der Parlamente. Bd. 1, 1. Halbbd. 1969. – N. Schaeffer, Les forces politiques dans le Grand Duché de Luxembourg 1919–1961. Paris. 1961.

Neuseeland. H. Gross, Neuseeland. 1954. – J. L. Robson, New Zealand: The Development of its Law and Constitution. Stevens. 1954. – J. Rowe, M. Rowe, New Zealand. London. 1967. – K. J. Scott, The New Zealand Constitution. Oxford. ^{2}1967.

Niederlande. G. Geismann, Politische Struktur u. Regierungssystem in den Niederlanden. 1964. – D. Nohlen, Niederlande. In: Wahl der Parlamente. Bd. 1, 2. Halbbd. 1969. – E. van Raalte, The Parliament of the kingdom of the Netherlands. La Haye. 1959. – W. Verkade, Democratic Parties in the low countries and Germany. Origins and historical developments. Leiden. 1965.

Norwegen. F. Castberg, Die Entwicklung des Verfassungsrechts in Norwegen. In: Jahrbuch des öffentl. Rechts. Neue Folge. Bd. 10. 1961. – Katz, Valen, Political Parties in Norway. Oslo. 1964. – J. Nicklaus, Das norweg. Parteiensystem in Abhängigkeit von Wählerstruktur u. Wahlsystem 1945–1965. 1968. – J. Storing, Norwegian Democracy. London. 1963.

Portugal. D. Nohlen, Portugal. In: D. Sternberger, B. Vogel (Hrsg.), Wahl der Parlamente. Bd. 1, 2. Halbbd. 1969. – N. Poulantzas, Die Krise der Diktaturen. Portugal, Griechenland, Spanien. 1977.

Schweden. N. Andren, Modern Swedish Government. Stockholm. 1961. – L. Franke, Schweden. In: D. Sternberger, B. Nohlen (Hrsg.), Wahl der Parlamente. Bd. 1, 2. Halbbd. 1969. – E. Hastad, The Parliament of Sweden. London. 1957. – O. Jettmar, Grundzüge des schwed. Verfassungsrechts. In: Österreichische Zeitschrift für öffentl. Recht. Bd. V, Heft 4. 1963. – B. Särlvick, The role of party identification in voters perception of political issues. Hrsg. International Political Science Association. Paris. 1961.

Spanien. L. Maier, Spaniens Weg zur Demokratie. 1977. – D. Nohlen, Spanien. In: D. Sternberger, B. Vogel (Hrsg.), Wahl der Parlamente. Bd. 1, 1. Halbbd. 1969. – L. Sánchez-Agesta, Die Entwicklung der spanischen Verfassung seit 1936. In: Jahrbuch des öffentl. Rechts. Neue Folge Bd. 10. 1961. – W. Woyke, Meyer, Spanien – eine politische Länderkunde.

Vereinigte Staaten von Amerika. E. Angermann, Die Vereinigten Staaten als Weltmacht seit 1917. 1966. – K. von Beyme, Das präsidentielle Regierungssystem der Vereinigten Staaten in der Lehre der Herrschaftsformen. 1967. – H. Ehringhaus, Der kooperative Föderalismus in den Vereinigten Staaten von Amerika. Zum Verfassungswandel im modernen Bundesstaat. 1971. – E. Fraenkel, Das amerikanische Regierungssystem. Eine politologische Analyse. ^{3}1976. – E. Helms, USA. Staat und Gesellschaft. 1978. – K. Krakau, Missionsbewußtsein u. Völkerrechtsdoktrin in den Vereinigten Staaten von Amerika. 1967. – Parker, Das öffentl. Recht – Verfassungsrecht u. allg. Verwaltungsrecht – der Vereinigten Staaten von Amerika. 1963. – K. L. Shell, Das politische System der USA. 1975. – W. Sombart, Warum gibt es in den Vereinigten Staaten keinen Sozialismus? 1906. Nachdr. 1969. – W. T. Stanley, M. D. Whitt, Entspannungsdiplomatie. Die Vereinigten Staaten u. Europas Sicherheit in den 70er Jahren. 1971.

5.8.9 POLITIK UND PARTEIEN IN ENTWICKLUNGSLÄNDERN

Indien. H. Hartmann, Political Parties in India. Neerut. 1971. – D. Rothermund, Polit. Willensbildung in Indien 1900–1960. 1965. – J. Rüland, Politik und Verwaltung in indischen Städten. 1978. – C. Schrenck-Notzing, Hundert Jahre Indien. 1961. – M. Weiner, Party Politics in India. Princeton. 1957.

Türkei. D. Brinkmann, H. Raulf, Türkei. In: D. Sternberger, B. Vogel (Hrsg.), Wahl der Parlamente. Bd. 1, 2. Halbbd. 1969. – F. A. Hermens, Mehrparteiensystem, Revolution u. verfassungspolit. Neubeginn. In: Verfassung u. Verfassungswirklichkeit. Bd. 1. 1966. – E. Hirsch, Die Verfassung der türk. Republik. 1966.

5.9.1 ABRÜSTUNG UND ENTSPANNUNG

Gesamtdarstellungen: D. G. Brennan, Strategie der Abrüstung. Dt. 1962. – R. M. Derpa. Das Gewaltverbot der Satzung der Vereinten Nationen u. die Anwendung nichtmilitär. Gewalt. 1970. – E. Forndran, Abrüstung u. Friedensforschung. 1971. – R. Geiger, Internationale Verträge u. Organisationen. Friedensrecht, Kriegsverhütung u. Konfliktsrecht. 1971. – C. S. Gray, Security through SALT? Toronto. 1971. – H.-A. Jacobsen u. a. (Hrsg.), Sicherheit u. Zusammenarbeit in Europa (KSZE). 1973. – O. Kimminich, Völkerrecht im Atomzeitalter. Der Atomsperrvertrag u. seine Folgen. 1969. – D. S. Lutz, H. Schierholz, Friedens- und Abrüstungspolitik. 1978. – G. R. Rehm, Rüstungskontrolle im Weltraum. 1965. – F.-K. Schramm u. a., Sicherheitskonferenz in Europa. Dokumentation von 1954–1972. 1972. – H.-D. Schwarz u. H. Haftendorn (Hrsg.), Europ. Sicherheitskonferenz. 1970. – H. von Siegler (Hrsg.), Dokumentation zur Abrüstung u. Sicherheit. 1970. – T. W. Stanley, D. M. Whitt, Entspannungsdiplomatie. Die Vereinigten Staaten u. Europas Sicherheit in den 70er Jahren. 1971. – Vertrag über die Nichtverbreitung von Kernwaffen. 1969. – H. Volle, C. J. Duisberg, Probleme der internationalen Abrüstung. 2 Teilbde. 1964.

Flüchtlingswesen, Vertriebene. E. Wilkens (Hrsg.), Vertreibung u. Versöhnung. Die Synode der EKD. Zur Denkschrift. 1966.

Friedens- u. Konfliktforschung. H. G. Brauch, Entwicklungen und Ergebnisse der Friedensforschung (1969–1978). 1979. – D. Frei, Kriegsverhütung u. Friedenssicherung. 1970. – Jahrbuch für Friedens- u. Konfliktforschung. 2 Bde. 1971 ff. – K. Kaiser, Friedensforschung in der Bundesrepublik. 1970. – E. Krippendorff (Hrsg.), Friedensforschung. 1968. – G. Scharffenorth u. W. Huber (Hrsg.), neue Bibliographie zur Friedensforschung. 1973. – D. Senghaas (Hrsg.), Krit. Friedensforschung. 1975.

5.9.2 INTERNATIONALE KONFERENZEN UND VERTRÄGE

Gesamtdarstellungen: The Conferences at Cairo and Teheran. 1943. Washington. 1961. – A. Conte, Die Teilung der Welt. Jalta. 1945. 1967. – A. Fischer (Hrsg.), Teheran, Jalta, Potsdam (Dokumente zur Außenpolitik). Dt. ^{2}1973. – Handbuch der Noten, Pakte u. Verträge. Hrsg. F.-W. Engel. ^{2}1968. – Konferenzen u. Verträge (Vertrags-Ploetz). Bearb. H. K. G. Rönnefarth u. H. Euler. 3 Bde. 1958 ff. – D. Schröder, Die Konferenzen der Dritten Welt. 1968.

Europa. C. Arndt, Die Verträge von Moskau u. Warschau. 1973. – E. Cieslar u. a., Der Streit um den Grundvertrag. 1973.

Potsdamer Abkommen. E. Deuerlein (Hrsg.), Potsdam 1945. 1963. – F. Faust, Das Potsdamer Abkommen, seine völkerrechtl. Bedeutung. Neubearb. ^{4}1969. – J. Hacker, Sowjetunion u. DDR zum Potsdamer Abkommen. 1968.

5.9.3 INTERNATIONALE ORGANISATIONEN UND PAKTE DER GEGENWART

Nachschlagewerke: P. A. Hall (Hrsg.), Yearbook of International Organizations. Brüssel. 1971. – Handbuch der internationalen Organisationen. Hrsg. G. Höhne u. H. Rose. 1969. – F. Höfer, Internationale Verträge und Organisationen. Inhalte, Ziele, Ergebnisse. 1975. – Zusammenschlüsse u. Pakte der Welt. Hrsg. H. von Siegler. ^{9}1969.

Darstellungen: Z. Cervenka, The OAU and its Charter. London. 1969. – G. Kutzner, Die Organisation der Amerikan. Staaten (OAS). 1970. – R. W. Macdonald, The League of Arab States. Princeton. 1965. – F. Münch, G. von Eynern, Internationale Organisationen u. Regionalpakte (ohne Europa-Organisationen). 1962. – F. Ruge, Bündnisse in Vergangenheit u. Gegenwart unter bes. Berücksichtigung von UNO, NATO, EWG u. Warschauer Pakt. ^{2}1972.

Europäische Organisationen, Pakte der Gegenwart.

Nachschlagewerke: Handbuch der NATO. 15 Bde. 1958 ff. – B. Meissner (Hrsg.), Der Warschauer Pakt. Dokumentensammlung 1962. – NATO-Handbuch. Brüssel. 1970.

Darstellungen: A. Beaufre, Die NATO u. Europa. 1967. – H. C. Binswanger u. H. M. Mayrzedt, Europapolitik der Rest-EFTA-Staaten – Österreich, Schweden, Schweiz, Finnland, Island, Portugal. Zürich. 1972. – K. Carstens u. D. Mahnke, Westeurop. Verteidigungskooperation. 1972. – L. Cartou, Europ. Organisationen. 1967. – H. von der Groeben, Die Europ. Wirtschaftsgemeinschaft als Motor der gesellschaftl. u. polit. Integration. 1970. – W. Gumpel, J. Hacker, Comecon u. Warschauer Pakt. 1966. – F. C. Heidelberg, Das Europ. Parlament. ^{4}1963. – K. Kaiser, Die europ. Herausforderung u. die USA. Das Atlant. Verhältnis. 1973. – B. Kohler, G. Schlager, Wirtschafts- u. Währungsunion für Europa. 1971.

Vereinte Nationen. A. Boyd, Die Vereinten Nationen. 1967. – Die Charta der Vereinten Nationen. Textausgabe. ^{4}1967. – K. Hüfner u. J. Naumann, Zwanzig Jahre Vereinte Nationen. Internationale Bibliographie. 1945 bis 1965. 1968. – M. von Juterczenska, Was tut die UNO. Idee u. Wirklichkeit einer Weltorganisation. 1971. – H. von Siegler, Die Vereinten Nationen. 1966.

Völkerbund. O. Göppert, Organisation u. Tätigkeit des Völkerbunds. 1938. – W. Schücking, H. Wehberg, Die Satzung des Völkerbunds. ^{3}1931. – F. P. Walters, A History of the League of Nations. Nachdr. 1969.

6.0.0 GEOGRAPHIE (ALLGEMEINES, METHODEN, GESCHICHTE)

Nachschlagewerke: Erdkunde in Stichworten. ^{4}1976. – G. Fochler-Hauke (Hrsg.), Länder – Völker – Kontinente. Bertelsmann Lexikothek. 3 Bde. 1978. – Herder-Lexikon: Geographie. ^{7}1979. – F. Hinrichs (Hrsg.), Illustrierte Welt- u. Länderkunde. 3 Bde. 1969/70. – H. H. Blotevogel, H. Heineberg, Bibliographie zum Geographiestudium. 3 Bde. 1976 u. 1980. – F. Klute (Hrsg.), Handbuch der geograph. Wissenschaft. 12 Bde. 1930–1950. – Meyers Kontinente u. Meere. 8 Bde. 1968–1973. – F. Neef (Hrsg.), Das Gesicht der Erde. Nachschlagewerk der physischen Geographie. Mit einem ABC. 2 Bde. ^{4}1975. – W. Schumann, Knaurs Buch der Erde. 1974. – The International Geographic Encyclopedia and Atlas. 1979. – Websters New Geographical dictionary. Springfield, Mass. 1972. – Westermann Lexikon der Geographie. 4 Bde. u. 1 Registerbd. 1968–1972.

Gesamtdarstellungen, Methoden u. Aufgaben: W. Benicke (Hrsg.), Geographie (Fischer-Kolleg 9). 1975. – H. Bobek, Gedanken über das logische System der Geographie. In: Mitteilungen der Geograph. Ges. Wien. 1957. – Ders., J. Schmithüsen, Die Landschaft im logischen System der Geographie. In: Erdkunde. 1949. – H. Carol, E. Neef, Zehn Grundsätze über Geographie u. Landschaft. In: Petermanns Geograph. Mitteilungen. 1957. – G. Fochler-Hauke (Hrsg.), Geographie. ^{12}1976. – H. Hambloch, Allg. Anthropogeographie. ^{2}1974. – G. Hard, Die Geographie. Eine wissenschaftstheoret. Einführung. 1973. – Harms Handbuch der Erdkunde. 10 Bde. 1953 ff. – W. Hartke, Denkschrift zur Lage der Geographie. 1960. – L. Hempel, Einführung in die Physiogeographie. 5 Hefte. 1974. – A. Hettner, Die Geographie. Ihre Geschichte, ihr Wesen u. ihre Methoden. 1927. – Th. Kraus, Individuelle Länderkunde u. räumliche Ordnung. 1960. – H. Lautensach, Wesen u. Methoden der Geographie als Wissenschaft. In: Handb. des geograph. Wiss. 1933. – H. Leser, Geographie. 1980. – K. K. Markow, Einführung in die allg. physische Geographie. 1971. – E. de Martonne, Traité de géographie physique. 3 Bde. ^{8}1932. – E. Obst, Das Problem der Allg. Geographie. In: Abhandlungen des Dt. Geographentages (1948). 1950. – Ders. (Hrsg.), Lehrbuch der Allg. Geographie. 1959 ff. – A. Philippson, Grundzüge der Allg. Geographie. 2 Bde. ^{2}1926–1930. – H. Schmitthenner, Zum Problem der Allg. Geographie u. der Länderkunde. 1954. – O. Schmieder. Die dt. Geographie in der Welt von heute. In: Geograph. Ztschr. 1966. – D. Scholz, Geographische Arbeitsmethoden. 1976. – J.H. Schultze, Die wissenschaftl. Erfassung u. Bewertung von Erdräumen als Problem der Geographie. In: Die Erde. 1957. – H. Spethmann, Das länderkundl. Schema in der dt. Geographie. 1931. – W. Storkebaum (Hrsg.), Zur Methode u. zum Gegenstand der Geographie. 1975. – C. Troll, Der Stand der geograph. Wissenschaft u. ihre Bedeutung für die Praxis. In: Forschungen u. Fortschritte. 1956. – H. Uhlig, Organisationsplan u. System der Geographie. In: Geoforum. 1970. – J. Wagner, Physische Geographie. ^{8}1979. – P. Weichhart, Geographie im Umbruch. 1975. – E. Winkler (Hrsg.), Probleme der allgemeinen Geographie. 1975.

Geschichte: H. Beck, Zeittafeln der Geographie. In: Geograph. Taschenbuch 1958/1959 ff. – Ders. Alexander von Humboldt. 2 Bde. 1959–1961. – Ders., Carl Ritter – Genius der Geographie. 1979. – Ders. Geographie. Europ. Entwicklung in Texten u. Erläuterungen. 1973. – G. Buttmann, Friedrich Ratzel. Leben und Werk eines dt. Geographen. 1977. – A. von Humboldt, Kosmos für die Gegenwart. Bearb. v. H. Beck. 1978. – M. Büttner (Hrsg.), Wandlungen im geograph. Denken von Aristoteles bis Kant. 1979. – A. Meyer-Abich, Alexander von Humboldt in Selbstzeugnissen u. Bilddokumenten. ^{3}1970. – E. Plewe, Alexander von Humboldt (1769–1859). Carl Ritter (1779–1859). In: Geograph. Taschenbuch. 1958/59. – J. Schmithüsen, Gesch. der geograph. Wissenschaft. Von den ersten Anfängen bis zum Ende des 18. Jh. 1970. – G. Schwarz, Die Entwicklung der geograph. Wissenschaft. 1948.

Atlanten: Alexander Weltatlas. 1976. – Atlas International. 1977. – Atlas Naturbild u. Wirtschaft der Erde. Bern. 1970. – Bertelsmann Hausatlas. 1973. – H. Boesch, Wirtschaftsgeograph. Weltatlas. 1975. – Diercke Weltatlas. Neubearb. 1974. – dtv-Perthes-Weltatlas. Großräume in Vergangenheit u. Gegenwart. 12 Bde. 1973–1977. – Die Erde. Meyers Großkarten – Edition. 1979. – Haack Weltatlas. 1972. – Herders Großer Weltatlas. 1976. – IRO-Handatlas. 1973. – Knaurs Großer Weltatlas. 1976. – List Großer Weltatlas. ^{2}1976. – Meyers Großer Physischer Weltatlas. 1965 ff. – Meyers Großer Weltatlas. ^{2}1974. – Meyers Universalatlas. ^{2}1975. – Oxford World Atlas. Oxford. 1973. – Der große Reader's Digest Weltatlas. 1977. – Schweizer Mittelschulatlas. Zürich. – Times-Atlas of the World. London. ^{5}1973. – Weltraumbildatlas. 1978. – Westermann/Rand McNally-Internationaler Atlas. 1975. – Westermann-Schulatlas. Große Ausgabe. 1978. – The World Atlas. Internationale Ausgabe in engl. Sprache des russ. Atlas Mira. 1967.

Statistische Quellenwerke: Aktuelle IRO-Landkarte. – Calendario Atlante de Agostini. Novara. – Demographic Yearbook. UNO-Publ. New York. – G. Fochler-Hauke (Hrsg.), Fischer-Weltalmanach. 1960 ff. – Knaurs Weltspiegel. 1979 f. – E. Meynen (Hrsg.), Geographisches Taschenbuch. 1974 ff. – L. Munzinger (Hrsg.), Internationales Handbuch. – Statesman's Yearbook. London. – Statist. Jahrbücher der Bundesrepublik Deutschland, der Deutschen Demokratischen Republik, Österreichs u. der Schweiz.

Länderkunde, Landschaftskunde. H. Barthel (Hrsg.), Landschaftsforschung (Neef-Festschrift). 1968. – H. Hendinger, Landschaftsökologie. 1977. – A. Hettner, Vergleichende Länderkunde. 4 Bde. 1933–1935. – K. Kayser (Hrsg.), Landschaft u. Land als Forschungsgegenstand der Geographie. Festschr. für E. Obst. 1951. – Th. Kraus, Individuelle Länderkunde u. räuml. Ordnung 1960. – N. Krebs, Vergleichende Länderkunde. Bearb. H. Lautensach. ^{3}1966. – H. Leser, Landschaftsökologie. ^{2}1978. – E. Neef, Die theoret. Grundlagen der Landschaftslehre. 1967. – Ders., Zu einigen Fragen der vergleichenden Landschaftsökologie. In: Geograph. Ztschr. 1970. – K. Paffen, Das Wesen der Landschaft. 1973. – J. Schmithüsen, „Fliesengefüge der Landschaft" u. „Ökotop". In: Berichte zur Dt. Landeskunde. 5. 1948. – Ders., Was ist eine Landschaft? 1964. – Ders., Allgemeine Geosynergetik: Grundlagen der Landschaftskunde. 1976. – C. Troll, Die geograph. Landschaft u. ihre Erforschung. In: Studium Generale. 1950. – Ders. Ökologische Landschaftsforschung u. vergleichende Hochgebirgsforschung. 1966.

6.0.1 GEOMORPHOLOGIE

A. L. Bloom, Die Oberfläche der Erde. 1976. – J. Büdel, Das Relief der Erde. In: Bild der Wissenschaft 4. 1967. – H. Dongus, Die geomorpholog. Grundstrukturen der Erde. 1980. – R. W. Fairbridge (Hrsg.), Encyclopedia of Geomorphology. New York. 1969. – Gefügemuster der Erdoberfläche. Festschrift. 1979. – H. Haber (Hrsg.), Die Architektur der Erde. 1970. – H. Leser, Feld- u. Labormethoden der Geomorphologie. 1977. – Ders. u. E. Köster, Geomorphologie I. 1967. – H. Louis, Allg. Geomorphologie (Lehrbuch der Allg. Geographie 1). ^{4}1979. – F. Machatschek, Das Relief der Erde. ^{2}1965. – Ders., Geomorphologie. Bearb. H. Graul u. C. Rathjens. ^{10}1973. – M. Matschinski, Die Erdoberfläche u. die Gesetze ihrer Formen. In: Ztschr. für Geomorphologie. N.F. 1964. – O. Maull, Handb. der Geomorphologie. ^{2}1968. – W. Panzer, Geomorphologie. ^{4}1975. – A. Pitty, Introduction to geomorphology. London. 1971. – A. E. Scheidegger, Theoretical Geomorphology. New York. ^{2}1970. – R. J. Small, The study of landforms. London. 1970. – B. W. Sparks, Geomorphology. London. 1972. – W. D. Thornbury, Principles of geomorphology. New York. ^{2}1969. – J. Tricart, Principes et méthodes de la géomorphologie. Paris. 1965. – Ders. u. A. Cailleux, Traité de géomorphologie. Paris. 1972 ff. – C. R. Twidale, Structural landforms. Cambridge, Mass. 1971. – H. Weber, Die Oberflächenformen des festen Landes. ^{2}1967. – H. Wilhelmy, Geomorphologie in Stichworten. 3 Teile. ^{2}1975.

Klimageomorphologie: J. Büdel, Das System der klimat. Morphologie. In: DGT. München 1948. 1950. – Ders., Neue Beitr. zur klimagenet. Geomorphologie. 1968. – Ders., Klima-Geomorphologie. 1977. – H. Poser (Hrsg.), Geomorpholog. Prozesse u. Prozeßkombinationen in der Gegenwart unter verschiedenen Klimabedingungen. 1974. – C. Rathjens (Hrsg.), Klimat. Geomorphologie. 1971. – J. Tricart u. A. Cailleux, Introduction to climatic geomorpho-

logy. London. 1973. – H. Wilhelmy, Klimageomorphologie in Stichworten. 1974. Glazialgeomorphologie: J. Büdel, Die periglazial-morpholog. Wirkungen des Eiszeitklimas auf der ganzen Erde. In: Erdkunde 7. 1953. – R. J. Price, Glacial and fluvioglacial landforms. Edinburgh. 1973. – J. Tricart, Géomorphologie des régions froides. Paris. 1963. – A. L. Washburton, Periglacial processes and environments. London. 1973.
Karstmorphologie, Höhlenkunde: V. Aellen, P. Strinati, Die Höhlen Europas. 1977. – H. W. Franke, In den Höhlen dieser Erde. 1978. – T. D. Ford, C. H. D. Cullingford (Hrsg.), Science of Speleology. London. 1976. – K. H. Pfeffer, Karstmorphologie. 1978. – A. Semmel (Hrsg.), Neue Ergebnisse der Karstforschung in den Tropen u. im Mittelmeerraum. 1973.

6.0.2 HYDROLOGIE UND GLETSCHERKUNDE

Wasser allgemein: H. Baumann u. a., Wasserwirtschaft in Stichworten. 1974. – H. W. Gaebert, Der Kampf um das Wasser. 1973. – E. Heyn, Wasser. Ein Problem unserer Zeit. ^{3}1975. – L. B. Leopold u. a., Wasser. 1970. – J. Marcinek, Das Wasser des Festlandes. Gotha/Leipzig. 1978. – R. Rössert, Grundlagen der Wasserwirtschaft u. Gewässerkunde. ^{2}1976.
Wasserbilanz: A. Baumgartner, E. Reichel, Die Weltwasserbilanz. 1975. – R. Keller, Gewässer u. Wasserhaushalt des Festlandes. 1961. – H. Pleiß, Der Kreislauf des Wassers in der Natur. Jena. 1977. – G. Wüst, Die Kreisläufe des Wassers auf der Erde. In: Festschr. K. Gripp. 1951.
Flüsse. Große Flüsse der Welt. 1977. – H. B. N. Hynes, The ecology of running waters. Toronto. 1970. – R. Keller (Hrsg.), Flußregime u. Wasserhaushalt. 1968. – J. Mangelsdorf, K. Scheuermann, Flußmorphologie. 1980. – M. Pardé, Fleuves et rivières. Paris. 1968. – J. Stiny, Die Quellen. 1933.
Gletscherkunde. R. C. Bachmann, Gletscher der Alpen. Bern. 1978. – A. Cailleux u. V. Romanovsky, La glace et les glaciers. Paris. 1953. – J. Corbel, Neiges et glaciers. Paris. 1962. – E. von Drygalski, F. Machatschek, Gletscherkunde. 1942. – W. Flaig, Das Gletscherbuch. 1938. – Ders., Lawinen. ^{2}1955. – C. Fraser, Lawinen, Geißel der Alpen. 1970. – H. Hoinkes. Das Eis der Erde. In: Umschau ... 68. 1968. – P. Kasser, Fluctuations of glaciers 1959–1965. Löwen. 1967. – R. von Klebelsberg, Handb. der Gletscherkunde u. Glazialgeologie. 2 Bde. 1948/49. – Lawinenbau. 1951. – L. Lliboutry, Traité de glaciologie. 2 Bde. Paris. 1965. – H. Louis, Schneegrenze u. Schneegrenzbestimmungen. In: Geograph. Taschenbuch. 1954/55. – Ch. Peguy, La neige. Paris. 1952. – J.-H. Schneider, Die außerarkt. Gletscher der Erde. In: Geograph. Taschenbuch. 1962/63. – Ders., Die Gletschertypen ... In: Geograph. Taschenbuch. 1962/63. – F. Wilhelm, Schnee- u. Gletscherkunde. 1975. – Ders., Hydrologie, Glaziologie. ^{2}1972.
Hydrographie. G. Schmidt. Hydrographie. 1961. – D. Schumann, Zur Definition, Verbreitung u. Entstehung der Binnenentwässerungsgebiete. In: Geograph. Berichte 46. 1968. – A. Thienemann, Die Binnengewässer in Natur u. Kultur. 1955.
Hydrologie, Hydrogeographie. R. J. Chorley (Hrsg.), Introduction to physical hydrology. London. 1971. – A. Guilcher, Précis d'hydrologie marine et continentale. Paris. 1965. – R. Herrmann, Einführung in die Hydrologie. 1976. – R. G. Kazmann, Modern hydrology. New York. 1965. – F. Schaffernak, Hydrographie. 1935. Nachdr. 1960. – Ströme u. Meere in Geschichte u. Gegenwart. 1964. – A. Wechmann, Hydrologie. 1967. – F. Wilhelm, Hydrologie. Glaziologie. ^{2}1972. – W. Wundt, Gewässerkunde. 1953.
See. W. Halbfaß, Die Seen der Erde. 1922. – F. Jaeger, Die Trockenseen der Erde. 1939. – E. L. Obeng (Hrsg.), Man-made lakes ... Accra, London. 1969. – J. Schwoerbel, Einführung in die Limnologie. ^{3}1977.

6.0.3 KLIMATOLOGIE, KLIMAGEOGRAPHIE

Gesamtdarstellungen: B. P. Alisow, Die Klimate der Erde. Dt. 1954. – Ders. u. a., Lehrbuch der Klimatologie. Dt. 1956. – R. G. Barry, R. J. Chorley, Atmosphere, weather and climate. London. ^{3}1976. – J. Blüthgen, Synopt. Klimageographie. In: Geograph. Ztschr. 53. 1965. – Ders., W. Weischet, Allg. Klimageographie (Lehrb. der Allg. Geographie. 2). ^{3}1980. – G. Borchert, Klimageographie in Stichworten. 1978. – K. Bürger, Zur Klimatologie der Großwetterlagen. 1958. – H. J. Critchfield, General climatology. Englewood Cliffs, N. J. 1960. – H. Flohn, Arbeiten zur allgemeinen Klimatologie. 1971. – Ders., Witterung u. Klima in Mitteleuropa. ^{2}1954. – E. Franke (Hrsg.), Stadtklima. 1977. – E. Heyer, Klima u. Witterung. Neuaufl. Leipzig. ^{5}1979. – W. Köppen, Grundriß der Klimakunde. ^{2}1931. – Ders. u. R. Geiger (Hrsg.), Handb. der Klimatologie. 5 Bde. 1930 ff. – H. Landsberg, Physical climatology. Du Bois, Pa. ^{2}1968. – Ders. (Hrsg.), World Survey of Climatology. 15 Bde. Amsterdam. 1968 ff. – Ch. P. Péguy, Précis de climatologie. Paris. ^{2}1970. – G. R. Rumney, Climatology and the worlds climates. New York, London. 1968. – R. Scherhag, Einführung in die Klimatologie. ^{9}1977. – D. Schreiber, Klimageographie. 3 Bde. 1975/76. – W. Weischet, Einführung in die Allgemeine Klimatologie. 1977.
Bioklimatologie. B. de Rudder, Grundriß einer Meteorobiologie. ^{3}1952. – P. v. Eynern, Mensch u. Wetter. 1975. – V. Faust, Biometeorologie. 1977. – W. Hellpach, Geopsyche. ^{8}1977. – H. Landsberg, Weather and health. Garden City, N. Y. 1969. – W. P. Lowry, Weather and life. New York. 1969. – F. Sauberer, Wetter, Klima u. Leben. 1948. – A. Seybold u. H. Woltereck, Klima, Wetter u. Mensch. 1952. – S. W. Tromp (Hrsg.), Medical biometeorology. Amsterdam. 1963.
Klimaschwankungen. C.E.P. Brooks, Climate through the ages. New York. ^{2}1970. – H. Flohn, Klimaschwankungen u. großräumige Klimabeeinflussung. 1963. – Ch. Hänsel, Klimaänderungen. 1975. – A. M. Meyer zu Düttingdorf, Klimaschwankungen im maritimen u. kontinentalen Europa seit 1871. – H. von Rudloff, Die Schwankungen u. Pendelungen des Klimas in Europa seit 1670. 1967. – C. D. Schönwiese, Klimaschwankungen. 1979. – M. Schwarzbach, Das Klima der Vorzeit. ^{3}1974. – J. S. Shawer (Hrsg.), World Climate from 8000 to 0. B. C. London, New York. 1967. – C. C. Wallén, Changes of Climate. 1962.

6.0.4 BIOGEOGRAPHIE

Handbücher: L. Aario u. J. Illies, Biolog. Geographie. ^{4}1970. – A. Cailleux, Biogéographie mondiale. Paris. ^{2}1961. – P. Dansereau, Biogeography. New York. 1957. – H. Elhai, Biogéographie. Paris. 1969. – H. Freitag, Einführung in die Biogeographie Mitteleuropas ... 1962. – U. George, In den Wüsten dieser Erde. 1976. – E. Kaiser, Arbeitsziele u. Methoden der Biogeographie ... In: Petermanns Geograph. Mitt. 95. 1951. – G. Lemée, Précis de biogéographie. Paris. 1967. – P. Müller, Biogeographie. 1980. – Ders., Tiergeographie. 1976. – F. Ratzel, Der Lebensraum. Nachdr. 1966. – J. Schmithüsen (Hrsg.), Atlas zur Biogeographie. 1976. – B. Seddon, Introduction to biogeography. 1972. – J. Tivy, Biogeography. Edinburgh. 1972. – D. Watts, Principles of biogeography. London 1971.
Pflanzen- u. Vegetationsgeographie. J. Carles, Géographie botanique. Paris. ^{2}1963. – L. Diels, Pflanzengeographie, Bearb. F. Mattick. ^{5}1958. – E. Firbas u. H. Merxmüller, Systemat. u. genet. Pflanzengeographie. In: Fortschritte der Botanik 17. 1955. – H. Gaussen, Géographie des plantes. Paris. ^{2}1954. – E. Gläßler, Zur Frage der anthropogen bedingten Vegetation ... In: Erde 100. 1969. – H. A. Gleason u. A. Cronquist, The natural geography of plants. London, Berlin. 1964. – R. Good, The geography of plants. London. ^{3}1964. – A. Huetz de Lemps, La végétation de la terre. Paris. 1970. – W. Lauer, H. J. Klink (Hrsg.), Pflanzengeographie. 1978. – K.-H. Paffen, Geograph. Vegetationskunde u. Pflanzensoziologie. In: Erdkunde. 1951. – D. Riley u. A. Young, World vegetation. London. 1968. – G. Schmidt, Vegetationsgeographie auf ökolog.-soziolog. Grundlage. 1969. – J. Schmithüsen, Allg. Vegetationsgeographie (Lehrb. der Allg. Geographie. 4.). ^{3}1968. – R. Schubert, Pflanzengeographie. 1966. – H. Walter. Die Vegetation der Erde. 2 Bde. Bd. 1 ^{3}1974. Bd. 2 1968. – Ders., Allgemeine Geobotanik. 1973. – Ders., Vegetationszonen u. Klima. ^{4}1979.

6.0.5 ANGEWANDTE GEOGRAPHIE, ANTHROPOGEOGRAPHIE, BEVÖLKERUNGSGEOGRAPHIE, SIEDLUNGSGEOGRAPHIE, SOZIALGEOGRAPHIE

angewandte Geographie. H. Carstensen, Raumordnung u. Landesplanung. Methoden u. Arbeitsweise, dargestellt am Beispiel Schleswig-Holstein. 1967. – R. Gildemeister, Landesplanung. 1972. – Handwörterbuch der Raumforschung u. Raumordnung. 3 Bde. ^{2}1970. – H. Klink, Geoökologie u. naturräuml. Gliederung – Grundlagen der Umweltforschung. In: Geograph. Rundschau. 1972. – A. Kühn, Geographie, Angewandte Geographie u. Raumforschung. In: Die Erde. 1962. – E. Otremba, Raumforschung, Raumordnung u. Geographie. In: Informationen des Instituts für Raumforschung. 1957. – E. Weigt (Hrsg.), Angewandte Geographie (E. Scheu-Festschrift). 1966. – W. Witt, Landesplanung u. Geographie. In: Verhandlungen des Dt. Geographentages. 1961.
Anthropogeographie. D. Bartels, Zur wissenschaftstheoret. Grundlegung einer Geographie des Menschen. 1968. – J. O. M. Broek u. J. W. Webb, A geography of mankind. New York. ^{2}1973. – W. Czajka, Systematische Anthropogeographie. In: Geograph. Taschenbuch. 1962/63. – H. Hambloch, Allg. Anthropogeographie. ^{2}1974. – A. Hettner, Allg. Geographie des Menschen. Hrsg. H. Schmitthenner. 3 Bde. 1947–1957. – J. F. Kolars u. J. D. Nystuen, Human geography. New York. 1974. – F. Ratzel, Anthropogeographie. 2 Bde. Nachdr. 1975. – M. Sorre, Les Fondements de la geographie humaine. 4 Bde. 1947–1952. – J. Wagner, Kulturgeographie. ^{4}1969.
Bevölkerungsgeographie. J. Beaujeu-Garnier, Geography of population. London. ^{2}1967. – E. Kirsten, E. W. Buchholz u. W. Köllmann, Raum u. Bevölkerung in der Weltgeschichte. 4 Bde. ^{3}1965/66. – W. Kuls (Hrsg.), Probleme der Bevölkerungsgeographie. 1978. – Ders., Bevölkerungsgeographie. 1980. – R. Mackensen, H. Wewer (Hrsg.), Dynamik der Bevölkerungsentwicklung. 1973. – K. B. Mayer, Einführung in die Bevölkerungswissenschaft. 1973. – H. Ruppert, Bevölkerungsentwicklung u. Mobilität. 1975. – H. Schade, Völkerflut u. Völkerschwund. 1975. – E. Weber, B. Benthien, Einführung in die Bevölkerungs- u. Siedlungsgeographie. 1976. – K. Witthauer, Verteilung u. Dynamik der Erdbevölkerung. 1969.
Siedlungsgeographie. H. Bobek, Grundfragen der Stadtgeographie. In: Geograph. Anzeiger. 1927. – K.-A. Boesler, Die städt. Funktionen. In: Abhandlungen des Geograph. Instituts der Freien Universität Berlin. Bd. 6. 1960. – C. Böhret (Hrsg.), Stadtforschung u. Stadtplanung. 1977. – M. Born, Geographie der ländlichen Siedlungen. Bd. 1. 1977. – W. Brünger, Einführung in die Siedlungsgeographie. 1961. – H. Carter, Einf. in die Stadtgeographie. 1980. – W. Christaller, Die zentralen Orte in Süddeutschland. 1933. Nachdr. 1968. – R. E. Dickinson, City, Region and Regionalism. London. 1964. – J. Friedrichs (Hrsg.), Stadtentwicklung in kapitalistischen u. sozialistischen Ländern. 1978. – B. Hofmeister, Stadtgeographie. ^{2}1972. – G. Niemeier, Siedlungsgeographie. ^{4}1977. – E. Pfeil, Großstadtforschung. ^{2}1972. – P. Schöller (Hrsg.), Allgemeine Stadtgeographie. 1969. – Ders. (Hrsg.), Zentralitätsforschung. 1972. – G. Schwarz, Allg. Siedlungsgeographie. ^{3}1966. – K. Temlitz, Stadt u. Stadtregion. 1975.
Sozialgeographie. H. Bobek, Stellung u. Bedeutung der Sozialgeographie. In: Erdkunde. 1948. – Ders., Über den Einbau der sozialgeograph. Betrachtungsweise in die Kulturgeographie. In: Abhandlungen des Dt. Geographentages. 1961. – H. Hahn, Sozialgruppen als Forschungsgegenstand der Geographie. In: Erdkunde. 1957. – K. Hottes, Die Stellung der Sozialgeographie in der Landeskunde. In: Berichte zur dt. Landeskunde. 1955. – J. Maier u. a., Sozialgeographie. 1977. – K. Ruppert (Hrsg.), Zum Stand der Sozialgeographie (Hartke-Festschrift). 1968. – Ders., F. Schaffer, Sozialgeograph. Aspekte urbanisierter Lebensformen. 1973. – M. Schwind (Hrsg.), Religionsgeographie. 1975. – W. Storkebaum (Hrsg.), Sozialgeographie. 1969.
Verstädterung. E. Golz, Die Verstädterung der Erde. ^{4}1975.

6.0.6 WIRTSCHAFTS- UND VERKEHRSGEOGRAPHIE

Agrargeographie. B. Andreae, Agrargeographie. 1977. – F. Baade, Welternährungswirtschaft. 1956. – A. Heuer, Landwirtschaft u. Wirtschaftsordnung. 1973. – W. Manshard, Agrargeographie der Tropen. 1968. – E. Otremba, M. Kessler, Die Stellung der Viehwirtschaft im Agrarraum der Erde. 1965. – K. Ruppert (Hrsg.), Agrargeographie. 1973.
Industriegeographie. F. Friedensburg, Die Bergwirtschaft der Erde. ^{7}1976. – R. Geipel, Industriegeographie als Einführung in die Arbeitswelt. 1969. – K. Hottes, Industriegeographie. 1976. – A. Kolb, Aufgabe u. System der Industriegeographie. In: Festschr. Erich Obst. 1951. – P. Sedlacek, Industrialisierung u. Raumentwicklung. 1975. – G. Voppel, Die Entwicklung der dt. Industrielandschaften im 19. u. 20. Jh. In: Geogr. Rundschau. 1959.
Verkehrsgeographie. G. Fochler-Hauke, Verkehrsgeographie. ^{4}1976. – K. Hassert, Allg. Verkehrsgeographie. 2 Bde. ^{2}1931. – A. Hettner, Allg. Geographie des Menschen. Bd. 3: Verkehrsgeographie. 1952. – R. Hoffmann, Die Gestaltung der Verkehrswegenetze. 1961. – G. Köhler u. a., Verkehrsgeograph. Übersicht der einzelnen Kontinente. In: Petermanns Geograph. Mitteilungen. 1956 ff. – E. Otremba, Handel u. Verkehr im Weltwirtschaftsraum. ^{2}1978. – Ders., U. Auf der Heide (Hrsg.), Handel- u. Verkehrsgeographie. 1975. – K. Ruppert, J. Maier, Geographie u. Fremdenverkehr. In: Forschungs- u. Sitzungsberichte der Akademie für Raumforschung u. Landesplanung. 1969. – G. Voppel, Verkehrsgeographie. 1980.
Wirtschaftsgeographie. D. Bartels (Hrsg.), Wirtschafts- u. Sozialgeographie. 1970. – F. Bartz, Die großen Fischereiräume der Welt. 3 Bde. 1964/65, 1974. – H. Boesch, Die Wirtschaftslandschaften der Erde. 1947. – Ders., Weltwirtschaftsgeographie. ^{4}1977. – E. Fels, Der wirtschaftende Mensch als Gestalter der Erde. ^{2}1967. – A. Hettner, Allg. Geographie des Menschen. Bd. 2: Wirtschaftsgeographie. 1957. – Th. Kraus, Wirtschaftsgeographie als Geographie u. als Wirtschaftswissenschaft. In: Die Erde. 1957. – U. I. Küpper, E. W. Schamp (Hrsg.), Der Wirtschaftsraum. Festschrift für E. Otremba. 1975. – R. Lütgens (Hrsg.), Erde u. Weltwirtschaft. 5 Bde. 1950–1954. – G. Mohs, Einführung in die Produktionsgeographie. 1977. – E. Obst, Wirtschafts- u. Verkehrsgeographie. ^{3}1965–1969. – E. Otremba, Die Güterproduktion im Weltwirtschaftsraum. ^{3}1976. – Ders., Der Wirtschaftsraum – seine geograph. Grundlagen u. Probleme. ^{2}1969. – Ders., G. Kirsten, Die Wirtschaft der Erde im Wandel. Eine Wirtschaftserdkunde. 1970. – H. D. Pfeuffer u. a., Wirtschafts- u. Sozialgeographie: Daseinsgrundfunktionen. 1977. – G. Voppel, Wirtschaftsgeographie. 1975. – E. Weigt, Wirtschaftsgeographie, Stand u. Entwicklung. In: Erdkunde. 1960. – H. W. Windhorst, Geographie der Wald- u. Forstwirtschaft. 1978. – E. Wirth (Hrsg.), Wirtschaftsgeographie. 1969.

6.0.7 POLITISCHE UND HISTORISCHE GEOGRAPHIE

Geopolitik. A. Grabowsky, Raum, Staat u. Geschichte. Grundlegung der Geopolitik. 1960. – F. Knieper, Polit. Geographie (Geopolitik). ^{7}1957. – P. Schöller, Wege u. Irrwege der Polit. Geographie u. Geopolitik. In: Erdkunde. 1957.
historische Geographie. A. R. H. Baker, Progress in historical geography. Newton Abbot. 1972. – H. C. Darby, Historical geography. In: H. P. R. Finberg (Hrsg.), Approaches to history. London. 1962. – Historische Raumforschung. Forschungs- u. Sitzungsbericht der Akademie für Raumforschung u. Landesplanung. 1956–1967. – H. Jäger, Historische Geographie. ^{2}1973. – E. Kirsten, Die griech. Polis als historisch-geograph. Problem des Mittelmeerraumes. 1956. – K. Kretschmer, Historische Geographie von Mitteleuropa. Neudr. 1964. – W. Müller-Wille, Die spätmittelalterlich-frühneuzeitl. Kulturlandschaft. In: Abh. des Dt. Geographentages. 1957. – O. Schlüter, Die Siedlungsräume Mitteleuropas in frühgeschichtl. Zeit. 1952–1958. – P. Schöller, Kräfte u. Konstanten histor.-geogr. Raumbildung. In: Landschaft u. Geschichte (Festschrift f. F. Petri). 1970.
politische Geographie. A. Benzing u. a., Verwaltungsgeographie. 1977. – H. J. De Blij, Systematic political geography. New York. ^{2}1973. – W. Czajka, Die Wissenschaftlichkeit der Polit. Geographie. In: Geograph. Taschenbuch. 1960/61. – G. Fischer, Staaten u. Grenzen. 1975. – A. Haushofer, Allg. polit. Geographie u. Geopolitik. 1953. – O. Maull, Polit. Geographie. 1956. – N. J. G. Pounds, Political geography. New York. 1963. – J. R. V. Prescott, Einführung in die politische Geographie. 1975. – F. Ratzel, Polit. Geographie. ^{3}1923. – H. Schmitthenner, Lebensräume im Kampf der Kulturen. ^{2}1951. – M. Schwind, Allg. Staatengeographie. 1972.

6.0.8 KARTOGRAPHIE, VERMESSUNGSWESEN. J. Albertz, W. Kreiling, Photogrammetrisches Taschenbuch. ^{2}1975. – E. Arnberger, Handbuch der themat. Kartographie. Wien. 1966. – Ders., Themat. Kartographie. 1977. – Ders., I. Kretschmer, Wesen u. Aufgaben der Kartographie – Topograph. Karten. Wien. 1975. – L. Bagrow, R. A. Skelton, Meister der Kartographie. ^{4}1973. – W. Bormann, Allg. Kartenkunde. 1954. – H. Bosse, Kartengestaltung u. Kartenentwurf. 1962. – F. Fezer, Karteninterpretation. 1974. – R. Finsterwalder, W. Hofmann, Photogrammetrie. ^{3}1968. – G. Franz, Historische Kartographie. ^{2}1962. – H. Gierloff-Emden, H. Schroeder-Lanz, Luftbildauswertung. 3 Bde. 1970/71. – W. Grossmann, Vermessungskunde. 3 Bde. Bd. 1: ^{15}1976. Bd. 2: ^{12}1975. Bd. 3: ^{10}1973. – R. Habel, Ihr Atlas – Entstehung u. Inhalt. ^{2}1973. – G. Hake, Kartographie. 2 Bde. Bd. 1: ^{5}1975. Bd. 2: ^{2}1976. – W. Hofmann, Geländeaufnahme, Geländedarstellung. 1971. – A. Hüttermann, Karteninterpretation in Stichworten. Bd. 1, 1975. Bd. 2 (Themat. Karten), 1979. – E. Imhof, Gelände u. Karte. Erlenbach-Zürich. ^{3}1968. – Ders., Kartographische Geländedarstellung. 1965. – Ders., Themat. Kartographie. 1972. – Internationales Jahrbuch für Kartographie. Hrsg. E. Arnberger, F. Aurada. 1961 ff. – G. Jensch, Die Erde u. ihre Darstellung im Kartenbild. ^{2}1975. – K. H. Meine (Hrsg.), Kartengeschichte u. Kartenbearbeitung. Festschr. für W. Bonacker. 1968. – V. Pantenburg, Das Porträt der Erde. 1970. – H. Paschinger, Grundriß der allg. Kartenkunde. 2 Bde. ^{3}1966/67. – S. Schneider, Luftbild u. Luftbildinterpretation. 1974. – W. Torge, Geodäsie. 1975. – K. Wagner, Kartograph. Netzentwürfe. ^{2}1962. – H. Wilhelmy, Kartographie in Stichworten. ^{3}1975. – W. Witt, Themat. Kartographie. ^{2}1970. – Ders., Lexikon der Kartographie. Wien. 1979.

6.0.9 REISEN, TOURISMUS. P. Bernecker, Grundzüge der Fremdenverkehrslehre u.

Fremdenverkehrspolitik. Wien. 1962ff. – Internationales Reise-Fachwörterbuch. 1966. – W. Löschburg, Von Reiselust u. Reiseleid. Eine Kulturgeschichte. 1977. – H. W. Prahl, A. Steinecke, Der Millionenurlaub. 1979. – F. E. W. Resch, Fremdenverkehr u. Dritte Welt. 1977. – W. Ritter, Fremdenverkehr in Europa. Eine wirtschafts- u. sozialgeograph. Untersuchung. 1966. – K. Ruppert, J. Maier (Hrsg.), Zur Geographie des Freizeitverhaltens. 1970. – K. Zinnburg, Kleine Fremdenverkehrslehre. [2]1970.

6.1.0 ENTDECKUNGSGESCHICHTE (ALLGEMEINES), ERFORSCHUNG DER KONTINENTE

Gesamtdarstellungen: Atlas der Entdeckungen. 1976. – H. Beck, Große Reisende. Entdecker u. Erforscher unserer Welt. 1971. – U. Bitterli (Hrsg.), Die Entdeckung u. Eroberung der Welt. 2 Bde. 1980 u. 1981. – F. Debenham, 6000 Jahre mußten vergehen: Entdeckung u. Erforschung unserer Erde von den Anfängen bis heute. [2]1975. – D. Henze, Enzyklopädie der Entdecker u. Erforscher der Erde. Graz. 1975ff. – P. Herrmann, Sieben vorbei u. acht verweht: das Abenteuer der frühen Entdeckungen. [10]1978. – W. Krämer (Hrsg.), Die Entdeckung u. Erforschung der Erde. [5]1971. – A. Leroi-Gourhan, K. Kayser u.a., Die berühmten Entdecker u. Forscher der Erde. 1966. – E. Newby, World Atlas of Exploration. London. 1975. – F. Salentiny, Das Lexikon der Seefahrer u. Entdecker. 1977. – D. Wilcox, Die großen Entdecker. 1976.

Erforschung der Kontinente: L. S. Berg, Geschichte der russischen geogr. Entdeckungen 1954. – W. P. Cumming, R. A. Skelton, D. B. Quinn, Die Entdeckung Nordamerikas. 1972. – E. J. Goodman, The explorers of South America. New York. 1972. – G. T. Mary, Im schwarzen Erdteil. 1978. – G. A. Narziß (Hrsg.), Von Hinterindien bis Surabaja. Forscher u. Abenteurer in Südostasien. 1977. – Ders. (Hrsg.), Im Fernen Osten. Forscher u. Entdecker in Tibet, China, Japan u. Korea 1689–1911. 1978.

Einzelne Forscher: H. Beck (Hrsg.), Alexander von Humboldt: Reisen in den Tropen Amerikas. 1969. – D. Botting, Alexander von Humboldt. 1974. – F. Clerici, Die Reisen des Marco Polo. 1971. – T. Heyerdahl, Zwischen den Kontinenten. 1978. – T. A. Knust (Hrsg.), Marco Polo. [4]1976. – G. Nachtigal, Tibesti. Erstdurchquerung des Sudan 1868–1874. Hrsg. H. Schiffers. 1978. – H. Schiffers (Hrsg.), Heinrich Barth. Ein Forscher in Afrika. 1966. – H. M. Stanley, Die Entdeckung des Kongo. Hrsg. H. Pleticha. 1979. – E. Wennerholm, Sven Hedin. 1978. – H. Wotte, David Livingstone. Leipzig. 1973.

6.1.1 ERFORSCHUNG DER POLARGEBIETE

Gesamtdarstellungen: F. Debenham, Antarktis – Geschichte eines Kontinents. 1959. – K. Hassert, Die Polarforschung. 1956. – H.-P. Kosack, Die Polarforschung. Ein Datenbuch. 1967. – D. Mountfield, Die großen Polarexpeditionen. 1978. – H. H. Wille, Lockende Pole: der Kampf um den Nord- u. Südpol. 1972.

Einzelfragen: L. Breitfuß, Die Nordostdurchfahrt u. ihre Bezwingung. In: Petermanns Geograph. Mitteilungen. 1934. – K. Holt, Scott, Amundsen: Wettlauf zum Pol. 1979. – L. Nockher, Fridtjof Nansen. 1955. – E. Peisson, Roald Amundsen. [4]1967. – G. M. Thomson, Die Suche nach der Nordwest-Passage. 1977. – U. Weil, Roald Amundsen. [2]1973.

6.1.2 ERFORSCHUNG DER SEEWEGE. P. Beyer (Hrsg.), Cooks Fahrten um die Welt. [6]1973. – I. Cameron, Magellan u. die erste Weltumseglung. 1977. – G. Forster, Reise um die Welt (Werke. Bd. 1). 1967. – R. Grün, Christoph Columbus. Das Bordbuch: 1492. [4]1978. – MacLean, Der Traum vom Südland: die abenteuerlichen Entdeckerfahrten d. Captain James Cook. 1976. – S. de Madariaga, Kolumbus. [2]1973. – H. Plischke, Vasco da Gama. [2]1926.

6.1.3 VÖLKERKUNDE

Gesamtdarstellungen: H. A. Bernatzik (Hrsg.), Neue Große Völkerkunde. Nachdr. 1975. – Bild der Völker. Die Brockhaus Völkerkunde. 10 Bde. 1974. – K. Dittmer, Allg. Völkerkunde. 1954. – B. Freudenfeld (Hrsg.), Völkerkunde. 1960. – W. Hirschberg (Hrsg.), Wörterbuch der Völkerkunde. 1965. – Ders., Technologie u. Ergologie in der Völkerkunde. [2]1980. – A. Lommel u. O. Zerries, JRO-Völkerkunde. 1962. – G. Maler-Sieber, Völkerkunde die uns angeht. 1978. – H. Nachtigall, Völkerkunde von Herodot bis Che Guevara. 1972. – C. A. Schmitz (Hrsg.), Histor. Völkerkunde. 1967. – W. Stöhr, Lexikon der Völker u. Kulturen. 3 Bde. 1972. – H. Tischner, Völkerkunde. [6]1974. – H. Trimborn (Hrsg.), Lehrbuch der Völkerkunde. [4]1971. – Völkerkunde für jedermann. 1966. – E. Weyer jun., Primitive Völker heute. 1959.

Methodik: R. Benedict, Urformen der Kultur. 1955. – W. Konrad, Völkerkunde. Vom Werden u. Wesen einer Wissenschaft. 1969. – M. Panhoff, M. Perrin (Hrsg.), Taschenwörterbuch der Ethnologie. 1975. – A. R. Radcliffe-Brown, Method in Social Anthropology. Chicago. 1958. – W. Rudolph, Ethnologie: zur Standortbestimmung einer Wissenschaft. 1973. – W. Schmidt, Handbuch der Methode der kulturhistor. Ethnologie. 1937. – J. F. Thiel, Grundbegriffe der Ethnologie. 1977.

Geistige Kultur: O. Eberle, Cenalora. Leben, Glaube, Tanz u. Theater der Urvölker. Olten. 1955. – H. Findeisen, Das Tier als Gott, Dämon u. Ahne. 1956. – F. Herrmann, Symbolik in den Religionen der Naturvölker. 1961. – A. E. Jensen, Mythos u. Kult bei Naturvölkern. [2]1960. – M. Mead, Geschlecht u. Temperament in primitiven Gesellschaften. [3]1974. – W. E. Mühlmann, Rassen, Ethnien, Kulturen. 1964. – P. Schebesta (Herausgeber), Ursprung der Religion. 1961.

6.1.4 VÖLKER UND STÄMME EUROPAS. V. Alford, Introduction to English Folklore. London. 1952. – Atlas für schweizer. Volkskunde. Bearb. P. Geiger u. R. Weiß. Basel. 1950ff. – Atlas over svensk folk kultur. Uddevalla. 1957. – M. Braun, Die Welt der Slawen. 1956. – R. Dencker, G. Ränk, Die Kultur Finnlands. Völker u. Kulturen Nordeurasiens. 1973. – E. Fehrle, Feste u. Volksbräuche im Jahreslauf europ. Völker. 1955. – V. von Geramb, Sitte u. Brauch in Österreich. Graz. [3]1948. – Hamburger Studien zu Volkstum u. Kultur der Romanen. Hamburg. 1941ff. – Handbuch der europäischen Volksgruppen. Ethnos. Wien. 1970. – J. Hanika u. T. Gebhard (Hrsg.), JRO-Volkskunde. 1963. – J. Herrmann (Hrsg.), Die Slawen in Deutschland. 1970. – Jahrbuch für vergleichende Volkskunde. Göttingen. 1948ff. – G. Kapfhammer (Hrsg.), Brauchtum in den Alpenländern. 1977. – Z. Ligers, Die Volkskultur der Letten. Riga. 1942. – O. Loorits, Grundzüge des estnischen Volksglaubens. Stockholm. 1949–1960. – L. Manninen, Die finn.-ugr. Völker. 1932. – V. Moldendorfer, Glaube, Aberglaube u. Brauchtum der Slowenen. Celja. 1948. – E. Nack, Germanien – Länder u. Völker der Germanen. Wien. 1977. – Nordisk Kultur. 30 Bde. Stockholm, Oslo, Kopenhagen. 1931ff. – G. Ortutay, Kleine ungar. Volkskunde. Budapest. 1963. – K. C. Peeters, Fläm. Volkstum. 1943. – Polski atlas etnograficzny. 2 Bde. Warschau. 1964/65. – Die Sorben. [4]1970. – P. Veyrin, Les Basques. Paris. 1958. – Volkskunde Atlas Nederland. Antwerpen. 1959. – Die Volkskunst in Rumänien. Bukarest. 1955. – Ø. Vörren u. E. Manker, Die Lappen. 1967. – R. Weiß, Volkskunde der Schweiz. Erlenbach-ZH. [2]1978. → auch 3.6.5 Volkskunde.

6.1.5 VÖLKER UND STÄMME ASIENS, AUSTRALIENS UND OZEANIENS.

Asien. B. Brentjes, Mittelasien: eine Kulturgeschichte der Völker zwischen Kaspischen Meer u. Tien-Schan. 1977. – Th. Chozidlo, Die Familie bei den Jakuten. Freiburg, Schweiz. 1951. – W. Eberhard, Kultur u. Siedlung der Randvölker Chinas. Leiden. 1942. – H. Findeisen, Völker u. Kulturen Nordasiens. 1957. – F. W. Funke, Die Sherpa u. ihre Nachbarvölker im Himalaya. 1979. – R. Heine-Geldern, Die kulturgeschichtl. Bedeutung Südostasiens. Wien. 1957. – M. Hermanns, Die Nomaden von Tibet. Wien. 1949. – L. G. Löffler, Die Völker Hinterindiens. 1957. – J. Nance, Tasaday. Steinzeitmenschen im philippinischen Regenwald. 1979. – M. von Oppenheim, Die Beduinen. 4 Bde. 1939–1968. – P. Schebesta, Die Negrito Asiens. 2 Bde. Mödling. 1952–1957. – H. Stübel, Die nichtchines. Völker Chinas. In: Sociologus, N. F. 2. 1952. – T. Sjomuschkin, Im Lande der Tschuktschen. 1953.

Australien u. Ozeanien. H. A. Bernatzik, Südsee. Neuaufl. Zürich. 1960. – A. P. Elkin, The Australian Aborigines. Sydney. 1956. – H. Harrer, Unter Papuas. 1976. – F. Herrmann, Völkerkunde Australiens. 1967. – G. Koch, Südsee – gestern u. heute. 1955. – A. Lommel, Fortschritt ins Nichts. Die Modernisierung der Primitiven Australiens. 1969. – E. Schlesier, Die melanes. Geheimkulte. 1958. – Ders., Die Erscheinungsformen des Männerhauses u. das Klubwesen in Mikronesien. Den Haag. 1953. – F. Speiser, Versuch einer Siedlungsgeschichte der Südsee. Zürich. 1956. – H. Tischner, Kulturen der Südsee. 1958. – H. Uhlig, Menschen der Südsee: die Naturvölker Australiens u. Ozeaniens. 1974.

6.1.6. VÖLKER UND STÄMME AFRIKAS. H. Baumann (Hrsg.), Die Völker Afrikas u. ihre traditionellen Kulturen. Band 1: 1975, Band 2: 1978. – H. A. Bernatzik, Afrika. 2 Bde. 1951. – E. Beuchelt, W. Ziehr, Schwarze Königreiche, Völker u. Kulturen Westafrikas. 1979. – J. Bjerre, Kalahari. Steinzeitmenschen. 1960. – E. Dammann, Die Religionen Afrikas. 1963. – B. Davidson, Afrika: Stämme, Staaten, Königreiche. [2]1974. – P. Fuchs, Völkerstämme der Sahara. Wien. 1960. – Ders., Die Völker der Südost-Sahara. Wien. 1961. – Ders., Sudan. Landschaften, Menschen, Kulturen zwischen Niger u. Nil. Wien. 1977. – J. Gabus, Völker der Wüste. 1957. – R. Gardi, Unter afrikan. Handwerkern. 1970. – E. Haberland, Galla Süd-Äthiopiens. 1963. – R. Herzog, Die Nubier. 1957. – W. Hirschberg, Völkerkunde Afrikas. 1965. – Ders., Die Kulturen Afrikas. 1974. – A. E. Jenschen, Altvölker Süd-Äthiopiens. 1959. – A. Kronenberg, Die Teda von Tibesti. Horn. 1958. – L. S. B. Leakey, Mau-Mau u. die Kikuyu. 1953. – S. F. Nadel, The Nuba. London. 1947. – P. Schumacher, Die Kivu-Pygmäen. Brüssel. 1949/50. – S. Seitz, Die zentralafrikan. Wildbeuterkulturen. 1977. – R. P. Tempels, Bantu-Philosophie. 1956. – J. Zwernemann, Die Erde in Vorstellungswelt u. Kultpraktiken der sudan. Völker. 1968.

6.1.7. VÖLKER UND STÄMME AMERIKAS. P. Baumann, Die Erben von Tecumseh u. Sitting Bull: Indianer u. Eskimo. 1975. – H. D. Disselhoff, O. Zerries, Die Erben des Inkareiches u. die Indios der Wälder. 1976. – H. Erpf (Hrsg.), Das große Buch der Eskimo: Kultur u. Leben eines Volkes am Rande des Nordpols. 1977. – P. Farb, Die Indianer: Entwicklung u. Vernichtung eines Volkes. [2]1976. – H. Fichte. Xango – Die afroamerikan. Religionen. 1976. – F. W. Hodge, Handbook of American Indians. 2 Bde. Washington. D. C. 1907–1910. – T. Jeier, Die Eskimo: Geschichte u. Schicksal der Jäger im hohen Norden. 1977. – O. La Farge, Die Große Jagd. Geschichte der nordamerikan. Indianer. 1961. – W. Lindig, M. Münzel, Die Indianer. Kulturen u. Geschichte der Indianer Nord-, Mittel- u. Südamerikas. 1977. – G. P. Murdock, Ethnographic bibliography of North America. New York. 1960. – O'Leary, Ethnographic Bibliography of South America. New Haven. 1963. – U. Schlenther, Lateinamerika u. seine Ureinwohner: Kultur u. Lebensweise der Indianer Lateinamerikas von den Anfängen bis zur Gegenwart. 1976. – H. J. Stammel, Indianer. Legende u. Wirklichkeit von A–Z. 1977. – J. H. Steward, Handbook of South American Indians. 7 Bde. Neudr. New York. 1963/64. – F. Termer, Zur Ethnologie u. Ethnographie des nördl. Mittelamerikas. 1930. – R. Wauchope (Hrsg.), Handbook of Middle American Indians. 6 Bde. Austin. 1964–1967. – W. Westphal, Die Maya. Volk im Schatten seiner Väter. 1977.

6.1.8. EINZELPROBLEME DER VÖLKERKUNDE

Gesellschaft, Staat und Recht: Institutionen in primitiven Gesellschaften (Edition Suhrkamp. 195). 1966. – W. Nippold, Über die Anfänge des Staatslebens bei den Naturvölkern. In: Ztschr. für Ethnologie. 1956.

Initiation. V. Popp (Hrsg.), Initiation. 1969.

Kannibalismus. C. Spiel, Menschen essen Menschen. 1972. – E. Volhard, Kannibalismus. 1939.

Schamanismus. M. Eliade, Schamanismus u. archaische Ekstasetechnik. Zürich. 1957. – H. Findeisen, Schamanentum. 1957. – M. Hermanns, Schamanen-Pseudoschamanen, Erlöser u. Heilbringer. 3 Bde. 1970. – A. Lommel, Die Welt der frühen Jäger. 1965.

Skalp. G. Friederici, Skalpieren u. ähnl. Kriegsbräuche in Amerika. Nachdr. 1976.

Tabu. F. R. Lehmann, Die polynesischen Tabusitten. 1930.

Totemismus. C. Lévi-Strauss, Das Ende des Totemismus. 1965.

Verwandtschaftssysteme, Clan. C. A. Schmitz, Grundformen der Verwandtschaft. Basel. 1964. – E. Schlesier, Die Grundlagen der Klanbildung. 1956.

6.1.9. MENSCHENRASSEN. J. R. Baker, Die Rassen der Menschheit. 1976. – G. Heberer u.a., Anthropologie. [7]1975. – G. Kenntner, Rassen aus Erbe u. Umwelt. 1975. – B. Lundmann, Geograph. Anthropologie. 1967. – I. Schwidetzky, Das Menschenbild der Biologie. [2]1971. – Dies. (Hrsg.), Die neue Rassenkunde. 1962. – Dies. (Hrsg.), Rassengeschichte der Menschheit. 1968ff. → auch 9.2.7 Anthropologie.

6.2.0 DEUTSCHLAND ALS GANZES UND GRÖSSERE TEILE

Gesamtdarstellungen: G. Braun, Dtschld. 2 Bde. 1916. – L. Beckel u.a. (Hrsg.), Deutschland – Landschaften u. Städte im Satelliten- u. Luftbild. 1978. – G. Brinkmann, Geographische Streifzüge durch Deutschland. 2 Bde. 1970. – Deutschland. Daten + Fakten. 1975. – H. Flohn, Witterung u. Klima in Mitteleuropa. [2]1954. – H. Freitag, Einführung in die Biogeographie von Mitteleuropa unter bes. Berücksichtigung von Dtschld. 1962. – J. F. Gellert, Grundzüge der physischen Geographie von Dtschld. Bd. I. 1958. – G. Hellmann, Klimaatlas von Dtschld. 1921. – M. Hendl, Grundriß einer Klimakunde der dt. Landschaften. 1966. – H. Heuseler (Hrsg.), Deutschland aus dem All. 1973. – G. Knetsch, Geologie von Dtschld. u. einigen Randgebieten. 1963. – H.-P. Kosack, R. D. Schmidt, Bibliographie der Landesbeschreibungen u. Regionalatlanten Deutschlands. (Berichte zur dt. Landeskunde. Sonderh. 14). 1972. – N. Krebs (Hrsg.), Landeskunde von Dtschld. Bd. 1: H. Schrepfer, Der Nordwesten. Nachdr. 1974. – Bd. 2: B. Brand, Der Nordosten. 1931. – Bd. 3: N. Krebs, Der Südwesten. Nachdr. 1974. – R. E. H. Mellor, The two Germanies. London. 1978. – E. Meynen, J. Schmithusen (Hrsg.), Handbuch der naturräuml. Gliederung Dtschlds. 1953ff. – E. Otremba, Die dt. Agrarlandschaft. [2]1961. – Ders. (Hrsg.), Atlas der dt. Agrarlandschaft. 1962ff. – F. Ratzel, Dtschld. [8]1943. – O. Schlüter, Die Siedlungsräume Mitteleuropas in frühgeschichtl. Zeit. 1952. – O. Schmeil, J. Fitschen, Flora von Dtschld. u. seinen angrenzenden Gebieten. [84]1970. – E. Schmitt u.a. (Hrsg.), Dtschld. (Harms Erdkunde). [26]1975. – P. Schöller, Die dt. Städte. 1967. – H. Wach, Bundesrepublik Deutschland – Deutsche Demokrat. Republik. (Erdkunde in Stichworten, Teil II). [4]1975. – J. Walther, Das dt. Landschaftsbild im Wandel der Zeiten. 1933.

Größere Teile: Ch. Borchert, Beiträge zur Landeskunde Südwestdeutschlands. 1976. – W. Erz, Nationalpark Wattenmeer. 1972. – R. Gradmann, Süddeutschland. 2 Bde. 1964. – Die Mittelrheinlande. Festschrift. 1967. – Mittel- u. Oberfranken. Beiträge zur Landeskunde. Festschrift. 1971. – K. Mohr, Geologie u. Minerallagerstätten des Harzes. 1978. – Rhein-Main-Städteatlas. 1971. – Westfalen u. Niederdeutschland. Festschrift. 2 Bde. 1977. – P. Woldstedt, Norddeutschland u. angrenzende Gebiete im Eiszeitalter. [3]1973.

Bundesrepublik Deutschland. B. Andreae, E. Greiser, Strukturen deutscher Agrarlandschaft. [2]1978. – H. Ant, Die Naturschutzgebiete der BRD. [2]1973. – Atlas zur Raumentwicklung. 1976ff. – D. Bartels, Die heutigen Probleme der Land- u. Forstwirtschaft in der BRD. [7]1979. – N. Benckiser (Hrsg.), Deutsche Landschaften. 3. Bde. 1972–1976. – M. Born, Die Entwicklung der deutschen Agrarlandschaft. 1974. – Die dt. Landkreise. 1948ff. – G. Fuchs, Die Bundesrepublik Deutschland. [2]1978. – W. Glasstetter, Die wirtschaftl. Entwicklung der BRD im Zeitraum 1950–1975. 1977. – Handbuch der Bergwirtschaft der BRD. [2]1970. – D. Henningsen, Einführung in die Geologie der BRD. 1976. – K. Hottes, E. Meynen, E. Otremba, Die wirtschaftsgeograph. Gliederung der BRD. 1972. – G. Kluczka, Zentrale Orte u. zentralörtl. Bereiche mittlerer u. höherer Stufe in der BRD. 1970. – F. Mückenhausen, Entstehung, Eigenschaften u. Systematik der Böden der BRD. [2]1977. – U. Muuß (Hrsg.), Luftbildatlas BRD. 1972. – H. Offner, Unsere Naturparke. Bd. 1, 1975. Bd. 2, 1977. – G. Olschowy, Natur- u. Umweltschutz in der BRD. 1978. – E. Otremba, Der Agrarwirtschaftsraum der BRD. 1970. – Ders., R. Hilchenbach, Die Grundlagen für die Entwicklung der Wirtschaft in der BRD. [6]1976. – W. Pehnt (Hrsg.), Die Stadt in der BRD. 1974. – Raumordnung in den Ländern. 2. Bde. 1971/1972. – K. Rhein, Die Energiewirtschaft der BRD. [6]1979. – A. Semmel, Geomorphologie der BRD. 1972. – Tatsachen über Deutschland. [2]1980. – Topographischer Atlas Bundesrepublik Deutschland. 1977. – Wirtschaftl. u. sozialer Wandel in der BRD. 1977.

Deutsche Demokratische Republik. Autorenkollektiv, Grundriß der Geologie der DDR. Bd. 1. Berlin. 1968. – H. Barthel, Bergbau, Landschaft, Landeskultur in der DDR. Gotha/Leipzig. 1976. – H. Bichler, Landwirtschaft in der DDR. Berlin. 1973. – G. Castellan, La République Démocratique Allemande. [2]1964. – J. F. Gellert, H. J. Kramm, DDR. Land, Volk, Wirtschaft in Stichworten. 1977. – H. Gruenberg, Die sozialistische Wandlung des Dorfes. Berlin. 1970. – Handbuch der DDR. Gotha/Leipzig. 1979. – Klima-Atlas für das Gebiet der DDR. Berlin. 1953. – H. Kohl u.a., Ökonom. Geographie der DDR. Gotha/Leipzig. [3]1977. – Ders., Die Bezirke der DDR. Ökonom. Geographie. Gotha/Leipzig. [2]1976. – H. Lamprecht, Die Landwirtschaft der DDR vor u. nach ihrer Umgestaltung im Jahr 1960. 1977. – Lexikon Städte u. Wappen der DDR. Leipzig. 1979. – J. Marcinek u. B. Nitz, Das Tiefland der DDR. Gotha. 1973. – R. Matz, Agraratlas über das Gebiet der DDR. 1956ff. – P. Mitzscherling u.a., DDR-Wirtschaft. 1971. – J. H. Schultze, Die naturbedingten Landschaften der DDR. Gotha/Leipzig. 1973. – W. Sperling, Landeskunde DDR. Bibliogr. 1978.

6.2.1 BADEN-WÜRTTEMBERG

Gesamtdarstellungen: Baden-Württemberg – Porträt eines dt. Landes. [4]1971. – Baden-Württemberg. Eine polit. Landeskunde. 1975. – Bodensee. Merian. 1979. – Deutscher Planungsatlas. Bd. 6: Baden-Württemberg. 1969. – H. Einsle, Baden-Württemberg von A–Z. 1979. – O. F. Geyer, M. P. Gewinner, Der Schwäbische Jura. 1962. – Heidelberg u. die Rhein-Neckar-Lande. Festschrift. 1963. – F. Huttenlocher, Baden-Württemberg. Kleine geograph.

Landeskunde. [4]1972. – K. Kaiser, M. v. Schaewen, Stuttgart u. die Region Mittlerer Neckar. 1973. – Klima-Atlas von Baden-Württemberg. 1953. – Das Land Baden-Württemberg: amtl. Beschreibung nach Kreisen u. Gemeinden. 2 Bde. 1974/1975. – Luftbildatlas Baden-Württemberg. 1971. – Karl Eugen Müller, Kurze Einführung in die Geologie Baden-Württembergs mit Ausblicken auf Dtschld. 1969. – A. E. Ott (Hrsg.), Wirtschaftl. Probleme des Landes Baden-Württemberg. 1974.

Schwarzwald. H. Eggers, Schwarzwald u. Vogesen. 1964. – G. Richter, Schwarzwald mit Hochrhein, Oberrheinebene u. Kraichgau. 1967.

6.2.2 BAYERN

Gesamtdarstellungen: F. J. Baumgärtner, Bayern. Kultur, Geschichte, Landschaft, Wirtschaft. 1963. – Bayern-Atlas. 1949. – L. Beckel/H. Fehn, Luftbildatlas Bayern. 1973. – Beiträge zur Landeskunde von Mittel- u. Oberfranken. Festschr. 1971. – Deutscher Planungsatlas. Bd. 5: Bayern. 1960. – H. Einsle, Das Bayern-Lexikon. 1977. – Erläuterungen zur geolog. Karte von Bayern. 1:500000. [2]1964. – H. Flieger (Hrsg.), Bayerns Wirtschaft. 1966. – H. Frei (Hrsg.), Im Flug über Schwaben. [2]1977. – S. Gerndt, Unsere bayrische Landschaft. [3]1976. – O. Kuhn, Geologie von Bayern. [3]1964. – G. Lautenbacher, Bayerisch-Schwaben mit Allgäu. 1967. – W. Malter, Mittelfranken. Nürnberger Umland. [3]1973. – K. Rocznik, Wetter u. Klima in Bayern. 1960. – K. Schreyer, Bayern, ein Industriestaat. 1969. – B. Schröder, Fränkische Schweiz u. Vorland. 1970. – Topograph. Atlas Bayern. 1969. – K. Treutwein, Unterfranken. [2]1967. – Der Wald in Bayern. 1975. – A. Wurm, Frankenwald, Fichtelgebirge u. Nördl. Oberpfälzer Wald. [2]1962. – H. G. Zimpel (Hrsg.), Beiträge zur Landeskunde Bayerns u. der Alpenländer. 1968.

München. K. Bosl, München. Bürgerstadt – Residenz – heiml. Hptst. Deutschlands. 1971. – K. Ganser, Sozialgeograph. Gliederung der Stadt München. 1966. – München von A bis Z. Bd. 1. [2]1966. Bd. 2. 1968.

6.2.3 HANSESTÄDTE

Bremen. Bremen/Bremerhaven. Industrie am Strom. 1969. – H. Brenning (Bearb.), Bremen heute. Stadt, Wirtschaft, Hafen im Überblick. 1973. – A. Schmidt, Das Bremer Becken. In: Berichte zur dt. Landeskunde. Bd. 30. 1963.

Hamburg. P. Braun, Die sozialräuml. Gliederung Hamburgs.1968. – Handel u. Schifffahrt des Hafens Hamburg. 1970. – H. Laucht, Über hohe Sturmfluten u. ihre Häufigkeit in Hamburg. 1967. – H. Leip, Hamburg. Das Bild einer Stadt. 1966. – P. Möller, Stadtkern u. Trabanten im Land Hamburg. 1960. – C. Will, Hamburg. Eine Heimatkunde. 1955ff.

6.2.4 HESSEN. Beiträge zur Landeskunde von Nordhessen. Festschr. 1973. – H. Blume, Das Land Hessen u. seine Landschaften. 1951. – Deutscher Planungsatlas. Bd. 4: Hessen. 1960. – K. Edschmid. Hessen – Porträt eines Landes. 1967. – E. Ernst, Neue Strukturumwandlungen in der hessischen Agrar- u. Siedlungslandschaft. In: Berichte zur dt. Landeskunde. 28. 1962. – W. Fricke, W. Kuls, Luftbilder aus Hessen. 1966. – Hessen in Karte u. Luftbild: Topograph. Atlas. 1976. – Hessen um Rhein u. Main. Ein europäisches Wirtschaftszentrum. [2]1966. – Hessische Ortsbeschreibungen. 1959. – R. Klein u. a., Hessen-Lexikon. Alles Wissenswerte über das Land Hessen. 1965. – E. Landgrebe (Hrsg.), Hessen – Mensch u. Raum. 1963. – H. Lilge, Hessen in Geschichte u. Gegenwart. 1979. – Die Städte in Hessen. 1968. – A. M. Straub, Nordhessen. 2: Zwischen Rothaar u. Rhön. 1970. – J. Wagner, Hessen (Harms Landeskunde). 1961.

6.2.5 NIEDERSACHSEN. Deutscher Planungsatlas. Bd. 2: Niedersachsen u. Bremen. 1961. – W. Grotelüschen, U. Muuß, Luftbildatlas Niedersachsen. [2]1974. – R. Klein (Hrsg.), Niedersachsenlexikon. 1969. – Klima-Atlas von Niedersachsen. 1964. – L. Meyer, Einführung in die Geologie Niedersachsens. 1973. – G. Niemeyer, Ostfries. Inseln. 1972. – Oldenburg u. der Nordwesten. Westfäl. Geograph. Stud. 25. 1971. – H. Pusen, Niedersachsen. 1973. – E. Rack, Landeskunde Ostfriesland. 1974. – D. Saalfeld, Die Landwirtschaft Niedersachsens. 1965. – E. Schrader u. a., Die Landschaften Niedersachsens. Topograph. Atlas. [4]1970. – H. H. Seedorf u. a., Topographischer Atlas Niedersachsen u. Bremen. 1977. – F. Seifert, Das Weserberglandbuch. [4]1973. – K.-H. Sindowski, Das ostfriesische Küstengebiet. 1973. – P. Singer, D. Fliedner, Niedersachsen (Harms Landeskunde). 1970. – D. Steckhan, Niedersachsen. Landeskunde u. Landesentwicklung. 1980.

6.2.6 NORDRHEIN-WESTFALEN. Das Bergische Land. [2]1973. – Bochum u. das mittlere Ruhrgebiet. Festschr. 1965. – W. Dege, Das Ruhrgebiet. 1976. – Deutscher Planungsatlas. Bd. 1: Nordrhein-Westfalen. 1973ff. – H. Ditt, Struktur u. Wandel westfäl. Agrarlandschaften. 1965. – C. Haase, Die Entstehung der westfäl. Städte. [3]1976. – J. Hesemann, Geologie Nordrhein-Westfalens. 1975. – C. Jarecki, Der neuzeitl. Strukturwandel an der Ruhr. 1967. – Köln u. die Rheinlande. Festschr. 1961. – Kölner Bucht u. angrenzende Gebiete. 1972. – T. Kraus, Das Siegerland. [2]1969. – L. Maasjost, Südöstl. Westfalen. 1973. – W. Müller-Wille, Westfalen. 1952. – L. Niemann (Hrsg.), Ruhrgebiet. 1967. – Nordrhein-Westfalen neu gesehen: ein Luftbildatlas. 1976. – D. Richter, Ruhrgebiet u. Bergisches Land zwischen Ruhr u. Wupper. Geolog. Führer. 1971. – H. Schmidt, W. Plessmann, Sauerland. Geolog. Führer. 1961. – A. Schüttler, U. Muuß, Luftbildatlas Nordrhein-Westfalen. 1969. – Die Städte in Nordrhein in geograph.-landeskundl. Kurzbeschreibung. In: Berichte zur dt. Landeskunde. Bd. 34. 1965. – Topograph. Atlas Nordrhein-Westfalen. 1968. – Westfalen u. Niederdeutschland. Festschrift. 2 Bde. 1977.

6.2.7 RHEINLAND-PFALZ. Deutscher Planungsatlas. Bd. 7: Rheinland-Pfalz. 1962. – M. Domrös u. a. (Hrsg.), Mainz u. der Rhein-Main-Nahe-Raum. Festschrift. 1977. – I. Dörrer, Die Landschaften der Pfalz. In: Geograph. Rundschau 1972. – H. Leser, Landeskundl. Führer durch Rheinhessen. 1969. – H. Liedtke u. a., Topograph. Atlas Rheinland-Pfalz. 1973. – Die Mittelrheinlande. Festschrift. 1967. – R. Renard u. a, Rheinland-Pfalz in Karte, Bild u. Wort. Heimatatlas und Heimatkunde. 1971. – Rheinland-Pfalz. Ursprung, Gestalt u. Werden eines Landes. 1969. – Rheinland-Pfalz, von A–Z. 1973/74ff. – Rheinland-Pfalz, heute u. morgen. 1974. – W. Sperling, E. Strunk, Neuer Luftbildatlas Rheinland-Pfalz. 1972. – L. Spuhler, Einführung in die Geologie der Pfalz. 1957. – Die Städte in Rheinland-Pfalz u. im Saarland. 1970. – F. L. Wagner (Hrsg.), Rheinhessen, Monographie einer Landschaft. 1961.

6.2.8 SAARLAND. I. Caye, Saarbergbau im Wandel. 1968. – Deutscher Planungsatlas. Bd. 10: Saarland. 1965ff. – H. Liedtke u. a., Das Saarland in Karte u. Luftbild. 1974. – J. Müller, Die Landwirtschaft im Saarland. 1976. – J. H. Müller u. a. (Hrsg.), Probleme der Wirtschaftsstruktur des Saarlandes. 1967. – H. Overbeck, Das Industriegebiet an der mittleren Saar. 1965.

6.2.9 SCHLESWIG-HOLSTEIN. A. am Zehnhoff, Sylt, Helgoland, Amrum, Föhr mit den Halligen, Pellworm, Nordstrand. 1979. – J. Deberg, Wirtschaftsräumliche Gliederung Schleswig-Holsteins. 1965. – Ch. Degn, U. Muuß, Luftbildatlas Schleswig-Holstein. 2 Bde. 1972 u. 1974. – Dies., Topograph. Atlas Schleswig-Holstein u. Hamburg. [4]1979. – Deutscher Planungsatlas. Bd. 3: Schleswig-Holstein. Neubearb. 1973ff. – K. Gripp, Erdgeschichte von Schleswig-Holstein. 1964. – F. Grube, Fehmarn. 1979. – A. Kamphausen, Schleswig-Holstein. 1968. – Klimaatlas von Schleswig-Holstein, Hamburg u. Bremen. 1967. – H. Koehn, Die nordfries. Inseln. [5]1961. – U. Muuß, M. Petersen, Die Küsten Schleswig-Holsteins 1971. – M. Petersen, H. Rohde, Sturmflut: die großen Fluten der Küsten Schleswig-Holsteins u. in der Elbe. 1977. – Schleswig-Holstein, ein geograph.-landeskundl. Exkursionsführer. Festschr. [2]1971. – P. Schmidt-Eppendorf, Sylt: Memoiren einer Insel. 1977. – C. Schott, Die Naturlandschaften Schleswig-Holsteins. [2]1967. – Die Städte in Schleswig-Holstein in geograph.-landeskundl. Kurzbeschreibungen. In: Berichte zur dt. Landeskunde. Bd. 42. 1969. – R. Stewig, Landeskunde von Schleswig-Holstein. 1978. – M. Thode (Hrsg.), Schleswig-Holstein: Industrieland mit Zukunft. [2]1973. – E. Wohlenberg, Die Halligen Nordfrieslands. [3]1975.

6.3.0 BERLIN. Atlas von Berlin. 1962. – Berlin. Reiseführer. 1979. – Berlin, Hauptstadt der DDR u. ihr Umland (Exkursionsführer). 1969. – W. Kiaulehn, Berlin – Schicksal einer Weltstadt. [7]1968. – W. Krumholz, Berlin-ABC. [2]1968. – A. Lange, Berlin: Hauptstadt der DDR. Stadtführer. [5]1973. – H. Lehmann, Berlin: Hauptstadt der DDR, heimatkundl. Faktensammlung Geographie. 1975. – A. Schinz, Berlin, Stadtschicksal u. Städtebau. 1964. – J. H. Schultze, Stadtgeograph. Führer Berlin (West). 1972. – A. Zimm, Die Entwicklung des Industriestandortes Berlin. (Ostberlin). 1959.

6.3.1 BEZ. POTSDAM, COTTBUS, FRANKFURT (BRANDENBURG). D. Andrea u. H. Schubert, Der Bez. Cottbus. Ein ökonom.-geograph. Überblick. In: Ztschr. für den Erdkundeunterricht. 20. 1968. – Beitrag zur Erdgesch. u. Landschaftsentwicklung der Mark. 1962ff. – Exkursionsführer Brandenburg. 1960. – J. F. Gellert, Die naturräuml. Gliederung des Landes Brandenburg. In: Wiss. Ztschr. der PH Potsdam. 1959/60. – Geolog. Arbeiten in Brandenburg seit Kriegsende. In: Märk. Heimat. 1959. – E. Heyer, Das Klima des Landes Brandenburg. 1962. – H.-J. Kramm, Die geograph. Standorte der wichtigsten landwirtschaftl. Kulturen in Brandenburg. 1953. – Ders. (Hrsg.), Der Bez. Potsdam, Geograph. Exkursionen. [2]1972. – Ders. (Hrsg.), Der Bez. Frankfurt, Geograph. Exkursionen. 1971. – H. Kohl, Voraussetzungen u. ökonom.-geograph. Ergebnisse der geplanten Entwicklung der DDR ... am Beispiel des Bez. Cottbus. In: Geograph. Berichte. 1961. – H. Krüger, Ökonom.-geograph. Überblick über den Bez. Potsdam. In: Ztschr. für den Erdkundeunterricht. Bd. 19, 1967. – E. Metzger, Bez. Cottbus. In: Vierteljahreshefte zur Statistik. H. 9. 1959. – G. Mohs, Die Industrie im Bez. Frankfurt (Oder) ... 1962. – J. Schultze, Die Mark Brandenburg. 1961ff.

6.3.2 BEZ. ROSTOCK, SCHWERIN, NEUBRANDENBURG (MECKLENBURG). W. Albrecht, Probleme der territorialen Entwicklung des Bez. Neubrandenburg. In: Geograph. Berichte. 1969. – Atlas der Bez. Rostock, Schwerin, Neubrandenburg. 1962. – B. Benthien, Die histor. Flurformen des südwestl. Mecklenburg. 1960. – H. Bloch, Neue Ergebnisse zur regionalen Geologie Mecklenburgs. In: Zentralblatt für Geologie u. Paläontologie. 1960. – H. Ewe, Rügen. [4]1975. – J. F. Gellert, Die Weichseleiszeit im Gebiet der Dt. Demokratischen Republik. 1965. – Th. Hurtig, Physische Geographie von Mecklenburg. 1957. – H. Kluge, Der Bez. Neubrandenburg ... In: Ztschr. für den Erdkundeunterricht. Bd. 21. 1969. – H. Lehmann, R. Meyer, Rügen von A–Z. 1977. – F. Mager, Gesch. des Bauerntums u. der Bodenkultur im Lande Mecklenburg. 1955. – W. Menge, Rostock, unser Ostseebezirk. In: Urania. Bd. 26. 1963. – D. Noll, Mecklenburg, Landschaft. 1958. – Ostseeküste. Reisehandbuch. [3]1974. – W. Pankow, Der Bez. Schwerin. In: Ztschr. für den Erdkundeunterricht. H. 10. 1965. – Der Rostocker Raum: die Stadt Rostock u. ihr Hafen; hrsg. v. der Geogr. Gesellschaft d. DDR. 1966. – W. Witt, Die Geomorphologie der Küstengebiete der Ostsee von Schleswig-Holstein bis Pommern. In: Erdkunde. 1962.

6.3.3 BEZ. KARL-MARX-STADT, LEIPZIG, DRESDEN (SACHSEN). H. Barthel u. R. Schmidt, Zur physischen Geographie des Bez. Dresden. In: Ztschr. für den Erdkundeunterricht. H. 6. 1965. – H. Claus (Hrsg.), Das Erzgebirge. 1967. – Dresden, Sächs. Schweiz, Osterzgebirge. Reisehandbuch. [2]1972. – Erzgebirge/Vogtland. Reisehandbuch. 1973. – J. Goldschmidt, Das Klima von Sachsen. 1950. – J. Heinzmann, Ökonom.-geograph. Überblick über die Wirtschaftsstruktur des Bez. Leipzig. In: Ztschr. für den Erdkundeunterricht. Bd. 18. 1966. – Ders., Probleme der territorialen Entwicklung des Bez. Leipzig ... In: Geograph. Berichte. H. 3/4. 1969. – M. Helmich, Der Bez. Karl-Marx-Stadt. In: Ztschr. für den Erdkundeunterricht. H. 4. 1963. – G. Kind, Der Bez. Dresden. In: Ztschr. für den Erdkundeunterricht. H. 12. 1965. – R. Kotzschke, Ländl. Siedlung u. Agrarwesen in Sachsen. 1952. – E. Lehmann (Hrsg.), Das Leipziger Land. Festband. 1964. – E. Neef, Die naturräuml. Gliederung Sachsens. In: Sächs. Heimatblätter. Bd. 6. 1960. – Ders., Bibliographie zur geograph. Landesforschung im sächs.-thüring. Raum. 1965. – K. Pietzsch, Abriß der Geologie von Sachsen. 1956. – H. Sieber (Hrsg.), Sachsen: Bildband der Heimat; kultur- u. landesgeschichtl. Beiträge über die sächs. Landschaften. 1975. – H. Sting, Provinz Sachsen und Anhalt. Land u. Leute. 1964.

6.3.4 BEZ. HALLE UND MAGDEBURG (SACHSEN-ANHALT). Autorenkollektiv, Halle u. Umgebung, Geograph. Exkursionen. 1972. – H. Barthel, Das Borna-Meuselwitzer Braunkohlenrevier. In: Sächs. Heimatblätter. H. 4 u. 6. 1960. – H. Glade, Der Harz. 1975. – J. Haase, Bevölkerungsgeograph. Auswirkungen der Standorte der chem. Großindustrie Leuna und Buna. In: Wissenschaftl. Veröffentlichungen des Dt. Instituts für Länderkunde. Bd. 21/22. 1964. – K.-H. Heinrich, Ökonom.-geograph. Überblick über den Bez. Magdeburg. In: Ztschr. für den Erdkundeunterricht. H. 12. 1965. – Der Harz. Reisehandbuch. [2]1971. – G. Jacob, Die Wirtschaftsgebiete des Bez. Halle. 1960. – R. Jodl, Sachsen-Anhalt. 1969 (Bibl.). – Magdeburg u. seine Umgebung. 1974. – O. Schlüter u. O. August, Atlas des Saale- u. mittleren Elbegebietes. 1958–1961. – U. Schmidt, Der Bez. Halle, Grundzüge seiner Struktur. In: Ztschr. für den Erdkundeunterricht. Bd. 21. 1969.

6.3.5 BEZ. SUHL, ERFURT, GERA (THÜRINGEN). Autorenkollektiv, Geologie von Thüringen. 1971. – R. Börner, Der Bez. Suhl. In: Ztschr. für den Erdkundeunterricht. H. 8/9. 1964. – W. Hoppe, Die Mineral- u. Heilwässer Thüringens. 1972. – E. Kaiser, Thüringer Wald u. Schiefergebirge. [2]1955. – Ders., Ostthüringen. 1961. – E. Martin, Südostthüringen. 1962. – E. Rosenkranz, Zur physischen Geographie des Bez. Gera. In: Ztschr. für den Erdkundeunterricht. H. 5/6. 1964. – Ders., Phys.-geograph. Überblick über das Thüringer Becken ... In: Ztschr. für den Erdkundeunterricht. H. 5. 1966. – G. Rudolph u. G. Heunemann, Der Bez. Erfurt. In: Ztschr. für den Erdkundeunterricht. H. 8/9. 1965. – G. Seidel, Das Thüringer Becken, Geolog. Exkursionen. 1972. – R. Siegel, Der Bez. Gera, eine komplexe ökonom.-geograph. Betrachtung. In: Ztschr. für den Erdkundeunterricht. H. 5/6. 1964. – Weimar u. seine Umgebung. 1974.

6.3.6 EHEMALIGE OSTGEBIETE DES DEUTSCHEN REICHS

Gesamtdarstellungen: E. Buchhofer, Die Bevölkerungsentwicklung in den poln. verwalteten dt. Ostgebieten von 1956–1965. 1967. – B. Budar, Jenseits von Oder u. Neisse. 1962. – F. Dörr, Ph. Geiger u. a., Ostdt. Heimat in Karte, Bild u. Wort. [3–5]1964. – A. Eissner, Bevölkerungsbewegungen in Mittel- u. Osteuropa. 1960. – W. Hubatsch, Landgewinnung im dt. Osten. In: Schriften aus dem Geograph. Institut der Univ. Kiel. Bd. 23. 1964. – Katalog des Schrifttums über den dt. Osten. 5 Bde. 1958–1966. – Th. Kraus u. a. (Hrsg.), Atlas Östl. Mitteleuropa. 1959. – H. G. Marzian, Ostdt. Bibliographie. 1963. – Ostdeutschland. Ein Handbuch. Hrsg. v. Göttinger Arbeitskreis. [3]1953. – Ostdeutschland im Luftbild. 1967. – Ostdeutschland unter fremder Verwaltung. 5 Bde. 1970. – Z. M. Szaz, Die dt. Ostgrenze, Geschichte u. Gegenwart. 1961.

Ostpreußen. E. Bahr, Das nördl. Westpreußen u. Danzig nach 1945. 1960. – R. G. Binding, A. Brust, H. Buchholtz u. a., Ostpreußen. Unvergessene Heimat. 1970. – F. Gause (Hrsg.), Ostpreußen, Leistung und Schicksal. 1957. – E. A. Hoffmann, Ostpreußen heute. 1966. – H.-P. Kosack, Geographie Ostpreußens. 1953. – F. Mager, Ostpreußen. 1922. – Z. Mirek, Die großen Seen der Masurischen Seenplatte. Allenstein. 1971. – H. M. Mühlpfordt, Königsberg von A–Z: ein Stadtlexikon. [2]1976. – Ostpreußen. Eine Darstellung von Wirtschaft, Verkehr u. Kultur der Prov. o. J. – R. Ruhnau, Danzig. Geschichte einer deutschen Stadt. 1971. – E. Scheu, Ostpreußen, eine wirtschaftsgeograph. Landeskunde. 1936. – J. Stasiak, Age and evolution of meltwater basins in the Masurian Lake district. In: Baltica Bd. 3. Wilna. 1967. – A. Tornquist, Geologie von Ostpreußen. 1910. – J. Wedernikow u. L. Saitschikowa, Geografija Kaliningradskoj Oblasti. Königsberg. 1972.

Pommern. C. von Bülow, Grundzüge der Geologie u. Bodenkunde Pommerns. 1932. – W. Hartnack, Pommern, Grundlagen einer Landeskunde. 1953. – G. Lüpke, Mecklenburg u. Vorpommern. 1969. – H.-U. Raspe u. H. Rister, Geschichtl. u. landeskundl. Literatur Pommerns 1940/55. 1958. – W. Witt, Wirtschafts- u. verkehrsgeographischer Atlas von Pommern. 1934.

Schlesien. F. Buchhofer, Bevölkerungsbewegung in der Woiwodschaft Breslau 1956–1966. In: Schlesien. H. 2. 1968. – W. Czajka, Der schles. Landrücken ... 2 Bde. [2]1964. – L. Landsberg, Schlesiens Dörfer. 1966. – N. J. G. Pounds, The upper silesian industrial region. Den Haag. 1958. – Räuml. Bevölkerungsentwicklung zwischen Oder u. Bug 1939–50. 1961. – F. Sommer, Landeskunde Schlesien. Repr. Ausg. 1913. [4]1976. – L. Straszewicz, Opole Silesia. Outline of economic geography. Washington. 1965. – Ders., Atlas Gospodarczy Województwa Opolskiego. Warschau. 1965. – J. Volkmer, Schlesien, Menschen, Landschaft u. Gesch. 1961. – H. Weczerka (Hrsg.), Handbuch der historischen Stätten. Schlesien. 1977. – A. Wrzosek, Województwo Wrocławskie. Warschau. 1952. – Ders., Changes in the spatial structure of the industry in Upper Silesia in 1946–1960. In: Geographica Polonia. H. 2. 1964. – Ders. Dolny Śląsk. Breslau. 1963.

6.4.0 EUROPA ALS GANZES UND GRÖSSERE TEILE

Gesamtdarstellungen: O. Bär, Geographie Europas. Zürich. 1977. – K. Curry-Lindahl, Europa. (Kontinente in Farben). 1976. – J. Gottmann, A geography of Europe. London, New York. [2]1954. – H. Gutersohn u. a. (Hrsg.), Die Erde. Bd. 1: Europa. Bern. 1951–1956. – A. Hettner, Grundzüge der Länderkunde. Bd. 1: Europa. [4]1927. – H. Heuseler (Hrsg.), Europa aus dem All. Satellitengeographie unseres Erdteils. 1974. – G. W. Hoffmann (Hrsg.), A geography of Europa, including Asiatic U.S.S.R. London. [2]1961. – W. Krenn, Länderkunde von Europa. Wels. 1967. – H. Lehmann, Europa (Harms Erdkunde). [21]1973. – F. Machatschek, Europa als Ganzes. Leipzig, Wien. 1929. – Meyers Kontinente u. Meere: Europa. 3 Bde. 1971/72. – A. Philippson, Europa außer Deutschland. [3]1928. – W. Sperling, A. Karger (Hrsg.), Europa. Fischer Länderkunde. Bd. 8. 1978. – Weltreise. Band 1 bis 5: Europa. 1970.

Darstellungen von Einzelfragen: Atlas sozialökonomischer Regionen Europas. Hrsg. v. L. Neundörfer. o. J. – Beiträge zur Genese der Siedlungs- und Agrarlandschaft in Europa. Erdkundl. Wissen. H. 18.

1968. – H. M. Bronny u. a., Ländliche Problemgebiete. Beiträge zur Geographie der Agrarwirtschaft in Europa. 1973. – G. East, A historical geography of Europe. London. 1966. – B. Frenzel, Die Vegetations- u. Landschaftszonen Nordeurasiens. 2 Teile. 1959/60. – A. Hammerschmidt, G. Stiens, Regionale Disparitäten in Europa. In: Geograph. Rundschau, Jg. 28, H. 5. 1976. – R. Keller, Die Temperaturjahreszeiten Europas. In: Erdkunde. 1947. – Ders., Die Großwetterlagen Europas. In: Geograph. Taschenbuch. 1951/1952. – W. L. Kubiena, Bestimmungsbuch u. Systematik der Böden Europas. 1953. – K. W. Leyerzapf, Die Gliederung Europas. In: Geograph. Rundschau. 1949. – F. Machatschek, Das Relief der Erde. Bd. 1. [2]1955. – H. Offner (Hrsg.), Die Zukunft der Landschaft in Europa. 1971. – F. Schnelle, Beiträge zur Phänologie Europas. 1965. – R. Schönenberg, Einführung in die Geologie Europas. 1971. – M. Schwarzbach, Europäische Stätten geologischer Forschung. 1976. – Die großen Ströme Europas. 1971. – P. Woldstedt, Das Eiszeitalter. Bd. 2: Europa, Vorderasien u. Nordafrika im Eiszeitalter. [2]1965.

Größere Teile: A. Blar, Géographie des Balkans. Paris. 1965. – A. Bohmann, Bevölkerung u. Nationalitäten in Südosteuropa. 1969. – J. Horvat, V. Glavač, H. Ellenberg, Die Vegetation Südosteuropas. 1974. – J. M. Houston, The Western Mediterranean World. London. 1964. – W. Kündig-Steiner, Südosteuropa in kulturgeograph. Sicht. 1959. – E. Lehmann u. a., Historisch-geograph. Kartenwerk. Brit. Inseln – Frankreich – Belgien – Niederlande – Luxemburg. 1960. – F. J. Monkhouse, A regional geography of Western Europe. London. 1959. – A. Philippson, Das Mittelmeergebiet, seine geograph. u. kulturelle Eigenart. [4]1922. Nachdr. 1974. – H. G. Rutten, The Geology of Western Europe. Amsterdam. 1969. – G. Schmidberger, Süd- u. Südosteuropa. Graz. 1960. – O. Schmieder, Die Alte Welt. Bd. 2: Anatolien u. die Mittelmeerländer Europas. 1969. – C. Schott (Hrsg.), Beiträge zur Kulturgeographie der Mittelmeerländer. 3 Teile. 1970, 1973, 1977. – E. C. Semple, The Geography of the Mediterranean Region. Neudr. London. 1971.

Alpen. R. C. Bachmann, Gletscher der Alpen. 1978. – J. Birkenhauer, Die Alpen. 1980. – G. Glauert, Die Alpen, eine Einführung in die Landeskunde. 1975. – C. M. Gramaccioli, Die Mineralien der Alpen. 2 Bde. 1978. – M. P. Gwinner, Geologie der Alpen. [2]1978. – T. Hiebeler, Lexikon der Alpen. 1977. – A. Kosch, H. Sachse, Was find ich in den Alpen? [2]1976. – K. Mair, Die Hochstraßen der Alpen. 1970. – D. Richter, Grundriß der Geologie der Alpen. 1974. – F. Saxer, Quer durch die Alpen. Ein geolog. Exkursionsführer. Zürich. [3]1968.

Donau. Atlas der Donauländer. Wien. 1970 ff. – Die Donau im Farbbild. Text von A. Muhr. 1970. – H. G. Prager, Was weißt du vom Donaustrom? 1962.

Mitteleuropa. J. Beaujeu-Garnier, L'Europe Centrale. 2 Bde. Paris. 1960. – P. Dorn, F. Lotze, Geologie von Mitteleuropa. [4]1971. – H. Ellenberg, Vegetation Mitteleuropas mit den Alpen. In: H. Walter, Einführung in die Phytologie. Bd. 4. Teil 2. 1963. – H. Flohn, Witterung u. Klima in Mitteleuropa. [2]1954. – R. Ganssen, Bodengeographie. Mit bes. Berücksichtigung der Böden Mitteleuropas. [2]1972. – K. Kretschmer, Histor. Geographie von Mitteleuropa. Neudr. 1964. – E. Otremba, Wesen u. Wandlungen des Begriffes Mitteleuropa. In: Geograph. Rundschau. 1956. – K. Schröder, G. Schwarz, Die ländl. Siedlungsformen in Mitteleuropa. [2]1978.

Rhein. E. Otremba, Die Wirtschaftsräume am Rhein. In: Geograph. Rundschau. 1967. – Der Rhein. Ausbau, Verkehr, Verwaltung. Hrsg. Wasser- u. Schiffahrtsdirektion Duisburg. 1951.

6.4.1 SCHWEIZ, LIECHTENSTEIN

Gesamtdarstellungen: O. Bär, Geographie der Schweiz. Zürich. [2]1976. – E. Egli, Die Schweiz. Bern. [4]1970. – J. J. Früh, Geographie der Schweiz. 4 Bde. St. Gallen. 1930–1945. – H. Gutersohn, Geographie der Schweiz. Bd. 1: Jura. Bern. 1958. [2]1969. Bd. 2/1: Alpen I. 1961. [2]1970. Bd. 2/2: Alpen II. 1964. Bd. 3/1: Mittelland I. 1968. Bd. 3/2: Mittelland II. 1969. – H. Gutersohn, Landschaften der Schweiz. Zürich. 1950. – M. Hürlimann, Die Schweiz. Zürich. [9]1971. – E. Imhoff (Hrsg.), Atlas der Schweiz. Bern. 1965 ff. – W. Kaeser, Geographie der Schweiz. Bern. [5]1971. – P. Keller (Hrsg.), Das goldene Buch der Schweiz. Bern. 1978. – W. Nigg, Schweiz. Land – Volk – Wirtschaft in Stichworten. Wien. 1975. – E. Schaedler, Das Fürstentum Liechtenstein. Vaduz. 1953.

Darstellungen von Einzelfragen: A. Barth, Die wirtschaftl. Verflechtung der Schweiz mit dem Ausland. Winterthur. 1966. – J. Bernath, Das schweizer. Verkehrsnetz. 1967. – J. Cadisch, Geologie der Schweizer Alpen. Basel. [2]1953. – C. Emminghaus, Die schweizer. Volkswirtschaft. 2 Bde. 1961. – E. Furrer, Kleine Pflanzengeographie der Schweiz. Zürich. [2]1942. – K. Herzig, Die Alpwirtschaft in der Schweiz. 1963. – M. A. Koenig, Kleine Geologie der Schweiz. Thun. [2]1972. – E. Matter u. H. Schweizer, Die schweizer. Landwirtschaft. 1972. – M. Schüepp u. a., Klimatologie der Schweiz. Zürich. 1965 ff. – H. Staedeli, Die Stadtgebiete der Schweiz. Zürich. 1969. – R. Weiss, Volkskunde der Schweiz. Zürich. [2]1978. – E. Winkler, Zur Sozialgeographie der Schweiz. 1968. – R. Zünd, Die Entwicklung des Fremdenverkehrs der Schweiz. 1969.

Städte und Kantone: A. Pichard, Land der Schweizer. Ein Porträt der 22 Kantone. Frauenfeld. 1978.

6.4.2 ÖSTERREICH

Gesamtdarstellungen: L. Beckel, Österreich im Satellitenbild. Salzburg. 1976. – A. Becker u. a., Österreich. Landschaft, Wirtschaft, Bevölkerung. Wien. 1963. – H. Bobek u. a. (Hrsg.), Atlas der Republik Österreich. Wien. 1961 ff. – A. Ebner u. a., Österreich. Land – Volk – Wirtschaft. Wien. o. J. – E. Lendl, Die österr. Bundesländer. Strukturwandel in den letzten Jahrzehnten. Geograph. Taschenbuch. 1962/63. – Österreich. Ferien, Städte, Landschaften. Baedeker. 1979. – L. Scheidl, H. Lechleitner, Österreich. Land, Volk, Wirtschaft in Stichworten. Wien. [2]1972. – L. Scheidl, L. Beckel, Luftbildatlas Österreich. 1969.

Darstellungen von Einzelfragen: P. Bernecker, Die Entwicklung des Fremdenverkehrs in Österreich. In: 1918–1968 Österreich – 50 Jahre Republik. Wien. 1968. – E. Brandstätter, Probleme der österr. Land- u. Forstwirtschaft. In: 1918–1968 Österreich – 50 Jahre Republik. Wien. 1968. – J. Breu, Geograph. Namensbuch Österreichs. Wien. 1975. – W. Del-Negro, Abriß der Geologie von Österreich. Wien. 1977. – J. Fink, Die Böden Österreichs. In: Jahrb. für Landeskunde von Niederösterr. Wien. 1964. – F. Kirnbauer, Die Bodenschätze Österreichs. In: 1918–1968 Österreich – 50 Jahre Republik. Wien. 1968. – Naturgeschichte Österreichs. Wien. 1976. – H. Penz, Die Almwirtschaft in Österreich. 1978. – L. Scheidl, Die Energiewirtschaft Österreichs. In: 1918–1968 Österreich – 50 Jahre Republik. Wien. 1968. – Ders., Österreichs Verkehrslage, Verkehrseignung u. Verkehrsentwicklung. In: Geographie u. Wirtschaftsentwicklung. Wien. 1970. – F. Steinhauser u. a., Klimatographie von Österreich. Wien. 1958 ff. – A. Tollmann, Geologie von Österreich. Bd. 1: Die Zentralalpen. Wien. 1977. – H. Wagner, Die pflanzengeograph. Gliederung Österreichs. Wien. 1956.

Kärnten, Steiermark. Atlas der Steiermark. – F. Kahler (Hrsg.), Die Natur Kärntens. Klagenfurt. Bd. 1, [2]1975; Bde. 2 u. 3, 1977. – H. Paschinger, Steiermark. Geograph. Führer. 1974. – Ders., Kärnten. Eine geograph. Landeskunde. Teil 1. Klagenfurt. 1976.

Niederösterreich, Wien, Burgenland. E. Arnberger u. a., Atlas von Niederösterreich (u. Wien). Wien. 1951–1959. – E. Lendl, Das Burgenland. In: Geograph. Rundschau. 1964. – E. Lichtenberger, Stadtgeographischer Führer Wien. 1978. – H. Löffler, Der Neusiedlersee. 1974. – Die Städte Niederösterreichs, 2. Teil (H-P). Österreichisches Städtebuch, Bd. 4/2. Wien. 1976. – E. Zimmermann (Hrsg.), Beiträge zur Geographie u. Wirtschaftskunde des Burgenlands. Eisenstadt. 1971.

Salzburg, Oberösterreich. Atlas von Oberösterreich. Linz. 1958 ff. – L. Beckel, F. Zwittkovits, Landeskundl. Flugbildatlas Salzburg. Lfg. 1,2 ff. 1977, 1978 ff. – E. Seefeldner, Salzburg u. seine Landschaften. Salzburg. 1961. – Die Städte Oberösterreichs. Österreich. Städtebuch, Bd. 1. Wien. 1968.

Tirol, Vorarlberg. K. Ilg (Hrsg.)., Landes- u. Volkskunde, Geschichte, Wirtschaft u. Kunst Vorarlbergs. 4 Bde. 1967–1969. – H. Rehwald, Volk u. Wirtschaft in Tirol. Innsbruck. 1969. – M. Richter, Vorarlberger Alpen. 1969. – Die Städte Vorarlbergs. Österreich. Städtebuch, Bd. 3. Wien. 1973.

6.4.3 BELGIEN UND LUXEMBURG

Belgien. Atlas de Belgique. Brüssel. 1950–1972. – Belgien im Herzen Europas. Brüssel. [6]1973. – Belgien im Wandel. Brüssel. 1970. – Belgien. Statist. Grundzahlen. Brüssel. [5]1971. – Belgien. Wirtschaft in Zahlen 1972. 1973. – Belgien. Wirtschaftl. Entwicklung 1973. 1973. – R. Carpreau, Ziele u. Instrumente der belg. Wirtschaftspolitik. 1967. – H. Damas, La population belge et son mouvement naturel. Lüttich. 1966. – J. Denis u. N. Michel-Dewez, Guide de la recherche géographique en Belgique. Namur. 1970. – H. Hambloch, Die Beneluxstaaten. 1977. – F. Lentacker, L'expansion économique régionale en Belgique. In: Hommes et Terres du Nord. Lille. 1963. – C. Stevens, Le relief de la Belgique. Löwen. 1938. – J. Tilmont u. M. Roeck, Belgique, (Initiation géographique). Namur. Neuaufl. 1973. – H. Uhlig, Belgiens Entwicklung ... Union Économique Belgo-Luxembourgeoise. Paris. 1968.

Luxemburg. Atlas du Luxembourg. Luxemburg. 1972 ff. – Bibliographie Luxembourgeois 1. 1944/45 ff. – P. Cosyn, Das Großherzogtum Luxemburg. Brüssel. o. J. – E. Feitler, Luxemburg, deine Heimatstadt. Luxemburg. [4]1967. – Le Grand-Duche de Luxembourg. Paris. 1964. – H. Hambloch, Die Beneluxstaaten. 1977. – A. de Leeuw, Certains aspects de l'amelioration des structures agraires du Gd.– D. de Luxembourg. Brüssel. 1963. – M. Lucius, Erläuterungen zu der geolog. Spezialkarte Luxemburgs. Luxemburg o. J. – Ders., Manuel de geologie du Gd.–D. de Luxembourg. 1955. – Luxemburg. Profil seiner Geographie und Wirtschaft. Luxemburg. 1973. – Luxemburg u. seine Nachbarländer. Luxemburg. 1968. – H. Quasten, Die Wirtschaftsformation der Schwerindustrie im Luxemburger Minett. 1970. – W. Röll, Luxemburg. Grundzüge seiner Wirtschaftsstruktur. In: Ztschr. für Wirtschaftsgeographie. Bd. 7. 1964. – J. Schmithüsen, Das Luxemburger Land. 1940.

6.4.4 NIEDERLANDE.

Atlas van Nederland. 7. Lfg. 1971. – I. Buhlmann, Die Landgewinnung am IJsselmeer. 1975. – Grundzüge der niederländ. Volkswirtschaft. Den Haag. [4]1968. – H. Hambloch, Die Beneluxstaaten. 1977. – F. Huggett, The modern Netherlands. London. 1971. – R. Idenburg, Ein Blick in die Zukunft. 20 000 000 Niederländer auf 40 000 Quadratkilometer. Den Haag. [2]1971. – S. Illeris, Randstad Holland. In: Kulturgeografi. 1963. – H. Jäger, Bild u. Funktion der niederländ. Städte in vier Jahrhunderten. In: Geograph. Rundschau. 1966. – Kleine Geographie der Niederlande. Den Haag. 1975. – Das Königreich der Niederlande 1970/71 (Nr. 20: Grundlagen der Wirtschaftsstruktur. 21: Einige Aspekte der Wirtschaftsentwicklung. 23: Die Land- u. Gartenwirtschaft. 24: Die Fischerei. 25: Verkehr. 31: Die Wasserwirtschaft). – A. M. Lambert, The making of the dutch landscape. 1972. – J. S. Lingsma, Vom Erdwall zum Goldenen Delta. Rotterdam, Den Haag. 1970. – G. A. F. Molengraaf u. a., Niederlande (Geologie). 1913. – G. J. A. Mulder (Hrsg.), Handboek der Geografie van Nederland. 6 Bde. u. 2 Nachtr. Zwolle. 1949–1959. – The Netherlands. A reference Atlas. Oxford. 1971. – Die Niederlande. Land aus Wasser. Amsterdam. o. J. – Pays-Bas 1969. Paris. 1969. – Th. Schreiber u. J. Zepp, Die Niederlande. o. J. (1970). – M. Schuchart, The Netherlands. London. 1972. – Der Südwesten der Niederlande. Rotterdam, Europoort, Delta. IDG, Utrecht/Den Haag. [2]1978. – P. Wagret, Polderlands. London. 1972. – Zuidersee/IJsselmeer. IDG, Den Haag/Utrecht. 1975.

6.4.5 NORDISCHE LÄNDER

Gesamtdarstellungen: H. W. Ahlmann, Norden i kart og tekst. Oslo. 1976. – G. Alexandersson, Les pays du nord. Paris. 1971. – H. Baruske, Das Nordmeer u. die Freiheit der See. 1974. – G. Brinkmann u. a., Geograph. Streifzüge durch Skandinavien. 1971. – W. R. Mead u. W. Hall, Scandinavia. London. 1972. – R. Milward, Scandinavian Lands. London. 1964. – A. C. O'Dell, The Scandinavian World. Neuaufl. London. 1963. – H. Sanman (Hrsg.), Die Seehäfen in Skandinavien. 1968. – E. Schneider (Hrsg.), Skandinav. Wirtschaftsprobleme. 1967. – A. Sömme (Hrsg.), Die Nord. Länder. [2]1974. – W. Tietze, Die Nord. Länder. Ein Literaturbericht. In: Geograph. Rundschau 20. 1968.

Dänemark. A. Aagesen, Atlas over Danmark. Kopenhagen. 1961. – H. Askgaard, Die industrielle Entwicklung in Südjütland von 1920–1970. In: Kulturgeografisk Skrifter 8. 1970. – K. Bidstrup, Wandlungen in Dänemark. In: Ztschr. für Wirtschaftsgeographie. Bd. 14. 1970. – Dänemark. Ein offizielles Handb. Kopenhagen. 1971. – R. Dey, Dänemark heute. 1969. – Geology of Denmark. Bd. 1. 1973. – E. Glässer, Dänemark. 1980. – N. K. Jacobsen, Guide Book Denmark. CIG, Norden. 1960. – R. u. K. M. Jensen, Topografisk Atlas Danmark. Kopenhagen. 1976. – A. H. Kampp, An agricultural geography of Denmark. Budapest. 1975. – V. Nordmann, Übersicht über die Geologie Dänemarks. 1928. – A. Schou, Die Naturlandschaften Dänemarks. In: Geograph. Rundschau. H. 11. 1956.

Finnland. L. Aario, Die räuml. Gliederung Finnlands. In: Die Erde. Bd. 94. 1963. – B. Butzin, Die Entwicklung Finnisch-Lapplands. 1977. – R. Dey, Finnland heute. 1965. – W. Evers, Finnland. In: Geogr. Tb. 1975/76. – Finnland. Luzern. 1978. – Finnland. Geschichte u. Gegenwart. Helsinki. 1964. – Finnland stellt sich vor. Helsinki. [6]1967. – Die Hauptstadt Helsinki stellt sich vor. Helsinki. [2]1968. – M. Klövekorn, Die finnlandschwed. Bevölkerung und ... In: Erdkunde. Bd. 12. 1958. – V. Konttinen, Ein kleines Land, Großmacht des Holzes. 1966. – W. Nigg, Lappland. Bern. 1976. – Th.-J. Reith, Der finn. Außenhandel. In: Ztschr. für Wirtschaftsgeographie. Bd. 12. 1968. – H.-P. Soosten, Finnlands Agrarkolonisation in Lappland nach dem zweiten Weltkrieg. 1970. – Suomen Kartasta. Atlas of Finland. Helsinki. [3]1960. – U. Varjo, Finnish Farming. Typology and Economics. Budapest. 1977. – H. Waris, Die soziale Struktur Finnlands. 1966. – N. Westermarck, Die finn. Landwirtschaft. Helsinki. 1962.

Island. J. Askelsson u. a., On geology and geophysics of Iceland. Kopenhagen. [2]1962. – B. Björnsson, Iceland, A geographical and economic survey. Reykjavík. Neuaufl. 1966. – P. Herrmann, Island in Vergangenheit u. Gegenwart. 3 Bde. Leipzig. 1907–1910. – H. Noll, Maare u. maarähnl. Explosionskrater in Island. 1967. – H. Preusser, The Landscapes of Iceland: types and regions. Den Haag. 1976. – W. Schutzbach, Island, Feuerinsel am Polarkreis. [2]1976. – M. Schwarzbach, Geologenfahrten in Island. [4]1975. – A. Stählin, Probleme der isländ. Volkswirtschaft in landwirtschaftl. Sicht. In: Berichte über Landwirtschaft. N. F. 40. 1962. – W. Taubmann, Islands Landwirtschaft ... In: Erdkunde. Bd. 23. 1969. – S. Thorarinnsson, Surtsey. Thun. 1973. – E. M. Todtmann, Gletscherforschungen auf Island (Vatnajökull). 1960.

Norwegen. H. Angermann, Die norweg. Fischereiwirtschaft. Oslo. 1971. – S. Ekeland, Die norweg. Wirtschaft, ein Teil Europas. Oslo. 1971. – E. Glässer, Norwegen. Wissenschaftl. Länderkde. 14. 1978. – O. Handberg, Die wirtschaftl. Nutzung der Gewässer Norwegens. 1972. – O. Holtedahl, Geology of Norway. Oslo. 1960. – A. u. F. Lauscher, Die Phänologie Norwegens. 2 Tle. Oslo. 1955–1959. – H. Myklebost u. H. Strömme, Norge. 4 Bde. Oslo. 1963. – Norwegens Wirtschaft. In: Ztschr. für Wirtschaftsgeographie. Bd. 11. 1967. – Norwegen von heute. Oslo. [8]1971.

Schweden. H. W. Ahlmann u. a. Sverige, Land och Folk. 3 Bde. Stockholm. 1966. – A. Ångström, Sveriges klimat. Stockholm. 1958. – Atlas över Sverige. Stockholm. 1953 ff. – R. Dey, Schweden heute. 1967. – A. von Gadolin, Schweden. Geschichte u. Landschaften. 1973. – W. Gretzner, Die Landwirtschaft in Schweden. 1966. – H. Hendinger, Die schwed. Waldwirtschaft. 1956. – D. Hammerberg u. a. (Hrsg.), Migration in Sweden. 1967. – W. Imber, W. Tietze, Schweden. Bern. 1978. – N. H. Magnusson u. a., Sveriges geologi. Stockholm. [4]1963. – M. u. Ch. Norgren, Industrial Sweden. Stockholm. 1971. – E. Ödmann u. G.-B. Dahlberg, Urbanization in Sweden. Stockholm. 1970. – Schwedens Energieversorgung. In: Ztschr. für Wirtschaftsgeographie. Bd. 15. 1972. – Schwed. Landwirtschaft. Stockholm. 1968. – K. H. Stone, Regional abandoning of rural settlement in Northern Sweden. In: Erdkunde. Bd. 25. 1971.

6.4.6 BRITISCHE INSELN

Gesamtdarstellungen: Climatological Atlas of the British Isles. London. 1952. – G. H. Dury, The British Isles. London. [5]1973. – G. W. East (Hrsg.), Regions of the British Isles. London. 1964. – N. J. Graves u. J. T. White, Geography of the British Isles. London. 1971. – W. J. King, The British Isles. London. 1970. – D. H. Rayner, The stratigraphy of the British Isles. 1967. – J. Sölch, Die Landschaften der Brit. Inseln. 2 Bde. Wien. 1951/52. – L. D. Stamp u. St. H. Beaver, The British Isles. London. [6]1971. – A. G. Tansley, The British Isles and their vegetation. Cambridge. 1953.

Großbritannien u. Nordirland. Agriculture in Britain. London. [5]1967. – G. C. Allen, The structure of british industry. London. 1966. – Altas of Britain and Northern Ireland. Oxford. 1963. – D. Bowen, Britain's Weather. London. 1974. – British regional geology. 18 Bde. – H. R. Cain u. R. J. Small, Great Britain and Northern Ireland. London. [2]1971. – C. Chaline, L'economie britannique. Paris. [3]1968. – M. Chisholm u. G. Manners (Hrsg.), Spatial policy problems of the british economy. London. 1971. – Ders. (Hrsg.), Resources for Britain's future. Newton Abbot. 1972. – T. Eastwood, Standford's geological atlas of Great Britain. London. 1964. – H. Jäger, Großbritannien. Wissenschaftl. Länderkde. 11. 1976. – E. Johns, British Townscapes. London. 1965. – U. I. Küpper, Regionale Geographie u. Wirtschaftsförderung in Großbritannien u. Irland. 1970. – I. Leister, Wachstum u. Erneuerung brit. Industriegroßstädte. Wien. 1970. – W. Leitner, Die Textilindustrie Großbritanniens. In: Ztschr. für Wirtschaftsgeographie. Bd. 14. 1970. – H. K. Lutz, Großbritannien. 1971. – C. W. Park, Britain and world trade. London. 1970. – D. W. G. Shirlaw, An agricultural geography of Great Britain. Oxford. [2]1971. – A. Skuse (Hrsg.), British Economic survey. London. 1972. – K. Warren, North east England. London. 1973. – Ders., The british iron and steel sheet industry since 1840. London. 1970.

Irland (Insel). J. K. Charlesworth, The geology of Ireland. Edinburgh. 1953. – H. M. Fitzpatrick (Hrsg.), The forest of Ireland. Dublin. 1966. – T. W. Freeman, Ireland.

London. [4]1969. – D. Gillmor, A systematic geography of Ireland. Dublin. 1971. – I. Küpper, Industrialisierung in Irland. In: Geograph. Rundschau. Bd. 23. 1971. – I. Leister, Wald u. Forst in Irland. In: Erdkunde. 1963. – M. MacLiammóir u. E. Smith, Irland. Zürich. 1966. – V. Meally (Hrsg.), Encyclopedia of Ireland. Dublin. 1968. – D. O'Mahony, The Irish Economy. Cork. 1967. – A. R. Orme, Ireland. London. 1970. – P. Warner, Irland. 1977.

Irland (Repulik). A. G. Desmond, Agriculture in the Republic of Ireland. Budapest. 1977. – Facts about Ireland. Dublin. 1968. – Geographical Viewpoint. Dublin. 1. 1970ff. – A. Hüttermann, Industrieparks in Irland. 1977. – Irish Geography. 1. Dublin. 1944ff. – I. Leister, Die Industrieansiedlung in der Rep. Irland. In: Geograph. Rundschau. 1964. – Dies., Irland. In: Geograph. Taschenbuch. 1964/65.

Nordirland. M. A. Busteed, Northern Ireland. London. 1974. – R. Common (Hrsg.), Northern Ireland from the air. Belfast. 1964. – E. A. Jones, A social geography of Belfast. Oxford. 1960. – R. H. Matthew, Belfast, Regional survey and plan. Belfast. 1964. – L. Symons, Land use in Northern Ireland. London. 1963. – Ders. u. L. Hanna, Northern Ireland. London. 1967.

6.4.7 FRANKREICH, ANDORRA UND MONACO. A. Armengoud, La population française au XXe siècle. Paris. [2]1967. – Atlas Climatique de la France. Paris. 1969. – J. Beaujeu-Garnier, Le population française. Paris. 1969. – Die Bevölkerung Frankreichs. In: Ztschr. für Wirtschaftsgeographie. Bd. 12. 1968. – G. Chabot, Géographie régionale de la France. Paris. [2]1969. – F. L. Closon u. P. George (Hrsg.), France de demain. 9 Bde. Paris. 1959–1962. – H. D. Clout, The geography of post-war France. Oxford. 1972. – R. Clozier, Géographie de la France. Paris. 1967. – J. Duplex (Hrsg.), Atlas de France rurale. Paris. 1968/69. – K. Figge, Die industriewirtschaftl. Gestalt der französ. Atlantikhäfen . . . 1970. – A. Gamblin, L'energie de la France. Paris. [3]1968. – P. George, La France. Paris. 1970. –J. Goguel, Géologie de la France. Paris. [4]1965. – G. Haensch/A. Lory, Frankreich. Bd. 1. 1976. – N. M. Hansen, France in the modern world. New York. 1969. – W. Hartke, Das Land Frankreich als sozialgeograph. Einheit. [3]1968. – H. Knübel, Änderungen in der Bevölkerungsstruktur Frankreichs. In: Geograph. Rundschau. Bd. 16.1964. – W. Matti, Strukturen u. Funktionen der Agglomeration Paris. Die Studien zum Problem der Trabantenstadt. 1969. – Ph. Pinchemel, Géographie de la France. 2 Bde. Paris. [3]1969. – A. Pletsch, Frankreich. 1978. – L. H. Prabonneau u. E. S. Rivero, Le guide d'Andorra et ses environs. 1970. – G. Rinschede, Andorra. In: Erdkunde, Bd. 31, H. 4. 1977. – A. Schüttler, Unser Nachbar Frankreich. 1964. – J. Theisen, Frankreich . . . 1969. –I. B. Thompson, Modern France. London. 1970. – M. Veit, Monaco wächst durch Landgewinnung. In: Ztschr. für Wirtschaftsgeographie. Bd. 17. 1973. – U. Weinstock, Regionale Wirtschaftspolitik in Frankreich. 1968.

6.4.8 PYRENÄENHALBINSEL

Gesamtdarstellungen: H. E. Friedrich, Iberische Halbinsel. 1967. – H. Lautensach, Iberische Halbinsel. 1964. – F. Regel, Landeskunde der Iberischen Halbinsel. 1965. – M. de Terán (Hrsg.), Geografía de España y Portugal. 5 Bde. Barcelona. 1952–1958. – J. Vila Valenti, La Péninsule Ibérique. Paris. 1968. – A. Way, A geography of Spain and Portugal. London. 1962.

Portugal. F. R. Allemann, 8mal Portugal. [2]1973. – G. Faber, Portugal. 1972. – B. Freund, Portugal. 1980. – K. Hermes, Portugal. In: Geograph. Taschenbuch. 1960/61. – H. Lautensach, Portugal. 2 Bde. 1932–1937. – H. Strelocke, Portugal. Studienreiseführer mit Landeskunde. 1968.

Pyrenäen. W. Meyer, Pyrenäen, Landschaft u. ihre Schicksale. Bern. 1962.

Spanien. A. Dieterich, Spanien. [2]1965. – K. Fischer, Moderner Landschaftswandel in Spanien. 1971. – W. B. Fischer, H. Bowen-Jones, Spain. An introductory geography. New York. 1966. – P. u. B. Garian, Spanien heute. [2]1971. – J. Langdon-Davis, Spain. New York. 1971. – G. Lepiorz, Spanien. 1966. – E. Mayer, Die Balearen: sozial- u. wirtschaftsgeograph. Wandlungen eines mediterranen Inselarchipels unter dem Einfluß des Fremdenverkehrs. 1976. – G. Niemeier, Niederandalusien u. Sierra Morena. In: Geograph. Rundschau. 1955. – Nuovo Atlas de España. Madrid. 1961. – J. Wagner, Die Kulturschichtung in der span. Landschaft u. Siedlung. In: Geograph. Rundschau. 1957. – U. Zahn, Der Fremdenverkehr an der span. Mittelmeerküste. 1973.

6.4.9 ITALIEN, MALTA

Gesamtdarstellungen: R. Almagià, L'Italia. 2 Bde. Turin. 1959. – Ders. (Hrsg.), Le regione d'Italia. 18 Bde. Turin. 1960ff. – K. Edschmid, Italien. 1968. – H. Schlitter, Italien. Industriestaat u. Entwicklungsland. 1977. – H. G. Wagner, Italien. Wirtschaftsräuml. Dualismus als System. In: Geogr. Tb. 1975/76. – D. S. Walker, A geography of Italy. London. [2]1967.

Darstellungen von Einzelfragen: L. Adamović, Die pflanzengeograph. Stellung u. Gliederung Italiens. 1933. – Città e paesi d'Italia. Hrsg. Istituto Geografico de Agostini. Novara. 6 Bde. 1966–1968. – G. Cotti-Cometti, Italia. Una geografia umana. Mailand. 1970. – H.-J. Kramm, Die Wirtschaftsstruktur Italiens. In: Ztschr. für den Erdkundeunterricht. 1968. – H. Pichler, Italienische Vulkan-Gebiete. 2 Bde. 1970. – C. Schott (Hrsg.), Beiträge zur Kulturgeographie der Mittelmeerländer. 1970.

Regionale Darstellungen: H. Dongus, Die Agrarlandschaft der östl. Po-Ebene. 1966. – H. Bonz, Sardinien. 1968. – H. Fischer, F. Schmitt, Die Dolomiten. [2]1953. – A. Leidlmair, Südtirol. Innsbruck. 1968. – W. Meyer, Apulien. Bern. 1963. – R. Monheim, Sizilien, ein europäisches Entwicklungsland. In: Geograph. Rundschau. 1972. – G. Oberbeck, Sardinien. In: Geograph. Rundschau. 1961. – F. Schinzinger, Die Mezzogiorno-Politik. Möglichkeiten u. Grenzen der Agrar- u. Infrastrukturpolitik. 1970. – R. Ullmann, Der nordwestl. Apennin. 1967. – H.-G. Wagner, Die Kulturlandschaft am Vesuv. 1967. – H. Waldeck, Die Insel Elba. 1977.

Malta. H. Luke, Malta. London. [2]1962. – B. Nehring, Die Maltesischen Inseln. 1966.

San Marino. F. Kochwasser, San Marino. 1961.

6.5.0 JUGOSLAWIEN, ALBANIEN

Albanien. Albanien. Länderkurzbericht. Hrsg. Statist. Bundesamt Wiesbaden. 1978. – Area handbook for Albania. Washington. 1971. – R. Italiaander (Hrsg.), Albanien – Vorposten Chinas. 1970. – K. Nernheim, Albanien. In: Ztschr. für Wirtschaftsgeographie. 1966. – G. Schmidt, Albanien. In: Geograph. Rundschau. 1961.

Jugoslawien. W. Bonac, Jugoslawien. 1968. – U. Enderle, Land der Vielfalt, Jugoslawien. Leipzig. [2]1972. – K. D. Grothusen (Hrsg.), Südosteuropa-Handbuch, Bd. 1: Jugoslawien. 1975. – M. Gras-Racić, Jugoslawien. 1967. – H. Günther, Die Verstädterung in Jugoslawien. 1966. – O. Ihlau, M. Vukić (Hrsg.), Jugoslawien-Modell im Wandel. 1973. – Jugoslawien. Republiken u. Provinzen. 1977. – K. Kayser, Jugoslawien. In: Landschaft u. Land. Festschr. für E. Obst. 1951. – A. Karger, Bevölkerung u. Wirtschaft in Jugoslawien. In: Geograph. Rundschau. 1960. – E. Lichtenberger, H. Bobek, Zur kulturgeograph. Gliederung Jugoslawiens. In: Geograph. Jahresberichte aus Österr. 1955/56. – B. Milojević, Yugoslavia. Geographical survey. Belgrad. 1958. – S. Nickels, Jugoslawien, Slowenien, Kroatien, Bosnien, Herzegowina u. die Küstengebiete. Studienreiseführer mit Landeskunde. 1972. – J. G. Reissmüller, Jugoslawien. 1971.

6.5.1 GRIECHENLAND. E. Bradford, Die Griechischen Inseln. [2]1969. – C. Bursian, Geographie von Griechenland. 2 Bde. 1862/68. Nachdruck 1977. – J. Gaitanides, Inseln der Ägäis. 1962. – K. Gallas, Kreta. 1979. – H. Hochholzer, Strukturen u. Probleme des griech. Wirtschaftslebens. In: Ztschr. für Wirtschaftsgeographie. 1967. – B. Kayser, Géographie humaine de la Grèce. Paris. 1964. – Ders. u. K. Thompson, Atlas économique et social de Grèce. Athen. 1964. – E. Kirsten, Die griech. Polis als histor.-geograph. Problem des Mittelmeerraumes. 1956. – Ders. u. W. Kraiker, Griechenlandkunde. Ein Führer zu klassischen Städten. 2 Bde. [5]1967. – O. Knödler, Der Bewässerungsfeldbau in Mittelgriechenland u. im Peloponnes. 1970. – A. Philippson, Die griech. Landschaften. 4 Bde. 1952–1959. – H. Riedl (Hrsg.), Beiträge zur Landeskunde von Griechenland. o.J. – I. Rosenthal-Kamarinea, Griechenland. 1966. – F. Sauerwein, Griechenland. Land, Volk, Wirtschaft in Stichworten. 1976.

6.5.2 BULGARIEN, RUMÄNIEN, UNGARN

Bulgarien. A. Beškov, Volksrep. Bulgarien. 1960. – Bulgarien. Länderkurzbericht. Hrsg. Statist. Bundesamt. 1979. – J. Dörflinger, Die wirtschaftl. Entwicklung Bulgariens seit dem 2. Weltkrieg. In: Wiener Quellenhefte zur Ostkunde. R. Landeskunde 9/10. 1966/67. – G. Hess, Bulgarien. Leipzig. 1968. – W. Hoffmann, Die Umwandlung der landwirtschaftl. Siedlungen in Bulgarien. In: Geograph. Rundschau. 1965. – H. Liedtke, Bulgarien. In: Geograph. Taschenbuch. 1962/63. – I. Penkov, Die Siedlungen Bulgariens . . . In: Geograph. Berichte. 1963. – S. Russinov, Bulgarien. Sofia. 1965. – H. Siegert, Bulgarien heute. 1964. – I. Stefanov, L. Dinev, Z. Koev, Bulgarien. Land, Volk, Wirtschaft in Stichworten. Wien. 1975. – N. Todorov u.a., Histor.-geograph. Überblick. Sofia. 1965. – D. Tošev, Die sozialen Auswirkungen der Industrialisierung auf das Landvolk in Bulgarien. 1968. – B. Weierstahl, Bulgarien. 1965.

Rumänien. N. Ceaușescu, Rumänien auf dem Weg des Sozialismus. 1971. – N. N. Constantinescu, Le développement industriel de la Roumanie. Bukarest. 1971. – V. Cucu u. A. Roşu, Physische u. Wirtschaftsgeographie der Sozialist. Rep. Rumänien. Bukarest. 1966. – V. Cucu, M. Ştefan, Sehenswürdigkeiten in Rumänien. Bukarest. 1974. – E. Dobrescu, Struktur der rumän. Wirtschaft. Bukarest. 1968. – V. Vlorea, Wissenswertes über Rumänien. Bukarest. 1968. – K.-D. Grothusen, Südosteuropa-Handbuch, Bd. II: Rumänien. 1977. – Die Industrie Rumäniens: 1966–1970. Bukarest. 1971. – T. Morariu, V. Cucu, I. Velcea, Geographie Rumäniens. Bukarest. 1969. – Oil and Gas in Romania. Bukarest. 1967. – O. Parpală, Die intensive u. vielseitige Entwicklung der rumän. Landwirtschaft. Bukarest. 1969. – W. W. Puls, Rumäniens Wirtschaft. In: Geograph. Rundschau. Bd. 20. 1968. – Reiseführer Bukarest. Bukarest. 1967. – Roumanie, Économie. Bukarest. 1972. – Roumanie, L'industrie. Bukarest. 1972. – Roumanie, Géographie. Bukarest. 1972. – Rumänien, Kleine Enzyklopädie. Bukarest. 1969. – Rumänien. Enzyklopädie-Reiseführer. 1971.

Ungarn. B. Balla (Hrsg.), Ungarn. Vom Agrarland zur Industriegesellschaft. o. J. – F. Erdei (Hrsg.), Information Hungary. Budapest. 1968. – H. Gottschalk, Ungarn. 1970. – A. Hegedüs, Nivellierung u. Differenzierung im ungar. Dorfe. 1968. – G. Holzmann, Die Sozialstruktur Ungarns. In: Ztschr. für Wirtschaftsgeographie. Bd. 8. 1964. – Klimaatlas von Ungarn. Budapest. 1960. – E. Lettrich, Urbanisierungsprozesse in Ungarn. 1975. – C. Markos, Wandlungen in der Siedlungsstruktur in der VR Ungarn. In: Geograph. Berichte. Bd. 8. 1963. – Ders., Strukturwandlungen u. Spezialisierung der Landwirtschaft Ungarns. In: Geograph. Ztschr. Bd. 56. 1968. – Ders., Ungarn, Land, Volk, Wirtschaft. 1971. – M. Pécsi, Geomorphological regions of Hungary. Budapest. 1970. – Ders. u. B. Sárfalvi, Die Geographie Ungarns. Budapest. 1962. – Pocket Atlas of Hungary. Budapest. o.J. – S. Rado u.a., Ökonom. Geographie der Ungar. Volksrep. 1963. – Th.-J. Reith, Die ökonom. Landesgliederung der Ungar. Volksrep. In: Ztschr. für Wirtschaftsgeographie. Bd. 11. 1967. – K. M. Rohonyi u. M. Maró, Budapest. Reiseführer. Budapest. 1970. – B. Sárfalvi (Hrsg.), The changing face of the Great Hungarian Plain. Budapest. 1971. - L. Trunkó, Geologie von Ungarn. 1969. – Ungarn, Enzyklopädie-Reiseführer. 1971. – R. Zschocke, Grundzüge des ungar. Kulturlandschaftsbildes. In: Geograph. Rundschau. Bd. 19. 1967.

6.5.3 POLEN, TSCHECHOSLOWAKEI

Danzig. N. Creutzburg (Hrsg.), Atlas der Freien Stadt Danzig. 1936. – W. Geisler, Danzig, ein siedlungsgeograph. Versuch. 1918. – E. Kupiecki, Gdansk. Landschaft u. Architektur des Städte-Komplexes. 1973. – J. Mikolajski, Die Häfen Danzig (Gdańsk) u. Gdingen (Gdynia). In: Ztschr. für Wirtschaftsgeographie. Bd. 10. 1966. – R. Ruhnau, Danzig. Geschichte einer deutschen Stadt. 1971. – J. Stankiewicz u. B. Szermer, Gdańsk. (in dt. Sprache). 1965. – B. Szermer, Gdańsk. Vergangenheit u. Gegenwart. 1973.

Polen. H. Arnhold, Naturlandschaften Polens. In: Geograph. Rundschau. Bd. 17. 1965. – Atlas Statystyczny. Warschau. 1970. – A. Bajcar, Reiseführer durch Polen. Warszawa. 1977. – J. Barbag u. S. Berezowski, Ökonom. Geographie der VR Polen. 1956. – K. Bednarz, Polen. 1977. – F. Bielecki u.a., Polen, Geschichte, Wirtschaft, Kultur. Warschau. 1966. – H. Förster, Industrialisierungsprozesse in Polen. In: Erdkunde 28/1974. – W. Gatz (Hrsg.), VR Polen: Land, Volk, Staat, Wirtschaft. 1972. – W. Giełżyński, Polen heute. 1973. – F. E. I. Hamilton, Poland's western and northern territories. London. 1974. – S. Hegenbarth, Kooperationsformen in der poln. Landwirtschaft. 1977. – J. Kostrowicki, R. Szczęsny, Polish agriculture. Budapest. 1972. – L. Kosiński, Warschau. In: Geograph. Rundschau. Bd. 17. 1965. – St. Leszczycki, T. Lijewski, Polen. Land, Volk, Wirtschaft in Stichworten. Wien. 1977. – Polen. Länderberichte Osteuropa II. Hrsg. Collegium Carolinum. 1976. – Polen-Reisehandbuch. Große Ausg. 1971. – Polska. Atlas Geograficzny 1966. Warschau. 1966. – W. Szafer (Hrsg.), The vegetation of Poland. Oxford, London. 1966.

Tschechoslowakei. D. Andrusov, Geologie der tschechoslowak. Karpaten. 2 Bde. 1964ff. – Atlas CSSR. [2]1973. – A. Behnke, Die Slowakei. In: Geograph. Rundschau. 1962. – M. Blažek, Ökonom. Geographie der Tschechoslowak. Rep. 1959. – Ders., J. Demek u. M. Macka, ČSSR. Land, Volk, Wirtschaft. Wien. 1971. – J. Demek u. M. Střida, Geography of Czechoslovakia. Prag. 1971. – D. Jaromir (Hrsg.), ČSSR–příroda, lidé, ahospodářstvi. ČSSR–Landesnatur, Bevölkerung, Wirtschaft. Brno. 1975. – H. Knübel, Die wirtschaftl. Entwicklung der Tschechoslowakei seit 1945. In: Geograph. Rundschau. 1969. – W. Lüdi, Die Pflanzenwelt der Tschechoslowakei. Zürich. 1961. – I. M. Maergois, Die Tschechoslowak. Sozialist. Rep. Moskau. 1964. – Regional geology of Czechoslowakia. 2 Bde. u. Atlas. 1966–1968. – K. A. Sedlmeyer, Landeskunde der Tschecho-Slowakei. 1973. – J. Svoboda, Die Tschechoslowakei. 1967. – Tschechoslowakei. Enzyklopädie-Reiseführer. [3]1973. – Tschechoslowakei. Länderberichte Osteuropa III. Hrsg. Collegium Carolinum. 1977. – C. Votrubec, Der gegenwärtige Stand u. die weitere Entwicklung der tschechoslowak. Städte. In: Geograph. Berichte. Bd. 8. 1963.

6.5.4 SOWJETUNION ALS GANZES

Gesamtdarstellungen: Atlas razvitija chozjajstva i kal'tury. Moskau. 1967. – L. S. Berg, Die geograph. Zonen der Sowjetunion. 2 Bde. 1958/59. – J. Cole, F. C. German, A geography of the USSR. London. [2]1970. – J. P. Cole, Geography of USSR. Harmondsworth. 1971. – J. C. Dewdney, A Geography of the Soviet Union. Oxford. [3]1979. – C. Goehrke, Die geographischen Gegebenheiten Rußlands in ihrem historischen Beziehungsgeflecht. 1976. – H. Heuseler (Hrsg.), Unbekannte UdSSR. Satellitenbilder enthüllen die Sowjetunion. 1976. – W. Jopp (Hrsg.), Sowjetunion. 1969. – A. Karger (Hrsg.), Die Sowjetunion. Fischer-Länderkde. 1978. – Ders., Die Sowjetunion, Land u. Wirtschaft. 1970. – P. E. Lydolph, Geography of the Soviet Union. New York, London. [2]1970. – R. E. H. Mellor, Sowjetunion. Harms Erdkunde. [3]1976. – N. N. Michailow, Sowjetunion. 2 Bde. 1970. – W. H. Parker, The Soviet Union. London. 1969. – V. V. Pokšiševskij (Hrsg.), Sowjetunion. Regionale ökonom. Geographie. Dt. [3]1976. – H. Pörzgen, 100 mal Sowjetunion. [2]1972. – H. Schlenger, Die Sowjetunion. Geograph. Probleme ihrer inneren Gliederung. 1963. – K. A. Sedlmeyer, Landeskunde der Sowjetunion. 1968. – Sowjetunion. Länderberichte Osteuropa I. Hrsg. Collegium Carolinum. 1974. – N. Steinberger u. H. Göschel (Hrsg.), Die UdSSR. Leipzig. [2]1979. – T. D. Zotschew, Sowjetunion. Land, Staat, Wirtschaft. 1976.

Natur: A. A. Borisov, Climates of the USSR. Edinburgh. 1965. – E. G. Buchholz, Rußlands Tierwelt u. Jagd . . . 1963. – H.-J. Franz, Die Sowjetunion zwischen Halbinsel Kola u. Kaukasien. Leipzig. 1974. – Ders., Phys. Geographie der Sowjetunion. 1973. – D. Naliwkin, Kurzer Abriß der Geologie der Sowjetunion. 1959. – N. S. Schatski u. A. A. Bogdanow, Grundzüge des tekton. Baus der Sowjetunion. Dt. 1958. – G. Seger, Physische Geographie der Sowjetunion. 1960.

Bevölkerung u. Siedlungen: T. Armstrong, Russian settlement in the North. London. 1965. – V. G. Davidivič u. G. M. Lappo, Fragen der Entwicklung städt. Agglomerationen in der UdSSR. In: Aus der Praxis der sowjet. Geographie. 1966. – J. F. Gellert u. G. Engelmann, Entwicklung u. Struktur einiger sowjet. Großstädte in Mittelasien. In: Geograph. Berichte. 44. 1967. – E. Giese, Wachstum u. Verteilung der Bevölkerung in der Sowjetunion. In: Geograph. Ztschr. Bd. 59. 1971. – R. Hahn, Jüngere Veränderungen der ländl. Siedlungen im europ. Teil der Sowjetunion. 1970. – Ch. D. Harris, Population and cities of the Soviet Union 1897, 1926, 1939, 1959, and 1967. In: Soviet Geography. 11. New York. 1970. – Ders., Cities of the Soviet Union. Chicago. 1970. – B. Knabe, Regionale Mobilität (Migrationen) in der UdSSR. 1975. – W. Meckelein, Jüngere siedlungsgeograph. Wandlungen in der Sowjetunion. In: Geograph. Ztschr. 1964. – W. Müller-Wille, Stadt u. Umland im südl. Sowjet-Mittelasien. 1978. – G. Rauchinger, Die Entwicklung der Städte in der Sowjetunion. In: Wiener Quellenhefte Ostkunde, R. Landeskunde 9/10. Wien. 1966/67. – M. Rauth, Raumgliederung, Raumordnung u. Regionalplanung in der Sowjetunion aus landwirtschaftl. Sicht. 1967. – K. A. Sedlmeyer, Die Völker der Sowjetunion. In: Wehrwissenschaftl. Rundschau 15. 1965. – H. Täubert, Die Bevölkerung der Sowjetunion u. die Veränderung ihrer geograph. Verteilung. In: Petermanns Geograph. Mitteilungen. Bd. 101. 1957.

Wirtschaft: Atlas der Entwicklung von Wirtschaft u. Kultur der UdSSR (Russ.). Moskau. 1967. – G. Brunner u. K. Westen, Die sowjet. Kolchosordnung. Dt. 1970. – E. Buchholz, Die Waldwirtschaft u. Holzindustrie der Sowjetunion. 1961. – J. U. Gerloff, A. Zimm, Ökonomische Geographie der Sowjetunion. Gotha/Leipzig. 1978. – E. Giese, Sovchoz, Kolchoz u. persönl. Nebenerwerbswirtschaft in Sowjet-Mittelasien. 1973. – H. E. Gramatzki, Räuml. Aspekte der sowjet. Wirtschaftsplanung. 1974. – L. Hempel, Individuelle Züge in der kollektivierten Kulturlandschaft der Sowjetunion. In: Die Erde. Bd. 101. 1970. – A. Karger, Die Sowjetunion als Wirtschaftsmacht. 1967. – N. Penkaitis, Der Finanzausgleich u. seine Bedeutung für die Wirtschaftsentwicklung der Unionsrepubliken. 1977. – H. Raupach, Die Sowjetunion als sozialist. Wirtschaftsstaat. – O. Schiller, Das Agrarsystem der Sowjetunion. 1960. – Th. Shabad, Basic industrial resources of the USSR. New York, London. 1969. – F. Slezak, Sowjetunion, Strukturwandel der Energiewirtschaft. In: Mitteilungen der Österr. Geograph. Ges. Bd. 114. 1972. – L. J. Symons, Russian agriculture. London. 1972. – K. E. Wädekin, Die sowjet. Staatsgüter. 1969. – R. Wolf, Der Außenhandel der Sowjetunion mit den nichtsozialist. Staaten. In: Geograph. Rundschau. Bd. 23. 1971. – G. Zabel, Die Erschließung landwirtschaftl. Nutzflächen durch Bewässerungsmaßnahmen in der Sowjetunion. 1977. – A. Zimm, Industriegeographie der Sowjetunion. 1963. – Th. D. Zotschew, Die außenwirtschaftl. Verflechtungen der Sowjetunion. 1969.

6.5.5 EUROPÄISCHE SOWJETUNION (OHNE BALTIKUM)

Leningrad. J. Barth, Einführung in die Stadtgeographie von Leningrad. In: Geograph. Rundschau. Bd. 18. 1966. – M. Hürlimann, Leningrad. 1972.

Moldauische SSR. Moldavija. Moskau. 1970. – Moldawien. Moldauische Sozialist. Sowjetrepublik. Moskau. 1972.

Moskau. F. E. I. Hamilton, The Moscow city region. 1975. – I. Parigi, Moskau u. Sagorsk. 1971.

RSFSR (europ. Teil). E. Barker, Rußland. Sowjetunion: Landschaft, Geschichte, Kultur. [2]1973. – R. Hahn, Jüngere Veränderungen der ländl. Siedlungen im europ. Teil der Sowjetunion. 1970. – A. Karger, Das Wolgaland als Beispiel eines russ.-sowjet. Großwirtschaftsraumes. In: Geograph. Rundschau. 1959. – I. W. Komar, Die Entwicklung der Produktivkräfte des Urals. In: Petermanns Geograph. Mitteilungen. 1959. – L. R. Serebrannyi u. A. V. Raukas, Über die eiszeitl. Geschichte der Russ. Ebene. In: Petermanns Geograph. Mitteilungen. Bd. 114. 1970. – R. Weisse, Die Landschaftsentwicklung des Leningrader Gebietes. In: Geograph. Berichte. Bd. 16. 1971.

Ukrainische SSR. N. L. Chirovsky, The Ukrainian Economy. New York. 1965. – Kiev, Stadtführer für Touristen. Moskau. 1970. – V. Kubijovyc (Hrsg.), Ukraine. A concise Encyclopedia. 2 Bde. Toronto. 1963, 1971. – Soviet Ukraine. Kiev. 1969. – Ukraine. Moskau. 1969. – Ukraine. Moskau. 1972.

Weißrussische SSR. V. P. Borodina u.a., Soviet Belorussia. Moskau. 1972. – G. T. Kovalevski u. Y. G. Rakov (Hrsg.), Belaruskaya SSR, an outline of her economic geography. Minsk. 1953. – N. P. Vakar, Belorussia. Cambridge, Mass. 1956. – Belorussia. Moskau. 1967.

6.5.6 BALTISCHE SOWJETREPUBLIKEN

Baltikum. Balt. Studien. 53. 1967. – M. Haltenberger, Die Balt. Länder. 1929. – Th. Hurtig, Fragen zur Genese der naturräuml. Großeinheiten des Ostseeraumes. In: Erdkunde. Bd. 20. 1966. – Ders., Zum letztglazialen Abschmelzmechanismus im Raume des Balt. Meeres. 1969. – Kolloquium Balticum Ethnographicum. 1968. – K. R. Kupffer (Hrsg.), Balt. Landeskunde. Riga. 1911. – H. J. Maydell, Forst- und Holzwirtschaft der Sowjetunion. T. 1: Die baltischen Republiken. 1973. – R. Ränk, Bauernhausformen im balt. Raum. 1962. – L. Rüger, Die balt. Länder. 1934.

Estnische SSR. J. Dörflinger, Die Wandlung des Ackerlandes in Estland. In: Wiener Quellenhefte Ostkunde. Wien. H. 9/10. 1966/67. – Estonia, Geograph. Studies. Reval. 1972. – M. Haltenberger, Landeskunde von Eesti. Dorpat. 1926. – T. Tomberg, Tallinn, Reiseführer. Moskau. o.J. (1973).

Lettische SSR. W. Lenz, Die Entwicklung Rigas zur Großstadt. 1964. – Lett. Sozialist. Sowjetrep. Moskau. 1972. – Sowjetlettland. Riga. 1967. – A. Urdze, Die Bevölkerungsentwicklung Lettlands unter Berücksichtigung der nationalen Zusammensetzung. 1975.

Litauische SSR. Burdekin, Die Lit. SSR. Wilna. 1965. – M. Hellmann, Grundzüge der Geschichte Litauens u. des litauischen Volkes. [2]1976. – J. Oberg, Die industriegeograph. Entwicklung Litauens seit 1945. In: Ztschr. für Ostforschung. 16. 1967. – V. St. Vardys (Hrsg.), Lithuania under the Soviets. New York. 1965. – S. S. Tarwidas u. A. B. Basalikas, Litwa. Moskau. 1967. – P. Zunde, Die Landwirtschaft Sowjetlitauens. 1962.

6.5.7 ASIATISCHE SOWJETUNION

Gesamtdarstellungen: J. P. Cole, A new industrial area in Asiatic USSR. In: Geograph. Journal. 1956. – S. P. Suslov, Physical geography of Asiatic Russia. Hrsg. J. E. Williams. San Francisco, London. 1966.

Armenische, Grusinische, Aserbaidschanische SSR. K. D. Antadze, Soviet Georgia. 1972. – Armen. Sozialist. Sowjetrep. Moskau. 1972. – Aserbaidschan. Sozialist. Sowjetrep. Moskau. 1972. – Atlas Azerbaidschanskoj SSR. Moskau. 1963. – A. B. Baghdasargan (Hrsg.), Atlas Armynskoy SSR. Moskau. 1961. – A. Gaspard, Caucase. Paris. 1969. – A. Javakhishvili u. G. Gvelesiani (Hrsg.), Soviet Georgia. Moskau. 1964. – H. Kohl, Ökonom.-geograph. Skizzen aus der Aserbaidschan. u. Armen. SSR. In: Ztschr. für den Erdkundeunterricht. Bd. 19. 1967. – K. N. Pfaffengolz, Geolog. Abriß des Kaukasus. 1963. – Soviet Armenia. Moskau. 1971.

Kasachische, Turkmenische, Usbekische, Tadschikische SSR. H. Fischer, Die landwirtschaftl. Entwicklung Kasachstans. In: Naturwiss. Rundschau. Bd. 19. 1966. – B. G. Gafurow, Die Gesch. des Tadschik. Volkes. Moskau. [3]1955. – S. Y. Geller (Hrsg.), Problems of the Aral Sea. Moskau. 1969. – J. F. Gellert, Die histor.- u. ökonom.-geograph. Struktur von Alma-Ata. In: Ztschr. für den Erdkundeunterricht. 1965. – E. Giese, Die Agrarwirtschaft des Siebenstromlandes in Südkasachstan. In: Die Erde. Bd. 101. 1970. – Ders., Die ökonom. Bereichsgliederung im mittelasiat.-kasachstan. Raum der Sowjetunion. In: Erdkunde 27. 1973. – B. Hayit, Turkestan im 20. Jh. 1956. – Kirgizija. Moskau. 1970. – P. Luknizki, Sowjet-Tadschikistan. Moskau. 1954. – L. Mofakham-Pâyân, Étude géographique à la Mer Caspienne. Meshed. 1969. – W. P. Nechoroschow, Geologie des Altai. 1966. – K. Nernheim, Usbekistan. Eine Landes- u. Wirtschaftskunde. In: Ztschr. für Wirtschaftsgeographie. Bd. 12. 1968. – S. N. Rjasanzew u. W. F. Pawlenko, Kirgiskaja SSR. Moskau. [2]1960. – J. Stadelbauer, Bahnbau u. kulturgeograph. Wandel in Turkmenien. 1973. – Usbek. Enzyklopädie. 14 Bde. Taschkent. 1971 ff. – W. Welitschko, Die Eroberung der Wüste Karakum. 1953. – W. Wöhlke, Bericht über eine Studienreise durch den Süden der Sowjetunion. In: Die Erde. Bd. 95. 1964.

Sibirien und Sowjetisch-Fernost. F.-X. Coquin, La Sibérie peuplement et immigration paysanne au 19e siècle. Paris. 1969. – G. St. George, Siberia. The new frontier. London. 1970. – J. U. Gerloff, Westsibirien. Ein neues Erdöl- u. Erdgasgebiet der Sowjetunion. In: Ztschr. für den Erdkundeunterricht. Bd. 19. 1967. – F. Grimm, Zur Flußhydrologie Sibiriens u. des Fernen Ostens der Sowjetunion. In: Wissenschaftl. Veröffentlichungen des Dt. Instituts für Länderkunde. N. F. 27/28. 1970. – S. E. Kirby, The Soviet Far East. London. 1971. – W. Kolarz, The peoples of Soviet Far East. London. 1964. – H. Portisch, So sah ich Sibirien. 1969. – L. Scherzer, Nahaufnahmen: aus Sibirien u. d. sowjet. Orient. 1977. – E. Schultze, Der ökonom. Bereich Mittelasien. In: Geograph. Berichte. 1965. – J. N. Semenov, Sibirien: Schatzkammer d. Ostens. 1975. – F. Slezak, Westsibirien, ein drittes „Baku“. In: Mitteilungen der Österr. Geograph. Ges. Bd. 108. 1966. – G. Tschibajajew, Jakutien. In: Sowjetunion heute 17. 1972. – A. Zimm, Ökonom.-geograph. Fragen der Entwicklung Sibiriens. In: Ztschr. für den Erdkundeunterricht. H. 12. 1964. – A. Zoltan, Probleme u. Fortschritt der industriellen Entwicklung in West- u. Ostsibirien. In: Ztschr. für Wirtschaftsgeographie. Bd. 15. 1971.

6.5.8 ASIEN ALS GANZES UND GRÖSSERE TEILE

Gesamtdarstellungen: Asien. Weltreise, Bde. 6–9. 1972. – K. Bouterwerk, Asien als Erdteil. In: Hdb. der geograph. Wissensch. 1937. – K. Brüning, H. Lehmann, Asien (Harms Erdkunde). [11]1971. – L. D. Stamp, Asia, A regional and economic geography. London. 1957. – G. Wint (Hrsg.), Asia. A handbook. London. 1966.
Größere Teile: P. Beaumont u.a., The Middle East. London. 1975. – L. S. Berg, Die geograph. Zonen der Sowjetunion. 2 Bde. 1958/59. – J. Blenck u.a., Südasien. 1980. – E. Ehlers (Hrsg.), Beiträge zur Kulturgeographie des islam. Orients. 1979. – U. Jeromin, Die Überseechinesen. Ihre Bedeutung für die wirtschaftl. Entwicklung Südostasiens. 1966. – A. Kolb, Ostasien. 1963. – H. Mensching, E. Wirth, Nordafrika u. Vorderasien. Fischer Länderkunde. 1973. – Meyers Kontinente u. Meere. 8. Bd.: Asien (ohne Sowjetunion), Australien, Inseln u. Meere. 1973. – G. Nötzold (Hrsg.), Die arab. Länder. 1970. – O. Schmieder, Die Alte Welt. Bd. 1: Der Orient. 1965. – P. Schöller u.a., Ostasien. 1978. – R. Shaplen, Drehscheibe Ostasien. Völker u. Staaten im Umbruch. 1980. – H. Uhlig u.a., Südostasien-Austral-pazif. Raum. 1980. – H. Wilhelmy, Reisanbau u. Nahrungsspielraum in Südostasien. 1975.

6.5.9 MONGOLISCHE VOLKSREPUBLIK, KOREA, TAIWAN. E. Dege, Korea. 1976. – Ders., Südkorea. Stand u. Entwicklung der Agrarstruktur. In: Geogr. Tb. 1975/76. – A. Eckardt, Korea. 1972. – C. Hsieh, Taiwan. London. 1965. – H. Lautensach, Korea – Land, Volk, Schicksal. 1950. – E. M. Murzaev, Die Mongol. Volksrepublik. 1963.

6.6.0 CHINA

Gesamtdarstellungen: M. Biehl, Die Landwirtschaft in China u. Indien. 1979. – K. Buchanan, The Chinese People and the Chinese Earth. London. 1966. – T. K. Chen, Die Volksrepublik China. [2]1979. – W. Franke (Hrsg.), China-Handbuch. 1974. – H. Harrer, Sieben Jahre in Tibet. Mein Leben am Hofe des Dalai Lama. [8]1977. – W. Hilgemann u. G. Kettermann, dtv-Perthes-Weltatlas, Bd. 4: China. 1975. – Illustrated Atlas of China. Chicago. 1972. – K. Mehnert, China nach dem Sturm. 1972. – J. Myrdal, Bericht aus einem chines. Dorf. [4]1974. – The Physical Geography of China. 2 Bde. New York. 1969. – B. Skribbe, China. Eine Landeskunde. 1959. – E. Snow, Die lange Revolution. 1973. – B. Staiger (Hrsg.), China. 1980. – W. Voss, Die wirtschaftl. Entwicklung der Volksrepublik China. 1971.

Hongkong. R. Hsia u.a., The structure and growth of the Hong Kong economy. 1975. – H. Knübel, Probleme Hongkongs. In: Geograph. Rundschau. 1973.

6.6.1 JAPAN. H. Boesch, Japan. Bern. 1978. – H. Erlinghagen, Japan. Eine Landeskunde. 1979. – W. Flüchter, Neulandgewinnung u. Industrieansiedlung vor den japan. Küsten. 1975. – H. Giesler (Hrsg.), Die Wirtschaft Japans. 1971. – H. Hedberg, Die japan. Herausforderung. 1970. – A. Jope, Der Aufstieg Japans zur dritten Weltwirtschaftsmacht. 1972. – J. Kreiner, Japan. Kunst- u. Reiseführer mit Landeskunde. 1979. – W. S. Morton, Japan. Geschichte u. Kultur. 1974. – H. Schwalbe, Japan. [2]1979. – M. Schwind, Das japan. Inselreich. Bd. 1: Die Naturlandschaft. 1967. – D. Stuckenschmidt (Hrsg.), Reisen und Leben in Japan. Reiseführer u. Länderkunde. 1976. – G. T. Trewartha, Japan. A physical, cultural and regional geography. London. 1965.

6.6.2. PHILIPPINEN, MALAYSIA, INDONESIEN. H. Kötter, K. H. Junghans, R. O. G. Roeder, Indonesien. 1979. – G. J. Levingson, Die Philippinen. 1955. – D. Kühne, Malaysia, ethnische, soziale u. wirtschaftl. Strukturen. 1970. – Ders., Malaysia. 1980. – O. G. Roeder, Indonesien. [4]1974. – W. Röll, Indonesien: Entwicklungsprobleme einer trop. Inselwelt. 1979. – H. Uhlig, Indonesien hat viele Gesichter. [2]1976. – F. L. Wernstedt, J. E. Spencer, The Philippine Island World. A physical, cultural and regional geography. Berkeley. 1967.

6.6.3 HINTERINDIEN MIT BIRMA. A. Clarac, Thailand. Kunst- u. Reiseführer mit Landeskunde. 1979. – Rathenberg u. C. Velder, Kambodscha, Birma, Laos. 1970. – T. Rosiny, Birma. 1979. – K. O. Schmidt, Thailand. 1969. – H. Storz, Birma. Land – Geschichte – Wirtschaft. 1967. – H. Uhlig, Kambodscha. In: Geogr. Rdsch. 1971. – H. Weiler, Vietnam. 1973.

6.6.4 INDIEN, CEYLON, HIMALAYA-STAATEN. L. Alsdorf, Vorderindien, eine Landes- u. Kulturkunde. 1955. – M. Biehl, Die Landwirtschaft in China u. Indien. 1979. – G. Bonn, G. Wirsing, Indien u. der Subkontinent. [2]1974. – M. Domrös, Sri Lanka. 1976. – W. Donner, Nepal. 1972. – A. Gansser, Geology of the Himalayas. London. 1964. – M. Herresthal, Die landschaftsräuml. Gliederung des indischen Subkontinents. 1976. – N. Krebs, Vorderindien u. Ceylon. 1939. Neudr. 1965. – H. G. W. Nusser, Indien, Ceylon. 1979. – C. Rathjens, C. Troll, H. Uhlig, Vergleichende Kulturgeographie der Hochgebirge Südasiens. 1973. – U. Schweinfurth, H. Marby, M. Domrös u.a., Landschaftsökolog. Forschungen auf Ceylon. 1971. – A. Sievers, Ceylon. Gesellschaft u. Lebensraum in den oriental. Tropen. 1964. – R. L. Singh (Hrsg.), India. A Regional Geography. 1971. – H. Tichy, Himalaya. 1972. – D. N. Wadia, Geology of India. London. 1953.

6.6.5 PAKISTAN, BANGLA DESH. K. S. Ahmad, A geography of Pakistan. Karachi. 1964. – W. Irrgang, Vorderindien: Entwicklungsländer zwischen Tradition u. Fortschritt. [2]1972. – M. U. Malik, A. Schimmel (Hrsg.), Pakistan. 1976. – K. H. Pfeffer, Pakistan – Modell eines Entwicklungslandes. 1972. – F. Scholz, Belutschistan (Pakistan). 1974.

6.6.6 IRAN, AFGHANISTAN. O. Aresvik, The Agricultural Development of Iran. New York. 1976. – E. Ehlers, Iran. 1980. – Ders., Iran-Wirtschafts- u. sozialgeograph. Aspekte einer „islamischen“ Revolution. In: Geogr. Rdsch. 32/1. 1980. – U. Gehrke, H. Mehner, Iran. 1975. – Iran, Pakistan and Afghanistan. Guide to Islamic Asia. 1973. – Ch. Jentsch, Das Nomadentum in Afghanistan. 1973. – W. Kraus (Hrsg.), Afghanistan. Natur, Geschichte u. Kultur, Staat, Gesellschaft u. Wirtschaft. 1972. – D. Wiebe, Afghanistan. Zur Industriestruktur. In: Geogr. Tb. 1975/76. – Ders., Entwicklungsprojekte u. sozioökonom. Wandel in Afghanistan. 1977.

6.6.7 ARABISCHE HALBINSEL, IRAK, SYRIEN, LIBANON. H.-K. Barth, Probleme der Wasserversorgung in Saudi-Arabien. 1976. – H. Blume (Hrsg.), Saudi-Arabien. 1976. – W. Daum, Jemen. 1980. – H. Dequin, Arab. Republik Jemen. Er Riadh. 1976. – E. Didden, Irak. Eine sozio-ökonomische Betrachtung. 1969. – K. G. Fenelon, The United Arab Emirates. An Economic and Social Survey. London. 1973. – H. L. Kaster, Naher Osten. 1969. – W. Klaer, Libanon. In: Geograph. Taschenbuch. 1966–1969. – F. H. Kochwasser, Kuwait. [2]1975. – G. W. Kreutzer, Kuwait. Die Entwicklung eines arab. Öllandes. 1978. – H. Lechleitner, Die Rolle des Staates in der wirtschaftl. u. sozialen Entwicklung Libanons. 1972. – G. Nötzold (Hrsg.), Die arab. Länder. 1970. – W. Philips, Unknown Oman. London. 1966. – W. Ritter, Die arab. Halbinsel. Reiseführer mit Landeskde. 1978. – E. Wirth, Agrargeographie des Irak. 1962. – Ders., Syrien. Eine geograph. Landeskunde. 1971. – R. Wolfart, Geologie von Syrien u. dem Libanon. 1967.

6.6.8 ISRAEL, JORDANIEN. D. Amiran u.a. (Hrsg.), Atlas of Israel. Jerusalem, Amsterdam. [2]1970. – P. Bockenheimer, Struktur u. Entwicklung ausgewählter Kibbuzim in Israel. 1978. – W. Guggenheim, 30mal Israel. 1973. – G. L. Harris, Jordan, its people, its society, its culture. New Haven. 1958. – Y. Karmon, Israel. A Regional Geography. 1971. – G. W. Kreutzer, Der Negev – ein Entwicklungsgebiet Israels. [3]1976. – J. M. Landau (Hrsg.), Israel. 1966. – Th. Meysels, Israel. [2]1963. – E. Orni, E. Efrat, Geographie Israels. Jerusalem. [2]1971. – W. Richter, Israel u. seine Nachbarräume. Ländl. Siedlungen u. Landnutzung seit dem 19. Jh. 1979.

6.6.9 TÜRKEI, ZYPERN. R. Brinkmann, Geology of Turkey. 1975. – W. J. Eggeling, Türkei. Land, Volk, Wirtschaft. 1978. – M. u. H. Lee, Cyprus. Newton Abbot. 1973. – W. F. Schmidt, Der morphogenetische Werdegang der Insel Cypern. In: Erdkunde. 1959. – Ders., Das natur- u. kulturbedingte Pflanzenkleid der Insel Cypern. In: Geograph. Rundschau. 1963. – R. Stewig, Byzanz – Konstantinopel – Istanbul. Ein Beitrag zum Weltstadtproblem. 1964. – G. Stratil-Sauer, Zur Wirtschaft der modernen Türkei. In: Geograph. Rundschau. 1972. – M. Stüwe, Türkei heute. 1973. – Die Türkei, Raum u. Mensch, Kultur u. Wirtschaft in Gegenwart u. Vergangenheit. Hrsg. W. Kündig-Steiner. [2]1977. – Turkey (Area Handbooks). 1970. – S. Uslu, Untersuchungen zum anthropogenen Charakter der zentralanatolischen Steppe. 1960. – E. Winkler, Die Türkei. Bevölkerungs-, Wirtschafts- u. Verkehrsentwicklung. In: Geograph. Taschenbuch. 1962/63. – G. Wojtkowiak, Die Zitruskulturen in der küstennahen Agrarlandschaft der Türkei. 1971.

6.7.0 AFRIKA ALS GANZES UND GRÖSSERE TEILE

Gesamtdarstellungen: Afrika. Weltreise, Bd. 10, 1973; Bd. 11, 1974. – H. Baumann (Hrsg.), Die Völker Afrikas u. ihre traditionellen Kulturen. Bd. 1, 1975; Bd. 2, 1979. – J. Bockemühl, W. Schad, A. Suchantke, Mensch u. Landschaft Afrikas. 1978. – D. Burrack, Afrika – Entwicklung eines Kontinents. 1974. – R. J. H. Church, J. I. Clark, P. J. H. Clarke, H. J. R. Henderson, Africa and the Islands. London. [3]1971. – R. Furon, Geology of Africa. Edinburgh. 1963. – E. Höller, Klima-Handbuch Afrika. 1978. – R. Knapp, Die Vegetation von Afrika. 1973. – K. Knoch, A. Schulze, Klima-Atlas Afrika. 1956. – Meyers Kontinente u. Meere: Afrika. 1968. – Oxford Regional Economic Atlas: Africa. Oxford. 1965. – H. Pleticha, Afrika aus erster Hand. 1972. – H. Schiffers, Afrika (Harms Erdkunde). [9]1973. – Zeitschrift ›Afrika Spektrum‹. 1968 ff.
Größere Teile: P. Fuchs, Sudan. 1977. – H. Herde, Regionale Mobilität u. sozialer Wandel in Schwarzafrika. In: Geograph. Rundschau. 1972. – C. H. T. Kimble, Tropical Africa. New York. 1962. – W. Manshard, Afrika – südlich der Sahara. 1970. – Ders., Die Städte des trop. Afrika. 1977. – H. Mensching, E. Wirth, Nordafrika u. Vorderasien. 1973. – E. W. Schamp, Industrialisierung in Äquatorialafrika. 1978. – J. H. Schultze, Beiträge zur Geographie Tropisch-Afrikas. 1955.

Sahara. H. Schiffers (Hrsg.), Die Sahara und ihre Randgebiete. 3 Bde. 1971/72. – Ders., Die Sahara. 1980. – H. Thomä, Die Wirtschafts- u. Sozialstruktur der Oasen u. ihr Wandel. 1976.

6.7.1 ATLASLÄNDER. Algerien. Enzyklopädie-Reiseführer. 1976. – A. Arnold, Die industrielle Entwicklung Marokkos. In: Ztschr. für Kulturaustausch. 1971. – P. Frankenberg, Tunesien. 1979. – H. Mensching, Die Maghrebländer. Eignungsraum u. geograph. Grenzen in Nordafrika. In: Verhandlungen des Dt. Geographentages. 1965. – Ders., Tunesien. Eine geograph. Landeskunde. [3]1979. – F. Minder, W. Nigg, Marokko. 1971. – W. Plum, Sozialer Wandel im Maghreb. 1967. – G. Vivatelle, L'Algérie algérienne. Paris. 1970. – M. u. E. Wohlfahrt, Nordafrika. Tunesien, Algerien, Marokko. 1955.

6.7.2 ÄGYPTEN, LIBYEN, SUDAN. C. E. Köhne, Ägypten. Landschaft, Geschichte, Kultur. 1966. – W. Meckelein, Libyen. In: Geograph. Taschenbuch. 1956/57. – R. Said, The Geology of Egypt. Amsterdam. 1962. – H. Schamp (Hrsg.), Ägypten. 1977. – Ders., Ägypten: das Land am Nil im wirtschaftl. u. sozialen Umbruch. 1978. – H.

Schiffers, Libyen u. die Sahara. 1962. – K. Schliephake, Libyen: wirtschaftl. u. soziale Strukturen u. Entwicklung. 1976. – J. H. Schultze, Der Ostsudan. 1963. – H. Ziock, Ägypten. Reisef. u. Länderkde. 1976.

6.7.3 WESTAFRIKA. E. Beuchelt, Niger. 1968. – E. A. Boateng, A geography of Ghana. Cambridge. 1966. – G. Borchert, Die Wirtschaftsräume der Elfenbeinküste. 1972. – G. H. Lutz, Republik Elfenbeinküste. 1971. – K. H. Pfeffer, Sierra Leone. 1967. – W. Reichhold, Mauretanien. 1964. – Ders., Der Senegalstrom. Lebensader dreier Nationen. 1978. – W. Samo, Ober-Volta als Wirtschaftspartner. 1967. – W. D. Schmidt-Wulffen, Mali u. Senegal. 1976. – J. Schramm, Westafrika. [3]1974. – W. Schulze, Liberia. 1973. – W. Schwarz, Nigeria. London. 1968. – R. K. Udo, Geograph. Regions of Nigeria. 1970. – J. Voss, Guinea. 1968. – G. Wülker, Togo – Tradition u. Entwicklung. 1966. – B. Zimmer, Dahomey. 1969.

6.7.4 NÖRDLICHES ZENTRALAFRIKA. P. Fuchs, Tschad. 1966. W. Hetzel, Zentralafrikan. Republik. In: Geogr. Tb. 1975/76. – Kamerun. Strukturen u. Probleme der sozio-ökonom. Entwicklung. Hrsg. H. F. Illy. 1974. – H. Michel, Wirtschaftsstruktur u. Industrialisierungsprobleme Zaires. 1976. – H.-O. Neuhoff, Gabun. 1967. – G. Oberbeck, Die siedlungs-, verkehrs- u. wirtschaftsgeograph. Struktur Kameruns. 1975. – P. Vennetier, Géographie du Congo-Brazzaville. Paris. 1966. – B. Wiese, Zaire. 1980.

6.7.5 SÜDLICHES ZENTRALAFRIKA. D. M. Abshire, M. A. Samuels, Portuguese Africa. A Handbook. New York. 1969. – G. Borchert, Die Wirtschaftsräume Angolas. 1967. – M. Kuder, Angola. Eine geograph., soziale u. wirtschaftl. Landeskunde. 1971. – Ders., Moçambique. 1975. – Werner Schmidt, Zambia. 1965. – Ders., Rhodesien. 1970.

6.7.6 OSTAFRIKA. H. Berger, Uganda. 1964. – K. Engelhard, Kenia, Tansania, Uganda. In: Geograph. Taschenbuch. 1970–1972. – E. Hammerschmidt, Äthiopien. 1967. – K. H. Hausner, B. Jezic, Ruanda u. Burundi. 1968. – J. Heun, Das Entwicklungsland Somalia. 1963. – W. Leifer (Hrsg.), Kenia. 1977. – C. Lienau, Die Agrarlandschaften in Malawi. In: Die Erde. 1969. – T. Möller, Bergbau u. regionale Entwicklung in Ostafrika. 1971. – W. D. W. Morgan (Hrsg.), East Africa. Its peoples and resources. Nairobi. [2]1971. – W. Rutz (Hrsg.), Ostafrika: Themen zur wirtschaftl. Entwicklung am Beginn der 70er Jahre. 1974. – E. Schimmelpfennig, Malawi. 1965. – J. Schultz, Agrarlandschaftl. Veränderungen in Tansania. 1971. – M. Ursin, Die 8 Länder Ostafrikas. Äthiopien, Burundi, Kenia, Ruanda, Somalia, Sudan, Tansania, Uganda. [2]1973.

6.7.7 SÜDAFRIKA. A. Bannister, P. Johnson, Namibia. 1979. – H. R. Bilger, Südafrika in Geschichte u. Gegenwart. 1977. – K. Hornbogen, Zur Entwicklung der „Heimatländer" in der Republik Südafrika. In: Geograph. Rundschau. 1972. – F. Jaeger, Geograph. Landschaften Südwestafrikas. Windhoek. 1965. – H. Jenny, Südwestafrika. Land zwischen den Extremen. [5]1972. – J. Jeske, Botswana, Lesotho, Swaziland: agrargeogr. Struktur u. wirtschaftl. Verflechtung im südl. Afrika. 1977. – E. Klimm, Botswana. Wirtschaftsräuml. Dynamik u. Differenzierung. In: Geogr. Tb. 1977/78. – Ders., K. G. Schneider, B. Wiese, Das südl. Afrika: Rep. Südafrika, Swaziland, Lesotho. 1980. – H. Kramer, Der Bergbau in Südafrika. 1968. – H. Leser, Südwestafrika, eine geogr. Landeskde. Windhoek. 1976. – Republic of South Africa (Area Handbook). 1971. – E. Rosenthal (Hrsg.), Encyclopaedia of Southern Africa. London. 1961. – H. H. Salmen, Die vier Wirtschaftsregionen der mittleren u. südlichen Kalahari. In: Geograph. Rundschau. 1973. – L. G. Scheidl, Die Wirtschaft der Rep. Südafrika. Wien. 1976. – Südwestafrika. Karawane 18. Jg., H. 2/3. 1977.

6.7.8 AFRIKANISCHE INSELN. C. Eberle, Madagaskar als Wirtschaftspartner. 1970. – K. Hänel, Madagaskar, Komoren, Réunion. 1958. – G. Lionnet, The Seychelles. 1972. – W. Marquardt, Seychellen, Komoren u. Maskarenen. 1976. – M. Schomerus, Seychellen, Madagaskar, Réunion, Mauritius, Komoren. [2]1976. – H. Seidler, Employment, development and economic growth in Mauritius. London. 1965. – W. D. Sick, Madagaskar. 1979. – F. Tenreiro, A Ilha de São Tomé. 1961.

6.8.0 AMERIKA ALS GANZES UND GRÖSSERE TEILE

Gesamtdarstellungen: Amerika. Weltreise. Bde. 12–14. 1974/75. – K. Harrer u. L. P. Woitsch, Ein Kontinent mit vielen Gesichtern. Nordamerika, Südamerika. Wien. 1966. – J. Lambert, Amérique, Structures sociales et institutions politiques. Paris. 1963. – W. Lauer (Hrsg.), Beiträge zur Geographie der Neuen Welt. 1961. – I. Pohl u. J. Zepp, Amerika. [11]1975.

Nordamerika. D. K. Adams u. H. B. Rodgers, An atlas of North American affairs. London. 1969. – F. Bartz, Französ. Einflüsse im Bild der Kulturlandschaft Nordamerikas. In: Erdkunde. 1955. – S. B. Button (Hrsg.), Civilizing american cities. Cambridge, Mass. 1971. – J. D. Chapman u. J. C. Sherman (Hrsg.), Oxford Regional Economic Atlas, United States and Canada. Oxford. 1967. – A. J. Comor, The climates of North America. 1936–1938. – D. F. Costello, The prairie world. Newton Abbot. 1971. – B. Hofmeister, Gegenwärtige Struktur u. Metropolitan Planning in nordamerikan. Großstädten. 1970. – Ders., Anglo-America's great cities. In: Geoforum. Braunschweig. 3. 1970. – Ders., Stadt u. Kulturraum Angloamerika. 1971. – Ders., Nordamerika. 1970. – H. Hochholzer, Die Großen Seen u. der St.-Lorenz-Seeweg. In: Ztschr. für Wirtschaftsgeographie. Bd. 15. 1971. – R. Jätzold, Aride u. humide Jahreszeiten in Nordamerika. 1961. – W. Jopp (Hrsg.), Nordamerika. 1970. – R. Keller, Die großen Seen Nordamerikas. [2]1969. – R. Knapp, Die Vegetation Nord- und Mittelamerikas. 1964. – F. J. Monkhouse u. A. V. Hardy, North American Landscape. London. 1965. – W. H. Parker, Anglo-America. Canada and United States. London. 1971. – J. H. Paterson, North America. Oxford. [4]1970. – G. Pfeifer, Die Kolonisierung Nordamerikas ... 1942. – N. J. G. Pounds, North America. London. [3]1971. – H. Riege, Nordamerika. 2 Bde. 1978. – I. T. Sandersen, Nordamerika. 1966. – O. Schmieder, Nordamerika (Die Neue Welt 2). 1963. – C. Schott (Hrsg.), Beiträge zur Geographie Nordamerikas. 1976. – L. D. Stamp, North America. 1971. – J. E. Weaver, North American Prairie. Lincoln, Nebr. 1954.

Südamerika. Gesamtdarstellungen: H. Blakemore u. C. T. Smith (Hrsg.), Latin America. London. 1972. – J. Brooks (Hrsg.), South America Handbook. 1980. – G. J. Butland, Latin America. A. Regional Geography. New York. 1973. – H. Fröschle (Hrsg.), Die Deutschen in Lateinamerika. 1979. – F. Hack, Südamerika. 1969. – Ibero-Amerika. Ein Handbuch. [5]1964. – W. Jopp (Hrsg.), Mittel- u. Südamerika. 1969. – D. C. Money, South America. London. [3]1965. – H. Robinson, Latin America. London. [2]1965. – M. Rochefort, Géographie de l'Amérique du Sud. Paris. 1966. – G. Sandner, H.-A. Stegner (Hrsg.), Lateinamerika. 1973. – O. Schmieder, Mittel- u. Südamerika (Die Neue Welt. 1). 1962. – H. Tanner, Südamerika. 2 Bde. 1978 u. 1980. – H. Wilhelmy, Geograph. Forschungen in Südamerika. Festschr. 1980.

Natur: M. Bruggmann, H. Loetscher, J. Ch. Spahni, H. Wilhelmy, Die Anden. 1977. – J. Dorst, Südamerika u. Mittelamerika. 1968. – H. Gerth, Geologie Südamerikas. 3 Bde. 1932–1941. – Ders., Der geolog. Bau der südamerikan. Kordillere. 1955. – E. Höller, Klima-Handbuch Lateinamerika. [2]1975. – K. Hueck, Die waldgeograph. Regionen u. Unterregionen von Südamerika. In: Geograph. Taschenbuch 1960/61. – Ders., Die Wälder Südamerikas. 1966. – F. Jaeger, Die Gewässer Südamerikas. In: Petermanns Geograph. Mitteilungen. Bd. 86. 1940. – K. Knoch, Klimakunde von Südamerika. 1930. – G. M. Rosevaere, The grasslands of Latin America. London. 1948. – E. W. Smythe, The conquest of arid Amerika. Seattle. 1970. – W. Zeil, The Andes: a geological review. 1979.

Siedlung u. Bevölkerung: G. H. Beyer (Hrsg.), The Urban Explosion in Latin America. New York. 1967. – K. Ilg, Pioniere in Argentinien, Chile, Paraguay u. Venezuela. Volkskde. d. dt.-sprachigen Siedler. Innsbruck. 1976. – G. Mertins (Hrsg.), Zum Verstädterungsprozeß im nördl. Südamerika. 1978. – K. Niggestich (Hrsg.), Städte in Lateinamerika. 1976. – U. Schlenther, Lateinamerika u. seine Ureinwohner. 1976. – H. Wilhelmy, Südamerika im Spiegel seiner Städte. [2]1968. – Ders., Appearance and functions of the large Latin-American cities. In: Geoforum. Braunschweig. 3. 1970.

Wirtschaft: J. P. Cole, Latin America. An economic and social geography, London. 1965. – Ch. Hannß, Bergbaulandschaften Südamerikas. 1962. – H.P. Illner, Lateinamerika in der Enwicklung. [2]1967. – H. Niederböster, Landwirtschaftl. Fragen Iberoamerikas. 1965. – G. Sandner, Die Hauptphasen der wirtschaftl. Entwicklung in Lateinamerika... In: Hamb. Geograph. Studien. 24. 1971.

6.8.1 KANADA. Atlas and gazetteer of Canada. Ottawa. 1969. – E. Arthur, Toronto. Toronto. 1964. – P. Berton... The Great Railway. Toronto. 1970. – J. B. Bird, The natural landscapes of Canada. Toronto. 1972. – Canada. 1971. The official handbook. Ottawa. 1970. – S. D. Clark (Hrsg.), Urbanism and the changing canadian society. Toronto. 1961. – C. E. Dolman (Hrsg.), Water resources of Canada. Toronto. 1967. – R. J. W. Douglas (Hrsg.), Geology and economic minerals of Canada. Ottawa. 1970. – Encyclopédie du Canada Français. 1970. – E. Hamelin, Le Canada. Paris. 1969. – K. Lenz, Die Prärieprovinzen Kanadas. 1965. – C. McFarland (Hrsg.), Canada. 1971. Annual handbook. Ottawa. 1971. – Montreal, die Metropole Kanadas u. die Laurentians. Montreal. 1964. – The National Atlas of Canada. Ottawa. [4]1970. – A. Pletsch u. C. Schott (Hrsg.), Kanada. Naturraum u. Entwicklungspotential. 1979. – Regional Studies of Canada. 10 Hefte. 1971. – J. L. Robinson, Resources of the Canadian Shield. Toronto, London. 1969. – D. H. Roeder, Rocky Mountains (Geologie). 1967. – J. S. Rowe, Forest regions of Canada. 1959. – C. Schott, Kanada. In: Geograph. Taschenbuch. 1964/65. – Ders. (Hrsg.), Beiträge zur Kulturgeographie von Kanada. 1971. – G. Sylvestre (Hrsg.), Structures sociales du Canada français. Toronto. 1966. – J. Warkentin (Hrsg.), Canada. Toronto. 1968. – Ch. Wassermann, Kanada. Land der Zukunft. 1976. – W. C. Wonders (Hrsg.), Canada's changing North. Montreal. 1971. – G. Woodcock, Canada and the Canadians. Toronto. 1970.

6.8.2 VEREINIGTE STAATEN VON AMERIKA

Insgesamt u. größere Teile: F. Ahnert, Washington, D. C. In: Erdkunde. 1971. – C. Anders, Hawaii. 1975. – Atlas of Hawaii. 1973. – Atlas of the fifty United States. Washington, D. C. 1960. – Baedekers USA. – Reiseführer. [2]1979. – J. Beaujeu-Garnier, Les régions des États-Unis. Paris. 1969. – H. Blume, USA: eine geogr. Landeskde. Bd. 1, [2]1978. Bd. 2, 1979. – H. Boesch, USA. 1973. – C. W. Booth, The Northwestern United States. New York. 1971. – R. M. Highsmith, Atlas of the Pacific Northwest. Oregon State Univ. 1962. – J. W. Morris, The South Western United States. New York. 1970. – National Atlas of the United States. Washington, D. C. 1966 ff. – G. H. Seger, Vereinigte Staaten. [2]1965. – J. Tompson (Hrsg.), Geography of New York State. New York. 1966. – W. Zelinsky, The cultural geography of the United States. 1972.

Natur: H. Hanefeld, Die glaziale Umgestaltung der Schichtstufenlandschaft am Nordrand der Alleghenies. 1960. – C. J. Heusser, Late pleistocene environments of North Pacific North America. New York. 1960. – A. W. Küchler, Potential natural vegetation of the conterminous United States. New York. 1964. – R. Peattie (Hrsg.), The Rocky Mountains. New York. 1945. – J. Rodgers, The tectonics of the Appalachians. New York. 1970. – H. Steinitz, Mississippi. Geschichte eines Stromes. Bern. 1967. – W. D. Thornbury, Regional geomorphology of the United States. New York. 1965. – S. S. Visher, Climatic Atlas of the United States. Cambridge. London. 1954.

Bevölkerung, Städte: R. M. Dorson, Volksleben in Amerika. 1976. – J. Gottman, Megalopolis, The urbanized north eastern seabord of the United States. New York. 1961. – B. Hofmeister, Die City der nordamerikan. Großstadt im Wandel. In: Geograph. Rundschau. 1967. – M. Harrington, Das andere Amerika. Die Armut in den Vereinigten Staaten. 1964. – J. Jacobs, Tod u. Leben großer amerikan. Städte. 1976. – H.-P. Mahnke, Die Hauptstädte u. die führenden Städte der USA. 1970. – R. E. Murphy, The American City. New York. [2]1974. – J. R. Passoneau u. R. S. Wurman, Urban Atlas. 20 American cities. Cambridge, Mass. 1966. – C. Rafestin, L'evolution de l'immigration allemande aux États-Unis. In: Globe. Genf. 109. 1969. – G. Schlott, Das Negerproblem in den USA. 1967. – L. A. Textor, Amerikas Bevölkerung u. ihre Ursprünge. In: Ztschr. für Wirtschaftsgeographie. 12. 1968. – G. Voppel, Die bevölkerungsgeogr. Entwicklung der Großagglomerationen in den Vereinigten Staaten. In: Geogr. Tb. 1975/76. – K. v. Zydowitz, Die Indianer in den USA. 1977.

Wirtschaft u. Verkehr: J. R. Anderson, A geography of agriculture in the United States' Southeast. Budapest. 1973. – W. B. Beatty, Mineral resource data in the Western States. Stanford. 1962. – Die Bedeutung der US-Eisenbahnen. In: Ztschr. für Wirtschaftsgeographie. Bd. 12. 1968. – D. C. Bogue u. C. L. Beale, Economic Areas of the United States. New York. 1961. – H. W. Friese, B. Hofmeister, Die USA. 1980. – L. Haystead u. G. C. Fite, The agricultural regions of the United States. Neuaufl. New York. 1963. – P. George, L'économie des États-Unis. Paris. [10]1970. – C. T. Mouzon, Resources and industries of the United States. New York. 1966. – Ch. A. Reich, The greening of America. New York. 1970. – W. Schmidt-Koehl, Die Stellung der Kohle in der Energiewirtschaft der Vereinigten Staaten von Nordamerika. 1964. – A. Vatter, Neuerungen bei der Baumwollproduktion in USA. In: Ztschr. für Wirtschaftsgeographie. 14. 1970. – H. F. Williamson, The American petroleum industry. 2 Bde. Evanston, III. 1959–1964. – H. W. Windhorst, Die Agrarwirtschaft der USA im Wandel. [2]1978.

6.8.3 MEXIKO. Atlas geográfico de la Republica Mexicana por estados. Mexico. 1966. – V. Bennholdt-Thomsen, Die soziale, ökonom. u. kulturelle Stellung der Indios in Mexiko. 1976. – Fodor's Guide to Mexico 1972/73. – W. Freudenberg, Geologie von Mexiko. 1921. – J. Friedrich, Die Agrarreform in Mexiko. 1968. – H.-G. Gierloff-Emden, Mexiko (México). Lebensraum, Struktur-Probleme. In: Geograph. Taschenbuch. 1966 bis 1969. – Ders., Die Bewässerungswirtschaft von Mexiko. In: Mitteilungen der Geograph. Ges. München. 52. 1967. – Ders., Zum Klima Mexikos. In: Geograph. Rundschau. Bd. 20. 1968. – Ders., Mexiko. Eine Landeskunde. 1970. – K. Helbig, So sah ich Mexiko. [3]1973. – H. Helfritz, Mexiko, Land der drei Kulturen. 1968. – W. Lauer (Hrsg.), Das Mexiko-Projekt der DFG. Eine deutsch-mexikan. interdisziplinäre Regionalforschung im Becken von Puebla Tlaxcala. Mehrere Bde. 1968 ff. – K. Murr, Das Rohstoffpotential des Golfes von Mexiko. In: Ztschr. für Wirtschaftsgeographie. Bd. 15. 1972. – I. Paulukat, Die Vereinigten Staaten von Mexiko. In: Geograph. Berichte. 46. 1968. – F. Tannenbaum, Mexiko. 1967. – H. Thierbach, Mexiko. Das Land, seine Wirtschaft u. seine Verkehrsprobleme. In: Ztschr. für Wirtschaftsgeographie. Bd. 11. 1967.

6.8.4 MITTELAMERIKA

Mittelamerika insgesamt und Zentralamerika: T. Binder, Mexiko u. Zentralamerika. [2]1977. – W. Harnisch, Karibien u. Mittelamerika. [4]1978. – K. Helbig, Zentralamerika. In: Petermanns Geograph. Mitteilungen. Bd. 108. 1964. – Ders., Die Wirtschaft Zentralamerikas. 1966. – Ders., Zentralamerika. Raum u. Wirtschaft. In: Ztschr. für Wirtschaftsgeographie. Bd. 12. 1968. – H. Helfritz, Zentralamerika. 1963. – W. Lauer, Klimat. u. pflanzengeograph. Grundzüge Zentralamerikas. In: Erdkunde. Bd. 13. 1959. – Ders., Die Bevölkerungs- u. Wirtschaftsstruktur Zentralamerikas. In: Geograph. Taschenbuch. 1964/65. – E. Oppens, Karibik. 1978. – G. Sandner, Die Erschließung der karib. Waldregion. In: Die Erde. Bd. 95. 1964. – Ders., Die Hauptstädte Zentralamerikas. 1969. – K. Sapper, Klimakunde von Mittelamerika. 1932. – R. C. West u. J. P. Augelli, Middle America. Englewood Cliffs, N. J. 1966. – R. Weyl, Erdgeschichte u. Landschaftsbild in Mittelamerika. 1965.

El Salvador. El Salvador, Atlas de Recursos Fisicos. El Salvador. 1969. – El Salvador (Länderkurzberichte. Hrsg. Statist. Bundesamt, Wiesbaden). 1979. – El Salvador, Landscape and Society. Oxford. 1971. – H.-G. Gierloff-Emden, Die Küste von El Salvador. 1959. – K. Helbig, El Salvador. In: Ztschr. für Wirtschaftsgeographie. Bd. 12. 1968. – W. Lauer, Vegetation, Landnutzung u. Agrarpotential in El Salvador. 1956. – W. Lötschert, Vegetation u. Standortklima in El Salvador. 1959.

Guatemala u. Brit. Honduras. Annual Report. Belize. Govt. Printer (Jährl.). – Diccionario géogràfico de Guatemala. Guatemala. 1961/62. – A. R. Gregg, British Honduras. London. 1969. – A. Guerra Borges, Geografía Económica de Guatemala. Guatemala. 1969. – C. W. Minkel, A bibliography of British Honduras. East Lansing. 1970. – D. A. G. Waddell, British Honduras. London. 1961. – N. L. Whetten, Guatemala. New Haven, Conn. 1961.

Honduras. K. Helbig, Jüngste Entwicklung in der Rep. Honduras. In: Petermanns Geograph. Mitteilungen. Bd. 105. 1961. – Ders., Honduras. In: Ztschr. für Wirtschaftsgeograhie. Bd. 13. 1969. – Honduras (Länderkurzberichte. Hrsg. Statist. Bundesamt, Wiesbaden). 1976. – C. L. Johannessen, Savannes of the interior Honduras. Berkeley, Calif. 1963. – A. Rubio Melhado u. M. Castro Morán, Geografia general de la República de Honduras. Tegucigalpa. 1953.

Nicaragua, Costa Rica u. Panama. I. Cameron, The impossible dream: the building of the Panama Canal. London. 1971. – Costa Rica. Washington, D. C. (Area Handbooks). o. J. – B. Engels, Geolog. Problematik u. Strukturanalyse Nikaraguas. In: Geolog. Rundschau. Bd. 54. 1964. – K. Helbig, Nicaragua. In: Geograph. Rundschau. Bd. 19. 1967. – Nicaragua. Washington, D. C. (Area Handbooks). 1970. – Nicaragua (Länderkurzberichte. Hrsg. Statist. Bundesamt, Wiesbaden). 1979. – Panama (Länderkurzberichte. Hrsg. Statist. Bundesamt, Wiesbaden). 1979. – K.-H. Pfeffer, Costa Rica. 1968. – F. Riebel, Entwicklung u. Stand der Landwirtschaft in Nicaragua. Diss. 1960. – G. Sandner, Costa Rica. In: Geograph. Taschenbuch. 1962/63. – Ders., Panama. In: Die Erde. Bd. 101. 1970. – H. O. Spielmann, Probleme der agrarwirtschaftl. Entwicklung in Costa Rica. In: Die Erde. Bd. 104. 1973. – F. Terán u. J. Incer, Geografia de Nicaragua. Managua. 1964.

6.8.5 WESTINDIEN

Gesamtdarstellungen: J. P. Augelli (Hrsg.), Carribean Lands, Grand Rapids, Mich. 1965. – H. Blume, Beiträge zur Klimatologie Westindiens. In: Erdkunde. Bd.

16. 1962. – Ders., Die Westind. Inseln. 1968. – Ders., Die kulturräuml. Gliederung der Antillen. In: Hamb. Geograph. Studien. 24. 1971. – A. Eyre, A new Geography of the Carribean. London. ^{3}1968. – W. Gerling, Westind. Inseln. In: Geograph. Taschenbuch. 1958/59. – Ders., Die Plantagenwirtschaft des Rohrzuckers auf den Großen Antillen. 1959. – R. Glusa, Zur polit. Geographie Westindiens. 1962. – H. W. Hannau, Die Karib. Inseln. 1963. – Ders., Die Inseln der Bahamas. 1976. – J. Macpherson, Carribean Lands. London. 1963. – P. Pagney, Le climat des Antilles. 2 Bde. Paris. 1967/68. – The West Indian and Carribean Year Book (Jährl.). – R. Weyl. Geologie der Antillen. 1966.

Dominikanische Republik. J. P. Augelli, The Dominican Republic. In: Focus 15. 1965. – Dominikan. Rep. (Länderkurzberichte). Hrsg. Stat. Bundesamt. 1978. – A. Obiols u. R. Perdomo, Atlas de información basica... de la Rep. Dominican. Guatemala. 1966. – Th. Wayland Vaugham, A geological reconnaissance of the Dominican Republic. Washington, D. C. 1921.

Haiti. J. A. Butterlin, Géologie de la Rép. d'Haiti. Paris. 1960. – Haiti (Länderkurzberichte). Hrsg. Stat. Bundesamt. 1976. – J. G. Leybaum, The haitian people. New Haven, Neuaufl. 1966. – P. Moral, Le paysan haitien. Paris. 1961. – G. Pierre-Charles, L'economie haitienne. Paris. 1967.

Kleine Antillen. F. C. Evans, A first geography of Trinidad and Tobago. London. 1967. – Encyclopedie van de Nederlandse Antillen. Amsterdam. o. J. – R. Guerra y Sanchez, Sugar and society in the Carribean. New Haven, London. 1964. – G. Laserre, La Guadeloupe, étude géographique. 2 Bde. Bordeaux. 1962. – A. Leemann, Trinidad. In: Ztschr. für Wirtschaftsgeographie. Bd. 12. 1968. – Ders., Jamaica. Ebd. Bd. 16. 1972. – R. Pico, Geografía de Puerto Rico. 2 Bde. Rio Pedras. 1954–1964. – Pouquet, Les Antilles françaises. Paris. 1960. – O. P. Starkey, Commercial geography of Barbados. Bloomington, Ind. 1961. – H. J. Stewart (Hrsg.), The people of Puerto Rico. Urbana. 1966. – R. Weyl, Landschaft u. Erdgeschichte der Kleinen Antillen. In: Natur u. Museum 1–5. 1963.

Kuba. Atlas Nacional de Cuba. Havanna. 1970. – A. Bianchi, Land reform in Cuba. London. 1963. – H. Bleckert, Beiträge zur ökonom. Geographie der Rep. Kuba. In: Petermanns Geograph. Mitteilungen. Bd. 110. 1966. – H. Blume, Agrarlandschaft u. Agrarreform in Kuba. In: Geograph. Ztschr. Bd. 56. 1968. – G. Furrazola-Bermúdez u. a., Geología de Cuba. Havanna. 1964. – Kuba. Merian. 1979. – S. Münch, Zur Entwicklung der Landwirtschaft Kubas. In: Beiträge zur trop. u. subtrop. Landwirtschaft. 3. 1965. – A. Núnez Jiménez, Geografía de Cuba. Havanna. ^{3}1963. – K. Scherf, Ökonom.-geograph. Strukturwandlungen der Rep. Kuba. In: Geograph. Berichte. Bd. 9. 1964.

6.8.6 NÖRDLICHES SÜDAMERIKA

Guayana. M. Devèze, Les Guyanes. Paris. 1968. – Duif en Schalken (Hrsg.), Atlas van Suriname. Paramaibo. 1968. – Guyana, A nation on the move. Georgetown. o. J. – P. Jean-Louis u. J. Hauger, La Guyane française. Besançon. 1960. – H. Meischeider, Surinam u. seine wirtschaftl. Möglichkeiten. In: Geograph. Rundschau. Bd. 17. 1965. – R. H. Schomburgk, A description of British Guiana... London. 1970. – M. Sumwaldt, Surinam in pictures. London. 1972.

Kolumbien. Atlas de Columbia. Bogota. ^{2}1969. – Atlas de economía colombiana. 4 Bde. Bogota. 1959–1964. – W. Brücher, Die Erschließung des trop. Regenwaldes am Ostrand der kolumbian. Anden. 1968. – Colombia. Washington, D. C. 1970 (Area Handbook). – H. Kolbe, Die industrielle Entwicklung in Kolumbien. 1965. – Kolumbien (Länderkurzberichte). 1978. – G. Mertins, Kolumbien. Zur Bevölkerungs- u. Wirtschaftsstruktur. In: Geogr. Tb. 1977/78. – M. Veit, Antioquia. In: Ztschr. für Wirtschaftsgeogr. Bd. 18. 1974.

Venezuela. Atlas de Venezuela. Caracas. 1969. – Ch. Borcherdt, Junge Wandlungen der Kulturlandschaft in Venezuela. In: Geograph. Ztschr. Bd. 55. 1967. – Ders., Die neuere Verkehrserschließung in Venezuela. In: Die Erde. Bd. 99. 1968. – E. Gormsen, Venezuela. Bevölkerungsentwicklung u. Wirtschaftsstruktur. In: Geogr. Tb. 1975/76. – K. Hueck, Die Wälder Venezuelas. 1961. – E. Lieuwen, Venezuela. London. ^{2}1965. – M. A. Vila u. a., Zonificación geoeconómica de Venezuela. 4 Bde. Caracas. 1968.

6.8.7 BRASILIEN. A. B. de Amaral, Die Industrialisierung in Brasilien. 1977. – Atlas Nacional do Brasil. Rio de Janeiro. 1966. – A. Azevedo, Brasil a terra e o homen. 2 Bde. São Paulo. 1968–1970. – J. J. van Besselaar, Brasilien, Anspruch u. Wirklichkeit. 1970. – Brasilien (Länderkurzberichte). 1979. – K. Beuerlen, Geologie von Brasilien. 1970. – Dicionario Geografico Brasileiro (Geogr. Handbuch Brasiliens). 1972. – G. Faber, Brasilien, Weltmacht von morgen. ^{3}1977. – C. Furtado, Die wirtschaftl. Entwicklung Brasiliens. 1975. – G. Glaser, Beiträge zur Geographie Brasiliens. 1971. – G. Kohlhepp, Agrarkolonisation in Nord-Paraná. 1975. – M. Le Lannou, Le Brésil. Paris. ^{4}1968. – P. Monbeig, Le Brésil. Paris. ^{3}1968. – H. O'Reilly Sternberg, The Amazon River of Brazil. 1975. – L. O. de Toledo u. P. P. Perides, Geografia geral do Brasil. Moóca. 1971. – O. Valverde, Geografia agraria do Brasil. Mehrere Bde. Rio de Janeiro. 1964 ff.

6.8.8 LA-PLATA-STAATEN (ARGENTINIEN, URUGUAY, PARAGUAY). F. B. Aparicio u. H. A. Disrieri (Hrsg.), La Argentina. Suma de Geografía. 9 Bde. Buenos Aires. 1958–1963. – Argentinien (Länderkurzberichte. Hrsg. Statist. Bundesamt, Wiesbaden). 1977. – R. H. Brannon, The agricultural development of Uruguay, New York. 1968. – J. Bossi, Geología del Uruguay. Montevideo. ^{2}1969. – Ch. Buhmann, Die Viehwirtschaft im argentin. Zwischenstromland. 1968. – R. M. Cayo, Compendio geográfico y atlas argentino. Buenos Aires. 1965. – F. A. Daus, Geografía de la Republica Argentina. 2 Bde. Buenos Aires. $^{1-2}$1959–1969. – A. C. Delavaud, Uruguay, moyennes et petites villes. Paris. 1972. – W. Eriksen, Kolonisation u. Tourismus in Ostpatagonien. 1970. – R. von Fischer-Treuenfeld, Paraguay in Wort u. Bild. 1956. – D. H. N. Foster, The Argentines. Newton Abbot. 1972. – H. Hack, Die Kolonisation der Mennoniten im parag. Chaco. Amsterdam. 1961. – E. Hopkins u. a., Paraguay. 1852 and 1968. New York. 1968. – H. Krier, Paraguay. ^{3}1979. – H. Loofs u. J. Delaborde, Am Rande der Welt. Patagonien u. Feuerland. 1962. – G. Möckel, Ökonom.-geograph. Überblick über Argentinien. In: Ztschr. für den Erdkundeunterricht. Bd. 16. 1964. – Paraguay (Länderkurzberichte). 1978. – G. Pendle, Argentinia. London. ^{3}1963. – Ders., Uruguay. London. ^{3}1963. – Ders., Paraguay. London. ^{3}1967. – J. Pincus, The economy of Paraguay. New York. 1968. – H. Putzer, Geologie von Paraguay. 1962. – C. M. Rama, Sociologica del Uruguay. Buenos Aires. 1965. – R. Schneider, Argentinien, ein physisch-geograph. Überblick. In: Ztschr. für den Erdkundeunterricht. Bd. 17. 1965. – I. J. Strange, The Falkland Islands. Newton Abbot. 1972. – T. A. Tonina, Landwirtschaftl. Betriebssysteme in Argentinien. 1963. – J. Touchard, La Rép. Argentine. Paris. ^{3}1966. – Uruguay (Länderkurzberichte). 1978. – H. Wilhelmy, W. Rohmeder, Die La-Plata-Länder. 1963. – J. A. F. Zapata, Argentinien. 1978.

6.8.9 ANDENLÄNDER

Bolivien. F. Ahlfeld, Geografía Física de Bolivia. La Paz. 1969. – Ders., Geología de Bolivia. La Paz. 1972. – B. B. Gover u. A. Cardazo, Geografía Agricola de Bolivia. La Paz. 1971. – Inkastaaten: Ecuador – Peru – Bolivien. Merian. o. J. – K. Lister u. J. McKeel, Discover Bolivia. La Paz. 1972. – F. Monheim, Junge Indianerkolonisation in Ostbolivien. 1965. – Ders., Bolivien. In: Geograph. Taschenbuch. 1960/61. – H. Neumann, Physisch- u. ökonom.-geograph. Überblick über Bolivien. In: Ztschr. für den Erdkundeunterricht. Bd. 17. 1965. – H. Osborne, Bolivia, A land divided. London. ^{3}1964.

Chile. Atlas de la República de Chile. Santiago. ^{2}1970. – J. C. Fitter, Chilen. Entwicklungswirklichkeit. 1968. – Geografía económica de Chile. Santiago. 1965–1967. – R. Hoffmann u. T. Debuyst, Chile una industrialización desordenada. Santiago. 1966. – Ch. von Husen, Klimagliederung in Chile. 1967. – W. Lauer (Hrsg.), Landflucht u. Verstädterung in Chile. 1976. – A. Martellat, Atlas social de las comunas de Chile. Santiago. 1965. – K. Rother, Stand, Auswirkungen u. Aufgaben der chilen. Agrarreform. In: Erdkunde 27. 1973. – Ders., Zum Fortgang der Agrarreform in Chile. In: Erdkunde 28. 1974. – W. Weischet, Chile. 1970. – W. Zeil, Geologie von Chile. 1964.

Ecuador. W. Brücher, Neuerschlossene Erdölgebiete im amazon. Tiefland von Kolumbien u. Ecuador. In: Geograph. Ztschr. 59. 1971. – Ecuador (Länderkurzberichte). 1979. – E. Eisenlohr, Agrarreform in Ecuador... 1969. – Ecuador, Wirtschaftl. Entwicklung 1970/71. 1971. – C. R. Gibson, Foreign trade... The case of Ecuador. London. 1971. – M. König, Die Rolle der Mittelschichten in der wirtschaftl. Entwicklung Ecuadors. 1969. – K. Rump, Probleme der Monokultur, dargestellt am Beispiel der Bananenwirtschaft Ecuadors. 1969. – W. Sauer, Geologie von Ecuador. 1969. – W.-D. Sick, Wirtschaftsgeographie von Ecuador. 1963.

Peru. G. H. S. Bushnell, Peru. London. 1967. – A. J. Coutu u. R. A. King, The agricultural development of Peru. New York. 1969. – O. Dollfus, Le Pérou. Paris. 1967. – Ders., Le Pérou. Introduction géographique. Paris. 1968. – A. Gaitzsch, Die peruan. Agrarreform. o. J. – C. Koepcke, Peru im Profil. 1962. – A. Maass, Entwicklungen u. Perspektiven der wirtschaftl. Erschließung des trop. Waldlandes von Peru. 1969. – J. Mejía Baca u. A. Tauro, Diccionário Enciclopédico del Perú. 3 Bde. 1966. – F. Monheim, Agrarreform u. Kolonisation in Peru u. Bolivien. In: Beiträge zur Landeskunde von Peru u. Bolivien. 1968. – Ders., Zur Entwicklung der peruan. Agrarreform. In: Geograph. Ztschr. Bd. 60. 1972. – Peru (Länderkurzberichte). 1979. – Peru. Geschichte u. Wirtschaft. Zürich. 1964. – E. Romero, Geografia economica del Peru. Lima. ^{5}1966. – G. Steinmann, Geologie von Peru. 1929.

6.9.0 AUSTRALIEN. J. Andrews, Australia's resources and their utilization. Sydney. 1965. – R. T. Appleyard, British Emigration to Australia. Toronto. 1965. – Atlas of Australian Resources. Canberra. ^{2}1962 ff. – Australia handbook 1972. Canberra. 1972. – D. A. Brown u. a., The geological evolution of Australia and New Zealand. Oxford, Braunschweig. 1968. – I. Coghill, Australias mineral wealth. 1973. – J. Dahlke, Der Weizengürtel in Südwestaustralien. 1973. – Ders., Der westaustral. Wirtschaftsraum. 1975. – T. W. E. David, The geology of the Commonwealth of Australia. London. 1950. – B. R. Davidson, Australia wet or dry. Carlton, Vic. 1969. – F. G. Davidson, The industrialization of Australia. Melbourne. ^{4}1969. – J. L. Davies (Hrsg.), Atlas of Tasmania. Hobart. 1965. – B. Fautz, Agrarräume in den Tropen u. Subtropen Australiens. In: Geograph. Rundschau. Bd. 22. 1970. – E. H. J. Feeken u. a., The discovery and exploration of Australia. Melbourne. 1971. – K. Frenzel u. a., Australien, Neuseeland, Ozeanien. ^{7}1974. – J. Gentilli (Hrsg.), Climates of Australia and New Zealand. Amsterdam. 1971. – A. Guilcher, L'Océanie. Paris. 1969. – R. L. Heathcote, Die Dürre als Faktor der austral. Wirtschaft. In: Geograph. Rundschau. Bd. 21. 1969. – Ders., Australia. The World's Landscapes. London. 1975. – S. W. Jackman, Tasmania. 1974. – J. N. Jennings, J. A. Mabbut (Hrsg.), Landform studies from Australia and New Guinea. London, Canberra. 1967. – A. Keast, Australien u. Ozeanien. 1967. – Ch. F. Laseron, The Face of Australia. Sydney. 1972. – A. T. A. u. A. M. Learmonth, Encyclopedia of Australia. London, New York. 1968. – Dies., Regional landscapes of Australia. London. 1972. – A. M. Learmonth, The Australians. Newton Abbot. 1973. – G. W. Leeper (Hrsg.), The Australian Environment. Melbourne. ^{4}1970. Nachdr. 1973. – New South Wales, Queensland, South Australian, Tasmanian, Victorian u. Western Australian Year Books. CBCS (Jährl.). – Official Year Book of the Commonwealth of Australia. CBCS, Canberra. 1972. – The Oxford Australian Atlas. Melbourne. ^{2}1966. – D. Pike, Australia, The quiet continent. London. ^{2}1970. – A. G. Price, Islands continent. Sydney. 1972. – H. Rees, Australasia, Australia... London. ^{3}1969. – E. Reiner, Erdöl u. Erdgas in Australien. In: Ztschr. für Wirtschaftsgeographie. Bd. 15. 1971. – K. W. Robinson, A regional geography of Southeast Australia. Camberwell, Vic. 1972. – A. G. L. Shaw, The Economic development of Australia. Camberwell, Vic. ^{6}1973. – C. Turnbill, Mineralien – der Reichtum Australiens. In: Ztschr. für Wirtschaftsgeographie. 12. 1968. – A. D. Tweedie, K. W. Robinson, The regions of Australia. Croydon. ^{2}1968. – C. R. Twidale, M. R. Foale, Landforms illustrated. Melbourne. 1969. – H. Uhlig (Hrsg.), Südostasien – Austral.-pazif. Raum. Fischer Länderkunde. 1975. – M. Veit, Die Elektrizitätswirtschaft Tasmaniens. In: Ztschr. für Wirtschaftsgeographie. Bd. 17. 1973. – D. B. Williams (Hrsg.), Agriculture in the Australian Economy. Sydney. 1970.

6.9.1 NEUSEELAND. K. B. Cumberland, New Zealand. Topical geographies. 17 Hefte. Christchurch. 1965–1968. – Ders., New Zealand. London. 1970. – R. Du Faur, New Zealand Farming in colour. Wellington. 1967. – B. H. Farrell, Power in New Zealand, Wellington. 1962. – B. Fautz, Agrar. Erschließung u. Farmengefüge in Neuseeland. In: Die Erde. Bd. 98. 1967. – B. J. Garnier, The climate of New Zealand. London. 1958. – K. Jackson u. J. Harré, New Zealand. 1969. – C. Knight u. J. Renner, Map studies of New Zealand. Wellington. 1968. – G. J. R. Linge u. R. M. Frazer, Atlas of New Zealand Geography. Wellington. 1968. – R. G. Lister, Oxford Atlas for New Zealand. London. 1966. – R. D. Mayhill u. G. Bawden, New Zealand geography. Auckland. 1966. – A. H. McLintock (Hrsg.), An encyclopedia of New Zealand. 3 Bde. Wellington. 1966. – Ders., A descriptive Atlas of New Zealand. Wellington. 1960. – Neuseeland. Merian. 1978. – New Zealand Atlas. Wellington. 1976. – New Zealand Official Yearbook. Wellington. 1895 ff. – J. Pascoe u. R. J. Griffith, New Zealand from the air in colour. Wellington. 1968. – J. Pascoe u. L. E. Salt (Hrsg.), Oxford New Zealand Encyclopedia. Melbourne. 1965. – M. Shadbolt (Hrsg.), The Shell guide to New Zealand. 1968.

6.9.2 OZEANIEN

Gesamtdarstellungen: R. Crocombe (Hrsg.), Land tenure in the Pacific. Melbourne. 1971. – J. W. Davidson u. D. Scarr (Hrsg.), Pacific Islands Portrait. Canberra. 1970. – Encyclopaedia of Papua and New Guinea. 3 Bde. Melbourne. 1972. – T. F. Kennedy, A descriptive Atlas of the Pacific Islands. Wellington. 1965. – P. Marshall, Oceania. 1911. – N. McArthur, Island populations of the Pacific. Canberra. 1968. – Oceania. Area Handbooks. 1971. – Pacific Islands Yearbook. Sydney. 13. 1978. – H. Uhlig, Menschen der Südsee. 1974.

Einzelne Inseln: R. A. Derrick, The Fiji Islands. Suva. 1957. – P. Hastings (Hrsg.), Papua-New Guinea. London. 1971. – D. Howlett, A geography of Papua and New Guinea. Melbourne. o. J. – A. Huetz de Lemps, L'Océanie Française. Paris. 1963. – J. Kent, The Solomon Islands. 1972. – D. A. M. Lea, New Guinea. Melbourne. ^{3}1973. – J. Siers, Fiji in colour. London. 1972. – V. Thompson, R. Adloff, The French Pacific Islands. 1971. – J. Tudor (Hrsg.), Handbook of Fiji. Sydney. 1973.

6.9.3. ANTARKTIS (SÜDPOLARGEBIET). The Antarctic Atlas. Tokio. 1966. – Atlas of Antarctica. Moskau. 1966. – C. Bond, Antarktika. 1980. – A. Cailleux, L'Antarctique. Paris. 1967. – G. Finkel, Antarktika. 1977. – G. Follmann, Das Pflanzenleben der Antarktis. In: Umschau... 1964. – E. Hillarv, Der Wettlauf zum Südpol. 1961. – H.-P. Kosack, Die Antarktis. 1955. – K. K. Markov u. a., The geography of Antarctica. Jerusalem. 1971. – E. Mickleburgh, Abenteuer Antarktis. 1980. – E. Porter, Die Antarktis. 1980. – E. Schulthess, Antarctica. 1960 (Bildband). – G. Skeib, Antarktika, Kontinent im Brennpunkt der Forschung. 1965. – H. Steinitz, Der 7. Kontinent. Bern. 1959.

6.9.4 ARKTIS (NORDPOLARGEBIET)

Nordpolargebiet: H. Barüske, Grönland. 1977. – E. Calic, Treffpunkt Pol. 1965. – P. Del Perguia, Le grand Nord. Paris. ^{2}1968. – Ecology of the subarctic regions. Paris. 1970. – W. A. Fuller, P. G. Kevan, Productivity and conservation in northern circumpolar lands. Morges. 1970. P. A. Gordijenko, Die Polarforschung der Sowjetunion. Dt. 1967. – Ch. Kuralt, Vers le sommet du globe. Paris. 1969. – R. St. J. Macdonald (Hrsg.), The Arctic frontier. Toronto. 1966. – V. Pantenburg, Die Arktis ruft. 1964. – W. Pillewizer, Gletscherland in der Arktis. ^{2}1967. – G. O. Raasch (Hrsg.), The geology of the Arctic. 2 Bde. Toronto. 1961. – G. Stäblein, Grönland. In: Geogr. Tb. 1977/78.

Polargebiete: S. S. Gaigerov, Aerology of polar regions. Jerusalem. 1967. – H.-P. Kosack, Die Polarforschung. 1967. – S. Orvig (Hrsg.), Climates of polar regions. Amsterdam. 1970. – N. A. Otenso (Hrsg.), Problems of the Arctic and Antarctic. Montreal. o. J. – Polarforschung. 1931 ff.

6.9.5 MEERE (ALLGEMEINES). R. L. Carson, Geheimnisse des Meeres. 1960. – G. E. R. Deacon (Hrsg.), Die Meere der Welt. ^{2}1970. – G. Dietrich (Hrsg.), Erforschung des Meeres. 1970. – Ders., K. Kalle, W. Kraus, G. Siedler, Allgemeine Meereskunde. ^{3}1975. – N. C. Flemming (Hrsg.), Das Meer. Enzyklopädie der Meeresforschung u. Meeresnutzung. 1977. – E. Gagel, Die sieben Meere. Erforschung u. Erschließung. 1955. – H. Gierloff-Emden, Geographie des Meeres: Ozeane u. Küsten. 2 Bde. 1979. – A. Huxley, A standard encyclopedia of the world's oceans and islands. London. 1963. – Der Große Krüger Atlas der Ozeane. 1978. – Das Meer. Leipzig. 1969. – Das große Reader's-Digest-Buch der Ozeane. ^{3}1978. – Die Weltmeere. Taschenatlas. 1962. – J. D. Woods u. J. N. Lythgoe (Hrsg.), Underwater Science. London. 1972. → auch 8.9.4 Ozeanographie.

6.9.6 ATLANTISCHER OZEAN UND NORDPOLARMEER

Atlantischer Ozean. Atlas der Gezeitenströme für die Nordsee... ^{2}1968. – Atlas der klimatolog., geograph. u. ozeanograph. Faktoren der Nordsee... 1953. – K. Beurlen, Die geolog. Entwicklung des Atlant. Ozeans. Geotekton. Forsch. 46. 1974. – K. Brocks, Die Atlant. Expedition 1965... 1966. – A. Defant, Aufbau u. Zirkulation des Atlant. Ozeans. 1938. – T. Hoehfeld, Erdgas aus der Nordsee. In: Geograph. Rundschau. Bd. 19. 1967. – L. Magaard, G. Rheinheimer (Hrsg.), Meereskunde der Ostsee. 1974. – R. C. Mitchell-Thomé, Geology of South Atlantic Islands. 1970. – G. Sager, Gezeiten u. Gezeitenströme in der Ostsee. 1967. – G. Schott, Geographie des Atlant. Ozeans. ^{3}1944. – H. Stommel, The anatomy of the Atlantic. London. 1955.

Nordpolarmeer u. antarktische Gewässer. J. Gordienko u. A. F. Laktinov, Principle results of the latest oceanographic research in the Arctic Basin. Ottawa. 1961. – A. L. Gordon u. a. (Hrsg.), Circumpolar characteristics of Antarctic waters. New York. 1970. – J. L. Reid, Antarctic Oceanology. Washington, D. C. 1971. – J. E. Sater, The Arctic Basin. Montreal. 1969.

6.9.7 INDISCHER OZEAN. Handbuch des Ind. Ozeans. [2]1962. – B. C. Heezen u. M. Tharp, Physiography of the Indian Ocean. 1965. – L. Möller, Die Zirkulation des Ind. Ozeans. 1929. – G. Prüfer, Die Gezeiten des Ind. Ozeans. Diss. 1939. – G. Schott, Geographie des Ind. u. Stillen Ozeans. 1935.
6.9.8 PAZIFISCHER OZEAN. O. K. Freeman (Hrsg.), Geography of the Pacific. New York. 1951. – H. W. Menard, Marine geology of the Pacific. New York. 1951. – A. M. Muromtsev, The principle hydrological features of the Pacific Ocean. Jerusalem. 1963. – G. Schott, Geographie des Ind. u. des Stillen Ozeans. 1935. – W. S. Wooster (Hrsg.), Scientific exploration of the South Pacific. Washington, D. C. 1970. – K. Wyrtki, The thermal structure of the Eastern Pacific Ocean. Hamburg. 1964.

7.0.0 MATHEMATIK (ALLGEMEINES)
Allgemeines: O. Becker, Die Grundlagen der Mathematik in geschichtl. Entwicklung. 1975. – E. W. Beth, Mathematical Thought. 1965. – H. Birnbaum, Mathematik. 1976. – N. Bourbaki, Elemente der Mathematikgeschichte. 1971. – H. B. Curry, Foundations of Mathematical Logic. 1963. – W. R. Fuchs, Eltern entdecken die neue Mathematik. 1970. – Ders., Eltern entdecken die neue Logik. 1971. – Ders., Knaurs Buch der modernen Mathematik. 1966. – K. P. Grotemeyer, Der strukturelle Aufbau der Mathematik. 1963. – J. van Heijenoort, From Frege to Gödel. 1967. – S. Körner, Philosophie der Mathematik. 1968. – P. Lorenzen, Metamathematik. [2]1980. – Mathesius, Tore zur Mathematik. [2]1962. – H. Meschkowski, Denkweisen großer Mathematiker. [2]1968. – Ders. Mathematisches Begriffswörterbuch. [4]1974. – Ders., Problemgeschichte der Mathematik. 2 Bde. 1979–1980. – A. Rohrberg, Wegweiser durch die Mathematik. 2 Bde. [3]1961. – B. Russel, Einführung in die mathemat. Philosophie. 1953. – H. A. Schmidt, Mathematische Grundlagenforschung. 1950. – H. Seiffert, Einführung in die Mathematik. 1973. – W. Strombach u. a., Mathematische Logik. 1972. – F. Waismann, Einführung in das mathemat. Denken. [2]1970. – T. H. Young, Grundlagen der Mathematik. 1972.
Mathematikgeschichte: E. Colerus, Von Pythagoras bis Hilbert. o. J. – W. R. Fuchs, Formel u. Fantasie. 1979. – H. Hankel, Zur Geschichte der Mathematik in Altertum u. Mittelalter. [2]1965. – J. E. Hofmann, Geschichte der Mathematik. 4 Bde. [2]1963. – H. Meschkowski, Denkweisen großer Mathematiker. [2]1968. – B. L. van der Waerden, Erwachende Wissenschaft. [2]1966. – H. Wussing, Biographien bedeutender Mathematiker. 1978.
Populäre mathemat. Literatur: E. Colerus, Vom Punkt zur 4. Dimension. 1973. – Ders., Vom Einmaleins zum Integral. [15]1959. – M. Gardner, Mathematische Rätsel u. Probleme [5]1980. – L. Hogben, Mathematik für alle. [5]1962. – E. von Krbek, Eingefangenes Unendlich. [3]1962. – W. Sperling, Auf du u. du mit Zahlen. 1962. – R. Sprague, Unterhaltsame Mathematik. 1961. – H. Tietze, Gelöste u. ungel. mathemat. Probl. [7]1980. – E. Wortmann, Das Gesetz des Kosmos. 1965.
Taschenbücher, Nachschlagewerke: G. Arnold, Formeln der Mathematik. 1965. – E. Boddenberg u. a., Mathematik-Lexikon. 1972. – Bronstein, Semendjajew, Taschenbuch der Mathematik. [19]1980. – Kleine Enzyklopädie „Mathematik". [2]1977/78. – H. Lenz, Grundlagen der Elementarmathematik. 1961. – Mathematik I/II (Fischer Lexikon). 1964–1966. – H. Meschkowski, Mathematisches Begriffswörterbuch. [4]1976. – Meyers großer Rechenduden. 4 Bde. [1–3]1960–1964. – Meyers Hdb. über die Mathematik. 1967. – J. Naas, H. L. Schmid, Mathematisches Wörterbuch. 2 Bde. [3]1967. – J. Spoerel, Mathematik. Von der Schule zur Hochschule. [3]1966. – O. Teller, Taschenbuch der Mathematik. [2]1962. – M. J. Wygodski, Höhere Mathematik griffbereit. [2]1976.
Formelsammlungen und Tabellenwerke: Adler-Erlebach, Fünfstellige Logarithmen mit mehreren graphischen Rechentafeln u. häufig vorkommenden Zahlenwerten. [4]1962. – H. J. Bartsch, Taschenbuch mathematischer Formeln. [4]1978. – Bronstein, Semendjajew, Taschenbuch der Mathematik. [19]1980. – E. Jahnke, Tafeln höherer Funktionen. [7]1966. – Koch-Putschbach, Logarithmentafel mit optischer Interpolation u. Formelsammlung. 1957. – A. Linder, Handliche Sammlung mathematisch-statistischer Tafeln. 1961. – F. O. Ringleb, Mathematische Formelsammlung (Sammlg. Göschen Nr. 51/a). [8]1967. – K. Rottmann, Siebenstellige dekadische Logarithmen. 1963. – Ders., Mathematische Formelsammlung. [2]1962. – Schülke, Heise, Wunderling, Schülkes Tafeln. [55]1980. – P. Timpenfeld, Tabellen der Quadrate von 1 bis 15000 Kuben von 1 bis 3000. [18]1961. – F. Westrich, Sammlung mathematischer Formeln. [22]1963.
7.0.1 ZAHL UND ZIFFER. R. Dedekind, Was sind u. was sollen die Zahlen? [10]1969. – W. Lietzmann, Lustiges u. Merkwürdiges von Zahlen u. Formen. [10]1969. – K. Matthews, Die Macht der Zahl. 2 Bde. 1959/60. – K. Menninger, Zahlwort u. Ziffer. [3]1979. – K. Prachar, Primzahlverteilung. 1978. – H. Wittke, Quadratzahlen u. Fehlergrenzen. [3]1960.
7.0.2 GRUNDRECHNUNGSARTEN. L. Felix, Elementarmathematik in moderner Darstellung. [2]1971. – J. Krämer u. W. Nuyken, Praktisches Rechnen. [4]1966. – W. Lietzmann, Wo steckt der Fehler? [6]1972. – K. Menninger, Rechenkniffe. [11]1972. – M. Müller, Rechenvorteile. 1963. – J. Wolter u. W. Baehr, Rechnen im Selbstunterricht. 1961.
7.0.3 BRUCHRECHNUNG. Z. P. Dienes, Bruchrechnen. 1966. – O. Perron, Die Lehre von den Kettenbrüchen. 2 Bde. 1977. – J. Petzold, Einführung in die Bruch- u. Dezimalrechnung. 1946. – H. Sieber, Das Bruchrechnen. 1955.
7.0.4 PROZENTRECHNUNG. D. Tagge, Die Prozentrechnung. 1952.
7.1.0 ARITHMETIK UND ALGEBRA. H. Behnke, Vorlesungen über Algebra. [4]1962. – G. Frege, Grundgesetze der Arithmetik. [2]1962. – H. Graewe, Mathematik. [7]1964. – W. Hägele, Arithmetik u. Algebra. 2 Bde. [2–3]1967. – H. Hasse, Höhere Algebra. 2 Bde. [5]1967, [6]1969. – F. Holtmann, Mathematik. Bd. 1. [2]1969. – R. Knochendörfer, Einführung in die Algebra. [2]1962. – F. Nevanlinna, Einführung in die Algebra u. die Theorie der algebraischen Gleichungen. 1965. – O. Perron, Algebra. [3]1951. – Reidt, Wolff, Athen. Die Elemente der Mathematik. 4 Bde. [8–9]1972. – B. L. van der Waerden, Algebra. 2 Bde. [5–8]1967–1971.
7.1.3 NOMOGRAPHIE. H. Baldermann, Wir rechnen mit dem Rechenstab. [2]1962. – A. Bay, Einführung in die Nomographie. 1963. – C. Bliefert, G. Dehms, G. Morawietz, Praktische Nomographie. 1977. – P. Filtschakow, Numerische u. graph. Methoden der angewandten Mathematik. 1975. – H. W. Fricke, Der Rechenschieber. [7]1961. – G. Hämmerlin, Numerische Mathematik. [2]1978. – V. Happach, Nomographisches Praktikum. 1963. – F. Kießler, Nomographie für Arbeitsvorbereitung. 1969. – A. Ostrowski u. Kordemski, Zeichnen hilft Rechnen. 1963. – E. Stiefel, Einführung in die numerische Mathematik. [3]1965.
7.1.7 DATENVERARBEITUNGSANLAGEN, INFORMATIK, KYBERNETIK
K. Adena, B. Becker, A. Braig, Mittlere Datentechnik. Organisation und Anwendung. 1975. – A. Alteneder, Was nützt ein Computer? 1979. – Ders., Was tut ein Computer? [2]1980. – W. R. Ashby, Einführung in die Kybernetik. 1974. – Basiswissen Datenverarbeitung. [2]1978. – F. L. Bauer, R. Gnatz, U. Hill, Informatik – Aufgaben und Lösungen. Teil 2. 1976. – K. W. Blutke, Computer und Programmieren = Elektronische Datenverarbeitung. 1979. – K. Bolle, Computer-Fibel. 1973. – M. Bosom, Ch. G. Bosom, Mathematik der Computer. 1974. – W. E. Brender, Datenverarbeitung, Wissen für den kaufmännischen Beruf. [2]1980. – V. Claus, Einführung in die Informatik. 1975. – Computer, Technik, Anwendung, Auswirkungen. 1978. – H. Czap, Einführung in die EDV. 1976. – Datendienste. 2 Bde. Bd. 1: [2]1976. – Datenverarbeitung. 1976. – Datenverarbeitung. Lehrbuch der Betriebsinformatik. 5 Bde. 1976–1980. – Datenverarbeitung verständlich gemacht. o. J. – W. Deesz, M. Döbrich, F. Rüffler, Informatik. Bd. 1: [2]1979, Bd. 2: 1977, Bd. 3: 1979. – R. Dietrich, W. Klein, H. Zimmermann, Computerlinguistik. 1974. – Digitaltechnik. VDI. Bd. 2: [2]1973. Bd. 3: [2]1973, Bd. 4: 1974, Bd. 5: 1975. – W. Dirlewanger, K. U. Dobler, L. Hieber, P. Roos, H. Rzehak, H. J. Schneider, K. Unger, Einführung in die Teilgebiete der Informatik. Bd. 1: 1972, Bd. 2: 1974. – D. Erbslöh, Betriebliche EDV. Grundlagen und Anwendung. 1978. – H. Flechtner, Grundbegriffe der Kybernetik. 1972. – S. Gahse, Systeme der integrierten Datenverarbeitung. Bd. 1: 1971, Bd. 2: 1972, Bd. 3: 1973. – W. Grafendorfer. Einführung in die Datenverarbeitung für Informatiker. 1977. – F. Haft, 100 × Computer. Von Abakus bis Zukunftsperspektiven. 1979. – H. Hofer, Datenfernverarbeitung. Außenstelle – Datenfernübertragung – Rechenzentrum – Betriebsabwicklung. [2]1978. – G. Klaus, H. Liebscher (Hrsg.), Wörterbuch der Kybernetik. 2 Bde. 1979. – O. Knapp, EDV (Elektronische Datenverarbeitung). 1974. – J. Kohlas, H. Waldburger, Informatik für EDV-Benützer. 1978. – R. Köhler, E. Mayr, EDV-Abkürzungen. [2]1978. – D. S. Koreimann, Lexikon der angewandten Datenverarbeitung. 1977. – M. Kovács, Rechenautomaten und logische Spiele. 1971. – Löbel, Müller, Schmid, Lexikon der Datenverarbeitung. [7]1977. – Ch. Mader, R. Hagin, Datenverarbeitungssysteme. 1977. – P. Mertens (Hrsg.), Angewandte Informatik. 1972. – P. Müller, EDV-Taschenlexikon. [5]1973. – M. A. Rothman, Kybernetik. 1973. – H. Sachsse, Einführung in die Kybernetik. 1971. – Ders., Einführung in die Kybernetik. 1974. – B. D. Schaaf, W. A. Schröder, Digitale Datenverarbeitung. 1977. – H. Schauer, Einführung in die Datenverarbeitung. 1976. – C. Schneider, Datenverarbeitung. 1973. – G. Schudrowitz, So lernt man Datenverarbeitung. [2]1975. – H. H. Schulze, Lexikon zur Datenverarbeitung. 1978. – A. P. Speiser, Digitale Rechenanlagen. [2]1967. – K. Steinbuch, W. Weber (Hrsg.), Taschenbuch der Informatik. 3 Bde. 1974. – H. J. Tafel, Datentechnik. Grundlagen, Baugruppen, Geräte. [2]1978. – K. Weber, Elektronische Datenverarbeitung. Ein Lehrbuch für Wirtschaftswissenschaftler. 1978. – H. Wedekind, Systemanalyse. 1973. – M. F. Wolters, Der Schlüssel zum Computer. Einführung in die elektronische Datenverarbeitung mit Leitprogramm. 2 Bde. [3]1970. – E. G. Woschnoi, Informationstechnik. Signal – System – Information. 1974.
7.2.0 GEOMETRIE
Allgemeines: E. Kunz, Ebene Geometrie. 1975. – H. Meschkowski, Ungelöste u. unlösbare Probleme der Geometrie. 1975. – S. C. Ogilvy, Unterhaltsame Geometrie. [2]1979. – G. Ullrich, Geometrie zum Selbstunterricht. [25]1963.
Höhere Geometrie: Baldus-Löbell, Nichteuklidische Geometrie. [4]1964. – L. Bieberbach, Theorie der geometrischen Konstruktionen. 1952. – N. W. Efimow, Höhere Geometrie. Tl. 1: 1970. Tl. 2: 1970. – W. Franz, Topologie. 2 Bde. [4]1973, [2]1974. – G. Hessenberg, J. Diller, Grundlagen der Geometrie. [2]1967. – D. Hilbert, S. Cohn-Vossen, Anschauliche Geometrie. 1973. – H. J. Kowalsky, Topologische Räume. 1961. – W. Lietzmann, Experimentelle Geometrie. 1959. – H. Meschkowski, Nichteuklidische Geometrie. [4]1971. – H. Tietz, Lineare Geometrie. 1967.
7.2.1 PLANIMETRIE. A. Heß, Planimetrie. [13]1967. – G. Schoppe, Geometrie. [4]1966.
7.2.3 TRIGONOMETRIE. H. Dörrie, Ebene u. sphärische Trigonometrie. 1950. – G. Hessenberg u. H. Kneser, Ebene u. sphärische Trigonometrie. [5]1957. – Martung, Trigonometrie. 1954. – R. Sigl, Ebene u. sphärische Trigonometrie mit Anwendungen auf Kartenprojektion, Geodäsie u. Astronomie. 1977.
7.2.4 ANALYTISCHE GEOMETRIE. H. Athen, Vektorielle analytische Geometrie. [3]1966. – L. Bieberbach, Einführung in die analytische Geometrie. [6]1962. – A. Heß, Analytische Geometrie. [11]1965. – J. Köhler, R. Höwelmann, H. Krämer, Analytische Geometrie u. Abbildungsgeometrie in vektorieller Darstellung. 1968. – J. Krettner, Analytische Geometrie. 1964. – G. Papy, P. Debbaut, Ebene affine Geometrie u. reelle Zahlen. 1965. – E. Peschl, Analytische Geometrie u. lineare Algebra. [2]1968. – G. Pickert, Analytische Geometrie. [6]1967. – E. Sperner, Einführung in die analytische Geometrie u. Algebra. Tl. 1: [7]1969. Tl. 2: [5]1963.
7.2.5 DARSTELLENDE UND PROJEKTIVE GEOMETRIE. G. Appel, Projektionszeichnen u. Darstellende Geometrie. [3]1965. – W. Blaschke, Projektive Geometrie. [3]1954. – Fucke, Kirch, Nickel, Darstellende Geometrie. [10]1975. – W. Haack, Darstellende Geometrie. 3 Bde. Bd. 1: [7]1971, Bd. 2: [6]1971, Bd. 3: 1980. – W. Kramer, Vorlesung über darstellende Geometrie. Bd. I. 1959. – F. Peterl, Darstellende Geometrie. [2]1970. – E. Salkowski, Darstellende Geometrie. [9]1963. – E. Stiefel, Lehrbuch der darstellenden Geometrie. [3]1971. – F. Strubecker, Vorlesungen über Darstellende Geometrie. [2]1967.
7.2.6 SPÄHRISCHE GEOMETRIE. W. Blaschke, Kreis u. Kugel. [2]1956. – M. Nähbauer, Apollonische Kurven auf der Kugel. 1962.
7.2.7 TOPOLOGIE. B. H. Arnold, Elementare Topologie. [3]1974. – K. P. Grotemeyer, Topologie. 1969.
7.3.0 HÖHERE MATHEMATIK
Allgemeines: B. Baule, Die Mathematik des Naturforschers u. Ingenieurs. 2 Bde. [16]1979. – H. Behnke, F. Bachmann, K. Fladt, W. Süß (Hrsg.), Grundzüge der Mathematik. 5 Bde. 1966–1971. – Ders., G. Bertram, L. Collatz, R. Sauer, H. Unger, Grundzüge der Mathematik. Bd. V. 1968. – H. Blasius, Höhere Mathematik. [5]1954. – A. Duschek, Vorlesungen über höhere Mathematik. 4 Bde. [2–4]1960–1965. – G. Feigl, H. Rohrbach, Einführung in die höhere Mathematik. 1953. – B. Hornfeck, L. Lucht, Einführung in die Mathematik. 1970. – R. Kurtz, Einführung in die techn. Mathematik. [5]1975. – D. Laugwitz, H. Vollrath, Schulmathematik vom höheren Standpunkt. 1969. – L. Lucht, Einführung in die Mathematik. 1970. – H. von Mangoldt, K. Knopp, Einführung in die höhere Mathematik. 4 Bde. [2–15]1974–1976. – H. Meschkowski, Einführung in die moderne Mathematik. [3]1971. – Ders., Mathemat. Begriffswörterbuch. [4]1976. – Ders., Wandlungen des mathemat. Denkens. [4]1969. – R. Rothe, Höhere Mathematik für Mathematiker, Physiker u. Ingenieure. Tl. 2–7. [2–13]1960–1967. – W. I. Smirnow, Lehrgang der höheren Mathematik. 5 Tle. [3–10]1968–1971. – E. Sperner, Einführung in die analytische Geometrie u. Algebra. 2 Bde. [5–7]1963–1969. – K. Strubecker, Einführung in die höhere Mathematik. 2 Bde. Bd. 1: [2]1966. Bd. 2: 1967. – E. Thinius, Höhere Mathematik u. doch verständlich. [3]1963.
Zahlentheorie: H. Behnke, Vorlesungen über Zahlentheorie. [7]1967. – H. Hasse, Zahlentheorie. [3]1969. – O. Perron, Irrationalzahlen. [4]1960. – A. Scholz, Einführung in die Zahlentheorie. [5]1973. – J. Winogradow, Elemente der Zahlentheorie. [2]1963.
7.3.1 DIFFERENTIAL- UND INTEGRALRECHNUNG. M. Barner, Differential- u. Integralrechnung. 1961. – H. Behnke, Vorlesungen über Infinitesimalrechnung. Bd. 1: [8]1962. Bd. 2: [10]1963. – Ders., Vorlesungen über gewöhnl. Differentialgleichungen. [4]1963. – R. Courant, Vorlesungen über Differential- u. Integralrechnung. 2 Bde. [4]1971/1972. – H. Dallmann, K. H. Elster, Einführung in die Höhere Mathematik. Nachdr. der 1. Aufl. 1980. – J. Dieudonné, Foundations of Modern Analysis. 1971. – A. Duschek, Vorlesungen über höhere Mathematik. 4 Bde. [2–4]1960–1965. – F. Erwe, Differential- u. Integralrechnung. Bd. 1: 1962, Bd. 2: 1972. – H. Grauert, J. Lieb, Differential- u. Integralrechnung. I. [3]1978. – G. Hoheisel, Gewöhnliche Differentialgleichungen. [7]1965. – Ders., Partielle Differentialgleichung. [5]1968. – Ders., Integralgleichungen. [2]1963. – Horn, Wittich, Gewöhnliche Differentialgleichungen. [6]1960. – E. Kamke, Differentialgleichungen. 2 Bde. Bd. 1: [9]1977, Bd. 2: [6]1979. – J. Krettner, Differentialrechnung. 1964. – E. Landau, Grundlagen der Analysis. 1930. 2. Nachdr. 1970. – M. Maak, Differential- u. Integralrechnung. [4]1969. – F. Nevanlinna, Absolute Analysis. 1973. – A. Ostrowski, Vorlesungen über Differential- u. Integralrechnung. Bd. 1: [3]1965. Bd. 2: [3]1968. Bd. 3: [2]1967. – G. Pickert, Einführung in die Differential- u. Integralrechnung. 1969. – W. W. Stepanow, Lehrbuch der Differentialgleichungen. [3]1967. – K. Strubecker, Einführung in die höhere Mathematik. I: [2]1966. II: 1967. III: 1980.
7.3.2 FUNKTIONENTHEORIE. J. Aczél, Vorlesungen über Funktionalgleichungen u. ihre Anwendung. 1961. – H. Behnke, F. Sommer, Theorie der analyt. Funktionen einer komplexen Veränderlichen. [3]1972. – L. Bieberbach, Einführung in die Funktionentheorie. [4]1966. – Ders., Einführung in die konforme Abbildung. [6]1967. – C. Carathéodory, Funktionentheorie. 2 Bde. [2]1961. – A. Dinghas, Vorlesungen über Funktionentheorie. 1961. – H. Kneser, Funktionentheorie. [2]1966. – K. Knopp, Elemente der Funktionentheorie. [9]1978. – I. P. Natanson, Theorie der Funktionen einer reellen Veränderlichen. (Nachdr. der 2. Aufl. 1961) 1977. – R. Nevanlinna, Uniformisierung. [2]1967. – W. F. Osgood, Lehrbuch der Funktionentheorie. 1968. – F. Reutter, D. Haupt, G. Jordan-Engel, Elliptische Funktionen einer komplexen Veränderlichen. 1971. – H. Weyl, Die Idee der Riemannschen Fläche. 1955.
7.3.3 KOMBINATORIK. D. Dombowski, Kombinatorik. 1970. – J. Flachsmeyer, Kombinatorik. [2]1970. – H.-R. Halder, Einführung in die Kombinatorik. 1976. – H. Lüneburg, Kombinatorik. 1971. – F. von Meister, Magische Quadrate. 1952. – K. Reidemeister, Einführung in die kombinatorische Topologie. (Nachdr. von 1951) 1972. – K. Wellnitz, Kombinatorik. [6]1971.
7.3.4 MATRIZEN, DETERMINANTEN. A. C. Atiken, Determinanten u. Matrizen. 1969. – F. R. Gantmacher, Matrizenrechnung. 2 Bde. [3]1970/71. – W. Gröbner, Matrizenrechnung. 1966. – G. Kowalewski, Einführung in die Determinantentheorie. [4]1954. – F. Neiß, Determinanten u. Matrizen. [8]1975.
7.3.5 MENGEN, STRUKTUREN, MODERNE ALGEBRA
Gesamtdarstellungen: P. S. Alexandroff, Einführung in die Mengenlehre u. die Theorie der reellen Funktionen. [4]1967. – Ders., Einführung in die Gruppentheorie. [6]1967. – L. Baumgartner, Gruppentheorie. [5]1972. – N. Bourbaki, Théorie des Ensembles. 1954. – I. Breuer, Einführung in die Mengenlehre. [6]1972. – W. L. Fischer, Einführung in die Mengenlehre. 1969. – H.-D. Gerster, Aussagenlogik, Mengen, Relationen. [4]1976. – P. R. Halmos, Naive Mengenlehre. [4]1976. – M. Hasse, Grundbegriffe der Mengenlehre u. Logik. 1970. – F. Hausdorff, Grundzüge der Mengenlehre (Wiederabdruck). 1949. – H. Hermes, Einführung in die Verbandstheorie. [2]1967. – E. Kamke, Mengenlehre. [7]1971. – D. Klaua, Elementare Axiome der Mengenlehre I. 1971. – L. Kusch, Grundbegriffe der Mengenlehre. [4]1972. – U. Lubeseder, Mengen, Formen, Relationen. 1970. – W. Nef, Lehrbuch der linearen Algebra. [2]1977. – G. Papy, Einfache Verknüpfungsgebilde. 1969. – A. Schlagbauer, Betrifft Mengenlehre. [3]1973. – J. Schmidt, Mengenlehre. [2]1974. – A. Speiser, Die Theorie der Gruppen von endlicher Ordnung. [5]1980. – D. Vollmer, Mengenlehre – kurz u. bündig.

1972. – B. L. van der Waerden, Algebra. Teil I: [8]1971. Teil II: [5]1967. – F. Weiß, Einführung in die Grundlagen der Mengenlehre. [5]1974. – J. E. Whitesitt, Boolesche Algebra u. ihre Anwendungen. [2]1973. – G. Wolff, Handbuch der Schulmathematik. Bd. 7: Neuere Entwicklungen. 1968.

Logik. B. Mates, Elementare Logik. [2]1978. – A. A. Sinowjew, Über die mehrwertige Logik. [2]1970. – A. Tarski, Einführung in die mathemat. Logik. [5]1977.

7.3.6 REIHEN. H. Dörrie, Unendliche Reihen. 1951. – K. Knopp, Theorie u. Anwendung der unendlichen Reihen. 1964. – H. von Mangold, K. Knopp, Einführung in die höhere Mathematik. Bd. 2. [14]1976. – H. Meschkowski, Reihenentwicklung in der mathemat. Physik. 1963. – H. Meschkowski, Unendliche Reihen. 1962. – G. P. Tolstow, Fourierreihen. 1955.

7.3.7 VEKTORRECHNUNG. H. Athen, Vektorrechnung. 1948. – L. Berg, Einführung in die Operatorenrechnung. [2]1965. – A. Deckert, Vektoren u. Tensoren. 1958. – M. Jeger, Lehrbuch der Vektorenrechnung u. der linearen Algebra. 1964. – S. Kästner, Vektoren, Tensoren, Spinoren. [2]1964. – M. Lagally, Vorlesungen über Vektorenrechnung. [7]1963. – E. Lohr, Vektor- u. Dyadenrechnung. [2]1950. – G. Papy, Einführung in die Vektorräume. 1973. – H. Reichardt, Vorlesungen über Vektor- u. Tensorrechnung. [2]1968. – H. Sirk, Einführung in die Vektorrechnung. [3]1974. – A. Wittig, Aufgabensammlung zur Vektorrechnung. [4]1967.

7.3.8 WAHRSCHEINLICHKEITSRECHNUNG, STATISTIK. H. Athen, Einführung in die Statistik. 1955. – G. Bangen, Wahrscheinlichkeitsrechnung u. math. Statistik. [7]1978. – H. Bauer, Wahrscheinlichkeitstheorie u. Grundzüge der Maßtheorie. [3]1978. – W. Böhme, Erscheinungsformen u. Gesetze des Zufalls. 1964. – E. Burger, Einführung in die Theorie der Spiele. [2]1966. – R. Carnap, Induktive Logik u. Wahrscheinlichkeit. 1959. – Daeves u. Beckel, Großzahl-Methodik u. Häufigkeits-Analyse. [2]1958. – M. Fiß, Wahrscheinlichkeitsrechnung u. mathemat. Statistik. 1958. – H. Freudenthal, Wahrscheinlichkeit u. Statistik. [3]1975. – E. Herrmann, Spieltheorie u. lineares Programmieren. 1964. – A. M. Jaglom, Wahrscheinlichkeit u. Information. [3]1967. – G. Jandy, Optimale Transport- und Verkehrsplanung. 1967. – E. Labin, Wahrscheinlichkeitsrechnung u. Statistik. 1976. – H. Meschkowski, Wahrscheinlichkeitsrechnung. 1968. – P. Révész, Die Gesetze der großen Zahlen. 1968. – L. Schmetterer, Einführung in die mathemat. Statistik. [2]1966. – A. Schwarz, Umgang mit Zahlen (Einführung in die Statistik). 1952. – B. L. van der Waerden, Mathematische Statistik. [3]1971. – K. Wellnitz, Klassische Wahrscheinlichkeitsrechnung. [6]1971. – Ders., Moderne Wahrscheinlichkeitsrechnung. [3]1971. – H. Witting, Mathematische Statistik. [3]1978. → auch 4.6.5.

7.3.9 → 7.1.7.

7.4.0 PHYSIK

Allgemeines: N. Bohr, Atomphysik u. menschl. Erkenntnis. [2]1964. – W. Braunbek, Forscher erschüttern die Welt. 1956. – Ders., Physik für alle. [5]1970. – E. Buchwald, Bildung durch Physik. [2]1958. – A. S. Eddington, The Philosophy of Physical Science. New York. 1939. – A. Einstein, L. Infeld, Die Evolution der Physik. 1978. – W. R. Fuchs, Knaurs Buch der modernen Physik. 1965. – W. Gerlach, Die Sprache der Physik. 1963. – O. Hahn, Vom Radiothor zur Uranspaltung. 1962. – W. Heisenberg, Das Naturbild der heutigen Physik. 1976. – Ders., Der Teil u. das Ganze. 1973. – H. von Helmholtz, Über die physikal. Bedeutung des Prinzips der kleinsten Wirkung. 1905. – H. Hörz, Atome – Kausalität – Quantensprünge. 1964. – F. Hund, Grundbegriffe der Physik. Tl 1: [2]1979, Tl. 2: [2]1979. – E. Lüscher, Pipers Buch der modernen Physik. 1978. – W. Mächtle, Physik, die uns angeht. 1972. – A. March, Das neue Denken der modernen Physik. [2]1960. – Ders., Die physikalische Erkenntnis u. ihre Grenzen. [3]1964. – H. Margenau, The Nature of Physical Reality. New York. 1960. – R. E. Peierls, Die Naturgesetze. 1959. – M. Planck, Physikal. Abhandlungen u. Vorträge. 3 Bde. 1958. – Ders., Vorträge u. Reden. 1958. – H. Reichenbach, Philosoph. Grundlagen der Quantenmechanik. 1949. – E. Schrödinger, Geist u. Materie. [2]1965. – C. F. von Weizsäcker, J. Juilfs, Physik der Gegenwart. 1952. – C. F. von Weizsäcker, Zum Weltbild der Physik. [12]1976. – Ders., Atomenergie u. Atomzeitalter. 1957. – Ders., Die Einheit der Natur. 1979. – F. Wiegand, Klass. oder nichtklass. Physik. 1964. – E. Zimmer, Umsturz im Weltbild der Physik. [12]1961.

Lehrbücher: L. Bergmann, C. Schäfer, Lehrbuch der Experimentalphysik. 4 Bde. Bd. 1: [9]1974, Bd. 2: [6]1971, Bd. 3: [7]1978, Bd. 4/1: 1975, Bd. 4/2: 1975. – F. Dorn, Physik. [16]1972. – Düsing, Schaefer, Experimentalphysik. [28]1963. – R. P. Feynmann, Vorlesungen über Physik. 1977. – R. Fleischmann, Einführung in die Physik. 1972. – S. Flügge, Lehrbuch der theoret. Physik. 5 Bde. 1961–1967. – P. Frauenfelder, P. Huber, Einführung in die Physik. 3 Bde. [2–3]1967–1970. – Ch. Gerthsen, H. Vogel, Kneser, Physik. [13]1977. – E. Grimsehl, Lehrbuch der Physik. 4 Bde. [15–22]1967–1977. – K. Hammer, Lehrbuch der Physik für Ingenieurschulen. [10]1975. – F. Heywang, E. Nücke, W. Timm, Physik für Techniker. [15]1978. – F. Hund, Theoret. Physik. 3 Bde. [3–5]1962–1966. – M. M. Jaworski, A. A. Detlaf, Physik griffbereit. 1972. – G. Joos, Lehrbuch der theoret. Physik. [13]1977. – Landau, Lifschitz, Lehrbuch der theoret. Physik, kurzgefaßt. Bd. 1: 1975, Bd. 2: 1975. – H. Lindner, Lehrbuch der Physik für Techniker u. Ingenieure. 3 Bde. [4]1971. – E. Madelung, Die mathemat. Hilfsmittel des Physikers. [7]1964. – H. Margenau, G. M. Murphy, Die Mathematik für Chemie u. Physik. 2 Bde. 1965/67. – Müller-Pouillet, Lehrbuch der Physik. [11]1926–1934. – R. W. Pohl, Einführung in die Physik. 3 Bde. [13–21]1969–1976. – A. Recknagel, Physik. 4 Bde. [4–8]1966–1969. – C. Schaefer, Einführung in die theoret. Physik. 4 Bde. [2–7]1949–1970. – W. Schallreuter, Einführung in die Physik. 2 Bde. [4–7]1968–1970. – A. Sommerfeld, Vorlesungen über theoret. Physik. 6 Bde. [2–8]1978/79. – H. A. Stuart, Kurzes Lehrbuch der Physik. [9]1979. – H. Teichmann, Physik. [3]1968. – W. Weizel, Lehrbuch der theoret. Physik. 2 Bde. Bd. 1: [3]1963. – W. Westphal, Physik. [25–26]1970. – F. Wolf, Grundzüge der Physik. 2 Bd. [3–4]1966–1969.

Lexika, Nachschlagewerke: Angerer, Ebert, Techn. Kunstgriffe bei physikal. Untersuchungen. [14]1966. – J. D'Ans, E. Lax, Taschenbuch für Chemiker u. Physiker. [3]1964/1970. – H. Ebert, Physikal. Taschenbuch. [5]1978. – H. Franke, Lexikon der Physik. 3 Bde. 1969. – W. Gerlach, Physik (Fischer-Lexikon). [13]1978. – G. Gronau, Physikal. Experimentierbuch für Lehrer u. Studierende. [3]1965. – Handbuch der Experimentalphysik. 28 Bde. 1926–1937. – Handbuch der Physik. 54 Bde. [2]1956 ff. – Herder Lexikon Physik. [4]1977. – O. Höfling, Mehr Wissen über Physik. 1970. – H. Kayser, H. Konen, Handbuch der Spektroskopie. 8 Bde. 1900–1934. – F. Kohlrausch, Praktische Physik. 3 Bde. [22]1968. – Landolt, Börnstein, Zahlenwerte u. Funktionen aus Physik, Chemie, Astronomie, Geophysik, Technik. 4 Bde. Neuaufl. [6]1950–1967.

7.4.1 BIOGRAPHIEN. R. Bacher, Das astronom. Dreigestirn der Renaissance: Kopernikus, Galilei, Kepler. 1952. – E. Bagge, Die Nobelpreisträger der Physik. 1964. – C. Baumgardt, Johannes Kepler. 1953. – H. Blumenberg, Die kopernikanische Wende, 1965. – M. Born, Physik im Wandel meiner Zeit. [2]1969. – E. Broda, Ludwig Boltzmann. 1955. – M. Caspar, Johannes Kepler. [3]1958. – H. Cuny, Werner Heisenberg. 1966. – E. Curie, Madame Curie. 1980. – F. Dessauer, Der Fall Galilei u. wir. 1957. – H. Ebert, Hermann von Helmholtz. 1949. – A. Einstein, Aus meinen späteren Jahren. 1979. – L. Fermi, Mein Mann u. das Atom. [2]1961. – Ph. Frank, Einstein, sein Leben u. seine Zeit. 1979. – H.-Ch. Freiesleben, Galileo Galilei. [2]1969. – G. Halle, Otto Lilienthal. 1976. – H. Hartmann, Max Planck. [2]1963. – A. Herrmann, Große Physiker. [3]1960. – F. Kurylo, Ferdinand Braun. 1965. – B. G. Kuznecov, Von Galilei bis Einstein. 1970. – J. J. van Lahr, Johan Diderik van der Waals. 1900. – P. Lenard, Große Naturforscher. [6]1943. – K. Mendelssohn, Walter Nernst u. seine Zeit. 1976. – K. M. Meyer-Abich, Niels Bohr. 1967. – L. T. More, Isaac Newton. New York. 1962. – J. C. Poggendorf, Biograph.-literarisches Handwörterbuch zur Geschichte der exakten Wissenschaften. 7 Bde. 1976. Nachdr. der Originalausgabe 1898. – R. Prechtl, Giordano Bruno u. Galilei. 1948. – A. Vallentin, Das Drama Albert Einsteins. 1955. – C. F. von Weizsäcker, Einstein u. die Wissenschaft unseres Jahrhunderts. 1960. – A. Wood, F. Oldham, Thomas Young. Cambridge. 1954.

7.4.2 PHYSIKGESCHICHTE. E. Canby, Geschichte der Elektrizität. Dt. 1963. – A. C. Crombie, Von Augustinus bis Galilei. 1977. – W. C. Dampier, Geschichte der Naturwissenschaften in ihrer Beziehung zur Philosophie u. Weltanschauung. 1952. – F. Dannemann. Die Naturwissenschaften in ihrer Entwicklung u. in ihrem Zusammenhang. 4 Bde. 1910–1913. – J. Herivel, The background to Newtons principia. 1965. – A. Herrmann, Frühgeschichte der Quantentheorie 1899–1913. 1969. – Ders., Lexikon der Geschichte der Physik. 1972. – E. Hoppe, Geschichte der Physik. 26. Nachdr. 1965. – F. Hund, Geschichte physikalischer Begriffe. Tl. 1: [2]1979, Tl. 2: [2]1979. – Ders., Geschichte der Quantentheorie. [2]1975. – F. Krafft, Geschichte der Naturwissenschaft 1. 1971. – H. Lange, Geschichte der Grundlagen der Physik. 2 Bde. 1954–1961. – M. von Laue, Geschichte der Physik. [3]1950. – L. Leprince-Ringuet, Große Entdeckungen des 20. Jh. 1958. – P. Lorenzen, Die Entstehung der exakten Wissenschaften. 1960. – E. Mach, Die Mechanik. (Reprogr. Nachdr. der 9. Aufl. 1933) 1976. – S. F. Mason, Geschichte der Naturwissenschaften in der Entwicklung ihrer Denkweisen. [2]1974. – J. Mayerhöfer, Lexikon zur Geschichte der Naturwissenschaften. 1959 ff. – S. Samburski, Das physikal. Weltbild der Antike. 1965. – H. Schimank, Epochen der Naturforschung. 1964. – C. Truesdell, Essays in the History of Mechanics. 1968.

7.4.3 PHYSIKALISCHE MASS-SYSTEME. A. Berger, Kraft, Gewicht, Masse – kurz u. bündig. 1972. – R. A. Carman, Zahlen u. Einheiten der Physik. 1972. – G. Dibelius, Dimensionsanalyse u. Modellversuche. 1965. – W. Engel, SI-Einheiten. [2]1979. – J. Fischer, Größen u. Einheiten der Elektrizitätslehre. 1961. – U. Hoppe, Das internationale Einheitensystem SI. 1978. – Th. Krist, Neue internationale Einheiten der Technik u. Physik. [3]1975. – K. Nentwig, Maßeinheiten u. Konstanten. [6]1948. – Padelt u. Laporte, Einheiten u. Größenarten der Naturwissenschaften. [2]1967. – A. Sacklowski, Physikalische Größen u. Einheiten. [3]1966. – U. Stille, Messen u. Rechnen in der Physik. [2]1961. – Symbole, Einheiten u. Nomenklaturen in der Physik. 1965. – A. Topritzhofer, Maße u. Einheiten aus Physik u. Technik. 1964. – J. Wallot, Größengleichungen, Einheiten u. Dimensionen. 1953. – W. H. Westphal, Die Grundlagen des physikal. Begriffssystems. [2]1971.

7.5.0 KLASSISCHE PHYSIK/MECHANIK. H. Athen, Ballistik. [2]1958. – W. Bachmann, Manometrie. 1964. – H. Barkhausen, Einführung in die Schwingungslehre. [6]1958. – H. Blasius, Mechanik. 3 Bde. [3–6]1950–1964. – R. Blunk, Die natürlichen Konstanten der Mechanik. 1965. – A. Böge, Mechanik u. Festigkeitslehre. [17]1979. – P. Börner, Einführung in die Mechanik. [3]1963. – E. Broschat, Statik starrer Körper. 1962. – S. Buch, Einführung in die allg. Vakuumtechnik. 1962. – A. Budó, Theoret. Mechanik. [5]1974. – G. Dreyer, E. Münder, Festigkeitslehre u. Elastizitätslehre. [21]1969. – Ders., Graphostatik. [19]1961. – H. L. Eschbach, Praktikum der Hochvakuumtechnik. 1962. – W. Flügge, Festigkeitslehre. 1967. – A. Föppl, Elementare Mechanik vom höheren Standpunkt. 1959. – H. J. Förster, Kinematik u. Kinetik. 1972. – W. Franz, Vorlesung über Mechanik. 1963. – H. Goldstein, Klass. Mechanik. [5]1978. – R. Grammel, Der Kreisel, 2 Bde. [2]1950. – G. Hamel, Elementare Mechanik. Nachdr. 1965. – Ders., Szabo, Mechanik der Kontinua. 1956. – G. Hauck, Äußere Ballistik. 1972. – R. Hauwink, Elastizität, Plastizität u. Struktur der Materie. [3]1958. – E. Herrmann, Festigkeitslehre. [3]1962. – H. Kauderer, Nichtlineare Mechanik. 1958. – F. Krbek, Grundzüge der Mechanik. [2]1967. – H. Lamb, Lehrbuch der Hydrodynamik. [2]1931. – R. R. Lang, Grundzüge der Kontinuumsmechanik. 1964. – E. Lohr, Mechanik der Festkörper. 1952. – W. Macke, Mechanik der Teilchen, Systeme u. Kontinua. [3]1967. – K. Magnus, Schwingungen. [3]1976. – Ders., Kreisel. 1971. – P. Mittelstaedt, Klassische Mechanik. 1970. – H. Müller, Festigkeits- u. Elastizitätslehre. [4]1970. – H. Parkus, Mechanik fester Körper. [2]1966. – M. Päsler, Prinzipe der Mechanik. 1968. – W. Pauli, Vorlesung über statistische Mechanik. [2]1962. – W. Prager, Einführung in die Kontinuumsmechanik. 1961. – L. Prandtl, Führer durch die Strömungslehre. [7]1969. – Ders. Gesammelte Abhandlungen zur angewandten Mechanik, Hydro- u. Aerodynamik. 1961. – H. Rödel, Hydromechanik. [8]1978. – Ders., Dynamik u. Schwingungslehre. [7]1971. – G. Röhm, Einführung in die Statik u. Festigkeitslehre. 1972. – R. Sauer, Einführung in die theoret. Gasdynamik. [3]1960. – E. A. Trendelenburg, Ultrahochvakuum. 1963. – W. Wunderlich, Ebene Kinematik. 1970. – H. Ziegler, Mechanik. 3 Bde. [2–4]1956–1962. – Ders., Kreiselprobleme 1963.

7.5.1 AKUSTIK. L. Cremer, Die wissenschaftl. Grundlagen der Raumakustik. 2 Bde. Bd. 1: [2]1978, Bd. 2: [2]1976. – K.-R. Dorfner, Dreidimensionale Überschallprobleme der Gasdynamik. 1957. – K. Heidemann, Akustik. 1971. – Kröneke, Schurholz, Mechan. Schwingungen u. Schall. [2]1967. – H. Lippmann, Schwingungslehre. 1968. – W. Meyer-Eppler, Musik, Raumgestaltung, Elektroakustik. 1955. – F. Scheminzky, Die Welt des Schalles. [2]1943. – E. Skudrzyk, Die Grundlagen der Akustik. 1971. – H. Stenzel, O. Broße, Leitfaden zur Berechnung von Schallvorgängen. [2]1958. – H. D. Tietz, Ultraschallmeßtechnik. 1970. – F. Trendelenburg, Einführung in die Akustik. [3]1961.

7.5.2 WÄRME. G. Adam, O. Hittmair, Wärmetheorie. [2]1977. – H. D. Baehr, Thermodynamik. [4]1978. – A. Bartsch, Regeneratoren der Tieftemperaturtechnik. [2]1966. – I. P. Basarow, Thermodynamik. 1964. – R. Becker, Theorie der Wärme. [2]1978. – H. Blasius, Wärmelehre. [6]1966. – J. D. Fast, Entropie. 1960. – K. W. Geisler, Techn. Wärmemechanik. 1963. – S. R. de Groot, P. Mazur, Anwendung der Thermodynamik irreversibler Prozesse. 1974. – R. Haase, Thermodynamik des irreversiblen Prozesses. 1963. – Kammer, Schwabe, Einführung in die statistische Thermodynamik. 1971. – F. Lange, Tiefste Temperaturen. 1964. – H. Laporte, Messung, Erzeugung u. Konstanthaltung hoher bis tiefer Temperaturen. 1961. – H. Lindorf, Technische Temperaturmessungen. [4]1970. – W. Macke, Thermodynamik u. Statistik. [3]1967. – A. Münster, Statistische Thermodynamik. Bd. 1: 1969, Bd. 2: 1974. – M. Planck, Vorlesungen über Thermodynamik. [11]1964. – H. Püschner, Wärme durch Mikrowellen. 1964. – G. Puschmann, Die Grundzüge der techn. Wärmelehre. [23]1975. – H. Reinders, Wärmeaustausch durch Strahlung. 1961. – E. U. Schlünder, Einführung in die Wärme- u. Stoffübertragung. [2]1975. – E. Schmidt, Einführung in die techn. Thermodynamik. [10]1963. – J. Wilks, Der dritte Hauptsatz der Thermodynamik. 1969. – F. W. Winter, Techn. Wärmelehre. Nachdr. d. 9. Aufl. 1979.

7.5.3 OPTIK. H. Anders, Dünne Schichten für die Optik. 1965. – M. Auwärter, Ergebnisse der Hochvakuumtechnik u. der Physik dünner Schichten. 1971. – G. Bauer, Strahlungsmessungen im optischen Spektralbereich. 1962. – J. Bergmann, Kleine Farbenlehre. 1959. – H. Beyer, Theorie u. Praxis des Phasenkontrastverfahrens. 1965. – H. Boegehold, Das optische System des Mikroskops. 1958. – Borchert u. Jubitz, Infrarottechnik. [3]1962. – M. Born, Optik. [3]1972. – C. Burri, Das Polarisationsmikroskop. Neuaufl. 1974. – M. Francon, Holographie. 1972. – Euler u. Ludwig, Arbeitsmethoden der optischen Pyrometrie. 1959. – J. Flügge, Leitfaden der geometrischen Optik u. des Optikrechnens. 1956. – Ders., Einführung in die Messung der optischen Grundgrößen. 1954. – Ders., Praxis der geometrischen Optik. 1962. – A. Föppl u. G. Mönch, Praktische Spannungsoptik. [3]1972. – F. Matossi, Elektrolumineszenz u. Elektrophotolumineszenz. 1957. – M. Michel, Die Grundzüge der Theorie des Mikroskops in elementarer Darstellung. [2]1964. – K. Mütze u. L. Foitzik (Hrsg.), ABC der Optik. Durchges. Nachdr. 1975. – W. Ostwald, die kleine Farbmeßtafel. 1951. – J. Picht, Grundlagen der geometrisch-optischen Abbildung. 1955. – Ders., Zur Theorie der Totalreflexionen. 1956. – Schubert, Wilhelmi, Einführung in die lineare Optik. 2 Bde. 1970. – W. Schultze, Farbenlehre u. Farbenmessung. [3]1975. – H. Wolf, Spannungsoptik. [2]1976. – C. O. Zoepke, Infrarot-Strahlung – Infrarot-Anwendung. 1965. – W. Zschommler, Feinoptik-Glasbearbeitung. 1963.

7.5.4 ELEKTRIZITÄT: R. Becker, F. Sauter, Theorie der Elektrizität. 3 Bde. [20]1972. – E. Brüche, A. Recknagel, Elektronengeräte. 1941. – H. Buchholz, Elektr. u. magnetische Potentialfelder. 1957. – W. Buckel, Supraleitung. 1972. – J. van Dijck, Einführung in die Elektronenphysik. 1966. – F. Eckart, Elektronenoptische Bildwandler u. Röntgenbildverstärker. [2]1962. – A. von Engel, M. Steenbeck, Elektrische Gasentladungen. 2 Bde. 1934. – H. Falkenhagen, Elektrolyte. 1932. – J. Fischer, Einführung in die klassische Elektrodynamik. 1936. – W. Gohlke, Einführung in die piezoelektrische Meßtechnik. [2]1959. – D. Greig, Elektronen in Metallen u. Halbleitern. 1972. – H. Israel, Atmosphärische Elektrizität. 2 Tle. 1957–1961. – G. Klages, Einführung in die Mikrowellenphysik. [3]1976. – H. Koppe, Theorie der Supraleitung. 1950. – M. von Laue, Theorie der Supraleitung. [2]1949. – H. Lindner, Ströme, Felder, Elektronen. 1969. – W. Macke, Elektromagnet. Felder. [2]1963. – H.-J. Martin. Die Ferroelektrika. 1964. – P. Mauersberger, Theorie der elektromagnet. Felder. 1964. – H. H. Meinke, Elektromagnet. Wellen. 1963. – G. Mie, Lehrbuch der Elektrizität u. des Magnetismus. [3]1948. – A. D. Moore, Elektrostatik. 1972. – W. Pauli, Vorlesungen über Elektrodynamik. 1964. – J. Picht, Einführung in die Theorie der Elektronenoptik. [3]1963. – L. Reimer, Elektronenmikroskopische Untersuchungs- u. Präparationsmethoden. [2]1967. – H. Sachse, Ferroelektrika. 1956. – H. Schilt, Elektrizitätslehre. 1959. – F. Schlosser, K.-H. Winterling, Galvanometer. 1960. – K. Simonyi, Grundgesetze des elektromagnetischen Feldes. 1963. – Spülbeck, Hartger, Theoretische Elektrizitätslehre. 1965. – H. Stumpf L, W. Schuler, Elektrodynamik. 1973. – J. Tischer, Mikrowellen-Meßtechnik. 1958. – A. K. Walter, Elektrostatische Generatoren. 1963.

7.5.5 MAGNETISMUS. E. Feldtkeller, Die elektr. u. magnet. Materialeigenschaften. Bd. 1: 1973, Bd. 2: 1974. – L. W. Kirinski, Magnetismus. 1969. – E. Kneller, Ferromagnetismus. 1962. – Koch u. Jellinghaus, Einführung in die Physik der magnetischen Werkstoffe. 1957. – E. Schaefer, Magnettechnik – kurz u. bündig. 1969. – G. Schnell, Magnete. 1973. – K. Schüler, K. Brinkmann, Dauermagnete. 1970. – Simon u. Suhrmann, Lichtelektr. Effekt u. seine Anwendung. [2]1958. – D. Wagner, Einführung in die Theorie des Magnetismus. 1966.

7.5.6 RELATIVITÄTSTHEORIE. W. Blaschke, Nichteuklidische Geometrie u. Mechanik. 1949. – H. Bondi, Einsteins Einmaleins (Einführung in die Relativitätstheorie). 1971. – M. Born, Die Relativitätstheorie Einsteins. [5]1969. – N. Calder, Einsteins Universum. 1980. – A. Einstein, L. Infeld, Die Evolution der Physik. [12]1970. – A. Einstein, Grundzüge der Relativitätstheorie. [5]1979. – Ders., Über die spezielle u. allgemeine Relativitätstheorie. [22]1972. – V. Fock, Theorie von Raum, Zeit u. Gravitation. 1960. – A. P. French, Die spezielle Relativitätstheorie. 1971. – M. Gardner, Relativitätstheorie für alle. [2]1969. – E. Herlt, Spezielle Relativitätstheorie. 1978. – C. Kaczer, Einführung in die spezielle Relativitätstheorie. 1970. – A. Kratzer, Relativitätstheorie. 1956. – L. D. Landau, J. B. Rumer, Was ist Relativität? [5]1958. – M. von Laue, Die Relativitätstheorie. 2 Bde. [5–7]1965. – W. Macke, Quanten u. Relativität. [2]1965. – C. Møller, Relativitätstheorie. 1976. – R. Nevanlinna, Raum, Zeit u. Relativität. 1964. – A. Papapetrou, Spezielle Relativitätstheorie. [4]1972. – A. S. Petrow, Einstein-Räume. 1964. – B. Russell, Das ABC der Relativitätstheorie. 1972. – R. U. Sexl, H. K. Urbantke, Gravitation u. Kosmologie. 1975. – H. Thirring, Die Idee der Relativitätstheorie. [3]1948. – R. W. Weitzenböck, Der vierdimensionale Raum. 1956. – H. Weyl, Raum-Zeit-Materie. [6]1970.

7.5.7 KRISTALLOGRAPHIE. W. Borchardt-Ott, Kristallographie. 1976. – J. J. Burckhardt, Die Bewegungsgruppen der Kristallographie. [2]1966. – J. M. Buerger, Kristallographie. 1977. – C. W. Correns, Einführung in die Mineralogie. [2]1968. – W. F. de Jong, Kompendium der Kristallkunde. 1959. – R. Jubelt, Mineralbestimmungsbuch. 1970. – S. Haussühl, Kristallstrukturbestimmung. 1979. – W. Kleber, Einführung in die Kristallographie. [11]1971. – Klockmanns Lehrbuch der Mineralogie. [16]1979. – E. Nickel, Grundwissen in Mineralogie. Tl. 2: 1973. – F. Raaz, Röntgenkristallographie. 1975. – Ders., H. Tertsch, Einführung in die geometrische u. physikal. Kristallographie. [3]1958. – R. Rath, Kristallographie. 1965. – W. Schumann, Steine u. Mineralien. 1972.

7.6.0 MODERNE PHYSIK/QUANTENPHYSIK. Achieser u. Berestetzki, Quantenelektrodynamik. 1962. – J. D. Bjorken, Relativist. Quantenmechanik. 1966. – D. J. Blochinzew, Grundlagen der Quantenmechanik. [6]1972. – M. Born, W. Heisenberg, P. Jordan. Zur Begründung der Matrizenmechanik. [2]1966. – M. Born, Zur statistischen Deutung der Quantentheorie. [2]1966. – A. S. Dawydow, Quantenmechanik. 1967. – F. Dessauer, K. Sommermeyer, Quantenbiologie. [2]1964. – P. A. M. Dirac, The Fundamental Principles of Quantum Mechanics. Oxford. [3]1947. – W. Döring, Einführung in die Quantenmechanik. [3]1962. – R. Feynman, Quantenelektrodynamik. 1969. – E. Fick, Einführung in die Grundlagen der Quantentheorie. 1968. – S. Flügge, Rechenmethoden der Quantentheorie. [3]1976. – E. G. Harris, Quantenfeldtheorie. 1975. – G. Heber, G. Weber, Quantenfeldtheorie. 1971. – W. Heisenberg, N. Bohr, Zur Kopenhagener Deutung der Quantentheorie. 1963. – W. Heisenberg, Physikalische Prinzipien der Quantentheorie. [2]1964. – W. Heitler, Elementare Wellenmechanik. [2]1961. – O. Hittmair, Lehrbuch der Quantentheorie. 1972. – F. Hund, Geschichte der Quantentheorie. [2]1975. – Ders., Theoret. Physik 3 Bde. 1962–1966. – W. Macke, Quanten u. Relativität. [2]1965. – H. Mitter, Quantentheorie. [2]1979. – W. Pauli, Ausgewählte Kapitel aus der Feldquantisierung. 1951. – Ders., Vorlesung über Wellenmechanik. 1962. – E. Schrödinger, Abhandlungen zur Wellenmechanik. 1928. – Ders., Die Wellenmechanik. [2]1966. – H. Stumpf, Quantentheorie der Ionenrealkristalle. 1961. – G. Süssmann, Einführung in die Quantenmechanik. Bd. 1. 1963. – W. Thirring, Lehrbuch der mathemat. Physik. Bd. 3: 1979. – C. F. von Weizsäcker, Quantentheorie elementarer Objekte. 1978. – W. Wessel, Kleine Quantenmechanik. 1966. – H. Weyl, Gruppentheorie u. Quantenmechanik. 1928.

7.6.1 ATOMPHYSIK (ALLGEMEINES). K. Bechert, Atomphysik. 4 Bde. [4]1959–1963. – N. Bohr, Das Bohrsche Atommodell. 1964. – M. Born, Atomic Physics. [3]1947. – W. Döring, Atomphysik u. Quantenmechanik. 3 Bde. 1973–1979. – W. Finkelnburg, Einführung in die Atomphysik. [12]1967. – H. Graewe, Atomphysik. [3]1979. – K. H. Hellwege, Einführung in die Physik der Atome. [3]1970. – E. W. Schpolski, Atomphysik. 2 Bde. [9]1971. – T. Mayer-Kuckuk, Atomphysik. 1977. – O. Scholz, Atomphysik. [4]1975. – H. Teichmann, Einführung in die Atomphysik. [3]1966.

7.6.2 ATOMPHYSIK (HÜLLE). E. Back, A. Landé, Zeemaneffekt u. Multiplettstruktur. 1925. – J. Brandmüller, H. Moser, Einführung in die Raman-Spektroskopie. 1962. – G. Briegleb, Atome u. Ionen. 1940. – W. Brügel, Einführung in die Ultrarotspektroskopie. [4]1969. – Ders., Physik u. Technik der Ultrarotstrahlung. [2]1961. – W. M. Fain, J. I. Chanin, Quantenelektronik. 1969. – S. Flügge, Handbuch der Physik. 1957. – G. Geppert, Experimentelle Methoden der Molekül-Spektroskopie. 1969. – W. Grotian, Graphische Darstellung der Spektren von Atomen u. Ionen. 2 Bde. 1928. – G. Herzberg, Atomspektren u. Atomstruktur. 1936. – F. Hund, Linienspektren u. Periodisches System. 1927. – F. Matossi, Der Raman-Effekt. [2]1959. – F. Paschen, R. Götze, Seriengesetze der Linienspektren. 1922. – A. Sommerfeld, Atombau u. Spektrallinien. 2 Bde. [4–8]1972. – J. Stark, Epstein, Der Stark-Effekt. 1964. – G. Traving, Druckverbreiterung von Spektrallinien. 1960.

7.6.3 KERNPHYSIK

Allgemeines: H. Abel, Strahlenschutz u. Dosimetrie. 1963. – A. Adam, Einführung in die Kerntechnik. 1967. – K. K. Aglinzer, Dosimetrie ionisierender Strahlung. 1961. – S. Altschuler, Paramagnet. Elektronenresonanz. 1964. – M. von Ardenne, Tabellen zur angewandten Kernphysik. 1956. – L. A. Arzimowitsch, Gesteuerte thermonukleare Reaktionen. 1964. – G. Baumgärtner, P. Schuck, Kernmodelle. 1968. – E. W. Blauth, Dynamische Massenspektrometer. 1965. – E. Bodenstedt, Experimente der Kernphysik u. ihre Deutung. 3 Bde. [2]1978/79. – W. Braunbek, Grundbegriffe der Kernphysik. [3]1971. – Broda, Schönfeld, Die techn. Anwendungen der Radioaktivität. Bd. 1. [3]1962. – H. Bucka, Atomkerne u. Elementarteilchen. 1973. – H. von Buttlar, Einführung in die Grundlagen der Kernphysik. 1964. – H. Dänzer, Einführung in die theoret. Kernphysik. 1948. – A. S. Dawydow, Theorie des Atomkerns. 1963. – B. S. Dzelepov, Der Isospin von Atomkernen. 1960. – G. Eder, Kernkräfte. 1965. – L. Eisenbud, P. Wigner, Einführung in die Kernphysik. 1961. – Flach, Reif, Gruppentheoret. Methoden im Schalenmodell der Kerne. Tl. 1: 1964. Tl. 2: 1969. – S. Flügge, Handbuch der Physik. 1957. – K. W. Ford, Die Welt der Elementarteilchen. 1966. – H. Frauenfelder, E. M. Henley, Teilchen u. Kerne. 1979. – Friedlander, Kennedy, Lehrbuch der Kern- u. Radiochemie. 1961. – S. Gasiorowicz, Elementarteilchenphysik. 1975. – S. Gasstone, Lovberg, Kontrollierte thermonukleare Reaktionen. 1964. – R. Gouiran, Elementarteilchen u. Beschleuniger. 1967. – B. G. Harvey, Kernphysik u. Kernchemie. 1966. – W. Heisenberg, Einführung in die einheitliche Feldtheorie der Elementarteilchen. 1967. – G. Hertz, Lehrbuch der Kernphysik. 3 Bde. 1961–1966. – K. H. Höcker, D. Emendörfer, Theorie der Kernreaktoren. 1969. – O. Höfling, Strahlengefahr u. Strahlenschutz. 1961. – J. D. Hughes, Das Neutron. 1960. – F. Hund, Theorie des Aufbaues der Materie. 1961. – R. G. Jaeger, Dosimetrie u. Strahlenschutz. 1959. – Th. Jaeger, Grundzüge der Strahlenschutztechnik. 1960. – P. Joos, Hochenergiephysik. 1977. – W. Kliefoth, Atomkernreaktoren. [3]1968. – Kment, Kuhn, Technik des Messens radioaktiver Strahlung. [2]1963. – Lawruchina, Solotow, Die Transurane. 1961. – H. Lindner, Grundriß der Atom- u. Kernphysik. [13]1980. – W. Macke, Mechanik der Teilchen. [3]1967. – M. A. Markow, Hyperonen u. K-Mesonen. 1960. – P. Marmier, Kernphysik. 2 Bde. 1977–1980. – R. Marshak, E. Sudarshan, Einführung in die Physik der Elementarteilchen. 1964. – T. Mayer-Kuckuk, Kernphysik. [3]1979. – H. Pauly, Elementare Mechanismen der biolog. Strahlenwirkung. 1964. – H. Piraux, Radioisotope u. ihre Anwendung in der Industrie. 1965. – B. Rajewsky, Wissenschaftliche Grundlage des Strahlenschutzes. [2]1964. – M. I. Schalnow, Neutronen-Gewebedosimetrie. 1963. – K. Schmeiser, Radionuclide. [2]1963. – A. A. Sokolow, Elementarteilchen. [2]1968. – P. Stoll, Experimentelle Methoden der Kernphysik. 1966. – G. Süßmann, F. Fiebiger, Atomkerne, Elementarteilchen. 1968. – R. Weibrecht, Der Szintillationszähler in der kerntechnischen Praxis. 1961. – E. Werner, Einführung in die Kernphysik. 1972. – G. L. Wick, Elementarteilchen. 1974. – K. Wirtz, K. H. Bekurts, Elementare Neutronenphysik. 1958. – C. N. Yang, Elementarteilchen. 1972.

Reaktortechnik (Atomenergie): R. P. Arendt, Reaktortechnik. 1957. – F. Benesovsky, Pulvermetallurgie in der Atomkerntechnik. 1962. – Cahen, Treille, Kernenergiekunde für Ingenieure. 1960. – F. Cap, Theorie u. Technik der Atomreaktoren. 1957. – W. Epprecht, Werkstoffkunde der Kerntechnik. 1961. – Espe, Kuhn, Elementare Grundlagen der Kerntechnik. [3]1961. – J. Fassbender, Einführung in die Reaktorphysik. 1967. – K.-D. Fischer, Struktur u. Beeinflussungsfaktoren der Stromerzeugungskosten in Kernkraftwerken. 1964. – B. Frost, M. Waldron, Reaktorwerkstoffe. 1961. – E. Gebhardt, F. Thümmler, H.D. Seghezzi, Reaktorwerkstoffe. Tl. 1: 1964. Tl. 2: 1969. – R. Gerwin, Atomenergie in Deutschland. 1964. – Glasstone u. Edlund, Kernreaktortheorie. 1961. – H. Hessel, Kernreaktoren in Atomkraftwerken. 1961. – K. Lintner, E. Schmidt, Werkstoffe des Reaktorbaues. 1962. – W. Mialki, Kernverfahrenstechnik. 1958. – F. Münzinger, Atomkraft. [3]1960. – W. Nowak, Die Fotografie in der Kerntechnik. 1963. – W. Oldekop, Einführung in die Kernreaktortechnik. 1975. – K. Röhrdanz, Kerntechnik, kurz u. bündig. 1964. – K. R. Schmidt, Nutzenenergie aus Atomkernen. 2 Bde. 1959/60. – R. Schulten u. W. Güth, Reaktorphysik. 2 Bde. 1960 bis 1962. – A. Schultz, Steuerung u. Regelung von Kernreaktoren u. Kernkraftwerken. [2]1965.

7.6.4 MOLEKULARPHYSIK. A. I. Anselm, Einführung in die Halbleitertheorie. 1964. – M. Brotherton, Maser u. Laser. [2]1966. – E. Fermi, Moleküle u. Kristalle. 1938. – Frank, Snejdar, Halbleiterbauelemente. 2 Bde. 1964. – Ch. Fritzsche, Herstellung von Halbleitern. [2]1962. – K. H. Hellwege, Einführung in die Physik der Molekeln. 1974. – G. Herzberg, Einführung in die Molekülspektroskopie. 1973. – W. Heywang, R. Müller (Hrsg.), Halbleiterelektronik. 15 Bde. 1975–1980. – F. Hund, Theorie des Aufbaues der Materie. 1961. – E. Justi, Leitfähigkeit u. Leitungsmechanismus fester Stoffe. [2]1965. – C. Kittel, Einführung in die Festkörperphysik. [5]1980. – H. Kelker, R. Hatz, Handbook of Liquid Crystals. 1980. – H. H. Klinger, Laser. 1979. – O. Madelung, Grundlagen der Halbleiterphysik. 1970. – G. Leibfried, Einführung in die Theorie der Bestrahlungseffekte in Festkörpern. 1965. – N. F. Mott, Atomare Struktur u. Festigkeit der Metalle. 1961. – H. A. Müser, Einführung in die Halbleiterphysik. 1960. – H. Rieck, Halbleiter-Laser. 1967. – F. Sauter, Festkörperprobleme. 20 Bde. 1962–1980. – K. Schäfer, Statistische Theorie der Materie. 1960. – W. Schottky, F. Sauter, Halbleiterprobleme. 6 Bde. 1954–1961. – K. Seiler, Physik u. Technik der Halbleiter. 1964. – F. Seitz, The Modern Theory of Solids. New York. 1940. – H. Teichmann, Halbleiter. [3]1969. – K. W. Wagner, Das Molekül u. der Aufbau der Materie. 1949. – F. F. Wolkenstein, Elektronentheorie der Katalyse an Halbleitern. – M. W. Wolkenstein, Struktur u. physikal. Eigenschaften der Moleküle. 1960. – P. Zimmermann, Einführung in die Atom- u. Molekülphysik. 1978.

7.6.5 KOSMISCHE PHYSIK. O. C. Allkofer, Introduction to Cosmic radiation. 1975. – P. Auger, Die kosmischen Strahlen. 1946. – L. Beach, Cosmic-ray results. 1961. – W. Conrad, Der Einfluß des geomagnet. Feldes auf die kosmische Strahlung. 1959. – J. Engster, Weltraumstrahlung. 1955. – T. E. Cranshaw, Cosmic rays. 1963. – S. Weinberg, Die ersten drei Minuten. [4]1979.

7.8.0 MASSE UND GEWICHTE. E. Baker, Wieviel ist ...? 79 Umrechnungstafeln für engl., amerikan., russ. u. französ. Maße, Gewichte u. technische Einheiten. 1948. – Größen, Formeln, Begriffe. 1973. – W. Haeder, E. Gärtner, Die gesetzlichen Einheiten in der Technik. 1974. – W. Hinz, Islamische Maße u. Gewichte. 1955. – IUPAP (Hrsg.), Symbole, Einheiten u. Nomenklatur in der Physik. 1980. – R. Klimpert, Lexikon der Münzen, Maße u. Gewichte (Nachdruck von [2]1896). 1972. – Th. Krist, Neue internationale Einheiten der Technik u. Physik. 1971. – M. Natterodt, Umrechnung engl.-amerikan. Maßeinheiten. 1964. – A. Sacklowski, Einheitenlexikon. 1973. – Ders., Die neuen SI-Einheiten. 1978. – H. Siemsen, Gesetzliche Einheiten im Meßwesen. 1972. – A. Topritzhofer, Von Ampere bis Zahl. 1964. – R. Vieweg, Maß u. Messen in kulturgeschichtl. Sicht. 1962.

7.9.0 ASTRONOMIE

Bibliographien, Lexika, Nachschlagewerke: Astronomischer Jahresbericht – Die Literatur des Jahres. 1899–1968. – Astronomy and Astrophysics Abstracts. 1969 ff. – Herder Lexikon Weltraumphysik. 1975. – J. Herrmann, Tabellenbuch für Sternfreunde. 1961. – Ders., Großes Lexikon der Astronomie. 1980. – Meyers Handbuch über das Weltall. [5]1973. – R. Müller, Astronomische Begriffe. 1964. – I. Ridpath, The illustrated encyclopedia of Astronomy and space. 1976. – K. Stumpff, Astronomie (Fischer-Lexikon). 1957. – H. H. Voigt (Hrsg.), Landolt-Börnstein, Zahlenwerte u. Funktionen aus Naturwissenschaft u. Technik. Gruppe VI: Astronomie. Astrophysik u. Weltraumforschung. Bd. 1: Astronomie u. Astrophysik. 1964. – A. Weigert, H. Zimmermann, ABC der Astronomie. [5]1977.

Allgemeines u. Gesamtdarstellungen: D. Baker, D. A. Hardy, Der Kosmos-Sternführer. [2]1981. – F. Becker, Einführung in die Astronomie. [6]1971. – W. Büdeler, Faszinierendes Weltall. 1981. – Cambridge Enzyklopädie der Astronomie. 1978. – Erforschter Weltraum. 1975. – F. Gondolatsch, G. Groschopf, O. Zimmermann, Astronomie I. u. II. 1978 u. 1979. – W. Heinke, R. H. Giese, Astronomie III. 1979. – J. Herrmann, Astronomie – eine moderne Sternkunde. 1960. – Ders., Wissenschaft aktuell: Astronomie. 1981. – Ders., dtv-Atlas zur Astronomie. [6]1980. – H. Kienle, Der gestirnte Himmel über dir. [2]1952. – Ders., Einführung in die Astronomie. 1963. – A. Krause, Ch. Fischer, Himmelskunde für jedermann. [8]1978. – R. Kühn, Himmel voller Wunder. [2]1958. – Ders., Die Himmel erzählen. 1962. – J. J. von Littrow, K. Stumpff, Die Wunder des Himmels. [2]1969. – A. C. B. Lovell, The Exploration of Outer Space. New York, London. 1963. – J. Meurers, Allgemeine Astronomie. 1972. – P. Moore, Blick ins Unendliche. Dt. 1962. – H. Rohr, Strahlendes Weltall. 1969. – N. von Sementowski-Kurilo, Der Mensch griff nach den Sternen. 1970. – W. Stein, Das kleine Sternebuch. [2]1964. – E. u. B. Strömgren, Lehrbuch der Astronomie. 1933. – O. Struve, Astronomie, Einführung in ihre Grundlagen. Dt. [3]1967. – A. Unsöld, Der neue Kosmos. [3]1980. – H. H. Voigt, Abriß der Astronomie I. u. II. 1969. – W. Widmann, K. Schütte, Welcher Stern ist das? 1949.

Geschichte der Astronomie: F. Bekker, Geschichte der Astronomie. [4]1980. – H. Blass, Antike Astronomie. 1949. – H. von Bronsart, Kleine Lebensbeschreibung der Sternbilder. 1963. – M. Caspar, Johannes Kepler. 1948. – F. Dessauer, Weltfahrt der Erkenntnis, Leben u. Werk Isaak Newtons. 1945. – D. B. Herrmann, Geschichte der Astronomie von Herschel bis Hertzsprung. 1975. – J. Kepler, Gesammelte Werke. Bd. 1–6. 1938–1940. – N. Kopernikus, Über die Umdrehung der Himmelskörper, aus seinen Schriften u. Briefen. Posen. 1923. – P. Kunitzsch, Arabische Sternnamen in Europa. 1959. – E. Lessing, Entdecker des Weltraums. 1967. – A. von Mörl, Das astronomische Weltbild der Antike. 1947. – Ptolemäus, Handbuch der Astronomie. 2 Bde. 1963. – B. L. van der Waerden, Anfänge der Astronomie. 1969. – E. Zinner, Die Geschichte der Sternkunde. 1931.

Jahrbücher, Kalender: P. Ahnert, Kalender für Sternfreunde. 1949 ff. – Astronomische Grundlagen f. d. Kalender (Karlsruhe, lfd. Jahre). – Berliner Astronomisches Jahrbuch. 1775–1959. – J. W. Ekrutt, Der Kalender im Wandel der Zeiten. 1972. – M. Gerstenberger, Das Himmelsjahr. 1941 ff. – The American Ephemeris and Nautical Almanach. Washington. 1767 ff.

7.9.1 ASTROLOGIE. J. Bjornstad, S. Johnson, Horoskop u. Wassermann. Der Irrweg Astrologie. 1973. – H. M. Böttcher, Sterne, Schicksal u. Propheten. 1965. – H. C. Freiesleben, Trügen die Sterne? 1953. – W. Gundel, Sternglaube, Sternreligion u. Sternorakel. [2]1959. – R. Henseling, Umstrittenes Weltbild. [5]1941. – J. Herrmann, Das falsche Weltbild. 1962. – W. Knappich, Geschichte der Astrologie. 1967. – H. von Klöckner, Kursus der Astrologie. 3 Bde. [3]1956. – G. Lebzeltern, Astrologie. 1955. – H. A. Löhlein, Handbuch der Astrologie. 1977. – W. E. Peuckert, Astrologie. 1960. – W. Reinicke, Praktische Astrologie. 1977. – F. Sakoin, L. Acker, Das große Handbuch der Astrologie. 1979. – F. Schwickert, A. Weiss, Bausteine der Astrologie. 5 Bde. 1926/27. – K. Stumpff, Astronomie gegen Astrologie. 1955. – E. Zinner, Sternglaube u. Sternforschung. 1953.

7.9.2 ASTRONOMISCHE INSTRUMENTE, STERNWARTEN, BEOBACHTUNGSPRAXIS. Astro-Amateur. 1962. – R. Brandt, Himmelswunder im Feldstecher. [7]1963. – Ders., Das Fernrohr des Sternfreundes. 1958. – W. Büdeler, Den Sternen auf der Spur. 1963. – J. Dick, Praktische Astronomie an visuellen Instrumenten. 1963. – A. König, H. Köhler, Die Fernrohre u. Entfernungsmesser. [3]1959. – G. P. Kuiper, B. M. Middlehurst, Telescopes. Chicago. 1960. – A. Kutter, Der Schiefspiegler. 1953. – H. Letsch, Das Zeiss-Planetarium. [4]1955. – T. Maloney, Astronomie. 1979. – J. Meurers, Astronomische Experimente. 1956. – H. Oberdorfer, Fernrohr-Selbstbau. 1964. – H. Rohr, Das Fernrohr für jedermann. [4]1964. – G. D. Roth, (Hrsg.), Handbuch für Sternfreunde. [2]1967. – Ders., Taschenbuch für Planetenbeobachter. 1966. – W. Schroeder, Praktische Astronomie. Dt. 1958. – A. Staus, Fernrohrmontierungen u. ihre Schutzbauten für Sternfreunde. 1952. – J. Texereau, G. de Vaucouleurs, Astrofotografie für jedermann. Dt. 1964. – K. Wenske, Spiegeloptik. 1967. – O. Zimmermann, Astronom. Praktikum. I. u. II. 1969. – E. Zinner, Deutsche u. niederländ. astronomische Instrumente. 1979.

7.9.3 HIMMELSMECHANIK, SPHÄRISCHE ASTRONOMIE. P. Ahnert, Astronomische Tafeln für Sonne, Mond u. Planeten. 1960. – J. Bauschinger, Die Bahnbestimmung der Himmelskörper. [2]1928. – J. Dick, Grundtatsachen der sphärischen Astronomie. 1956. – H. Eichel, Ortsbestimmung nach Gestirnen. 1962. – O. W. Gail, Ebbe u. Flut. 1947. – K. Graff, Grundriß der geograph. Ortsbestimmung aus astronomischen Beobachtungen. 1944. – U. Güntzel-Lingner, Wie schwer sind die Himmelskörper? 1955. – J. Herrmann, Gesetze des Weltalls. 1969. – K. Jacobs (Hrsg.), Selecta Mathematica

V. 1979. – P. van de Kamp, Elements of Astromechanics. London. 1964. – T. R. von Oppolzer, Canon of Eclipses. New York. 21962. – W. Schaub, Vorlesungen über sphärische Astronomie. 1950. – G. Scheffers, K. Strubecker, Wie findet u. zeichnet man Gradnetze von Land- u. Sternkarten? 21956. – M. Schneider, Himmelsmechanik. 1979. – C. L. Siegel, J. K. Moser, Lectures on Celestial Mechanics. 1971. – H. Werner, vom Polarstern bis zum Kreuz des Südens. 31960.

7.9.4 ASTROPHYSIK. C. W. Allen, Astrophysical Quantities. London. 21963. – V. A. Ambarzumian, Theoretische Astrophysik. 1957. – W. L. Ginsburg, Über Physik u. Astrophysik. 1977. – Graff-Lambrecht, Grundriß der Astrophysik. Bd. 2. 21962. – J. S. Hey, Das Radiouniversum. 1974. – A. Krüger, G. Richter, Radiostrahlung aus dem All. 1968. – H. Messel, S. T. Butler, Space Physics and Radio Astronomy. London. 1964. – H. Sauter, Astrophysik. 2 Tle. 1972. – H. Scheffler, H. Elsässer, Physik der Sterne u. der Sonne. 1974. – R. u. H. Sexl, Weiße Zwerge, schwarze Löcher. 21979. – H. Siedentopf, Grundriß der Astrophysik. 1950. – M. Waldmeier, Einführung in die Astrophysik. 1948.

7.9.5 ERDE UND ERDMOND. K. von Bülow, Die Mondlandschaften. 1969. – Erde u. Weltall. 1974. – R. Gamow, Erde, unser Planet. Dt. 1969. – R.-H. Giese, Erde, Mond u. benachbarte Planeten. 1969. – Y. E. Guest, R. Greeley, Geologie auf dem Mond. 1979. – H. Haber, Drei Welten. 1971. – Ders., Unser Mond. 1969. – F. Link, Die Mondfinsternisse. 1956. – Ders., Der Mond. 1969. – P. D. Lowman, jun., Lunar Panorama. 1969. – R. Meißner, Der Mond. 1969. – L. Nagel (Hrsg.), Der Mond. 1970. – A. E. Ringwood, Origin of the Earth and the Moon. 1979. – P. Stumpff, Die Erde als Planet. 21955.

7.9.6 SONNENSYSTEM

Planeten. A. F. O'D. Alexander, The Planet Saturn. London. 1962. – W. Büdeler, Mars. 1954. – G. Doebel, Dem roten Planeten auf der Spur. 1971. – M. Grosser, Entdeckung des Planeten Neptun. 1970. – W. Heintz, Die Welt der Planeten. 1966. – H. K. Kaiser, Planeten u. Monde. 1960. – H. W. Köhler, Der Mars. 1978. – G. P. Kuiper, B. M. Middlehurst (Hrsg.), Planets and Satellites. Chicago. 1961. – R. Müller, Die Planeten u. ihre Monde. 1966. – P. Ryan, L. Pesek, Das Sonnensystem. 1981. – W. Sandner, Planeten – Geschwister unserer Erde. 1971. – B. Stanek, Planetenlexikon. 1978. – I. Velikovsky, Welten im Zusammenstoß. 1978. – D. Wattenberg, Die Welt der Planeten. 1954. – Ders., Mars. 1956.

Sonne. E. G. Kocharov, Nuclear Astrophysics of the sun. 1980. – P. Moore, The Sun. 1968. – R. Müller, Sonnen-ABC. 1958. – R. N. Rhomas, R. G. Athay, Physics of the Solar Chromosphere, London. 1961. – H. J. Smith, E.V.P. Smith, Solar Flares. London. 1963. – Die Sonne. 1975. – M. Waldmeier, Ergebnisse u. Probleme der Sonnenforschung. 21955.

7.9.7 STERNE, STERNSYSTEME

Gesamtdarstellungen: R. G. Aitken, The Binary Stars. 21964. – Argelander, Bonner Durchmusterung. 3–41966/67. – Astronom. Recheninstitut Heidelberg (Hrsg.), Scheinbare Örter der Fundamentalsterne. 1972–1980ff. – W. Becker, Sterne u. Sternsysteme. 21950. – A. Blaauw, M. Schmidt, Galactic Structure. 1965. – R. C. Cameron, The magnetic and related stars. 1967. – A. S. Eddington, Der innere Aufbau der Sterne. Dt. 1928. – J. S. Glasby, Variable Stars. 1968. – Goldmanns Himmelsatlas. 1959. – W. D. Heintz, Doppelsterne. 1971. – C. Hoffmeister, Veränderliche Sterne. 1970. – R. Kippenhahn, Hundert Milliarden Sonnen. 1980. – L. Kühn, Das Milchstraßensystem. 1978. – Littrow, Becker, Sternatlas. 1923. – A. J. Meadows, Das Leben der Sterne. 1972. – B. M. Middlehurst, L. H. Aller, Nebulae and Interstellar Matter. 1968. – E. von der Pahlen, Einführung in die Dynamik von Sternsystemen. 1947. – K. Schaifers, Geschwister der Sonne. 1976. – E. Schatzmann, White Dwarfs. Amsterdam. 1958. – G. Schurig, Himmelsatlas. 81960. – O. Thomas, Atlas der Sternbilder. 31962. – A. Unsöld, Physik der Sternatmosphären. 21955. Nachdr. 1966. – H. Vehrenberg, Photographischer Sternatlas. 1962. – H. Vogt, Die Spiralnebel. 1964. – M. Waldmeier (Hrsg.), Sterne u. Weltall. 1967.

Kometen, Meteore: J. Baxter, T. Atkins, Wie eine zweite Sonne. 1977. – F. L. Boschke, Erde von anderen Sternen. 1965. – F. Heide, Kleine Meteoritenkunde. 21957. – C. Hoffmeister, Meteorströme. 1948. – E. L. Krinow, Himmelssteine. 1954. – B. J. Lewin, Physikal. Theorie der Meteore u. die meteorit. Substanz im Sonnensystem. 1961. – D. W. R. Mc Kinley, Meteor Science and Engineering. Maidenhead. 1961. – J. T. Wasson, Meteorites. 1974.

7.9.8 KOSMOLOGIE UND KOSMOGONIE. H. Alfvén, Kosmologie u. Antimaterie. 1967. – V. A. Ambarzumian (Hrsg.), Probleme der modernen Kosmogonie. 1976. – I. Asimov, Weltall ohne Grenzen. 1968. – H. Bondi, Das Weltall u. wir. Dt. 1960. – F. L. Boschke, Die Schöpfung ist noch nicht zu Ende. 31965. – R. Breuer, Kontakt mit den Sternen. 1978. – H. v. Ditfurth, Kinder des Weltalls. 1973. – G. Gamow, Geburt u. Tod der Sonne. Dt. 1947. – Ders., Die Geburt des Alls. Dt. 1959. – M. Gardner, Das gespiegelte Universum. 1967. – O. Heckmann, Theorien der Kosmologie. 1968. – J. Herrmann, Geburt u. Tod im Weltall. 1964. – F. Hoyle, Das grenzenlose All. Dt. 1957. – P. Moore, Den Sternen auf der Spur. 1970. – P. v. d. Osten-Sacken, Die Neue Kosmologie. 1976. – E. L. Schatzmann, Die Grenzen der Unendlichkeit. 1968. – F. Schmeidler, Alte u. moderne Kosmologie. 1962. – H. Siedentopf, Gesetze u. Geschichte des Weltalls. 1961. – A. Unsöld, Der neue Kosmos. 1966. – H. Vogt, Außergalaktische Sternsysteme u. Struktur der Welt im Großen. 1960. – Ders., Die Struktur des Kosmos als Ganzes. 1961. – S. Weinberg, Die ersten drei Minuten. 41979.

8.0.0 CHEMIE (ALLGEMEINES)

Lexika u. Nachschlagewerke: ABC Chemie. 2 Bde. Nachdr. 1976. – Chemiker-Kalender. Hrsg. H. U. von Vogel. 21974. – D'Ans, Lax, Taschenbuch für Chemiker u. Physiker. 3 Bde. 31967–1970. – Chimica – ein Wissensspeicher. Hrsg. H. Keune u. a. 1972. – Das Fischer Lexikon. Chemie. Hrsg. H. Kelker u. a. o. J. – Kleine Enzyklopädie Natur. Hrsg. W. Gellert u. a. 1972. – O.-A. Neumüller, Römpp's Chemie-Lexikon. 2 Bde. 81979/80. – R. Reuber u. a. Chemikon. Chemie in Übersichten. 1972. – Tabellenbuch Chemie. 61973. – E. Ühlein, Römpp's Chemisches Wörterbuch. 1969.

Einführung u. Repetitorien: Arndt, Halberstadt, Grundzüge der Chemie. 1970. – T. Bokorny, Chemie-Gerüst. 121971. – W. Botsch, Chemie für Jedermann. 21972. – H. R. Christen. Chemie. 111977. – K. H. Cuny, Chemie. 91972. – Ders., Grundlagen der Chemie. 61972. – H. Freyschlag. Chemie. Die Frage nach dem Stoff. 1967. – K. W. Geisler, Grundlagen der Chemie für Ingenieure. 171972. – H. Gutsch, Lehrbuch der Chemie für den techn. Unterricht. 81973. – J. Hansmann, Chemie kurz u. bündig. 41975. – G. Heimann, Kleines Lehrbuch der Chemie. 91981. – A. Nowak, Fachliteratur für den Chemiker. 31976. – L. Pauling, Chemie. Eine Einführung. 91973. – G. Pohl, Chemie. Ein einführendes Arbeitsbuch. 1979. – H. Römpp, H. Raaf, Chemie des Alltags. 241979. – J. Rudolph, Knaurs Buch der modernen Chemie. 1974. – W. Schröter, Taschenbuch der Chemie. 81980. – O. Sckell, Repetitorium der Chemie. Tl. 1: 271972, T. 2: 281972, Tl. 3: 231972. – K. Sommer, Wissensspeicher Chemie. 1979. – R. Wolff, Die Sprache der Chemie. 1971.

8.0.1 GESCHICHTE DER CHEMIE, CHEMIKER. Adreßbuch dt. Chemiker. 1977/78. 1977. – I. Asimov, Kleine Geschichte der Chemie. o. J. – E. Bäumler, Ein Jahrhundert Chemie. 1963. – H. E. Fierz-David, Die Entwicklungsgeschichte der Chemie. Basel. 21952. – G. Kerstein, Entschleierung der Materie. Vom Werden unserer chem. Erkenntnis. 1962. – Kürschners Deutscher Gelehrten-Kalender. 131980. – G. Lockemann, Geschichte der Chemie in kurzgefaßter Darstellung. 2 Bde. (Sammlg. Göschen). 1973. – J. R. Partington, A History of Chemistry. 4 Bde. London. 1961–1967. – R. Sachtleben, Große Chemiker. 1962. – R. Sachtleben, A. Hermann, Von der Alchemie zur Großsynthese. 21961.

8.0.2 ALCHEMIE. W. Ganzenmüller, Die Alchemie im Mittelalter. 1967. – C. H. Jung, Gesammelte Werke Bd. 13. Studien über alchemistische Vorstellungen. 1978. – K. Schmiederer, Geschichte der Alchemie. 1832. Neudr. 1959. – W. Schneider, Lexikon alchemistisch-pharmazeutischer Symbole. 21980.

8.0.3 CHEMISCHE GRUNDBEGRIFFE. J. Agst, Chemische Grundbegriffe. 41969. – H. Melzer, Grundbegriffe der Chemie. 61977. – P. Nylen, N. W. Wigren, Einführung in die Stöchiometrie. 161972. – J. Reinsch, Chemische Grundbegriffe u. Gesetze. 141966. – J. Sczimarowsky, Chem. Grundbegriffe. 1956.

8.0.4 CHEMISCHE GERÄTE UND TECHNIKEN. R. Arendt, L. Dörmer, Technik der Experimentalchemie. 91972. – W. Brötz, Grundriß der chem. Reaktionstechnik. 1975. – E. Dane, F. Wille, Kleines chem. Praktikum. 81977. – Deeg, Richter, Glas im Laboratorium. 1965. – Experimentelle Schulchemie. Hrsg. F. Bukatsch, W. Glöckner. 7 Bde. 1979. – W. Felber, Hampel, Opitz, Laborkunde. 31970. – E. Hecker, Verteilungsverfahren im Laboratorium. 1955. – H. Kladders, R. B. Frings, Praxis der organisch-chemischen Laboratoriumstechnik. 2 Bde. 1973. – F. Merten, Der Chemielaborant. Teil 1: Grundlagen der Laborpraxis. 81978. – Teil 2: Anorganische Chemie. 91978. – Teil 3: Organische Chemie. 71977. – G. Meyendorf, Laborgeräte u. Chemikalien. 1975. – Röck, Köhler, Ausgewählte moderne Trennverfahren. 21965. – G. Sorbe, Messen u. Regeln in Labor u. Betrieb. 21968. – W. Telle, Chemische Laboratoriumsgeräte. 21969. – W. Wittenberger, Chemische Laboratoriumstechnik. 71973.

8.0.5 PHYSIKALISCHE CHEMIE (ALLGEMEINES). G. M. Barrow, Physikalische Chemie. 21977. – Bergmann, Trieglaff, Physikal. Chemie für Chemielaboranten. 41970. – R. Brdička, Grundlagen der physikal. Chemie. 101971. – J. Eggert, L. Hock, G. M. Schwab, Lehrbuch der physikal. Chemie in elementarer Darstellung. 91968. – A. T. Eucken, E. Wicke, Grundriß der physikal. Chemie. 111973. – W. Jost, Troe, Kurzes Lehrbuch der physikal. Chemie. 1972. – K.-H. Näser, Physikal. Chemie für Techniker u. Ingenieure. 121971. – Ders., Physikalisch-chemische Meßmethoden. 1972. – G. M. Schwab, Was ist physikal. Chemie? 1969. – H. Sehon, Physikalische Chemie. 21979. – H. Ulich, W. Jost, Kurzes Lehrbuch der physikalischen Chemie. 181973. – E. Wicke, Einführung in die physikalische Chemie. 21979.

8.0.6 BINDUNGEN. W. E. Addison, Grundzüge der Strukturchemie anorganischer Verbindungen. 1971. – H. R. Christen, Atommodelle – Periodensystem – Chem. Bindungen. 31977. – C. A. Coulson, Geometrie u. elektronische Struktur von Molekülen. 1977. – H. Hartmann, Theorie der chem. Bindung auf quantentheoretischer Grundlage. 1954. – F. Hein, Chemie der Komplexverbindungen. Chemische Koordinationslehre. 1971. – W. Kutzelnigg, Moderne Anschauungen über die chem. Bindung. 1973. – Ders., Die chem. Bindung. 1978. – L. Pauling, Die Natur der chem. Bindung. 31976. – F. Seel, Atombau u. chem. Bindung. 81974.

8.0.7 ELEKTROCHEMIE. H. Ebert, Elektrochemie – kurz u. bündig. 1972. – Ders., Elektrochemie, Grundlagen u. Anwendungsmöglichkeiten. 21979. – C. H. Hamann, W. Vielstich, Elektrochemie I. 1975. II. 1980.

8.0.8 CHEMISCHE THERMODYNAMIK. V. Freise, Chem. Thermodynamik. 21972. – R. Haase, Thermodynamik. 1972. – G. Kortüm, Einführung in die chem. Thermodynamik. 61972. – W. Wagner, Chem. Thermodynamik. 31975. – G. Wolf, W. Schneider, Chem. Thermodynamik. 1978.

8.0.9 CHEMISCHE KINETIK. H. R. Christen, Thermodynamik u. Kinetik chem. Reaktionen. 1979. – K. Denbigh, Prinzipien des chem. Gleichgewichts. 21974. – A. A. Frost, R. G. Pearson, Kinetik u. Mechanismen homogener chem. Reaktionen. Nachdr. 1973. – H. H. Gundthard, Chem. Kinetik. Zürich. 1976. – K. J. Laidler, Reaktionskinetik. 1970. – K. Vetter, Elektrochem. Kinetik. 1961.

8.1.0 ANORGANISCHE CHEMIE (ALLGEMEINES)

Nachschlagewerke: Anorganikum. 41971. – Gmelins Handbuch der anorgan. Chemie. Voraussichtl. 280 Lieferungen. 81922ff.

Einführungen, Lehrbücher: H. Biltz, W. Klemm, W. Fischer, Experimentelle Einführung in die anorgan. Chemie. 701971. – H. R. Christen, Grundlagen der allgemeinen u. anorgan. Chemie. 61980. – F. A. Cotton, G. Wilkinson, Anorgan. Chemie. 31980. – Handbuch der präparativen anorgan. Chemie. Hrsg. G. Brauer. 2 Bde. 31975–1978. – A. F. Holleman, E. Wiberg, Lehrbuch der anorgan. Chemie. 81–901976. – H. Hopff, Grundriß der anorgan. Chemie. 171973. – G. Jander, E. Blasius, Einführung in das anorganisch-chemische Praktikum. 111980. – H. Kaufmann, L. Jecklin, Grundlagen der anorgan. Chemie. 81977. – H. Lux, Anorganisch-chemische Experimentierkunst. 31970. – E. H. Priesenfeld, H. Remy, Anorganisch-chemisches Praktikum. 181966. – H. Remy, Lehrbuch der anorgan. Chemie. Bd. 1: 31970. Bd. 2: 12–131972. – W. Trzebiatowski, Lehrbuch der anorgan. Chemie. 61970.

8.1.1 PERIODENSYSTEM DER ELEMENTE. H. R. Christen, Atommodelle, Periodensysteme, chem. Bindung. 31977. – D. G. Cooper, Das Periodensystem der Elemente. Nachdr. 11976.

8.1.2 WASSERSTOFF UND ALKALIMETALLE. Gmelins Handbuch der anorgan. Chemie. Syst. Nr. 2 (Wasserstoff). Nachdr. 81963; Syst. Nr. 20 (Lithium). Nachdr. 81974; Syst. Nr. 21 (Natrium) Nachdr. 81969; Syst. Nr. 22 (Kalium) Nachdr. 81970; Syst. Nr. 24 (Rubidium) Nachdr. 81973; Syst. Nr. 25 (Caesium) Nachdr. 81972. – A. Jacob, Kali. 1956. – F. Lotze, Steinsalz u. Kalisalze. 21957. – Mausteller u. a., Alkali Metal Handling and System Operating Techniques. New York. 1968. – A. Ricci, L'hydrogène. Paris. 1952. – E. Wiberg, M. Schmidt, Hydrides and Complex Hydrides. Amsterdam. 1961.

8.1.3 KUPFER UND EDELMETALLE. J. Agst, Aluminium, Kupfer, Blei u. Zink. 51969. – Beamish, van Loon, Recent Advances in Analytical Chemistry of the Noble Metals. Oxford. 1971. – Chem. Färbungen von Kupfer u. Kupferlegierungen. Hrsg. Deutsches Kupferinstitut. 41974. – K. Dies, Kupfer u, Kupferlegierungen in der Technik. 1967. – Gmelins Handbuch der anorgan. Chemie. Syst. Nr. 60 (Kupfer), Nachdr. Teil A: 81974, Teil B: 81971; Syst. Nr. 62 (Gold) Nachdr. 81974. – Gold Recovery, Properties and Applications. Hrsg. E. M. Wise, Princeton. 1964. – R. Kerschlagl, Silber (in der Reihe „Die metallischen Rohstoffe“). 1961 – E. Kraume, Kupfer (in der Reihe „Die metallischen Rohstoffe“). 21964. – Ders., Gold. 1953. – Kupfer in Natur, Technik, Kunst u. Wirtschaft. Hrsg. Norddeutsche Affinerie Hamburg. 1966. – H. Lüpfert, Metallische Werkstoffe. 91966. – E. Raub, Die Edelmetalle u. ihre Legierungen. 21973.

8.1.4 ERDALKALIEN. Everest, The Chemistry of Beryllium. Amsterdam. 1964. – Gmelins Handbuch der anorgan. Chemie. Syst. Nr. 26 (Beryllium) Nachdr. 81970; Syst. Nr. 27 (Magnesium) Nachdr. 81967; Syst. Nr. 28 (Calcium) Nachdr. 81974; Syst. Nr. 29 (Strontium) 81931. Ergänzungs-Bd. 1960; Syst. Nr. 30 (Barium) Nachdr. 81972; Syst. Nr. 31 (Radium u. seine Isotopen). Nachdr. 81976, Ergänzungs-Bd. 1977.

8.1.5 ZINK, CADMIUM, QUECKSILBER. J. Agst, Aluminium, Kupfer, Blei u. Zink. 51969. – L. Bidstrup, Mercury and Organic Mercurials. Amsterdam. 1960. – J. Dekker (Hrsg.), Cadmium Toxicity. New York. 1979. – F. Friedensburg, Blei u. Zink (in der Reihe „Die metallischen Rohstoffe“). 1950. – Gmelins Handbuch der anorgan. Chemie. Syst. Nr. 32 (Zink), Nachdr. 81969; Syst. Nr. 33 (Cadmium), Nachdr. 81974; Syst. Nr. 34 (Quecksilber), 1. Lieferung 1960. – Zink-Taschenbuch. 31973.

8.1.6 SELTENE ERDMETALLE, ACTINOIDE. K. W. Bagnall, Chemistry of the Rare Radioelements, Polonium–Actinium. New York. 1958. – J. A. Gibson, Properties of the Rare Earths Metals and Compounds. Columbus, Ohio. 1959. – Gmelins Handbuch der anorgan. Chemie. Syst. Nr. 39 (Seltene Erden) Nachdr. 81970; Syst. Nr. 40 (Actinium u. sein Isotop Mesothorium) Nachdr. 81969; Syst. Nr. 55 (Uran) Nachdr. 81972. – J. Katz, G. T. Seaborg, The Chemistry of the Actinide Elements. London. 1957. – C. Keller, The Chemistry of Transuranium Elements. Weinheim. 1971. – E. Kohl, Uran (in der Reihe „Die metallischen Rohstoffe“). 1954. – G. T. Seaborg, Transurane. Synthetisch hergestellte Elemente. 1966. – Ders., J. Katz, The Actinide Elements. New York. 1954. – F. H. Spedding. D. H. Daane, The Rare Earth. London. 1961. – R. C. Vickery, The Chemistry of Yttrium and Scandium. London. 1960.

8.1.7 ERDMETALLE. D. Altenpohl, Aluminium von innen betrachtet. 41979. – Aluminium-Taschenbuch. 131974. – E. Einecke, Gallium. 1937. – W. Fulda. H. Ginsberg, Tonerde u. Aluminium. I. 21964, II. 1953. – Gmelins Handbuch der anorgan. Chemie. Syst. Nr. 13 (Bor): Nachdr. 81970, Ergänzungs-Bd. 81976; Syst. Nr. 35 (Aluminium): Nachdr. 81966; Syst. Nr. 36 (Gallium): Nachdr. 81972; Syst. Nr. 37 (Indium): Nachdr. 81969. – W. Kliegel, Bor in Biologie, Medizin und Pharmazie. 1980. – H. Nöth, Chemie anorgan. Borverbindungen. 1973. – Salmuth, Die Aluminiumindustrie der Welt. 1969. –Wünsch, Umland, Elemente der dritten Hauptgruppe: Bor. 1971.

8.1.8 TITANGRUPPE. E. Abshire, Bibliography of Zirconium. Washington. 1958. – Gmelins Handbuch der anorgan. Chemie. Syst. Nr. 41 (Titan): Nachdr. 81971; Syst. Nr. 42 (Zirkonium): 81958; Syst. Nr. 43 (Hafnium): Nachdr. 81964. – H. Huber, Unmagnetische Handwerkzeuge aus Titan und Stahl. 1977. – H. Lüpfert, Metallische Werkstoffe. 91966. – F. Vogel, Titan, seine metallurgische u. chemische Darstellung. 1950. – U. Zwicker, Titan und Titanlegierungen. 1974.

8.1.9 KOHLENSTOFFGRUPPE. F. Ahlfeld, Zinn u. Wolfram (in der Reihe „Die metallischen Rohstoffe“). 1958. – A. S. Bereschnoi, Silicon and its Binary Systems. New York. 1962. – W. Delle u. a., Graphitische Werkstoffe für den Einsatz in Kernreaktoren. 1979. – J. Feiser, Nebenmetalle Cadmium, Gallium, Germanium. 1966. – F. Friedensburg, Blei u. Zink (in der Reihe „Die metallischen Rohstoffe“). 1950. – Gmelins Handbuch der anorgan. Chemie. Syst. Nr. 15 (Silicium): Nachdr. 81970; Syst. Nr. 45 (Germanium): Nachdr. 81961. – E. S. Hedges u. a., Tin and its Alloys. London. 1960. – W. Hinz, Silikate, Einführung in die Theorie u. Praxis. 1963. – W. Hoffmann, Blei u. Bleilegierungen. 1962. – Le Chatelier, Kohlenstoff. 1913. – Organometallic Compounds. Bd. 2: Compounds of Germanium, Tin and Lead. Hrsg. R. W. Weiss. Berlin. 1967. – E. L. Quinn, C. L. Jones, Carbon Dioxide. New York. 1958. – Scholl-Arrich, Germanium Bibliography. Huntington, West-Virginia. 1955.

8.2.0 VANADIUMGRUPPE. Gouser, Sherwood, Technology of Columbium (Niobium). New York. 1958. – T. G. F. Hudson, Vanadium. Amsterdam. 1960. – R. Kieffer, Benesovsky, Vanadin, Niob, Tantal. 1963.

– H. Lüpfert, Metallische Werkstoffe. [9]1966. – G. L. Miller, Tantalum and Niobium. London. 1959. – W. Rostocker, The Metallurgy of Vanadium. New York. 1958.
8.2.1 STICKSTOFFGRUPPE. I. Asimov, The World of Nitrogen. London, New York. 1959. – Gmelins Handbuch der anorgan. Chemie. Syst. Nr. 4 (Stickstoff): Nachdr. [8]1968; Syst. Nr. 17 (Arsen): Nachdr. [8]1971; Syst. Nr. 18 (Antimon): Nachdr. [8]1973; Syst. Nr. 19 (Wismut): Nachdr. [8]1971, Ergänzungs-Bd. 1977. – Griffith, Topics in Phosphorus Chemistry. New York. 1964. – Houben, Weyl, Methoden der organ. Chemie. Bd. 10, Stickstoffverbindungen. [4]1965–[2]1971. – L. Jaenicke, Bismuth. London. 1950. – H. Quiring, Antimon (in der Reihe „Die metallischen Rohstoffe"). 1945. – Ders., Arsen (in der Reihe „Die metallischen Rohstoffe"). 1946. – Organometallic Compounds. Bd. 3: Compounds of Arsenic, Antimony and Bismuth. Hrsg. M. Dub. Berlin. 1968. – Vaubel, Arsen u. Thallium. 1951. – J. R. van Wazer, Phosphorus and its Compounds. 2 Bde. New York. 1958.
8.2.2 CHROMGRUPPE. C. Agte, J. Vacek, Wolfram u. Molybdän. 1959. – F. Ahlfeld, Zinn u. Wolfram (in der Reihe „Die metallischen Rohstoffe"). 1958. – M. Donath, Chrom (in der Reihe „Die metallischen Rohstoffe"). 1962. – Gmelins Handbuch der anorgan. Chemie. Syst. Nr. 54 (Wolfram): Nachdr. [8]1969; Syst. Nr. 53 (Molybdän): [8]1935, Nachdr. [8]1971. – A. G. Quarell, Niobium, Tantalum, Molybdenum and Tungsten. London. 1961. – H. P. Rechenberg, Molybdän (in der Reihe „Die metallischen Rohstoffe"). 1960. – A. H. Sully, Brandes, Chromium. London. 1967. – H. Wlokka, Hochschmelzende Metalle. 1963.
8.2.3 SAUERSTOFFGRUPPE. K. W. Bagnall, Chemistry of the Rare Radioelements, Polonium – Actinium. New York. 1958. – R. C. Brasted, S, Te, Po and O. Princeton. 1961. – Gmelins Handbuch der anorgan. Chemie. Syst. Nr. 3 (Sauerstoff): Nachdr. [8]1963–1974; Syst. Nr. 9 (Schwefel): Nachdr. [8]1960–1977, Ergänzungs-Bd. [8]1978; Syst. Nr. 10 (Selen): Nachdr. [8]1970–1974; Syst. Nr. 11 (Tellur): Nachdr. [8]1969, Ergänzungs-Bde. [8]1955–1978; Syst. Nr. 12 (Polonium): Nachdr. [8]1969. – B. Hess, H. Staudinger (Hrsg.), Biochemie des Sauerstoffs. 1968. – Houben, Weyl, Methoden der organ. Chemie. Sauerstoffverbindungen. [4]1963–1978. – H. V. Moyer, Polonium. Washington. 1956. – W. A. Pryor, Mechanism of Sulfur Reactions. New York. 1962.
8.2.4 MANGANGRUPPE. G. Berg, F. Friedensburg, Das Mangan (in der Reihe „Die metallischen Rohstoffe"). 1942. – J. G. P. Druce, Rhenium. New York. 1958. – Gmelins Handbuch der anorgan. Chemie. Syst. Nr. 69/70 (Rhenium, Technetium): Nachdr. [8]1972. – K. Grethe, Mangan. 1972. – I. u. W. Noddack, Das Rhenium. 1933. – S. Tribalat, Rhenium et Technetium. Paris. 1957.
8.2.5 HALOGENE. R. C. Brasted, The Halogens. New York. 1954. – Gmelins Handbuch der anorganischen Chemie. Syst. Nr. 5 (Fluor): Nachdr. [8]1966, Ergänzungs-Bde. [8]1959–1979; Syst. Nr. 6 (Chlor): Nachdr. [8]1963; Syst. Nr. 7 (Brom): Nachdr. [8]1963; Syst. Nr. 8 (Jod): Nachdr. [8]1964–1967. – Jolles, Bromine and its Compounds. New York. 1966. – A. J. Rudge, The Manufacture and Use of Fluorine and its Compounds. London. 1962. – O. Ruff, Chemie des Fluors. 1920. – K. Scharrer, Chemie u. Biochemie des Jods. 1928. – Sconce, Chlorine, its Manufacture, Properties and Uses. New York. 1962.
8.2.6 EISENGRUPPE. Bogdandy, von Engel, Die Reduktion der Eisenerze. 1967. – Gmelins Handbuch der anorgan. Chemie. Syst. Nr. 57 (Nickel): Neudr. [8]1967; Syst. Nr. 58 (Kobalt): Nachdr. [8]1969–1972, Ergänzungs-Bde. [8]1960–1973; Syst. Nr. 59 (Eisen): zahlreiche Bde.; Syst. Nr. 63 (Ruthenium): Nachdr. [8]1968; Syst. Nr. 64 (Rhodium): Nachdr. [8]1971; Syst. Nr. 65 (Palladium): Nachdr. [8]1968; Syst. Nr. 66 (Osmium): Nachdr. [8]1976; Syst. Nr. 68 (Platin): Nachdr. [8]1957–1971. – H. Quiring, Platinmetalle (in der Reihe „Die metallischen Rohstoffe"). 1962. – F. Rapatz, F. Roll, Kleines Lexikon Eisenwerkstoffe. 1964. – F. Toussaint, Der Weg des Eisens. Bilder aus dem Werdegang des Eisens vom Erz zum Stahl. [6]1969. – K. E. Volk (Hrsg.), Nickel u. Nickellegierungen. 1970. – R. S. Young, Cobalt, its Chemistry, Metallurgy and Uses. New York. 1961.
8.2.7 EDELGASE. G. A. Cook, Argon, Helium and the Rare Gases. New York. 1961. – Gmelins Handbuch der anorgan. Chemie, Syst. Nr. 1 (Edelgase): Nachdr. [8]1963, Ergänzungs-Bd. 1970. – P. Grassmann, Eigenschaften des flüssigen u. festen Heliums. Zürich. 1957. – Holloway, Noble-gas Chemistry. London. 1968.
8.2.8 VERBINDUNGEN UND SYNTHESEN, LEGIERUNGEN, RADIKALE. American Chemical Society (Hrsg.), Free Radicals in Inorganic Chemistry. Washington. 1962. – E. Brunhuber, Legierungs-Handbuch der Nichteisenmetalle. [2]1960. – F. Dietze u. a., Säuren u. Basen. 1972. – Gmelins Handbuch der anorgan. Chemie. Syst. Nr. 23 (Ammonium): [8]1934–1936. – H. Hartmann u. a. (Hrsg.), Chemische Elementarprozesse. 1968. – W. Krauskopf, Metall- u. Legierungsregister. 1951. – C. Rüchardt, Radikal-Reaktionen. In Vorb. – W. R. Steacie, Atomic and Free Radical Reactions. New York. 1955. – E. Wiberg, Die chem. Affinität. [2]1972.
8.2.9 ANALYSE
Gesamtdarstellungen: Analytikum. Methoden der analyt. Chemie u. ihre Grundlagen. 1971. – M. Becke-Goehring, Weiss, Praktikum der qualitativen Analyse. [2]1971. – H. Biltz, W. Fischer, Ausführung quantitativer Analysen. [16]1976. – F. Ehrenberger, S. Gorbach, Methoden der organ. Elementar- u. Spurenanalyse. 1973. – G. W. Ewing, A. Maschka, Physikal. Analysen- u. Untersuchungsmethoden der Chemie. [3]1964. – W. Fresenius, G. Jander (Hrsg.), Handbuch der analyt. Chemie. 37 Bde. 1940 ff. – G. Hägg, Die theoret. Grundlagen der analyt. Chemie. [2]1962. – G. Jander, E. Blasius, Lehrbuch der analyt. u. präparativen anorgan. Chemie. [11]1979. – A. Köster-Pflugmacher, Qualitative Schnellanalyse der Kationen u. Anionen nach G. Charlot. [6]1976. – Medicus, Goehring, Qualitative chem. Analyse. [29]1973. – G. O. Müller, Praktikum der quantitativen chem. Analyse. [6]1962. – H. Schulze, Methoden u. Gerätetechnik zur analyt. Chemie. 1970. – F. Seel, Grundlagen der analyt. Chemie u. der Chemie in wäßrigen Systemen. [7]1979. – S. W. Souci, Praktikum der qualitativen Analyse. [8]1979. – C. L. Wilson, D. W. Wilson, Comprehensive Analytical Chemistry (Vielbändiges Sammelwerk über qualitative u. quantitative Analyse). Amsterdam – New York. 1959 ff.
Aktivierungsanalyse. F. Baumgärtner, Tabelle zur Neutronenaktivierung. 1967. – Koch, Activation Analysis Handbook. New York. 1960.
Elektrische Methoden. J. Heyrovsky, Polarographisches Praktikum. [2]1960. – G. Kraft, Elektr. Methoden in der chem. Analyse. [2]1962.
Chelatometrie. R. Pribil, Komplexometrie. 5 Bde. 1961 ff.
Chromatographie. E. Bayer, Gas-Chromatographie. [2]1962. – E. Blasius, Chromatographie u. Ionenaustausch in der analyt. u. präparativen Chemie (Die chem. Analyse, Bd. 46). 1958. – F. Cramer, Papierchromatographie. [5]1962. – K. Dorfner, Ionenaustausch-Chromatographie. 1963. – E. Stahl (Hrsg), Dünnschicht-Chromatographie. [2]1967.
Gasanalyse. F. Bayer, Gasanalyse. [3]1960.
Lötrohrprobierkunde. M. Henglein, Lötrohrprobierkunde (Sammlg. Göschen, Bd. 483). 1948.
Maßanalyse. I. Geynes, Titration in nichtwäßrigen Medien. [3]1970. – G. Jander, K. F. Jahr, H. Knoll, Maßanalyse. 2 Bde. (Sammlg. Göschen, Bd. 221/221a). [13]1973. – Medicus, W. Poethke, Kurze Anleitung zur Maßanalyse. 1970. – H. Rödicker, Analytische Chemie. Bd. 1: Maßanalyse. [5]1968.
Massenspektrometrie. W. Benz, Massenspektrometrie organ. Verbindungen. 1969. – H. Budzikiewicz, Massenspektrometrie. 1972.
Mikroanalyse. Alimarin, Petrikowa, Anorgan. Ultramikroanalyse. 1963. – F. Ehrenberger, S. Gorbach, Methoden der organ. Elementar- u. Spurenanalyse. 1972. – Hecht-Zacherl (Hrsg.), Handbuch der mikrochem. Methoden. 5 Bde. Wien. 1954 ff. – G. Tölg, Chem. Elementaranalyse mit kleinsten Proben. 1967. – J. Riemer, Quantitative organ. Mikroanalyse. 1966.
Optische Methoden. R. Herrmann, C. Th. Alkemade, Flammenphotometrie. [2]1960. – G. Kortüm, Kolorimetrie, Photometrie u. Spektrometrie. [4]1962. – G. Kraft, Optische Methoden zur chem. Analyse. 1977. – B. Lange, Kolorimetrische Analyse. [6]1964. – H. Scheller, Einführung in die angewandte spektrochem. Analyse. [3]1960. – B. Welz, Atom-Absorptions-Spektrometrie. 1972.
Tüpfelanalyse. F. Feigl, Tüpfelanalyse. 2 Bde. [4]1960.
8.3.0 ORGANISCHE CHEMIE (ALLGEMEINES, NATURSTOFFE). Beilsteins Handbuch der organ. Chemie. Hauptwerk: Bd. 1–31. [4]1918–1940. 1. Ergänzungswerk: Bd. 1 bis 31. 1928–40. 2. Ergänzungswerk: 1941–1955. 3 Ergänzungswerk: 1958 ff. – H. Beyer, Lehrbuch der organ. Chemie. Hrsg. W. Walter. [18]1978. – S. Boström u. a., Kautschuk u. verwandte Stoffe. 1940. – E. Brandt, Organische Chemie in Frage u. Antwort. [11]1970. – A. M. Burger, Die natürlichen u. künstlichen Aromen. [3]1968. – W. Döpke, Einführung in die Chemie der Alkaloide. 1968. – E. L. Eliel, Basolo, Grundlagen der Stereochemie. 1972. – L. F. Fieser, M. Fieser, Organische Chemie. [2]1978. – S. Fittkau, Kompendium der organ. Chemie. [3]1976. – L. Gattermann, H. Wieland, Die Praxis des organ. Chemikers. [42]1972. – E. Gulinsky, Pflanzliche u. tierische Fette u. Öle. 1963. – S. Hauptmann, Über den Ablauf organ.-chem. Reaktionen. [3]1970. – A. F. Hollemann, E. Wiberg, Lehrbuch der organ. Chemie. [81–90]1976. – Hölzl, Baucher, Bau u. Eigenschaften der organ. Naturstoffe. 1965. – J. Houben, T. Weyl, Methoden der organ. Chemie. Bd. 1–16. [4]1952 ff. – P. Karrer, Lehrbuch der organ. Chemie. [15]1970. – W. Karrer, Konstitution u. Vorkommen der organ. Pflanzenstoffe. [2]1976, Ergänzungs-Bd. 1977. – F. Klages, Einführung in die organ. Chemie. [3]1969. – H. Krauch, W. Kunz, Reaktionen der organ. Chemie. [5]1976. – W. Langenbeck, W. Pritzkow, Lehrbuch der organ. Chemie. [21]1969. – G. H. Lehmann, Erdöl-Lexikon. [4]1964. – H. Nedelmann, Kohlechemie. 1957. – F. Nerdel, B. Schrader, Organische Chemie. [3]1970. – Organikum. Organisch-chemisches Grundpraktikum. [10]1971. – H. A. Staab, Einführung in die theoret. organ. Chemie. [4]1970. – H. Staudinger, Die hochmolekularen organ. Verbindungen. Kautschuk u. Cellulose. 1960. – Weygand, Hilgetag, Organisch-chem. Experimentierkunst. [4]1970. – G. Woker, Die Chemie der natürlichen Alkaloide. 1953–1956. – L. Zechmeister (Hrsg.), Fortschritte der Chemie organ. Naturstoffe. Bd. 1–28. 1944 ff.
8.3.2 ALKANE, ALKENE (OLEFINE) UND ALKINE (ACETYLENE). Andreas, Gröbe, Propylenchemie. 1969. – F. Asinger, Einführung in die Petrolchemie. 1959. – Ders., Chemie u. Technologie der Monoolefine. 1957. – M. J. Astle, Petrochemie. Hrsg. R. Pummerer. 1959. – D. W. F. Hardie, Acetylene. Its Manufacture and Industrial Uses. London. 1964. – S. A. Miller, Acetylene. Manufacture, Properties and Uses. 2 Bde. London. 1964. – The Chemistry of Alkenes. Hrsg. Zabicki. New York. 1970. – Ullmanns Encyklopädie der technischen Chemie, Hrsg. Bartholomé u. a. Bd. 10 u. 11. Erdöl. [4]1975 u. 1976.
8.3.3 ALKOHOLE, ESTER, ÄTHER, ALDEHYDE, KETONE. Bamford, Tipper, Ester Formation and Hydrolysis and Related Reactions. Amsterdam. 1972. – T. P. Hilditch, P. N. Williams, The Chemical Constitution of Natural Fats. London. [5]1964. – Th. Klug, Die Fette u. Öle (Sammlg. Göschen, Band 335). [6]1961. – Monick, Alcohols. Their Chemistry, Properties and Manufacture. New York. 1968. – Patai, The Chemistry of the Ether Linkage. London. 1967. – The Chemistry of the Carbonyl Group. Hrsg. Patai. New York. 1966. – J. F. Walker, Formaldehyde. New York. [3]1964.
8.3.4 ORGANISCHE STICKSTOFFVERBINDUNGEN, AMINE, NITRILE, AMIDE. Ginsburg, Concerning Amines, Their Properties, Preparation and Reactions. Oxford. 1967. – Rappoport, The Chemistry of the Cyano Group. New York. 1970. – Smith, Open-Chain Nitrogen Compounds. New York. 1965. – Zabicki (Hrsg.), The Chemistry of Amides. New York. 1970.
8.3.5 ORGANISCHE PHOSPHOR- UND ARSENVERBINDUNGEN, METALLORGANISCHE VERBINDUNGEN. G. E. Coates, Einführung in die metallorgan. Chemie. 1972. – E. J. Griffith, Topics in Phosphorous Chemistry. Bd. 2. Hrsg. M. Grayson. New York. 1964. – J. Houben, Th. Weyl, Methoden der organischen Chemie. Hrsg E. Müller. Bd. 12: Phosphorverbindungen. Teil I, [4]1963. Teil II, [4]1964. Bd. 13: Metallorgan. Verbindungen. Teil 1–7. 1970 ff. – Kosolapoff, Organophosphorous Compounds. New York. 1950. – E. Krause, A. von Grosse, Die Chemie der metallorgan. Verbindungen. 1937. – E. G. Rochow, Organometallic Chemistry. London. 1964. –F. Runge, Die Organometallverbindungen. [2]1944. – M. Schlosser, Struktur u. Reaktivität polarer Organometalle. 1973.
8.3.6 CARBONSÄUREN. J. Houben, T. Weyl, Methoden der organischen Chemie. Hrsg. E. Müller. Bd. 8: Carbonsäuren. [4]1971. – W. F. Maas, Naphthensäuren u. Naphthenate. 1961. – K. S. Markley (Hrsg.), Fatty Acids. Their Chemistry, Properties, Productions and Uses. 5 Bde. New York. [2]1964. – Patai, The Chemistry of Carboxylic Acids and Esters. London. 1969.
8.3.7 KOHLENHYDRATE. S. F. Dyke, The Chemistry of Natural Products. Bd. 5: The Carbohydrates. New York. 1960. – H. Elsner, Grundriß der Kohlenhydratchemie. 1941. – R. D. Guthrie, An Introduction to the Chemistry of Carbohydrates. Oxford. [2]1964. – F. A. Henglein, Chemie u. Technik der Pektine, Zucker. 1954. – Internationale Regeln für die chem. Nomenklatur u. Terminologie. Bd. 1. 1978. – Th. Lieser, Kurzes Lehrbuch der Cellulosechemie. 1953. – F. Micheel, Chemie der Zucker u. Polysaccharide. [2]1956. – C. Schwär, Die Stärke. 1958. – U. Stockmeier (Hrsg.), Komplexe Kohlenhydrate. 1979. – Ullmanns Encyklopädie der techn. Chemie. Hrsg. Bartholomé u. a. Bd. 12, Glykoside. [4]1976.
8.3.8 AMINOSÄUREN. Devenyi, Gergely, Analyt. Methoden zur Untersuchung von Aminosäuren, Peptiden u. Proteinen. 1968. – Greenstein, Winitz, Chemistry of the Amino Acids. 3 Bde. New York. 1961. – Jakubke, Jeschkeit, Aminosäuren, Peptide, Proteine. Eine Einführung. 1969. – A. Meister, Biochemistry of the Amino Acids. London. 1965. – Ullmanns Encyklopädie der techn. Chemie. Bd. 7 Aminosäuren. [4]1973. – F. Wewalka (Hrsg.), Aminosäuren, Ammoniak u. hepatische Enzephalopathie III. 1978.
8.3.9 EIWEISS-STOFFE. Ch. Anfinsen, Aspects of Protein Biosynthesis. New York. 1970. – C. H. Bamford, A. Elliot, W. E. Hanby, Synthetic Polypeptides. New York. 1956. – R. E. Dickerson, I. Geis, Struktur u. Funktion der Proteine. Nachdr. 1975. – H. Fasold, Die Struktur der Proteine. 1973. – E. Fischbach, Störungen des Nucleinsäuren- u. Eiweißstoffwechsels. 1979. – E. Harbers, Nucleinsäuren. [2]1975 (in: Einführung zur Molekularbiologie Bd. 1). – F. Haurowitz, Chemistry and Biology of Proteins. New York. 1963. – H. Neurath, The Proteins. 5 Bde. New York, London. 1963 ff. – Schroeder, The Primary Structure of Proteins. New York. 1968. – H. D. Springall, The Structural Chemistry of Proteins. London. 1964. – M. A. Stahmann, Polyamino Acids, Polypeptides and Proteins. Madison. 1962. – E. Waldschmidt, E. Leitz, O. Kirchmeier, Chemie der Eiweißkörper. [3]1968.
8.4.0 RINGVERBINDUNGEN. E. Clar, Polycyclic Hydrocarbons. 2 Bde. 1964. – Snyder, Nonbenzenoid Aromatics. New York. 1969 ff.
8.4.1 ALICYCLISCHE VERBINDUNGEN. Sittig, Paraffins and Cycloparaffins, Manufacture and Derivatives. Park Ridge. 1968. – G. H. Whitham, Alicyclic Chemistry. London. 1963.
8.4.2 AROMATISCHE KOHLENWASSERSTOFFE. R. M. Badger, The Structures and Reactions of Aromatic Compounds. Cambridge. 1954. – E. Clar, Polycyclic Hydrocarbons. 2 Bde. 1964. – Sittig, Aromatics, Manufacture and Derivatives. Park Ridge. 1968.
8.4.4 PHENOLE. A. Dierichs, R. Kubička, Phenole u. Basen. Vorkommen u. Gewinnung. 1958. – J. B. Marborne, Biochemistry of Phenolic Compounds. London, New York. 1964. – W. D. Ollis, Chemistry of Natural Phenolic Compounds. Oxford, London, New York, Paris. 1961. – Ullmanns Encyklopädie der technischen Chemie. Hrsg. Bartholomé. Bd. 17, Phenole. [4]1979.
8.4.7 TERPENE. K. Bartelt, Die Terpene u. Campherarten. 1951. – A. R. Pinder, The Chemistry of the Terpenes. London. 1960.
8.4.8 POLYCYCLISCHE VERBINDUNGEN. E. Clar, Polycyclic Hydrocarbons. 2 Bde. 1964.
8.4.9 HETEROCYCLISCHE VERBINDUNGEN. Advances in Heterocyclic Chemistry. Hrsg. A. R. Katritzky. 4 Bde. New York. 1962–1965. – A. Albert, Chemie der Heterocyclen. 1962. – G. M. Badger, The Chemistry of Heterocyclic Compounds. New York. 1961. – The Chemistry of Heterocyclic Compounds. A Series of Monographs. New York, London. 1950 ff.
8.5.0 BIOCHEMIE. H. Aebi, Einführung in die praktische Biochemie. [2]1971. – W. Bartley, L. M. Birt, P. Banks, Biochemie. 1974. – E. Buddecke, Grundriß der Biochemie. [6]1980. – H. Gräser, Biochemisches Praktikum. 1971. – E. Hoffmann, Funktionelle Biochemie. Teil I u. II. 1979. – P. Karlson, Kurzes Lehrbuch der Biochemie für Mediziner u. Naturwissenschaftler. [10]1977. – O. Pongs, Biochemisches Praktikum für Biologen u. Chemiker. 1980. – H. M. Rauen, Biochemisches Taschenbuch. 2 Bde. [2]1964. – F. Sauer, Einführendes Lehrbuch der Biochemie für Mediziner u. Biologen. 1971. – P. Siegmund u. a. Praktikum der physiologischen Chemie. [3]1976. – N. H. Sloane, I. L. York, Biochemisches Arbeitsbuch. 1972.
8.5.1 PHOTOSYNTHESE. P. Böger, Photosynthese u. pflanzl. Produktivität. 1975. – G. H. Fogg, Photosynthese. 1970. – O. V. Heath, Physiologie der Photosynthese. 1972. – P. Hoffmann, Photosynthese. 1975. – H. Lichtenthaler, K. Pfister, Praktikum der Photosynthese. 1978.
8.5.2 ATMUNG. Colloquium der Gesellschaft für Biologische Chemie (Hrsg.), Biochemie des Sauerstoffs. 1968. –D. E. Green, H. Baum, The Energy of the Mitochondrion. New York. 1970.
8.5.3 CITRONENSÄURECYCLUS. E. Hoffmann, Funktionelle Biochemie. Teil I u. II. 1979. – Lowenstein, Citric Acide Cycle. New York. 1969.
8.5.5 ENZYME, VITAMINE, HORMONE. T. E. Barman, Enzyme Handbook. 2 Bde. 1969. – H. Bergmeyer (Hrsg.), Grundlagen der enzymatischen Analyse. 1977. – T. Bersin, Biokatalysatoren. 1968. – A. Betz, Enzyme (Gewinnung-Analyse-Regulation). 1974. – Biochemical Actions of Hormones. Hrsg. G. Litwack. New York. 1970. – Boyer u. a., The Enzymes. 8 Bde. New York. [3]1970 ff. – Fermente, Hormone u. Vitamine u. die Beziehung dieser Wirkstoffe zueinander. Hrsg. R. Ammon, W. Dirschel. Bd. 1: Fermente. [3]1959. Bd. 2: Hormone. [3]1960. Bd. 3: Vitamine. 1974. – M. Tausk, Pharmakologie der Hormone. 1971. Bd. 3: Teil I:

Vitamine. [3]1974. Teil II: Vitamin B_{12} u. verwandte Corrinoide. [3]1975. – Ch. J. Gray, Enzym-katalysierte Reaktionen. 1976. – E. Hoffmann, Funktionelle Biochemie. Teil I u. II. 1979. – G. Kempter, Struktur u. Synthese von Vitaminen. 1964. – Klug, Hormone u. Enzyme. 1971. – A. M. Malkinson, Wirkungsmechanismen der Hormone. 1977. – F. Marks, Molekulare Biologie der Hormone. 1979. – Plowman, Enzyme Kinetics. New York. 1972. – H. Reuter, Vitamine. Chemie u. Klinik. 1970. – E. Strauß, Vitamine. Vorkommen, Eigenschaften, Wirkungen. [8]1980. – H. Vogel, Chemie u. Technik der Vitamine. 2 Bde. [3]1950ff. – C. Wade, Natürliche Hormone. [3]1977. – N. Zöllner, Enzyme u. Ernährung. 1969.

8.5.6 GÄRUNG. H. Bender, Biologie u. Biochemie der Mikroorganismen. 1970. – Jørgensen, Hansen, Die Mikroorganismen der Gärungsindustrie. [7]1956. – H.-J. Rehm, Einführung in die industrielle Mikrobiologie. 1971.

8.6.0 MAKROMOLEKÜLE, KUNSTSTOFFE, CHEMIEFASERN

Lexika u. Handbücher: Deutsches Jahrbuch der plastischen Massen. 10. Folge. Kunststoff-Jahrbuch. 1968. – H. Domininghaus, Lexikon der Kunststoffe. 2 Bde. 1977. – Kunststoff-Handbuch. Hrsg. R. Vieweg u. a. 12 Bde. 1963ff. – Modern Plastics Encyclopedia. New York. Jährl. – H. Saechtling, Kunststoff-Taschenbuch. [21]1979. – K. Stoeckhert, Kunststoff-Lexikon. [6]1975. – Ullmanns Encyklopädie der technischen Chemie. Hrsg. Bartholomé, Bd. 1: Kunststoffe. [4]1978.

Gesamtdarstellungen: H. Batzer, F. Lohse, Einführung in die makromolekulare Chemie. [2]1976. – H. Domininghaus, Physikalische Eigenschaften der Kunststoffe. [3]1979. – H. G. Elias, Makromoleküle. [3]1975. – R. Houwink, A. J. Stavermann, Chemie u. Technologie der Kunststoffe. 3 Bde. [4]1963. – C. M. von Meysenburg, Kunststoffkunde für Ingenieure. [4]1973. – W. Oelkers, J. Hansen, Kunststoffe – kein Geheimnis mehr. [2]1968. – F. Runge, Einführung in die Chemie u. Technologie der Kunststoffe. [3]1963. – Struktur u. physikal. Verhalten der Kunststoffe. Hrsg. K. A. Wolf. 1962. – A. V. Tobolsky, Eigenschaften u. Struktur von Polymeren. 1973.

Spezielle Themen: Bachmann, Bertz, Aminoplaste. [2]1967. – R. Bauer, Chemiefaser-Lexikon. [8]1978. – R. Becker, Polyurethane. 1973. – W. Beyer, H. Schaab, Glasfaserverstärkte Kunststoffe. [4]1969. – E. Dachselt, Thioplaste. 1971. – H. Domininghaus, Zusatzstoffe für Kunststoffe. 1978. – F. Fourné, Synthetische Fasern. 1964. – K. Götze, Chemiefasern nach dem Viskoseverfahren. 2 Bde. [3]1967. – K. F. Heinisch, Kautschuk-Lexikon. [2]1977. – Hopff, Müller, Wenger, Die Polyamide. 1954. – Hültzsch, Chemie der Phenolharze. 1950. – H. Jahn, Epoxidharze. 1960. – H. Kainer, Polyvinylchlorid u. Vinylchlorid – Mischpolymerisate. 1965. – Kluckow, Zeplichat, Chemie u. Technologie der Elastomere. [3]1970. – E. W. Laue, Glasfaserverstärkte Polyester u. andere Duromere. [2]1969. – K. Meyer, Chemiefasern. Handelsnamen, Arten, Hersteller. 1967. Ergänzungs-Bd. 1971. – B. Müller, Deutsche Chemiefasern auf Zellulose- u. Synthesebasis. 1969. – W. Noll, Chemie u. Technologie der Silicone. [2]1968. – H. Ohlinger, Polystyrol. 1955. – A. M. Paquin, Epoxydverbindungen u. Epoxydharze. 1958. – Rauch-Puntigam, Völker, Acryl u. Methacrylverbindungen. 1967. – H. Reuther, Silikone. [2]1969.

8.6.1 TECHNISCHE CHEMIE

Lexika u. Handbücher: Ullmanns Encyklopädie der technischen Chemie. Hrsg. Bartholomé u. a. 6 themat. Bde., Bd. 7–24 alphabet. gegliedert, 1 Registerbd. [4]1973–1979. – K. Winnacker, L. Küchler, Chemische Technologie. 7 Bde. [3]1969 bis 1974. – Ders., Schicksalsfrage Kernenergie. 1980.

Gesamtdarstellungen: Benedek, Laszlo, Grundlagen des Chemieingenieurwesens. [2]1967. – E. Fitzer, W. Fritz, Technische Chemie. 1975. – J. Hausmann, Chemotechnik kurz u. bündig. 1973. – F. Henglein, Grundriß der chem. Technik. [12]1968. – Jahn, Wittling, Technologie der chem. Industrie. [3]1968. – H. Orth, Techn. Chemie für Ingenieure. [4]1974. – Ost, Rassow, Lehrbuch der chemischen Technologie. 2 Bde. [27]1965. – F. Patat, K. Kirchner, Praktikum der technischen Chemie. [3]1975. – A. Rettemmaier, A. Vatter, Warenkunde Chemie u. Technologie. Bd. 1/2: [9]1973, Bd. 3/4 [8]1967.

Verfahrenstechnik: G. Adolphi, Lehrbuch der chem. Verfahrenstechnik. [2]1969. – P. Grassmann, Physikal. Grundlagen der Verfahrenstechnik. [2]1970. – H. Schlitt, Regelungstechnik in der Verfahrenstechnik u. Chemie. 1978. – Vauck, Müller, Grundoperationen chemischer Verfahrenstechnik. [3]1969.

8.6.2 ANORGANISCHE FARBSTOFFE. E. Herrmann, Kunststoffeinfärbung. Ein Leitbuch für die Praxis. 1976. – G. Hildenbrandt, Chemie der Kunst- u. Farbstoffe. 1976. – H. Kittel, Pigmente. Herstellung, Eigenschaften, Anwendung. [3]1960. – H. J. Klingner, Anstrichstoffe. Zusammensetzung, Verwendung. [3]1971. – Lehrbuch der Lacke u. Beschichtungen. Hrsg. H. Kittel. Bd. 2: Pigmente, Farbstoffe, Füllstoffe. 1974.

8.6.3 ORGANISCHE FARBSTOFFE. H. E. Fierz-David, L. Blangey, Grundlegende Operationen der Farbenchemie. Wien. [8]1952. – H. Meier, Die Photochemie der organ. Farbstoffe. 1963. – P. Rys, H. Zollinger, Leitfaden der Farbstoffchemie. [2]1976. – A. Schaeffer, Chemie der Farbstoffe u. deren Anwendung. 1963. – H. R. Schweizer, Künstliche organ. Farbstoffe u. ihre Zwischenprodukte. 1964. – W. Seidenfaden, Künstliche organ. Farbstoffe u. ihre Anwendung. 1957. – Ullmanns Encyklopädie der techn. Chemie. Hrsg. W. Foerst. Bd. 7: Synthetische organ. Farbstoffe. [3]1956.

8.6.6 CHEMISCHE MINERALOGIE. L. Ahrens, K. Rankama, S. Runcorn, Physics and Chemistry of the Earth. 3 Bde. London. 1956–1959. – J. Breger, Organic Geochemistry. London. 1963. – C. Doelter, Handbuch der Mineralchemie. 4 Bde. 1912–1931. – Eglinton, Murphy, Organic Geochemistry. 1969. – V. M. Goldschmidt, Geochemistry. Oxford. 1954. – F. Machatschki, Spezielle Mineralogie auf geochemischer Grundlage. Wien. 1953. – A. Smales, L. Wagner, Methods in Geochemistry. New York, London. 1960. – K. H. Wedepohl, Geochemie (Sammlg. Göschen). 1967. – Ders. u. a., Handbook of Geochemistry. 1969ff.

8.6.9 GEOWISSENSCHAFTEN. H. J. Behr u. W. Bachmann, Geowissenschaften. Wörterbuch dt.-engl. 1974. – Earth Sciences News. Bibliograph. Daten zu neuen Büchern u. Karten. 1972. – Earth Science Review. Amsterdam. 1966ff. – Geowissenschaftl. Forschung. Hrsg. C. Troll. 1968ff. – J. G. Gass, P. J. Smith u. R. C. L. Wilson. A. Reader in the Earth Sciences. Cambridge. Mass. 1971. – Geoforum I. 1970. (System and theory of Geosciences). – Geophysik u. Geologie. Beiträge zur Synthese zweier Wissenschaften. Folge 13. 1969. – H. Haber, Planet im Meer der Zeit. 1976. – R. L. Heller u. a., Earth Science. New York. 1973. – C. S. Hurlbut (Hrsg.), The Planet We Live On. New York. 1976. – D. Marsal, Statist. Methoden f. Erdwissenschaftler. [2]1979. – B. Moulton (Hrsg.), Reading in Earth Sciences New York. 1973. – R. J. Ordway, Earth Sciences. New York. 1973. – H. Schätz, Einführung in die Geowissenschaften. Wien. 1973.

8.7.0 GEOLOGIE

Handbücher: E. Bederke, H.-G. Wunderlich (Hrsg.), Atlas zur Geologie. 1968. – K. Beurlen, Geologie: die Geschichte der Erde u. des Lebens. [3]1978. – A. L. Bloom, Die Oberfläche der Erde. 1976. – R. Brinkmann (Hrsg.), Lehrbuch der Allg. Geologie. Bd. 1, 1974. Bd. 2, 1972. Bd. 3, 1967. – Brinkmanns Abriß der Geologie. 2 Bde. Band 1: neubearb. v. W. Zeil. [12]1980. Band 2: neubearb. v. K. Krömmelbein. [10/11]1977. – G. Bischoff, Die Welt unter uns. 1968. – S. von Bubnoff, Einführung in die Erdgeschichte. [4]1964. – Ders., Grundprobleme der Geologie. Nachdr. 1959. – K. von Bülow, Geologie für Jedermann. [10]1974. – H. Cloos, Einführung in die Geologie. Nachdr. 1963. – Ders., Gespräch mit der Erde. 1968. – H. P. Cornelius, Grundzüge der allg. Geologie. 1953. – Die Entwicklungsgesch. d. Erde. 2 Bde. Neuaufl. 1971. – K. H. Georgi, Kreislauf der Gesteine. 1979. – R. German, Einführung in die Geologie. 1979. – R. K. Gresswell, Geology for geographers. 1963. – M. P. Gwinner, Einführung in die Geologie. 1979. – J. Hesemann, Geologie. Einführung in erdgeschichtl. Vorgänge u. Erscheinungen. 1978. – R. Hohl (Hrsg.), Unsere Erde: eine moderne Geologie. Leipzig. [2]1977. – K. Kettner, Allg. Geologie. 4 Bde. 1958–1960. – K.-O. Kopp, Geologie. 1973. – J. Negendank, Geologie die uns angeht. 1979. – F. Lotze, Geologie. [5]1973. – W. C. Putnam, Geologie. 1969. – D. Richter, Allgem. Geologie. 1976. – M. Richter, Geologie. [3]1974. – H. Rid, Bekanntschaft mit der Landschaft. 1972. – E. Schwegler, P. Schneider u. W. Heissel, Geologie in Stichworten. [3]1972. – H. Vossmerbäumer, Allgem. Geologie. 1976. – G. Wagner, Einführung in die Erd- u. Landschaftsgeschichte. [3]1960. – H.-G. Wunderlich, Einführung in die Geologie. 2 Teile. 1968. – Ders., Das neue Bild der Erde. 1975. – Ders., Der Bau der Erde: Geologie der Kontinente u. Meere. 2 Bde. Zürich 1973 u. 1975. – J. H. Zumberge, Elements of geology. London. [2]1963.

Wörterbücher: J. Challinor, A dictionary of geology. Aberystwyth. 1962. – Herder Lexikon Geologie u. Mineralogie. [5]1980. – H. Murawski, Geolog. Wörterbuch. [7]1977. – Ders. (Hrsg.), Dt. Handwörterbuch der Tektonik. 1969ff. – U. Rosenfeld, Kleines Fachwörterbuch. Samml. Geol. Führer 46. 1966.

8.7.1 VERWITTERUNG UND BODEN

Hand- u. Lehrbücher: W. Baden u. a., Bodenkunde. 1969. – E. Blanck (Hrsg.), Handbuch der Bodenlehre ... 11 Bde. 1929–1939. – J.-H. Fiedler, H. Reisig, Lehrbuch der Bodenkunde. 1964. – R. Ganssen, Trockengebiete, Böden, Bodennutzung, Bodenkultivierung, Bodengefährdung. 1968. – Ders., Grundsätze der Bodenbildung. 1965. – Ders. u. F. Hädrich, Atlas zur Bodenkunde. 1965. – J. S. Gibson, J. W. Batten. Soils. 1970. – K. Göttlich, Moor- u. Torfkunde. [2]1980. – K. H. Hartge, Einf. in die Bodenphysik. 1978. – E. Mückenhausen, Die Bodenkunde u. ihre geolog., geomorpholog., mineralog. u. petrolog. Grundlagen. 1975. – H. Pagel, Bodenkunde. 4 Bde. 1963/64. – F. Scheffer, P. Schachtschabel, Lehrbuch der Bodenkunde. [9]1976. – E. Schlichting, Einführung in die Bodenkunde. 1964. – D. Schroeder, Bodenkunde in Stichworten. 1978.

8.7.2. ANGEWANDTE GEOLOGIE UND HYDROGEOLOGIE

angewandte Geologie. A. Bentz, Lehrbuch der Angewandten Geologie. 2 Bde. 1961–1969. – A. Caquot, J. Kerisel, Grundlagen der Bodenmechanik. 1967. – Engineering Geology, Amsterdam. 1965ff. – Felsmechanik u. Ingenieurgeologie. Wien. 1968ff. – P. T. Flawn, Environmental geology, New York. 1970. – W. Gocht, Wirtschaftsgeologie: Rohstofferschließung, Rohstoffwirtschaft, Rohstoffpolitik. 1978. – K. Keil, Ingenieurgeologie u. Geotechnik. [2]1954. – E. Köster, Mechan. Gesteins- u. Bodenanalyse. 1960. – W. S. Lehmann, Prakt. Geologie. 1960. – L. Müller, C. Fairhurst (Hrsg.), Grundfragen auf dem Gebiete der Geomechanik. 1964. – Dies. (Hrsg.), Felsbau in Theorie u. Praxis. 1967. – R. Neumann, Geologie für Bauingenieure. 1964. – A. u. K. D. Nelson, Concise encyclopedic dictionary of applied geology ... Amsterdam. 1967. – W. F. Schmidt-Eisenlohr, Geologie. 1966. – H. Schumann, Grundlagen des geolog. Wissens für Techniker. 1962. – F. Stammberger, Grundfragen des ökonom. Geologen. 1966. – K. Therzaghi, R. B. Peck, Die Bodentechnik in der Baupraxis. 1961. – R. Villwock, Industrie-Gesteinskunde. 1966. – A. Zaruba, V. Menel, Ingenieurgeologie. 1965.

Hydrogeologie. E. Bieske sen. u. jun., Bohrbrunnen. [6]1973. – G. W. Bogomolow, Grundlagen der Hydrogeologie. 1958. – V. T. Chow, Handbook of applied hydrology. 1964. – S. N. Davies, R. Dewiest, Hydrogeology. 1967. – A. Giesseler, Das unterird. Wasser. 1957. – R. C. Heath, F. W. Trainer, Introduction to groundwater hydrology. London. 1968. – K. Keilhack, Lehrbuch der Grundwasser- u. Quellenkunde. [2]1935. – G. Keller, Hydrogeologie. Probleme des Grundwasserschutzes. In: Naturwiss. Rundschau. 1964. – Ders., Angewandte Hydrogeologie. 1969. – W. Kochne, Grundwasserkunde. [2]1948. – G. Matthess, Die Beschaffenheit des Grundwassers. 1973. – R. Pfalz, Grundgewässerkunde. 1951. – G. Remenieras, L'hydrologie de l'ingenieur. Paris. 1960. – A. A. Rode. Das Wasser im Boden. Neuaufl. 1959. – H. Schoeller, Les eaux souterraines. Paris. 1962. – A. Thurner, Hydrogeologie. 1967. – D. K. Lodd. Groundwater hydrology. New York, London. 1957. – A. Verruijt, Theory of groundwater flow. London. Basingstoke. 1970. – R. J. M. de Wiest, Geohydrology. London. 1965.

8.7.3 GEOCHEMIE. Chemical geology, Amsterdam. 1966ff. – E. Th. Degens, Geochemie der Sedimente. Dt. 1968. – W. Ernst, Geochemical Facies analysis. Amsterdam, London, New York. 1970. – B. Mason, Principles of geochemistry. London. 1967. – H. Pape, Leitfaden zur Bestimmung von Erzen u. mineral. Rohstoffen. Geochem. Grundlagen der Lagerstättenbildung. 1977. – E. Schroll, Analyt. Geochemie. 2 Bde. Bd. 1, 1975. Bd. 2, 1976. – A. A. Smales, R. L. Wagner (Hrsg.), Methods in geochemistry. New York. 1960. – D. M. Shaw (Hrsg.), Studies in analytical geochemistry. Toronto. 1963. – K. H. Wedepohl, Geochemie. 1967. – Ders., Geochemistry. New York. 1971. – Ders u. C. W. Correns (Hrsg.), Handbook of geochemistry. Berlin. 1969ff.

8.7.4 SEDIMENTATION. J. R. L. Allen, A review of the origin and characteristics of recent alluvial sediments. Amsterdam. 1965. – G. C. Amstutz, Sedimentology and ore genesis. Amsterdam. 1964. – R. E. Carver (Hrsg.), Procedures in sedimentary petrology. New York. London. 1971. – E. T. Degens, Geochemie der Sedimente. 1968. – P. Duff, A. Hallam, E. K. Walton, Cyclic sedimentation. Amsterdam. 1967. – W. von Engelhardt, H. Füchtbauer, G. Müller, Sediment-Petrologie. 3 Tle. Tl. 2, [3]1977. Tl. 3, 1973. – H. Füchtbauer, Zur Nomenklatur der Sedimentgesteine. In: Erdöl u. Kohle. 1959. – K. W. Glennie, Desert sedimentary environment. New York. 1970. – H. W. Graf. Hydraulics of sediment transport New York. 1971. – W. C. Krumbein. L. L. Sloss, Stratigraphy and sedimentation. San Francisco. 1963. – Z. Kukal. Geology of recent sediments. London. New York. 1971. – G. Larsen, G. V. Chilingar (Hrsg.), Diagenesis in sediments. Amsterdam. 1967. – H. B. Milner, Sedimentary petrography. 2 Bde. New York. 1960. – F. J. Pettijohn, P. E. Potter, Atlas and glossary of primary sedimentary structures. New York. 1964. – Dies, Sand and Sandstone. 1973. – Sedimentary Geology, Amsterdam. 1967ff. – Sedimentology, Amsterdam. 1962ff. – R. C. Selley, Ancient sedimentary environments. London. 1970. – W. H. Twenhofel, Treatise on sedimentation. 2 Bde. Gloucester. Mass. 1962. – L. M. J. U. van Straaten. Deltaic and shallow marine deposits. Amsterdam. 1964.

8.7.5 RELIEF UND GEOLOGIE DES MEERESBODENS. S. Bertino, Les fonds sousmarins. Paris. 1968. – J. Bourcart, Le fond des océans. Paris. [2]1962. – D. T. Donovan (Hrsg.), Geology of shelf seas. London. 1968. – H. G. Gierloff-Emden, Geomorphologie des Meeresbodens. 1977. – J. Piccard, 11000 Meter unter dem Meeresspiegel. Die Tauchfahrten des Bathyskaphs Trieste. Dt. 1961. – G. Sager, Die Abmessungen der Tiefseegräben. In: Petermanns Geograph. Mitteilungen. Bd. 111. 1967. – E. Seibold, Der Meeresboden: Ergebnisse u. Probleme der Meeresgeologie. 1974. – G. B. Udintsev, Mittelozean. Rücken u. die globale Tektonik. In: Umschau ... 71. 1971. – J. Ulrich. Die Mittelozean. Rücken. In Geograph. Rundschau. Bd. 18. 1966. – Ders., Die größten Tiefen der Ozeane u. ihrer Nebenmeere. In: Geograph. Taschenbuch 1966/69. – Ders., Geomorpholog. Untersuchungen an Tiefseekuppen im Nordatlant. Ozean. In: Verhandlungen des Dt. Geographentags. 37. 1970.

8.7.6 METAMORPHOSE. E. Bederke, Regionalmetamorphose u. Granitaufstieg. In: Geolog. Rundschau. 1953. – W. S. Pitcher, G. W. Flinn (Hrsg.), The control of metamorphism. Liverpool. 1965. – F. J. Turner, J. Verheegen, Igneous and metamorphic petrology. New York. 1960. – H. G. Winkler. Die Genese der metamorphen Gesteine. [2]1967.

8.7.7 TEKTONIK

Gesamtdarstellungen: G. D. Ashgirei, Strukturgeologie. Dt. 1963. – M. P. H. Bott, The interior of the earth. London. 1971. – S. P. Clark, Die Struktur der Erde. 1977. – J. Coulomb, G. Jobert, The physical constitution of the earth. Edinburgh. 1963. – Developments in Geotectonics. Amsterdam. 1965ff. – O. Ch. Hilgenberg, Geotektonik, neuartig gesehen. 1974. – E. S. Hills, Elements of structural geology. London. 1963. – J. H. Illies, S. Müller (Hrsg.), Graben problems. Stuttgart. 1970. – O. Jessen, Die Randschwellen der Kontinente. In: Petermanns Geograph. Mitteilungen. Erg.-H. 251. 1948. – P. Jordan. Die Expansion der Erde. Folgerungen aus der Diracschen Gravitationshypothese. 1966. – W. R. Judd (Hrsg.), State of stress in the earth crust. Amsterdam. 1964. – P. Kaitera, Sea pressure as a cause of crustal movements. Helsinki. 1966. – J. A. Keindl. Zur Frage der Ausdehnung der Erde. In: Ztschr. für Geomorphologie. N. F. 14. 1970. – L. Kober, Tekton. Geologie. 1942. – E. C. Kraus, Vergleichende Baugeschichte der Gebirge. 1951. – Ders., Die Entwicklungsgesch. der Kontinente u. Ozeane. [2]1971. – K. Ledersteger, Das Problem der Regularisierung der Erdkruste u. die Isostasie. In: Gerlands Beiträge zur Geophysik. 74. 1965. R. Meißner, U. Vetter, Großräumige Bewegungsvorgänge auf der Erde. 1976. – K. Metz, Lehrbuch der Tekton. Geologie. [2]1967. – H. Ramberg, Gravity deformation and earth's crust. London. 1967. – P. Schmidt-Thomé, Lehrb. d. Allg. Geologie. Bd. 2: Tektonik. 1972. – R. Schönenberg (Hrsg.), Die Entstehung der Kontinente u. Ozeane in heutiger Sicht. 1975. – H. Stille, Geotekton. Gliederung der Erdgeschichte. 1943. – Ders., Ur- u. Neuozeane. 1948. – Ders., Die jungalgonk. Regeneration im Raume Amerikas. 1949. – Ders., Das Leitmotiv der geotekton. Erdentwicklung. 1949. – Tectonophysics. Amsterdam. 1964/65ff. – W. Wundt, Zur Entstehung der Erdoberfläche. In: Naturwiss. Rundschau. Bd. 21. 1968.

Kontinentalverschiebung. A. H. Anderson, Die Drift der Kontinente: Alfred Wegeners Theorie im Licht neuer Forschungen. 1974. – A. Brucker, Entstehung u. Entwicklung der Kontinente u. Ozeane. 1966. – G. D. Garland (Hrsg.), Continental drift. Toronto. 1966. – R. Gerwin, Kontinentaldrift. In: Naturwiss. Rundschau. Bd. 21. 1968. – H. Havemann, Die pazif. Drehung u. die zirkumpazif. Bewegungen. In: Geologie. Bd. 13. 1964. – H. Illies, Kontinentalverschiebungen u. Polverschiebungen ... In: Geolog. Rundschau. Bd. 54. 1964. – Internationales Alfred-Wegener-Symposium. 1980. Berliner geow. Abhdl. 19. – R. Maack, Fünfzig Jahre Kontinentalverschiebungstheorie. In: Geograph. Rundschau. 1964. – Ders., Probleme des Gondwanalandes ... Paraná. 1966. – Ders., Kontinentaldrift des Südatlant. Ozeans. 1969. – R. Pflug, Präkambr. Strukturen in Afrika u.

Südamerika. In: Neues Jahrb. für Geologie u. Paläontologie. Monatsh. 115. 1963. – Ders., Kontinentaldrift u. das Präkambrium Afrikas u. Südamerikas. In: Umschau. Bd. 64. 1964. – M. G. Ravič, Die Rätsel Gondwanas: über wandernde Kontinente u. Ozeanböden. 1975. – D. H. u. M. P. Tarling, Continentaldrift London. 1971. – A. Wegener, Die Entstehung der Kontinente u. Ozeane. Nachdr. 1980.

Orogenese (Gebirgsbildung). K. H. Höfer, Grundprobleme der Gebirgsmechanik. 1965. – H. Kastner, Das Werden der großen Faltengebirge. In: Felsmechanik u. Ingenieurgeologie 7. 1968. – T. Matsumoto (Hrsg.), Age and nature of the circumpacific orogenesis. Amsterdam. 1967. – K. Raacke, Die Erde baut ein Gebirge. 1966. – A. Tollmann, Die alpidischen Gebirgsbildungsphasen in den Ostalpen u. Westkarpaten. 1966. – H.-G. Wunderlich, Wesen u. Ursachen der Gebirgsbildung. 1966.

8.7.8 MAGMATISMUS. P. Niggli, Gesteinschemismus u. Magmenlehre. In Geolog. Rundschau. 1951. – A. Rittmann, Zur Herkunft der Magmen. In Geolog. Rundschau. 1959. – H. Stille, Der Subsequente Magmatismus. 1950. – H. G. Winkler, Genesen von Graniten u. Magmatien auf Grund neuer Experimente. In: Geolog. Rundschau. 1961.

8.7.9 HISTORISCHE GEOLOGIE UND STRATIGRAPHIE

Geochronologie. H. W. Franke, Methoden der Geochronologie. 1968. – E. I. Hamilton, Applied geochronology, London. 1965. – P. M. Hurley. Wie alt ist die Erde. 1960. – Radioactive dating methods... Wien. 1967. – O. H. Schindewolf, Grundlagen u. Methoden der paläontologischen Chronologie. [3]1950. – F. E. Zeuner, Dating the past, 2. Bde. London. [4]1958.

historische Geologie, Erdgeschichte. Chr. Arnold, Geological history and their evolution of plants. Boston. Mass. 1967. – S. von Bubnoff, Einführung in die Erdgeschichte. 1956. – C. O. Dunbar, Historical geology. London. 1960. – K. Krömmelbein, Brinkmanns Abriß der Geologie. Bd. 2: Historische Geologie. [10/11]1977. – B. Kummel, History of the earth. London, San Francisco. [2]1970. – K. Schmidt, Erdgeschichte. [3]1978. – W. L. Stokes, Essentials of earth history. London. [2]1966. – J. W. Stovall, H. E. Brown, The principles of historical geology. Boston. 1954. – E. Thenius, Meere u. Länder im Wechsel der Zeiten. 1978. – K. A. Wells, Outline of historical geology. London. 1960.

Stratigraphie. C. O. Dunbar u. J. Rodgers, Principles of stratigraphy. London. 1957. – O. F. Geyer, Grundzüge der Stratigraphie u. Fazieskunde. 2 Bde. Bd. 1, 1973. Bd. 2, 1977. – M. Gignaux, Géologie stratigraphique. Paris. [5]1960. – R. Lafitte u.a., Internationale Übereinkunft über die Grundlagen der Stratigraphie. 1973. – F. Lotze (Hrsg.), Handbuch der stratigraph. Geologie. 14 Bde. 1959ff. – G. Lüttig (Hrsg.), Newsletters on stratigraphy. Leiden. 1970ff. – M. Kay, E. H. Colbert, Stratigraphy and life history. London. 1965.

8.8.0 PRÄKAMBRIUM. F. Lotze, K. Schmidt (Hrsg.), Präkambrium. (Handb. der Stratigraph. Geologie 13. 1 u. 2). 2 Tle. 1966–1968.

8.8.2 MESOZOIKUM. W. J. Arkell, Jurassic geology of the world. 1956. – F. Lotze, H. Hölder (Hrsg.), Jura. (Handb. der Stratigraph. Geologie. 4.) 1964.

8.8.3 TERTIÄR. E. F. Eames, F. T. Banner u.a., Fundamentals of mid-tertiary stratigraphy, London. 1962. – A. Papp, P. Thenius, Tertiär. (Handb. der Stratigraph. Geologie. 3.) 2 Tle. 1959.

8.8.4 QUARTÄR. K. von Bülow, Alluvium, 1930. – J. K. Charlesworth, The quartenary era. 2 Bde. London. 1957. – E. Ebers, Vom großen Eiszeitalter. 1957. – R. F. Flint, Glacial and pleistocene geology. New York, London. 1957. – Ders., Glacial and quartenary geology. Chichester. 1971. – Eiszeitalter u. Gegenwart. Jahrb. 1950ff. – J. F. Gellert, Radiokarbon-Datierungen in der Quartärforschung. In: Petermanns Geograph. Mitteil. Bd. 112. 1968. – J. Hövermann u. K. Kaiser, Geomorphologie des Quartärs. 1973. – J. Marcinek, Die Erde im Eiszeitalter. Leipzig. 1977. – Quartär. Jahrb. zur Erforschung des Eiszeitalters. 1938ff. – K. Rankama (Hrsg.), The Quartenary. Chichester. 1967. – K. K. Turekian (Hrsg.), The late cenozoic ages. New Haven, London. 1971. – P. Woldstedt, Das Eiszeitalter, 2 Bde. 1954. – Ders., Quartär (Handb. der Stratigraph. Geologie. 2). 1969. – Ders., Das Eiszeitalter, Grundlinien einer Geologie des Quartärs. Bd. 3. [2]1965.

8.8.5 ALLGEMEINE MINERALOGIE UND PETROGRAPHIE

Mineralogie. A. G. Betechtin, Lehrbuch der speziellen Mineralogie. Hrsg. H.-J. Rösler. [5]1971. – R. Brauns, K. F. Chudoba, Allg. Mineralogie. [12]1968. – C. W. Correns, J. Zeman u. S. Koritnig, Einführung in die Mineralogie. [2]1968. – E. S. Dana, C. S. Hurlbut, Manual of mineralogy. London. [17]1959. – W. G. Ernst, Bausteine der Erde. 1977. – W. Lieber, Mineralogie in Stichworten. [2]1979. – Ders., Mineralogie seit 10 Jahrtausenden. 1978. – G. Linck, H. Jung, Grundriß der Mineralogie u. Petrographie. [3]1960. – E. Nickel, Grundwissen in Mineralogie. 3 Bde. 1975. – R. L. Parker, Mineralienkunde. Neuaufl. 1973. – P. Ramdohr, H. Strunz, Klockmanns Lehrbuch der Mineralogie. [16]1978. – G. Strübel, Mineralogie: Grundlagen u. Methoden. 1977. – Ders., Mineralogie u. Kristallographie. [3]1973. – S. H. Zimmer, Mineralog. Wörterbuch. 1973.

Petrographie u. Petrogenese. D. S. Beljankin, B. Lapin u. W. W. Iwanow, Techn. Petrographie. 1962. – H. Bergemann, Gesteinskunde (Faustskizzen für den naturkundl. Unterricht. 1). [4]1966. – W. Bruhns, P. Ramdohr, Petrographie. [7]1972. – C. W. Correns (Hrsg.), Die Entstehung der Gesteine... Neudr. 1960. – J. Jung, Précis de pétrographie. Paris. [2]1963. – H. Leitmeier, Einführung in die Gesteinskunde. 1950. – A. von Moos, F. de Quervain, Techn. Gesteinskunde. [2]1967. – N. M. Strakhov, Principles of Lithogenesis. 3. Edinburgh. 1970. – H. Winkler, Die Genese der metamorphen Gesteine. [2]1967.

8.8.6 EDEL- UND SCHMUCKSTEINE. W. Cloos, Kleine Edelsteinkunde. [3]1976. – E. Gübelin, K. F. Chudoba, Edelsteinkundl. Handbuch. [2]1966. – M.-H. Mackowsky (Hrsg.), Edelsteine. 1968. – K. Schloßmacher, Edelsteine u. Perlen. [4]1965. – W. Schumann, Edelsteine u. Schmucksteine. [2]1978. – Ch. Schwahn, Die prakt. Edelsteinkunde. [6]1963.

8.8.7 MINERALIEN. P. Bariand, Mineralien. 1977. – J. Bauer, F. Tvrz. Der Kosmos-Mineralienführer. [5]1981. – H. Bögel, Knaurs Mineralienbuch. Taschenbuchausg. 1972. – A. del Caldo u.a., Minerale bestimmen. [2]1976. – M. O'Donoghue, Enzyklopädie der Minerale u. Edelsteine. 1977. – I. O. Evans, Edelsteine u. Mineralien. 1974. – C. S. Hurlbut jr., Schätze aus dem Schoß der Erde. 1970. – R. Jubelt, Mineralien. Sammeln u. Bestimmen. [2]1978. – W. Kühnel, Nutzbare Mineralien. 1972. – L. Ladurner, F. Purtscheller, Das große Mineralienbuch. [2]1972. – Lexikon f. Mineralien- u. Gesteinsfreunde. 1977. – W. Lieber, Der Mineraliensammler. [7]1978. – V. de Michele, Mineralien in Farbe. 1974. – A. Mottana, R. Crespi, G. Liborio, Der große BLV Mineralienführer. 1979. – P. Ramdohr, Die Erzmineralien u. ihre Verwachsungen. 1960. – W. Schumann, Steine u. Mineralien. [5]1977. – R. Seim, Minerale. [2]1974. – H. Strunz, Mineralog. Tabellen. 1970.

8.8.8 GESTEINE. R. Börner, Welcher Stein ist das? [17]1977. – R. Jubelt, Gesteinsbestimmungsbuch. Leipzig. [3]1975. – K. Krüger, Das Reich der Mineralien u. Gesteine. 1974. – H. Lüschen, Die Namen der Gesteine. [2]1979. – P. Niggl, Gesteine u. Minerallagerstätten. 2 Bde. 1948–1952. – E. Ostendorff, Steine in Farben. [5]1974. – H. Pape, Der Gesteinssammler. [3]1978. – Ders., Leitfaden zur Gesteinsbestimmung. [3]1975. – H. Schumann, Einführung in die Gesteinswelt. [5]1975. – D. Stobbe, Mineralien, Steine u. Fossilien: findet den ersten Stein. 1978. – A. R. Wolley, Der Kosmos-Steinführer. [4]1980.

8.8.9 LAGERSTÄTTENKUNDE. P. T. Flawn, Mineral resources. Chicago. 1966. – F. Friedensburg, Die Bergwirtschaft der Erde. [6]1965. – H. Huttenlocher, P. Ramdohr, Mineral- u. Erzlagerstättenkunde. 2 Bde. [2]1965. – S. Jankovič, Wirtschaftsgeologie der Erze. 1967. – W. E. Petraschek, Lagerstättenlehre. [2]1961. – H. Schneiderhöhn, Die Erzlagerstätten der Erde. 2 Bde. 1958–1961. – Smirnov, Geologie der Lagerstätten mineral. Rohstoffe. 1973.

8.9.0 ALLGEMEINE GEOPHYSIK

Gesamtdarstellungen: L. H. Ahrens (Hrsg.), Physics and chemistry of the earth. Bisher 7 Bde. New York, Oxford. 1956ff. – J. Bartels (Hrsg.), Geophysik (Handb. der Physik. 46–48). 1956–1958. – Ders. (Hrsg.), Geophysik. Neuaufl. 1966. – W. L. Donn u.a., Research in geophysics. Cambridge. Mass. 1964. – L. Egyed, Physik der festen Erde. 1969. – T. F. Gaskell, Physics of the earth. London. 1970. – R. B. Gordon, Physics of the earth. New York. 1972. – B. Gutenberg, Handb. der Geophysik. 10 Bde. 1930–1950. – E. Grassmann, M. Weber, Einführung in die angewandte Geophysik. 1969. – J. Guest, The earth and its satellite. London. 1971. – H. Haalck (Hrsg.), Lehrb. der angewandten Geophysik. 2 Bde. [3]1953–1958. – Ders., Physik des Erdinnern. 1959. – H. Israel, Einführung in die Geophysik. 1969. – B. D. Johnson, R. J. Henderson, D. H. Hall (Hrsg.), Geophysics of the earth and the oceans. Amsterdam. 1971. – W. Kertz, Einführung in die Geophysik. 1969. – R. Lauterbach (Hrsg.), Geophysik u. Geologie. 1959ff. – Ders., Physik der Erdkruste. 1977. – H. Reich, Grundlagen der angewandten Geophysik. 1960. – S. K. Runcorn u.a. (Hrsg.), International dictionary of geophysics. 2 Bde. Oxford. 1967. – R. Schick u. G. Schneider, Physik des Erdkörpers. 1973. – M. Toperczer, Lehrb. der allg. Geophysik. 1960. – R. H. Tucker, A. H. Cook u.a., Global geophysics. London. 1970.

Erde. H. Bastian, Unsere Erde, wie sie wurde. 1967. – A. H. Cook, Physics of the Earth and Planets. London. 1973. – P. Gluth, Die Stellung der Erde im Kosmos. [4]1977. – H. Haber, Unser blauer Planet. Tb. 1979. – E. Hantzsche, Doppelplanet Erde, Mond. Leipzig. [2]1973. – D. W. Haselhoff (Hrsg.), Die Erde im Weltraum. 1968. – H. Jeffreys, The earth. London. [4]1959. – K. A. Kulikov, Planet Erde. Leipzig. 1974. – R. Lauterbach (Hrsg.), Physik des Planeten Erde. 1975. – W. H. Munk u. G. F. J. MacDonald, The rotation of the earth, London. 1960. – G. Schenk, Die Erde, unser Planet im Weltall. 1962. – K. Stumpff, Die Erde als Planet. [2]1955.

8.9.1 GEOPHYSIK DER FESTEN ERDE UND DES FESTLANDS

Geomagnetismus u. Schwerkraft. J. Bartels, Erdmagnetismus. In: Studium Generale Bd. 14. 1961. – G. Beiser, Story of the earth magnetic field. New York. 1964. – G. Fanselau (Hrsg.), Geomagnetismus u. Aeronomie. 7 Bde. 1959ff. – G. Gamov, Gravity. London. 1961. – W. A. Heiskanen, F. A. V. Meinesz, The earth and its gravity field. New York. 1958. – P. Jordan, Schwerkraft u. Weltall 2. 1955. – H. Murawski (Hrsg.), Vom Erdkern zur Magnetosphäre. 1968. – E. I. Parkhomenko, Electrification in Rocks. New York, London. 1971. – T. Rikitake, Electromagnetism and the earth's interior. Amsterdam. 1966. – M. Siebert, Das ungestörte Magnetfeld der Erde. In: Bild der Wissenschaft Bd. 5. 1968. – D. W. Strangway, History of the earth's magnetic field. London. 1970. – W. Ulrici, Eine neue Gravitationstheorie. In: Umschau... Bd. 69. 1969.

Seismik, Erdbeben. N. N. Ambraseys, Value of historical records of earthquakes. In: Nature Bd. 232. 1971. – V. V. Belousov, A. A. Sorskij u. V. J. Bune, Seismotekton. Karte. Moskau. 1969. – K. E. Bullen, An introduction to the theory of seismology. London. [3]1963. – W. Ernst, Erdbebenvorhersagen. 1970. – G. A. Gamburzew, Grundlagen der seism. Erkundung. [2]1973. – I. I. Gurwitsch, Seism. Erkundung. 1970. – J.-H. Hodgson, Earthquakes and the earth. New York. 1964. – K. Jung, Kleine Erdbebenkunde. 1953. – Mansinha, D. E. Smylie u. A. E. Beck (Hrsg.), Earthquake displacement fields and rotation of the earth. Dordrecht. 1970. – D. Niddrie, Wenn die Erde bebt. Dt. 1966. – A. R. Ritsema, European earthquake mechanisms. Amsterdam. 1967. – J. P. Rothé, The seismicity of the earth (UNESCO). Paris. 1969. – E. F. Sawarenski. D. P. Kirnos, Elemente der Seismologie u. Seismometrie. 1960. – G. Schneider, Erdbeben. 1975. – H. Steinert, Erdbeben. 1979. – W. Sullivan, Warum die Erde bebt. 1977. – H. Tributsch, Wenn die Schlangen erwachen: mysteriöse Erdbebenvorzeichen. 1978. – A. Wellmann, Earthquakes and volcanoes. New York. 1963. – R. L. Wiegel, Earthquake engineering. Englewood Cliffs. N. J. 1970.

Vulkanismus. H. Cloos, Hebungs-Spaltungsvulkanismus. 1939. – J. Green, N. M. Short (Hrsg.), Volcanic landforms and surface features. A photographic atlas and glossary. 1971. – E. Herrmann, Die Werkstatt des Vulkans. 1963. – M. A. Koenig, Vulkane u. Erdbeben. Thun. 1970. – Ch. Krüger (Hrsg.), Vulkane. Wien. 1970. – C. Ollier, Volcanoes. Cambridge, Mass. 1969. – H. Pichler, Italien. Vulkan-Gebiete. 2 Tle. 1970. – H. Rast, Vulkane u. Vulkanismus. 1979. – A. Rittmann, Vulkane u. ihre Tätigkeit. [2]1970. – H. Tazieff, Vulkanismus u. Kontinentwanderung. 1974.

8.9.4 OZEANOGRAPHIE

Allgemeine Darstellungen: E. Arndt, A. Brenning, U. Brosin u.a., Das Meer. [3]1974. – Autorenkollektiv. Grundlagen der Ozeanologie. Berlin. 1978. – E. Bruns, Ozeanologie. 3 Bde. 1958–1962. – C. H. Cotter, Physical geography of the oceans. 1965. – A. Defant, Physical oceanography. Oxford, New York. 1961. – Deutsche Forschungsgemeinschaft (Hrsg.), Meteor-Forschungsergebnisse. 1966ff. – G. Dietrich, Meereskunde der Gegenwart. In: Naturwiss. Rundschau. H. 12. 1963. – Ders., General oceanography. New York. 1963. – Ders., K. Kalle, W. Krauss, G. Siedler, Allg. Meereskunde. [3]1975. – Ders., Ozeanographie. [3]1970. – Ders. u. J. Ulrich (Hrsg.), Atlas zur Ozeanographie. 1968. – F. Doumenge, Géographie des mers. Paris. 1965. – R. W. Fairbridge (Hrsg.), Encyclopedia of oceanography. New York. 1966. – A. J. Falick, Maritime geography and oceanography. In: Naturwiss. Rundschau. H. 11. 1965. – L. M. Fomin, The dynamic method in oceanography. Amsterdam. 1964. – S. A. Gerlach, Meeresverschmutzung. 1976. – M. G. Gross, Oceanography. Columbus. [2]1971. – M. N. Hill (Hrsg.), The sea. New York. 1963. – A. Huxley, Standard encyclopedia of the world's oceans and islands. London. 1963. – Hydrograph. Bibliographie (Ozeanographie, Erdmagnetismus, Nautik). Hrsg. Dt. Hydrograph. Institut. 1971. – C. P. Idyll u.a. (Hrsg.), Kontinente unter Wasser. Erforschung u. Nutzung der Meere. 1971. – I. S. Isakov, Morskoj Atlas, Moskau. 1950–1953. – C. A. M. King, Oceanography for geographers. London. 1962. – R. Kurzrock (Hrsg.), Ozeanographie. 1977. – A. E. Maxwell u.a., The sea. New York. 1971. – H. J. McLellan, Elements of physical oceanography. Oxford. 1965. – R. C. Miller, Das Meer. 1969. – The Ocean. San Francisco. 1969. – G. L. Pikkard, Descriptive oceanography. Oxford. 1964. – W. J. Pierson jr. u. G. Neumann, Principles of physical oceanography. Englewood Cliffs. N. J. 1966. – G. Pirie (Hrsg.), Oceanography. 1973. – V. Romanovsky, Les océans. Paris. 1969. – E. Rosenkranz, Das Meer u. seine Nutzung. Leipzig. 1977. – S. Schlee, Die Erforschung der Weltmeere: eine Geschichte ozeanograph. Unternehmungen. 1974. – A. Schützler, W. Althof, Naut. Grenzen der Ozeane u. Meere. 1969. – Science of the sea. London. 1971. – M. Sears (Hrsg.), Oceanography. Washington. D. C. 1961. – Ders. (Hrsg.), Progress in oceanography. Oxford. 1963–1965. – H. U. Sverdrup, M. W. Johnson u. R. H. Fleming, The oceans. Englewood Cliffs. N. J. [4]1952. – P. K. Weyl, Oceanography, New York. 1970. – W. Yasso, Oceanography. New York. 1965. →auch 6.9.5 Meere.

Ebbe u. Flut. E. Bruns, Handbuch der Wellen der Meere u. Ozeane. 1955. – S. Carter, Kingdom of the tides. New York. 1966. – A. Defant, Ebbe u. Flut des Meeres, der Atmosphäre u. der Erdfeste. 1953. – O. W. Gail, Ebbe u. Flut. 1947. – Gezeitentafeln. 2 Bde. 1966. – G. M. Hidy, The waves. The nature of sea motion. New York. 1971. – W. Krauss, Interne Wellen. 1966. – G. Petter (Hrsg.), Meeresströme u. Gezeiten. 1979. – G. Sager, Ebbe u. Flut. 1959.

Meeresströmungen. H.-G. Gierloff-Emden, Der Humboldtstrom u. die pazif. Landschaften. In: Petermanns Geograph. Mitteilungen. 1959. – J. A. Knauss, Equatorial current systems. In: The Sea 2. 1963. – G. Neumann, Ocean currents. Amsterdam. 1968. – E. Schweigger, Die Westküste Amerikas im Bereich des Peru-Stromes. 1959. – E. Seibold, Meeresströmungen u. ihre geolog. Wirkung. In: Bild der Wissenschaft. H. 7. 1968. – H. Stommel, The gulf stream. London. Berkeley. 1964. – A. Vigarie, La circulation maritime. Paris. 1968.

8.9.5 AUFBAU DER ATMOSPHÄRE. Beiträge zur Physik der freien Atmosphäre. – V. A. Belinskij, V. A. Pobijacho, Aerology, Jerusalem. 1967. – R. A. Craig, The Upper Atmosphere. 1965. – A. u. F. Defant, Physikal. Dynamik der Atmosphäre. 1958. – W. Dieminger, Hohe Atmosphäre der Erde. In: Umschau... H. 2. 1969. – H. Faust, Der Aufbau der Erdatmosphäre. 1968. – H. Flohn, Die Höhenlage in der Tropopause über der Nordhalbkugel. In: Meteorolog. Rundschau. 1947/48. – W. Heisenberg (Hrsg.), Kosm. Strahlung. [2]1953. – W. Hesse (Hrsg.), Handbuch der Aerologie. 1961. – H. Israel, Atmosphär. Luftelektrizität. 2 Bde. 1957–1961. – K. G. Labitzke, Synoptik der Stratosphäre. In Umschau... H. 11. 1968. – H. S. W. Massey, R. L. F. Boyd, The Upper Atmosphere, London. 1960. – Meteorologie. Wasserzirkulation in der Atmosphäre u. Wettervorhersage. Prag. 1966. – S. K. Mitra, The Upper Atmosphere. Calcutta. [2]1952. – J. A. Ratcliffe, Physics of the Upper Atmosphere. New York. 1960. – K. Rawer (Hrsg.), Winds and turbulence in stratosphere, mesosphere and ionosphere. Amsterdam. 1968. – R. Scherhag, Über Luftdruck-, Temperatur- u. Windschwankungen in der Stratosphäre. 1959. – K. Schneider-Carius, Die Grundschicht der Troposphäre 1963. – E. Soós, On annual variations of pressure, temperature and density below 30 kms. Offenbach. 1965. – W. L. Webb, Structure of the stratosphere and mesosphere. 1966. – R. C. Whitten, I. G. Poppoff, Fundamentals of Aeronomy. New York. 1971.

8.9.6 METEOROLOGIE

Lehr- u. Handbücher: F. Baur (Hrsg.), Meteorolog. Taschenbuch. 2 Bde. [2]1962 bis 1970. – W. Böer, Techn. Meteorologie. Neuaufl. 1964. – H. R. Byers, General meteorology. New York. [3]1959. – F. W. Cole, Introduction to meteorology. New York. 1970. – J. van Eimern u. H. Häckel, Wetter u. Klimakunde. Lehrbuch der Agrarmeteorologie. [3]1979. – V. Faust (Hrsg.), Biometeorologie. 1977. – H. Fortak, Meteorologie. 1971. – W. Georgii, Flugmeteorologie. [2]1956. – J. Hann. R. Süring, Lehrbuch der Meteorologie. 2 Bde. [5]1939–1951. – Handbook of aviation meteorology. London. [2]1971. – H. Hess. Allg. Meteorologie. 1966. – H. Koschmieder, Dynam. Meteorologie (Physik der Atmosphäre 2). [3]1951. – M. Kurz, Synopt. Meteorologie. 1977. – G. H. Liljequist, Allg. Meteorologie. [2]1979. – K. T. Logwinow, Dynam. Meteorologie. 1955. – R. W. Longley, Elements of meteorology. New York. 1970. – D. H. McIntosh, A. S. Thoms, Essentials of meteorology. London. 1969. – F. Möller, Einf. in d. Meteoro-

logie. 2 Bde. 1973. – H. Panofsky, Introduction to dynamic meteorology. Pennsylvania. 1966. – P. Raethjen, Kurzer Abriß der Meteorologie. 3 Teile. 1950–1954. – G. Roediger, Einführung in die Flugmeteorologie. 2 Teile. 1956. – D. Schreiber, Meteorologie, Klimatologie. [2]1978. – H. J. Tanck, Meteorologie. 1969. – W. Tiemann u. H. Schulze-Neuhoff, Aktuelle Fragen u. Aufgaben der Meteorologie. [3]1977. – A. Viaut, La metéorologie. Paris. 1965. – C. J. Wiesner, Hydrometeorology. London. 1970. – H. C. Willett, F. Sanders, Descriptive meteorology. New York. [2]1959.
Wörterbücher, Lexika: Delcambre (Hrsg.), Lexique météorologique. Paris. 1926–1931. – R. W. Fairbridge, Encyclopedia of atmospheric sciences and astrogeology. New York. 1967. – R. E. Huschke (Hrsg.), Glossary of meteorology. Boston. 1959. – K. Keil, Handwörterbuch der Meteorologie. 1950. – Meteorological glossary. London. [5]1972. – Meyers Taschenlexikon Erdatmosphäre. 1965. – G. J. Proulx, Standard dictionary of meteorological sciences. 1970. – G. Schindler, Meteorolog. Wörterbuch. 1953.

atmosphärische Zirkulation, Wind u. Wolken. G. Bahrenberg, Auftreten u. Zugrichtung von Tiefdruckgebieten in Mitteleuropa. 1973. – Ders., Die allgemeine Zirkulation der Atmosphäre. [2]1977. – J. Chang, Atmospheric circulation and climate. Honolulu. 1972. – G. A. Corby (Hrsg.), The global circulation of the atmosphere. London. 1970. – F. Defant, Die allg. atmosphär. Zirkulation. In: Geophysica Bd. 6. 1958. – N. H. Fletcher, The physics of rainclouds. London. 1962. – H. Flohn, Neue Anschauungen über die allg. Zirkulation der Atmosphäre… In: Erdkunde. 1950. – Ders., Die Revision der Lehre von der Passatzirkulation. In: Meteorolog. Rundschau 6. 1953. – E. Heyer, Der Monsunbegriff. In: Geograph. Berichte. Bd. 4. 1959. – International Cloud Atlas. 2 Bde. (WMO) Genf. 1956. – A. L. Kats, Stratospheric and mesospheric circulation. Jerusalem. 1970. – E. Kleinschmidt, Über Aufbau u. Entstehung von Zyklonen. In: Meteorolog. Rundschau. 3. 1950. – B. J. Mason, The physics of clouds. Oxford. 1971. – E. Palmen, C. W. Newton, Atmospheric circulation systems. New York. 1969. – P. Pédelaborde, The monsoon. London. 1963. – Ch. P. Pogosjan, S. L. Turketti, Wolken, Wind u. Wetter. 1975. – O. Prochnow, Wolken. [2]1955. – C. S. Ramage, Monsoon meteorology. London. 1971. – P. Raethjen, O. Höflich, Zur Dynamik des Jet Stream. 1961. – E. R. Reiter, Meteorologie der Strahlströme. 1961. – M. Schick, Die geograph. Verbreitung des Monsuns. 1953. – R. Scorer, Monsune u. Tropenorkane… In: Dt. Hydrograph. Ztschr. 9. 1956. – Ders., Clouds of the world. Newton Abbot. 1972. – M. Wagner, Materialien zur Entwicklung des indischen Sommermonsuns. 1975.

Phänologie. E. Brandtner, Method. Untersuchungen an phänolog. Beobachtungen… 1958. – H. Maercks, Die Abgrenzung u. Kennzeichnung der Jahreszeiten nach meteorolog. u. phänolog. Daten. In: Meteorolog. Rundschau. 7. 1954. – F. Rosenkranz, Grundzüge der Phänologie. Wien. 1951. – F. Schnelle, Phänolog. Weltkarte… In: Meteorolog. Rundschau. Bd. 2. 1949. – Ders., Pflanzenphänologie. 1955.

Wetter. E. C. Barett, Viewing weather from space. London. 1967. – F. Baur, Großwetterkunde u. langfristige Witterungsvorhersage. 1963. – H. Berg, Wetter u. Atmosphäre. 1953. – T. A. Blair, R. C. Fite, Weather elements. Englewood Cliffs. N. J. 1959. – G. Breuer, Wetter nach Wunsch? Perspektiven u. Gefahren d. künstl. Wetterbeeinflussung 1976. – A. Büdel, Wetterkunde leicht gemacht. [4]1966. – P. v. Eynern, Mensch u. Wetter. 1975. – H. Faust, Das große Buch der Wetterkunde. 1968. – H. Flohn, Vom Regenmacher zum Wettersatelliten. Klima u. Wetter. 1968. – M. Frick, Unser Wetter. Zürich. 1977. – H. Haber, Unser Wetter. 1973. – L. Kapeller, Sonne, Wolken u. Wind. 1971. – C. E. Koeppe, G. C. de Long, Weather and climate. New York. 1958. – W. Lauer, Das Wettersatellitenbild: Beisp. seiner geograph. Aussagemöglichkeiten. 1976. – W. J. Maunder, The value of weather. London. 1970. – H. Prügel, Wetterführer: Wegweiser zum Verständnis d. Wetters u. d. Wettervorhersage. [4]1973. – H. Regula, Elementare Wetterkunde. 1956. – H. Reuter. Die Wissenschaft vom Wetter. [2]1978. – G. D. Roth, Wetterkunde für alle die… BLV-Wetterführer 1977. – H. Runge, Das Wetter u. wir. 1967. – U. Scharnow u. a., Wetterkunde. [3]1973. – K. Schneider, A. Schell, Wetterbeobachtung. 1967. – P. D. Thompson, R. O'Brien, Das Wetter. 1970. – H. Wachter, Wie entsteht das Wetter. 1969. – W. K. Widgar jr., Meteorological satellites. New York. 1966.

Wettervorhersage. F. Baur, Langfristige Witterungsvorhersage. 1972. – Ders., Großwetterkunde u. langfristige Witterungsvorhersage. 1963. – E. M. Dobryshman, Review of forecast verification techniques. (WMO) Genf. 1972. – G. J. Haltiner, Numerical weather prediction. New York. 1971. – I. A. Kibel, An introduction to dynamical methods of short period weather forecasting. Oxford. 1963. – H. Neumeister. Das Wetter aus kosm. Sicht. 1972. – S. Petterssen, Weather analysis and forecasting. 2 Bde. New York. [2]1956. – H. Reuter, Die Wettervorhersage. Einf. i. d. Theorie u. Praxis. 1976. – A. Watts, Wolken u. Wetter: mit 24 farb. Wolkentafeln zur kurzfristigen Wettervorhersage. [5]1977.

9.0.0 ALLGEMEINE BIOLOGIE
Bibliographien u. Lexika: M. Abercrombie, C. J. Hickman, M. L. Johnson, Taschenlexikon der Biologie. 1971. – ABC-Biologie. 1968. – Biological Abstracts (Referatenorgan). Philadelphia. 1926 ff. – Berichte der wissenschaftl. Biologie (Referatenorgan). 1926 ff. – G. Ewald, Führer zur biolog. Fachliteratur. [5]1977. – Herderlexikon Biologie. 1972. – Kosmos-Lexikon der Naturwissenschaften. 2 Bde. 1951. – The Biology Data Book. Washington. 1964. – G. Vogel, H. Angermann, dtv-Atlas zur Biologie. Bd. 1: [6]1972. – Bd. 2: [5]1970.
Gesamtdarstellungen: L. von Bertalanffy, Theoretische Biologie. 2 Bde. 1933, [2]1951. – Ders., Das biolog. Weltbild. 1949. – H.-J. Bogen, Knaurs Buch der modernen Biologie. 1967. – K. von Frisch, Biologie. 2 Bde. [2]1960/61. – R. Goldschmidt, Einführung in die Wissenschaft vom Leben oder Ascaris. [3]1954. – M. Hartmann, Allgemeine Biologie. 1956. – Ders., Einführung in die allg. Biologie. 1956. – Herder-Wissen im Überblick: Das Leben. 1971. – A. Portmann, Grenzen des Lebens. Basel. [5]1959. – Ders., Neue Wege der Biologie. 1960. – J. von Üxküll, Das allmächtige Leben. 1950. – H. H. Vogt, Einführung in die moderne Biologie. 1969.
Methodik: A. Abderhalden (Hrsg.), Handbuch der biolog. Arbeitsmethoden. 99 Bde. 1924–1939. – H. Appelt, Einführung in die mikroskopischen Untersuchungsmethoden. 1959. – D. W. Newman (Hrsg.), Instrumental Methods of Experimental Biology. New York, London. 1964. – L. Reimer, Elektronenmikroskopische Untersuchungs- u. Präparationsmethoden. [2]1967. – B. Romeis, Mikroskopische Technik. [16]1968. – E. Schulze, H. Graupner, Anleitung zum mikroskop.-techn. Arbeiten in Biologie u. Medizin. 1960.

Biophysik. W. Beyer, Biophysik. 1960. – H. Dertinger, H. Jung, Moderne Strahlenbiologie. 1969. – F. Dessauer, Quantenbiologie. [2]1964.

Molekularbiologie. A. Butenandt, Molekularbiologie als Fundament der modernen Medizin. 1967. – E. Geissler (Hrsg.), Taschenlexikon Molekularbiologie. 1972. – J. Kendrew, Der Faden des Lebens – Einführung in die Molekularbiologie. 1967. – H. Mohr, P. Sitte, Molekulare Grundlagen der Entwicklung. 1971. – L. Träger, Einführung in die Molekularbiologie. [2]1975. – Th. Wieland, G. Pfleiderer, Molekularbiologie. [2]1967.

Sexualität. M. Hartmann, Geschlecht u. Geschlechtsbestimmung im Tier- u. Pflanzenreich. [2]1951. – Ders., Die Sexualität. [2]1956. – Ch. Houillon, Sexualität. 1969.

9.0.1 GESCHICHTE DER BIOLOGIE. I. Asimov, Geschichte der Biologie. 1968. – A. Delaunay, Geschichte der Biologie. 1967. – H. Graupner, Sie erforschten das Leben. Die Geschichte der Biologie. 1960. – F. Lorenz, Die Entdeckung des Lebens. Der Roman der biolog. Forschung. Wien. 1946. – K. Mägdefrau, Geschichte der Botanik. 1973.

9.0.2 ABSTAMMUNGSLEHRE
Bibliographien: K. Günther, Systematik u. Stammesgeschichte der Tiere (1939 bis 1959). In: Fortschritte der Zoologie (N. F.). 10: 1956. 14: 1962.
Gesamtdarstellungen: K. Beurlen, Urweltleben u. Abstammungslehre. Linz. 1949. – A. J. Cain, Die Tierarten u. ihre Entwicklung. 1959. – C. Darwin, Über die Entstehung der Arten durch natürliche Zuchtwahl. [6]1876. – Th. Dobzhansky, Genetics and the Origin of Species. [3]1951. – W. Gottschalk, Die Bedeutung der Genmutation für die Evolution der Pflanzen. 1971. – G. Heberer (Hrsg.), Die Evolution der Organismen. 3 Bde. [3]1967 ff. – Ders., F. Schwanitz, Hundert Jahre Evolutionsforschung. 1960. – J. Huxley, Entfaltung des Lebens. 1954. – Ders., A. C. Hardy u. E. B. Ford (Hrsg.), Evolution as a Process. London. 1954. – E. Mayr, Artbegriff u. Evolution. 1967. – G. Osche, Evolution. [8]1977. – A. Remane, Die Grundlagen des natürlichen Systems, der vergleichenden Anatomie u. der Phylogenetik. [2]1956. – B. Rensch, Neuere Probleme der Abstammungslehre. Die transspezifische Evolution. [3]1970. – W. Zimmermann, Evolution. [2]1954.
Stammesgeschichte der Wirbeltiere u. Menschen: E. H. Colbert, Evolution of the Vertebrates. New York, London. 1955, Neudr. 1958. – Th. Dobzhansky, Die Entwicklung zum Menschen – Evolution, Abstammung u. Vererbung. 1958. – G. H. R. von Königswald, Die Geschichte des Menschen. [2]1968. – E. Kuhn-Schnyder, Geschichte der Wirbeltiere. Basel. 1953. – B. Rensch, Homo sapiens. Vom Tier zum Halbgott. [3]1970. – S. L. Washburn (Hrsg.), Classification and Human Evolution. Chicago. 1963.
Systematik: R. E. Blackwelder, Classification of the Animal Kingdom. Carbondale. 1963. – K. Bloch, Zur Theorie der naturwissenschaftl. Systematik unter bes. Berücksichtigung der Biologie. 1956. – W. Hennig, Phylogenetic Systematics. In: Annual Review of Entomology 10. Palo Alto. 1965. – Ders., Grundzüge einer Theorie der phylogenet. Systematik. 1950. – G. G. Simpson, Principles of Animal Taxonomy. New York. 1961.

9.0.3 GENETIK
Handbücher u. Lexika: E. Baur, M. Hartmann, Handbuch der Vererbungswissenschaften. 1927–1939. – R. Rieger, A. Michaelis, Genetisches u. cytogenetisches Wörterbuch. [2]1958. – Dies. u. M. M. Green, A Glossary of Genetics and Cytogenetics. [4]1976.
Einzeldarstellungen: E. Baur, E. Fischer, F. Lenz, Menschl. Erblehre u. Rassenhygiene. Bd. 1: [4]1936. Bd. 2: [4]1932. – G. u. M. Beadle, Die Sprache des Lebens – eine Einführung in die Genetik. 1969. – C. Bresch, R. Hausmann, Klassische u. molekulare Genetik. [3]1972. – J. L. Brewbaker, Angewandte Genetik. 1967. – E. A. Carlson, Gentheorie. 1971. – D. Hess, Biochemische Genetik. 1968. – F. Kaudewitz, Molekular- u. Mikrobengenetik. 1973. – J. L. Jinks, Extrachromosomale Vererbung. 1967. – V. A. McKusick, Humangenetik. 1968. – H. Marquardt, Natürl. u. künstl. Erbänderungen. Probleme der Mutationsforschung. 1961. – H. Nachtsheim, Kampf den Erbkrankheiten. 1966. – D. Sperlich, Einführung in die Populationsgenetik. 1972. – F. W. Stahl, Mechanismen der Vererbung. 1969. – C. Stern, Grundlagen der Humangenetik. [2]1968.

9.0.4 PALÄONTOLOGIE
Wörterbücher: U. Lehmann, Paläontologisches Wörterbuch. 1964.
Gesamtdarstellungen: O. Abel, Das Reich der Tiere. Tiere der Vorzeit in ihrem Lebensraum. 1939. – Ders., Lebensbilder aus der Tierwelt der Vorzeit. 1927. – Ders., Rekonstruktion vorzeitl. Wirbeltiere. 1925. – O. H. Schindewolf, Wesen u. Geschichte der Paläontologie. 1948. – Ders., Grundfragen der Paläontologie. 1950. – B. Ziegler, Allgemeine Paläontologie. 1972.
Populäre Darstellungen: J. Augusta, Z. Burian, Saurier der Urmeere. 1964. – Dies., Prehistorian Reptils and Birds. 1963. – K. Beurlen, Welche Versteinerung ist das? [9]1975. – H. Hölder, Naturgeschichte des Lebens. 1968. – E. Kuhn-Schnyder, Geschichte der Wirbeltiere. 1953. – F. Spinar, Leben in der Urzeit. 1973. – E. Thenius, Versteinerte Urkunden. [2]1972. – Ders., Lebende Fossilien. 1965.

Paläobotanik. W. Gothan, H. Weyland, Lehrbuch der Paläobotanik. [3]1973. – K. Mägdefrau, Paläobiologie der Pflanzen. [4]1968. – W. Zimmermann, Die Phylogenie der Pflanzen. [2]1959.

Paläozoologie. K. Ehrenberg, Paläozoologie. 1960. – R. C. Moore (Hrsg.), Treatise on Invertebrate Paleontology, A–X. 1953 ff. – Ders., C. G. Lalicker u. A. G. Fischer, Invertebrate Fossils. 1952. – A. H. Müller, Lehrbuch der Paläozoologie. 3 Bde. 1957–1970. – J. Pivetau (Hrsg.), Traité de Paléontologie. 7 Bde. 1952–1957. – V. Pokorny, Grundzüge der zoologischen Mikropaläontologie. 2 Bde. 1958. – A. S. Romer, Vertebrate Paleontology. [3]1966.

Urmenschen (Paläanthropologie). J. Augusta, Z. Burian, Menschen der Urzeit. 1960. – M. Boule, Fossile Menschen. [4]1954. – W. E. Clark Le Gros, The Fossil Evidence for Human Evolution. [2]1957. – G. Heberer, Grundlinien im modernen Bild der Abstammungsgeschichte des Menschen. 1960. – Ders., Von der Abstammung des Menschen. 1965. – E. Hennig, Der Werdegang des Menschengeschlechts. 1950. – G. H. R. von Koenigswald, Die Geschichte des Menschen. [2]1968.

9.0.5 → 9.1.1, 9.2.8.

9.0.6. HISTOLOGIE UND ZYTOLOGIE. B. Afzelius, Das elektronenmikroskopische Bild der Zelle. 1966. – H. Bielka (Hrsg.), Molekulare Biologie der Zelle. 1969. – G. Cohen, Der Zellstoffwechsel u. seine Regulation. 1972. – G. C. Hirsch, H. Ruska, P. Sitte, Grundlagen der Cytologie. 1973. – J. W. Kimball, Biologie der Zelle. 1972. – J. Klima, Einführung in die Cytologie. [2]1975. – A. G. Loewy, P. Siekevitz, Die Zelle. 1970. – K. Porter, M. A. Bonneville, Einführung in die Feinstruktur von Zellen u. Geweben. 1965. – C. P. Swanson, Die Zelle. 1964.

9.0.7 PHYSIOLOGIE. L. von Bertalanffy, Biophysik des Fließgleichgewichts. [2]1977. – H. J. Bogen, Knaurs Buch der modernen Biologie. 1977. – E. Bünning, Die physiologische Uhr. [3]1977. – H. J. Flechtner, Grundbegriffe der Kybernetik. [5]1970. – R. Fuchs, Knaurs Buch der Denkmaschinen. 1968. – B. Hassenstein, Biologische Kybernetik. [4]1973. – E. A. Kabat, Einführung in die Immunchemie u. Immunologie. 1971. – P. Karlson, Kurzes Lehrbuch der Biochemie für Mediziner u. Naturwissenschaftler. [10]1977. – L. Rensing, Biologische Rhythmen u. Regulation. 1973. – M. Schneider, Einführung in die Physiologie des Menschen. [16]1971. – K. Steinbuch, Automat u. Mensch. [4]1971. – N. Wiener, Kybernetik. [4]1968.

9.0.8 ÖKOLOGIE. H. Brandt, Symbiosen. 1949. – P. Buchner, Endosymbiose der Tiere mit pflanzl. Mikroorganismen. 1953. – H. Falkenberg, Lebensgemeinschaften in der heimatl. Natur. [2]1972. – K. Friedrichs, Ökologie als Wissenschaft von der Natur. 1937. – J. Illies, Die Lebensgemeinschaft des Bergbachs. 1961. – H. P. Klopfer, Ökologie u. Verhalten. 1968. – R. H. Mac Arthur, E. O. Wilson, Biogeographie der Inseln. 1971. – L. J. u. M. Milne, Das Gleichgewicht in der Natur. 1965. – E. P. Odum, Ökologie. [4]1978. – F. Ruttner, Grundriß der Limnologie. 1952. – B. Stugren, Grundlagen der allg. Ökologie. 1973. – A. Thienemann, Leben u. Umwelt – Vom Gesamthaushalt der Natur. 1956. – W. Tischler, Agrarökologie. 1965.

9.0.9 VIREN, PROBIONTEN, ENTSTEHUNG DES LEBENS.
Bibliographien: H. Raettig, Bakteriophagie 1917–1956. 1958.
Gesamtdarstellungen: H. Fraenkel-Conrat, Chemie u. Biologie der Viren. 1974. – Handbuch der Virusforschung. 4 Bde. Wien. 1938–1958. – G. Schramm, Die Biochemie der Viren. 1954. – K. M. Smith, Biologie der Viren. 1967. – G. Starke, P. Hlinak. Grundriß der allg. Virologie. [2]1974. – W. Weidel, Virus. 1957. – Ders., Virus u. Molekularbiologie. [2]1964.

Entstehung des Lebens. G. Ehrensvärd, Life, Origin and Development. Chicago. 1962. – A. I. Oparin, Die Entstehung des Lebens auf der Erde. 1957. –Ders., Das Leben, seine Natur, Herkunft u. Entwicklung. 1963. – Ders., Genesis and Evolutionary Development of Life. New York. 1968. – H. H. Ross, A Synthesis of Evolutionary Theory. Englewood Cliffs. 1962. – M. G. Rutten, The Geological Aspects of the Origin of Life on Earth. Amsterdam, New York. 1962.

Pflanzenviren. M. Klinkowski, Pflanzliche Virologie. 2 Bde. 1958.

9.1.0 ALLGEMEINE BOTANIK
Bibliographien: Experta Botanica. 1957 ff. – Fortschritte der Botanik. 1932 ff.
Lehrbücher: H. von Guttenberg, Lehrbuch der allg. Botanik. [6]1963. – H. Miehe, W. Mevius, Taschenbuch der Botanik. Teil I: [18]1961. – W. Nultsch, Allgemeine Botanik. [6]1977. – O. Schmeil, Die neue Pflanzenkunde. 1970. – E. Strasburger, Lehrbuch der Botanik für Hochschulen. [31]1977. – W. Troll, Allgemeine Botanik. [4]1973.
Lexika: G. Boros, Lexikon der Botanik. 1958. – Das Fischer Lexikon. Bd. 27. 1965.
Methodik: H. Molosch, Botan. Versuche u. Beobachtungen ohne Apparate. [3]1955. – G. Olberg, Wissenschaftl. Pflanzenphotographie. 1957. – H. Schneider, W. Zimmermann, Botan. Mikrotechnik. [2]1922. – G. Stehli, Pflanzensammeln – aber richtig. [9]1976.
Nomenklatur, Taxonomie: W. Rothmaler, Allg. Taxonomie u. Chorologie der Pflanzen. [2]1955. – R. Zander, Handwörterbuch der Pflanzennamen u. ihre Erklärungen. [9]1964.

9.1.1 MORPHOLOGIE UND ANATOMIE DER PFLANZEN. E. Bünning, Morphogenesis in Plants. New York. 1952. – K. Esau, Pflanzenanatomie. [2]1969. – L. Geitler, Die Morphologie der Pflanzen. [3]1953. –B. Kaussmann, Pflanzenanatomie. 1963. – H. Lorenzen, Physiologische Morphologie der Höheren Pflanzen. 1972. – W. Troll, Praktische Einführung in die Pflanzenmorphologie. 2 Bde. 1954–1957.

9.1.2 HISTOLOGIE UND ZYTOLOGIE DER PFLANZEN. R. Biebl, H. Germ, Praktikum der Pflanzenanatomie. [2]1967. – H. von Guttenberg, Grundzüge der Histogenese höherer Pflanzen. Handbuch der Pflanzenanatomie. Bd. VIII. 1960. – E. Küster, Die Pflanzenzelle. [3]1957. – W. Rothert, L. Jost, Gewebe der Pflanzen. Handwörterbuch der Naturwissenschaften. Bd. V. [2]1934. – P. Sitte, Bau u. Feinbau der Pflanzenzelle. [2]1970.

9.1.3 STOFFWECHSELPHYSIOLOGIE DER PFLANZEN. A. W. Galston, Physiologie der grünen Pflanzen. 1964. – Handbuch der Pflanzenphysiologie. 18 Bde. 1955–1962. – D. Hess, Pflanzenphysiologie. [3]1973. – E. Libbert, Lehrbuch der Pflanzenphysiologie. [2]1975. – H. Metzner, Biochemie der Pflanzen. 1973. – H. Mohr, Lehrbuch der Pflanzenphysiologie. 1976. – G. Richter, Stoffwechselphysiologie der Pflanzen. [3]1976. – K. E. Wohlfahrt-Bottermann (Hrsg.), Sekretion u. Exkretion. 1965.

9.1.4 REIZPHYSIOLOGIE DER PFLANZEN. E. Bünning, Entwicklungs- u. Bewegungsphysiologie der Pflanzen. ^{3}1953. – H. Fitting, Reizerscheinungen, Tropismen./L. Jost, Reizerscheinungen, Taxien./Ders. Reizerscheinungen der Pflanzen./Rawitscher, Reizerscheinungen, Nastien./Alle in: Handwörterbuch der Naturwissenschaften 8. ^{2}1933. – H. Lullies, D. Trinker, Taschenbuch der Physiologie. 1967. – R. Pohl, Die Bedeutung der Erdschwere im Leben der Pflanze (Stud. Gener. 14). 1961.

9.1.5 SOZIOLOGIE UND ÖKOLOGIE DER PFLANZEN

Pflanzenökologie. G. Lerch, Pflanzenökologie. ^{2}1972. – W. Lötschert, Pflanzen an Grenzstandorten. 1969. – H. Walter, Standortlehre. ^{2}1960. – E. Warming, P. Graebner, Lehrbuch der ökolog. Pflanzengeographie. ^{4}1933. – S. Winkler, Einführung in die Pflanzenökologie. 1973.

Vegetationskunde. J. Braun-Blanquet, Pflanzensoziologie. ^{3}1964. – H. Ellenberg, Landwirtschaftl. Pflanzensoziologie. 3 Bde. 1950–1954. – G. Grümmer, Die gegenseitige Beeinflussung höherer Pflanzen. 1955. – R. Knapp, Experimentelle Soziologie u. gegenseitige Beeinflussung der Pflanzen. ^{2}1967. – Ders., Arbeitsmethoden der Pflanzensoziologie u. Eigenschaften der Pflanzengesellschaften. ^{2}1958. – Ders., Einführung in die Pflanzensoziologie. ^{3}1971. – H. Walter, Vegetationszonen u. Klima. ^{3}1977.

9.1.6 PFLANZENGEOGRAPHIE UND FLORISTIK. L. Diels, F. Mattick, Pflanzengeographie. ^{5}1958. – M. Meusel, Vergleichende Arealkunde. 1943. – J. Schmithüsen, Allgemeine Vegetationsgeographie. ^{2}1961. – R. Schubert, Pflanzengeographie. 1966. – H. Walter, Einführung in die Phytologie. Bd. III u. IV. ^{2}1960–1966. – W. Wangerin, Florenelemente u. Arealtypen. 1932.

9.1.7 FORTPFLANZUNG UND AUSBREITUNG DER PFLANZEN. J. Hämmerling, Fortpflanzung im Tier- u. Pflanzenreich. 1951. – F. Knoll, Die Biologie der Blüte. 1956. – Paul Müller, Verbreitungsbiologie der Blütenpflanzen. Bern. 1955. – E. Ulbrich, Biologie der Früchte u. Samen. 1928. – F. Walter, Grundlagen der Pflanzenverbreitung. 1949.

9.1.8 SPEZIELLE BOTANIK. W. Bardorff, Blick ins Buch der Natur. Das große Bestimmungsbuch für Pflanzen u. Tiere. 1969. – A. Engler's Syllabus der Pflanzenfamilien. 3. Nachdr. 1976. – A. Garcke, Illustrierte Flora – Deutschland u. angrenzende Gebiete. ^{23}1972. – H. Garms, Pflanzen u. Tiere Europas. 1969. – J. Graf, Pflanzenbestimmungsbuch. ^{4}1976. – G. Hegi, Illustrierte Flora von Mitteleuropa. ^{2}1935 ff. – O. Schmeil, J. Fitschen, Flora von Deutschland. ^{86}1976. – Urania Pflanzenreich. 3 Bde. ^{2}1976/77. – F. Weberling, H. O. Schwantes, Pflanzensystematik. ^{3}1979. – R. Wettstein, Handbuch der systematischen Botanik. ^{4}1935. Nachdr. 1962.

9.1.9 BAKTERIEN UND BLAUALGEN. Geitler, Schizophyta. In: A. Engler, K. Prantl, Die natürl. Pflanzenfamilien. Bd. 1. ^{2}1978. – Ders., Schizophyceae. In: Linsbauer, Hdb. Pflanzenanatomie 6 Bde. 1960. – Ders., Cyanophyceae. In: Rabenhorst, Kryptogamen-Flora 14. 1932. – H. Habs, P. R. Seeliger, Bakteriologisches Taschenbuch. ^{38}1967. – G. Huber-Pestalozzi, Cyanophyceen. In: Phytoplankton des Süßwassers. 1. 1962 (Nachdr. v. 1938). – Kolle Hetsch, Experimentelle Bakteriologie u. Infektionskrankheiten. ^{11}1952. – R. Lieske, Allg. Bakterienkunde. 1926. – Rippel-Baldes, Grundriß der Mikrobiologie. ^{3}1955. – H. G. Schlegel, Allg. Mikrobiologie. ^{5}1981. – Schussnig, Handbuch der Protophytenkunde. Bd. I: 1953. Bd. II: 1960. – K. V. Thimann, Das Leben der Bakterien. 1964.

9.2.0 ALGEN. H. Beger, Euglenophyta. In: Engler, Syllabus der Pflanzenfamilien 1. ^{3}1976. – Ders., Charophyta. Armleuchtergewächse. In: Engler, Syllabus der Pflanzenfamilien. ^{3}1976. – Ders., Chlorophyta. Grünalgen. In: Engler, Syllabus der Pflanzenfamilien. ^{3}1976. – B. Fott, Algenkunde. ^{2}1971. – H. Gams, Kleine Krytogamen-Flora. Bd. I: Algen. 1969. – W. Krieger, Chrysophyta. In: Engler, Syllabus der Pflanzenfamilien. ^{3}1976. – H. Melchior, Pyrrophyta. In: Engler, Syllabus der Pflanzenfamilien. ^{3}1976. – Ders., Phacophyta, Braunalgen. In: Engler, Syllabus der Pflanzenfamilien. ^{3}1976. – Ders., Rhodophyta, Rotalgen. In: Engler, Syllabus der Pflanzenfamilien. ^{3}1976. – E. G. Pringsheim, Algenkulturen, ihre Herstellung u. Erhaltung. 1954. – E. Round, Biologie der Algen. ^{2}1975.

9.2.1 FLECHTEN UND PILZE

Flechten. H. Gams, Kleine Kryptogamen-Flora. Bd. III: Flechten. 1967. – R. Lehmann, Kleine Flechtenkunde. 1972. – F. Mattick, Wuchs- u. Lebensformen, Bestand- u. Gesellschaftsbildung der Flechten. In: Botan. Jahrb. 75. 1951. – Rabenhorst's Kryptogamen-Flora, Bd. IX: Flechten. 1931–1940. – F. Tobler, Biologie der Flechten. 1925. – Ders., Die Flechten. 1934.

Pilze. V. W. Cochrane, Physiology of Fungi. 1958. – A. H. Cook, The Chemistry and Biology of Yeasts. 1958. – Dt. Gesellschaft für Pilzkunde (Hrsg.), Die Pilze Mitteleuropas. Bd. 1, 2, 3. 1926–1952. – H. Gams, Kleine Kryptogamen-Flora. Bd. II: Pilze. 1963 ff. – E. Gäumann, Vergleichende Morphologie der Pilze. 1926. – Ders., Die Pilze. Basel. ^{2}1964. – J. A. Gilman, A Manual of Soil Fungi. 1945. – H. Haas, Pilze Mitteleuropas. ^{13}1976. – H. Jahn, Wir sammeln Pilze. 1972. – Ders., Pilze rundum. 1949. – G. Lindau, Die höheren Pilze. 1911. – Michael-Hennig, Handbuch für Pilzfreunde. 2 Bde. 1958–1970. – J. Peter, Kleine Pilzkunde Mitteleuropas. ^{2}1968. – H. Steineck, Champignonkultur. 1970. – L. Zeitlmayr, Knaurs Pilzbuch. 1973.

9.2.2 MOOSE

Gesamtdarstellungen: D. Aichele, H. W. Schwegler, Unsere Moos- u. Farnpflanzen. ^{7}1978. – A. Engler's Syllabus der Pflanzenfamilien. Bd. 1. 3. Nachdr. 1976. – H. Gams, Kleine Kryptogamenflora. Bd. IV: Die Moos- u. Farnpflanzen. ^{5}1973. – K. Goebel, Organographie der Pflanzen. 2. Teil: Bryophyta – Pteridophyta. ^{3}1930. – K. Lohwag, Moose des Waldes. Bestimmungsschlüssel für Anfänger. Wien. ^{2}1948. – H. Weymar, Buch der Moose. ^{3}1969.

Laubmoose. V. F. Brotherus, H. Paul u. W. Ruhland, Musci (Laubmoose). In: A. Engler, Die natürl. Pflanzenfamilien. Bd. 10 u. 11. 1978. – W. Lorch, Anatomie der Laubmoose. Handbuch der Pflanzenanatomie. Bd. VII. 1931.

Lebermoose. C. E. B. Bonner, Index hepaticarum. 1962/63. – T. Herzog, Anatomie der Lebermoose. Handbuch der Pflanzenanatomie. Bd. VII. 1925. – H. Reimers, Moose. In: A. Engler's Syllabus der Pflanzenfamilien. Bd. 1. 3. Nachdr. 1976.

9.2.3 FARNPFLANZEN. D. Aichele, H. W. Schwegler, Unsere Moos- u. Farnpflanzen. ^{7}1978. – F. O. Bower, The Ferns. 3 Bde. Cambridge. 1923–1928. – H. Christ, Die Farnkräuter der Erde. 1897. – W. N. Clute, Our Ferns, Their Haunts, Habits and Folklore. New York. ^{2}1938. – H. Gams, Kleine Kryptogamenflora. Bd. IV: Moos- u. Farnpflanzen. ^{5}1973. – K. Goebel, Organographie der Pflanzen. 2. Teil: Bryophyta – Pteridophyta. ^{3}1930. – R. Maatsch, Das Buch der Freilandfarne. 1980. – K. u. H. Rasbach, O. Wilmanns, Die Farnpflanzen Zentraleuropas. ^{2}1976. – A. Rühl, Unsere Waldblumen und Farngewächse. ^{5}1977. – H. Weymar, Buch der Farne, Bärlappe u. Schachtelhalme. ^{4}1964.

9.2.4 NACKTSAMER (GYMNOSPERMA). Beissner-Fitschen, Handbuch der Nadelholzkunde. ^{3}1930. – P. Brohmer, Deutschlands Pflanzen- u. Tierwelt. Führer durch die heimischen Lebensräume. Bd. Nadelwald. 1952. – C. I. Chamberlain, Gymnosperms. Chicago. 1935. – Dallimore a. Jackson, Handbook of Coniferae. London. ^{3}1948. – A. Engler, H. Melchior u. E. Werdermann, Syllabus der Pflanzenfamilien. Bd. 1. 3. Nachdr. 1976. – H. Falkenberg, Unsere Nadelbäume (Neue Brehm-Bücherei). – J. Fitschen, Gehölzflora. ^{6}1977. – Janchen, Das System der Koniferen. Wien. 1949. – G. Krüssmann, Die Nadelgehölze. ^{3}1979. – Ders., Handbuch der Nadelgehölze. ^{2}1981. – F. Meyer, Die Nadelhölzer einschl. Ginkgo (Grundlagen u. Fortschritt im Garten- u. Weinbau, 103). 1952. – W. Neger, E. Münch, Die Nadelhölzer u. übrigen Gymnospermen. ^{4}1952. – Pilger, Taxaceae. In: Pflanzenreich 18. 1903. – K. Schnarf, Embryologie der Gymnospermen. Handbuch der Pflanzenanatomie. Bd. 2/2. 1933. – Ders., Gymnospermensamen. Handbuch der Pflanzenanatomie. Bd. 10/1. 1937. – I. Schuster, Cycadeae. In: Engler, Pflanzenreich. 1932. – Silva Tarouca u. Schneider, Freiland-Nadelhölzer. ^{2}1923.

9.2.5 EINKEIMBLÄTTRIGE PFLANZEN. F. Füller, Die Orchideen Deutschlands. Teil 1–10. 1954–1971. – C. E. Hubbard, Gräser. 1973. – W. Rauh, Bromelien für Zimmer u. Gewächshaus. Bd. I: 1969. Bd. II: 1973. – H. Thomale, Die Orchideen. ^{3}1973. – H. Weymar, Buch der Gräser. ^{7}1967.

9.2.6 ZWEIKEIMBLÄTTRIGE PFLANZEN. C. Backeberg, Das Kakteenlexikon. ^{4}1977. – E. Berlin, F. Köhlein, Das Iris-Buch. 1974. – W. Cullmann, Kakteen. 4. Auflage. – V. Dietzsch, Kletterpflanzen. 1960. – P. Hanelt, Lupinen. ^{2}1965. – K. H. Hanisch, Rosen. 1973. – R. Hay, P. M. Synge, Das große Blumenbuch. ^{3}1976. – H. Jacobsen, Das Sukkulentenlexikon. 1970. – H. Krainz, Die Kakteen (Loseblattsammlung). 1957 ff. – G. Krüssmann, Handbuch der Laubgehölze. 2 Bde. ^{3}1976–78. – Ders., Die Laubgehölze. ^{3}1965. – G. Olberg, Sumpf- u. Wasserpflanzen. 1952. – H.-J. Schröder, Dorn- u. Stachelpflanzen Mitteleuropas. 1964. – B. Schulz, Fleischfressende Pflanzen. 1950. – A. Vogelmann, Chrysanthemen. ^{7}1969.

9.2.7 ANTHROPOLOGIE UND ALLGEMEINE ZOOLOGIE

9.2.7.1 ANTHROPOLOGIE

Gesamtdarstellungen: E. von Eickstedt, Die Forschung am Menschen. 1937–1963. – A. Gehlen, Der Mensch, seine Natur u. seine Stellung in der Welt. ^{11}1976. – G. Heberer, Der Ursprung des Menschen. ^{4}1975. – Ders. u. G. Kurth, I. Schwidetzky-Roesing, Anthropologie. ^{7}1975. – P. Lester, J. Millot, Grundriß der Anthropologie. 1948. – R. Martin, K. Saller, Lehrbuch der Anthropologie. 4 Bde. ^{3}1957–1963. – W. E. Mühlmann, Geschichte der Anthropologie. ^{2}1967. – K. Saller, Leitfaden der Anthropologie. ^{2}1964. – I. Schwidetzky, Das Menschenbild der Biologie. ^{2}1971.

Methodik: G. Dahlberg, Mathematische Erblichkeitsanalyse von Populationen. Uppsala. 1943. – E. von Eickstedt, Ursprung u. Entfaltung der Seele. Entwurf u. System einer psycholog. Anthropologie. 1963. – F. Keiter, Sozialanthropologie. In: Ziegenfuß, Handbuch der Soziologie. 1967. – I. Schwidetzky, Grundzüge der Völkerbiologie. 1950. – E. Weber, Grundriß der biol. Statistik. ^{7}1972.

Teilgebiete: P. E. Becker, Humangenetik. 5 Bde. 1964–1967. – M. Bürger, Altern u. Krankheit als Problem der Biomorphose. ^{4}1960. – Th. Dobzhansky, Dynamik der menschlichen Evolution. 1965. – E. von Eickstedt, Rassendynamik von Ostasien. 1944. – G. Heberer, W. Lehmann, Die Inlandmalaien von Lombok u. Sumbawa. 1951. – E. Jokl, Altern u. Leistung. 1954. – G. Just, Handbuch der Erbbiologie des Menschen. 5 Bde. 1940/41. – E. Kretschmer, Körperbau u. Charakter. ^{25}1967. – O. Reche, Herkunft u. Entstehung der Negerrassen. In: Tagungsbd. I der Beiträge zur Kolonialforschung. 1943. – I. Schwidetzky, Die neue Rassenkunde. 1962. – O. von Verschuer, Genetik des Menschen. 1959. – H. Weinert, Menschen der Vorzeit. 1947. – M. Weninger, Gedanken zum Problem des Zwergwuchses. In: Mitteilungen der Anthropolog. Gesellschaft. 83. Wien. 1954. – A. S. Wiener, J. B. Wexler, Die Vererbung der Blutgruppen. 1960. – W. Zeller, Konstitution u. Entwicklung. ^{2}1964. → auch 6.1.9.

9.2.7.2 ALLGEMEINE ZOOLOGIE

Bibliographien u. Lexika: E. Breslau, H. E. Ziegler, Zoologisches Wörterbuch. ^{3}1927. – Das Fischer Lexikon. Bd. 28: Biologie 2 (Zoologie). 1963. – C. Vollmer, Kleines zoolog. Wörterbuch. 1956. – Zoological Record (Bibliographische Zeitschrift). London. 1864 ff.

Lehrbücher u. Praktika: C. Claus, K. Grobben, A. Kühn, Lehrbuch der Zoologie. ^{10}1971. Nachdr. 1972. – R. Hesse, F. Doflein, Tierbau u. Tierleben. 2 Bde. ^{2}1935–1943. – G. Koller, F. Anders, Zoologie. ^{3}1963. – A. Kühn, Allgemeine Zoologie. ^{18}1972. – W. Kükenthal, E. Matthes, M. Renner, Leitfaden für das zoolog. Praktikum. ^{16}1971. – A. Remane, V. Storch, U. Welsch, Kurzes Lehrbuch der Zoologie. ^{3}1977. – W. Stempell, Leitfaden für das mikroskopisch-zoolog. Praktikum. ^{3}1925. – H. Wurmbach, Lehrbuch der Zoologie. 2 Bde. ^{2}1970–71.

Methodik: K. F. Bauer, Methodik der Gewebezüchtung. ^{2}1974. – G. Hoffmann (Hrsg.), Abriß der Laboratoriumstierkunde. 1961. – S. Jung, Grundlagen der Zucht u. Haltung der wichtigsten Versuchstiere. 1962. – R. Piechocki, Makroskopische Präparationstechnik. 2 Bde. 1961. – S. Schwerin, Anatomische Trocken-, Feucht- u. Knochenpräparate. 1952. – G. Stehli, Sammeln u. Präparieren von Tieren. 1973. – G. Steiner, Das zoolog. Laboratorium. 1963.

9.2.8 MORPHOLOGIE UND ANATOMIE DER TIERE. W. M. Beklemischew, Grundlagen der vergleichenden Anatomie der Wirbellosen. 2 Bde. 1958–1960. – H. G. Bronn, Klassen u. Ordnungen des Tierreichs. 1866 ff. – O. Bütschli, Vorlesungen über vergleichende Anatomie. 1910–1934. – W. Ellenberger, H. Baum, Handbuch der vergleichenden Anatomie der Haustiere. 3. Nachdr. 1977. – C. Elze, Der menschl. Körper. 1966. – R. Hess, F. Doflein, Tierbau u. Tierleben. Bd. 1: Der Tierkörper als selbständiger Organismus. ^{2}1935. – J. E. W. Ihle, P. N. van Kampen, H. F. Nierstraß u. J. Versluys, Vergleichende Anatomie der Wirbeltiere. 1927, Nachdr. 1971. – A. Portmann, Einführung in die vergleichende Morphologie der Wirbeltiere. ^{5}1977. – A. S. Romer, Vergleichende Anatomie der Wirbeltiere. ^{4}1976.

9.2.9 HISTOLOGIE UND ZYTOLOGIE DER TIERE. Atlas d'histologie animale. Paris. 1960. – H. Hoffmann, Leitfaden für histologische Untersuchungen an Wirbellosen u. Wirbeltieren. 1931. – O. Krölling, H. Grau, Lehrbuch der Histologie u. vergleichenden mikroskopischen Anatomie der Haustiere. ^{10}1960. – H. Sajonski, A. Smollich, J. Dorst, G. Michel, Mikroskopische Anatomie. 1972. – L. Spannhoff, Zellen u. Gewebe der Tiere. 1965. – P. Stöhr, W. von Möllendorf, K. Goettler, Lehrbuch der Histologie u. mikroskopischen Anatomie des Menschen. ^{30}1969. – U. Welsch, V. Storch, Einführung in die Cytologie u. Histologie der Tiere. 1973.

9.3.0 STOFFWECHSELPHYSIOLOGIE. R. Ammon, W. Discherl, Fermente, Hormone, Vitamine. ^{3}1975. – B. Flaschenträger, E. Lehnartz, Physiologische Chemie. 2 Bde. 1954–1966. – E. Florey, Lehrbuch der Tierphysiologie. ^{2}1975. – C. Heidermann, Grundzüge der Tierphysiologie. 1957. – B. T. Scheer, Tierphysiologie. 1969. – K. Urich, Vergleichende Physiologie der Tiere. Bd. I: Stoff- u. Energiewechsel. ^{3}1977.

9.3.1 REIZPHYSIOLOGIE DER TIERE. W. von Buddenbrock, Vergleichende Physiologie. Bd. 1: Sinnesphysiologie. 1952. – D. Burkhardt, Wörterbuch der Neurophysiologie. ^{2}1971. – J. C. Eccles, The Physiology of Synapses. New York. 1964. – E. Florey, Lehrbuch der Tierphysiologie. ^{2}1975. – K. von Frisch, Die Tanzsprache u. Orientierung der Bienen. 1965. – P. Glees, Morphologie u. Physiologie des Nervensystems. 1957. – R. L. Gregory, Auge u. Gehirn. Zur Psychophysiologie des Sehens. 1966. – J. Haas, Die Physiologie der Nervenzelle. 1962. – H. Hensel, Allgemeine Sinnesphysiologie. 1966. – K. Herter, Vergleichende Physiologie der Tiere. Bd. II: Bewegung u. Reizerscheinungen. 1966. – W. Keidel, Kurzgefaßtes Lehrbuch der Physiologie. ^{4}1975. – Ders., Sinnesphysiologie. Teil 1: Allgemeine Sinnesphysiologie. ^{2}1976. – L. J. u. M. Milne, Die Sinneswelt der Tiere u. Menschen. ^{2}1968. – H. Reichelt, Muskelphysiologie. 1960. – T. C. Ruck, H. D. Patton, J. W. Wood u. A. T. Towe, Neurophysiology. Philadelphia, London. 1963.

9.3.2 VERHALTENSFORSCHUNG. C. Allemann, Die Spieltheorien – Menschenspiel u. Tierspiel. 1951. – R. Apfelbach, Verhaltensforschung. 1973. – D. Burkhardt, W. Schleidt, H. Altner, Signale in der Tierwelt. Vom Vorsprung in der Natur. 1972. – J. D. Carthy, Tiere in ihrer Welt. 1967. – J. Dembrowsky, Tierpsychologie. 1955. – I. vom Eibl-Eibesfeld, Grundriß der vergleichenden Verhaltensforschung. ^{4}1974. – H. Hediger, Tierpsychologie in Zoo u. Zirkus. 1961. – P. R. Hofstetter, Psychologie. 1959. – E. von Holst, Zur Verhaltenspsychologie bei Tier u. Mensch. 2 Bde. 1969. – W. Köhler, Intelligenzprüfung an Menschenaffen. ^{3}1973. – K. Lamprecht, Verhalten. 1972. – K. Lorenz, Über tierisches u. menschliches Verhalten. 2 Bde. 1974. – A. Remane, Sozialleben der Tiere. ^{3}1976. – G. Tembrock, Verhaltensforschung. 1964. – N. Tinbergen, Tiere u. ihr Verhalten. 1969. – Ders., Instinktlehre. ^{5}1972. – W. Wickler, Verhalten u. Umwelt. 1973.

9.3.3 ÖKOLOGIE DER TIERE. W. Altenkirch, Ökologie. 1977. – J. Balogh, Lebensgemeinschaften der Landtiere. ^{2}1958. – A. Brauns, Taschenbuch der Waldinsekten. ^{3}1976. – Bruns, Warn- u. Tarntrachten im Tierreich. 1952. – H. Franz, Bodenzoologie als Grundlage der Bodenpflege. 1950. – H. Füller, Symbiose im Tierreich. 1958. – H. Hediger, Die Straßen der Tiere. 1967. – R. Hesse, F. Doflein, Tierbau u. Tierleben. Bd. 2: Das Tier als Glied des Naturganzen. ^{2}1943. – W. Jacobs, Fliegen, Schwimmen, Schweben. ^{2}1954. – W. Kühnelt, Bodenbiologie unter bes. Berücksichtigung der Tierwelt. 1950. – Ders., Grundriß der Ökologie. ^{2}1970. – C. Lengersdorf, Von Höhlen u. Höhlentieren. ^{2}1952. – E. T. Nielsen, Insekten auf Reisen. 1967. – G. Osche, Die Welt der Parasiten. 1966. – G. Piekarski, Lehrbuch der Parasitologie. 1954. – A. Portmann, Tarnung im Tierreich. 1956. – F. Schaller, Die Unterwelt des Tierreiches – Eine kleine Biologie der Bodentiere. 1962. – F. Schwerdtfeger, Ökologie der Tiere. Bd. 1: Autökologie. ^{2}1977. – Bd. 2: Demökologie. 1968. – W. Tischler, Grundzüge der terrestrischen Tierökologie. 1949. – Ders., Synökologie der Landtiere. 1955. – W. Wickler, Mimikry. 1968.

9.3.4 TIERGEOGRAPHIE, FAUNISTIK. Ph. J. Darlington, Zoogeography. The Geographical Distribution of Animals. New York, London. 1957. – G. de Lattin, Grundriß der Zoogeographie. 1967. – S. Ekman, Zoogeography of the Sea. London. 1955. – R. Hesse, W. Allee u. K. Schmidt, Ecological Animal Geography. New York. 1951. – J. Illies, Einführung in die Tiergeographie. 1971. – A. Jacobi, Tiergeographie. ^{2}1919. Neudr. 1939. – F. A. Schilder, Lehrbuch der Allgemeinen Zoogeographie. 1956.

9.3.5 ENTWICKLUNGSPHYSIOLOGIE. E. Hadorn, Experimentelle Entwicklungsforschung. ^{2}1970. – Ch. Houillon, Embryologie. 1972. – E. Korschelt, K. Heider, Vergleichende Entwicklungsgeschichte der Tiere. 2 Bde. 1936. – A. Kühn, Vorlesungen über Entwicklungsphysiologie. ^{2}1965. – O. Pflugfelder, Lehrbuch der Entwicklungsgeschichte u. Entwicklungsphysiologie der Tiere. ^{2}1970. – R. Rugh, Experimental Embryology. Minnesota. ^{3}1962. – F. Seidel, Entwicklungsphysiologie der Tiere. Bd. 1: ^{2}1972. Bd. II: 1953. – R. Siewing, Lehrbuch der vergleichenden Entwicklungsgeschichte der Tiere. 1969.

9.3.6 SPEZIELLE ZOOLOGIE. A. E. Brehm, Brehms Tierleben. 14 Bde. ^{4}1911 bis 1918. – P. Brohmer, Fauna von Deutschland. ^{13}1977. – P. Brohmer, P. Ehrmann, G. Ulmer, Die Tierwelt Mitteleuropas. 1923 ff. – Bronn's Klassen u. Ordnungen des Tierreiches. 1859ff. – Das moderne Tierlexikon. 12 Bde. 1979ff. – Das Tierreich (Sammlg. Göschen). 1953ff. – Das Tierreich. Eine Zusammenstellung u. Kennzeichnung der rezenten Tierformen. 1896ff. – P. Grassé (Hrsg.), Traité de Zoologie. Paris. 1948ff. – B. Grzimek, Grzimeks Tierleben. 14 Bde. 1968 bis 1972. – L. H. Hyman, The Invertebrates. 5 Bde. New York. 1940/59. – A. Kaestner, Lehrbuch der speziellen Zoologie. 1963ff. – Knaurs Tierreich in Farben. 7 Bde. 1956–1961. – E. Stresemann (Hrsg.), Exkursionsfauna von Deutschland. 4 Bde. 1955–1969. – Urania Tierreich. 6 Bde. 1969–1970.

9.3.7 PROTOZOEN UND MESOZOEN

Mesozoa. Gaullery u. Grassé, Mesozoa. In: Grassé, Traité de Zoologie. 4. 1961. – Czihak, Mesozoa. In: Fortschritt der Zoologie. 11. 1958. – Gottschalk, Mesozoa. In: Ztschr. für wissenschaftl. Zoologie. 160. 1958. – W. Ulrich, Mesozoa/Verwandtschaft. In: Moderne Biologie. Festschrift für H. Nachtsheim. 1950.

Protozoen. I. Corliss, The Ciliated Protozoa. London. 1961. – F. Doflein, E. Reichenow, Lehrbuch der Protozoenkunde. [6]1949–1953. – G. Göke, Meeresprotozoen (Foraminiferen, Radiolarien, Tintinninen). 1963. – K. Grell, Der Kendualismus der Ziliaten u. Suktorien. In: Naturwissenschaften 37. 1950. – Ders., Protozoologie. [2]1968. – E. Reichenow, Grundriß der Protozoologie für Ärzte u. Tierärzte. [3]1952. – Ders., Einzeller, Protocoen. 1956. – H. Streble, D. Krauter, Das Leben im Wassertropfen. [3]1976. – W. Ulrich, Begriff u. Einteilung der Protozoen. In: F. Peters, Moderne Biologie. 1950. – A. Westphal, Protozoen. 1974.

9.3.8. PARAZOA (SCHWÄMME, PORIFERA). Arndt, Parazoa, Porifera. 1930. – H. I. Hannemann, Schwämme u. Hohltiere. 1956. – Hyman, Parazoa, Porifera. In: The Invertebrates 1. 1940. – Levi, Parazoa, Porifera. 1957.

9.3.9 HOHLTIERE (RADIATA, COELENTERATA). H. I. Hannemann, Schwämme u. Hohltiere. 1956. – Hyman, Ctenophora. In: The Invertebrates. 1. 1940. – A. Kaestner, Coelenterata = Radiata. In: Lehrb. der Speziellen Zoologie. Bd. 1, 1. Teil. [3]1968. – Krumbach, Ctenophora. In: W. Kükenthal, Hdb. der Zoologie. 1. 1925. – E. Menner, Unsere Süßwasserpolypen. 1954. – B. Wenzel, Rippenquallen. 1958.

9.4.0 ARCHICOELOMATA. A. V. u. A. W. Ivanov, Pogonophora. London. 1963. – Dies., Verwandtschaft u. Evolution der Pogonophoren. In: Zeitschrift für zoolog. Systematik u. Evolutionsforschung 8. 1970. – K. E. Johansson, E. Kirsteuer, Morphologie, Histologie u. Entwicklung der Pogonophora, Hemichordata u. Chaetognatha. In: Fortschritte der Zoologie 20. 1969. – E. Reisinger, Zur Problematik der Evolution der Coelomaten. In: Zeitschrift für zoolog. Systematik u. Evolutionsforschung 8. 1970. – W. Ulrich u. a., Das Archicoelomatenproblem. 1973.

9.4.1 STACHELHÄUTER (ECHINODERMA). S. Jaeckel, Stachelhäuter. 1955. – N. Millot, Echinoderm Biology. London. 1967.

9.4.2 CHORDATA. H. Fechter, Manteltiere, Schädellose, Rundmäuler. 1971. – G. Sterba, Die Neunaugen. 1952.

9.4.3 MANTELTIERE (TUNICATA). H. Fechter, Manteltiere, Schädellose, Rundmäuler. 1971. – H. Lohmann, Tunicata. In: Handwörterbuch der Naturwissenschaften. 10. Bd. 1915. – Seeliger, Tunicaten. In: Bronn's Klassen u. Ordnungen des Tierreichs. Bd. 3. Suppl. 1893–1958.

9.4.4 FISCHE

Gesamtdarstellungen: P. Arnold, E. Ahl, Fremdländische Süßwasserfische. 1936. – L. S. Berg, System der rezenten u. fossilen Fischartigen u. Fische. 1958. – I. Eibl-Eibesfeld, Haie. 1965. – P.-P. Grassé, Traité de Zoologie XIII, Agnathes et Poissons. Paris. 1958. – G. Grimpe, E. Wagler, A. Remane, Die Tierwelt der Nord- u. Ostsee XII: Pisces. 1930. – K. Herter, Die Fischdressuren u. ihre sinnesphysiolog. Grundlagen. 1953. – E. S. Herald, D. Vogt, Fische (Knaurs Tierreich in Farben). 1965. – W. S. Hoar, D. J. Randall, Fish Physiology. 5 Bde. London. 1969–1971. – W. Ladiges, D. Vogt, Die Süßwasserfische Europas. 1965. – W. Luther, K. Fiedler, Die Unterwasserfauna der Mittelmeerküsten. [2]1967. – B. J. Muus, P. Dahlström, Meeresfisch. [3]1973. – G. W. Nikolski, Spezielle Fischkunde. 1957. – C. Nissen, Schöne Fischbücher. Bibliographie fischkundlicher Abbildungswerke. 1951. – J. R. Norman, Die Fische. 1966. – Ders u. F. C. Fraser, Riesenfische, Wale, Delphine. 1963. – M. Rauther, Echte Fische. In: Bronn's Klassen u. Ordnungen des Tierreiches 6. 2 Bde. 1937. – R. Riedl, Fauna u. Flora der Adria. [2]1970. – G. Sterba, Süßwasserfische aus aller Welt. 2 Bde. [2]1970.

Aquarienkunde. F. de Graaf, Das tropische Meeresaquarium. [4]1975. – H. C. D. de Wit, Aquarienpflanzen. 1971. – H. Frey, Das Aquarium von A–Z. [14]1976. – J. Gilbert, R. Legge, Das Große Aquarienbuch. [3]1977. – G. Sterba, Aquarienkunde. 2 Bde. [10]1975. – Ders., Süßwasserfische aus aller Welt. 1977.

9.4.5 LURCHE (AMPHIBIA)

Gesamtdarstellungen: E. Frommhold, Heimische Lurche u. Kriechtiere. 1952. – K. Herter, Lurche. 1955. – R. Mertens, H. Wermuth, Die Amphibien u. Reptilien Europas. 1960. – J. A. Moore, Physiology of the Amphibia. New York, London. 1964.– A. M. Nikol'skii, Amphibians. Jerusalem. [2]1977. – G. Nietzke, Die Terrarientiere. Bd. 1. 1969. – G. U. Noble, The Biology of the Amphibia. New York, London. 1931. – R. Sternfeld, Die Reptilien u. Amphibien Mitteleuropas. [2]1952.

Froschlurche. A. Heilbronn, Frösche. 1949. – W. Jungfer, Die einheimischen Kröten. 1954.

Schwanzlurche. G. E. Freytag, Der Teichmolch. 1954. – Ders., Feuersalamander u. Alpensalamander. 1955.

9.4.6. REPTILIEN (KRIECHTIERE)

Gesamtdarstellungen: A. Bellairs, Reptiles. London. 1957. – E. Frommhold, Heimische Lurche u. Kriechtiere. 1952. – K. Herter, Kriechtiere. 1960. – W. Klingelhöffer, Terrarienkunde. [2]1955–1959. – R. Mertens, H. Wermuth, Die Amphibien u. Reptilien Europas. 1960. – Dies., Schildkröten, Krokodile u. Brückenechsen. 1961. – G. Nietzke, Die Terrarientiere. Bd. 2. 1977. – K. P. Schmidt, R. F. Luger, Reptilien. 1957. – R. Sternfeld, Die Reptilien u. Amphibien Mitteleuropas. [2]1952.

Echsen. J. Rotter, Die Warane. 1963. – H. M. Smith, Handbook of Lizards. Ithaka, N. Y. 1946.

Schildkröten. A. Carr, Handbook of Turtles. Ithaka, N. Y. 1952. – F. J. Obst, W. Mensel, Die Landschildkröten Europas. 1963. – H. Wermuth, Die europäische Sumpfschildkröte. 1952.

Schlangen. F. Angel, Viet et moeurs des serpents. Paris. 1950. – Behringswerk A. G. (Hrsg.), Die Giftschlangen der Erde. 1963. – R. L. Ditmars, Snakes of the World. New York. 1952. – E. Frommhold, Die Kreuzotter. 1964. – H. Hediger, Die Schlangen Mitteleuropas. 1937.

9.4.7 VÖGEL. W. B. Alexander, Die Vögel der Meere. 1959. – P. Barruel, Das große Buch der Vögel. 1954. – R. Berndt, W. Meise, Naturgeschichte der Vögel. 3 Bde. 1959–1966. – R. Dircksen, Vogelvolk auf weiter Reise. [6]1961. – H. Dost, Sittiche u. andere Papageien. [4]1976. – Ders., Einheimische Stubenvögel. 1970. – O. Fehringer, Die Welt der Vögel. 1955. – H.-A. Freye, Vögel. 1960. – E. T. Gilliard, G. Steinbacher, Vögel (Knaurs Tierreich in Farben). 1961. – H. Heinzel, R. Fitter, J. Parslow, Pareys Vogelbuch. [2]1977. – S. Hoeher, Gelege der Vögel Mitteleuropas. [2]1973. – D. Luther, Die ausgestorbenen Vögel der Welt. [2]1970. – W. Makatsch, Der Vogel u. sein Ei. [2]1950. – Ders., Der Vogel u. seine Jungen. 1951. – R. März, Von Rupfungen u. Gewöllen. 1953. – R. Peterson, G. Mountfort, P. A. D. Hollom, Die Vögel Europas. [11]1976. – A. Rutgers, Handbuch für Zucht u. Haltung fremdländischer Vögel. [2]1971. – J. Schütte, Handbuch der Taubenrassen. [2]1975. – E. Schüz, Grundriß der Vogelzugkunde. [2]1971. – K. Voous, Die Vogelwelt Europas u. ihre Verbreitung. 1962. – J. G. Williams, Die Vögel Ost- u. Zentralafrikas. 1973. – Wissel-Stefani-Raethel, Fasanen u. andere Hühnervögel. [3]1976.

9.4.8 SÄUGETIERE. O. Antonius, Die Tigerpferde. 1951. – F. Baumann, Die freilebenden Säugetiere der Schweiz. Bern. 1949. – H. von Boetticher, Die Halbaffen u. Koboldmakis. 1958. – F. van den Brink, Die Säugetiere Europas westlich des 30. Längengrades. [3]1975. – M. Burton, Systematic Dictionary of Mammals of the World. London. [2]1968. – Ders., Aus dem Leben der Fledermäuse u. Flughunde. 1957. – L. Dorst, P. Dandelot, Säugetiere Afrikas. 1973. – O. Fehringer, Die Welt der Säugetiere. 1953. – H. u. J. Frädrich, Zooführer Säugetiere. 1973. – G. Gaffrey, Merkmale der wildlebenden Säugetiere Mitteleuropas. 1961. – E. Hagemann, Ratte u. Maus – Versuchstiere in der Forschung. 1960. – Th. Haltenorth, Rassehunde-Wildhunde. 1958. – Ders., Die Wildkatzen der alten Welt. 1953. – Ders., Säugetiere. 2 Bde. 1969. – K. Herter, Die Biologie der europ. Igel. 1938. – I. Koch-Isenburg, Affen als Heimtiere. 1970. – G. Koller, Wildlebende Säugetiere Mitteleuropas. [2]1956. – I. Krumbiegel, Biologie der Säugetiere. 2 Bde. 1953–1955. – Ders., Einhufer. 1958. – B. Kummer, Bauprinzipien des Säugerskelettes. 1959. – U. Mochi, Hoofed Mammals of the World. New York. 1953. – E. Mohr, Die freilebenden Nagetiere Deutschlands u. der Nachbarländer. 1950. – Dies., Die Robben der europ. Gewässer. 1952. – Dies., Wilde Schweine. 1960. – J. Nissen, Welches Pferd ist das? [9]1976. – S. Ognef, Säugetiere u. ihre Welt. 1959. – I. Sanderson, Säugetiere (Knaurs Tierbuch in Farben). 1959. – Ders., Knaurs Affenbuch. 1957. – F. Schmidt, Von Pelztieren u. Pelzen. 1949. – E. Slijper, Riesen des Meeres. Eine Biologie der Wale u. Delphine. 1962. – D. Starck, Ontogenie u. Entwicklungsphysiologie der Säugetiere. 1959. – G. Stehli, P. Brohmer, Welches Tier ist das? – Säugetiere. [11]1970. – E. Thenius, Grundzüge der Verbreitungsgeschichte der Säugetiere. 1972. – Ders., Stammesgeschichte der Säugetiere. 1960. – A. Vogel, W. Pritsche, Unser Katzenbuch. [4]1969. – H. Voss, Bibliographie der Menschenaffen. 1955. – W. Wolf, Katzen – Verhalten, Rassen, Pflege. 1970. – K. Zimmermann, Taschenbuch unserer wildlebenden Säugetiere.

9.4.9. SPIRALIA. F. Bolle, Niedere Tiere (Knaurs Tierreich in Farben). 1960. – G. Henke, Die Strudelwürmer des Süßwassers. 1962. – L. H. Hyman, The Invertebrates. New York, London. Bd. II: 1951. Bd. V: 1959. – A. Kaestner, Lehrbuch der speziellen Zoologie. Bd. 1: Wirbellose. 1. Teil. [3]1968. – B. Löliger-Müller, Parasitische Würmer. 1957. – M. Voigt, Die Rädertiere Mitteleuropas. 1956.

9.5.0 WEICHTIERE (MOLLUSCA). E. Frömming, Biologie der mitteleurop. Landgastropoden. 1954. – Ders., Biologie der mitteleurop. Süßwasserschnecken. 1956. – S. H. Jaeckel, Unsere Süßwassermuscheln. 1952. – Ders., Bau u. Lebensweise der Tiefseemollusken. 1952. – Ders., Kopffüßer. 1957. – H. Janus, Unsere Schnecken u. Muscheln. [4]1973. – P. Kuckuck, Strandwanderer. [11]1974. – F. Nordsieck, Die europ. Meeresmuscheln. 1969. – Ders., Die europ. Meeresgehäuseschnecken. 1968. – Ders., Die europ. Meeresschnecken (Opisthobracchia u. a.). 1972. – L. von Salvini-Plawen, Schild- u. Furchenfüßer. 1971. – J. Thiele, Handbuch der systemat. Weichtierkunde. 2 Bde. 1931–1935.

9.5.1 GLIEDERTIERE (ARTICULATA). F. Bolle, Niedere Tiere (Knaurs Tierreich in Farben). 1960. – G. Hartmann-Schröder, Annelida. 1971. – A. Kaestner, Lehrbuch der speziellen Zoologie. Bd. 1: Wirbellose. 1. Teil. [3]1968. – V. Storch, Meeresborstenwürmer. 1971.

9.5.2 GLIEDERFÜSSER (ARTHROPODA). C. Attems, Progoneata, Chilopoda, Insecta I. In: W. Kükenthal, Handbuch der Zoologie. 4. Bd. 1926–1930. – Ders., Geophilomorpha. In: Das Tierreich. Bd. 52. 1929. – Ders., Scolopendromorpha. In: Das Tierreich. Bd. 54. 1930. – L. J. Dobroruka, Hundertfüßler, 1961. – A. Kaestner, Spinnentiere u. Tausendfüßler. 1955. – A. Kaestner, Lehrbuch der speziellen Zoologie. Teil 1. [3]1968. – O. Schubart, Diplopoda. 1934. – G. Seifert, Die Tausendfüßler. 1961. – R. E. Snodgrass, A Textbook of Arthropod Anatomy. 1952. – K. W. Verhoeff, Myriopoda. In: Bronn's Klassen u. Ordnungen des Tierreichs. 5. Bd. 1902–1934.

9.5.3 INSEKTEN, KERFE, KERBTIERE, SECHSFÜSSER (INSECTA)

Gesamtdarstellungen: H. Eidmann, Lehrbuch der Entomologie. [2]1970. – H. E. Evans, Die Insekten. 1971. – P. Grassé, Traité de Zoologie (Anatomie, Systematique, Biologie) Tome VIII, IX, X, Insectes. Paris 1949–1951. – W. Hennig, Die Stammesgeschichte der Insekten. 1969. – O. Hüsing, Die Metamorphose der Insekten. [2]1963. – A. D. Imms, A. General Textbook of Entomology. London. [9]1957. – A. Kaestner, Lehrbuch der Speziellen Zoologie. Bd. I: Wirbellose. 3. Teil: Insecta. 1972. – St. von Kéler, Entomologisches Wörterbuch. [3]1963. – J. Obenberger, Entomologie. Bd. 1ff. Prag. 1952ff. – O. Pflugfelder, Entwicklungsphysiologie der Insekten. 1952. – Ch. Schröder, Handbuch der Entomologie. 3 Bde. 1912–1929. – E. Stresemann, Exkursionsfauna: Wirbellose II/1 u. II/2: Insekten. 1964–1969. – H. Weber, Lehrbuch der Entomologie. 1968. – Ders., Grundriß der Insektenkunde. [3]1954. – C. Wesenberg-Lund, Biologie der Süßwasserinsekten. 1943. – V. B. Wigglesworth, Physiologie der Insekten. [2]1959.

Doppelschwänze, Beintastler, Springschwänze, Borstenschwänze, Fischchen. H. Gisin, Collembolenfauna Europas. Genf. 1960. – J. Paclt, Biologie der primär flügellosen Insekten. 1956. – U. Sedlag, Urinsekten. [2]1953.

Eintagsfliegen. H. Gleiß, Die Eintagsfliegen. 1954.

Fliegen. A. Brauns, Terricole Dipterenlarven. 1954. – Ders., Puppen terricoler Dipterenlarven. 1955. – G. Fröhlich, Gallmücken – Schädlinge unserer Kulturpflanzen. 1960. – H. Gäbler, Die Raupenfliegen. 1952. – A. Gausser, Dasselfliegen. Basel. 1951. – F. Hendel, Zweiflügler oder Diptera II: Allgemeiner Teil. 1928. – W. Hennig, Die Larvenformen der Dipteren 1–3. 1948–1952. – O. Karl, Zweiflügler oder Diptera III: Muscidae. 1928. – E. Lindner, Die Fliegen der palaearktischen Region. 1924ff. – F. Peus, Stechmücken. 1950. – P. Sack, O. Kröber, Zweiflügler oder Diptera IV: Syrphidae-Conopidae. 1930. – E. Ségny, Atlas des Diptères de France – Belgique – Suisse. 2 Bde. Paris. 1951. – Z. Szilady, O. Kröber u. E. O. Engel, Zweiflügler oder Diptera V: Dornfliegen, Nothacantha – Raubfliegen, Asilidae. 1932.

Flöhe. O. Jancke, Flöhe oder Aphaniptera. 1938. – F. Peus, Flöhe. 1953. – Ders., Die Flöhe, Bau, Kennzeichen u. Lebensweisen. 1938.

Fransenflügler. H. von Oettingen, Blasenfüße. 1952. – H. Priesner, Die Thysanopteren Europas. 1928.

Gespenstheuschrecken, Heuschrecken, Ohrwürmer, Schaben, Fangheuschrecken. M. Beier, F. Heikertinger, Fangheuschrecken. 1952. – Dies.n, Grillen u. Maulwurfsgrillen. 1954. – M. Beier, Laubheuschrecken. 1955. – Ders., Feldheuschrecken. 1956. – Ders., Ohrwürmer u. Tarsenspinner. 1959. – Ders., Schaben. 1967.– E. Giglio-Tos, Mantidae. 1927. – K. Harz, Die Geradflügler Mitteleuropas. 1957. – H. Weidner, Die Wanderheuschrecken. 1953.

Hautflügler. H. Bischoff, Biologie der Hymenopteren. 1927. – A. Büdel, E. Herold, Biene u. Bienenzucht. [2]1976. – K. Gösswald, Unsere Ameisen I, II. 1954/55. – G. Olberg, Die Sandwespen. 1952. – Ders., Das Verhalten der solitären Wespen Mitteleuropas. 1959. – D. Otto, Die Roten Waldameisen. 1962. – O. Schmiedeknecht, Die Hymenopteren Nord- u. Mitteleuropas. 1930. – F. Schremmer, Wespen u. Hornissen. 1962. – Ch. Schröder, Die Insekten Mitteleuropas. Bd. 1–3: Hymenoptera. 1926. – U. Sedlag, Hautflügler. 3 Bde. 1951–1959.

Käfer. W. Dommröse, Der Kartoffelkäfer. 1951. – H. Freude, K. W. Harde, G. A. Lohse, Die Käfer Mitteleuropas. 9 Bde. 1965f. – H. Henschel, Der Nashornkäfer. 1962. – P. Kuhnt, Illustrierte Bestimmungstabellen der Käfer Deutschlands. 1913. – H. von Lengerken, Die Brutfürsorge- u. Brutpflegeinstinkte der Käfer. 1929. – Ders., Lebenserscheinungen der Käfer. 1928. – Ders., Der Pillendreher. 1951. – Ders., Der Mondhornkäfer u. seine Verwandten. 1952. – K.-H. Mohr, Erdflöhe. 1960. – H. Naumann, Der Gelbrandkäfer. 1955. – E. Quaschik, Der Fichtenborkenkäfer. 1953. – E. Reitter, Der Käfer, ein Wunder der Schöpfung. 1960. – O. Scheerpeltz, Der Maikäfer. 1950. – F. Scherney, Unsere Laufkäfer. 1959. – H. Wagner, Taschenbuch der Käfer. 1921. – J. R. Winkler, Buntkäfer. 1961.

Libellen. H. Naumann, Wasserjungfern oder Libellen. 1952. – P. A. Robert, Die Libellen. Bern 1959. – H. Schiemenz, Die Libellen unserer Heimat. 1957.

Schlammfliegen, Netzflügler, Schnabelhafte. F. Doflein, Der Ameisenlöwe. 1916. – R. Keilbach, Goldaugen, Schwebfliegen u. Marienkäfer. 1954. – R. Metzger, Kamelhalsfliegen. 1960. – H. Strübing, Schneeinsekten. 1958.

Schmetterlinge. A. Bergmann, Die Großschmetterlinge Mitteldeutschlands. 1951 bis 1955. – K. Eckstein, Die Schmetterlinge Deutschlands. 4 Bde. 1913–1923. – Ders., Die Kleinschmetterlinge Deutschlands. 1933. – W. Forster, Th. A. Wohlfahrt, Die Schmetterlinge Mitteleuropas. 1952ff. – K. Harz, W. Wittstadt, Wanderfalter. 1957. – M. Hering, Biologie der Schmetterlinge. 1926. – M. Koch, Wir bestimmen Schmetterlinge. [2]1977. – R. Mell, Der Seidenspinner. 1955. – K. T. Schuetze, Die Biologie der Kleinschmetterlinge. 1931. – A. Seitz, Die Großschmetterlinge der Erde. 1909ff.

Schnabelkerfe. H. Haupt, Insekten mit rätselhaften Verzierungen. 1953. – K. H. C. Jordan, Wasserwanzen. 1950. – Ders., Wasserläufer. 1952. – Ders., Landwanzen. 1962. – L. Lindinger, Die Schildläuse (Coccidae). 1912. – F. P. Müller, Blattläuse. 1955. – S. G. Myers, Insect Singers, a Natural History of the Cicadas. London. 1929. – H. Schmutterer, Schildläuse oder Coccoidea: 1. Dekkelschildläuse oder Diaspididae. 1959. – F. Schrammer, Singzikaden. 1957. – W. Stichel, Illustrierte Bestimmungstabellen der deutschen Wanzen. 1925–1938. – Ders., Illustrierte Bestimmungstabellen der Wanzen II: Europa. 1955–1962. – H. Weber, Biologie der Hemipteren. 1930.

Staubläuse. W. Eichler, Federlinge. 1956. – St. von Kéler, Staubläuse. 1953. – K. Pfleger, Biologie der Mallophagen. Prag. 1929.

Steinfliegen. J. Illies, Steinfliegen oder Plecoptera. 1955.

Termiten. W. V. Harris, Termites, their Recognition and Control. London. 1962. – H. Schmidt, Die Termiten. [2]1953. – Ders. (Hrsg.), Die Termiten, ihre Erkennungsmerkmale u. wirtschaftl. Bedeutung. 1955. – S. H. Skaife, Dwellers in Darkness. London. 1955.

Tierläuse. G. F. Ferris, The Sucking Lice. San Francisco. 1951.

9.5.4 SPINNENTIERE I. W. S. (CHELICERATA). W. S. Bristowe, The world of spiders. London. 1958. – J. H. Comstock, The spider. New York. 1948. – W. Crome, Taranteln, Skorpione u. Schwarze Witwen. 1956. – W. Hirschmann, Milben. 1966. – A. Kaestner, Lehrbuch der Speziellen Zoologie. Bd. I: Wirbellose. 1. Teil. [3]1968. – E. W. Müller, Milben an Kulturpflanzen. 1960. – J. Pötzsch, Von der Brutfürsorge heim. Spinnen. 1963. – P. Weygoldt, Moos- u. Bücherskorpione. 1966.

9.5.5 KREBSE
Gesamtdarstellungen: H.-E. Gruner, K. Deckert, Krebs. 1956. – A. Kaestner, Lehrbuch der Speziellen Zoologie. Bd. 1: Wirbellose. 2. Teil. [2]1967. – E. Wagler, Crustacea. In: Brohmer, Die Tierwelt Mitteleuropas.
Blattfußkrebse. H. V. Herbert, Blattfußkrebse. 1962. – C. Vollmer, Wasserflöhe. 1951.
Höhere Krebse. F. Dahl, Asseln oder Isopoda Deutschlands. 1916. – F. Doflein, Brachyura. 1904. – K. Floericke, Gepanzerte Ritter. 1915. – A. Panning, Die chinesische Wollhandkrabbe. 1952. – A. Schellenberg, Decapoda, Zehnfüßler. 1928. – Ders., Flohkrebse oder Amphipoda. 1942.
Kiemenfüße. C. Vollmer, Kiemenfuß, Hüpferling u. Muschelkrebs. 1952.
Muschelkrebse. W. Klie, Ostracoda, Muschelkrebse. 1938.
Ruderfußkrebse. F. Kiefer, Ruderfußkrebse. [2]1973. – O. Pesta, Ruderfüßer oder Copepoda. 1928. – C. Vollmer, Kiemenfuß, Hüpferling u. Muschelkrebs. 1952.

9.5.6 VETERINÄRMEDIZIN (ALLGEMEINES). W. Bolz, Allgemeinnarkose beim Tier. 1961. – Ders. u. O. Dietz, Lehrbuch der Speziellen Veterinärchirurgie. [2]1975. – A. Borchert, Lehrbuch der Parasitologie für Tierärzte. 1962. – H.-J. Christoph, Klinik der Hundekrankheiten. 1973. – Ders., Klinik der Katzenkrankheiten. 1963. – E. Clarke, Garners Veterinärmedizinische Toxikologie. 1968. – W. Ellenberger, H. Baum, Handbuch der vergleichenden Anatomie der Haustiere. 3. Nachdr. 1977. – K. Fritzsche, E. Gerriets, Geflügelkrankheiten. [2]1962. – R. Froehner, Kulturgeschichte der Tierheilkunde. 1. Bd.: 1952. 2. Bd.: 1954. 3. Bd.: 1968. – Ders., K. Neumann-kleinpaul u. J. Dobberstein, Gerichtliche Tierheilkunde. [11]1955. – H. Haupt, Medizinisch-bakteriologische Diagnostik für Ärzte u. Tierärzte. 1964. – J. van der Hoeden, Zoonoses. Amsterdam. 1964. – O. Krölling, H. Grau, Lehrbuch der Histologie u. vergleichenden mikroskopischen Anatomie der Haustiere. [10]1960. – G. Krüger, Veterinärmedizinische Terminologie. 1968. – Ders., Tierkrankheiten in den Tropen u. Subtropen. 1968. – D. Küst, F. Schaetz, Fortpflanzungsstörungen bei den Haustieren. [5]1977. – R. Nickel, A. Schummer u. E. Seiferle, Lehrbuch der Anatomie der Haustiere. 1. Bd.: [4]1977. 2. Bd.: [3]1975. 3. Bd.: 1976. 5. Bd.: 1973. – C. Nieberle, P. Cohrs, Lehrbuch der speziellen Anatomie der Haustiere. [5]1970. – H. G. Niemand, Praktikum der Hundeklinik. [3]1974. – W. Rewo, D. Shukowa, Veterinärmedizinische Mikrobiologie. 1963. – H. Röhrer, Handbuch der Virusinfektionen bei Tieren. 5 Bde. 1969. – E. Roots, H. Haupt, H. Hartwigk, Veterinärhygiene. [2]1972. – G. Rosenberger, G. Dirksen, Die klinische Untersuchung des Rindes. [2]1977. – F. Schaetz, Die künstliche Besamung bei den Haustieren. 1963. – Scheunert u. Trautmann, Lehrbuch der Veterinärphysiologie. [6]1976. – Dies., Veterinärphysiologie. 1965. – F. Schmidt, E. Hieronymi, Die parasitären Krankheiten der Haustiere. 1955. – W. Schmidt-Treptow, Taschenbuch für die tierärztliche Kleintierpraxis. [2]1963. – Ders., Was gibt es Neues für den praktischen Tierarzt? 1959 ff. – G. Schützler, Veterinärmedizin u. ihre Grenzgebiete 1943–1947. 1961. – E. Schwarze, L. Schröder, Kompendium der Veterinäranatomie. 1960–1965. – K. Schwochow, Kleintier-Vademekum. 1968. – K. Steinmetzer, Pharmakologie für Tierärzte einschl. Verordnungslehre. 1955. – O. Zietschmann, O. Krölling, Lehrbuch der Entwicklungsgeschichte der Haustiere. [2]1955.

9.5.7 VETERINÄRPATHOLOGIE. H. Behrens, Lehrbuch der Schafkrankheiten. 1962. – E. Berge, M. Westhues, Tierärztliche Operationslehre. [29]1969. – H. Eikmeier, Therapie innerer Krankheiten. 1970. – W. Frei, J. Dobberstein, Allgemeine Pathologie. [6]1972. – K. Fritzsche, E. Gerriets, Geflügelkrankheiten. [2]1962. – K. Glässer, E. Hupla u. R. Wetzel, Die Krankheiten des Schweines. 1961. – T. Hahn u. Teuscher, Die wichtigsten Operationen des Tierarztes in der Praxis. [4]1963. – H.-J. Heidrich, W. Renk, Krankheiten der Milchdrüse bei Haustieren. 1963. – F. von Hutyra, J. Marek, Spezielle Pathologie u. Therapie der Haustiere. 1958. – H.-Ch. Loliger, Pelztierkrankheiten. 1970. – J. Richter, R. Götze, Tiergeburtshilfe. [3]1978. – R. Rosenberger, Krankheiten des Rindes. 1970. – T. Toepfer, Infektionskrankheiten des Hundes. 1960. – K. Ullrich, Grundriß der speziellen Pathologie u. Therapie der Haustiere. [11]1975. – K. Vogel, Die Taube. 1969. – R. Wetzel, W. Rieck, Krankheiten des Wildes. [2]1972.

9.5.8 VIEHSEUCHEN. M. Hellich, R. Störiko, Die Deutsche Tierseuchengesetzgebung. [2]1953. – L. Hussel, Spezielle Tierseuchenbekämpfung. 1960. – F. Müssemeier, Grundsätzliches zur Tierseuchenbekämpfung. 1957.

9.5.9 FLEISCHBESCHAU, VETERINÄRHYGIENE. H. Bartels, Die Untersuchung der Schlachttiere u. des Fleisches. 1968. – G. Farchmin, Tierärztliche Lebensmittelhygiene. 1965. – L. Hussel, Veterinärhygiene. 1963. – B. Lachenschmidt, Praktikum der tierärztlichen Schlachttier- u. Fleischbeschau. [5]1964. – M. Lerche, Lehrbuch der tierärztlichen Milchüberwachung. 1966. – Ders., Lehrbuch der tierärztlichen Lebensmittelüberwachung. [3]1958. – F. Schönberg, Die Untersuchung der von Tieren stammenden Lebensmittel. [7]1959. – Ders. (Hrsg.), Der Lebensmitteltierarzt. 1950 ff. – Ders., Milchkunde u. Milchhygiene. [7]1956. – H. Schulze, Die Krankheiten des Wildes u. ihre fleischbeschauliche Beurteilung. 1964. – G. Wundram, F. Schönberg, Tierärztliche Lebensmittelüberwachung. [7]1962.

9.6.0 ANGEWANDTE BIOLOGIE
Gesamtdarstellungen: H. Braun, E. Riehm, Krankheiten u. Schädlinge der Kulturpflanzen. [8]1957. – R. Carson, Der stumme Frühling. 1976. – J. M. Franz, A. Krieg, Biologische Schädlingsbekämpfung. [2]1976. – W. Holz, B. Lange, Fortschritte in der chemischen Schädlingsbekämpfung. [5]1962. – H. Kemper, Die Haus- u. Gesundheitsschädlinge u. ihre Bekämpfung. [2]1950. – Koegel, Zoonosen (Anthropozoonosen). 1951. – E. König, Tierische u. pflanzl. Holzschädlinge. 1957. – Kosmos-Naturführer: Welcher Schädling ist das? 1: H. Brandt, Gemüse u. Obst. 1957. 2: H. Brandt, Landwirtschaftl. Kulturpflanzen. 1957. 3: H. Bollow, Vorrats- u. Gesundheitsschädlinge. 1958. 4: H. Bollow, Schädlinge u. Krankheiten an Zierpflanzen. 1960. – W. Kotte, Krankheiten u. Schädlinge im Obstbau u. ihre Bekämpfung. [3]1958. – Ders., Krankheiten u. Schädlinge im Gemüsebau u. ihre Bekämpfung. [3]1960. – E. Martini, Wege der Seuchen. [2]1943. – E. Mühle, Krankheiten u. Schädlinge der Arznei-, Gewürz- u. Duftpflanzen. 1956. – H. Pape, Krankheiten u. Schädlinge der Zierpflanzen u. ihre Bekämpfung. [5]1964. – W. Schwenke, Zwischen Gift u. Hunger – Schädlingsbekämpfung gestern, heute u. morgen. 1968. – F. Schwerdtfeger, Die Waldkrankheiten. [3]1970. – P. Sorauer, Handbuch der Pflanzenkrankheiten. 6 Bde. 1949 ff. – W. Trappmann, Pflanzenschutz u. Vorratsschutz. 1949. – Ders. u. Zeumer, Kleiner Ratgeber über Pflanzenschutzmittel. [2]1961. – F. Zacher, B. Lange, Vorratsschutz gegen Schädlinge. [2]1964.
Naturschutz u. Landschaftspflege. Briejèr, Silberne Schleier – Gefahren chemischer Bekämpfungsmittel. 1970. – Buchwald u. Engelhardt, Handbuch für Landschaftspflege u. Naturschutz. 4 Bde. 1969. – G. Kirk, Säugetierschutz. 1968. – O. Löhr, Deutschlands geschützte Pflanzen. [2]1953. – A. Lorz, Naturschutz-, Tierschutz- u. Jagdrecht, Fischerei u. Kulturpflanzenschutz. [2]1967. – Marx, Bis das Meer zum Himmel stinkt. 1969. – G. Niethammer, Die Einbürgerung von Säugetieren u. Vögeln in Europa. 1963. – G. Olschowy (Hrsg.), Belastete Landschaft, gefährdete Umwelt. 1971. – Scheerer, Gefährdung u. Schutz unserer Wildpflanzen. 1960. – E. Schuhmacher, Die letzten Paradiese. 1966. – H. Schulke, Umweltreport. 1972. – C. Strohmeyer, Der letzte Garten Eden. – Durch die Naturreservate der Welt. 1962. – H. Weinzierl (Hrsg.), Natur in Not. 1975. – V. Ziswiler, Bedrohte u. ausgerottete Tiere. 1965.

9.6.1 ANGEWANDTE BOTANIK
Giftpflanzen. O. Gessner, Die Gift- u. Arzneipflanzen von Mitteleuropa. [3]1974. – G. Schenk, Das Buch der Gifte. 1954. – K. Wetzel, Giftpflanzen unserer Heimat. 1936.
Heilpflanzen. Handbücher: A. Dinand, Handbuch der Heilpflanzenkunde. 1938. – E. Heeger, Handbuch des Arznei- u. Gewürzpflanzenbaues. 1956.
Darstellungen: A. Beier, Wildwachsende Heilpflanzen u. Teekräuter. 1948. – H. Bigalke, Taschenbuch für Kräutersammler. 1948. – G. Boros, Unsere Heil- u. Teepflanzen. [3]1980. – H. Diener, Drogenkunde. 1958. – F. Doerfler, Unsere Heilpflanzen. 1962. – F. Eckstein, Heilkräuter für Dich! 1952. – G. Fischer, Heilkräuter u. Arzneipflanzen. [6]1980. – G. Freudenberg, Arzneipflanzen. Anbau u. Verwendung. 1954. – H. Gäbler, Das Büchlein von den heilenden Kräutern. 1977. – O. Gessner, Die Gift- u. Arzneipflanzen von Mitteleuropa. [3]1974. – K. Hummel, Herkunft u. Geschichte der pflanzl. Drogen. 1957. – R. Jaretzky, Die dt. Heilpflanzen im Bild u. Wort. 1954. – A. Oertel, Heilpflanzen-Taschenbuch. [30]1967. – K. Peter, Der Anbau der wichtigsten dt. Heil- u. Gewürzpflanzen. 1952. – B. Schoenfelder, Welche Heilpflanze ist das? [18]1979. – W.-Ch. Simonis, Taschenbuch der Heil- u. Gewürzkräuter. [5]1978. – W. Winkelmann, Die Wirkstoffe unserer Heilpflanzen. 1951.
Nutzpflanzen, Kulturpflanzen. H. W. Behm, Korn wächst für alle. Pflanzenzüchtung u. kultivierte Flora als neue Lebensmittelbasis der Menschheit. 1959. – H.-G. Benthack, Anis bis Zimt. Eine kleine Gewürzfibel für jedermann. 1958. – K. Bertsch, Geschichte unserer Kulturpflanzen. 1949. – G. Boros, Unsere Küchen- u. Gewürzkräuter. [3]1975. – B. S. Dodge, Pflanzen, die die Welt veränderten. 1963. – I. Esdorn, Die Nutzpflanzen der Tropen u. Subtropen der Weltwirtschaft. [2]1973. – G. Friedrich, Taschenbuch der Feld- u. Gartenfrüchte. 1960. – J. Hackbarth, Die Ölpflanzen Mitteleuropas. 1944. – K. Hennies, Vom Saatkorn zur Braugerste. 1953. – H. Kuckuck, Grundzüge der Pflanzenzüchtung. [4]1972. – A. Petersen, Die Gräser als Kulturpflanzen u. Unkräuter auf Wiese, Weide u. Acker. 1953. – K. von Regel, Pflanzen in Europa liefern Rohstoffe. 1945. – L. Reinhardt, Kulturgeschichte der Nutzpflanzen. 1911. – A. Schindlmayr, Welche Nutzpflanze ist das? 1954. – W. Schoenichen, Aus Wald u. Feld der Tisch bestellt. 1947. – R. Schroder, Wirtschaftspflanzen der warmen Zonen. 1961. – Ders., Öl- u. Faserpflanzen. 1963. – W. Schuphan, Zur Qualität der Nahrungspflanzen. Erzeugerinteressen – Verbraucherwünsche. Wien. 1961. – P. Schütt, Weltwirtschaftspflanzen. 1972. – F. Schwanitz, Die Evolution der Kulturpflanzen. 1967. – F. Tobler, Deutsche Faserpflanzen u. Pflanzenfasern. 1938. – H. Ulbricht, Grundriß der pflanzl. Rohstoffkunde. 1952. – R. Weber, Pflanzengewürze u. Gewürzpflanzen aus aller Welt. 1958.
Pflanzenkrankheiten. Handbücher: O. Appel (Hrsg.), Handbuch der Pflanzenkrankheiten. 6 Bde. [6]1952. – Pflanzliche Virologie. 2 Bde. 1958. – Plant Diseases. Washington. 1953.
Darstellungen: S. Blumer, Rost- u. Brandpilze auf Kulturpflanzen. Ein Bestimmungsbuch. 1963. – H. Braun, Pflanzenhygiene. 1937. – Ders., Die Verschleppung von Pflanzenkrankheiten u. Schädlingen über die Welt. 1954. – Ders., Krankheiten u. Schädlinge der Kulturpflanzen u. ihre Bekämpfung. [8]1957. – Ders., Geschichte der Phytomedizin. 1965. – G. Carefoot, Feinde unserer Ernährung. Von Pilzen, Viren u. Bakterien. 1969. – K. Domsch, Einflüsse von Pflanzenschutzmitteln auf die Bodenmikroflora. 1963. – J. Erikson, Die Pilzkrankheiten der Garten- u. Parkgewächse. 1928. – H. Fey, Einführung in die Schädlings-Bekämpfung. 1958. – K. Flachs, Leitfaden zur Bestimmung der wichtigeren parasitären Pilze an landwirtschaftl. u. gärtnerischen Kulturgewächsen sowie im Obstbau. 1953. – H. W. Frickhinger, Leitfaden der Schädlingsbekämpfung. 1. Bd.: [4]1974. 2. Bd.: [4]1977. – E. Gäumann, Pflanzliche Infektionslehre. Basel. [2]1951. – H. Goffart, Nematoden der Kulturpflanzen Europas. Basel. 1951. – P. Graebner, Lehrbuch der nichtparasitischen Pflanzenkrankheiten. 1920. – K. Heinze, Die Überträger pflanzl. Viruskrankheiten. 1951. – W. Holz, Fortschritte in der chemischen Schädlingsbekämpfung. 1962. – E Koehler, Allgemeine Viruspathologie der Pflanzen. 1964. – E. Koenig, Tierische u. pflanzl. Holzschädlinge. 1957. – F. Maier-Bodem, Der praktische Pflanzenarzt. 2 Bde. 1951. – E. Muehle, Die Krankheiten u. Schädlinge der Arznei-, Gewürz- u. Duftpflanzen. 1956. – Ders., Phytopathologisches Praktikum für Landwirte, Gärtner u Biologen. 1965. – H. Pape, Krankheiten u. Schädlinge der Zierpflanzen u. ihre Bekämpfung. [5]1964. – E. Reinmuth, Pflanzenkrankheiten u. Pflanzenschädlinge. Wege zu ihrer Bekämpfung. 1955. – E. Schmidt, Die kranke Pflanze. 1948. – K. Stapp, Pflanzenpathogene Bakterien. Eine Einführung mit Hinweisen auf einschlägige bakteriolog. u serolog. Arbeitsmethoden. 1958. – F. Steiniger, Taschenbuch der Schädlingsbekämpfungsmittel für Schädlingsbekämpfer u. Drogisten. 1948.
Pflanzenschutz. K. Bauer, Studien über Nebenwirkungen von Pflanzenschutzmitteln auf Fische u. Fischnährtiere. 1961. – Ders., Studien über Nebenwirkungen von Pflanzenschutzmitteln auf die Bodenfauna. 1964. – Bibliographie der Pflanzenschutzliteratur. N. F. 1970 ff. – K. Boening, Grundriß des praktischen Pflanzenschutzes. 1957. – H. Drees, Kleines Pflanzenschutz-Lexikon. 1959. – R. Keilbach, Die tierischen Schädlinge Mitteleuropas. 1966. – M. Klinowski, Eichler, Leitfaden der Pflanzenschutzmittel u. Pflanzenschutzmethoden. 1969. – N. Koch, Unkrautbekämpfung. 1970. – H. Kurth, Chem. Unkrautbekämpfung. 1960. – O. Löhr, Deutschlands geschützte Pflanzen. [2]1953. – H. Maier-Bode, Pflanzenschutzmittelrückstände. Insektizide. 1965. – H. Martin, Die wissenschaftl. Grundlagen des Pflanzenschutzes. 1969. – K. Mayer, 4500 Jahre Pflanzenschutz. 1959. – H. Scheerer, Gefährdung u. Schutz unserer Wildpflanzen. 1960. – W. Schoenichen, Biologie der geschützten Pflanzen Deutschlands. 1950. – H. Tielecke, Pflanzenschutzmittel. 1963.

9.6.2 ANGEWANDTE ZOOLOGIE. Autorenkollektiv, Wildtiere in Menschenhand. 3 Bde. 1971 ff. – W. Frank, Parasitologie. 1975. – K. Friedrichs, Die Grundfragen u. Gesetzmäßigkeiten der land- u. forstwirtschaftl. Zoologie. 2 Bde. 1930. – H. Goffart, Nematoden der Kulturpflanzen Europas. 1951. – H. Hediger, Wildtiere in Gefangenschaft – ein Grundriß der Tiergartenbiologie. 1942. – Henze, Vogelschutz gegen Insektenschaden in der Forstwirtschaft. 1943. – R. Kirchshofer, Zoologische Gärten der Welt. 1966.

9.6.3 ANGEWANDTE ENTOMOLOGIE. W. Eichler, Handbuch der Insektizidkunde. 1965. – K. Escherich, Die Forstinsekten Mitteleuropas. Bd. 1: 1914. Bd. 2: 1923. Bd. 3: 1931. Bd. 5: 1942. – K. von Frisch, Aus dem Leben der Bienen. [9]1977. – Fritzsche, H. Geiler u. U. Sedlag, Angewandte Entomologie. 1968. – K. Heinze, Die Überträger pflanzl. Viruskrankheiten. 1951. – A. Krieg, Grundlagen der Insektenpathologie. 1961. – E. Martini, Lehrbuch der medizin. Entomologie. [4]1952. – E. Müller-Kögler, Pilzkrankheiten bei Insekten. 1965. – D. Otto, Die Roten Waldameisen. 1962. – W. Perkow, Die Insektizide – Chemie, Wirkungsweise u. Toxizität. [2]1968. – E. Schimitschek, Insektenschäden im Walde. 1955. – E. Zander, Handbuch der Bienenkunde. 7 Bde. 1951 ff. – Ders., Leitfaden einer zeitgemäßen Bienenzucht. [6]1958.

9.6.4 MIKROBIOLOGIE
Allgemeine Mikrobiologie: A. Rippel-Baldes, Grundriß der Mikrobiologie. [3]1955. – H. G. Schlegel, Allgemeine Mikrobiologie. [5]1981.
Angewandte Mikrobiologie: Th. Beck, Mikrobiologie des Bodens. 1968. – V. Kaš, Mikroorganismen im Boden. 1966. – E. Jawetz, J. L. Melnick, E. A. Adelberg, Medizin. Mikrobiologie. [5]1980. – H. Kretzschmar, Techn. Mikrobiologie. 1968. – H.-J. Rehm, Einführung in die industrielle Mikrobiologie. 1971.
Methoden: W. Dawid, Experimentelle Mikrobiologie. [3]1976. – G. Drews, Mikrobiolog. Praktikum für Naturwissenschaftler. [3]1976. – H. Habs, Bakteriolog. Taschenbuch. [38]1967.
Geschichte: F. Bolle, Mensch u. Mikrobe. 1954. – P. de Kruif, Mikrobenjäger. 1980.

9.6.5 LANDWIRTSCHAFT
Lexika: ABC der Landwirtschaft. 2 Bde. 1957. – Neues Lexikon des Landwirtes. 1960. – Pareys Landwirtschaftslexikon. 2 Bde. [7]1956/57.
Handbücher: Die Landwirtschaft. 5 Bde. 1972–1976. – Handbuch der Bodenlehre. 10 Bde. 1929–1932. – Handbuch der Landwirtschaft. 5 Bde. 1952–1954. – Landwirtschaftliches Lehrbuch. 4 Bde. 1969–1977. – Schlipfs Praktisches Handbuch der Landwirtschaft. [34]1969. – Wörterbuch der Agrarpolitik. [2]1961.

9.6.6 ACKERBAU. B. Andreae, Wirtschaftslehre des Ackerbaues. [2]1968. – W. Baumeister, Mineralstoffe u. Pflanzenwachstum. [2]1954. – W. Bergmann, Auftreten, Erkennen u. Verhüten von Nährstoffmangel bei Kulturpflanzen. 1960. – H. Busch, Bodenfruchtbarkeit. 1968. – K. Dieckmann, Unser Acker: Zusammensetzung, Entstehung, Bearbeitung u. Düngung. [9]1966. – Ders., Unsere Nutzpflanzen einschl. Feldfutterbau, Dauergrünland u. Feldgemüsebau. [6]1968. – M. Domsch, Kranke Böden u. ihre Heilung. 1952. – P. Ehrenberg, Die Düngung unserer Felder u. Grünflächen. 1953. – O. Fauser, Kulturtechnische Bodenverbesserung. [5]1961. – W. Feuerlein, Geräte zur Bodenbearbeitung. Grundlagen für einen rationellen Ackerbau. [2]1971. – P. Filzer, Die natürlichen Grundlagen des Pflanzenertrages in Mitteleuropa. 1951. – Friedrich, Taschenbuch der Feld- u. Gartenfrüchte. 1960. – H.-D. Greve, Düngemittel u. Düngung. 1958. – W. Hoffmann, A. Mudra, W. Plarre, Lehrbuch der Züchtung landwirtschaftlicher Kulturpflanzen. Bd. 1. 1971. – H. Janert, Lehrbuch der Bodenmelioration. 1961. – A. Kirste, Neuzeitlicher Pflanzenbau. 1950. – E. Klapp, Lehrbuch des Acker- u. Pflanzenbaues. [6]1967. – F. Klatt, Die Feldberegnung u. ihre sachgemäße Anwendung. 1955. – A. Kloke, Die Humusstoffe des Bodens als Wachstumsfaktoren. 1963. – E Klumpp, Spurenelemente in Landwirtschaft u. Gartenbau. 1950. – A. Lindemann, Richtige Düngung durch Bodenuntersuchung. 1957. – M. Lorch, Geordnete Düngerwirtschaft. – E. A. Mitscherlich, Das Gesetz vom abnehmenden Bodenertrag u. was darunter zu verstehen ist. 1952. – K. Nehring, Agrikulturchemische Untersuchungsmethoden für Dünge- u. Futtermittel, Böden u. Milch. [3]1960. – F. Nieschlag, Die Düngung in der Praxis. 1963. – H. Rid, Bodenbearbeitung u. Bodenpflege. Wien. 1958. – Th. Roemer, Lehrbuch des Ackerbaues. [5]1959. – K. Schmalfuß, Pflanzenernährung u. Bodenkunde. [10]1966. – A. Schrenk, Richtige Frühjahrsbestellung. 1949. – H. Schumann, Handbuch für den Bauern u. Siedler. 1947. – A. Voisin, Boden u. Pflanze. Wien. 1959. – Ders., Grundgesetze der Düngung. 1966.

9.6.7 VIEHZUCHT. F. Bachner, Lehrbuch der Rindviehhaltung. 1951. – M. Becker, K.

Nehring, Handbuch der Futtermittel. 3 Bde. 1965–1969. – A. Büdel, E. Herold, Biene u. Bienenzucht. [2]1976. – H. Doehner, Lehrbuch der Schafzucht. [2]1969. – J. Hammond, Landwirtschaftliche Nutztiere. 1962. – Ders., J. Johansson, F. Haring, Handbuch der Tierzüchtung. 3 Bde. 1958–1961. – O. Kellner, M. Becker, Grundzüge der Fütterungslehre. [15]1971. – W. Kirsch, H. Splittgerber, Die Fütterung der landwirtschaftl. Nutztiere. [4]1967. – P. Koch, H. Fischer, H. Schumann, Erbpathologie der landwirtschaftl. Nutztiere. 1957. – W. Lenkeit, Handbuch der Tierernährung. 2 Bde. 1969–1972. – H. Löwe, H. Meyer, Pferdezucht. 1974. – F. Pirchner, Populationsgenetik in der Tierzucht. 1964. – W. Richter, E. Werner, H. Bähr, Grundwerte der Diagnostik, Fütterung u. Haltung. 1969. – J. Schmidt, I. Kliesch, V. Goerttler, Lehrbuch der Schweinezucht. [3]1956. – J. Schmidt, C. von Patow, I. Kliesch, Züchtung, Ernährung u. Haltung der landwirtschaftl. Haustiere. [7]1956/57. – S. Scholtyssek, Geflügelzucht-Lehre. 1962. – E. Zander, Handbuch der Bienenkunde. 7 Bde. I/II: [7]1974. III: [4]1951. IV: [6]1964. V: [9]1971. VI: [6]1972. VII: [2]1967. – W. Zorn, G. Comberg, Tierzüchtungslehre. [2]1971.

9.6.8 OBST- UND GARTENBAU. A. Bärtels, Taschenbuch der Gartengehölze. 1973. – W. Berndt, Der Obsthof – Ein Leitfaden im Obstbau. 1959. – F. Boerner, Der Schnitt der Ziergehölze. [3]1967. – J. Boettner, Boettners Gartenbuch für Anfänger u. Fortgeschrittene. 1967. – F. Brumm, O. Burchards, Die Vermehrung der Laub- u. Nadelgehölze. [5]1972. – F. Encke, Pareys Blumengärtnerei. 3 Bde. [2]1958–1961. – Ders., Pflanzen für Blumenfenster u. Kleingewächshäuser. 1962. – Ders., Pflanzen für Zimmer u. Balkon. [8]1964. – G. Friedrich, Der Obstbau. [7]1977. – H. Froehlich, Bewässerung in Gemüse-, Obst- u. Zierpflanzenbau. 1960. – F. Glasau, Rosen im Garten. 1961. – P. G. de Haas, Obst aus eigenem Garten. 1967. – Ders., Die Unterlagen u. Bauformen des Kern- u. Steinobstes. 1967. – R. Hansen, P. Boeker, A. Stählin, Handbuch des Rasens. 2 Bde. 1973 ff. – R. Hay, P. M. Synge (Hrsg.), Das große Blumenbuch. [3]1976. – J. Herold, Grundlagen erfolgreicher Pflanzenkultur im Gartenbau. Wien. 1958. – F. Hilkenbaeumer, Obstbau, Grundlagen, Anbau u. Betrieb. [4]1964. – J. Hoehne, Zwölf Monate im Garten. Planen, Pflanzen, Pflege, Ernten. [15]1976. – L. Jelitto, W. Schacht, Die Freiland-Schmuckstauden. 2 Bde. 1963–1966. – F. Kobel, Lehrbuch des Obstbaues auf physiolog. Grundlage. [2]1954. – E. Lucas, Anleitung zum Obstbau. 1959. – R. Maatsch (Hrsg.), Pareys illustriertes Gartenlexikon. 2 Bde. [5]1955/56. – R. Metzner, Das Schneiden der Ostbäume u. Beerensträucher. [13]1974. – K.-H. Muecke, Der Intensivgarten. 1970. – H. Pirling, Einführung in den gärtnerischen Pflanzenbau. 1953. – H. Schmitz-Hübsch, Intensiv-Obstbau in Heckenform. [3]1973. – H. Schmid, Umpfropfen u. Veredeln von Obstgehölzen. [2]1972. – A. Seifert, Der Kompost im „Garten ohne Gift". 1963. – P. Stickler, K.-H. Jacobi, Kleingewächshäuser u. Frühbeete. 1969. – H. Sudheimer, Ikebana. 3 Bde. 1972–1976. – R. Trenkle, Obstsortenwerk. 2 Bde. 1961/62. – K.-H. Vanicek, Obstbau im Garten. 1960.

9.6.9 FORSTWIRTSCHAFT

Gesamtdarstellungen: F. Bauer, Fortschritte in der Forstwirtschaft. 1960. – R. Müller, Taschenbuch der Forstwirtschaft. 1949 ff. – Ders., Grundlagen der Forstwirtschaft in Übersicht, Zahl, Tabelle, Regel, Gesetz (30 Autoren). 1959. – K. Rubner, Neudammer Forstliches Lehrbuch. [11]1955. – K. Wappes, Wald u. Holz. 1932. – H. Weber, Handbuch der Forstwissenschaft. [4]1927.

Geschichte: K. Bertsch, Geschichte des dt. Waldes. [2]1949. – F. Firbas, Spät- u. nacheiszeitliche Waldgeschichte Mitteleuropas. 1949. – K. Rubner, F. Reinhold, Das natürl. Waldbild Europas. 1953.

Forstbau, Waldwirtschaft. V. T. Aaltonen, Boden u. Wald. 1948. – G. Amann, Bäume u. Sträucher des Waldes. [10]1969. – Ders., Bodenpflanzen des Waldes. 1970. – F. Bauer, Die Roteiche. 1952. – B. Borggreve, Holzzucht. [2]1891. – D. Brüning, Forstdüngung, 1959. – K. Dannecker, Aus der hohen Schule des Weißtannenwaldes. 1955. – A. Dengler, E. Röhrig u. A. Bonnemann, Waldbau auf ökologischer Grundlage. 2 Bde. [5]1978. – F. Hartmann, Forstökologie. Wien. 1952. – K. Hasel, Waldwirtschaft u. Umwelt. 1971. – X. Hengst, Praktische Kultur- u. Jungwuchspflege. 1954. – H. Hesmer, Das Pappelbuch. 1951. – J. Köstler, Waldbau. [4]1977. – G. Krüßmann, Die Baumschule. [3]1964. – H. Krutsch, Waldaufbau. 1954. – W. Langner, Einführung in die Forstpflanzenzüchtung. 1958. – H. Mayer-Wegelin, Das Aufästen der Waldbäume. [3]1952. – H. Messer, Die Waldsamenernte. 1958. – G. Mitscherlich, Der Tannen-Fichten-(Buchen-)Plenterwald. 1952. – J. Oelkers, Waldbau. 1932. – E. Pein, Forstsamengewinnung u. Forstpflanzenanzucht in den USA u. in Deutschland. 1953. – E. Rohmeder, Kahlflächenaufforstung. 1947. – Ders., H. Schönborn, Genetik u. Züchtung der Waldbäume. 1959. – K. Rubner, Die pflanzengeographischen Grundlagen des Waldbaues. [4]1953. – A. Rühl, Flora u. Waldvegetation der deutschen Naturräume. 1958. – H. Rupf u. a., Der Forstpflanzgarten. [2]1961. – A. Scamoni, Waldgesellschaften und Waldstandorte. 1954. – W. Schädelin, Die Auslesedurchforstung als Erziehungsbetrieb höchster Wertleistung. Zürich. 1942. – C. A. Schenck, Fremdländische Wald- u. Parkbäume. 1939. – R. Schober, Die Lärche. 1929. – Ders., Die japanische Lärche. 1953. – C. Wagner, Die Grundlagen der räumlichen Ordnung im Walde. 1923. – E. Wiedemann, Die Rotbuche. 1931. – Ders., Die Fichte. 1936. – Ders., Die Kiefer. 1948. – Ders., Ertragskundliche und waldbauliche Grundlagen der Forstwirtschaft. 1935.

Forstbetrieb und Forstbenutzung. C. Blankenstein, Holztechnisches Taschenbuch. 1956. – S. Gayer, Die Holzarten u. ihre Verwendung in der Technik. [7]1954. – K. Gayer, W. Fabricius, Die Forstbenutzung. [14]1949. – H. Gläser, Die Ernte des Holzes. [3]1959. – H. Knuchel, Das Holz, Wachstum u. Bau, Veredelung u. Verwendung. Holzartenlexikon. Aarau, Frankfurt. 1954. – F. Kollmann, Technologie des Holzes u. der Holzwerkstoffe. [2]1951. – E. König, Sortierung u. Pflege des Holzes. Ein praktischer Ratgeber über Sortenbildung, Gütebestimmung, Messung, Inhaltsermittlung, Werterhaltung, Stapelung u. Freilufttrocknung von Roh- u. Schnittholz. 1956. – W. Mantel, Waldbewertung. [5]1968. – W. Sandermann, Grundlagen der Chemie u. chemischen Technologie des Holzes. 1956. – R. Trendelenburg, H. Mayer-Wegelin, Das Holz als Rohstoff. [2]1955. – J. Weck, C. Wiebecke, Weltforstwirtschaft u. Deutschlands Forst- u. Holzwirtschaft. 1961.

Forsteinrichtung. W. Mantel, Forsteinrichtung. [2]1959. – M. Prodan, Messung der Waldbestände. – Ders., Forstliche Biometrie. 1961. – J. Weck, Forstliche Zuwachs- u. Ertragskunde. [2]1955. – E. Wiedemann, Ertragstafeln wichtiger Holzarten (Hrsg. R. Schober). 1957.

Forstschutz. G. Amann, Kerfe des Waldes. [6]1970. – H. Butin, H. Zycha, Forstpathologie. 1973. – K. Escherich, Die Forstinsekten Mitteleuropas. Bd. 1–5. 1914–1942. – W. Schwenke, Die Forstschädlinge Europas. Bd. 1. 1972. – F. Schwerdtfeger, Die Waldkrankheiten. [3]1970.

9.7.0 JAGD UND JÄGERSPRACHE. H. Brüll, Waidwerk der Gegenwart. 1972. – D. Dietrich, H. Bieblriether, Jagd in Deutschland. 1971. – W. Frevert, Das jagdliche Brauchtum. [10]1969. – Ders., Wörterbuch der Jägerei. [4]1975. – H. Fürlinger, Jagd in Österreich. 1964. – Hegendorf, H. Eiserhardt, Der Gebrauchshund. [14]1978. – K. Lindner, Geschichte des dt. Waidwerkes. 1937. – G. Mitzschke, K. Schäfer, Kommentar zum Bundesjagdgesetz. [3]1971. – D. Müller-Using, Dietzels Niederjagd. [21]1974. – F. von Raesfeld, Die Hege in der freien Wildbahn. [4]1975. – Ders., Das deutsche Waidwerk. [12]1970. – S. Schumacher von Marienfried, Jagd u. Biologie. 1956. – H. Schulze, Der waidgerechte Jäger. [20]1974. – H. Wagner, Jägerbrauch. 1959.

9.7.1 → 1.1.4 Sportfischerei.

9.7.2 MEERESBIOLOGIE, MEERESTECHNIK UND TIEFSEEFORSCHUNG. H. J. Brosin (Hrsg.), Das Meer. 1970. – Das große Reader's Digest Buch der Ozeane. 1975. – G. E. R. Deacon, Meere. 1963. – G. Dietrich, J. Ulrich, Atlas zur Ozeanographie. 1968. – L. Engel, Das Meer. Amsterdam. 1969. – H. Friedrich, Meeresbiologie. 1965. – F. Gessner, Meer u. Strand. [2]1957. – K. Günther, K. Deckert, Wunderwelt der Tiefsee. 1950. – A. Hardy, The Open Sea. Its Natural History. 2 Bde. London, Glasgow. 1956 bis 1959. – O. Kinne (Hrsg.), Marine Ecology. Chichester. 1970 ff. – A. E. Kriss, Meeresmikrobiologie. Tiefseeforschungen. 1961. – N. B. Marshall, Tiefseebiologie. 1957. – E. Neresheimer, Gaben des Meeres. 1931. – H. Petterson, Rätsel der Tiefsee. Bern. 1948. – J. J. Piccard, 11000 Meter unter dem Meeresspiegel. 1977. – A. Portmann, Meerestiere u. ihre Geheimnise. 1958. – F. S. Russell, M. Yonge (Hrsg.), Advances in Marine Biology. London, New York. 1963 ff. – C. Schlieper (Hrsg.), Methoden der meeresbiolog. Forschung. 1968. – H. Victor, Meerestechnologie. 1973.

9.8.0 HEILKUNDE (MEDIZIN, ALLGEMEINES)

Gesamtdarstellungen: F. L. Boschke, Die Herkunft des Lebens. 1970. – M. Boss, Grundriß der Medizin. [2]1975. – R. Braun (Hrsg.), Lehrbuch der modernen Therapie. [3]1969. – F. Curtius, Von medizin. Denken u. Handeln. 1968. – G. Leach, Medizin ohne Gewissen? Dt. 1970. – P. Lüth, Realität der Medizin. 1967. – Merck, Sharp u. Dohme (Hrsg.), MSD-Manual für Diagnostik u. Therapie. [2]1975. – M. Pappworth, Menschen als Versuchskaninchen. Experiment u. Gewissen. Dt. 1968. – A. Rosenfeld, Die zweite Schöpfung. Neue Aspekte des Lebens. 1970. – J. Schlemmer (Hrsg.), Was ist der Tod? 1969. – H. U. Schreiber, Ist die Medizin morgen anders? 1967. – A. Smith, Unser Körper. Dt. 1969. – E. Sturm, Einführung in die Allgemeinmedizin. 2 Bde. 1969 ff. – G. R. Taylor, Die biolog. Zeitbombe. Dt. [5]1975. – H. Thielicke, Wer darf leben? Ethische Probleme der modernen Medizin. 1968.

Nachschlagewerke: K.-H. Ahlheim, Wie sagt der Arzt? Kleines Synonymwörterbuch der Medizin. 1970. – Das Große Illustrierte Gesundheitslexikon. [19]1973. – Dt. Krankenhaus Adreßbuch. [17]1979. – Dudenwörterbuch medizin. Fachausdrücke. [2]1973. – A. M. Fishbein, Das große medizin. Hauslexikon. 1969. – L. Heilmeyer, Rezepttaschenbuch. [13]1972. – Knaurs Gesundheits-Lexikon. [21]1970. – B. Leiber, Th. Olbert, Die klinischen Eponyme. 1968. – B. Leiber, G. Olbrich, Die klinischen Syndrome. 2 Bde. [5]1972/73. – Lexikon der aktuellen Diagnostik. 2 Bde. Losebl. 1964. – Lexikon der aktuellen Therapie. 2 Bde. Losebl. 1963. – H. Lichtenstern, Wörterbuch der Medizin. 1969. – Medizin. Fakultäten, Institutionen, Personen. 1969. – Medizinisches Lexikon. 1970. – H. Mommsen (Hrsg.), Der Gesundheits-Brockhaus. [2]1969. – W. Pschyrembel, Klinisches Wörterbuch. [252]1975. – Real-Lexikon der Medizin u. ihrer Grenzgebiete. 5 Bde. 1977. – D. Tutsch, Taschenlexikon der Medizin. [2]1975. – Ullstein-Lexikon der Medizin. 1970. – Was gibt es Neues in der Medizin? (Zeitschriftenreferate, jährl.). 1950 ff.

Handbücher: H. Braun (Hrsg.), Jahrbuch der gesamten Therapie. 1969. – R. Cobet, K. Gutzeit, H. E. Bock, W. F. Hartmann (Hrsg.), Klinik der Gegenwart. Handbuch der praktischen Medizin. Bd. 1 bis 11 u. 1 Registerbd. Loseblattausgabe. – Diagnose u. Therapie in der Praxis. Dt. [4]1976. – J. Gabka, Die Injektion. [2]1977. – W. Hadorn, W. Löffler, R. Schoen, E. Uehlinger, J. Waldenström (Hrsg.), Vom Symptom zur Diagnose. Lehrbuch der medizin. Symptomatologie. [6]1969. – H. Th. Hansen, Prakt. ärztl. Untersuchungs- u. Behandlungstechnik. [3]1977. – H. Kleinsorge, K. Rösner (Hrsg.), Taschenbuch der diagnost. u. therapeut. Technik. 1969. – P. Martini, G. Oberhoffer, E. Welte, Methodenlehre der therapeut.-klin. Forschung. [4]1968. – R. Richterich, H. Ehrengruber, R. Tschanz (Hrsg.), Handbuch der internationalen Klassifikation der Krankheiten. Dt. 1968.

Biomedizinische Technik, Dokumentation, Statistik: W. Beier, Medizin u. Physik, Datenverarbeitung, Diagnose, Therapie. 1969. – L. Cavalli-Sforza, Biometrie. Grundzüge biolog.-medizin. Statistik. Dt. [4]1974. – H. Drieschel, N. Tiedt (Hrsg.), Biokybernetik. 2 Bde. 1968. – K. Fellinger (Hrsg.), Computer in der Medizin. 1968. – V. E. Fritze, G. Wagner (Hrsg.), Dokumentation des Krankheitsverlaufs. 1969. – M. W. Gall, Computer verändern die Medizin. [2]1970. – G. Klasmeier, Biomedizinische Technik. 1969. – S. Koller, G. Wagner (Hrsg.), Handbuch der medizin. Dokumentation. 1971. – R. Millner, R. Richwien, Grundlagen der medizin. Elektronik. 1969. – J. Reissner, Einführung in die medizin. Dokumentation. 1967. – E. Weber, Grundriß der biolog. Statistik. [7]1972.

Adaptationssyndrom. H. Selye, Einführung in die Lehre vom Adaptationssyndrom. Dt. 1953. – Ders., Stress beherrscht unser Leben. Dt. [2]1957.

Arzt, Arztpraxis. P Brandlmeier, G. Krüsi (Hrsg.), Der prakt. Arzt heute. 1968. – R. N. Braun, Lehrbuch der ärztl. Allgemeinpraxis. 1970. – K. Deichgräber, Der hippokratische Eid. [2]1969. – H. Dennig (Hrsg.), Ärzte sprechen zu Dir. [2]1967. – F. Geiger, Die Führung einer Allgemeinpraxis. 1969. – M. Kohlhaas, Medizin u. Recht. 1969. – E. Kummerow (Hrsg.), Arzt-Recht. Gesetze für Ärze u. Heilberufe. 1967. – P. Lüth, Niederlassung u. Praxis. 1969. – N. Schmükker, Arzt in der Praxis. 1967. – H. Schulten, Der Arzt. [3]1966. – E. Strauß, H. Wichmann, Recht u. Gesetz. Fibel für Ärzte, Krankenschwestern u. alle anderen Heil- u. Heilhilfsberufe. [13]1969.

Außenseiterverfahren. F. Biedermann, Grundsätzl. zur Chiropraktik vom ärztl. Standpunkt aus. [5]1976. – J. Bischko, Einführung in die Akupunktur. [9]1977. – J. Deck, Grundlagen der Irisdiagnostik. 1967. – P. Dosch, Lehrbuch der Neuraltherapie nach Huneke. [7]1977. – J. Köhn, Homöopathie hilft heilen. 1963. – H. Lampert, Umstrittene Heilverfahren. 1953. – O. Leeser, Lehrbuch der Homöopathie. 4 Bde. [2-3]1963 ff. – P. Niehans, Einführung in die Zellulartherapie. [2]1959. – O. Prokop (Hrsg.), Medizinischer Okkultismus. Paramedizin. [4]1977. – O. u. L. Prokop, Homöopathie u. Wissenschaft. Eine Kritik des Systems. 1957. – H. Sieweke, Anthroposophische Medizin. 1959–1967. – K. Stauffer, Homöopathie. [5]1965. – R. Strohal, Leitfaden der Chiropraktik. 1963. – W. H. C. Tenhaeff, Außergewöhnl. Heilkräfte. Magnetiseure, Sensitive Gesundbeter. 1957. – G. A. Tienes, Der Baunscheidtismus. [7]1975. – A. Waerland, Die Wirbelsäule, Säule der Gesundheit (Chiropraktik). [5]1975.

Gesundheit. O. Bianco, Gesundheitsbuch für die Familie. [11]1963. – G. Clauser u. a. (Hrsg.), Herders Gesundheitsbuch. [7]1971. – L. Ehrenfried, Körperl. Erziehung zu seel. Gleichgewicht. [3]1967. – H. J. Eysenck, Rauchen, Gesundheit u. Persönlichkeit. 1968. – M. Franke, Die medizin. Probleme des Gesundheitsbegriffs. 1970. – H. Glatzel, Der gesunde u. der kranke Mensch. 1970. – M. Henke, Urlaub – aber wie? [2]1965. – F. Hoff (Hrsg.), Moderne Medizin u. gesunde Lebensführung. 1967. – E. Keller, Der Wille zur Gesundheit. 1969. – K. M. Kirch, Das Arztbuch für jedermann. 1968. – G. Kugler, Ärztl. Rat für Urlaub und Reise. 1970. – W. Meyer (Hrsg.), Der neue Weg zur Gesundheit. [33]1969. – H. Salfield, Gesundheit u. Umwelt. Dt. 1966. – G. Venzmer (Hrsg.), Das neue große Gesundheitsbuch. 1974. – F. Wechselberger, Gesund rund um die Welt. 1970. – K. Zink, J. Kunsemüller (Hrsg.), Meyers erklärte Medizin: Der Mensch. 1968.

Homöopathie → Außenseiterverfahren.

Krankheit. H. Hellner, Arzt, Kranker, Krankheit. 1970. – J. Kunsemüller (Hrsg.), Meyers erklärte Medizin: Die Krankheiten. 1970. – R. Pirtkien, Krankheiten des modernen Menschen. 1969.

Krankenpflege. E. R. Birke, Prakt. Hauskrankenpflege. [4]1970. – C. Dietrich, Lehrbuch für Krankenpflegeschulen. 3 Bde. 1: [6]1966. 2: [4]1966. 3: [3]1969. – H. J. Hofmann, Krankenpflege. 1965.

Krankenschwester → Medizinalhilfsberufe.

Medizinalhilfsberufe. H. Aengenendt, G. Borchert, Compendium-ABC für die Arzthelferin. [8]1972. – F. Beske (Hrsg.), Lehrbuch für Krankenschwestern u. -pfleger. 2 Bde. [3]1974. – D. Brück, Die Arzthelferin. [18]1977. – O. Helfer, B. Kaboth, Kleine Gesetzeskunde für Medizinalhilfspersonen. [14]1974. – H. Kutschera von Aichbergen, Krankheitslehre für Schwestern. [10]1974. – H. Nagel, Chemie für Krankenpflegeberufe. [3]1976. – W. Sachs, Der Arzt u. sein Hilfspersonal. 1969. – P. Swertz, Grundbegriffe der Soziologie für Krankenpflegekräfte. [4]1977. – H. von Watter, F. Niehaus, G. Vogt, Praxisfibel. Leitfaden für die Arzthelferin. [10]1972. – K. Wenzel (Hrsg.), Medizin. Fachausdrücke für Arzthelferinnen. [4]1970.

Militärsanitätswesen, Luft- u. Raumfahrt-, Verkehrsmedizin. F. Bein, Handbuch der Soldatenverpflegung. [3]1970. – K. Brandtlow, Medizin an Bord. Ärztl. Ratgeber für den Notfall. Dt. 1970. – H. Glaser, Auto, Flugzeug u. Medizin. 1967. – B. Gramber-Danielsen, Sehen u. Verkehr. 1967. – E. H. Graul, Weltraummedizin. 1970. – Th. Hettinger, W. Müller-Limmroth, Gesund u. fit am Steuer. 1970. – S. Ruff (Ruff-Strughold), Grundriß der Luftfahrtmedizin. [3]1957. – H. J. Schultze-Bornheim, Alkoholfibel für den Kraftfahrer. 1968. – K. u. H.-J. Wagner (Hrsg.), Handbuch der Verkehrsmedizin. 1968.

Neuraltherapie → Außenseiterverfahren.

Zellulartherapie → Außenseiterverfahren.

Zivilisationskrankheiten. F. Lommel, im Schatten der Zivilisation. Die Zivilisationskrankheiten. 1969.

9.8.1 GESCHICHTEN DER MEDIZIN

Allgemeine Darstellungen: E. H. Akerknecht, Das Reich des Asklepios. [2]1966. – Ders., Geschichte der Medizin. [3]1977. – W. Artelt, Bilderatlas zur Geschichte der Medizin. 1965. – P. Diepgen, Geschichte der Medizin. 3 Bde. 1: 1949. 2: [2]1959. 3: [2]1965. – Ders u. H. Goerke, Kurze Übersichtstabelle zur Geschichte der Medizin. [7]1960. – P. Hühnerfeld, Kleine Geschichte der Medizin. 1963. – B. Inglis, Geschichte der Medizin. Dt. 1966. – W. Leibbrand, A. Leibbrand-Wettley, Kompendium der Medizingeschichte. [2]1967. – Th. Meyer-Steineg, K. Sudhoff (Hrsg. R. Herrlinger u. F. Kudlien), Illustrierte Geschichte der Medizin. [5]1965. – K. Pollak, Die Jünger des Hippokrates. [2]1965. – J. Starobinski, Geschichte der Medizin. Lausanne. 1963. – G. Venzmer, 5000 Jahre Medizin. 1968.

Geschichte einzelner Fachgebiete, Einzelthemen: E. H. Ackerknecht, Kurze Geschichte der Psychiatrie. [2]1967. – F. Bauer, Geschichte der Krankenpflege. 1965. – A. von Bernus, Alchymie u. Heilkunst. [3]1969. – A. Brauchle, W. Groh, Geschichte der Physiotherapie. 1971. – P. L. Entralgo, Arzt u. Patient, zwischenmenschl. Beziehungen in der Geschichte der Medizin. Dt. 1969. – H. Glaser, Dramat. Medizin. Selbstversuche von Ärzten. 1970. – E. J. Gurlt, Geschichte der Chriurgie u. ihrer Ausübung. 3 Bde. 1964. – H. Haas, Spiegel der Arznei. Ursprung, Geschichte u. Idee der Heilmittelkunde. 1956. – H. Haug, Rotes Kreuz. 1966. – R. Herrlinger, Die Nobelpreisträger der Medizin. [2]1970. – Th. E. Keys, Geschichte der chirurg. Anaesthesie. Dt. 1968. – P. Lüth, Geschichte der Geriatrie. 1965. – F. D. Moore, Transplantation. Dt. 1970. – K. Pollak, Wissen u. Weisheit der alten Ärzte. 2 Bde. 1968/69. – K. E. Rothschuh, Physiologie. 1968. – H. Schadewaldt, Geschichte der Allergie. 1965. – H. Schipperges, Moderne Medizin im Spiegel der Geschichte. 1970. – Ders., Lebendige Heilkunde. 1962. – Ders., 5000 Jahre Chirurgie. 1967. – W. Schönfeld, Kurze Geschichte der Dermatologie u. Venerologie. 1954. – R. Tischer, Das Werden der Homöopathie. 1950. – B. Valentin, Geschichte der Orthopädie. 1961. – C. Wells, Diagnose – 5000 Jahre später. Dt. 1967.

Biographien: G. Baissette, Leben u. Lehre des Hippokrates. Dt. [2]1970. – R. Dumesnil, H. Schadewaldt (Hrsg.), Die berühmten Ärzte. 1966. – H. Fritsche, S. Hahnemann. [2]1954. – B. H. von Graefe, Albrecht von Graefe. 1969. – O. Helfer, B. Kaboth, Männer der Medizin. Illustr. Kurzbiographien. [4]1968. – W. Heudtlass, J. H. Dunant. 1962. – G. Hiltner, R. Virchow. 1970. – A. Ignatius, R. Koch. 1965. – F. Lembeck, W. Giere, O. Loewi. 1968. – M. Marquardt, P. Ehrlich. 1951. – E. Martini, B. Nocht. 1957. – A. Maurois, A. Flemming. Dt. 1960. – Pfeifer, Ch. Hufeland. 1968. – H. T. Rowe, Der Herzchirurg von Kapstadt (Ch. Barnard). Dt. 1969. – P. Speiser, K. Landsteiner. [2]1975. – K. Sudhoff, Paracelsus. 1936. – Ders. (Hrsg.), Klassiker der Medizin. 33 Bde. 1910–42. Nachdr. 1966. – H. Unger, Unvergängliches Erbe. Das Lebenswerk E. von Behrings. 1940. – R. Vallery-Radot, L. Pasteur. Dt. 1948. – O. Zekert, Paracelsus, Europäer im 16. Jh. 1968.

Historische Texte: J. Huber (Hrsg.), Paracelsus, Werke. 11 Bde. Basel 1589–1591, Straßburg 1605, Nachdr. 1968 ff. – E. Littré (Hrsg.), Hippocrates, Opera omnia. 10 Bde. Neudr. 1962. – W.-E. Peuckert (Hrsg.), Paracelsus-Studienausgabe. 5 Bde. 1965 ff. – K. H. Weimann, Paracelsus-Biographie 1932 bis 1960. 1962.

9.8.2 GESUNDHEITSWESEN, SOZIALMEDIZIN

Arbeitshygiene, Arbeitsmedizin, Arbeitspathologie, Arbeitsphysiologie. E.-W. Baader, Handbuch der gesamten Arbeitsmedizin. 5 Bd. 1961–1963. – H. Buckup (Hrsg.), Handlexikon der Arbeitsmedizin. [2]1966. – E. Holstein, Grundriß der Arbeitsmedizin. [5]1969. – D. Höngger, H. Schlegel, Leitfaden der Arbeitsmedizin. 1973. – R. Hoschek, W. Fritz, Taschenbuch für den medizin. Arbeitsschutz u. die werkärztl. Praxis. [4]1977. – H. Valentin u. a., Arbeitsmedizin. 1971.

Berufskrankheiten. K. Koetzing, H. Linthe, Die Berufskrankheiten. [2]1969. – R. Wagner, O. Körner, Die entschädigungspflichtigen Berufskrankheiten. 1968.

Desinfektion. H. Kliewe, Leitfaden der Entseuchung u. Entwesung. [3]1951. – L. Stutz, Leitfaden der prakt. Desinfektion u. Sterilisation. 1968.

gerichtliche Medizin. St. B. Berg, Gerichtl. Medizin. [8]1968. – G. Dietz, Gerichtl. Medizin. [4]1967. – A. Langelüddecke, Gerichtl. Psychiatrie. [4]1976. – A. Ponsold, Lehrbuch der gerichtl. Medizin. [3]1967.

Gesundheitswesen → öffentliches Gesundheitswesen.

Hygiene. H. Gärtner, H. Reploh (Hrsg.), Lehrbuch der Hygiene. [2]1969. – H. Grahneis, K. Horn (Hrsg.), Taschenbuch der Hygiene. 1968. – E. Rodenwaldt, E.-W. Baader, Lehrbuch der Hygiene. 1951.

Krankenhaus. W. Adam, Modernes Krankenhaus. [2]1973. – E. Haefliger, V. Elsasser, Krankenhausprobleme der Gegenwart. 9 Bde. 1967 ff. – L. Krutoff, Die Mayo-Klinik. [2]1967.

öffentl. Gesundheitswesen, Präventivmedizin, Sozialhygiene u. -medizin. M. Blohmke (Hrsg.), Präventivmedizin. 1971. – J. Daniels, W. Hagen, H. Lehmbüttel, F. Pürckhauer, E. Schröder, J. Stralau, C. L. Trüb (Hrsg.), Das öffentl. Gesundheitswesen. 5 Bde. 1962 ff. – E. Gerfeldt, Sozialhygiene, Sozialmedizin u. prophylakt. Medizin. 1970. – W. Hagen, Gesundheitsfürsorge. 1963. – R. König, M. Tönnesmann (Hrsg.), Probleme der Medizin-Soziologie. [4]1970. – R. Neubert, G. Schrödel, Grundriß der Sozialhygiene. [2]1964. – H. Schäfer, M. Blohmke, Sozialmedizin. 1972. – M. Schär, Leitfaden der Sozial- u. Präventivmedizin. [2]1973.

9.8.3 ANATOMIE DES MENSCHEN

Gesamtdarstellungen: J. Bücker, Anatomie u. Physiologie. [18]1974. – C. Elze, Der menschl. Körper. 1966. – A. Faller, Der Körper des Menschen. [7]1976. – F. Kahn, Knaurs Buch vom menschl. Körper. 1969. – G. Leutert, Systemat. u. funktionelle Anatomie des Menschen. 1969. – P. Lundsgaard-Hansen, Anatomie, Physiologie u. Pathophysiologie. 1970. – E. Schütz, K. E. Rotschuh, Bau u. Funktionen des menschl. Körpers. [15]1976.

Nachschlagewerke: H. Feneis, Anatom. Bildwörterbuch. [4]1974. – G. Krüger, Der anatom. Wortschatz. [10]1974. – H. Triepel, R. Herrlinger, Die anatom. Namen, ihre Ableitung u. Aussprache. [28]1972.

Lehrbücher u. Atlanten: A. Benninghoff, K. Goerttler, Lehrbuch u. Atlas der Anatomie des Menschen. 3 Bde. 1: [11]1975. 2: [11]1977. 3: [10]1977. – O. Bucher, Cytologie, Histologie u. mikroskop. Anatomie des Menschen. [8]1973. – D. W. Fawcett, Die Zelle. Dt. 1969. – A. Hafferl, Lehrbuch der topograph. Anatomie (neu bearbeitet von W. Thiel). [3]1969. – S. Kubik, Klinische Anatomie. Ein Farbphoto-Atlas der Topographie. 5 Bde. 1968 ff. – H. Leonhardt, Histologie, Zytologie u. Mikroanatomie des Menschen. [5]1977. – H. Metzner (Hrsg.), Die Zelle, Struktur u. Funktion. [2]1971. – A. Rauber, F. Kopsch, Lehrbuch u. Atlas der Anatomie des Menschen. Hrsg. W. Bargmann, D. Starck, G. Töndury. 3 Bde. [20]1967 ff. – J. W. Rohen, Topograph. Anatomie. [6]1977. – G. Töndury, Angewandte u. topograph. Anatomie. [4]1970. – Ph. Stöhr, W. von Möllendorf, K. Goerttler, Lehrbuch der Histologie u. der mikroskop. Anatomie des Menschen. [30]1969. – C. Toldt, F. Hochstetter, Anatom. Atlas. Hrsg. H. Hayek. 3 Bde. 1: [26]1975. 2: [26]1976. 3: [24]1969. – H. Voss, R. Herrlinger, Taschenbuch der Anatomie. [14–15]1975. – A. Waldeyer, Anatomie des Menschen. 2 Bde. 1: [13]1976. 2: [13]1975. – M. Watzka, Kurzlehrbuch der Histologie u. mikroskop. Anatomie des Menschen. [5]1974.

Embryologie, Entwicklungsgeschichte. E. Blechschmidt, Vom Ei zum Embryo. 1970. – M. Clara, Entwicklungsgeschichte des Menschen. [6]1968. – H. Ferner, Grundriß der Entwicklungsgeschichte des Menschen. [11]1970. – J. Langman, Medizinische Embryologie. Dt. [4]1976.

9.8.4 PHYSIOLOGIE DES MENSCHEN

Gesamtdarstellungen: W. D. Keidel, Kurzgefaßtes Lehrbuch der Physiologie. [4]1975. – H. Reichel, A. Bleichert, Leitfaden der Biologie des Menschen. [5]1970. – W. Rüdiger, Lehrbuch der Physiologie. 1969. – E. Schütz, Physiologie. [13–14]1972.

Biochemie (Physiologische Chemie). B. Butenandt u. a., Molekularbiologie als Fundament der modernen Medizin. 1967. – W. Hanke, Hormone. [3]1969. – E. Hofmann, Dynamische Biochemie. 4 Bde. [2]1970–1972. – S. M. Rapoport, Medizin. Biochemie. [5]1970. – F. W. Schmidt (Hrsg.), Prakt. Enzymologie. 1968. – L. Winkler, Lehrbuch der klin. Biochemie. 1968.

Sexualerziehung (Aufklärung), Sexualhygiene. R. u E. Brecher (Hrsg.), Sexualität: Beratung u. Forschung. 1969. – R. J. Demarest, J. S. Sciarra, Zeugung, Geburt u. Verhütung. Ein Bilderatlas. Dt. 1970. – K. Dietz, P. G. Hesse, Wörterbuch der Sexuologie u. ihrer Grenzgebiete. 1967. – A. Fromme, Der Sexual-Report. Dt. 1967. – H. Giese, Die Sexualität des Menschen. Handbuch der medizin. Sexualforschung. [2]1971. – M. Goldstein, W. McBride, Lexikon der Sexualität. Dt. [5]1976. – H. Hauke (Hrsg.), Aspekte der Geschlechtlichkeit. 1969. – H. Hunger, Das Sexualwissen der Jugend. 1970. – W. H. Masters, V. E. Johnson, Die sexuelle Reaktion. Dt. 1967. – E. O'Relly, Liebesübungen – Sexercises. Dt. 1970. – R.S. de Ropp, Die sexuelle Triebkraft. Dt. 1970. – J. H. Schultz, Geschlecht, Liebe, Ehe. [7]1967. – Sexualkunde-Atlas. 1969. – G. Valensin, Lexikon der Sexualaufklärung. 1968. – W. Wickler, Sind wir Sünder? Naturgesetze der Ehe. 1970.

Sexualpathologie. R. Bang, Sexuelle Fehlhaltungen. 1968. – H. Giese (Hrsg.), Die Homosexualität. 1968. – P. Gilette, Abartiges Sexualverhalten. Dt. 1967. – K. Imielinski, Die Sexualperversionen. Wien. 1967. – A. Schelkopf (Hrsg.), Sexualität, Formen u. Fehlentwicklung. 1968.

9.8.5 PATHOLOGIE, PATHOLOGISCHE ANATOMIE UND PHYSIOLOGIE, KREBSFORSCHUNG

Geschwulst, Krebs, Onkologie. E. Bäumler, Das maßlose Molekül. Bilanz der internationalen Krebsforschung. 1967. – W. Kaelin, Krebsfrühdiagnose. Krebsvorbeugung. [4]1966. – E. Keller, Krebs. Eine Journalistin fragt Experten. 1970. – J. Kretz, Die Wege der Krebsverhütung. 1969. – G. Neumann, Das Problem der Krebserkrankung in der Vorstellung der Bevölkerung. 1969. – J. Schlemmer (Hrsg.), Helft den Krebs verhüten. 1968. – F. Schmidt, Ist Krebs heilbar? 1969. – A. Schnitzler, Wie entsteht die Krebskrankheit? 1970. – K. Weidner, Krebs – Eine kleine Tumorenkunde. 1967.

Pathologie. A. Bienengräber, Pathohistologie. [3]1969. – H. E. Bock (Hrsg.), Pathophysiologie. 2 Bde. 1972. – F. Büchner, Allgemeine Pathologie. [6]1975. – H. David, Elektronenmikroskop, Organpathologie. 1967. – W. Doerr, G. Quadbeck, Allgemeine Pathologie. [2]1973. – Dieselben u. G. Uhle, Spezielle Patholog. Anatomie. 3 Bde. 1970. – F. Grosse-Brockhoff, Einführung in die patholog. Physiologie. [2]1969. – H. Hamperl, Lehrbuch der allgemeinen Pathologie u. der patholog. Anatomie. [29]1975. – L. Heilmeyer (Hrsg.), Lehrbuch der speziellen patholog. Physiologie. [11]1968. – G. Holle, Lehrbuch der Allgemeinen Pathologie. 1967. – L. H. Kettler (Hrsg.), Lehrbuch der speziellen patholog. Anatomie. [3]1976. – W. Sandritter, Histopathologie. [7]1977. – Ders u. C. Thomas, Makropathologie. [3]1975. – W. Siegenthaler (Hrsg.), Klinische Pathophysiologie. 1970.

9.8.6 PHARMAZIE, PHARMAKOLOGIE, TOXIKOLOGIE

Gesamtdarstellungen, Lehrbücher, Nachschlagewerke: H. Auterhoff, Lehrbuch der pharmazeut. Chemie. [8]1976. – F. Diepenbrock (Hrsg.), Gehe's Codex. [9]1960. – Ergänzungsbände 1964, 1969. – H. Dost, Grundlagen der Pharmakokinetik. [2]1968. – M. Frimmer, Pharmakologie u. Toxikologie. 1969. – H. Ippen, Index pharmacorum. [2]1974. – G. Kuschinsky, H. Lüllmann, Kurzes Lehrbuch der Pharmakologie. [7]1976. – K. Schriever (Hrsg.), Lexikon chem. Kurz-Bezeichnungen von Arzneistoffen. 1968.

Antibiotika. R Brunner, G. Machek (Hrsg.), Die Antibiotica. 3 Bde. 1962–1970. – W. Greuer, Antibiotika-Therapie. [7]1977. – J. Müller, H. Melchinger, Waffen gegen Mikroben. 1969. – A. M. Walter, L. Heilmeyer, Antibiotika-Fibel. [4]1975.

Arzneimittel. G. Banzer, Medikamentenlehre für Schwestern. [8]1971. – E. Bernoulli, T. Gordonoff, H. Lehmann, Übersicht der gebräuchl. u. neueren Arzneimittel. [13]1972. – G. Ehrhart, H. Ruschig, Arzneimittel. [2]1971. – B. Helwig, Moderne Arzneimittel. 1974. – G. Kuschinsky, Taschenbuch der modernen Arzneibehandlung. [7]1975.

Lysergsäurediäthylamid (LSD) → Psychopharmaka.

Morphinismus → Psychopharmaka.

Pharmakologie, Pharmazie. H. Hügel, Pharmazeut. Gesetzeskunde. [21]1976. – H. P. Kuemmerle, E. R. Garett, K. H. Spitzy (Hrsg.), Klin. Pharmakologie. [3]1976. – W. Scheler, Grundlagen der allg. Pharmakologie. 1968. → auch Gesamtdarstellungen.

Psychopharmaka, Sucht u. Rauschmittel. F. Arnau, Rauschgift. 1967. – W. Becker, Jugend in der Rauschgiftwelle? 1968. – F. Beran, Psychopharmaka. 1969. – J.-L. Brau, Vom Haschisch zum LSD. 1969. – F. Bschor u. a., Rauschmittel u. Süchtigkeit. 1972. – R. Degwitz, Leitfaden der Psychopharmakologie. 1967. – H. Gross, E. Kaltenbäck, Psychopharmaka. [3]1973. – K. D. Hartel, Rauschgift-Lexikon. 1971. – H. Leuenberger, Zauberdrogen. 1969. – J. Schurz, Vom Bilsenkraut zum LSD. 1969. – H. Schwarz (Hrsg.), Suchten, Gewöhnung, Mißbrauch, Sucht. 1969. – H. Wagner, Rauschgift-Drogen. [2]1970.

Toxikologie. W. Braun, A. Dönhardt, Vergiftungsregister. [2]1975. – R. Ludewig, K. Lohs, Akute Vergiftungen. [4]1974. – S. Moeschlin, Klinik u. Therapie der Vergiftungen. [5]1972. – W. Wirth, G. Hecht, C. Gloxhuber, Toxikologie-Fibel. [2]1971.

9.8.7 BALNEOLOGIE, PHYSIOTHERAPIE, NATURHEILKUNDE, HEILPFLANZEN

Arzneipflanzen → Pflanzenheilkunde.

Balneologie, Balneotherapie (Bäder-, Klima-, Kurbehandlung). W. Amelung, A. Evers (Hrsg.), Handbuch der Bäder- u. Klimaheilkunde. 1962. – W. Amelung, G. Hildebrandt (Vogt-Amelung-Hildebrandt), Einführung in die Balneologie u. medizin. Klimatologie. [3]1965. – W. Hammer, U. Mielke, Die Kur im Heilbad. 1966. – H. Reinders, Mensch u. Klima. 1969. – E. Schliephake, R. Smets, H. Lampert, A. Pfleiderer, Physikalische Therapie, Balneotherapie, Klimatherapie. 1958.

Heilkräuter → Pflanzenheilkunde.

Hydrotherapie → Naturheilkunde.

Naturheilkunde. A. Oertel, E. Bauer (Hrsg.), Naturheilkunde. [32]1975. – Ch. Fey, H. Lampert, Hydrotherapie. [3]1976. – H. Görz, Die Natur heilt. 1969. – J. H. Kaiser, Kneipp'sche Hydrotherapie. Allg. u. spez. Balneotherapie. 1968. – K. Saller (Hrsg.), Ganzheitsmedizin u. Naturheilverfahren. 1968. – H. Wallnöfer, Kneippen für Leib u. Seele. 1969.

Pflanzenheilkunde. H. Braun, Heilpflanzen-Lexikon. [2]1974. – P. Schauenburg, F. Paris, Heilpflanzen. [2]1975. – S. H. Wolf, T. Proksch, Heilkräuter für Gesunde u. Kranke. 1969.

Physikalische Therapie. D. von Arnim, Physikal. Therapie in der Praxis. 1970. – H. Gillmann, Physikal. Therapie. [4]1975. – J. Grober (Hrsg.), Klin. Lehrbuch der physikal. Therapie. [5]1970. – H. E. Helmrich, G. Quilitzsch (Hrsg.), Taschenbuch der Physiotherapie. 1968.

9.8.8 STRAHLENMEDIZIN, RÖNTGENOLOGIE

Nuklearmedizin. E. Dörner, Die Grundlagen der Nuklearmedizin. 1966. – A. Krebs, Strahlenbiologie. 1968. – F. Schäfer, Strahlenschäden des Menschen durch Kernwaffen. 1969. – K. E. Scheer (Hrsg.), Kerntechnik in der Medizin. 1968. – W. Schlungbaum, Medizin, Strahlenkunde. [5]1973. – C. Streffer, Strahlenbiochemie. 1969.

Radiologie → Strahlenbehandlung.

Röntgendiagnostik. H. Hartweg, M. Elke, Röntgenologie für die Praxis. 4 Bde. Losebl. 1968 ff. – E. A. Hoxter, Röntgenaufnahmetechik. [9]1965. – I. Meschan, Kurzlehrbuch der Röntgendiagnostik. Dt. 1969. – H. Poppe, Technik der Röntgendiagnostik. [3]1972.

Strahlenbehandlung, Strahlenschutz. J. Becker (Hrsg.), Klin. Radiologie. 1968. – D. Frost, Prakt. Strahlenschutz. [2]1968. – E. H. Graul, J. Stockhausen (Hrsg.), Strahlenschutz-Fibel. 1968. – E. Sauter, Grundlagen des Strahlenschutzes. 1971. – E. Scherer, Strahlentherapie. 1976. – F. Wachsmann, Strahlenschutz geht uns alle an. 1969.

9.8.9 ORTHOPÄDIE, REHABILITATIONSMEDIZIN

Krankengymnastik, Massage. H. E. Helmrich, Die Bindegewebsmassage. 2 Bde. [2]1970. – G. Hohmann, L. Jegel-Stumpf, Orthopädische Gymnastik. [4]1967. – G. Quilitzsch, Taschenbuch für Massage. 1967. – W. Reinhardt, Leitfaden der Massage u. der physikal. Behandlungsmethoden. 1967. – H. Teirich-Leube, Bewegungsfibel für Krankengymnastik. [2]1975. – Ders., Grundriß der Bindegewebsmassage. [7]1976. – W. Thomsen, Lehrbuch der Massage u. manuellen Gymnastik. [3]1970. – Ders., Halte Dich aufrecht! System zur Erlangung u. Bewahrung einer guten Haltung. 1970. – E. Thulcke, Lehrbuch für Massöre. [3]1967.

Orthopädie. W. Belart (Hrsg.), Die Funktionsstörungen der Wirbelsäule. Bern. 1964. – J. E. W. Brocher, Die Wirbelsäulenleiden u. ihre Differentialdiagnose. [5]1970. – G. Exner, Kleine Orthopädie. [9]1977. – G. Hohmann, M. Hackenbroch, K. Lindemann (Hrsg.), Handbuch der Orthopädie, 4 Bde. u. Registerband 1957–1962. – G. Holzgartner, Orthopädie in Grundzügen. 1969. – K. Idelberger, Lehrbuch der Orthopädie. [2]1975. – G. Kaiser, Leitfaden für die Orthopädie. [5]1976. – M. Lange, E. Hipp, Lehrbuch der Orthopädie u. Traumatologie. 3 Bde. 1960 ff. – A. Lorenz, Gerade Glieder. Eine populäre Orthopädie. 1948. – P. Pitzen, H. Rössler, Kurzgefaßtes Lehrbuch der Orthopädie. [13]1976. – H. Rettig, K. Kollmann, Wirbelsäulen-Fibel. [2]1974. – O. Russe, J. J. Gerhardt, J. Machacek, O. Popp, Atlas orthopäd. Erkrankungen. 1964. – M. Scharll, So lernt das Kind sich gut zu halten. [9]1976. – E. W. Stiefvater, Ratschläge für Hüftgelenkkranke. [4]1976.

Rehabilitation. W. Bläsig, Die Rehabilitation der Körperbehinderten. 1967. – E. Enke, B. Malzahn (Hrsg.), Klinische Rehabilitation. 1970. – S. Kubale (Hrsg.), Die Rehabilitationseinrichtungen für Kinder u. Jugendliche. 1970. – L. Levi, Vom Krankenbett zum Arbeitsplatz. 1970.

9.9.0 CHIRURGIE, ERSTE HILFE, UNFALLHEILKUNDE

Chirurgie. A. Bier, H. Braun, H. Kümmel, Chirurg. Operationslehre. Hrsg. E. Derra, P. Huber, W. Schmitt. 6 Bde. [8]1969 ff. – H. Eufinger, Kleine Chirurgie. [5]1974. – H. W. Franke (Hrsg.), Triumph der Herzchirurgie. 1968. – M. Friedl-Mayer, M. Lüscher, Lehrbuch der Chirurgie für das Pflegepersonal. [8]1976. – F. Fuchs, Die Helferin des Chirurgen. [11]1972. – C. Garrè, R. Stich, K. H. Bauer, Lehrbuch der Chirurgie. [18–19]1968. – H. Hellner, R. Nissen, K. Voßschulte (Hrsg.), Lehrbuch der Chirurgie. [6]1970. – J. Hernandez-Richter, H. Struck, Die Wundheilung. 1970. – K. H. Herzog, Poliklin. Chirurgie. 1968. – H. McLeave, Das Wunder der Herzchirurgie. Dt. 1968. – J. J. Littmann, Chirurg. Operationslehre. 1976. – G. Maurer, P. Bernett, Wetter u. Jahreszeit in der Chirurgie. [2]1966. – W. Müller-Osten, Der Beruf des Chirurgen. 1970. – M. Reifferscheid, Chirurgie. [4]1977. – W. Schmitt, Allg. Chirurgie. [8]1977. – Ders., Sept. Chirurgie. 1968. – H. J. Serfling, K. L. Schöber, W. Schmitt (Hrsg.), Spezielle Chirurgie. 1971. – R. Zenker, Entwicklung u. Probleme der Herzchirurgie. 1967.

Erste Hilfe. G. Klühs, Erste Hilfe Taschenbuch. [2]1968. – H. E. Köhnlein, S. Weller, W. Vogel, J. Nobel, Erste Hilfe. [4]1975.

Narkose. H. G. Auberger, Prakt. Lokalanästhesie. [3]1974. – F. Hesse, W. Sauerwein, Kleines Narkosebuch. [10]1967. – H. Pflüger, Kurzlehrbuch der modernen Anästhesie. [2]1966. – L. Stöcker, Narkose. [4]1976.

Organtransplantation → Transplantation.

Plastische Operation. W. Bethmann, J. Zoltán, Operationsmethoden der plast. Chirurgie. Dt. 1968.

Reanimation → Unfallheilkunde.

Transplantation. A. Heymer, D. Ricken (Hrsg.), Organtransplantation. 1969. – H. von Kreß, E. Heinitz, Ärztl. Fragen/Rechtl. Fragen der Organtransplantation. 1970. – D. Longmore, Ersatzteil-Chirurgie. Dt. 1969. – K. E. Seiffert, R. Geissendörfer (Hrsg.), Transplantation von Organen u. Geweben. 1967.

Unfallheilkunde, Verbandlehre. W. Ehalt, Unfallpraxis. [5]1972. – E. Jonasch, Unfallchirurg. Operationen. [2]1970. – W. Negowskij, Reanimation. Dt. 1969. – V. Orator, W. Köle, Chirurg. Unfallheilkunde. [20–21]1968. – J. Rehm, Unfallchirurgie. [2]1976. – V. Schlosser, Traumatologie. [2]1971. – R. Wanke, R. Maatz, H. Junge, W. Lentz, Knochenbrüche u. Verrenkungen. [2]1967.

9.9.1 INNERE MEDIZIN

Gesamtdarstellungen: G. Brüschke, F.

H. Schulz (Hrsg.), Innere Medizin. 1970. – H. Dennig (Hrsg.), Lehrbuch der inneren Medizin. 2 Bde. [8]1969. – R. Gross, D. Jahn (Hrsg.), Lehrbuch der Inneren Medizin. [5]1977. – W. Hadorn (Hrsg.), Lehrbuch der Therapie. [6]1977. – M. J. Halhuber, H. Kirchmair, Notfälle in der inneren Medizin. [8]1970. – S. Moeschlin, Therapie-Fibel der inneren Medizin. [5]1976. – C. Overzier, Systematik der inneren Medizin. [5]1975. – G. Schettler (Hrsg.), Innere Medizin. 2 Bde. [4]1976. – W. Seitz, Taschenbuch der inneren Medizin. [8]1968. – A. Sturm, Grundbegriffe der inneren Medizin. [12]1968. – M. Toohey, Innere Medizin für Krankenschwestern u. -pfleger. [4]1974. – H. J. Wolf, L. Demling, Einführung in die innere Medizin. [9]1967.

Allergie. W. Brendel, U. Hopf (Hrsg.), Autoimmunerkrankungen. 1969. – K. Hansen, M. Werner, Lehrbuch der klin. Allergie. 1967.

Altern → Geriatrie, Gerontologie.

Angiokardiologie, Arterienverkalkung → Gefäßkrankheiten.

Auskultation → Diagnose.

Blutgruppen → Hämatologie.

Diagnose. W. Bachmann, Ärztl. Diagnostik ohne klin. Hilfe. 1970. – R. Gross, Medizin. Diagnostik. 1969. – R. Hegglin, Differentialdiagnose innerer Krankheiten. [13]1975. – K. Holldak, Lehrbuch der Auskultation u. Perkussion, Inspektion u. Palpation. [8]1974. – F. Müller, O. Seifert, H. Frhr. von Kreß (Hrsg.), Taschenbuch der Medizin.-Klin. Diagnostik. [70]1975. – H. Küchmeister, H. Bartelheimer (Hrsg.), Klin. Funktionsdiagnostik. [3]1967. – J. Stockhausen (Hrsg.), Programmierte Krankheitsfrüherkennung. 1971.

Diät. R. Boller, Diät für Kranke u. Gesunde. [5]1965. – H.-J. Holtmeier, Diät bei Übergewicht u. gesunde Ernährung. [6]1975. – Ders. u. L. Heilmeyer, Rezepttaschenbuch der Diätetik. 1967. – R. Kluthe, H. Quirin, Diätbuch für Nierenkranke. [3]1974. – J. Kretz, Die krebsfeindliche Diät. Wien. 1968. – L. Mar, A. Hoff, Schmackhafte Diät für Gallen- u. Leberkranke. [6]1972. – H. Robbers, K. H. Traumann, Diätbuch für Zuckerkranke. [5]1974. – F. J. Scala, Handbuch der Diätetik. [2]1968. – R. Schlayer, J. Prüfer, Lehrbuch der Krankenernährung. 2 Bde. 1: [6]1964. 2: [6]1971. – E. P. Schütterle, Grundbegriffe der Ernährungslehre u. Krankenernährung. 1970. – A. Welsch, Krankenernährung. [3]1975.

Elektrokardiographie, Embolie → Herzkrankheiten.

Endokrinologie → Stoffwechselkrankheiten.

Ernährungsbehandlung → Diät.

Diphtherie → Infektionskrankheiten.

Gefäßkrankheiten. W. Frick (Hrsg.), Thrombose u. Embolie. 1969. – H. Haid, F. Haid-Fischer, Wegweiser für Beinkranke. [4]1976. – A. Kappert, Lehrbuch u. Atlas der Angiologie. [8]1976. – H. J. Leu, Die phlebolog. Sprechstunde. 1969. – W. Schoop, Angiologie-Fibel. [2]1967.

Gelenkrheumatismus → Rheumatismus.

Geriatrie, Gerontologie. J. Böger, Älterwerden mit Bedacht. [4]1973. – G. Brüschke, F. H. Schultz (Hrsg.), Fibel für die prakt. Geriatrie. 1968. – H. J. Curtis, Altern. Die biolog. Vorgänge. 1968. – W. Doberauer, A. Hittmair, R. Nissen, F. H. Schulz, J. Tuba (Hrsg.), Handbuch der prakt. Geriatrie. 3 Bde. 1965–69. – H. J. Holtmeier, Ernährung des alternden Menschen. [2]1970. – G. Schettler (Hrsg.), Alterskrankheiten. [2]1972. – H. Thomae, H. Lehr (Hrsg.), Altern. Probleme u. Tatsachen. 1968. – A. L. Vischer, ABC für alternde Menschen. [2]1967. – E. Weiser, Älter werden – aktiv bleiben. [2]1971.

Hämatologie. H. Begemann, H. G. Harwerth, Prakt. Hämatologie. [5]1970. – I. Dunsford, C. Ch. Bowley, ABC der Blutgruppenkunde. Dt. 1969. – U. F. Gruber, Blutersatz. 1968. – L. Heilmeyer, A. Hittmair, Handbuch der gesamten Hämatologie. 5 Bde. 1957 bis 1969. – M. Linke, Der Rhesusfaktor. 1968. – O. Prokop, Die menschl. Blut- u. Serumgruppen. [4]1976. – W. Spielmann, Transfusionskunde. [2]1972. – H. Stobbe, Hämatolog. Atlas. [3]1969.

Herz(Kreislauf-)krankheiten. K. Bloch, Fibel für Herz- u. Kreislaufkranke. 1968. – K. D. Bock, ABC für Hochdruckkranke. [2]1971. – G. Bodechtel, H. Blömer, Die Herzfehler. [2]1966. – K. Franke, Die sog. Managerkrankheit. [2]1955. – Ch. K. Friedberg, Erkrankungen des Herzens. 2 Bde. Dt. [2]1972. – E. F. Gersmeyer, E. C. Yasargil, Schock- u. Kollaps-Fibel. 1970. – R. Heinicker, EKG-Fibel, [8]1970. – W. Hort (Hrsg.), Herzinfarkt. 1969. – H. Klepzig, ABC für Herz- u. Kreislaufkranke. [3]1971. – C. Korth, J. Schmidt, Klin. Elektrokardiographie. [7]1969. – H. Malten, Lebensweise für Herzkranke. [5]1969. – F. P. N. Schenetten, EKG-Taschenbuch. 1972. – J. Schmidt, Kardiolog. Diagnostik in der Praxis. 1970. – R. Thauer, C. Albers (Hrsg.), Soziomatik der Kreislaufkrankheiten. 1966.

Impfung, Infektion, Infektionskrankheiten. M. Alexander, H. Raettig, Infektions-Fibel. 1968. – G. L. Garefoot, E. R. Sprott, Feinde unserer Ernährung. Pilze, Viren, Bakterien. Dt. 1969. – O. Gsell, W. Mohr (Hrsg.), Infektionskrankheiten. 4 Bde. 1967–1972. – H. Habs, H. Seeliger, Bakteriolog. Taschenbuch. [38]1967. – O. Günther, Einführung in die Immunbiologie. [2]1971. – E. von Haller, Gesundheitsbüchlein für die Tropen. [6]1972. – K. Hartung (Hrsg.), Praktikum der Schutzimpfungen. [2]1966. – A. Herrlich, Die Pocken. [2]1967. – B. Kemkes, Medizinische Mikrobiologie. [2]1967. – E. G. Nauck (Hrsg.), Lehrbuch der Tropenkrankheiten. [4]1975. – W. Rohde, U. Schneeweiß, F. M. G. Otto, Grundriß der Impfpraxis. [2]1968. – H. H. Studt, Spezielle Infektionslehre. [5]1976. – W. Tischler, Grundriß der Humanparasitologie. [2]1977. – E. Wiesmann, Medizinische Mikrobiologie. [3]1974.

Kardiologie → Herz(Kreislauf-)krankheiten.

Krankheitserreger → Infektionskrankheiten.

Kinderlähmung → Infektionskrankheiten.

Lungenkrankheiten. H. Bohlig (Hrsg.), Staublungenerkrankungen u. ihre Differentialdiagnose. 1964. – A. Bühlmann, P. H. Rossier, Klin. Pathophysiologie der Atmung. 1970. – H. Edel, K. Knauth, Grundzüge der Atemtherapie. [2]1972. – E. Haefliger, Halbzeit in der Tuberkulose-Bekämpfung. 1970. – H. Marx, Erkrankungen der Atmungsorgane. 1967. – J. Parow, Funktionelle Atmungstherapie. [3]1972. – K. Simon, Lungentuberkulose. 1970.

Magenerkrankungen → Verdauungskrankheiten.

Managerkrankheit → Herz(Kreislauf-)krankheiten.

Perkussion → Diagnose.

Proktologie → Verdauungskrankheiten.

Rheumatismus. W. Belart, L. de Pap, Ratgeber für Rheumakranke. 1967. – D. N. Golding, Rheumatische Erkrankungen. [2]1971. – K. Miehlke, Die Rheuma-Fibel. [2]1967. – W. Moll, Klin. Rheumatologie. [2]1972. –W. Otto, Die Rheumasprechstunde. 1970. – R. Schoen u.a. (Hrsg.), Klinik der rheumat. Krankheiten. 1970.

Schutzimpfung → Impfung.

Serologie → Hämatologie.

Stoffwechselkrankheiten. F. Bertram, H. Otto, ABC für Zuckerkranke. [14]1970. – L. Klein, Die Schilddrüse. 1969. – H. Mehnert, K. Förster, Stoffwechselkrankheiten. [2]1975. – E. Pfeiffer (Hrsg.), Handbuch des Diabetes mellitus. 2 Bde. 1968–1971. – W. Ries, Die Fettsucht. 1970. – K. Schwarz, P. C. Scriba, Endokrinologie für die Praxis. 3 Bde. 1969–1972. – J. H. Talbott, Gicht. Dt. 1967.

Tropenkrankheiten, Tropenmedizin → Infektionskrankheiten.

Tuberkulose → Lungenkrankheiten.

Verdauungskrankheiten. W. Brühl, ABC für Leberkranke. [8]1969. – L. Demling, Der kranke Magen. 1970. – E. Hafter, Prakt. Gastroenterologie. [6]1977. – L. Krutoff, W. Brühl, Leber u. Gallenleiden. 1967. – H. Rehder, Der Stuhlgang. [11]1965. – W. Roschke, Die proktolog. Sprechstunde. [4]1976. – G. Schönbach (Hrsg.), Pankreaserkrankungen. 1967. – E. Schütterle, Medizinischer Ratgeber für Magen-Darm-Kranke. 1976. – D. Theurer, Leber- u. Gallenwegserkrankungen. 1972.

Zuckerkrankheit → Stoffwechselkrankheiten.

9.9.2 HALS-, NASEN-, OHRENHEILKUNDE

Gesamtdarstellungen: C. Beck, Hals-, Nasen-, Ohrenheilkunde. 1969. – A. Eckert-Möbius, Lehrbuch der Hals-, Nasen-, Ohrenheilkunde. [3]1969. – P. Falk, Einführung in die Hals-Nasen-Ohren-Heilkunde. [3]1971. – O. Steurer, Lehrbuch der Hals-, Nasen- u. Ohrenkrankheiten. Hrsg. K. H. Vosteen, B. Schloßbauer. [16]1969. – F. Zöllner, Hals-Nasen-Ohren-Heilkunde. [3]1973.

Schwerhörigkeit, Sprachheilkunde, Sprachstörungen. J. Berendes, Einführung in die Sprachheilkunde. [9]1971. – G. Böhme, Stimm-, Sprech- u. Sprachstörungen. 1974. – G. Heese, Zur Verhütung u. Behandlung des Stotterns. [5]1976. – B. Langenbeck, E. Lehnhardt, Lehrbuch der prakt. Audiometrie. [4]1970. – R. E. Lapp, Schall u. Gehör. 1967. – A. Löwe, Hausspracherziehung für hörgeschädigte Kinder. 1970. – R. Luchsinger, G. E. Arnold, Handbuch der Stimm- u. Sprachheilkunde. [3]1970.

9.9.3 FRAUENHEILKUNDE (GYNÄKOLOGIE) UND GEBURTSHILFE

Gesamtdarstellungen: H. Andreas, Geburtshilfe u. Frauenheilkunde. [11]1967. – G. Condreau, Psychosomatik in der Frauenheilkunde. [2]1969. – A. Husslein, ABC für junge Mädchen. 1969. – O. Käser, V. Friedberg, K. G. Ober, K. Thomsen, J. Zander (Hrsg.), Gynäkologie u. Geburtshilfe. 3 Bde. 1976 ff. – D. H. Schwalm, G. Döderlein (Hrsg.), Klinik der Frauenheilkunde u. Geburtshilfe. Handbuch. Losebl. 8 Bde. u. Registerband. 1964–1977. – A. Stingl, Frauenheilkunde u. Geburtshilfe. Krankheitslehre u. Pflegetechnik. [4]1976.

Empfängnisverhütung → Geburtenkontrolle.

Frauenheilkunde. W. Bickenbach, G. K. Döring, Die Sterilität der Frau. [4]1969. – H. Bredebach, Frauenheilkunde. 1969. – G. Goecke, Kleine Gynäkologie. 1972. – G. Kern, Gynäkologie. [2]1973. – G. Silló-Seidl, Die Untersuchung u. Behandlung des kinderlosen Ehepaars. 1967. – H.-J. Staemmler, Fibel der gynäkolog. Endokrinologie. [2]1969. – P. Stoll, Gynäkolog. Vitalcytologie in der Praxis. 1969.

Geburtenkontrolle. R. Blobel, A. Flitner, R. Tölle (Hrsg.), Familie u. Geburtenregelung. 1969. – H. K. Brehm, ABC der modernen Empfängnisverhütung. [6]1975. – G. K. Döring, Empfängnisverhütung. [5]1971. – H. Gesenius, Empfängnisverhütung. [3]1970. – J. Haller, Ovulationshemmung durch Hormone. [3]1971. – E. Havemann, Die Geburtenkontrolle. Dt. 1967. – F. Husmann, Hormonale Kontrazeption. 1970. – R. Kaufmann, Die Pille. 1968. – R. Kepp, H. Koester (Hrsg.), Empfängnisregelung u. Gesellschaft. 1970. – J. T. Noonan jr., Empfängnisverhütung, ihre Beurteilung in Theologie u. Kirchenrecht. Dt. 1970. – B. Seaman, Ärzte contra Pille. Dt. 1970.

Geburtshilfe. M. Brandl (Hrsg.), Der Beginn des Lebens. 1969. – P. Bsteh, Fibel der prakt. Geburtshilfe. [2]1973. – L. Chertok, D. Langen, Psychosomatik der Geburtshilfe. 1967. – W. H. Genné, Ich werde Vater – was nun? Handbuch für den Ehemann über Schwangerschaft, Geburt u. Vaterschaft. 1968. – D. Hofmann, Die Fehlgeburt. [2]1969. – E. Horn, Die 9 Monate. 1968. – M. Liley, Moderne Mutterschaft. Dt. 1969. – K. H. Lukas, Psycholog. Geburtserleichterung. [3]1976. – G. Martius, Hebammenlehrbuch. [2]1971. – H. Merkl, Geburt ohne Angst. 1968. – C. Naacktgeboren, Biologie der Geburt. Dt. 1970. – L. Nilsson. Ein Kind entsteht. 1977. – L. Pernoud, Ich freue mich auf mein Kind. Dt. [4]1968. – W. Pschyrembel, Praktische Geburtshilfe. [14]1973. – Ders. u. J. W. Dudenhausen, Grundriß der Perinatalmedizin. 1972. – H. Schwalm, H. Lang, Schwangerschaft, Geburt, Wochenbett. 1970. – R. Sweering, E. Leisen, Die Entbindung. 1967. – M. Wesseling, Schwangerschaftsturnen. [5]1975.

9.9.4 KINDERHEILKUNDE (PÄDIATRIE)

Gesamtdarstellungen: G. Fanconi, A. Wallgren, Lehrbuch der Pädiatrie. [9]1972. – E. Grundler, G. Seige, Kinderheilkunde. [4]1969. – M. Hertl, Kinderheilkunde u. Kinderkrankenpflege für Schwestern. [4]1975. – K. Hofmeier, W. Schwidder, W. Müller, Alles über Dein Kind. [3]1969. – D. Lüders (Hrsg.), Lehrbuch für Kinderkrankenschwestern. 2 Bde. [9]1977. – H. Mal, A. Windorfer, Kurzes Lehrbuch der Kinderheilkunde. [3]1969. – D. Palitzsch, Systematik der prakt. Pädiatrie. [3]1976. – H. Wend, L. Rütten, H. Scheunemann, Wenn unser Kind krank ist. 1968.

Heilerziehung. K. Biener, Genußmittel u. Suchtgefahren im Kindesalter. 1969. – I. Florin, W. Tunner, Behandlung kindl. Verhaltensstörungen. Dt. 1970. – H. Hanselmann, Einführung in die Heilpädagogik. [9]1976. –E. Klasen, Das Syndrom der Legasthenie. 1970. – K. König, Der Mongolismus. [3]1972. – R. Kunitsch, Das geistig behinderte Kind. 1969. – J. Lutz, Kinderpsychiatrie. [4]1972. – Ch. Meves, Verhaltensstörungen bei Kindern. 1976. – F. W. Rathke, H. Knupfer, So helfe ich dem spast. gelähmten Kind. 1969. – E. Reuter, Das anfallskranke Kind in der Schule. 1969. – H. E. Strasser, G. Sievert, K. Munk, Das körperbehinderte Kind. 1970.

Kindheit. K. Biener, Sexualhygiene im Jugendalter. 1968. – H. Haug, Das überforderte Kind. [3]1977. – H. Kleinbaum, Diätetik des Kleinkindesalters. [2]1970. – Ph. Müller, Entwicklung des Kindes. 1969. – B. Wittich, Kinder richtig ernährt. 1967. – H. Zulliger, Das normale Kind in der Entwicklung. 1971.

Kinderkrankheiten. → Gesamtdarstellungen.

Säugling, Säuglingskrankheiten. W. Catel, Die Pflege des gesunden u. kranken Kindes. [9]1967. – H. S. Herzka, Die Sprache des Säuglings. 1967. – B. Leiber, H. Schliack, ABC für junge Mütter. 1969. – D. Neumann-Neurode, Säuglingsgymnastik. [29]1976. – V. von Riederer, Moderne Säuglingsernährung. [3]1969. – S. von Schönfeld, Knaurs Baby-Buch. 1969. – R. A. Spitz, Vom Säugling zum Kleinkind. [4]1974.

Spastiker → Heilerziehung.

9.9.5 ZAHNHEILKUNDE, MUND-, ZAHN-, KIEFERCHIRURGIE, KIEFERORTHOPÄDIE, ORTHODONTIE

Gesamtdarstellungen, Lehrbücher, Nachschlagewerke: Dental-Report, Dt. 1969. – A. Franzen, K. H. Brühl (Hrsg.), Neues aus der Zahnheilkunde. 1952 ff. – H. C. Greve, Vom Zahnheilhandwerk zur Zahnheilkunde. 1952. – G. Grosse, Lexikon der Zahntechnik. 2 Bde. [2]1967. – H. Harnisch, J. Gabka, H. Braun (Hrsg.), Handlexikon der zahnärztl. Praxis. 3 Bde. [3]1967. – D. Haunfelder (Hrsg.), Praxis der Zahnheilkunde. 3 Bde. Losebl. 1968 ff. – E. Heinrich, Die Zahnarzthelferin. [20]1975. – H. Heuser, Klinik der Zahn-, Mund- u. Kieferkrankheiten. [3]1970. – O. Hofer, E. Reichenbach, T. Spreter-von Kreudenstein, E. Wannemacher, Lehrbuch der klin. Zahn-, Mund- u. Kieferheilkunde. 2 Bde. [4]1968. – K. Kimmel, Rationelle Methoden in der zahnärztl. Praxis. 1970. – H. Reisinger, Zahnärztl. Berufskunde. 1965.

Kiefer-, Mund- u. Zahnchirurgie. W. Bethmann, Operationskurs für Stomatologen. [3]1969. – U. Rheinwald, Zahnärztl. Chirurgie. 1968. – W. Rosenthal, W. Hoffmann-Axthelm, A. Bienengräber, Spezielle Zahn-, Mund- u. Kieferchirurgie. [3]1963. – R. Trauner (Pichler-Trauner), Kiefer- u. Gesichtschirurgie. 3 Bde. 1973.

Kieferorthopädie, Orthodontie. F. Ascher, Praktische Kieferorthopädie. 1968. – R. Hotz, Orthodontie in der tägl. Praxis. [4]1970. – A. M. Schwarz, Lehrgang der Gebißregelung. 2 Bde. Losebl. 1: [3]1961. 2: [2]1956. mit Ergänzungslieferungen 1961 u. 1966. – H. Stockfisch, Die rationelle Kieferorthopädie. [4]1971.

Parodontose. C. H. Fischer, P. Heyden, Die Parodontopathien. [2]1963. – Kötzschke, Ebersbach, Sponholz, Leitfaden der Parodontologie. [2]1970.

Zahn. J. Münch, J. Kluczka, Die Zahnerhaltung. 1966. – B. Peyer, Die Zähne. Ihr Ursprung, ihre Geschichte u. ihre Aufgaben. 1963. – J. G. Schnitzler, Gesunde Zähne. [2]1967.

Zahnersatz. H. Böttger, K. Häupl, H. Kirsten, Zahnärztl. Prothetik. 2 Bde. 1: [3]1970. 2: [2]1965. – K. Eichner (Hrsg.), Handatlas der zahnärztl. Prothetik. 2 Bde. 1961–1967. – Ders., Zahnärztl. Werkstoffe u. ihre Verarbeitung. [3]1974. – P. Issel, Zahnärztliche Technik. [3]1973. – F. Jung, Zahnärztl. Prothetik. 1965. – J. Woodforde, Die merkwürdige Geschichte der falschen Zähne. Dt. 1968. – E. Zeeck, Leitfaden der Zahntechnik. 1962.

Zahnkaries. H. J. Schmidt, Zahnkariesprophylaxe durch Fluoride. [2]1967. – R. Söllner, Fort mit den Zahnschmerzen. Kleine Zahnheilkunde für jedermann. 1961.

9.9.6 DERMATOLOGIE, VENEROLOGIE

Allgemeine Darstellungen: H.-G. Bode, G. W. Korting (Hrsg.), Riecke: Lehrbuch der Haut- u. Geschlechtskrankheiten. [10]1970. – W. Burckhardt, Atlas u. Praktikum der Dermatologie u. Venerologie. [10]1972. – E. Keining, O. Braun-Falco, Lehrbuch der Dermatologie u. Venerologie. [2]1969. – W. Schönfeld, W. Schneider, Lehrbuch der Haut- u. Geschlechtskrankheiten. [10]1969. – G. K. Steigleder (Hrsg.), Dermatologie u. Venerologie. [2]1975.

Hautkrankheiten. G. Burg, G. Geissli, 250 Fragen an den Dermatologen. Mit Antworten u. Literaturhinweisen. 1970. – W. Krantz, Dermatolog. Bilder u. Merksätze. [9]1967. – W. Schönfeld, Körperbemalen, Brandmarken, Tätowieren. 1960. – G. Stüttgen, H. Ippen, Allergie u. Haut. 1969. – K. Winkler, Dermatologie. [2]1977.

Geschlechtskrankheiten. F. Leyh, Geschlechtskrankheiten. 1972. – R. S. Morton, Geschlechtskrankheiten. 1969.

9.9.7 AUGENHEILKUNDE. G. T. W. Cashell, I. M. Durran, Grundriß der Orthoptik. Dt. 1969. – G. Fels, Der Sehvorgang. 1. Nachdr. 1976. – K. Hruby, Kleine Augenheilkunde. [4]1972. – P. A. Jaensch, F. Hollwich (Hrsg.), Einführung in die Augenheilkunde. [6]1968. – W. Leydhecker, F. Schieck, E. Engelking, Grundriß der Augenheilkunde. [19]1976. – C. G. Mueller u.a., Licht u. Sehen. Dt. 1969. – F. Rintelen, Augenheilkunde. [2]1969. – R. Sachsenweger, Sehübungen. Ein Bilderbuch. [2]1969. – J. Trotter, Das Auge. [2]1967. – K. Velhagen (Hrsg.), Der Augenarzt. 9 Bde. 1969 ff.

9.9.8 UROLOGIE. C. E. Alken, Leitfaden der Urologie. [7]1976. – K. H. Bauer, Taschenbuch der Urologie. 1972. – K. Boshamer, Lehrbuch der Urologie. [7]1968. – R. Heintz, Nieren-Fibel. [2]1968. – E. Hienzsch, H. J. Schneider, L. Albert, Einführung in die Urologie. Leitfaden für Schwestern u. Pfleger. 1970. – G. Karcher, Kurzlehrbuch der Urologie. [2]1967. – J. Moeller, ABC für Nierenkranke. 1969. – F. Reubi, Nierenkrankheiten. [2]1970. – H. J. Reuter, ABC für Prostatakranke. [3]1971.

9.9.9 PSYCHIATRIE, NEUROLOGIE, PSYCHOTHERAPIE

Gesamtdarstellungen, Nachschlagewerke: W. Arns, K.-A. Jochheim, H. Remscheidt, Neurologie u. Psychiatrie für Krankenschwestern u. -pfleger. [3]1975. – S. M. Blinkow, J. J. Glezer, Das Zentralnervensystem in Zahlen u. Tabellen. Dt. 1968. – F. Dittmar, J. Grober (Hrsg.), Zivilisation u. Nervenkrankheiten. 1969. – P. Glees, Das menschl. Gehirn. [2]1971. – R. Lemke, H. Rennert, Neurologie u. Psychiatrie. [5]1969. – L. Moor, Dt.-frz.-engl. Wörterbuch für Psychiatrie, Kinderpsychiatrie u. Psychopathologie. [2]1969. – F. Schmied, Lehrbuch der Psychiatrie u. Neurologie für das Pflegepersonal. 2 Bde. [2]1966/67. – D. E. Wooldridge, Mechanik der Gehirnvorgänge. Dt. 1967.

Epilepsie. A. Matthes, ABC für Anfallkranke. 1968.

Geisteskrankheiten → Psychiatrie.

Hypnose. W. Dogs, Die ärztl. Hypnose. 1968.

Hysterie → Psychopathologie.
Nervenkrankheiten → Psychopathologie.
Neurochirurgie. F. Kessel, L. Guttmann, G. Maurer, Neuro-Traumatologie. 2 Bde. 1969 bis 1971. – G. Merrem, Lehrbuch der Neurochirurgie. [3]1970. – Ders., W. E. Goldhahn, Neurochirurgische Operationen. 1966.
Neurologie. D. Gross, D. Langen (Hrsg.), Schmerz u. Schmerztherapie. 1969. – P. E. Jay, E. Walker, A. Ellison, Hilf Dir selbst! Ratschläge für Hemiplegiker. Dt. 1969. – F. Laubenthal, H. Schliack, Leitfaden der Neurologie. [8]1967. – M. Mumenthaler, Neurologie. [5]1976. – G. Peters, Klin. Neuropathologie. [2]1970. – G. Schaltenbrand, Allg. Neurologie. 1969. – W. Scheid. Lehrbuch der Neurologie. [3]1968. – W. Umbach, H. Teirich-Leube, ABC für Parkinsonkranke. 1967. – J. J. Walsh, ABC für Querschnittsgelähmte. Dt. 1969.
Neurose → Psychopathologie.
Psychiatrie. J. H. von dem Berg, Grundriß der Psychiatrie. Dt. [3]1977. – E. u. M. Bleuler, Lehrbuch der Psychiatrie. [13]1975. – M. Bleuler, J. Angst (Hrsg.), Die Entstehung der Schizophrenie. 1971. – H. Dietrich, Psychiatrie in Stichworten. [2]1975. – K. Dörner, Bürger u. Irre. Zur Sozialgeschichte der Psychiatrie. 1975. – G. Hofer, Der Mensch im Wahn. 1968. – M. Jaeckel, St. Wieser, Das Bild des Geisteskranken in der Öffentlichkeit. 1970. – K. Kolle, Psychiatrie. [6]1967. – Ders., Verrückt oder normal? Entwicklung u. Praxis der Psychiatrie. 1968. – P. Kutter, Psychiatrie. 1972. – K. Leonhardt, Aufteilung der endogenen Psychosen. [4]1969. – Ch. Müller, Lexikon der Psychiatrie. 1973. – J. R. Smythies, Biolog. Psychiatrie. Dt. 1971. – Th. Spoerri, Kompendium der Psychiatrie. [8]1974. – F. G. Stockhausen (Hrsg.), Moderne Wege der Krankenhauspsychiatrie. 1968. – G. Venzmer, Arzt u. Seele. 1969. – H. Weise (Hrsg.), Fortschritte der psychiatr. Krankenpflege. 1969. – H. J. Weitbrecht, Psychiatrie. [3]1973. – H. H. Wieck, Lehrbuch der Psychiatrie. 1974.
Psychopathologie. W. Bräutigam, Reaktionen – Neurosen – Psychopathien. Grundriß der kleinen Psychopathologie. [3]1972. – J. L. Clauss, Der Neurosenspiegel. 1969. – J. Delay, P. Pichot, Medizin. Psychologie. Dt. [4]1973. – E. Kretschmer (Hrsg. W. Kretschmer), Medizin. Psychologie. [14]1975. – K. Leonhardt, Biolog. Psychologie. [5]1971. – H. H. Meyer, Seel. Störungen. Abnormes u. krankhaftes Verhalten des Menschen in der modernen Gesellschaft. 1969. – K. Schneider, Klin. Psychopathologie. [11]1976. – W. J. Schraml (Hrsg.), Klin. Psychologie. [3]1975. – E. Wiesenhütter (Hrsg.), Einführung in die Neurosenlehre. 1969.
Psychosen → Psychiatrie.
Psychotherapie. G. Clauser, Psychotherapie-Fibel. [4]1972. – J. Rattner, Gruppentherapie. [2]1975. – W. Schmidbauer, Seele als Patient. 1971. – B. Stokvis, Psychotherapie für den prakt. Arzt. [2]1969.
Schizophrenie → Psychiatrie.

10.0.0 TECHNIK (ALLGEMEINES)
Allgemeines: M. Bense, Technische Existenz. 1949. – Das Buch der Technik. [18]1973. – F. Dessauer, Streit um die Technik. [2]1958. – Ders., X. von Hornstein, Die Seele im Bannkreis der Technik. [6]1980. – F. G. Jünger, Die Perfektion der Technik. [5]1968. – W. Koch, Erfindergeist auf Abwegen. [2]1965. – P. Koeßler, Christentum u. Technik. 1959. – S. Lilley, Menschen und Maschinen. 1952. – H. J. Meyer, Die Technisierung der Welt. 1961. – J. Ortega y Gasset, Betrachtungen über die Technik. 1949. – V. D. I., Der Mensch im Kraftfeld der Technik (Vorträge). [2]1956. – Ders. (Hrsg.), Technik prägt unsere Zeit. 1956.
Biographien: L. Berger, Der alte Harkort. [5]1926. – A. Bolza, Friedrich Koenig. 1933. – E. Diesel, Diesel. Der Mensch, das Werk, das Schicksal. [2]1953. – R. von Frankenberg, Geschichte des Automobils. 1977. – L. Leprince-Ringuet, Die berühmten Erfinder, Physiker u. Ingenieure. 1963. – C. Matschoß, Große Ingenieure. [4]1954. – W. von Miller, Oskar von Miller. [2]1955. – F. Pinner, Emil Rathenau u. das elektrotechn. Zeitalter. 1918. – F. Schildberger, Bosch u. die Zündung. 1952. – H. Schimank, Otto von Guericke. 1929. – W. von Siemens, Lebenserinnerungen. [17]1966.
Nachschlagewerke, Tabellenbücher: H. Brandenberger, Funktionsgerechtes Konstruieren. 1957. – Brockhaus der Naturwissenschaft u. Technik. [7]1971. – T. Brüning, Formeln im Metallgewerbe. 1960. – Enzyklopädie Naturwissenschaft u. Technik. 1979. – Fachwissen des Ingenieurs. Bd. 1: Grundlagen des Konstruierens, Maschinenelemente. 1964. – W. Friedrich, Tabellenbuch für Metallgewerbe. [109]1975. – Grundwissen des Ingenieurs. [5]1964. – Handbuch der techn. Dokumentation u. Bibliographie. 7 Bde. [5]1964. – Hütte. Des Ingenieurs Taschenbuch. Bd. 1: Theoretische Grundlagen. [28]1955. – Bd. 2: Maschinenbau. Teil A. [28]1958, Teil B. [28]1960. – Jansen, Mackensen, Rechtschreibung der techn. u. chem. Fremdwörter. [2]1959. – Klingelnberg, Techn. Hilfsbuch. [15]1967. – Th. Krist, Technische Taschenbücher. 1976. – O. Ludwig, Techn. Tabellen. [8]1964. – Lueger, Lexikon der Technik. 17 Bde. [4]1960ff. – Meyers Handbuch über die Technik. [2]1971. – H. Netz, Formeln des technischen Grundwissens. 1976. – R. Richter, Form- u. gießgerechtes Konstruieren. [2]1970. – Techniklexikon, Hrsg. Lexikon-Institut Bertelsmann. [8]1981. – W. Roggmann, Montagehilfsbuch. 1958. – A. Wagner, K. Kirsten, Formeln u. Tabellen für das Metallgewerbe. [90]1960.
10.0.1 TECHNIKGESCHICHTE. Th. Beck, Beiträge zur Geschichte des Maschinenbaues. [2]1900. – W. Bernt, Altes Werkzeug. 1977. – B. Brentjes, S. Richter, R. Sonnemann, Geschichte der Technik in Bildern. 1978. – H. Diels, Antike Technik. [3]1924. – F. M. Feldhaus, Die Maschine im Leben der Völker. 1954. – Ders., Kulturgeschichte der Technik. 2 Bde. 1975. – Ders., Die Technik der Vorzeit, der geschichtl. Zeit u. der Naturvölker. [2]1965. – Ders., Die Technik der Antike u. des Mittelalters. 1930. – R. J. Forbes, Vom Steinbeil zum Überschall. 1954. – F. Hendrichs, Der Weg aus der Tretmühle. [2]1962. – F. Klemm, Kurze Geschichte der Technik. 1961. – Ders., Technik. 1954. – C. von Klinckowstroem, Knaurs Geschichte der Technik. 1972. – J. G. Leithäuser, Die zweite Schöpfung der Welt. 1954. – A. Nedoluha, Geschichte der Werkzeuge u. Werkzeugmaschinen. 1961. – H. Sachsse, Anthropologie der Technik. 1978. – F. Sass, Geschichte des deutschen Verbrennungsmotorenbaues von 1860 bis 1918. 1962. – F. Schnabel, Deutsche Geschichte im 19. Jh. Bd. 3 (Die moderne Technik u. die dt. Industrie). [2]1965. – J. Sprague de Camp, Die Ingenieure der Antike. [5]1968. – A. Timm, Einführung in die Technikgeschichte. 1972. – J. Zenneck, 50 Jahre Deutsches Museum. 1953.
10.0.2 TECHNISCHE VEREINE. Deutscher Verband Technisch-Wissenschaftlicher Vereine (DVT), Organisation, Aufgabe u. Tätigkeit. Geschichte. [3]1972. – 100 Jahre Verein Deutscher Ingenieure. 1956. – 75 Jahre VDEh (Verein Deutscher Eisenhüttenleute) 1860–1935. 1935. – 100 Jahre VDEh. 1960. – Th. Peters, Geschichte des Vereins Dt. Ingenieure. 1912. – Vom Werden des VDI 1856–1931. 1931.
10.0.3 NORMEN. S. Berg, Normung, Forschung, Entwicklung. 1973. – E. Broschat, Aufbau u. Anwendung der ISA-Passungen. [2]1961. – Deutscher Normenausschuß (Hrsg.), DIN-Begriffslexikon. 1961. – DIN-Meister-Taschenbuch (Maschinenbau). 1955. – DIN-Normblatt-Verzeichnis. 1972. – DIN-Taschenbücher. Bd. 1–33. – E. Felber, Toleranz- u. Passungskunde. [7]1969. – M. Klein, Einführung in die DIN-Normen. [7]1977. – C. Ries, Normung nach Normzahlen. 1962. – H. Tschochner, Toleranzen, Passung, Grenzlehre. [2]1959.
10.0.5 LANDTECHNIK. C.-H. Dencker, Landwirtschaftliche Stoff- u. Maschinenkunde. [19]1961. – Eichler, Rudolph, Grundlagen der Instandhaltung von Landmaschinen u. Traktoren. 1963. – F. Feldmann, Der Schlepper, betriebsgerecht ausgewählt. 1963. – W. Feuerlein, Geräte zur Bodenbearbeitung. [2]1971. – G. Franz, Die Geschichte der Landtechnik im 20. Jahrhundert. 1969. – W. Gommel, Landmaschinen. [4]1964. – C. Kanafojski, Halmfruchterntemaschinen. 1961. – G. Preuschen, Die Technik im landwirtschaftlichen Betrieb. [2]1958. – Rudnick, Weddig, Gose, Der Schlepper u. sein Gerät. [2]1962. – E. Schilling, Landmaschinen. 7 Bde. 1960ff. – P. Schweigmann, Die Landmaschinen u. ihre Instandhaltung. [2]1962. – W. Süßmann, Fachkunde für Landmaschinenmechanik. 1971.
10.0.6 MÜLLEREIWESEN. J. Flechsig, Fachkunde für Müller. 1955. – L. Hopf, Tabellarium für Müllerei u. Mühlenbau. 1956. – L. Wolf, Müllerei. 1957.
10.0.7 FEUERLÖSCHWESEN. W. Hamilton, Handbuch für den Feuerwehrmann. [11]1977. – Heimberg, Fuchs, Ausbildungsanleitung für den Feuerwehrdienst. [9]1963. – H. G. Prager, Florian 14: Achter Alarm. Das Buch der Feuerwehr. [9]1980.
10.1.0 BAUWESEN (ALLGEMEINES)
Allgemeines: Bautechnik. (Das Fischer-Lexikon. Bd. 30). 1962. – H. W. Bobran, Handbuch der Bauphysik. [4]1979. – H. Frommhold, Begriffe u. Begriffsbestimmungen aus dem Bauwesen. [2]1978. – F. Goossens, Wie baue u. finanziere ich mein Haus? [10]1977. – Hütte, Bauhütte, Taschenbuch der Bautechnik. [29]1970. – K. Kleber, Bauphysik. [2]1963. – Kraus, Die Baustelle. 2 Bde. 1962. – G. Mall, Bauschäden. 1963. – H. Straub, Geschichte der Bauingenieurkunst. [3]1975.
Bauberufe: Behringer u. Reck, Das Maurerbuch. [10]1966. – Bender, Hoengden, Der Stahlbau- u. Blechschlosser. 2 Tle. [3]1959, [2]1964. – E. Bürgle, Kusserow. Der Fliesen- u. Plattenleger. 3 Bde. o. J. – J. H. Fritzsche, Installationen im Bauwerk. Bd. 1. [4]1964. – W. Gehrmann, Fachkunde für Dachdecker. [4]1971. – H. Leithäuser, Werkkunde des Stukkateurs, Gipsers u. Fliesenlegers. 3 Bde. 1952–1958. – G. Peters, Ratgeber für Poliere und Schachtmeister. [8]1974. – J. Rößler, Gas- u. Wasserinstallation. 1956. – W. Schallück, Die Fachprüfung in den Bauberufen. [5]1979.
10.1.1 BAUSTOFFKUNDE, BAUMASCHINEN. D. Balkowski, Kunststoff-Baufibel. 1960. – Bramann-Landrock, Baustoffkunde. [2]1960. – W. Grün, Beton. Bd. 1: [4]1969, Bd. 2: [2]1964. – O. Hähnle, Baustoff-Lexikon. 1961. – Ch. Hildebrand, Plaste im Bauwesen. [3]1971. – H. Hoffmann, Baukunde für die Praxis. Bd. 1: [2]1950. Bd. 2: [3]1964. – H. Ilsemann, Baumaschinen-Wartung. 1955. – J. Mattheiß, K. Schneider, Baugrund u. Baustoffe. 1978. – Kluth-Pfadler, Baumaschinen-Fibel. [5]1964. – J. Nezval, Grundlagen der Fließfertigung in der Bauproduktion. 1961. – Probst, Magunia, Der Baustoff-Führer, ABC der Baustoffe. [8]1974. – H. Schäffler, Baustoffkunde. 1975. – W. Scholz, Baustoffkenntnis. [8]1972. – W. Schulze, Einführung in die Baustoffprüfung. [9]1980. – G. Staufenbiel, Baustoff, Bauzahl, Bauform, Tabellen für das Baugewerbe. [3]1973. – E. Vocke, Kleine Leichtbetonkunde für die Praxis. 1959. – O. Walch, Baumaschinen u. Baueinrichtungen. 3 Bde. 1956–1958. – R. Wendehorst, H. Spruck, Baustoffkunde. [21]1975.
10.1.2 BAUKONSTRUKTION. F. Bochmann, Statik im Bauwesen. Bd. 1: [9]1973. Bd. 2: [7]1973. Bd. 3: [4]1972. – F. Böhm, Das Arbeiten mit Gleitschalungen. [3]1958. – F. Eichler, Bauphysikal. Entwerfen. Bauregeln, Baufehler. [2]1963. – Erdmeyer-Haberäcker, Hochbautaschenbuch. [4]1963. – A. Finter, Statische Tabellensammlung. [13]1970, Erg.-Bd. 1973. – G. Franz, Konstruktionslehre. Tl. 1: [4]1980. Tl. 2: 1969. – W. Friedrich, Tabellenbuch für Bau- u. Holzgewerbe. [250]1971. – W. Furrer, Raum- u. Bauakustik, Lärmabwehr. [3]1972. – A. Haberer, Tür u. Tor. [6]1965. – J. Hahn, Durchlaufträger, Rahmen u. Platten auf elastischer Bettung. [11]1971. – G. Hempel, Bauzeichnen. [12]1976. – K. Hoffmann, Stahltreppen. [2]1977. – J. Joedicke, Schalenbau, Konstruktion u. Gestaltung. 1962. – W. Kaufmann, Statik der Tragwerke. [4]1957. – T. Koncz, Handbuch der Fertigteilbauweise. Bd. 1: [3]1973. Bd. 2: [4]1975. Bd. 3: [4]1974. – M. Mittag, Bauzahlentafeln. [4]1961. – Ders., Baukonstruktionslehre I. [15]1971. – E. Neufert, Bauentwurfslehre. [30]1980. – Ders., Bauordnungslehre. [2]1961. – A. Pflüger, Elementare Schalenstatik. [4]1967. – U. Reitmayer, Holztüren u. Holztore in handwerklicher Konstruktion. [7]1970. – A. W. Rick, Das flache Dach. [8]1979. – G. Rothfuchs, Schall- u. Wärmeschutz. [3]1964. – R. Saliger, Praktische Statik. [7]1951. – R. Sauer, Konstruktion u. Technik von Bauwerken. 1978. – Schlegel, Fertigfenster, Fertigtüren. [2]1963. – R. K. Schlott, Baugestaltungslehre. 1959. – H. Schmitt, Hochbaukonstruktion. [7]1978. – A. G. Schneck, Fenster aus Holz u. Metall. [7]1963. – W. E. Schulze, Kleine Baustatik. [8]1980. – F. Schuster, Treppen aus Stein, Holz u. Metall. [4]1964. – F. Stüssi, Entwurf u. Berechnung von Stahlbauten. 3 Bde. 1958ff. – W. Tetzlaff, Die praktischen Berechnungsverfahren für tonnen- u. trogartige Schalen. [2]1959. – H. von Voß, Tafelbauweise. 1958. – H. Wippel, Berechnung von Verbundkonstruktionen aus Stahl u. Beton. 1963. – Wolmir, Biegsame Platten u. Schalen. 1962.
10.1.3 HOCH- UND BRÜCKENBAU. R. Albrecht, Richtlinien zum Brückenbau. 2 Bde. 1975. – Arntzen, Fenster im Wohnungsbau. 1964. – Breuhaus de Groot, Landhäuser. [3]1961. – Bruckmanns, 150 Eigenheime. [13]1960. – H. Buchenau, Stahlhochbau, Tl. 1. [19]1975. Tl. 2: [14]1967. – H. Ebinghaus, Der Hochbau. [9]1958. – M. Fengler, Skelettbauten mit Fassadenelementen. 1962. – B. Fritz, Verbundträger, Berechnungsverfahren für die Brückenbaupraxis. 1961. – Gattnar-Trysna, Hölzerne Dach- u. Hallenbauten. [7]1961. – R. von Halasz, Holzbau-Taschenbuch. [6]1963. – G. Hempel, Freigespannte Holzbinder. [10]1973. – C. Kersten u. W. Tramitz, Stahlhochbau. Bd. 1: [7]1961. Bd. 2: [6]1959. – W. Koch, Brükkenbau. 4 Bde. 1969–1975. – W. Künzel, Sichtbeton im Hoch- u. Ingenieurbau. [2]1965. – K. Lehrmann, Holz im Hochbau. 1960. – Lehmann-Stolze, Ingenieurholzbau. [4]1969. – M. Mittag, Kleinsthäuser – Ferienhäuser – Bungalows. [2]1960. – Ders., Einfamilienhäuser. [6]1962. – W. Ott, Winterarbeiten im Hochbau. 2 Teile. 1960. – W. Pause u. P. Eggendorfer, Heim nach Maß. [2]1959. – H. Rüsch, Fahrbahnplatten von Straßenbrücken. [5]1960. – R. Rybicki, Faustformeln u. Faustwerte für Konstruktionen im Hochbau. 2 Tle. 1977/78. – H. Wenke, Küchenplanung. 1964. – F. L. Wright, Das natürliche Haus. 1962.
10.1.4 STAHLBETON- UND MASSIVBAU. J. Born, Massivbauwerke des städt. Tiefbaues. 1963. – H. Ebinghaus, Beton-Schalungsbau. 1962. – O. Homann, Stahlbeton. [2]1975. – A. Kleinlogel, Bewegungsfugen im Beton- u. Stahlbetonbau. [6]1958. – F. Leonhardt, Spannbeton für die Praxis. [2]1962. – G. C. Lohmeyer, Stahlbetonbau für Techniker. 2 Bde. 1974. – A. Mehmel, Vorgespannter Beton. [3]1973. – L. Mokk, Bauen mit Stahlbetonfertigteilen. 1961. – A. Pucher, Lehrbuch des Stahlbetons. [3]1961. – R. Saliger, Der Stahlbetonbau. [8]1956. – F. Stüssi, Grundlagen des Stahlbaues. [2]1971. – H. Warning, Stahlbau. [4]1962.
10.1.5 GRUND-, ERD- UND WASSERBAU. G. Dressel, Kanalbau. 1963. – F. Eckmann, Grundbau. [3]1967. – E. Fuchs, Baugrund u. Erdstoffmechanik. [6]1972. – H. Graßhoff, P. Siedek, R. Floss, Handbuch für Erd- u. Grundbau. 1979. – Graßhoff, Siedek u. Kübler, Erd- u. Grundbau. Tl. 1: 1978. Tl. 2: 1979. Tl. 3: 1969. Tl. 4: 1970. – F. Hapke, Der Ingenieur im Wasserbau. [5]1968. – Hewett, Johannesson, Schild- u. Drucklufttunnelbau. [2]1964. – A. Huber, D. Vischer, Wasserbau. 1978. – H. Kastner, Statik des Tunnel- u. Stollenbaues auf der Grundlage geomechanischer Erkenntnisse. [2]1971. – F. H. Knapp, Ausfluß, Überfall u. Durchfluß im Wasserbau. 1960. – G. Kühn, Der Bau von Staudämmen im Hochgebirge. 1961. – W. Loos, H. Grashoff, Baugrundlehre. [2]1963. – A. Mast, Pfahlgründungen. [2]1959. – H. J. Niemann, Tiefenlage u. Bauweise des Tunnels. 1961. – H. Preß, Wasserstraßen u. Häfen. 2 Tle. 1956–1962. – F. Schiel, Statik der Pfahlwerke. [2]1970. – A. Schoklitsch, Handbuch des Wasserbaues. 2 Bde. [3]1962. – W. E. Schulze, Grundbau. [15]1978. – Ders., Berechnungen im Grundbau. 1960. – F. Siemonsen, Taschenbuch Tiefbauschäden u. -fehler. 1961. – W. Stiegler, Baugrundlehre für Ingenieure. [5]1979. – O. Streck, Grund- u. Wasserbau im prakt. Beispiel. 2 Bde. [2]1956. – G. Strele, Grundriß der Wildbach- u. Lawinenverbauung. [2]1950. – A. Stucky, Druckwasserschlösser von Wasserkraftanlagen. 1962. – E. Vollmer, Lexikon für Wasserwesen, Erd- u. Grundbau. [2]1973. – H. Volquardts, Erdbau. [5]1963.
10.1.6 STRASSENBAU. Autobahnbau in Deutschland. Hrsg. Bundesminister für Verkehr. 1962. – E. Beyer, H. Thul, Hochstraßen. 1967. – H. Decker, Ratgeber für Erd- u. Straßenbau. [2]1972. – H. Gläser, Trassierung ohne Mathematik. [2]1968. – F. Hafner, Forstlicher Straßen- u. Wegebau. 1956. – M. Hahn, Anleitung für den Bau von Siedlungsstraßen u. ländl. Wegen aus Betonpflastersteinen. 1962. – Hieb u. Gerstlauer, Straßenbau. [3]1963. – Kasper, Schürba u. Lorenz, Die Klothoide als Trassierungselement. [5]1968. – A. Meyer, Betonwaren für den Straßenbau. [2]1963. – H. Möser, Wirtschaftswegebau. 1964. – E. Neumann, Der neuzeitliche Straßenbau. [4]1959. – R. Peltier, Spannbetonstraßen. 1960. – H. Sachse, Der moderne Straßendeckenbau. [2]1964. – L. Schaible, Frost- u. Tauschäden an Verkehrswegen. 1957. – E. Schneider, Moderner Straßenbau. [4]1960. – G. Streit, Handbuch des Betonstraßenbaues. 1964. – T. Temme, Gestein im Straßenbau. 1963. – R. Voß, Die Bodenverdichtung im Straßenbau. [5]1968. – B. Wehner, P. Siedek, K. H. Schulze, Handbuch des Straßenbaus. Bd. 1: 1979, Bd. 2: 1977, Bd. 3: 1977.
10.1.7 HEIZUNG, LÜFTUNG. H. Adler, Entwurf u. Berechnung von Zentralheizungsanlagen. [3]1969. – H. Bähr, Der Ölofen. [2]1960. – K. Beck, Fernwärmeversorgung als techn.-wirtschaftl. Aufgabe der Gemeinden. [2]1964. – P. Borstelmann, Handbuch der elektr. Raumheizung. [5]1975. – O. H. Brandi, Eternit-Handbuch Luft- u. Abgaskanäle. 2 Bde. 1963. – Ph. Dorhöfer, Ölgefeuerte Warmwasserbereitung. [2]1964. – Gerber, Böbel, Wärmebedarf u. Kühllast von Aufenthaltsräumen. 1972. – W. Haeder, F. Pannier, Physik der Heizungs- u. Lüftungstechnik. 1970. – K. Herfort, Technik der Heizölfeuerung. 1963. – A. Kollmar u. W. Liese, Die Strahlungsheizung. [4]1957. – H. Laurien, Taschenbuch Erdgas. [2]1970. – H. Lenz, Heizung, Klima, Lüftung. 1977. – Ch. Madaus, Einzelofenheizung. [3]1962. – Ders., Gas-, Öl- u. Elektroheizung. [3]1962. – H. Recknagel, E. Sprenger, Taschenbuch für Heizung, Lüftung u. Klimatechnik. [60]1981. – H. Sander, Warmwasserbereitungsanlagen. [2]1963. – F. Schaerer, Klimatechnik. [3]1959.
10.1.8 WASSERVERSORGUNG, ENTWÄSSERUNG. K. Beck, Automatisierung in Wasserwerken. 1961. – E. Bieske, Handbuch des Brunnenbaus. 3 Bde. o. J. – Brix, Heyd, Gerlach, Die Wasserversorgung. [6]1963. – C. Dahlhaus, H. Dahmroth, Wasserversorgung. [7]1978. – P. Danandt, Flächenentwässerung der Brücken, Straßen u. Plätze. 1978. – Fair, Geyer, Wasserversorgung u. Abwasserbeseitigung. 1962. – H. W. Flemming, Die unterirdische Wasserspeicherung. 1962. – Gandenberger, Über die wirtschaftl. u. betriebssichere Gestaltung von Fernwasserleitungen. 1957. – K. Höll, Untersuchung, Beurteilung, Aufbereitung von Wasser. [6]1979. – K. Imhoff, Taschenbuch der Stadtentwässerung. [25]1979. – E. Koschare, Kleinkläranlagen. [5]1966. – W. Laber, Wasser-Rohrnetze in der Haustechnik. [2]1963. – R. Pönninger, Abwasserbeseitigung in kleinen Verhältnissen. [2]1964.

– H. Richter, Rohrhydraulik. Ein Handbuch zur prakt. Strömungsberechnung. [5]1971. – H. Schneider, Vertikalbrunnen – Horizontalbrunnen. 1961. – F. Sierp, Die gewerbl. u. industriellen Abwässer. [3]1967. – G. Stracke. Meß- u. Regeltechnik im Kläru. Wasserwerksbetrieb. 1964. – R. Weiner, Die Abwässer in der Metallindustrie. [4]1972.

10.2.0 BERGBAU (ALLGEMEINES). F. Friedensburg, Die Bergwirtschaft der Erde. [7]1976. – Steinkohlenbergbauverein (Hrsg.), Jahrbuch des Deutschen Bergbaues. 1908 ff. – Unternehmensverband Ruhrbergbau (Hrsg.), Die Kohlenwirtschaft der Welt in Zahlen. 1961. – Westfäl. Berggewerkschaftskasse (Hrsg.), Das kleine Bergbaulexikon. 1979. – Wirtschaftsvereinigung Bergbau e. V. (Hrsg.), Das Bergbau-Handbuch. 1976.

10.2.1 BERGBAUTECHNIK, BERGVERMESSUNGSWESEN. H. Cambefort, Bohrtechnik. 1964. – F. Daube, Stetigförderer unter Tage. 1963. – R. D. Faniev, Abbau von Erdöl- u. Erdgaslagerstätten. 1963. – C. H. Fritzsche, Lehrbuch der Bergbaukunde. 2 Bde. 1961/62. – Härtig u. Ciesielski, Berechnungsgrundlagen für den Braunkohlentagebau. 1967. – G. W. Heinemann, Der Bergschaden. 1961. – C. Hoffmann, Lehrbuch der Bergwerksmaschinen. [6]1974. – L. Kapácek, Hydraulische Antriebe an Bergbaumaschinen. 1964. – E. Kirst, Braunkohlentagebau. 12 Teile. 1951–1953. – G. Lathan, Bohr- u. Schießarbeiten im Bergbau. 2 Bde. 1960–1962. – Lueger, Lexikon der Technik. Bd. 4 (Bergbau). 1962. – J. Maerks, W. Ostermann, Bergbaumechanik. [7]1968. – W. Matthiaß, Bergmännische Grundbegriffe. 1953. – F. Mohr, Gebirgsmechanik. 1963. – F. Möller (Hrsg.), Fachkunde für den Braunkohlenbergbau. 2 Teile. 1949. – K. Neubert, Markscheidewesen. Bd. 2. 1964. – Neumann, Handbuch für die Steinbrüche, Sand- u. Kiesgruben. 1958. – Niemczyk, Haibach, Bergmännisches Vermessungswesen. 5 Bde. 1951 ff. – K. Nonnenmacher, Tiefbohrtechnik. Bd. 1. 1948. – H.-H. Paetzold, Geologie für den Bergmann. 1963. – R. Peele, Mining, Engineers' Handbook. 2 Bde. New York. 1959. – H. Pfeiffer, Fachkunde für den Schieferbergbau. 1955. – G. Prikel, Tiefbohrtechnik. 1959. – K. Repetzki, Fernwirktechnik im Steinkohlenbergbau. 1962. – G. Schulte, W. Löhr, Markscheidekunde für Bergschulen. [4]1969. – B. Sondersorg, Fördermittel im Untertagebetrieb. 1956. – A. O. Spiwakowski, Grubenförderung. 1961. – F. Spruth, Strebeausbau in Stahl u. Leichtmetall. 1963. – Stoces, Jung, Staub- u. Silikosebekämpfung im Bergbau. 1962. – Taschenbuch für den Bergmann. 4 Bde. 1961–1964. – Tipgorew-Jarzew, Handbuch für den Erzbergbau. 5 Bde. 1954.

10.2.2 AUFBEREITUNG, BRIKETTIERUNG. J. H. von Alberti, Schwelfibel. 1956. – K. Kegel, Brikettierung der Braunkohle. 1948. – G. Kirchberg, Aufbereitung bergbaulicher Rohstoffe. Bd. 1. 1953. – C. Mittag, Die Hartzerkleinerung. 1953. – G. Quittkat, Erzaufbereitung. 1961. – H. Schubert, Aufbereitung fester mineralischer Rohstoffe. Bd. 1: [2]1968. Bd. 3: 1972. – K. Würz, Chemikalien für die Aufbereitung von Mineralien u. sonstigen Stoffen. 1962.

10.2.3 KOHLE-, ERDÖL- UND ERDGASVORKOMMEN. G. B. Fettweis, Weltkohlenvorräte. 1976. – Gumz, Regul, Die Kohle. 1954. – W. E. Petrascheck, Kohle, Naturgeschichte eines Rohstoffs. 1956. – A. N. Snarskij, Die geologische Betreuung beim Bohren auf Erdöl u. Erdgas. 1963. – Ders., Die geolog. Grundlagen des Abbaus von Erdöl- u. Erdgaslagerstätten. 1964. – Weltatlas Erdöl und Erdgas. 1976.

10.2.4 ERZE, SALZE. H. Braun, Zur Entstehung der marin-sedimentären Eisenerze. 1963. – H. Borchert, Ozeane Salzlagerstätten. 1959. – J. Dybek, Zur Geochemie u. Lagerstättenkunde des Urans. 1962. – J. E. Hiller, Die mineralischen Rohstoffe. 1962. – L. Hüttenlocher, Mineral- u. Erzlagerstättenkunde. 2 Teile. 1954. – S. Jankovic, Wirtschaftsgeologie der Erze. 1967. – W. Kühnel, Kalifachkunde. 1953. – H. von Philipsborn, Erzkunde. 1964. – H. Schneiderhöhn, Erzlagerstätten der Erde. Bd. 1: 1958. Bd. 2: 1961. – Ders., Kleines Kompendium Lagerstättenkunde. 1964. – R. Schönenberg, Geographie der Lagerstätten. 1979. – F. Stammberger, Theoretische Grundlagen der Bemusterung von Lagerstätten fester mineralischer Rohstoffe. 1965. – G. Zeschke, Prospektion u. feldmäßige Beurteilung von Lagerstätten im Gelände. 1964.

10.3.0 DRUCK UND PAPIER (ALLGEMEINES)
Gesamtdarstellungen: G. Barthel, U. C. A. Krebs, Das Druckwerk. 1963. – K. Falkenstein, Geschichte der Buchdruckerkunst. 1840. – F. Genzmer, Umgang mit der Schwarzen Kunst. [4]1978. – M. Lilien, Die Geschichte des Tiefdrucks. Bd. 1: 1959. Bd. 2: 1963. – H. Presser, Buch und Druck. 1974. – W. Weber, Geschichte der Lithographie. Bd. 1: 1961. Bd. 2: 1964. – A. Woods, Modern Newspaper Production. New York, London. 1963.

Nachschlagewerke: Lexikon der graph. Technik. [4]1977. – Polygraph. Wörterbuch der graph. Industrie in sechs Sprachen. o. J. – H. Weitpert, Lexograph. Internationales Handbuch für die graph. Industrie. [2]1967. Biographien: F. Geldner, Die deutschen Inkunabel-Drucker. 2 Bde. 1968–1970. – H. Presser, ABC der großen Drucker. 1961. – A. Ruppel, Johannes Gutenberg. [2]1947. – C. Wagner, A. Senefelder. [2]1943.

10.3.1 SCHRIFT. H. Degering, Die Schrift. o. J. – Die Erfindung der Schrift. 1978. – K. Gladt, Deutsche Schriftfibel. 1976. – J. Tschichold, Meisterbuch der Schrift. [2]1965.

10.3.2 TYPOGRAPHIE. L. Davidshofer, W. Zerbe, Satztechnik u. Gestaltung. [5]1967. – Kapr, Schiller, Typographie. 1972. – R. Rüegg, G. Fröhlich, Typographische Grundlagen. 1972.

10.3.3 GRAPHISCHE TECHNIK. F. Bauer, Anfangsgründe für Schriftsetzer. [12]1967. – H. Baum, Grundsätzliches u. Wissenswertes vom Tiefdruck. [2]1960. – C. Berge, Mehrfarbendrucke. 1968. – A. Braun. Atlas des Zeitungs- u. Illustrationsdruckes. 1960. – F. Brunner, Handbuch der Druckgrafik. [5]1975. – W. Cermak, Lehrbuch für den Siebdrucker. [6]1972. – F. Genzmer, Das Buch des Setzers. [9]1967. – A. F. Gygax, Moderne Chemigraphie. [2]1968. – H. Moll, Das Setzmaschinenbuch. 1961. – A. S. Müller, Offset, Leitfaden der Offsettechnik. [2–3]1976. – W. G. Oschilewsky, Der Buchdrucker. 1955. – Rauchfuß, Heiningar, Page, Stereotypie u. Galvanoplastik. [2]1957. – W. Riegger, Die Technik der graphischen Künste. 1979. – E. M. Schneider, Mod. Verfahren für Reproduktion u. Chemigraphie. 1965. – A. Senefelder, Lehrbuch der Lithographie u. des Steindruckes. Faksimile-Nachdruck der Ausgabe von 1818. 1970. – K. Stötzer, Handbuch der Reproduktionstechnik. Bd. 1: Reproduktionsphotographie. [9]1974. Bd. 2: Chemigraphie. [8]1966. Bd. 3: Photolithographie, Offsetreproduktion u. Lichtdruck. [9]1974. – Bd. 4: Tiefdruck. [6]1967. – K. Ulrich, F. H. Oertler, Das Tiefdruckbuch. 1959.

10.3.4 BUCHBINDEREI. Bohse, Eckardt, Weyl, Die industrielle Buchbinderei. 1955. – Keilhack, Schirmann, Der Druckerei-Buchbinder. [3]1955. – K. Kirchner, Satz, Druck, Einband u. verwandte Dinge. 1970. – H. Kuhn, Wörterbuch der Handbuchbinderei u. der Restaurierung. [2]1979. – Mordowin, Buchbindereimaschinen. Dt. 1962. – H. Nitz, Die Materialien für Buch u. Bucheinband u. ihre sachgemäße Verarbeitung. 1950. – F. Wiese, Der Bucheinband. [5]1979.

10.3.5 PAPIER. R. Behrens, Papier unter der Lupe. 1952. – H. Dörperth, Das Papier u. seine Anwendungen. 1975. – K. Engel, Naßfeste Papiere. 1955. – Ders., Gestrichene Papiere. 1959. – Grundlagen der Papierverarbeitung. Bd. 1: Werkstoffe der Papierverarbeitung. 1. H. Lehmann, Papier, Karton, Pappe. 1964; 2. L. Richter, Klebstoffe, Plaste, Zellglas, Wachse, Aluminiumfolien. 1963. Bd. 2: F. Hesse, H. I. Tenzer, Arbeitsverfahren der Papierverarbeitung. 1963. – W. Heß, Papierverarbeitung. [2]1963. – D. Hoyer u. a. (Bearb.), Handbuch der Papier- u. Pappenfabrikation. 2 Bde. [3]1973. – K. Th. Jahn, Arbeit an der Papiermaschine. [4]1958. – K. Keim, Sieb u. Filz. [3]1968. – Ders., Das Papier. [2]1956. – Korn-Burgstaller, Papier- u. Zellstoffprüfung. [3]1974. – H. Kotte, Welches Papier ist das? 1959. – A. Renker, Das Buch vom Papier. [3]1950. – W. Schoch, Beschichtete Papiere u. Pappen. [2]1963. – K. T. Weiß, Handbuch der Wasserzeichenkunde. 1962. – M. Zieger, Papierkunde. 1952.

10.4.0 ELEKTROTECHNIK
Allgemeines: G. Büscher, Elektrotechnik in Bildern. [8]1960. – H. D. Junge, Lexikon Elektrotechnik. 1978. – Roller, Schmidt u. Steinhof, Rund um die Steckdose. [3]1960. – J. Weinert, F. Kurps, Die Elektrofibel. [5]1978. – R. Wollmann, Der Elektrobastler. 1961.
Lehrbücher: F. Bergtold, H. Kirsch, Die Elektrotechnik. [9]1962. – W. Blatzheim, Fachkunde für Elektriker. 2 Tle. 1: [9]1966. 2: [18]1967. – G. Bosse, Grundlagen der Elektrotechnik. 3 Bde. 1966–1978. – H. Clausnitzer, Einführung in die Elektrotechnik. [5]1976. – H. Frohne, Einführung in die Elektrotechnik. Bd. 1: [3]1977. Bd. 2: [3]1979. Bd. 3: [3]1979. – Graf, Küllmer, Grundlagen der Schwachstromtechnik. [6]1967. – Grafe, Loose, Kühn, Grundlagen der Elektrotechnik. Bd. 1: [8]1978. Bd. 2: [8]1980. – G. Haberland, Elektrotechn. Lehrbücher. 3 Bde. [10]1962–1969. – A. Haug, Grundzüge der Elektrotechnik. [2]1975. – R. Jötten, H. Zürneck, Einführung in die Elektrotechnik. 1970. – H. Jüttemann, Grundlagen der Elektrotechnik. 2 Bde. 1972. – H. Klotter, J. Safarik, Der Elektrotechniker. [10]1973. – K. Küpfmüller, Einführung in die theoret. Elektrotechnik. [9]1968. – Ders., Einführung in die Elektrotechnik. [9]1968. – G. Lesch, Lehrbuch der Hochspannungstechnik. 1959. – O. Leunig, Elektrotechnik für die Praxis. 2 Bde. [6]1966. – H. Linse, Elektrotechnik für Maschinenbauer. [5]1976. – K. Lunze, E. Wagner, Einführung in die Elektrotechnik. 2 Tle. [2]1977. – M. Michel, Einführung in die allgemeine Elektrotechnik. Bd. 1: 1973, Bd. 2: 1975. – F. Moeller, Leitfaden der Elektrotechnik. 6 Bde. [2–12]1967–1979. – G. Oberdorfer, Lehrbuch der Elektrotechnik. 4 Bde. [1–6]1949–1965. – R. Reinhardt, Elektrotechnik. [9]1969. – J. Reth, H. Kruschwitz, Grundlagen der Elektrotechnik. [6]1978. – H. Rongen, Fachrechnen für Elektroberufe. [7]1962. – W. Rusteberg, S. Hülsmann, Elektrotechn. Schaltungen. o. J. – A. Schillo, Werkkunde für Elektriker. Tl. 1: [5]1963. – Safarik, Der Elektrotechniker. [14]1976. – H. Schönfeld, Die wissenschaftl. Grundlagen der Elektrotechnik. [3]1960. – H. F. Schwenkhagen. Allgemeine Wechselstromlehre. 1959. – Senner u. Schlief, Fachkunde Elektrotechnik. 1964. – H. Sitterding, Einführung in die Elektrotechnik. [8]1976. – Strobel u. Wiehl, Elektrotechnik. [5]1975. – Teuchert u. Wahl, Grundlagen der Elektrotechnik. 2 Bde. [3–5]1963. – W. Tiedemann, Werkstoffe für die Elektrotechnik. 2 Bde. [3]1963. – A. von Weiss, Allgemeine Elektrotechnik. Bd. 1: [6]1976, Bd. 2: [5]1973.
Nachschlagewerke, Tabellen: AEG-Hilfsbuch, Grundlagen der Elektrotechnik. [2]1976. – R. Arnold, Taschenbuch für Elektriker. [12]1962. – W. Friedrich, Tabellenbuch für Elektrotechnik. [473]1975. – Handbuch der Elektrotechnik. 1971. – Hütte, Des Ingenieurs Taschenbuch. Bd. 4: Elektrotechnik. Tl. A: Starkstromtechnik. [28]1957. – Krist, Technische Taschenbücher. Bd. 5: Formeln u. Tabellen für die Elektrotechnik. [5]1972. – H. Lindorf, Elektrolexikon. 1971. – Lueger, Lexikon der Technik. Bd. 2: Grundlagen der Elektrotechnik u. Kerntechnik. [4]1961. – W. Obürger, Handbuch Werkstoffe der Elektrotechnik. [3]1960. – Rüsteberg u. Hülsmann, Elektrotechnische Formeln. [9]1958. – A. Schillo, Stoff-Zahl-Leiter. Tabellen für das Elektrogewerbe. [5]1974.

10.4.1 STARKSTROM (GENERATOREN)
Allgemeines: H. Buchhold, Happoldt, Elektrische Kraftwerke u. Netze. [5]1978. – P. Denzel, Dampf- u. Wasserkraftwerke. 1968. – E. Düsterdiek, Starkstrom. [3]1961. – J. Euler, Neue Wege zur Stromerzeugung. 1963. – N. J. Felici, Elektrostatische Hochspannungsgeneratoren. 1957. – H. Freiberger, Betrieb von Elektrizitätswerken. 1961. – Heiligenschein, Spaethe, Starkstromtechnik. [2]1973. – F. Hentze, Blindstrom u. Leistungsfaktor. [4]1963. – Heumann, Stampe, Thyristoren. [3]1974. – A. Hochrainer, Symmetrische Komponenten in Drehstromsystemen. 1957. – E. A. Hörnig, Starkstrom-Schaltungen. [9]1968. – Kraftwerksgeneratoren. 1978. – G. Lesch, Lehrbuch der Hochspannungstechnik. [4]1959. – E. Mosonyi, Wasserkraftwerk. [2]1966. – H. Press, Stauanlagen u. Wasserkraftwerke. [2]1967. – W. Putz, H. Walz, Kleines Lexikon der Starkstromtechnik. 1964. – R. Rüdenberg, Elektrische Wanderwellen auf Leitungen u. in Wicklungen von Starkstromanlagen. [4]1962. – F. Rudolf, Starkstromtechnik für die Praxis. [3]1961. – W. Seifert, Generator-Motor. [2]1977. – H. Tolksdorf, Die Starkstromtechnik. [15]1961. – VEM-Taschenbuch für den Starkstrom-Anlagenbau. 1962. – M. Vidmar, Die Transformatoren. 1956.
Hochspannung. A. Imhof, Hochspannungsisolierstoffe. 1957. – D. Kind, Einführung in die Hochspannungsversuchstechnik. [2]1978. – W. Klein, Grundlagen der Theorie elektr. Schaltungen. [2]1970. – A. Roth, Hochspannungstechnik. [5]1965. – F. Veickert, Hochspannungsanlagen. [10]1959.
Stromrichter. H. Anschütz, Stromrichteranlagen der Starkstromtechnik. [2]1963. – R. Lappe, Stromrichter. 1958. – Th. Wasserrab, Schaltungstechnik der Stromrichtertechnik. 1962.
Transformatoren. G. Kargl, Die Berechnung von Kleintransformatoren mit Diagrammen. 1959. – R. Küchler, Die Transformatoren. [2]1966. – G. Seifert, Stelltransformatoren. 1965.

10.4.2 MOTOREN. AEG-Handbuch. Bd. 2: Gleichstrommaschinen. [2]1964. – T. Bödefeld, H. Sequenz, Elektr. Maschinen. [8]1971. – I. P. Boer, Wechselstrommaschinen. [5]1968. – H. Bühler, Einführung in die Theorie geregelter Gleichstromantriebe. 1962. – C. von Dobbeler, Elektromaschinen. 4 Bde. [2]1963–1965. – H. Franken, Motorschutz, Überströme, Übertemperatur. 1962. – Garbe-Lahmeyer, Handbuch. 1966. – G. Gerber, R. Hanitsch, Elektrische Maschinen. 1980. – G. Haberland, Gleichstrom-Maschinen. [10]1966. – K. Humburg, Die Gleichstrommaschine I. u. II. 1956. – H. Hütten, Motoren. 1974. – V. Klima, Drehstromnebenschlußkommutatormotoren. 1966. – H. Meyer, Die Isolierung großer elektrischer Maschinen. 1962. – W. Nürnberg, Die Prüfung elektrischer Maschinen. [5]1965. – Ders., Die Asynchronmaschine. 2. Nachdruck 1979. – Ders., Die Gleichstrommaschinen. [2]1963. – Rentzsch, Handbuch für Elektromotoren (BBC-Handbuch). [3]1980. – R. Richter, Elektrische Maschinen. 5 Bde. 1950–1963. – W. Seifert, Generator-Motor. [2]1977. – E. Stalzer, Grundlagen des elektromotorischen Antriebs. [3]1963. – Ungruh-Jordan, Gleichlaufschaltungen von Asynchronmotoren. 1964. – Wiedemann, Kellenberger, Konstruktion elektr. Maschinen. 1967.

10.4.3 KABEL UND FREILEITUNGEN. Behrens, Nefzger, Philipps, Aluminium-Freileitungen. [8]1965. – H. Bremser, Elektrische Leitungen u. Leitungsnetze. [2]1962. – H. Edelmann, Berechnung elektrischer Verbundnetze. 1963. – G. Funk, Der Kurzschluß im Drehstromnetz. 1962. – J. Gester, Lorenz, Starkstromleitungen, Leitungsnetze u. deren Berechnung. [5]1971. – Girkmann, Königshofer, Die Hochspannungsfreileitungen. [2]1952. – L. Heinhold, Kabel u. Leitungen für Starkstrom. 1978. – G. Heyn, Der Bau von Hochspannungsfreileitungen. [4]1968. – W. Hilberg, Charakteristische Größen elektr. Leitungen. 1972. – K. Kuebel, Fernsprech- u. Telegraphenkabel einschl. der Seekabel 1966. – Koch-Reinbach, Einführung in die Physik der Leiterwerkstoffe. 1960. – C. Richling, I. Drewitz, Wörterbuch der Kabeltechnik. 1976. – Rieger, Fischer, Der Freileitungsbau. [2]1975. – H. Schmidt, Theorie u. Technik der Nachrichtenkabel. 1976. – H. G. Unger, Theorie der Freileitungen. 1967. – VDEW. Technische Richtlinien zur Kabellegung. 1965. – W. Wagner, Statik der Starkstrom-Freileitungen. 1959. – M. Zebisch, Netzverluste, Ursachen u. Ermittlung. 1959.

10.4.4 SCHWACHSTROM (ALLGEMEINES). G. Adolph u. a., Hausinstallation – Hausgeräte – Maschinen. 1969. – AEG-Hilfsbuch, Handbuch der Elektrotechnik. [10]1967. – G. Bosse, Grundlagen der Elektrotechnik. I: Das elektrostatische Feld u. der Gleichstrom. 1966: II: Das magnetische Feld u. die elektromagnet. Induktion. [2]1978. III: Der Stromkreis u. a. [2]1978. – Graf, Küllmer, Grundlagen der Schwachstromtechnik. [6]1967. – A. Herhahn, Elektrotechnik kurz u. bündig. [6]1972. – R. Huber, Trockenbatterien. [2]1969. – K. Küpfmüller, Einführung in die theoret. Elektrotechnik. [10]1973. – Lehrmeister-Bücherei: Das Relais in der Praxis. Bd. 700. o. J. – H. Richter, Elektrotechnische Experimentierpraxis. 1966. – Roller, Schmidt, Steinhof, Rund um die Steckdose. [4]1965. – K. Thöne, Elektrizität als Hobby. 2 Bde. o. J. – J. Weinert, Engels, Strom u. Norm. [2]1964. – K. Wicht, Elektr. Hausgeräte. [5]1978. – E. Witte, Blei- u. Stahlakkumulatoren. [4]1977.

10.4.5 NACHRICHTENTECHNIK (FERNMELDETECHNIK). V. Aschoff, Einführung in die Nachrichtenübertragungstechnik. 1968. – Bauer, Buchholz, Mathematik der Nachrichtentechnik. 1972. – K. Bergmann u. a., Lehrbuch der Fernmeldetechnik. [3]1973. – R. Feldtkeller, Einführung in die Vierpoltheorie der elektrischen Nachrichtentechnik. [8]1962. – Fernsprechtechnik. 4 Bde. 1973–1977. – G. Fritzsche, Theoret. Grundlagen der Nachrichtentechnik. 1974. – R. Führer, Landesfernwahl. Bd. 1: Grundprobleme. [6]1966. – Bd. 2: Gerätetechnik. [3]1968. – Ders., Wählvermittlungstechnik. [6]1965. – R. Grötsch, Richtig morsen. [11]1964. – K. Hantsche, Taschenbuch der Fernsprechnebenstellenanlagen. [2]1964. – E. Hettwig, Selbstwählfernverkehr. [2]1966. – Hütte, Des Ingenieurs Taschenbuch. Bd. IV B: Elektrotechnik, Fernmeldetechnik, [28]1962. – Jahrbuch des elektr. Fernmeldewesens. Register zu Jg. 1952–1968. 1969 ff. – H. Kaden, Theoret. Grundlagen der Datenübertragung. 1968. – R. Krause, Edelmetall-Motor-Drehwähler in der Fernsprech-Vermittlungstechnik. [3]1975. – K. Küpfmüller, Die Systemtheorie der elektr. Nachrichtenübertragung. [4]1974. – J. Lehnert, Einführung in die Fernschreibtechnik. [2]1974. – Neue Entwicklungen in der Nachrichtenübertragung. 1978. – Ochs, Grundzüge der Linientechnik. 1968. – Pippert, Althans, Grundlagen der Fernmeldetechnik. [2]1965. – E. Pohl, Nachrichtentechnik – kurz u. bündig. [4]1978. – F. Schiweck, Fernschreibtechnik. [4]1962. – Ders., Einführung in die Telegraphen-Übertragungstechnik. [2]1969. – F. Schiweck, H. Cassens, Telegraphentechnik II. Digitale Übertragungstechnik. 1968. – F. Schiweck, K. Schomburg, Einführung in die Fernschreibvermittlungstechnik. Bd. I: Deutsche Technik. 1962. – Bd. II: Deutsche u. ausländische Technik. 1964. – H. Schmid, Theorie u. Technik der Nachrichtenkabel. 1976. – W. Schubert, Nachrichtenkabel u. Übertragungssysteme. [2]1980. – H. Schuler, H. Treffinger, Grundschaltungen Nachrichtentechnik. [2]1977. – G. Seelmann-Eggebert, Fernwahlsysteme in der Welt. 1964. – K. Steinbuch, Kommunikationstechnik. 1977. – K. Steinbuch, W. Rupprecht, Nachrichtentechnik. [2]1973. – Taschenbuch der Fernmelde-Praxis. Register zu Jg. 1976–1980. – Till, Bönsch, Fachkunde Nachrichtentechnik. [6]1977. – H. Woller, K. Sobotta, Neuzeitl. Fernsprechvermittlungstechnik. 1968. – E. Zwicker, R. Feldtkeller, Das Ohr als Nachrichtenempfänger. [2]1967.

10.4.6 RUNDFUNK UND FERNSEHEN. O. Ackermann, Fernsehen in Farbe. 1972. – Aisberg, Doury, Farbfernsehen – leicht verständlich. 1972. – Amthor, Schwingungserzeugung. 1969. – P. Beckmann, Die Ausbreitung der ultrakurzen Wellen. 1963. – F. Bergtold, Die große Rundfunkfibel. [11]1964. – Ders., Antennenhandbuch. [2]1977. – Bopp, Paul u. Traeger, Radar. Grundlagen u. Anwendungen. [2]1965. – W. Bruch, Kleine Geschichte des dt. Fernsehens. 1967. – A. H. Bruinsma, Drahtlose Fernsteuerung. [9]1974. – W. W. Diefenbach, Handfunksprechgeräte in der Praxis. [3]1977. – W. Dillenburger, Einführung in die Fernsehtechnik. 2 Bde. 1968–1974. – H. Dobesch, Grundlagen der Schwarzweiß- u. Farbfernsehtechnik. [3]1969. – K. Geiger, Modulation. Vorgang u. Theorie. [2]1969. – W. Gründler, Gemeinschaftsantennen. 1963. – G. Heinrichs, Farbfernseh-Service-Technik. [3]1979. – Ders., Service-Meßtechnik. [2]1978. – H. Holzer, Kabelfernsehen in der BRD. 1976. – J. Jecklin, Lautsprecherbuch. Arbeitsweise, Aufbau, Gehäuse u. Eigenschaften moderner Lautsprecher. 1967. – G. Kauzmann, Magnetische Bildaufzeichnungen. 1965. – H. H. Klinger, Lautsprecher u. Lautsprechergehäuse für HiFi. [10]1979. – W. Knobloch, Service an Farbfernsehempfängern. [2]1978. – R. Kühn, Funktechnik. Grundlagen der Sende-, Empfangs- u. Funkortungstechnik. 1963. – H. Lang, Farbmetrik u. Farbfernsehen. 1978. – O Limann, Fernsehtechnik ohne Ballast. [13]1979. – Ders., Funktechnik ohne Ballast. [15]1979. – F. Manz, Televisionen. 1978. – B. Morgenstern, Farbfernsehtechnik. 1977. – H. Pelka, Digitaltechnik für Rundfunk- u. Fernsehtechniker. 1979. – E. P. Pils, Rundfunk-Stereophonie. 1964. – H. Pitsch, Einführung in die Rundfunkempfangstechnik. [5]1969. – U. Prestin, Standardschaltungen der Rundfunk- u. Fernsehtechnik. [4]1979. – T. Reck, Höchstfrequenztechnik u. Amateurfunk. 1963. – H. Richter, Von den Radiowellen bis zu modernsten Transistorschaltungen. [15]1967. – Ders., Farbfernsehen für alle. 1967. – Ders., Fernsehen für alle. [8]1967. – B. Rodekurth, Farbfernseh-Bildfehler-Fibel. [2]1980. – W. Schulz, Das kleine Video Praktikum. 1972. – W. Stanner, Leitfaden der Funkortung. [5]1960. – O. Stürzinger, Hi-Fi-Technik. 1961. – H. Sutaner, Superhet-Empfänger. [3]1968. – M. Tuner, Elektronenaugen im Weltraum. 1965. – K. E. Wacker, Fernsehtechnik von A bis Z. [5]1969. – P. Zastrow, Fernsehempfangstechnik mit Halbleitern. 1977. – R. Zierl, Neue Radiotechnik. 1976.

10.4.7 ELEKTRONIK. N. Adolph u. a., Einführung in die Elektronik. [4]1974. – Ausborn, Elektronik Bauelemente. [2]1975/76. – W. Baier (Hrsg.), Elektronik-Lexikon. 1973. – H. Barkhausen, Lehrbuch der Elektronenröhren u. ihre techn. Anwendungen. 4 Bde. [9–12]1965–1969. – H. Bender, Einführung in die Digitalelektronik. 1968. – Berger, Wagner, Tunneldioden. 1961. – F. Bergtold, Elektronikschaltungen mit Triacs, Diacs u. Thyristoren. [2]1973. – Ders., Integrierte Schaltungen im praktischen Einsatz. 1972. – K. Beuth, Elektronik. 1977. – W. Bitterlich, Einführung in die Elektronik. 1967. – R. Bladowski, Integrierte Analogschaltungen im praktischen Einsatz. 1972. – Bopp, Paul, Taeger, Radar, Grundlagen u. Anwendungen. 1962. – W. Braunbek, Einführung in die Physik u. Technik der Halbleiter. 1970. – R. Busch, Triumph der Elektronik. 1963. – G. Büscher, Elektronik in Bildern. 1960. – Ders., Kleines ABC der Elektronik. [4]1962. – K. Bystron, Technische Elektronik. Bd. 1: 1974, Bd. 2: 1979. – H. Carter, Donker, Photoelektronische Bauelemente. 1964. – E. J. Cassignol, Halbleiter. 3 Bde. 1966–1973. – W. Conrad, Streifzug durch die Halbleitertechnik. 1969. – A. Däschler, Elektronenröhren. [5]1969. – W. L. Davis, H. R. Weed, Grundlagen der industriellen Elektronik. [2]1964. – O. Diciol, Niederfrequenzverstärker-Praktikum. [2]1964. – W. W. Diefenbach. Tonband-Hobby. [12]1978. – F. Dokter, J. Steinhauer, Digitale Elektronik in der Meßtechnik u. Datenverarbeitung. 2 Bd. 1975. – J. Dosse, Der Transistor. [4]1962. – A. Ehrhardt, Fernsteuerung. 1964. – P. Eisler, Gedruckte Schaltungen. 1961. – W. Engel, Elektrotechnik u. Elektronik. 1972. – Fain, Chanin, Quantenelektronik. 1969. – G. Fontaine, Dioden u. Transistoren. 4 Bde. 1969–1973. – H. Frisch, Elektronik. [2]1978. – Funke, Liebscher, Grundschaltungen der Elektronik. [7]1972. – Gabler, Haskowic, Tománek, Magnetische Verstärker. 1960. – W. W. Gärtner, Einführung in die Physik des Transistors. 1963. – Glaser, Kohl, Mikroelektronik. 1970. – L. Goller, Halbleiter – richtig eingesetzt. 1971. – W. Gosling, Einführung in die Mikroelektronik. 1971. – Gottschalk, Lemberg, Elektrotechnik/Elektronik. 1972. – G. Grentz, Handbuch der Tonbandfreunde. 1965. – E. Haak, Einführung in die Technik der Elektronenröhren. [2]1961. – H. F. Hadamovsky, Halbleiterwerkstoffe. [2]1972. – Halbleiter-Lexikon. [2]1970. – Handbuch der Elektronik. 1979. – W. Harth, Halbleitertechnologie. 1972. – H. Hecht, Die elektroakustischen Wandler. [5]1962. – H. D. Heck, Handbuch moderner Transistor-Fernsteuerung. [3]1962. – W. Herzog, Oszillatoren mit Schwingkristallen. 1958. – Ders., Siebschaltungen mit Schwingkristallen. [2]1962. – Heumann, Stumpe, Thyristoren. [3]1974. – L. Hildebrand, Keine Angst vor der Elektronik. 1961. – H. Hilpert, Halbleiterbauelemente. [2]1976. – K. W. Hinkel, Magnetrons. 1961. – Hötzler, Holzwarth, Theorie u. Praxis der Pulsmodulation. 1957. – W. Irnich, Einführung in die Elektronik. 1975. – H. D. Junge (Hrsg.), Lexikon Elektronik. 1978. – H. E. Kaden, Das Transistorlehrbuch. [4]1974. – H. Kielgas, Transduktoren. 1960. – H. Knobloch, Der Tonband-Amateur. [7]1963. – M. Knoll, J. Eichmeier, Techn. Elektronik. 2 Bde. 1965/1966. – H. Köhler, Elektronen- u. Ionenröhren. 1963. – R. Kühn, Elektronik. Eine Einführung in die Sende-, Empfangs- u. Funkortungstechnik. 2 Bde. 1963–1965. – Kühn, Schmied, Integrierte Schaltkreise. 1972. – F. Kühne, Vielseitige Verstärkergeräte für Tonaufnahme u. Wiedergabe. [11]1963. – J. Lehmann, Dioden u. Transistoren – kurz u. bündig. [5]1977. – Ders., Feldeffekttransistoren – kurz u. bündig. 1974. – B. A. Lengyel, Laser. 1967. – Lennartz, Taeger, Transistor-Schaltungstechnik. 1963. – O. Limann, Elektronik ohne Ballast. [5]1978. – Lulp, Elektronenröhren u. ihre Schaltungen. [4]1963. – A. F. Marfeld, Moderne Elektronik u. die Praxis der Elektrotechnik. 1971. – G. Megla, Dezimeterwellentechnik. [5]1961. – H. Meinhold, Was ist Elektronik? [4]1976. – H. G. Mende, Elektronik u. was dahintersteckt. [3]1962. – Ders., Leitfaden der Transistortechnik. [5]1970. – Ders., Praktikum der Industrieelektronik. 2 Bde. 1970–1972. – E. Mollow, Maser u. Laser. [2]1968. – A. Möschwitzer, Halbleiterelektronik. Bd. 1: [2]1975, Bd. 2: [4]1979, Bd. 3: 1974. – H. Müseler, T. Schneider, Elektronik. 1975. – M. Neumann, Photoelektronik. Eine Einführung. 1963. – L. Paul, Lasertheorie. 2 Tle. 1969. – R. Paul, Feldeffekttransistoren. 1972. – J. Pütz, Einführung in die Elektronik. [4]1976. – H. Richter, Elektroakustik für alle. [3]1963. – Ders., Elektronik – Technik der Zukunft. [7]1962. – Ders., Transistor-Praxis. [11]1970. – Ders., Das große Transistor-Bastelbuch. [6]1974. – Ders., Neue Halbleiterpraxis. 1970. – Ders. Thyristoren u. Triacs. 1969. – Ders., Röhre u. Transistor als Vierpol. [2]1970. – K. H. Rohe, Elektronik für Physiker. 1978. – Roscher, Transistoren. [2]1963. – K.–H. Rumpf, Bauelemente der Elektronik. 1967. – Ders., Pulvers, Transistor-Elektronik. [4]1970. – H. Sander, Laser – allgemeinverständlich. 1976. – H. Schikarski, Die gedruckte Schaltung. 1966. – E. Schwaiger, Laser. [2]1971. – J. Schwandt, Röhren-Taschen-Tabelle. [12]1971. – F. Schwenkhagen, H. Meinhold, Wörterbuch Elektrotechnik u. Elektronik. [3]1978. – K. Simonyi, Physikalische Elektronik. 1972. – D. A. Snel, Magnetische Tonaufzeichnung. [2]1962. – A. P. Speiser, Impulsschaltungen. 1967. – J. Staab, Freude am Tonband. 1965. – L. Starke u. a., Elektronik. [4]1976. – C. L. Steele, Optischer Laser in der Elektronik. 1972. – L. Stern, Grundlagen integrierter Schaltungen. 1971. – H. Stiefken, Analoge Schaltkreise. 1972. – C. M. Swenne, Thyratrons. 1961. – H. Teichmann, Angewandte Elektronik. Bd. 1: 1975, Bd. 2: 1977. – Ders., Halbleiter, [3]1969. – Telefunken-Fachbuch. Der Transistor I. 2 Bde. [3]1962/63. – G. Troup, Molekularverstärker. 1967. – Unger, Harth, Hochfrequenz-Halbleiterelektronik. 1972. – W. C. Vergara, Wunderwelt der Elektronik. 1962. – E. Vogelsang, Einführung in die Elektronik. [2]1970. – W. Weiske, Anwendung des Transistors. [2]1976. – P. Zastrow, Formeln der Elektronik. 1978. – H. J. Zebisch, Formelsammlung für die Elektrotechnik o. J.

10.4.8 MESS- UND REGELUNGSTECHNIK. J. Ackermann, Abtastregelung. 1972. – H. Anschütz, Kybernetik – kurz u. bündig. [4]1979. – J. Th. Appels, B. H. Geels, Handb. der Relais-Schaltungstechnik. 1967. – K. Bartels, Fernüberwachung u. Fernsteuern. 1964. – W. Beetz, Meßwandler. [2]1958. – F. Bergtold, Integrierte Schaltungen zum Steuern u. Regeln. 1972. – J.-H. Bernhard, Digitale Steuerungstechnik – kurz u. bündig. [2]1969. – A. Bigalke, Meßtechnik der Elektronenstrahl-Oszillographen. 1959. – P. Böning, Die Messung hoher elektrischer Spannungen. 1953. – L. Borucki, J. Dittmann, Digitale Meßtechnik. [2]1971. – H. Carter, Schanz, Kleine Oszillographenlehre. [7]1977. – J. Czech, Oszillographen-Meßtechnik. 1965. – Drachsel, Grundlagen der elektr. Meßtechnik. [3]1972. – Ebert, Jürres, Digitale Meßtechnik. 1970. – G. Eckhardt, G. Kurdal, Meßgleichrichter. 1963. – R. Felderhoff, Elektr. Meßtechnik. [2]1979. – V. Ferner, Anschauliche Regelungstechnik. [2]1962. – E. Forster, Steuerungstechnik in der Industrie. [2]1973. – R. Fritz, Elektron. Meßwertverarbeitung. 1977. – H. Frohne, Einführung in die elektr. Meßtechnik. 1973. – Fröhr, Orttenburger, Einführung in die elektron. Regelungstechnik. [4]1976. – J. C. Gille, Lehrgang der Regelungstechnik. [1–2]1963–1967. – W. Gohlke, Einführung in die piezoelektrische Meßtechnik. [2]1959. – H.-F. Grave, Gleichrichtermeßtechnik. [2]1957. – H. Groll, Mikrowellenmeßtechnik. 1969. – K. Günther, Meßtechnik. 2 Bde. 1962. – R. Hahn, Digitale Steuerungstechnik. [3]1969. – Handbuch der Regelungstechnik. 1961. – A. Haug, Elektronisches Messen mechan. Größen. 1969. – Helm, Marton, Einführung in die Fluidik. 1971. – H. Hort, Einführung in die Meßtechnik. 1978. – G. Hutarew, Regelungstechnik. [3]1969. – W. S. Jahn, Elektrisch Messen, Zählen u. Registrieren. 1965. – E. Karg, Regelungstechnik – kurz u. bündig. [4]1977. – H. Kindler, Der Regelkreis. 1972. – R. Klein, Automatisierungsanlagen. 1972. – Kramer u. Dabesch, Hochfrequenz- u. Videomeßtechnik. 1963. – Landgraf, Schneider, Elemente der Regelungstechnik. 1970. – Langbein u. Werkmeister, Elektr. Meßgeräte. [3]1959. – A. Leonhard, Die selbsttätige Regelung. [3]1962. – Ders., Einführung in die Regelungstechnik. [2]1972. – Mann, Schiffelgen, Einführung in die Regelungstechnik. [3]1976. – L. Merz, Grundkurs der Meßtechnik. I: [5]1977. II: [5]1980. – C. Moerder, Quotienten- u. Produktanzeigegeräte. 1963. – H. Neff, Physikal. Meßtechnik. 1976. – W. Oppelt, Kleines Handb. techn. Regelvorgänge. [5]1972. – L. A. Ostrowskij, Elektrische Meßtechnik. 1969. – P. Paasche, Hochspannungsmessungen. 1957. – A. Pahn, Elektrische Meßgeräte u. Meßeinrichtungen. [4]1963. – W. Paulmann, Steuern mit Schaltalgebra. [3]1977. – K. Potthoff, W. Widmann, Meßtechnik der hohen Wechselspannungen. [2]1965. – G. Preßler, Regelungstechnik. [3]1967. – M. Reuter, Regelungstechnik für Ingenieure. [2]1975. – H. Richter, Gerätemessungen. 1963. – Ders., Meßpraxis. [2]1963. – K. Rörentrop, Entwicklung der modernen Regelungstechnik. 1971. – G. Rose, Fachkunde der Elektro-Meßtechnik. [6]1976. – O. Schäfer, Grundlagen der selbsttätigen Regelung. [7]1974. – E. Schlosser, K. Winterling, Galvanometer. 1960. – A. Schöne, Regeln u. Steuern. 1971. – Schwaibold, Hallgeneratoren u. ihre Anwendung. 1965. – W. Schwerdtfeger, Elektrische Meßtechnik. 2 Tle. [5]1964, [7]1967. – J. Stanek, Technik elektr. Meßgeräte. [2]1962. – M. Störkl. Elektr. Meßtechnik. [4]1968. – H. Sutauer, Wie arbeite ich mit dem Elektronenstrahl-Oszillographen? [3]1953. – M. Syrbe, Messen, Steuern, Regeln mit Prozeßrechnern. 1972. – W. Taeger, Grundlagen der Steuerungs- u. Regelungstechnik. 1963. – VDE-Buchreihe. Bd. 9: Moderne Geräte u. Verfahren der elektr. Meßtechnik. 1962. – J. Vojta, Elektrotechnische Meßkunde. [5]1976. – R. Wessel, Einführung in die Steuerungs- und Leistungselektronik. 1971. – A. Winkler, Elektrische Meßtechnik – kurz u. bündig. [5]1978. – A. Wittmann, Zählwerke u. industrielle Zähleinrichtungen. 1967. – Wittmers, Einführung in die Regelungstechnik. 1965. – E. G. Woschni, Meßdynamik. [2]1972. – Xander, Enders, Regelungstechnik mit elektron. Bauelementen. [3]1980.

10.5.0 PHOTO- UND FILMTECHNIK (ALLGEMEINES). W. Baier, Geschichte der Photographie. 1977. – M. von Brevern, Künstler. Photographie von Hill bis Moholy-Nagy. 1971. – A. Feininger, Die Hohe Schule der Photographie. 1977. – Ders., Feiningers große Farblehre. 1979. – H. Freytag, Fachlehrbuch für Photographie. 1970. – L. F. Gruber, Große Photographen unseres Jahrhunderts. [2]1970. – G. Isert, Das Goldene Buch der Photopraxis. [2]1973. – Ders., Photogrundlagen perfekt. 1970. – V. Kahmen, Photographie als Kunst. 1973. – Th. Kisselbach, H. Windisch, Neue Photo-Schule. 1977. – H. Schöttle, Du Mont's Lexikon der Fotografie. 1978. – H. P. Siebert, Elektronik für den Fotoamateur. 1974. – H. Stöckler, Kleiner Photokurs für Amateure. [8]1970. – E. A. Weber, Photo-Praktikum. 1971.

10.5.1 KAMERAS. G. Blitz, Retina-Reflex III/IV. 1965. – H. N. Brandt, Das Photo-Objektiv. 1956. – O. Croy, Contaflex mit allen Möglichkeiten. 1969. – H. Freytag, Contarex-Buch. [3]1969. – Ders., Das Hasselblad-Buch. [2]1971. – Ders., Photographieren mit Icarex 35. [2]1969. – Ders., Photographieren mit Minox. 1970. – Ders., Photographieren mit Polaroid. [2]1969. – Ders., Photographieren mit Vitessa. 1970. – W. Heering, Rolleiflex-Buch. 1967. – G. Isert, Das Goldene Buch der Icarex. 1969. – Ders., Mühelos photographieren mit Instamatic. 1966. – R. Kasemeier, Kleine Minox – große Bilder. 1970. – H. Keppler, Asahi-Pentax. 1974. – Th. Kisselbach, Leica-Buch. [7]1976. – Ders., Leicaflex-Buch. 1977. – Linhof, 14 Kurzlektionen für die Großbildtechnik. 1966. – F. Pangerl, Das Praktica-Buch. 1978. – Ders., Rollei 35. 1970. – H. G. Röder, Photographieren mit Optima. 1965. – Th. Scheerer, J. Makovec, Leica u. Leicaflex. [3]1968. – F. W. Voigt, Edixa-Buch. 1970. – Ders., Novoflex-Taschenbuch. 1970. – Ders., Schneider-Objektive. 1970.

10.5.2 AUFNAHMETECHNIK. G. Blitz, Blitzen mit Pfiff. [7]1977. – K. Brandt, H. Naumann, Das richtige Filter. 1969. – O. Croy, Alles über Nahaufnahmen. 1971. – Ders., Das photographische Porträt. 1965. – Ders., 100erlei Photokniffe. 1969. – Ders., Perfekte Fototechnik. 1976. – Ders., Schritt um Schritt zur Photo-Graphik. 1971. – P. F. Dehler, Dia u. Projektion. [3]1969. – H. W. Dußler, H. Freytag, Gehilfenprüfung im Photographenhandwerk. 1977. – A. Feininger, Die Neue Photolehre. o. J. – K. Fischer, Kunstlichtphotographie. [3]1972. – H. Freytag, Photographieren mit Filter. [3]1978 – Ders., Nahaufnahmen. 1975. – Ders., Unbeschwert photographieren mit automatischen Kameras. 1970. – G. Isert, Das goldene Buch der Gebrauchsphotographie. 1970. – G. Kerff, Nachts mit der Kamera. [3]1967. – P. H. Krause, Tauchen und Filmen. 1976. – G. Lindner, Wir photographieren – farbig u. schwarzweiß. 1972. – W. Nurnberg, Licht u. Beleuchtung in der Photographie. [2]1963. – F. Pangerl, Kleine Photo-Praxis. 1979. – W. Pietsch, Stereophotographie. [2]1962. – J. Scheibel, Diaprojektion. 1968. – G. Wagner, Infrarot-Photographie. [2]1971. – E. A. Weber, Fotopraktikum. 1973. – R. Weizsäcker, Diapositiv-Technik. [2]1961.

10.5.3 LABORTECHNIK. W. Beutler, Meine Dunkelkammerpraxis. [6]1978. – E. Brauer, Begriffe, Rezepte, Tabellen der Photographie. [2]1973. – O. Croy, So wird vergrößert. 1979. – Ders., Photomontage. 1969. – Ders., Retusche von heute. [2]1968. – Ders., Reproduktion u. Dokumentation. 1975. – H. Freytag, Vergrößerungspraxis. [2]1972. – G. Graeb, Photolabor-Handbuch. o. J. – G. Isert, Dunkelkammer-ABC. [6]1977. Th. Kisselbach, Dunkelkammer-Handbuch. 1981. – U. Mohr, Rezepte, Formeln u. Tabellen. 1963. – G. Spitzing, Vergrößern schwarzweiß u. farbig. [7]1976. – H. Stöckler, Dunkelkammertechnik. [5]1970. – K. Stötzer (Bearb.), Handbuch der Reproduktionstechnik. Bd. 1. [9]1971.

10.5.4 FARBPHOTOGRAPHIE. H. Berger, Agfacolor. [8]1970. – G. Blitz, Die praktische Farbenphotographie. [12]1976. – W. Boje, Das Kleine Agfacolor-1 × 1. [8]1970. – Ders., Mut zur Farbe. 1963. – Ders., Farbe überall. [4]1971. – O. Croy, Faustregeln für Farbfotos. 1977. – G. Isert, Das goldene Buch der Farbphotographie. [2]1973. – A. Feininger, Farbfotolehre. 1975. – Ders., Farbfotokurs. 1978. – H. Freytag, Farbig photographieren. 1968. – Gareis, Scheerer, Farbphoto-Handbuch. 1975. – H. Mante, Farb-Design in der Photographie. [2]1977. – O. Maudry, Farbe in Photo u. Film. [10]1969.

10.5.5 FILMTECHNIK. H. Baddely, E. Fischer, Filmschnitt u. Montage. [2]1963. – G. Blitz, Filmen in Farbe. [7]1977. – H. Dobbert, H. Koleczko, Filmtaschenbuch. [4]1971. – F. Frese, W. Will, Das Titelbuch für Film u. Dia. 1975. – H. Freytag, Die 12 Filmtips. o. J. – Ders., Schmalfilm mit Gummilinse. [5]1972. – G. Isert, Filmtips. [3]1975. – H. Lange, Das große Buch der Schmalfilmgestaltung. [2]1976. – Ders., Schmalfilm mit allen Schikanen. [4]1977. – W. Meinel, Hilfsbuch für den Filmvorführer. 1958. – F. Meisnitzer, Wie filme ich was in Farbe u. Schwarzweiß. [4]1974. – L. Moholy-Nagy, Malerei, Fotografie, Film. 1967. – D. Müller, Richtig sehen – Lebendig filmen. [3]1977. – Ders., Alles über die Nizo. [2]1973. – D. Neale, E. Fischer, Der Schmalfilm tönt. [5]1977. – H. Opfermann, Die neue Schmalfilm-Schule. 1976. – Ders., Kramer, Die neue Trickfilm-Schule. 1968. – Ders., Neue Tonschule. [3]1969. – F. Sebastian, Tricks u. Titel. 1970. – A. Spoerl, Filmen mit Spoerl. 1969. – K. Unbehaun, So wird gefilmt. 1976. – Ders., Farbig filmen mit Super-8. 1976. – F. Voigt, Das Makro-Zoomar. 1969. – Ders., Schneider Objektive. 1970. – G. Wain, H. Freytag, Der Schmalfilm-Amateur. [4]1965.

10.6.0 MASCHINENBAU (ALLGEMEINES). Dubbels Taschenbuch für den Maschinenbau. 2 Bde. [13]1970. – K. Feiler, Rund um die Kraftmaschine. 1964. – Handbuch der deutschen Maschinenindustrie. [12]1971. – K. Hirbach, Taschenbuch Hydraulik in Industriebetrieben. 1961. – Hütte, Des Ingenieurs Taschenbuch. Bd. 2: Maschinenbau. Tl. A. [28]1963. Tl. B. [28]1960. – O. Ludwig, Handbuch des Maschinenbaus. [10]1967. – Rothaupt u. a. Technologie des Maschinenbaus. [6]1970. – Statistisches Handbuch für den Maschinenbau. 1970. – H. Zumbühl, Maschinen, Die wichtigsten Kraft- u. Arbeitsmaschinen. 1958.

10.6.1 AUTOMATISIERUNG. Automation in der BRD. 1979. – M. Busse, Arbeit ohne Arbeiter. 1978. – Data, Automatisierungstechnik mit einem Griff. 1963. – M. Gerteis, Automation. 1964. – W. Gluschkow, Theorie der abstrakten Automaten. 1963. – K. Götte, Elektronische Bauelemente in der Automatisierungstechnik. [2]1964. – V. Kussl, Die Grundlagen der Automatisierung. 1965. – E. P. Pils, Wörterbuch der Automation. 1967. – F. Pollok, Automation. 1966. – H. J. Prier (Hrsg.), Taschenbuch Automatisierungstechnik. 1968.

10.6.2 FERTIGUNGSTECHNIK. Billigmann, Schinz, Stauchen u. Pressen. [2]1973. – A. Böge, Blechkörper, Abwicklungs- u. Fertigungsverfahren. [3]1965. – V. Boetz, Die Kaltumformung von Stahl u. NE-Metallen.

1963. – W. Burkart, Modernes Schleifen u. Polieren. [3]1962. – W. Charchut, Wälzfräsen. 1960. – W. Domke, Umformtechnik. 1965. – Elektronenstrahlschweißen. 1967. – H. D. Feldmann, Fließpressen von Stahl. 1959. – Fertigungstechnik. 2 Bde. 1978. – A. Geleji, Die bildsame Formung der Metalle. 1967. – J. Goldsche, Zerspanende Formgebung mit elektr. Geräten. 1967. – H. L. Hilbert, Stanzereitechnik. Bd. 1: Schneidende Werkzeuge. [6]1972. Bd. 2: Umformende Werkzeuge. [5]1970. – J. Jaschke, Die Blechabwicklungen. [21]1968. – B. Kleinschmidt, Handbuch der gesamten Schleif- u. Poliertechnik. 5 Bde. 1950–1962. – M. Kronenberg, Grundzüge der Zerspanungslehre. Bd. 1: Einschneidige Zerspanung. [2]1954. Bd. 2: Mehrschneidige Zerspanung. 1963. Bd. 3: Mehrschneidige Zerspanung. 1969. – K. Lange, Gesenkschmieden von Stahl. [2]1977. – Ders., Kleines Handbuch Fertigungstechnik. 1976. – E. Lickteig, Schraubenherstellung. [3]1966. – H. Meißner, Blechabwicklungen – neue Schnellmethoden für den Praktiker. [3]1967. – Metallkleben. Hrsg. A. Matting. 1969. – Näser, Meichsner, Technologie des Gewindewalzens. 1959. – Pollack, Westphal, Metall-Reinigung u. -Entfettung. 1961. – P. Popendicker, Bohren, Senken, Reiben. [5]1955. – F. Riegel, Fertigungstechnik. Bd. 1: Zerspantechnik. 1964. Bd. 2: Umformtechnik. 1965. Bd. 3: Stanzereitechnik. 1965. Bd. 4: Gießen u. Schweißtechnik. Bd. 5: Oberflächentechnik. 1965. Bd. 6: Werkzeugmaschinen. 1965. Bd. 7: Vorrichtungsbau. 1965. Bd. 8: Meß- u. Prüftechnik. 1965. – E. Rotzoll, Feinbearbeitung durch spitzenloses Schleifen. 1961. – H. Scheibe, Vorrichtungsbau. [3]1962. – Ders., Hilfsbuch für Vorrichtungskonstrukteure u. Werkzeugmacher. [9]1968. – M. Schmidt, Werkzeugstähle. [2]1965. – Schuster, Kirchner, Grundlagen des Freihandschmiedens. 1956. – Siebel, Beisswänger, Tiefziehen. 1955. – E. Sudasch, Schweißtechnik. [2]1959. – J. Witthoff, Die Hartmetallwerkzeuge in der spanabhebenden Formung. [2]1961. – Zieler, Lepand, Strahlen u. Strahlmittel. 1964.

10.6.3 MASCHINENELEMENTE. Antriebstechnik (Schriftenreihe). 22 Bände. 1954 bis 1965. – Arnold u. Stolzenberg, Ketten-Getriebe. [5]1965. – Bauer, Schneider, Hülltriebe u. Reibradtriebe. [5]1970. – Dies., Achsen, Wellen, Lager, Kupplungen. [7]1972. – Bechtloff, Denneberg, Hänchen, Kleines Lexikon Verbindungselemente. 1965. – K. H. Decker, Verbindungselemente. 1963. – Ders., Maschinenelemente. [5]1971. – DIN-Taschenbuch 10. Schrauben, Muttern u. Zubehör für metrisches Gewinde. [12]1971. – Ehrhardt, Spizig, Leitfaden für den Zusammenbau. 1961. – P. Eschmann, Das Leistungsvermögen der Wälzlager. 1964. – F. u. D. Findeisen, Ölhydraulik in Theorie u. Anwendung. [2]1968. – O. Fratschner, Maschinenelemente. [3]1967. – F. Friedrich, Standardgerechtes Konstruieren u. Zeichnen. [6]1973. – Friedrich, Groß, Wilhelm, Die DIN-gerechte Werkzeichnung. 1963. – E. F. Göbel, Berechnung u. Gestaltung von Gummifedern. [3]1969. – S. Gross, Berechnung u. Gestaltung von Metallfedern. [3]1960. – H. Haeder, Konstruieren u. Rechnen. Bd. 1: [22]1969. Bd. 2: [22]1964. Bd. 3: [21]1971. – R. Hänchen, Gegossene Maschinenteile. 1964. – Ders., Neue Festigkeitsberechnung für den Maschinenbau. [3]1967. – Jachmann, Friedrich, Teml, Das Fachzeichnen des Metallgewerbes. [51]1963. – Jehlicka, Schalitz, Martyrer, Kleines Lexikon Getriebe u. Kupplungen. 1964. – W. Köhler, H. Rögnitz, Maschinenteile. Teil 1: 1972. Teil 2: [3]1966. – O. Kraemer, Getriebelehre. [5]1971. – E. Langer, Maschinenelemente. 1976. – Leyer, Maschinenkonstruktionslehre. 6 Hefte. 1963 ff. – W. Lichtenheld, Konstruktionslehre der Getriebe. [4]1970. – H. Luft, Maschinenelemente. [13]1967. – G. Niemann, Maschinenelemente. Bd. 1: 1975, Bd. 2: 1965. – E. Paas, Fachzeichnen für das Metallgewerbe. Teil 1. [3-5]1964. – A. Palmgren, Grundlagen der Wälzlagertechnik. [3]1963. – E. Pfannkoch, Arbeitsmappe für den Konstrukteur. [2]1962. – Purrmann, Schraubenfibel. [3]1964. – H.-G. Rachner, Stahlgelenkketten u. Kettentriebe. 1962. – Rauh, Hagedorn, Prakt. Getriebelehre. Bd. 1: [3]1965. Bd. 2: [2]1954. – H. U. Rauhut, H. von Renesse, Werkstoffratgeber. [6]1966. – H. Rögnitz, W. Köhler, Fertigungsgerechtes Gestalten im Maschinen- u. Gerätebau. [4]1968. – H. Roloff, W. Matek, Maschinenelemente. [5]1972. – G. Scheuermann, Verbindungselemente. [4]1972. – W. Schröter, Zuschnitte u. Schablonen. [3]1963. – S. Schwaigerer, Festigkeitsrechnung von Bauelementen des Dampfkessel-, Behälter- u. Rohrleitungsbaues. [2]1970. – H. Stirnemann, Maschinentechn. Zeichnen u. Konstruieren. [11]1964. – K. Stölzle u. S. Hart, Freilaufkupplung. 1961. – J. Thoma, Hydrostatische Getriebe. 1964. – O. Tosch, Maschinenteile. [3]1962. – H. Titze, Elemente des Apparatebaus. [2]1967. – Töpken, Zeffler, Zeichenlehrgang für metallgewerbl. Berufe. Teil 1: [16]1971. Teil 2: [9]1968. – G. Vogelpohl, Betriebssichere Gleitlager. [4]1971. – E. Wackermann, Maschinentechnik. o. J. – K. Zirpke, Zahnräder, Berechnung u. Konstruktion. [8]1973.

10.6.4 KOLBENMASCHINEN. E. Baentsch, Dieselmotorenpraxis. [6]1972. – W. D. Bensinger, Die Steuerung des Gaswechsels in schnellaufenden Verbrennungsmotoren. [2]1968. – S. Bock, Die Dieselmaschine im Land- u. Schiffsbetrieb. [7]1968. – Bouché, Wintterlin, Kolbenverdichter. [4]1968. – E. Cernea, Freikolben-Verbrennungskraftmaschinen. 1963. – C. Englisch, Kolbenringe, 2 Bde. Wien. 1958. – F. Fröhlich, Kolbenverdichter. 1961. – F. Jantsch, Kraftstoff-Handbuch. [6]1960. – W. Kalide, Kolben- u. Strömungsmaschinen. 1974. – Kedenburg u. Lochmann, Dampfkolbenmaschinen. [4]1961. – G. A. König, Der Wankelmotor. 1969. – O. Kraemer, Bau u. Berechnung der Verbrennungsmotoren. [4]1963. – K. H. Küttner, Kolbenmaschinen. 1978. – H. List, Die Verbrennungskraftmaschine. 15 Bde. Wien. 1949 ff. – J. Mackerle, Luftgekühlte Fahrzeugmotoren. 1964. – C. Ritter, Flüssigkeitspumpen. [5]1953. – F. A. F. Schmidt, Verbrennungsmotoren. [4]1967. – F. Wankel, Einteilung der Rotations-Kolbenmaschinen. 1963. – F. Weber, Arbeitsmaschinen. 2 Bde. [3]1966.

10.6.5 WERKZEUGMASCHINEN. E. Amann, Grundlagen der Umformtechnik. 1966. – D. H. Bruins, Werkzeuge u. Werkzeugmaschinen für die spanende Metallbearbeitung. Teil 1: [6]1972. Teil 2: [3]1970. – W. Charchut, Spanende Werkzeugmaschinen. [4]1972. – H. Finkelnburg, Mehrspindelautomaten. [2]1960. – H. Gerling, Rund um die Werkzeugmaschine. [3]1966. – G. Gube, Schmiedehämmer. Berechnung u. Konstruktion. [2]1962. – G. Haubner, Elektronische Werkzeugmaschinensteuerung. 1972. – H. Lang, Hydraulische Arbeitszylinder. [2]1969. – A. Linek, Spanabhebende Werkzeugmaschinen für die wirtschaftliche Fertigung. 8 Bde. [2]1957 bis 1967. – S. Lüder, Die numerische Steuerung von Werkzeugmaschinen. 1962. – J. Lukowski, Kraftbetätigte Spannwerkzeuge. [2]1965. – H. Mäkelt, Pressen-Handbuch. [4]1970. – T. Mager, Einführung in die Technik numerisch gesteuerter Werkzeugmaschinen. 1963. – K. Mayer, Werkzeugmaschinen. 1977. – G. Oehler, Kaiser, Schnitt-, Stanz- u. Ziehwerkzeuge. [5]1966. – J. Paschke (Hrsg.), Taschenbuch der Werkzeugmaschinen u. Werkzeuge. 1972. – H. Pötschke, Hydraulische Antriebe u. Steuerungen von Werkzeugmaschinen. 1963. – Ders., Einkauf u. Verwaltung von Werkzeugmaschinen. 1963. – H. Rögnitz, Abspanende Werkzeugmaschinen. 1961. – H. Rohs u. a. Numerisch gesteuerte Werkzeugmaschinen. 1977. – H. Schöpke, Werkzeugmaschinengetriebe. 1960. – K. Schreyer, Werkstückspanner. [3]1969. – W. Simon, Die numerische Steuerung für Werkzeugmaschinen. [2]1971. – C. H. Stau, Die Drehmaschinen. 1963. – H. Thumm, Hydraulische Kopiereinrichtungen. 1964. – M. Weck, Werkzeugmaschinen. 1978.

10.6.6 STRÖMUNGSMASCHINEN. M. Adolph, Einführung in die Strömungsmaschinen. Turbinen, Kreiselpumpen u. Verdichter. [2]1965. – A. Betz, Einführung in die Theorie der Strömungsmaschinen. 1958. – W. Bohl, Strömungsmaschinen. 1977. – A. Brauer, Die Dampfturbinen. [2]1965. – G. Cordes, Strömungstechnik der gasbeaufschlagten Axialturbine. 1963. – B. Eck, Ventilatoren. [5]1972. – B. Eckert, E. Schnell, Axialkompressoren u. Radialkompressoren. [2]1961. – R. Friedrich, Gasturbinen mit Gleichdruckverbrennung. [2]1974. – N. Gasparovic, Gasturbinen. 1967. – J. H. Horlock, Axialkompressoren. 1967. – U. Hütter, Windturbinen. 1965. – Keyl-Häckert, Wasserkraftmaschinen u. Wasserkraftanlagen. [3]1949. – F. Kluge, Kreiselgebläse u. Kreiselverdichter radialer Bauart. 1953. – J. Kruschik, Die Gasturbine. [2]1960. – F. Kugel, Hydrodynamische Kraftübertragung. 1962, – A. Loschge, Konstruktionen aus dem Dampfturbinenbau. [2]1967. – R. Lusar, Der hydraulische Drehmomentwandler u. die hydraulische Kupplung. 1961. – H. Petermann. Einführung in die Strömungsmaschinen. 1974. – Ders., Pfleiderer, Strömungsmaschinen. 1972. – Quantz, Meerwarth, Wasserkraftmaschinen. [11]1963. – N. Scholz, Aerodynamik der Schaufelgitter. 1965. – W. Traupel, Die Theorie der Strömung durch Radialmaschinen. 1962. – Ders., Thermische Turbomaschinen. Bd. 1: [2]1966. Bd. 2: [2]1968. – C. Zietemann, Berechnung u. Konstruktion der Dampfturbinen. [3]1965.

10.6.7 WÄRME- UND KÄLTETECHNIK. M. Bäckström, E. Emblick, Kältetechnik. [3]1965. – A. Bartsch, Kältemaschinen u. kältetechn. Anlagen. 1963. – J. S. Cammerer, Der Wärme- u. Kälteschutz in der Technik. [4]1962. – G. Carbe, H. Hoffmann, Einführung in die Wärmelehre. [4]1977. – Döring, Rudolphi, Tiefkühl-Lexikon. 1964. – H. Drees, Kühlanlagen. [8]1969. – E. Eckert, Einführung in den Wärme- u. Stoffaustausch. [3]1966. – H. Faltin. Technische Wärmelehre. [5]1968. – H. Gröber, S. Erk, Die Grundgesetze der Wärmeübertragung. [3]1963. – S. Heinrich, Wörterbuch Klima- u. Kältetechnik. 1978. – H. Hotes, Bestimmung der Zustandsgrößen von Wasserdampf u. Wasser. 1960. – M. A. Michejew, Grundlagen der Wärmeübertragung. [2]1964. – H. Mörsel, Taschenbuch Kälteanlagen. [3]1970. – W. Niebergall, Kältetechnik u. Thermodynamik. 1961. – F. Nuber, Wärmetechn. Berechnung der Feuerungs- u. Dampfkesselanlagen. [15]1967. – R. Plank, J. Kuprianoff, Die Kleinkältemaschine. [2]1960. – R. Plank, Handbuch der Kältetechnik. 12 Bde. 1953 ff. – Pohlmann, Maake, Eckert, Taschenbuch der Kältetechnik. [16]1978. – Reif, Sickinger, Kleinkühlanlagen für Gewerbe u. Haus. [5]1965. – A. Schack, Der industrielle Wärmeübergang. [7]1969. – E. Schmidt, Einführung in die Technische Thermodynamik. [10]1963. – H. Stettner, Kälteanlagen. [4]1962. – H. Veith, Grundkurs der Kältetechnik. [2]1976. – K. Wetjen, Wärmelehre u. Wärmewirtschaft. [2]1960. – F. Winter, Technische Wärmelehre. [9]1979.

10.6.8 FÖRDERTECHNIK. H. Aumund, F. Mechtold, Hebe- u. Förderanlagen. [5]1969. – R. Blaum, F. von Marnitz, Die Schwimmbagger. 2 Bde. 1963–1969. – H. Ernst, Die Hebezeuge. 3 Bde. [7]1965. – Franzen, Englert, Der Aufzugbau. 1972. – B. Holland, Die Rohrleitung als Ferntransportmittel. 1961. – F. Kurth u. a., Grundlagen der Fördertechnik. [4]1971. – W. Meyercordt, Behälter u. Paletten. [2]1964. – Ders., Flurfördermittel, Hebezeuge, Steigförderer. 1963. – H. Röttger, Schüttgutübergabe auf Steigförderer. 1964. – Rux, Wappler, Seilverspannte Derrickkrane. 1964. – G. Salzer, Steigförderer. 1964. – Ders. Schüttgutförderer. 1968. – M. Scheffler, Einführung in die Fördertechnik. [2]1973. – R. Schögl, Stofftransport durch Membranen. 1964. – H. J. Selig, Technik der pneumatischen Förder- u. Mischverfahren. 1972. – A. O. Spiwakowski, Förderanlagen. 1967. – E. Strathausen, Hebemaschinen. 4 Bde. [3]1964. – H. Thiemann, Aufzüge. Betrieb u. Wartung. [3]1972. – H. Westphal, Handbuch der Fördergurte. 1964. – E. Zillich, Fördertechnik. 3 Bde. 1971–1973.

10.6.9 FEINMECHANIK. U. Bischoff, Adressiermaschinen. 1964. – S. Hildebrand, Einführung in die feinmechanischen Konstruktionen. 1969. – L. Lehotzky, Uhrenkunde mit Fachzeichnen. [3]1960. – H. Munter, Buchungsmaschinen. [2]1964. – H. Neumann-Lezius, Handbuch der feinmechanischen Technik. 1952. – K. Rabe, Getriebe der Feinwerktechnik. 1962. – M. Raudnitz, Reimpell, Handbuch des Waagenbaues. 3 Bde. 1955–1966. – Richter, von Voß, Bauelemente der Feinmechanik. [8]1959. – R. Sewig (Hrsg.), Neuartige Fertigungsverfahren der Feinwerktechnik. 1969. – W. Stampa, Taschenlexikon moderner Bürotechnik. 1978.

10.7.0 WERKSTOFFE. K. Amedick, K. Heidenreich, Stoffkunde für die Praxis. 3 Tle. [4]1965–1967. – C. Barth, Metall als Werkstoff. 1958. – H. J. Beigel, G. Schulze, Werkstoffkunde. 1978. – E. Benser, Kleine Werkstoffkunde. Bd. 1: Werkstoffbau. [10]1962. Bd. 2: Stahlgruppen. [8]1964. – Curth, Werkstoffe der metallbearbeitenden Industrie. [3]1964. – U. Dehlinger, Theoret. Metallkunde. [2]1968. – W. Domke, Werkstoffkunde u. Werkstoffprüfung. [7]1977. – W. Espe, Werkstoffkunde der Hochvakuumtechnik. 3 Bde. 1959–1961. – A. G. Guy, Metallkunde für Ingenieure. 1970. – F. Halla, Kristallchemie u. Kristallphysik metallischer Werkstoffe. [4]1964. – Hornbogen, Werkstoffe. [2]1979. – Kieffer, Benesovsky, Hartmetalle. 1965. – K. Liebig, Unsere Werkstoffe. [5]1963. – H. Lüpfert, Metallische Werkstoffe. [9]1966. – G. Masing, Grundlage der Metallkunde. [5]1966. – N. F. Mott, Atomare Struktur u. Festigkeit der Metalle. 1961. – F. Rapatz, F. Roll, Kleines Lexikon Eisenwerkstoffe. 1964. – H. Reinboth, Technologie magnet. Werkstoffe. [3]1970. – J. Ruge, Technologie der Werkstoffe. [2]1978. – P. Schimpke, H. Schropp, Technologie der Maschinenbaustoffe. [17]1968. – H. Schumann, Metallographie. [7]1969. – W. Weißbach, Werkstoffkunde u. Werkstoffprüfung. [6]1976.

10.7.1 HÜTTENWESEN
Allgemeines: G. Agricola, Vom Bergbau- u. Hüttenwesen. o. J. – H. von Philipsborn, Erzkunde. 1964. – G. Quittkat, Erzaufbereitung. [2]1961. – H. Schubert, Aufbereitung fester mineralischer Rohstoffe. Bd. 1: [2]1968. Bd. 3: 1972. – Verein Deutscher Eisenhüttenleute (Hrsg.), Gemeinfaßl. Darstellung des Eisenhüttenwesens. [17]1971. – W. Weber, P. Schiefer, Automatisierung von Anlagen in der Stahlindustrie. o. J. – Winnacker-Kuchler, Chemische Technologie. Bd. 5: Metallurgie. 1961.

Gießerei. E. Brunhuber, Gießerei-Lexikon. 1978. – Ders., Taschenbuch der Gießereipraxis. 1975. – K. Diels u. a., Industrielle Anwendung der Vakuumtechnik in der Metallurgie. 1964. – H.-U. Doliwa, Gegossene Werkstücke. 1960. – W. Donike, Schmelzen u. Gattieren in der Eisengießerei. [2]1965. – K. A. Krekeler, Feinguß. 1963. – E. Mazuch, Stückzeit- u. Kostenermittlung im Gießereiwesen. [2]1962. – A. Nagel, Herstellung von Temperguß. [2]1961. – F. Naumann, Praktische Form- u. Kernentlüftung. [2]1962. – V. von Reimer, Druckguß. [2]1968. – F. Roll (Hrsg.), Handbuch der Gießereitechnik. Bd. 1: 1959, Bd. 2: 1963–1970. – Schelkel, Greiner, Formen, Schmelzen, Gießen. [5]1958. – Schreyer, Erbs, Hoefer, Herstellung von Gießereikernen. 1965. – A. Schulenburg, Handbuch der Schmelz- u. Legierungspraxis in der Metallurgie. [2]1960. – Ders., Gießerei-Lexikon. [5]1967. – R. Wlodawer, Die gelenkte Erstarrung von Stahlguß. [2]1967.

Verformung. E. Fischer, Walzarmaturen. [2]1962. – A. Geleji, Walzwerks- u. Schmiedemaschinen. [2]1961. – P. Grüner, Das Walzen von Hohlkörpern u. das Kalibrieren von Werkzeugen zur Herstellung nahtloser Rohre. 1959. – E. Günther, Herstellung warmgewalzter Feinbleche. [2]1958. – Hoff, Dahl, Grundlagen des Walzverfahrens. [2]1955. – F. Kohlhase, Handbuch für die Drahtindustrie. [2]1968. – W. D. Means, Stress and Strain. 1976. – H. Neumann, Stahlrohrherstellung. 1964. – Sedlaczek, Das Walzen von Edelstählen. 1954.

10.7.2 WERKSTOFFPRÜFUNG. Beckert, Klemm, Handbuch der metallograph. Ätzverfahren. 1962. – H. Bückle, Mikrohärteprüfung u. ihre Anwendung. 1965. – Deutscher Normenausschuß, DIN-Taschenbuch 19, Materialprüfnormen für metallische Werkstoffe. 1970. – W. Domke, Werkstoffkunde u. Werkstoffprüfung. [7]1979. – H. Ginsberg, Leichtmetallanalyse. [4]1965. – G. Glocker, Materialprüfung mit Röntgenstrahlen. [5]1971. – J. u. H. Krautkrämer, Werkstoffprüfung mit Ultraschall. 1969. – T. Krist, Werkstoffe, Werkstoffprüfung. o. J. – Mäkelt, Siebert, Visuelle Metall-Spektroskope. 1964. – J. Mika, Metallurgische Analysen. 1964. – B. W. Mott, Die Mikrohärteprüfung. 1957. – E. A. W. Müller, Handbuch der zerstörungsfreien Materialprüfung. 1971. – K. Nitzsche, Werkstoffprüfung von Metallen. 2 Bde. 1963. – Odqvist, Hult, Kriechfestigkeit metallischer Werkstoffe. 1962. – J. Ruge, Technologie der Werkstoffe. [2]1978. – E. Siebel, Handbuch der Werkstoffprüfung. 6 Bde. 1958–1966. – H. Stüdemann, Werkstoffprüfung u. Fehlerkontrolle in der Metallindustrie. [2]1971. – G. Tschorn, Schleiffunkenatlas. 1961. – Wassermann, Grewen, Texturen metallischer Werkstoffe. [2]1962. – W. Weißbach, Werkstoffkunde u. Werkstoffprüfung. [7]1979. – Wellinger, Gimmel, Werkstoffprüfung der Metalle. 1961. – E. Zimmermann, Werkstoffkunde – Werkstoffprüfung. [16]1966.

10.7.3 STAHL UND EISEN. A. Albrecht, Stahlschlüssel. [7]1965. – I. P. Bardin, Anwendung von Sauerstoff bei der Stahlerzeugung. 1959. – Eckstein, Wärmebehandlung von Stahl. 1969. – G. Eichert, Hochofengebläse. 1957. – H. Fürstenau, Vom Erz zum Eisen u. Stahl. [3]1961. – Javojski, Theorie der Stahlerzeugung. 1969. – F. Keil, Hochofenschlacke. [2]1963. – Klas u. Steinrath, Die Korrosion des Eisens u. ihre Verhütung. [2]1966. – Leitner, Plöckinger, Die Edelstahlerzeugung. [2]1965. – F. Mönkemöller, Stahlfibel. [2]1964. – H. Odenhausen, Stahl (Bau- u. Werkstoff). 1963. – F. Rapatz, Die Edelstähle. [5]1962. – Scheer, Berns, Was ist Stahl. [15]1980. – H. Stüdemann, Wärmebehandlung der Stähle. [2]1967. – Toussaint, Der Weg des Eisens. 1969. – Verein Dt. Eisenhüttenleute (Hrsg.), Handbuch für das Eisenhüttenlaboratorium. Bd. 1: [2]1960, Bd. 2: [2]1966, Bd. 3: 1956, Bd. 4: 1955, Bd. 5: 1971–1978. – Ders., Stahl-Eisen-Liste. [6]1977. – Wanke, Schramm, Stahlhärtung. 1961. – Werkstoff-Handbuch (Stahl u. Eisen). [4]1965.

10.7.4 NICHTEISENMETALLE. D. Altenpohl, Aluminium u. Aluminiumlegierungen. 1965. – E. Brunhuber, Legierungshandbuch der Nichteisenmetalle. [2]1960. – H. Gerhard, Nichteisen-Schwermetalle. 1973. – H. Ginsberg, K. Wefers, Aluminium u. Magnesium. [2]1971. – W. Hübner, A. Schiltknecht, Die Praxis der anod. Oxydation des Aluminiums. [2]1961. – T. Krist, Leichtmetalle. 1969. – Pfeifer, Thomas, Zunderfeste Legierungen. 1963. – Tafel, Wagemann, Lehrbuch der Metallhüttenkunde. 3 Bde. 1965. – F. Vogel, Die Bedeutung der Fluorverbindungen in der Metallurgie der Nichteisenmetalle. 1965. – Werkstoff-Handbuch (Nichteisenmetalle). [2]1960. – H. Wlokka, Hochschmelzende Metalle. 1963.

10.7.5 HOLZ. W. Bavendamm, Der Hausschwamm u. andere Bauholzpilze. 1969. – C. Blankenstein, Holztechnisches Taschenbuch. [2]1962. – H. H. Bosshard, Holzkunde. 3 Bde. 1974/75. – K. G. Dahms, Kleines Holzlexikon. [3]1980. – H. Freund (Hrsg.), Handbuch der Mikroskopie in der Technik. Bd. 5. 1970. – H. Fußeder, H. Wenninger, H. Beck, Holzoberflächenbehandlung. [3]1964. – H. Gottwald, Handelshölzer. 1958. – R. von Halasz (Hrsg.), Holzbau-Taschenbuch. [7]1974. – Holzwirtschaftl. Jahrbuch. 1952 ff. – W. Knigge, H. Schulz, Grundriß der Forstbenutzung. 1966. – E. König (Hrsg.), Holz-Lexikon. 1977. – Ders., Sortierung u. Pflege von Rund- u. Schnittholz. [3]1970. – F. Kollmann, Technologie des Holzes u. der Holzwerkstoffe. 2 Bde. 1951 bis 1955. – Ders., Furniere, Lagenhölzer u. Tischlerplatten. 1962. – K. Kürschner, Chemie des Holzes. [2]1966. – G. Langendorf, Handbuch für den Holzschutz. 1961. – E. Palutan, Nutzhölzer aus aller Welt. 3 Bde. 1979. – H. Schmidt, Tierische Schädlinge im Bau- u. Nutzholz. 1962. – A. Schwankl, Wie bestimme ich Holz? [7]1971. – W. Sandermann, Chemische Holzverwertung. 1963. – F. Spannagel, Der Möbelbau. [10]1954. – E. Zodel, Neuzeitliche Sägewerkstechnik. [5]1974.

10.7.6 KERAMIK. Agte, Kohlermann, Heymel, Schneidekeramik. 1959. – L. u. I. Beljankin, Techn. Petrographie von Erzeugnissen der Feuerfest-, Feinkeramik- u. Bindemittelindustrie. 1960. – E. Gramß, Das Porzellan. [2]1960. – M. Fieldhouse, Kleines Handbuch der Töpferei. [2]1977. – F. Häusler, Die Herstellung von Ofenkacheln u. Töpferwaren. 1956. – A. Hecht, Elektrokeramik. [2]1976. – W. Hinz, Silikate. Bd. 1: 1970. Bd. 2: 1971. – Plaul, Krause, Technologie der Grobkeramik. 3 Bde. 1964/65. – H. Salmang, Scholze, Die physikal. u. chem. Grundlagen der Keramik. [5]1968. – F. Singer, S. Singer, Industrielle Keramik. Bd. 1: 1964, Bd. 2: 1969, Bd. 3: 1966. – L. Vielhaber, Emailtechnik. [3]1958. – G. Weiner, Emailfehler – Ursachen u. Beseitigung. [2]1966. – G. Weiß, Ullstein Porzellanbuch (Stilkunde u. Technikgeschichte). [3]1970.

10.7.7 GLAS. J. P. Altmann, Das neue Lehrbuch der Glasätzerei. 1963. – P. Beyerdorfer, Glashüttenkunde. [2]1964. – Giegerich, Trier, Glasmaschinen. 1964. – J. Herbst, Glastechnische Praxis. 1962. – H. Jebsen-Marwedel, Tafelglas in Stichworten. [2]1960. – L. Klindt, W. Klein, Glas als Baustoff. 1977. – O. Knapp, Aus der Welt des Glases. 1963. – W. Lehnhäuser, Glasuren u. ihre Farben. [2]1966. – S. Lohmeyer (Hrsg.), Werkstoff Glas. 1979. – H. Salmang, Die physikal. u. chem. Grundlagen der Glasfabrikation. 1957. – R. Schiller, G. Gieseler, Glas im Hausmüll. 1975. – W. Schnauck, Glaslexikon. 1959. – H. Scholze, Glas. [2]1977. – L. Springer, Lehrbuch der Glastechnik. [5]1964. – F. Viehweger, Rezeptbuch für Glasuren u. Farben. 3. Aufl. o. J. – A. Zinke, Technologie der Glasverschmelzungen. 1961.

10.7.8 LEDER. A. C. Brill, Gerbereimaschinen. Lehrbuch für Gerbereitechniker. 1960. – Th. Fasol, Was ist Leder? [2]1962. – H. Gnamm, Fachbuch für die Lederindustrie. [5]1958. – G. Grüny, Zuschneiden u. Stanzen von Schaftteilen. 1962. – Ders., Die Stanzerei in der Schuhindustrie u. die Bearbeitung der Schuhbodenteile. 1962. – W. Hausam, Bakterienschäden an Haut u. Leder. 1958. – H. Loewe, Einführung in die chem. Technologie der Lederherstellung. 1959. – G. Otto, Das Färben des Leders. 1962. – M. Riedel, Leder-ABC. Fachwörter der Lederwirtschaft. [3]1960. – K. G. Rordorf, Lederkunde u. Lederreinigung. 1963. – H. Schöpel, Lederkunde. [2]1957. – R. Schubert, Oberlederfibel. 1963. – F. Stather, Leder u. Kunstleder. [3]1959. – Ders., Gerbereichemie u. Gerbereitechnologie. [4]1967. – R. Weigl, Technik u. Maschinen in der Schuhindustrie. 1958.

10.8.0 TEXTILTECHNIK (ALLGEMEINES)
Nachschlagewerke: A. Hofer, Illustriertes Textil- u. Modelexikon. [3]1976. – Latzke, Hesse, Textilien. 1974. – Lueger, Lexikon der Technik. Bd. 3. [4]1961. – W. Schierbaum, Bekleidungslexikon. 1978.
Gesamtdarstellungen: P. Beckers, Textilmaschinen, Konstruktion u. Berechnung. [2]1950. – E. Flemming, R. Jacques, Das Textilwerk. [2]1957. – M. Günter, Textiltechnisches Rechnen. 1965. – K. Schams, Handbuch der Weberei, Färberei u. Ausrüstung. 4 Bde. 1951. – W. Senf, Werkstoffkunde der Textilien. 1967. – A. Vatter, Textilkunde. [11]1972.

10.8.1 TEXTILROHSTOFFE. H. Driesch, Welche Chemiefaser ist das? 1962. – R. Bauer, Chemiefaserlexikon. [7]1970. – H. Berger, Asbest-Fibel. 1961. – H. Doehner, H. Reumuth (Hrsg.), Wollkunde. [2]1964. – F. Fourné, Synthetische Fasern, ihre Herstellung, Verarbeitung u. Verwendung. [2]1964. – R. Hünlich, Textile Rohstoffkunde. [3]1968. – W. Lorenz, Abriß der Faserstoffchemie. 1953. – H. A. Möllmann, Welche Naturfaser ist das? 1960. – H. Schönefeld, Bastfasern. 1955. – Textile Faserstoffe. [3]1973. – H. M. Ulrich, Handbuch der chem. Untersuchung der Textilfaserstoffe. 4 Bde. Wien. 1954–1958. – A. Vatter, Spinnstoffkunde. [6]1951. – E. Wagner, Die textilen Rohstoffe. [5]1969.

10.8.2 TEXTILERZEUGNISSE
Gesamtdarstellungen: G. Schradin, Garne u. Stoffe. [25]1955. – Th. Schreus, Garn u. Gewebe. 1953.
Garne u. Zwirne. A. Blümcke, Feinheitsbezeichnung für Garne, Zwirne u. Gummifäden sowie Drehung der Garne. [6]1962. – G. Georgi, Zwirne u. Zwirnmaschinen. 1957. – K. Schams, Handbuch der Weberei, Färberei u. Ausrüstung. 1951.
Gewebe. Gewebetechnik. [2]1978. – E. Hecht, Welches Gewebe ist das? [2]1961. – A. Hofer, Stoffe. [4]1978. – H. Hollstein, H. Hahn, R. Meixner, Fertigungstechnik Weberei. Bd. 1: 1979. – R. Hünlich, Heimer, Neue Textilwarenkunde. [2]1961. – Hünlich, Fritsche, Das Gardinenbuch. 1964. – H. Lewitzky, G. Stapel, Wohnraumtextilien. 1959. – Heinrich Schmidt, Alte Seidenstoffe. 1958. – A. Vatter, Textilkunde. Teil 2. 1964.
Spitzen u. Schmalgewebe. E. E. Pfannschmidt, Spitzen. 1976. – A. Vatter, Kurzwarenfibel. 1951.
Teppiche. P. Bausback, Antike Orientteppiche. 1978. – I. Bennett, Teppiche der Welt. 1978. – D. Heinz, Europäische Wandteppiche. 1963. – J. G. Lettenmair, Das große Orientteppich-Buch. Wien. 1962. – I. Schlosser, Der schöne Teppich in Orient u. Okzident. 1978.
Verbundstoffe. R. Krcma, Handbuch der Textilverbundstoffe. 1970.

10.8.3 TEXTILPRÜFUNG
Gesamtdarstellungen: DIN (Hrsg.), Textilprüfung. 1. [2]1979. – Latzke, Hesse, Textilien. Prüfen, Untersuchen, Auswerten. 1974. – W. Wegener, Kleines Lexikon Textilprüfung. 1965.
Chemische Textilprüfung. A. Agster, Färberei- u. textilchemische Untersuchungen. [10]1967. – P. – A. Koch, Textilchemische Prüfungen. [7]1964. – Ders., Rezeptbuch für Faserstofflaboratorien. 1960. – H. Rath, Lehrbuch der Textilchemie. [3]1972. – H. M. Ulrich, Handbuch der chemischen Untersuchung der Textilfaserstoffe. 4 Bde. Wien. 1954–1967. – H. Walland, Einführung in die quantitativen textilchemischen Untersuchungen. [2]1954.
Gebrauchswertprüfung. H. Böhringer, Textile Gebrauchswertprüfung. 1955.
Mechanisch-technische Textilprüfung. K. Meyer, H. Langer, Gleichmäßigkeitsprüfung am laufenden Faden auf elektrokapazitiver Basis. 1953. – E. Wagner, Mechan.-technolog. Textilprüfungen. [8]1966.
Physiologische Prüfung. F. W. Behmann, Grundlagen der Bekleidungsphysiologie in elementarer Darstellung. 1960.
Prüfung von Fehlern. A. Herzog, P.-A. Koch, Fehler in Textilien, Erkennung u. Untersuchung. [2]1959.
Textile Prüfstatistik. U. Graf, H.-J. Henning, Statistische Methoden bei textilen Untersuchungen. [3]1960.
Textilmikroskopie. A. Herzog, Handbuch der mikroskop. Technik für Faserstechnologen. 1951. – P.-A. Koch, Mikroskopie der Faserstoffe. [7]1963. – Th. Loske, Methoden der Textilmikroskopie. 1964.

10.8.4 SPINNEREI
Gesamtdarstellungen: R. Löcker, K. Oellers, E. Lindemann, Technische Berechnungen in Spinnerei, Weberei, Strickerei, Wirkerei. 1969. – W. Oeser, Mechanische Spinnerei. 1971. – Perner, Technologie u. Maschinen der Garnherstellung. 1969. – E. Wagner, Grundbegriffe der Spinnerei. 1952. – W. Wegener, Die Streckwerke der Spinnereimaschinen. 1965.
Bast- u. Hartfaserspinnerei. F. Siebeneicher, Hanfspinnerei u. Bindfadenfabrikation. 1956.
Baumwollspinnerei. O. Johannsen, Die moderne Baumwollspinnerei. 1960. – Ders., F. Walz, Handbuch der Baumwollspinnerei. 3 Bde. [5]1962–1966. – W. Wegener, H. Peuker, Verkürzte Baumwollspinnerei. 1965.
Kammgarnspinnerei. R. Fahrbach, Die Kammgarnspinnerei. [2]1958.
Naturseidenverarbeitung. E. Ullrich, Herstellung der Seidengarne. 1945.
Streichgarnspinnerei. L. Baumann, E. Sattler, Die Manipulation in der Streichgarnspinnerei. 1961. – H. D. Nützold, Handbuch der Streichgarn- u. Vigognespinnerei. [2]1970. – W. Oeser, Die Streichgarnspinnerei. [2]1961.

10.8.5 HERSTELLUNG TEXTILER FLÄCHENGEBILDE
Bindungslehre. Gewebetechnik, Bindungslehre u. Musterzerlegen (Autorenkollektiv). [2]1974. – W. Görlach, Handbuch der Webwareneinstellungen. 1955. – R. Häntsche, Bindungslehre der Schaftweberei. 2 Bde. 1955.
Filzherstellung. R. Walter, Filz, ein moderner Werkstoff. 1958.
Flechterei u. Bandweberei. H. Förster, F. Wildfeuer, Fabrikation gummielastischer Bänder, Kordeln, Litzen, Galon- u. Trikotagenartikel. [3]1953.
Weberei. H. Kirchenberger, Webmaschinen. 1974. – J. Lammèr, Freies Weben. [5]1977. – L. Lundell, Das große Webbuch. 1978. – H. Repenning, Die mechan. Weberei. [6]1970. – J. Schneider, Weberei. 1961. – Ders., Vorbereitungsmaschinen für die Weberei. [2]1963. – E. Ullrich, Gewebefehler, deren Ursachen u. Verhütung. [3]1953. – Webmaschinen (Autorenkollektiv). 1966.
Wirkerei u. Strickerei. Rogler, Humboldt, Bindungslehre der Kettenwirkerei. 1968. – Uhlmann, Terminologie der Wirkerei u. Strickerei. [2]1973. – K. P. Weber, Die Wirkerei u. Strickerei. 1974.

10.8.6 TEXTILVEREDLUNG
Nachschlagewerke: C.-H. Fischer-Bobsien, Internationales Lexikon Textilveredlung u. Grenzgebiete. 1978. – A. Schaeffer (Hrsg.), Enzyklopädie der gesamten Textilveredlung. 1966. – W. Scheer, Zur Nomenklatur der Textilhilfsmittel, Lederhilfsmittel, Gerbstoffe u. Waschrohstoffe. 1958.
Gesamtdarstellungen: A. Agster, Färberei u. textilchem. Untersuchungen. [10]1967. – L. Diserens, Neueste Fortschritte in der Anwendung der Farbstoffe. 3 Bde. [2–3]1949 bis 1951. – Ders., Neue Verfahren in der Technik der chemischen Veredlung der Textilfasern. 4 Bde. 1948–1965. – M. Peter, Grundlagen der Textilveredlung. [10]1970.
Appretur. W. Bernard, Appretur der Textilien. [2]1967. – E. Meyer, Appreturkunde/Wirk- u. Strickwaren. 1951.
Bleichen. W. Bernard, Bleichen und Färben von Textilien. [2]1979.
Färben u. Textildruck. Th. Browne, Färben und Drucken. 1978. – W. Hainke, Siebdruck. 1979. – O. Hochmuth, Die Baumwollfärberei. 1952. – R. Künzl, Der Filmdruck auf Textilien. 1953. – G. Nitschke, Chemische Technologie u. Praxis der Färberei. 1954. – H. U. Schmidlin, Vorbehandlung u. Färben von synthet. Faserstoffen. 1958. – E. Spränger, Färbbuch. [4]1978. – F. Weber, F. Gasser, Die Praxis der Färberei. Wien. 1954. – F. Weiß, W. Reif, Die Küpenfarbstoffe u. ihre Verwendung in der Färberei u. im Zeugdruck, Wien. 1953. – P. Weyrich, Das Färben u. Bleichen der Textilfasern in Apparaten. [2]1956.
Imprägnieren. R. Buchheim, Textilveredlung durch Wasserfestmachen. [2]1949.
Mercerisieren. H. Rau, Mercerisation. 1955.
Naßveredlung. G. Melzer, Handbuch für die textile Naßveredlung. 1956.
Rauhen. G. Beckers, 1 × 1 der Rauherei. 1960.
Spezialausrüstungen. F. Fritz, Herstellung von Wachstuch u. Ledertuch. 1950. – F. Weiß, W. Reif, Spezial- u. Hochveredlungsverfahren der Textilien aus Zellulose. Wien. 1951.
Trocknung. O. Krischer, Die wissenschaftlichen Grundlagen der Trocknungstechnik. [2]1963.
Wäscherei, Chemischreinigung. R. Albrecht, H. Würth, Maschinen u. Materialien des Chemischreinigers. 1958. – Jenko, Kopf, Scheder, Das Entfernen von Flecken aus Geweben. [5]1962. – J. Kurz, Grundlagen der Chemischreinigung. 1964. – K. G. Rordorf, Der moderne Reinigungsbetrieb. [2]1968. – R. Puchta, W. Grünewälder, Textilpflege – Waschen u. Chemischreinigen. 1974.

10.8.7 BEKLEIDUNGSINDUSTRIE. A. Jaumann, Einführung in die Schnittlehre. [2]1949. – H. J. Peters, Handbuch der Bekleidungsindustrie. 1978. – W. Renters, Der Nähmaschinenfachmann. 3 Bde. [8]1957. – W. Rieser, W. Schierbaum, Tabellenbuch für die Bekleidungsindustrie. [2]1975.

10.9.0 VERKEHR
Allgemeines: A. Grunewald, Kann der Verkehr umweltfreundlicher werden? 1973. – G. W. Heinze, H. M. Drutschmann, Raum, Verkehr u. Siedlung als System. 1977. – J. W. Korte, Grundlagen der Straßenverkehrsplanung in Stadt u. Land. [2]1961. – W. Meusebach, Straßenverkehrstechnik. 1974. – W. Meyercordt, Behälter u. Paletten. [2]1964. – H. Neumeier, Die Steuerung des städt. Straßenverkehrs. 1978. – F.-W. Rosemeier, Einführung in die Verkehrsradarmeßtechnik. 1962. – H. St. Seidenfus, Energie u. Verkehr. 1960. – F. Voigt, Verkehr. Bd. 1: 1973, Bd. 2: 1965, Bd. 3 u. 4 in Vorbereitung. – Weigelt, Götz, Weiß, Stadtverkehr der Zukunft. 1973. – H. Wutzler, Verkehrssicherheit durch Leitplanken. 1960.

10.9.1 EISENBAHN(BAHNEN). Bäzold u. Fiebig, Archiv elektrischer Lokomotiven. Die dt. Einphasenwechselstrom-Lokomotiven. 1963. – F. Beutin, Der Oberbau der Straßenbahnen. 1957. – Blum u. Leibbrand, Personen- u. Güterbahnhöfe. [2]1961. – E. Born u.a., Lexikon für Eisenbahnfreunde. 1977. – Böttcher, Neustädt, Das Signalwesen der Dt. Reichsbahnen. [3]1970. – A. Buddenberg, Eisenbahn-Signalanlagen. Bd. I: Mechanische Signalanlagen. Fernstellung. [2]1958. – E. Czitary, Seilschwebebahnen. [2]1962. – W. Deinert, Eisenbahnwagen. [2]1971. – Ders., Elektr. Lokomotiven. [3]1968. – P. Denzin, Leitfaden der Bremstechnik. 1969. – Deutsche Bundesbahn, Eisenbahn-Bau- u. Betriebsordnung. 1967. – E. Ensinger, Der Gleisbau. [3]1962. – F. Fakiner, Der moderne Personenbahnhof in Technik u. Betriebsweise. 1959. – Fechner, Gose u. Stroesner, Die Bahnbetriebswerke u. ihre techn. Anlagen. 1962. – W. Fiebig, Fahrleistungen für den elektr. Zugbetrieb. 1962. – K. Frischler, Das große österreichische Eisenbahnbuch. 1979. – G. Gottwaldt, E. Bündgen, Rheingold-Expreß. 1977. – B. Grau, Bahnhofgestaltung. 2 Bde. 1968. – F. Grube, G. Richter, Das große Buch der Eisenbahn. 1979. – H. Hahn, Eisenbahnbetriebslehre. [2]1969. – R. Hanker, Eisenbahnoberbau. 1952. – L. Hechler, Die Umgrenzung des lichten Raumes bei Regel- u. Schmalspurbahnen. [3]1964. – W. Hefti, Die Zahnradbahnen der Welt. 1971. – R. Heinersdorff, Die große Welt der Eisenbahn. 1976. – A. von Hornstein, Auf Schienen. Die Eisenbahn heute. [3]1965. – H. Kobschätzky, Streckenatlas der deutschen Eisenbahn. 2 Bde. 1971–1975. – Köhler, Menzel, Güterwagen-Handbuch. 1966. – H. Kunicki, Kraftübertragungsanlagen an Dieseltriebfahrzeugen. [3]1966. – H. Kurz, H. Krampe, Betriebstechnik der Anschluß- u. Werkbahnen. [2]1966. – K. Maedel, Das Eisenbahnjahrhundert. [2]1974. – Ders., Giganten der Schiene. [6]1971. – W. Messerschmidt, Alles über die Lok. 1971. – Ders., Eisenbahnen in Deutschland. [2]1981. – A. Moser, Der Dampfbetrieb der schweizer. Eisenbahnen 1847–1966. [3]1967. – H. J. Obermeyer, Taschenbuch der Eisenbahn. Bd. 1: [2]1977, Bd. 2: [2]1979. – U. Patzschke, Angewandte Thyristortechnik. 1970. – J. Petersen, Maos stählerne Transportlinien. 1977. – E. Porsche, Grundzüge des Bahnbaues. 1965. – L. Reinhardt, Rangier-Diesellokomotiven. 1972. – K. Sachs, Elektrische Triebfahrzeuge. 1970. – Schmidt, Thumstädter, Bremseinrichtungen an Triebfahrzeugen der Vollbahnen. 1962. – G. Schramm, Der Gleisbogen. [4]1962. – Signale der Dt. Bundesbahn. [6]1971. – R. Sprögel, Hochbauten der Eisenbahnen. 1954. – F. Stöckel, Eisenbahnen in Dtschld. 1971. – H. Stockklausner, 50 Jahre Diesellokomotiven. 1964. – B. Stumpf, Eisenbahn-Lexikon. 1960. – Ders., Geschichte der dt. Eisenbahn. [3]1960. – G. Stürmer, Geschichte der Eisenbahnen. 1978. – R. Tetzlaff, Elsners Taschenbuch der Eisenbahntechnik. 1971. – D. Walking, Straßenbahnen in Dtschld. 1969. – J. Wattmann, Längskräfte im Eisenbahngleis. [2]1957. – W. Wlaikoff, Linienführung der Eisenbahn. 1966. – F. Wöckel, Leitfaden für den Eisenbahnbau. 1963. – H. Wöltjen, Weichenbautechnisches Handbuch. 1959. – G. Wulfert, Die Reichsbahnweichen. [2]1960.

10.9.2 KRAFTFAHRZEUGWESEN. Beeger u.a., Kraftfahrtechn. Lehrbuch für Fahrschulleiter, Fahrlehrer, Kraftfahrzeughandwerker u. Kraftfahrer. [3]1960. – W. Blick, Fachkunde für Kraftfahrzeughandwerker, 3 Teile. 1963–1964. – Brendel, Hofner, Auto u. Elektrizität. [2]1976. – R. Bussien, Automobiltechn. Handbuch. 2 Bde. [18]1965. – H. Buschmann, P. Koeßler, Handbuch für den Kraftfahrzeugingenieur. [9]1976. – H. Dillenburger, Das praktische Autobuch. 1971. – H.-H. von Fersen, Klassische Wagen. 1971. – H. Fiebelkorn, Der große Fiebelkorn. Instandsetzung von Kraftfahrzeugen. [4]1966. – J. Fischer, H. Kümmel, Leitfaden der Autotechnik u. Autoelektrik. [4]1966. – F. Freudenberg, Auto A–Z. 1979. – Das große ADAC Autobuch. 1976. – G. Hamm, G. Burk (Hrsg.), Tabellenbuch Kraftfahrtechnik. [13]1977. – G. Heuer, Mechanisch bremsen. Bremsvorgänge bei Anhängern. 1963. – Horner, Lindemann, Völksen, Der Auto-Elektriker. [6]1976. – H. Hütten, Schnelle Motoren – seziert u. frisiert. [6]1974. – H. Illgen, Vergaser-Handbuch. [4]1970. – Kaerger, Wolff, Barth, Fachzeichnen für Kraftfahrzeug-Mechaniker. Tl. 1: 1971. Tl. 2: 1970. – H. Kirchübel, H. Wegener, Rechnen für Kraftfahrzeug-Mechaniker. [3]1967. – H. Kleinau, Techn. Vorschriften für Kraftfahrzeuge. [2]1962. – A. König, Kraftfahrlehre. [26]1960. – D. Korp, Glanzvolle alte Autozeit. 1962. – T. Kosiewicz, Technologie im Kraftfahrzeugbau. [6]1962. – Kraftfahrtechnisches Taschenbuch. Hrsg. Robert Bosch. [18]1976. – B. Martini, Kraftfahrlehrbuch. [66]1963. – H. M. Neher, Keine Angst vorm TÜV. [2]1973. – M. Peter, Der Kraftwagen. [19]1964. – Ders., Der Fahrzeug-Dieselmotor. [5]1960. – A. Pierburg, Vergaser für Kraftfahrzeuge. [4]1970. – S. Rauch, Werkstatthandbuch für Zweitakt-Motoren. [3]1964. – W. Reiche, Das Buch vom Auto. [3]1970. – H. Riedl, Kraftfahrzeuge, Motoren-Elektrotechnik. 1977. – F. Schelkle, Der Kfz-Handwerker. [15]1979. – R. Schmidt, Kraftfahrzeug- u. Fahrtechnik. [26]1962. – H. Schrader, Die Automobile der Gebrüder Schlumpf. 1977. – Ders., Oldtimer-Lexikon. 1976. – W. Schwoch, Das Fachbuch vom Automobil. 1969–1976. – H. Ch. v. Scherr-Thoss, Die deutsche Automobilindustrie. [2]1980. – H. Sohre. Das Auto. 1979. – R. Stein, W. M. Schnitzler, Die großen Automobile. [2]1974. – H. Strasser, Wiegevorrichtungen für Kraftfahrzeuge u. Anhänger. 1961. – W. K. Strobel, Der moderne Automobilmotor. [3]1980. – H. F.W. Suppus, Fahrzeugkonstruktionen aus Aluminium. [2]1962. – Taschenfachbuch der Kraftfahrzeugbetriebe. [24]1973. – E. Tragatsch, Motorräder: Deutschland, Österreich, Tschechoslowakei. [2]1971. – W. Veil, Lüften, Heizen u. Kühlen in Personenfahrzeugen. 1965. – S. Woltereck, Kosten sparen beim Autofahren. 1975. – D. Zboralski, Geräuschbekämpfung im Fahrzeugbau. 1963.

10.9.3 LUFTFAHRT

Bibliographien u. Wörterbücher: A. F. Dorian u. J. Osenton, Fachwörterbuch der Luftfahrt. Engl./amer., frz., span., ital., portug., dt. 1964. – T. M. Herrmann, Aeronautical English. o.J. – A. Sokoll, Bibliographie zur Aero- u. Astronautik. ^{2}1967. – Ders., Zentralblatt für Aero- u. Astronautik. 1963. (halbjähr1.).
Jahrbücher: Jahrbuch der Luftwaffe. 1964ff. – K.-F. Reuss, Jahrbuch der Luft- u. Raumfahrt. 1951/52ff. – Starten u. Fliegen. Jahrbuch der Luftfahrt u. Flugtechnik. 1956ff. – Der Flieger. 1920ff.
Gesamtdarstellungen und Geschichte: K.-H. Baborski, Vom Schwingenflügler zum Raketenflugzeug. 1963. – W. Dierich, Das große Handbuch der Flieger. 1973. – C. H. Gibbs-Smith, The Aeroplane. London. 1960. – Ch. Dollfus, H. Beaubois u. C. Rougeron, L'homme, l'air et l'espace. Paris. 1965. – W. Lochner, Weltgeschichte der Luftfahrt. ^{2}1976. – D. Mondey, Illustrierte Geschichte der Luftfahrt. 1979. – H. A. Schmidt, Lexikon der Luftfahrt. 1972. – K. W. Streit, Geschichte der Luftfahrt. 1979. – P. Supf, Das Buch der dt. Fluggeschichte (bis 1933). 1956–1958. – J. W. Taylor u.a., Luftfahrt. 1978. – N. Werner, Alte Fluggeschichten u. Bilder. 1978.
Ballon- u. Luftschiffahrt. L. Dürr, 25 Jahre Zeppelin-Luftschiffbau. 1924. – H. Eckener, Im Zeppelin über Länder u. Meere. 1949. – G. Petter, B. Garau, Ballons u. Zeppeline. 1980. – H. von Schiller, Zeppelin, Wegbereiter des Weltluftverkehrs. 1967. – J. Toland, Die große Zeit der Luftschiffe. 1978.
Flugmeteorologie. W. Eichenberger, Flugwetterkunde. Zürich. ^{5}1973. – H. Regula, Meteorologie u. Luftverkehr. 1974.
Flugsicherung, Navigation, Bordinstrumente. A. Fischer, Flugzeuginstrumente. 1963. – O. Heer, Flugsicherung. 1975. – K. Kröchel, Taschenbuch für das fliegende Personal. 1977. – K. Möbius, Flugsicherung. ^{2}1960. – Ders., Sprechfunkverkehr. ^{2}1964. – H. Simon, Instrumentenflugkunde u. Navigation. 1961.
Flugsport u. Segelflug. A. Bodlée, Motor- u. Segelflug. ^{10}1973. – G. Brütting, Handbuch für den Motorflieger. 1979. – Ders., Die berühmtesten Segelflugzeuge. 1970. – W. Gericke, Das Fallschirmspringen. Lehr- u. Handbuch. 1962. – F. Hesse, W. Hesse, Hesse Luftfahrtlehrbücher. Bd. 4: ^{3}1978. – W. Hirth, Handbuch des Segelfliegens. ^{2}1963. – D. Maier, Segelfliegen ohne Geheimnisse. 1979. – D. Pigott, Technik u. Taktik des Segelfliegens. 1964. – M. Schiele, Die Schule des Segelfliegens. ^{6}1977.
Flugzeugtypenkunde. W. Green, W. Punnett, Flugzeuge der Welt, heute – morgen. 1952ff. – Jane's All the world's aircraft 1969/70. Hrsg. J. W. R. Taylor, London. 1969ff. – K. Kens, H. J. Nowarra, Die dt. Flugzeuge 1933–1945. ^{2}1963. – K. Munson, Flugzeuge der Welt in Farben. 10 Bde. 1966–1970.
Luftfahrtmedizin. B. Müller, Flugmedizin für die ärztliche Praxis. 1973. – Read, Flugmedizin für Luftfahrer. 1974.

Luftfahrttechnik. R. Bauer, Flugtechnik für jedermann. 1964. – W. Dierich, Das große Buch der Flieger. 1973. – F. Dubs, Aerodynamik der reinen Unterschallströmung. ^{2}1966. – Ders., Hochgeschwindigkeits-Aerodynamik. 1961. – H. Hertel, Der Flug. o.J. – W. Just, Flugmechanik, Steuerung u. Stabilität. 2 Bde. 1965ff. – A. C. Kermode, Flugtechnik. 1979. – W. Politt, Start, Flug, Landung. Handbuch für techn. Flugdurchführung. 2 Bde. 1961/62. – H. Schlichting, E. Truckenbrodt, Aerodynamik des Flugzeuges, 2 Bde. ^{2}1967. – H. Schneider, Aero-O-Lex. Lexikon der Luftfahrttechnik. 1977. – J. Schwengler, Statik im Flugzeugbau. ^{4}1957. – H. Winter, Fertigungstechnik von Luft- u. Raumfahrzeugen. 1967.
Luftrecht. H. J. Abraham, Das Recht der Luftfahrt. 2 Bde. 1979. – H. Beine, H. Lohmann, Luftverkehrsrecht. 1968. – M. Hofmann, Luftverkehrsrecht der BR Deutschland. 2 Bde. 1971. – W. Schwenk, Luftrecht für Privatpiloten. 1964.
Luftverkehr u. Flughäfen. R. Allen, Die großen Flughäfen der Welt. 1966. – E. G. Blankenship, Der Flughafen. 1973. – H. M. Bongers, Deutscher Luftverkehr. 1967. – A. F. Marfeld, Weltluftfahrt. 1967. – A. Muser, Luftverkehrsflugzeuge. 1964. – K. J. Rells 100 × Luftverkehr. 1978. – C. Rössger, K. B. Hünermann, Einführung in die Luftverkehrspolitik. 1968. – S. Zantke, ABC des Luftverkehrs. ^{4}1979.
Modellflug. W. Back, J. Pütz, Fliegen mit u. ohne Flügel. 1978. – H. Bruss, Elektroflug. ^{2}1980. – D. Maier, Modellflug. 1978. – E. Rabe, Motorflugmodelle. ^{3}1978. – Ders., Segelflugmodelle. ^{3}1978. – D. Suhr, Hubschraubermodelle. ^{2}1980. – Ders., Das große Buch der Modellfliegerei – international. o.J.
Triebwerke. J. Frötschel, Flugzeugturbinen. 1964. – S. Hufnagel, Thermische Antriebe für Luftfahrzeuge. 1969. – K. Leist, H. G. Wienig, Enzyklopäd. Abhandlung über ausgeführte Strahltriebwerke. 1963. – H. G. Münzberg, Flugantriebe. 1972. – H. Ostenrath, Gasturbinen-Triebwerke. 1968. – H. Ringbrunner, Raketenantriebsarten für Flugzeuge. 1959. – P. Spremberg, Entwicklungsgeschichte des Staustrahltriebwerks. 1963. – H. W. Stuhr, Grundlagen der Strahltriebwerke. 2. Aufl. o.J. – P. H. Wilkinson, Aircraft engines of the world 1966/67. Washington. 1967.
VTOL-Flugzeuge (einschließlich Hubschrauber). W. Just, Hubschrauber u. Vertikalstartflugzeuge. 1962. – W. Lill, So fliegt man Hubschrauber. 1972. – M. J. Taylor, J. Taylor, Die Hubschrauber der Welt. 1978.

10.9.4 POST.

Bundesministerium für das Post- u. Fernmeldewesen (Hrsg.), Handwörterbuch des Postwesens. ^{3}1973. – H. Camrath. Der Telegrammdienst bei der Deutschen Bundespost. ^{2}1971. – J. Delfs (Hrsg.), Das Finanzwesen der Deutschen Bundespost. 1980. – M. Eilers, Ein Gang durch die Bonner Postgeschichte. 1977. – R. Goöck, Post-Dokumentation über die Post- u. Fernmeldewesen. 1965. – O. Hahn, Die Postbank. 1978. – A. Koch, Schrifttum über das Postwesen 1871–1964. 1966. – R. Lutz, Die Ansichtspostkarte. 1901. – H. Meckel, O. Kronthaler, Das Bundesministerium für das Post- u. Fernmeldewesen u. die Deutsche Bundespost. 1967. – G. Megla, Vom Wesen der Nachricht. 1961. – Presse-Mitteilungen des Bundesministeriums für das Post- u. Fernmeldewesen. 1954ff. – K. Sautter, Geschichte der Deutschen Post 1871–1945. 1951. – K. Schwarz, Die Entwicklung der deutschen Post. 1931. O. Veredarius, Das Buch von der Weltpost (Nachdruck von 1885). 1979.

10.9.5 SCHIFFAHRT

Gesamtdarstellungen: G. Bauer, Schiffsmaschinenbau. 2 Bde. 1923. – H. W. Bernartz, Berühmte Schiffe. 1973. – S. Bock, Mau, Die Dieselmaschine in Land- u. Schiffsbetrieb. ^{7}1968. – J. Börms, Bootsbau u. Holzschiffbau. 1960. – L. Brandt, Radar auf der Brücke von Seeschiffen. 1966. – A. Budde, W. Koch, Seestraßenordnung u. andere seerechtl. Vorschriften in der Praxis. ^{17}1968. – W. Claviez, Seemänn. Wörterbuch. ^{2}1978. – A. Cucari, G. Manti, Das Bilderlexikon der Schiffe. 1979. – P. Detjen, Schiffbaukunde für Nautiker. 1962. – Deutsches Schiffahrtsmuseum (Hrsg.), Deutsches Schiffahrtsarchiv. Bd. 1: 1975, Bd. 2: 1979. – F. Dietrich, Schiffe, Meere, Häfen. ^{4}1962. – C. Eichler, Vom Bug zum Heck. ^{4}1964. – C. Eichler, Yacht- u. Bootsbauer, Konstrukteure u. Segler. 2 Bde. 1: ^{2}1966. 2: 1963. – H. C. Freiesleben, Navigation. 1957. – O. Fulst, u. H. Meldau, Nautische Aufgaben. ^{8}1964. – Grundlagen der Schiffstechnik. 2 Bde. 1961. – Handbuch der europäischen Seehäfen 1967–1979. – Handbuch für die dt. Seeschiffahrt u. amtl. Liste der Seeschiffe. 1967. – Handbuch für Hafenbau u. Umschlagstechnik. Hrsg. Hafenbautechn. Gesellschaft e.V. 12 Bde. 1959ff. – D. Haws, Schiffe und Meer. 1976. – W. Hempel, Standardisierung im Schiffbau. 1962. – W. Henschke (Hrsg.), Schiffbautechnisches Handbuch. 6 Bde. ^{6}-^{7}1958–1969. – A. von Hornstein, Schiffe zu Schiffahrt. 1977. – K. Illies, Schiffskessel. 3 Bde. 1960–1962. – H. Janssen, Ch. Lange, Handbuch der Schiffahrtskunde für Kapitäne u. Steuerleute. ^{5}1963. – W. J. Kamanin, Die Anwendung der Funkmeßtechnik in der Schiffsführung. 1964. – H. Kosack, A. Wangerin, Elektrotechnik auf Handelsschiffen. ^{2}1964. – W. Krebs, Elektrische Schiffsanlagen. ^{3}1968. – H. Krug, Erfahrungen mit Schiffsdieselmotoren. 1954. – Lebedew, Sokolow u. Braun, Herstellung von Schiffsschrauben. 1960. – W. Leder, Schiffsmaschinenkunde. $^{1-2}$1956ff. – E. Ludwig, K. Illies, Handbuch der Schiffsbetriebstechnik. 1971. – K. Marconi, Wie konstruiert und erbaut man ein Boot? ^{9}1969. – H. Meldau u. Steppes, Lehrbuch der Navigation. ^{6}1963. – J. Müller, J. Krauss, Handbuch für die Schiffsführung 2 Bde. ^{6}-^{7}1961–1964. – Polonski, Elektrische Antriebe auf Schiffen. 1958. – R. Regul, Die Zukunft der Seehäfen Europas. 1971. – G. Rose, Nautische Tafeln. ^{3}1968. – Ders., Stabilität u. Trimm von Seeschiffen. ^{2}1958. – H. Schneekluth, Entwerfen von Schiffen. ^{2}1980. – Seefahrt. Nautisches Lexikon in Bildern. ^{5}1978. – Shell-Taschenbuch für die Schiffahrt. 1971. – W. Stein, Navigation leicht gemacht. Küstennavigation. ^{9}1968. – Ders., Astronomische Navigation. 1969. – Steppes u. Gundlach, Mathematik für Nautiker. ^{5}1958. – Taschenatlas der Schiffe. ^{3}1977. – G. Westphal, Lexikon der Seefahrt. 1967.
Geschichte: F. H. Chapman, Architektura Navalis Mercatoria. 1971. – J. Furttenbach, Architectura Navalis. 1968. – F. E. Giese, Kleine Geschichte des Deutschen Schiffbaus. 1969. – B. Hagedorn, Die Entwicklung der wichtigsten Schiffahrtstypen bis ins 19. Jh. 1914. – J. Hansen, Schiffbau der Antike. 1979. – D. Haws, Schiffe u. Meere. 1976. – P. Lächler (Hrsg.), Schiffe u. Völker. 1962. – B. Landström, Das Schiff. Vom Einbaum zum Atomboot. 1969. – B. Landström, Segelschiffe. 1969. – J. G. Leithäuser, Weltweite Seefahrt. ^{2}1965. – R. W. Wahl, Die goldene Zeit der Ozeanriesen. 1977.

10.9.6 RAKETENTECHNIK UND RAUMFAHRT.

G. F. Au, Elektrische Antriebe von Raumfahrzeugen. 1968. – A. Bohrmann, Bahnen künstlicher Satelliten. ^{2}1966. – W. von Braun, Bemannte Raumfahrt. ^{2}1969. – Ders., F. I. Ordway, Raketen. Vom Feuerpfeil zum Transporter. 1980. – W. Büdeler, Raumfahrt in Deutschland. 1978. – Ders., Geschichte der Raumfahrt. 1979. – I. Burgess, Raketen in der Ionosphärenforschung. 1956. – E. Elsner, Raumfahrt in Stichworten. 1973. – J. Eugster, Die Forschung nach außerirdischem Leben. 1969. – H. J. Fahr, Die zehn fetten Jahre der Weltraumforschung. 1976. – R. H. Giese, Weltraumforschung. 1966. – P. Hartl, Fernwirktechnik der Raumfahrt. 1977. – Jahrbuch der Luft- u. Raumfahrt. Bd. 21. 1972. – H. W. Köhler, Feststoffraketenantriebe. 1972. – Ders., 100 × Raumfahrt. 1977. – H. H. Koelle, Handbook of Astronautical Engineering. New York. 1961. – Ders. (Hrsg.), Theorie u. Technik der Raumfahrzeuge. 1964. – P. Kotowski, Automatisierung der Satellitendienste. 1966. – von Kovács, Raketen-Einmaleins. ^{2}1972. – H. Mielz, B. Freisinger, Ionenraketen. 1967. – W. H. T. Loh (Hrsg.), Re-Entry and Planetary Entry Physics and Technology. 1968. – O. Merk, Raumfahrtreport. 1967. – W. Mialki, Raumfahrttechnik. 1967. – H. Mielke, Lexikon der Raumfahrt u. Raketentechnik. ^{2}1971. – W. Peschka, Neue Energiesysteme für die Raumfahrt. 1970. – W. Petri, Weltraumfahrt. 1970. – Pfaffe, Stache, Typenbuch der Raumflugkörper. 1967. – Pointer, Das 1 × 1 der Weltraumfahrt. ^{2}1967. – H. Ruppe, Die grenzenlose Dimension: Raumfahrt. 1980. – G. Sagirow, Satellitendynamik. 1970. – K. E. Schaefer, Bioastronautics. London. 1964. – G. Seifart, Raumfahrt. 1972. – H. Siedentopf, Mensch u. Weltall. 1966. – F. J. Sigel, Abenteuer Weltraum. 1975. – Die Sterne rücken näher (Enzyklopädie der Weltraumfahrt). 2 Bde. 1967/68. – E. Stuhlinger, Projekt Viking. 1976. – M. Taylor, J. Taylor, Die Raketenwaffen u. Flugkörper der Welt. 1973. – H. Winter, Fertigungstechnik von Luft- u. Raumfahrzeugen. 1967.